U0889166

民国云南通志长编 一 大事、党务、议会、内政、军务

民国云南通志长编 二 民政

民国云南通志长编 三 财政、教育

民国云南通志长编 四 建置、交通、盐务

民国云南通志长编 五 司法、外交、社会、农业、工业

民国云南通志长编 六 商业、宗教、艺文、金石、人物

民国云南通志长编

一

纂修 [民国]周钟岳 李根源 方树梅 等

云南出版集团
云南美术出版社

图书在版编目（CIP）数据

民国云南通志长编：全6册 / 周钟岳等纂修．-- 昆明：云南美术出版社，2022.12
ISBN 978-7-5489-5156-8

Ⅰ．①民… Ⅱ．①周… Ⅲ．①云南－地方志－民国
Ⅳ．① K297.4

中国版本图书馆 CIP 数据核字（2022）第 180154 号

出 版 人：刘大伟

项目统筹：刘大伟　赵文红
责任编辑：王飞虎
装帧设计：郑玉如
责任校对：刁正勇　赵关荣　赵异宝

民国云南通志长编　一

［民国］周钟岳　李根源　方树梅等　**纂修**

出版发行：云南出版集团
　　　　　云南美术出版社（昆明市环城西路 609 号）
印　　刷：云南出版印刷集团有限责任公司华印分公司
开　　本：787mm × 1092mm　1/16
印　　张：38.25
字　　数：956 千字
版　　次：2022 年 12 月第 1 版
印　　次：2023 年 3 月第 1 次印刷
ISBN 978-7-5489-5156-8
定　　价：1960.00 元（全六册）

出版说明

《民国云南通志长编》是民国时期云南修纂的重要历史要籍之一。1931 年，云南成立省通志馆，着手编修省志。按照规划，云南省通志馆拟修志两部，一部从开滇至宣统辛亥止，名《云南通志》（最终定名《新纂云南通志》）；另一部述民国之事，名《云南通志长编》。《民国云南通志长编》即后者，系与《新纂云南通志》同时纂修的一部重要志书。入选通志馆参与修纂者，皆三迤俊贤，负责通志馆的馆长周钟岳系名满天下的一代巨擘，参与修纂的李根源、方树梅等莫不是文坛泰斗、鸿学硕儒。群贤毕集，蔚为壮观。

《民国云南通志长编》，初名《云南通志长编》《续云南通志长编》，为更加直接反映其时代及实际内容，今更定为现名。《民国云南通志长编》修纂时间长，前后长达 18 年之久，直到 1949 年才基本编纂完成，内容主要是 1911 年至 1945 年期间的云南之事，部分内容也延至抗战胜利后。昆明解放后，《云南通志长编》原稿由云南文献委员会接收，移交云南省图书馆。之后，直到 20 世纪 80 年代云南省地方志办公室才对《续云南通志长编》进行整理，调整了原稿的篇次，辑补了编纂人员的传记或简历，分上中下三册内部刊印。这是首次开拓性的整理，对保存《续云南通志长编》和发挥其作用居功至伟。

作为民国时期云南重要的历史文献，一直未能正式公开出版，不能不说是云南文化界的一件极其让人惋惜的憾事。为弥补这一缺憾，使之荣光重现，泽被千秋，给后人提供一部极具参考价值的学术性史料文献，我们决定在 20 世纪 80 年代整理的基础上，聘请云南大学教授、时任云南省图书馆馆长王水乔研究员牵头，云南大学、云南师范大学等单位的康春华教授、许新民教授、高国强教授等参与对《续云南通志长编》进行再研究及整理：一是对书稿的部分内容重新厘定、调整。如，原书中的“气象志”部分的内容，较为专业，且篇幅巨大，可另成专书，故对这一部分不再纳入。二是对艺文、金石、人物等章节有目无内容的薄弱之处进行适当充实。为示区别，书中用楷体予以标示。三是以云南省图书馆馆藏原稿，对书稿中存在的讹脱倒衍等进行辨识校勘。

文献千秋事。“开辟草昧，岁纪绵邈，居今识古，其载籍也。”诚如《新纂云南通志》倡修者所言“往迹堪珍，今献尤要，须随时增修，始见其全”。对以往文献之整理重刊，亦然，须时时跟进。文献之重光，任重事繁，然乃是后人责无旁贷之任。作为云南出版人，我们为之而积极努力着，这也是我们决定整理出版《民国云南通志长编》的初衷。在此，我们谨向在那艰苦年代修纂《民国云南通志长编》的先贤们以及此前对其进行整理的先辈们致以最崇高的敬意！本次整理出版，得到了云南省委宣传部的大力支持，将其纳入滇版精品工程项目并予以资助，在此谨向省委宣传部及领导致以衷心的感谢！

此书的进一步整理出版，专家学者不遗余力，编辑人员尽心尽责，然而参与者虽皆竭尽全力，但难免有欠妥之处，敬请读者批评指正。

出版者

2022年9月

《续云南通志长编》修纂人员名单

主　　任　周钟岳

副 主 任　赵世铭

修纂人员　姜亮夫　缪寄庵　方国瑜　陈铭竹　梁书农
金仲陶　王惕山　何筱泉　马伯安　吴石生
钱平阶　何逖江　刘梦泽　于仲直　张君翔
陈一德　由夔举　丁又秋　徐葆权　周志平
庄实若　万湘澂　张希庵　方臞仙　李印泉

20 世纪 80 年代整理人员名单

主持机构　云南省志编纂委员会办公室

项目主持　彭　丹　李景煜　宁　超

整理人员　陈　淳　刘文汶　张　渤　李东平　赵正銮
王宏道　缪云台等

本次参与整理人员名单

整理人员　王水乔　康春华　许新民　高国强等

《续云南通志长编》纲目及编纂负责人名单

项　目	前部（民国二十年以前）	后部（民国二十一年以后）
（一）大事		
1. 光复	姜亮夫，编送周前馆长审定中	
2. 护国		
3. 靖国	同上	
4. 绥靖	同上	缪寄庵
5. 抗战		
甲、六十军、五十八军出征		
乙、新三军等战绩		方国瑜
丙、腾龙之沦陷与克复		
丁、第一方面军入越受降		
（二）党务	陈铭竹	梁书农
（三）议会	金仲陶	王惕山
（四）官制		
（1）文官制	何筱泉	何筱泉
（2）军制	马伯安，未定稿	
（五）民政	金仲陶	姜亮夫
（六）财政	吴石生、钱平阶	梁书农
（七）教育	何逖江	缪寄庵
（八）建设	刘梦泽	于仲直
（九）交通	张君翔	
（十）气候	陈一德	陈一德
（十一）粮政		姜亮夫
（十二）盐务	由夔举	何筱泉
（十三）司法	丁又秋	王惕山
（十四）外交	徐葆权	周志平
（十五）社会	缪寄庵	陈一德
（十六）农业	庄实若	于仲直
（十七）工业	刘梦泽	于仲直、周志平
（十八）商业	万湘澂	于仲直、周志平
（十九）宗教	张希庵	方国瑜
（二十）艺文	梁书农	方臞仙
（二十一）金石	李印泉	方臞仙

《续云南通志长编》总目

上《续云南通志长编》为卷八十，为目二十，衔接《通志》，继续纂修。盖征文考献，近详于古。虽博访周咨，犹有未备；且为时不远，论定为难。兹但就采访所得，加以编次，故仿李焘《续资治通鉴长编》例，名曰《长编》。

《长编》体例，与《通志》略有异同，举其大要如下：

《通志》分记、图、表、考、传五类，以体裁为区别。《长编》图表无多，即附入各类；人物行实，已详《大事》，不复作传；所存者惟记、考两门，即以类相次，无庸分体。

《大事》一目，《通志》所采系编年体，《长编》改为纪事本末体，因为时甚短，提要叙述，便省览也。党务亦属要务，故列《大事》之后。

属于自然地理者，《通志》有《天文》《气象》《地理》诸考；天文、地理，古今无异，《长编》不再重述，惟就气象，纪其变异之迹。

民主政治，权能区分，政权属于人民，治权授之政府，议会为实施民权机构，而官治有异于君主时期，分别为篇，以见因革。

省政府组织有民政、财政、教育、建设四厅，省政之纲领即此四项。兹分为《内政》《财政》《教育》《建置》四门。交通亦属建设事业，故次其后。

盐务、外交为国家行政，司法一项则与行政分立，皆由中央在地方分设机关办理，各列专章而叙述之。

集会、结社，古代所禁，故《通志》中无《社会》一目，《长编》新增此门。农、工、商业，亦属人民经济生活演进之迹，亟应详考而备载之，以次列于《社会》之后。

宗教，虽远溯于初民，而为今代所不废，艺文、金石则为文化之结晶，分别为篇，列之末卷。

《通志》尚有《物产》《方言》《边裔》《族姓》《土司》等考，凡此诸门，古今之演变甚微，即有变迁，在《通志》各考中亦已附及，故《长编》略之。

书既成矣，犹感歉然，舛误难免，阙漏尤多，订讹补阙，俟诸来哲。

目 录

民国云南通志长编卷九

民国云南通志长编卷十

民国云南通志长编卷十一

民国云南通志长编卷十二

民国云南通志长编卷十三

民国云南通志长编卷十四

民国云南通志长编卷十五

民国云南通志长编卷十六

民国云南通志长编卷十七

民国云南通志长编卷十八

民国云南通志长编卷十九

民国云南通志长编卷一

大事一·光复一

起源

四夷侵中国，无代无之，然皆仅占据一部分地方，且数年或数十年即破灭，从未有统一全国为中夏主者。自厓山之役，宋陆秀夫负帝昺蹈海，元世祖践帝位，奄有华夏；李自成陷京师，庄烈帝殉于煤山，清世祖入继国祚。两代之亡，士大夫抗节不屈，死者相望，而尤以明亡殉国者为至酷极惨。呜呼！种族之界，岂真天性然者？庄烈帝崩，弘光、隆武二帝以次降败，李定国迎永历帝入滇图光复。定国兵败，帝西走永昌，清师追之。定国令总兵靳统武以兵四千扈帝，如腾越，而自伏精兵六千于永昌之磨盘山（山在潞江南二十里，亦名高黎贡山，西南第一穹岭也）。清师中伏，歼其都统以下数千人。卒以寡众不敌，帝奔缅，定国死于景线。清以吴三桂平滇功，晋王爵，命镇云南。三桂兵临阿瓦，缅人献帝及后并从官家属。三桂挟之归，缢帝于金蟾寺，明祚遂斩。滇人哀之，名其地为逼死坡，至今有余痛焉。当清入关，挟其武力以蹂躏中原，天下莫与抗。而云南犹奉永历为君，奄有云南、贵州、四川三省之地，与异族血战数年，歼强敌以数万计。势穷力蹙，隐忍称臣，滇人种姓之辨，盖足以自豪矣。国变后，滇中遗民以全节闻者，不可一二数。昆明杨永言，倡义弗克，削发为僧；呈贡文祖尧，弃官入中峰寺；蒙化陈佐才，凿石棺称明末孤臣；晋宁唐大来，从无住禅受戒律，结茅鸡足山。皆感时伤国，诸〔艰〕难显言〔志〕则一，托之诗歌以寄其芳馨悱恻之意。而昆明诸生薛大观，举家以殉，事为尤烈。

永历帝之出奔也，大观与其子之翰，方挈家隐居城北之黑龙潭。闻帝逊荒，泫然流涕，谓之翰曰："国君死社稷，臣死君，义也。今日之事，虽天命不可以力争，顾独不可效死一战，乃崎岖域外，依小夷求须臾活，岂可得？吾书生不能徒手搏敌，计惟有一死，汝其勉哉。"之翰泣对曰："父为国死，儿安敢不为父死。"大观妻杨氏、之翰妻孟氏皆曰："君父子为国死，吾姑妇独不能为君父子死耶？"傍有婢曰琐儿，抱大观幼子在怀，闻诸人语，曰："婢子死亦可乎？"大观曰："婢为主师死，亦义也。"遂相率投潭死。明日尸相牵浮水上，路人举而瘗之。滇人种族之感，至大观而极。清帝即位，禁网稠密，遗民逸老，以文字贾祸者，趾踵相接。海内重足屏息，噤不敢复言清失德。浸淫至于中叶，人渐忘本，而颂声作矣。光绪间，外患纷乘，甲申、甲午、庚子诸役，国疆日削，赔款以亿万计。创巨痛深之余，清议渐起，驯至蓬勃不可抑，士大夫亦侃侃谈国事。清廷震恐，始派遣学生出洋。而欧西思潮，因之输入。大江南北，号称革命党人者，所在蜂起。而杨振鸿由海外驰归，倡革命于云南。

先是同治十三年，越南与法国立《西贡条约》，认越南为独立国。光绪九年，立《哈尔曼条约》，认越南为保护国。内政外交，受法监督。已而进兵西贡，俘其君，幽之南非洲，越南遂亡，而滇之南防危。光绪十一年，英师袭缅甸，驻英公使曾纪泽与英外部议立君存祀，守十年一贡之例。英人不许，缅甸遂亡，而滇之西防危。滇自缅越失后，英伺其西，法瞰其南，巧取豪夺，互相生心。未几，而有滇缅划界蹙地千里之约；未几，而有攫取滇越铁路建筑权之约；未几，而有揽七府矿产之约；未几，而有云南、两广不许割让他国之约。部臣不敢拒，边吏不敢争，而西南之祸烈矣。滇人士逼于外患，渡海求学者，先后达千人。或习师范，或习法政，或习陆军，多以救国自任。而陆军生尤激烈，杨振鸿又陆军生中之尤激烈者。

振鸿，昆明人，光绪癸卯入日本振武学校。既毕业，滇督丁振铎电调归国。道出越南，亲见所谓亡国惨状，则大感喟。时法人已筑滇越铁路，滇人谋独筑滇蜀铁路为抵制，扼于财力，事未举。振鸿为上书父老，举缅越事，以为滇人镜，人传颂之。大滇吏疲苶，知不足与谋。乃结三迤志士，创设死绝会、公学会及体操专修科，一以革命为志。适滇缅间铁路，英人欲恃强修筑。振鸿愤极，遂结全省士子抗之，势张甚。英领卒为所慑，乃寝。大吏滋不悦，出为腾永第一营管带。振鸿简军实，勤训练以待时，而益开扩党会。腾越镇李宝书、关道关以镛，因索盏达土司贿，为振鸿所持，未遂，心衔之，造飞语中伤。滇督锡良，蒙古人也，尤仇视革命党，即密电镇道捕振鸿。振鸿走永昌，知府谢宇俊捕之，复走新街，历南洋群岛，再渡日本入振武学校。是时有《云南杂志》者，滇人居东之所作也。其书痛陈清廷不纲，及列强谋滇政策，由海外流入中国，读者快之。而在滇人士，亦有《云南日报》《星期报》《云南公报》等之设。又为《苦越南传奇》，授伶人奏之，座中至有泣下者。时革命党人张儒澜，由东毕业，归任农业学堂史地教员，自出讲义，宣传民族、民权主义，又党人徐濂，由越南游学归，秘密宣传革命，于是革命思潮，遂浸润于三迤。戊申夏，革命军起河口，振鸿谋归滇助革命军，乃至《云南杂志》社，结吕志伊、赵伸、黄毓英等，开大会于东京神田锦辉馆，到者数千人，所称“云南独立大会”者是也。振鸿被举为干事，偕同党数人南归，至香港，革命军败。关吏逻察严，不得入。徘徊久之，谋以黄毓英、杜钟琦、王尧民进干崖说土司刀安仁；喻华伟、李遐章、何畏进腾越说防营管带；而自居仰光，与居正办《光华日报》，以通消息，中更蹉跌，事卒无成。振鸿离仰光，经腊戍、昔董，出盏达，至干崖，赴蛮允，说管带杨发生，为所绐。重趼至蒲缥，主何子仁家，适与何畏遇，因共筹起事之策。振鸿策袭永昌府为根据地，编练乡民成军，以出大理。腾越、顺宁、云州三地，包举迤南，进图省垣，再北出黔、湘，西略川、陕，戡定中原，策定，振鸿任先锋，何畏作内应于城中。宋某、唐某集乡民数百人，约夜间三句钟会于演武厅之后校场。会腾越、镇康两处防营调驻永昌城，乡民气先夺，又召集失期，及杨、何至，则已先溃散，相与仰天长叹。俄有报缇骑至者，乃踉跄返蒲缥。未几，振鸿病作，渐笃，遂于戊申年十二月十一日没于蒲缥。

光复

清廷腐败，秕政杂出，滥借外债，供私人挥霍之用。宣统三年夏，外人瓜分中国之议起，而清廷方攘夺各省民修之铁路。于是全国物议沸腾，群起反抗。六七月间，蜀中争路潮起，军民激变，影响波及云南。初，滇护督沈秉堃调留日士官生回籍，李鸿祥、谢汝翼、张开儒、李根源等，分委步、炮等职。及办理讲武堂，于是兵卒学生，皆言革命。及武昌发难，湖南继之。本省军界，由协统蔡锷与将校中之同志密议多次。九月初七，蔡锷、李鸿祥、沈汪度、殷承瓛、韩凤楼、雷飙、张开儒、谢汝翼、黄毓英、刘存厚、黄永杜等十余人，议于唐继尧处，决心于九月初九日举义，为他省之声援。复定恢复云南全省作战，及分途出师川、黔计划。

九日下午，锷令李参议官根源，率步兵七十三标，由北较场向省城北门及东门一带进攻。管带李鸿祥、教官刘祖武佐之。罗统带佩金，率步兵七十四标，由巫家坝向南门及东门一带进攻，以唐继尧佐之。命炮队统带韩国饶，率队一营，分三部，联络步队，进城后，列西南东三门城楼附近。命教官张开儒等，率讲武堂全部学生，发自城内，为开城之准备。命机关枪营，分属于步炮各队。均于夜半开始行动，同时攻城。于揭晓前，将全城四周城垣，及城内之圆通山占领确实。俟天明时，同时进攻。以步队七十三标，攻击军械局及五华山。以炮队据置城垣，协同步队施行射击。置预备队一营于江南会馆为各队之策应。

午后十时，锷在巫家坝集步炮两标重要将校，详细规定攻击计划后，十时三十分，更集两标全体将校，述明举义宗旨。词严义正，每出一语，各将校齐呼万岁，欢声雷动，誓出死力。宣布既毕，将校中有欲将军官之满人容山、惠森二人处以死刑者，锷与佩金力为禁阻，命暂行拘留，俟事后释放（翌日即纵之使去）。正值判决之际，有人从黑暗中射二人，幸未中。复集两标士卒，将举义宗旨，简单宣布。士卒莫不欢欣鼓舞，乐于用命。遂于当场发给子弹，检查武装，于午后十二时陆续出发。时城内火发，枪声四起。即命分道急进，以路重天暗，进行迟滞，炮队尤甚。

初步队七十三标，正值准备之时，事机泄漏。该统带李鸿祥，率标署卫兵，出而弹压。顽固将校，亦群起干涉，两方遂激起冲突。官兵中死伤二十余人，清标统丁锦遁去。根源遂率二、三营向城垣急进，时初九日午后九时也。九时三十分，李部攻入北门，派队占领银元局、兵工厂等处，以其主力逼攻军械局。其时清统制钟麟同，以五华山空虚，率巡防队两营、辎重营、宪兵营、机关枪队及镇署卫兵占领之，顽强抵抗。军械局内守卫兵（六十人），亦据险盛行射击，机关枪之发射尤烈。我军死伤将校以下三十人，肉搏数次，均未奏效，仅占领五华山北端之一部。根源以敌兵据险以守，兵力甚优，且弹药将竭，乃举火为号，冀巫家坝军队之来援（时已十一时半），而仍竭力攻击军械局。排长文鸿揆，以长梯登，中弹而殪，我军益奋。初十日午前一时半，机关枪队（仅两队，余为钟调去）至天台会合于本军，分隶于步炮两标。一时四十分，抵南较场，时驻扎南城外之巡防队二百人来降。锷优予嘉奖，命分扎南城外，弹压匪徒，保护居民。二时抵大东门城外，遇马标队伍，锷与该标统带田书年相晤，令其逡巡城外四周，预匪类，检查宵小。马标之来城，实系麟同调以防革命军者，锷误以马标预知其事，而田亦误以革命军奉钟之调，来相救援者，遂得相安于无事。午前三时，步队七十四标第一营，已占领城西垣，第二营已占领城南垣，第三营已占领江南会馆（预备队）。炮队则于东南西三城门附近占领阵地，准备攻击。

午前三时半，步队七十四标第一营管带唐继尧，率所部向制台衙门突击二次，未得进。而第三营管带雷胜，以一队增援七十三标，猛扑军械局数次，亦未得手。

午前六时，根源军至危殆。天微明，据城各炮队，向五华山敌人阵地及督署开始射击。七时，李军及罗军第三营之一部，攻五华山及军械局，罗军第一、二两营攻督署。时据圆通山军火局之巡防队，向预备队所在地射击。而七十三标反对派之官兵，亦收拾残兵，在东城外向城垣一带射击。遂分预备队中一队御之。敌据山地，颇得形势。相持亘二时之久，始行击散。

午前九时，谢汝翼攻军械局围墙，更以药炸之。谢先入，我军从地道随。军械局、五华山之全部，几为我所得。敌军全数降，遂令围武侯祠。李凤楼以机关枪来助，麟同尚抵死不退，因以负伤。经医兵抬出南门，为兵士所见，处以死刑。王振畿于被擒后，自愿投诚，嗣复为众兵所杀。军械局既为我军所得，各队弹药，得以补充，士气百倍。遂占领五华山全部，督署亦同时陷落。军司令部乃出示安民，一面饬各部整顿队伍，分头驻扎，并定警戒区域及警戒法。是夜，军队于五华山及城垣四周，彻夜露营。综计是役彼我死伤者，将校以下百五十人，我军死亡二十余人，伤者四十余人。翌日，清藩司世增、清督李经羲、提法司杨福璋、提学司叶尔凯、巡警道郭灿、粮道曾广铨、劝业道袁玉锡、盐道毛玉麟，皆就获，全城光复。十三日军政府成立，而宣告独立。

军政府

军政府之成立也，外府、州县亦传檄而定。各军官兵士遂公推蔡锷为云南军都督，以五华山两级师范学堂，改为“大中华国云南军都督府”，组织章程约法草案，与民更始。其厘订军都督府大纲，约一院三部。院名曰参议院，直隶军都督府，为参议军事政治之机关。三部一曰参议部，凡关于计划出战、作战、调遣、谍查、测地各事宜均属之。一曰军务部，凡关于筹办粮饷、军医、军械、兵工、制革、被服各事宜均属之（以上均设有局厂）。一曰军政部，凡关于民政、财政、外交、学政、实业、巡警、审判、民团各事宜均属之（以上均设有司局）。又设秘书处、卫戍司令部、法制局（以上各部、司、局、厂均有专章）。下令宣告各属，其文曰：中华民国云南军都督府为布告事：此次各省义军，风发云涌，恢复旧土，保卫民生，其宗旨在铲除专制政体，建造良善国家，使汉、回、满、蒙、藏、夷、苗各族，结合一体，维持共和，以期巩固民权，恢张国力，本都督夙表同情，爰倡义举。乃者，定由各省选派全权代表，会集武昌。将来商定建设办法，自必抱定前项宗旨，一致进行。现在滇事初定，政务急待整理，不得不由本都督府因势利导，力保完善之区，特恐全省同胞，未能周悉，爰特申明宗旨，明白宣布，其各咸喻斯意，毋生误会。本都督有厚望焉。今将纲要列举如下:（一）定国名为中华民国。（二）定国体为民主共和国体。（三）定军都督府印曰“大中华国云南军都督府之印”。（四）军都督府内设参议院、参谋部、军务部、军政部，部各分设部、司、局、厂，各院部同署办公。地方文武各官，依事务分配，直接各部禀承办理。（五）定国旗为赤帜心，用白色中字（后奉中央政府命令改为五色）。（六）建设主义，以联合各民族，构造统一之国家，改良政治，发达民权，汉、回、满、蒙、藏、夷、苗各族视同一体。（七）建设次第，由军政时代，进于约法时代，递进而为民主宪政时代。以上七条，系本军都督现定大纲。将来全国统一，政府成立，须照统一政府之命令办理云云。军政府成立，于是敉平西南，出师援川、援黔，皆别具于篇云。

迤南

辛亥九月十一日，驻临安新军得省九日光复电，队官何海清、盛荣超遂倡议响应，教练官赵复祥领之，然犹以必得朱朝瑛赞同，事乃有济。朱朝瑛者，雄于资，又素负乡望，建水大姓也。先是朝瑛接龙济光电，代募兵三营到粤东，已募四百余名，分驻四城楼、观音仓等处。适佴致中归自粤西，朝瑛约与共事，谓:“所募之兵，接龙电催速往，行止将若何?”致中曰:“兵无妨招，粤东可勿往也。滇革命军将起，请姑待之。”九月初旬，朝瑛接匿名书函二，亦风劝勿之粤东，隐隐示革命意。佴致中同观之，问:“复函否?”曰:“未也。”致中曰:“当急复之，以表同情。”曰:“不识为何许人。”致中曰:“可揭一广告，使闻之。”既代拟广告，略谓:朝瑛所募之兵，非与新军反对。甫张出，复祥即使李镜明、吴传声到朝瑛家，秘密商议革命事，新军民军始相联络矣。

九月十一日既得省垣光复电，赵、朱密议，即于是夜九钟时举事，军中推赵复祥为临时统领，朱朝瑛为副统领。午前九时，朝瑛与佴致中、范嵩龄、王诒湘分往四城楼密谕民军，言今夜新军入城，当开城欢迎，勿放枪，违者惩以军法。午后十时，一、二两营同时发难，何海清、盛荣超夺其军，各在操场宣告起义宗旨，众呼“万岁”。先后率队向南城直入，先攻府署，知府吴昌祀逾垣走，标统罗鸿逵闻变，夜缒〔城〕而去。是时北较场第三营竟夜寂无声，乃以号兵自北城上号召，三营连声应之，黎明绕由南门入城。防营管带张鼎甲驻兵镇署，已先通消息，表同情。两军于民秋毫无犯，临安全城光复。十二日晨，赵复祥、朱朝瑛就自治公所集军民各界筹议，复祥推朝瑛为统领，愿下之，而自为副统领，佴致中为参谋。即将光复情形电省军政府，取消七十五标名称，组织“南军军政府”。是日决议，朱朝瑛任镇〔守〕临安，赵复祥任统军攻取蒙自，爰添募新军，派吴传声率一中队出发。蒙自关道龚心湛者，在清官吏中有能名，初闻省垣光复，冀图反抗。及临安军起，中学堂监督李曰垓说以与临安军联络，保治安。心湛即遣曰垓诣临安光复军，代表赞同意，而阴遣督带孔繁琴自个旧率防军三营先攻临安，十三日至攀枝花。时复祥先派进取蒙自之军将出发，朝瑛所招民军三营为预备队，顾尚未知敌兵之突来也。有建水役马者李鸿宾行至普雄，见敌兵汹汹至，即出资雇人飞函报警。朝瑛急遣邓云广、张禄、尚毅德带领民军逆战，复祥派新军一队同赴前敌。当光复之初，朝瑛、复祥以心湛拥兵为梗，电请省军府救援。回电云“能战则战，否则固守临安，现已遣罗统领即日南征”等语。南军闻之，争先奋往，行抵破丫口山麓，而敌兵卒至。相持良久，子弹已空，新军将弁，见民军战甚力，乃分子弹予之，邓云广督军猛进，张禄以我军迎攻不利，即绕道玉屏山拊敌之背夹攻之。鏖战逾二时许，孔繁琴中枪仆，敌兵舁送十里外，始大奔。营管带盛荣超星夜蹑追，至普雄，遇溃兵三十余名据守观音阁，我军攻之，遂缴械投降。闻孔繁琴宿孔姓旅舍，乃擒而枪毙之。是役也，杀防兵五十余名，虏三十余名，获枪弹甚多，余众溃散，我军阵亡一人。龚心湛闻孔繁琴败死，十五日乘早车遁去，蒙绅集团防兵五营守城。是晚守军装局兵，劫快枪数十枝，走阿迷、弥勒。次日，吴传声、张鼎甲先到蒙自，联络各界悬旗反正，赵统领随率军至自临安，众欢迎。寻奉省军府电令，委赵复祥兼署蒙自关道，朱朝瑛署临元镇，郡人王垂书署临安府知府。初，省垣光复后，军府以南防毗连越南，且防营势力颇厚，反侧未安，乃编成步队一联，为基干之混成支队，以罗佩金为统领，庾恩旸为参谋，率之南征。开化镇夏文炳慑于兵威，于十九日先举旗反正，自是南防各营皆率所部降。惟反正伊始，各处土匪蠢蠢欲动。个旧一邑，尤为滇财赋要区，平时匪类麕集，比闻临军举事，即啸聚思逞，商民惶惧。朱朝瑛鉴昔周云祥之乱，乃募民军三营，以张和、钟文学、苏镇南为管带，分防镇慑。和有威望，群匪敛迹，个旧赖以安。别派李家祺、刘凤祥带兵两哨，巡防石屏、嶍峨、河西、宁州、新兴、江川一带。初至石屏龙朋里，击毙匪首龙向起，余党各鸟兽散。复于新兴后裕乡，杀毙著名匪棍王云章。又派李哨弁追迹浪广积匪史春能、史奴生叔侄。该匪率党百余人进省投效，朝瑛先电军府声其罪状，比该匪至省，遂歼厥渠魁十数人，余党取保放归，澄江各属得以安靖，佩金至临、蒙劳军毕，还省。未几有蒙自兵变之事。先是复祥当临安光复后，以新军缺额綦多，乃仓卒招募以补足之，盗犯、痞棍、土匪悉羼入；比驻蒙自，拟取开、广，达粤入湘以援鄂，而兵额不足，复招新兵一营，然多系防营溃兵：变乱之机伏于此矣。重以第三营新军独无发难功，行赏之日，一、二营目兵各给银五元，三营减之，仅各给三元，军中无识者动加丑诋，遂至积羞成愤，以图一逞。且军纪不严，赌风甚炽。时河口副督办许德芬以军府成立，需款甚殷，将署中所存湖北协款解省济用，复祥截留二十余万作蒙自军饷，营中赌而输者窥道署多金，已萌抢劫之意。而参谋官李镇邦谋充司令，马队军士龚裕和，志在饱掳掠，邑人李叔昌从事道署，更阴与匪通。至十月十三日夜九时，遂至爆发，全部叛变，先攻军械局，抢快枪二百余杆，继攻道署，库储饷项劫夺一空，焚掠市场，商埠亦被蹂躏，将校以下逃匿殆尽。复祥闻变，急走河口，南防震动，越南法兵调集沿边，势将藉口侵入，事机危甚。军府与法领交涉，谓蒙乱指日可平，铁路一带当派兵沿途驻扎保护，决无他虞，法商所受损失，事后议偿。法领夙感军府诚信，无异言。一面电谕蒙自叛军，速复旧状，勿得擅动，电饬临安、开、广各军，严加防堵。即先由省派遣军队保护铁路，沿途驻扎；令朱朝瑛赴蒙宣慰叛军，严守个旧；复命佩金单骑赴蒙，凯切宣慰。越十六日，佩金及朝瑛莅蒙，分调驻个国民军第四营张和、第五营钟文学、驻临国民军第二营张禄屯扎要隘，申儆开导，该军始帖然。佩金密电省：请将驻蒙新军全部编为北伐军，陆续调省，俟分别惩处淘汰。濒行，在关道者将为首之李镇邦、龚裕和等数人枪毙示众，其余叛首郭耀龙、张志江等二十余人，先后在省正法，军民为之肃然。蒙自关道，军府委何国钧署理，蒙自乱遂平。

自蒙自而南，距二百数十里为开化府，知府石家铭与开化镇同城，初闻省垣反正，已电军府共表同意。石就地募士兵一营，以邑人余树松为管带。既而树松叛变，石吞洋油燃火自烧死，余匪遂抢掠城中富商。经夏文炳督军弹压，变兵溃散，余树松惧罪潜逃，嗣被获解省，审讯不虚，置之法。迤南之乱悉平。

迤西

自昔有云南者，必先扼榆城，然后足以左右南服。辛亥八月武昌举义，九月九日滇垣反正，十一日电至，守者匿不敢发。明日，协统曲同丰知之，乃集官绅府署中会议，出军政府电传观，众默然，郡绅赵绍周先发言赞成，遂复省电。邀众出，集军门右，说反正宗旨，众欢然，即分兵守四城，惟标统涂孝烈、管带蒋辅丞蓄异志不赴。复反与士绅议善后，佥以大理为迤西总汇，又驻陆军，力足号召各属，宜先设总机关，联合迤西各属，遂定议设“迤西自治总机关部”。适剑川赵藩因事赴省过榆，榆绅邀之出，十四日，票举为总理，递举由云龙、李福兴为协理，范宗莹为参事长，分设团务、民政、财政、军事四科，以考棚为临时办公所，即日宣告成立，电告省垣，并约事定即裁。并通行各属，明布反正宗旨，安慰军民；分电顺宁、丽江、楚雄、永昌诸府，永北、蒙化各直隶厅，均令转所属，速赞同，并举地方代表到部。标统涂孝烈谋抵抗不遂，夤夜遁去。十五日，清真教回民见旗书“汉”字，疑之。次日，机关部集回民会议，说回汉一致、五族平等之旨，并邀其代表入部共事，始各帖然。初，涂孝烈之逃也，走丽江，投鹤丽镇张继良。继良固李督亲信，闻变，在丽招兵谋抵制，孝烈附之，声言朝夕南下。时腾越复有电至，言初六日举义，后无确报。道路纷传，同志会者私党也，密谋戴孝烈为魁。于是军心浮动，人民摇惑。乃议定，募乡兵二营，克日成军，电省截留乔后盐款约二万两作饷需；派侦探赴丽、楚、顺、蒙各属，令实以现状报；城乡添设临时警察；并通告：本届钱粮及府县税课，均解地方。十七日，楚雄、丽江官绅各界复电，一体赞同反正。各属代表陆续到榆，乱萌渐消。惟各地尚多借自治之名，侵越攘夺为患者，乃由部详订自治规章，分发各属遵守。适奉军府电，调赵藩署西道兼巡按使，辞总理，机关部公推由云龙代之。练迤西三十属乡兵七千人，请提黑、白、琅三井附加盐款月一万八千两为补助费，余由各属自筹。适驻永陆军由教练官郭龄昌率之回榆，永昌反正时龄昌本狐疑，与第一营管带蒋辅丞有隙，而军至观音塘，为蒋部以曲统领命枪毙之于城南。蒋久有逆心，曲侦知之，至是召蒋诘问，蒋以手枪迎曲，曲命左右缚斩之，即往宣其罪。营中忽闻枪声，警而逃。由官道星夜赴省，时二十二日午后也。曲既走，营中续扰，枪声四起，乱党乘隙骚动，匪类杂其中不辨，持械入城，游弋市衢，人民大恐。机关部追曲不获，乃遣人往营中晓谕。二营兵多土著，愿共保桑梓。军中党分，各为戒备。时城中义务团亦骤增，合以新旧乡兵及赵巡按卫队，共千数百人。统带孙绍骞出标营新式枪弹及服装，由部配发兵丁，分屯城内外守卫，以防暴动。藩与绍骞等召开军、官、商联合会，机关部承诺代办陆军临时筹饷所，陆军承认自维秩序，与地方乡兵分任防守，共保治安，于是人心稍定。继而政府已电擢绍骞为标统，军营有所统率，乱萌始熄。未几有腾、永发兵取榆之耗。

先是滇垣光复前三日，腾越张文光兵起。文光尝与杨振鸿、黄毓英、杜钟琦、马幼伯游，入同盟会最早。戊申河口革军事败，振鸿、毓英奔缅，谋再举，联党入腾、缅间，遂识文光，相与涕泣，言滇缅划界叠次丧地事，出革命宣言，尽散布之。汉夷人民，自是多怨望清政府者。振鸿乃乘机谋举义，即败，愤死。毓英遁入省投陆军，党人多匿文光家。已而界务危迫，滇人士四方奔走，言争界事甚急切，陈荣昌奏参兴禄、石鸿韶划界失地；赵鹤龄奏争重勘滇缅界；杨觐东屡上界务书，言滇事阽危，动摇大局。清廷均不应。李根源赴片马侦英兵，绘山川道路地形要隘图归，省大吏弃之弗用。人情愤怼，热血之士咸思独立。王九龄、杨大铸自日本旋归，与李文治等发起保界会，会员以死争者相望。辛亥秋武昌发难，省中军学各界谋响应，机已大动，计旦夕间事。而文光适自腾越一路，以同志会联络会党及陆防军，争先发难。

先是榆标陆军因片马交涉，分三营，前左队驻永，后右队驻腾。腾军排长陈天星又名云龙者，在军中有势力，称同志会代表，文光用之，以号召党人。发难前三日，陆防军官兵借野操会文光等郊外，既盟，定初六日举义。是夜天星毙管带张镅而夺其兵，防军亦同时杀其管带，两军混合拥入城，围攻镇署及军械局。总兵张嘉钰服金毙。转攻厅署，官吏遁去，兵四塞，遂据腾城。众推文光为首领，称都督，天星称都指挥。以杨大森、张鉴安等为军事参谋。悬重赏募兵勇，收官权归地方自治，设财政、公款、公捐三局、审判一厅。与税司英员好威洛订约：缅政府不得干涉，遣兵送之归。新增兵四、五营，复编士林队为招民兵先导。既据腾，乃分兵前进，意欲得榆为根据地，以进窥全滇焉。然文光为人知之者绝鲜，讯至大理，咸怪诧之。天星又骄蹇自恣，六七日间搜款数十万，增兵二三十营，一旦桀黠游民闻风蜂集，多以戕官掠民为志。旋发兵攻龙陵，破其城。东下攻永昌，永军拒之，禁怒江船不得济，兵留禾树木者二日。而永已奉省光复电，保山县令毛汝霖集绅民宣告，悬旗反正矣。而管带罗长庚与教练郭龄昌冲突于电局，汝霖惧，仰药死。龄昌以省电不足据，令拔去已树之旗，而自率队渡沧江，断其桥，斫电线，至黄连铺，屯兵江桥东观变。

十六日，腾军抵永，永兵自戕长庚，迎陈天星入，于是永城二次反正。遂西向腾，一切设施，惟天星命是听。天星既得志于永，遂议分兵窥榆，其先锋刘竹云陷永平。时大理西南北三面警报频来，浪穹有巨匪郑银标等，纠众自山后麦地进掠；杜文礼自永昌率众窜云龙、丽江入掠濞涧，占喇井、木里、响水河一带；而蒙化、顺宁告急之书，一日数至，佥言各路匪股皆陈天星派出者。乱人主迎天星，游民匪类纠纠作异军苍头状，鹤丽镇散勇络绎入关者日不下百数，朝遣之，暮复集。人民惶惑，莫知所适。机关部议派妥员前往，说明宗旨相同，毋庸用兵，欲天星驻兵平坡，单骑入关相见。而刘竹云迫大理投降之令至，干崖土司刀安仁亦称都督，行文至大理，迫令降。由是军官绅民咸愤激，谋抵御，时大理反正已二旬余矣。乃由机关部议增乡兵及义务民团，分守要隘，而以陆防军出巡各路，以遏匪乱。即移文刀安仁，告以大理各属均已赞成滇军政府事，并派代表周霞等往。霞字国华，老而有侠气，年六十二，游学日本归，劝学桑梓数年，尤热心国事，地方人士多信仰之，旋入榆标陆军为军医官，气益豪，腾军逼境，求代表不得人，霞奋臂起，愿以身先。赵州杨峦者，亦老而勇，邀之同行。黑夜出玉龙关，至合江直赴陈天星营，天星不见，且要挟多端，词语狂肆。霞等往见竹云，告以情理，阻其前进，竹云亦不听。十月四日，引兵犯茅草哨，炮击榆军。适奉政府电，谕大理军迎头痛击，绍骞乃分兵破之于合江四十里桥，更破之于平坡，追至漾濞。而蒙化团长姚淑虞亦破蒋树本兵，丽郡李德泳破杜文礼于喇井，乔井大使何诰进复云龙，于是竹云遁走，天星无所恃，不复东下。榆军拔队返，人心稍定，而顺宁告急文书又至。先是顺宁府琦璘奉省电，即传谕所属一律反正，而自愿捐俸助饷，与地方共维治安，军府曾电奖之。突有土匪谭占标等倡乱，县令逃，贼得琦，刃之，遂据官署，破牢纵囚，广收匪党。土匪李正，举石甸，司亦为匪得。于是顺、云一带，居民纷逃，各局、所、学校悉糜烂。地方绅士乃密遣赵珩等赴榆求援，而袁恩锡则取捷径，自乞援于永昌。是时腾、永军由顺下云、蒙，以取大理，即派李学诗为统带、恩锡为前军督队官兼参谋，驰赴顺宁，捕杀谭占标等，余匪悉降。腾永军裹胁益众，顺人稍稍苦之，复阴遣人乞援于榆。腾永军乃分兵他去，留恩锡驻顺。时政府已命第二师师长李根源统师西上，将至榆，李学诗由云回顺，力靖匪乱。藩请以宾川州牧张汉皋署顺宁府，电告以安民心。张文光始撤陈天星部下漾濞兵回永，诱杜文礼回腾，令马占标劫杀之，而以讲武生刘有金入云龙保井，与榆联络。有金军纪严明，机关部电请李师长委为驻井管带，云龙亦靖。刀安仁闻省军西来，自分不能为都督，已先逃逸。自是大、丽、顺、蒙一带，声息相通，人心渐定。初，迤西各属反正，永北独迟疑，总机关部迭行文催饬厅丞田亮勋从速赞成，田已悬旗庆祝。时劣绅黎元和、谭华等潜来榆，言永城并未反正，机关部复发以政府文电各件。元和回永，乃纠党设立自治机关分部，逼官交印，捐饷乞免，强收钱粮税课，胁夺军械、文牍，劫狱纵囚，抄抢江外地花坪、紫杆各村，及顺州土司地洋沙、喇黑、早郎、大石桥一带，四乡惊扰，岌岌不安。总机关部与藩查知其事，电政府将元和诱榆惩办，乱乃定。至是，云龙等乃密电省政府请申前约，裁撤总机关部，以清官治自治权限。奉准后，先遣散所招乡兵及城乡各义务民团，而移其余饷、军装、文件于根源及藩。计自设立至裁撤，为期仅四旬，用款不及万金，然初则维持地方治安，使各属消息相通，宵小无从构乱，继因腾军出扰各路，请兵请械，莫不设法应付，且联络陆防军指授机宜，俾兵事早日敉平，复破坏之秩序，安惶惧之人心，识者多机关部之力焉。根源乃电请军府擢由云龙为永昌知府，协理李福兴为参议院参议官，奖参事范宗莹等以同协都尉以下职有差，改机关部为陆军饷械局。而大理绅商界，感陆军保城池功，公议建纪念亭南城外，军人之枭桀者亦以名誉相勖。自是军民相安无事。迤西各属文武一切政令，悉出自第二师司令部。

根源之出也，以第二师师长兼国民军总司令，节制文武吏，自楚雄以下之直隶厅、三十五州县举以畀之，悉听裁决，不为遥制，权专威重，事皆易集。抵榆后，以提督署为总司令部，改西路各防军为国民军，署丁彦为鹤丽镇，李学诗为顺云协，皆兼带国民军。编孙绍骞军入第七联，以绍骞为联长，委参谋官秦思述署大理府兼摄太和县事。十月初一日，腾、永代表至榆，根源特提安抚各事：裁兵收械、停派捐收、置官吏、军人不得与政事各条，诸代表悉从命。大理军绅虽欲甘心天星、竹云，至是已无人出而争执，事遂平。

二十八日，根源率师由榆出发，抽其旧部省兵，并带榆军王太潜一大队西上腾越，赵藩带国民军两营驰其后，赴西道任，由云龙亦随赴永昌守任。当是时，腾人心志大定。然以兵多，饷不济，取官款、盐款、铁路公司存款、粮税各款数十万，用罄不足，至按户籍派捐，集十余万亦不足，又行钞币名“军用票”。所略地用军兴法，官司悉废坏，人民漫无归束，兵多抢攘。而土司刀安仁亦乘隙索张文光饷与械，煽西南诸土司为乱，强发纸币数万，及安仁逃，其余众犹纷纭不可收拾。军中独张文光识大体，诸将心犹叵测，又与榆军有郤，憎其来。根源与赵藩谋，乃以榆军与腾军攻战者留城中，其未相见者从行，又分布诸路，以杀其势，所过郡邑抚其所驻军，皆受约束，各置守吏，收其权。至腾，改腾越厅为腾冲府，见腾冲兵最多，次为永昌，计先裁腾兵，乃调永昌兵入腾，以次裁之。遂与张文光议，罢捐派，设官，布政令，一切皆具。保文光为协都督，授总兵官，镇腾冲。大裁其军，一日遣数千人，无哗者。将调永昌军而难作。初，文光保其部下彭蒉，人笃实可任使，根源使守永昌，黄鉴锋者故无赖，同主兵，不能遽去之。未几，钱泰丰以彭蒉误发枪，击死其部下，围杀蒉，几酿乱，得部署，旋定。黄鉴锋又与城中匪通，夜焚数百家，大出劫夺，王太潜军及府署卫兵亦与通，故难作，永城溃烂，腾中为摇惑，夜数惊；牵及在顺之腾、永军，亦群情汹汹，乱机四伏；驻大理者亦因而动摇，城中惊恐。根源佯慰其众，诱黄鉴锋杀之腾，而遣王太潜军出永昌退伍。益裁汰诸路兵，合西防军，定民军编制，划卫戍地。腾永军二十三营裁并为七营，编入西防国民第十一营至十七营，令分防各要隘。自是号令日肃，盗贼稀少。惟榆军闻腾、永军变后，常不靖。根源电军府，请分榆军取道永北、会理、建昌援川，适省中援川军已出发，而建昌官绅速电阻兵，榆兵遂止不行。根源乃密饬孙绍骞行退伍法，满役者皆以次退，不及期者遣归，然后行征兵制，选官长，严教练，以为国防备。方退伍时，危难数倍于裁兵。幸榆军多邻近民籍，绅士又屡以名誉拘制之，得晏然无事。顺宁亦经知府张汉皋调停，等给饷资，使稍慰欲壑，得免于乱。根源复自腾、永诸路严缉变兵，拿办之，杀其头目多人，其未属变兵而留赘与在籍者，则从严限制之。自是兵患始息，人得安枕。根源乃锐意政事，凡应兴应革者，与赵藩昕夕筹谋，政无不举。其在师中所为，如置漾濞县、弥渡县，定保山、永平、顺宁、蒙化、云龙地之相错者，革弊俗，正风化，废旧祀之不合祭法者，而建明代开创殉国逸祠，修乡贤之祀，表忠烈之墓。复迤西模范中学校，设永昌师范学校，试行强迫教育，资遣腾、永学生出洋留学，饬各郡县兴棉业、林业、畜牧、矿产，合腾、永两府设实业公司，附以垦殖，开商会，立银行，整币制。欲行之以规久远，已复经营西南土司，与之土地。建二策于政府：一主急进，一主渐进，军府从其后策。自南甸以下诸土司地，各设行政委员一人，又择其冲繁者，增设巡捕员四人佐之，其区域权限悉如根源议。惟六库、老窝、登埂、鲁掌、卯照地，皆与片马相接，而上下片马实属登埂，乃先设治，名泸水县。邻近有练地，亦土巡捕，以永昌府经移治焉。怒求地者，怒江、求江之东西岸，恩梅开江以内是也，地险恶，绳桥以渡，道路未通，其人犷野，椎埋为俗，稍成部落，未有市府，汉人不能始至，故设官尤难。根源初自片马归，即图其地形经营之，未得行。至是乃遣军中习夷情者，率士卒，杂负版工匠之属，分道入探之。兵入怒地，数濒险，卒得出，且降其众，修道路，可往来焉。乃增其兵为殖边队四队，以出怒江。设殖边局管之，以备兵食，便策应。移人民，开垦凿，通工易市，为异日设官之备，且以绝外人东侵之渐。初，英兵入片马时，腾永奸民伍嘉瑗等为向导，至是根源捕治之。英领大忿，以根源在迤西威权无限，力谋去之，电请军府撤退根源还省；又电驻京英使向外交部力擿根源短，以迤西巡按使赵藩与有龃龉，并请更易。军府据理力争，坚持不允，英领无如何。复以张文光过界捕人违约，电请惩处。军府以过界捕人，非文光意，允罚捕兵，事遂解。既而根源闻西藏饷道绝，悉番人将蠢动，然事犹未亟，巴、里塘诸所犹有小军戍其地，因驰檄告川军无溃散，为任援应、供转饷。使其事行，则驻藏兵不溃，番人不叛，而藏乱亦不炽，会蜀政府与援川军交恶，边使不通，川军遂溃，襄城叛，巴、里塘皆相继陷。始，于阿墩、中甸、维西、永北诸路严戒备，土番不得窜扰，更收川军散亡者数百人为入藏向导。后，政府议自中、维出师以援藏。赵藩辞职，根源乃与藩并辔旋大理。请以张文光为大理提督，李德泳署腾越镇，调孙绍骞为国民军统领，使驻维西，杀王太潜以谢永昌，以缪嘉寿为第七联联长，驻大理。根源以病求解职，都督连电慰之，求益坚，乃令殷承瓛督师西征。根源与赵藩、杨琼等徜徉山水间，访遗书，搜胜迹，标榜文事为乐。是时迤西各地已靖，虽腾永散兵余波时有起伏，不足为患矣。

大事二·光复二

援蜀

军政府之成立也，都督蔡锷，以光复大业，非一隅一方之事。北庭未复，其责未尽。故谋合江左右同志，联军北伐。而分一支道蜀入秦陇，以箝其臂。西蜀天府，进可以控御中原，退可以据守自固。当是时，清川督赵尔丰，犹据成都。重庆张、夏两都督，及川省绅商请兵赴援。而旅滇宦商刘存厚等，情词更切。清臣端方又奉旨率军入川，且阴嗾北清臣之属滇籍者图滇。锷以四川据长江上游，若使丑虏得志，挟其兵力、财力，北连秦晋，东下武汉，西抚藏卫，则足以制民国死命。故欲北伐，必先保西蜀，则靖蜀乱实为北伐之首事。是时滇西南两防，大致已定，新军倍于前，乃蒐集军实，成一师，以军务部总长韩建铎长之。九月二十一日，分命参谋部第一部长谢汝翼为第一梯团长，顾品珍为参谋，黄毓成为骑兵联长，张开儒为步兵联长，取道昭通，诣蜀之叙府。命步兵第一旅旅长李鸿祥为第二梯团长，杨发源为参谋，率师由毕节出泸州，而会师于成都。谢师次昭通，端方闻之，阴嗾泸叙独立，以援我军，汝翼不为所惑。十月二十二日军薄叙府，鸿祥亦由黔北上。尔丰闻之大惧，始移军政大权于川人。十月十九日，成都反正，尔丰遂遁入藏。至是而新命四川总督端方，亦为其下杀于资中，馘其元，送之武昌民军。成都民军，推蒲殿俊为都督。锷即命汝翼与鸿祥暂驻叙、泸，协商川中军府，镇慑地方，安抚人民，无庸前进，免起猜疑。当是时，川事糜烂，仇杀相寻，军府林立，不能统一。而北清虏钦差傅华峰，统领凤山，驻藏大臣联豫，领兵万余，由雅邛进扑成都，蜀军屡败。西藏叛军，进据巴塘。英人亦增兵入藏。锷又惧清军乘间入秦陇，尔丰鸠余党，阨我军之吭，而拊锷军之背，则不惟蜀乱难平，蜀民受其辜，且必摇动大局，故令汝翼扫荡孽丛，修治民政，以巩军势，勿任其蛮触争雄，致碍国家。顷之，成都兵以放饷激变，殿俊跳走。政府助匪残民，自号借公口为团体，而哥老会首领自为渠帅。政府为会党私社，而私掠宾萌，横杀文弱。巡防同志新军，复先后三次兜抢，公私交困。重庆亦惨杀倡义诸人，外属各县同志会麕集，将成流寇，势极危殆。成渝又分立不相下，全蜀骚绎，民不自安。会叙属伪同志会数千人，欲掠汝翼军，围叙城数匝。汝翼谕给资遣散，不听，且汹汹煽守军为乱。汝翼知其为乱党，非驱逐不足以靖地方，遂于十一月七日炮击翠屏、真武两山，更分兵冒险渡江，攻吊黄楼匪军政府，斩其渠帅关连陛、罗选青及标统六人、管带十三人，匪军溃散，追击三十余里，戮伪都督胡棠，人民欢忭。

是时，自流井匪徒周鸣勋，聚众五万余，亦称都督，蹂躏地方。士绅迭请兵于汝翼，翼商之于黄毓成。毓成以盐井为全蜀财源之地，而下通江流，尤便转输，关系北伐戡乱皆至重。遂于十一月二日，命毓成与顾品珍禽斩其帅渠，据其地。毓成因与锷论蜀中形势曰："我军援川目的，原以平川难，促其独立，藉固滇藩，而维大局。我军行动，自应视川难之曾否敉平，蜀人之确否独立为进止。乃查蜀之军政府，则纷纷角立，都督则所在皆是，如成、如渝、如泸、如宁、其最著者；至外县之盗名窃号者，尤指不胜屈。既无完全之建设，又乏强大之武力，彼此竞争，各不相下，日形冲突，莫期统一，甚至一军府中，亦复人各一心，互相倾轧。各处匪类，大则带甲数万，盘据外县，小则纠众千百，打家劫户，大都假名同志会，而实则盗贼之行。各军府微特不足以制之，反借为声援：其内患如此。伪钦差傅华峰、伪统领凤山、驻藏大臣联豫等，带兵万余，由雅邛进扑成都，蜀军屡战皆北。蒲贼长庚，纠合甘人三万余，谋复陕西，陕军又败，近更有进汉中之说：其外患又如此。川祸未已，北伐之计，恐非滇能独任。况蜀不惟不能济我，反忌我而排挤之者乎？刻下我军已定叙府、自流井、富顺等处。查蜀中财源，大半出于自、贡两井，约计年出款几近千万金。但因匪乱破坏，运输不通，我军虽将盘据匪党驱除，稍复旧规，然不乘势扫荡川东南，则运道仍阻，不惟长江一带有淡食之虞，且以此最大财源，漫无经理，将何以平蜀固滇而维大局乎？目前鄂、豫停战，南北局成，亡国之祸，迫于眉睫。蜀以天府之国，不惟外人视线所集，其势居长江上游，又取天下者所必争。满势未灭，必由陕入川，力争上游，则川亡而滇亦亡。中国前途，何堪设想。故欲固滇藩，维大局，非速平川乱不可。然川政府无力维持，非我军监督改造、催促进行不可。欲达此目的，又非据自、贡两井财源，打通江路不为功。是以毓成现拟办法，惟有死守已定之地，多筹游击之师。俟兵力稍厚，节节进取。大要打通江路，连贯湘鄂。既握饷源大纲，亦便兵器运输。小之足以富强滇蜀，大之足以接济各省。将来北征计划，自易为力。此愚者千虑，以为不如此不足以为全蜀者也”云云。时犍为、五通各处会匪，势仍猖獗，汝翼复命开儒率一混合支队逐之。出雅州，并袭傅华峰军，捕斩匪首袁香圃。傅华峰降，富顺、南溪、屏山等县亦靖。遂分毓成军驻自流井，开儒军驻五通桥以镇之。至是而川南会匪悉平，四境宁谧，居民乐业。

鸿祥之出毕节也，先清永宁匪祸。其前驱黄毓英、张子贞等，转战于永宁、合江、泸州之间。一年一月，收复合江，卒禽其悍贼。川乱之得早就平息者，滇军芟夷之功不可没也。锷又恐贻川人口实，特电鸿祥云：“川事迭经电中央请定办法，闻王采臣、胡文烂已抵蜀，就中以一为之，当易为力，若猝难办到，惟有仍赞助渝军，共平匪乱。我军以联络蜀军，勿分兵力二者为最要，联蜀则疑易释，兵聚则敌难乘”云。是时崔符虽夷，而成、渝两军政府仍分立，各不相下。渝军府较悉我军入川之意，故每得地，锷皆命交渝都督接理。鸿祥、汝翼复乃调解，渐有归于统一之势。川事初理，军政府乃与之计划会师北伐。在蜀我军，亦厉兵秣马，以待长驰，而滇蜀交恶之象成。初，我军荡涤川南匪患，列营叙泸之间，全境晏然无事，匪巢既破，其徒无所依，乃为流言，谓滇军有并川之意、群情未察，遂起猜疑。而军中偶杂散勇，容有与民情未调之处。合江之役，误杀重庆军府所派之川南总司令黄方。而巡按使郭璨，复为开儒所辱。(按：张以郭璨、陈先沅两巡按使，袒护恩安、永善两县令，私自撤换。郭、陈避匿，又派兵围搜，并拘郭弟于昭通自治局。郭，本川人也。见都督府东电)谰言四起，川人群忿。渝督张培爵，使人虚与鸿祥商北伐事。又以陕甘危急之说，假滇黔代表，举为三省北伐团兵总司令电锷，实欲滇军之速去川也。鸿祥与汝翼商，别请建铎、存厚，向成都政府说以四事：(1) 取消成都哥老会政府；(2) 令同志军缴枪解散，另招新兵，编练军队；(3) 不得排斥外省人；(4) 统一军政府。复与蜀军政府电曰：“顷接养电，会师援秦等语。宏筹硕画，实深钦佩。但此事关系重大，非有我军府命令，不敢自由行动。以现在情形言，川省军政府未能统一，政治淆乱，伏莽遍地，全蜀糜烂。藏兵在西，乘间伺隙。滇川重兵皆出于西北，恐匪徒猖獗于内，藏兵乘之于外。川省不可收拾，鄂省即首承其祸，大局何堪设想。故今欲救西北，非先使四川之独立确实完全不可。倘能以最短时间，速祛以上所陈二害，固当请命于本军政府，执鞭策以相从耳。”电发后，蜀军府不复。而鸿祥、毓成皆电告成都，分兵诣资州、荣县，大书于帜曰“七千万代表尹”。尹者，成都都督尹昌衡也。锷电李、谢，谓：“我军急宜准备北伐。若蜀军开衅，可敛兵不动，与之和平交涉，勿轻启内讧，至碍大局。”并派存厚之成都，商和平办法。不意存厚随员卫队，全被拘留。二月七日，交涉未定，突于自流井北界牌防御处，寻衅轰掠。并由资州、威远、荣县、富顺四路进兵，攻我军甚急，我军亦增援备战。锷与成都军政府电曰：“滇军援蜀，本属仗义兴师。嗣闻蜀颇怀疑虑，迭经电陈宗旨，又饬滇军协商贵军，速靖内患，联军北伐。顷接泸州来电称：‘成都发兵数万，在自流井以北攻击我军’云云。现陕、皖告急，敌势方张。正宜勠力同心，歼除挞虏。滇蜀谊系唇齿，宁可反操同室之戈。万望释此嫌疑，共维大局。滇军早已饬令顺江东下，出襄阳，截敌攻鄂，攻秦晋之后路”云云。鸿祥复请王人文、胡景伊，双方调解，而渝军府亦屡电解释。至二十日，川两军府合派胡景伊、王馨桂、邵从恩亲来自流井，与师长韩建铎商和平，遂以《北伐条约》结束交恶之事。约曰:（一）川滇各军组织北伐队，分道前进。俟会师中原，认为必要时，临时由各上级官公推一人为总司令，统辖全军。（二）滇军北伐，一个梯团所需薪饷，由川军政府担任，每月二十五万元为率。余先筹四个月，分于重庆交纳外，后均按月接济。（三）北伐团所设兵站机关，由川军政府组织。其所需弹药、被服、器具、材料、马匹等项，统由兵站机关筹备，输送补充。（四）滇军出发日期:（甲）自贡支队，以旧历正月初五日以前出发完讫。（乙）五通桥支队，以旧历正月初十日以前出发完讫。（丙）成都、简州各部队（随刘参谋去者），以旧历初十日出发，入泸州集合。（丁）叙泸军队出发之前一日，通告川军。（五）滇军援川以后，《北伐条约》未结以前，在各地筹获之款，由滇军报告滇川两军政府，由两政府直接商酌办理。（六）滇军援川时，在叙府自流、贡两井，因一时权宜之计，定暂行派员代理之行政事务，此后由川军政府斟酌办理。（七）本条约经双方调印以后，即作为有效。从前所定《滇渝条约》，及各项草约，均一律作废。（八）此条约共缮四份，滇川两军政府各存一份，缔约人各存一份。和约既成，锷欲遣我军东下至南京，为警卫中央之用。时清帝退位，南北统一，而成渝军府亦合并重庆，镇抚总长胡景伊，与锷有旧，多调停其间，时藏卫乱事方兴，锷又欲使在川滇军，助川平其乱，川督尹昌衡不愿。国是初定，无事北伐，恤邻之谊已遂。于是夏四月，我军遂自叙泸撤退，锷更编新军，以鸿祥为第一师师长，汝翼为都督府参谋厅厅长。

援黔

援黔军，即滇之北伐军。北伐军编定于辛亥十月。当是时，汉阳失守，民军不利，南北议和，迁延未决。识者虑北清复振，谓非联合各民军，大举北伐，不足以谋统一而巩大局。于是长江以南各省，咸组织北伐军。滇僻处天末，界连缅越。而光复后曾出师援川，用促川省独立。复以清廷尚在，后患滋深。都督蔡锷，召集将领议，以援川之师，循江东下。自宜昌登陆，进规襄阳。出潼关、武关之后，截击清军，俾不得逞志陕鄂。然后结沿江之师，直捣燕廷。编定北伐军四千，命唐继尧为司令。取道泸州，与援川滇军合，径赴中原。适黔省反正，执政如张百麟、黄泽霖、赵德全，滥引匪类，盘踞要津，政权匪势，混而为一。黄自充龙头，党羽鸱张，为害日烈。然皆拥重兵，黔人固无如何也，黔中耆老，爰举代表戴戡，会同旅滇黔人代表周沆，乞便道移师入黔，代清匪乱。锷以北伐为重，又以事涉嫌疑，不允所请。黔代表再三吁恳，谓滇黔唇齿，黔乱，滇难独安，即湘、蜀亦受其影响。锷乃命唐继尧率师入黔，事定当移师北伐。

民国元年一月二十七日，滇都督蔡锷暨北伐司令官唐继尧，誓师承华圃，二十八日，支队长庾恩旸，率师首途，二十九日，继尧率北伐军本队出发，先后送者数千人。旗帜大书“不平胡虏，请勿生还”八字。临时省议会、女子爱国协会，均以纪念白巾赠军人。二月五日，军次平彝，奉锷电，谓：“蜀氛未靖，陕势颇危，我军应改道入蜀，会合援川军，先平蜀乱，即援陕北伐，于大局关系甚巨。且探悉黔省党竞剧烈，我军一到，冲突即生。即代勘平，而收束匪易。审时度势，应暂置黔事，并力赴川”云云。时黔代表戴戡、周沆亦奉电，谓：“此间黔人刘荣勋、钟元黄上书，谓滇军助一二人之党争，将残七百万人之生命。浮言固不足恤，然黔军政府既生疑忌，将来到黔，难免冲突。我军既多树敌黔省，又重罹殃。已饬唐司令改道入蜀”云云。戡、沆复电，指“钟、刘乃张、黄朋友，新自沪来，或不熟悉内容，故为危词耸听。且滇军入黔，已通讯预备欢迎。设中途作罢，则贵阳与诸谋人，必遭残害。株连良善，势所必至。元气正气，丧失殆尽。是滇军不发，黔祸或缓须臾。滇军改道，黔害立见糜烂。至虑剿黔敌，所敌者仅少数匪魁。吾黔驯良之父老子弟，无猜忌，有感激，可以断言。现唐司令迭接前队入黔报告，深悉黔民痛苦，热心赴援，忽受改道命令，乃决策北伐，置黔事不问。但又念成约所在，无从反汗。且黔不定无以平川固滇，故取道安顺，听候进止。”又谓，“戡、沆对于黔局，只有是非，无恩怨，此心可矢天日”云云。于是锷复致电继尧，谓“军情瞬变，不能执一。现接泸州电，蜀军数万，在自流井北界牌，与滇军开衅。而皖则三河失守，寿、亳均危。陕则灵关、潼关失守，西安亦危。自应先其所急，力顾大局。惟闻二月十五日夜，贵阳黄泽霖扣饷肥私，为部众所杀；张百麟走安顺。黔人乞北伐军往助，可酌拨队伍代定黔事。余军仍须入蜀，以应援蜀之急，并速北伐之师。当是时，北伐前军，已深入黔。继尧亦决意由安顺出重庆，以会合援川军。二十三日，军次安顺，官绅郊迎道旁，观者延长四五里，滇军整肃入城，居民惊喜。驻军二日，拿获匪徒数名正法，人心快甚。继尧以闻清帝退位，民国成立，全军欢慰。大局既定，本军计划，自应相机而行。拟先平蜀乱，再由遵义出重庆。北急，则联军以北伐；北定，则并全力以援川；北、川俱定，则经营西藏，以尽云南军队任务。”电滇军府请示，得报云：“滇川事已和平解决。且和局既成，战事自息，计划当稍变更。已电令与蜀协商，经营藏卫。至黔事糜烂，迭经绅耆乞援，实难坐视。希即督率所部，勘定黔乱为要，勿庸改道入川也。”二十五日，继尧遂率师而东。

二月二十七日，滇军抵黔。至头桥，距城可三四里许，即有一部分军队及耆老会来迎。耆老会者，乃黔省士绅，大都硕望耆年，因睹黔省糜烂，而思有以补救者也。滇军以黔垣为会匪盘踞，不欲入城。本部入驻螺蛳山，各队分扎照壁山、东山、观凤台、九华宫等处。连日黔代表同耆老会，诣司令部会商。不承认赵都督德全，要求唐司令为黔省临时都督，代剿防绿各营会匪，情词恳切。乃先由耆老会函告赵都督，晓以利害，劝令辞职，并保全其生命财产。赵不听，谓黔民倚仗滇军，敢于怀二。转纠蓝鑫、叶占标等，准备袭击，定期三月五日烧抢黔省。黔绅耆及黔军将刘显世、胡锦棠两军，佥谋先发制人。三月二日，我军各部队奉密令备战。次日拂晓，观凤台炮队开炮击南厂。步兵一大队，四面包围。第二大队攻头桥，第三大队攻黔灵山，干部大队、骑兵队、机关枪队，随司令部在螺丝山高阜，预备应援。刘显世领新军围攻都督府，胡锦棠领团防军、监守各城及街市。我军分一部分攻执法部。午前十时，南厂兵匪多伤亡，余匪四五百名皆降。执法部兵匪，伏不出。乃调观凤台炮队，自城头开炮击之，始降。正午，城内肃清。黔灵山、桥头两处兵匪，多顽强抵抗，复调炮队攻之，亦降。赵、叶、蓝皆逃，军队投诚者无数。特会黔绅诛首恶数十人，余罔治。午后七时，一律肃清。黔民大悦，悬旗志庆。商民争以馐酒饷军，酬之钱不受，有感激泣下者。是役也，我军战死一人，伤六人。参谋长韩凤楼，率步兵第三大队，驻城镇慑，余归原宿营地。是晚黔代表同耆老会，复诣司令部，会商善后事宜。初四日，改组军政府，公恳唐司令继尧为黔军都督。

黔军政府既改建，唐都督继尧通电南京暨各省。同日黔省绅、商、军、学界，郭重光、刘显世、华之鸿、任可澄等，电滇军府，共表谢忱。锷复电谓："唐司令器识恢宏，声望素著，滇中反正，厥功最伟。此次北伐，志在荡平胡虏，早定中原。适黔局不靖，屡经绅耆电请救援，复于沿途吁恳，滇黔唇齿，不忍坐视。乃允为勘乱，解此倒悬。至任黔都督一职，本非唐君初志。惟黔局甫定，喘息未安，不能不勉徇群情，暂资镇慑。一俟全境安堵，仍望将唐君还我。所冀诸公赞助，早复治安，不独黔省之幸。黔饷维艰，不敷散发。滇军驻黔饷糈，此间当源源量力筹济。滇省医疮剜肉，万难情形，亦诸君所同鉴。现于无可如何之中，筹措五万金汇解"云。滇之视黔，不分畛域矣。

黔，山国也，夙贫苦，复经赵、黄等傲扰，公私赤立，财力尤窘。微邻省协济，几难自给。昔在清咸、同间，湘军尝援黔矣，而王壬秋氏撰《湘军志》，其《援贵州篇》，至谓湘独受其祸，盖言靡饷劳师也。今滇之援黔，何独不然。自北伐军出发，以至平黔，已糜饷甚巨。又源源接济之，黔事赖以维持。然黔省财政既绌，吏治尤窳败。各界之匪，几遍黔中，隐患方兴未已。继尧以为非有绝大武力，痛加猕薙，万难彻底澄清，拯同胞于水火。顾现在兵力，颇形单薄，不敷分布。因请滇军府饬令援川军第二梯团，顺道入黔，代清积匪，使贵州重见天日。谓此固人道主义所应尔，亦不负援黔之初心。此次分兵，乞令分三路：一由綦江达遵义，一由赤水经黔西、抵安顺，一由毕节径赴盘州回滇。遵义、大定一带，得此雄师，不难勘定。锷韪之，谓我军甫定黔乱，不能不增加援军，以为后盾。因饬旅长李鸿祥，率支队入黔，剿遵义一路匪乱。鸿祥军驻泸州，联长黄毓成、张子贞军驻重庆。奉滇军府令，还师援黔。鸿祥率王炳钧趋大定，并檄张、黄两军，克日起行。张联长率黄毓英、马为麟进军遵义、铜仁等处。四月八日，继尧复请调滇省东路游击军刘法坤，赴黔助剿。盖是时，黔垣及上游各处，秩序已就恢复。惟下游一带，匪势大张，而讹言亦因之以起。

初，黔乱平后，张百麟逃至粤。其党有张泽均者，逃至湘，沿途鼓动，遍播流言。于是旅居外省黔人，不悉黔省真相者，多附和之。武昌黎副总统，亦有电至滇，谓宜严肃军纪，免召不韪。继尧爰将会匪乱黔真相十二端，通电宣告。同时黔人周沆、戴戡、刘春霖、郭重光、刘显世暨绅商学界，亦谓："黔自反正后，张、黄、赵、蓝、叶诸匪，涂炭全省，爰请命滇军府代平祸乱。黔局粗定，即拟遄行。黔人以匪党根蒂已深，非滇军留黔，难资镇慑。又以和议已成，无须北伐，公恳唐司令任黔都督。前后二十日，治乱迥殊，商旅四通，妇孺欢忭，黔人感激，有同再造。乃昨见川督通电，有滇军藉名援陕，冀图经过成都，乘机夺取，如占领贵阳情事云云，阅之骇异。夫滇黔同是中国领土，即同是中国人民，既非列国战争，何得辄言占领。黔省当张、黄肆虐时，糜烂已极。使滇军府稍存畛域，黔事必不可收拾。岂惟牵动西南，实将贻误大局。凡此苦衷，应为直省所共谅。而川督通告，似不免妄用猜疑。黔人虽至愚暗，宁肯自取覆亡！况中央已定统一之局，各省必无分立之理。救灾恤邻，自是通谊。倘必深闭固拒，酖毒自甘。则是盗入其室，而拒乡邻之救援。非惟不情，抑亦不智。且滇军驻黔，所有粮糈，概由滇支给，滇何利而为，当可不辨自明。又据侦探报告，谓川省公口仍盛行，故黔中溃兵散匪，大半逃往川边。则滇军占领贵阳之说，必出于匪徒捏造。川督不察，遂至误听。窃惟中国必当统一，一发或动全身，诚不宜如列国纷争，妄生猜忌。事关大局，缄默难安，用特通电缕陈。”时元年四月七日也。前都督杨荩诚，自武昌来电，谓“已得孙大总统拨饷助械，加给委任状，促令归黔。”全省震动，佥谓杨若回黔，黔必无幸，通电阻之。荩诚乃复以黔人名义，捏词宣布滇军罪状。黔人通电驳之，谓其诋斥滇军，全乖事实。

五月十日，中央袁大总统，正式委任唐继尧为黔都督。次日，由省议会及耆老商学各界，举行庆祝。初，继尧定乱后，重韪父老之请，因留督黔。嗣省议会成立，复有请给委任状之举。继尧方与各界志士，力谋进行，不图川督煽惑，谓出侵略。匪党含沙，尤肆污蔑。滇军劳师糜饷，而竟蒙此恶声。用是电中央政府，转饬全黔人民，勿再挽留，俾得振旅还滇。时滇军府，亦特电国务院，谓黔事渐平，滇军援黔义务已尽。且劳师久戍，饷糈万难支持，拟将滇军撤还，请大总统派员主持黔事。然是时，黔人全体，已特将黔乱始末及滇军状况，一再电请中央任唐继尧为黔都督。并令杨勿庸回黔，免致争个人私利，蹂躏数百万生灵。大总统因正式委任焉。乃杨荩诚抗不奉命，所部席正铭等，复捏词宣布滇军罪状，在滇军，仍决意还滇，以避嫌疑。而在黔人，则群情愤激。由议会议决，一面泣恳唐都督，勿以小嫌萌退志。一面公推耆绅刘春霖为全黔代表，驻师铜镇，安置杨部黔军。

自陈开钊等扰乱下游一带，黔民苦之。继尧以刘联长法坤为东路巡按使，黄联长毓成为东路游击总司令。法坤克服铜仁，杨部席正铭，复纳陈开钊为先锋，率匪万人来攻扑，激战多次。黄、刘两军，悉力击毙陈匪，席正铭败走。江口、松桃，以次收复。黔军周旅长桑儒，单骑入铜仁，与黄联长接洽，遂率师还滇，下游底定。兼藉援川军回滇之便，取道黔中，代廓清各处积匪，黔省悉平。所可悼者，黄大队长毓英师还，次于思南，遭伏匪逸出狙击以死。铜仁之役，副官尹盛德，参谋长张开甲、中尉朱光藻，并战死。署松桃厅李有崧，城陷遇害，死尤惨。故或谓滇军之援黔也，既糜我巨饷，复歼我壮士。时贤犹訾之。然滇军府初以北伐为重，迨南北和议成，乃援黔以敉定西南大局。当世讥评，非所计矣。

建设

清室末造，政治日窳。光绪宣统之间，怵于国势濒危，乃昌言变法。官制递改，新政繁兴。然徒以立宪之名，涂饰耳目。而亲贵拥权，官僚黩货，且日进未有已，益以促成革命之机。鄂军一起，全国响应，咸以革新政治为帜志。然军兴之际，戎马倥偬，庶事纷糅，卒难理董。独云南举义，市尘不惊。光复之初，极意建设，一切措置，皆有系统可循，草创之后，不无因时损益。然大纲既立，终不出其范围。故循轨进行，已与中央规制斠若画一，兹举其荦荦大者言之。其建议中央，关系国家大计者，亦择要叙录，缀于兹篇。

辛亥九月九日，滇军起义，十一日全城光复，清吏总督以下悉散。于是各军官兵士，公推革命军总司令蔡锷为军都督，以五华山两级师范学校为大中华民国云南军督府，府内置一院三部。曰参议院，备军事、政治之咨询，以军政部总长李根源兼院长，参议官无定额，悉由都督选充。寻改名参议处曰参谋部，主军事上一切规划，以殷承瓛为总长，刘存厚、唐继尧次之。其下设分部凡七：一曰作战，二曰谍查，三曰编制，四曰兵站，五曰辎重弹药，六曰炮兵材料，七曰测地，以谢汝翼、张子贞、韩凤楼、李凤楼、顾品珍、刘法坤、李钟本分任之。曰军务部，主军备上一切事务，以韩国饶为总长，张毅次之。其下设分局四、分厂三。曰筹备局，局长徐芳兰。曰粮饷局，局长黄希尚。曰军医局，局长邹桢。曰军械局，局长沈汪度。曰被服厂，厂长秦光弟。曰制革厂，厂长华封祝。曰兵工厂，以沈汪度兼理。未几，总长韩建铎率师援川，改任曲同丰，同丰辞职赴京，乃任沈汪度为总长，以张含英任兵工厂事。曰军政部，取管子作内政而寄军令之意为名，实一省之行政萃焉。以李根源为总长，李曰垓次之。其下设分司凡五：曰民政司，司长杨福璋，次长孙光庭；曰外交司，司长周沆，次长陈度；曰财政司，司长陈价，次长席聘臣；曰学政司，司长李华，次长陈文翰；曰实业司，司长吴琨，次长华封祝。其隶于民政司者，有巡警、审判、自治三局；隶于财政司者，有造币厂、富滇银行；隶于实业司者，有劝工场、印刷局。是年十月，李根源率师赴西防，罗佩金继任总长。都督府本部内，置秘书处，拟撰机要文电；置登庸局，分设叙官、赏勋、印铸三科，均以周钟岳长之；置法治局，拟定一切暂行法规，以蒋谷长之，寻改任孙志曾。未几，登庸、法制两局皆裁并。援川、援黔军出发后，设卫戍司令部，任罗佩金兼卫戍司令。以统一军事，整饬军纪，保持公安为职责。此外，设甄录处，任刘锐恒为处长，袁玉锡副之。凡自陈效用，及条陈意见书者，皆属焉。而一时干进之徒坌集，难得真才，旋亦裁并。出征军陆续凯旋，乃将卫戍部撤销，以其事分隶宪兵队及第一师司令部。

行政机关部署初定，爰分设立法、司法两机关，以确定三权鼎立之基础。立法权属议会。当滇军政府新成立，即致书咨议局，约相赞助。局中议员，群诣军府会商，随通电三迤自治团体，规约十余条，宣告光复宗旨，遂正名为临时省议会。旧议员留二十余名，参议处参议员加入十余人，选举李增为议长，万鸿恩为副议长。司法权属审、检各厅。前清时，滇于省会先设立高等审判、高等检察、地方审判、地方检察、初级审判、初级检察六厅。反正后，各厅人员皆散去，乃权以审判局为司法机关，隶于民政司，仍令司筹设三级审检各厅，以期司法与行政分离。既而呈奉中央任黄德润为司法筹备处处长，孙志曾为高等审判厅厅长，谢光宗为高等检察厅厅长。地方厅、初级厅，亦同时成立。各县司法，暂属地方行政官。并由筹备处培养司法人才，以为异日分设之地。此立法、司法、行政分离之权舆也。

民国元年五月，副总统黎元洪，倡军民分治之说，军府采群言，改军政部为政务厅，以李鸿祥为厅长；改参谋部为参谋厅，以谢汝翼长之；改军务部为军务司，仍以沈汪度长之。是时民国大政，渐统一于中央，自都督以至各司长，皆加给委任状，任李曰垓为民政司长，袁家普为财政司长，张翼枢为外交司长，周钟岳为教育司长，吴琨为实业司长。原设之次长，改为参事。

民国二年，中央颁发暂行划一地方行政官厅组织令，以民政长为一级，各观察使为一级，各县知事为一级。民政长行政公署内，设内务、财政、教育、实业四司，观察使署内，设内务、财政、教育、实业四科，县知事署内亦如之。未设民政长各省，则以都督兼任。于是都督蔡锷，电请中央特任省长，以专权责。奉大总统令，任罗佩金为云南民政长。裁政务厅，别设行政公署。以陈钧司内务，周传性司财政，由云龙司教育，华封祝司实业。一切文牍，以民政长名义行之。改外交司为特派交涉员，直隶于外交部。旧设迤东、迤西、迤南、开广四道，反正后裁迤东道，以迤西、迤南、开广三道原兼税关监督，暂仍其旧。至是，复遵中央令，以全省划为四区，添设滇中观察使一员，管近省属县及迤东各地。迤西、迤南、开广各道，悉改称观察使。任周钟岳为滇中观察使，李曰垓为滇南观察使，杨晋为滇西观察使。未几，曰垓改任西藏宣慰使。滇南观察使，仍以刘钧署理。自民政长以下，专治民事，都督专治军事。军政、民政，划然区分矣。

当行政机关之初设也，都督蔡锷，因为一切政务，非通筹全局，无以定缓急轻重之序；非严立程限，断难免始勤终怠之虞。爰通令各机关，就所管事务，审量财力之赢绌，事务之重轻，编制滇省五年政教大纲，汇交秘书处，详加审核，酌为增减，以期各机关政务，平均发达，不致畸重畸轻。又令编制办事程限表，由主管长官，督励所属，按期进行。凡行政事宜，有应依据规章者，当中央法令未颁布以前，由本省编定暂行章程数十种，以便遵守。复于军府设政务会议，每星期三日，自都督以及省内各机关重要人员，及省议会议员、参议处参议，皆举代表莅席，筹议本省应兴应革事宜。议决之事，即由都督令各机关限期举办。期年之内，治具毕张。虽为财政及时势所限，间有未能骤行者，然前清官吏敷衍因循之习，廓除殆尽矣。兹自反正伊始，迄军民分治以前，所举行政务之重要者，分述如下：

第一，关于内务者。滇省反正之初，地方行政官厅，暂沿府、厅、州、县名称，惟府县同城者，县裁而以府兼摄县事，是为后日统一县治之造端。又因滇省地面辽阔，一县区域，有面积至数百里者，乃添设县治。于大姚、永北间白井地方，设盐丰县。于元谋、定远、禄丰间，黑井及琅井、阿陋井诸地，设盐兴县。于蒙化、太和、永平间，设漾濞县。于赵州、蒙化、云南县相错地，设弥渡县。于剑川、维西、云龙间，设兰坪县。于滇西毗连之地，设阿墩县。其旧日附郭佐贰悉裁去。惟有分防地方者，则暂留之。复于广通属之舍资，镇南属之沙桥，邓川属之寅塘，腾越属之潞江，临安属之龙朋各地，添设巡检分治之。内政部署已定，更进而于沿边土司及汉夷杂处之地，设弹压行政各委员。其在西及西南者，曰永宁，曰泸水，曰菖蒲，曰盏达，均各设行政委员。曰芒板，曰干崖，各设弹压委员。曰山后里，设弹压兼喇井督销委员。其在东边者，曰威信，曰井桧，曰盐井渡，曰六城坝。在南边者，曰溪处，曰曲江，曰靖边，曰普文，均各设行政委员。是为建设县治之先导。当初反正时，旧时各地方官，皆加给委任状，沿用勿替。所以维持地方秩序，免人民之惊疑。然政体既更，官权骤落，自治团体，往往侵越官权，官绅龃龉，多致互讦，乃厘定章程，划分权限。使互相补助，互相监督，一以儆地方官之旷职，一以祛自治员之侵权。至地方官之征收钱粮，或新旧交替，则以自治团体为监征、监盘，使官吏无从施其弊。又因地方行政官尚兼司法，酌设司法警察，悉裁胥役。民间数百年蠹害，得以一旦扫除。其教育、实业，则令劝学所、实业团分任其责，而以行政官董其成。凡一切事宜，次第修举。地方行政，渐收划一整齐之效。惟各土司幅员辽阔，而殊俗异政，虽隶域中，俨同化外，内足为文化之梗，外足为边境之忧。军政府以为同是国民，理难岐视，则思所以因势而利导之。时第二师长李根源，方驻师腾冲，上经营土司急进、渐进二策。军府思从其次议，谓急于改流，转多顾虑。不若为之更化善治，以守潜移默化之功。乃设弹压委员，先从事于审理诉讼、设立学校、振兴实业、筹办警察诸端。使土司地方，渐与内地人民受同等之法治。以故沿边土司，皆四面内向，无复如前清时代嫉视汉官矣。

第二，关于财政者。滇系山国，夙称贫瘠。当前清时，每一年岁入，不过三百余万两，而岁出年约需六百余万。故每年除由部库拨款，及各省协济一百六十余万外，尚不敷一百余万。自辛亥反正，秩序如常，公私帑藏，幸未损失。然各省独立，协款骤停，中央亦无力拨济。财政艰窘，较胜于前，而内戢匪乱，外固国防。加以援蜀、援黔、援藏，先后出师，供应浩繁，所费百数十万。然自反正以来，军费政费，卒以维持者，则财政整理之效也。兹分述如下。

一曰汰除浮冗。凡机关之复设，人员之闲散者，悉归裁并。如前清财政，综于藩司，而钱粮别设粮道。反正后，悉并于财政司。前清时，农、工、商、矿，综于劝业道，而盐务别设盐道。反正后，悉并于实业司之类是也。二曰节减俸给。反正后，都督即规定军官薪俸表。上等一级，实支银二百二十两；二级，亦一百二十两；三级，一百两。中等一级，八十两；二级，六十两；三级，五十两。次等一级，三十五两；二级，二十两；三级，十六两。省内各机关文官俸给，亦比照此表规定，各学校人员，则视省内文官为等差。又规定省外文官俸给，令俸给、公费，各列为三等。省外各属警员俸给，令区长、巡长，各别为四等。至元年五月，中央大借债忽生顿挫。财政部通告中央财政支绌情形，并倡全国公务员，每月俸金减为六十元之议。滇省得电，即通令实行，由都督躬为之倡。此时都督俸金之觳，举国未有如云南者也。三曰筹办公债。民国成立，国用奇绌，惟恃外债为救济之方。而各国银行团，乘我之急，要求监督财政，监察裁兵。都督以为借款即成，国权丧失，此时惟有筹办爱国公债，可以救亡，遂拟定章程，设局办理。计先后所入十余万，虽未能骤集巨款，而财力得以稍纾。四曰遣散军队。滇省岁出，以军饷为一大宗，反正之初，迤西、迤南，皆自添招募。

又因援黔、援蜀、添练一师，兵额骤增，饷糈益浩。西南敉定，乃裁冗兵数十营。及援蜀军队，又复分别退伍，军饷因而锐减。五曰厘剔陋规，当前清时，各州、县陋规，尽入私橐。民间有无名之供应，而官吏得例外之羡余。反正后，州县俸给公费，已视地方繁简，酌为规定，使不至再有亏累之虞，勿俟挹他款为弥补。至地方收入之款，则悉令缴解。向日陋规，涓滴归公矣。六曰整顿厘税。旧制厘金税务，为调剂官吏之优差。然厘金收入，公家恒得十之二三，而委员恒得其七八。故厘金收入，每年约止二十万两。至宣统元年，实行禁烟，停收土药厘税。百货厘金，收数亦锐减，仅收银十余万两。反正后，乃多由殷实绅商承办，视每年总解之数，先缴一半为保证金，俟年终解款足额，仍将保证金退还。故厘税收入，较昔年为加旺。七曰开设银行。滇省旧有大清银行，虽只设于省垣，而经理亦多未善。金融之机关既未完全，银根之舒急亦难酌剂。反正后，乃令财政司筹设富滇银行，并设分行于下关、个旧、昭通各处。基金既已充足，纸币亦便流通。民间之信用既坚，故财政不至竭蹶矣。八曰检查会计。当中央令设审计分处之前，云南已先设会计检查厅。凡预算、决算，皆由财政司编制，而用款之当否，则必经会计审察厅之检查，于各机关之支销，严加审核。而冗费浮支之弊，悉以廓除。综上数端，盖开源与节流并用，故虽以夙称贫瘠之滇省，而财政基础，确得以巩固矣。

第三，关于教育者。滇省举义之秋，战地以五华山师范学校为最烈。学生虽已停课，然仍安堵如常。至九月十一日，大局已定。教育总会出而维持，各学校仍一律上课。及军政府成立，特设学政司，专司教育之事。乃先厘正学校名称，修改小学教科书，令各县筹设教育分会，归并方言学堂、高等学堂旧学生，设立英法文专修科，为留学英美之预备。至民国元年五月，奉中央令，改称教育司。初，滇省视学，额定四员。然幅员既广，交通未便。故视察学校，穷年亦不能周。视学又多非深明教育之人，报告各属小学情形，亦多未中肯綮。反正后，改称司视学，尽派师范毕业生。至是更定区域，添派视学，并为十员。滇省自丙午创设师范传习所，次年设两级师范学堂。然初级简易科，期限既短，所得无多，而优级选科，专习一门，毕业后派充中学教员，能担任小学学级者盖鲜。又学堂设于省会，远道求学，既多未便。学生毕业后，竞求留省。各属教员，又苦缺乏。至是乃于曲靖、昭通、蒙自、普洱、永昌、丽江，分设初级师范六区，皆以省费支办。并改选中学校及工业学校学生中之颖秀者，使加习东文，资遣日本留学。时都督方注重军国民教育，谓中国积弱已数千年，此时虽发奋自强，非于小学教育养成军国民教育之资格不可。而欲于小学施养成军国民之资格，非于初级师范生，授以军事教育不可。乃令省会初级师范毕业生，加习军事教育，以三月为期，毕业后分派各属充任教员。并通令全省小学，加授兵式体操。厥后中央教育部法令，多与本省以前之所设施者，同符合辙也。

第四，关于实业者。滇省实业，以盐务、矿务为最。其次，则气候温暖，颇利农桑，山岭绵亘，尤宜树畜。惟工商业，则未甚发达。滇军政府初成立，都督因本省财政困难，民生凋瘵，非急振兴实业，无以为自立之地。乃先从盐务、矿务入手，更进而经营农、桑、树、畜、工艺之事。兹分别言之如下：一曰整顿盐务。反正后，以盐务归并实业司办理。时值引额滞销，外私充斥之后，整顿殊难。乃详加体察，新订简章。分设督煎、督销机关，使之各专责成，更可互相纠察，变通引岸。无论何井盐斤，均听民自由购食，不再加以抑制。查收存盐，分别销解清楚，以清界限。暂减销额，以疏积盐。新开边井，以抵越缅外私。并派临时调查委员，专司稽查各井煎销数目，及井员侵欺私卖一切事宜。积弊既已剔除，课额亦少蒂欠也。二曰推广矿业。滇省矿产之富，甲于全国。惟未经开采者甚多，至今货弃于地。自英法隆兴公司矿约废后，滇人益注意于此。惟前清矿章，限制綦严，民多观望。反正后，乃拟订《云南矿务暂行章程》，以开放为宗旨。如无窒碍者，均一律维护，以辟利源。又刊发表式，分别已开矿山、未开矿山及已开荒废矿山三种，通令各属地方官暨实业员，悉心调查，分别填报。又于省垣设立矿物化验所、地质调查研究所。而于个旧之锡厂、东川之铜厂、尤力为维护。两厂之发达，方骎骎未有已也。三曰注重农林。云南农务总会，创设于前清宣统元年。卒以筹款维艰，迄未成立。反正后，酌提归化、华亭两寺年租，作为农会常年经费。又于省垣设农林局，于各属设蚕林实业团，订定垦荒、牧畜、森林章程。并于种棉制茶，力求推广改良之法，均已渐收成效。四曰提倡工商。反正后，即拟定表式，通令各属，调查全省工艺出品，及全省商业状况。复因前清劝业道设立之劝工总局所制物品，半属无益玩具，而成本太巨，销售为难。乃改设全省模范工厂，分为金工、化学工，染织、编造、缝纫、陶器、图印各科，就滇中原产物料，及固有工艺品，分配制造。又整顿商品陈列所，以资观摩沟通。尽忠、城隍两庙，筹设劝工厂，以为开拓市场之计。其他业经计划，而尚未施行者，则概从略云。第五，关于交通者。滇省交通要政，反正后所最注重者，铁道为首，电报、邮政次之，汽船、马路又次之，兹分述于下：一曰滇邕铁路。滇省自前清时，已设滇蜀腾越总公司。至宣统年间，乃倡先修滇邕之议。曾由滇督奏陈，经部派员踏勘。改革之际，事遂中止。反正后，都督复电陈中央，略谓："滇桂一线，较之滇蜀，尤为切要。其路线以由曲靖，经兴义、百色，达南宁为宜。此线修通，厥有数利：一则路线较短，成功较易，需费较省；一则滇粤交通，互相策应，运输捷速，可固边防；一则与滇越路不平行，免滋外人口实。且离越较远，于兵事甚为安全；一则滇、黔、桂三省之地，可扩商业，可辟荒土；一则滇川、滇黔两线，将来便于延长；一则东川、个旧矿产，便于运输。且此路一通，则滇越线路之势力顿失，既可阻其伸张势力，并可徐图赎还之机会，惟锷前游两粤，近复来滇，足迹所经，详察形势，觉滇邕线路，尤以延长至龙门岛为要。查龙门岛去南宁不过四百余里，岛屿为泊船最良之海湾，而风浪不惊，较北海为尤善。海水深广，可泊兵轮。港口颇窄，间有暗礁，新到之船，亦难邃窥堂奥。若营为军港，以屯海军，将来铁路军港，首尾衔接，滇桂不至坐困，庶可巩固国防。"得交通部复电云："已派钱世禄、陇高显前往调查，俟到后再定办法。惟间有一节，中央限于财政，目前尚难筹及。望协同粤、黔、桂三省都督筹措，中央再设法维持。"寻电商粤、黔、桂三省都督，均得赞成。惟路长费巨，就地筹款，力有不给。三省分担，亦尚无成议矣。二曰延长电线。自四川铁路事起，自云南至泸州电线，多被毁损。滇军反正后，出师援川，悉为修复。又筹设五路电线：一由省城至昭通，一由昭通至叙府，一由东川经会理至临远，一由思茅至顺宁，一由丽江经中甸至巴塘，凡五千二百余里。后以财力不济，一时未全实行，乃先设丽江至中甸电线四百余里。又继续至阿墩，与川省合力筹设阿墩至巴塘无线电报。旋又修永平电线，延至六库。三曰添置邮政。滇省邮政未通之地，为威远、镇边、新平、南安、易门、罗次、禄劝、剑川、云龙、中甸等处，至是亦一律增设。全省消息，渐灵通矣。四曰创设汽船。云南山多水少，航业不兴。惟滇池盘江，间有船艇。然民船载货无多，且多危险。乃仿苏、杭内河行驶汽船法，先于滇池装汽船一艘。开驶以来，商民便之。五曰筹修马路。云南素号岩疆，道途险阻。工商业不能发达，职此之由。而雨后泥泞，行旅多不便。反正后，乃倡修全省马路，颁发表式，令各属将所管地方应修道里，先行戡文，并将应需修费，核计报明，筹定的款，择要举办。

民国云南通志长编卷二

大事三·护国一

盗国始末

戊戌政变，六君子死，康梁逃，翁同龢、张荫桓、陈宝箴父子黜，天下同声谴旧党。排满之议起，而革命之势炽。盖三百年蕴集之愤，与百年来蹙地丧权之辱，所鞭策吾民者剧也。而长世异术，经略不同，必不能依旧制作新民，故革之惟恐其不极。武昌义起，不终朝而天下响应。百日而清社屋。古今失国，无如此易者。虽胜朝之朽已深，人心之趋向久决。而袁氏狼子野心，久存觊觎，阳为忠贞，阴存篡夺之计，亦促成之。袁氏既假革命以去清室，借兵威以凌党人，窟穴旧京，以煽余毒，延揽奸佞，以夺政权，辛亥革命，实同虚牝。洎赣宁败后，国势益岌，仁人义士腐剸心骨之功，荡然绝矣。使无滇南义旗之举，则人且慑于袁氏之威，仍蜷伏蠖屈，而未申自振。故世谓护国之举，乃中国真革命之完成，称中兴焉。

初，世凯以机智见知于李鸿章，使于朝鲜。甲午衅启，朝鲜旋亡。世凯仍售其奸黠，而鸿章终始庇之。戊戌维新，援康梁以自重。德宗亦欲借其所练新兵以自固。及依世臣荣禄，遂诉谭嗣同、杨锐之密谋于西后，六君子以此骈戮，德宗以此见囚。世谓世凯卖君卖友，而坐致方面之尊。及摄政王修西后幽德宗之怨，斥归洹上，不自韬藏，复贿通权贵而事庆王尤谨。及武昌举义，以庆王、徐世昌之荐，授以内阁，复进爵为侯，主少国疑，大权在握，拥兵不动，而隐持两端。使唐绍仪与民军议和于上海。宗社党良弼，知其不忠于帝室，思欲裁之。民军亦知其诈伪。而有丁字街之椎，幸而不死。乃使其党段祺瑞等，以四十将军联名，请清帝退位。而于南军，则阳迎阴拒，迭起纠纷。及孙大总统宣言下野，举袁自代，南北和议成，而袁遂攫取大位。论者谓对清廷为变相之篡窃，于民国为诈伪之夺取。大猾得志，益不能自耐，侜张之患，遂不可遏矣。

元年，三月十日，世凯就临时大总统任于北京，非民党意也。世凯以故宫为新府，紫宸仪仗，帝王之梦渐酣。而北疆旧臣倪嗣冲、赵秉钧等，又时从臾之。左右近侍，久习奴颜，更从而阿谀之。初则以约法不便于已，欲独揽大权，与国务总理唐绍仪争。事有不经国务院发令者，唐愤而弃职。民党阁员蔡元培、王宠惠、宋教仁、王正廷等继去，而世凯恣所欲为矣。以陆征祥、赵秉钧相继组阁。既而强迫议会（元年六月，以军警迫议员通过所拟阁员），擅定官制（六月制定各省官制，擅自颁布，不经国会），议院之实已亡，更布北洋私党于中央机关及各省市。于民军则箝制攘取尤烈。前农林总长宋教仁、主政党内阁者也。时正国会议员总选举，民党占大多数，势之所凭，敌亦伏之。教仁沿长江而东，宣其义于大江南北，时时暴政府之短。时袁方向五国银行团借款，宋抗言指摘，世多和之。二年三月二十日，世凯乃使国务总理赵秉钧，命内务部秘书洪述祖，使人狙击教仁于上海，殒焉，天下哗然。四月二十六日，英、法、德、俄、日五国银行二千五百万英镑大借款成约，国内反对之声，甚嚣尘上。袁乃以段祺瑞为国务总理，散巨金为民军之防。先遣王占元、李纯、雷震春等，领兵南下。而免江西、广东、安徽三省都督李烈钧、胡汉民、柏文蔚职。复与其僚丑诋国民党。七月十二日，烈钧举讨袁军于湖口，江苏、安徽、广东、福建、湖南相继独立，即所谓二次革命也。不二月，卒为袁军所摧，民党武力几尽。乃以冯国璋镇南京，段祺瑞镇湖北、龙济光镇广东，于是长江流域，尽入北洋掌握。时能与袁争曲直者，惟议士。乃先后解散江西、广东、湖南及用兵各省省议会。命军警监视国会，擅逮议员，汲汲以民党为敌。世凯意在先得正式大总统，故强制国会为尤烈。以《临时约法》束之甚，先集议士制《宪法》。及《总统选举》章先成，遂于十月十六两院组选举会。袁遣军人入会，胁众议士。又使便衣军围众议院数十匝，众情惶惶，卒举世凯为第一任正式大总统，黎元洪副之。十月十日，袁就职，仍作矢忠民国之言。然棋局已布，天下皆知其为诈伪，其未成之宪，更使施愚，顾鳌等监临之。议士中民党争言，依法不容政府人员参预。十一月四日，遂借二次革命为名，下令解散国民党，除其党员之为议士者四百三十八人。至是国会不能开，袁氏无肘腋之患矣。复以李经羲、张国淦等，组织中央政治会议，而使其属皆国会短。三年一月十日，由政治会议议复，解散国会。二月，又停止各地自治会，解散省议会。五月一日，任徐世昌为国务卿，于是国务院变为总统府之政事堂，而中华民国之内阁制，至是盖名实两亡矣。复颁所谓《治安警察法》、箝制及于腹诽，民意尽阏。是时袁氏忽自诵，言其总统之权，不特因国民选举而得，亦且由清室下谕授之，盖俨然以禅代正统自命焉。爪牙既丰，羽翼亦成。帝制自为之事，遂不可终日。三年冬，宗社党宋教仁、劳乃宣思欲复辟，舆论哗然，称为叛国，而世凯优容之。司马昭之心，路人皆知之矣。

初，民国二三年之际，北疆希旨固宠之徒，已倡言共和不适国情之论。而清室遗老之思故主欲复辟者，亦附和之。冯国璋者，别有私曲，此时亦不主帝制，袁阳示不自帝之意，诅咒帝王，信誓旦旦。然祭天祀孔，封爵列等，俨然古天子之所施为。时长子克定，方自欧归。克定居德意志久，德皇威廉第二，思展其骥足于东亚。时召克定，促乃翁自帝，而愿为之助。英使朱尔典与袁厚，英又帝国，亦时纵臾之。四年八月，总统府顾问美国人古德诺，为周自齐以恬，世凯阴使杨度挑之，使倡言中国不适于共和论，度与刘师培等和之，度为君宪救国论，师培为君宪论，附会往史，援引经义。遂与孙毓筠、严复、李燮和、胡瑛等六人为筹安会，度与毓筠为正副理事长。发宣言，布启事，昌言君主乃和中华国情，举国骚然。李诲诉之法院，贺振雄呈肃政厅，请诛杨、孔，肃政厅亦应之。其驻日公使陆宗舆，亦请取缔。佥谓筹安会有变乱国体之议，大逆不道，而不知其咸出于袁之旨意。凡故旧左右，稍方谨厚，不当共意者，皆迁之。于是故人严修、肃政使费树蔚去之，左迁机要局长张一麐为教育总长。杨度得巨金数十万，招摇过市。宫中府中，疆吏大员，阿从附和，煽杨遂厉。于是吉林、湖南、湖北、安徽、江苏等图功逐利之流，相继组织分会。而通都大邑，更私派专员，阴事运用。是时，新会梁启超居天津，为《异哉所谓国体问题者》一文布之报章。西南各省，阴俟其变，而云南筹倒袁为最力。启超弟子邵阳蔡锷，本前滇督，亦自北京而来。是时，粤人梁士诒以机智强健见重，与度等争功。进而组请愿联合会，较筹安会所谋益锐。世凯遂停筹安会经费，士诒得一意称上旨，而以沈云沛、那颜图、张锦芳主之。列请愿团体十余，及于娼优乞丐，暨各省请愿人名数千上之。各省及各机关请愿书，亦纷然投至。然尚非袁氏之望也。请愿联合会，遂请以国民会议，解决国体问题。参政院因以建议，十月八日，袁即令组织国民代表大会。乃由国民会议事务局及朱启钤、孙毓筠、段芝贵、顾鳌、陆建章等，发纵指示，电致各省指示机宜及运用方法。凡能貌饰民意，而实有以助成帝制者，无不靦然见诸电文。至五十余事，十数万言。十二月十一日上午九时，参政院代行立法院，召集各参政开会，举行全国国民代表大会。解决国体问题之总开票，计代表千九百九十三人，赞成君主立宪者称是。度与毓筠议，由参政院以总代表名义，恭上《拥戴书》。秘书朗颂草稿，众三呼万岁。书上，袁故逊谢。书再上，乃明令承诺曰“予之爱国，讵在人后，但亿兆推戴，责任重大。岂予薄德，所克负荷。前次掬诚陈述，本非故为谦让，实因惴惕交萦，有不能自已者也。乃国民责备愈严，期望愈切，竟使予无以自解，并无可诿避”云云。于是设大典筹备处，议年号，定正朔，正服色焉。初，世凯欲自帝，日人甚赞助之。及世凯得德皇及英大使朱尔典之助，颇睆傲日使，日使怨愤。日阁议亦恐英德得势，将不利于己。故先于四年一月，日使日置益提二十一条，继则派兵三万来华，盖思有所挟持。帝制之酝酿愈熟，而挟持之方术愈甚。至是使周自齐往日陈说，不纳，五月向袁提最后通牒。及联合请愿团成，日使领袖英、法、俄等两次警告。及国民代表大会举袁为帝，而日使要求之辞益厉，大典不及速成者以此。方大典之筹备也，已称陛下，受群下之朝贺。改明年为洪宪元年，总统府为新华宫，封副总统为武义亲王，锡龙济光等百二十八人以五等爵，以徐世昌、赵尔巽、李经羲、张謇为嵩山四友，示不臣之义。又申令优待清室条款，永不变更。内廷供役，改用女官。政令皆以政事堂奉命布之，师先朝内阁上谕之例也。袁氏自以为帝业唾手可成，而天下莫予毒矣。十二月二十三日，云南将军唐继尧、巡按使任可澄，先电袁氏，请拥护共和，诛杨度、段芝贵等十三人，以谢天下，不答。至二十五日，继尧与蔡锷、李烈钧等，乃首义滇池，宣告独立。组护国军政府，以继尧为都督兼第三军总司令，锷为第一军总司令，烈钧为第二军总司令，誓师讨袁，传檄全国。布其罪状曰：“盖闻辅世之德，笃于忠贞，长民之风，高于仁让。使枭声雄夫，野心狼子，城狐之凶姿，弄僭窃于高位。则我皇王孝孙，并世仁贤，谊承先烈，责护斯民。哀恫郁纡，成兹愤疾，大义敦敕，谁能任之。国贼袁世凯，粗质曲材，赋性奸黠。少年放僻，失养正于童蒙；早岁狂游，习鸡鸣于燕市。积其鸣吠之长，遂入高门之窦。合肥小李，惊其谲智，谓可任使，稍加拂擢，遂蒙茸泽，起为狐雄。不意其浮夫近能，浅人侈志，昧道惜学，骋驰失轸。遂使颠视东国，覆公餗以招虎狼，狡诈兴戎，缺金瓯以羞诸夏。适清廷昏昧，致逃刑戮。犹复包藏移毒，不知愧耻。殚其暮夜之劳，妄窃虎符之重。黄金横带，卖孱主于权门；黑水滔天，引强敌以自重。虽奸逆著明，清廷已知，犹潜伏戒羽，隐持朝野。降及辛亥，皇汉之义，如日中天，浩气飏飞，喷薄宇宙。风云飙沛，集兴武汉之师；士马精研，远响东南之鼓。造黄龙而会饮，纳五族于共和。大势坌集，指日可期。天不佑华，诞兴贼子。蠢彼满室，引狼自庇。袁乃凭借旧恩，攀援时会。伪作忠良，牢笼将卒，胁逼孤寡，夺据朝权，复伪和民声，迷夺时贤，虚结鬼神，信誓旦旦。懦夫惧戎，过情奖许。维时南京渠帅，实亦豁达寡防，堕彼奸计。倒持太阿，豢此凶逆。迨大邦既集，威势益专，遂资跋扈，肆行凶忒，贿奔虺蜮，棋布阴谋。毒害勋良，谣惑众志，造作威福，淆撼国基。背法畔民，破败纲纪。癸丑之役，遂有讨伐之师。天未悔祸，义声失震，曾不警省，益复放横。骄弄权威，胁肩廊庙。是以小人道长，凶德汇证。私托外援，滥卖国权。弑害民会，私更法制。纵兵市朝，威持众论。布散金璧，诱导官邪。冀以积威积恶之余，乘世风颓靡、廉耻灭没之后，得遂其倒行逆施，僭登九五之欲。故四载以还，天无常经，国无常法，民无定心，官无定制。丹素不终朝，功罪不盈月。游探骄兵，睚眦路途。贪官污吏，渎乱朝野。以致庶政败弛，商工凋敝，犹复加抽房亩，朝夕敛征。假辞公债，比户勒索。淫刑惨苛，民怨沸腾。凶焰所至，道路以目。此真世道陵夷之秋，天人闭隐之会。四凶所不敢为，汤武所不能宥者矣。维皇汉九有，奠安东陆。时流漂荡，越在適速邅迍。缅惟祖德，孰敢怠荒。复我邦家，义取自拯。故辛亥之役，化私为公，志在匡时，道维共济。袁乃睥睨神器，妄欲盗窃。内比奸邪，既多离德，外遂孱隤，甘为犬豚。是以四郊多垒，弗知惭悚。海陆空虚，弗思整训。材用匮竭，弗事劝来。健雄失养，弗兴学艺。室如悬罄，野无青草。犹复养寇外蒙，削国关里，失驭东鲁，屡堕岩疆，要约之兴，复仓皇失措。与璧唯命，遂使满蒙多离散之民，青徐有包羞之妇。扼我封疆，勘我心腹。皇皇大邦，苟为侮辱。日蹙百里，媚兹一人。此尤我侠士雄夫所腐目切齿，惊惧忧危，而不可一朝居者也。夫天道健乾，义维精一，在德则刚，制行为纯。故士不二节，女不二行，廉耻之失，谥曰贱淫。四维不张，国乃灭亡。自民族国家，威灼五陆，雄风所扇，政务其公，国竞以群。是以乾德精刚，宜充物里间，洋溢众庶。旁魄沆瀣，蔚为骏雄。故辛亥之役，黜君崇民，扬公尊国。所以高隆人格，发扬众志，义至精而理至顺。故虽旧德老成，去君不失忠，改官不降节。袁氏身奉先朝，职为臣仆。华山归放，仅及四纪，载瞻陵阙，犹宜肃恭。故主犹存，天良安在。顾藐然以槽枥余生，不自揣量。妄欲以其君之不可者，而自为其可。是何异饰马牛之骨，扬溲勃之灰，以加臭乎吾民，以淫污乎当世。而令我名公先德，为其贱淫，白璧黄金，渲其瑕秽。此尤我元戎巨帅，良将劲卒，硕士伟人，所同羞共愤，深恶痛绝，而不能曲为之宥者也。汇此种种，袁氏之恶，实既上通于天，万死不赦。军府奉崇大义，慨念生民。谨托我皇祖威灵，恭行天罚。辄宣兹义辞，告我众士，招我同德。今将历数其罪，我国民其悉心以听：夫国为器，神严尊惮，覆载所同。建国之始，义当就职南京，明其所受。袁乃顾影自惭，妄怀畏惧。阴纵部兵，称变京邑，用以要吓国人，迁就受职。使国权出于遥受，玩视国家尊严。其罪一也；活佛称异，势等毛羽，新国既成，鼓我朝锐，相几挞伐，举足之劳，瞬将威伏。袁乃瞻顾私情，妄怀疑忌。全国请讨，置不听从。迁延养敌，废时失机。授他邦以蹈隙纵刃之间，失主权于外力纠纷之后，遂使蜿蜒巨嶂，弃此南金；万里边城，跃马可入。贻宗邦后顾之隐忧，损五族雄飞之资望。其罪二也；政体更新，荡涤瑕秽，私门政习，首宜改迁。故内阁部首，须获议院同意。所以树公政之基，明众共之义。袁乃病其严责，阴图放佚。于第一次内阁联翩去职之后，尽登嬖宠。嗾使军警，围逼议员，索责同意。用以示威国人，开武力政治之渐。使民意机关，失其自由宣泄之用。其罪三也；国有大维，是曰法纪，信守不立，溢为国疑，乱政亟行，于焉作俑。故侵官败法，为世大诟，袁为元首，尤宜凛遵。乃受事未几，即不依法定程序，滥用政府权威，诬杀建国勋人张振武，使法律信用，失其效能。国宪随以动摇，政本因而销铄。其罪四也；国宪之立，系以三权，共和之邦，主体在民。立法之府，谊尤尊显。地方三级，制实虚冗，建国除秽，亦既罢黜。袁乃急欲市恩，妄复旧制。不俟公决，辄以令行。使议院立法，失其尊严，国权行使，因以紊乱。其罪五也；财政负担，直累民福。外债侵逼，尤伤国权。议案成立，特事严谨，众院赞可，宪尤著明。袁乃私立外约，断送盐税，换借外资二千五百万磅，厉民害国，不经众院。瞬息挥霍，不事报闻。蔑视通宪，为逆已基。其罪六也；国有元首，政俗式凭，行系国华，止为民范。袁乃知除异己，不自爱重。阴遣死士，狙杀国民党领袖宋教仁。以元首资格，为谋杀凶犯。既辱国体，且贻外讥。国家威严，因以扫地。其罪七也；共和之国，建础为公，民意所在，亦曰圣神。百尔职司，义宜退听。国会初立，人民望治。袁恐政制严明，不获罔逞，乃私拨国帑，肥养爪牙。收买议员，笼络政客。用以陷辱国会，迷夺众情。使议政要区，化为捣乱之场。法案迁延，借作独裁之柄。其罪八也；元首登选，国有常经。揖让讴歌，盛德固尔。抑共和定疑，国宪崇废，悉于是觇。世法凛凛，斯为第一。袁于临时任满，正式更选之际，鄙夫患失。至兵围国会，囚逼议员，使强选总统，以就已名。致元首尊官，成于劫夺。共和大宪，根本动摇。国是益以危疑，后进难乎为继。其罪九也；国民代表，职司立法，非还诉民意，勿得断阏。袁于总统既获，复虑旁掣，辜恩反噬，遂为枭獍。乃假危词，罗织党狱，滥用行政职权，私削议员资格。用以戕杀国会，并吞立法，使建国约法，由是推翻，元首生身，等于孽子。其罪十也；国家组织，法系严明，苟非选民，焉事造法。袁于戕杀国会之后，妄以私意，召集官僚，开政治会议、约法会议，冒称民意，更改约法，摹拟君主，独揽大权。使民国政制，荡然无存，澔旰新邦，悬为虚器。其罪十一也；民国肇造，本以图存。时风所迁，民强则兴。发挥群能，腾达众志，公私权利，宜获敬尊。袁乃倒行逆施，黜民崇吏，既吞立法，复尽灭各级地方议会，密布游探，诬扳党狱。良士俊民，任意捕杀。人民权利，全失保障。致群黎股栗，海内寒心。海吏得以横行，民业日以凋瘁。民力壮盛，有若捕风。国势颓陨，益以卑下。其罪十二也；国局始奠，海内虚耗，财用竭蹶，义宜根本整理，袁以专事虚缘，日以借债政策利诱他邦，为私托外援之计，断送利权，绝不顾惜。逐鹿争臭，坌集庙朝。遂妄以中北二部，横断铁道，分许他人，惹起国交之猜疑，增益宗邦之危难。其罪十三也；欧陆战争，义宜严守中立，及时奋进。袁乃内骄外谀，折冲无状。既乃反复狼狈，贻羞东鲁，复徘徊雌伏，巽立要盟。失满蒙矿权，至于九处。承他邦意旨，发布誓言。辱国辱民，倾海不涤。其罪十四也；民族虎争，领土强食，外债毒国，既若饮酖，竭泽厉民，何异自杀。袁于欧战既发，外资猝断，乃专事掊克，内为恶税，房亩烟赌，一再搜括。复先后发行国内外公债，额逾万万，按省配摊，指额求盈。小吏承旨，比户勒索，等于罚锾。致富户惊逃，闾里嗟怨，国民信爱，斲丧无余。神州陆沉，殷忧可畏。其罪十五也；生利致用，民贵有恒。纵博浪游，谥曰败子。盗贼充斥，此为厉阶。修政明刑，首宜致谨。袁乃纵容粤吏，复驰赌禁。使南疆富庶之区，负群盗如毛之痛。苛政猛虎，同恶相济。清乡剿杀，无时或已。政以福民，今为陷井。其罪十六也；烟害流离，久痼华族，张皇人道，仅获禁约，奋厉阏绝，犹惧不亟。袁乃铦其厚获，倚以箕敛，宠登劣吏，设局专卖。重播官烟，飞扬淫毒，失信害民，辱国贻讥。其罪十七也；民权政治，积流成海。国家公有，炳若日星。世室旧家，且凛兹盛谊，汲汲改进。华族后起，方发皇古训，追踪世法。断脰流血，久而后得。大义既伸，迕则不忠。乔木既登，返则不智。袁乃身为豪奴，叛国称帝。监谤饰非，𠍴烋求是。狐假虎威，因以反噬。使凶德播流，戾气横溢。妖孽丧邦，甘为祸首。其罪十八也；易象系天，筮曰无妄。圣学传经，谊唯存诚。故忠信笃敬，保为民彝，衍为世德。袁乃机械变诈，崇事怪诡，貌为恭谨，潜包祸谋。秘电飞词，转兴众口。途刍引鹿，指称民意。欺世盗名，载鬼盈车。背誓食言，日月舛舞。使道德信义，全为废词。民质国华，尽量消失。其罪十九也。维我当世耆德，草野名贤，或手握兵符，风云在抱。或权领方牧，虎步龙骧，或道系乡闾，鹤鸣凤翅。缅瞩理伦，横流若此。起瞻国家，悲悯何如。凡属衣冠之伦，幸及斯文未丧。等是邦家之主，胡勘义愤填膺。谯彼昏逆，洵应发指。修我矛戟，盍赋同仇。书到都符，勋耆便合众兴师。郡邑子弟，各整戎马。选尔车徒，同我六师。随举义麾，共扶社稷。昆仑山下，谁非黄帝子孙，涿鹿原中，会洗蚩尤兵甲。军府则总摄机宜，折冲外内，张皇国是，为兹要约。曰：凡属中华民国之国民，其恪遵成宪，翊卫共和，誓除国贼。义一。改造中央政府，由军府召集正式国会，更选元首，以代表中华民国。义二。罢除一切阴谋政治所发生、不经国会、违反民意之法律，与国人更始。义三。发挥民权政治之精神，实行代议制度。尊重各级地方议会之权能，期策进民力，求上下一心，全力外应之效。义四。采用联邦制度，省长民选。组织活泼有力之政府，以观摩新治，维护国基。义五。建此五义，奉以纲维。普天率土，罔或贰忒。军府则又为军中之约曰：凡内外官吏，粤若军民，受事公朝，皆为同德。义师所指，戮在一人，元恶既除，勿有所问。其有党恶朋奸，甘为逆羽，杀无赦。抗颜行，杀无赦。为间谍，杀无赦。故违军法，杀无赦。如律令。布告天下，迄于满、蒙、回、藏、青海、伊犁之域。中华民国护国军政府都督唐继尧，第一军司令官蔡锷，第二军司令官李烈钧。大义既揭，应者四起。视唐、蔡之令方布，而滇军已取蜀之叙府。乃布告近滇各省，严为防剿。并以三、七两师长曹锟、张敬尧，率师南下。命粤军第一师师长龙觐光，由桂入滇，围攻护国军。更依其腹心四川都督陈宧之忠，以为护国军有必败之势，大典筹备如故。时日使挟持益甚，五年一月，未得登极。然文告已用洪宪，使馆皆却还不受。而日人阴召宗新党于满洲，欲举勤王之师。于是神奸亦知受绐。一月二十七日，贵州护军使刘显世，宣告独立，与继尧、锷等合军申电致讨，南军势益壮，其辞曰："呜呼！天祸中国，实生妖孽。袁氏以子孙帝王之私，致亿兆生灵之祸。怙终不返，愎谏无亲。既自绝于国民，义不同其覆载。敢声其罪，与众讨之。袁氏昔在清廷，久窃权位。不学无术，拔扈飞扬。凶德既已彰闻，朝端为之侧目。迨民军首义之日，及清帝逊位之时，袁氏两端首鼠，百计狐媚。以孤儿寡妇为大可欺，以天命人言为不足畏。迹其舞弄神器，睥睨君亲，固已路人知司马之心，识者有沐猴之叹。唯时我邦人诸友，念风雨之飘摇，惧民生之涂炭，永怀国难，力奠邦基。故赣宁之役无功，而皖粤之师亦挫。乃袁氏持其武力，遽即骄盈。蹂躏人权，弁髦法令。国会加以解散，自治横被摧残。异己削迹于国中，大权独操于一手。彼固曰：是可以有为矣。卒之无补时艰，不保中立。济南自拓夫战域，辽东复展其租期。甚至俯首为城下之盟，披发有陆沉之痛。呜呼！我国民之忍辱含垢，为已甚矣。袁氏之力图湔雪，以求报称，宜何如者。何图异想忽开，野心愈肆，元首谋逆，帝制自为。筹安会发生于前，请愿团继起于后。等哀章之金匮，假疆华之赤符。对国内人民，则谓外议之一致。于外交方面，复假民意以相。自奋独夫之私，欲掩天下之目。呜呼！永除专制，夫已氏之口血未干；难拂民心，前清帝之诏书具在，无信不立，宁得谓人。食言而肥，何以为国。因之外侮自召，警告频来。干涉之局既成，保护之局将定。此时杨再思一日天子，宁复有人间羞耻之心；他日石敬瑭半壁河山，更安有吾民视息之所。兴言及此，哀痛何云。大总统一国之元首，中外所具瞻也。今袁氏躬为叛逆，自失元首之资格。斯其丑行凉德，固有无能为讳者。更举其略，以告国人，南北和议初成，党人欢迎南下。袁氏欲留无辞，乃煽动兵变，京津一带，惨付劫烧。张家口兵变，首乱不过数人，而全军咸遭坑杀。逞一已之淫威，轻万众之生命，是为不仁，黎副总统，一代元勋，功在民国；段陆军总长，当世人杰，志尤忠纯，皆袁氏股肱心膂也。徒以反对帝制之故，积被猜疑。瀛台等羑里之囚，西山有云梦之辱。近传恶耗，未卜存亡。叹鸟啄之凶残，悲鸟弓之俱尽。是谓不义。梁士诒、段芝贵、张镇芳、袁乃宽、杨度、胡瑛、顾鳌辈，皆市井小人，顽钝无耻。袁氏利其奔走，任以鹰犬之材。梁等遂窃权威，肆其狼狈之技。群邪并进，一指当前。望夷之祸匪遥，轮台之悔何及。是谓不智。当和议初起，袁氏握清廷全权，每语人曰：“吾誓不作总统。”及叛迹已露，中外咸知，袁氏犹曰：“公等若再以帝制相迫，则我必逃英伦。”言犹在耳，今竟何如。是谓不信。辛壬之际，义旅同兴。争冒死以图功，更举国以相授。袁氏之有今日，伊谁之力。乃动矜禅让，横肆诛夷。谓不杀于谦，则此举无名。谓苟无曹瞒，则几人称帝。功反为罪，生者之身已冤。死而有知，地下之目岂瞑。是谓不让。又若财权集于内府，计部徒建空名。大借款以盐税抵押，用途始终秘密。长途运盐，公司独占。商利垄断，闻亦同登。袁乃宽、梁士诒、张镇芳，袁氏之聚敛臣也。交通银行，袁氏之外府也。甚至以一国之元首，而寄私财于他邦。腾笑外人，贻羞当世。其寡廉鲜耻，有如此者。尤可异者，显违亲训，陌视孔怀，乖戾已深，本实先拨。宫门喋血，患已伏于隐微；斗尺寻仇，祸恐烈于典舞。彼宗且覆，吾国何存。哀我无告之人民，忍与昏暴而俱尽者哉。昔者，董逃未唱，关东州郡同盟，莽窃初成，两河义军并起。今袁氏之罪，更浮于二凶。民国之危，尤甚于季汉。而且孙皓与下多忌，租约褊扼不仁。孟津之八百不期，牧野之三千愈奋。斯其时也。各省军民长官，身为共和官吏，实系共和安危。必能挥士行之义旗，标茂宏之大节。举足轻重，立判存亡。其有海内顾厨，先朝耆硕，在昔首阳贬节，原知心在国家。于今大盗潜移，宁肯助其乱逆。谅同义愤，请共驱除。至若南阳旧部，新室故人，谁非国民，岂任私昵，况悲凉夙于斛律，划地难除。感大树之飘零，长城已坏。难共忧患，请视韩、彭，其必有倒戈以图，奋袂而起者乎。其余各界人士，虽未与人军师之谋，应念兴亡有责之义。则匹夫蹈海，义感邦君，小吏登坛，节厉群后。于古有之，是所望也。尧等痛念阽危，诚发宵寐。力虽穷于填海，志不挫于移山，请负弩之先驱，冀鼓桴之相应。得以摧公路之枯骨，走杨越之居尸。义声播而黄河清，大旗指而幽云卷。然后保固有之民国，定再造之旧邦。解此倒悬，绵我华胄。天下自是定矣，诸公其有意乎。乃若觊延漏刻，眷恋穷城。等防风之稽诛，效蜚廉之死纣。则师直为壮，助顺者天。何枯朽之能支，将声名之并裂。幸勿贻悔于他日，庶其有感于斯文。唐继尧、蔡锷、李烈钧、任可澄、刘显世、戴戡暨军政全体同叩，感印。”黔军入蜀，四川团练亦遥应滇军。而师长刘存厚，久与锷通款，势益张。世凯不得已，迟至二月二十五日，乃明令延级登极期。是时，黔军已入晃县，下麻阳，占永顺。而滇军势益锐，袭泸州，下江安、南川、綦江。而陆荣廷方受命抚贵州，至是与陈炳银等，亦宣告独立，龙觐光之军，亦为李烈钧及挺进军黄毓成所败，直趋广东。粤军龙济光，亦不能自持。十九日，冯国璋、李纯，张勋、靳云鹏、朱瑞等五将军联名电袁，力请取消帝制，惩办祸首，语极愤激。其他劝书，亦联翩而至。袁氏方知大势之不可为，人心之不可逆。是时，军费浩繁，穷于罗掘。前已成约，向美国二千万元借款，因不能用洪宪年号，致碍媾约。内外两失。乃于三月二十二日，明令撤销承认帝位案。复以徐世昌为国务卿，段祺端为参谋总长。帝制虽已撤销，仍居总统之位，实无悔祸之心，非国人之望也。于是十七省国会议员，会于上海曰：“天祸吾华，元首叛逆。九有同仇，一致伐罪。独夫势蹙，妄冀转圜。勉将帝制取消，仍旧冒窃总统。反覆诡诈，觍颜恋栈。卑劣龌龊，玷辱神京。国法不容，舆情益愤。苟犹容赦而与迁延，是使神州华胄，腾笑万方。薄弱无能，表暴世界。蝮蛇伤指，断臂图全。隐留祸殃，将无宁日。且国家公产，非彼私物。总统帝制，一任自专。出尔反尔，毫无顾忌。一国元首，智等小儿。处兹积弱之时，宁有生存之望。今叛逆罪案，既已成立。照《临时约法》第四十一条，总统资格，业经丧失。副总统黎元洪，按照约法第四十二条，应代行大总统职权。挽救狂澜，扶持大局。应使元凶伏法，永断祸根”云云。是时广东、浙江相继独立。广东军舰“宝壁”、“大江”、“江固”等归附民军，而党人之在潮州、汕头、钦州、廉州、江阴、太仓、大通、玉山、广丰、上饶、永州、湘乡者亦相继独立。山东党人纷起，上海党人图袭警备舰，桂军复入湖南宝庆，两广更合组都司令部，举岑春煊为都司令。世凯乃求与南军和。由元洪与世昌、祺瑞电商南军，先行停战。护国军乃宣告前大总统袁世凯，因犯谋叛大罪，自民国四年十二月十三日下令称帝以后，所有民国大总统之资格，当然消灭。所遗未满之任期，由副总统继任。本军政府谨依法宣言：恭承现任副总统黎公元洪，为中华民国大总统，领海陆军大元帅。顾当时元洪身陷北京、护国诸军，乃商组军务院，以代行军事时期之国务院权能。五月八日，正式成立于广东肇庆，互举唐继尧为抚军长，岑春煊副之。连合之军势益固。是时，徐、段之调停，略见端倪。护国军以袁叛逆罪重，非视职不足以谢国人。诸如冯国璋、齐耀琳、张勋、欲为袁求暂留者，皆不可得。而康有为、张謇、汤化龙、伍廷芳、唐绍仪及南疆各督，均迫袁退位。和不易，继尧又扩三军为八，声言北伐。而其亲信四川都督陈宧、湖南都督汤芗铭，亦以独立闻。称帝不成，退据总统亦不成，于六月六日，遂以忧愤死。北洋军人，亦自此而裂。自筹安会议起，至此仅时八月。耗款六万万元，名号终未得僭。六月七日，副总统黎元洪就大总统任。申令内外，文武官吏，仍旧供职。举袁氏私意破坏之法纪，渐复其初。各省亦先后取消独立，军务院亦宣告撤销，而南北复归一统。（按：以上讨袁二檄文据《云南文史资料》第十辑原文校正。）

大事四·护国二

首义前纪

民国二年，李烈钧、黄兴、柏文蔚起兵湖口、南京、安庆等地，上海、广州、福建、湖南诸省应之。势甚张，所谓二次革命也。袁世凯以大军临之，不三月而次第戡定。于是北洋系军威大振，而世凯侦骑遍天下矣。时滇督蔡锷治滇有政绩，倡议会滇黔蜀桂军往攻，为世凯所忌，而以湖南都督陷之。会滇军中有与锷龃龉者，锷意不自安，至是决去滇，乃举唐继尧为都督。继尧与锷同学于日本，健重有远智，与锷深相契。自辛亥以来，滇黔诸军政大役，无不相与计议。锷虽去而袭其成规。滇以瘠贫，而自辛亥以还能自保，且可恤邻者，蔡唐之力也。锷入都为世凯所羁。任为约法议员及经界局督办等职。锷深自韬晦，窥知世凯终欲盗国，时与梁启超等密谋，又以隐语密电与继尧商筹其事。继尧则以法邮达之。初，法人自筹滇越路后，并于云南置邮递，不受政府检查。至十八年换新约后，乃撤销。故锷与尧得借以潜通意志。适戴戡新罢黔巡按使来京，亦与谋划。锷以继尧往来密件，均交其秘书长周钟岳密拆。首义前数月，锷在都寓所，为袁所搜查，迄无所得。然锷意益不自安。是时，解散国会，订新约法，设参政院，用古天子礼郊祀天地，筹安会、请愿联合会，纷然作。启超在京，为《异哉所谓国体问题者》一文布之，国人大愤。十月，锷乃与戡微服走天津，附海舶南下。初，世凯谋逆之迹渐著，继尧日与锷邮递计策。使人入京及长江各省，觇向背虚实。日日整军经武，筹饷运械。世凯使侍从武官何国华入滇示意。而第二师师长沈汪度一夕暴卒，汪度曾于酒酣盛言帝制非适者也。其他指摘帝制者不自安。顾继尧仍沉静，不事表襮。黔军王文华知继尧有大志，乃使人候继尧，继尧拨械若干以实其军而诫无轻发。滇中少壮军人杨蓁，邓泰中、赵世铭等谒继尧，谓再迟则袁事将成。盖是时，全滇军政人员，如罗佩金、顾品珍、黄毓成、李曰垓、由云龙、杨蓁、邓泰中等，无日不为小组商筹方略，特以谋未熟而事未大集，不欲轻发取败也。继尧又日日以道德兵法及阳明之学，与部下相勉。更扩讲武堂名额，添编警卫团，使人密往德意志、日本购其利械。党人吕志伊自南来，袁特电置诸法，继尧隐之。于是党人之出入者渐通利。及筹安会通电至，知袁氏谋逆之意已切，乃于九月十一日集诸将议备战。即伪造民意之十九省赞成帝制电到。继尧与诸将议起义时机曰："倘中部各省有一省可望响应，或黔、桂、川三省中有一省可望响应，或海外华侨，或民党接济饷粮，皆即为之。于不得已时，则本省为争国民人格计，亦宣告独立，孤注一掷。”时十月七日事也，遂分命刘云峰、赵伸、李植生、杨秀灵、吕志伊等往江苏、广西、四川、湖南、南洋等与同志联络。时得冯国璋书，言滇发难，当继踵而起，及推戴袁氏称帝电到，遂汲汲筹饷械，议设筹饷总局，收集各县保卫地方枪械，命邓泰中，杨蓁所部两支队，移师川边。复命弟继禹迎李烈钧于香港，邓泰中赴港迎李根源，并侦锷动定。时民党要岑春煊归主大计，分设香港机关，以滇人李根源任之。而启超亦奔走策动，说陆荣廷、陈炳焜，力赞大义，与继尧等义蕴相学，合力扛鼎，大势之趋于兹，遂定。是时袁大封勋爵，继尧亦以开武将军受爵为候，实虚与委蛇也。时授勋使者何国华久留不归，人已知其为视察非常。然云南封守险阻，地方广远，而去宛平绝远，藏兵久地之下，巨奸所不能觇伺，故能慎固经画蹶起有功焉。初锷之出都也，日人实护之。十一月至港，与李烈钧、方声涛、熊克武、戴戡、殷承瓛、龚振鹏等会，意指相合，乃相率赴滇。日使又助锷入海防，时十二月十七日也。日领事告继尧，而伪府统率办事处密令继尧诛之。阿迷县长张一鹍、蒙自道周沆，固袁之所使。继尧惧有不利于蔡，乃命其弟继禹及政务厅长陈廷策，星夜至海防迎护入境，锷得以无恙。袁忌锷之来甚，复求英使朱尔典电驻滇英领转达，诛蔡则晋亲王。更以三百万金犒军，尚未知蔡唐之始终相契，而大义之不能以欺诈利禄动也。是时启超在沪，与苏督冯国璋有所商榷，主先发电。苏桂响应。时李烈钧、熊克武、方声涛、戴戡、殷承瓛、龚振鹏、程潜、但懋辛相继至滇，将星云集。二十一日，继尧集本省要员，与外来诸同志，议于私室。继尧言曰：“袁氏盗国，叛迹昭著，国命垂危，亡国灭种，无以谢就义之先烈。今幸各地同志来滇，共图起义。顷梁公启超来电，谓外交紧急、袁将卖国，请即发动，是首义之期，不宜在远。”遂议先电袁氏，令其取消帝制，杀杨度等十三人以谢天下，限二十四小时答复。届期不应，或应而不当，即以武力求解决，立即组织临时政府及各种军事计划。电曰：“北京大总统府钧鉴：自国体问题发生，群情惶骇。重以列强干涉，民气益复骚然。佥谓谁实召戎，致此奇辱。外侮之袭，责有所归。乃闻顷犹筹备大典，日不暇给。内拂舆情，外贻口实。祸机所蕴，良可寒心。窃维我大总统两次即位宣誓，皆言恪遵约法，拥护共和，皇天后土，实闻斯言。亿兆民心，万邦倾耳。《记》曰‘与国人交，止于信’；又曰‘民无信不立’。食言背誓，何以御民。纪纲不张，本实先拨。以此图治，非所听闻。计自停止国会，改建约法以来，大权集于一人。凡百设施，无不如意。以改良政治，巩固国基，草偃风行，何惧不给。有何不得已而必冒犯叛逆之罪，以图变更国体。比者，代表议决，吏民劝进，推戴之诚，虽如一致，然利诱威迫，非出本心。作伪心劳，昭然共见。故全国人民，痛心切齿，皆谓变更国体之原动力，实发自京师。其首祸人，皆大总统之股肱心膂。盖杨度等六人所倡之筹安会，振动于前，而段芝贵等所发各省之通电，促成于继。大总统知而不罪，民惑实滋。查三年四月一日申令有云‘民主共和，载在约法，邪词惑众，厥有常刑。嗣后如有造作谰言，紊乱国宪者，即照内乱罪，从严惩办’等语。杨度等之公然集会，朱启钤等之秘密电商，皆为内乱重要罪犯，证据凿然，应请大总统查照前项申令，立将杨度、孙毓筠、严复、刘师培、李燮和、胡瑛、段芝贵、朱启钤、周自齐、梁士诒、张镇芳、雷震春、袁乃宽等，即日明正典刑，以谢天下。焕发明誓，拥护共和。则大总统守法之诚，庶可为中外所信。而民怨可稍塞，国本可稍定矣。尧等从蒙爱待，忝列司存，既怀同舟共济之诚，复念爱人以德之义。用敢披沥肝胆，敬效忠告。尤望我大总统改过不吝，转危为安。民国前途，实为幸甚。再者，此间军民，痛愤久积，非得有中央永除帝制之实据，万难镇劝。以上所请，乞于二十四日上午十时赐答。临电涕泣，不知所云。谨率三军，翘企待命。开武将军督理云南军务唐继尧，云南巡按使任可澄。漾。”锷与戡亦去电曰：“弥月以来，周历南北。痛心召侮，无地不然。顷间抵滇，舆论尤为愤激。适见唐将军，任巡按使漾日电陈，吁请取消帝制，惩办元凶。足征人心大同，全国一致。锷等辱承恩礼，感切私衷。用敢再效款款之愚，为最后之忠告。伏乞大总统于滇将军、巡按使电陈各节，迅予照准。立将段芝贵诸人，明正典刑。并发明令，永除帝制。如天之福，我国家永利赖之。否则土崩之祸，即在目前。噬脐之悔，云何能及。”至二十二日夜半，继尧复集蔡锷、李烈钧、任可澄、罗佩金、张子贞、黄毓成、顾品珍、殷承瓛、戴戡、陈廷策、刘法坤、成桄、孙永安、赵又新、杨杰、戢翼翘、叶成林、欧阳沂、何海清、马为麟、吴和宣、盛荣超、邓埙、唐继禹、李沛、李友勋、徐进、马聪、秦光第、李修家、李朝阳、董鸿勋、赵世铭、李琪、胡道文、王伯群、李雁宾、庾恩旸等五十二人歃血为盟。曰：“拥护共和，我辈之责。兴师起义，誓灭国贼。成败利钝、与同休戚。万苦千难，舍命不渝。凡我国人，坚持定力。有渝此盟、神明必殛。”继尧乃命警察厅长唐继禹，召集绅商各界，说首义大旨，群情奋厉。至二十五日，北府电不来，乃誓师首义。

首义纪实

四年十二月二十五日，滇军政府既不得世凯复电，乃通电全国，宣告独立。文曰：“天祸中国，元首谋逆。蔑弃约法，背誓食言。拂逆舆情，自为帝制。卒召外侮、警告迭来。干涉之形既成，保护之局将定。尧等忝列司存，与国休戚。不忍艰难缔造之邦，从此沦胥。更惧绳继神明之胄，夷为皂圉。连日致电袁氏，劝戢野心。并请惩治罪魁，以谢天下。所有原电，迭经通告，想承鉴察。何图彼昏，曾不悔过。狡拒忠告，益煽逆谋。大总统者，民国之总统也。凡百官守，皆民国之官守也。既为背叛民国之罪人，当然丧失元首之资格。尧等身受国恩，义不从贼。今已严拒伪命，奠定滇黔诸地，即日宣布独立，为国婴守，并檄四方，声罪致讨。露布之文，别电尘鉴。更有数言，涕泣以陈诸国人。阋墙之祸，在家庭为大变；革命之举，在国家为不祥。尧等夙爱和平，岂有乐于兹役。徒以袁氏内罔吾民，外欺列国。召兹干涉，既濒危亡。非自今永除帝制，确保共和，则内安外攘，两穷于术。尧等今与军民守此信仰，舍命不渝。所望凡食民国之禄，事民国之事者，咸激发天良，申兹大义。若犹观望或持异图，则事势所趋，亦略可预测”云。更声讨袁逆，宣布政见曰：“概自晚清失政，国命阽危。我国民念竞存之孔艰，痛沦胥之无日。共倡义举，爰建共和。统一需人，乃推袁氏。当元二年之交，举国喁喁望治，爱国之士，不惜牺牲一切，与袁氏相勠力。岂有所私于一人。冀借手以拯此垂亡之国而已。袁氏受国民付托之重，于兹四年。在政治上未尝示吾侪以一线之光明，而汲汲为一人一家怙权固位之私计。以阴柔之方略、操纵党派；以狠鸷之权术；蹂躏国会；以卑劣之手段，诛除异已。以诱胁之作用，淆箝舆论；以朋比之利益，驱策宵小。以虚矫之名义，劫制正人。受事以来，新募外债逾二万万，其用途无一能相公布。欧战发生，外债路绝，则专谋搜括于内。增设恶税，强迫内债，逼勒苛捐，更悬重赏，以奖励掊克之吏。不恤民力，竭泽而渔。以致四海困穷，无所控迎。问其聚敛所入，则惟以供笼络人士，警防家贼之用。而于国务，丝毫无与。对外曾不闻为国防之计划，为国际经济竞争之设备。徒弄小智小术，以取侮于友邦，致外交着着失败。对内则全不顾地方之利害，不恤人民之疾苦。盗贼充斥，未或能治。冤狱填塞，未或能理。摧残教育，昌言复古。垄断实业，私为官营。师嬴政愚黔首之谋，尊弘羊利出一孔之教。法令条教，纷如牛毛，朝令夕更，自出自犯。使人民无所适从，而守法观念，驯至澌灭已尽。用人则以便辟巧佞为贤，以苛酷险戾为才。忠谠见疏，英俊召嫉，遵妾妇之道，则立跻高明，抱耿介之志，或危及生命。以至正气消沉，廉耻扫地，国家元气，斫丧无余。凡此政象，万目俱瞻。以较前清黑暗泯棼，奚啻十倍。我国民既惩破坏之不祥，复谅建设之匪易。含辛忍痛，冀观后效。掬诚侧望，亦既数年。方谓当今内难已平，大权独揽。列强多事，边患稍纾。正宜奋卧薪尝胆之精神，拯一发千钧之国命。何图彼昏，百事弗恤，惟思觊觎神器，帝号自娱。背弃口宣之言，干犯公约之宪典。内罔吾民，外欺列国。授意鹰犬、遍布爪牙。劫持国人，使相附和。良士忠告，充耳弗闻，舆论持正，翻成罪状。以致怨毒沸腾，群情惶骇。农辍于垄、商闭于廛，旅梗于途，士叹于校。在朝节士，相率引退。伏莽群戎，伺机思逞。驯至列强干涉，警告再三。有严密监视之宣言，作自由行动之准备。夫以一国之内政，乃至劳友邦之容喙。奇耻大辱，宁复堪忍。谁为为之，乃使我至于此极也。今犹不悛，包羞怙恶。彼将见此大欲，厌其祸心。苟非效石晋割地称儿之故技，必且袭亡清奖拳排外之覆车。二者有一于此，则吾国永沉九渊，万劫宁复。先圣不云乎：‘乱贼之罪，尽人得而诛之。’况乃受命于民，为国元首，叛国之事实既已昭然。卖国之阴谋行且暴露。此而不讨，则中国其为无人也已。呜呼，国之不存，身将焉托。而立国于今，抑何容易。人方合兆众为一体，日新月异，以改良其政治。稍一凝滞不进，已岌岌焉为人鱼肉是惧。况乃逆流回掉，欲袭中世纪东方式奸雄之技俩，弋取权位。而谓可以奠国家安社稷，稍有常识者，当知其无幸也。袁氏对于国家，既晌然不自知其职责。对于世界，复瞢然不审潮流事会之所趋。其政法上之效绩，受试验于我国民之前者，亦既有年。所余者，惟累累罪恶，污我史乘，他复何有。就令忧于名分，不敢明叛国体。然由彼之道，无变彼之术，亦惟有取国家元气，旦旦而伐之，终亦酝酿大乱，以底于亡已耳。况当此祸至无日之时，乃更有帝制自为之举。譬如熟视父母宛转属纩，而复引刃以诛之。别有肺肠，是孰可忍。数月以来，淫威所煽，劝进之词，所在多有。彼方假借指为民意，冀以窃誉当时，掩罪后史。实则群公之权宜承旨，或出于顾全大局，投鼠忌器之苦心。或怀抱沈机观变，待时而动之远识。岂其心悦诚服，甘作贰臣，狂走中风，殉兹戎首。尧等或任职中枢，或滥竽专阃。为私计，则尊显逾分，更何所求。与袁氏亦共事有年，岂好违异。徒以势迫危亡，间不容发。邦之杌陧，实由一人。亦既屡进痛哭之忠言，力图最后之补救。奈独夫更无悔祸之心，即兆众日在倒悬之域。是用率由国宪，声罪致讨。剪彼叛逆，还我太平。义师之兴，誓以四事：一曰，与全国民勠力拥护共和国体，使帝制永不发生。二曰，划定中央地方权限，图各省民力之自由发展。三曰，建设名实相符之立宪政治，以适应世界大势。四曰，以诚意巩固邦交，增进国际团体上之资格。此四义者，奉以周旋，以徼福于国民，以祈鉴于天日。至于成败利钝，非所逆睹，惟行乎心之所安，由乎义之所在。天相中国，其克有功。敢布腹心，告诸天下。唐继尧、任可澄、刘显世。”

于是除将军巡按使等称谓，设都督府，众议举继尧为都督。继尧退然以让于锷者再。锷谓非争位，为救国来耳。愿继尧总摄巨任，勿稍存客气，至于泣下。公民赵藩等，亦相拥戴，继尧乃勉摄都督事。而于锷终始钦敬，不稍衰。都督府既成立，以锷为第一军总司令，出兵四川，李烈钧为第二军总司令，出兵桂粤。继尧自兼第三军总司令，留守滇土。布置既定，继尧、锷、烈钧，乃誓众告天，我军遂继续出发。各军设参谋、参议、秘书、副官、军需、军法、军医诸处，军容甚壮。而更详定军律，俾众恪守，故滇军以严明称。

都督府之设立也，分秘书、参谋、军政、民政、司法、财政诸厅。以由云龙为秘书厅厅长，张子贞为参谋厅厅长，庾恩旸为军政厅厅长，陈廷策为民政厅厅长，丁兆冠为司法厅厅长，陈钧为财政厅厅长。又引前巡按使任可澄，耆旧陈荣昌为参赞，赵藩、袁嘉穀、张跃曾为参议，皆行规章，以资遵守，事无巨细，咸得举焉。

于是复以举义经历，通告海内外国人。又电各省敦促起义，并以大义照会各国，及驻北京各国公使，暨驻津、沪、汉、渝、昆明等处领事，越南、印度、香港、新加坡、菲律宾、爪哇、澳门各总督。申明袁氏叛国，不承认为中华元首。凡一切条约，于民国四年十二月云南军政府起义讨袁以前订立者，概属有效。所有各友邦人民生命财产商业等，在军政府领域以内者，本军府一律担保，并谨守条约义务。自今以后，所有国际往来，即由本军府特派代表，与各公使领事直接交涉。并力求敦睦国交，而于法属越南、中印度总督，更派专使以通其谊。是时，外人之稍明我国势者，知袁氏奸黠，累出警告。大义所在，隐然归于南中。世凯欲假越南以图滇，法政府拒不允。而党人之往来缅越间者，亦畅行无所阻。得道多助，其斯之谓与。

讨逆各电到都，世凯命政事堂统率办事处来电相劝。而北疆各省，及北洋系之将军、巡按使，亦皆纷来劝阻。继尧与锷恐是非淆乱，心迹不明，乃复告于众曰：“袁为不道，窃号自娱。言念国危，有如朝露。尧等不忍神明之胄，递降舆台。更惧文教之邦，永沦历劫。用是愤发，力任驱除，首事不过兼旬，风声已播全国。具见时日之痛，悉本于人心。差幸疾风之节，犹光于天壤。惟是檐崩栋折，讵一木之能支。定倾扶危，将群材之是顿。尧等回天力弱，及日心长。不惜执挺效挞伐之先，所冀鼓桴有声应之助。乃如党分洛蜀，疑有异同，地判秦越，不无岐视。或谓伯符有坐大江东之势，抑恐敬业存觊觎金陵之心。凡此疑似之词，虑不免于谐间之口，窃为是惧。用敢披沥肝胆，谨布誓词，以告国人。并自申警：(一) 同人职责，惟在讨袁。天助吾民，幸免有济，举凡建设之事，当让贤能，以明初志。个人权利思想，悉于铲除。(二)地无分南北，省无论甲乙，同此领土，同是国民，惟当量材程功，通力合作，决不参以地域观念，自启分裂。（三）倒袁救国，心理大同。但能助我张目，便当引为同志。所有从前党派意见，当然融消，决无偏倚。（四）五大民族，同此共和，袁氏得罪民国，已成五族公敌。万众一心，更无何等种族界限。然四义者，誓当奉以周旋。苟此志或湮，即神明所必感，皇天后土，实式凭之。惟我邦人诸友，鉴此心期。或杖策以相从，亦剑履之遽及。其诸同仇可赋，必有四方豪杰之来。众志成城，不坠二相共和之政。谨告。”至是大义昭澈，人知所向，各省纷纷云集响应矣。

是时世凯仍欲辇巨金走蔡锷。而又啗继尧部下第一师师长张子贞以将军督理云南军务，第二师师长刘祖武加少卿衔，代理巡按使。张刘大声辟之。至是，袁于护国军虽欲巧施其诡谲，而亦不得售矣。

起义后，分兵入蜀、桂，其兵员补充，饷械筹集等，皆别具于篇，然不赘。他如留后之布置，医药卫生之设施，仅以素所已具之规模而稍事更张，兹亦从略焉。

民国云南通志长编卷三

大事五·护国三

四川行军

云南举义之计既定，初拟以罗佩金为总司令，总大军，取道会理，袭成都，筹划有日矣。洎方声涛至滇，主黄毓成、唐继尧亲莅黄宅会商，乃遣其弟继禹赴海防，迎李烈钧、熊克武等凡十余人，于十二月中旬入滇，协定大计。而蔡锷亦偕戴戡、殷承瓛，于二十日至，重订出兵计划。二十三日，电迫袁取消帝制，袁不答。越日，正式宣布独立。罗佩金以总司令让锷，而自为其参谋长。以赵又新领第二梯团，顾品珍领第三梯团，为主军，出永宁，取泸州。以刘云峰领第一梯团，率杨蓁、邓泰中两支队为左翼，取叙府。时黔团长王文华、熊其勋、吴傅声三人，主独立最力，示以必死，而苦械少。继尧遣纵队长徐进率兵三连，护送机关枪，管退炮随戴戡前往。戴戡至，遂正式宣布，即由戴总其勋部队为右翼，出松坎，进攻綦江，规重庆。继尧以戴兵力薄，乃遣殷承瓛率华封歌所部一混成团以助之。护国军三路规川之计，于是乎成。

初蔡锷之出蜀也，实羡蜀财赋，以为天下事未可知，苟无响应者，则借蜀犹可自守。隐度陈宧所部，分屯各地，旅长伍祥祯，滇人，当不自坏乡里。且雷飚为己旧部，守重庆，刘存厚方据泸，阴通款于滇，陈宧所恃，仅一冯玉祥，而其兵又半屯陕西，尚未至蜀，故视蜀如无物，大战将在武汉间。前锋已去二十日，始迟迟发昆明。而不虞存厚进扼永宁，泸已有备。雷飚在成都，未得兵，与初计相左。幸第一梯团刘云峰，领邓泰中，杨蓁两支队，袭攻宜宾，下之，军声大震。泰中，会泽人，蓁，昆明人，勇敢善战，与辛亥光复之役。后随继尧入黔，诛土匪甚伙，一方以宁。继尧倚如左右手，积功皆至团长。帝制初起，屡争于继尧请申罪讨之。至锷入滇，泰中、蓁已率所部先发。先是蜀中大举剿匪，约滇军兜剿。至是滇军以会剿名告蜀中，故不之疑。护国军所发通电，被遮留，蜀中尚不知有护国军。陈宧所将暂编三混成旅。屯宜宾、泸州、重庆，方清乡，不易集合。滇距蜀二千里，泰中、蓁兼程驰至滩头入蜀境。五年丙辰一月十七日，猝与伍祥祯之兵遇于燕子坡，巉岩峰峙，仅通单骑，祥祯之兵在滇边者八百人，且不识何以攻蜀。乃以巡防军当前敌，泰中、蓁身为士卒先，冲锋临敌，以别军绕道夹击，不终朝，北军溃反奔，祥祯兵大骇，亦走。泰中、蓁连破侧耳崖，黄泡耳、凤来场数垒，祥祯余众不及炊而退，追至棒印村。十八日晨，进至黄果铺，与北军一团、汉军数营遇，分左右攻之。所向如入无人之境，遂占领川边横江。

十九日进至安边，与祥祯营长戴鸿智激战竟日，身率敢死队冲锋猛进，左右荡决。鸿智，皖人，素勇敢，死战不退，力竭兵溃死之。我军得获无算。二十日晨，我军渡江追击，敌军望风哗溃。我军遂于次日，占领宜宾。宜宾绾金沙江、岷江口，当滇蜀孔道，百货山委，为蜀南名郡。一旦骤陷，世凯疑陈宧纵滇军入境，盛加诘责，褫伍祥祯川南镇守使职。宧乃悬赏五十万，陷其将士，檄冯玉祥自泸、伍祥祯自自流井、朱登武率巡防军自屏山，合数路兵，号称万人，期旧历除夕，同时攻宜宾。泰中、蓁之兵，不及二千人。度不可退，退且死。留一营守白河，扼玉祥进路。而泰中自趋寿场，逆击祥祯兵。战两昼夜，蓁更以兵助战，冒死冲杀，祥祯兵始退。巡视战场，弹壳积地者盈寸许。蓁既胜，立返白沙。玉祥兵约当一团，正沿江大上，漫山谷皆兵，且以炮猛击。蓁敛众冲其中坚，相持自朝至暮，滇军勇气百倍，无不一以当十。泰中亦于夜半领兵至，击敌之左。鏖战三昼夜，玉祥不支，纵阵稍移。滇军大呼，肉搏陷阵，玉祥亦不支。纵火焚民舍，顺流退集纳溪，滇军蹑之，溺死者甚众。至江安，猝遇刘存厚兵邀截，颇有死亡。朱登武及他路军，闻两混成旅已退，遂皆不进。蓁、泰中亦领兵保城待后援。是役也，前后剧战凡八九夜，我军仅有兵五营，以当敌军二旅数营，四面受敌。又以寡较于众众，犯兵法所忌，而竟能克敌，以此名闻于天下。护国军兴，战事遍蜀、湘、桂、粤，惟黔军乘暇进攻湘西者，稍能略地。至于攻城夺地之功，则宜首称泰中、蓁。是时，泰中、蓁能锐进，则泸县自流井实空虚，或不难下。乃锷向泸之兵，方在途中。而禄国藩将一支队，自昭通来援，徘徊未至。迨锷至纳溪攻泸，而张敬尧将北兵第七师已至泸，有备矣。陈宧严令冯玉祥攻宜宾，悬赏必下。泰中、蓁守城月余，玉祥兵四来攻而四却之。会锷以纳溪危急，调蓁、泰中所将两营兵往援。所留千余人，合临时召募又千余人，死守催科、兴武诸山。梯团长刘云峰欲退者屡矣，锷亦召令弃宜宾。泰中、蓁以宜宾得自百战，不忍舍弃。后玉祥兵自吊黄楼渡江，潜袭真武山，城已不可守。蓁方病疽，乘肩舆督战，不少却。玉祥兵已迫临，乃仓猝退师。一夕而至横江，依险固守。然玉祥复宜宾而已迟二日，乃始入城，时三月一日也。宧、玉祥复乞美教士之留叙者，通从义之意，而求停战，我军许之。初，锷遣第一梯团长赵又新，率第三支队长董鸿勋，先总司令部数日行。锷至毕节，鸿勋已抵永宁。川军第二师长刘存厚来通款，商响应之计。鸿勋领前锋星夜急驶，刘军佯败退走。初拟引滇军至泸州，而宣布独立。存厚军方至纳溪，守泸北军，已探知其计。初，存厚有电请滇军速入蜀，为陈宧知之，故遂不得入，乃于二月二日在纳溪正式宣布独立。五日，鸿勋与存厚会师攻泸州。泸州北为沱江，西为龙透关，南与蓝田坝隔大江，势险要，便固守。由纳溪攻泸，宜从上游渡，而龙透关当其前，仰攻不易。故决由下游分两军，合攻蓝田坝。七日晨下之。鸿勋军更下月亮岩。月亮岩地势高峻，俯击泸州，则旦夕立得，因以为炮兵阵地。然虞重累我民，非护国军本旨，忍而不发也。乃以纳溪、蓝田坝、月亮岩等处，委刘军守之。而董鸿勋则率先锋二万，绕下游泰安场渡江。八日晨下大龙山，九日下罗汉场、复得五峰顶，遂径至小市。小市者绝地，与泸县仅隔两小河，泸州下在旦夕间。守泸军知鸿勋军锐，不敢争。乃伪为妇女，渡偷金沙江，攻月亮岩刘军，以图解围。刘军猝不及防，遂退守纳溪。滇军数嗤刘军怯，至是团长陈礼门愤而自戕。是时，又新军已到，可望复失地，刘军又剧退江安，多损失。鸿勋闻蓝田失守，遂回军。十二日复攻蓝田坝，月亮岩敌已无后顾之忧，遂倾巢来犯。战一日，恐孤军为敌所绝，遂于十三日退守纳溪。是役董军虽孤军深入，然仅伤亡三、四人。董支队之声威震于蜀境矣。时北军张敬尧所统大队已兼程至泸州，从蓝田坝且分道来窥，纳溪三面背敌。锷促第三梯团长顾品珍，及支队长何海清、王秉钧、朱德等来援。敬尧乘我军兵少新退，援未至，分兵急趋双合场。以别军直绕纳溪后，逼安福街东。安福街与纳溪中隔永宁河，我军以浮桥通往来。张军四射浮桥，时众军在纳溪以东，不虞敌军遂出吾后。支队长何海清疾率所部，过浮桥，猛扑敌军，败之。乘胜直趋双合场，与张军之二十五团激战。二十五团，张氏之子弟兵，称精锐。战酣，兵士皆袒衣入河，奋夺我船只，子弹如雨下不顾，海清乃奋大力搏战，不稍懈。张军遂不支，退去。众军复鼓余勇，渡河而蹑之急，张军于是败绩。其统将旅长吴某死焉。是役张军共一混成团，我军人数六连，卒能以寡胜众，皆海清勇力当之。海清身躯短小，每战必身先士卒，军帽中弹欹侧，仍屹立不动，军中人慕其勇而效之，亦为帽欹侧。自后何矮子之名大噪于蜀南。又新、鸿勋既已与顾品珍军合，乃与敌军相距于永宁。临东岸，及双合场、棉花坡等地。张军乃以全军压众，凭高临下，众寡悬绝，我军势不支，有逃向纳溪城东者。参谋长罗佩金趋前誓曰："一部退走，则全军俱覆，必当死守以待援。与君等同死是处耳。"全军感涕，乃分兵卧伏东门外小堤内。而敌军蜂涌而至，弹下如雨，势必倾复，增援军曹之骅忽至永宁，不及食而鸣角出战。伏军欢呼，声震天地，跃而出。舍死冲敌陈，勇气百倍，敌不知军之何从也，遗甲仗而遁，我军遂复原有阵地。而之骅竟以身殉。之骅少年英锐，全军惜之，营长雷淦，亦以勇先士卒亡，事极惨云。自此两大剧战后，吾军所受包围渐解，而渐能围敌。然此路为两军主力所在，故相持月余。然敌军数倍于我，得更番以休其疲卒，而我兵力有限，迄未得片刻休息。乃密调宜宾左翼军队来助，拟以全力破敌中坚。不意为敌人侦悉，冯玉祥急引兵袭宜宾。我守御力薄，刘云峰乃命退守横江，此三月一日事矣，及宜宾军抵纳溪，数战皆捷。锷攻坚之计若可得，而后方接济久不至。军中非休兵不足以重振，非待援不足以进取。乃于三月六日夜半整军而退，佩金殿后。海清率队一联，遇北军一旅，急伏山陬丛薄中，荷枪抄击，北兵骇走。故滇军之退，未折一兵，遂移总司令部于大舟驿，以又新守下层圃，防北军。佩金引金汉鼎军守白节滩、打鼓场，以御合江之敌，而以海清及存厚军守古宋，以防宜宾、江安之敌。是役也，为期月余，大小数十百战，佩金、又新、品珍以下，皆日亲火线督战。锷亦自永宁来，亲抚士卒，而死伤乃及千数百人。自军兴以来，战争未有若斯之惨烈者也。

三月中，我军接济已到，而士兵之疲困已复。轻伤可裹者，亦群思临阵杀敌，锷乃以品珍阳攻纳溪，而以又新军及义勇军三营由牛背石绕纳溪为主攻。十九日夜半，品珍以白刃突入敌阵，敌军大溃，退保纳溪后之光山。二十日复击光山，敌退纳溪，告急于江安。江安援至，又为我军所截，获军实无算。而又新亦遽克敌垒，长驱下纳溪、围泸州，指顾间事耳。适广西独立电至，北局震动。世凯取消帝制，军务院成立，东南归向者日众，而陈宧私通款于锷，亦渐明。世凯乃命宧向南军求和，遂于四月六日停战，及世凯死，元洪继大总统位，以锷督理四川军务。攻泸州之计虽未遂，而护国之志已达，终此亦无战事矣。

当纳溪剧战之时，戴戡所统之左翼军队，已由松坎节节进攻，均占优胜，略地亦多。自占领青羊寺、赶水场后，破敌右翼。六月十五日，下马口垭、坩子堆，遂破敌中军主力所在。綦江形势，已在掌握。然锷于川中行军，盖以攻泸为主军。必先得泸州，方得据綦江以下重庆。使仅得綦江，则须大兵防守，初戡不取綦江，惟以计牵敌军者也。故綦江之战，始终仅在马口垭、坩子堆之间，出奇袭敌军，而不以得地为功。然北军守将，以綦江扼重庆之上，为军实屯聚指挥所在之地，綦江若不守，则重庆必不可保，常以全力保卫东溪等处，而世凯悬巨金二十万守綦江，曹锟乃以世凯亲军刘虎臣来拒战。刘军军械极精锐，不数日乃为我军所败，全军覆没，刘仅以身免。先后战于油罗坪，石南垭、二涂岩、上坝、草坪垭、石牛口、割草坪者，大小数十战。血战凡十余昼夜，绵亘数十里。虽屡获大捷，而敌援不绝，戡遂分兵取南川。于三月十八日下之。二十六日复攻彭水，而綦江亦于三月二十日占领。更分兵力协助义勇军，袭川南泸州各处，以分北军力。适陈宧求和，锷允其停战一月。戡亦以休士为念，遂停战。陈宧既受世凯命，派雷飚至永宁，与锷约和。锷乃谕在蜀在湘各军，暂行停战，而仍分扼守要地，以待机宜。及停战期满，冯国璋、陈宧请展期，允继停一月，且促宧独立。陈于五月二十二日，果以独立闻。世凯以周骏为崇武将军，代陈宧督川。周以兵临宧，宧败。骏入成都时，世凯暴卒。元洪命锷督理川军务，并命攻骏，而川人之恶骏尤切齿，纷请锷除之。锷乃引兵西上，骏遁，川乱平。而锷亦以病去，引佩金自代。于是在川护国军，编入四川陆军凡二师云。其年十一月八日，锷病故于日本福冈大学医院，年三十五，人皆惜之。

两广行军

护国军之初起也，继尧与锷，欲先入蜀，以据其财富。而两广通海舶，既易购军器，且可与国外通声息，冀得华侨之助。李烈钧入滇，又盛言南洋可集费以助义。时陆荣廷寂无表现。而龙觐光、济光兄弟，复左袒于袁。故继尧组第二军，而以烈钧总之。十二月二十六日，继尧以烈钧为第二军总司令。烈钧引何国钧、成桄为正副参谋长。张开儒为第一梯团长，领盛荣超，钱开甲两支队。方声涛为第二梯团长，领朱培德、杨益谦两支队，而附以何国钧之义勇军，先后直趋南宁，会桂军出湘、粤。五年二月二十日，烈钧遂以师道蒙自，出开广，为入粤入赣之计。是时世凯已侦知荣廷终不为己用，密令龙觐光攻迫之。而假觐光以云南查办使之名，督兵假道桂境以攻滇。荣廷以计要觐光，觐光无所售，乃引兵驶桂边，屯百色，欲以窥滇。烈钧乃命开儒、声涛集兵富州、广南附近，间而以兵扼剥隘、天井之间，领军策应广南，以当敌之正面。复邀挺进军司令黄毓成，及继尧第一梯团长赵锺奇，由黔入桂，趋百色要击之。三月七日龙军进犯剥隘，我军稍却，退皈朝。开儒军随至。十一日，与龙军大战于虹山。龙军三千人。十三日，敌复增援六千人。我军又稍却，入皈朝。十六日悉众出迎，遂大败龙军。龙军易其旗，从护国军，遣使请暂停。先是济光受世凯密令，遣其侄龙体乾、黄恩锡等入滇图不轨，恩锡率军由西林、八达犯广南，据龙潭，声涛卒破之。锺奇之军，由巴节渡江来会，乃令取西林，并袭八达，黄军遂溃。因以军向百色。时挺进军已分道出潞城，直趋百色，三月十六日，于黄南田与伪军司令朱朝美所部二千遇，敌军赤帜满山谷，凭险据守，势甚固。毓成纵队长杨杰，率前卫第一营，自河左赴崖岭，以炮陵山岗射之。前军益猛进，至夜分，敌不稍却。次日，复益军当正面冲之，毓成自督前线，驱死士急攻，敌遂大溃，窜归百色，荣廷亦使游击军马济截觐光归路，十五日，广西宣告独立。荣廷旅长龙裕光促我军会商，觐光乃缴械降。荣廷乃邀烈钧会于梧。恩锡既败，乃趁隙窜走丘北、弥勒、广西、竹园等地，欲与体乾乱军合，以撼滇之重镇。体乾本以土匪成军，实乌合，无军纪。第二师师长刘祖武，破其众于蒙自、个旧。及得恩锡，军势渐盛。祖武遂移师至阿迷，继复增兵由婆兮压之。而毓成、锺奇亦回军截于桂黔之边，四面促之。于是竹园、十八寨、弥勒、丘北以次收复。渡江直取龙氏巢穴逢春岭，破之。体乾遁。继尧命令全其墓庐财产，不究。

烈钧既至梧，而两广都司令部、军务院先后成立于肇庆。岑春煊为副抚军长，代抚军长职，乃电促烈钧帅师来肇庆，议组北伐军，道粤入赣。五月十二日，烈钧至肇。时粤省民军编配正自繁难，而与北伪所定停战期将满。袁军陈兵湘边、宜宾等处，赣边南安与南雄交界之梅岭，粤闽交界之诏安与饶平之间，骎骎有侵入之势。烈钧以出征不可缓，继尧、锷亦电促之，春煊乃编粤桂之师为九道，命曰“滇桂粤护国联合军”。

烈钧亦被命入赣，乃与济光商假道入赣事。奸人闻之，济光昏陨不查，春煊往复调停，而济光之猜忌益甚。烈钧不得已，乃改道三水、清远，划线为行，途中皆为龙军禁阻。直至韶州，镇守使朱福全，亦闭城阻拒。十七日夜，龙军拆铁路十余丈，图断滇军运输。十八日，无故杀滇军数人，并于城楼发炮轰我军。我军以帆布作桥渡河，发一炮，毙朱部兵百余人。二炮，毁镇守使署。朱急求降，而我军已毁南门。十九日晨，克韶州。次日进兵英德，居民迎而入，皆大欢忭。济光乃厚诬烈钧军诸不法事。时袁氏已死，元洪继大位。烈钧亦通电请检举不法，若滇军不守纪律，粤民如怨，滇军则甘服罪。不则请惩龙。时段祺瑞颇袒龙，龙愈无忌，益简军实，以驱滇军自任。自是粤省内外，益愤龙之暴，群起而逐之。唐绍仪、梁启超、温宗尧、王宠惠，孙文、莫荣新、谭德明、李耀汉、林虎、张习、程子楷、魏邦平、周天禄及国会议员等皆通电指斥，请中央罢黜，元洪仍置不问，战事复作。中央乃于七月六日，命陆荣廷为广东都督，而命烈钧回京候用，人以是怨府中不平。八月十日，烈钧通电解兵离粤。

黔湘行军

初，继尧欲以第三军参谋长韩凤楼率赵锺奇军入黔，会师入湘。而以挺进军黄毓成由黔直下辰沅，出没武汉、荆襄，不为护国军之主力，但欲制北军以分其军力也。

及蔡锷军次毕节，知雷飚成都请兵不得，重庆无内应，且有北军固守。于是乃以锺奇部华封歌一支队，由参议殷承瓛领之，道松坎以助戴戡攻綦江。龙觐光军进犯百色，又以锺奇一支协挺进军，助第二军攻百色。但以先遣队徐进步炮机兵，分属黔军东北二路，而以湘军委之王文华。

文华，黔军规湘之东路军司令也。率四混成团，先贵州独立，时已进集镇远、铜仁。更分兵二支，一由镇远经恩州以入湘。一月二十五日晨至晃州，与敌军遇。二十六日敌兵遂退沅州。而黔阳、麻阳之敌，亦闻风而却。二月二日，敌复以一混成团来战，我军迫晃州城，克之。是时黎古支队吴传声，出铜仁，于泸平、矿山等处与敌遇，败之。五日克黔阳，六日克洪江。洪江为湘西精华，既得，乃趋军而上。十一日，又分兵克芷江。即于十三日与东路文华军会攻沅州，鏖战一昼夜，十四日下之。敌军毁民房船舶而遁，传声亦以剧战亡。十六日，复占麻阳，而永绥、会同等处亦下。复遣军下凤凰、乾州，乘胜进逼辰溪。战数日，袁军大溃，掠其县，焚民舍，遁入辰州。是时，我游击统带王华裔，亦联络湖南步兵统带团范干，十二日进占靖县。复连占通道、绥宁诸城，袁军退守天堂要隘，复进袭，大败，弃械走武冈。我军由靖州会同，长驱入城，步武冈，袁军退入宝庆守焉。我军亦暂分两路，集中补充整理。第三军参谋长韩凤楼、亦自黔入军指挥。计此役大小十余战，凡得地晃州、黔阳、洪江、源州、麻阳、靖县、通道、绥宁诸地等十一县。破敌三混成团，东南震动。而游击军之出没于武冈、城步、新化、宝庆、祁阳间者，亦纷然为北军累。是时，袁军大队皆已入川。闻我军下沅湘，图恢复，乃命入川军之第六师马继增部已抵宜昌者四师、并急命驻岳州之军兼程增援湘西，欲包铜麻，为川湘联络之计。更以饷助凤凰厅田应诏，令为麻阳、大兴军掩护。而于宝庆亦集中数千。文华不待其军之来，急以军截敌后路。十八日，我军克永顺具，且迫田应诏内溃。十九日，我军与马继增军相持于辰溪，另以一支出宝庆，取道安化，直趋常德，中断继增路，其军全溃，马暴卒。是时北军亦渐集，乃分军出洪江，攻溆浦。王小珊部攻武冈，文华自以军据铜仁为策应。北军分四路来攻，洪江守周则范战不利。三十一日，敌以一混成旅及马队与我军战于沅江，凡三昼夜，沅江陷。四月二日，复以敢死队反攻之。剧战四昼夜，白刃相搏，沅江坚未得下。三月八日，北军亦复麻阳。是时世凯令陈宧与锷求议和，先停战。我军奉令，遂扼守阵地以待命，麻阳、黔阳，亦同日停战。

是日，继尧以程潜、陈强为湖南招抚使，亦至黔与文华商军略。抵靖州，收各路民军，而自任总司令。零陵镇守使望云亭所部，多为潜旧属，潜遣人说之，云亭遂于四月二十六日宣布独立。至是潜复率兵进驻武冈。宝庆、湘南一带，遂入我军。文华使人说田应诏，于五月十三日宣布独立，湘西亦遂为我有。及汤芗铭独立，桂军入湘，而衡阳、宝庆敌军远飏，湘境全入于护国军，继尧规湘之计，于以告成。

大事六·护国四

军务院

袁氏谋帝之心，初见端倪，滇督唐继尧及其下诸将军，时议论之。乃与海内外同志，密通计划。滇去宛平绝远，藏兵九地之下，世凯故不甚知。各党同志，与滇通声息者益众。及筹安会起，滇军界首义之说渐炽。继尧与罗佩金等，乃派亲信往京、沪、宁、粤侦外情，而阴事布置，促乡人李根源等返滇筹策。根源方自日本与纽永建、章士钊、冷遹、章梓、程潜等归沪。民党以港、沪绾南北总枢，而两粤实滇之外屏，故根源不返滇而总持于港，主迎岑春煊归主大计。是时，新会梁启超说冯国璋不帝袁，冯因有所怀，虽有反帝之志，而无发难之心。启超乃说陆荣廷、陈炳焜力赞大义。粤督龙济光，持两端，欲自保。济光固以荼戮民党为世凯所依重者。春煊、启超与荣廷、炳焜等阴谋之，而济光仅求自保，遂佯归义于护国军。军务院成立，滇、黔、桂、粤联军西南，声震全国。浙江、湖南、陕西、四川相继独立，继尧工业亦因以不没，世凯以此自殛。约法恢复，国会重开。辛亥革命之业未坠，而民国得以重光。唐蔡发难之功固不可没，而众擎易举，其有赖于各方贤豪之继起有功者，亦岂可忽哉。故著诸省响应至军务院联军成立于篇。

云南辛亥光复之役，蔡锷以唐继尧为北伐军总司令，出贵阳。时黔乱方殷，黔民求继尧代戡定，遂举继尧为黔督。南北统一，继尧即以民望留镇黔，军民深相翊载，及移节滇省，而滇黔遂终始相依。筹安会起，凡滇之所以图谋者，黔无不知。而继尧优助军实，以厚其力。护军使刘显世，继尧旧部。及滇省首义，显世亦遂于二月二十七日，与继尧、锷联名声讨，宣告独立。是时伪府自恃甚得，电显世，若不假滇军入蜀，北军亦不入黔。显世要北庭军饷，亦伪应之。黔民本亦但求自保，时滇军连败北军，而蔡锷复与黔人戴戡，兵出贵阳，攻蜀之重庆为右翼，军纪甚严。特使龙建章逃，众乃公举显世为军都督，戡为巡按使。遂于一月二十七日正式宣布独立，脱离北京政府。仍规滇省之制，组都督府。内设民政、财政两厅，军法、军警两局，裁道尹，其余仍旧。以何麟书长民政、张协陆长财政、胡曜长军政、李映雪长军警。全省宁谧，乃组北伐军。显世为贵州护国军第二军总司令，周儒为参谋长。以戡为黔军第一军总司令，仍以军属锷。出遵义，规重庆。以王文华为东路司令，熊其勋为支队长，亦以军属锷。聚镇远，出铜仁，取晃州、洪江、芷江，大败马继增军于麻阳、宝庆而占领之。是时护国军更遣程潜、陈瑛为湖南招抚使，民军之归者益众。湘西南尽为滇黔军所据。世凯欲以大军入黔围困军府之计，遂不得逞。详《湘西行军纪》篇。黔军终始与滇相密结，滇以黔为屏，而湘西为外围，其势益固。此因以知北军之不能取胜矣。

滇军起义之初，广西将军陆荣廷，已通款曲，故初有滇、黔、桂联军之传。荣廷广西人，以智勇闻于时，而气谊自豪，尤为国人所称道。赣、宁军起，与黎元洪等十四省联名保障共和，为袁所嫉。乃以张鸣岐、王祖同先后监之。袁更以金买其左右，探荣廷动止。帝制议起，缄默不敢议论。后忽与义军通款诚。世凯归其子，至汉口，毒之，荣廷亦退然不作失明之痛。办选举，受封爵，一一如袁之指扮。袁氏征滇之计，原以假道越南为上策，法使不允，遂欲由桂入滇，故急思得桂欢心。于是荣廷多求饷银、军械、医药，而自请征滇，以过北军之入，世凯无如何也。乃派龙覲光率师入桂，名助荣廷攻滇，实亦以监之。而授荣廷为贵州宣抚使。覲光至，无所施为，荣廷纵之入滇，而己自请攻黔。侈拟战略，并定自南宁北上之期，世人因疑荣廷携贰。岑春煊亦以书劝之。而荣廷已遣人往沪迎梁启超、汤觉顿入桂定大计。更别遣其秘书长刘密商响应事于继尧。至三月十五日，广西全体军官陈炳焜等，乃以袁的美敦书致袁。先是，二月十四日，荣廷已与诸将陈炳焜等二十余人誓言，决计独立，炳焜等终始知之。故发难乃自炳焜，人以是服荣廷之沉勇多智。遂宣布独立，联合云、贵，声罪致讨，誓除专制之余腥，重整共和之约法。乃以炳焜护理都督，其余职守如旧。时龙覲光之军，已为滇军张开儒、黄毓成及桂游击军马济合围于百色，全数投诚，覲光遁走。护国军第二军李烈钧之军，乃得入桂，与荣廷军合，会师北上。是时，启超已先于四月由沪南来。而荣廷屯兵柳州，阳示攻黔。实欲道桂林，逾都庞，以取湘之永州。及独立后，济光以重兵封川，图峻拒。荣廷兵三十营东下柳江，入浔江，抵梧州。以第一师二旅旅长莫荣新为先锋，率韦荣昌、沈鸿英、杜甫田诸军，以临肇庆。遣二师师长谭浩明出饮、廉，而以秦步衢率师一旅出永州，与宝庆之黔军合，进取衡州。钦廉镇守使隆世储、道尹冯相荣，闻浩明军至，遂于二十八日宣布独立。皆归荣廷节制，与桂军共守海口。时济光仍持两端，荣廷乃派人往说济光，邀与启超共议。荣廷遗书要半日作答，龙亦知力不敌，于是请降，至是西南联合，不仅滇军无后顾之忧，并力北向，逆伪之势已动，而湖南、福建、两江，亦受腹背之敌矣。

方广西之未独立也，袁氏欲假龙济光、覲光兄弟之力，以图自桂困滇。龙氏兄弟，争效主命，选兵遣将，大肆虐于父母桑梓之帮。虽勾结土匪，糜滥故里，亦所不恤。及荣廷宣告独立，与滇黔合军，覲光败于百色，而龙氏形势日蹙。初，陈炯明谋举义于惠州，并分军各属。南海、陆丰、惠阳、翁源、佛冈诸县应之，民党之伏各地者纷然起。于是任鹤年起香山，徐勤称护国军，分命张炳、欧阳干、魏邦屏起顺德及“宝壁”、“江大”两兵舰、朱执信起番禺、石湖，唐月池、杜日华起东莞，何尧天起韶关，莫擎宇起潮汕，李雄起顺德，马伯麟袭击“肇和”舰。他如新会、香山、新宁、清远、三水、高州、南海、英德、高明、雷州、廉州、阳江、北河等处，莫不有民党起义之事，其众几十万。济光初则分省军以迎之，继则日必数警，省军力不支，乃命各就防军戡乱。而民军之后先继者，益纷不可遏，且近逼省垣。济光困守观音山，日惟戒严求自全。及荣廷陈兵梧州，以书抵济光，限十二小时答复。而钦廉独立，归荣廷。潮汕亦独立，势甚张。部下诸军，亦多与桂军通款。一夕数惊，缙绅则奔走会议，富室则尽室以行。济光素以屠戮民党结世凯欢，至是知民党欲得甘心。初尚欲拒桂军入境，调重兵溯三水，向肇庆。荣廷、启超知其欲保禄位妻室耳，乃为书报之。谓举全粤投诚，西南诸省目的可达，则可保生命财产，使王广龄介之。而岑春煊劝其善为自谋，勿苦吾民。张鸣岐者，固袁氏欲以监荣廷者也。因不得于桂民，时巡按广东，亦劝济光降，济光乃与护国军商独立事。继尧遂派李根源自港至广州见济光，暂守中立，至一定时日宣布独立。济光又阴与蔡乃煌电袁赶派劲旅，赴粤协防，袁即派驻沪第十一师驰援。于是粤人以龙氏招来北军，荼毒地方，大恐，而唐绍仪、伍廷芳等电粤，速即止派，并杀蔡乃煌以谢粤人。而海军亦与护国军通款，魏邦屏领“宝壁”、“江大”两舰飘然驶去。龙氏益无援，一时鼓噪。济光乃电逆廷请示，袁氏复以“独立拥护中央”六字。因于四月六日，以保护人民治安为辞，宣告独立，升悬白旗。众亦举龙氏为军都督，布告安民。更密令各统领增募大兵，而密赐魏邦屏三万金。然龙氏祸粤之迹甚深，而民党犹切齿，佥谓伪行独立，借以缓兵。如国民党之《布告全体书》，胡鼎男之《宣言》，胡汉民、朱执信、邓铿等之《公启》，皆主龙氏去位。而以实力与济光周旋者，则为护国军攻城司令魏邦屏。邦屏自率“江大”等舰驶去，龙氏独立，即驶回北江，而龙氏拒外军入城，邦屏以其举错乖方，电询其是否真诚，限三十分钟内答复。济光卑辞谢之，谓待荣廷、启超到，卸职乃去。而唆其军段尔源，轰击“宝壁”军舰。香山司令袁达，亦与民军斗。于是高明、鹤山、河源、新会、北口各县民军，皆不信济光独立意真，又纷然起兵。济光遂于十二日夜集部贺文彪、颜启汉议，歃血为盟，誓为龙氏出死力，争都督。是时，粤人议龙宜去职者亦众。众皆仰荣廷、启超斡旋，龙亦以图缓省中各界。乃保护国军徐勤来粤，与荣廷代表汤觉顿及警察厅长王广龄，于十二日议于海珠。济光使颜启汉、贺文彪等，戕徐等于议场。勤得免，而觉顿、广龄及谭学夔死之，是为海珠之变，是时荣廷与启超已抵梧州，随军万人，闻事变。遂决心以兵威除孽。龙济光闻之，大惧，乃乞张鸣岐之梧恳说，启超痛斥鸣岐，鸣岐屏气默塞不敢言，荣廷以诛蔡乃煌、颜其汉及整顿济军、解散侦探为辞，龙愿受，辞惟谨。陆、梁乃率桂军赴肇庆。且宣告于粤，谓意在会师北伐，与两粤内争无关，所以安民心也。及抵肇，而反对济光督粤者，电词纷至。魏邦屏、李耀汉诸人为尤激。陆、梁又力为斡旋。且以莫荣新领五千人陈于三水，议频危者再，济光知不敌，乃亲诣肇庆，求保广州一隅，拥虚号足矣。愿杀蔡乃煌以自宽假，于是济光全附于议，而两广协同始定，皆陆、梁之力也。乃议以岑春煊为两广护国军都司令，春煊遂于十九日偕温宗尧至。肇、桂、粤号岩疆，称大省，粤且控饷械，一旦统一，寖寖日强。自一月二十七日贵州独立，至济光等拥春煊为都司令，不百日而西南团结，未以兵争。虽继尧、春煊、荣廷、启超斡旋之力，而人心之向义，有以使然。西南民素悃朴，刚直好义，恶倾侧之行，故能奋起有功。百粤为革命首倡之区，滇南为护国始义之地，懿矣盛哉。

春煊父督滇有伟绩，固济光兄弟世父行也。又曾料军于桂有声，荣廷亦旧属，故春煊能总摄两广，帖然无异辞。五月一日，就两广护国军都司令于肇庆，宣于众曰：“袁不死，我辈勿图生。众兄弟死，誓与俱死。予死，众兄弟亦宜与俱死。”全军欢呼。乃分设参谋部、秘书厅、参议厅、外交局、财政厅、盐务局、饷械局、副官处，请启超为都参谋、李根源为副都参谋。翌日议北伐，先编潮汕陆军为第一师，以莫擎宇为师长。肇庆、广州李耀汉之军为第二师，即以李为师长。三水西南、肇庆等处军为第三师，以莫荣新为师长。林虎所将粤军第四师，而以林长之。另有独立旅二，独立团一，以程子楷、张有等主之。并议出兵分三路：（一）以林虎、程子楷两军入湖南，策应桂督征湘大军、夹击长沙。（二）以李烈钧之滇军、李耀汉之肇军、莫荣新之桂军、段尔源之粤军入赣。（三）以粤军莫擎宇、陈德春及滇军方声涛、林仲墉、济军郑开文会入闽。而以桂军第二师谭浩明留守肇庆。更改编募集二十营为后。布署既定，遂出师北伐。然济光终始携贰，恒不奉命。春煊名为节制两广，实则仅能调遣桂军而已。初，三月二十二日，世凯知势不可为，自动撤销洪宪年号，而仍自称大总统，实非南军之志也。故仍进军蜀、湘不稍待。桂省独立，其势更张。继尧、锷等，已有统筹全局之意。及济光降，继尧、显世、荣廷、济光乃联合宣言："军为讨袁而起，非袁退位，绝无调停余地，军事亦不停止。"袁退位，承认副总统黎元洪正式就职，拥护约法，保障国会，依法召集参众两议院，国家大计，交付处决，并通知各国。自是四都督联合之局势已定。先是，启超以自云南起义，各省先后响应，自非有最高权能机关，无以收统一之效，而对外亦难就商。乃具意见书，谓"大总统违反民意，亦既丧失其资格，依约法副总统得代行其权。现黎副总统虽陷敌手，而总统资格，当然存在。总统之下有国务院，现当军政时代，则设一军务院，易国字为军字，庶觉名实相副。军务院设抚军长，与国务总理相似。下有抚军，即各都督也"云云。特派员与继尧商，继尧韪之。至是启超复以为言，言既决，遂由滇、黔、桂、粤四省都督组军政府，即定名军务院。宣言曰"中华民国大总统领海陆军大元帅一职，依法应由副总统黎公继任，已由本军府宣言在案。但黎公今方陷贼围，未克躬亲职务。查《大总统选举法》第五条第二项云'大总统因故不能执行职务时，以副总统代之，副总统同时缺位，由国务院摄行其职'，今大总统身犹蒙难，副总统职尚虚悬。国务院又非俟大总统任命，经国会同议后，不能组织。而军事正亟，既当求统一之方，且国运方新，尤宜作通筹之计。今由继尧等往复电商，特暂设一军务院，直隶大总统，指挥全国军事，筹办善后。军务院置抚军若干人，用合议制，裁决庶政。其对外交涉，对内命令，皆以本院名义行之。俟国务院成立时，本院即当裁撤"云云。八日军务院成立，直隶大总统。凡省都督都司令二师以上之军总司令，皆为抚军。抚军长三人，政务委员长一人，由抚军互选。以唐继尧、刘显世、陆荣廷、龙济光、岑春煊、梁启超、蔡锷、李烈钧、陈炳焜为抚军。互选继尧为抚军长，春煊为副抚军长，以肇庆为军务院所在地。以继尧未能远离职守，以春煊代行，定启超为政务委员长。通告中外，筹议北伐。是时滇军之在川者，尽得长江以南之地。世凯乃命川督陈与护国军议和，蔡锷命停战一月待之。而浙省民众驱屈映光，举吕公望为都督，独立归义。陕西陈树藩、湖南汤芗铭继之，四川陈宧又继之。屈、汤、陈三人皆世凯心腹，其独立意旨，各有所在。且各省壤地不相属，政令自专，号令亦无所称。然风声所播，大义已彰，袁氏亦知其不可屈，而卒患愤以死。元洪乃于六月七日正式继任为大总统，日促各军取消独立，宧与树藩，首先应之。继尧乃于十日迳电元洪云："帝制发生，造端于非法解散国会之日。故今日国家根本大法，当以国会解散以前所公布者为准，此应请明令者一。根本法既定，则按照《总统选举法》，我大总统任期，以前大总统任满之日止，副总统一职，则由国会另选。按照《约法》及《国会组织法》，则任命国务员组织正式国务院，须得国会同意，故应召集前参、众两院议员齐集，克日开会，以便依法办理，此应请明令者二。今日绥定全国，首在罢兵。凡因抵御护国军所遣之各路军队，应即悉行撤回原驻地点，以表示和平，避其冲突，此应请明令者三。至今兹护国军之起，事出非常。现虽我大总统出任维持，而善后问题，急待解决。此类事项，势不能悉付国会之议。且事机危迫，亦断难坐待国会开会。拟请召集军事特别会议，令各都督或将军各派军事代表若干人，在沪集会。凡诸军事重要问题，悉由该会议决，呈候施行，此应请明令者四。”春煊亦申电，谓“继尧所提四事，乃护国军一致之意”。时帝制余孽，仍撑持于其间，元洪未能履行也。国人益忿忿，继尧更电元洪曰：“帝制发生以来，民生备极凋残，国势危于累卵。推其致此之故，莫不切齿于首祸之人。窃查杨度、梁士诒等十三人，罪恶贯盈，神人共愤，滇省首义之先，即已请付刑戮。乃荏苒至今，凶焰仍炽。我大总统德意闻于四方，而实施未及百一。则此辈诪张为幻，所不待言，而国事奠定之期，将在何日？为此代表国民，更申前请，乞大总统立即饬军警将杨度、梁士诒等祸首十三人，按名查拿拘管，听候法律裁判。庶内绝祸乱之源，外平军民之气。近以昭法纪于此日，远之垂炯戒于将来。”是时，海军将士亦力争，第一舰队于六月二十五日宣告独立，加入护国军，举李鼎新为总司令。元洪乃于六月二十九日下令恢复《临时约法》，召集国会，裁撤参政院、肃政厅，以段祺瑞为国务总理，改组内阁云。时周骏领兵攻陈宧，走之，锷受命讨骏，下成都，元洪特命锷督理四川军务。任荣廷为广东督军，以龙济光督办两广矿务。通缉杨度等八人，以平南将军气，实则纵之远飏矣。继尧以国务院已正式成立，遂于七月十四日，与各抚军宣言撤销军务院。文曰：“帝制祸兴，滇黔首义，公理所趋，舆论一致。桂、粤、浙、黔、秦、湘、蜀相继仗义。其时因战祸迁延，未知所属。独立各省，前敌各军，不可无统一机关。爰暂设军务院，为对外对内之合议团体。其组织条件第十条规定‘本院俟国务院按法成立时撤废之’等语。屡次宣言布告，一再声明。今《约法》国会，次第恢复，大总统依法继任，与独立各省最初之宣言，实相符合，虽国务员之任命，尚未经国会同意，然当国会闭会期间，元首先任命以俟追认，实为约法所不禁，本军务院为力求统一起见，谨于十四日宣告撤销，其抚军及政务委员长、外交专使、军事代表，均一并解除。国家一切政务，静听元首、政府、国会主持。”具名者：继尧、春煊、启超、显世、荣廷、炳焜、公望、锷、烈钧、戡、鼎新、罗佩金、刘存厚诸人。济光则于六月九日，已径自电京，取消独立矣。黎大总统得电，乃申令慰护国军：“滇黔首义，薄海从风，合议机关，应时成立，披云见日，再缔共和，则从军院诸君，大有造于国民也，项城长逝，责在藐躬，猥承诸公拥护之殷，提携之切，约法国会，获慰初心，虽幸免于愆尤，犹自惭其濡滞，诸公乃主持正论，践履交盟。举重光之日月，还吾国民；挈百战之山河，归诸政府，从此民有常轨，国无曲师，藩祸不兴，邻氛自戢，则是军院犹大有造于后世也。”军务院既撤，锷被命为四川督军兼省长，显世为贵州督军，戡为贵州省长，荣廷为广东督军，炳焜为广西督军，继尧仍退为云南督军，筹办善后，敬躬桑梓，逸然不与人论功。八月一日，国会开会。十四日，令各省省议会于十月一日召集。九月四日，参众两院正式通过内阁名单，以段祺瑞为国务总理。其年十二月二十一日，公布民国纪念日，增入云南首义。二十五日，全国共庆云南首义，大总统黎致电继尧曰：“本月二十五日，为云南倡义纪念日。薄海胪欢，普天同庆。溯自一人称制，万众皆瘖，赖滇省诸将士，仗义誓师，竭诚为国。蹈海拒帝秦之说，运筹定兴汉之谋。秉钺一呼，援手四应。晨鸡鸣而天下白，春雷震而万物苏。举国风从，群英云集。遂以挽狂澜于既倒，支危厦于将倾。旭日重光，神州再造，丰功伟业，震古烁今，宜诏国人，永垂纪念。元洪猥以菲材，忝膺重寄。惧宗邦之颠陨，每用忧周；念大业之艰难，不忘在莒。缅怀前烈，永矢勿谖。新旧乘除，正嘉平二十有五曰；河山带砺，祝国家亿万斯年。特达微忱，以当善颂。”然云南初倡义时，宣言退黜袁氏，及诛帝制首恶十九人。袁氏已踣，而逆谋者不惩，军务院既罢，政府阳为逮治首恶八人，而先纵之去。其余或任吏事如故，竟不能如云南首义时所言以萧勺群慝，永绝乱萌也。

军务

世凯以十百倍于护国军之力，而卒不免覆亡，身死为天下笑。盖世凯谲诈雄猜，专以权术驭其众。而诸将又不相下，人各一心，此其所以败也。护国军兵单饷绌，而继尧豁达大度，虚己任人，又挟义兴师，人皆自奋。故能斗众如斗寡，所向克捷。兹特著兵员、饷械及有关行军杂事于篇，则当时胜败之数，亦可略睹矣。

袁氏久蓄帝制之思，于近畿、于长江则布其腹心，以为镇慑。于边陬则裁其经费，以为困弊。四年初，滇省军帑仅二十四万，故但能养兵两师、一混成旅。合宪兵、防军、警备队，不过二万人。然滇民气刚健，自清末志士多走日本习戎事。归国者，或以其学佐官府，倡学校，光复之荣，多归军人。而讲武堂功最伟，士亦以此荣之。故散于民间者，已多知用新械，讲新法。即援川久战将校，多归田舍，在民间。锷与继尧知之深，故能踔然而起，不虞兵之不足也。义军起，编第一军三梯团入川，编第二军两梯团出桂入粤，编第三军一梯团及先遣队一纵队出黔，会师入湘，一支队驻武定，相机规宁远，图成都。别编挺进军一军，由黔直趋辰沅、常德，出没武汉、荆襄，此现役之军也。继尧又更命第二军参谋长何国钧为义勇军司令，募义勇军四千人。马文仲为游击队统领，募游击队四营。设江防游击队为三营，以黄文忠为统带。更委马为麟为征兵事务所所长，定征募之区，派员分赴外县。召退伍士兵及识字壮丁，先后共募万四千余人，日夜训练。及帝制取消，而世凯仍窃据总统之位，遂编护国军为八军，以第四、五两军，增厚前敌军力，而其余则集中待命。先后共编练兵二十八团，警卫四团，骑炮兵补充团，共计三十六团。以禄国藩、朱德等，分任步兵团长，陈维庚、叶荃分任警卫团长，廖鼎高为骑兵团长，李朝阳为炮兵闭长，较举义前二倍之。是时，民气激昂，三迤健儿，多以赴军为荣。中学以上学生及高等巡警学生，纷上书求从征者，踵相接。继尧乃命讲武学校收容之，而严加训练。护国军军规极肃，负天下之誉，而又终始无校尉官佐之缺者，皆讲武学堂之所成就也。初，锡良督滇，怵于外侮，以陈宧整饬军备，以截旷所积资，买利械于德。滇本边隅，初意练兵两镇，以饷难继，先成一镇，械则倍之，弹药尤多。及李经羲继锡良督滇，招蔡锷、李根源、唐继尧等治军，而以靳云鹏为督练处总参议，更完益之。而兵工厂能制六八步枪弹、手榴弹、七生五炮弹及军械杂件，并能仿造七九村田新式步枪弹、及机件中之齐口、车边、纹口等。及护国军兴、继尧令收集各属官府及民间快枪，运省修配。复筹资自日本、德国等处购枪万数千支。挺进军黄毓成，在桂边百色，缴获龙觐光所部亦千余支。故立八军，而械无虞短缺之虑。及战事起，兵工厂日出快枪数十百支，子弹数万发，前敌无虞。而锷治军整肃，兵士护惜其械，亦特为周至。

滇以贫瘠之区，发此巨难。糈饷之出，至为艰巨。世传南岸华侨，曾捐款千数百万，而当局亦曾以此誁颂于时。其实南洋所得，盖不过十二万金，外此皆虚言以惘北廷者也。综其所得，尽为滇黔自筹。及荣廷、济光降，滇军似可困粮两粤，而济光实首鼠两端不为应。故饷糈益绌。然护国军无忧民之事，称义军者，皆继尧先事筹虑。而留转输之功，为不可没。自军兴以后，继尧居中策应，知供亿浩繁，命财政厅尽量筹集。别立筹饷局，分司筹募之职。于是职有专属，事无停滞。兹将军兴以来，至凯归而止，军府筹集度支大数，条列于后。

一、裁并闲冗机关，停办中学以上学校，移其费作军用者，月约三万余元。

二、筹饷局劝导各县捐济者，综计三十五万一千余元。

三、分派左直、赵伸、吕志伊、龚振鹏、寸如东、邝煜煌、张南生往南洋、香港、越南、缅甸各处劝募华侨捐款，先后共一十二万八千余元。

四、截留盐款共计一百六十七万余元。

五、中国银行银币二百万元。

六、提借各机关之款计：铁路局一十五万元。水利局一十四万元。垦殖局二万零八十五元。电报局一万元。商号五万零一十六元九角。造币厂五万元。制革厂三万元。织绒厂一十五万零二百四十一元八角七仙。救国储金团五千五百七十五元六角三仙。河口运省款十二万二千五百元，筹饷局八万五千元。

以上共八十一万三千四百二十元零二角五仙。

七、挪用之款计：宝华公司官有股本一十七万六千元。东川铜矿公司股本一十六万元，变卖官产一十五万元，截留中央解款一十三万元。

以上共计六十一万六千元。

八、银行借用之款：发行中国银行纸币一百三十五万元，富滇银行及香港富记解还总行九十八万元。

以上共银二百三十三万元。

九、各县摊借之款一百一十四万元。

十、黔省借垫之款一十八万四千八百四十五元。

十一、广西保安公司借垫二万一千一百四十四元。

综计以上不及九百五十万元，而世凯度支，自大典筹备，至袁氏身死时，民军媾和条件中所实指者，为六千万。其明可指为大典筹备者，约三千万元。则实用于军事者，约当民军之三倍。然据财政部调查所得，则谓实为六万万。财政部得自调查，且与袁氏历次大借款之数为最近，可信，则且六十倍于护国军矣。计古今逆乱之谋，起灭无如是之速者。而耗吾民之力，亦未有若此之巨者也。

自大总统黎元洪正式宣布恢复约法，重开国会后，滇军随即遵命复员，编为四师，饷械无缺。而遣散、抚恤诸费，又数百巨万，段祺瑞终始龁龋不肯任。继尧皆一一别为筹措，成功不受赏，得胜无所恤，人以是服继尧之量，而多滇军之义焉。

民国云南通志长编卷四

大事七·护国五

护国日表

表谱为一时之大事纲领，亦史家之所不废也。护国军兴，元凶自毙，共和再造，永奠国基。为时虽不过数月，而其间事象错综，原委纷繁。欲连缀成篇，则文涉烦芜；欲概从要纲，则事多挂漏。故为表以统之，亦可以备史家之参证也。

清宣统三年

八月

十九日，革命军起义于武昌，推混成协统黎元洪为都督。

九月

五日，清廷授袁世凯为钦差大臣，节制各军。

九日，云南革命军起，推蔡锷为都督。

十三日，清廷宣布宪法信条十九条。

吴禄贞被刺于石家庄，袁世凯实主之。

十五日，命袁世凯为内阁总理。

桂林起义，推陆荣廷为都督。

十月

二十八日，清廷代表唐绍仪、民军代表伍廷芳议和于上海。

十一月

十日，十七省代表集议南京，举孙文为临时大总统，以十三日为中华民国纪元元年元旦日

中华民国纪元元年

一月

一日，孙文就临时大总统于南京。

二日，袁世凯闻孙文就职，遂撤销代表唐绍仪职。

十六日，民党黄之萌、杨雨昌、张光培等，刺袁世凯于丁字街，不中，死之。

二十六日，清廷授袁世凯一等侯爵。

段祺瑞等四十将军，电请清帝退位，袁世凯授意为之也。

二月

十二日，清帝宣布退位。

十四日，孙文辞职，并举袁世凯自代。

十五日，参议院选举袁世凯为临时大总统。

三月

三日，天津兵变，袁世凯授意为之，所以为不南下就职口实也。

十日，袁世凯就临时大总统于北京。

十一日，孙文公布《中华民国临时约法》。

四月

二十一日，国务院成立。

二十九日，参议院行开会式于北京。

袁总统发布宣言，效忠民国。

五月

二十二日，英人进兵片马。

二十六日，俄人逐我哈尔滨北境守军。

六月

一日，俄兵侵入伊犁。

二十七日，国务总理唐绍仪辞职。唐依约法行使内阁职权，袁不便。号令不经国务院，径由袁总统府发布，故唐愤而去职。

七月

二十四日，大总统电令各省都督，选派代表入京备咨询。

八月

十七日，驻京英使为西藏事，以四款照会外交部。

十八日，藏兵占巴塘。

二十日，蒙兵攻陷科布多。

同盟会、统一共和党合并为国民党。

九月

二十二日，宣布伦敦一千万镑新借款成立。

十一月

九日，驻京俄使以《俄蒙条约》通告政府，蒙古宗主权尽失。

二年

二月

二十二日，《英藏新交通商约》成。

三月

二十日，前农林总长宋教仁被刺，死于上海。国务总理赵秉钧受大总统意主之。

四月

八日，民国第一次国会开会。

二十六日，善后五厘金币备款二千五百万英金镑签字。

六月

九日，免江西都督李烈钧职。

二十五日，众议院议员张华澜、何雯、李国珍、邹鲁、黄懋鑫等，提出五弹劾案，弹劾国务院擅借奥款。

七月

六日，俄兵进驻黑龙江。

十二日，李烈钧起组革命军，据江西湖口宣布独立。

十六日，黄兴、程德全于南京宣布独立。

十七日，柏文蔚入安徽，组革命军，宣布独立。

十八日，广东陈炯明宣布独立。

二十日，福建孙道仁、许崇智宣布独立。

二十五日，湖南都督谭廷闿宣布独立。

八月

四日，驻重庆师长熊克武宣布独立。

六日，政府解散江西省议会，并停止用兵各省议会。
十六日，解散湖南省议会。
二十二日，天津戒严司令捕戮众议院议员伍汉持。
二十七日，逮捕参众两院议员丁众谦等八人。

九月

四日，宪法会议宣布《大总统选举法》。
五日，与日本订定《满蒙铁路五路合同》。
六日，袁世凯劫持国会选彼为正式大总统。

十月

十六日，大总统提出修改约法案于众议院。

十一月

四日，解散国民党，取消在籍之国会议员。
十日，中俄条约成。
十二日，取消各省议会国民党议员。
十三日，国会中止议事。
二十六日，袁世凯派员组织政治会议。

十二月

十二日，任命李经羲为政治会议议长，杨士琦、饶汉祥为委员。
十四日，任命张国淦为政治会议副议长。
十五日，政治会议开会。
二十二日，咨政治会议修改约法程序。
云南都督蔡锷辞职，照准。
二十九日，商借法款一万五千万法郎。

三年

一月

十日，宣布停止两院议员职务。
政治会议呈复设造法机关。
二十六日，公布《约法会议组织条例》

二月

三日，停办各地地方自治会。
二十八日，解散各省议会。

三月

二日，公布《治安警察法条例》。

十八日，约法会议开会，举孙毓筠为正议长，施愚为副议长。

二十八日，任命唐继尧为云南都督，兼署民政长。

五月

一日，公布以袁意改造之《民国约法》，特任徐世昌为国务卿，废止国务院官制，设政事堂于总统府。

二十六日，参政院成立，特任黎元洪为参政院院长，汪大燮为副院长，停止政治会议。

六月

二十九日，申命参政院代行立法职权。

八月

十日，任命任可澄为云南巡按使。

三十一日，封永溥为辅国公。

九月

二日，日本在山东龙口登岸。

二十五日，日军占据潍县车站。

十月

五日，日军进占青岛车站。

六日，日军进占济南车站。

十一月

二十五日，外蒙与俄订立借款条约。

十二月

二十三日，举行祀天典礼。

二十九日，公布《大总统选举法》，任期十年，且得连任。

四年

一月

十八日，日使置益提出要求二十一条。

二十日，任命陈宧会办四川军务。

二月

二十六日，日人在山东金岭镇敷设轻便铁道。

三月

十四日，日本派兵三万人来华。

十八日，日兵三万人入奉天城。

四月

二十六日，日本外交部提出修正案。

五月

七日，日政府令驻京日使向我外交部提出最后通牒，限四十八小时答复。

九日，外交部承认日本最后通牒。

二十五日，《中日条约》成立。

六月

二十二日，特任署四川巡按使陈宧兼充督理四川军务。

七月

一日，令参政院推举中华民国宪法起草委员。

八月

十四日，杨度、孙毓筠、严复、刘师培、李燮和、胡瑛等发起筹安会。

二十三日，筹安会成立。

九月

六日，袁总统在代行立法院发表《对变更国体之宣言》。

九日，肃政院呈请取消筹安会。

十九日，梁士诒发起全国请愿联合会，沈云霈为会长。

二十日，代行立法院建议召集国民会议，解决国体问题。

十月

十四日，筹安会改组宪政协进会。

二十八日，日、英、俄、法联合劝告袁大总统，展缓变更国体。

十一月

十一日，日、英、俄、法向政府提出质问，变更国体能否展缓。

十二日，意国劝告袁政府，展缓变更国体。

十六日，袁政府令，封爵暂照前清办理。

十二月

十一日，代行立法院汇集国民代表决定国体票数，咨陈政府，并推袁大总统为皇帝。

十三日，日使因帝制事照会外交部，要求袁政府于十五日以前为诚意之答复。

十五日，册封黎元洪为武义亲王。

驻京外使向外交部申明对袁改帝制之态度。

十八日，申令旧侣、耆硕、故人均勿称臣。

十九日，令设大典筹备处。

二十一日，册封龙济光等爵位。

蔡锷、李烈钧、戴戡等入滇。

二十二日，申令永除太监，改用女官。

云南将军唐继尧、巡按使任可澄电请拥护共和，限袁政府二十四日前答复。

二十五日，云南宣布独立，军政府成立，公举唐继尧为都督，以中华民国讨逆军名义，檄告天下。

逆廷申令，永除挑选宫女条例。

二十六日，举蔡锷为护国军第一军总司令，李烈钧为第二军总司令，第一军总令司部成立于八省会馆。

云南军政府通电各国各驻京公使及驻滇各领事，宣告起义大义。

逆廷明令延长参政院会期。

二十七日，改讨逆军为护国军，唐都督率众誓师。

唐都督与蔡总司令通电告法属安南政府起义大义。

蔡总司令委戴戡为护国军右翼总司令。

逆廷参政院会议，制定宪法程序。

袁世凯命曹锟率第六师由岳州入四川御护国军，而以第七师师长张敬尧、第八师师长李长泰两师继之，又命第六师师长马继增由江西入湖南攻贵州。

二十八日，黔、桂两省同时皆电北京，促取销帝制。

二十九日，法使抗议《国华报》载法国公使允取缔乱党及允袁军假道安南之说。

驻滇总领事韦斯，正式承认收到护国军宣告独立之文。

广东共和军通缉龙济光。

三十一日，逆廷申令改元，以明年为洪宪元年。

五年

一月

一日，云南撤销将军行署，改为军都督府。

昆明民众开拥护共和纪念大会。

袁世凯策令孔令贻仍袭封衍圣公加郡王衔。

公布洪宪元年度预算。

三日，逆廷大典筹备处通告，对外仍暂用“民国”名号，不用“洪宪”，以各公使不收“洪宪”文书故也。

五日，逆廷申令近滇各省严筹防剿，并派曹锟率师进击。

六日，广东惠州、宝安、江东等县民党独立，均称共和军。

党人攻夺九龙附近之关税。

七日，广东共和军总司令陈炯明举义于惠州。

贵州巡按使龙建章电请另行表决国体问题，由参政院驳复。

十日，护国军第一军先遣队董鸿勋率队出发。

逆廷设征滇军务局于府中丰泽园。

十四日，护国军第一军总司令蔡锷发自昆明。

十五日，袁凯世派周自齐往日疏通帝制，日本政府拒之。

十七日，护国军第一军左翼邓泰中、杨蓁两支队，与北军战于燕子坡，克之。并下捧印村。

十八日，邓、杨两支队占川边横江，北军伍祥祯军溃。

逆廷申令停止贡献。

二十一日，邓、杨两支队追敌军至叙府，大战，克之，遂入城，逆廷震骇。

袁世凯侄袁英谋刺世凯，轰毁新华宫，事泄被拘。

二十三日，逆廷申令即帝位延期。

逆廷军事处议设行军总司令，以段祺瑞、冯国璋二人择一任之，二人皆辞。

命龙觐光为云南宣抚使，觐光率师西上。

二十五日，云贵联军王文华部与湘军战于晃县。

逆廷申令各将军及统兵大员，进剿滇军。

二十六日，川军第二师师长刘存厚，派人与锷商响应事。

二十七日，贵川宣布独立，举护军使刘显世为都督。

二十九日，叙府大战，北军分四路来犯，邓、杨两支队击破之。

二月

一日，四川第二师师长刘存厚独立于纳溪，率兵反攻泸州。

三日，云贵联军克湖南晃县，分兵二路，进规黔阳、洪江等。

四日，湘西联军克吴公岭。

五日，联军克黔阳。

六日，邓、杨两支队，破北军二旅数营于叙府。

董鸿勋、刘存厚会师攻泸州，克蓝田坝。

湘西联军克洪江。

七日，董鸿勋所部克月亮岩。

广东党人图袭石井兵工厂。

八日，董鸿勋所部渡江，取小市，泸州危急。

逆任龙觐光为云南查办使。

申令贵州护军使刘显世开缺，听候查办。

十日，刘存厚军弃所得地，退纳溪。

护国军右翼总司令戴戡进兵渝边。

十一日，湘西联军克凤凰厅。

十二日，湘西联军占乾州，游击队王华裔占靖州，连克通道、绥宁。

十三日，董部何海清败敌于双合场。

十四日，戴戡与敌战于青年市、赶水东西等地克之。

湘西联军攻沅州。

董部与敌周旋于双合场、棉花埂诸地。

十五日，戴戡军克马口垭、柑子堆，重庆大震。

十六日，湘西联军克麻阳，湖南全省大震。

十八日，湘西联军克辰溪。

湘北武昌马队起义，未成，死者百余人。

十九日，湘西联军占宝庆。

二十日，护国军第二军总司令李烈钧出发自昆明。

湖南党人攻将军署，败绩，杨王鹏等二十余人死之。

二十三日，蔡锷由永宁驰纳溪督战，战至烈。

二十五日，逆军第一路总司令第六师师长马继增在辰州为其下所杀，全军几溃。

二十八日，逆廷申令于五月一日召集立法院，又令以国民会议复选当选人，为立法院议员复选当选人。

二十九日，逆廷参政院代行立法院。

三月

二日，龙济光率土匪攻我剥隘。

四日，护国军第一军第一师团长邓泰中，杨蓁两支队退出叙州。

六日，戴戡军克二涂岩、草坪垭等处。广东民军分袭“肇和”舰、长洲炮台，未克。

七日，逆廷特派陆荣廷为贵州宣抚使，陈炳焜兼护督理广西军务。

特封冯玉祥三等男爵。

九日，我军退出纳溪。

十一日，陆荣廷率师攻柳州。逆廷公布《颁爵条例》。

十二日，护国军张开儒、黄毓成及桂游击军，合缴龙觐光械于百色，觐光降，通电拥护共和。

十三日，湘西联军退出麻阳。

逆廷发行洪宪六厘公债二千万元。

十五日，广西独立，公举陆荣廷为都督。陆督亲统大军北伐，以陈炳焜护理都督。

十六日，我挺进军黄毓成败朱朝瑛于黄南田。

十七日，赵又新、顾品珍与敌大战于纳溪南。

十八日，我方声涛军破龙济光军黄恩锡于龙潭，克之。我一军克江安，戴戡军克南川等县，湘西联军克永顺县。

二十日，戴戡军克綦江。

二十二日，逆廷申令废除洪宪，撤销帝制，自称大总统。任徐世昌为国务卿，段祺瑞为参谋总长，召集代行立法院临时会。

二十五日，湘西联军复占麻阳。

二十六日，莫擎宇独立于潮州，戴戡分军攻彭水。

二十八日，广东钦廉镇守使隆世储、道尹冯相荣，据饮、廉独立，归荣廷。

二十九日，伪府焚毁关于帝制公文，凡八百数十件。

与俄签订《哈爱铁路借款合同》。

三十日，广东潮汕宣布独立。

四月

一日，伪府分命办理国民会议与立法院议员选举事。

伪府拱卫军一部哗变，伪府大恐。

二日，伪府代行立法院撤销国民总代表名义及其决定君主国体案。

五日，广东军舰“宝璧”、“江大”、“江固”各舰归附护国军。

六日，龙济光被迫宣布独立。

袁世凯命四川将军陈宧遣使与护国军议和。第一军总司令蔡锷允自六月起停战一月，蔡总司令通令各路军停战。

十一日，旅沪国会议员议决，设立国会议员通讯处于上海，国会集会之基始此。

十二日，民军代表徐勤、荣廷代表汤觉顿、广东警察厅长王广龄及谭学夔与警卫军统领议于海珠，龙济光使人狙，汤、王、谭等死之。

浙江护国军起义将领朱瑞逃，推巡按使屈映光为临时都督。

伪府参政院杨度、孙毓筠辞职。

十六日，党人在江苏江阴宣布独立。

十八日，云南都督唐继尧宣言：袁世凯谋叛，大总统资格消灭，恭戴黎副总统为中华民国大总统。

党人在江苏吴江独立。

二十日，龙济光允陆荣廷、梁启超之调和，于二十四日枪毙蔡乃煌。

二十二日，伪政府命段祺瑞组织内阁，任南北和议。

特任钱能训为参政院院长。

二十四日，民党在江西玉山、广丰宣布独立。

二十六日，湖南零陵镇守使望云亭在永州被逼宣布独立。护国军云南招抚使程潜进据武冈、宝庆。

二十七日，党人在江西上饶宣布独立。

二十八日，奉天桓仁、庄河两县宣布独立。

五月

一日，两广护国联军都司令部成立于肇庆，举岑春煊为都司令，梁启超为都参谋。

四日，党人在湖南湘乡谋独立。

山东护国军据周村独立。

五日，浙江都督屈映光辞职，公举吕公望为都督。

桂军入湖南宝庆。

六日，广东军克福建永定。

袁世凯再求护国军停战一月，护国军允之。江苏将军冯国璋赴徐州，与张勋、倪嗣冲议决留袁世凯终任，电未独立各省会议于南京。

八日，军务院成立于肇庆，公举唐继尧为抚军长，岑春煊为副抚军长。

伪府改政事堂为国务院。

九日，陕南镇守使陈树藩在蒲城独立，称陕西护国军总司令。

十二日，护国军第二军总司令李烈钧，率军经广西抵肇庆。

伪府令中国、交通两银行停止兑现。

十五日，山东党人袭将军府，无成。

十七日，冯国璋集十七省代表开会于南京。

十八日，陈树藩入西安，逐陆建章，自领都督兼民政。

陈其美在上海遇害。

二十二日，四川将军陈宧被逼独立。

伪府任周骏为崇武将军，署理四川军务。

二十三日，党人居正迫张树元退出潍县，据之，称东北总司令，独立。

二十四日，湘西镇守使田应诏在凤凰县宣布独立。

二十九日，湖南将军汤芗铭被迫宣布独立。

伪府宣布帝政议案始末。

三十日，冯国璋发起召集之南京会议，又自解散之。

六月

一日，党人在奉天西安县宣布独立。

三日，护国军第二军由肇庆假道韶州入赣。

四日，山东民军袭省城。

六日，袁世凯羞愤成疾，死。

奉天党人克兴京、昌图。

七日，黎元洪依法继任中华民国大总统，申令京内外文武官吏，仍旧供职。

陕西都督陈树藩、四川都督陈宧同日取消独立。张勋截邀南京会议代表，私议于徐州。

九日，龙济光取消独立。

军务院抚军长与各抚军，电黎大总统、段内阁，要求恢复约法，召集国会，改组正式内阁，惩办帝制祸首十三人。

十六日，黎大总统申令各军队停战。

十八日，韶州镇守使朱福全受龙济光命，炮击护国军，次日克韶州，乘胜南伐。

二十一日，周骏领兵攻陈宧，走之，入据成都，自称将军。

特任龙济光兼署广东巡按使。

二十四日，蔡总司令声讨周骏，骏逃，四川平。大总统特任锷督理四川军务兼巡按使。

二十五日，帝制余党把持，约法久不得复，全国愤怒。海军第一舰队及练习舰队宣言加入护国军，公举李鼎新为总司令。

南方民军领袖派遣代表入京。

二十九日，大总统下令，恢复《临时约法》，召集国会，撤参政院、肃政厅，以段祺瑞为国务总理，改组内阁。

七月

五日，湖南公民逐汤芗铭，遁走。举第一军总司令曾继梧代理都督。

六日，改各省督理军务长官为督军，民政长官为省长。任唐继尧为云南督军、陆荣廷为广东督军、刘显世为贵州督军、陈炳焜为广西督军、吕公望为浙江督军兼署省长、陈宧为湖南督军兼署省长、四川督军蔡锷兼署省长、陕西督军陈树藩兼署省长、任可澄为云南省长、戴戡为贵州省长、罗佩金为广西省长，以龙济光督办两广矿务，命李烈钧离军来京。

七日，湖南举刘人熙为都督。

十二日，下令撤销政治犯通缉案，并释放其被拘禁者。

十四日，下令拿办帝制祸首杨度等八人，但度等已先飏。

唐抚军长领衔，撤销军务院。

十六日，特任刘人熙暂代湖南督军。

令所有派出军队一律停战，克期撤退。

十九日，四川督军兼省长蔡锷，因病请假，特任罗佩金护理四川督军兼省长。

二十九日，特任李根源为陕西省长。

八月

一日，国会开会，大总统黎亲莅宣誓。

日人阴助宗社党人扰满洲。

七省秘密联合，举张勋为盟主。

三日，特任谭延闿为湖南省长，兼署督军。湖南大定。

七日，日俄公使向外交部抗议，请取消外蒙古国会议员。

九日，任戴戡会办四川军务。

七省同盟加为十三省区联合。

十一日，勒令龙济光即日停兵。

十四日，令各省行政长官，依法于十一月一日召集省议会。

十五日，龙济光索款三百万，并求琼州岛为驻兵之所，始允退出广州。

十七日，广东督军陆荣廷抵肇庆，电促龙济光交卸。李烈钧通电，解兵离粤。

二十一日，国会通过国务总理同意案。

九月

一日，浙江省议会开会。

四日，参众两院均通过国务院国务员名单。国务总理兼陆军总长段祺瑞、内务总长孙洪伊、外交总长唐绍仪、财政总长陈锦涛、海军总长程璧光、司法总长张耀曾、教育总长范源濂、农商总长谷钟秀、交通总长许世英。

五日，国会开宪法会议。

十月

一日，各省议会开会。

十一月

八日，蔡锷病故于日本福冈医院。

十二月

二十一日，公布国会开会日及云南首义日为民国纪念日。

二十五日，全国各地庆祝云南护国纪念，大总统特颁祝词。

民国云南通志长编卷五

大事八·靖国一

叛国纪实

中华民国六年六月六日，大总统袁世凯挟北洋系军力盗国，不得，羞愤死。次日，副总统黎元洪正位，申令复民国元年三月十一日公布之约法，缉帝制首恶八人。军务院抚军长兼云南都督唐继尧，宣言撤销军务院，南北混一，国人喁然望治。黎总统以段祺瑞为国务总理。祺瑞固北洋系之健者，与冯国璋为袁氏左右手，而势力各雄长。祺瑞自成皖系，而国璋又别称直系。帝制虽灭，而袁世凯所倚以盗国之北洋系仍存，犹用事。祺瑞当政，尤跋扈专权。于是失天下望，民党渐示反对意。祺瑞遂日夜谋解南疆之合纵。任门人徐树铮为国务院秘书长。树铮阴鸷多谋，世所称为小徐者也。与王揖唐组安福俱乐部，为祺瑞谋略。而内务总长孙洪伊，才略亦一时之选，且民党健者，黎总统引为腹心，往往挝树铮短，祺瑞务欲去之，不相下，徐世昌为解之。洪伊去职，而府院不相中矣。六年丁巳一月，冯国璋等致电公府，请信任总理。总理秉大政，而祺瑞益侵陵其上。三月四日，国务总理段祺瑞进谒，要求电令驻协约国公使，向驻在国商对德意志绝交后条件。大总统因法当得国会同意，未允。祺瑞遂走天津，国璋又言调和，胁府中如祺瑞意，祺瑞乃归院，法纪遂从此荡决矣。初，对德之绝交也，与美利坚约相一致。及四月五日，美对德宣战，大总统意犹踌躇，国人如孙文、唐绍仪等，亦持不可。祺瑞乃以参战议决案送众议院。五月十日，祺瑞以其私党围国会强同意，致殴议士，舆论大哗。国务员伍廷芳、谷钟秀、张耀曾、程璧光，遂先后辞职。众议院以阁员不及额，置参战案不议。祺瑞又使督军团张之。张勋、倪嗣冲，固反对参战者也，至是承段旨，亦食言而嚣。十九日，北洋系各督军，更呈请改制宪法，解散国会。国会遂群请黎总统于二十三日明令免国务总理段祺瑞职。祺瑞通电指公府不法，去之天津。次日命李经羲组阁。是时段所招北洋系各督军之来京师开军事会议者，已纷返原任。及免职令下，祺瑞乃阴使人由津捏报公府免倪嗣冲安徽省长令以激之。二十九日，安徽省长倪嗣冲遂称兵反。于是奉天督军兼省长张作霖、吉林督军孟恩远、陕西督军陈树藩、河南督军赵倜、省长田文烈、师长张敬尧、浙江都督杨善德、省长齐耀珊、山东督军张怀芝、黑龙江督军兼省长毕桂芳、帮办军务许兰州、直隶督军曹锟、省长朱家宝、师长范国璋、福建督军李厚基、省长胡霖、湖南督军王占元、山西督军阎锡山、师长李长泰、绥远旅长王丕焕等，相继宣告独立。六月二日，祺瑞使其党在津设“各省军务总参谋处”，以雷震春为处长。并由震春通电声称：出师各省，意在巩固国体，另订根本大法，设立临时政府、临时议会云。各督军以兵诣京师，求一逞。大总统以徐世昌意，召张勋入京以调解之。勋至津，先陈兵京师，请限日解散国会。大总统乃令曰：“本届国会之召集，专以制宪为要义。查参众两院组织宪法会议，时将一载，迄未告成。现在时局艰难，千钧一发。两院议员，纷纷辞职，以致迭次开会，均不足法定人数。宪法审议之案，欲修正而无从。应即准如该督军等所请，将参众两院即日解散，克期另行选举，以维法制”云云。并以步军统领江朝宗兼代国务总理，副署解散。嗣冲等乃宣言取消独立，至是北洋系盘亘中央之势成，毁灭法纪之罪彰。而张勋、徐世昌等，谋为复辟之逆，亦遂矣。初，世凯之死也，北洋系诸将，群祭于彰德，徐世昌集诸将议谋复辟。而张勋亦数在徐州集帝制余孽会议。五年九月，复与倪嗣冲组织省区联合会，固已密谋拥清废帝宣统复辟。康有为时纵臾之，而谋益亟。段祺瑞欲得大位，利人之谋逆，亦以小徐往云。诸如徐世昌、冯国璋、曹锟等，亦阴助之。六年一月之会为尤急切。及督军团叛作，世昌说大总统召勋入京，勋先走津，要解散国会。令既下，乃与李经羲入京，有为亦来会。六月三十日夜，勋邀陆军总长王士珍、步军统领江朝宗、警察总监吴炳湘、十二师长陈光远等，告以复辟之谋。王等莫敢异议，遂开城迎定武军。乃易胜朝礼服。七月一日晨三时，与刘廷琛、沈曾植、劳乃宣、阮忠枢、顾瑗、万绳栻等，同入清宫，奏请复辟。改民国六年为宣统九年，授徐世昌为太保，张勋、王士珍等七人为议政大臣，又以勋代曹兼直隶总督、北洋大臣，冯国璋为两江总督、南洋大臣，诸朝请有功封爵赐官各有差。而张勋复辟功最高，俨然以望勋自居，目无北洋余子矣。独祺瑞与锟无爵封。

是时，公府既闻变，乃分电各省，迅起师讨贼。复于二日电副总统冯国璋，请在军府代行大总统职务。又以交通阻绝，命段祺瑞为总理，暂行摄护大总统出狩。三日，浙江、江西、湖北、湖南各省通电反对，师长冯玉祥起兵讨逆，祺瑞亦以梁启超谋，驰往马厂李长泰军，夺之，誓师讨逆。在津设总司令部，以段芝贵为东路司令，曹锟为西路司令，分途进攻。七日，两师会攻京师，十二日，讨逆军分三路直入城，勋不支，与家人逃匿荷兰使馆，其军尽降。雷震春、张镇芳、冯德麟被捕，康有为遁居美使馆，余均逃亡。十三日，祺瑞入京，迎大总统黎于日使馆。黎归私邸，冯请复职，不允。八月一日，冯入京，更请不获，遂莅公府视事，复辟仅十三日而亡。初，勋入京，仅领五千人，卒以军少复败。勋素阴狠，自计必不阔略如是。人谓复辟为北洋系素志，勋盖有所恃，度其势可成，故不以大军自随也。勋败后，辄以宣泄诸显贵往来秘件相挟持，诸显贵亦时时为之缓颊。故与诸谋叛之督军，皆得逍遥法外，而终身通利，其事密不得闻云。

祺瑞既复职，又以讨逆功，遂自组国务院。复以二十四日通电各省，征求召集临时参议院，盖视督军团之叛变为合法，复欲强成其参战之策。先是，两院议员既被逼解散，乃相率南下集上海。电致滇、黔、粤、桂、川、湘各省，声言约法，大总统无解散国会之权，且副署解散命令之江朝宗，为步军统领，无代理国务总理资格，认解散令为非法。广东督军陈炳焜，广西督军谭浩明通电两广，暂行自主。而海军总司令程璧光，与第一舰队司令林葆怿亦于七月二十一日，以“拥护约法、恢复国会、惩办祸首”三义自矢，宣布暂不奉中央命令，率舰队赴广州。及祺瑞电出，云南督军唐继尧，遂于八月十一日通电拥护约法，申言四义（详《军政》篇），电达各省，纷纷响应。李烈钧起兵广州，龙济光被迫走琼岛。二十五日，护法议员群集广州，开非常会议。九月二日，举孙文为大元帅，唐继尧、陆荣廷副之。南部分立之势既成，兵事遂不可遏。祺瑞组阁，专权自恣，数大借日款扩充军实，而不恤其他。民国九年七月，曹锟、吴佩孚数安福系罪而攻之，段氏卒以此败。皖系式微，而直系与奉天张作霖，操持公府。曹锟督直，势倾一朝；而吴佩孚总干城于两湖，收赣、苏为腹心，大为奉张所嫉。乃连粤、皖两系，及浙、豫，欲以制吴。十一年四月，两军大战于直隶之南近畿之地，奉军败绩。曹锟遂于十二年十月，以贿选膺大位。佩孚复结湘、黔、川、苏、皖、赣为己用。而奉与粤、浙为三角同盟，于是与直系再战。佩孚为其属将冯玉祥倒戈，以至挫败，全军瓦解。佩孚泛海南下，不能有为。北洋系军，至此而分裂益甚。祺瑞虽复起为执政，集总统、国会之权于一身，而卒以不能支奉系之压力，亦以此而终败。盖自袁世凯妄窃帝号以来，海内扰攘十余年，皆以北方军阀之势力为左右。至国民革命军北伐，削平群雄，世凯所植遗毒，乃稍戢云。

靖国军政

副总统黎元洪既正位，以段祺瑞为国务总理，护国军求申诸义，渐不实践。日惟以排抵南疆，自置私党为事。南方志士，已多议论。云南以首义护国之功，功成身退，望治尤殷。然民力已痛，亟求休息。督军唐继尧，忍而未发。及皖变既作，奉、直、陕、豫群相附和，以宪法不良为借口。祺瑞复使雷震春在天津组合各军总参谋处，谋变更国体，另设政府。继尧仍通电冀和平，求副总统冯国璋依法平解，勿遽效唐镇之兴师，作鬻拳之兵谏。冯国璋观望不决，继尧乃商护国旧侣桂、粤、湘、黔，图西南团结。先之以联名劝告，继之以实力干涉，西南各省应之。不意督军团变作，张勋强迫大总统解散国会。于是广东督军陈炳焜、广西督军谭浩明、海军总长程璧光，通电自立。及勋入京，与徐世昌等七月一日拥胜朝废帝宣统复辟，继尧乃组靖国军，靖国军之名自此起。驰电讨逆曰：“本日接京电，载有宣统伪上谕一通，据张勋等奏称复辟云云，不胜骇异。查张勋在徐州聚集兵众，收纳叛亡，包藏祸心，为日已久。此次因政局变争，借调和之名，拥众入京。值政府无人，议员星散，遂敢蹈瑕抵隙，扶清幼冲，妄倡复辟。孺子不过尸名，老贼行将自取。所谓司马昭之心，路人皆知者也。当其北上濒行，电文往来，已露叛国形迹。继尧曾屡以正义规戒，冀有以戢其奸谋。不谓枭桀成性，徒劳翰墨。引胡羯以升堂，纵豺狼于当道。背叛之罪，上通于天；斧钺之诛，影容无地。继尧叠经患难，警卫共和，历百折而不回，即一掷而何悔。用是师陈牧野，旗指燕徐。现已集中所部，编成靖国各军，克日出发。誓将廓清妖孽，造我共和，张民国之纲维，循世界之趋势。凡我同仇，共负斯责。关东州郡，定兴诛卓之师；河北英雄，会草扶汉之檄。”

七月十三日，祺瑞以兵平张勋有功，重组内阁，不能恢复国会，召集临时参议院，天下汹汹议段之失。八月十一日，继尧乃宣言拥护约法曰："民主政治，其运用在总统、国会、内阁，其植基在法律。自段氏免职以来，疆吏称兵，国会解散，元首引退，清帝复辟，数月之间，迭遘奇变，法纪荡然，国已不国。顾念大局阽危，不忍操之过蹙，冀其后悔，犹可徐图补救。乃日复一日，祸首乘势弄权，行动自由，奸邪并进，主器虚悬，民意闭塞。律以共和原则，不惟精神全失，亦已形式都非。来日悠悠，曷其有极。窃谓今后欲民国之不亡，宜即阐明数义：（一）总统应仍复职，否则应向国会解职，照《大总统选举法》第九条第二项办理。（二）国会非法解散，不能认为有效，应即召集国会。（三）国务员非得国会同意，由总统任命不能认为适法。（四）称兵抗命之祸首，应照内乱按律惩办，以彰国法。凡此四义，一以约法为依据，不能意为出入。继尧以为国家不可一日无法，在宪法未立以前，约法为民国唯一之根本法。本实先拔，则变本加厉，何所不至。自今已往，愿悉索敝赋，勉从诸公之后以拥护约法者，保持民国初基于不坠。有非法藐视，横来相干，道不相谋，惟力是视而已。忧危念乱，散布区区，邦人诸友，实利图之。"复以临时参议院不中法，申电指谴曰："共和成立，岂可一日无立法机关。不幸事故迭乘，国会解散，当世明哲，无不以选举国会议员为唯一要义。而赞成先设约法上参议院者，已居大多数。爰折中于二者之间，一面令内务部筹备国会选举，一面由各省参议院选派议员。但参议院仅以修正国会组织法为限度，其他职权，仍待正式国会执行等因。查吾国约法，本无解散国会之明文。故二年解散，五年复集。五年之复集，足以证二年之非。即以开今年之例，果为尊重约法计，则今日之办法，何事他求。即谓解散权为他国所不废，然解散之程序，在两院制国家，无论为有限制解散、无限制解散，总之，解散只限于下院。又解散之后，即宜克期改选。此则今世通行，有一定之轨道。断未有一并推翻，又节外生枝，特设一机关以宰制国会者有之，则袁氏之约法会议是也。今假约法参议院之名，以行袁氏约法会议之实。微论文明各邦，无此奇例。即此草创约法，亦无供人假借之间隙。查临时约法明明规定：约法成立则参议院废止。今国会已成立数年，何以倒行却走，当复返于临时之旧。此不可解者一。临时参议院，蜕为国会，是二是一。筹备国会选举，何必同时召集参议院。此不可解者二。《国会组织法》，参议院可以修正。何以国会独不可修正。此不可解者三。国会、参议院为监督政府机关，其权限决非由政府畀予。何以参议院则限之使修正组织法，又以其余职权分畀国会。此不可解者四。仅此数端，衡诸法理，已穷于诠说。夫共和国家，以法为根据。法纵不善，然法家恒言，恶法犹愈于无法。人人抑己以从法，争执既泯，乃可徐图改进。若徒取便一时，屈法就我，今日不慊于国会，思以参议院制之于前；他日不慊于参议院，又将有非参议院者乘之于后。展转相贼，国且不国。此则惊心祸乱，期期以为不可者也。旬月以来，迭电河间，力持此议。补救俱穷，痛愤何极。抑继尧窃查五年国会之复集，今代总统实发其端。兹奉前因，殊觉不类。又查昨奉复电，有'赞成约法上之参议院'等语。以元首之特权，而出于赞成，知今代总统且有难言之隐，此即关系国家纲纪，愿与国人共图之。"又以毁法诸恶，实自段氏。故又宣言反对，不受复辟以后政府命令。其电文曰："自上年推倒帝制，再奠共和。在事诸人，一秉大公。咸以段前总理，夙负资望，推任总理。乃当国以来，轻信左右。始而酿府院之争，继而酿院会之争。波涌浪翻，大局岌岌。大总统权衡轻重，不得已依据约法免其职务。而段前总理犹断断以未经副署为辞，驽马恋栈，中外贻羞。卒至佥壬希附，奸宄生心。倪嗣冲等叛变于前，张勋等复辟于后。几使先烈志士万苦千辛所一再奠定之共和民国，摧丧于若辈之手。推原祸始，徐州迭次会议，段前总理实左右之，勿庸深讳。迨至南北各军同伸义愤，段前总理遂乃望风转舵，窃据大柄，狐埋狐搰，人所共知。幸而妖魔丑类，不旋踵而悉就澌灭。段前总理，苟以公忠体国，即应奉迎总统复职，退就私第，听候召集国会，组织正式内阁，斯为合法。乃乘大乱初定之后，遂出而窃揽政权，毫无依据，行同自由。上焉元首之职位未定，下焉舆论之机关未立，何以明其责任，何以行其职权。夫一国之行政，法令之所从出。政府不依法成立，则有法等于无法。谨奉告全国，自复辟事起以后，合法内阁未成立以前，所有非法内阁一切命令，皆视为无效”云云。然知事非可以口舌争，乃预计军事行动。大要以滇主力军，合驻川滇军，由渝出夔、万，进规襄、荆；川军及驻川黔军，合力规秦；湘、黔合力防守湘境，相机规岳；两粤进规赣、闽。以此与岑春煊、李烈钧、陆荣廷等计议。商未就而情势已迫，乃下令动员，集军重庆。是时刘存厚已受祺瑞伪令，逐戴戡，拒滇军。继尧以西蜀为西南障壁，欲靖中原，宜先安蜀郡。乃移靖国之军，先尽恤邻之谊。遂驻节毕节，与重庆镇守使熊克武等商，以兵临存厚，逐之广元，别详《西蜀行军》篇。是时，粤省久已独立，宣布护法。零陵镇守使刘建藩，与湘军旅长林修梅，亦宣告自主。湘督傅良佐之旅长李石文，亦投入零陵，据衡山、湘潭等地。周宋、鹤庚等据宝庆独立。而粤、桂援湘军，复据衡阳、湘潭等地。十月十四日，北军旅长王汝贤，通电请止战，进长沙。湘督傅良佐逃走，吴光新又大败于蜀。于是曹锟、王占元、李纯、陈光远承冯国璋旨，亦联电请停战，改组内阁，撤傅良佐，解散倪嗣冲军。段氏武力平南之策未成，忿而去职。王士珍组阁。继尧本自欲与粤、桂、黔、湘各省筹商，同扶国璋，俾为措手。而段氏阴谋未已，荆州、随县、黄州等处，复相继自主。倪嗣冲、张怀芝、曹锟在津开议，集者有奉、黑、晋、豫、闽、浙诸省，及热、察、绥三特别区，反对调停，主复战。十二月十六日，密令曹锟为第一军司令，张怀芝为第二军司令，向鄂出发。七年一月，南军进据岳州，怀芝乃南下。三月，北军稍得势，南军退出岳州。祺瑞复当总揆，组督办参战事务处。而向日本大借数千巨万。又订军事密约，日本得驻军吉、黑、蒙古等地，其罪盖浮于世凯。冯系主和诸将，大受疑忌。而督办战事，非以对德，实以对南军。时外交紧迫，继尧乃响应李烈钧之议，主西南组织联合机关，以为可以决定财政、外交，进行计划，厚我实力，为持久计。代总统冯，复迭电以宁人息事为言。继尧亦以国家巨患当前，勿为局部之争，提和平条件，与八月十一日宣言四义略同。惟以重组内阁人员，须先得西南同意；解散祸首军队；护国及此次善后款项，应由中央援给；西南各省军队驻址，由西南自决。论者以为允当，而段终始尼之，不欲其成。继尧复数其罪曰：“自段祺瑞等专权弄法，举国骚然。代总统不忍徇一人之私，以拂百姓之欲，独伸乾断，罢黜权奸。并迭令休兵，以纾国难。全国上下，咸颂代总统公溥仁明。以为非法内阁，既经更迭，此后政府，当可循法治常规，而国家大政，或有刷新之机。故西南护法诸省，亦皆相戒敛兵，静候解决。乃旬月以来，前内阁违法诸端，未闻矫正。而政府措置，有几令全国惊疑者，敢为代总统陈之：前读代总统致陆巡阅使支电，言芝泉不欲以一身为众矢之的。夫全国何以集矢于芝泉，代总统亦常默求其故乎。自建造共和，国体大定，有妄觊推翻国体者，即为大逆不道之人。段芝贵、梁士诒、朱启钤辈，朝夕劝进，贻误国家，使项城亦身死名隳，为天下戮笑。段芝贵等，转得法外逍遥。首义各省，迭请惩办罪魁，以谢天下。乃段祺瑞营私植党，曲庇叛徒。全国遑遑，知帝孽未除，乱机终伏。今祸首尚未伏辜，而先以段芝贵长陆军，此全国之大惑不解者一也。拥护国家，维持统一，凡栖息于国内者，人同此心。若以德绥，谁敢不服。乃段祺瑞袭专制余威，欲以力争经营，命傅良佐入湘，派吴光新入蜀，兵连祸结，抢攘半年。代总统更力主和平，宁赣诸督复苦心调解，西南诸省渐有苏息之机。乃北京近日复命将出师，日筹战备。曹锟诸人，派兵南下，则云“防鄂、赣匪徒”。陆、参两部密令进行，则云“徇刘、周电请”。此全国大惑不解者二也。民国四年，中日交涉，日人第五号条款欲箝制我国自由购械之权。袁世凯以死力争之，卒成悬案。国人虽愤袁氏之外交失败，而不能不谅其尚留此一线生机。乃段祺瑞竟与某国订军械借款合同，致激国人之公愤。前经宁、赣诸督质问，而段祺瑞含混答复，不足以昭示国人。近闻此项合同，已在北京签字。此全国之大惑不解者三也。我国既对德奥宣战，自应一致进行。惟段祺瑞日以挑拨内战为心，岂复能出一兵以御外侮。今复任为参战督办，徒令其把持兵权，诛锄异己，以酿内讧。此全国之大惑不解者四也。代总统既洞察段祺瑞为众矢之的，毅然免其职务，以维国是而洽舆情。不意政府近日所为，乃效尤而加甚。恐非代总统息事宁人之旨，亦无以慰海内喁喁望治之心。继尧愚瞀，未能仰测高深。伏祈代总统开诚布公，宣示全国。庶以消人民之疑虑，而维国家之治安。迫切陈词，不胜悚息待命之至。

于是段既得巨款，复阴使人分往粤、桂游说。龙济光固早已受命，至是而两粤遂以分裂。初，两院议员自遭解散后，群集于沪。及陈炳焜自主，海军南下，两院议员，遂以六年八月集广州。十四日，北府对德参战令下，佥主西南速立政府。八月二十五日，国会非常会成立。二十八日，议决军政府大纲。九月三日，选孙文为大元帅，继尧与陆荣廷副之。荣廷以总统复职为先急，自无另设政府之必要，不就。其部陈炳焜，亦不听元帅府命令，海军总长程璧光解之。荣廷使炳琨及谭浩明与璧光联名请罢祺瑞已而，故军府仅得空名，而实与西南诸将，如陆荣廷、陈炳焜等，意相龃龉。继尧忧之，乃与护国军第二军总司令李烈钧复商组西南各省联合会，西南诸将应之。十一月，代总统冯倡和议，荣廷遂议从缓。及段祺瑞以龙济光为两广巡阅使，诸将知势益亟，乃于七年一月二十八日，以护法各省区将帅名义，宣布联合会议条文，设和议、外交、财政总代表，俨然与军政府对峙，而自行成立，论者纷然。议乃倡言改组军政府，以调协诸将之意。荣廷不赞其议，又往复商之诸将。至五月，长岳失守，乃于二十日，举唐绍仪、唐继尧、孙文、伍廷芳、林葆怿、岑春煊、陆荣廷七人为总裁。七月五日，政务总裁唐继尧及伍、林、陆、岑通电就职，推春煊为政务总裁主席。十月九日，北方参众两院，组织总统选举会，举徐世昌为总统。在国会乃决自十月十日起，委托军政府代行国务院职权。又依大总统选举法所定，摄大总统职权。然是时，粤桂交恶已深，而粤督莫荣新与民党之争益烈。孙文离粤至上海时，滇省护国军第二军之在粤诸将，如张开儒、朱培德，则始终忠于文，桂滇又遂交恶。莫使人杀海军总长程璧光以杀文势。桂粤之仇既不可解，北伐遂暂辍。八年，巴黎和会，我国代表提出山东问题，为日代表反对，主张由中、日直接交涉。和会又有五国共管之议，国内舆论大哗。北雍诸生，于五月四日，毁曹汝霖宅，殴章宗祥。祺瑞主战诸将势稍湌。世昌乃于十一月十六日，令所有前方各军，即日停战，一律退兵。军政府亦宣告停战，由是南北和议之端启。北府以朱启钤为总代表，南政府以唐绍仪为总代表，于八年二月二十日，议于上海。然陕西北军仍进攻民军，徐树铮复募参战军，南代表抗议无效。绍仪更力主参战、借款及中日军事协定，段等不允，和议遂复裂。及李纯、陈光远、王占元起而调解，而陕军亦停战。复于四月初续议。南方代表提出八条件：（一）对欧洲和会所拟山东问题表示不承认。（二）中日一切密约，宣布无效，并严惩当日订立密约关系之人。（三）立即裁撤参战军、国防军、边防军。（四）恶迹昭著，不洽民情之督军、省长，即予撤换。（五）由和会宣布前总统黎元洪六年六月十三日命令无效。（六）设政务会议。由和会评议，推出全国负重望者组织之。议和条件之履行，由其监督；统一内阁之组织，由其同意。（七）其他已经议定及付审查或另行提议各案，分别整理决定。以上七条如北方同意履行，则第八条由和会承认徐世昌为临时大总统，至国会选举正式总统之日止。北方代表对于上项条件，声明未能同意。双方代表即分别发电辞职。北政府准朱启钤辞职后，改派王揖唐为议和全权总代表。西南各省均通电反对。军政府政务总裁电致北京，请改派适宜之人。北京复电，以王为最适当。北方代表王抵沪后，南代表因军府反对，未允开议。南代表唐绍仪亦向军府辞，和议遂完全停顿。厥后北方有直皖、直奉两役之战。南方军府亦因意见参差，遂至瓦解，时局益形混乱。以故靖国护法之役，卒未能如继尧宣言，得正当解决云。

大事九·靖国二

四川行军

西蜀自铁道国有问题发生，绅民群起反对，卒为赵尔丰所扼，惨被荼毒。张培爵、夏之时发难川东，势孤力弱，乞援于邻。于是蔡锷起义师，缨冠往恤，是为滇军第一次入川。癸丑事变，川军内讧，当事复飞电请援。滇、黔两省，分道出师，是为滇军二次援川。及事稍平，遽下令逐客。滇班师以归，秋毫无犯。蜀中人士，共见闻之。乙卯之秋，帝制复活，国本动摇。逆军据蜀，滇遂首倡义师，转战川南，卒褫敌魄。袁伏冥谴，恢复共和。而帝孽未除，匪祸滋炽。乃驻兵防守，徐图廓清。川民之对滇军，耦俱无猜。大总统黎，奖其义勇，念其劬劳，特准编为国军，以风天下。乃自段祺瑞内阁受命，庇护逆党，仇视义师。利用川军排外之心，潜相煽构，遂启刘存厚之衅。及叛督称兵，复辟事起，存厚更乘机再变。而段氏复电川军师长，有联合严密御滇之令。更派岳州、汉中驻兵相助。故存厚先袭攻罗佩金，继则攻击戴戡，不复能守义与西南合作。唐继尧乃移靖国之军，以先作恤邻之计。故护法一役，滇军不得长驱襄、岳，会师武汉，北出汉中，以拊北庭之背者，皆存厚为之梗也。

初，护国之役，罗佩金以第一军总参谋长佐蔡锷规川，钜细躬亲，决策多中。及锷以病辞川督，举佩金自代。佩金编制七师，三混成旅，周道刚将第一师，刘存厚以第一军军长兼将第二师，钟体道将第三师，皆蜀军。顾品珍将第六师，赵又新将第七师，皆滇军。诸军多不满额，惟存厚竞为招募。时祺瑞忌南军甚，又闻佩金沉毅有谋，思有以制之。当锷因病辞职时，许佩金以省长兼护督军。及锷至沪晤启超，启超力荐戡。戡夙日亦深结锷以自固，锷遂荐以自代长蜀。六年二月，戡入成都视事。是时蜀第一师长周道刚、第二师长钟体道，川北道尹张澜皆进步党人，素怨佩金，思拥戡以相抵。而存厚徒据军长虚位，督军、省长俱无望，亦附周、钟。戡借进步党之势，挟三师长为声援。其始为政也，一反佩金所为。以蜀财专供军用非长策，则定月饷七十万，而置佩金军欠饷不顾。佩金思裁兵不可得，束手为戡所扼。佩金素为大总统黎元洪维护，而段祺瑞百计龂龁，必欲去之，所请辄不允。甚则佩金累保护国军有功将校，亦置不理。佩金决计裁两师，各为一旅，滇军留一师，与黔军同为国军，饷不取之蜀。本甚持平，而存厚联五师长电诋佩金厚滇薄蜀。祺瑞扬言以江朝宗或吴光新督蜀。佩金恐甚，去电中央请假，祺瑞遽允之。继尧乃连电中央，言佩金裁兵方著手，不当听其去。大总统遽电佩金缓行。佩金既憾存厚，抗电请遣散四师，示无袒护革命党，而以刘云峰代存厚。是时，存厚输诚交欢祺瑞左右靳云鹏、曲同丰辈，祺瑞亦思用存厚以制佩金。因密电告存厚，词旨抑扬。存厚知佩金密谋，虑不测，惧甚。急走凤凰山司令部，一夕数易寝所，而寄妻子于法国医院。及得祺瑞电，大喜过望，旦夕将叛，而佩金轻之不为备。四月十五日，诱第四师驻成都者，尽入督署，取其械而遣之。十八日，存厚举兵攻督署，枪炮之声达旦。时滇军自资中、自流井、宜宾、泸县等处，纷纷援省，兵势大增，皆欲与存厚一战。佩金力遏之，谓须候中央命令。以存厚起衅状电中央。戡亦以两相哄告。四月二十日下令，罢佩金职，授超威将军，并罢存厚，授崇威将军。以戡兼署督军，编滇军为第十四师，以顾品珍为师长，佩金以督军而任闲散将军为降阶。而存厚授将军。较师长职位为崇，反晋阶焉。滇军愤甚，佩金抑之，决去职。六年丁巳五月，戡发布告视事。既就职，欲结欢于佩金，乃劾存厚不遵令停战，褫其职。而催新任第二师师长刘云峰视事，存厚大恨之。于是戡始与蜀人离。戡视事三日，存厚追理第二师欠饷四十万，戡无以应。而催存厚卸军事，存厚以欠饷不给为辞，终无解职意。刘云峰久待而去。存厚知戡无能为，益募匪徒，遣军四出，分掳各县粮款，预征明年上忙。各军争效之，戡反无所得。至督署额费不给，而威望日隳。及督军团变作，存厚致词诸督军，请受驱策。戡乃调黔军九营入成都，斥候严密。七月一日，都中复辟变作，张勋以存厚为四川巡抚。中央既乱，戡骤失所依。二日，得梁启超天津电，乃宣布戒严，通电讨逆。翌日，率黔军入督署，集将吏及缙绅议讨贼，存厚不与。时黔军在城东南隅，刘军自凤凰山遮入，距城西北。两军将士积怨深，乐于肇衅。是夜，遂战于北校场。黔军败，退入皇城。戡欲乞和，厚不答。自七日至十八日，凡十有二日间，城内战不息。黔军据皇城固守，刘军环攻之者二万人。黔军数冲锋出，毙刘军甚众。军士昼夜守城，已无固志。而戡始终无决策，守走俱犹豫，军心无所系。滇军约戡坚守，五日当来援，逾期未至。存厚使黔人献三万金为犒，请退师。戡允退军，而不受金。以督军省长会办军务之印，归省议会。约黔军在途不劫掠，刘军不追击。订约易质为信。而不悟存厚方患滇军西上，恐戡出城夹击之，戡乃堕存厚计中。十八日，戡与其将熊其勋杂兵众中出成都。黔军尚二千人，皆疲苶，军气不扬。及出城，存厚所遣为质者遁去，其勋犹不疑。招乡农为向导，存厚兵易服杂乡民中，故引之入小道。迂回往复，至暮才行三十里，至中和场宿焉。翌晨，方思出籍田铺往仁寿，与滇军合。存厚所遣吴庆熙兵，已四面合围。黔军且战且走，戡遂与其勋相失。戡行至秦皇寺，故有大小二径，唯小道有刘军。戡不审虚实，从小道行，不能前。复退至大道，则刘军已由他途绕至。戡知不能脱，拔枪自杀死。存厚暴其尸白塔寺，而扬言非戡。从戡副官、参谋当三十余人，皆成擒。其勋易服行至简阳，亦为刘军所得，械系送存厚所，乃斩于兵工新厂，死状极惨。戡既败，存厚讽居民迎已入城省，议会识其意，归督军省长印。谦让不受，自称摄军民两政，竞募白徒，遣赴前敌御滇军。城中四司令部：曰警备，曰警察，曰城防，曰卫戍。皆用奸民为侦探，刺取里巷言语，以搜黔军为名，任意劫掠。所捕杀者皆无辜，日至数十人，皆莫得罪状。日迫诸缙绅为发电，颂己功德，数滇军罪状，文皆由存厚左右草拟。至电中央政府索督军、省长，纲纪荡然无存矣。先是，戴戡电各军，言刘存厚受伪命己不屈状，以求援兵。罗佩金得电，驰至资中，召各将集议。七月十三日，发兵西上，以刘云峰为右翼总司令，韩凤楼为左翼总司令，同趣犍为、嘉定；赵钟奇出中路，趣仁寿；顾品珍当东路，备周道刚及钟体道；以刘法坤守自流井，而佩金自为总司令，居宜宾策应。佩金既发电西上，周道刚宣言中立，存厚惧甚，求和于滇军，佩金不理。体道愤而电中央请进止，得复令拒滇。至是乃与存厚合。佩金意在守资中，以攻仁寿、嘉定，初战甚锐。赵钟奇下仁寿，韩凤楼克犍为，下嘉定。刘军团长赖新辉，邓锡侯等，奋勇督战，始与滇军相拒于仁寿。刘军援师日集，而滇军之援不至，嘉定得五日复失。云峰退青神，刘军邀击之。天雨，洪水暴发，济江无舟，滇军败退，而资阳亦失。滇军尽扼资中、自流井、威远、荣县为守，而以重兵屯泸、叙间。适周道刚以调解自任，遂停战。时八月七日也。初，戡与存厚战事既启，道刚与张澜发电，报两军相攻状，请严令停战，并乞北军援蜀止乱。时段祺瑞再当国，本恶滇军，而阴护存厚，终以存厚两肇衅、为公论所不韪，难以蜀畀之。七月二十四日，命道刚代蜀督，率师解成都之围。存厚怨道刚坐收渔利，赖张澜而解之。且命体道听命于道刚，于是道刚力举澜长蜀。二十四日，以澜护理四川省长。时继尧已通电拥护约法，诋祺瑞。且责中央，必惩蜀乱祸首。故滇军虽自资中退，而泸、叙方大增兵。道刚乃急挽张澜，力白于存厚，倡言保省。助存厚子弹百余箱，复迎祺瑞所遣吴光新率四混成旅入蜀为己助。光新遂以长江上游总司令兼四川查办使入蜀。十月十四日，滇军黄毓成遂攻内江，下之。存厚志在据蜀，嫉道刚得位，称疾。且扬言将与滇军合，以索军务会办。比得祺瑞密谕，有“黄毓成袭击川军，理宜声讨”之语。乃合钟体道，与滇军大战于荣昌、内江。道刚、澜旋皆即真，存厚亦得会办四川军务。道刚、存厚方集大军分四路围滇军。道刚以全军及国军数千，直逼泸州。存厚分兵攻荣县、威远、自流井，思一鼓而逐滇军。第十四师师长顾品珍，第七师师长赵又新，增兵相拒，败之。道刚溃退永川，体道溃退隆昌，存厚支队长以其众降。威远、自流井川军亦败。是时，顾品珍与黔军王文华，已败吴光新于渝，据之。国璋欲以和平两解之，而川省议会承道刚、澜、存厚意旨，电约停战议和。然道刚、存厚实欲以此更合军，备复战。且定进军战略，为滇军所得，欲以一月二日攻泸。四日，滇军各路总攻，时重庆镇守使熊克武，方与滇军合。于是克武取顺庆、遂宁、渠、万一带。黔军王文华取璧山、大足。顾品珍取荣昌，隆昌。赵又新逐攻泸之敌。川东、川南、川北，三面略已肃清。会祺瑞已得督办参战事务，度道刚终不附已，乃以存厚督川。而曹锟、张敬尧已抵鄂，与王占元计攻岳。继尧乃自毕节移重庆，共商援鄂定蜀之计。时蜀军各将，多有拥立熊克武督蜀者，亦蜀人治蜀之意也。继尧乃请于冯代总统。存厚、张澜迭通电，愿与西南一致，拥护约法。继尧以存厚数反复阴险，欲消后患，特定三约：（一）存厚、澜通电引退，即离成都。（二）一、二、三师及各旅，通电脱离存厚，受克武节制。（三）一、三两师移仁寿、荣、威以表诚意。议未决，而吕超军已于二月二十日攻克成都，存厚、澜皆逃，川事遂定。继尧乃筹议援陕、援湘，分命品珍军移往叙府、江安、屏山、南溪、南六县一带。又新军分驻泸州、富顺、古宋、古蔺、纳溪、永宁一带。加以整顿，抽调分道出师。复集各军将领，议于渝城。乃以川军石青阳为援陕第一路总司令，行营参议姚以价为援陕东路总司令，以黄复生、叶荃、袁祖铭、田钟谷等，为援湘一、二、三、四路司令。后又以叶荃军援陕，叶、姚两军直隶本部，其余石青阳、吕超、钟体道诸部，皆归克武指挥。援湘各军，则归刘显世指挥。援鄂各军，以顾品珍指挥。计既定，继尧以滇省内政及后方补充为虑，乃返滇整理。

民国云南通志长编卷六

大事十·绥靖

滇黔绥靖公署，本成立于二十六年八月以后，而绥靖工作则不能谓即始于此。且在十六年以后，二十六年以前，滇省政府积极从事于削平反动、安定地方、拥护中央、完成统一，如戡乱、讨逆、防共诸役，较之剿办土匪，尤为绥靖工作之荦荦大者。兹因统以绥靖，分别纪述之。

绥靖一

戡乱

云南自民国十六年二月六日政变后，奉行三民主义，参加国民革命。龙云被任为国民革命军第三十八军军长；胡若愚被任为国民革命军第三十九军军长；张汝骥被任为国民革命军独立第八师师长。既同隶中央，自不宜有异同。乃胡若愚、张汝骥等，竟于六月十四日夜，派兵围攻龙云及其所部高级将领住宅，并掩袭所属部队，欲乘其不备，一网打尽。龙云身被拘囚，所部退走迤西，胡、张等复派队跟追。龙部乃西下反攻，连战克捷。七月十三日，龙军师长卢汉，率部逼近省垣，胡氏穷蹙，仓皇东遁。张则由禄丰败走南防。龙被胡挟走，至板桥，始脱险生还，以军民吁请复职。逾月，张氏由南防攻省，败窜昭通，复与胡会。初、胡等溃逃以前，曾假省政府名义，电召黔军入滇，是年八月，黔省府主席周西成派队五团，号称援滇，分路入寇。泸西、师宗、弥勒、宣威、平彝、罗平、沾益各县，先后为其所据。换委行政官吏，勒款提械，拉夫封马，骚扰百端。周氏对滇代表声言：欲撤退入滇黔军，须拥彼为滇黔联帅，并输给开拔费三百万元。滇人共愤，迭电中央制止，无效。九月，三十八军拒战于沾益县境，敌军败溃，毙敌及俘虏二千余人。黔军既退，胡、张亦仅以身免。三十八军不予穷追，俾得偷息于川、黔边境，卒至卷土重来，再劳第二次之讨伐。

胡、张既窜据川、黔边境，日勒索地方供应，强迫人民当兵。更暗结内地股匪吴学显等，并伪造富滇纸币，接济各匪。十八年夏，滇省奉中央命令入桂讨逆，取道黔省。龙云被任为讨逆军第十路总指挥，亲出督师。彼遂乘我东防空虚，勾结叛将孟坤，入攻昭通各属。中央迭电制止，均不从命。适龙总指挥师次安顺，即接滇省警报。乃以入黔部队，一部留黔，一部回滇。甫至曲靖，胡等即放弃昭通，偷过会泽，进逼省垣。龙军兼程前进，与留滇部队合力围剿，大破之于碧鸡关，向西溃窜。龙总指挥鉴于前年纵敌之失，除恶务尽，乃于是岁冬，督师西巡，渡江进剿。不数日而华、永收复，进驻两盐。敌窜川边，所至辄被友军民团截击，陷于绝境，溃不成军。当派第三旅第六团跟踪追击，于木里属之三家村地方，生擒张汝骥，孟坤溺毙，胡只身逃窜。敌兵除击能外，孟坤所部全部归诚，胡、张所部亦经完全收回。总计三部共八千余人云。张既就擒，饬解晋省，本欲听候中央处置。行至下关后，因众愤于十九年二月十三日就地枪决。旋电奉中央复准备案。戡乱之役至此终结。

当胡、张勾结客军扰滇时，唐继虞亦乘隙窃据迤西，称云南北伐后援军。于十六年秋，进犯省垣。三十八军以东事方亟，不欲多树敌，曲意款接。而唐竟勾结南防股匪吴学显等，肆扰近省各县，并屡次袭攻省门。亦经三十八军痛予膺惩，狼狈西窜，仅以身免，飘泊海外。计是役历时三年，兄弟阋墙，诚属痛心之事。然在当时，势不容已。今之纪述，亦不容已也。

讨逆

民国十八年四月四日，龙总指挥云，以湘局变化，破坏统一，通电京外，拥护中央。旋奉令出师讨逆，由黔入桂。龙总指挥，乃派师长朱旭、张凤春分道前进。于五月三日，出发完毕。并于八日率警卫部队，亲往督师。乃师次黔边，据报黔主席周西成已附逆，潜派重兵于黄草坝附近，邀击我军。并饬张汝骥由毕节犯我镇雄，进迫昭通。于是另派部队赴昭通进剿，一面仍令入黔，前敌进击猛攻，连战克捷。敌军黄道彬大创，毛光翔一部溃退，我军乘胜直追。未一月而贵阳克复，周氏殒命。正当移师入桂，竟讨逆之全功，卒以胡、张扰滇，被其牵制，未获如愿。

十九年，复以张桂军抗命，奉中央迭令，出师讨逆。并受滇中民众之督促，龙总指挥遂遵令出师。派卢汉、朱旭、张冲各师长，统率三万余人，于五月上旬，由滇出发。并请于中央，任命卢汉为前敌总指挥。与敌鏖战数月，虽因气候环境之关系，未入南宁。而牵制敌军，使粤军之蒋、蔡等师，得抽赴前方，协助中央军，戡定反侧。于大局统一，未尝无裨也。

绥靖二

剿匪概要

本省盗匪，前经各地驻军协力剿办，本已次第肃清。惟自抗战军兴，各部队改编出发，间有不肖之徒，乘机窃发。民政厅以本省为后方重镇，安定后方，即所以增强抗战力量。而肃清盗匪，实为维持治安之首要工作。在廿八年七月以前，即迭次严令各属地方官认真清剿。廿八年七月以后，更厉行督饬。继恐各属地方官，对于匪患，因循敷衍，隐匿不报，或竟互相推诿，妄分畛域，致使区与区间忽于会剿，县与县间缺于联防。复于廿九年十月，厘订《云南省各属分区限期肃清零星散匪及暂时惩奖办法》，将本省各属，依照当时所划各保卫营区域，划分为廿七个清剿区。规定各清剿区内，一切剿匪事宜，应由各地方官与各保卫营长会同负责办理。剿匪部队，均归该管保卫营长指挥，以收统一之效。并限于二十九年十月十日以前，动员所属保卫团队及乡保壮丁，侦察部署完毕。自十月十一日起，将各属境内零星散匪，彻底歼灭。十一月十一日起，遵照中央《续订陕、鄂、湘、川、康、滇、黔后方七省总清查实施办法》，开始举行总清查。统限二十九年十二月底完成报核。如逾限未能肃清完成，即将各级负责剿查人员分别惩处。嗣奉军事委员会委员长蒋电令，各省区剿查限期，一律展至三十年三月底止。当由省府令饬民政厅，迅速详研有效办法，呈候核行。旋经该厅拟订补充办法一份，呈经核准，转饬各属，认真办理。规定各属地方官及各保卫营长，应遵照此次限期，于卅年三月底止，务将剿查工作肃清完成，出具印结，呈报核转。否则即将所有负责则查人员，实行撤惩。继于卅一、二两年间，又饬各属随时认真查剿。三十二年七月，复责令各属地方官，参酌地方环境，针对事实，周密计划，制成应防应缉应剿方案，切实防剿。尤须彻底清查户口，严密保甲组织，实行联保联坐办法，发挥人民自卫力量，以竟事功。继又一面明订剿匪责任，规定零星散匪责由地方官督饬团警，随时认真防缉；发生股匪，应即查酌实际情形，缜密计划，调团围剿。如系千百成群，窜扰境内者，即以保卫队为主力，各乡镇自卫预备队为辅，负责清剿。并咨请邻封，派队截堵。如系窜扰数县间之股匪，应即呈由该管专员负责主持，督同各有关县、营长筹划，以保安营为主力，各县保卫队为辅，负责清则。并由各县民众自卫预备大队壮丁，守邻截要，会同防堵。如非专员区者，即指定资深之县、营长主持会剿。对于公路要道，应择邻筑碉，巡逻守哨。登记到车，联络防范，认真维护，以利运输。宣威、曲靖、平彝、沾益四县劫车案件，时有发生。复由民政厅拟订《平、沾、宣、曲四县联络维持公路治安办法》令饬四县遵照办理（办法另附）。卅三年冬防，正值敌寇深窜桂、柳，黔局严重之际，复经迭饬各专员、市、县、局、营长等，查遵历年办法，及民政厅迭次电令，不论城镇乡村，公路江干，蛮区夷地，均宜未雨绸缪，缜密计划，妥为维持。并须组织情报网，切实掌握，以期灵通消息，而便防剿。后又拟订《维持治安奖惩办法》，令饬各属遵行。三十四年，滇西各县散兵游勇，到处滋扰。除由民政厅随时督饬各专员、县、局长认真剿办外，复经国民政府军事委员会委员长昆明行营令委各县地方官兼充行营驻县军法官，以便缉办。今后战事结束，建设开始，大军转移，治安问题，极为重要。查缉奸宄，肃法盗匪，尤为重要工作也。

二十八年以后各属发生匪患概况

本省匪患，在二十八年以后，三十二年以前，零星散匪时有发生。然经民政厅令饬各地方团队，查缉剿办，旋即扑灭。至于股匪，则陆良、路南等县，有匪首王志忠、袁有才等；易门、昆阳、双柏、峨山等县，有匪首朱大纪等；姚安等县，有匪首李映科，洱源、剑川之老君山一带，有匪首小霸王等率党啸聚，窜扰抢劫。除小霸王一股，经龙、潞游击支队长朱嘉锡招抚，率往龙陵抗敌外，其余各股，均经民政厅先后令饬有关各县，派队联合协力兜剿，业已次第肃清，并将匪魁格毙。加以民政厅自二十九年十月，厘订《分区限期肃清零星散匪及暂时奖惩办法》后，随时督属认真清查办。故在三十二年夏秋之间，本省治安，大体尚称安谧。三十二年冬季以后，因本省大军云集，外来人口激增，五方杂处，品类不齐，兼之生活高涨，铤而走险者日众。以致三十二三两年间，各地盗罪，潜滋暗长，抢风复炽。陆良、路南、开远、凤仪、弥勒、师宗、澄江、宜良、呈贡、永善、平彝、镇雄、宣威、沾益、马龙、寻甸、通海、龙武、曲靖、泸西、丘北、嵩明、武定、禄劝等二十四属，均有零星散匪发生。宣威、平彝、沾益、马龙、寻甸、泸西、丘北、弥勒、师宗、镇雄、彝良、永善、会泽、鲁甸、巧家、建水、凤仪、永胜等县，复有股匪盘踞。就中以宣威匪首高佐廷，率党百余人，窜扰宣威、沾益、寻甸、马龙等县；建水匪首童世发，率党一二百人，盘踞虎头梁子地方，出没滇黔交界；黔省匪首小秃耳朵、王小老飞等，各率匪党百数十人，一股窜扰平彝，盘踞边界，一股窜扰镇雄、彝良、威宁边界，此击彼窜，剿办为难。尤以冒充军事委员会边疆调查团第一组长向积发等，伙窜散兵，抢劫凤仪县属彩云镇公所；匪首徐占春，盘踞于永胜、宾川等县之四角山，抢劫近邻各县；叛军排长杨绍林，及匪首唐天禄、李中山、李凤高等，啸聚丘北县属红花山及泸西县属五槽等地，出没于丘北、泸西、弥勒、师宗、开远等县边境，肆行滋扰，拦劫公路汽车；川岸蛮酋安登文，时时纵党过江，烧抢永善县属沿江一带之务基、干田坝、黄坪等地；鲁甸叛民首领万良洪等，以免兵免款为口号，诱惑会泽、鲁甸、巧家三县边民，发生民变，情形极为严重。均经民政厅分别电令有关专员及辖区县长，查酌情形，或派队清剿，或宣扬抚慰，多已将匪魁当场枪毙。或擒获伏法，匪徒击溃，扑灭肃清。三十四年以来，因滇西战事告捷，远征军司令长官部撤回，前第二十集团军在滇西所委之自卫、游击、守备挺进各部队，经省府明令撤销。官兵饬由地方政府设法收容，编入团警，武器缴地方备用。乃有不肖官兵，聚结裹胁，持械窜扰。此外，多数散兵游勇，伤病官兵，到处威借公粮，夺取牲畜，甚至结党抢劫，磕索民间财物，危害治安，匪言可喻。如镇康县有自称长官部谍报第三组宋大队长等，迭次抢劫双河、兴华两镇住民；缅宁县有逃散叛兵百余人，裹胁抢劫，杀毙人民及地方团队各十余人；耿马有自称青年团边疆服务队，借名调查户口，兴办教育，任意检查抢劫；保山县有散兵游勇，勾结抢劫，滋扰甚大；永平七九后方医院，顺宁三六后方医院，大理驻榆伤兵医院，邓川一〇二陆军医院，均有不肖伤病官兵，借故围攻县府，扰乱滋事。又卡瓦山有马义昌者，聚众妄自设立专员公署，及卡区自卫大队，巧立名目，摊派款项。沈维鑫率部与卡瓦民械斗，进占沧源，窜扰耿马。募乃土司石炳钧之弟石炳麟，妄称奉委边区垦殖团长，率众进攻澜沧县属木戛等地，危害边地治安，诚非浅鲜矣。兹将近年来较大匪患案件，撮要略述于后：

（一）凤仪县彩云镇公所被劫——三十三年一月间，有冒充军委会边疆调查团第一组长向积发，伙串散兵二三十人，执持大小快利枪支，乘坐汽车，将车身号码用泥涂抹，由公路黑夜驶至凤仪县属彩云镇公所，借名检查。地方团队为其蒙蔽，劫去步枪二十余支，子弹三千发，现款三十余万元。劫后仍由公路向祥云方面逸去。经楚大区警备指挥部电经民政厅，分电凤仪、镇南、楚雄、弥渡、蒙化、大理、永平、漾濞、保山等公路沿县，及第五、第六两区专员，侦察扣押，电呈核办。又有白家禄等一股，约十余人，携带枪支，窜至建水、石屏、元江、墨江、宁洱等县，希图借名滋扰。经建水县长谭其篑，呈报民政厅，飞电沿途各县缉办。嗣经军事委员会委员长昆明行营侦悉：此起歹徒，其总机关设于昆明。经于昆明市将主犯向积发缉获讯明，依法拟罪，执行枪决。白家禄等，亦经宁洱县长张自真缉获，一并归交昆明行营依法讯处矣。

（二）剿办叛军排长杨绍林及首唐天禄等——三十三年一月十一日，有美陆军卡车二辆，由文山回省，至弥勒县属滚石沟公路一带，适值弥勒团兵在此剿匪。该美军人员，因言语不通，经团兵制止无效，开车前驶，遂被匪徒袭击。该匪等携有手提机枪、手榴弹、新式步枪，经调查系前在泸西叛变之一九八师叛兵排长杨绍林，伙匪抢劫。二月中，开远县属树木克地方，有丘北窜来匪徒八九十人，拦劫美陆军及兵站第九分监部大小汽车六辆。劫后向丘北县境之红花山逸去。曾经民政厅派员前往开远，向被劫美军慰问并调查真相。复经先后迭饬丘北、开远、弥勒、泸西、路南、砚山、文山等县，及保卫第四、第十、第十七、第十八营营长，秉承第二区行政督察专员杨绍曾，切实计划，派队会同军队，认真剿办。并经滇黔绥靖公署，饬由滇越铁道警察总局，指派高级人员，前往督测。又派工兵营轻装部队，驰往搜剿。复由第九集团军派队协剿。经于丘北县属之红花山、出水寨等地，缉获匪党李凤高等四十余人，解往文山第九集团军司令部法办。继经泸西县长龙翔周密计划，并经保卫第十营营长邓鸿达率队会同泸西县团队，深入匪巢，协力剿办。已将版军排长杨绍林，匪首唐天禄、李中山等，先后缉获讯明，依法拟处，呈经滇绥靖公署核准，执行枪决。其余匪党，亦经搜剿肃清矣。

（三）永善蛮患——永善沿江防务，长约三百余里，险要渡口，多至六七处。近年以来，川岸蛮匪，时常泅水偷渡，过江滋扰。三十二年冬防，蛮首安登文，先后纵党过江，抢劫务基、黄坪、干田坝、猡子村等地。烧毁民房数十间，掳去人畜无算，为害之烈，前所未有。迭经民政厅电令第二区行政督察专员王凤瑞，飞调保安营兵驰往，会同永绥江防队及地方团队，镇慑堵剿。并令据永善县长王开基、永绥江防队长彭仲培拟具江防方案，呈经民政厅核转省府及滇绥靖公署核准，恢复质蛮制度，关放蛮饷，以资羁。沿江各险要渡口，增筑碉堡，扩充永绥江防队兵力，经常派队分兵驻守，以资防卫。从兹沿江防务，巩固增强。蛮首安登文，亦于三十四年夏间，被永善县黄华镇团队设伏诱杀。沿江居民，可获安枕矣。

（四）会、鲁、巧民变——三十三年九十月间，鲁甸县南屏乡长李立义，鲁甸县属东马厂匪首万良洪、祖义禄等，以鲁甸县长徐岳东，横征暴敛，压榨人民，鼓吹会泽、鲁甸、巧家三县边地愚民，聚众数千人，反抗政令。谬以“官逼民反，不得不反，若要不反，免兵免款”之口号，聚众变乱。攻击地方团队，情形严重。迭经民政厅飞电第一区行政督察专员王凤瑞，亲赴出事地点。沿牛栏江岸，督率会、鲁、巧三县县长，集中团队，镇摄示威。运用政治力量，宣扬政府德威，妥为抚慰开导。缉办首要，解放胁从。历时月余，经将祸首万良洪、祖义禄擒获，就地正法。并将南屏乡长李立义等，缉解昭通专员公署讯明，李立义率领民众，反抗政令，触犯妨害秩序罪，应照刑法第一百五十条之规定，处以有期徒刑十个月。巧家县义和乡长汤恩普、付乡长杨兴科，磕索不法，激起民变，应并惩办。鲁甸县长徐东，对于民变案，办理操切，处置失当，惟业经调省，从宽补行撤职。先后分别呈经省府及滇黔绥靖公署核准执行矣。

（五）剿办朋首徐占春——永胜、宾川、鹤庆、邓川、盐丰等县间之四角山，有匪首徐占春（即小铁炮），啸聚党羽，肆行抢劫，附近各县，频遭其害。迭据第七区行政督察专员史华，呈请令饬宾川等县接受该专员统一指挥办。当经民政厅分别令饬该县长等，秉承史专员严密计划，妥为清剿，务须一鼓成擒，勿任滋扰。嗣据史专员呈报，已于三十三年十一月五日，于永胜县属之马家湾地方，将该匪首徐占春设计暗杀，并将匪党彻底解决。从兹永、宾五县边境匪患，可告肃清矣。

附：办法二份

甲、平沾宣曲四县联络维持公路沿线治安办法

一、云南民政厅为防范汽车被匪拦劫，维持平曲、宣曲两段公路治安，特拟定本办法，分饬该平彝、沾益、宣威、曲靖等四县县长，切实督属遵照办理。

二、平、沾、宣、曲四县县长，对于境内公路经过沿线治安之维持，应负实际之责任，并派团分驻要隘，防查盗匪，保护行车。其分驻地点及团丁实力，规定如下：

1. 平彝县派团一分队，驻凉水井。以两班分驻东铺、腰站两处与黔境附近之胜境关之西。并应择险筑碉，派团一班，经常驻防。

2. 沾益派团一分队，驻松韶关。一班驻白水，分担沾宣、沾平两段公路维持治安责任。其矣方、来远铺、炎松、九龙山、面店等地，并须由所在地乡、镇、保甲壮丁，轮派巡守。

3. 曲靖派团一分队，在南城驻守。

4. 宣威派团一分队，驻板桥。两班分驻红桥铺、永安铺驻守。

三、公路经过两县交界之地区，其治安应由有关之两县，负责维持。驻守团兵，应随时联络巡视，会哨守望。

四、县城车站，应由县长督饬团警及车站所在地镇、保，对于来往商车，须将司机、乘客姓名询明登记。并嘱告司机，不能中途搭车及深夜开行商车，以防盗匪乘隙滋扰，而策安全。

五、各县应照民间习俗，规定号角使用办法，使公路驻守团兵与乡、镇、保、甲切取联络。遇有匪警，应即鸣号角呼唤，齐往查缉围捕，以免盗匪纵逸。

六、各该县境内公路沿线，以后发生抢劫事件，如在半月内不能破案，即唯出事地点所管县长负责赔偿损失；交界地方，由有关两县县长负责赔偿，并将县长分别议惩。

七、各驻守团队。应以保卫、预备队轮流更戍，并以乡保壮丁补助。惟不得向民间格外〔索取〕粮饷，增加人民担负。

八、各县对于境内公路治安之维持情形，应查遵本厅前令发之匪情日报表，自本年（三十三年）七月份起，按月于下月初三日内，据实填报查核。

九、各该县为加强公路治安维持之力量，应就近与驻曲之二十三师杨团长士锷，切实联络防范，并将现有盗匪彻底搜剿肃清具报。

十、本办法于奉到日实行。

乙、云南民政厅督各属维持治安奖惩办法

一、云南民政厅为督饬各属彻底肃清盗匪，维持地方治安起见，特订本办法，通饬遵行。

二、本办法规定奖惩人员，为各区行政督察专员、县长、设治局长、对汛督办、保卫营长等。

三、奖惩之规定如下：

（一）奖

1. 呈请记功（或记大功）。

2. 呈请留任（或升叙）。

（二）惩

1. 呈请记过（或记大过）。

2. 呈请撤惩。

四、奖惩之办法如下：

（一）奖

1. 平时重视治安，有匪缉剿得力者，酌予呈请记功（或记大功）。

2. 任内辖境全无匪警，地方维持安谧者，酌予呈请留任（或升叙）。

（二）惩

1. 有下列情形之一者，酌予呈请记过（或记大过）：

（1）匿报匪情者；

（2）发生盗匪抢劫事件，不能短期破案者；

（3）清剿盗匪不力者；

（4）追剿盗匪，失落踪迹，致使窜扰者。

2. 有下列情形之一者，查酌情节，呈请撤惩：

（1）平时漠视治安，至使酿成大批股匪，而不能负责敉平者；

（2）发生匪警，不派队缉剿者；

（3）境内发生重大盗匪案件，不能破案者；

（4）剿匪借故苛扰，或专权擅杀者。

五、本办法有未尽事宜，随时以命令行之。

六、本办法奉到后，自清剿限期届满之日起实行之。

民国云南通志长编卷七

大事十一

〔民国〕十八年八月后之省政

民国十八年以前，本省行政机构，未臻完全，意志亦未统一。至十八年八月一日以后，既照中央规定，彻底改组省政府，复因地因时，增设必要之各机关。负责有人，乃力求行政效率之增进。一面继续戡定变乱，肃清萑苻。一面整理财政，稳定金融。以次致力于管、教、养、卫诸端，齐头并进。已各分别详纪，兹特撮其大要述之。

整理财政计划，约分三期。初则改变征收本位，以其增益，清偿前政府历年积欠，以救目前危机，是为第一期。次则整理税收，务求收支适合，以奠财政基础，并力从撙节，以其所余，补充军实，而谋经济、交通之基本建设，是为第二期。再次则谋增加生产，扩充官营事业，以经济树财政之基，而救财政之穷，是为第三期。

云南自护国、护法两役，以贫瘠之一省，独当国家兴革大任。财政因而拮据，金融随之破坏。十年之间，以币价低落，造成物价上涨，政府人民，同感困难。在民十五年至十八年内，曾由政府三度召开全省金融财政会议，集中三迤人士，以谋解决。然所采多系治标方法，所得效果极微。十八年八月，省政府改组成立后，鉴于历次会议，未能为根本上之解决，又复召开整理财政、金融会议，搜集各方建议案，成立审查委员会。审查结果，以为前此金融紊乱之主要原因，乃在政府财用不足，全恃银行发行纸币以资挹注，因财政而影响金融。又因币价低落，财用愈感不足，复由金融影响财政，两蒙其害。彻底整理之方案为：（一）旧银行纸币，既无力维持使恢复固有价格，即应确定纸币与银币之比率，为纸币五元，折合银币一元，以后不使暴涨暴跌。（二）政府收入，以银币为本位。如用旧银行纸币交纳，照比率折收，则财政收入，即可增加五倍，不致再感不足，再向银行借垫。（三）银行基金，既已全数无存，政府收入，骤加五倍，除必要支出外，剩余之数，即拨还银行欠款。一面另筹特捐，购银鼓铸。充实银行准备基金，维持发行信用，使不至再影响财政。因议决办法十条，于十八年十一月实施。至十九年七月，大体就绪。乃于是时召集军政联席会议，决议将金融、财政，从此划分。并经省府会议决议，设立整理金融委员会，筹积基金，收束旧日富滇银行，另外筹设新行。民国二十一年，筹获基金滇铸银币一千六百万元（包括现银及其他资产在内），富滇新银行即宣告成立，并规定以富滇新银行之纸币，为本省通用货币。得照券面金额，兑取滇铸银币。至旧时富滇银行之纸币，由新行以新币一元，折换旧币五元之价格，陆续收回焚毁。经此次彻底改革之后，云南之金融基础得以奠定。财政金融既经整理，乃依预定步骤，从事生产建设，扩张官营事业。其由财政厅直接办理后改为云南企业局统属者有：（一）云南矿业公司，并附开远水电厂。（二）滇北矿务公司。（三）鲁甸矿务局。（四）云南钨锑公司。（五）一平浪矿务局。（六）宣嵩矿务局。（七）武禄罗矿务局。（八）开文垦殖局。（九）昭鲁水利工程处。（十）一平浪制盐厂。（十一）云南印刷局。（十二）昆明、昭通、腾冲、大理等处火柴制造厂。（十三）兴文官银号（后改兴文银行）。（十四）劝业银行。（十五）下关石磺管理厂。（十六）宣明煤矿公司。（十七）云南制糖厂。（十八）云南纸烟制造厂。（十九）云南全省纸烟统销处。（二十）新华制药公司。（二十一）思普区茶业试验场。（二十二）云南物资运输处。（二十三）大成实业公司。（二十四）洋靛统制。其由特设之云南经济委员会办理者有：（一）云南锡业公司（由个旧锡务公司及炼锡公司与资源委员会之锡矿工程处合并改组）。（二）云南纺织厂。（三）裕滇纺织公司。（四）开蒙垦殖局。（五）省垣附近农田水利工程处。（六）宾川水利工程处。（七）宾祥水利监督署（该处成立宾川水利工程处，即裁撤）。（八）弥泸水利监督署。（九）耀龙电力公司。（十）腾冲水力发电厂工程处。（十一）云南五金器具制造厂。（十二）云南电气制铜厂。（十三）海口机械厂。（十四）昆明水泥公司。（十五）云南酒精厂。（十六）裕滇磷肥厂。（十七）利滇化学工业公司。（十八）中国电力制钢厂。（十九）云南钢铁厂。（二十）云丰造纸厂。（二十一）经济委员会印刷厂。（二十二）海源印刷厂。（二十三）云南蚕业新村公司。（二十四）云南蚕业公司。（二十五）长坡蚕桑生产农场。（二十六）蚕业推广委员会。（二十七）云南中国茶叶贸易公司。（二十八）昆明建筑事务所。（二十九）建筑安宁温泉工程。（三十）昆明营业公司。（三十一）昆明国货公司。（三十二）富滇保险公司。（三十三）华西建设公司。（三十四）云南合作金库。（三十五）运输处。（三十六）中国通运公司。（三十七）开个运输公司。（三十八）石佛铁路筹备委员会。（三十九）石佛铁路展测队。

案：以上据《云南行政纪实》及云南省政府历年办理建设事业资金一览表，择要编列。此外如建设厅所办稻、麦、棉、麻、茶业、蚕桑、园艺等改进事业，及病虫防治、森林合作事业等，系用行政费，概未列入。

十八年以后建设事业之最艰巨者，莫如公路。十八年前，云南全省公路总局成立，曾有四干道、八分区之初步设计（已详交通）。嗣以省道、县道同时兴修，不免有财力两乏、务广而荒之弊。于是有第二期计划之改定。分全省为省道、县道、村道三种。而以速修省道，择修县道为主旨。本此进行，绵历十年。速修省道，计有昆大、昆剥、昆盘、宣昭、大丽五段。择修县道，计有寻会、师罗、安元、玉建、呈通、呈宜、开个等七段。又设立第一、第二两分局，负责督修腾永及思普两区公路。并先后完成安温、碧太、穿金、环湖、昆筇等附省名胜公路五段。自抗战发生，为适应后方交通需要，一面赶修昆剥、宣宁（由宣威经贵州之威宁以通毕节达叙永）。以期贯通川贵。一面并奉中枢令，饬延长昆关（大理之下关）段，直达滇缅交界之畹町河，与缅属腊戍至畹町之公路啣接。昆剥段，分开砚、砚广两段修筑。宣宁段，与川黔两省分头并进，互相啣接。关畹段，因路线较长，工程又复艰巨，由中枢补助经费，积极赶修。并为迅速完成计，将经过路线，分关漾、漾云、云保、保龙、龙潞、潞畹六段，同时推进此艰难险阻之长途，以八阅月全线完成通车，实为本省完成最速之公路。总计先后仅费富滇新币一千九百余万之路款，竟能完成三千余百公里之路线。每公里造价，约合五千九百零一元，仅合国币二千九百五十一元，代价亦廉矣。然各县地方人民对于公路之负担，苟加以精密之调查与统计，其数恐不仅倍蓰千万也。

在此期中，对于民政，则积极整顿吏治，大举调查户口。对于教育，则颁定教育行政方针，实行教育经费独立，皆有显著之成绩，已详专篇，兹不赘。

民国云南通志长编卷八

大事十二·抗战一

1937年至1945年抗日战争时期，云南人民为抗日救亡的神圣事业，献出自己的儿女，先后共三十七万余人，骡马约三千多匹，轻重机枪、迫击炮、步手枪齐备，大量的器材装备。于 1937年 10月，先编成陆军第六十军，辖一八二、一八三、一八四,三个师，六个旅，十一个步兵团及军师直属部队、野战医院、后方医院、兵站机构等，约四万五六千人。由军长卢汉率领，于1938年4月，参加了鲁南台儿庄会战。10月参加武汉会战，鄂南阳新排市之战。同年夏季，云南又编成陆军第五十八军。人员编制、武器装备同六十军。由军长孙渡率领，于10月尾开抵鄂南崇阳，与六十军合编为第三十军团，旋改编为第一集团军。总司令初为龙云兼，副总司令卢汉代，六十军军长卢汉兼，副军长安恩溥代，辖一八二、一八三两师。新三军军长张冲，辖一八四、新十二两师。五十八军军长孙渡，辖新十、新十一两师。每师两个旅，八个步兵团。编制刚刚完毕，就参加了武汉会战的崇阳之战。尔后隶属第九战区薛岳指挥，总司令卢汉因病请假回滇治疗，职务由副总司令高荫槐代理。1939 年春，新三军军长张冲因故调滇，新三军长职务由高荫槐兼。所属第一八二师及新十二师均派回云南补训新兵（一八四师又改隶六十军）。这时各师编制废旅，改为每师三团制。六十、五十八两军，参加了南昌会战，反攻南昌、赣北秋季攻势，第一次长沙会战甘坊栈桥等战役。1940年8、9 月间，新三军在滇补训的两个师开到前线，军长由杨宏光升任。总司令卢汉在滇奉中央命令，另成立第一集团军总部，辖由前方调回云南的六十军及云南新成立的七个旅（编制同师），驻滇南对侵越日寇防守。赣北第一集团军总部改为前方副总部，辖新三、五十八两军，归高荫槐代总司令负责，参加了第二、第三次长沙会战。1942年，云南第一集团军总司令部改为第一方面军总司令部。前方副总部改为第一集团军总司令部。高荫槐调职，孙渡升任第一集团军总司令。新三军长杨宏光、五十八军长鲁道源，参加了赣东会战，赣北东高反扫荡战。常德会战，长衡会战，湘鄂赣边区作战，赣江及湘赣公路追击等战役，及南昌九江受降。历时八载，打过重大战役近二十次，师团营级战斗数百次，还有数以千计的日日夜夜守备战不计其数。伤亡官兵约十余万人。抗战结束，只剩下一个第五十八军，新十师，新十一师及一八三师三个师，并归中央军系统，被蒋介石吞并了。

（录自《云南文史资料选辑》 第四十七辑《滇军出滇抗战记》）

民国云南通志长编卷九

大事十三·抗战二

反攻龙陵、芒市、遮放、畹町战役

初期战斗

腾龙沦陷后之怒江防务，由第十一集团军担任。第六军驻北段，第七十一军驻南段。三十二年冬，策划反攻。第二军开来滇西，任镇康、孟定、耿马对滚弄之防务。继续开至之第五十三、第五十四两军，则驻大理与保山间地区。三十三年四月下旬，积极准备怒江战斗。已整编为第十一、第二十两集团军。远征战区长官部决定：以二十集团军为攻击部队，十一集团军为防守部队。五月十日，攻击部队由双虹桥以北地区渡江进攻，为战斗主力。防守部队编组加强团渡江游击，牵制当面之敌，使攻击部队易于进展。第七十一军之第八十八师及第二军，各派加强团在打黑渡七道河渡江。五月十二日，开始向平戛附近各据点攻击。逐次占领三村、马鹿塘、青木岭、张寨、平戛、东山各据点。并于十五日一度占领平戛，旋因敌由勐堆方面增援反攻，二十三日复陷敌手。二十四日重新收复，是日又告失陷。第二军之新编第三十三师加强团，先集结于四方井，自孟定向糯莫、户算附近进攻。

加强团渡江游击，意在牵制敌兵，不使向腾冲增援。且恐敌以主力在腾北与我决战，则我防守部队，以全力加入惠人桥一线，猛攻腾冲而包围歼灭之。惟时敌人于腾北各隘口作纵深配备，企图逐次消耗我兵力。原据松山、平戛、象达、滚弄、龙陵、大坝、黄草坝之敌，仍顽强固守。盖敌在滇西方面，原为掩护缅北之安全，以一师团兵力，守备北自片马、南迄滚弄、长达四五百公里之防线，企图凭借地形之险，工事之坚，先以渐减战法，于各据点逐次消耗我兵力，最后死守腾冲、龙陵、松山、芒市各大据点，极力争取时间，以待缅北敌势转好，再向我转移攻势。

对付敌兵之延宕战略，宜用全线进攻。五月二十二日。远征战区长官部命防守军全部渡江，以攻击龙陵、芒市为目标。第七十一军原任怒江防务，归新近开来滇西之第八军接替。二十五日，第十一集团军总司令部命各部队，于五月三十日以前，分别向攀枝花、毕渡寨、火石地、菖蒲厂及平戛各附近地区集结完毕，准备攻击。各部自五月二十九日至六月三日渡江完毕，占领阵地：第七十一军钟彬部直属部队驻杨梅田，第八十七师张绍勋部驻红木树、咬郎、淘金河、杨梅田附近，第八十八师胡家骥部驻大雪厂、帮功、厥厂附近，新编第二十八师刘又军部驻滥坝寨、连厂、响水河附近，第二军王凌云部亦已渡江，驻平戛西南地区。

是时，重组怒江反攻部队，以第二十集团军为右翼军，辖第五十三、第五十四两军及预备第二师。以第十一集团军为左翼军，辖第七十一、第二两军及第六军之新编第三十九师。而第十一集团军又以七十一军为右翼攻龙陵，以第二军为左翼攻芒市。

克复龙陵

六月四日，第七十一军新编二十八师第八十二团，于上午七时，开始向腊勐街与竹子坡攻击，至十一时将两地完全占领，残敌二百余，向阴登山撤退。第八十三团，于是日进至淘金河，占领附近高地，将腊勐至大坝间之公路截断。自是日以后，续向阴登山、大丫口攻击，虽已将阴登山攻占，但敌人阵地甚坚，无法前进。二十日，钟军长亲率第八十四团及调来新编第三十九师之第一一七团，加入围攻松山大丫口，因敌工事坚固，反复冲杀，卒以死伤过大，未能奏功。至七月一日，乃将围攻松山任务，交第八军接替。新编二十八师及第一一七团，开至黄草坝附近，归还建制（第八军军事详见别篇）。

第八十八师，以六月四日占领蚌渺。第八十七师，向勐冒推进。两师主力驱逐敌少数部队。六日，进抵龙陵东南老户蚌、太平子、长岭岗、麦子地、陡岩子之线。并派新二十八师之八十四团，经华达岭进占放马桥，截断龙陵、芒市间之公路，又派八十七师之二六一团，以一营进占龙川江之腾龙桥，对腾冲方面警戒。八日，两师主力开始向龙陵东南郊敌阵地攻击。第八十八师之二六三团，猛攻勐连坡，战斗异常激烈，反复冲杀，得而复失者九次，下午五时，卒将勐连坡完全占领。敌遗尸六十余具，我团长傅碧人负重伤，官兵伤亡达五百余人。又第八十七师二五九团，亦攻占南厂。九日第八十七师二六零团攻克大坝，毙敌七十余名，俘敌三名。大坝为龙陵以东公路要点，虏获卡车七辆，摩托车三辆，脚踏车三十一辆，马五十匹，其他弹药、粮食、军装甚伙。十日，续攻龙陵城郊。第八十八师克广林坡、老东坡、风吹坡、三关坡。第八十七师克文笔坡及龙陵老城，续向赵家祠堂攻击。并以一部占领伏龙寺，于是龙陵城郊各高地尽入我手，完全包围龙陵城。敌仅据城内西山坡、红土坡、观音寺、大奎阁、封家坡、桅杆坡等据点而已。惟自渡江进攻，连日淫雨，泥泞载道，运输不便。且军队进展较速，粮弹追送至前线者极少，飞机投掷，亦因天候影响，不能及时接济。又龙陵地方贫瘠，产粮有限，亦难就地征购，致前线部队，盼望补充粮弹，始能继续攻击。十三日，探知腾冲敌约三四百人，正沿公路向南急进，乃派第八十七师之步兵一团，附炮二门，赶赴腾龙桥加强防务；又命自惠人桥进攻红木树、橄榄寨之新编第三十九师洪师长，率所部由红木树、红三甲街向黄泥坝前进，阻击敌增援部队。十四日，自腾龙公路南下，敌先头部队已在腾龙桥上游偷渡，窜抵帮乃，与我腾龙桥守军发生战斗。敌续增援，战斗益趋激烈。十五日，我守军被迫稍向南转移。是日，我攻龙陵城部队第八十八师，已续攻克封家坡、桅杆坡。第八十七师将赵家堂东北侧各家屋攻占、城内所余残敌不过三四百人，极为恐慌。惟因猛攻迟延数日，敌得各方抽调兵力增援反扑。十六日，据担任腾龙桥方面守备之第二六一团庾团长报告：自腾冲开来达腾龙桥附近者，约步兵二千余，附炮七门，已分三路渡过龙川江。复据担任放马桥方面之第八十四团鲁团长报告：敌约六七百人，附炮三门，由芒市沿公路北进，与我在放马桥附近发生激战。并有一部约二百人，由放马桥西北之象塘附近窜入龙陵。我军部审察当时情况，令八十七师主力转移于龙陵城北地区，迎击由腾冲南下之敌，发生激战，反复肉搏，死伤枕藉，卒以敌之局部形成优势，下午四时，我军左翼被突破，敌一部由此冲入龙陵，八十七师阵地有被敌南北夹击之虞；且黄草坝、镇安街一带，兵力空虚，后路尤极可虑。即令八十七师退守深沟、长岭岗之线，又令八十八师仍确保既得阵地。准备尔后作战。围攻龙陵城区，功败垂成，实逼处此。后虏获敌文件，即有计划包围我七十一军而歼灭之企图，若不先退，则中敌计也。

自六月十六日入夜，我七十一军主力转移阵地后，截至十八日，敌由各方窜集龙陵者，约达四五千人。我军除保龙陵东南郊各据点外，以一部置于小米地以西，迄长岭岗、尖山寺之线占领阵地，主力分别控置于周家寨及勐冒以西地区。伺敌钻犯方向，即予迎头痛击。并调新三十九师之二团担任右侧警戒，第二军之二团位置于蚌渺附近，二十一日拂晓，敌以主力沿滇缅公路两侧，以战车掩护向我八十七师深沟长岭岗一带阵地猛攻，我军沉着应战，调预备队加入。并调第二军在蚌渺附近之第二二七团增援。于长龄岗以东，回山头、空树坡方面，激战至二十五日。我以死伤奇重，乃转移阵地至黄草坝附近，及勐冒街西北高地。敌续来犯，形势极为严重。时十一集团军总部指挥所在勐冒街附近之廖家寨，与敌相距不过三四千公尺，受敌炮射击，惟经严督各部，极力抵拒敌之深入，且我荣誉第一师第三团及第二团之一营，开到勐冒附近，形势始稍稳定。二十八日，我荣一师向空树坡攻击。同时，八十七师、八十八师各部，亦即取攻势，发生激战。敌以连日伤亡惨重，渐呈衰竭之象。至七月七日败退，我军涌进，恢复原有阵地。进抵南厂、碗厂、太平子、长岭岗、麦子地、杨梅田、陡岩子之线。敌退据龙陵城郊外围文笔坡、勐连坡、广林坡、蛇腰坡、老东坡、风吹坡、三关坡各据点，加强工事，企图死守。自十日至二十五日，复经我各部队逐次攻击，将勐连坡、广林坡、蛇腰坡、老东坡东侧之孙家山攻克，进薄龙陵市郊。敌之主力，经我两度击溃后，实力大减，无法反扑，乃留千余人死守龙陵，余众窜回芒市，防我第二军截断后路。

是时，我军控制龙陵至松山及腾冲之公路，并威胁芒市。据此中点，使敌无法救援松山。腾冲之敌，已成瓮中之鳖。我围攻松山、腾冲之军，得从容达成任务。而因松山未下，滇缅公路未通，我在龙陵外围之军，供给困难。自保山经由旺、施甸、毕寨渡、杨梅田、咬郎以达黄草坝及蚌渺之运输线，道路迂回，且值雨季，泥泞难行。自渡江以来，驮马倒毙三千余匹，飞机投掷，亦因天候为数甚微，因此部队官兵，常至两三日不得一饱，致使暂时停止攻击。至八月，天气稍晴，飞机投送粮弹稍多，且松山方面，敌已不能反扑，惟待末日而已。故运输线可用汽车送至腊勐，再由人马驮运绕道二十五华里，至滇缅路八百一公里处，又用虏获之卡车送至黄草坝。补给情形，大为改善。又八月十日，腾冲与龙陵我军已取得联系，龙陵外围各部队连日挖掘战壕，准备进击。十一日，敌发炮数百发，向我阵地广泛射击，我无损失。十三日，龙陵南面老东坡北端之敌军二三十人出动，被我斥堠部队逐回。自十四日我七十一军荣一师各部猛力进攻，是日晨，占领三关坡。入夜，攻老东坡。敌军积极增援，被我重围击退，占领附近之阵地数处。激战至十六日，我军突破老东坡敌阵地之铁丝网，跃入壕内，惟敌侧射火力甚炽，已进入之士兵，悉数牺牲。入夜，敌反扑三关坡，我军被迫退出。黎明反攻，又将三关坡占领，尚余一部敌军坚守，续攻一周，始完全克复。虏获粮食、弹药甚多。十七日，敌来攻老东坡东面，我军一连坚守，激战终日，将敌击溃，毙敌十七名。十八日，我完全占领老东坡，毙敌一百三十名，残余一部，败退西山坡。十九日晨，敌突袭老东坡，已进入阵地，我军增援驱敌，迫使撤退，毙敌约二百名，虏获军械弹药甚多。二十日，我攻老东坡西邻之风吹坡，占领一部分，毙敌四十名。二十一日续攻，完全占领。是日晨，又攻占文笔坡并附近之阵地一处，仅余少数敌军逃出。二十二日，攻进龙陵城北之旧城，乘胜续攻进入市区。至二十四日，先后占领吴家寨、上路村、封家坡、月望寨、文昌宫、余家祠、钟山、桅杆坡诸处敌垒。敌兵连日伤亡，残余已不过三四百人，但仍死守核心各据点，与我尺寸争夺，以待芒市敌之救援。

芒市敌五十六师团，自八月中旬以来，陆续由其国内运到补充兵二千名，复由缅甸方面调到第二师团第十六联队全部、第四联队一部，共计五六千人，先后集结于芒市东北地区，见我围攻龙陵甚急，八月二十五日，先以一部约五百人驰救。二十六日，击破我七十一军之搜索营，压迫至龙陵西南十六里之象塘。敌一部即经一碗水窜入龙陵。二十七日，象塘附近之敌，推进至龙陵东南六里之板纳，我军猛烈堵击。又有敌九十余名自象塘进攻，至正北之放马桥，旋被击退。二十八日，板纳附近之敌三百名，转向东面进攻三关坡，仍被我击退。二十九日，约敌三百人，在龙陵西南七里零星进袭，我军分头痛击，敌遗尸五十五具退去。三十日，又自南面来袭，亦被击退。

敌攻龙陵城区，未能得手者，因我军坚守龙芒公路，未能大量增援，乃先攻我公路阵地。二十九日，敌四百名进攻龙陵西南十里我新编三十九师南天门阵地。我军猛烈攻杀，敌续增援一二百名，毫无进展，敌被歼灭约三百名。三十一日，敌复来攻，火网甚密，我坚强抵御，损失奇重。敌蜂拥而来，突窜入我阵地，我守军无一人退却，与敌肉搏，因众寡不敌，英勇战士，全部牺牲。敌续向据守南天门东北高地之我军进袭，昼夜若干次，皆被击退。九月一日晨，有敌三百人进攻龙陵西南七里之张金山南侧阵地，即被占领，旋反攻收复。敌续增拨三百人，又被攻占。我军再度反攻，仍将阵地夺回。二日，敌攻张金山东之双坡，失陷。三日，我反攻，夺回双坡。敌三百人包围双坡，大举进攻，但我军沉着应付，激战至夜，敌溃退。是日，敌五六百名来攻张金山，经我坚强抵抗，但被突破，旋告失陷。四日，敌攻双坡，被击退。我反攻张金山，亦未得手。五日，双坡失陷，我新编三十九师扼守南天门、张金山、双坡一带，与敌冲杀，至是，全师官兵所余不过百余人而已。

敌既打通龙芒公路，即速增援反攻龙陵城郊，以第二师团向三关坡攻击，以五十六师团主力由伏龙寺西南过龙陵河，向龙陵城北区攻击，企图以钳形攻势，夹断我龙陵以东公路，逼我退出龙陵。九月五日，敌援军开至龙陵西南，有二三百名，来攻三关坡，被突破一点，我军猛烈反攻，激战至六日晨四时收复。敌复增援，来势甚猛，被陷。我军又反攻，午刻夺回阵地，稳住。是役毙敌一百五十名。下午，敌三百名来攻三关坡，被击退，毙敌二十名。敌又来攻坡东北我阵地，势甚危。经我坚强抵御，战至七日，失陷一侧防阵地。自是日后，敌攻三关坡，日必数度。然在此方面，我七十一军之新二十八师、第二军之第九师坚守，与敌搏斗。敌火星猛烈，我主要阵地迄未动摇。

九月七日，敌约千余犯龙陵城北大脑子坡、土官寨等处。与我荣誉第一师发生激战。八日，敌仍猛攻。分两路前进：一路向城西之山头；一路向龙川江蛮老桥渡口。我军增援迎击，敌拚死不退，我伤亡较重。九日，大脑子坡、土官寨等处，相继被敌占领。十日，敌仍猛扑，我军坚强堵击。终于被迫退至城北十里之南厂，敌续进犯。我荣一师竭力痛击，激战至十五日，我坚守阵地，与敌反复冲杀，敌军伤亡过重，攻势稍挫，我乘之猛击。敌遗尸四百具而退却。适南厂战斗最紧张时，我第五军之第二百师自昆明运至龙陵，加入荣一师作战。敌既溃退，我复猛攻前进。且松山战事，已于九月七日结束，炮兵第十团、第七团之榴弹炮八门，野炮四门，亦增援龙陵。开至深沟、太平子间，建立阵地，协助荣一师攻击。又自腾冲南下之第三十六师，是时渡过龙川江，至帮腊、帮乃之线。我兵力骤增，转移攻势，至十六日，完全恢复龙陵城北之原有阵地，三面包围龙陵。

我军进攻龙陵城，受挫已经二次，再度攻城，须重整部伍，改善运输供应品。适是时，第十一集团军总司令宋希濂调重庆，以副总司令黄杰代理职务，九月二十二日交替，重新调度，准备总攻。至十月二十九日始出击，困守之敌，逐步推进。我二百师攻下篱笆坡，三十六师攻下三关坡，八十七师攻下锅底塘坡、庙房坡，荣一师进入城区，八十八师占领文笔村、赵家祠堂等处。且我进袭龙陵、芒市间之交通阵地，防敌援兵。敌于十一月三日晨，向伏龙寺方向溃退。我八十八师跟踪追击，连克团坡、张金坡、南天门、放马桥。至十一日，我军完全克复龙陵。

克复芒市、遮放、畹町

一、围攻象达平戛：第十一集团主力渡江之初，第二军任左兴攻击，第九师之一团留置后方防守云滚路方面。新编第三十三师主力在四方井集结，出孟定，向户板、滚弄方面戒备。原有江防任务，交第八军之第八十二团接替。五月二十九日至六月三日，第七十六师全部及第九师之两团，在攀枝花、毕寨、火石地各渡口渡江，第九师进至平戛西南地区。第七十六师进至三村、马鹿塘、田坡等处。六月四日，七十六师接替第七十一军八十八师在平戛附近已得之阵地，进攻平戛。第九师向象达前进。六月八日，开始进攻。九日，攻克象达附近据点四处。在平戛，我军对敌人阵地，成包围态势，留一部分牵制敌军，余向东南移动。十日，围攻象达，击退敌军两次增援，于十三日占领象达。十四日，敌以强力部队反攻，迫我军退出象达四周高地，仍取包围形势。十九日，再度进攻。连日激战。二十四日，确实占领象达。七月一日，平戛敌军一部突围北窜，被我军追击，损失惨重，余众仍退回原阵地。围困在平戛之敌，约五百人，不敢出战。至九月二十二日，稍有动作，夜二时冲出逃窜。我军立即进入平戛，并派追击部队，连路击毙之敌甚众。二十五日，直追至芒市，敌避入师团部所在阵地，所余无几。

二、坚守桐果园：当七十一军向龙陵城郊进攻，我在平戛之第二军派一部至芒市以北，切断龙陵、芒市间之公路。六月二十四日，既占领象达后，第七十六师之二二七团，乘胜进至芒市城东北二十三里之桐果园高地，控制龙陵、芒市间之公路，并肃清桐果园以北防哨之敌军，我筑坚强阵地固守，敌时有少数部队来犯。八月二十九日，敌大举进攻，至山坡阵地之半途，被歼约二百名，犹猛扑而上，经我坚拒退去。九月一日，敌五百名来攻，战斗激烈，正面之敌击溃。惟一部敌攻入我阵地北面之山头。傍晚，我军反攻，即被击退。是日，歼敌三百名。二日，敌两次进攻，均被击退。三日，有敌百余名来攻，被我击退。敌增援约二百名，再度进攻，冲入我阵地，旋即克复。经数度得失，至黄昏终由我军掌握。敌悉溃退。是日拉锯战，毙敌约一百名。又一股敌约六七十名，进攻桐果园东面之高地未逞，被歼二十名，俘一名。四日，敌四百名又猛冲而来，突入我阵地，我与敌短兵冲杀，敌不支，遗尸八十具而溃。下午，敌又来七百名，经我猛烈坚拒而退，被歼二百名。入夜，又有敌五百名进攻，续增援六百名，来势甚猛，迫近我阵地，时我守军不过百人，沉着应战，敌前仆后继，蜂拥而上，势甚危。若我退出阵地，已无反攻能力，团长杨庆孚决心与阵地共存亡，激励部下，士气大振。营长黄智源率士兵二十余人，跃出战壕，与敌冲杀。敌固不知我虚实，见我冲出稍却，我军连续冲锋六次，歼敌无算，敌溃去。虏获步枪一百二十余支，其他战利品甚伙，黄营长亦壮烈牺牲。是役以少胜众，战绩辉煌，使敌不敢正视。十日，我飞机队来助战，下午四时，轰炸敌人阵地，并低空扫射。逃出之敌，被俘四名。敌军扑我桐果园阵地，先后被歼者已千余名，攻势已挫，我军重整阵地，准备再战。

与桐果园遥相对者为红崖山，在芒市城东北十里，龙陵、芒市间之公路，即经其下，控制龙、芒两地，为军事家所必争，敌已先构筑工事守之。自敌猛扑桐果园失败，遂加强红崖山、木康山之线，企图死守。十月二十九日，我军总攻龙陵城郊。为策应龙陵战事，我驻桐果园部队，发动向红崖山攻击。三十日，由第三营长宋明三率领前进，达到预期位置，占领阵地。空军亦出动来临，炮兵瞄准目的射击，经轰炸扫射后，全线我军出击，一鼓冲入敌阵。虽经反扑，我坚强猛进。残敌向木康山溃退，我即确实占领红崖山。三十一日，我第一营长陈鉴明攻木康山，旋即占领，扫荡附近残敌。十一月三日，克红崖寨。七日，克木康寨。敌众退入芒市城区。

三、芒市外围之战：八月十日，我军进入芒市，占领芒市城东北二十里山地区、城西二十里之香甘坝地区、及城东南十里楠木山地区之若干阵地。十一日晨，敌来攻我楠木山阵地，被击溃。是日大雨，敌遗尸二十具，狼狈退去。十四日下午一时，我出击敌阵，占领堡垒二处，敌反扑，入夜击退。十六日，敌约一百名来攻四度，均被击退。是日，我在城东北方面部队，进攻三台山敌阵地，已进入，敌增援反扑，我军退出山头，再度进攻，占领侧面高地一处。十七日续攻，复占领数处阵地。是日，我游击部队破坏芒市、遮放间公路一段，芒市城南桥梁一座。二十日，袭击城西六里村落中之敌人阵地。二十四日，三台山方面我攻山头主要阵地。二十五日续攻，未能完全占领。二十九日，敌三四百名于上午二时反攻我在三台山已得阵地，旋又增援四百余名，激战至深夜，我军增援，将此山阵地完全占领。自后敌以全力反扑桐果园，不敢来攻三台山、楠木山。我军亦待龙陵消息，坚守阵地。芒市四郊，未发生激烈战斗者月余。至十月二十九日，我三台山、楠木山部队出击，所有山头阵地完全攻克，芒市山寨，仅红崖山一处，敌犹顽抗，余悉击溃。十一月三日，红崖亦攻克。

四、追击芒市遮放：十一月三日，龙陵之敌崩溃，窜回芒市，我第二军第九师跟踪追击，沿公路而下，与七十六师会合，占领芒市高地，对城区之敌，严密监视；我在龙陵之第十一集团军各部，亦抽调兵力，道出香甘坝而下，于是，芒市东、西、北三面在我掌握。稍事整理，准备围攻，敌已震恐。二十日，自芒市撤退，我军追击至遮放。另一部急进勐戛而占领之。二十四日，对遮放成包围之局。十二月一日，敌复自遮放撤退，我军即进驻遮放城。

五、会师畹町：敌既败于龙陵，战斗力大减，且芒市、遮放山区险要阵地，在我掌握，故未待我军进攻城市地区，自动撤退。是时缅甸北部之敌，犹据守八莫，为侧防缅境敌军之安全，择险阻我滇西部队前进，以宕延时日。遮放与畹町间之黑山门一带，崇岭峻峰，自古为兵家争夺重地，敌在回龙山、大黑山地区布防，构筑工事坚守。我军进攻芒市、遮放，除正面一路，复从左右两翼前进，以期围敌歼于我国境。第五十三军担任右翼攻击。五十三军克复腾冲城垣后，稍事休养，整顿部伍，即由周福成军长率领第一一六、第一三〇两师及第三十六师出陇川，至勐卯，向勐卯之敌攻击。适自陇川坝向勐卯进发时，缅境八莫之敌溃退，我军急进，以一月四日克猛卯城后，向南坎挺进，欲截断八莫敌寇归路，敌亦顽强抵抗。我军一部即折向畹町前进，左翼攻击由第二军担任。第二军自占领勐戛，向南疾进，至中缅交界之帮打山与交界河上之勐古街一带。十二月二十八日，策应回龙山之攻击，进攻拱卡后山、罗古、空树等地，相继克复。三十日，攻黑勐龙附近卡纳山等九个高地，一月一日攻克。三日，进占谢梁子。下午，先头部队进入畹町坝，因受敌猛烈火力侧射，仍回山头待命。

第六军担任正面攻击。自遮放追击敌寇，先占领扫线山、双坡阵地，设指挥所于双坡。分两路出击：一路沿公路进攻黑山门、大黑山之敌；一路自坡之西经丛林进攻拱撒梁子之敌。十二月二十八日，我军进入拱撒梁子，敌伐木阻道，排除以进。次日，歼灭拱撒寨之敌而占领之。入夜，敌来逆袭，不逞。三十日，我出击，占领高地一处。次日，又占一处，一月一日，又占二处。敌退出此山。我越此山而下，分向大吉山、回龙山进击。惟两阵地敌凭坚强工事而守，连日进攻，不易扑灭。十日上午十一时，飞机三十架助战，猛烈轰炸后，用三十余门炮集注发射，至下午二时，以两团兵力猛冲而上，五时，完全占领回龙山。十一日，进攻大吉山，十二日晨占领。

进攻黑山门之我军，十二月二十九日攻占虎尾山北面阵地，敌退守南面山头，我军猛攻，失而复得者六次，敌兵逐次消耗，终为我军占领，乘胜越此山而进。我自蛮蚌进攻之一支，亦前进会攻大黑山，占领山头阵地，直扑黑山门。一月十二日，敌总溃。我正面军大吉山、大黑山两路会师，越黑山门下；右翼由勐卯，左翼由谢梁子而进。一月二十日，会师于畹町。二十一日午，行升旗礼，陷在敌寇二年余之滇西国土，至是完全光复。

兵站运送之艰难

怒江反攻战斗，历时八月又十日，进度迟缓。究其原因，固由敌人构筑防御工事之坚固，与敌兵作战意志之坚强，消耗我兵力，不能迅速推进。其尤要者，则我补给之困难。不惟军火时感缺乏，即士兵给养亦每不继，虽我士气极旺，难以发挥最大之力量。而所以至此者，非筹划不周，实限于天时地利也。反攻之期，适当雨季；出兵之路，为崇山峻岭；运送之力大减，粮弹不及供应，影响及我战斗能力。犹幸我前方艰苦卓绝之战士，后方任劳任怨之民夫，支持到底。战事胜利，尺寸山河，莫非血汗换来。一部怒江战事史，即一幅血汗交流之画图。兵争事迹，既述于前，民夫运送，亦宜纪载。而在当时无人为之记录，知其事之艰苦，而不能为详说也。兹得李国源之十一集团军兵站报告，略可窥见艰难之实情，故摘要录于此。自保山出龙陵一路，犹可通车，若出腾冲，悉为羊肠鸟道，其艰难更有甚焉者也。

反攻前之准备

一、编组运输部队：十一集团军计划反攻之初，判断敌必死守惠通桥正面。怒江东西两岸，山岭崎岖，非有充足人兽输力，不能达成追送。宋总司令迭请在沦陷区采购骡马，先后代编三个驮马大队（一千五百匹），并请美方兽医协助保育，为远征军兵站之主要输力。远征军应编驮马大队五个，除代编之三个大队外，其余两个大队，反攻开始，尚待接马。至军政部拨交总监部之十八个运输兵团（定额输兵三万六千名），除集团军原编之八团外，其余十七个团，均由各省编成开来。以长途跋涉，及管理保育不良种种关系，未至滇西，即已外逸死亡大半。其开到下关者，亦皆已疲病不堪，迨反攻时，以九个团并为四个团，尚不足额，其他更残缺不全，且有在途未到者，初期追送之失败，其原因全在此。

二、运屯战备粮弹：三十二年七月，反攻声浪日高，宋总司令迭请派车运屯战备粮弹，奉令仍用地方夫马运输。计需时一年以上。且夫马待遇太低，征雇极难。逾十一月，卢副部长亲莅楚雄，指示十一分监部于保山、漕涧等处屯粮三万八千大包，屯弹十五个基数；二十分监部则任云滚路准备，限十二月底完成。沿公路用车运，公路末端则用民夫接运，并准发民夫口粮。奉令后，分别赶运，如限完成，经后勤部派员实地视察满意。反攻初期，两个集团军使用之粮、弹，皆十一分监部所屯储也。惟自三十三年一月至出击期间，车辆悉供运兵，以后亦不敷用，故粮弹实感不继，而马料副食物及其他军品，具乏车运，倘能于三十三年七月即派车开始运输，收效当不止此。

初期追送之失败

十一集团军于三十三年五月下旬，奉令出击。第二军由顺宁、镇康经罕拐渡江，七十一军由保山经攀枝花、毕寨渡、火石地渡江。轻装疾进，士气旺盛，数日之内，攻入龙陵。敌寇大举反扑，我军伤亡惨重。粮弹匮乏，虽经星夜追送，不敷消耗，功败垂成。检讨失败原因实由：

一、运输部队完全拨出：二十集团军首先渡江，十一集团军担任防守，奉令将所属运输兵团九个、驮马大队三个，完全拨交二十分监部指挥。明知十一集团军必相继出击，立即拨交，并将保山组织之一个地方驮马大队，亦为二十集团军追送弹药。当拨交后，宋总司令即请长官部另编输队，奉令准在由旺、昌宁组织地方驮马大队。尚未就绪，匆促出发矣。

二、马匹渡江之困难：怒江水流极速，雨季尤易暴涨，渡口有大橡皮舟二、小橡皮艇八，小舟不能渡马，仅大舟可渡，水大亦不能渡，每舟一次只能渡马二匹至四匹，约需半小时以上。马靠舟外，浮水而过，系绳不慎，即被激流冲至下游。马匹渡江后，已极疲劳，而前方需用甚急，复立即出发，不得休息，致有倒毙。各大队渡江之马，均系分割使用，故后者未至，而前者已损失。

三、天气道路之限制：怒江两岸崇山峻岭，复值雨季，步步泥坑，人马陷入，几不能拔，影响运输甚大。美方人员，见我沿途夫马冒雨运输，民夫跌入泥坑，满身淋漓，一笑而起，毫无怨容，深表敬佩。远征军出击时，康德上校建议，以精锐部队袭取腾冲、龙陵，粮弹概由美方空运。讵我军攻入龙陵后，连续大雨，空运亦受限制。

第二期运输之改善

十一集团军第一次攻击顿挫后，各部队官兵无不责难兵站，策励所属，力求改善，以期达成任务。

一、开辟新路线：我军初出击时，后方粮弹车仅通至七零七公里。由人兽输力追送绕郎，往返需十天。汽车通至惠通桥，乃以渡船载过江，送至腊勐街，复以人兽输力经松山之下，冒敌人炮火，运至八零一公里。仅一日行程。由八零一公里运至黄草坝，转交七十一军，亦约一日行程。再由黄草坝运至蚌渺，转交第二军，约二日程。路线统一，且缩短甚多。

二、发动由旺十一乡镇民夫渡江运输：全军粮弹，卢副部长七月十四日核定，每日补给三十七吨。除兵站原有输力外，准雇民夫三千名。比经保山专员李国清分配由旺十一乡镇，并亲至由旺督催。由旺军民合作办公处科长张自顺、李原基及太平、人和、复性、永保、兴平、由旺、开遂、归仁、姚关、关东、关南各乡镇长、小学校长、教员等，复努力劝导，各乡镇民众，闻本军在龙陵断炊犹能奋勇杀敌，无不感动，踊跃应雇，自备雨笠、蓑衣、扁担、绳索，向兵站部报到。数日之内，即经雇足。太平乡民夫，且有超额。同时应征者，有五万民夫。故后方粮弹，运至腊勐，兵站部立即运出，毫不停留。有时，粮弹未到，民夫则在腊勐集合守候。

三、民夫管理与待遇：民众应征，固属踊跃。倘管理无方，待遇不良，则民众势必逃亡（某站接收民夫一千名，三日内即逃尽）。故特加注意：（1）各乡镇民夫，均由本乡镇按一百名编为一个中队，五个中队编为一个大队。各中、大队长，悉由本乡、镇选充。（2）民夫在由旺报到后，即按人数发给米、盐及草鞋、药品，送至腊勐指挥所报到。（3）每夫日给食米二十六两，食盐四钱，副食费十元，由各乡、镇所派队长领发，并派员随时查问，以防中饱。除规定待遇外，时送香烟、牛肉、草鞋，民夫衣裤不蔽体者，送给缝补之衣裤，疾病者，立予医治。死亡者，予以抚恤。（4）民夫住宿，由兵站分配帐棚，搭盖棚厂，并借军毯、麻袋以资盖垫。（5）民夫运输，十五天换班一次。各乡镇在换班期前，派定接替民夫，到期换回，利用回空车后送，故民夫安心服役。亦有自愿长期运输，有服务在十个月之久未换回者。当时在腊勐管理民夫及由旺劝派民夫各员，均能加以体恤爱护，故各乡镇劳而不怨。

四、修理公路及机场：八零一至八三四公里，桥梁涵洞均已破坏。总部令征雇镇安街民快赶修。黄草坝至蚌渺一段，亦经雇夫赶修，均可通行汽车。我军所俘敌寇坏车六辆，并经美方修复三辆，于八零一至八三四段开行区间车。兵站部之胶轮大车，亦由腊勐抬至八零一公里，沿公路运输。宋总司令及美军吴德上校之指挥车，则均由民夫抬过山巅，而行驶于龙陵附近。大坝有一小机场，初供投掷，经雇夫修理，小飞机亦可降落。当时腊勐街至八零一公里，及八零一至八三四公里之间，有民夫、有驮马、有驮牛、有胶车、有汽车，沿途络绎，并有空运。古代运输工具与近代运输工具同时并用，亦壮观也。

第三期补给之便利

九月上旬，松山克复。后方车运直达龙陵附近，未几，腾冲亦下，空军炮兵均集中于龙陵方面使用，参战部队亦增，战局大转。于是宋总司令奉调赴陆大受训，由黄副总司令代理指挥各部队。先后收复龙陵、芒市、遮放、畹町，完成反攻任务，兵站部随即结束矣。兹将补给概况，分述于下：

一、粮弹之准备与兵站末地之延伸：古称兵马未动，粮草先行。虽属老生常谈，实为兵站不易之原则。初期补给之失败，为事先准备不足，而作战指导，仅偏重捕捉战机，亦未顾虑兵站能否配合，故遇激战即难补充。改善运输以来，又因保山方面粮源困难，运至前方者，仅可维持日食，粮弹均无控制。收复龙陵之役，统计各部队十天所需粮食，及一个会战所需弹药之数量，请长官部总监部预为一次运足，再按规定数逐日运补，准备完成，方开始攻击。除按各部队任务，预备必需之弹粮外，余由兵站控制，并派站所配属输力，延伸兵站末地，接近作战部队，距离仅数里至十余里。一遇部队请求，立即送交。甚至直接送交阵地。部队推进时，兵站亦紧随推进，故消耗虽多，补充尚易（有某师一日消耗七五山炮弹达三千发）。当时沿公路线相距十余里至数十里，均有兵站堆积之粮弹。战役结束后，兵站余存弹药仍多。收复芒、遮、畹各役，其准备亦同。

二、粮弹收发之迅确：后方军品运到时，经分监部派员会同美方人员登记后，按各部队需要，立即指示直接送交补给各部队之站所，并一面以电话通知站所接收，不得稍延。各站所每晚必将收发结存数量，以电话报告分监部，再汇报总司令部及总监部。故粮弹状况，随时了然。惟前方电话太忙，而兵站通话，常在部队长官及参谋人员通话之后，每至夜深一点、二点，则为兵站部通话最忙之时焉。至发给各部队粮弹，除规定经常补给外，概由总部核定，分监部即以电话指示各站所拨交，或派队追送。仅数分钟命令已到，无论昼夜，均无迟延。

三、伤患救护之迅速：第一次攻击龙陵之役，因兵站部原属卫生单位，均已奉令拨出，后方卫生单位开到复迟，而伤运线太长，天气道路太坏，以至缺陷颇多。收复龙陵之役，以大坝为医疗区，卫生车每日直达前方收容，二小时内送回大坝。轻伤留医，重伤再送保山医治。畹町之役，以芒市为医疗区，卫生车于三小时内送回芒市。轻伤留医，重伤空运保山，仅二十分钟即到。

四、陆空运输之联系：美方空运投交部队者，由美方人员会同部队接收。其投交分监部者，初在大坝，继在南厂，由分监部派兵警投掷场，并设对空瞭望哨，控制兵夫。每次投下，即由负责站所，会同美方人员，迅速收集转运。惟因天气不良，误投于场外及损坏者亦有之。芒市克复，即雇民夫将原有机场赶修，嗣后每日均有飞机降落，由负责站所，预派员兵及车辆在机场守候飞机着地停止，立即开车载兵至机仓接运米弹。油管、汽油均由机上迅速搬于车上，立即运交仓库，每机卸完不过五分钟。每车接运至交库不过十五分钟。有时飞机连续到达，自晨至晚，几无间断，我方员兵，亦能应付裕如。美方运粮，尚有堪供取法者，我方收粮，多不注意包装，袋质不坚，重量不一，致有损耗。接收复须过秤，尤费时间。美方在云南驿接收之粮，限用品质优良，毫无破绽之麻袋，包以双层，每袋重量一律，故交与我方，只点袋数，不再过秤，即无损耗，复省时间。

五、兵站部与美方人员合作之密切：初期追送失败，各方责难交加。总部联络组上校吴德等，则认为气候与道路太坏，兵站夫马已尽艰苦之努力。嗣在各役中，美方皆与兵站部合作无间。兹举其要者言之：（一）在腊勐接收车运粮弹，每日后方报告数多，兵站部收到数少，盖因车辆沿途抛锚，复乏救济，不能按时运到。经美方派员会同登记，如有少运或迟到者，即请后方催促。以后在龙陵、芒市办理亦同。（二）帮助抢修公路及机场，并修复俘车，通行八零一公里至龙陵附近车运。（三）美方医官在大坝、怕底等处，帮助我方医院疗治伤患，并开设野战医院于大坝，主施手术。（四）兽医少校易伯兹、少校寇丁、少校甘未等，为兵站部检查病马，注射防疫。反攻初期，冒恶劣气候，在毕寨渡、连厂等处疗治病马。嗣在大坝共办蹄铁工厂，供给各军师马骡之用。（五）龙陵克复，各站库余存弹药百余车，屡请后方派车前运，备攻芒市，经与美方商洽，立即派车运完。芒市克后，将余存弹药运攻遮放。遮放克后，又将余存弹药运攻畹町。（六）围攻畹町之役，沿公路附近部队，由兵站陆运补给。公路左右翼部队，与美方约定，以空运为主，陆运辅之。每晚兵站部必与美方协商，次日美方运粮，则兵站部运弹。前方缺少之弹药，即请美方由后方空运。美方少校费利伯，每晚必将当日空运之数，通知兵站部，兵站部亦将当日陆运之数，通知美方。补给状况，互相明了。当时，黔、桂边境紧张，飞机不敷调度，空运不足者，即由陆运补助。如有部队调动，陆运不能应急者，亦请空运协助。

综计自三十三年六月，至三十四年一月，战事告一段落。先后补给作战部队，计有第二军，第五军之二百师，与直属炮辎营，第六军，第八军之荣一师，五十三军，五十四军之三十六师，七十一军炮兵七、十、四十九各团，重迫炮营、要塞工兵营及兵站所属各单位等。依据总部调查，参战人马统计共有官兵一十万余人，马骡一万余匹。收复龙、芒之役，参战部队计有步机枪一万八千五百九十六支，步兵炮九百五十八门，山野炮一百二十六门。历时九个月。补给军粮九千一百二十五吨，马料六百五十吨，弹药三千三百四十七吨，共计一万三千一百二十二吨。连同食盐副食物与装具器材等，大约近一万四千吨。在吾国战史上，其消耗数量，不可谓不巨。赖美方人员与地方民众之竭力帮助，克复困难，达成任务。

民国云南通志长编卷十

大事十四·抗战三

第一方面军入越受降经过

中华民国三十四年八月十日，日军无条件投降。本方面军奉命接受驻越南北纬十六度以北地区日本陆海空军及其辅助部队之投降，并处理缴收降敌武器物资一切事宜。衔命之余，遂电告越北区日军指挥官土桥派员来部洽商受降办法，以便决定入越布署。爰定于九月二日在开远本部大礼堂举行初步洽降签字典礼。礼堂布置及洽降仪式，悉依芷江陆总部之规定办理。先期柬请昆明行营绥署驻昆各高级机关及当地各机关指派代表参加。九月一日，驻越南北纬十六度以北日军指挥官土桥勇逸中将派遣其中校酒井干城及译员中好秀男等一行五人，由河内乘巨型机飞抵蒙自，随换便机，转达开远。九月二日晨午十时，由中将参谋长马锳主持初次洽降签字典礼。干城签降毕，面呈防区各项图表。当授以汉字第一号备忘录，经译员逐条译述后，携回河内面交日军指挥官土桥勇逸中将。凡驻越南北纬十六度以北地区之日本陆海空军及其辅助部队，应遵本部命令，分别照指定地区集结，并赶造各项物质详细清册，呈送来部，以凭办理。本部派出先遣参谋组，以谢处长崇琦兼组长，率领官佐十六人，于九月三日与日军代表酒井干城同机赴河内，商洽本部及所属各军暨中央特派各有关机关代表等驻所警戒事宜。先遣参谋组抵安后，越南侨胞在敌军铁蹄蹂躏下不见天日几及五年，突睹国军莅临，喜极若狂，立即筹组华侨青年服务团，担任翻译引导工作，殊称顺便。复对于各军驻地及粮秣之筹备等事，亦于最短时间，略具端绪。

本部遵照陆军总部命令规定，成立前进指挥所。以少将副参谋长尹继勋为主任，率领各级参谋人员四十余人，于九月七日乘机飞赴河内。前进指挥所克日成立。所有一应事务，积极分头洽办。逾至九月十四日，司令官、参谋长及各处人员暨空军宁司令、中央各特派员等专机飞河内主持受降事宜。甫抵加林机场，各国侨领及越南临时政府主席胡志明氏暨各机关首长鹄立迎候。司令官下机后，一一握手致谢，即趋车回部。万民空巷，夹道欢呼与鞭炮声交织空际。重见汉官威仪，其热烈情绪及衷心感戴之忱，实非楮墨所能形容也。司令官驻节河内前法军旧总督署，立即接见各国新闻记者，告以本军此行任务，首在接收日军投降，对越南并无领土野心。并召见各有关当轴，垂询历年战时景况。复对驻越日军指挥官土桥勇逸中将指示甚详。本军所属六十军先遣之一八四师及六十二军之九五师，其先头部队均于九月十二日先后抵达河内市区，即行分派警戒区域，并负责维持地方治安秩序，其余所属五二军、九三军暂编十九师、二十三师，均分别由滇桂边区经谅山、同登、河阳、宣光、老街、安沛、莱州、山罗各路开赴越境，随即进驻海防、南定、清化、义安、顺化、岘港等处。又独立九十三师所部，由滇南车里、佛海，取道丰沙里、莱州，进驻龙蟠城、永珍（老挝辖境）一带。俟各军师陆续到达指定防区后，即于九月二十八日午前十时，举进驻越南北纬十六度以北地区日军受降签字典礼。礼堂布置及仪式悉依照芷江签降典礼之规定办理。参加观礼者，有同盟国美军总部加礼格将军，英国连络部代表成文游及所属职员，各侨领、各有关机关首长、越南临时政府高级职员、各国新闻记者暨本方面军少校以上人员、各军师团长、参谋长等不下千余人。济济一堂，盛况空前。

司令官先于午前九时率领本部官佐及特务团士兵举行升旗典礼。我青天白日旗飘扬国外，官兵精神，倍加兴奋。届时举行签降典礼。日军受降代表为驻越南北纬十六度以北地区指挥官三十八军军团长土桥勇逸中将、二十八师师团长三国直福、二十九师师团长服务尚志、独立第三十九旅旅团长永野修身及其随参酒井中校与译员等六人。由本部第三处处长杨家杰引导入礼堂，面对卢司令官（中）、马参谋长（右）、尹副参谋长（左）肃立，各外宾环坐，行礼如仪。首由司令官宣读方字第一号训令，并致开会词。随由译员相继译述，俟土桥勇逸中将敬谨签字，亲交其随参酒井中校资呈司令官核阅，遂告礼成。各摄影师争取镜头，竞相拍照，以垂永久纪念。是日，各外宾纷纷莅部致贺，设筵相庆，觥筹交错，尽欢而散。查接收事务，经纬万端，虽值酷暑余威，挥汗如雨之际，每日午夜工作，不稍休息。转令本部各处课室人员与中央各部会特派代表及各层属职员齐集本部联合办公，庶联系周密，传达迅捷。立即厘定各项章则，确定接收程序及区域。接收人员共分三组：第一组河内市区；第二组海防区府、里良江府、谅山等属之；第三组顺化区、南定、清化、义安、岘港等属之。以军政府特派员办公处主其事，分头开始工作。其接收步骤，系以本部与军政部合并组织之接收机构，分饬日军仓库负责人，列册会同点交驻军，标封看管。第二阶段再由军政部分头派员接收后，即行策划护运事宜，本部并遵照部颁规定，层饬所属接收部队，统计缴收降敌人马武器物资数目，检附日本军原始册报，由本部汇报各有关层峰核备，均经奉到批复，予以备查在案。

兹将本部接收日军人马武器数目胪列如下：

第一：人员

（一）海防区：五二军接收一万零五百六十九员名。

（二）顺化区：六十军接收六千八百四十四员名。

（三）河内区：九三军接收一万一千七百零八员名。

计接收日军官兵三万零二十七员名。内有患者九百零六员名，外加日侨一千三百二十名。

总计日俘侨共合三万一千三百四十员名。

第二：马骡

（一）海防区：五二军接收马骡五百零一匹。

（二）顺化区：六十军接收马骡八百四十九匹。

（三）河内区：九三军接收马骡一千二百八十五匹。

总计接收日军马骡二千六百三十五匹。

第三：武器

（一）各种枪：步、骑、轻、重、高机、手枪、拳枪及信号枪、猎枪、小枪、火焰放射器等属之，计四万五千七百九十二支（挺）。

（二）刀剑：指挥刀、军刀、带剑等属之，计一千二百二十四把。

（三）各种大炮：步平、步曲、战防、榴弹、速射、山、野、加农、臼、要塞、载船、战车、搭载等属之，计八百八十二门，内有全废臼炮十二门。

（四）手榴：计八万五千二百零九个。

（五）掷榴弹：计三百三十七个。

（六）各色枪弹：计十四万三千零四十三发又五十二箱。

（七）各种炮弹：计三十三万三千二百六十五发，又七千三百六十箱，另十九捆。

盟国战俘之处理：

盟国战俘：

计河内法籍战俘四千四百零四人。

加林印俘：

二百八十七人。

海防印、法俘：

一百四十人。

总计四千八百三十一人业经分别遣送回国。

日俘日侨之处理：

（一）联络所，五三军上校副官。（二）管理处。（三）起运工作。

本部奉陆总部命令，关于日俘侨之运送，应组织港口运输司令部。刘甲三为司令，设置海防。自三十五年四月二日起，开始由海防港口搭轮运送日俘三万另二十七员名，日侨一千三百二十名，截至同月十九日止，全部运送回国。又战俘土桥勇逸中将，于四月十九日在海防逮埔及越北区宪兵一百四十余名全部扣留，即日解赴广州审讯。

本部关于日俘侨之管理，系遵陆总部命令成立日本徒手官兵管理处，以本部政治部杨主任啸伊兼处长，九三军政治部陈主任荣明副之。所有日俘侨分别集中于广安、南定、顺化等处，由管理处不时派员视察，并注意教育管理，成绩尚属良好。

陆总部规定于入越后即行成立越北区日本官兵善后联络所于河内市，即以土桥勇逸为所长。并于其他之集结区域设联络分所。计自三十四年十月接收时起至三十五年四月运送完毕，七阅月中，所有接收及给养一应事宜，进行尚称顺利。

此次缴收降敌武器及各项物资，计约九十余万吨。向由军政部特派员办公处专设运输处负责起运，只以交通工具极形缺乏，截至四月底止，运量仅及半数，尚需时两阅月，始可全部运清。

中法交防

关于中法交接防务事宜，迨自三十五年二月二十八日《中法协约》在渝签定后，即开始遵令进行。三月六日，法军一部由赖克莱中将率领，自西贡乘轮抵达海防登陆，双方洽商交接程序。查海内市区防务，于三月二十九日交由法越军接防，河内以南地区，如南定、义安、顺化等处，因法军不敷分布，延至四月十二日始行交防完毕。河内市区仓库，尚有未行起运物资，特由五三军指定守护仓库部队约步兵一团外，其余所属部队一一六、一三零两师已分别向北宁、良江府、谅山一带集结，候命首途。又五三军所属荣二师，奉令调驻日本，刻全部集结海防整训，候轮北上。

老挝属之龙蟠城、永珍等处，向由独立九十三师驻防，经法方向本部迭次商洽，仍交由法军接防。因交通工具缺乏，邮件稽延，刻始进行交接防务事宜。该师俟交防完毕后，即循莱州、风沙利路线，开驻滇南思普一带整训。

本军入越，因地方治安秩序亟待维持，特命九三军前赴河内警备任务。继九三军奉调入粤，五三军接该军防务，继续负责。在此八阅月中，我侨民生命财产，可获安全。该两军殊尽最大之努力。

本部任务完毕，全部人员撤返昆明，处理结束事务。至未完手续，令五三军继续办理云。

〔附录〕

第一方面军抗战暨在越北受降交防纪实

杨家杰 编

序

人民输赋以献国，政府建军以卫民，民安物阜，国立以强。盖政府之职员，皆选自人民之重望；国防之卫士，尤赖于社会之健儿。上下一德，精诚团结，方能立国于大地。故无论其人之在位在野，皆国家之一员，休戚相关，至密至切，允宜各尽其天职。无论古今中外，未有能渝此而建国者。诚如是，则人民莫不爱其国，官吏莫不爱其民，相见以诚，情同手足。以言治军，则沥肝胆于平日；以言战阵，则收指臂于一朝。此吾三十年来，典军行政之主张。所幸将士用命，吏民景从，间尝验诸往史，有不谋而合者。民初卒业武校，于役军旅，彼时风气，犹沿官僚之积习。吾始为干部，即极然矫正其弊，躬以示教，推诚信，肃风纪，与士卒同甘苦，而不苟同乎流俗。洎长九八师，亟自训练军士队，以健全基干，贯彻初衷。中间虽因病休假，而旧部之散在各部队，类能本其所学，施之于实际，式靖萑苻，乂安闾阎。抗战军兴，阵容重整，驰驱鄂、豫，奏功鲁南，实早奠基于是，当吾休假期间，力促购储械弹，充实实力。故奉命出师，装备特整，战果得以辉煌，固有其道。而纪律之严肃，精神之发扬，又为其主因焉。先后勤勤恳恳，竭全力之教训，收效乃在十年之后，事之不易，有如此者。若夫驻军所在，行军所经，时无久暂，皆与民无忤。且克己以重民意，扐军以助民工，军民协洽，和好无尤。而粮秣征输、通讯传递等务，每得意外之力。地方人士，群相称道，有至今不去口者，是则平素正直诚笃之感召，非一时所可强致者。迨乎入越受降，惟本方面军远出国境，情形复杂，困难较多。当时朝野之属望，尤不仅在于接收，殆以清廷失地之奇耻，滇军及时一洗之，故吾之所以申诰诫，推诚信，怀柔藩服，缉睦盟友者，惟恐稍一不慎，有损国威，兢兢自持，弗敢逸豫。幸而步伐齐一，差免贻讥，全军徙辽，虽未克竟全功，而滇军之卫民卫国，一本赤忱，师行所至，均为民众所不弃。是则半生心血所凝结，与夫吾滇子弟忠实勇毅之性格，始终相贯彻，在在皆有所表现，为全国人士之共见共信可告无罪于天下后世者。至若成败利钝之数，非所敢计矣。今者，同袍诸君，群推杨参谋家杰，辑南疆抗战及出国受降、交防文电、图表，为《纪实》一编，刊行于世，以留纪念。吾既不可无一言以弁其端，因揭橥生平主张之大旨，即以为序。

三十八年　月　昭通卢汉

第一方面军抗战及入越受降交防纪实序

吾滇踞五岭之颠，高出海拔千尺以上，水深土厚，气和物丰。故其人率皆朴质而沉毅，坚卓而果敢，得机得时，每奏非常之功。如明代杨文襄公之绩著边圉，三宝太监之威扬海外，为史籍之光者，固已昭昭在人耳目。而地理之形胜，复为自来言军事者所重视。阁罗凤之负嵎，忽必烈之假道，或扰西蜀，或趋中原，千年之往事俱在；杜文秀之崛兴，唐会泽之护国，奋登高之一呼，麾八千之子弟，躏三迤，轹四川，举足动与国家休戚相关，而论者犹谓势成建瓴，归功天险，而忽于人事，岂非一孔之见哉！当抗战军兴，滇师先以六十军，歼暴寇于鲁南，继增五八、新三两军，与敌周旋于淮、鄂、湘、赣之境，所向克捷。嗣以法越拱降，滇南岌岌，六十军复跋涉长途，历湘、桂而还戍南疆，成立总部，加强实力，使敌不敢轻窥我藩篱者五六年。虽曰天幸，而滇军沉毅果敢、英勇善战之作风，固足以使敌有所畏惧，而不敢轻于一试者也。洎夫日寇请成，全军入越，任大责重，以视他军之仅仅就近受降者，情势固大有间，其因果之错综，人类之复杂，困难更甚，有非局外人之所尽知者。盖本方面军之远出国境，南达北纬十六度。对日官兵之集中教育工作，战犯之逮捕，汉奸之惩治，日侨之登记遣送，军事上之处理，固不容稍忽。而法、越之间，主客之成见，宿怨之报复，甚至动涉政治、司法，超乎军事范围，而义难袖手，大费周章者，亦比比皆是。矧大军之后，百度废弛，扶植藩民，协助盟友，尤不得不因势应变，兢兢笃推诚信，以怀柔旧服，而扬国家之威灵，无巨细皆慎之又慎以莅之。幸而中外协洽，得免陨越，世界舆论，群相推许。谓处繁难之局，独免“劫收”之诮者，不愧抗战史中光荣之一页，亦足以自慰自豪矣。斯语也，吾侪讵敢居之不疑哉？以总司令卢公之歉然不自矜伐，余子又安敢贪天功以为己力。第以奏续之笺，略而弗备，海内学者，时复远邮征询；同袍诸君，亦惧雪泥之久而就湮也。爰谋辑成信献，垂之将来，推杨参谋家杰主其事，集先后文、电、图、表为纪实一编。事必有本，语无虚构，纲举目张，都二十余万言，纂成就正于不佞，索一言为之嗅引，三复其书，不禁感唱，真有不能已于言者。当六十军之成立也，时为二十六年九月。三迤健儿，秉其刚正之气，咸愿驰驱，以平时之训练，装备之完整，在元戎卢公领导之下，贾勇登程，杀敌致果，义不后人。抵湘精简，复集鄂北花园受训，中央特介外籍顾问鲍尔斯、达开等，躬临指授，增强作战技能。此数君者，皆法、德名军事家，学有专长，故多裨益。是以台儿庄、禹王山之役，竟以少摧众，挽转颓势，使全世界人士，震心瞩目，为国家民族一扬眉吐气，盖有由矣。迨夫徐州转进，湘赣整军，组成三十军团，辖麾五八、六十两军。旋又析二为三，于是有新三军之设置，更由滇征送补充团 × 次，约 × × 人。虽因道远输送不易，未达圆满要求，而每一战役，克奏肤功，是则士气振奋，基于素质之特厚，其明征也。既而第一集团军成立，以副总司令率五八、新三两军，负赣水、湘江之责，而总部统六十军南旋，与滇南第一、二两路军，扼守红河两岸，东联第九集团军开、广之线，西经诸猛，以达思、普之境。虽蛮烟瘴雨，不惜以血肉之躯，抗恶劣之气候，为精神之长城。当腾、龙失陷，滇西紧张，而敌迄未敢越雷池一步，南防卒得巩固者，岂特恃地形之险而已哉！良由将士忾敌之情绪，有以慑詟之耳。犹忆入越之初，举国上下，佥以宣光役后，垂七十载，中华旌旗，始重见于日南，无不切望本方面军，收复外藩，一洗宿耻，为不世之功。而侨胞尤欣欣然相额庆，祝日月之重光。即我军将士，亦群相勖勉，以为杨武愍之壮志，仍自吾滇子弟完成其遗烈。振奋之情，真不啻高出云表矣！俄而，交还法军之命，出自中朝。全军转戍辽天，万里梯航，举十载训练之劳，八年苦战之功，投诸冰天雪地之域，分割零落，使不得集全力一显身手；其不被各个击破者，复薄其待遇，冻馁交逼，士气消沉，非战无勇，处处相形见绌。卒使质直忠贞之士，为河边骨，阶下囚，而国运亦随之以隳败至不可收拾。事之不臧，岂非天哉！天哉！天哉！此吾览是编，而心痛弗能自已者也，虽然，往者已矣。回顾金碧、苍洱之雄姿，高踞坤轴，俯瞰中原，左控川、康，右扼黔、桂，元、明之所经营，历史之殷鉴如彼；南临越湾，西达缅、印，交通海外，地理之形势如此。汉、唐之视为不毛者，今已成为天府之堂奥矣。谋国者纵不稍易其轻视之心情，为国家培元气，于人事蠲畛域，辄以化外相加，目为殖民之不若。而吾侪之生长族聚于斯者，独不能愤发有为乎！倘能集中人材，群策群力，尽地力以建工，齐人心以建军，凭自身民物之富庶，忠实之性格，自足自给，以养以教，循元、明来去之旧辙，左睥右睨，进可以动举世之观听，退可藉天险以自固，畴可谓万里化外，遂自馁哉！不佞三十载从戎，于役南北，入越受降，躬逢其盛。第以拙劣无方，夙夜滋愧，一触旧绪，竟不自觉其言之长也。后之览者，其亦有同感乎！

三十八年乙丑月
洱源幼坡　马瑛识

弁言

一、本书于第一方面军撤销后越九个月开始编纂。因方面军司令部有关各部、处、室早已结束，各项资料搜集不无困难。故除编者前在方面军司令部第三处承办之作战与部队调动，区分各部队接收任务，解除日军武装，日本官兵侨民之集中管理教育、征用、遣送及战犯逮捕移解，工事破坏及中法交防与交防期间中、法、越间所发生之事件等资料比较完全外，其他如接收军品物资及日军公私财产等之经过与处理，汉奸及汉奸财产之处置，及有关人员、经济、政治、外交等，不免有遗漏之处，实为遗憾。

二、此次第一方面军入越受降，乃为我国军到国外受降之唯一区域，亦为历史上首次创举。在受降期间，所处环境与经过情形特殊，如对法、越及盟邦之应付，金融之处理及日侨之管理，不能按规定交当地政府负责，中法交接防务与中、法、越间所发生一切事件，乃为第一方面军特殊环境之史迹。

三、第一方面军自在滇编组第一集团军担任防守滇南以来，未经大规模战斗。至改组方面军后，奉命出击越南，经过小部队战斗，故特将历次出击经过详录，以为战史上之参考。

四、本书内有关政治、军法、卫生等项，系根据方面军政治部、军法处、卫生处所供给资料；金融处理，系根据前财政部代表朱偰先生所著《入越受降日记》记载情况而编成。

五、我军交防前后，法军对我军及华侨颇有不法暴行之事件发生，殊为有意轻视我国。故特将司令部当发生事件时所向法方提出各项主要抗议书附录，以为我国人之警惕。

中华民国三十六年十一月　日　杨家杰识

第一方面军抗战暨在越北受降交防纪实目录

第一章　受降前敌我状况

第一节　我军防守滇南及出击经过概述

民国二十九年，日寇侵占越南，似有进犯昆明、截断我国际联络线之企图。我最高统帅部为巩固西南边防，乃命原第一集团军总司令部改为副总司令部，指挥新编第三军及第五十八军，任江西上高方面之作战；第六十军调滇南。另在滇成立集团军总司令部，指挥第一、二两路军，及滇黔绥靖公署第一旅，担任防守滇南。第一路军指挥六十军，辖第一八二师、第一八四师及滇黔绥靖公署第三旅。第二路军指挥滇黔绥靖公署第四旅及第五旅。民国三十年三月间，敌突增兵越南十余万人，第九集团军亦奉调增防滇南。第一集团军任防守滇越铁路及其迤西地区。第九集团军任防守滇越铁路以东地区。全滇南正面达十数日之行程，而守兵共计不到五万人。只以滇南多山，江河阻隔，我军凭险据守，阵地强固，敌虽屡欲进犯，卒未敢轻举。我后方国际联络线，于此得保安全。民国三十二年，滇黔绥靖公署各旅奉命改编为暂编师，以第一旅编为暂编第十八师，第三旅编为暂编第二十师，第五旅编为暂编第二十二师。以上三师，统编为第九十三军。第四旅改编为暂编第二十一师，与原第一八二师及第一八四师统编为第六十军。以上两军，仍属第一集团军指挥。民国三十三年十月，奉命成立滇越边区总司令部，指挥第一、九两集团军。民国三十四年三月间，第一、九两集团军奉命合编为第一方面军，原第一、九两集团军司令部撤销，方面军司令部驻开远指挥。当即遵照编成，以军主力固守红河北岸至马关、董干之线，以一部警戒国境，并力求与敌保持接触（如附作战计划）。及至欧洲战场盟军节节胜利，德国宣告投降，我国内各战场亦相继反攻，逐渐进展，敌寇士气日衰。我方面军奉命作有限目标之攻击，以策应其他战场。乃于三十四年六月初，开始实施小部队出击，迄至方面军入越受降时止，先后经过战斗三十余次，占领越边境防沙利、勐得、勐梭、勐烘、莱州、沙坝、老街、勐康、花龙、青门、曼美、黄树皮、马龙寨、官坝、东文、江利、河阳等多数据点，虏获步枪一百八十余支，轻重机枪十余挺，及其他火炮、手提机枪、手枪、手榴弹、掷弹筒、电话机及文件、马匹等甚多，敌共伤亡官兵约三百余人，我则伤亡官兵一百数十余人。敌侵占越南将及六载，对越南土民，均有组织训练，以协助其作战，并利用伪军，以增防越边境。我军出击时，所有越士兵及伪军，均在日寇压迫监视之下，顽强抵抗。八月中旬，敌政府虽已投降，但盘据越南之敌仍顽强抵抗。在河阳方面之敌，曾致书我占领官坝之部队，强称其“皇军”虽战至最后一人，亦绝不投降，并约定当晚反攻我已占领之官坝，特告我军准备。方面军闻悉，当即判断：敌将作撤退之掩护，乃鼓励全军将士，对敌加紧压迫，以促越北日敌早日觉悟，迅速就降。官坝附近之敌，果于是晚向我反攻。我军知敌政府已投降，士气大振，卒将敌迎头痛击，相继跟踪追击，进占河阳。敌知其败亡之命运已不可免，乃派军使分向我军接洽投降。我军适于是时亦奉到委座及陆军总司令何电：令方面军入越受降。于是，我军为本我国爱好和平之旨，饬令各部队暂停攻击，并宣告伪军静候处置。我各部队即就原攻入越境态势，继续部署入越受降，完成我英勇抗战八年之光荣胜利矣。

附录：第一方面军防守滇南作战计划

第一方面军作战计划第一号（三十四年五月一日）

第一，方针

一、方面军为拒止由越南向北进犯之敌，以主力坚固守备滇南，既设阵地，期于守势。作战期间，屏障滇南，而为尔后进攻越南之根据，以一部守备南峤、镇越间地区之要点，巩固方面军之右侧。

第二，指导要领

二、以元江、杨士渡、蛮耗、新街、大树塘、马关、麻栗坡、董干之线，为第一线阵地，以石屏、个旧、蒙自、文山、西畴、富宁之线，为第二线阵地，各部队应利用此二线既设阵地，不断增强工事，坚固守备之。

三、阵地编成，应尽量采取山地防御之优点，沿通敌道路及要点，构筑坚固据点工事，编成大纵深设防地带，作韧强之防御。

四、于石屏、建水、个旧、蒙自、开远、文山、西畴、富宁各要地，构成坚固据点，分两期完成。

五、在主阵地中，应采取堡垒式之据点防御战法，各部队平时即就阵地随时演习，以熟练之。

六、国境线上，由第一线各军派出相当守备部队，与敌保持接触，努力侦察敌情，并于主阵地带前方至国境线间地区，构成前进阵地。如敌进犯时，竭力拒止敌之前进，以使我主库地守兵之备战容易。

七、第一线各军，平时应力求接近主阵地带，俾一旦有警，可立即进入阵地。

八、主阵地带受敌攻击时，第一线各军应各依据工事及河川、山地之要隘，坚强据守。敌如钻隙或突破我阵地之一部时，其他各阵地守兵，应各固守原阵地，不得动摇，另由各级控置之机动部队，协力攻击，将侵入之敌就阵地内歼灭之。

九、游击部队应选定游击根据地，预行屯备粮弹，并组织地方民众，于敌进犯时，竭力妨害敌之行动，及扰乱敌之后方，使军主力作战有利。

十、如敌以有力之一部进犯思普地区时，守备该地区部队应坚强抵抗，固守据点待命。

十一、敌如以主力由蛮耗方面进犯时，主阵地带守备部队应确保原阵地，而抽调必要兵力与第二线兵团夹击敌于个旧、蒙自以南地区而歼灭之。

十二、敌如以主力沿越铁道及其两侧地区向我进犯时，我主阵地带守备部队应切实固守原阵地，而抽调必要兵力与我第二线兵团夹击敌于蒙自、文山以南地区而消灭之。

十三、敌如以主力由麻栗坡以东地区向我进犯时，主阵地带之守备部队，应固原阵地，并抽调必要兵力，与第二线兵团迎击敌于文山、西畴间地区而灭之。

十四、敌如以主力进犯第二方面军时，我军主力仍固守原阵地，另以一部集结于文山附近，相机策应第二方面军之作战。

十五、各部队应随时作向越北反攻之装备。

第三，兵团部署

十六、军队区分

思普守备队：第九十三师，思普独立大队之一营，暂编第二十三师。

第六十军：暂编第二十一师，第一八四师，第一八二师；配属部队：云南省保安第一游击支队。

第五十二军：第二师，第二十五师，第一九五师；配属部队：重迫击炮第三团第三营，云南省保安第三游击支队。

第二线兵团：

第九十三军（欠暂编第二十二师）：暂编第十八师，暂编第二十师。

司令部直辖部队：荣誉第二师，特务团，重迫击炮营，独立通讯兵第五营。

十七、各部队任务及行动如下：

（1）思普守备队应于防区内沿通敌道路选择要点构成据点工事，坚固守备，拒止由越、泰、缅向北进犯之敌，右翼与中印公路东段警备司令部，左翼与暂编第二十二师切取联系，屏障方面军之右侧。

（2）暂编第二十二师，以元江—杨士渡—斗岩之线为主阵地带前缘，石屏—建水—缅甸〔按：系建水县内一地名〕以南之线为主阵地后缘，加强原来既设阵地，沿通敌道路及要点构筑坚固据点工事，编成大纵深设防地带而固守之，重点保持于右翼方面，并右翼与思普守备队、左翼与第六十军确取联系，拒止由越南进犯之敌。

（3）第六十军应以斗岩（不含）—新街—大树塘—古林箐（含）之线为主阵地前缘，缅甸（不含）—蒙自—蜜拉地—井门口（含）以南之线为阵地后缘，加强原来既设阵地，沿通敌道路及要点构筑坚固据点工事，编成大纵深设防地带而固守之，重点保持于左翼方面，右翼与暂编第二十二师、左翼与第五十二军确取联系，拒止由越南进犯之敌。并以步兵一营为前进部队，于金平附近构成坚固据点，迟滞敌之进犯，候命撤退。个旧核心工事之构筑，由暂编第二十一师担任。

滇越铁道碧色寨至河口段之破坏准备，及蒙自机场既设工事之守备，即由该军担任。

（4）第五十二军应以古林箐（不含）—马关—麻栗坡—董干之线为主阵地前缘，以井门口（不含）—文山—西畴—富宁以南之线为阵地后缘，加强原来既设阵地，沿通敌道路及要点构筑坚固据点工事，编成大纵深设防地带而固守之，重点保持于滇越路东侧地区，右翼与第六十军、左翼与第二方面军确取连协，拒止由越南进犯之敌。

（5）第二线兵团担任第二线阵地及开远据点工事之构筑，尔后依战况支援主阵地之战斗。

（6）荣誉第二师即驻现地整训待命。

（7）特务团担任方面军司令部之警备。

（8）重迫击炮营驻现地整训，但预想将来使用方面之阵地、进出道路等，应预先侦察，拟具计划。

（9）独立通讯兵第五营以开远为基点，构成通信网，担任本部与各军、师间之通信。

十八、作战地境区分如下：

中印公路东段警备司令部

景谷—澜沧—孟连—邦桑之线，线上属第九十三师。

第九十三师

新平—元江—李仙渡—江城—镇越—孟信—沿湄公河以东之线，线上属暂编第二十二师。

暂编第二十二师

缅甸—迷居—斗岩—岩风头—长安冲—铜厂街—陶仙—莱州之线，线上属暂编第二十二师。

第六十军

鸣鹫—井门口—新桥—古林箐—坝结至越境安拜以东之线，线上属第六十军。

第五十三军

滇黔桂三省交界处起，沿滇桂省界向南，经剥隘—义村—镇远—百色—南圩—太原—河内之线，线上属第五十二军。

第二方面军

十九、方面军司令部位置于开远。

第四，搜索及谍报

二十、搜索及谍报另行计划之。

第五，宣传及谋略

二十一、宣传及谋略，依据最高统帅部之指示，由各部队联合地方党政机关负责实施，并应努力设法争取伪军之反正及法越民众之同情，详细计划另定之。

第六，防空

二十二、兵站线路之防空，由兵站区司令部联合当地防空机关及驻军担任之，各部队之防空，须各指定部队担任之。

二十三、各部队驻防地附近，应协同地方团警设置防空监视哨，择重要村落构筑守备据点工事，防敌空军陆战队之降落，详细计划另定之。

第七，交通通信

二十四、主阵地前至国境线上道路破坏，由各地区防守部队遵照历次命令指示，彻底实施。

主阵地内主要道路，须有破坏之准备。至主阵地后方之道路，由各部队利用后方民众加以修理，以期兵力转移、粮弹补给便利。

滇越铁道旧路基，由碧色寨至倮姑段，加以修理，使能通行吉普车；蒙河公路蒙自至新现段，加以修理，使能通行卡车。

蒙自至冷水沟、个旧至上方镇两路，均加以修理，使能通行卡车。

第八，兵站设施及补给

二十六、粮弹屯储：在主阵地内，应按防御配备，迅速屯储一个月所需之粮弹；对第二线要点之屯粮、屯弹所，应于最短期间完成之。阵地饮水与营舍，应须周密准备之，其他兵站设施及补给设施另定之。

第九，卫生

二十七、卫生计划另定之。

第二节 日军投降前在越兵力部署概况

越南为日军西进印、缅，北犯滇、桂，南侵荷、印及澳洲之根据地。故日军侵占越南后，为应援其他各战场，其在越兵力忽增忽减。民国三十年，曾增加至十数万人，对滇南方面，屡欲进犯。因我滇南守军地势险要，阵地坚固，以致未逞。自盟军反攻胜利，我滇西及粤、桂各方面，亦均相继反攻进展。敌军以兵源枯竭，战场广阔，乃抽调原驻越兵于其他方面。及至敌政府总投降前，其驻越兵力仍约有八万余人。此外，尚有临时组训之士兵及伪军等约数千人。敌总投降后，复将大部调离越南。迄至我军入越受降时，敌变更部署，将越北兵力大部调至南圻及其他各地，仅留第三十八军第二十一师团、独立混成第三十四旅团及其配属特种兵部队于越北，统计仅有三万余人。由敌在越兵力而观，可知敌发动侵略战以来，其兵员已被我消耗甚巨，迄至投降前，兵源业已枯竭。乃在各战场作战部队抽调频繁，而为兼顾各地守备，以致在投降时，其留置越北兵力，乃减至三万余人矣。

第三节 我军出击越境经过

一、出击计划及命令

民国三十五年六月五日，我方面军奉陆军总司令何辰世申忠整本电令，要旨如下："自我军在湘西会战胜利后，广西方面之情况已发生重大变化。我第二方面军已占领南宁，第三方面军已迫近柳州，并继续进展中。为适应状况发展，便利尔后作战起见，特规定如下：（一）第一方面军应固守滇南既设阵地，并严密搜索越北敌情，与敌保持接触，如敌撤退，应不失时机以有力之一部进入越境。（二）第九十三师归贵方面军指挥，已另电达，希即遵办具报。"

方面军司令部奉电后，即以已虞未参一戈计电，分别转令第五十二军及第六十军遵照，饬国境守备部队与敌保持接触，尽各种手段搜索敌情，并各秘密推进一师，相机入越。六月十一日，又奉陆军总司令何已齐已谋爱电令，转委座已冬一元电，指示作战要领如后：

（一）严密监视敌在粤汉及湘桂路走廊地带之行动。

（二）进攻自洞庭湖至安南边境之走廊地带，加以压迫，但避免作大规模之地面及空中战斗。

（三）保持未与敌接触之部队作为后备队，以作应付情势及实施原计划之用。

（四）与敌密切接触，加紧追逐。

（五）在前进区域内贮积给养，以备地面及空中部队之用。

（六）要求空军协助地方部队，作有限度之战斗活动。

司令部奉电后，分别转令各部队遵照实施。六月十五日，又奉陆军总司令何已文申谋运电令，规定方面军之作战要领如下：

1. 着以有力一部，相机对越南边境之敌作小规模攻击，以策应第二方面军之作战。

2. 相机占领老街等地，俾尔后之进出容易。

3. 敌如来犯，应以主力在既设阵地与之作战。

司令部奉电后，并根据已获得之情况，以巴皓巳一戈计电，分别转令第五十二军、第六十军及暂编第二十二师行动要领如下：

一、令第五十二军：

1. 由第一九五师酌派一营，袭击曼美、箐门、黄树皮之敌；另派一连，由木厂袭击花龙，成功后，相机袭击猛康之敌。

2. 由第二师酌派一营，相机进攻官坝。

3. 该军主力仍须固守原阵地，严防敌之进犯。各出击部队切须注意，勿惹起大规模真面目之战斗。

4. 袭击成功地点，可一时占领之；如受敌压迫，仍退回原地。

5. 进攻部队之补给，由各部队自行计划，携带适当弹药、粮秣。

6. 袭击时期，由该军自行决定。

7. 参考资料如后：

（1）敌情：

① 据报，曼美、黄树皮及箐门三地，仅有敌寇一百人，越兵二百人，携有轻武器及少数机关枪，并无坚固工事。敌人如增援时，须自河阳附近经两日之山路始能到达，在河阳附近之敌，据报仅有四、五百人。

② 花龙附近敌兵约百人，越兵二百人，有简易野战工事，凡羊肠小道及险要地点均设有工事。

③ 官坝附近之敌，仅日军三十余人，越兵七十人，村落附近构筑有野战据点工事及交通壕等。

④ 猛康约有日敌百名，越兵二百名，有法军前建筑之野战炮兵阵地及机枪掩体等，险要地点均有工事。

（2）由基地至目标距离、时间：

① 由都龙新街至曼美计十公里，约需二小时半。

② 由曼美至箐门,计二十五公里,约需六小时。

③ 由曼美至黄树皮计三十公里,需九小时。

④ 由攀枝花至官坝约二十一公里,夜间前进需八小时。

⑤ 由木厂至花龙约十五公里,需四小时。

⑥ 由仁和至新店汛约四十公里,需二日。

⑦ 由新店汛至猛原约十公里,需二小时。

（3）袭击效果：

① 可牵制敌人。

② 侦察敌情、地形,为尔后出击之根据。

③ 俘获敌俘及物质,为尔后作战资料。

④ 毁灭敌人工事,减低其战力。

二、令第六十军：

1. 由该军酌派兵一排，由南屏向沙坝行威力搜索，以求获得尔后作战资料。

2. 由该军准备一部兵力袭击坝洒，即先行准备渡河材料，并对预定使用部队先施以渡河攻击训练，妥为准备，候命出击。

3. 由暂编第二十一师酌派一部袭击猛梭之敌，俟占领后向蓬陀（Phong-Tho）、莱州方面深入搜索敌情。

4. 该军主力仍须固守原阵地，对出击部队注意勿惹起大规模真面目之战斗。

5. 进攻部队之补给、通信，由该军自行计划。

6. 参考资料如下：

（1）敌情：

① 坝洒西北仅有少数敌警戒,至沙坝沿途均无敌兵。

② 坝洒有日兵二十五人,越兵一百人,该地有强固工事据点,炮台一座,有七五公厘炮二门,坝洒有公路通老街。

③ 据报猛梭已无敌踪。

④ 蓬陀附近判断约有日寇一百人,越兵二百人,各险要地点均构筑有工事。

（2）行动效果：

① 侦察沙坝之敌情及地形、道路,以为将来行动根据,并为部队渡河之训练。

② 对猛梭攻击,以毁灭敌工事、俘获敌俘及文件为目的。

③ 对坝洒攻击,可以主力在坝洒西北一英里处渡河,以一部在东南三英里两河叉处渡河,阻断坝洒至老街公路。

三、令暂编二十二师：

1. 着该师派兵一连袭击猛得之敌，搜索该方面之敌情、地形，如成功后可一时占领之，如受敌压迫，仍退回原防。但须注意勿惹起大规模之真面目战斗。

2. 占领猛得后，对莱州方面酌派队深入搜索。

3. 进攻部队之补给、通讯，由该师自行计划，携带适当之弹药、粮秣。

4. 地方游击部队，除少数向导外，不得随带入越境，免惹起意外之纷扰。

七月三十日，陆军总司令何午感辰谋忠战（极机密）电方面军，命令要旨如下：

第一方面军应对越北之敌施有限目标之攻击，以搜索敌情地形，俾使我军尔后对越北之攻击作战容易。兹规定任务及行动如下：

1. 第一线各部队应对蓬陀（约在金平南四十八公里，据报该处有敌百人，越军二百人）、沙坝（坝洒西南二十公里）、坝洒（据报该处有敌军七十余人，越军一百人）、猛康、花龙、黄树皮及官坝（河阳约三十公里）等七据点施行攻击，并占领之，对每据点使用之兵力，以不超过一个营为度。

2. 对老街方面，应以一个营施行牵制攻击（美方另派飞机轰炸老街），并相机占领之。另以一至两个团之兵力攻略河阳，并相机进占北光，以威胁老街侧背。

3. 第六十军第二线部队，应适时向红河北岸推进；第五十二军之第一九五师及第二十五师，应依次向马关、枯木推进，以支援第一线部队。

4. 开始行动日期，预定为八月十日。

5. 粮弹补给以后方追送为主。

我方面军奉电后，即转令各部队遵照，并策定出击越北指导计划如下。并由方面军司令部第三处处长杨家杰、中校参谋张夔奎与美军总部第三处处长柯雄少校、参谋阿坎诺举行幕僚会议，决定攻击时间及方式如下：

1. 攻击时间，分期个别实施。

2. 攻击准备完毕日期，为八月十二日以前。

3. 攻击时机及攻击目标，由师长决定。

4. 使用兵力，按各当面敌情、地形，由部队长决定。但如使用一营以上兵力者，应先呈报核准后实施。

八月五日，方面军司令部即根据以上中美幕僚会议所决定原则，下达如下命令：第一方面军司令部作命甲字第三号（极机密）。

第一方面军命令（八月五日，于开远方面军司令部）：

1. 当面敌情。

2. 本方面军依据总司令何午感辰谋忠战电指示，决对越北之敌实行有限目标之攻击，并积极搜索敌情、地形，俾便尔后我军对越日敌之攻击容易。

3. 各部队之任务行动如下：

（1）思普守备队由守备江（城）镇（越）部队酌派一部，相机进占勐乌及防沙利。

（2）暂编第二十二师即实行前任务，即由第一线部队派兵一部，攻击勐得之敌而占领之。

（3）第六十军

① 由第一线部队派兵一部攻出蓬陀、勐烘、坝洒各要点；

② 以一营兵力牵制老街之敌，相机占领之。

③ 以第二十一师陇团即日向金平推进。

（4）第五十二军

① 由第一线部队派兵一部，攻出勐康、花龙，及箐门、曼美、黄树皮各地区。

② 以一部牵制马龙寨、官坝之敌，相机占领之。

③ 以一或二团兵力推进至国境线，准备攻击河阳、北光。

（5）各部队攻击每一目标，使用兵力按敌情、地形，由师长决定。如使用超过一个营者，应先呈报核准后实施。

（6）各部于八月十二日前完成攻击准备，攻击开始，可分期个别实施，攻击目标先后之选定，由师长决定之。

（7）各攻击部队应力求联络，互相策应。

（8）各部队应尽诸种手段，秘匿我军之企图。

4. 出击部队之粮秣补给，先由兵站发给一月份代金，着各部队就地采购携带。

5. 弹药由各部队以出击消耗情形，自行携带追送。

6. 兵站仓库应推进一部至金平、南溪、玉皇阁、汛龙、沟街之线，准备追送粮弹。

7. 各出击部队应多备奎宁丸，以每人每日一粒数量准备之，其他卫生材料及痢疾丸等，依需要携带。

8. 对伤病兵收容及后送事宜，由各师卫生队野战医院办理，必要时组织地方民众协助之。

9. 我空军支援时，应密切联络，注意使用布板信号，以收陆空协同之效。

10. 出击部队通信以无线电为主，各军攻击后，对本部应至少每日以电报电话联络一次。

11. 余在开远司令部。

右令

暂编第二十二师杨师长炳麟

第六十军万代军长保邦

第五十二军赵军长公武

第九十三军卢军长浚泉

司令官 卢汉

参谋长 马瑛

下达法：笔记，派军官专送，思普守备队摘要电达。

同日复以未微三令，电令思普守备队派守江城、镇越部队之一部，相机进占猛乌、防沙利等地。

根据以上出击部署，方面军司令部下达第一区兵站司令部关于补给事项如下：

第一方面军司令部作命乙字第三号

第一方面军命令

（八月五日于开远方面军司令部）

一、根据本部作命甲字第三号，该部即应办理事项如下：

（一）对出击部队粮秣补给，暂发代金，由部队自行采购，应由该部即日照市价送发约一月份之粮秣代金至各师师部转发之。

（二）弹药应源源接济，事先运屯适当地点，兵站末地附近，约十日份弹药，每日约一个基数概算补给之。

（三）于金平、南溪、玉皇阁及汛龙、沟街之线，应将前进仓库推进，或酌设前进补给点，负责该方面出击部队之粮弹追送。

（四）关于出击部队应充分携带药品，如奎宁丸、痢疾药等，迅速酌发运送，以备应用。

（五）兵站医院应准备收容、转运伤病官兵事宜，以便出击部队伤者可得随时转送治疗。

二、以上五项，应于八月十二日前准备完成之。

右令

第一区兵站司令部司令龙泽汇

（附发作命甲字第三号命令一件）

司令官　卢汉

参谋长　马瑛

八月十一日方面军为加强对越敌压迫起见，复下达各部队命令如左：

第一方面军司令部作命甲字第四号

第一方面军命令

（八月十一日于开远方面军司令部）

一、敌政府现已投降，惟越南之敌尚顽强对我抵抗。

二、方面军应即压迫越境抵抗之敌，促其早日投降缴械，决照原计划攻击当面之敌，并相机向山萝、安沛、宣光三线前进。

三、暂编第二十二师第一团克日速向猛得推进。入越境后，归暂编第二十一师邱师长秉常指挥，向莱州前进。共余应即完成出发准备，待命前进。

四、第六十军应即开始向越境要点攻击，相机向山萝、安沛三线前进。该军各师行动要领如下：

（一）暂编第二十一师应即速向蓬陀攻击，占领后续向莱州、山萝推进，师战斗指挥所即日进驻金平。其余各部开始行动，向金平推进，限本月底全数到达金平。暂编第二十二师第一团进入越境后，即归该师指挥。

（二）第一八四师战斗指挥所即进驻南屏，主力即向国境推进。入越境后，相机以数纵队继续前进。

（三）第一八二师即全部向白寨、河口间推进，并速以一部攻占老街后，即沿铁路线相机向安沛推进。师战斗指挥所应即进驻蚂蝗堡。

五、第五十二军克日向河阳、北光攻击，占领后，主力相机向安沛、宣光之线前进。

六、第九十三军（欠二十二师），应迅速完成一切出发准备，在原防待命。

七、作战地境如左延伸：

第六十军

坝结—（以下越境）包克—袋丰—亨达之线，线上属第六十军。

第五十二军

镇边—百色—太原—河内之线，线上属第五十二军。

第二方面军

八、通讯联络，进入越境后以无线电为主。

九、补给以兵站追送为主，粮秣应设法向当地采购。

十、余现在开远司令部，必要时设指挥所于芷村。

右令

第五十二军赵军长公武

第六十军万军长保邦

第九十三军卢军长浚泉

暂编第二十二师杨师长炳麟

第一区兵站司令龙泽汇

司令官 卢汉

参谋长 马瑛

下达法：先用电话告知各部要旨，后笔记派员专送。

二、战斗经过

（一）进占东文 剿办苗匪

第五十二军第二师第五团第八连之两排，于六月二十日向东文袭击，敌闻风逃窜。该连即占领东文，构筑工事，以防敌反攻，并相机再向前推进。该部为巩固当地苗王计，复于六月二十七日夜，进袭王志诚收编之熊老边苗匪。次晨，将其击溃，毙敌九名，虏获钢帽数顶，枪二支，马一匹。我阵亡士兵二名。

（二）马龙寨战斗

第五十二军，为明了当面敌情，曾派第二师第五团第四连连长廖国瑞率兵两排，于六月十七日晚潜入越境，向马龙寨袭击。经过激烈战斗后，卒于十八日拂晓将该地完全占领，残敌向南溃退。是役，毙敌十二名，越士兵十五名，俘获重伤敌兵一名，虏获掷弹筒二具，轻、重机枪各一挺，手枪一支，步枪十二支，发射筒一支，手榴弹及其他弹药共十余箱，电话机一部，文案多件。我阵亡排长一员，士兵三名，伤士兵六名。官坝方面之敌约二十名，附小炮三门，于六月二十日向我马龙寨阵地袭击，当被我守兵击退。计毙敌一名，马一匹。六月二十五日，敌兵三十余名，摆夷兵百余人，附重机枪及小炮数门，至马龙寨附近，向我马龙寨阵地扰乱，射击二小时，因知我有备，复退去。

敌自经我屡次击溃，颇不甘心，复于六月二十九日晨九时顷，以步炮联合之敌约二百余人，乘浓雾向我马龙寨包围攻击。我守兵为第五团第六连之四班，当奋起应战，自晨迄晚，激战历十二小时，我阵地并未摇动。嗣经该团第五连向敌侧击，反复冲杀，敌未得逞，于晚九时向官坝溃退，我以黑夜未予追击。是役，我阵亡少尉排长一员，士兵二名，伤中尉排长一员，士兵十名；毙敌中尉一名，其他伤亡约三十余人，虏获步枪五支，钢盔十余顶，担架数副，战刀一把，手榴弹数十枚。

敌复于七月十七日晨，以约一大队兵力，及士兵数百名，山炮数门，再举反攻。

我守兵第五团第五连当与敌激战至拂晓前，敌曾屡次冲入我阵地，均经该连逆袭，将阵地恢复。如是反复争夺，经过一昼夜激烈战斗，敌我伤亡均重。我第五连连长秦义圣，连附周锡强、及准尉王锡度阵亡，士兵亦阵亡二十七名，伤九名，生死不明军官一员，士兵六名，损失重机枪三挺，六〇炮两门，轻机枪三支，步枪十五支，冲锋枪、信号枪各二支。敌军伤亡百余人。该部为避免无谓牺牲，当由第四连及第六连掩护撤退，而将马龙寨放弃。是役，曾虏获日步枪一支，法造步枪三支。战斗经过如附要图。

七月二十八日，我第二师第五团第二营，复向马龙寨敌阵地行拂晓攻击，敌仓猝应战，激战一日，不支，溃退，是役，敌军伤亡十余人，我伤兵四名，虏获步枪六支。该营乃将马龙寨恢复占领。

（三）进占江利

我第二师第五团第八连之一排，于七月五日向江利进击。该地仅有少数之敌及士兵数十人防守，稍抵抗后即向南逃窜，我虏获步枪十三支。

（四）进占普棒

第二师第五团第三营第七连于七月十二日晨进袭普棒，该地之敌及伪军顽强抵抗，经该连奋勇攻击，卒将其击溃。我阵亡官一员，士兵二名，负伤官长一员，士兵七名，俘获弹药十余箱。敌伤亡二十余名。

（五）进袭老寨

第二师第六团第一营营长张文博，亲率第一连于七月二十五日实行威力搜索，进袭越北老寨，激战一昼夜后，以目的已达到，当即撤回原防。我阵亡排长二员，士兵八名，伤三名，毙敌四十余人，虏获三八式步枪二支，法造步枪一支，手提机枪一支，钢盔及文件等甚多，该营长复于八月十四日率第一连及第四连向该地攻击，激战三小时，被我完全占领。是日，计获步枪十支，轻机枪一挺，掷弹筒一具，电话机七架。我受伤士兵六名。

（六）进占坝洒、沙坝

第六十军第一八四师派兵一排，于七月二十五日由南屏渡河，向沙坝前进。在沙坝以北地区遭遇敌一小队，激战终日，我士兵伤、亡各一名，敌兵阵亡二名，伤数名。因敌有后续部队，并气候恶劣，语言不通，干粮用尽，无法到达，遂归回南屏附近，待机出动。该师复于八月十五日派兵一营，由田房渡河，先攻坝洒，该方面敌兵稍行抵抗即向南逃窜。至八月二十一日，该部续向沙坝推进，与敌在沙坝激战一日，敌终不支。是役，我伤官一员，士兵阵亡二名，伤三名，虏获步枪十余支，轻、重机枪各一挺；敌伤亡十余人。

（七）进袭勐梭

暂编第二十一师派加强排，于八月一日向勐梭行威力搜索，毙敌数名，该排以目的已达到，撤回原防。八月十一日，该师又派第一团第三连于当日拂晓袭击勐梭。敌顽强抵抗，激战一日，敌不支溃退。我第三连连长庞世杰胸部负伤，士兵阵亡一名，伤一名，失踪一名，虏获步枪三支。敌伤亡四人。

（八）占领箐门

第一九五师五八四团第一营，于八月三日潜入越境，对占据箐门碉堡及营房之敌形成包围态势。四日早七时开始攻击，十八时二十分被我完全占领。敌受最大打击与伤亡后，即向巴卡方面逃窜。我伤亡士兵十二名，虏获炮二门（已被敌自动炸毁），重机枪一挺，轻机枪六挺，三八式步枪两支，杂色步枪五十三支，炮弹一百余发。敌阵亡上、中尉官各一名，士兵二十余名，越士兵二十余名。

（九）进袭卡房

第二师第四团第三连，于八月三日晚进袭卡房之敌，激战数小时，敌溃退。是役，击毙敌十余名，我阵亡士兵一名，伤六名。

（十）进占花龙

第一九五师第五八四团三营第二连，于八月六日十五时三十分，进攻越北花龙。该处敌伪及士兵共约二百余人，经当场击毙二十余人，其余向新马街方面逃窜，我即占领该地。虏获重机枪一挺，杂色步枪二十余支，马五匹，其他军用品颇多。

（十一）袭击岩风洞

我第二师第六团第一营派兵一排，于八月六日晚袭击岩风洞，战约四小时，敌我均略有伤亡，该营当即撤回江利。复于八日晨又袭击城元、莫柴间之敌，战约三小时，我伤兵二名，敌亦略有伤亡。

（十二）袭击龙马街

第一九五师五八四团派兵一连，于八月七日由花龙附近渡河，袭击越属龙马街。敌兵占据太阳山要点，经我猛烈攻击，敌终溃退。计毙敌兵十三名，我伤士兵二名，俘获杂色步枪十三支，马一匹。

（十三）进占曼美

第一九五师五八四团第三连，八月九日十三时进攻越属曼美。该处有敌约六十余人，被我击毙十余人，其余向西南方向逃窜，我士兵阵亡一名，伤二名，夺获杂色步枪四支。

（十四）占领猛康

我第一九五师五八五团第一营，于八月九日午前向勐康攻击。因敌据险固守，一时进展不易。迄至次日拂晓再兴攻击，敌不支溃退。计毙敌约四十余人，虏获法造步枪四支，我方负伤排长一员，士兵伤亡十名，该营当即完全占领勐康。

（十五）攻占黄树皮

约有敌六十余名，附重机枪二挺，据守曼美对面黄树皮据点工事。我第一九五师五八四团第一营派兵两连，于八月十日出击该地，经激战一日，敌溃退。毙敌准尉一员，我阵亡士兵一名。

（十六）进袭荷树堂

第一九五师于八月十二日派第五八五团第四连之一排，向荷树堂敌情报所袭击，当将其全部歼灭。计毙敌军士兵十名，获杂色步枪十余支，我伤士兵二名。

（十七）占领勐烘

我第一八四师派兵一排，于七月二十八日向猛烘行威力搜索，毙敌数名，虏获步枪两支，即撤回原防。复于八月十三日派一营向猛烘出击，敌稍抵抗即向南逃窜，该营当即占领该地。

（十八）占领勐得

暂编第二十二师于八月初派该师第一团第二营，由六春向越境猛得前进，至八月十五日到达。该地日兵及士兵约百余人，经该营猛烈攻击，敌受伤颇重，向南溃退。计毙士兵十数名，我受伤士兵二名，虏获杂色步枪三支。

（十九）进占防沙利

我江、镇守备部队，于八月十五日派兵一营，向防沙利推进。该地敌兵及士兵共约百余名，仅稍抵抗即向南逃窜，该营即进占防沙利。

第一方面军各部队出击越北历次战斗结果统计

1. 第一次：六月十七日，第二师第五团四连，两排兵力，袭击占领马龙寨。击毙日军十二名，士兵十五名，击伤日兵一名，缴获重机枪一挺，轻机枪一挺，手枪一支，步枪十三支，手榴弹数箱，发射筒一个，掷弹筒二个，弹药十余箱，电话机一部及文件等。我方损失，阵亡官一员、兵三名，伤兵六名。

2. 第二次：六月二十日，第二师第五团八连，两排兵力，袭击占领东文，击毙日军九名，缴获步枪二支，钢帽数顶，马一匹。我军阵亡兵二名。

3. 第三次：六月二十日，第二师第五团六连，抗敌逆袭马龙寨，将其击毙敌兵一名。

4. 第四次：六月二十七日，第二师第五团八连，两排兵力，抗敌逆袭东文，将其击退。毙敌九名，缴获步枪二支，钢帽数顶，马一匹。我阵亡兵二名。

5. 第五次：六月二十九日，第二师第五团四、六两连，兵力四排，抗敌逆袭马龙寨，将其击退。毙敌官一名，兵三十名，缴获步枪五支，手榴弹数十枚，及钢盔、担架、战刀等。我阵亡官一员，兵二名，负伤官一员，兵十名。

6. 第六次：七月五日，第二师第五团八连，兵力一排，袭击古领江利，缴获步枪十三支。

7. 第七次：七月十二日，第二师第五团，兵力两排，攻击占领普棒。击毙敌二十余名，缴获弹药十余箱。我阵亡官一员，兵二名，负伤官一员，兵七名。

8. 第八次：七月十七日，第二师第五团五连，敌逆袭我，全连撤出。敌伤亡各数十名，缴获步枪四支。我阵亡官三员，兵二十七名，负伤官一员，兵十五名。

9. 第九次：七月二十五日，第一八四师五五〇团，兵力一排，在沙坝以北与敌遭遇，毙敌二名，伤数名。我阵亡官一员，伤兵一名，损失重机枪三挺，六〇炮二门，轻机枪三支，冲锋枪、信号枪各二支。

10. 第十次：七月二十五日，第二师第六团一连，在老寨威力搜索，伤敌四十余名，缴获手提机枪一支，步枪三支，及钢盔文件等。我阵亡官二员，兵八名，伤兵三名。

11. 第十一次：七月二十八日，第二师第五团二营，兵力全营，攻击占领马龙寨。伤敌十余名，缴获步枪六支，我伤士兵四名。

12. 第十二次；七月二十八日，第一八四师，兵力一排，向猛烘威力搜索，毙敌数名。

13. 第十三次：八月一日，暂编第二十一师，兵力一个加强排，向猛梭威力搜索，毙敌数名。

14. 第十四次：八月三日，第一九五师五八四团一营，兵力一连，攻击占领箐门。击毙日兵二十名，伤士兵二十余名，缴获炮二门，重机枪一挺，轻机枪六挺，步枪五十五支，炮弹百余发。我伤士兵十二名。

15. 第十五次：八月三日，第二师四团三连，攻击占领卡房。毙敌十余名。我阵亡兵一名，伤六名。

16. 第十六次：八月六日，第一九五师五八四团三营二连，攻击占领花龙。毙敌二十余名，缴获重机枪一挺，步枪二十余支，马五匹及军用品等。

17. 第十七次：八月六日，第二师第四团一营，兵力一排，出击岩风洞，旋撤回江利。

18. 第十八次：八月七日，第一九五师五八四团三营，兵力一连，攻击占领龙马街，毙敌十三名，缴获步枪十三支，马一匹。我阵亡兵二名。

19. 第十九次：八月八日，第二师四团一营，兵力一排，出击械元、莫柴间，我伤士兵二名。

20. 第二十次：八月九日，第一九五师五八四团三连，兵力一连，攻击占领曼美。毙敌十余名，缴获步枪四支。我伤亡士兵三名。

21. 第二十一次：八月九日，第一九五师五八四团一营，攻击占领勐康。毙敌十余名，伤敌二十余名，缴获步枪二支。我负伤官一员，兵十余名。

22. 第二十二次：八月九日，第一九五师五八四团一营，占领黄树皮，毙敌官一名，我阵亡兵一名。

23. 第二十三次：八月十一日，第二十一师一团第一营三连，攻击占领勐梭。毙敌四名，缴获步枪三支。我阵亡官一员，负伤官兵三名。

24. 第二十四次：八月十二日。第一九五师第六团四连，兵力一排，攻击占领荷树堂，毙敌十名，缴获步枪十余支。我伤兵二名。

25. 第二十五次：八月十三日，第一八四师五五一团一营，攻击占领勐烘。

26. 第二十六次：八月十四日，第二师第六团一、四两连各一部，攻击占领老寨，缴获轻机枪一挺，步枪十支，掷弹筒、电话机七部。我伤士兵六名。

27. 第二十七次：八月十五日，暂编第二十二师一团，兵力一营，攻击占领勐得，毙敌十余名，缴获步枪三支。我伤兵二名。

28. 第二十八次：八月十五日，第一八四师兵力一营，攻击占领坝洒。

29. 第二十九次：八月十五日，思普独立大队，兵力一营，攻击占领防沙利。

30. 第三十次：八月二十日，第一八二师，兵力一营，攻击占领老街外围。

31. 第三十一次：八月二十一日，第一九五师，兵力一营，攻击占领河阳，毙敌数名，伤数名，缴获重机枪一挺，轻机枪一挺，步枪二十余支。我阵亡兵一名，伤十名，伤官一员。

32. 第三十二次：八月二十一日，第一八四师，兵力一营，攻击占领沙坝。毙敌数名，伤十余名，缴获重机枪一挺，轻机枪一挺，步枪十余支。我负伤官一员，兵六名，阵亡兵二名。

以上历次战斗，自民国三十四年六月十七日第一次出击占领马龙寨，至八月二十一日出击占领沙坝止的战报经过统计。

第二章　入越受降部署

第一节　奉到入越受降命令

八月二十日方面军奉到委员长蒋未巧辰令一亨电令，要旨如下：

一、兹派该司令官为受降官，指挥所属第五十二军、第六十军、第六十二军、第九十三军、暂编第十九师、暂编第二十三师、第九十三师，负责接收越南北纬十六度以北地区。该区为敌第三十八军。

二、第五十二军抵海防后，即船运大沽口，转赴大同、张家口。

方面军司令当即转令各部，积极准备入越受降。

八月二十三日又奉到总司令何未巧午谋爰电，转委座未灰亥令一亨电，训令全文如下：

（一）敌已无条件投降。

（二）兹令敌驻华最高指挥官转饬所部，即就现态势停止一切军事行动，不得破坏物资、交通，扰乱治安秩序，听候所在地中华民国陆军总司令或各战区长官之处置，并限二十四小时之内答复。

（三）各战区应注意下列各项：

1. 对敌奸可能之抵抗与阻挠，应有应战之准备。

2. 并应警告辖区以内敌军，不得向我已指定之军事长官以外任何人投降缴械。

3. 对封锁地伪军策动反正，并迅即确保联络、掌握，令其先期包围集中之敌，先将敌军撤离后之要点、要线控制，以待国军到达。

4. 对投降之敌军及俘虏不得危害，并须剀切通令所属官兵。

5. 奸军先我占领要点，尤应集结优势兵力，迅速驱逐或剿灭之；

6. 各战区除以主力挺进解除敌军武装外，应留必要部队，继续肃清辖区内之奸军、方面军司令部奉到电令后，即转饬所属，切实遵照办理。同日奉到陆军总司令何未马戌电转奉委座未马午令一亨电，规定方面军各部队进入越境最迟日期如下：

① 第五十二军、第六十二军未月寝日。

② 第六十军未月艳日。

③ 第九十三军未月世日。

④ 暂编第二十三师申月江日。

⑤ 第九十三师申月冬日。

方面军当即遵照处置如下：

① 第五十二军、第六十军、第六十二军，即依照限期进入越境。

② 第九十三军，即随第六十军后推进。

③ 暂编第二十三师，克日由玉溪向建水移动，继第九十三军后入越。

④ 暂编第十九师，亦即准备继第九十三军后入越。

第二节 各部队推进状况

我方面军受到入越受降命令后，当即策定入越前进计划（如本节附录），饬令各军、师遵照前进。惟我军自防守滇南，因基于持久防御战略，曾将通越边境之道路完全破坏。一旦奉令入越受降，大军前进，不惟给养上补给不便，即交通上亦发生最大障碍。尤以当时阴雨连绵，山洪暴发，道路泞泥，人马行动困难。再因红河水流甚急，缺乏渡河材料，以致全军前进迟滞。及至各部队进入越境后，因越盟党到处阻止我军前进，越境滇越铁路又早已为日军撤毁，其他公路桥梁，或为越盟党破坏，或为大水冲断，以致入越后行动亦颇感困难。幸经各军、师艰苦奋斗，排除万难，扫除越盟障碍，严令日军在短期内将越境滇越铁路于短期内修复，于是各军、师卒于所望时期，到达受降地点。

兹将各部队前进状况，分述如下：

一、方面军司令部

司令部先派副参谋长尹继勋率领一部参谋，于九月九日乘飞机至河内，设前进指挥所，指挥先头入越部队，并指定日军临时集中地区，以便我军推进及到达后之驻宿。

司令部于九月中、下旬分批以飞机输送至河内，各直属队，除通信部队一部以飞机输送外，其余均经滇越铁道，以徒步及火车输送前进。司令部到达河内后，即设于前越南总督府内。

二、第五十二军

该军全部即于九月初经河阳、宣光，开始向海防推进。沿途日军业已撤退，惟越盟党到处阻碍，破坏桥梁，经该军努力排除，始如期到达。

三、第六十军

该军进占沙坝、老街后，即遵于九月一日全部开始向越境河内推进。时值阴雨连绵，道路泞泥，山崩水阻，红河水流急而缺乏渡河材料，故行动颇感困难。第一八二师经滇越铁道前进，到达保和、富流一带，复遇越盟党阻挠，经该师将以驱逐，此盟党始分溃。该师一面向河内推进，一面督饬日军积极修复铁路，于九月中旬将老街至越池段修复。第一八四师原定由滇越铁道以西地区前进，因该地区给养困难，遂改由滇越铁道，兼用徒步及火车输送前进。暂编第二十一师则照原计划，经莱州、山萝向河内附近推进。

四、第六十二军

该军经高平、谅山、富浪沧，向河内、海防前进。在高平至谅山间，遇越盟军阻挠，经扫荡后始继续推进。至富浪沧，因该处铁桥破坏，河水暴涨，一时前进迟滞，但亦排除困难，设法渡河，故该军第九十五师第二八三团首先进抵河内。

五、第九十三军

该军原计划与其他入越各军同时由滇越铁道以东地区前进，后因滇越铁道老街至越池段已修复通车，故该军到达越边境后，即转向新坡，改以火车输送至越池，再由越池徒步至河内。

六、暂编第十九师

该师于九月四日由昆明出发，先乘滇越火车至碧色寨，后用徒步行军，于九月二十五日至老街。随第九十三军后，以火车输送至越池，再徒步至永安、河内、山西一带驻防。

七、暂编第二十三师

该师于九月二日由玉溪出发，经建水、蒙自、屏边，随暂编第十九师后前进，于十月三日到达老街，即担任老街至嘉林间之防务。

八、第九十三师

该师前进区域，地僻人稀，宿营、补给均感不便。当行抵越边境勐信、南他一带时，曾奉命暂在原地停止待命，故至十月中旬始到达龙蟠城附近各地。

九、第五十三军

该军于十一月上旬始奉命入越协防。当时老街至河内铁道，仅越池铁桥未修复，其余已恢复通车，故该军徒步至老街后，即以火车输送前进。

附录：第一方面军入越受降前进计划

（三十四年八月二十四日）

第一 方针

一、方面军为遵照委座未巧令一亨电令，接受越南日敌投降，并接收越南北纬十六度以北地区，即就原攻入越境部署，分五路向义安、河内、海防等附近地区分进。到达日期，概定为九月底以前。

第二 指导要领

二、以第九十三师、第六十军、第五十二军、第九十三军，并列成五路，分向义安、河内、海防前进；暂编第十九师、暂编第二十二师及暂编第二十三师，随第六十军后跟进。

三、各部队应迅速依照限期，到达各集中地区候令。

四、为求迅速前进，各部队应多分纵队分进。但分进时，应严密为广正面搜索警戒，确实掌握部下，随时作战斗准备。

五、如敌顽强拒止我军前进时，各部队应依当面状况，迅速驱逐之。

六、如敌依照我军指定地区撤让，各部队应即按指定目标前进，不得中途停留。

七、对越敌，未有命令不得各自要求其缴械投降。

八、在越南伪军及地方军队，非不得已时不得以武力处置之，如顺从归我者，准予暂时收编听候处理。

九、前进间，如遇越南奸、伪及其他分化之军队或土民等对我阻碍，或先占领要点、要线者，应即分别予以剿灭，或驱逐之。

十、各部队前进间，本部依状况逐次统制之。

第三 前进部署

十一、各部队前进部署如下页表：

第一方面军各部队入越前进计划表

（使用地图为百万分一）

部队		出发地	到达目标	经过路线	前进境界	路线里程	所需日程	出发日期	到达日期	备考
93D		车里	义安	勐信、龙蟠城、义安	蒜粗、邦汗、孟思、低音（线上属六十军）	800	30日	9月1日	9月30日	
60A	21D	金平	河内	莱州、山萝、和平、河内		448	22日	9月1日	9月22日	
	184D	南屏 马安底	河内	南屏、马安底｝手穴、文安、河内		405	20日	9月1日	9月20日	
	182D	河口	河内	滇越铁路	曼因寨、袋手、他母觉（线上属六十军）	279	13日	9月1日	9月13日	
93A（—22D）		布沿坝	八寨、河内	大庄、八寨、老卡汛		541	22日	8月30日	9月23日	
		大屯	古林箐、河内	蒙自、新现、屏边、古林箐		450	23日			
52A		攀枝花新街	海防	河阳、保化、太原、海防	高平、稍取、耿海东（线上属六十军）	400	20日	9月3日	9月23日	
62A		高平	海防	高平、谅山、海防		250	12日	9月2日	9月13日	
22D		建水	金河平内	普雄、金平、蛮板、金平、河内	随二十一师后跟前		约4日 约26日	9月1日	9月2日	
23D		玉溪	金平河内	与二十二师同	随二十二师后跟进	230 408	7日29日	9月1日	9月29日	如状况许可，改由铁道输送到达河口后如滇越铁道许可，用铁道输送
19D		昆明	河口河内	沿滇越铁道	随一八二师后跟进	昆至碧铁道输送，4日，碧至河口5日。	9月22日	9月2日	9月24日	

第四 交通

十二、通越各道路，由通过军队及地方人民加紧修理之。

十三、蒙河公路，请云南省公路局迅速兴修完成。

十四、滇越铁道已破坏各段，请交通部限期迅速修复之。

十五、越境所有铁道、公路管理，请交通部速派人接管，整埋、复兴之。

十六、各部队前进间与本部之联络，以无线电为主，必要时以飞机补助。

十七、各部队到达集中地区后，以河内为中枢，迅速构成有线电通讯网，并利用其他交通工具补助通讯。

十八、请交通部限期修复开远至河口之电报、电话线，及设置国内至越南之通信机构。

第五 补给卫生

十九、各部队之给养，除酌发代金外，并由区司令部派前进仓库随各军、师推进，负责补给之。

二十、各部队如发生战斗，需要弹药时，应随时追送补给。

二十一、各军前进间，由兵站派卫生大队随各部队后推进，负责收容及转送病患者。

二十二、各兵站、医院，依状况继续推进。

第六 宣传

二十三、由各部队先遣政工人员，向到达地人民宣告我军入越宗旨为受降，并非占领。

二十四、由本部拟定中、越文《告越南民众书》，以飞机散发宣传，并分配各部队到达越境后张贴，布告周知。

二十五、策动华侨协助我军入越后所需一切事宜。

第三节 入越受降战斗序列及各单位之编组

第一方面军入越部队，首奉命为第五十二军、第六十二军、第六十军、第九十三军、暂编第十九师、暂编第二十三师及第九十三师。俟以第五十二军及第六十二军，均奉命由海运调离越南；又奉派第五十三军入越，归方面军指挥。

暂编第十九师及暂编第二十三师入越后，于十月间奉命缩编归并第六十军及第九十三军；又第九十二师同时亦奉命整编为两个团。方面军司令部当即分令各部队，遵照整编完毕。

中国空军派驻越南地区司令部，配属方面军，同时入越，负责接收敌空军，通信兵独立第五营奉令，配属方面军，入越担任通信。

宪兵第十三团第二营，奉令配属方面军，该营当即随同入越，分驻河内、海防各重要市区，维持纪律。

方面军司令部入越后，因业务增加，奉命增编第五处。又以战俘之管理及战犯之调查必须专责办理，布命设立战俘管理处及战争罪犯调查委员会。

行政院为便利方面军咨询有关行政事宜，特由财政部、经济部、交通部、外交部及行政院秘书处，各派代表一员，合组为第一方面军顾问团。

我方面军为对越北财政、经济、交通及其他工厂等切实监督起见，特聘各专家分任监督，如下：

一、派朱偰为越南北纬十六度以北地区财政金融总监督官。

二、派葛培尔、沈亮二员，为东方汇理银行副监督官。

三、派庄智焕为越南北纬十六度以北地区经济总监督官。

四、派郑方珩为越南北纬十六度以北地区交通总监督官，兼滇越铁路老街至海防段监督官。

五、派谢寰为滇越铁路段副监督官，兼越南北纬十六度以北地区所有铁路及滇越铁路工程监督官。

六、派洪观涛为越南北纬十六度以北地区铁道监督官。

七、派赵世桐为越北区电信监督官。

八、派陇体要为越北区公路监督官。

九、派柳希权为越北区航政监督官。

十、派李乾元为越南北纬十六度以北地区税务局监督官。

十一、派李思敬为南定纺织厂、酒精厂监督官。

十二、派汤新荪为丸街煤矿监督官。

十三、派谭玉树为河内水电厂监督官。

军统局派专员王之五，在河内设立督察室，调查处理奸伪事宜。中央海外部亦派驻越办事处，办理有关该部事宜。原属第二方面军之侨务处，当我第一方面军入越时，奉命改隶第一方面军，同时入越办理侨务事宜。关于党务方面，有三青团负责设团组训华侨，并出版《青年日报》，颇著成绩。国内外新闻界方面，亦均派有记者随我方面军入越，专责采访有关新闻。故此次方面军入越受降，党、政、军组织，颇称完善，各方面均能努力合作，俾得圆满完成受降任务，实为我国军首次在国外受降之光荣也。

方面军司令部原编制有外事处，后以美军联络部结束，该处相继奉令撤销。兹将第一方面军入越战斗序列，及各单位编成系统、主官姓名，列表如后。

第一方面军入越受降战斗序列及各单位编成系统主官姓名录

司令官：卢汉。

副司令官：黄杰、关麟征、霍揆彰。

参谋长：马瑛。

副参谋长：尹继勋。

办公厅主任：杨茂实。副主任：谭其篑。

第一处处长：朱仲翔。课长：张时中、赵廷梁。

第二处处长：谢崇琦。课长：杨文、苏汝淮。

第三处处长：杨家杰。课长：马晓谷、王晓侯。
第四处处长：汪佩青。课长：陈宇铭、陈剑雄。
第五处处长：卢汉（兼）。副处长：陈修和、黄强。
课长：沈亮、谭玉树、方炳西、黄静元、孙极华。
副官处处长：曾恕怀。课长：余复和、杨茂实、朱明德。
军法处处长：范承枢。课长：杨植芳、郑长庆。
卫生处处长：秦活生。
经理课课长：杨鹤麟。
外事处处长：沈介人。
炮兵指挥组指挥官：吕国祯。
政治部主任：杨啸伊。副主任：刘善述。课长：潘国勋、王治华。
战俘管理处兼处长：杨啸伊。
战争罪犯调查委员会主任：方炳西。副主任：朱恒章。
第五十二军军长：赵公武。副军长：梁恺、郑明薪。参谋长：赵振戈。
第二师师长：刘玉章。副师长：李正谊、罗永年。参谋长：张孝传。
第四团团长：罗怒涛。
第五团团长：胡晋生。
第六团团长：平尔鸣。
第二十五师师长：刘世懋。副师长：黄建墉。
第七十三团团长：李公言。参谋长：黄魁武。
第七十四团团长：段培德。
第七十五团团长：英震。
第一九五师师长：陈林达。副师长：何世雄。参谋长：尹先甲。
第五八三团团长：罗宇衡。
第五八四团团长：阎资筠。
第五八五团团长：谢代蒸。
第五十三军军长：周福成。副军长：赵锡庆、赵镇藩。参谋长：刘德裕。
荣誉第二师师长：戴坚。副师长：刘声鹤。参谋长：张绪滋。
第四团团长：刘元伯。
第五团团长：陈继材。
第六团团长：王有智。
第一一六师师长：刘润川。副师长：张绍贤。参谋长：刘焕堂。
第三四六团团长：张儒彬。
第三四七团团长：江望山。
第三四八团团长：毛芝奎。
第一三〇师师长：王理寰。副师长：李寿千。参谋长：王冠英。
第三八八团团长：佟道。
第三八九团团长：朱道源。

第三九〇团团长：傅广思。

第六十军军长：万保邦。副军长：郭建臣（未到职）。参谋长：谢崇文。

第一八二师师长：杨洪元。副师长：郭凤翥。参谋长：周宗岐。

第五四四团团长：舒秉权。

第五四五团团长：凌发镐。

第五四六团团长：陆崇德。

第一八四师师长：曾泽生。副师长：罗展、郭祖志。参谋长：佴晓清。

第五五〇团团长：赵一鹤。

第五五一团团长：陈开文。

第五五二团团长：魏瑛。

暂编第二十一师师长：邱秉常。副师长：王开宇。参谋长：杨继宽。

第一团团长：任孝宗。

第二团团长：陇耀。

第三团团长：张秉昌。

第六十二军军长：黄涛。副军长：练惕生。参谋长：张志岳。

第九十五师师长：段云。副师长：曾国民、卢盖军。参谋长：詹郝强。

第二八三团团长：张伯权。

第二八四团团长：冯澍。

第二八五团团长：蔡挺起。

第一五一师师长：林寿俦。副师长：张琛、杨建。

第四五一团团长：陈植。

第四五二团团长：薛叔达。

第四五三团团长：陶相甫。

第一五七师师长：李宏达。副师长：侯梅、李上达。参谋长：项琤。

第四六九团团长：黄忠汉。

第四七〇团团长：李上达。

第四七一团团长：何宝松。

第九三军军长：卢浚泉。参谋长：严中英。

暂编第十八师师长：许义浚。副师长：龙泽汇。参谋长：杨健秋。

第一团团长：张中汉。

第二团团长：景阳。

第三团团长：李长雄。

暂编第二十师师长：李韵涛。副师长：李余生。参谋长：殷开本。

第一团团长：晏华。

第二团团长：苏向文。

第三团团长：曾铿。

暂编第二十二师师长：杨炳麟。副师长：万里浪。参谋长：阎仕彬。

第一团团长：庄煜然。

第二团团长：赵思齐。
第三团团长：严鼎。
暂编第十九师师长：龙绳武。副师长：白肇学。参谋长：甘艺。
第一团团长：龚炜光。
第二团团长：孙峻。
第三团团长：晋开元。
暂编第二十三师师长：潘朔端。副师长：黄愚生。参谋长：王轩。
第一团团长：杨世锷。
第二团团长：王世高。
第三团团长：苏景泰。
第九十三师师长：吕国铨。副师长：彭佐熙、梁一。参谋长：叶植楠。
第二七七团团长：吕维英。
第二七八团团长：罗伯刚。
第二七九团团长：彭程。
特务团团长：朱家修。
独立通信兵第五营营长：李树海。
中国宪兵第十三团第一营营长：金希文。
第一区兵站司令部司令：龙泽汇。参谋长：韩润珍。
中国空军驻越南地区司令部司令：宁明阶。
港口运输司令部司令：刘甲三。
顾问团：军政部代表邵百昌，财政部代表朱偰，经济部代表庄智焕，外交部代表凌其翰，交通部代表郑方珩，粮食部代表马灿荣。
军政部驻越南区特派员办公处：特派员邵百昌。
海外部办事处主任：邢森洲。
侨务处处长：萧文。
督察室主任：王之伍。
财政部驻越南代表办事处主任：朱偰。
经济部驻越南代表办事处主任：庄智焕。
外交部驻越南代表办事处主任：凌其翰。
交通部驻越南代表办事处主任：郑方珩。
粮食部驻越南代表办事处主任：马灿荣。
中国战区第一方面军美军司令部指挥官：嘉礼格准将 Brigadier General P.E.Golagher Commanding。参谋长：黑德森上校 Golanel W.m.Hutson ChieFstaFF。

第四节 各部队入越后之调动状况

各部队至九月二十四日止，大部均已到达河内及海防附近区域。我方面军司令部为准备接收，当即下达命令，要旨如后：

一、本方面军入越各部队现已陆续到达河内、海防附近。即应遵照总司令何命令：准备接受越南北纬十六度以北地区日军之投降。

二、第五十二军即集结海防附近待运。

三、第六十军即由河内出发，以铁道输送，进驻夫炎助越曾之线以南（线上属六十军）至北纬十六度以北地区，准备该地区之接收。

四、第六十二军即准备出发至梧州集结待命。

五、第九十三军即进驻越池、北宁、河内、南定、甘阳、太平、清化及和平间一带，准备该地区之接收。

六、各部队进入市区，应切实整队严肃军容，注意礼节，不得散乱行动。

七、各部队到达宿营地后，对需要物品，如必需向人民借用者，应由各单位主管统筹，向地方政府商借，分配使用。不得使官兵各自向人民强迫借取。

八、各部队到达宿营地后，严禁官兵外出，并即应妥慎部署警戒。对必要地点，应构筑相当工事，随时注意，以防不意之袭击。

九、各部队到达宿营地后，应特别注意环境卫生，不得任意便溺。

十、各部队到达驻地，对地方一切接收事宜，另候令施行。

十一、各部队给养，仍暂酌发代金，尔后由第一区兵站司令部推进仓库妥筹补给。

十二、各部队行动及到达驻地之分配暨警戒配备，应分别具报备核。

十三、方面军司令部即驻河内。

九月二十八日止，各部队行动及驻地如下：

第五十二军军部及第一九五师、第二师驻海防，第二十五师进驻海东。

第六十军军部及第一八四师，已由河内出发，正向义安以南地区以火车输送中。

第一八二师准备继第一八四师后跟进。

暂编第二十一师先头已达清化。

军部及第一五七师驻海防。

第一五一师驻谅山、同登、丸街。

第九五师驻河内、塔球、东摩、北江，准备出发，至梧州集结。

第九十三军军部及暂编第十八师驻河内。

暂编第二十二师一团向南定前进，主力驻河内。

暂编第二十师一部正由老街向河内前进中，主力仍在滇境，续向越境推进。

第九十三师正向龙蟠前进中。

暂编第十九师抵富流。

暂编第二十三师继暂编第十九师后跟进中。

十月六日止，各部队驻地及行军动态如下：

第五十二军全部集结海防，候船运大连。

第六十军大部正向义安、顺化、土伦一带输送中。

第六十二军奉命限酉东前集中海防。

军部及第一五七师已集中海防。

第一五一师驻谅山、高平、丸街，准备向海防集结。

第一九五师驻北宁、富浪沧一带，准备向海防集中。

第九十三军军部及暂编第十八师驻河内。

暂编第二十师主力抵勐康，第三团抵山西。

暂编第二十二师，各以一团分驻河东、嘉林、南定。

暂编第十九师第一团已到河内，续向谅山前进，接替第一五一师防务。师部及第二团抵越池，第三团抵安沛。

暂编第二十三师到达老街、富流、安沛一带。

第九十三师大部到达勐信、南他一带，奉命继续前进中。

十月十三日止，各部队行动及驻地如下：

第五十二军仍集结海防，准备在十月二十二日登轮启运。

第六十军军部及第一八四师主力驻顺化。

第一八二师主力向义安及其以南地区推进中，师部仍在河内，尚未出发。

第一八四师一部驻土伦。

暂编第二十一师驻宁平、清化。

第六十二军仍在原地，准备集结登船海运。

第九十三军除暂编第二十师一部抵山西，主力抵富流外，其余驻地未变动。

暂编第十九师主力分驻河内、山西、永安、富寿一带，第一州驻谅山、同登一带。

暂编第二十三师进驻老街至嘉林间地区。

第九十三师到达勐信、南他、龙蟠城，即就该地区停止待命。

方面军特务团、宪兵营及通信营均已到达河内。

第五十二军于十月二十九日开始登船，十一月三日全部船运离越。第六十二军亦于十一月十三日全部海运离越。暂编第十九师及第二十三师奉命并编入第六十军及第九十三军。是时，留越部队仅有第六十军、第九十三军及第九十三师，日俘亦已次第缴械完毕。方面军司令部为调整驻地，于三十四年十月二十八日在河内方面军司令部下达各部队命令，要旨如下：

一、本方面军为维持越南北纬十六度以北地区之地方治安，及管理缴械后之日俘各部队，应分区驻防，并扼交通要线、要点守备之。

二、各部队驻区，由各部自行就区内兵力适当部署之。

三、各部队即如下所示，服行任务：

（一）维持驻区内之治安。

（二）扼守区内交通要线及要点。

（三）保护驻区内之交通通信。

（四）监护区内所接收日军仓库。

（五）管理区内集中之日俘。

四、各部队在驻防区应加紧训练，严禁官兵外出，并妥慎部署警戒。

五、各部队限十一月十五日前移防完毕，并将移防情形具报。

六、第一区兵站司令部即遵照新部署配置仓库妥密补给。

七、方面军司令部即驻河内。

十一月四日，方面军司令部奉到委座戌江令一亨调电开“着第五十三军继续开越北、安沛、富寿一带，限戌有前到达”等因，当即分别转饬遵照。并当奉电时，荣二师已抵老街，乃令该师在第五十三军后续部队未到达越境前，负责老街至越池间之防务。

十一月十日止，各部队驻地及行动如下：

第六十军军部驻南定。

第一八二师驻河内、南定。

第一八四师各以一营分驻他克、沙望那克。主力驻土伦、顺化附近。

暂编第二十一师驻清化、义安。

第九十三军军部及暂编第十八师驻河内。

暂编第二十师驻山西、越池、谅山。

暂编第二十二师驻河内、海防。

第九十三师师部及第二七七团驻龙蟠城。

第二七八团驻南他。

第二七九团一部留佛海，余驻勐棒。

十二月初，第五十三军已全部到达越境，暂驻老街、越池、富寿、山西一带。十二月十日，我方面军司令部复奉到陆军总司令何亥虞辰诚良电要旨：

一、第六十军、第九十三军改归徐州绥靖公署之第二绥靖区，第一集团军孙渡序列。

二、第六十军、第九十三军所遗防务，着由第五十三军接替。并限亥感前接交完毕。

三、第六十军、第九十三军交防后，集结海防丸街，待船运青岛。司令部除将原电转令各部队遵照外，即调整防务。于十二月十二日下达第五十三军、第六十军、第九十三军及第九十三师、第一区兵站司令部之命令要旨如下：

（一）本方面军在越北接收任务现已完成，尔后我军即着重于越北地方秩序之维持。

（二）遵照陆军总司令何亥虞辰诚良电示，兹规定各部队任务行动如下：

1. 第六十军全部剋日以一师向丸街，主力向海防、涂山间地区移动。限亥感前集结完毕。所遗任务完全交由第五十三军接替。

2. 第九十三军暂编第二十二师，即在海防原地集结。军部及暂编第十八师、暂编第二十师暂集结于海阳、河内、山西各地区。所遗防务全交由第五十三军派队接替。

3. 第五十三军即如下列指示接替第六十军、第九十三军之全部任务：

① 以一师接替第六十军河东、宁平、南定、清化、义安、顺化、土伦间地区之任务。

② 以一师担任老街至河内间滇越铁道之警备,及接替第九十三军河内市之警备任务。

③ 以一师接替第九十三军高平、谅山、北宁、海阳、海防、丸街一带防务。

④ 各部队交接日期，除海防、海阳、丸街各地得在第六十军及第九十三军登轮前交接外，其余统限亥感前交接完毕。

（三）各部队交接时，对该区内之仓库应妥慎交代，并将交接情形会衔具报两份，以凭转报。

（四）各部队移动时火车运输，另令规定。

第九十三军原在十二月三十一日，奉委座亥卅令一亨调电，着该军即车运谅山，后改为徒步，开南宁、扶南一带，保护运储桂境之物资，限三十五年元月底以前到达。迄元月十二日，又奉委座子龙令一亨调电，该军免开南宁，应仍向海防集结待运。方面军司令部奉电后，均经分别转令遵照。二月四日，又奉陆军总司令何子世申谋任电，略开“（一）第一集团军及所属第六十军、第九十三军，开东北，暂归东北保安司令长官杜聿明指挥；（二）第一集团军第六十军、第九十三军，依次在海防集结，候美登陆船运往秦皇岛登陆”等因，当即分别转令遵照。

二月六日，复奉委座丑歌令一亨调电，略开：“（一）着第九十三军即车运谅山，后改徒步，开南宁、扶南一带，保护运储桂境之物资，限寅时前到达；（二）该军到达南宁后，归张主任指挥。”当即转令遵照出发。

第九十三军布方面军司令部转下电令后，当即准备，定于二月十五日开始出发。二月十九日，司令部又奉陆军总司令何丑铣西训谋任电，略开“（一）第六十军预定寅智由海防开始船运秦皇岛，但马匹不可装运；（二）第九十三军到南宁后，应即运广州，并开往九龙，预定卯月删日由九龙开始船运秦皇岛。务于寅月底到达九龙，以便注射防疫针。再，该军马匹不可装运”等因。同日，复奉委座丑皓令一亨调电，略开：“着第九十三军速即全部出发，抵南宁后，途中不可停留，即船运广州，转开九龙，限三月底以前到达，海运东北。除令后勤总部暨分令外，仰即转饬加强行军，须依限到达”等因。方面军司令部当即分别转令九十三军加速行军，依限到达。并为使该军达成任务，除调整海防、河内至谅山铁路，加速运输外，请军政部特派员办公处及饬第一区兵站司令部，派汽车四十辆加运部队至南宁，交由卢军长暂行使用，俟使用完后，负责送回河内。

第九十三军遵照出发后，先头部队暂编第十八师于三月一日抵宾阳军部，三月二日到南宁。暂编第二十二师先头部队，亦于是日到凭祥。暂编第二十师为该军最后部队，于三月十九日全部运完离越。该军到达九龙限期虽猝，但经该军努力排除困难，加速行军，卒能如期到达，候船北运矣。第六十军先后奉到方面军司令部转下委座及总司令何电令后，遵即集结海防、丸街，积极准备登轮。迄三月二十二日，开到自由轮一艘，该军首批五四五团一部，及第九前进仓库，官兵约计一二六三员名，即于二十五日开始登轮启运。尔后，则按第一八二师、第一八四师、军部及直属各队、暂编第二十一师先后秩序，陆续登轮输送。四月六日，第一八二师第五四四团之第三营，及第一八四师第五五二团（欠五六两连），开始登船，分乘登陆艇四艘，于七日晨由海防启运。四月九日，第一八四师第五五一团，及师属山炮营、辎重营、战炮连、工兵连、卫生队、野战医院、政治部，分乘登陆艇四艘，由海防启运。四月十二日，第一八四师师部及直属部队、第五五〇团、政治部、辎重兵营，第一八二师政治部，及第二十二、第二十四两兵站医院，第二中间仓库之一部、第二十前进仓库，共计官兵三〇一四员名，分乘两自由轮启运。四月十五日晨，军部及特务营、通信营、军野战医院、第二中间仓库一部、第一八二师汽车排等，计官兵一三八七员名，乘自由轮一艘，由海防启运。四月十六日。暂编第二十一师第二团（欠一营）、军工兵营，共计官兵一九五三员名，乘自由轮一艘启运，离海防。四月十八日，暂编第二十一师第二团（欠一营）、政治部、辎重营、汽车排、第六前进仓库，总计官兵一七〇九员名，乘自由轮一艘，由海防启运。四月二十三日，暂二十一师师部、直属炮兵营、通信连、特务连、师政治部、第一团第三营，计官兵四〇〇〇员名，乘自由轮一艘，由海防启运。该军至四月二十三日止，已全部运离越北。方面军司令部，及第五十三军暨第九十三师，奉命交防与法军后，班师回国。所有部队移动情形，概见第十九章第二节。

第三章　受降经过

第一节　日军代表至我方面军司令部洽降

我方面军接奉委座电令入越受降后，当即饬第六十军进占老街部队，通知越北日军司令土桥勇逸就降。土桥勇逸得到我军通知，遵命投降，派其参谋酒井干城中佐为代表，率三好秀男少佐及日翻译员一人，于九月一日乘该日军飞机前来接洽投降。我方面军司令部，事先派引导员于蒙自机场。是日十二时顷，该代表等到达蒙自，随我引导员转乘我军所备之飞机至开远，下午一时抵达，下机后，乘车至铁路饭店住宿。斯时，人民夹道而观。虽情绪激昂，但秩序甚佳。

九月二日，由方面军参谋长马瑛，副参谋长尹继勋，及滇南美军总部参谋长黑得森上校，在我方面军司令部礼堂接见该日军代表。一时三十分，酒井干城中佐、三好秀男少佐及日翻译一人，随我引导员至司令部，入礼堂向我军参谋长鞠躬致敬。我军参谋长问明其身份后，赐以座于礼堂之前，宣告致日军汉字第一号备忘录（原文见第二节）。

复由翻译员先后以英、日语翻译宣读。该代表等俯首敬听，表示诚心接受。谒见完毕，起立鞠躬。我军参谋长嘱其归回旅店候命。仍由我引导员引导出司令部，回铁路饭店住宿。是日凡昆明及各地各界首长人士，中外新闻记者，均远道前来参观，济济一堂。晚间举行庆祝会，热烈空前。此不惟为我方面军之光荣，亦为我国人之荣幸矣。

方面军为准备入越受降，使日军事先周密准备起见，于是日下午九时，再致土桥勇逸第二号至第五号备忘录四件，送交酒井干城中佐转达（原文见第二节）。

九月三日上午十一时，方面军卢司令官，传见酒井干城，询其转交土桥勇逸之备忘录五件，均是否完全了解，并嘱其须切实迅速遵办。酒井干城答陈已完全收到，并已全部了解，日军决遵照负责办理。司令官询毕，令其即刻准备出发，乘原机回越司令部，派先遣参谋及翻译等共十三人，由第二处谢处长崇琦率领，与该日代表等同机飞至河内，筹备司令部推进河内后一切事宜。

第二节 受降前致日军各项备忘录

当日军代表到我方面军司令部洽降时，我军为转达奉到最高统帅命令入越受降并为受降饬日军应准备办理之事项，曾致越北区日军司令官土桥勇逸备忘录五件。及至我方面军司令部到达越南，在未举行受降仪式前，为通知日军有关受降一切规定，复致日军司令备忘录五件。兹将先后致日军备忘录抄录如下：

中国战区中国陆军第一方面军司令部备忘录

（汉字第一号）

日期：大中华民国三十四年九月二日

致：驻越南北纬十六度以北地区日本军高级指挥宫七桥鸭逸将军

由：中国战区中国陆军第一方面军罚令部

事由：

（一）本人以中国战区中国陆军第一方面军司令官之地位，奉中国陆军总司令一级上将何应钦转奉中国战区最高统帅特级上将蒋中正命令，接受在越南北纬十六度以北地区之日本高级指挥官及其全部陆海空军与其辅助部队之投降。

（二）日本驻越南北纬十六度以北地区高级指挥官土桥勇逸将军，自接受本备忘录之日起，立即执行本司令官之一切规定，并应由土桥勇逸将军负责指挥该区日军之投降事宜。

（三）土桥勇逸将军于接受此备忘录后，关于下列事项，应立即对北纬十六度以北地区之日本陆海空军下达必要之命令：

（甲）对本司令官接收地区内（即第一项所述地区，以下同）所有之日本海陆空军及辅助部队立即停止一切敌对行为。

（乙）现本司令官所属部队已进入越境，凡本司令官所接收地区内之日本陆海空军及辅助部队，各就所在驻地，候本司令官所属之部队到达时，应立即命令负责交代地区后到达指定集中之地点。凡非本司令官所指定之部队指挥官，日本陆海空军不得向其投降缴械及接洽交出地区与交出任何物资。

（丙）对本司令官接收地区内所有日本陆海空军及辅助部队之武器弹药、航空器材、车辆及一切建筑物暨军事设施、以及文献档案、情报资料等，应即妥为保管，不得移动，并应绝对保持良好状态，由土桥勇逸将军负其全责，听候本司令官派员接收。

（丁）在本司令官接收地区内所有日本陆海空军，应各就现在驻地负责维持地方良好秩序，迄至本司令官所指定之部队及负责长官到达接收为止。在此期间内绝对不得将行政机关移交非本司令官所指定之行政官吏或代表人员。

（戊）对本司令官所接收地区内同盟国被俘及被扣之官兵人民，应立即恢复自由，并充分补给其衣食住所及医药等，并准备遵照本司令官之命令送达指定地点。

（四）为监视日本军执行本司令官之一切命令起见，特派本部副参谋长少将尹继勋先到河内设立本司令官前进指挥所。凡尹继勋少将所要求之事项，应迅速照办。

（五）土桥勇逸将军亲自向本司令官接受有关日本陆海空军投降实施之正式手续，其时间与地点另行通知。

中国陆军第一方面军司令官陆军上将衔　卢汉

本备忘录交土桥勇逸将军之代表酒井干城中佐送达土桥勇逸将军。

中国战区中国陆军第一方面军司令部备忘录

（汉字第二号）

日期：大中华民国三十四年九月二日

致：驻越南北纬十六度以北地区日本军高级指挥官土桥勇逸将军

由：中国战区中国陆军第一方面军司令部

事由：

（一）依据本司令官致贵官汉字第一号备忘录第二项之所定，特将关于本军进入本司令官接收地区及接收贵官所鉴定之投降条款时所必须之事项规定如下：

1. 本司令官接收地区内之陆海空军及辅助部队应到达下列地区集中：

Ⅰ. 日本陆军应逐次向助波、河内以南地区及海防东北地区集中。

Ⅰ. 日本海军应集中于海防。

Ⅱ. 日本空军应集中于河内机场。

上列三项，贵官应尽速对所属部队发布命令，俾一体遵照。

2. 所有日军之地雷与敷雷区及其他对陆海空军障碍物，不论布置于何处，应由贵官负责命令所部彻底清除之。在此工作完成以前，其他安全路线地区，亦应明白标示。

3. 老街至河内间交通，贵官应集合所有之铁路设备及车辆并各水道之船只汽艇，以便运载本军及其一切军备进入河内。上述之设备应由贵官派定交通指挥官一员，在老街附近受本司令官所指定人员之指挥，以便加速一切军事调动。

上述所需之铁路、车辆、船只、汽艇应由贵官派员负责指导，安全抵达目的地。

4. 贵官应集中所有之运输汽车器材于一适中地点，听候运送本军，以便利本军之迅速调动。该项汽车运输站之管理人员，应受本司令官所派之参谋人员指挥。

5. 贵官应于本军进入本司令官接收地区时，供结充分之通讯设备及便利。

6. 贵官应于本军进入本司令官接收地区时，尽量供给食住之便利。

7. 贵官应切实执行本司令官汉字第一号备忘录所规定之一切事项及以后本司令官所发布之一切命令。

（二）所有上述规定事项，应于贵官接到此项备忘录时，立即遵照实施。

中国陆军第一方面军司令官陆军上将衔　卢汉

本备忘录交土桥勇逸将军之代表酒井干城中佐送达土桥勇逸将军

中国战区中国陆军第一方面军司令部备忘录

（汉字第三号）

日期：大中华民国三十四年九月二日

致：驻越南北纬十六度以北地区日本军高级指挥官土桥勇逸将军

由：中国战区中国陆军第一方面军司令部

事由：

（一）依据本司令官致贵官汉字第一号备忘录第二项之所定，特再将关于贵官及所属对本军前进部队抵达河内接收投降时一切必须事项规定如下：

1. 在河内附近之日本陆军及辅助部队，应于本军前进部队抵达河内之前二十四小时内撤离河内附近（离河内市区五十公里以外），所有宪警，应留守维持治安，避免发生意外事件与阻击及其他暴行等事件。同时禁止人民集体滋事。非武装军人若必要留守帮助维持治安者，不在此例。所有维持治安之宪警，仅准其携带小型武器。

2. 本军前进部队及本国空军与盟国空军着陆河内机场时，应由贵官作安全程序之适当保证。

3. 本军前进部队进驻河内时所有之人员与军备，应得相当之安全与保护。

4. 为完成本军前进之任务，日军应供给各种便利与表示各种礼貌。

5. 如本军官员因事相访时，应有相当之警卫。

6. 当本军部队抵达河内时，贵官应该派遣高级官长一员，负责协助一切。

7. 贵官应备就必需之向导员与译员，听从服务。

8. 贵官在河内区域内，应供给汽车运输与道路标示之设备。

9. 贵官应在洽商地点之附近，准备适当之住宿设备，以便利本军前进部队之官兵。

10. 本军前进部队抵达河内时，贵官应从速准备开始投降洽商签字事宜。

11. 贵官应执行在开远洽商时所决定之任何必需追加事宜。

（二）所有上述规定事项，应于贵官接到此项备忘录时即遵照实施。

中国陆军第一方面军司令官陆军上将衔　卢汉

本备忘录交土桥勇逸将军之代表酒井干城中佐送达土桥勇逸将军

中国战区中国陆军第一方面军司令部备忘录

（汉字第四号）

日期：大中华民国三十四年九月二日

致：驻越南北纬十六度以北地区日本军高级指挥官土桥勇逸将军

由：中国战区中国陆军第一方面军司令部

事由：

依据本司令官致贵官汉字第一号备忘录第四项所定，特再将关于前进指挥所先遣参谋组人员指定如下：

本司令部特派驻河内前进指挥所主任陆军少将副参谋长尹继勋未到达河内之前，兹派本部参谋谢崇琦为先遣参谋组组长，率领军官十二员，克日乘机陪同贵官代表先到，准备前进指挥所驻河内之一切事宜，以贵官于奉到此备忘录时应供给各种便利，并应得到相当之安全与保护。

中国陆军第一方面军司令官陆军上将衔　卢汉

本备忘录交土桥勇逸将军之代表酒井干城中佐送达土桥勇逸将军

中国战区中国陆军第一方面军司令部备忘录

（汉字第五号）

日期：大中华民国三十四年九月二日

致：驻越南北纬十六度以北地区日本军高级指挥官土桥勇逸将军

由：中国战区中国陆军第一方面军司令部

事由：

（一）依据本司令官致贵官汉字第一号备忘录第二项之所定，特再将关于越南北纬十六度以北地区内之交通、通讯及有关必需办理之事项，分别规定如下：

I. 公路

1. 各公路路线图与各公路桥梁之种类、路基、涵洞等之现状及其说明。
2. 各公路军用能行驶之各种车辆及其数量。
3. 各公路修车场之地区、设备及其现状。
4. 各种油料之储存地点及其数量。

Ⅱ. 铁路

1. 各铁路路线图与路基、桥梁、涵洞等之现状及其说明。
2. 各铁路机车、客货车，能用之数量。
3. 各铁路线上附设之通信设备之现状。
4. 各修车厂之地点、设备及其现状。
5. 行车燃料、油料及轨道材料之屯储地点及其数量。

Ⅱ. 通信

1. 有线电报、电话线路图及其状况。
2. 各军用、民用无线电报、电话台之地点、电力、呼号、波长、电路及其现状。
3. 各军用、民用有线电报、电话机械种类、数量及其装设地点。
4. 各城市市内电话之程式、用户号数及其现状。
5. 各地广播电台之程式、电力、波长、呼号及其现状。

Ⅳ. 内河

各内河河流军用能行驶之汽艇、木船及其数量。

（二）各铁路、公路电信服务主管及人员之人数及其国籍。

（三）本司令官所接收地区内所有日本或在管辖下之各种交通机构，均应保持良好状态，不得损坏或移动。贵官于接到此项备忘录后，应立即造列完全而详细之报告、图书、表册。

（四）本军入越部队所需粮秣，应由贵官负责补给。如米质霉坏者，应禁止交付，以维官兵健康。

（五）本司令官所接收之地区内，关于电灯照明及自来水等项，均应保持良好状态，不得损坏，并由原有主管人员继续负责。

中国陆军第一方面军司令官陆军上将衔　卢汉

本备忘录交土桥勇逸将军之代表酒井干城中佐送达土桥勇逸将军

中国战区中国陆军第一方面军司令部备忘录

（汉字第六号）

日期：大中华民国三十四年九月二十二日

致：驻越南北纬十六度以北地区日本军高级指挥官土桥勇逸将军

由：中国战区中国陆军第一方面军司令部

事由：案奉中国战区中国陆军总司令部电令开：

"根据盟军最高统帅麦克阿瑟将军规定：

（一）日军缴械时不举行收缴副武器之仪式。

（二）日军代表于正式投降时不得佩带军刀。

（三）凡日军所有军刀均应与其他武器一律收缴，一俟正式投降后，日军即不得再行佩带军刀。

以上规定，在中国战区及越南北纬十六度以北地区，一律适用。"

等因，特此送达，即希贵官知照，并转饬所属部队遵照。

中国陆军第一方面军司令官陆军上将衔　卢汉

本备忘录交酒井干城转土桥勇逸将军

中国战区中国陆军第一方面军司令部备忘录

（汉字第七号）

日期：大中华民国三十四年九月二十四日

致：驻越南北纬十六度以北地区日本军高级指挥官土桥勇逸将军

由：中国战区中国陆军第一方面军司令部

事由：

顷据贵军派来伊藤少佐今（二十四日）午前三时报称："越盟党阴谋杀害在河内市之法国人民"等语。查本军在未接收河内市警备之一分钟前，如有危害地方治安之事件发生，均应由贵官仍负责任。即希遵照办理为要。

中国陆军第一方面军司令官陆军上将衔　卢汉

本备忘录由本方面军前进指挥所主任尹继勋少将交日本官兵善后联络部联络官三泽昌雄大佐转土桥勇逸将军

中国战区中国陆军第一方面军司令部备忘录

（汉字第八号）

日期：大中华民国三十四年九月二十五日

致：驻越南北纬十六度以北地区日本军高级指挥官土桥勇逸将军

由：中国战区中国陆军第一方面军司令部

事由：

兹规定本司令官接收驻越南北纬十六度以北地区日军投降之地点、日期、时间及日军投降代表人及日军投降出席人员如次：

（一）地点：越南河内中国陆军第一方面军司令部。

（二）时间：大中华民国三十四年九月二十八日午前十时。

（三）越南北纬十六度以北地区日军投降代表人：日本陆军中将土桥勇逸。

（四）日军投降出席人；日本陆军第三十八军第二十一师团师团长陆军中将三国直福，日本陆军第三十八军独立第三十四旅团旅团长陆军少将服部尚志。

中国陆军第一方面军司令官陆军上将衔　卢汉

传达法：本备忘录由本方面军河内前进指挥所主任尹继勋少将交日军联络官三泽昌雄大佐转交土桥勇逸将军

中国战区中国陆军第一方面军司令部备忘录

（汉字第九号）

日期：大中华民国三十四年九月二十五日

致：驻越南北纬十六度以北地区日本军高级指挥官土桥勇逸将军

由：中国战区中国陆军第一方面军司令部

事由：

（一）交通：铁路、公路、航政、港务及通信（有无线电报、电话、广播电台及邮政）；

（二）财政：中央及地方之主计、审计、收支及借贷；

（三）金融：银行、钱庄、金店及交易所；

（四）产业：工矿、水电。

上述四项之各部门，贵军所派监督人员之人数、任务、驻地（详列铁路上之驻在局所）暨派遣监督之理由，务希于收到本备忘录后，即日见复为要。

中国陆军第一方面军司令官陆军上将衔　卢汉

本备忘录由本方面军前进指挥所主任尹继勋少将交日军联络官三泽昌雄大佐转达土桥勇逸将军

中国战区中国陆军第一方面军司令部备忘录

（汉字第十号）

日期：大中华民国三十四年九月二十六日

致：驻越南北纬十六度以北地区日本军高级指挥官土桥勇逸将军

由：中国战区中国陆军第一方面军司令部

事由：

（一）越南北纬十六度以北之日军全部，应即各就现在驻地，听候本司令官指定负责主管接收。

（二）日军对于应交接人员、武器、仓库及所有物资机构，一切须分别造具表册各四份，交本司令官所指定之接收主管验收后呈核。

（三）日军在交接期间，应严守纪律，对公私机关财产物资不得破坏。但未接收之仓库物资，仍由日军保管，听候接收。

（四）日军于交接后，即仍驻原地候令。

中国陆军第一方面军司令官陆军上将衔　卢汉

本备忘录由本方面军前进指挥所主任尹继勋少将交日军联络官三泽昌雄大佐转交土桥勇逸将军

第三节　举行受降仪式

九月二十八日上午十时，在河内我方面军司令部大礼堂举行受降仪式。礼堂四周悬挂中、美、英、苏四强国旗，布置严肃。我政府各部、会代表及我驻越侨民机关首长，滇南美军司令嘉礼格少将、参谋长黑得森上校与其所属美军官，法远东军司令亚历山大，暨越南各首长人士，中、美、澳、越各国新闻记者，均临场观礼，统计来宾约五百余人。仪式开始前，由我方面军司令部第三处处长杨家杰少将将越北日军投降代表第三十八军司令官土桥勇逸中将、第二十一师团师团长三国直福中将暨独立第三十四旅团旅团长服部尚志少将三人引导至方面军司令部。我方面军司令官为受降主官，坐于礼堂中央，参谋长马瑛、副参谋长尹继勋陪坐两侧。日军投降代表步入礼堂，向我受降主官鞠躬致敬。我军受降主官，即向该投降代表下达汉字第一号训令，并用英、日语翻译宣读。宣读完毕，土桥勇逸签字于受领证，表示敬谨领受。仪式举行完毕，仍由杨家杰少将将该投降代表等引导归回日本军司令部。自本日举行受降仪式后，我军即开始接收工作，完成受降任务。回忆日军自谋侵略我国以来，我国军事外交，历次失败，备受日军欺凌，订立二十一条约，置我四万万人民于万劫不生之地。相继“九一八”日军以不战而取得东三省，于是日军兽性大发，至“一·二八”幸经我英勇之十九路军予敌寇当头迎击，至此敌始未敢轻视。奈何倭寇野性难驯，卒于“七七”发动其真面目之侵略战，陷全世界于悲惨之境，残害我无数人民生命财产。观日敌数十年之威风，及八年侵略战之凶暴，孰知彼亦有今日之俯首乞怜。我中华民国，向以和平仁爱为宗旨，不咎既往，宽大为怀。此次我军受降，亦本国际人道与正义，仍予敌酋以宽待。此日军酋及其官兵人民，亦当有所感激而知悔悟矣。

附录：下达土桥勇逸第一号训令及土桥勇逸所具受领证如下：

下达土桥勇逸第一号训令

中国战区中国陆军第一方面军司令部

（第一号训令）

中华民国三十四年九月二十八日

一、日军驻华派遣军司令部总司令官冈村宁次大将已遵日本帝国政府及日本帝国大本营之命令，率领在中国（东三省除外）、越南北纬十六度以北、台湾、澎湖列岛之日本陆海空军，于中华民国三十四年九月九日在南京签具降书，向中国战区最高统帅特级上将蒋中正特派代表中国陆军总司令一级上将何应钦无条件投降。

二、遵照何总司令命令及何总司令致冈村宁次大将中字第一号备忘录，指定本司令官及本司令官所指定之部队接受越南北纬十六度以北地区日本陆海空军及其辅助部队之投降。

三、自中华民国三十四年九月二十八日午前十时起，以后本司令官对于贵官之一切行文，用训令或命令。

四、在九月二十八日午前十时以前，本司令官送达之汉字第一号至第十号备忘录除以后另有命令变更者外，一律视同命令，切实遵行。

五、本训令接收后，贵官应以最速方法，转达于越南北纬十六度以北地区之日本陆海空军，即自九月二十八日午前十时，完全受本司令官节制指挥。

六、贵官应于九月二十八日将第三十八军司令官名义取消，并自明（二十九）日起改称越北区日本官兵善后联络部部长。

七、越北地区日本官兵善后联络部之任务，为传达及执行本司令官之命令，办理日军投降后之一切善后事项，不得主动发布任何命令。

中国陆军第一方面军司令官陆军上将衔　卢汉

传达法：由中国陆军第一方面军司令官陆军上将衔卢汉面交驻越南北纬十六度以北日军高级指挥官陆军中将土桥勇逸

土桥勇逸所具受领证（原文及签字已呈陆总部备案）：

受　领　证

今谨收到

中国陆军第一方面军司令官第一号训令一份，当遵照执行，并立即转达所属各部队之各级官长士兵遵照。对于本训令及以后下达之一切训令、命令，本官及所属各部队之全体官兵，均负有完全执行之责任。

驻越南北纬十六度以北日本军高级指挥官土桥勇逸中将

中华民国三十四
昭和二十　年九月二十八日于越南河内谨签

接受日军投降代表受降典礼中摄影
左：尹继勋　中：卢汉　右：马瑛

第四章 盟军战俘之处理

第一节 集中营

越北盟军战俘集中地点及人数如下：

一、河内市大兵营，为日军所设之印度支那临时俘虏收容所。共集中有法籍战俘四千四百零四名。其中十二名为高级军官及重要行政官吏，如维琪政府派驻越南之陆空军司令官、参谋长及东京区民政长、河内市市长等，其余均系中下级军官及士兵。

二、嘉林机场附近，为日军所设印度籍战俘集中营。营内收容有自新加坡运来之印度籍战俘二百八十七名，均系上尉以下之下级军官及士兵。

三、海防日军所设集中营，有法籍俘虏一百四十名。其中十三名为军人，余均系在海防被俘之行政人员及普通平民。

第二节 接收释放及遣送

我方面军入越受降，对于盟军战俘之迅速恢复自由，极为注意。乃于受降仪式举行后之次日，即指派司令部副官处处长曾恕怀、办公厅秘书陈常、赵康节、李乾元、傅树人、董宁川等组织接收盟军战俘委员会。并指定曾恕怀为主任委员。该会成立后，即与美军第五处战俘组诺林格上校（Colonel Norlingan）会同前往接收越北区盟军战俘。并分别派员至各集中营慰问，宣布自即日起恢复各集中营战俘自由，取消集中营名义，改称居留处，由我军派兵保护警卫。居留处所居留之人员，自行推定高级官员一员，负责暂时管理。给养由我军供应。其中有家室在外居住或觅有住地者，准予发给身份证先行释放，脱离居留处。其本国政府有通知遣送回国者，即分别道送回国。兹将各集中营释放遣送详情分述于后：

一、河内大兵营内之集中营：我军接收该集中营后，查其中集中人员有家可归者，或法国代表自愿接收遣送者，共计一千二百五十八人。当即首先释放。其余三千一百四十六人，随后陆续释放，或交回法代表处理。该营内有法籍高级军官及重要行政官员十二人，法代表曾奉法政府命令须送回本国审讯战败责任。当移交法代表自行用飞机遣送回法。

二、嘉林集中营：我军接收后，当通知英国驻越代表，电请英政府派轮前来接运。

故该印籍战俘，当时仍暂住居留处待船。其中有士兵四名，因患肺病；不能乘坐轮船，准由医官一员率领，于十月十四日先行由美国飞机遣送返印。其余二百八十三名，亦于十月十八日自嘉林乘火车至海防，搭英政府派来之接俘船，全部载运返印。

三、海防集中营：该处被拘之法籍战俘，均在海防市区有家可归者。故我军于接收后，即电令警卫该处第六十二军，准予立即释放，各回原地居住。

第五章　解除日军武装及接收日军品物资

第一节　各部队任务区分及接收办法

一、任务区分

方面军司令部为遵照陆军总司令何命令，迅速完成受降任务。自举行受降仪式后，即着手解除日军武装，接收其武器弹药及一切军用征用物资。兹将各部队接收任务及接收顺序区分如下：

（一）第六十军万军长保邦，为义顺区接收主官，指挥该军所属各部队，负责解除夫炎助越曾之线（线上属该军）以南至北纬十六度以北地区日本海陆空军及其辅助部队之武装。并接收该区日军之武器弹药，及一切军用征用物资与所设置之机构。

（二）第九十三军卢军长浚泉，为南河区接收主官，指挥该军所属各部队，负责解除越池、北宁、甘阳、太平、清化、和平间地区日本海陆空军及其辅助部队之武装。并接收该地区日军之武器弹药，及一切军用征用之物资与所设置之机构。

（三）第五十二军赵军长公武，为海防区接收主官，兼接收委员会主任。军政部涂组长善祥，为副主任。指挥所属各部队，解除太原、北宁、甘阳、太平之线（线上属九十三军）以东地区内日本海陆空军及其辅助部队之武装。并接收该区日军之武器弹药，及一切军用征用之物资与其所设置之机构。

第五十三军因奉命即将启航北运，故为该军尔后出发便利起见，除接收日军海防、海阳防务外；所有接收物资军械、着由接收委员负责加封，派队看管，俟另派部队接防时再行交待。

（四）以上各项，自令到之日起，由各该接收主官主任即下令各该地区内日军主官分别实施。

（五）各地区即按以下顺序接收：

第一阶段：接防地区之治安警戒。

第二阶段：接收仓库。

第三阶段：接收战俘集中营及其他。

第四阶段：解除日军武装，接收武器弹药。

（六）各部在接收前，饬日军将所接收物资及机构等，详细造具表册各四份，各部队根据此项表册验收，然后呈报方面军司令部三份，以便分别转报备案。

二、接收办法

我方面军司令部为慎密接防与接收计，当规定各项办法及注意事项如下：

（一）关于地区接防应注意事项：

1. 各部队接防时应与日军妥为交代。

2. 日军原警戒部署如有不适当及不周详者，应另行妥为部署之。

3. 警戒配备应按交通要点、重要机关分别配置。

4. 在每一地区，应分别控置机动部队及交通工具于适当地点，以备随时出动。

5. 在各防区及各城市内，应随时派出巡查及谍员，实施纠查及侦察军民间一切有妨碍我军之行动。

6. 各部队官兵除因公外，一律禁止外出，并不得散漫行动。

7. 各部队所派之外卫兵，应选老练精干之士兵充当。

8. 注意礼节，整肃军容，严督官兵切实遵行。

9. 对接防区域内一切公私财产，不得任意破坏。

10. 对接防区内人民与地方政府，不得任意滋扰。

11. 各部队接防完毕后，即将警戒部署，绘具图表呈核。

（二）关于接收战俘集中营及营妓等应注意事项：

1. 关于战俘集中营及营妓等，接收应妥为清点之。

2. 接收后，战俘集中营着暂住原地候令交回属国派员领回。在未交回前，仍应由该接收部队妥为管理监视。

3. 营妓应由接收主官指定地点集中，候命处置。

4. 对所接收战俘及营妓等不得虐待。

5. 接收后，应将接收情形并接收人数造具清册呈核。

（三）军政部规定接收武器、军械仓库办法：

1. 日军所缴武器及军械仓库，由受降部队先行接收。造册报由特派员办公处派主管人员会同接收部队查验后，仍暂由原接收部队负责保管。候由军政部统筹集中地点，派库接收。

2. 接收军械所需工具及必需经费，由特派员办公处依照实际需要核实拨发。

3. 日军兵工厂，由我军政部兵工署分区指派专员办理。

4. 日军所设置之兵工厂，其接收人员及计划，由军政部兵工署选派，并另拟定之。

5. 军政部派越南区之兵工署人员，对日军军械之收缴，仅能负监督检验之责。实施收缴及收缴后短期保管，应请当地驻军负责。

（四）关于非军械物品仓库等接收应注意事项：

1. 各部队于接收时，应饬日军造具清册，以为验收根据。

2. 所有非军械物品，应分别堪用、待修、不堪用等造册检验。

3. 接收后，应妥为配置警戒看守。特须注意奸徒破坏。

4. 所接收物品，非有命令，该接收部队不得取用。

5. 接收后，应将接收情形及接收物品，分别呈报核备。

（五）各种军需品料及其厂库接收应行准备事项：

1. 被服装具部分：

（1）被服装具及阵地营具等，应分堪用（新品）、待修（旧品）、废品、造具表册，俾易清理（附表式一）。

（2）服装捆包，冬服以二十五套、夏服五十套、军帽一千顶、绑腿五百付为一捆（包），以便转运。

2. 粮秣部分：

（1）人员之主食（如大米、面粉、小米等），副食（罐头、注明名称：干菜、糖、盐、酱、醋及其他味品等），携带粮秣（如精米、面包、干饼、各种罐头等），马秣（如豆类、面皮、谷类、稻麦梗等），均照附表式二、三填报。

（2）人粮马秣数量，一律以公斤为计算单位。

（3）包装分量应求一致，以便计算。

（4）每一粮秣仓库准备标准（公斤）秤若干，以备应用。

3. 营缮部分：

（1）营缮材料及营舍用具，分别单位、数量、用途、存放地点、列表注明，以便核收（附表式四）。

（2）所有营舍，须绘附详细图表，加以说明，以便接管（附表式五）。

4. 军需厂库部分：

（1）各军需工厂（被服、纺织、颜料、机器、皮革、粮秣、锯木等厂）及仓库之名称、地点、性质、面积、建筑年月、员工数目、生产量、动力等详为填报（附表式六）。并拣附图表，加以说明。

（2）军需仓库之附属机器零件，应另备表册列报（附表式七）。并照军政部接收办法实施。

5. 一般事项：

（1）所有服装、成品、材料、粮秣（人员主副食及马干）、营缮器材等，应尽可能限期指定集中于河内、海防、顺化三处之附近仓库（以不过于分散为原则），以利点收。

（2）各种表册所列物品名称，应用中日两国文字以便核对。

（3）物品集中之仓库地点，应令日方选择其通风干燥之房屋存放，借防霉蛀。

（4）其他非军需品料之零星物品，应分开列册。

（5）各项表册图表，一律缮五份，以凭存办。

〔按：所列表册式样，其内容已具文中，免附〕

（六）武器弹药接收办法：

各项武器弹药、以集中点交为原则，其集中地点以交通便利易于保管及警卫者为宜。并应将武器、弹药、器材按一、新品，二、堪用，三、待修，四、废坏四种素质分类存储，分类造册（五份），以利交接，附册式一份。

〔按：所列表册式样，其内容已具文中，免附〕

（七）军用通信机构器材机件详细表，分有线电类及无线电类两大类。下分品名、单位、数目、何国制造、商标、已使用日期、现能否使用、备考等栏。令日方依照表式绘制。

（八）马匹及军医兽医卫生器材接收办法：

1. 马匹交接，并须附马匹清册五份。马册须包括号码、马名、毛色、年龄、体高、品种（日本种、蒙古种、越南种）、特征、产地等项。

2. 军医、兽医及蹄铁、日用马具等项，可分别移交于接收部队之军医官及兽医官分储存及日用两部移交，其储存未动者，可尽先移交，其正在病院、病马厂、蹄铁厂、日常使用者，可交接管病院及病马厂之军医官、兽医官点收之。药材名称，以中文册四份及英文册一份为限。

（九）车辆、燃料、汽车、器材及修车机器、工具等接收办法：

1. 集中地点：河内、海防、顺化等三处。

2. 接收手续：（甲）数量点收。（乙）质量检验。

3. 应附表册：

（1）车辆

① 车辆交接清册五份(附格式一)。

② 车辆交接检验表各册五份(附格式二)。

（2）燃料

① 燃料交接清册五份(附格式三)。

② 听筒交接清册五份(附格式四)。

（3）汽车器材

① 汽车新器材交接清册(包括各种原料及车胎)五份(附格式五)。

② 汽车旧器材交接清册(包括各种废料及车胎)五份(附格式六)。

（4）修车机器工具

① 汽车修理新机器清册五份(附格式七)。

② 汽车修理旧机器清册五份(附格式八)。

4. 接收后保管

接收部队于接收后，应派汽车技术人员妥为保管，以免意外损耗。

〔日军车辆交接清册、日军车辆交接检验表、日军燃料交接清册、日军听筒交接清册、日军汽车新器材交接清册、日军汽车旧器材交接清册、日军汽车修理新旧机器清册等格式各一份，见以下各交接物资清册中，免附〕

第二节　下达日军解除武装及缴交军品物资命令

民国三十四年九月二十八日，我方面军司令部为令饬日军解除武装及缴交军品物资，下达日军面字第一、二、三、四、五号命令如后：

一、令日军遵照我军所指定各部队接收主官，听候接收。

中国陆军第一方面军司令部命令

（面字第一号）

中华民国三十四年九月二十八日上午十时于河内

（1）夫炎助越曾之线（含以南），至北纬十六度以北地区，及日本陆海空军及其辅助部队，着交本司令部所指定之第六十军军长万保邦及其所指定之部队接收。

（2）越池、北宁、甘阳、太平、清化、和平间地区，及日本陆海空军与其辅助部队，着交由本司令官所指定之第九十三军军长卢浚泉及其所指定之部队接收。

（3）太原、北宁、甘阳、太平（不含）之线以东地区，及日本陆海空军及其辅助部队，着交由本司令官所指定之接收委员会主任委员、第五十二军军长赵公武，副主任委员军政部特派处少将组长涂善祥接收。

（4）所指定区域外之各地区及各小单位部队与仓库物资，着仍旧妥为负责看守，另候命令指定人员部队接收。

右令

越北区日本官兵善后联络部部长土桥勇逸

中国陆军第一方面军司令官陆军上将衔　卢汉

传达法：笔记，派军官送达。

二、规定接收械弹办法。

中国陆军第一方面军司令部命令

（面字第二号）

中华民国三十四年九月二十八日上午十时于河内

（1）各接收主官及其部队接收日军武器、弹药、装具、器材时，日军须将所有应交接武器、弹药、装具、器材等分存于交通便利、不致损坏之住所，以便验收保管。

（2）所有械弹、装具、器材等，应分别堪用、待修、不堪用等，详为注明。并造具表册四份，交由接收主官转呈核备。

（3）如有爆炸性之物品，应另为储藏，以便保管。

（4）交接时，其详细规定及表册式样如附册。

右令

越北区日本官兵善后联络部部长土桥勇逸

中国陆军第一方面军司令官陆军上将衔　卢汉

附各种军需品料及其厂库应行准备事项及表册格式一册，武器弹药接收办法，及表式一份（见本章第一节）。

传达法：笔记，派军官送达。

三、规定日军通信办法并饬呈缴密码本。

中国陆军第一方面军司令部命令

（面字第三号）

中华民国三十四年九月二十八日上午十时于河内

（1）本方面军应接收地区内之通信、在本司令官所指定接收人员未完全接收前，仍着由日军照常维持。

（2）该军此后如必须与有关方面通信时，须呈请本司令官及各接收主官核准，方可发出。

（3）该军一切通信，绝对禁用密码。

（4）该军以前所用密码本，应呈缴接收主官接收。
（5）本司令官所指定接收主官接收所有通信时，其接收办法如附册。

右令

越北区日本官兵善后联络部部长土桥勇逸

中国陆军第一方面军司令官陆军上将衔　卢汉

附通信机构及器材机件等接收办法一册（见本章第一节）。

传达法：笔记，派军官送达。

四、规定马匹、军医、兽医、卫生器材及车辆、燃料等接收办法。

中国陆军第一方面军司令部命令

（面字第四号）

中华民国三十四年九月二十八日上午十时于河内

兹规定马匹及军医、兽医、卫生器材接收办法及车辆、燃料、汽车器材及修车机器、工具等接收办法各一件，如附册，仰即遵照实施。

右令

越北区日本官兵善后联络部部长土桥勇逸

中国陆军第一方面军司令官陆军上将衔　卢汉

（附件如文，见本章第一节）

传达法：笔记，派军官送达。

五、规定盟军战俘及日本公私财产等之接收，并饬查报日军所设之交通障碍。

中国陆军第一方面军司令部命令

（面字第五号）

中华民国三十四年九月二十八日上午十时于河内

（1）该部应将盟军战俘移集于各该区交通方便及安全之地点，分别国籍，造具名册。在未接收前，仍照常供给衣食住所及医药，并选资深官长或由战俘自举代表，维持一切秩序，候由本司令官所指定之接收主官接收。

（2）各地区日本现有侨民营办商行、公司、工厂、学校、地方机关等，及其主管人员驻在地址，应详为列表，呈交接收主官，听候接收。

（3）各地区日军曾占领之公私财产，应将其原主及所在地址、现在管理人员，详细列具清册，妥为保管，听候接收。

（4）各地区或城市日军所设地雷及一切交通障碍物，并安全通道警戒方法等，详细列表绘图，并于现地确实标明，呈交各该地区接收主官。

右令

越北区日本官兵善后联络部部长土桥勇逸

中国陆军第一方面军司令官陆军上将衔　卢汉

传达法：笔记，派军官送达。

第三节　接收日军品物资数量及处理情形

各部队接奉方面军司令部解除日军武装及接收日军品物资命令后，即开始进行接收工作。第九十三军负责接收南定、河内、越池等区域，于九月二十九日开始，十月十一日接收完毕。第六十军负责接收土伦、顺化、义安等区域，于十月十三日开始，十月十七日接收完毕。第五十二军及接收委员会负责接收之海防区，于十月五日开始，十月十日接收完毕。惟高平、谅山、富浪沧一带，因第五十二军奉令即日登轮启运，故另由第九十三军暂编第二十二师派队前往继续接收，于十月二十七日始全部接收完毕。关于接收之军粮及副食品，已全数补给入越各机关部队。武器弹药除以九四式山炮、与炮弹一部奉命配发第六十军、第九十三军作编炮兵营之用外，其余概交军政部特派员办公处输运回国。俟因法军在海防强行登陆，法军以兵舰炮向我储存军火仓库射击；命中起火，以致大部销毁，其他糜烂之服装及废品等；当由特派员办公处招标拍卖。

此次我军入越受降，为求迅速完成任务起见，在部队到达未几，即着手办理接收。日军感我军待以严正，待以仁爱，对我颇为崇敬。所有接收命令，奉行惟谨，所有接收规定，均能恪遵，故接收顺利，一月之内，即接收完竣。奈何我运输困难，所接收军品、物资未能早日运载回国。尔后法军强行登陆海防，炮击我军火仓库，损失颇巨，再因限期交防，奉令将未运完物资移交法军保管，良可慨也。

兹将各部队接收之武器、弹药、军粮、被服、装具、车辆、燃料及一切军用品数量等，附录于后：

中国陆军第一方面军收缴越北区日军武器数量统计表

名称	单位	收缴部队番号及其数量			合计	备考
		五二军	六十军	九三军		
三八式步枪	支	4,218			4,218	
各式步枪	支		274	5	279	
三八式步骑枪	支		1,098		1,098	
各式步骑枪	支			313	313	
佛制步铳	支	379			379	废品
骑枪	支	775	4		779	
三八式骑枪	支			1,965	1,965	
九九步枪	支			116	116	

（续表）

名称	单位	收缴部队番号及其数量			合计	备考
		五二军	六十军	九三军		
四四式步枪	支			9	9	
杂铳	支	151			151	
一四式拳铳	支	398		51	449	
各式拳铳	支	327	440	811	1,578	
自动拳铳	支	4			4	
私物拳铳	支			5	5	
各式小铳	支	2,310	2,187	65	4,562	
自动小铳	支	9			9	
制式外小铳	支	5			5	
三八式小铳	支			13,512	13,512	
押收小铳	支			2,029	2,092	
小枪	支			7,592	7,592	
自动短铳	支	20	68	54	142	
机关短铳	支			1,181	1,181	
手枪	支			171	171	
信号枪	支			98	99	
猎枪	支	4	71	2,007	2,082	
空气枪	支	270		2	2	
轻机关枪	挺	82	243	912	1,425	内25挺系废品
重机关枪	挺	13	68	216	366	
0.5吋高射机关枪				5	18	52A接收数有一部系废品
高射机关枪				14	14	
木143机关枪		2			2	

（续表）

名称	单位	收缴部队番号及其数量			合计	备考
		五二军	六十军	九三军		
15 公分榴弹炮	门	3			3	法造
15 公分加农炮	门	3	8		11	法造
14 公分要塞炮	门	3			3	法造（击发部器不足）
12 公分榴弹炮	门	1			1	法造
10.5 公分榴弹炮	门			4	4	法造（待修）
9 公分榴弹炮	门	4			4	法造
7.5 公分榴弹炮	门	3			3	日本造
9 公分野炮	门	1			1	法造
7.5 公分野炮	门	8	3	14	25	日本造（内 14 门待修，3 门系废品，52A 接收数内有 4 门击发部器不足）
7.5 公分自动野炮	门			3	3	日本造（待修）
7.5 公分野炮	门			3	3	日本造
7.5 公分野炮	门			5	5	日本造
7.5 公分野炮	门	10			10	日本造
7.5 公分山炮	门			16	16	法造（内 11 门待修）
四一四 7.5 公分山炮	门	4		9	13	日本造
九一式 7.5 公分山炮	门	6	18	22	46	日本造
6.5 公分山炮	门			2	2	
3.7 公分车炮	门		2		2	日本造
8 公分山炮	门		16	5	21	法造
8 公分山炮	门	1	4		5	法造
7.5 公分臼炮	门			14	14	不能使用
10 公分高射炮	门	2			2	附件不合

（续表）

名称	单位	收缴部队番号及其数量			合计	备考
		五二军	六十军	九三军		
7.5公分高射炮	门	4			4	日本造（内坏1门）
7.5公分野战高射炮	门			4	4	日本造（待修）
九八式2公分高射机关炮	门		3		3	法造（零件不全）
7.5公分高射机关炮	门			13	13	内坏2门，待修4门
2公分高射机关炮	门			9	9	美造（内5门系废品）
1.3公分高射机关炮	门		11	2	13	法造(内11门不堪用)
2公分机关炮	门		5		5	法造（零件不全）
1.3公分机关炮	门		4	9	13	法造（内4门不堪用）
7公分大队炮	门		3		3	日本造
3.75公分连炮	门			3	3	法造
5.5公分炮	门	2			2	日本造
3.8公分炮	门	3			3	法造
3.75公分连炮	门	2			2	法造
1.3公分连炮	门	1			1	法造（附件不合）
3.7公分步兵炮	门			1	1	法造（待修）
3.7公分平射炮	门			2	2	法造
现地4吋战车重炮	门			4	4	英国造
2.5公分战车炮	门			1	1	法造
2公分战车炮	门			3	3	法造
九二式5.5公分步兵炮	门	8	4	7	19	日本造
3.7公分载船炮	门		2		2	法造
3.7公分战车搭载炮	门		2		2	法造
2.5公分速射炮	门		8	6	14	法造

（续表）

名称	单位	收缴部队番号及其数量			合计	备考
		五二军	六十军	九三军		
2.5 公分速射炮	门	1			1	法造
4.5 公分平射炮	门		2		2	英国造
8 公分曲射步兵炮	门		8		8	法造
8.1 公分迫击炮	门	7	57	64	128	法造（内 39 门待修）
6 公分迫击炮	门			8	8	法造（内 6 门待修）
8.1 公分迫击炮	门			79	79	法造
5 公分迫击炮	门			13	13	法造
2 吋轻迫击炮	门			8	8	
押收轻迫击炮	门			2	2	法造
8.1 公分轻迫击炮	门	1	1		2	法造
试制 81 迫击炮	门			10	10	
3 公分洋炮	门			102	102	中国造，如同枪不能使用，系装药点火
九三式火焰喷射器	具		4		4	
各式掷弹筒	具	199	138		337	
手榴弹	个	61,947		22,262 又 54 箱	85,209 又 54 箱	
九五式军刀	把	245	21	313	579	
三二式军刀	把	46	10	59	115	
带剑	把	7			7	
指挥刀	把			274	274	
代用军刀	把	10	205	34	249	

附记：一、表列各项武器，均系各地区呈报接收清册统计；
二、所有各地区接收武器内，废品及待修者甚多（详见各部队原始清册），不能一一备载。

中国陆军第一方面军收缴越北区日军武器附件数量表

名称	单位	收缴部队番号及其数量			合计
		五二军	六十军	九三军	
重机关枪预备枪筒	个	26		234	260
轻机关枪预备枪筒	个	117		139	256
铳剑	把	8,174	2,015	9,238	19,427
制式外铳剑	把	363		18	381
三十年式刺刀	把			5,389	5,389
小枪刺刀	把			3,695	3,695
骑枪刺刀	把			5,238	5,238
印度支那枪刺刀	把			1,638	1,638
押收刺刀	把			1,689	1,689
三八式刺刀	把			11	11
短刺刀	把			13	13
俄式刺刀	把			4	4
九九式枪刺刀	把			14	14
制式刺刀	把			17	17
法造刺刀	把			4	4
三十二年式刺刀	把			351	351
被甲	箱			540	540
九九式被甲	箱		575		575
九九式被甲	箱		400		400
乘马用被覆甲	箱		50		50
九五式被覆乙	箱		295		295
乘马用被覆乙	箱		35		35

（续表）

名称	单位	收缴部队番号及其数量			合计
		五二军	六十军	九三军	
九七式山炮观测驮载箱	箱		16		16
迫击炮零件箱	箱			17	17
重机枪零件箱	箱			184	184
轻机枪零件箱	箱			40	40
枪弹药箱	箱			166	166
山炮弹药箱	箱			190	190
重机枪弹药箱	箱			246	246
轻机枪弹药箱	箱			601	601
九四式山炮预备器具	箱		18		18
九四式山炮弹药箱	箱		186		186
九二式重机枪器具箱	箱		9		9
九四式山炮携行预备品	箱		1		1
九七轻观甲二	种		7		7
其他弹仓	个		43		43
弹仓	个			815	815
自动短枪弹仓	个		338		338
自动短枪弹囊	个		12		12
轻机枪弹夹	个		142		142
掷弹筒弹囊	个		30		30
弹入	个		620		620
三八式步枪弹夹	个		440		440
代用手榴弹半制品	个	5,575			5,575
代用手榴弹半制体	个	4,500			4,500

（续表）

名称	单位	收缴部队番号及其数量			合计
		五二军	六十军	九三军	
携行枪工具箱	箱		6		6
铳器部品	捆		4		4
九四式山炮洗杆	根		2		2
九四式镶杆	根		4		4
九四式担棍	根		2		2
九四式锤	个		7		7
九四式山炮驻锄	个		13		13
九四式山炮车轮	个		6		6
被绊	根		250		250
带革			338		338
刺刀皮插	个		82		82
门线		1,750			1,750
导火索	米	52,975			52,975
导爆索	米	360			360

附记：一、表列数字根据各地区接收部队呈报清册统计之；
二、各种武器附件内，均有不堪使用者，详见各部队原呈清册，无法备载。

中国陆军第一方面军收缴越北区日军弹药数量统计表

名称	单位	收缴部队番号及其数量			合计
		五二军	六十军	九三军	
15 公分加农炮弹	发	3,894			3,894
9 公分加农炮弹	发	717			717
15.5 公分榴弹炮弹	发	3,689	240		3,929
14 公分彻甲弹	发	999			999
14 公分榴弹	发	782			782
12 公分榴弹炮弹	发	88			88
10.5 公分榴弹炮弹	发	97			97
9 公分榴弹炮弹	发	2,986			2,986
7.5 公分榴弹炮弹	发	2,280		537	2,817
6 公分榴弹炮弹	发	718			718
4.5 公分榴弹	发	450			450
75 山炮弹	发	4,788	5,130		9,918
九四式 75 山炮弹	发	4,606	5,794		10,400
6.5 公分山炮榴弹	发	515	440 箱		515 又 440 箱
41 式山炮榴弹	发			5,529 又 2,486 箱	5,529 又 2,486 箱
9.5 公分野炮弹	发	11,977 又 19 捆			11,977 又 19 捆
7.5 公分野炮弹	发	26,166	523 又 240 箱	2,030	28,719 又 240 箱
6.5 公分野炮榴弹	发	6	40 箱		6 又 40 箱
二五野炮弹	发			6,548 又 988 箱	6,548 又 998 箱
榴弹	发			1,962	1,962
三〇炮弹	发			2,359	2,359
8 公分炮弹	发	223			223
2 公分破甲弹	发	2,019			2,019
九三彻甲弹	发			1,518	1,518

（续表）

名称	单位	收缴部队番号及其数量			合计
		五二军	六十军	九三军	
10 公分高射炮弹	发	736			736
9 公分高射炮弹	发	1,466			1,466
7.5 公分高射炮弹	发	396	240		636
7 公分高射尖锐弹	发	568			568
八八高射尖锐弹	发			20,088	20,088
九四山炮尖锐弹	发			6,267 又 389 箱	6,267 又 389 箱
2.5 公分高射机关枪弹	发	400			400
一三高射机枪炮弹	发	200,910		10,181	211,091
0.5 吋高射机关铳弹	发	5,124	3,800	52,894	61,818
八〇迫击炮弹	发	13,076			13,076
81 迫击炮弹	发	1,940	1,390		3,330
六〇迫击炮弹	发	2,058	100	1,967	4,125
各式迫击炮弹	发		5,459	7,392 又 171 箱	12,851 又 171 箱
5.5 公分步兵炮弹	发	1,274			1,274
九二式五〇步兵炮榴弹	发	90,600			90,600
步兵炮榴弹	发			3,309 又 606 箱	3,309 又 606 箱
四七彻甲弹	发	60			60
3.7 公分各式炮弹	发	147	3,904	2,350 又 52 箱	6,437 又 52 箱
2.5 公分速射炮弹	发	4,239	1,045		5,284
2.5 公分战防炮弹	发	136			136
57 毫米战防炮弹	发		13,410		13,410
九二式高射机关炮弹	发		5,220		5,220
押收机关炮弹	发		1,800		1,800
机关炮弹	发			8,581	8,581

（续表）

名称	单位	收缴部队番号及其数量			合计
		五二军	六十军	九三军	
九四式车榴弹炮弹	发			7,362 又 12 箱	7,362 又 12 箱
各式机枪弹	发			322,570	322,570
机关短枪弹	发			9,800	9,800
重机关枪弹	发	123,480	18,000	444,341 又 97 箱	585,821 又 97 箱
重机枪曳光弹	发	6,700	61,850		68,550
重机关枪穿甲弹	发	62,780	12,420		75,200
航空机用机枪彻甲弹	发	12,360			12,360
轻机枪弹	发	11,620	67,680 又 19 箱	135,321	214,621 又 19 箱
航空机用机枪燃烧弹	发	2,525			2,525
7.62 破甲弹	发	200			200
7 毫米步枪弹	发		77,600		77,600
7.5 毫米步枪弹	发		1,900	9,993	11,893
各式步枪弹	发			193,058	193，058
7.65 实弹	发			1,517	1,517
三八曳光弹	发		10,400		10,400
三八式步枪弹	发	1,004；265	123,406	7,320,025	8,447,796
7.62 步枪弹	发	1,387,723			1,387,723
七七步弹	发	15,300	106,000		121,300
七九步弹	发	102,982	24,400	11,945	139,277
八〇步弹	发	3,993,589	127,452	666,902	413041
各式小铳弹	发	1,153,674	452,000 又 171 箱	1,308,127	2,913,801
各式手枪弹	发			5,521 又 58 箱	5,521 又 58 箱
不明拳枪弹	发			6,383	6,383

（续表）

名称	单位	收缴部队番号及其数量			合计
		五二军	六十军	九三军	
小枪拟制弹	发			64,740	64,740
大推枪弹	发			20又20箱	20又20箱
各式拳枪弹	发	24,157	4,528	367,388	396,073
自动短铳弹	发	3389	17,000	1,191又192箱	21,580又192箱
自动小枪弹	发	17,230		12,912	80,142
各种实弹	发	244,140	85,300又3箱	1,191,272	1,520,712又3箱
押收弹药	发			24,383	24,383
信号弹	发			2,525	2,525
拳铳信号弹	发	4,450			4,450
猎枪弹	发		12,288		12,288
各式掷榴弹	发	64,038	7,530	197箱	71,568又197箱
10瓩爆弹	发	124	8		132
15瓩爆弹	发	50			50
25瓩爆弹	发	5			5
30瓩爆弹	发	30			30
50瓩爆弹	发	50	10		60
100瓩爆弹	发	50			50
十年式信号弹	发	168			168
瓦斯弹	发	199			199
一式烧夷弹	箱		30		30
一式彻甲曳光弹	箱		10		10
100式自爆榴弹	箱		18		18
二式曳光彻甲弹	箱		7		7

（续表）

名称	单位	收缴部队番号及其数量			合计
		五二军	六十军	九三军	
九二式烧夷弹	箱		1		1
九二式彻甲弹	箱		2		2
押收掷榴弹	箱		9		9
押收喷火炮弹	箱		2		2
保弹子	箱		13		13
七九式战车地雷	个		274		274
吸着地雷	个		50		50
破甲爆雷	个		203		203
九九式破甲爆雷	个		473		473
机雷	瓩		1		1
不明瓩爆发罐	个		12,200		12,200
1 瓩爆发罐	个		55		55
5 瓩爆发罐	个		6		6
10 瓩爆发罐	个		4		4
九二式大小火焰发射机	个		4		4
水上发烟筒	发		9,234		9,234
九九式发射发烟筒	发		10		10
试制发射发烟筒	发		103		103
7.5 公分榴弹炮信管	个	200			200
7.5 公分野山炮用信管	个	10,079			10,079
九三战车地雷	个			1,493 又 3 箱	1,493 又 3 箱
8 公分炮弹信管	个	656			656
7 公分高射炮弹信管	个	3,579			3,579

（续表）

名称	单位	收缴部队番号及其数量			合计
		五二军	六十军	九三军	
81 迫击炮弹爆管	个	860			860
81 迫击炮弹信管	个	163			163
六〇迫炮弹信管	个	51			51
信管	个			6,845	6,845
雷管	个		14,669		14,669
九七式电气雷管	个		230		230
九八式电气雷管	个		175		175
一式点火管	个		510		510
押收电管	个		800		800
押收信管	箱		24		24
押收迫炮弹信管	箱		9		9
八八式延期信管	个		400		400
七九式信管	个		750		750
九三式战车地雷信管	个		150		150
九二式投下弹头信管	箱		4		4
二式高射瞬曳信管	个		510		150
手投曳火榴弹九七式信管	个		24,750		24,750
9 公分加农炮榴弹药包	个	125			125
15 公分榴弹炮装药包	个	3,688	240		3,928
14 公分药筒	个	2,004			2,004
10.5 公分榴弹药包	个	28			28
7.5 公分榴弹无药筒	个	300			300
7.5 公分榴弹炮药包	个	5,500			5,500

（续表）

名称	单位	收缴部队番号及其数量			合计
		五二军	六十军	九三军	
7.5 公分野炮药筒	个	5,260			5,260
7.5 公分野炮药包	个	2,100			2,100
8 公分炮弹药包	个	2,497			2,497
7.5 公分山炮药包	个	2,090			2,090
无烟药	瓩	30,016			30,016
黄色药	瓩	926			926
海军用无烟药	瓩	1,814			1,814
黑色小粒药	瓩	7,654			7,654
黑色扁平药	瓩	940			940
棉火药	瓩	684			684
点火药	瓩	102			102
7.5 公分白炮药包	个	363			363
4.5 公分榴弹药筒	个	348			348
3.7 公分装药	个	418			418
3.7 公分药筒	个	53			53
80 迫击炮装药	个	3,246			3,246
80 迫击炮药筒	个	1,260			1,260
六〇迫击炮装药	个	6,980			6,980
六〇迫击炮药筒	个	675			675
押收迫击炮装药	箱		3		3
100 式发射照明筒	发			400	400
麻一〇三	箱			15	15
麻一〇三	箱			15	15

中国陆军第一方面军收缴越北区日军车辆数量统计表

名称	单位	收缴部队番号及其数量				合计	备考
		方面军司令部	六十军	九三军	五二军		
乘车	辆	102	19	80	6	207	九三军车辆数内含有暂二十三师接收嘉林机场乘车三辆，卡车三十辆，侧车一辆，列入空军地区司令部授受清册。
货车	辆	427	88	201		747	
侧车	辆	7	1	15		23	
修理车	辆	23		5		28	
战车	辆			3		3	
装甲车	辆			13		13	
患者车	辆			11		11	
加油车	辆			4		4	
发电车	辆			2		2	
沪束车	辆			1		1	
消防车	辆			1		1	
无线电车	辆			1		1	
部品车	辆	1		9		10	
起重机车	辆			1		1	
牵（被牵）引车	辆	1	2	29		32	
单（摩托）车	辆	8		23		31	
飞机始动车	辆		3			3	
飞机加油车	辆		1			1	
飞机照明车	辆		1			1	
公共车	辆	1		1		2	
指挥车	辆	1				1	
总计						1,123	

中国陆军第一方面军收缴越北区日军燃料及油料数量表

名称	单位	收缴部队番号及其数量				合计
		五二军	六十军	九三军	司令部	
航空汽油	桶			1,645		1,645
汽油	桶		21	639	338	998
混合油	桶			4	64	68
酒精	桶	6	217	87	71	381
代柴油	桶			42		42
润滑油	桶	1	25	813	167	1,006
齿轮油	桶		2	232	36	270
重油	桶	90		70	4	164
洗石油	桶		5	27	21	53
废品油	桶			8		8
脂油	桶		3	53	29	85
刹车油	桶				12	12
凡士林	瓶			3		3
防擦脂	瓶			20	1	21
磷酸曹达	箱			1		1
碳酸曹达	箱			1		1
铅丹	箱			6		6
各种涂料	桶			8		8
革油	瓶			10		10
石油	罐			246		246
防锈油	桶			21		21
桐油	桶			334		334
灯芯油	桶			3		3
杂油	罐			14		14
松油	桶			112		112
亚麻仁油	桶			192		192

中国陆军第一方面军收缴越北区日军工兵器材数量表

名称	单位	收缴部队番号及其数量			合计
		五二军	六十军	九三军	
圆锹	把	53	476	159	688
小圆锹	把		1,088	72	1,160
代用角形小圆锹	把		561		561
原地圆锹（大）	把		520		520
原地圆锹（小）	把		150		150
十字镐	把	17	1,148		1,165
小十字镐	把			103	103
原地十字锹	把		300		300
锯	把		12	1	13
中山锯	把	2	9		11
小山锯	把	3	10		13
镰	把	9	70	10	89
铊	把	6	133	10	149
原地铊	把		700		700
斧	把	4	66	19	89
凿	把		105		105
长凿	把		3		3
器具罐	个	6			6
十米卷尺	卷	4		10	14
一米卷尺	条			5	5
大锤	个	4	69	2	75
片鹤嘴	把		17	13	30

（续表）

名称	单位	收缴部队番号及其数量			合计
		五二军	六十军	九三军	
矩铁挺	根			2	2
长铁挺	根		1	6	7
九二式两手铁条夹	把	27		78	105
携带铁条夹	把	17	340	7	364
九二式经路器	具	1	2	1	4
九二式隐显灯	具	5		33	38
九二式微光灯	具	4		142	146
九一式三十厘米探照灯	具	1		2	3
小音响警报器	具	4		2	6
携带音响警报器	具			6	6
风向风速计	具	1			1
温湿计	具	1			1
气压计	具	1			1
九二式角形双眼镜	具			2	2
九八式夜光罗针	具			36	36
九二式望远镜测角器	具			1	1
写真引伸具	具			21	21
携带写真引伸具	具			1	1
三八式辎重车	辆	2			2
手旗	面	6		1	7
九二式小络车胴	具			13	13
讲堂用转换器	具			117	117
欧文打字机	具			5	5

（续表）

名称	单位	收缴部队番号及其数量			合计
		五二军	六十军	九三军	
大华胴乱	具			20	20
长铊	把		247		247
八九式囊	捆		4		4
小圆锹柄	捆		23		23
圆锹柄	捆		3		3
鹤嘴柄	捆		1		1
十字镐柄	捆		6		6
铊囊	个		45		45
大圆锹囊	个		51		51
小圆锹囊	个		89		89
十字镐囊	个		5		5
捆包爆雷信管	个			45	45
10 瓩战车地雷信管	个			19	19
九三式战车地雷信管	个			10	10
八八式瞬发信管	个			19	19
八八式短延期信管	个			155	155
雷管	个			6,006	6,006
八八式筒				251	251
九〇式高射光锐筒	个			405	405
破坏筒	个			32	32
同拟制	个			12	12
导明索	米			12,522	12,522
刺实爆雷	个			198	198

（续表）

名称	单位	收缴部队番号及其数量			合计
		五二军	六十军	九三军	
布围爆雷	个			30	30
黑色炸药	本			6,500	6,500
板状无烟药	捆			1	1
茶褐药	箱			80	80
1 瓩爆发罐	本			63	63
方形药	本			513	513
10 瓩捆包爆药	本			19	19
50 捆包爆药	本			25	25
黄色圆形药	箱		18		18
茶褐爆药	箱		5		5
导火索	箱		63		63
黑色药	箱		20		20
棉火药	箱		3		3
黄色方形药	箱		39		39
爆发罐	箱		2		2
爆包	箱		2		2
雷管	箱		3		3
方形药	箱		2		2
中浮囊舟	箱		1		1

中国陆军第一方面军收缴越北区日军通讯器材数量表

名称	单位	收缴部队番号及其数量			合计
		五二军	六十军	九三军	
92 式轻重电话机	部	110	67	74	251
93 式电话机	部	9		20	29
93 式线路电话机	部			1	1
磁石式电话机	部			59	59
磁石壁挂电话机	部			9	9
磁石桌上电话机	部			7	7
西门子桌上电话机	部		2		2
西门子壁挂电话机	部			1	1
桌上电话机	部	4	2	71	77
壁挂电话机	部	1		42	43
电铃式电话机	部	4		34	38
法兰西桌上电话机	部			8	8
法兰西壁挂电话机	部			2	2
法兰西肩挂电话机	部			5	5
携带电话机	部			5	5
窃听电话机	部			1	1
越造电话机	部			1	1
铁道电话机	部			2	2
波斯多电话机	部			1	1
肩挂电话机	部		1		1
各种电话机	部	37	9	128	174
5W 送受话机	部	5			5
30W 送受话机	部	1			1

（续表）

名称	单位	收缴部队番号及其数量			合计
		五二军	六十军	九三军	
受话机	部		15		15
百回交换机	部			1	1
五十回交换机	部	1		2	3
32 回交换机	部			1	1
30 回交换机	部	1			1
22 回交换机	部			1	1
20 回交换机	部	2	2	7	11
12 回交换机	部		1	6	7
10 回交换机	部		1	2	3
8 回交换机	部	3		21	24
6 回交换机	部	1			1
5 回交换机	部			4	4
4 回交换机	部			64	64
小型交换机	部			10	10
杂牌交换机	部	2		5	7
转换机	部			200	200
95 式电线机	部			2	2
6 回转换机	部			5	5
电话交换机	部			1	1
94 式 3 号甲无线机	部	1	3	20	24
94 式 3 号丙无线机	部		2	3	5
94 式 5 号无线机	部	8	4	23	35
94 式 6 号无线机	部	11	6	27	44
94 式 3 号乙无线机	部			1	1

（续表）

名称	单位	收缴部队番号及其数量			合计
		五二军	六十军	九三军	
94式2号乙无线机	部			3	3
94式3号特殊无线机	部			1	1
各类无线机	部	11	1	27	39
小型无线机	部			29	29
3W无线机	部			2	2
5W无线机	部			4	4
美造无线机	部			7	7
95式电信机	部			1	1
95式5号送信机	部		2		2
94式5号受信机	部		2		2
94式3号送受信机	部		4	1	5
94式3号副受信机	部		5		5
长中波送信机	部		1		1
长中波受信机	部		1		1
副受信机	部		5	3	3
200W送信机	部			1	1
150W送信机	部			3	3
100W送信机	部			6	6
60W送信机	部			1	1
40W送信机	部			5	5
30W送信机	部			3	3
20W送信机	部			10	10
1kw送信机	部			4	4
5W送信机	部			47	47

（续表）

名称	单位	收缴部队番号及其数量			合计
		五二军	六十军	九三军	
2W 送信机	部			48	48
40W 受信机	部			5	5
1W 短波受信机	部			25	25
2W 短波受信机	部			23	23
全波受信机	部		1	337	338
短波送信机	部		1		1
送信机	部		2		2
受信机	部		4		4
广播收音机	部	1			1
收音机	部			104	104
94 式 6 号发电机	部	1		3	4
接续电波发电机	部	1		2	3
各种发电机	部	7	2	280	289
电气蓄音机	部			1	1
蓄电机	部	1			1
充电机	部	1		5	6
电流切换机	部			7	7
10mm 回光通信机	部		8	4	12
回光机	部			13	13
打字机	部			20	20
现字机	部			25	25
升柱机	部	4	2	40	46
电动机	部	3		4	7
92 式延线机器	部	12	48	98	158

（续表）

名称	单位	收缴部队番号及其数量			合计
		五二军	六十军	九三军	
20mm 回光机	部			2	2
10mm 回光机	部			102	102
92 式回光机	部			9	9
携带回光机	部			8	8
真空管	个			1,560	1,560
真空管	箱			7	7
真空管	捆			28	28
大被覆线	卷			421	421
中被覆线	卷			96	96
小被覆线	卷		140	106	246
轻被覆线				22	22
7 丝被覆线				137	1.37
92 式被覆线			86	28	114
92 式小被覆线		227		261	488
92 式轻被覆线		17			17
93 式轻被覆线		15		45	60
被覆线		51		16	67
轻被覆线				5	5
铁线				500	500
被铅电线		50			50
铁线				3,400	3,400
亚铅矿铁线				3,500	3,500
铜线				300	300
第四种电线		600			600

（续表）

名称	单位	收缴部队番号及其数量			合计
		五二军	六十军	九三军	
蓄电池接续线		19			19
二重拐卷铜线				700	700
涂油铜线				500	500
送话器				45	45
受话器		30		56	86
无线电用受话器				2	2
整流器				13	13
94 式发电器			13		13
可变抵抗器				1	1
98 回路线实验器			1		1
92 式接续器				91	91
张线器	个		4	29	33
探照灯	具	2		4	6
大探照灯	具		2		2
信号灯	个		2		2
隐显灯	个			61	61
照明灯	个			2	2
发光信号灯	个			1	1
94 式电压计	只	2	17	31	50
电流计	只	4		7	11
60 蓄电池	个	17		17	34
120 蓄电池	个	1			1
电池	箱	1		4	5
国际信号旗	箱		5		5

（续表）

名称	单位	收缴部队番号及其数量			合计
		五二军	六十军	九三军	
碍子	个			3,500	3,500
野线碍子	个			150	150
手旗	组	59	92	255	406
单旗	只			66	66
电键	只	15	26	21	62
92式大络车	个			2	2
92式小络车	个	77	140	49	266
小络车框	个		20	35	55
络车框	个	16			16
93式轻线卷框	个	1			1
92式线卷框	个		36	41	77
轻线卷框	个	6	11		17
大铁线夹	把	13	5	38	56
小铁线夹	把		12		12
两手铁线夹	把	32		54	86
丸刀铁线夹	把			5	5
摘夹	把		22		22
字号布板	副	14	5	37	56
配线板	个			1	1
络车轮板	个		2		2
电池囊	个	1			1
小被覆线携带囊	个		6	6	12
通信器具箱	箱	25	19	42	86
94式无线电机箱	箱	2		10	12

（续表）

名称	单位	收缴部队番号及其数量			合计
		五二军	六十军	九三军	
悬线杆	个	6	42	50	97
92 式小络车胴	个		2	52	54
大革胴乱	个		23	55	78
小革胴乱	个		44	65	109
小刀	把		30	44	74
鹿足锤	把		6		6
电话架设具	具		1		1
水晶片	个		36		36
络车提子	个	31	56	134	221

中国陆军第一方面军收缴越北区日军军用品数量统计表

名称	单位	收缴部队番号及其数量			合计
		五二军	六十军	九三军	
93 式 57 分观测镜	具	12			12
93 式野战轻测远机	具	4			4
展望式望远镜	具	4			4
15 分加农炮镜	具	1			1
93 式双眼镜	具	38		289	327
93 式炮队镜	具	6	4		10
89 式双眼镜	具	56			56
89 式对空照准镜	具	1			1
各式双眼镜	具	145	173		318
各式 50 毫米观测镜	具	1	20		21
5 公分观测镜	具	5			5

（续表）

名称	单位	收缴部队番号及其数量			合计
		五二军	六十军	九三军	
炮队镜	具	2			2
平望远镜	具	1			1
观测镜	具			17	17
重机照准镜	具			9	9
眼镜	具			39	39
夜景眼镜	具			20	20
92 角形双眼镜	具		5		5
对空望远镜	具		1		1
防毒面具检查机	个			2	2
90 式航速测定机	具	1			1
93 式 2 米测高机	具	2			2
各式测远机	具	1	3	16	20
测高机	具	1			1
望远测高机	具		1		1
29 式经路仪	具		4		4
92 式 30 厘米探照灯	具		3		3
携带灯	罩		2		2
隐见灯	罩		27		27
微光灯	罩		20		20
夜光罗灯	罩		100		100
探照灯	罩	2			2
观测器	具	2			2
方向探知器	具		1		1
特殊器材	组		1		1
观测箱	具		18		18

（续表）

名称	单位	收缴部队番号及其数量			合计
		五二军	六十军	九三军	
器具箱	具			38	38
简易测候器	具			1	1
轻防毒具	具			29	29
全防毒具	具			36	36
96 式眼镜照准具	具	14			14
92 式角型照准具	具	4			4
高射照准具	具	18			18
高射照准补助具	具	18			18
94 式山炮象限仪	具	2			2
94 式山炮气压计	具	1			1
防毒面具	具	993		1794	2787
8 年式野战重测远机	具		3		3
携行熔接工具箱	箱		5		5
自转车	台		41		41
原地自转车	台		10		10
挽马用辎重车	台		147		147
携行用锻工具箱	箱		58		58
携行用木工具箱	箱		4		4
携行用鞍工具箱	箱		7		7
锻工小造具箱	箱		4		4
土工器具空铁箱	个		21		21
92 式重机关枪眼镜箱	箱		24		24
器具箱	箱		25		25

附记：一、表列各项器材，系根据各地区呈报接收清册统计。
二、所有各地接收器材内，废品及待修者甚多（详见各部队原始清册），不能一一备载。

中国陆军第一方面军收缴越北区日军缴交物品数量表

名称	单位	收缴部队番号及其数量			合计
		五二军	六十军	九三军	
六人用机	个			486	486
椅子	个	30		207	237
食器箱	个			121	121
六人用凳子	个			560	560
一人用机	个	210		110	320
一人用机	个	100		374	474
午箱	个	56		1,656	1,712
监视镜	个			10	10
饭食器	个	100		356	456
汤盆	个	120		91	211
茶杯	个	655			655
壶	个			28	28
杂项用箱	个			110	110
木枪	个	85			85
竹刀	个	74			74
镰	个	52			52
瓮	个	32			32
钵	个	18			18
床台	个	2			2
豆腐制造机	个	1			1
桶	个	8			8
簸箕	个	138			138
书架	个	29			29

（续表）

名称	单位	收缴部队番号及其数量			合计
		五二军	六十军	九三军	
铝锅	个	7			7
电动机	个	5			5
石油机	个	1			1
蒸笼	个	44			44
土砖	个	254,235			254,235
蓝颜料	个	300			300
遮光眼镜	个	27			27
牛马车	个	34			34
誊写器	个	5			5
携带图板	个	31			31
制面机	个	1			1
黑板	个	9		6	15
药缶	个	35		17	52
各种标旗	个			550	550
公用行李	个	3		3	6
电铃	个			9	9
铜制钟	个			1	1
大皿	个	680			680
小皿	个	680			680
喷雾器	个	90			90
斧子	个	57			57
水瓶	个	44			44
菜刀	个	4			4

（续表）

名称	单位	收缴部队番号及其数量			合计
		五二军	六十军	九三军	
防火用水具	个	8			8
手动式警报器	个	5			5
喷壶	个	5			5
洋铁水桶	个	49			49
枕木	个	4,222			4,222
杀虫液	个	1,400			1,400
消毒药	个	2,224			2,224
石灰	个	18,600			18,600
锅	个			1	1
防具	个			395	395
消火器	个			5	5
藤椅子	个	20		50	70
洗面器	个			259	259
印刷机	个			3	3
高等官用椅子	个			10	10
蓄音机	个			12	12
金柜	个			8	8
运搬车	个			5	5
车轮	个			31	31
茶碗	个	2,010		764	2,774
饭碗	个	765			765
匙	个	570			570

中国陆军第一方面军接收越北降敌缴交军粮数量统计表

名称	单位	收缴部队番号及其数量			合计
		五二军	六十军	九三军	
大米	公斤	139,660	57,850	549,056	746,566
谷子	公斤	993,397		417,280	1,410,677

附记：一、表列数字，系根据各军所报者统计之。
二、所收谷米，其中多有霉坏不堪用者。
三、六十军所收之大米57,850，已被该军由内中借用6,500公斤。

中国陆军第一方面军收缴越北区日军副食马粮数量表

名称	单位	收缴部队番号及其数量			合计
		五二军	六十军	九三军	
盐	公斤	2,911,860	18,000	39,852	2,969,712
玉蜀黍	公斤			39,688	39,688
米糠	公斤	9,022		33,800	42,822
稻草	公斤			26,517	26,517
携带马粮	公斤			2,016	2,016
米粉	公斤	8,207		8,251	16,458
糯米	公斤	950		2,050	3,000
玉蜀黍粉	公斤	1,150	14,840	12,570	28,560
压榨马粮	公斤	4,500		26,000	30,500
大豆	公斤	28,720		51,140	79,860
小豆	公斤	1,040	300	18,906	20,246
贝壳粉	公斤	3,450			3,450
豆豉	公斤	12,162		1,786	13,948
盐干鱼	公斤	2,010		140	2,150
咖啡	公斤	4,302		400	4,702

（续表）

名称	单位	收缴部队番号及其数量			合计
		五二军	六十军	九三军	
味精	公斤	4,695		421	5,116
胡椒	公斤	560		6,420	6,980
茶	公斤	968		80	1,048
正油	立	1,400		453	1,583
干燥野菜	公斤	320			320
砂糖	公斤	18,012	8,000	175	26,187
柴	公斤	45,000		6,330	51,330
木炭	公斤	9,000		10,500	19,500
食油	公斤	3,750		107	3,857
酱油	立		3,000	745	3,745
食酢	立			70	70
酒				215	215
干面包	个			20,917	20,917
压榨口粮	个			8,250	8,250
烟草	本			3,996	3,996
罐头	公斤			1,101	1,101
干饂饨	公斤			600	600

中国陆军第一方面军收缴越北区日军被服装具数量表

名称	单位	收缴部队番号及其数量			合计
		五二军	六十军	九三军	
各种夏衣	枚	1,358	1,132	6,871	9,361
各种夏裤	枚	1,784	475	5,841	8,100
各种略衣	枚	939	1,152	5,405	7,596

（续表）

名称	单位	收缴部队番号及其数量			合计
		五二军	六十军	九三军	
各种略裤	枚	405	658	3,912	4,975
各种夏襦袢	枚	306	2,193	10,068	12,566
夏裤下	枚	759	1,382	12,812	14,953
各种防暑帽	顶	1,138	290	2,470	3,898
各种垂布	枚	1,580	2,452	1,385	5,417
防蚊手袋	组	4,881	2,993	4,093	11,967
防蚊覆面	枚	5,811	4,706	2,079	12,596
手袋	组		576	8	584
卷脚绊	组	3,234	828	3,746	7,808
各种蚊帐	枚	58	371	440	869
各种略帽	顶	2,105	148	2,090	4,343
防暑裤	枚	1,735	843	1,131	3,709
各种雨衣	件	7,665	618	285	8,568
防暑襦袢	个	5052	1,116	7,067	13,235
防暑衣	个		237	296	533
各号作业衣	个	773	121	118	1,012
冬衣	个	1,856	732	1,419	4,007
冬裤	个	1,619	455	1,426	3,500
作业裤	个		105	5	110
泥泞通过裤	个		9		9
白上衣	个		770		770
各种外套	件	950	80	1,000	2,030
毛布	个	80	200	735	1,015
各种白长裤	个	12	150	200	362

（续表）

名称	单位	收缴部队番号及其数量			合计
		五二军	六十军	九三军	
白裤下	个		40		40
白襦袢	个		40		40
各种冬襦袢	个	529	730	2,401	3,660
冬裤下	个	432	597	3,588	4,607
防暑裤下	个	2	203	1,395	1,700
试制式夏襦袢	个		200	864	1,064
各种式制式半裤	个	64	201	2,428	2,693
防寒帽	顶	3	2		5
防水外套	件	32	30	284	346
剑术衣	件			639	639
法便帽	顶		60	20	80
敷布	个	5	600	600	1,205
布团布	个		340	426	766
认识布	个		500	3,960	4,460
西装背带	条		290		290
胶领	条		400		400
燕口袋	个		800		800
西装领带	条		500		500
被甲管	个		100		100
襦布	个		160		160
古绵布	个		400		400
腹卷	个		170	300	470
各种汗衣	件	1,990	183		2,173
保革油缶	组			350	350

（续表）

名称	单位	收缴部队番号及其数量			合计
		五二军	六十军	九三军	
患者带	个			252	252
包布	个			553	553
宪兵短大衣	件	4			4
缝衣机	架		1		1
旧灰毯	床		78		78
铁帽	顶	9,584	7,042	7,173	23,799
铁帽覆	个		2,215	2,367	4,582
喇叭	个		40		40
各种饭骨柳	组	417	2,885	1,563	4,865
菜骨柳	个	256	2,634	80	2,970
各种骨柳	个	360	2,605	1,756	4,721
各种眼镜	个	19,024	13	5,837	24,874
地下足袋	组	2,578	1,867	1,981	6,426
编上靴	组	4,051	4,227	11,124	19,402
短靴	组		696	1,870	2,564
长靴	组		59	380	439
冷靴	组		6	960	966
营内靴	组		166		166
水筒	个	799	522	4,763	6,084
饭盒	个	3,253	60	996	4,309
背囊	个	783	116	7,525	8,424
各种杂囊	个	1,504	468	2,049	4,021
小刀	个		719	3,711	4,430
系卷	个	325	1,231	291	1,847

（续表）

名称	单位	收缴部队番号及其数量			合计
		五二军	六十军	九三军	
背负袋	个	1,407	321	866	2,594
被甲	个		4,926	3,057	7,983
押收麻系	瓩			40	40
各种伪装网	支	7,638	5,454	6,706	19,798
拍车	组	26	85	106	217
各种天幕	个	3,982	228	2,320	6,530
被甲检查机	组		2		2
被甲试验机	组		2		2
九六式全防毒具	具		30	218	248
九六式轻防毒具	具		10	336	346
各种防毒面	个		100	3,191	3,291
护谟营内靴	组			669	669
各种枕	个	750		899	1,649
各种枕覆	个	2,850	500	5,411	8,761
各种毛刷	个	2,092	1,082	47,422	50,597
靴刷毛覆	个	4,080		760	4,840
枕皮	个	1,000		226	1,226
各种水筒组	个	54	115	154	323
水筒覆面	个			4,050	4,050
革帽	个		1,500	1,930	3,430
各种缝丝	个			2,250	2,250
草履	组			2,300	2,300
防毒面眼销子	个		83	94	177
防毒面吸收具	个			58	58

（续表）

名称	单位	收缴部队番号及其数量			合计
		五二军	六十军	九三军	
防毒面盖螺	个			305	305
防毒面栓	个			200	200
突挂下驮	组	64		2,520	2,584
水筒口栓	组		374		374
洗涤石碱	瓶		240		240
洋钉	箱		130		130
牛皮	张		362		362
半张革	个		15		15
被甲用塞环	个		40		40
呼气瓣	个		396		396
手入布	个		350		350
被甲用底栓	个		40		40
拖靴	组	2,315	900		3,215
天幕控抗	个	8,560		1,200	9,760
麻袋	个	3,860		820	4,680
铗	个			971	971
背囊用丸钒	个	125			125
革脚绊尾锭	个	250			250
不踏革	个	50			50
茶褐涂料	瓶	235			235
螺丝钉	个	350			350
步轻托弹带	桥			2,072	2,072
重掷弹筒弹带	桥			58	58
革脚绊	组	22			22

中国陆军第一方面军收缴越北区日军骡马装具数量表

名称	单位	收缴部队番号及其数量			合计
		六十军	九三军	五二军	
辎重车	辆		43		43
水勒	个		59		59
勒头络	个		322		322
大勒衔	个		55		55
小勒衔	个		76		76
被褥	床		212		212
驮马具披体	件		134		134
麦袋	枚		252		252
饲付袋	枚		26		26
野系手网	枚		80		80
驮马具腹带	本		775		775
环喉革	枚		65		65
矩革	本		20		20
马毡	枚		54		54
鞍褥	个		169		169
挽马用鞭子	本		2		2
铁蹄囊	枚		425		425
驮马勒	组		809		809
鞍下毛布	枚		521		521
各种乘马具	组		717	9	726
各种乘鞍	盘	103		106	209
驮鞍	盘	172			172

（续表）

名称	单位	收缴部队番号及其数量			合计
		五二军	六十军	九三军	
押收挽马具	组	15			15
缚革	本		103		103
镫革	本		326		326
乘马具手网	本		190		190
板褥	个		17		17
秋	个		259		259
引革	本		11		11
杂网	捆		1		1
马具附属品	捆		2		2
鞍囊	个		149		149
水囊	个		246		246
荷网	本		281		281
马粮囊	枚		420		420
挽索	本		186		186
野系勒	个		592		592
雨覆	枚		137		137
旅囊	个		98		98
引网	本		27		27
各种挽马具	组		132	244	376
各种驮马具	组		214	74	288
驮马具架框	个		11		11
项键	本		118		118
小勒	个		214		214

（续表）

名称	单位	收缴部队番号及其数量			合计
		五二军	六十军	九三军	
大勒	个		193		193
野系	个		713		713
镫	个		255		255
乘马具鞍褥	枚		570		570
挽马具板体	个		25		25
袴革	本		87		87
步兵炮引网	本		11		11
驮马具革条	本		60		60
革条	本		130		130
鞍囊缚革	本		466		466
携行用铳工具	组		7		7
屯营用鞍工具	组		2		2
屯营用锻工具	组		1		1
屯营用铳工具	组		2		2
四一山炮系马具	组		1/2		1/2
木 1×1 浮秤	个		1		1
现地腹带	本		110		110
现地水囊	个		42		42
现地蹄铁袋	枚		4		4
现地马粮袋	枚		48		48
现地图囊	本		7		7
现地旅囊	本		20		20
现地鞍囊	本		50		50

（续表）

名称	单位	收缴部队番号及其数量			合计
		五二军	六十军	九三军	
现地镫	个		65		65
现地挽革	本		75		75
柄付国打	个		4		4
十能	个		8		8
小火钳	个		16		16
中火钳	个		11		11
构大火钳	个		1		1
构凿	个		3		3
钉日凿	个		8		8
铁尾凿	个		2		2
手打绳	本		4		4
盥台共	本		9		9
蹄折台	本		2		2
万力	个		6		6
铁砧（大）台共	个		1		1
支那式鞴	具		1		1
蹄铁工具囊	具		1		1
同鞴	组		1		1
野战蹄铁工具箱	组		1		1
携行熔接工具	组		2		2
寻常蹄铁 3、4、5 号	装		492		492
荒砥	个		1		1
青砥	个		1		1

（续表）

名称	单位	收缴部队番号及其数量			合计
		五二军	六十军	九三军	
向锤——柄	本		2		2
凿类——柄	本		23		23
装铁锤——柄	本		4		4
手锤——柄	本		2		2
装蹄器械箱	个		2		2
蹄鑢	个		1		1
革前锤	枚		2		2
铁炙	个		1		1
荒目平炉	个		8		8
装蹄锤	个		2		2
剪钳	个		2		2
角同打	个		4		4
蹄刀	个		2		2
热铁凿	个		1		1
冷铁凿	个		1		1
寝张头络	个		20		20
野系衔	个		40		40
钉袋	枚		4		4
马粮袋	枚		12		12
首轮	个		25		25
蹄油	立		72		72
木炭	瓩		100		100
现地马蹄钉	颗		8,000		8,000

（续表）

名称	单位	收缴部队番号及其数量			合计
		五二军	六十军	九三军	
蹄钉	本		9,000		9,000
铁捍	瓩		40		40
现地用蹄铁	装		130		130
水与器	个		9		9
饲料箱	个		1		1
蹄铁袋	个		28		28
饲作桶	个		22		22
水饲桶	个		30		30
木栉	个		27		27
铁栉	个		25		25
毛栉	个		30		30
手入袋	枚		25		25
夜警灯	个		1		1
携行押切	个		1		1
押切	个		1		1
鞍伤预防褥	个		11		11
革条	本		14		14
铁砧	个		7		7
蹄装锤	个		41		41
鞴	个		5		5
革前型			10		10
钉入	个		10		10
蹄炉	个		14		14
荒目半双鑢	个		3		3

（续表）

名称	单位	收缴部队番号及其数量			合计
		五二军	六十军	九三军	
向锤	个		7		7
冷铁系	个		4		4
沟系	个		2		2
柄附日打	个		12		12
钉日系	个		13		13
各种蹄铁工具	个		21		21
各种输送笼	个		13		13
钉节刀	个		10		10
火搔	个		10		10
火卜突	个		10		10
火消	个		10		10
手锤	个		6		6
各式山炮驮马具	具			32	32
步兵炮驮马具	具			17	17

附记：1. 本表所列数字系根据各军册报所列数目为准；
2. 另有特别细微物品不堪列入者详见各军表册；
3. 各军接收物品存放地点列后：
A、五二军（海防区）——谅山府、谅璋等；
B、六十军（顺化区）——顺化、土伦、荣等；
C、九三军（河内区）——河内、南定、河东、府里等；
4. 自“荒砥”以下，系装蹄造铁器械类。

中国陆军第一方面军收缴越北区日军兽医蹄铁数量表

名称	单位	收缴部队番号及其数量	
		九三军	六十军
（三）蹄铁器具			
向锤	个	27	6
工具万力	个	7	9
青砥	个	41	10
荒砥	个	32	9
锯鞘共	个		
剪钳	个	186	44
装蹄锤	个	86	42
手锤	个	27	20
小火钳	个	570	44
蹄刀	个	1,021	57
革前锤	个	77	21
向锤柄	个	31	13
锯柄	个		8
鑢柄	个	19	24
气风杆	个		14
第一狭布	个		8
铁尾凿	个	70	28
冷铁凿	个	104	10
沟凿	个	19	15
钉眼凿	个	16	24
柄附目打	个	156	26
角目打	个	821	13
中火钳	个	60	9
第二狭布	个	1	8
荒目半九鑢	个	1	10

（续表）

名称	单位	收缴部队番号及其数量	
		九三军	六十军
荒目平鐪	个	8	25
转把	个		7
蹄鐪	个	80	57
钉节刀	个	43	94
鞴箱	个	121	8
起风板	个	1	7
中匝	个		8
半圆压	个	4	9
吹火口	个		16
吹火口管	个		8
工具火搔	个	10	8
工具铁砧	个	17	9
工具十能	个	6	8
工具箱	个		8
刨	个	5	1
铁腺刷毛	个		2
柄孔打	个	14	2
热铁凿	个	1,043	4
大火钳	个	16	7
装蹄锤柄	本	41	11
手锤柄	本	42	2
凿类柄	本	274	5
蹄钉	个	224,000	30,000
蹄油	立	370	
蹄铁工具	袋	59	
铁炙			

（续表）

名称	单位	收缴部队番号及其数量	
		九三军	六十军
野战蹄铁工具		2	8
携带蹄铁工具		5	33
修理钳		3	
颈绳条		3	
金刚砥	个	3	
研磨机	个	2	
现地蹄铁一号	个	747	
现地蹄铁二号	个	254	
现地蹄铁三号	个	142	
现地蹄铁四号	个	14	
寻常蹄铁一号	个	779	
寻常蹄铁二号	个	995	
寻常蹄铁三号	个	1,075	
寻常蹄铁四号	个	1,440	
寻常蹄铁五号	个	987	
寻常蹄铁六号	个	57	
大陆蹄铁一号	个	250	
大陆蹄铁二号	个	30	
大陆蹄铁三号	个	500	
（四）马管理用具			
伪装网	个	616	
眼帘	板	503	36
木栉	个	682	
铁栉	个	684	61
毛栉	个	541	64
水饲桶	个	272	

（续表）

名称	单位	收缴部队番号及其数量	
		九三军	六十军
蹄洗桶	个	794	
竹篦	个	162	
寝张头结	个	379	
窗署帽	个	547	84
麦袋	个	284	
麻	瓩	10	
水勒	个	328	
爱马镰	个	101	
押切	个	25	11
雨覆	板	62	
铁篦	个	971	
手入袋	个	595	56
饲付袋	个	18	
非常镰	个	3	
草刈镰	个	220	130
隔板	个	202	
饲付桶	个	256	
耳挂	个	53	
鞍褥	板	13	
擦伤预防带	板	50	
腹覆	个	10	
页覆	个	2	
缰	本	10	
鞍伤预防褥	乙	7	
鞍伤预防褥	丙	2	
乘鞍	具	4	

中国陆军第一方面军收缴越北区日军一般兽医资料数量表

名称	单位	收缴部队番号及其数	
		九三军	六十军
兽医行李甲、乙	组	6	1
兽医1—4号	组	3	2
马疗夹甲	具	19	3
马疗夹乙	具	45	3
兽医携夹	具	7	5
携带蹄铁工具	具	71	33
野战蹄铁工具	具	11	8
兽医根	组	3	
病马厂兽医根	组	1	1
防疫兽医根	组	1	
检疫兽医根	组	1	
倒马器	具	1	
简易保定器	具	1	
暖炉箱	个	1	
天幕组	个	1	
电器冷藏库	具	1	
天幕属品	组	1	
工具箱	组	10	
倒马褥	具	1	

中国陆军第一方面军收缴越北区日军兽医药材数量表

名称	单位	收缴部队番号及其数量	
		九三军	六十军
一、			
兽医携夹	具		
兽医行李（丁四）	具		
兽医行李（甲乙）	具		
二、器械			
五〇瓦注射器	具	26	4
二〇瓦注射器	个	12	4
一〇瓦注射器	个	11	14
一〇〇瓦注射器	个	1	
五瓦注射器	个	1	
一瓦注射器	个	6	8
连续注射器	个	5	2
灌肠器	个	5	5
水压灌肠器	个	6	
水剂送药器	个	6	8
柄附缝创针	个	5	50
胃洗涤器	具	2	
体温计	个		3本零1个
货车消毒用手压喷雾器	具	2	
野战蒸馏发生器	具	2	
静脉针头	本	5	143
煮沸消毒器	具	9	4
普通镊	个	20	5
止血镊	个	30	22

（续表）

名称	单位	收缴部队番号及其数量	
		九三军	六十军
鼠齿镊	个	11	
探子	个	4	1
橡皮手套	组	28	12
橡皮长靴	组	12	
橡皮球	个	9	11
手术衣	组	14	10
毛刈剪刀	个	7	13
温色毛布	具	12	
同固定器	具		
喷雾器	具	10	1
防虫剂喷雾器	具	2	
玻璃瓶	个	62	1本
口网	个	5	
鼻总捧	个	5	7本
检啼器	个	6	8
碘盘	个	4	12
齿炉	具	7	3
齿刨	具	2	1
最高最低寒暖器	具	4	1
片手开口器	具	3	6
开口器	具	3	1
寒暖器	具	3	7
体高计	具	4	
液量器	具	11	5

（续表）

名称	单位	收缴部队番号及其数量	
		九三军	六十军
检水检尿器	具	2	
血球计算器	具	2	
解剖器械	具	4	
蒸气吸入器	具	1	1
瓦衡	具	1	8
保定头络	具	3	
蹄模型	个	2	
外科剪刀	个	2	3
外科刀	个	33	3
采血针	本	又280个211	196
丸剂投药器	个	4	1
铁叶桶	个	2	
蒸药板	个	3	1
炭疽诊断器	具	1	1
肢绷带固定器	具	1	1
检血输送箱	个	11	
磁制乳钵	个	1	
玻璃乳钵	个	3	3
胃探子	个	1	1
灭菌纱布容器	个	2	1
马粮计算器	个	2	
玻璃盆	个	11	
划度试验管	个	5	19
载物板	板	30	

（续表）

名称	单位	收缴部队番号及其数量	
		九三军	六十军
被盖板	板	38	
小西式水剂送药器	具	1	
除湿器	具	2	
平打绳	条	101	7
小动物试验笼	个	4	
诊疗衣	着	10	
有沟探子	个	3	5
外科铗	个	2	
栉齿铗	个	1	6
锐匙	个	3	
三头钩	个	3	
套管针	个	3	8
射出管	个	4	5
毛刈铗	个	4	
携带电灯	个	3	
煤石灯	个	4	
药物户橱	本	1	
湿布用具	具	1	
蒸药篦	个	1	685
角度计	个	4	
作辜衣裤	组	25	
薄膜管	本	5	1
剪刀鞘	个	1	
五瓩秤	具	1	

（续表）

名称	单位	收缴部队番号及其数量	
		九三军	六十军
锐钩	个	1	2
平钩	个	1	
静脉注射器	具		2
鞋子针	本		9
气卷	个		142
匙	个		4
拔丸子	个		6
兽衣外科具	具		5
体温针保持器	个		33
打诊器	个		4
瓜刷毛	个		12
点眼子	本		125
点眼瓶	本		2
特制			1
便橡皮制注射器	具		4
试验管	本		124
玻璃棒	本		16
烙铁	个		9
螺钥	个		4
刺烙针	个		4
刺烙锤	个		4
外用笔	本		34
笔入水角	本		6
听诊器	具		2

（续表）

名称	单位	收缴部队番号及其数量	
		九三军	六十军
革砥			1
扩大镜	个		1
写真机	个		1
漏斗	个		2
漏斗量	个		1
气道管	个		5
毛细试验管	本		25
玻璃管	本		15
血沉用销子管	本		20
血沉测定器	具		1
连接式灌肠器	具		2
尿道探子	个		1
探血针护膜	本		50
连续用接合瓣	个		5
丸鑢	个		2
连续用接合销管	个		10
见出纸	枚		100
喉囊穿刺器	个		1
治疗箱	个		1
骨锯	个		1
棉棒	个		1
骨软症诊断针	个		1
石棉	瓦		300

中国陆军第一方面军收缴越北区日军药品数量统计表

名称	单位	收缴部队番号及其数量		合计
		九三军	六十军	
亚铅华	瓦		2,100	2,100
安那咖啡液	个		153	153
亚铅华淀粉	瓦		675	675
阿片锭	个		330	330
外用阿苦里脑儿	个		1,260	1,260
内用阿苦里脑儿	个		480	480
阿故里那明锭	个		15,600	15,600
〇三阿故里那明液	个		60	60
阿世杜色芳明粉	瓦		150	150
阿世杜色芳明液	个		9	9
阿套吕平液	个		3	3
阿土曾儿搬	瓦		1,050	1,050
亚铅华软膏	瓦		1,620	1,620
阿斯匹林粉	瓦		600	600
阿斯匹林锭	个		4,240	4,240
安基匹林锭	个		690	690
亚美儿酒精	瓦		150	150
阿莫尼亚水	瓦		1,200	1,200
凡士林	瓶		3	3
阿士里那林液	个		15	15
盐酸	瓦		150	150
依西知估	瓦		30	30
爱美精	个		399	399

（续表）

名称	单位	收缴部队番号及其数量		合计
		九三军	六十军	
爰美精粉	瓦		60	90
以脱	瓦		110	110
外用以脱	瓶		6	6
双氧水	个		1,680	1,680
樟脑油	个		609	609
管庄典酊	个		131	131
外用樟脑油	瓦		210	210
樟脑酒	瓦		210	210
鱼甘油丸	个		900	900
锰剥粉	瓦		398	398
锰剥锭	个		1,500	1,500
外用色芳明	瓦		60	60
奎那典	个		135	135
氧化钙液	个		30	30
奎宁液	个		420	420
奎宁故林液	个		30	30
奎宁安基匹林	个		114	114
奎宁清液	个		14	14
甘油	瓦	1,500	900	2,400
故里曾儿碱液	个		2,790	2,790
10% 枸橼酸钠液	个		58	58
故吕吕坡儿本	个		270	270
38% 枸橼酸钠液	个		30	30

（续表）

名称	单位	收缴部队番号及其数量		合计
		九三军	六十军	
麻醉用故吕吕坡儿本	个		8	8
故吕儿阿明锭	个		240	240
故吕儿依知儿	个		5	5
健胃锭	个		3,030	3,030
胡麻油	瓦	200	570	770
估加因锭	个		15	15
石膏粉	瓦		3,853	3,853
固拉明液	个		6	6
肛门坐药			62	62
消毒素	个		34	34
柳酸钠锭	个		1,320	1,320
山道年片	瓦		357	357
酸剥	瓦		105	105
山鲁儿粉	瓦		30	30
硝酸银	瓦		8	8
山鲁儿锭	个		120	120
酒精	瓦	500	5,700	6,200
升汞	瓦		300	300
升汞锭	个		2,100	2,100
纯酒精	瓦		450	450
溴钾锭	个		300	300
次亚磷酸石灰	瓦		1,050	1,050
次硝苍锭	个		1,500	1,500

（续表）

名称	单位	收缴部队番号及其数量		合计
		九三军	六十军	
色芳匹里丁锭	个		600	600
色芳匹里丁锭	个		45	45
色芳匹里丁末	瓦		20	20
斯地布拉亚二	个		9	9
斯套坡曹儿	个		780	780
斯枚鲁加因	瓦		18	18
生理气化钠水 500	个		22	22
赤痢瓦敌丁	个		42	42
胶注射液	个		18	18
色芳明液 500	个		8	8
色芳明液 1010	个		8	8
罩软膏	瓦		540	540
狄吉他明液	个		159	159
狄吉他里斯锭	个		90	90
知母儿	瓦		420	420
糖化素	瓦		510	510
重炭酸钠	瓦		1,500	1,500
重炭酸钠锭	个		4,820	4,820
爹流膏	瓦		660	660
刀吕凡元液	个		75	75
依必格	瓦		90	90
刀吕把固加因	个		33	33
那见故搬斯同报芳明	个		45	45

（续表）

名称	单位	收缴部队番号及其数量		合计
		九三军	六十军	
1%，10u 局部麻药	个		84	84
1%，5u 局部麻药	个		23	23
1%，2u 局部麻药	个		48	48
0.5%，10u 局部麻药	个		111	111
0.5%，5u 局部麻药	个		42	42
0.5%，2u 局部麻药	个		300	300
巴比那儿阿力平	个		12	12
维他命 A 软膏	瓦		600	600
镇静注射液	个		6	6
维他命 B 注射液	个		360	360
维他命 C 注射液	个		66	66
扑疟母星液	个		90	90
扑疟母星锭	个		5,700	5,700
整肠素	瓦		150	150
匹氏膏	枚		2	2
比拉美顿粉	瓦		210	210
比拉美顿锭	个		930	930
夫郎氏末	瓦		30	30
夫郎氏锭	个		120	120
夫里麻林锭	个		5,400	5,400
变性酒精	瓦		34,000	34,000
手消毒液 500	个		38	38
手消毒液 2500	个		14	14

（续表）

名称	单位	收缴部队番号及其数量		合计
		九三军	六十军	
百之定液	个		6	6
硼酸软膏	瓦		570	570
法儿麻林锭	个		90	90
消炎膏	瓦		1,200	1,200
皮肤病水	瓦		60	60
煅性钠	瓦		225	225
减菌上等净水	个		15	15
迷几儿酒精	瓦		450	450
吗非注射液	个		26	26
止痢炭	瓦		1,800	1,800
药用酒精	瓦		5,100	5,100
明矾	瓦	2,000	2,539	4,539
维他命 A、B 软膏	瓦		690	690
维他命 A、B 液	瓦		300	300
碘化钾锭	个		330	330
碘片	瓦		130	130
碘化儿木	瓦		45	45
碘酊	瓦		300	300
利曾儿膏	瓦		300	300
硫酸钠	瓦		5,145	5,145
篦麻油	瓦		2,520	2,520
奎宁锭	个		109,590	109,590
林家氏液	个		46	46

（续表）

名称	单位	收缴部队番号及其数量		合计
		九三军	六十军	
莨菪锭	个		150	150
凡士林	瓦		660	660
葡萄糖注射液	个		90	90
硼酸锭	个		270	270
蛋白化银	瓦		15	15
吗啡锭	个		90	90
稀盐酸	瓦		155	155
番木别锭	个		120	120
吐根阿片锭	个		420	420
故提因锭	瓦		75	75
柳酸	瓦		30	30
消食锭	个		60	60
皓矾	瓦		23	23
可溶性石碳酸	瓦	500	480	980
石油	瓦		60	60
剥石硷	瓦		135	135
水银软膏	瓦		60	60
气化粉锭	个		150	150
芥子粉	瓦	500	120	620
华儿麻林	个		60	60
硫酸镁膏	个		9	9
五倍浓厚碘化钾液	瓶		2	2
吕凡林注射液	个		3	3

（续表）

名称	单位	收缴部队番号及其数量		合计
		九三军	六十军	
苛性曹达	瓦		8	8
凡罗那儿锭	个		15	15
青酸化汞锭	个		15	15
鱼甘油膏	瓦		60	60
盐酸匹吕加儿平	瓦		6	6
抱水格鲁拉儿	瓦		8	8
故列曾套液	瓦		8	8
碳化石液	瓦		2,250	2,250
白糖	瓦		270	270
淀粉	瓦		120	120
甘汞锭	个		150	150
水酸化铁尾膏	瓦		30	30
车前草末	瓦		151	151
车前草锭	个		150	150
绊创膏	卷		42	42
纱布	瓦		18,920	18,920
	反		172	172
灭菌纱布	瓦		8,910	8,910
	反		81	81
升汞纱布	瓦		4,510	4,510
	反		41	41
升汞纱布包	个		90	90
纱布包	个		63	63

（续表）

名称	单位	收缴部队番号及其数量		合计
		九三军	六十军	
石膏硼带	卷		11	11
一号纱布带	卷		186	186
二号纱布带	卷		408	408
三角布	卷		264	264
脱脂棉	瓦		5,820	5,820
纱布材料	箱		3	3
苦里曾留	瓦	3,600		3,600
水杨酸钙	瓦	800		800
食盐	瓦	500		500
硫酸铜	瓦	800		800
撒布剂	瓦	1,000		1,000
里马音油	瓦	100		100
里布油	瓦	50		50
布尾流满星	瓦	1,000		1,000
二硫化碳素	瓦	1,500		1,500
醋酸铅	瓦	500		500
药用石硷	瓦	150		150
烧明矾	瓦	250		250
硫酸镁	瓦	1,000		1,000
沃度仿	瓦	500		500
涿油	瓦	1,500		1,500
樟脑液	个	10		10
五〇阿故里那明液		95		95

中国陆军第一方面军收缴越北区日军兽医药材数量表

名称	单位	收缴部队番号及其数量		
		九三军	六十军	五二军
			入本筒 8 本	
撒布剂	瓦	15,350	6,700	
升汞锭	锭	256	650	
人工盐	瓦	10,600	25,000	
硼酸软膏	瓦	2,700	500	
	本	224	2	
石炭酸	瓦	23,980	2,025	
花士林	瓦	30,880	1,400	
	本	8	（入筒）40	
枯矾末	瓦	2,890	600	
盐酸可卡因	本	15	5	
盐酸区罗卡品	本	（个）131	175	
盐酸吗啡	本	（个）143	9 本 10 个	
强发泡膏	瓦	4,500	1,650	
努夫卡因	本	（个）282	27 本 8 个	
硫酸亚铅	瓦	620	90	
硫酸阿托品	本	（个）33	3 本 6 个	
哥罗丁	瓦	1,300	3,500	
樟脑酒精	瓦	6,400	2,000	
马来因	瓦	1,066	450	
			27	
木爹尔	瓦	2,400	2,700	
安那加末	瓦	1,300	100	
花士林软膏	瓦		1,000	

（续表）

名称	单位	收缴部队番号及其数量		
		九三军	六十军	五二军
硼酸	瓦	2,670	655	
樟脑油	本	389（个）	174 本 2 支	
安那加油	本	67（个）	48	
克里苏林石硷液	瓦	80,800	1,500	
保健锭	个	50	420	
阿拉伯树胶末	瓦	100	500	
枸橼酸钠	瓦	6,450	250	
芒硝	瓦	39,419	3,300	
硫酸钾	瓦	2,500	200	
过象化铁液	瓦	150	500	
过锰酸钾	瓦	21,480	75	
海洛明锭	个	90	100	
毛地黄液	本	1,011 又 4 个	165 本 8 支	
林格尔末	组	1	18	
本佐卡因	本	69	10	
福尔马林	瓦	9,520	400	
甘油	瓦	62,200	500	
蜡酸铅	瓦	7,970	2,500	
芦会末	瓦	100	500	
苦列阿林	瓦	1,070	1,000	
硫酸铜	瓦	18,150		500
苦列阿苏	瓦			500
明砥	瓦	22,400		500
稀盐酸	瓦	1,000		500

（续表）

名称	单位	收缴部队番号及其数量		
		九三军	六十军	五二军
泡水克罗拉尔	瓦	3,950		500
升汞	瓦	4,500		500
碘化钾	瓦	1,985		500
芦会锭	锭	269		166
盐化钾	瓦	3,400		500
浓缩林格尔液	个			30
	本			3
炭疽诊断液	箱			20
亚尔加里性眼软膏	瓦			200
水银软膏	瓦	2,600		500
醚	瓦	6,500	650	
食盐	瓦	20,000	500	
甘汞	瓦	2,500 粒	25	
酒精	瓦	98,580	1,500	
亚铅华淀粉	瓦		100	
碘丁	个	182		
	瓦	22,950	400	
硼酸锭	锭		140	
鱼石脂	瓦	4,250	500	
破伤风血清	瓦		2,700	
炭疽血清	瓦	280	2,500	
破伤风预防液	瓦	625	7,200	
加里石硷	瓦	620 又一个	300	
单软膏	瓦	11,350	500	

（续表）

名称	单位	收缴部队番号及其数量		
		九三军	六十军	五二军
炭疽预防液	瓦		120	
腺疫血清	瓦		1,200	
的里宾油	瓦	12,150	1,500	
重碳酸钠	瓦	78,250		
撒里央尔酸	瓦	9,080		
硫黄华	瓦	16,000		
豚脂	瓦	2,400		
樟脑末	瓦	8,100		
酸化亚铅	瓦	19,350		
碘仿	瓦	1,760		
碘丁	瓦	22,950		
	个	332		
苦味丁	瓦	200		
洋橄榄油	瓦	2,580		
湿布剂	瓦	91,000		
胃散	瓦	7,820		
过酸化水素水	瓦	7,615		
苦里阿林石硷液	瓦	79,500		
食盐	瓦	10,600		
淀粉	瓦	28,800		
硫酸镁	瓦	32,600		
鲁哥尔氏液	瓦	2,260		
	个	527		
硫阿笃鲁宾	瓦	100		

（续表）

名称	单位	收缴部队番号及其数量		
		九三军	六十军	五二军
硝酸士的年	瓦	30		
哥罗仿	个	5		
安基必林	500g 个	2		
次硝酸苍铅	瓦	350		
白陶土	瓦	300		
滑石末	瓦	4,500		
蜡酸	瓦	2,900		
薄荷末	瓦	8,090		
硫酸	瓦	300		
	锭	2,500		
阿毛尼亚水	瓦	1,300		
亚砒酸	瓦	2,600		
保健锭	瓦	50		
啳齿石灰	瓦	500		
除虫剂	瓦	200		
炭疽第二疫苗	瓦	280		
乃亚尔沙美努尔	个	60		
齿亚明锭	个	350		
皓矾水	个	27		
硝酸铅	瓦	50		
的西丁软膏	瓦	4,000		
	个	283		
荷性加里	瓦	200		
硝酸银	瓦	10		
亚色土亚尼里土	瓦	400		

（续表）

名称	单位	收缴部队番号及其数量		
		九三军	六十军	五二军
肉芽促进软膏	个	筒入 290		
	瓦	1,800		
破伤风抗毒素	瓦	4,460		
阿片丁	瓦	1,000		
亚铅华	瓦	1,800		
比苦磷酸	瓦	200		
肾上素	瓦	60		
那鲁果单	瓦	5		
硫化铁	瓦	2,000		
篦麻油	瓦	2,000		
撒尔福散	个	20		
砒素	瓦	300		
素佛那尔	瓦	200		
撒鲁尔	瓦	500		
赤色碘化汞	瓦	100		
赤色碘化汞软膏	瓦	1,000		
硝酸银棒	瓦	50		
亚铅华软膏	瓦	500		
牛疫预防液	瓦	1,200		
里佐尔	瓦	1,500		
纱布	米	1,301	100	
棉花	瓦	14,300	2,400	
纸纱布	瓦	1,200		
纱布棉	个	50		
卷轴带	个	735	40	

中国陆军第一方面军收缴越北日军船舶器材种类数量表

名称	单位	收缴部队番号及其数量			合计	备考
		五二军	六十军	交通监督官		
舟艇	只	2				
机舟浮舟	只			2		
浮舟	只			1		
传令艇	只			2		
端艇	只			1		
吉罐	个			92		
黄牛油	罐			7		
火酒	桶			2		
电油	桶			1		
电泵	个			1		
机油	个			23		
油漆	罐			31		
鱼油	桶			4	4	
氧罐	个			1	1	
重油	桶			11	11	
水浦	单			1	1	
白铁罐	个			15	15	
木椅	张			23	23	
木柜	个			5	5	
台	张			15	15	
床	张			15	15	
时钟	个			2	2	
天花风扇	把			7	7	

（续表）

名称	单位	收缴部队番号及其数量			合计	备考
		五二军	六十军	交通监督官		
电话机	套			2	2	
自动汽车	辆			1	1	
自动火车	辆			1	1	
自转车	辆			1	1	
石炭	屯			200	200	
港务面表	枚		9		9	
45口径三十七耗炮	门	1			1	
同上弹药包	发	230			230	
20口径三十七耗炮	门	86			1	
同上弹药包	发				86	
三十七耗连装机枪	基	1			1	
同上弹药包	发	1,850			1,850	
哈乞开斯高射机枪	挺	1			1	
同上重机枪	挺	4			4	
同上弹药包	发	4,000			4,000	
哈乞开斯高射炮弹钣	个	150			150	制式枪日军借用
同上补用铳身	本	6			6	日军借用待缴收
CSRG轻机枪	挺	9			9	同上
同上弹药包	发	8,660			8,660	同上
押收掷弹器	筒	7			7	同上
同上榴弹	发	200			200	同上
九九式小枪	挺	16			16	同上
同上弹药包	发	3,600			3,600	同上

（续表）

名称	单位	收缴部队番号及其数量			合计	备考
		五二军	六十军	交通监督官		
三八式小枪	挺	3			3	同上
同上弹药包	发	600			600	同上
伊式小枪	挺	6			6	日军借用待缴收
同上弹药包	发	1,200			1,200	同上
七毫六二小铳	挺	20			20	同上
同上弹药包	发	600			600	同上
法式小铳	挺	4			4	同上
同上弹药包	发	240			240	同上
八毫小铳	挺	65			65	同上
同上弹药包	发	2,600			2,600	同上
手榴弹	发	70			70	同上
铳剑	本	65			65	同上
弹药盒	组	35			35	同上
七倍双眼镜	个	3			3	同上
铁兜	个	27			27	同上
粮囊	个	28			28	同上
各种拳铳	挺	10			10	同上
同上弹药包	发	335			335	同上
伊式小铳	挺	1			1	同上
哈乞开斯重机枪	挺	1			1	同上
舵柄	个	24			24	帆船仪装器
操舵机	个	28			28	同上
舵轮	个	27			27	同上

（续表）

名称	单位	收缴部队番号及其数量			合计	备考
		五二军	六十军	交通监督官		
锚（细）锁	条	12			12	同上
锚锁（大）	条	45			45	同上
舵（雄）	条	50			50	同上
舵（雌）	条	41			41	同上
滑（平）车	条	61			61	帆船仪装器
滑（小）车	条	50			50	同上
滑（高）车	条	41			41	同上
附属品	箱	2			2	同上
船桅用具	箱	11			11	同上
船桅带（下部）	个	12			12	
船桅带（中上部）		227			227	
船桅附属品		24			24	
亚铅	屯	7,800			7,800	
酸化亚铅	屯	4,500			4,500	
生漆	屯	1,400			1,400	
洋灰	屯	3,700			3,700	
水牛皮	屯	3,500			3,500	
松蜡	屯	8,000			8,000	
亚铝镀石	屯	10,000			10,000	
黄麻	屯	4,500			4,500	
汽车用胎轮	个	144			144	
汽车用内胎	个	123			123	
工作机械	基	1			1	

（续表）

名称	单位	收缴部队番号及其数量			合计	备考
		五二军	六十军	交通监督官		
切断盘	基	1			1	
TM 式短移动无线电信机改二	组	1			1	通信器材
同上改四	组	1			1	同上
TM 式轻便无线电信机改二	组	3			3	同上
九二式特受信机改四	组	1			1	同上
九八式无线电试验器	组	1			1	同上
小型电池检电器	个	1			1	
三号蓄电池三型三器入	个	1			1	
三号蓄电池四型三器入	个	2			2	
三号蓄电池十型二十六器入	个	12			12	
救命浮器			3		3	
马络			18		18	
浮舟吊具			6		6	
自动车吊具			15		15	
飞行机吊具			3		3	
战车吊具			4		4	
炮车吊具			5		5	
侧车吊具			7		7	
汽油桶罐吊具			8		8	
钢制吊具			10		10	
钢制畚			30		30	
板畚			3		3	
上陆点标识			1		1	

（续表）

名称	单位	收缴部队番号及其数量			合计	备考
		五二军	六十军	交通监督官		
小扫海具			2		2	
补药栈			2		2	
救命浮环			8		8	
消毒器			2		2	
传声筒			10		10	
浮标			2		2	
双眼镜			2		2	
对空双眼镜			2		2	
精密分度机			2		2	
六分仪			1		1	
船工木具			5		5	
遮光材料			1		1	
扇风机			14		14	
木工旋盘			1		1	
四尺旋盘			1		1	
竖型木－九盘			1		1	
桌上旋盘			1		1	
桌上木－九盘			1		1	
研磨机			1		1	
送风机			1		1	
木制滑车			40		40	
铁制车			10		10	
卷扬机			1		1	

（续表）

名称	单位	收缴部队番号及其数量			合计	备考
		五二军	六十军	交通监督官		
大铜铁绳			200		200	
大米	公斤	4,471			4,471	粮秣
乘车	辆	1			1	日军借用
货车	辆	1			1	

附记：一、本表船只器材种类数量，根据五二军、六十军及交通部驻越监督列出。
二、五二军之舟艇二只，分海军兵器、电信器材、海军军需品、帆船舣装品、根据三十四年十月十日接收主任赵公武、黄强、余善祥所呈海防地区海军接收册。
三、六十军接收之船舶器材，系据一八二师师长曾泽生呈报接收日本独立三十四旅团。
四、交通监督接收之船舶器材系根据柳监督希权与日海军小山部队列报。

中国陆军第一方面军收缴越北区日军马骡数量表

种类（区分/数量）	单位	六十军			九三军			五二军		
		乘马	驮马（骡）	小计	乘马	驮马（骡）	小计	乘马	驮马（骡）	小计
中国马	匹				22	54	76			
中国蒙古马	匹		82	82	72		72		161	161
日本改良马	匹	60	229	289	647	20	667		326	326
越南马	匹		478	478	239	35	274		14	14
大陆马	匹				196		196			
合计	匹			849			1,285			501
总计	匹									2,635

附记：一、本表由各地区受降主官依据降敌点交清册统计填表。
二、种类栏按马种或产地分别填写。
三、本表限开始缴械一个月内制就，以其三份连同降敌点交原始清册，最速交通方法，送呈陆总部查核。
四、查五二军接收日军马骡 63 匹，六十军接收 438 匹，合计如上数。

第六章　日本官兵侨民管理教育给养卫生概况

第一节　日本官兵侨民人数之统计

甲　官兵人数之统计

驻越北日军，自投降后，其大部已调驻南圻及其他方面，所余仅第三十八军、二十一师团及独立混成第三十四旅团。人数先后所报不符，经我方面军司令部再三调查，饬令切实呈报，后统计日本官兵人数如下所刊。但至遣送时，除解送广州行营战犯一八九名暨随战犯工作翻译与医务员二名外，实遣送日本官兵有二万九千八百零二名。与下列调查所得，当有逃亡者十五名。此项逃亡人数量，因我军交防未能再详细调查，但推断除亡故外，多系转入越籍。或因有专门技术，被越人永久雇用矣。

越北区日本官兵人数统计：

1. 第三十八军司令部官兵共七百八十三名。
2. 第三十八军拘禁所官兵共十二名。
3. 铁道第十联队官兵共一千七百六十六名。
4. 南方军第一宪兵队官兵共四百一十八名。
5. 南方军第五通信队官兵共四百二十二名。
6. 南方第四陆军病院官兵共二百二十八名。
7. 海军部队官兵共一百四十一名。
8. 第二十一师团司令部官兵共六百三十五名。
9. 步兵第六十二联队官兵共二千五百三十六名。
10. 步兵第八十二联队官兵共三千三百二十四名。
11. 步兵第八十三联队官兵共三千二百三十一名。
12. 山炮兵第五十一联队官兵共一千六百七十四名。
13. 工兵第二十一联队官兵共四百二十八名。
14. 辎重兵第二十一联队官兵共九百八十五名。
15. 第二十一师团通信队官兵共一百五十九名。
16. 第二十一师团兵器勤务队官兵共一百一十九名。
17. 第二十一师团第一野战病院官兵共二百一十五名。
18. 第二十一师团第二野战病院官兵共二百二十一名。
19. 第二十一师团病马厂官兵共一百零三名。
20. 第二十一师团防疫给水部官兵共一百四十名。
21. 步兵第八十四联队官兵共三千八百三十六名。
22. 第二十二师团兵器勤务队官兵共九十三名。
23. 第五十九航空地区司令部官兵共五百一十六名。
24. 第一百七十九飞行场大队官兵共三百三十名。
25. 第五飞行场中队官兵共二百七十四名。

26. 第十八飞行场中队官兵共一百九十七名。
27. 南方航空路队官兵共二十七名。
28. 独立自动车第二百八十一中队官兵共一百六十六名。
29. 独立自动车第三十四中队官兵共一百三十九名。
30. 特设自动车第三十六中队官兵共六十五名。
31. 特设自动车第四十中队官兵共九十三名。
32. 第十九临时自动车队官兵共七十四名。
33. 第二十临时自动车队及兵站自动车第一百八十六中队共官兵二百三十一名。
34. 野战兵器厂官兵共一百二十六名。
35. 野战自动车厂官兵共七十四名。
36. 野战货物厂官兵共八十九名。
37. 第三十八军兵站病马厂官兵共四十四名。
38. 第六十六碇泊场司令部官兵共八十一名。
39. 船舶厂官兵共一百二十八名。
40. 海上输送第七大队官兵共三十五名。
41. 野战高射炮第六十二中队官兵共一百五十八名。
42. 二二一野战邮便所官兵共三十八名。
43. 第二十一师团卫生队官兵共三百四十八名。
44. 第二十二师团野战病院官兵共五百五十五名。
45. 旅团患者疗养所官兵共三十七名。
46. 独立步兵第一百八十九中队官兵共八百三十九名。
47. 独立步兵第一百九十大队官兵共九百三十九名。
48. 独立步兵第六百七十二大队官兵共八百二十三名。
49. 独立混成第三十四旅团炮兵队官兵共三百二十七名。
50. 独立混成第三十四旅团工兵队官兵共一百六十九名。
51. 独立混成第三十四旅团通信队官兵共一百五十六名。
52. 山炮兵第五十二联队官兵共九百二十三名。
53. 第二十二师团通信队官兵共一百四十六名。
54. 第二十二师团病马厂官兵共五十六名。
55. 南方军第一宪兵队官兵共四十五名。
56. 第六十六碇泊场司令部官兵共九十九名。
57. 第二二九野战邮便所官兵共二十六名。
58. 独立混成第三十四旅团司令部官兵共一百七十六名。

以上共计官兵三万零一十八名，逃亡官兵数未列入计算。

日军临时调拨外单位服役官兵集中时，均已归还原单位建制计算，如上数。

乙 日军官兵逃亡调查

我军入越前后，日本官兵逃亡人数颇多，均经多方调查，严令管理，至遣送时，仍尚有逃亡者。兹将十月底集中完时调查所得列于下表：

越北日军逃亡调查统计表

区分 部队		逃亡数						回部数						备考
		官佐	准尉	军士	兵	军属	计	官佐	准尉	军士	兵	军属	计	
军司令部及直属部队	司令部	1		8	8	16	33	1		3	4		8	
	南方第四医院			1	2	1	4				2		2	
	铁道第四联队			1	10		11							
	计	1		10	20	17	48	1		3	6		10	
第二十一师团		3	1	42	69	16	131	2		17	18		37	
独立混成第三十四旅团		2		3	9	1	15							现调查中
合计		6	1	55	98	34	194			20	24		47	
附记	截至十月三十一日止调查所得者													

丙 日侨人数之统计

一、河内日侨人数：

总领事馆职员二六人，日本人职员二人，日本官兵联络部交易营团及海军公务员四人，文化馆职员一人，银行员一二人，新闻记者二人，文书一人，书籍配给业一人，公司职员七四人，果饭经营业五人，厨司四人，食粮品制造业三人，汽车修理业一二人，成衣业一人，电信业一人，汽车司机四人，土木包工行二二人，经纪业三人，矿山业一人，农业二人，建筑业一人，杂货贸易三〇人，无职业二六人，不明业一二人。

以上共计二百五十人。内有男性二百二十八人，女性二十二人。

二、原住河内后向广安方面移住日侨人数：

总领事馆职员一七人，公务员五人，公司职员三四四人，医疗员六人，文化会馆职员七人，新闻社一七人，教师一人，土木包工行一七人，杂货商一四人，汽车司机一人，照像业一人，厨司一人，无职业二四九人，不明一二人。

以上共计六百九十二人。内有男性五四一人，女性一五一人。

三、海防驻留侨民计有七十人，其职业性别未详。

四、其他各地住有日侨人数：

顺化一三人，义安六人，南定六人，土伦八人。

以上共计三十三人，系根据河内联络处处长三泽昌雄、日领事伊东义节等报列，其职业及性别均未详。

第二节 集中

甲 官兵集中

越北地区日军自举行受降仪式之日，其最高司令部即撤销，改为越北地区日本官兵善后联络部，其部长由原日军司令土桥勇逸担任。我军即遵照军事委员会所颁《战俘管理计划纲要》令日本官兵于解除武装后分区集中，以便管理。

于十月二十六日，以面字第二十三号下达土桥勇逸，饬令集中。此命令要旨如下：

一、中国陆军第一方面军，为使越北地区解除武装后日本官兵之保护管理及尔后上船遣送便利起见，即分三地区集中之。

二、义安（不含）园仙之线以南，至北纬十六度以北地区解除武装后之日本官兵，着归中国陆军第一方面军第六十军之第一八四师师长曾泽生负责指挥。向土伦附近集中。

三、越池、北宁、甘阳、涂山、太平、清化、义安、和平间地区解除武装后之日本官兵，着归中国陆军第六十军万保邦军长负责指挥。向兴安、南定、太平、涂山、建安、宁阳间地区集中。

四、北宁、海防、广安、汉街、翁比、尼的窝各附近及其以北地区解除武装后之日本官兵，着归中国陆军第一方面军第九十三军卢军长浚泉负责指挥。向广安、翁比、尼的窝（含）间地区集中。

五、日本官兵集中后之管理事宜，听候各区负责指挥集中主官办理之。

六、集中开始日期，候各区负责指挥之军师长命令，办理集中完毕日期，概定为十一月十日以前。

七、日本官兵到达上列三集中地区时，以步行为原则，必要时可以铁路或其他交通工具补助输送。除饬三集中区负责指挥之中国陆军第一方面军所属军师长详拟计划外，该部长应即饬三集结区之日本官兵负责善后人员妥筹输送。

八、日本官兵奉命集中后，给养暂由该部长妥筹供应。并应将供应情形详细呈报本部，尔后再由本方面军兵站司令部妥筹补给之。

九、日本官兵到达宿营地，该部长应饬对需用物品如必需向当地人民借用者，应先向各指挥官请示，统筹向地方政府交涉借用，妥为分配。不得使日本官兵各自向人民自行借取。

十、为达成妥密保护管理之目的，集中时该部长应饬各集中区之日本官兵，不得任意行动。

十一、集中地区之环境卫生，应由该部长严督各该区日本官兵负责整理。

十二、该部长在日本官兵集中前后，一切遵办详情，应即呈报查核。

我方面军司令部，同时令各部队按照上项集中计划，指挥监督日军实施。惟或因交通阻碍，或因患病留住医院，或被我军征用者，以致全部不能如期集中完毕。迄十二月中旬止，已集人数如后：

一、南定市区于十一月中旬集中人数：

1. 南定市区附近（距南定约十公里）三七二人。

2. 太平（距南定二十公里）一三二六人。

3. 方先（距南定四十公里）六八〇人。

4. 兴安（距南定四四公里）一四八四人。

5. 宁阳（距南定约五十公里）六三七人。

6. 建安（距南定约七十公里）一三三八人。

以上共计已集中人数五八八六人。该地区日本最高联络官为前日军步兵第八三联队长一宫基大佐，驻南定市区附近集中地。

二、广安区于十一月中旬已集中人数：

1. 广安中心区（距河内一一〇公里）二八七一人。

2. 康海八塞（距广安约二九公里）五二八九人。

3. 翁比张俭（距广安约二〇公里）三九九四人。

4. 尼的窝（距广安约五公里）一三五五人。

以上共计集中人数一三五〇九人。该地区日本最高联络官为第二十一师团师团长三国直幅。驻于广安中心区。

原海防涂山附近，并未预定为集中地，后因日军土桥勇逸要求准以一部驻该地，以便与我军联络及办理遣送回国事宜。故在本集中区另增加海防、涂山两集中地，其集中人数计：

（甲）海防市区附近五七九人。

（乙）涂山附近一〇二三人。

共计集中人数一六〇二人，即由日本前三十八军军团长土桥勇逸负责联络。

三、土伦区于十一月初旬已集中人数为四九七三人，其最高联络官为前三十四旅团长服部尚志。

以上三地区共集中日本官兵二五九七〇人。

日军侨或为我军征用，或为联络。其未如期集中者，经我方面军司令部催促，迄二月中旬止，除少数外，大部均已任务完毕，前往指定地点集中。又日俘集中时，其中病患者颇多。

乙 日侨集中

我方面军遵照军委会所颁《战俘管理计划纲要》暨陆军总部所颁《中国境内日侨集中管理办法》，饬令各部队督饬各地日侨，分向土伦、广安两集中营集中，按军委会及陆总部规定，中国境内日侨集中，系由地方政府管理。唯本受降区因在越境，情形不同，经呈准仍由我军管理。迄十二月中旬止，日侨集中广安者，计有男性八百三十二名，女性三百一十一名，合计为一千一百四十三名。土伦方面集中有八名。

尔后，经方面军司令部查获，仍有一部日侨逗留河内，尚未前往集中。遂于元月三十一日以酉字第六十号命令土桥勇逸，着该善后联络部即日将在河内日本侨民完全送入集中营，不容再留一人于河内。如因办理各项手续必须留驻者，应限期办理，不得借端逗留。并分令我各部队长及宪兵，对未集中之日侨，应予查究督饬，迅速集中。于二月上旬止，在广安方面集中日侨共计一六二四人。土伦方面仍为八人（如上）。

第三节 管理

甲 管理办法

我方面军于日本官兵侨民集中后成立日本徒手官兵管理处专责管理，并于各集中地区设置管理所分区管理。其设置计划如下：

越南地区日本官兵集中及管理所设置计划：

第一方面军越北区日本官兵集中管理所设置计划表

日军集中部队		集中地区	负责指挥集中部队		集中地区管理所		
番号	现住地		番号	主管	名称	位置	负责成立及管理部队
第三十八军司令部	河内	兴安	第六十军	万保邦	越北地区日本徒手官兵集中第二营管理所	南定	第六十军
南方第五通信队一部							
印度支那北部无线电队一部							
南方第四陆军医院							
印度支那临时俘虏收容所							
第五十九航空地区司令部							
第一百七十九飞行场大队		南定					
第五飞行场中队							
第十八飞行场中队							
第二十二野战航空修理厂一部							
第十三野战航空补给厂一部							
第三航空通信联队一部							
第二航空情报联队第二中队							
南方航空路部一部							
陆上勤务第六十八中队一部		太平					
第三气象联队一部							
第十七航测队一部							

（续表）

<table>
<tr><th colspan="2">日军集中部队</th><th rowspan="2">集中地区</th><th colspan="2">负责指挥军集中部队</th><th colspan="3">集中地区管理所</th></tr>
<tr><th>番号</th><th>现住地</th><th>番号</th><th>主管</th><th>名称</th><th>位置</th><th>负责成立及管理部队</th></tr>
<tr><td>第五十二飞机场大队</td><td rowspan="7">河内</td><td rowspan="5">太平</td><td rowspan="22">第六十军</td><td rowspan="22">万保邦</td><td rowspan="22">越北地区日本徒手官兵集中第二营管理所</td><td rowspan="22">南定</td><td rowspan="22">第六十军</td></tr>
<tr><td>铁道第十联队主力</td></tr>
<tr><td>第六十六碇泊场司令部一部</td></tr>
<tr><td>印度支那递信管理队一部</td></tr>
<tr><td>第三十四对空无线队一部</td></tr>
<tr><td>河内海军事务所</td><td rowspan="8">涂山</td></tr>
<tr><td>海军百一经理部河内出张所</td></tr>
<tr><td>山炮兵第五十一联队一部</td><td rowspan="4">扶饰关支那府里</td></tr>
<tr><td>步兵第八十三联队一部</td></tr>
<tr><td>步兵第六十二联队一部</td></tr>
<tr><td>步兵第八十三联队主力</td></tr>
<tr><td>南方军第一宪兵队一部</td><td rowspan="7">南定</td></tr>
<tr><td>第二十一师团第一野战病院</td></tr>
<tr><td>第六十六碇泊场司令部一部</td><td rowspan="8">建安</td></tr>
<tr><td>第二野战船舶厂一部</td></tr>
<tr><td>第一野战医院</td></tr>
<tr><td>印度支那船舶队一部</td></tr>
<tr><td>辎重兵第二十一联队</td></tr>
<tr><td>独立自动车场第三十四中队</td><td rowspan="4">太平</td></tr>
<tr><td>独立自动车场第二百八十一中队</td></tr>
<tr><td>兵站自动车第一百八十六中队</td></tr>
<tr><td>特设自动车三十六中队</td><td></td></tr>
</table>

（续表）

日军集中部队		集中地区	负责指挥军集中部队		集中地区管理所		
番号	现住地		番号	主管	名称	位置	负责成立及管理部队
第十九临时自动车队	太平	宁阳间地区	第六十军	万保邦	越北地区日本徒手官兵集中第二营管理所	南定	第六十军
第二十临时自动车队							
第三十八野战自动车厂河内支厂							
步兵第六十二联队主力	宁平清化						
铁道第十联队一部							
步兵第八十三联队一部							
铁道第十联队一部							
步兵第八十三联队第三大队							
南方第一宪兵队一部							
步兵第八十五联队一部							
山炮兵第五十二联队一部							
工兵第二十二联队一部							
步兵第八十六联队一部							
辎重兵第二十二联队一部							
第二十二师团野战医院主力							
第二十二师团兵器勤务队主力							
第二十二师团通信队一部							
第二十二师团病马厂一部							
第二十二师团野战仓库							
铁道第十联队一部							
第二十军司令部一部	涂山						
南方军第五通信队一部				曾泽生		土伦	

（续表）

日军集中部队		集中地区	负责指挥军集中部队		集中地区管理所		
番号	现住地		番号	主管	名称	位置	负责成立及管理部队
第二十二师团司令部一部	广治顺化间地区	土伦附近地区	第一八四师	曾泽生	越北地区日本徒手官兵集中第三营管理所	土伦	第一八四师
山炮第五十二联队主力							
工兵第二十二联队一部							
第二十二师团通信队主力							
第二十二师团病马厂主力							
铁道第十联队一部							
步兵第八十六联队第一大队							
步兵第八十六联队通信队							
第二十二师团野战病院一部							
第二十二师团兵器勤务队一部	土伦						
辎重兵第二十二联队							
独立混成旅团第三十四旅团司令部							
独立步兵第一百八十九大队							
独立步兵第一百九十大队							
独立步兵第六百七十二大队							
独立混成第三十四旅团炮兵队							
独立混成第三十四旅团工兵队							
独立混成第三十四旅团通信队							
铁道第十联队第一大队							
南方第一宪兵队一部							
南方军第二通信队一部							
南方军第五通信队一部							

（续表）

<table>
<tr><th colspan="2">日军集中部队</th><th rowspan="2">集中地区</th><th colspan="2">负责指挥军集中部队</th><th colspan="3">集中地区管理所</th></tr>
<tr><th>番号</th><th>现住地</th><th>番号</th><th>主管</th><th>名称</th><th>位置</th><th>负责成立及管理部队</th></tr>
<tr><td>第六十六碇泊场司令部一部</td><td rowspan="15">土伦</td><td rowspan="16">土伦附近地区</td><td rowspan="15">第一八四师</td><td rowspan="15">曾泽生</td><td rowspan="15">越北地区日本徒手官兵集中第三营管理所</td><td rowspan="15">土伦</td><td rowspan="15">第一八四师</td></tr>
<tr><td>第二野战船舶厂一部</td></tr>
<tr><td>船舶通信队一部</td></tr>
<tr><td>第三十八军兵器厂一部</td></tr>
<tr><td>第三十八军货物厂一部</td></tr>
<tr><td>第三十八军自动车厂一部</td></tr>
<tr><td>印度支那递信管理队一部</td></tr>
<tr><td>第二百二十九野战邮便所</td></tr>
<tr><td>兵要地志调查班</td></tr>
<tr><td>第三十八军兵站病马厂一部</td></tr>
<tr><td>第十八飞行场中队</td></tr>
<tr><td>第三气象联队一部</td></tr>
<tr><td>南方航空路部一部</td></tr>
<tr><td>第三航空通信联队一部</td></tr>
<tr><td>铁道第十联队大队</td></tr>
<tr><td>步兵第八十三联队</td><td>甘扒</td><td rowspan="7">第九十三军</td><td rowspan="7">卢浚泉</td><td rowspan="7">越北地区日本徒手官兵集中第一营管理所</td><td rowspan="7">广安</td><td rowspan="7">第九十三军</td></tr>
<tr><td>第二十二师团残军部队</td><td rowspan="6">汉一街</td><td rowspan="6">广安</td></tr>
<tr><td>第三十七师团残队</td></tr>
<tr><td>第二十一师团兵器勤务部</td></tr>
<tr><td>第二十一师团卫生队</td></tr>
<tr><td>第二十一师团病马厂</td></tr>
<tr><td>独立野战高射炮第六十二中队</td></tr>
</table>

（续表）

日军集中部队		集中地区	负责指挥军集中部队		集中地区管理所		
番号	现住地		番号	主管	名称	位置	负责成立及管理部队
印度支那递信管理队主力	汉一街	广安	第九十三军	卢浚泉	越北地区日本徒手官兵集中第一营管理所	广安	第九十三军
印度支那递信管理队支队							
通信鉴查班		翁比尼的窝间地区					
第三十八军野战兵器厂河内支厂							
第三十八军野战自动车厂河内支厂							
第三十八军野战货物厂河内支厂							
第三十八军兵站病马厂河内支厂							
铁道第十一联队一部							
南方野战铁道厂河内支厂							
印度支那船舶队河内出张所主力							
工兵第二十一联队							
南方第一宪兵主力							
南方第五通信队主力							
印度支那北部无线电队主力							
第六十六碇泊场司令部主力							
第二野战船舶场第八支场主力							
第二百二十一野战邮便所							
第二十一师团司令部	尼的窝						
山炮兵第五十一联队主力							
第二十一师团通信队主力							
第二野战医院							
南方军第五通信队一部							

（续表）

<table>
<tr><th colspan="2">日军集中部队</th><th rowspan="2">集中地区</th><th colspan="2">负责指挥军集中部队</th><th colspan="3">集中地区管理所</th></tr>
<tr><th>番号</th><th>现住地</th><th>番号</th><th>主管</th><th>名称</th><th>位置</th><th>负责成立及管理部队</th></tr>
<tr><td>印度支那北部无线电队一部</td><td rowspan="16">尼的窝</td><td rowspan="16">翁比尼的窝间地区</td><td rowspan="16">第九十三军</td><td rowspan="16">卢浚泉</td><td rowspan="16">越北地区日本徒手官兵集中第一营管理所</td><td rowspan="16">广安</td><td rowspan="16">第九十三军</td></tr>
<tr><td>步兵第八十四联队</td></tr>
<tr><td>山炮兵第五十二联队一部</td></tr>
<tr><td>南方军第一宪兵队一部</td></tr>
<tr><td>第二十二师团野战病院一部</td></tr>
<tr><td>第二十二师团防疫给水部</td></tr>
<tr><td>第二十二师团临时高射炮中队</td></tr>
<tr><td>海防海军事务所</td></tr>
<tr><td>海军百一经理部</td></tr>
<tr><td>第十一警备队海防出张所</td></tr>
<tr><td>海军百一军需海防出张所</td></tr>
<tr><td>第三十八军司令部一部</td></tr>
<tr><td>第二十一师团司令部一部</td></tr>
<tr><td>南方第四陆军病院一部</td></tr>
<tr><td>第六十六碇泊场司令部一部</td></tr>
<tr><td>铁道第十联队一部</td></tr>
<tr><td colspan="8">附记：一、铁道第十联队工兵部队（工兵第二十一联队及独立第三十四旅团之工兵队）、南方军通信队、船舶管理处、辎重兵第二十一联队准暂缓集中，表内系预定概计列入。
二、集中完毕日期，概定为十一月十日以前。
中华民国三十四年十月二十三日</td></tr>
</table>

我军于设置管理所外，并制定《管理日本官兵暂行办法》及《日本官兵病院管理规则》及《补给日本官兵粮盐副食办法》各一份，颁发日本徒手官兵管理处，及日本官兵善后联络部遵照实施。各项办法及规则如下：

中国陆军第一方面军管理日本官兵暂行办法

第一章 总则

第一条 为管理本方面军占领区内日本官兵起见，暂订定本办法实施之。本区日本官兵病院之管理，另行规定之。

第二条 本区内各日本官兵集中地区，均设置管理所负责管理。

第二章 管理所组织

第三条 管理所编制如附件第一。如日本官兵集中地区辽阔，驻地过于分散，得设置管理分所。人员自行调用，不另增发经费。

第四条 各管理所直隶于本部，受各地受降官（或部队长）之指挥监督。

第五条 管理所关防官章，另行规定之。

第六条 各日本官兵集中地区，由受降官（或部队长）派所要兵力负责警戒监视，受管理所长之指挥。

第七条 管理所经费另行规定之。

第三章 日本官兵入所时之处置

第八条 日军解除武装后，即由管理所负责收管。

第九条 各地区日本官兵准暂保留其原有建制，并将所有零星部队均并成一个单位。其单位主官应绝对服从管理所长之命令，并负责执行。

第十条 暂准日本官兵借用之武器，每步兵中队步枪十支。其他特种部队，每中队六支，每枪配弹五十发。其军官及下士官之军刀属私人所购者，暂不收缴，由其自行保存，不得配带。应于入所时严密检查，如有多带，应即收缴。

第十一条 日本官兵应配带符号，并自行制备。其式样如附件第四。

第十二条 日本官兵身份证、勋章，及私人钱财、随身被服（冬季被服准予留用）、日用品等，均准其自行携带，不得没收。

第十三条 日本官兵到所后，由管理所按照附件第二之格式造具三份，分报本部（二份）及受降官（或部队长），俟后按照附件第三之格式，每旬填报三份（同上）。

第四章 待遇

第十四条 日本官兵之给养，按照国军定量，由管理所向兵站具领转发。兵站应即在管理所附近开设仓库，所需副食暂发代金，并责成当地行政官吏及保甲人员在管理所附近开设菜场（或招商承办），源源供应。价格须评定划一，不得抬高。日本官兵采购副食，严禁使用伪币，违者重惩。

第五章 管理

第十五条 日本官兵对中华民国一切法令规章，均应服从遵守。

第十六条 各日本官兵集中地区不得任意毁拆民房。但准其自行购筑房舍，由管理所计划监办。

第十七条 日本官兵借用之武器，应留置室内，不得携带外出，卫兵由我警戒部队派出。

第十八条 日本官兵除集合点名及运动外，精神教育、军事学科、及制式战斗教练，均应 一律停止。

第十九条 日本官兵行动范围，由管理所规定外，不得自由行动。

第二十条 日本官兵除公差勤务外，每日上午六时以前下午八时后不得外出。差勤袖章式样如附件第五、第六。汽车通行证式样如附件第七。日本官兵非佩带传达、采买袖章，不得逾越前条管理所规定之范围。如因公出差，除佩带通行证袖章外，尚须由管理所填发证明书（式样如附件第十）随身携带。

上项之各种袖章及汽车通行证，由管理所照式自制，加盖该所关防，不得滥发，以昭慎重。并将制发数量、号码，造册报部备查。所需价款，在开办〔费〕内支报。

第二十一条 日本官兵来往电报、信件、包裹、书籍等，均应先交由管理所检查。

第二十二条 以下列物品寄与日本官兵者，应予没收。

（一）违禁物或危险物。

（二）毒药或烈性药品。

（三）有关军事及施用隐语、密码，或含有煽惑刺激及诋毁中华民国之文件图书。

第二十三条 日本官兵所需日用物品，准设贩卖所，由管理所招商承办。但不得抬高价目及出售违禁物品。

第二十四条 日本官兵不准购买下列物品：

（一）违禁物或危险物。

（二）有碍卫生之物及未经军医允许之药品。

（三）其他非日常必需、认为无需购买之物品。

第二十五条 日本官兵所提出之要求，如管理所不能解决，应报请受降官（或部队长）核示。其重大者，转报方面军司令部。

第二十六条 日本官兵如与我国民众发生纠纷，由管理所妥为处理。情节重大者，应报受降官（或部队长）核办。

第二十七条 日本官兵如有逃脱应即追捕，非有必要不得开枪射杀。

第二十八条 日本官兵不得集会、结社，或暴动。如有此类行为，应即断然制压之。

第六章 服役

第二十九条 日本官兵得派服劳役。服役时间每日以八小时为限，例假停止。但服役时不得携带武器，并派兵监护之。

第三十条 不得派役直接或间接与军事有关及危险之工作。

第三十一条 凡调出服务及志愿服役之日本官兵，仍着原有军服（在非军事机关者，应有便服）。但改戴我国军帽，并由调用机关特制符号袖章（式样如附件八、九）发给佩带（在非军事机关者同），以资识别。

第七章　卫生

第三十二条　日本官兵集中地区应设置医务所，以资收容患者。重病准送就近医院治疗。

第三十三条　前项医务所应用日军原有机构及药材，如不敷时，由我方面军司令部补助之。

第三十四条　日本官兵如有死亡，须将其原属部队番号、级职、姓名、年龄、籍贯、死亡年月日、埋葬地点详细登记，并报方面军司令部备查。

第八章　惩罚

第三十五条　日本官兵如有违犯规定，轻者由管理所予以处分，或通知其最高长官自行惩罚。情节重大者及刑事案件，应报由受降官或部队长核交军法机关，依法审判治罪。

第三十六条　管理所及监视部队官兵，不得与日本官兵私自接洽，或互相应酬。尤严禁收受日本官兵馈贿。否则，一经查觉，以军法论处。

第九章　附则

第三十七条　本办法如有未尽事宜，随时以命令修正之。

第三十八条　本办法自公布日起施行。

附件一

第 × × × 日本官兵管理所编制表

职别	官兵		士兵	官兵	备考
	阶级	员额	阶级	名额	
所长	少将（上校）	一			由军师政治部主任副主任或由方面军司令部调用
副所长	上（中）校	一			同上
管理员	上校、上尉				由部队调用
译员		二			由部队或日官调用
副官	上（中）尉				由部队或日官调用
书记	军委一阶	一			由部队调用
司书	军委三（四）阶	二			由日官调用
文书					同上
军需	三等军需正	一			由部队调用　由日官调用
军需	一（二）等军需佐				由日兵调用
传达					由部队调用
公役					同上
炊事					同上
合计					

〔又有附件二：中国陆军第一方面军第 × 日本官兵管理所收容日本官兵名册，规定填报内容为原属部队番号、级职、姓名、号码、年龄、入伍前职业、家属通讯处及通讯人姓名、备考等项。附件三：日本官兵管理所月份旬报表，规定填报原属部队番号、驻地、上旬人数、本旬人数、本旬减耗人数等项。附件五：月份补给日本官兵副食代金结算表，规定填报原属部队番号、实有人数、日给定额、小计、合计等项。免附〕

附件四

样式号符兵官本日

姓名	所理管兵官本日　第军面方一第军陆国中
	号　　　　　第字
	用佩度年四十三国民华中

附件六

所理管兵官本日　第军面方一第军陆国中

买　　采

用佩度年四十三国民华中　号　　第字

说明（一）袖章用蓝布制，长四十五公分

（二）司机、传达袖章均用此式仅改书“司机”“传达”字

附件七

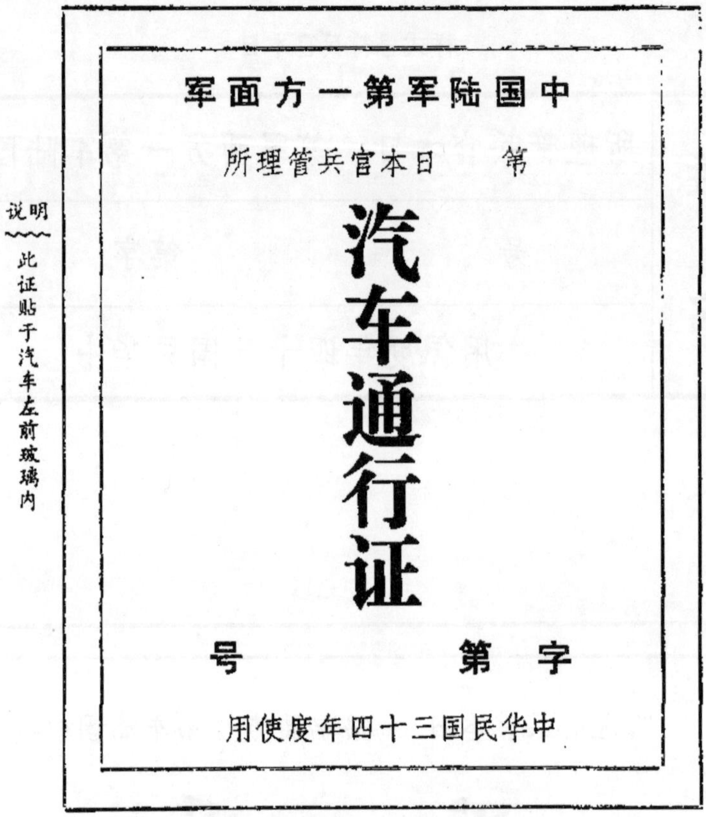

样式章袖兵官本日之役服愿志或务服出调

附件八

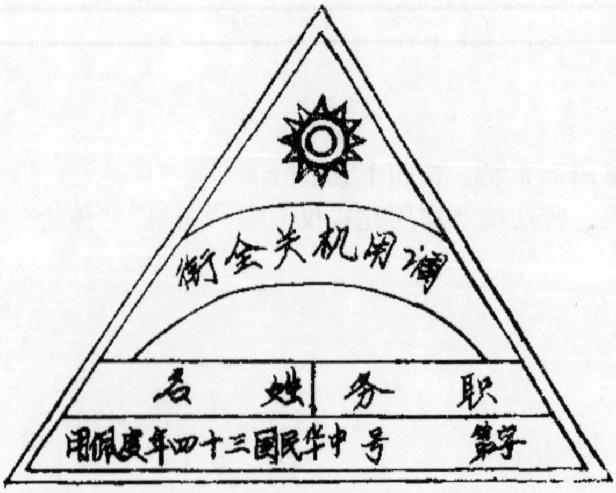

附件九

样式章袖兵官本日之役服愿志或务服出调

员雇籍日
用佩度年四十三国民华中　号　第字

说明：袖章用蓝布制，长四十五公分，宽十公分

附件十

书明证差公兵官本日		根存书明证差公兵官本日
第一方面军第　日本官兵管理所 兹有　携带　因公由 往　核定自　月　日起至　月 日止为本证明书有效时间 所长〇〇〇盖章 中华民国三十　年　月　日	字第　号	第一方面军第　日本官兵管理所 兹有　携带　因公由 往　核定自　月　日起至　月 日止为本证明书有效时间 所长〇〇〇盖章 中华民国三十　年　月　日

注：附件二、三、五缺

第一方面军越北区日本官兵病院管理规则

一、越北区日本官兵病院及病马厂之管理，除遵照《管理日本官兵暂行办法》外，应按本规则实施之。

二、设立越北区日本官兵病院管理所，其编制如附表一。

附表一

第一方面军越北区日本官兵病院管理所编制表

职别	官佐		士兵		备考
	阶级	员额	阶级	员额	
所长	一等军医正	一			由本部派
督察员	二等军医正	一			由卫生机关调用
	三等军医正	一			同上
译员		一			由本部派或日官调用
副官	上尉 中尉	一 一			
军需	三等军需正 三等军需佐	一 一			
书记	军委一阶	一			由卫生机关调用
司书	军委三（四）阶	二			由日官调用
军需			上士	二	由日兵调用
文书			上士	四	同上
传达兵				六	由卫生机关调用
公役				九	同上
炊事				二	同上
合计		十一		二三	

三、日本官兵病院及病马厂准暂保留，担任日本官兵患者及病马之医疗。并候我军使用。

四、日本官兵病院，按照《管理日本官兵暂行办法》附件第二之格式，将该院日本官兵及住院患者，分别造具名册两份。病马厂亦按照该《管理日本官兵暂行办法》附件第二之格式造具该厂日本官兵名册两份，及按照本规则附表二之格式造具病马清册二份，报管理所汇呈方面军司令部。

五、患者一经疾愈，由该所派员送向原属部队集中地区之管理所收管。病马痊愈者，缴呈我军收用。

六、日本官兵病院及病马厂出入院厂之患愈者，马按照附表三及附表四之格式，每旬填报管理所二份。

七、病马厂如有例毙，应将号码及例毙年月日报告管理所备查。

八、日本官兵病院及病马厂器材药品之消耗，应按照附表五之格式，每月填报管理所。

九、马干按照国军规定由管理所向兵站具领转发。

第一方面军补给日本官兵粮、盐、副食办法

一、日本官兵主食大米及食盐，按国军现行新给与定量补给（即每人日给大米二十五市两、或面粉二十六市两、食盐五钱）。

二、日本官兵管理所请领粮盐，应按旬查填粮盐受领证各一份（附表一、二），持向驻地兵站粮库具领。

三、兵站粮库收到上项受领证，校对证上盖有管理所关防、所长及经领人名章，即照数发给粮盐。受领证按月汇报总监部备查。

四、日本官兵管理所请领副食代金，造具证明册（附表三）、附领款收据（附表四），按月径向兵站区司令部具领。月终造具结算表（附表五），径报兵站司令部清结。

〔按：附表三为月份补给日本官兵副食代金证明册，规定内容有原属部队番号、职级、姓名、号码、盖章、备考等项，每月报送兵站总监部两份。附表五为月份补给日本官兵副食代金结算表，规定内容有原属部队番号、实有人数、日给定额、小计、备考等项）。

乙　管理概况

一、各集中营负责管理部队：

南定集中营管理所，原照规定由第六十军政治部主任兼所长。工作人员由第六十军军部调兼服务。后以该军移防，交由荣誉第二师接管。

广安集中营管理所所长，由暂编第二十二师政治部主任兼所长，工作人员均由该师师部人员调兼。后因该师调离越北，移交第一一六师接管。

土伦集中营管理所所长，原照规定由第一八四师政治部主任兼。工作人员亦由该师师部调用。后以该师调至海防集结待运，乃交荣誉第二师接管。

二、管理实施：

各集中营均遵照方面军司令部所颁办法及规则实施。唯因工作人员不敷分配，多利用日军原建制，由日军官按级监督管理。其集中之官兵，均配发符号袖章及通行证，以资识别。该集中之日本官兵侨民，均能服从命令，遵守纪律，故附近地方秩序均甚良好。

附表一

（甲）

日本官兵粮食受领证存根

第一方面军（全衔）补给日本官兵粮食受领证

现有人数	品种	定量	月份	实领数量	单位	备考
合计						

右列现品业经照数领讫留此存查

管理所长〇〇〇盖章

经领人〇〇〇盖章

中华民国　年　月　日

此联领粮单位留查

字第　号

（乙）

日本官兵粮食受领证

第一方面军（全衔）补给日本官兵粮食受领证

现有人数	品种	定量	月份	实领数量	单位	备考
合计						

右列现品业经照数领讫　此请

第一方面军兵站司令部　查照

管理所长〇〇〇盖章

经领人〇〇〇盖章

中华民国　年　月　日

此联兵站机关备查

字第　号

（丙）

日本官兵粮食受领证

第一方面军（全衔）补给日本官兵粮食受领证

现有人数	品种	定量	月份	实领数量	单位	备考
合计						

右列现品业经照数领讫　此请

第一方面军兵站司令部　查照

管理所长〇〇〇盖章

经领人〇〇〇盖章

中华民国　年　月　日

此联转报

附表二（甲、乙、丙）

日本官兵食盐受领证

第一方面军（全衔）补给日本官兵食盐受领证

月份　定量　现有人数　数量　备考

实领食盐计　市斤　两　钱（用大写数字填写）

右列现品业经照数领讫　此请

第一方面军兵站司令部　查照

管理所长〇〇〇盖章

经领人〇〇〇盖章

中华民国　年　月　日

此联转报

第　字　号

日本官兵食盐受领证

第一方面军（全衔）补给日本官兵食盐受领证

月份　定量　现有人数　数量　备考

实领食盐计　市斤　两　钱（用大写数字填列）

右列现品业经照数领讫　此请

第一方面军兵站司令部　查照

管理所长〇〇〇盖章

经领人〇〇〇盖章

中华民国　年　月　日

第一方面军兵站机关备查

第　字　号

日本官兵食盐受领证存根

第一方面军（全衔）补给日本官兵食盐受领证

月份　定量　现有人数　数量　备考

实领食盐计　市斤　两　钱（用大写数字填列）

右现品业经照数领讫

管理所长〇〇〇盖章

经领人〇〇〇盖章

中华民国　年　月　日

此联领盐单位存查

附表四

领款存根

第一方面军兹向　　领到　　年度　　月份　　费

国币

管理所长　　盖章

经领人　　盖章

中华民国　　年　　月　　日

字第　　号

领款收据

第一方面军兹向　　领到　　年度　　月份　　费

国币

管理所长　　盖章

经领人　　盖章

中华民国　　年　　月　　日

此联兵站机关备查

字第　　号

领款收据

第一方面军兹向　　领到　　年度　　月份　　费

国币

管理所长　　盖章

经领人　　盖章

中华民国　　年　　月　　日

此联转报

第四节 教育

我方面军于一月二十八日奉到陆军总司令部子有政电，指示如下：

一、查各地区现在集中之日本俘侨，刻正陆续遣送回国。各地主官应把握时机，利用现在人力物力，施予感化教育。以期改正其错误思想，巩固世界之永久和平。

二、贵部应即调用原有精通日语文人员，组织日俘教育机构。采用导生制，先挑选日俘中之具有自由思想者，予以训练、然后使之转教日俘。其教育方式，以采取讨论为原则。

三、国内上海、重庆、北平、广州，国外东京、旧金山、马尼拉、澳洲等处，均有日语广播节目。贵部所接收之收音机扩大器等，应全数发交日俘管理处所，装置收听。其不足者，并应设法补充。

四、利用接收器材，装配短波收音机，录取上列各台广播节目，编印日文壁报，油印张贴，每连及独立排各一份。

五、美国新闻处已在北平、天津、上海、南京、广州等地设立办公处所，贵部应就近与以经常保持联络。该处现有刊物为《每日新闻》及东京盟军总部所办《每月周刊》，电影影片如《大战前奏曲》《中国战事》与《苏联战事》《英国战事》等片，均已由本部与美方商妥，可随时供给施教。

六、中宣部现在各重要地点（除上海外），均办有日文报纸。贵部应就近商请加印，分发日俘阅读。

方面军奉电后，遵即拟定各项计划办法，分别转令实施如下：

一、第一方面军越北地区日本徒手官兵教育计划：

1. 搜集教育资料方面：

A. 呈请总政治部发给各项训练教材，如《和平日报》《军事与政治》、《政工周刊》《时事研究》《主义研究》等。

B. 呈请中宣部：①发给各项资料（其供给各报馆用者）。②发给各种对日宣传资料。③请其转饬各地所办日文报纸，每处配发本处二百份。

C. 函汉口《正义日报》（日文），配发本处二百份。

D. 函重庆、东京、广州各美新闻处配发《每日新闻》《每月周刊》及其他各项资料。

E. 呈中央党部训委会发给各项资料。

F. 函《中央周刊》《中央日报》《三民主义》等赠予刊报。

G. 函日本评论社（或有关中文服务社）赠予资料。

H. 搜购此间现有资料。

2. 征用教育器材方面：

A. 由方面军司令部拨发前所收缴之各种收音器材。

B. 令饬日联络部收集未交缴之各种收音器材。

3. 文字宣传方面：

A. 刊物：①先于各集中营发行油印日文日报，将来可能时再出版日文杂志。②

定名为《正风报》。③内容以兆导时报，宣扬国风，宣传民主精神，引导战俘思想为主。④办理由日联络部负责（搜集资料、编辑、收音、缮印），日本徒手官兵管理处教育组督导审核。其用品由联络部自行负担。⑤篇幅为一张蜡纸大。⑥每版以印刷一百五十份为原则。由各联络所自行分发。⑦详细办法另订之。

B. 规定按战俘每中队或每一病院所，最少有壁报一份，每两周最少出刊一次。其底稿于出刊后呈本部审核保存，详细办法另定之。

4. 集体训练：

A. 精神讲话：①各集中营区域，应按期集中战俘举行，其讲授人员，由集中营工作人员及当地我党团军政工作人员担任（由集中营聘请）。②通令驻在于集中营附近各政工单位，协助集中营战俘教育。并以此工作为工作重心。③河内可能集中之战俘（如调用之日本官兵及现驻日侨），韩侨、台胞，每周或两周集中讲话二小时至三小时，其讲授人员由管理处及政治部工作人员及其他党团政军人员担任之（管理处聘）。

B. 小组会议：①遵部令每两周一次。②其体裁由管理处或交联络部拟定印发。③详细办法另订之。

5. 个别训练：

A. 各集中营对战俘应经常举行个别谈话，并应将谈话情形按期呈报，其办法及表格另订之。

B. 在河内战俘，由管理处经常召集谈话，其翻译人员由联络部担任。

二、第一方面军日本官兵集中营壁报办理办法：

1. 为提高战俘生活意识写作等兴趣，增长政治知识、加强自我反省起见，各集中营及善后联络部（处所），均应鼓励并督率各地区战俘，办理壁报。

2. 凡集中有五十人以上、二百人以内之单位，均应自行办壁报一份。在集中有一千人以上之地区，应加出内容较为扩大之综合壁报。

3. 各地区战俘每两星期应出壁报一次，一个月最少两次。

4. 各地区壁报由各单位联络官员负责办理。鼓励战俘官兵投稿，受各集中营之督导审核。

5. 内容：

A. 自我反省，如战争罪恶及在各地暴行反省。

B. 学术研究，如民主主义中国、王道精神、三民主义等。

C. 时事研究，须根据中央社及美新闻处所发新闻。

D. 文艺小说。

E. 小组会议结论。

F. 管理处及集中营所交载文稿。

6. 注意事项：

A. 不得登载反宣传或不正当意图文稿，如夸耀武士道精神，标榜尊皇主义，恶意批评盟方赔偿，夸耀日军战功，使用满洲字句等。各负责人应于事先切实审核，如登载有所发现，负责人应受连带处分。

B. 登载后之底稿，应一律呈送管理处审核，其底稿不得有与登载内容不符情事。

三、第一方面军各集中营日本官兵小组会议实施办法：

1. 本方面军各集中营及各机关所调用之战俘，均应按照本办法举行小组会议。

2. 凡集中在八人以上、十五人以内之战俘（侨），得编成一小组。其小组编成，以尽可能利用原有管理建制为原则。

3. 各小组编成后由各联络所（处）按次序冠以号码，定为各组名称。如广安集中营，涂山区第一组，土伦集中营第二十三组，河内区调服某某机关勤务第十二组为名称。各组编组完成后，由联络部汇齐册报管理处备案。格式附后。

4. 集中于各集中营之战俘，由各集中营督率各该联络所，及以下各单位负责人负责办理。在河内附近各机关担任勤务之战俘，由河内联络部负责办理。

5. 各小组编成后，公推一人为组长，办理会议各项事务。如召集开会，整理纪录及宣达有关小组会议之各项命令。

6. 会议主席及记录（一人），由各组员轮流担任。

7. 各小组每两星期应举行小组会议一次，每次会议以两小时为标准时间。

8. 每次小组会议完毕后，应于五小时以内由组长将记录呈报于各单位负责人，然后汇由联络部呈管理处审核。

9. 会议题材，由管理处颁发，照规定举行。

10. 会议程序：①主席宣布开会，并报告到会人数。②组长宣达上级有关小组会议命令。③主席报告小组会议题材及讨论秩序。④讨论。⑤主席人结论。⑥公决下周会议时间及地点。⑦组长宣告下周会议之主席、记录姓名。⑧散会。

11. 各小组会议结论应登载壁报或《正风报》。

四、小组会议编组报告册格式如下：

〔表式格，其内容为集中营名称、住在地点、组名、组长、人数、原属、建制（日本）、上级直接指挥官（日本）等项〕。

五、小组会议记录表格式如下：

〔表式略，其内容有开会时间、地点、到会人数、讨论题目、组长姓名（出名盖章）、主席姓名（出名盖章）、记录姓名（出名盖章）、发言人姓名、发言内容、主席结论、其他、意见等项〕。

六、小组会议提纲如下：

如何建立和平民主之新日本？

1. 法西斯政治误国之检讨。

2. 极端民族主义之错误。

3. 民主主义之真正力量。

4. 如何建立和平民主之新日本。

中国的精神是什么？

1. 爱人的博爱主义。

2. 恕人的忠恕之道。

3. 光明正大的王道主义。

七、《正风报》办理办法；

1. 定名为《正风报》总址设于河内。南定区为第一版，广安区为第二版，土伦区为第三版。

2. 暂用油印，每日出刊一张（以蜡纸为标准）。

3. 每刊每次（日）最少印刷一百五十份，由联络部（所）自行分发于各地战俘阅读。

4. 指定第一版由南定区一宫基负责办理，第二版由广安区土桥勇逸负责办理，土伦区由服部尚志负责办理，各集中营管理所督导审核。

5. 内容：

A. 收录重庆、上海、北平、广州等处中国电台及马尼拉、东京、旧金山等处美国电台日语广播。

B. 学术研究：着重民主主义研究，中国王道精神研究。

C. 自我反省：着重日军前在各地暴行及侵略战罪行检讨。

D. 小说。

E. 管理处所交载文稿。

F. 各项法令、命令公布及其他文稿。

以上 B、C、D 项以鼓励战俘投稿为原则。

6. 如有未尽事宜，另行以命令规定之。

7. 注意事项：

A. 不得登载本办法所指定电台以外电台所发之新闻。

B. 不得刊载含有反宣传或不正当意图之文稿，如夸耀武士道精神，日军战功，标榜尊皇主义，恶意批评盟国赔偿，使用满洲字句等。

C. 在《正风报》以外未经核准之任何刊报一律不准发行。

D. 报纸印出后，检呈十份送管理处备查转呈。

E. 报头及格式另表规定如后：

正　风　报　　第　　版　　第　　号　　地址：

中华民国　　年　　月　　日　　星期

以上各项计划及办法颁布实施后，除土伦方面因交通不便，进行较困难外，其余南定、广安两地区均逐步实施，并同时实施职业教育，学习农作、牧畜、缝纫、木工、渔业、理发、竹工、铁工等。南定方面所颁报刊则已出版三十六期。内容除报刊时事外，亦有阐述民主思想之论文。

教育结果，于遣送前测验所得，大部日本官兵思想颇有转变。对民主思想已有信仰，尤对我国军民颇为好感，表示过去侵略中国之战事，实属错误。

第五节　给养

日本官兵薪饷，其本国已清发至三十五年元月底。而我国又自集中后、发给主副食费及零用费，故官兵生活费均有余裕。尤以其原存主副食物并未完全移交我军接收。其种植物又均已有生产，故日军官兵生活甚为优裕。

日本官兵存有食米，除交我军政部接收一部外，尚能供给至三十五年二、三月之食用。故每人每日能配给米六百瓦，每日三餐、其副食均能自给十分之四。

第六节　卫生

日军侨集中完后，方面军为明了各集中营状况，于一月间派员前往各集中营调查。经调查所得，各集中营卫生状况如下：

一、环境卫生

1. 南定地区：该区因无较大兵房，又其自建屋宇多未完成，故住房甚为狭小，饮水以井水为主。每单位有简单浴室、厕所多系坑厕，厨房清洁。该区前曾流行霍乱，后经扑灭。

2. 广安地区：住房原为法人所建，均极整齐清洁。有电灯水管设备，厨房、厕所亦佳。该区前曾发生霍乱，亦已消灭。

3. 土伦地区：有自建兵房，筑于小山顶上，地势高燥、房舍宽阔，其浴室、厨房、厕所设备虽不及广安，但均较南定为优。

二、个人卫生：

1. 营养：各地实行定量分配，营养丰富。

2. 劳动：每日均有相当调节运动。

3. 防疫：其防疫药品颇充足，并随时随地均有消毒药品及设备。

4. 寝浴、每人有军毯三条，军服四套，规定每日沐浴，换洗衣服。

三、医务设置：

1. 南定区：有患者疗养所三个，野战医院二个，唯医务人员均不足。每野战医院每日门诊平均约为百余人。住疗者约二百余人。外科病最多，并多为战时留伤者。内科以传染病疟疾、阿米巴痢疾较多，其次为性病。

2. 土伦区：除旅团司令部有军医处及各单位有医务室外，仅单独设有疗养院一所。住疗者曾有二百五十七人，房舍甚为完善，住疗者生活颇舒适。

3. 广安区：涂山有第四陆军医院分院，海防有第四陆军病院（最后已移交我军政部），广安有野战病院，翁比有患者疗养所及防疫给水部，鸿基有患者疗养所，八塞有师团卫生队疗养所。全区患病人员共计一〇五五人，其中住院者三三〇人，余在队休养。各院所中，以翁比防疫给水部人员最充足，设备亦最完善。

四、卫生材料：

1. 各院所卫生药材可供三个月以上之使用，以疟疾、痢疾药及酒精消耗最多。

2. 各院所卫生材料，前已照数向我军政部交缴三分之一，唯翁比防疫给水部尚未接收。

第七节　防止秘密活动

元月十日我方面军奉委员长子齐令二宫电，要旨如下：

据报日军陆海军利用日方现有机关从事各种秘密活动，并自由穿着服装，参杂民间挑拨中美感情，干涉日本民主分子之自由；少数潜逃日军士兵，亦到处滋扰，等情。查所报各节，亟应设法制止，以防意外，兹特规定办法如次：

一、事后负责特殊任务之日军人员，各行营战区方面军指定办公地点给与身份证明书，并派宪警监视外，所有日俘日侨，应一律拘禁于集中营，不得在任何地区自由活动。

二、日俘、日侨应分别集中，并分别给与不同之臂章、号码以资鉴别。

三、凡未持有身份证明书或佩有证章号码之日俘日侨一律拘捕。

四、从事秘密图谋之日方人员，应予逮捕惩办。

五、各行营兵站方面军征用日籍人员，应将征调工作人数列报。未经核准，不准调用。

六、日方之外事处及不必要之机关，应饬撤销。

七、准许日侨告发日本官兵之不法行为，并随时逮捕。

八、对日俘官兵应严加看管，勿使逃逸，以免滋扰平民。

我方面军奉电后，遵即转令各部队遵照。并加制定实施办法如下：

一、办理善后事务及担任联络之日本官兵侨民，应由越北地区日本徒手官兵管理处（以下简称管理处）所给与身份证明。

二、经征用之日本官兵侨民，由征用部队机关制发识别证、身份证。

三、已集中之日本官兵侨民，由管理处发给不同之臂章号码。

四、凡无身份证或佩臂章号码之官兵侨民，及从事秘密图谋者，由宪兵营及各地区驻军随时查拿报部究办。

五、管理处对集中营日本官兵侨民及被征用或有任务之未集中日本官兵侨民人数，应彻底清查，按旬具报。

六、对日方之外事处及不必要机关，由管理处查报，以便核办，令其撤销。

七、日本官兵及侨民如有不法行为，得由宪兵及地区驻军逮捕，送部究办。

八、由管理处加强日本官兵侨民之管理教育，勿使再发生逃逸情事。

我军照以上规定办法实施后，日本官兵侨民除被我征用服勤务者外，均严拘于集中营，未曾发现其有秘密图谋，故我军在越北治安秩序维持颇称良好。凡我侨胞、越民及各国驻越人士，莫不赞仰，诚为我国外受降之荣誉也。

第七章　日本官兵侨民之征用

第一节　概述

越北自日军侵占后，地方交通通信多数已被破坏，敌军未曾修复。如铁道方面，老街至河内间之越池大桥，河内至海防间、海阳附近之两铁桥，及河内至谅山间、南定至顺化间多数桥梁，均已破坏。所有通行车辆、人员，均以船舶过渡。各路车务人员则多已分散，车箱路轨亦多破坏，不堪应用。且燃料输运困难，致多数路段，路轨虽完好，但亦久未行车。公路方面，因时值阴雨，山洪暴发，路基或被水冲断，或被水淹没，又加以越盟军初不明我军入越目的，乃为阻止我军前进，将公路桥梁破坏。通信方面，除河内、海防、南定、顺化各重要城市外，其原有线路亦多已破坏。我方面军入越时，首感交通通信不便。当各部队前进中，饬日军协助修复老街至河内间铁道，除越池铁桥因工程浩大，一时无法修复外，卒于短期内修复通车，使后续部队得到达老街后，即转用火车输运前进。自受降仪式举行之次日，我军即明令征用日军铁道联队、工兵队及通信技工，积极从事修复各铁道及桥梁、通信等。及至遣送日本官兵回国时，大部业已修复完竣。是项征用人员，均经同时遣送完毕。

我军除征用日本官兵修复交通通信外，并因我军入越时交通阻碍，有关技术人员未能随行入越，致到达越境后，如汽车司机与修理人员，不得不雇用越南人及征用日军原有技术员工。我军班师回国之前，奉准由昆明第四补给区拨汽车司机五十人，入越接替所征用日本官兵之工作。我军第六十军及第九三军整编后，奉命由接收日军火炮中拨发一部，作编该两军之炮兵营，故该两军临时征用原日军炮兵技术人员协助训练。其他为破坏敌军事设施，曾征用日工兵分往谅山、高平、河阳、老街各地协助破坏工事。各机关部队或因物资搬运，或因某项技术需要，亦有临时征用日本官兵、侨民协助者。尔后，工作渐完，并为准备遣送该日本官兵、侨民回国，各机关部队即将所征用者逐渐遣回。至遣送时，已全部归回集中营，载运回国矣。

第二节　征用人数统计

我军入越受降，因各项技术人员及勤务上之需要，于三十五年一月三十一日止，统计征用日本官兵人数如下附表一。迄至二月止，各部所征用者大部业已遣回集中营。经调查统计，尚留征用人数如下附表二。我经济部驻越南代表办事处为接收各工厂技术上需要，曾征用日侨四名，计南定日本渔业会社冷藏工厂技术主管人员一名，印度支那农工业株式会社电工厂技术员二名，河内食品工厂技术员一名。此外，尚有短期临时征用者。该日本官兵、侨民为我军征用期间，均尚能努力工作，表现其对我军绝对服从，真诚投降。殊可嘉，亦可悯也。

第一方面军越北区征用日本官兵人数统计

河内地区

1. 南方第四陆军医院：河内八名，北江一百一十名。

2. 铁道第十联队：海防六名，谅山、高平一百五十九名，越池一百七十八名，市球一百一十三名，海阳三百零七名，宁平五十一名，清化五名，东河十六名，可啊四十七名，顺化十六名，土伦一百三十八名，宜安二十六名。

3. 辎重兵第二十一联队：白梅一千名。

4. 独立自动车第二百八十一中队：白梅一百六十六名。

5. 独立自动车第三十四中队：白梅一百四十四名。

6. 特设自动车第三十六中队：白梅六十五名。

7. 特设自动车第四十中队：白梅九十七名。

8. 第十九临时自动车队：白梅七十四名。

9. 第二十临时自动车队：白梅五十一名。

10. 兵站自动车第百八十六中队：白梅一百八十三名。

11. 第三十八军野战自动车厂：白梅七十五名。

广安地区

1. 山炮兵第五十一联队：河内二十五名，海防二十五名。

2. 第二十一师团病马厂：河内八十三名。

3. 第三十六碇泊场司令部：汉街七十名。

4. 工兵第二十一联队：谅山、高平一百一十八名，河阳三十一名，海宁三十五名。

5. 南方军第五通信队：汉街四百零九名。

6. 第二十一师团防疫给水部：海阳四百名。

7. 步兵第八十四联队：海防三百零五名。

8. 第五飞行场中队：河内一百零八名。

9. 南方航空路部：海防三百名。

10. 海军部队：海防一百二十名。

南定地区

1. 步兵第六十二联队：河内一百二十二名，北宁二百名，府里一百名。

2. 步兵第八十三联队：河内三百五十名，海防三百名，清化二十七名，南定一百名，可啊一百二十二名，宜安二十一名。

土伦地区

1. 独立混成第三十四旅团司令部：土伦十五名。

2. 山炮兵第五十二联队：海防六十七名。

以上计河内地区征用三千零三十六名，广安地区征用二千零二十九名，南定地区征用一千一百四十二名，土伦地区征用八十二名，总共征用日本官兵六千二百八十九名。

征用时间，自民国三十四年十月开始，至民国三十五年二月底，个别至三月上旬，调回原部集中。

中华民国三十五年一月三十一日制

第一方面军越北区征用日本官兵人数调查

1. 征第三十八军自动车厂河本上中尉等一部，交河内军政部担任恢复修车工作。

2. 征第二十一师团混成勤务人员桑原勋大尉等一部，担任河内司令部恢复通信工厂工作。

3. 征铁道第十联队又保田忠夫中佐等一部，担任河内司令部修筑铁路桥梁工作。

4. 征南方军第五通信队宫崎勇少佐等一部，担任汉街司令部通信协助工作。

5. 征辎重兵第二十一联队西泽勇治大佐等一部，交白梅军政部担任运输工作。

6. 征工兵第二十一联队丸山忠一少佐等一部，担任汉街司令部破坏敌构阵地及渡河工作。

7. 征辎重兵第二十一联队第一中队齐籐茂一大尉，率中队担任河内司令部运输工作。

8. 征辎重兵第二十一联队第二中队广赖丰三郎大尉，率中队担任河内司令部兵站区司令部运输工作。

9. 征第六十六碇泊场司令部小山滋中佐等一部，担任协力海防第一兵站区司令部水路运输工作。

10. 征第二十一师团病马厂宫本畅兽医大尉等一部，担任创办河内军马诊疗装蹄厂工作。

11. 征步兵第八十三联队田代贯彻大尉等官兵三百五十名，及山炮兵第五十一联队二十五名，担任河内第一兵站区司令部、河内地区装箱起运物资工作。

12. 征步兵第八十四联队新田贯一郎少佐等官兵三百零五名，及山炮兵第五十一联队二十五名，担任第一兵站区司令部海防地区物具整理装箱工作。

13. 征步兵第八十四联队田中柡一等官兵三百名，担任海防第一兵站区司令部装卸工作。

14. 征步兵第八十三联队大山三郎等官兵三百名，担任海防第一兵站区司令部，海防至海阳间输送工作。

15. 征步兵第六十二联队宫本畅兽医大尉等官兵一百二十二名，担任河内第一兵站司令部饲养移交之马匹。

16. 征南方陆军第四病院田关昭军医少尉等官兵八名，担任河内驻越临时后方医院协力卫生业务。

17. 征步兵第六十一联队安部义一大尉等官兵二百名，担任河内兵站第五前进仓库之北宁及谅江府附近装箱及渡河运输工作。

18. 征工兵第二十一联队角田俊一少尉等官兵二十五名，担任破坏谅山、老街敌遗永久工事。

19. 征工兵第二十一联队杉木喜一郎等官兵九十三名，担任司令部破坏谅山、高平敌遗永久工事。

20. 征工兵第二十一联队小田切敏二中尉等官兵三十一名，担任司令部破坏河阳敌遗永久工事。

21. 征海军部队今井平八郎中佐等官兵一百二十名，协助海防美国加札格将军扫海作业。

22. 征步兵第八十三联队兴三千清士中尉等官兵一百二十二名，交军政部特派员担任装箱起运及渡船援助。

23. 征航空关系部队江籐大尉等官兵三百名，担任海防第一兵站区司令部装运工作。

24. 征步兵第八十三联队高曾中尉等官兵二十七名，担任第六十军第二十一师清化地区山炮营之马匹管理。

25. 征步兵第八十三联队青木中尉等官兵二十一名，担任第六十军第二十一师宜安地区修车工作。

26. 征第二十一师团所属部队佐籐大尉等官兵八十一名，在广安管理处服务。

27. 征山炮兵第五十二联队海老泽大尉等官兵六十七名，担任第六十军第二十一师海防炮兵技术指导。

28. 征第五飞行场中队泰中尉等官兵一百零八名，担任中国空军驻越南白梅、河内地区司令部航空作业协力。

29. 征独立混成第三十四旅团野间中尉等官兵十五名，担任中国空军土伦驻扎部队航空通信作业协力。

30. 征步兵第八十三联队柿木中尉等官兵一百名，及步兵第六十二联队小岩井中尉等官兵一百名，担任军政部特派员办公处南定、兴安地区装箱工作。

以上自民国三十四年十月三日起，至民国三十五年二月份止，共计征用日本官兵二千八百七十名。

第八章　日本官兵侨民之遣送

第一节　实施概况

一、成立港口运输司令部：为遣送日本官兵、侨民归国，陆总部曾规定各受降区于港口设运输司令专责办理。我方面军司令部遵照于一月间派第五二军司令部上校副官刘甲三，任港口运输司令。饬克日成立司令部，着手办理遣送事宜。

二、日本官兵、侨民集中海防待运：日本官兵、侨民，原分区集中于土伦、南定、广安各附近，因陆总部派来美方运俘船，均规定在海防停泊启运，故我方面军司令部即令各集中营将所有集中之日本官兵、侨民，向海防附近移运集结。此外，机关部队征用之日本官兵、侨民，亦饬于启运前送至海防，以便同时遣送。各集中营及各征用机关部队，均于遣送开始前已将所有日本官兵侨民全部送至海防集结，得按预定计划启运。

三、启运前之检查：日本官兵侨民遣送前，方面军司令部派副参谋长尹继勋前往指导外，并由方面军日本徒手官兵管理处、战争罪犯调查委员会、港口运输司令部、宪兵营及军政部特派员办公处、经济部代表等各派员会同检查及接收各集中营日本官兵侨民之公私财物。当日本官兵侨民每次登轮时，先集合于空场，使每人将所准携带之衣物、钱钞等全部置于个人之前，由宪兵与检查人员逐一细密检查，其超出规定之财物，即予扣留。然后再点名按次序登轮启运。

四、战犯之逮捕：日本官兵侨民登轮时，由战争罪犯调查委员会派员会同港口运输司令部逐一检点，凡我军民及盟军提出之战犯与日本宪兵，均一并扣留。当时，因我军交防在即，对战犯处置曾请示陆总部核示办理，奉复着将日战犯全部移解广州行营军事法庭审讯。当遵照拘捕日战犯一八七名，韩籍战犯二名，并准随战犯工作之日籍译员及医务员各一名，移解广州行营审讯。

五、卫生：日本官兵登轮前，每人均经注射防疫针，并将病患者另以专轮载运。各运俘船则遵照规定，准予携带按途程之卫生材料及分配日医务人员随各船看护。

第二节　日本官兵侨民返国携行物品规定

一、陆军总司令部颁发《中国战区日本官兵与日侨遣送归国计划》附件 B 规定：日本官兵侨民返国，违禁物品及准许携带之物品如下：

（甲）违禁物品：下列物品系违禁品不得运出：

1. 爆炸药，武器弹药，指挥刀或大刀。
2. 照相机，双眼望远镜，野战望远镜及光学仪器。
3. 金条或银条，金块或银块，未镶之宝石艺术物品等项。
4. 股票。
5. 每人（或成年人）只能携带自来水笔一支及表一只。

6. 珠宝及奢侈品而不合持有者之身份者。

7. 超过正常所需之烟草、雪茄烟等。

8. 超过正常所需之食物。

9. 超过后列第二项 A 所载之衣服。

10. 历史书籍及文件报告书，统计数字及其他类似资料。

（乙）准携带之物品：下列物品及数量准带出口：

服装及私有物品：盥洗具一套，毡毯（或棉花被褥）一条，棉花被一条，冬季衣服三套，夏季衣服一套，大衣一件，皮鞋三双，短袜三双，衬衫三件，手提包一件，手提袋一件。

其他明显是个人物件合理之数量。

（丙）携带款之限制：

军官：日金五百元。士兵：日金二百元。侨民：日金一千元。

二、陆军总司令何戌寒接电规定，日本官兵侨民于港口乘轮归国时，携带日元款额，应照盟军最高统帅部规定：官佐五百元，士兵二百元，侨民一千元为最大限。此外，各项通货钞券，以登船后不能再用，勿庸携带，应交中国国家收存。

三、陆军总司令何亥元性梦电规定检查办法：

1. 遣送归国日俘侨在内地之检查，由各受降主管监督令俘侨管理所负责，会同当地军宪警及运输机关实施之。

2. 由内地向各港口输送之日俘侨携带行李物品金钱等，可斟酌实地情形与行程，由受降主官规定以每人能携行者为原则办理。

3. 各港口出口检查，仍由各港口司令负责，由受降主官监督之，依照遣送计划之规定严格实施。

4. 扣留超出规定之物品、金钱、饰物，悉予充公。军品交当地军政部机关接收。其余物品由负责检查机关各受降主官核定后，拍卖变款，并金钱、饰物存入国家银行，取据报本部备查。

四、陆军总司令何子灰慎梦电规定：归国之日俘侨所携带之行李，不准分二次搬运上船，不准雇佣苦力帮助搬运。

五、陆军总司令何子陷卫行代电规定：准许日俘侨医务人员于遣送回国时，酌带医具自备之听诊器一个，及少数医药书籍。

六、陆军总司令何丑佳慎梦电规定：日俘侨归国准许携带物品，除照遣送计划附件（B）之规定办理外，兹经美方同意，增加两项如下：

（甲）准带日军复员有关如下之文件：

1. 战时名簿、功绩恩典册、军人军属复员有关文件，或终战诸记录所需之文书（包括人事、有关行政规则及手续等）。

2.《编制装备一览表》《兵力报告书》《指挥官及将校职员表》。

3. 卫生诸规程、病院记录、病患者及卫生材料有关文件。

4.《军法会议诉讼手续书》《逮捕及监禁有关记录》《未决事件书》及恩典有关文件。

5. 陆军有关文案物品，给饷及其他军用财产收支清算有关文件（包括凭证文件及账簿）。

6. 复员有关诸规定簿册。

7. 在各地区日侨人口调查书。

8. 失踪及逃亡人员有关文件。

（乙）日本医务人员回国时，除原定行李限额外，准带十公斤以内之医学图书。

七、陆军总司令何丑宥慎梦证代电规定：日俘侨回国准许携带金钱款额，经于前颁遣送计划附件（B）内规定外，照美方通知一月十五日东京盟军总部《遣送日俘侨会议记录》（C）关于日俘侨回国携带之金钱及证券，与前订计划附件（B）之规定略有修正。除该附件（C）内（一）日俘侨回国携带台、满银行之元钞或兑换证件，及（三）发还其被俘期间之全部欠薪之两项，经呈报委座，尚待核示外，其余均准实施。《东京会议记录》附（C）如下：

中国战区遣送计划附件（C）（一九四六年二月六日）

遣送之财产管理

（一）财政程序

对于现行财政法规之应用于对日往返遣送者，应予认定。此诸法规之节略如下：

A. 返日之日俘日侨

（1）下述钞票金融证券，准予日俘日侨其登船港时携往日本：

1. 日本、朝鲜、台湾与满洲银行之元钞，最高数日侨一千元，官五百元，兵二百元，朝鲜、台湾与满洲银行钞票，于登陆港按一兑一之比，兑换日本银行票。

2. 广东与华北邮局所发之按日元计算之邮政储金簿、邮局保险单、日本公司所发之其他保险单，其日本境内所发行之银行存折，对自华北遣送返日之日军日侨所发之日元兑换证、元钞及兑换证总额，不得超过日侨一千元，官五百元，兵二百元。

3. 附加于日本银行券之B式元辅票、B式票与正规元钞共同总额，不得超过日侨一千元，官五百元，兵二百元。此条适用于自朝鲜、台湾与满洲以外地区返日之日俘日侨。

4. 元钞以外之按日元计算日本政债券，此项政债券加元钞不得超过日侨一千元，官五百元，兵二百元。

5. 日本征海军战地邮政储金簿，日侨一千元，官五百元，兵二百元。

6. 中国境内之横滨正金银行对日元存款、向自中国遣送之日俘日侨所发兑付日元汇款收据，此项收据总额不得超过日侨一千元，官五百元，兵二百元。

（2）a. 日本国民得于上述限额内，选带元钞、兑换证及日本政府之日元债券。b. 超出上述限额之钞票，上节未列举之金融证券、贵金属，仅对物主始有价值之小饰物以外之宝石，均应于日俘日侨离华返日前没收之。

（3）除前述元钞外，所有日俘准予增带其被囚期间内之全部欠薪，以元钞或日元兑换证支付之全部薪给，应于遣送前付与日俘。

（4）日俘应携带境遇身份证明书，该证明书上应就具作战俘期内积累之薪给，列入报告。

B. 自日本遣送回国之华人与韩人

自日本港口遣送回国之华人与韩人之财政程序，于彼等离日前，由日本海关官吏处理之。此等华人、韩人，准自日本之登船港携带下述项目：

每人带元钞一千元。

日本金融机关或遣送目的地国家之金融机关所发行之邮政储金簿及银行存款簿，日本或遣送目的地国家境内发行之保险单，对日本金融机关所开及其发行、并在日本付款之支票、汇票与存款证。

C. 特殊问题之有关对遣送赴日或自日遣送军民之金融与经济统计者，应交中国战区美军司令部考虑，或交盟国统帅决定之。

八、陆军总司令何寅马慎梦军勘电规定：奉驻日盟军最高统帅训示：配属日军武装部队之日本平民或由日军雇用之人员，应准平民待遇办理，依规定每人准带日金一千元。

九、陆军总司令彻卯微慎梦证电规定：

1. 嗣后日俘侨回国准携带台、满银行钞票，惟携带之总数不得超过规定携带款之最高额（即官五百元，兵二百元，侨民一千元）。

2. 该《东京会议记录》附件 C 除第三项发还被俘期间之全部欠薪尚待请示外，其余均应准照实施。

十、陆军总司令何卯鱼慎梦电规定：准允日俘侨返国时每人除原定行李、银额外，加带回在华日籍公司主要商业簿册及接收有关文件等。

十一、陆军总司令何卯元卫威电规定：在日俘伤病回国时，得照途程配发必需卫生材料。

十二、陆军总司令何卯删辰慎国电规定：准日俘侨归国时，其携带衣服除原规定外，因气候渐寒，得各增加二套。

第三节　遣送时接收及检扣财物之处理

甲、日本官兵侨民登轮时呈缴现金银票

原日军第三十八军经理部长绪方京平于三十五年四月十二日、十三日、十五日先后呈缴现金及银票等共五批。由经济部代表径报行政院外，方面军司令部当即分报陆总部备案。计所接收之现金与银票数额如下：

（一）越币三百七十五万八千五百九十二元三角三分。

（二）五百元越币六百零五十七张，合计越币三百零二万八千五百元。

（三）关金一千三百九十一万二千八百九十元，合国币二万万七千八百二十五万七千八百元。

（四）国币五千九百三十五元。

（五）日本票一万八千九百七十八元。

（六）泰币一万零八百二十一元五角。

（七）日本五十钱（角）硬币一万零三十八个。

（八）荷兰币四十二盾。

（九）中储券一百零二万七千八百八十八元。

（十）台银票九百一十元。

（十一）朝鲜银票二十八元。

（十二）联银票五百七十元。

乙、日本官兵侨民登轮时检扣财物

日本官兵侨民登轮时，由宪兵及港口运输司令部、经济部驻越代表办公处会同检查，查获超出规定之财物即予扣留。其中用具饰物等，由方面军司令部派宪兵营营长金希文前往会同港口运输司令部及经济部驻越南代表办公处，于五月十日办理标卖，计售获越币七千五百二十元。当即并检扣现款、银票存入海防中国银行分经理处储存。计检扣财物如下：

（A）检扣现款银票：

1. 越币一十五万七千八百五十二元三角五分。2. 国币六百八十五元。3. 银币四元（内有半元二个）。4. 越银币一元。5. 日币三千一百二十一元。6. 日军用手票十元。7. 台湾币一元。8. 日军用票三十元。9. 越南民主币十元。10. 储备券三千五百元（伪币）。11. 卢币十一盾。12. 日储蓄券六十元。13. 越南政府杂币五角六个，五分九十二个，一分八十四个。

（B）检扣物品：

1. 翠戒一个。2. 银练一条。3. 银制器皿二十七公斤。a. 银叉大小三百零四个。b. 银匙大小一百三十七个。c. 银柄刀子十二把。d. 银杯大小十二个。e. 银带一条。f. 银瓶套一付。g. 银壶一个。h. 绿玉心银牌一个。i. 银烟盒三个。j. 银筷子一双。k. 银粉盒大小三个。l. 银瓶一个。m. 小银盒二个。n. 小银提桶一个。o. 银杓一个。4. 金饰物一两七钱五分。a. 绿玉金胸口针一个。b. 金项链一条。c. 绿玉坠金项链一条。d. 洋金项链一条。5. 金戒指一个，一钱重。6. 红宝石洋金戒指一只。7. 红宝石钢戒指一只。8. 蓝宝石洋金戒指一只。9. 银戒指一只。10. 泰产钻石戒指四只（内白色三个，二蓝一红三小石一个）。

丙、日本官兵侨民登轮时接收米粮被服及卫生材料

一、日本官兵登轮前，由日军仓库呈缴稻谷五六〇包，每包约四十公斤，军米约万余斤，内有一部霉米。经由军政部特派员办公处指派我军第十四库点收。

二、收缴杂衣及军毯约千数百件，亦由第十四库收存。

三、卫生器材原由军政部特派员办公处指派第四后方医院接收，该院结束，改由第五十三军接收，经军政部特派员办公处核为拨发该军应用。

第四节　乘船启运情形

甲、乘船分配

一、第一船乘船队号及人数

第三十八军司令部一五二名，南方第一宪兵队一名，南方第五通信队三名，海军部队一三五名，第二十一师团司令部三四名，步兵第六十二联队二四一三名，步兵第八十二联队一九名，步兵第八十三联队三八名，山炮兵第五十一联队四名，辎重兵第二十一联队三名，第一野战病院二〇三名，第二十师团病马厂九八名，第五九航空地区司令部二名，第一七九飞行场大队三一五名，第五飞行场中队二四三名，第五十五飞行场中队一三九名，独立自动车第二八一中队二名，第二临时自动车队一名，海上辎重第一大队第七中队一名，独立野战高射炮队第六二中队一四八名，第二二一野战邮便局三六名，步兵第八十四联队一五名，第二三师团野战病院五名，第二十三师团兵器勤务队九二名，独混第三十四旅团司令部二〇名，独立步兵各大队炮兵队四名，山炮兵第五十二联队一名，合计四一七七名。

输送指挥官：步兵第六十二联队大佐田副正信。

通译：步兵第六十二联队中尉北泽右三，步兵第六十二联队见习士官堀重男。

卫生人员：第二十一师团第一野战病院军医少尉，第二十一师团第一野战病院卫生上等兵。

二、第二船乘船队号及人数

独立步兵第一八九大队七八八名，山炮兵第五十二联队七一三名，独立混成第三四旅团工兵队一六二名，第二十二师团通信队一三八名，第二百二十九野战邮便所二六名，第二十二师团病马厂五五名，炭矿经验者五二名。

第九五航空地区司令部（含南方航空路部）五二〇名，第一百七十九飞行场大队三名，第五飞行场中队三二名，第十八飞行场中队一名，工兵第二十一联队一四一六名，第二十一师团通信监查班五四名，第二十一师团兵器勤务队一一九名，第二十一师团野战病院五四二名，第二野战船舶厂第八支厂一二六名，独立自动车第二百八十一中队一六〇名，第三十八军兵站病马厂四三名，合计三九五〇名。输送指挥官：山炮兵第五十二联队长大佐本田和助。

通译：山炮兵第五十二联队少尉横山嘉一郎，山炮兵第五十二联队少尉若松一夫。

卫生人员：第二十二师团野战病院军医少尉松井暴，第二十二师团野战病院卫生伍长深泽卯三郎，第二十二师团野战病院卫生员福原昌之。

三、第三船乘船队号及人数

步兵第八十四联队三〇一六名，第二十一师团卫生队三三八名，独立自动车第三十四中队一三四名，特设自动车第三十六中队六一名，特设自动车第四十中队九〇名，第十九临时自动车队七四名，第二十临时自动车队四八名，第三十八军野战兵器厂一二一名，合计三八七九名。

输送指挥官：步兵第八十四联队长大佐深野时之助。

通译：步兵第八十四联队中尉齐籐俊彦，第三十八军兵器厂大尉穴山清。

卫生部员：步兵第八十四联队军医少尉吉村正，步兵第八十四联队卫生伍长冈田正，步兵第八十四联队卫生兵长佐藤忠志。

四、第四船乘船队号及人数

独立混成第三十四旅团司令部一九三名，独立步兵第六百九十六大队九八五名，独立步兵第六百七十二大队七六三名，独立步兵第六百七十三大队五〇一名，山炮兵第五十二联队一八五名，独立混成第三十四旅团炮兵队三一一名，独立混成第三十四旅团通信队一五一名，独立混成第三十四旅团患者疗养队三〇名，步兵第三十八联队四三六名，辎重兵第二十一联队八七二名，合计三八九二名。

输送指挥官：独立混成第三十四旅团炮兵队长少佐山口松辅。

通译：独立混成第三十四旅团司令部曹长出渊藤，独立步兵第六百七十二大队一等兵具塚幸次郎，卫生部员：独立混成第三十四旅团患者疗养班军医少尉佐藤正名，独立混成第三十四旅团患者疗养班卫生兵长宫原正雄，独立混成第三十四旅团患者疗养班卫生兵长柏沼朝好。

五、第五船乘船队号及人数

步兵第八十三联队二五一三名，第二十一师团第二野战病院二一八名，第二十一师团通信队一五九名，步兵第八十二联队九八三名，合计三八七三名。

输送指挥官：步兵第八十三联队长大佐一官基。

通译：步兵第八十三联队少尉福日尚三，步兵第八十三联队兵长金田鬼追勇。

卫生部员：步兵第八十三联队军医中尉北川柳三，步兵第八十三联队卫生兵长伊籐时雄，步兵第八十三联队卫生兵长出泽勇。

六、第六船乘船队号及人数

步兵第八十二联队二一四二名，辎重兵第二十一联队一二九名，兵站自动车队一七六名，第三十八军野战自动车厂七四名，铁道第十联队六一二名，南方第五通信队一九三名，合计三三二六名。

输送指挥官：辎重兵第二十一联队长大佐西泽勇治。

通译：步兵第八十二联队军曹藤门芳治，步兵第八十二联队伍长佐木次勇。

卫生部员：步兵第八十二联队军医大尉久保日光茂，步兵第八十二联队卫生军曹官木善治，步兵第八十二联队卫生兵长藤千三郎。

七、第七船乘船队号及人数

第二十一师团司令部五二九名，山炮兵第五十一联队一一〇八名，在留邦人一二四七名，合计二八八四名。

输送指挥官：第二十一师团长中将三国直幅。

通译：山炮兵第五十一联队大尉中三二郎，山炮兵第五十一联队一等兵金泽博大。

卫生部员：山炮兵第五十一联队军医大尉村上正，山炮兵第五十一联队卫生曹长清水卯平，山炮兵第五十一联队卫生兵长岩下节男。

八、第八船乘船队号及人数

步兵第八十四联队六〇〇名，铁道第十联队一〇六八名，南方第四陆军病院七六三名（内患者五七四名），合计二四三一名（内患者五七四名）。

输送指挥官：铁道第十联队长中佐久保田中夫。

通译：铁道第十联队临时通译北村桂子，铁道第十联队陆军通译町野弥市。

卫生部员：南方第四陆军病院军医大尉原正夫，南方第四陆军病院卫生军曹府金存三，南方第四陆军医院卫生兵长笠井清志。

九、第九船乘船队号及人数

第三十八军司令部五九五名，山炮兵第五十一联队五三一名，南方第一宪兵队一九八名，南方军第五通信队二〇七名，第六十六碇泊场司令部七八名，海上输送第七大队第一中队三二名，第三十八军野战货物厂八七名，第二十一师团防疫给水部一三五名，顺化宪兵分队二七名，第二十一师团司令部八九名，南方军第四陆军病院二九名，在留邦人六名，朝鲜人一一八名，合计二二三二名。

输送指挥官：第三十八军司令部大佐大神正家。

通译：第三十八军司令部大尉御舆员三，第三十八军司令部一等兵 ××。

卫生部员：第三十八军司令部军医大尉 ××，第三十八军司令部卫生伍长 ××，第三十八军司令部卫生兵长 ××。

十、卫生船乘船队号及人数

南方第四陆军病院患者四九七名，南方第四陆军病院追加患者二四名，南方陆军病院护送员三〇名，合计五五一名。

乙、遣送日期及人数统计

一、运俘船号码载运人数及启运日期如下表（见下页）

二、遣送日俘侨之健康与患病人数统计如下：日俘合计 29,802 名，其中健康 28,678 名，患病 1,124 名。日侨合计 1,393 名，其中健康 1,371 名，患病 22 名。两项合计 31,195 名。

三、遣送日陆海军侨及韩籍侨民人数之统计如下：日陆军 2,966 名，日海军 141 名，日侨 1,275 名，韩侨 118 名，总计 4,500 名。

运俘船号、载运人数及启运日期统计表

船次	船名	号码	启运日期	日本官兵		侨民		合计	载运附品
				健康	病患	健康	病患	人数	
1	TEFFERSONDARIS	r001	四月三日	4177				4177	
2	HUGHMSMJTH	89	四月七日	3942	8			3950	该船来时带有八份主食外，由日俘带去五份，并带有医药一部。
3	UZZZAMKEZTH	r008	四月十日	3871	8			3879	该船带来军米三吨，因不足用，由日俘又带去二十六吨，并携去应用药品。
4	MARREKLZNEY	r392	四月十一日	3882	10			3892	该船带有军米二吨外，由日俘带去二十六吨，并携用药品。
5	GEOYNLMEYER	r004	四月十四日	3863	10			3873	该船带来军米三吨外，由日俘增带二十八吨，及应用药品。
6	FOWINASTEYENS	r005	四月十四日	3326				3326	该船曾带有一部军米外，由日俘携带三十四吨，计十四日用。并携去药品一部。
7	FROUKBLEEDERN	r09-	四月十六日	1637		1247		2884	该船除带来军米外，由日俘携带三十吨，及药品一部。
卫生船	ALNIFAH	rH001	四月十六日	30（看护）	503		18	551	带去军米二十吨，原船上存军米一吨，登船前曾实施个人及物品消毒，并带一部药物。
8	JAMESKLNC	r009	四月十七日	1875	574		4	2431	带去军米二十五吨。及一部医药应用。
9	GRACECBBOTT	r090	四月二十日	2065	43	124		2232	该船带军米二十五吨及应用药品一部。（内有日侨六人，韩侨一一八人）。

第九章 战犯之调查与处置

第一节 战争罪犯调查委员会之成立

我方面军司令部为切实调查战争罪犯起见，特令司令部第五处筹组战争罪犯调查委员会。该处于三十四年十二月二十二日召集中华领事馆、华侨代表及方面军司令部第二处、军法处、督察室等，各派员至第五处商讨，当即议定组织成立。其组织办法如下：

一、战争罪犯调查委员会由中华领事馆、中华会馆及第一方面军司令部、第二处、第五处、军法处暨督察室等六单位组织之。

二、战争罪犯调查委员会即定于十二月二十二日成立，呈报方面军司令部转报备案。

三、会址设于领事馆。

四、委员名额由上列组成单位各派一员为委员。

五、工作分配：

（1）中华领事馆、中华会馆、督察室负责调查工作。

（2）第二处、第五处、军法处协助审查。

（3）关于调查表格，由领事馆印发，并由领事馆负主办调查工作，中华会馆选派一人协助办理。

六、开会时间规定：每周举行一次，于每星期五上午八时在中华领事馆举行。

第二节 战争罪犯调查委员会工作概况

战争罪犯调查委员会成立后，即着手调查，进行会务。该会先后举行会议五次，出席委员方炳西、朱垣章、苏汝桂、杨植芳、王国宽、白德勤、吴应鉴等员。

工作概况如下：

一、推定战争罪犯调查委员会委员以出席会议人员方炳西为主任委员，朱垣章为副主任委员，苏汝桂、杨植芳、白德勤、王国宽、吴应鉴为常务委员。

二、工作人员 由方面军司令部第五处、督察室及驻河内领事馆、中华会馆各派一人，经常驻会办公，并由朱副主任委员负责督导。

三、战犯之审讯 因在国外，当地无司法机关，关于敌人罪行审讯，可否由军法官兼代行使司法官职权，抑仍须司法官参加？当呈请司令部转呈陆总部核示。

四、成立战犯拘留所 为拘押战犯，于元月间成立战犯拘留所，地点设于法人监狱，由苏汝桂任所长。

五、战犯之调查 由战争罪犯调查委员会通知各地中华会馆，切实调查；河内方面，由领事馆通知华侨调查，并利用台、韩人协助密查；法国方面，发给调查表，由法方自行调查。

六、战犯之逮捕 二月间调查完后，即开始逮捕。由方面军司令部指派宪兵营、督察室及第五十三军，协助战争罪犯调查委员会，赴各集中营分别逮捕。其被我军征用者，当其任务完毕后，再行逮捕。

七、办理战争罪犯手续　由战争罪犯调查委员会拟就具结式样，请司令部核发。凡华侨或法方提出之战犯，均按照手续具结，承认该战犯罪行确实，然后方能成案。

八、台、韩籍战犯之处置　台湾人及朝鲜人，其犯罪者，多已先被督察室以汉奸论罪，将其逮捕。惟按台、韩人犯罪时，系以日本人自居，是否以汉奸论罪，由督察室向上级请示办理。

九、战犯土桥勇逸之逮捕　日高级指挥官土桥勇逸中将亦系战犯，惟其地位特殊，恐逮捕后影响整个战俘管理，故延至遣送时始行逮捕。

十、日俘遣送时战犯之检扣　为防止战犯在我遣送日本官兵侨民时混入其他日本官兵乘船回国，当由战争罪犯调查委员会将战犯名单函知司令部第三处，转知港口运输司令部，切实检查扣留。

该会自成立后，计调查所得敌人罪行共七十九份，是项敌人罪行，均经由华侨被害人新告发者。我方面军复奉委员长蒋（三十四）亥齐令二宫三代电，以“据报在华敌宪兵队于作战期间无恶不作，我人民遭其酷刑惨杀，死亡、失踪者，难以数计，此种宪兵，均应列为战争罪犯加以逮捕，并速设法蒐集日宪兵队之经历、名册及有关犯罪证据，呈报核办”，司令部当即饬由战争罪犯调查委员会遵照办理。此外，陆总部先后颁发战犯名册，经由该会查拿，仅有土桥勇逸一名系在本受降区范围内。以上调查所得战犯已逮捕者，原拟拘禁入拘留所矣。因奉命交防，为免解送往返周折起见，仍由集中营负责看管。及至日本官兵、侨民遣送归国时，共捕获战犯一百八十九名，已全部解送广州行营军事法庭审讯。

第三节　盟军提出战犯之处理

一、美军提出战犯　海防美方联络官布克里中尉，于一九四六年四月三十日向港口运输司令提出扣留战犯七名如下：

A. 三国直幅：少将，第二十一师团，年五十四岁。

B. 安户：上校，第二十一师团，年四十六岁。

C. 春日馨：上校，河内宪兵，年五十六岁。

D. 安部：上尉，河内宪兵，年三十六岁。

E. 增山：准尉，河内宪兵，年三十四岁。

F. 松本武：军曹，河内宪兵。

G. 小西新三郎：军曹，河内宪兵。

据布克里中尉当日函称：上列七名乃中美驻华搜索分遣队第八支队（驻河内）花里士上尉请求扣留，以备查询以前越北战争中美机失事或被射落时，美空军之失踪或死亡人员。以上战犯之罪行，经我方函请美方提出后，当由布克里中尉于五月三日函复如下：

三国直幅：中将，该犯系第二十一师团司令官。相信彼负责戕害美军俘虏，其日期未详。

宍户：大佐，在戕害美军时，该犯充三国直福参谋长。

春日馨：大佐，一九四五年约在六月间，当美军俘虏受酷刑时，该犯正任河内监狱官。

增山：准尉，相信该犯为一九四五年五月二十九日在顺化处美军人员以酷刑或死刑之负责人。

松本：曹长，与增山准尉战犯同。

小西新三郎：下士，河内花里士上尉来将罪行详复，待查中。

以上七名，经我方逮捕后，已与我军所提战犯一并移解广州行营军事法庭审判。复经美方 Thomas Hanloy 中尉于一九四六年四月三十日函港口运输司令部，对该战犯等移解广州审讯表示同情。

一九四六年五月十一日，美军搜索队费立斯上尉致函我方面军司令部，渠奉美国战争罪犯调查委员会命令，请华军将日战犯越南日军宪兵队队长 Kasuga 大佐、顺化日军宪兵队副官 Matsumoto、及第一八九独立步兵旅团 Nishicaki 中尉与 Kotuka 少校解送该队，俾转送适当地点审讯。俟该美军上尉以日宪兵队长及副官业已为我国军逮捕，移解广州审讯，而其他二人因越北区无此日军队号，无从侦查，当请我军将有关日俘遣送上船港口码头、上船时期、乘船名称与到达时间、地点等告知。我方面军司令部即允所请，逐一函复该上尉矣。

四月十七日，我方面军奉陆军总司令何卯真慎心电，饬将日第三十八军参谋酒井干城中佐，速送上海美军总部转送返日。方面军司令部当电港口运输司令部速为扣留，但该酒井干城已乘卫生船于四月十六日晨离海防。当即呈复，并饬土桥勇逸于该船到达日本后，速将该酒井干城中佐送交美军总部审讯。

二、英军提出战犯　英国军事代表团团长威尔逊中校，于一九四五年一月二十八日口头向我方面军司令部外事处请求，谓不日有英军总部战争罪犯调查专员来河内，届时请将下列日军人准传至英军事代表团问话。历数日，英军事代表团仅调去一日军人问话，即遣回，并未提出其他请求。英军事代表团当时提出日军人如下：

Colonel Kasuga
Majol Shinohra
Captain Ishikawa and Okabehavimai } of yasr Butai
all Tou Akira Kikan in clvding captain Svga
Licvt onose of choso Nan Hanoi
Chie infelligerce office 38army
Lint col Isaida Shoicai

三、法方提出战犯　法国驻越北委员圣德尼，根据我战争罪犯调查委员会所发敌人罪行调查表，填就表九十二份，但其中多无罪行人姓名。此外，致我军有关战犯之备忘录二十三份，其罪行人多系日宪兵。故法方提出之战犯，除无姓名无法逮捕者外，均系我方已提出有案之战犯，当并同移解广州行营军事法庭审讯。

第四节 战犯移解广州

我方面军于三月间奉令将越北防务移交法军接替，并限三月底交防完毕。因此，对于越北战犯之审讯，以时间仓卒，未能办理。而交防后战犯应如何处理，未奉明令规定，当电陆军总司令部请示。旋奉寅卅辉壬电复，着将越北日战犯解送广州行营军事法庭审讯。于是将所有逮捕之战犯由集中营管理所交第一三〇师看管，同时分电请广州行营张主任及后勤总部黄总司令饬派车船，在南宁、梧州两地接运战犯。我方面军派随战第五十三军中校副团长郭铁铮率武装兵一排，分乘卡车十六辆，将战犯一百八十九名及随战犯工作之日翻译及医生各一名，于五月一日由河内出发，至十八日到达广州。途中车船运输秩序良好，惟病故片山宗助准尉及桢本雄三军曹两名，溺毙岭崎国雄曹长及奈良正一军曹两名。广州行营亦以辰敬参二盛电复：除溺毙及病故战犯四名外，其余战犯一百八十五名已全部收到。

我方面军移解广州行营审讯之战犯，其罪行调查所得事实，已并送广州行营军事法庭。兹将战犯职级、姓名附录如下：

第三十八军司令官，中将，土桥勇逸；第二十一师团司令官，少将，三国直福（系美国提出战犯）；大佐，宍户清次郎（系美国提出战犯）；老街新坡日警备部情报主任菊池登武，准尉增山（系美国提出战犯）；河内日宪兵队长大佐春日馨（系美国提出战犯，亦为中国提出战犯），特高课长少佐大岛亲光，特高大尉妻苅悟，中尉安部义一郎（系美国提出战犯，亦为中国提出战犯），中尉外村善一、加川正三，准尉大园正治、高木传、藤谷功，特高曹长麻生亘理、小林茂、初谷良纯、船渡友治郎、林中兵治郎、苅田义人、桥本隆义、田坂大男、岭崎国雄、堀住千三二、大森武二、小林定义、德安辉美、入江久雄、有津嘉行、宫本三郎、特田延夫、长谷川俊昌、若田米作、傅刀为一，警务课长大尉吉冈仙藏，警务中尉金井铁雄，准尉熊谷民藏、小石升、条田义男，警务曹长浅田靖文、宫岛纯示、平野久藏、青山庄石二门、阿部清、关茂树、赤池白、山本胜己、宫本数明、鱼谷德一、白山勇，警务伍长和田武志、神原真吾；无线电探查班长大尉北野真澄，无线电探查员准尉井上正次、杉木清吉、曹长八根美根勇、平井忠勇、下村时俊、原野义夫、山吹义夫、根岸定雄、冈田哲男、藤田文男、藤原胜、佐久间照引、坂垣光广、米上二郎；山罗分驻所长西田重美曹长；永安分遣队长松永泰次少尉，特高准尉穗请武夫，曹长星野周太郎，军曹平井春二、髭本三吉、角田丰、菊池四郎、五十川丰，警务曹长久保笃美，军曹阿部务，伍长小林忠义；河阳分遣队长本村英勇准尉，特高军曹庄田克己；太原分驻所长中村照雄曹长，警务军曹佐藤浩三、西川秀己，警务伍长奥野光男，特高伍长大井英一、山本政治；海防分遣队长松本近义大尉，特高曹长阿南今朝行，军曹青木石，警务军曹关利生，伍长中野于行、清板章二；洪街分遣队长片山宗助准尉，特高军曹庄司太利治，警务伍长光野正明；谅山分遣队分队附杉山道作准尉，特高曹长日野德次郎、竹上嘉一，军曹奈良正一、古加定雄，伍长五十岚有治，警务军曹榎本雄三、黑川升一、加藤宕雄；富浪沧分驻所长浅井庄次，伍长木下勉；老街分队长小池友田少尉，班长东兼德曹长，特高军曹水谷正胜、牛丸福美、黑予隆田，警务军曹伊藤敬一；龙蹯城分队长坂口俊夫少佐，分队附杉山德之助少尉，警务准尉山本隆德，特高准尉平间三郎，曹长四过正夫、军曹市山正市，警务军曹胜山贞彰、高浜正夫，伍长冈村敏雄，警务中岛敏夫、冈田八共、新若明、山本大助；宣光分驻所长军曹西条忠治；特高内田国义、警务伍长宫下伊那一；义珍分驻所长曹长渡边清美，特高阿南成人，警务伍长奥藤英逸，警务田野重彦；义安分队长大尉和田喜代治，班长准尉大森保，警务曹长荒田城三，特高高田乙丸，军曹岩下上男、仓林下三郎，警务伍长冈本安信，特高渡边哲雄，警务一乐胜一；清化分遣队队长准尉铃木清藏，特高军曹大亲喜一，伍长松田一义，警务樱井功，特高村上宋久；他曲分遣队长准尉长龙藤四郎，特高军曹和田留吾，警务伍长松田清八，特高石原一男，曹长田岛信雄，特高松本武，警务小西新三郎，军曹福富正、后藤则吉，特高佐藤定雄、平野彰三，军曹田中信雄，特高伍长增文田治郎、黑崎隆一，警务田中市郎、水岛信一，特高林平；岘港分遣队长准尉武富勇，特高曹长越智与利逸，伍长青木役雄，警务笠原忠志；白西分队长大尉吉市茂雄，白西分队班长准尉元吉纽二，特高曹长东泽熏，军曹夏目郎三，警务伍长松岛信雄，庶务课长大尉上永均，庶务大尉森川一郎，准尉吾妻勇吉，曹长西井光勇、岩切传七，军曹藤又广、山影正男，庶务宫川和夫，伍长原贤二郎，曹长松月善治郎，军曹长江久，伍长杉原政雄、村田利政。

以上中美提出日战犯一百八十七员名，外有韩籍战犯二名，及移解战犯时随行日本上尉译员令井明保及少尉医官桐渊道雄二员。

第十章　破坏敌军事设施

第一节　概述

我方面军于九月二十七日奉委员长申任令一元西电，饬将越北边区倭军先后所建要塞工事等，由入越各军予以撤毁，并将现有材料尽先设法就近运回桂粤境内，等因。我方面军司令部遵即分令各军遵照办理，俟以各部队调防，未能彻底实施。当由司令部分派参谋，率日本技术工兵，分别前往老街、谷柳、河阳、高平、谅山等地，实施破坏，经四个月工作，始将所有工事破坏完毕。

第二节　老街谷柳要塞破坏

甲、工程概况

一、老街要塞火力配布如下图（一）。

二、谷柳要塞火力配布如下图（二）。

三、老街要塞平断面详图如下图（三）及附一、二、三。

四、谷柳要塞平断面详图如下图（四）。

老街要塞火力配布要图

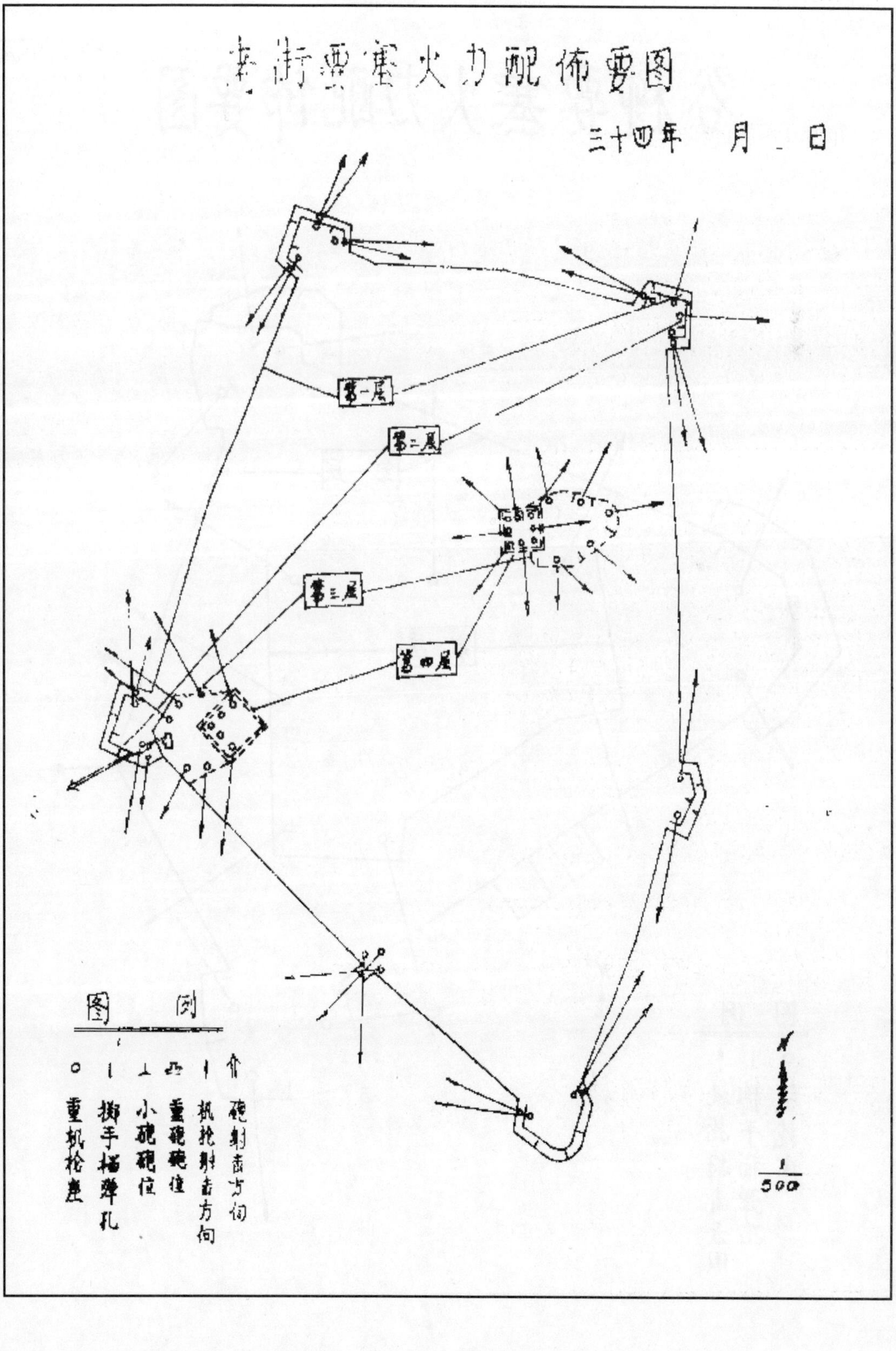
老街要塞火力配布要图
三十四年 月 日
第一层
第二层
第三层
第四层
图 例
重机枪座
脚手榴弹孔
小硊硊位
重硊硊位
机枪射击方向
硊射击方向
1/500

谷柳要塞火力配布要图

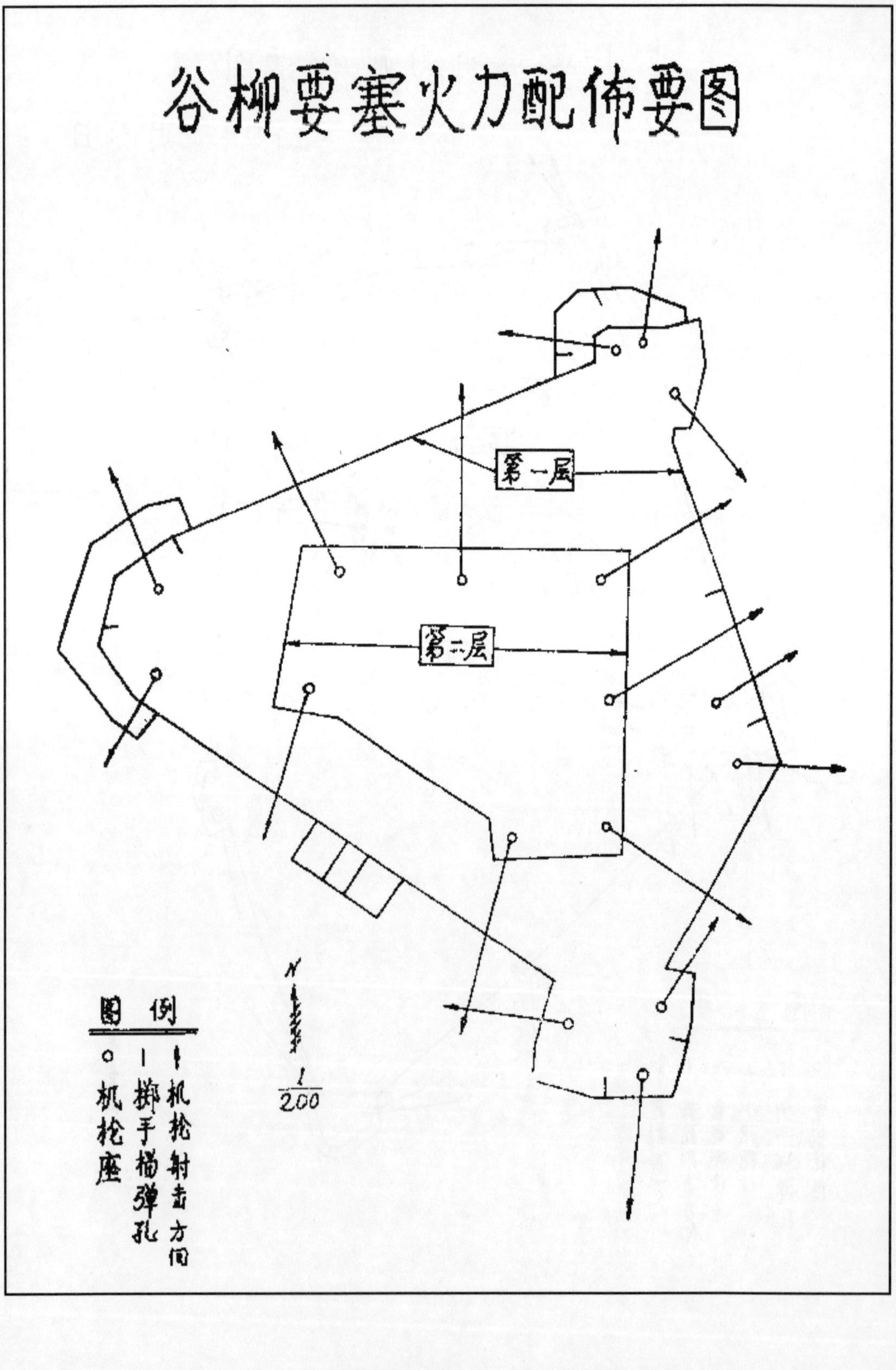

老街要塞平断面详图

老街要塞平断面详图附图第一

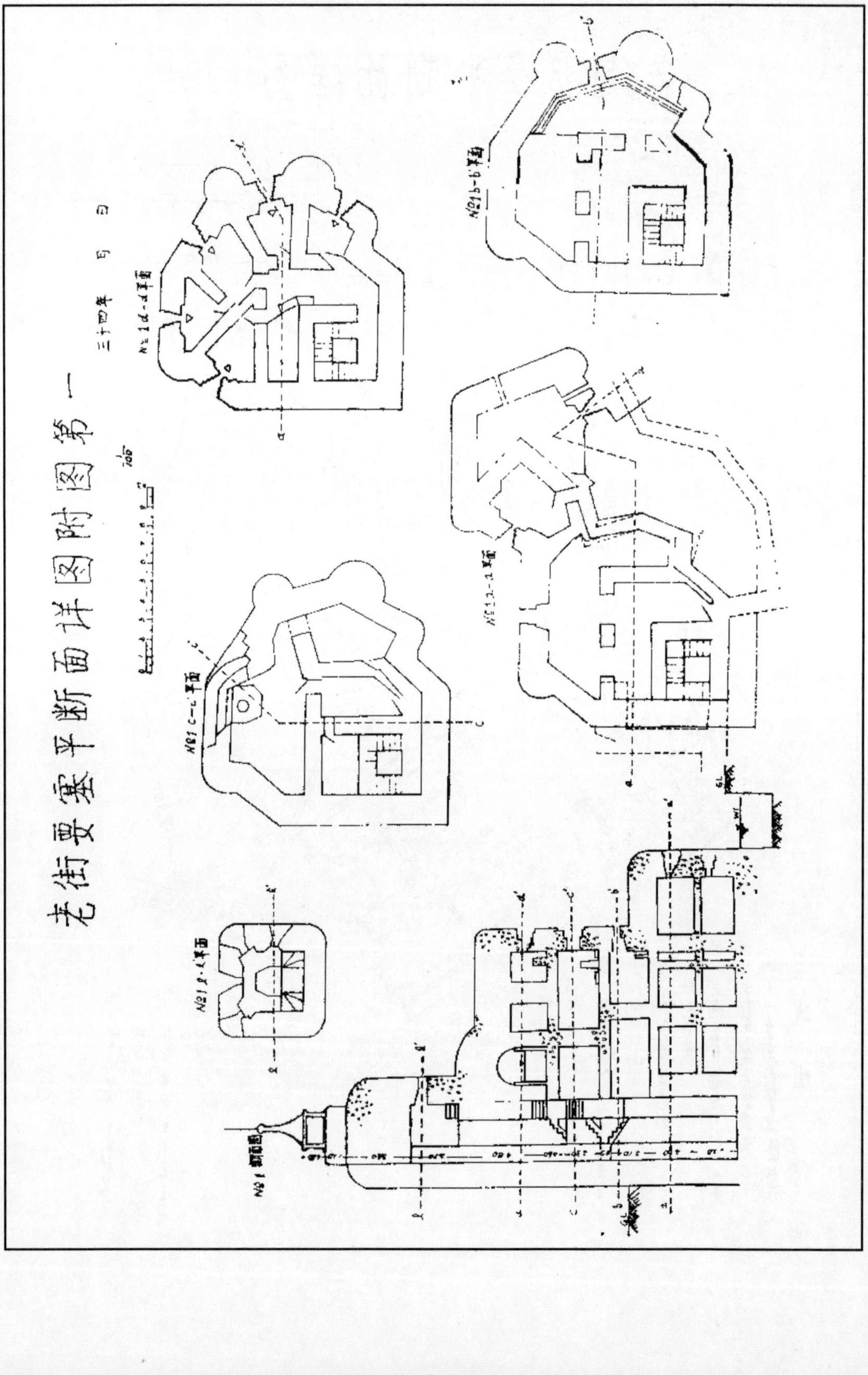

老街要塞平断面详图附图第二

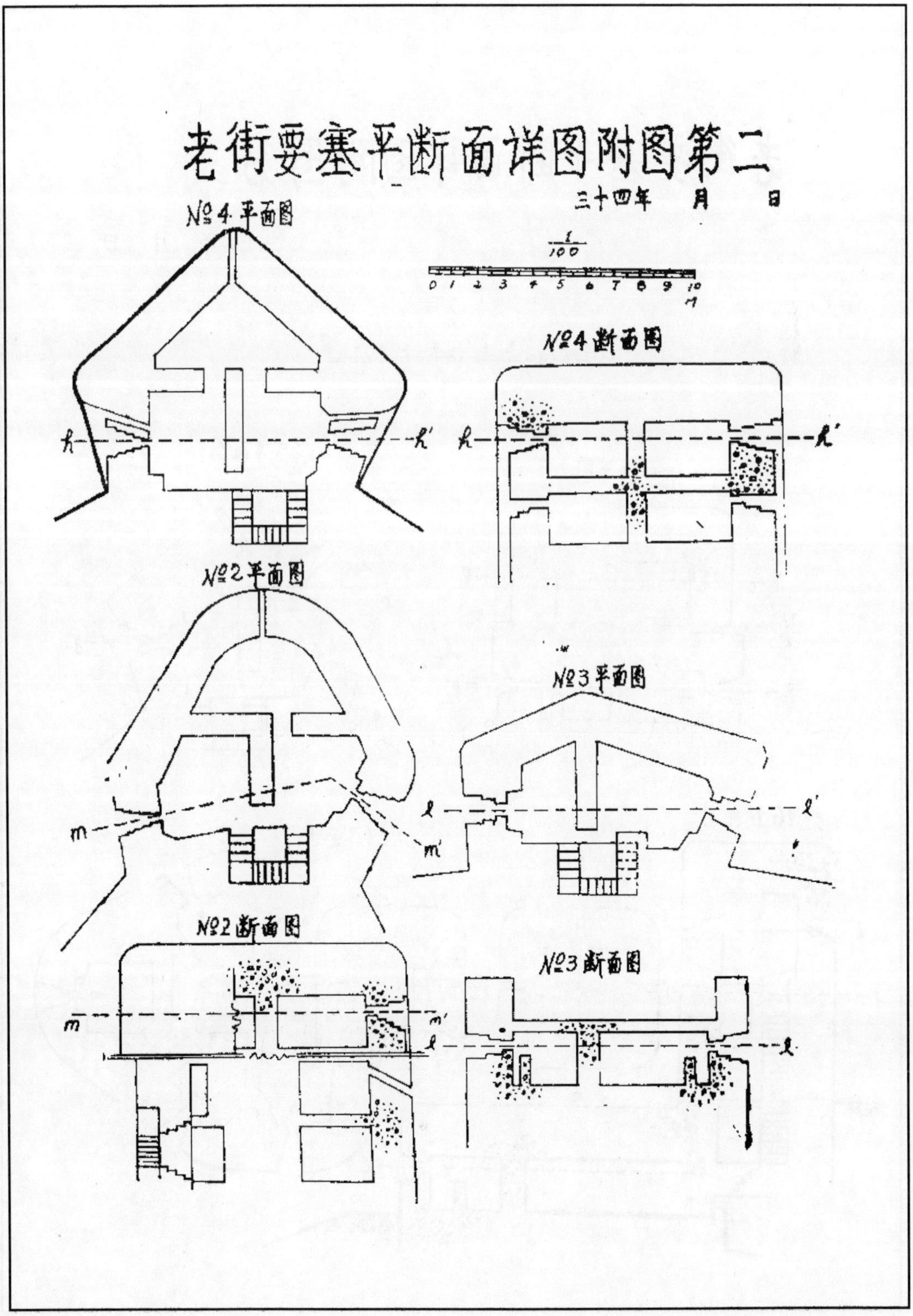

老街要塞平断面详图附图第三

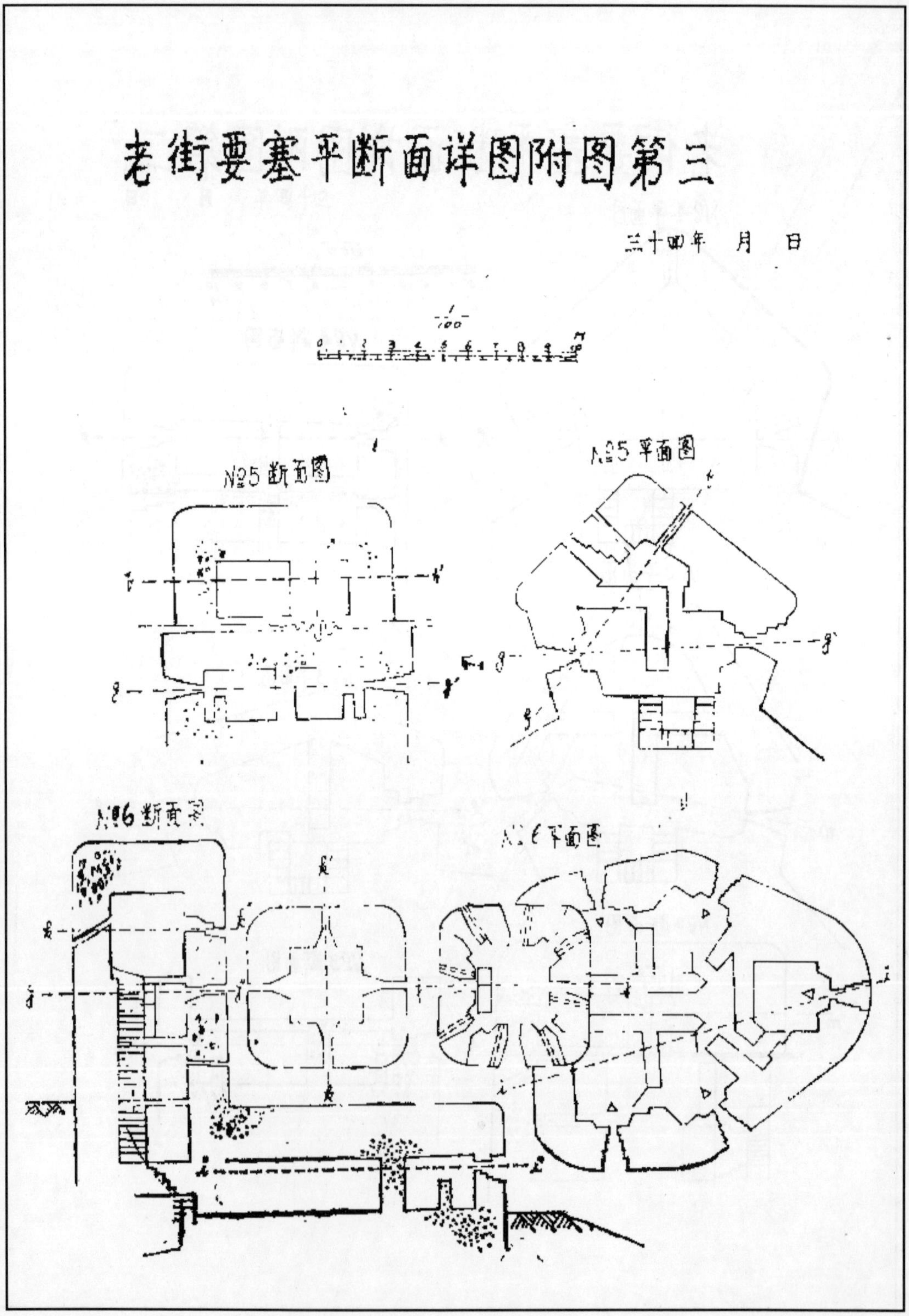

谷柳要塞平断面详图

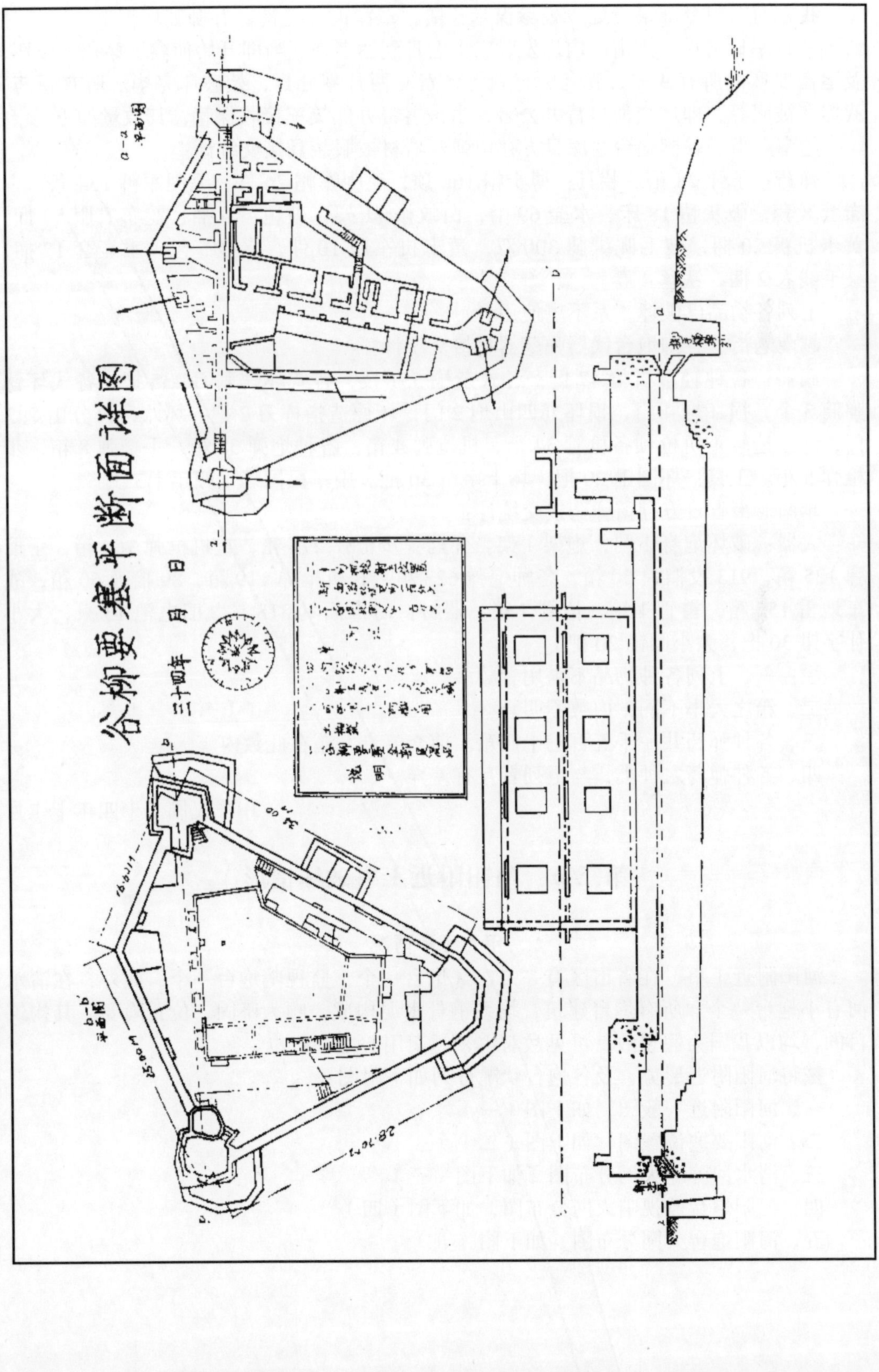

乙、破坏情形

我方面军司令部第三处少校参谋米长龄，奉派前往老街、谷柳破坏工事。于十月二十三日率日工兵一排由河内出发，二十七日到达老街，当即开始侦察、穿孔、破坏，及运搬要塞内所有武器、弹药、材料等，费时两月零九日，始破坏完毕。所有弹药、武器、被服等，即运交河口督办公署，由该署督办熊笑三接收保管，其数量如下：

越南老街、谷柳炮台仓库日方存留弹药器材被服装具接交统计：

弹药：子弹 28 箱。装具：博士帽 166 顶，毛呢军帽 26 件，毛呢军裤 134 条，白布套 8 套，破灰毡 18 床，水壶 69 个，白蚊帐 71 架，破毡子 4 捆，蓝布衣服 53 捆，黄卡机裤 20 捆，破毛呢绑腿 300 双，黄卡机军服 10 件，水壶 5 包，水壶套 12 捆，破毛线衣 2 捆，铁丝 4 卷。

上列各物品已破坏，系不堪使用者。

越南老街、谷柳炮台武器弹药器材接交统计：

武器：各种轻重机枪 47 挺，各式杂枪 551 枝，各式坏锈刺刀 235 把，各式坏锈弹筒 3 个，损坏炮 4 门，损坏九四山炮 2 门，坏德造指挥刀 2 把，坏八〇公分山炮 2 门，坏法造轻重机枪预备枪管 34 个，机枪弹 4 箱，各种炮弹 32 箱，手榴弹 8 箱，步枪弹 5 箱。工具：坏圆锹 20 把，坏十字钳 30 把。中华民国三十四年十二月

越南老街省日方存留弹药接交统计：

武器：破坏炮身 1 门，炮架 1 架。弹药：步枪弹 274 箱，重机枪弹 160 箱，手榴弹 125 箱，913 投榴弹 50 箱，各种炮弹 623 箱，轻机枪弹 119 箱，89 榴弹 60 箱，战车地雷 155 箱，雷管 1 箱，信管 7 箱。器材：防毒面具 318 具，旧电池 13 只，大小什字钳 30 把，大小圆锹 20 把。

注：一、上列各种物品不堪用者颇多。

二、箱之大小不同，内数不明。

三、各种弹药共一千五百七十四箱。前交五十九箱在此数内。

四、各种弹药之种类，与上列者互有差异。

中华民国三十四年十二月

第三节　河阳附近工事破坏情形

甲、工事情况

河阳附近工事，在省市区有一二〇毫炮台一个，监视哨炮台一个，此外，在清水河有小炮台一个。所有炮台建筑，均系钢骨水泥构成，颇为坚固，位置险要。其构筑目的，均以我国为假想敌，可见敌对占领越南用心之一般也。

兹将河阳附近形势，及各炮台状况分列如下附图：

一、河阳附近一般图，如下图（一）。

二、河阳要塞位置图，如下图（二）。

三、清水河阵地火网分布图，如下图（三）。

四、河阳炮台监视哨火网分布图，如下图（四）。

五、河阳炮台火网分布图，如下图（五）。

河阳附近一般图

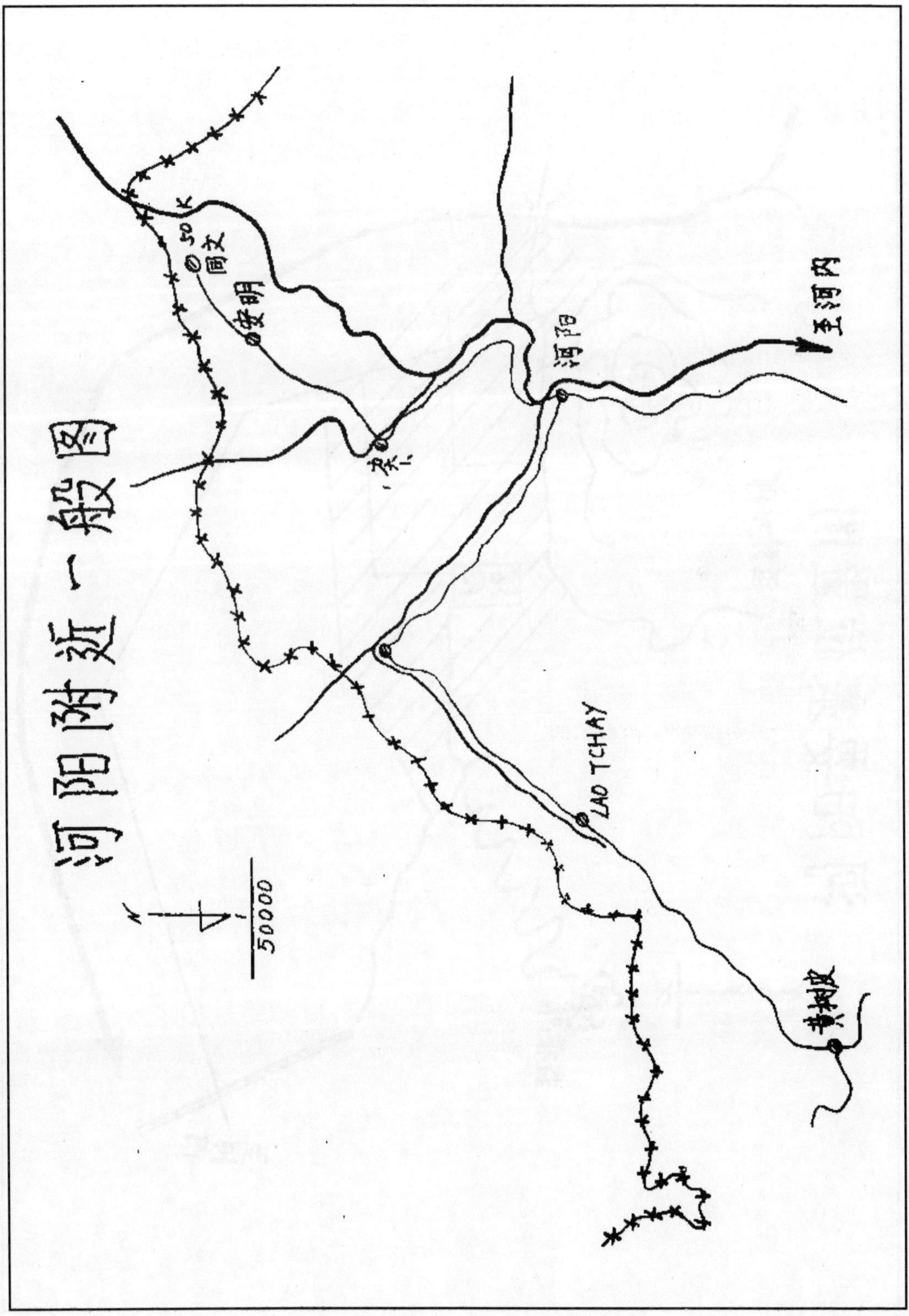

河阳要塞位置图

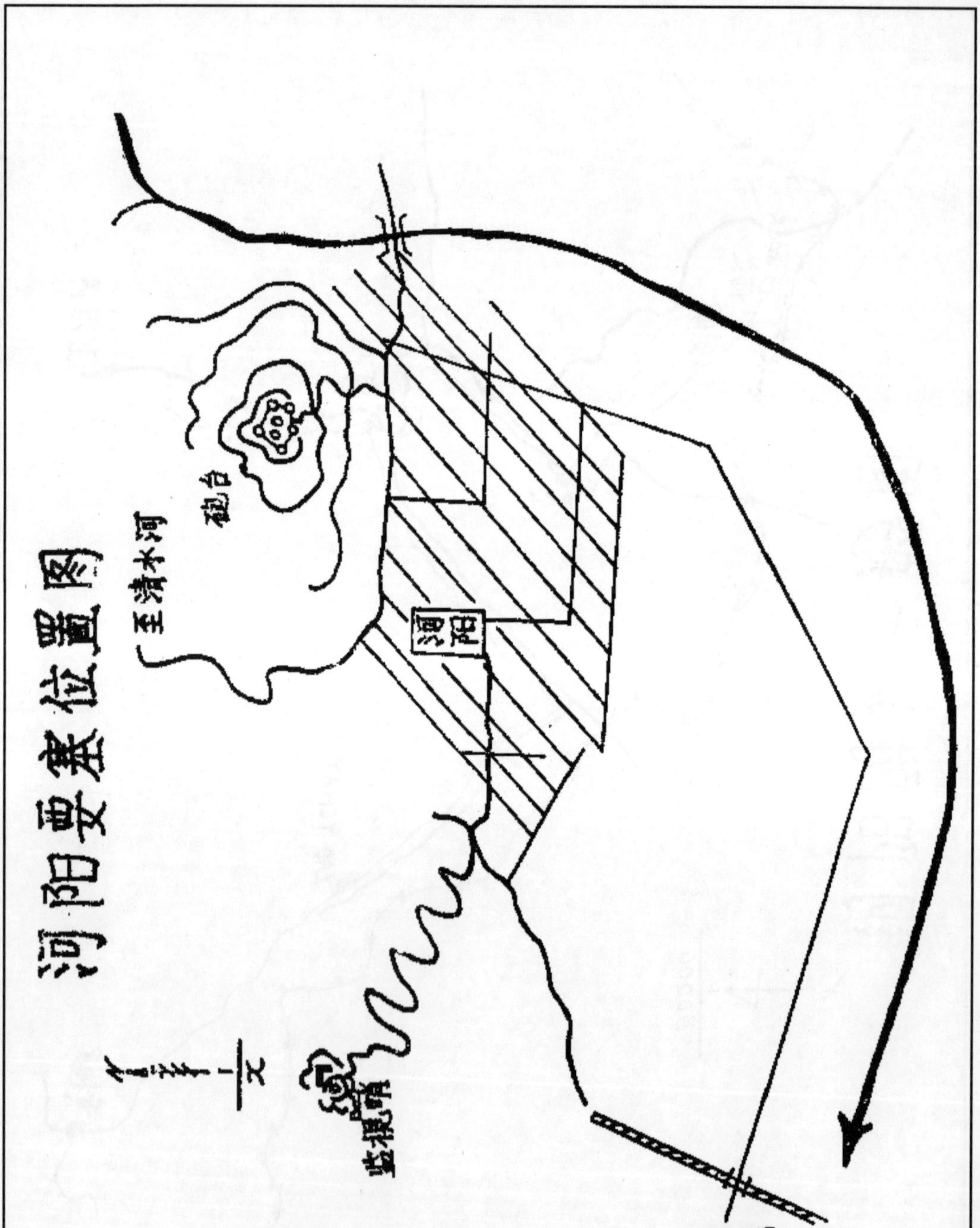

清水河阵地火网分布图

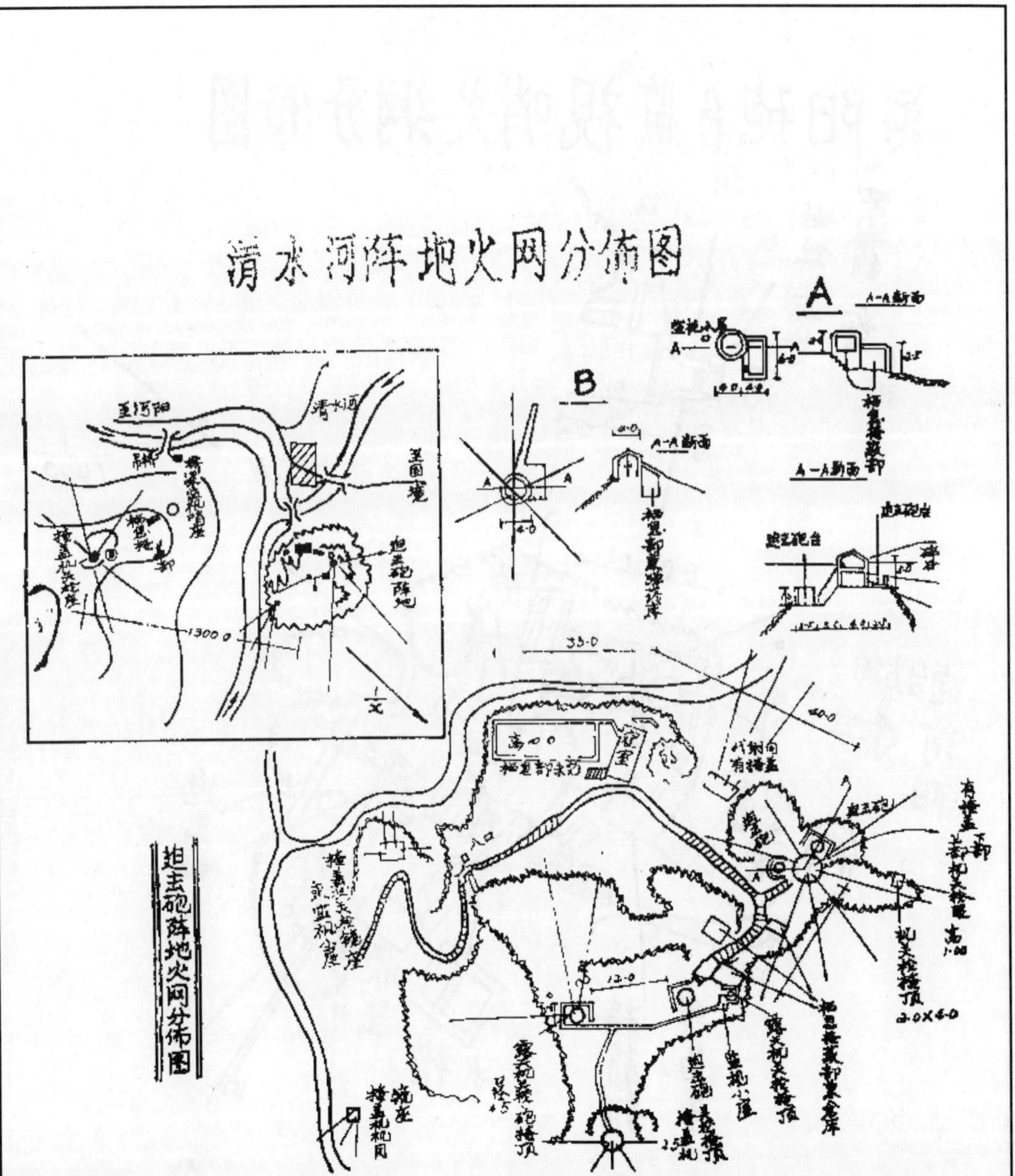

河阳炮台监视哨火网分佈图

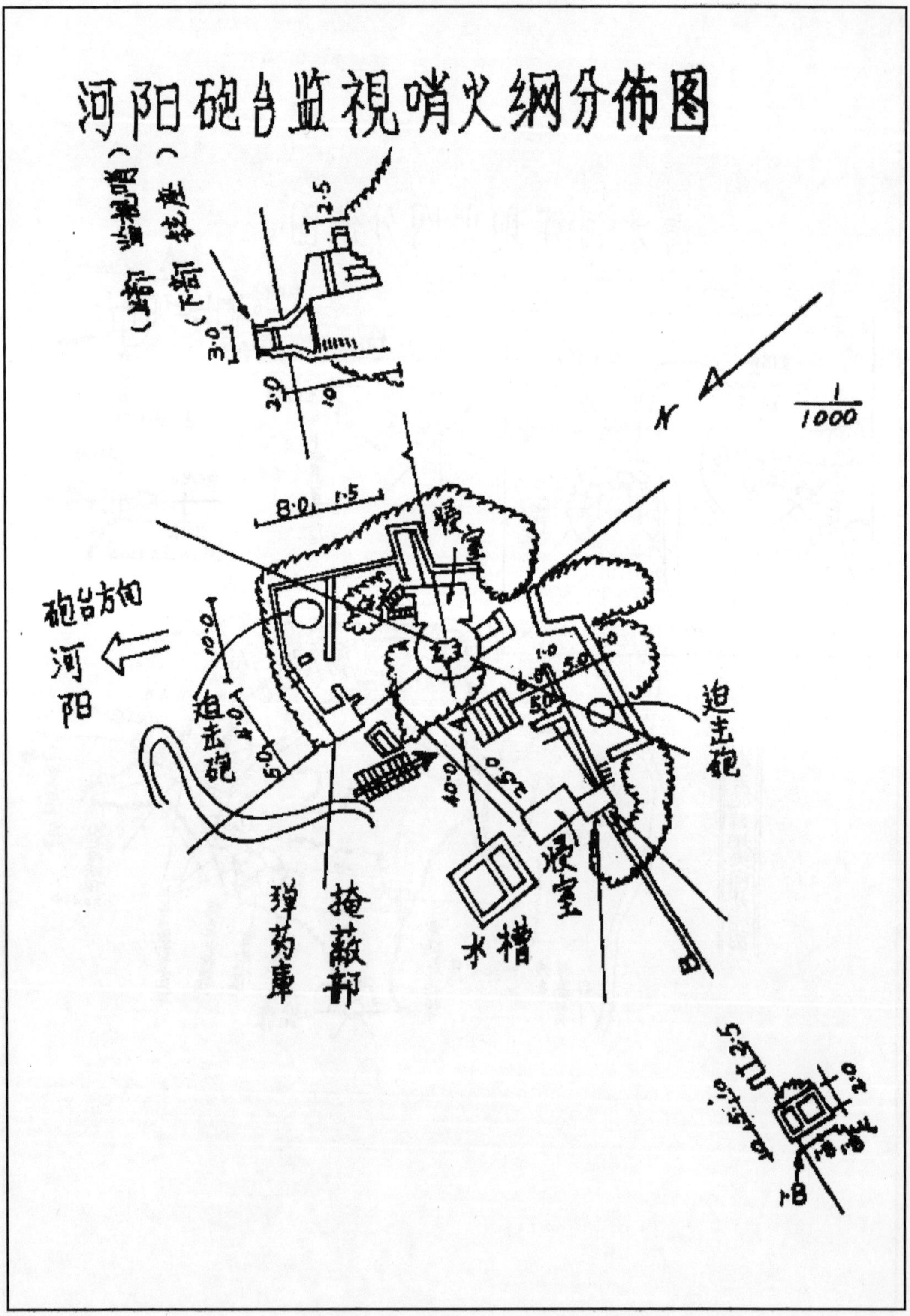

河阳炮台火网分布图

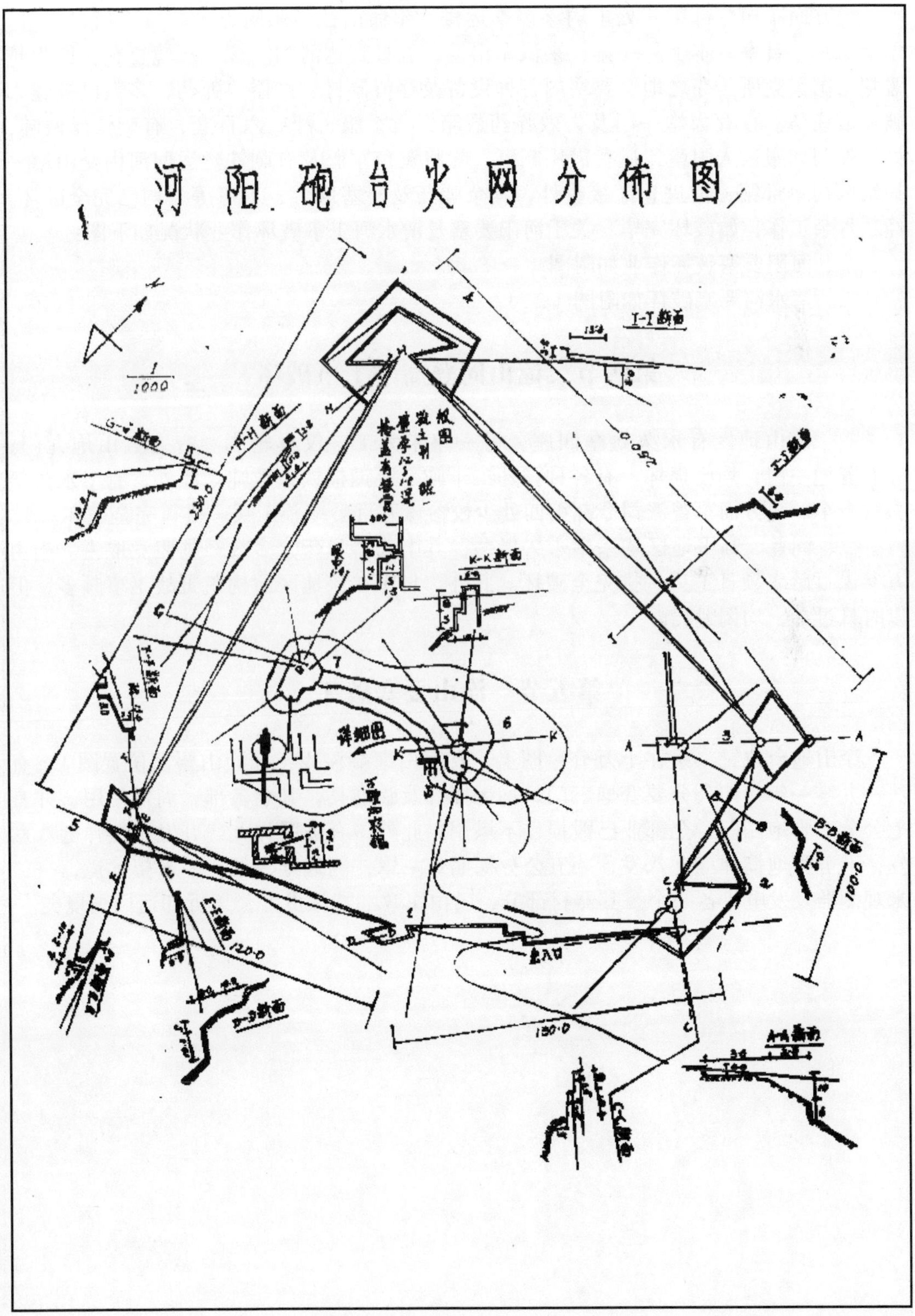
河阳砲台火网分佈图
1/1000
I-I断面
H-H断面
G-G断面
K-K断面
A-A断面
B-B断面
F-F断面
D-D断面
C-C断面
详细图
120.0
150.0
100.0

乙、破坏情形

我方面军司令部第三处上尉参谋李运楼，奉命前往河阳附近破坏日军所设工事。于十二月一日率日本工兵一排，乘汽车出发，五日到达河阳。该地环境复杂，原为越盟党与国民党所争夺之地。要塞内各种设备及存留器材、武器、弹药，多数已被越人破坏或窃盗。仅存大炮一门及失效弹药数箱，黄军服、汗衣六百套，有刺铁丝两吨，该项弹药如搬运入国境，运费需用颇巨。除将黄色军服及有刺铁丝运回河内交由第一兵站区司令部第一前进仓库接收外，其余弹药及要塞炮台、工事等，均已完全破坏。经二月余工作，始破坏完毕。关于河阳要塞及清水河工事破坏作业状况如下图：

一、河阳要塞破坏作业如附图（一）。

二、清水河要塞破坏如附图（二）。

第四节　谅山同登高平工事破坏

一、谅山地区有永久堡垒四座，另一座未完工，仅具轮廓。有七五山炮九门，一五五炮一门，均已损坏。有各种弹药二十吨，及钢板铁条数吨。此外，有半永久堡垒数十个。我方面军曾派司令部第四处少校参谋万百龄率领工兵一排，完全破坏。

二、同登、高平地区均系半永久堡垒，其中武器弹药，多数经越盟党取去。当由万参谋百龄率领日工兵一排完全破坏。此外，日军在该地区所构筑野战工事颇多，但以时日过久，均倒毁矣。

第五节　涂山要塞破坏

涂山炮台位置，系在十万分一图上，女豆山南端棱线（如涂山要塞位置图）。有法一九零一年一四公分要塞炮三门，均无撞针及瞄准具，其余各部，尚堪使用。并有七公分五野炮四门，全部业已毁损，不堪用。此外，有破甲弹九〇九发，榴弹七八六发，七五野炮榴弹三九八发，一五公分探照灯一罩，测远器一架，一米望远镜，一二米观测器及发电机各一个。其器材部分，已由军政部特派员办公署拆卸运回国境矣。

河阳要塞破坏作业要图

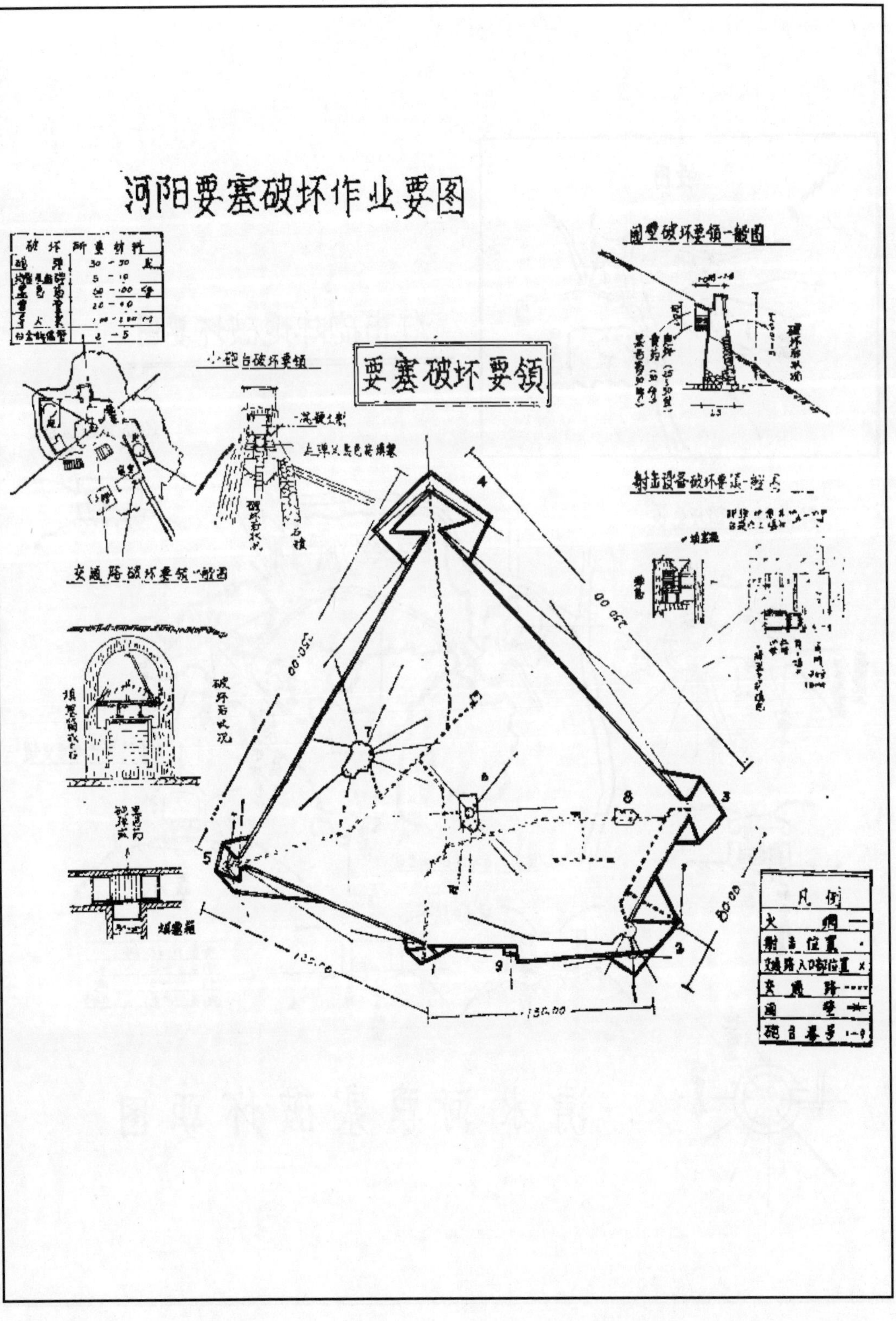
河阳要塞破坏作业要图
要塞破坏要领
小砲台破坏要领
交通路破坏要领一般图
围壁破坏要领一般图
射击设备破坏要领一般图
凡例
250.00
270.00
80.00
130.00

清水河要塞破坏要图

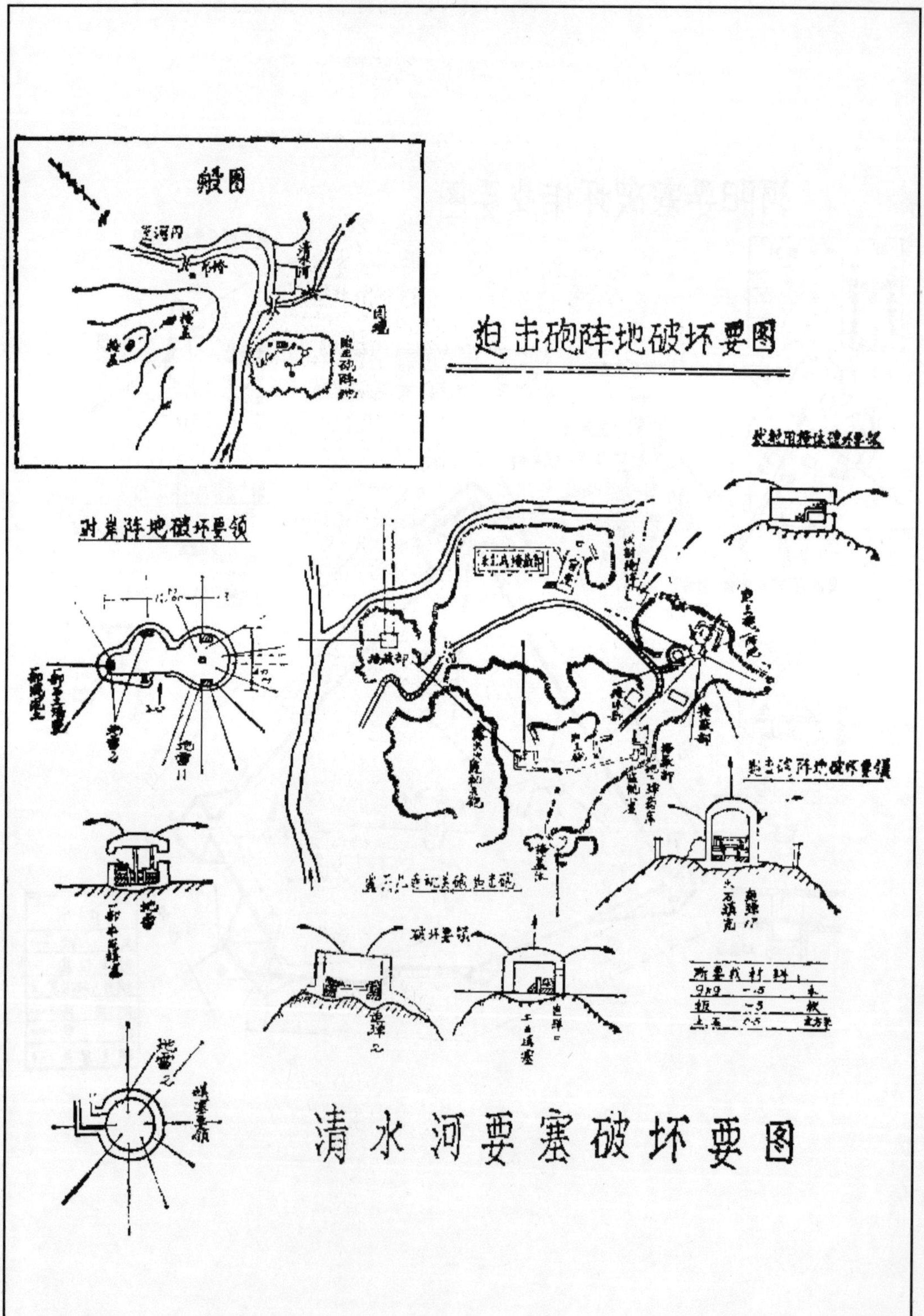

涂山要塞位置图

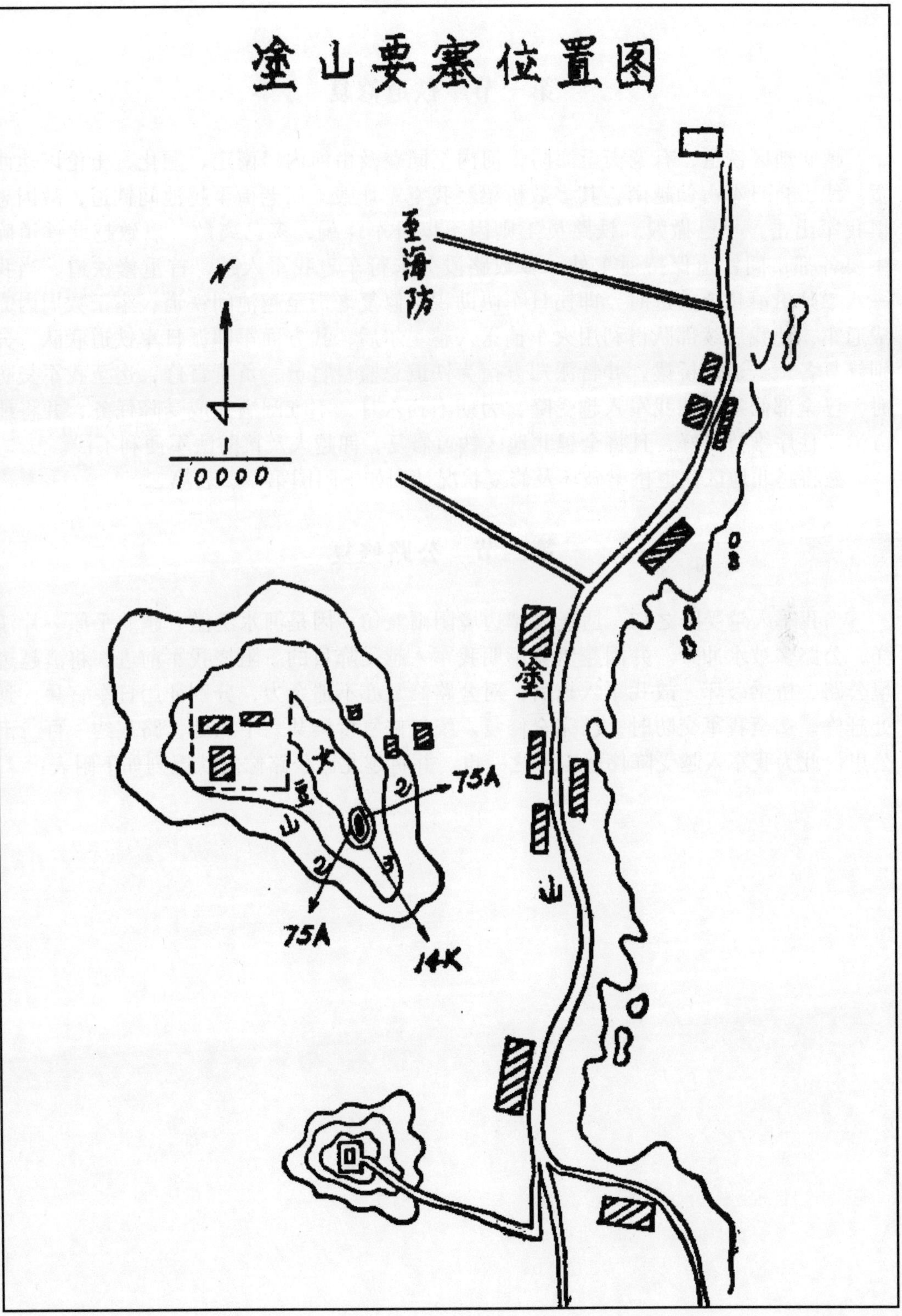

第十一章 交通修复

第一节 铁道修复

越北地区铁道，有老街至海防，河内至同登及由河内经南定、顺化、土伦以达西贡三线、自日军占领越南，其多数桥梁经我空军炸毁，而老街至越池间铁道，敌因恐惧我军出击，早已撤毁。铁路员工则因不堪日军蹂躏，多已离散。以致越北铁道除主要各都市间铁道保持通车外，多数路段久未行车。我军入越，首重修铁道。当我一八二师沿滇越道前进时，即饬日军协助积极修复老街至越池间铁道，卒于数周内完成通车，使我后续部队得利用火车输送入越。尔后，我方面军即派日军铁道联队，分别修复各地铁道、桥梁，并特派郑方衍为铁道总监督官员，负责督修，迄至我军交防时，已全部修复，朔我军入越受降，为期不到六月，不唯圆满完成受降任务，并将地方治安秩序维持良好，且将全越北地区铁道修复，俾越人及接防法军便利不浅。

兹将越北地区铁道桥梁破坏及修复状况计列如下附图第一、表第二。

第二节 公路修复

当我军入越受降之初，适逢滇越边境阴雨兼旬，因是河水泛滥，越北平原一片汪洋，公路多被水冲毁。并因越盟党不明我军入越受降目的。阻挠我军前进，将滇越边境公路、桥梁破坏。故我军入越后，对公路修复亦不遗余力，分别征用日军官兵，到处赶修。迄至我军交防时，已完全修复。统计修复桥梁共六十六处，路基约一百二十公里。此为我军入越受降伟著工作之一也。并将越北区公路修复状况列如下附表：

越北铁路桥梁修复要图

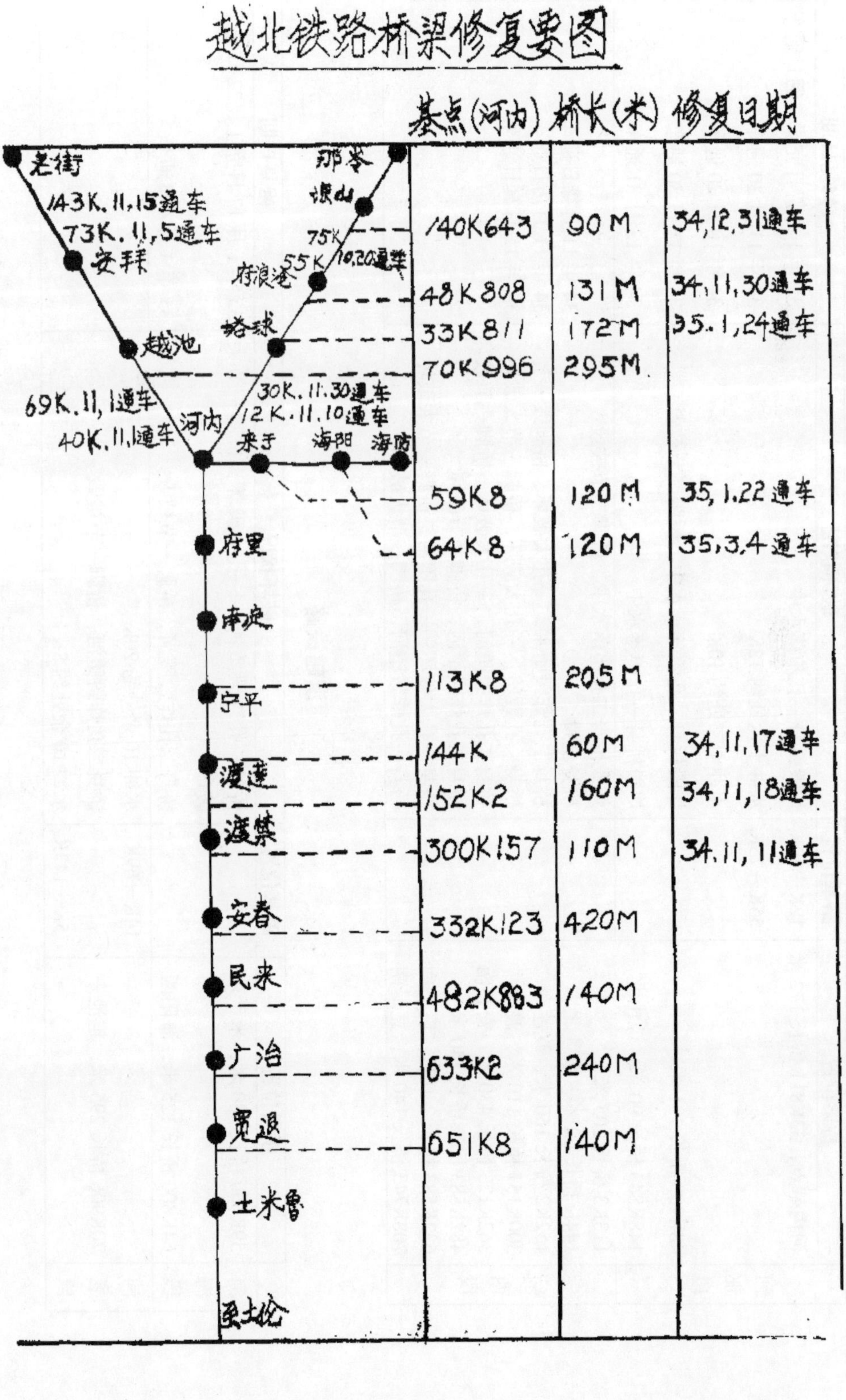
越北铁路桥梁修复要图
基点(河内) 桥长(米) 修复日期
老街
143K.11,15通车
73K.11,5通车
安拜
越池
69K.11,1通车
40K.11,1通车
河内
那岑
谅山
75K
55K
10,20通车
府浪淞
谿球
30K.11.30通车
12K.11.10通车
来子
海阳
海防
府里
南定
宁平
渡遂
渡禁
安春
民来
广治
宽退
土米鲁
西土伦
140K643 90M 34,12,31通车
48K808 131M 34,11,30通车
33K811 172M 35.1,24通车
70K996 295M
59K8 120M 35,1,22通车
64K8 120M 35,3,4通车
113K8 205M
144K 60M 34,11,17通车
152K2 160M 34,11,18通车
300K157 110M 34,11,11通车
332K123 420M
482K883 140M
633K2 240M
651K8 140M

越南北纬十六度以北地区铁路及桥梁之破坏与修复一览表

	桥梁位置	路基位置	破坏状况	修复日期
河那段	河内基点，33K811 桥长 172 米	12K—30K	炸毁桥身一孔堕落水中	35 年 1 月哿日完成，迥日通车
		55K—75K	水冲十六处约 12K	34 年 11 月 30 通车
			水冲十二处约 10K	34 年 10 月 20 通车
	48K700 桥长 131 米		炸毁桥身二孔堕落于水中，桥脚二节被毁	34 年 11 月 30 通车
	148K843 桥长 90 米，谅山北		炸毁桥身一孔堕落水中	34 年 12 月 31 通车
河西段	113K3 桥长 205 米		炸毁桥身二孔堕落水中，桥脚二节被毁	
	144K 桥长 60 米，渡莲北		桥身全毁	34 年 11 月篠日通车
	152K2 桥长 160 米，渡莲南		桥身二孔炸毁堕水，一孔大破坏，桥脚毁一节	34 年 11 月巧日通车
	300K157 桥长 110 米，渡南		桥身一孔毁堕，一孔大破坏，桥脚一节大破坏	34 年 11 月真日通车
	362K123 桥长 430 米，安春南		桥身二孔炸毁堕河，一孔大破坏，桥脚一节破坏	
	482K883 民来桥长 140 米		桥身二孔炸毁堕河，桥脚一节破坏	
	633K583 桥长 240 米，广治南		桥身一孔大破坏，一孔堕河，桥脚一节大破坏	
	708K743 桥长 140 米，宽退南		桥身一孔炸毁堕河，桥脚一节大破坏	

滇越铁路

	桥梁位置	路基位置	破坏状况	修复日期
河海段	59K600 桥长 380 米，米于东		桥身一孔炸毁堕河，一孔大破坏，桥脚一节大破坏	35 年 1 月 17 日完工，22 日通车
	64K800 桥长 125 米，海阳西		桥身二孔炸毁堕河，桥脚一节被毁	35 年 3 月 4 日通车
河老段		14K—69K	水冲 10 余处约 20K	
	70K906 桥长 295 米，越池东		桥身二孔炸毁堕河，桥脚一节被毁	
		75K—143K	水冲 10 余处约 8K	

越北地区公路修复一览表

	线别	段别	桥梁	路基	附记
干线	河内—海防		铁桥二	水冲十二处约 12K	铁桥铁路混合用
	河内—谅山	河内北宁		水毁十余处约 8K	
		北宁北江		水毁十余处约 10K	
	河内—高平	河内太原	木桥五	水毁 4K700	
		太原北涧	铁桥二	水毁 3K850	
		北涧高平	铁桥二	水毁 2K450	
	河内—河阳	安福越池	木桥三	水毁 10K140	
		越池富寿	木桥二	水毁 7K760	
		富寿宣光	铁桥一	水毁 2K346	
		宣光河阳	木桥六	水毁 2K217	
	河内—老街	府瑞安沛	木桥四	水毁 3K866	
	河内—莱州	河内和平	木桥一	水毁 6K450	
		和平土其	木桥四	水毁 5K940	
		土其山罗	铁桥二	水毁 4K200	
		山罗莱州	木桥三	水毁 2K630	
支线	北宁—仙安	巴借仙安	木桥三	水毁 4K217	
	西山—富寿	中河富寿	铁桥一 木桥四	水毁 5K930	
	河内—广安	河内宁平	铁桥一	水毁 6K840	
	河内—广安	宁平广安	木桥二	水毁 4K350	
	高平—茫街	高平谅山	木桥三	水毁 2K100	
		谅山停立	木桥六	水毁 3K500	
		停立仙安	木桥四	水毁 1K650	
		仙安茫街	木桥五	水毁 3K400	

第十二章　越北金融处理概况

第一节　关金与越币比率规定及收兑

我军入越之初，因战后国币与越币之比值无明确规定，以致使用国币，时起纠纷。我方面军为安定市场，以关金一元折合越币一元五角之比值，通告军民，一律遵照使用。十一月初我财政部亦电示我军，照上项规定比值，责令东方汇理银行及中法银行，代中国政府收兑关金。惟东方汇理银行及中法银行对兑换关金事推托迁延，以致金融仍陷紊乱。我军为使各机关部队在市场给养、采购便利起见，复奉命由法方按月提借越币四千万元，分发各机关部队应用，惟法方仍迟未接受。我军不得已，为贯彻政府意旨，决以命令执行。于十一月十四日正式与法方谈判，我方出席人员为副参谋长尹继勋、第五处副处长陈修和、科长沈亮、法文秘书陈常、军政部特派员邵百昌、财政部代表朱偰，及外交部代表凌其翰等；法方出席人员为法国代表团首席代表圣德尼（Sainterey），东方汇理银行总经理罗郎（Lamrert），河内分行经理白兰（Baylin）。十时谈判开始，首由尹副参谋长继勋代表司令官宣读致法公函，要旨如下：

（一）东方汇理银行及中法银行，每日以越币六十万元兑换关金。

（二）东方汇理银行按月供应军费越币四千万元，以应急需。

（三）将来由中法两国清算。

（四）关金越币互兑办法，以每人每次五十元关金为限。

法方提出种种问题，加以留难，不肯应允。经我方强硬交涉后，法方始表示接受。惟对于兑换关金办法，在技术方面，法方提供若干意见，我方允加考虑。并决定由东方汇理银行办理申请兑换，由中国银行及中法银行办理普通兑换，以免拥挤。

关金兑换原定十一月二十日开始，我方面军司令部亦经布告周知，申请书亦已印发。乃法方反复无常，忽于开始兑换前一日拒绝供给兑换之款，而谓东方汇理银行不能代表中国政府收兑关金。于是我军再召集法方会商，法方出席人员为财政代表勒杜（Ledopx）及东方汇理银行罗郎、白兰三人。我方予以严词谴责，限期答复。经强迫执行，后始于十一月二十日由中国、中法两银行照规定开始兑换。至此，金融渐趋稳定，关金得在市面畅行流通。然未几，法方实行通货紧缩，宣布废止越币五百元券之流通。以图提高越币价值，贬低我关金之价值。于是金融复起混乱，关金价格日渐降落。再因中法协定签字、决定我国交防后，关金价值更一落千丈。及至我军撤退前，每十元仅值越币二元。回顾我军入越时对金融之处理，使我关金得高于越币，而今为法方经济政策及交防之故，使关金远低于越币，诚可叹矣。

第二节　我军对法国废止越币伍百元券之处理

越币五百元券，系法国东方汇理银行所发行，其流通额共计六亿二千七百万元。内法国印制者二亿元，经日人令该银行印发者二亿五千万元，在越南本地印制，而由该银行发行者一亿七千七百万元。据华侨方面估计，此种越币在我侨商手中者约占三分之一，为数约在二亿以上。一九四五年十一月十八日，法方在西贡忽宣布停止五百元越币券之流通，其表面理由，为对付日本，紧缩通货，压低物价，改善币制。使三月九日以后日人强迫发行之五百元券（即未经水笔签字者）作废。三月九日以前法人自己发行之五百元券（即在法国印制或当地印制而有水笔签字者）亦宣布只作七折通行，所有五百元票于命令颁布后一星期皆须持至银行登记，然后再由银行依照号码，或宣布完全作废，或作七折行使，凡逾期尚未至银行登记者，即视同无效。法方代表团长圣德尼亦于同月二十日宣布西贡方面停止五百元越币券流通之命令，实行于越南北纬十六度以北地区。同时，东方汇理银行宣告即日起停止兑换五百元越钞。

当我方开始兑换关金，金融渐趋稳定，关金市价正趋上涨之际，法方宣布停止五百元越币券之流通，实为有意破坏社会秩序，紊乱金融，以图提高越币价格，压低关金价格，而使越南人及华侨蒙受损失，法国政府则独享其利。自法方宣布五百元越币券停止流通后，关金价格一落千丈，市场大起波动。越盟党策动群众游行示威，反对法方措施，情绪异常激昂。我军为维护治安，亦不得不采取适当之处理，于十一月二十三日以书面通知法方代表圣德尼，告以五百元越币券必须继续行使，不得停兑，并为代表我国利益向法方提出严重抗议，其理由如下：

（一）东方汇理银行自己所发之钞票自己否认，自毁信用，在银行史上无此恶例。若谓系对付日本人而发，亦当公布日人所发行之号码，使持票人存入银行，将来再向日人算账，不得使民众损失。

（二）法方此种措施，等于征收一种极不公平之租税，法政府独享其利，群众皆蒙其害。

（三）依越币流通额二十四亿计算，五百元钞占百分之二十七左右。如此通货紧缩，影响甚巨，实足以扰乱金融。

（四）法方此举，越人反对极烈，因曲在银行，中国军队不能为保护少数无理之人，而以武力压迫多数有理之人。

（五）目前政治环境尚未安定，法越关系仍甚紧张。法方此举，不但扰乱金融，且足以影响治安。

圣德尼接到我方通知后，表示须渠亲自赴西贡向达尚礼海军上将请示。延至二十六日，法方仍未答复。时越人反法行动益形严重，越盟党大举示威游行，包围东方汇理银行，要求兑换五百元越币。而银行不惟拒绝，且自窗口向外开枪，群众愤而还击。双方冲突片时，经我军调解，群众始解散。越人由此反法情绪更趋积极，罢市、罢工，拒绝供给法人食物，社会治安秩序即因法方废止五百元券而引起严重之混乱。我军乃一方面发出布告，晓喻民众，五百元券照旧行使，一方面勒令东方汇理银行复业，照旧兑换五百元越币。法方感于局势严重，乃请美军嘉礼格将军出面调停，约集双方于十二月一日在剑湖旁之美军司令部会商。是日，我方出席人员为尹继勋、邵百昌、陈修和、朱偰。法方代表团几完全出席，罗郎、白兰二人亦列席。先讨论五百元越币问题。我方坚决主张，银行未先得占领军许可，骤然宣布五百元券票停止流通，以致引起纠纷，影响治安，法方应负全责。故我方要求：

第一，银行必须复业。

第二，必须十足兑换五百元票。

圣德尼谓：西贡方面将派财务代表与我协商。但在会商期间，银行无法开门。会商结果，仍不得要领。嘉礼格将军乃提出观察意见如下：

（一）中国占领军有主权发行任何命令，并有实权过问一切足以妨害治安之举动。

（二）法方宣布五百元越币失效，不问其经济立场如何，实对当地治安秩序有重大影响。

（三）目前系军事占领时期，故不问银行家对此看法如何。此问题之解决，不能离开军事立场。

（四）中国占领军在占领区域内，对于任何事件足以影响治安者，皆有权过问。对于此事，自亦有权过问。

（五）五百元越币停止流通，事前未经巴黎与重庆政府商讨，即付实施，美方深表关切。

（六）五百元越币停止流通结果，影响当地治安，美方深表遗憾。

（七）当地中国占领军即未接重庆政府任何指示，足以证明中法政府事先未经商讨。

（八）我人当前之亟务，在研讨一有效办法，以解决目前困难。

（九）本人认为，此事未先通知中国占领军即付实施，致引起纠纷，圣德尼应负责任。

嘉礼格将军辞严义正，足以折服法人之心。故当其下最后结论时，全会场目光集中圣德尼身上，圣氏面红耳赤，局促不安。当时市区抵制法人及拒供法人食物运动，正在进行，法人购买食物异常困难。嘉礼格将军建议：

由其出面向胡志明要求停止抵制运动，以维人道。我方亦表同意，并声明此项运动全系越人自动发起，与我方无关。但若法方取消不合理之币制措施，则我人相信越人可立刻停止其拒供食物之运动。经此中美双方人员对法代表团说明后，法方已知理屈，但仍要求在谈判期间暂令银行停业。复由嘉礼格将军调停，决定在四十八小时以内，一切暂维现状。

十二月三日，法方西贡高级委员达尚礼派遣代表克拉克（Clarac）及财政顾问勃洛克勒内（Blocn-lanc）来河内与我方会商，仍由美军嘉礼格将军主席。先由克拉克氏声明法方允加借我军一千五百万元越币，按月照拨，不附任何条件，并继续讨论五百元越币问题。我方提出原则三项：

（一）停止五百元越币流通一节，不能适用于北纬十六度以北地区。

（二）五百元越币应照旧使用。

（三）今后兑换五百元券及存款提存办法，先须商得中国第一方面军司令部同意，然后公布实施。

法方对我方提议表示同意。当决定下午再开会商讨技术问题。午后三时，仍在美军事代表办事处开会。我方出席人员为朱偰、凌其翰、庄智焕、余鄂宾。法方出席人员为勃洛克勒内、兰克多（Ladonx）、比利尔（Piniey）及东方汇理银行经理罗郎、白兰。由朱代表偰提议：

五百元越币除举办小额兑换以便利流通外，大额款项得存入东方汇理银行。以后自第二个月起，每月得提存百分之二十。法方则提议有限制兑换办法，事实上等于停止流通，结果未得协议。定于十二月四日继续会商。法方提议：以一千五百万元兑换五百元券，其中华侨得兑换五百万元，法人及越人亦各得兑换五百万元。经我方以人口比例为标准，始改为华侨六百万元，法人二百万元，越人七百万元。但对提存办法，法方仍欲暗中实行通货紧缩政策。几经折冲商讨结果，决定办法要点如下：

（一）举办普通兑换，十二月份及明年（一九四六）一月份兑换额暂定一千五百万元。内华侨六百万元，法人二百万元，越人七百万元，分别兑换。明年二月份兑换额，至一月底再开会决定。

（二）中国部队及机关兑换，由第一方面军司令部及军政部特派员分别加以审核，备函证明，始得兑换。

（三）存款提存办法：存款在一万元以下者，自一九四六年一月一日起得按月提百分之二十。在一万元以上者，其超过部分得按月提百分之十五。

此外，并决定由东方汇理银行出通告，其内容如下：

（一）查一九四五年十一月十七日，法国驻越南高级委员关于停止流通五百元越币之命令，未适用于北纬十六度以北之越南领土，故该命令所称之五百元越币在该区域内仍继续流通。

（二）惟在目前情形之下，东方汇理银行未能将该项大票兑换为其他小票。但为应付目前持票人之个别需要起见，特征得中国第一方面军司令部之同意，规定金融办法如下：

（甲）凡个人或商店，持有五百元大票及其款额超过五千元者，得填具申请清单，缴存于汇理银行，作为特别存户。

凡下列具有家主身份之人民，得申请为该项存户：

（a）持有粮食证之法国国民。

（b）持有五年身份证之越南人民。

（c）持有身份证之外国侨民。

自一九四六年一月一日起，该项存户为维持生活计，得以按月提存。其所存款额在一万元以内者，得提存百分之二十。其所存款额超过一万元者，其超过部分得提存百分之十五。

（乙）凡持有少数五百元大票者，得向下列领有专款之兑换所申请兑换（星期日及假日除外）。

（a）越南人民：在市立大戏院兑换（后改国库局）。

（b）中国侨民：在中法工商银行兑换。

（c）法国国民及其他盟国侨民：在大兵营内兑换。

（d）兑换时间：十二月份自七日至三十一日。

（e）兑换时间：每日自上午九时起。

至此，五百元越币问题已完全解决，市面秩序亦渐恢复，中法双方亦转好感。我华侨及越人亦减少损失。实行未几，我方奉令交防，法军进驻河内。法方即无形间将上项协定废除，实足证明法方之狡诈。而凡一切条约协定如无军事保障，亦等于废纸也。

第十三章　补给

第一节　军粮

越北产米甚稀，且自日寇占据后，所有米粮均掠夺屯积。方面军入越时，各部队补给甚感困难。迨自受降后，日军缴交其屯积之粮食，计第五三军接收大米139,600公斤，稻谷993,397公斤，第六十军接收大米57,850公斤，第九十三军接收大米549,056公斤，稻谷417,280公斤，合计接收大米746,506公斤，稻谷1,410,677公斤。我入越各部队于是始免米荒。惟日军所缴稻米多数霉坏，已不堪用，再因驻军日久，已存之粮食渐渐用尽，乃由我粮食部代表驻越负责采购，交由军政部特派员办公处分配补给；曾有一部向当地采购；此外，以鸿基出产之煤向法方交换西贡方面食米。如是筹补，我军补给，始保无虞。而对越北人民，粮食亦未受影响，地方秩序治安得以维持良好。

第二节　法国垫付越币情况

我军入越受降各部队经费，仍由我国照常支给，但在越使用货币，以越币为主，我法币在越通用困难。且驻越期间，所有临时费用及铁路公路修理费，在所必需，乃由方面军将月需越币预算。计方面军应需经费185,000元，越北铁路公路修复工程费5,000,000元，全方面军临时费需20,000,000元，合计25,185,000元，并由财政部代表朱偰向法方洽商借款，以供应我军需要。朱代表偰乃于十月上旬回渝，请政府向法方提出交涉。复经军需署将所需越币数核算，以第五十二军即开台湾，未予列入预算外，其他所需数根据编制预算。

本方面军各部队人马如下：方面军司令部二千人，马十四匹。六十军三八一六二人，马一三一〇匹。六十二军三八一六二人（有缺额），马一三一〇匹。九十三军三八一六二人，马一三一〇匹。九十三师，暂编十九师，暂编二十三师各有一二〇〇〇人，马三五二匹。

以法币折合越币七分五计算，十一月份需币95,934,935元，十二月份以后则需75,676,803元，此为最低数目，不能再行核减。当由朱代表与外交部、财政部与法国驻华大使馆财务专员普里塞（Ajbrvsscx）及大使馆财政金融参赞勃洛克勒内（Bcacgz-dne）于十月十二日下午举行会议，我方提出由法方按月供给越币九千万元，以供当地驻军费用。法方认为数目过大，允向巴黎方面请示。我方以法方既不肯接受要求，而发军用流通券事实上较用正式国币困难，行政院乃以戌冬机电指示："我方面军关于垫借法币事，正向法进行交涉。在未获协议以前，授权卢司令官于必需要时会同军政、外交、财政三部代表，向东方汇理银行每月商借越币四千万元，俾应急需，将来再由中法两国政府清算。"我方面军奉电后，遵于十一月四日召集我军政、财政、外交三部代表，及法国首席代表圣德尼（Sainterey），东方汇理银行总经理罗郎（Lamrert）、河内分行经理白兰（Baylin）正式谈判。我方向法代表提出东方汇理银行应按月供应我军经费越币四千万元以应急需，将来由中法两国政府清算。其次，提出东方汇理银行及中法银行每月以越币六千万元兑换关金。同时宣读我军为以上项致法方两公函，说明此系我国政府命令，不能再延。法代表提出种种问题加以留难，我方代表乃最后质问法方："是否应允我军要求，请作答复。"后法方代表见我态度坚决，乃表示愿意接受。于是，我军即按每月越币四千万元向东方汇理银行开始借用。

十一月二十七日，法方首席代表圣德尼与财政代表勒杜至我方面军司令部，表示法方已得西贡来电，指示每月垫借四千万元外，另需款项又加拨一千五百万元，由中国自行支配。我方答复："如法方能照中国政府提出每月垫借九千五百八十七万元，则一切问题均可迎刃而解，兑换关金亦可不提。"但圣德尼表示其所得指示范围以外，非其权所及。我财政部代表朱偰遂根据二十七日法表示允加拨越币一千五百万元之意见，致函圣德尼请转饬东方汇理银行照数交拨我军运用，但圣德尼于二十九日函复：以每月加拨越币一千五百万元，乃要求我国政府借于滇境法军六亿国币作为交换条件，并须俟我国政府允借后始能照付。时越人因法方停止五百元越币券之流通，反法情绪颇为激烈。我方曾饬法方继续五百元券兑换，法方亦坚持不允。于是，我方再向法方提出强硬要求后，法方代表圣德尼始承认十一月份之一千五百万元照付，惟十二月份之一千五百万元则仍需加讨论后再决定。嗣经往返会商，法方始允按月照拨。迄至四月份，法方又提出留难。经磋商，法方始允预垫五千万元。至五月份，法方又置而不问。统计自民国三十四年十月至三十五年四月止，法方共垫付我军用越币数如下：

十月份41,000,000元，十一月份55,000,000元，十二月份55,000,000元，一月份55,000,000元，二月份55,000,000元，三月份55,000,000元，四月份50,000,000元，合计366,000,000元。

此外，据法方报告，十月份内曾由海防东方汇理银行直接交第六十二军越币三百万元。又于三月二十八日下午，在我方面军司令部中法双方代表会商清算军费及四月份谷款问题时，所得协议：法方从四月十一日以前应补付我方款项中先拨付三千万元。以上两项，均未计列。

按：我军入越受降，系受盟军最高统帅部之命令，其在越占领期间之费用，为维持地方秩序及维持越南金融，在事实上，法方不能不以越币垫付应用。此垫付之款，中法协定业已协议由日本赔偿，法方虽一时垫借，亦未致受损失也。

第一方面军入越受降所需经临各费越币预算表

区分	金额		备考
	法币数（元）	折合越币数(元)	
第一方面军司令部	21,438,031	1,607,460	官兵 2,000 人，马 14 匹
第六十军	116,151,751	8,711,382	官兵 38,162 人，马 1,310 匹
第六十二军	116,151,751	8,711,382	" " "
第九十三军	116,151,751	8,711,382	" " "
第九十三师	33,547,100	2,516,033	官兵 12,000 人，马 552 匹
暂编第十九师	33,547,100	2,516,033	" " "
暂编第二十三师	33,547,100	2,516,033	" " "
小计	470,529,356	35,289,705	
付干费	608,589,600	45,645,230	照官兵 152,386 人，马 5000 匹计算
兵站机构经临费	150,000,000	10,000,000	估计数
铁路公路修理费	75,000,000	5,000,000	
合计	1,979,118,956	95,934,935	

第十四章　刑民案件及汉奸之处理

第一节　刑民案件之处理

我方面军驻防越北地区，与国内情形迥异，既无我国法院，而法国原设之法院亦早因日军占领而结束。我军代表同盟国驻防越境，有维持地方治安秩序及保护同盟国侨民之责，对于驻防区内各国人民之权益，甚为注意。而法国人亦知处境之艰难，于一九四五年十一月十七日，由法国驻越北代表圣德尼以备忘录通知我军，征询我方是否有意设立司法机构一所，在联合国荫庇之下，审判联合国人一切刑事案件，俾法人得享受合法诉讼权益。我方面军司令部曾呈请层峰办理。当奉陆军总司令部三十五年子养淑字第（046）号代电核示："在越方政府未行使司法权以前，一切有关司法事项，统由该部军法处负责处理，并由该部第五处协助之。"我军遵此指示，规定：刑事案件，凡同盟国侨民及越民犯罪者，由方面军司令部处理。但越民普通盗窃案件，交由当地警察局办理报核。民事案件，凡重大者，由方面军司令部处理。简易者，属于盟国侨民之案件，由各该国侨民法团调处；属于越民之案件，由当地警察局调处。实施结果堪称满意，颇有助于治安秩序之维持。

综计我军驻越半载所受理之案件，计军法案件、特种及普通刑事案件共二百四十六件，前后所拘押之人犯，共一百四十二人，计军事犯八十五人，华侨十人，越犯三十三人，日本十三人，意国二人。在此一百四十二名罪犯中，属军法者四十六名，其中军人四十五名，非军人一名；属特种刑事案件五十三名，其中军人三十二名，非军人二十一名；属普通刑事案件者三十七名，其中军人六名，非军人三十一名；属其他者六名，其中军人二名，非军人四名。方面军司令部受理人犯均系依照我国法令或国际惯例，予以适当之处理或审判。迨当奉令撤退时，经判决，确定刑期较长之人犯十八名，就近解送广西南宁第二监狱署，验收报行。

上列案件，均经审结，无罪者开释，有罪者处以徒刑，惟尚无一人罪至死刑者。查我军入越受降，为我国在国外之唯一受降区，全军将士凛于职责之重，咸具扬威海外、为国争光之决心，用能军纪整肃，鲜有作奸犯科。故受降蒇事，竟未处极刑一人，差与曹彬下江南相比。聊效昔贤，以慰国人云尔。

第二节　汉奸之处理

我军入越后，对汉奸之处理，奉陆军总司令部申铣内总电令："对各省市重要汉奸，应先行调查，予以监视，听候中央命令处理。"旋复奉酉冬总辉文电，转委座酉东酉冬电示："对逮捕汉奸消息及逮捕条例切勿发表，必须由委座批准后，方得正式公布。并捕汉奸各方，权限不清，责任不明，以致纠纷多端。以后关于逮捕汉奸案件，令戴副局长负责主持，复另派有关人员会同检查办理，以归统一，而免分歧。此后关于处理汉奸，自奉到本电起，（一）各地区拘捕汉奸，一律由军委会调查统计局戴副局长于各战区长官部、各方面军司令部所指派之负责人员主持办理。（二）今后对于拘捕汉奸之情形及名单，一律不许发表。（三）各战区长官、各方面军司令官，在此受降尚未完毕时期，应切实注意检扣有汉奸之新闻。（四）现已捕获及将来捕获之汉奸，一律交由戴副局长所指派之负责人员接收，严密看管，并由军政当局予以必要之协助。（五）现已捕获及将来捕获之汉奸，一律由本部汇报委员长核示办理。"方面军司令部自奉上电后，军统局即派督察专员王之五来河内，于三十四年十一月成立督察室，并在海防成立分处，负责办理汉奸事件。先后逮捕嫌疑人犯，查对财产，历时月余。河内、海防华侨，啧有烦言。我军因地处国外，情形与内地迥殊，举措尤须慎重，乃饬令该员务须慎重处理，并迅将已捕或待捕之汉奸名册，送方面军司令部，以凭审核转报，并饬嗣后对逮捕人犯，须先报部，由第五处审核后，方能拘捕，免生流弊。旋据该员先后呈报捕获汉奸嫌疑犯名册，共计郑友亚等一百四十八名，当即转报陆军总部备案。

迨民国三十五年一月四日，奉陆军总部亥世灰壬电转下委座亥真纠办秘二政字第六五二五号训令，以"《处理汉奸案件条例》业经公布，所有前经以汉奸犯嫌疑拘捕之人犯，应按照该条例，逐案将人卷移送法院审讯。各地已拘捕之汉奸，统限于令到之日起五日内，依照该条例第五条之规定，分别移交当地法院，及各战区或方面军之最高军法机关审理，勿得延误。并希将办理情形具报。"我方面军司令部奉电后，因越南无我国法院，且国际关系复杂，当复电请示："除被告系军人、复任伪军职者，由我方面军司令部军法处审理外，关于移送法院者，请示应移送何地法院？”当奉何总司令丑漾辉壬电：“饬解送国内司法机关办理。”经饬据王之五呈报，已派员将所逮捕之汉奸嫌疑犯一百四十八名，解送广西龙州第四高等分院办理。

对于汉奸嫌疑犯被逮捕后之财产查封等，亦系由该督察专员办事处组织逆产保管委员会直接处理。

另有伪满驻法大使吕宣文、文化汉奸《新声报》编辑黄农二人，系由外交部与法国交涉，引渡至河内，交我方面军办理。嗣复奉令解送回国，于三十五年三月，解交云南高等法院继续审讯矣。

第十五章　卫生概况

第一节　入越时卫生机关拨补与医药补充情形

一、医院拨补为充实各野战医院起见，我方面军曾奉后勤司令部命令，将各兵站医院拨补各入越部队，当即遵照拨补各军如下：

驻思茅之第六兵站医院，拨补第九十三师；

驻文山之第十九兵站医院，拨补第五十二军；

驻蒙自之第二十一兵站医院，拨补第六十军；

驻鸡街之第二十兵站医院，拨补第九十三军。

二、行军药品之筹发　各军药品以基地仓库不能按时发给之故，仅领至七月份止，至八九两月份药品，尚未领获。我方面军司令部乃一面饬兵站司令部迅向昆明领运，一面将部内所存之奎宁丸等发给各军、师及方面军特务团、迫炮营。又新编之战防炮营。亦由方面军司令部垫发九月份药品。此外，鉴于行军途程甚长，乃对司令部官兵每人分发行军常用药品奎宁、行军丹、十滴水、阿士匹林等四种，以备随时服用。

三、患病落伍者之处置　在各军开拔以后，开远一带渐次发现由各地而来之落伍病兵。我方面军司令部乃召集开远县政府、警察局等机关，指示收容，并由部制订落伍病兵送院证一种，发交县府、警局及乡镇，于遇有患者，特立即填证送后方医院或卫生院，月终检副份报查。各院收到是项患者，亦须将转送证汇报我方面军司令部。

第二节　入越后卫生调查

我方面军卫生处于九月三十日空运抵河内，当由中美方面卫生负责人对越北卫生作种种之调查，所得情形如下：

（1）日俘方面：住院患者共一千四百四十名，计战伤一百五十员名，传染病三百员名，其他九百九十员名。卫生机关有军属南方第四病院一个，开设于河内，在南定、广安各附近有师团野战医院，岘港有旅团之伤兵疗养所。日本在越北地区之卫生人员共计官佐一百一十三员，军士六十名，兵九百四十一名。

（2）法国方面：法军官兵有轻重患者共六百四十名，现住法陆军医院一百四十名，住集中营三百名，住 Stpme 及 Tcanird Aia 共二百名，由法籍医生治疗，药品由盟军供应。

（3）越南方面：住河内区人口约三十万，医务人员素质良好，人数亦超过需要，惜药品缺乏，来源困难，当地亦无制造大量药品之设备，仅巴士特医学院，可以随时制造只供需要之疫苗。其保有之医院，计罗亚医院能容病床五百，Meni 医院有病床五百，屯水医院有病床二百，医药学校之设备亦佳。

（4）美国方面：设有小诊所一个，容床五至十张，医药均充分。

（5）我军方面：步行入越之官兵，因行军途程有在一月以上者，而一部适遇烟瘴最厉之区域，到河内后，即有二百名患者，散住杉法医院及寿康医院与大兵营，在我兵站卫生机关未到之前，收疗颇感棘手。

（6）当地卫生：自来水由越人管理，实际由法工程师主持，每日最大给水量为二万立方米，氯气消毒仅为万分之零点二五，故实际无效用。因驻军之增加，水量已感不足。但设备陈旧，不能改善。废物根移出市区掩埋，或用作肥料。垃圾则倾倒于相当距离之河下游。传染病以痢疾甚为流行，性病亦很普遍。

第三节　我军驻越期间之卫生状况

一、保健防疫　当我军所到越北时，谅山、嘉林均先后发现霍乱，各地之死亡人数三人或至二十余人。时各军纷纷电报疫情，军人之死亡虽只数人，但为预防起见，仍决定普遍举行霍乱预防注射，所需疫苗商亲越南巴士特医学院供给，并电后勤部由昆明空运接应，故此疫症在半月后即告终止。

越北气温较国内为高，冷食品极普遍。当霍乱发生后，禁止士兵购食街面零食，并由宪兵加以取缔。我军司令部为应官兵需要，在司令部内建筑水泥自来水之洗面场，以防传染。

二、收疗患者　各军经河内时留后之患病官兵，散驻于法人所办之 Sanncan 医院及华侨所办之寿康医院，计约百余人。因病房拥挤，护理乏人，致饮食、清洁均感困难。嗣第五二军及第六二军北上时，有二千余不能登舰之患者亟待收容，乃设临时后方医院三个，分驻于河内、富浪沧、海防，负责收容，并由第一医院负责将原驻于法医院及寿康医院之病兵派车运回治疗，病官则规定住法医院内新设之官长病室。

三、尸体掩埋　当我军一部登轮海运后，由海防至河内一带常发现暴露尸体，当令第九十三军协助掩埋，并令市卫生局协同调查，如有发现即到我方面军司令部及军政部特派员办公处报告，以便及时掩埋。而关于是项尸体之处置，得华侨服务团之协助颇多。

四、卫生材料补充　我军初入越南时所携药品，途中消耗殆尽，而兵站卫生机关至十月中始到达。当时虽得华侨补助一部及患者可暂送当地医院，但部队需用医药孔亟，乃令各军于接收当地日军药品中，准以三分之一暂行补充应用，并电请后勤部运济十二月以后应发之药品，而后已渐得充分之补充矣。

第四节 接收日军卫生机关

一、接收日军南方第四医院 为适应我军患者之需要，我方面军于十二月三日令土桥勇逸将河内第四医院移交我军接管，并规定办法如下：

1. 指定方面军司令部卫生处医务课长秦活生，会同军医署代表曾济仁，美军医官（并为本部上校卫生顾问）鲍末尔中校，及第九十三军军医处长戴时中等负责接收。

2. 为接收便利计，由卫生处人员先到院内设置办公地点，该院即日让出若干房舍，以供接收人员之使用，此房舍之位置及间数由卫生处指定。

3. 该院之医务人员及卫生器材与一切用具之设备，须详细造具表册二份，限二日内呈报方面军司令部，以备接收之用。

4. 该院现住之患者，限十月六日以前迁移于其他医院住疗。

5. 该院之一切器材用具，须全部保留，不得移动。

6. 该院职员须暂时全部留院工作，俟方面军医务人员到达接收其业务为止。

二、接收卫生器材 日军投降后，其保有卫生材料仍暂准留用，依九月十八日之册报，各卫生机关保有与在消耗中之卫生材料共计三千六百九十五块（每块重二十五公斤），内容医疗器械六百七十八块，药品一千七百七十五块，消耗品一千二百四十二块，种类约一千粒，存于河内、海防、涂山、广安、岘港、南定、太平等地医院。我方面军为应各军药品之需要，先令由其常用药品中，以百分之三十先交我军应用，其他医疗器械及联队以下之药械暂不接收。自日军遣送前后，复由各军继续接收，转交第一区兵站司令部收存。

三、征用日军卫生人员 第一后方医院征用牙科与外科之日军医及护士十九人，卫生车驾驶兵数人。

第五节 我军离越时之卫生措施

一、船运部队 第五十二军、第六十二军及第六十军，均于登舰前检查体格，注射霍乱预防针，留下体弱者均送医院收疗。计各军留下患者：第五十三军及第六十二军约二千人，第六十军约四百余人。

二、车运部队 第五十三军及第九十三军，山河内、谅山、同登经铁路、公路而至南宁。在出发前仍注射霍乱预防针，并有美军南京联络司令官戴威士派罗勤中校率医务人员飞河内，督导协助河内病者之治疗。另调第九兵站医院在同登，开始预备收容患者。

三、步行回国部队 我方面军编余军官及无专勤人员各直属部队，自三月尾即陆续回国，途中均发给应用药品，故步行回国部队途中尚无病患落伍者。

四、医院及患者之处置 第二十二、第二十四各兵站医院，及富浪沧之第三临时后方医院，即行撤销，住院病人渐次车运同登，转送南宁。第六十军北调时，以第二十二兵站医院配属该军离越，其余均调往广州。所有患者，编为患者收容队，带领回国。

第十六章　政治工作概况

第一节　各级政治部组织

一、方面军政治部　方面军政治部于三十四年九月入越时奉令成立。按照甲三级编制，设正副主任各一人，少将督察员二员，主任秘书及秘书各一人。另设两科，下辖科员十二人，书记、副官各一人，翻译、司书各二人。三十四年十二月一日，奉令组织政工队，计队员十五人，队长、队附各一人。队长由该部第二科中校科员刘义兼代，所有男女队员均系选华侨优秀青年。政工队成立后，旋即展开文字艺术宣传工作，足赖各级工作人员热心努力，工作卓著成效。

二、各军师政治部　第九十三军政治部已组织完全，其主任为陈荣明。第五十三军、第六十军政治部主任尚缺，乃由方面军政治部呈请军委会政治部，以谢厥成、彭可健分别充任。各师政治部有未成立者，亦经呈请军委会政治部，并督促各师限期成立，加强组织，发挥工作效率。

第二节　工作概况

一、工作计划　所有中心工作，系遵照部颁三十四年度《进入收复区政训中心工作实施纲要》，及方面军政治部拟订之三十四年度冬季及三十五年度春季《政训中心工作计划大纲》，衡量环境，针对现实，以求日见其功，并督促各级政工单位严格实施。

二、促进中越亲善　我军入越之初，一部分知识较低之越南民众，误认我军入越受降，或将重演法国占领土地、暴虐其人民之恶作剧，故对我官兵之印象殊为不佳。斯时暗杀之风及与我不合作情事，层见迭出。且越南正值酝酿独立运动，党派复杂，政见纷歧，越民之意志徘徊不定，其中尤以胡志明领导之越民党与阮海臣为首之国民党明争暗斗甚烈，促使民心荡漾，社会不安。该政治部成立后，为化除越民之误会与隔膜，曾发《告越民书》及张贴标语，出版壁报，阐明国军入越任务，并特别向越民声明："中国系唯一爱好和平之国家，且与越南有悠久历史关系，绝无侵占任何国家及有占领土地之野心。"并经常派员访问中越公正绅耆，及参加各种集会，阐述我国宽大亲睦政策及中越亲善之必要。每逢月初，召开中越各社团、学校代表及绅耆座谈会、军民联欢会，以交换中越间之民众意见，联络军民感情。其他如派员担任侨校义务教师，慰问战时被难侨胞，协助三民主义青年团组训青年，及组织妇女进修会等工作，无不竭力进行。

三、激励华侨协助我军　我军入越，为法占领越南六十年来之第一次。华侨于法国统治下，久受歧视虐待；而陷入倭寇之铁蹄下，饱受人间痛苦。今日得见国军扬威海外，受降异域，欢欣鼓舞之情景，不可言喻。凡国军所到之处，无不倍受侨胞热烈之欢迎与协助。该部即针对华侨对祖国爱护之情绪，进而宣传祖国艰苦抗战之事绩与获得胜利之不易，及政府关怀华侨之至意，激励华侨协助国军接收，以发扬祖国之光荣。

四、训练部队

1. 政治讲堂：以国父遗教及总裁言行为教材，灌输主义，阐明革命理论，以提高官兵政治水准，加强官兵国家民族之意识。

2. 精神讲话：分析国内时事及富有政治意义之报导，举行学术演讲，以鼓励士气，加强部队战斗意志。

3. 小组讨论：为考核训练士兵最良好之方法，为调和官兵兴趣，并以座谈会、学术讨论会等方式举行。

4. 编印《士兵周刊》：方面军政治部鉴于士兵远戍异域，精神食粮缺乏，特编印《士兵周刊》，分发部队官兵阅读。

5. 出版士兵壁报：士兵壁报为士兵写作之园地，及沟通上下情感、发抒己见之桥梁。该政治部有见及此，乃分饬各政工机构认真办理，并于每周派员到各单位参加纪念周，阐述国军入越受降之意义，并勉励官兵应与友邦军民和善相处，力求互相合作，以发扬我国之文明及国家威信，增高友邦人士对中国之敬仰。观三十五年三月五日中法海防事件，我军之严整有礼，战斗情绪之坚强，其政治信念决不下于任何强国陆军。

五、清查奸宄　该政治部除收揽民心、训练部队外，并协助各有关方面侦查奸宄。如汉奸杨秀伦等五十八名缉捕归案，前西贡文化汉奸李文雄之缉获，均由该部送请督察处办理。

六、训导战俘　我方面军奉命于三十四年十一月七日成立“日本徒手官兵管理处”，即由政治部杨主任兼任处长，第五十三军政治部主任谢厥成兼任副处长，抽调工作人员八人，分别担任各项工作。各集中营、管理所工作人员，亦由各级政工人员担任训导，纠正日本官兵过去错误思想，并晓喻我国爱好和平、宽大为怀之精神。

七、协助地方办理善后

1. 收容难胞　战时，我两广同胞被日军强迫拉充夫役或俘虏到越，胜利后，流落四散不能返国者，以数千计。该部即分别与各侨领洽商救济办法，并设置收容所，由侨胞募捐维持生活，继与越政府洽商遣送出境，卒于三十五年二月底完成是项遣送工作。

2. 收复侨校　越北各省、市立中小学校，于日军占领越南期间，被迫停办者十之八九。国军入越后，复以社会秩序一时未能复原，经费因之无着，故各校莘莘学子仍无享受教育之机会。该政治部召集各侨领，经多次之会商，始将河内各校陆续恢复。

3. 查葬遗骸　越北敌后工作殉难同志及被害侨胞遗骸，经政治部会同三民主义青年团，至各处清查，发现四十余具。择定广东坟场建立公墓及纪念碑，妥为安葬，以慰忠魂。

4. 特种工作　国军入越之初，越北党派斗争甚烈。该政治部与青年团党部积极调处，经数月之努力，卒使其两党合作，于三十五年元旦，越南联合政府成立。越南共和政府由胡志明出任主席，阮海臣氏副之。讵料国军将撤退时，两党意见复生，冲突继起，阮海臣出走，加以法军接防，越局又陷入悲惨之境。

第十七章　交防经过

第一节　奉交防电令后之处置

三月四日，我方面军奉委员长寅东令二商诚甲乙丙电，要旨如下：

一、寅东令二商诚甲电：

我驻越军应将所有防务即交由法方接替。关于防务交接及我军撤退各节，规定如下：

1. 陆军第九十三师交防后，主力即撤退驻思茅、普洱，余部驻车里、佛海。该师由勐信经缅境芒喜、佛海之道，已电交外交部，向英方交涉中。

2. 陆军第五十三军交防后，即撤退驻蒙自、开远一带。

3. 陆军第九十三军，三月二十日起由海防海运东北。未登轮前，在海防附近区域集中。由卢司令官就地与法方军事当局商定。

4. 交防开始期间为三月一日至十五日，最迟于三月三十一日交接完毕。

5. 第九十三师撤退时间，须在五十三军之前。

6. 第九十三师及第五十三军撤至滇境后，均改归霍总司令指挥。

7. 交防后，关于日俘、日侨之管理，及保护华侨，均由法方负完全责任。

二、寅东令二商诚乙电：

法国军事当局，在法军到达时间内，于二小时以前获得，准许法国飞机十二架降落加林机场，以运载河内各个营内陆军之装备。自机场至河内，法军之装备运输保管，暂时由法方负责。加林机场及沿途之安全，由中国军队在正常状态下维持，直至交防时为止。

三、寅东令二商诚丙电：

1. 查法军接防，先由北圻、河内开始。其接防部队将由海运至海防及洪基两港登陆。除海防港口已准许法方可以使用外，洪基港口暂不开放，时间须经我方不完全使用〔后〕，由中法在越最高军事长官商定之。

2. 我军及待运物资，可以一部集中洪基，作撤退准备。

3. 交防后，中国军队在越候船转运所停留之日期，应不受限制。

4. 中国在越待运物资，应由法方负责，保证安全。

我方军司令部奉电后，当即转令各机关部队知照。同日得法方通知，法军将于本月六日，在海防登陆。我军因以时机迫促，法方突然登陆海防，事关重大，且奉委员长寅东令二商诚甲、乙、丙三电内对于我军撤退及物资之处理，均经分别指示。惟对法军登陆海防日期，并无规定。乃召集顾问团及各有关首长会议决定如下：

一、越南人民反法情绪激昂，日来积极备战，如使法军突然登陆，势必引起秩序混乱，华侨之生命财产，殊堪忧虑。故对法方要求六日登陆事，应答复暂缓登陆。

二、法越谈判尚未就绪，乘此亦可促进胡志明与法方谈判。若能协调，庶可实现委员长指示不流血之意旨，而对我方交防，亦可于秩序良好状态下实施。

会议决定后，我军一面积极准备交防，一面通知法方暂缓登陆海防。并于是日，以寅支三调电分别电呈委员长暨外交部，原电如下：

"委员长蒋，外交部长王，密寅东令二商诚甲、乙、丙三电奉悉。奉委座寅东令二商诚甲、乙、丙三电，为慎重实施，经召集顾问团及负责官长开会议决如下：（甲）情况：（一）法军万人拟鱼晨在海防登陆。（二）法越谈判数日内可签约。如法军即在海防登陆，谈判必致破裂，影响甚大。（三）海防现集结第六十军全部待运，第二十二师一部亦尚未运完，第一三〇师担任该地警卫，驻地拥挤。法军仓猝登陆，我军实难应付。（四）越南反法甚坚，寅江各党合作成立联合政府，决定焦土抗战。准备破坏道路水电，焚毁房屋。如法军六日在海防登陆，我军必失去越人信仰，数十万华侨亦必被仇杀，越北全境陷于混乱，法方实难负责保护之。（乙）决议：我军遵限交防，法军应暂缓在海防登陆。拟分别促成法越谈判成功，和平交接，达成钧座不流血意旨。对东亚前途幸甚，并减少我军困难，实为上策。刻正向法方洽商中。谨电，请鉴核示遵。河内卢汉寅东支三调印。"

法越双方经我方调停，由胡志明提出协定大纲，法方已同意，定于六日正午签定草约。法军改于虞晨在海防登陆，我方面军当即以寅鱼子三调电，分报委员长暨军令部、外交部备案。三月五日复奉陆军总司令何寅东未成良电，要旨如下：

"兹准外交部王部长丑感电开：中法商定越南地方交接防务，于三月一日至十五日由法军开始接防，三十一日接防完毕。届期我军一时未撤尽者，可集中于当地双方当局商定之各地，物资由法方运送。其待运期间之费用，仍由法方垫付，故不致发生其他困难情形。该项协定，已定丑俭日签定。等由，希即知照。"

我方面军奉电后，除转饬各部队从速准备交防外，并与法方进行谈判交防办法。三月十五日军令部派中校参谋陈宗芳至越，专送到军令部部长徐寅寒令一亨代电一件，附发中国军令部代表与法国驻越南之高级委员兼法军总司令之军事代表关于中国驻越军队防务交由法军接替一般原则之规定如下：

（一）保留海防事件，俟中法美三方调查得有结果后，由外交途径解决之。

（二）中法两国在越北军队防务之交接，应于三月十五日前开始，至三月三十一日以前交接完毕。

（三）中国军队及其物资在交防后，因交通工具困难，不能即时撤离越境时，得在海防、河内、龙蟠附近地区集结待运。上述集结地点尚不足时，应由双方驻越军事最高长官商定新地点。

（四）在交防及待运期间，关于日本战俘之未了问题，仍应待商得盟军最高统帅部之意见处理之。

（五）在交防及待运期间，中国军队对机场、铁路及其他交通工具之使用，补给品之筹办等，由中法两方驻越军事最高长官商洽使用补给之。但在待运期间，各交通工具等交由法方管理之。

（六）在陆续交防期间及交防后，在越华侨生命财产之安全，应由法方负完全责任。

（七）关于洪基港口之使用，法方应与当地中国当局共同商定。至法舰自该港取用煤、水，华方应与必要之便利。

（八）关于在越华侨自卫队之处理问题，应先征得中国当地军事最高长官或其代表之同意。

（九）在每地区防务交接时，对于地方秩序之维持，应由中法两方驻越军事最高长官商定之。交防后，在待运期间对于地方秩序之维持，由法方负完全责任。

（十）关于越北中法军队交接防务之细部问题，应在民国三十五年二月二十八日中法两国换文之规定范围内，由中法双方军事当局电令各在越北军事长官商洽办理。

（十一）以上各条，将立时通知越北中法两方军事最高长官实施之。本规定用中文、法文各缮两份，中文、法文有同等效力。

中华民国三十五年三月十三日订于重庆

我方面军司令部奉电后，即转令各机关部队遵照实施。四月一日又奉陆军总司令何寅寒未性雄法代电，转下外交部王部长欧（35）字第三三五三号代电，以最近中法关于中越关系协定及关于我国驻越军队撤退等换文，经于本年二月二十八日在渝签字。该协定并自签字之日起暂行生效。并奉发上述协定及协定附件、会议纪录、换文等件，如附录。我军即完全遵照此协定实施，如期交防。按：我军奉到交防电令之前，法军早已运至海防外海，要求登陆海防。且竟不顾道义，强行登陆，及至登陆与接防后种种不法，大举示威。经我军严加纠正，始未敢放恣。但在我军陆续撤退回国后，见我兵力薄弱，乃不遵守中法协定，不惟压迫残害我华侨，且对我后撤之机关部队与官兵亦极加凌辱。由此可知，法军此次接防，颇有欲凭外交协定之掩护，乘我军与越军未备，遂行其强迫占领掠夺之企图。所谓国际信义及一切协定，如无实力保护，在法方则视为不过对弱者之欺骗手段而已。卒赖我军处置有方，官兵颇能遵守纪律，故法军始终未敢对我轻视，而得顺利交防，完成任务，可谓幸矣。

附录：中法关于中越关系之协定

中国政府与法国政府，为增进固有之友谊，同时为依照民国三十四年（一九四五年）三月十三日中法换文之规定，恢复并发展越南与中国之经济关系，决定缔结本协定。并各派全权代表如下：

中华民国国民政府主席特派中华民国外交部部长王世杰博士，法兰西共和国临时政府主席特派法兰西驻中华民国特命全权大使梅里霭先生，两全权代表各将所奉全权证书互相校阅，均属妥善。议定条款如次：

第一部　居留条件

第一条　中国人民应继续享有其历来在越南享有之各种权利、特权、豁免，主要者如：关于出入境纳税制度，取得与置有城乡不动产，采用商业簿记之文字，设立小学及中学，从事农业、渔业、内河与沿海航行及其他自由职业。

第二条　关于旅行居住及经营商、工、矿企业及取得与置有不动产，中国人民在越南应享有不得逊于最惠国人民所享之待遇。

第三条　依照第一条对于居留越南之中国人民所征之税，尤以身份税不得重于越南人民所纳之税。

第四条　在越南之中国人民，关于法律手续及司法事件之处理，享有与法国人民同样之待遇。

第二部　国际通运

第一条　法国政府在海防港保留一特定区域，包括必要之仓座、场所，如有可能、并包括码头，以备来自或输入中国领土货物之自由通运。此项特定区域内之有关税关事项，应由中税关管理，其他事项尤其有关公共安全与卫生，仍归法国行政管辖。

第二条　来自或输入中国领土之货物，取道东京铁路者，自中越边界至为中国国际交运在海防港保留之特定区域，应免纳关税通过。该项货物用列车载运。于起运时，由中国税关当局予以锁封。

第三条　来自或输入中国领土之货物通过越南铁路者，应免除一切过境税捐。

第三部　中越商业

中国与越南之贸易，将来根据最惠国待遇另有商约规定之。

第四部　滇越铁路

第一条　一九〇三年十月二十九日所订中法关于滇越铁路之协定，自本协定签字之日起废止之。

第二条　滇越铁路在中国境内昆明至河口一段之所有权及其材料暨设备，照其现状移交于中国政府，由其提前赎回。

第三条　中国政府因提前赎回应补偿之款额，由法国政府予以垫付，其款额由中法混合委员会决定之。法国政府只能就中国政府因一九四〇年六月由于日本之干涉而致滇越铁路停运、海防港封锁，中国政府及商民所受物资损失之赔偿要求，向日本取得之赔偿可能支付数额内，获得此项款额之偿还。

本协定用中文、法文各缮两份。中文、法文有同等之效力，自签字之日起暂行生效，但仍应尽速予以批准。

本协定之批准书在重庆或南京互换。

两国全权代表，爰于本协定签字盖印，以昭信守。

中华民国三十五年二月二十八日即西历一九四六年二月二十八日订于重庆

王世杰（签名）

梅里霭（签名）

中法关于中越关系之协定附件

甲　法国大使致王部长照会

迳启者：关于本日中法签订《关于中越关系之协定》第四部，本大使敬以法国政府名义，向阁下为下列之声明：法国政府拟于最近将来向中国政府提出一改进中越间铁路交通之计划。法国政府并特别提出，中国政府为中国境内昆明至河口段之滇越铁路所有人。如果决定允于法国方面参加经营该路之中国公司，则法国政府亦将比例给予中国方面参加经营该路在越南境内老街至海防段之法国公司。相应照请查照为荷。本大使顺向贵部长重表敬意。此致

中华民国国民政府外交部部长王世杰博士阁下

一九四六年二月二十八日　梅里霭

乙　王部长致法大使照会

迳启者：接准贵大使本日照会内开："关于本日中法签定《关于中越关系之协定》第四部，本大使敬以法国政府名义，向阁下为下列之声明：法国政府拟于最近将来，向中国政府提出一改进中越何铁路交通之计划。法国政府并特别提出，中国政府为中国境内昆明至河口段之滇越铁路所有人。如果决定允予法国方面参加经营该段之中国公司，则法国政府亦将比例给予中国方面参加经营该路在越南境内老街至海防段之法国公司。相应照请查照。"等由。本部长对于以上声明，业经阅悉备案。敬以中国政府名义通知阁下，即请查照为荷。本部长顺向贵大使重表敬意。此致

法兰西共和国驻中华民国特命全权大使梅里霭阁下

中华民国三十五年二月二十八日　王世杰

中法关于中越关系协定之附件

会议记录

（密件）中华民国三十五年二月二十八日于重庆

关于本日签订之《中越关系协定》第四部第三条之规定，彼此了解如下：

一、如果中国政府因民国二十九年六月，由于日本干涉而致滇越铁路停运及海防港封闭，中国政府及商民所受之各种物资与货物之损失总额，超过法国政府依照上开协定第四部第三条所规定垫款总额，则以越南北纬十六度以北日本财产清算之所得，作为此项损失之补偿。

二、越南北纬十六度以北日本财产之清查与清算，应于最短期间，由中法混合委员会办理之。

三、上列一、二两项所规定有关财政办法，将来另行协议规定之。

关于中国驻越北军队由法国军队接防之换文

甲、法大使致王部长照会

迳启者：本大使谨向贵部长证实，法国司令业已准备担负管理日本战俘，维持越南联邦领土北纬十六度以北秩序与安宁，并保护中国人民之完工责任。为此之故，并提议对中国军队由法国军队接防一节，应按下列基础办理：

驻越南北纬十六度以北之中国军队交防，于三月一日至十五日期间开始，至迟应于三月三十一日完毕，中法参谋于现在重庆招行会商之范围内，得同意决定此项实行交防之方式。

中国部队须取海道撤回。而不能在交防后登轮者，可在附近登轮口岸之停留区域内集中，在物资条件许可之状态下尽速撤退。此项区域将由地方中法司令商定之。至中国部队由其他方法撤回者，其如何移动，亦由地方中法司令商定之。相应照请贵部长查照见复为荷。本大使顺向贵部长重表敬意。此致

中华民国国民政府外交部部长王世杰博士阁下

一九四六年二月二十八日　梅里霭

乙、王部长致法大使照会

迳启者：接准贵大使本日照会开："本大使谨向贵部长证实，法国司令业已准备担负管理日本战俘，维持越南联邦领土北纬十六度以北秩序与安宁，并保护中国人民之完全责任。为此之故，并提议对中国军队由法国军队接防一节，应按下列基础办理：

驻越南北纬十六度以北之中国军队交防，于三月一日至十五日期间开始，至迟应于三月三十一日完毕。中法参谋于现在重庆举行会商之范围内，得同意决定此项实行交防之方式。

中国部队须取海道撤回。而不能在交防后登轮者，可在附近登轮口岸之停留区域内集中。在物质条件许可之状态下尽速撤退。此项区域将由地方中法司令商定之。至中国部队由其他方法撤回者，其如何移动，亦由地方中法司令商定之。相应照请贵部长查照见复。"等由。查上述各节，中国政府均予同意。相应照复，即请查照为荷。本部长顺向贵大使重表敬意。此致

法兰西共和国驻中华民国特命全权大使梅里蔼阁下

中华民国三十五年二月二十八日　王世杰

关于中国驻越北军队由法国军队接防之换文附件

会议记录

（密件）中华民国三十五年二月二十八日于重庆

关于越北中国军队由法国军队接防之换文彼此了解如下：

中国军事当局对于河内军营之法国军队于接防时恢复武装，不予反对，俾该军队得以实际负担因接防而生之各项责任。

关于法国供给中国驻越北军队越币之换文

甲、法国大使致王部长照会

迳启者：按照中法主管机关所交换之意见，关于供给中国军队开支事，本大使谨向贵部长为下列之声述：

一、法国政府允自一九四五年九月一日至同年十二月三十一日止，垫付中国政府每月越币总额六千万元，以供中国驻越军队之用。

其已拨交中国各部队之款项，应就法国政府垫付总额内扣除之。

二、自一九四六年一月一日起，上列第一项所定每月越币六千万元（六〇，〇〇〇，〇〇〇）之数额，可为垫款之计算基础。此项垫款，由中法两国政府代表依照中国军队之实际需要并比例部队之数额，按期商议，经双方同意核定之。在中国军队交防完毕后及实际离越前之期内，中国司令适应中国军队需要之方式，将来以上述计算基础为出发点，另行核定之。

三、前中国司令官与法国司令官代表之参谋商议时，业经同意对于法国政府垫付一九四六年一、二两月份之款额，定为越币六千万元（六〇,〇〇〇,〇〇〇）。

四、法国政府垫付之越币款项，将来应归日本负担。中国政府对法国政府为谋此项偿还之交涉，应予支持。相应照请贵部长查照见复为荷。本大使顺向贵部长重表敬意。此致

中华民国国民政府外交部部长王世杰博士阁下

一九四六年二月二十八日梅里霭

乙、王部长致法大使照会

迳启者：接准

贵大使本日照会开："按照中法主管机关所交换之意见，关于供给中国军队开支事。本大使谨向贵部为下列之声述：

一、法国政府允自一九四五年九月一日至同年十二月三十一日止，垫付中国政府每月越币总额六千万元（六〇,〇〇〇,〇〇〇），以供中国军队驻越之用。

其已拨交中国各部队之款项，应就法国政府垫付总额内扣除之。

二、自一九四六年一月一日起，上列第一项所订每月越币六千万元（六〇,〇〇〇,〇〇〇）之数额，可为垫付之计算基础。此项垫款由中法两国政府代表依照中国军队之实际需要并比例部队之数额，按期商议，经双方同意核定之。在中国军队交防完毕后及实际离越前之期间内，中国司令适应中国军队之需要方式，将来以上述计算基础为出发点另行核定之。

三、前中国司令官与法国司令官代表之参谋商议时，业经同意对于法国政府垫付一九四六年一、二两月份之款额定为越币六千万元（六〇,〇〇〇,〇〇〇）。

四、法国政府所垫付之越币款项，将来应归日本负担。中国政府对法国政府为谋此项偿还之交涉，应予支持。相应照请贵部长查照见复。"等由。中国业已阅悉并表

同意。相应照复，即请查照为荷。本部长顺向贵大使重表敬意。此致
法兰西共和国驻中华民国特命全权大使梅里霭阁下

中华民国三十五年二月二十八日 王世杰

关于中国政府对法国政府垫借中国国币之换文

甲、王部长致法大使照会

迳启者：按照中国与法国主管机关所交换之意见，本部长谨向贵大使声明中国政府允对法国政府垫付中国国币总额六亿元（六〇〇,〇〇〇,〇〇〇），以供法国军队留驻中国境内及回返越南所需之开支。并了解此项垫款应自支付之日起至多六个月期间之内，由法国政府以中国国币偿还。相应照请贵大使即予证实法国政府对于此事之同意为荷。本部长顺向贵大使重表敬意。此致
法兰西共和国驻中华民国特命全权大使梅里霭阁下

中华民国三十五年二月二十八日 王世杰

乙、法大使致王部长照会

迳启者：接准贵部长本日照会开："按照中国与法国主管机关所交换之意见，本部长避向贵大使声明：中国政府允对法国政府垫付中国国币六亿元（六〇〇，〇〇〇，〇〇〇），以供法国军队留驻中国境内及回返越南所需之开支。并了解此项垫以应自支付之日起，至多六个月期间之内由法国政府以中国国币偿还。相应照请贵大使即予证实法国政府对于此事之同意。"等由。本大使兹谨向贵部长证实法国政府对于上列各点表示同意。相应照复，即请查照为荷。本大使顺向贵部长重表敬意。此致
中华民国国民政府外交部部长王世杰博士阁下

一九四六年二月二十八日 梅里霭

第二节 越南对中法军交防之反感

自中法关于《中越关系之协定》及于我国驻越军队撤退等换文于二月二十八日在渝签字后，越南人心惶惶，群情愤激。一般越南舆论，咸以自一九四〇年法国驻越军政当局在日本进攻越南时，未能抵抗，拱手投降，且复供运日军武器弹药及粮食，出卖盟友，求欢于敌，卑贱之至。因此，法国在远东实不足称为同盟国，其对越殖民地之主权及应尽之责任早已丧失放弃，现时对越南之任何谈判，法国绝无立场，即其他任何国家对越南不能与法国作任何之决定。而指中法对中越关系之协定，不啻为法国之寓言所云，杀熊者先将其熊皮出售于人，又如雅尔达协定之于中国等。是越人不惟对中法协定极为不满，即对我国与我军亦不信任，而发生轻视之心理。

越人自是策定在法军接防我军时，即焦土抗战。当即下令疏散城市妇孺于乡村僻野，在各市区及各要地构筑工事。凡城市坚固建筑物均凿枪眼，或暗中沟通。并准备燃烧物，以备必要时焚烧。准备破坏交通、铁路及各地水电厂，以贯彻其决策。如河

内水电，曾停止供应一日，海防水电厂，曾被袭击，均经我军向越临时政府提出严重交涉，始行恢复。惟越人仍积极组织民众，训练越军，其备战之势，已不可遏抑。

越人误认我中法协定为我国出卖越南予法国之举，故自中法协定签字后，对我军及侨民仇视如敌。较我军未奉令交防前，中越军民相处亲善之态度大为相反。如我军之单独徒手兵或部队出发之落伍兵，多被越人捉住暗杀。暂编第二十师曾被掠去官兵二十余人，同遭惨杀。后经我军查觉，向越临时政府提出严重交涉，以赔偿关金士兵每人十万元，官长每人二十万元作为抚恤其家属，并道歉了事。又如河内海防等地越手车夫不拉中国军人，越菜食馆不售食与中国人等情事逐渐发生。凡我军民经过或到达之处，均为越人所唾骂，甚至责我方系受法方贿赂等之语。我军力为解释声明，我国始终同情越南之解放，惟我军受降任务完毕，为昭示我国军队入越并无领土之企图，故不能不交防。越人始对我仇视稍缓，我军亦得在良好秩序下安全撤退回国。

第三节　对越南各党及法越间之调处

越南独立同盟与国民党，为争政权，时生冲突，颇影响地方秩序。我军为尽维持地方秩序治安之责任，对越南各党派尽力调处。越南各党亦鉴于危机之迫，依照我军之劝导，成立联合政府，冲突始息。尔后，中法协定签字，法越间恶感更深，越人反法行为日益加剧，地方秩序愈形不安。我军为交防期间及我军撤退时之安全，积极在法越间调处，于三月六日使法越双方签定协约，加之附录。因是，我军得以完成最后任务。此不惟为我军之光荣，亦为我侨胞及法越人民之幸矣。

附录法越初步协约

一方为法兰西共和国政府，由法国高级委员达任留海军上将依法派其委员法国全权代表圣德尼先生代表之。

一方为越南共和国政府，由其政府主席胡志明先生及部务会议特派代表武洪卿先生共同代表之。

兹经双方议定条款如下：

（一）法国政府承认越南共和国为一自由之国家，有其自己之政府、议院、军队、财政，成为印度支那联邦之一分子，及联合法国之一分子。

关于三圻之联合一事，法国政府承认批准以投票方式由人民决定之。

（二）越南政府宣布：法国军队依照国际协定接防华军时，越南政府准备以友善态度欢迎之。接防细则，将由本初步协约之附件中规定之。

（三）上开条文，立刻发生效力。一俟互换签字后，签约之双方立即采取必要措置，以停止战场上之敌对行动，维持双方部队之位置，并造成良好空气，俾便立刻开始友好而诚挚之谈判。此项谈判，将涉及下列主要各点：

A. 越南对于外国之外交关系。

B. 印度支那将来之体制。

C. 法国在越南之经济及文化利益。

河内、西贡或巴黎，将被选为开谈判会议之地点。

一九四六年三月六日订于河内

签约人：胡志明
武洪卿
圣德尼

法兰西共和国政府与越南政府间初步协约之附件

初步协约，签字双方并议定条款如下：

（一）接防部队之组织如后：

A. 越南人一万人，及其越籍干部，直属于越南军事当局。

B. 法国人一万五千人，现刻驻扎于北纬十六度以北地区之法国军队，包括在内。此项部队，应纯粹由法国本土之法国人组成之。惟看守日本俘虏之部队，不在此限。

上述整个武力，将置于法国高级指挥部之下。此高级指挥部中，有越南委员参加。此项武力之推进位置及用途等项，将由法越双方指挥部之代表共同开一参谋会议以规定之。此参谋会议，一俟法军登陆，即行召集。将设立混合代表团，派往各级部队，以友好合作之精神，作法越部队间之联络。

（二）法国接防部队，将分为下列之三种：

A. 第一种：为看守日本战俘之部队。此种部队一俟日俘送出，其任务完毕时，即遣送回法国。总之，以十个月为其最大期限。

B. 第二种：为与越军合作维持越南领土治安秩序之部队。此项部队，每年由越军接换五分之一。是项接换工作于五年期内完成。

C. 第三种：为担任海空防务之国防部队。委托此任务于此项部队之期限，将于以后之谈判内规定之。

（三）在法越军队共同驻扎之防区，其驻扎地带，将明确规定后，交其防守。

（四）法国政府承认不使用日俘于军事目的。

一九四六年三月六日订于河内

签约人：胡志明
武洪卿
圣德尼

第四节 驻越北中法军参谋会议及约定交防一般规定

我军奉到司令部寅寒令一亨代电及附件后，即举行中法参谋会议，与法方讨论交接防务办法。自三月十五日起，至十九日止，先后会议四日。双方热烈讨论，最后议定《越北地区各地交防实施大纲》一份，于中华民国三十五年三月十九日在河内第一方面军司令部，由中国第一方面军参谋长马瑛与驻华及越北法军总司令萨朗各总代表签字。尔后，双方交接防务，除遵照中法协定及军令部颁布一般原则规定外，即本此大纲实施。

此次驻越中法参谋会议，双方出席人员及签定之中法文《越北地区各地交防实施大纲》如下：

（一）中法参谋会议出席人员：

中国第一方面军司令部参谋长　马瑛

副参谋长　尹继勋

第三处处长　杨家杰

高级参谋　蔡仁清

第五十三军副军长　赵镇藩

参谋长　刘德裕

副参谋长　夏　时

中国第一方面军第五十三军荣誉第二师参谋长　杨大成

中国第一方面军第五十三军第一一六师参谋长　刘焕堂

中国第一方面军第五十三军第一三〇师参谋长　王冠英

中国驻越北地区空军司令　宁明楷

科长　谭汉男

法军代表　萨朗少将

勒保中校

佛勒埃克少校

德尔不朗克少校

佛勒尔少校

路利埃上尉

奇诺上尉

路白东上尉

棋柏林上尉

翻译：第一方面军司令部秘书　陈常

记录：第一方面军司令部第三处少校参谋　杨继业

（二）中文越北区各地交防实施大纲

中国第一方面军与驻越北法军，为遵照民国三十五年二月二十八日中、法两国换文之规定，及三月十三日中国军令部代表与法国驻越南之高级委员兼法军总司令之军事代表关于中国驻越军队防务交由法军接替一般原则之规定，特由驻越北区中国军与法军参谋举行交防会议，议定《越北区各地交防实施大纲》如下：

越北区各地交防实施大纲

一、沙望他克及他克，克日由中法双方，派员乘飞机前往传令，即行交待，并按他克、沙望他克之次序交接。

二、土伦至南定间地区之实施办法，及交防日期次序，由法方派员至荣誉第二师师部会商实施。交防完毕日期，不能超过三月三十一日。

三、海防，规定于三月二十二日交防完毕，交防实施办法如附件一。

四、海防、河内之交防日期，由法方与第五三军军部商定之。

五、南定、府里、太平及河内附近地区，由法方与第五十三军军部商定办理之。

六、老挝方面交防日期及详细办法，由法方派员与第九十三师吕师长商定，至迟不超过三月三十一日。第九十三师交防后撤退时，无论选由何处道路经过，沿途须由法方尽力予以协助。

七、洪基、广安及附近地点，视我军驻地状况及日俘与战利品等运送情形，再行洽商交与法方使用。又法舰至洪基码头装运煤、水，中国军队应予以便利。

八、河内至谅山、同登及至老街之交通线，在中国军队撤退及战利品运送完后，再行洽商交与法方使用。

九、交防时应由法方出具书面保证下列事项，交由当地中国驻军部队长收执。

1. 华侨生命财产安全之保证。

2. 交防次序良好。

3. 我军撤退时之安全保证。

十、交防时一般应遵守之规定如附件二。

十一、越北飞行场之交接办法如附件三。

十二、中国驻越军队在交防及待运期间之补给，应由中法双方主办人员负责筹办之。

十三、本大纲未尽事宜，得随时召集双方人员洽商之。

十四、本大纲经本会议决，再经双方签字同意后，方可通知越北中法两军各部队长实施之。

中华民国三十五年三月十九日订于河内

中国陆军第一方面军参谋长　马瑛

驻华及越北法军总司令　萨朗

《越北区各地交防实施大纲》附件一

海防交防办法

一、海防市治安警戒交由法方接替，其交接日期于本（三）月二十二日交防完毕。实施详细办法由法方与驻军王师长商洽之。

二、中国军仓库由原驻中国军看守。

三、海防中国驻军于交防后，除看守库部队外，其余均集中住宿。

四、海防中国驻军交防后驻地，由王师长与法方商定之。

五、中国第六十军驻地仍旧不变。

六、中国军驻地附近警戒，由中国军自行派出。

七、海防码头在交防及待运期间，中国方面经常使用码头二个，其余交由法方使用。但在中国军必须使用时，应即全部让与中国军使用。又中国方面所用之码头，法方如必须使用时，事前商得由中国方面借用之。各码头哨兵由双方各自派出。

八、由海防至河内及涂山之交通路口，及其他必要地点，中国军仍应派出步哨。但不负检查治安之责。

《越北区各地交防实施大纲》附件二

交防一般应遵守之规定

一、各城市地区之交防，由中国先将警戒治安责任交由法军接替。

二、交防后，中国军驻留地区，其驻地附近警戒，由中国军自行派出，并于必要路口及其他地点均派出哨兵。

三、中国驻军派于各地步哨，对治安及检查应不负责任参加。至对法军官兵，及所有车辆、船舶及一切交通工具来往，应取友好态度，不得有阻止情事。

四、法方派出之步哨及巡查与其他有关治安检查人员，对中国军队官兵，及所有车辆、船舶与一切交通工具之来往驻地，应取友好态度，不得施行检查、阻止情事，以免发生误会。

五、凡铁道、河流、机场、河海岸码头等一切有关交通工具，若中国军队需要运输时，由中国军队尽先使用，法方尽力协助之。

交防前，中国军队对法方军队亦须尽力协助。

六、凡越北区华侨之生命财产安全，应在交防前由法方最高长官出具保证。

交防前，中国军队对法方有同样之尽力协助。

七、在交防后，凡中国军队战利品之监护，应由法方尽力协助。

八、中法官兵及部队相遇时，应互相敬礼，以示友善。

九、中法双方共同设一联络处，维持军纪，处理中法军局部或个人及军队间发生纠纷事件。如不能解决之事件，应报请双方在当地高级司令部请示。

十、交通及通信机关，在中国军队未撤退之前，中国军仍得充分使用。

十一、本规定如有未尽事宜，得由双方临时洽商协定。

《越北地区各地交防实施大纲》附件三

越北地区各飞行场交接使用办法

（甲）交接使用原则

一、中国陆军交防及待运期间，中国飞机仍得共同使用越北地区各飞机场。

二、中国军队在交防后，在中国军队与战利品待运期间，中国军队驻在地区之飞行场，中法双方共同使用。双方飞机，互不检查，以示友好。

三、共同使用之各飞行场场面管理及警卫，在交防前由中国军队负责，交防后法方负责。但中国军队、人员、车辆出入机场，不得阻止及检查。

四、共同使用之各机场，于中国军队交防后，场内之中国物资仓库及飞机、器械等，由中国派兵看守。

（乙）交接次序

各地机场之交接次序、日期，与我陆军交防时同时交接。

（丙）共同使用办法

一、法国空军派员与中国空军会同划分海防飞行场、嘉林白梅飞行场之区域，各自管理警卫。

二、各飞行场在共同使用期间，如遇有不能单独解决事件发生，应各依据友好立场互相协助办理。

自中法双方将交防实施大纲颁布实施后，发生少数问题，当由双方同意召集会议再行协商。此会议经过记录如下：

时间　一九四六年三月三十日午后四时

地点　河内第一方面军司令部

出席人员

中国第一方面军参谋长　马瑛
第三处处长　杨家杰
第五十三军军长　周福成
副军长　赵镇藩
参谋长　刘德裕
第一六四师师长　刘润川
中国驻越北地区空军司令　宁明楷
法军代表　萨朗少将
法军司令部第三处处长　路利中校
联络处处长　奥比尼埃少校
联络官　佛勒尔少校
棋柏林上尉
奇诺上尉
路白东上尉

主席　马瑛

翻译　袁子健

记录　杨继业

主席报告：

一、本日为中法双方约定开会。

二、自实施大纲决定后，尚有问题发生者，可在本会议提出解决之。

萨朗少将提议：

一、海防、河内均已按次序在正常状态下接防完毕。

二、南定、义安及老挝方面，现下不能如期接防。

周军长福成提议：

法军对南定、土伦、义安、顺化等未依限接防，未能以为我军不交防。

如南定方面交防协定，经双方交接代表已决定，并约定交防日期在案，乃法方不遵期接防。

萨朗少将提议：

所以不能如期接防，乃系法军因交通上困难。

周军长福成提议：

如法方因交通困难，不能按期接防，应由法方正式向我方请求缓期接防，俾我方有所根据。

主席宣布：

在方面军立场，应须照交防大纲规定日期接交，方符中法协定及我国政府之命令。

周军长福成提议：

我军交防，决遵照交防大纲办理。惟法方以兵力不足，交通困难，不能按期接防。

萨朗少校提议：

此次接防时期迫促，以致有许多困难发生，殊感遗憾。

周军长福成提议：

法方不能如期接防，应由法方负责。

主席宣布：

无论何种困难，法方亦应于本月三十一日以前接防完毕。盖法方曾报告我军不按期交防，故不得不如此办理。

萨朗少将提议：

此种不按期接防之责任，当由法方负责。前法方报告中国军不按期交防之电，系属误会。愿将前报告中国军不按期交防之电，呈请申明系法方误会。不能如期接防确实原因，系法方兵力不足，及运输困难。马参谋长所示各节，本人深知中国军之友善，尚请对法军予以谅解。

周军长福成提议：

不能按期接防，法方应向我方书面请求缓期。我军本中法友谊精神，当可暂时为法方继续维持防务。

萨朗少将提议：

中国军队为友邦关系，加代为负责维持，其时间甚短。

周军长福成提议：

约须若干时期，由我军代为维持，应请切实表示。

萨朗少将提议：

在此会议当中，不能决定若干时期。一俟返部与万利将军商定，方能答复。

周军长福成提议：

务须在明日（三十一）下午答复。

萨朗少将提议：

准明（三十一）日下午答复。

杨处长家杰提议：

老挝交防前，经派本部第三处少校参谋陈竹荣，与法代表同往龙蟠城，传令第九十三师办理。旋据吕师长三月二十一日及二十三日电称："法方前往接防代表，对交防后保证华侨之生命财产，拒绝签字。且对交防后，保证华侨之生命财产及地方治安不负责任。"以致谈判无结果。

萨朗少将提议：

据法方代表报称："吕师长并未与法代表谈判交防，且谓未奉命令。"

杨处长家杰提议：

交防命令系派本部陈参谋竹荣与法代表乘机前往传达，吕师长绝不致承认未奉命令。且吕师长已来电称："已与法代表开会商谈。"何得谓并未谈判。现有本部派去陈参谋可为证明。

萨朗少将提议：

因翻译人员缺乏或有误会之处，但吕师长不准法军进驻老挝属实。

杨处长家杰提议：

法代表谓交防后不保证华侨安全及地方治安，且谓无权签字。当然吕师长与该代表谈判无结果。至法军前进路线亦经吕师长指定，岂有不准进驻之理。

萨朗少将提议：

在法军未进防区前，不能负责保证华侨。

杨处长家杰提议：

法军保证侨民安全系在接防后，并非在接防前，此在大纲中已明文规定。吕师长所提保证华侨安全，系指法军接防后，此理甚明。按法代表至龙蟠城，原得吕师长复电，知该代表前往办理接防。今反认为吕师长不与谈判交防，及未奉命令之辞，殊属诬言，可令本部派去参谋前来报告吕师长与法代表谈判经过。

陈参谋竹荣报告：

三月二十日偕法代表乘飞机至板钧，改乘小型飞机，下午至龙蟠城。吕师长派副官主任在机场欢迎至师部。次日，吕师长与法代表开会。法代表要求在莱州法军进驻占矿，吕师长允由连州、勐烘、三纳至占矿。同时，吕师长要求法代表出具保证法军接防后华侨之安全，乃法代表拒绝，并谓无权办理。因此，会议决裂。于三月二十二日，余偕法代表即飞回河内。

萨朗少将提议：

本人负责通知法军接防部队出具保证，但请吕师长准法军取近接道路前往，并接防奠边府。

杨处长家杰提议：

为免我军未交防完前，与法军杂处、滋生事端起见，仍应按龙蟠城、奠边府之次序接防。

萨朗少将提议：

此次法代表商接防手续，未合之处，由本人负责写信与吕师长道歉。

主席宣布：

无论何时接交，应规定在本月三十一日接交完毕。

萨朗少将提议：

老挝交防日期，恐在事实上不能依期接防完毕。

主席宣布：

在参谋会议时，决定于三十一日交防完毕，当时老挝方面法代表及萨朗少将均表同意。

萨朗少将提议：

当时法方未注意到法军行进路线，及距离之远近，所以未考虑可能接防完毕日期。

主席宣布：

法方当初既未考虑路线，今交防日期已到，而法方仍未接交完，此种责任，用何方式解决？是否由我方面军司令部第三处负责？

萨朗少将提议：

杨处长并无责任，吕师长亦无重大责任，全系法方误会。

杨处长家杰提议：

在交防期到而法方未接防，应请法方负责。

萨朗少将提议：

老挝交防事，一俟散会后，本人与万利将军商讨后再为答复。

主席宣布：

此会议原系万利将军所约定，而万利将军不出席，殊感遗憾，又河内及海防交防，应各先出具保证书，现法方不遵守公约，不出保证书，希仍遵照大纲办理。

萨朗少校提议：

此保证书本人同意负责迅速提出。

杨处长家杰提议：

现拟定法方出具保证书式样，法方携回，照缮中法文各伍份，并即签字送达本部。

萨朗少将提议：

保证书式样，法方同意，并即可携回照缮签字送达贵部。

主席宣布：

交防仪式何日举行？

萨朗少将提议：

交防仪式无须举行，俟中国军队撤退时举行欢送礼。

又河内海防机场交防良好。惟奠边府机场，请由中国方面军司令部命令吕师长准给法军使用。

主席宣布：

我方面军司令部，电令第九十三师吕师长，将奠边府机场，准由法方使用。

宁司令明阶提议：

关于机场使用办法，双方联络官须切取联络，持以礼貌，免生事端。乃法方态度不良，应请法方切实注意。

萨朗少将提议：

在机场联络者系一上尉充当，礼貌不周之处请原谅。

刘师长润川提议：

此次我军交防后，华侨被法军蹂躏已达五次之多。而我军到达越南，对法侨之保护，已尽到最大努力，并未使法侨感受任何痛苦。现法军在华军未离越以前，即有此不法举动，法方将何以自解。

萨朗少将提议：

凡发生纠纷即由中法联络处、中法双方人员共同调处。至法军有不守纪律滋事者，本人负责彻查严惩。

刘师长润川提议：

最近法军将我侨民所挂之中国国旗任意撕毁，或将侨商铺内悬挂之国旗夺去等非法事件迭出。除请我外交部提出抗议外，并请现在会议之法方代表，特别注意严查。

萨朗少将提议：

本人负责查明，严重处分肇事人员。

刘师长润川提议：

本师与法方约定关于英代表团卫兵，于二十九日交接，美代表团之卫兵，于二十四日交接，并约定在当日早九时交代。而法方未遵守时间派兵接替，我军因顾虑盟友安全起见，仍然继续守卫。但法军仍借口为中国军不交代，实属不合。

萨朗少将提议：

本人负责转告法军接替，守卫部队明日九时前来接替。

刘师长润川提议：

如九时不来，我方应不负任何责任。

萨朗少将提议：

此次交防，因时间短促，以致发生问题甚多。本日会议虽各有不满之点，而在会人员均属友好，能得良好解决。本人代表法军部队，向马参谋长、周军长及各位致谢。

主席宣布：

本日会议如有未完事项，尔后双方可多方联络办理。法方尔后对于一切事态，亦应多考虑，不必无根据电报任何方面。

散会。

老挝方面交防，原在越北区中法参谋会议约定之《越北区交防实施大纲》第六条规定：老挝方面交防日期及详细办法，由法方派员与九三师吕师长商定，至迟不得超过三月三十一日。法方当于三月二十日派代表法博尔（Fobh）少校、柯威滋（Couvcer）上尉。我方面军司令部派第三处少校参谋陈竹荣，乘法机偕往龙蟠城与吕师长洽商交防，俟以法代表等到达第九十三师，与吕师长会商交防时，称无权签字，并不能保证华侨安全，以致未得结果而归。复于三月二十日举行中法交接防务会议中，由杨处长家杰将法方至老挝接防代表无诚意情形提出讨论，法方承认错误后，于四月四日，派代表奇尾（Quilchini）中校，及驻北山法军雷克兰中尉、翻译官劳凡石、无线电员杜明等，前往洽商。法方曾声明该代表有权签字，我方面军亦派司令部第三处上校参谋长张燮奎偕同该代表等前往。不幸法机在永珍附近失事，双方派往人员均遇难。以后因气候关系，法方久未能派代表前往，我方面军为便双方对老挝方面迅速遵令交防起见，特派第三处处长杨家杰为代表，与法军代表副总司令克般于四月二十日共同会商交接办法。当会商时，双方出席人员如下：

第一方面军司令部第三处少将处长　杨家杰
上校课长　马晓谷
少校参谋　杨继业
法军副总司令　克般上校
联络处处长　欧宾耶少校
联络官　棋柏林上尉

在此会议中，法方要求我老挝驻军，应负责保护寮王，须在协议中明文规定。我则以维持治安、各国居民自应保护。对指定保护寮王一节，有牵涉政治外交，不便同意。又法方以法军接防部队到达日期，须电西贡法军当局请示，始能确定，故第一次会谈无结果，改于四月二十二日继续会商。是日，法军代表克般副司令首询杨处长家杰，对我中国军将于何时撤退，如何部署撤退，及其他有关我军行动处置等问题，经杨处长家杰以事关我军行动，与本会谈问题无关，未予答复，该法军副总司令克般上校，相继又询云："贵军总司令官对我军总司令官表示，贵军希望早日回国。在杨处长之意见如何？"杨处长家杰答谓："此亦与本会谈无关。况我军司令官任何表示，本人不能有所异议。"法代表复咨询若干无关问题，经我军代表杨处长家杰严词驳正，斥法代表指鹿为马，毫无诚意会商。况本日会商事项，系法军代表前日因对法军接防日期，不能立即确定，改在本日重行会商者，何故法军代表，本日远在问题以外谈论。法代表克般上校，见杨处长家杰词语严正，乃觉悟彼所咨询一切，颇有失礼，即席道歉，并请求仍继续商谈我方所提之条文。最后双方同意签定记录。尔后，老挝交防，即本此记录规定实施。关于老挝交接防务，中法驻越北军代表会谈决定，记录如下：

一九四六年四月十九日及二十一日越北区中法参谋会议记录

查关于老挝方面接防，原在前中法参谋会议决定《越北区交防实施大纲》第六条规定："老挝方面交防日期及详细办法，由法方派员，与第九十三师吕师长商定，至迟不超过三月三十一日。"法方当于三月二十日派代表前往洽商，惟在当地未得结果。第二次法方又派代表前往。因飞机失事，双方派往人员均遇难。兹为使双方对老挝方面迅速交接防务起见，特举行此会议，决定下列各项：

一、法军应交与第九十三师吕师长关于华侨安全之保证书，即在河内签具，交第一方面军司令部转交。其开始保证期，在法军到达之后。

二、奠边府方面：

1. 奠边府防务，即提早接交，其日期由河内司令部以电报命令转达至奠边府华军部队之日后三日行之。该地机场及指挥所，即交由法方使用。

2. 奠边府交防后，中法双方军队驻地，以河为界。华军驻河西区域，法军驻河东区域。

3. 中法两军同驻奠边府，应相互友好，遇有事件，应以礼让处之。

4. 中国军在奠边府交防后，其所需之给养，仍得在该地自由补充。法军尽量予以协助便利。

5. 华军撤退时之安全，由法方负责保护。右翼由奠边府法军负责掩护。

三、永珍、龙蟠城及其他老挝各地中国驻军不待法军到达接防，可及早撤离。自撤离之日起，中国军队即不负责各该地秩序治安之责。

中国第一方面军司令部第三处少将处长　杨宗杰印

法国陆军驻越北老挝区副总司令官　克般上校签字

一九四六年四月二十二日于河内

第五节　各地交防情形

一、总交防

自中法驻越北军参谋会议协定《越北区各地交接防务实施大纲》，并由双方最高长官颁布各所属部队长遵照实施后，有若干地区，虽因法军不能如期到达而致交接迟延，但越北区总交防手续业已完成，按规定由法方驻越最高长官出具保证书。乃法方对保证书签字一再稽延，至四月一日始于河内签字，送达我方面军司令部，足见对一切协约未守信义。我军则遵守法令，保持盟邦友谊也。法方所具中法文《总交防保证书》如后：

谨遵照：

一九四六年二月十八日签订之《中法协定》，一九四六年三月十三日中国军令部代表与法国军事代表协定《关于越北防务交替一般原则》之规定（第六条，第九条）、一九四六年三月十九日越北区中法军参谋会议所决定之《越北区交防实施大纲》（第九条及附件二第六条）。

本人谨具保证事项如下：

（一）越南北纬十六度以北中国军防务，交由法军接替后，在越北华侨一切生命财产之安全，由法方完全负责保护。

（二）越北中国军交防后，其在撤退期间之安全，由法方负责保证。华军所需之一切交通工具（铁路、河道、机场、江海码头等）及通信机构，均得自由支配使用。

此致

陆军上将衔中国第一方面军司令官卢汉将军

法国驻远东军总司令赖克莱中将

公元一九四六年四月一日于河内

二、河内交防情形

第五十三军依照越北中法参谋会议决定之《交防实施大纲》，复写法方约定河内市交接详细办法如下：

（1）河内市治安警戒，交由法方接替。其交接日期，由法方与第五十三军军部商定。

（2）中国仓库仍由中国军看守。

（3）河内市区交防后，中法两国军队驻地，山中法双方洽商之。

（4）中国军及机关驻地附近警戒，由中国军队自行派出。

（5）由河内至各地路口，中国军队视为必要者，得由中国军队派出哨兵，但不负检查治安之责。

（6）为运输便利起见，由中国军队派兵在河内车站驻守。

（7）机场路口及嘉林桥两端，由中国军队派出卫兵于该地，但不负检查治安之责。

（8）中国军队派在英美代表团驻地之卫兵，在河内交防时，一并交与法军。

驻防河内之第五十三军第一一六师，即依照上项办法，于三月二十三日上午九时，将河内市防务交由法方接替。法方于一九四六年四月七日，向该师出具保证书如下：

遵照：

一九四六年二月二十八日所订《中法协约》、一九四六年三月十三日所定《交防规定》（第六、九条）、一九四六年三月十九日中法参谋会议所定《交防实施大纲》（第九条及附件二第六条），查上列条约既经成立协定，中国第一方面军第一一六师河内之防务，已由法国军队于一九四六年三月二十三日上午九时接替完毕。本人谨具下列保证：

（一）越北河内华军交防后，华侨一切生命财产，概由法军负责保护。

（二）交防后在华军撤退时，其安全由法军保证，且华军得自由支配一切交通工具（铁路、河道、机场、江海码头等）及通信机构。

（三）河内华军交防时，秩序良好。

此致

第一一六师刘师长润川

法国驻越北司令官万利少将

法国河内卫戍司令德尔泰上校代签

一九四六年四月七日于河内

三、海防交防情形

海防交防办法，当由第五十三军第一三〇师与法方协定如下：

（1）海防市之治安，自本月（三月）二十五日起由法方负责。

（2）海防市自来水厂及电灯厂保护勤务，自二十五日起交由法方负责。其接管之兵力，以中国原守备之兵数为标准（原驻兵各十名）。

（3）下里桥、红毛泥桥、钟桥之保护，由法方负责，但双方可同派出步哨，维持军纪。

（4）码头之使用，双方以现地标示为准（在标示以东归法方，以西归中国使用）。但指定法方使用之码头，在美舰未移出以前，准借用海军码头暂行替用，俟美方用完，法方接用时，即须将海军码头交还中国使用。

（5）其余应按照河内接防规定，及海防三月七日下午五时法军登陆时双方友好事项之规定。

（6）中法双方汽车之通行，应根据河内协定之规定（徒手官兵同）。

第一三〇师依照以上协定，已于三月二十五日，将海防防务交法方接替完毕。

四、南定至土伦交防情形

南定至土伦间防务交接，当由法方派代表至南定，与荣誉第二师协商，约定补充办法如下：

（1）中国军队交防日期、地点如下：

A. 土伦——三月二十六日

B. 顺化——三月二十七日

C. 东河——三月二十八日

D. 洞海——三月二十八日

E. 义安——三月二十九日

F. 清化——三月三十日

G. 宁平——三月三十日

H. 太平——三月三十一日

I. 南定——三月三十一日

（2）在土伦中国军交防后撤至顺化，在东河、洞海中国军交防后撤至义安，在清平、太平中国军交防后撤至清化、南定。

（3）中国军队交防后，得在顺化、义安、清化、南定四地集中，候命运输。

（4）上述四地，中、法军队以下列原则分配驻宿：

A. 中国军队应获得够驻地点。

B. 中国军队驻于靠车站之附近。

C. 法国人集中区域交法军驻守，中国军队撤出。

D. 中国仓库由中国军驻守。

E. 驻地由双方长官划分之。

（5）中国军队驻区治安，由中国军负责。其余由法军负责维持治安。

（6）双方官兵至友军驻区，不受限制。

（7）部队通过友军驻区时，须先通知联络处转告。

（8）双方共同成立联络处，负责处理有关双方事宜。

（9）南定纱厂，另候中国高级司令部命令交防。

中国荣誉第二师代表

法方代表

公历一九四六年三月二十日

上项办法签字后，当由双方颁布各所属交接部队长遵照办理。俟因法方接防部队不能依期到达，仍由法方请求延期交接。迄至四月十四日，始完全交接完毕。

五、素旺他曲（即沙望他克）及他克交防情形

素旺他曲在未交接防务前，法军曾于三月十二日已向该地进攻，虽经交涉，无效。方面军司令部接到报告，乃由马参谋长以书面向法方萨朗少将提出抗议，始得和平交接。当由该地中法交接部队长，订立公约如下：

大中华民国驻素旺他曲及他克军事代表卢庆费，法兰西共和国接防素旺他曲及他克军事代表克勤维诺，关于素旺他曲及他克二地之换防事项，双方订立如下：

（一）华军将素旺他曲及他克二地之防务，于一九四六年三月十七日上午六时交与法军接收。

（二）法军尔后对素旺他曲及他克二地之华侨，应负责保障其生命财产之安全。但在法军未开入他克前，法军不能负责。

（三）法军保证华军撤退之安全。

（四）法军保护华侨经营商业，及来往车辆与船只之安全。

（五）法军如有需要华侨合于法律之协助事项，应先与中华会馆接洽，予以协助。

大中华民国三十五年三月十六日

第五十三军全部防务交代完后，驻越北区法军司令万利少将，向该军出具中法文保证书各一份如下（法文略）：

谨遵照中华民国三十五年二月二十八日签定《中法协定》及三月十三日中国军令部代表与法国驻越南之高级委员兼法军总司令之军事代表《关于中国驻越军队防务交由法军接替一般原则》之规定第六条，及驻越北中、法军参谋会议决定之《越北区交防实施大纲》第九条之规定，谨向

中国陆军第五十三军军长周福成中将，保证事项如下：

（一）驻越北中国陆军第五十三军防务（荣二师之义安、清化、宁平、南定、太平，因法军要求兵力不能及时到达，延至四月十二日交接），已在民国三十五年（公历一九四六年）三月三十一日以前交予法军接替，但荣二师之义安、清化、宁平、南定、太平，于四月十四日始接替完毕。尔后，所有中国侨民生命财产之安全，悉由法方绝对负责保护，如有损害情形，法方完全负责，并担任赔偿。

（二）中国军交防后离越时，所有中国军沿途经过人员、车辆、物资及其他一切以应利用之交通工具（铁路、公路、车站、码头、电信机关等），均由法方负责，保证绝对安全。

以上保证。此致

中国陆军第五十三军军长周福成中将

越北区法军司令官万利少将

公历一九四六年四月十七日

六、老挝方面交防情形

自我方面军司令部第三处处长杨家杰与法军副总司令克般签定会议纪录后，法方复派员至老挝，遵照纪录办理接防。我方面军司令部亦派第三处少校参谋陈竹荣，偕

法方派往人员，将纪录传给第九十三师，令饬遵照办理。乃法军狡诈异常，在我驻防永珍部队尚未撤至龙蟠城以前，法军部队即以汽车输送，超越我驻永珍部队向龙蟠城急进，以致老挝人民沿途破坏交通，阻击法军，几使我军遭池鱼之殃。所幸我军与老挝人民相处感情颇笃，始免于难。至于奠边府方面，经我第九十三师与法军协商，已得在良好秩序之下交防。

老挝方面交防后，法方应出保证书，亦经法国陆军驻越北、老挝区总司令官万利少将在河内签具，送达我方面军司令部转交第九十三师吕师长国铨矣。

第十八章　法军强行登陆海防

第一节　事前河内中法双方交涉情形

三月三日，法军萨朗少将致我军公函如下；

敬启者，遵照中法两国政府所签协定之规定，接防越北华军之法国军队，将在一九四六年三月某日（俟本人接到通知时，将确切日期另文奉达）开入北纬十六度以北之地区。届时，将有下列两项军事行动：

（一）河内方面　大兵营法军所需之武器及装备，于法军到达海防之前一日，用飞机运至嘉林机场，技术人员将随机遣派前来。

（二）海防方面　法军之大部队将在该处登陆，因此，本人特向钧长提出下列之请求：

A. 请颁发必须之命令，使登陆后之法军，在海防及河内获得必须之宿营房舍。在河内，本人特别请求，一俟现驻大兵营之法军重型武装之时，即将大兵营全部房舍退还法方。

B. 请继续保护海防至河内公路上桥梁、涵洞之安全，尤其是来克、海阳及嘉林桥。并请饬令所属，给予法军通过各该桥梁之一切便利。

C. 请令饬保护法侨及华侨之安全，立至法军接防后为止。

本函所提出之各项请求，本人亟盼钧长早日赐复。

此致

第一方面军司令官　卢勋鉴

萨朗签名

一九四六年三月三日

方面军司令部接获法方公函后，因尚未奉到我政府交防电令，未便即予答复。

三月四日午前九时，萨朗少将会见马参谋长，谓：“法军阿必董中校由重庆来报告，二月二十八日《中法协定》签字后，三月一日上午，军令部与法方开参谋会议，讨论接防问题。决定要点：第一次，法军于海防登陆，日期为三月三日至六日，第二次，关于登陆细节，由方面军与法方商洽。军令部郑厅长谓，已发电通知第一方面军。现法军部队已在途中，六日早可到海防。六日是潮水最后一日，过期船不能进入港口，请求我军准其六日在海防登陆”等语。马参谋长当即答复：“此事关系重大，必须审慎行事。在我军未奉命令以前，不便处理及作任何之商谈。俟接到命令后，亦应遵照命令商办。如贵军未经我军同意而任意行动，致引起事件时，本方面军概不负责。”

三月四日十一时，方面军司令部奉到委员长寅东令二商诚甲、乙、丙三电（见第十七章），以事件重大，即召集顾问团及部队长开会，决议我军遵限交防。惟法方萨朗要求法军六日在海防登陆一节，应从暂缓。会议完后，即通知法方于当日下午八时至方面军司令部，举行中法联席会议，并将以上情形以寅支三调电，分呈委员长及外交部、军令部各在案。

三月四日下午八时，驻河内中法双方负责官长于方面军司令部举行会议，讨论交防及法方要求登陆海防问题。法方萨朗少将请求准许法军于三月六日在海防登陆，并提出重庆中法双方参谋会议结果之公函一件如下：

译文（密件）

法国驻华及越北陆军司令官萨朗少将来函

（第 334 号 3-OP 字）

敬启者，本月三日奉上第 321 号函一件，谅蒙鉴及。兹请将本人所奉到关于法军向越北华军接防之参谋会议结果，奉达如后：

（一）法军接防华军事宜，应自一九四六年三月一日开始，至十五日止，至迟应于三月三十一日办理完毕。在上述日期以内，因部队须由陆海运输之故，特将法军在海防登陆之日期，确定为一九四六年三月六日。

（二）中国参谋部对于海防港口之使用已完全同意。

（三）大兵营法军之重新武装，将依照三月三日本人第 321 号函内所指陈之办法办理之。

兹特再行恳求

钧长，保证允许法方自三月五日起自由使用北纬十六度以北地区之飞机场，尤其河内及海防两地之机场，并乞保证自三月六日起，法军在北纬十六度以北之地区在海防河内间之公路及铁路上得到交通及移动之一切自由。

此上

第一方面军司令官卢

萨朗签名

一九四六年三月三日

我方出席会议人员对法方之要求综合答复，理由如下：

（1）法军舰队于二月二十六日已由西贡出发，迟至三月四日始通知方面军司令部，实为法军不友谊之行动。

（2）海防现集结有我第六十军全部待运，并有我第一三〇师驻防，法军如于六日登陆，时间太促，一切驻地迁移及各项准备不及。

（3）我方面军尚未奉到重庆参谋会议结果之电令。

（4）时间仓猝，司令部下达各机关及各级部队命令亦难完全到达，如姑难免有不发生误会之处。

（5）越人对中法协定不满，决心焦土抗战，今不仅对华军仇视，凡我散处越境各地之五十万华侨已同受越人之忌恨，如南部华侨之遭惨杀，法军无力保护。现法越谈判已有成功之可能，如法军一旦在海防登陆，将使谈判破裂，越南全境必陷混乱状态，斯时中法交防亦必受到影响矣。

（6）法军如不遵从我方之意见而任意登陆，则所引起之一切不幸事件，均应由法方负责。

本会议双方争论甚烈，经七小时之久，我方始终拒绝法军于六日登陆，当即停止谈判。三月五日午后六时，萨朗复来至司令部，与马参谋长及第五十三军赵副军长谈话，谓法舰已到达海防外海，必须于六日晨在海防登陆。我仍未允。同时，胡志明亦来报告："法舰队已到海防，如登陆，必加攻击。"此时情况甚为紧迫。经马参谋总对法越双方多方解释调停，并由赵副军长负责代法越间交换意见，下午九时，始由胡志明书面提出最低之条件，由赵副军长送交萨朗。至十一时半，法方已完全同意，并定于六日十一时正式签字，法军改于七日在海防登陆。当日萨朗以书面致函我军，请求准法军改于七日登陆。原文如下：

萨朗少将来函

（一九四六年三月五日下午十一时半交陈秘书带回）

敬启者：里德尼先生及本人对于本日（三月五日）二十一时三十分胡志明先生亲交赵将军（赵副军长）之提案内容（其译文附呈）完全同意，特专函奉达，敬祈鉴交察。

包含此项提案之文件一份，将于三月六日七时送达胡志明先生。

胡志明先生与其顾问人员商讨后，应于同日十一时将其接收一事，正式向圣德尼先生通知。因此，自是时起，法国军队将可在海防开始登陆。惟经同意在未与越人商定该军队之行动规则以前，该军队当不自此桥头阵地出发前进也。惟为使中国指挥部有充裕（必需）时间传达命令起见，法军登陆日期仅于七日晨开始。专此敬上。

第一方面军司令官卢

萨朗签名　一九四六年三月五日

我方面军接到萨朗公函后，即允法军七日晨登陆。除答复法方外，并以寅鱼午三法燮代电令饬第五十三军，为法越双方已签定协定，准法军于三月七日晨在海防登陆，我军在海防之驻军应让出一部宿营地给法军驻宿。关于登陆时间、地点、宿营地区之划分，应由该军派员与法方洽商，妥为办理。法军登陆后驻指定之地区，双方本友好之态度，分区警戒，以防意外。该军奉到我方面军命令后，即转令第一三〇师即速向法方洽商办理，并告诫所属本友好态度善为相处，及妥行警戒矣。

第二节　事前海防中法双方交涉情形

三月五日上午十时三十分，法国驻海防联络官上尉罗珍，携翻译官潘丽田（华人）到师部，会见第一三〇师王师长理寰，谓中法协定已签字，法国军队拟六日早八时在海防登陆，中国军队应即让防等语。王师长当答复，该师未奉到命令，贵国军队不能登陆。罗珍上尉即辞去。至当日午后五时二十分，罗珍上尉仍携带翻译官及法国军官一员，复至第一三〇师师部，送给该师关于协定事项之中法条文各一纸，并谓中法协定是真，法国舰队刻已驶至海防外海附近，应请即刻谈判登陆一切事项。王师长答以未奉到命令以前，任何登陆事项本师无权协定，贵国军队亦不能登陆，希贵联络官从速通知贵国军队，勿得前进。罗珍上尉复辞去。王师长于当晚八时奉该军赵副军长寅微电："在未奉到交防命令前，应严阵以待。"至六日一时（正在夜间），罗珍上尉与翻译官又到第一三〇师师部，谓："法方在河内已得中国方面许可，于六日八时在海防登陆。现舰队已到金发口。"王师长答以该师并未奉到任何命令及通知，仍请法联络官火速制止其前进，否则，发生误会，应由法国负完全责任。罗珍当时神色大变，并云："可以通知停止前进，恐怕无效。"复辞去。我第一三〇师王师长此时考查法联络官之言词及神色，判断法军必有登陆之举，即令守备部队严加防范。至五时，罗珍同潘某又至师部，神色张惶。王师长未与接见，由参谋主任谷振寰代见。罗珍谓："电台与兵舰上不通，无法制止，请转告师长原谅。一切责任，当由法方负责之。"罗珍即仓惶辞去。王师长知其有异，即急趋第六十军军部面见曾军长泽生，报告夜间经过情形及判断状况，请示机宜。曾军长告以即行严加戒备。午前七时五十分，三八八团团长佟道电话报告王师长称："有兵舰六艘，已过本海防市电灯公司发电厂，第一营张营长持中国旗摇呼停止，不听，直向市内海关码头驶来。"又该团第二连赵连长敬五（即守备海关码头及待运回国各种物资金库之连）电话报告师部："法舰已到码头附近，令其停止。无效。"此电话尚未言毕，法军已开炮，轰然一声，火光冲天，屋瓦皆飞，已将我海关码头弹药库击中燃烧，于是双方发生战斗。

罗珍五日五时二十分交第一三〇师关于协定事项条文如下：（原函中文译文）

西贡　一九四六年三月二日

法国远东陆军总司令赖克莱将军致书

中国海防区驻军司令将军阁下

依据二月十八日在重庆签订之协定，及由秦德纯将军所主持之历次参谋联合会议，兹谨函知向阁下派遣一高级军官团，以资商定敝军登陆换防并在海防驻扎手续，以及盟军间颁发初步命令之各项事宜。鄙人已奉到敝国政府命令，敝军登陆自三月六日开始。鄙人极感谢该团军官将蒙阁下之招待，彼等已奉到鄙人命令，对贵国侨民之生命财产，必须严格尊重。

此外，鄙人并已对北纬十六度以北之贵国驻军总司令及代表鄙人之萨朗将军，派遣敝参谋处高级军官一人联络，并同萨氏解决因接防所将引起之各项问题。

谨此，并向阁下致候。

赖克莱（署名）

节译一九四六年三月二日（出差证）一段：

法国换防之军队在海防登陆之条件：

1. 码头之使用（零至五号码头及水泥厂房之码头）；

2. CATSE 机场之使用；

3. 海防驻军所需范围（最需要：兵士一万四千名、车辆一千一百辆之给养根据地）；

4. 应保护下列各点：

A. 桥梁；

B. 电线之装置，由联络官派技术人员加以看管；

C. 水电、水管；

D. 码头；

E. 飞机场及其附近支路。

第三节　我军抵抗法军强行登陆经过

三月六日上午七时五十分顷，第一三〇师师长据警备海防之第三八八团佟团长电话报告称："本团警备海关码头及其附近监护仓库之第二连，及派在保护电灯公司之海岸附近之哨兵报告：法舰十余艘，八时过南朝门，向海防行驶中。"该师长得此报告，即判断法方乃有意破坏中法友谊，蔑视我军，不顾信义，将强行登陆。当即以电话饬佟团长，饬属严密监视，并于法舰迫近我警戒线时，即遵军部寅微电令，先摇旗令其停止。时法舰八艘满载法兵，已入我禁门，见其中有黑人不少。我负责海岸警戒之第一营张营长，亲手摇旗制止，无效。复派人高呼停止，但法舰仍不顾一切，继续向海防市内急驶。八时，其先头兵舰即向我海关码头迫近。守兵再高呼制止，法军不惟不停止，且放下汽艇，以舰上枪炮齐向我仓库及守兵射击，企图登陆。我守备部队当即还击。由是双方发生激战。

法舰视我抵抗火力猛烈，此时，其中除三艘继续向海军码头行驶外，其余均向红河北岸迫近，并集中炮火向南岸第一三〇师粮服仓库、海军队部、宪兵队及待运物资各仓库等处猛烈轰击，掩护该三舰法军强行登陆。我守备部队沉着应战，迎头痛击。该三法舰因我处处均有防备，不得逞，复在多数兵舰猛烈炮火掩护之下，再折回海关码头，企图在该处登陆，我码头守备部队当即集中所有火力极力抵抗，先头一舰当即为我火箭筒于二百公尺内命中负伤，向东溃退。其他二艘相继迫近，一艘距码头约百公尺处，仍为我火箭筒所命中，爆炸起火。舰上法兵跳水求救，同时并挂白旗。其他一舰亦同时负伤，仓惶溃退。激战至十时三十分，我方全部停止射击。法舰在十二时许，尚向岸上零星炮击。至十三时，法方代表万利少将到达海防，法军始停止射击。

〔我军抵抗经过缺图。〕

第四节　战斗后之约定

三月六日十三时，法国驻远东海军总司令阿巴奴上将派来其船长华吕少将等五员，来至第一三〇师司令部觐见王师长理寰，谈话约五十分钟。由王师长一一责问，法方华吕少将均一一向该师长道歉，并承认我方一切损失由法方负责赔偿。当签字保证：由现在（六日十三时）起永不发炮及任何射击，以便恢复交通。我军于是亦停止战斗行为，恢复交通。十六时，法国驻远东海军总司令阿巴奴上将等八员到师部，邀请王师长理寰谈判关于法舰完全退出海防之协定如下：

第一三〇师尔后如奉到命令时，为便易于谈判及予法军登陆便利而避免一切之误会并生命财产之保存，兹定条件如次：

法海军远东舰队总指挥阿巴奴上将，由现在起（三月六日二十时）将在禁门之舰队退至南朝门，约离海防十海里，在可能之处驶去。彼下令法国舰队不再向中国军队及中国仓库攻击。

中国陆军第一百三十师师长王理寰令所属部队不再向该法舰射击，及继续保护海防法侨之生命财产。

六日二十三时，法军派其海防部队长地勃上校等，至第一三〇师师部洽商，签订协定如下：

中法军队关于法军三月七日下午五时登陆海防及尔后有关友好事项如下：

（一）法军登陆码头由法军在其驻区自选之。

（二）法军登陆时间为七日下午五时以后。

（三）法军驻区如另图规定。

（四）法军官得在华军驻区内行动，惟上校以下军官，不得携带武器。

（五）不论何时，法军未得华军许可，不得在华军驻区内逮捕任何人。

（六）来往经过法车驻区之公私车辆，一律以本师所发之通行证查验放行。

（七）夜间十二时后至次日六时前，各街道行人一律不准通行。

（八）中法两军永保友好关系，以免一切意外误会。

（九）划归法军驻区内华军之监护、勤务等，须双方司令官同意，方能移交法军。

（十）法军汽车应有法国国旗方可通行。

（十一）关仓以南华军驻地，三月十日方可让出。

（十二）法军司令官准驻华军区内之法方联络所携带人员，限官兵各十员名。

（十三）本协定自签字时起生效。

中国陆军第一百三十师师长　王理寰　盖章

法军海防部队长　地勃上校　签字

第五节　事件发生后我军之处置

法军于海防登陆一事，我军本不流血而和平交防之方针，多方努力，费尽苦心，经准法方于七日晨在海防登陆。如法方能遵照实施，则结果必甚圆满。不料法军仍于三月六日强行登陆，致引起不幸事件。当日九时顷，第五十三军赵副军长电话报告我方面军司令部：法军已于八时顷，企图强迫在海防登陆，炮击沿岸码头，我弹药库已被法军击中起火爆炸；第一三〇师为达成警备任务，已与法军冲突，现在战斗中等语。我方面军司令部，当指示由海防第一三〇师速派员与法方交涉，中法均系同盟国家，应本友谊精神，速停止战斗，以不扩大事态为主。同时并书面向萨朗提出严重抗议，以法方不遵守约定于七日登陆，一切不幸事件，应由法方负责，并请法方速设法停止战斗。对法越谈判，亦加紧调处。俾法军早日登陆，而不致引起事件。

是日下午一时，第五十三军电话报告我方面军司令部，称：十二时双方战斗已停止，法舰被击沉一艘，伤二艘，刻已退出海防，我伤亡三十余人，仓库被法军击中正燃烧中，等情。司令部仍令双方本友好态度相处，一切损失情形，俟调查后呈请上峰处理。适于此时法越草约已签字，越政府对法军登陆已同意。我方面军司令部即再饬令五十三军转令王师长，遵照本部寅鱼午三法燮电，仍准法军七日登陆。

我军为遵行命令及履行与法之协定，于七日派副参谋长尹继勋到海防指导法军登陆，及调查冲突情形。并为调查损失情形，于十日派第三处课长马晓谷会同各机关所派人员，前往海防调查。计调查所得，不惟我军军械弹药等仓库损失颇大，即华侨方面亦损失奇重。经将各机关会同调查损失报告书专案呈报外交部，请向法方严重交涉，要求赔偿矣。

第六节　海防事件之检讨

此次海防冲突事件，实由法方不守信义，以种种卑劣欺骗手段，企图以武力由海防强行登陆，再用机械化部队，迅速向河内前进，恢复已失之越南主权，压迫越南签订城下之盟，而达其帝国主义之迷梦。其不顾信义及欺骗事实如下：

一、方面军与萨朗已决定法军于七日始行登陆，有萨朗来函证明。乃法军于六日晨即在海防强行登陆，实属不守信义。

二、萨朗以书面通知方面军司令部，重庆参谋会议之结果，确定法军于三月六日在海防登陆。据军令部来员谈，重庆并未与法方有此项决定，实属卑劣欺骗手段。

三、萨朗坚持法舰必须六日晨利用潮水进入海防内河，过此日即不能入内河，但七日驶入内河并未见困难，可见法方又行欺骗。

四、据萨朗称：法舰队三月一日由西贡出发。其他方面消息，则法舰已于二月二十六日即由西贡出发。而迟至四日，始来通知方面军司令部，法舰已到外海，定于六日登陆。实欲使我军毫无准备，以达其强行登陆，奇袭我军与越军之目的。

五、法军使用之海防市地图，对我军仓库机关及重要目标均有标示，故法舰第一炮即命中我军弹药库，实为法军已有计划之攻击，并非误会而冲突。

六、法舰由西贡向越北行驶时，悬挂美国国旗。以秘匿其行动，进入海防港口后，方改挂法国国旗，并向海防急驶。待我阻止击伤后，态度始转软化，升白旗以求降，而退出海外。至七日晨，又挂我国国旗以掩饬越人耳目，使越人目中以为被我击毁败退之舰，并非法舰。其狡猾狼狈，故意肇事，处处可证。

七、查法方联络官罗珍上尉，在二十四小时以内到一三〇师师部四次谒见王师长，其第一、二次诈称中国政府及河内高级指挥官均许可法军六日登陆。所幸王师长本军人遵守命令为天职之意旨，在未奉命令前，未予接受任何要求，所以始终未被所惑。其第三、四两次至师部接见时，神色怆惶，语无伦次，足征法方绝对按预定计划前来强行登陆。尤以其第四次谓无法通知，请原谅等语，其意已深知该国舰队已预定强行登陆，将图卸责而已。

综上所述，法军此次海防登陆，实有计划之阴谋。我第一三〇师能英勇抵抗，给以重伤，为国争光，华侨及越民，莫不赞仰。法军始则目无我军，继则举白旗求和，更进而插我国旗以掩人耳目，实属可耻之至。所幸法越协定，已于六日在河内签字，法军得在七日平安登陆，尔后亦顺利接防。此法军船长华吕向王师长道歉承认错误并负责赔偿我军因事件发生之一切损失，亦所宜矣。

第十九章　法军不法暴行

第一节　撞车冲突事件

法军自登陆海防，而进入越北政治中心之河内市区，骄蹇异常，其视越北为其重领之殖民地，对我占领军毫无忌惮，恃其仅有之装甲车辆，随时出动游行示威；其军车横行市区，不按行车规则，超速度行驶，以致时生撞车事件。既出事后，动辄以其装甲车辆，满载武装兵，驶往出事地点，向对方威吓。我军车辆，常为法军撞坏，有时因不忍法军以武力威吓，以致发生冲突者，但为免事态扩大，有碍两国邦交，除以书面向法方提出抗议外，恒抱忍让态度处之。惟法军不顾盟军友谊，仍极自尊自大，撞车事件，再三发生。兹将法军自登陆海防，而进驻河内一月之内与我军发生撞车之事件列举于后。

一、四月一日午前九时三十分，我国军政部越南区特派员办公处，有乘车一辆公出，驶至中央银行门前，遇法军军车一辆，不按行车规定，向我军乘车急驶前来，以致将该乘车撞坏。法军肇事后，当我乘车军官与该法军车司机交涉之际，法方即刻派装甲车及吉普车载武装兵及宪兵赶到，以机关枪瞄准我军官，如临大敌，极备侮辱。我附近驻军闻讯，即往调解，法方见我态度强硬，不能以武力威迫，始由法方中尉联络官欧芝耶在场承认：（一）由法方军事当局下令，法军车辆在市区内行驶速率每小时不得超过二十公里。（二）凡有争执事端，应以盟军友谊和平解决，不再以武力示威。（三）我修理车费由法方赔偿。经此和解，始免冲突。

二、四月十八日，法军车一辆，向我军第一三〇师门前急驶而过，以致将该师门前之卡车二辆撞坏。经与法方交涉，由法方负责修理，并由方面军司令部根据第一三〇师王师长理寰报告，向法方提出警告，约束法军，限制行车速率。

三、四月二十一日午后三时三十分，法国载重车第四〇一〇五号，不照行车规定，且开行过速，以致在河内波奔街及同庆路之岔路口将我军政部特派员办公处所属之独立汽车营第三一〇一号卡车撞坏，我司机范甲成受重伤。事件发生后，我军政部特派员办公处科长陈维秀，及独立汽车营营长余伯超，先后闻讯驶往出事地点调查，并要求法联络官陆斯，将肇事法方人员同到联络处解决。法方坚持不肯，且当时法方开到武装官兵二百余名，布置包围我方官兵。我独立汽车营在车被撞坏后，开来救护车三辆，甫至出事地点，法方即开枪向之射击。李排长健贤受重伤，被撞坏之卡车内司机助手刘成光被击毙。复经陈科长及余营长力为制止，适有后勤部广西省供应局吉普车一辆经过，陈科长与余营长同乘该车前往第五十三军军部报告之际，法军又赶到装甲车战车十六辆，满载武装兵数百名，加紧包围独立汽车营官兵，开枪射击。我军官兵，亦为自卫，予以还击。法装甲车辆及战车复在各街道巡行，不惟向大兵营我军营房及其他有岗位之我军驻地扫射，凡遇有中国官兵，即行射击。第五十三军荣誉第二师第五团团长陈纵才，因公到军部，行经针坊街，竟被一吉普车之法军，以手枪射击，左腿受伤。迄至下午五时许，有法军武装兵乘战车二辆至格非街第三四七团第六连附近，向该连驻地及哨兵射击，一等兵郭自强一名腿部负伤，墙壁树木均有弹痕。同时该团第五连驻地行底街之四周民房内，有法兵多人，向该连营房射击，致上士排附舒光如一名头部受伤。午后五时十分，有法军装甲车驶过我方面军司令部东北角时，亦向该地之中国守兵射击，我守卫士兵并未还击，该装甲车始驶去。如是冲突几漫延至各街道，法军全体出动。越军民亦不忍视法军之无理，有乘机向各街道行驶之法军车射击者。时河内市已演成市街战之状态，相持约二小时。余营长踅回，与法海军上尉冠勒蒙共同调解，我方面军司令部亦以电话饬各方面制止，并派高级官与法方人员同往出事地点调停，冲突始息。

四、四月二十五日法国二九四一号卡车，在水平街将第五十三军士兵毕治安左臂撞断，当经我哨兵饬令该法车停止。双方交涉结果，由法方联络员将该兵送法方医院，负责治疗。

以上所举，系法车肇事有关系于我军而较重大者，其他与越民有关系者，未予记录。总之法军车在市区肇祸之多，乃任何地方所未见闻。良以法军一时得恢复领土，而致忘其为德国所蹂躏之惨痛也。

第二节　劫夺凌辱我侨民

日寇占领越南后，法国前统治越南之一切军政人员，均已为囚徒，被拘于集中营，法人在越地位，由天堂沦为地狱，不仅对各国侨民乞怜，即对其原有殖民地居民，亦莫不俯首，其状殊为可悯。惟自二月二十八日中法关于中越关系之协定在渝签字，法人有如由地狱中解放，其为我军入越后所释放之法军政人员，及所有法国侨民，不尽夸耀，一反其前时之态度，变为骄矜，目中无人。及至法军登陆海防，重获武装，复视越人如奴隶，对我侨民亦极加凌辱，劫夺财物，捣毁商店，撕毁我国旗，种种不法，日见迭出。

三月二十日午后九时，河内东门口长城街有法兵四人，入华侨咖啡店。咖啡饮毕，抽身而去。店主追其付账，法军反拔枪恐吓，并转回将店内酒瓶击破若干，将该店悬挂之我国旗撕毁，态度极凶恶。该店损失越币千余元，不得已忍痛牺牲，未予追问，法兵始去。

同日，东门口有法兵数名，入华侨酒店，嘱店员开酒与饮，该店以无零售对答，法兵拍桌大骂，并将该酒瓶什物抛掷而去。该店损失约计越币数千余元，但因在法军威迫之下，惟有隐忍，未敢反抗。

四月一日十时，有法军三人至下里水师街我粤侨李春芳铺内，强夺鸡鸭数十只，该侨民阻止时，法兵以酒樽将其头部击破。

我侨民潘承渭，居海防下里水师街二十余年，向以造船为业。法军登陆后，乃每日强取该民之木料，以为烧柴，稍加阻止，即被殴打。该侨民在法军淫威之下，损失顿巨。又粤侨李五，亦侨居海防有年，素以船业为主，其子李木生年四十三岁，于四月一日经下里街时，被法军无故毒殴，遍体重伤，后被拘于法兵营，施以非刑，不许家属探望。该侨民无法营救，惟有听认凌辱。

四月七日，法兵八人，黑夜抢劫河内东门街火车桥下洞天茶社，掠去越币八千八百余元，香烟三百余包，并将家中什物全数损坏，殴伤茶社工人六人。

四月十六日下午四时三十分顷，突有法兵十六名，越南兵二名，携带武器前往海防下里线厂街二十号搜查楼下越人住宅。忽至楼上华侨郑东山住宅，假意检查，迫该华侨开衣柜。见有越币伍千元，即行收劫。郑东山之母阻止，反被推倒。法军如此，实属目无法纪，野蛮之极。

我方面军接获我第五十三军及第一三〇师等对以上发生事件之报告后，即以书面向法方提出抗议。然法方不顾一切协定，不惜破坏国际信义，对我侨民仍苛虐不已。我军因奉令交防，撤退回国，侨民自无保障。所谓弱国无外交，惟有忍受外人之欺侮矣。

第三节　屠杀威迫我军侨

自中法协定签字，法军获得接防之权利，乃企图向越人示威，并欲迅速恢复占领越北之殖民地。不顾人道，大逞淫威，不惟恣意残杀越人，且对我军侨，亦极加残害威迫。

三月二十一日下午五时，法机八架在素旺区投弹，以致侨民生命财产，损失惨重。又由船渡暹境避难之华侨及市民，过渡时被法军用机枪扫射，得脱险而受伤之华侨约七百余人，不幸而被法军拘禁者计一百四十余人。渠等生死不明，法军如斯杀伤无辜人民，实极惨无人道。

三月三十一日下午三时，有法兵多名，强行入我军第三中间仓库之械弹库。经我卫兵上前制止，法兵不仅不听从，反殴击卫兵，抢夺其枪械。斯时我卫兵职责所在，见法兵气势凶恶，迫作自卫措置。殊知法军竟以战车及武装兵驶至，将仓库包围。幸我仓库库员竭力交涉，法军始撤去。

四月十六日上午三时三十分，有法军一名，持法造冲锋枪，无故向我军车站服务卫兵射击，连发十余弹，当击中我卫兵刘建臣、傅有元等二名，华侨三人，越民十五人。我在车站服务部队，即将该法兵捕送至我第一一六师师部询问。经法方联络官伯利上尉具保证将该肇事法兵领回，并愿由法方负责医药费。我负伤卫兵傅有元，后因伤殒命，法军承认从优抚恤。

四月十一日晨，有法军联络官率兵多名，乘车至我军第三中仓库，对看守仓库人员称：该房屋法军需用，限本日即刻迁移，否则，下午三时，法军即派武装兵前来占领，按中法交防规定，在我军尚未完全撤退回国前，有驻防权利。法军不顾友谊，向我威胁，可见法军放恣之至。

四月十六日，有法国巨型机一架，飞至永珍市空盘旋，并在机场及我驻军营地附近投下炸弹二枚，在市区内投下炸弹三枚，其一爆炸，杀伤平民甚众。按中法协约规定，法军在三月底前接防越北完毕，因法军途程辽远，不能遵期接防，故我军为尊重协定，仍驻永珍维持治安。而法军竟以炸弹示威，伤害平民，危害我军，诚可慨矣。

四月十九日夜十二时顷，我军官一员，乘人力车行经北门铁道桥附近时，突被法兵六七名用刀刺死。我军据报，即派员前往该地调查，尸体已被他移。据越人力车夫三人所称，确有我军官一人，乘人力车经铁路桥下，被法兵六人由车上拉下刺死。当由警局派警兵与车夫偕往出事地点侦察，经目击行凶车夫三人到场作证，并有法兵二名均染有血迹，足证其行凶是实，惟不见死者尸体。我军因急于撤退回国，无法继续追究。受伤之车夫，由警局送医院治疗。法军如是任意行凶，实属目无法纪。

五月二十七日晚十时顷，有由法兵营开出装甲车多辆，自我国经济部代表办事处门前驶过，连续向该处住屋以轻机枪扫射，子弹射入室内，几伤及职员。我军此时虽已交防，但我经济部代表办事处，因处理接收物资未竣，需暂留越处理。该处并奉令与法方共同清理越北日产，故需留越。乃法军不分黑白，藐视我政府代表机关，向该处盲目射击。其军队之轻狂，由此可知。

我方面军司令部，先后接获军政部特派员邵伯昌、经济部代表胡克明、第五十三军军长周福成、第九十三师师长吕国铨对以上发生事件之报告，即一面转报政府，一面向法方提出书面抗议。法方均巧辩，或仅以口头答复道歉了事。我军因奉令限期撤退回国，亦不欲事件扩大，惟有谦让矣。

第二十章　班师回国

第一节　部署

我方面军于三月末四月初，先后奉到委座及陆军总司令何电令，要旨综合如下：

一、第五十三军（除荣二师外），交防后即开广州。

二、荣誉第二师，在日本占领军交防后，即在海防编整待运。

三、第九十三师，交防后即开回车里、佛海原防。

四、方面军司令部及直属部队，交防完毕后即开昆明。

方面军依照以上电令要旨，乃拟定入越各机关部队集结撤退指导计划（如下图）。并于四月十日，下达各部队集结，准备撤退。命令如下：

第一方面军司令部命令

作命行字第二号

（四月十日于河内）

一、本方面军防务，已遵照中法协定逐渐交代完毕。各部队即应开始集结，并作撤退之准备。

二、各部队集中部署如下：

1. 第五十三军军部，仍驻河内。

2. 荣誉第二师，四月二十日前全部应到达海防附近地区，集结整训。并先以一部接替第一三〇师看守仓库之任务。

3. 第一三〇师，四月二十日前主力在同登至北宁间地区，一部在现驻地府里至河东间地区集结。

4. 第一一六师，四月二十日前在河内永安间地区集结。

5. 宪兵营，四月二十日前在越池至安沛间地区集结。

6. 特务团，四月二十日前以主力在河口至保和间地区集结，一部仍驻河内。

7. 通信营，在方面军司令部未开始撤退前，仍在原地继续担任方面军之通信。

三、各机关部队撤退之顺序：

按第一三〇师（各机关）、方面军司令部及直属部队第五十三军军部及直属部、第一一六师之顺序撤退。

荣誉第二师，即在集结地候船待运。

四、各机关部队撤退路线。

1. 第五三军除荣誉第二师外，全部经北宁、谅山至南宁，归广州行营张主任指挥。

2. 各机关撤退路线，由各机关自行选定。

3. 本部各直属部队，按特务团主力（通信营、宪兵营）、特务团一部次序，经滇越铁路，向昆明撤退。

五、撤退开始及完毕日期，候另令规定。

六、第九十三师撤退日期，应在四月底以前撤退完毕。其部署由该师自行拟定。

七、第一区兵站司令部结束后，即自行选定日期撤退。

八、各部队补给，由军政部特派员办公处筹办补给之。

九、方面军司令部现在河内，尔后如可能，以空运昆明。

右令：

第五十三军周军长　福成

第一兵站区尹司令　继勋

特务团朱团长　家修

宪兵营金营长　希文

通信营李营长　树海

司令官　卢汉

下达法：

一、笔记，派员送达。

二、第九十三师摘要电达。

三、各机关抄附命令通知。

上项命令，当以卯灰三战电呈报核备，并以卯灰三战电下达第九十三师。电令要旨如后：

一、本方面军越北防务，已遵照委座电令及中法协定于三月三十一日交代完毕，各部队刻正开始集结，并作撤退之准备。

第九十三师交防后，在四月底以前撤退回车里、佛海，部署由该师自行策定。

三、各部队补给，由军政部特派员办公处筹办补给之。

越北地区日俘，已于四月二十一日遣送完毕。第六十军亦已于四月二十三日船运完毕。关于物资，是时尚分存于河内约三千五百吨，海防四千吨，永安三百吨，宁平八十吨，共计约七千五百吨，预定于五月二十日前，可完全运集海防。我方面军为便尔后撤退起见，乃于四月二十九日，令第五三军变更集结地点如下：

（一）第一三〇师，全部集结于谅山、同登间地区。

（二）第一一六师，全部集结于嘉林、富浪沧间地区。

五月十二日，我方面军奉委员长辰真令一亥调电略开：“查我驻越军除第九十三师已下令应即撤退外、兹再规定撤退各项如下：

（一）该方面军所辖各部队，应于五月十五日前开始撤退，并于六月十日前撤退完毕。

（二）第五十三军，除荣誉第二师仍在海防待运占领日本外，全部即由河内经谅山、南宁、梧州，开往广州，接替第五四军防务。该军撤至桂境后，即改归广州行营张主任指挥。

（三）该方面军司令部及直属部队，由河内经老街沿滇越铁路撤至昆明，候另令撤销。

（四）存越未运完之物资，应遵照行政院寅有三电实施。我军撤退时不及抢运至海防及国境之物资，应点交接防法军，出具清册，备索回时之办理。

（五）撤退程序及有关撤退细部事项，由该方面军自行规定。

上五项除电外交部转知法方并分令外，仰即遵照。并将撤退情形，随时具报。”等因。同日，并奉委员长辰真府军仁手令，电饬我驻越南与老挝各部队，除在海防候船运输之各部队外，其余限五月三十日前撤完，移驻我国境内。我方面军司令部奉电后，即以辰元三战令庚电，分别转饬各机关部队遵照，并规定各机关部队撤退日期如下：

（一）第五十三军（除荣誉二师集结海防待运外），于五月二十五日前，全部撤离越境。

（二）第九十三师，仍遵前令，迅速撤退。

（三）方面军司令部及直属部队，于五月三十日前撤退完毕。

（四）中国空军驻越南地区司令部，于五月三十日前撤退完毕。

（五）军政部特派员办公处，经济部、财政部、外交部、粮食部与交通部各代表办事处，及其他各机关，于六月十日前撤退完毕。

第二节　各机关部队撤离情形

一、第五十三军于五月十五日开始撤退，在越境概以火车输送，到达谅山后，改用徒步行军。该军除荣誉第二师外，所属各部离越到达国境凭祥日期如下：

第一三〇师第三八八团，五月二十日。

第三九〇团，五月二十一日。

师部直属部队，五月二十五、六日。

第三八九团，五月二十八日。

军部及直属部队，五月三十、三十一日。

第一一六师第三四七团，六月一日。

第三四六团，六月二日。

师部及直属部队，六月四、五日。

第三四八团，六月七日。

二、第九十三师离越日期如下（以后尾部队离越日期为标准）：

师部及直属部队，六月三日离越抵武德。

第二七七团，六月十二日离越抵武德。

第二七八团，六月十三日离越抵卡百寨。

三、特务团，除应法方请求暂留官兵二十员名驻守总督府外，其余全部于五月二十四日离越境老街，向国境屏边前进。

四、宪兵第十三团第一营，于五月二十八日越境老街，徒步回昆明。

五、独立通信兵第五营，于六月十日离越至南宁。

六、中国空军驻越南地区司令部，于五月二十八日离越，移驻南宁。

七、军政部特派员办公处，财政、经济、外交、交通、粮食各部代表办事处，督察室及其他各机关，因物资搬运或办理手续一时未能完竣，至六月底始结束，陆续撤回国境。

一方面军驻越北各部队集结及撤退计划要图

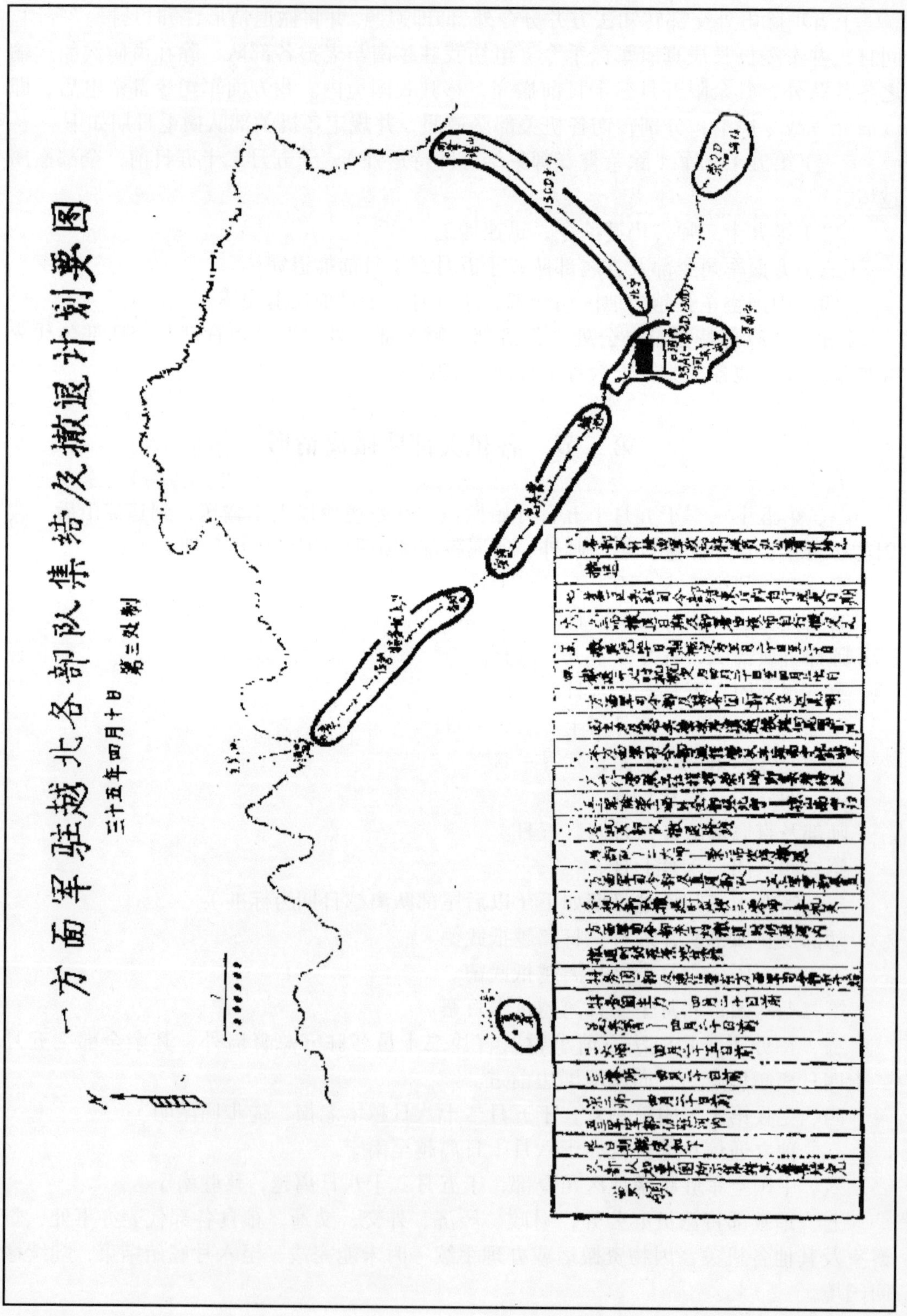

第三节　各部队入越及离越日期之统计

各部队入越及离越日期，概见如下表：

第一方面军入越受降各部队入越离越日期一览表

部队	入越日期（四五年）	离越日期（四六年）	备考
方面军司令部	九月九日	六月二十八日	①前进指挥所九月九日推进河内。②应法方请求，留少数人员待移交总统府，至六月二十八日始全部撤完。
特务团	九月二十日	六月二十五日	
宪兵第十三团第一营	九月二十日	五月二十八日	
独立通信兵第五营	九月二十日	六月十日	
第一期兵站	九月二十日		该部奉命已于四月底结束。
中国空军驻越南地区司令部	九月二十日	五月二十八日	
第五十二军			
军部直属部队	九月四日	十一月三日	①赵军长由支电称支日到清水河。②据联络参谋报告，军部于十一月三日登船启运。
第二师	八月二十日	十一月五日	①赵军长未有电称，该师一部寒辰攻占老寨，故以奉命入越受降日计。②据联络参谋报告，该师登船启运日期为十一月五日。
第二十五师	九月四日	十一月三十一日	①赵军长由支电，该师支日到清水河。②据联络参谋报告：该师最后启运日期为十一月三十日。
第一九五师	八月二十日	十一月三日	①赵军长未帤电，该师一部未巧已占领黄树皮，故以奉命令入越受降日计。②据联络参谋报告，该师最后启运日期为十一月三日。
第五十三军			
军部及直属部队	十一月二十日	五月三十一日	
荣二师	十一月十三日		①周军长戍元电，该师元月由河口至老街。②该师留海防待运。

（续表）

部队	入越日期（四五年）	离越日期（四六年）	备考
第一一六师	十一月二十七日	六月七日	周军长成元电称，该师感日到老街。
第一三〇师	十一月十五日	五月二十八日	周军长戍删电，该师388团删日抵老街。
第六十军			
军部及直属部队	八月二十六日	四月二十五日	
第一八二师	八月二十日	四月十二日	①奉令入越时，该师一部已出击至老街。 ②据六十军卯删电，该师最后离海防日期为四月十二日。
第一八四师	八月二十日	四月十二日	①该师一部已出击至沙坝，始奉命入越受降。 ②据六十军卯删电报，该师最后部队离海防日期为四月十二日。
暂编二十师	八月二十日	四月二十三日	①该师一部已占领勐棱，始奉令入越。 ②据二十一师卯养电报，该师最后部队离海防日期为四月二十三日。
第六十二军			
军部及直属部队	九月五日	十一月十六日	①据黄军长申微电，军部五日到越境。 ②黄军长戍真电，离越海防启运日期十一月十六日。
第九五师	八月二十三日	十一月二十五日	据黄军长未有电报，该师到越境日期如上。又据该师联络参谋报告，该师十一月二十五日启运离越。
第一五一师	九月一日	十一月十六日	①据参谋长申东电，该师九月一日已占领高平。 ②黄军长戍鱼电该师十一月十六日离海防。
第一五七师	九月一日	十一月二十五日	据张参谋电，该师东至谅山，并根据该师十一月二十五日启运。
第九十三军			
军部及直属部队	九月十四日	二月二十九日	①卢军长申删电称，九月十四日到老街。 ②该军电称：丑寝由河内车运谅山完毕。

（续表）

部队	入越日期(四五年)	离越日期(四六年)	备考
暂编十八师	九月十八日	二月二十七日	①卢军长申鱼电，该师先头部队九月十八日抵越境。 ②据报该师后尾部队二十四日由河内车运谅山。
暂编二十师	九月十八日	三月二十二日	①据李师长申马电称，第三团九月十八日先入越。 ②据报该师三月十九日由河内车运完。
暂编二十二师	八月二十日	三月六日	①奉命入越受降时，据报该师一部已于未删攻占勐得。 ②据报该师先头部队三月六日抵同登，即离越。
暂编第十九师	九月二十五日		该师已于十月三十一日前并编完毕。
暂编第二十三师	十月三日		该师已于十月三十一日前并编完毕。
第九十三师	九月四日	六月十三日	吕师长申微电，先遣队九月四日到勐信。并据报最后部队离越日期为六月十三日。

附　记

一、各部队入越日期，以先头到达日期计算。

二、各部队离越日期，以后尾离越日期计算。

三、在受降前攻入越境部队，以奉令入越受降之日（八月二十日）计算。

四、其他各机关入越日期，概为九月中旬。班师离越日期，概为六月。

第二十一章　自我防守滇南迄受降交防之总检讨

第一节　军事上之检讨

我第一方面军戍守滇南，自民国二十九年成立第一集团军起，至胜利止，已历五载。以防守正面之广，兵力之薄，敌如进犯，则滇南之安全殊难确保。然敌始终不敢窥视，我军卒能保守者，盖敌自进占我内地，复侵占越、澳、缅，以致战场日广，兵力分散，形成众不得聚之势，故未敢侵犯我滇南，以逞其淫威。此其一。敌自对我国发动侵略战以来，所恃者惟其现代化之兵种。但我滇南多山，地势险固，敌现代化兵种无从施展，故敌熟察我获有地利，弗敢妄动逞。此其二。再则若滇南驻军，纪律严明，颇得人民协力合作。而边境土司，经我军将其编成游击队，协助警戒国境，敌虽屡欲利用边民，终未得遂利用。此其三。夫天时、地利、人和，为古今中外战争之要素，而攻势作战自有其限度。我方面军戍守滇南，全得赖地利与人和，而敌既未能获此优越条件。且其攻势已达饱和点，故未有不效拿破伦之征俄，不战而却也。

虽然我军固能保守滇南，但亦有不可讳言之缺点。孔子曰："古之善战者：先为不可胜，以待敌之可胜。"吾国因国力不及敌人，不得不采取持久消耗战略，以待敌之可胜。但在战术方面，使用消极手段，而不以积极手段，实不足以达成消耗敌人之目的，及争取最后胜利。兵学先进，咸主攻击，始可制胜。我最高统帅部次长刘为章先生，亦曾指示我国军云："战略虽持久，战术必须取攻势。"由粤北、桂南及长沙等历次会战，显已收效，乃我滇南，偏于地形，陷守军于无可活动之余地，尤以阵地前方交通完全破坏，部队进出不便，后方补给追送困难，以致于有利时机之下，亦无法抽调强大部队出击，实为我军在战术上之遗憾。

通信为军队之神经，尤当此以时间为争胜负之现代战争，惟有赖于通信之敏捷，始可争取时间；而通信之敏捷，惟有赖于具有充分之器材，及优良之通信机构与技术。我方面军自得美军器材补充后，虽较完善，但以山地作战，部队容易隔绝，仍感通信力之不足。如我军小部队出击时，因无敏活之通信，以致情况报告迟缓。又入越受降及交防时，部队行动与所有重要来往文电，亦多迟到。至于他国人之情报文电，则较我迅速。于此已可见我军之缺点。

军队战斗力之强弱，恒视其军队战斗意志及部队纪律之程度而定。我方面军平时教育训练，颇重养成官兵坚就之意志，当奉令出击与入越受降时，我官兵士气莫不百倍振奋。日寇初期作战，因其每战必胜，无形间士气提高，但自盟军反攻后，已渐消沉，由我军历次出击中，皆可明鉴。然敌所以迟未崩溃者，盖有赖其纪律所维系也。我军入越受降时，观敌官兵间礼节丝毫不苟，即对我军崇敬之处，无论言行之间，均表示十分周到。此战败军队，纪律尚能保持如是，可知敌军年来作战，因其纪律良好，命令贯彻，其攻防进退，均能按照预定计划实施。我军则对人民之爱护，虽已尽到，士气亦极旺盛，惟各级官兵间，陆军礼节不如敌人森严，是为我不可讳言之争实。

综上所述，我军之所以能固守滇南，而至出击胜利者，在于保有无形之精神，及获有人和与地利之关系。如孙子所谓“险形者我先居之，敌惟有引而去之”。又腓特烈·查理士（Frederick Charses）曰：“决胜负者，非斗而系精神。”我军官兵平时战斗意志旺盛，咸抱杀敌者怒也之概，故敌纵恃有优良之物质技术条件，然经我军出击，敌终不能应战。由此不惟证明我第一方面军作战之成果，亦可知敌寇之所以始终败亡，而我国则卒能争取最后胜利者也。

第二节 政治上之检讨

军事为政治之前锋，而政治又为巩固军事胜利之基础。夫军事与政治两者相依为命，互运而立。我第一方面军，自防守滇南以至出击，军事上得保持阵地而取得胜利者，实因地方政治与军事协调，滇南人民对我军协力合作，社会秩序安定，我军兵力得专致力对敌，而无后顾之忧。尔后入越受降，我军奉命不干预越南政治，但事实上越盟党与国民党明争暗斗，及法越间仇视甚深，引起社会不安，我军为维持秩序，对越各党及法越间不得不居中调处。又我军使用国币，若与越币无规定比率及实施兑换，则通用必感困难。法国废止越币伍百元券，引起社会骚动，并使我军与侨民受损失，若不将以措施，则必影响金融，使我国无法维持地方秩序。由是而观，我军受降前则得有良好政治环境，至入越受降后，所有经济政治措施甚为适当，故越南治安秩序得以维持，军事占领，得以巩固。

当我军交防前，法军与我及与越政府谈判，在政治上无论为我方要求，或为越人要求，任何条件法方无不应允。而法方惟一要求，准法军登陆进驻政治中心区域，此乃法方以军事为政治前锋之基本策略。及至法军登陆，领有主要城市后，其态度与前相反。如对我侨胞毫无保障，反而加虐待残杀；对我军及我侨民各种不法暴行，虽屡次提出抗议亦无效；如协定垫付我军越币，尔后由日本负责赔偿者，今则反责我不赔偿，且云使其受损失；其他法方承认赔偿我因事件发生之损失与协定之各项条件，均迟延不问；又法越协定，法方所签订之条约，不惟不履行，复以飞机大炮加紧对越南人压迫残杀：此乃法军以军事掩护其政治之建立也。吾人有鉴于此，对于今后政治军事两者之应用，岂得忽视而分离焉。

民国云南通志长编卷十一

党务

光复以前

言云南之党务，必溯始于清末之革命运动。清光绪三十二年秋，国父孙公在日本东京成立同盟会。各省留学生相继入会，云南与焉。皆相约以各自推行本省之革命运动为使命。吕志伊、张华澜、张开甲、杨振鸿加入最先，其后留学生陆续入会者有李根源、赵伸、罗佩金、殷承瓛、叶荃、赵复祥、唐继尧、李万祥、张子贞、黄毓成、张开儒、庾恩旸、周德荣、林春华、李伯庚、姜梅龄、赵钟奇、沈钟、黄嘉梁、黄毓英、杜钟琦、言道一、胡正芳、李春酞、李燮羲、张含英、李曰琪、李植生、张乃良、唐允义、刘九畴、王毓嵩、邓绍湘、张邦翰、张大义、何伟伯、李光鼎、杨若、段宽、李大忠、何汉、丁怀瑾、杨名遂、张鑫三、王武、李金牛、杨鸿章、陇高贤、钱世禄、禄国藩、王九龄、杨大铸、邓泰中、苏澄、陈凤鸣、赵家珍、李自梅、李莲芳、彭仲伦、罗为桓、曾鲁光、郗安仁等。

回国之留学生，在昆明、腾越、缅甸介绍入会者约三百余人，以张文光、张成清为首。日人加藤亦入会来滇协助。在日之留学生，则刊行《云南》杂志，密寄回国，鼓吹革命。

光绪三十四年，河口兵变。杨振鸿乘机南归活动，黄毓英、杜钟琦、何伟伯、何汉、李光鼎、段宽、王九龄从之，抵海防而事已败。法吏逐之，不得已转赴缅甸，留仰光与胡汉民、居正等创办《光华报》、从事宣传。李根源、吕志伊、赵伸则在东京倡设“云南独立会”，以促进行。杨振鸿居缅年余，值清西后及德宗之丧，及永康改流事起，乃自干崖出怒江里布戛，图在永昌举义。为知府谢宇俊所悉，戒备甚严，不得入城，退走马岭寨，至蒲缥呕血而卒。其后，张成清在仰光、阿瓦间发起“死绝会”，与盟侨商近万人，声势甚大，为英人所捕杀。而刘九畴与其同志数人，进行宣传工作，亦积劳成疾，呕血而死。刘九畴旅日时有“三年东海千行泪，万里云南一念悬”之句，忧国忧乡之情，盎然纸上。

清之末年，党人江西李烈钧在滇创办体育学校，实隐以为培植革命干部之用。宣统元年，李根源奉委为云南陆军讲武堂监督兼步兵科教官。时学生凡六七百人，重要教官多属以前留日党人。学生受其熏陶，俨然成为基本之党军，故宣统三年光复之役得以迅速成功。时黎元洪等以八月十九日在武昌举义，滇省闻讯，李根源与李鸿祥、唐继尧等即密谋响应，分派任务：以李根源率讲武堂学生居中内应，巡西之张文光偕党人彭蓂、李学诗、钱泰丰、和朝选、陈云龙、方涵、刘得胜等举事于腾越。方略既定，迨省城“重九”一战，清吏远遁，全省靡然从风，光复之局遂定（详卷一、二《大事 · 光复篇》）。

民国初年

民国元年，同盟会改组为国民党。滇省应之，李根源被举为云南支部长，赵伸、袁家普为副。唯以统一党及共和党党员之羼入，故分子复杂，意志涣散，对于党务殊无若何之推进。

三年，国父孙公以国民党不能为用，乃改组为中华革命党，严格规定入党手续及宣誓办法。时滇省国民党主持人李根源已再度离滇赴日留学，旋组“欧事研究会”，正式脱离中华革命党。唐继尧亦改隶共和党，自民国三年主持滇政以来，即与新兴之中华革命党党人不协。而革命党人之所为，亦多不择手段，以致双方互不相容，迭起磨擦。

十三年，中华革命党以“联俄容共”改组为中国国民党。是年一月一日，开第一次全国代表大会于广州。滇省出席代表为李宗黄、杨友棠、胡盈川、周自得、杨华馨、刘国祥六人。滇省党员之当选为第一届中央执行委员者为杨希闵，及候补委员李宗黄二人。

十五年一月四日，中国国民党开第二次全国代表大会于广州。滇省朱培德当选为第二届中央执行委员会委员，黄实当选为候补委员。

十七年，清党运动起，滇省党部亦即停止活动。政府组织“云南省清共委员会”，厉行清党。中央亦于是年派遣张禄、罗衡、张邦翰、冯春申、沈君蕴、朱鸿题、李宗黄、吕天民、杨大铸九人组织“云南省党务指导委员会”，办理整理登记事宜。唯到滇之委员张禄、冯、朱、罗等，仍以过去各人在党活动之倾向不同，互相猜忌，迭起纠纷，毫无成绩表现，中央又令收束。

省党部成立以后

十八年三月十五日，中国国民党开第三次全国代表大会于南京。滇省出席代表有沈君蕴、张禄、张邦翰、李宗黄、吕天民、黄宇人、杨杰七人，朱培德及黄实仍当选为中央执行委员及候补委员。

同年，中央派裴存藩至滇办理党员总登记，举行书表测验。年底事毕，汇报中央审核公布，随即颁发新党证。自是不纯洁之分子淘汰净尽，云南党务之基础乃于焉确立。

十九年以后，中央又先后派定龙云、卢汉、张邦翰、裴存藩、陈廷璧、杨大铸、曾三省、刘家树、刘宗明等为云南省党务指导委员，成立委员会，推进党务，以备成立正式党部。其后，杨大铸病故，曾三省、刘家树、刘宗明、陈玉科亦先后离职，中央乃又补派杨文清、陆崇仁继之。自是云南之党务乃进于建设之阶段。

十九年三月十一日，云南省党务指导委员会正式成立。其组织系根据中央十七年颁布之《省党务指导委员会组织通则》与《党务指导委员会组织细则》斟酌地方情形以为标准，并订定《云南省党务指导委员会办事细则》呈准施行。

二十年九月十三日，本中央改善及缩小组织之命令、复另行改组：派龙云、张邦翰、陈廷璧为常务委员、卢汉、陈玉科、杨文清、陆崇仁为指导委员、裴存藩为指导委员兼书记长。并修订《云南省党务指导委员会办事细则》凡八章四十四条、呈准施行。

二十二年，陈玉科因出国留学辞职。中央旋派陆崇仁补充。

二十七年九月，奉中央令，改组指导委员会为执行委员会，并指派龙云为主任委员，卢汉、张邦翰、陆崇仁、陈廷璧、裴存藩、杨文清、陈玉科、龚自知、李培炎、赵澍、杨家麟为执行委员，陇体要为书记长。

二十八年一月二十三日，执行委员会成立，指导委员会即于是日结束。计指导委员会自成立至结束，凡历九载。改组后，更得中监委龙云任省执委会主任委员主持其事，本省党务发展进度极速，党、政、军关系愈增密切，以是各种工作均能进行顺利，而收融洽贯通之效。

二十九年，奉令成立中央监察委员会云南负专责委员办公室，简称监察室。监察专员由中央监委会指定执行委员裴存藩担任，执行本省各级党部之监察任务。

三十年七月，书记长陇体要辞职，改由执委赵澍兼任。

三十一年三月，奉令将监察室改为云南省负监察专责委员办事处。监察专员仍由裴存藩担任。同年八月，执行委员陆崇仁、李培炎因政务纷繁，无暇兼顾，呈准辞职。中央另派陈玉科、邵重魁补充。同年十二月，奉令扩大组织，内部改为三处、两室。主任委员仍为龙云兼任，书记长亦由执委赵澍兼任。

三十二年一月一日，正式将内部各处室改组成立。是年八月，执委卢汉辞职，中央另派陆崇仁补充。

三十三年五月，执委陈玉科出任第五区行政督察专员，请辞。以省代表大会召开在即，未及决定。

三十四年四月一日，中央为整饬本省党务起见，令免委员兼书记赵澍本兼各职。以龙绳武任委员，李耀廷任书记长。四月二日，召开第一次全省代表大会。新任委员龙绳武、书记长李耀廷即于举行开会典礼时宣誓就职。大会共历七日，除党务报告及施政报告外，并选举执、监委员。计出席各区党部，县党部代表一百零八人，由中央派黄委员蘅秋，吴委员开先监选，结果陈廷璧、龙绳武、李耀廷、杨家麟、陆崇仁、罗鉴、陇体要、李鉴之、杨文清、裴存藩、李培天、顾致中、蒋公亮等十三人当选为执行委员。张邦翰、陈玉科、龚自知、杨泽、卢浚泉、查宗藩等六人为监察委员，而监察委员会遂于同日正式成立。以前之监察专员办事处，亦于此时宣告结束。兹将十九年三月至二十年九月云南省党务指导委员会组织系统表，二十八年一月至三十四年四月云南省党务执行委员会组织系统表（附节录《中国国民党云南党务指导委员会办事细则》），三十四年改组后云南省党务执行委员会及监察委员会组织系统表分别列后：

〔原稿按〕

此处应有二十八年一月至三十四年云南省党务执行委员会组织系统表、及三十四年四月改组后、云南省党务执行委员会、云南省党务监察委员会组织系统表。因资料内阙如，拟请由会函省党支部制送加入。当否？祈示。

之相谨签（印）

陈干事拟稿呈核（印）

三.十六

至今无覆，暂从阙。

卅六.十一月.廿九

云南省党务指导委员组织系统表

（自十九年三月至二十九年九月）

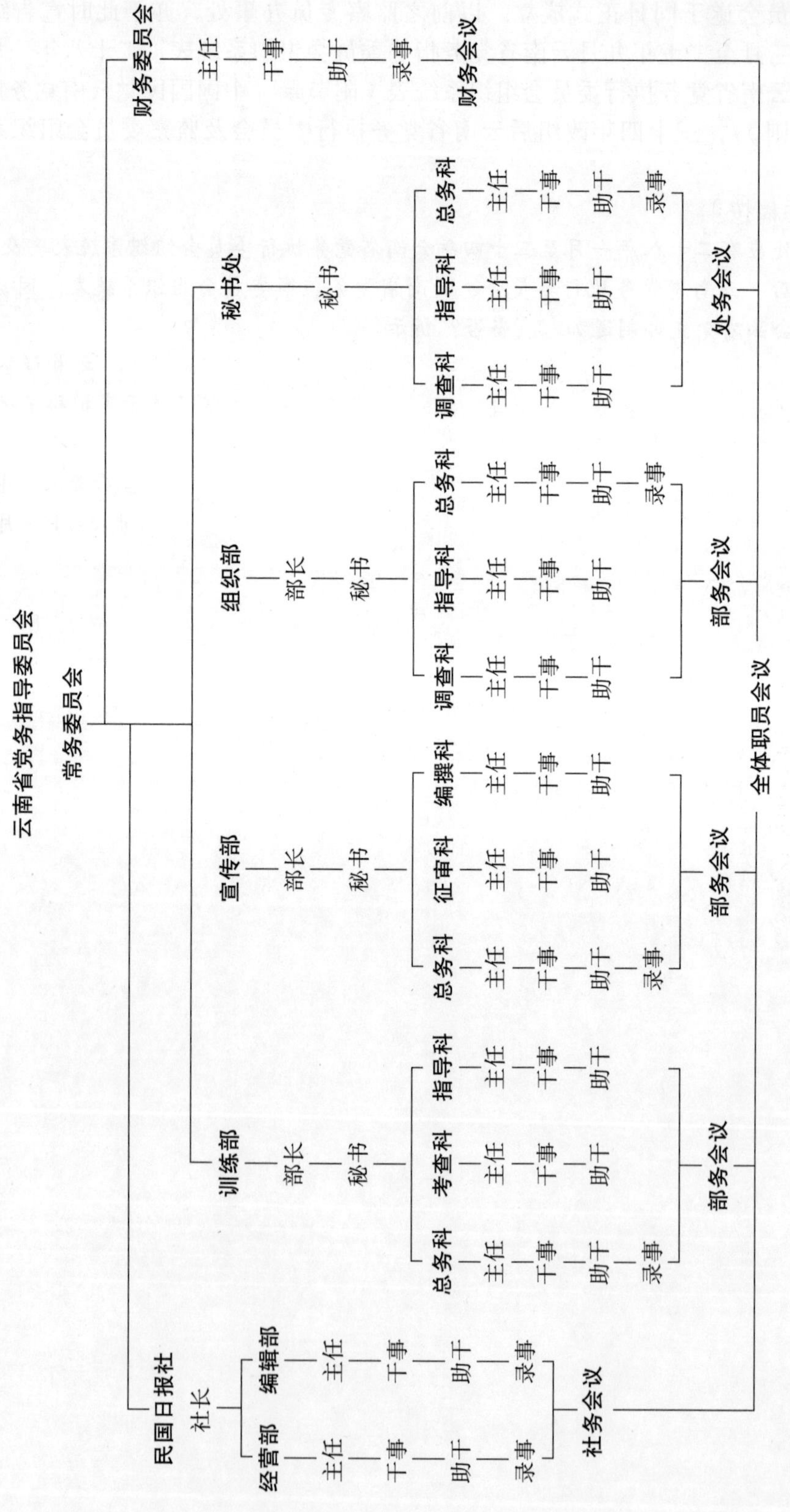

云南省党务指导委员会组织系统表

（民二十年九月至二十八年一月）

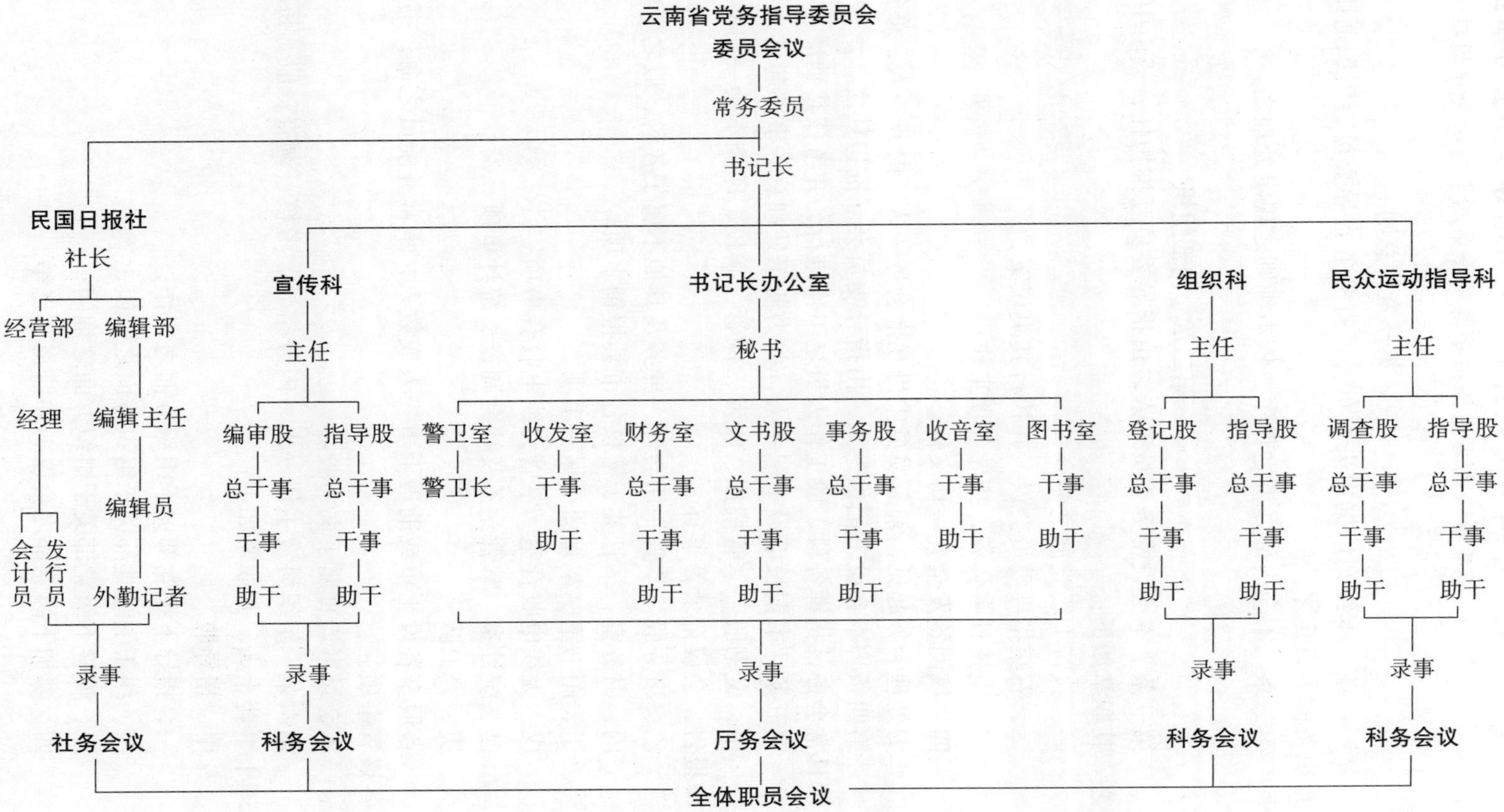

附:《中国国民党云南省党务指导委员会办事细则》

（节录云南省党务指导委员会第八十四次会议通过）

第一章　总则

第一条　本细则依据中央颁布《三省党务指导委员会组织通则》《省执行委员会组织条例》订定之。

第二条　本会内部办事之程序，依本细则之规定处理之。

第二章　内部组织

第三条　本会设常务委员五人，由指导委员互推担任，或由中央执行委员会指定之。其职掌如下：

一、执行上级党部之命令；

二、召集指导委员会议，并执行其决议案；

三、主持日常会务，指导各项工作；

四、核阅签发全会一切文件。

为处理会务起见，常务委员中得互推会务一人，财务一人，总务一人，以专责成。

第四条　本会设书记长一人，由指导委员会互推担任之，承常务委员会之命，处理日常会务，指挥各科、股工作人员之工作进行，并考核其勤惰。

第五条　书记长下设书记一人，并为便于处理总务事件起见，分设下列各股、室：

甲、文书股　掌管撰拟、收发、保管、缮校、印刷本会一切文件、表册及编订工作报告，会议记录等事宜。

乙、事务股　掌管一切会计、庶务及其他不属于各科、股之事项。

丙、财务室　掌管关于稽核各市县报销事项。

丁、图书室　掌管图书保管事项。

戊、无线电收音室　掌管无线电收音事项。

己、统计室　掌管党务及社会调查、统计事项。

庚、警卫队

各股室各设干事或助理干事一人或数人，承常务委员之命，书记长之指导，办理各该管事项。

本会录事均直属于文书股。

第六条　组织科设主任一人，内分指导、考核、调查三股。每股设干事一人，助理干事若干人。其职掌如下：

甲、指导股

一、指导下级党部关于组织方面之工作；

二、纠正下级党部关于组织方面之错误；

三、解答下级党部关于组织方面之询问；

四、参加下级党部之会议，并监督其选举。

乙、考核股

一、考核下级党部关于组织方面之成绩；

二、审查下级党部关于组织方面之工作报告；

三、办理党员党籍之登记及审查等事项。

丙、调查股

一、调查全省党务进行之状况及一切临时发生之纠纷；

二、调查各县市社会状况，并注意搜集与训政工作有关系之资料；

三、侦查一切反动分子。

第七条 宣传科设主任一人，内分指导、编撰、征审三股，每股设干事一人，助理干事若干人。其职掌如下：

甲、指导股

一、指导及考核下级党部关于宣传方面之工作；

二、指导全省党报及其他文化机关之组织及其工作，并纠正其错误，扶助其发展。

乙、编核股

一、根据中央宣传方案制订全省宣传实施程序；

二、撰拟及编辑一切宣传品。

丙、征审股

一、征集一切宣传品及刊物；

二、审查一切宣传品。

第八条 训练科设主任一人，内分党员训练，民众训练两股。每股设干事一人，助理干事若干人。另设童子军指导一人。其职掌如下：

甲、党员训练股

一、根据中央训练方案，规划全省党员训练事项；

二、指导下级党部关于党员训练之工作；

三、指导全省党员训练及党务教育机关之组织及其工作；

四、考查全省党员及下级党部工作人员之思想、言论与行动，并纠正其错误；

五、测验全省党员之政治思想及对于党之认识。

乙、民众训练股

一、根据中央民众训练方案，规划全省民众训练事项；

二、指导下级党部关于民众训练之工作；

三、指导民众团体之组织；

四、考核民众团体及下级党部关于民众训练之成绩。

丙、童子军指导员，指导全省童子军训练事宜。

第三章 会议

第九条 本会每周举行指导委员会议一次，并举行委员谈话会一次，其日期另定之。

第十条 本会关于讨论内部事务之进行，得由书记长召集书记及各科主任、各股干事举行谈话会。各科并得由各科主任召集各该科工作人员举行科务会议。

第十一条各科、股主任、干事谈话会及科务会议决定之事项，须呈经常务委员或委员会议核定后，方得执行。

第十二条　各科股主任，干事谈话会及各科务会议决定之事项，概不得对外发表。

各县市区党部

云南省党务指导委员会成立后，始正式开始发展各市、县党务。自十九年迄二十五年，先后成立二十二市、县党部。抗战军兴，本省党务更因时势需要而迅速发展。至二十七年底，云南省党务指导委员会奉令结束，时已成立党部之市县计有：昆明市、个旧、开远、昆明、楚雄、玉溪、昭通、建水、腾冲、澜沧、保山、宣威、会泽、镇雄、永善、宜良、蒙自、曲靖、大理、宁洱、墨江、富宁、罗平、澄江、易门、罗次、华宁、华坪、盐津、金平、呈贡、路南、河西等三十二县暨河口、麻栗坡两对汛区，共三十五单位。民国二十八年，省执委会成立，更推进马关、广南、文山、蒙化、顺宁、丽江、永胜、平彝、祥云、镇康、宾川、车里、西畴、泸西、寻甸、彝良、巧家、盐兴、思茅、元谋、龙陵、丘北、师宗、云县、缅宁等二十五县。二十九年，推进砚山、弥勒、佛海、南峤、安宁、景东等六县。三十年推进马龙、禄丰、元江、广通、永平、镇沅、石屏、新平等八县，及龙武、梁河、瑞丽、陇川等四设治局。三十一年，推进云龙、六顺、双柏、江城、沾益、姚安、大姚、弥渡等八县及宁浪设治局。三十二年，推进鹤庆、兰坪、威信、大关、绥江、双江、永仁、屏边、洱源、鲁甸、镇越、漾濞、景谷、曲溪、峨山、嵩明等十六县，碧江、德钦、贡山、泸水、福贡等五设治局。三十三年，推进邓川、牟定、昆阳、昌宁、凤仪、盐丰、晋宁、江川、镇南、禄劝、剑川等十一县并中缅未定界之卡瓦山，及盈江、潞西、沧源、耿马等设治局。三十四年一月，推进富民、陆良两县。计截至三十四年二月底止，本省成立党部者，计有一市、两对汛区、一百一十二县、十四设治局、一特区。未成立党部者，尚有三县、二设治局。兹将已成立之市、县、区党部列表如下：

云南省市县区已成立党部一览表

党部名称	成立年月	党部名称	成立年月	党部名称	成立年月
昆明市党部	三十年三月	昭通县党部	二十八年九月	保山县党部	二十八年九月
昆明县党部	二十七年六月	大理县党部	二十八年十月	个旧县党部	二十七年六月
曲靖县党部	二十九年十一月	蒙自县党部	二十八年九月	开远县党部	二十八年九月
楚雄县党部	二十八年三月	腾冲县党部	二十九年十一月	文山县党部	二十九年二月
广南县党部	二十八年九月	漾濞县党部	三十一年	砚山县党部	三十年一月
富宁县党部	二十八年十月	永平县党部	三十年	富民县党部	三十三年十二月

（续表）

党部名称	成立年月	党部名称	成立年月	党部名称	成立年月
宁洱县党部	二十八年八月	景谷县党部	三十一年	晋宁县党部	三十三年
车里县党部	二十八年十月	云龙县党部	三十一年	昆阳县党部	三十三年
石屏县党部	三十年	江城县党部	三十一年	江川县党部	三十三年
元江县党部	三十年	六顺县党部	三十一年	马龙县党部	三十年
宣威县党部	三十年三月	云县党部	二十八年九月	禄劝县党部	三十三年
建水县党部	二十九年五月	镇越县党部	三十二年	曲溪县党部	三十二年
蒙化县党部	二十八年十月	永善县党部	二十五年	峨山县党部	三十二年
会泽县党部	二十八年九月	华宁县党部	二十年十一月	盐丰县党部	三十三年
马关县党部	三十年二月	巧家县党部	二十八年五月	牟定县党部	三十三年
镇雄县党部	三十年三月	永胜县党部	二十八年	双柏县党部	三十一年
丽江县党部	二十八年十月	顺宁县党部	二十八年十月	新平县党部	三十年
澜沧县党部	二十八年十二月	寻甸县党部	二十九年六月	大姚县党部	三十一年
龙陵县党部	二十八年十月	墨江县党部	三十年二月	永仁县党部	三十二年
澄江县党部	二十八年五月	泸西县党部	二十八年十月	鲁甸县党部	三十二年
宜良县党部	二十八年八月	宾川县党部	二十八年九月	屏边县党部	三十二年
通海县党部	三十三年九月	彝良县党部	二十八年十月	邓川县党部	三十三年
沾益县党部	三十一年	佛海县党部	三十年三月	大关县党部	三十二年
姚安县党部	三十一年	南峤县党部	二十九年二月	洱源县党部	三十二年
弥渡县党部	三十一年	罗次县党部	二十九年九月	剑川县党部	三十三年
禄丰县党部	三十年	缅宁县党部	二十九年十月	镇沅县党部	三十三年二月
广通县党部	三十年	思茅县党部	二十八年十月	鹤庆县党部	三十二年
镇南县党部	三十二年	师宗县党部	二十九年七月	河口对汛区党部	二十七年二月
陆良县党部	三十四年一月	罗平县党部	二十八年九月	威信县党部	三十二年
嵩明县党部	三十一年	呈贡县党部	二十九年八月	昌宁县党部	三十三年

（续表）

党部名称	成立年月	党部名称	成立年月	党部名称	成立年月
景东县党部	三十年一月	盐津县党部	二十八年二月	兰坪县党部	三十二年
西畴县党部	二十九年九月	河西县党部	二十七年十月	绥江县党部	三十二年
平彝县党部	二十八年五月	路南县党部	二十九年十月	双江县党部	三十二年
丘北县党部	二十八年九月	易门县党部	三十年三月	弥勒县党部	二十五年
祥云县党部	二十八年九月	金平县党部	三十年三月	华坪县党部	二十九年四月
镇康县党部	二十八年三月	元谋县党部	二十八年九月	麻栗坡对汛区党部	二十七年九月
玉溪县党部	二十八年九月	盐兴县党部	二十八年九月		
凤仪县党部	三十三年	安宁县党部	二十九年十二月		
龙武设治区党部	三十年六月	盈江设治区党部	三十三年	德钦设治区党部	三十二年
宁蒗设治区党部	三十一年	梁河设治区党部	三十年	贡山设治区党部	三十二年
碧江设治区党部	三十二年	福贡设治区党部	三十二年	沧源设治区党部	三十二年
泸水设治区党部	三十二年	陇川设治区党部	三十年	耿马设治区党部	三十三年
潞西设治区党部	三十三年	瑞丽设治区党部	三十年	卡瓦设治区党部	三十三年

省直属区党部

自十九年省党务指导委员会成立后，曾于滇越铁路设立特派员办事处。至二十二年，奉中央令撤销，将铁路沿线区党员分别划归沿途各县党部。二十八年先后于俄文专修学校、云南省政府、昆华体育师范学校、南英中学、云南大学各组织直属于省之区分部。旋将云南大学区分部改组为区党部，划归中央直辖。二十九年，俄文专修学校党员离滇，该校区分部即予撤销。昆华体师及南英中学均因党员增加，扩组为区党部。并推设云南省行政人员训练所、财政人员训练所、玉溪中学、滇北矿务公司、云南邮务公会、新金记建筑工厂等区党部及云南公路局特别党部。三十年推设中国茶叶公司顺宁茶厂及省立开广中学、曲靖中学、开广农业学校、蒙自高级工业学校、个旧简易师范学校、丽江中学、会泽中学、腾越中学、普洱中学、景东中学、保山简易师范、石屏师范、大理中学、泸西师范、永胜中学、云瑞中学、楚雄中学等区党部。三十一年，改组行政人员训练所区党部为省训团特别党部，并推设民、财、建、教四厅及电政管理局、盐务管理局、高等法院、省会警察局、外交部云南特派员办事处、缅云师范、昆华师范、西畴简易师范、永胜师范等区党部。三十二年，推设社会处、中国农民银行昆明分行、云南省企业局、兴文银行、省卫生处、鹤庆师范、大理女子中学、临安中学、保山中学、护国中学、官渡农产制造职业学校等区党部。原新金记建筑工厂、玉溪中学、个旧简易师范、腾越中学、永胜中学、西畴简易师范区党部因党员离散，或因学校停办，分别予以撤销或改隶。三十三年，奉中央令，改省训团特别党部为区党部，并推进一平浪滇西企业局、昆明中央日报社、中央造币厂昆明分厂、云南文化服务社、云南省经济委员会、五金器具制造厂、昆明裕滇纺织公司等区党部，并将留昆华侨党员组织留昆海外党员区党部，以免华侨党员陷于游散状态。三十四年一月，推设云南个旧矿区劳工福利委员会区党部。又昆华体育师范区党部因学校改组撤销。将省直属职业党部列表如次：

云南省党部职业党部一览表

党部名称	成立年月	所在地方	备注
云南省政府区党部	二十八年	昆明市	即直属第一区党部
云南省公路局特别党部	二十九年	昆明市	
云南省民政厅区党部	三十一年	昆明市	即直属第二区党部
云南省财政厅区党部	三十一年	昆明市	即直属第八区党部
云南省建设厅区党部	三十一年	昆明市	即直属第三区党部
云南省教育厅区党部	三十一年	昆明市	即直属第七区党部
云南省电政管理局区党部	三十一年	昆明市	
云南高等法院区党部	三十一年	昆明市	即直属第十二区党部
云南省会警察局区党部	三十一年	昆明市	即直属第五区党部
云南盐务管理局区党部	三十一年	昆明市	即直属第四区党部
外交部驻云南特派员办事处区党部	三十一年	昆明市	即直属第十三区党部
云南省社会处区党部	三十二年九月	昆明市	即直属第六区党部
中国农民银行昆明分行区党部	三十二年八月	昆明市	即直属第九区党部
云南省企业局区党部	三十二年	昆明市	即直属第十区党部
云南省兴文银行区党部	三十二年	昆明市	即直属第十一区党部
云南省卫生处区党部	三十二年	昆明市	即直属第十四区党部
昆明中央日报社区党部	三十三年	昆明市	即直属第十六区党部

（续表）

党部名称	成立年月	所在地方	备注
云南文化服务社区党部	三十三年	昆明市	
个旧矿区劳工福利委员会区党部	三十四年	个旧县	
滇北矿务公司区党部	二十九年	会泽县	
云南邮务工会区党部	二十九年	昆明市	
新金记工厂区党部	二十九年	呈贡县	该党部于三十二年因工厂停办撤销
中国茶叶贸易公司顺宁茶场区党部	三十年	顺宁县	
滇西企业局区党部	三十三年	一平浪	
中央造币厂昆明分厂区党部	三十三年	昆明市	
云南省五金器具制造厂党部	三十三年	昆明市	
昆明裕滇纺织公司区党部	三十三年	昆明市	
俄文专修学校区分部	二十八年	昆明市	
昆华体育师范学校区党部	二十八年	昆明市	该区分部于二十九年因该校党员离滇而撤销
私立南英中学区党部	二十八年	昆明市	三十三年该校改组遂撤销
云南大学区分部	二十八年	昆明市	该区分部于同年改组为区党部
云南地方行政人员训练团区党部	二十九年	昆明市	原系特别党部、三十三年奉令改组为区党部
云南财政人员养成所区党部	二十九年	昆明市	
省立玉溪中学区党部	二十九年	玉溪县	三十二年因党员离散而撤销
省立开广中学区党部	三十年	文山县	
省立开远农业学校区党部	三十年	开远县	
省立曲靖中学校区党部	三十年	曲靖县	
蒙自高级工业学校区党部	三十年	蒙自县	
个旧简易师范学校区党部		个旧县	三十年因学校改组撤销
省立丽江中学区党部		丽江县	

（续表）

党部名称	成立年月	所在地方	备注
腾越中学区党部	三十年	腾冲县	三十年因学校改组撤销
省立会泽中学区党部	三十年	会泽县	
普洱中学区党部	三十年	普洱县	
景东中学区党部	三十年	景东县	
省立保山简易师范区党部	三十年	保山县	
省立石屏师范区党部	三十年	石屏县	
省立大理中学区党部	三十年	大理县	
省立泸西师范区党部	三十年	泸西县	
省立永胜中学区党部	三十年	永胜县	
省立云瑞中学区党部	三十年	昆明市	三十二年因学校停办撤销
省立楚雄中学区党部	三十年	楚雄县	
省立缅云师范区党部	三十一年	缅宁县	
省立昆华师范区党部	三十一年	昆明市	
省立西简易师范区党部	三十一年	西畴县	三十二年因学校停办撤销
省立永胜师范区党部	三十一年	永胜县	
省立鹤庆中学区党部	三十二年	鹤庆县	
省立大理女子中学区党部	三十二年	大理县	
省立临安中学区党部	三十二年	建水县	
省立保山中学区党部	三十二年	保山县	
省立护国中学区党部	三十二年	昆明市	
省立官渡农产制造学校区党部	三十二年	昆明市	
留省海外党员区党部	三十三年	昆明市	

党员统计

本省党员在二十七年以前原有“滇”字党员一一零九八人。截至三十三年底止，计有参加总报到、补行报到及转入报到旧党员 4,958 人。二十八年起，复征集新党员。计该年度征获 4,200 人；二十九年征获 10,200 人；三十年度征获 11,000 人；三十一年度征获 2,600 人；三十二年度征获 800 人；三十三年度征获 31,100 人。计“昆”字党员 56,811 人，“滇”字党员 11,089 人，总共有“滇”、“昆”字党员 67,900 人。其中除因死亡而注销之党员 153 人，因除籍而注销之党员 7 人，因重复而注销之党员 2 人，共计 162 人外，则本省党员现实有 67,738 人。

训练

干部训练

党务干部训练工作，本省除于抗战以前先后曾举办第一、二、三、四期党务训练班，共计毕业学员 328 人，均经分派工作外，抗战以来又先后举办党务干部训练班第一、二、三、四、五期。第一期毕业 112 人；第二期 47 人；第三期 62 人；第四期 71 人；第五期 73 人，共计 365 人。训练毕业人员皆分发省执委会及各县、市区党部服务，而昆明、禄丰等三十四县亦曾举办基层干部训练班四十班，计训练 1,700 余人。省执委会又为增进工作实效起见，复按本省党务督导区分组党务基层干部训练巡回示范队三队，由区督导员率同，轮赴各地举行基层党务之业务演习。此外，曾奉中央电令，迭次调派本省执委会委员及中上级职员，各县、市书记长、省妇运干部等共 75 人，参加中训团及新闻、妇女、新运等干部训练。

党员训练

本省党员训练小组，截至三十四年春季止，计直属省执委会者 10 小组，属于各县、市者 2,126 小组。曾将中央颁发之各项研讨大纲，政治情报翻印转发，以资研讨，并指导阅读《中国之命运》《党员须知》及翻印党员必读书刊。各县、市党部将研讨结果报执委会者，均分别核示汇存。对农工文盲党员之训练，亦曾遵照奉颁《训练纲要》及指示要点，饬各县、市党部查明，施以识字运动及相当政治教育。

历年工作概况

战区活动

自三十一年日军侵入滇西，腾冲、龙陵、梁河、陇川、瑞丽、盈江、莲山、潞西、泸水、卡瓦等地遂沦为战区。故对各该地党务，曾请中央发给特别活动费，俾于侦察敌情、破坏敌伪措施及组织便衣队、领导战地服务队等工作，多所努力办理，成绩尚称良好。梁河、陇川等党部，更能领导游击队随时予敌伪以攻击；保山、卡瓦两党部，组织战地服务队，侦察敌情，通报驻军；腾冲党部则率领同志，会同三十六师游击队及腾冲县政府，配合工作，与敌周旋。失地收复后，各该党部对于安抚流亡及发动民工赶修中印公路等工作，与有力焉。

征集知识青年从军

三十三年九月，本省党部奉令筹划办理知识青年从军。配定征额，男青年 2,100 名，女青年 300 名。当经积极筹划，分配各市、县征集，并于十一月十一日邀集有关机关人员，组织省征集委员会，开始办理，并通饬各市、县组织市、县征集委员会。三十四年一月十二日，将在省会登记之第一次检验合格男青年 824 人送交二零七师验收。次日，又送 155 名。十五日，省会各界举行欢送大会。嗣后，各县征获青年陆续送会集中，乃于每星期六转送一次。截至三月十七日止，已送入营者共计 2,428 名，计已超过定额。女青年报名人数已达 800 余名，于二月三日开始检验，计合格人员 206 名，分两次送渝训练。第一次送 116 名，第二次送 90 名。

战时社会服务

甲、慰劳

抗战以来，本省党部历年均有慰劳之举。二十七年至二十九年期间，六十军、五十八军及妇女战地服务团先后出发，省党部曾发动各界热烈慰劳。三十年又筹款，推派赵书记长澍代表前往慰劳六十军官兵。三十一年春节、秋节、空军节、民族复兴节等，均筹集经费，购备物品，推派代表，分别慰劳本省驻军及在滇中外籍空军与伤病官兵，并策动妇女会举办义卖，筹款慰劳滇西驻军及各县荣誉军人。三十二年，远征军受伤官兵七十余人，由飞机运滇疗养，党部推派代表前往慰劳。秋节与“七七”合并举行慰劳大会，慰劳驻军、抗属及在滇美国空军。三十三年，曾分令所属各县、市党部就地举办慰劳，并于省区就元旦举行各界音尊慰劳驻昆明中、英、美陆、空军高级将领大会。三十四年一月，会同社会处发动各界募捐二千五百万元，慰劳过境国军伤病官兵及知识青年军。

乙、征募

历年财政部发动募债及节建储蓄，本省党部均派员参加组织协助工作。三十一年，筹募同盟胜利公债，党部主任委员及书记长曾被聘为本省筹募分会主委及委员兼总干事。分会成立后，即照本省应募数额美金八百万元、国币二千万元，分别于省会及各市、县募足。对节建储蓄运动，亦派员参加工作，并由党部职员认捐美金七千五百元。三十二年度，奉饬储蓄国币三十七万五千元。除省由党部认储十五万元外，并分令所属各县、市党部劝储足额。三十三年，奉令购买国币公债，亦经照购在案。他如发动每年“七七”献金，成绩亦属良好。计三十年获献金二十余万元，三十一年获四十余万元，三十二年获二百余万元，三十三年获一千三百余万元。

丙、救济

本省党部于每年冬季均发动有关机关团体组织冬令救济委员会，筹募款购备赈米，分济贫民。三十一年度，曾购备赈米五百公石，制发赈券四万六千张；三十二年度，协助社会处发动购备赈米一千一百五十公石，制发赈券四万六千张；三十三年度，购备赈米一万五千公石，制发赈券六万张。此外，远者如黄河决堤、水灾、豫灾、印灾等，均曾筹款汇济；近者如本省历次水旱荒灾或因战事造成之灾患，亦经分别筹募救济。又如三十一年六月，自滇缅路撤回之侨民源源抵昆，衣、食、住、用、医药、教育、职业等，诸感困苦，社会秩序紊乱。党部龙主任组织云南各界救济侨胞委员会，由富滇银行先筹借巨款，统筹救济。设招待站、服务站、侨童识字班、保育所等，解决归侨各项问题，并筹划车辆，旅费及护送办法，陆续分别送回籍。又于本省腾、龙收复后之善后救济及来滇之湘、桂难民，均有相当妥善之救济。

丁、推进妇女运动

本省妇女运动，历年遵照中央法令，选派女同志组织省妇女会、省妇女运动委员会。截至三十四年止，计成立省妇女会一处，省妇运会一处，县、市妇女会三十五处，县妇运会九处，曾举办省、市、县妇女民众学校计十余班，组织妇女战地服务团、组织妇女抗敌后援会，工作尚有成效。

戊、协助训练工商人员

中央组织部为开展本省工矿党务，派员来滇主持本省工矿人员训练，本省党部亦曾经常派员协助。自三十二年四月七日起，截至三十三年止，先后训练云南裕滇纺织厂、个旧矿工及中央机器厂、电工器材厂、中央造币厂昆明分厂、五金工厂、云南纸烟厂、经济委员会印刷厂、火柴厂等工人，共开办训练十六期，计一千七百余人。又于三十三年内与本省社会处开办工商人员训练班，调训工商人员三期，共训练四百三十七人。

己、卫生保健

本省党部除指导所属推行夏令卫生外，并就省区组织夏令卫生运动委员会，办理宣传、倡导清洁扫除，检查惩奖等事项。每于传染病流行之时，由党部指导卫生机关举办防疫、注射、种痘等事项。迄三十二年，社会处成立，以上事项遂移归社会处办理。三十三年儿童节，党部曾协助社会处、教育厅举办儿童健康比赛，并指导各市、县党部策动举办运动会、童军大检阅、大露营及登高、划船等比赛，以奖进青年及民众体育。又倡导省区捕鼠运动，计三十二年内共办五期，共捕鼠五十七万余只，有裨益于卫生极大。

庚、文化运动

本省于三十二年孔子诞日成立云南省文化运动委员会。由龚委员自知任主任委员，赵委员澍、陈委员玉科为副主任委员，委员则聘各界领袖、名流学者担任。其主要宗旨在发扬本省文化事业，曾举办全省美术展览，提倡转移风气运动，举行文化运动座谈会，宣传守法运动，倡导尊师重道运动，重视国防科学运动。凡兹种种，其于本省文化之进展，收效颇宏。

宣 传

一、设立宣传机构

省执委会初设有宣传部，旋改为宣传科，继奉令扩大改组设置宣传处。除办理上级指示宣传工作外，并以各市、县党部为基层组织，由各市、县党部书记长设置专管人员，并与当地县政府设立宣传委员会，组织巡回宣传队及民众讲堂，中山室等，配合当地区分部，经常在民间深入普遍宣传，推动党政一切措施。二十九年，奉令饬各县、市区党部，遵照所颁《县、市宣传组织及工作纲领》，迅速成立宣传委员会，健全机构，推广民众讲堂，陈列书籍画报，并普设宣传区分队深入民间宣传。办理以来，各属成立宣传委员会者，计有昆明、蒙自、保山等六十四市、县区；成立民众讲堂者，计有曲靖、西畴、广南等三十县区；成立宣传队者，计有姚安、富宁、云龙等二十县区。

二、党义宣传

本省对于党义宣传，战前常向中央请领党义书籍，分别赠阅、销售。三十一年四月，曾将总理遗教翻印四种——《三民主义》《建国大纲》《建国方略》及《重要演讲》四千册，在物力维艰、供不应求困难情形之下，缜密分配，其数虽微，已稍能解决同志之企望。又鉴于主义应深入边地，使边疆人民深刻认识，特将《三民主义》译为苗文，并译僰文《党义通俗读本》，解决边地党务宣传之困难。又于二十八年编刊《云南党务》，尽量刊登阐扬党义及政纲、政策之论文以外，各机关党部于每星期一举行总理纪念周时，均须讲读总理遗教。

三、政令宣传

本省在二十五年即试行征兵，训练常备队。抗战军兴，兵役征调频仍，党部配合政府对于役政实施，编拟纲要，扩大宣传，使征调顺利。尤以滇缅战事爆发，兵工繁杂，未有逃逸抗役之现象。又自二十九年后，大军云集，本省征实征购军粮，均由人民运输，各地党部随时宣传鼓励，人民节衣缩食，踊跃输将，军粮无匮乏之虞，将士有必死之心，实为宣传之效。

四、国际宣传

国际宣传事宜，前以缅甸会议及新闻界访华团与英国议会访华团及美国副总统华莱士莅昆，均由党部发起各团体盛大欢迎招待，并引导参观本省各种良好设施。又举办英语演讲，借以沟通中外文化之交流。建议中央在昆创办英文报纸，供给在滇盟友阅读。

五、书报杂志宣传

本省党部曾于十九年创办《民国日报》，发行迄今已十余载，订户普及三迤，以是对党务之宣传，民智之启迪，收效颇大。至于各县简报，出版者已有昭通等二十余属，其余尚未办理简报各属，亦在督饬加紧筹办中。通讯方面，则有省党部主办之云南通讯社，对党务及政府法令均有相当之宣传。刊物方面，则有省党部前出版《云南》半月刊、《评论周报》及《云南党务》等，惟均已停刊。现复办有《青年之友》杂志，系以学校青年及从军青年为对象。

本省党务在省指导委员会成立之初期，各县、市、区党务组织，因其进展程度之差异各有不同，正式党部及指导委员会以中央之法规为主，各县、市、区依法另定之法规为辅。至于党务指导员办事处及特派员办事处，则为云南下级党部之变通组织，其规程十九年十二月曾由云南省党务指导委员会制定颁行，附录于下：

附：《云南省县市铁路党务指导委员特派员办事处组织条例》

（民国十九年七月十六日省指委会第二十五次常会议决通过。十九年十二月六日省指委会第四十七次常会议决修正通过）。

第一条　省党务指导委员会为推进本省党务，应事实上之需要起见，特委派指导委员或特派员一人至三人，赴各县、市或铁路区域组织办事处，指导党务。其任务如下：

1. 秉承上级党部之命令，办理该县、市或铁路区预备党员之征收及固有党员之登记、考查、训练等事宜；

2. 筹备区分部及区党部之组织；

3. 调查该县、市或该铁道区党务及社会状况；

4. 办理全县、市或全路区民众组织及训练事宜；

5. 筹备全县、市或全路区代表大会，并正式成立县、市党部或铁路区特别党部。

第二条　办事处于必要时得呈请省指委会组织部委派助理员，助理一切。

第三条　办事处之组织如下：秘书；组织科；宣传科；训练科。

第四条　秘书由指导委员或特派员互推常务委员一人担任，主持全处常务。

第五条　组织、宣传、训练三科，各设主任一人，由指导委员或特派员及助理员互推担任，主管该科一切事务。

第六条　指导委员或特派员仅一人时，三科主任职权可由干事暂代，受秘书之直接指导及监督。

第七条　秘书及各科之下，得视事务之繁简，酌设干事、助理、录事若干人，由办事处以考试方法选用之。

第八条　办事处职员除委员外，至多不得过十二人。其因特别情形必须增用时，应先呈请省组织部核准。

第九条　办事处之存立期限，以各该县、市党部或该铁路特别党部正式成立之日为止。

第十条　办事处办事细则另定之。

第十一条　本条例如有未尽事宜，由省组织部提请常会修改之。

第十二条　本条例自省党务指导委员会常会议决后施行。

云南省县、市、区各级党务指导委员会之工作，除根据中央颁布之《省党务指导委员会工作大纲》《县、市党务指导委员会工作大纲》推进外，十九年三月复由云南省党务指导委员会制定《云南省县、市党务指导委员会或指导委员、特派员工作大纲》以为辅。兹录如下：

附：《中国国民党云南省县、市党务指导委员会或指导委员特派员工作大纲》

（民国十九年三月二十九日省指导委员会第五次常会审查通过）

一、工作原则

此次整理各地党务之目的，在确定本党基础，征求预备党员，组织健全之各级党部。是以此项工作关系于本党前途至密且巨，各县党务指导委员为直接担负此项工作及指导基本组织之人员，责任尤为重大。故当开始工作之时，即须认定下列各原则：

1. 严密组织，以巩固党基；

2. 牺牲成见，以期集中力量，统一意志；

3. 征收预备党员，宁缺勿滥；

4. 组织区分部，区党部，宁缺勿滥；

5. 绝对打破操纵选举观念。

二、工作类别

1. 训练全县、市党员；

2. 宣传党义及政府之施政方针与政绩；

3. 调查全县、市政治、经济及社会状况；

4. 实施七项运动及社会事业之发展，以建立地方自治之基础；

5. 办理全县、市征求预备党员事宜；

6. 成立健全之区分部、区党部及县党部。

三、工作实施

甲、关于组织

1. 成立县、市党务指导委员会或指导委员办事处：

（子）县、市党务指导委员为三人者，应成立党务指导委员会，参照《县执行委员会组织条例》之规定，其内部组织及工作人员，须就事实上之需要，尽量缩小范围。

（丑）县党务指导委员只有一人时，得成立县党务指导办事处，酌用助理数人。

2. 接收以前各级党部一切文件、表册；

3. 调查全县、市已领有新党证之党员人数；

4. 依照区分部、区党部划分办法，规划全县、市党区之划分；

5. 组织区分部及区党部。

（子）区分部　凡某区域内领有新党证之党员满五人以上者，由县、市党务指导委员会派员前往指导组织区分部。

（丑）区党部　凡某区域内已有三个以上之区分部组织成立时，由县、市党务指导委员会推派委员，前往筹开全区党员大会或代表大会，指导组织区党部。

（寅）直属区党部　凡党员人数足以组织正式县党部之县、市，其所属之某区域内党员人数不能组织区党部，事实上又不能划入邻近之区党部者，得组织直属区分部，直接受县、市党部之指挥监督。

乙、关于宣传

1. 遵照中央宣传方案，负全县、市内宣传之责；

2. 指导下级党部或直接派员赴各乡村作普及党义之宣传，务使全县人民明了主义，以完成军政时期开化人心之工作；

3. 协助政府在开始实行地方自治之际，竭力宣传下列各事之利益，以便政府之推行训政而无所阻碍：

（1）清户口；（2）立机关；（3）定地价；（4）修道路；（5）垦荒地；（6）设学校。

4. 宣传七项运动；

5. 宣传政府之施政方针及政绩；

6. 制止反动宣传。

丙、关于训练

1. 遵照中央颁布之《训练党员工作方针》，训练全县、市党员；

2. 遵照中央颁布之《人民团体组织方案》及《各项民众团体组织法》，指导人民团体之组织，并予以训练；

3. 遵照中央颁布之《训政时期党务工作方案》，指导各级党部及全县、市党员，提倡社会事业之发展。

丁、关于调查

1. 遵照中央颁布之《社会调查纲要》，分期施行；

2. 调查全县、市内各级党部及党员活动情形；

3. 调查全县、市有无反动分子之活动；

4. 上级党部临时交下调查之事项。

戊、关于视察

1. 县党部委员应轮赴各区党部及各区分部实地考核，并指导工作；

2. 视察区党部及区分部之组织是否健全，及其工作进行状况；

3. 视察区党部及区分部之工作人员及党员之思想行为与工作能力。

己、关于经费

1. 各县市党务经费，应遵照《各级党部经费支配办法》及省党部之规定，编制预算，呈请上级党办核准后节省开支，不得超过。

2. 各县、市党务经费收支结算，应按期逐级呈请上级党部核销备案。

四、工作报告

1. 各县、市党务指导委员会，应将其每次会议记录，于会议完毕后二日内，呈报省党部审核备案。

2. 各县、市党务指导委员会或指导委员，应于每周向省党部报告工作一次。

3. 各县、市党务指导委员会各部、处，每月应将其工作情形依照规定之报告要点，据实呈报上级党部各主管部、处。县党务指导委员只有一人时，亦应每月报告工作一次。

五、组织成立正式县、市党部或直属区党部或直属区分部

1. 成立正式县、市党部　凡已有三个以上正式区党部成立之县、市，该县、市党务指导委员会须呈请省党务指导委员会派员视察，经认可后，始得筹备全县、市代表大会或党员大会，选举执、监委员，成立正式县、市党部。

2. 成立直属区党部　凡党员人数在五人以上，不足组织区党部之县，该县党务指导委员须呈报省党务指导委员会，经核准后即须召集党员大会，选举执行委员，成立

正式直属区分部，直接受省党部之指挥、监督。

六、工作结果

县、市党部成直属区党部或直属区分部正式成立后，县、市党务指导委员会或县、市党务指导委员办事处即行呈请撤销，并将整理党务工作总报告及收支总决算汇报省指导委员会备案。

民国云南通志长编卷十二

议会一

序

民治国家，首重实施民权。而实施民权，则须先完成地方自治及实行选举，成立民意机构。我国在清末虽有咨议局之设，然仅具形式而已。民国后，各级议会亦几经兴废。在国民政府成立之前，本省有省议会及各级自治组织，亦曾选出国会议员，虽未能贯彻民意，然亦民权运动一段史实也。兹分述如次，而以国民会议代表殿焉。

各级自治之变迁

云南创办自治，始于前清末季预备立宪之时。光绪三十四年三月开办云南全省自治总局，置官绅局长各一人，内设四科：曰考订、曰编查、曰文书、曰庶务，附设自治研究所。通饬各府、厅、州、县，选送地方负有声望士绅入所肄习，名曰“学员”，毕业之后，分派各府设立自治传习所，各厅、州、县设立自治宣讲所。其时，全省地方均已宣传殆遍。旋遵中央令，改为云南全省自治筹办处，官绅局长改为官绅总办，其他内容，悉仍其旧。随又颁布《城镇乡地方自治章程》及《厅州县地方自治章程》，是为上下两级制，当由筹办处区划督促。至宣统三年，全省上下两级自治均已先后完成。民国成立之初,改称自治总局。并将自治研究所改为自治学校。未几,民政司成立，遂裁局并司，并将自治学校归并法政学校附设自治班办理。至于自治制度，仍沿清制赓续进行。兹略述《自治章程》之大要如下：

《城镇乡地方自治章程》之大要:（一）厅、州、县城厢地方为城，城厢以外之市镇、村庄、屯集等各地方，人口不满五万者为乡，五万以上者为镇。（二）城、镇、乡均设议事会，为议决机关。议员名额依人口多寡为标准。城、镇议事会，至少二十人，至多六十人；乡议事会，至少六人，至多十八人。（三）城、镇执行机关为董事会，系合议制；乡之执行机关为乡董，系独裁制。（四）议员之选举为限制等级选举。凡住居于城、镇、乡内现有住所或寓所者，为居民；居民中，凡有本国国籍男子，年满二十五岁，继续住居本城、镇、乡三年以上，年纳正税或地方公益捐二元以上者，为选民，得选举或被选举为自治职员。选举人分为两级：就选举人中择其年纳正税或公益捐较多者若干名，计其所纳之额，足当选举人全数所纳之半为甲级，其余选举人为乙级。两级选举人分别各选议员半数。其被选举人不必限定与选举人同级。如议员全数不能平分者，先按两级各分半数，其所余单数，由甲级选举之，若甲级选举人少于该级应出议员额数者，除各举一名外，其余额归入乙级选举之。（五）城镇董事会，以总董一人，董事一人至三人，名誉董事四人至十二人组织之，均由议事会于选民中选举。但总董须选出二人，由地方行政长官择一任用。董事于选出后，须经地方官核准。乡设乡董、乡佐各一人，由议事会于选民中选出，经地方官核准。

《厅州县地方自治章程》之大要：（一）厅、州、县自治区域，以各该厅、州、县之行政区域为准。（二）议事会为议决机关。议员人数以所属地方人口之总数为标准，最少二十人，至多六十人，依各城、镇、乡人口之多寡分配之。即以城、镇、乡为选举区，以城、镇、乡选民为选民。（三）参事会亦为议决机关。参事员由议事会议员中互选，其人数以该议事会议员总额十分之二为定额，会长由该厅、州、县地方官充任。（四）厅、州、县地方官署为执行机关。

民国二年，因裁府、厅、州，一律改县，于是修正《厅州县地方自治章程》为《云南省暂行县地方自治章程》，修正《城镇乡地方自治章程》为《云南省暂行城镇乡地方自治章程》，而其内容则一仍其旧，当由民政长通令全省一律遵照办理。其文由内务司案呈："上下两级自治，曾经前司奉令迭次通饬各属赓续办理，所有一切办法，均系沿用前清旧日所定章程。查此项章程，经屡年研究，始行规定，颇称完善。当此新章尚未颁布，且大总统又有通令，所有从前施行之法律，除与国体抵触者应失效力外，余均暂行援用。例以此项条文，则上下级自治，沿用旧日章程，似亦非无所依据。惟字句之间，间有为民国所宜忌讳，未便再为引用者。兼且新官制业经颁布，凡府、厅、州、县，一律称县，则凡上级自治以府、厅、州、县并称者，现在已不适用，自不能不暂为删订。本司悉心研究，拟将各章程内所有前项不适宜之各等字样，分别删正。上级自治章程即定名为《云南省暂行县地方自治章程暨选举章程》；下级自治章程定名为《云南省暂行城镇乡地方自治章程暨选举章程》，以崇民国体制。庶于变通办理之中，仍寓率由旧章之意，一俟新章颁发，即将此项章程取消。再此项章程，既系仍旧，似勿庸再咨省议会通过，除将删定章程各二份，以一份备案，以一份函送省议会备案外，所有由司另行改定章程各缘由，是否有当，理合具文呈请查核，训令通行，等情。据此，查增订上下两级自治章程暨选举章程，详核甚属妥协，除函送省议会一份备案外，合亟通行遵照。"

民国三年二月，中央政府通令各省各级自治一律停办。自治进行，从此为之中断。

民国三年十二月，中央政府公布《地方自治试行条例》为一级之地方自治制度，其大要可谓为区自治。区从县而划分之，一县得设四区至六区自治区。以该省行政区域管县若干除该省行政区域户口总数为县户口之平均额，再折衷以六区除一县户口之平均额为一区户口之平均额。区之人口满一区平均额以上者为"合议制自治区"，设区董一人，自治员六人至十人。区董由选民公选三人，由县知事择任。自治员由选民照定额选举二倍，由县知事择任。自治员组织自治会议，以区董为会长。区之户口不满一区之平均额为“单独制自治区”，仅设区董一人，无自治员。自治机关直接受县知事之监督，议决事项，须经县知事之认可，方能执行。选民资格，取严格限制主义，除国籍、年龄及住居年限之限制外，尚须年纳直接税十元以上，或有价值五千元以上之不动产者，始为合格。但品学素优及以巨资办理地方公益者，虽无此项资格，仍有选举权。此项自治制度，论者谓束缚人民自治权，使自治团体屈服于官吏势力之下，殊失自治本旨。然实际上本省并未实行，惟既系中央政府公布之制度，姑记其大概如此。

民国八年秋，由国会制定《县自治法》《市乡自治制》，由北京政府公布。时以本省在自主期间，并未施行。

民国九年，云南省长周钟岳规复自治。先于省城设立全省地方自治筹备处，以为筹备一切进行之总机关。处长一职，即由省长兼任。复委派专员赴日本考查自治。即于是年制定《云南全省暂行县地方自治章程暨选举章程》《云南全省暂行城乡地方自治章程暨选举章程》，提付省议会议决，公布施行。县地方自治，统限于民国十年各县一律成立；城乡自治，即限于县自治成立后两年内举办。由自治筹备处按照程序，通令各县选举县议事会议员。十年九月，各县议事会、参事会均先后成立，上级自治已完全办齐，自治筹备处裁撤。其大要分列如下：

《县自治章程》之大要：（一）县自治区域，以其现在之行政区域为准。（二）县设自治机关，为县议事会、县参事会、县知事及自治委员。（三）县居民凡有本国国籍之男子，年满二十岁，并继续住居县属境内二年以上，具有下列资格之一者，有选举县议员之权：（甲）年纳国税或地方公益捐一元以上者；（乙）有动产或不动产二百元以上者；（丙）国民学校以上毕业或与有相当之资格者；（丁）曾任或现任公职及教员者。（四）被选资格与选举人同，但须年满二十五岁。（五）县议事会为议决机关。议员员额，以所属地方人口之总数为准。总数在十二万以下者，以二十名为定额；自此以上，每加人口二万，得增设议员一名，但至多不得过六十名。（六）县参事会亦为议决机关。参事员以该县议事会议员十分之二为额，由议事会选出，函经县知事认可，呈请省长任用。县知事为参事会会长。（七）县知事及自治委员为执行机关。自治委员之进退，由县知事掌之。自治委员之掌收支或经理公款、公产者，非经县议事会或参事会之保证，不得任用。（八）县议事会认县知事执行政务有违法越权或妨害公益时，得以全体议员四分之三出席，三分之二以上可决，提出弹劾案，函请省议会审议，转咨省长查办。县知事认县议事会为违法越权或妨害公益时，亦得声明理由，呈请省长解散之。但须得省议会之同意。

《城乡自治章程》之大要：（一）县治城厢地方为城，其余村落等地方联合为乡。（二）城自治机关为议事会、董事会，乡自治机关为议事会、乡董、乡佐。凡乡之人口满三万以上者，得将乡董、乡佐改设为董事会。乡有人口过少，其选民全数不足议员最少定额十倍者，得与邻近城乡合并办理。如合并实有不便，得不设乡议事会，以乡选民会代之。（三）城乡选举及被选举资格，与县自治同。（四）城乡议事会为议决机关，城议事会议员以二十名为定额，至多不得过六十名。乡议事会议员至少六名，至多不得过六十名，乡选民会，议员无定额，以本乡选民全数充之。（五）城乡董事会或乡董、乡佐，为执行机关。董事会各设总董一名，董事二名至六名，名誉董事四名至十二名。总董、董事及乡董、乡佐，由城乡议事会选出，函经县知事认可，分别任用。（六）城乡议事会认城乡董事会或乡董所定执行方法有违法越权或妨害公益时，得声明理由，止其执行。若城乡董事会或乡董坚执不改，得函请县议事会公断。若于县议事会之公断有不服时，得函由县知事核断。如再不服，由县知事呈请省长，交省议会公断。城乡董事会或乡董认城乡议事会议决事件有违法越权或妨害公益时，亦得声明理由，函交复议。如仍执前议，其办法亦与上同。（七）城乡议事会认县知事执行政务有违法越权或妨害公益时，得提案议决申述理由，经由县议事会议决，函请省议会复议，咨请省长核定，停止其执行。县知事认城乡议事会、董事会有违法越权或妨害公益时，得经县议事会之同意，呈请省长解散该会及撤销自治职员。

上项县地方自治，于民国十年九月，各县已一律成立。依照原定办法，城乡地方自治，应于县自治成立两年内举办。十一年，已由省长通电各县，继续筹办城乡自治。旋因当局者以为《城乡自治章程》所规定之乡自治，系合并若干村落而组织之一种团体，既不以村落为本位，则村民对于乡之关系，当不如对其本村之较为密切。且本省各县地方，往往区域辽阔，交通不便，一乡之区域，多有绵亘百余里者，村际间关系向已薄弱，使之共同联合而组织一团体，村民仍不能发展其自治之本能，实际上必成为县、村间一种中级机关。而一切下级地方自治事务，仍归入村中自行组织之团体办理。与其虚设机关，无济事实，不如废除乡制，直接采取村制或市制，反觉切于实用。遂于民国十二年，由内务司呈准省公署，组织制定市村自治条例委员会，制成《市自治条例》《村自治条例》各一种，提经省务会议议决，咨由省议会议复公布施行，其令文曰：“查共和精神，首重民治；民治基础，厥在地方。吾国地方自治之推行，肇自清季。民国以还，遭时多艰，甫经萌芽之民治，遂摧残以尽。本省长以政治演进之原动力既属于地方自治团体，特于九年，通令全省筹备规复。迄今上级之县自治，均已先后成立。考查成绩，规模粗具。顷复改订县制，分期实施，从此督促有方，当不难日渐进步。下级自治，照原令计划，限于县自治成立两年后一律成立。曾于十二年七月，通令各县积极筹备。嗣据呈复能遵令依限成立者尚居少数，余则请准分期筹办，或请展缓年限。本省风气晚开，自治陶育尚浅，所呈困难自属实情。惟上下两级自治，有相维相系之作用，有上级而无下级，则基础不固，设备未全，民治精神何能贯彻？故无论如何，不得不设法改进，期早成立。最近下级地方自治办法，各国咸趋重市村，诚以范围缩小，人民均得直接参与地方政事，本自决之精神，为自由之发展。本省前颁《乡自治章程》，颇有病其范围较大、不易联络办理者。本省长体察情形，爰一面设立全省市村自治条例委员会，遴委人员，从事拟订；一面通电各县暂将筹备城乡自治事宜，停止进行。嗣据兼拟订自治条例委员会委员长吴琨，将该会拟就市村自治条例各种草案，具呈前来，当经提交省务会议议决，咨由省议会议复，请即公布施行。查此案所订条例，为《暂行市自治条例》《村自治条例》《市村自治委员会条例》《市村和解会规则》《市村户口编查规则》《市村人事登记规则》《村民会规则》共七种。市村自治在本省系初次创办，凡条例之所规定，一以保育为主旨，并注意于公民资格之养成，政治常识之训练，予以适宜机会，使市村人民咸起而参加民众政治之运动。市村自治委员会，为市村自治团体之督促指导机关。此在未改新制之县，不得不特组此种委员会，以为全县市村自治事宜进行之枢纽。若在业已施行新县制县份，则市村委员会职责，即由该县县长督同县参事办理，应不再设委员会。和解会之设，则予市村自治团体调解人民细故争执，期杜乡曲武断之陋习，借助司法机关之不逮。至户口编查、人事登记为一切行政基本，将来市村自治团体组成，应即分别积极办理。兹将条例、规则一并公布，各地方官于奉到后，应先期集绅商议，筹备一切。所有前颁《城乡地方自治章程》，应即废止，除分令暨此项条例、规则所有省内各机关业于颁布新县制案内合订印发不再令发外，合将条例规则分别检发，令仰该县即便遵照，并先检发所属暨布告人民一体遵照。"观此，可知当日改订市村自治之大概。同时，复改订云南全省暂行县地方制度。先由昆明、宜良、阿迷（今改开远）、蒙自、个旧、会泽、腾冲、思茅等八县办起，即自十三年七月一日实行。其余各县，以次分期实施。关于县制改革部分，计《新订暂行县制》《县议会议员选举章程·附施行细则》《议长副议长互选规则》《县行政官任用条例》《县参事选举章程》《县教育局章程》《县实业局章程》《县警察局章程·附处务规则》《警员叙委条例》《警察官吏奖罚规则》《县团保局章程·附团保通则》《县财政局章程·附办事规则》《监察委员会办事规则》等十六种，公布施行。而所订各项规章中，以县制及市村自治条例两种规划颇详，雅得各省之推重。内政部制定现行各种自治法规，亦多所采取。此在本省自治史上，不可谓非光明之荣誉也。兹将公布令文录后："查今世政治之演进，以民治主义为极则。民治之发达，基于地方制度之完善。吾国县治，为构成国家本位与地方自治基础。国家行政之措施，固皆以县为总汇；地方自治之发达，尤莫不以县为策源。顾现行县地方制度，乃远追历史上递嬗之成规，凡百政事，综于一人，而行政，而司法，而经征，当局每有丛脞之虞，政治遂呈闭塞之状。自自治制度推行以来，复划分行政若干部分，属诸自治团体。夷考其实，则此等自治事务，无一不为官治所包举，自治团体，徒有虚名，官治民治，交失其用。夫以政治根本所寄之县，其制度乃与现今情势处处抵触难行，求其治理，宁属可能？本省自十一年秋改组省政府，上级行政视前已有变更，市村自治实施在即；低级行政，亦不难徐图整理；县之一级，介处其间。若非及时革新，将旧制之不适现情者分别变通，量为损益，殊不足以谋行政精神之贯彻，而应时势之要求。曾饬及各主管司先后提出改革计划，呈经省务会议议决，由各司详拟办法，并由本省长委员设会，将所拟规章，先行提付审查，逐一研议通过，由司具呈前来，复经提交省务会议议决。统核此次改革大要，分为县司法独立，省财政统一，县地方制度改革三端。除司法、财政两部分规章另案公布办理外，关于县制改革部分，计有十六种。查本省自上级县自治恢复，三年于兹，虽各县议、参两会先后组成、究之地方事宜，未能多所发展。官则政令繁赜，务广而荒；自治团体，非因循误事，则越权害事。故此次改革，以县司法独立，县之省财政统一为先务。司法、财政既脱离县行政公署范围，使县地方官得淬其全力，以治行政事务。更纳地方各行政机关于县行政公署之内，俾直接督促，各治其事，一方面更加重县参事职权，导人民实行参与县政，力矫往日官民隔阂之习。此外，如县政之公开，所以集思广益；财政之统一，所以祛杜弊端。凡县制之所规定，均注意于官民共治精神，期以渐进改良，谋致地方乐利。所有施行新制办法，并经省务会议议决，先自昆明、宜良、阿迷、蒙自、个旧、会泽、腾冲、思茅等八县办起，即自本年七月一日实行。其余各县，以次分期实施。此后，已实行新制县份，政权既已分立，责任各有专寄，即当按程课功，每六个月考核成绩一次，用别殿最，以申奖惩。又已照新制改革之县，所有旧日法令，与新制及各种附属章则有抵触者，均应一律废止，藉免分歧。方今民治潮流，风靡一时，政治改造，尤当力起直追。各该地方有司暨全省人士，其合力前迈，共图上理，县政有改进之希望，而后之省政发展可期，抑必各县充分养成自治之能力，而后全省政治之精神乃完全表现也。救国自救，端基于此，愿共勉之。"

民国十六年，本省改组省政府为省务委员会。时国民政府成立，全国统一，依照国民党设施程序，则军事初定，训政肇端，省、县议会均不应于是时成立。奉令停办自治，当经省务委员会议决，各县县议会、参事会，应即收束，其房屋、卷宗、器物、经费等项，交由各该县署接收保管，通令一体遵办。自治事宜，又为之停顿。

民国十八年，军政告终，国民政府积极从事于训政工作，先后公布《县市组织法》及各种地方自治法规，明令督催各省，照分期施行一览表之规定，推行地方自治。本省适以讨逆用兵，反致停顿。越年，盗匪肃清，地方安谧，省政府乃得厉行整顿内政，办理自治。即于民政厅内添设云南全省地方自治筹备处。先办训政讲习所，以训练县长及自治公安人才各两班，继办区长训练所，共一十五班，以为人才之储备。并以经费为先决问题，由民政厅规定办法三项：（一）由各县拟定完成区、乡、镇、闾、邻经费预算书，呈厅核夺。（二）清理各该县固有自治经费，如已移作他用者，应限至十九年底一律拨还，未移挪者，专款保存。（三）固有自治经费如有不敷，得由各该县斟酌地方情形，或就团款划拨，或另拟筹集方法，呈候核定，通令各县限期呈报。才财两项既有相当办法，遂依照中央颁发各项程序规定，将全省所属分为三期完成。拟定《训政时期云南完成县自治实施方案分年进行程序表》，通行遵办。又拟定《云南省完成第一期县组织进行期限表》，令饬第一期推行自治各县，依期组织区、乡、镇、闾、邻各级自治机关。观此二表，即可知当时本省办理之程序。兹将表式附录于后：

训政时期云南完成县自治实施方案分年进行程序表

纲领	分目	进行程序					备考
		第一期	第二期	第三期	第四期	第五期	
		十九年	二十年	二十一年	二十二年	二十三年	
厘定自治系统	划一自治制度	本省道制业已废除，在第一期实行自治之县，其县佐应一律取销。					第二期、第三期实行自治各县，至开始举办时，其县佐亦一律次第取消。
	确定自治组织	市县组织法业已颁布，应督促各市县依限组织完成。	同左	同左			
储备自治人才	地方行政人员考试训练及任用	一、考试及训练县长初期已毕，陆续任用。 二、甄拨及训练县长暨其他行政人员，定本年度终训练完毕，依法任用。	一、继续训练县长。 二、本省各县所属局长、科长等，未经训练者应照部颁训练所章程，于本年度内分别训练，依法任用。	同左	同左	同左	
	地方自治人员考试训练及任用	一、训练筹备自治人员。二、现照部颁区长训练所条例，每县按照划定区数，选送学员二人，并由省招考区长两班入所训练。 三、经本所训练考试及格学员分派各县充任区长。 四、依法成立区公所。 五、各县分别实行乡、镇、闾、邻等长之训练。六、初期训练完毕。	一、照部颁区长训练条例，继续训练区长。 二、边远冬各县有未经成立区公所者应继续依法成立区公所。 三、各县继续分别实行乡、镇、闾，邻等长之训练。	同左第三款	同左	同左	

（续表）

纲领	分目	进行程序					备考
		第一期	第二期	第三期	第四期	第五期	
		十九年	二十年	二十一年	二十二年	二十三年	
完成县市组织	组织县市政府	一、依照县组织法，厘定各县等级，改组县政府。 二、各县政府及各局，应于本年度组设完竣。				一、完成县自治，县民使用“四权”。 二、实行县长民选。	查民选须各县民众能运用四权，故训练民众务须依限办到。
	组织区乡镇闾邻	一、由民厅令各县整顿疆界，绘图审核。 二、令各县依法划界，区及各区之乡政自治区域绘具界线图说及名称，面积、户口、交通、经济概况等列表具报。 三、划定各区成立区公所，遴委区长。 四、划定乡镇成立乡镇公所，选任乡长、镇长。 五、各乡镇选任乡镇监察委员，成立乡镇监察委员会。 六、各乡镇编定闾邻，选任闾长、邻长。 七、区乡镇闾邻组织完毕。	地居边远，展期推行自治各县，应继续同上第三、第四、第五、第六、第七各款办理，务于本年度内，依法组织完竣。	一、省政府得斟酌各县情形咨准内政部实行区长民选。 二、同时选选举监察委员，组织察委员会。 三、同时选举参议员，成立县参议会。 四、同时乡镇长之选举罢免，由乡民大会或镇民大会宜接行之。	同左	同左	

（续表）

纲领	分目	进行程序					备考
		第一期	第二期	第三期	第四期	第五期	
		十九年	二十年	二十一年	二十二年	二十三年	
训练人民	实施训练	一、县政府协同党部提倡识字运动。 二、由各县政府编定白话刊物，广为宣传。 三、县政府派员分赴各地举行巡回演讲。	同上第一、二、三条。 四、学校训练由县之中小学校注重党义，以训练学生启迪新知。 五、团体训练由区公所，乡镇公所等于集会时演讲四权之性质及其运用，并随时按照民权初步之秩序形式办理，使人民得练习使用四权之机会。 六、职业训练使各区乡镇内之各种职业人民就其类别督促组织团体，于集会或开会时由区长、乡镇长等随时讲演党义及四权，并就其团体内部监督指导，使为自动之练习。	同左	同左	同左	查自治之完成，要在民众精神上能于实施四权，若徒注重形式而不同时由训练民众入手，则县自治县虽依限完成，而民众之头脑仍属腐旧。既不知使用四权，则各级自治机关人员终为土豪劣绅所把持，全民自治仍无实现之一日。故对于训练民众特加严重。盖欲形式与精神互相贯彻，以求真正自治之实现。

（续表）

纲领	分目	进行程序					备考
		第一期	第二期	第三期	第四期	第五期	
		十九年	二十年	二十一年	二十二年	二十三年	
确定自治经费	确定经常费	一、由民厅分令各县速将原有各种收入详细胪列，造册呈报，并附说明，由厅审核，作为自治经常费用，其不敷者呈请省府，由省赋税项下酌量划拨补助。 二、民厅审定各县收入后，确定县地方行政及自治经费额数。以上二款均于本年度办竣。	一、令各县长督同所属行政人员、自治人员，极力整理全县土地、山林、矿产、水利及其他公共事业以求收入之增加，用以扩充地方行政及自治经费。 二、由各县政府按年度编造预算。 三、由各县政府按年度编制决算。	同左	同左	同左	财为办事之母、在励行自治之先，必财政确有把握方能进行无碍。然在百废待兴之时，必须量出为入，至由省赋税拨款补助，势有难能，仍应由各县长极力整理土地、山林、水利、矿产等，以谋经费之充裕，无待政府之补助。
	确定临时费	一、分行各县，从速指定收入，储备办理自治各项临时经费。 二、分行各县，将成立区公所，乡镇公所、区训练所，各必要费用，限期筹齐。	一、同上第二款。 二、就整理土地、山林、矿产、水利及公共事业各收入，按期指拨专款，储充各种临时费用，及建设经费。	本年度内，如酌量地方情形，区长及区监察委员、县参议会等，能实行民选时因令各县筹备自治选举各费用	同左，应令各县筹备自治选举各费用。	同左	

（续表）

纲领	分目	进行程序					备考
		第一期	第二期	第三期	第四期	第五期	
		十九年	二十年	二十一年	二十二年	二十三年	
肃清盗匪	严剿股匪	分行各县将现有股匪、散匪情形详细具报。以便请省府派队剿办或联合邻县派团协剿。	举行清乡				
	整顿团防	一、依照县保卫团法及施行细则，实行改编，并视地方需要，编练常备团队。 二、化除地方不正当团会。	同左	同左第二款	同左	同左	
	肃清匪源	一、由消极方面禁止赌博。 二、清查旅店住户，禁止无业游民。	一、筹设各种工厂，并举办修路、浚河、开矿等事业，以安插无业游民或实行移垦。 二、设工艺厂，强迫无业人民入厂工作，视其性质，授以职业。 其余同上一、二两款。	同左	同左	同左	

（续表）

纲领	分目	进行程序					备考
		第一期	第二期	第三期	第四期	第五期	
		十九年	二十年	二十一年	二十二年	二十三年	
整顿警政	划一警察编制并确定其经费	一、本厅训练初期公安局长，业已完毕任用。 二、各县公安局应于本年度编制完善。 三、划设分驻所及巡逻区。 四、厘定各级公安局警官及警士额数。	一、划设公安分局。 二、编练警察队。 三、扩充各项警察设备。 四、编定警察预算。 五、确定警察经费。 六、严行考核各级公安机关之成绩。	同左第一款、第二款、第六款。	同左第二款、第三款、第六款	同左	
	统一警官警士之任用及训练	一、考核警官及警士之任用。 二、预备由省筹训练机关。 三、继续训练第二期公安局长。	一、筹设各县联合警士教练所。 二、筹设警官学校。 三、审定警察训练课本。 四、初期训练完毕，分派任务。	继续训练警官、警士。	自本年起，警官及警士，非经训练考试合格者，概不录用。	同左	
	整顿特种警察	一、考察各县地方情形，计划筹设各种特种警察。 二、预筹特种警察之经费。	一、实行成立各种特种警察。 二、厘定各种特种警察之规章。	同左	同左	同左第三款	

（续表）

纲领	分目	进行程序					备考
		第一期	第二期	第三期	第四期	第五期	
		十九年	二十年	二十一年	二十二年	二十三年	
调查户口	预备期内办理户口调查	一、各县依照户口调查统计报告规则及表式，办理户口调查。 二、依前项调查结果，以为划定区、乡、镇、闾、邻之根据。	各县依照人事登记条例及表式，办理各项人事登记。	同左	同左	同左	
	正式办理户口大调查		一、依户籍法组织或指定办理户籍机关。 二、划定户籍经费。 三、筹备开始大调查。	一、各县市举办初期户口大调查，确定人民之权利、义务。 二、初期调查完毕。	依照《户籍法》继续办理。	同左	
初期清丈土地	养成清丈人才并筹设土地专管机关	昆明市已设立土地清丈局，养成清丈人才。	一、应将昆明市清丈局，扩充为全省清丈局，以养成多数人才，始足敷用。 二、筹设全省土地专管机关。 三、筹集经费。 四、分行各县成立土地局。	同左第三款、第四款。	同左	同左	
	实施初期清丈	一、昆明县已实行初期清丈。 二、其余各县应一律筹备实施初期清丈。 三、预筹清丈费。	一、各县组织清丈队，备置清丈一切用具。 二、实施土地登记，同时报价。 三、各县实行清丈。	各县继续办理清丈。	同左	限本年度完成各县清丈。	

（续表）

纲领	分目	进行程序					备考
		第一期	第二期	第三期	第四期	第五期	
		十九年	二十年	二十一年	二十二年	二十三年	
举办救济事业	固定救济事业	一、就各市县现有之慈善机关分别整顿。 二、整顿各市县义仓，以备效济民食之用。	一、各县筹设救济院。 二、各区乡镇筹备救济分院。 三、各区乡镇就养老、育幼、济贫、救灾事项，扩充办理。	同左	同左	同左	
	临时救济事业	办理赈灾事项	一、实施工赈。二、各县有被灾者，随时办理。	同左	同左	同左	
说明	一、本表所定年度系遵照内政部。总字第204号训令，行政年度与会计年度同，以是年七月一日起至次年六月三十日止为是年之一个年度。 二、本表所定纲目及进行程序系就本省各县情形预计时间，参照部颁表式酌量拟定。						

云南省完成第一期县组织进行期限表

事项	办法	完成期限				备考
		十九年度				
		九月份	十月份	十一月份	十二月份	
编定县为三等	由省政府编定，咨内政部转呈核准。	已由省府核定				业经呈准本省各县等级仍照旧案编定。
任用合格县长	由民政厅提出合格人员二人至三人，经省政府议决任用。	各县多经任用合格县长，其有未经考试训练之县长，应于本月内酌量更换，以期完成。				
组织县政府	组织各科，由县长呈请民政厅委任秘书科长等，并组织县政会议。	各县政府早经令饬依法改组在案，其有未完成之县，统限于本月内完成。				本省各县政府之组织多已完成者，仅有数县业经严令依法组织，限期具报。
设立各局	由县长就考试合格人员中遴选，并请省政府核准，委任各局长及公安分局长。	各县所设各局早经各县长分别呈报委任在案，惟各县内之公安局长、分局长，如有未经训练者，应于本月内酌量改委已受训练之公安人员。				
划定自治区编定自治乡镇	县政府于奉到县组织法实施日期命令后两个月内划定自治区，并编定乡镇。	各县自本月举办，限月终完成。				划区办法早经颁行，各县正在赶办划定具报者已有多期，预计九月内可以一律完成。
委任区长	自治区划定后，民政厅应于一个月内就训练考试合格人员委任区长。	各县自本月举办	至本月完成			查区长训练现已开始推行，自治各县之区长应以前经训练之自治人员择优任用。

（续表）

事项	办法	完成期限				备考
		十九年度				
		九月份	十月份	十一月份	十二月份	
组织区公所划定乡镇区域	区长就职后一个月内组织区公所，并划定乡镇区域。由县政府呈请省政府核准，咨内政部备案。		各县自本月举办	至本月完成		区长既于九月内开始任用，预计组织区公所，划定乡镇区域，在十月内可以完成。
设立乡镇公所筹备处	在乡镇公所成立前，区长应设立乡镇公所筹备处，并于乡镇公民中聘任若干人为筹备委员，办理县组织法施行法第八条规定事实。			各县自本月举办，限月终完成。		区公所及乡镇区域既于十一月内完成，则设立乡镇公所筹备处，预计十一月底尽能办毕。
召集乡民、镇民大会，选举乡长、镇长、乡监察委员	应以完成县组织最终期限两个月前，由区长召集乡镇大会，选举乡长、副乡长、镇长、副镇长并监察委员。			各县自本月举办	至本月完成	十一月内设立乡镇公所筹备处，即可继续召集乡民、镇民大会。选举乡镇长及监察委员。预计十二月内尽可完成。
成立乡镇公所	区长督同乡长、镇长，于完成县组织最终期限两个月前组织乡镇公所。			各县自本月举办	至本月完成	选举乡镇长后，即须成立乡镇公所，预计可与前项同时完成。
划定闾邻	乡长、镇长就职后，应于两个月内划定闾、邻。			各县自本月举办	至本月完成	乡镇公所成立后，即依限划定闾邻，预计可与前项衔接举办，至一月内尽可完成。

（续表）

事项	办法	完成期限				备考
		十九年度				
		九月份	十月份	十一月份	十二月份	
召集闾邻居民会议，选举闾长、邻长	乡长、镇长就职后，应以两个月内召集居民会议，选举闾长、邻长。			各县自本月举办	至本月完成	依前项划定闾邻后，即须召集居民会议，预计至二月终可以一律完成。
筹备完成县组织费用及自治经费情形		查本经费为办事之母，对于筹备完成县组织费用及自治经费，应由各县长尽本年九月内，将各该县地方一切收入种类数目，详细列册说明具报，以凭审核确定额数，用免支绌。				
说明		一、本表规定县组织进行期限，系就第一期推行自治各县之情形时间，参照部颁表式酌量拟定。其第二期、第三期所列各县，拟分别照表定限期，准各递推展缓六个月举办自治，预计于二十年度内，可以一律完成。 二、本表所定年度，系遵部令与会计年度同，以是年七月一日起至次年六月三十日止，为是年之一个年度。				

在民国二十三年三月以前，全省各县自治完成者已居多数。其间，虽有特殊情形，或未划定区域、请委区长，或未编定乡、镇、闾、邻及组织各级调解委员会，或未依法筹款举办人事登记者，究居少数。然均由民政厅先后分别严催，预计二十三年度终了，必可依期完成。

民国二十三年五月，行政院令发《改进地方自治原则审查结果》，内政部咨送《改进地方自治原则要点之解释》暨《修正改进地方自治原则要点之解释》各案，此盖由内政部鉴于各种自治法规与各省市实际情形未尽适合，推行以来，扞格颇多，对于原则方面，不能不有所改进。爰拟定三项原则：（一）确定县与市为地方自治单位。（二）地方自治之进行分为三期：（1）扶植自治时期；（2）自治开始时期；（3）自治完成时期。（三）推行地方自治之程序及方式，应因时因地而有不同，呈经行政院送由中政会议讨论通过，先后咨令到滇，循绎改进之意，殆欲废除区之一级，并令每省至少应设县政建设实验区一处，或分区设置实验县若干处，统一政、教、富、卫各种组织与事业，以为研究及实验之中心。查实验一项，本省先于二十二年经省自治筹备委员会（系依内政部规定办法，于二十一年五月成立，二十四年四月裁撤），选定昆明一县为县政建设实验区，以为全省各县改进之模范，函由民政厅呈转省政府核准。当即组织昆明县县政建设实验区筹备委员会，筹备一切。至二十三年三月一日，昆明实验县政府遂告成立。又由省自治筹委会议决，拟定《各县实验区或实验乡镇办法》，内分必成县份若干县，期成县份若干县，以为其他各区各乡镇改进之模范，函经民政厅呈准省政府通令遵办。先后据报选定实验区或实验乡镇，拟具方案，呈准照办者，亦有数十县。是实验一项，本省早经实行。至废除自治区之一级，本省自推行自治以来，悉遵中央法规办理，区之一级，成立最早，迩来厉行整顿保卫团队，区长又为保卫团之区团长，保卫队之大队长，一旦废除，窒碍良多，爰提经省自治筹备委员会议决，以本省各级自治组织，应依照部颁《修正改进地方自治原则要点之解释》第二条规定，暂不变更，函由民政厅呈经省政府转咨内政部备案在案。

省议会之兴废

云南省议会系沿前清咨议局而来，当宣统三年九月。本省光复之初，尚沿用咨议局名称。至十一月十三日，始改称云南临时省议会。迨民国二年二月，第一届正式省议会成立，临时省议会遂即撤销。

民国元年九月初四日，临时大总统公布《省议会议员选举法》，十月初二日，又公布《省议会议员选举法施行细则》。当由军都督兼选举总监督蔡锷于府内成立筹备第一届众议院、省议会议员选举事务所（《省议会议员选举法》第九十九条载：本法所定关于选举日期，第一届选举及临时选举，由本省行政长官定之；又：省议会选举资格，与众议院选举资格相同，故合并办理），依法筹办。遂于是年十二月二十二日由各区复选监督，同日举行省议会议员复选举投票，依照各区分配当选人名额，共选出省议会议员八十八名，并选出同额之当选候补人。于民国二年二月十三日，举行云南省议会开会礼，是为第一届云南省议会正式成立时期。

民国二年十一月，奉国务院文电，奉大总统令：因江西事变，国民党议员有助乱嫌疑，取消该党议员，追缴证书、徽章。旋又据督军团张勋、倪嗣冲等，呈请解散国会，省议会，通电各省遵照。是为省议会中断时期。

民国五年六月，副总统黎元洪依法继任大总统。是年八月，准内务部咨开："本年八月十四日奉大总统令，各省省议会应于十月一日由各省行政长官依法召集"等因。查此次省议会续行召集，其任期即仿照此次国会议员办法，除中断期间不计外，仍继续计算以法定为准，咨行查照。本省省议会遂于十月十六日举行开会式，是为第一届省议会恢复时期。

民国六年十二月，云南省长兼省议会议员选举总监督唐继尧，以依《省议会议员选举法》，第一届省议员瞬将届满，亟应筹办第二届选举，通电全省各县知事，仍照第一届民国元年九月初四日公布之《省议会议员选举法》办理，并制定选举日期清单，于七年八月二十三日以前办毕，依法召集开会。是为第二届云南省议会成立时期。

民国十年二月，云南省长兼省议会议员选举总监督周钟岳，以第二届省议员业已届满，本年应筹办第三届选举，通电各县知事，仍适用第一届省议会议员选举法办理，并规定选举日期，于是年九月二十三日以前，依法办毕。旋因周省长辞职，由兼省长顾品珍继续照办，遂于本年十二月一日，召集省议会开第三届第一次常年会，是为第三届云南省议会成立时期。

民国十二年十一月，云南省长兼省议会议员选举总监督唐继尧，以第三届省议会议员任期扣至明年届满，应于本年筹办第四届省议员选举，通电各县组织选举事务所，并饬按照历届所用选举法第三、第五、第六等条之规定，先行认真调查选民，余候新章颁布到时，再行查遵办理。随于十三年一月三十日，通令颁发《暂行省议会议员选举章程暨施行细则》。其文曰："案查第四届省议会议员选举，曾经本总监督于上年十一月文日及十二月寝日，先后电令各区选举监督设所筹备，暨分区委员调查选民，并饬仍俟新章颁到，再行分别查遵办理在案。原以省议会为全省民意机关，省议员为全省人民代表，凡所发抒，动关兴丧，际兹民治潮流风发云涌，尤宜萃集群彦，共济时艰。顾欲选出多数优秀之议员，必基于选举方法之完善。《省议会议员选举法》，于民国初元颁自中央，施行虽仅三届，弊窦即已丛生，推其致此之由，以复选为最有妨碍。按前立法初意，岂不以先由选民选出初选当选人，再集合各当选人于一区，举行复选，可以拔取人才。岂知初选当选名额既多，即不能尽皆得人；迨会集复选，不惟彼此地隔情疏，贤否难辨，而以多数人民选权，畀诸少数人行使，操纵之弊，于焉发生。间有图谋当选者，更不惜出其非法手段，猎取议员，角智竞奇，贿取术求，等公权若弁髦，置民意于不问，风传种种怪状，谅非尽属虚诬。尤有甚者，旧法议员名额，按照复选区域分配，初选当选人得以左右转移，选民较多之县，未必选出多名，选民较少之县，竟致无人当选，结果，数议员出自一县或数县不得一员。事实如此，殊未允协。本总监督深慨选政之日坏，实于民治前途有莫大影响。爰将《省议会议员选举法》提交省务会议议决，发由法制委员会商同选举事务所，加以修改，定为《云南暂行省议会议员选举章程》，其施行细则，亦同时改正。随据分别缮就呈核前来，复经交议决定。此次修改本旨，在废除复选，采用直接选举制，由选民一次直接选出议员，使选权得正当行使，而真正民意有所依归。至于议员分配，并采区域人口两义，定为每一选举区，选出议员一人；若每区人口总数达四十万以上者，并得选出二人，以杜畸重畸轻之弊，而符平均分配之旨惟是。法文虽善，运用在人。各该监督，负一区选举全责，当兹改制伊始；于人民剀切劝告，使了然于选举之重要、公权之宝贵，互相注意，勿稍放弃；于办理选举人员，则随时申诫，各循规定之职权，勤慎服务，调查不厌周详，监视尤宜严密，引鉴前车，力避覆辙，俾本届选举，得产出最健全之代议士，用维选政，而扬民治，有厚望焉”等语。遂于是年七月一日，各县同时选举投票。计云南全省共有一市一百县，共选出议员一百零一名，照章召集开会，是为第四届云南省议会成立时期。

民国十五年十二月，省长唐继尧通电筹办第五届省议会选举。正办理间，十六年二月，本省改组省政府，经省务委员会议决，电令暂行缓办。适国民革命军北伐成功，定都南京，全国统一，奉国民政府令：“本以党建国之义，撤销各级议会。省议会会址，改设国民党省党部。”而省议会遂从此告终矣。

各县选民之调查及统计

光复以后，本省办理选举已非一次。对于选民之资格及其人数，除参议院议员，系以复选当选之省议会议员为选举人外，其他各级选举，莫不详明规定而调查之，以为分配议员及被选人曾否当选之标准。兹将众议院《省议会议员选举法》及历届上下两级自治章程规定资格暨调查手续各条摘录如下：

省议会议员选举法

（民国元年九月初四日公布）

第三条　凡有中华民国国籍之男子，年满二十一岁以上，于编制选举人名册以前，在选举区内住居满二年以上，具下列资格之一者，有选举省议会议员之权：

一、年纳直接税二元以上者；二、有值五百元以上之不动产者；三、在小学校以上毕业者；四、有与小学校以上毕业相当之资格者。

第五条　凡有下列情事之一者，不得有选举权及被选举权：

一、褫夺公权尚未复权者；二、受破产之宣告确定后尚未撤销者；三、有精神病者；四、吸食鸦片烟者；五、不识文字者。

第六条　下列各人，停止其选举权及被选举权：

一、现役海、陆军人及在征调期间之续备军人；二、现任司法官吏；三、现任本省行政官吏及巡警；四、僧道及其他宗教师。

第二十三条　初选监督，应就本管区域内分派调查委员，自选举年限之前年十月一日起，按照选举资格调查合格者，造具选举人名册。调查员办事细则，由初选监督定之。

第二十六条　初选监督，应按各投票区分造选举人名册，于前年十二月一日，颁发各投票区，宣示公众。

第二十七条　宣示选举人名册，以二十日为期，如本人以为错误、遗漏，得于宣示期内取具证凭，呈请初选监督更正。

前项呈请更正，初选监督应自收呈之日起，二十日以内判定之。不服者得呈请于总监督，其判定期间同。

第二十八条　凡经过初选监督或总监督判定更正者，应由初选监督更正选举人名册，并补报总监督。

第二十九条　选举人名册确定后，应分存各投票所及开票所，并由总监督呈报选举人总数于内务部。

上列选举人资格暨调查手续，与众议院议员选举法规定相同，惟日期稍有出入，故本省于民国元年举行第一届众议院、省议会选举时，合并办理。

民国六年及十年，两次选举第二、第三两届省议会议员，均适用前项选举法之规定。

民国十三年，本省筹备第四届省议会议员选举，另定章程，改行直接选举，其规定资格暨调查各项手续，与前列合条完全相同。

云南省暂行县地方自治章程

（民国二年本省公布）

第七条　县所属城、镇、乡选民，有选举城、镇、乡自治职员之权者，除下列人等外，有选举县议员之权：

一、现任县官吏者；二、现充县巡警者。

第八条　县所属城、镇、乡选民，有选举县议员之权者，除小学堂教员外，得被选举为县议员。

第九条　城、镇、乡居民，以不具《城、镇、乡地方自治章程》第十六条第一项第三款资格，不得为选民。若居本县所属城、镇、乡接续至三年以上，亦得选举县议员及被选举为县议员。

按县选民资格，以有城、镇、乡选民资格者为准：（一）有本国国籍者；（二）男子年满二十五岁以上者；（三）居本县所属城、镇、乡接续至三年以上者；（四）年纳正税或本地方公益捐二元以上者。但第一、第二及第四各款，均与城、镇、乡同，第三款规定居住区域则异。盖城、镇、乡之区域，以本城、本镇、本乡为区域，故城、镇、乡选民资格之规定，必居本城、本镇、本乡区域内，接续至三年以上者，始得为本城、本镇、本乡之选民。县之区域，以本县所属之全境为区域，故县选民资格之规定，但居本县区域内接续至三年以上者，即可为本县之选民。例如某甲已具备第一、第二、第四各款之资格，而所居之地，自民国元年起，居昆明县城内，民国二年，迁居昆明县中路乡，民国三年，又迁居昆明县南路乡，凡迁居之地，各接续至一年以上；此某甲者，以城镇乡章程言之，则所居之城乡各地，仅及一年，未具第十六条第一项第三款之资格不得为城、镇、乡之选民，而以自治章程言之，则所居城乡均为昆明县所属之地，合计已接续至三年以上，仍得为县之选民，故本条仍许有选举权及被选举权。调查县选民者宜注意也。

云南省暂行城镇乡地方自治章程

（民国二年本省公布）

第十五条　城、镇、乡居民，具备下列资格者，为城、镇、乡选民：

一、有本国国籍者；二、男子年满二十五岁者；三、居本城、镇、乡接续至三年以上者；四、年纳正税或本地方公益捐二元以上者。

居民内有素行公正、众望允孚者，虽不备第三、第四款之资格，亦得以城、镇、乡议事会之议决，作为选民。

若有纳正税或公益捐较本地选民内纳捐最多之人所纳尤多者，虽不备第二、第三款之资格，亦得作为选民。

第十六条　有下列情事之一者，虽具备前条第一项各款及合前条第三项所定资格，不得为选民：

一、品行悖谬、营私武断，确有实据者；二、曾处监禁以上之刑者；三、营业不正者，其范围以规约定之；四、失财产上之信用、被人控实尚未清结者；五、吸食鸦片者；六、有心疾者；七、不识文字者。

第十七条　城、镇、乡选民，按照本章程所定，有选举自治职员及被选为自治职员之权。

以第十五条第三项资格作为选民者，有选举自治职员之权；若不能自行选举权者，得遣代理人行之。

代理人以具备第十五条第一项第一款、第二款之资格，且不犯第十六条所列各款者为限。

第十八条　下列人等，不得选举自治职员及被选举为自治职员：

一、现任本地方官吏者；二、现充军人者；三、现充本地方巡警者；四、现为僧道及其他宗教师者。

云南省暂行城镇乡地方自治选举章程

（民国二年本省公布）

第八条　每届选举，应由城、镇、乡董事会总董或乡董派定调查员，按章查取合格人员，造具选举人名册。所有选举人及被选举人，均以列名册内者为限，其照城、镇、乡自治章程仅有选举资格而无被选举资格者，应于本人姓名项下注明。

调查细则，由城镇乡董事会或乡董拟订施行。

云南全省暂行县地方自治章程

（民国九年本省公布）

第八条　县居民凡有本国国籍之男子，年满二十岁，并继续住居县属境内二年以上，具有下列各款资格之一者，有选举县议事会议员之权：

一、年纳国税或地方公益捐一元以上者；二、有动产或不动产二百元以上者；三、国民学校以上毕业或与有相当之资格者；四、曾任或现任公职或教员者。

上条所列各款资格，与《云南全省暂行城乡地方自治章程》均属相同，其限制条文，亦与民国二年公布之《暂行县及城镇乡自治章程》无大差异，故不备录。

民国十三年，本省复制定云南全省暂行市自治条例及村自治条例，公布施行。其规定市、村选民，均以市、村居民年满二十一岁，并继续住居本市或本村二年以上、有正当职业者，有选举权。除消极限制仍照常例外，并无纳税、资产等限制之规定。其余调查手续，则每届选举时，即先从事于调查，并造成选举人名册，宣布更正。迨确定后，在一年以内，遇有改选、补选，所有选举人仍以该册为准。各县历届办理自治选举，其调查选民，数目繁多，自应分载各县县志，兹不备录。兹将历届省议会议员选举各县选民数目，统计列表于后：

云南历届省议会议员选举各县选民统计表

县别	第一届选举人数	第二届选举人数	第三届选举人数
昆明县	15,748	24,323	35,886
安宁县	1,547	2,129	4,539
嵩明县	2,103	2,527	8,355
晋宁县	1,665	3,061	4,375
昆阳县	1,130	7,143	7,160
宜良县	1,466	2,421	5,987
罗次县	1,348	2,311	6,743
呈贡县	3,370	6,097	11,779
禄丰县	1,015	4,119	5,080
富民县	1,007	2,253	3,922
易门县	2,360	2,510	4,316

（续表）

县别	第一届选举人数	第二届选举人数	第三届选举人数
澄江县	2,979	2,791	7,090
玉溪县	2,255	4,933	11,412
路南县	1,464	1,975	4,256
江川县	888	1,886	16,010
武定县	2,160	5,204	10,067
元谋县	1,139	1,581	3,125
禄劝县	3,122	6,009	9,213
大理县	3,235	5,530	15,223
凤仪县	760	4,114	5,311
宾川县	2,304	2,842	7,815
祥云县	1,713	5,714	14,539
弥渡县	2,080	4,905	7,052
邓川县	1,064	1,741	4,072
蒙化县	1,087	5,174	10,692
洱源县	1,508	2,401	4,042
云龙县	3,357	3,346	4,445
漾濞县	1,064	2,210	5,942
牟定县	3,526	5,022	13,965
姚安县	3,030	5,010	13,880
楚雄县	3,019	5,250	10,800
大姚县	1,998	5,982	13,912
镇南县	1,390	6,698	11,791
盐兴县	3,028	3,227	8,927
广通县	3,297	2,784	5,834

（续表）

县别	第一届选举人数	第二届选举人数	第三届选举人数
双柏县	990	3,340	6,127
盐丰县	3,115	3,854	6,446
昭通县	3,159	9,111	20,860
大关县	1,618	1,018	1,422
盐津县	尚未设县，隶大关	1,615	8,968
镇雄县	2,870	16,233	16,233
鲁甸县	1,816	2,659	8,210
绥江县	1,651	3,492	8,355
彝良县	375	4,638	12,045
永善县	1,322	2,250	12,103
会泽县	6,437	8,432	8,870
巧家县	2,132	8,765	9,775
曲靖县	2,116	4,000	8,835
宣威县	3,581	3,820	16,017
沾益县	2,015	3,012	8,971
寻甸县	1,376	4,401	11,535
平彝县	2,199	4,013	23,357
罗平县	2,505	4,316	5,665
马龙县	1,517	2,476	8,438
陆良县	1,852	4,098	5,193
泸西县	5,031	9,763	12,944
师宗县	1,473	2,118	5,480
弥勒县	2,216	7,385	10,977
丘北县	745	1,888	10,375

（续表）

县别	第一届选举人数	第二届选举人数	第三届选举人数
建水县	2,532	11,032	25,219
蒙自县	1,800	2,248	14,364
个旧县	945	2,529	7,105
华宁县	1,194	2,401	4,866
开远县	2,606	9,585	14,456
通海县	2,719	2,706	6,243
峨山县	1,529	5,820	7,959
河西县	3,594	4,457	9,448
石屏县	7,311	13,909	18,229
文山县	5,962	8,840	20,522
马关县	2,607	5,987	7,882
西畴县	尚未设县，隶文山	同左	11,228
广南县	2,681	7,912	14,554
富州县	1,153	2,980	5,782
宁洱县	1,410	4,243	7,122
思茅县	659	3,007	4,100
墨江县	1,674	1,582	4,020
景谷县	315	2,756	5,294
镇沅县	508	2,173	2,968
澜沧县	300	409	434
景东县	837	5,325	6,762
元江县	858	3,027	6,630
新平县	1,207	3,235	6,350
保山县	2,610	12,716	19,215

（续表）

县别	第一届选举人数	第二届选举人数	第三届选举人数
腾冲县	11,877	12,415	15,738
龙陵县	1,233	3,013	4,606
永平县	1,200	1,660	7,326
镇康县	510	127	735
顺宁县	1,830	8,435	11,410
云县	874	2,611	4,727
缅宁县	1,821	2,446	3,759
丽江县	2,895	4,331	12,397
鹤庆县	2,719	3,572	12,811
剑川县	7,812	8,487	9,621
中甸县	154	362	239
维西县	786	1,781	3,063
兰坪县	尚未设县，隶丽江、剑川	3,097	3,413
永胜县	1,550	9,260	16,433
华坪县	695	2,389	11,223
总计	219,304	454,776	913,010

省临时参议会之组织

云南省临时参议会，系依照中央政府法令于民国二十八年七月一日组织成立。先依法选出议员三十五人，再由行政院就各参议员中遴选议长、副议长各一人，提请国防最高委员会决定，遂于七月十日在省党部开成立大会。会址暂设省立博物馆旧址及省党部。自成立至今，已历两届矣。兹将组织条例录后：

省临时参议会组织条例

（二十七年九月二十六日公布，三十年修正第十一条）

第一条　国民政府在抗战期间，为集思广益，促进省政兴革起见，特设省临时参议会。

第二条　中华民国之男子或女子，年满二十五岁，曾受中等学校教育（或同等教育），暨有下列资格之一者，得为省临时参议会参议员：

（甲）具有各该省之籍贯，并曾在各该省所属之县市公私机关或团体服务二年以上、著有信望者。

（乙）曾在各该省重要文化团体或经济团体服务二年以上、著有信望者。

第三条　省临时参议会参议员，依照本条例附表所定各该省名额，由各该省属县市住民中遴选十分之六（每一县或市所出此项参议员，至多不得过一人，但所属之县数，少于二十县者不受此限制），由曾在各该省重要文化团体或经济团体服务人员中，遴选十分之四。

第四条　省临时参议会参议员，由各该省属县市住民中遴选者，其候选人由各该省属每一县市政府于征询该县市党部及地方团体意见后，就各该县市住民中具有第二条甲款资格者，提出候选人二人于省政府。省临时参议会参议员之由该省文化团体、经济团体人员中遴选者，其候选人由各该省政府及省党部联席会议，就各该省区内文化团体或经济团体人员中具有第二条乙款资格者，提出加倍候选人（即该省规定名额十分之四之倍数）。

前二项候选人名单汇齐后，由省政府呈送行政院，转呈国防最高会议决定之。

第五条　国防最高会议选定省临时参议会参议员时，得于各该省所呈送参议员候选人名单以外，选定若干参议员。但此项被选定人员，仍得具有第二条所列参议员资格，且其名额不超过各该省参议员总额十分之二。

第六条　在抗战期间，省政府重要之施政方针，于实施前应提交省临时参议会决议。但在省临时参议会休会期内，遇有特殊紧急情形，须为紧急处置时，应呈行政院核准，并应于省临时参议会次期集会时，报告于省临时参议会。

第七条　省临时参议会对于省政兴革，得提出建议案于省政府。

第八条　省政府对于省临时参议会，依第六条、第七条所通过之议案，如认为不能执行时，至迟应于省临时参议会次期集会时提交复议。复议时如经决定出席参议员三分之二赞同原案或对原案予以修正时，省政府对于省临时参议会复议时之决议，除呈经行政院核准免予执行者外，应予执行。

第九条　省临时参议会，有听取省政府施政报告之权。

第十条　省临时参议会参议员，于开会时有依议事规则向省政府提出询问之权。

第十一条　省临时参议会参议员之任期为一年，行政院认为有必要时，得延长之。

第十二条　省临时参议会，每六个月开会一次，每次会期为两星期。省政府认为有必要时得延长其会期，或召开临时会。

第十三条　省临时参议会集会时，有参议员总额过半数之出席，始得开议；有出席者过半数之赞同，始得决议。

第十四条 省临时参议会休会期间，设置省临时参议会驻会委员会，由参议员互选五人至九人组织之。其任务以听取省政府各种报告及省临时参议会决议案之实施经过为限。

第十五条 省政府主席、秘书长、各厅长及省政府委员得出席省临时参议会，但不参加其表决。

第十六条 现任官吏不得为省临时参议会参议员，但办理地方自治人员及学校人员，不在此限。

第十七条 省临时参议会置议长、副议长各一人，由行政院就各该省参议员中遴选，提请国防最高会议决定之。

第十八条 省临时参议会闭幕时，以议长为主席。议长因故缺席时，由副议长代理之。

第十九条 省临时参议会参议员为无给职，但开会时应给旅费。

第二十条 省临时参议会置秘书处，承议长之命，办理参议会一切事务。秘书处设置秘书长一人，由国民政府简派之。置秘书一人至二人，由议长派充之。

第二十一条 省临时参议会议事规则及省临时参议会秘书处组织规则，由国民政府另定之。

第二十二条 本条例于各省施行日期，由国民政府以命令定之。

国民参政会参政员之选出

省临时参议会于民国三十一年四月十五日准云南省政府咨，以奉行政院电转奉国民政府令，抄送修正《国民参政会组织条例》，其修正要点嘱依限完成，选出参政员一案，参议会即遵照修正《国民参政会组织条例》第四条第一项之规定，以通讯方法选举，于五月五日依法举行开票，以得票最多当选出六人，任期一年。已历三届矣。兹将组织条例附录于后：

国民参政会组织条例

（二十三年八月十六日修正公布）

第一条 国民政府在抗战期间，为集思广益，团集全国力量起见，特设国民参政会。

第二条 凡具有中华民国国籍男子或女子，年满三十岁暨有第三条所列（甲）、（乙）、（丙）、（丁）四项资格之一者，得为国民参政会参政员。

第三条 国民参政会置参政员总额二百九十名，其分配如下：

甲、由曾在各省、市（指行政市而言）公私机关团体服务三年以上、著有信望之人员中共遴选一百九十名，各省、市所出参政员名额依照附表之所定。各省、市参政员不以具有各该省、市籍贯者为限。

乙、由曾在蒙古、西藏地方公私机关或团体服务三年以上、著有信望或熟谙各该地方政治、社会情形、信望久著之人员中遴选八名（蒙古五名、西藏三名）。

丙、由曾在海外侨民居留地工作三年以上、著有信望或熟谙侨民生活情形、信望久著之人员中遴选八名。

丁、由曾在各重要文化团体或经济团体服务三年以上、著有信望或努力国事、信望久著之人员中遴选七十五名。

第四条　国民参政会参政员之选定，依次列程序行之：

一、前条（甲）项参政员，由各省市临时参议会用无记名速记投票法选举之，以得票较多者为当选。

政府召集国民参政会时，各省、市临时参议会如在休会期间，且因例会期间尚远，不能于国民参政会召集期前完成前项选举时，其选举得以通讯行之。

二、在临时参议会尚未成立之省、市，前条（甲）项参政员由各该省、市政府会同各该省、市党部，按其本省、市应出参政员名额加倍提出候选人，送请国防最高委员会汇提中国国民党中央执行委员会选定之。

三、前条（乙）、（丙）两项参政员，分别由蒙藏委员会、侨务委员会按照应出参政员名额加倍提出候选人，送请国防最高委员会汇提中国国民党中央执行委员会选定之。

四、前条（丁）项参政员，由国防最高委员会按照应出参政员名额提出候选人，提请中国国民党中央执行委员会选定之。

第五条　国防最高委员会设置国民参政会参政员资格审查会，置审查委员九人至十一人，并指定一人为主席，执行下列审查事宜：

一、对于依第四条（一）项规定当选之人，如发现其资格与本条例之规定不符时，须提经国防最高委员会核定取消其当选资格，以各该省、市得票次多者补充之。

二、对于依第四条第（二）、第（三）、第（四）各项所列候选人，如发现其资格与本条例之规定不符时，得提请国防最高委员会核定取消其候选人资格。

第六条　在抗战期间，政府对内对外之重要方针，于实施前，应提交国民参政会议决。

前项决议案经国防最高委员会通过后，依其性质交主管机关制定法律，或颁布命令行之。

遇有紧急特殊情形，国防最高委员会委员长得依《国防最高委员会组织条例》，以命令为便宜之措施，不受本条第一、二项之限制。

第七条　政府编制国家总预算，应于决定前提交国民参政会及其驻会委员会作初步之审议。

第八条　国民参政会得提出建议案于政府。

第九条　国民参政会有听取政府施政报告暨向政府提出询问案之权。

第十条　国民参政会得组织调查委员会，调查政府委托考察事项。

前项调查结果，得由国民参政会（或由国民参政会授权于调查委员会）提请政府核办。

国民参政会或其驻会委员会对于政府某种施政事项之真相认为有调查之必要时，得提请政府调查，向国民参政会或其驻会委员会报告。国民参政会或其驻会委员会于听取报告后，得提出建议，请政府核办。

第十一条　国民参政会参政员之任期为一年，国民政府认为有必要时，得延长之。

第十二条　国民参政会每六个月开会一次，会期为十四日。国民政府认为必要时，得延长其会期或召开临时会。

第十三条　国民参政会休会期间，设置国民参政会驻会委员会，由国民参政会主席团及参政员互选三十一人组织之，其任务如下：

一、听取政府各种报告。

二、促进业经成立决议案之实施，并随时考核其实施之状况。

三、在不违反大会决议案之范围内，得随时执行本会建议权暨调查权。

第十四条　国民参政会有该会参政员总额二分之一以上之出席，即得开议。

第十五条　中央各院、部负责官长得出席于国民参政会会议，但不参加其表决。

第十六条　现任官吏不得当选为国民参政会参政员。但各地方自治机关及各教育、学术机关服务人员，不在此限。

各省、市临时参议会现任参议员，不得当选为本省、市参政员。

第十七条　国民参政会置主席团，由国民参政会选举主席五人至七人组织之，其人选不以参政员为限。

国民参政会及其驻会委员会开会时，由主席团互推一人为主席。

第十八条　本条例未尽事宜，由国民党政府以命令定之。

第十九条　本条例自公布日施行。但第七条、第十条第三项及第十三条均自第四届起施行。

参政员名额表

甲项一百九十九名：

四川、湖南、浙江、广东、安徽、山东、河南、湖北、江西，以上各出十人。

江苏、河北、陕西、福建、广西、云南，以上各出八人。

贵州、甘肃，以上各出六人。

山西、辽宁、吉林、新疆、重庆市，以上各出四人。

察哈尔、绥远、上海市、青海、西康、宁夏，以上各出三人。

黑龙江、热河、南京市、北平市，以上各出二人。

天津市、青岛市、西京市，以上各出一人。

乙项八名：蒙古五人。西藏三人。

丙项八名：海外八人。

丁项七十五名：由中央遴选七十五人。

民意机关之建立

县、市参议会：本省各县、市参议会，曾于民国二十三年成立，二十六年十月，奉令暂行结束，其办理情形已详载于前。迨至三十一年，又奉令恢复，当即开始筹备。遵照规定，先行成立县、市临时参议会，而为成立正式参议会之准备。曾查酌各属实际情形，由三十一年十一月起，分两期办理：第一期，昆明等五十七县、市，限三十二年一月三十一日以前完成；第二期，丽江等五十三县，限三十二年四月三十日以前完成。并先后制定《云南省各市、县临时参议会组织规程》《云南省各市、县临时参议会议事规程》《秘书室组织规则》《驻会委员会办事规则》及设备标准等。各县、市临时参议会，截至三十三年底止，除腾冲、龙陵两县因县境沦陷，河口、麻栗坡两督办区及龙武、宁蒗等十六设治局，因地处边僻，交通梗阻，暂缓筹设外，其余昆明、安宁、禄丰等一百一十一市、县，均一律成立完毕。继复遵照中央颁布《县参议会组织暂行条例》及《县参议员选举暂行条例》，将本省各属临时参议会改选，成立正式参议会。原定计划系于三十二年六月起，分两期推行，统限于三十四年底一律改选完成。惟因本省各属关于成立县参议会之准备工作，如成立乡、镇民代表会，县参议员候选人检核等，未能如期办竣，对于县参议会之成立，不无影响。截至三十四年八月三十一日止，计完成昆明市、昆明县、宜良、易门、安宁、宣威、呈贡、澄江、盐津、陆良、弥渡、广通、曲靖、玉溪、凤仪、平彝、邓川、泸西、蒙自、峨山、沾益、禄丰、云县、个旧、通海、洱源、屏边、广南、永仁、富民、江川、大姚、建水、姚安、大理、双柏、马关、祥云、昌宁、漾濞、晋宁、蒙化、南峤、师宗、罗次、镇南、嵩明、华宁、绥江、武定、宾川、楚雄、禄劝、砚山、马龙、缅宁、文山等五十七县、市。其余各县，在积极筹设中。

乡、镇民代表会：本省各县乡、镇民代表会，自三十二年起，始奉明令举办，遵即依照奉颁各项法规，举办乙种公职候选人检核。各县公职候选人核定后，始设立乡、镇民代表会。同时实行民选区、乡、镇长，以期奠立民意机关之基层组织，而资配合宪政之实施。本省各县乡、镇民代表会，订于三十二年起，分三期推行，限三十三年内各属一律完成。惟截至三十四年八月底止，因事属并举，加以各县情形不一，除少数县属未能依限完成外，大体均能按期完成。兹总计各属乡、镇民代表会，呈报核准有案者，计有昆明市、宜良、蒙自等八十五县、市，共有乡、镇民代表会九百六十个单位。

保民大会：本省各县、市保民大会，自三十二年五月奉国府令公布《乡镇民代表选举条例》后，即依据《县各级组织纲要》及《乡镇组织暂行条例》之规定，制定《保民大会组织规程》，通令各属成立保民大会。截至三十四年八月底止，全省各市、县已成立保民大会者计有昆明、宜良等八十五县、市，共计保民大会八千九百一十六个单位。

自治人员待遇之改善

本省自治经费，向无的款开支。自民国二十二年九月，始决定由烟酒税附加捐百分之三十，牲屠税附加捐百分之十为地方自治事业费。其原有经费亦经通饬切实整理，并将各地应废祠庙产业变价提充。至二十八年七月，本省第三次党政联席会议议决，裁撤各县区公所，扩大乡镇，整编保甲，曾于《各属乡镇保甲编组大纲》内明定：每乡、镇公所月支办公费新币五十元（新币二元折合法币一元），保长月支办公费新币五元，就各属原有款产整理筹增，不敷之数，由各该管地方官署统筹，列入地方预算案内统一收支。同年十月，本省明令将耕地税全部划归地方，各属一切用款，概由地方自行统收统支；并规定自十月一日起，所有各种附加一律并归正税。于是，前划定由烟酒、牲屠附加之自治捐，随之裁并。二十九年一月，本府鉴于废除区制，乡、镇公所职权加重，事务增多，为奖进乡镇保甲人员安心服务起见，对于自治人员待遇及自治机关经费，实有增加之必要，特改定为:（甲）乡、镇长月支给公费国币十元至二十元;（乙）副乡、镇长月支给公费七元五角至十五元;（丙）保长月支给五元至七元五角;（丁）乡、镇公所干事月支津贴五元至十元;（戊）乡丁每人月支二元五角至五元;（已）乡、镇公所经费，除公费及津贴外，每月订为二十五元。合计每乡、镇公所月支经费国币五十元至八十元，每保月支经费五元至八元。并制定《云南省各属乡镇保甲垦荒造林实施办法》，通饬遵办，以期自治人员积极从事生产事业，将所得孳息，充裕自治经费。至是本省自治经费始稍具基础。惟自抗战以来，百物高涨，生活费用激增，每月收入不敷个人生活之需，以致各级人员多不能安心服务，且贤者望而却步，不肖者因缘为奸，于自治事业之推进，影响甚大。为网罗人才，力谋改进，以期奠定宪政基础起见，遂于三十一年分别予以调整，其标准如下:（甲）乡镇长月支国币六十元,（乙）副乡镇长月支国币五十元,（丙）干事月支国币四十元,（丁）书记月支国币十五元,（戊）工役月支国币二十五元,（已）办公费月支国币十五元,（庚）保甲及干事系兼任无给职，月支津贴十五元，保办公费月支国币三十元。迨至三十三年，一般物价又复高涨，各级自治人员每以待遇微薄，借名摊派，致使人民负担加重，苛扰异常。且值此加紧推行新县制及地方自治之际，亟应提高待遇，以期增进工作效率。复令据民、财两厅查酌各属经济状况，并参照县级公务人员待遇案，按年会拟各属乡镇保之编制及预算标准，呈准省府通令实施。

民国云南通志长编卷十三

议会二

历届省议会选举题名录

云南省议会，当清宣统三年九月光复之初，仍系沿清咨议局名称，维持秩序。

至十一月十三日，始改为云南临时省议会。迨民国元年九月，临时大总统公布《省议会议员选举法》，遂于是年十二月依法选举，是为云南第一届省议会议员。厥后第二、第三两届，均相沿办理。至十三年，云南另订《暂行省议会议员选举章程》，是为第四届。十六年正办理第五届选举间，适云南改组省政府为省务委员会，遵照国民政府通令，各省省议会暂行停止。又本省前由临时省议会议决之《暂行选举法》，有旅缅滇人及沿边土司分区各选出议员一名之文，嗣奉颁布《省议会议员选举法》，于滇侨土司无特别规定。

当由滇军都督，以“查侨缅滇人，旅居国外；三迤土司，远在边徼，与滇关系密切。如概以普通法绳之，其选举权未免有名无实，特拟定《侨缅滇人暨沿边土司选举代表简章》，电饬沿边各地方官，转饬滇侨及各土司照分配名额选举。俟正式省议会召集时，同时令饬到会，予以代表名称，准其在会陈述意见，不加表决，以示与议员有别”。并经电准国务院电复，以“原电经参议院议决，可由都督设法遴选数人，给与委任状，以行政官厅特派员名义，令其到会陈述意见”等语。遂由第一届起，令饬照章选举，呈候给状，委为特派员。从兹历届选举省议会议员，均同时照选特派员，给状到会。兹将历届省议会选出议员及历届选出特派员分别题名于后。

云南省议会第一届议员名录

（民国元年十二月）

第一复选区：

吴贞祥（易门），杨国柱（禄劝），杨开源（玉溪），刘僩（嵩明），桂梁模（昆明），蔡维清（呈贡），张世华（武定），张尔敏（禄劝），李源（呈贡），李家珍（澄江），吴崇义（澄江），陈锡恩（宜良），张家祐（路南），李润（昆明），党增善（安宁），罗汝梅（昆明），王洺（富民），杨振芳（昆明），赵伸（嵩明）被选为议长。

第二复选区：

杨琼（邓川）被选为参议院议员，张汉文（祥云），李培林（大姚），杨东（弥渡），张之霖（盐丰）被选为副议长，袁为栋（宾川），李夑元（牟定），郑仰侨（姚安），董坊（云龙），王家荣（盐兴），王汝嘉（蒙化），李炳泰（楚雄）被选为副议长，彭钊（宾川），李文蔚（楚雄），杨文林（祥云），甘韶（盐丰），赵鲸（洱源）被选为参议院议员。

第三复选区：

李恩阳（昭通），颜英贤（会泽），常敏业（镇雄），邱树华（巧家），蒋应炯（昭通），汤希禹（会泽），薛亮（绥江），龙廷升（永善）。

第四复选区：

张灼（泸西），徐曾祐（师宗），杨极中（马龙），李沛泽（泸西），施为章（曲靖），姜廷英（弥勒），杨宝瑛（弥勒），王清瑞（陆良），符廷铨（宣威），邓觐臣（平彝），张棫成（寻甸）。

第五复选区：

周泽南（开远），张正伦（通海），陈子鑑（文山），杨宝铣（建水），者绍先（河西），孙慎修（广南），王汝明（华宁），董乃麟（峨山），高岩（石屏），王寿山（石屏），黄立纲（富县），李朝纪（马关），丁鹤年（石屏），李伯东（石屏），依必寿（文山）。

第六复选区：

陈迺佐（墨江），侯应中（景东），许景明（普洱）。

第七复选区：

彭联升（缅宁），段学义（保山），陈鑑明（腾冲），鲁思虞（顺宁），王相臣（腾冲），郑永熙（保山），何畏（保山），李之浩（腾冲），吴振勋（腾冲）。

第八复选区：

牛成汉（丽江），李瑞棻（剑川），赵琳（永腾），舒良辅（鹤庆），木枝繁（丽江），段鹏瑞（剑川）。

补选议员：

张忠（大理）补赵鲸缺，孙德谦（牟定）补杨琼缺。

云南省议会第一届旅缅滇侨及各区土司特派员

旅缅滇侨：寸翌清，第一区：丽江木楷，第二区：永昌段济，第三区：腾冲龚正群，第四区：镇康罕华宗，第五区：澜沧刀派永，第六区：思茅高致泽，第七区：临安白兆麟。

云南省议会第二届议员

（民国六年八月）

第一复选区：

桂梁模（昆明），李世昌（玉溪），邵俊德（富民），李人镜（禄丰），梅朝荣（禄劝），朱映桢（昆阳），周渭（昆明），王应绶（武定），许克慈（武定），吴贞禧（易门），吴汝霖（昆阳），赵春（元谋），张体国（呈贡），杨德源（晋宁），王体谦（宜良），陈学谦（嵩明）。

第二复选区：

苏祥麟（凤仪），梁则谦（蒙化），唐则先（牟定），张恩（弥渡），张煊文（祥云），李培炎（宾川），金凤丹（姚安），赵甲南（大理），王应元（大理），张以文（镇南），李葆真（洱源），李毓森（镇南），李正棻（盐兴）被选为议长，李煜东（祥云），张凤诰（楚雄）。

第三复选区：

张文彬（镇雄），罗世德（彝良），张桢（镇雄），陆崇仁（巧家），蒋国标（巧家），龚炳文（大关）被选为副议长，陇高贤（彝良），张培爵（会泽），蒋应炯（昭通），李兴楷（会泽），唐文光（鲁甸）。

第四复选区：

喻世升（罗平），俞国琦（陆良），杨家盛（马龙），赵其询（寻甸），王用中（泸西），李炳元（泸西），李学谦（弥勒），盛文光（平彝），杨立中（马龙），符廷佐（宣威）。

第五复选区：

李永庆（开远），王永达（河西），许富基（文山），肖维翰（建水），张仁怀（个旧），邓廷英（富县），徐继贤（马关），张新元（石屏），周传性（峨山）被选为副议长，黄友鑫（广南），李家祐（马关），何瑛（石屏），周泽南（开远），吴起鸿（建水），龙开甲（文山），张其炜（石屏）。

第六复选区：

郭万来（新平），刘钟华（思茅），叶贤品（景东），邓青云（景谷），杨丛桂（元江）。

第七复选区：

杨大华（腾冲），李曰琪（腾冲），杨兆昌（顺宁），何兴（保山），张自明（龙陵），鲁贤侯（顺宁），杨起凤（保山），张渡（云县）。

第八复选区：

木振华（丽江），李攀桂（兰坪），段居（剑川），单镜（永胜），杨廷泽（剑川），芮元侯（永胜），杜诗清（永胜）。

云南省议会第二届候补当选人

第一复选区：

汤泽新（昆明），陈光祖（昆明），段国祥（富民），张冲（罗次），李重华（昆明），朵雯（禄劝），吴崇基（澄江），谢允端（昆明），王继贞（玉溪），周培基（禄丰），苏敬修（晋宁），陆绍清（昆明），秦光铭（呈贡），李文清（昆明），杨桂荣（昆明），李美（昆明）。

第二复选区：

谢兰芬（大姚），王国瓒（广通），甘纶（盐丰），张鹤（大姚），尹永祚（双柏），董坊（云龙），王守道（盐丰），李松孙（牟定），马光卿（蒙化），邓鸿逵（弥渡），杨炽昌（祥云），周丕义（镇南），马思光（姚安），李化（蒙化），王家珍（云龙）。

第三复选区：

杨正深（巧家），常芳业（镇雄），郑汝翼（会泽），李嘉福（昭通），王耀昌（镇雄），赵新明（彝良），周亮熙（昭通），张文焕（会泽），杨履乾（昭通），浦春海（巧家），陈金榜（鲁甸）。

第四复选区：

李国选（曲靖），杨春楙（罗平），陈瑞麟（泸西），施为章（曲靖），王镇乾（罗平），张鼐（泸西），孔繁裔（宣威），戴仁行（平彝），杨名勋（寻甸），王怀图（弥勒）。

第五复选区：

严鸣皋（广南），者绍先（河西），林钟甲（开远），王富臣（马关），杨映章（建水），张维藩（蒙自），陆怀德（广南），袁丕训（石屏），曾传经（建水），王廷辉（广南），张儒渊（石屏），丁琏（石屏），余炳舜（文山），张星衡（文山），朱纪光（文山），王寿春（石屏）。

第六复选区：

萧鸾镳（宁洱），黄毓光（镇沅），郑道本（普洱），白光文（墨江），陶芳（景东）。

第七复选区：

李家昌（腾冲），段学矩（龙陵），陈进（保山），李国荣（腾冲），杨丕焕（顺宁），张晃（顺宁），林景清（保山），谢君谟（云县）。

第八复选区：

李熙泰（鹤庆），杨凤祺（剑川），李承铎（丽江），李鸿鑫（鹤庆），李世恩（永胜），赵铸昌（剑川）。

云南省议会第二届侨缅滇人及各区土司特派员

侨缅滇人同乡会：舒嘉彦（鹤庆），第一区：和葆元（丽江），第二区：段济（泸西），第三区：周得衡（龙陵），第四区：王家樑（耿马），第五区：石玉福（澜沧），第六区：刀国藩（勐旺），第七区：普国泰（建水）。

云南省议会第二届侨缅滇人各区土司候补特派员

侨缅滇人同乡会：王爱贤（腾冲），第一区：木标（丽江），第二区：段浩（泸水），第三区：刀边廷（腾冲），第四区：罕荣邦（孟定），第五区：石玉清（澜沧），第六区：王光熙（六顺），第七区：白兆熊（建水）。

云南省议会第三届议员

（民国十年九月）

第一复选区：

张文星（澄江），周培基（禄丰），吴承周（元谋），陈诒恭（昆明），赵之峻（澄江），徐祚（宜良），冯家桂（玉溪），李元春（嵩明），刘观海（罗次），蔡维清（呈贡），陆绍清（昆明），杨育本（晋宁），朱映桢（昆阳），秦康龄（呈贡），夏钟彦（昆明）。

第二复选区：

马思光（姚安），陈善（盐丰），张华松（盐兴）被选为副议长，欧阳鉴（蒙化），季增禄（宾川），马冀（大理），张锡源（祥云），李向东（祥云），邓扶汉（大理），张鹤（凤仪），王庄（漾濞），王国瓒（广通），刘崇先（牟定），赵继昌（大理），苏凤鸣（双柏），彭维亮（楚雄）。

第三复选区：

刘世英（会泽），赵世辉（盐津），宋礼纶（彝良），杨孝诚（永善），罗世德（彝良），姜思让（昭通），蒋文骏（昭通），王德镛（绥江），张桢（镇雄），陆崇仁（巧家）。

第四复选区：

俞午祥（陆良），孙光庭（曲靖），杨蓉洲（平彝），李德彰（马龙），何荣恩（曲靖），王用中（泸西），伍文浩（平彝），符廷镛（宣威），罗文朗（丘北），段诚中（沾益）被选为议长，李恒（寻甸），陈时夏（宣威）。

第五复选区：

杜蔚椿（蒙自），朱儁（通海），朱绍曾（文山），李昌敏（文山），严鸣皋（广南），曾传经（建水），郭应培（建水），萧恩荣（建水），周子庄（蒙自），杜钟琦（峨山），王文赞（石屏），王正伦（马关），钱炳炎（文山），王承槐（西畴），杨学炘（个旧）被选为副议长，李永庆（开远）。

第六复选区：

陶士贤（景谷），杨丛桂（元江），雷逢春（思茅），郑道本（普洱）。

第七复选区：

王凤瑞（保山），李家昌（腾冲），兰正华（保山），胡作霖（顺宁），李瑛（保山），谢福申（腾冲），李承祖（保山）。

第八复选区：

蒋仁孝（鹤庆），木枝繁（丽江），段键（剑川），张仲良（华坪），杨以炯（丽江），舒嘉烈（鹤庆），杨锦文（永胜）。

云南省议会第三届候补当选人

第一复选区：

周锡琦（江川），李凤祥（玉溪），杨嘉善（江川），李思源（玉溪），梅应奎（昆明），李从忠（江川），段永寿（宜良），李润（昆明），李清鲁（呈贡），曾子述（安宁），李嘉卉（罗次），杨立本（晋宁），孔庆镛（嵩明），赵瑢（玉溪），宦锡侯（禄丰）。

第二复选区：

周世义（镇南），何廷瑛（盐兴），李家材（大姚），吴必旺（凤仪），郑宗侨（姚安），王明（牟定），李毓芳（祥云），徐之璬（蒙化），马孟骧（楚雄），赵时经（大理），杨文焜（镇南），陈作新（盐丰），杨开荣（盐兴），朱本恕（牟定），张青选（宾川），郭燮熙（镇南），邹文锦（祥云）。

第三复选区：

吴维俊（镇雄），郑光莹（镇雄），魏履中（永善），牛应元（会泽），李镜堂（镇雄），毛以亮（彝良），姜启齐（盐津），唐庆三（巧家），孙开湝（昭通），杨镕（会泽）。

第四复选区：

蔡肇镛（平彝），孔繁裔（宣威），孙天枢（曲靖），杨极中（马龙），杜启明（丘北），李法先（泸西），朱玉华（寻甸），程樑材（罗平），王钧（沾益），邓开岳（宣威），任寿昌（弥勒），滕世卿（寻甸）。

第五复选区：

林钟甲（开远），张运昌（蒙自），张文彬（建水），李福隆（广南），张国彬（石屏），胡凤翔（建水），欧兆熊（马关），周灿廷（西畴），赵桐轩（马关），那兆庆（开远），沈一清（建水），黄现祥（建水），李永富（建水），袁吉昌（蒙自），周琢章（蒙自），石成崧（西畴）。

第六复选区：

李开樑（景东），马太元（新平），孙德新（墨江），张开泰（普洱）。

第七复选区：

谢君谟（云县），王开运（龙陵），杨元昌（顺宁），蔡国泰（缅宁），蒋恩洲

（腾冲），孔广乾（保山），杨开德（腾冲）。

第八复选区：

和道远（丽江），杨锡山（鹤庆），段居（剑川），彭宿（永胜），康立惠（华坪），陈代英（华坪），牛鉴清（丽江）。

云南省议会第三届侨缅滇人及各区土司特派员

侨缅滇人同乡会：王连城（腾冲），第一区：高长钦（永胜），第二区：段承钧（泸水），第三区：刀化廷（腾冲），第四区：王家樑（耿马），第五区：石玉清（澜沧），第六区：石云章（思茅），第七区：普国顺（建水）。

云南省议会第三届侨缅滇人及各区土司候补特派员

侨缅滇人同乡会：舒良循（鹤庆），第一区：子世禄（永胜），第二区：杨环（练地），第三区：杨煜芳（龙陵），第四区；罕中材（孟定），第五区：李明英（澜沧），第六区：杨侊（建水）。

云南省议会第四届议员

（民国十三年七月）

尹彰（昆明市），董麟（昆明县），蔡长春（富民），赵光裕（晋宁），秦康龄（呈贡），阮增善（宜良），吴鸿格（易门），杨嘉福（安宁），宦锡侯（禄丰），赵征祥（罗次），李和清（嵩明），冯克家（昆阳），余肇铣（武定），杨振昌（元谋），梅宗贤（禄劝），李家珍（澄江），冯家柱（玉溪），何钟英（江川），赵世铭（路南）被选为议长，荀祖植（曲靖），张正衡（沾益），杨兆吉（陆良），程梁材（罗平），赵其询（寻甸），朱宝铨（宣威），杨极中（马龙），盛文华（平彝），陈兆安（会泽），吴为桢（巧家），蒋文骏（昭通），甘业建（大关），龙廷升（永善），杨正荣（绥江），马兴援（鲁甸），骆永康（镇雄），宋世忠（彝良），李炳泰（楚雄），徐绍周（广通），尹永祚（双柏），邵光华（牟定），李相家（盐兴）被选为副议长，赵华宗（盐津），万钟禄（蒙自），张仁怀（个旧），王宪斌（建水），马开疆（河西），吴荣恩（峨山），丁一鸿（石屏），王廷贵（通海），杨以信（开远），胡崇德（文山），王富臣（马关），钟毓秀（广南），黄泽馨（富州），李法先（泸西），赵连璧（师宗），王煊（弥勒），黄国权（丘北），吴光清（华宁），郑洋（西畴），张士麟（曲溪）被选为副议长，李凤文（普洱），石云章（思茅），谢以瑄（景谷），杨德彬（墨江），胥儒林（元江），陈绍虞（新平），刘词源（澜沧），黄毓光（镇沅），罗品清（景东），俸世英（缅宁），杨鸿仁（腾冲），赵世钊（龙陵），张绅（保山），赵秉彝（大理），李光祖（顺宁），杨在渭（镇康），马铭勋（永平），雷开基（祥云），马铢（洱源），潘炳章（邓川），董坊（云龙），彭嘉猷（凤仪），李启唐（云县），田堂（漾濞），倪汝修（华坪），赵时清（蒙化），张志（弥渡），蒋仁杰（鹤庆），赵宗瀚（剑川），牛稷（中甸），李承铎（丽江），秦佳士（维西），杨树芬（兰坪），李敬修（大姚），罗家仁（盐丰），周开铭（镇南），杨以嵩（永胜），李秾芳（宾川），段作霖（永仁），由文龙（姚安）。

云南省议会第四届候补当选人

杨士敏（昆明市），罗群华（昆明县），邵怀德（富民），李润生（晋宁），李士琳（呈贡），李承祖（宜良），蒋永龄（安宁），段棫（禄丰），张文艺（罗次），邹永昌（嵩明），陈之桢（昆阳），宋朝珍（武定），杨春涟（元谋），李开富（禄劝），赵之峻（澄江），唐万青（玉溪），陈天德（江川），王士英（路南），李国选（曲靖），曹法祖（沾益），周文蔚（陆良），罗凤章（罗平），朱玉华（寻甸），樊集麟（宣威），李崇贵（马龙），蔡肇渠（平彝），周柄（会泽），胡元贞（巧家），张本钧（昭通），吴良澍（大关），龙致祥（永善），萧培钦（绥江），李渤（鲁甸），成章（镇雄），毛以亮（彝良），张凤诰（楚雄），周仰贤（广通），苏凤诰（双柏），毕光斗（牟定），李家征（盐兴），赵令溶（盐津），杜乔椿（蒙自），朱朝琛（个旧），邱廷栋（建水），张石麟（河西），鲁永昌（峨山），何国珍（石屏），赵传鎏（通海），马世珍（开远），章沛国（文山），胡桂杨（马关），王庆霖（广南），陈嘉修（富州），贾世俊（泸西），张屡兴（师宗），赵棨（弥勒），李王章（丘北），何国钧（华宁），依正乾（西畴），王朝觐（曲溪），杨元稷（宁洱），雷恩溥（思茅），陈丹桂（景谷），杨修德（墨江），李芳（元江），马太元（新平），刘裕光（澜沧），蔡九叙（镇沅），李嘉乐（景东），苏以才（缅宁），董正荣（腾冲），赵邦和（龙陵），杜敬孝（保山），苏富文（大理），张晃（顺宁），张沛（镇康），刘朝安（永平），张煊文（祥云），杨中润（洱源），倪文澜（邓川），周治光（云龙），包永魁（凤仪），潘锡光（云县），赵启明（漾濞），康立惠（华坪），马联登（蒙化），师殿邦（弥渡），高锡藩（鹤庆），赵宗俶（剑川），牛永福（中甸），段诚修（丽江），赵铣（维西），李时澜（兰坪），谢锡尋（大姚），邱炳烺（盐丰），魏逢春（镇南），黄汝珍（永胜），杨铨（宾川），陈文林（永仁），高本初（姚安）。

云南省议会第四届侨缅滇人及各区土司特派员

侨缅滇人同乡会：舒嘉彦（鹤庆），第一区：杨汉钦（中甸），第二区：茶芳泽（泸水），第三区：盖炳铨（腾冲），第四区：汪瀛（耿马），第五区：萧忠智（澜沧），第六区：李谭（普思沿边第一区），第七区：普家福（建水）。

云南省议会第四届侨缅滇人及各区土司候补特派员

侨缅滇人同乡会：谢树辉（腾冲），第一区：木楷（丽江），第二区：段渊（泸水），第三区：方正藩（龙陵），第四区：杨继先（孟定），第五区：刀正兴（澜沧），第六区：刀国藩（普思沿边第七区），第七区：白少衡（建水）。

国会选举题名

参议院云南议员当选人，系于民国二年二月由云南省议会选举，兹将选出议员题名如后：

吕志伊（思茅），谢树琼（腾冲），朱家宝（华宁），孙光庭（曲靖），王人文（大理），袁嘉穀（石屏），李文治（大理），赵鲸（洱源），陈善（盐丰），杨琼（邓川）。

参议院云南议员候补当选人

李家珍（澄江，递补朱家宝缺，不愿应选）。

李正阳（开化、递补袁嘉穀缺，民国五年十月）。

汤希禹（会泽、递补朱家宝缺，不愿应选）。

何畏（保山、递补谢树琼缺，民国五年十月）。

蒋应澍（昭通、递补杨琼缺，民国五年十月）。

舒良辅（鹤庆、递补朱家宝缺，不愿应选）。

杨开源（玉溪、递补朱家宝缺，民国五年十二月）。

李恩阳（昭通、递补赵鲸缺，民国十一年十二月）。

王清瑞（陆良）。

李沛泽（泸西）。

众议院云南议员当选人

（系民国元年十二月由各复选区选举）

李增（澄江），王桢（昆明），严天骏（玉溪），顾视高（昆明），曾子书（安宁），张大义（大理），由宗龙（姚安），张耀曾（大理），陈光勋（牟定），萧瑞麟（昭通），李燮阳（昭通），何秉谦（泸西），陈时铨（宣威），陈祖基（宣威），朱朝瑛（建水），张华澜（石屏），张联芳（河西），沈河清（建水），段雄（思茅），寸品昇（腾冲），李根源（腾冲），赵藩（剑川）。

众议院云南议员候补当选人

毕宣（呈贡），胡正芳（禄劝），吴贞禧（易门），秦光铭（呈贡），陈德谦（昆明），由人龙（姚安、递补第二复选区张耀曾缺，不愿应选）。李华林（祥云、递补第二复选区张耀曾缺，不愿应选，民国五年十月）。徐咸泰（蒙化），李正棻（盐兴），刘盛堂（会泽、递补第三复选区萧瑞麟缺，不愿应选）。刘盛垣（会泽、递补第三复选区萧瑞麟缺，民国五年十一月）。俞之昆（陆良、递补第四复选区何秉谦缺，民国五年十一月）。赵桀（弥勒），万鸿恩（文山、递补第五复选区朱朝瑛缺，民国五年十一月）。岳昌侯（文山、递补第五复选区沈何清缺，民国十一年十一月）。赵宗鲜（通海），石佩文（马关），李伟（普洱），刘楚湘（腾冲、递补第七复选区李根源缺，民国五年一月）。刘炳蔚（保山、递补第七复选区寸品昇缺，民国五年十一月）。

参议院议员云南第一班改选当选人

（民国五年十二月由省议会选举）

张之霖（盐丰），周泽南（开远），赵伸（嵩明）。

众议院议员云南第一班改选候补当选人

董乃麟（峨山），张世华（武定），吴崇义（澄江）。

众议院议员云南第八复选区补选当选人

（民国六年二月）

赵诚（剑川）。

众议院议员云南第八复选区补选候补当选人

段铨（剑川）。

众议院议员云南第一复选区改选当选人

（民国六年三月）

毕宣（呈贡），角显清（禄劝）。

众议院议员云南第一复选区改选候补当选人

徐道成（路南），杨祄（澄江）。

参议院议员云南第一班改选续选候补当选人

（民国六年四月）

陈价，杨春潮、段鹏瑞、张棫成、丁兆冠、赵鹤清、周宗洛。

众议院议员云南第三复选区补选当选人

（民国十二年五月）

李临阳（昭通）。

众议院议员云南第三复选区补选候补当选人

唐继均（会泽），姜思孝（昭通）。

民国云南通志长编卷十四

内政一·官制一

官制变迁

辛亥光复，易专制为共和，此在中国自有史以来之一大改革也。国体既更，官制斯异。盖新视听，资治理，一代自有其典章、制度，在昔已然矣。惟是民国成立，祸乱相寻。二十载之中，各地方政多自主。以言官制，则每随时局而为变迁。溯吾滇改革之初，省之最高首长曰军都督，统治军民各政。都督府内设军政、参谋、军务三部及参议处、法制局，外设民政、财政、外交、学政、实业五司及高等审、检两厅。省外则仍沿清之道、府、厅、州、县，藉维现状。迨民国元年七月，始有《都督府官制草案》之公布，谨录于后，以见当时改革官制之一斑。

都督府官制草案

第一章　总纲

第一条　云南军都督府行政官制，以都督府为一级。各司为一级。各道视各司，各府、厅、州、县直隶于司。

第二条　各司之外特设参议处、会计检查厅、行政裁判所直隶于都督府。

第三条　司法事宜，专设审判厅办理。

第二章　都督府

第四条　都督府内设秘书处、参谋厅、政务厅，分掌都督府事务如下：

（甲）秘书处掌理机要文件。

（乙）参谋厅掌理军事计划、军事行政，并办理各军队及军政司、提镇局厂之呈报事件，暨中央政府各省关于军事之令咨事件。

（丙）政务厅掌理行政事务，并办理外交、内务、财政、教育、实业五司，暨临开广、迤西、迤南三道各府、厅、州、县之呈报事件，及中央政府各省关于行政之令咨事件。

第五条　秘书处职员如下：

（一）秘书长一员，秉承都督总理秘书事务，并承办机要文件。

（二）秘书官若干员，商承秘书长分办秘书处事务。

（三）录事若干名，受秘书长、秘书官之指挥，分缮文件，经理档案。

第六条　参谋厅分陆军防务两曹，其厅职员如下：

（一）厅长一员，

（二）副官若干员，

（三）编修若干，

（四）录事若干。

第七条　政务厅分六曹，办事职员如下：

（一）厅长一员，秉承都督分管六曹事务。

（二）六曹参事各一员，秉承该管厅长总理各该曹文件。

（三）六曹曹员若干员，秉承该管参事分办各该曹文件。

（四）六曹录事各若干名，受参事曹员之指挥，分缮各该曹文件并经理一切档案。

第八条　秘书处、参谋厅、政务厅办理事件以都督名义行之。

第九条　秘书长、参谋厅长、政务厅长均对都督负责。

第三章　六司

第十条　都督府之下分设军务、外交、内务、财政、教育、实业六司，其职员如下：

（甲）军务司掌管军事教育，经理卫生等事宜。

（乙）外交司掌交涉界务、通商传教、关税邮政及外国人之游历、聘用一切事宜。

（丙）内务司掌管通省地方行政自治、巡警、吏治一切事宜，兼管司法行政事务。

（丁）财政司掌管通省钱粮厘税、各项岁入、文武薪饷、各机关经费及预算、决算一切事务。

（戊）教育司掌管教育行政及通省各学校一切事宜。

第十一条　六司应设职员如下：

（一）司长各一员，主管各该司一切职务。

（二）副司长各一员，赞助司长管理各该司一切职务。司长有事故或不能任事时，得代行其职权。

（三）科长各若干员，秉承司长副司长办理各该科事务文件。

（四）一、二、三等科员各若干员，商承各该科长办理事务文件。

（五）录事各若干名，受科长科员之指挥，分缮文件，经理档案。

第十二条　各司长于管理事务各负责任。

第十三条　各司长于主管事务或于特别委任范围内得发司令。

第十四条　各司长于主管事务，有重大者应具案提请会议。

第四章　参议处

第十五条　参议处设正副议长各一员，参议官无定员，录事若干名。

第十六条　参议处之职权如下：

（甲）备顾问，（乙）对于政务，有献替之责，（丙）对于行政官之失职者，有弹劾之权。

第十七条　会计检察厅设厅长二员，佥事若干员，录事若干名。

第十八条　会计检察厅核销自都督以下通省文武官厅营队之出入经费薪饷，并负其责。

第五章　行政裁判所

第十九条　行政裁判所由都督临时委任组织之。

第六章　会议

第二十条　会议分常时会议、临时会议两种。

（甲）常时会议于每星期六日午后七点开会，与议各员应按时到会。

（乙）临时会议随时由都督召集，亦得由与议各员要求召集。

第二十一条　会议以都督主席。都督府自秘书官、编修长以上，各司自局厂长以上，甲队自局队长以上，参议处自参议官以上，及会计检查厅厅长均得列席。又各道因公进省亦得列席。

第二十二条　若有特别事件不必全体会议者，由都督召集上条之一部分人特开临时会议。

第七章　附则

第二十三条　审判厅官制办法，另订专章。

第二十四条　各机关办事细则，由各机关自订，呈请都督核定施行。

第二十五条　本草案系暂行之制，俟中央政府官制颁布，如有损益，仍应遵改。

民国二年，大局渐定。各省咸听命于中央，实行军民分治。设民政长为全省最高级行政长官、都督专治军事。裁军务司设司法筹备处，改会计检查厅为审计分处，改巡警局为警察厅。同时，外缺裁府留道，改道之官曰观察使。于临开广、迤西、迤南三道之外，增置滇中一道。并裁省外厅州，一律改称为县，称其官曰县知事。县以下分防佐治者，悉改称为分治员。边远之区则设行政或弹压委员，直隶于省道，不受县之管辖。

民国三年，奉中央令改都督为将军，改民政长为巡按使。巡按使署内设政务厅，厅之下设总务、内务、教育、实业四科。原设各司，除财政司改为财政厅，外交司改为交涉员由部派外，其余内务、教育、实业三司悉裁。同时并设盐运使，直隶财政部。复以中央大借款关系，设盐务稽核分所。此外，改各道观察使为道尹，改弹压委员为行政委员，改各县分治员为县佐。

民国四年冬，云南兴师拥护共和，复改将军仍为都督，废巡按使，设民政厅，隶属于都督府。未半年，复裁民政厅，设省长。省长公署内仍设政务厅。其组织与巡按使署略同。裁滇中道尹，归并政务厅办理。此时云南独立自主，盖与中央政府断绝关系也。民国五年冬，副总统黎元洪依法继任大总统，改各省将军为督军，改巡按使为省长，并增设全省警务处。云南取消自主，官制悉依中央。此后，民国六年，又有兴师护法之役，复与中央政府断绝关系。民国九年，督军唐继尧倡废督裁兵之议，以靖国联军总司令官名义（此系沿兴师护法时之旧称）统治军政。而本省官制，悉仍其旧，并未更改。

民国十年春，驻川滇军第一军军长顾品珍率师回滇，唐氏出走。于是组织滇军总司令部，以滇军总司令官统治军政。其民政方面官制，则一概仍旧。

民国十一年春，唐氏回滇，仍主滇政。初以靖国军总司令官治军；以省长治民。旋又改组省长公署为省公署，以省长为全省最高长官，统治军民。署内设四处二局：处曰枢要，曰参谋，曰军咨，曰总务；局曰铨叙，曰统计。外设八司：曰内务，曰财政，曰军政，曰外交，曰交通，曰教育，曰实业，曰司法。废全省警务处及省会警察厅，设昆明市政公所。凡全省警务事件，归内务司办理；省会警察事件，归市政公所办理。并于省会设滇中镇守使，昭通设滇东镇守使，大理设滇西镇守使，蒙自设滇南镇守使，分掌军政。旋废中、东、西、南字样，而易以昆明、昭通、大理、蒙自各地名。并于各大县增设副使，以维治安。此为云南官制改革之最大者。谨录其组织大纲及统系表于后：

云南省政府暂行组织大纲

第一条　云南为实行自治，以期造成联省国家，改组省政府。

第二条　省政府为执行全省政务之最高机关。

第三条　省政府设省长一人，为一省之最高级长官。

第四条　省长任免全省文武官吏。

第五条　省长民选之。但在省宪未公布前，由现任省长继续行使职权。

第六条　省政府设下列八司：

一、内务，二、财政，三、军政，四、外交，五、交通，六、教育，七、实业，八、司法。

第七条　各司设司长一人，由省长任命之。

第八条　省政府设省务会议。以省务员组织之，省务会议以省长为主席，省长有事故时，由省务员中委托一人为主席。各司司长均为省务员。

第九条　省长得于司长外任命省务员二人至六人出席省务会议。省务会议遇必要时，除省务员外，其他人员经省长许可，得列席陈述意见，但不加入表决。

第十条　省务会议取决多数可否，同数由省长裁决之。省务会议规则另定之。

第十一条　省长发布省令，但与各司有关系者应由各主管司长副署。

第十二条　各司司长于职权范围内得发布司令。

第十三条　省长及省务员对省议会负责任。

第十四条　省政府设参谋处，辅佐省长运筹军机。

第十五条　省长得聘任参赞、顾问、参议。

第十六条　省政府设枢要处，承省长命令撰拟文牍，典守印信及其他机要事宜。

第十七条　省政府设军咨处，咨议、咨谋各官均属之。

第十八条　省政府设总务处，承省长命令办理庶务、会计、警戒及承宣事宜，参军副官均属之。

第十九条　省政府设铨叙局，承省长命令掌管官吏任免升转及纪录功绩事宜。

第二十条　省政府设统计局，承省长命令掌管统计事宜。

第二十一条　各司处局之组织及办事规则另定之。

第二十二条　本大纲自公布日施行，遇必要时得由省务会议提议增修之。省宪公布本大纲即失其效力。

民国十六年二月六日改革省政。废省长，采用合议制。三月，由各法团联合会制定《云南省政府组织大纲》，选举省务委员，另组省政府，凡军民各政悉取决于委员会议。原曰各司，悉改为厅。初，公推省长唐继尧为总裁。未几，唐总裁病故，遂废总裁。其时委员无定额，推一人为主席。旋以国民革命军定都江宁，全国统一，本省拥戴中央，始于十七年一月，由国民政府简任委员九人，并指定一人为主席。先是，十六年改革之初，军民两政咸隶属于省政府。是年八月，国府任命龙主席云为国民革命军第三十八军军长。未几，又成立讨逆军第十路总指挥部，统治军事；省政府则专理民政。从此一切官制，悉遵国府规定。裁军政厅归并总部，改交通厅为建设厅，改外交厅为外交部驻滇办事员，裁司法厅，并改高等审检两厅为高等法院。裁废各道道尹，另设殖边督办二人。第一殖边督办驻腾冲，第二殖边督办驻宁洱。各县则直隶于省政府，改县知事名称为县长。改行政委员为设治局，各县县佐则大加裁撤，以其地方或改设县治；或改设设治局。暂行保留者仅十余处。谨将现行省政府组织法及本省各市县设治局沿革表附录于后，庶后之言官制者有所考焉。

省政府组织法

民国十四年七月一日国府公布，十五年十一月十日修正。十六年七月八日废止旧有之组织法，并重订。同年十月二十五日又修正。十七年四月二十七日再修正。十九年二月三日复修正。二十年三月二十三日又修正公布。

第一条　省政府依国民政府《建国大纲》及中央法令综理全省政务。

第二条　省政府于不抵触中央法令范围内，对于省行政事项得发省令，并得制定省单行条例及规程。但关于限制人民自由，增加人民负担者，非经国民政府核准，不得执行。

第三条　省政府对于所属各机关之命令或处分，认为有违背法令逾越权限或其他不当情形时，得停止或撤销之。

第四条　省政府设委员七人至九人，简任，组织省政府委员会，行使职权。

省政府设主席一人，由国民政府就省政府委员中任命之。省政府委员会开会时，省政府委员不得派代表出席。省政府主席及委员不得兼任他省行政职务。现任军职者，不得兼省政府主席或委员。

第五条　下列各款事项，应经省政府委员会之议决。

（一）关于本法第二条、第三条规定事项。

（二）关于增加或变更人民负担事项。

（三）关于地方行政区划之确定及变更事项。

（四）关于全省预算、决算事项。

（五）关于处分省公产或筹划省公营业事项。

（六）关于执行国民政府委托事项。

（七）关于地方自治监督事项。

（八）关于省行政设施或变更事项。

（九）关于咨调省内国军及督促所属军警团防绥靖地方事项。

（十）关于省政府所属全省官吏任免事项。

（十一）其他省政府委员会认为应议决事项。

第六条　省政府主席之职权如下：

（一）召集省政府委员会，于会议时为主席。

（二）代表省政府执行省政府委员会之议决案。

（三）代表省政府监督全省行政机关职务之执行。

（四）处理省政府日常及紧急事务。

前项省政府委员会，除例会外，有委员三人以上之提议或主席认为有必要时应召集临时会。

第七条　省政府主席因故不能执行职务时，得由省政府委员互推一人暂行代理主席职务，其期间以一月为限。

第八条　省政府设下列各厅处：

（一）秘书处，（二）民政厅，（三）财政厅，（四）教育厅，（五）建设厅。

省政府于必要时得增设实业厅及其他专管机关。在未设实业厅之省，关于该厅事务，由建设厅掌理之。

第九条　秘书处掌理事务如下：

（一）关于一切机要及省政府委员会会议事项。

（二）关于撰拟保存收发文件事项。

（三）关于庶务会计事项。

（四）关于编制统计及报告事项。

（五）关于纪录省政府各厅处职员之进退事项。

（六）关于典守印信事项。

（七）其他不属于各厅事项。

第十条　民政厅掌理事务如下：

（一）关于县市行政官吏之提请任免事项。

（二）关于县市所属地方自治及其经费事项。

（三）关于警察及保卫事项。
（四）关于卫生行政事项。
（五）关于选举事项。
（六）关于赈灾及其他社会救济事项。
（七）关于劳资及佃业之争议事项。
（八）关于礼俗、宗教事项。
（九）关于禁烟事项。
（十）关于各种土地测丈征收及其他土地行政事项。
第十一条　财政厅掌理事务如下：
（一）关于省税及省公债事项。
（二）关于省政府预算、决算编制事项。
（三）关于省库收支事项。
（四）关于省公产管理事项。
（五）其他省财政事项。
第十二条　教育厅掌理事务如下：
（一）关于各级学校事项。
（二）关于社会教育事项。
（三）关于教育及学术团体事项。
（四）关于图书馆、博物馆、公共体育场事项。
（五）其他教育行政事项。
第十三条　建设厅掌理事务如下：
（一）关于公路铁路之建筑事项。
（二）关于河工及其他航路工程事项。
（三）关于不属土地行政之测丈事项。
（四）其他建设行政事项。
第十四条　实业厅掌理事务如下：
（一）关于农林、蚕桑、渔牧、矿业之计划管理及监督保护奖进事项。
（二）关于整理耕地及垦荒事项。
（三）关于农田水利整治事项。
（四）关于农业经济改良事项。
（五）关于防除动植物病虫害及保护益鸟益虫事项。
（六）关于工商业之保护监督及奖进事项。
（七）关于工厂及商埠事项。
（八）关于商品之陈列及检查事项。
（九）关于度量衡之检查及推行事项。
（十）关于农会、工会、商会、渔会及其他农业、工业、商业、渔业、矿业各团体事项。
（十一）其他实业行政事项。

第十五条　秘书处设秘书长一人，简任。承省政府主席之命，综理秘书处事务。

第十六条　各厅设厅长一人，由行政院就省政府委员中提请国民政府任命，综理各该厅事务，指挥监督所属职员及所辖机关。

第十七条　各厅于不抵触中央法令或省政府委员会议决之范围内，对于主管事务得发厅令。

第十八条　各厅间或与专管机关间发生职权争议时，由省政府呈请行政院裁决之。

第十九条　各厅处各设秘书一人至三人，荐任，承各该长官之命，办理机要事务。

各厅处视事务之繁简，分科办事。每科设科长一人，荐任，科员四人至十二人，委任，承长官之命，办理各该科事务。

各厅于必要时得酌设技正、技士、技佐及视察员，其名额由各该厅长提出，省政府委员会议定之。

第二十条　各厅处办事细则，由省政府委员会议定之。

第二十一条　本法自公布日施行。

云南省政府暂行组织系统表

- 省长
  - 顾问
  - 参议
  - 参赞
  - 省务员
  - 滇中镇守使
    - 元谋镇守副使
    - 罗平镇守副使
  - 滇东镇守使
    - 宣威镇守副使
    - 会泽镇守副使
  - 滇西镇守使
    - 腾冲镇守副使
    - 维西镇守副使
  - 滇南镇守使
    - 普洱镇守副使
    - 广南镇守副使
  - 东南边防督办、副督办
  - 国军
  - 省军
  - 近卫军教练处
  - 云南省陆军教导队
  - 高等军事学校
  - 陆军讲武学校
  - 宪兵司令部各区队
  - 云南航空处飞机第一队、二队
  - 市政督办
  - 各道尹
    - 各县知事、各县佐
    - 各行政委员
    - 普思沿边行政区
  - 云南盐运使—各盐场知事
  - 各关监督
  - 大理分院
  - 总检查分厅
  - 高等审判厅—地方审判厅
  - 高等检察厅—地方检察厅
  - 造币厂
  - 烟酒事务局
  - 滇越铁道军警总局（各分局）
  - 对汛督办—各分汛副汛
  - 参谋处—测量局
  - 枢要处
    - 监印所
    - 电报处
    - 内收发所
    - 外收发所
  - 官印局
  - 总务处
    - 庶务所
    - 电话所
  - 军咨处
  - 铨叙局
  - 统计局
  - 内务司
  - 财政司
    - 银行
    - 商税局
    - 各厘员
  - 军政司
    - 军需局
    - 兵工厂—火药局
    - 军械总局（各军械分局）
    - 军医院
    - 制革厂—下关分厂
    - 军医学校
    - 军乐队
    - 团务制造军械所
    - 阵亡官兵遗族抚恤教养所
    - 石印所
  - 外交司
  - 交通司—电政总局—各分局
  - 教育司—各学校
  - 实业司—各实业机关
  - 司法司

云南全省各市县各设治局沿革一览表

名称	备注
昆明市	民国十一年设。初名昆明市政公所，十七年依《普通市组织法》改组为昆明市政府。
昆明县	系清云南府附郭县，民国后所属龙田地方，曾设弹压委员一缺，今裁。
富民县	
晋宁县	清州。
呈贡县	
宜良县	原设有邑川县佐一缺，今裁。
易门县	
安宁县	清州。
禄丰县	原设有老鸦关临时弹压委员一缺，今裁。
罗次县	原设有周化镇临时弹压委员一缺，今裁。
嵩明县	清州。
昆阳县	清州。
武定县	清直隶州所属姜驿地方。清设金沙江巡检。民国初改为姜驿分治员，后改为姜驿县佐，今暂留。
元谋县	
禄劝县	
澄江县	系清澄江府附郭之河阳县。
玉溪县	系清新兴州。民国初改休纳县，旋改今名。
江川县	
路南县	清州。
曲靖县	系清曲靖府附郭之南宁县。原有白水县佐一缺，今裁。
沾益县	清州。原有羊肠营县佐一缺，今裁。
陆良县	清陆凉州。民国后改凉为良。
罗平县	清州。
寻甸县	清州。原有易古县佐一缺，今裁。
宣威县	清州。所属可渡地方，清设可渡巡检，民国初改为分治员，后改为县佐。今暂留。
马龙县	清州。
平彝县	
会泽县	清东川府附郭县。原有者海县佐一缺，今裁。
巧家县	清厅。所属六城坝地方，民国初设分治员，后改县佐，今暂留。
昭通县	系清昭通府附郭之恩安县。
大关县	清厅。
永善县	所属井桧地方，民国初设分治员，旋改为井桧行政委员，后改为县佐，今暂留。
绥江县	系清靖江县。民国后改今名。
鲁甸县	清厅。
镇雄县	清直隶州。原有母享县佐一缺，今裁。
彝良县	所属牛街地方，清设知事，民国初改为分治员，后改为县佐，今暂留。
盐津县	清大关厅盐井渡巡检。民国初改盐井渡行政委员，后改县。原有滩头县佐一缺，今裁。
威信县	清威信州判，属镇雄直隶州。民国初改设威信行政委员，二十一年改威信设治局，二十三年始设县。

（续表）

名称	备注	名称	备注
楚雄县	清楚雄府附郭县。	文山县	清开化府附郭县。
广通县	原有舍资县佐一缺，今裁。	马关县	清安平厅。
双柏县	清南安州。民国初改摩刍县，后改今名，所属碍嘉地方，清设州判，民国初改分治员，后改为县佐，今暂留。	西畴县	清安平厅属地。民国初划设普兰行政委员，后改县。
牟定县	清定远县。民国后改今名。	屏边县	清文山县属地。民国初划设靖边行政委员，后改县。
盐兴县	民国初就黑盐井提举辖地，并划拨广通、牟定两县地，改设县治。	砚山县	原系文山县属之江那县佐地及广南县属之小维摩县佐地，于二十一年合并，改为砚山设治局。二十四年改为砚山县。
蒙自县		广南县	清广南府附郭之宝宁县。
个旧县	清厅。	富州县	清厅。所属剥隘地方，于民国初设分治员，后改为县佐，今暂留。
建水县	清临安府附郭，县原设新街、溪处两县佐，今裁。	泸西县	清广西直隶州。民国初改广西县，后改今名，原有五嶆县佐一缺，今裁。
河西县		师宗县	
峨山县	清嶍峨县。民国十八年改今名。	弥勒县	原有虹溪，竹园两县佐，今裁。
石屏县	清州。	丘北县	
通海县		宁洱县	清普洱府附郭县。原有通关哨县佐一缺，今裁。
开远县	清阿迷州。民国改阿迷县，后改今名。原有东山县佐一缺，今裁。	思茅县	清厅。
华宁县	清宁州。民国初改宁县，旋又改黎县，后改今名，原有婆兮，宁海两县佐，今裁。	景谷县	清威远厅。原有勐戛县佐一缺，今裁。
曲溪县	清曲江巡检。民国改县。	墨江县	清他郎厅。民国初改他郎县，后改今名。
金平县	金，原名金河，本土司地，属建水县。民国六年，设金河行政委员，二十一年改为金河设治局。平，原系清临安府分防勐丁，经历民国，初改勐丁行政委员，二十一年改为平河设治局，二十三年就两设治局合并，改设金平县。	元江县	清直隶州。原有因远县佐一缺，今裁。
		新平县	原有扬武坝县佐一缺，今裁。

（续表）

名称	备注
澜沧县	清镇边直隶厅。民国后改今名。原有雅口、下改心两县佐缺，今裁。民国十八年，又新设上下允、西盟两县佐，今暂留。
镇沅县	清直隶厅。原有新抚司、恩业两县佐缺，今裁。
景东县	清直隶厅。原有泰和街县佐一缺，今裁。
缅宁县	清厅。
双江县	民国十六年，以澜沧县属之上改心县佐、缅宁县属之四排山县佐合并，划设县治。
江城县	清勐烈弹压委员。民国后改勐烈行政委员，十九年改设县治，易今名。
车里县	旧土司地。民国元年改设普思沿边行政总局及第一区分局于此。十六年改设县治。
南峤县	旧勐遮土司地。民国元年改设普思沿边第二区行政分局，十六年改为五福县，二十三年易今名。
佛海县	旧勐海土司地。民国元年改设普思沿边第三区行政分局，十六年改设县治，易今名。
镇越县	旧勐腊土司地。民国元年改设普思沿边第五区行政分局，十六年改设县治，易今名。
六顺县	旧六顺土司地。民国元年改设普思沿边第八区行政分局，十六年改设县治。
宁江设治局	旧大勐笼土司地。民国元年改设普思沿边第四区行政分局，十六年改为临江行政委员，二十一年改为设治局，二十四年后改今名。
腾冲县	清腾越直隶厅。民国初年改设腾冲府，二年裁府易今名，原有龙川江县佐一缺，今裁。
龙陵县	清厅。原有潞江县佐一缺，今裁。
保山县	清永昌府附郭县。原有施甸、十五喧两县佐缺，今裁。
大理县	清大理府附郭之太和县。
顺宁县	清顺宁府附郭县。
镇康县	清永康州。民国初改今名，所属勐捧地方，民国初设勐朗分治员，后改为县佐，八年改为勐捧，十七年移驻大水井地方，改为大水井县佐，后仍改为勐捧县佐，今暂留。又原有小勐统县佐一缺，今裁。
永平县	原有龙街、杉木和两县佐，今裁。
祥云县	清云南县。
洱源县	清浪穹县。
邓川县	清州。原有寅塘县佐一缺，今裁。
云龙县	清州。原有漕涧县佐一缺，今裁。
凤仪县	清赵州。
云县	清州。原有大寨县佐一缺，今裁。
漾濞县	清漾濞巡检。民国初改设县治。
姚安县	清姚州。原有普淜县佐一缺，今裁。
华坪县	
蒙化县	清直隶厅。原有浪沧江、南涧两县佐缺，今裁。
弥渡县	清通判。
鹤庆县	清州。
剑川县	清州。
中甸县	清厅。

（续表）

名称	备注
丽江县	清丽江府附郭县。
维西县	清厅。
兰坪县	清丽江府兰州土司。民国后改县，原有石登村县佐一缺，今裁。
大姚县	
盐丰县	清白盐井提举，民国后划大姚、姚安两县地改设县治。
镇南县	清州。原有阿雄、沙桥两县佐缺，今裁。
永胜县	清永北直隶厅。民国后改永北县，后改今名。原有金江县佐一缺，今裁。
宾川县	清州。
永仁县	清大姚县分防苴却巡检。民国初改苴却弹压委员，旋改行政委员，后设县，改今名。
昌宁县	原系顺宁县右甸县佐，民国二十二年设县，改今名。
盈江设治局	清腾越厅属干崖、户撒土司地。民国初划设干崖弹压委员，旋改为干崖行政委员，二十一年改设治局，易今名。
莲山设治局	清腾越厅属盏达土司地。民国初划设盏达弹压委员，旋改为盏达行政委员，二十一年改设治局，易今名。
陇川设治局	清腾越厅辖境。民国初划设陇川弹压委员，旋改为行政委员，二十一年改设治局。
瑞丽设治局	清腾越厅辖境。民国初划设勐卯弹压委员，旋改为行政委员，二十一年改设治局，易今名。
潞西设治局	清为龙陵厅所辖之遮放、芒市两土司地及英人划入之勐板地方。民国初合并设立芒遮板弹压委员，旋改为行政委员，二十一年改设治局，易今名。
德钦设治局	清维西厅辖地。民国初划设阿墩弹压委员，旋改为行政委员，二十一年改设治局，易今名。
福贡设治局	清丽江府辖地。民国初设殖边队长于其地，旋设上帕行政委员，二十一年改康业设治局，二十四年后，易今名。
碧江设治局	民国元年开拓，设殖边队驻之。旋设知子罗行政委员，二十一年改设治局，易今名。
贡山设治局	民国元年开拓，设殖边队驻之。五年，改设菖蒲桶行政委员，旋又改为菖蒲桶县佐，属丽江县，后移茨开，又改为茨开县佐，属维西县，十二年仍改设菖蒲桶行政委员，二十一年改设治局，易今名。
泸水设治局	清为永昌府及云龙县所辖各土司地。民国后划设泸水弹压委员会，旋改为行政委员，二十一年改设治局。
梁河设治局	原系腾冲县属八撮县佐。民国二十二年改设治局，易今名。
龙武设治局	原系石屏县属龙朋县佐。民国二十一年划新平、峨山、河西等县地方，合并改为设治局，易今名。
沧源设治局	原系澜沧县属勐角董土司地。民国二十三年改为设治区，委任专员治理。
宁蒗设治局	原系永胜县属宁蒗县佐。民国二十四年改为设治区，委任专员治理。

民国云南通志长编卷十五

内政二·官制二

二十年来各行政长官题名录

都督：蔡锷、唐继尧。

将军：唐继尧。

督军：唐继尧。

民政长：罗佩金、李鸿祥。

巡按使：唐继尧、任可澄。

省长：任可澄、唐继尧、由云龙、周钟岳、顾品珍、刘祖武、金汉鼎、唐继尧。

滇军总司令官：顾品珍、金汉鼎。

靖国联军总司令官：唐继尧。

云南省政府总裁：唐继尧。

云南省政府主席：龙云。

云南省政府委员：龙云、胡若愚、张汝骥、李选廷、王九龄、马聪、周钟岳、由云龙、熊廷权、胡瑛、金汉鼎、范石生、陈钧、丁兆冠、张维翰、张邦翰、孙光庭、卢锡荣、周钟岳、孙渡、卢汉、朱旭、张凤春、唐继鳞、缪嘉铭、龚自知。

讨逆军第十路总指挥官：龙云。

中央第二路剿匪总司令官：龙云。

军政部总长：李根源、罗佩金。

次长：李曰垓、唐继尧。

参谋部总长：殷承瓛。次长：谢汝翼。

军务部总长：韩建铎。次长：沈汪度。

参议处参议长：李增、李文治。

都督府秘书长：周钟岳、由云龙。

政务厅厅长：李鸿祥、刘显治、倪维钦、陈廷策、丁兆冠、杨福璋、周钟岳、由云龙、刘祖武、吴琨。

盐运使：萧堃、陈钧、吴琨、由云龙、杨福璋、赵钟奇、周钟岳、袁嘉穀、王九龄、胡瑛、马聪、朱旭、张冲、李培炎。

民政司司长：正：杨福璋，副：孙光庭、王玉麟、李曰垓。

内务司司长：陈钧、吴琨、秦光第、周钟岳。

内务厅厅长：周钟岳、李选延。

民政厅厅长：丁兆冠、王恕、徐为光、张维翰、龙云、袁丕佑、朱旭。

财政司司长：正：陈价，副：席聘臣、王九龄、袁家普、周传性、吴琨、董泽、徐之琛。

财政厅厅长：籍忠寅、陈钧、吴琨、缪嘉寿、徐之琛、刘祖武、吴良桐、张汝翼、陈价、陆崇仁、朱景暄、卢汉、陈维庚。

学政司司长：正：李华，副：陈文翰。

教育司司长：周钟岳、由云龙、秦光玉、董泽、钟勋。

教育厅厅长：李华、秦光玉、张鸿翼、由云龙、张士麟、卢锡荣、龚自知、袁丕佑。

实业司司长：正：吴琨，副：丁彦、华封祝、由云龙。

实业厅厅长：吴琨、华封祝、李卓元、张大义、缪嘉铭。

农矿厅厅长：缪嘉铭。

建设厅厅长：张邦翰。

军政司司长：马骢、孙永安。

军政厅厅长：马骢。

司法司司长：李曰垓、张瑞萱、唐启虞。

司法厅厅长：丁兆冠、张瑞萱。

交通司司长：陈钧、董泽。

交通厅厅长：张鸿翼、吴良桐。

外交司司长：周沆、陈度、张翼枢、徐之琛、张维翰。

外交厅厅长：张邦翰、张维翰。

交涉员：张翼枢、徐之琛、李华。

外交部驻滇特派员：王占祺。

高等审判厅厅长：谢光宗、丁兆冠、张仁普、易文煃、唐启虞。

高等检察厅检察长：孙志曾、保廷樑、王淮琛、黄希仲、易文煃、吴良桐、张瑞萱、丁兆冠、吴壮、饶重庆。

高等法院院长：王灿、屠开宗、吴恢量。

滇中道观察使：周钟岳。

滇中道道尹：唐尔镛。

蒙自道（初名临开广道）：李曰垓、何国钧、吴良桐、王广龄、周沆、丁兆冠、缪嘉寿、李友勋、秦光第、李选廷、陈钧、江映枢。

腾越道（初名滇西道）：赵藩、刘元弼、杨觐东、陆邦纯、杨晋、杨福璋、张翼枢、由人龙、熊廷权、华封歌、李秉阳、汤希禹、习自强、赵钟奇。

普洱道（初名滇南道）：方宏纶、刘钧、陆邦纯、丁兆冠、李岳渊、萧瑞麟、徐为光、禄国藩。

省会警察厅长：李修家、黄毓兰、韩凤楼。

警务处处长兼省会警察厅厅长：唐继禹、赵世铭、杨福璋、秦光第、陈维庚、黄实、项铣、朱德、龙云、孟友兰。

昆明市政督办：唐继虞、张维翰。

第一殖边督办：李曰垓。

第二殖边督办：禄国藩、杨益谦。

文官考试

考试制度，在吾国行之千数百年，至为公溥，得人称盛。故国民政府成立，即遵总理《建国大纲》特设考试一院，良有以也。云南自光复后，曾于元年、八年及十五、十七、十八等年中，屡次举行文官考试。意在拔取人才，整饬吏治。一切规章，备极完密。除元年考取名录及八年规章名录，因主办机关迭经改组散失无可考外，谨就档案所存分次列叙。而历届蜕化演进之迹，亦可得其大概矣。民国元年三月，都督府军政部公布《文官试验暂行规则》及《高等普通文官试验施行细则》是为云南举行文官考试之第一次。

文官试验暂行规则

第一章　通则

第一条　文官试验分为高等及普通二种。

第二条　高等文官试验委员，以精通法政之现任高等官员数人充任。

第三条　高等文官试验合格者，给付证书，以备府、厅、州、县行政官及司法官之选，并与府、厅、州、县对品之差委。

第四条　普通文官试验合格者，给付证书，以备各府、厅、州、县佐治员，并各司局书记官、录事及各项办公人员之用。

第五条　文官试验日期及处所，均先期登报布告，较远之地，则饬令地方官出示通知。

第二章　受验文官资格

第六条　凡应考者均宜遵守试验规则。倘以不正方法，希图侥幸者，一经发觉，虽已给付合格证书，亦作为无效。

第七条　凡受验者须具备如下之资格：

（一）年龄满二十五岁以上之男子。

（二）未犯过刑事上之重罪及未剥夺停止公权者。

（三）未受破产之宣告者。

（四）身家清白者。

（五）现未吸食鸦片烟者。

第八条 高等文官受验之特别资格如下：

（一）中外法政学堂高等专门毕业者。

（二）中外中学校毕业及与中学校程度相等之学校毕业，曾入大学专门共有五年以上之程度者。

（三）在中外一年以上之速成法政毕业，充直省法政学校教员或办地方公益事务三年以上著有成绩者。

（四）旧时七品以上官吏著有政声，毫无劣迹者。

凡有以上四种资格之一及合于第七条之规定者，即得应高等文官试验。

第九条 普通文官受验之特别资格如下：

（一）中外中学校及与中学程度相等之学校毕业者。

（二）自治研究所毕业，曾办地方公益事务，素有经验者。

（三）旧时七品以下官吏、著有政声、毫无劣迹者。

（四）旧日各衙署办公、毫无劣迹者。

凡有以上四种资格之一及合于第七条之规定者，即得应普通文官试验。

第三章 文官受验科目

第十条 文官受验分为二种：一、预备试验，二、正场试验。预备试验合格者方得应正场试验。

第十一条 高等文官受验科目如下：

（甲）预备试验科目：（一）国文；（二）外国语文（不能者听）；（三）中学外国历史、地理；（四）中学中华历史、地理；（五）文牍。

（乙）正场试验科目：（一）宪法；（二）刑法；（三）民法；（四）行政法；（五）经济学；（六）财政学；（七）民事诉讼法；（八）刑事诉讼法。

以上为必要科目，受验者不能选择取舍。

（一）商法；（二）国际公法；（三）国际私法。

以上科目，受验者得就中选择一门试验之。

第十二条 普通文官受验科目如下：

（甲）预备试验科目：（一）国文；（二）书法。

（乙）正场试验科目：（一）法学通论；（二）高等小学中国历史、地理；（三）算术；（四）文牍。

第四章 附则

第十三条 本规则自公布之日施行。

高等文官试验施行细则

第一章　报名

第一条　凡应高等文官试验者，须按照公报所示日期先期赴本部报名以凭汇册。

第二条　凡应高等文官试验者，其报名时须亲具呈下列要件：（一）保证书；（二）履历；（三）卒业文凭；（四）相片，倘有合于文官试验规则第九条第四项之资格，无卒业文凭者，须于履历中叙明之。

第三条　保证书须有切实保证人署名捺印方许报名，若由各司各局及道、府、厅、州、县申送应考者，须以正式公文添附履历书及卒业文凭相片一并呈部核示。

第四条　保证及履历书，均规定式样印发受验者，以便照式填写。

第五条　报名后应俟本部查核榜示，凡榜上有名者均为合格，听候入场试验。

第二章　试验

第六条　试验分为三种：（一）论文试验；（二）笔述试验；（三）口答试验。

上三种试验以《文官试验规则》第十二条所定学科为标准，如何分配，归试验委员临时酌定。

第七条　试验以本部部长亲临点名监试行之。

第八条　试验时受验者按照名次鱼贯而入，领卷就席，不得互相杂越，高语喧哗。

第九条　受验人除笔砚外，不得携带书类及挟带片纸。

第十条　受验人于试验场中不准质问及请求阅览书籍等事。

第十一条　有违上三条规定，以致紊乱场中秩序者，立即除名，不准与考。

第十二条　受验人于试验日期不到或半途退席者，即作为无效，不准请求特别补试。

第三章　阅卷及揭示

第十三条　每场后由监场将试卷收齐，分交各试验委员查阅详定，至场终积算分数，以定去取。

第十四条　委员阅卷限于场内，不得携带出外。

第十五条　每卷以六十分为合格，百分为满点，四十分以下者不取。但四十分以上及六十分以上参半而平均计算各科学，以六十分者为合格。

第十六条　凡合格者合计分数之多寡区为甲、乙两等，及第甲等者为即补高等官，及第乙等者为试补高等官。

第十七条　凡试验及第者，除〔榜〕示外，并载公报，以便周知。

第十八条　凡及第者，关于领凭及验看各项手续，均由本部核定示遵。

第四章　附则

第十九条　本细则与《文官试验规则》同时施行之。

普通文官试验施行细则

第一条　凡应普通文官试验者之报名适用《高等文官试验细则》第一章之规定，但有合于《文官试验规则》第十条二、三项之资格而无卒业文凭者，须于履历中申明之。

第二条　普通文官试验手续适用《高等文官试验细则》第二章之规定，但试验时由本部部长监试行之。

第三条　阅卷及揭示，适用《高等文官试验细则》第十三条、第十四条、第十五条、第十七条、第十八条之规定。

第四条　凡合格者按分数之多寡区为上、中两等，上等及第者为普通即补官，中等及第者为普通试补官。各部司局厂一有缺额便即录用。

第五条　本细则与《文官试验规则》及《高等文官试验细则》同时施行。

谨案：本案考试名录，及民国八年后举行第二次文官考试一切规章名录，均因主办机关迭次改组散失，无可稽考，特此声明。

民国十五年四月，内务司遵照本省内政会议：澄清官方整顿吏治案内，应组设文官考试委员会，拟定《文官考试委员会暂行章程》十五条，《文官考试暂行条例》十七条呈准施行。

云南文官考试暂行条例

第一条　本条例依内政会议议决整顿吏治澄清官方议案，凡属本省文官特设考试委员会以甄别之。

第二条　文官考试凡具有下列资格之一，经审查文官资格委员会审定合格榜示者，均应与考。

一、中央分发县知事及县佐；

二、本省核准注册，存记各县知事行政委员及县佐；

三、本省历届考取、存记各县知事行政委员及县佐；

四、本省仕学馆行政甲、乙两班毕业人员；

五、各机关保荐或自行呈递履历具有荐任或委任资格人员；

六、曾任本省各县知事、行政委员及县佐人员；

七、现任本省各县知事、行政委员及县佐人员。

第三条　本条例第二条第七项现任人员得俟交卸后自行呈递履历，听候审定汇考。

第四条　凡具有分发或考取存记核准存记资格各人员，均应一律考试，不准免考。

第五条　凡经审查文官资格委员会审定合格，榜示应受考试人员，如有借故规避或意存藐玩者，即撤销原有资格。但因特别障故，不能应试者，得先期呈明理由，随后补考。

第六条　文官考试之次序如下：

一、笔试；二、口试。

第七条　笔试之科目如下；

一、策论；二、文牍。

第八条　口试之次序如下：

一、口试之问题由会长主试委员临时定之。

二、口试之问答由速记员笔记之。

第九条　考试成绩，就第一第二两试平均合格者为及格。

第十条　凡笔试落第者，不得应口试。

第十一条　考试及格分数，以平均满八十分以上者为甲等，七十分以上者为乙等，六十分以上者为丙等，不及六十分者不录。

第十二条　考试人员及格甲等者，以原资注册存记超委，及格乙等者，以原资存记酌委，及格丙等者以原资存记轮委，并发给凭照。

第十三条　本省文官之任用，以依本条例考试及格者为标准。

第十四条　应考文官如人数过多，应分次举行之。

第十五条　投考人员应于宣示名录后，赴考试文官事务处报名，并呈投最近四寸相片一纸。

第十六条　考试日期，由会长酌定及公布之。

第十七条　本条例自核定公布日施行之。

云南文官考试委员会章程

第一条　本省政府依内政会议议决整顿吏治澄清官方议案，组设文官考试委员会。

第二条　本会地点暂附设于内务司。

第三条　本会以下列人员组织之：

一、会长；二、主试委员；三、襄试委员；四、监试委员。

第四条　本会会长由省长兼任之。

第五条　本会主试委员由省长任命各司长及各高级长官兼任之。

第六条　襄试委员由主试委员选定现任或曾任简任荐任各文官者，呈请省长临时任命之。

第七条　监试委员由主试委员选定现任或曾任荐任各文官者，呈请省长临时任命之。

第八条　本会因办理关于考试之预备补助一切事宜，应另设文官考试事务处，以下列各员组织之：

一、处长一员；二、主任处员一员；三、处员若干员。

第九条　处长由内务司长兼任，主任处员由内务司参事或科长兼任，处员由枢要处、铨叙局、内务司三处掾属人员选定兼任，均呈请省长委任之。

第十条　本会及事务处缮写文件及助理其他一切事项，由内务司雇员录事中指定兼充。

第十一条　依本条例第五、六两条之规定具有主试、襄试委员资格者，遇有亲属及所保人员，应先声明回避。

第十二条 笔试题目由会长亲命之，口试由主试委员先行代试，再请会长亲试之。

第十三条 襄试委员评判分数，由主试委员复核后呈请会长裁定之。

第十四条 本会及事务处应需一切经费，由库款特别动支。

第十五条 本章程自核定公布日施行。

民国十五年考取文官名录

（十月令发铨叙局注册备案）

荐任甲等文官：郑崇贤、杨天一、李光炽、宋光焘、李承祖、张立仁、周浩东、何作楫、邓鸿逵、李致中。

以上十员，均以县知事超委。

荐任乙等文官：舒业顺、施传祖、陈际光、郑鹤春、覃恩泽、何文选、李家昌、吴琔、杨埙、霍士廉、杨德普、端木乐益、吴联珠、袁云宝、陈椿、张渠、吴崇基、杨树、李晋笏、刘名昭、覃宝珖、段世璋、廖维熊、王开基、常宪章、张翼之、丁时俊、王钧图、马秉升、高昕、李攀桂、王敬熙、王承忠、刘彬文、杨毓麟、王永和、蔡秉钧、虞钺、侯观海、杨成汉。

以上四十员，均以县知事酌委。

荐任丙等文官：张禄光、杜学云、吴永立、徐振声、王开祥、张宗濂、俞其能、胡邦翰、何增福、陈元运、赵毓鲸、赵朝勋、吕培仁、宋炽昌、林森、吴传宽、苏汝庚、邓晶、伍骧、廖崇仁、邓大治、王国铭、周兆麟、杨钟寿、张昶、张觉民、王维乾、张笏、曹起鹏、罗家楷、龙良夔、刘士俊、王熙、周杰、萧汉俊、赵因培、赵鑫象、李绳祖、李端、周绍成、罗煦、刘钟俊、郭彦卿、李庄、张之屏、陈葆仁、李莲新、周伟、袁学义、米文兴、谢崇贤、包国本、杨德中、宋藩、戚景藩、刘瑱、商延年、甘德纯、和彦彬、许为綍、杨元、陈潜、殷献民。

以上六十三员，均以县知事轮委。

备取文官：李兆蓉、蒋绍封、文复周、何举善、张懋绩、张福和、姜和鸾、蒋熙藩、郑钊、王嘉绩、张锦长、赵琴徽、陈代英、万保黎、施以惠、朱翼、杨恩寿、涂文藻、张致和、杨鹏、徐培基、董崇正、董昶、缪嘉祥、陈培元。

以上二十五员，均特准以行政委员听候任用。

委任甲等文官：刘庆鸿、金文达、李信澄、汤源新、杨德选、雷应中。

以上六员，均以行政委员超委。

许其仁、王祖培、岑兆麟、李肇麟、张辅仁、王仁端、张绍孙、陈文锦、娄际泰、李华、方际熙、赵树人、李家祺、张涠、李秾、赵荣章、沈学俊、欧阳超、赵聘玖、张琼、刘体文、孔炤鉴、孙寿康。

以上二十三员，均以行政委员酌委。

张永仁、侯象寅、何潜龙。

以上三员，均以行政委员轮委。

委任丙等文官：张世勋、赵思潮、何一德、李管昭、李维桢、杨春芳、郑汝昌、杨天祐、文灿奎、宋朝选、和永鑫、施以仁、陈应泰、梁运开、周维淮、何汝谦、刘家富、康学文、李承绪、杨起瀛、刘云樵、杨德普、阮依文、张应杓、萧湘、梅宗汉、秦楷、陈洛云、陈秉宽、郭树勋、杨樾、刘恺、刁成儒、潘光龙、徐麒、王汝连、高其羲、韩光荣、赵铸昌、张文焕、段肇修、余汝舟、马锐、张镜清、刘季秋、梅南先、杨春林、李金章、李恩荣、张式鑫、李天培。

以上五十一员，均以县佐轮委。

民国十七年三月，省政府以现值整理内务之期，尤宜澄叙官方，改革吏治。而改革吏治，须从慎选人才着手。经令饬民政厅参照考试制度并察酌本省情形，筹备文官考试，拟具规章呈核施行。旋据民政厅呈："窃维用人无一定之标准，则滥进多而澄叙难，故资格不能不限定。而欲限定资格，亟宜严行考试，以正其本而清其源。查本省旧有中央分发县知事、本省考取县知事、行政委员、县佐以及仕学馆行政甲、乙两班毕业人员，曾经考试取得资格者约计已数百人。似可就中遴委，不必再事他求。惟是前省政府任用文官，不尽取材于考试。盖军政各机关僚佐人员积有资劳，由各长官保荐核准以县知事、行政委员、县佐分别存记任用者，固不乏人；即未经保准存记任用者，论其资格亦可得荐任委任之相当待遇，其始量才委用，何尝不自有权衡。乃途辙一歧，杂流并进，纷纷要求援例，遂至只能为人择事，不能为事择人，此吏治所由日坏也。前省公署力图整顿，曾举行文官考试一次。按照条例，无论从前具有何项资格人员，非经考取，不得委用。法令之始，颇具决心，惜未竟厥施，遽遭政变。继以内争外侮，战祸频仍，地方秩序且不安宁，遑言治理。即有时委任行政官吏，亦每以特殊关系，舍经从权。而考试文官之前例，遂未能实行矣。今政府以各方军事，行将收束，整理内政，视改革吏治一项为目前重要问题，并厉行文官考试以为澈底澄清之计。钦仰莫名，自应遵照办理。谨参稽成案，酌度现情，拟具《文官考试暂行章程》十八条，先请衡核提议施行。抑更有进者，厉行考试以后，遇有县长、行政委员、县佐缺出，无论从前具何资格人员，非经新政府考取，不得委用。至旧有之资格，但能凭以应考，若不愿应考或考而未取，均不得再求委用。非故欲推翻前案，实以既经破坏之后，必革故乃能鼎新，解决纠纷，不得不如是也。似此确定标准，有才者固不难脱颖，无学者自不得滥竽，吏治前途，庶有刷新之望也"等语。当经提会议决，以该厅呈请厉行文官考试、以清仕途各节，所见甚是，拟定考试章程亦属周妥，自应照准施行，饬由民政厅设立文官考试事务处迅速筹办。

云南省文官考试暂行章程

第一条　本省现因整顿吏治，在中央考试院未公布考试法以前举行文官考试，依本章程考试及格者得分别任用之。本章程所谓文官，系指县长、行政委员、县佐三项，县长为荐任文官，行政委员、县佐为委任文官。

第二条　凡中华民国国民年满二十五岁以上、不分性别、具有下列资格之一者得应荐任文官考试：

（一）曾在国内外大学或高等专门学校毕业，持有文凭者。

（二）曾任县长者。

（三）中央以前分发知事及本省历次考取或保荐存记知事暨仕学馆甲班毕业者。

（四）曾在行政、司法、军事各机关服务三年以上或曾办理地方公务五年以上具有荐任相当资格者。

第三条　凡中华民国国民年满二十五岁以上、不分性别、具有下列资格之一者得应委任文官考试：

（一）曾在国内外中等学校毕业持有文凭者。

（二）曾任行政委员县佐者。

（三）本省历次考取或保荐存记行政委员、县佐暨仕学馆乙班毕业者。

（四）曾在行政、司法、军事各机关服务二年以上或曾办理地方公务三年以上具有委任相当资格者。

第四条　具本章程第二条、第三条各项资格而有下列各款情事之一者均不得与考：

（一）有反革命之行为者。

（二）土豪劣绅及贪官污吏。

（三）曾受刑事处分褫夺公权尚未复权者。

（四）曾受破产之宣告尚未清偿者。

（五）亏欠公款尚未缴清者。

（六）确有嗜好者。

（七）有精神病者。

（八）年岁衰老或有痼疾者。

第五条　文官考试之程序如下：

（一）资格审查；

（二）笔试；

（三）口试。

第六条　资格审查依本章程第二、三、四各条之规定行之。

第七条　笔试之科目如下：

（一）《建国方略》《建国大纲》《三民主义》之问答；

（二）地方行政实际策论；

（三）民刑法要义解题；

（四）公牍拟稿。

第八条　口试之问题由主试委员临时定之，口试问答以速记员笔记之。

等九条　凡资格审查不合格者不得应笔试，笔试不及格者不得应口试。

第十条　考试成绩，就笔试口试两种平均及格者定之。

第十一条　考试分数概以满七十分为及格，不及七十分者不录。

第十二条　应考人员成绩及格者，除荐任职不分等第概以县长任用外，委任职分为甲、乙两等。取录甲等者以行政委员任用，取录乙等者以县佐任用。均按名次先后注册，并发给凭照。

第十三条　具有第二、三条各项资格人员，均非照章考试取录不能任用，并不得免考。

第十四条　关于投考人员之手续如下：

（一）须开送详细履历一份；

（二）须缴最近四寸相片一张；

（三）须送毕业文凭、证书或曾任官吏之公文书查验；

（四）须缴考试手续费荐任者十元、委任者六元。此项手续费取录与否，概不退还。

第十五条　文官考试以考试委员会行之，考试委员会章程另定公布。

第十六条　文官考试每年应分届举行。考试日期由省政府定之。

第十七条　前云南省公署规定之《云南文官考试暂行条例》自本章程公布后即行废止。

第十八条　本章程自公布日施行。

云南省文官考试委员会简章

第一条　依现定《文官考试暂行章程》第十五条之规定，组设文官考试委员会。

第二条　本会以下列人员组织之，其地点设于民政厅：

（一）主试委员；（二）襄试委员；（三）监试委员。

第三条　主试委员由省政府任命高级长官兼任之。

第四条　襄试及监试委员由主试委员选定现任或曾任简任、荐任文官呈请省政府临时任命之。

第五条　本会因办理关于考试之审查预备一切事务，应另设文官考试事务处，以下列各员组织之：

（一）处长一员；（二）主任处员一员；（三）处员若干员。

第六条　处长由民政厅参事兼任。主任处员由民政厅科长兼任。处员由民政厅科员兼任。均呈请省政府委任之。

第七条　本会及事务处之庶务、会计、收发、印核以及缮写文件及助理其他一切事项，均由民政厅主管职员及录事兼充之。

第八条　笔试题目由主试委员亲命之，口试由主试委员亲试之。

第九条　襄试委员评判分数，由主试委员复核裁定之。

第十条　本会及事务处应需一切经费由库款特别动支，事毕据实报销。

第十一条　本简章自核定公布日施行。

民国十七年考取文官名录

何作楫、李宜治、宋光焘、吴从周、陈其栋、李光炽、甘铭、张新元、杜宗琼、陈中孚、方际熙、郭彦卿、倪鹤、王敬熙、杨埙、周荫樾、周杰、高昕、杨炽昌、周敬修、端木垚、杨振鹏、杨华俊、傅宅安、段定元、魏嘉惠、温家昌、徐映暹、王承忠、苏春青、甘德纯、寔宗鲁、孙模、胡昭、曾瑞鹤、杜学圣、施为章、洪元亮、施以仁、孙佩珊、武丕谟。

以上四十一员，以县长任用。

徐善行、张流开、张传甲、佘其勋、吴光泽、曾国樑、杨凤翔、王汝高。

以上八员，以行政委员任用。

陈秉谦、朱昌、王晋封、周龙华、宁学易、毛元秀、汤增品、李亢宗、晋子英、赵聘玖、施祐、李艺、梁继先、杨浩、王樾亭、刘人祐、李名标、由朝宗、杨承曾、刘毓崧、廖文渭、曾昭德、纳正伦、罗钟岳、赵思潮、丁沅、王允中、崔荣邦。

以上二十八员，以县佐任用。

民国十八年五月，本省政府举行第二届（系以十七年考试者为第一届）县长考试，先是，十七年十一月民政厅呈复师长卢汉建议整顿吏治案内，陈明人员不敷任用，拟请举行第二届文官考试，经省政府议决：第一届考取文官现余无多，自应举行第二届考试以资储备。即由该厅预为筹办，惟前届考试因时间仓促，不无疏漏，并由该厅妥拟办法，俾无遗材而资选用。同时并准国民政府内政部颁发《县长考试暂行条例》，交厅并办。旋据民政厅呈："查本省第一届考取荐任委任两项文官，业经陆续委任差缺，现余人员无多，举行二届考试洵不可缓。自应遵令参照前届成案，妥拟办法呈核，期无疏漏。唯是国府《考试县长条例》既已颁布，自不能不遵照办理，以重政令。但查此项条例第一条载：'县长考试在中央考试院未依法行使考试权以前，得由国民政府依本条例委托各省政府举行'等语，是此项条例原系一种暂行法规，细绎所定办法与本省现行《文官考试暂行章程》迥有不同，其中最要者如本省考试系分荐任委任两级，而部颁条例则专指县长一项，此不同者一。又如资格一项，即专以县长论，然本省规定凡曾任县缺及在军政各机关供职三年以上具有荐任资格者亦得与考。而部颁条例则限定学校毕业暨考取文官法官之资格。是上述曾任县缺及服务各机关具有资劳人员均不在与考之例。此不同者二。又如考试科目本省章程只有笔试、口试两场，而部颁条例定为笔试三场、口试一场，此外尚有体格检验之规定，此不同者三。又本省因财政奇绌，凡投考人员均应交报名手续费，考取后并应交凭照费。而部颁条例并无此种规定，其考试费则由省库支出，此不同者四。然此尚就其大者而言，其他不同之处尤难悉数，若照部案办理，则投考资格限制綦严。既虑登进不宏，而场数过多，又须延长时日，即需费亦必较巨。且行政委员，县佐两项，部颁条例并无规定。揆以本省情势，一时又未便废除不行考试。以上种种皆属重大问题，必须先行解决，而后拟定考试章程，乃有所依据"等语。又经省政府会议议决，考试资格暨考试科目概照部颁条例办理，至报名等项手续费用由该厅酌予变通拟办。委任官考试条例中央既未颁行，应即以县长考试名列备取各员委用。复经民政厅呈："查投考人员，若仅照部颁条例，须限定学校毕业暨考取文官法官之资格。而本省曾经任缺或存记委缺或虽未得存记而在军政各机关服务多年、资劳卓著之员，皆不得应考。匪特有遗才之憾；且按现时情势，亦觉未宜。盖部颁条例考取县长后，尚须学习，始予任用，而吾滇则需材孔亟，一经考取，即须出身加民。必注重经验一层，方不至用非所习也。职厅再三考虑，统筹兼顾，拟对于部颁条例，完全遵照公布施行。至于应考人员资格，则请变通，准将曾任或曾经本省存记县长、行政委员、县佐暨曾充军政各机关职员服务在五年以上著有成绩者，亦得与考，以副钧府延揽群材之盛意。至备取人员办法，拟除平均分数在六十分以上者，概照部颁条例以县长分甲、乙、丙三等任用外，其平均分数在六十分以下、五十分以上者，列为备取。准以行政委员或县佐酌量分别任用。如此办理，既不妨碍部案，又合本省现情，似觉经权两协。又考试手续费一项，拟仍仿照前届荐任之例，每人于报名时呈缴十元，以补办公之用。其余审查报名各项手续，概照上届认真办理。期无疏漏。但审查资格时，即不能照前届省案分别荐任、委任，因部颁条例规定资格，初未限于荐任也。兹就上述各节，拟具《县长考试补充章程》六条。期与部颁条例并行不悖”等语。呈经省政府提会议决，准如所拟办理。

县长考试暂行条例

第一条　县长考试在中央考试院未依法行使考试权以前，得由国民政府依本条例委托各省政府在各省举行。

第二条　凡中华民国国民年满二十五岁以上具有下列各款资格之一者，得应县长考试：

（一）在国内外大学或专门学校修习法律、政治、经济、文哲、社会学科三年以上毕业持有证书者。

（二）在党务学校一年以上毕业持有证书者。

（三）在中学或与有同等程度学校毕业，持有证书并曾任行政职务满二年以上有证明文件者。

（四）曾应各种文官、法官考试及格者。

第三条　有下列各款情事之一者，不得应县长考试：

（一）受褫夺公权之宣告尚未复权者。

（二）被国民党开除党籍或受停止党籍之处分尚未恢复者。

（三）被告为贪官、污吏、土豪、劣绅、经法庭判决确定者。

（四）亏欠公款尚未清结者。

（五）有吸食鸦片或施打吗啡等不良嗜好者。

第四条　应试人员须受体格检验。

第五条　考试分为第一试、第二试、第三试、第四试。第一、二、三试以笔试行之，第四试以口试行之。

第六条　第一试之科目如下：

（一）《三民主义》《建国方略》《建国大纲》。

（二）中国国民革命史。

第七条　第二试之科目如下：

（一）法学通论。

（二）经济学原理。

（三）政治学原理。

（四）中外近百年史。

（五）中国人文地理。

第八条　第三试之科目如下：

（一）现行法令概要。

（二）国际条约概要。

（三）本省财政。

（四）本省实业及教育。

（五）本省路政及水利。

第九条　第四试之科目如下：

（一）关于学科之问答。

（二）关于经验之问答。

第十条　凡第一试未及格者不得应第二试及第三试，第二、三两试未及格者不得应第四试。

第十一条　考试各科以平均满六十分为及格。

第十二条　考试及格以平均满八十分以上者为甲等，七十分以上者为乙等，六十分以上者为丙等。

第十三条　考试及格人员，由省政府依照《县长考试及格人员学习规划》分配学习，俟期满甄别及格后，以县长任用。但取列甲等者，得由省政府核定免除学习。

第十四条《县长考试及格人员学习规则》由内政部另定之。

第十五条　县长考试以典试委员会行之，其组织如下；

（一）典试委员长一员。

（二）中央简派典试委员二人。

（三）本省省政府遴请简派典试委员二人至六人。

第十六条　典试委员长由省政府主席兼任。

第十七条　第十五条第二款典试委员，由内政部会同大学院加倍拟定名单呈请国民政府核派。但距首都较远省份，得免派此项委员。

第十八条　第十五条第三款典试委员，由各省政府加倍拟定名单，函经内政部会同大学院转请国民政府核派。距首都较远省份，得因免派第十五条第二款委员呈请加派典试委员二人。

第十九条　典试委员就下列各员请派之：

（一）省政府委员。

（二）国立大学及经大学院立案之私立大学教授，但以担任讲授考试科目者为限。

（三）其他富有政治学识或经验之专家。

前项第一款人员不得逾委员总数二分之一。

第二十条　典试委员会置襄校委员若干人，襄助典试委员掌理阅卷及其他考试事务。

第二十一条　襄校委员由典试委员长就下列各员拟定名单函经内政部会同大学院转请国民政府核派。

（一）省政府荐任职以上之官吏。

（二）第十九条第一项第二款、第三款所定人员。

前项第一款人员不得逾委员总数二分之一。

第二十二条　典试委员会应函聘下列人员为监试委员：

（一）高等法院检查官。

（二）地方法院检查官。

前项监试委员，如发见考试舞弊及其他妨害公务等不法行为时，应依法向典试委员会报告，或向法院检举之。

第二十三条　典试委员会于考试事竣，即行撤销。

第二十四条　考试事竣，应将考取县长名册照片及考试情形，分报内政部及国民政府备案。

第二十五条　内政部得因必要情形，将各省考取县长分发他省学习任用。

第二十六条　考试费用由省库支出之。

第二十七条　典试规则及典试委员会办事细则由典试委员会定之。

第二十八条　本条例自公布之日施行。

云南县长考试补充章程

第一条　本章程系依内政部颁行之《县长考试暂行条例》参以本省现情酌予补充，以期适用。

第二条　投考人员资格，除照内政部颁行《县长考试暂行条例》第二条所列各项资格均得与考外，凡有下列资格之一者亦得与考：

（一）曾任或曾经本省存记县长、行政委员、县佐者。

（二）曾充军政各机关职员、服务在五年以上、著有成绩者。

第三条　应考人员除平均分数在六十分以上者，照部颁条例以县长分等任用外，其平均分数在六十分以下、五十分以上者列为备取，准以行政委员或县佐酌量分别任用。

第四条　审查资格依部颁条例第二条及本章程第二条各项之规定审定之。其资格不合者，不得与考并不得免考。

第五条　投考人员应备之手续如下：

（一）须开送详细履历二份。

（二）须缴最近四寸相片一张。

（三）须送毕业文凭证书或曾任官吏之公文书查验。

（四）须缴考试手续费十元。

投考人员，应于报名时将前列各项手续备齐，以凭交付审查，至手续费一项无论取录与否，概不退还。

第六条 本章程自公布日施行。

民国十八年考取县长名录

正取人员

甲等：雷协中、李景泰、周继福、卢金锡、张士镤。

乙等：王凤瑞、彭嘉霖、赵震、张垚、马彪、张玖和。

丙等：冷佩金、张炤川、王仁瑞、施镇柄、张振伟、张渡、许其仁、马秉升、黄源静、甘蕃、郑汝昌、杨鎔、毛元秀、杨泰来、王锡睿、王肇云、何文选、苏珷、张仓荣、崔崇、邓鸿逵、张钟璜、倪丙生、郑培仁、赵聘玖、史直书、宋其昌、郑丕明、刘德修、朱昌、黄希仲、李耀祖、纪文光、张积厚、王杰、王廷贵、胡超凡、秦好贤、杨联芳、杨仪祖、管琹 、王应元。

以上五十二员，均准以县长任用。

备取人员：廖彬、保维德、徐培基、李承绪、周文林、马景明、沈长清、赵正岳、杨席珍、董广布、赵梓荣、王任熙。

以上十二员均准以行政委员任用。

赵清澄、袁达、李峻、李炳垣、孙体元、海济舟、尹培兰、刘芳霖、李润泉、梅宗黄、沈兆龙、吴朝清、熊秉源、杨光发、张映垣、邓扶汉。

以上十六员，均准以县佐任用。

官俸表

滇本贫瘠。在前清时代，原为受协省份。光复而后，各省协款停止，加以援川、援黔，军用浩繁。蔡都督锷爰本减政主义，厉行节俭，曾由军都督府酌定官员薪俸等级成数表，以为各机关厘定官俸之标准。民国元年夏，发行爱国公债，并规定凡月支官俸在六十元以上者，除发给现金六十元外，余数悉填发爱国公债票，用以提倡。嗣以认购无多，始行终止。是年七月，改两为元，复经制定《陆军官佐及各司人员俸给折合成元增减表》。九月，又制定《道府厅州县并佐治员暂定俸给一览表》。迄今二十余年，其间虽因官制变迁，财政支绌，以及金融紊乱，生活骤增，不无时有增减之处，然均不能出其范围。咸根据原数而损益之，谨将原定各表及现行各级文官俸给，一并列表附录于后：

军都督府酌定薪俸等级成数表

<table>
<tr><th colspan="2">等级</th><th>官阶</th><th>原定薪数</th><th>酌定成数</th><th>实发银数</th></tr>
<tr><td rowspan="3">上等</td><td>一级</td><td>正都督</td><td>600 两</td><td>2 成</td><td>120 两</td></tr>
<tr><td>二级</td><td>副都督</td><td>400 两</td><td>3 成</td><td>120 两</td></tr>
<tr><td>三级</td><td>协都督</td><td>250 两</td><td>4 成</td><td>100 两</td></tr>
<tr><td rowspan="3">中等</td><td>一级</td><td>正都尉</td><td>200 两</td><td>4 成</td><td>80 两</td></tr>
<tr><td>二级</td><td>副都尉</td><td>150 两</td><td>4 成</td><td>60 两</td></tr>
<tr><td>三级</td><td>协都尉</td><td>100 两</td><td>5 成</td><td>50 两</td></tr>
<tr><td rowspan="3">次等</td><td>一级</td><td>正校尉</td><td>50 两</td><td>7 成</td><td>35 两</td></tr>
<tr><td>二级</td><td>副校尉</td><td>25 两</td><td>8 成</td><td>20 两</td></tr>
<tr><td>三级</td><td>协校尉</td><td>20 两</td><td>8 成</td><td>16 两</td></tr>
<tr><td colspan="2" rowspan="2"></td><td>额外校尉</td><td>16 两</td><td>8 成</td><td>12 两 8 钱</td></tr>
<tr><td>司书生</td><td>12 两</td><td>8 成</td><td>9 两 6 钱</td></tr>
<tr><td colspan="2">备考</td><td colspan="4">弁护目兵匠夫饷银仍照旧章支发，各文职官吏薪俸由军政部照此表等级酌定，呈候核夺。</td></tr>
</table>

陆军官佐薪俸折合成元增减表

元年七月

官阶	员数	薪俸银数（两）	合银元数（元）	除零数	加入数	实得数（元）	摘要
师长	1员	120	166.66	6角6仙		166	参谋长同上 一等参谋、高级副官 二等参谋、一等副官 三等参谋，二等副官，军乐队官，营副官，三等副官，司库官，查械官，三等编修，兵工厂，各员司。 马医生 正军医官，正军械官 副军医官，副军械官 掌旗官，军械，马医，查马长，司乐官 一等编修 二等编修 司号长
旅长	1员	100	138.88	8角8仙		138	
联长	1员	80	111.11	1角1仙		111	
联副长	1员	60	83.33	3角3仙		83	
大队长	1员	50	69.44		5角6仙	70	
中队长	1员	35	48.61	6角1仙		48	
小队长	1员	20	27.77	7角7仙		27	
司务长	1员	16	22.22	2角2仙		22	
正军需官	1员	50	69.44		5角6仙	70	
副军需官	1员	35	48.61	6角1仙		48	
军需长	1员	24	33.33	3角3仙		33	
军医长	1员	28	38.88	8角8仙		38	
正马医官	1员	40	55.55	5角5仙		55	
副马医官	1员	30	41.66	6角6仙		41	
司书生	1员	12.8	17.77	7仙		17.7	
附记	都督府及各师旅联本部并各局所学校人员，均按照相当之职给薪。						

各司人员俸给折合成元增减表

元年七月

月支			
阶级	名员	原定数（元）	现定数（元）
司长	一员	139.000	130.000
参事	每员	83.330	80
科长	每员	69.444	70
一等科员	每员	48.611	48
二等科员	每员	27.770	28
三等科员	每员	22.22	22
技师	每员		100
一等书记	每名	18.000	
二等书记	每名	14.000	
三等书记	每名	11.470	10
号书	每名	8.780	9
材官	每名	6.250	7

云南各道府厅州县并佐治员暂定俸给一览表

元年九月

任别	机关种类	机关名称	俸额
特任	道	临开广道、迤西道、迤南道。	每月俸银各160元。
荐	府	云南府、澄江府、昭通府、丽江府、楚雄府、普洱府、临安府、广南府、曲靖府、东川府、大理府、永昌府、腾冲府、顺宁府、开化府。	
	直隶厅州	蒙化直隶厅、镇边直隶厅、镇沅直隶厅、永北直隶厅、景东直隶厅、武定直隶州、镇雄直隶州、元江直隶州、广西直隶州。	每月俸银各140元。
任	厅州县	中甸厅、富州厅、大关厅、威远厅、龙陵厅、嵩明州、沾益州、寻甸州、新兴州、邓川州、鹤庆州、姚州、云州、宁州、他郎厅、缅宁厅、安平厅、维西厅、鲁甸厅、思茅厅、晋宁州、陆凉州、宣威州、路南州、宾川州、剑川州、镇南州、石屏州、呈贡县、个旧厅、巧家厅、安宁州、昆阳州、罗平州、马龙州、赵州、云龙州、永康州、南安州、阿迷州、弥渡县、富民县、宜良县、易门县、平彝县、靖江县、丘北县、洱源县、定远县、通海县、河西县、罗次县、元谋县、江川县、彝良县、弥勒县、永平县、大姚县、嶍峨县、蒙自县、禄丰县、禄劝县、永善县、师宗县、云南县、广通县、新平县、华坪县、漾濞县。	每月俸银均各100元。
选	佐职员	盐井渡行政委员、五嶆州判、曲江行政委员、勐丁经历、威信州判、�嘉州判。	每月俸银各50元。
		普淜州判、通关哨经历、龙川江经历、牛街知事、金沙江巡检、勐戛经历、右甸经历、板桥县丞、金江知事、易左巡检、滩头汛经历、恩业经历、江那县丞、白水巡检、可渡巡检、羊肠营巡检、小勐统巡检、杉木和巡检、澜沧江巡检、新抚司巡检、扬武坝巡检、者海巡检、竹园巡检、勐朗巡检、上改心巡检、下改心巡检、勐统巡检、母享巡检、施甸巡检、苴却巡检、南涧巡检、因远巡检、剥隘巡检。	每月俸银各40元。
任	科员	行政科科员、司法科科员、主计科科员、收发处委员。	每月每员俸银十二元以上，十八元以下。
附记	本表所定各机关俸给，系依政务会议议决官厅名称及军政部所定阶级公费变通参酌拟定，比照原定公费额虽小有出入之处，盖因各属分科委员俸给，另定额数，附列表末。按之实际，仍系就原定公费项下酌量分配统计，全数虽较原定公费稍有增加，然相悬不甚过远，而于行政上尚可通行无窒。		

谨案：上列三表，悉见《云南程规汇抄》。其时尚沿前清之旧。故有府、直隶厅州及州判、经历、县丞、知事、巡检等名称。迨民国二年，裁府厅州一律改称为县，县以下分防佐职各员，悉改称为分治员（后改为县佐）。其边远之区则设行政或弹压委员，俸给一仍其旧。嗣因本省护国、护法，频年用兵，财政异常支绌。始将各县俸给一律改为月支一百元，行政委员一律月支五十元，县佐一律月支三十元。其他各级文官俸给，虽亦略有变更，而其数并无大差。然此皆民国十九年七月以前之事，至十九年七月以后，则因币价低落之故，曾经两次增加，兹列表如下：

云南省各级文官俸给表

单位：元

<table>
<tr><th colspan="5">月支薪俸数</th></tr>
<tr><th>职别</th><th>民国十九年七月以前</th><th>民国十九年七月以后</th><th>民国二十二年十二月以后</th><th>备考</th></tr>
<tr><td>省政府主席</td><td>510</td><td>750</td><td>1，275</td><td rowspan="16">一、厅长薪俸有支六百元者，有支五百八十八元者，有支五百九十五元者，有兼差不支薪者。
二、自民国二十二年起，行政委员改为设治局长。</td></tr>
<tr><td>省务委员</td><td>510</td><td>510</td><td>1，275</td></tr>
<tr><td>司、厅长</td><td>182</td><td>350</td><td>595</td></tr>
<tr><td>殖边督办</td><td>272</td><td>400</td><td>680</td></tr>
<tr><td>参事、秘书</td><td>96</td><td>240</td><td>425</td></tr>
<tr><td>科长</td><td>80</td><td>200</td><td>340</td></tr>
<tr><td>主任科员</td><td>70</td><td>175</td><td>297.5</td></tr>
<tr><td>一等科员</td><td>60</td><td>150</td><td>255</td></tr>
<tr><td>二等科员</td><td>50</td><td>125</td><td>212.5</td></tr>
<tr><td>三等科员</td><td>40</td><td>100</td><td>170</td></tr>
<tr><td>助理员（一等学习员）</td><td>30</td><td>75</td><td>127.5</td></tr>
<tr><td>二等学习员</td><td>25</td><td>62.5</td><td>106.25</td></tr>
<tr><td>县长</td><td>100</td><td>300</td><td>600</td></tr>
<tr><td>设治局长</td><td>50</td><td>150</td><td>300</td></tr>
<tr><td>行政委员</td><td>50</td><td>150</td><td></td></tr>
<tr><td>县佐</td><td>30</td><td>90</td><td>180</td></tr>
<tr><td>附记</td><td colspan="4">现在薪俸，照民国二十二年十二月改编预算案支发，以五折一，折发新币。</td></tr>
</table>

民国云南通志长编卷十六

内政三・官制三

裁府废道变迁之经过

清代官制，州（散州）县之上有知府及直隶州知州一级。云南十四府：曰云南、曰大理、曰临安、曰楚雄、曰澄江、曰开化、曰广南、曰永昌、曰顺宁、曰丽江、曰普洱、曰昭通、曰东川、曰曲靖，掌一府之政，统辖属县，宣理风化，平其赋役，听其狱讼，以教养万民。凡阖府属吏皆总领而稽核之。直隶州知州四：曰武定、曰广西、曰元江、曰镇沅，后改为厅。又升置镇雄为直隶州（辖彝良县），永北直隶厅（辖华坪县）。其规制与知府同，惟无倚郭县。其所治州厅，即以州厅行知县之事。宣统三年九月，云南光复，时政务草创，各府厅州县额缺，暂仍清制，以维现状。惟裁去倚郭县，即以知府兼摄县事。迨民国二年，全国统一，奉中央政府令：一律裁府改县；并裁去旧日直隶厅州及散州等名称，统名曰县。称其官曰县知事。是年四月，云南遵令实行。

清制，云南共设八道，计守道四：曰粮储道兼分巡云南府武定直隶州、曰盐法道、曰巡警道、曰劝业道；巡道四：曰迤西道、曰迤东道、曰迤南道、曰临开广道。除各有专司外，并司风宪：为督抚布教令，佐藩臬核官吏，课农桑，兴贤能，厉风俗，简军实，固封守，以率所属，而廉察其政治。宣统三年九月，云南光复，官制变更。爰将各道分别裁改，谨列叙如次：

粮储道，原管粮储、屯田、水利事务，并分巡云南府武定直隶州。查屯田一项，自光绪十三年奏准一律改照民田办理，已无屯田之可言。光复后，裁去该道，以粮储划归财政司管理，水利划归实业司管理。其所辖两府一州接近省垣，直接由军府管理。

盐法道，原管全省盐务行政及征收盐课事宜。光复后，裁去该道，初划归实业司管理，民国三年，设云南盐运使司专司盐政，并以中央大借款关系，设立云南盐务稽核分所，专司稽核盐款事宜。

巡警道，清光绪三十三年设，原管全省巡警、消防、户籍、营缮、卫生事务。光复后，裁去该道，设巡警局，隶民政司。民国二年，改设省会警察厅；五年，又设立全省警务处。即以处长兼厅长，十一年，裁全省警务处，归内务司管理，并裁省会警察厅附于昆明市政公所内设警务一课专掌之。十七年，废课改设公安局，仍隶市政府，二十一年又改设省会公安局，直隶民政厅管理。

劝业道，清光绪三十三年设。原管全省农工商业及各项交通事务，光复后，裁去该道，归实业司管理。

迤东道，原辖曲靖、东川、昭通、澄江四府及广西、镇雄两直隶州。光复后，裁去该道，并同粮道兼巡之云南府及武定直隶州，直接统由军府管理。民国二年，设滇中道观察使，（治昆明县），除将广西（后改泸西）、弥勒、师宗、丘北四县划归蒙自道外，余悉拨归管理。并划附近省城原隶迤西道属楚雄府之楚雄、广通、摩刍（后改双柏）、牟定、盐兴等五县并属滇中道区。三年，改观察使名称为道尹，五年裁，直隶政务厅管理。

迤西道，原辖大理、楚雄、永昌、丽江四府及永北、蒙化两直隶厅。

迤南道，原辖普洱，顺宁两府及元江直隶一州，镇源、景东两直隶厅。

临开广道，原辖临安、开化、广南三府，光复后，均仍旧设置。

民国二年，改迤西道曰滇西道；迤南道曰滇南道；临开广道仍旧并称。其官名曰"观察使"。三年，又改官曰"道尹"。并以驻在地为名。爰改滇西道观察使曰腾越道道尹，滇南道观察使曰普洱道道尹，临开广道观察使曰蒙自道道尹。十八年，奉国民政府通令实行省县两级制，废除道制。经省政府会议议决，遵照中央通制实行废道，饬由民政厅拟具办法，呈覆核定。截至是年十一月底止，将各道道尹一律裁撤。至道尹中负有殖边任务者，另案筹设第一、二殖边督办两公署，以为边地行政救济方法。并于道制取消之日，同时成立殖边机关，以资衔接。谨将令文，咨文及《殖边督办公署暂行章程》附后：

令各道道尹文："为令遵事：查本府于九月三日第一百零八次会议，提出实行废道一案。当经议决，本省道区制度早经决议裁废在案，中因种种关系，迄未实行，应即查照成案，将各道实行裁废。其有殖边任务者，应候另案筹设殖边机关。废道后一切接管收束事宜，着由民政厅妥拟办法呈候核行等因。今据民政厅呈覆称：'查本省道尹职权，于固有行政事项外，大都兼有边防，关务、外交各种要务。与他省道尹之纯为中级行政官者不同，现钧府既议决遵照中央通制，定期将其裁废，则凡道尹原有任务，究应如何接管收束，其兼理之各项要职，又应如何分划归并，在在均关重要，自宜先事筹商，妥为解决。兹奉前因，职厅遵即详加研议，拟定办法四项，敬为钧府分陈之：（一）道尹为省县间中级行政官，废道所以使省县上下相应一脉贯注，不为道制所中梗。一切政事得以运用敏活，乃有进步之可言。是废道后，道区行政当然就随之消灭，已无疑义。所有各该道署旧有之各项文件卷宗，自应名加整理，悉数解缴省府保存；其衙署器具等项，应饬发交各驻在地之县政府暂行保管，听候将来拨给其他机关领用。（二）本省西南地方界连越南、缅甸，国防、边防关系綦重。前此以道尹兼理边务，原属一时权宜，兹于废道后，特设殖边机关专司其事，足征钧府高瞻远瞩，注重边防之至意。所有关于边防事宜，自应由道移交殖边总局办理。其原设之普思殖边队与腾永游击队，既系专为边防而设，亦应随案改归该局节制，以一事权，而资震摄。（三）腾越、思茅、蒙自三关监督除蒙自原设有专员外，余均系以道尹兼任。现道制既废，腾越、思茅两关关务应否比照蒙自特设专员，抑或交由海关驻在地之县长兼任，事关中央财政收入与财务官之设置变更，似应请由钧府咨商财政部查核办理。

（四）按最近中央外交统一政策，除华洋诉讼与轻微事件即由各地方市县政府迳行办理外，其他外交事项一律应由中央核办。各省交涉员业奉令限期裁撤。查思茅、蒙自外交诚可由县办理，不生重大问题。惟腾越方面，每年会案办法向系分为二审。我方以腾龙两县五行政员，彼方以精弄贵概两厅为第一审。我方以腾越道，彼方以迤北道及新街府为第二审。现废道后，初审自可仍由案件发生之原管地方官办理，而二审则决不能再由何县兼任。为求事实上之救济，而又不背于法理与中央政令。将来只好作为委托事项，临时以命令委托殖边总局兼办之一法，但此应否尚须请示中央，饬外部核议，并照会缅政府，应请钧府裁夺。除上四项外，已无重大事项，其有各机关临时饬查咨商等事，应饬由各道尹于未裁废之先，上紧结束清楚；其一时不能竣事者，须视隶于何部分，各按性质分别呈咨明白，以便另行核办。所有职厅遵令议拟废道后，一切接管收束，分划归并各事宜，是否有当，理合具文呈复、请祈鉴核施行’等情，当于十月四日提出第一百一十四次会议议决：道尹一职应截至本年十一月底止实行裁撤。其收束事项，着照逐条批示办法如期办竣。至新设之殖边总局，亦应同时成立，以专责成。并将逐条批示分列如下：第一条、文卷交民政厅保管，余如拟。第二条、查西防游击队早经裁撤，应不再议，余如拟。第三条、如拟。如不能专设，可否由殖边总局长兼任，应咨商财政部。第四条、咨商外交部，俟核定后，再由中央照会英缅政府等因。除指令遵照并分别咨令外，合行令仰该道尹迅即遵照办理，并转饬所属一体知照。仍将遵办情形具报查核，切速。此令。”

咨内政部文：“为咨请事：案查前准贵部咨，请将道尹、县佐或类似道尹、县佐之特种行政机关，一律废除一案前来，当经查照，将敝省办理情形咨复在案。惟查滇居边陲，其道尹职权于固有行政事项外，兼有边防、外交、关务各种要务，与他省之纯为中级行政官者不同。且西南地方界连越南、缅甸，线长数千里，其间山川丛错，地广人稀，五金矿产，甲于腹地，只因边民知识顽陋，狃于习惯，不知开发生殖，遂使英法帝国主义者得以利用机会，实行其侵略政策。统计历年以来，凡接壤缅越地方，因界务未经勘定、而为外人所鲸吞蚕食者，最小限度，不下千里。如再因循敷衍，诚恐为片马、江心坡之续，而渐及于腹地各区。前此道尹未裁废以前，关于边务事项系责由各该道尹兼理，亦不过一时权宜。兹道尹既经遵照通制明令裁废，势不能不特设殖边机关，专司其事，以固边防，而杜侵蚀。是以敝政府于上年九月三日第一百零八次会议议决，于实行废道后，应另设殖边机关从事垦殖。当即令据民政厅及单行法规编审委员会分别拟具废道后接管收束办法，及《殖边暂行章程》呈核，先后提会议决。本省道尹一职，即截至十八年十一月底止实行裁废，殖边机关亦经筹备就绪。所有道尹行政事项，应随道制消灭。仍责由各主管机关分别考核办理，其兼有关务、外交两种要政，关系中央财政及外交政策者甚大。已另案咨商财政、外交两部分别核办。至边务一项，即照案设置殖边机关负责办理。决于西南沿边设立第一、第二两殖边督办公署，监督沿边各属，专办边务事项，并将章程核定公布。除由府任命李曰垓充任第一殖边督办、禄国藩充任第二殖边督办暨分别刊发关防，以资信守外，相应检取章程，备文咨请贵部查照，并冀见复，实为公便。此咨：内政部部长。计咨送《殖边督办公署暂行章程》一份。”

云南殖边督办公署暂行章程

第一章 总则

第一条 根据省务会议议决案，于本省西南沿边设第一，第二殖边督办公署。

第二条 殖边督办公署直隶于省政府。

第三条 第一殖边督办公署之驻在地为腾冲，第二殖边督办公署之驻在地为宁洱，其有必要时，得以会办分驻于各该区重要地方。

第二章 区域

第四条 殖边督办公署之管辖区域如下：

（甲）第一殖边督办公署辖中甸、维西、兰坪、腾冲、龙陵、镇康六县，阿墩、菖蒲桶、知子罗、上帕、沪水、干崖，盏达、陇川、芒遮板、猛卯十行政区。其附近该区之丽江、剑川、云龙、保山、顺宁五县如遇关系殖边事务，亦得直接指挥之。

（乙）第二殖边督办公署辖双江、澜沧、车里、五福、佛海、镇越、宁洱、思茅、六顺、普文、江城十一县，临江、勐丁两行政区。

第三章 组织

第五条 殖边督办公署之组织如下：

1. 督办一员、会办一员、由省政府遴员任用之。

2. 秘书一员、科长三员、技术员若干员，由督办遴员呈请省政府委任之。

3. 三科第一等科员一员，二、三等科员各二员，视察员各若干员，由督办委任之，并呈报省政府备案。

4. 雇员兵役若干人，由督办酌用之。

第四章 职权

第六条 殖边督办公署之职权如下：

1. 关于防守事项。

2. 关于界务事项。

3. 关于实边事项。

4. 关于交通事项。

5. 关于实业事项。

6. 关于文化教育事项。

7. 关于治安事项。

8. 关于慈善卫生事项。

9. 省政府委办事项。

第七条 前条所列事项，应各就该区域内斟酌情形，分别先后缓急，随时妥拟办法及进行程序，呈请省政府核定行之。

第八条 殖边督办对于所辖区域内之县长，行政委员等，有考核呈报省政府奖惩之权。

第九条　殖边督办对于所辖区域内各县各行政区域之保卫团，有直接指挥之权。

第十条　各殖边区域内若发生紧急事故，督办得便宜处理；仍一面呈报省政府查核。

第十一条　关于国防上之军事部署及卫戍区，另以法令定之。

第五章　经费

第十二条　殖边经费，分下列两种：

（甲）行政费，

（乙）事业费。

行政费：由各该区督办拟具预算，呈请省政府核定，由省库支给之。

事业费：于兴办某种事业时，由督办议拟专案，呈请省政府核定筹措之。

第六章　附则

第十三条　殖边督办公署办事细则，由各该督办拟订呈请省政府核定行之。

第十四条　本章程自公布之日实行，若有未尽事宜及应删增之处，由省政府或由督办呈请省政府修正之。

市政之筹备及成立

云南创办市政，始自民国八年省长唐继尧废督裁兵、实行民治之时，设云南市政公所于翠湖之湖心亭，委任李宗黄督办其事。旋因政变，唐省长去滇，遂裁。

民国十一年春，唐继尧回滇后长省政，于是年八月一日复成立市政公所。划定省会区域，以城内外不属于五乡者，脱离昆明县范围而属诸市，其属于五乡者仍由昆明县管辖。并按诸历史地理关系，命名为昆明市。兹将其暂行条例及组织系统表，分别附后：

云南昆明市政公所暂行条例

第一章　总纲

第一条　在昆明市条例未颁布以前，暂设昆明市政公所为举办市政机关。

第二条　昆明市政公所管辖区域，以云南省会为限，但应事势之必要，得呈请省政府特许扩张之。

第三条　昆明市政公所直接受省政府之监督。

第二章　职掌

第四条　市政公所之职掌以下列各项为范围：

一、市财政、市公债并市公产之管理及处分事项。二、市街道、沟渠、桥梁之建筑及其他土木工程事项。三、市交通、电话、电灯、自来水、车船、肩舆及其他公用事业之经营及取缔事项。四、市警察行政、消防火灾、水患及其他公共安宁事项。五、市公共卫生及公共娱乐事项。六、市产业之奖劝及经营事项。七、市教育及风纪事项。八、市社会事业及其他慈善救济事项。九、市户籍之调查事项。十、省政府委办及其他应办事项。

第三章　组织

第五条　市政公所设督办一人、会办一人至二人、由省长任命之。

第六条　督办综理全市行政事务，会办助理之。督办有事故时，得以会办一人代行其职权。

第七条　市政公所设下列各课：

一、总务课，二、工程课，三、公用课，四、警务课，五、卫生课，六、劝业课，七、教育课，八、社会课。

第八条　各课设课长一人，课员二人至八人，技正技士无定额，由督办视事务之需要随时酌设。

第九条　课长承督会办之命，主管本课事务，课员承课长之命，分股办事。

第十条　技正承督会办之命，协商主管课长计划一切，并实施技术。技士补助之。

第十一条　市政公所设秘书二人至四人，承督会办之命，掌理机要事务及核文稿。

第十二条　市政公所设督察长若干人，承督会办之命，分任各区警察勤务及消防事务之督察。

第十三条　市政公所之课长、秘书、督察长、技正等职，由督办呈请省长任命，课员以下由督办委任，但须呈报省长查核。

第十四条　督办得就市民中富于学识经验者，遴委六人至十人为名誉参事。

第十五条　督办为备都市计划及行政上之咨询，得聘任顾问。

第十六条　昆明市各区警察署之组织另定之。

第十七条　市政公所之办事细则由督办自定之。

第四章　附则

第十八条　本暂行条例由省长颁行之。

第十九条　本暂行条例自公布日施行，如有未尽事宜，得随时斟酌情形，呈请省长修改之。

第二十条　暂行条例至昆明市条例公布日废止之。

组织系统表附后：

昆明市政公所组织系统表

（民国十一年八月至十七年七月时代）

- 秘书 参事
- 总务课——纪录股 税捐股 统计股 公产公债股 会计股 庶务股 编译股 内收发处 核对处 监印处 外收发处
- 工程课——设计股 建筑股 材料股
- 公用课——电气股 水道股 交通股
- 警务课——警事股 司法股 治安股 正俗股 户籍股 外事股
- 卫生课——保健股 防疫股 医事股 药剂股
- 劝业课——工商股 林圃股 鱼牧股 学事股
- 教育课——图书博物股 文艺美术股 讲演宣传股 视学员
- 社会课——公益股 感化股 救济股
- 技正——技士
- 警务督察长——督察员
- 消防督察长——消防队 侦缉队

会办

- 昆明市第一至第四区警察署
- 昆明市商埠第一第二区警察署
- 巡警教练所

督办

- 市立第一至第二十小学
- 市立第一、第二幼稚园
- 市立职业学校

会办

- ——昆明市第一至第七宣讲所 昆明市第一第二妇女宣讲所 市立第一第二书报阅览所 市立教育陈列馆
- 机械工厂 幼孩工厂
- 贫儿工厂 昆明市养济院
- 麻风病院 昆明市职业介绍所
- 昆明市立医院 卫生试验所
- ——屠猪场检查所 屠牛、羊场检查所 东北区屠兽检查所 南区第一、二、三、屠兽检查所 西区屠兽检查所
- 昆明市男子感化院 昆明市女子感化院
- 昆明市自来水公司 昆明市公共讲演场
- 昆明市第一区至第六区事务所
- 金碧公园事务所
- 翠湖公园事务所
- 古幢公司事务所
- 圆通公园事务所
- 大观楼公园事务所

民国十三年，内务司组织拟定市制委员会，议拟暂行市制，呈准省公署公布施行，规定昆明市直隶于省政府，市政督办为简任职。

民国十七年，国民政府颁行市组织法二：一曰《特别市组织法》，一曰《普通市组织法》。按昆明市属于普通市性质，爰依《普通市组织法》于是年八月一日改组成立昆明市政府。依法受省政府及各厅厅长之监督指挥，市长为荐任职，下设五局、二处：一曰经济局，二曰公益局，三曰建设局，四曰公安局，五曰教育局，并秘书、督察两处。后省去督察处。

组织系统表附后：

昆明市政府组织系统表

（民国十七年八月至二十年十二月时代）

市长——市行政会议、秘书处、市参事

	昆明市第一区至第六区事务所		
财政局	昆明市牲屠税局	昆明市机械工厂	昆明市消费合作社
	昆明市各菜市	昆明市民食平价处(临时设)	昆明市升斗捐
社会局	昆明市园艺试验场	昆明市养济院	昆明市保育院
	昆明市职业介绍所	昆明市金碧公园	昆明市近日公园
	昆明市大观公园	昆明市太华公园	昆明市圆通公园
	昆明市翠湖公园	昆明市古幢公园	昆明市龙泉公园
	昆明市凝虚公园	昆明市慈善会	
工务局	环城马路		
	昆明市自来水公司	南正街工程委员	新市场
	市营人力车经理处	昆明市电灯公司	龙泉公路工程处
公安局	昆明市第一区警察署至第四区警察署		
	昆明市商埠一、二区警察署		
	昆明市消防队	昆明市侦缉队	昆明市交通队
	昆明市警察学校	昆明市集园事务所	昆明市男子感化院
	昆明市女子感化院	昆明市卫生试验所	昆明市立医院
	昆明市平康医院	昆明市麻疯院	昆明市第一、二寄柩所
	屠猪场检查所	屠牛羊场检查所	东北区屠兽检查所
土地局	昆明市不动产总稽征所		昆明市六区稽征分所
教育局	昆月市立职业中学校	昆明市立第一至第二十四小学校	
		昆明市立第一、二幼稚园	昆明市立图书馆
	昆明市立第一、二书报阅览所	昆明市立第一、二巡回文库	昆明市立第一至第七宣讲所
	昆明市教育会	昆明市教育研究社	昆明市教育经费委员会
	昆明市民众教育馆	昆明市气候观测所	
	昆明市第一平民学校至第二十三平民学校		

民国十九年一月，改经济局为财政局、公益局为社会局、建设局为工务局，并添设土地一局。其公安、教育两局及秘书处仍旧。又是年七月，国民政府颁布《修正市组织法》第十六、十七两条载：省政府所在地之市，不设公安局。关于公安局掌理事项，由省会警察机关掌理之。又应设各局如有缩小范围之必要时，得改为科。又第三条第二款载：人口在二十万以上，其所收营业税、牌照税、土地税每年合计占该地总收入二分之一以上者为设市必要条件。其时该地人口仅一十六万有奇、其营业税、牌照税、土地税等尚未举办，而各项机关组织之内容又嫌过大，经费亦时形竭蹶，省政府为实事求是起见，乃令由民政厅切实缩编，另《昆明市组织规则》十二条，呈经省府提会通过实行，将公安局划开，另设省会公安局。其原设社会、财政、工务、教育、土地等五局，一律改科，概对市长负责，不得对外。共计裁去人员七十三人，组织系统表附后：

昆明市政府暨附属机关系统表

市长		昆明市第一至第六区公所		
	财政科	昆明市机械工厂	昆明市各菜市	
	社会科	昆明市园艺试验场	昆明市养济院	昆明市保育院
		昆明市职业介绍所	昆明市近日公园	昆明市金碧公园
		昆明市古幢公园	昆明市太华公园	昆明市大观公园
		昆明市龙泉公园	昆明市虚凝公园	昆明市翠湖公园
		昆明市圆通公园	昆明市慈善会	昆明市工会
		昆明市商会	昆明市农会	昆明市乐队
		昆明市逸乐电影院	昆明市光华电影院	群舞台
		昆明市金碧游艺园		
	工务科	昆明市自来水公司	昆明市电灯公司	市营人力车经理处
		龙泉公路工程处	环城马路、新市场、	南正街工程委员会
		昆明市铺屋联合会		
	参事	昆明市立职业中学校		
	秘书室	昆明市立第一至第二十四小学校		
	教育科	昆明市第一至第二十三平民学校		
		昆明市立图书馆	昆明市立第一、二巡回文库	昆明市立第一、二书报阅览所
		昆明市立第一至第七宣讲所		
		昆明市教育会		昆明市教育研究社
	土地科	昆明市教育经费委员会	昆明市民众教育馆	昆明市气候观测所

民国二十三年，因市政日繁，甚感区域褊小；不敷设备。呈准将昆明县附近市郊村落大小二十七村划入市区管辖。

民国二十四年二月，云南省政府以昆明市自民十一成立以来，已十有三年。在法律上一切应具条件渐臻完备，如地方自治组织之健全；户口调查之精密；各种工商业之进展均觉斐然可观。乃依照《市组织法》第三条第二款之规定：叙明该市人口现已有二十万以上，较之往昔查报数目，超增百分之二十五；营业税、牌照税、土地税等收入每年约合七十三万六千五百余元，与民国二十二年度该市收入总额一百三十九万八千零二十八元之数比较已达二分之一，以上之种种法定理由，咨部转请核定立案。旋于三月二十日准内政部咨转行政院指令准予备案。又于四月二十三日复准内政部咨转行政院训令、转准国民政府文官处公函、转奉国民政府颁发昆明市政府暨市参议会铜质印信各一颗到滇。文曰："昆明市政府印"，"昆明市参议会印"，经转发领用据报备案。以上并出案册。

附：昆明市行政区域图〔阙〕

民国云南通志长编卷十七

内政四·吏治

一、查办地方官吏被控临时委员会

《传》曰："国家之败，由于官邪。"是以澄清吏治、惩治贪污，实为政之要图。本省因时局多故，地方官吏间有误于环境被控失职违法之案，自十七年以还，因军事积压较多，失整顿吏治本旨，而当事者尤有拖累之虞。于民国二十年七月十日，经省府议决，组织云南省政府查办地方官吏被控临时委员会，清理自十七年八月以后地方官吏一切被控未结案件。为直属省府而不直接对外，以省府名义行之。

民国二十年九月十六日正式成立。采委员制，设委员五人至七人，以一人为常务委员。下设秘书一人，及办事员六人至八人。必要时得临时呈请委任调查员。此外，并由会雇用录事、工役各若干人。所需经费力求节减，月合新滇币六百六十元五角，由省库支发。

承办案件手续及议审程序

本省民政、财政、建设、教育各厅或各局、会，对于各县人民控告地方官吏之案，由各该主管机关详加审核，分别调查确实后，如认为有应查办者，即呈请本府核准后，发交该会依法办理。

照章凡未经主管机关审核、分别调查确实，照法定步骤发交办理之案，即不在该会职权范围以闪。惟人民不明正常途径、复不自知其手续之错误、已向该会呈递之案，不予批答，恐滋误会，有失政府威信，遂核定仿照各厅案呈事件之例，由会签呈省府批示，同时仍将原件令发主管机关审核。

凡会议认为应受惩戒处分者，得不经传讯，拟具惩戒处分及报告书，呈由本府核定施行；其应受刑事处分者，即由常务委员依所定委员名次中轮流推定主任一人、陪审二人办理，并以书面通知。推定委员照该会审议规则，于推定后四日内商定进行办法，将调查证据及准备程序办竣，即传集人证，定期开庭审讯。最后经过评议，其应负刑事罪责者，即拟具报告书呈省府核行；如认为有疑义者，应命再审，俟核定时即为最后确定，由省府以命令行之。凡刑事案件之处拘役或徒刑者，发交监狱执行；处死刑及罚金、没收、查抄者，由省府分别执行。

已结及未结案件数目

自民国二十年九月十六日该会成立之日起，至二十四年四月底裁撤止，所办案件除不合受理者外，共计五十一案。其已结束者共四十案，其中双柏县碍嘉县佐唐得芳一案，系将该唐得芳处以死刑，其余各案则分别处有期徒刑、拘役、罚金有差。又此四十案，其证据不足或罪名不能成立、或有可原恕部分，则予免议。其未结束者共十一案，均于该会取消时移交高等法院办理。

结束

该会在正式成立之初，即经省府议决：俟控案清理减少后，即行裁撤。民国二十四年四月五日，省府议决：查前此积压控案，已经清理减少，遂决定于是年四月底将该会取消，其奉发查办已、未结各案卷宗，概行移交云南高等法院接收办理。此项议决案于是年四月中旬分行令遵，该会即遵令于是月内将应移交各件移交清楚，即于四月三十日取消。

云南省政府查办地方官吏被控临时委员会题名

常委：袁丕佑，二十年十月到任
朱　旭，二十一年二月到任
丁兆冠，二十二年七月到任
委员：卢　汉，二十二年七月到任
陆崇仁，二十二年七月到任
龚自知，二十二年七月到任
吴恢量，二十二年七月到任
杨荫南，二十二年七月到任
李修家，二十二年七月到任
喻宗泽，二十年十月到任

二、规定人民控告官吏办法

民国二十四年八月，本府以近来民风刁健，各县绅民对于地方官吏往往任意捏告，或联名至数十人，或列款至十余条。骤然观之，亦似民怨沸腾，赃证确凿。及至委员彻查，多属不实不尽。甚至捏造姓名，事属子虚，此时欲追究原告人，竟杳无踪迹。更有多数人之名章及公团图记，纯出一二人之私行刊刻、无从究诘者，盖其意只冀砌词耸听，使地方官因是动摇，但图告而不图审。似此诪张为幻、假公济私，于用人行政前途大有妨碍，若不严行取缔，其何以儆民情之诡谲而示政府之尊严？因特制定《人民控告官吏办法》六条，凡控官之案，原告人须具正式状纸，载明姓名、年岁、籍贯、住址，取保具结，由各机关查明，然后批准受理，饬原告人留省候案，静待查办质讯。迨查办结果，如事属实在，自应依法将被告撤惩；如所控虚诬，即将原告人逮案，按律反坐。自公布施行后，遂循为常例。由此地方官吏得所保障，而伪托民意、颠倒是非者，格于法令，不敢轻易控告矣。同时，军政部咨送委员长行营颁布之《人民控告官吏递呈办法》五条，其递呈办法与本省前办法中所定大略相同，遂奉行至今。然间有情形特殊、事体重大、虚实均应彻究，或监察使署函请查办，或本府令饬查办之案，均多立行办理，不为通常手续所限，致有枉纵之弊。

三、政务视察

民国二十一年四月，省府以对各县要政功令甚多，如户口调查、积谷填仓、公路建筑等项，各该地方官能否奉行，当经省务会议议决，由民政厅慎选干员，派充政务视察员分赴各县，认真调查具报。其一切详细办法及应支旅费，由民、财两厅会商呈复，核定实行。

嗣据民政厅长朱旭拟定《云南省政府政务视察员暂行章程》二十三条，呈经省府核准公布。内中规定应查事项：（一）民政，（二）财政，（三）建设，（四）教育，（五）农矿，（六）司法。由各主管机关按照职掌将应查纲要列表说明，发交视察员遵办。并将全省划为十二区：第一区为昆明、安宁、昆阳、易门、呈贡、晋宁、澄江、宜良、路南、江川、玉溪、通海、河西十三属，委杨祖庚视察；第二区为嵩明、寻甸、马龙、陆良、沾益、曲靖、宣威、平彝、会泽、巧家十属，委王西平视察；第三区为富民、罗次、武定、禄劝、元谋、大姚、姚安、盐丰、永仁、华坪、永北十一属，委鲁锋视察；第四区为禄丰、广通、楚雄、双柏、镇南、盐兴、牟定、弥渡、蒙化、祥云、云县、顺宁十二属，委旃德荣视察；第五区为曲溪、石屏、建水、蒙自、个旧、开远、华宁、金河设治区、勐丁设治区、靖边设治区十属，委文泰和视察；第六区为广南、泸西、丘北、文山、马关、富宁、西畴、弥勒、罗平、师宗十属，委张融和视察；第七区为昭通、鲁甸、永善、大关、彝良、镇雄、绥江、盐津、威信设治区九属，委陈文友视察；第八区为凤仪、大理、宾川、邓川、洱源、漾濞、永平、云龙、泸水设治区九属，委张泮香视察；第九区为丽江、鹤庆、剑川、兰坪、维西、中甸、上帕设治区、阿墩设治区、知子罗设治区、菖蒲统设治区十属，委雷应中视察；第十区为保山、腾冲、龙陵、镇康、芒遮板设治区、勐卯设治区、干崖设治区、盏达设治区九属，委丁诚身视察；第十一区为新平、峨山、元江、墨江、景东、镇沅、景谷、思茅、宁洱、缅宁十属，委罗震安视察；第十二区为澜沧、双江、车里、江城、五福、佛海、镇越、六顺、临江设治区九属，委张新元视察。并于五月十二日在民政厅举行宣誓，即于是月内先后启程，出省视察。

民政厅厅长朱旭复根据《政务视察员暂行章程》第八条之规定，请委派密查员，并拟定密查员服务规则及其职务，以复查各政务视察员所报是否属实、有无挟私妄报等弊，及委查临时发生重大案件为主旨。其密查区域及其余应查事项，与视察员同。惟在外工作须改装徒行，不露身分。并委林树新为第一区密查员，许崇善为第二区密查员，樊文为第三区密查员，陈泽蠡为第四区密查员，王正发为第五区密查员，施国英为第六区密查员，杨文龙为第七区密查员，李国儒为第八区密查员，杨君质为第九区密查员，肖光璧为第十区密查员，郑守璞为第十一区密查员，李凤岗为第十二区密查员。各发给密查证，饬于各视察员启程后一星期跟踪前往密查。二十二年一月，各视察员暨密查员均陆续回省，其视察各县、局长之文报，由民政厅汇总详核，按其成绩之优劣而定考核之等差，优者奖之，劣者黜之。

视察员事竣回省销差后，当由民政厅考核成绩，分别奖叙。就中除鲁锋一员无意出任外缺、丁诚身一员因病未予委用外，余如杨祖庚、王西平、旃德荣、文泰和、张融和、张新元、张泮香、雷应中、罗震安、陈文友等，均本试之以事之义，委任县缺，以展其才。

各密查员奉委出发，正值炎夏，徒步遄征，其职务较视察员尤为辛苦。各员销差后，亦经民政厅长丁兆冠汇案考核，将成绩、操行较好之林树新、施国英、王正发三员，以设治局长存记，遇缺委用；杨文龙、樊文二员，以县佐存记委用；许崇善、肖光璧、陈泽蠡、李国儒、郑守璞均系出身军籍，呈送总司令部储作团务人材之用；杨君质、李凤岗成绩较差，着传谕嘉奖。呈经省府核准施行。

三月，省府省务会议议决继续视察。先是，前民政厅长朱旭，以本省吏治因向无考核之举，故地方官之贤否，仅凭书面考查，殊难得其真相。此次派员视察，并辅以密查，意在补政府耳目之所不及。实行考绩，于察吏前途究属有裨，故视察员与密查员在县长考绩法上实有常设之必要。若仅委查一次而不继续派出，则政府耳目终有难周，而各地方官亦将无所顾忌。况地方官随时更换，若不续派视察、密查，则新委者无被揭之虑，可以为所欲为；而前之被揭免职或获谴者，且认为一时之不幸，殊失政法之平。考虑再三，以为视察、密查有赓续委派之必要，呈请核办。至是省府乃提经省务会议议决，俟本届视察完全结束后，再为继续办理，时期另行酌定。

四月，准内政部咨，第二次全国内政部会议议决：应提高各厅视察员地位及待遇，行将拟定章则。滇省对于此项规程有何意见，希详细开示，以资借镜。当以地方官在任有无政绩及其操行如何，非书面考核所能周知，故必须随时遴委公明廉干之员，亲赴各地视察，据实揭报，期得真相，以补耳目之不及。顾此项任务非常重要，而往返跋涉尤为辛苦，自应崇其官阶，优给薪俸，俾贤能廉干之员乐于效用，于视察前途裨益良多。本府为考核各地方官政绩起见，曾于上年派员分区视察并制定《政务视察员章程》《政务密查员服务规则》，遴派干员分区视察、密查，现已竣事，尚有相当成绩，因检前项章则各一份咨复内政部参考。

二十二年八月，民府厅长丁兆冠呈：以本届政务视察暨密查事务已告结束，此后应否继续委派，自应遵照前令呈候裁夺。惟尚有进者，兆冠到厅就职以后，对于政务视察之案，曾经调阅卷宗，复咨询一切经过，认为此次视察、密查之结果，其得失利弊无绝对之可言。盖兹事体大，糜费亦多，而人选问题尤关重要，倘委任不得其人，匪惟无益，反滋弊害。但本省幅员辽阔，距离穹远，各属有至三十站者。兹仅凭各地方官之按月工作报告，而不派员视察以寄耳目，则考核恐有难周。究应如何另定考核方法以资补救之处，应请核示。经省府核明所请继续委派各区视察员，准予缓办。

二十三年春，省府以本省行政官吏奉行政令每多敷衍，办理延宕，若不随时监督考核，将养成不良之习惯，以致庶政废弛。兹查上年令饬限期办理之积谷填仓、编练保甲、解放缠足、取缔麻疯四大要政，限期均已届满，各地方官已否依限办毕，应由民政厅派员，先从滇中区各县分别视察，如有玩视要政，抑或办理不善，即呈请撤任留办，用符前令，以儆其余。嗣据厅长丁兆冠呈：以本省区域辽阔，省府与民厅均居省会，耳目难周。滇中区各县近接省垣，各地方官犹不免敷衍延宕；其距省穹远各属，意存玩视，或以空文塞责者，尤事所必有，是其他各属亦应同时派员视察。曾经以省令一律申儆，并以本年三月底为各要政最后汇总考核之期。现在三月底限期瞬将届满，各地方官对于上举要政究竟能否办毕依限结报，自非派员视察，务得实在，使责无可卸，咎有攸归，不足以肃功令而严考成。兹特参照前《政务视察员暂行章程》拟具云南省政府政务视察员暂行章程各项要政表式，并将全省视察区域改为十六区，意在缩小视察范围，增派人员，以期早日竣事。其各员薪公旅费各项，概照前届办理。经省府提会议决，除各视察员薪公应仍照旧案所定数目支给外，其余均照所拟办理。视察员人选即由民政厅妥慎遴请核委，各厅主管事项有应查者，即拟定表式送民政厅并办。又各县对于救国基金，若未曾缴解者，并着令各视察员负责督催，按期扫解，以资结束，勿任再延。四月，民政厅长丁兆冠拟定《政务视察员暂行章程》十七条呈经省府核准颁布施行。其视察主要事项：（一）关于积谷填仓事项，（二）编练保甲事项，（三）关于解放妇女缠足事项，（四）关于取缔麻疯事项，（五）关于其他民政事项。视察区域划为十六区，并请以葛延春为第一区视察员，视察昆明、呈贡、澄江、晋宁、昆阳、玉溪、江川、河西、通海等十属；以常旭为第二区视察员，视察宜良、嵩明、寻甸、马龙、曲靖、沾益、平彝、陆良、罗平等九属；以王学为第三区视察员，视察富民、禄劝、罗次、武定、元谋、盐兴、牟定、广通、禄丰、安宁等十属；以钟莹如为第四区视察员，视察易门、双柏、镇南、楚雄、大姚、姚安、盐丰、永仁、华坪等九属；以王熙为第五区视察员，视察石屏、曲溪、建水、个旧、金河、平河、河口对汛〔区〕等七属；以傅宅安为第六区视察员，视察华宁、开远、蒙自、文山、马关、西畴、屏边、麻栗坡对汛〔区〕计八属；以杨茂章为第七区视察员，视察路南、弥勒、泸西、丘北、广南、师宗、富州、砚山设治局等八属；以王锡睿为第八区视察员，视察永善、昭通、鲁甸、巧家、会泽、宣威等六属；以毛元秀为第九区视察员，视察大关、彝良、盐津、绥江、镇雄、威信设治局等六属；以段韬为第十区视察员，视察永北、丽江、鹤庆、剑川、中甸、维西、德钦、贡山等八属；以史直书为第十一区视察员，视察保山、永平、漾濞、云龙、兰坪、泸水、康乐、碧江等八属；以郑丕明为第十二区视察员，视察大理、凤仪、弥渡、邓川、洱源、蒙化、祥云、宾川等八属；以周天佑为第十三区视察员，视察腾冲、龙陵、梁河、瑞丽、陇川、盈江、潞西、莲山等八属；以张仓荣为第十四区视察员，视察顺宁、昌宁、云县、镇康、景东、缅宁等六属；以周敬修为第十五区视察员，视察峨山、龙武、新平、元江、墨江、镇沅、思茅、宁洱、江城等九属；以罗列星为第十六区视察员，视察澜沧、景谷、双江、车里、五福、佛海、镇越、六顺、临江等九属。

关于附带调查之财政、建设、教育、实业、司法及催解救国基金等事项，亦经各主管机关拟定表式及办法，迳发各视察员遵办。将来调查填报，亦由各员迳呈原主管机关查核办理。各视察员即于五月底先后出省工作。

十月，各视察员已陆续视察完竣，回省销差。关于查报各地方官操行成绩，各种表件亦均发厅分别考核。对于各地方官办理积谷、保甲、缠足、麻疯四大要政，并饬格外认真审核，以重功令。

十一月，厅长丁兆冠呈：据此次各区政务视察员呈报，各地方官操行成绩当经逐一详核。查有麻栗坡对汛督办曾恕怀，廉干有为，成绩可观；罗次县长董广布，清慎勤能，成绩卓著；安宁县长王西平，廉洁勤政，成绩良好；玉溪县长刘言昌，笃实干练，成绩可观；澄江县长杜宗琼，勤俭耐劳，成绩可观；卸任禄丰县长，现任曲靖县长罗佩荣，廉干有为，成绩显著；寻甸县长王凤瑞，实心任事，成绩优良；罗平县长魏泽民，廉洁正直，成绩甚佳；陆良县长李宝珍，廉洁耐劳，成绩显著；宣威县长陈其栋，办理要政，成绩优良；文山县长李郁高，心精力果，成绩可观；曲溪县长汤更新，勤奋有为，成绩甚佳；河西县长洪承德，勤劳尽职，成绩优良；江城县长李文新，清廉公正，成绩甚优；广通县长朱纬，勤朴耐劳，成绩可观；漾濞县长宋嘉晋，廉洁自持，成绩良好；蒙化县长赵芹，清廉有为，成绩可观；洱源县长许端毅，勤慎尽职，成绩甚佳；腾冲县长张祖荫，廉洁勤政，成绩可观。恳请明令嘉奖，以示鼓励。经省府核明，以为上列各员既经厅详加考核，操行、成绩均属优良，应准明令嘉奖，着仍在任供职，听候酌予升调，并每员给奖现金四百元，以资激励。此项奖金并由省库支给，令财政厅遵办。其余成绩稍次或办理要政不力、与操行不佳之员，亦据厅考核，分别予以督导、申儆、记过、撤职、调省各处分。至本届各视察员长途跋涉，调查工作较往次尤为繁难，曾经厅考核成绩，将勤劳卓著、成绩优良之葛延春等十四员，先后呈准以县缺委用；惟周天佑、钟莹如二员成绩较差，不予奖叙。本届政务视察，至此已告结束。

二十四年八月，民政厅长丁兆冠以为考核督促各地方官办理民政各事项有无成绩、及其本身操行优劣起见，请常年设置视察员六人，将全省划为六区，派往各地方巡行视察，并就厅内设视察员办事处，凡事竣回省后，应到办事处服务，拟定规章十八条，呈经省府核准施行。随据呈请以林鉴秋为第一区视察员，施雨霖为第二区视察员，杨文龙为第三区视察员，杨履中为第四区视察员，高昕为第五区视察员，杨启明为第六区视察员，亦经省府核准给委。其视察区域与历届不同，分列于后：第一区：昆明市、昆明县、呈贡、宜良、澄江、潞南、泸西、弥勒、晋宁、昆阳、玉溪、江川、河西、安宁、易门、禄丰、富民、禄劝、罗次、武定、元谋、盐兴、广通、双柏、楚雄、牟定、永仁、华坪、镇南、姚安、大姚、盐丰，计三十二属；第二区：嵩明、寻甸、马龙、曲靖、平彝、陆良、罗平、会泽、巧家、宣威、沾益、昭通、彝良、鲁甸、镇雄、大关、永善、绥江、盐津、威信，计二十属；第三区：开远、华宁、蒙自、石屏、通海、建水、个旧、金平、文山、马关、西畴、曲溪、屏边、丘北、广南、富州、师宗、峨山、新平、元江、砚山、龙武、麻栗坡，计二十三属；第四区：大理、凤仪、弥渡、漾濞、祥云、蒙化、宾川、兰坪、鹤庆、邓川、洱源、剑川、丽江、永胜、中甸、维西、福贡、碧江、贡山、德钦、宁蒗，计二十一属；第五区：腾冲、保山、顺宁、昌宁、永平、云龙、龙陵、缅宁、云县、镇康、景东、镇沅、梁河、泸水、潞西、陇川、瑞丽、盈江、莲山，计十九属；第六区：墨江、宁洱、思茅、江城、景谷、澜沧、双江、车里、南峤、佛海、镇越、六顺、宁江、沧源，计十四属。其应视察事项仅限于民政职掌范围，性质与前数届略有不同。

十月，各视察员先后治装出发，并将循行路线预先呈报。当各员出发后，民政厅访闻视察员中有不尽职责、越权妄为情事，曾以严令申儆，其文曰："本厅此次委派各区视察员，其目的在考核督促各地方官办事有无成绩，及其本身操行如何。职责既属重大，待遇亦复优越。当出发之先，曾经本厅长谆谆训勉，原冀该员等砥砺廉隅，恪谨供职，洗历届之陋习，树将来之风规，用副倚畀之至意。乃访闻各视察员中，仍有不尽职责或行事不检、越权妄为者。虽事出于传闻，难据为实；而空穴来风，岂云无自？亟应严令申儆。望该员等确守'有则改之，无则加勉'之训，自经此次申儆以后，应即恪遵规程，认真办理，不得有越轨行动，以致贻人口实、自招物议。倘有借故招摇、需索受贿，以及擅收词呈、干预诉讼种种违法失职情事，一经查实或被举发，定即从严惩处不贷！"

二十五年七月，各视察员先后回省销差。此次视察，区域较宽，需时自多，计自上年十月出发，至现在始陆续回省。所有呈报各种视察文表，经民政厅查照向例考核方法，认真审核，对于各县、局长操行成绩之良否，随时呈请省府核办。

十一月，厅长丁兆冠以视察员林鉴秋等在外工作业已经年，内中除第六区视察员杨启明因被揭有需索招待供应不遂情事，经令饬撤职外，杨履中、高昕两员并已委任县缺，现在各属政务既经此一度视察，其业经更换之各县长、局长、新委人员到任未久，自不必继续派员视察；又以本省现有分区设置行政督察专员之动议，如果成为事实，则地方官操行成绩之考察，自有各专员负责；又不久则滇黔监察使署组织成立，行使监察职权，自能派员分赴各属实地调查，本厅以后应否同时继续委派视察，亦尚待从长考虑。查此次尚未决定以前，该杨履中、高昕、杨启明三员遗缺拟暂不补人；林鉴秋、施雨霖、杨文龙三员，拟照《服务规则》第二条规定，留厅服务，遇有外县发生专案调查时，即以该员等派往查办，呈请核示。经省府准如所请，视察事务遂告一段落。

二十七年五月，厅长丁兆冠呈：以"本厅前于二十四年内为促进行政效率起见，曾奉准于厅内设置常年视察员六人，以备随时遣派，并划分全省各属为六区，遴选林鉴秋等六人呈请给委为视察员，暨拟具《视察员服务规则》，呈准备案。该员等于奉委后，即分道出省，驰往视察。嗣据各将所得情形报告到厅，凡各地方官中有成绩、无所表现及操守难信者，均经随时考核，分别开单呈请更换。洎该员等视察完毕回省销差，复经呈明裁去三员不补，只留林鉴秋等三员在厅服务，遇有外县发生要案，即以该员等前往查办，亦经呈奉核准。上年因厅长出巡，视察员暂未派遣。近来迭奉训令，转饬各属办理编查保甲户口、增填积谷，以及办理后方自卫征调事宜，均极关重要，虽限期办毕，而各该地方官奉令后已否逐一遵办与办至若何程度，本厅耳目难周。若只据各属自行呈报办理情形考核，则内中有无敷衍塞责、书面蒙饰之弊，亦属莫能悬揣，自非派员视察，无以明了真相。惟是本省区域辽阔，交通不便，全省各市、县、设治局，河、麻两督办区共计一百三十属，而本厅原设之常年视察员六人，前次划分六区视察，每区内有多至三十余属，少亦不下二十余属者，视察周遍，动需年余，需时既长，对于考核、督促均有妨碍。现值非常时期，举办要政，贵在敏速，指导督促，要在迅赴事机，力矫过去迟滞之弊，以期促进行政效率。经一再考虑，此次派员视察，人数应行增加，区域亦当更改，庶于短期内即能视察完毕。应将全省划为一十五区，每区委派一员，除厅中常设之三员外，拟请临时增派十二员，以便分区前往，易于竣事，将来查毕，仍予撤销。如此办理，视察期间自可缩短，对于督促政务进行，裨益较多，请予核示。”经省府核准，令饬照办。

六月，厅长丁兆冠呈请：以周光显为第一区视察员，伙心从为第二区视察员，杨凤梧为第三区视察员，陈毓华为第四区视察员，刘彬文为第五区视察员，蒋绍封为第六区视察员，施雨霖为第七区视察员，高仁夫为第八区视察员，张定华为第九区视察员，武丕谟为第十区视察员，许宝根为第十一区视察员，杨瑯为第十二区视察员，朱述曾为第十三区视察员，朱翁为第十四区视察员，龚正为第十五区视察员，均经省府核准给委。

至视察区域，因人员增加，期限缩短，自应另行规划，以期切合事实。并经民政厅规定：第一区为昆明市县、嵩明、寻甸、会泽、马龙、曲靖、沾益、平彝、宣威、巧家、鲁甸，计十二属；第二区为昭通、永善、大关、盐津、绥江、彝良、镇雄、威信，计八属；第三区为呈贡、宜良、路南、陆良、弥勒、丘北、泸西、师宗、罗平；计九属；第四区为澄江、华宁、开远、蒙自、个旧、建水、石屏、金平、龙武，计九属；第五区为文山、砚山、马关、广南、西畴、富宁、屏边、河口、麻栗坡，计九属；第六区为晋宁、昆阳、玉溪、江川、河西、峨山、通海、曲溪，计八属；第七区为富民、禄劝、武定、罗次、元谋、盐兴、牟定、姚安、大姚、盐丰、永仁，计十一属；第八区为安宁、禄丰、易门、新平、元江、墨江、宁洱、思茅、江城，计九属；第九区为车里、镇越、佛海、南峤、六顺、澜沧、宁江，计七属；第十区为景东、镇沅、景谷、缅宁、镇康、双江、沧源，计七属；第十一区为广通、楚雄、双柏、镇南、祥云、弥渡、凤仪、宾川、大理、漾濞，计十属；第十二区为蒙化、云县、顺宁、昌宁、永平、云龙、泸水，计七属；第十三区为保山、腾冲、龙陵、梁河、盈江、莲山、陇川、瑞丽、潞西，计九属；第十四区为邓川、洱源、鹤庆、剑川、丽江、永胜、华坪、宁蒗，计八属；第十五区为兰坪、维西、中甸、德钦、福贡、贡山、碧江，计七属。

九月，各视察员由省出发。其期限假定为六个月，应至次年二、三月间均可视察完毕，回省销差。

二十八年三月，代理民政厅长李培天，将此次各视察员查报之各地方官操行、成绩各表详加审核，以总平均分数满六十一分以上者列为上等，满五十一分以上者列为中等，其不及五十分者为不及格，概列下等。结果列上等者有二十八属，列中等者有四十一属，列下等者有十九属〔按：三等合计仅八十八属，全省一百三十属，尚有四十二属未列在内。是数字错误，还是视察结果阙如，原稿未加说明〕。呈经省府查核，以为黜陟奖惩之参考。本届视察至此遂告结束。本案一切法规，详载《法规汇编》。

四、厅长出巡

民国二十六年三月，派民政厅厅长丁兆冠巡视迤西各县。先是，各省民政厅长出巡，内政部曾厘定章程十五条，通令各省施行（章程见《内政法规》）。本省因远居边隅，交通不便，过去历任厅长每欲出巡，均以故障未克实现；加以区域辽阔，边地县份有远至二十六七站者，若照章按季出巡，事实上亦多困难。本年一月，内政部重申前令，催促出巡，迫不容缓。至是始令厅长丁兆冠筹备进行。

民政厅长丁兆冠既奉省府出巡之令，以为本省幅员广阔，各县情形互异，行政督察专员又一时未能设置，关于政令之设施，民生之利病，自非躬亲巡视，详加考察，不足以洞见症结，藉资治理。现在本厅一切政务均已办有头绪，自应遵照部章，定期出巡。先从迤西着手，假定于三个月内将迤西各县巡视完毕。呈经省府报可，并咨内政部备案。

二十六年三月十日，民政厅长丁兆冠率同秘书戴绍祖、主任科员黄德佐、陈霈、随员陈宝泉，轻骑简从，由省启程。经富民、禄劝、武定、元谋各县，绕入中部至盐兴、牟定、姚安、大姚、盐丰等县，复由盐丰至永仁，过金沙江，至华坪、永胜，以达丽江，再由剑川、鹤庆，经洱源、邓川、大理、凤仪、宾川、祥云、镇南、楚雄、广通、禄丰、安宁回省。计自三月十日出发，至五月二十二日回省止，历时两月十四日，巡视县分共二十有六属。

六月，民政厅长丁兆冠呈省府报告出巡迤西各县视察经过情形，并拟具补救办法，文云："为呈报出巡迤西各县视察经过情形、并拟具补救办法请祈鉴核事：窃厅长遵照内政部规定，先往迤西各县巡视。曾将出巡日期及巡视程序具文呈请钧府鉴核。嗣于五月二十二日回省，并经呈明各在案。此次巡视区域，原定系四十县，出巡日期假定为三个月。本应照原定计划一律巡视完竣再为回省。惟因由盐丰绕出永仁，经华、永、丽江一段，程站较远，需时稍多，虽沿途经过地方均未敢多事耽延，但到达大理之时，计期已两月有余。腾、永、镇、龙一带，程途既远，且有瘴疠，值此夏令燠热，雨水降落，匪惟行程不便，瘴毒堪虞，抑且为时过久，厅务不免延搁。爰将漾濞、永平、保山、腾冲、龙陵、镇康、顺宁、云县、蒙化、弥渡等县，暂缓巡视，改由凤仪、宾、祥，顺便回省。行抵宾川以后，因沿途气候互异，水土各殊，厅长感受微疾，咳泻交作，旅次医、药两乏，不能不回省调治。对于双柏、易门、昆阳、晋宁、呈贡等县，遂亦未及巡视。计自三月十日出巡起，至五月二十二日回省日止，历时两个月又十四日，共巡视富民、禄劝、武定、元谋、盐兴、牟定、姚安、大姚、盐丰、永仁、华坪、永胜、丽江、鹤庆、剑川、洱源、邓川、大理、凤仪、宾川、祥云、镇南、楚雄、广通、禄丰、安宁等二十六县。滇省僻处边徼，风气晚开，一般人民之程度比较既形低劣，数百年来之习惯相率，只知放任。值此国难方殷、力图建设之时，非由全体民众各尽其财与力之所及，在政府领导之下共同奋斗，不足以谋进展。但各县官吏对于国家一切政令，往往以一纸空文转行了事，民众是否认识，则全未计及。至地方绅耆或其他优秀分子，大都各图私利，不顾人民公益，甚或借事生端，从中取盈，以致遇有兴作事项，每每视为畏途。即使于民众有莫大利益，亦因知识锢蔽，未能明了意旨，而群情疑阻，窒碍横生。厅长稔知症结所在，故每到县城，召集官绅训话时，首先宣示政府德意及历年来兴办各种要政之经过；次则将办理积谷、保甲、保卫队、常备队之种种利益及其办法，分别详明解释，俾明了其真义之所在而一一遵照办理；复次则慰问人民疾苦，并咨询群众之意见。总期上令能于下行，而下情得以上达，政府与人民融洽无间，对于庶政之建设，方能推行尽利，无所猜疑阻碍。凡至一乡一镇，与绅耆民众接谈时，均不惮烦琐，择要解说指导。于慰问疾苦之余，并谆谆劝其节省无益费用，移办国家政务、地方公益，将来国家强盛，地方发达，岂特自身蒙其福利，即子若孙亦荫受其庇，一般人民均尚有所感动也。又到达各县之后，均遵照《修正各省民政厅长巡视章程》第六条各项规定，认真考察，分项胪陈如下：

（一）官吏之考核及奖惩

县长为亲民之官，有综揽全县政务之责。庶政之张弛、民生之休戚，胥视县长之臧否以为转移，而县属佐治人员亦有密切之关系。故厅长一入各县县境，与绅耆、民众接谈时，对于县长之设施、操守，及所属职员之行为，均一一详加访查，以作考核之参证。并于到达县城接见县长及所属职员后，即其所言，考其所行。查有甫经交卸之永仁县长张渭清，建设事项较多，成绩优异，该员虽系调省入第二期县长训练所受训，自非提前委用，不足以资鼓励，经函呈钧座鉴核，已蒙任命署理蒙自县县长。此外如元谋、华坪等八县县长，均系到任视事未及一月，自不应遽加核议。其他各县县长，均尚能奉公守法，恪尽职责，祗以囿于才力，限于经费，以致应办各事多未能如期举办，尽量发展。审时度势，其情不无可原，已分别情形各加指导，饬令认真将事，力图治理。就中有调署腾冲县县长王肇云，前在大理县任内，对于办理积谷事项，因循敷衍，借结搪塞，奉钧座电令饬查后，经切实考查，其呈报文内与实在数量相差至四千九百余京石之多，若不从严惩处，不足以儆将来，随即函呈钧座，请将该新任腾冲县长王肇云予以撤职，以昭儆戒。又查有调省受训之华坪县县长顾能良，玩忽禁烟，庶政废弛，呈请补予撤职处分，听候查办。又已经撤省之永胜县长徐建佛，任用非人，举措多乖，迭据民众控告，访查均有实据，并经呈请发交高等法院依法严办，俾儆贪劣。此外，有前充永胜县秘书孙寿昌及永胜县米厘警察分局长彭元葵，于奉令复查各区烟苗时苛派旅费，滥处罚金，并各有枪杀二命及抢掳人民牛马财物重大情事，经多数民众纷纷呈控，及禁烟委员会电请就近查办。厅长到达永胜境内，当将该犯孙寿昌捕获，带至永胜城内就县政府法庭，连同已经禁委会饬令镣禁之彭元葵，分别审讯。

均据供认苛派、滥罚、杀毙人命、抢掳牛马不讳，并于供单内自行书名画押。因永胜孤悬江外，距省窎远，不肖官吏任意蹂躏。核查孙、彭两犯犯罪事实，与盗匪无异，审其行为，且较强盗加胜，遵照钧座“遇有特殊事项，准其当机立断，以期迅速”之电令，爰将该两犯便宜从事，处以死刑，俾边远官吏各知儆惕。事后始录案电呈，并自请议处。此考核官吏、分别奖惩之经过情形也。

（二）庶政之推进及窒碍

自国民政府成立后，凡所颁行之法令及饬办之政务，均已转行各县一律遵照办理。民国二十二年内，并经会同财政、建设、教育各厅，拟定《县政建设三年实施方案》，通饬遵办。惟因人材缺乏，财政支绌之故，以致地方庶政，尚多未能进展。即以警察而论，自举办至今，已经二十余年，各县警察名额最多不能过四十名，尚连各分局计算在内，其次则二十余名或十余名不等；长警薪饷多则每月新币二百余，少则八九十元乃至四五十元，除去伙食外几至毫无剩余，无怪乎不能整饬训练、纯由招募而来也。又各县地方财政，仅教育经费提拨在前，各有相当的款；至于自治建设各项，或略有少数租谷，或向恃各种捐派，数目既较微薄，岁收亦无一定。自取销苛杂以后，机关经费几于不能维持，自治团体应行举办事件，更属无从着手。兼以区、乡、镇长除传达政令、应付公差外，已觉精疲力倦，亦无余力顾及自治事项。麻疯隔离所亦因未有的款，大都设置不能健全，或于收容数月后又复渐自散去。此种现象，已属到处相同，固不仅一县为然也。就此次考察所及各县，对于民政范围内具有相当成绩、堪以称述者:（甲）积谷一项，经三、四年来之严厉督促，其达到标准数量并能按照三年份各递加二成者，已在十之五、六，其未积足递加二成数量或未达到标准数者，大都因股匪侵扰之后，一时难于积足。已面饬各该官绅，尽本年秋收后设法抽填完毕。两次剿匪军队需用粮食甚多，因有存仓积谷暂资供应，无须再由民间摊派。又军队发给粮价后，间有照额购买填还、尚有盈余移作地方公用，或照章借放生息、谷数日渐增加者，民众对于积谷利益已有相当之认识矣。（乙）各县常备队兵训练均尚认真，所调壮丁年龄亦皆合格，再继续办理二、三期，则各县多数壮丁均具有军事之常识，于保卫地方及预备国防征调，裨益殊非浅鲜。（丙）禁烟事项，除华坪、永胜情形特殊，间有一、二毗连川边、违禁故种数亩外，内地各县均已根株净绝，并无烟苗发生。又禁吸一层，民众鉴于功令森严、烟价日昂，自动戒断者，已在十之六、七。其年在五十以上或因病一时不能断者，大都力自克制，减少吸食数量。（丁）解放缠足一项，除鹤、丽、剑、洱、邓等处向系天足、勿须解放外，其内地各县，自迭次严令以后，均已一律遵办，十五岁以下之女子已未发现裹足情事。此外，属于教育方面，各县高、初两级小学，多者达二百校以上，其次或一百七十八十校，或一百二三十校，即人口最少之县份，亦在百校左右；短期小学亦已一律开办，比较数年以前实已逐渐普及。属于路政方面，各县勘定之公路线，经路局一再督促，均能积极修筑，有日新月异之势。此考查各县庶政之实在情形也。

（三）民间之状况及疾苦

滇省工业未兴，商业幼稚，各县人民夙以耕种为本，维持其简单生活。在前栽种鸦片，输出各省售卖，农民每年收入尚多足以自给。在地土稍瘠、出产较薄之牟定、镇南、姚安、祥云、凤仪、剑川等县，其一部分男丁，恒于每年秋收后结伴前往缅甸属地或其他附近地方，作各种劳工，以谋生活，迨至次年清明节前后，始相率回里，耕种田亩。外出工作之人数，每县多则五六千，少则三四千不等，每外出工作一次，其时间约五个月左右，除去道途间、工作地极简单生活外，所节余之数，多者国币五六十元，少则二三十元。因生活难给之故，虽工资无多、死亡载道，亦不能不忍苦耐劳、远道奔驰也。自禁种鸦片以后，民间骤失大宗利源，农村经济极形紧绌，购买力量日渐薄弱，以致各地商业、公家收入，均不免大受影响。虽经迭令各县官绅，详查土宜，改种各项植物，藉以抵补鸦片之损失，但改种其他植物，既非旦夕所能收效，且所得利益，亦觉相差甚远。本年元谋、永胜等县产糖稍多，销路即形滞塞，市面售价亦较从前惨落。观于各县耕地价格，在两年以前每田一亩能售国币百元，尚复争相购买者；近则售四五十元，几至无人过问；至于典当、押借，更属极寻常事。足见改种别项植物或提倡农村副产，对于人民生活，急切难期补救。兼以各县人民养成放任习惯，责以各出相当资力，共谋地方公益，虽比较东、西各国、腹地省份，负担已属轻减，但因程度不齐，及生产力弱之故，一有捐输情事，动辄认为苛虐。每到一县慰问人民疾苦，佥以负担太重、民力难支为词，而相率奔走呼吁者，总不外减轻负担、要求救济两事。睹民生之困悴，惟有就各方竭力设法，以期渐能补救耳。

（四）补救之办法及次第

各县地方财政既皆异常窘绌，地方自治经费亦多毫无的款。欲望地方政务及自治建设渐能推进，第一要点在遵照总理《建国大纲》，划拨田赋收入百分之几十确定为县地方财源，使各县地方均有相当经费，再斟酌情势，权衡缓急，规定应办事项及办理程序。务期举办一事有一事之实效，以免徒托空言，转使政府功令，相率视为具文。惟兹事体大于全省军政费用之预算案，非厘定各种新税有相当收入足以抵补岁出款项，未能遽议施行。昨已面呈钧座俯赐衡核，饬由财政厅长筹议办理。关于各县警察经费，似应通盘筹划，由省款补助若干，另就各县城区户口多寡，分为三等，酌定警察名额。认真整顿。其有名无实、于事无裨之分局，不妨暂时裁撤，以免虚縻款项。至长警薪饷，按其等第分别规定，一律支给，不能听其忽多忽少。一俟警款筹定，各县警察均须加以训练，不得如前任意招募，庶几名实相副，渐收相当效率。关于各县自治经费，拟俟常备队训练再经过相当时期，停办以后，即将由各县耕地附加之常备队经费予以保留，移作各县县自治费用，俾自治事业能于逐渐举办。关于各县麻疯隔离所经费及患麻疯病者之口粮，拟就积谷“息款”项下提出一部分，专作该经费，庶能维持久远，不致中途停辍。关于各县农田救济事项，如元谋、永仁、姚安、大姚、凤仪、宾川、祥云等县，水利多感缺乏，已饬各该县官绅，设法修筑堰、塘、闸、坝，蓄水灌溉，其应需经费，得由各县历来专款保存之自治附加捐提拨应用，再有不足，可由农民银行借款补助。上述各项，均系就民政范围内分别议拟。此外，奉钧座面饬，视察各县监狱、看守所，十有八九湫隘简陋，不透阳光、空气，于人道、卫生防碍甚大。若责令另行修建新式监狱，不惟款项难筹，即地点亦多有问题，惟有俟建设各该县政府之通案筹划定夺，再照拟定图案，同时建筑。目前补救办法，只有清理讼狱、注意清洁两事，已谆嘱各县县长，查照司法、行政部通令：'凡已决之案，照案办理；假释未决之案，斟酌情形，准予保释候案'。拘押人犯减少，于卫生关系甚大。并严饬各该管狱员，随时通沟、涤秽，注意清洁，以免发生传染病症。又华坪、永胜两县，接壤川边，区域辽阔，盘夷、劳罗环处四隅，因受贪劣官绅之压榨、朘削，奸狡人民之播弄、欺侮，遂至尔虞我诈，抢掳时闻。厅长详加访查，若得廉洁干练之文武官长，妥筹善法，抚绥教养，不难移化其野性，使之渐就范围。抵永胜后，与华永独立营长安纯三、永胜县长马嘉麟，及绅耆中熟悉夷性者，详加讨论。均谓从前第十团陈团长驻防永胜时，将夷目十二人诱至城内扣留，后其他盘夷仍复滋扰如故，殊非根本之图。现在补救办法，拟先将夷目释放回家；再派熟悉夷语、明白事理之人深入夷地，剀切开导，俾知政府德意；然后调查户口，编制区、乡、闾、邻，就夷民中夙有信望者，委充区、乡长，俾自行治理；一面筹设夷民学校，以陶铸其青年子弟。随据安营长、马县长会同具呈前来，已一并准予照办，并传见各夷目等宣示政府德意，饬其安心服从，该夷目等均誓以天日，情愿向化，当即犒以财物，立即一并释回。并饬安营长、马县长照所拟办法妥为办理，以观后效。所有厅长出巡迤西二十六县视察情形及拟具补救办法各缘由，除呈报内政部外，理合具文呈请钧府俯赐查核指示，以便遵照办理"。

省府据民政厅长丁兆冠上项呈文，以"查所呈第一项'官吏之考核与奖惩'各情，昨据专案呈报前来，业经分别核饬遵办在案，应不再议；第二、第三两项所呈'各县推进县政情况'及'民间疾苦'各情，应存备查考；第四项所拟'补救办法'，各县均属详尽，于事实多有裨益，除第一点问题较大，已据呈转令财政厅遵照外，余如拟办理，惟第五点事关建设范围，应候分令建设厅知照。又关于名县监所、讼狱事项，据称已谆嘱各县遵令办理，尚无不合，准予备案。又关于华、永夷区事项，处置适当，应准照办。除分行外，仰即遵照办理，指令饬遵"云。

民国云南通志长编卷十八

军务一

古者，寓兵于农，其制久废。西汉赵充国屯田湟中，即师古义，用以收复羌氐。蜀汉诸葛亮，仿而行之，耕者杂渭滨莘野之间，而居民安堵，军无私焉。自唐以后，远征久戍，未尝不从事于屯政。然有治法而无治人，则亦徒饰虚文而已。

滇中军制，纪自元明，其屯牧卫御所之制，大抵本屯田之法而变通之。及其弊也，田虽多而饷不足，兵虽少而食无余。作法于凉，一至于此。前清抚有滇土，以绿营为控制，凡营所驻之地，国家为辟井庐，月给常廪，使得生聚训练于其中，一旦有警，遣之征戍。逮乎末流，绿营大坏，乃节次改为练军、防军、新军、陆军。辛亥重九之后，遂以陆军讲武堂之力，光复故物。自时厥后，几经申儆搜讨，至今日而灿然大备。抗战以来，云南省政府主席龙云实总军务，发纵指示，迭挫贼氛，滇军号为劲旅，而皆以讲武堂为发源之地，盛矣哉。前编《军制略》，谨断自光绪元年至辛亥光复止。兹编则自民国纪元至二十年止。前后数十年间，亦滇省军事得失之林也。惟志材难得，挂漏诸多，补阙勘伪，敬俟闳达，兹编特其轮廓焉耳。

民国纪元至二十年军事之沿革

一、重九光复设置都督府

清至光宣之季，亲贵柄政，贿赂公行，内政不修，外侮沓至，频来瓜分之祸，迫于眉睫，国命阽危，有如垒卵。国中志士乃密组革命军，冀改专制为共和。辛亥八月，武昌首义，各省相继响应，俄而清帝退位，改建中华共和民国。云南陆军即于九月九日举义应之，不崇朝底定滇垣，全省以次戡定，总督李经羲弃职。清交涉司世续误为暴客所戕外，其余清室人员不戮一人。于是，废除清旧制，设立都督府于五华山，公推第三十七协协统蔡锷为都督，总握全省军民政务。都督府内部设顾问咨议各职，并设秘书、副官二处，登庸、筹备、法制三局，另设军务、参谋、军政三部，分掌一切事宜，均直隶于都督府，同署办公，对外公文概以都督名义行之。（都督府系统表附后）

云南省都督府系统表

都督府：咨议、顾问、都督

- **筹备局**—局长一人，办理军需军械军医一切筹备考核事宜。
- **登庸局**—局长一人，办理叙官赏勋印铸事宜。
- **法制局**—局长一人，办理一切法制事宜。
- **副官处**—副官长　人，办理庶务传达交际事宜。
- **秘书处**—秘书长一人，办理机密重要文件。
- **军政部**｛次长二人、总长一人｝｛实业司、教育司、外交司、财政司、民政司｝分掌各司各项统筹计划事宜。各设司长一人。
- **参谋部**｛次长二人、总长一人｝掌理军事计划征募调遣编制教练防务谍查事宜。
- **军务部**｛次长二人、总长一人｝掌理饷械粮秣被服装具医药物品之征集补给事宜。

二、军制改革及出师川黔

光复后，原有陆军各部队编制仍如旧。但废镇置师，改十九镇为第一师，改三十七、八两协为一、二两旅，协以下之标、营、队、排以次改为联队、大队、中队、小队，均各另附番号。其时，川黔两省虽已次第响应，尚未完全反正，且内乱未已，大局亦尚未统一。本省应川黔两省人民代表之请，遂先后分兵赴援。以李鸿祥、谢汝翼率领两梯团援川，以定川局；殷承瓛率军西上，以征藏卫。初，滇西不靖，军政府乃聘在籍永宁道赵藩为宣慰使，与师长李根源同驻大理，事讫藩解职归农，根源仍回省。唐继尧率师北伐，以促统一。继尧军次贵阳，留定黔乱。迨南北统一，继尧被任为贵州都督。

三、唐继尧督滇，改都督府为将军行署

民国二年，设云南光复志馆，以军府秘书长周钟岳为总纂，年余告成。是年，都督蔡锷奉调入京，举黔督唐继尧为代。继尧奉命督滇后，军民分治，另置民政长。三年，中央授继尧以开武将军，乃遵令废都督府，改置将军行署，内设参谋、秘书、副官三处，军务、军需、军法、军医四课，其顾问、咨议各职，仍沿旧设置。寻依中央厘定官制，废民政长，设巡按使为一省行政长官，军民分治如故。

四、云南陆军第一、二两师之改编及分防

云南陆军于光复后即改编为第一师。翌年，南北统一告成，援川军队陆续撤回，并又增募新兵，添编为第一、第二两师。以李鸿祥任第一师师长，谢汝翼任第二师师长。每师下各编两旅，旅以下照通章改联队为团，大队为营，中队为连，小队为排，各置团、营、连、排长，其余名称及员兵额数均仍其旧。以第一师分驻省城及南防蒙自一带，以第二师分驻迤西大理、迤东之昭通一带，以资控御。惟以本省情形，无设置辎重之必要，故光复后即将辎重队取消。又就原设之陆军警察队改编为宪兵队，仍编为四区队，每区队分编两分队。其后迤西又增设镇守使，迨继尧回滇未几即废。其第一、第二两师改以顾品珍、沈汪度分任之，均直隶军署节制。

五、总统袁世凯毁法称帝，云南首义护国及将军行署、都督府之变更

民国四年，袁世凯以大总统毁法称帝，假借民意，僭立洪宪伪号。云南将军唐继尧拥护共和，率军民人等首义声讨。适蔡锷、李烈钧等联翩入滇，爰协议编组护国军，公推唐继尧为都督，综握军民政治，废将军行署，仍设都督府，内置参谋、秘书、军政、民政各厅，并设参赞、顾问、参议、咨议、副官等职，分掌政务。寻黔、桂、粤、湘等省先后响应，因特设军务院于广东肇庆，为西南举义各省军事最高统治机关，推继尧遥领军务院抚军长，以两粤都司令岑春煊副之，代行职权。未几，袁氏病死，黎元洪继任总统，法统重光，共和恢复，国务院正式成立，乃宣告撤军务院。云南都督府亦同时取消，依通制改为督军公署，仍以唐继尧为督军，内部组织制度悉沿前将军行署，无多更异。是役，云南倾师以出，继尧乃聘赵藩总办全省团保，境围以固。

六、护国军之编组及出师川粤

民国四年十二月二十五日，云南兴师护国之议既定，先以露布列举袁氏叛国僭窃罪宣告中外，同时决定先编三军。按照出师计划，取道川、粤、黔、桂，分路致讨。其第一军编三梯团入川，以蔡锷统之；第二军编两梯团出桂入粤，以李烈钧统之；第三军先编一梯团及先遣一纵队出黔入湘，由唐继尧兼领之；此外，特编挺进军一军由黔入桂，旋改编为第四军，以黄毓成领之。均于民国五年春分道出发，义旗所向，逆氛披靡。西南各省亦纷起响应，袁氏被迫自将洪宪帝取消，仍窃据总统大位。本省又将护国军扩充，编为八军，以第四、第五两军陆续增加前方，其余各军编成，集中待命。是役，先后编制步兵凡二十八团、骑兵两团、炮兵两团、警卫军四团，共编成三十六团。团以次之营、连、排仍沿旧制，无大变更，但各军统辖之部队有多寡差别耳。

七、督军团拥废帝溥仪复辟，云南出师靖国及靖国军之编组

民国六年，内阁擅权，督军团继起抗命，称兵威胁元首，解散国会，拥废帝溥仪复辟，总统黎元洪退位，举国哗然。滇督唐继尧以祸乱相寻，法纪失据，爰组靖国军，联合黔、川师旅声罪致讨，以檄电告国人，申明护法主旨。旋粤、桂、湘省亦表赞同，国会议员复自行集会，成立非常国会于广州，议决就粤省组织元帅府为临时统一最高机关，举唐继尧为元帅。旋于广州设置军政府，由非常国会推举孙文、唐继尧、伍廷芳、唐绍仪、陆荣廷、林葆怿、陈璧光七人为军政府总裁，并推继尧兼领军政府参谋部长。云南复举兵北伐，就护国之役分驻川粤及省内外部队另行编成靖国军八军，以驻川顾品珍部编为第一军，赵又新部编为第二军，以马骢、邓泰中、李友勋、杨体震、赵世铭等五混成旅编为第三军，以庾恩旸统率之。以黄毓成部编为第四军，以驻粤张开儒部编为第五军，方声涛部编为第六军，至第七军则以四川汉军统领张煦所部编成之，第八军以叶荃在鄂、陕募练新兵编成之。继尧自任靖国联军总司令，率警卫军及赵世铭所部混成旅，于是年十月亲出督师，督军印务以刘祖武代理。师次毕节，因溥仪潜走，冯国璋继任总统，主持和议，继尧乃亲莅重庆，召集联军将领开军事会，协议大计，寻复返滇镇慑。此先后两役，云南以一省之力，兵力遍黔、蜀、粤、桂、湘等省，自咸同间湘军特起以来，未之有也。

八、驻省防军之编制

云南当出师靖国之际，本省留守军队分三区驻防，置卫戍司令官三人以统辖之。第一区司令驻防大理，卫戍迤西一带，以孙永安任司令官；第二区司令驻防蒙自，卫戍南防一带，以缪嘉寿任司令官；第三区司令驻防昆明，卫戍省城及迤东一带，以唐继虞任司令官。司令部组织略与师部同，其所辖兵力则视辖地广狭难易酌定，各辖二三团不等，分任捍卫绥靖之责。

九、驻川滇军军长顾品珍率师回滇，督军唐继尧出粤及省军之改编、分防并督军署之变更

民国九年秋，滇军驻川军长顾品珍以滇军久戍，将士思归，悉将部队撤回滇境。政府因畀顾品珍以东防督办，不就，于十年一月移部回省。督军唐继尧为保全地方计，立将驻省军队调驻南防，离滇赴粤。顾品珍入省主持滇政，改督军署为总司令部，自任滇军总司令，将所部军队改编为五混成旅，每旅辖步兵二、三团，机炮兵一、二连不等。又另编一独立混成团，团营以下编制仍沿旧制。原有靖军队伍留守省城，至是调往开、广边界，各部队同时离滇，进驻广西之柳州、桂林一带，其编制员额，均有变更。

十、唐继尧重主滇政，废滇军总司令部，改组省政府

自督军唐继尧离滇赴粤，其明年，滇民屡举代表赴粤，吁请移节还滇。又经驻外滇军之拥戴，乃徇军民合请，于十一年二月，统率驻外滇军，由桂回滇，边地驻军相率绕道欢迎。滇军总司令顾品珍，统兵拒之于南防开化、广南一带，不胜，死之。民众乃道迎继尧入省，撤销滇军总司令部，改组省政府。罗佩金、何国钧先期潜赴迤西，中途皆为盗所杀。继尧遂任省长，总揽全省军民政。省府内部，置参谋、枢要、总务、军咨等处及铨叙局，为省长办事机关。并置军政、内务、外交、财政、教育、实业、交通、司法八司，各设司长一人，执行主管政务，并得以司长名义，对外行使公文。初，继尧回滇，滇中土匪亦与有力，寖骄恣不奉法，继尧推心相待，久乃贴然。

十一、军政司

云南省政府统辖全省各政，关于军政事务设军政司主管之。以马骢为司长，内部分设军务、军学、军械、军需、军法、军医六课，各置课长一人，每课视事务之繁简各设课员若干人。并将旧有之军械总局、陆军兵工厂、军需局、陆军医院一并划归军政司管辖，以一事权。

十二、各镇守使署及各隶属军队之编制

自继尧回滇柄政，将所属军队整理改编，划全省为四镇守区。以军长胡若愚镇守滇中，置使署于昆明；军长龙云镇守滇东，置使署于昭通；何海清镇守滇南，置使署于蒙自；李选廷镇守滇西，置使署于大理。旋又以龙云改镇滇中，胡若愚改镇滇南，张汝骥改镇滇东，各统兵二、三团不等。并置宣威、会泽、罗平、开化、广南、腾冲、维西各镇守副使，分隶于各镇守使，协助各镇守使分负地方绥靖捍卫之责。镇守使署编制略如师部，镇守副使署编制略如旅部，团以下均无变更。

十三、近卫军之编制

民国十一年，省长唐继尧将由桂率回滇军各队，并同故滇军总司令顾品珍遗留在滇各部，分别整理汰留，改编为二十团。自一团至八团定名近卫军，置团长八人统辖之。旋又添置旅长四人，各辖近卫军二团，直隶省府，专负省防之责。自九团至二十团则分隶于各镇守使，团营编制仍旧。

十四、训练总监部之设置

省长唐继尧，复以所有部队，虽经分别改编，而连年军事不休，训练久已荒废，欲谋彻底之整理，必先求教育之统一，乃特设训练总监部，置训练总监一人，以唐继虞充任之，专司统一各部队教育训练之责。

十五、航空处之设置

世界科学精进，战术日新月异，空军尤占军事重要位置。民国十一年，云南派员赴法越购办飞机及各种航空必需器械运滇，遂成立航空处，开辟飞行场，并筹办航空学校于巫家坝。又由法延聘飞师两员，担任分科教授，以养成飞行、机械两项人材。民国十二年，编组航空队一队，内分编三分队，其人员之设置及编制略与步兵连同。民国十八年，改组为航空司令部，十九年又改为航空队，内部组织仍旧。此为本省建设空军之嚆矢。

云南航空队/处/司令部历任队长/处长/司令官姓名及时期表

职别	姓名	在任时期
航空处长	刘沛泉	民国十一年至十二年
航空处长	王肇基	民国十三年
航空队长	柳希权	民国十三年至十四年
航空队长	李华英	民国十五年
航空队长	段纬	民国十六年
航空队长	段世璠	民国十七年
航空队长	张元养	民国十八年
航空司令官	刘沛泉	民国十八年
航空队长	张汝汉	民国十九年至二十年

十六、靖国军出师及出征军队之编制

民国十三年，曹锟贿选乱政，僭窃总统。于是，川、黔、粤、桂、湘、鄂各军纷派代表来滇，协商组织靖国联军，共伸大义，以定国是。议既决，遂公推唐继尧为滇、川、黔、粤、桂、湘、鄂七省靖国联军总司令，同时广州国民政府大元帅孙文复推举唐继尧为副元帅，于〔是〕民国十三年成立靖国联军总司令部于昆明，总司令部以下置参赞、参议、顾问、咨议、侍从武官、参军副官等职，设参谋、军务、总务、建设四部。参谋部内置作战、谍候、兵站三处，设总参谋长一人，次长一人；军务部内置训练、执法、经理、医务四处；总务部内置机要、宣传、铨叙三处；建设部内置战区行政管理、经费统筹、联络筹划、政治讨论四处。每部设部长各一人以综之，处均设正副处长各一人。至靖国联军所辖之作战部队，计共编为十五军。滇省直辖者为第一、二、五、六、九、十等六军，余则为川、黔、粤、桂、湘、鄂诸省分辖之。本省又特编佽飞军四军，每军所统二、三混成旅不等，各依作战计划分路进行。嗣以曹锟去位，政局转变，出征各军亦先后撤回，靖国联军始告结束。

十七、黔桂滇军回滇后之改编

靖国联军出征部队之第一、二、五、十各军撤调回滇后，因军费浩大，开善后会议，力事收束。除改编近卫军之八团直隶省长节制外，其余编为十二团，复置四镇守使统驭之。以第五军长龙云镇守昆明，第二军长胡若愚镇守蒙自，第十军长张汝骥镇守昭通，仍以李选廷镇守大理。龙云、胡若愚、张汝骥三镇守使之下均编两旅四团，每二团置旅长一人统率之，分负镇守区域内捍卫地方及边防之责任。

十八、省长公署改组及军事之变更

自国民革命军由广东进展至江浙各省后，潮流所撼，大势为摧。滇省各将领为适应环境起见，遂起而联合请求省长唐继尧改组省政，采用合议制，继尧毅然许之。爰于民国十六年二月六日正式改组省政府，公推继尧为政务总裁。设省务委员会处理政务，置省务委员九人，即由各法团公选之。选定胡若愚、龙云、张汝骥、李选廷、马骢、周钟岳、由云龙、熊廷权、胡瑛等九人任省务委员，并推胡若愚为主席。是年六月十四日以后，内部迭起政争，省务委员亦随之更动。嗣胡若愚率部离省、乃推龙云为主席，仍以省务委员合议制裁决庶政。省府关于军政者，仍以军政厅及参谋、参军、副官、秘书、铨叙五处分任职掌。厅置厅长，处置处长，下设职员，与前略同。其军队则改编为第三十八、三十九两军及独立一师。洎国民政府奠都南京后，本省各部队节经收束裁编，概归并于三十八军统辖。旋奉中央明令，编为国民革命军第十三路军，任命主席龙云为第十三路军总指挥，于民国十七年八月设置总指挥部。以省政府原设之军政厅参谋、副官、铨叙等处，暨三十八军本部人员合并组织，计设总参谋长一人，次设政治部及秘书、参谋、副官、军务、经理、军法、军医七处。政治部专任政治宣传事宜，置主任一人，余处各置处长一人，分科办理主管应办事务，每科各置科长、科员若干人。此外，另设总参议、参议、参军、顾问等，以佐理之。至所属军队，则改编为第九十八师、九十九师、一百师、一百零一师，师长以卢汉、朱旭、张凤春、张冲分任之。民国十九年，北伐军讨逆，奉令改为讨逆军第十路总指挥部，仍命龙云为总指挥。内部组织与前略同，惟取消政治部及总参议，另添设军事整理委员会，置委员若干人。至民国二十年，实行军缩计划，改师为旅，将所有部队分别汰留，预定编为九旅，每旅统辖二团。其时仅先行编为第一、二、三、五、七、九等六旅及独立第一、二两团，并募编补充第一、二、三、四四大队，切实训练，以备补充。又特种兵则置护卫、骑兵队、机关枪大队、炮兵团、工兵营、航空队、交通队、军乐队等。当十九年出师讨逆之际，为维持省内治安起见，特将全省划为五绥靖区，每区设主任一人，以各该区域内驻在军队之高级长官兼任之。第一绥靖主任为史华，驻大理；第二区绥靖主任为禄国藩，驻思茅；第四区绥靖主任为杨体震，驻开化。其第三第五两区，因所辖区内匪患已渐肃清，故终未设置。

十九、宪兵

云南光复后，将旧设之陆军警察队扩充组织，改为宪兵队，添编为四区队，每区队辖两分队。至民国五年，护国军兴，又增编四区队，共成八区队，设宪兵司令部管辖之，置司令官一人。每区队仍编为两分队，一分队约宪兵四十名，按照宪兵学术严格训练，分驻省城及大理、蒙自各地，均能行使职权，克尽责任。

云南陆军宪兵司令部历任司令官姓名时期表

职别	姓名	时期	职别	姓名	时期
宪兵司令官	庾恩旸	民国五年	宪兵司令官	孟友闻	民国十五年
宪兵司令官	孙永安	民国五年	宪兵司令官	胡瑛	民国十六年
宪兵司令官	郑开文	民国六年至七年	宪兵司令官	王洁修	民国十六年
宪兵司令官	李敏	民国八年	宪兵司令官	孙渡	民国十六年
兵宪司令官	李天保	民国九年	宪兵司令官	马为麟	民国十六年
宪兵司令官	朱德	民国十年	宪兵司令官	张邦藩	民国十六年
宪兵司令官	项铣	民国十年	宪兵司令官	张培金	民国十七年
宪兵司令官	张汝骥	民国十一年	宪兵司令官	马铃	民国十八年至十九年
宪兵司令官	徐为珧	民国十一年	宪兵司令官	郭玉銮	民国十九年
宪兵司令官	陈维庚	民国十二年至十三年	宪兵司令官	曾恕怀	民国二十年
宪兵司令官	李选廷	民国十四年			

二十、军乐队

云南光复以后，渐将旧设之军乐一队整理扩充，内部员额及军乐器具已臻完备，其组织情形略与前同。

民国成立至二十年各军事机关之沿革

一、讲武学校

本省光复后，讲武学校仍沿旧办理，为作育军事人材之唯一校所。民国元年，召集前丙班生，曾于光复时服务各团队者，入校训育编为甲班，曰第四期，员额一百余名，修业期十四个月。是年，复由各团队现役下级军官中，抽调训练编为乙班，并招考志愿队学生一班为丙班。乙、丙两班约一百五十余人，是为第五期，修业期两年。民国三年，又将曾由本省陆军或武校修业，随军北伐入黔，历任职务之滇籍军官，考选百余人，编为将校学生两班，曰第六期。旋因将校班之三、四区队学员入队日期先后参差不一，因改为第七期，约一百三十余人，修业期均定年半。是年，又由测量局选送学员一百五十余人，分编两班，半年毕业，曰第八期。复由警察学校选送五十余名，补习三月毕业，曰第九期。民国四年，招考中学以上学生二百余人入校，编为志愿队，以年半毕业，为第十期。均分步、骑、炮、工、辎五科教授。自第六期后，辎重一科即行停止。民国六年，招考第十一期，其学生资格及修业期均与十期同。因护、靖各役，本省军队转战南北，能树立滇军声誉者，以武校各期毕业员生为多，故于十一期毕业仍继续招收十二期。其中一部分由各军事机关选送，余系南洋华侨具有中等以上学力，闻风远道来学者，是期共学生一百四十余名，修业期两年半。洎十三、十四、十五各期，因宏广造就及应华侨外籍学生要求起见，每期人数均在四五百以外，修业期同前。民国十一年，省长唐继尧回滇后，仍续办第十六期。同时并考选各军事机关、部队现职军官之材堪深造者，另办一高等军事学校，附设武校内。所授军事学科均较武校为高深，额约八十名，毕业后即停办。至武校第十七、十八、十九各期学员生，或由援桂回滇军官抽调，或由各机关保送，或由闲散军官中考选，或由中等以上学生及华侨子弟考入，毕业期略同前，每期学额约在三百以上。惟第十九期概系各部队选送之中、下级军官，称为将校队，教育期仅八个月，额约七百五十余人。民国十七年，改办为军官团，十八年又改为陆军教导团，组织略与前同。

云南陆军讲武学校历任校长姓名时期表

职别	姓名	在任时期	职别	姓名	在任时期
讲武学校校长	刘祖武	民国元年至二年	讲武学校校长	韩建铎	民国十年
讲武学校校长	顾品珍	民国三年至四年	讲武学校校长	刘国栋	民国十二年至十四年
讲武学校校长	张子贞	民国五年	讲武学校预科主任	高向春	民国十五年
讲武学校校长	韩凤楼	民国六年	讲武学校校长	龙云	民国十六年
讲武学校校长	郑开文	民国六年至七年	讲武学校校长	胡若愚	民国十六年
讲武学校校长	吴和宣	民国七年	讲武学校校长	吴和宣	民国十七年
讲武学校校长	唐继虞	民国八年	讲武学校校长	王兆翔	民国十七年
高等军事学校校长	唐继虞	民国九年			

二、兵工厂

云南光复后，将原有机器局改为云南陆军兵工厂，扩大工作，增加工人百余名，并选调技术娴熟人员充任技师，制造六八步枪弹、手榴弹、七生五炮弹及其他军用一切杂械物品，并仿造七九村田新式步枪弹及机件中之齐口、车边、绞口等，均能与原机相辅而行，视前较有进步。至民国十三年，省长唐继尧以原有机械不敷制造，派员赴日购运各种造弹机器。交厂安设后，即添制六五、七九、三十年式及法三响等新式子弹，并造各种机关枪弹。所制各弹如射程、初速、侵澈、偏差等项，均甚优良。至民国十四年，以陆军二字范围较广，遂改为云南兵工厂，除制军用品外，并可代社会修造物品。

云南陆军兵工厂历任厂长姓名及时期表

职别	姓名	时期	职别	姓名	时期
厂长	张开儒	民国元年	厂长	赵伸	民国六年至七年
厂长	吴尧	民国元年	厂长	马骢	民国八年至十年
厂长	沈汪度	民国二年	厂长	尹谊	民国十一年至十二年
厂长	刘云峰	民国三年	厂长	李钟华	民国十二年至十三年
厂长	顾品珍	民国四年	兵工厂督办	吴和宣	民国十三年至十六年
厂长	刘祖武	民国四年	兵工厂长	吴和宣	民国十七年
厂长	张含英	民国五年	兵工厂长	李钟华	民国十七年至二十年
厂长	李琪	民国五年	兵工厂长	杨立德	民国二十年
厂长	黄永社	民国五年至六年			

三、军械局

云南光复后，原有陆军军械局沿旧设置办理，凡兵工厂制造出品及由外购办枪炮子弹等军品，均交军械局储藏保管，并负修整领发之责。其附属之军火局，亦仍沿旧。惟于民国二年将北山火药局移于北城外商山寺，其后，组织即无大变更。

民国元年至二十年云南军械局历任局长姓名表

职别	姓名	职别	姓名	职别	姓名
军械局长	沈汪度	军械局长	秦光第	军械局长	习自诚
军械局长	杨发源	军械局长	陶凤堂	军械局长	景士奎
军械局长	马为麟	军械局长	陆锦先	军械局长	张邦藩
军械局长	邓泰中	军械局长	萧泽周	军械局长	龙雨苍
军械局长	武成彦	军械局长	丁恩远	军械局长	袁昌荣
军械局长	刘法坤	军械局长	陆锦先	军械局长	郑铨
军械局长	赵世铭	军械局长	曾鹤章	军械局长	高振鸿
军械局长	马为麟	军械局长	景士奎		

云南军械局附属军火局历任委员姓名时期表

职别	姓名	在差时期	职别	姓名	在差时期
委员	刘永昌	自光复起至民国元年六月交卸	委员	常树章	自十七年十一月至十八年七月
委员	王尚忠	自元年六月至十七年一月	委员	管应辉	自十八年八月起现仍在差
委员	王荩臣	自十七年一月至十七年十一月			

四、军需局与被服厂

云南光复后，仍沿粮饷局旧制，设置总务、军粮、军饷等科，专司军用粮饷、服装暨一切军需物品之制备支发。但将制造股裁并，增设被服厂，凡服装器具均划归该厂制办，另立机关，其粮饷局仅管理粮饷之支出。至民国二年，复并粮饷局、被服厂为一，改为军需局，内部组织无大变更。后因营舍之修建，估计事项亦划归该局办理，遂添设建筑科一科，余仍旧。附历年各项军用支出款数表：

云南全省民国元年起至五年止陆防两军开支薪饷杂费数目一览表

单位：元·角仙厘

类别＼年别	元年	二年	三年	四年	五年
陆军薪饷费	1,187,439.096	1,962,594.695	1,535,122.888	1,728,259.495	3,433,171.704
恤赏费	7,943.620	9,099.395	18,342.144	12,552.650	19,060.400
奖赏费	31,611.287	3,110.736	6,967.600	4,345.260	25,410.646
医药费				5,495.599	27,633.710
图书费					
岁修费	13,744.869	15,200.235	34,136.675	22,585.934	17,192.825
材料费	345,556.321	205,064.563	144,712.366	156,471.045	119,594.899
粮料费	19,142.904	174,680.064	121,000.000		
服装费	122,963.337	298,948.770	349,205.800	196,304.235	863,328.153
教育费	50,812.852	124,413.194	122,079.865	65,658.915	58,297.280
车旅费					
骡马费	6,705.267	4,889.935	2,147.367	6,352.000	38,384.857
革品费					
补助费					
杂支费	120,922.185	178,209.397	112,849.418	143,006.009	727,090.671
特支费					
征兵费	6,114.059	5,679.660		2,550.000	46,633.048
裁兵费					
退伍费		161.000	137,198.000	4,465.750	1,210.350
购枪、械费		294,246.320			
电报费	4,686.336	7,834.390	22,612.795	13,277.535	79,435.30
乡兵费				764.820	20.755
筹饷费					261,000.000
平粜费					
军防薪饷费	615,595.526	408,374.324	45,784.293		
恤赏费	656.900	3,492.880	14.000		
杂支费	6,345.821		4,020.310		
全年合计	2,540,240.371	3,721,308.361	3,656,193.521	2,363,089.248	5,717,464.628

附记：一、省内各机关、部队开支军费，系按月由财政厅请领转发，省外各部队系由各县拨支；

二、防军原有三十四营，自民国三年三月起，除留十二营改编陆军外，其余二十二营划归行政公署改编警备队，所有薪饷等项由署请领；

三、表列各款，系查照军需局历年实在支除数目填入。

云南全省民国六年起至十年止陆防两军开支薪饷杂费数目一览表

单位：元・角仙厘

年别 类别	六年	七年	八年	九年	十年
陆军薪饷费	2,749,906.381	2,340,003.725	3,024,669.776	3,864,160.810	5,483,804.440
恤赏费	35,890.471	23,349.731	58,872.988	20,245.500	35,732.400
奖赏费	11,136.885	10,893.427	10,820.250	51,383.300	31,903.730
医药费	22,404.150	12,877.730	13,229.923	24,340.557	19,530.559
图书费					
岁修费	13,806.537	22,182.928	68,908.730	91,524.518	82,023.040
材料费					
粮料费		40,000.000	81,067.500	2,255.000	125,036.000
服装费	380,741.803	368,946.675	280,794.985	374,380.350	606,041.792
教育费	22,487.401	10,352.562	9,325.100	6,825.280	9,748.355
车旅费	227,411.555	182,640.070	170,750.834	302,800.722	294,648.717
骡马费	11,512.334	3,284.660	4,626.118	8,054,122	2,401.760
革品费					
补助费					
杂支费	120,503.041	204,697.066	292,592.012	211,227.658	461,219.669
特支费					
征兵费	41,916.952	35,880.350	35,476.567	28,631.268	17,912.435
裁兵费	12,039.800				
退伍费					
购枪、械费	22,391.030	1,000,000.000			6,292.000
电报费	105,823.580	5,727.830	95,821.113	8,568.018	1,061.866
乡兵费					
筹饷费			94,000.000		
平匪费			50,000.000		
军防薪饷费					
恤赏费					
杂支费					
全年合计	3,877,971.867	4,260,836.853	4,290,955.896	4,994,415.088	7,177,356.763
附记：自民国十年起，因驻川军队全部回滇，人数既多，故开支随之增加。					

云南全省民国十一年起至十五年止陆防两军开支薪饷杂费数目一览表

单位:元·角仙厘

年别 类别	十一年	十二年	十三年	十四年	十五年
陆军薪饷费	8,134,603.349	6,787,121.284	5,410,632.792	4,519,276.791	6,193,994.366
恤赏费	26,630.790	35,690.030	25,550.815	21,539.330	40,649.273
奖赏费	80,221.306	27,637.780	26,870.140	50,392.600	31,897.200
医药费	43,303.665	29,543.327	34,313.684	15,026.220	26,074.450
图书费					
岁修费	38,065.225	179,688.491	77,825.292	31,414.850	65,046.050
材料费					16,176.807
粮料费	269,387.560	313,332.000	607,255.000	1,129,055.230	616,805.500
服装费	1,043,689.653	813,771.654	597,302.222	568,039.900	442,816.820
教育费	6,546.840	6,474.800	40,108.456	6,500.640	17,234.190
车旅费	437,835.277	422,102.299	493,595.762	395,135.766	198,688.577
骡马费	19,170.400	17,198.700	13,355.900	5,697.440	4,524.100
革品费					
补助费					
杂支费	515,938.062	666,866.165	501,504.914	530,765.724	261,519.023
特支费					
征兵费	10,981.556	13,775.382	14,427.387	23,442.100	
裁兵费					
退伍费					
购枪、械费	8,125.000	26,433.000	8,837.855		1,450.040
电报费	5,469.200	202,869.425	7,293.313	1,640.780	
乡兵费					
筹饷费					
平粜费					
军防薪饷费					
恤赏费					
杂支费					
全年合计	10,639,967.883	9,543,504.343	7,858,768.911	7,197,927.371	8,000,530,031

云南全省民国十六年起至二十年止陆防两军开支薪饷杂费数目一览表

单位：元·角仙厘

年别 类别	十六年	十七年	十八年	十九年	二十年
陆军薪饷费	5,559,393.630	6,522,232.566	8,134,016.551	6,994,909.903	11,660,149.440
恤赏费	7,323.000	20,880.536	24,545.200	36,588.900	13,219.400
奖赏费	344,420.700	326,818.170	209,142.190	80,672.000	47,067.000
医药费	31,747.140	30,453.905	36,993.420	64,975.590	65,797.450
图书费			30,996.956	35,179.430	15,568.025
岁修费	12,071.860	142,497.065	86110.019	259,172.300	4,350.000
材料费	96,646.380	114,091.141	338,980.292	583,418.825	1,198,468.130
粮料费	909,940.000	994,224.210	4,009,886.190	4,076,045.000	3,350,325.400
服装费	262,279.220	622,160.470	1,546,863.824	2,594,845.315	4,600,843.955
教育费	18,886.000	32,053.970	35,320.000	28,533.600	49,342.270
车旅费	775,586.800	597,533.970	222,153.294	161,381.640	24,073.100
骡马费	1,388.000	7,080.000	14,630.000	28,734.900	257,847.970
革品费	54,122.800	70,729.000	69,900.000	54,382.500	183,979.100
补助费	5,361.400	5,419.500	2,900.000	4,350.000	5,000.000
杂支费	474,400.467	734,641.057	1,087,629.270	1,489,973.882	1,210,545.055
特支费				961,136.900	230,000.000
征兵费					
裁兵费					
退伍费					
购枪、械费	130,000.000	4,800.000			
电报费	63,339.500				
乡兵费					
筹饷费					
平槼费					
军防薪饷费					
恤赏费					
杂支费					
全年合计	8,746,916.904	10,225,615.560	15,850,077.206	17,454,301.186	12,916,676.295

附记：自民国元年起，至二十年止，统计共开支军费一万六千零一十三万三千一百一十八元二角八仙五厘。

云南军需局自民国元年起至二十年止历年购办军米料豆数目一览表

单位：石・斗升合

品名 年份	军米数目	料豆数目
民国元年	1,002.046	684.555
二年	2,463.223	1,283.570
三年	2,257.883	1,129.480
四年	1,508.381	1,238.294
五年	3,469.643	1,335.301
六年	1,491.907	1,354.125
七年	2,122.065	317.824
八年	2,140.580	673.095
九年	1,529.931	659.663
十年	2,197.549	1,151.543
十一年	5,182.392	600.334
十二年	4,905.848	948.809
十三年	6,273.147	1,257.239
十四年	6,629.746	1,238.585
十五年	4,872.218	818.977
十六年	4,273.967	440.787
十七年	4,146.120	295.563
十八年	6,787.043	482.374
十九年	5,442.773	442.199
二十年	4,687.931	518.724

附记：一、总共入米七万三千三百八十四石三斗九升三合；

二、总共入平斗豆一万六千八百七十一石零四升一合。

云南军需局自民国元年起至二十年止历年置办装具数目一览表

年份＼物品数	服装数目(套)	木器数目(份)	铁器数目(份)	杂具数目(份)
民国元年	87,203	6,425	193	12,815
二年	11,018	2,914	216	18,851
三年	55,240	3,120	101	8,800
四年	54,723	1,035	101	5,180
五年	174,924	9,064	597	46,254
六年	108,100	288	240	7,940
七年	79,941	1,735	180	25,480
八年	57,345	1,784	170	10,120
九年	79,250	3,555	210	7,555
十年	118,206	946	668	21,203
十一年	179,220	6,953	345	52,330
十二年	177,370	8,409	426	15,400
十三年	87,136	7,446	340	19,150
十四年	69,826	6,491	598	35,350
十五年	91,363	5,933	245	9,990
十六年	99,350	6,097	955	49,440
十七年	89,305	1,999	270	20,074
十八年	85,488	6,138	534	33,970
十九年	122,986	4,563	434	18,320
二十年	118,273	6,128	361	18,579
总计	1,986,267	91,023	7,184	436,801

附记：一、表列服装数目，系将全年份所制各季服装数目并入计算；
二、表列木器，系将全年制备官兵床数目计算，其余特种零星木器则未列入计算；
三、表列铁、杂器具数目，系将全年所制之铁锅、铁勺、菜刀、锅铲、火钳及大小土碗、瓦盆、竹筷等项计算，其余特种物品则未列入计算。

云南陆军军需局历任局长姓名时期表

职别	姓名	在任时期	职别	姓名	在任时期
局长	秦光第	民国元年至四年	局长	马骢	民国十七年
局长	李鸿纶	民国五年至七年	局长	安德化	民国十七年
局长	顾秉钧	民国八年	局长	杨宏光	民国十八年
局长	施以德	民国九年至十年	局长	杨立德	民国十八年
局长	李永和	民国十一年至十三年	局长	王秀斌	民国十九年
局长	孔繁耀	民国十四年至十六年	局长	段克昌	民国二十年

五、陆军测量局

云南光复后，将陆军测地局改为陆军测地部，直隶都督府参谋部，内部组织如前。原有班长、班员，多派充援川北伐随军测量员。民国元年，奉中央令更名陆军测量局，移局址旧藩署内，组织仍无变更，但改科为课，职员名称少有更易。民国四年，测量学生第二期毕业后，派测滇越铁道及江川、通海图线，至铁道路线图完成后，复测昆明县图。民国五年，护国军兴，遂多调充军职，同时因缩减经费，暂裁局内课长、副官各职，测图费亦停发。民国六年，复置课长一职主办课务，并派出测量附省各县编纂图。民国八年，测量生第三期毕业，派测安宁、禄丰、昆阳、玉溪等县正式图，并派员勘测大理北方以上编纂图。九年，由地形课一部赴川勘测滇军驻防区地图。[以上]为测量局数年测绘之成绩。民国十三年，第四期测量学生毕业入局服务，以本省腹地各县已勘测完毕，特将地形全体人员分派西南两防，合作编纂业务，于民国十四年将全省编纂完成，十五年整理历年编纂图务。

云南陆军测量局历任局长姓名时期表

职别	姓名	在任时期	职别	姓名	在任时期
局长	李钟本	民国元年	局长	李沛	民国四年至五年
局长	冯家骢	民国二至三年	局长	孙桂馨	民国六年至十一年
局长	徐进	民国三年	局长	李沛	民国十二年至二十年，现仍在职
附记：一、查昆明、呈贡、昆阳、晋宁、澄江、路南、宜良、嵩明、寻甸、安宁、富民、禄劝、武定、罗次、禄丰、元谋、盐兴、广通、牟定、盐丰、双柏、易门等二十二县之正式详细图，业经测就；二、云南全省十万分一编纂略图亦已测竣申明。					

六、陆军测量学校

云南光复后，就原设之测绘学堂改为测量学校，移校址于旧善后局内，继续教授第二期学生，裁去总办，并改监督为校长，改提调为学监，改班长为学长，直隶于都督府。至民国二年二月，毕业七十二人，均由测量局呈请委用，学校即行停办。护国军兴，测量人员多派随军服务，测量局班员甚感缺乏，呈准续办第三期，招收学生九十名，自费通学，讲义、实习等费亦由学生备缴。其教职人员概以测量局局长、课员、班长兼任，不另支薪。至八年七月毕业七十名，均入测量局服务，学校又暂停办。至民国十一年，复续招第四期学生四十名，仍照第三期办法办理。十三年六月毕业三十九名，亦由局留用。嗣于十五年五月至十七年八月教授第五期，毕业六十名，一并拨归公路总局服务，一切仍照第三期办理。至第六期已准恢复官费，教职员并各支兼差津贴，计收生八十名，于十九年十月毕业六十五名，拨归建设厅以公路职员委用。民国二十年五月续招官费生八十名、自费生二十名为第七期，现仅入校数月，两年后方毕业。

七、制革厂

云南光复后，于原设陆军制革厂厂组织及内部设施工作均无大变更。但随时督饬整理，渐加改良，以期出品各适其用。后改归建设厅管辖，将陆军二字删去，地址仍旧。

云南陆军制革厂历任厂长姓名时期表

职别	姓名	在任时期	职别	姓名	在任时期
厂长	李琪	民国四年	厂长	张含英	民国九年
厂长	秦光第	民国五年	厂长	孔繁耀	民国十年
厂长	韦绍贤	民国五年	厂长	黄文忠	民国十一年至十五年
厂长	黄希尚	民国六年至九年	厂长	马荃	民国十六年至十八年
附记：该厂从民国十九年起，改为制革厂，删去陆军二字，改隶建设厅，并改厂长为经理。					

八、军医局暨医院

云南光复后，将原设之军医局改隶于都督府之下，沿旧办理。局之下仍附属军医院，组织如前。局院所用人员皆为西医，设置最简。所有援川、援黔诸役伤病官兵，先后约千数人，均住院医疗。民国三年，于医院之下又创设废兵院，将因伤致废不能营生之废兵收院给养。民国四年，奉中央令，将军医局改为将军行署军医课。其军医院仍旧存留，但独立设置，直隶将军行署管辖。至护国军兴，分道出师，前线伤病官兵，源源送回后方收容治疗。仅就军医院一处颇觉狭隘，乃于医院附近各寺院及巫家坝营舍，临时组织后方医院，计先后收容治疗者数千人。其有不能治愈之官兵，又设伤病官兵休养所收容优待，仍隶属医院。至靖国军各役，由前方各路送回治疗之负伤官数亦不少。民国十六年，滇政改革，黔、川客军侵犯边地各县，省中出兵防卫，曲靖廖角山等役伤病官兵络绎送回者众。又就附近各寺院扩充后方分医院七八处，以伤病较剧者收入本院，余拨分院住疗。其时院舍年久失修，常有倾圮，院中原设人员无多，器械尤阙，骤增设分医院七八处，至感困难，省府乃派军医处长周晋熙兼任院长，极力整理。民国十七年军事结束后，由前方各医院增设之卫生队中，共选四十名送入医院，平日辅助看护勤务，并授以必需课程，以为战时扩充基础焉。附历任院长姓名表：

云南陆军医院历任院长姓名时期表

职别	姓名	时期	职别	姓名	时期
院长	胡道文	民国元年至四年	院长	周晋熙	民国十六年至十八年
院长	周汝为	民国四年至十年	院长	吴鸿格	民国十八年至二十年
院长	李珍	民国十一年至十四年	院长	何昌	民国二十年
院长	杨天杰	民国十四年至十六年			

云南陆军军医学校历任校长姓名时期表

职别	姓名	时期	职别	姓名	时期
校长	倪惟明	民国九年至十年	校长	周晋熙	民国二十年
校长	李珍	民国十一年至十三年			
附记：一、查民国九年至十三年办理一班，共毕业五十六名； 二、现因军医人材缺乏，于民国二十年又招一班，尚未毕业。					

云南全省历年募兵人数及地方负担费用

滇省自光复后，因援川、援黔、北伐，继以护国、靖国诸役历次出师，先后扩编之队伍甚多，所募之兵额不少；其戍守军队亦时有编遣、淘汰及期满退伍者，在在均需兵额补充，以故征募训练等事，时所恒有。特将各县属地方历年应募兵额、地方负担费用各数目及募兵官姓名，就有案可考者，分别列表于后。后之人阅各地方费用表，则曰某县腴，某县瘠，某县数多，某县数少；阅募兵官姓名表，则曰某也廉，某也黩，某也仁，某也暴。庶几以后征派，不至偏枯，而募兵官亦得有所劝惩，则斯表之作，不为徒列也。

云南全省各县历年募兵人数地方负担费用及募兵官姓名一览表

县名	富民县			罗次县			晋宁县		
项目 年份	募兵官	兵数（名）	地方负担费（元）	募兵官	兵数（名）	地方负担费（元）	募兵官	兵数（名）	地方负担费（元）
民国元年	徐时云	100	2,000	郎至诚、徐时云	150	4,750	杨	49	2,946
民国二年	都督府令募	100	3,000	都督府令募	140	无			
民国三年							郑森	70	4,900
民国四年				余汝清	80	4,000	张子麟、赵瀛洲	150	10,500
民国五年				张光宗	80	4,400	徐为光、万怀德	489	36,620
民国六年				陈汝畴	80	4,000	缪源清、洪怀玉	305	24,400
民国七年				李严江	150	9,000	周维海	300	27,000
民国八年				李春桂	80	4,800	杨永寿	100	9,000
民国九年	孙焕清、燕天祥	390	8,400				李世贤、肖洪贵	250	24,000
民国十年	周春芳	20	400	尹自厚	20	1,200	闵宗顺、施光明	153	16,230
民国十一年	张联辉、戚发、于瑞卿	397	14,420	刘嘉树	40	2,800	袁嘉宾、李少辉	450	52,200
民国十二年				曹吉祥	60	4,200	李琳、景士荣	234	31,960
民国十三年	唐继鳞、杨云章	180	12,100				杨嘉禄、王銮	300	43,950
民国十四年	张培金	10	2,000				黄月樵、张汝琛	70	11,200
民国十五年	陶家才	100	20,000	陶嘉才	100	20,000	王长春	100	16,600
民国十六年	刘正富	20	4,000	奉令募	60	12,000	郑廷标	30	5,100
民国十七年	军司令部令募	100	20,000	奉令募	80	24,000	许绍章	200	36,000
民国十八年				总指挥令募	100	35,000			
民国十九年	杨玉桂	7	2,100				刘长庚、杨玉桂	156	29,600
民国二十年	总指挥部令募	200	80,000	俞	100	40,000	计天佐	200	100,000
合计		1,757	168,420		1,320	170,150		4,606	482,200
注意：富民县地方负担合计数，原稿为现金42,420元，票洋128,100元。									

（续表）

县名	呈贡县			安宁县			禄丰县		
项目 年份	募兵官	兵数（名）	地方负担费（元）	募兵官	兵数（名）	地方负担费（元）	募兵官	兵数（名）	地方负担费（元）
民国元年	华封歌、王均	600余	无				郎道之	150	1,800
民国二年	郭仲玉	300余	无						
民国三年									
民国四年							潘宝寿	231	4,600
民国五年							段廷佐、张学孔	350	8,700
民国六年							邹委员	100	3,500
民国七年							杨世英	500	15,000
民国八年									
民国九年							陈炳清	60	1,900
民国十年							周景增	150	6,000
民国十一年	张述祖	400余	无						
民国十二年							吴联荣、周鹤龄	280	13,400
民国十三年							杨正清	100	7,000
民国十四年							武怜	220	18,000
民国十五年									
民国十六年									
民国十七年							包候卿	100	15,000
民国十八年							布秉武、王朝杰	230	26,000
民国十九年	刘征	100	42,000		25	5,000			
民国二十年	张元武	220	177,000		230	92,000	余建勋	200	100,000
合计		1,620余	219,000		255	97,000		2,671	220,900

（续表）

县名	昆阳县			易门县			嵩明县		
项目 年份	募兵官	兵数（名）	地方负担费（元）	募兵官	兵数（名）	地方负担费（元）	募兵官	兵数（名）	地方负担费（元）
民国元年	李鸿洋、周发春	354	35,400						
民国二年							董霖	90	2,700
民国三年				步七团	68	9,520	赵其庆、潘毓英	78	2,100
民国四年							魏嘉谟、岳文	610	21,000
民国五年				朱本恕、张受恩	290	43,500	杨光龙、汪玉龙	300	16,300
民国六年				邓泰中	150	25,500	林贵清、苏钟林	690	44,400
民国七年				赵仲瑛、张汝霖	383	73,140			
民国八年				蒋德懋	100	24,000			
民国九年		2,530	253,000	张文英、杨膏泽	150	37,500			
民国十年	杨蓁、陈锡之	200	22,000	唐兆福、杨蓁	150	40,500			
民国十一年	王洁修、毛庭章	486	78,380	吴学宽	60	18,000	杨钦、周志仁	460	67,100
民国十二年	白正洸、张思涌	266	46,880	赵学章、万保庶	165	52,800	令募	200	16,900
民国十三年	王銮、徐保清	170	31,600	柳俊冶	100	33,000			
民国十四年	唐继虞	120	21,600	王本珍	70	23,800			
民国十五年	王长春、高荫槐	80	14,600	耿焜	117	27,770			
民国十六年	赵伯稀	170	30,600	赵文荣	100	20,070			
民国十七年	葛麟显、刘玉清	270	101,000	张宝书、李树忠	211	50,400	徐增荣	200	51,500
民国十八年				严家训、王肇三	100	27,000	刘邦林、鄢从周	280	80,300
民国十九年	省政府令募	240	120,000						
民国二十年				刘福宽	200	160,000	杨钟灵	200	70,000
合计		4,966	754,980		2,414	673,430		3,008	322,300

注：昆阳县地方负担费合计数，原稿为现金 532,630 元，票洋 221,000 元。

（续表）

县名	凤仪县			祥云县			邓川县		
项目 年份	募兵官	兵数（名）	地方负担费（元）	募兵官	兵数（名）	地方负担费（元）	募兵官	兵数（名）	地方负担费（元）
民国元年				王烈	300	9,000	丁恩远	200	无
民国二年								60	360
民国三年								60	720
民国四年									
民国五年				刘复元	89	7,120		60	800
民国六年				张谟、李炳甄	417	32,040		200	12,000
民国七年									
民国八年									
民国九年									
民国十年				丁怀瑜	35	2,100			
民国十一年				刘兴汉	50	1,500			
民国十二年	省长令募	40	2,400	杨克强	238	18,040		120	14,400
民国十三年	联帅令募	100	13,000						
民国十四年	李秉阳	25	4,000						
民国十五年							王恩义	120	54,000
民国十六年	胡本智	210	64,000	欧阳好谦	87	△ 13,050	唐振东、刘霁云	250	27,200
民国十七年				张玉良	40	△ 8,000		80	※16,000
民国十八年	省政府令募	250	50,000	和益	273	△ 54,600	杨琇	150	※30,000
民国十九年								10	□ 2,000
民国二十年									
合计		625	133,400		1,520	145,450		1,310	157,480

注：1、地方负担费合计数中原稿祥云县为现金 69,800 元，镍洋 75,650 元。邓川县为票洋 484,900 元。

2、△为镍洋，※ 为广洋，□为票洋，以下同。

（续表）

县名	洱源县			云龙县			阿迷县		
项目 年份	募兵官	兵数（名）	地方负担费（元）	募兵官	兵数（名）	地方负担费（元）	募兵官	兵数（名）	地方负担费（元）
民国元年	丁恩远	100	无						
民国二年									
民国三年	魏丕承	100	5,000						
民国四年	张天乙	80	4,000						
民国五年	段耀鹏	80	6,000						
民国六年					100	无			
民国七年	张天乙	60	6,000	曹蒲	100	无			
民国八年	黄润六	60	6,000						
民国九年				李菘	100	无			
民国十年									
民国十一年					60	无			
民国十二年	李友松	140	13,200	李骁	110	无			
民国十三年					100	无			
民国十四年	赵鹤鸣	100	12,000		50	无			
民国十五年									
民国十六年	王铭	106	7,920					40	
民国十七年	杨济云	20	2,400		20	2,400		100	
民国十八年		270	43,000	韩裕光、杨汝昌	150	19,500			
民国十九年				赵士超、魏泽民	355	46,150			
民国二十年									
合计		1,116	105,520		1,145	68,050		140	

（续表）

县名	路南县			黎县			通海县		
项目 年份	募兵官	兵数（名）	地方负担费（元）	募兵官	兵数（名）	地方负担费（元）	募兵官	兵数（名）	地方负担费（元）
民国元年									
民国二年									
民国三年									
民国四年									
民国五年	刘恩滨	800							
民国六年							潘家珍	200	20,000
民国七年									
民国八年									
民国九年									
民国十年									
民国十一年	杨俊朝	300							
民国十二年	张钟	337							
民国十三年	李长清	380		令募	150	4,000			
民国十四年	申英	330		普国定	40	4,000			
民国十五年	李凤昌	190		省长令募	40	4,800			
民国十六年	黄履义	145						20	
民国十七年	总部令募	150							
民国十八年	魏原康	90		总部令募	100	15,000			
民国十九年	尹华国、徐子英	220			100	4,000	龙霖	100	30,000
民国二十年	陈子清	240							
合计		3,160			430	31,800		320	50,000

（续表）

县名	河西县			保山县			永平县		
项目 年份	募兵官	兵数（名）	地方负担费（元）	募兵官	兵数（名）	地方负担费（元）	募兵官	兵数（名）	地方负担费（元）
民国元年					22				
民国二年							包健顺	100	6000
民国三年					117				
民国四年									
民国五年	李云科	300	9,000						
民国六年	潘营长	300	15,000		600	30,000			
民国七年		100	4,000	王仁	450	22,500			
民国八年	吴光俭	80	3,200	余炳	430	21,500			
民国九年	谭宗曦	85	4,250		79	4,740			
民国十年	邱大经	100	5,000		50	3,000			
民国十一年					200	12,000	陈传经	80	640
民国十二年	李凤翥	130	5,200	孔炽	270	13,500			
民国十三年		85	11,900		150	12,500			
民国十四年		50	8,000		290	20,000			
民国十五年		40	5,200	陈维庚	200	16,000			
民国十六年					250	20,000			
民国十七年					350	10,000	布浩然	100	10,000
民国十八年					640	36,450	王武	80	8,000
民国十九年		100	40,000		26	520			
民国二十年	张家俊	150	90,000		10	700			
合计		1,520	200,750		4,134	240,310		360	34.000

（续表）

县名	龙陵县			文山县			马关县		
项目/年份	募兵官	兵数（名）	地方负担费（元）	募兵官	兵数（名）	地方负担费（元）	募兵官	兵数（名）	地方负担费（元）
民国元年									
民国二年		120	13,000						
民国三年	王天民	250	28,000	甘建业	756				
民国四年									
民国五年	倪端	150	17,000					60	3,600
民国六年	郭自钦	600	63,000				高土伦	100	6,000
民国七年	余炳	200	22,000				彭光荣	110	6,000
民国八年							李祖植	100	5,000
民国九年							常心一	80	
民国十年				刘正伦	100				
民国十一年	杨华	80	9,000						
民国十二年		40	5,000	孔宪康	275				
民国十三年									
民国十四年				张毕才	368				
民国十五年				周果	40				
民国十六年								100	20,000
民国十七年									
民国十八年							王泽溥	160	64,000
民国十九年									
民国二十年								60	60,000
合计		1,440	157,000		1,539	30,000余		770	164,600

（续表）

县名	昭通县			永善县			大关县		
项目 年份	募兵官	兵数（名）	地方负担费（元）	募兵官	兵数（名）	地方负担费（元）	募兵官	兵数（名）	地方负担费（元）
民国元年									
民国二年									
民国三年									
民国四年									
民国五年									
民国六年									
民国七年									
民国八年					150	6,000			
民国九年									
民国十年									
民国十一年									
民国十二年	安德化	300							
民国十三年									
民国十四年									
民国十五年	李鼎抡	40					孟孝生	40	
民国十六年	舒业顺	230					陈兴知	60	
民国十七年	谭其筤	100			30		邹世俊	230	
民国十八年							陈中孚	100	
民国十九年	龙汉斗	100			100	10,000			
民国二十年					30	4,000			
合计		770			310	20,000		430	

（续表）

县名 / 项目 / 年份	鲁甸县			蒙化县			泸西县		
	募兵官	兵数（名）	地方负担费（元）	募兵官	兵数（名）	地方负担费（元）	募兵官	兵数（名）	地方负担费（元）
民国元年	马一	200							
民国二年									
民国三年									
民国四年	何兴汉	100							
民国五年									
民国六年				李炳甄、陈礼秩	580	29,000	李开经	200	600
民国七年	段恩高	400		施怀馨	300	18,000	余炳	160	7,400
民国八年		100							
民国九年								300	18,000
民国十年				周澍	235	18,800			
民国十一年	朱士贵	100		陈鸿渐	110	8,800	吴光荧	100	7,000
民国十二年				王葆初	90	7,200		40	2,800
民国十三年				王增敬	150	15,000		150	10,500
民国十四年				姚襄虞	170	17,000		700	56,000
民国十五年		100						40	3,200
民国十六年	张汝骥	200			100	11,000			
民国十七年				李永清	120	13,200	魏春林	250	22,500
民国十八年				曾朝瑞	400	48,000	耿光明	100	9,000
民国十九年	龙汉斗	100							
民国二十年							陆委员	200	20,000
合计		1,300			2,255	186,000		1,995	157,000

（续表）

县名 / 项目 / 年份	丘北县			武定县			元谋县		
	募兵官	兵数（名）	地方负担费（元）	募兵官	兵数（名）	地方负担费（元）	募兵官	兵数（名）	地方负担费（元）
民国元年				朱光宗	893	9,930		100	
民国二年				张世芳	200	3,092		60	
民国三年				鲁琼	133	3,995			
民国四年				周勉	165	5,920			
民国五年				张荣昌	490	26,525	赖荫长	260	
民国六年				蒋德茂	450	38,700			
民国七年					100	12,000			
民国八年				区忠诚	160	21,200			
民国九年				保汝明	260	20,200	张质	150	9,000
民国十年				何吉安	190	24,300			
民国十一年				张少卿	70	15,600	龚子玉	120	8,400
民国十二年				罗朝洪	503	71,880	李得龙	200	16,000
民国十三年				杨正清	150	25,500			
民国十四年									
民国十五年				陶嘉才	140	20,800			
民国十六年				袁存恩	100	25,000		350	
民国十七年							吴炳昌	460	
民国十八年	刘正伦	100	18,000	胡玉廷	160	21,500	陈璧光	60	12,000
民国十九年	龙翔	50	9,000				吴炳昌	300	
民国二十年	杨仲武	250	137,000	刘玙光	250	125,000	陈宝祥	220	票洋 77,000
合计		400	164,000		4,397	510,520		2,500	122,400

注：元谋县地方负担费合计数原稿为银洋 33,400 元，票洋 89,000 元

（续表）

县名	禄劝县			新平县			盐兴县		
项目 年份	募兵官	兵数（名）	地方负担费（元）	募兵官	兵数（名）	地方负担费（元）	募兵官	兵数（名）	地方负担费（元）
民国元年									
民国二年	顾嘉荣	100						40	
民国三年	赵自显	100							
民国四年									
民国五年		200					何沅	150	
民国六年	习自强	300		普朝选	100	3,000			
民国七年	缪熙林	80		施天骥	200	6,000	赵逢源	120	
民国八年	何桂森	80							
民国九年		80	1,600						
民国十年	宋朝修	60	1,200	李骁	100	4,000			
民国十一年	安建勋	180	5,400						
民国十二年	罗朝洪	200	6,000				严中蕃	95	
民国十三年	李文华	140	2,000						
民国十四年							罗汉云	82	
民国十五年		60			90	5,000		30	
民国十六年	杨正春	600	18,000						
民国十七年	刘琰	1,560	81,000		100		武鼎元	82	
民国十八年	龙翔	20	2,400		100	8,000		44	
民国十九年									
民国二十年	陶梁材	200	30,000				辛朝显	137	
合计		3,960	147,600		690	25,000		780	

（续表）

县名 / 项目 / 年份	盐丰县			永仁县			平彝县		
	募兵官	兵数（名）	地方负担费（元）	募兵官	兵数（名）	地方负担费（元）	募兵官	兵数（名）	地方负担费（元）
民国元年							张金科	200	
民国二年							芝良材	100	
民国三年				张中尉	250	3,000	陈盛烈	240	
民国四年							晋体仁	200	
民国五年	施光廷	200	6,000	叶少校	150	5,000	张智得	500	
民国六年				李副官	80	4,000	李永鑫	300	10,000
民国七年	赵智甲	180	10,800	陈上尉	100	6,000	许文耀	350	15,000
民国八年							樊联圃	250	8,000
民国九年	杨复光	50	3,000	段光中	360	18,000		250	8,000
民国十年	王玉骎	100	6,000	赖中校	320	17,000	樊联圃	200	7,000
民国十一年		40	4,000	姚玉清	200	16,000	李云梯	300	10,000
民国十二年							金玉清	300	10,000
民国十三年		100	10,000		360	19,000	杨树礼	400	10,000
民国十四年	李集庆	50	5,000				曹仰乔	100	5,000
民国十五年				王中校	200	14,000	杨应和	250	10,000
民国十六年							秦绍年	100	4,000
民国十七年	马委员	120	镍洋12,000	陈上尉	220	16,000	李祺	130	6,000
民国十八年	严家训	50	镍洋5,000				谢振邦	220	11,000
民国十九年		60	镍洋6,000				胡嘉武	560	20,000
民国二十年	杨映奎	100	镍洋20,000	赖汝和	200	60,000		40	3,000
合计		1,050	87,800		2,440	178,000		5,410	137,000

注：盐丰县地方负担费合计数原稿为44,800元，镍洋43,000元。

（续表）

县名	绥江县			彝良县			峨山县		
项目 年份	募兵官	兵数 （名）	地方 负担费 （元）	募兵官	兵数 （名）	地方 负担费 （元）	募兵官	兵数 （名）	地方 负担费 （元）
民国元年									
民国二年								57	
民国三年									
民国四年							徐为光	100	5,000
民国五年									
民国六年							赵钿	105	3,150
民国七年								100	3,500
民国八年							吴克俭	58	2,030
民国九年							杜宗瑄	42	
民国十年					280	22,400			
民国十一年							罗云	75	3,000
民国十二年		400			478	43,000	奎连珠	100	
民国十三年		80			40	3,200		503	5,000
民国十四年		90			100	10,000			
民国十五年		200						40	
民国十六年					100	20,000		200	
民国十七年							李中华	180	
民国十八年					100	25,000			
民国十九年		40			248	70,000			
民国二十年		5			145	43,500	张桓	131	18,340
合计		815			1,601	237,100		1,691	40,020

（续表）

县名	曲溪县			个旧县			宁洱县		
项目 年份	募兵官	兵数（名）	地方负担费（元）	募兵官	兵数（名）	地方负担费（元）	募兵官	兵数（名）	地方负担费（元）
民国元年									
民国二年							徐振海	250	
民国三年									
民国四年									
民国五年									
民国六年									
民国七年							萧荣昌	200	
民国八年									
民国九年							刘均	100	
民国十年									
民国十一年									
民国十二年				洪光明	135	1,235			
民国十三年				李金声	213	2,300	刘仲书	125	
民国十四年									
民国十五年	周兴烈	60							
民国十六年									
民国十七年									
民国十八年				窦宗鲁	60	1,000			
民国十九年	赵源清	450							
民国二十年									
合计		510			408	4,535		675	

（续表）

县名	镇沅县			华坪县			江城县		
项目/年份	募兵官	兵数（名）	地方负担费（元）	募兵官	兵数（名）	地方负担费（元）	募兵官	兵数（名）	地方负担费（元）
民国元年									
民国二年									
民国三年									
民国四年									
民国五年	黄毓成	110							
民国六年	谢委员	60	5,000		40	800			
民国七年	王天常	50	7,500		30	600		26	
民国八年				伍呈瑞	500	10,000			
民国九年					100		余炳	50	
民国十年	邹占标	40	6,000						
民国十一年									
民国十二年					40	2,000		40	
民国十三年	陈和卿	60	9,000		200	12,000			
民国十四年					50	3,000			
民国十五年	陈队官	100	3,000		40	2,400		30	
民国十六年	叶龙骧	40	6,000		200			35	
民国十七年					40	2,400			
民国十八年	段纯	40	6,000						
民国十九年									
民国二十年									
合计		500	42,500		1,240	30,200		171	

（续表）

县名	宾川县			腾冲县			元江县		
项目 年份	募兵官	兵数（名）	地方负担费（元）	募兵官	兵数（名）	地方负担费（元）	募兵官	兵数（名）	地方负担费（元）
民国元年	曲协统	70		施继伯	500				
民国二年									
民国三年				段廷佐	250	12,500			
民国四年							郑孝先	200	
民国五年	曾汉章	110	5,500	李鸿翔	90	2,000		250	
民国六年	刘发良	300	21,000	郭自钦	377	19,350			
民国七年	杜方陵	200	14,000	路济光	325	13,500	何莀臣	100	
民国八年				张定甲	133	7,380			
民国九年	曾述孔	40	2,400					150	
民国十年									
民国十一年				王子明	70	4,900			
民国十二年		50	2,800	旦志镂	60	4,000			
民国十三年		150	10,050	刘正伦	200	16,000		90	
民国十四年	李秉阳	60	4,800						
民国十五年		40	3,600	史华	50	2,500		260	
民国十六年	杨锦	350	镍洋70,000	曾家伟	150	12,000		60	
民国十七年	赵光璧	40	镍洋8,000					100	
民国十八年	杨铭	100	镍洋25,000	旦志镂	170	23,100		108	
民国十九年		25	镍洋7,500					100	
民国二十年									
合计		1,535	175,650		2,375	117,330		1418	

注：宾川县地方负担费合计数原稿为现金 64,150 元，镍洋 111,500 元。

（续表）

县名 / 项目 / 年份	中甸县			丽江县			鹤庆县		
	募兵官	兵数（名）	地方负担费（元）	募兵官	兵数（名）	地方负担费（元）	募兵官	兵数（名）	地方负担费（元）
民国元年				刁自强	155	10,000			
民国二年				马遇春	200	12,000			
民国三年				李达夫	350	20,000	萧继运	250	25,000
民国四年				赵德祜	300	20,000	王庶徵	737	95,440
民国五年				和朝选	3,120	197,000	李先枢	480	62,400
民国六年					160	11,400	沈汝楫	120	15,600
民国七年		50		赵仲英	310	28,000	董廷英	13	1,950
民国八年					50	4,500	雷振东	100	16,000
民国九年				木振华	120	11,800	杨兆祥	50	7,500
民国十年									
民国十一年				杨益寿	240	30,000	李镜芳	100	16,000
民国十二年				和国光	200	28,000	徐连捷	70	9,400
民国十三年		40	2,000	王殿臣	150	20,000			
民国十四年				杨盛	710	100,000	张崇仁	270	39,400
民国十五年				罗委员	300	39,000			
民国十六年				唐振东	800	130,000			
民国十七年				张统宇	200	34,000			
民国十八年				高振鸿	400	68,000	叶恩培	370	61,400
民国十九年				李委员	100	18,000	李柱清	100	17,000
民国二十年		15	900						
合计		105	2,900		7,865	30余万元		2,914	397,990

（续表）

县名	剑川县			兰坪县			墨江县		
项目／年份	募兵官	兵数（名）	地方负担费（元）	募兵官	兵数（名）	地方负担费（元）	募兵官	兵数（名）	地方负担费（元）
民国元年									
民国二年									
民国三年	赵金宝	200	10,000	和朝选	80	7,200			
民国四年									
民国五年									
民国六年									
民国七年	赵仲瑛	250	15,000	张正清	120	14,440			
民国八年									
民国九年									
民国十年				冶在铸	50	6,000			
民国十一年							陈启周	18	
民国十二年	杨益寿	140	8,000				李顺祺	40	
民国十三年		150	19,500		100	8,000			
民国十四年					40	5,000			
民国十五年									
民国十六年	梁倜	270	30,000	赵绍臣	353	50,800		64	
民国十七年				卜永祚	100	13,000	陈光祖	20	
民国十八年	聂志培	350	70,000		100	18,000			
民国十九年	王承华	115	25,000						
民国二十年					30	6,000			
合计		1,475	177,500		973	128,440		142	

（续表）

县名	蒙自县			楚雄县			牟定县		
项目 年份	募兵官	兵数（名）	地方负担费（元）	募兵官	兵数（名）	地方负担费（元）	募兵官	兵数（名）	地方负担费（元）
民国元年									
民国二年									
民国三年									
民国四年									
民国五年		240	24,000				郭国勋	100	2,000
民国六年								100	4,000
民国七年	孙国柱	40	6,000						
民国八年		30	6,000						
民国九年									
民国十年				蔡登选	60	12,000	赵燧生	100	4,000
民国十一年				张昭鉴	45	9,000	金汉鼎	70	3,500
民国十二年				令募	188	37,600			
民国十三年		150	30,000		107	21,400			
民国十四年									
民国十五年									
民国十六年							卜以敬、钱莲	320	19,200
民国十七年		100	30,000	省府令募	83	16,600	杜联珠	20	6,000
民国十八年				布秉武	100	20,000	宗斐然	100	30,000
民国十九年							苏缙	162	56,600
民国二十年				陈树华	200	100,000	马钧	100	45,000
合计		560	96,000		783	216,600		1,072	137,600

（续表）

县名	姚安县			江川县			玉溪县		
项目 年份	募兵官	兵数（名）	地方负担费（元）	募兵官	兵数（名）	地方负担费（元）	募兵官	兵数（名）	地方负担费（元）
民国元年	徐时云	34					秦亮廷	50	无
民国二年							唐槐元	140	7,600
民国三年	吴运才	160	1,600				郭应瑞	60	4,200
民国四年									
民国五年	刘绍邦	360	7,200				潘家珍	80	5,600
民国六年	夏育桂	229	6,870				李开鸿	120	8,400
民国七年	江有忠	530	18,550						
民国八年							萧万德	100	7,000
民国九年	张文英	100	4,000				余炳	110	8,800
民国十年	吴从德	45	2,250				曾应芳	40	3,200
民国十一年		140	8,400				李正国	26	2,080
民国十二年							罗委员	160	12,800
民国十三年		150	镍洋10,500				陈纬	190	15,200
民国十四年									
民国十五年				王长春	100	6,100		40	3,200
民国十六年					20	1,800	尹廷芳	40	3,200
民国十七年		100	镍洋12,000					50	4,000
民国十八年	布秉武	158	镍洋22,700	马光耀	107	8,995	马委员	140	42,000
民国十九年									
民国二十年	蒋义乐	200	镍洋36,000	刘昭云	220	22,000	胡兴汝	240	96,000
合计		2,250	130,070		447	38,895		1,586	223,280

注：姚安县地方负担费合计数原稿为银48,870元，镍洋81,200元

（续表）

县名	广南县			顺宁县			沾益县		
项目/年份	募兵官	兵数（名）	地方负担费（元）	募兵官	兵数（名）	地方负担费（元）	募兵官	兵数（名）	地方负担费（元）
民国元年									
民国二年							刘兴邦	200	4,000
民国三年				胡连生	200		段委员	200	6,000
民国四年				宗廷泽	250				
民国五年				袁佩臣	300				
民国六年	杜希陵	300		李绳武	300		朱庆琨	50	1,500
民国七年	严锐	300					曹法高	170	3,400
民国八年							杨朝富	150	4,500
民国九年							施以怀	150	6,000
民国十年	杜龄昌	200							
民国十一年				任干材	250		孙新春、何竹青	302	16,120
民国十二年							胡家武	127	7,890
民国十三年	令募	340	17,000				王金雄	308	21,560
民国十四年							管绍英	50	3,000
民国十五年				涂友明	250				
民国十六年	侬勺一	100		王灿	150		孙绍樑	20	1,600
民国十七年				薛雄飞	150		西县长	100	8,000
民国十八年				任干材	200				
民国十九年	杨运新	200		李华	200				
民国二十年							邱营长	150	15,000
合计		1,440	17,000		2,250	无		1,977	98,570

（续表）

县名	陆良县			马龙县			罗平县		
项目 年份	募兵官	兵数（名）	地方负担费（元）	募兵官	兵数（名）	地方负担费（元）	募兵官	兵数（名）	地方负担费（元）
民国元年				武永福	78				
民国二年				郭茂林	320	2,000			
民国三年		70	2,800						
民国四年									
民国五年	孙光烈	300	15,000				张耀宗	800	
民国六年	缪源清	80	4,000	孟绍尧	100	3,000		400	
民国七年	邓埙堪	200	10,000	刘汉邦	80	3,000	邓壛	202	
民国八年	杨世英	60	3,000	何天昌	100	4,000			
民国九年	施怀馨	250	12,500	范中和	50	2,000	徐聘琨	200	
民国十年	邓玉源	100	6,000	刘茂修	105	7,000			
民国十一年	殷承瓛	180	10,800		100	5,000			
民国十二年	张增	54	3,240						
民国十三年	蒋发	126	7,560		60	3,000			
民国十四年		242	12,100		90	10,000			
民国十五年	韩多福	120	7,200		10	5,000			
民国十六年					100	30,000			
民国十七年	王肇谋	100	6,000		30	9,000	王德富	100	
民国十八年		60	4,200	魏瑛	80	24,000	傅盛明	100	
民国十九年				余尚武	100	30,000			
民国二十年	熊汝舟	186	12,600	刘光彩	70	26,000	赵渭湘	160	
合计		2,158	120,660		1,295	163,500		1,962	

（续表）

县名	寻甸县			宜威县			景东县		
项目 年份	募兵官	兵数（名）	地方负担费（元）	募兵官	兵数（名）	地方负担费（元）	募兵官	兵数（名）	地方负担费（元）
民国元年				刘兴邦	400				
民国二年					50	1,500			
民国三年					50	1,500			
民国四年				徐建业	130	3,900			
民国五年	虞棠	400	12,000	万人敌	2,000	100,000	段世璠	160	8,000
民国六年	何文麟	80	2,400	李源	1,080	54,000			
民国七年	杨兆琦	200	7,000	张朝宾	350	17,500			
民国八年	但永鑫	200	7,000	洪朝樑	500	25,000			
民国九年	唐显廷	150	6,000	严绍贤	350	17,500		50	3,000
民国十年	赵茂之	70	2,800	范石生	500	25,000			
民国十一年	保家祥	100	4,000						
民国十二年		200	9,000	左荣昌	300	18,000	李正鸿	110	11,000
民国十三年	韩多福	60	3,000	严世宽	550	33,000		200	20,000
民国十四年	伍正玉	100	5,000	李克家	500	30,000			
民国十五年	石性坚	240	14,400	李国宾	500	30,000			
民国十六年		223	14,000	刘正富	400	32,000		120	20,000
民国十七年		100	15,000	谢振邦	50	4,000		120	20,000
民国十八年	王谦	450	92,000	杨耀清	50	4,000			
民国十九年	严家训	40	8,000		200	16,000			
民国二十年	鄢从周	200	140,000						
合计		2,813	341,600		8,260	412,900		760	82,000

（续表）

县名	永北县			双柏县			云县		
项目 年份	募兵官	兵数（名）	地方负担费（元）	募兵官	兵数（名）	地方负担费（元）	募兵官	兵数（名）	地方负担费（元）
民国元年					150	1,200			
民国二年									
民国三年									
民国四年				苏有陆	100	1,500			
民国五年							叶师长	500	15,000
民国六年		120	6,000					1,009	10,180
民国七年					140	3,000		400	16,000
民国八年					160	8,000		100	5,000
民国九年	李子材	200	12,000		200	16,000			
民国十年									
民国十一年		160	11,200	杨钟伟	80	8,000		30	600
民国十二年		160	12,800	尹中立	140	14,000	胡处长	540	27,000
民国十三年					100	12,000		21	1,400
民国十四年					80	9,600		50	2,500
民国十五年	罗树昌	300	30,000	余炳	100	12,000		75	3,750
民国十六年							杨体仁	200	10,000
民国十七年					300	30,000		40	3,200
民国十八年	张汝骥	700	126,000	史华	160	19,200		350	32,000
民国十九年							李队长	40	4,000
民国二十年				陈树华	200	32,000			
合计		1,640	200,000		1,760	166,500		3,362	110,630

（续表）

县名	镇雄县			漾濞县			弥渡县		
项目 年份	募兵官	兵数（名）	地方负担费（元）	募兵官	兵数（名）	地方负担费（元）	募兵官	兵数（名）	地方负担费（元）
民国元年									
民国二年									
民国三年									
民国四年									
民国五年							马章	412	20,600
民国六年	王占元、张茂松	640	7,400				陈礼秩	299	15,000
民国七年	林桂清	100					顾品祥	200	12,000
民国八年									
民国九年							陈桂	70	4,000
民国十年							张希贤	30	1,500
民国十一年	吴正安	120	3,200						
民国十二年	成章	240	1,200					150	9,000
民国十三年	姚煌	500	3,330					100	5,000
民国十四年							周怀德	25	1,500
民国十五年	曹仰乔	250	8,100				徐绍祖	40	2,000
民国十六年	陈瀚章	40	1,050	赵熹	90	18,000		150	镍洋30,000
民国十七年	魏明轩	100	3,330	赵光璧	20	5,000			
民国十八年				阮明光	100	30,000	李尚鸣	150	镍洋30,000
民国十九年	龙汉斗	64	2,510					20	镍洋4,000
民国二十年									
合计		1,564	48,770		210	53,000		1,654	132,000

注：弥渡县地方负担费合计数原稿为现金68,000元，镍洋64,000元。

（续表）

县名	洱源县			盐津县			西畴县		
项目 年份	募兵官	兵数（名）	地方负担费（元）	募兵官	兵数（名）	地方负担费（元）	募兵官	兵数（名）	地方负担费（元）
民国元年	丁恩远	100							
民国二年									
民国三年	魏丕承	100	5,000						
民国四年									
民国五年	段耀鹏	80	6,000						
民国六年	张天乙	80	6,000						
民国七年									
民国八年									
民国九年	张天乙	60	6,000	蒋光亮	100	2,000			
民国十年	黄润六	60	6,000						
民国十一年				吴协和	50	1,000			
民国十二年	李友松	140	13,200	吴协和	80	2,000			
民国十三年								40	1,000
民国十四年	赵鹤鸣	100	12,000					85	8,500
民国十五年									
民国十六年	王铭	106	6,920		60	1,800			
民国十七年	杨济云	20	2,400						
民国十八年		270	33,000						
民国十九年								90	9,000
民国二十年									
合计		1,016	96,520		290	6,800		215	18,500

（续表）

县名	佛海县			六顺县			泸水设治局		
项目 年份	募兵官	兵数（名）	地方负担费（元）	募兵官	兵数（名）	地方负担费（元）	募兵官	兵数（名）	地方负担费（元）
民国元年									
民国二年									
民国三年								100	
民国四年									
民国五年									
民国六年									
民国七年								100	
民国八年									
民国九年								100	
民国十年									
民国十一年									
民国十二年								120	
民国十三年									
民国十四年									
民国十五年				王致诚	80	6,400			
民国十六年								50	
民国十七年									
民国十八年									
民国十九年		14	1,400						
民国二十年									
合计		14	1,400		80	6,400		470	

（续表）

县名	梁河设治局			盏达设治局			干崖设治局		
项目 年份	募兵官	兵数（名）	地方负担费（元）	募兵官	兵数（名）	地方负担费（元）	募兵官	兵数（名）	地方负担费（元）
民国元年	施继伯	62							
民国二年									
民国三年	段廷佐	31	550						
民国四年									
民国五年	李鸿祥	5	250						
民国六年	郭自钦	47	2,400	郭佩三	50	5,000	郭佩三	18	900
民国七年	路济光	39	1,620	由云龙	25	2,500			
民国八年	毛司务长	11	660	李秉阳	50	5,000			
民国九年									
民国十年									
民国十一年	王子明	9	630						
民国十二年	旦志麟	5	350						
民国十三年	刘正伦	25	2,000	李秉阳	10	1,000			
民国十四年									
民国十五年	史华	6	300						
民国十六年	曾家伟	20	1,600						
民国十七年									
民国十八年	旦志麟	21	2,850						
民国十九年									
民国二十年									
合计		281	13,210		135	13,500		18	900

（续表）

县名	麻栗坡对汛区								
项目 年份	募兵官	兵数（名）	地方负担费（元）	募兵官	兵数（名）	地方负担费（元）	募兵官	兵数（名）	地方负担费（元）
民国元年									
民国二年									
民国三年									
民国四年									
民国五年									
民国六年									
民国七年									
民国八年	唐级三	50	6,000						
民国九年		60	9,000						
民国十年									
民国十一年		100	15,000						
民国十二年									
民国十三年									
民国十四年									
民国十五年									
民国十六年									
民国十七年									
民国十八年	刘队长	50	10,000						
民国十九年									
民国二十年									
合计		260	40,000						

附记：

1. 本表所列各项系根据征集所得资料填列。

2. 本表所列各县份系就有案可稽者填列，其余无案可考，征集资料不易者均无从列入。

3. 本表所列各县份民国元年共征募兵额 5,017 名。

4. 本表所列各县份民国二年共征募兵额 2,627 名。

5. 本表所列各县份民国三年共征募兵额 4,323 名。

6. 本表所列各县份民国四年共征募兵额 3,433 名。

7. 本表所列各县份民国五年共征募兵额 14,895 名。

8. 本表所列各县份民国六年共征募兵额 12,116 名。

9. 本表所列各县份民国七年共征募兵额 9,193 名。

10. 本表所列各县份民国八年共征募兵额 4,042 名。

11. 本表所列各县份民国九年共征募兵额 8,026 名。

12. 本表所列各县份民国十年共征募兵额 3,863 名。

13. 本表所列各县份民国十一年共征募兵额 6,148 名。

14. 本表所列各县份民国十二年共征募兵额 9,500 名。

15. 本表所列各县份民国十三年共征募兵额 8,403 名。

16. 本表所列各县份民国十四年共征募兵额 5,297 名。

17. 本表所列各县份民国十五年共征募兵额 5,458 名。

18. 本表所列各县份民国十六年共征募兵额 8,239 名。

19. 本表所列各县份民国十七年共征募兵额 7,766 名。

20. 本表所列各县份民国十八年共征募兵额 9,291 名。

21. 本表所列各县份民国十九年共征募兵额 5,017 名。

22. 本表所列各县份民国二十年共征募兵额 5,883 名。

23. 本表所列各县份自民国元年起至二十年止共征募兵额 138,537 名。

24. 本表所列各县份自民国元年起至二十年止，地方负担募兵费现金、镍币、纸币共计 11,331,200 元。

25. 本表所列募兵数以民国五、六两年护、靖各役为最多。

26. 本表所列各县地方负担费，每募兵一名，其标准数最低额为现金 30 元，最高额为纸币 1,000 元。

27. 本表所列各县地方负担费在民国十七年以前概系现金计算。

28. 本表所列黎县现已更名华宁，阿迷现已更名开远，永北现已更名永胜，盏达设治局现已更名莲山设治局，干崖设治局现已更名盈江设治局，特此注明。

滇自光复以后，外因国家多故，历次兴师，一经动员，则军队之调遣开拔，络绎载道；且以界连英法，国防重要，防边固圉之戍守军队，每遇换防接替，亦须开往拔来；加以各县匪氛不靖，团防未能扑灭者，必须派兵剿办，然此击彼窜，兵去匪来。凡此种种，军队为职责所在，虽不辞奔命之劳，而经过地方，对于给养供应，不免加重负担。兹将各县地方先后负担供应数目，就其可考者表列如下：

云南全省各县历年供应军队粮秣马匹开支

昆明县：自民国十六年至二十年共派出军马三千九百余十匹，粮秣数百石。

富民县："六·一四"孟军退驻县城，供给粮二百一十六石，票洋二万六千三百元，料豆、柴草合洋一千八百元。

十七年供给教导二团粮秣合洋五千九百四十九元。

独立四旅粮秣合洋五千五百三十八元四角五仙，军马九百匹。

十八年运交军需局米五十五石三斗。

运交兵站部米九千七百三十五斤，又一万六千七百零九斤。

运送安宁县政府米四百四十斤。

卫士队粮三石三斗八升五合，料豆一斗，柴草二百五十斤，菜洋十九元五角。

九十九师粮六十二石三斗二升五合，料豆十二石零六升五合，柴四万二千五百斤，草一万三千四百三十斤。

十九年主席西巡，供应粮四万九千九百九十八斤，料一万二千零四十二斤，柴四万四千八百二十九斤，草八万一千六百二十四斤，票洋二千八百六十四元，又粮五十石，料豆五石。

十八年总部派封军马一百三十五匹，继又封四百匹。

总部弹药队派封军马一百匹。

罗次县：民国十四年军士队一大队二十九团三营一连及禄劝、武定、富民、安宁四县民团十连驻县六月，共供应粮秣一百八十石，柴薪三百一十万斤。

十五年十三团一、二两营驻县七月，供应粮秣六十一石，柴薪一百一十万斤。

十六年三团一营驻县五月，供应粮秣四十余石，柴薪八十余万斤。

"二·六政变"孟、卢、朱往返经过驻县十三日，供给粮秣七十五石，柴薪五十万斤。

指挥赵主一驻县月余，供给粮秣二十九石，柴薪十余万斤。

陶团长经过县城，供给粮秣五石余，柴薪八万余斤。

十九年十八团驻县两月，供给粮秣五十余石，柴薪六十万斤。

总指挥西征，解送武定军米五万三千五百斤。

九十九师经过县城，供给粮秣三十余石，柴薪十余万斤。

三旅六团一营驻县月余，供给粮秣二十石，柴薪十余万斤。

护国之役，前后封马五次，共一千二百匹。

靖国之役，前后封马六次，共八百余匹。

十一年金汉鼎封去军马八百匹。

十四年出发广西，封去军马六百匹。

十五年又封去四百匹。

十六年"六·一四之变"，封去军马三百匹。

十八年滇军出发桂、黔，封马三百匹。

十九年西征胡、张，封去军马二百匹。

易门县：民国五年，营长吴璋到县剿匪，供应粮秣十余石。

六年，营长毛鸿翔到县剿匪，供应粮秣二十余石。

七年，连长余祝溪到县剿匪，供应粮秣二十余石。

十年，连长王国相清乡剿匪，供应粮秣十余石。

十六年，李绍先由禄丰溃入县城，供给粮秣十余石，票洋三千元。

张汝骥溃入县城，勒派粮秣三十余石，票洋三千元，酒肉等项合洋三千元。

秦少峰经过县城，供给粮秣十余石。

唐继虞、吴学宽到县，供给粮秣一百四十余石，票洋二千元。

刘懋卿追击西军，供应粮秣二十五石。

十八年前敌指挥卢汉追击胡、张，供应粮秣一百一十石。

六年督军令封马三百匹。

十二年奉巡宣使令，封去军马三百二十匹。

十八年奉兵站总监令，封去军马六十四匹。

十九年奉总指挥令，封去军马一百二十六匹。

晋宁县：民国十六年林毓宽部队到县，供给米一百六十石零三斗，豆十五石三斗八升五合，柴十五万七千九百一十九斤，煤十二万四千五百四十一斤，洋油一千七百六十七斤，香油一千六百八十三斤。

教导七团到县，供给米七石八斗四升，豆二斗八升，柴八千六百五十斤，煤七千二百零六斤。

十七年鲁旅到县，供应米五石二斗七升，豆一石一斗二升，柴六千九百五十斤。

龙参军部队到县，供给米一斗六升，豆一斗八升，柴二百七十斤。

三旅六团到县，供给米二石三斗四升，黄豆九斗五升，柴二千七百三十斤。

十七团到县，供给米四石三斗八升，豆五斗一升，柴四千八百五十斤。

三旅七团到县，供给米三石一斗九升，豆六斗三升，柴四千一百斤。

十九年九十九师及募兵委员共供应米一石二斗四升，柴二千三百四十斤。

张师部队到县，供应米三十七石九斗七升，豆三石四斗九升，柴三万一千四百斤，草五百零六捆。

二十年供应卫士队粮秣柴薪合洋三千二百五十五元六角八仙。

呈贡县：民国十六年八旅驻县，供应米四十五石六斗二升，豆五石八斗二升五合，薪五万七千七百九十斤，草一百三十五捆。又米八十一石六斗二升，豆三十二石六斗四升，薪十一万三千零六十五斤，草一百捆。

十七年七团驻扎县城，供应米三十八石五斗四升，薪三万五千一百四十斤，票洋三百元。

二十五团驻县改编，供应米二十石零六斗，豆二斗五升，薪三万二千六百斤，草一百八十捆，菜洋五十元。

九十八、九十九两师部队过境，供应米十二石七斗五升。

十九年十三团二营过境，供应米六石六斗五升，豆一石一斗五升，薪六千一百八十斤，草五十八捆。

七年至十一年，共派去军马三十九匹。

安宁县：民国九年普军驻县年余，供应米二百二十余石，豆九十余石。

十六年杨天元等驻县，供应米三百五十余石，豆七十余石，猪一百一十四头。

十七年追击西军部队过境，供应米二百三十余石，豆三十余石。

禄丰县：民国十二年共供应米七千三百斤，料一千六百七十斤，柴一万斤，草三千二百五十斤。

十三年共供应米五千一百斤，料一千斤，柴六千斤，草二千斤。

十四年共供应米九千四百斤，料一千九百五十斤，柴一万二千二百斤，草四千斤。

十五年共供应米一万三千七百斤，料二千七百四十五斤，柴一万三千八百斤，草三千七百斤。

十六年共供应米九千四百六十斤，料一千四百七十五斤，柴二万斤，草五千七百斤。

十七年共供应米九千三百八十斤，料一千九百一十斤，柴一万六千八百三十斤，草四千六百斤。

十八年共供应米二万零九百斤，料四千二百斤，柴三万三千八百斤，草六千六百斤。

十九年共供应米四万二千五百四十斤，料一万八千四百五十九斤，柴六万五千斤，草四万斤。

十四年及十八年两次共派军马五百匹。

昆阳县：民国七年，杨天福驻县二日，供应洋一百八十元。

九年，李友勋驻县五日，供应洋八百二十五元三角。

十年，郑金泉驻县二十六日，供应洋一千五百元。

十一年，陈寿民驻县十日，供应洋五百九十三元六角。

十二年，禹发起驻县四月，供应洋二千一百元。

十五年，刘正富旅驻县十日，供应洋一千六百元。

十六年，张汝骥驻县五日，供应洋一万二千三百五十三元二角。

杨有堂驻县一日，供应洋五百一十元。

江占云、杨天元、何岳生驻县三十七日，供应洋一万二千零九十五元七角。

团长马文声驻县十三日，供应洋三千二百六十九元六角。

朱朝相驻县七日，供应洋三千八百一十一元七角二仙。

招抚使杨德源驻县六十四日，供应洋九千一百三十一元零六仙。

游击军李有富驻县四十八日，供应洋一万零九百二十五元八角。

十七年供应洋一万三千二百八十八元一角一仙。

历年派出军马约八千余匹。

嵩明县：民国五年，护国军北伐，供应洋二万元。

六年，靖国之役，供应洋五万元。

九年，杨蓁驻扎杨林，供应洋一万元。

十一年，招安军经过杨林，供应洋三万二千八百二十九元二角。

十六年“六·一四”之役，供应洋四万七千一百元。

历年派出军马共计九千八百六十余匹。

凤仪县：民国十五年，迤西剿匪一营驻县两月余，供应米二十石四斗三升，料二石三斗。

联合团大队驻县二十三日，供应米十八石六斗，料五石二斗。

剿匪司令陈维庚部三团驻县五十四日，供应米一百四十五石七斗六升，料十八石三斗二升。

十六年三十八军驻县七日，供应米一百五十一石二斗五升，料四十三石二斗六升。

十七年，追击胡、张，解送鹤庆军米八十二石九斗一升，运脚洋一千八百八十元零九角。

十八年，主席西巡，各部队驻县九日，供应米二十一石七斗四升，料六石二斗五升。

史主任部按月供应米三石七斗五升。

祥云县：民国十六年“六·一四”两军西上，共派用票洋二万四千九百九十四元六角六仙六厘，仓谷六十二石。

十七年讨逆军过境，共派镍洋三万七千五百元，米十三石，豆四石，又军米三百六十一石三斗一升，豆一百二十石。

十八年张汝骥过境，勒派票洋一万五千元。

运送盐丰兵站军米六万斤。

运送高旅军米三千一百五十斤。

解宾川步六团军米三千一百五十一斤。

运送大理史副师长军米五千一百三十斤。

运送宾川步六团军米共一万九千四百零四斤，豆五千三百五十斤，军马五十匹。

十九年运榆交刘旅军米二万斤，豆二千五百斤。

二旅四团封马二十匹。

二十年运送史指挥军米一千三百三十斤。

邓川县：民国十二年李荷生部驻县，供应约三四千元。

十四年，二十六团一营、补充队、联合团、步三团、五团到县剿匪，计供应洋五千一百三十五元三角四仙。

十六年，张匪结疤驻县一月，供应洋九千一百五十四元四角四仙六厘，继又供应洋三千七百一十元，又七千四百四十九元一角三仙。

十七年，唐师长继麟与张匪同驻县城，供应洋九千零三十二元七角八仙五厘，又供应张匪洋二万八千元。

欧致中部驻县二十三日，供应广洋三千五百六十九元一角。

运榆交张师长军米四十石六斗一升二合。

解榆军米及十五、十九两团、九十八师、高旅过境，共供应广洋九千七百一十四元二角一仙五厘。

刘、高二旅成立兵站分处，供应洋四万零一百九十一元六角。

按月解史主任部军米六十七石五斗。

追击西军封去军马五十匹。

洱源县：民国十二年到县军队一连，驻扎一年，供应米二石。

十三年到县军队一营，驻扎二月，供应米十余石。

十五年军队一团驻扎四月余，供应米一百七八十石。

十六年驻军二营留县六月，供应米六十余石。

十七年到县军队一团，留驻四月余，供应米约一百八九十石。.

历年零星供应约米二十余石。

云龙县：民国十五年，肖鸣梧驻县，供应洋二千四百元。

洱源团队到云，供应米三千余斛，现洋一千余元。

高春有到云，供应洋现金四百元。

陈营长到云剿匪，供应现金一千余元。

穆连长继续驻防，供应现金四百元。

联合团到云镇摄，共供应洋一千六百元。

陈军、张占彪两部共供应洋二千二百元。

永昌团队到云保井，供应洋二千元。

阿迷县：民国十一年唐联帅回滇，各部过境，供应米二百四十七石，料二十七石五斗，柴八万四千六百斤，草二万六千把。

十六年“六·一四”之役，供应各部队米七百五十七石八斗二升，料三十一石八斗五升，柴八万九千七百斤，草二万七千把。

十七年回师南下及李绍宗部驻扎来往，供应米四百四十石八斗六升，料三石一斗六升，柴一万八千四百斤，草一万二千把。

十八年一百零一师及元武边防军共供应米五百五十七石四斗，料九十四石三斗，柴三十一万斤，草四万四千把。

十九年十三团解决李绍宗部队，供应米六百七十六石二斗，料十八石五斗，柴二十八万斤，草九千七百把。

十三年出师桂林，派出军马五百匹。

十九年出发南宁，派出军马一千匹。

路南县：民国二年都督府令封马三百匹。

十一年滇军总司令封马一百匹，东南边防督办封马九十匹，近卫八团封马一百匹，唐省长封马一百匹。

十二年唐省长封马八十匹，江边五十六营封马三十五匹，省军第一、二分统封马八十五匹。

十三年，靖国联军总司令封马一百二十匹。

十四年，兵站总监封马一百五十匹，省政府封马一百匹。

十八年，省政府封马三百匹，总参谋长封马八十匹。

十九年，总指挥部封马二百一十五匹。

华宁县：民国十四年六、九两团驻县六月，供应粮秣一十八石三斗二升。

十五年元武边防军驻县七月，供应粮秣二十二石七斗四升。

十六年团务监督杨部到县，供应粮秣八石八斗五升。

十八年第十八团部到县，供应粮秣二千四百二十斤。

黎县：民国十二年省长电饬派出军马一百二十匹。

十三年省长电饬派出军马三十匹。

十九年十五团封去军马五十匹。

河西县：民国十一年，八支队驻县三日，供应洋一万九千五百九十一元。

二十二团驻县四月，供应洋一千七百二十三元。

十四年徐宣慰使率十团、十一团等驻县三日，供应洋一千九百七十七元五角。

十五年，钱秉珍团驻县十余日，供应洋三千五百四十七元。

周旅全部驻县半年，供应洋二万七千五百四十元。

十六年，吴司令驻县二日，供应洋二千五百七十六元。

吴学显率队驻县十一日，供应洋一万八千六百四十元，开拔费三万七千五百元。

杨天之、万占云、何岳生全部来县，供应洋二千九百七十三元，开拔费一千元。

十三团剿匪到县驻扎半年，供应洋一万九千七百二十元；又供应玉、河、通、嶍粮秣洋三千三百二十九元八角，澄江支队长粮秣洋二千五百一十元。

十七年运送通海十七团军米一万二千七百九十斤，豆一千二百四十斤。

十八年运送通海军米局供应元武边防司令军米，合洋二万零四百三十一元二角。

玉溪守备队来县镇防驻四十一日，供应洋四千二百五十四元。

十九年，送通海供应一百师军米八万五千一百九十二斤，料五千六百三十斤。

玉溪守备第二队来县驻五日，供应洋一千六百五十三元。

一百师全部到县二日，供应洋二千四百八十七元。

运送通海军米局供应一百师米三千三百六十七斤半，豆八百四十斤，又米三千八百斤。

二十年蒋世英全部来县，供应洋六千五百二十元。

历年派出军马约五百匹。

蒙自县：民国十年各部队驻县，供应洋五万余元。

十一年唐联帅回滇，供应洋七万余元。

十四年佽飞军出发，供应洋八千五百元。

十八年一百零一师到县驻扎，供应洋七万余元。

十九年一百师驻县剿匪，供应洋四万八千余元。

十一年北伐总司令封马三百匹，迤南巡宣使封马五十五匹。

十三年兵站总监封马一百二十匹。

十四年佽飞军封马三百九十二匹。

楚雄县：历年军队过往驻扎，共供应米一千九百四十四石，料一百九十九石，柴薪一百四十二万斤，军马一万五千余百匹。

牟定县：民国十年第一卫戍司令经过县城，供应米二石。

十一年张聚奎过境，供应米三石。

十五年楚广团队到县剿匪，供应米十石，料三石。

十六年，李济川过境，供应米二十一石。

西军第三师到县，供应米二十石，料十石。

十七年，张朝宗到县剿匪，供应米十五石，料五石。

独立旅刘谈过境，供应米三十二石，料八石。

省军第五师西征过境，供应米三十石，料十石。

十八年，项铣、刘子仪过境，供应米二十石，料三石。

张汝骥经过县城，供应米三十石。

追击胡、张各师部队到县，供应米八十二石。

十九年各师回省过县，供应米十石。

姚安县：民国十一年普小红驻县月余，供应米六十石，料十石。

十五年马营长继武过境，供应米一石，料五石。

十六年，李营长剿匪到县，供应米九石二斗，料一石。

余处长彪臣剿匪驻县半年，供应米一百四十石，料九石五斗六升八合，票洋六万八千四百元，镍洋四千九百元。

林巡宣使过境，供应米三十五石，料五石二斗，票洋一万五千元。

张汝骥经过县城，供应米二十石，料一石，票洋一万八千元。

王建中驻县半年，供应米一百五十石，料十石，票洋八万八千零八十六元，镍洋五千元。

十七年，张师长云鹏驻县七日，供应米二十四石一斗二升，料五石零四升。

龙、王两团到县剿匪驻扎月余，供应米六十石二斗一升，料十五石三斗一升。

任营长驻县剿匪月余，供应米十二石五斗一升，料三石一斗二升。

马团长驻县剿匪半月，供应米三十六石零三升，料八石五斗。

罗营长驻县剿匪半月，供应米九石三斗，料四石二斗。

潘营长驻县剿匪月余，供应米十二石五斗，料五石零二升。

刘司令过境，供应米六石二斗，料二石六斗。

十八年，运送宾川高旅军米五十七石四斗七升。

朱、卢两师过境，供应米二百五十六石零八升六合，料七十七石七斗四升，票洋五万五千四百一十三元四角五仙。

十九年张团长驻县剿匪月余，供应米二十石五斗，料五石零三升，票洋四千四百零八元。

二十年韦营长驻县剿匪七日，供应米三石二斗，料一石三斗二升。

澄江县：民国九年十三团驻县，供应粮秣洋一千九百六十二元八角。

十二年巡宣使过境，供应粮秣洋三千八百八十九元三角。

十四年步十团驻县，供应粮秣洋二千三百四十七元六角。

十七年九十九师过境，供应粮秣洋二千八百八十四元零二仙。

十九年一百师过境，供应粮秣洋九百六十三元六角五仙。

二十年卫士大队过境，供应粮秣洋一千八百八十五元九角五仙。

航空队驻县，供应洋一千九百零八元九角。

历年共派军马一千四百一十匹。

江川县：民国十四年供应粮秣洋四万元。

十六年供应粮秣洋一万三千元。

十七年供应粮秣洋一万元。

十九年供应粮秣洋四千八百元。

二十年供应粮秣洋二万元。

历年共派出军马一百九十五匹。

玉溪县：禹发起驻县，供应粮秣一百余石。

吴学显、杨有堂驻县，供应粮秣一百余石。

徐昭武、杨瑞昌过境，供应粮秣三十余石。

历年共派出军马一千八百一十六匹。

广南县：民国四年护国军过境，供应洋一万余元。

十一年联帅回滇，供应粮秣洋二万余元。

十二年黎天才、向文甲驻县，供应粮秣洋十余万元。

十四年二、五两军过境，供应粮秣洋十二万元。

十七年，广富守备军驻县，供应洋十余万元。

卫士队剿匪经过，供应粮秣洋二万余元。

十九年第十路军往返过境，奉令办理粮秣并派出军马二百二十匹。

沾益县：民国三年军队过往，供应粮秣八十余石。

六年护国军过境，供应粮秣二百余石。

九年顾军长回滇，供应粮秣五十余石。

十一年唐公回滇，供应粮秣五百余石。

十六年“六·一四”之役，共供应粮秣一千余石。

十九年邓云阶驻县，供应粮三十四石，料八石。

陆良县：民国元年援黔、援川，供应粮秣洋一千元，马二千匹。

六年靖国之役，供应粮秣洋二千元，军马三千匹。

十年，顾军长回省，供应米一百石，唐督回滇又供应米六十石，银三千元，军马三千匹。

十六年，卢师长追击胡、张，供应米二十二石，又江映枢率六团驻县，供应米、料一千七百石，票洋十三万元。

十七年管肇英过境，供应米十一石。

马龙县：民国九年，郑开文部队驻县，供应粮八石余斗，料二石余斗，柴草数千斤。

顾军长回省，供应粮六石余，料二石余，柴草数千斤。

十一年，张开儒部队过县，供应米五石，料二石，柴数千斤。

龙、胡、张各军队过县，总共供应谷三十三石八斗六升，又米八十二石九斗。

十六年，运送曲、沾战地米一百二十二石八斗二升八合，料十石零八斗一升七合，柴二万六千零十斤，草三千四百斤。

胡、张军队驻县，供应米四百三十八石六斗八升四合，料八十七石七斗九升八合，柴二十四万三千斤，草一万九千五百一十斤。

运送曲靖战地米一百三十四石二斗七升七合五勺，料四十三石二斗六升三合，柴十八万七千三百二十斤，草四万零八百九十斤。

十八年龙主席及朱师、刘旅经过县城，供应米九十六石二斗零八合，料二十石零三斗一升，柴六万二千五百斤。

寻甸县：民国九年第八军向、李二旅驻县五十四日，供应粮秣洋一千四百四十五元八角。

十一年，蒋光亮部队驻县四月零五日，共供应粮秣洋三千九百三十五元五角五仙。

宪兵队长田大丰、欧阳淳率队驻县七十日，供应粮秣洋一千二百三十元五角一仙。

十六年朱师全部过境驻扎十日，江督办全部驻县，保荣光全部驻县，蒋紫忠驻县三十五日，省中各师过境，第三师部队驻县月余，总共供应米三百四十七石六斗七升六合，料四十六石零三升五合，约合洋五万余千元。

十八年训练总监封马二百匹。

十九年总指挥封马二百匹。

宣威县：民国元年李鸿祥过境，供应粮秣一百石。

二年刘云峰援川过境，供应粮秣一百石。

四年护国之役，供应粮秣二百余石。

五年赵又新部过境，供应粮秣一百余石。

六年杨体震过境，供应粮秣五十余石。

七年靖国之役，供应粮秣二百余石。

八年顾军长过县，供应粮秣一百石。

九年赵成梁过境，供应粮秣五十石。

十年范石生出发桂、粤，供应粮秣一百石。

十一年王洁修部过境，供应粮秣一百石。

十二年杨惠增剿匪过县，供应粮秣一百余石。

十三年杨占元剿匪到县，供应粮秣一百余石。

十四年李克家由桂退回，供应粮秣一百石。

十五年林丽山部出发贵州，供应粮秣一百余石。

十六年李开洪过县，供应粮秣五十石。

十七年刘正富剿匪到县，供应粮秣一百余石。

十八年龙主席出师讨逆，供应粮秣一百石。

十九年郭建臣剿匪到县驻年余，供应粮秣七百石。

鹤庆县：民国十七年唐继鳞驻县，供应现金一万九千九百二十六元二角二仙。

供应剿匪军队现金二千七百三十四元七角七仙。

十八年龙团长霖到县，供应现金二千五百元。

主席西巡，供应毫洋一万五千六百一十元。

剑川县：民国十五年步三团到县剿匪，供应米一十二石，柴草、菜蔬合洋五百元。

十六年，西军二团驻县三日，供应米三石七斗五升，柴草、菜蔬合洋二十八元八角。

西军第二旅驻县六日，供应米四十石，菜蔬、柴草合洋一千三百八十九元九角。

西军教导队驻县十三日，供应米一石五斗，柴草洋十四元二角。

西军第三团驻县二日，供应米五石，柴、菜、草料洋一百五十元。

西军第三团三营驻县六日，供应米五石，柴草、菜洋一百六十元。

十七年，西军二、三两团过境，供应米六石七斗七升，柴草、菜洋六十七元。

西军第一团一营驻县八日，供应米九石，柴草、酒、菜洋二百一十元。

西军二、三两师驻县三日，供应米六十二石零七升，柴草、酒、菜洋九百六十八元三角。

西军二旅全部驻县三月，供应米一百石，酒、菜洋一千元。

第十九团到县剿匪，供应米八石六斗，柴草、酒、菜洋二百八十元。

十五团二营到县剿匪，供应米六石二斗，犒劳洋一千三百五十元。

十八年，四团三营驻县训练，供应米一百二十石，料三石，柴草、酒菜洋一千六百元。

运送鹤庆兵站处米二百石，运费二千元。

高团长、马指挥过境，供应米四十石，草料洋九百五十元。

十九年运送大理第二旅部米二十石。

兰坪县：民国十五年步三团二、三两营驻县半月，供应洋三百元。

十六年张占彪部驻县半年，供应洋一万一千六百元。

十七年陈团长部过县，供应洋二千五百元。

张占彪招安款洋一万三千二百余元。

十八年步十九团驻县，供应米一万五千斤。

十九年第五团驻县，供应米二万一千三百斤。

墨江县：民国十七年徐道尹巡阅到县及供应张体仁部队共洋一千余元。

十九年殖边第一营驻县，供应洋二百余元。

保山县：民国十五年陈维庚部队到县剿匪，供应粮秣洋现金五六万元。

十七年唐夔赓等到县，供应粮秣现金三万元。

江防司令、六县联合团驻县，供应票洋二千二百五十元。

十八年史指挥部驻县，供应现金七千一百五十元。

历年派去骡马三千匹，军马四百二十匹。

永平县：民国十二年县城驻军一营，供应粮秣二十五石。

十三年供应过境部队粮秣四石五斗一升。

十四年供应过境部队粮秣七石八斗五升。

十五年供应过境部队粮秣三十七石五斗。

十六年驻军一营、西军二团过境，供应粮秣二十九石六斗。

十七年驻县军队一营、西军三团过境，供应粮秣三十二石七斗，军马二十匹。

文山县：民国十一年靖国军驻县一年，供应粮秣洋二万六千二百七十六元四角二仙。

十二年靖国军驻县四月，供应粮秣洋四万一千四百六十八元九角九仙。

十四年靖国军驻县八月，供应粮秣洋一千一百八十六元八角四仙。

十六年第六师驻县八月，供应洋十六万九千五百元。

十七年，元武边防军驻县四月，供应洋二万二千三百九十六元一角一仙。

卫士队驻县八月，供应洋二千九百二十九元九角九仙。

十八年，广富守备军驻县五月，供应粮秣洋三万六千七百五十七元三角二仙，又继驻十月，供应洋六千三百三十六元三角。

教导团驻县五月，供应洋七千九百八十九元五角六仙。

十九年，绥靖处驻县三月，供应洋一万九千六百零二元五角。

讨逆军驻县一年，供应洋八万六千八百四十六元七角二仙。

五年护国第二军派去军马六百五十一匹。

十一年唐联帅回滇，共派去军马一千四百一十二匹。

十三年出发广西，共派去军马五百七十八匹。

十七年元武边防军及广富守备军，共派去军马五百四十九匹。

十八年卢指挥派去军马三百九十九匹。

蒙化县：民国三年顾镇守使剿匪过境，供应洋一千余元。

四年陈光保剿匪过县，供应粮秣洋一千五百余元。

十一年十九团剿匪驻县半年，供应粮秣洋一千二百元。

十五年李、陈两指挥部队驻县六日，供应粮秣镍洋七千余元。

十六年，贺营长驻县二月，供应洋一千五百余元。

张师长驻县，共供应洋七千五百元，米八十八石余斗，料十三石，柴薪三万余斤。

十七年供给剿匪伤兵医药等费洋镍币五千余元。

二十年朱师长到县驻一日，供应粮秣洋一千余元。

武定县：民国十三年，五十三、五十四两营驻县四月，供应粮秣二十三石五斗五升。

十九团驻县一月，供应粮秣一十四石九斗九升。

军士大队及武、禄团队驻县一月，供应粮一十五石一斗二升二合，料三斗七升五合，票洋九百八十九元八角。

十六年，欧、林两指挥驻县五日，供应米二十石零五斗七升，料四石五斗九升，票洋一千六百二十六元八角。

李开洪驻县半月，供应米三石七斗九升，料六斗，票洋二十六元。

十八年，朱师全部驻县十八日，供应米四十五石五斗九升八合，料十石九斗五升，票洋一千八百七十八元。

龙主席西巡，供应米二百八十七石九斗九升，料四十八石六斗。

历年共派军马五百七十七匹。

元谋县：民国十六年十三团到县剿匪，供应粮秣洋四千余元。

“六·一四”之役供应米二十余石，柴、料洋九千余元，外派军饷一万二千元。

十七年，江防司令驻县六月，供应粮秣洋九千八百余元。

十六团到县剿匪，供应粮秣洋六千余元。

十八年，九十九师追击胡、张过县，供应洋四千余元。

主席西巡，供应米一百四十石，票洋一十一万余千元。

历年共派军马一千四百匹。

禄劝县：民国十九年陶团长全部驻县，供应米二百四十石，料七十三石三斗五升。

新平县：民国十年叶军过境，供应粮秣洋八百余元。

唐联帅回省，供应粮秣洋二千余元。

十九年派去军马五十匹。

盐兴县：民国十八年运交舍资兵站处米一万一千一百六十斤，票洋三千五百元。

运交元谋兵站处米一千六百斤，永仁兵站处米一万四千四百斤，料二千斤。

永仁野战仓米一万斤，票洋三千五百元。

盐兴兵站处米一百斤。

盐丰县：民国十五年供应步五团粮秣洋一万元。

十六年供应刘旅粮秣洋三千元，寸旅三千元，九十八、九十九及一百师粮秣洋七千元。

十七年供应龙团长粮秣洋三千元。

十八年主席西巡，供应粮秣洋二千元。

二十年供应第九旅二营粮秣洋四千元。

历年共派去军马一千九百匹。

永仁县：民国四年第一支队驻县，供应粮秣银五百两。

六年混成团驻县，供应粮秣银三百两。

十一年，招安军普小红驻县十余日，供应洋二万元。

第十九团驻县六月，供应粮秣洋三万元。

十三年五十四营驻县八月，供应粮秣洋五千元。

十七年刘棪驻县三月，供应粮秣洋三千元。

十八年九十九师全部驻县三日，供应粮秣洋五千余元。

追击胡、张各部队驻县约三月，共供应粮秣洋一十二万一千一百六十七元八角四仙。

漾濞县：民国十五年，迤西剿匪指挥部及八属联合团驻县，供应粮秣洋五百五十余元。

十六年俞沛英部及唐继虞部驻县，供应粮秣洋一万余元。

十七年一百零一师供应米一百石，银一千元，骡马二十匹。

弥渡县：民国十五年运输交剿匪指挥部米一百驮，运费四千一百四十四元五角。

十六年欧师长全部驻县半年余，供应仓谷二千六百四十三石二斗四升，镍洋一万一千四百一十三元一角八仙，票洋四千七百一十九元九角四仙，又一千九百四十七元八角三仙五厘。

欧巡宣使驻县，供应粮秣洋六百余元。

十七年运送大理第五师米六十石。

十八年，运送第五师军米三万斤，筹办五、七两师粮秣，用去洋一万零四百八十八元。

运送盐丰兵站处米三十三石五斗，运费镍洋三千零一十五元。

运送大理高旅部米四万斤，料六千斤，又米六万斤。

盐津县：民国元年援川部队往返过境，供应粮秣八十石，四、五年护国军往返经过，供应粮秣一百八十石。

罗佩金驻县，供应粮秣一百石。

六年赵钟奇、赵世铭两部驻县，供应粮秣二百石。

七、八年，杨营长士斌驻县二年，供应粮秣八十石。

九年胡若愚驻县，供应粮秣一百二十石。

十四年唐淮源部驻县，供应粮秣一百石。

十六年朱团、林旅驻县，供应粮秣四十石。

十七年冯团长到县，供应粮秣五十石。

十八年，孟坤部过境，供应运粮秣三十石。

胡若愚入滇驻县数月，供应粮秣一百六十石。

十九年唐振东驻县，供应粮秣五十石。

西畴县：民国十四年龙军长过境，供应粮秣五十余石。

十五年李荷生驻县剿匪，供应粮秣百余石。

十六年王汝为部驻县，供应粮秣五十余石。

十七年李绍宗部到县，供应粮秣一百七十余石。

十九年普文荣到县，供应粮秣八十余石。

靖边县：民国六年夏营长到县剿匪，供应米四千六百余斤。

十一年顾军至县，供应米八十二石。

开、蒙军队会团剿匪，供应粮秣一万一千二百余十斤。

十五年供应剿匪团队粮秣二石九斗。

十八年张师到临、蒙剿匪，派送米二万斤。

历年共派去军马二十二匹。

威信县：民国元年至五年供应驻县部队粮秣约共一千一百余十石。

七年补充第五队驻县一年半，供应粮秣一千二百余石。

八年游击队驻县一年，供应粮秣一百八十余石。

十三年至十五年，供应滇黔剿匪各军部队粮秣共二千余石。

十七年张汝骥过境，供应粮秣百余石。

十九年第一团到县剿匪，供应粮秣数十石。

泸西县：习自强剿匪驻县三月，供应现金二千元。

龚得胜随唐回滇驻县二月，供应现金三千元。

李选廷到县编制驻扎一月，供应现金一千元。

段廷佐驻县六月，供应现金三千元。

张汝骥由桂退回驻县六月，供应现金六千元。

杨占元驻县五月，供应现金一万元。

张华清驻县十月，供应现金六千元。

历年共派去军马一千五百二十一匹。

云南留学生概略

云南自编练新军，继改陆军为镇后，军事焕然一新，士气为之一振。有志之士，鉴于列强逼处，国势阽危，非积极讲求武备，不足以救国图存。先是，光绪初年，直隶总督李鸿章以西人水陆将士皆出学堂，乃奏请仿行，挑选各防营弁勇入武备学堂肄业，是为我国武备学堂之始。云南于民国光复前，优秀之士投笔入本省军事学校者，已不乏其人。其留学日本士官学校及国内陆军大学、保定速成军官学校者亦为数不少。他如本省所办陆军讲武学校一十九期，陆军测量学校六期，先后作育人材以数千计。其毕业人数就其关系重要而有案可稽者，分别列表如下。

云南留学保定陆军学校各期毕业生姓名表

姓名	毕业期数	姓名	毕业期数	姓名	毕业期数
张汉儒	第二期	白锦章	第三期	李瀛	第六期
马福恩	第二期	李庄	第三期	杨运新	第六期
董玉霖	第二期	盛藻华	第四期	李允恭	第六期
刘永祚	第二期	罗源	第四期	李成武	第六期
李谦	第二期	文俊逸	第四期	牛协坤	第六期
王连璧	第二期	吴仲源	第四期	杨宏光	第六期
杨瑞昌	第二期	高向春	第四期	王炳章	第六期
周钦贤	第二期	赵煜	第四期	唐振东	第六期
袁槿	第二期	陈凤翔	第四期	陈介名	第六期
飞自高	第三期	张世荣	第四期	陶汝滨	第六期

（续表）

姓名	毕业期数	姓名	毕业期数	姓名	毕业期数
牛钧坤	第三期	叶成森	第一期	陈盛恩	第六期
景士奎	第三期	李春	第一期	朱仲明	第六期
钱镇南	第三期	李森春	第一期	张联科	第六期
赵濂	第三期	李识韩	第一期	何柏基	第六期
杨克岐	第三期	马骊	第一期	石洲	第六期
马汝刚	第三期	林丽山	第一期	傅恩泽	第六期
蔡润生	第三期	唐继鳞	第六期		

云南留学日本陆军士官学校毕业生姓名及时期表

姓名	毕业期数	姓名	毕业期数	姓名	毕业期数
李根源	第六期	李伯庚	第六期	欧阳沂	第七期
唐继尧	第六期	杨集祥	第六期	姜梅龄	第七期
叶荃	第六期	张开儒	第六期	杨杰	第八期
黄毓成	第六期	刘法坤	第六期	帅崇兴	第十期
顾品珍	第六期	刘祖武	第六期	叶仁基	第十期
罗佩金	第六期	孙永安	第六期	洪澍	第十期
殷承瓛	第六期	王廷治	第六期	王绳祖	第十期
谢汝翼	第六期	叶成林	第六期	袁绩熙	第十期
李鸿祥	第六期	赵复祥	第六期	马驷	以上二名系民国十八年以后资送者，期数未悉。
李敏	第六期	郑开文	第六期	木向东	
李万祥	第六期	张子贞	第七期		
庾恩旸	第六期	赵钟奇	第七期		

云南留学国内外毕业生姓名表

校别	姓名	校别	姓名
振武	杨振鸿	日本测量	冯家骢
振武	何国钧	日本测量	李沛
东斌	禄国藩	北平陆大学校	潘耀珠
东斌	杨飞霞	北平陆大学校	阮肇文
东斌	邓泰中	北平陆大学校	郝国玺
东斌	黄毓英	北平陆大学校	何福昌
东斌	李植生	北平陆大学校	伍文渊
法国军事学校	马毓宝	北平陆大学校	陶成
日本测量	李钟本	北平陆大学校	徐进
日本测量	孙桂馨	北平陆大学校	李嘉彦
日本测量	赵鳌		

云南陆军饷章历次改定数目时期一览表

单位：元

阶级	民国元年至十五年一月定数	自十五年二月至十八年一月改定数	自十八年二月至十九年六月改定数	自十九年七月至现在改定数
上将	未定	400	500	1,000
中将	166	300	380	750
少将	138	200	250	500
上校	111	160	200	400
中校	83	120	150	300
少校	70	100	125	250
上尉	48	70	88	170
中尉	35	50	63	120
少尉	27	40	50	100

（续表）

单位：元

阶级	民国元年至十五年一月定数	自十五年二月至十八年一月改定数	自十八年二月至十九年六月改定数	自十九年七月至现在改定数
准尉	22	30	38	75
一等军需正	83	120	150	300
一等军医正	83	120	150	300
一等军法正	83	120	150	300
一等书记官	70	90	113	220
二等军需正	70	90	113	220
二等军医正	70	90	113	220
二等军法正	70	90	113	220
二等书记官	55	70	88	170
三等军需正	55	70	88	170
三等军医正	55	70	88	170
三等军法正	55	70	88	170
三等书记官	41	50	63	120
一等军需	35	50	63	120
一等军医	35	50	63	120
一等军法	35	50	63	120
二等军需	27	40	50	100
二等军医	27	40	50	100
三等军需	22	30	38	75
三等军医	22	30	38	75
甲级书长	27	40	50	100
乙级书长	22	30	38	75
司事	17.7	22	29	55

（续表）

单位：元

阶级	民国元年至十五年一月定数	自十五年二月至十八年一月改定数	自十八年二月至十九年六月改定数	自十九年七月至现在改定数
一等录事	16	20	26	50
二等录事	14	16	21	40
三等录事	12	14	19	35
上士	10.5	14	19	39
中士	9	13	17	37
下士	7.5	12	16	36
上等兵	6.5	11	15	34
一等兵	6.2	10	14	33
二等兵	5.9	9	13	31
伙夫	4.5	8	13	31
马夫	4.5	8	13	31
宪兵上士	16	18	23	49
宪兵中士	12	16	20	44
宪兵下士	9.5	14	18	41
宪兵	8.5	12	16	26
军乐上士	14	18	23	49
军乐中士	12	16	20	44
军乐下士	9.5	14	18	41
军乐兵	8.5	12	16	26

附记：一、民国十四年以前饷章，上将薪俸未经规定。

二、历次规定饷章，凡官佐试充代理者照章支七成薪，署理者支八成薪，候差人员一律按阶级照支半薪。

三、民国十四年以前上、中、下士均系各分三等：一等上士月饷十一元，二等十元五角，三等十元。一等中士九元五角，二等九元，三等八元五角。一等（下士）八元，二等七元五角，三等七元。又各士、兵、夫另有油炭费二角，于民国十五年以后加入饷内，其油炭费即取消。

四、现行饷章自二十年一月起至八月止，概照九成支给，自九月以后始复照规定数支给。

民国云南通志长编卷十九

军务二

共和军之真精神

云南共和军之起也，其檄文中提出四义；一曰与全国民勠力拥护共和国体，使帝制永不发生；二曰划定中央、地方权限，图各省民力之自由发展；三曰建设名实相符之立宪政治，以适应世界大势；四曰以诚意巩固邦交，增进国际团体上之资格。广东共和军之檄文亦有曰："事定之日，与我国人共同建设共和政府，公选元首，代表国家巩固共和之基础，发扬民国之光耀。"观乎此，则可知此次拨乱反正，决非纯粹之消极作用，乃正含有积极之建设；亦决非简单维持共和，尊崇民权，乃正含有极大至善之方案也。

云南共和军之起，以蔡锷为主动。蔡锷者，温和派、立宪派也。而李烈钧佐之。李烈钧者，革命派、国民派也。以异派异党之人，捐弃意见，披沥肝胆，推诚共济，协力猛进，其足令人景仰崇慕，为如何耶？且夫广东共和军之起也，以陈炯明为首，而进步党党员助之者亦不乏人。观乎此，更可知此次拨乱反正，决非纯粹于制度上有理想之方案，乃正含有运用此方案之道德也。

吾人对于上述之二端，由默察而发明，由经验而笃信，知吾人所发现者，乃中华民国安身立命之所在。今初见其端倪，后将发挥光大之也。请详绎其旨以为同胞告。

国人当知，此次行动对于制度上确有精微光大之建设方案，而对于此方案之运用，更确有尚公崇义、退让调和之道德。由前而言，则于此数载中国人腐心于建设制度，屡有树立，辄即败坏。其间虽因恶魔为之中梗，然未尝不可借此以增经验。是以四年以还，国人因屡试之结果，对于建设方案稍有所悟，又复咸趋于同，此诚可喜之事也。由是国人知何者未行，何者已行而未致善，何者宜举，何者当废，梗阻之故何在，失败之因何在，致善之道何在。明其失败之由，推其修正之理，于是其知识上有一系成焉。此一系者何？略言之，凡有二点；

一曰真正之民宪者，非单纯之民选元首，而政治开放之谓也，亦即置国家于近世国家概念之上，使人民本乎人道、正义、德理，得以理想而完善，其国家得以确信而组织，其制度得以高尚之道德为之运用焉。使国家纯为民族之机关，人民由国家而发展向善，国家由人民抑止为恶。其国家之观念与往日大异，其运动政治之手腕亦与往日大异，而人民对于国家之道德更与往日大异，此即所谓真正之民宪也。

二曰采分治主义。分治主义者，近世之产物也。由此反以促进统一，由此足以兴举政事，有百利而无一害者也。曰联邦，曰自治，特其程度之差别，其精神皆在分治，则一而已矣。

以上二点为将来建设方案之原则，吾人虽于今日亦决其必然也。至于运用，则以数年之经验，所受教训更多，获益实巨。不惟国民派深悔往日之急进暴躁，反以自害；即非国民派亦深悔往日之被人利用，徒受攻击。各自痛改前非，相率维新，改往日之行为而立将来之新德；咸知开诚布公，尚义衷理，退让调和，不顾私利。凡此诸德，足以运用近世国家，吾民得之，安得不入近世国家之林哉？

由是观之，于制度上有建设之方案，于运用上有完美之公德，则中华民国必将从此臻盛日上矣，固非记者一人之乐观而已也。

《字林报》论云南地位之价值

《字林报》云：云南警信起之后，迄今似无调和之望，假令势必至戎衣相见，则云南兵力若何，当有研究之必要。据《顺天日报》云：滇兵约有十万人；英文《京报》谓：滇省有兵五万；而日昨总统命令，则谓不过万人以上。消息矛盾殊甚，究竟不知孰确。惟各方面皆谓：指挥滇军者，悉为曾受军事新学术之武员，蔡锷、李烈钧、唐继尧辈，皆知兵之人。记者料其下级军官当系训练有素。且滇省过山炮、野战炮、来复枪及弹药等，储积颇多，又有兵工厂一所，闻每月能造来复枪三千支，枪弹二万枚。如此说果确，而党人又有经营其事之决心，则滇省之地位诚可力战以争独立也。滇省行政之一特色，则为练兵一事。锡良创立于前，李经羲继之于后，盖已十年于兹矣。滇省财力不强，其大宗入项为盐款与锡税，每年总额为三十万元。清时代，常由北京拨款接济，革命以后，虽可截留解交中央之款项一部分以作本省行政经费，然为数究属无几，此日前总统命令所以有“滇省地瘠民贫，乱事不难敉平”之语也。滇省地理乃吾人所必不可忽视者：东境一带，悉呈高原，自六千五百尺至九千八百尺不等，石峰高耸，间有森林；东北群山相接，峰峦交错，有达六千五百尺高度以上者；西境山脊隆起，间以深峡，地势如是，进攻不易。苟东邻黔省效忠中央，则政府军队尚易行事，扼据要塞。但若贵州附和云南，则军事问题更属困难。盖黔省多山，冈峦绵亘，占全省十分之七。交通之难，无异甘肃，而滇桂边界亦复山路崎岖也。北京《华字报》称：滇桂之交，已驻有新军一营、旧军五营，但龙济光已否派兵驻边，刻尚未知，仅闻中央已有此种训令而已。设有战事，则两军所必争之要塞有三：北为滩头，东为平彝，南为富州。滇省要道，计分数支：一由云南府过曲靖府而至贵州；二由云南府过东川、昭通而至四川；三过广南府而至广西；四过蒙自、蛮耗而至东京，此路有铁道可以直达。此交通线之大概也。云南府四方皆山，滇池在其南，凭高远眺，风景殊佳，城内多树木，庙宇彩色，屋瓦与树木绿叶互相掩映，惜街道狭仄，店肆简陋耳。气候四时皆春，六七月间平均热量日则七十五度，夜则六十五度，冬季日光不减，热量较夏季仅减十度。故居于云南府者，可常年开启窗户以受新鲜空气焉。

反对帝制要点之外论

《京津时报》社论云：云南将军巡按之宣言，以袁世凯背保持共和之誓词，失信内外，为反对帝制要点之一。此种争执，将来评论者必多，此固吾人所不可不特别注意而加以评论者也。查袁世凯宣誓忠于共和者二次：第一次在民国元年三月十日被任临时总统之际，其宣誓至举出正式总统及就任之日便即无效，今已不成问题，故可不论。第二次在二年十月十日正式总统就任之日，其誓词如下："余以至诚遵守宪法，奉大总统之职务。"当是之时，永久宪法未成，其已得国会承认者，仅总统、副总统之资格。选举及任期一章，定总统任期五年，可再选一次。其余宪法草案由两院议员选出之委员所撰定者，袁氏大不满意。因是之故，不数月后视如废纸而派员另组织委员会，依己意重新起草。当三年五月一日宣布之约法，对于总统选举、任期两项绝不提及。古德诺氏评云："此事已经前解散之国会议及，定为任期五年。依约法第六十四条，凡现行一切法律非与《修正临时约法》抵触者，仍有效力。而《修正临时约法》对于任期及选举方法均无变更，是前项决定可作为仍有效力。"据古氏之说，则选举总统之方法实为中华民国永久宪法之一部，乃袁氏于二年十月十日宣誓谨守者。讵数月而后选举总统方法又卷入纸篓，由其派定人员另拟新法，定为任期十年，其继任之人又不由民国公民年四十以上者选出，而由自定之三候补人选择。然即如是，欲犹未餍。于是有帝制运动，有假冒之国民表决，有总统须即帝位之最后决定。溯参政院初上劝进表时，袁氏之批答谓："就任之日对国会宣誓，许竭智尽力以谋民国之保持发达。今若帝制自为，则是背弃誓词，于信义无可自解。"云云。据此以视，可见总统对忠于共和之誓词亦知应守，且为称帝之一大障碍也。讵该院第二次劝进表文谓："宣誓不过元首循例之词，就任仪文之一，如民意共和，则誓词有效，如民意君主，则誓词亦随而变迁。"云云。袁氏之赧愧遂霎时扫尽，不复忧乎失信而领受皇冠矣。虽总统称帝未必无合宜之时，但以吾人观之，则袁氏断不能逃后世史官之贬。盖袁非前皇室遗裔，与拿破仑不同者一；又未能杀戮反对首领，与拿破仑不同者二。所同于拿破仑者，惟统制军队专谋私利，因而得登大宝耳。此种举动，实立一危险之先例。诚以政治家既得为总统，誓守共和，则当遵誓词自顾职守，不当作帝制之鼓动也。然即使帝制恢复确出自自然之要求，彼亦当力主固有，仍或退居不出，乃为上着。即使国民不许，稍有良心之总统要当使自己与皇位有不可强逼之隔离，不然者，总统之位必常变为称帝之阶级，而所谓宣誓，所谓宪法，从此不复可恃矣。参政院谓民意本即天意，此其说在真正民意时代乃得引援，今之民意非真正民意也。国民代表则由审慎选择之人为之，若国民之真意则置诸不理，尤以南方各省为甚。夫新帝之选出，不由民主而由贿赂威吓，此其事不特云南一省知之。今次之变，吾人虽望其不遍及各省，但撩动南北前此之恶感，引起中国分崩之危险，则主持帝制运动者实尸其罪，固吾人所万不能恕者也。

《字林报》论共和军攻略川省之优势

《字林报》一月二十二日北京通讯云：今日英文《京报》论共和军攻略川省情形，其文颇堪玩味。论中述及数日前叙州附近两次交战情形，虽关于战事及两军损失之报告颇不一致，然于滇军之以寡敌众、以少胜多，则皆翕然无异辞。纵此种小战于最后之结果，要无重大关系，然共和军之决取攻势而不肯死守一省，坐待政府军之进攻，则固于此可见矣。今滇军自根据地出发，显已进行数百里。据最近北京所得消息观之，大约将进据叙州。盖共和军之目的，显欲于北军未到之先，略取四川全省。此其能达与否，全恃政府军之抵抗力如何及共和军兵力之强弱为断。然于上述两次之战，则川军之成绩殊劣，若仍一无进步，则共和军之长驱直入，于征滇军进攻以前占领成都，其为事之易，直同反掌耳。迨省城既被占领，则声势益振，其影响于全川者至巨，或至全省军队望风而降，相率与共和军联合，亦正意中事耳，维时征滇军前锋则已陆续行抵重庆。据近日消息，抵渝者已有四千人余，方乘舟于峡中，逆流而上，一旦齐集重庆，其统兵司令即有一极难解决之问题当于其前。盖北军至此，其进行方法厥有二策：一则径趋成都，以保成都者保一省；一则沿江而上，直抄共和军之后。然欲沿江而上，则水势峻急，舟行极艰，此策之不易实行断断然也。若决计径趋成都，则共和军又可顺流而下，兼程急进，以动摇北军之根据地。且逆流而上，则进行必缓，而于长江狭处攻击滇军又殊非北军之利，二者皆难。而解决之方，则恃乎北军与共和军二力之比较及川省军队之态度而定。若川军不变，则其事尚属易举，然使川军一旦与共和军联合，倒戈相向，则惟有死守重庆，以待大批援军之至耳。然此外尚有一事，其重要若何目下尚难臆断者，则贵州之态度是也。溯自滇军举义以来，黔省消息大都矛盾，究竟倾向何方，乃令人无从测断。今试披阅地图，则知政府军方向西进，而滇军则北向进攻。然以贵州地势而论，则二军皆易为黔军所袭，故使政府军由重而西，则黔军可以绕出其后，而征滇军之归路绝；反之，若黔军表同情于政府，则又可以向西而断共和军与云南之交通：一举足间而轻重之势立见矣。惟就大概言之，则似政府对于滇事，其所派军队，如川黔不动，当可足用；然使二省之中有一省与共和军联系，则北军已不能越雷池一步，况于二省！即欲驻守重庆，亦已岌岌可危矣。若是则政府将不得不增厚兵力，而旷日持久，胜败之决乃不知在于何时矣。

云南政府之信用

京津《泰晤士报》北京二十四日通讯云：由南方传来消息，知云南时局之危险，远出当下一般所料。据称，云南政府现依确定之策略进行，收买游说之诡计，绝对不可行用。且军火枪械异常充足，又自有制造工厂足补缺额；滇民因军队绝无抢掠及强迫征发之弊，信任滇政府之心，亦日益加长；军队购物后付给足价，至今仍多用现银，各人均信南方各省之响应，不过时间问题，到时拟先设一南共和国，依公认之共和原理组成立宪政体，蔡松坡氏现方领兵攻川，一在川省得有根据地后，即直入川省中部。在北京政府方面，虽似怀抱乐观，但试折中推测，所得必近于确然，即如是，已不能不承认大局之极危矣。至如何危险，则将来自知，无须旁视者之预测也。

中华民国讨逆军檄告天下

中华民国讨逆军为檄告事：慨自晚清失政，国命阽危。我国民念竞存之孔艰，痛沦胥之红日，共倡义举，爰建共和，统一需人，乃推袁氏。当元二年之交，举国喁喁望治，爱国之士，不惜牺牲一切，与袁氏相勠力，岂其有所私于一人，冀藉手以拯此垂亡之国而已。袁氏受国民付托之重，于兹四年，在政治上未尝示吾侪以一线之光明，而汲汲为一人一家怙权固位之私计，以阴柔之方略操纵党派，以狠鸷之权术蹂躏国会，以卑劣之手段诛锄异已，以诱胁之作用淆箝舆论，以朋比之利益驱策宵小，以虚骄之名义劫制正人。受事以来，新募外债逾二万万，其用途无一能相公布。欧战发生，外债路绝，则专谋搜括于内：增设恶税，强迫内债，逼勒苛捐，更悬重赏以奖励掊克之吏，不恤民力，竭泽而渔，以致四海困穷，无所控诉。闻其聚敛所入，则惟以供笼络人士，警防家贼之用，而于国务丝毫无与。对外曾不闻为国防之计划，为国际经济竞争之设备，徒弄小智小术以取侮于友邦，致外交着着失败；对内则全不顾地方之利害，不恤人民之疾苦，盗贼充斥，未或能治，冤狱填塞，未或能理，摧残教育。倡言复古，垄断实业，私为官营，师嬴政以愚黔首之谋，等弘羊利出一孔之教，法令条教，纷如牛毛，朝令夕更，自出自犯，使人民无所适从，而守法观念，驯至澌灭以尽。用人则以便嬖巧佞为贤，以苛虐险戾为才，忠谠见疏，英俊召嫉，遵妾妇之道，则立跻高明，抱耿介之志，或危及生命，以至正气消沉，廉耻扫地，国家元气，斫丧无遗。凡此政象，万目俱瞻，以较前清黑暗泯棼，奚啻什倍。我国民既惩破坏之不祥，复谅建设之匪易，含辛忍痛，冀观后效，掬诚侧望，亦既数年，方谓当今内乱已平，大权独揽，列强多事，边患稍纾，正宜奋卧薪尝胆之精神，拯一发千钧之国命，何图彼昏，百事弗恤，惟思觊觎神器，帝号自娱，背弃口宣之誓言，干犯公约之宪典，内罔吾民，外欺列国。授意鹰犬，遍布爪牙，劫持国人，使相附和。良士忠告，充耳弗闻。舆论持正，翻成罪状。以致怨毒沸腾，物情惶骇。农辍于陇，商荒于廛，旅梗于途，士叹于校。在朝节士，相率引退。伏莽群戎，伺机思逞。驯至列强干涉，警告再三，有严密监视之宣言，作自由行动之准备。夫以一国之内政，乃至劳友邦之容喙，奇耻大辱，宁复堪忍！谁为为之，乃使我至于此极也！今犹不悛，包羞怙恶，彼将遂此大欲，餍其祸心，苟非效石晋割地称儿之故技，必且袭亡清奖拳排外之覆车。二者有一于此，则吾国永沉九渊，万劫宁复。先圣不云乎："乱贼之罪，尽人得而诛之。"况乃受命于民，为国元首，叛国之事实既已昭然，卖国之阴谋行且暴露，此而不讨，则中国其为无人也已。呜呼！国之不存，身将焉托？而立国于今，抑何容易！人方合兆，众为一体，日新月异，以改良其政治，稍一凝滞不进，已岌岌焉为人鱼肉是惧，况乃逆流回棹，欲袭中世纪东方式奸雄之伎俩，弋取权位而谓可以奠国家、安社稷，稍有常识者，当知其无幸也。袁氏对于国家，既悍然不自知其职责，对于世界，复梦然不审潮流事会之所趋。其政法上之效绩，受试验于我国民之前者，亦既有年，所余者，惟累累罪恶，污我史乘，他复何有！就令怵于名分，不敢明叛国体，然由彼之道无变，彼之术亦惟有取国家元气旦旦而伐之，终亦酝酿大乱，以属于亡已耳，况当此祸至无日之时，乃更有帝制自为之举，譬犹熟视父母宛转属纩而复引刀以诛之，别有肺肠，是孰可忍！数月以来，淫威所扇，劝进之辞，所在多有。彼方假借，指为民意，以冀窃誉当时，掩罪后史。实则群公之权宜承旨，或出于顾全大局，投鼠忌器之苦心；或怀抱沉机视变，待时而动之远识，岂其心悦诚服，甘作贰臣，狂走中风，殉兹戎首？尧等或任职中枢，或滥竽专阃。为私计，则尊显逾分，更何所求。与袁氏亦共事有年，岂好违异。徒以势迫危亡，间不容发。邦之杌陧，实由一人，亦既屡进痛苦之忠言，力图最后之补救。奈独夫更无悔祸之心，即兆众日在倒悬之域，是用率由国宪，声罪致讨。翦彼叛逆，还我太平。义师之兴，誓以四事；一曰全国民勠力拥护共和国体，使帝制永不发生；二曰划定中央地方权限，图各省民力之自由发展；三曰建设名实相副之立宪政治，以适应世界大势；四曰以诚意巩固邦交，增进国际团体上之资格。此四义者，奉以周旋，以徼福于国民，以祈鉴于天日。至于成败利钝，非所逆睹，惟行乎心之所安，由乎义之所在。天相中国，其克有功。敢布腹心，告诸天下。唐继尧、任可澄、刘显世。

云南起义讨贼之先声（第一电）

大总统钧鉴：自国体问题发生，群情惶骇，重以列强干涉，民气益复骚然，佥谓谁实召戎，致此奇辱？外侮之袭，责有攸归，乃闻顷犹筹备大典，日不暇给，内拂舆情，外贻口实，祸机所酝，良可寒心。窃惟大总统两次即位宣誓，皆言恪遵约法，拥护共和。皇天后土，实闻斯言；亿兆铭心，万邦倾耳。《记》曰："与国人交，止于信。"又曰："民无信不立"。食言背誓，何以御民？纪纲毁，国体既拨，以此图治，非所敢闻。计自停止国会，改正约法以来，大权集于一人，凡百设施，无不如意，凭借此势，以改良政治，巩固国基，草偃风从，何惧不给。有何不得已而必冒犯叛逆之罪以变更国体？比者代表议决，吏民劝进，推戴之诚虽若一致，然利诱威迫，非出本心。作伪心劳，昭然共见。岂能一手掩尽天下目？幸大总统始终持稳重冷静之态度，未尝有所表示。及今转圜，易如反掌。或者谓因强邻之责言，阻已成之计划，国家之面目不保，后来之隐患恐滋。不知政府宣言本从民意，民意孰袒，事实可稽。据多数人欲公天下之真情，遂大总统敝屣万乘之初志，系铃解铃，皆由自动，磊磊落落，何嫌何疑。若复怙过遂非，缘羞迁怒，悍然不顾，以遂其私，窃恐人心一去，土崩之势莫挽，外患沓乘，瓜剖之祸更酷。兴念及此，痛何可言。继尧等夙承爱待，忝列司存，既怀同舟共济之诚，复念爱人以德之义，用敢披沥肝胆，敬效忠告，复望我大总统力排群议，断自寸衷，更为拥护共和之约言，涣发帝制永除之明誓，庶使民碞顿息，国本不摇，然后延揽才俊，共济艰难，涤荡秽瑕，与民更始，则国家其将永利赖之。临电涕泣，不知所云。谨率三军，翘企待命。唐继尧、任可澄等。

云南起义讨贼之先声（第二电）

大总统钧鉴:（前略）窃维中外人士所以不能为大总统谅者，以变更国体之原动力，实发自京师，其首难之人，皆大总统之股肱心膂，盖杨度等六人所倡之筹安会煽动于最初，而朱启钤等七人所发各省之通电促成于继起。大总统知而不罪，民惑实滋。查三年十一月二十四日申令有云："民主共和，载在约法，邪词惑众，厥有常刑，嗣后如有造作谰言，紊乱国宪者，即照内乱罪从严惩办"等语。杨度等之公然集会，朱启钤等之秘密电商，皆为内乱重要罪犯，证据凿然，应请大总统查照前项申令，立将杨度、孙毓筠、严复、刘师培、李燮和、胡瑛等六人及朱启钤、段芝贵、周自齐、梁士诒、张镇芳、雷镇春、袁乃宽等七人即日明正典刑，以谢天下，则大总统爱国守法之诚，庶可为中外所信，而民怨可稍塞，国本可稍定矣。再者，此间军民痛愤久积，非得有中央拥护共和之实据，万难镇劝。以上所请，乞以二十四小时赐答，不胜悚息待命之至。唐继尧、任可澄等。

云贵唐都督等通告各省速举义师电（第一电）

各省将军、巡按使、护军使、都督、师长公鉴:天祸中国，元首谋叛，蔑弃约法，背誓食言，拂逆舆情，自为帝制，卒召外侮，警告频来，干涉之形既成，保护之局将定。某等忝列司存，与国休戚，不忍艰难缔造之邦，从此沦胥，更惧绳继神明之胄，夷为皂圉，连日致电袁氏，劝戢野心，更要求惩治罪魁，以谢天下。所有原电，迭经通告，想承鉴察。何图彼昏，曾不悔祸，狡拒忠告，益煽逆谋。夫总统者，民国之总统也，凡百官守皆民国之官守也。既为背叛民国之罪人，当然丧失总统之资格。某等深受国恩，义不从贼，今已严拒伪命，奠定滇黔诸地，为国婴守，并檄四方，声罪致讨。露布之文，别电尘鉴。更有数言，涕泣以陈诸麾下者:阋墙之祸，在家庭为大变，革命之举，在国家为不祥，某等夙爱和平，岂有乐于兹役。徒以袁氏内罔吾民，外欺列国，召兹干涉，既濒危亡，苟非自今永除帝制，确保共和，则内安外攘，两穷于术。某等今与军民守此信仰，舍命不渝，所望凡食民国之禄、事民国之事者，咸激发天良，申兹大义。若犹观望，或持异同，则事势所趋，亦略可预测。某等志同填海，仇不戴天，力征经营，固非始愿所在，以一敌八，实视众志何如？麾下若忍于旁观，某等亦不能相强，然使彼此相持，稍亘岁月，则鹬蚌之利，真归于渔人，而箕豆之煎，空悲于铄釜。言念及此，痛哭何云。而某等则与民国共死生，麾下则犹对歧途而观望，坐此徘徊，至于亡国，科其罪责，必有所归矣。今若同申义愤，相应鼓桴，所拥护者，为固有之民国也；所驱除者，为叛国之一夫也，匕鬯不惊，天人同庆。造福作孽，在一念之危微；保国覆宗，待举足之轻重。敢布腹心，惟麾下实图利之。唐继尧、任可澄、刘显世等。

云贵唐都督等通电各省速举义师电（第二电）

各省将军、巡按使，各镇守使、护军使，承德、绥远、察哈尔都统钧鉴：前陈两电，计蒙鉴察。袁氏违法背誓，背叛民国，凡有血气，莫不痛心，矧在服民国之官，食民国之禄者！乃电告已一周间，响应者固不乏人，尚有多省未闻同申大义，一致进行，见义不为，当仁而让，坐失事机，宁不可惜！意者，岂有恋于袁氏之爵禄，不欲舍弃耶？夫袁氏爵赏之滥，亦可谓空前绝后矣。羊头灶婢，尽授官阶，走卒贩夫，咸膺爵位。物以稀而可贵，袁氏名器之滥如此，岂尚有价值之可言！果能同举义师，拔彼赵帜，共和复故，民国重新，则是烈烈轰轰，光耀千载。以观彼爝火之虚荣，冗滥之官秩，曾腐鼠之不若矣，又岂感于袁氏之私惠，不忍背弃耶？吾人所受之官禄，民国之官禄也。受爵公庭，谢恩私室，君子鄙之，何私惠之足云。况袁氏要结虽工而阴狠实甚，附我者，则豢之如犬马，异己者，则诛之如寇仇。为怨为德，何常之有！今日以私恩之故，徘徊犹豫，异日功狗之烹，可翘足而待。以其噬脐后悔，何如及早决心，左提右挈，成功可必，保节全身，在兹一举。不然，其必以君宪政治为真可行耶，姑无论世界文明已趋共治，君主国体日在淘汰之中，即就现政而论，袁氏就职以来，摧残舆论，滥耗库储，生杀由心，法律刍狗，民生困敝，呼诉无门，名为共和总统，实无异于君主专制。凡所设施，皆以为其私耳。所为福国利民者安在哉！其为总统，犹横恣如是，则异日之君主可知。今若勠力同心，铲除帝制，推倒袁氏，重建共和，则法、美之良规具在，我中华民国巍然继起于东亚大陆矣。舍此三者之外，则必其怯于积威之故，而不敢发难。不知自筹安会发生以来，薄海人民，同深愤恨，贤达君子，高举远引，众叛亲离，已成独夫。攘臂一呼，行见众山皆应，摧枯拉朽，可操券而决。又或狃于目前之安，悯念民生之苦，不欲变动，贻累地方。不知见小利者，反致大害，怀安乐者，反贻困苦。况今日我国民之困弊甚矣，不改弦而更张之，又何乐利之可言！今兹之举，正所以去苦害之域，臻乐利之境，除帝制之毒，复共和之庥，安之大者也。人类以求安为目的，不此之求，何复求哉！继尧等划计已定，着着进行，但有进死，更无退生，非达到还我共和民国之目的不止。诸公皆当世贤俊，手造民国，忍使庄严灿烂之名邦，坠于浩劫而不复耶？神州陆沉，谁尸其咎，同舟共济，大有其人。恐着鞭之先我，愿负弩以前驱，切盼深谅热忱，共兴义举，机缘可惜，宏愿必偿。盖以正胜邪，以直胜曲，自然之驱，必至之符也。幸勿存心观望，坐误机宜，甘作公民之敌，自贻后至之羞，万世千秋，永为世界人之诟病，则幸甚矣。临电神驰，伫聆好音。唐继尧、蔡锷、李烈钧、刘显世、任可澄、戴戡、张子贞、刘祖武、罗佩金、殷承瓛、顾品珍、庾恩旸、黄毓成、孙永安、赵锺奇、刘云峰、张开儒、方声涛、赵复祥等叩。全印。

云贵联合声罪致讨之通电

十万火急。各省上将军、将军、巡按使、护军使、镇守使，各都统，并转各军、师、旅长，各道尹，各知事，各商会、农会、教育会，各学校、各报馆鉴：天祸中国，实生妖孽，袁氏以子孙帝王之思，致亿兆生灵之祸，始终不反，愎谏无亲，既自绝于国民，义不同其履戴，敢声其罪，与众讨之。袁氏昔在清廷，久窃权位，不学无术，跋扈飞扬，凶德既已彰闻，朝端为之侧目。迨民军首义之日，及清廷逊位之时，袁氏两端首鼠，百计狐媚，以孤儿寡妇为大可欺。以天灾人言为不足畏，迹其侮弄神器，睥睨君亲，固已路人知司马之心，识者有沐猴之叹。惟时我邦人诸友，念风雨之飘摇，惧民生之涂炭，永固国难，力奠邦基，故赣宁之役无功，而皖粤之师亦挫，乃袁氏恃其武力，遽即骄盈，蹂躏人权，弁髦法治，国会加以解散，自治横被摧残，异己削迹于国中，大权独操于一手，彼固曰"是可以自为矣"。卒之无补时艰，不保中立。济南自拓夫战域，辽东复展其租期，甚至俯首为城下之盟，披发有陆沉之痛。呜呼！我国民之忍辱含垢，为已甚矣，袁氏之力图湔雪，以求报称宜何如者！何图异想忽开，野心愈肆，元首谋逆，帝制自为，筹安会发生于前，请愿团继起于后，等哀章之金匮，假疆华之赤符，对内国人民，则谓外交之一致；于外交方面，则假民意以相欺。自奋独夫之私，欲掩天下之目。呜呼！永除专制，夫亡氏口血未干，难拂民心，清帝之诏书俱在，无信不立，宁得谓人？食言而肥，何以为国。因之外侮自召，警告频来，干涉之形既成，保护之局将定。此时杨再思一日天子，宁复有人间羞恶之心；他日石敬瑭半璧河山，更安有吾民欢息之所。兴言及此，哀痛何云。夫总统一国之元首。中外所具瞻也。今袁氏躬为叛逆，自失元首之资格，斯其丑形凉德，固有无能为讳者。更举其略，以告国人：南北和议初成，党人欢迎南下，袁氏欲留无辞，乃煽动兵变，以为口实，京津一带，惨付劫烧，张家口兵变，首乱不过数人，而全军咸遭坑杀，逞一己之淫威，轻万众之生命，是为不仁；黎副总统，一代元勋，功在民国，段陆军总长，当世人杰，志尤忠纯，皆袁氏股肱心膂也，徒以反对帝制之故，积彼猜疑，瀛台等羑里之囚，西山有云梦之辱，近传恶耗，未卜存亡，叹鸟喙之凶残，悲鸟弓之俱尽，是谓不义；梁士贻、段芝贵、张镇芳、袁乃宽、杨度、胡瑛，顾鳌辈皆市井小人，顽钝无耻，袁氏利其奔走，任以鹰犬之才，梁等遂窃威权，肆其狼狈之技，群邪并进，一指当前，望夷之祸匪遥，轮台之悔何及！是谓不智；当和议初起，袁氏据清廷全权，每语人曰："吾誓不作总统。"及叛迹已露，中外咸知，袁氏犹曰："公等若再以帝制相迫，则我必逃英伦。"言犹在耳，今竟何如？是谓不信；辛壬之际，义旅同兴，争冒死以图功，更举国以相授，袁氏之有今日，伊谁之力？乃动云禅让，横肆诛夷，谓不杀于谦，则此举无名，谓苟无曹瞒，几人称帝。功反为罪，生者之身已冤，死而有知，地下之目岂瞑？是谓不让。又若财权集于内府，计部徒建空名。大借款以盐税抵押，用途始终秘密。长芦运盐公司，独占商利，垄断闻亦同登。袁乃宽、梁士贻、张镇芳，袁氏之聚敛臣也。交通银行，袁氏之外府也。甚至以一国之元首，而寄私产于他邦，腾笑外人，贻羞当世，其寡廉鲜耻，有如斯者。尤可异者，显达违亲，陌视孔怀，乖戾已深，本实先拨。宫门喋血，患已伏于隐微；斗尺寻仇，祸已烈于典午。彼宗且覆，吾国何存！哀我无告之人民，忍与昏暴而俱尽哉！昔者董逃未唱，关东州郡同盟；莽窃初成，两河义军并起。今袁氏之罪，更浮于二凶，民国之危，尤甚于季汉。而且孙皓与下多忌，祖约偏阨不仁，孟津之八百不期，牧野之三千愈奋，斯其时也。各省军民长官，身为共和官吏，实系大局安危，必能挥士行之义旗，标茂宏之大节。举足轻重，存亡立判。其有海内顾厨，先朝耆硕，在昔首阳贬节，原知心在国家，于今大盗潜移，宁冒助其乱逆。谅同义愤，请共驱除。至若南阳旧部，新室故人，谁非国民，岂任私暱。况悲凉风于斛律，铲地难除；感大树之飘零，长城已坏。难共忧患，请视韩彭，其必有倒戈以图、奋袂而起者乎！其余各界人士，虽未与人军国之谋，应念兴亡有责之义，则匹夫蹈海，义感邦君，小吏登坛，节厉群后，于古有之，是所望也。尧等痛念阽危，诚发宵寐，力虽穷于填海，志不挫于移山，请负弩以先驱，冀桴鼓之相应，将以摧公路之枯骨，走杨越之居尸。义声播而黄河清，大旗指而燕云卷，然后保固有之民国，定再造之旧邦，解此倒悬，绵我华胄。天下自此定矣，诸君其有意乎？乃若觊延漏刻，眷恋穷城，等防后之稽诛，效蜚廉之死纣，则师直为壮，助顺者天，何枯朽之能支，将身名之并裂！幸勿贻悔于他日，庶其有感于斯文。唐继尧、蔡锷、任可澄、刘显世、戴戡暨军政全体同叩。感印。

云南唐都督致海外侨胞第一电

某某埠华侨同胞公鉴：我四百兆人民，含辛茹苦，肇造民国，委托袁世凯奉以统治大权，原期其励精图治，福国利民。乃袁氏包藏祸心，蔑弃约法，利用群小，狗苟蝇营，为渊驱鱼，为丛驱爵。日以变更国体，恢复帝制为号召，于是自中央以及各省，望风承指。颂王莽功德者，奚啻万人；称魏珰神圣者，何止百辈！始犹托名讨论，继则演成事实，行将无数志士仁人心血头颅所换得之中华民国，化而为一家之私产。良友忠规，褎如未闻，五国警告，悍然不顾。肆独夫之奸贪，沦全国于永劫。阴霾盖地，毒露弥天，天下可痛之事，孰有甚于是者！继尧等受民国付托之重，忝任封圻，义愤撄心，无可再忍，爰于本月二十三日电致袁氏，要其取消帝制，惩办元凶，限以二十四点钟内答复，并通电各省，求表同意一致进行。一面简练军实，整率义旅，声罪致讨。呜呼！国家者，人民之公有物也，人民者，国家之主人翁也。当袁氏就职总统之初，何尝不一再声明保持共和，永不使君主复见，乃息壤在彼，不惜食言而肥，苟全国人竟从此默尔而息，一任其为所欲为，则是国魂已亡，人心已死，我神州古国，将从此永坠于万劫而不可复矣。所幸攘臂一呼，同声相应，川黔各省，勠力同心，誓将扫除帝制，拥护共和。诸父老昆弟，侨居海外，眷念祖国。山川深阻，不能自致，用特沥陈起义实情，请赐明教。唐继尧、蔡锷、任可澄、戴戡、李烈钧暨云南全省士民同叩。印。

云南唐都督致海外侨胞第二电

某某埠华侨同胞公鉴：前电计蒙鉴察。比年以来，国内盗贼满地，萑苻遍野，水旱灾害，环起叠生。为之元首者，宜如何恐惧修省，奠定民生。而乃醉心帝位，汲汲不遑；挥霍金钱，滥施名器；牢笼要结，无所不为。而于国计民生曾未尝划一长策，展一良图，此尚可谓有人心者耶！继尧等用是义愤风云，志除国贼，但有进死，更无退生。现已简料云南常备各旅团，合黔省各团营，编制为护国第一、二两军，次第出发，由锷、烈钧分将之，拟长驱而北，会师武汉，直捣幽燕。继尧坐镇滇垣，可澄、戡赞助一切，筹运饷需，以为后盾。惟是义师既起，饷需浩繁，滇黔瘠区，库储无几，民生困弊之秋，复不忍再加负担，重累吾民。素仰我海外父老、昆弟眷怀祖国，高义薄云，是以率同滇黔全体士民，南面顶礼，电乞援助。子文之毁家纾难，讵让昔人；卜式之输财助边，定多来者。如蒙解囊相助，或随时径汇滇垣经收，或汇数集港，候派员领解。倘得源济无缺，士饱马腾，拯同胞于陷溺之中，复共和于危亡之际，则贵埠义声，铄古今、震中外矣。专此布恳，敬请矜鉴。唐继尧、蔡锷、任可澄、戴戡、李烈钧等率云南全省士民公叩。印。

蔡总司令致友人书

（上略）弥月以来，周历万里，细察各处情形之佳，多为始愿所不及。总言之，人心固结，气象发皇。前所谓急进派者，反诸平实；稳健派者，力去弛惰而已。（中略）滇中级军官，健者如某某等，自筹安会发生后，愤慨异常，屡进言于蓂赓都督，并探询主张，以定进止。蓂以未得吾侪之意向所在，且于各方面情形不悉其真相，遂暂守稳静。继闻敝宅误被搜查，锷引病出京之耗，慷慨激昂之声浪复起。迄某君到滇，将锷在津所发一函递到（先锷五日抵滇），蓂意遂决。锷经越入滇，注意颇属周到，不欲以色相示人，乃秘密消息，不瞬息而传遍，盖船埠、车站、旅馆内有人坐候，遂至无可避匿。抵滇之日，儿童走卒，群相告语，欣然色喜。不数日，金融恐慌为之立平，物价亦均趋平静。迄宣布独立后（念五、六等日），人心更为安适。日来举办护国纪念会，人心敌忾，有如火如荼之观。滇人侠勇，于此可见一斑。军事部署，悉如在京时所议。（中略）现第一梯团五日内可达昭通（距省十三站），其前锋已将川边燕子坡占领（为滇师入川要隘，系川境。距昭通十站，距叙府三站）。第二、第三梯团亦继续由省出发。（中略）现决以蓂留守，锷出征，合并军巡两署，恢复都督府，召集省议会，组织略如元二旧制。出征部只设总司令部，原拟设元帅府，暂从缓，盖欲以待来者。锷拟即日出发，以作士气而促进行。循若（戴戡之字）于二号起行赴黔，某君亦已赴兴义。滇日内已赶编数混成旅及挺进军数千人，为援黔及进窥湘鄂之用。接最近黔电，已有义不反顾之决心矣。旬日以来，滇电被阻，外电之来多作枭声，然士庶晏如，上下一心，无复些须之疑虑，将士皆志切请缨，有请愿数次而不得者。出征之部则皆意气奋扬，有不斩楼兰不生还之慨。川军已与通联络，可望一致。（中略）滇近得侨商之接济五十万，尚有数百万可克日汇滇，经济无虑穷乏。（下略）

云南起义特别会议时之布告

共和成立，于兹四年。各国承认，内外相安。元首违法，背叛誓言。自为帝制，擅行变迁。五国警告，大局阽危。军府为此，申明大义。忠言劝告，取消帝制。还我共和，恢张民气。凡此举动，均非得已。只对中央，本省无事。一切秩序，照常维持。凡尔士民，勿庸惊疑。各安生业，勿受谣欺。特此布告，俾众周知。

唐都督誓师文

维中华民国五年正月朔日，继尧谨以牺牲酒醴，昭告皇天后土，而誓于师曰：呜呼！民贵君轻，万邦是式，贼仁残义，一夫可诛。矧国是之久成，何逆谋之可宥。鲁连蹈海，尚耻帝秦；管宁适辽，不甘臣魏。岂有国步方艰，群情望治，遂乃妄侈边幅，效井底之鸣蛙，夷我华宗，戴冢中之枯骨者哉！粤自武昌首义，各省云从，五族一家，亿姓同德，扫除专制，创建共和，应世界之文明，为友邦所承认。乃者袁逆世凯，谋叛民国，复兴帝制，黄屋大纛，遽兴非分之思；砺河带山，无复未寒之约。侈钟虡于反掌，家天下局势已成；输安币以寻盟，小朝廷面目安在！亟子孙万世之私计，误国家百年之远图。本都督服役民国，坐镇滇疆，痛国家之将沉，恨独夫之不剪，爰整义旅，恭行天罚。击祖逖渡江之楫，誓清中原；问新莽指斗之杓，能持几日？嗟尔有众，尚其弼予。呜呼！尔惟克奋厥武，实乃无疆之庥。予亦报汝功，永有不次之赉。嗟尔有众，尚领念哉。

云南护国军蔡总司令告滇父老文

锷去滇二年于兹矣。忆辛亥起义，仓卒为众所推，式饮式食于兹土者，亦既有年。自维德薄能鲜，无补于父老，而父老顾不以其不职，而莫我肯谷焉，则父老之所以遇我者良厚。属以内迁，不获久与父老游。卒卒北行，伴食权门，郁郁谁语？睹此国难之方兴，计好义急公、堪共忧患、誓生死者，茫茫宇内，盖莫我滇父老。若今锷之所以来，盖诚有为国请命于父老之前者，愿父老之垂听焉：民国成立以还，袁逆世凯因缘事会，遂取魁柄，凭权藉势，失政乱国。内则佥壬竞进，苛政繁兴，盗贼满山，人民憔悴；外则强邻侵逼，藩服携贰，主权丧失，疆土日蹙。乃袁逆曾不悔祸，犹复妄事威权，排斥异己，挥金如土，杀人如麻，等法制于弁髦，玩国民于股掌，伊古昏暴之祸，盖未有若袁逆世凯之甚者。顾中国志士仁人，所以忍痛斯须，虚与委蛇者，诚念飘摇风雨，国步方艰，冀民国国体不变，元首更替有期，犹可徐图补救耳。乃袁逆一身祸国，犹虞不足，又复帝制自为，俾兹祸种，贻我新邑。袁逆之帝制成，吾民之希望绝矣。比者胙土分封，绵蕞习礼，袁逆急急顾景，若不克待。而起视四境，则弥天怨叹，群发曷丧偕亡之恶声。武夫健士，则磨刀霍霍，莫不欲刳刃贼腹。袁逆日暮途穷，谋逆愈亟，惧人心之不附，则又援外力以自固，参加欧战之危局，哀乞东邻之援助。以若所为，不惜以国家为孤注，以求彼一人之大欲。呜呼！袁逆冢中枯骨耳，石敬瑭、张邦昌之故事，彼固可聊以自娱。顾我神明华胄，共偷视息于小朝廷之下，嗟我父老，又安能忍而与此终古耶！诸葛武侯有言曰：“汉贼不并立，王业不偏安。”今日之势，民国国民与袁逆义不共戴。三户亡秦，一旅兴夏。有志者，事竟成，此匹夫之通责，而亦天下之公言。虽然积威由之渐，举国若喑相视，莫敢发难。独以西南一隅，先天下而声叛国之罪，是则我父老之提携诱导，其义闻英声，夫固足以大暴于天下后世矣。锷远道南来，幸获从父老之后，以遘兹嘉会，而又过辱宠信，扫境内之甲兵以属之锷，俾得与逆贼从事。锷感激驰驱，竭股肱之力，济之以忠贞，以求勿负我父老之厚望而已。抑全功未必一蹴之可企，而有志岂容一息之或懈。锷行矣，其所贾余勇而策后劲，以期肤功迅奏。而集民国再造之大勋者，伊谁之责，愿我父老之一鼓作气，再接而再厉之，以期庤于成斯国家无疆之庥，而亦吾滇父老不朽之盛业也。

云南军政府尊重人道之告示

为晓谕事。照得此次申讨，万众一心，救国至诚，深堪嘉许。第恐过于义愤，激而成偏。有现在外省服务人等，未及来归，与夫未出而讨贼，或戕其家属，或没其财产，或侵其坟墓，此种行为，实乖人道。须知爱国之心，人人共有，况当袁逆夺我共和，出而讨伐，必在意中。此时尚未发布者，或因势力之不及，或因准备之未周。以上两种原因，不能不稍示原谅。如有执迷不悟，甘心从逆，实属自外生成，本都督自有对外方法。除通饬各属：凡我滇人在外，自将军、巡按以及镇守使、师旅团营长官、各道尹、县知事人等之家属、财产、坟墓，应一律查明，严密保护外，凡我军民人等，恐未周悉，特此通告知之。此示。

云南共和军之布告

为布告事。照得共和成立，于兹四载，国势久定，中外具瞻。乃袁总统蔑弃约法，帝制自为，假托民意，摇动国本。自帝制问题发生以后，内则群情惶惑，惧祸至之无日；外则五国警告，动干涉之危机。本都督念及国本，虑飘摇之莫定，思消患于无形，当于民国四年十二月二十三日电告袁氏（电文已见本报，兹不再叙）。不料彼昏不悟，曾不见复。窥其意旨，直不惜以全国为孤注，于以求遂其大欲。似此迁善路塞，遗臭心甘，本都督受国厚恩，与叛贼不两立，与民国共生死，又于民国四年十二月二十五日通电各省（电文在公电内，兹不再叙）。此事系属全国公愤，风声所树，遐迩云从。现在各省通电，次第赞同，慷慨誓师，同锄凶逆。滇省出师中原。师直为壮，已操破竹之券，伫策饮马之勋。至省内各地，维持秩序，部署已周，刁斗不闻，弦歌依旧。合行示谕，仰全省军民人等知悉。须知袁贼叛国称帝，本为国法所不容，而本省仗义执言，已为中外所共谅。事顺而易，危害全无，尔军民诸色人等，幸各照常营生，自敦本分，不必轻信妄听，自启惊疑，而滋纷扰，本都督有厚望焉。其各凛遵勿违，特示。

云南政府照会各国公使文

为照会事：照得本国自一九一一年十月十号武昌倡义，全国响应。实因全国人民久受君主专制之压抑，乃奋起而为政治革新。尔时承各友邦认为交战国体，宣告中立。及南京临时政府成立，改建民国，清帝退位，宣布共和，均经通告各友邦。厥后正式国会成立，政府组织完备，又承各友邦陆续承认，本国人民曷胜感谢。不幸本国现任大总统袁世凯，谋叛民国，自为帝制，拂全国进步之人心，逆世界文明之趋势，自背受职之誓言，不纳友邦之劝告。本将军、巡按使为尊重国宪，拥护共和，爰举义师，以讨国贼，愿我最亲睦之各友邦，共守善意之中立，互敦永久之睦谊。相应照会，计开：

一、帝制问题发生以前，民国政府、前清政府以前与各国所订结之条约继续有效，赔款及借款均仍旧担任。

一、本将军、巡按使势力范围内居留之各国人民，其生命财产，力任保护。

一、自帝制问题发生以后，袁世凯及其政府与各国所订之条约、契约及借款等项，民国概不负责。

一、各国如有助袁政府以战时禁制品者，查出概行没收。

一、如各国官商人民，有赞助袁政府为妨害本将军、巡按使之行为时，即反对。

右照会驻京各国公使暨驻天津各国领事官、驻重庆各国领事官、驻上海各国领事官、驻汉口各国领事官。

云南起义时照会各国领事文

为照会事：窃以中华民国政体，曾经世界友邦所公认。近因总统袁世凯违反约法，背弃誓言，乘欧战未终之时，图谋叛逆，觊觎帝制。迭承贵国驻京公使大臣一再劝告，乃竟冒天下之大不韪，悍然行之，既为各友邦所共弃，复为本国人民所不齿。本将军、巡按使前受委任于中华民国政府，只知效忠勤于民国，爰联合各省宣告拥护共和，继续进行。念我中华民国，既蒙贵国政府承认于先，此次本将军、巡按使为捍卫国民、维持国宪起见，尤当为贵国政府暨贵总正领事所赞同，自应正式通告，以重邦交。所有本将军、巡按使对于贵国应继续履行条款及力求敦睦应行办理各事，相应开计条件，备文照会贵总正领事查照，并请转达贵国政府暨贵国驻扎北京钦差公使大臣为荷。须至照会者。

计开：

一、自宣告日起，所有前清政府及中华民国政府与各国缔结之条约及关于滇越、滇缅会定各项单行章程，均继续有效（照会驻滇德领事应删去滇越、滇缅等语一节）。

一、凡在本将军、巡按使势力范围以内之旅居各外国官商、教士、游历人等，所有生命财产，均按约切实保护。如有正当损失，由本将军、巡按使担任赔偿。惟私赴南夷荒僻及匪乱未靖地方所受损失，不在此限。

一、请电告缅甸、越南政府转饬沿边文武，照旧与民国云南省所派文武接洽，商办各事宜，互相维持两国边界治安（照会德领不用此条。）

一、民国政府因欧战事公布之中立条规，在本将军、巡按使势力范围内，仍切实履行。

一、以后如有国际重大事件，应由本将军、巡按使直接办理，其他关于本省交涉事宜，仍请照常办理（照会省内各领委者，应请继续与云南交涉署商办等字）。

右照会：

大法驻蒙自领事官福

大法署交涉委员兰

大英领命驻滇总领事官葛

大英领命驻腾越领事官义

大德国领命驻滇正领事官魏

大法驻河口副领事官杜

南北两军布置之实数

刻据某方面调查：（一）动兵以前之中国陆军配置额数，（二）袁军派南之确数，（三）共和军及中立军之各兵现数，分述如下。其但与时局少有关系之地方，仅志其省内之总数而已。

动兵以前之中国军队

（一）直隶　总计：82,000 人
北京南苑（第七师）：6,000
北京北苑（第十师）：4,900
北京三海（近卫军）：1,100
北京西苑（禁卫军）：4,500
北京西苑（模范军）：2,000
北京西苑（拱卫军）：3,000
北京北苑（京卫军）：2,000
北京城内（护卫军）：5,000
北京城内外（步兵卫队）：5,500
张家口（第一师）：8,000
张家口（察哈尔防旗队）：1,000
热河（热河陆军队）：1,300
保定（第八师）：7,800
保定（马队第一旅）：1,000
遵化易州（绿营）：4,000
张家口外（察哈尔巡防）：600
镶黄旗大马群（察哈尔右翼巡防马队）：400
承德（毅军）：800
赤峰（练军）：600
丰宁（热河巡防队）：1,000
巴林（热河游击队）：1,000
正定及保定（警备队）：17,000
德州（巡防队）：3,000

（二）湖北　总计：19,300 人
武昌（北洋第二师）：5,500
襄阳（第十一师）：5,800
荆州（湖北第一师）：6,600
武昌（混成旅团）：1,400

（三）湖南　总计：19,500 人
岳州（第三师）：8,500
长沙（混成旅团）：5,000
长沙（模范营）：1,000
各地方（警备队）：5,000

（四）河南　总计：34,600 人
开封（第九师）：6,800
南阳（混成第二旅）：2,500
孝感（混成第六旅）：3,000
开封（混成第七旅）：2,800
郑州（混成第八旅）：2,500
浙川（先锋队）：2,200
嵩县（镇嵩军）：3,000
归德及开封（毅军）：3,500
南阳及归德（河南补备队）：500
怀庆（巡防队）：4,500
各地方（警备队）：3,000

（五）安徽　总计：21,300 人
芜湖（混成第二旅）：2,000
正阳关（安武军）：12,000
各地方（安武军）：7,000

（六）江苏　总计：43,500 人
苏州（江苏第二师）：7,200
松江（北洋第四师）：6,300
清江及南京（江北第十九师）：3,500
南京及镇江（禁卫军）：3,500
镇江（混成第一旅）：2,500
淮安（混成第五旅）：2,500
南京（混成第七十四旅）：2,700

江阴（混成第七十六旅）：1,500
扬州（混成第七十六旅）：1,500
徐州（定武军）：9,800
各地方（巡防队）：2,500
（七）江西　总计：20,900 人
南昌（北洋第六师）6,900
南昌（混成第九旅）3,500
袁州（独立第一旅）2,500
赣州（独立第二旅）2,400
南昌（独立第三旅）2,600
南昌（补欠第五旅）2,500
各地方（巡防队）：500
（八）奉天　总计：28,500 人
（九）吉林　总计：9,000 人
（十）黑龙江　总计：19,000 人
（十一）浙江　总计：14,700 人
（十二）山东　总计：15,600 人
（十三）山西　总计：14,500 人
（十四）福建　总计：5,000 人
（十五）甘肃　总计：13,800 人
（十六）陕西　总计：14,800 人
（十七）新疆　总计：8,000 人

共和军及中立军之兵数

（一）云南　总计：21,400 人
昆明（第一师）：3,500
腾越（第二师）：3,200
大理（马队旅）：1,800
大理（炮兵旅）：1,700
各地方（警备队）：4,200
各地方（新募兵）：7,000
（二）贵州　总计：12,100 人
贵阳（第一师）：5,500
各地方（警备队）：6,600
（三）四川　总计：17,000 人
重庆（第一师）：6,000
成都（第二师）：5,000
成都（第三师）：4,500
各地方（警备队）：1,500
（四）广东　总计：38,800 人
广州（广东第一师）：4,200
广州（混成第一师）：2,100
惠州（混成第二师）：2,100
广州（模范团）：600
各地方（警备队）：29,800
（五）广西　总计：4,000 人
梧州（广西第一师）：1,800
龙州（广西第二师）：1,500
龙州（混成旅）700
（六）江苏　总计：30,000 人
（七）浙江　总计：14,700 人

关于云南起义之杂述

云南等省将军、巡按使致电统率办事处及政事堂：力言帝制绝非民意，请杀杨度等十三人以谢天下。限期二十四小时答复。

据香港来电云：云南省于二十四日发表独立宣言。闻云南将军之取消帝制，劝告所定回答日期，北京政府未与明确回答，故拟两三日内以云南政府名义发正式宣告通牒，分致北京政府及各外国。

云南独立之说，今已征实。昨日云南将军发表宣告滇省独立之文，大旨谓袁氏破坏就职时之宣言，不听维持共和之忠告，故滇省此后行政事宜与中央政府断绝关系云云。京汉铁路装运大批北军南下，货车全停。

此间某报谓：云南当道致电各省，促请维持共和国体。

据某党人声称：云南已树反袁之旗。蔡锷于本月初由长崎经香港于十七日入滇，即于翌日举兵。其部下之兵，备有最新式武器者约三师。

蔡锷、唐继尧致电奉天将军段芝贵、师长张作霖，声斥赞成帝制、破坏国家之罪，措词甚为激烈，因是非常惶恐。

河内电云：云南反对帝制，发布独立宣言之后，省中平稳，秩序井然，一切仍如平常状态。

北京电云：闻政府于二十八日接到广西、贵州两省要求取消帝制之报。

香港电云：滇省独立，秩序井然，惟将军名义改为共和军总指挥，添设军政议会及练兵处两大机关。议会居于总指挥之上，一切事宜先由议会议决后，始交总指挥执行。仍用五色国旗，惟上加一白方旗，上书“再造神州”四字，俟旧政府推倒，新政府成立后即将白方旗取消。有华侨林某者，担任添招五师军饷，更有一孀妇慨捐一百余万。

四川电云：四川将军陈宧所属军队约一万五千人中，有一部分驻叙州，以固该省南境。乃自云南宣布独立以来，因与该省比邻，以致谣言纷起，人心浮动。且驻屯重庆之四川陆军第二师长刘存厚，为四川省军界负有重望者，传闻亦俨然表其反对帝制之意。因此陈将军之态度颇堪注意云。

路透电云：十二月十二日，云南将军、巡按使曾通谕滇人，谓袁总统已受帝位，民间其各安生业，云云。嗣后，云南将军唐继尧与党人谋，决议反对帝制。唐继尧已汇银二十万两至日本购买军火。滇人似愿和平，但党人由香港、新加坡、澳门、吕宋及太平洋诸岛来者，日有其人，陆续不绝。蔡锷家属在滇，渠于十月间或十一月间离京，倏然抵滇，出人意外。当蔡锷未抵云南之前数日，前江西都督于一九一二年反抗袁氏事败逃往日本之李烈钧，早已行抵云南。李生于云南，其父母虽来自江西，然其亲戚在云南者固甚多也。自十二月初旬以来，党人来自蜀、鄂、湘、宁、沪、浙、闽、粤、桂诸处者，每日辄有五六人。同时，袁氏陆续派人来滇侦察党人，并欲设法阻止之。十二月二十二日，将军唐继尧、巡按使任可澄，电致袁氏，要求取消帝制，解除总统职，限二十四小时答复，并引证袁氏誓言中服从民国法律，拥护共和等语，以责袁氏。又谓袁断不可谋叛共和，此乃云南真民意云云。二十六日午前十时，蔡锷宣布云南独立，并檄告滇民，解释各情。将军、巡按使复有晓谕云南军界之文。蔡锷谓：“袁氏包藏祸心，只知私利，扰乱国家，召生外侮”，并出示保护租界、商埠，及境内教堂、教士、外人。蔡锷又谓：“除四川外，各省皆已电致北京，措词与云南所发者相同。”提议各事经一致解决后，云南府当道劝令民间以民国五年一月一日为新民国元年一月一日，并以云南府为临时政府，是日为国庆日，民间举行庆典，并令于十二月二十六日开始布置。各家门上春联皆系保障共和之纪念及民国万岁字样。

重庆电云：蜀省当道，疑贵州已与云南秘密接洽，故严密注视贵州之行动。

海防电云：前清蒙自道台何将军，今复为蒙自道，颇受民众欢迎，何乃热心革命家也。

海防电云：十二月二十七日，阿迷州知事脱逃，旋在车站为河口道所获，往云南府后，经英领事出面缓颊，得免枪毙。

海防电云：华人可在河口边界往来，惟须云南都督之护照。

济南电云：云南独立之后，南方诸省亦均不稳之谣甚炽，政府当局因作万一之备，近特分往山东省内各地，陆续募集新兵，于德州及武定府方面募集之警备队，约计二营，业于前日由津浦铁路运送南下。又，北洋第七师亦于宁济及曹州方面，大举募集新兵，而登州镇守使所属之巡防队亦欲增募三营，已具呈靳将军请其核准矣。（以上均系电报）

云南既反对帝制，将军之名称自不宜再存，现在将军行署业已于阳历一月一号取消，仍改为军都督府。北京政府所颁发之开武将军督理云南军务之印信亦已毁弃，另刊“中华民国云南军都督之印”启用。

云南巡按使一官，本由民政长改设，目前仍拥护民国，自应将巡按使取消，另行组织他项官厅。

云南高等地方审判厅、检查厅已另行改组。

云南既以拥护共和为宗旨，北京政府自必视为仇敌，一切防护不可不亟亟进行。日昨军都督特电令各州县，拟再添募陆军十师。凡从前退伍之军人及现在有愿当兵者，均可招募。

日昨已加派一梯团分道赴川。

李烈钧已赴香港，预备筹饷运械。日昨尚由滇越火车运到饷银十余车，此系记者所亲见。

高等审判厅长张仁普，见滇省起义，竟为袁政府内奸，现已查出证据被捕。

此次滇省举义，驻滇外人极为钦佩。

蒙自道各属，现因军队调省改编，边地空虚，盗匪莫缉，刘代道尹拟饬各属筹办保卫团。个旧繁富之区，尤须先其所急。惟器械缺乏，空拳何能御匪，请由军械局酌发枪支，交地方官转发公正团承领，妥为保管，并饬该绅等完全负责。子弹需用若干，由地方备价呈缴，庶公私均有裨益。

滇军第一梯团计已达川边，沿途颇受人民之欢迎。闻昨刘师长存厚由川来电，催促滇军星夜前进。川军业已响应，各处均运动成熟，立盼滇军到来，即可会议进取成都，不难垂手而得，幸勿失此机会。

袁政府以云南起义，尤恐各省响应，故将云南发出各电，一概不许转出。日昨闻袁政府有电致滇，托英国领事代为居间调停，询问唐将军此次举动究有如何意见。其意盖欲和平了局。唐将军回答：袁政府对于唐某，交情固厚，各次馈送，数目不下百万（如何专使来滇，又送二十万），官至侯爵，其他并无希望，惟请袁大总统从速取消帝制，还我民国，否则不能利诱。并拟将袁政府多次馈送及秘密运动帝业之丑史及各电概行宣布。

叶香石君，滇南军界之佼佼者。当光复时有功滇黔，曾任要职，嗣随唐督返滇即归里筹办实业。顷因滇军首义，唐督电召来省筹备进行。昨接叶君由顺宁复电，以打消帝制，国民应尽之责，拟请编练劲旅，以树西南之帜，再由全集合云缅健儿，亲赴前敌，效死疆场，所有饷糈，由云缅地方担任云。

日昨七号即星期五日，巡按使任君召集本署全体职员，会合摄影，以作改组政体之纪念。其改组手续系设民政厅长一员，隶于都督，厅长以下仍分教育、实业、内务等科，归厅长指挥。巡按名目业已取消，任可澄君现充军府参赞，不日即行发表矣。

唐都督通告军警学商各界，定于本月九号即星期日就第一司令部，高搭彩台，唱演戏曲，欢迎蔡松坡、李燮和两君。军界少校以上，政界科长以上，警界署长以上，学界校长以上，商界则派代表数人，于十二点钟时齐集指定地点，以便款洽。是日到会者约数百人，颇极一时之盛。

滇军倡义拥护共和，人民同声欢忭，于民国五年一月一号开拥护共和纪念大会，各街坊均结彩帐、悬国旗，换贴新联以志庆。其中新联佳者甚多，兹择其尤者录之如下，以见人心之趋向。其一："眼看金马腾空日，坐待黄龙痛饮时"。其二："六诏古来出豪杰，五华高处拥风云"。其三："二三豪杰为时出，一代风云不世情"。其四："立马华山，推翻帝制，挥戈燕地，重建共和"。

护国第一军总司令部悬牌十余张，均系人民请愿从戎之批。其中一人系某省县知事，又一人系某县行政委员，均批以"有志从征，殊属可嘉，惟从征人员已有定额，碍难照准"云。由此可知滇人从征之踊跃矣。

宪兵队招考宪兵八十名，闻投考者至数百之多。其未考取者，皆深以不得从征为憾，若有迟到误考者，均纷纷请愿补考，不识能照准否。

蔡都督有大功于滇，滇之妇孺皆知仰戴。近因反对帝制，来滇为护国第一军总司令，滇人士思其德，开三迤总会以欢迎之。滇以与将军离别两载，皆欲先睹英姿为快，故届时之往欢迎者连络不绝。洗马河、海心亭一带，途为之塞，至时忽见有欢迎会改期之条，皆怏怏而回。将军遗爱，在滇可见一斑矣。

滇省政费，凡非必要者一律酌减，以充军费。现将全省政务分别最要、次要，严立标准，以定裁留。惟自治费与教育费则极端维持，明令规复。地方自治，目下各县议会已陆续告成矣；全省中学校原有九所，高等及初等小学约一万余所，当道宣言，无论如何困难，仍当扩充学费，丝毫不得挪移。中学且注重兵式体操，一律发给枪支，参照军队部勒。首义诸人，亦可谓能规远大，洞明致治之本原者矣。

讨逆宣布后，即设征兵总局于省城，派马为麟为局长，设征兵分局于云南、楚雄、武定、大理、丽江、曲靖、蒙化、临安、开化九府，同时着手。以外各府，则陆续举办。各地退伍兵闻信奔集，异常踊跃；新兵报名，亦门限踏穿。各县学生之应征者甚多，经各该局查明，一律拒却，谕令回校专心修业，故各学生皆以不得受征为憾。滇人为国杀贼之义愤于此可见一斑。

滇当道深知国步艰难，非才莫济，故宣布讨逆之后，凡海内负重望之名宿、遗老、清流，一一致书招聘赴滇，共襄盛举，或随时以函电指示机宜。并分电侨居英法之蔡孑民、吴稚晖、李石僧诸君。闻三君复电，不日当首途归国云。

第二军总参谋韩凤楼，今日军界中不可多得之才也。韩，河南人，辛亥光复历任滇黔旅长、师长。治军有法，深得士心。解职入京，充将军府参军、总统府顾问，颇为袁氏器重，益以乡谊，更时加以笼络。顾韩与蔡锷、殷承瓛交甚秘，蔡、殷行后，韩被军警监视，几失自由，韩不得已，因与张镇芳、袁乃宽极力亲交，每日必至两处吸鸦片、戏樗蒲以自污，袁、张渐信其无他志。蒙袁皇帝硃笔圈出，举为国民代表大会中有勋劳于国家之代表。韩投票后，知防闲渐疏，星夜变装出京，潜行入滇，任第二军总参谋。韩与李烈钧交最稔，自肄业日本振武学校时，即结生死之盟。癸丑以后，李出亡在外，韩、李间音问不绝。今与罗君佩金分任两军总参谋。两君皆沉默勇毅，见识过人，可为护国军得人庆矣。

袁君嘉谷，亦滇中最负众望者也。前清时曾任浙江提学司，光复之初，蔡松坡督滇，聘充秘书，深加倚畀，国会成立，被选为参议院议员。是时，袁世凯夹其利诱威逼之魔力，所以蹂躏国民党者，无所不至。袁君因国民党之被蹂躏日甚，而信念国民党之党义益坚，矢志不去。洎国会消灭归滇，唐督复召之入幕，礼敬有加，一切政务资其擘画，此次唐君断然为讨逆之宣布，袁君从中赞襄之力亦甚多。外报不察，已被杀者，真不知何自而来也。

有庄怀恭、段抡者，前江西连长、云南讲武堂学生也。癸丑失败，出亡日本、南洋各地。去年五月间，中日交涉起，丧权辱国，海内骚然，李烈钧、李根源、方声涛等因致书唐继尧、罗佩金、黄毓成诸人，痛陈时局，命庄、段两生赍之由缅甸入滇，至潞江中瘴毒，均死于大理途中。其书为大理团长华封歌所得。华与庄、段，固同学也，代呈于唐。唐抚书慨叹者久之。尔时机会未至，秘不发丧，自宣布讨逆后，唐与李烈钧出名为之表彰，并各给千元恤其家属。闻庄字子安，曲靖人；段字月楼，剑川人云。

云南自宣布独立以来，极力增加兵力，刻已募得决死队一大队及新军五六千人，又增加机关枪三十架、速射炮五门云。

云南已于二十七日设立中华民国第一军总司令部于八省会馆。

共和根据地之云南

云南，偏在西南，交通不便，其实在状况莫由接触于国人之观听，故人亦多以贫弱之区视之。兹据熟于滇事之某君所谈，云南地势之宜于战守，军力之雄大充实，财政之大足支持，均异于世间所云。乃知共和军以云南为首义之地者，不惟合于天时，洽于人心，尤深得乎地之利者也。爰志其要，以祛世人之疑惑。

云南之地势：云南据扬子江上游，地势高旷，气候温和，为全国冠。四境多山，山皆雄绝。南路沿铁路线与安南交界处为老街，滇境则高山崔巍，越境则一望平原。滇于山顶设炮台，居高临下，形势极佳。此路既经我友邦法国坚拒袁政府无理之要求，不准其越境运兵，自不发生何等问题。东路与黔省交界处，则黔界地势较高，势成仰攻，于滇稍不利，然得黔为屏障，则一夫当关，万夫莫当矣。今黔省既与滇同举义师，此路自无问题，将来必由滇遣师经黔入湘。黔湘交界，黔绝高而湘则低，故滇军得利则可一鼓而下全湘，不利则扼险据守，虽数年无碍也。北路由昭通至叙府，地势逐渐低下，易于出而难于入。由叙府至重庆，顺流而下，尤宜于往而不宜于来。滇军必聚全力于此路以进窥全蜀，若无意外阻碍，则必能于袁军未至以前下重庆而扼巫峡，袁军虽百万，无由飞渡也。纵不然，亦可扼叙府而守，藉川南之富厚，储军需以待四方之响应，绝无丝毫可虑者在也。

云南之军力：云南军队现有二师及一混成旅，编练纯采新式。兵皆土著，体格伟壮，性情勇猛，为滇兵之特色。上级将校多由日本士官学校出身，中下级将校多由滇讲武堂出身。蔡锷、唐继尧、李烈钧、方声涛皆曾为讲武堂教习，又皆为日本士官毕业。以此诸人指挥云南军队，可谓彻上彻下无不融洽。而尤为可恃者，即军备异常完备充实是也。滇练新军始于前清，滇督锡良、李经羲总之，皆竭力整顿扩充，计前后由德国购入极新式军火，共值八百余万两，山炮、野炮、机关枪无一不备，而弹药尤为丰富，计每铳一挺，各配足子弹四千五百个，且各队步枪均系一式，并无参差不齐之弊。去年蔡松坡在京曾言："在京调查一年，始知全国军队中军械之充足，无出云南右者"云云，可知蔡之首义盖实有恃而无恐也。又，云南本有弹药厂，每日加工可制出子弹约二万发，故弹药之补充亦不为难。

财政之状况：云南在前清为受协省份，其贫窘诚不能讳。然云南收入最巨者为盐款（每年约三百余万）。平时盐款均须解往中央，故滇不能自支。辛亥革命，解款停止，于是滇库中遂存储现款至二百余万。故革命后各省皆滥发纸币，其祸至今未已，而滇省独免此患者，良以此也。今滇省首义，自无解款于袁政府之理，惟现在盐款似与外人有关系，能否自由使用，尚属未定。此外以锡税为收入大宗，惟每年不过三十万耳。总之，云南诚贫，然支持数月，则甚不难，况此举为我国存亡一大关键，毁家纾难，又岂乏人，所望爱国君子，急从经济上竭力资助之，则非仅云南之幸而已。

云南举义时之盛况

顷有人接到党人龚振鹏自云南所寄之书，详述该省起兵时之盛况，转录如下：

鹏于十二月十七日偕李君烈钧、熊君克武抵滇。鹏与熊君寓邓君太中宅，李君寓黄君毓成宅。适逢盛举，特将滇中义举大概情况为兄略述之。滇中各界对于帝制一致反对，十八日，蓂赓（唐继尧字）将军到李烈钧寓宅约李君及熊君克武、方君声涛与鹏会议于忠烈祠，滇中重要军官如黄毓成、赵复祥、罗佩金、邓太中、杨蓁均在座。首发言者为唐将军，次李君，次罗君、邓君、方君，其言皆关于军事、财政、外交诸大端。议决十九日两混成旅出发。二十日驻滇各领事皆来会，多赞扬之词，某领事且顾谓唐公曰："有此一举，知中国有人矣！诸公其努力，谨先致贺。"其言至可感激。

二十一日，第三及第四两旅出发，得南洋华侨助款现金六十五万，并由某处运到步枪、山陆炮、各军需品多件。此间军人益兴高采烈。二十二日，杨君益谦随蔡君锷、殷君承瓛、戴君戡、刘君云峰抵省。是晚开大会，即鹏等亦忝列末席，议决发电袁氏，令其取消帝制，杀杨度、孙毓筠、段芝贵、梁士诒、张镇芳等十三人以谢天下。并议通电各省，请赞同一致讨逆，并议及共和军之组织。二十三日，接各省将军密电多件，又接四川刘存厚师长、伍祥祯旅长及贵州刘护军使、广西陆将军赞成之电，某省师长及某旅长亦有电来。二十四日，开大会于将军府，滇中军界、政界、绅界到共四十余人，蔡君锷、李君烈钧、戴君戡、殷君承瓛、熊君克武、方君声涛与鹏皆与会，合计有五十二人。是日唐公主席。发议最多者为蔡君锷，蔡次为李君烈钧、戴君戡、罗君佩金、黄君毓成、杨君蓁。决议发电各事，并共和军之组织及宣布独立日期，全体赞成，斯时各人皆雍容镇静，行所无事。鹏等之欣幸尤非言语所能形容，盖中国国家之转危为安，转亡为存，胥赖乎此矣。二十六日正午十二时，唐将军正式宣布独立，改称都督。是时，军、政、商、警各界服礼服咸集城中。各校男女学生各手执松柏花圈，一环内标“拥护共和，声讨叛逆”八字，分集府门两旁，秩序肃然，万众无声。军乐队先奏乐，兼学生一队随而唱歌，铿锵鼓舞，听者莫不肃然起敬。寻唐、蔡、李三公次第演说，宣布独立大旨，各界出而答词，复奏军乐，学生唱歌如初，互相敬礼。三唱“中华民国万岁！共和军万岁！云南军政府万岁！”声振山谷。礼成，各执其事。是日午后三时，唐都督至北较场誓师。入晚，省内外燃爆之声，彻夜不息，逐户张灯悬旗，诚盛事也。二十七日，刘、邓（刘云峰、邓太中）两司令出发，军容之整肃，士气之壮盛，外人观者莫不脱帽欢呼，极口赞叹。士民学生排列欢送至延长十里许，而“中华民国万岁”声，益洋洋盈耳焉。

云南共和军纪实

滇省自客腊二十五日首举义师，声讨谋叛僭帝之独夫，维持共和，发表将逾十日，想已全世界皆知矣。惟最近情形若何，必为国人所急欲访问者，兹就耳目闻见所及拉杂书之，以告我阅者，诸君当亦先睹为快也。

顷阅沪报所刊各电，恍若滇省举动，唐、任系出于挟迫者，其实大谬不然。滇人之痛恨袁氏亦已久矣。癸丑以还，废国会，撤自治，大权揽于一人，执长鞭以笞天下，人民不得丝毫之自由，而种种暴征苛税，又相逼而来，凡滇中之绅商学界平居谈论，无不疾首蹙额，而军界中之有力者尤反对之，不过隐忍待时耳。现在滇省军界之主干人物，多由该省之讲武堂教习出身，如唐继尧、蔡锷、李烈钧、罗佩金、李根源、方声涛、黄毓成、赵复祥、韩凤楼等，昔年皆同学同官，亲如兄弟。二次革命后，或守土滇中，或供职中央，或出亡在外，而彼此音问无间。洎筹安会兴，知袁氏决心谋叛，于是滇省军人自将军以至中下级军官，共集黄毓成家中，密议数次，皆一致决心讨袁。居中主持尤以罗佩金、黄毓成、邓太中、杨蓁、赵复祥、刘云峰诸人为最力。绅学界中有李曰垓、吕志伊、李临阳、赵伸、谢树琼等，互相策应。惟滇省僻处边隅，见帝制运动声势甚凶，该省对于国体应发表之意见及国民代表选举投票之进行，中央又一一密电授意，勒令举办，故一面照式敷衍，一面极力准备布置，并电邀李烈钧、方声涛、熊克武诸人先后入滇。在此准备时期中，忽接中央密电，开复黄毓成原官（黄原任重庆镇守使，勋五位，因二次革命暗袒熊克武被革职），令来京任用，始知滇中密谋已为袁氏侦悉，盖黄为主张讨逆最力之一人，欲用釜底抽薪之法以去之也。黄得电，颇疑将军唐继尧中变，往诘唐，唐指誓无他，并电告袁氏，谓黄现抱病不能来，以搪塞之。迨宣布讨逆后检查密电，始知前次密告，系总统府侍卫武官派赴滇省充军事侦探之何国华所为。拘下禁之，仍厚加待遇，并不置之死地，滇当道之存心亦可谓宽大光明之至矣。

滇省举师讨袁，本欲俟袁氏登极之日与之同时发表，为其大典之庆祝，不料五国警告后，袁氏对内则极定君臣之名义，对外则极力交涉，运动列强承认。滇人深恐登极举行之日，即利权丧尽之时，将坠国家于万劫不复之地，于是变更计划，决定提前发表，先将军队派川黔边界进发。适得港电，蔡锷、戴戡、殷承瓛亦即日赴滇，神气益形壮旺，因延期数日以待之。及蔡、戴、殷三君抵省，翌日遂对袁氏下哀的美敦书矣。

滇省政府之编制，将军改称都督，下设左右两参赞：右参赞为任可澄，左参赞为戴戡。与徐菊人督东三省时之制度恍惚相同。参赞之外，分设政务、财政、参谋、军务四厅。政务厅长为李曰垓（惟李愿从军入川，尚未同意），财政厅长为籍忠寅，参谋厅长为张子贞，军务厅长为庾恩旸，皆直接秉承都督处理该厅之事务。至于军队之组织，则分为两军：第一军军长为蔡锷，总参谋长罗佩金；第二军军长为李烈钧，总参谋长韩凤楼，同受都督节制。第一军统辖第一、第二、第三三师，第一师师长刘云峰，第二师师长赵复祥，第三师师长赵钟奇。第二军统辖第四、第五、第六三师，第四师师长刘祖武，第五师师长黄毓成，第六师师长方声涛，此外，有独立第七师，专任守境保安之责，师长为顾品珍。滇省军队原有二师一旅，另有警备队四十营，今忽作七师之计划，闻者将疑其不实不尽，虚张声势，不知滇省自前清练兵以来，积存枪械足组八九师，近复由某处秘密输入山炮、步枪甚多，全省退伍兵约四师有奇，皆在辛亥光复时曾与于援川、援藏、援黔之役，久经训练战斗者，散处各地，朝令夕至，一闻征调，无不踊跃欲试。即现在之警备队，平时教练与陆军同，官长皆讲武堂学生，绝无巡防营之陋习，不过编制名目之偶殊耳。现组两军中任旅长、团长之职者，为张开儒、邓太中、杨蓁、刘法坤、孙永安、何海清、李修家、钱开甲、董鸿勋、唐继禹、戢翼翘、李友勋、马为麟、华封歌、杨益谦、施继伯、禄国藩、曹之骅、王秉钧、缪嘉寿、李朝阳、邓埙、赵世铭、杨体震、黄永社、杨鸿昌、卢焘、潘炜章、马梁、梁謇、林桂清、石陶钧、杨源濬等，计留学日本士官生七人，云南讲武堂学生二十人，保定军官学生四人，留学日本东斌学校生一人；内中湘籍者有四人，为何海清、黄永社、石陶钧、杨源濬，鄂籍戢翼翘、蜀籍李友勋，桂籍卢焘、黔籍马为麟，余则滇籍，皆饱受教育、多谋善战之士也。

滇省反对帝制，始由军人暗中主持，政界中人尚未与闻秘密，平居谈论，不过互相表示愤慨之词耳。巡按使任可澄直至十二月中旬李烈钧入滇后，始知唐都督有此决心，一日，唐在将军府治筵，为李洗尘，并邀任作陪，一一介绍之曰：某为李燮和，某为方韵松，某为熊锦帆，某为龚振洲，任颇错愕，言谈之间，极表同情，并深以同襄义举为荣幸。是日下午，任即单衔致电北京，历数袁氏罪状。故任之参预大计虽较迟，而反对帝制之运动则为滇省之急先锋也。

蔡锷、戴戡等之入滇，由海防乘车，行抵阿迷时已入夜，照例停驭，蔡等下车投宿旅店。该县知事张一鹍，奉袁氏密电要杀之，为铁路警察所觉，极力保护，得以无事。至翌日而滇省反对帝制之文告发表，该知事自知不妙，挟妾卷款，乘一等车潜逃，抵南溪站即改乘四等车，以混人耳目，不料追捕之警察已跟踪而至。此妾自云系大理府土娼，张则为随行之龟奴。盖张妾本以土娼起家，前年曾张艳帜于滇省，名噪一时者也。惟张之面目，警察素识，指证确凿，因改称现奉公事往海防办案，索其凭证，不能交，遂逮之以归。张面无人色，其妾则沿途嘤嘤啜泣，犹觉憔悴可怜云。

誓师讨逆本定期二十五日举行，念四日适接袁氏封爵电令，英法两国领事不知底里，是日晨特循例往将军府道贺。唐将军诘之，谓："两君之来，所贺何喜？"曰："贺封爵也。""予以为贺宣布讨袁耳，封爵何贺为？"两领事大惊。某领事从而致词曰："夫袁氏假托民意，篡取皇冠，数月以来，未闻中国人有敢起反抗者，予谓非亡国贱种不致此，常以为一大奇事。今滇人能倡大义，中国可以不亡矣。"谈论甚欢，珍重而别。

誓师前两日，曾召集绅商各界要人开联席大会议，征求关于国体之确实意见。绅商态度视军政两界尤为激昂，两年以来，对于袁氏之痛恨，敢怒而不敢言者，至是悉倾筐倒箧而出。有赵君藩、陈君荣昌者，滇中之名宿也。赵在前清任四川臬司，一年以来，已绝迹不入公门，专辑《滇南丛书》。陈则为侍读学士，入民国后，绝意仕进，隐居安宁，袁氏屡征不起，滇当道平昔欲求一面，亦不可得，及闻宣布誓师讨逆，喜极而泣，联翩同诣将军府，痛哭而言曰："自闻国体论兴，各省长官依阿取容，不敢稍持正论，举国已无生气。窃谓以曹操、王莽、石敬瑭之为人而亦君之，是可忍，孰不可忍？不特无以对民国，固无对前清也。今将军能倡大义，吾侪死可瞑目矣。"滇省舆情，于此可见一斑。

唐、蔡在滇，向得士心，此次决定讨逆，皆愿统兵杀敌，宁为其难，不为其易，故都督一席无乐就者。唐以蔡为士官第三期毕业生，行辈最老，必欲让蔡督滇，李烈钧亦深赞其说，愿居部下，受蔡指挥。蔡则以唐为现任将军都督，当然仍属诸唐，相持两日不能决，卒以多数主张不变更现状，于是蔡、李督师出征，议遂决，亦可谓见义勇为，让德可风者矣。川中百官如刘存厚、雷飙等，皆与唐、蔡、李有旧，关系极深，蔡转滇即询其意见，复电极表同情，昨闻刘、雷已响应于川中矣。

熊克武入滇，极得滇中军界欢迎。因熊之旧部已聚集川东一带，转战数月，军纪严肃，声誉甚隆，为滇人所深知，故唐都督特委熊为滇川宣慰使，兼程先行，独立自组一师。综合各方面形势观之，川省大局之属，定可计日而待也。滇省遽举大兵，外间不察，必将谓金融状况不免竭蹶，其实不然，李烈钧入滇之先，得某处华侨资助，挟巨款俱来，先后运入现金两次，每次以车十数辆载之，人心大定。滇省钞票之兑现，视宣布讨逆前反觉减少，即此一端，亦足见此间金融界之消息矣。

滇中秩序井然，现状无甚变更。惟政界中有滇中道尹唐尔偁辞职，蒙自道尹周沆潜逃。周以贪墨著，唐都督久欲劾之，周知机不妙，滇省事起之日，即卷道库现金万余元，侨装工人而遁。都督委何国钧代之。何在滇声望最著，其父何秀林为岑毓英部将，任临沅镇二十余年，最为临蒙人所爱戴。国钧留学日本士官生，具才干，辛亥光复，任蒙自道兼南防统领，平匪保安，敦睦外交，法人称其能。今复任现职，下车之始，即日日训练团保，以大规模行之。盖境内治安，赖此足以保持，且可为前敌出征军人之补充也。

宣布讨逆之初，原用共和军名义，翌两日军事会议中再加讨论，谓此次义师之兴，原系国民放逐独夫，出于全国公意，从前政党有共和党之名，今用共和军，恐世人将疑为一部分人之行动，有党派嫌疑；军人以救国为天职，今兹之举，直接为讨袁问题，间接实救国问题，故决议改称护国第一军、护国第二军，上冠中华民国字样，共和之意亦已寓其中矣。

滇、黔、川多山，道路修阻，后方输送与北方用车者不同，专恃驼马为之。滇省自辛亥光复，设军马局，由各地商会主持，组织极为完备，约计全省马匹总数不下五六万匹，每匹载重百二十斤，无事时则转运川、黔、藏、缅货物，日得价三角。军兴则由地方官知照商会传齐马匹，听候调遣。每马每日给资四角，内三角由公家支付，余一角由地方区内各马局均摊之。其摊派方法即就该区内未被征调之马每日自行运货所得之资，由马局提存若干，以补助被公家征调之马也。故有马者一遇军兴，无不乐于效力，征调百匹，应者必倍之。滇官长管束兵丁极为严明，兵丁对于官长亦情义亲切，无骚扰闾阎之苦，有指臂相使之妙。此为滇省之特有办法，非他处所能企及也。

誓师之日，军、政、商、学各界慷慨激昂。唐都督谓："义师之兴，无论如何困苦艰难，非达到倒袁之目的不止。"相戒以两事："一、绝对不争权利；一、不作亡命之想，果若战败，惟有全军战死。"罗佩金按剑而曰："有不成功而生入滇境者，必尽杀之。"三军感泣，勇气百倍。学界则有法政、师范两校，挑选长于辩才之学生四百余人，组织一团，分往各县、市、乡巡回演说，宣布袁氏一生误国殃民，拨弄阴谋，篡取皇位之罪状，申儆国人，以作其气。滇中人民，气象一新，有全省皆愿战死之概想。阅者诸君，久处独夫压抑之下，感行动言论之不自由，引领西望，亦当为之神往也。

云南倡义纪闻

今年春间，中日交涉之时，纷传袁世凯将以承认帝制问题为日本提出五款之交换条件，识者惄焉忧之。迄袁氏见舆论沸腾，薄海骚然，内有所惮，乃中止其阴谋，仅承认日本提出之首四款，将第五款作为悬案，以为将来旧案重提之计，金邦平之赴日，即为此段公案之撮合人，谅为留心时事者所能记忆者也。

其时梁任公、汪伯唐、蔡松坡、庄思缄、汤济武及其他名流，在京迭次计议，以为袁氏之帝制，终有一日现诸事实。揣其结果，袁氏必以重要利权许送某国，师张邦昌、石敬瑭之故智，挟外人以自重。迨至欧战结局，各国援例以相要求，则国家主权必至丧失罄尽，或致闹成瓜分之局。同时，内乱蜂起，袁氏无力镇压，必至群雄并起，陷于糜烂之境。是中国之存亡安危，决于袁氏之帝制问题。其时，蔡主张于事前极力设法消患于未然，冀帝制问题不遽发生，如袁氏悍然不顾，则洁身引退或相机决进止。

蔡前在滇督任，崭然露头角，光复后并曾派师援川、援黔，并组织北伐队会师中原，滇军所至，罔不披靡。继复遣师入藏，巴塘解围，藏番慑服。一面整顿内治，四境晏如，萑苻绝迹。西南数省，隐然奉为盟主，滇省军民士庶，皆倾诚爱戴，口碑遍三迤，遐迩无间，虽以前清之岑勷勤治滇三十年，其声望勋业及遗爱之在民者，尚远不及也。民国二年秋，第二次革命，蔡联合滇、黔、川、桂四省，组织靖难军，拟率赴长江流域，意在减灭袁派之势，以消隐患，且以早定内乱，免外人之干涉。袁氏惎之甚，屡电不许，遂愤而辞职，举黔督唐继尧自代。唐原隶蔡部，且师事之。蔡每谓唐之为人沉毅豁达，勇于任事，不愧血性男子，故以后任畀。唐在任二年中，变故相乘，滇人某某等谋乘间取代，多方倾轧之，赖蔡力，得不为动。会帝制问题发生，蔡遣人密言于唐，谓时局虽危，宜准备实力以待时变。唐乃搜讨军实，扩充军备，广储将校，固结士心，以为之备。当筹安会开幕之始，滇省军官如邓太中、杨蓁等主张最激，而卸职军人罗佩金、黄毓成、赵复祥、董鸿勋、黄永社等，亦竭力鼓吹，屡向唐刺探意见。唐以饷械不充，且未确得蔡之意向为言，一意持重，苒荏不决者数阅月。及闻察家宅被搜，托病出京之耗，滇中军界愤激异常，激烈主张之声浪复起。蔡出京之前数日，曾派黄、杨两军官持函赴滇，遍致中上级军官，微示意旨，唐以非亲笔信疑之。及王伯群（系贵州筹安会代表，前充众议院议员，蔡派之赍专函来滇者）赍专函到，乃始决心，赶为部署。旋由唐邀李烈钧等入滇。蔡于十二月二十日亦偕戴戡、殷承瓛、刘云峰等抵滇，举义之计划遂定。

当蔡、李等未抵滇前数日，省中谣言蜂起，街谈巷议，谓省军将图叛变（原因某团兵士在肆中饮酒，醉后执一店伙问“袁世凯做皇帝汝赞成否？汝若赞成，老子便将你开刀”云云。此段新闻，不数日而传遍，市民遂大震恐。而一月之前，亦有将军游移莫决，举义发动自下之说），全城震骇，金融立见恐慌，富滇银行四五日间兑付现金至五六十万，米价亦随之大涨（每石由三元涨至四元余），其他物资亦逐日加昂，风声鹤唳，几有草木皆兵之概。记者时住某客寓，住客多纷纷迁徙。友人多劝赴越南暂避，余漫应之。盖余向抱乐天主义者也。

蔡氏抵河口，唐将军派警务处处长唐继禹任巡按，派政务厅长陈廷策等前往迎迓，并知照滇越铁路局密派专车迎接来省。途次蒙自、阿迷、南防军民长官自师长、道尹以下皆至车站迎候，然均未知此次南来之目的所在，互相猜测，莫衷一是，惟群以一见为荣，亦不计其他也。

蔡氏之行，本极秘密，乃此秘密消息，不瞬忽而传遍三迤。白叟黄童，莫不走相告语，额手称庆：此公至，必有以利国家而安我乡土者。盖以蔡氏于前此光复之役，严申纪律，秩序井然，匕鬯不惊。督滇数年，勤廉自矢，慎选牧令，凡百官守，莫不勤政爱民。以故百废俱兴，人民安堵，四境晏然，悍匪巨盗，捕治殆尽。且迭次出师，所向告捷，既服其威，复怀其德也。蔡抵省三日，金融恐慌立平，持票赴银行取现者几至绝迹，一切物价亦立复旧状矣。

二十一、二、三等日，蔡与军政界各高级长官连日密议，将各重要问题次第解决。二十三日致电袁政府，要求明发命令，撤销帝制，惩办元凶段芝贵等十三人，限于二十五日午前答复；同时通电报告各省。袁不复。二十五日乃致电各省宣告独立。二十六日，电各国驻京公使及驻滇各国领事，声明宣告独立之理由，担任保护各国侨人，承认以前一切条约继续有效，惟袁政府自帝制运动发生后与各国有何条约、合同，均不承认。同时传布檄文，声罪致讨。一面下全省动员令，第一梯团防川之师遂于二十五、六等日出发，今闻已抵昭通矣。

宣告独立之后，恍如阴霾四塞、天地晦冥之际，霹雳一声，大雨滂沱，一霎时间，雨散云收，日丽天青，其快适盖可想矣。记者旅滇经年，精神上之快愉实无逾于兹日者。近十日来，全城悬旗结彩，爆竹之声不绝于耳，士民则欢声雷动，军中则士气奋腾，相见必曰："民国五年之纪年，实赖我滇人保有而延长之，否则，为袁世凯之洪宪元年矣。"

二十七日，唐将军亲赴校场誓师，军容极为整肃。闻出征之将校皆预戒家属："此行期必死，勿望生还。"其未编入出征军者，多恳求出征，有泣求数次而不得者，有以去就争者，亦足以觇士气矣。此十日内退伍兵之纷纷投到者，不下五六千人，后此尚源源而来。记者薄游廛市，杂稠人中，习闻此辈喁喁私语。甲曰："袁世凯为猴子所投胎，不配做皇帝。"乙曰："四川陈宧为袁世凯之假子。"丙曰："王气钟于吾滇，今景星、庆云又复见矣，不知应于何人也。"（辛亥重九反正，是日午正，蔡公在承华圃集将校授方略之时，景星昼现，其大如斗，光芒四射，旁有五色云围绕，居民皆见之。日来街谈巷议，咸谓有五色彩云现于西南云。）丁则曰："昔吾隶某排长，其人实勇敢而温和，今已升某营营长，援川之役，彼率弟兄十余人击退川军二百余人，若再得编入其部下则幸矣。"戊曰："余新婚未久，动员令下，吾妻颇尼吾行，吾父暨叔伯则壮吾行，余亦谓行军乐，遂绝裾而出。"益以见滇人之义勇敢战，为吾腹省人民所不及也。

驻滇各国领事，态度颇不明了。微闻法交涉员兰必思于蔡公抵滇之时，以私人资格前往谒见，坐谈颇久。兰委于此次举义，不赞一词；惟于蔡之为人，极为倾服。且言当严守中立，并竭力与以相当之援助，并声言"北京传言，袁政府将假道安南，运兵入滇。本国公使暨越南政府闻之，极为愤怒，此不过袁氏之梦想"云云。德领事魏思，于此项举义，极表赞成，宣布独立之次日即赴军府谒见蔡、唐两将军，晤谈一时之久，声言"贵国举义，本在意计之中，予不胜倾佩，苟可以为力，必予赞助"云云。英领事葛夫，起初态度颇表赞成，后接到其驻京公使朱尔典电，饬令其以个人名义，婉劝滇中当局，勿为戎首，且谓如有转圜余地，愿居间为调人。葛领谒蔡、唐两次，均严词拒绝，意兴索然而去。

二十六日，护国第一军总司令部成立，总司令即前都督蔡公。前民政厅长罗佩金为参谋长，前征藏总司令殷承瓛为参议处长，前西藏宣慰使李曰垓为秘书长，何鹏翔为副官长，其他幕僚将校等约百人，皆滇中名流。其中如韩凤楼、吕天民、张华斕、蒋方震、方声涛、蒋应树、李增、顾视高、赵伸、李临阳等，均一时杰出之选。第一梯团长为刘云峰，第二梯团长为赵又新，第三梯团长为赵钟奇，第四梯团长为顾品珍，第五梯团长为黄毓成。其下将领为董鸿勋、杨蓁、邓太中、黄永社、李植生、朱德、华封歌、王秉钧、贾紫绶、赵宝贤等；皆久事戎行，以勇敢善战称于滇省，光复、西征、援川、援黔诸役卓著战功者也。

护国军名义原拟用共和军，或滇黔联合军，或中华民国第一军，或靖难军，几经斟酌乃定。总司令部名义，有主张用大元帅府者，蔡、唐皆谓宜事谦抑，以待来者，众议遂决。初，唐将军拟自率师出征，而挽蔡留守，蔡亦力意出征，各持充分之理由，终乃决定蔡出征，唐留守。闻总司令（部）之组织，分参谋、参议、秘书、副官、军需、军医诸部，附以警卫队、宪兵队等。现闻已组织就绪，不日出发矣。

滇省举义后数日，袁政府电致滇政府询问哀的美敦书一电（即十二月二十三日所发）是否确系该省所发，且硬指为乱党捏造，滇置不理，反将讨袁檄一电赶为发布，袁乃降旨拿办蔡锷、戴戡等。中有“近闻蔡锷、戴戡受日人煽惑，挟乱党李钧烈、李根源等来滇谋乱，仰一体严防”等语。闻蔡、唐、戴、任诸公于此次义举早有成竹，与袁氏之帝制阴谋同时并进，而全国中，志士仁人不谋而合者，何啻千万！何尝有受外人煽惑之事。蔡、戴由京赴滇，行踪极秘，与李根源等亦不谋而合，袁氏硬指为受外人煽惑，又生拉硬扯以“挟乱党”三字故为影射，其用心亦良苦矣。

袁氏闻各省有不稳消息，震骇失次，乃大施神通，竭尽其生平惟一无二之法术，曰金钱，曰禄位，曰诡计。其于滇省，自十月起，加给军官薪俸，年约三十万元，按月由中央拨给。并派其待卫武官何国华为专使，以授勋位为名，挟重金来滇，遍布侦探，伺察动静，馈送贿赂，散布谣言，谓袁做皇帝，逢官升一级。陆军少将黄毓成，于第二次独立恢复重庆授勋四位，旋因事褫职。黄氏赋性豪迈，生平尤恨袁氏之反复无行，自帝制问题发生，深为愤慨，时怂恿唐氏力作准备，以待时变。袁氏乃将黄少将职及勋四位悉予开复，并许张、刘两师长以高爵。其时，沈师长汪度倡言反对帝制，于赞成君主公电，独不签名，遂被鸠杀（死后全身青黑，口喷鲜血，遍体浮肿，被毒仅数分时，即不能言，家人故旧明知为袁探所害，而莫敢声张）。宣布独立前一星期，袁授唐氏侯爵，任氏子爵，张、刘两师长均男爵。军巡两署同接京外贺电盈尺。乃不数日，竟以皇皇之檄文报之。袁氏真冤矣哉。旬日以来，滇省军官接到袁政府方面之电极夥，无非威胁利诱，其指词立意，猥亵鄙陋，且多不通之文句。各军官接电后，多一笑置之，且转增愤恨鄙夷之心。如张、刘两师长，原于帝制问题，虽中心不甚赞成，亦无反对之表示，乃接任命代理云南将军及巡按使之电，乃瞿然跃起，一意以倒袁为职志，部署各事，筹备出征，日夜不遑。且倡率所属，刺血盟誓，以倒袁救国为期，军心为之益奋。

五年一月二日，滇省绅耆杨琼（前参议院议员、临时议长）、黄德润（前云南司法筹备处长、东川铜矿公司总理）、赵藩（前四川臬司、参议院议员）及滇中知名之士发起开会，欢迎蔡氏于三迤总会。是日，绅、商、学界到会者几及万人，会馆附近道路为之拥塞不通，市民老幼男女，夹道鹄立，皆以一见颜色为荣。适是日，蔡氏因喉病不能发声，未能莅会，电约改期，杨会长遂宣告于众，群以未接声容为憾，要求开第二次大会。杨会长致蔡函云“日昨三迤人民欲迎大驾，到者几万人，途为之塞。方思一见颜色，温如挟纩，讵意尊体违和，未蒙移玉，愈用怅然。《菁莪》之诗云：‘未见君子，我心惙惙。’然固谅君子之心，而益悯君子之劳也”云云，益足见滇人之爱戴蔡氏出于至诚也。蔡氏以湘人在滇，前后仅三年，而滇人爱之敬之，有沦肌浃髓之概，记者感念滇人之深厚，亦以想见蔡氏之为人。

〔按：《诗·召草》“未见君子，忧心惙惙”。《诗·小菁》“既见君子，乐且有仪”。此引《诗经》有误。〕

滇省一、二两师，分驻全省，相距辽远，集中最难，师出川黔，必须先聚师省垣，然后分途进发。临安、蒙自军队，日前已陆续到省，分日向战地出发。迤西（即大理、腾越一带）军队，须一星期内亦能到省。各该军到省后，整顿一日，命赴剧场观剧。一日，途遇各士兵皆欣欣然有喜色，似谓已得预兆，此行必大胜。茶馆酒肆，多被此辈所据。老兵所谈，多及昔日战绩，有慷慨击楫之慨。旁听鼓掌，殷勤劝酌者，似系新兵未经行阵者，唯曰：“我此次出征，必不落你家之后也。”（“你家”系滇土腔）。

军、巡两署归并后，唐督延聘任、戴两巡按（戴前任黔巡按）为参赞，前政务厅长陈廷策为民政厅长，籍忠寅为财政厅长，将滇中道裁撤，其他一切悉如旧观。宣布独立后，电檄各属文武僚吏，均复电称颂，多欲随军出征。惟蒙自道尹周沆，以素与军界不睦，且有贪赃声名，心怀鬼胎。蒙自关监督吕钰，以曾充袁克定之师，皆畏罪潜遁。阿迷县知事张一鹍，捐款七万，遁至河口，为警察所获，解至省城，现已由唐督发交地方厅审讯。闻蔡氏以与其族兄张一鹏有相知之雅，拟为设法援救。如情真罪当，恐亦难逃法网也。

袁世凯专使何国华，尚逗留在省，滇军兵多欲杀之祭旗。蔡、唐不许，乃免。现移驻交涉委员署，勿令外出。袁探长路孝忱，则早已见机远飏。闻袁探十余人均于旬日内抱头鼠窜，栖息河内，近日发现川粤间谍数人，均被捕。此辈甘附逆党，枉送头颅，可怜虫也！最堪发噱者，某外人利欲熏心，甘为袁氏走狗，闻已受袁氏之嘱，托其散布谣言，从中破坏，日前特往谒滇中当道，屏去一切从人，谓袁世凯愿出三百万，为起义诸公寿。某公诘其意将何为？乃嗫嚅而言曰：“如得此，可作海外富家翁矣！”某公答曰：“予方欲以身殉国，得此作何用耶？”某外人嗒然兴辞而去。谚云：有钱能使鬼推磨。信乎。

日来由北京及各省之来滇者络绎于道，多海内知名之士。中有一何姓者，仪容甚都，来自粤西，携有特别护照，道经越南，法人初疑为黎副总统，继疑系黄兴。以其年貌、举动酷以黎、黄也。韩中将凤楼（河南人，前充将军府参军兼模范团副官）新由京来滇。闻系蔡公所约。韩曾充黔省旅长、卫戍司令，黔中将领，皆其旧部，极孚人望。某公语人云：“得韩一人，可抵十万雄兵。”现闻将派韩赴黔担任下游军事，悉力拒曹，一俟滇援军到，即进窥湘省云。

云南护国军之主干人物

滇中反对袁世凯，实不自今日始。自前岁废除国会，修改《约法》《总统选举法》以来，屡欲兴兵问罪。唯主持者以时机未熟，不能不藏锋以待。至近来帝制发生，而反对之声遂由暗幕中呼出，渐唱渐高。据某重要人云，其中主持最力者，为现任将军唐继尧，前云南陆军师长民政长罗佩金，前重庆镇守使黄毓成，前江西旅长赵复祥，现任巡按使任可澄，前贵州第一师师长叶荃，云南师长刘祖武、张子贞，云南团长刘云峰、赵钟奇、董鸿勋、邓太中、杨蓁，前司法次长吕志伊，前云南民政司长李曰垓，云南旅长杜韩甫、张开儒等。年来与海外党人李烈钧、方声涛、李根源等时通声息，络绎不绝。十月间，方声涛自东京暗行来滇，住罗佩金宅。十一月，李烈钧自南洋来滇，寓将军府，与唐、罗、黄等日夜秘议，外间已有所传，并有识李烈钧者于二纛街某公馆遇之数次矣。不意二三日前，前都督蔡锷偕前任云南援藏军司令殷承瓛突发现于省城。翌二日，即有唐将军反对帝制之通告发表。其军队则已于两礼拜前调往目的地，陆续出发。闻当道此次准备极为完密，故其机甚速，据此情形，则日内恐不免有一番大举动矣。目下此间秩序井然，全省欢声雷动，父老奔走相告，咸谓此时若不起而讨贼，固无以对民国，亦无以对前清，中国将从兹沉陆。亦足见滇省一般人之心理矣。

云南护国军之人物略历

云南都督唐继尧及护国第一军总司令蔡锷、护国第二军总司令李烈钧三人之历史，皆已昭昭在人耳目，勿庸赘述。兹特将各师长及各参谋之略历志如下：

第一师长刘云峰，字晓岚，直隶人，保定军官学校毕业生，历任云南炮兵第十九标第二营营长。民国光复，任炮兵队第一标标统、第二师参谋长、第三旅旅长。未发难以前，奉唐继尧密命，与长江某某将军接洽。到港后，以时机已熟，慨然回滇，以发难自任。此次早日决议，刘有大力焉。

第二师长赵复祥，字又新，云南顺宁人，留学日本，士官毕业生。历任云南讲武堂教官、步队第七十六标教练官。民国光复，任迤南陆军旅长兼署临开广道、江西第四旅长。二次革命，与林虎、方声涛同为北军劲敌，事败逃贵州。与唐继尧交素笃，随之入滇，任讲武堂校长。

第三师长赵钟奇，字岳衡，云南赵州人，留学日本，士官毕业生。任南京第七师步兵团长，云南第三团长、第四旅长。

第四师长刘祖武，字继之，云南文山人，留学日本，士官毕业生，任云南讲武堂教官。民国光复，任步兵第八团团长、迤西第一支队长、第一旅长、讲武堂校长、第二师师长兼迤南剿匪督办。此次独立发表后，袁氏污以一等男爵、云南巡按使，刘笑而置之曰："蠢哉袁氏！吾辈岂利禄功名所能动耶。"滇中军人之慷慨仗义可见一斑。

第五师长黄毓成，字斐章，云南镇沅人，留学日本，士官毕业生。历任四川兵备处提调、云南讲武堂教官、马队第九标教练官。民国光复，任马队第一团团长、贵州第一旅旅长、贵州下游司令官、四川重庆镇守使。以党熊克武事，为袁所疑，不得用，居乡读书。此次袁氏称帝，奋起反对，首难之举，为力最多。

第六师长方声涛，字韵松，福建侯官人，留学日本，士官毕业生。历任南京第九镇马标教官、云南讲武堂教官、广西兵备处帮办、学兵营营长、四川第十七镇正参谋官。民国光复，任蜀军政部参谋长、陆军部顾问、江西混成旅长。二次革命，为湖北之发难者，与北军血战经月，事败，走浙江，于衢州被捕，得救，走日本、南洋。帝制议起，只身入滇，与唐继尧、黄毓成、罗佩金、赵复祥等密计讨逆。人称李烈钧为革命可儿，方为革命健儿。洵然。

第七师长顾品珍，字筱斋，云南昆明人，留学日本，士官毕业生。历任云南讲武堂教官。民国光复，任马队第二团团长、步兵第二旅旅长、讲武堂校长、第一师师长。人极忠勇，最得军心。

第一军总参谋罗佩金，字镕轩，云南河阳人，留学日本，士官毕业生。历任广西随营学堂总办、云南讲武堂教官、陆军小学堂总办、教练处参议、步队七十四标标统。民国光复，任云南军政部总长、卫戍总司令、总统府顾问、云南民政长。解职居家。此次反对帝制，罗最有力。

第二军总参谋韩凤楼，字玉峰，河南人，留学日本，士官毕业生。历任广西兵备处科长、云南工程营管带。民国光复，任云南参谋部第二局长、贵州旅长、云南都督府参谋长、第一师师长、总统府顾问、模范团副官、将军府参军、民国代表大会有勋劳于国家之国民代表。韩初决计偕蔡锷入滇，继为军警所困，并为袁氏硃笔圈出，命举为国民代表之职。复为其同乡豫人袁乃宽、张镇芳、王印川等所监视。竟至投赞成票后，袁氏无疑，韩于此不疑之时，星夜步行至津入滇。韩与李烈钧交至厚且久，故邀韩任今职。呜呼！国民代表之里面，亦可见一斑矣。

贵州都督刘显世，字如周，贵州兴义县人，年四十六岁，邑廪生。尝从贵州硕儒雷玉峰讲学有年。弱冠，随父统之督办兴邵五属团务。壬寅年，粤西游匪扰乱滇黔，率团兵攻守甚力，黔省西南赖以安静。乱定，充靖边正营管带。乙巳年，丁母忧，辞营事，任劝学所总董。兴阖邑师范及高、初两等小学至四十余所，并助靖边团营管带从兄显潜以一营军饷，征集全县乡勇，轮流教练，并创办将弁学校、体育学校，以故邑人多晓兵事。其后，贵州征兵，实始于兴邑。辛亥春，从兄显潜调赴粤西，复出任营事。武昌起义，率所部并团兵赴省，任贵州中、西两路统领兼新军第四标标统，极力维持全省秩序。民国元年，唐继尧督黔，充贵州军务处处长，旋改军务司司长，继任贵州国民军总司令。三年春，唐继尧调滇，任贵州护军使，督理军务。悉改编全省国民军为新军。此次云南联合讨逆，刘之功亦甚伟也。

云南政务厅长任可澄，字志清，贵州安顺县人，年四十岁，前清举人。乙巳、丙午年间，纠合同志创办简易师范、师范传习所、公立中学、优级师范选科、公立法政等校于省会，从事教育有年。辛亥武昌起义，督率学生响应，维持省垣秩序，保护教堂。唐继尧督黔，与戴戡同任参赞，旋任贵州审计处长、约法会议议员、贵东观察使等职。民国三年，任云南巡按使。此次云南首义，任数袁世凯罪状之电，最先发。

护国第一军参议处长殷承瓛，字叔桓，云南陆良人，留学日本，士官学校毕业。历任云南陆军第十九镇正参谋官、参谋处总办。民国光复，任参谋部总长、援藏军司令官、总统府顾问。偕蔡锷潜行出京，入滇举义。

护国第一军秘书长李曰垓，字子畅，云南腾冲举人，北京大学毕业生。历任云南沿边学务局总理，第二中学校校长。民国光复，任蒙自关道、军政部次长、民政司长、滇南观察使、西藏宣慰使。四年间，蔡、唐重要文电，半皆出其手笔。

蔡锷、戴戡之历史

锷字松坡，湖南宝庆人，年三十六岁。龆年丧父，侍母苦读。十三入县学，十五补廪。能文善计谋。入时务学堂并兼湘报馆主撰。会戊戌政变，只身赴沪，乞怜于沪上某湘商助以川资，仅足抵长崎。嗣后，辗转至东京，译书著文以自给。梁任公嘉其志，收入新民报馆。后由湘抚陈补予官费学习陆军，入士官学校。卒业后回国。六年中未与人通函问，乡人多谓物故。其岳家送女过门守贞，及蔡回湘，邻里传为美谈。历充广西、广东、云南边防军标、协统、各级军官校长、云南都督。前年来京，滇黔两省人为立生祠。盖蔡非仅以军事著，即民事亦甚留心。为人寡言笑，无疾言厉色。二次革命时，即有割据南五省之谋。当彼初来北京后，政府给予军事顾问月薪六百金。蔡颇郁郁，终日以美人醪酒为乐。迄后，经李仲轩、唐在礼一再推荐，遂得经界督办等差。此次出京，大有破釜沉舟之概。其所有物件，预先变卖，二妾给钱遣散，妻令其回里。孑然一身，其志颇为坚决。蔡到日本后，特致书参谋次长，令其于主座前斡旋，且嘱其购古玩字画寄日养病，并遍发函于京内父老，以表明其已到日本。岂意甫到日，即发香港矣。迨法领事电到京，京人始知之。人言蔡在京时，与云吉班名凤仙者最昵。此次出京，偕之赴津。迨询凤仙，凤仙不认。据云：蔡此次之仓遑出京，盖缘某机关派有二探，尾随多日。蔡知事不妙，移日冶游于扶桑馆。行前一日，尚宿于该处，故探未及防，卒为逃脱。至津后，复招集京妓往津，行缓兵计以迷探目，故始终未及防察。至戴戡之行踪尤为奇异。闻前一日，上禀公府云："有要事请觐。"随由承宣处通知次早八钟来府，不意当夜即无踪迹矣。此次滇省之主动者，无不知为蔡锷。然戴戡之关系最密，向知者甚少。盖戴之代表黔省公民劝进，种种作为，无不足以使政府释疑。政府酬之以参政，固毫未疑惑也。乃参政之命令发未几日，即南下与蔡抵于滇省矣。

共和军之实力

云南共和军之声誉：昨据京中某处接到蒙自来电云，云南共和军总司令由蔡锷氏担任。近发约束部下将士之示谕一道，略谓："我爱国之军队，原以对内维持共和为纬，以对外尊重文明为经。各将校士卒等须爱抚人民，内以安悦舆情，而对于外人，则宜尊重礼教，万勿损毁国际关系"云云。各军兵等咸知恪遵命令，故全省之中外人士对共和军极表欢迎。蒙自海关所雇用之中国人，闻变逃走者已过大半，然关员中之外人，则深信共和军举动文明，皆照旧安居执务，故现时海关诸务，依然毫无迟滞云。

云南护国军之组织：大都督唐继尧，字蓂赓，云南人，留日士官学生。第一军总司令蔡锷，字松坡，湖南人，留日士官学生。第一师师长刘云峰，字晓岚，直隶人，保定军官学生。第二师师长赵复祥，字又新，云南人，留日士官学生。第三师师长赵钟奇，字岳衡，云南人，留日士官学生。第二军总司令李烈钧，字燮和，江西人，留日士官学生。第四师师长刘祖武，字继之，云南人，留日士官学生。第五师师长黄毓成，字斐章，云南人，留日士官学生。第六师师长方声涛，字韵松，福建人，留日士官学生。独立第七师师长顾品珍，字筱斋，云南人，留日士官学生。军务厅长庾恩旸，字泽溥，云南人，留日士官学生。参谋厅长张子贞，字青圃，云南人，留日士官学生。政务厅长任可澄，贵州人。财政厅长籍忠寅，字亮侪，直隶人。

护国第一军之组织：军司令蔡锷，字松坡，湖南人。总参谋罗佩金，字镕轩，云南人。参谋副长方声涛，字韵松，福建人。咨议殷承瓛，字叔桓，云南人。韩凤楼，字玉峰，河南人。秘书长李曰垓，字梓畅，云南人。第一梯团司令刘云峰，字晓岚，直隶人。第二梯团司令邓太中，字和卿，云南人。第三梯团司令杨蓁，字印波，云南人。第四梯团司令张开儒，字藻林，云南人。第五梯团司令戢翼翘，字劲臣，湖北人。第六梯团司令赵复祥，字又新，云南人。补充队司令黄永社，字临庄，湖南人。第二军正在组织。卫戍部队亦渐组织就绪，其总司令为黄毓成，字斐章，云南人。

护国军已编成七师。滇电：此间闻召集民国元、二年援川、援黔、援藏之退伍兵，已编成三师，合原有现役兵二师，共为五师。余则由武定、楚雄、临安、曲靖各属征募新兵，现已逐日来省检验身体，分编入伍，补足七师。

滇、黔、蜀、粤之兵数：现时云南、贵州、广西独立消息渐经证实；四川、广东亦大部分归于民军之手。兹将各该省军队兵数调查如下：（一）云南总计二万一千四百人：昆明（第一师）三千五百人，腾越（第二师）三千二百人，大理（马队旅）一千八百人，大理（炮兵队）一千七百人，各地方（警备队）四千二百人，各地方（新募兵）七千人。（二）贵州总计一万二千一百人：贵阳（第一师）五千五百人，各地方（警备队）六千六百人。（三）四川总计一万七千人：重庆（第一师）六千人，成都（第二师）五千人，成都（第三师）四千人，各地方（警备队）一千五百人。（四）广东总计三万八千八百人：广州（广东第一师）四千二百人，广州（混成第一旅）二千一百人，惠州（混成第二旅）二千一百人，广州（模范团）六百人，各地方（警备队）二万九千八百人。（五）广西总计四千人：梧州（广西第一师）一千八百人，龙州（广西第二师）一千五百人，龙州（混成旅）七百人。

护国军出征记

护国军已至昭通：北京电云，云南独立军已派杨蓁统率一军，由省至昭通，行将入川。该支队长前于二年曾率兵攻击川军，情形甚熟，故又派其入川。

滇军攻入川省计划：刻据某方面消息，李烈钧（又有谓系蔡锷）亲率云南独立军之主要部队，已行过昭通府，直向四川省叙州陆续北进。且沿路招募壮丁，编制新兵队伍及诸般夫役队。闻其总额已达万余人。滇军先锋队现时约已在叙州附近，与北军交绥矣。据闻，云南军队现今业经通过川省叙州，渐次将到重庆。议定与刘护军使之军队合兵，拟攻成都，然后由成都挥军出巫峡，以袭宜昌。此即滇军入川之预定计划也。

昭通、叙州间地势：《字林报》云，检视地图，以寻近数日电报所举之地点，虽于昭通、叙州间地方未尝略得其外势，但对于该地用兵之难则绝少表示。查昭通约海拔六千英尺。东至镇雄一带俱为高平原。即镇雄亦海拔五千九百英尺。此平原间有山脉一条，高几八千英尺。由镇雄向西北，高度渐减，至芦花滩，高度仅一千英尺少强。广言之，则该境为平原，其间溪河交错，直可谓之绝无道路。即使单骑小队，行路亦难。且土地广漠，居民稀疏，平原又天气太寒，不能植稻。人民所食仅粟、荞、麦及玉黍数项。镇雄至叙州之直路约傍滇蜀边界而走，向为盗贼出没之区，蜀剿则窜滇，滇剿则窜蜀。又一路系经芦花滩而至叙州。沿途硗确嶙峋，住民亦少。芦花滩地不甚大，仅具大街一条，人民约二万，但为关卡、盐卡之要点。其地有一索桥，向以巧致著名。由此可接叙州通滇之官道。该部之道路以此间为最佳，因土人之经商者，常加修理故也。由芦花滩至滩头（在安边镇西南），可乘船沿江而下。但群滩险急，大船殊不适用。由安边至叙州则交通较易云。

前队已抵叙州：二日大阪《朝日新闻》接二十一日由重庆特电云，云南共和军前哨队约一旅已抵四川境内，距叙州府二十里。贵州省亦有一联队越境而入，距四川省綦江县十八里展开。前哨线严阵以待，实力皆甚优。又接重庆同日特电云：袁政府现派驻扎湖南岳州之北洋第三师往征云南，命曹锟统率前进，拟用目下往来上海宜昌间之“蜀通”“蜀亨”“利川”“庆阳”“端阳”等浅水汽船运兵入川。此种汽船非特不宜于输送大部之军队，且当此水减时期，三峡航行已全然不可能，该军必将采用水陆并进之法。惟行动无论如何迅速，非一月或个半月不能到达该地点。而在此时期中，即袁军与共和军最重要之时期，实袁政府兴废之所由分也。

重庆中国银行电总行云：云南前队兵四千闻系黄某（疑系黄毓成）所统带，已至叙州，此间人心大震。

接滇电，云南共和军已抵叙州，与响应之川军联合向重庆进发。随行之前师长熊克武，携其部将但懋辛、余际唐等沿途招集旧部兵士已达五千余人，声势益盛。

滇军占领叙州消息：十四日北京电，重庆电云，由贵州方面来之云南独立军已于九日行抵距当地百九十里之綦江，刻犹续进而向当地。又由云南方面经叙州道而入四川之军队，有已占领叙州之报。惟此消息，此间尚未能断以为实，盖无从得其确耗也。

外国之使馆接到确报，谓四川省之叙州于九日为云南军确实占领。成都陈将军已遣第二、第四两旅驰援叙州，业已不及。

由贵州省遵义北上之云南军，同于九日占领四川重庆南方之綦江县，在该处四川

第一师之一部投降云南军，陈将军所派之第一旅，遗弃死伤约二百人退却。驻重庆之四川第一师长周骏有投云南军之势，湖南军向重庆之下流涪州进军。

云南军活动之外报：重庆电云，据报，占领叙州之云南军，系驻防东川、昭通等处者，此军尚非护国军之主力，其纪律甚为严肃，叙州人民安堵如恒。又云南第一军之本队已向永宁方面前进，似将追出泸州，以与叙州方面之云南军联络云。

《文汇报》云：今日（十四日），上海接私人来电，据云，云贵军队已行将距重庆五十英里之某地。重庆驻军总司令态度颇不明了。北军闻已于数日前抵宜昌，惟日内尚不能开赴重庆，故重庆、万县两处大局似颇危急。

护国军顺流下川东：据军界消息，刘存厚确已内应护国军，并率队东趋重庆，现抵江津。总司令蔡锷亦由永宁抵泸州。

永宁川军响应云南军之确报：重庆来电谓，据传报，重庆镇守使刘存厚部下驻屯永宁之兵约二千名，已响应云南独立军。云南政府饬归贵州第一旅长黄毓成节制。

叙州克复纪

初八日，大阪《每日新闻》据东京电报云：云南共和军渐扩大其势，贵州已全然左袒。该省铜仁府，共和军之第二策源地也。而由六日某处之消息：蔡锷之部下，早由叙州经重庆进入四川，大破川省将军陈宧之部下。其真伪虽不可遽断，然云南军之一部，既向重庆进军，日来早有此报道，则自此等状况推测，四川之侵入当非谣传。且两三日来，四川电信全然不通，或袁军恐败信传出，故切断电线，亦属意计中事。其他湖南、广东、广西三省之形势依然险恶。汤芗铭、龙济光、陆荣廷诸将军持满待发，而犹未至蹶起者，彼等胸中之秘策盖有所存也。

成都电称：四川边界官兵因遇优势之滇军，众寡不敌，略向后退，但至今两军似仅有小战。

重庆电云：四川省叙州西南方与云南省北境要冲之老鸦滩地方（距叙州四百里，约六日行程），八日有四川军与云南军冲突之报。

北京电云：据重要机关消息，四川危急万分！云南军队已到川境叙州。滇军共分四路进攻成都，城内无兵，异常危险。

重庆电云：云南军之主力现驻云南昭通府，皆向四川叙州府行动。军司令部即在昭通，前卫某部队留置龙鸦塘。前卫部队总司令为叶荃，副司令为黄毓成。其下第一梯团长为刘法坤，第二梯团长为熊克武。各军皆据要害，防备极坚，故四川官军虽取攻势，毫无效力。其结果则官军如欲前进，不但不能奏功，且为无谋行动。今亦唯静候曹锟所率北军来援耳。

云南省中之军司令部已命其地商会筹出军费二十万两，又于前卫队驻扎之龙鸦塘其地商会出军费三万两。蔡锷今正在昭通府也。又电云：四川第二师长刘存厚似将率其部下步兵二联队左迁于永宁，其部下大半已为陈宧奇谋所乘，卸去武装，刘欲举旗起事，似已绝望。陈宧复恐刘存厚与周骏联络举事，乃于重庆、永宁间之泸州驻屯北军混成十六旅团之一部分，以牵制两军焉。

汉上近日纷传，征滇北军现于川境，突被滇军要击，致死数百人。此说因官场严守秘密，殊难证实。但传言亦多有歧异之处，姑并志如下：（甲）谓北军前锋在叙州与滇军遇，对垒致败。（乙）谓北军尚未抵重庆途中，被川省之变军袭击。（丙）谓北军由水路入川省，行经巫山，被土匪据山俯击，并劫去粮饷。

路透十六日成都电云：官兵刻在会理州、叙州两处南面，准备接战；泸州军队刻由北方某司令统带，闻犯革命嫌疑之被捕学生，已有一人致死，余六人被分别判罪。

北京电云：川南镇守使伍祥桢，因出兵援叙州，有受重伤之消息。

香港电云：滇电蔡总司令率护国第一军确已占领叙州，并未经战事。因蔡司令出师之先，该处守将已来电内应。蔡遣熊克武带前哨数人，兼程先往接洽。蔡率大军至，即完全占领。

北京电云：总统府接到电报，谓四川叙州西南约百四十里之横江附近，有云南军邓泰中所率之混成一旅，与在四川之北军冲突，交战亘一昼夜，北军终以众寡不敌，向金沙江之北岸安边退却（安边在距叙州约九十里之西南方大关河与金沙江合流点一小镇）。据官中消息：接四川边报，川滇交界之燕子坡、横江一带，川军一营二连以上分驻巡防，十八日忽有滇军将领邓泰中率混成一团，突往攻之，川军分头抵御，战至一昼夜，党军伤亡约在三十名左右。正相持中，忽由后方又杀出滇军约有两营，断川军之后路。川军猛击突出，退扎安边镇，检查伤亡五十六名。叙州相距九十里，已添派队伍前往协镇。此系川军与滇军边界冲突，尚无大战。又据某西文报云：四川边与云南交界之处，地名燕子坡、横江一带，原驻有川军数营。十八号拂晓，忽有滇军独立军官兵，邓泰中率师一团猛攻，经川军抵御，血战一昼夜，独立军伪败逃走，川军追之，忽后面突出独立军一队，前后夹攻，致北军接应不及，死伤甚众。而独立军虽获胜利，受创亦属不少。

陈宧已正式报告北军政府谓："官军八百余人于川边之宜宾（宜宾即昔日叙州府治）、横江（按横江场在扬子江南岸，位横江、扬子江之交点与安边镇对峙）、燕子坡各处为滇军所败。"

袁政府申令云："迭据四川将军陈宧电称：蔡锷等率领叛军侵犯川边宜宾县及燕子坡、横江一带防营，八百余人被叛兵以大队突来包围攻击各等语。查蔡锷等反复变诈，入滇煽乱，当经褫夺职官，听候查办。冀其或能悔悟，乃竟率领叛兵袭攻官军，甘心作乱，扰害治安，未便再事姑容，着附近各将军及统兵大员，分途进剿，以保地方，而奠生灵，此令。"

重庆电云："四川伍祥桢兵与滇军接战于新滩地方失利。伍兵已退叙州，现闻滇军已纷纷向北方运动，川南吃紧。"

《大陆报》云：本埠有川帮数家，昨日得接重庆及泸州两处之电，言交战三日后，叙州已于二十日为滇军占领。滇军现向南溪、纳溪两县进发。南溪距重庆八十英里，距泸州十六英里。南溪附近或有剧战。并闻叙州袁军之一部分，并未力战即降滇军，因叙州之兵，多系滇蜀土著，且为滇军统领熊克武之旧部故也。查叙州乃重庆、泸州之门户，滇军之意，实注意重庆，图占该处，以阻北京、成都间之直接交通云。

英文《京报》云：现时各人之意皆注重庆、泸州两处，两方皆急派军队求争此扬子上游之小段。滇军之目的，在占取四川；袁军之目的，则在进攻云南。两方军队之行动消息甚少，就其可靠者论之，则滇省军队已于叙州附近大取攻势。若北军则题未到达也。又据报，叙州已经陷落。以情理测之，实在可信之列。第一次交战之地与安边镇相近，离叙州可三十里。此消息之抵京约在三日以前（即十九日），据称：有云南兵约一千攻击该镇北军，北军约数千。两方夹战，北军败退，死伤者六七百人。帝制派报纸亦叙该事，大致相同。所差者，特兵队数及死伤数而已。（中略）前重庆镇守使熊克武氏亦一重要人物。查熊在二次革命前，领兵约五千以上。以二次革命失败，由滇逃出，其兵队为政府所解散。现闻熊已召集旧部进攻泸、叙，是熊氏所领乃已经训练之精兵。其尤要者，即前曾隶熊氏部下是也。北京帝制派报纸又言李蔡内讧。但查此种报纸所刊滇中新闻，由后观之，均不可靠（即如谓法国政府已许北京政府由滇越铁路进兵云南其一端也）。吾人又安能信以为真耶？（中略）滇军之战略，大约以急下长江、占领重庆为目的，若不能，则占领叙州之后，当经泸州急趋成都。第据昨日报告，滇军行动已如上言，由是以推，滇军一路进至隆昌、内江，必无抵拒。从此循大路趋省会，平时亦仅五六日程耳。虽此节应视陈宧之有无抗力，但无论如何，滇军必可先抵成都，而后，其右翼乃与北军接触也。不然者，须陈宧能死守成都两星期之久，然后北军乃可有望耳。当最初之时，人皆以为滇军先取泸州，乃移军北下省会，今据报告，则滇军先横逾平原，至自流井（约两日程），然后绕出大路，以防北军之遵陆援省。苟如是，则成都直在滇军之掌中。且占有扬子江两边峭岸，使北军不得复进，关系极要，勿怪北军之主帅急趋重庆也（后略）。

大阪《朝日新闻》载，十二日重庆特电云：据确实报告，川军吴定祥所率之一队，在叙州、龙鸦塘方面与共和军接战，死者四百余人，负伤者六百余人，已败走叙州。此消息重庆市民尚未有知之者。然一二日间必见传到，将更为不安与恐慌云。又与西藏接近之建昌已投降于共和军。驻鄂北洋军第一混成旅团之大部队，十一日朝已向南川县进发，欲夹击向涪州之共和军。现重庆人心汹汹，一般市民均信湖南、湖北之独立必成事实，因其牵制，庶得保四川之安全云。

十六日《大陆报》云：北京公使馆接可靠消息云，四川叙州于九日已被滇军占领。盖四川将军陈宧出发之第二、第四两军团往援叙州防军已不及，因抵该处时日太晚之故。

《字林报》一月二十二日北京电：据可靠消息，滇军已近叙州府，虽时有政府军队四千已行抵重庆，不久将有大队于该处会合，一星期内当可与滇军相遇，惟决战尚须时日耳。

二十三日北京电：滇军已于星期五（二十一日）占据叙州府，刻向重庆、嘉定大路上之著名盐区自流井进发。惟盐务当道以盐款百万两适已安然移交，故颇放心。滇军刻向北进，其目的显在跨过重庆、成都大道，以截断征滇军（现方聚集重庆）与四川省城交之通云。

《字林报》按：叙州府在岷江口，江水自此流入扬子。叙州居民约四五万，贸易颇盛。输出品以金类、麝香、靛青、白蜡、石油、棉花为大宗，皆运往云南销售。自流井在泸州、嘉定中间，为产盐区域之一。川省盐区四十，每区所有盐井（川省之盐皆取自盐井）之数多寡不等云。

北京外国人方面接到成都电报称：压迫四川军于金沙江北岸安边之云南军继续攻击，至二十一日，将叙州确实占领。形势如斯，四川当局深惧云南军不日乘胜长驱攻入泸州（距叙州水路二百五十里）。

重庆电云：攻略叙州之云南军（即蔡锷所率护国军第一混成四个旅团）之先锋部队，系于十二月十九日由云南省城出发。

《大陆报》云：本埠川商昨接重庆、泸州私人电报云，叙州确于本月二十日被共和军占领之消息已经证实。两军交战历三日之久，共和军刻向南溪、纳溪二地进发，预料南溪邻近将有恶战。该地距重庆八十里，而离泸州则仅十六里云。众意叙州北军大半未尝力战，即反戈相向，投入滇军。盖叙州军队多系川滇人民，且多大半为熊克武（共和军征蜀司令）旧部也。按叙州为重庆、泸州两府之管钥，故共和军竭力攻取，其目的盖在于重庆，拟占领之，以断成都与北京之直接交通云。北京政府于四川北军依恃颇深，盖其军备完善，较共和军为优也。故就此点而观，则滇军于进占重庆之前，不可不先制胜之云。又闻叙州道尹谢安仁（译音）系蔡锷旧友，其所以得此道尹之职者，亦皆系蔡锷之力，故叙州之为滇军占领，必无可疑矣。

重庆电云：四川叙府确于二十一日晚被滇军占据。伍祥桢兵已屡战屡北，其中原因，滇军系新式战术布阵，处势均极灵妙；伍兵都属巡防改编，平日剿办零星土匪，尚能应付，至大队运动，非特小排长置措失当，即营长亦复不知指挥。现滇军分三路进攻：一军由昭通出叙州，即已与伍祥桢接战者也；一军由毕节进窥泸州，尚未与川军交绥；一军闻由蔡锷亲率，由遵义直达重庆，以断成都之门户。三军互为联络，步步为营，洵是堂堂之阵。至北军方面，现正陆续到重庆，大约一星期内，重庆、綦江、泸州一带，双方必有剧烈之战斗也。

上海《中华新报》转各报鉴：护国军已于二十日占领四川叙州府。唐继尧。

二十五日北京电，四川电云：叙州附近所有民船于云南军占领叙州之际，悉为云南军征发。云南军似以叙州为根据，进出四川中部，将渐次由叙州出发。又防御云南军伍祥桢所率之北军第四混成旅，传闻目下在自流井上流之某处。

据成都及重庆来电：叙州府北，战事正在进行。政府方面已有援军驰往助战。

革命军确已占据叙州。成都来电称：伍将军闻在叙州北面三十英里，但成都官场未接其报告，故伍之态度是否忠于政府，尚属可疑。

革命军拟夺自流井之重要盐井。当道已派兵千余驰往助防。

重庆电云：此间日来宣传云南军已占领自流井之说。自流井被云南军占领如成事实，则四川省金融界之受影响想当不少。惟此报告此间尚未能得确信，当地现尚平稳。

据军界消息，接重庆电云；云南共和军一军已占自流井（在叙州之北约二百里），泸州军事长官亦开城欢迎。

滇军于星期五日即二十一日占领叙州，现向北边重庆、嘉定间之自流井进发，其目的显在截断西上北军与成都之通路。按叙州位岷江与扬子江之交点，人口约四五万。五金、麝香、靛、白蜡虫、煤油、棉纱、棉布等贸易甚盛，皆转运云南。自流井居泸州、嘉定之中，乃四川主要盐区之一。四川盐井数，凡四十云。

四川电云：占领叙州之云南军合诸内应之兵，军容甚为强大。现经分为两军：一军顺流而下泸州；一军则图遮断成都重庆之联系，由陆路自流井方面向资州进军（资州为成都、重庆间大路，临沱江之要地，距成都约三百七十里，距重庆约六百四十里，由该处赴泸州有舟楫之便）。

袁家丰泽园征滇军务处于二十二日下午开特别军务密议，自一点余开议至三点余始行退散。闻所议者为最近滇中军务极为紧迫，滇军意向，似拟乘征滇军队未到川省以前，先在川省占一形势优良之处为根据地，故叙州、遂川告警。刻下成都、泸州、重庆等处防务均极紧要，必须赶筹严防军略，闻已议定办法三端，即密电陈将军、曹将军及周师长等查照。又据某日报载称：叙州一役，滇军系由蔡锷指挥，北军为伍祥桢所率第四混成旅。滇军既取叙州，进指成都，北军阻之，遂大战于叙州北方某地点。

警耗传成都，二十三日陈宧急派北洋兵一千驰赴应援。唯其能否防堵滇军，颇为可疑云云。并闻新简川南镇守使伍祥桢，原任湘南镇守使，去岁为陈二庵将军之前驱率师入川者。兹据政界消息，伍使此次于援叙州时，躬冒炮火，唯速战不利，已受微伤。

渝泸进攻记

重庆电云：重庆官场，久持云南独立消息，掯不发表。今则在滇黔边境之川军，无一不陆续加入共和军，不利不稳之报告频频而来。当局此时知已不可隐瞒，八日晨乃以重庆镇守使名义发表大字告示一通，略谓滇乱不足为忧，嘱商民各自安业，勿惑谣言云云。人民见告示之发布，反觉恐怖异常，以为必系官军大败。又刘存厚部下之在成都者，近与北军亦有冲突；重庆浮屠关所驻第一师之兵与北洋军亦因军器授受事起有冲突，一时几酿大变。川军北军感情素坏，而各军干部，其反目之状，较兵士尤甚。局势实极危险也云云。

八日大阪《朝日新闻》初六日重庆特电云：驻屯永宁之四川第二师团长刘存厚部下三大队，由泸州派来应援之袁军一大队驰抵该地忽倒戈相向，加入云南军，与袁军以极大之损伤而击退之。刘师团长因此被监禁。刻下成都谣言百出，确已陷于危险之状态。

十日东京《时事新报》重庆来电云：当重庆南方一百六十里之綦江方面响应云南之泸州之第二师，与陈宧部下之兵开战，袁兵被击退。

又载重庆电云：七日夜，驻屯綦江县团长张凤武所率四川第一师团隶属之守备团，全部响应共和军，逆击来援之北洋军，大败之，死伤约一百二十余名。此急报述于重庆镇守使。该镇守使即会同商务总会干部筹议防备，急命各军严防，全市为之骚然。

《大陆报》云：本报前载有重庆上游四百里地方有战事之说。现得消息，业已证实。据云，共和军系由前二次革命失败出走之熊克武率领。现熊已召集旧部五千人聚集泸州附近之叙州一带。

滇黔两军自黔境之遵义县向北进发，于九号占领重庆南之綦江县。驻在该处之第一师中一部分，已与滇黔两军联合，所以，陈宧所派驻之第一旅迫而与之一战即退，当场死二百人。

又占领四川綦江县共和军一部约一千人，已取道南川向涪州进发。此种奇兵，实欲袭击由宜昌上溯之北洋兵，而拟聚而歼之于途中也。

又滇黔共和军第三军之一部约四千余名，于九日午后未经一战，已安全占领距綦江县十九里之地点。因该地驻扎之川军与北洋军，闻共和军大兵杀到，遂狼狈退走。该地知事及收税署长并家族等，均于十一日夜来避难重庆云。

北京某外国使馆接到重庆领事电报谓：四川陈将军部下派赴叙州以南防备云南军侵入之军队，皆向金沙江（长江叙州上流）之北岸退却。又驻永宁（泸州南方约二百一十里）之四川兵约□（电文不明）千名，其态度甚为可怪，故泸州之形势亦甚危险云云。

盐务处接四川消息：滇军占领叙州后，顺流东下，已包围泸州城。重庆岌岌，四川大局，几尽入共和军之手。

据外人方面消息：自流井至泸州，均已入共和军之手，泸州盐运某挟款潜逃。

向蔡总司令自领大军将抵重庆。其先锋队为赵钟奇，声势浩大，已抵万县。曹锟部下之一队闻之胆落，奔回云阳，曹亦来电告急。

护国第二军李总司令烈钧部下之一支队，已入湖南取晃州。

告本军将士书

慨自“六·一四”以还，胡、张诸逆，凭借外力，时图内犯，祸患延亘数年，流毒遍及三迤。本军志在戡乱，频年劳师，虽肤功迭奏，而祸基未拔。是以鼠伺狼窥，时为我肘腋之患。如前次讨逆入黔，大勋指日可收，卒以后方被其扰乱，不能不中道旋师。且更入我腹地，蹂躏各县，爆烈火药，害及省垣。南防吴匪之蔓延，东防各匪之猖獗，凡此皆胡张不灭、祸根未泯所致也。此逆不除，不特盗匪难清，人民不靖，一切庶政莫举，而本军亦无宁息之一日。兼之连年兴师，夫马粮草均属地方供给，若长此以往，则人民之负担綦重，本军亦将无辞以自解于人民也。故当此风霜凛烈，不避山川险阻，本总指挥亲率我喘息未定之诸将士，西上进剿。盖欲歼彼群丑，奠我乡邦。抱百折不挠之决心，作一劳永逸之大计。现在，张逆负隅于华永，胡、孟见阨于两盐。虽跨居川滇之间，实逼伏两河以内。本军兵力优敌两倍，我诸将士皆百战健儿，勇敢素著。此一战也，直接则敌人之死生，间接则地方之治乱，皆系于我诸将士之手。深望一经接触，无论如何牺牲，如何困难，誓以至敏最捷之手段，达到灭此朝食之目的，务以歼尽渠魁为最低限度。万勿再蹈前此陋习，以一胜为满足，使敌得机宵遁，致频年剿办胡、张，而胡、张竟未消灭，贻笑于滇中父老也。蕞尔残逆，困伏边隅，千载一时，良机难再，一经消灭，刻即班师。我将士数年转战之成绩，胥唯此役是视。幸各努力，同邀懋赏。倘纵敌远遁，延长战期，则为根本消灭计，势必劳我士卒，越境穷追，至少亦须达建昌以外。不唯增耗国帑，我将士辛苦，又复如何。且遗毒将来，罪将奚归。是不仅徒劳无功，更当受最严重之处罚。兹当临敌之始，特以最诚最要之语，为我诸将士告。愿各深念。其勿忘。

讨逆军第十路总指挥部布告一

吾国不幸，战祸频仍，掠地争城，乱靡有定。国家之元气已凋，人民之生计日蹙，忧国之士，迫望和平，奔走调停，终成泡影。盖以军阀未殄，封建犹存，空言弭兵，奚啻梦呓？革命军兴，即以歼灭军阀，铲除封建为职志。宗旨正大，举国风从。北伐功竣，统一告成。倘编遣顺利，军事已可收束，自此开始训政，着手建设，吾民十余年所迫望之和平，早已实现于当年。乃不肖之徒，咸怀异志，各有私图，据地称兵，公然叛变，多行不义，众叛亲离。中央明令讨伐，如拉朽摧枯，未及匝月，而武汉、荆襄，次第敉平，途穷日暮，窜处邕宁。粤军进剿，旋复败亡。桂柳既定，全师而还。

乃凯歌未息，爝火复燃，蚍蜉撼树，螳臂挡车，度德量力，自问亦必灭亡。犹复负隅岩阿，苟延残喘，以为中央将有事于西北，无妨观望徘徊，以求侥幸于万一。讵知东北同志，效忠党国，枕戈负弩，待命入关。冯、阎内讧，意见已深，尔诈我虞，行将破裂。西北之风云陡变，西南之壁垒重新。本部奉命出征，与粤省友军会师夹击。以我精锐之师，乘彼疲敝之余，不但顺逆已分，抑且众寡不敌，釜底之鱼，其将安逝？瓮中之鳖，何能久存？惟念我八桂民众，自该逆等窜踞以来，祸结兵连，行将二稔。岂但盖藏无余，杼轴已空？而烽燧余生，早已闻鼙鼓而心摧，诵苌蕿而泪下。本部具有天良，恤怜救灾，惟恐不急，讵忍兴师动众，以重扰吾民？惟养瘫适以贻患，滋蔓终必难图。将欲止戈，必先用武。为求止乱，讵可弭兵。殄彼四凶，安吾八桂。祸根即除，乱源可塞。从此中枢巩固，政令统一。忍一时之苦痛，蕲永久之和平。凡我八桂民众，当能深体此意。师行所至，自能申明约束，严肃纪律。所需粮秣，一律公平给价，不许稍有侵扰。如或违犯，尽可直陈，一经察觉，即以法绳。我桂人民，亦不得意存主客，妄生疑虑。倘敢造谣生事，即属甘心附逆。国有常刑，自难宽假。合行布告，仰该军民人等，一体懔遵无违。切切，此布。

讨逆军第十路总指挥部布告二

为布告事，本省因迭年用兵，未遑训练，军纪渐觉废弛。此次出征，各将领自桂归来，亦深知觉悟，咸有陈述，意在整顿，均经采纳，开会议决，方在施行。殊不料出征各将领，以离滇日久，不明情况，对于各机关人员稍有隔阂，加之奸人从中挑拨，遂演成逮捕省委，聚众要挟之事。实属目无政府，大干军纪。而出征各将领以一时冲动，激于爱乡之切，尚属情有可原，惟张师长凤春，以留守之人，明白内容，且负有治安责任，乃竟不加解释，甚而推波助浪，胆敢以警备司令部为逮捕拘押机关，其心叵测，无可讳言。本总指挥兼主席为求地方安宁，不惜委曲求全，业将所指摘诸人概准辞职，以希望军政辑睦，从此和衷共济。讵知张凤春因奸谋未遂，情虚畏罪，仍阴有勾结，时怀反侧，并违抗编遣，藉故拖延。查张凤春自“六·一四”之役，已逆迹昭著。讨逆军入黔后，因军事变迁，调朱师刘旅回滇应援，令该张凤春驻黄草坝监视黔军。乃不遵命令，擅自撤退，以致四十三军全军覆没。又连络孟坤，通信挑拨。孟为所惑，卒致叛变。继奉派赴南防剿匪，乃挟匪自重，并未剿除一匪。对政府命令，均阳奉阴违。综其罪状，指不胜屈。该张凤春起自行伍，历次拔擢，荐升师长及省委要职，乃欲壑难填，唯图私利，只知有己，弗顾党国。若再予优容，必至贻祸地方，破坏纲纪。兹为党国前途计、云南治安计、本军纪律计、实施编遣计，不能不决然处置，予以重究，用彰法纪。然忍痛出此，良非初衷，除将该张凤春先行免去本兼各职，严行看管，听候惩办，其他卢、朱、张三师长，举动失宜，亦经分别议处，并电呈中央暨通令外，合亟布告。仰全省民众周知，务须各安生业，毋得自相惊扰，或藉端造谣，妨害秩序。切切，此布。

镇雄近十年大事记略

民国九年，护国军由川旋滇，经过镇雄者一二万人。城绅康文瑾，奉联军总司令部委任为二等兵站员，先后办理兵站四五月之久，适值镇邑饥谨，几不能支。幸康绅努力工作，虽只任筹备，不经手银钱，然办理有方，卒能使粮秣不致缺乏，而地方亦不受骚扰。民国十年，全县大饥，李总参议子畅旋滇，道经镇雄，虽不忍道殣相望，然竟无法赈济。县绅康文瑾乃乘机劝其电顾总司令，祈将全县全年烟亩罚金拨作赈款，饥民得庆更生。设当日非康绅文瑾乘机怂恿，李总参议不过徒咨嗟叹惜而已，一般饥民恐终不至饿莩不止。民国十二年，巨匪马利华、刘毛二等率众数千，谋陷县城，已抵距城三十里之牛场坝，城无兵守，一夜十惊。官绅决计出走，康绅文瑾即从中阻止曰："官绅一走，城被匪占，土匪更乘机作乱，镇事不可为矣。为今之计，宜一面虚张声势，通街遍贴军队打店条子，扬言驻跸，滇军将分防驻镇，办理兵站，故形奔忙。一面派代表向匪首交涉，力阻进城，送给旅费。"周县杏坞从之。代表临行，又复切嘱曰："如能一钱不费而退匪兵，固属万幸；不然，只要匪不进城，即三千两干，以及一万八千，亦所不惜。务必相机而行。"未几复信，匪果惧军队分防，允得三千双草履，改道出川。

民国十三年，车鸣翼部入寇，一切军需，强迫人民供给。后数月，王二兴率大股队伍前来，声势浩大，车鸣翼惧而退走。狼出虎入，蹂躏不堪。康绅文瑾恐王部以无供给，烧杀抢护，舍命出代筹军粮，虚与周旋，藉探消息，暗报我军。嗣王部知我滇军团队会合进剿，先期退走。康绅文瑾已飞报我军陇统带及胡营长，捷足先登，追车部驰抵城内，前线接触，见势不能争，始逡巡退去。设当日马利华等，欲谋陷镇城时，非康绅文瑾一言劝阻，官绅一旦出走，镇城焉能保全？至车鸣翼之蹂躏镇雄，人所共知，若非康绅文瑾先见，通报我军，一旦卷甲重来，则镇雄之蹂躏，更不知伊于胡底？本省"六·一四"之变，黔旅长李嘉勋乘机占据，所有县长及征收佐治各员，概由黔主席委员办理，竟同属县。傅司令官由东北隅起义，成立自卫军，驱逐黔军，即掌握镇雄各政务。适陇统带由昭下野归来，所部与傅部队发生误会，行将开战，祸悬眉睫，康绅文瑾急出调停其间，始免战祸。

民国十八年，李筱炎部下宋绍齐率大股败军来镇招纳土匪，扩充势力，索枪掳掠，非刑勒索，绅粮逃避殆尽，日索军粮二十余石，否则，纵火烧城。端木县长虽未逃走，钱粮烟亩等款均不敢催收，只委康文瑾筹办军粮而已。文瑾因以桑梓关系，放胆出任艰巨，并无仙角款项，全凭空手张罗，前后六七月之久，并未缺乏。临行之前一日，宋部将端木县长及康文瑾扣留营中，要求三件：一要陇指挥不追；二要开拔费六千元；三要行粮一百二十石，否则枪毙端县与康文瑾。愿其早走，悉如所命，但求减少开拔费一千元，漏夜募给，始开拔而去。设当日非文瑾舍身家性命于不顾，竭力撑持，则镇雄之战祸岂能移于威宁，得以转危为安乎？以上各节，均系事实，非用以表功，更非用以邀誉，藉兹纂述，用以鼓励后人而已。

民国云南通志长编　一　大事、党务、议会、内政、军务

民国云南通志长编　二　民政

民国云南通志长编　三　财政、教育

民国云南通志长编　四　建置、交通、盐务

民国云南通志长编　五　司法、外交、社会、农业、工业

民国云南通志长编　六　商业、宗教、艺文、金石、人物

民国云南通志长编

二

［民国］周钟岳 李根源 方树梅 等 纂修

出版印刷集团有限责任公司
华印分公司
检验员
02

云南出版集团
云南美术出版社

图书在版编目（CIP）数据

民国云南通志长编：全6册 / 周钟岳等纂修. -- 昆明：云南美术出版社，2022.12
ISBN 978-7-5489-5156-8

Ⅰ. ①民… Ⅱ. ①周… Ⅲ. ①云南—地方志—民国
Ⅳ. ① K297.4

中国版本图书馆 CIP 数据核字（2022）第 180154 号

出 版 人：刘大伟

项目统筹：刘大伟　赵文红
责任编辑：刁正勇
装帧设计：侯丽梅
责任校对：王飞虎　罗现唐　洪　娜

民国云南通志长编　二

[民国]周钟岳　李根源　方树梅等　**纂修**

出版发行：云南出版集团
云南美术出版社（昆明市环城西路 609 号）
印　　刷：云南出版印刷集团有限责任公司华印分公司
开　　本：787mm × 1092mm　1/16
印　　张：32.75
字　　数：819 千字
版　　次：2022 年 12 月第 1 版
印　　次：2023 年 3 月第 1 次印刷
ISBN 978-7-5489-5156-8
定　　价：1960.00 元（全六册）

目　录

民国云南通志长编卷二十三

民国云南通志长编卷二十四

民国云南通志长编卷二十五

民国云南通志长编卷二十六

民国云南通志长编卷二十

民政一

团保

滇居高原，民质强劲。其山多荐草，产善马，世称越睒骏。初生若羔，岁中纽莎以縻之，饮以米渖，七岁可御，能日驰数百里。而永昌之西，野桑生石上，其材上屈，两向而下植，取以为弓，不筋漆而利，名为瞑弓（一作弶弓，又作瞑弓）。吴梅村《滇池铙吹》所谓“白象营高挂柘弓”，亦桑类也。其他浪剑、郁刀、犀甲、铜铠，尚不可胜数。滇人既材武，又器多精利，故以善战名于国。孟津之会，卢人、濮人实从王师以有天下。蜀汉时，诸葛丞相平南中，收其金漆盐布以益军储，使张伯岐选其劲卒以增武备，故《蜀志》称：“自亮南征而国以富饶，甲兵充足。”迄乎唐世，蒙氏奄有全滇，西开寻传，南服交趾，两败唐师，三扰巴蜀，朱弩佉苴之卒，白衣没命之军，天下称无敌焉。至宋之段氏，南诏寖弱矣。然段功尚能以滇西之众，败明玉珍十万众于吕阁，遂使红巾不敢南窥。其当时兵制，未知于古法奚若。然樊绰称其兵“退则为农，进则为营”，固依然《周官》乡遂保甲之制也。及明万历，邹应龙巡抚云南，始定保甲之法，其土军操期、牌甲、守望之制，规措綦详。李中溪元阳纂《通志》备载其法，谓为平均天下之大经。明徐渭《云南武录序》称：“滇之刀、矛、剑、戟名天下，是习武者之物，他方莫与争利。其南诏乡兵，戴朱鞮，负犀革、铜鼓而跣，走险如飞。是习武者之法，他方莫与争强。”其见重如此。前清之际，中原多故，而云南则回汉交恶，骚扰毋宁宇。于是，文宗乃诏各省督抚举办团保，以辅制兵之不足。而吾滇黄文洁公琮实奉回滇办团之命，未几，马荣叛变，戕及总督，公亦死之。陵夷至光绪间，复诏各省举行团练，而云南以毗连英、法，外交愈棘，于是，云贵总督丁振铎始奏请抽盐捐以充团费，寻复奏抽粮捐以益之，均先后报可。查当时所捐，按食盐每斤捐制钱十文，通计可易银五十万两上下。粮捐之数，每年约得钱五万余串，为数已属甚菲，乃必经本省绅士筹借，司道会详，督臣核疏，乃得允准，其慎重民力如此。兹录两疏于下，以见云南团政之递嬗与朝廷宽恤之令典云尔。其抽盐捐一折云：

“奏为滇省团练，经费无出，拟由食盐按斤抽捐，专充团用，定章试办，以顺舆情，恭折仰祈圣鉴事：窃查滇居西南边要，为川陕门户，前以各国衅开，乘舆西幸，全局震动。适值滇省界务龃龉，教案迭出。自法领使方苏雅率同教士回越后，势事危急，械饷缺乏，西南防务异常吃紧，复迭奉就地筹饷、练兵守土之严谕。素无大枝劲旅足相抵制，臣一面酌添营勇，筹布边防；一面扩充民团，认真训练，以防不测，而御外侮。但练团以制械为先，设团营尤以筹饷为急。各省自顾不暇，焉有余力以济滇省？旋据合省士绅等目击时艰，共抒忠义。公同会议禀请由食盐每斤酌捐钱文，专作团练之需，不准提充别用。诚以此项捐款本之滇人，为保滇计，与赋税厘课不同也。当以该绅等深明大义，忠愤可嘉，且此外别无可筹。如禀照准，饬由司道会同妥议章程，商定办法，并据情奏恳特派藩司李经羲会同籍绅总兵丁槐总理通省团务，以一事权，而收成效。各在案。嗣据官绅等和同筹议，以西南两防，界邻强敌。不特外患堪虞，即南防开、广一带，粤西游匪乘机窜越，时常滋扰；西防腾、永各土属，无业闲亡每多互相勾结，煽惑愚顽，亦将借端举事。且沿边四千余里，要隘不下百余处，举凡修建碉堡、起筑炮台、添造军火、购备枪械以及扩充团营、发给薪饷，需资甚巨。此时外省协济，久成画饼。来源既竭，用款加增。欲趁此筹安内攘外之谋，图守土固圉之计，非联三迤为一气，合万众为一心，不足以谋自保。思维再四，以计口授食之常经，作门摊户纳之定数，按食盐每斤捐制钱十文，概充团费一切正用，督饬各属酌量编设团营，认真轮班训练，以备战守，不准挪作别项开支。核计通省年销井盐五千余万斤，约可捐钱五十万串，以目前银价约可易银五十万两上下。既可按年多练团勇，亦可递年广储枪炮。有裕饷之实，而无加赋之扰，权操自我，无待他求。议建于绅，允孚舆论。现以厘定章程，官收其款，绅稽其数，以期官绅互相稽查，俾昭核实。分饬各井员等自本年九月初一日起，一律暂行试办。由各井按每销盐一百斤，于酌填引票时，随折收民捐团费银一两，于票内盖用戳记，按每月随同正课批解盐库兑收，另款存储，专备团练经费。一俟边防静谧，团务有成，即行停止，以纾民力。所有一切布置各要隘及添设团营各操程，仍饬该绅等会商妥议办理。据布政使李经羲、署按察使肖鸿勋、署粮储道全懋绩、署盐法道兴禄会详请奏前来，臣查所议筹办各情，俱属实在。现值和议将成，目前虽无衅可虞，然未雨绸缪，正在今日，该绅民等既具此悃忱，因势利导以作其气，行见有勇知方，悉成劲旅。散之则各保身家，聚之则一呼立至。战守兼资，死生不易。或可借此团结边地之民心，隐消域外之觊觎。于交涉不无裨益，以副朝廷练兵守土之至意，未始非计之得者也。唯此中究竟，于正课有无窒碍，于销路能否畅通，是否可以持久，统俟试办数月后，随时察看情形，斟酌妥善，总期于民无扰，于事有济，以杜流弊。除咨部暨军务处查照外，所有滇省拟由食盐按斤捐钱专充团费缘由，谨恭折具陈，伏乞皇太后皇上圣鉴训示，再云南巡抚系臣本任，毋庸列衔，合并陈明。谨奏。”

其抽粮捐以充团费折云：“奏为滇省创设团营已著成效，现拟于西南两路次第推广，以期扩充。并请援案按粮加收钱文，借充经费，恭折仰祈圣鉴事：窃查滇省团练，自去年举办以来，历经督饬各属认真整顿，业将历次办理情形先后专折奏报。本年在省城创设团营，颇著成效，又经臣等将成军日期恭折具奏各在案。因思滇省西南两路紧接外域，幅员辽阔，土夷盗匪，不时窃发，自应每路添一团营，以资震慑。惟滇省近来库款搜掘一空，此项推广经费实无从筹借，随即谕饬司道会督团绅妥为筹议去后，兹据云南团保总局司道邹馨兰、全懋绩会同布政司善后局粮储道通详，据省会总团绅翰林院编修陈荣昌等十三人联名呈称：‘滇省自上年举办团练，每年动支库款四万余两，本年在省城创设团营，每年又动支库款二万余两，以滇省艰窘而论，力实不支。现又于西南两路每路设一团营，每年又需银四万余两，绅等目击时艰，不忍坐视。查滇省前因筹办积谷及夫马津贴，曾经前督抚臣奏明：每粮一升共加钱五文以资用度，迄今尚在遵办，民间并无异言。今蒙推广团营，乃滇省自强之至强之至计。拟请援案每粮一升再加收钱三文，每年约得钱五万余串，以作推广团营经费，民间断无不乐从’等情。由该司道等核议详奏前来，臣等查该绅等所议尚属实在情形，既据声明，民皆乐从。具见共体时艰，深明大义，自应准如所请，以顺舆情。合无仰恳天恩俯准，自光绪二十六年起，援照前次积谷夫马成案，将滇省钱粮每升再加收三文以作推广团营经费。如蒙谕允，拟于南路之临安、蒙自一带，西路之腾越、永昌一带，扼要各添一团营，届时再当遴派员绅前往督办，以昭核实。所有滇省推广团营拟请援案按粮加收钱文以作经费缘由，除咨户、兵部查照外，谨合词恭折具奏，伏乞皇太后皇上圣鉴训示。谨奏。”

此光绪二十六年事也。查此次办团筹款颇巨，成效殊浅，而盐捐粮捐之数则一加而不可复裁，是可惜已。

民国逮今，世变滋多，团章屡改，综其成案，则有：元年，民团总局札委外县正副局长之案；有取缔民团购用枪械之案；有裁撤民团之案。三年，有委任乡团正副局长之案；有中央颁发地方保卫团条例之案。五年，有省城设置团保总局之案；有自治款拨充团费之案；有各县随粮夫马团底不准拨为办团经费之案；有通饬各县知事互相阅操之案；有整顿全省团保续行章程之案。六年，有各县已故团兵准其查明列祀本籍忠烈祠之案；有随粮团费拨为团兵恤金专款之案；有各县团保教练员准予呈请遴委军职人员充任之案；有裁撤省城团保总局之案；有通令速办联合团及预备团之案；有取消各县城区团总由地方官兼充之案；有整顿团保办理保甲之案。七年，有令各县实行保甲连坐法之案；有调近省各县团兵送省练编侦缉队之案。八年，有颁发团保现行条例及施行细则之案。九年，有通令各属认真整顿团保之案。十年，有准省议会咨随粮团费划作团保薪饷之案；有设置团练处督饬各属举办团保之案；有禁烟罚金项下追加团费之案。十一年，有通令各县办理联合团之案；有查办团保发生通匪等情之案。十二年，有令发团务分期进行大纲之案；有设置团务监督之案；有通饬各县每三年调查户口一次，编为保甲之案。十四年，有通令各县限期详查户口之案。十五年，有通令各县查填团务近况一览表之案；有召集安、禄、罗、易、广五知事到省会议之案；有团务事项归并剿匪处办理之案；有设置团防督练分处之案；有改订全省团防章程之案。十六年，有通令各县团防中小队长由县长或分处长委给之案；有各区团防督练分处裁撤之案。十八年，有函送中央执行委员会传播云南保甲实施方案之案；有省城设置团务总局之案；有各区分设团防指挥之案；有中央颁发县保卫团法之案。十九年，有裁撤团务总局全省团保事务归并民政厅办理之案。二十年，有规定各县保卫团常备大队长附任期之案；有本省保卫团最近之编制之案。此二十余年间团保之法朝令夕改，密如牛毛，而收效仍寡，甚为闾阎之害。筹款难，得人尤难，重可慨已。兹查二十三年《云南全省各县保卫团施行细则》等章，一变历来团保之制，关系尤重，故仿明《云南通志》附载保甲之法，详列于篇，俾后来者有所考证，亦以见非法之不善，而在办团者之非人，予以祛宿弊而求实效焉。滇省团务，其有济乎。

云南全省各县保卫团施行细则

第一章　总纲

第一条　本细则依据部颁《县保卫团法》第三条之规定制定之。

第二条　本省保卫团遵照部颁《县保卫团法》第四条之规定，按各县所划自治区域依户口编制保甲，照规定简则实行分别会团，并就各牌甲内抽调二十至二十四岁之壮丁一部分，采取义务民兵制，编为各县常备队，隶属督练处，实施军事训练，按期退役，以期全民皆兵（另有专章公布在案）。

第三条　本省保卫团除前条所称之保甲及常备队外，并遵照部颁《县保卫团法》第五条之规定，凡年在二十岁以上四十岁以下之男子，均一律加以组织，编为各县保卫团。

第二章　组织

第四条　各县保卫团以区为单位，每区不论壮丁多寡统编为一大队。全县共编若干大队，以区类推，其番号以第一、二、三、四等字样别之。大队以下即以甲为单位，每甲不论壮丁多寡，编为一中队。以下亦即以牌为单位。每牌不论壮丁多寡，编为一小队，其番号各以第一、二、三、四等字样别之。小队以下不再分班。

第五条　保卫团即以县长兼总团长，为统率指挥监督长官。其大队长以区团长兼任，并设大队附，以在籍军官身家清白、品行端正、富有学识者充任。中、小队长以甲牌长兼任，如甲牌长中有不胜任者，则以在籍军官身家清白、品行端正、学识优裕者充任。于必要时，仍得设中小队附补助一切。

第六条　各大、中、小队长队附或政治训练员，均由县长兼总团长委任，应造具名册三份，以一份存县政府，以两份分呈省政府、民政厅备案。

第七条　保卫队组织完备后，各中小队长应备临时名册随时点名外，并以大队为单位造具名册三份，以一份留存本区作随时点名之用，以一份呈县政府，一份呈民政厅备案。

第三章　训练

第八条　保卫队由中小队长随时督束训话；于农暇之时，由大队长选择相当场所，调集施以一星期或两星期之训练或射击，并授以党义或政治常识。每年由县长兼总团长检阅一、二次，并由县长兼总团长或大队长随时施行临时点名训话，以考查是否照章组织、有无团结精神、对于学术政治党义能否了解。

第九条　保卫团武器就各区原有公枪及人民自备枪支或刀矛应用，但须擦洗清洁，其服装于训练时须着普通短衣，加以臂章以资识别，其平时听其自便。

第四章　任务

第十条　保卫队平时各营生业，以不出县境为原则，但遇国家有非常事变，常备队不敷调遣时，保卫队应有听候征调增援或警备后方之义务。

第十一条 保卫队有保护地方，清剿零星散匪、缉拿反动、铲除不良分子之责任，实行互助、急救水火灾患等事。遇有紧急事件发生，大队长或中小队长勿得请求即自行召集所属前往协助，一面通报比邻，继续往援，以尽自卫之责。

第十二条 保卫队乃人民团体，其大队长、中小队长纯尽义务，不支薪金。如因造具名册、制备旗帜、缮写文书等项，得用临时雇员。若以在籍军官充任大队附或充任中小队附及另行聘任之政治训练等，均得酌给津贴。所有需用均由区公所酌定筹支。

第十三条 保卫团各大队之召集，平时用命令或传单；如在紧急之时前以快为是，或用口令传达，或用号音，或用炮声，抑或规定举放烽火，均无不可，只期愈速愈妙。倘如召集不来，闻警不到，意存规避者，其在紧急时期，得由大队长参照《惩治法》处以罚金；若系平时或临时点名不到者，亦参照《惩治法》处以罚金，用昭警戒。此项罚金，准由大队长保管，以作制备一切之用，但须呈报县长兼总团长备案。

第十四条 保卫队在平时破获要案、拿获要匪、清除反动、举发奸细者，由大队长呈报县长兼总团长分别情形给以五元至一百元之奖金。若在战时缉获要匪或击毙匪类者，得给以十元至二百元之奖金。若有特殊劳绩，由大队长录具事实，呈报县长兼总团长转呈省政府分别给以奖章或匾额，以示鼓励。其因为地方出力致伤或阵亡者，准照正式陆军例呈请议恤。

第五章 附则

第十五条 河、麻两对汛督办所属区域及各设治局均通用本细则之规定。

第十六条 本细则如有未尽事宜，得斟酌情形随时修改之。

第十七条 本细则自公布日实行，并报内政部备案。

云南全省团务常备队暂行条例

第一章 总纲

第一条 本省为实行地方自卫起见，采取义务民兵制，特制定《云南全省团务常备队暂行条例》。以下简称常备队。

第二条 本省各县常备队之征集、编制、训练等事宜，均依本条例办理之。

第二章 服役

第三条 凡本省年满二十岁至二十四岁之男子，均有编入常备队受训练服役之义务，服役期六个月。退伍时由总部省府发给证书后，归入原征牌甲，为预备团兵。

第四条 各县常备队役期，遇必要时得以命令延长之。

第三章 组织及权责

第五条 本省设立团务督练处，承总指挥部、省政府之命，办理各县常备队编制、训练及官长之进退、奖惩、军需、军械之筹领转发等事宜。督练处组织另定之。

第六条　关于常备队征调、退役、转征等事项由民政厅办理之。

第七条　关于常备队经费之收支，由财政厅统筹办理之。

第八条　本省得斟酌情形划分为若干区。区设置督练分处，办理该区常备队事宜，其组织及办法另定之。

第九条　各县县长对于该县常备队，有监督、训练、指挥、调遣之责。

第十条　关于常备队命令，均以总指挥兼主席名义进行之，并分别性质由主管长官拟办副署。

第四章　编制

第十一条　各县设置常备队，其编制之种类如下：

一、甲种中队以六小队编成，甲等县适用之。

二、乙种中队以四小队编成，乙等县适用之。

三、丙种中队以二小队编成，丙等县适用之。

第十二条　各县常备队之编制，以小队为标准。除军士、杂项兵外，每小队分为二班，正额队兵每十名为一班，其详细编制表另定之。

第十三条　各县所设常备队种类名额，应根据最近调查户口人数统计为标准，以人口在十万以上者为甲等县，人口在十万以下五万以上者为乙等县，五万以下者为丙等县。

第五章　征调

第十四条　各县常备队之征调方法，应于改组常备队成立前一个月内，由县长督率所属各区乡镇长就各牌甲内适龄合格壮丁依抽签号数之顺序，加定额加倍初选，呈请派员复选。编制入队训练以后，每年于十月以前将应抽团兵一次抽签决定，其办法照前项办理。

第十五条　常备队遇有临时缺额时，应依前条规定，以抽签号数顺序补充之。

第十六条　各县适龄壮丁，有下列情事之一者得免征之：

一、家无次丁者。

二、残废者。

三、精神丧失或精力耗弱者。

四、现任本地方公职者。

五、在学校肄业者。

第十七条　各县应征壮丁既经选定，不得延误入队期限，若有逾限规避及雇佣顶替者，由县长查明情节，依法惩处。其惩治法另定之。

第六章　训练

第十八条　各县常备队队兵，应受军事及政治训练，其科目如下：

一、学科：党义、典范令摘要、政治常识、公民常识、识字课本。

二、术科：基本教练、排教练、连制式及战斗教练、野外演习技术、筑垒实施。

第十九条　各县常备队训练时，由督练处派员前往检阅，并将成绩呈报备查。

第七章　待遇

第二十条　各县常备队官佐军士服务时薪饷均照陆军待遇。至各中队之开办、办公、出差、医药及军士伤亡、病故、抚恤等费均另表规定之。

第二十一条　各县常备队兵每名每月发给伙食现金六元。惟各地生活状况不同，得呈请酌加。在训练期间，各给服装二套，一次发给，期满时自行保管，留有事召集时着用。倘无故遗失、变卖，除责令赔偿外，并予以相当之处罚。其服装之质色、式样、符号暨队旗之质色、式样，均由督练处拟定之。

第二十二条　各县常备队之兵需用卧具，在开办时一次制齐，按每两兵一套之规定发给，应用年限定为三年。厨杂器具亦于开办时制备完全。

第八章　经费

第二十三条　各县常备队经费，由各县田地考察情形，按亩酌量抽收，由财政厅统一支配，分期推行。一经推行之各县，现收各种团费苛杂各捐并由财政厅审核分别豁免，以轻人民负担。

第二十四条　各县常备队兵名额，按照县等编定后，应需官佐、士兵、夫薪饷伙食，由县长编制概算呈由督练处核转县领，饬厅照发，事竣造具结算书表，连同单据按月呈报核销。

第九章　枪械

第二十五条　各县常备队应需枪支子弹，由各该县原有堪用者发用。若有损坏应一律修好，不敷时由县长呈由督练处转核备价购领。

第二十六条　业各县常备队枪支，应由县政府烙印注册，发交该队中队长负责保管，并将枪支、子弹、名称、数目造具清册，呈由督练处核准备案。

第十章　奖惩

第二十七条　各县长及常备队官佐军士，训练队兵成绩优良者，应分别核奖如下：

一、传谕嘉奖。

二、记功。

三、记大功。

四、奖章。

五、留任。

六、加薪。

第二十八条　各县县长及常备队官佐军士，训练队兵毫无成绩者，应分别惩罚如下：

一、申斥。

二、记过。

三、记大过。

四、罚薪。

五、撤职。

六、停委。

第十一章 附则

第二十九条 河、麻两对汛督办、路警总局所属区域及各设治局，均适用本条例之规定。

第三十条 本条例公布后，民国十九年十月本省公布之《云南全省各县保卫团施行细则》及二十二年十月公布之《云南省团务督练处组织条例》《常备队暂行条例》均废止之。

第三十一条 各县县长每年应将办理常备队状况，作成详细统计，呈报总部省府备查。

第三十二条 除本条例规定外，得援用陆军规定之各种法令，但须与本条例不相抵触者。

第三十三条 本条例如有未尽事宜，得斟酌情形随时修改之。

第三十四条 本条例自公布日施行。

云南团务常备队征调壮丁抽签法

第一条 本法依《云南全省团务常备队暂行条例》第十四条之规定制定之。

第二条 凡适龄合格之壮丁，须逐年调查列入表册。每届初选、复选均适本法抽签之规定。

第三条 第一届改组常备队时，应于成立前一个月，依法将应征壮丁抽签选定编入伍。嗣后每届应征壮丁，均于上年十月以前，按照本法举行初选、复选抽签各一次，俾选足定额，以备届时编制。

第四条 征调壮丁，分初选、复选两次抽签。初选就各区区团所在地，择适中宽敞地点举行。若区公所内能于容纳，即在区公所举行。复选就县政府所在地，择宽敞地点举行，若县政府内能于容纳，即在县政府内举行。

第五条 办理初选抽签事宜，即以该区区团长为该区初选主任。复选时即以该县县长兼总团长为复选监督。

第六条 若距离县政府较远或壮丁名额较多之区，当初选时得由县政府派员前往监视，并协助区团长举行抽签事宜。

第七条 凡抽签选中之壮丁，年龄身段是否合格，体力是否强健，均应由该县县长负责确切考查，不得敷衍塞责，滥竽充数。若编制入队训练时发现上项情事，各县县长应受连带处分。

第八条 举行复选时，应由该管督练分处派员前往监视。

第九条 所有初选、复选日期、时刻，悉由县长兼总团长统筹规定，分令所属各区区团长、甲牌长一体遵办，暨布告民众周知，并将规定日期、时刻，分呈该管督练分处及省政府备案。

第十条　每届初选，由各甲牌长将所有适岭合格之壮丁造具名册，由甲牌长亲身率领，齐集区公所所在地点，听候点名抽签初选。

第十一条　初选选定，由区团长造具名册，率同各甲牌长引导初选选定壮丁，齐集县政府所在地点，听候点名、抽签，举行复选。

第十二条　抽签手续，每区各按适龄壮丁人数，由区团长制订竹签，例如该区有适龄一千名，即制竹签一千支，内分白签与号签，每签以营造尺长一尺，宽一寸为标准。号签系按照该区人数编列号码（例如该区应选五十名，即自一号起及五十号止），其余概为白签（不写号码，全系空白之签）。壮丁齐集后，按册点名，俟将人数清查符合，由应点之壮丁亲手将签抽出，有号码者即为中选，另立一排，由初选主任将中签号码注于名册之上。如系抽出白签，即未中选，返归原排。

第十三条　初选抽签名额，由各区按人数比例，就该区第一期应分配之常备队兵名额照加一倍抽签（例如该县系分十区，应设甲种中队一百八十名，初选时应加一倍，选出三百六十名以备复选）。倘该区壮丁人数有多寡之分，初选抽签时应以人数为比例，即不适用每区平均分担办法。

第十四条　复选抽签名额，由初选主任之各区区团长率同各甲牌长，携带名册，将初选中选壮丁率领至县政府所在地，县长兼总团长即按各区送到初选选中壮于人数制备竹签（尺寸与初签同），照该县应设常备队名额加十分之二编列号码（例如该县额设队兵一百八十名，即自一号起至一百八十号格外多编三十六号至二百一十六号止），下余概系白签。随即按册点名，由初选中选壮丁亲手抽签，抽出有号码者即为复选中选者，另立一排，由县长兼总团长将中签号码注于名册之上。如系抽出白签，即未中选，退还原排。

第十五条　所有复选中选壮丁，即依号码次序按照兵额编制入队训练。其余多抽中十分之二之壮丁，即作为候补兵，遇临时正额队兵有缺额时，仍照号码次序推补足额。例如正额队兵共一百八十名，遇有缺额时，即由抽中一百八十一名者顺序推补。凡未中选及推补余剩之壮丁，悉行退回原住牌甲归农。至第二届选举时，仍须另行召集抽签。

第十六条　已经抽签决定编制入队应受训练之壮丁，如因患重症或其他故障（指壮丁之父母病故或其他不得已之事），不能入队，经各甲牌长证明属实者，应准缓充本届常备兵役，于下届征调入军，不再经过第二届初选、复选抽签办法，应行入队同受训练。

第十七条　勿论初选、复选，一概均限定本日办毕，将中选名额布告宣示，俾众周知。

第十八条　凡初选中选编制入伍受训练之壮丁，应由县长兼总团长造具清册，注明年龄、箕斗、住址、入伍日期，分呈该管督练分处暨省政府备案。

第十九条　凡抽选决定应征入伍之壮丁，不得逾限规避、借故辞退、冒名顶替，违。者依《团务常备队惩治法》惩治之。

第二十条　每年调查壮丁，登记表册。如有查报不实，徇庇遗漏情事，该管县长兼总团长及区甲牌长均应受连带处分。

第二十一条　本法自公布之日施行。

云南团务常备队惩治法

第一条　本法依据《云南全省团务常备队暂行条例》第十七条之规定制定之。

第二条　凡本省各县办理团务之区团、甲牌长及应征之壮丁有违犯者，均依本法惩治之。

第三条　本法惩治分为下之五种。

一、申斥：分口头、书面、公告三种。

二、拘役：一月以上，三月以下。

三、徒刑：三月以上，六月以下。

四、罚金：现金半元以上，二十元以下。

五、没收：如诈欺取财或雇佣顶替，收受贿赂及危险物、禁物，均应将其财物没收充公。

第四条　违犯下列情事之一者，依第三条第一项惩治之。

一、调查壮丁不实不尽，徇庇遗漏者。

二、办事疲玩，敷衍塞责或放弃职务者。

三、应征调召集抽签时迟误时间者。

四、抽签时紊乱次序者。

五、不服监视员或主管长官指挥约束者。

第五条　违犯下列情事之一者，依第三条第二项惩治之。

一、编入名册之壮丁，于初选或复选时借故不到者。

二、已经抽签选中，故意规避或延误入队期限者。

三、服务期间犯轻微过失者。

四、凡应征的壮丁，犯第四条二、三、四三项之罪，业经申斥，仍不改悔者。

第六条　违犯下列情事之一者，依第三条第三项惩治之。

一、对于常备队暂行条例依第四条之规定不服从命令者。

二、服役期间违犯长官命令者。

三、应征调时故意违抗，希图免役者。

四、服役期间借故逃逸者。

第七条　违犯下列情事之一者，依第三条第四项惩治之。

一、雇佣顶替者。

二、借端诈取壮丁费者（如超过百元以上依《刑法》诈取财名罪处办）。

三、抽签时当场舞弊者。

四、凡区甲牌长等犯第四条一、二、三三项之罪，业经申斥，仍不改悔者。

第八条　违犯下列情事之一者，依第三条第五项没收之。

一、诈欺取财或收受贿赂者。

二、抽签时入场携带危险物或禁物者。

第九条　本法之处理以该管县长兼总团长查讯执行，但须随时公布，分四季汇呈总部省府备查。

第十条　应征壮丁或甲牌长等如犯重案，在本法规定范围外者，得援用《刑法》及陆海空军各项法令，按照所犯情节轻重，呈候总部、省府核定执行。

第十一条　本法如有未尽事宜，得随时修改之。

第十二条　本法自公布日施行。

民国云南通志长编卷二十一

民政二

警察

省会警察沿革

云南省会治安之维持，在前清末叶为保甲制度。其组织以十家编为一排，以若干排编为一段，城内外共划分为二十四段。每排设排长一人，由十家中推选轮当。每段设委员二人，由官府派一人，绅士中遴选一人督责办理。光绪三十年废保甲制度，创办警察，设警察总局于圆通寺内。仍分城内外二十四段，设总办一人，下设文总查、武总查各一人。每段设巡弁一人，警兵五名，并因事务之繁简设巡目、什长各若干人。城内有十六段，计分崇东、崇西、世恩、报功四区，每区内又分四段。城外有八段，计大小东西四门之外各设一段，及三市街、广聚街、顺城街、白塔街四段。此外六城门各设分巡一人，巡纪一人，警兵五名，专司启闭城门事宜。越数年又从事改革，废除岗段，裁撤警兵，设置派出所，改用警士。城内外共设九区，计城内分内东、内西、内南、内北、内中等五区；城外分外南、外北、外东、外西等四区。区之下即为派出所，各区共设五十三所，及分驻所二所，每所设警士长二人，警士四人，分为甲乙两班，轮番上所服务。每区设司法一人，专司处理违警事宜。设巡官二人，督责警士执行职务。云南省会警察之规模于是粗具，其精神形式亦焕然一新。后移总局于现在之福照街昆明市商会内，又将总局总办之名称废除，改设巡警道，成立警务公所于现在之警察局，内分为总务、行政、卫生、司法四科，外设总稽查一员，管理全省警察事宜。迨至滇越铁道通车，省城乃将东南城外一带划为商埠区域，设一商埠总局管理保护外侨暨商埠外交警察事宜。将外南一、二区，外东三区划归总局节制，定名为商埠二等区，其余六区归巡警道指挥监督，并改司法为区官，办理各该区警务。民国元年，警务机关另行改组，取消巡警道，改设巡警局，与审判、自治两局均隶属于民政司。是年，将原设巡警教练所名称改办为巡警学校，复以扩充个旧厂警，乃推广招生，赓续添办，分派个旧服务。

二月六日，奉中央政府命令改巡警局为省会警察厅，并九区为六区，废区官之名，设六区警察署，每署设署长一人，署长之下除原设派出所五十三所外，又增设临时守望岗十四所，每所设正额巡警六名，轮流当职。又于外西区近华浦添设警察，北门外莲花池添设乡警。五年三月，奉中央政府命令设立全省警务处，管理全省警察事宜。省会警察由警察厅管理，外属警察由民政司拨归警务处管理。因便宜计，警务处长官职员均由警察厅长官职员兼任。九月，以督责勤务起见，将各警署见习员十八名裁撤十二名，改添巡官六员，以资补助。

十一年，昆明市政公所成立，将全省警务处及省会警察厅取消，其外属警察划归内务司管理，省会警察并归公所。列警务一项于八课之内，分时警事、外事、治安、正俗、司法、户籍六股，办理市内警务行政，原有之勤务督察改为警务督察、消防侦缉两队，组织仍旧。同时并将省会商埠六区署名称改为昆明市第一、二、三、四区警察署及昆明市商埠一、二区警察署，共设警察派出所八十四，分驻所三，驻在所二，警额六百二十八名。

十七年八月，市政公所改组为市政府，将警务课职掌划出设立公安局，内分设第一、第二、第三各科，秘书、稽查二处。所有市警六署、侦缉队、消防队、交通队、警察学校、男子感化院、女子感化院，并划归公安局统辖。其各县警察原设警察事务所或警察局，名称一律改组为公安局。

十八年，中央颁布《各级公安局编制大纲》到滇，遵将全省警察机关划一编制。省会公安局原隶属昆明市政府，至是亦恢复常制，改民政厅直辖。各县则视县等之差别，分设一、二、三等公安局。全省各县及设治区共设一等公安局二十二处，二等公安局六十五处，三等公安局一十八处，同二等分局二十二处，同三等分局九十一处。除边远之南峤、佛海等十三县，及德钦、碧江等六设治局因经费不敷，暂行改设为科，由各该县局直接负责管理外，其他各属均早组设成立。总计全省各局共有长员三百八十六员，警士二千八百九十九名，全年经费共支出本省新币三十万零五千五百六十九元，折合国币约十五万一千七百八十四元余，历来均由地方警款项下支给。不敷之数，由县政府临时筹补。而困难殊多，时备不充。

十九年一月，昆明市政府改组，将前公益局主办之卫生事宜划归公安局办理，添设第四科专掌之，并将市立平康各医院、麻疯院、屠兽场、寄柩所、卫生试验所一并拨归管辖。

二十年，省政府以省会治安极其重要，特依照国民政府明令，复准改组为云南省会公安局，并将各署巡长、巡警及巡警派出所名称遵照部章改定警长、警士及警士守望所。

以上所述，系民国元年至民国二十年省会警察沿革概况，各县警察概况另表列后。

训政时期云南完成县自治实施方案分年进行程序表

纲领	分目	进行程序					备考
		第一期 十九年度	第二期 二十年度	第三期 二十一年度	第四期 二十二年度	第五期 二十三年度	
厘定自治系统	划一自治制度	本省道制业已废除，在第一期实行自治之县，其县佐应一律取消					第二期第三期实行自治各县，至开始举办时，其县佐亦一律次第取消
	确定自治组织	市县组织法业已颁布，应督促各市县依限组织完成	同前	同前			
储备自治人才	考试训练及任用地方行政人员	①考试及训练县长，初期已毕，陆续任用 ②甄拔及训练县长暨其他行政人员，定本年度终训练完毕，依法任用	①继续训练县长 ②本省各县所属局长科长等未经训练者，应照部颁训所章程于本年度分别训练，依法任用	同前	同前	同前	
	考试训练及任用地方自治人员	①训练筹备自治人员 ②现照部颁区长训练所条例，每县按照划定区数，选送学员二人，并由省招考区长两班，入所训练 ③经本所训练考试及格学员，分派各县充任区长 ④依法成立区公所 ⑤各县分别实行乡镇闾邻等长之训练 ⑥初期训练完毕	①照部颁区长训练所条例，继续训练区长 ②边远各县有未经成立区公所者，应继续依法成立区公所 ③各县继续分别实行乡镇闾邻等长之训练	同前第三款	同前	同前	

（续表）

纲领	分目	进行程序					备考
		第一期 十九年度	第二期 二十年度	第三期 二十一年度	第四期 二十二年度	第五期 二十三年度	
完成县市组织	组织县政府	①依照县组织法，厘定各县等级，改组县政府 ②各县政府及各局，应于本年度组设完竣				①完成县自治县民使用四权 ②实行县长民选	查县长民选，须各县民众能运用四权。故训练民众，务须依限办到
	组织区乡镇闾邻	①由民厅令各县整顿疆界，绘图审核 ②令各县依法划区及各区之乡镇自治区域，绘具界线图说友名称、血积、户口、交通、经济、概况等列表具报 ③划定各区成立区公所，遴委区长 ④划定乡镇成立乡镇公所，选任乡长、镇长 ⑤各乡镇选任乡镇监察委员，成立乡镇监察委员会 ⑥各乡镇编定闾邻，选任闾长邻长 ⑦区乡镇闾邻组织完竣	地居边远，展期推行自治各县，应继续同前第三、第四、第五、第六、第七客款办理，务于本年度内依法组织完竣	①省政府得斟酌各县情形，咨准内政部，实行区长民选 ②同时选举区监察委员，组织监察委员会 ③同设选举县参议员，成立县参议会 ④同时乡镇长之选任罢免，由乡民大会直接行之	同前	同前	

（续表）

纲领	分目	进行程序					备考
		第一期 十九年度	第二期 二十年度	第三期 二十一年度	第四期 二十二年度	第五期 二十三年度	
训练人民	实施训练	①县政府协同党部提倡识字运动 ②由各县政府编定白话刊物广为宣传 ③县政府派员分赴各地举行巡回演讲	第一、二、三款同前 ④学校训练：由县之中小学校，注重党义，以训练学生启迪新知 ⑤团体训练：由区公所乡镇公所等，于集会演讲四权之性质及其运用，并随时按照民权初步之秩序形式办理，使人民得练习使用四权之机会 ⑥职业训练：使各区乡镇内之各种职业人民，就其类别，督促组织团体，于集合或开会时，由区长乡镇长等随时讲演党义及四权，并就其团体内部监督指导，使为自动之练习	同前	同前	同前	查自治之完成，要在民众精神上能于实施四权，若徒注重形式而不同时由训练民众入手，则县自治虽依限完成，而民众之头脑仍属腐旧，既不知使用四权，则各级自治机关人员终为土豪劣绅所把持，全民自治仍无实现之一日。故对于训练民众，特加严重。欲形式与精神互相贯彻，以求真正自治之实现

（续表）

纲领	分目	进行程序					备考
		第一期 十九年度	第二期 二十年度	第三期 二十一年度	第四期 二十二年度	第五期 二十三年度	
确定自治经费	确定经常费	①由民政厅分令各县，速将原有各种收入，详细胪列造册呈报，并附说明，由厅审核，作为自治经常费用。其不敷者，呈请省府由省赋税项下酌量划拨补助 ②民政厅审定各县收入后，确定县地方行政及自治经费额数。以上两款均于本年度办竣	①各县长督同所属行政人员、自治人员极力整理全县土地山林矿产水利及其他公共事业，以求收入之增加，用以扩充地方行政及自治经费 ②由各县政府按年度编造预算 ③由各县政府按年度编制决算	同前	同前	同前	财政办事之母，在励行自治之先，必财政确有把握，方能进行无碍。然在百废待兴之时，必须量出为入。至由省赋税拨款补助，势有难能。仍应由各县长极力整理土地山林水利矿产等，以谋经费之充裕，无待政府之补助
	确定临时费	①分行各县，从速指定收入，储备办理自治各项临时经费 ②分行各县，将成立区公所、乡镇公所、区训练所各必要费用，限期筹齐	①同前第二款 ②就整理土地山林矿产水利及公共事业各收入，按期指拨专款，储充各种临时费用及建设经费	本年度内，如酌量地方情形，区长及区监察委员、县参议会等能实行民选时，应令各县筹备自治选举各费用	同前	同前	
肃清盗匪	严剿股匪	分行各县，将现有股匪散匪情形详细具报，以便呈清省府派队剿办，或联合邻县派团协剿	举行清乡				

（续表）

纲领	分目	进行程序					备考
		第一期 十九年度	第二期 二十年度	第三期 二十一年度	第四期 二十二年度	第五期 二十三年度	
肃清盗匪	整顿团防	①依照县保卫团法及施行细则,实行改编,并视地方需要,编练常备团队 ②化除地方不正当团会	同前	同前第三款	同前	同前	
	肃清匪源	①由消极方面禁止赌博 ②清查旅店住户，禁止窝宿游民	①筹设各种工厂，并举办修路浚河开矿等事业，以安插无业游民，或实行移垦 ②设工艺厂，强迫无业人民入厂工作，视其性质，授以职业 其余同前一二两款	同前	同前	同前	
整顿警政	划一警察编制并确定其经费	①本厅训练初期公安局长，业已完毕并任用 ②各县公安局，应于本年度编制完善 ③划设分驻所及巡逻区 ④厘定各级公安局警官及警士额数	①划设公安分局 ②编练警察队 ③扩充各项警察设备 ④编定警察预算 ⑤确定警察经费 ⑥严行考核各级公安机关之成绩	同前第一款、第二款、第三款、第六款	同前第二款、第三款、第六款	同前	
	统一警官警士之任用及训练	①考核警官及警士之任用 ②预备由省筹设训练机关 ③继续训练第二期公安局长	①筹设各县联合警士教练 ②筹设警官学校 ③审定警察训练课本 ④初期训练完毕，分派任用	继续训练警官警士	自本年起，警官及警士非经训练考试合格者，概不录用	同前	

（续表）

纲领	分目	进行程序					备考
		第一期 十九年度	第二期 二十年度	第三期 二十一年度	第四期 二十二年度	第五期 二十三年度	
整顿警政	整顿特种警察	①考察各县地方情形，计划筹设各种特种警察 ②预测特种警察之经费	①实行成立各种特种警察 ②厘定各种特种警察之规章	同前	同前	同前第三款	
调查户口	预备期内办理户口调查	①各县依照户口调查统计报告规划及表式办理户口调查 ②依前项调查结果，以为划区乡镇闾邻之根据	各县依照人事登记条例及表式，办理各项人事登记	同前	同前	同前	
	正式办理户口大调查		①依户籍法组织或指定办理户籍机关 ②划定户籍经费 ③筹备开始大调查	①各县市举办初期户口大调查，确定人民之权利义务 ②初期调查完毕	依照户籍法继续办理	同前	
初期清丈土地	养成清丈人才并筹设土地专管机关	①昆明市已设立土地清丈局，养成清丈人才	①应将昆明市清丈局扩充为全省清丈局，以养成多数人才，始足敷用 ②筹设全省土地专管机关 ③筹集经费 ④分行各县成立土地局	同前第二、第四款	同前	同前	

（续表）

纲领	分目	进行程序					备考
		第一期 十九年度	第二期 二十年度	第三期 二十一年度	第四期 二十二年度	第五期 二十三年度	
初期清丈土地	实施初期清丈	①昆明县已实行初期清丈 ②其余各县，应一律筹备实施初期清丈 ③预筹清丈费	①各县组织清丈队，备置清丈一切用具 ②实施土地登记，同时报价 ③各县实行清丈	各县继续办理清丈	同前	限本年度完成各县清丈	
举办救济事业	固定救济事业	①就各市县现有之慈善机关，分别整顿 ②整顿各市县义仓，以备救济民食之用	①各县筹设救济院 ②各区乡镇设救济分院 ③各区乡镇就养老育幼济贫救灾事项，扩充办理	同前	同前	同前	
	临时救济事业	办理赈灾事项	①实施工赈 ②各省有被灾者，随时办理	同前	同前	同前	

说明：

一、本表所定年度，系遵照内政部总字第二〇四号训令。行政年度与会计年度同，以是年七月一日起至次年六月三十日止为是年之一个年度。

二、本表所定纲目及进行程序，系就本省各县情形，预计时间参照部颁表式酌量拟定。

云南省完成第一期县组织进行期限表

事项	办法	定成期限（十九年度）						备考
		九月份	十月份	十一月份	十二月份	一月份	二月份	
编定县为三等	由省政府编定，咨内政部转呈核准	已有省府核定						业经呈准，本省各县等级仍照旧案编定
任用合格县长	由民政厅提出合格人员二人至三人，经省政府议决任用	各县多经任用合格县长，其有未经考试训练之县长，应于本月内酌量更换以期完成						
组织县政府	组织各科，由县长呈请民政厅委任秘书科长等，并组织县政会议	各县政府早经令饬依法改组在案，其有未完成之县，统限于本月内完成						本省各县政府之组织，多已完成。查未能完成者，仅有数县，业经严令依法组织，限期具报
设立各局	由县长就考试合格人员中遴选，呈请省政府核准委任各局长及公安分局长	各县所设各局，早经各县长分别呈准委任在案，惟各县内之公安局长分局长，如有未经训练者，应于本月内酌量改委已受训练之公安人员						

（续表）

事项	办法	定成期限（十九年度）						备考
		九月份	十月份	十一月份	十二月份	一月份	二月份	
划定自治区编定自治乡镇	县政府于奉到县组织法施行日期命令后两个月内划定自治区，并编定乡镇	各县自本月举办，限月终完成						划区办法，早经颁行各县正在赶办，划定具报者，已有多起。预计九月内可以一律完成
委任区长	自治区划定后，民政厅应于一个月内就训练考试合格人员委任区长	各县自本月举办	至本月完成					查区长训练，现正开始现正开始推行。自治各县之区长，应以前经训练之自治人员择优任用
组织区公所划定乡镇区域	区长就职后一个月内组织区公所，并划定乡镇区域。由县政府呈请省政府核准，咨内政部备案		各县至本月举办	自本月完成				区长既于九月内开始任用，预计组织区公所、划定乡镇区域，在十月内可以完成
设立乡镇公所筹备处	在乡镇公所成立前，区长应设立乡镇公所筹备处，并于乡镇公民中聘任若干人为筹备委员，办理县组织法施行法第八条规定事项			各县自本月举办，限月终完成				区公所及乡镇区域，既于十一月内完成，则设立乡镇公所筹备处，预计十一月底尽能办毕

（续表）

事项	办法	定成期限（十九年度）						备考
		九月份	十月份	十一月份	十二月份	一月份	二月份	
召集乡民镇民大会选举乡镇长监察委员	应于完成县组织最终期限两个月前，由区长召集乡镇大会，选举乡长副乡长、镇长副镇长并监察委员			各县自本月举办	至本月完成			十一月内设立乡镇公所筹备处，即可继续召集乡民镇民大会，选举乡镇长及监察委员。预计十二月内尽可完成
成立乡镇公所	区长督同乡镇长，于完成县组织最终期限两个月前，组织乡镇公所			同前	同前			选举乡镇长后，即须成立乡镇公所。预计可与前项同时完成
划定闾邻	乡长镇长就职后，应于两个月内划定闾邻			同前	同前			乡镇公所成立后，即依限划定闾邻。预计可与前项衔接举办，至一月内尽可完成

（续表）

事项	办法	定成期限（十九年度）						备考
		九月份	十月份	十一月份	十二月份	一月份	二月份	
召集闾邻居民会议选举闾长	乡长镇长就职后，应于两个月内召集居民会议，选举闾长邻长			各县自本月举办	至本月完成			依前项划定闾邻后，即须召集居民会议。预计至二月终可以一律完成

说明：

一、查经费为办事之母，对于筹备完成县组织费用及自治经费，应由各县长尽本年九月内，将各该县地方一切收入种类数目详细列册说明具报，以凭审核确定额数，用免支绌。

二、本表规定县组织进行期限，系就第一期推行自治县之情形、时间，参照部颁表式酌量拟定。其第二期第三期所列各县，拟分别照表定限期，准各递推展缓六个月举办自治。预计于二十年度内，可以一律完成。

三、本表所定年度，系遵部令以会计年度同以是年七月一日起至次年六月三十日止为是年之一个年度。

云南省各县警察局概况表

县别	公安局等第	分局数	官长员数	警士名额	月支薪饷数	警款来源	附记
昆明	1	3	7	25	644	按月由财政厅局支领约一千百余元	计板桥、普吉、高峣三分局
宜良	1		3	29	1,130	月由公款收支处支领约一千余元	
嵩明	1	1	3	41	356	月支团款及店捐、摊馆捐、罚金等共约四百余元	计县城一分局
安宁	2		3	20	402	月有堡租、庵租、茶捐、店捐、驮捐、罚金等约七百余元	
罗次	2	1	3	20	78	由租谷、店捐、摊捐、升斗捐项下支领及有罚金约一百余元	计腰站一分局
禄丰	2	2	4	24	250	月由经费局支领及罚金、店捐、酒捐约五百余元	计老鸦关、大慈寺二分局
昆阳	2	3	5	20	1,054	月有船捐、升斗捐、店捐、罚金等及由县补助约一千余元	计海口、新街、镇海阁三分局
晋宁	2	2	4	20	448	月有各堡提款、灯茶捐、店捐、杂捐、罚金等约六百余元	计城内之新街、六街二分局
呈贡	2	3	5	31	492	月由县署支领及有罚金、茶捐、店捐等六百余元	计归化、七甸、龙街三分局
易门	2	1	2	14	121	月有租谷、升斗捐、店捐、榨房捐、罚金等约一百元	
武定	2	1	3	20	392	按月由财政局支领约七百余元	计姜驿一分局
元谋	2		2	30	203	月有茶捐、田租、灯捐、店捐、房租息、铺捐、罚金等约三百余元	
禄劝	3		1	10	232	月有屠捐、升斗捐、店捐、茶捐、罚金等二百余元	

（续表）

县别	公安局等第	分局数	官长员数	警士名额	月支薪饷数	警款来源	附记
富民	2	1	3	30	602	月有庙租、酒捐、香捐、馆捐、罚金等约六百余元	计者北一分局
楚雄	2	1	4	20	196	月有团款、店捐、茶捐、油捐、杂捐等约三百余元	计吕合一分局
镇南	2		1	12	130	月有租折、店捐、灯捐等约一百余元	
牟定	2		2	15	338	月有会款、店捐、布捐、罚金等约四百余元	
双柏	3		1	10	106	月有租折、灯捐、茶捐、房租、罚金等约一百余元	
广通	2	2	4	22	296	月有升斗捐、屠捐、酒捐、灯捐、店捐堡租等约五百余元	计舍资、罗川二分局
盐丰	2		2	20	248	月由县请领及店捐、茶捐、馆捐、盐息等约二百余元	
盐兴	1	4	9	47	718	月有升斗、屠捐、馆捐、店捐、公益捐、驮捐、茶捐等约九百余元	计元永、阿陋、琅井、沙淤旧等四分局
姚安	2	1	4	25	239	月由县及商会担任支领约四百余元	计普朋一分局
大姚	2		2	20	250	月由县支领及罚金约三百余元	
永仁	2		2	12	161	月由自治公所支领及有店捐、罚金约二百余元	
元江	2	2	4	30	310	月由县请领及店捐、船捐、灯捐、罚金等约六百元	计青龙厂、因远二分局
新平	2	1	3	20	328	月有店捐、秤捐、馆捐、杂捐、罚金等约六百余元	
石屏	1	2	6	25	455	月有屠捐、店捐、公租、升斗捐、豆捐、石捐、铺捐等约一千余元	计宝秀、龙朋二分局

（续表）

县别	公安局等第	分局数	分驻所数	官长员数	警士名额	月支薪饷数	警款来源	附记
建水	2			4	33	538	月有升斗捐、茶捐、店捐、戏捐、灯捐、食馆汤税捐等约四百余元	
曲溪	2			1	10	65	月有屠捐及罚金约一百余元	
蒙自	1	3		9	37	858	月有地方公益捐及道署辅助约九百余元	计南西三分局
个旧	1	3		18	56	1,786	月由锡税项下拨支二千余元	
路南	2	1		3	28	658	月由县署支领及有店捐、茶馆捐、罚金等约八百余元	计北古城一分局
澄江	2		1	2	30	785	月由经费局支领公租及有店捐、押捐、罚金等约八百余元	
玉溪	1	3		15	50	2,500	月由县署请领及有茶捐、店捐、灯捐罚金等约三千余元	计北城、研和、大营三分局
峨山	2			2	18	162	月有茶捐、屠捐、店捐、灯捐、杂捐、罚金等约二百余元	
河西	2			1	12	290	月有县署请领及店捐、罚金等约四百余元	
江川	2			2	12	99	月由县署支领及有租谷、保甲款、糖酒捐、罚金等约三百余元	海门桥分所尚未成立
通海	2			2	12	274	月由县请领及店捐、押捐、罚金等约二百余元	
阿迷	2	2		5	31	481	月由县请领及罚金、剧捐、灯捐、店捐等约四百余元	计大庄、架衣二分局
黎县	2			2	12	408	月有提款及店捐罚金等约六百余元	
罗平	2			2	12	122	月有斗秤捐、茔地租等约二百余元	

（续表）

县别	公安局等第	分局数	官长员数	警士名额	月支薪饷数	警款来源	附记
师宗	2		2	19	79	月有屠捐、升斗捐、秤捐、烧锅捐、店捐、罚金等约一百余元	
丘北	2		1	16	80	月由牛皮捐、驮捐、烧锅捐、牲税捐等约二百余元	（系毫洋）
弥勒	1	2	5	50	129	月由财政局造领约一千一百元	计虹溪、竹园二分局
泸西	2		2	20	286	按月由县清领约三百余元	
广南	2		2	12	200	月有屠捐、房租、地租、灯捐、店捐、照费、罚金等约五百余元	
富县	2					月有公租、店捐、罚金等约一百余元	前因军乱废弛现尚未成立
文山	2		3	20	345	月由县请领及店捐、租金等约五百余元	
马关	2		2	13	105	月由县支领及店捐、罚金等约二百余元	
西畴	3		1	6	83	月有店捐、罚金、升斗捐、摊捐等约八十余元	
马龙	2		2	21	229	月有县请领及油捐、店捐、罚金等约一百余元	
沾益	2		1	20	80	月有升斗捐、庙租、店捐、罚金、酒捐、地租等约一百余元	
平彝	2	1	3	23	148	月有升斗捐、租谷、店捐、罚金等约三百余元	计黄泥河一分局
曲靖	1	1	6	52	303	月由县署请领及有店捐、罚金等约四百余元	计越州一分局
陆良	1	5	7	30	274	月有发商生息、斗秤捐、屠庙租店捐、船捐、罚金等约四百余元	计乡镇五分局
寻甸	1	3	5	25	356	月由县署请领及有屠捐、店捐、罚金等约四百余元	易隆、羊街、功山三分局

（续表）

县别	公安局等第	分局数	官长员数	警士名额	月支薪饷数	警款来源	附记
会泽	1		5	22	405	月有庙租、洋纱捐、屠捐、茶捐、馆房租、厕租、罚金约五百余元	
巧家	2	1	3	33	358	月有斗秤捐、肉捐、屠捐、罚金等约四百余元	计蒙姑一分局
宣威	2		3	30	244	月有秤捐、升斗捐、罚金等约三百余元	（系滇币计算）
昭通	1	3	6	50	425	月有商款、店捐、茶捐、秤捐、义助捐、罚金等约五百余元	计西关、闸心场、洒鱼河三分局
永善	1	5	7	75	387	月由县署请领及有店捐、杂捐、罚金等约四百余元	计大井坝、新甸子，黄葛场、井底、桧溪五分局（系镍洋）
鲁甸	2	1	3	22	191	月由县署请领及有店捐、驮捐、罚金等约三百余元	计桃源一分局
绥江	2		2	10	102	由县署请领及茶捐、号捐、罚金等约一百余元	（以滇币折算）
盐津	2		2	12	135	月由店捐、屠灯捐、秤捐、船捐、馆捐、罚金等约二百余元	（以滇币折算）
大关	2		3	21	130	月由县署请领及店捐、罚金等约一百余元	（均以镍洋计算）
镇雄	2		2	20	123	月由县补助及有店捐、屠捐、公产租金等约一百余元	
彝良	2		2	12	94	月有染捐、麻捐、店捐、面房捐、乐纸捐、构皮捐、罚金等一百余元	均以滇洋计算
墨江	2		4	20	130	月由县支领及馆捐、灯捐、店捐、染缸捐约二百余元	计路水井一分局
宁洱	2	4	5	33	929	月有屠捐、店租金、杂捐、罚金等约一千余元	计磨黑井、岩石膏、孔雀坪、通关哨四分局

（续表）

县别	公安局等第	分局数	官长员数	警士名额	月支薪饷数	警款来源	附记
思茅	2		1	14	178	月由县请领及罚金约二百余元	
澜沧	2		1	20	96	月由县署支领一百余元	
景谷	2		2	10	16	月由税契、附捐、屠宰税项下拨支约五十余元	（以滇洋计）
弥渡	2		2	20	300	月有公租由县造领及茶捐、店捐、罚金等约六百余元	
祥云	2	2	5	37	580	月有铅捐、升斗捐、店捐、秤捐、租谷、地租、罚金等约七百余元	计云南驿、木甸二分局
漾濞	3		1	11	242	月有店捐，茶捐、酒捐、罚金等约三百余元	
蒙化	1	3		50	200	月有公租、公息、升斗捐、屠捐、常平仓、招解款等为六百余元	计上川、公郎、子午三分局
云县	2	4	6	60	438	月由县支领约五百余元	计大寨、茂兰、朝曜、栗树街四分局
缅宁	2		2	10	80	月有店捐、茶捐、屠捐、斗秤捐、息款、杂捐等约一百余元	（以洋计算）
顺宁	2		4	42	460	月有升斗捐、租折、罚金等约六百余元	计右甸、旧城二分局
景东	2		1	10	74	月由县请领及酒捐约一百余元	（以洋计）
镇沅	3		1	10	53	月由县筹发约一百余元	
镇康	3		1	10	73	月由县公款处支领约二百余元	
永平	2		3	28	253	月有公产租金、房捐、屠捐、店捐、升斗捐、罚金等约二百余元	计杉木和老街二分局

（续表）

县别	公安局等第	分局数	官长员数	警士名额	月支薪饷数	警款来源	附记
云龙	1		10	56	575	月有屠捐、店捐、茶捐、公益捐、租息、杂捐、罚金等约四百余元	计宝丰、师井、旧州、漕涧、施家村、永登、老窝、板桥八分局
保山	1		8	60	366	月由县请领及罚金等约八百余元（以滇洋计）	计施甸、蒲缥、板桥三分局及施甸之由旺、姚关二分驻所
腾冲	1		7	56	570	月由县署请领约六百余元	计固东街、橄栏寨二分局
龙陵	2		1	12	100	月有公租、店捐、罚金、照费等约一百余元	
大理	1	5	9	66	321	月有田铺租、屠捐、茶捐、升斗捐、店捐、公益捐、押措、罚金等约一千余元	计喜洲、下关、中乡、观音塘、上关五分局
凤仪	2	3	6	30	253	月有茶捐、店捐、罚金、租息、馆捐、屠捐、租谷、杂捐及商款等约三百余元	计下关公安局，红岩、新街二分局
华坪	3		1	7	71	月有庙租、茶捐、店捐、屠捐、罚金等约一百余元	
邓川	2	1	3	16	166	月有榨糖捐、店捐、茶捐、摊捐、屠牛捐等约三百余元	计右所一分局
洱源	2	3	5	18	182	月有屠捐、店捐、寺庙捐、公租、照费、罚金等三百余元	计三营、凤羽、炼铁三分局
宾川	1	5	8	70	630	月有谷租提款、屠捐、店捐、路捐、罚金，等约七百余元	计平川、牛井、宾居、挖色、炼洞五分局
永北	1	3	6	30	260	按月由县请领约三百余元	计片角、期纳、金官三分局
剑川	2	1	3	25	305	月有公租、屠捐、店捐、升斗捐、盐秤捐、杂捐、马驮捐、罚金等约六百余元	计乔后公安局
鹤庆	2		1	18	100	月有地租、租谷、灯捐、糖捐、驮捐、罚金等约三百余元	（以洋计算）
兰坪	3		1	4	50	月有厂捐、布匹捐、升斗捐、街棚捐、秤捐等约四百余元	

（续表）

县别	公安局等第	分局数	官长员数	警士名额	月支薪饷数	警款来源	附记
丽江	2		2	30	141	月由县请领及自收寺租、茶糖捐、店捐、马捐、罚金等约三百余元	（以洋计算）
中甸	3		3	5	25	月有驮捐、秤捐、铺捐、磨捐、团费约二百余元	以团保补助充当
维西	2		1	11	48	月有驮捐、屠宰捐及罚金约七十余元	
江城	3		1	7	18	月有县垫发及有肉捐、公益捐、店捐、罚金等约五十条元	旧名猛烈
阿墩行政区	3		1	4	35	月由县商会支领警款约一百余元	
干崖行政区	3	2	2	8	100	月由各区抽收提萝头捐及屠捐约二百余元	即乘龙、户撤二分局
上帕行政区	3		1	4	21	月由县请领随粮捐款约三十余元	
菖蒲桶行政区	3		1	5	28	年由各区门户抽收二百元及有罚金约三百余元	
知子罗行政区	2		1	4	22	月由各区乡额缴警款及地租约六十余元	
泸水行政区	3			4	12	年由土司抽收户捐二百余元	由委员兼办
猛卯行政区	3		2	14	55	月有屠宰捐约一百余元	
靖边行政区	3		1	4	140	月有驮捐、街捐、店捐、罚金约一百余元	

此外还有滇中属之威信行政区，蒙自属之金河、猛丁两行政区，普思沿边之车里县、五福县、佛海县、双江县、镇越县，普文县、六顺县等及腾越属之盏达、陇川、芒遮板等行政区，因现无的款，未报成立，故不列入。至于各县佐所属之公安分局已并入各县矣。

附《民国二十年以前概况》

民国元年，警务机关另行改组。取消巡警道，改设巡警局，与审判、自治两局均隶属于民政司。是年，将原设巡警教练所名称改办为巡警学校。复以扩充个旧厂警，乃推广招生，赓续添办第六、第七、第八、第九、第十班，分派个旧服务。

民国二年六月，奉中央政府命令成立省会警察厅，取消巡警局。并将省会九区并为六区，废除区官名称，设为六区警察署。每署设署长一人，署长之下除原设派出所五十三所外，又增设临时守望岗十四所，每所设正额巡警六名，轮流当职。又于外西区近华浦添设水上警察，北门外莲花池添设乡警。是年开办高等警察学校完全科，以三年毕业。民国三年续办第十二班巡警学校，民国四年续办第十三班巡警学校。民国五年三月，奉中央政府命令设立全省警务处，管理全省警察事宜，省会警察由警察厅管理，外属警察由民政司拨归警察处管理。因便宜计，警务处长官职员均由警察厅长官职员兼任。九月，以督责勤务起见，将各警察署见习员十八名裁撤十二名，改添巡官六员，以资补助。是年遵照部令，改巡警学校为巡警教练所。开办第十四、第十五两班。

民国六年，续办第十六、第十七两班巡警教训所。以统一警政起见，办理地方警察传习所一班，调取各属现任警官入所肄习，学期一年，毕业以后仍回原差教练巡警。

民国七年续办第十八班巡警教练所。民国八年续办第十九班巡警教练所，二班地方警察传习所。民国九年续办第二十班巡警教练所，民国十年续办第二十一、第二十二班巡警教练所。民国十一年，昆明市政公所成立，将全省警务处及省会警察厅取消，其外属警察划归内务司管理，省会警察并归公所。列警务一项于八课之内，分设警事、外事、治安、正俗、司法、户籍六股，办理市内警察行政。原有之勤务督察改为警务督察。消防、侦缉两队组织仍旧。同时并将省会商埠六区署名称改名昆明市第一、第二、第三、第四区警察署及昆明市商埠一、二区警察署。共设警察派出所八十四，分驻所三，驻在所二，警额六百二十八名。是年续办巡警教练所第二十三、第二十四两班。

民国十二年续办巡警教练所第二十五、第二十六、第二十七三班，民国十三年续办巡警教练所第二十八、第二十九两班，民国十四年续办巡警教练所第三十、第三十一、第三十二三班，民国十五年续办巡警教练所第三十三班，民国十六年续办巡警教练所第三十四班。

民国十七年八月，市政公所改组为市政府，将警务课职掌划出，设立公安局。内分设第一、第二、第三各科，秘书、稽警二处。所有市警六署、侦缉队、消防队、交通队、警察学校、男子感化院、女子感化院并划归公安局统辖。其各县警察原设警察事务所或警察局，名称一律改组为公安局。又将巡警教练所名称改为警察学校。

民国十九年一月，昆明市政府改组，将前公益局主办之卫生事宜划归公安局办理，添设第四科专掌之，并将市立平康各医院、麻疯院、屠兽场、寄柩所、卫生试验所一并拨归管辖。复以公安人员亟宜培养，乃就民政厅设立之训政讲习所，附设公安一班，考选存记警员入所训练，以补充学识。计得毕业学员六十人。

民国二十年，今主席龙以省会治安极关重要，特依照国民政府明令，复准改组为云南省会公安局。并将各署巡长、巡警及巡警派出所名称，巡照部章改定为警长、警士及警士守望所。继续办理公安第六班，计得毕业学员一百零七人。嗣后各属警员出缺，均由此项学员酌委。又复呈请设立警官学校，分正班一班，系遵照部章以两年毕业；速成班一班，以一年毕业；每班学额均定为一百名。正班考选中学以上学校毕业青年，速成班考选警校毕业、材堪深造人员。以后毕业分发外县者，以二、三等公安局长或同等分局长任用，分发省会公安局及滇越铁道警察局者，以巡官、巡长任用。

隶属民政厅时期

民国二十一年一月一日，因省会治安事繁且要，势须提高职权。特呈准本府改为省会公安局，脱离市政府管辖，直隶于民政厅，并受省府指挥监督。二十五年十二月，奉到部颁《各级警察机关编制纲要》，即于二十六年一月一日，饬照部颁《省会警察局组织暂行规程》改组为省会警察局，仍直属民厅。内设局长一员，下置秘书室、勤务督察处、总务科、行政科、司法科，并因本省情形特殊，照规程第六条第五项之例，呈准省府保留原有卫生科。此外，因改善警政，推行局务，照规程第二十条之例，置局务会议、设计委员会、整理经费委员会、储蓄管理委员会。计秘书室设秘书一员，下分两股，每股计科员一员，办理宣传、记录、编辑各事项。勤务督察处设督察长一员，督察员三员，差遣员四员，考核内外员警勤务事宜。总务科设科长一员，下分五股：第一股办理庶务，第二股办理会计，第三股办理警务，第四股办理监印、核对、收发，第五股办理统计，共置科员十三员，学习员六员。行政科设科长一员，下分三股：第一股办理正俗、治安、营业，第二股办理户籍，第三股办理外事、清丈、交通，共置科员四员，技士、学习员各一员。司法科设科长一员，下分三股：第一股办理预审事件，第二股办理违警事件，第三股办理特务事项，共置科员八员，学习员一员。又司法科附设有看守所，设所长一员，巡长一员，什长二人，专司收管人犯事宜。卫生科设科长一员，下分四股：第一股办理保健事项，第二股办理防疫、药剂事项，第三股办理医务事项，第四股办理清洁事项，共置科员四员，学习员一员，清洁指导员二员。设计委员会、整理经费委员会人员无定额。储蓄管理委员会设委员五人，正副经理各一人，办事员一人，管理储蓄事务。此外，尚有缮写室，设雇员十八人，上置雇员长一人，指导督率缮写各科处一切文件。至于局外附属机关，则有六个警察分局，省会警察学校，消防大队，侦缉队，交通警察队，男子、女子感化院，集园管理事务所，检查所，豆腐米线场管理处，屠兽检查所，寄柩所，火车站检查所，东、西汽车站检查所等之设置。组织办法叙述于后。

省会警察第一分局

民国二十年以前，原名第一区警察署，二十一年一月一日起改名省会警察第一署，民国二十六年一月后，始改今名。内设分局长一员，局员一员，巡官四员，警长十二员，见习四员，文牍一员，雇员二名，警士一百一十二名，兵丁夫役五十四名。就管辖区内冲要地点分设警士派出所十六所，每所派警士七名，分班执行段内一切警察事务。

省会警察第二分局

名称沿革与第一分局同。设分局长一员，局员一员，巡官四员，警长十二员，见习五员，文牍一员，雇员二名，警士一百四十名，兵丁夫役五十九名。就管辖区内冲要地点分设警士派出所二十所，每所派警士七名，分班执行段内一切警察事务。

省会警察第三分局

设分局长一员，局员一员，巡官四员，警长十五员，见习五员，文牍一员，雇员二名，警士一百五十八名，兵丁夫役四十七名。段内冲要地点设分驻所二所，警士派出所二十所，每所警士七名，分班服务。

省会警察第四分局

设分局长一员，局员一员，巡官四员，警长十一员，见习三员，文牍一员，雇员二名，警士六十三名，兵丁夫役二十四名。段内设分驻所二所，派出所九所，每所警士七名，分班执行职务。该局尚隶属有省会水上警察一处，系设置于大观楼，因经费环境关系，组织单纯，计设警长一人，警士八名，水手二名，置有木船二只。

省会警察第五分局

设分局长一员，局员一员，巡官五员，警长十二员，见习六员，文牍一员，雇员二名，警士一百五十七名，兵丁夫役六十三名。段内设分驻所二所，警士派出所二十一所，每所派警士七名，分班服务。

省会警察第六分局

设分局长一员，局员一员，巡官四员，警长十二员，见习三员，文牍一员，雇员二名，警士九十一名，兵丁夫役四十一名。段内设分驻所二所，派出所十三所，每所派警士七名，执行警察事务。

省会警察学校

内置校长一员，教务主任一员，学科教官八员，术科总队长一员，区队长四员，分队长十二员，庶务兼会计一员，文牍一员，医官一员，雇员四名，司事二名。每期招收学生向例定为一百名，四个月毕业，分派各分局、队服务。洎乎抗战既起，时局紧张，市内治安益形重要，乃每期招收学生四百名，编为四班，扩大训练，以充实省警实力，用赴事机。

消防大队

省会警察局向设有常备消防一大队，内分四队，每队辖两中队，共八中队。设大队长一员，大队附一员，队长四员，中队长八员，书记长、医官、司务员各一人，技士二人，雇员二名，消防士二百名，置有石油唧筒水龙一架、蒸汽唧筒水龙二架、腕力唧筒水龙三架，并于各警察分局内各置腕前唧筒水龙一架。前因时局紧张，为充实防空力量计，已向重庆震旦工厂订购邦蒲救火汽车二辆、水柜汽车一辆，以资应用。

侦缉队

设队长一员，队附二员，队员二十二员，队警十名，翻译一员，雇员二名，捕兵六名，专司侦查缉捕事务。

交通警察队

设队长一员，编为三小队，共置小队长三员，见习一员，雇员一员，警士一百名，专任取缔城内外冲繁市街一切违章交通，及指挥车辆事务。现置有交通岗亭七座，将来市街整顿完毕后，尚须逐渐添置岗亭也。此外，附设有骑巡队、车巡队，置马十匹，摩托卡车六辆，专任巡查四郊及繁盛街区。由交通队兼任，设教官一员，教授乘骑技术。

男子感化院

设院长一员。内分工出、教诲、沟工三部。下置守卫长一员，庶务一员，沟工队长一员，巡长一员，文牍一员，雇员三名，目丁九名，专司收管本局判发案犯暨不良分子，实施感化教育。

女子感化院

设院长一员。内分自新、习艺、济良三部。置庶务一员，教官一员，医官一员，司事一名，雇员二名，专司收管本局判发逃婢及卖淫或犯窃妇女，实施感化教育，治疗社会病态。

集园管理事务所

设管理员一员，文牍一员，账务员二员，雇员二名，司事八名，司阍九员，专司本市公娼事务。

集园检查所

设医师一员，专任检查诊断妓女健康事务。因云南风气古朴，卖淫者皆为人所不齿，故妓女甚少，而集园及检查所之组织均甚简单也。

豆腐米线场管理处

为本市制造豆腐、米线者集合之所，置管理员一员，主管场内一切清洁卫生事宜。

屠兽检查所

屠宰猪牛羊集中之所，分设于南城外烧猪桥、小东门外石萃庄、朝阳庵南区小街子、官渡九门里、西区马街子、东北区金刀营等八处。每处设置检查员一人，巡丁一名，专任检查屠宰类之疾病、健康、清洁卫生事宜。

寄柩所

市民死亡后，有一时未能觅地安葬或暂时不能搬运回籍葬埋者，则令其抬入寄柩所停置，以重卫生。共分四所，第一所设重关外迎恩寺，第二所设小东门外天顶寺，第三所设北门外莲花池五福寺，第四所设大西门外地台寺。每所各置“理员”一员，司事一员，主管寄柩事宜。

火车站检查所

置警长一员，警士六名。由省会警察局督查员监督，担任检查滇越铁道火车出入人员行李事宜。

东汽车站检查所

置警长一员，传事十名。由第六警察分局直接监督。担任检查东、南两路汽车出入人员行李事项。

西汽车站检查所

置警长一员，警士十名，由第四警察分局直接监督，担任检查西、北两路汽车出入人员行李事项。

总上省会警察局及各分局暨附属机关之长警人数计有一百一十九员，警士八百五十九名，消防士二百名。至勤务分配方面：省会警察局各科职员，每日上午八时到公办理职责内应办事件，下午四时三十分钟退职。每日轮派督察员一员，科员、雇员四人值日值宿，办理紧急要件，接听情报电话；夜间分班稽查各分局、队、所、警岗警务状况，及注意一切有关治安事项。警察六分局仍采用时更番制，守望、巡逻并重，各按规定警额所分为甲、乙、丙三班，轮流出勤，每四小时更番一次，如甲班出勤，乙班预备，丙班休息，周而复始，每班每昼夜共出勤八小时，预备八小时，休息八小时。出勤警士轮流守望巡逻，预备长警担任一切派遣及夜间武装小组巡查，并于每月之初一、十一、二十一日大更番一次，以均劳逸。交通警察队亦采用时更番制，专重守望。每日以两小队当班，一小队休息，轮流当班者自上午十时起至下午十时止，两小队长警更番出勤，按设定岗位，每岗位派警士一名执行职务，三小时一班，轮流更替；夜间并派警巡守望岗亭，休息长警仍补助出勤。一班时间为上午八时至十时，此外并派任守卫巡查及临时警戒事项。消防大队则平日从事技术训练，临时担任消防工作，夜间并分派武装消防士多组，补助四处巡查，至拂晓时止。又侦缉队员警亦昼夜分区分组出外侦缉捕，以免奸宄窃发。经费方面，系向省库请领，每月约支用滇省新币五万六千三百余元，内中有呈准自行收入之款，每月约收得滇新币五千余元。以收抵支，按月在预算范围内实支实报，呈请核销。在此用款范围内，省会警察局约月支六千余元，各分局共约月支三万三千余元，消防队、侦缉队、交通队、骑巡队及警察学校共约月支一万二千余元，其他附属机关二十处，共约月支四千余元。至临时费用，未有定款，遇有支用，临时呈准请领。武装方面，现共置有手提机关枪四挺，左推手枪二百五十支，马枪四百支，警察力量尚属相当雄厚。通信工具，则省会警察局及所属各分局队均各置有电话一具，传达消息，故情报尚称灵通也。

警务处成立后之设施

抗战军兴，沿海城镇相继沦陷，滇省成为后方重地，所有沦陷区域之机关、团体、学校、工厂、人民均纷纷向滇迁入。人口因而激增，社会情态骤呈复杂。兼之抗战日久，天民生活愈形艰苦，而作奸犯科之事，不一而足。警察有维持治安之责，为应付事机，安定社会，增强抗建力量起见，省府乃于二十八年六月，遵照中央二十六年十一月颁布之省警务处组织法令，饬就省会警察局之人员经费成立省警务处，为全省警察行政之最高机关，直属于省政府，至七月一日正式成立。置处长一人，并兼任省会警察局长，总理处、局事务。另设副局长一人，助理局务。处之下关于内部者设秘书室，置秘书三人、办事员一人至三人，警察局原有之总务、行政、司法、卫生四科，在警务处编制内则称为第二、三、四、五科，并为利于办理省会之会计庶务及各县警局经费事项起见，增设第二科专责办理。旋又裁撤卫生科，移归市府卫生局办理。复增设外事科、人事室、会计室。此为警务处内部组织。至健全全省警务机构及推进事业情形分述如下：

（一）增设省会警察局第七、八两分局：省会警察局原有六个分局，昆明市人口既增，警力不敷分配，乃于民国三十年四月，经省府核准在本市南郊之玉皇阁设置第七分局，划定吴井桥新市场及东寺街下街一带为其管区。又于次年一月，在市区东郊之大厂村佛慧寺内设立第八分局，划定小东门及北门外一带为其管区。每分局各置分局长、局员各一人，巡官四员，警长十三人，见习四人，警士七十六人。

（二）扩充消防队及交通大队：本市房屋鳞比，人烟稠密，消防力量每感薄弱。

曾于二十八年经一度整理，购置帮浦救火机二部，运水机二部及其他消防应用器材。惟自二十九年九月起，敌机不断侵入市空轰炸，火灾堪虞，增强消防力量刻不容缓，当经呈准增加消防警察一百名，扩充为一大队，拨国币一十万元作为购置消防器材之用。并会同防空司令部、昆明市政府向各银行、工厂、公司及商号等募获消防款国币二十七万余元，曾向重庆震旦铁工厂再订购帮浦救火汽车二部，运水车二部。现在省会消防大队警额共增为二百五十名，分为五队，每队五十名，每队之中，又分为技术组、抢救组、拆卸组、运水组等，并函聘震旦工厂技士三人为指导员及技术员，担任技术训练之责。至于交通警察队亦因本市交通日趋繁盛，不但线路增多，且车马过往频繁，原有警力不敷分配，乃于民国二十七年将原来之交通警察队扩充为交通警察大队，置大队长一员、区队长二员、中队长四员、分队长八人、警士二百名，专司取缔城内外冲繁市街违章交通及指挥车辆事宜。

（三）归并各县政警队：本省所属各县之政务警察，原系隶属各县政府，后因省政府准内政部令，饬将政务警察改隶于县之警察机关。当经会同民政厅拟具实施归并草案，呈奉核准，公布实施。

（四）保留各县警察局：二十八年八月，经党政联席会议议决，将县政府所属各局改科，以期坚密县政机构。抗战期间，地方治安亟关重要，警察负有防间、除奸、维持地方公安责任，与其他机关性质不同，经省府会议决议，准将各县警察局仍予保留。

（五）增设外县外事警察局：警务处鉴于盟邦友军遍及全省，涉外事件时有发生，尤自平等新约成立，责任更加重要，沿交通干线之呈贡、寻甸、沾益、陆良、祥云等县份，均有设立外事警察机构之必要。于三十四年七月拟具预算，呈奉省政府核准，就各县附近机场地方各设外事警察局。现已委派筹备员分别前往，会同各县县长协同办理，不日即可正式成立。至于经费系由县款开支。

（六）新建涉外待质所：自同盟各国取消领事裁判权后，外人之侨居我国领域内者，遇有民刑诉讼及违警案件，应受我国法律支配。省会自抗战以来，外籍人事日渐增多，对于处理外人违警案件及侦察预审刑事事项，自不能不有相当设备以为待质处所。爰就省会警察局内新建房含五间，以供应用，共计开支工费国币八万五千元。至于省会各分局，为便利处理起见，曾经与美国驻昆宪兵咨商，得同意就第一分局内设有禁闭室一间，专为处理美空军犯规官兵之用。

（七）建筑男子感化院新址：省会警察局男子感化院，在前为习艺所，原设圆通西巷内。所收工犯，以操作简易之手工、木工、泥作、种植及挑运土石等，以增加生产。嗣因全面抗战，一部房舍被炸，工犯亦有死伤，省府龙主席立饬开其镣具，一面饬就西山大倒石对面海滩上筹建新院。不但疏散适宜，并可就地从事生产事业。当经绘具图案，计造房屋四十余间，分为办公室、工犯室、教诲室、工作室、食堂、警卫室，由工头余呈祥承揽建筑，共开支国币一百一十七万七千七百一十二元，于三十三年七月竣工，全部迁移新址。

（八）建筑市街防御工事：本省自三十一年腾、龙相继被敌侵陷后，省会一时已由后方城市变为临战区前方重镇。昆明行营龙主任本中央抗战国策并鉴于局势所需，经饬由国防工程处及省会警察局几经会勘，详为计议，就省会有关军事地点建筑防御工事，平时用以维持治安，战时作为据点。计于省会各市街重要路口，建筑圆形掩体十九座，内有上建交通挥指岗亭者十二座，派出所地下室七座，碉堡四座，碉楼三座。所有建筑地点形势及建筑费用等不再赘述。

云南省各属警察组织一览表

项目／数量／属别	一等局数		二等局数		三等局数		警务科	官长数	警士数	合计	经费数（元）		附记
	正局	分局	正局	分局	正局	分局					岁入	岁出	
昆明市	1	3						7	22	29	3,600.00	3,891.00	
富民县			1	1				4	22	26	2,161.00	3,891.00	
晋宁县			1	2				5	20	25	2,729.00	2,774.00	
呈贡县			1	2				4	22	26	3,366.00	3,047.00	
宜良县	1	1						4	36	40	6,892.00	6,894.00	
易门县			1					2	18	20	1,363.00	1,986.00	
安宁县			1	1				4	21	25	2,360.00	3,561.00	
禄丰县			1	1				3	20	23	2,400.00	2,788.00	
罗次县			1	1				3	15	18	1,227.00	1,565.00	
嵩明县	1	1						4	38	42	1,620.00	3,799.00	
昆阳县			1	3				5	16	21	5,412.00	5,337.00	
武定县			1	1				4	17	21	1,848.00	192.00	
元谋县			1					3	30	33	2,667.00	2,786.00	
禄劝县			1					2	20	22	996.00	1,909,00	
澄江县			1	1				2	23	25	2,404.00	3,992.00	
玉溪县	1	3						8	50	58	6,864.00	8,563.00	
江川县			1					3	16	19	8,036.00	3,105.00	
路南县			1	1				3	23	26	2,664.00	3,291.00	
曲靖县	1	1						3	40	43	2,690.00	2,562.00	
沾益县			1					4	18	22	1,259.00	1,655.00	
陆良县	1	5						6	36	42	974.00	1,007.00	
罗平县			1	1				5	21	26	6,388.00	7,069.00	
寻甸县	1	3						6	18	24	1,949.00	2,420.00	
宣威县	1							3	41	44	1,415.00	1,608.00	

（续表）

属别（项目/数量）	一等局数		二等局数		三等局数		警务科	官长数	警士数	合计	经费数（元）		附记
	正局	分局	正局	分局	正局	分局					岁入	岁出	
马龙县			1					3	16	19	1,260.00	1,304.00	
平彝县			1	1				4	24	28	1.998.00	1,863.00	
会泽县			1					3	26	29	1,204.00	1,574.00	
巧家县			1	1				2	39	41	3,883.00	3,220.00	
昭通县	1	4						6	74	80	4,868.00	8,703.00	
景谷县			1					2	11	13	720.00	720.00	
墨江县			1	1				2	28	30	5,148.00	5,560.00	
思茅县			1					2	7	9	1,256.00	1,839.00	
元江县			1	2				4	30	34	1,788.00	1,892.00	
新平县			1	1				3	17	20	1,157.00	1,584.00	
澜沧县			1					1	20	21	1,298.00	1,298.00	
镇沅县							1	1					警务科长一人
景东县			1					1	10	11	1,074,00	1,836.00	
缅宁县			1					2	8	10	1,824.00	1,746.00	
江城县						1		1	4	5	528.00	600.00	该县尚未设立警察局
双江县													同上
车里县													同上
南峤县													同上
佛海县													
镇越县													该县尚未设立警察局
六顺县													同上

（续表）

项目/数量/属别	一等局数		二等局数		三等局数		警务科	官长数	警士数	合计	经费数（元）		附记
	正局	分局	正局	分局	正局	分局					岁入	岁出	
楚雄县			1	1				5	24	29	2,381.00	2,456.00	
广通县			1	2				4	20	24	2,363.00	4,504.00	
双柏县					1			1	10	11	854.00	840.00	
牟定县			1					2	16	18	1,968.00	1,861.00	
盐兴县	1	3						5	36	41	3,321.00	3,617.00	
腾冲县	1	2						3	40	43	8,150.00	9,138.00	
龙陵县			1	1				4	14	18	1,707.00	1,737.00	
保山县	1	3						6	66	72	2,082.00	2,959.00	
大理县	1	3						8	49	57	2,774.00	3,648.00	
顺宁县			1	5				6	78	84	7,364.00	6,861.00	
镇康县					1			1	10	11	948.00	1,764.00	
永平县			1	2				3	16	19	936.00	1,176.00	
祥云县			1	2				3	38	41	4,276.00	4,391.00	
洱源县			1	3				5	18	23	949.00	1,021.00	
邓川县			1					2	11	13	1,270.00	1,344.00	
大关县			1					2	22	24	969.00	1,370.00	
盐津县			1					2	10	12	1,650.00	2,652.00	
永善县			1	5				8	34	42	2,952.00	3,515.00	
绥江县			1					3	6	9	816.00	820.00	
鲁甸县			1	1				2	31	33	1,872.00	2,140.00	
镇雄县			1	1		I		3	20	23	1,560.00	2,280.00	
威信县													该县尚未设立警察局
彝良县								1	16	17	931.00	770.00	

（续表）

属别	一等局数		二等局数		三等局数		警务科	官长数	警士数	合计	经费数（元）		附记
	正局	分局	正局	分局	正局	分局					岁入	岁出	
蒙自县	1	3						5	27	32	3,876.00	4,672.00	
个旧县	1	3						15	30	45	7,189.00	8,453.00	
建水县			1					2	12	14	3,120.00	2,569.00	
河西县			1					2	16	18	1,475.00	2,237.00	
峨山县			1					3	16	19	1,231.00	1,449.00	
石屏县	1	1						4	39	43	5,188.00	5,550.00	
通海县			1					2	10	12	1,492.00	3,043.00	
开远县			1	1				3	22	25	4,596.00	4,596.00	
文山县			1					2	20	22	2,436.00	2,676.00	
马关县			1					2	13	15	1,632.00	3,454.00	
广南县			1					2	13	15	7,293.00	7,887.00	
富州县			1					1	8	9			
泸西县			1					1	13	14	1,639.00	1,476.00	
师宗县							1	1			113.00	113.00	警务科长一人
弥勒县	1	3						4	31	35	7,900.00	2,647.00	
丘北县			1					2	16	18	743.00	1,108.00	
华宁县			1					3	12	15	3,316.00	4,434.00	
西畴县					1			1	10	11	1,105.00	1,208.00	
曲溪县							1	1			1,564.00	1,564.00	警务科长一人
金平县							1	1					该县尚未设立警察局
屏边县													警务科长一人
宁洱县			1	3				4	17	21	2,671.00	3,194.00	

（续表）

项目 数量 属别	一等局数		二等局数		三等局数		警务科	官长数	警士数	合计	经费数（元）		附记
	正局	分局	正局	分局	正局	分局					岁入	岁出	
云龙县	1	7						9	50	59	5,522.00	8,142.00	
凤仪县			1	3				4	34	38	4,585.00	7,090.00	
云县			1	4				5	30	35	4,804.00	4,506.00	
漾濞县					1			2	6	8	807.00	1,646.00	
姚安县			1					3	14	17	1,304.00	1,484.00	
华坪县					1			1	4	5	287.00	415.00	
蒙化县	1	1						7	48	55	1,931.00	2,880.00	
弥渡县			1					1	20	21	3,739.00	3,578.00	
鹤庆县			1					3	20	23	1,562.00	1,494.00	
剑川县			1	1				4	18	22	2,432.00	2,991.00	
中甸县					1			3	10	13	588.00	540.00	
丽江县			1					2	29	31	1,995.00	2,290.00	
维西县					1			2	8	10	680.00	663.00	
兰坪县							1	1	4	5			警务科长一人
大姚县			1					1	12	13	840.00	1,204.00	
永仁县			1	1				3	19	22	686.00	807.00	
盐丰县			1					2	11	13	785.00	996.00	
镇南县					1			2	8	10	1,134.00	1,089.00	
永胜县	1	3						4	42	46	1,099.00	1,954.00	
宾川县	1	5						7	65	72	9,000.00	6,254.00	
昌宁县								1	10	11			
砚山县			1					1	10	11	1,410.00	1,344.00	
宁江设治局													

（续表）

项目 / 数量 / 属别	一等局数		二等局数		三等局数		警务科	官长数	警士数	合计	经费数（元）		附记
	正局	分局	正局	分局	正局	分局					岁入	岁出	
盈江设治局					1			2	8	10			
莲山设治局													
陇川设治局													
瑞丽设治局							1	1	15	16	2,400.00	2,400.00	警务科长一人
潞西设治局													
泸水设治局					1			1	4	5	312.00	312.00	
德钦设治局					1			1	4	5			
福贡设治局													
碧江设治局													
龙武设治局													
贡山设治局													
梁河设治局													
宁蒗设治局													
沧源设治局													
河口对汛督办区								5	13	18			
麻栗坡对汛督办区													
总计	21	61	68	58	14	1	5	349	2,277	2,626	373,947.00	305,569.00	

说明：

本表所列之警务科，系指尚未成立警察局而于县政府内设立警务科以司警务者而言。局长、巡官、警长、警士等均不分等级，以总数分别填于官长及警士两栏。经费数单位统一规定为本省新币一元，概系以前底薪数目。近处本省各机关数度加薪，皆以底薪为根据，照定案贱数比例加给。

警察教育

本省办理警察教育，有警官、警士两级。警官教育在民二年曾举办高等警察学校完全科一班，民三年毕业。五年改巡警学校为教练所，六年开办地方警察传习所，八年续办第二班，十七年改名为警察学校，十九年于民政厅设训政讲习所中附设公安班，二十年续办公安班一班，又分设警官学校。二十一年奉颁《警官学校规程》，省府以整顿警察，首在作育人才，而警官直接统率长警，与社会之关系尤为切要，乃饬民政厅依照部颁规程开办警官学校，分正简两科：正科招收中等以上学校毕业生，简科以现充军警职人员取录，正科两年毕业，简科一年毕业，训练科目均遵部订。至二十三年，先后毕业各一班，人数约二百名，按其成绩分发外县者以二、三等公安局长或同等分局长任用，分发省会公安局及特种警察机关者以巡官、巡长任用。至警士教育，在过去曾办有巡警教练所，先后毕业服务警界，人数甚多。自本省政府成立后，鉴于改进警务，须训练下级基础人员，而省会首善之地，尤应彻底整顿，以壮观瞻而树楷模。乃于二十三年，由总部将省会公安局原办警察学校改为武装警察学校，扩大组织，严格军事训练，先后招生学警六百名，并录取女警三十名，毕业后即全数分配省会六署服务，将各署老弱警士分别裁汰，调回训练，省会警察气象一新。路警方面，亦饬令照省会办法设所训练，计先后毕业两班。至各县警士之训练，在民国二十二年拟定公布之《云南省县政建设三年实施方案》内，曾规定各县应照部章单独或联合邻县分期开办警士训练所，至二十五年止，具报办理毕业者有昆明等三十余县，其余各属因筹款困难，多数尚在筹划中，已由民政厅督促积极赶办。又关于遴派警员赴京受训，亦已数次：二十四年，中央防空学校分期指调各省现职警员赴京学习，本省警察方面亦由民政厅及省会公安局遴派三员赴京受训，毕业后回省服务；二十五年四月，中央警校开办外事警察班，本省亦遴员前往肄业；同年八月，中央警官学校奉内政部令，将开办特科高级班，调取各省现职警员入校肄业，当由本省警官学校毕业生中考送巡官以上人员六员赴京，以资深造，并饬毕业后顺道考察各省警务，以备回滇后作改进本省警务之参考。

二十八年以后本省警察教育，可分为警官教育、长警教育及特种教育三项述之：

（一）警官教育：中央警官学校为全国造就警官人才之唯一机关。每年无论招收正科学生或特科及其他训练班学员，均函请警务处考送或保送前去受训。本处亦鉴于警官人才之缺乏与需要，每次均呈准省府考送或保送数名前往受训，历年来先后毕业服务者已属不少。惟前于民国二十八年，本省政府为振兴警务，奠定警政基础，造就大量警官人才，特委托中央陆军军官第五分校设立警官大队一队，其中又分为一二两队，第一队为学员队，系调训警长以上人员，第二队为学生队，系招收中等以上学校毕业学生，均授以警察应用学术。规定训练期限为一年，于二十九年毕业，共计毕业学员一百一十七人，学生一百二十六人，均分发各警察机关服务，对警务之推行助益良多。

（二）长警教育：本省长警教育，在民国二十八年以前，有省会警察学校。其训练人数仅足补充省会警察各分局队警士之缺额，对外县警额则付缺如，以致各县警士，类多募警，警务不易整顿。自二十八年一月后，警务处遵照内政部扩充各省警察训练所计划，拟将所属之省会警察学校改组为云南省警察训练所，并拟在大理设立分所，扩充组织机构，增加学生名额，一切学术科目悉照部令办理，俾学生毕业后，无论省会或外县均可予以分发。嗣至二十九年正式改组成立，历年扩大招生，加紧训练，迄今先后办毕十二期，共计毕业警生一千九百七十一名。现正继续招收训练中。

（三）警察英语会话班：省会警察局鉴于盟邦友军联翩莅止，警察人员负有保护之责任，犹自平等新约成立后，涉外事件更日愈繁多。为强调外国语言文字之沟通，以适应长警应付环境需要起见，特秉承省府主席龙公之意旨，挑选省会优秀长警，开办警察英语会话班，定期六个月毕业。自民国三十二年十月起至本年八月止，计毕业学生两期，共八十名。第三期现在训练中。唯英语一科非短期训练所能致用，乃将初级班毕业学生再升编为高级班，继续训练六个月，以期深造。现在已毕业高级班一期，共三十二人，第三期在训练中。

（四）消防警察技术训练班：消防技术，贵乎精良，人员挑选，亦须干练。省会警察局鉴于每次扑灭火警，除器材及火场环境关系重大外，人员技术关系亦甚重大，特于三十三年五月饬省会警察消防大队，组训技术训练班，以期熟练，以赴事机。当由该队挑选消防士二十名，并饬浙江帮义勇消防队选送六名，并同原有爆破班合组开办训练。其训练器材有云梯、梭梯、蜈蚣梯、软梯、电器导火救生幕等。其训练科目为各种器材之使用及操作，曾经几次检阅，均甚熟练。现尚须补充器材，以期精进，而备应用。

（五）平时教育：警务处为增进官警学识起见，特组织警察学术演讲会，于每周星期六聘请名人演讲。凡本处职员及省区各分局休番官警，均须轮流前去听讲。又为增进各官警体育，促进服务精神，则实施体育训练，由省会警察局督察处派有曾受体育专门训练之督察员，逐日赴各分局队分别实施体育训练。至于培养战时警察之军事技能，则于每年春秋两季举行实弹射击。射击种类分机枪、手枪、步枪三种。

警员任用

本省任用警员原定标准，凡留学国外、国内或本省高等警察完全科、简易科暨地方警察传习所、警官学校毕业，及曾任各属警官者均属合格，由民政厅审查资格分别存记，遇缺按次轮委。嗣因存记人员逐年递增，不能不严加考核，以免滥竽。爰于二十二年由民政厅将警员叙委章程加以补充，举办全省警员检定。每年七月举行一次，就原存记之警员中审查资格，考核平时服务成绩，再加以笔试、口试，综合各项分数平均计算。检定合格者，各照原有资格注册，按次轮流委任。至二十五年已办理三次，成绩尚佳。此外，对于警员之待遇考核亦加注意，如物质方面之设备，薪饷之增加，暨《警员退休章程》《警察年功加俸章程》等均先后制定公布，实行考核奖惩。复于每届民政视察员出发之际，规定表式，饬其实地调查，逐项填报实际服务状况，由民政厅综核成绩，汇案奖惩，以示赏罚而昭激劝。二十八年以后警务处关于任用之可述者约有两端：

（一）警员检定：警务处为考察警员成绩，调整存记叙委程序，以免拥挤倖进，而便甄别任用起见，特举行警员检定，于警务处下组织存记警员检定委员会。会设主人一人，由警务处长兼任，委员十一人，由警务处就富有警察学识经验者函聘担任。

至应检人员，以曾经有案之警员为限，一经检定合格，即依次轮委。其检定程序，分为四步：①审查资格；②检查体格；③笔试；④口试。于民国三十四年四月举行第一届检定，共计取录一等县警察局长七员，二等县警察局长二十三员，三等县警察局长十六员，外属督察员二员，外属巡官一员，共计四十九员。现已照案委用者计一等县警察局长二员，二等县警察局长二员，三等县警察局长七员，巡官一员，共已委用十二员。

（二）举行雇员考试：省会警察局各科处及各分机关雇员，均须考试取录，方得调用，其考选标准，以文理通顺，书法端秀之现职警士为合格。盖因警察职务事属专门，故应考人员以现充各分局队一、二级警士及补助雇员为限，考试时以警务处暨省会警察局各科科长、督察长为委员，会同评阅成绩，呈请核定。一经取录，即注册登记，依次轮调。本年六月照章举行考试，计取录十五名，已分别调用。

特种警察

特种警察者，即于普通警察之内，就特种事件、特定地区内单独设置警察，以维治安之谓也。本省特种警察机关有五：一为滇越铁道警察总局，二为个碧石铁道警察总局，三为宜良县属大煤山矿业警察所，四为昆明县大西山矿业警察所，五为昆明县第五、七两区工业警察所。其组织办法分项说明如下。

一、滇越铁道警察总局

（一）铁路警察权之争回：法人修筑滇越铁路，系以侵略为目的，借商务为掩蔽。路权既获，欲遂行其军事设施，竟援中东（南满）路之例，假词营业员工之安全及沿线治安，即自行派兵警保护，期达其实力占据之野心。幸我滇人秉质刚劲，爱国思想向不后人，振臂呼号，力请当道据理力争，海内外有识之士同声应援。而滇督丁振铎慑于外势，延置不管，群情激昂，不可遏止。幸有蒙临开广道尹龚心湛先生，高瞻远瞩，力持正义，一面恳求滇督奏请将筑路约章提出修改——警察权收回自主；一面径电总理大臣李鸿章为之力争。卒获双方开议，往返磋商至十余次，法方理屈，始将警察权放弃，由中国负责主办，遂会订《滇越铁路巡警章程》。此即铁路警察权争回之大概情形也。

（二）路警开办之原委：铁路通车以后，由河口至云南府，建筑之权虽操自法人，而领土主权仍为我国所有，对于内政外交，关系綦重。在初维护沿路治安，仅设铁路守备营三营（由巡防营改），分驻宜良、开远、蒙自，以担任巡守保卫之责。自通车以后，外人侨居，工人麕集，人事日繁，仅恃守备营保护恐生意外，将贻法人口实，于是成立路警督办署，开招训练铁路警察各级干部人才，并将守备营隶属路警督办署指挥。此即成立路警之初步原委。

（三）路警局成立之概要

1. 隶属体系之依据：路警督办署成立以后，政府认为责任重大，自非派大员主持不可，以警权既为蒙自道尹龚心湛发动之力量所争回，即由滇督奏请钦委龚道尹兼路警督办，秉承滇督办理铁道外交及沿线治安事宜。光复后，督办署改设为路警总局。后虽历有更改，均仍直属于云南军都督府、巡按使署、省长署、省政府。即此可知政府鉴于滇越路警之有关内政外交及国防军事、地方治安之重要，未尝与其他国有铁道之路警同列并论也。

2. 各级人员之组织

（1）总局：设总局长一，秘书一，督察长二，科长三，一等科员三，二等科员六，执法官一，译员三，书记长一，司事一，录事八，谍查员十二（原额设探员二，于民二十九年一月一日，因军事紧张，奉令临时加设谍查十员，故共计十二员），杂项士、兵、夫十六名。

（2）分局：原设三十六局，于民国二十九年九月因拆卸路轨，随同撤收十二局，现只有二十四局，及三个分驻所。共设分局长二十四，巡官二，巡长三十七，见习员二，警士三百零五，夫役三十七。

（3）区队：原只有四个区队，因奉令将撤收之十二局长警增编为两个区队，故有六个区队。现计有六个区队，共计区队长六，附员五，分队长十八，特务长六，书记长六，司事七，录事六，队警四百一十四，杂项兵夫六十一。

以上总、分局、队共有官佐一百六十一员，警士七百一十九名，兵夫一百一十八名。

3. 路警人员之训练：向由总局设所训练。每年两班，每班八十名至一百名。计兹三十余年，已训练四十班有奇，合计三千余名。迄至时局紧张，芷村以下路轨拆卸，敌机轰炸，奉令路警教练所暂时停办。迄民国二十八年尾，路警即停止训练矣。

4. 房舍之建造：自前清宣统元年路警次第成立，或驻庙宇，或驻民房。护理云贵总督沈秉堃饬蒙自道兼路警督办，择要建筑。工程多属因陋就简，延至民国十年，相继倒塌殆尽。虽由省长署随时发款修理，此修彼坏，无彻底办法。嗣于民国十八年，省政府主席龙云筹拨巨款，将原有三十六分局房舍彻底另行建筑，并于路警总局新建宫殿式大楼一院，其余大门、炮台、围墙及职员、兵警住室，完全改造。

5. 装具武器之充备：服装在前清时由粮饷局制发，每年两套，每两年加黄斜纹制服一套，其他被垫、外套、雨衣，照保存年限按季制发，过去均由省款节俭制发。枪弹一项，在民国十年以前，不但种类复杂，且品质极劣。至民国十八年，云南省政府以滇越铁路警察任务特殊，关系国防至重，且沿线匪风素炽，遂筹款购置。于民十九年一律换发比造七九步枪，照实有警额以八成计发五百六十支，子弹八万余发。

6. 薪饷、粮食之配发：路警之经费，自前清成立以来迄今三十余年，均由云南省库核发。除基本经费类照省会警察待遇外，尚分别加发烟瘴津贴。自抗战军兴，生活高涨，各年生活补助费类照省级公务员待遇按级发给。三十四年三月份起，荐任月支二万元，委任月支一万五千元，雇员月支一万一千五百元，工役月支一千六百元，警长月支四千三百元，警士月支二千八百元。又配发之食粮，每官、佐、长、警，均照规定之年龄分配，由六公斗起递加至一公石，杂项兵、夫、役，则概亦照发六公斗，自三十四年一月份起，均配发实物。至每月经费，共计月领一十五万六千零三十一元。

（四）路警沿革之概略： 滇越铁道警察于前清宣统二年成立，所有历年经过至民二十八年底止，均无大变更。民二十九年，敌寇入侵越南，以军事关系，奉令将河口至落水洞十二站之路轨拆除，各该站之路警分局亦奉令撤退，所有员警编为巡缉队第五、六两个区队，加强昆明至芷村一段防护力量。民三十年，黑龙潭、芷村两站之路轨继续拆除，所撤退之两局警额，奉准分驻十里村、小河口两新设车站。警额为七百一十九名，现有分局二十四（计一等局二，二等局五，三等局十七），分驻所三，及巡缉区队六，相沿迄今，大体仍无变更。

（五）沿线各县治安之联系： 查滇越铁道警察总局，在形势上虽系维护铁路沿线中外驻在人士、往来旅客生命财产与行车治安秩序，事实上乃滇省南防经常维系治安之中心机构。因所驻区域长凡九百余华里，经过土地分隶十余县，而且负有防范外患、维护交通治安之重大责任。是以省政府畀予相当之武装实力，总局长一职，均系遴选富有军事学识、历练资深之高级将官担任。故以其实力，尽其责任之余，对于附近各县发生之匪患，十有八九多赖路警扑灭之。如民二十五年，于弥勒县境下架格地方，剿灭数以千计之大股匪徒，并生擒其匪首张国才，而明正典刑；民十八年，在屏边县境，当场格毙十数年积案如山之重要匪首陆文亮，消灭其党羽五百余名；民十四年于华宁县境，消灭著名匪首禹发起数百名之众；民二十七年在屏边县境，击溃苗匪项兴城千余名之众。以上数案，均只举其大概而言，其余不时扑灭之零星股匪，不胜枚举。故沿线各县之治安，恒赖路警之武力而震慑之。

（六）各局、队之部署： 河口毗连越南，为入滇之门户。滇越铁路路线绵亘九百余里，经过之区域达十有余县，设立车站三十有六，路警亦因之组设三十六分局，多系穷乡僻壤、瘴雨蛮烟之区，以车站之大小和事务之繁简，为分别警额之多寡。此外，设有巡缉区队四，分驻于沿线重要点。计全段原有官佐一百六十一员，除在总局服务之三十二员外，其余分配于三十六分局者九十六员，巡缉四个区队三十二员；警士七百一十九名，分配于三十六分局者三百四十一名，分配于巡缉四个区队者三百七十八名。自民国二十九年九月倭寇进占越南，〔隐有图滇之势。政府为国防部署防守关系，令将〕河口至芷村间路轨拆卸，所有撤退各分局长警奉行营、省府电令，编为巡缉第五、六两个区队。前后共六个区队，加强北段护路力量。一至四区队，自昆明起至碧色寨止，扼要分驻，担任防护北段沿线各重要铁道及维护军运，以防汉奸敌人之破坏。至各分局长警，仍各负维护各站治安秩序，及联合各乡、镇、保、甲，清查户口，防止奸宄溷迹及盗匪潜滋之责。又第五区队，现专负押护上、下行车之任务；第六区队，专负开远卫戍及临时调遣之责。此即各局、队之部署情形。

（七）路警对铁路所持之愿力： 滇越路警，原系用以保我土地主权而设，非为保卫彼外人之特别权利者。路警同人在此线上服务，因明了本身之责任，〔既受法人种种无理之要挟，恒以个人精神痛苦之事小，国家主权维护之事大，上下一心，咸隐忍持重，以待时机之来临，而将铁路收复。故路警历来主要之目的，所常揭橥于语言文字者，〕无不以收回路权为愿望，即教育警生，亦莫不以此为原则。当铁路未收复以前，路警总局事先侦悉法人在铁路初通时，暗自运藏枪弹，于民国三十一年间，呈经绥署全部如数收缴，以故于接收管理时得以顺利无阻，已达到路警数十年之愿望。

滇越铁道警察各分局组织一览表

机关名称	等第	官长								合计	警士				合计	伙夫	员名额共计
		一等分局长	二等分局长	三等分局长	巡官	一等巡长	二等巡长	三等巡长	见习员		一级	二级	三级	预备			
昆明分局	一等	1			1	3			1	6	4	11	8	7	30	3	39
呈贡分局	三等			1				1		2	2	2	3	3	10	1	13
水塘分局	三等			1				2		3	3	4	3	2	12	2	17
可保村分局	三等			1				2		3	3	5	4	2	14	2	19
宜良分局	二等		1				2			3	3	5	5	5	18	2	23
羊街分局	三等			1				1		2	1	2	3	2	8	1	11
狗街分局	二等		1				2			3	2	3	3	4	12	2	17
滴水分局	三等			1				1		2	2	3	2	1	8	1	11
徐家渡分局	三等			1				1		2	2	2	3	3	10	1	13
禄丰村分局	三等			1				1		2	2	2	3	3	10	1	13
糯租分局	三等			1				1		2	2	2	2	3	9	1	12
西洱分局	三等			1				2		3	3	4	3	2	12	2	17
婆兮分局	二等		1				2			3	2	4	5	3	14	2	19
热水塘分局	三等			1				1		2	2	2	3	1	8	1	11

（续表）

机关名称	等第	官长								合计	警士				合计	伙夫	员名额共计
		一等分局长	二等分局长	三等分局长	巡官	一等巡长	二等巡长	三等巡长	见习员		一级	二级	三级	预备			
西扯邑分局	三等			1				1		2	2	3	2	1	8	1	11
拉里黑分局	三等			1				1		2	3	3	3	1	10	1	13
巡检司分局	二等		1				2			3	2	3	3	3	11	2	16
小龙潭分局	三等			1				1		2	2	4	3	1	10	1	13
开远分局	一等	1							1	6	5	15	17	3	40	3	49
大塔分局	三等			1				1		2	1	2	3	2	8	1	11
大庄分局	三等			1				1		2	2	2	3	1	8	1	11
碧色寨分局	二等		1				2			3	2	4	5	3	14	2	19
十里村分局	三等			1				1		2	2	3	2	1	8	1	11
小河口分局	二等		1				2			3	2	4	5	3	14	2	19
合计		2	6	16	2	6	12	19	2	65	55	94	96	60	306	37	408

注：1. 本表系二十四年度之组织。

2. 黑龙潭一局，因路轨拆裁移住十里村车站；芷村一局，移住小河口车站。

民国三十四年九月　日　　总局长陈盛恩

滇越铁道警察巡缉各区队组织一览表

机关名称	官长										警士					杂项兵夫					共设员名数
	区队长	一等分局长	二等分局长	三等分局长	特务长	书记长	附员	司事	录事	合计	一级	二级	三级	预备	合计	司号	传事	看护	伙夫	合计	
巡缉第一区队	1	1	2		1	1		1	1	8	9	13	33	8	63	2	1	1	6	10	81
巡缉第二区队	1	1	2		1	1		1	1	8	9	13	33	8	63	2	1	1	6	10	81
巡缉第三区队	1	1	2		1	1		1	1	8	9	13	33	8	63	2	11	1	6	10	81
巡缉第四区队	1	1	1	1	1	1		1	1	8	9	13	33	8	63	2	1	1	6	10	81
巡缉第五区队	1		3		1	1	2	2	1	11	10	26	35	10	81	2	11	1	6	10	102
迅缉第六区队	1		3		1	1	3	1	1	11	13	20	35	13	81		2	1	6	111	103
合计	6	4	13	1	6	6	5	7	6	54	59	98	202	55	414	12	7	6	36	61	529

注：1. 本表系三十四年度组织。

2. 五、六两区队之人员，系落水洞至河口之撤退各分局长警编组之，故其人员数与一、二、三、四各区队不同。

民国三十四年九月　日　　总局长陈盛恩

滇越铁道警察总局官佐简明履历表

阶级	姓名	行号	年龄	籍贯	出身
总局长	陈盛恩	自新	51	云南平彝	保定军官学校第六期步兵科毕业
秘书	于守云	汉翔	45	广西榴江	云南县长训练班毕业
督察长	郭森	尧卿	48	昆明	云南省会头班警士学堂毕业
督察长	王元吉	子谦	46	曲溪	路警教练队及庐山名期训练团第一期毕业
第一科科长	邵近仁	子毅	48	姚安	云南省会铁道巡警教练所毕业
第二科科长	熊其麟	玉书	47	昆明	云南省会头班警士学堂毕业
第三科科长	向建谋		37	文山	联立旧制中学毕业
一等科员	张汝琛	淮生	40	通海	云南陆军讲武学校毕业
一等科员	郜光祐	耀天	37	鹤庆	路警教练队毕业
一等科员	汪奇功	敏之	40	平彝	贵州兴义乡村师范毕业
二等科员	梁启贵	崇卿	45	牟定	师范学校毕业
二等科员	冯贻书	子述	41	昆明	云南高等警士学校肄业
二等科员	舒肇煊	耀堃	52	镇雄	云南陆军讲武学校将校队毕业
二等科员	徐正鑫	焕南	32	广通	中央军校战干警官大队毕业
二等科员	洪蔚泉	一舟	48	沾益	云南高等警察学校毕业
二等科员	唐绍商		32	平彝	高小毕业
执法官	熊瑞山		50	昆明	云南高等警察学校毕业
译员	苏东访		48	广东合浦	越南法文学校毕业
译员	郭荣斋		56	昆明	云南中法学校毕业
洋员	陈汝夔		29	澄江	同上
书记长	黄凤诏	赞臣	39	姚安	路警教练队毕业

民国三十四年九月 日 总局长陈盛恩

滇越铁道警察各分局、巡缉区队官佐简明履历表

局、队别	职级	姓名	行号	年龄	籍贯	出身
昆明分局	一等分局长	许宝书	佑章	48	昆明	陆军讲武学校毕业
呈贡分局	二等分局长	吴应铨	筱斋	41	宣威	路警教练队毕业
水塘分局	同上	杨永源	渭滨	60	昆明	同上
可保村分局	同上	郭一初	元夫	46	大姚	同上
宜良分局	二等分局长	王印源	浚泉	47	昆明	将校班毕业
羊街分局	三等分局长	羊步瀛	丹书	56	通海	巡警教练所毕业
狗街分局	二等分局长	邹星灿	仲昭	49	江川	路警教练队毕业
滴水分局	三等分局长	包其鑫	品三	50	宣威	路警教练所毕业
徐家渡分局	同上	刘永昌	绍明	43	昆明	路警教练队毕业
禄丰村分局	同上	朱本志	梓梧	45	玉溪	巡警教练所毕业
格租分局	同上	杨德生	厚庵	45	姚安	路警教练队毕业
西洱分局	同上	窦尔昌	伯禹	41	昆明	同上
小河口分局	同上	杨清源	文波	34	开远	路警教练所毕业
婆兮分局	二等分局长	孙飞鹏	孟程	36	同上	警官学校毕业
热水增分局	三等分局长	杨树荣	槐三	36	大理	同上
西扯邑分局	同上	吴永德	子厚	37	昆明	同上
拉里黑分局	同上	金宝昌	福安	47	马龙	行伍
巡检司分局	二等分局长	赵永和	谦恒	43	鹤庆	路警教练队毕业
小龙潭分局	三等分局长	饶为梁	蓉舟	42	邓川	路警教练所毕业
十里村分局	同上	张传忍	继百	37	开远	同上
开远分局	一等分局长	金城	社屏	48	大姚	路警教练队毕业
大塔分局	三等分局长	赵传璧	蓝田	47	永北	同上
大庄分局	同上	王祥章		47	宣威	陆军志愿队毕业

（续表）

局、队别	职级	姓名	行号	年龄	籍贯	出身
碧色寨分局	二等分局长	李世铭	伯箴	59	昆明	省会警察学校毕业
巡缉第一区队	上尉区队长	许崇善	效章	33	昆明	陆军讲武学校毕业
巡缉第二区队	同上	李国俊	杰三	36	平彝	教导团毕业
巡缉第三区队	中校区队长	杨标科		50	曲靖	云南讲武学校毕业
巡缉第四区队	少校区队长	刘树基	振乾	50	马龙	军官研究所毕业
巡缉第五区队	上尉区队长	徐子成	萌枢	30	华宁	中央军官第五分校毕业
巡缉第六区队	同上	于起云		32	平彝	中央第五分校军官队毕业

民国三十四年九月　日　　总局长陈盛恩

滇越铁道警察总局各职员职掌情况

总局长：秉承滇黔绥靖公署、云南省政府民政厅之命，总揽全段一切事务。

秘　书：秉承总局长之命，复核各科承办一切文件，并撰拟机要文电事项。

督察长：秉承总局长之命，随时考察各分局、区队官长兵警之勤惰，并督饬探员侦查盗匪、刺探奸宄及办理其他一切外务等事项。

第一科科长：秉承总局长之命，督率各科员分别办理本科职掌一切事件，并签拟、核呈各文稿事项。

第一科科员：秉承科长之命，分别承办路警教育、治安、卫生、团务，并各区队之升、调、假、革、请恤、统计、印核、收发及不属于他科等事项。

第二科科长：秉承总局长之命，督率各科员分别办理本科职掌一切事件，并签拟、核呈各文稿事项。

第二科科员：秉承科长之命，分别承办保安、交通、正俗，并路警人事、请恤、功过及其他外事等项。

第三科科长：秉承总局长之命，督率各科员分别办理本科职掌一切事件，并签拟、核呈各文稿事项。

第三科科员：秉承科长之命，分别承办会计、庶务，并预计算书之编制、建筑工程之设计，及军械、服装、军需之领发，公用物品备置、保管等项。

执法官：秉承总局长之命，办理关于铁路一切强窃盗案，及违警事件之预审、拟处等事项。

译　员：秉承总局长之命，办理查验外人入出境护照，及关于外事之翻译等事项。

书记长：秉承总局长、秘书、科长之命，保管各科、处之一切卷宗，并督率各雇员缮写一切文件及绘画各项图表等事项。

滇越铁道警察总局三十四年度经费分配表

机关名称	薪饷数目	公费数目	合计	备考
路警总局	5,497	87,177	92,674	西庄分所属之
昆明分局	1,809	1,000	2,809	
呈贡分局	575	600	1,175	
水塘分局	760	700	1,460	三家村分所属之
可保村分局	845	700	1,545	凤鸣村分所属之
宜良分局	1,030	800	1,830	
羊街分局	490	600	1,090	
狗街分局	775	800	1,575	
滴水分局	510	600	1,110	
徐家渡分局	575	600	1,175	
禄丰村分局	575	600	1,175	
糯租分局	535	600	1,135	
西洱分局	760	600	1,360	
婆兮分局	865	800	1,665	
热水塘分局	505	600	1,105	
西扯邑分局	510	600	1,110	
拉里黑分局	550	600	1,150	
巡检司分局	740	800	1,540	
小龙潭分局	595	600	1,195	
开远分局	2,259	1,000	3,259	
大塔分局	490	600	1,090	
大庄分局	505	600	1,105	
碧色寨分局	865	800	1,665	
黑龙潭分局	510	600	1,110	现移住十里村
芷村分局	865	600	1,465	现移住小河口
巡缉第一区队	3,509	900	4,409	

（续表）

机关名称	薪饷数目	公费数目	合计	备考
巡缉第二区队	3,509	900	4,409	
巡缉第三区队	3,509	900	4,409	
巡缉第四区队	3,504	900	4,404	
巡缉第五区队	4,484	900	5,384	
巡缉第六区队	4,544	900	5,444	
路警教练所	无	无	无	
总计	47,054	108,977	156,031	

注：查本局经费，自本年度起奉令移列民政厅主管。计全年度核定，为国币一百八十七万二千三百七十九元。经照案分配如上数。合并声明。

民国三十四年九月　日　　总局长陈盛恩

滇越铁道警察总分各局、队官佐、警士、兵夫薪饷分配表

机关名称	阶级	员名数	每员名月领薪饷数	机关名称	阶级	员名数	每员名月领薪饷数
路警总局	总局长	1员	400		司事	1员	60
	秘书	1员	200		录事	8员	40
	督察长	2员	180		司号	1名	40
	科长	3员	180		跛务上士	1名	40
	一等科员	3员	160		勤务中士	1名	35
	二等科员	6员	110		勤务下士	1名	35
	执法官	1员	160		勤务上等兵	2名	30
	译员	3员	160		勤务一等兵	2名	30
	书记长	1员	70		勤务二等兵	3名	30
	伙夫	3名	25	各巡缉区队	区队长	6员	140
	马夫	2名	25		附员	5员	80

（续表）

机关名称	阶级	员名数	每员名月领薪饷数	机关名称	阶级	员名数	每员名月领薪饷数
附属侦探队	课查长兼一等课查员	1名	160		一等分队长	4员	75
	二等课查	4名	110		二等分队长	13员	65
	三等课查	7名	70		三等分队长	1员	60
各分局	一等分局长	2员	140		特务长	6员	55
	二等分局长	6员	110		书记长	6员	70
	三等分局长	16员	80		司事	7员	40
	巡官	2员	75		录事	6员	40
	一等巡长	6员	65		一级警士	59员	50
	二等巡长	12员	60		二级警士	98名	45
	三等巡长	19员	55		三级警士	202名	40
	见习员	2员	40		预备警士	55名	35
	一级警士	55名	50		司号兵	12名	40
	二级警士	94名	45		传事兵	7名	35
	三级警士	96名	40		看护兵	6名	35
	预备警士	60名	35		伙夫	36名	25
	伙夫	77名	25		合计	994员、名	47,054

注：

1. 表列人员系遵照省府裁员通案办理。总计九百九十四员、名。
2. 本局附设之路警教练所，因在停办期间，故未列入。
3. 本表由本年一月份实行。

民国三十四年九月　日　　总局长陈盛恩

滇越铁道警察总分各局队官佐兵夫生活补助及食粮分配情况

滇越铁道警察总分各局队官佐兵夫生活补助费及食粮规定为荐任20,000元，粮一公石。委任15,000元，雇员11,500元，各级警长4,300元，各级警士2,800元，粮均为六公斗至一公石。各等号兵、看护兵、传达兵、工役均为1,600元，粮六公斗。生活补助费自三十四年三月起、食粮自同年一月起计发。

滇越铁道警察总局所属昆碧段沿线长警人员武器布置分配

局别	员名数			武器		详细地址	任务	路线与区域
	长	警	丁夫	步枪	步枪弹			
昆明分局	5	40	3	18	805	昆明车站	维护本段行车秩序，及稽查缉办一切人事治安事宜	445—464 公里
呈贡分局	2	9	1	4	168	呈贡车站	同上	440—155 公里
水塘分局	3	9	2	4	186	水塘车站	同上	422—440 公里
可保村分局	3	9	2	6	300	可保村车站	同上	406—122 公里
宜良分局	3	20	2	16	710	宜良车站	同上	394—406 公里
羊街分局	2	9	1	4	188	羊街车站	同上	387—394 公里
狗街分局	3	20	2	8	400	狗街车站	同上	377—387 公里
滴水分局	2	9	1	4	180	滴水车站	同上	363—377 公里
徐家渡分局	2	9	1	5	219	徐家渡车站	同上	351—363 公里
禄丰村分局	2	9	1	5	225	禄丰村车站	同上	338—351 公里
糯租分局	2	9	1	5	314	糯租车站	同上	324—338 公里
西洱分局	3	9	2	5	347	西洱车站	同上	306—324 公里
小河口分局	3	20	2	10	485	小河口车站	同上	301—306 公里
盘溪分局	3	20	2	15	428	盘溪车站	同上	291—301 公里
热水塘分局	2	9	1	6	283	热水塘车站	同上	280—291 公里
西扯邑分局	2	9	1	6	229	西扯邑车站	同上	271—280 公里
拉里黑分局	2	9	1	6	800	拉里黑车站	同上	261—271 公里
巡检司分局	2	20	2	8	290	巡检司车站	同上	246—261 公里
小龙潭分局	3	9	1	7	700	小龙潭车站	同上	227—246 公里
十里村分局	2	8	1	6	600	十里村车站	同上	224—227 公里
开远分局	5	40	3	30	2,000	开远车站	同上	215—224 公里
大塔分局	2	8	1	4	400	大塔车站	同上	201—215 公里
大庄分局	2	8	1	8	800	大庄车站	同上	185—201 公里
碧色寨分局	3	20	2	10	989	碧色寨车站	同上	177—185 公里

注：

1. 所有全线路警，系于前清宣统元年铁路通车后奉部令依次组织成立总、分各局，总局长由蒙自道兼任，直辖于总督。由河口至昆明计三十六站，每站设分局一，由总局统率，负维护铁路一切治安及稽查出入人事，对法、越办理沿线有关外交、缉捕盗匪等责任。全线计长四百六十四公里，约相隔十四公里设一车站。于民国二十九年内，抗战军兴，因军事上之紧急措施，已将河口至碧色寨一段之路轨拆除。计拆除一百七十七公里，现线路仅长二百八十七公里，计设车站二十四个。路警亦因之撤销十二分局，所有人员仍保留，暂编为两个巡缉区队，加强动的力量。故现只有二十四分局。

2. 沿线铁道两旁十五华里范围以内，为路警区域。但仅维护地方治安之责，对于地方之一切行政事宜仍属诸各该县政府。

3. 总分各局暨六个巡缉区队，现有官佐一百六十余员，警兵七百一十二名。武器现有比造七九步枪五百六十支，七九子弹六万余发。各分局系负各驻站限度范围内静的任务。如巡缉区队则随环境需要临时调动、负动的任务，平时则控制于全线适宜地点集中训练，或负担临时指定之特殊任务。至各巡缉区队之布置另列下表。

滇越铁道警察总局所属昆碧段沿线长警人员武器布置分配

队别	员名数			武器		详细地址	任务	路线与区域
	官长	队警	杂项兵夫	步枪	步枪弹			
巡缉第一区队	5	63	12	60	6,327	分驻小龙潭、巡检司、灯笼山各地	保护桥梁及路工	224—257 公里
巡缉第二区队	5	163	12	60	4,445	全部驻盘溪	护路及补助分局维持治安	271—306 公里
巡缉第三区队	5	63	12	60	6,971	分驻禄丰村、糯租两地	护路及防守铁桥	324—351 公里
巡缉第四区队	5	63	12	60	6,000	分驻狗街、宜良、江头村、呈贡各地	护路及防守铁味、并担负呈贡疏散站警戒	377—125 公里
巡缉第五区队	5	63	12	60	3,983	分驻开远、玉林山两地	担负押护上下列车任务及防守玉林山铁桥	215—227 公里
巡缉第六区队	5	63	12	60	3,178	分驻开远、碧色寨两地	集中开远整训	185—224 公里

注：

1. 本路于各站设局保护外，并设有巡缉区队六个，共有官员四百余员、名，武器共有比造七九步枪三百六十支，子弹每枪暂配发一百发。

2. 各区队系负动的任务，如巡视线路、剿捕盗匪、防守铁桥、随护列车，保护路工，并临时担任特殊之警戒与维持地方治安，及护运军品或重要物资各任务。

3. 各该区队通常以一个区队轮驻开远，整饬训练。

二、个碧石铁道警察局

本省个碧石铁道，系属民营铁路公司。前因盗匪充斥，往往发生抢车重案，曾设护路团队以资保护，惟多系地方无知游民，驾驭稍不得当，即便流为匪类。该公司决意改革旧规，创设路警。乃于民国二十二年，先后举办铁路警察教练所，储育人才，拟具章程、办法，呈经省府核准，在省垣招考，于是年九月一日正式成立，开始授课。计分警职、警士两班，修业期间概定为六个月，警职班定额二十名，警士班定额一百二十名，经费由公司筹给。嗣该公司以路警毕业后，即须分发各站服务，亟应筹设路警局。特根据铁路实际情形，参照《铁道部警局组织规程》，暨《滇越铁道路警总局章程》，拟订《个碧石铁道警察局组织章程》，于二十三年三月呈奉省府发交整理个碧石铁路公司委员会修正通过，准予实行，令饬迳呈民政厅备案，所有路警事务及委任人员，均仍由民政厅监督核委。该局成立主旨，为直接防止铁道区域之危害，及维持安宁、保护商旅。组织方面，系设局长一人，下设督察员一人或二人，又置保安、预审、事务三股，保安股执掌路警之调拨指挥，改进训练军纪、风纪，旅客之保护警卫，客货之保管照料，全路之统计调查，以及灾变消防、卫生取缔，各课、处请求协助，暨总公司交办各事项；预审股执掌违警事件之处分，路工、乘客之纠纷弹压，刑事案之检举侦查，违禁物、危险品之取缔，无主物之招领处分，无票乘车之处分，铁道零件遗失时之侦查，拘留所之管理，及关于假预审各事项；事务股执掌路警之铨叙、纪录、进退、奖惩，兴革改善，典守印信，收发、保管文卷，及警械、被服之筹划、保存，会计庶务，暨不属于他股之事项。每股设主任一人，办事员一人或二人。全路线共设五个分局，一曰个旧分局，二曰碧色寨分局，三曰临安分局，四曰鸡街分局，五曰石屏分局。各分局设分局长一人，巡长或见习员一人，警士八人至十二人。又各分局管辖段内，于各次要车站酌设分驻所数处，分驻所视事务之繁简分甲、乙两等，甲等设巡官一人，警士五人至七人，乙等设巡长一人，或见习一人、警士三人至五人，同受分局长指挥监督。至该路警局沿线管辖区域范围，系于二十三年四月内呈准民政厅以沿铁路左右各五里为限，惟普通违警事件及与滇越铁道警察有关联之事项，仍应分别咨送该管警局办理，以明权限。二十六年五月，路警局长李金声拟具《个碧石铁道警察局干部训练班教育方案》，呈准民政厅备案。开办地址即就鸡街路警总局，以七周为一期，三期为一班，每期以训练三十名为率，规定由见习员以下，巡官、办事员以上抽调受训，经费由各学员应得薪饷项下抽出十分之一，再由总局长薪公补助，如超过一千元，呈请公司核发，故该局路警成绩尚有可观。至民国二十七年，该局警员共有七十六员、警士二百一十四名、传事一名、雇役四十三名。计个旧分局分派警员十员，警士三十三名，传事一名，夫役七名；碧色寨分局，警员十一员，警士三十一名，传事一名，夫役八名；鸡街分局，警员十员，警士三十二名，传事一名，夫役六名：临安分局，警员十四贝，警士四十七名，传事二名，夫役九名：石屏分局，警员八员，警士三十一名，传事一名，夫役六名。经费全数由铁路公司领发，总分各局，每月约共支薪饷滇省新币四千六百余元。外因南防伙食昂贵，每警员一员，并由公司按月津贴伙食新市十元零八角，警士、夫役按月津贴伙食新币五元四角，又总分各局之公费，每月共领新币九百八十一元三角云。

三、宜良县大煤山矿业警察所

民国二十一年十二月，省府准内政、实业两部会咨，以“前北京政府所颁之《矿业警察规则》多不适用，曾会同另行拟具《矿业警察规程》十六条，呈经行政院修正通过，于十二月二十日曾令公布，请即查照。”当经分饬民政、实业两厅知照，旋由实业厅拟具《设置矿山警察标准》四项。第一项，设置地点：拟定个旧县之各锡厂，应每厂设置矿山警察一所，区界较小之厂，可二厂以上合设一所，其区划由个旧县议报呈核；阿迷县之鸟格，应设矿警一所，由锡务公司筹办呈核；宜良县之大煤山一带，应共设矿警一所，由办煤各公司合办呈核；澄江县之阳宗东山，应设矿警一所，又老鸦洞与呈贡县之改巴肚，应合设矿警所，均由各矿商会拟办法呈核；永胜县之米烈厂，应设矿警一所，由永胜县筹办呈核；东川之汤丹、落雪、茂麓、草山厂，应合设一所，由东川矿业公司筹办呈核。第二项，设置人数：应令由各矿业权者就必需范围，议拟呈核。第三项，经费：照《矿业警察规程》第十五条，由各该矿业权者负担。第四项，就上列标准，会同民厅令饬各矿业权者及该管地方官办理。民政厅对上述四项标准亦表同意，该两厅遂会衔于二十二年六月内，分令个旧、宜良、澄江、永胜、会泽、个旧锡务公司，遵照筹划设置报核。嗣于二十三年三月，据宜良县属可保村（大煤山为总地名）煤业公会会长周文人呈称：该区于民国十七年因匪风甚炽，曾由可保村各煤业公司筹设矿警队三十名，以资保护。唯当时枪械缺乏，延请嵩明县属白龙乡分团首李钟泰为矿警局长，所有枪支由该局长自行筹措应用，数年来均赖其捍卫得力，营业未曾停滞。现改设矿警，自应以原有之矿警队三十名改组，请即委任李钟泰为该区矿业警察所所长。又遵《规程》第七条，于鸡街设立分所一所，请委前矿警局分队长周允中为分所长。民政、实业两厅，当查该李钟泰、周允中二员，均非警察专门人才，资格不合，因枪支系该局长等自行备用，仅准暂行委任代理。该公会旋于四月一日改组成立，钤记遵照部颁式样刊制启用，造具官警衔名、履历清册，枪弹种类，数量清册，拟具《矿业警察组织规划》，编制预算表，呈报民政、实业两厅核转省府咨部备案。后准内政、实业两部咨复，以“原送《规则》内容多有未合，无从修正。矿业警察所钤记应照《国民政府颁发印信条例》第四条规定，由省政府依式刊发，不得由该煤业公会自行刊用。煤业公会应另购枪支，或定期将现有枪支收买，作为该矿业警察所之公有物，以免为人操纵，专横滋弊，所长李钟泰、分所长周允中均无警官资格，应由民政、实业两厅另行送委。抄发《河北省磁县西佐村怡立煤矿矿业警察所章程》一份，请令饬该煤业公会参照重订，再行呈省报部查核。”经发由民政、实业两厅转令遵办，嗣该公会于二十六年四月，呈准另委具有警官资格之谭立中为宜良县大煤山矿业警察所所长，又呈请本府，转咨滇黔绥靖公署核准，备价购领德造六八枪二十支，子弹二千发，背带二十根，连同旧有杂枪二十支，已足维持矿区内之治安。并于二十七年内另行拟具《可保村煤业公会矿业警察所组织规则》，警长名册、薪饷表等项，分呈民政、建设两厅核办。该警察所计有所长一员，分所长一员，文牍一员，录事一人，一级警士三名，二级九名，三级十八名，伙夫二名，共三十四员、名。矿业警察之设置，其任务在维持矿厂秩序、保护矿业安全，由民政、实业或建设厅共同监督。矿业警察所在所管辖之矿区界限范围内，有综理一切警务、监督指挥所属职员及警士之权，并依照法令规定，参酌实地情形，得拟订条规呈报民、建两厅核准后，揭示于矿厂及其他矿业工作场所，共同遵守。如矿工有违反条规或有其他妨害情事，矿警所得加以检查或处理之。至一切编制、教练、服装，悉依普通警察现行法令办理，惟服装左臂须加缀《矿业警察规程》内所规定之臂章，其质用呢，其色尚黑，中地绣红色斧锤，绕以黑色绣线，周围加红色边缘，圆形径为二寸五分云。

四、昆明县大西山矿业警察所

民国二十六年十二月，昆明实验县县长董广布，以县属第七区西山、大、小倒山、灵光洞一带原有煤石矿区，矿苗尚称丰富，自经商人领区开采以来，因运输便利，获利较厚，致开采商人日有增加，所雇矿工数在千人左右，多由四方招募而来，人类复杂，良莠不齐，抢劫之事，时有所闻，地方治安维持不易。为登记管理矿工、安定地方秩序起见，当拟定设立计划呈奉建设厅，饬照《矿业警察规程》第五条规定，由县酌办。经提出县政会议议决，于二十七年一月一日成立矿业警察所，拟具《昆明县大西山矿业警察所组织简章》，呈奉民政、建设两厅核准备案。并给委该县保卫团总团副祁映彩兼充矿业警察所所长，承县长之命令，综理矿区内一切警卫事项，维持所辖各矿区秩序，登记管理矿工，如有不良分子混迹其中，得加以检查处置，矿区内发生重大事件，亦得施行处理，于必要时呈请县长派队扑灭救援。所长以下设警目二人，警士八人，秉承所长执行职务。其编制、教练、服装，概照普通警察现行法令办理。月需经费照章由各该石煤灰同业公会分摊，按月支给。所需枪弹，由县府酌为拨用云。

五、昆明县第五、七两区工业区警察所

自抗战军兴以来，外省工厂陆续迁移昆明。民国二十七年十月，昆明实验县县长董广布以年来工厂林立，多在县属第五、第七两区之内，已各别形成一工业区域。关于治安问题，自应特别注意。经商得中央资源委员会同意，成立一工业区警察所。所需开办、经营各费，两所每年约共支国币三千四百余元，资源委员会承认如数补助，如不敷之少数款项，由县府弥补。每所拟各设巡长一员，见习员一员，警士十名，内分一、二、三级，书记一人，伙夫一名，以维持治安。呈准民政厅，先行将第七区工业警察所于是年年底成立，并核委警官学校毕业学员张叔伦为该区警察所巡长。其第五区工业区警察所，将来亦当继续成立也。

民国云南通志长编卷二十二

民政三

户政一

调查统计以户口为准时期

民国元年十月，都督府通令全省各厅、州、县及各土司地方，调查户口，厘定简章，制就调查表格，分令各州、县及各土司地方调查之。

调查表册分二种，一为详表，一为总数表。详细表册所载事项计有：①户主之姓名及年岁、籍贯；②户主之父、母、妻、子、女、媳、兄、弟、叔、侄、孙、曾等之姓名、年岁、职业；③户主之男女雇工姓名、年岁、籍贯；④壮丁数目；⑤男女学童数目；⑥有无信奉各种宗教；⑦丁口分数及总数。而总表则分为户数、男丁、女口、壮丁（曾当兵者、未当兵者）、男女学童（曾入学者、未入学者）、农人、工人、商人、僧道、教民、有职业者、无职业者、丁口总数、附外国人等十四项。初，各州、县多未编制门牌，乃命先为编制，由调查员携往，按户编订。各厅、州、县地方限期五个月，各土司地方限十个月，一律办竣。是为民国以来第一次户籍之整理，然事属草创，表册琐碎，举事繁重，故或册报未确，或记载不全。实无足为征信云。

四年八月二十四日，内务部公布《县治户口编查规则》三十一条，《警察厅户口调查规则》二十四条。时以护国军兴，未及举办。六年三月二十一日，本省政务会议议决调查全省户口，饬由政务厅拟订办法。六月，通令遵行。求能实施，遂拟订《调查全省户口暂行章程》二十七条，并参照本省历次调查户口表式，酌定总、分两表。分表以自治区或团保区为调查初步，由该管县知事行政委员或特别区域长官责成团总或遴委妥绅分区调查。每一区地方，逐户填入分表。各区同时调查。事竣报由该管县知事行政委员或特别区域长官复查无异，汇填总表，分报省道委员。抽查报告翔实者，照章奖励；如报告虚伪或敷衍者，惩戒之。至八年十一月，始据报齐，汇编总表。兹摘其章程之要，以存于篇。

《调查全省户口暂行章程》节要

一、清查以现住户口者为准，但清查时户内人口适住他处，其期间在一年以上者，须于附记栏内注明其所住地及事由；如在一年以下者，仍作现住编入。

一、调查区域：①设有保卫团地方，依保卫团区域；②未设保卫团地方，依从前自治区域；③未设保卫团及无自治区域地方，由县知事参照地方情形，酌量划分。

一、调查分清查、复查、抽查三种：（甲）清查：由各区调查员执行之，其期限不得过五十日。（乙）复查：由县知事执行之，其期限不得过三十日。但有特别故障时，得委派该警察区长或巡长代行之。未设警察地方，得酌派委员。（丙）抽查：由省长或道尹委员执行之，其抽查日期临时酌定。

一、清查事项如下：①户主姓名；②户主年岁；③籍贯；④职业；⑤男丁数目；⑥女口数目；⑦学童若干；⑧曾入学校者几人；⑨壮丁若干；⑩曾当兵者几人；⑪曾充团者几人；⑫丁口总数。

十年二月，以各属户口当有增加，更值筹办自治，宜详为调查户口，遂令各知事委员、行政委员、普思沿边行政局等，按六年所颁章程表式，分别切实查填呈报。至民国十三年五月，始据报齐，汇编总表竣事（见后统计表二）。

十七年七月十九日，准内政部颁发《户口调查统计报告规则》八条及表式七种，省政府于十七年八月十七日令发各县遵办，且以此为考核各该地方官佐办事之勤惰，分别殿最，严加奖惩。时本省奉令讨逆，各属因赶办征兵及筹办粮秣、设置兵站等事，以致户口一事无暇兼顾，如昭通、大关、盐津、镇雄等县，复有胡若愚、张汝骥之变，调查停顿。延至十八年，全省一百零一县及昆明市、普思沿边行政总局十五行政区，其已具报者，尚不及三分之一。遂电请内政部宽予限期，部令凡户口统计第一、二两表，每年应造报一次，至十九年又须汇报十八年份户口统计总表。省府遂电各属，凡已将十七年份户口统计查报各地，应饬照章将十八年份户口统计，刻速查报。至十七年份户口统计逾限未报各地，及其他尚未查报或已报不符，统限于十九年一月内办毕呈报，而各属仍多延误，民政厅虽以峻法绳之，而亦不能正其疲靡，卒至二十年终，仍未报齐，遂即终止。

二十一年，本省盗匪已清，大局平定，佥以户口一项，为一切施政之标准，而本省举办户口调查，虽历多次，卒之报告未齐，司事者或任意估计，无足征信，以致百凡庶政，无可依据。而人民方面亦多数不明政府调查户口之意，往往虚拟悬揣，以为一经调查，即恐增加负担，征募兵役，于是故意隐匿，以多报少，致令调查结果，不实不尽。流弊所及，不惟虚耗财力，甚至妨碍社会事业之发展。而国难当前，庶政亟须整理，以为拯救危亡之计，遂实事求是，参照中央颁发表式与本省情形，制订户口调查暨户口统计两种表式，并《办理户口调查人员奖惩规则》《户口调查须知》，颁发以作遵循。其《户口调查须知》计分为十三项：（一）户口调查之意义。（二）户口调查之目的。（三）户口调查之宣传要点：①目的；②方法：（甲）实施前之宣传方法；（乙）宣传人员及其方法；（丙）着手时之宣传方法。（四）户口调查之宣传标语。（五）调查队之组织。（六）调查队之选择。（七）调查员之训练。（八）调查员之工作方法：①调查前之预备；②调查时应注意之事项：（甲）态度；（乙）言语；（丙）操守；（丁）时间；（戊）填表。（九）调查之统计。（十）调查之考核。（十一）表式之运用：（甲）调查表之运用（附表式及说明）；（乙）统计表之运用（附表式及说明）。（十二）调查之经费。（十三）调查人员奖惩规则。规定备极详明。复将全省划为十区，每区各设监督一人，以殖边督办、绥靖主任及各剿匪高级军官任之。每一监督，复委派视察员若干人，分往各属指导督促，暨挨户抽查，而以民政厅总其成。调查人员以各市长、县长、设治局长、县府所属各局局长、各区长、乡镇长、闾邻长、中小学校校长、教职员、中学生、高级小学毕业生暨地方公正士绅等，全体加入，共同组织若干调查队，以每一乡镇组织一队为原则；先将各调查人员集中，讲习《调查须知》，再分派各区、乡、镇讲习，使其彻底了解调查任务、查询方法、填报要点。复由省府布告全省，以国难当头，急宜准备应付。凡办理自治、扶植人民使用四权、厉行普及教育、平均人民负担、整顿团保、修筑道路、清剿匪类、育幼养老、调节粮食、改良农产、分配职业、发展工商、救济贫病、改善生活、垦殖荒地、厘正县区等各种要政，皆须先由调查户口入手，始能精密计划，福利人民，以祛除疑惧隐藏之心理，而使为真实之报告，使家喻户晓，乐于受询。表式则由民政、教育两厅商定，类别分户主、亲属、同居、雇工四项；事别分姓名、性别、年龄、职业、教育程度、废疾六项，尤重于各种职业之分配（如农、工、商、军、政、家事、自由职业、不正当职业、无业、失业之划分，详见后户口调查表）。其六岁至十二岁学龄儿童之总数，则视已入学及未入学者之多寡；十三岁至十九岁者，亦分别录其受教育之程度；二十岁至四十九岁，则记其教育程度及各种职业人数之多寡；老年废疾者，只统计其人数而已。更订《云南省办理户口调查人员奖惩规则》及《督促抽查办法》，以为考核之准的。各调查队初查具报后，继由各县长派员或亲自复查，再由各区监督派视察员，依照所订《云南省各区办理户口调查视察员服务规程》，大县每县一人，小县两县一人，前往实地抽查，填表具结呈报。经此三度工作，更正无讹，始由各区监督汇报统计总表，终由民府厅详加审核，层层考绩，井井有条。其边远及人口较多之区，如中甸、维西、腾冲、保山、龙陵、顺宁、云县、镇康、昭通、镇雄、永善、澜沧、车里、五福、双江、佛海、镇越、六顺、江城、景谷、缅宁、文山、富州、广南等二十四县及德钦、福贡、贡山、瑞丽、陇川等十余设治局，统限四个月办竣。其他各市、县统限八十日内办毕。并通饬各地调查队施行调查时，即将各住户编列号数，随由各市、县长依《调查须知》之规定，发给木质门牌，以为抽查时及编制乡镇闾邻之助。经费则规定每县准发富滇新币五百元，每设治局三百元，各区监督机关及所派视察办事各员，均优给薪公旅费，使其热心从事，不致苛扰。自二十一年二月开始工作，至是年十二月二十日止，全省各属皆已一律办竣。当经民政厅汇制各项人口统计图表，共四十七幅，编印《二十一年云南全省户口总调查统计报告书》，分呈省府及中央各机关，借为施政参考。总计全省户口共二百三十三万八千二百七十二户，男女共计一千一百七十九万五千四百八十六丁口（详见后全省户数及人口数量统计表）。其中各属学龄儿童人数，计已入学者男女二十八万七千二百九十三人，未入学者男女一百四十五万零二百七十五人，两项合计共有学龄儿童一百七十三万七千五百六十八人。各属十三岁至十九岁人数，计识字者男女二十五万六千一百一十三人，不识字者男女一百二十六万六千零三十人，两项合计为男女一百五十二万二千一百四十三人。又十三岁至十九岁曾受各级教育人数，计曾受小学〔教育〕者男女二十四万一千四百六十七人，曾受中学〔教育〕者男女一万四千五百零七人，曾受大学〔教育〕者男女一百三十九人，合计为二十五万六千一百一十三人。各属二十岁至四十九岁之成年人数，男女共为五百一十四万八千七百八十六人，内中曾受小学教育者男女四十三万六千九百二十五人，曾受中学〔教育〕者男女四万六千一百九十六人，曾受大学〔教育〕者男女二千四百二十六人。除均列入成年识字人数共为四十八万五千五百四十七人外，其成年不识字人数男女共为四百六十六万三千三百三十九人。各属农业人口数，计自耕农男女一百零二万二千二百九十四人，半自耕农男女五十九万八千七百八十八人，佃农男女八十一万六千六百零二人，合计总数为二百四十三万七千六百八十四人。各属工业人数，总计为男女七十万零九千三百九十七人。各属商业人数，总计为男女一十六万九千六百零二人。各属学界人数，总计为男女四万三千五百零三人。各属政军界人数，总计为五万六千八百四十二人。各属自由职业及家事人数，男女共为一百六十二万八千二百八十一人。各属不正当职业及失业人数，男女共为四万零四十七人。各属老年人数，男女共为一百六十八万四千三百三十一人。各属废疾人数，男女共为一十三万四千九百八十九人。当时全省各军队士兵、伕役人数，共为二万八千九百九十九人。自兹以后，本省民政、财政、教育、建设及军人等各项计划设施，皆系根据此调查之各种人数及各种职业上分配状况，拟订方案、办法。十年以来，尚有相当成绩，而此次之郑重将事，周详计划，盖有以使之然，故详为述之如此。

自二十一年户口查清后，曾通令各属继续办理人民出生、死亡、迁徙、婚嫁、分居等数项异动登记，按季具报。先后颁发《户籍法》中所订应行户籍主任编造之各项统计、季报、年报共十二项：①本籍及寄籍户数、人口、性别、年龄统计；②出生之男女及其父母年龄、职业统计；③死亡之男女及其年龄、职业与死亡原因统计；④死产及其性别与死产原因统计；⑤结婚与离婚之男女及其年龄、职业统计；⑥男女之职业统计；⑦死亡宣告事件统计⑧户籍变更事件统计；⑨同一户籍监督区域之迁居统计；⑩国籍变更事件统计；⑪侨居之外国人及其性别、年龄、职业、国籍统计；⑫其他应行呈报事项。

各项统计季报及统计年报，呈送监督官署。又人事登记规定九项：①出生；②认领；③收养；④结婚；⑤离婚；⑥监护；⑦死亡；⑧死亡宣告；⑨继承。须由申请人以书面或言词向乡镇公所或坊公所为之。各种关系书、表、册、簿，多至五十余种，繁难细碎，不易了解。即以曾受中学教育之人充当户籍主任，恐对于申请登记、统计、汇报等事项手续，均难办理合法，势必错误丛生。而本省教育尚未普及，乡镇长不识字者犹多，以为户籍主任必不胜其责。且边远各属，多系夷民，文字不通，语言各异，申请查记，尤为窒碍难行。民厅乃查酌本省实际情形，分别缓急，拟订《办理户籍分期推行程序》，及《办理户籍各级人员考核奖惩办法》十六条，暨考核表式一种，呈省府核准，将各种法规章则，关系书、表、册、簿、程式等，一并翻印，分发通行遵办。计第一期自二十四年七月一日起至九月底止，令饬办理户籍登记及人事登记中之出生、死亡、死产三种。第二期除续办第一期规定三种登记外，增办转籍、设籍、结婚、离婚、除籍等五种登记。第三期除续办一、二两期规定各种登记外，再增办认领、收养、监护、死亡宣告、继承等五种登记。第一期终了，造报所办静态、动态登记季报。第二期、第三期继报季报。第一、第二两期登记动态数目，有无增减，亦应参照分别增减并报。第一期未开始登记之初，各属均预先派员筹办，组织户籍公所，委定主任及协助人员，以乡镇区域为其管辖区域，先行召集承办人员，研习法规办法，以期了解。经费由省库按年拨给，按其所属人口多寡，定为甲、乙、丙、丁四等。计甲等七属，各年支新币七百五十元；乙等三十一属，各年支六百五十元；丙等四十六属，各年支五百五十元，丁等四十五属，各年支四百元。以之分给各乡镇公所，其数固极微薄，然本省库市支绌，已觉筹款维艰。各属自奉通令以后，均感地方人才缺乏，对乡镇长一职，难觅文字清通、办事精练之人以之兼为户籍主任，且事属创举，责成人民事事以书面申请，固难办到。故虽经民厅迭令催促，迨至二十五年三月，各属办理户籍及人事登记第三期程限业将届满，而能遵令依法办理具报者，尚属寥寥。又经严定日限，即边远各属，以事实环境种种困难，纷纷呈请展限者，立经驳斥，一再展限，至二十五年十二月底，而各属户籍统计各表，终未报齐，不能汇办。其症结所在，则部颁户籍及人事查记各书、表计五十余种之多，填报已极纷繁，而表册界划不清，义多周张，既在通达，亦难周洽。且本省地居边陲，人才缺乏，事属创举，疑义滋多，而经费仅敷购置书、表、册、簿及专用一、二统计表员之费。举此至繁且重之事，而付诸智能低下之人，何能美满完成，克收实效。民厅以此项户籍法规书表在将来已有全体修正之必要，而本省之户籍，宜别订简捷适用之调查方法，方足以资补救而收实效云。

保甲户口统筹时期

二十六年，国难陡发。本省认为有加强行政组织，将自治保甲合一办理，以为动员民众，发起全面抗战之必要。当提经议决，各县废局改科，及自治上废闾邻改保甲。此案通过，且他省已有陆续改组实行者，本省自应照办，应由民政厅速即筹备，拟具办法。其废局改科，如地方有特殊情形者，得另行办理。然改编保甲，按照中央制定法规，计有两种：一为委员长行营公布之《修正剿匪区内各县编查保甲户口条例》；一为立法院会议通过之《保甲条例》。前者系将各级自治机关废除，偏重自卫，完成剿匪清乡工作，在剿匪省区，自属适用。后者系根据《县自治法》制定，使自治与自卫相辅而成，比较适合本省需要。即将立法院制定之《保甲条例》，由本省先行公布实施。其原条例中、间有与本省情形不尽适宜之处，则于实施细则内分别订明补充，以符实际。其编组保甲、清查户口、应备具之户口调查统计等表式样，原条例内未经订定，即参照行营公布《保甲条例》内各种表式，由民厅酌定。务取简明，易于实施。又编组保甲，同时须调查户口，事务繁重，遂即仿照二十一年调查户口成案，于厅内附设编查保甲户口总办事处。二月一日，总办事处正式成立，内设主任一人，表、册、簿、书、门牌、切结等项，分为由省印发，及由各属照式制用两种：前者计印制普通户口调查表四百万张（船户调查表与普通户之表通用，查填时可将表目上“普通”二字改为“船”字，不另印发）。寺庙户调查表六万张，公共处所调查表十万张，普通户口统计表十一万张，船户、寺庙、外侨、公共处所户口统计表十万张，普通户及船户通用之门牌三百万张，寺庙户门牌六万张，公共处所门牌十万张，均用净白夹棉纸印制。取其坚韧耐久，不易破损。后者如户籍册，户口异动登记簿，各属区、乡、镇、坊、保普通户、壮丁队姓名清册及船户、寺庙壮丁队姓名清册，联保切结、各属新编区、乡、镇、坊、保甲组织报告表，区、乡、镇、坊、保长姓名略历表等七种，则只印发式样，令由各属照制应用，并将公布之《保甲条例》及《施行细则》暨上列各种表、册、书、簿、门牌、切结等一并汇编成册，名为《云南全省编查保甲户口各项规章表册汇编》，共印三万数千册，分发各属，作为训练保长之教材及办理此事各人员之参考，各乡、镇、坊、保甲户口编查队工作之准绳。

全省编查事务，规定由民政厅总其成。各属编查事务，则规定由各属成立编查保甲户口委员会负责。以各该管县（市）长、设治局长、对汛督办为委员长，以总团副长、县、市党部各委员，教、建、财、警各局局长，常备队中、分队长，地方公正绅士三人至九人，当地中、小学校校长及教职员、社会军训副总队长等为委员。并定于各区设委员分会，以区长为委员长，区团长、区助理员、区内各乡、镇长、各小学校教职员、各警察分局长、社会军训队长等为委员。又以乡、镇为单位，每乡、镇须编成保甲户口调查队一队或数队，每队选委精明强干、熟悉规章办法者一人为队长，以现任乡、镇、闾、邻长、曾受军训之壮丁、得力绅士、当地小学校长、教职员、高级小学生及曾经预选受训完毕之保长、常备队派来参加之官兵等为队员，先行训练方法一、二日，始实行开始编查。而编组方法富有弹性，盖保甲以户口为单位，规定以十户为甲、十甲为保、十保为乡或镇，在市为坊。若干乡、镇、坊为区。但因地方自然形势或人民习惯，划分编制，得酌量变更。每甲不限定为十户，每保不限定为十甲，每乡、镇、坊不限定为十保。如遇一门内住有数户，不便分编，为管理便利计，得将同院各户编归上甲或下甲。

其户口种类编划，简单户规定分为普通住户、船户、寺庙户、公共处所、外国侨民五种。先就普通户调查编组，而船户、寺庙户、公共处所三种定为特别户。编查时，各就其所在地方，附编于普通户各甲之后，以归划一。调查表及门牌仍分为普字、船字、寺字，公字等，各别查填编号，分发各户悬挂，不相混淆。特别户与外侨住户，对于保甲义务，由各属斟酌情形变通办理，以免发生窒碍。

其编组壮丁队则提早年龄，依《保甲条例》所定：壮丁年龄为二十岁至四十五岁之男子，《施行细则》规定：保甲编组后，由各保长将保内满十八岁以至四十五岁之男子编为本保壮丁队，造具姓名清册，呈送乡、镇、坊公所。再将各保壮丁队，编为本乡、镇或坊之壮丁队，依式册报区公所。再由各区长将所属各乡、镇或坊之壮丁队，编为本区壮丁队，造册报县，汇呈民政厅审核存转。各级壮丁队之训练，概照《社会军训法规》办理，授以有关军事方面之各种知识技能，以期蔚成民众武力。以后，每年办理征兵时，各保内之适役壮丁，即可根据各保壮丁队姓名清册所载各壮丁分别摘出填表，造列名簿，手续上极为便利。又壮丁队仍就普通户、船户、寺庙户分别编组，其姓名清册亦应分类造报，不得混淆。而本省壮丁数目，也因提早年龄之故，大量增多。

用其办理户口异动，求其简易可行。办理户口异动，为户口调查后最重要之工作，否则日稍久，各项人口数目已生变化，前之调查又落空洞。但事项过繁，实际上又难办理。《施行细则》特规定编组保甲、填发门牌后，各户户长遇有出生、死亡、婚嫁、迁徙、分户，致生户口上之异动时，应即报告保、甲长查明，于该户门牌上填注增减户口数，于户口异动簿内分格注明，年终将所填登记簿第一联裁下汇报乡、镇、坊长，其存根留保长办公处存查，每年一月以内，应由各乡、镇、坊长，保、甲长，根据各保户籍册查对各户异动查记簿，计算增减，即知各保、甲内一年中各项户口异动之情状，及现在实有之户口，另行编制保甲，另造户籍册，另报普通住户户口调查统计表及船户、寺庙，公共处所、外侨户口调查统计表，另编壮丁队，造册层递查核，转呈民政厅核转，以期一劳永逸。而表册简明，易于填办。复查、抽查，严订赏罚。盖其主旨在将清查户口、编组保甲、查记异动三项要政同时举办，以期户口明确，针对现实，改进一切政务；保甲完善，能使全民皆兵，内而自卫，外而抗敌，以争取最后胜利于将来；登记异动，能随时明了社会病态之所在，人口增减之数目，救济改善方有实效。故一再令饬民政厅长严督所属，务须办到区、乡（镇）长能明了一区、乡（镇）之户口，县（市）长能明了一县（市）之户口，民政厅长能明了全省各属之户口，如仍前视同具文奉行故事，以一纸命令委之县长，县长又责之区、乡（镇）长，互相推诿；甚而借口为财力、时间所限，畏难苟安，不肯亲历其境，挨门逐户详细调查，而只翻检历年底册，以意增减，敷衍填表，希图塞责，遗地方负担不均之害，并令团务督练处饬令常备队官兵认真协同调查，以至周详。如发现有不实不尽、虚饰隐匿情事，其地方官及区、乡（镇）长，不问其在职或去职，均一律从严惩处。时中日战事紧张，更以他役之亟待完成，诸如赶修公路、办理征兵、修筑飞机场、清剿股匪等事，而金平县之夷民、顺宁县之耿马土司、中甸县之喇嘛寺僧拒绝查编，多有迟延，截至二十七年十二月底据报办者计有一百一十四属，其余属份，均具有特殊情形，未能一体报齐云。

扩大乡镇严密编组保甲时期

民国二十八年，中央颁布《县各级组织纲要》，本省政府曾于同年七月会议议决：各属废除区制，扩大乡、镇，保甲亦随之改编。仍饬由民政厅参照《整理川黔两省各县保甲方案》暨《修正剿匪区编查保甲户口》条例，拟定《云南省各属乡镇保甲编组大纲》暨《施行细则》，并有关表、册二十一种，通令各属于是年十二月底以前，一律将区之一级废除，扩大乡、镇，易行编组保甲。昆明市情形特殊，准仍保留区之一级，于边远各设治局，因种族复杂，交通梗阻，另行遴员前往督编。其余各属，均照议决案办理，遵限完成具报。此次编组，其主旨在健全政治基层组织，以发挥抗战建国效能。故工作展开后，特别注重民众组训，国民精神之动员等项。时行政院公布《非常时期保甲长待遇》及国民政府军事委员会颁发《组织民众肃奸网及办理联保连坐切结办法》积极提高保甲长素质，并编订《保甲须知》。一面严令各县设立保甲训练班，以使保甲人员明了其权利、义务及自身责任之所在，在以发挥保甲制度之精神，并订定《云南省各属编组乡镇保甲人员奖惩办法》，通饬分期考核。二十九年六月至九月，将办理不力人员，根据奖惩办法，分别予以记过、申斥处分，并派员分区坐催。此项工作，自二十八年十二月开始，迄至三十一年九月底，除耿马、潞西两设治局因环境特殊未据编报外，余皆一律将二十八年度保甲户口统计表办竣呈报到厅，当经本厅汇制保甲户口统计表呈报省府，转咨内政部备案在案。总计全省二十八年度一百三十一行政单位，除耿马、潞西外，共编为一千五百二十四乡（镇），一万四千一百二十四保，一十五万二千四百一十六甲，一百九十三万二千七百五十户，一千零三十五万四千六百七十一丁口，八十六万四千六百四十一名甲级壮丁，六十三万二千二百五十二名乙级壮丁（详见后表）。编组结果，不独对绥靖地方、揭奸弭盗卓著功效，且于其他有关战时各项要政，助益甚大。此民国二十八年本省严密编组保甲户口之情形也。兹删节各章则之要者附后，以佐观省焉。

《云南省各属乡镇保甲编组大纲》节要

一、各属乡镇保甲之编组，依本大纲规定办理。由县政府、设治局、对汛督办公署主办之（昆明市另案办理）。并由驻在境内之党政军机关团体派员协助。

二、各属原有区公所，一律废除。并即按照自然环境与历史关系，将乡镇予以扩大。但扩编时，如有应行归并之乡镇，应整个合并，不得分割。

三、乡（镇）应于交通便利人口集中之地设乡（镇）公所。置乡（镇）长、副乡（镇）长各一人，并得设干事、书记。办公费月支新币五十元，自乡（镇）长以下，均为无给职。

四、乡（镇）之下为保，每乡（镇）以十保为原则。情形特殊者，得酌予变更，但不得少于六保，多过十五保。每保应照规定按月召集保内各户居民举行国民月会。月会须知另订之。

五、保设保长办公处，置保长、书记各一。〔保长以〕保内公、私立小学校长兼任为原则，书记以教职员兼任为原则。保长办公费月支新币五元。

六、凡乡（镇）之区域过广管理不便者，各保得联合邻近二十华里以内之二保至三保，组设联合办事处，公推保长一人为首席保长，秉承乡（镇）长办理联保事务。

七、保之下为甲，每保以十甲为原则。

八、甲设甲长一人，每甲以十户为原则。同甲各户应具联保连坐切结，递呈该管地方官署备案。

九、乡（镇）保甲经费，应就原有款产整理筹增。不敷之数，由各该管地方统筹。前项经费筹定后，应列入地方预算案统一收支，报请财政厅核准，分报民政厅备案。经费收支办法另订之。

十、各属乡（镇）保甲编组完成后，应赓续办理出生、死亡、迁入、迁出四种户口异动登记，按季列表，呈由该管地方官署汇报民政厅及该管团管区司令部查核。表式另订之。

十一、各属保甲编组完成后，应陆续分别发给国民身份证。在未发给以前，如有迁出原乡（镇）以外之户口，应报明保甲长转报乡（镇）长填发迁移证。到达新迁地点时，即将迁移证呈送该管保甲长，转呈乡（镇）长登记、存查。迁移证式样另订之。

十二、各属乡（镇）保甲编整完成后，应造具户口统计表、乡（镇）保甲组织报告表。

《云南省各属乡镇保甲编组大纲施行细则》节要

一、各属应于二十九年三月底以前将乡（镇）保甲编组完成，联保连坐切结办理完竣，各户门牌填发清楚，并填造各表册呈报民政厅及团管区司令部。

二、乡（镇）之扩大，自应顾及自然环境与历史关系，不得狃于故习，拒绝应行归并之乡（镇）合并。区域广阔、户口众多各属，在不逾越十五保之范围内，应将乡（镇）尽量扩大。

三、各属所设乡（镇），不得少于四个。在户口不足三千户之县、局，虽不足六甲，亦得编为一乡（镇）。

四、首席保长不刊发图记，不支办公费。

五、首席保长之设置，为保与保之间联络机关，与各保长居同等地位。

六、保甲编组完成后，闾邻名目一律废除，并即按户填发新门牌，填明现有人口数目，以便办理户口异动。同甲各户，共具联保连坐切结。其不能与同甲各户共同具结者，应由户长单独具结。

七、编组大纲施行后，户口异动范围，即以出生、死亡、迁入、迁出四种为限。《修正剿匪区内各县户口异动办法》规定之婚姻一款，应不办理。

八、户口异动登记，于制发新门牌后办理，并按季于每年三、六、九、十二等月月底分别列表呈报。其顺序如下：①甲长每届季终，应将甲内户口异动情形报由保长登记（甲长不识字者，得用口头报告）；②保长据报后，应于下月五日以前填具保户口异动表，呈报于乡（镇）长；③乡（镇）长登记后，应于十月以前汇填乡（镇）户口异动表，呈报于该管地方官署；④地方官署统计后，应于十五日以前将全属户口异动表，呈报民政厅及该管团管区司令部，汇转师管区司令部；⑤民政厅统计后，汇填全省户口异动表，呈报省政府备查。

九、户口异动报告表，应由户长自行填报。户长不能自行书写时，得请人代书，但须本人签押捺指模。甲长据报后，应即分别登记，并将报告表留存备查。

《云南省团管区司令监察所辖各属保甲户口办法》节要

一、团管区司令部，除依照《云南省各属乡镇保甲编组大纲》之规定，核转各该辖区内各属呈报之户口统计等各表外，为确知所辖各属壮丁户口计，于必要时团管司令或派遣少校以上官佐秘密往该团管区内各属抽查，以免苛扰。

二、团管区司令察觉各属乡（镇）保、甲长对于征调有营私舞弊及保甲户口具报不实者，一面饬由各该管地方官查办，一面将实情函送民政厅备查。地方官仍应将查办情形呈报民政厅核示。

三、团管区司令或派遣少校以上官佐，在出发时得带士兵、马伕各一名。其旅费由该团管区司令部旅费项内开支，呈报备案。

四、团管区司令或派遣少校以上官佐抽查时，不得受地方各机关之供应。

《保甲长须知》节要

一、保甲是民众自身管理自己、训练自己、充实自己、保卫自己的最好办法。

二、保甲长随时监视、清查各户人民有无暗做汉奸窃贼或窝留土匪、寄存匪赃枪弹情事，有则秘密飞报乡（镇）长搜索捕拿，解具讯办。

三、保甲内十八岁至四十五岁之男子，要一律编为本保壮丁队。每年农隙，由保甲长授以军事训练，切实管理掌握，负责维持地方安宁秩序。编后造具清册，呈报乡（镇）公所。

四、保甲长平时要轮流分派壮丁队巡查守哨。有匪要集合壮丁队防堵缉拿，或联合邻近团队，补助军警，协同进剿。务须应用敏活，勿失事机。

五、保甲长时常召开保甲会议，与各户长筹商改良农产、开发水利、繁殖牲畜、清洁卫生各事项，注意增加生产，强健体力。

六、每年农暇之时，保甲长应召集壮丁，分头修筑道路、堤埂、碉堡，栽种竹、棉、茶、桐、桑、果树等类，以求收入增加，生产免受困难。

七、每保内应开办国民基础学校或补助学校教职员举办国民补习学校、识字讲堂、图书阅览室等，以求教育普及。其经费除地方原有公款外，若遇必要时，得向保甲富户劝捐。

八、每保甲须认真举行保甲月会，遵照规章详细讲解，要使大家知道爱国，人人踊跃当兵，并须注意规矩礼节，养成遵守纪律的习惯，表现整齐合作的精神。

九、保甲内应随时保持勤俭朴实的风俗，革除诈欺懒惰的恶习。

编整保甲户口办理联保连坐时期

民国三十年，中央颁布《县保甲户口编查办法》及调查表式样，饬切实推行新县制。乃饬民政厅拟定施行细则。即以省级保甲经费国币八十四万元，印就保甲户口调查表、保甲户口表、户口统计表。三十一年十二月十二日，检同规章表册，通令各属遵照办理。初，本省保甲户口之编组，自民国十九年起至二十八年止，十年之间，曾经三度办理。至是，乃饬各属遵照《县保甲户口编查办法》第一条之规定，根据原有保甲机构，遵照《办法》及《施行细则》各条之规定，加以整理。全省一百三十一属中，除昆明市、县、昆阳、晋宁等四个市、县曾经划为环湖户籍示范区，别有详载，及龙武、宁蒗、碧江、福贡、德钦、贡山、沧源、耿马、泸水、宁江等十一设治局，暨沦陷之腾冲、龙陵、潞西、梁河、盈江、莲山、陇川、瑞丽等八县、局外，其余一百零九属，共分两期编整。第一期计澄江、祥云、金平、禄劝、寻甸、嵩明、宾川、剑川、陆良、峨山、双柏、平彝、富民、昭通、弥渡、罗平、泸西、罗次、漾濞、禄丰、河西、沾益、会泽、牟定、曲溪、元谋、江川、通海、宣威、弥勒、玉溪、马龙、呈贡、安宁、楚雄、姚安、石屏、洱源、永平、华宁、易门、大理、蒙化、曲靖、凤仪、宜良、个旧、广通、路南、镇南、建水等五十一县；第二期计河口对汛督办署、麻栗坡对汛督办署、开远、文山、马龙、镇雄、永善、永胜、景东、丽江、顺宁、保山、澜沧、元江、蒙自、巧家、墨江、西畴、彝良、富宁、宁洱、中甸、维西、车里、镇康、丘北、大姚、永仁、盐丰、鲁甸、砚山、屏边、邓川、华坪、大关、镇沅、鹤庆、盐津、威信、思茅、景谷、昌宁、云龙、江城、兰坪、云县、六顺、绥江、缅宁、佛海、双江、南峤、镇越、师宗、新平、武定、盐兴等五十七属。并由民政厅遴选干员三十一人，加以短期训练，计分三十一个区域，并同其他要政分往督导、抽查，暨将办理经费切实规定，饬列入各属拨出预算内开支，不得摊派人员。同年十二月，县属编整完成，仍有少数县属未据报者，省府仍饬由民政厅分别申斥，并将原未列入办理之昆明市、县、昆阳、晋宁等十四县局，并同未完各属，通令紧编，统限至三十三年三月底办完。而中央又颁布《组织民众肃奸除盗网及办理联保连坐切结办法》《非常时期各地举办联保连坐注意要点》等，则亦通令于此次编整保甲户口之一百三十一属中，其保甲已经编整完成者，即依所颁法令组织云云。

二十九年九月，日寇之日益内侵也，行政院颁布《非常时期重要城市户口查报登记暂行办法》及户口调查表。本省省府乃令饬民政厅会同警务处，参酌本省实际情形，拟订昆明市、县，玉溪、建水、晋宁、盐津、宜良、会泽、澄江、沾益、开远、嵩明、禄丰、凤仪、广南、楚雄、宣威、富宁、大理、曲靖、文山、保山、平彝、个旧、祥云、罗平、蒙自、腾冲、昭通、河、麻两对汛督办署等三十一县属为非常时期重要城市。通饬由三十年四月起，一律推行查报。惟自推行以来，各属地方官遵案依期填报者固多，而未经遵行者亦复不少。嗣后，省府鉴于暴敌逐渐压境，人民之出入流动更复不少，若不继续将此项要政尽力推行，殊失彻底管制流动户口之效。复饬民厅会同警务处重申前令，严饬上列县属，统由三十三年一月起按期切实查报，不得再事疏忽，致干重究。正严催办理间，省府又先后奉准国民政府军事委员会委员长昆明行营及内政部令函废止上项办法，乃饬各属由同年四月份起停止查报登记云。同年十月底，先后据各属将保甲户口编整完成，并将民众肃奸除盗网及联保连坐切结组织办理蒇事，分别具报到府。经本府综合统计，汇成《民国三十二年度全省保甲户口统计表》一份，并根据此项户口数字，制成《全省概况图》一份，一并咨送内政部备案，并送有关机关作一切行政之根据。此次所获数字，全省仅编整一百二十三属，计有一千三百八十四乡（镇），一万二千三百六十二保，一十三万零八百七十三甲，一百七十三万四千八百二十四户，八百九十一万一千七百六十一丁口。五十九万四千三百八十一个甲级壮丁，四十七万四千零六十一个乙级壮丁（上列数字仅系一百二十三属，与户籍篇所列数字不符，声明）。综观此次编整本省保甲户口及组织民众肃奸除盗网、办理联保连坐切结之特点，盖有分述者焉。

在组织上，计分纵与横两方。此项组织，各保系就各村、街之自然单位编定，或并合数村、街编为一保，并不得分割本村、街之一部，编入他村、街之保。畸零居住在邻近五里内无甲可并者，三户以上，不满六户者，编为特编甲；三户以下，附隶于邻近之甲内。十里以内不满六甲者，编为特编保；二甲以下，附隶于邻近之保内。船户则就其常泊之县境内河、湖、海面分段编整，不满六户者，附隶于常泊处陆地之甲，不满六甲者，附隶于常泊处陆地之保；已编成保者，附隶于常泊处陆地之乡（镇）。临时户均编为临时保甲，不满六户者，附隶于所在地或邻近之甲；不满六甲者，附隶于所在地或邻近之保；已编成保者，均附隶于所在地或邻近之乡（镇）。宅内有居民暂时他往者，保留其甲户之番号。无家游民应另列一册，并设法收容管理，不许游移，无所归属。寺庙户、公共户及外侨，均属于所在地或邻近之甲内，不另编为甲。船户

（依地方情形视为普通户者除外）、寺庙户、公共户、外侨户、特编户及临时户，附隶于乡（镇）、保、甲内之数目不受限制，但各该乡（镇）、保、甲内原有之户数仍应编足法定数目。保甲编定后，新增之户暂附于所在地或邻近之甲内，编为临时户，俟保甲重新编整时，依法整理。保甲之名称，以数字定之，并冠以地名。各保就全乡或镇之保数，依序编称；各甲就全保之甲数，依序编称；各户就全甲之户数，依序编称。此组织之纵面观之也。而横面逐条贯彻就同甲各户同具联保切结一份，以此共同担保、共同责任之牵制办法，勉以各不为恶，应以与人为善之心而作定国安邦之大计。若有商店、富户或公务员不能联保者，应具保证书一份，其效用仍与联保切结同。再以适应战时之需要，利用保甲机构，组织民众肃奸除盗网，以县为团，县长兼任团长；以乡（镇）为队，乡（镇）长兼任队长。以保为组，以保长兼任组长。每组遴选具有爱国观念或军事知识，且思想正确、品行端正者五人至十人为组员，以执行肃奸除盗之任务。此种纵横之严密组织实施以后，尚见效果，并于管、教、养、卫合一运用之精神，已逐步纳于规范矣。本省保甲户籍之普查至是而规模悉具矣。

兹附重要章则于后，其由中央所颁布者，则从省略云。

附《县保甲户口编查办法施行细则》节要

一、保甲户口之整理，以不变更原有乡（镇）、保区域为原则。但因户口增减超过最大限度，或有特殊情形时，得酌予变更。唯须事先呈准，方得办理。

二、本省门牌与户牌并用，订于门外。记村、街、巷之警察门牌、称门牌。其更换日期，不限年度。如号数、次序无重大变更或损毁时，不另换发。记保甲户口及其人事异动之户，称保甲户口表。应每年换发一次，并按月查填增减人数。

三、门牌每一大门一块，以木或洋铁制成，订于大门外之右上方。其编号次序应以一村一街或一巷为单位，自第一号起，至若干号止，以数字叙列。户口表每一份悬于各户室内易见之处，其编号以乡或镇为单位，并以数字叙列。

四、此次应需各表，统由民政厅印发，就三十一年度整理保甲户口经费项下拨付。各地方负责办理人员，不得迳向人民摊派需索。

五、各县以后于每年度开始换发户口表时，其所需印刷户口表费用，应列入地方预算，不得向人民摊派或征收费用。

六、各县保甲户口编整完毕后，应赓续依法办理户籍及人事登记。如人事登记不能九种均办时，得先办出生、死亡、结婚、离婚四种，及暂居户口之异动登记，按季呈报。

户政二

户口调查（附历届统计表）

民国元年十月，都督府通令全省各厅州县及各土司地方调查户口。订有《简章》

二十二条及《调查各厅州县区段户口详细一览表》《调查各厅州县户口总数一览表》各一份。谨将简章表式列后：

调查全省户口简章

第一条　此次调查户口，凡属云南各厅州县及各土司地方均须切实调查。

第二条　各厅州县地方调查，以各该地方官负责任，以该属自治公所为调查机关。应须调查员若干人，由各地方官会商自治公所，酌量地方情形委派。

第三条　各土司地方之调查，由管辖有土司之各地方官负其责任，以各土司为调查机关。一切关于调查事件由各该官明白宣示，令各土司如法调查。

第四条　各厅州县地方调查之法，仍按各该地方自治区域分派若干段，由调查员按区按段详细调查。

第五条　各土司地方调查之法，除照第三条之规定外，得由各该管官委派调查委员一人，会同各土司按第八条、第十六条之规定，及其他条之关于调查方法者，指导该土司各就管辖区域分区、分段责令各头目详细调查。

第六条　调查表册由民政司制出式样，发往各该地方照式刊印使用。

第七条　调查表册分两种：一为详细表，一为总数表。

第八条　调查详细表册应载事项如下：

①户主之姓名及年岁、籍贯；②户主之父、母、妻、子、女、媳、兄、弟、妹、侄、孙、曾等之姓名、年岁、职业；③户主之男女雇工姓名、年岁、籍贯；④壮丁数目；⑤男女学童数目；⑥有无信奉各种宗教；⑦丁口分数及总数。

第九条　户内或男或女，有服务或游学在外者，仍作该户丁口计算，并须于附记格内填明在何地方及服务、游学之种类。其有鳏、寡、孤、独、一人独居者，宜另作一户不得遗漏。

第十条　调查员对于人民须先将调查宗旨剀切说明，以免人民误会。

第十一条　调查员夫马伙食，均由各地方官酌定发给，不得苛派民间。但所需食物，可知会各村董代买，由调查员照数给价。

第十二条　调查员有必须在村乡住宿时，由村董指定寺庙、公所或民居借其住宿，并借用其什物，但借用什物若有损坏者，须由调查员赔偿。

第十三条　调查经费，准由该地方官作证报销，但须力从节省，不得浮滥开报。

第十四条　凡有不受调查及填报呈报不实或逾期不报者，处一元以上、十元以下之罚金。其有妨害调查员之举动者，处三日以上、一月以下之监禁，或三元以上、三十元以下之罚金。

第十五条　调查员如有不法情事，经告发后，照各本律治罪。

第十六条　调查初周，即按户编制门牌，其应载明事项如下：

①厅州县名称（土司地方仿此）；②区及段之第号；③户之第号。

第十七条　门牌号数，每段由第一号起，无论有若干号数，均按号编列，以编毕一段为止。

第十八条　门牌编毕，仍由调查员携往按户编订，随即查明初调查时有无遗漏、错误，分别补编更正。

第十九条 调查完备，各厅州县地方由各该地方官、各土司地方由该管官申报民政司查考。

第二十条 各地方官申报后由民政司派员查案。如有以多报少，以少报多者，在百户以上官则记过，绅则停止公权二年以下；在千户以上官则撤参，绅则停止公权五年以下。但各土司地方得酌情轻减。

第二十一条 调查完备，不将户口遗落、亦不捏报户口者，俟派员查察后，地方官绅由司呈请给奖，以示鼓励。

第二十二条 调查时期以公文到达之日为始，各厅州县地方限五个月、各土司地方限十个月一律办竣。但每逢一月地方官须将调查经过情形，申报民政司一次，以凭考核。

附：户口调查表内容及说明

该表以户为单位，内分户主及家属、亲属、雇工，再分别开列年岁、籍贯、职业、壮丁数目、学童数目、信奉宗教、丁口分数、丁口总数、附记等九栏。每表共十格：第一格，先填户主姓名，次填家属名氏，次填亲属、雇工姓名。填家属名氏须将父、母、伯、叔、兄、弟、妻、媳、子、女、侄、孙、曾、玄等以户主定其称呼，用小字注明于名氏之上。亲属、雇工或男或女亦须注明，填毕一户，挨次填写二、三户，以填毕一段为止。第二格，将户主以下年岁若干，各于名氏之下填明。第三格，填明本籍或客籍。第四格，将户主以下各人作何职业各于姓氏之下填明。第五格，填明户内壮丁数目（凡男子二十岁以上、四十岁以下为壮丁）。第六格，填明户内男女学童数目（凡男女六岁以上、十二岁以下为学童）。第七格，各于姓名下填明有无信奉何教。第八格，填明户内男若干丁，女若干口。第九格，填明户口男丁女口总数。第十格，自户主以下有职业者若干，无职业者若干，曾当兵壮丁若干，未当兵壮丁若干，男女学童已入何项学校者若干，未入学校者若干，或服务何方，游学何国、何项学校，信教人数及信教之来历均于此格填注，以详细简明为主。

又有《调查各州厅县户口总数一览表》一份，内分厅州县名称、户数、男丁、女口、壮丁、曾当兵者、未当兵者、男女学童、曾入学校者、未入学校者、农人、工人、商人、僧道、教民、有职业者、无职业者、人口总数、附外国人等十九栏。

民国四年八月二十四日，内务部公布《县治户口编查规则》三十一条，《警察厅户口调查规则》二十四条，时以护国军兴未及举办。

民国六年三月二十一日，本省政务会议议决调查全省户口。饬由政务厅将调查手续、次序、期限等办法详细拟定，呈经核准于是年六月通令遵行，其文曰："查户籍为行政之母，举凡选举、自治、征兵、警察以及教育之普及，赋税之征收，靡不先从调查户籍入手。吾滇自民国成立以来，各县设调查户籍处，省设总局以总其成。关于表册规章，厘定非不周详；此项人民户口调查，亦经数次。卒之报告未齐，旋即中止。或册报不实，无足征信。究其原因，虽由于事属创始，与夫承办不力，要求表册细密、手续繁难有以致之。兹为实事求是计，拟定调查《全省户口暂行章程》二十七条，并参照本省历次调查户口表式酌定总、分两表，分表以自治区或团保区为调查初步，由该管县知事或行政委员或特别区域长官责成团总或遴委妥绅分区调查，每一区地方逐户填入分表，各区同时调查。事竣报由该管县知事或行政委员或特别区域长官复查无异，汇填总表分报省、道委员抽查。其报告翔实者，照章奖励；如报告虚伪或敷衍者惩戒之。至调查期限按照距省程站表除去往返程途，自奉文之日起统限四个月内查毕呈报。如有逾限，计日惩处。合将章程表式令发各该地方官，务须振奋精神，严守期限，督饬团绅等切实办理”等语。通令去后，嗣因禁烟、缉匪要政丛集，各属纷请展限，几经文电督促，复由省长公署派员抽查，至八年十一月，始据报齐汇编总表（见后统计表）。谨将章程表式附列于后。

调查全省户口暂行章程

第一条　本章程于各县清查户口时适用之。

第二条　清查以现住户口为准，但清查时户内人口适往他处，其期间在一年以上者，须于“附记”栏内注明其所往地及事由，如在一年以下者仍作现住编入。

第三条　调查区域依下列各款定之：

①设有保卫团地方，依保卫团区域；②未设保卫团地方，依从前自治区域；③未设保卫团及无自治区域地方，由县知事参照地方情形酌量划分。

第四条　前项区域划定后，每区置调查员一人，负调查区内户口之责。

第五条　各区调查员依下列各款由县知事委任之：

①设有保卫团地方，以各区团总或团首充任；②未设保卫团地方，由县知事遴委乡董、村首等职或公正士绅曾办公益事务者充任。

第六条　第三、第五两条事项办理就绪，应将划分情形及区域名称暨调查员姓名先行具报。

第七条　调查分清查、复查、抽查三种：①清查，由各区调查员执行之，其期限至多不得过五十日；②复查，由县知事执行之，其期限不得过三十日，但有特别故障时，得委派该管警察区长或巡长代行之。未设警察地方，得酌派委员；③抽查，由省长或道尹委员执行之，其抽查日期临时酌定。

第八条　清查事项如下：①户主姓名；②户主年岁；③籍贯；④职业；⑤男丁数目；⑥女口数目；⑦学童若干；⑧曾入学校者几人；⑨壮丁若干；⑩四曾当兵者几人；⑪曾充团者几人；⑫丁口总数。

第九条　各调查员奉委后，务于十五日内启程赴区清查，按照前条所列事项挨户询明，填入草册。清查时遇有素行不正或形迹可疑之户，或一户中有素行不正或形迹可疑之人，经调查员访查属实或由该处首人秘报复查不虚者，应将该户或该丁剔出，记入册尾备考栏内，户曰“另户某某”，丁曰“另丁某某”，均注明“不正”或“可疑”字样，“另户”责成该处保卫团甲长防范，“另丁”责令该户主管束。清查完竣，调查员须于十日内造具户口清册二份，呈由县知事核办。

第十条　县知事接到调查员户口清册，即先尽报到之区自行或派员前往复查，如有舛漏，即予更正。“另户”“另丁”，并详加查访，由县处置。各区复查完竣，县知事须于十五日内汇造户口总册三份呈督军、省长暨该管道署。其调查员原报清册，由县保存。

第十一条　省长公署接到各县户口总册，即酌择数县，遴派专员就册内所填事项中择要抽查。如有舛漏立予更正。仍由委员将舛漏数字及县知事处置“另户”“另丁”方法具报查核。该管道尹认为查报不实之县得派员抽查，一面呈报备案。

第十二条　调查经费由县知事就各地方团保经费或其他公款酌量筹拨，呈请核定，不得向各户科派。

第十三条　各区调查员办公处附设于各区团分局。其未设有团保地方，由县知事指拨公屋设置。关于调查时填写草册及办理文牍表册等事，即由团总或团首督同团局之文牍员、书记生等兼办，但不敷用时得临时雇募。

第十四条　调查职员均为名誉职，不支薪俸，但公出时得酌给夫马食费。

第十五条　调查事务完毕后，由县知事将收支各款，造具清册，呈报核销。

第十六条　清查时，先由县知事出示晓谕，严禁需索、造谣等事，并由调查员赴区清查时宣讲调查宗旨。

第十七条　凡有不受清查或有心诳报者，处一元以上、五元以下罚金；妨害清查之举动者，处五日以上、一月以下之拘役，或五元以上、三十元以下之罚金。前项处分，由县知事决定之。

第十八条　调查员奉委后延不赴区或清查时流连迟缓，或造册时故为耽延致逾限期十日者记过一次；逾限期二十日者记过二次；逾限三十日者记一大过，照例罚金三十元并撤差另委接办。但有特别故障，先经县知事查明转报核准者，不在此限。

第十九条　调查员或委员如有不法情事，经告发属实者，按律拟处。

第二十条　县知事造报户口总册，除去各项期限及距省程途外，逾限十日记大过一次；二十日记大过两次，仍照例罚渎；逾限至一月者撤任。

第二十一条　调查员清查户口舛漏至十分之一以上，经复查属实者，记大过二次；舛漏至十分之二以上者加重议处。县知事复查户口舛漏至百分之三以上者记大过一次；舛漏至百分之五以上者记大过二次；如至百分之十以上者立即撤任，仍责令行清查，非经后任出具复查无讹印结，不准离去县境。县委之复查委员处分亦同。

第二十二条　各道道尹职任监司，于所属各县清查、复查时，应实行巡视监督。如县知事因以获咎者，道尹连带议处。

第二十三条　县知事及调查委员办事认真，依限呈报，经复查、抽查并无外漏或舛漏仅在百分之一以下，认为成绩卓著者，县知事及委员分别嘉奖、记功、升级、调查员嘉奖、记功或酌给奖章。抽查委员及非警员之县委另行议奖。调查户口原系自治范围内之行政事务，地方官绅当然负有调查之责，此等分内事，无给奖之必要。本条酌予给奖者，所以示优渥也。

第二十四条　表册定为总、分两种，分表由调查员于清查时用之，总表由县知事于复查后用之。其式如下：

XX县区户口调查分表

（自XX村XX寨起至村寨止）

住在地名	户主姓名	年岁	籍贯	职业	男丁数目	女口数目	学童若干（六岁以上十二岁以下为学童）	曾入学者几人	壮丁若干（男子二十岁以上四十岁以下为壮丁）	曾当兵者几人	曾充团者几人	丁口合计
总计												
备考												

（填表办法另加说明）

XX县户口调查总表

（清册同）

区域名称	户数	男丁若干	女口若干	学童若干	曾入学者若干	壮丁若干	曾当兵者若干	曾充团者若干	丁口总计
合计									
备考									

第二十五条　本章程于设置行政委员地方及特别区域均适用之。

第二十六条　本章程如有未尽事宜，由省长随时修正。

第二十七条　本章程自公布日施行。

调查户口表式说明

（一）凡户不分正附，一家住数户者以数户计。同父兄弟虽分爨而仍同居者，以一户计，异居者以各户计。外姻或同族相依过度及朋友只身寄居者以一户计。店铺以一招牌为一户。无招牌者以门面计。而有两铺台系一铺东者以一户计，系两铺东者以两户计。前店后家，如系家店同主者以一户计，不同主者以两户计。

（二）凡“户主”指同居亲属之尊长者而言。兄弟同居者，以兄为户主，家无男丁或有而未成年者，以妇女中最尊长者为户主。店铺以店东为户主。如铺东不在店掌事者，以掌铺之人为户主。合资店铺以掌店事之铺东为户主。各店东均在店内、权限相等者，以年长者为户主。前店后家、同一主者，从其家之户主。

（三）“姓名”栏内须填写户主真正姓名，不得用别号，更不得以某堂、某字号等公共名称杂填，但妇女不便填写者，妇人得以某某氏、女子得以某某长女、次女等字代之。

（四）“年岁”栏内即将户主之年龄填入。

（五）“籍贯”栏内本籍即填“本籍”字样，客籍须填明原籍，本省者只注县名，同省者，省名县名并注。

（六）“职业”栏内如无职业者，即填一“无”字。

（七）“室丁数目”，指一户内所有男子而言。无论长幼，须连男户主计算总数填注。

（八）“女口数目”指一户内所有妇女而言。无论长幼，连女户主计算总数填注。

（九）“学童”栏内无论已未入学，凡属六岁以上，十二岁以下者即为学童，照数填入。

（十）“曾入学校”栏，凡现在学校或未在校而曾经入过学堂，无论已未毕业，一律填注。

（十一）“壮丁”指二十岁以上、四十岁以下之男子而言。但盲、哑、疯、癫或有其他废疾者，不在壮丁之列。

（十二）“曾当兵者”系指退伍军人或现在当兵者而言。

（十三）“曾充团者”系指现充团丁或在前曾充团者而言。

（十四）“丁口合计”栏内，即就一户内之男丁女口连同户主及学童、壮丁一概合计填注。

（十五）“备考”一栏，首将素行不正或形迹可疑之“另户”注明系某村、寨、某某几户。次将“另丁”注明系某村寨、某某户、某某几人。此外，其他事项，另作一行，分别声叙。

（十六）调查时，每一村寨应将各栏数目总计一次，并加“备考”一栏，将特别事项（如“另户”“另丁”等）详细记载。全区查毕，再将各栏数目合并总计，并于“备考”栏内将特别事项分司一、二、三、四、五等字样逐一详细汇记。总表“备考”栏内仍分司一、二、三、四、五等字样将各区特别事项逐一汇记。

以上十六项，对于填注方法业经说明，谅无疑义，兹更将假定事项，按照表式逐一填记，用作模范。

假如昆明县东区顺村有姓王名四者，年四十岁，素窝盗匪，不事正业；其妻虽以小贩为名，每当入城贸易，亦曾不时偷窃；有子一，年十二岁，女一，年五岁，均以幼稚，无所事事。以上各情经调查员查访不虚，即就后表填为：

XX县户口调查总表

（清册同）

住在地名	户主姓名	年岁	籍贯	职业	男丁数目	女口数目	学童若干	曾入学校者几人	壮丁若干	曾当兵者几人	曾充团者几人	丁口合计
顺村	王四	四十	昆明县	无	二	二	一	无	一	无	无	四
总计					二	二	一		一			四
备考	顺村另户王四，素行不正。											

又假如昆明县西区碧鸡关张三者，年六十五岁，世隶昆明，以农为业，妻一、妾二；生子八、长四十岁，次三十七岁，又次三十三岁，四子年三十岁，五子二十五岁，六子二十岁，七子十八岁，八子十二岁（内有前清附生一人，由中学毕业者一人，当兵退伍者一人，现充团丁者一，务农者二，现入小学者一，形迹可疑者一）；有女三人，均待字。以上各情，经调查员查问明确，即就后表填为：

XX县户口调查总表

（清册同）

住在地名	户主姓名	年岁	籍贯	职业	男丁数目	女口数目	学童若干	曾入学校者几人	壮丁若干	曾当兵者几人	曾充团者几人	丁口合计
碧鸡关	张三	六十五	昆明县	农	九	六	一	三	六	一	一	十五
总计					九	六	一	三	六	一	一	十五
备考	碧鸡关张三一户，有男丁一人形迹可疑											

民国十年二月，省长公署通电各属，照六年颁发《调查全省户口暂行章程》举行第二次调查。其文曰："急，各局分送各县知事、各行政委员、普思沿边行政总局，无电各县由附近电局专送。查户籍为庶政之权舆，前于民国六年，经本署拟定调查章程表式暨说明书，通令各属查照填报在案。迄今历时三载，各属户口当有增加，现值筹办自治，着手调查户口，应由各该知事、委员等按照前颁章程表式就便分别切实查填呈报。其期限仍以四个月为率，勿稍逾延。至此项章程表式，前已颁发有案，兹不再发。但各属有因事变遗失者，得电请补发。仰即遵照办理。省署册印"等语，至民国十三年五月，始据报齐汇编总表竣事（见后统计表二）。民国十七年七月十九日，准内政部颁发《户口调查统计报告规则》八条及表式七种，计《户口统计表》二种，《户口变动统计表》一种，《户口调查表》四种。谨将《户口调查统计报告规则》列后。

户口调查统计报告规则

第一条　户口调查表计分四种，于未施行自治规章之省区市适用之；户口统计表计分三种于各省区市一律适用之。

第二条　已施行自治规章之省份，其原有户口表册所记载事项，如少于部颁统计表应填之项，自应逐款补行调查。

第三条 《户口统计表》在县由县政府据各区报告编制，在市由市政府据公安局报告编制，在特别市由特别市政府据公安局报告编制。县市政府编制之《户口统计表》，应送由该管民政厅汇齐编制后，报由内政部备案。

第四条 《户口调查表》除已施行自治规章之省份不适用外，余如各市县政府督促各公安局分区调查办理。未设公安局地方由该管地方官署遴员办理。

第五条　分区调查办法，除已施行自治规章之省份依其自治区划办理外，余均依警区办理。未设警区地方，由该管地方官署就保卫团区或原有习惯划分之。

第六条　户口统计第一、二两表，每年造报一次，《户口变动统计表》每月造报一次。

第七条 《户口调查表》由调查机关装订成帙，妥为保存。

第八条　本规则自公布日施行。《县治户口调查规则》及《警察厅户口调查规则》中所附之调查册表格式，于本规则施行后废止之。

上项规则及其表式，由部函送到滇，即经省政府于十七年八月十七日令发各县遵办。其文曰："案准国民政府内政部公函开，迳启者：查训政开始之时，筹备自治，各地方之户口实数，亟须从事调查，以为一切政令实施之标准。本部前经拟订《户口调查统计报告规则》及表式呈请国民政府鉴核实行。兹奉令开：'呈及另件均悉，核阅规则及表式尚属妥善，惟规则第三条应予改正，仰即遵照改正，以部令公布可也。规则抄发，表式存，此令'等因。计抄发《户口调查统计报告规则》一份到部，除遵将该项规则及表式以部令公布并分行外，相应检送此项规则及表式函请贵省政府查照，希即转饬所属一体遵照办理为荷。计送《户口调查统计报告规则》一份、表式七种。正办理间，复准公函第七零号开：'案查关于调查统计一事，前经本部拟订《户口调查统计报告规则》及表式七种，呈奉国民政府核准通行在案，查户口调查为筹办自治之开始工作，亟应早期毕事，以利进行。除通令各省民政厅督饬各县长限于本年十二月月底一律办竣，倘有奉行不力即予严惩并分行外，相应函请查照督促办理为荷’等由，准此，并据民政厅呈奉前因，查户口调查，为一切行政事宜之基础，举凡自治、选举、教育、公安诸要政，靡不先从调查户口入手。现值训政开始，户口调查一事，关系最为重要，亟应遵照部颁规则表式督饬所属分区认真调查，报由各该管地方官汇填总表，统限文到两月内办毕，报由民政厅核汇转报，以昭慎重。至此次各属查报户口统计，本府即以此为考核各该地方官佐办事之勤惰，分别殿最，严加奖惩。除通令外，合将规则表式印发，仰即遵照依限认真办理，勿得稍涉敷衍，致干严议”等语。嗣以滇省幅员广袤，交通困难，加之迭遭匪患，人民转徙无定，调查实属不易。虽经部电催促，急于星火，本省亦文电频催，并将未报各地方官记过申斥，延至十八年，仍未据报齐全。当时曾复内政部一电文曰：“南京内政部勋鉴：马电敬悉。查此次户口调查前准大部电催，当时各县办理困难，请准展限情形，于本年五月七日快邮电复。并迭次分电各属严催赶速遵限查报在案。满拟日内编造总表送请汇编，无如本省自奉令出师讨逆后，各属因赶办征兵及筹办粮秣、设置兵站等事，以致户口一事无暇兼顾，遂暂搁置未办。迭据曲靖等二十余县先后呈请展限前来，核查均属实情，势不能不变通准予展限。此外，如昭通、大关、盐津、镇雄等县，复被胡若愚、张汝骥等勾结土匪，四处扰乱，竟使该县等户口调查完全停顿。因此种种障碍，是以本省《户口统计总表》一时尚难汇编。现以全省一百零一县及昆明市、普思沿边行政总局十五行政区核计，其已具报者尚不及三分之一，似此情形，断难尅日集事。唯有请大部宽予限期，庶免窒碍。云南省政府元印。”云云观此可见当时调查统计之困难矣。

又依《户口调查统计报告规则》第六条之规定，凡户口统计第一、二两表每年应造报一次，至十九年又须汇报十八年份户口统计总表。复经省政府通电各属，其文曰：“查十八年份户口统计，现值查报之期，凡已将十七年份户口统计查报各属，应饬遵照前颁《户口统计查报规则》第六条之规定，迅将十八年份户口统计刻速查报。至十七年份户口统计，前经迭电令催，勒限查报，并将逾限未报各属分别惩处在案。兹查上项统计，迭准部电催促，立待汇转。姑再从宽电催，凡未查报或已报不符经民厅饬查各属，统限于十九年一月内办毕呈报，勿再违误”等语，直至二十年三月仍未报齐。据民政厅签称：“窃查本省各县应报十七年及十八年份《户口统计表》，前经迭电饬催并分别惩处，勒限查报，嗣据各属先后呈明困难，未能依限造报，纷纷呈请展限，曾由职厅斟酌情形，拟定惩处办法，呈奉钧府核准，饬令未报各属统将十七年及十八年分《户口统计表》展至民国十九年十二月底一律查报完竣，倘逾限一月尚未呈报者，记大过一次；逾限二月记大过二次，逾限三月记大过三次。如记大过三次仍延不呈报者，据实呈请撤任示惩。当由职厅电饬遵办各在案。兹查遵限呈报者固居多数：其延不查报者，尚有会泽、昭通、大关、镇雄、个旧、师宗、弥勒、黎县、元江、镇沅、景东、镇康、华坪、永北、六顺等十五属及威信、勐丁、勐卯三行政区，于十七、十八两年份《户口统计表》均未据查报，现已逾限二月，拟请照案将各该县长、行政委员各记大过二次。又富民、罗次、禄劝、曲靖、沾益、鲁甸、双柏、石屏、西畴、镇越、大理、邓川、云县、蒙化、大姚等十五县及陇川、芒遮板两行政区均已逾限二月尚未将十八年份《户口统计表》查报，其余彝良一县亦漏未查报十七年份《户口统计表》，本应照案惩处，唯念该县等于上项统计表均已查报一次，其情稍有可原，拟请从宽各记大过一次。此外造报不合饬令更正、尚未补报之宜良等二十七属，拟由职厅分别严电饬催，限令查报，以凭核办”等情。经省府核明一并如签照准，饬科注册，并分令督饬承办员绅赶速查填迳报民厅汇核转报，倘再逾延，定即照案撤惩不贷。卒至二十年终，仍未报齐，遂即终止。

民国二十一年，省政府主席龙云以盗匪肃清，大局平定，从事于内政之整理，爰通令全省各市县及各行政区施行户口总调查。其令文曰："为通令遵照事：调查户口一项，为施政之标准，举凡办理自治，扶植人民使用四权、励行普及教育、平均人民负担、整顿团保、修筑道路、清剿匪类、育幼养老、调节粮食、改良农产、分配职业、发展工商、救济贫病、改善生活以及垦殖荒地、办理选举、厘正县区等要政，欲求计划周详，实施有效，非先有精密之户口调查不可。本省举办户口调查，历经多次，卒之报告未齐，旋即终止。或则统计不实，无足征信，以致凡百庶政，无可依据。究其原因，不外各地方官吏，因循敷衍，玩视功令，调查人员亦复承办不力。兼以表式繁难，经费支绌，故多闭门造表，任意估计，奉行故事，以为搪塞。而人民方面，亦多数不明政府调查户口之意旨，往往虚拟悬揣，以为一经调查，即恐增加负担，征募兵役，于是故意隐匿，以多报少，致令调查结果不实不尽。其流弊所及，不惟虚耗财力，甚至妨害社会事业之发展。现在国难当前，庶政亟须整理，以为拯救危亡之计。而调查户口，尤属刻不容缓之图。本主席此次励行全省户口总调查，对于一切办法均详密规定，为实事求是计，爰参照中央颁发表式与本省情形制订《户口调查表》暨《户口统计表》两种表式，由本府分别印发各属，以资应用；制定《云南省办理户口调查人员奖惩规则》《户口调查须知》颁发俾作遵循，并将全省各市县及各行政区划为十区。另表规定，就中河口归文山办理，麻栗坡归马关办理。至调查程限，除行文往返程站外，其边远及人口较多之区，如中甸、维西、腾冲、保山、龙陵、顺宁、云县、镇康、昭通、镇雄、永善、澜沧、车里、五福、双江、佛海、镇越、六顺、江城、景谷、缅宁、文山、富州、广南等二十四县及阿墩子、知子罗、上帕、菖蒲桶、泸水、干崖、盏达、陇川、芒遮板、勐卯、临江、勐丁、威信等十三个行政区，统限四个月内办竣。其他各市县及行政区，统限八十日内办竣。每区委派主管之民政厅长及殖边督办、绥靖主任、各剿匪区高级军官为分区监督，随时由各监督派员分赴各地切实督促调查及抽查，以利进行。至调查人员一项，规定各市县长、行政委员以及各局局长、区长、乡镇长、闾长、邻长、团首、保董、中小学校校长、职教员、中学生、高级小学毕业学生暨地方公正士绅等全体加入，共同组织若干调查队，先事训练，分头前往各乡村宣传调查，通力合作，不得推延敷衍，致干重咎。其调查经费一项，亦规定由省库每县发给纸币五百元，每行政区三百元，准由各地方征收正款项下坐支拨抵。如有不敷，并准就地筹集。呈报查核，但不得有借端需索情事。如有流弊，一经查获，定即严惩不贷。在调查期间，应同时将各住户编列号数，事竣后随即由各该县或行政公署依《调查须知》之规定，发给木质门牌，以为抽查时及编制乡镇闾邻之助。经此次调查后，其区公所已经成立之县，应即依法规定，乡镇成立乡镇公所筹备处。举办公民总宣誓，然后召集乡镇公民大会，选举乡镇长、副及乡镇监察委员。更须于乡镇长就职两个月内划定闾邻，分别召集闾邻居民会议，选举闾邻长，以完成各级自治之组织。其区公所尚未组织之县，更应加紧工作，于本年内一律将自治组织完成，不得循延。至调查户口日期，各市县长、各行政委员及各调查人员能于限期内办竣且统计翔实者，照章奖励；如举办逾限或填报不实者即行照章分别撤职惩办，俸罚记过，以为奉公不力者戒。总之，政府此次举办全省户口总调查，实下最大之决心，绝不容有因循敷衍之余地。各该地方官务须振奋精神，全力以赴，并按照表式、章程及《调查须知》各项严守期限，督饬全体调查人员切实办理。勿得仍前泄沓，或稍涉敷衍，致干严议”等语。其《户口调查须知》计十三项:（一）户口调查之意义。（二）户口调查之目的。（三）户口调查之宣传要点:（1）目的;（2）方法：①实施前之宣传方法；②宣传人员及其方法；③着手时之宣传方法。（四）户口调查之宣传标语。（五）调查员之组织。（六）调查队之选择。（七）调查员之训练。（八）调查员之工作方法:（1）调查前之预备;（2）调查时应注意之事项：①态度；②言语；③操守；④时间；⑤填表。（九）调查之统计。（十）调查之考核。（十一）表式之运用:（1）调查表之运用（附表式及说明）;（2）统计表之运用（附表式说明）。（十二）调查之经费。（十三）调查人员奖惩规则。规定备极详明。复将全省划为十区，每区各设监督一人，每一监督复委派视察员若干人，分往各属指导督促暨挨户抽查，而以民政厅总其成。阅时一载，费帑四十余万，始将全省户口调查完全，报经民政厅汇编统计表（见后统计表三）。精制图表，印送国民政府各院部暨各省各特别区、本省各机关，用资参考，旋得中央及各省复函，均极称誉。盖本省办理户口调查统计，本非一次，但从未若此次之郑重其事也。其间经过情形，于统计报告书内各序文中言之綦详，爰择其与办理有关者，摘录数篇于后。其于此次调查之始末可以得其大概矣。

云南省政府主席龙云序

中国户籍之法，始见于《周礼》。其在秋官则司民，掌登万民之数。自生齿以上皆书于版，辩其国中，及其郊野，异其男女，岁登下其死生。及三年大比，以万民之数献于王。王拜受之，登于天府内史司会冢宰贰之，以制国用，以赞王治。其于户口之登记，若是之详且慎也。又有乡士、遂士、县士等各掌其乡、遂、县之民数而纠戒之。又有小司徒掌稽国中及郊鄙之夫家九比之数，以辨其老幼，贵贱、废疾。其属则乡师、闾师、至赞长、里宰等，各其所辨之众寡，周知其数，以施政教，以行征令。盖立法明备，而井田之计口授食，乃基是而见诸实行。举一切庶政设施，莫不由此，民数之重，从可知矣。汉唐诸朝，未闻精密之调查，史册所书未足尽信。照若移民实关中，徙民屯塞下，暨夫府兵与租庸调之制，未始不依据户口之数而施行之。最近三十年来，推行新政，筹办自治，于是调查户口乃见实行。清末及民国初元，已数次查报，然其数目亦未尽确者：或因民智未开，横生疑虑，以调查为加税之先声，而匿多报少者有之；或谓选举议员，人民多则多占名额，而浮报虚数者有之。吾滇幅员辽阔，极边人民犹有居深山之中、风气蔽塞者，遽欲调查人口确数，诚为难事。然地方自治之进行，端赖户口调查以为张本。以故政令迭颁，依据部定表式，认真办理。于时有组织、训练、宣传、调查、统计、考核六项之详细规定。并分全省为十区，于调查视察员外，以各区内高级军政长官为监督。而督促或指派抽查之章制既密，限期无逾，阅时一载，查报乃竣。加以统计、制表、绘图又逾半年，克竟全功，亦云劳矣。予既为之披览审核，知其详细数目，容有未尽之处，而分条晰理，纲举目张，于户籍上应注意之事项，皆靡于遗漏，斯亦近数年来要政之一端也。爰令付印，订为全册，以报告中央，并分送各官署，庶几地方自治内，教育、实业、团务、警政、征兵、选举诸端，均缘是而有设施之标的，其重要为何如哉。若夫人事登记，宜乘此一度调查之后积极进行，于迁徙、存亡、婚姻、分居诸端得以随时稽考。俾今日之调查，有所辅翼而行，益符精确之旨，益收宏大之效。是则愿各有司更加勉者也。

兼民政厅长朱旭序

昔汉高祖入关中，诸将争取子女玉帛，惟萧何收罗图籍，密为保存。论者谓何之相业，早基于此。盖国家政务虽经纬万端，而版图户籍，实各种行政之根本，非详知区域之广狭、户口之多寡，则一切政务，无从措施。《周礼》之比闾族党，《管子》之轨里连乡，要皆户籍详明，斯能有条不紊。两汉而后，政尚清简，管理户籍者，虽亦各有专官，但无精密方法随时考查，以致全国户口总数大都以档册为依据，相沿日久，遂与实在数目往往相差。此岂吾国未知户籍法为行政根本耶！良由奉行故事，未经实地考察，以致于斯也。先总理手订《建国大纲》，其训政敷设，以筹办地方自治为实行宪政之预备。而地方自治开始实行法，以调查全县人口为办理地方自治之首要工作。民国十七年内，经内政部制定各种户口统计表式颁诸省县，按年填报。只以表列调查事项较为繁重，而承办调查之官绅因感于人才缺乏、经费困难，迨查报统计表时，多检册照填或面壁臆造。虽文告督促，终难期其详尽。“九·一八”事变发生，国难日趋严重。大府以整理内政，培养国力，非将全省户口精密调查不为功。爰饬民政厅厘定详细办法及各项章则，以为实施调查之依据，袁厅长丕佑督同所属秘书、科长精心擘画，将全省各属划为十区，民政厅长兼第一区监督。并另设户口调查处总揽其事。各驻在地军政长官兼任各区监督，负督促、考核、指导之责。各属调查户口人员由各市、县长、设治局长以当地之党务、自治团保、公安、学校教职员、高级小学或中学校学生暨地方公正士绅合组调查队，加以训练，分组宣传调查。视程途远近，酌定期限，列表呈报。各区监督则派员视察或抽查审核确定。其调查经费，每县各拨款五百元，设治局各拨款三百元以辅助之。各区监督署薪金、视察抽查员薪金旅费均照预算数由省库支给。并拟定《调查须知》《办理户口调查人员奖惩规则》，及撰拟宣传方法，简明布告，榜之通衢，俾各周知遵办。部署既定，各区同时举行，适旭奉命兼绾民政，请辞未获，本肖规曹随之义，赓续督促进行。因吾滇幅员辽阔，而调查尤期详尽，以致限期届满，多未竣事。审时度势，不能不量予展期。中间查报遗漏、填写错讹、区监督署纠正指导、往返驳诘、视察、抽查尤需时日，历十月之久，各区汇送之表，犹未报齐，乃就已经汇报之调查表，先行遴委专员仿湖南省户口调查统计报告书式样，分门别类，赶制各种统计比较图表，都为四十七项，裒集成书。呈蒙省政府核定，饬财厅拨发款项，交付剞劂，以备呈报国府、分送各官署作各种行政根据。正促早日印就，速观厥成，用慰年余以来严厉督促与各监督精心考核之希望，及各县局在事人员栉风沐雨，黾勉从事之贤劳。乃二竖为虐，久病未起。民政关系綦重，贻误堪虞，爰请辞职，以卸仔肩。厅中同人以全省户口调查，旭负责监督之日为多，兹报告书行将告成，不可无一言以志其事。特将经过一为叙述，弁之简端，俾览此书者，咸知是书所载虽未尽臻翔实，而所耗库帑已达四十余万元之巨。甚望后之从政者严密考查，使全省户口渐有精确之统计。庶将来区、乡、闾邻之编制，与《周礼》比闾族党、《管子》轨里连乡并驾齐驱，焜耀史册，用不负先总理训政敷设以调查全县户口为首要工作之本旨，是则私心之所盼祷者也。

民政厅长丁兆冠序

调查户口，为施行庶政之权舆。时无论古今，地无论中外，其揆一也。唐、虞、夏、商之际，载籍散佚，其户籍法如何规定，无可稽考。然以封建之邦，行井田之制，八家有井，一夫有田，余夫则有二十五亩，当时户籍丁口之详明，了然如指诸掌，利可推想而知。《周礼》一书于百揆职掌，记载綦详，考查人口之法，粲然大备。后世一切举措，大都不出其所范围。《管子》作内政寄军令，而齐国遂强。不过举《周礼》成法因革而损益之，其以人口数目为敷设政令之根据，仍古意也。秦汉以降，管理户籍之制度虽未若成周之完密，然田有赋、丁有条，与欧美各国之人头税名异而实则同。既就丁而征条，则人口增减自有精密之考查，迨无疑义。唐之中叶改行一条鞭制，并人丁之担负而统之田赋，宋、元、明、清因沿未改，全国人口之统计遂未若古代之精确矣。训政开始，以调查户口为初步工作，内政部既制订调查表式颁行各省县，按年填报。本省鉴于国难日亟，整理内政应从精密调查户口入手，于是筹拨巨帑，举行全省户口总调查。袁前厅长丕佑草拟各种规章办法厉行于前，朱前厅长旭奉命继任，按照原订计划督促于后，竭数千人之精力，历十一月之时期，耗四十余万之库帑，始将各县、各设治局户口一律调查完竣，列表汇送。复由厅遴委熟悉统计、精研图表人员，分制各种表式及绘具比较图说，汇集一帙，额曰：《云南全省户口调查统计报告书》，呈奉省府核准交财政厅印刷局照印，以备一切行政之参考。印制未竣，而朱前厅长因病辞职，兆冠猥蒙政府垂诿，再长民政，适报书行将告成，司其事者索序于余。惟云南全省人口素称一千七百万，今统计总数仅只一千一百七十余万，与平日所称总数互相比较只合十之七八，岂平昔所称总数得之传说未足征信欤？抑由民智锢蔽，多有隐匿，虽经严密调查，仍有不尽精确之处欤？今后唯有督促各属，认真办理人事登记，并俟各属自治一律完成后再妥筹办法，饬各乡镇自行查填所属户口，由县汇报综核，以作统计之标准。数年以后或能有较精确之希望乎，是则私心所期许而切盼者也。是为序。

云南省各属户口统计表（一）

（民国八年政务厅汇编）

县别	户数	男丁数	女口数	丁口合计
昆明市	31,838	86,162	77,170	162,332
富民县	5,625	14,108	12,334	26,442
晋宁县	6,525	17,909	16,114	34,023
呈贡县	11,691	29,222	27,031	56,253
宜良县	13,303	36,141	33,917	70,058
易门县	8,918	23,470	18,136	41,606
安宁县	10,259	29,972	27,005	56,977
禄劝县	7,384	21,109	19,399	40,508
罗次县	7,691	21,537	19,117	40,654
嵩明县	18,299	50,944	50,257	101,201
昆阳县	10,857	50,501	27,408	57,909
武定县	20,310	49,572	43,629	93,201
元谋县	7,418	18,606	18,448	37,054
禄劝县	24,802	62,865	61,981	124,846
澄江县	9,920	24,858	22,300	47,158
玉溪县	24,366	67,721	60,753	128,474
江川县	11,575	31,114	28,039	59,153
路南县	17,585	46,488	40,234	86,722
曲靖县	22,911	62,970	56,061	119,031
沾益县	25,036	68,399	53,793	122,192
陆良县	27,096	73,515	64,355	137,870
罗平县	27,893	72,927	63,005	135,972
寻甸县	26,916	71,961	63,885	135,846
宣威县	56,332	193,591	146,194	339,785

（续表）

县别	户数	男丁数	女口数	丁口合计
马龙县	8,457	25,587	21,851	47,438
平彝县	33,616	91,411	77,189	168,600
会泽县	43,226	109,149	95,345	204,497
巧家县	30,790	80,690	71,403	152,093
昭通县	33,502	75,320	70,113	145,432
大关县	21,246	48,228	48,123	96,351
永善县	16,840	36,584	39,671	76,255
绥江县	17,433	47,324	38,259	85,583
鲁甸县	2,015	24,320	21,036	45,356
镇雄县	51,814	122,357	113,513	235,870
彝良县	26,766	94,219	51,095	145,314
楚雄县	1,946	55,475	50,314	105,789
广通县	7,611	19,882	18,834	38,716
摩刍县	9,802	28,602	23,558	52,160
牟定县	13,521	39,040	36,311	75,351
盐兴县	4,540	11,987	11,793	23,780
盐津县	15,546	38,597	31,709	70,306
威信行政委员	8,966	20,393	18,655	39,048
蒙自县	14,922	41,515	39,938	81,453
个旧县	8,893	33,965	25,234	59,199
建水县	44,760	137,630	134,550	272,180
河西县	10,559	32,496	30,693	63,191
峨峨县	12,689	31,007	28,749	59,756
石屏县	28,548	78,189	71,667	149,856
通海县	11,422	38,930	38,247	77,177

（续表）

县别	户数	男丁数	女口数	丁口合计
阿迷县	16,184	41,315	38,925	80,240
文山县	34,253	812,101	78,547	161,648
马关县	17,931	45,246	39,594	84,840
广南县	47,667	117,486	109,747	227,233
富州县	14,635	31,300	26,409	57,709
泸西县	20,199	59,302	52,024	111,326
师宗县	12,599	31,602	24,406	56,008
弥勒县	19,139	49,936	47,870	97,800
丘北县	14,324	37,148	39,335	76,483
黎县	14,186	42,350	39,878	82,228
曲溪县	8,803	34,031	24,234	68,265
西畴县	19,656	56,864	55,963	112,827
金河行政委员	4,301	8,802	9,494	18,296
靖边行政委员	10,315	26,770	22,765	49,535
勐丁行政委员	15,426	29,635	36,547	66,182
宁洱县	10,983	29,526	27,019	56,545
思茅县	4,912	11,402	10,667	22,069
景谷县	13,324	28,115	30,103	58,218
墨江县	16,649	39,925	37,896	77,821
元江县	10,863	21,769	21,742	43,511
新平县	16,463	35,315	32,652	67,967
澜沧县	35,454	77,255	70,447	147,702
镇沅县	9,057	22,044	19,840	41,884
景东县	122,137	109,048	91,845	200,893

（续表）

县别	户数	男丁数	女口数	丁口合计
缅宁县	13,971	30,746	34,985	71,731
勐烈行政委员	4,912	12,620	10,917	21,537
普思沿边行政总局	37,844	83,022	80,154	163,177
腾冲县	29,803	81,389	79,986	161,375
龙陵县	11,590	32,136	29,265	61,401
保山县	53,272	156,856	143,722	300,578
大理县	11,243	40,725	38,962	79,687
顺宁县	32,194	86,158	79,233	105,391
镇康县	12,368	39,656	32,673	72,329
永平县	7,463	19,712	19,031	38,743
祥云县	8,987	40,042	36,321	76,363
洱源县	8,186	27,391	26,985	54,376
邓川县	5,843	17,898	15,956	33,854
云龙县	11,133	28,564	24,369	52,933
凤仪县	6,885	22,395	21,097	43,492
云县	24,808	64,878	62,937	127,815
漾濞县	5,825	14,523	13,210	27,733
姚安县	15,980	41,756	41,202	82,958
华坪县	22,188	56,534	42,417	98,951
蒙化县	24,101	67,792	59,465	127,257
弥渡县	10,431	28,691	32,211	60,902
鹤庆县	10,012	32,137	27,692	59,829
剑川县	8,803	27,965	27,123	55,088
中甸县	5,625	12,517	12,233	24,750

（续表）

县别	户数	男丁数	女口数	丁口合计
丽江县	19,439	52,760	49,556	102,316
维西县	9,818	25,146	24,321	49,467
兰坪县	10,012	35,421	27,212	62,633
大姚县	19,896	28,793	22,365	51,158
盐丰县	10,899	27,131	26,222	53,353
镇南县	12,698	44,895	41,262	86,157
永北县	16,538	58,443	51,772	110,215
宾川县	9,641	45,156	44,372	89,528
干崖行政委员	6,863	10,883	9,888	20,751
盏达行政委员	3,583	9,012	7,976	16,988
陇川行政委员	3,276	3,698	5,266	8,964
勐卯行政委员	3,131	6,238	5,339	11,577
芒遮板行政委员	2,345	4,682	5,139	9,821
泸水行政委员	3,986	11,312	9,876	21,188
阿敦行政委员	986	2,463	2,587	5,050
上帕行政委员	3,873	6,126	4,689	10,815
知子罗行政委员	1,779	3,725	3,201	6,926
苴却行政委员	10,683	48,310	46,224	94,534
井桧行政委员	10,322	19,968	19,398	39,366
麻栗坡对汛督办	17,194	40,226	35,959	76,185
省会	24,879	59,942	52,100	112,042
总计	1,702,599	5,252,328	4,743,214	9,995,542

谨案：本届户口调查内有麻栗坡一属，系因该处于民国七年呈准作为特别区，据其直接查报；又省会一处系由省会警察厅就所管警区查报，不在昆明县查报之内，故一并列入。

云南省各属户口统计表（二）

（民国十三年内务司汇编）

县别	户数	男丁数	女口数	丁口合计
昆明县	56,869	149,735	131,300	281,035
富民县	6,002	15,922	14,188	30,110
晋宁县	6,433	17,759	15,763	33,522
呈贡县	11,695	28,652	28,348	57,000
宜良县	14,716	43,363	40,790	84,153
易门县	8,444	25,301	20,206	45,507
安宁县	10,452	30,723	27,555	58,278
禄丰县	7,499	21,029	19,605	40,631
罗次县	7,177	19,757	18,018	37,775
嵩明县	17,367	54,266	53,688	107,954
昆阳县	10,457	29,148	26,729	55,877
武定县	29,450	56,034	61,175	117,209
元谋县	7,170	17,636	17,423	35,059
禄劝县	25,566	64,950	63,880	128,830
澄江县	11,488	27,079	24,111	51,190
玉溪县	26,064	67,927	67,854	135,781
江川县	9,088	21,979	21,054	43,033
路南县	17,703	47,385	41,949	89,334
曲靖县	23,173	58,777	56,881	115,658
沾益县	25,036	72,397	57,792	130,189
陆良县	27,147	74,238	65,096	139,334
罗平县	27,828	73,573	65,148	138,721
寻甸县	28,118	75,995	66,585	142,580

（续表）

县别	户数	男丁数	女口数	丁口合计
宣威县	54,058	172,496	151,412	323,908
马龙县	9,163	22,779	19,850	42,629
平彝县	33,616	94,554	80,938	175,492
会泽县	51,812	126,823	115,474	242,297
巧家县	37,619	100,080	80,536	180,616
昭通县	35,824	78,975	71,593	150,568
大关县	24,259	65,224	65,295	130,519
永善县	32,361	63,889	63,282	127,171
绥江县	16,268	64,050	54,910	118,960
鲁甸县	10,439	61,035	50,593	111,628
镇雄县	48,879	157,939	160,244	318,183
彝良县	28,166	124,532	65,731	190,263
楚雄县	21,615	63,327	60,411	123,738
广通县	7,614	20,405	19,216	39,621
摩刍县	12,235	35,920	30,385	66,305
牟定县	13,619	40,325	36,908	77,233
盐兴县	6,405	16,339	14,578	30,917
盐津县	14,898	50,223	51,162	101,385
威信行政委员	10,512	32,082	29,489	61,571
蒙自县	16,020	47,601	46,881	91,482
个旧县	10,669	39,763	29,198	68,961
建水县	44,271	134,108	125,267	259,375
河西县	18,911	29,275	23,885	53,160
峨峨县	12,748	31,106	28,841	59,947

（续表）

县别	户数	男丁数	女口数	丁口合计
石屏县	28,666	113,707	101,992	215,699
通海县	12,113	40,241	39,881	80,122
阿迷县	15,211	44,427	39,203	83,630
文山县	38,149	128,944	124,588	253,532
马关县	19,726	49,804	44,102	93,906
广南县	71,671	155,465	145,958	301,423
富州县	19,754	47,935	35,431	83,366
泸西县	24,064	59,819	53,493	113,312
师宗县	12,973	30,435	25,075	55,510
弥勒县	18,812	48,183	46,223	94,406
丘北县	14,587	37,186	39,391	76,577
黎县	15,001	44,550	41,483	86,033
曲溪县	9,291	35,605	35,588	71,193
西畴县	20,398	59,965	57,681	117,646
金河行政委员	5,219	12,553	12,384	24,937
靖边行政委员	10,332	29,420	25,331	54,751
勐丁行政委员	2,713	4,013	3,971	7,984
宁洱县	11,029	32,336	28,716	61,052
思茅县	4,604	10,839	10,966	21,805
景谷县	23,984	63,582	58,128	121,710
墨江县	17,472	42,531	40,711	83,242
元江县	15,973	36,623	32,477	69,100
新平县	28,179	41,575	38,836	80,411
澜沧县	33,638	68,902	64,889	133,791

（续表）

县别	户数	男丁数	女口数	丁口合计
镇沅县	6,449	13,940	12,977	26,917
景东县	28,640	123,519	93,165	216,684
缅宁县	15,571	41,467	37,668	79,134
勐烈行政委员	4,238	7,551	6,765	14,316
普思沿边行政总局	39,681	84,674	83,716	16,390
腾冲县	31,797	93,128	93,133	186,261
龙陵县	13,630	39,336	36,268	75,604
保山县	60,269	174,154	163,354	337,508
大理县	13,794	43,058	41,599	84,657
顺宁县	37,817	98,077	88,942	187,019
镇康县	14,079	40,784	35,809	76,593
永平县	8,065	21,333	20,967	42,300
祥云县	10,184	44,568	38,362	82,930
洱源县	8,769	31,481	28,564	60,045
邓川县	6,125	19,372	17,629	37,001
云龙县	12,628	33,048	30,330	63,378
凤仪县	7,607	24,196	23,219	47,415
云县	26,025	69,883	65,045	134,928
漾濞县	6,391	15,441	14,330	29,771
姚安县	17,015	43,645	43,678	87,323
华坪县	24,100	60,982	48,233	109,215
蒙化县	25,239	69,895	61,293	131,188
弥渡县	11,111	30,724	34,586	65,310

（续表）

县别	户数	男丁数	女口数	丁口合计
鹤庆县	10,517	33,154	28,385	61,539
剑川县	9,554	28,596	28,151	56,747
中甸县	5,874	12,708	12,766	25,474
丽江县	20,636	58,725	50,471	109,196
维西县	11,309	26,275	25,256	51,631
兰坪县	10,790	37,494	27,933	65,427
大姚县	11,463	36,656	29,764	66,420
盐丰县	11,392	39,123	28,283	67,406
镇南县	14,131	51,627	50,529	102,156
永北县	18,712	60,965	57,124	118,089
宾川县	10,441	47,074	46,257	93,331
干崖行政委员	7,125	11,983	10,758	22,741
盏达行政委员	4,091	9,166	8,738	17,904
陇川行政委员	3,790	3,847	7,824	11,671
勐卯行政委员	3,862	6,325	6,444	12,769
芒遮板行政委员	2,778	5,893	6,429	12,322
泸水行政委员	4,526	12,016	10,711	22,727
阿墩行政委员	1,121	2,577	2,693	5,270
上帕行政委员	4,263	6,427	4,982	11,409
知子罗行政委员	2,130	4,485	3,926	8,411
苴却行政委员	11,399	51,520	48,749	100,269
总计	2,065,807	5,776,007	5,244,600	11,020,607

谨案：本届户口调查，麻栗坡特别区已奉明令由原管之马关县查报。又省会一处，当时初设昆明市镇公所，其区域尚未划分确定，故仍由昆明县调查填报。

云南省户口调查统计表（三）

（民国二十一年民政厅汇编）

县别	户数	男丁数	女口数	丁口合计
昆明市	31,029	76,663	67,037	143,700
昆明县	35,675	92,442	92,110	184,552
富民县	6,971	17,350	16,621	33,971
晋宁县	9,688	24,500	25,477	49,977
呈贡县	16,126	38,794	38,732	77,526
宜良县	22,242	56,946	53,760	110,706
易门县	12,254	31,504	29,533	61,037
安宁县	10,766	31,142	30,423	61,565
禄丰县	7,112	20,902	20,162	41,064
罗次县	9,759	27,599	25,635	53,234
嵩明县	20,513	55,131	51,957	107,088
昆阳县	11,030	32,196	30,890	63,086
武定县	25,696	67,099	62,175	129,274
元谋县	7,759	19,683	19,453	39,136
禄劝县	23,959	64,953	56,832	121,785
澄江县	14,330	35,599	34,790	70,389
玉溪县	28,287	72,809	67,207	140,016
江川县	13,773	32,468	32,747	65,215
路南县	18,099	48,091	44,286	92,377
曲靖县	24,035	58,808	55,169	113,977
沾益县	33,732	81,103	75,259	156,362
陆良县	33,617	93,209	83,933	177,142
罗平县	24,626	64,083	57,055	121,138
寻甸县	29,925	76,942	66,227	143,169

（续表）

县别	户数	男丁数	女口数	丁口合计
宣威县	58,467	171,835	145,743	317,578
马龙县	9,342	24,476	22,503	46,979
平彝县	23,639	64,723	55,540	120,263
会泽县	58,413	150,732	131,427	282,159
巧家县	40,369	96,321	93,762	190,083
昭通县	46,651	104,453	101,747	206,200
大关县	23,284	51,857	48,647	100,504
永善县	34,344	78,429	74,428	152,857
绥江县	16,544	43,979	39,295	83,274
鲁甸县	14,147	34,774	30,142	64,916
镇雄县	59,937	160,927	147,608	308,535
彝良县	35,544	97,438	88,045	185,483
楚雄县	22,824	72,964	70,468	143,432
广通县	8,077	22,057	22,290	44,347
双柏县	13,355	39,435	34,513	73,948
牟定县	17,125	48,923	47,551	96,474
盐兴县	5,192	14,361	13,676	28,037
盐津县	17,798	44,611	38,727	83,338
蒙自县	26,699	66,451	65,136	131,587
个旧县	16,496	65,689	28,091	93,780
建水县	44,150	95,890	102,275	198,165
河西县	15,692	24,532	37,070	71,602
峨山县	13,650	30,405	28,718	59,123
石屏县	32,218	78,943	77,026	155,969
通海县	16,466	33,500	38,882	72,382

（续表）

县别	户数	男丁数	女口数	丁口合计
开远县	19,636	47,641	48,407	96,048
文山县	37,833	93,160	88,071	181,231
马关县	37,197	100,074	97,300	197,374
广南县	51,486	128,505	116,374	244,879
富州县	17,654	45,547	43,033	88,580
泸西县	29,919	78,332	74,281	152,613
师宗县	9,970	25,950	23,365	49,315
弥勒县	24,038	58,240	55,678	113,918
丘北县	13,412	32,859	32,180	65,039
华宁县	20,792	47,826	49,380	97,206
西畴县	27,429	84,612	82,468	167,080
曲溪县	6,330	16,884	16,829	33,713
宁洱县	14,044	35,607	34,863	70,476
景谷县	17,904	48,470	39,376	87,846
墨江县	24,961	59,721	58,593	118,314
思茅县	5,573	12,111	12,113	24,224
元江县	18,319	39,939	36,063	76,002
新平县	12,775	28,313	25,684	53,997
澜沧县	37,468	77,564	78,661	156,225
镇沅县	11,038	31,074	27,582	58,656
景东县	32,074	95,237	84,573	179,810
缅宁县	16,809	46,906	45,416	92,322
江城县	5,759	12,238	13,050	25,288
双江县	11,466	27,541	26,791	54,332
车里县	7,559	20,620	20,539	41,159

（续表）

县别	户数	男丁数	女口数	丁口合计
五福县	7,166	12,981	12,127	25,108
佛海县	5,513	11,493	10,821	22,314
镇越县	5,150	8,855	8,749	17,604
六顺县	6,634	15,487	15,751	31,238
腾冲县	52,596	151,792	139,557	291,349
龙陵县	18,725	51,148	46,908	98,056
保山县	67,045	191,621	180,112	371,733
大理县	16,192	47,141	47,417	92,558
顺宁县	42,612	113,492	102,131	215,623
镇康县	23,823	63,521	62,846	126,367
永平县	7,596	23,101	21,302	44,403
祥云县	21,067	61,944	59,766	121,710
洱源县	11,297	26,728	27,104	53,832
邓川县	7,157	19,540	20,521	40,061
云龙县	15,214	40,571	38,863	77,434
凤仪县	10,402	30,008	28,626	58,634
云县	22,912	68,009	61,748	129,757
漾濞县	5,039	14,618	13,473	28,091
姚安县	18,099	53,647	51,663	105,310
华坪县	14,414	40,405	39,184	79,589
蒙化县	36,884	98,551	94,312	192,863
弥渡县	17,672	55,967	54,020	109,987
鹤庆县	15,309	44,012	42,548	86,560
剑川县	13,501	35,008	36,327	71,335
中甸县	6,034	14,578	14,013	28,591

（续表）

县别	户数	男丁数	女口数	丁口合计
丽江县	28,375	68,216	64,366	132,582
维西县	9,107	23,193	19,435	42,628
兰坪县	12,409	28,410	23,178	51,588
大姚县	14,809	43,126	39,105	82,231
永仁县	15,653	42,645	40,293	82,938
盐丰县	5,995	16,746	15,525	32,271
镇南县	16,712	46,705	43,649	90,354
永北县	22,276	58,940	57,173	116,113
宾川县	18,232	53,573	54,148	107,721
威信设治局	7,616	23,064	20,301	43,305
金河设治局	6,380	15,769	15,457	31,226
靖边设治局	14,769	37,630	35,142	72,772
勐丁设治局	3,352	6,275	5,346	11,621
临江设治局	2,072	4,345	4,540	8,885
干崖设治局	5,475	10,610	10,393	21,003
盏达设治局	5,111	10,680	10,302	20,982
陇川设治局	2,272	4,904	4,059	8,963
勐卯设治局	4,599	10,279	10,811	21,090
芒遮板设治局	7,907	19,757	19,861	39,618
泸水设治局	3,434	7,301	7,797	17,098
阿墩子设治局	1,214	3,315	3,104	6,419
上帕设治局	4,316	8,839	7,641	16,480
知子罗设治局	3,280	7,860	7,096	14,956
菖蒲桶设治局	1,985	4,457	3,876	8,333
总计	2,338,272	6,095,549	5,699,937	11,795,486

户政三

云南省环湖户籍示范区

国立清华大学以抗日之战迁云南，二十七年成立国情普查所，以陈达教授所中事。三十年，内政部创办户籍人员训练班，聘陈君主教。因与部长剑川周钟岳及省政府主席龙云商由内政部、云南省政府及清华大学合作，于环湖举行户籍示范工作，以利户政之推行与学术之研究。行政院了其义，三十年一月遂组实施委员会，而以昆明市、昆明、昆阳、晋宁三县为示范区，聘委员十五人主之。而实任其事则陈达、李景汉、戴世光之力为多，于三月一日开始。

初，工作成立之始也，即按该四市县原有之自治区划，并参酌地理环境及人口分布概况，划分调查区，更设置监察区，分别负责管理所属调查区之责任。其基层工作人员分调查员及登记员，均由当地小学教师担任；另设管理员，由当地保长担任；更于上述各人员之上设分区监察员及全示范区督导员，负监察及督导之责，各照原定计划加紧工作。

各调查员、登记员、管理员，在工作之先，分别加以短期之训练，专重调查及登记之技术。先之以扩大宣传，继之以按户口普查户籍登记人及人事登记，并实施复查与抽查制度。至统计工作采用条纸法，尚少乖误。经费方面，计设计经费七千零五元三毫一厘，调查经费三十四万一千五百零五元三毫八厘，统计经费四万八千七百八十七元三毫五厘，工作报告经费一十一万一千六百二十五元七毫八厘，办公费及特别费共计二万二千零九元一毫八厘，总计经费四十三万零九百四十三元。计自开始工作以来，历时一年，至三十二年六月，初步统计即告完成，计得精细详密之表二十，即四市县之本籍人口统计与通常居住人口统计各四，又四市县本籍家庭统计与通常家庭统计各四，又昆明市县外省寄居家庭表、示范区少数民族家庭表、昆明市县外省寄居人口表、示范区少数寄居人口表各一是也。其本籍人口统计，于性别（男女）、居住别（现住与他住），又各别镇村为之。而以各镇村壮丁人数表、六岁至十二岁男女童就学与未就学人数表、残废人数表、男女年龄分配表、男女教育程度表、男女信仰表、男女行业与职务表附焉。家庭各表又细分为家庭数及人数表、文盲家庭表、农户地权分配表、家长性别与年龄表、家长性别与教育程度表、家族大小分配表、家庭儿童数表、家庭职业人数表诸端，盖为本省有户政以来最为详尽之普查矣。其于学术上之贡献，如与我们各地人口研究比较，则证明昆明市实为人口最多之市镇。又如普通城市之出生比例为8.88%与普通比例14.27%甚近，而昆明市为12.69%，于比例中为最高，其他如年龄分配与英、美、德、法、苏等十五国之百分比，婚姻状况与英、美、印度之百分比，职业人事与英、法等九国之百分比，皆各有大小之殊，足资研究。谓为云南户籍最完善之普查，足以示范，盖无事疑者。其详见实施委员会所编《户籍示范工作报告》《工作》与《副刊》。

综上所述，此次示范工作，能以短期顺利推进，实因事先计划缜密，步骤井然，经费有着，用能大著成效。惟户籍、行政内容琐细，此项示范工作，无非肇如端倪，欲求全省户政之悉合规范，仍赖政府与人民协同努力。本示范区工作所得之经验，发扬改进，以求其基本要政之推行尽利。

举办安全县市户籍

本省自三十二年设置专司户政之机构以来，全省户籍工作，颇能迅速展开。唯因战事延及滇缅边境，西陲各县局沦为敌区，乃将安全县市分为三区推行：第一区为昆明、呈贡、嵩明，安宁等县属，第二区为开远、宣威、大理、镇沅等县属，第三区为边远各属。兹将办理各安全县市户籍事项分述于后：

办理户政需要大批基层干部，此项干部人员，尤需户籍行政上之技术知识。省级之户政人员训练工作，由民政厅会同云南省地方行政干部训练团，令调各县属户籍人员入团受训。先训练之三期，结业学员计二百一十四人，均分发各县服务。然边远县局人才缺乏，受训学员知识水准不齐，素质较差之学员回籍服务，时有不能胜任之处。补救之方，唯有延长其在团受训之期限。特招训第四期学员一班，实施提高素质加长训期，计结业学员二十八人，继又续训一班，计结业学员五十五人。三十四年中再令尚未保送到省受训学员之各县属选送参加受训，计结业学员八十二人，亦均分发各县服务。省级先后共训练六期，总计结业学员三百七十九人，但本省区域辽阔，户籍事务剧繁，训练人员仍恐不敷分配云。

县级之户政人员训服，系遵照部颁训练办法，由各县开办县训所，以省训团结业学员为师资，召调合格人员，施以适当之训练，结业后，分任各乡（镇）保户籍干事，并同时调各保长参加受训，以期协助办理。其无力开办县训所之各属，单独筹办户籍训练班。截至三十四年底止，各县共训练户政人员五千一百七十八人，仍恐对于户籍知识不能深切了解，应用不能裕如，特于民政厅设置户政视察员，以备派往各属考核指导云。

各级户政机构之设置

省级户政机构之设置：本省推行户籍，民厅以原设第三科第四股主办户籍之人员为数不多，办理全省户政及与户政有关之统计图表等事项不足以资应付，实有设科之必要，爰于三十二年一月，将股改扩为科，设科长一人，技正一人，督导员七人（荐任三人，委任四人），主任二人，科员六人至十人，技士四人至七人，助理员二人至四人，见习员二人至五人，录事三人至六人，依本厅序列为第六科，综理全省户政事项，曾将各情层转内政部备案在卷。旋于内部机构调整，于三十二年七月将第三科主管之保甲事项，拨归第六科办理，增设一股，以期工作衔接，并设股长一人（前设之主任一并改为股长），科员六人至八人，继曾奉中央令，技正一职撤销，督导员改为视察员，遂遵令办理，并将前设之技正改委为视察员。

县级户政机构：本省各县属户政机构，市设户籍课，置课长一人，股主任二人，课员七人；区设户籍干事一人（该市因事务殷繁，竟增至三人），雇员（继改为办事员）一人，乡（镇）长兼户籍主任，下设户籍干事一人；保设户籍员（继奉令改为户籍干事）一人。嗣曾奉中央令颁《省市县户政机构充实办法草案》，规定各县政府于民政科或警佐室内设户政股。民厅奉令后，当以“户政股与所设户籍室，虽稍有出入，但现在各县户籍室，甫经成立，加紧工作，如一旦变更，缩小为股，形式上职责不专，于户政之推进，窒碍甚大。拟请暂时保留户籍室，一俟各县户籍登记办理完竣，事务稍简，再改为股，隶属民政科，以期于事有济，于法无碍”等语，呈请省府核准。嗣奉核准，俟户籍登记完成，再为归并，以符建制。于是各县属纷纷成立户籍室，并将应设人员分别设置。唯以保户籍干事，除昆明市各保已设置健全，昆明县各保多由小学教员兼任外，其余多数县属，因经费困难而保户籍干事待遇过薄，无人担任，以故未能一律设置健全也。

户政人员之铨委

民厅拟定《各属户籍室主任请委办法》，呈奉省府核准，通令各县属遵行以后，关于主任一职，系就省训团户政组受训毕业回籍学员中，由县府按其资格及办事能力保委。较优者先委为试充，三月期满，考核成绩，如能胜任愉快，始得检送证明文件，备具履历、相片等，呈候民厅核委。资历稍次者，由县府委为户籍科员，列表呈厅查核备案。各乡（镇）户籍主任，依《户籍法》由乡（镇）长兼任。所增设之乡（镇）户籍干事，必须经县级户政班训练结业后，始得由县府委充。保户籍干事，初拟以保国民学校教员兼任，嗣以户籍事务纷繁，不能兼顾，各县属多以此种情形呈述，乃规定专任，由县府以合格人员委充之。民厅惧各县属保送省训团户政组受训毕业学员回籍后置之闲散，曾通令各县属，责饬应按其办事能力，就户籍室委用，不得散置。并声明办理户政，应以户政组毕业人员委用为原则，以资保障。

规程表册之印发

印发《户籍须知》：户籍既遵中央命令，明定为中心要政，并为一切要政之基础，欲推行尽利，端赖各级人员之深切了解填列书表手续及方法。而本省户政人员，虽经省训团开办户政组，由各属遴员入团受训，以时只二月，所学无多，为便利进行、普及认识起见，爰根据有关法令、规章、表簿，参以所得经验，编成《户籍须知》一种，呈准颁行各市、县属，以资准绳。

修拟补充各单行法规：推行户政应用之各种法规，除中央颁行者外，尚多种无明白规定，有时援用，无所依据。为切合实际需要，曾拟订数种如下：《云南省各属户籍室主任请委办法》《修正云南省各属户政人员奖惩暂行办法》《云南省各属实施户政宣传办法》《云南省各属户籍室办事细则》《云南省各属区乡（镇）户籍干事办事细则》《云南省各属保办事处户籍员（户籍干事）办事简则》《云南省户籍及人事登记声请逾限暂行罚则》《云南省户籍保甲督导员服务规则》。并为督促各属每月工作起见，又拟定表式一种，通令按月呈报民政厅考核。上项单行法规，均经呈转内政部核准通令遵行，并将中央颁行法规及法令解释，汇印成册。又为求各级户政人员明了办理户籍方法手续起见，根据法令，拟定《户政人员手册》及《云南省各属户籍登记书簿整理方法》，一并付印，颁行遵照，以资补充援用。

制发应用之登记申请书簿：办理户籍及人事登记申请书簿，为经常要件，需数过巨，制发经费既无着落，寄发亦感不便，曾由民政厅刊刻木板，每属一套（四块），令发自印使用。唯所需纸张、印刷等费，则仍无着落，办理不免迟滞，乃为之规划筹发纸张费，补助办理。恐户口较多属分，印刷过多，木板模糊不明，另行刊制，每属一套应用。

各属办理户籍

本省办理户籍之进度，原分四期：先就安全县属一百一十三属进行，已详上述。只以户籍系属创举，而本省人民知识水准不齐，又值抗战军事紧张，征调频繁，遂不能如原定期限完成。因一面赶速督促，文电交驰，又责饬政务督导员，切实督导；一面展期办理，截至现在止，除永善一县尚未具报外，其余各属已先后呈报设籍统计表到厅。就中有云龙、中甸、景谷、罗平等四县数字错误发还更正，尚未具复，爰先就符合之一百零四属（其中有环湖户籍示范区之昆明市、县、昆阳、晋宁四属已另案先期由厅将统计表发呈报内政部），由民厅填具统计表呈报内政部在案。其发还更正之四属，俟呈复齐全，另案一并统计具报。

附：云南全省户口总数简明统计

云南全省户口总数统计如下：环湖户籍示范区总计十万三千五百八十一户，四十九万一千九百三十五人，其中男二十四万一千二百五十一丁，女二十五万六百八十四口。准汇一百县属总计一百四十三万四千七百二十六户，七百六十万四千四百七十四人，其中男三百八十一万三千九百三十二丁，女三百七十九万零五百四十二口。发还及未报县属总计一十六万八千八百二十二户，八十六万三千五百九十八人，其中男四十二万八千七百八十五丁，女四十三万四千八百一十三口，各设治局总计六万八千二百六十五户，二十七万六千九百三十二人，其中男一十四万一千五百零二丁，女一十三万五千四百三十口。总计一百七十七万五千三百九十三户，九百二十三万六千九百三十九人，其中男四百六十二万五千四百七十丁，女四百六十一万一千四百六十九口。

（一）上列数字为欲明了全省户口总计起见，特于正式统计表外，另列此数，以资参考。

（二）环湖示范区户口分类详数，前经本厅专案具报，兹再附刊总数参考。

（三）准汇之一百县属户口，系根据本厅核准备案各县所报户口统计表汇出之数计算，其分类详数已专案具报。

（四）发还及未报属分，因呈报不符或因沦陷后于近期克复，致未能根据各该发还及未报属分之户口数计算，兹为欲明了各该属户口约数，暂照二十九年保甲户口计算。

（五）各设治局当时计划，一律自三十四年起推行户籍，兹为欲明了各该设治局（共十六区）之户约数起见，暂照二十九年保甲户口计算。

又全省户口总数之统计如下：全省共有一百七十七万五千三百九十三户，九百二十三万六千九百三十九人，其中男四百六十三万五千四百七十丁，女四百六十一万一千四百六十九口。市县之分别统计为：昆明市总计四万二千四百二十六户，二十二万五千四百二十四人，其中男一十一万一千七百八十八丁，女一十一万三千六百三十六口；全省一百三十县属（局）总计一百七十三万二千九百六十八户，九百零一万一千五百一十五人，其中男四百五十一万三千六百八十二丁，女四百四十九万七千八百三十三口。

昆明市所列户口数字系本、寄籍之合计，该市另有暂寄户口数字如下：三千四百一十四户，男一万六千一百三十一丁；女一万三千九百零七口，共计三万零三十八人。此项数字未列入该市栏内，特注。

分区督导制度之设立

户籍工作既分期推进，诚恐各属因循贻误，未能依期完成，爰照本厅第六科编制，设置督导员七人。全省推行户政一百一十三属，划为七区，每区设督导员一人，分赴各属巡回督导。其督导日期，原拟定为五个月，由三十二年七月起至十一月底，分期责成督导各属，依期办理户籍及人事登记统计暨考查各属治理户籍成绩，分别呈报，以资推进。其《督导员服务规程》，亦经拟定呈准在案。嗣民厅以其职掌内不仅户政一项，为统筹兼顾，曾拟定《综合督导办法》另案设置督导员，以备分派各县属督导一切要政，将户政附带督导。于是第六科所设督导员，即未派遣。追综合督导员督导结束，将户籍部分事项列表呈报到厅，经分别考核计分，汇入整个考核案办理。但此次所设综合督导员非专业性质，对于户籍不能专心一志从事督导，收效不强。继因第六科所设之督导员奉中央令改为视察员，已如上述。民厅一面呈请发给视察员旅费，以便实行派遣，旋奉中央令，准由本省新兴事业费项下拨给国币二百五十万元，俟领获即行遣派，分头出发。

户政经费之筹集

省级户政经费：三十一年度，民政厅预算之内，原列编整保甲户口月支经费国币七万元（已略述于下保甲编），因移缓就急，呈奉核准自三十二年度一月起，移作省级户政经、临各费，继照案全年加为一百零九万二千元。三十四年，物价飞涨，因感不敷应用，呈请加赆，未邀核准。

县级户政经费：各县属户改机构设置后，虽列科目饬各属编列预算，结果经财政厅核准者无几。各属佥以经费困难为词，经本厅商准财政厅，按月补助各县，列入县预算内开支，计一等县（对汛督办同）月支国币二千三百九十元，二等县月支一千八百九十元，三等县月支一千三百九十元，此不过为户籍室之经费而已。至各乡镇之户籍干事，各保户籍员（继奉令改为户籍干事），薪金、公费等尚无着落，以致推行常感窒碍，民厅乃先将各属户籍开办所需书簿、纸张费，呈准省府拨领经费。全省以户计算，每户发国币二元应用，严禁向民间摊派，以杜苛扰。时物价仍继续飞涨，几有不可终日之势，各属户政人员不安于职，纷纷吁诉，民政厅乃与财厅往返商榷，于编拟三十四年度各县属户政经费预算时加以调整。对于书簿等费，照中央规定，以人计算：初办属分，每人以八元四角计；续办属分，每人以二元计。准保户籍干事待遇，财厅未照民厅所拟计划通过，既无公粮而薪金又为数极微，办理颇感困难。总共全省全年各属户政经、临各费，编拟为国币七千九百八十三万二千八百零五元（虽数目如是之多，而以生活情形论，仍属不敷应用。）以半数三千九百一十六万四千零二元，请照兰州会议成案，出中央补助，半数由本省自筹。一面会财政厅衔通令各县属遵照，列入三十四年度经费预算列支。转奉行政院指令，以呈请补助半数，饬由最近增拨本省三十四年度分配营业税国币千七百六十六万三千零八十元统筹匀配，当由民厅函财厅。函复云："中央增拨之营业税，系照案应行配发各县之款，现奉令饬由增拨本省三十四年度分配营业税内，以百分之五十划补，乃系以分配县地方之款，指作拨补地方办理，似失请求补助之意，不啻全数饬由地方负担。盖该项税款，系应行分配国税之一种。中央照案逐年分配，即不因户政需要请求补助，仍应分配，且历年增拨之款，虽由厅配给各属，列入预算，实际上则中央竟未拨汇，应请主持呈请内政部另拨专款接济，乃能推动。如指此营业税款，不惟经年累月未汇，即令明年度汇到，只能列入明年度预算开支，安能与之办理今年度之户政？"民厅亦筹划办理，呈请另拨专款。

继续推行克复区户籍

上述本省推行安全市县一百一十三属户籍大体就绪后，适从前沦陷敌手之腾冲、龙陵两县及各设治区相继克复，以户籍为国家要政，乃于三十四年一月起，连同编整保甲之各设治区，计十八属，开始推行，将有关章则颁行各属，并饬保送学员到省受训。一面由省委派户籍室主任前往筹备一切，如道途较远属分，暂以民政科长兼代户籍室主任，督促推行。以三十四年一至三月为筹备期，四至六月为办理设籍登记统计具报期。只以上述属分，或以甫经克复，地方秩序尚未恢复；或因地居边远，人民种族复杂，文化水准不齐，种种特殊情形，以故不能如期完成，刻正督饬办理中。

滇黔户政督导会议

三十四年初，内政部通令：推行户政为重要中心工作。迭奉委员长手令，加强督导，并限期完成，特分期举行户政督导会议，由部政务次长张维翰前往主持，并派户政司科长周中一、视察张仓荣等前来会同民政厅长办理。旋张等即乘机飞滇，遂由民政厅会同筹办，并电召昆明市、县及附省之宜良、昆阳、晋宁、呈贡、富民、安宁、嵩明、玉溪等市县长暨省会警察局长，以次户政人员分别出席参加。同时预备书面报告，以便提出研议讨论。初黔省民政厅长、贵阳市长亦在被召之列，曾由张次长电召。

追黔民政厅长谭克敏、贵阳市长何辑五，及随从户政人员到达昆明，于三十四年三月一日，在民政厅礼堂内，先行滇黔区户政督导会议开幕典礼，即日午后三时开始，会议至翌日午后五时闭幕，计议决三十二案。三月五日并由张次长在省党部召开户政督导宣传大会，宣达委座重视户政意旨。六日由民厅指派员会同督导团之周中一、张仓荣，前往昆明市、县、晋宁、昆阳、呈贡、玉溪、宜良、路南、安宁、禄丰等属督导抽查，实施考核，约半月蒇事，户政督导会议，于是告一结束。

户政工作检讨

户籍行政经纬万端，本省自推行以来，不遗余力。惟事属创举，其最感困难不易克服之问题，就民厅办理经验及据各属文报，撮其含有普遍性者，厥为“经费不敷”“干部人员不敷”“县行政官吏不重视户政”“人民不明户政要义”“种族复杂、言语不通”“交通梗阻、通讯困难”，兹分述如下：

一曰经费不敷：查本省省级户政经费，全年为国币八十四万，继照案加为一百零九万二千元，已详上述，以之支发主管科人员薪工、杂费外，其宣传、视察、印刷、旅费等项，实属不敷应用，爰由厅一再向中央吁请，三十四年中，始蒙饬省府发给国币二百五十万元为视察员旅费。然视察员为经常设置人员，必须常川分派赴各属巡回视察，不断工作，将来能否按年发给补助，殊难逆料。又省级保甲经费自拨作户籍经费后，即无的款，办理保甲人员薪俸，概由户政经费内开支，更属支绌。至县级户政经费，虽经民厅会同财厅编拟三十四年度经费预算，年支国币七千九百八十余万元，以半数由本省自筹，半数请中央补助。而此事结果照财厅函述：中央指拨之营业税，系应行分配国税之一种，中央照案逐年分配，即不因户政需要请求补助，仍应分配。是补助之款，仍嫌空洞无着。财厅主张仍请民厅再呈中央另拨专款，惟将来能否邀准，尚难推测也。

二曰干部人员不敷：户籍系为新兴要政，干部人选，必须专材，始能应付裕如。本省省县两级户政干部人员，虽迭经训练，已有成数，但与之分配服务，仍嫌不敷，加以户政人员待遇清苦，纷纷辞职，有志青年多望而却步，因是干部水准，不易提高，训练人数，难达原定计划，而边远县属，又因瘴毒流行，地方既无人才派遣，所派亦多逃亡，此亦干部人员不敷之当前严重问题也。

三曰县行政官吏不重视户政：当推行户政工作紧张之际，正军务倥偬之时，要政之繁，如征兵、征工、征粮等，县长疲于奔命，应接不暇，对于户政，少有余力顾及。况推行户籍，办理既属不易，表簿繁多，手续庞杂，地方官吏往往视为畏途，希图敷衍塞责。即以本省办理设籍登记，文电交弛，一再展限，犹未达到圆满目的。又就县长考绩比率而论，兵役粮政，已占百分之七十，其他民财建教等项，仅占百分之三十。而户政之考绩，则因记分过微不足以示奖惩，故地方官吏，每不重视，因之，推行效率上大受影响。

四曰人民不明户政要义：战时人民负担过重，一般多不明户籍要义。本省因种族复杂，种种关系，教育尚未普及，人民知识水准较低，边地人民多数不识文字，即乡镇保甲长中，亦多目不识丁者，对于户政虽多方宣传，仍感认识不够，奉行无由，每每以讹传讹，规避隐匿。

五曰种族复杂，言语不通：本省民族复杂，数至百余，言语分歧，莫衷一是，调查户口，尤为阻格。尚有边地夷胞，风犹太古，姓氏统一，每多雷同，登记多感混淆，分别至为不易。

六曰交通梗阻，通讯困难：本省交通不便，多数县属无电讯设备，文报往来，动延时日，故设籍壁记之未能如期完成，亦为主因之一。

上述六种困难，情形如此，而户籍为国家要政，不能因噎废食，爰由民厅请求上峰以图改进。兹将请求事项列举于下：（一）请予增加省、县两级户政经费；（二）请提前修正户籍法，简化登记手续，俾易办理；（三）请教育部制定特种方案，强迫实施国民教育；（四）请修正县长考绩办法，增加户口考核分数；（五）提高户政人员待遇，请援技术员薪级例支给；（六）请核定县级户政训练经费，以扩大训练；（七）请由教育部将户籍要义编入小学课程，以增进户籍常识；（八）请将各级户政人员一律缓役，以利推进。以上八项请求，关于第六项请求核定训练费，适逢内政部颁行《修正各省、市户政干部人员训练办法》，按该办法第九条载："训练经费，应列入省、市、县训练经费内，由省、市、县训练机关统筹支配。"旋由省训团拟具预算，迳请核示。又第八项请求缓役，经后奉军政部令开："查兵役法，户籍人员无缓役之规定。惟该项办理户籍之公务员，关于各机关委任以下经铨叙合格者，如其特别得力，为该机关必不可少者，准由主管长官证明，得予缓召，但不得超过该机关委任员额总数百分之十"云。其余各项请求，尚无切实复示也。

户政四

云南省各属户口民国八年统计表

（政务厅汇编）

县别	户数	男丁数	女口数	丁口合计
昆明县	31,838	86,162	77,170	163,332
富民县	5,625	14,108	12,334	26,442
晋宁县	6,525	17,909	16,114	34,023
呈贡县	11,691	29,222	27,031	56,253
宜良县	13,303	36,141	33,917	70,058
易门县	8,918	23,470	18,136	41,606

（续表）

县别	户数	男丁数	女口数	丁口合计
安宁县	10,259	29,972	27,005	56,977
禄丰县	7,384	21,109	19,399	40,508
罗次县	7,691	21,537	19,117	40,654
嵩明县	18,299	50,944	50,257	101,201
昆阳县	10,857	50,501	27,408	57,909
武定县	30,310	49,572	43,629	93,201
元谋县	7,418	18,606	18,448	37,054
禄劝县	24,802	62,865	61,981	124,846
澄江县	9,920	24,858	22,300	47,158
玉溪县	24,366	67,721	60,753	128,474
江川县	11,575	31,114	28,039	59,153
路南县	17,585	46,488	40,234	86,722
曲靖县	22,911	62,970	56,061	11,903
沾益县	25,036	68,399	53,793	122,192
陆良县	27,096	73,515	64,355	137,870
罗平县	27,893	72,927	63,005	135,972
寻甸县	26,918	71,961	63,885	135,810
宣威县	56,332	193,591	146,194	339,785
马龙县	8,457	25,587	21,851	47,438
平彝县	33,616	91,411	77,189	168,600
会泽县	43,226	109,149	95,345	204,497
巧家县	30,790	80,690	71,403	152,093
昭通县	33,502	75,320	70,113	145,432

（续表）

县别	户数	男丁数	女口数	丁口合计
大关县	21,240	48,228	48,123	96,351
永善县	16,840	36,584	39,671	76,255
绥江县	17,433	47,324	38,259	85,583
鲁甸县	2,015	24,320	21,036	45,356
镇雄县	51,814	122,357	113,513	235,870
彝良县	26,766	94,219	51,095	145,314
楚雄县	17,946	55,475	50,314	105,789
广通县	7,611	19,882	18,834	38,716
摩刍县	9,802	28,602	23,558	52,160
牟定县	13,524	39,040	36,311	75,351
盐兴县	5,540	11,987	11,793	23,780
盐津县	15,546	38,597	31,709	70,306
威信行政委员	8,966	20,393	18,655	39,048
蒙自县	14,922	41,515	39,938	81,453
个旧县	8,893	33,965	25,234	59,199
建水县	44,760	137,630	134,550	272,180
河西县	10,559	32,498	30,693	63,191
嶍峨县	12,689	31,007	28,749	59,750
石屏县	28,548	78,189	71,667	149,856
通海县	11,422	38,930	38,247	77,177
阿迷县	16,184	41,315	38,925	80,240
文山县	34,253	83,101	78,547	161,648
马关县	17,931	45,246	39,594	84,840

（续表）

县别	户数	男丁数	女口数	丁口合计
广南县	47,667	117,486	109,747	227,233
富州县	14,635	31,300	26,409	57,709
泸西县	20,199	59,302	52,024	111,326
师宗县	12,599	31,602	24,406	56,008
弥勒县	19,139	49,936	47,870	97,806
丘北县	14,324	37,148	39,335	76,483
黎县	14,186	42,350	39,878	82,228
曲溪县	8,863	34,031	34,234	68,265
西畴县	19,656	56,864	55,963	112,827
金河行政委员	4,301	8,802	9,494	18,296
靖边行政委员	10,315	26,770	22,765	49,535
勐丁行政委员	15,426	29,635	36,547	66,182
宁洱县	10,983	29,526	27,019	56,545
思茅县	4,912	11,402	10,667	22,069
景谷县	13,324	28,115	30,103	58,218
墨江县	16,649	39,925	37,896	77,821
元江县	10,863	21,769	21,742	43,511
新平县	16,463	35,315	32,652	67,967
澜沧县	35,454	77,255	70,447	147,702
镇沅县	9,057	22,044	19,840	41,884
景东县	32,137	109,048	91,845	200,893
缅宁县	13,971	36,746	34,985	71,731
勐烈行政委员	4,912	12,620	10,917	21,537

（续表）

县别	户数	男丁数	女口数	丁口合计
普思沿边行政总局	37,844	83,023	80,154	163,177
腾冲县	29,803	81,389	79,986	161,375
龙陵县	11,590	32,136	29,265	61,401
保山县	53,272	156,856	143,722	300,578
大理县	11,243	40,725	38,962	79,687
顺宁县	32,194	86,158	79,233	165,391
镇康县	12,368	39,656	32,673	72,329
永平县	7,463	19,712	19,031	38,743
祥云县	8,987	40,042	36,321	76,363
洱源县	8,186	27,391	26,985	54,376
邓川县	5,843	17,898	15,956	33,854
云龙县	11,133	28,564	24,369	52,933
凤仪县	6,885	22,395	21,097	43,492
云县	24,808	64,878	62,937	127,815
漾濞县	5,825	14,523	13,210	27,733
姚安县	15,980	41,756	41,202	82,958
华坪县	22,188	56,534	42,417	98,951
蒙化县	24,101	67,792	59,465	127,257
弥渡县	10,431	28,691	32,211	60,902
鹤庆县	10,012	32,137	27,692	59,829
剑川县	8,803	27,965	27,123	55,088
中甸县	5,625	12,517	12,233	24,750
丽江县	19,439	52,760	49,556	102,316

（续表）

县别	户数	男丁数	女口数	丁口合计
维西县	9,818	25,146	24,321	49,467
兰坪县	10,012	35,421	27,212	62,633
大姚县	19,896	28,793	22,365	51,158
盐丰县	10,899	21,131	26,222	53,353
镇南县	12,698	44,895	41,262	86,157
永北县	16,538	58,443	51,772	110,215
宾川县	9,641	45,156	44,372	89,528
干崖行政委员	6,863	10,883	9,868	20,751
盏达行政委员	3,583	9,012	7,976	16,988
陇川行政委员	3,276	3,698	5,266	8,964
勐卯行政委员	3,131	6,238	5,339	11,577
芒遮板行政委员	2,345	4,682	5,139	9,821
泸水行政委员	3,986	11,312	9,876	21,188
阿墩行政委员	986	2,463	2,587	5,050
上帕行政委员	3,873	6,126	4,689	10,815
知子罗行政委员	1,779	3,725	3,201	6,926
苴刧行政委员	10,683	48,310	46,224	94,534
井桧行政委员	10,322	19,968	19,398	39,366
麻栗坡对汛督办	17,194	40,226	35,959	76,185
省会	24,879	59,942	52,100	112,042
总计	1,702,599	5,252,328	4,743,214	9,995,542

案：本届户口调查内有麻栗坡一属，系因该处于民国七年呈准作为特别区，据其直接查报。又省会一处，系由省会警察厅就所管警区查报，不在昆明县查报之内，故一并列入。

云南省各属户口民国十三年统计表

（内务司汇编）

县别	户数	男丁数	女口数	丁口合计
昆明县	56,869	149,735	131,300	281,035
富民县	6,002	15,922	14,188	30,110
晋宁县	6,433	17,759	15,763	33,522
呈贡县	11,695	28,652	28,348	57,000
宜良县	14,718	43,363	40,790	84,153
易门县	8,444	25,301	20,206	45,507
安宁县	10,452	30,723	27,555	58,278
禄丰县	7,499	21,029	19,605	40,634
罗次县	7,177	19,752	18,018	37,775
嵩明县	17,367	54,266	53,688	107,954
昆阳县	10,457	29,148	26,729	55,877
武定县	29,450	56,034	61,175	117,209
元谋县	7,170	17,636	17,423	977,089
禄劝县	25,566	64,950	63,880	128,830
澄江县	11,488	27,079	24,111	51,190
玉溪县	26,064	67,927	67,854	135,781
江川县	9,088	21,979	21,054	43,033
路南县	17,703	47,385	41,949	89,334
曲靖县	23,173	58,777	56,881	115,658
沾益县	25,036	72,397	57,792	130,189
陆良县	27,147	74,238	65,096	139,334
罗平县	27,828	73,573	65,148	138,721
寻甸县	28,118	75,995	66,585	142,580

（续表）

县别	户数	男丁数	女口数	丁口合计
宣威县	54,058	172,496	151,412	323,908
马龙县	9,163	22,779	19,850	42,629
平彝县	33,616	94,554	80,938	175,492
会泽县	51,812	126,823	115,474	242,297
巧家县	37,619	100,080	80,536	180,616
昭通县	35,824	78,975	71,593	150,568
大关县	24,259	65,224	65,295	130,519
永善县	32,361	63,889	63,282	127,171
绥江县	16,268	64,050	54,910	118,960
鲁甸县	10,439	61,035	50,593	111,628
镇雄县	48,879	157,939	160,244	338,183
彝良县	28,166	124,532	65,731	190,263
楚雄县	21,615	63,327	60,411	123,738
广通县	7,614	20,405	19,216	39,621
摩刍县	12,235	35,920	30,385	66,305
牟定县	13,619	40,325	36,908	77,233
盐兴县	6,405	16,339	14,578	30,917
盐津县	14,898	50,223	51,162	101,385
威信行政委员	10,512	32,082	29,489	61,571
蒙自县	16,020	47,601	46,881	94,482
个旧县	10,669	39,763	29,198	68,961
建水县	44,271	134,108	125,267	259,375
泸西县	18,911	29,275	23,885	53,160
嶍峨县	12,748	31,106	28,841	59,947

（续表）

县别	户数	男丁数	女口数	丁口合计
石屏县	28,660	113,707	101,992	215,699
海通县	12,113	40,241	39.881	80,122
阿迷县	15,211	44,427	39,203	83,630
文山县	38,149	128,944	124,588	253,532
马关县	19,720	49,804	44,102	93,906
广南县	71,671	155,465	145,958	301,423
富州县	19,754	47,935	35,431	83,366
泸西县	24,064	59,819	53,493	113,312
师宗县	12,973	30,435	25,075	55.510
弥勒县	18,812	48,183	46,223	94,406
丘北县	14,587	37,186	39,391	76,577
黎县	15,001	44,550	41,483	86,033
曲溪县	9,291	35,605	35,588	71,193
西畴县	20,398	59,965	57,681	117,646
金河行政委员	5,219	12,553	12,384	24,937
靖边行政委员	10,332	29,420	25,331	54,751
勐丁行政委员	2,713	4,013	3,971	7,984
宁洱县	11,029	32,336	28,716	61,052
思茅县	4,604	10,839	10,966	21,805
景谷县	23,984	63,582	58,128	121,710
墨江县	17,472	42,531	40,711	83,242
元江县	15,973	36,623	32,477	69,100
新平县	28,179	41,575	38,836	80,411
澜沧县	33,638	68,902	64,889	133,791

（续表）

县别	户数	男丁数	女口数	丁口合计
镇沅县	6,449	13,940	12,977	26,917
景东县	28,640	123,519	93,165	216,684
缅宁县	15,571	41,467	37,668	79,134
勐烈行政委员	4,238	7,551	6,765	14,316
普思沿边行政委员	39,681	84,074	83,716	168,390
腾冲县	31,797	93,128	93,133	186.261
龙陵县	13,630	39,336	36,268	75,604
保山县	60,269	174,154	163,354	337,508
大理县	13,794	43,058	41,599	84,657
顺宁县	37,817	98,077	88,942	187,019
镇康县	14,079	40,784	35,809	76,593
永平县	8,065	21,333	20,967	42,300
祥云县	10,184	44,568	38,362	82,930
洱源县	8,769	31,481	28,564	60,045
邓川县	6,125	19,372	17,629	37,001
云龙县	12,628	33,048	30,330	63,378
凤仪县	7,607	24,196	23,219	47,415
云县	26,025	69,883	65,045	134,928
漾濞县	6,391	15,441	14,330	29,771
姚安县	17,015	43,645	43,678	87,323
华坪县	24,100	60,982	48,233	109,215
蒙化县	25,239	69,895	61,293	131,188
弥渡县	11,111	30,724	34,586	65,310

（续表）

县别	户数	男丁数	女口数	丁口合计
鹤庆县	10,517	33,154	28,385	61,539
剑川县	9,554	28,596	28,151	56,747
中甸县	5,874	12,708	12,766	25,474
丽江县	20,636	58,725	50,471	109,196
维西县	11,309	26,275	25,356	51,631
兰坪县	10,790	37,494	27,933	65,427
大姚县	11,463	36,656	29,764	66,420
盐丰县	11,392	39,123	28,283	67,406
镇南县	14,131	51,627	50,529	102,156
永北县	18,712	60,965	57,124	118,089
宾川县	10,441	47,074	46,257	93,331
干崖行政委员	7,125	11,983	10,758	22,741
盏达行政委员	4,091	9,166	8,738	17,904
陇川行政委员	3,790	3,847	7,824	11,671
勐卯行政委员	3,862	6,325	6,444	12,769
芒遮板行政委员	2,778	5,893	6,429	12,322
泸水行政委员	4,526	12,016	10,711	22,727
阿墩行政委员	1,121	2,577	2,693	5,270
上帕行政委员	4,263	6,427	4,982	11,409
知子罗行政委员	2,130	4,485	3,926	8,411
苴却行政委员	11,399	51,520	48,749	100,269
总计	2,065,807	5,776,007	5,244,600	11,020,607

案：本届户口调查，麻栗坡特别区已奉明令由原管之马关县查报。又省会一处当时初设昆明市政公所，其区域尚未划分确定，故仍由昆明县调查填报。

云南省各属户口民国二十一年统计表

（民政厅汇编）

县别	户数	男丁数	女口数	丁口合计
昆明市	31,029	76,663	67,037	143,700
昆明县	35,675	92,442	92,110	184,552
富民县	6,971	17,350	16,621	33,971
晋宁县	9,688	24,500	25,477	49,977
呈贡县	16,126	38,794	38,732	77,526
宜良县	22,242	56,946	53,760	110,706
易门县	12,254	31,504	29,533	61,037
安宁县	10,766	31,142	30,423	61,565
禄丰县	7,112	20,902	20,162	41,064
罗次县	9,759	27,599	25,635	53,234
嵩明县	20,513	55,131	51,957	107,088
昆阳县	11,030	32,196	30,890	63,086
武定县	25,696	67,099	62,175	129,274
元谋县	7,759	19,683	19,453	39,136
禄劝县	23,959	64,953	56,832	121,785
澄江县	14,330	35,599	34,790	70,389
玉溪县	28,287	72,809	67,207	140,016
江川县	13,773	32,468	32,747	65,215
路南县	18,099	48,091	44,286	92,377
曲靖县	24,035	58,808	55,169	113,977
沾益县	33,732	81,103	75,259	156,362
陆良县	33,617	93,209	83,933	177,142
罗平县	24,626	64,083	57,055	121,138
寻甸县	29,925	76,942	66,227	143,169

（续表）

县别	户数	男丁数	女口数	丁口合计
宣威县	58,467	171,835	115,743	317,578
马龙县	9,342	24,476	22,503	46,979
平彝县	23,639	64,723	55,540	120,263
会泽县	58,413	150,732	131,427	282,159
巧家县	40,369	96,321	93,762	190,083
昭通县	46,651	104,453	101,747	206,200
大关县	23,284	51,857	48,647	100,501
永善县	34,344	78,429	74,428	152,857
绥江县	16,544	43,979	1 39,295	83,274
鲁甸县	14,147	34,774	30,142	64,916
镇雄县	59,537	160,927	147,608	308,535
彝良县	35,544	97,438	88,045	185,483
楚雄县	22,824	72,904	70,408	143,432
广通县	8,077	22,057	22,290	44,347
双柏县	13,355	39,435	34,513	73,618
牟定县	17,125	48,923	47,551	96,474
盐兴县	5,192	14,361	13,676	28,037
盐津县	17,798	44,611	38,727	83,338
蒙自县	26,699	66,451	65,136	131,587
个旧县	16,496	65,689	28,091	93,780
建水县	44,150	95,890	102,275	198,165
河西县	15,692	34,532	37,070	71,602
峨山县	13,650	30,405	28,718	59,123
石屏县	32,218	78,943	77,026	155,969
通海县	16,466	33,500	38,882	72,382

（续表）

县别	户数	男丁数	女口数	丁口合计
开远县	19,630	47,641	48,407	96,048
文山县	37,833	93,160	88,071	181,231
马关县	37,197	100,074	97,300	197,374
广南县	51,480	128,505	110,374	244,879
富州县	17,654	45,547	43,033	88,580
泸西县	29,919	78,332	74,281	152,613
师宗县	9,970	25,950	23,365	49,315
弥勒县	24,038	58,240	55,678	113,918
丘北县	13,412	32,859	32,180	65,039
华宁县	20,792	47,826	49,380	97,206
西畴县	27,429	84,612	82,468	167,080
曲溪县	6,330	16,884	16,829	33,713
宁洱县	14,044	35,607	34,863	70,476
景谷县	17,904	48,470	39,376	87,846
墨江县	24,961	59,721	58,593	118,314
思茅县	5,573	12,111	12,113	24,224
元江县	18,319	89,939	36,063	76,002
新平县	12,775	28,313	25,684	53,997
澜沧县	37,468	77,564	78,661	156,225
镇沅县	11,038	31,074	27,582	58,656
景东县	32,074	95,237	84,573	179,810
缅宁县	16,809	46,906	45,416	92,322
江城县	5,759	12,238	13,050	25,288
双江县	11,466	27,541	26,791	54,332
车里县	7,559	20,620	20,539	41,159

（续表）

县别	户数	男丁数	女口数	丁口合计
五福县	7,166	12,981	12,127	25,108
佛海县	5,513	11,493	10,821	22,314
镇越县	5,150	8,855	8,749	17,604
六顺县	6,634	15,487	15,751	31,238
腾冲县	52,596	151,792	139,557	291,349
龙陵县	18,725	51,148	46,908	98,056
保山县	67,045	191,621	180,112	371,733
大理县	16,192	47,141	47,417	92,558
顺宁县	42,612	113,492	102,131	215,623
镇康县	23,823	63,521	62,846	126,367
永平县	7,596	23,101	21,302	44,403
祥云县	21,067	61,944	59,766	121,710
洱源县	11,297	26,728	27,104	53,832
邓川县	7,157	19,540	20,521	40,001
云龙县	15,214	40,571	36,863	77,434
凤仪县	10,402	30,008	28,626	58,034
云县	22,912	68,009	61,748	129,757
漾濞县	5,039	14,618	13,473	28,091
姚安县	18,099	53,647	51,663	105,310
华坪县	14,414	40,405	39,184	79,589
蒙化县	36,884	98,551	94,312	192,863
弥渡县	17,672	55,967	54,020	109,987
鹤庆县	15,309	44,012	42,548	86,560
剑川县	13,501	35,008	36,327	71,335
中甸县	6,034	14,578	14,013	28,591

（续表）

县别	户数	男丁数	女口数	丁口合计
丽江县	28,375	68,216	64,366	132,582
维西县	9,107	23,193	19,435	42,628
兰坪县	12,409	28,410	23,178	51,588
大姚县	14,809	43,126	39.105	82,231
永仁县	15,653	42,645	40,293	82,938
盐丰县	5,995	16,746	15,525	32,271
镇南县	16,712	46,705	43,649	90,354
永北县	22,276	58,940	57,173	116,113
宾川县	18,232	53,573	54,148	107,721
威信设治局	7,616	23,064	20,301	43,305
金河设治局	6,380	15,769	15,457	31,226
靖边设治局	14,709	37,630	35,142	72,772
勐丁设治局	3,352	6.275	5,346	11,021
临江设治局	2,072	4,345	4,540	8,885
干崖设治局	5,475	10,610	10,393	21,003
盏达设治局	5,111	10,680	10,302	20.982
陇川设治局	2,272	4,904	4,059	8,963
勐卯设治局	4,599	10,279	10,811	21,090
芒遮板设治局	7,907	19,757	19,801	39,618
泸水设治局	3,434	7,301	7,797	17,098
阿墩子设治局	1,214	3,315	3,101	6,419
上帕设治局	4,316	8,839	7,641	16,480
知子罗设治局	3,280	7,860	7,096	14,950
菖蒲桶设治局	1,985	4,457	3,878	8,333
总计	2,338,272	6,095,549	5,699,937	11,795,486

云南省各属户口民国二十七年统计表

（民政厅汇编）

县别	区	乡	镇	保数	甲数	户数	人口数	
							男	女
昆明市	6	66		362	3,649	36,451	112,667	84,301
昆明县	8	39	6	340	3,616	37,462	91,979	96,537
师宗县	5	11	3	85	828	8,780	20,156	16,900
元谋县	6	23	4	97	876	8,637	22,863	24,457
嵩明县	7	20	3	175	1,719	18,680	47,715	46,962
江川县	4	4	7	101	1,064	10,827	31,535	52,510
澄江县	4	7	1	110	1,211	12,523	33,364	33,935
陆良县	9	18	14	253	2,112	27,634	81,709	75,083
沾益县	5	16	5	216	2,217	23,791	64,818	58,587
通海县	6	9	7	99	889	9,441	28,147	30,041
禄丰县		8	1	54	601	6,917	22,163	22,142
晋宁县	4	7	1	76	821	9,749	25,570	26,417
宜良县	7	15	16	222	2,148	21,893	55.742	51,958
武定县	6	35	8	200	1,942	20,816	59,754	57,796
会泽县	10	44	10	453	4,669	52,243	1128,635	110,644
盐津县	7	21	1	153	1,700	18,190	41,963	40,794
罗平县	5	23	3	218	2,200	23,197	56,370	50,338
永善县	9	15	16	203	2,044	20,492	46,276	43,960
大关县	4	18		193	2,004	20,463	45,331	44,673
巧家县	10	45	18	343	3,141	32,365	88,399	81,033
鲁甸县	4	13	4	157	1,613	17,100	40,557	37,821
宣威县	10	89	8	455	4,431	49,205	166,502	139,918
昭通县	9	20	23	358	3,719	41,961	95,207	92,514

（续表）

县别	区	乡	镇	保数	甲数	户数	人口数	
							男	女
易门县	5	9	6	113	1,064	10,561	283,593	27,795
富民县	4	16		67	676	7,068	18,196	18,285
平彝县	9	26	2	226	2,308	23,988	59,629	55,509
彝良县	4	49	3	287	2,959	30,337	75,307	73,040
绥江县	5	9	4	121	1,114	13,006	33,469	31,379
罗次县	4	8	2	52	572	6,560	21,537	21,029
牟定县	4	11	3	130	1,392	16,180	50,303	49.219
盐兴县	4	9	4	49	441	4,777	14,417	15,047
永仁县	4	11	3	103	1,047	1,658	37,662	38,078
安宁县	4	6	5	86	1,000	10,436	32,308	32,030
双柏县	5	7	4	86	937	10,072	29,326	14,407
昆阳县	6	14	2	107	1,073	10,750	32,632	30,826
河西县	6	14	9	89	927	9,707	28,928	30,778
玉溪县	4	46		270	2,669	27,687	72,854	72,721
禄劝县	8	23	1	204	2,091	23,611	63,630	54,590
峨山县	4	10	2	105	1,111	11,240	27,741	27,763
曲靖县	7	13	10	171	1,803	19,535	50,832	47,992
路南县	5	9	8	156	1,612	17,755	50,497	47,390
泸西县	8	18	6	217	2,428	26,688	69,664	65,979
华宁县	5	10	14	166	1,871	19,170	47,451	50,980
个旧县	7	11	17	146	1,454	15,119	64,940	27,728
顺宁县	6	17	20	250	2,461	29,151	83,516	75,787
车里县	5	14	1	89	854	8,775	16,438	16,479

（续表）

县别	区	乡	镇	保数	甲数	户数	人口数	
							男	女
墨江县	7	9	5	105	1,038	11,430	24,288	23,797
新平县	5	21	2	106	1,104	11,786	27,684	28,562
马关县	6	6	18	212	2,048	21,517	50,433	41,292
弥勒县	5	14	12	169	1,794	18,173	50,465	49,515
镇沅县	5	37	1	73	602	6,433	15,816	14,631
马龙县	4	8	1	91	917	9,707	23,494	21,863
宁洱县	4	15	4	150	918	10,075	24,241	23,247
丘北县	5	14	3	142	1,551	16,982	44,213	45,158
开远县	9	15	2	154	1,773	19,098	46,066	49,106
蒙自县	9	52	18	223	2,118	22,980	58,999	61,287
文山县	8	19	13	216	1,922	22,873	57,403	57,285
景东县	7	13	8	190	1,907	19,749	59,439	55,402
缅宁县	6	31	2	156	1,401	15,210	42,632	42,330
元江县	9	12	8	177	1,909	20,170	42,916	41,693
佛海县	4	7	2	54	548	5,465	11,913	11,623
思茅县	4	8	2	56	497	5,284	10,776	11,293
云县	5	27	7	109	1,815	19,858	55,333	52,338
广南县	3	34	2	333	3,463	36,178	93,726	92,886
富宁县	6	24	3	122	1,232	12,792	29,971	28,229
昌宁县	5	13	7	163	1,567	16,550	12,256	40,515
镇康县	5	26	9	188	1,821	18,182	49,784	49,652
建水县	10	43	11	352	3,103	39,924	85,490	90,405
石屏县	7	35	6	195	2,452	24,661	58,501	58,907

（续表）

县别	区	乡	镇	保数	甲数	户数	人口数	
							男	女
镇越县	4	11	4	50	419	4,907	4,740	8,210
江城县	4	7	1	35	348	3,581	9,030	9,224
砚山县	5	12	15	141	1,595	18,631	43,021	42,621
金平县	6	21	2	84	752	7,706	14,958	16,679
屏边县	4	20	1	114	1,063	11,042	26,424	26,569
六顺县	5	13	1	58	541	5,285	12,042	12,352
景谷县		21	3	95	859	9,716	24,456	23,750
曲溪县		6		42	462	6,003	18,667	18,634
南峤县	7	14		62	619	6,107	11,694	11,566
凤仪县	4	9	3	83	844	8,827	25,351	24,969
祥云县	7	18	4	173	1,729	18,125	55,839	52,961
大理县	4	12	6	148	1,446	15,092	45,296	44,424
漾濞县	4	9	3	34	306	3,206	11,076	9,787
洱源县	4	11	3	96	983	10,282	29,300	29,410
镇南县	4	19	2	151	1,494	16,691	47,512	47,301
盐丰县	5	14	1	58	596	6,334	18,805	18,439
云龙县	5	12	4	128	1,226	12,308	42,297	40,458
维西县	5	12	1	87	847	8,764	20,186	18,495
楚雄县	7	23	7	170	1,804	18,125	62,766	59,704
永平县	4	10	5	85	845	8,463	23.954	24,062
丽江县	6	16	7	185	2,548	19,737	60,007	54,416
华坪县	6	11	3	97	998	11,302	33,074	33,452
剑川县	5	11	7	94	998	9,417	31,871	30,867

（续表）

县别	区	乡	镇	保数	甲数	户数	人口数	
							男	女
永胜县	6	17	7	153	1,528	16,348	57,426	58,549
中甸县	5	10		35	492	6,359	15,718	16,206
邓川县	5	16	6	60	649	6,509	20,422	21,111
姚安县	9	6		176	1,750	18,179	56,818	57,590
大姚县	8	22	6	152	1,644	17,241	52,419	51,913
宾川县	4	12	7	141	1,409	15,752	52,614	52,187
鹤庆县	5	24	12	147	1,377	14,681	44,294	42,895
兰坪县	6	18	6	123	1,285	12,871	31,025	27,294
广通县	4	5	2	57	596	6,586	17,494	17,960
弥渡县	4	13	6	127	1,308	15,918	55,549	55,651
腾冲县	5	25	5	253	2,715	33,462	105,134	100,260
龙陵县	8	21	5	139	1,361	14,101	38,805	34,836
蒙化县	6	26	7	285	2,630	30,176	90,736	90,452
河口县	5	19	5	80	694	7,357	16,233	15,347
麻栗坡	7	39	2	212	1,865	22,585	63,488	62,006
龙武设治局	5	17	7	71	605	6,789	13,692	13,466
福贡设治局	4	16		43	387	4,044	8,138	7,115
碧江设治局	2	4		20	195	1,951	3,332	3,501
沧源设治局		5	3	69	692	6,914	10,123	9,190
陇川设治局	4	4	2	26	230	2,352	3,965	4,576
德钦设治局	3	2	1	14	94	1,155	2,713	1,326
宁蒗设治局	4	9		31	205	2,830	6,598	5,938
总计	615	2,047	203	16,635	11,646	1,791,536	5,122,283	5,201,598

备注：昆明市无乡镇，区以下系坊数。

云南省各属户口民国二十八年统计表

（民政厅审编）

属别	乡镇数	保数	甲数	户数		合计口数		本国口数		壮丁数	
				合计	本国	男	女	男	女	甲级	乙级
昆明市	66	362	3,649	35,911	35,911	117,778	88,643	117,778	88,643	19,673	18,964
昆明县	16	193	2,524	37,361	37,361	95,473	97,680	95,473	97,680	24,301	12,987
宜良县	14	137	1,466	20,455	20,455	53,109	53,073	53,109	53,073	12,245	5,519
玉溪县	18	239	2,631	27,193	27,193	72,131	71,309	72,131	71,309	15,566	8,436
武定县	19	190	1,928	20,830	20,830	60,550	57,913	60,550	57,913	8,140	5,863
建水县	20	278	3,145	41,077	41,077	89,343	92,561	89,343	93,561	15,887	10,765
会泽县	25	273	3,324	49,603	49,603	129,312	118,321	129,312	118,321	22,113	16,266
楚雄县	18	137	1,655	20,495	20,495	62,797	59,163	62,797	59,163	13,230	7,958
宣威县	39	395	3,876	49,632	49,632	162,116	138,821	162,116	138,821	8,910	8,355
石屏县	15	181	2,342	24,828	24,828	63,944	60,133	63,944	60,133	14,968	8,966
开远县	17	153	1,663	18,373	18,373	43,362	47,048	43,362	47,048	4,369	3,984
个旧县	8	78	988	14,014	14,014	37,312	26,820	37,312	26,820	3,504	5,207
昭通县	20	229	2,639	38,966	38,966	100,685	93,028	100,685	93,028	20,767	15,044

（续表）

属别	乡镇数	保数	甲数	户数		合计口数		本国口数		壮丁数	
				合计	本国	男	女	男	女	甲级	乙级
文山县	16	194	1,866	20,450	20,450	51,194	51,650	51,194	51,650	14,304	5,836
蒙化县	17	160	2,133	29,268	29,268	91,494	88,837	91,494	88,837	18,215	11,131
马关县	10	122	1,668	17,569	17,569	55,986	54,310	55,986	54,310	7,041	5,921
广南县	14	140	1,867	28,112	28,112	64,019	66,890	64,019	66,890	6,383	6,366
镇雄县	30	201	1,356	26,829	26,829	155,101	107,383	155,101	107,383	9,914	16,137
永善县	16	156	1,370	19,590	19,590	45,558	43,904	45,558	43,904	10,235	6,889
永胜县	14	138	1,202	13,763	13,763	51,731	52,229	51,731	52,229	5,065	6,630
景东县	20	190	1,907	19,541	19,541	57,920	54,315	57,920	54,315	8,103	5,542
丽江县	12	97	1,293	18,827	18,827	52,097	47,520	52,097	47,520	12,530	7,754
顺宁县	16	143	1,636	23,336	23,336	66,817	61,063	66,817	61,063	14,265	6,455
保山县	35	316	4,034	54,539	54,539	155,618	159,777	155,618	159,777	44,312	22,153
澜沧县	15	135	1,856	24,047	24,047	51,953	54,683	51,953	54,683	8,522	6,068
腾冲县	21	213	2,431	31,917	31,917	96,269	95,156	96,269	95,156	4,826	3,897
嵩明县	22	181	1,738	19,112	19,112	51,019	47,350	51,019	47,350	8,935	7,736
澄江县	8	90	1,020	11,302	11,302	36,451	33,137	36,451	33,137	1,076	1,020

（续表）

属别	乡镇数	保数	甲数	户数		合计口数		本国口数		壮丁数	
				合计	本国	男	女	男	女	甲级	乙级
寻甸县	13	145	1,748	24,397	24,397	68,050	64,442	68,050	64,442	11,819	6,914
陆良县	20	186	1,917	25,881	25,881	71,423	68,288	71,423	68,288	10,176	17,798
泸西县	9	126	1,815	26,175	26,175	66,274	66,960	66,274	66,960	11,029	5,541
通海县	8	71	795	9,418	9,418	25,771	31,364	25,771	31,364	3,393	3,410
曲靖县	14	120	1,484	19,824	19,824	64,748	62,896	64,748	62,896	6,666	6,930
沾益县	17	215	2,210	23,809	23,809	59,259	58,579	59,259	58,579	2,628	9,057
罗平县	18	165	1,644	20,529	20,529	50,438	46,668	50,438	46,668	2,484	3,786
平彝县	25	216	2,159	24,106	24,106	60,202	55,684	60,202	55,684	12,042	8,432
元江县	16	168	1,674	20,143	20,143	45,320	43,704	45,320	43,704	9,436	4,949
姚安县	16	157	1,672	18,337	18,337	57,980	56,182	57,980	56,182	5,033	4,997
蒙自县	16	169	1,761	22,058	22,058	59,884	57,012	59,884	57,012	11,518	10,584
巧家县	24	216	2,135	32,432	32,432	52,107	75,409	52,107	75,409	6,459	1,211
祥云县	13	125	1,441	18,261	18,261	50,870	57,434	50,870	57,434	7,977	5,593
墨江县	10	102	932	10,901	10,901	21,977	22,103	21,977	22,103	929	1,463
弥渡县	9	120	1,308	16,177	16,177	54,556	53,726	54,556	53,726	11,988	7,382

（续表）

属别	乡镇数	保数	甲数	户数		合计口数		本国口数		壮丁数	
				合计	本国	男	女	男	女	甲级	乙级
宾川县	16	139	1,366	15,363	15,363	51,117	51,793	51,117	51,793	9,766	4,296
西畴县	13	125	1,200	14,643	14,643	42,746	42,749	42,746	42,749	10,137	5,086
大理县	7	81	1,054	15,018	15,018	45,082	44,364	45,082	44,364	8,135	4,406
彝良县	30	273	2,704	29,981	29,981	73,147	72,661	73,147	72,661	15,377	12,393
富宁县	10	100	1,000	13,089	13,089	30,204	29,140	30,204	29,140	6,694	3,359
中甸县	6	61	615	6,338	6,338	15,550	16,130	15,550	16,130	3,137	2,750
宁洱县	11	80	782	9,318	9,318	23,089	20,465	23,089	20,465	4,197	3,825
维西县	8	71	592	7,696	7,696	18,313	16,437	18,313	16,437	2,542	3,009
车里县	8	79	809	8,907	8,907	17,468	16,187	17,468	16,187	4,183	3,342
镇康县	12	120	1,271	15,990	15,990	44,246	43,152	44,246	43,152	4,254	7,795
呈贡县	6	81	945	13,794	13,794	33,314	35,635	33,314	35,635	8,088	3,878
富民县	8	66	644	6,756	6,756	17,912	17,923	17,912	17,923	3,075	1,642
安宁县	10	86	922	10,387	10,387	31,260	32,029	31,260	32,029	7,825	3,720
晋宁县	4	52	583	7,608	7,608	22,954	25,129	22,954	25,129	3,205	1,860
昆阳县	8	86	915	10,767	10,767	28,925	31,132	28,925	31,132	7,980	3,513

（续表）

属别	乡镇数	保数	甲数	户数		合计口数		本国口数		壮丁数	
				合计	本国	男	女	男	女	甲级	乙级
罗次县	10	61	673	7,566	7,566	20,412	20,614	20,412	20,614	2,492	1,429
江川县	8	63	738	10,288	10,288	30,582	31,450	30,582	31,450	3,094	7,771
路南县	13	144	1,539	18,050	18,050	49,198	48,717	49,198	48,717	7,550	7,124
禄丰县	6	53	617	6,850	6,850	22,615	22,612	22,615	22,612	1,203	1,087
易门县	5	52	661	9,361	9,361	30,927	32,591	30,927	32,591	5,696	5,113
马龙县	7	77	901	9,364	9,364	24,333	23,451	24,333	23,451	4,457	3,371
禄劝县	14	157	1,705	21,816	21,816	58,431	53,829	58,431	53,829	3,834	4,471
河西县	8	61	630	8,339	8,339	28,892	31,657	28,892	31,657	5,684	4,850
弥勒县	13	114	1,588	18,055	18,055	48,847	49,038	48,847	49,038	4,502	10,858
华宁县	13	125	1,341	17,142	17,142	48,454	53,690	48,454	53,690	8,315	8,148
师宗县	9	84	773	8,891	8,891	21,656	17,881	21,656	17,881	5,275	3,664
曲溪县	6	42	462	6,126	6,126	18,763	18,758	18,763	18,758	3,509	2,299
峨山县	12	102	1,084	10,907	10,907	26,912	26,831	26,912	26,831	6,958	3,838
广通县	5	37	394	6,168	6,168	15,475	15,973	15,475	15,973	1,095	958
盐兴县	7	51	435	4,391	4,391	13,506	14,032	13,506	14,032	1,575	2,200

（续表）

属别	乡镇数	保数	甲数	户数		合计口数		本国口数		壮丁数	
				合计	本国	男	女	男	女	甲级	乙级
元谋县	12	73	701	8,549	8,549	22,285	23,479	22,285	23,479	4,995	2,533
牟定县	9	79	1,066	15,163	115,163	48,274	48,474	48,274	48,474	9,740	9,989
丘北县	7	69	877	11,784	11,784	32,760	32,069	32,760	32,069	3,817	400
双柏县	11	66	805	10,059	10,059	22,715	23,742	22,715	23,742	1,222	1,938
新平县	12	95	951	11,619	11,619	26,145	26,542	26,145	26,542	5,849	3,746
镇南县	10	105	1,366	16,826	16,826	48,719	47,354	48,719	47,354	12,748	6,216
大姚县	13	134	1,411	16,802	16,802	50,982	47,911	50,982	47,911	3,967	4,545
永仁县	4	53	717	10,634	10,634	35,341	35,974	35,341	35,974	7,227	4,680
盐丰县	7	48	503	5,855	5,855	16,249	17,123	16,249	17,123	4,183	2,408
鲁甸县	10	124	1,317	15,871	15,871	36,135	35,435	36,135	35,435	8,063	5,578
砚山县	10	141	1,595	17,767	17,767	39,465	41,935	39,465	41,935	10,021	5,747
屏边县	10	108	1,058	10,780	10,780	25,797	27,344	25,797	27,344	6,932	3,486
金平县	8	82	761	7,706	7,706	14,990	16,730	14,990	16,730	3,815	2,531
凤仪县	6	58	689	9,133	9,133	28,601	25,958	28,601	25,958	5,122	3,023
邓川县	5	61	642	6,784	6,784	21,605	21,083	21,605	21,083	3,327	1,750

（续表）

属别	乡镇数	保数	甲数	户数		合计口数		本国口数		壮丁数	
				合计	本国	男	女	男	女	甲级	乙级
华坪县	8	26	141	8,517	8,517	28,275	27,506	28,275	27,506	3,645	2,341
大关县	12	151	1,589	18,393	18,393	40,606	40,787	40,606	40,787	2,337	5,532
漾濞县	5	35	262	2,611	2,611	9,636	8,719	9,636	8,719	1,140	313
洱源县	8	96	953	10,216	10,216	27,868	28,582	27,868	28,582	6,529	3,332
剑川县	10	73	834	9,359	9,359	29,734	30,498	29,734	30,498	8,241	4,815
镇沅县	5	71	561	5,657	5,657	9,472	11,869	9,472	11,869	1,637	2,614
鹤庆县	14	138	1,350	14,944	14,944	48,704	43,584	48,704	43,584	8,848	4,761
盐津县	21	107	1,546	16,814	16,814	41,047	39,251	41,047	39,251	1,934	6,724
威信县	14	116	1,171	13,043	13,043	26,025	24,847	26,025	24,847	3,176	6,737
思茅县	5	34	364	4,386	4,386	8,597	9,531	8,597	9,531	2,825	1,188
永平县	8	56	591	8,634	8,634	22,643	24,373	22,643	24,373	2,640	4,756
景谷县	10	128	1,308	12,554	12,554	25,802	36,552	25,802	36,552	3,423	2,989
昌宁县	11	90	1,010	17,165	17,165	48,079	42,535	48,079	42,535	10,193	4,586
云龙县	11	109	1,061	12,977	12,977	38,685	38,282	38,685	38,282	4,849	2,861
江城县	5	36	338	3,533	3,533	9,480	9,471	9,480	9,471	2,966	1,266

（续表）

属别	乡镇数	保数	甲数	户数		合计口数		本国口数		壮丁数	
				合计	本国	男	女	男	女	甲级	乙级
兰坪县	11	98	959	10,566	10,566	25,821	21,989	25,821	21,989	5,941	5,097
云县	13	96	1,125	16,710	16,710	49,153	45,581	49,153	45,581	4,651	4,646
六顺县	6	53	462	4,734	4,734	10,892	11,000	10,892	11,000	2,514	1,091
绥江县	13	106	1,001	11,357	11,357	27,024	26,900	27,024	26,900	2,630	3,117
缅宁县	13	107	1,062	15,215	15,215	41,928	41,334	41,928	41,334	5,954	2,449
龙陵县	8	80	890	12,273	12,273	34,686	31,729	34,686	31,729	4,534	2,400
佛海县	8	39	457	5,495	5,495	11,955	11,788	11,955	11,788	3,727	1,871
双江县	6	60	556	7,871	7,871	10,910	18,933	19,910	18,933	946	790
南峤县	8	67	647	6,379	6,379	13,127	13,051	13,127	13,051	3,798	2,459
镇越县	8	65	501	4,948	4,948	8,035	8,234	8,035	8,234	525	1,225
龙武设治局	6	60	599	6,776	6,776	13,548	13,432	13,548	13,432	3,932	1,946
宁蒗设治局	6	32	216	2,827	2,827	6,429	5,708	6,429	5,708	1,290	1,060
碧江设治局	4	27	280	3,023	3,023	6,455	6,003	6,455	6,003	1,698	757
泸水设治局	4	35	311	3,317	3,317	8,079	7,701	8,079	7,701	1,849	854
潞西设治局											

（续表）

届别	乡镇数	保数	甲数	户数		合计口数		本国口数		壮丁数	
				合计	本国	男	女	男	女	甲级	乙级
梁河设治局	6	77	729	7,397	7,397	19,649	18,225	19,649	18,225		
宁江设治局	4	20	197	2,009	2,009	3,502	3,596	3,502	3,596		
盈江设治局	6			4,884	4,884	10,046	10,936	10,046	10,836		
莲山设治局	5	28	227	3,859	3,859	6,985	7,101	6,985	7,101		
福贡设治局	4	25	282	4,060	4,060	8,796	7,123	8,796	7,123	1,946	1,116
陇川设治局	6	26	230	2,390	2,390	4,075	4,600	4,075	4,600	1,039	625
瑞丽设治局	7			3,305	3,305	6,923	6,628	6,923	6,628	2,075	953
德钦设治局	4	16	128	1,236	1,236	2,716	2,491	2,716	2,491	834	419
贡山设治局	4	25	221	2,084	2,084	5,330	4,942	5,330	4,942	1,584	496
沧源设治局	8	67	692	6,914	6,914	10,468	9,276	10,468	9,276	3,387	1,495
耿马设治局											
河口对汛督办	13	86	720	7,627	7,627	15,843	15,214	15,843	15,214	1,960	2,495
麻栗坡对汛督办	21	205	1,935	23,002	23,002	61,941	62,597	61,941	62,597	17,801	7,582
合计	1,524	14,124	152,416	1,932,750	1,932,750	5,251,981	5,102,690	5,251,981	5,102,690	864,641	632,252

云南省各属户口民国三十二年统计表

（民政厅汇编）

属别	乡镇数	保数	甲数	户数			合计口数		本国口数		外国口数		壮丁数	
				合计	本国	外国	男	女	男	女	男	女	甲级	乙级
昆明市	8	56	986	45,840	45,728	112	127,919	127,543	127,664	127,308	255	235	19,697	7,750
昆明县	16	188	2,396	35,667	35,665	2	83,222	89,599	83,220	89,596	2	3	8,533	19,418
宜良县	14	137	13,80	18,915	18,915		50,894	50,683	50,894	50,683			5,949	13,528
玉溪县	18	230	2,154	24,356	24,354	2	65,194	66,585	65,192	66,581	2	4	17,744	8,433
武定县	19	151	1,459	17,069	17,066	3	45,992	44,594	45,987	44,586	5	8	7,771	4,966
会泽县	25	234	2,697	39,160	39,160		101,222	95,384	101,222	95,384			7,479	8,800
建水县	20	241	2,674	33,655	33,653	2	77,987	78,542	17,987	78,541	3	1	4,620	8,801
楚雄县	18	137	1,616	19,485	19,484	1	52,450	51,128	52,450	51,127		1	5,408	4,109
宣威县	23	249	3,013	44,382	44,382		158,915	133,634	158,915	133,634			10,575	20,421
石屏县	15	154	1,344	18,520	18,520		45,652	47,027	45,652	47,027			9,848	6,039
开远县	17	151	1,396	15,191	15,181	10	36,815	38,971	36,788	389,431	27	28	5,279	6,061
个旧县	8	78	881	10,097	10,094	3	27,039	22,966	27,033	22,963	6	3	1,995	1,434
文山县	16	155	1,272	16,247	16,247		39,219	42,059	39,219	42,059			3,492	2,068

（续表）

属别	乡镇数	保数	甲数	户数			合计口数		本国口数		外国口数		壮丁数	
				合计	本国	外国	男	女	男	女	男	女	甲级	乙级
昭通县	20	224	2,453	35,871	36,869	2	84,766	84,185	84,761	84,178	5	7	13,189	12,377
蒙化县	17	151	1,712	21,501	21,500	1	64,271	62,996	64,268	62,995	3	1	16,761	16,481
马关县	10	112	1,604	15,714	15,714		52,347	51,844	52,347	51,844			3,020	4,314
广南县	14	134	1,282	23,038	23,038		51,462	52,573	51,462	52,573			3,514	4,127
镇雄县	24	192	2,150	33,281	33,281		105,352	110,563	105,352	110,563			9,096	16,451
永善县	16	156	1,370	19,090	19,090		30,558	31,904	30,558	31,904			1,437	1,109
永胜县	14	128	1,202	11,363	11,363		21,731	20,229	21,731	20,229			1,087	1,197
景东县	20	150	1,168	14,699	14,699		39,599	40,600	39,599	40,600			3,085	1,778
丽江县	12	95	1,279	17,301	17,301		45,960	39,542	45,960	39,542			7,649	6,661
顺宁县	16	142	1,546	23,413	23,413		67,940	62,763	67,940	62,763			12,936	7,416
保山县	35	320	3,597	47,726	47,726	3	134,585	136,402	134,580	136,397	5	5	22,334	17,920
澜沧县	15	125	1,364	22,757	22,757		49,400	49,663	49,400	49,663			2,924	2,914
嵩明县	9	117	1,529	17,418	17,418		45,684	45,754	45,684	45,754			6,393	4,832
澄江县	8	90	1,020	11,404	11,404		35,659	34,360	35,659	34,360			1,110	1,080

（续表）

属别	乡镇数	保数	甲数	户数			合计口数		本国口数		外国口数		壮丁数	
				合计	本国	外国	男	女	男	女	男	女	甲级	乙级
寻甸县	13	143	1,515	20,642	20,642		58,702	56,875	58,702	56,875			7,425	4,355
陆良县	19	124	1,620	25,421	25,421	2	71,332	64,800	71,329	84,800	3		2,929	3,985
泸西县	9	122	1,587	23,678	23,678		62,347	59,534	62,347	59,534			7,490	10,046
通海县	8	76	766	8,803	8,803		24,329	27,239	24,329	27,239			2,522	2,121
曲靖县	14	121	1,470	22,916	22,916		70,951	73,658	70,951	73,658			6,338	6,884
沾益县	17	205	2,109	23,304	23,304		58,813	55,507	58,813	55,507			11,224	7,208
罗平县	16	146	1,152	20,997	20,997		38,816	36,642	38,816	36,642			4,493	4,557
平彝县	25	211	2,076	23,348	23,348		62,693	57,051	62,693	57,051			7,113	7,885
元江县	16	151	1,508	19,708	19,706	2	40,372	42,899	40,369	42,898	3	1	1,519	1,537
姚安县	16	155	1,773	19,505	19,505		54,831	55,314	54,831	55,314			14,432	6,738
蒙自县	17	159	1,198	22,637	22,628	9	45,908	52,630	45,892	52,613	16	17	22,772	3,407
巧家县	24	225	2,154	28,747	28,747		75,188	75,599	75,188	75,599			21,651	9,469
祥云县	13	118	1,349	17,653	17,652	1	49,521	49,770	49,520	49,770	1		8,576	4,395
墨江县	10	93	686	10,144	10,143	1	21,180	24,235	21,130	24,234		1	3,489	2,415

（续表）

属别	乡镇数	保数	甲数	户数			合计口数		本国口数		外国口数		壮丁数	
				合计	本国	外国	男	女	男	女	男	女	甲级	乙级
弥渡县	9	112	1,190	15,127	15,127		51,128	50,776	51,128	50,776			2,657	5,746
宾川县	16	134	1,300	14,526	14,526		46,211	46,366	46,211	46,366			672	685
西畴县	13	110	839	11,692	11,692		33,187	35,063	33,187	35,063			4,253	3,431
大理县	7	69	952	13,370	13,367	3	40,553	39,942	40,538	39,933	15	9	6,732	4,848
彝良县	26	173	1,894	26,981	26,981		51,147	49,661	51,147	49,661			10,379	10,300
富宁县	10	72	909	9,265	9,265		16,811	18,280	16,811	18,289			1,816	2,915
宁洱县	11	86	782	7,318	7,318		18,107	17,467	18,107	17,467			7,554	6,725
中甸县	6	38	409	6,494	6,494		17,150	15,917	17,150	15,917			2,338	3,965
维西县	8	73	639	7,710	7,708	2	18,451	17,293	18,448	17,293	3		1,767	1,591
车里县	8	79	719	7,907	7,906	1	15,187	14,983	15,185	14,981	2	2	2,655	2,187
镇康县	11	88	959	11,865	11,865		30,115	32,532	30,115	32,532			184	30
呈贡县	6	81	913	12,529	12,529		29,772	33,358	29,772	33,358			3,854	5,132
富民县	8	66	598	6,874	6,874		17,048	17,100	17,048	17,100			4,289	2,330
安宁县	10	86	915	10,115	10,114	1	29,683	30,575	29,683	35,521		4	4,529	3,278

（续表）

属别	乡镇数	保数	甲数	户数			合计口数		本国口数		外国口数		壮丁数	
				合计	本国	外国	男	女	男	女	男	女	甲级	乙级
晋宁县	4	59	716	11,858	11,858		26,186	28,074	26,186	28,074			1,341	2,340
昆阳县	8	74	870	10,403	10,401	2	30,896	31,745	30,887	31,739	9	6	1,265	998
罗次县	10	62	621	7,655	7,654	1	20,086	21,988	20,085	21,987	1	1	4,186	2,004
江川县	8	61	629	8,651	8,651		25,876	25,720	25,876	25,720			2,600	1,984
路南县	13	144	1,475	17,536	17,534		48,802	45,504	48,800	45,504	2		10,725	3,375
禄丰县	6	53	515	7,252	7,252		19,875	19,369	19,875	19,369			807	523
易门县	5	53	627	8,045	8,044	1	21,728	19,495	21,728	19,492		3	779	1,576
马龙县	7	75	701	7,647	7,647		24,857	21,149	24,857	21,149			2,614	4,709
禄劝县	14	141	1,517	22,929	22,927	2	56,138	52,084	56,136	52,081	2	3	10,587	8,161
河西县	8	58	605	8,066	8,066		26,620	28,373	26,620	28,373			7,163	3,719
弥勒县	13	136	1,203	15,012	15,011	1	39,220	38,998	39,220	38,997		1	2,020	1,711
华坪县	13	122	1,150	13,423	13,919	4	40,743	43,070	40,735	43,065	8	5	2,747	4,689
师宗县	9	80	660	8,731	8,731		18,413	18,132	18,413	18,132			1,061	965
曲溪县	6	42	462	6,447	5,447		18,790	20,091	18,790	20,091			1,247	2,523

（续表）

属别	乡镇数	保数	甲数	户数			合计口数		本国口数		外国口数		壮丁数	
				合计	本国	外国	男	女	男	女	男	女	甲级	乙级
峨山县	12	96	802	8,651	8,650		22,436	21,072	22,436	21,068			3,901	3,400
广通县	5	36	394	5,859	5,859		14,417	15,103	14,417	15,103			164	152
盐兴县	7	50	410	4,403	4,403		12,755	12,935	12,755	12,935			3,044	1,838
元谋县	12	73	665	8,114	8,114		20,454	21,785	20,454	21,785			2,169	1,495
牟定县	9	83	1,073	15,254	15,254		45,391	45,043	45,391	45,043			440	228
丘北县	7	69	827	12,745	12,745		33,223	32,086	33,223	22,086			208	227
双柏县	11	60	578	8,118	8,118		25,175	25,454	25,175	25,454			511	1,168
新平县	12	47	1,043	10,619	10,619		24,145	23,540	24,145	23,540			3,268	3,089
镇南县	10	107	1,270	15,983	15,983		38,092	43,326	38,092	43,326			5,514	4,127
大姚县	13	134	1,331	16,489	16,489		46,365	46,963	46,365	46,963			5,740	1,660
永仁县	4	53	710	10,331	10,331		32,227	32,879	32,226	32,879			4,314	3,923
盐丰县	7	48	458	5,784	5,784		15,123	16,021	15,123	16,021			3,667	2,337
鲁甸县	10	124	1,317	14,693	14,693		31,313	33,694	31,313	33,694			4,439	3,397
砚山县	10	141	1,482	16,247	16,247		39,219	42,059	39,219	42,059			3,492	2,068

（续表）

属别	乡镇数	保数	甲数	户数			合计口数		本国口数		外国口数		壮丁数	
				合计	本国	外国	男	女	男	女	男	女	甲级	乙级
屏边县	10	76	700	9,473	9,473		22,745	23,325	22,745	23,325			2,202	3,754
金平县	7	61	595	6,982	6,982		14,204	15,836	14,204	15,836			2,395	3,080
凤仪县	6	59	580	9,039	9,039		22,033	22,221	22,033	22,221			3,593	2,183
邓川县	5	61	605	6,626	6,625	1	19,312	19,058	19,310	19,058	2		4,041	2,499
华坪县	7	48	392	5,778	5,778		15,429	16,684	15,429	16,684			682	1,124
大关县	12	151	1,409	20,163	20,163		43,593	44,749	43,593	44,749			7,060	6,831
漾濞县	5	35	266	3,612	3,612		10,210	9,620	10,210	9,620			2,697	1,336
洱源县	8	97	914	9,216	9,216		21,868	20,852	21,868	20,852			4,529	3,332
剑川县	10	69	743	8,929	8,929		27,218	25.613	27,218	25,613			5,884	3,421
镇沅县	5	39	403	5,660	5,657	3	9,877	11.817	9,872	11,813	5	3	216	863
鹤庆县	14	130	1,168	14,595	14,595		42,304	41,282	42,304	41,282			876	582
盐津县	9	125	1,814	18,435	18,435		42,735	41,929	42,735	41,929			8,775	5,780
威信县	14	116	1,171	21,053	21,053		33,245	25,922	33,245	59,922			2,751	3,893
思茅县	5	26	245	3,031	3,031		5,344	5,887	5,443	5,887			280	59
永平县	8	56	572	7,508	7,508		16,577	18,802	16,573	18,802			1,599	2,230

（续表）

属别	乡镇数	保数	甲数	户数			合计口数		本国口数		外国口数		壮丁数	
				合计	本国	外国	男	女	男	女	男	女	甲级	乙级
景谷县	10	72	623	8,070	8,070		15,998	17,937	15,998	17,937			264	318
昌宁县	10	95	1,044	16,077	16,077		40,871	39,791	40,871	39,791			1,401	453
云龙县	11	103	837	10,222	10,222		31,893	30,463	31,893	30,463			5,808	3,135
江城县	5	36	268	3,564	3,563	1	9,091	9,069	9,090	9,069	1		2,631	1,153
兰坪县	11	98	969	10,023	10,023		22,910	20,989	22,910	20,989			5,639	4,172
云县	13	98	1,025	11,538	11,538		30,935	28,934	30,935	28,934			8,401	3,894
六顺县	6	46	382	3,969	3,969		8,858	9,011	8,858	9,011			1,613	613
绥江县	13	97	913	10,079	10,079		25,548	25,278	25,548	25,278			1,848	5,167
缅宁县	13	92	946	13,490	13,490		36,029	34,949	36,029	34,949			4,763	4,592
佛海县	5	34	399	4,660	4,660		10,256	10,529	10,256	10,529			2,131	1,468
双江县	6	60	556	7,706	7,706		19,342	18,175	19,342	18,175			876	628
南峤县	8	67	647	6,338	6,338		12,418	13,041	12,418	13,041			3,778	1,865
镇越县	4	43	424	4,662	4,662		9,140	9,870	9,140	9,870			2,786	1,383
碧江设治局	4	27	286	2,967	2,966	1	5,895	5,886	5,894	5,885	1	1	930	1,233
泸水设治局	4	27	280	2,964	2,964		6,079	6,820	6,079	8,820			1,034	756

（续表）

属别	乡镇数	保数	甲数	户数			合计口数		本国口数		外国口数		壮丁数	
				合计	本国	外国	男	女	男	女	男	女	甲级	乙级
福贡设治局	4	28	318	3,896	3,896		7,829	7,033	7,829	7,033			900	200
贡山设治局	4	25	221	2,009	2,009		3,320	2,941	3,320	2,941			854	679
德钦设治局	4	16	128	1,081	1,081		2,016	1,495	2,016	1,495			634	419
龙武设治局	6	60	489	6,435	6,435		11,834	11,593	11,834	11,593			3,337	1,661
宁蒗设治局	6	32	216	1,985	1,985		5,929	5,708	5,929	7,508			645	100
宁江设治局	4	20	197	1,836	1,836		33,514	3,741	3,514	3,741			365	100
沧源设治局	8	67	612	5,914	5,914		8,468	7,271	8,468	7,271			1,082	943
耿马设治局	6	84	679	6,227	6,227		9,192	8,349	9,192	8,349			1,356	1,089
河口督办公署	9	78	603	6,571	6,545	26	14,515	15,159	14,471	15,105	47	54	1,968	2,500
麻栗坡督办公署	19	165	22,685	22,647	22,644	3	61,165	61,514	61,154	61,504	11	10	11,388	6,237
总计	1,384	12,362	130,873	173,484	1,734,609	215	4,479,680	4,431,881	4,479,235	4,431,457	445	424	594,381	474,061

案：本表行政单位仅一百二十三属，因腾冲、龙陵、潞西、梁河、盈江、莲山、陇川、瑞丽等八县、局沦陷，未及编整，故从略。又本表所列甲、乙级壮丁“已征招”或“禁役”“停役”“回役”“免役”“缓役”“缓征”“缓招”者均列入在内。

地政

清丈耕地时期

土地为国家之所凭借，人民之所生息，故孟子尝以经界为王政之基，而极陈经界不正之害。滇省土旷人稀，自民国肇造，重以护国、护法连年用兵，于地政未暇及也；而屡经事故，民间契约已渐遗失，地籍紊乱，田土讼兴，田赋失平，官民交病。因是清丈耕地，遂为政府当务之急，盖清丈要旨，在确定业权，以息争讼；整理田赋，以均负担；增加税收，以固财政基础；明悉亩积，以作施政标准。唯以事属创举，初无成规，乃派陈葆仁考查各省市县土地事务，积极筹备清丈。共组织计划，或本诸学理，或体察实情，斟酌拟定，依次施行。其详载《云南行政纪实》兹撮取其要如下。

本省政府于民国十八年一月筹设全省清丈总局，举办全省清丈大事，复先后任命财政厅长陆崇仁、卢汉、朱景暄兼任总办，保廷梁、陈葆仁任佐办。嗣又将该局并入财政厅，改称财政厅清丈局，以陈葆仁任局长，并于昆明市政府设立土地局。复因人才、经费困难，乃先行试办昆明一县，将财政厅清丈局改为昆明县清丈局，委刘润之任局长。旋以清丈急待完成，复于二十年八月，命财政厅长陆崇仁组织清丈处，筹备全省清丈，先后任命刘润之、张培光为处长。并于厅内设高级评判委员会，任命陆崇仁兼委员长，寇德麟为主任委员，评判关于清丈耕地发生业权争执、不服初级评判委员初审判决、提起上诉各案件。对于清丈教育，设清丈人员养成所，任命曹恒钧为所长。清丈推行之县属，各设清丈分处，情形特殊者，两属合设一区清丈分处。各分处设分、副处长及会办各一员。会办由财政厅令委县长或设治局长兼任，分、副处长由省政府核委。清丈分处下设初级评判委员会，受理因清丈发生之耕地业权诉讼案件；又设评定等则委员会，专司评定已清丈之耕地等则。此本省举办清丈及各级机关组织之概况也。

清丈实施程序，可分为测丈点验、评定等则、颁发执照数端。为求得精确之面积，并顾及能与将来“大三角网”衔接，故测丈工作先从“小三角网”测量（五万分一）开始，次以平板仪测交会点（一万分一），故实施碎部测丈之图根。俟每县小三角及图根测量完毕后，开始清丈各村耕地，用平板仪以一千分一之比例尺行之。每清丈分处所属外业分组长，于工作区域指定后，预为召集地方绅管，告以清丈要旨、实施步骤，准备事项等，并率同技士及绅管等认定村界，开始清丈。凡属业主，应预插业权签于其田之东南隅，上书业主姓名。业权确定后，再为补发清丈单，作日后换领清丈执照之凭据。其有业权争执者，扣发清丈单，并饬向初级评判委员会声请评判，确定后再为补发。是为清丈点验也。凡经清丈之耕地，均即废除旧田赋，另厘定耕地为上、中、下三等九则，以为征收耕地税之标准。而其评定等则之标准，系依据耕地最近买卖平均价格，并参照土壤、水利、收益等情况而评定之。计分为：上等上则（每亩价值在一百五十元以上者），上等中则（每亩价值在一百二十元以上、不满一百五十元者），上等下则（每亩价值在九十元以上、不满一百二十元者），中等上则（每亩价值在七十元以上，不满九十元者），中等中则（每亩价值在五十元以上、不满七十元者），中等下则（每亩价值在四十元以上、不满五十元者），下等上则（每亩价值在二十五元以上、不满四十元者），下等中则（每亩价值在十五元以上，不满二十五元者），下等下则（每亩价值不满十五元者）计算地价，以本省富滇新币为本位，当时币值每元等于国币五角，是为评定等则。清丈执照，为人民管业之凭证，对于耕地等则、业权、亩积等，均详细注明，并绘地形。业主以清丈单换领执照。每田一亩，收照费新币八角。每地一亩，收照费新币四角。一亩以下，半亩为单位，未满半亩者以半亩计。一亩以上，以分为单位，未满一分者以一分计。是为颁发执照。

本省清丈开始于民国十八年，完成于民国三十年。兹将推进计划列叙如下。

第一期：昆明。

第二期：呈贡、晋宁、昆阳、宜良。

第三期：安宁、澄江、玉溪、嵩明、易门、富民，西畴（普马、两甲）。

第四期：路南、江川、华宁、禄劝、通海、河西、禄丰、罗次、寻甸、峨山、广通、双柏、武定、曲溪、弥勒、陆良。

第五期：石屏、开远、师宗、泸西、曲靖、马龙、楚雄、镇南、姚安、元谋、永仁、大姚、盐丰、牟定、盐兴、平彝、蒙化、祥云、弥渡、罗平、建水。

第六期：蒙自、个旧、文山、砚山、邓川、洱源、大理、凤仪、漾濞、永平、宾川、宣威、丘北、华坪、新平、龙武、鹤庆、马关、广南、剑川、景东、云县、顺宁、元江、保山、河口、沾益、墨江。

完成期：昭通、鲁甸、彝良、永善、镇雄、威信、大关、盐津、绥江、宁洱、思茅、镇沅、六顺、景谷、西畴、麻栗坡、昌宁、丽江、永胜、宁蒗、兰坪、腾冲、缅宁、云龙、龙陵、富宁、屏边、镇康、维西、金平、会泽、巧家、澜沧。

缓办县属：江城、镇越、中甸、佛海、宁江、陇川、瑞丽、碧江、沧源、莲山、南峤、车里、双江、德钦、贡山、福贡、泸水、盈江、潞西、梁河。

缓办县属内，江城及中甸所属第三区，经查明有清丈之价值，已另提出举办。完成期内，澜沧一属因人口稀少，土地经济价值低，已予缓办。

城镇地籍整理

一、各年度业务及实施计划

地政署令，规定于三十一年起，应即开始举办本省各县重要城镇地籍整理工作，并指定三十一年度内先行举办呈贡、宣威、宜良、曲靖等四城镇。时地政机构未立，嗣及地政局成立，当即体察当时情形，拟具整理玉溪等八城镇地籍整理业务计划，连同经费预算，一并呈请地政署核定施行。第以该年度不久即告终了，旋奉省府令准地政署电饬，并入三十三年度，列为四十个城镇办理，而署令定为二十单位。当即就本省所属各县中，择定交通便利、经济繁荣、人口集中、地价较高之开远、蒙自、石屏、宣威、沾益、大理、凤仪、祥云、建水等九县城，及祥云县属云南驿、清华洞两地，昆明县属官渡镇，连同三十二年度择定、未及举办之玉溪、曲靖、宜良、楚雄、镇南等五县城，及玉溪县属普舍镇，大理县属五台镇，凤仪县属下关镇等共计二十城镇，为该年度实施整理单位，并连同其他工作项目，拟定三十三年度施政计划，呈请核定施行。三十四年，奉令办理县区地籍五十万亩。以本省各县区内所有耕地，早岁曾经省政府令饬财政厅实施清丈，整理就绪，无再行整理之必要。应行举办之城镇地籍整理，三十三年度仅办十余城镇，亟应择定区域，分期推行，以期及早完成，据以请省政府转请行政院核定，行政院准其请。遂拟具该局三十四年度续办十四城镇地籍整理业务计划，呈请核行。至其办理区域，就中昆明县属官渡镇、凤仪县城及其所属下关镇，暨石屏、蒙自、宣威等三县县城共计六个单位，原系三十三年度择定整理区域，亦呈准划归本年度推行。此外并就该局三十三年度已设处推行各县邻近或所属地方，就其较为繁盛、有整理价值之城镇中，新择定平彝、弥渡两县县城，及祥云县属前所镇、大理县属玉洱乡（该单位因接近县城，已于县城整理工作结束予以提前推行，而将该局三十三年原定于该县区内实施整理之五台镇一单位，移置于玉洱乡，业务大体就绪后再予办理。曾经专案呈准将该两单位业务实施整理年度予以对调，以符实际）、蒙自县属新安所、曲靖县属九龙、妙峰两乡，及昆明县属大板桥、小板桥等，共计八个单位，并同实施整理，共合十四单位。

二、实施状况

该局于三十三年度呈准实施城镇地籍整理十四单位工作，按照年度计算，本应自一月份起开始推动，唯以事属初创，各项准备工作办理需时，故自一月起至四月上旬止，始行筹备就绪。而该局第一次请托省训团代为招训之地政组学员，亦于三月底结业，当即自三十三年四月十六月起，开始推动工作。所有各该单位工作，按照上述县处组设标准，应设置十个县处，分别负责办理。中因开办稍迟，及战时交通工具缺乏、人员调动困难等关系，截至三十三年底止，尚有大理等县处业务不能结束，当予顺延至三十四年度内赓续推行。又三十四年度应办十四单位城镇地籍整理工作，系自是年一月份起并同三十三年度剩余各县处业务衔接进行。所有年度应办十四单位工作，照案亦应设置十个县处分别负责办理。惟就中是年度择定推行之祥云县属前所镇、大理县属五台镇，及曲靖县属九龙、妙峰两乡等三单位业务，该局前于三十三年度推行各该县区内其他单位业务时，即已将各该县处先行成立，兹仍继续设置，分别办理各该单位业务，无须另行设立，故是年度实应新设置七个县处。现除石屏、宣威、曲靖、蒙自等四县处业务已先后办毕结束裁撤外，其余则尚在积极办理中。

三、地政局组织与筹备

以前本省地政，自十八年省政府办理清丈耕地，曾设清丈局、处主其事。至民国三十一年，乃奉行政院令饬设置省地政局。三十二年九月成立设备处。派杨家麟任局长，吴其荣副之。十月，地政局正式成立。该局直隶于省政府。设局长一人，副局长一人，均简任；下设秘书一人，科长三人，技正二人，均荐任；督导四人，其中二人荐任，二人委任；估计专员三人，其中一人荐任，余委任；科员九至十五人，技士三人至五人，技佐三人至五人，均委任。而测量及各县地籍整理办事处之组织另订之。土地测量队设队长一人，荐任；副队长一人，荐任或委任；股长三人，股员或技术员十八人至二十四人，均委任；必要时得设置抽查员六人至八人，并得酌用雇员。三十三年一月成立，旋奉令举办城镇地籍整理。应办业务多涉及技术范围，乃先订各种单行章则，继则训练人才，储备器材。其情形亦有可述者。

（一）草拟规章表式：城镇地籍整理，先后拟具规章数十种，呈请省政府暨地政署鉴核备案，饬各县地籍整理办事处遵办。此外，关于测量方面之各种记录及计算表格，为求划一起见，亦经拟订格式二十余种，印发各分队备用。又关于办理土地登记应需之各种书状簿册，除遵照地政署先后令颁之土地所有权登记申请书、他项权利登记申请书、土地所有权状、他项权利证明书、土地登记簿、土地所有权人索引簿、共有人名簿、地号索引簿、公有土地清册、地价册等十种格式及标准尺度（就中土地所有权状一种，为政府发给人民收执管业之唯一凭证，本局为适应地方习惯，使人民对于此项权状格外重视，借利业务进行起见，曾将纸幅尺度予以放大，并于权状及存根上均加盖本局局长、副局长及各该县处兼处长及副处长之名章，以专责成）印制备用外，并由局拟订其他办理登记业务必须之书表册据格式二十余种，配发各县处备用。

（二）征用训练人员：该局推行各重要城镇地籍整理工作，关于储备人才一事，曾厘定办法两项如次：（1）征用测量技术人员。本省过去曾设有陆地测量学校，造就土地测量人才。又以前财政厅于举办全省耕地清丈时，亦曾设有清丈人员养成所，造就清丈技术人才。此外，并有各大学、专科学校土木工程或测量系毕业、具有测量技能之技术人员可资罗致应用，当于三十三年一月间公开登报征求，凡曾在大学工科或测量系毕业暨测量专门学校或曾受测量训练、服务有年者，均可持同证件，报名应征。其征用程序，首为审查资格，资格合格者予以口试，口试及格者再予编组实习，实习期满经考核成绩及格者，即予录用。先后两次，共计录用六十人。（2）训练地政业务人员。此项人员因本省少有现成人才可资罗致应用，自应招生训练以赴事机。爰于三十三年一月商准云南省地方行政干部训练团同意，于该团训练第九期学员时，代为招训地政组学员四十二名，另由该局就各级职员中，调送十一人参加受训。其训练期限，照省训团规定为两个月，应修专业课程钟点，两个月共有一百八十小时。该局当即参酌业务实际需要，将该组学员应修专业课程钟点分别拟定为：土地法规、土地经济、土地估价、土地登记、土地税、土地测量概要、近代各国土地政策、中国历代土地制度沿革、土地利用、都市设计、民法统计学等十二种，并予分按各课程性质，酌订授课时数，共予排足一百八十小时之数。该组学员计于二月一月入团受训，三月底结业，共计结业学员五十二名。人数尚不敷用，复经该局请托该团于训练第十期学员时，再予代为招训地政组学员四十三名，另再由该局就各级职员中调送六员参加受训，其受训期限、科目等项、概照前期成案办理。该组学员于三十一年四月一日入团受训，至五月底训练期满，经考试及格，准予结业，以上共经训练一百零一人，分别派往各县处工作。关于测量工作部分所需各种测量器材，经按照业务实际需要设法准备。其中主要仪器经纬仪一种，向地政署领获二架，向本省公路管理局借获二架；平板仪一种，向地改署仪器制造厂订购四十套，向本省企业局借获十套；求积仪在渝购获三具，向昆明市政府借获二具。最近又向地政署领获经纬仪三架，平板仪三十套，求积仪八具备用，其余各项零件、用具、纸张，则分别在渝、昆购置备用。

（三）设置各县机构：该局奉令办理城镇地籍整理，其各县整理机构之设置，系照三十一年十一月四日行政院公布《县地籍整理办事处组织规程》之规定，于各整理县区内组设县地籍办事处负责办理。办事处设处长一人，照章派各该县县长兼任；副处长一人，由该局遴选适当人员呈请省政府派充之。以下分课办事，置课长二人，课员若干人，分掌各项事务。并为紧缩组织，节省经费起见，每县境内不论其举办一个城镇或数个城镇，概以每县设置一地籍整理办事处负责办理该县区内指定各城镇之全部地籍整理工作为限。至测量业务，系由该局土地测量队视各县业务需要，酌派分队前往办理。每分队设分队长一人，技士九人，事务员一人，雇员一人，测工十六名，工役二名。此外，各处、队业务，并由该局增设督导员及检查员若干人，分赴工作地点，执行督导与检查任务。其实施程序，悉依照三十二年十二月十七日国民政府公布《战时地籍整理条例》之规定，循序办理。其主要项目可分为土地测量、规定进价与土地登记等三项。土地测量部分，其实施程序计分为：三角测量（此项因本省城镇范围狭小，除尽量利用本省陆地测量局所作之三角测量成果作交绘点测量外，业经呈准不再单独施行三角测量）、图根测量、地产测量及绘图、计积等步骤。规定地价部分，系依照三十二年十一月二十五日国民政府公布施行之《战时地价申报条例》之规定，于测量工作开始后，由县处会同地方士绅，组织标准地价评议委员会负责同时进行，俾与土地登记工作相衔接。其实施程序计分为：调查、计算、评议、公布等四个阶段。土地登记部分，系与测量及规定地价业务衔接进行。各整理单位于测量完毕及标准地价评议完竣呈请公布后，即赓续开办土地登记，以确定人民产权。其实施步骤计分为：核图、收件、收费、审查、公告、登簿、发状、造册等八个阶段。其人民核对地籍分布图，如认为图载亩积、四至、业权有疑义或不符情事时，得声请复丈；其对业权有纠纷问题者，得声请调解，另由县处会同地方士绅组织土地纠纷调解委员会办理之。上项声请复丈或调解之土地，均应俟复丈完竣或调解成立后，始能申请登记，确定业权，领状管业。

三十三年度成立各县地籍办事处表

县处名称	整理区域	成立日期	结束日期
玉溪县地籍整理办事处	县城、普舍镇	三十三年四月十六日	三十四年一月三十日
宜良县地籍整理办事处	县城	三十三年四月十六日	三十三年十一月三十日
开远县地籍整理办事处	县城	三十三年六月十六日	三十三年十二月十五日
镇南县地籍整理办事处	县城	三十三年六月十六日	三十四年二月二十八日
沾益县地籍整理办事处	县城	三十三年六月十六日	三十四年一月三十一日
楚雄县地籍整理办事处	县城	三十三年八月一日	三十四年三月十五日
祥云县地籍整理办事处	县城、清华洞 云南驿、前所镇	三十三年八月十六日	
曲靖县地籍整理办事处	县城、九龙乡、 妙峰乡	三十三年九月二十一日	三十四年九月三十日
建水县地籍整理办事处	县城	三十三年九月二十一日	三十四年七月二十一日
大理县地籍整理办事处	县城、玉洱乡、 五台镇	三十三年十二月一日	
石屏县地籍整理办事处	县城	三十三十二月一日	三十四年七月十五日
宣威县地籍整理办事处	县城	三十四年二月一日	三十四年九月十五日
蒙自县地籍整理办事处	县城、新安镇	三十四年二月一日	三十四年十二月三十日
凤仪县地籍整理办事处	县城、下关镇	三十四年三月一日	
昆明县地籍整理办事处	官渡、大板桥、 小板桥	三十四年五月十六日	
平彝县地籍整理办事处	县城	三十四年九月十六日	
弥渡县地籍整理办事处	县城	三十四年十二月一日	

备注：

楚雄县：就中县城部分业务已于三十四年六月三十日结束，清华洞业务已于七月十六日结束，云南驿业务已于十月二十日结束，现正赓续办理前所镇业务中。

大理县：就中县城部分业务已于十月上旬结束，玉洱乡业务已于十一月中旬结束，现正办理五台镇业务中。

昆明县：就中官渡镇部分业务已于九月底结束，现正办理大小板桥两单位业务中。

登记工作已结束各城镇成绩表

城镇名称	起地总数	开办日期	结束日期	声请登记起数	发状起数	声请起数占起地总数	发状起数占声请起数
开远县城	1,283	三十三年八月一日	三十三年十二月十五日	1,218	1,125	95%	92%
玉溪县城	2,126	三十三年九月一日	三十三年十二月三日	2,107	1,916	99%	91%
宜良县城	1,881	三十三年九月十八日	三十三年十一月十五日	1,683	1,580	89%	94%
玉溪县普舍镇	2,376	三十三年十月十六日	三十四年一月十五日	2,257	2,127	95%	94%
沾益县城	1,849	三十三年十一月二十五日	三十四年二月二十六日	1,712	1,625	92%	95%
镇南县城	1,498	三十三年十二月一日	三十四年三月三十一日	1,438	1,386	96%	96%
建水县城	4,533	三十四年一月二十五日	三十四年七月二十一日	4,438	4,340	98%	98%
楚雄县城	2,032	三十四年一月二十六日	三十四年三月十四日	1,929	1,863	95%	97%
祥云县城	2,818	三十四年二月一日	三十四年六月三十日	2,789	2,695	99%	97%
曲靖县城	3,247	三十四年三月二十日	三十四年七月二十日	3,084	2,929	95%	95%
祥云县清华洞	520	三十四年四月五日	三十四年五月十五日	511	495	98%	97%
大理县城	4,500	三十四年五月一日	三十四年九月三十日	4,275	4,146	95%	97%
祥云县云南驿	1,047	三十四年七月十一日	三十四年九月二十一日	989	898	94%	91%

（续表）

城镇名称	起地总数	开办日期	结束日期	声请登记起数	发状起数	声请起数占起地总数	发状起数占声请起数
大理县玉洱乡	2,100	三十四年九月十日	三十四年十一月十五日	1,894	1,762	90%	93%
石屏县城	3,056	三十四年四月五日	三十四年七月八日	2,964	2,739	97%	92%
蒙自县城	1,303	三十四年五月二十三日	三十四年八月三十一日	1,250	1,212	96%	97%
宣威县城	4,558	三十四年六月十一日	三十四年九月十五日	4,284	4,284	94%	95%
昆明县官渡镇	2,125	三十四年八月二十日	三十四年九月三十日	1,841	1,804	87%	98%
凤仪县下关镇	3,777	三十四年九月一日					
蒙自县新安镇	567	三十四年十月二十一日	三十四年十一月二十五日	543	506	96%	93%
祥云县前所镇	1,802	三十四年十一月十五日					
昆明县小板桥	174	三十四年十一月十五日					

测量工作已完成各城镇成绩表

城镇名称	亩积（亩）	地号	备注
玉溪县城	499.163	2126	
宜良县城	778.824	1881	
玉溪县普舍镇	422.158	2376	
开远县城	1,435.644	1283	
镇南县城	502.124	1498	
沾益县城	921.324	1849	
楚雄县城	1,839.965	2032	
祥云县城	1,831.600	2818	
曲靖县城	1,703.801	3247	
曲靖九龙、妙峰乡	1,752.108	3291	
建水县城	3,016.159	4533	
石屏县城	1,141.971	3056	
大理县城	3,083.690	4500	
蒙自县城	1,043.186	1303	
宣威县城	1,278.690	4558	
祥云县云南驿	774.081	1047	
昆明县官渡镇	594.370	2125	
昆明县小板桥	213.322	774	
蒙自县新安镇	347.737	567	
祥云县清华洞	1.400	520	左列亩积系约计数
凤仪县下关镇	3.450	3777	同上
祥云县前所镇	1.700	1802	同上
大理县玉洱乡	1.300	2100	左列亩积地号系约计数
昆明县板桥镇	250	600	同上
平彝县城	1.000	2500	同上
凤仪县城	800	2000	同上

规定地价工作已完成各城镇成绩表

县别	昆明市			宜良县城	
类别	铺地（方丈）	宅地（方丈）		铺地（方丈）	宅地（方丈）
第一等	40,000	30,000	未列街巷	114,000	4,000
第二等	28,000	25,000		12,000	3,500
第三等	20,000	20,000		10,000	3,000
第四等	16,000	15,000		8,000	2,500
第五等	12,000	10,000		5,000	2,000
第六等	8,000	6,000		3,500	1,200
第七等	4,000	4,000		1,500	1,000
第八等	2,800	2,000		1,000	700
第九等	2,400	2,000		800	400
第十等	1,600	1,000			200
第十一等		500			100
第十二等		200			
第十三等		100			
第十四等		50			
核定日期	三十三年八月二十三日			三十三年九月六日	

（续表）

县别	建水县县城			大理县县城			
类别	铺地（方丈）	宅地（方丈）	农地（亩）	铺地（方丈）	宅地（方丈）	农地（亩）	荒地（亩）
第一等	10,000	4,000	30,000	15,000	4,500	25,000	3,000
第二等	8,000	3,500	6,000	13,000	3,500	20,000	
第三等	6,500	3,000		11,000	2,500	15,000	
第四等	5,500	2,500		8,000	2,000		
第五等	4,500	2,000			1,500		
第六等	3,000	1,500			1,300		
第七等	2,500	1,200			1,000		
第八等	1,800	1,000			700		
第九等	1,000	750			400		
第十等		550			100		
第十一等		350					
第十二等		300					
第十三等		200					
核定日期	三十四年一月十二日			三十四年三月八日			

县别	石屏县县城			曲靖县县城			
第一等	8,000	4,000	30,000	12,000	4,000	30,000	7,000
第二等	7,000	3,500		10,500	3,500	20,000	5,000
第三等	6,000	3,000		9,000	3,000	10,000	3,000
第四等	5,000	2,500		7,500	2,500	7,000	2,000
第五等	4,000	2,000		6,000	2,000	5,000	
第六等	3,000	1,500		4,500	1,500		
第七等	2,000	1,200		3,000	1,000		
第八等	1,500	1,000		2,500	400		
第九等		700		1,000	200		
第十等		500		500	100		
第十一等		300					
核定日期	三十四年四月五日			三十四年五月二十九日			

（续表）

县别	宣威县县城				蒙自县县城			
类别	铺地（方丈）	宅地（方丈）	农地（亩）	荒地（亩）	铺地（方丈）	宅地（方丈）	农地（亩）	荒地（亩）
第一等	11,000	4,000			18,000	6,000		
第二等	10,000	3,500			14,000	5,500		
第三等	8,000	3,000			11,000	5,000		
第四等	7,000	2,500	50,000		8,000	4,000		
第五等	5,500	2,000			7,000	3,000		
第六等	3,500	1,500	40,000		5,500	2,500		
第七等		1,000			4,000	1,500		
第八等		800	30,000			1,000		
第九等		400				800		
第十等				12,000			40,000	
第十一等								30,000
核定日期	三十四年五月九日				三十四年五月十一日			

县别	昆明县属官渡镇				祥云县属云南驿			
第一等	15,000	5,000	50,000	10,000	4,500	1,800	20,000	12,000
第二等	13,000	4,000	40,000	5,000	3,500	1,400	15,000	9,000
第三等	8,000	3,000	30,000		3,000	1,000		4,800
第四等		2,000			2,500	800		
第五等					2,000	700		
第六等						600		
第七等						500		
核定日期	三十四年七月九日				三十四年七月二十日			

（续表）

县别	镇南县县城			祥云县县城			
类别	铺地（方丈）	宅地（方丈）	农地（亩）	铺地（方丈）	宅地（方丈）	农地（亩）	
						菜园	稻田
第一等	6,000	1,800	12,000	12,000	3,600	24,000	12,000
第二等	5,500	1,500	3,000	9,600	3,000	18,000	
第三等	5,000	1,200		7,200	2,400		
第四等	4,500	1,000		4,800	1,900		
第五等	4,000	800		3,600	1,500		
第六等	3,500	600		2,400	1,000		
第七等	3,000	400		2,200	700		
第八等	2,500	300		1,900	500		
第九等	2,000	200					
第十等	1,500	150					
核定日期	三十四年一月六日			三十四年一月九日			

玉溪县属普舍镇				大理县属玉洱乡			
						农地	荒地
第一等	8,450			16,000	5,000	20,000	2,000
第二等	7,150	5,500		13,000	4,000	16,000	
第三等	5,200	4,000		10,000	3,500	13,000	
第四等	3,900	3,000		8,000	3,000	10,000	
第五等		1,800			2,500		
第六等			48,000		2,000		
第七等					1,500		
第八等					1,000		
第九等					500		
核定日期	三十三年九月十五日			三十四年九月七日			

县别	昆明县属小板桥镇				昆明县属大板桥镇			
类别	铺地（方丈）	宅地（方丈）	农地（亩）	荒地（亩）	铺地（方丈）	宅地（方丈）	农地（亩）	荒地（亩）
第一等	10,000	4,000	50,000	1,000	0	5,000	40,000	10,000
第二等	8,000	3,000	40,000		8,000	4,000		
第三等	7,000	2,000			6,000	3,000		
核定日期	三十四年十月二十日				三十四年十一月二十六日			

（续表）

县别 类别	祥云县属清华洞				凤仪县属下关镇		
	铺地 （方丈）	宅地 （方丈）	农地 （亩）	荒地 （亩）	铺地 （方丈）	宅地 （方丈）	农田 （亩）
第一等	2,500	800	15,000	7,200	30,000	10,000	30,000
第二等		200			27,500	9,000	20,000
第三等					25,000	8,000	
第四等					22,500	7,000	
第五等					20,000	6,000	
第六等					17,500	5 ,000	
第七等					15,000	4 ,000	
第八等					12,500	3,000	
第九等					10,000	2,000	
核定日期	三十四年四月十三日				三十四年六月二日		

县别	祥云县属前所镇				蒙自县属新安镇		
							农荒地
第一等	4,000	1,600	18,000	12,000	7,000	2,500	
第二等	3,200	1,300	14,000	5,000	4,000	2,000	
第三等	2,700	900			2,000	1,500	
第四等	2,000	700				1,000	
第五等	2,000	600				500	
第六等	1,600	500					15,000
第七等	1,400	400					
第八等	1,200	350					
核定日期	三十四年十月十一日				三十四年十月八日		

（续表）

县别	开远县县城				沾益县县城		
类别	铺地（方丈）	宅地（方丈）		农地（亩）	铺地（方丈）	宅地（方丈）	农田（亩）
第一等	17,000	8,000	未列街巷	60,000	18,000	5,700	
第二等	14,000	6,000		45,000	16,000	3,500	
第三等	12,000	5,500		30,000	12,000	5,000	50,000
第四等	8,400	4,000			8,000	4,000	40,000
第五等	8,000	3,000			5,000	2,500	35,000
第六等		2,000				1,200	30,000
第七等		1,000				500	25,000
第八等		500					
核定日期	三十三年十一月六日				三十三年十一月八日		

县别	玉溪县县城			楚雄县县城		
类别	铺地（方丈）	宅地（方丈）	农地（亩）	铺地（方丈）	宅地（方丈）	农田（亩）
第一等	9,100			8,000	4,000	
第二等	7,150	5,500		6,500	3,000	
第三等	5,850	4,500		5,000	2,000	
第四等	3,900	3,000		3,500	1,000	
第五等	2,600	2,000		2,000	700	
第六等			60,000	1,000	500	
第七等				500	200	
第八等				200	100	
第九等						18,000
第十等						3,000
核定日期	三十三年九月九日			三十四年一月六日		

民国云南通志长编卷二十三

民政四

卫生一

卫生行政

云南卫生行政，稽诸历史，在前从无专设机关。自清季宣统元年设巡警道，立警务公所，始于所内设卫生科，分清洁、医药两股，执掌省会警察九区街道沟渠、便所之扫除或疏浚，及视察各区清道夫之工作、车马之管理、渣柜之设置与关于各区之医药取缔事项，是为云南设置卫生行政机关之嚆矢。民国以后累经改进，略分四期。

一、巡管局时期

民国成立，裁巡警道为巡警局。其时政务草创，仅于局之行政科内设第四科，掌管清洁道路、河井、沟渠，整理菜市、厕所与疫畜、死畜类之割烹，禁止不卫生之饮食物及饮食物品之检查，禁烟事项之管理。此外凡医师之考验，医院之设置，员长、警役及道途疾病者之诊治，皆属之。施行未久，机关旋复改组，故此时期尚无任何成绩之表现。

二、警察厅卫生科时期

民国二年六月，奉部令改巡警局为省会警察厅，并依制复设卫生科。初仍沿清制，分设清洁、医药两股。嗣以人口密集，复遵中央命令，照卫生行政方案扩大办理。乃改清洁股为保健股，并将原有之医药股分为医事、药剂两股，暨添设防疫一股。其保健股专掌关于警区街道、沟渠、便所之清洁、扫除及视察各区清道夫之工作，车马之管理，市场、屠场、工场、茶酒饮食馆、旅店、剧场、理发店、浴室之卫生检查、取缔，渣滓、秽物之扫除及烧却，屠兽、制革、售乳营业者之检查、取缔，患精神病者之救济及设医院治疗，各街面之饮水、饮食、物品之化验，墓地埋葬及寄柩所整理规定事项。防疫股专掌关于各种传染病院之设立及患病人之调查、预防、扑灭，媒介传染病各项物品之检查、限制输入及消毒，收养癞、疯、肺结核、花柳、梅毒等病之预防、消毒及设医院治疗，狂犬、野犬、蝇蚊、死鼠之扑杀掩埋，强迫民众种痘事项。医事股专掌关于宏济医院之筹设，管理及器械，药品之购置，医师、医士、牙科、针灸、按摩等营业者之考试、许可及给照注册，私立病院及妄行医术者之监督、取缔，医药团体之取缔、立案、注册，产婆及看护之教育、管理、注册事项。药剂股专掌关于药剂师、药商之认可、管理及给照、注册，关于中西药品有无毒汁之检查，及医书药方之取缔，卫生试验所之管理及监督事项。行政机构既经组织完全，于是考试医士，取缔药商，建筑公厕，设置渣柜等事，逐渐兴办。其他附属机关并设有后之数项：

宏济医院：民国三年就省会南城脚关帝庙改修，初名警察医院，专以治疗警察人员为职务。嗣以医务增繁，更名为宏济医院。十一年市政公所成立，又更名为市立医院。

检梅院：民国三年成立，专任集园各妓之检梅工作。九年改名平康医院，旋废，仍其旧。

麻疯病院：民国十年于省会东关外狗饭田侧山地建盖平瓦房一院，专收容麻疯患者。十四年复与英国基督教会商定，关于治疗此病之注射新药及内服外搽之剂，均由惠滇医院取用，行之颇有效，至今相沿照办。

卫生试验所：专司化验药商新发明之中西药品及与卫生有关之一切饮食物品、有害色素，暨由法院送检关于裁判之物品。民国八年成立。

牛痘传习所：创办于民国三年，每年招收各县曾经悬壶之医士到所学习，至今已达数千人。二十年复由省政府年发痘苗费新币六百元。约年可施种二万人以上。

产婆学校：后改名产婆改善传习所，创办于民国六年。

沟工队：创办于民国六年。

卫生清查队：创办于民国十一年。

医士考试场：后改名医士考试委员会。创办于民国二年。

卫生促进会：创办于民国十一年。

防疫研究所：成立于民国十一年。

屠兽场：民国七年，于省会小东城外之石萃庄建筑屠猪场、南城外之东寺街建筑屠牛羊场各一所，并于昆明县属之朝阳庵、小街子、九门里、官渡堡、马街子、金刀营六处，各成立一检查所，选兽医或警察毕业人员管理。

寄柩所：民国九年，就省会重关外之迎恩寺成立第一寄柩所，小东城外之天顶寺成立第二寄柩所。

豆腐米线场：豆腐、米线两种，占日用食品中之大部分，在前散处各街，于公共清洁卫生大有妨碍。民国九年，于省会小东城外之五显庙村建筑豆腐米线场一院，收容入内工作。至关于场内之清查，制造之卫生，则设有专员住院管理。民国十一年八月，昆明市政公所成立，警务机关并归市政府，原有卫生科改为卫生课。十七年八月，市政公所改组为市政府。初以原设社会、卫生两课合组为公益局，即以卫生事项归公益局第二科掌理。继又裁公益局，而以卫生事项划归公安局，编为第四科。迨二十一年一月，省会公安局划分独立，又将第四科改为卫生科，一切人员、职掌均仍其旧。在此时期，除继续办理上列各项外，并注意于卫生教育及刊物宣传，期于改善个人卫生，以补助行政机关之不逮。于是添办市民卫生讲话、女子家庭卫生讲习所、通俗卫生讲演会，并发行《卫生会刊》《通俗卫生小言》《个人卫生》《论家庭卫生说》等。此为二十年来省会办理卫生行政之概略也。

三、全省各县卫生专员及民政厅卫生科时期

全省卫生行政机关之组织：自十七年中央设立卫生部，通令各省，于民政厅内设立卫生处或卫生专员，办理全省卫生事宜。本省依部令，初设卫生专员，于十九年八月，就民政厅第五科添设一等科员一员，专办全省卫生行政事务。迨二十一年全国内政会议第二次议决案，每县应设立一县立医院，以为一县医药卫生之中心机关。如不能设县立医院，须筹设卫生专员。省府于二十二年十二月，即准于民政厅内添设第六科，对内负责主办全省卫生行政，并由厅通饬各县筹设卫生专员，办理县卫生行政。经两年半之积极推进，计设有卫生专员者达六十八县。二十五年七月卫生实验处组织成立，仍由该处继续办理。现全省已有八十一县设有卫生专员矣。民厅第六科分保健、防疫、医药三股，各设主任、科员、助理员等，对内负责。综计自设置卫生专员以来，四五年间，办理成绩有足资纪录者。爰摄要列后：

（一）卫生教育：民国十八、十九两年，就民政厅开办之训政讲习所内第一、第二两期行政、公安、自治三班学员加授卫生行政一科，又于公安班再加授卫生警察一科。嗣于二十一年开办警官学校，复设卫生一科，授以卫生行政上种种知识。

（二）保健行政：分为两步办理。第一步，由昆明市着手，令饬先办下列五项：1. 划定市一区所辖区城，作为公共卫生试验区；2. 办理卫生统计；3. 整饬自来水及水井；4. 疏浚下水道及城河；5. 购办清道洒水车。第二步，推行各县区。

（三）医药管理：有《全省医药调查》《全省医药救济调查》两表。两表分录于后。

云南全省医药调查一览表

（民国二十年制）

区别	市县区别	人口约数	西医数	中医数	助产士数	接生婆数	药剂士数	医院数	西药房数	中药铺数	医药学校数	医药团体数	医药行政机关	取缔医药办法	备考
首善区	昆明市	149,710	20	135	3	33	5	5	17	119	1	2	1	有规则六种	医院行政机关即公安局，该局内设有卫生科
第一区	昆明县	161,800	无	无	无	无	无	无	无	无	无	无	1	无	该县城内则属昆明市，五乡尚无医药
	富民县	25,246									无	无	1	无	医药行政机关即该县公安局
	晋宁县	49,316	无	31	无	1	无	无	无	15	无	无	1	无	
	呈贡县	77,077	无	23	无	无	无	无		5	无	1	1	无	有呈贡医药支会
	宜良县	92,814	2	11	无	2	1	1	2	10	无	无	1	无	
	安宁县	61,331		12		1					无	无	1	无	
	易门县	60,949	无	2	无	1	无	无	无	1	无	无	1	无	
	禄丰县	25,848									无	无	1	无	
	罗次县	52,167	无	5	无	无	无	无	无	5	无	无	1	无	
	嵩明县	130,500	3	23	无	无	无	无	3	24	无	无	1	无	

（续表）

区别	市县区别	人口约数	西医数	中医数	助产士数	接生婆数	药剂士数	医院数	西药房数	中药铺数	医药学校数	医药团体数	医药行政机关	取缔医药办法	备考
第一区	昆阳县	61,056	无	8	无	2	无	无	无	1	无	无	1	无	
	武定县	123,000	无	8	无	1	无	无	无	6	无	无	1	无	
	元谋县	39,044	无	4	无	无	无	无	无	4	无	无	1	无	
	禄劝县	65,115	无	5	无	无	无	无	无	5	无	无	1	无	
	澄江县	69,016	1	19	无	2	无	无	1	19	无	无	1	无	
	玉溪县	139,863	无	66	无	8	无	无	无	46	无	无	1	无	
	路南县	86,772	无	15	无	3	无	无	无	15	无	无	1	无	
	寻甸县	93,180	无	5	无	3	无	无	无	5	无	无	1	无	
	牟定县	95,646									无	无	1	无	
	泸西县	130,071	无	20	无	4	无	无	无	10	无	无	1	无	
	弥勒县	41,000	无	15	无	8	无	无	无	10	无	无	1	无	
第二区	大理县	92,445	无	62	无	4	无	无	无	57	无	1	1	无	有神州送医支会
	永平县	21,176	无	14	无	无	无	无	无	14	无	无	1	无	
	邓川县	25,000	无	14	无	无	无	无	无	12	无	无	1	无	

（续表）

区别	市县区别	人口约数	西医数	中医数	助产士数	接生婆数	药剂士数	医院数	西药房数	中药铺数	医药学校数	医药团体数	医药行政机关	取缔医药办法	备考
第二区	洱源县	31,215	无	5	无	无	无	无	无	无	无	无	1	无	
	祥云县	54,280	无	30	无	7	11	无	无	26	无	无	1	无	
	云龙县	56,598	无	2	无	无	无	无	无	2	无	无	1	无	
	凤仪县	41,000	1	20	无	1	无	无	1	18	无	无	1	无	
	漾濞县	22,500	无	5	无	4	无	无	无	4	无	无	1	无	
	姚安县	77,125	无	11	无	无	无	无	无	12	无	无	1	无	
	华坪县	15,000	无	3	无	4	无	无	无	2	无	无	1	无	
	蒙化县	139,604	3	13	无	无	无	无	无	1	无	无	1	无	
	弥渡县	69,396	1	25	无	3	无	无	无	25	无	无	1	无	
	鹤庆县	55,395									无	无	1	无	
	剑川县	62,550	无	14	无	无	无	无	无	14	无	无	1	无	
	中甸县	19,673	无	无	无	无	无	无	无	无	无	无	1	无	该县夷多汉少，尚无医药
	维西县	33,791									无	无	1	无	
	丽江县	100,800	无	16	无	3	无	无	无	14	无	无	1	无	

（续表）

区别	市县区别	人口约数	西医数	中医数	助产士数	接生婆数	药剂士数	医院数	西药房数	中药铺数	医药学校数	医药团体数	医药行政机关	取缔医药办法	备考
第二区	兰坪县	30,000	无	2	无	4	无	无	无	2	无	无	1	无	
	大姚县			13							无	无	1	无	
	永仁县	33,986	无	6	无	1	无	无	无	4	无	无	1	无	
	盐丰县	26,094	无	11	无	4	无	无	无	3	无	1	1	无	
	镇南县	105,000	无	15	无	2	无	无	无	13	无	1	1	无	
	永北县										无	无	1	无	
	宾川县	90,210	无	15	无	2	无	无	无	15	无	无	1	无	
	楚雄县	8,000	无	11	无	3	无	无	无	11	无	无	1	无	
	广通县	26,178	无	14	无	4	无	无	无	9	无	1	1	无	该县有医药研究社
	双柏县	27,955	无	2	无	无	无	无	无	2	无	无	1	无	
	盐兴县	32,600	1	18	无	9	1	无	无	8	无	无	1	无	
	阿墩设治局	4,842									无	无	1	无	
第三区	腾冲县	164,775	2	50	无	8	无	4	无	2	无	无	1	无	
	龙陵县	42,478	无	5	无	2	无	无	无	4	无	无	1	无	

（续表）

区别	市县区别	人口约数	西医数	中医数	助产士数	接生婆数	药剂士数	医院数	西药房数	中药铺数	医药学校数	医药团体数	医药行政机关	取缔医药办法	备考
第三区	保山县	336,246	无	11	无	5	无	无	2	14	无	无	1	无	该县有医药分会
	顺宁县	123,715	1	22	无	5	无	无	1	16	无	无	1	无	
	镇康县	81,000	无	3	无	无	无	无	无	3	无	无	1	无	
	云县	119,787									无	无	1	无	
	干崖设治局	25,700	无	2	无	无	无	无	无	2	无	无	1	无	
	盏达设治局	16,273									无	无	无	无	
	陇川设治局	7,860									无	无	无	无	
	勐卯设治局										无	无	无	无	
	芒遮板设治局	16,664									无	无	无	无	
	泸水设治局										无	无	无	无	
	上帕设治局	9,055									无	无	无	无	
	知子罗设治局	100,813	无	无	无	103	无	无	无	无	无	无	无	无	
	菖蒲桶设治局	7,516									无	无	无	无	

（续表）

区别	市县区别	人口约数	西医数	中医数	助产士数	接生婆数	药剂士数	医院数	西药房数	中药铺数	医药学校数	医药团体数	医药行政机关	取缔医药办法	备考
第四区	双江县	47,275									无	无	无	无	
	车里县	123,798									无	无	无	无	
	五福县	25,874									无	无	无	无	
	佛海县	23,800	无	2	无	无	无	无	2	2	无	无	1	无	该县西药系杂货铺兼售
	镇越县										无	无	无	无	
	六顺县	26,300	无	16	无	22	无	无			无	无	无	无	
	宁洱县	59,589	无	5	无	1	无	无	1	1	无	无	1	无	
	景谷县	85,977									无	无	1	无	
	墨江县	27,260	1	5	无	4	无	无	1	8	无	无	1	无	
	思茅县	13,671	2	8		5			1	10	无	无	1	无	该县有药王庙
	元江县	70,000	1	3	无	3	无	无	无	3	无	无	1	无	
	新平县	67,967	无	6	无	2	无	无	无	6	无	无	1	无	
	澜沧县	125,432	无	无	无	无	无	无	无	无	无	无	1	无	该县夷多汉少，尚无医药
	镇沅县	26,917	无	2	无	2	无	无	无	3	无	无	1	无	

（续表）

区别	市县区别	人口约数	西医数	中医数	助产士数	接生婆数	药剂士数	医院数	西药房数	中药铺数	医药学校数	医药团体数	医药行政机关	取缔医药办法	备考
第四区	景东县										无	无	1	无	
	缅宁县	58,267									无	无	1	无	
	江城县	14,219									无	无	1	无	
	临江设治局	6,617									无	无	无	无	
第五区	昭通县	158,453	6	26	2	11	1	1	4	22	无	1	1	无	该县有医药同业公会
	大关县	58,671	无	6	无	4	无	无	无	4	无	无	1	无	
	会泽县	198,880	2	2	无	2	无	无	2	4	无	无	1	无	
	巧家县	110,000	无	8	无	4	无	无	无	8	无	无	1	无	
	永善县	237,992									无	无	1	无	
	绥江县	81,520	无	8	无	2	无	无	无	8	无	无	1	无	
	鲁甸县	43,105	无	8	无	11	无	无	无	4	无	无	1	无	
	镇雄县										无	无	1	无	
	彝良县	189,560	无	8	无	1	无	无	无	3	无	无	1	无	
	盐津县	12,000	无	3	无	无	无	无	无	3	无	1	1	无	该县有一医药团体
	威信设治局	43,308									无	无	无	无	

（续表）

区别	市县区别	人口约数	西医数	中医数	助产士数	接生婆数	药剂士数	医院数	西药房数	中药铺数	医药学校数	医药团体数	医药行政机关	取缔医药办法	备考
第六区	文山县	406,918	无	8	无	2	无	无	无	5	无	无	1	无	
	马关县	135,000	无	4	无	无	无	无	无		无	无	1	无	
	广南县	237,000	无	5	无	2	无	无	无	4	无	无	1	无	
	富州县	61,443									无	无	1	无	
	丘北县	77,680	无	4	无	无	无	无	无	4	无	无	1	无	
	西畴县	76,397	无	2	无	1	无	无	无	2	无	无	1	无	
	靖边设治局	40,000									无	无	1	无	
第七区	石屏县	121,573									无	无	1	无	
	建水县	127,089	无	5	无	2	无	无	无	5	无	无	1	无	
	开远县	72,334	无	11	无	1	无	2	无	11	无	无	1	无	该县原名阿迷
	曲溪县	29,258	无	2	无	5	无	无	无	2	无	无	1	无	
	勐丁设治局										无	无	无	无	
第八区	通海县	20,000	1	30	无	10	无	无	无	20	无	无	1	无	
	河西县	56,314	无	11	无	3	无	无	无	11	无	无	1	无	
	峨山县	62,006	无	2	无	无	无	无	无	4	无	无	1	无	

（续表）

区别	市县区别	人口约数	西医数	中医数	助产士数	接生婆数	药剂士数	医院数	西药房数	中药铺数	医药学校数	医药团体数	医药行政机关	取缔医药办法	备考
第八区	华宁县	125,000	无	8	无	7	无	无	无	1	无	1	1	无	该县原名黎县，有医药会
	江川县	33,485	无	3	无	无	无	无	无	3	无	无	1	无	
第九区	蒙自县	140,000	1	6	无	4	无	2	2	10	无	无	1	无	该县有法国医院及分院二处
	个旧县	94,052	3	21	无	2	2	1	4	9	无	无	1	无	
	金河设治局	19,367	无	1	无	无	1	无	无	无	无	1	无	无	
第十区	陆良县	170,000	无	48	无	3	无	无	无	31	无	无	1	无	
	曲靖县	150,000	1	11	无	3	无	无	1	14	无	无	1	无	
	沾益县	102,153	无	3	无	1	无	无	无	3	无	无	1	无	
	罗平县	131,950	无	5	无	2	无	无	无	7	无	无	1	无	
	宣威县	313,400	无	3	无	2	无	无	无	6	无	无	1	无	
	马龙县	40,000	无	1	无	无	无	无	无	1	无	无	1	无	
	平彝县	102,465	无	无	无	无	无	无	无	无	无	无	1	无	
	师宗县	48,894													该县风气晚开，尚无医药
合计	1 市 123 县局	9,112,072	53	1,151	5	371	22	16	45	851	1	12	110	6	

云南全省医药救济调查一览表

（民国二十一年制）

市县别	红十字会	各种救济会	教会医院	各种施医院	各公私立医院或诊治处所之兼有施医者	备考
昆明市	红十字会昆明分会医院	①昆明市国医公会送诊股 ②神州医药总会云南分会	惠滇医院	昆明市同仁社	①法国医院施医院 ②昆明市立医院 ③昆明市施药会 ④昆明市养疾院	
昆明县	无	无	无	昆明县内北乡龙头村施医处	无	该县红十字会尚无医师，专恃捐款施医药于贫民
大理县	红十字会	无	无	无	无	
双江县	无	无	勐勒教会医院	无	无	
保山县	无	无	救济院施医科	无	无	
腾冲县	无	无	无	无	济善医院施药处	
楚雄县	无	医药分会	①布道会楚雄诊疗所 ②滇中伯将药房保产院	无	无	
盐津县	无	私立慈善会施医药	无	无	无	
禄丰县	无	无	内地布道会设一诊疗所	无	无	
澜沧县	无	无	无	惠民医药局	官痘局施医药	
禄劝县	无	无	无	无	公立医药所	
蒙化县	无	蒙化县巍山合药公会施药	无	无	无	

（续表）

市县别	红十字会	各种救济会	教会医院	各种施医院	各公私立医院或诊治处所之兼有施医者	备考
昭通县	无	无	圣道公会、福滇医院	无	①健康西药房 ②延龄西药房	
平彝县	无	无	无	无	丰济药室	
富民县	无	神州送药总会云南分部富民支会	无	无	无	
盐丰县	无	医药支会	无	无	无	
黎县	无	医药支会	无	无	无	
永平县	无	无	无	永平县公立医药处	无	
蒙自县	无	无	无	①蒙自地方慈善医院 ②蒙自地方救济医院	无	
合计	2	8	7	6	10	

说明：总计全省，计有医药救济事业者，有一市十八县。计有红十字会二，各种救济会八，教会医院七，各种施医院六，各公私立医院或诊治所之兼有施医者十。其余师宗、洱源、武定、维西、景谷、元谋、江川、鹤庆、缅宁、建水、晋宁、罗次、大姚、寻甸、曲靖、富州、易门、宾川、玉溪、镇南、兰坪、安宁、双柏、龙陵、沾益、景东、宜良，马龙、新平、牟定、通海、华坪、风仪、姚安、镇沅、河西、澄江、邓川、中甸、剑川、呈贡、罗平、丽江、石屏、陆良、丘北、弥渡、个旧、西畴、永仁、弥勒、广南、祥云、景谷、云县、云龙、宁洱、漾濞、昆阳、会泽、鲁甸、盐兴、峨山、文山、阿迷、彝良、绥江、大关、路南、墨江、思茅、马关、江城、巧家等七十五县，均无送药救济事业，此外尚有宣威等十五县未据报到，及十五行政区未曾令行调查。然证以以往之医药调查，可以推定其为无也。

前节所列三项，系设卫生专员时间办理之件。自民政厅卫生另设专科后，虽为日无多，而责任既专，设置较备，其所计划与施设成绩，亦尚不鲜。兹就其荦荦大者，叙次如后。

（一）拟定卫生行政计划：
（1）筹设各县、区卫生专员；
（2）筹定各县、区卫生经费；
（3）实施卫生教育；
（4）筹办卫生统计；
（5）厘定卫生法规；
（6）计划全省防疫；
（7）督催各县、区医药师及助产士请领部证；
（8）筹设省立医院、县立医院及巡回诊疗所；
（9）筹设省立制药厂；
（10）筹设省立卫生试验所。
又根据上列计划，拟订二十三年度计划：
（1）开办省立昆华医院；
（2）筹设省立个旧医院；
（3）筹设省立思普医院；
（4）完成各县区麻疯医院或隔离所；
（5）筹设省立制药厂；
（6）筹设牛痘苗制造所；
（7）继续推广设立各县、区卫生专员；
（8）筹办卫生行政人员训练所；
（9）监督省会助产学校；
（10）筹定各县、区卫生专员经费；
（11）调查恶性疟疾；
（12）调查甲状腺症。
又二十四年度计划：
（1）省立医院；
（2）麻疯隔离所；
（3）卫生专员；
（4）环境卫生；
（5）地方病；
（6）助产学校；
（7）种痘传习所；
（8）卫生行政人员训练所；
（9）制造牛痘苗；
（10）卫生经费。
以上各种计划，业已呈经省政府、内政部核准有案。
（二）筹定各县、区卫生经费
按内政部颁行之训政时期卫生行政方针：卫生经费由地方税支出之；一切关于征

收之费，均办卫生事务，不作别用。依此方针，特规定屠宰检查费、卫生罚金、卫生捐款（如施医、施药、施米、施衣、施粥、施棺、施钱等慈善捐款皆是）、菜市捐、煤炭捐、旅店执照费、理发业执照费、医药师登记费、牛乳营业执照费、公厕收入、寄柩租金、饮食馆捐款等项均属卫生收入，作为卫生之支出，通令各县、区逐一清理。经费既定，然后卫生行政事项乃可逐渐设施。

（三）筹设各县、区卫生专员

本省各县、区卫生行政事务，向由公安局兼办，责任不专。爰制定《卫生专员暂行简章》，督饬各县、区遵章成立。现在设立者已有六十七县区，余亦在继续推进中。《简章》及登记表附录于后。

云南各县卫生专员暂行简章

第一条　本省为整饬全省卫生行政起见，于各县设立卫生专员一员或二员，办理卫生行政事宜。

第二条　卫生专员秉承各该管县长办理下列各项事务：

1. 整理环境卫生，如饮水之改善、下水之疏浚、污物之扫除、饮食物之检查、蝇蚊之扑灭等事项；

2. 办理卫生统计事项；

3. 调查麻病，并筹办隔离、预防及医疗等事项；

4. 调查法定传染病，按月填表呈报事项；

5. 筹设县立医院或卫生诊疗所；

6. 医师、药师、功产士、接生婆或药商、中医、中药铺、草药商、医药团体及医药救济事业之登记及管理事项；

7. 调查、取缔江湖行医、售药及草药秘方等事项；

8. 禁止寺庙神方及一切涉于迷信治疗、有碍卫生等事项；

9. 其他属于卫生行政事项。

第三条　卫生专员系直接隶属于该管县长，对内负责办理卫生行政，不能独立，对外一切公文，均以各该管县长名义行之。但有紧急要公，得一面由卫生专员迳呈民政厅核示办理，一面分呈该管县政府查考。

第四条　各县卫生专员，在本省卫生行政人员训练所尚未筹办毕业以前，暂以下列资格人员量予委用：

1. 本省警官学校毕业者；

2. 本省训政讲习所毕业者；

3. 本省军医学校毕业者；

4. 本省高级中学以上毕业者。

第五条　卫生专员事务所附设于各该县公安局内。

第六条　各县卫生行政经费由各该县地方款内开支、卫生专员月薪比照各该县公安局长支给。

第七条　关于卫生行政上之设施，卫生专员须奉该管县长命令后始能办理。如有自动办理之事件，亦须先呈该管县长转呈民政厅长核准后，方得执行。

第八条　各该县县立医院正式成立后，卫生专员即行取消，其卫生行政事务并归县立医院办理。

第九条　本简章于各设治局地方亦适用之。

第十条　本简章自公布日施行。如有未尽事宜，得随时呈请修正核定施行。

（云南省各县、区现任卫生专员登记表见第 183 页）

（四）办理隔离麻疯

本省各县、区时有麻疯患者发现，极为社会仇视，致酿出种种自杀、不合人道之惨剧者。省政府主席龙云，爰提经省府会议议决，饬民政厅拟具《云南取缔麻疯办法》及《补充简则》，通令实行。并据调查，共有麻疯患者六千三百八十六人。《办法》《简则》及《各县、区麻疯概况一览表》，并录于后。

云南取缔麻疯办法

第一条　省会公安局长暨各县、区行政长官，应会同当地士绅，于距离城市较远之处，设立麻疯院或麻疯隔离所，俾足敷收容各该县、区现有麻疯人数。

第二条　各麻病医院至少设医员一人，应与省会医院或其他医院、药厂，接洽购办治疗麻疯有效药品，以便医治。其不能设医院者，则设隔离所以收容之。

第三条　各麻疯病人之健康家属，不准带入院、所同居。其非同居不可者，应各别居住，分派相当工作，以示限制，而免传染。

第四条　各院、所应设立园圃或工厂，以便管理人员督率轻症麻疯病人耕耘或工作，以期生利而资补助。

第五条　各县、区如麻疯病人较少，得联合数县、区，于适中地点共同设立医院、隔离所，以资收客或医治，所需一切费用，由各县、区自行商订分担。

第六条　附近省会各县、区，如麻据病人较少，得送入省会麻疯院医治，所需一切费用，由各该县、区与省会公安局自行商订分担。

第七条　省会及各县、区所需关于麻疯一切费用，应由省会公安局及各该县、区就地自筹，如遇必要时，呈请政府酌量补功之。

第八条　省会公安局及各县、区行政长官或士绅，办理防止麻疯有无成绩，由主管机关随时考查，酌定奖惩。

第九条　本办法自公布日施行。

第十条　本办法施行后，从前之《改订取结麻疯办法》废止之。

云南取缔麻疯办法补充简则

1. 麻疯患者不足十名之县，得自行会商邻县，合并设立麻疯院或隔离所。

2. 麻疯患者满一百五十名之县，得请由省酌发治疗药剂，以资补助。其有现在查漏或将来传染，增多达一百五十名以上者，概不补助。

3. 各县设立麻疯院或隔离所，应择适中地点悉数收容，不得分区设立，致涉散漫。

4. 调查麻疯患者，如隐匿不报，其家属及邻居应一并负连带责任。

云南省各县、区现任卫生专员登记表

县区	长官名号	专员名号	年龄	籍贯	资历	委任日期	到差日期	薪公数目	专任或兼任	保荐或厅委	备考
个旧	薛之标	时富春	38	宜良	由省会巡警教练所毕业，曾充见习员，现充个旧公安局督察员	二十三年一月十五日			兼任	该县长官保荐	
玉溪	刘言昌	文郁章	46	平彝	第四班警察教练所毕业	二十二年十二月二十日			专任	厅委	
安宁	王西平	鲁正兴	31	江川	蒙自第三班教练所毕业	十月二十六日			专任	该县长官保荐	
石屏	苏树声	苏春泽	35	玉溪	云南军医学校毕业	十月十八日			专任	该县长官保荐	
河口	李鸿谟	黄鸿烈	35	长沙	云南军医学校毕业	三月六日			专任	该县长官保委	
澄江	杜宗琼	李占云	28	沾益	由昆明市巡警教练所三十三班毕业，曾充一署见习员、巡长等职	十一月二十八日			专任	厅委	
罗次	董广布	陈锦	35	昭通	由广通干部学校及第二期公 安班毕业，曾充四署巡长	十一月二十日			专任	厅委	
澜沧	旃德荣	鲁明轩			由云南陆军医院毕业	三月三十一日			专任	该县长官保委	
潞南	张卓元	王之明				四月四日			专任	由该县保委	
剑川	段道源	徐月轩	39	邓川	由省会巡警教练所及第二期公安班毕业，曾充见习巡官等职	四月十二日			专任	厅委	

（续表）

县区	长官名号	专员名号	年龄	籍贯	资历	委任日期	到差日期	薪公数目	专任或兼任	保荐或厅委	备考
滇越铁道区	马瑛	徐德昌				四月九日			专任	该区长官保委	
嵩明	陈贻孙	李和			警官正科毕业	十二月十七日	二十三年十二月二十六日		兼任	该县长官保委	
昆明	高仁夫	董日春		昆明	军医传习所毕业，曾任军医、军需及本厅助理员等职	十二月四日			专任	厅委	
陆良	李宝珍	高其义	33	昆明	曾任杨林公安局长	七月二十六日			兼任	该县长官保委	
顺宁	李锡桐	高鸿基			云南高等巡警简易科毕业	五月十三日	二十四年三月二十八日		专任	该县长官保委	
牟定	佴鹏	郭绍先	40	昆明	第二期公安班毕业	五月七日		津贴旧币四十元	兼任	该县长官保委	
六顺	樊谟	陈翱	47	叙府	由叙府中学校毕业，曾充川军第二师中国军医职务	五月二十二日			专任	该县长官保委	
河西	洪承德	陈暄宗				十二月二十八日			专任	厅委	
蒙化	赵芹	扬卓桐	30	剑川	旧制中学毕业，曾历任小学教员	五月三十一日			专任	该县长官保委	
新平	王志高	刘璐光	28	新平	由省会巡警教练所毕业，又在云南军医学校毕业	五月三十一日	六月十一日		专任	该县长官保委	

（续表）

县区	长官名号	专员名号	年龄	籍贯	资历	委任日期	到差日期	薪公数目	专任或兼任	保荐或厅委	备考
镇雄	杨国珍	张伯达	32	盐丰	由巡警教练所毕业，曾充任大姚县区长，现充镇雄公安局长	五月三十一日	二十三年七月一日		兼任	该县长官保委	
禄丰	李景泰	何骋昌		安宁	十二班教练所毕业	五日三十一日	六月十一日		专任	该县长官保委	
丘北	周永锦	张保初	40	峨山	由二班警士毕业，曾充外属区长巡长等职	六月四日			专任	该县长官保委	
景东	熊光琦	曾檑	35	昆明	高等完全科毕业	六月四日			专任	同上	
寻甸	王凤端	黄祖荫	34	昆明	由省会巡警教练所毕业，曾充见习员、巡长，现充该县公安局长	六月四日	二十三年六月二十日		兼任	同上	
云龙	李森	何一瑜	32	大理	由省会警察教练所毕业，曾历充外县公安局长、区长等职	六月四日	七月十六日		兼任	同上	
宜良	杨天理	杨珍	39	昆明	云南警察学校毕业，曾充巡官、军需官、书记官等职	六月十二日	七月一日		兼任	同上	
兰坪	张执中	杨澍甘	29	剑川	巡警分校一期毕业，现任该县公安局长	六月十二日	五月一日		兼任	同上	
祥云	苏节	杨文杰	33	鹤庆	巡警教练所毕业	六月十五日			兼任	同上	

（续表）

县区	长官名号	专员名号	年龄	籍贯	资历	委任日期	到差日期	薪公数目	专任或兼任	保荐或厅委	备考
盐丰	谭其篢	王天贵	32	澄江	巡警教练所毕业	七月十九日			专任	同上	
洱源	许端毅	张映辰	30	宜良	蒙自第三班巡警教练所毕业，曾充侦缉队二等队员	六月二十九日			专任	厅委	
大理	张新元	杨从文	43	盐兴	省会警察学校毕业，曾充外属公安分局长	六月三十日			兼任	该县长官保委	
景谷	范品瑞	范执中	25	景谷	省立第四师范学校毕业，曾充小学教员	七月五日			专任	该县长官保委	
麻栗坡	曾恕怀	张允信	38	昆明	广东军医学校毕业，曾历充军医等职	八月十八日			专任	同上	
永平	张文明	聂忠严	35	保山	警营学校正科毕业，现充该县公安局长	八月二十九日	二十三年九月十二日		兼任	同上	
瑞丽设治局	廖彬	万保图	43	干崖	世袭干崖土司之职，曾代理勐卯土司之职务	八月二十九日			专任	同上	
屏边	张铭琛	周保辉				八月二十五日			同上	同上	
莲山设治局	谭其第	马武杰	32	腾冲	腾冲联合中学校毕业，曾历充小学校教员	八月二十五日	六月二十三日		同上	同上	

（续表）

县区	长官名号	专员名号	年龄	籍贯	资历	委任日期	到差日期	薪公数目	专任或兼任	保荐或厅委	备考
易门	周荫樾	周尚文	35	昆明	巡警学校毕业，曾历充外县巡长、区长、公安局长等职	九月二十日	十一月一日	旧票四十元	兼任	同上	
华宁	杨恒刚	吴从周	30	江川	第一期公安班毕业	九月二十日			同上	同上	
缅宁	施镇柄	李芬	24	鹤庆	督察学校毕业，曾充省区巡长	九月二十九日	八月一日先行成立		同上	同上	
邓川	何作藩	赵世锃	48	邓川		二十三年十月十二日	十一月二十八日		同上	同上	
盐兴	罗为藩	何晓	32	禄丰	联合中学校毕业	十月十三日			专任	同上	
富民	郝煊	徐恒丰	30	富民	省会警察教练所毕业，曾充外县公安分局长	十月二十日			专任	该县长官保委	
武定	周自得	刘鼎新	28	江川	二十五班警士教练所毕业	十二月二十六日			兼任	同上	
曲靖	罗佩荣	姜炼成	33	曲靖	云南陆军军医学校及牛痘传习所毕业	十月十九日			专任	同上	
楚雄	周继福	陈志	32	楚雄	警察学校第一速成班毕业，曾充见习员、公安局长等职		二十三年九月一日	旧币七十元	专任	同上	
马龙	邹熙	陈希虞	35	会泽	陆军小学及省会教练所毕业	十月十九日	十月二十九日	旧币三十元半薪	兼任	同上	
大姚	王肇荣	姜岱	27	剑川	曾任警察速成班及公安班毕业，现任大姚县公安局长	十月十九日	十一日十日		兼任	该县长官保荐	

（续表）

县区	长官名号	专员名号	年龄	籍贯	资历	委任日期	到差日期	薪公数目	专任或兼任	保荐或厅委	备考
峨山	张振伟	王朝良	34	昆明	巡警教练所毕业及公安班毕业，曾历充巡长、巡官、文牍等职	十一月十日	二十四年二月一日	半薪现金十元	兼任	同上	
建水	黄承佑	姚兆祥	46	昆明	曾历充省军政各机关科员、课员及直却行政委员	十二月二十日		月薪现金十五元	专任	同上	
永仁	李夔龙	陈章	25	宣威	警官学校正科毕业，现任永仁县公安局长	十二月八日			兼任	同上	
泸西	文泰和	刘志和	32	昆明	巡警教练所二十八班毕业，曾充见习员、公安分局长等职	七月三十日	八月八日		专任	厅委	
宣威	陈其栋	杨喜	33	会泽	巡警教练所毕业形曾充一署巡长、见习员等职	二十四年一月四日			专任	厅委	
会泽	李表东	杨占春	29	弥渡	警校毕业，曾充省内外巡长及公安局长等职	二十四年一日十九日			同上	同上	
江城	李文新	陈汝谋	42	澄江	头班警察学校毕业，历充巡官、区长，现充元江公安分局长	二十四年一月二十五日			兼任	该县县长保委	
沾益	张伟	孙勉之	34	昆明	第一期公安班毕业	二十四年一月二十五日			同上	同上	
云县	彭立铨	陈九牧	28	云县	第一期警察学校速成班毕业，现充云县公安分局长	二十四年二月二十五日			同上	同上	

（续表）

县区	长官名号	专员名号	年龄	籍贯	资历	委任日期	到差日期	薪公数目	专任或兼任	保荐或厅委	备考
江川	周继福	刘鼎兴	30	江川	省会警察学校教练所毕业，历充外县公安局长	二十四年三月七日	同年三月二十三日		专任	同上	
龙武设治局	孙嗣耀	卓钟麟	48	四川	头班警察传习所毕业，历充外属巡区长、公安局长	二十四年三月二十三日			兼任	同上	
宾川	郭廑襄	白如璋	46	昆明	省会警察学校毕业，历充巡长及公安分局长	二十四年五月四日	同年六月六日	薪金镍币十元	同上	同上	
双江	丁宝琛	董福宁	36	富明	省立中学毕业，历充军医职务	二十七年五月四日		月薪新币四十元	专任	厅委	
镇康	郑丕明	罗青云	37	呈员	曾任呈贡归化分局长	二十年五月二十八日		津贴现金十元	兼任	该县县长保委	
顺宁	李锡桐	高鸿基	50	鹤庆	云南高等巡警简易科争业，曾充省内外巡长、区长等职	二十四年三月十三日	二十四年三月二十八日	月薪现金三十元	专任	该县县长保委	
景谷	郑丕明	张宝	29	江川	云南成德中学毕业，曾充外县总务科长，现充该县警务科长	五月二十三日			兼任	同上	
通海	邵润	袁世材	26	文山	省会第一班警察学校及公安班毕业	二十四年七月		旧币一百元	专任	厅委	
双柏	杨毓麟	董清	22	宾川	云南警官学校毕业，现任双柏公安分局长	二十四年四月三十日	六月一日		兼任	该县县长保委	

〔注：此表原《长编》稿已删涂，现照录〕

5. 麻疯院或隔离所不准设在水源处及易传染之处。

省会麻疯院：该院院址在昆明东北郊外数公里处之狗饭田，共有房舍大小五十二间。原隶省会公安局，自卫生处成立后，即由处接管。由该处接管期间，收容患者约计六十余人，患者口粮，月发三公斗，由市政府养济院拨给。初时并由卫生处月发经费百余元，此后年有增加，二十八年增为四百余元，三十一年增为七千余元。此项用费，系作为全院员工薪金、烧埋病人之养济费。设置院长一人，雇员及助手各一人与工役二人。至三十三年昆明市政府卫生局成立后，乃将该院拨归该局办理。

民国二十四年云南全省各县区麻疯概况

一、昆明市：长官陆亚夫。原报麻疯人数八十人，经葛延春视察核报为八十五人。全部收容集中于市区东城外东乡狗饭田，设麻疯医院隔离医疗。经费由省会公安局函请市政府转饬养济院，于贫民口粮项下，照麻疯患者人数拨给公安局后，由局核发。月各给米三升，新币八角。已设管理员役住所监视。按：该市所设系麻疯医院，但该院当首创之初，病人无多，未筹医院之款。开办迄今，皆由英国医院间或派员到院施治，故收效薄弱。

二、大关县：长官陈春芳。视察员毛元春报麻疯人数八人。全部集中于翠屏山千河沟。经费暂由庙款移挪开支，每人月发给苞谷三京斗，每月约需苞谷二石四斗。设有管理员一人。

三、文山县：长官郁高。麻疯人数原报二十七人，据视察员傅宅安报为二十三人，已集中于石牛栏。经费就地筹措（约四十余元），有家者由其家属送米自行煮食，无家者由各该区乡给养。由该区乡长派人照料，并督率治疗工作。

四、剑川县：长官段道源。麻疯人数原报五人，据视察员段韬报为六人，已集中于城西区汉登村后三里许石碑景帝庙，距城十五里。经费由财政局每年给工食谷二石，每年给工食洋二十元。现因地方无款，系责令各该家属暂行供给。由公安、财政两局委任马耀祖为管理员，负责监视。

五、马龙县：长官邹熙。麻疯人数原报三人，据视察员常旭报为六人，已集中于第三区大庄山神庙。经费月约需旧票一百元，暂由该区长派团每月前往查看四次。

六、蒙自县：长官张知名。麻疯人数原报六十三人，据视察员傅宅报为八人。集中于该村附郭东城外东村设立麻疯医院，延聘中医一人医疗。经费月需三百余元，由施医所借垫。雇用夫役二人办理患者伙食，由施医所分派员役管理。据傅视察员报称："据李县长宜治面述，该县医治麻疯患者，得地方人士用草药医治，颇著奇效。现已医愈一人，其他患者亦将病减轻。惟该土人所用草药秘方，密不宣露。将来如果省会患者甚多，可饬赴省医治"等语，并以奉闻。

七、邓川县：长官何作藩。麻疯人数，据视察员郑丕明报为七十八人，集中于东山瓦厂。经费尚未筹集，该收容工作告竣，又赓续会议呈报。现暂由各麻疯家属负责给养。举委管理员二人，由应负责之公安局长共同拟具管理方法管理之。

八、泸西县：长官雷协中。麻疯人数原报十三人，据视察员杨茂章报为十四人，集中于泸西南关外八蜡寺。经费寒苦者由地方筹款供给，谁有家资富裕者，听其自备。

设有所长一员，看役二名管理之。

九、师宗县：长官董麟。麻疯人数原报九人，据视察员杨茂章报为十一人，集中于第一区之倮倮田。经费现未经筹获，均由患者家属给养。由患麻疯者中择一人为管理员，以便约束。据杨视察员报称：该县对于麻疯功令，既无详明之调查，又无救治之设备。办理情形如何，可想而知。

十、建水县：长官黄承佐。麻疯人数据视察员王熙报为一人。已由其家属送往距城四十里之拖泥坝隔离，永禁入城。亦无设立病院之必要。

十一、盈江县：长官陈文沛。麻疯人数据视察员周天佑报为二人，集中于远离该属杨家山后箐中。由家人认定用物，逐日送给，代为收管，不使混乱传染，并禁止出入。

十二、新平县：长官王志高。麻疯人数据视察员周敬修报为三人，集中于大田房自己住房，未特建隔离所。该病人原有田产数亩，年可收获谷十石之谱，故由家属供给粮食，由乡长指定该村邻长一人随时查看防止。

十三、镇雄县：长官杨国珍。麻疯人数据视察员毛元秀报为十四人，集中于第一区平正乡岩洞三人（因有焚烧麻疯之传说，故患者纷纷向川、黔逃逸）。其口粮、医药等费，有家属且有相当财产者，由其家属及全县各负担半数，否则统由县负担。设管理一员，管理一切事务。

十四、鲁甸县：长官赵华宗。麻疯人数据视察员王锡睿报为二十一人，集中于西区天生桥岩洞内九人。经费由缠足罚款暂行维持，月需镍洋四十元作管理员二人薪水。麻疯患者由各家属自行供给。设管理员二人，轮流管理及上街购物等事。

十五、沾益县：长官张伟。麻这人数据视察员常旭报为五十一人，集中于县城西北大觉庵十人。经费就公安局之罚金项下提拨应用，以后拟照县政会议议决，清理大觉庵、白塔山两处庙产，一俟清理筹措完毕，即作该项经费。现收容十人均系赤贫者，其伙食、医药，均由公家供给。收容所设所长一员、医士一员、书记一员、看役二名，每日除医疗及两餐外，轻病麻疯并勒令种植所内园地，以资运动。

十六、富民县：长官高权中。麻疯人数原报二十二人，据视察员王学报为十人，集中于离城十五里观音山。经费有公产一处，每年可收谷十五石，炭称捐。每人每月发米四升及盐钱旧票一元，分两次发给。每月约需二百三十元。收容所有夫役一人，常川住所管理，遇发米及盐、菜时由公安局发给。

十七、易门县：长官周荫樾。麻疯人数原报一百二十九人，据视察员报十六人，集中于距城四十里一小山谷中旧日养疾院。月需经费由地方款支给，月给米七升半，给纸洋五角。设一管理人看守，不许出院害人（其中周廉节、张艾氏，家事宽裕，未领公家米洋，故未算入）。

十八、河西县：长官洪承德，麻疯人数原报七十三人，据视察员葛起春报为二十三人，集中于南城外大麦地。经费：所内购置物件及役丁工食，暂由财政局发给；麻疯患者供给因现未筹有的款，暂由麻疯家属给养。每月需用旧滇币八十元。雇用丁役一名，随时管理。按：河西原调查时共计麻疯七十三丁口，后因死亡及出门者未能收容外，计收容麻疯二十二名，俟归来时，即由该县清查收容。

十九、龙武县：长官万汉秋。麻疯人数原报六人，据视察员周敬修报为五人，集中于俄爽山顶之山神庙平房三间内。经费将麻疯等原有田产收益使用，每名按月各给现金九元，设看役一名，监督管理。

二十、宁洱县：长官沐君舟。麻疯人数原报十九人，据视察员周敬修报为二十二人，集中于离城三十里之苞毛山十九人（其余三名，因家中有钱，不要供给，私自逃回）。经费以前养疾院之租谷拨给，不敷甚巨，由县设法筹集，每丁口日发米一斤。由警察收容，归蛮令乡长兼管，发给米盐等项，所中并无管理员丁。

二十一、景谷县：长官刘乾义。麻疯人数原报六人，据视察员罗列呈报为三人，集中于东区宽宏乡山洞，与村寨断绝往来。其生活由本区首人酌量约十日送给伙食一次。

二十二、缅宁县：长官郑汝昌。麻疯人数原报四十七人，据视察员张仓荣报为十一人，集中于第六区公所附近距离人户约二十余里之山坳七人。每月每人给米一升，小菜一二种，由区公所派人每日前往管理。

二十三、洱源县：长官许瑞毅。麻病人数视察员郑丕明报为九十四人，集中于城南乡炼城村外旱涧龙王庙七十一人。经费由城隍庙香火谷提支，月需薪币十六元。麻疯病人生活由其家属长期供给，不能供给者，酌提城隍庙香火谷支给。收容所设管员附男女各一人，排目男女各二人，置登记簿每日早晚点名二次。

二十四、永仁县：长官李夔龙。麻疯人数原报四十人，据视察员钟莹如报为九十四人，集中于宝顶寺四十一人（其余散处一、二、四区。据李县长声称，多方劝导，均请于年内自筹相当之用费，准定于二十四年春一律搬住所内。倘操之过急，又恐患者疑误，酿成自杀之惨败，故目前仅收容半数）。经费除将宝顶寺内公租全数提出外，并委正绅分头劝募捐款，以作基金。每月约需旧滇票洋一千元。患者有三分之一薄有财产，差堪自给，其余由公家发给口粮。所由地方委二人充当正副所长，专司管理。

二十五、峨山县：长官张振伟。麻疯人数原报七十六人，据视察员周敬修报为五十七人，集中于距城四里许之喜鹊箐二人。经费该县长拟以后由地方大公处提租谷十二石，为常年经费，但实际地方人士能否准提，尚属疑问，非请省府饬令从速收容筹费不可。现收容病员生活由自行设法。设看役一人司管理，因款未筹出，所有一切锅缸水桶等项，均未设备。按：据该视察员报称：该所系清丈时查获城内大菜园公地被私人侵占，饬令补缴地价七百七十九元，发交财政局提出四百元，交建设局新盖者。此后全数收容所需经费甚巨。目前虽有续清公产所得，又有作为县参议会经费之宣布。究竟如何支配，能否如数清获沿河沙田，尚在杳不可期之列，自不能认为确实之事也。

二十六、玉溪县：长官刘言昌。麻病人数原报一百九十二人，据视察员葛延春报为一百七十七人，集中于北城养疾院（旧日系患麻疯者居住地）三十三人。经费系由病患者自备，并由各甲小公处略予补助，系慈善施与性质。收容所并未设管理员，唯由甲牌长限制其自由行动，不准外出。

二十七、西畴县：长官雷应中。麻议人数原报九十九人，据视察员傅宅安报为八十九人，集中系由县府勒令乡长，指定村落外之古庙、荒寺诚塔草棚等，强迫患者移居医治，不许入村与民众接触。全县麻疯，多数均有家属给养，其无家属者，拟由各乡筹给。无有管理员之设置。

二十八、盐兴县：长官罗为藩。麻疯人数原报十三人，据视察员王学报为十二人，集中于县城南门外之三官楼八人（该县隔离〔所〕系建在距城三十里之石崖洞中，现正修建，尚未完工，此石洞宽约十丈，地点尚不卑湿。一俟建筑完竣，即将所有麻疯由临时收容所迁入其中。另第二区麻疯病人周崇寿，已由其家属具结自行隔离。第四区麻病病人周伊洛，其家属已具结承认入省会麻疯院治疗。周祖洛因病势沉重，双目失明，两足趾脱落，解送不易，其家属具结自行隔离。余一名逃逸，尚未缉获）。经费由各区米牙房筹集。麻疯病人家境丰裕者三名，系自行由家属供结。家境赤贫者五名，由地方供给。收容所由公安局派警负责，轮流管理。

二十九、昭通县：长官李文林。麻疯人数原报四十五人，据视察员王锡睿报为四十二人。拟由地方建设委员会筹拨，呈请省款补助建收容所于南城外五谷庙。麻疯病者生活拟除极贫者由院酌量给养外，余均由其家属供给。现设筹备主任李国钧一员，将来即由该员负责管理。

三十、曲靖县：长官罗佩荣。麻疯人数据视察员常旭报为二十八人（系一、二、六、七区呈报男二十四名，女四名，其余三、四、五、八区正在调查）。经费拟由患麻疯之家属负担，集中于距县城五十余里之蔡家冲南头寺。

三十一、陆良县：长官李宝铨。麻疯人数据视察员常旭报为五十一人，拟集中于望城哨附近。经费该县预算员役薪工及医药费用月需银一百元，拟于麻疯患者收容后，有力者其伙食由患者家属供给，无力者由所供给，其医药费不分贫富一律由所供给，由各区公所共同负担。

三十二、寻甸县：长官王凤瑞。麻疯人数据视察员常旭报为一百二十九人，拟集中于距城十五里之第一区龙首庵。经费经县务会议决，拟由患者家属分别贫富作三等筹给供应。收容所拟设主任一人，管理员一人，看役二人，完全与社会断绝往来。按：该县麻疯院因筹款艰难，经费缺乏，未能成立，只规定建筹隔离所一所。龙首庵修改，计现存正殿三间，新建对厅三间两耳共六间，漏角四间共十六间，曾经绘图呈报，奉准在案，大约本年底建筑完毕。

三十三、嵩明县：长官陈贻孙。麻疯人数据视察员常旭报一百一十三人，拟集中于慈峰庵。经费拟由全县二万零五百一十五户分摊，平均旧滇币二元五角，麻疯患者生活医药费拟分甲、乙、丙三等：家境宽裕者为甲等，口粮、医药自行负担；家境较次者为乙等，口粮、医药自备一半；赤贫者为丙等，医药、口粮完全由所供给，每人每月给米三升。收容所拟设主任一员，管理所内一切事务；调查兼事务一员，书记兼收支一员，医生一员，分别管理。

三十四、晋宁县：长官马廷璋。麻疯人数据视察员葛延春报一百零九人，拟集中于距城二十余里之第四区上下观雨乡所属大麦地。该县麻疯隔离所曾奉令由九人设立筹备处，主办麻疯隔离。地点既经勘定，所需建筑费约一万元，由各乡镇摊缴。设备费约二千元，由各处募捐，均已分头进行。现正计划分工建筑，约三个月完成。经常经费拟由县公款、乡镇公款及患麻疯者之私有财产分别提拨。患者生活医药费拟划分为三等：有家资者，饬令自行供给；无家资者由所在地公家供给；无家资而所在地不能供给者，由县款供给。收容所拟设管理员一名，男女看护各一名，分别管理。

三十五、宜良县： 长官杨天理。麻疯人数据视察员常旭报为七十八人。拟集中于西梅子村后山地，尚正在建筑中，工程已完十之五六。建筑费计需二万四千元，系募集捐款办理，经常费暂定三百元，已列入财政局预算。

三十六、路南县： 长官张卓元。麻疯人数据视察员杨茂章报为一百五十八人，拟集中于第二区尾则村。据杨视察员转报路南县长面称：查县属麻疯院因建筑经费无处筹措，拟将绝产之不合法定继承者收归公有，作为麻疯院建筑经费，业经呈奉民政厅核准，当即提获第一区亡妇金王氏及第二区螺蛳塘已故黄彦忠等绝产，于九月内由建设局长杨立道拍卖变价建筑，现正积极办理。惟据员探悉，该县麻疯恶疾，现调查所得有一百五十八人，不过患此疾者之一部分。故该县对此继续调查，及速完成隔离所，实为急切要图，而不可或忽。

三十七、澄江县： 长官杜宗琼。麻疯人数原报一百一十八人，据视察员葛延春报一百零一人（近已迁徙、死亡十七人），拟集中于第二区松园湾。经费员役薪工自七月份起由财政局支给。患者生活、医药费前请由县、区、乡（镇）积谷项下，每年酌提百分之一，奉民厅指令"暂从缓议，所拟办法，呈准通令后再为呈报办理"。收容所拟设管理员一人，夫役二名。

三十八、弥勒县： 长官李贞。麻疯人数据视察员杨茂章报为四十四人，拟集中于南城外距十里遥之陀峨山脚。由县政府设法筹款，现正兴工，拟盖一院，内分男女寝室各三间。患者生活、医药费拟由其家属自行负担。收容所拟择疾病轻微者男女三人，拟定规则，饬其负责管理。

三十九、广南县： 长官杨抒。麻疯人数原报六人，据视察员杨茂章报为八十八人，拟集中于东门外距城十余里之山巴岭沟，现已启造，尚未完工。经费自殷实之家劝募办理。

四十、开远县： 长官蒋子孝。麻女人数原报一百零七人，据视察员傅宅安报为一百三十三人，已于东山四区距平远街十余里筹设隔离所。经费系调查麻疯所有财产及地方捐款汇办，患者预定日给两餐，年给单、夹、棉衣裤各一套。收容所预定派员驻所，严加管束，不准外出，以杜传染。

四十一、石屏县： 长官苏树声。麻疯人数原报十八人，据视察员王熙报为二十一人，在阮前县长任内曾经勘得第二区所属野猪塘荒地一段筹建隔离所，但尚未动工。现任苏县长筹得旧票五百元，作为建筑费。

四十二、呈贡县： 长官陈文友。麻疯人数据视察员万延春报为一百零七人，收容所勘定距县城二十五里之第三区归化镇后向云寺，现正筹备。

四十三、安宁县： 长官王西平。麻疯人数原报一百一十六人，据视察员王学报为一百八十六人，拟集中于距城二十里之高山心。经费拟由各麻疯家产项下及亲族内筹集。拟设管理员一人，严禁病人出入。

四十四、禄劝县： 长官李景泰。麻疯人数原报九十四人，据视察员王学报为一百零五人。拟在距县城约十里之第四区本田修理隔离所，其费用系由各麻疯病人家属担负，赤贫者由各乡公款项下代为缴出，每人旧票洋五十元，以作建筑之用。

四十五、双柏县：长官王玉书。麻疯人数原报六十一人，据视察员钟莹如报为八十二人，拟集中于第二区妥甸镇豹子箐，共计房屋十二间，周围距村甚远。麻疯患者之医药、伙食费用拟调查各麻疯家境情况，分上、中、下三等给养：上等者由家属供给；中等者由公家供给半数；下等者全由公家供给。收容所拟设管理员一人，专司管束，并负所内外一切清洁及保护责任。

四十六、广通县：长官朱纬。麻疯人数原报三十四人，据视察员王学报为四十人，拟集中于离县城八里，不近水源之头冲箐内，正在建筑，尚未竣工。经费拟调查麻疯资产，将来提作各麻疯病人伙食之用，若有不敷，再由公款筹给。所内拟设男女管理员各一人，住于隔离所前层，严加管理，不准患者外出。

四十七、元谋县：长官杨钧之。麻疯人数据视察员王学报为十三人，拟集中于距县城五六里之西南隅杨柳村对面山脚。系由该县县长及当地绅民捐获旧币一千元，新建草房三间一耳，地势狭窄，布置不周，视察时促其酌加改良，添建厕所。麻疯患者之费用：家属优裕者，拟责令其家属接济；无力者拟由警款内撙节开支。所内拟暂由公安局派人轮流管理。

四十八、大姚县：长官祝鸿基。麻疯人数据视察员钟莹如报为一百二十三人，集中地点尚未确定。据钟视察员报称：该县经费困难，现由各区人民捐助，得镍币五千余元，预计起建隔离所约需镍币二千八百元，余数即拨充常年经费。不敷之数由麻疯患者之各家属自由捐助。隔离所拟设管理员三人，轮流管理。

四十九、宾川县：长官熊光琦。麻疯人数据视察员郑丕明报为一百零二人，集中地点尚未确定。经费拟由全县摊派，麻疯病人伙食、医药除家境宽裕者令其自行给养外，余由全县派款给养。收容所拟设管理员一人，负管理之责。其余应设夫役，拟就患病较轻者迳拨使用，以节经费。

五十、丽江县：长官文选。麻疯人数原报三十六人，据视察员段韬报为三十八人。该县筹有的款三百元，拟于第三区七河对面化毒冲筹建隔离所。经费由该县令饬各区团殷实慈善之富户筹统，患者费用除由各家属给养外，拟由公家供给。俟隔离所建筑成功即委员管理。

五十一、蒙化县：长官胡湘。麻疯人数原报九十七人，据视察员郑丕明报为一百一十七人，集中地点已决定在距城十余里之兴禾乡山麓。其地方偏僻，并不占据水源，无碍卫生。经费尚待筹募，拟分三种筹集：（一）向病者家属勒令捐助；（二）向慈善团体捐募；（三）由各区捐募。患者费用拟分三等：一等由病者家属完全供给；二等由公家私人各半；三等由公家供给。

五十二、凤仪县：长官施继伯。麻疯人数据视察员郑丕明报为七十八人，拟集中于大风丫口。经费尚未筹定，麻疯患者费用拟富者自给，贫者由闾邻负担或公家供给。暂由公安局派警管理。

五十三、大理县：长官张新元。麻疯人数据视察员郑丕明报为九十八人，拟集中于第四区玉龙镇所属天生桥附近，现正兴工建筑草房三大方，计能容一百二十人，尚未完成。经费除抽收迷信捐、娱乐捐外，由病人家属提拨一部。患者生活拟定有家者提拨一部分供给，穷者由公家供给口粮。收容所监督患者注重清洁，病人便溺、痰俱用石灰掺入，置于深坑之内；不令外出，禁止与亲属同坐同食。

五十四、漾濞县：麻疯人数据视察员史直书报为二十四人，拟集中于大滥坝。经费由县财政局筹备。患麻疯人之费用，家计稍裕者，由该家属供衣食，其家计贫苦者，由公家供给。拟于收容后由公家招雇管理人一名，督率轻症麻疯之人在大滥坝耕种杂粮、蔬菜，以资补助。

五十五、永平县：长官张文明。麻病人数原报八人，据视察员史直书报为五十四人，拟集中于第一区鸡街凹脚龙尾山。经费报由各区富户按月捐助，麻疯病人费用富者自行供给，贫者由公家供给。集中后拟遴委妥人一员管理。

五十六、云龙县：长官李森。麻疯人数原报四十二人，据视察员史直书报为三十八人（因四人逃逸追回，竟服毒毙命），拟集中于福里、兔罗坪（据史视察员报称：该县长原拟就沧江东西各设所，故于江东兔罗坪仅建有叠木房三间，收容二十余人，江西收容十余人，嗣因呈核被驳，该县长始于江东添建房屋，现在尚未动工）。经费拟由地方殷实人户捐款或输入粮米，并由病人家属随时接济。收容所拟由施家村公安分局认真管理。饬病人在所之前后一里内耕作，不准出境，随时视察清点。

五十七、保山县：长官袁恩锡。麻疯人数据视察员史直书报为一百二十一人，拟集中于裕链塘，水源风向，均无妨碍。经费先经县务会议决，由县属十区摊捐三千元，再由救济院陆续设法筹款，以维永久。现经县长捐款一百元，以资提倡。收容后患者由救济院筹款给养。届时委员管理。

五十八、禄丰县：长官谭其筤。麻疯人数据视察员钟莹如报为七人，拟集中于第五区观音寺背后东山，现正着手修筑。麻疯患者生活拟由各家属供给。

五十九、顺宁县：长官张积厚。麻疯人数原报八十六人，据视察员张仓荣报为八十四人，报于三区锡荣乡大乃坝附近荒地，先建筑隔离所一处，以资收容。经费来源，议定除地方款及慈普捐外，麻疯者由家庭酌量补助。至于办法已拟定简章，呈奉令饬更正，刻正议拟改订。

六十、云县：长官彭立铨。麻疯人数原报五十七人，据视察员张仓荣报为九十五人，集中于第五区长坡岭莲花潭龙王庙十二人。经费现由财政局暂为支付，将来拟以东岳庙公款全部为该所固定经费，现正清查中。目下月支约现金六十五元，将来患者全数入所，月需经费约三百五十十元。其伙食由所供给，衣服、零用等费用，由其家属自行供应。现设有管理员一员，看役一名，专负管理之责，俟全数收容入所，尚须添设看役名额。

六十一、景东县：长官宋光焘。麻疯人数原报九十四人，据视察员张仓荣报为三十四人（原报误将患癞疮者二十余人列入。又现在已死亡、逃逸、自杀者甚多）。集中于第六区丁帕山十七人。隔离所建有茅棚三间，将第六区患者全数收集，其他各区皆系责成富户或亲属自行设法隔离。已收容者经费由第六区项内拨支。给养办法分三项：①能工作者，曾拨给公地一份，约十余亩，令自耕自食；②不能工作者，由亲属给养；③不能工作复无亲属者由该区公款补助。收容所责成该管邻街镇长负责管理。

六十二、盐津县：麻疯人数据视察员毛元秀报为二人，一名蔡绍堂，现已自行赴川就医，一名吴荣清，现居住岩洞内，该县长拟函石门坎医院收容治疗，一俟该院答复，即行送往该院医治。

六十三、巧家县：长官杨祖庚。麻疯人数原报四人，据视察员王锡睿报为六十六人。该县尚未开展工作。

六十四、昆明县：长官高仁夫。麻疯人数据视察员葛延春报为三十八人。该县尚未开展工作。

六十五、昆阳县：长官龚彦麟。麻疯人数据视察员葛延春报为一百六十一人。该县将历年剩余团兵食米约四十余石留作经费，但尚未开展工作。

六十六、江川县：长官熊从周，麻疯人数据视察员葛延春报为八十五人。该县仅勘得县属之大海底作为集中地，其他工作尚未开展。

六十七、通海县：长官周怀植。麻病人数据视察员葛延春报为四十一人，已择定距城约十里之鸱鸮崖作集中点，但一切应办事宜尚未着手，所需经费亦未切实指定。

六十八、屏边县：长官张铭琛。麻疯人数据视察员傅宅安报为十人。暂在中区大窝子牧畜场（三名）、东区白竹箐（三名）、北区新现（四名）三处收容隔离。经费拟向殷实商人捐募。患者生活由家属自行供给。各隔离点由各区公所派一司事管理。

六十九、马关县：长官杨石生。麻疯人数原报十六人，据视察员傅宅安报为无（据该县长杨石生呈称，该县麻疯业已驱逐出境。其实杨前县长并未将麻疯人数彻底调查明悉。现正由新任切实调查中）。其他工作尚未开展。

七十、镇沅县：长官郑培仁。麻疯人数据视察员周敬修报为十四人，拟于第四区所属蛮旦山建筑隔离所，但因经费无着，不知何日方能实现。该县麻疯患者，第一区四人，第三区六人，第四区四人，病人原住处即在深山中，成为独家村，与好人隔离。

七十一、腾冲县：长官张祖荫。麻疯人数原报八人，据视察员周天佑报为十三人，除正派员寻觅适当地点外，其他工作尚未开展。

七十二、贡山县：长官陈应昌。麻疯人数原报六人，据视察员段韬报称：查贡山地属高山，既无城市，又无街场，人民散处，并无麻疯病症。

七十三、维西县：长官李炳臣。麻疯人数原报三十六人，据视察员段韬报为十三人，拟令各区修给茅屋安置，制止出入。按：据段视察员与该县长面商，总须择适当地点，筹款建筑全县隔离所一处，以符定章。

七十四、永胜县：长官张培爵。麻疯人数原报二百余人，据视察员段韬报为二百零二人。集中点已指定第二区东马厂，惟未着手（据段视察员报称：查永胜公款毫无，对于创设院、所，一时未能建筑，应俟筹备有绪，方能动工，业经该县长呈报有案）。

七十五、华坪县：长官米文兴。麻疯人数原报五十二人，据视察员钟莹如报为一百一十人，已拟定福田乡肋巴山建筑隔离所，尚未动工。

七十六、武定县：长官周自得。麻疯人数原报七十一人，据视察员王学报为第一、二、四区五十二人，第三、五、六区正在调查中。麻疯隔离所正在筹款，选择地点建筑，一切办法，尚未决定。

七十七、彝良县：长官叶桐。麻议人数原报三十人，据视察员毛元秀报为二十九人。该县麻疯病者，曾遣送石门坎教会医治，后因经费关系，被遣者多匿居家中。县内未开展工作。

七十八、佛海县：长官倪鹗。麻病人数原报十余人，视察员罗列星，由县署召集地方绅首会议，商请车里美国医院代为全数收容治疗。每岁愿由地方捐送院费二百至三百元，当经美医士高礼梯君允可，全数收去。

七十九、南峤县：长官何自尧。麻疯人数原报十四人，据视察员罗列星报为二十六人。该县地瘠民贫，筹款不易，若设院收容，势必开支巨款。县长商之距县三站之车里美国医院，遇有麻疯病者，即送车里医院治疗。查该医院对于给养管理办法尚属认真，附近各县凡患此症者，均送往医院治疗。每年由南峤等送现金二百元。

八十、车里县：长官徐世琦，视察员罗列星。麻疯人数原报二百一十五人，美国设有医院一所于该县之蛮燕寨，收容邻近各县麻疯病人。该县即将蛮燕寨作为本县麻疯病者收容地点，并分划该寨四周地段界址。所有病者砍柴取水均在此地段内，不许任意出外。寨内病者所养鸡、畜等及其他食品，止许病者自用，不得出卖。经费由县府筹，又由县长随时募捐，不足由教会负责。该寨由县长委派甲长人管理外，余系择病愈者委充，除经理发药外，并负责监视管理责任。

八十一、会泽县：长官李表东。麻疯人数据视察员王锡睿报为十二人，分四处收容隔离：紫牛坡三人，黑露山二人，巴兔五人，马井坡二人。经费由各该管乡镇公所项内开支，每月每人给粮四升，薪菜钱三角，自行煮食。由各该管乡镇长监督管理。

八十二、华宁县：长官杨恒刚。麻疯人数原报九十四人，据视察员傅宅安报为一百零三人，已分别收容在一区茶庵所、二区海源寺、三区海潮寺、四区伏虎寺、五区新寺共八十人，另有二十三人由患者家属自行隔离。经费先由财政局借垫三千余百元，每人每月各给伙食旧币三十元，每处设事务管理员一人，夫役一人，各乡送到时验收，给钱由公家派人发给。

八十三、罗次县：长官董广布。麻疯人数据视察员王学报为九十九人，分六区收容隔离：第一区在南头坡三元宫，收容四人。第二区在青钢栗箐，收容三十六人。第三区在石缸箐，收容二十一人。第四区在可里郎沟清净寺，收容十三人。第五区在白马庙，收容十九人。第六区在南冲乡山上，收容六人。经费由各区就公产公款内提拨十分之二，其数未确定。麻疯患者生活，有家属力能供给者，由家属供给；无家属或家属无力者，由各村公积项下筹送米粮。每所由麻疯内选择一人或二人管理，并由附近之乡镇长切实监督。

八十四、楚雄县：长官周继福。麻疯人数原报一百五十三人，据视察员钟莹如报为四十一人。分五区隔离：第一区在西城外，收容三人；第二区在高棡槽老太庙，收容八人；第三区在小月表，收容十人；第四区在紫溪山新坟山，收容十二人；第五区在山神庙，收容四人，共计收容三十五人。生活由麻疯病人家属自己供给，每个隔离点均雇一看守人管理。按：据钟视察员报称，该县麻疯患者，尚不止此数，应请饬该县长认真调查收容。如患者之家属不能自给，应由各该地方乡镇公所设法供给，以绝后患。查该县人情险恶，往有购买麻疯疮痂危害其所恶之人，曾经发现多次，地方官亦不严办。前有一已死童男，年纪不过十二三岁，所卖疮痂之钱达数百元，受害之人，不知凡几。

八十五、牟定县：长官佴鹏。麻疯人数原报八十一人，据视察员王学报为七十五人。分三处隔离：一为鸿慈庵，收容三十三人；二为会基关，收容十五人；三为勐刚山河洞，收容二十七人。麻疯患者生活，六十五人由家属供给，十人由地方供应，每人每月供给米四升。各点管理除鸿慈庵设有管理员一人外，其余三个点由当地乡镇长负责管理。

八十六、镇南县：长官张渡。麻疯人数原报二十六人，据视察员钟莹如报为三十四人。总收容所拟建于距城三十里之龙顶寺，现暂分三区隔离：一区在五本锁，收容二十一人；二区在腊梅村，收容九人；三区在咱租，收容四人。生活皆患者自给，各点由区长派人管理。建总所经费由各区捐助，将来给养，尚未筹有办法。

八十七、祥云县：长官刘德修。麻疯人数据视察员郑丕明报为四十九人，分六区收容隔离：一区太保宫，二区李官营，四区江尾村，五区太平村，六区长官所，七区碓鲁么公所。现共收容四十九人，经费由各区自行筹给。麻疯患者生活，有家室者由家属自行送给，无家者暂由各区供给。各区派人住所管理，不准聚处，亦不准外出。

八十八、兰坪县：长官张执中。麻疯人数据视察员史直书报为七人，分四区收容隔离：第二区内离通甸村寨十余里，盖有茅屋一间，收容三人。第三区内离武憨镇村寨十余里，盖有茅屋一间，收容一人。第四区内离中牌村寨十余里，盖有茅屋一间，收容二人。经费该县长督饬各区长等，向各区内殷实富户捐资，募集米粮，共同供给。各收容点该县长督饬各区长认真看管。按：据史视察员报称，现已商由张县长设法筹款，于第二区通甸村择适当地点，建筑较宽屋宇，全数迁移收容，以符定章。

八十九、中甸县：长官何清远。麻疯人数据视察员段韬报为十七人，拟集中于柯济村土房。费用拟由各乡长饬其家属按月供给粮食。

九十、永善县：长官蔡学禹。麻疯人数原报三十四人，据视察员王锡睿报为三十五人，分两区收容隔离：第一所设于永阳镇北门外已废书院，重加修理，收容二十一人；第二所设于六、七两区中之甜酒湾，收容九人。共收容三十人（调查后死者三人，逃逸出境二人，已督促蔡县长派人四处寻觅，设法收容，免致流离失所）。麻疯患者每日每名发给上苞谷一斤，菜钱镍洋二角，由隔离所杂役代为煮熟给食。设所长二员，管理二员，杂役六名，将麻疯人于正午十二时至一时集于所内旷地游散，此外各归住处，不能任其乱走。厕所、屋宇，常用石灰洒扫，以免传染管理人员。按：据王视察员报称：

（一）查永善地居边瘠，经费困难，只能设置隔离所，医院无力举办。医药方面唯以苍耳草熬膏服用；（二）因该县区域狭长，派团护送不便，故分两所收容。

九十一、丘北县：长官周永锦。麻疯人数据视察员杨茂章报五十三人，隔离所现设于北区红薯山，已收容十四名。经费由有疾者产业项下提出一部分，并由邻近村落殷实之户劝捐补助，所务由乡长及闾长随时监视。每人日给米一斤，月给伙食现金一元，每星期由公安局长亲往检查一次。按：据杨视察员报称，该县麻疯，有主张各区分设者，有主张设公共隔离所于县城者，县长亦未有正确之办法，因而各区所检举得者，至今尚未收容。

九十二、砚山县：麻疯人数原报二百四十一人，据视察员杨茂章报为二十一人。该属拖支白、三星寨两地，已建就隔离所于江那街。建盖经费由各地自筹，麻疯伙食均由各属给养，无须另筹经费。惟江那街一所系查赶街人如有染患此症者，即行收入，尚须经费，刻正筹集。收容所督责该三星寨小学校长王正充管理员，拟有简则施行，其主旨纯在隔离。按：据杨视察员报称：查该县属患此恶疾者甚多，惜未有确实调查，隔离所虽建有两座，惟中心地点尚付缺如。现在收容之二十余丁口，概在所属之三星寨，与西畴接壤。

九十三、澜沧县：长官袁坚。麻疯人数原报十四人，据视察员罗列星报为一百零二人。经县务会议议决，于该县第二区孟连镇高埂地建筑隔离所一所，收容第一、二两区麻疯人数约二十人，第五区上允镇坝尾建筑隔离所，收容第四、五两区麻疯人数九十人左右。经费拟由麻疯患者各区摊派。麻疯患者系殷实之家，关于伙食、衣服，令其自备；若麻疯患者系贫寒之家，则以公款膳食。至医药一项，概以公款开支。隔离所拟设所长一人，办理全所事务，设医长一人，专管医药事项，设看护数人，办理所内一切杂务。

九十四、弥渡县：长官薛际时。麻疯人数据视察员郑丕明报为四十一人，一、二、六区已于僻静河坝上建盖草棚，先事收容三十二名；四、五、七区因麻疯人数无多，由各该家属自建窝铺，亦与好人隔离。患者生活由各该家属自行供给三餐，不足者由各慈善家补助。由各该管区、乡、闾、邻长负责管理。

九十五、鹤庆县：长官杨泰森。麻疯人数原报二十一人，据视察员段韬报为五十八人。该东、南、北三区合设麻疯隔离所一处，地点在距城八里之东山庙收容三十九人。西区隔离所，地点在杨梅箐，可容十九人，正在收容。经费纯系劝捐，每月约需现金百余元。患者生活均由家属负担，赤贫者劝捐供给。每所委管理员一人负责监视，现尚未委定。

九十六、姚安县：长官崔崇。麻疯人数原报七十三人，据视察员钟莹如报为五十二人，已勘定大麦冲筹建隔离所。现暂分六区隔离：第二区在郭家屯，收容十一人；第四区在哨地，收容十五人；第五区在区公所外五里山谷，收容一人；第六区在韭菜地，收容五人；第八区在麻地山，收容十一人；第九区在各患者之家九人。已收容者费用由各区公家担负，未收容者由患者之家负担。隔离所由各区派一人监督管理。

九十七、临江：长官谭其镛。据视察员罗列星报称：临江属境现无麻疯。据该局长称，前有染患斯症男子数人，发现在勐阿地方，土人虑恐传染，曾遣送旧年车里属之麻疯寨收容矣。该设治局长于奉令饬办后，已具情报请备查在案。

九十八、昌宁县：长官张鸿钧。据视察员张仓荣报称：查该区从未有此种麻疯恶症，奉令详查，并未发现。

九十九、莲山：长官谭其第。据视察员周天佑报称：原报有麻疯一人，后经证实，此人系瘫痪，并非麻疯。

一〇〇、碧江：长官董芬。据视察员史直书报称：查碧江僻居于高黎贡山及碧罗雪山两山之间，天气严寒，居民饮食简单异常，属内从无患麻疯症者。查其档卷，经由董局长于民国二十三年三月二十一日呈奉民政厅第三六四八号指令核准免于册报在案。员已详加考查，确无麻疯症者。

一〇一、康乐：长官施国英。据视察员史直书报称：查康属并无麻疯病人，曾经施局长具结，并奉民政厅指令第四一二号核准有案。

一〇二、德钦：据视察员段韬报称：查德钦天气严寒，并无麻疯症。

以下二十三县、局、区为无麻疯病症地区：

一、宣威：长官陈其栋，视察员王锡睿。

二、平彝：长官王开基，视察员常旭。

三、罗平：长官魏泽民，视察员常旭。

四、富州：长官柯如松，视察员杨茂章。

五、麻栗坡：长官曾恕怀，视察员傅宅安。

六、河口：长官李鸿谟，视察员王熙。

七、金河：长官赵宗俶，视察员王熙。

八、平河：长官顾震，视察员王熙。

九、个旧：长官马光陆，视察员王熙。

十、曲溪：长官汤更新，视察员王熙。

十一、元江：长官尹建华，视察员周敬修。

十二、墨江：长官李时，视察员周敬修。

十三、镇越：长官邓扶汉，视察员罗列星。

十四、思茅：长官陈扬，视察员周敬修。

十五、六顺：长官樊谟，视察员罗列星。

十六、双江：视察员罗列星。

十七、镇康：长官纳汝珍，视察员张仓荣。

十八、龙陵：长官邱天培，视察员周天佑。

十九、潞西：长官林树新，视察员周天佑。

二十、瑞丽：长官廖彬，视察员周天佑。

二十一、陇川：视察员周天佑。

二十二、梁河：视察员周天佑。

二十三、泸水：长官黄德佐，视察员史直书。

以上全省各县区共计一百二十二属，除昌宁、莲山、碧江、康乐、德钦等二十八属无麻疯病患者不计外，其余九十四属县长原报与视察员报麻疯人数尚多分歧，统计尚属困难。现经审核暂定共有麻疯患者五千五百一十八人。

卫生处成立后，又续据其他县属补报之麻疯患者共一百零五人，故连前计算，全省麻疯据调查所得共有六千四百八十九人（各属所报患者人数，见《本省麻疯患者调查》及《收容情形一览表》）。惟以上所查得之患者，多属重症易为觉察者，此外若再加轻症、疑症及潜伏、遗漏者，恐不止数倍此数。

本省麻疯，前由民厅拟定《取缔麻城办法》及《补充简则》以来，先后令饬各县筹设隔离所集中收容，以资隔离。至给养管理方面，经民政厅拟定各属《麻疯隔离所给养、管理暂行规则》，令饬各县由各属积谷每年借放所得息谷项下支给患者口粮，麻疯隔离所经费亦由该项息谷内拨支。唯近年各县积谷办法已有变更，故各县麻疯患者口粮，亦多借口停发，致隔离所患者多有逃避者。卫生处虽曾屡次代拟厅令，令各县对于麻疯患者口粮，应予以切实妥筹，惟各县因征兵、征实、征购等要政关系，对此多未切实遵办。二十九年卫生处曾组织巡回麻疯医疗队一队，沿元江至思茅一带，作教育、诊治、医疗之工作，继因经费困难，故仅只工作六月，即行停办。

本省麻疯问题，年来经政府之努力，不无相当成绩，如各地麻疯隔离所之设，即其一例。惟今后应求改善者:（一）麻疯隔离所经费及患者之口粮，应予切实解决;（二）麻武隔离所患者生活应予改善;（三）各隔离所应由卫生院负治疗之责，以求一部分患者之治疗;（四）必要时可仿菲律宾办法，麻疯患者在各村隔离治疗，使其家庭负患者之生活费，而患者亦得时见其家属，如此既可减轻政府负担，患者亦得借以改善其生活，使不致逃避。以上各点，现卫生处正在设法，以促其成。

兹将二十九年本省各属已建筑完成之麻疯隔离所与拟建筑者及其收容情形，列表如下，惟其中拟建者，因受抗战影响，多半途而废；已收容者，亦有逃散；未建者更不复论矣！

云南省各县区麻疯隔离所统计表

县区	隔离所地址	麻疯人数	收容情形		备考
			已收	未收	
昆明市	第三区狗饭田	85	85		
昆明县	狗饭田	41	41		
大理	第四区天生桥	100		100	正开始收容中
蒙自	东城外	8	8		
邓川	东山瓦厂	78	78		
泸西	南门外八腊寺	14	14		
师宗	第一区狸狸山	11	11		
镇雄	第一区平正乡	14	3	11	岩洞修用
新平	大田房	3	3		
大关	翠屏山	8	8		
文山	石牛槛	27	23	4	
剑川	西区汗丁村	6	6		

（续表）

县区	隔离所地址	麻疯人数	收容情形		备考
			已收	未收	
马龙	第三区大庄	6	6		
祥云	大平官等处	49	49		
兰坪	通甸桥等处	7	7		
澜沧	高硬地上元镇二处	102	102		
砚山	三星寨	240	21	219	
安宁	高山心地方	86	22		
会泽	柴牛坡等处	12	12		
牟定	鸿慈庵等处	85	75	10	
镇南	龙顶寺	34	34		
江川	大海底	85	33	53	
大姚	母猪塘	123	20	103	
富民	观音山	22	21	1	
广通	石冲箐	40	26	14	
宜良	西海子	78	10	68	
澄江	二区松园湾	118	56	62	
云龙	福星平	47	47		
昭通	南城外	45	22	23	
罗次	可里白	99	99		
通海	鸱鸮崖	41	7	34	
玉溪	养济院	192	33	159	正收容中
永仁	宝顶寺	132	132		
缅宁	第六区	47	11	36	
云县	五区龙王庙	98	98		
禄劝	南村后箐	83	10	73	

（续表）

县区	隔离所地址	麻疯人数	收容情形		备考
			已收	未收	
洱源	龙王庙	94	71	23	
顺宁	三区大乃坝	86		86	正收容中
河西	大麦地	73	22	51	
永平	龙尾山	82	39	43	
双柏	败子箐	82	39	43	
鲁甸	天生桥	21	9	12	
沾益	大觉庵	51	10	41	
宁洱	芭毛山	22	19	3	
峨山	喜鹊箐	76	6	70	
易门	养济院	129	16	113	
景谷	宽宏乡	6	3	3	
盐兴	岩洞	13	8	5	
元谋	杨柳村	53	20	33	
禄丰	李本田	105	34	71	
曲靖	普贤寺	36		36	正收容中
昌宁	沧江谷	22	22		
墨江	杨家山	2	2		
中甸	土崖	17	7	10	
永善	永阳镇	35	30	5	
丘北	红薯山	53	14	39	
西畴	外古庙	99	89	10	
龙武	俄爽	16	5	11	
华宁	伏龙寺	103	80	23	
楚雄	高棡槽	153	35	128	
总计	六十县	3,753	1,822	1,931	

正建筑麻疯隔离所县区统计表

县区	隔离所地址	麻疯人数	收容情形	
			已收	未收
景东	第六区丁怕山	99		99
晋宁	落水洞	109		109
路南	簑笠山	158		158
广南	山巴岭	88		88
弥勒	陀峨山脚	44		44
盐丰	东山	7		7
寻甸	龙首庵	129		129
嵩明	慈峰庵	153		153
开远	东山西区	153		153
呈贡	野猪塘	21		21
石屏	白云寺	107		107
宾川	狮子山	102		102
漾濞	大滥坝	24		24
保山	褡裢塘	102		102
鹤庆	东山杨海箐二处	99		99
姚安	大麦冲	72	52	20
凤仪	大风丫口	78		78
丽江	化毒山冲	38		28
蒙化	乡山麓	117		117
陆良	望城附近	51		51
总计	二十县	1,726	56	1,670

尚未筹建隔离所之县、区统计表

县区	隔离所地址	麻疯人数	收容情形	
			已收	未收
盐津	未定	2		2
建水		1		1
巧家		66		66
华坪	巴山	110	1	109
镇源	第四区蛮里山	14		14
腾冲	未定	13		13
昆阳		160		160
屏边	大窝子	10		10
马关	未定	16		16
武定		52		52
佛海		10		10
车里		215	188	27
弥渡		41	32	9
贡山		6		6
维西		36		36
永胜	东岩	202		202
彝良	未定	30		30
南峤		26		26
总计	十八属	1,010	220	790

（五）管理种痘员

本省自开办种痘传习所以来，学习毕业者已达数千人。而边远县、区，偏僻乡村，尚多有相沿旧习，拒绝种痘，专事吹花者，为害婴孩，实非浅鲜。爰制定《管理种痘员简则》，通令实行，《简则》条文列后。

《管理种痘员简则》

第一条　凡原非中西医师而替他人点种牛痘者，为种痘员，应遵守本简则之规定。

第二条　种痘员必须在政府立案之种痘传习所毕业、领有证书者，始得执行种痘业务，否则由该管官署勒令歇业。

第三条 凡种痘员如非曾经登记之中、西医师，除种痘外不得替他人治病。

第四条 种痘员执行种痘业务时，必须慎重手术，严密消毒，十分清洁。

第五条 种应员不得以人身痘痂为痘苗，并不得应用过期失效之牛痘苗。

第六条 种痘员只可收取材料消耗费及手术费，不得格外需索。

第七条 种痘员如有不遵术简则之规定者，得由地方长官酌量处以十五日以下之拘留或十五元以下之罚金。

第八条 本简则自呈准公布之日施行。

（六）举办环境卫生

查《卫生专员暂行简章》第二条第一款已载有整理环境卫生事项，唯仅略具纲要，复恐各县、区卫生专员不能实事求是，复由民政厅附酌各县、区现时情形，就环境卫生事项中，举其荦荦大者十六项，定名曰“环境卫生重要事项”，逐项就最低限定说明办理要点，通令各县、区卫生专员按月填报。“环境卫生重要事项”列后。

水井：（1）井须设于高燥清洁之处。（2）凿井须深达沙层。（3）井壁须建筑坚固，不致渗透污水。（4）须安置井栏。（5）须定期淘洗。

沟渠及涵洞：（1）疏浚通畅。（2）设置盖沟石。

染物：（1）扫除须先洒水，免使尘埃飞扬。（2）扫除须使街巷洁净。（3）搬运须迅速周到，切勿遗漏。（4）堆积须于适当地点。（5）举行焚烧。（6）遵照《污物扫除条例》，定期举行大扫除。

厕所：（1）须建筑坚固。（2）须逐日清扫冲洗及洒布石灰，或覆盖灰土。

菜市：（1）整理有序。（2）注意清洁。（3）派员检查。（4）实行取缔。

屠宰场：（1）筹设成立。（2）整理清洁。（3）实施消毒。（4）严格检查。（5）随时取缔。

理发店：（1）注意清洁。（2）严禁用刀挖耳及括眼。

旅店：（1）注意宿舍卫生。（2）卧具须使清洁。

饮食物：（1）须注意清洁消毒。（2）实行检查及取缔。（3）食物须用纱罩覆盖。

毒剧物：（1）登记贩卖商店。（2）派员检查。（3）依法取缔。

传染病媒介物：蝇、蚊虮、蚤、虱、臭虫、鼠类、狂犬等，均须设法扑灭。

取缔牧猪：（1）须令畜主设栏豢养。（2）禁止沿街牧放。

取缔野犬：（1）收养。（2）扑杀。

处理死体：（1）掩埋路毙尸体。（2）严禁以死孩悬挂树梢。（3）收埋禽兽骸骨。

寄柩所：（1）筹设。（2）整理。（3）管理。（4）取缔。

公墓：遵照《公墓条例》施行。

（七）制定传染病统计表

查法定传染病业经内政部通令，饬由各县按月填报。而本省地方病如恶性疟疾、普通疟疾尚未列入，特一并制定表式，令饬各县、区按表调查填报。二十三年份已据多数县、区呈报，爰统计列表如下。

云南全省各月传染病统计表

病名＼月份		一月	二月	三月	四月	五月	六月	七月	八月	九月	十月	十一月	十二月	总计
霍乱	疾病 死亡	1148 146	1152 107	1431 143	1307 203	1340 185	2188 251	2047 197	1653 156	1718 288	1157 139	854 112	676 88	16671 2015
天花	疾病 死亡	1331 223	1484 282	1917 379	1470 252	900 152	1190 193	395 89	231 56	690 129	519 72	499 86	593 103	11219 2016
伤寒	疾病 死亡	2473 314	2808 257	2699 304	2062 297	2454 263	2313 332	2461 331	3055 365	3008 402	2362 257	1925 274	1852 194	29472 3590
赤痢	疾病 死亡	662 184	881 84	1855 187	2445 257	3567 462	3641 458	3280 393	2908 870	2290 346	1551 268	797 121	480 65	24287 3695
白喉	疾病 死亡	252 37	272 56	549 74	304 39	371 58	290 40	247 41	107 19	382 65	180 28	150 55	127 29	3231 541
斑疹伤寒	疾病 死亡	510 85	624 116	748 127	1141 42	1228 493	1650 338	615 85	815 191	1113 290	915 180	731 115	860 130	10950 2192
猩红热	疾病 死亡	284 47	217 28	251 28	318 55	213 26	975 162	346 48	372 45	437 51	304 43	349 54	540 228	4606 805
流行性脑脊髓膜炎	疾病 死亡	261 54	521 47	624 82	365 122	425 53	471 50	334 47	308 58	513 52	453 52	534 79	331 55	5140 751
普通疟疾	疾病 死亡	1635 91	2092 70	2451 115	2439 119	1641 191	4825 214	3653 229	3589 269	4523 91	2947 247	1769 194	1023 97	32587 1927
恶性疟疾	疾病 死亡	426 69	695 136	835 128	706 160	976 233	1894 381	1674 374	1534 379	1847 459	1024 313	596 116	284 76	12482 2824
附记	1. 照部颁《传染病预防条例》之规定，传染病尽有九种，本省因素称瘴区，故加入普通疟疾、恶性疟疾二种，一并调查填报。 2. 普通疟疾俗称摆子。 3. 恶性疟疾俗称烟瘴，又有泥秋沙瘴、螃蟹瘴、谷花瘴、瘴气摆、瘴摆、闷头摆、标蛇等，名目虽多，皆为恶性疟疾也。													

（八）调查甲状腺肿

此症俗名大脖子，本省所在多有，据医学家证明，谓系饮食中缺乏碘质所致。现据大关等二十六县、区调查呈报，计有男性患者二千零三十三人，女性患者二千一百一十六人，其余各县、区尚在调查中。特列表统计如下。

甲状腺调查统计表

县区	甲状腺肿患者		
	男数	女数	总数
大关	4	5	9
绥江	无	无	无
新平	26	22	48
永善	无	无	无
碧江	无	无	无
临江	13	23	36
威信	无	无	无
镇越	14	4	18
剑川	32	31	63
六顺	119	146	265
景谷	323	452	775
澜沧	8	13	21
禄劝	1,083	898	1,981
康乐	34	39	73
洱源	166	279	445
鲁甸	无	无	无
佛海	83	22	105
江川	28	8	36
屏边	17	26	43
河西	17	93	110

（续表）

县区	甲状腺肿患者		
	男数	女数	总数
峨山	22	27	49
彝良	无	无	无
镇雄	无	无	无
呈贡	39	31	70
思茅	无	无	无
瑞丽	5	9	14
附记	1. 以上共计二十六县、区。 2. 共有甲状腺肿，男性患者二千零三十三名，女性患者二千一百三十三名，总计共患者四千一百六十六名。 民国二十四年七月二十七日		

本省甲状腺肿严重情形，据卫生处数年来派防疫队至交通线三十七县、区防疫时所做调查结果，据检验十九余万人中患甲状腺肿之百分比，为15.1%。女子患此症者较男子之百分比为多，计平均女子患甲状腺肿为16.8%，男子为13.4%。各地患者之百分率有高至84%者。住于山坡人民，则其患甲状腺肿人数亦较住于平原者为高（统计材料尚未整理，故不能列举数字）。又本省各处随时可见侏儒状人民，智力低下，举止迟缓，言语不清，此种人民为数不少，尤以女子占多数。此名为克汀症，常见于甲状腺肿流行之区。盖与甲状腺肿同为并发之症也。唯患此症者，甲状腺并不肿大，而系破坏，致消失其功用之故。

甲状腺肿之原因：甲状腺人人皆有之，位于颈部，普通不露于外表，其分泌含有碘质，其功用直接为维持身体“新陈代谢”之平衡，间接有关于生殖及消化之作用。甲状腺发育不全，消失其功用时，则体质为侏儒，智力为呆痴。本省常见侏儒状之人民中，即系此种病症。如发育过盛，则身体一切功用进行太速，患者呈现消瘦及心脏病症状。如其功用尚存，而所分泌之碘质不敷用时，则腺体增大，借资补充，唯身体不发现其他显著之症状，普通常见之颈瘤即此之类。至甲状腺肿所分泌之碘质何以不敷，原因虽极复杂，然据一般意见，皆以系因土质上缺乏碘质，因而该地之饮水及动植物所含之碘质亦随之而缺乏，故人体所需要之碘质无所取材，因而发生颈瘤或甲状腺肿之症。盖如中欧、美国及新西兰等处，其地方性甲状腺肿，曾经研究，知其流布确与各地泥土及饮水中碘质之多少成反比例，即其地之泥土及饮水中所含之碘愈少，则为甲状腺肿流布之区。若给予该区人民以适当份量之碘或富有碘质之食物，则患此病者必见减少。因此之故，甲状腺肿与碘质缺乏可谓有密切之关系。由各方之推测，云南甲状腺肿之发生，或亦由于碘质之供给不足以应其生理上之正常需要所致。碘质不敷之原因，或由土壤含碘太少，致使一切饮食含碘太少。至本省山坡居民患甲状腺肿人数，较之平原为多，原因系因碘容易溶解于水，致山坡泥土中所含碘质被雨水冲至平原，因此山坡生长之动植物及饮水中含碘质亦较之平原为少，故其患甲状腺肿人数亦较多，又使一切饮水、食物含碘不敷，不一定即谓食盐含碘不足也。有以为本省甲状腺肿发生原因，系食盐含碘不足之矿盐所致，实为错误。因据分析结果，本省食盐所含碘质，较之海盐并不减少。唯过去所以提倡食盐加碘者，因此法能使一般民众普遍食用耳。

防治方法：此项防治工作，由卫生处负责办理。兹将该处成立后所取防治措施略述如下：

1. 成立防治颈瘤协会：卫生处为便利于推进防治甲状腺肿起见，特于二十八年七月会同有关机关，组织“云南省防治颈瘤协进会”。唯后因深感该会组织尚未能适应环境之需要，故于二十九年四月，经由各有关机关、各医学院、各专家讨论结果，将该会改组为“中国防治颈瘤协会”，使该会组织具有全国性，以收集思广益之效。

2. 食盐加碘：前“防治颈瘤协进会”集合各专家讨论结果，皆以食盐加碘为预防甲状腺肿之最适量办法，当请由盐务管理局负责施行。唯因发现食盐加碘于技术上发生困难，因滇盐系就锅煎成盐块出售，若于煎成盐块后加碘，则碘质仅能及于表面，若于盐卤中加碘，则于蒸煎时起化学变化，致一部分碘质消失，且碘质沉于锅底头，分布不匀。当于二十九年度由盐务管理局经六个月之继续试验，对于此问题已有解决办法，即于锅内堆满盐沙，用余火烘干时（此时灶火已熄），即于盐沙上遍插孔穴，喷入含有碳酸钠之定量碘化钾溶液，即时压平，再覆以将干之盐沙约一寸厚，以资保护。如此烘干后，各部分取样化验，碘质分布最为均匀，且无损失。并由盐务管理局于三十年度从滇中区先行实施，待有经验后再行逐渐推广及于全省各盐井。至三十一年滇缅路中断后，药品来源不易，故而食盐加碘工作即因之停顿。

3. 成立颈瘤防治所：为便利指导民众对于颈瘤之预防及治疗起见，卫生处特通令各卫生院所附设颈瘤防治所，由该处免费发给防治药品，为民众免费防治。计二十九年度成立者共四十七所。

4. 其他防治措施：食盐加碘仅能防治甲状腺肿之一法。在食盐加碘尚未普遍实施之前，尤应兼采其他防治方法。二十九年度所采取其他防治方法，尚有下列各项：（1）免费发给各颈瘤防治所以碘化钾分发民众，作为防治之用。计二十九年度已发给七十余磅，此数可作为八十万人一年预防之用。（2）宣传民众自动食海盐、海产食物及防治药品。计共制发防治说明书四千份，并刊登报纸。（3）制售瘿袋丸，以为民众自由购服防治，此系由卫生处试验所制售。

（九）办理各县区临时防疫

查本厅自二十一年以来办理临时防疫有下列各县区：

1. 思普防疫：查思普疫病，连年流行。据该县前任县长丁保琛于二十一年呈报，多系赤痢、疟疾。嗣据该县现任县长陈扬于二十三年呈报，有疟疾、伤寒、赤痢、霍乱等症，经民政厅令饬一面改善环境卫生，以便预防；一面筹设思普医院，以便治疗。旋由第二殖边督办杨益谦，于二十三年冬，在思茅筹款成立思茅公立医院，实施诊疗，疫病已不闻如前之大流行矣。

2. 墨江防疫：二十二年十二月一日，该县公安局长黄垂春呈报发现猩红热。经该局长将前卫生部颁发之《猩红热》小册翻印多份发散，并粘贴通衢，召集民众讲演预防方法，疫势渐告肃清。

3. 昆明市防疫：二十三年春，昆明市发生疫病，据医师报告及报载，多系流行性感冒、肺炎、百日咳、麻疹。经民政厅拟具《昆明市防疫计划要点》十五项，令饬省会公安局参酌实际情形，拟具防疫计划，呈候核定，并由民厅编印《昆明市现在流行病一览表》，石印数千份发该局分发各住户及粘贴通衢，宣传预防。至二十三年春末及入夏，疫势始渐减少。

4. 建水防疫：二十三年五月十一日，据建水县长黄承佑呈报：县属东头坝、羊街、蔡里冲、小塘寨、落水洞、海尾、金鸡寨、马金营、冯家庄、何鹏寨、新寨、益者黑、马王庄寨等村，发现泥鳅沙症，请派员指导预防治疗方法。当经核明，恐系霍乱。爰由民政厅令饬该县长查明症状，患者数目及死亡数目，以便筹办。该县长迄未呈复。

5. 呈贡防疫：二十三年七月二十日，据报载：呈贡下庄发生疫病，死亡枕藉。由民政厅派第六科防疫主任张运斌，并饬由省会公安局派科员李受昭携带药品、器械前往检查诊治，并召集村民宣讲防疫方法，采取患者血便等项，持回交第六科防疫股科员俞其能，带往军医学校（因俞科员系兼军医学校教官）行细菌学检查。检查结果，据该员报告，此次疫症病源系肠窒扶斯（伤寒）。旋据该县县长陈文友报告，入秋以后，疫势已渐渐减轻矣。

（十）预防兽疫

本省兽疫种类甚多，且均不时发生，而为害最烈者莫如牛疫（俗名滥肠瘟）及猪瘟（猪霍乱）。民政厅为解除牧畜病疫及注重人民食肉卫生起见，特编《牛疫预防》及《猪瘟预防》各一张，先后令发各县，实施预防。兹附录于后：

牛疫预防

查吾滇兽疫，如炭疽（俗名急心黄）、鼻疽（俗名癞疮）、豚丹毒、豚虎列拉（俗名猪瘟）、口蹄疫等，均不时发生，但其为害最烈者莫如牛疫（俗名滥肠瘟），直接则影响于农民之生计，间接则影响于国家之税收。何以言之，夫吾滇农民，种地耕田，纯用畜牛。一家之生活，唯畜牛是赖，一遇牛疫发生，畜牛倒毙，而一家之生计，即起恐慌，农民无知，唯知祷祀牛王，以为天灾不可抵抗，殊不知毫无补于事实。本厅为解除人民之痛苦，增加人民之生产起见，特编《牛疫预防》一篇，如饲养畜牛者，知所遵守，则牛疫当可减少，对于生产上岂小补之哉！

1. 病性：牛疫是牛属固有之热性传染病。传播迅速，兽疫中最险恶之症也。

2. 原因：传染毒之本态尚未详，但病兽之呼气、津唾、泪、鼻、口、眼之黏液，汗、粪、尿、血液以及体内诸脏器，皆有疾毒存在。其传染径路，或由病兽直接传染，或由粪便、敷藁、刍秣、毛、皮、肉、家畜、商犬、家禽等之媒介，而间接传染。其病毒在适好之境遇，可以保存数月，干燥之空气中，死灭甚速。

3. 潜伏期：六至九日。

4. 症候：本病急性病毒，主要在消化器黏膜，潜伏期六至九日。初兆：高热，体温摄氏四十一度，乃至四十二度，脉细小，一分钟六十乃至百二十，食欲减少，倦怠低头。次则恶寒战栗，皮温不均，呼吸促迫，黏膜潮红，反刍全止，口渴思饮，便通迟滞，粪干故而带黏液。又次则自眼、鼻、阴门漏出黏液，粪成流动状，甚为下痢，混有血液，直肠黏膜翻转露出，病牛行步踉跄，有时兴奋不安，口腔及阴腟之黏膜，现赤色之斑点，或灰白色乃至黄色之干酪样渗出物，其渗出物容易剥离，剥离后，呈暗赤色之烂斑。以上之症候，渐次亢进，则眼、鼻、口之分泌液增多，体温沉下，陷于虚脱而死。

5. 预防：预防不良，死亡率为百分之九十乃至九十五。

6. 预防法：牛疫发生传播迅速，非唯个人饲畜失败，往往一村、一乡、一县之畜牛，受其损害。故农民遇牛疫发生之际，对于畜牛健康须特别注意，宜给予清凉饮水及消化饲料，使舍内空气流通，温度调和。苟发现畜牛饮食减少，身体发热，有疑似牛疫之症，则实行隔离。而隔离为预防传染要务，即使病牛与健牛分别居住，遮围发病处所，防止病毒蔓延。对于病牛，须留置原舍妥为处理，其他健牛，速迁别所。但对于嫌疑之牛，必俟经过潜伏日期，方许外出，又病牛栏舍，禁止牵入健牛。一切用器，不得迁移他处。病牛饲料，不得豢饲健牛。牛疫发生之地，毋使放牧。沿河流水，恐有病毒渗入，不但不可饮用，即洗濯器具，亦切宜禁用。不幸已之畜牛罹疫死亡，或遇必要时扑杀，不宜贩卖，应撒布石灰，移至僻空之地，深为掩埋。一切用器，宜用沸腾水浇灌。畜舍宜撒布石灰，或将畜舍内上层之土翻转在下面，残余之饲料，宜以火烧之。牧夫被服，亦宜以煮沸洗濯之。以上为普通预防。现在各国遇牛疫发生，除普通预防外，多用牛疫预防血清及病毙牛之胆汁，注射在健牛身上，在相当时期内，绝不会发生牛疫。现在我国青岛制造牛疫血清，若发生地方，难于遏止扑灭，亦可呈请代购，施行预防注射。

7. 治疗：现在外国治疗，多用牛疫血清，但只适于轻症。我国多用大黄、芒硝、黄连，烟渣水等，亦不过对症疗法。其根本治疗，中外均无。故外国特注重预防。能注重预防，则牛疫自然减少，生产自然增加矣。

猪瘟（猪霍乱）预防

猪为我国之主要肉食品，每年消费极多，而产额亦丰。但养猪之家，最可惧者莫如猪疫（猪霍乱）。一旦流行猖獗，不唯养猪者受经济之损失，对于公共肉食卫生上，亦大有妨碍。本省各县及昆明市，不时发生流行，养猪者束手无策，听其自生自灭，良可痛惜！本厅有鉴及此，复编辑猪瘟（猪霍乱）预防传单，令发各县区宣传使用。养猪者按步做去，则猪瘟（猪霍乱）当自减少，或竟消灭。兹将其病原、症候及预防、治疗各法列举如下。

1. 病原：查本疫之病原体属于滤过性小微生体，其培养繁殖尚未成功，故病原尚不明。

2. 症候：症候分急性肠症，慢性肠症，急性肺症，慢性肺症四种。患急性肠症者，食欲减少，便道涩滞，沉郁倦怠，呼吸促迫，鼻孔漏脓样之液，末期下痢，往往混血液，其他耳鼻端、腹之下方、四肢之内、肛门之周围，现红斑，遂至毙死。患慢性肠症者，时时咳嗽，下痢，皮疹，耳现淡红斑，后陷于虚脱而毙。患急性肺症者，颈与脚之皮发生红斑，继而肿胀、倦怠、疲劳、战栗，食欲减少，便秘高热，咳嗽，呼吸困难，短时间内即毙。患慢性肺症者，咳嗽，呼吸困难，下痢，贫血，麻痹，感染后十一日乃至二三星期内即毙。

3. 预防：本疫之侵入蔓延，多起于猪之买卖，故当本疫发生之时，禁止买卖。其发生之地，断绝交通，病猪之肉不可购食。不幸自己之猪发生本疫，则将健猪另行隔离，若或死亡，则深为掩埋。猪厩用石灰撒布，将舍内上层之土翻转在下面，猪用器具或烧却，或以五倍曹达水洗濯。日本，当本疫发生时，多用猪霍乱血清进行预防注射，效果亦良。我国上海、青岛等处设有兽疫防治所，制造此种血清。

4. 治疗：治疗法尚无，初染轻症，用免疫血清十乃至二十西西注射皮下，有治愈之可能，但购买血清不易，每多得不偿失，要以普通预防为主，则本疫自可减少。

四、全省卫生处时期

（一）全省卫生处成立

二十五年中央卫生署派科长技士医师姚永政等来滇调查思普瘴疫。省府请其代为计划全省卫生医疗事业及设施步骤，旋卫生署别派国联驻华卫生处顾问司丹巴博士来滇，会同商洽决定先于省会创设全省卫生实验处。是为滇省卫生事务有独立机构之始。是年七月，该处成立，直属于省政府，综理全省卫生医药事宜及筹备县卫生机构，训练各种卫生人员作为工作推进之干部。于三十四年已成立之各县卫生院已达一百二十三所：直属机关计有卫生试验所、卫生材料厂、卫生干部人员训练所、附属医院及昆明第一救济医院，并训练各种卫生人员共二十三班，毕业人数二百五十三名。此外，由该处协助促成之机关，计有省立昆华医院、昆华高级护士助产职业学校、抗症委员会、抗疟总队及卫生教育委员会等各机关。

成立之初，原设办公处于高级护士职业学校。至三十二年始于昆华医院后面空地另建办公厅处所，至是处址方定。成立之初，处长一职即由中央推荐姚永政充任。至二十九年秋，姚辞职，改由缪安成接任。

二十九年省府议改隶民政厅。三十一年以前，因限于经费，故其组织仅设医政、保健及总务三科，并于总务科之下成立卫生材料室，以便供应各卫生院所之医疗器材。至于附属机关，则有昆明第一卫生所、卫生试验所、省会麻疯院等机关。至三十一年，该处因经费增加，卫生院及附属机关亦增设不少，始扩大组织，内分设秘书室、技术室、第一科（医政）、第二科（防疫保健）、第三科（卫生工程）、第四科（总务）及会计室。附属机关除将昆明第一卫生所改为昆明市医院外，其他二机关名称照旧。并增设卫生材料厂（由该处总务科之卫生材料室扩大而成）、卫生人员训练所、昆明卫生事务所、隔离医院、普坪村郊外医院及医疗防疫队等。现则昆明卫生事务所，已于三十三年归并昆明市政府之卫生局，隔离医院及普坪村郊外医院则行停办，医疗防疫队，则疫情发生或有特别情形时始行组织。至经费一端，二十九年度，该处年领经费四万一千七百一十五元，所属昆明第一卫生所年领经费六千七百五十元，卫生试验所年领五千四百元，省会麻疯院年领三千五百一十元，共计该处及附属机关每年所领经费五万七千三百七十五元，各县卫生院之经费虽各县有预算标准，请由各县政府核发，然依照规定发领者，寥寥无几，各卫生院月领县款经费六百余元，已属不可多得之数。普通每月仅领三百余元，少者仅数十元。因此，卫生院之人员极难物色，而组织亦难求其健全，推行卫生设施难尽其效。三十一年各省经费由中央核发，该处每年经费增至一千零七十五万九千七百七十九元，使该处对于附属机关得予充实，而应设机关亦得成立，各卫生院之经费亦由该处予以补助，故是年本省卫生设施始得略具。唯此后生活程度日高，迄至三十四年增加数千百倍。而该处奉发经费则仅增十之四，工作推进难免受其影响。

要之，现本省县以上各级卫生机关，多已具备。以省会言，属于卫生处者，有省卫生试验所、卫生材料厂、卫生干部人员训练所及附属医院。其他省、市立卫生机关有省立昆华医院、省立仁民医院、昆明市立卫生局及教育厅之高级医事职业学校。各县卫生院，除有数县因边远贫瘠之区，推进较为困难，尚未成立外，其余已成立一百二十三县卫生院。故今后工作即在求其如何充实，唯人才仍多不济，现任各县卫生院长中，外省籍者六十四人，本省籍者五十九人。

（二）各县卫生设施

1. 县各级卫生组织及其推进：本省计一百三十县，每县应设卫生院一所。至三十四年八月止其已成立者计一百二十三所，其未成立者皆为边远之区。二十九年以前，本省各县之卫生设施，或卫生所、卫生院为全县卫生行政及技术实施中心机关。至其组织系统，则直隶于县政府。关于技术，则由卫生处协助。又各县卫生院得成立董事会或县卫生委员会，负筹备及监督财政事项。至各县卫生机关标准之核定及人员之选委，则由卫生处负责。二十五年省卫生处成立后，曾经规定甲等县应设卫生院一所；二等县于一年成立卫生所一所，二年后再改为卫生院；三等县于二年内成立卫生所一所。卫生院之下，得依据各地之需要，设立卫生所，卫生所之下，得设卫生分所。至民国二十九年，行政院颁布《县各级卫生组织大纲》始依县各级组织区域，规定县应设卫生院，区设卫生分院，乡、镇设卫生所，保设卫生员。本省亦遵照中央规定办理。唯过去各县除设卫生院外，其他各级县以下卫生组织，因限于人力及财力，多未遵照办理。迄今全省各县已成立卫生分院者仅十六所，卫生分所十二所，保卫生员尚无统计，为数百余人。

兹将自省卫生处成立后历年设置县各级卫生组织统计列表如下：

本省历年增设卫生院机构统计表

院别	民国二十六年	民国二十七年	民国二十八年	民国二十九年	民国三十年	民国三十一年	民国三十二年	民国三十三年	民国三十四年
卫生院	3	18	31	48	73	98	107	120	120
卫生分院	1	4	4	3			4	15	16
卫生所		4	4	2			15	12	12
卫生员							40		

注：保卫生员 40 人系昆明卫生院训练者，其他本处尚未得报。

2. 经费及人员设置标准：本省各县卫生设施之经费，三十一年以前皆列入地方预算。唯有若干县份则由省府拨款协助，或抽收附捐以为开办之费。前者如思普区五县由省府拨发磨黑盐场附加，以为常年经费，后者如个旧之锡税项下，征收国币二十万元，以为该县卫生院之建筑及设备费。此外，宁洱县之开办费亦由本处呈准将中央协助本省卫生经费余款四千五百余元拨发。盖思普各县，瘴疟甚为猖獗，故其防治，断非地方之力所能逮，此不得不以一省之财力以协助之也。个旧则为本省唯一财富之区，每年到此工作之矿工达十万人。故该地之卫生事业，不仅关于工人自身之幸福，其余投资者之得失，国家税收之丰啬，关系至为密切。故始于锡税项下征收的款以为建筑筹备。此外，各县卫生院之兴办，亦有由该地热心社会事业人士之捐赠者。唯过去因地方经费困难，故卫生经费亦未能充实筹发。以三十年度而言，普通卫生院，月仅由县府发给经费三百余元，甚至月仅发数十元者亦有之。故各卫生院多借自身之收入以为维持。兹将三十一年至三十四年规定各卫生院经费、预算来源列表比较如下：

各县卫生院经费统计表

经济来源	甲等院				乙等院				丙等院			
	31 年	32 年	33 年	34 年	31 年	32 年	33 年	34 年	31 年	32 年	33 年	34 年
县经费	5500	4000	9000	3185	4500	3000	7000	2360	3500	2000	6000	1585
省补助费	3333	4500	4500	4500	2333	2500	3500	3500	1833	2000	3000	3000
事业收入		6740	6740			5120	5120			2800	2800	
总计	8833	15240	24240	7685	6833	10620	15620	5860	5333	6800	11800	4585

三十四年度以前，县卫生院员工生活补助费及县级公粮，多未照其他人员待遇发给。至三十四年度以后发给，惟经规定，若县经费及公粮不敷，则卫生人员得降低标准支发。故各县卫生院之经费多未照实数发领。据三十三年之调查统计，甲等院县发经费平均仅二千一百四十八元，较规定少发76%，乙等院县府平均月发二千九百零三元，较规定少发59%，丙等院县府平均月发千五百二十九元，较规定少发74%。卫生院长离职原因百分比，即可窥见卫生院经费之困难。

各县卫生院长离职原因统计如下：①因经费困难离职者二十一人，占28%。②因调眷者十一人，占14.7%。③因调军职者十人，占13.3%。④因人地不宜者九人，占12%。⑤因成绩不良者八人，占1.7%。⑥因其他者五人，占0.7%。⑦撤职者四人，占0.5%。⑧因病假者三人，占0.4%。⑨病亡者二人，占0.3%。⑩因事假者一人，占0.1%。⑪无故离职者一人，占0.1%。以上共计七十五人。

卫生院人员设置之标准，亦曾经根据中央规定，而参酌本省情形，由卫生处拟定设置标准（见云南全省三十四年各县属卫生院所员额设置及经费标准表），各年度规定人员虽略有出入，但相差不过一、二人，惟各卫生院因限于经费及人才，多未依照规定设置。以三十一年度而论，甲等卫生院，自院长以至事务人员应设置九人，乙等卫生院为八人，丙等卫生院共五人。惟现成立各卫生院其人员设置，以总人数计，不足定额（见下表）。至各级卫生院应设置人员中，原应有公共卫生护士一名，惟实际此项人员本省甚为缺乏，故各卫生院皆无设置。法将各级卫生院原定应设置人员及现有平均设置人数，统计附表于后：

各卫生院设置人员标准及现有平均人数统计表

项目 职别	甲等院		乙等院		丙等院	
	规定设置名额	各院现有平均人数	规定设置名额	各院现有平均人数	规定设置名额	各院现有平均人数
院长	1	1	1	1	1	1
医师	1	0.1	院长兼			
公共卫生护士	助产士兼	助产士兼	助产士兼	助产士兼	助产士兼	助产士兼
助产士	1	0.8	1	0.5	1	0.2
护士	1	2	1	2	1	1.5
助理护士	1	0.8	1	0.5	1	0.7
卫生稽查	1	0.6	1	0.4	1	0.5
调训检验员	1	0.5	1	0.5	1	0.4
事务员	2	1.5	2	1.1	1	1.3
合计	9	7.4	8	6	7	5.6

以上系从量的方面而言。兹再一论各项人员之“质”。计现在（三十三年）各卫生院各项技术人员中，院长及医师共有二百二十五人，其由医学院毕业者二十三人，军医学校毕业者二十八人，医学专修科（包括由医院实习出身）三十人，余皆非正式医学校毕业。兹将三十三年各卫生院院长之学历统计如下：

医学专修科毕业三十人，军医学校毕业二十九人，医学院毕业二十三人，军医训练班及补习班毕业十三人，普考及格十一人，各种卫生人员训练班毕业十六人，护士学校毕业三人，医士学校毕业四人，其他二人，共计一百三十六人。

此外，医师以下其他卫生人员，大部分系由卫生院自行训练充任，其中正式由医事职业学校毕业或各种卫生训练班毕业者，十不足一。由此，足见本省各县卫生工作人员“质”之改进，实为急切之图。而抗战结束后，外省工作人员之离职，尤为一严重问题。据三十三年统计，各县卫生院长，外省籍者占53%。

各县卫生院所员额设置及经费标准表

院别	职别	各员各月支薪公数	员额	生活补助和县级公粮
甲等院	院长	220元	1	比照县级委任职支发
	医师	130元	1	同上
	公共卫生护士	110元	1	同上
	助产士	85元	1	同上
	护士	85元	1	同上
	卫生稽查员	80元	1	比照县级雇员支发
	调剂员	80元	1	同上
	事务员	50元	2	同上
	助理护士	45元	2	同上
	工役	40元	3	比照县级工役支发
	办公费	月支2000元		
合计：15员名，全月薪工费3,185元，全年38,220元。				

（续表）

院别	职别	各员各月支薪公数	员额	生活补助和县级公粮
乙等院	院长	200 元	1	比照县级委任职支发
	医师	130 元	1	同上
	助产士	110 元	1	同上
	护士	85 元	1	同上
	卫生稽查员	80 元	1	比照县级雇员支发
	调剂员	80 元	1	同上
	事务员	55 元	1	同上
	工役	40 元	1	比照县级工役支发
	办公费	月支 1,500 元	2	
合计：10 员名，全月薪工费 2,360 元，全年 28,320 元。				

（续表）

院别	职别	各员各月支薪公数	员额	生活补助和县级公粮
丙等院	院长	180 元	1	比照县级委任职支发
	公共卫生护士	110 元	1	同上
	护士	85 元	1	同上
	卫生稽查员	80 元	1	比照县级雇员支发
	事务员	50 元	1	同上
	工役	40 元	1	比照县级工役支发
	办公费	月支 1,000 元	2	
合计：七员名，全月薪工费 1,585 元，全年 19,020 元。				

注：主任、环境卫生员、功理护士、工役、办公费合计四员全月薪公费 785 元，全年 9,420 元。①生活补助费县级公粮收不敷支、县属得降低标准支发。②人员未照表设置县属应照实有人数支发。③省补助费按月甲等院支 4,500 元，乙等院支 3,500 元，丙等院支 3,000 元。

3. 设备情形：各县卫生院中，除个旧、保山之院址规模较大外，其余多为简陋。各卫生院原应有病床设置之规定，有病床之设者，仅四十八卫生院，共有病床五百四十一张；其有显微镜者，亦仅有四卫生院。其余设备多仅以应付普通门诊之需要而已。兹将三十三年派员视察各卫生院设备情形，统计列表如下：

各县卫生院药品储备情形

储备情形	数目	百分数
尚足用	10	11%
尚能应付	20	24.4%
需补充	36	43.9%
缺乏	7	20.7%
合计	73	100%

各县卫生院址性质统计表

项目	院数	百分数
专款建造	8	9.8%
县民捐赠	5	6.1%
庙宇修葺	35	42.7%
公产拨充	23	28%
暂借办公	5	6.1%
租赁民房	6	7.3%
合计	82	100%

各县卫生院外舍外观统计表

外观	数目	百分数
堂皇	6	7.3%
华丽	6	7.3%
朴实	33	40.2%
简陋	25	30.5%
破败	12	14.6%
合计	82	100%

（三）各卫生院工作概况

于未述及本省各卫生院工作概况之前，应先明了本省各县人口分布状况。计本省人口总数约一千一百余万人，分为一百三十县，平均每县仅八万余人而已，地方辽阔，人口分布极稀，卫生院所在地之县城人口，多不过万人，不及其他省份之一乡镇。因此，其工作数字当不能与其他省份之卫生院相比拟。

卫生院之工作，原分为医疗救济、防疫、环境卫生、妇婴卫生、学校卫生、教育卫生，医药管理及生命统计等。过去卫生院多偏重于医疗方面，惟年来对于其他公共卫生之工作，经卫生处督饬，亦渐予以积极推进。兹将三十一年至三十三年，各卫生院各项工作数字列表比较于下（三十一年以前因无统计故从略），并附各卫生院概况一览表：

各卫生院概况一览表

<table>
<tr><th colspan="3">类别</th><th>民国31年</th><th>民国32年</th><th>民国33年</th></tr>
<tr><td rowspan="8">诊疗</td><td colspan="2">初诊</td><td>101,759</td><td>72,692</td><td>73,553</td></tr>
<tr><td colspan="2">复诊</td><td>125,009</td><td>58,342</td><td>57,528</td></tr>
<tr><td rowspan="6">住院</td><td>出诊</td><td>8,937</td><td>8,124</td><td>9,299</td></tr>
<tr><td>上月留存病人</td><td>1,018</td><td>573</td><td>542</td></tr>
<tr><td>新入院</td><td></td><td>984</td><td>1,316</td></tr>
<tr><td>治愈出院</td><td></td><td>900</td><td>1,102</td></tr>
<tr><td>死亡</td><td></td><td>84</td><td>80</td></tr>
<tr><td>留院</td><td></td><td>25</td><td>470</td></tr>
<tr><td rowspan="8">环境卫生</td><td rowspan="3">水井</td><td>改良井数</td><td>563</td><td>42</td><td>494</td></tr>
<tr><td>新建井数</td><td>181</td><td>28</td><td>253</td></tr>
<tr><td>消毒次数</td><td>8,835</td><td>4,248</td><td>3,144</td></tr>
<tr><td rowspan="3">厕所</td><td>改良厕数</td><td>487</td><td>205</td><td>654</td></tr>
<tr><td>新建厕数</td><td>278</td><td>41</td><td>362</td></tr>
<tr><td>消毒厕数</td><td>8,312</td><td>3,458</td><td>7,735</td></tr>
<tr><td colspan="2">饮食取缔件数</td><td>700</td><td>805</td><td>1,498</td></tr>
<tr><td colspan="2">卫生视察次数</td><td>3,200</td><td>3,742</td><td>4,248</td></tr>
</table>

（续表）

类别			民国31年	民国32年	民国33年
保健	健康检查		9,078	11,671	8,316
	产前检查		2,874	2,148	1,914
	接生		2,088	824	1,255
	产后检查		2,244	850	1,044
	传染病调查			1,444	1,944
学校卫生	卫生队训练次数		10,363	454	643
	卫生队训练人数		835	7,759	33,835
	个人谈话			3,442	8,306
	健康检查		17,383	1,440	16,928
	缺点矫治		13,127	10,424	10,780
	环境卫生观察			1,191	
卫生教育	演讲	次数	11,484	1,467	1,840
		听讲人数	988	344,565	144,584
	个人谈话次数		135,163	4,039	14,100
	发宣传文字张数		11,889	25,490	24,800
预防接种	种牛痘		158,000	11,551	125,810
	霍乱注射		151,710	133,774	140,154
检验	梅毒反应		367	18	453
	痰		76	264	498
	粪		181	244	1125
	尿		301	1,130	879
	血液		217	4,784	2,212

（四）其他公私立医院概况

各县医疗机关，除卫生院外，尚有其他公私立医院。惟本省各县间，公私立医院为数甚少。据三十三年之调查统计，全省仅有七院而已，病床计一百八十六张，医事人员亦不过一百零四人。兹将各县公私立医院概况列表如下：

云南省各县医院概况表

院别 区分	腾冲医院	磨黑医院	大理内地会福音医院	曲靖思祯医院	昭通福滇医院	河口公立医院	大理喜洲医院	合计
性质	公立	公立	教会立	教会立	公立	公立	私立	
病床	30	8	50	40	30	8	20	186
医师	2	2	5	4	3	1	2	19
药剂	1	1		1	1		1	5
检验师	1	1		1	1		1	5
X光麻痹师	1			1				2
护士 男 女	2 5 } 7	2	3	10	6	2	7	32
受训护士	12	1		6	4	1	5	29
助产士			2	2	2		1	7

（五）沦陷区医药救济

本省滇西腾龙一带沦入敌手，于三十三年底次第收复后，满目凄凉，百废待举。医药卫生方面，当由卫生处会同各有关机关团体，组织“云南省腾冲临时医疗防疾委员会”主持办理之。该会计包括省卫生处、腾冲区专员公署、腾冲县政府、中国红十字会救济总队、盟友公谊救护队、腾冲旅省同乡会暨腾冲地方士绅等各单位。并由腾冲旅省士绅王振芳先生筹捐国币一千万元，作为腾冲医院经费。至该院之医药器械，则由省卫生处、红十字会救护总队等，尽量拨给美国红十字会捐品，并由卫生处月发该院经费一万元。至其他收复沦陷区县分，中央原拨给二千余万元，作为救济之用。唯因收复区辽阔，此数若用以普通发给，实无济于事，当经监察使李根源，商准中央将该款专作为设立或充实滇西七县收复区卫生院之用，并由卫生处统筹办理。

（六）召开县卫生行政会议

本省自民国二十五年卫生实验处成立以来，虽先后成立卫生院百余单位。然省方与地方因交通不便，致两方困难皆未深切了解。而对于县卫生行政之推进，亦乏商讨切磋之机会。故于三十三年八月三日至五日，乘调训各县卫生院长之便，于卫生处举行第一次县卫生行政会议，使县卫生行政人员聚会一堂，共同检讨过去，策励将本。各就其平时经验，抒发意见，互相研讨，以供卫生处今后推行县卫生设施之采择。并作为各地卫生行政人员工作之准则。当时计有昆明等县三十二卫生院长，并邀有关主管长官及卫生处高级技术人员二十余人参加，共计通过提案五十六件。至三十四年又复召集第二次卫生行政会议，计参加各县卫生院长二十八人。经二日之商讨，共计通过提案四十一件。

（七）医药管理

1. 调查登记：本省因医事教育较为低落，故各县医药卫生人员甚少。若照中央颁布法令实行管理，则合格者，恐寥寥无几；其不合格者，若全加取缔，亦为事实所不许。因此，自民国二十五年卫生处成立后，对于医药登记管理，仅施于昆明。管理办法，即凡开业西医，须有卫生署发给医师证，卫生处即凭医师证发给登记证，开业人员再凭卫生处发给之登记证向市政府请领开业执照。中医开业，须经云南省中医检定委员会检定合格。西药房则须雇用领有署证之药剂员或药剂师，始能营业。成药则须经化验无毒，给证后始能出售。至其取缔，于三十三年市卫生局未成立之前，由卫生处与警察局合作办理，迨市卫生局成立后，则由该局负责。惟各县之医药，若全采取放任态度，亦为不当。故于三十三年度起，始变通办理，即凡不合格之中西医师或药房得以零售药商或临时登记办理。其未遵章办理者，即由卫生院予以取缔。

兹将本省医药登记份数统计列表如下：

云南省医药统计表

项别	民国30年	民国31年	民国32年	民国33年	民国34年	合计	备注
成药						389	民国三十四年登记件数只至六月底止。
中医师	79	32	26	149	21	307	
西医师	81	62	50	23	11	227	
零售商			23	55	75	153	
中药商	10	5	22	49	62	148	
西药商	37	32	28	13		110	
药剂生	15	23	6	16	3	63	
助产士	3	15	16	5	3	42	
镶牙生			15	15	4	34	
药剂师	1	7	3	6		17	
护士	7	7		1		15	
医院	4	5		2		11	
牙医师	2	3	2	2		9	
诊所				2	1	3	
检验员		2	2			4	

2. 卫生人员之征调：卫生人员之征调，系遵照行政院三十二年四月四日公布之《卫生人员动员实施办法》办理。此项征调分为三部分，一系征调医学院学生及护士学校学生至卫生处，分派各医疗卫生机关工作，二系由卫生处奉令征调开业医生及曾从事卫生工作人员服务军役，三系征调军医出身人员回服军役。兹将办理以来各项征调人数列表如下：

征调卫生人员统计表

项别		人数
征调卫生处所	医学院毕业生	14
属机关工作	护士学校毕业生	5
调服军役	医生	23
	药剂生	2
	助产士	1
	护士	2
	军医出身调回军役	28
	合计	75
备注	①调服军役各项人员，系按《动员实施办法》第二条第三项所规定之曾从事试、修、习有关之人员而非正式资历者。 ②军医出身调回军医人员原皆于各县卫生院工作者。	

3. 组织云南省公私立医院联合委员会：卫生处为加强战时各公私立医院之联系及商讨进行贫病救济事宜，特于三十三年度三月组织医院联合委员会。本省各公私立医院主管人员均被邀为委员。至三十四年先后共开会六次，本年度该会主要工作为：

（1）规定医院收费标准，以免抬价高收；

（2）拟定医事人员待遇标准，避免人事纠纷；

（3）规定各医院免费病床之设置。

4. 中医检定：中医学术，千载相传。其学理虽未能阐述于现实世纪科学时代之中，确定基础于唯物理论之上，然其历史悠久，深入民间。学理虽涉虚玄，惟治疗方面，亦有奏效者。且各地新医人才正感缺乏，民间治疗有时不得不借助于中医。惟其间难免不学无术者，致有草菅人命、残害民众健康之事发生。卫生处为适应环境之需要及维持民间安全起见，遵照卫生署颁布之《中医条例》及《中医审查规则》，举办中医检定。并制定本省《中医检定暂行章程》及《检定委员会组织章程》呈准备案。中医检定委员会，除由卫生处处长及有关人员兼任外，并聘请本省资历较深之中医担任之。检定办法，分为有试及无试二种，凡具下列资历之一，并经中医检定委员会审查合格者，得免试给予证书，执行中医业务。

（1）曾经中央或省、市政府中医考试或甄别合格得有证书者；

（2）曾经中央或省、市政府发给行医执照者；

（3）在中医学校毕业得有证书者；

（4）曾执行中医业务五年以上者。

凡无上列资格而拟行中医业务者，则须经中医检定委员会考试及格，始能发给中医证书。考试时间规定每二年考试一次，兹将自二十六年本省中医检定委员会成立后，历届检定人数统计如下：

第一届（二十六年）共二百二十二人，有试四十七人，无试一百七十五人。第二届（二十八年）共六十五人，有试四十六人，无试十九人，第三届（三十年）共六十七人，有试十一人，无试五十六人，第四届（三十二年）共七十人，有试二十九人，无试四十一人，以上总计四百二十四人，其中有试一百三十三人，无试二百九十一人。

5. 制定本省各种有关医药管理法规：关于医药管理部分之卫生法规，经由省卫生处先后呈准施行者，至三十四年七月止，共有十五种。兹将本省医药管理已颁行之单行法规胪列于后：

（1）云南省管理中西医药新闻广告规则；

（2）云南省中医检定委员会组织简章；

（3）云南省中医检定暂行章程；

（4）云南省中医检定章程；

（5）修正云南省中医检定暂行章程条文；

（6）云南省中医检定委员报名简章；

（7）云南省管理中医暂行规则；

（8）云南省卫生处修正管理成药规则；

（9）云南省卫生处管理镶牙生暂行规则；

（10）云南省管理医药简章；

（11）云南省管理零售药商暂行规则；

（12）修正云南省管理医院医师诊疗收费暂行简章；

（13）云南省管理各药业调配急诊处方规则；

（14）云南省公私立医院委员会组织简章；

（15）修正云南省管理医药简章。

6. 国际医药救济事业概述。中日战起，敌蹄渐及于西南，于是国际医药救济事业机关遂因应而生。其可述者有下列数组织。

（1）公益救护队：此原为英美反战分子所组织。其工作分为运输与医疗救济。运输方面，该队备有很多卡车，专作为运输医药器材之用。医疗救济，初仅限于军队之医疗工作，及后始渐与普通卫生行政机关合作。该队滇总部设于昆明。本省方面，曾与卫生署公路卫生站合作，供给该站之工作人员，协助办理医疗工作。并曾与本省卫生处合作，于腾冲、磨黑二地，各设医院一所，由该队供给人员及一部分器材，其在滇工作概况不甚详知。

（2）国际救济委员会：其主要工作为接收各国红十字会捐赠中国之医疗器材，转发各教会医疗机关，并代为平价向各国购置医药器材，转售各教会医院。对于民众之医疗救济未有直接参加。

（3）美国红十字会：主要工作为接收美国红十字会捐赠中国之医疗器材，运输来华，转交中央指定机关领受。中央领受机关为卫生署、军医署、中国红十字会国际救济委员会、教育部等，再由中央各机关转发所属领用。该会在昆明有一办事处，负责运输由印航运来昆物资，转运重庆。故该会直接对于民众医疗救济工作，未负任何责任。唯民国三十四年芒市鼠疫时，曾应卫生处之请，协助工作。

（4）中国红十字会：该会于昆明方面曾设办事处。主要工作为军队中医疗救济，对于民众之医疗工作亦曾予以救济。该会在滇工作情形不甚详知。

（八）各时期防疫概况

在昆明市政府设专员办理卫生行政时期，对于防疫工作分平时防疫、临时防疫两项。平时防疫则有全省法定传染病月报（系照部颁表式翻印，通令全省各市、县、区，自二十年七月份起，按月调查填报）、四季防疫（系照上海市社会局编印《二十年历书》附有《重要时令病一览表》。翻印分发全省各市、县、区，一律预防）及两期种痘等。临时防疫则有芷村、新平、思茅、河口等处。兹分列如下：

1. 芷村，民国二十年五月，蒙自县属芷村发现时疫。经令饬滇越铁道警察总局，转饬铁道医院就近救治。多系伤寒、痢疾、疟疾、痧症等，未久即行消灭。

2. 新平，民国二十年十月，该县发生疫症，类似伤寒，有变为疟疾者，当发部颁《霍乱及伤寒浅说》小册，令其救治。并令该县附近各属，严密预防。至二十一年春季，始渐平息。

3. 思茅，民国二十一年一月，据该县县长呈报，该县连年发生瘟疫，死亡甚众。其症状初则鼻塞发热，大烧不止，继则变为阳脱、吐泻等症，兼有瘴疾。当由民政厅令发部颁《霍乱浅说》及《灭蚊防疟办法》，研究预防，并呈经省政府发交军医学校拟具治标治本办法，请于该处筹设医院及调查团。

4. 河口，民国二十一年五月，据报该处发现疫症，当由民政厅呈经省政府发交军医学校并案拟具办法，分别救治检查隔离等项，未久即行消灭。

卫生设科以后，办理各县、区临时防疫工作见前“（九）办理各县区临时防疫”。

（九）卫生处成立后之防疫概况

1. 总述

民国二十五年卫生实验处未成立以前，除瘴症一症已成为本省之地方病，终年流行，使瘴区人民之生命及健康蒙受惨重之损害外，其余各种传染病虽常有发现，然尚不至十分严重，且因无统计数字之根据，亦未能作具体之叙述。迨卫生实验处成立后，各卫生分院每月即有工作报告及疫情报告之规定，故对本省传染病流行情形，始有统计数字。据年来各卫生院疫情报告，本省传染病以疟疾、赤痢及伤寒最为普遍。据昆明市各医院自二十九年至三十一年，内科住院病人统计，亦以疟疾为首，占全体内科病人 18.9%。斑疹伤寒则占全体内科住院病人 10.4%。伤寒占 6.06%。痢疾占 5.8%。

查疟疾、伤寒及痢疾三种传染病之流行，实为西南各省之同一现象，唯本省疟疾为猖獗耳。兹将三十一年至三十三年本省主要传染病患者人数及其百分率统计列表于下（表见 229 页）。

霍乱一症，抗战以前本省向不多觏，迨抗战后，因交通频繁，每年即常有发现。恶性疟疾则于滇缅路通车时期受祸尤深。据昆明市内科住院病人之统计，二十八年恶性疟疾一症，仅占全体住院病人 3.3%；二十九年滇缅公路通车后，即达 11.5%；至三十年滇缅路交通愈见频繁，而恶性疟疾患者亦随之骤增，计占全体内科住院病人 25.8%。迨滇缅路阻断后，此症又复日渐减少。

鼠疫一症，近数十年来，缅境接界滇之边地一带，即常有流行。二十九年，滇缅边境，我国瑞丽设治局亦曾发现。至陷于敌人手中时，瑞丽虽无流行，然据闻陇川、南甸及盈江（干崖）一带，已有发现矣。此外，回归热患者年来亦日渐增多（见附表）。至其他传染病，除二十五年冬至二十六年春初，昆明曾一度脑膜炎流行，当时，曾由昆明卫生事务所免费收治六百九十六人外，各县区间虽亦有传染病发生，然皆限于一隅，尚无足述。

本省近三年来发现主要传染病患者比较表

（根据各卫生院疫情报告材料统计）

病种	患者与百分率	疟疾	赤痢	回归热	伤寒	天花	斑疹伤寒	霍乱	猩红热	流行性脑膜炎	鼠疫	白喉	合计
民国三十一年	患者	25,570	3,712	674	1,435	731	6,005	361	81	18		48	38,625
	百分率	66.2	9.6	1.7	3.7	1.8	15.6	0.9	0.9	0.1		0.1	100.0
民国三十二年	患者	22,590	5,998	1,915	1,818	447	300	385	179	30		124	33,786
	百分率	66.9	17.7	5.7	5.4	1.3	0.9	1.1	0.5	0.1		0.4	108.0
民国三十三年	患者	28,382	6,045	2,526	17,308	568	76	909	160	199	267	30	56,470
	百分率	50.3	10.7	4.5	30.6	1.0	0.1	1.6	0.3	0.3	0.5	0.1	100.6
合计	患者	76,542	15,755	5,115	20,561	1,736	6,381	1,655	420	247	267	202	128,881
	百分率	59.4	12.2	4.0	15.9	1.3	5.0	1.3	0.3	0.2	0.2	0.2	100.0

历年调查各县区脾肿指数及疟原虫指数比较表

项目 县区	被检验人故	脾肿人数	脾肿指数	血中含原虫数	疟原虫指数%
思茅	11,203	9,201	80.21	9.302	83.0
宁洱	9,792	8,007	8.18	5.781	50.7
云县	5,069	4,766	94.1	2.566	50.7
顺宁	7,959	660	8.31	3.02	3.8
遮放	3,060	926	24.4	1.473	48.0
河口	951	712	7.41	3.70	39.0
元江	1,222	730	59.8	4.04	32.8
其他瘴区	1,550	1,130	73.0	2.63	16.8
合计	40,806	6,114	64.0	20.461	50.1

注:（1）本表数字系由各抗疟所调查所得；

（2）“其他瘴区”数字系由抗疟巡回队调查所得。

2. 防治疟疾

云南素称瘴疫之区，其分布范围极广。据调查结果，确知本省之西北部、西部及南部诸地多有流行，其中，尤以元江、把边江及澜沧江之南部受创最深。民国二十一年，据思茅县长丁宝琛呈称:“……思茅人口，本约有三万，而近年染疫死者，几达二万，今所余者仅达三分之一而已。……”实属骇人听闻。近年以来，虽稍减退，但过去受害惨状，斑斑可考。现该县卫生院每月诊治疟疾患者，所占数目尚高至全体病人60%以上。此可见余疟犹存也。二十八年云县瘴疫亦曾一度极为猖獗，为祸之惨，不亚思普一带。

本省所谓瘴疟、烟瘴等，据调查结果，确知即为恶性疟疾。三十一年及三十二年各抗疟所曾作各该地人民脾肿指数及血中含疟原虫指数比较调查（忠此疾者脾脏多肿大，而血中含有疟原虫，则表示已感染瘴疟），于四万余人中，脾脏肿大者占64%，血液中有疟原虫者占50.1%。由此可见，瘴区瘴疟流行严重之一般。

各卫生院诊疗治内科病案百分比较表

（据三十一年资料编制）

项目 病名	病例	百分比
疟疾	3,151	34.2
痢疾	9,969	10.7
呼吸系疾病	7,657	8.4
急性肠胃炎	4,527	7.1
霍乱	6,080	6.6
肠寄生虫病	3,969	4.3
淋病	3,242	3.4
营养缺乏病	3,076	3.3
梅毒	2,984	3.2
麻疹	2,702	3.0
肺结核	2,576	2.8
伤寒及副伤寒	1,817	2.8
甲状腺肿	1,787	2.0
回归热	1,271	1.9
百日咳	1,204	1.4
大叶肺炎	1,204	1.3
天花	1,129	1.2
产褥热	872	1.2
斑疹伤寒	539	1.0
白喉	177	0.6
脑膜炎	51	0.2
猩红热	50	0.1
合计	60,034	100.0

卫生处成立之初，对于抗疟工作即积极推进，并拟具五年抗疟计划呈请中央拨发经费，以利工作。至二十八年始蒙核准，当即由卫生处于卫生署指示之下，组织云南抗疟委员会（直隶省府），并由中央及本省各指派委员四人，连同卫生处处长九人组织之。下设抗疟总队及疟疾研究所，以为抗疟工作执行及研究机关。总队队长由卫生处处长兼任，另设副队长一人，以资协助。总队之下，民国二十九年于疟疾严重之区，先行成立宁洱、思茅、云县、顺宁、遮放、河口等六抗疟所。并组织巡回队及工程队分赴沿途各县进行各种抗疟工程勘测实验调查与医疗事宜，以补各抗疟所之不逮。惟于三十一年因战争关系，有数设置地点已经沦陷或迫近战区，故于三十年下半年设置抗疟所地点另加调整，将前六抗疟所撤并为四抗疟所，分别设置于云县、宁洱、思茅、元江四县。

计抗疟委员会经费，根据原抗疟五年计划，第一年（二十八年）开办费六万元，经常费国币十六万元；第二年开办费六万元，经常费三十万零四千元；第三年开办费国币四万元，经常费国币四十万元；第四年经常费国币四十万元；第五年经常费四十万元。嗣因战时影响物价昂涨，第二年（二十九年）即已不敷国币一十一万三千三百八十五元；第三年（三十年）不敷国币三十四万零三百四十元；第四年（三十一年）物价更形上涨，经另核准一百九十六万三千八百九十四元。惟三十二年则反核减为一百零二万三千九百八十八元，三十三年及三十四年皆为一百零二万零九百零一元。惟当此经费锐减而物价则反比例增高环境中，自三十二年以后，各抗疟工程队及抗疟巡回队不得不予裁撤，而各抗疟所之主要工作亦仅限于消极之治疗而已。

以上为抗疟瘴区机构推进情形。至其他各县历年卫生处曾拨国联及美红会捐赠奎宁丸年约数十余万粒，分发各卫生院作为免费为民众治疗之需，以资救济。

3. 防治霍乱

抗战未兴，交通素不便利，真性霍乱尚不多见。迨抗战后，交通工具渐形发达，国内居民迁徙无定，兼之军运频繁，霍乱一症因得乘机而入。其侵入之始，系为民国二十七年夏，唯当时仅于昆明市发现霍乱患者二人，尚幸不致蔓延。及至二十八年七月中，此症复有西南运输处司机及由贵州来滇之马夫，先后传入本省，而至蔓延。是年被祸之区，计达三十六县区及一昆明市。最猖獗时期系为九月至十月初。其势稍杀，迨十一月已成强弩之末。据本处汇集各卫生院防疫队及各机关之报告，于此五月中，二十七市县共计发现霍乱患者三千四百八十七人，死亡者二千五百一十五人，死亡率为 74.2%。至于此次流行，皆沿交通线而蔓延。盖因交通便利，传染较易也。

兹将二十八年各县霍乱“患”“亡”人数统计列表如下（表见 233 页）。

自二十八年以后，卫生处对于霍乱之防治即列为每年夏季经常工作之一。二十九年及三十年，本省虽尚无霍乱之报告，惟至三十一年又因缅境战事剧变，大批华侨及撤退人员拥入滇境。加之芒、遮、畹及腾龙等地相继失陷，保山混乱，归侨及撤退人员仓皇避难，致原已流行缅境之霍乱又得乘机侵入，使卫生当局措不及备，无法管制。

查二十八年本省霍乱之流行，尚多沿主要交通线而蔓延。三十一年之霍乱则因战争关系，居民相率避难内地，致使成为普遍性之蔓延。虽穷乡僻壤，亦所难免。计是年蔓延县区达五十八县，几占本省半数区城。据报患者达四万余人，尤以邓川、洱源、鹤庆、剑川四县病亡尤惨。仅此四县，患者人数即达二万，据本处派员前往视察报告，其流行惨状，实不堪言述。

二十八年云南省报霍乱患者人数及地点分布表

单位：人

地点	患者人数	死亡人数	地点	患者人数	死亡人数
宜良	531	231	昆阳	62	62
昆明	431	207	呈贡	61	19
华宁	422	422	安宁	32	30
建水	415	415	寻甸	40	14
凤仪	199	197	盐兴	30	30
宾川	162	107	蒙自	19	16
河西	156	150	澄江	17	12
广通	156	150	弥渡	18	3
昆明县	144	57	曲靖	10	3
易门	119	76	开远	10	10
嵩明	115	100	墨江	4	4
弥勒	98	84	马龙	2	1
路南	68	49	陆良	80	80
大理	64	32	合计	3,460	2,561

按：此表列数字与上文所述数字不同，上文患者人数为3,487人，死亡人数为2,515人，死亡率为74.2%，如按本表数字比算，则死亡率应为74.5%。

是年本省霍乱，系始于五月，及至六、七两月疫势最为猖獗。此后即渐消杀，至十一月底即完全消灭。兹将三十一年霍乱患者人数及分布地点列表如下（表见234页）。

三十二年及三十三年，本省虽亦有少数霍乱患者发现，然尚未有流行。至三十四年度，重庆霍乱流行甚为猖獗，幸本省于事先加急防患，未受其波及。当二十八年本省霍乱流行时，即由卫生实验处利用昆明各医学院、军医学校及护士学校高年级学生、教授及由该处抽派卫生人员，组织防疫队分赴各交通线县区，为民众免费注射所需疫苗。器材及经费皆由该处筹措。此后，不论霍乱是否流行，皆如是办理。

三十一年云南省霍乱患者人数及地点分布表

地点	患者人数	死亡人数	地点	患者人数	死亡人数
昆明市	1,048	319	禄劝	282	128
昆明县	450	206	武定	87	39
下关	385	293	富宁	68	30
鹤庆	12,658	7,796	昆阳	91	15
呈贡	142	142	晋宁	75	20
安宁	36	36	路南	18	10
禄丰	130	55	元谋	340	32
曲靖	902	416	盐兴	16	4
楚雄	150	46	广通	70	36
镇南	129	21	澄江	0	0
泸西	788	481	宜良	128	97
邓川	4,774	2,243	玉溪	231	62
云县	200	15	元江		190
永胜	1,465	130	宾川	1,873	36
牟定	211	172	大理	187	
寻甸	623	469	石屏	50	8
开远	199	112	建水	187	
平彝	1	1	会泽	5	
沾益	135	53	丽江	5,064	
姚安	407	112	弥勒	85	42
蒙自	28	16	剑川		3,105
易门	116	54	永平	69	54
嵩明	2	2	漾濞	165	96

（续表）

地点	患者人数	死亡人数	地点	患者人数	死亡人数
富民	548	158	蒙化	38	20
凤仪	419	96	洱源	4,228	4,228
祥云	69	24	合计	49,413	21,740
昭通	46	20			

三十年以前，对于霍乱患者则指定以昆明第一卫生所（三十三年改为昆明市医院）免费收容，隔离治疗。至三十一年九月间，因昆明霍乱猖獗，故复由卫生处假借云南大学校产，于西郊八公里处之渔街子设一可收容一百病床之隔离病院，专作为收容传染病患者之用。该院至三十二年因院址为云大医学院收回自用而停办。兹将历年防治霍乱工作统计列表于下：

历年防治霍乱工作统计表

项别	二十八年	二十九年	三十年	三十一年	三十二年	三十三年	合计
防疫注射人数	230,000	105,678	84,756	842,731	200,932	95,638	1559735
病家消毒次数	568			3,894			4,462
井水消毒次数	1,980	3,762	1,268	26,938	7,836	1,037	42,821
饮水消毒次数	2,360	5,843	1,377	90,626	3,684		103,890
分发宣传品数	1,500	9,120	10,094	138,094	14,564	48,942	222,314
卫生演讲听讲次数	113	132	98	946	842	2757	4,888
卫生演讲听讲人数	3,393	32,066	8,734	10,152	75,196	223,906	354,447
个人谈话次数	1,979	9,665	3,841	182,856	9,177	865	208,373
卫生运动次数		14	9	55	24		102
卫生运动人数		17,228	6,681	76,059	71,939		171,907
昆明市住院治疗人数	318			948			1,266
临时参加防治工作人数	90	144	58	256	101	64	713

4. 防治鼠疫

查印缅为西南鼠疫区，世所公认，滇西腾龙一带接壤缅甸，辗转传入，为时已久。据当地乡老谈，约在七十年前，由缅甸八莫至陇川、盈江一带，经南甸而腾冲，此症曾亦流行，又四十年前，保山、芒市、龙陵亦曾大流行，死亡人数约在数千人以上。三十年前，缅境复又大作，并染及滇境之盈江，死亡人数亦在数千。至十年前，八莫一带尚在不断流行。惟过去流行，惜无详细记载及科学之证明。

二十九年滇西瑞丽设治局之垒允（居华缅交界处，位于缅属南坎之西）于六月底，飞机制造厂中有一印籍司机，据谓因患鼠疫身死，电请卫生处及卫生署派员前往防治。惟各员于七月初到达该地时，已不再发现，惟仅检查得一确染鼠疫之鼠而已。但当时附近各地确有鼠疫流行。据缅属南坎医院院长报告，自一九二八年以来，缅境掸族地带，即有瘟疫记载。但南坎瑞丽河南岸边境地带，发生瘟疫在二十世纪中，尚以一九四〇年为第一次。据调查所得，首先发现之地为勐卯（属瑞丽设治局，对面是木遮），当是年二三月间有腺鼠疫流行，死亡约三十人。其发生前，死鼠极多，疫症继即向西南方蔓延，闻在遮腺街（瑞丽属）发生疫病，死亡约二十余人。六月尾，弄岛（瑞丽属）有鼠疫患者六人。当七月尾各员视察此地时（包括四郊居民约八百人），疫病仍在流行，经死鼠及病人之解剖检验及培养结果，证明鼠疫无疑。此外，据某医务员报告，是年六七月间，缅属木遮（勐卯对面）地方，亦有患者十余人。其他附近地方亦有发现。惟二十九年瑞丽附近一带之鼠疫，经防治后，即行平息。事后，据卫生署派驻是地之医疗防疫大队报告，虽偶有发生，然皆未流行。是该地之鼠疫已成散发性，故三十三年冬，腾冲一带鼠疫之流行，当有其因果关系也。

三十三年冬，腾冲之鼠疫以南甸一带最为猖獗（南甸位于腾城之南，约四十五公里，约有人口一千。自南甸以下有一河谷沿柳树河而下，长约一百公里，居民约十万，分住七十余村，皆为南甸土司属地），据调查地所得，自腾冲外围甘蔗寨，沿大盈江河谷南甸属之萝卜司村各村寨以至陇川迄缅甸边境之铁壁关，绵长六七百里，均为疫区。而此次流行，则于三十二年敌人占据期间，于陇川北二三十里之户撒地方已有流行。此后，即逐渐向北蔓延。然其发源是否是由于二十九年瑞丽鼠疫之余毒，抑迳由缅境传入则不得而知。

腾冲以南一带之鼠疫，至三十四年一月，即不复有病例发生。惟至五月间，据报盈江鼠疫又复猖獗（于三十三年敌人占据期间，据闻已有鼠疫发生）。七八月间芒市鼠疫亦有流行。现滇西鼠疫已成为此起彼落之地方病，故今后鼠疫一症，又将为吾滇一祸患矣。

二十九年七月瑞丽垒允之鼠疫，本省卫生处及中央据报后，即派国联医官伯力士、中央防疫处处长汤飞凡、卫生实验处科长王启宗、昆华医院副院长徐彪南乘专机前往防治，先后工作凡二十余日。工作期间，除至各村庄调查外，并与垒允中美飞机制造厂组织防疫委员会为该厂员工及附近居民共注射 1,235 人，并为患者治疗。至鼠疫患者未有发现后，始行返昆。当时中央曾发给鼠疫防治经费五万元，并由卫生处组织鼠疫防治委员会负责防治事宜。复于龙陵一带，储备防疫器材。检疫工作，则由中央卫生署之龙陵检疫站办理。迨敌人侵入滇西后，工作即暂停止，而所储器材亦多损失。

三十三年滇西沦陷区收复不久，于十一月间，卫生处据报南甸鼠疫猖獗后，即派科长马端庄携带大批防疫器材，率队前往防治。该队于疫区工作三月有余，共计诊治患者一百二十二人。于疫区十万人中共注射三万五千二百四十九次。继又电请中央先后派防疫队、卫生工程队及检验队至疫区协助工作。卫生处所派防疫人员于三十四年二月间有一部分先行回昆，至中央所派人员现尚留疫区继续工作。三十四年五月间，据报盈江小新街鼠疫又复猖獗，卫生处据报后，当即电汇经费一百万元，及商由美军捐赠 DDT 粉五百磅及大量防疫器材、疫苗等，空运至疫区。八月间芒市鼠疫流行，复由卫生处缪处长亲率人员前往治防。现滇西鼠疫经已由省府核发经费五百万元，中央核发六百万元，并由国际方面捐助五百万元及治疗鼠疫药品等。

惟滇西鼠疫以过去情形而论，已成为地方病，此地虽已扑灭，他地又可随时发生。故今后对于防治须有整个之永久防治计划，现此计划正由卫生处拟具呈核中。

5. 普种牛痘

天花一症，在吾国农村民间流行甚剧。此症之防预，首在接种牛痘。且此法所费无几，其效果则驾乎其他一切预防接种之上。本省每年皆由卫生处于春秋二季补助各县卫生院痘苗，令饬办理。昆明市方面，于三十三年市卫生局未成立以前，则由市卫生处组织种痘队，至市区为民众施种。迨三十三年卫生局成立后，即由卫生局负责。三十一年以前，卫生处发各卫生院痘苗，多由中央发给，自三十一年以后则系该处自行购发，且年有增加。兹将二十八年至三十二年该处所属各机关种痘人数统计列表如下：

历年各机关种痘人数统计表

项目	补助痘苗打数	自购痘苗打数	接种人数		
			初种	复种	合计
二十八年	3,517	1,640	53,453	72,370	125,811
二十九年	1,000	2,127	51,641	115,707	167,348
三十年	1,180	1,484	112,716	79,902	192,618
三十一年	1,980	2,897	73,145	140,493	213,638
三十二年	7,451	1,359	73,218	139,753	272,971
三十三年	8,471	3,675	216,485	197,549	414,034
合计	2,159	13,182	180,640	805,782	1,386,420

（二十八年以前种痘人数因无统计数未列入）

种痘工作之普遍推广，首需种痘人员。惟各县卫生院人员有限，势必难负全责。民国二十二年以前，昆明市立医院曾先后开班训练。此后因限于经费即行停办。二十九年中央新颁布《县各级卫生组织》中规定，自保以上各级机构，皆应有卫生组织之规定。种痘工作即由各级卫生组织人员负责施行，故种痘人员实无须专门训练。惟于县各级卫生组织普遍成立以前，卫生处为使种痘工作能得普遍实施计，经于召开县卫生行政会议中决定，种痘人员之训练:（1）得利用县训所调训各级人员中实施之;（2）县立中学或简师高年级学生亦得授以种痘知识及技术，以便协助种痘工作之推广。因种痘技术及知识较为简单，为应付眼前环境之需要计，实无须予以长时间之专门训练也，现各县卫生院多依此法办理。

卫生二

全省卫生工作概况

一、省会卫生各机关之沿革

卫生处所属卫生医疗机关。民国二十五年七月卫生处成立后，至三十四年八月止，接收原有或新成立之卫生机构，计有昆明市第一卫生所（三十一年改为昆明市医院）、省会麻疯院、卫生试验所、省立昆华医院门诊部、普坪村郊外医院、白龙潭医院、昆明卫生事务所、省立隔离医院、卫生材料厂、卫生干部人员训练所附属医院、昆明第一临时救济医院。惟以上各机关，有则已经停办或改隶其他机关。至三十四年该处所存附属机关，仅有卫生试验所、卫生材料厂、卫生干部人员训练所附属医院、昆明第一临时救济医院。兹将以上各机关沿革情形略为叙述。

市立医院及第一卫生所（附牛痘传习所及助产学校）

民国三年前，省会警察厅以警界人员逐渐增多，对于医疗方面极感需要，特于本市南城埂脚之关帝庙设立警察医院，内设中、西医师，专为管界人员治疗疾病。并将院内一部成立官绅调验所，因当时厉行禁烟，用作调验官绅机关。同时，集园成立，对于各妓花柳病检查工作，亦由院派医士一员赴园检查，经费则由花捐项下开支。旋以市内医院缺乏，为惠及市民起见，乃将警察医院更名宏济医院，一般市民均能前往诊治。民十一年市政公所成立，警察厅归并，宏济医院亦划归管理，改称市立医院。十七年市政公所改组为市政府，警察事务改属公安局，该院则划归市政府公益局卫生科管理。十八年市政府调整内部，将卫生科划归公安局管理，市立医院随同划拨。二十二年八月，昆明市市长陆亚夫兼省会公安局局长，感觉市内医院过少，爰将市立医院扩充，委苏树德为该院院长，从事整顿，修理房舍，增加设备，医务逐渐发展，市民之前往求诊者日益加增，每月领支经费为旧滇币二千九百余元。二十五年秋季，本省卫生实验处成立，市立医院拨归该处接管，改组为昆明市第一卫生所，对于医疗、救济、防疫等项工作积极推进。二十五六年间，本市发现流行性脑脊髓膜炎，势甚炽，传染病殁者日有所闻。本市中、西医师均感棘手，该所主任医师徐彪南筹防收容，以杜蔓延，历时四月余，收容住院治疗者计五百八十余人，同时施行脑膜炎血清预防注射者计一千零一十一人，更为预防天花流行起见，组织种痘队，分布市政各区及各机关团体施种牛痘，统计免费接种者八万三千人。又是年注射锡克氏反应针水者四百余人，注射白喉抗毒素者二百七十余人，除白喉抗毒素药费收成本旧币陆角外，余均免费注射，对赤贫无力住院治疗及门诊免费者尤多。年终统计门诊治疗人数共一万一千五百一十八人，住院患病人数共八百零一人，逐月均有增加。二十七年春，麻疹流行，该所收容隔离治疗。夏秋之交，赤痢、疟疾、霍乱相继发现，病疫者甚多。该所宣传预防，收容诊治，免费注射预防疫苗针水，全活甚众。对空袭救护工作亦有充分准备，刻正添置器械，增加病床，成绩方面，颇有可观。

附：牛痘传习所

本省牛痘传习所，最初系在宏济医院内附设一班，每年冬季招生一次，概由各县保送县属医士到所学习。历届学生毕业人数已达数千人，散居各只，执行新法种痘工作。医院方面，复于每年春季举行免费种痘。所需经费，年由省府核发旧滇币三千元。民十一年八月，市政公所成立后，宏济医院划归管理，改称市立医院，牛症传习亦暂告停顿。二十二年八月，昆明市市长陆亚夫复于院内继续办理种痘传习所，于每年冬季招生。讲授科目，除注重实习种痘学术外，兼授传染病及公共卫生之知识，以造就普通之医务人才。

附：省会助产学校

本省助产学校，初千民国十七年昆明市长马钫奉卫生部令，饬由公益局卫生科长徐映暹拟具开办云南助产学校简章及预算，呈经本府核准，按月筹拨经费旧滇币六七百元，旋告停顿。十九年十月，民政厅奉卫生部令，以助产人才关系妇婴健康，饬于可能范围内设法筹设助产学校。二十年，昆明市政府曾将市内接生婆调集市立医院内，开办临时助产讲习所一班。二十一年，省会公安局拟筹办助产学校，关千各项章程，迭经民政厅指示修正。经费亦由民、财两厅咨商，呈经省府核准，补助开办费一千元，月给经费五百元，不敷之数由省会公安局就市立医院诊疗收入项下拨支。二十三年，又照中央助产教育委员会所订大纲，另行拟定章程，改名为云南省会助产学校。考录新生，开学上课。后得名誉校长顾映秋女士捐助该校旧滇币一万元，万来祥西药房捐助旧币五千元，曲星阶捐助旧币一千元，五洲大药房捐助旧币二千五百元，以为成立产科病房、购买物品器械、修理房屋、设置被褥器具之用。二十五年三月，举行产科开幕典礼。二十五年省府复令该校改组为云南省高级助产学校，以卫生实验处长姚寻源兼任校长。由教育经费项下先后拨发开办费新滇币一万三千三百一十七元六角六分，更呈准中央，由中比及中英庚款息金内先后拨助新滇币三万余元，作为建校舍费用；选定医院附近之三光殿屋宇，加以改建。该校自成立后，已先后招生四班矣。

此外，尚有腾冲大同医院所办之高级助产护士职业学校、大理喜洲严子珍、董澄农二君私人所办之助产学校、蒙化卫生院所办之初级护士学校等，对于卫生事业实有相当补助。

卫生实习所

本省卫生实习所创办千民国八年，初附属于宏济医院，后改隶省会公安局。十八年八月，本省政府成立后，仍将该所隶于宏济医院，并充实设备、加强组织，以谋进展。院内工作范围，大半属于化验成药。卫生实验处成立后，为统一药权、充实实验工作起见，乃将该所饬由实验处接管，改组为化验室，内分化验及临床检验二股。二十六年六月，又添设药物股，办理药物化验及制造事项。旋改组为云南省卫生实验所，委缪安成医师为该所所长，分设细菌、化学、药物三股，主持一切检验并制造事项。其工作范围如下：

（一）检验事项：1. 病理检验：该所除担任省立昆华医院及昆明市第一卫生所病理检验外，并接收其他医院及开业医师所送标本为之化验。2. 卫生检验：如饮食、物品、饮水、牛乳、酒类等皆属之，即公私机关人民所送水样亦为之化验，曾拟定《饮食物暂行规则》，由本府公布施行。3. 药品检验：凡各药商出销成药物，须经该所化验后，发给执照，方能出售。计自十八年起至二十五年止，该所化验之成药共有四百三十五种。

（二）训练事项：本省调剂及检验人员颇感缺乏，该所曾先后开办药剂检验技术人员训练班三班，训练期间为一年，毕业后分赴各医药卫生机关服务。

（三）制造事项：该所供给各医药机关日常必需药品多种，质量均有改进，各种诊断血清、自家疫苗及抗体原等，均可供给。

（四）鉴定事项：各法院及治安机关有关司法裁判之各种病毒物及一般原药之鉴定，均由该所鉴定之。

省立昆华医院门诊部

卫生处成立之初，即着手于金碧公园内建筑省立昆华医院，作为全省医疗中心机构。唯以医院全部大厦未落成之前，为应环境急需，乃将门诊部于二十七年三月先行建筑完成，开始门诊治疗工作。及至二十八年昆华医院大厦完成，由省府会议议决，将该院隶属民政厅，并委秦光弘为院长。后始由该处将门诊部移交继续办理。

白龙潭医院

白龙潭医院，系因三十年空袭频繁，卫生处为便利患者疏散计，故始于春间利用白龙潭中国红十字会之房屋而成立。所需器材，一部分利用昆明第一卫生所财产，一部分则由卫生处拨发，共设病床五十张，至三十一年，因卫生处工作人员不敷分配，故将该院交红十字会办理。继因空袭减少，故该院至三十二年即行停办。

普坪村郊外医院

普坪村郊外医院，原为卫生处得英、美领事馆及盐务管理局之协助而筹设之传染病院更易名称者。该院初设千北门街，继亦因空袭关系，始将该院迁移昆明西郊之普坪村。初尚专为收容传染病患者之用，唯因交通困难，患者输送不易，故始改为普坪村郊外医院。除收容传染病患者外，兼收附近疏散患者及门诊治疗。该院共有病床十八张，工作人员十四人，月由卫生处发经费二万元，每年诊治患者千余人，住院二百人左右。至三十三年因空袭减少，疏散入民多返市区，故该院亦因之停办。

昆明卫生事务所

三十一年以前，昆明市向无卫生行政机构，故于三十一年卫生处始月拨经费八万元，于昆明市玉龙堆租赁房屋，成立昆明市卫生事务所。下设医药管理、防疫保健、环境卫生及总务四课，并设产科门诊部、保健产院、南区及北区卫生分所。省会麻疯院亦交由该所办理。惟该所当时因缺乏行政力量，故对于有关执行事项常感困难，而警察局亦有卫生科之设，市政府对于昆明市卫生亦有一部职掌。省府主席龙云为增加昆明市工作效率计，故令由三处会商妥善办法，以便加强昆明市之工作。当经商洽结果，呈准于市政府之下，增设一卫生局，并将卫生处之昆明卫生事务所及警察局之卫生科裁撤，工作人员则由市政府任用，同时昆明市医院及省会麻疯院亦归由卫生局接管。而卫生处对于卫生局则处于监视地位。现该局已于民国三十三年一月成立，昆明卫生事务所亦即于同时裁撤归并。

省立隔离医院

本省向无传染病院之设，每次疫症流行时，皆以昆明第一卫生所改为临时隔离医院。民国二十九年，卫生处得英、美领事暨盐务管理局捐助，曾一度于市区成立隔离医院。旋以地点不宜，兼之空袭关系，被迫迁于郊外，更名为普坪村郊外医院，改收普通病人。民国三十一年，本省霍乱猖獗，虽将昆阴第一卫生所改临时隔离病院，犹不敷收容，故商准云南大学医学院，假该院马街子新建房舍拟作为实习医院院址，成立足容一百病床之隔离病院，并由卫生处月发该院经费八万元。惟该院因僻处郊外，交通不便，平常普通患者其经济能力许可者，皆于昆明各医院就医，至该院所收患者，多属贫民。于三十二年八月间停办，原院址则交还云南大学医学院，改设西郊疗养院，此后，对于传染病之隔离，仍由昆明市医院拨出病房数间，以资收容。

卫生材料厂

该厂系于三十一年九月间，由卫生处卫生材料室改组而成者。原有资本九十五万元，至三十二年，资本扩充为一百五十万元。该厂组织，除总务、制造、会计及库藏四股外，并于正义路及武成路亦设有平价配方部一处，平价配制药方。三十三年以前，该厂并无门市部，营业主要对象为各县卫生院。因卫生处自三十一年起，每月对各县卫生院均有补助款，此项补助款即交由该厂依照款项配发各卫生院药品。继因各卫生院用药习惯不同，对该厂按规定配发之药品，啧有烦言，故自三十三年起，该厂即废弃此办法，改为官商合办。并设门市部于宝善街，完全改为商业性质。卫生处补助各卫生院经费，全以现款发给，所需药品则由卫生院自由向市面采购。

卫生干部人员训练所

吾国卫生人员原极缺乏，尤以本省为最。本省教育厅虽有高级医事职业学校之设，然过去数年，仅训练护士科，且每年毕业仅二三十人，过去各卫生院自医师以下之卫生人员，多为未经正式训练者，对于工作之推进自难求其有何成效。中央为适应眼前环境之需要计，特规定各省卫生处得设立卫生人员训练所，训练短期卫生人员以应地方环境之需要。三十一年以前，卫生处虽曾开办各种卫生人员训练班，然尚无正式训练机构，至三十一年卫生处始遵照中央颁布办法，月发经费十万元，成立卫生干部人员训练所，统筹办理。

附属医院

卫生处自昆华医院直隶民政厅后，附属之医疗机构尚有昆明市医院。惟三十三年将昆明市医院拨交市政府后，对于医疗、防疫与卫生人员之训练即极感不便，故于三十三年六月暂于鼎新街租赁房屋，成立卫生处附属医院。内设病床五十张，分为内科、外科、产妇科、花柳科、皮肤科、眼耳鼻喉科，各科计有医师十人、护士十四人、助产士二人、药剂及检验员四人，月由卫生处拨发经费十五万元，每月诊治患者千余人。

昆明市第一救济医院

三十三年底，省府以昆明市常发现流浪儿童、失业司机、乞丐、病兵，日则向外人乞怜，夜则沿街睡卧，殊于国体人道有碍，曾饬由民政厅召集有关机关速即商讨救济办法。当即由有关机关商决：筹组昆明市第一临时救济医院一所，免费收治流落病兵及无靠病民；治愈病兵由昆明防守司令部编充战士，治愈贫民由昆明市政府斟酌能力给予职业；并由民政厅筹发开办费二百万元，饬令卫生处负责办理。卫生处奉令后，积极进行。于三十四年二月奉准择定陆军医院后层为院址，招标修葺，至同年三月即行竣工。竣工后并于四月一日正式开幕，收治病人。其药械、被服之来源，初步由军政部驻昆办事处及卫生处各拨发一部分应用，俟后再由经费项下陆续购备。至经费一项，则由昆明市娱乐场所酌增娱乐捐，每票加价十元，按本市各慈善机关依娱乐捐收入数，以百分之二十五分配给领开支。设病床五十张。

二、昆明市省市立及公立医院之概况

本节所述之省立及公立医疗卫生机关，系以普通一般者而言。至属于军事机关者，则本节从略。唯其与普通一般民众较有关系者，如滇黔绥靖公署之陆军医院平民住院部、军政部军医学校、西南教育班之附属医院等，因其业务对象，系为一般民众，与普通医疗机关无异，故亦并述。

省立昆华医院

民国二十一年，省政府主席龙云提经省府会议议决筹设，预定建筑费国币十万元，由龙李夫人遗物变价项下倡捐国币五万元，余由民政厅募捐足数，落成后由财政厅拨发库款国币十万元为筹备费。旋设筹备处于民政厅，由厅长朱旭召集医学工程专家，勘定地址于大西门外胜因寺左侧，委建设厅长张邦翰为工程监督、军需局长段克昌为工程处长，于二十三年建筑完成，兴用旧滇币一百三十八万余元。除龙李夫人捐国币五万元，折合旧滇币四十万元外，余由民政厅长丁兆冠募，不敷，复呈准由富滇银行催收欠款补助，以足此数。正着手筹备间，适以建筑地址正当学校区范围，窒碍殊多。又经省政府会议议决，为两全计，将医院建筑物照原价转让与教育厅作为学校之用；至省立昆华医院，另就金碧公园原址建筑。历时数年，至二十八年春始行完成。而名大礼堂曰仁藕轩，盖用李夫人旧斋名，所以纪念之也。是年四月一日成立，直隶于民政厅。现共有病房四十一间，病床一百二十八张。以三十二年度而言，该年度共计门诊人数二万四于八百二十七人，住院人数一千二百四十一人，全院工作人员九十八人，至于设备方面，计有检验室三间，X 光室一间，附电疗室一间及接产室一间。诊疗科别，则分为内科、外科、产妇科、小儿科、皮肤花柳科、眼耳鼻喉牙科、理疗科等。该院于成立时，原有病院大楼、门诊部、大礼堂、宿舍、饭厅、洗衣房各种建筑，继因原有房舍不敷分配，又复于三十一年建筑一门诊大楼，而将原有之门诊部改为宿舍，三十二年又建传染病房大楼，以上二种建筑皆已先后落成。

省立仁民医院

该院直隶于民政厅，系于民国三十年奉省政府令筹备设立，专以救济贫病市民为宗旨，免费应诊，由民政厅指拨昆明市城内华山西路前法国医院旧址为院址，于同年八月成立者。先设门诊部，因其免费，故就诊人数极为踊跃，唯以经费拮据，医药供给每感未能充分。三十三年因该院若完全免费，实难维持，故于九月开始，奉令酌予收费，以资挹注，对于清贫患者，仍予免费施诊，以示政府对贫民救济之旨。至该院住院部，因无的款建筑，故迄今仍仅有门诊之组织，分设内科、外科及皮肤花柳科、眼耳鼻喉科、产妇科、小儿科各科，并设有化验室负责化验工作。该院于三十年度由财政厅及富滇新银行各筹拨国币二十万元，开办费四十万元。三十一年起，月由财政厅拨三万七千八百元，至三十三年增为四万九千一百四十元，每月诊治患者约在一千三百余人之数。

昆明市医院

该院系于三十三年由卫生处拨交昆明市政府卫生局接办者。接收后除由卫生处每月继续补助国币六万元外，并由市政府月发经费数万元。现该院共有病床六十张、医事人员二十三人。分设内、外、妇、产四科，并有手术室及检验室各一。每月诊治患者约有五百余人。

昆明市医院组织法

第一条　本院隶属于云南省会公安局。

第二条　本院设院长一人，由云南省会公安局局长委任之。

第三条　院长总掌全医院事务、护士及药房等一切事宜。

第四条　本院医务统治各科疾病，暂不设科，设主任医师一人，由院长呈请局长委任之。

第五条　于主任医师之下设助理医师数人，由院长呈请局长委任之。

第六条　助理医师承主任医师之命，助理一切医务。

第七条　本院事务设文牍员一人，会计员一人，事务员数人，书记一人。

第八条　本院护士分护士长、高级护士、学习护士等，人数临时酌量医院情形定之。护士长由院长呈请局长委任之，高级护士、学习护士，由医院直接招考之。

第九条　本院护士长承院长之命，管理及指导全院护士。

第十条　本院药房设药房主任一人，助手一人。药房主任由院长呈请局长委任之。药房主任秉承院长之命，掌埋全药房事务。助手则承药房主任之命，助理药房事务。

第十一条　全院办事细则及服务条例另定之。

第十二条　本组织法自呈请省会公安局核准之日施行。

昆明市除上述省、市立医院之外，尚有云南大学医学院之附属医院、军政部军医学校、西南教育班附属医院（该院系作各该机关学生之临床实习医院）、云南陆军医院平民住院部（以前系作为军人医院，至三十三年七月始设平民住院部收容平民）。特将昆明市各公立医院之概况，附表如下：

昆明市省市立及公立医院概况表

（民国三十三年制）

类别＼院别		省立昆华医院	省立仁民医院	卫生处附属医院	昆明市医院	国立云南大学附属医院	军政部军医学校西南教育班附属医院	昆明市第一临时救医院	云南陆军医院平民住院部	甘美医院法国公主医院	惠滇医院英国教会医院	合计
主管人		秦光弘	杜　菜	梅朝忠	魏述征	赵明德	李宜果	缪安成	李丕章	郎嘉纳维	易理藩	
成立年月		二十八年四月	三十年五月	三十年三月	三十年一月	三十年七月七日	三十一年五月十五日	三十五年五月一日	三十三年七月一日	二十年十一月	九年	
所在地址		金碧路	华山西路	鼎新街57号	南城埂脚万钟街46号	北门外	平政街	东寺街	东寺街	巡津街31号	金碧路9号	
医士人员情形	医师数目	31	3	9	14	14	20	6	9	5	8	119
	药剂师（生）数目	2	4	1	3	2	3	1	4	1	6	27
	护士数目	30	3	13	2	10	12	5（专任二兼任三）	4		31	110
	检验师（生）数目	2	1	1	2	1	2	1	2	1	3	16
	助产士数目	4		2	2		1			1	4	14
	学习生数目	30	1			4	21		4	8		68
有无附设护士学校											有	

（续表）

类别＼院别	省立昆华医院	省立仁民医院	卫生处附属医院	昆明市医院	国立云南大学附属医院	军政部军医学校西南教育班附属医院	昆明市第一临时救医院	云南陆军医院平民住院部	甘美医院法国公主医院	惠滇医院英国教会医院	合计
病床数目	127		40	60	40	50	50	30	50	87	534
分科情形	内、外、皮肤、五官、妇产、儿科等	内、外、产科	内、外、产科	内、外、产妇科	内、外、眼耳鼻喉、皮肤、泌尿科	内、外、五官、产科	内、外科	内、外科、妇产科、眼科、皮肤科	内、外、妇、眼耳鼻喉科	内、外、妇产	
设备情形 检验室之有无	有	有	有	有	有	有		有	有	有	
设备情形 手术室之有无	有	有	有	有	有	有		有	有	有	
设备情形 X光之有无	有					有			有	有	
诊疗人数 门诊 住院	5,644 3,460	17,300	10,357	6,393	13,000	9,734		998	15,594 1,036	56,307 2,630	

三、昆明市私立医院之概况

昆明市私立医院，据三十三年之调查，计有七所，惟皆规模不大。七所私立医院中，仅有八十三张病床，设备亦多简单。兹将各私立医院概况列表于下：

昆明市私立医院概况表

类别 院别		妇人医院	碧澄医院	妇孺医院	颐养医院	同仁医院	慈群医院	袖东医院	合计
主管人		许少芳	姚碧澄	区韶音	邓尊六	吴鸿格	范秉哲	二十八年六月	
成立年月		三十三年三月	三十一年十月	二十二年	三十二年十月	八年十二月	二十五年五月	二十八年六月	
所在地址		弥勒寺	华山东路	篆塘新村	弥勒寺	华山南路	东寺街西寺巷	新仁街46号	
医士人员情形	医师数目	1	3	1	2	2	5	2	16
	药剂师（生）数目	3	1	1	医师兼	1	1	1	8
	护士数目	3		1	1	1	1	1	8
	检验师（生）数目		1		医师兼		1	医师兼	2
	助产士数目	1		1		1	1	1	5
	学习（生）数目		4	2		2	2	5	15
	有无附设护士学校								
病床数目		8	15	8	5	8	19	20	
分科情形		产科妇科	内科	产科妇科	内科产科	内、外、婴儿及产妇科	内、外、产妇等科	内、儿、妇产科	
设备情形	检验室之有无		有				有	有	
	手术室之有无	接生房		产科手术室			有	有	
	X光之有无		已经在修理中				有	未立设电料器	
治疗人数	门诊						98,512	3,000	
	住院		16%				56	900	

四、昆明市外人所设医院之概况

国际人士亦多有在昆设置医院者，兹择其较大者言之。

法国医院：在省城内二区十九段升平坡，前清光绪二十七年八月设立，系法国人创办，直隶法国领事府。正院长穆礼雅，系法人。副院长斐文贵，系越人。有医师、药剂师共十余员。诊病分二等，一等每次取费五元，二等每次取费一元，官员、士兵一律送诊，贫苦者亦不取费。每日诊疗时间：上午自八时起至十一时半止，下午自三时起至五时止，急症则随到随诊。岁出经费约五万元，本省政府每年亦酌予补助。

惠滇医院：在省城南门外金马大街，民国九年设立，系英国人创办，附属中华圣公会。院长华德生，医师姚汉品、周伯雄，外有护士、看护人等。药品器具均完全。每日诊病时间，自午前十时起至正午十二时止。计分三等：一等取费五元，二等二元五角，三等一元。每日约诊治一百人，院内能收容五十人，常年经费 ×× 万元。

惠滇医院沿革组织及历年概况

民国六年，基督教会医生谭信、李惠来游历来华，鉴于云南医药缺乏，乃于万钟街圣公礼拜堂内设预诊所，事业渐渐发展，应接不暇，此为该院之前身。民国九年复于广聚街（现名金碧路）承租得桑田四亩余及民房三所，建设门诊部及住院部，由英国圣公会补助医药器材及医师、护士。命名曰“惠滇”。

内部组织：（一）董事会。（二）院长。（三）医务部：分内科、外科、妇产科、割诊室、化验室、药剂室。（四）护士部。（五）事务部：分文书、会计、庶务。

其后聘华德生、姚汉平、易理藩相继为院长，丁德丽为护士长，赵冠群为事务长，院务兢兢努力，每逢星期二、星期五两日为贫民免费赠给医药，就诊日众，声誉日隆。民国二十六年开办高级护士职业学校，教育部准予备案。民国二十七年开设曲靖县分院。民国二十八年秋，敌机轰炸昆市，病室多处中弹，然虽警报频繁，院内救治伤病不息。民国二十九年，云南防空司令部委任为重伤医院，因产妇及重病人疏散之便，乃于昆明县车家壁建设分院。抗战期间，驻昆各机关委托为合约医院者二十余单位。三十一年八月，因义务救治空袭受伤难民，由省政府奖给“仁心仁术”匾额一幅。

五、各县公私立医院及卫生院、所之概况

各县公私立医院之概况

各县公私立医院亦有可述者，兹分述如下：

天南医院：设于河口，该处为由越入滇要口，且系著名瘴区，往来行旅多致病者，由地方筹款成立，归河口督办监督之。

滇越铁道医院：自滇越铁道通车后，历由本省设警保护，而铁道所经多系瘴区，乃于中段阿迷即今之开远县地方设立医院，专司收疗路警染瘴及患病之用，归滇越铁道警察总局管理。

大同医院：在省城护国街，医师刘琨元开设，药品器具尚称完全，院内约能收容

七八人，每日约诊治十余人。

明德医院： 在省城内文明街，医师周晋熙开设，未设病室，概系门诊，分治内、外两科。

蒙自普通中医院： 在蒙自县东城内东林士街，由地方公款共同组织，救济贫民，按月由经费局领款一百五十元，不敷募捐补足，院内能收容二十余人，每日诊治约四五十人。

美国长老会医院： 在车里县，系美国人、美国长老会医士高礼悌创设。救济贫民。各项药品用器尚属完备。有男女养室及药房。约能收容二十人。平均每月约诊治三四十人。经费无定，概由长老会供给。

中华国内布道会楚雄诊疗所： 在楚雄县后街，系元永井医院医师陈如九开设。并无病室，概系门诊。平均每月约诊治二百余人。

省立个旧卫生所： 个旧为本省产锡之区，人烟稠密，矿工杂处，实有成立医院之必要。民二十二年经省府先后开会议决，个旧医院建筑决定为新滇币四十万元，就锡税项下，照百分之十五之捐率，抽至足额为止。医院地点选定个旧市区外大坟坝北端空地一块。建筑图样曾请中央卫生署代为设计绘制。二十五年卫生实验处请准将个旧医院更名为卫生院，分设各厂区者名为卫生所或卫生分所。于厂区耗子厂、卡房街、松树脚、马拉格四处各设卫生所一所。蠓子庙、黄茅山、古山、新山庙四处各设卫生分所一所，并拟具经费支配表，将各院、所建筑费预算为旧滇币一百七十四万五千余元。成立个旧医院筹备处，开始建筑。并先开设一市诊疗所，由筹备处主任郝奕隆兼办，每月经费定为新币六百三十元，暂就建筑费存款息银项下拨用。至厂区卫生所、分所房舍，或系新建，或就原有房舍修建应用。二十七年七月一日正式成立卫生院，委筹备处主任郝奕隆为院长。各院、所全部建筑经费共用新滇币三十万零七百余元。开办费系就建筑费余存项下匀挪开支，不敷之数由财政厅筹拨。经常费拟由个旧地方筹防费或团款内提拨补助。现正饬由财政厅统筹核办，以维永久。

省立宁洱五县卫生院： 宁洱一带，为本省瘴疫最著之区。民国十年以来，因临近之思茅县瘟疫流行，死亡相继蔓延宁洱、磨黑各地。经本府先后会议，决定筹设思普医院。于民政厅内添设第六科，主办全省卫生行政、筹办医院事宜。经费决定就地筹款。二十四年遂将思普医院筹备成立，并于宁洱县筹设宁洱普济医院，又由盐务机关于宁洱县属磨黑井区设立磨黑医院。云南全省卫生实验处成立后，拟定筹设宁洱、景谷、元江、澜沧、景东等五县卫生院。经常费一项定由第二殖边督办所属按磨各井抽收盐价附捐拨用，就原日普济医院院址改设宁洱卫生院，再加修葺，购办药械，充实内容，初委陈直夫医师为院长，于二十七年二月组织成立。元江县卫生院更先于二十六年八月筹备成立。景谷县卫生院，二十六年十月成立。景东县卫生院，二十七年一月成立。澜沧县卫生院，二十七年五月成立。各院之开办经常各费均就盐价附捐项下开支，由第二殖边督办署支领（详见后附卫生院、所一览表）。至今普思一带，疾病减少，时疫不兴，医院之设，收效实宏。

各县卫生院、卫生所

本省自二十五年七月，卫生实验处成立之后，即经遵照行政院颁发之《县卫生行政实施办法纲要》，通饬各县遵照，筹设卫生院或卫生所，以为全县卫生行政及技术实施之中心机关，办理全县卫生事业。但各县终以地方财力盈绌不同，难强其同时筹设，乃于二十六年十二月提经本府第五二九次会议，决定分期推进瘴区各县之卫生院，应提前设立。其余各县自二十七年起，三年以内一律筹备完成。饬由卫生实验处拟具卫生院所开办经常等费预算案及组织章程，呈报核准，通饬各县查照办理。现已成立者计有卫生院十八所，卫生所十四所。更由卫生实验处查酌情势，将附近瘴区或地居中心、他属人民易于就诊之县份，择要提出曲靖、平彝、沾益、禄丰、丽江、鹤庆、蒙化、镇南、云龙、盐丰、文山、广南、丘北、开远、潞西、腾冲、镇康、龙陵、双江、车里、镇越、佛海、墨江、南峤、昭通、宣威、镇雄、会泽、楚雄、通海、易门、顺宁、宾川等三十三县，积极筹备设立卫生所。并由财政厅分别酌予补助经费。现各该属均积极筹备，不久即可成立矣。

附云南各县卫生院、所一览表。

云南省各县卫生院、所一览表

县别	院所别	经费			院所地址	成立时间
		经费来源	开办费（元）	经常费（元）		
宜良县	卫生院		2,000	560	县城建设局前面	二十五年十月二十日
建水县	同上	经费由慈善团体补助。	2,000	200	县城	二十六年六月一日
保山县	同上		7,000			
元江县	同上	开办费由中央补助，其余款开支，经常费由盐价附捐开支。	6,000	500		二十六年八月十三日
玉溪县	同上	开办费由地方募捐，经常费由旧有卫生经费开支。	3,000	200	城区八经会馆	二十六年八月二十八日
景谷县	同上	开办费由中央补助，其余款开支，经常费由盐价附捐开支。	6,680	500	县城观音殿	二十六年十月一日
大理县	同上	严子珍先生捐助。	40,000			

（续表）

县别	院所别	经费			院所地址	成立时间
		经费来源	开办费（元）	经常费（元）		
云县	同上	开办费由地方募捐，经常费由救国基金息洋拨助开支。	3,500			二十七年一月二十五日
景东县	同上	开办费由第二殖边督办署支领。	4,000		县城前参议会	二十七年一月二十五日
宁洱县	同上	开办费由中央节余款项开支，经常费由盐价附捐开支。	21,425	500		二十七年二月二十六日
泸西县	同上	开办费由县罚金项下呈准提拨。	3,550		县城秀山公园	二十七年三月十五日
新平县	卫生所	开办、经常各费，均由自治附捐项下拨支。	1,047	每年由自治捐拨支440元，余由所内盈余项下开配。	县城	二十七年四月十七日
楚雄县	卫生院	开办费由农贷所基金内拨借，经常费列入地方预算。	2,000	600		二十七年四月
澜沧县	同上		2,000			二十七年五月一日
思茅县	同上	经常费列入地方预算。				二十七年六月八日
河西县	卫生所		600			二十七年六月
蒙自县	卫生院	开办费由自治附捐拨支。	6,000		县城西坡墩	二十七年六月
个旧县	卫生院	开办费系募捐，省府补助经费，尚未指定	373,600	5,000		二十七年七月一日
个旧县马拉格	卫生所	同上	20,373	1,200	马拉格	二十六年九月

（续表）

县别	院所别	经费			院所地址	成立时间
		经费来源	开办费（元）	经常费（元）		
个旧县卡房街	同上	同上	36,000	1,200	卡房街	二十七年五月一日
个旧县耗子厂	同上	同上	36,000	1,200	耗子厂	二十七年五月一日
个旧县柳树脚	同上	同上	36,000	1,200	松山脚伙房	二十七年五月一日
个旧县蠓子庙	卫生分所	同上	3,200	300	蠓子庙	二十七年五月一日
个旧县古山	同上	同上	3,200	300	古山	二十七年五月一日
个旧县新山庙	同上	同上	3,200	300	新山庙	二十七年五月一日
个旧县黄茅山	同上	同上	3,200	300	黄茅山关帝庙	二十七年五月一日
通海县	卫生所	开办费由自治附捐拨支，经常费列入地方预算。	1,000	150	县城	二十七年七月二十二日
永仁县	同上	开办费经常各费，均由屠宰、检查捐内开支。	725	112		二十七年七月二十三日
石屏县	卫生院	开办费由地方募捐，经常费每年由县府补助一千元，余由该院盈余项下开支。	6,000	330	县城内观音寺	二十七年九月一日
昆明县	卫生所					二十七年十一月一日
蒙化县	卫生院	开办费由自治附捐内拨支，经常费列入地方预算。	10,000	600		
镇康县	卫生院	开办费由地方募捐及自治附捐拨支，经常费列入地方预算。	4,000	600	县城德党街	

六、医士考验之沿革

云南考试医士始于民国二年七月，民政长罗佩金令饬省会警察厅举行。其令文曰："吾滇对于医士，向取放任主义。政府既少所提倡，人民亦罔知自爱。生老病死，悉听自为起灭，针灸按摩，几尽人可为医。以故市井悬壶之徒，学未专精，居然问世，操觚率尔，遽诩名家。只图诱取金钱，不惜草菅人命。以医而致病及误药而杀人者，街谈巷议，多所见闻。复考东西各国，于卫生事宜，为医士、产婆、看护、种痘等。检查及药业之取缔，无不讲求精细，规定详明，俾众遵守，共保康和。顾吾滇僻处山国，医道芜晦，学无专门，术多庸劣。若非从严取缔，不足以重民命而保健康。合行令该警厅召集省会开业各医试验，若非及格领有执照者，即不得在省会营业。"当经警察厅制定考试医士专则，呈奉核准公布，其条文如下：

考试医士专则

第一条　本专则遵照行政公署颁发《取缔医士简章》规定，凡本国人于本管警区内业医者，无论内外科，均应受警厅之试验。

第二条　医士试验分为定期与临时二种。

第三条　定期试验自布告取缔日始，业医者先向本管警署报告，由警署汇送，听候定期施行。

第四条　临时试验者：（一）练习医科，初欲开业行术时；（二）曾在本管区内业医，于取缔试验时或游历在外，归回仍住居本管区内欲就业时；（三）在他处业医，未经试验得有证书，移居本管警区欲开业时。

第五条　医士试卷由警厅制备发给。

第六条　试验场所于开始取缔时在警校行之，临时试验于警察厅行之。

第七条　医士入试验场所，仅能携带笔砚，不得夹带各项医书。

第八条　医士于试验场，按照规定座次，不得凌乱，并严禁枪替顶冒。

第九条　试验科目：（一）内科：古圣医经及历代各名医论著，药性问答各方书，适宜偏重之利弊问答。（二）外科：人体解剖及治疗手术问答，中西药质化分、化合及用法，解释膏丹，配合作用法。

第十条　受试验医士对于前条规定科目之答案，以文理通顺，适合问题为及格。

第十一条　试验时间自命题牌示时起规定，不得逾四时交卷。

第十二条　本则之规定，有药商而兼业医或女医均适用之。

第十三条　医士经试验后揭榜晓示，及格取录者，警察厅按名给证存案。

第十四条　本则施行时，如有未经试验或试验落第未取得许可证，而私行业医者，由各区警署查报核处。

自考试专则公布后，当时应考各医士，或由医药总会保送，或由六区警察署汇送，或自行呈请与考，均经举行定期试验及临时试验。自民国二十一年十一月起至五年八月止，先后取录中医士一百三十三名。在此创办期间，定期试验粗具规模，惟临时试验，或一人一考，数人一考，十数人一考，手续既从简单办理，不无疏忽。至民国五年，废除临时试验，改于每年八月举行一次，定为成例。

民国七年，时西医发达，一般经医学校或医院实习之西医，未领有文凭而欲在省会开业者，纷纷请考，遂于是年八月定期试验，加入西医一科，延聘西医公务员主之，然迄今十余年竟无一人取录者。民国十一年，昆明市政公所成立，试验医士改用委员制，由昆明市考试医士委员会办理，并拟定组织规则，呈奉核准施行，其条文如下：

昆明市考试医士委员会组织规则

第一条　本会系临时成立，专执行考试本市中西医士事务。

第二条　本会署委员长一人，以卫生课长充任之，总理本会一切事务，署委员六人，由市公所精通医学之员二人，医药会推选四人，请委充任之，协同委员长办理，拟具试题及阅卷定分等事项。

第三条　署监视员三人，由市公所警务、卫生两课暨秘书处各派一人充任之，专司监场、点名、收发试卷等事项。

第四条　本会考试，分学理试验及实地试验。

第五条　试卷收齐，由委员长分交各委员核阅，评定分数后，开会公决弃取，列表呈请督会核定揭晓。

第六条　本规则考试完毕后废止之。

此期考试，其特点有二：一在取公开主义，改用委员制，所有试卷咸经连席衡阅，公评优劣；一在取实地试验，以头场仅凭学理，二场就市立医院之病人，命其诊断，然后合定平均分数。嗣后卫生机关虽几经变迁，而考试办法悉本乎此。统计自考试以来，截至二十三年止，共取录中医士四百五十九名，均经按名给照注册，人数繁多，不及备载。

民国二十三年，省会公安局以近来市政发达，人口繁庶，医士尚觉缺乏，不足以应社会之需，复规定自本年起，定期考试每年分二次办理，于六月、十二月举行之，其他一切办法悉照旧例。

云南西医虽自民国七年与中医合并考试，竟无一人及格取录，然自国内外医学毕业来滇开业者，正复不少。依民国十七年卫生部令，凡属医师、药师、助产士均应照章缴费，呈验文凭，汇报中央，发给部证，乃得营业。即外国医师在我国开业者，亦须一律照《医师暂行条例》之规定，具领医师证书。当经先后令据省会公安局及腾冲、凤仪、个旧等处报到，共有医师三十八人，汇齐报部，计经中央核准，发给部证者，仅得二十九人，助产士一人，列表如下：

云南省医师登记一览表

（以领有部证者为限）

姓名	年龄	性别	籍贯	证书号数	开业地点	民政厅登记号数
王承才	40岁	男	昆明	医字第4447号	景星街仁济医药房	1
何昌	41岁	男	禄丰	医字第4448号	西华街光周医院	2
周伟	31岁	男	大理	医字第4449号	东大街伯雄诊疗所	3
周汝为	49岁	男	昆明	医字第4450号	平安街天元堂	4
刘晖光	39岁	男	昆明	医字第4451号	护国街大同医院	5
王兆熊	49岁	男	玉溪	医字第4452号	景虹街中西医局	6
吴鸿格	40岁	男	易门	医字第4453号	西华街同仁医院	7
周绍成	46岁	男	广南	医字第4154号	武庙街至诚医院	8
沈仲苓	35岁	男	大理	医字第4455号	五华坊仲苓医疗所	9
李安邦	29岁	男	昆明	医字第4456号		10
缪安成	29岁	男	昆明	医字第4457号	武庙街缪静生诊疗所	11
吴孚格	31岁	男	易门	医字第4458号	庆云街吴惠生诊疗所	12
郑振华	42岁	男	浙江	医字第4459号	卖线街振华诊疗所	13
张运斌	34岁	男	开远	医字第4460号	省会公安局科长	14
苏树德	29岁	男	昆明	医字第4461号		15
杨怡如	28岁	女	大理	医字第4462号	西院街同仁医院	16
倪维明	48岁	男	昆明	医字第4463号	磨盘山8号	17
张高年	30岁	男	鹤庆	医字第4 464号		18
秦培生	24岁	男	昆明	医字第4465号		19
陈光仪	30岁	男	四川	医字第4466号	东大街凤文诊疗所	20
吴麟格	30岁	男	易门	医字第4467号	瑞生诊疗所	21
赵䣙	31岁	男	昆明	医字第4468号		22
万家彦	31岁	男	澄江	医字第4469号	光华街万子美诊疗所	23

（续表）

姓名	年龄	性别	籍贯	证书号数	开业地点	民政厅登记号數
黄鸿烈	35岁	男	湖南长沙	医字第4470号	文明新街黄农山医馆	24
周晋熙	51岁	男	安徽怀宁	医字第4532号	文明街明德医院	25
董齐元		男	鹤庆	医字第4533号		26
李丕章	43岁	男	浙江鄞县	医字第4534号	正义街李丕章医药房	27
卫德元		男	英国	医字第315号	昭通县城	28
农华莘	32岁	男	广西宣化	医字第4932号	个旧县	29
助产士刘映雪	27岁	女	广东顺德	产字第2120号	昆明市登仕街	1

附：助产科训练

产婆接生，对于产妇及婴孩健康、生命关系至为重要。本省营产婆业者，率多不学无术，且有种种恶习，为害甚巨。民国三年，曾经省会警察厅通令调查注册。六年，复开办产婆学校，后改名产婆改善传习所。十一年，市政公所成立，又切实调查，必经审核合格给予证书者，始准营业。并公布《取缔规则》，使之遵守。计当时发给证书之产婆共三十五名。二十三年复经省会公安局重行调查，计注册准予营业者共有五十五名。然此多系沿用旧法，不知改进。二十一年十月，省会公安局以本省产科人才素感缺乏，乃呈准于昆明市立医院内筹办省会助产学校。拟定预算及简章，招收初级中学以上毕业女生一班，定为两年毕业。并呈准省政府发给开办费新币二百元，以资筹办。其经常费一项，月由财政厅补助新币一百元，省会公安局月给九十元。于二十三年一月先成立筹备处，委定校长，刊发钤记。又由校聘请龙主席夫人顾映秋女士为名誉校长，一切规章悉照中央助产教育委员会所订章则办理。是年五月，取定新生一班，计五十四名，六月开学上课。其教室、操场、寄宿舍、实习室及桌椅用具各项，多就市立医院借用。学生阅览室图书则以顾名誉校长捐购者为多。

七、卫生人员之训练

本省中级卫生人员训练机构，虽有教育厅高级护士助产职业学校（现改为高级医事职业学校）及私立惠滇医院高级护士学校之设，然二校每年毕业学生为数不多，毕业后即由昆明各医疗机关聘用，且因各县卫生机关待遇低微，护校毕业学生多不愿至乡村工作，因此，昆明各医疗机关需用工作人员虽勉足应付，而各县卫生院卫生干部人员则极感缺乏。一百三十县卫生院之工作干部人员，非由卫生处为之训练，以供给其需要，实无法予以解决。兹将该处过去卫生人员训练概况略为叙述。

（一）训练机关之沿革

三十一年以前，该处对于卫生人员之训练尚无正式机构之设，而仅拟定计划交所属有关机关办理，并委该机关负责人为该班班主任，负责训练计划之实施。至三十一年，该处始有筹设卫生干部人员训练所之计划，惟于筹设计划未奉核准以前，承地方行政干部训练团之协助，允合作开办助理护士及助产士各一班，其合作要点为由卫生处拟订卫生学科及实施训练计划由团方办理，卫生学科教官由该处荐聘，学生来源则由团方令饬附近各县公费考选。此后于三十二年又复照前办法与省训团合作，再行调训各县卫生院长二十九人及抗疟指导员二十四人。三十四年度五月又复合作调训卫生院长一班。至该处卫生干部人员训练所，则于三十一年六月奉准成立，所址设于离市六公里处之小团山村，成立之后，即将原由该处昆明市医院（现改隶市卫生局）负责训练之助理护士一班接办。并招考环境卫生员（高中毕业）及环境卫生佐（初中毕业）各一班，各班结业后，曾一度结束。至三十三年一月，卫生处办公大厦落成，故就该处办公大楼设一办公室，将卫生干部人员训练所之组织予以恢复，所采取之训练方式、计划，交由卫生处有关机关训练，经费则由卫训所开支，如卫生材料厂之办理药剂班及附属医院之办理助产班是。此外，与省训团合作调训各种卫生人员，亦由该所办理。此为该处过去及现在训练机构情形。

（二）毕业班数及出路

自二十五年七月卫生处饬由卫生试验所开办检验班始，此后每年皆有开班训练，迄今前后已经训练毕业二十一班，共计四百二十六人，系由十二种不同班次训练毕业者。兹将历年训练毕业人数及班次附表如下（表见259页）。

卫生处除与省训团合作调训之班次由该处及省训团负担其一部分费用外（调训学员概由省训团供给食米及住宿、党政用讲义，卫生院长班及抗疟指导员班则由该处供给制服、专业课程讲义及副食杂用），余皆由县政府负责。故此项人员毕业后，皆回原籍或由省训团令其回原考送县报告，听候分配工作。由卫生处或训练所自行开班者，除免交学费外，其他一切费用皆由学生负担。因此，训练毕业学生，规定结业后须于该处所属机关实习一年。始发给文凭。毕业各学生多可于昆明谋得职业，即至外县工作，亦皆至待遇较高之机关，对于卫生院，非有特殊关系者多不愿往，此殊失该处发展外县卫生事业之本旨。兹将该处过去训练毕业各种班次学生之出路分别叙述。

（1）药剂检验班：

此种训练班先后共毕业八班，计一百一十八人，其中有五班系兼授以药剂及检验课程，称为药剂检验班；二班系仅授检验课程，称为检验班；一班则仅授药剂课程，称为药剂班。以上各班除三十二年代医疗防疫大队训练之检验班学生，系以该队工作人员选送外，余皆在昆招考，又第五届药剂班有一小部分学生系由各县选送外，余皆在昆招考。自二十六年七月至三十年，先后训练之药剂检验班，系将药剂及检验课程合并训练者，盖拟同时授学生检验及药剂二种知识及技术，以便毕业后往各县卫生院担任以上二种工作，因各县卫生院经费不多，不能多聘工作人员也。惟事实上，各班学生除少数由卫生院选送、毕业后仍回原机关外，余多不肯至外县工作。外县卫生院多无检验设备，所学检验技术无由应用。在昆工作者，非任检验即任药剂，事实甚少一人两用。且毕业各生，向卫生署请领药剂生执照时亦有困难。故至第六届以后，又复将药剂及检验分班受训。

（2）战时护士班：

该班系省府命令训练者。训练时间四月。学员来源系由各县考选。毕业后悉数拨归出征之滇军五十八军服务。

（3）卫生稽查班：

共训练二班，计五十二名。一班系由抗疟委员会训练后派至瘴区抗疟所及卫生工程队工作。一班系代卫生署抗疟团训练，毕业后皆全分派工作。

（4）助理护士及助理助产士班：

共开办四班，毕业人数九十一人。二班系由卫训所与省训团合作训练，计在团受学科训练共四个月，分发至昆明各医院实习八个月。该班学生结业，概由省训团令饬回原选送县报到，分派卫生院工作。唯该学生派至各医院实习时，对于助产工作多无实习机会，因各医院对于派往学习学生，仅准予见习及派病房工作，未曾令各实习学生亲自动手接生，故该生等派至卫生院工作时，对助产工作多未能做有效之推进。

（5）环境卫生班：

共训练一班，训练期限一年。毕业后派至本处昆明市卫生事务所工作，一小部分则派至外县工作。本班共毕业十八人。高中毕业程度受训者称为环境卫生员，初中毕业者称为环境卫生班。学生来源，本饬由各卫生院选送，继因选送无多，故另于昆明招考。

（6）卫生院长班及抗疟指导员班：

此系同护产班办法，与省训团合作办理，前者调训现任各卫生院长，后者调瘴区各卫生院工作人员予以训练。惟事实上，各卫生院多无适当人员以资训练，故另由县政府选送。受训人员多为县属公务人员。卫生院长所授课程，主要者为公共卫生学科、有关新近医务学科演讲及县卫生工作之探讨等。训练结束后，并举行县卫生行政会议。各卫生院长皆回原机关工作或另予分配工作。至抗疟指导员班，因受训人员多无医学卫生基础，于此种极短二月之训练，实无成绩可言，结业者皆回原选县之卫生院工作。

（7）抗疟医师班：

此系抗疟委员会于二十八年将拟派至瘴区之医师先行予以训练者。训练期间三月。结业后皆派往各抗疟所或抗疟委员会工作。

（8）卫生助理员班：

此系于二十六年二月开班训练。训练期间三月。所授课程，主要者环境卫生、细菌及免疫学、传染病学、种痘学、救急法、普通内外科学。结业后，即留该处办理行政工作。

历年卫生人员训练班简表

年度	班别	负责训练机关	结业人数			学员资格	招收方法	训练期间	开学年月	结业年月
			男	女	共计					
二十六年	检验班	卫生试验所	5		5	初中毕业	昆明招考	六月	二十五年七月	二十六年一月
	卫生助理员班	卫生试验所	4	2	6	初中毕业	昆明招考	三月	二十六年一月	二十六年四月
二十七年	药剂检验班	卫生试验所	11	14	25	初中毕业	昆明招考	一年	二十六年七月	二十七年六月
	战时护士训练班	本处	84		84	初中毕业	各县代招考	四月	二十六年十二月	二十七年四月
二十八年	药剂检验班	卫生试验所	8	13	21	初中毕业	昆明招考	一年	二十七年二月	二十八年一月
二十九年	药剂检验班	卫生试验所	4	8	12	初中毕业	昆明招考	一年	二十八年七月	二十九年七月
	抗疟医师班	抗疟委员会	5	1	6	医科以上毕业	招考	三月	二十八年十一月	二十九年二月
	卫生稽查班	抗疟委员会	14		14	高中毕业	招考	三月	二十九年二月	二十九年五月
三十年	卫生稽查班	抗疟委员会代卫生署抗会团办	38		38	高中毕业	招考	三月	二十九年十月	三十年一月
	药剂检验班	本处	2	8	10	高中毕业	招考	一年	三十年二月	三十一年一月
三十一年	药剂检验班	本处	7	17	24	初中毕业	招考及各县考送	一年	三十一年三月	三十二年二月
	助理护士班	卫训所	3	6	9	初中毕业	昆明招考	一年	三十一年四月	三十二年三月

（续表）

年度	班别	负责训练机关	结业人数			学员资格	收招方法	训练时间	开学年月	结业年月
			男	女	共计					
三十二年	助理护士班	本处与省训团合办	8	31	39	初中毕业	各县选送	十月	三十一年四月	三十二年一月
	助理助产班	本处与省训团合办		34	34	初中毕业	各县选送	十月	三十一年九月	三十二年七月
	环境卫生员班	卫训所	9		9	高中毕业	招考及选送	六月	三十一年九月	三十二年二月
	环境卫生员班	卫训所	9		9	初中毕业	招考及选送	六月	三十二年二月	三十二年八月
	检验班	卫生试验所	8		8	初中毕业	医防大队选送	四月	三十二年六月	三十二年十月
	药剂班	本所	10	3	13	初中毕业	昆明招考	一年	三十二年六月	三十三年七月
	护产班	本所		7	7	初中毕业	昆明招考	一年	三十二年六月	三十三年七月
	卫生院长班	本所与省训团合办	29		29	调训各县卫生院长	分区调训	二月	三十三年六月	三十三年八月
	抗疟指导员班	本所与省训团合办	24		24	调训各县卫生指导员	各县保送	二月	三十三年六月	三十三年八月

民国云南通志长编卷二十四

民政五

积谷

《礼·王制》曰:“国无九年之蓄曰不足,无六年之蓄曰急,无三年之蓄曰国非其国也。”大哉,积谷之义!夫自给自足,盖万世不变之理,“衣食足而知荣辱”,始可以言管“仓廪实而知礼节”,始可以言教“足食足兵”,始可以言卫。故谋国者历世不相悖焉。

《周官》司徒之属“遗人掌邦之委积,以待施惠”,此古积谷之可参者。管仲主“敛散平准”,李悝倡“籴粜敛散”,其意皆以调平谷价。汉五凤间,京畿大穰,农民苦之。大司农中丞耿寿昌奏请筑仓于边部以赊谷,贱籴贵粜,以平物价,此为常平仓之由来。隋立义仓之法,开皇五年,工部尚书长孙平奏请令诸州百姓及军人劝课当社共之义仓,每年以其所得劝出粟麦,造仓储之,遇凶歉之年,社中有饥馑者,即以此谷赈给。事为劝募,人民且得参与管理。至十六年,则改为随粮带征,此外设常平仓于陕州,置常平盘于京师。唐贞观时,两制并行,设置常平仓于诸州,力图普及;并准尚书左丞戴胄之议,每亩使纳粟麦粳稻之属二升,商贾之无田地者,分九等缴纳自五合至五斗之粟,饥馑之时,则贷农与种谷。宋代国家多难,常平仓、义仓多用于军粮,庶民不得沾其惠。故朱熹遂以长孙平之义仓法为主,渐袭青苗遗意,订立社仓法。孝宗以其成绩优良,温谕嘉奖,并推行于全国。元设置常平企于各路府,并立义仓法,唯无社仓之名。明代仅有预备仓、社仓,行义仓之作用。清代常平仓、义仓、社仓三制均行。其储藏办法,因地制宜。咸丰以后,患乱频仍,大多荒废。民国肇起,内忧外患更迭而来,对于仓政未遑整理。直至宁都既定,内政部于十七年初,参酌历代成规,颁行《义仓管理规则》,更厘定为《地方仓储管理规则》,令于十九年一月十五日施行。分仓制为县仓、市仓、区仓、乡仓、镇仓、义仓六种;而县、市仓之应用,则为平粜散放,近乎古之常平仓;区、乡、镇仓及义仓之应用,则于平粜散放以外,尚有贷与事项,则合古代社、义两仓之义。二十五年十一月,另颁《各地方建仓积谷办法大纲》,规定各地方积谷仓除备荒、恤贫外,必要时并应运用于农村生产事业之发展。随后有《各省建仓积谷实施方案》之颁布,各地储政进行愈力。

总观历代仓储制度,常平仓之机能在使米谷之需给平衡,用以保护生产者及消费者,故其目的虽不在预防荒年,而其结果则与预防荒年之贮谷有同一效果。义仓系由富者义捐或特别课税以收集米谷，完全以预防荒歉为目的。社仓虽与义仓同为防荒救穷，然社仓乃为农民未雨绸缪之措施，用备救急，且资平时之借放，近乎信用合作机关。今之积谷乃兼采三制之长，俾自给自足以备非常，并须发挥积谷之积极作用，以活泼农村经济与国计民生，所关至巨也。

本省仓储系沿前清而来。当清光绪中，云南巡抚谭钧培奏准，每征秋粮一升附征积谷捐铜钱二文，存作购谷之用，并由各属征存夫马津贴项下悉数拨充修仓费用，不敷之处得由善后总局拨款添补。全用仓储于斯为盛。故入民国后，各属积谷虽无精确统计，为数当不在少。

历年各属积谷事辑上

民国二十年以前

民国元年六月，云南军都督府准临时省议会咨送议决《保存积谷简章》二十三条，通令公布遵行，其详见后附《法规辑要》。大约先明宗旨，次举作用，详及管理、修缮、推易、平粜诸法。是为民国滇省仓储有法规之始。自此各属尚多能奉行。嗣以护国、靖国诸役，历年用兵，耗费甚巨，继则盗匪蜂起，劫略至烈，遂至荡然无余。数十年经营之尚不足者，不一二年破坏无遗，良可慨也夫！

民国十七年七月，国民政府内政部颁行《义仓管理规则》，限是年终确报办理实况，通令各属一体遵办。十九年一月，国民政府内政部颁行《各地方仓储管理规则》，将前颁《义仓管理规则》废止之。计订积谷仓分为县、市、区、乡、镇、义六种，仓储之规章悉备而条理益密察矣。详后附《各地方仓储管理规则》。

自上项规则公布后，迭准内政部咨催查报，经于十九年十一月，由云南省政府咨复内政部，然竟在十九年份并未依照内政部所列办法办到。迄至民国二十一年，云南省民、财两厅经报内政部仓储总数，新旧合计仅得谷一十万四千一百四十京石四斗四升一合，苞谷二百一十八京石一斗七升六合，荞五百三十九京石七斗九升四合，谷款一万五千四百二十四元二角一分（系由各属折合国币计算）。二十一年报部总数，仍与上同。

民国二十一年至二十七年

二十一年份

民国二十一年十一月，省政府主席提议核定整理本省各县仓储办法一案。议决：本省曩年多故，各县仓储消耗颇多，曾经迭令民政厅转饬各县，其原有仓廒地方，应即扩充整顿；其未设仓廒之处，应重新计划办理义仓积谷，以备荒旱不时之需。近据报告，各县多未遵办；其有已办者，亦为数不多。现在户口调查已毕，民政厅应会商财政厅，按照各县人口拟定最低限度应储仓谷量数，督促认真办理，以期地方或遇荒旱及军队过境，不致再有摊派苛扰之事。至省内各仓廒，无论属何机关，其原有存储，应即从速清理填还，不得因循，至碍要政。十二月，民政厅长朱旭、财政厅长陆崇仁会呈，以“本省各地户口数目、农户数量、经济能力，向无正确统计，以至各属究应积谷若干，无一定标准。本厅等原拟于此次全省户口调查结束后，根据户口数目拟定各属积谷标准。现查《各地方仓储管理规则》第一、第三两条规定，积谷仓分为县仓、市仓、区仓、乡仓、镇仓、义仓六种，县、市仓积谷数目，由民政厅定之，区仓由县政府定之，乡、镇仓则以一户积谷一石为准。本省地瘠民贫，农产不丰，加以历年多故，仓廒破坏者多，斟酌再三，拟将全省各属仓储，分为两步办法：第一步通令各县，按此次户口调查所得总数，作为应存积谷数目之标准。至县仓应存总数几分之几，各区、乡、镇仓应存几分之几，统由县长集绅会议决定，总以全县各仓共存足每户一京石之数量为止。第二步则俟各县每户一京石之仓谷填足后，再为查照规则，于县、区仓内酌量增加数目，设法筹填。请予鉴核示遵。至三迤丰备仓之整顿办法，另案呈核。”

二十二年份

二十二年一月，省府据两厅会呈，以其法可行，应即照办，自命令发布之日起，至本年年底止，并同二十一年所积者，各县务须积足标准之数。卸任各县长有办无成绩者，由现任县长实查，与同事绅士，呈民政厅严处。以后由民政厅派员查验，予以奖惩。三月，民政、财政两厅会同，将积谷议决第一、第二两步办法通令各市、县局，尽二十二年底一律积足每户一京石之数，并饬将遵办情形随时具报查核。六月，民政厅长朱旭、财政厅长陆崇仁，以请求展期者甚多，殊足妨碍积谷要政，乃商定于六月二十六日会衔通电申儆，准予秋收后尽本年底填足规定数量，以重民食。

七月，省府会议。主席提议，令两厅催各市、县积谷，期于秋收后，并同麻疯、缠足两案，派员分往查验呈核。

八月，民政厅长丁兆冠，财政厅长陆崇仁会同呈复。以旱潦频仍，民食维艰，若照原案责令填足，按诸事实，其力恐有未逮。且粮食不敷需要，而强令抽谷填仓，民食既虞不给，市价必至增涨。因救济民食之故，而使粮价增涨，是欲惠民转以病民也。因其分等分期抽填仓谷办法三项：（一）查明向来产米县份及人力、财力较富者，列为一等县，仍照原案尽本年底储足标准数量。（二）附近产米区域及本年未受灾歉者，为二等县，尽本年底照标准数量储足五成。至二十三年底，照案储足。（三）本年受灾较重，又非产米区城，或地方素称贫瘠，及新近改设县治，向无积谷基础者，为三等县，尽本年底照标准数量储足三成，第二年再储三成，第三年储足定额，其列入第二、第三等各属，如因收成较丰，劝募得力，能于提前储足定额，或照规定多储至一成以上者，该县官绅均得从优奖叙。

十月，省府会议。主席提议，本年各县积谷填仓。本年既系丰收各县，积谷务须遵照部令规定填足，令民、财两厅分别全省各县规定区域，再由总指挥派员前往督促。其有驻军之地，即由该驻军长官派员督促。至昆明市、县，仍由民厅直接上紧督促。

均须依限办到。

十一月，两厅会呈，将全省产米最多地方提出六十二县，分为十三区，每区派督催员一员，负责督促，务尽限期以前填足标准额数，并拟具《督催各县积谷填仓办法》请予核行。

二十三年份

二十三年一月，省府复通令各县警告。

二月，民政，财政两厅会呈，制定《市、县仓管理细则》，准备案。

三月，省府通令各县，关于填仓办法，应遵照《仓储管理规则》办理，不必集中在县城存储，以免纷扰。

省府复令民、财两厅，以原定视察各县积谷为期将到，凡办足之县，以后逐年如何增加，未足之县，应如何补救，应预拟办法，俾有遵循。兆冠、崇仁以整顿积谷办法在本省《县政建设三年实施方案》内业经明白规定：凡积谷标准数量之县，于二十三、二十四、二十五年三年内，每年应照定额增填十分之二；其仅积有成数，未足定额，或因特别故障，无法举办者，统应于各年内连同应抽应增数目，一并填足；曾经呈奉核准，以后增积补救办法，请即照《县政建设三年实施方案》规定办理。五月一日，府议可其案。四月，兆冠以此各县积谷仓廒一项，关系极为重要。各县原有仓廒多在县城以内，狭隘倒塌，不能容纳，多数区、乡（镇）地方则从未修建。此次抽谷填仓，若照规定，应分存于县城及区、乡（镇）公所所在地方；迭据各县呈报，均因筹款维艰，不能立即修建；故此次抽填之谷，除原有之县仓外，大都暂借公共寺庙或民间房舍，以为储藏之所。若仅通令各县建仓，对于建仓经费不为通盘筹划，窃恐各自为谋，正不知迁延至于何日，始能一律告成。再四筹维，爰拟具各县筹款建仓办法两项:（一）由此次所填积谷，提出半数以上，贷与农民，俟秋收后加二成收回。即以所得二成利谷，照市售出，以作修仓经费。（二）如所收利谷较少，不敷建仓之用，即由积谷数内提出十分之二三，完全变价，充作修仓经费。一面适用义务劳力捐办法，由各区、乡人民各出劳力若干日，其不欲出劳力者，每日应纳义务捐若干，以资补助。其提售谷数，仍按三年实施方案，于次年以后连带补足之。似此办法，则各县建仓经费即不至感受困难。饬于本年秋收以后兴工建筑，统限本年底一律完成具报，一劳永逸，庶不失救济民食之旨云。是时内政部训令民政厅，谓“《各地方仓储管理规则》第七条规定，县、市政府于每年一月三十日以前，汇开县、市各仓及县政府以下之区、乡、镇各仓上年积谷总数，报由民政厅汇造全省市、县积谷清册，送由省政府备案，并转内政部备案”等语。兹查云南二十一年份积谷清册，业经转送到部，所有云南二十二年份各市、县积谷等数目，应依照部订《各地方仓储报告书》式继续造报，呈由省政府转部备案，以重荒政。十一月，民政厅长丁兆冠呈送《云南省第一次仓储积谷统计报告书》，计云南一市，一百一十二县、十四设治局、两对汛区，全省总户数为二百三十三万八千二百七十二户。以每户积谷一京石为标准，则全省应积谷二百三十三万八千二百七十二京石，是为标准数。二十二年份各市、县局共积谷一百一十四万四千一百三十五京石，内中比较标准数增多，如禄丰等县，共增积谷四千零七十三京石，差少如昆明市、县等，共差积谷一百一十九万八千七百三十京石。由省府核明转咨内政部备案，并由民政厅将此项报告书，令发各市、县局及对汛督办。并饬俟本年秋收，凡已超出或适合标准数地方，应将本年照总额增加之二成积足，其仅填有成数或全未举办者，并将应填之标准数及应增之二成谷数，一并附带填足，以符通令而备荒歉。

十二月，省府奉行政院训令："据内政部灰代电称：查仓储为民食所关，国防所系，最为切要，自汉代创立常平，隋唐设置义仓，宋复推行社仓，章则大备。然究其实际，往往始盛终衰，侵占挪移，难以持久。此非立法之不善，实人谋之未臧也。本部自十七年，感于各地仓储之荒废，民食问题之严重，乃制定《义仓管理规则》，督促施行，积极以恢复旧仓为务，十九年复修定为《各地方仓储管理规则》，以树仓储之楷模。实施以来，业历五稔，虽值地方多故，未能积极进行，惟据各省、市册报积谷数目，仍达四百余万石之多，似已略具成效。当此国家多难，益当兢兢业业，切实推行。至其进行办法，首须循名责实。所有各仓存谷，拟于本年度内一律委员查验。凡地方官吏之治名而不治实者，均予查明声惩；而实心任事者，择优加褒奖。庶几风声所播，咸图自效；而仓储大计，亦可垂诸久远。兹拟定二十三年度实施《全国总检查办法大纲》二十项，借作施行之标准。至此项检查之目的，在确定实施仓储制度为各省、市施政中心工作之一，其次为根据此次总检查结果修整现行仓储法规及制定仓储根本计划。以上两点，均与推行仓储制度极有关系，特检同《办法大纲》，电请鉴核，通饬各省、市政府遵照，并电达军事委员会，饬知剿匪区域各省一并遵行。经本院提交第一八六次会议通过，合抄发《办法大纲》，令仰遵照"云云。

二十四年份

二十四年三月，内政部皓代电附送《全国仓储总检查辑览》一份，用备参考。当经省府另据民政厅拟呈分区查验办法及查验分区表，咨请内政部查照，并通令各市、县局。五月内政部咨送奉行政院转奉国民政府公布《农仓业法》，经训令民政厅，饬属一体知照。

八月，民政厅长丁兆冠具呈省府，关于办理积谷经过情形及现在议拟各属截至二十四年份抽缴仓谷办法曰："本省仓储废弛已久，民国十八年以前虽经认真整顿，亦仅办到追收积欠、买谷填仓为止。十九年内奉内政部颁发《各地方仓储管理规则》，当即转发各市、县局，饬将原有积社各仓改组，分别成立市、县、区、乡、镇仓，遵章管理，一面尽量抽谷存储，用备荒歉。惟对于抽谷办法及抽填数量，尚未具体规定。二十一年据各属册报，实存仓谷总数共一十四万四千八百九十八京石四斗零一合，谷款一万五千四百二十四元二角一分，为数实属过微。二十二年，由厅拟具以户口总数为积谷数量标准办法，呈奉核准，并通令各属按照境内户口，由殷实富户就租谷之收入，分等负担，尽是年十二月底填足每户一京石之数，造册具报，听候委员会复查。嗣又绘制《仓廒图说》令发，依式建造，以资存储。届期尚未一律结束具报前来，此固由受历年灾患交乘、农产减少之影响，而各地方官奉职无状，观望贻误，均难卸责。爰将成绩太差之县长，呈请撤任留办者四员，记过申儆者十数员；同时派员分区视察，督促赶办。截至二十三年三月底止，总计各属报填谷数共一百一十四万四千一百三十五京石，较二十一年份超过十倍有奇。但以全省户口二百三十三万八千二百七十二户，每户一京石计，尚未及定额五成之数。复以积谷一项，关系民食救济、社会治安，断难任其迁延，一再严令警告，限期本年四月一日以前，务将二十三年份应填标准数尾欠，及二十三年份照规定递增之二成谷数，一并填足具报。迄今仍有少数未能遵照办理，究厥原因，以地方官在抽谷期间，奉令交代，遂敷衍从事，交代后正当青苗不接、粮价高涨之际，继任人员，类多借故推诿，不肯负责；而出谷民户见地方官态度冷静，亦存幸免之念，观望不缴。若不亟谋补救办法，严加限制，则历年积欠暨应增谷数，将无结束希望。兹经民厅详加考虑，决定办法三项：（一）各属二十二年份标准尾欠，及二十三、四两年份各递加二成谷数，统限至本年十月底，一律填足具报。（二）在此限期内，各地方官应切实负责，宣传劝导，务使绅民等咸知政府积谷备荒本旨，对于应出谷数，踊跃缴纳，不得借故推延。（三）出谷民户所有欠缴谷数，如逾限至本年十一月内缴纳者，应照缴纳总数加罚一成，十二月内缴纳者加罚二成，十二月以后仍延不缴纳者，即由各该地方官按名传案管押，勒限清缴，如依限照缴者，始准开释，未缴者得呈请查封家产备抵”云云。省府议如拟通令施行。

十一月，兆冠呈送《云南省第二次二十三年份仓储积谷统计报告书》，计云南一市、一百一十二县、两对汛区、十四设治局，全省总户数为二百三十三万八千二百七十二户，应积谷二百三十三万八千二百七十二京石，二十三年份照案增填二成谷数为四十六万六千四百八十一京石，标准及增填总数为二百八十万零四千七百五十三京石。现在积谷实数为一百五十万零八千五百九十七京石，内中比较增多，如宜良等县，共增积谷一千六百零一京石，比较差少，如昆明市、县等，共差积谷一百三十一万零一百一十京石。省府核转咨部备案。并由民政厅将此项报告书令发各市、县局及对汛督办分发所属参考。民政厅根据各区政务视察员表报，查明各县仓廒数目，全省市、县共有仓廒九百四十一所。

二十五年份

二十五年一月，民政厅分区派员检查各县积谷，将《抽缴仓谷办法》《筹款建仓办法》《各县积谷情形》《仓廒图说》一并随发，饬切实督催积欠，并检查县仓谷数报查。二月，省府以关于办理积谷经过情形及现在议拟各属截至二十四年份抽缴仓谷办法，具复国民政府，并将第一、第二次《仓储积谷统计报告书》《市、县仓管理细则》《仓廒图说》邮呈。

兆冠以本省仓储，近数年来切实整顿，积谷、仓廒两项已有成效可观。据二十五年调查市、县、区、乡、镇仓，共有二千五百六十四所，省仓一所。管理方面，亦曾于二十二、二十三两年内拟定《行政官仓储交代暂行规则》及《市、县仓管理细则》，呈准令行。嗣饬各县依部颁《各地方仓储管理规则》之规定，拟具《区、乡、镇仓管理细则》，呈候核行。截至本年三月，尚未据一律拟呈。而各属历年所积之谷，大多数系分存于区、乡、镇各仓，则各该仓保管责任自与市、县仓同一重要。如必拘守规定，仍由各该主管官署自行拟呈，不惟迁延时日，内或有未尽适宜之处，修正驳诘，终难趋于一致。考虑及此，为统筹兼顾起见，另行拟具本省《各级仓储管理细则》，凡区、乡、镇各仓均一律适用，呈核令行暨咨部备案。

八月，兆冠造具《云南第三次二十四年份仓储积谷统计报告书》，附载各属《仓廒一览表》《仓廒图说》《各级仓储管理细则》呈送省府。计云南一市、一百一十二县、两对汛区、十四设治局，全省户数为二百三十三万八千二百七十二户，应积谷二百三十三万八千二百七十二京石。二十四年份标准及增填总数为三百二十七万二千五百五十四京石，本年积谷实数为一百九十五万四千四百京石。内中比较增多，如昆明等县，共增积谷一万四千五百八十二京石，比较差少，如富民等县，共差积谷一百三十五万六千零九十八京石。九月，省府令各县："据民政厅长提议本省积谷案，定限于民国二十五年内完成结案，应如何明定考成，俾便督促进行。议决：积谷，前定于二十二年各属即应按照所辖户数填足每户一京石之标准数，继恐期限过促，骤办为难，复于《县政建设实施方案》中规定，自二十三年起至二十五年止，每年应照标准数加积二成，一面附带补填标准欠数。似此通融办理，限期既长，筹积自易。据民政厅呈报《第三次二十四年份积谷统计报告书》，总数将及二百万石，各县属中已能遵照如数填足，且有超过定额者，但多数县属仍尚未经填足。本年已届结束之期，现距秋收不远，凡未照数额填足各县属，亟应趁此时机，上紧积极筹办。无论如何，务须尽本年内各将欠数一律填足结报。各该属应建仓廒，并应尽年内一律修建完成。倘届时如有逾延贻误，定将该管地方官及所属区、乡（镇）长，分别情节，从严撤任留办，或罚款补助办理，决不宽贷。"

二十六年份

二十六年二月，民厅通电：凡未经催填足额及仓廒尚未完成各属，务尽本年三月以内上紧赶办。截至三月底止，无论积谷已否填足，仓廒已否建完，统须将积谷实有若干石，仓廒实有若干所，造册具报。自此次电令以后，决不再予展限。如再违延，定予撤惩。八月，民政厅编具《云南省第四次二十五年份仓储积谷统计报告书》，附载《各级仓储管理细则》《仓廒图说》，除全省总户数及应填积谷数照旧外，计二十五年份标准及增填总数为三百七十四万一千二百二十五京石，现在积谷实数为二百四十万零四千二百二十七京石，内中比较增多如昆明等县，共增积谷三万零九百八十京石，比较差少如富民等县，共差积谷一百三十七万零五百三十六石，由民政厅先行缮写报告书一份，经呈内政部，略谓"本省现积谷数与标准数比较，虽已超出七万二千一百八十九京石，但与递年增填二成总数比较，除增多数外，实尚差一百三十三万零七百六十四京石之谱。此由滇省连年被匪，加以旱灾，故难积足。但已严令各属尽本年新谷登场时，一律补填足额以竟全功。又《各省建仓积谷实施方案》第四项载：各市、县所需积谷全数，由省政府按照所属市、县人口数目所需三个月食粮总额，依数核计，详拟分区分期积谷数量表筹积之"等语。本省现积谷数，若以全省人口计，约略仅敷一个月食粮，实有再行增积之必要，况值暴日侵略，抗战期间，军食所需，尤不容缓。滇虽僻远，自应同负责任。故现除上述积存谷数外，并拟由本厅就省内产谷属份，查酌人民所收谷量之多寡，仿照所得税办法，拟定积谷等级，限本年秋收时，另照数抽填，多多益善。一俟拟订办法，再行呈请省政府核准。

九月，兆冠以新抽积谷办法具呈省府，谓奉谕以中日战事势必延长，军粮民食两关重要，须有充分准备，始无遗竭之虞。本省各属仓廒虽共积有二百四十余万京石，为数已巨，但以供长期抗战之用，仍嫌不足，饬由本厅另拟新抽积谷办法，呈核施行。遵即召集主管人员详加讨论，并由建设厅抄取《本省各属近年产谷数量调查表》，财政厅抄取《实行清丈各属亩积表》，以为参考之用。几经研议，初拟定新抽积谷原则四项:（一）分区分期抽积。以附省产谷各属及沿平盘汽车路各属，又沿滇西公路暨附近滇南铁道产谷各属，四十余县，列为第一期内抽填新案积谷之区域，其余各属份则均列入第二期内抽填。（二）合于一项所定地域标准之属份，须已将旧案仓谷定额积足七成以上，或业已积足者，始能列入第一期内抽填新案。其对旧案仓谷仅积至七成以下者，列入第二期内抽填。盖必旧欠无多，始易抽积新谷；若旧欠尚巨，只能于本年内责成将旧额填足，来年于第二期内再令抽填新案积谷。否则，民力不逮，终难望其办到。（三）各属抽填新案积谷，概以人民所有亩积为标准。拟每亩田地抽谷一京斗，多少照抽，不以粮额为凭。盖粮之轻重，随田地之等则高下而不同，若等则厘定适宜，自不发生异议。无如本省各属人民，多以清丈处所定等则未臻公允，纷纷请求更正，现尚无适当解决之方法。今若以粮为抽谷之标准，则人民必借口等则不公、粮额过重，而不肯输纳积谷。情形复杂，纠纷莫解，各属长官，必难照案执行。似不如以亩积为准，不问等则，虽难期绝对公平，究能免借词争执。（四）第一期所列各属，限本年十二月底以前，照新规定标准填足积谷；第二期内之各属，限二十七年底抽足。盖各属旧案仓谷多有蒂欠，曾经另案通饬，限本年十月底以前一律抽足，故新案积谷不得不延展两月，用纾民力。

以上四项原则粗定后，本拟即呈请核定施行，当以事体重大，审虑不厌求详，复经多方考量，终觉前项办法无论如何适当，对于全省各属仍难期其公平。盖旧案积谷定为每户一京石，并于二十三、二十四、二十五年内，每年照定额增填二成。预计各属填足仓储，要政即告完成，以后按年堆放收息，谷数逐渐增加，并不再行抽填。故各属中之已照额填足及已七成以上者，一般民众均认为仓谷行将足数，可期一劳永逸。现若将填至七成以上之四十余属列为第一期，则对于旧案努力属份，尚于短期内多加一成负担，而对于旧案奉行不力之属份，反得缓期一年始行新案。似此则努力者因而受累，疲玩者犹可苟延，揆诸情理，岂得谓平！更恐人民因此疑惧，不肯照案纳谷，办理结果，难收实效。且旧案抽谷填仓，各属办法不一，或就田亩抽收，或由富户摊派，因地制宜，难趋一致。现查曾经积至七成以上之四十余属，尚各有一二成之旧欠，一旦实行新案，则本年秋收后，对于旧欠之谷，当然仍照该地方原日办法之抽积，而对于新案应纳之谷，又须另照所定亩积标准办理。同是积谷，办法两收，必至疑虑横生，无所适从。亩积包括田地两种，肥瘠各有不同，一亩之中，既难分别估计定积谷之多寡，而只问亩积，不问等则，又难得事实上之均衡。再四筹维，与其另定标准办法，施行新案，不如通行各属，说明中日战争延长，食粮极关重要，在此非常时期，后方民众亟宜忍痛努力，仍照旧案规定标准额数，将增填一项再延两年，于二十六年十二月底以前，二十七年十月底以前，各再照额增填三成，以全省户数二百三十三万余户计算，除旧积谷数外，本年底可增积谷六十九万余京石，二十七年底亦可照增此数。其各属原日抽收办法若尚公平无扰，自可照旧办理；如已不甚适宜，确有更正之必要时，即由各属官绅查照此次所拟两项原则，照田地亩积酌定标准抽收。如此则办法前后一致，各属负担相同，已积者速告完成，欠多者自贻重累，既无缓急之分，可杜推诿之弊。仓廒一项，亦令依式赶速修建，以能容新旧谷数为度，本厅对于各地方官之成绩，亦即以此为考核之标准，厉行奖惩，不稍宽贷。此外，省府二十六年六月十五日第五一二次会议议决，自本年起，各地粮户应以该户粮额或租石为标准，酌令其提出若干粮食，另行储蓄，以备不虞。至其提存之标准成数及详细办法应如何规定，饬由民厅拟定呈核。遵经计划议拟，以当时各属均有旧欠积谷，正严令赶紧抽收，若同时又责成各地提出若干粮食另行储蓄，诚恐粮户惊惧迟疑，执行难期顺利。现在此非常时期，既拟请通饬各属于二十六、二十七两年底，各照旧案定额增填三成，则令粮户提谷另储一事，似可不必再办。省府议：凡现时积谷未足之县，应饬迅速填足，并于二十六、二十七两年底以前，各再增填三成；至已填足各县，亦于二十六、二十七两年年底以前，各再增填三成，合计延长两年。又各县积谷有未能遵令办理者，或存款代谷，或积而不放，流弊滋多，应即再行通令严禁，以重要政。又息谷前定为一成，应加为二成，所得即为建仓之用，由厅通令遵照。

民政厅以省府原文及议决案抄录通令各属，并谓“本省旧案积谷，原拟于积足后即不再抽，无如此次全面抗战，为国家民族生死关头，储备大宗粮食，尤为争取最后胜利之必要条件。各地官绅人民，务宜深明大义，共体时艰，忍痛努力，踊跃输将，以期军储充实，抗战到底，争回国脉，共享光荣。现在秋收已届，除将旧欠积谷尽十月底抽足具报外，所有本年应行增填之三成，无论如何困难，均须在十二月以前积足报核。民厅即以此为考核之标准，厉行奖惩，并得分派专员前往各地切实验收新旧积谷。如绅民有意阻挠，或区、乡、镇长通同舞弊，一经查出，定行从严治罪。又各属如有谷款，统限秋收买谷还仓。积谷尚未借放者，亦须赶速借放。息谷既已增为二成，修仓费用不患无着，应即先期筹建，以能容纳新旧谷数为度。须认真办理报核，勿稍违误。”

十月，奉行政院宥电，令各省、市尽量收买新谷，以备急需。当经省府议决：省会地方应再采购五万京石，由财政厅筹旧滇币一百万元，军需局筹五十万元，以作价款。所需仓廒，责成市政府就已修建市仓各廒，赶速间隔备用，各县、市仍由民政厅督饬认真办理。民政厅即于月内通令各属，务将标准数及二十三、二十四、二十五各年份增填成数、尾欠积谷，尽本年十月底补填足额。又新案二十六年份抽填三成，并须一律于十二月底以前照额填足，以实仓廒而备急需。十二月，民政厅拟订《借放收还仓谷登记簿》式、《承借承还仓谷单》式、《借放盘量仓谷登销表》、《各级仓收放仓谷暂行办法》，呈请省府鉴核。先是，于七月二十日府议积谷推陈出新一案，议决：“本省近年厉行积谷，原为备荒之用，故规定详密办法，通行遵照。对于每年推陈出新一层，自属重要。乃近闻各地方有放谷变价后即保存现金，不收新谷，不唯与积谷宗旨不符，抑且流弊滋多，亟应予以纠正。除有特殊情形，如河口等处特准变通存款代谷外，其余各县如有存款者，统限于本年秋收后一律买谷填仓。如不遵办，查明即予惩处。又查各地方有积谷填足后，不顾平民疾苦，只为办事避免困难手续，即积而不放，亦属不合。以后应切实遵照办理。以上两点，关系重要。现在民政厅对于各地方积放存谷册簿，未能一律，已饬另行规定。应即由厅并同以上两点，通令全省一体遵照。”至是民政厅将拟订上项簿册表式，呈请省府核示。省府查所拟各种簿册表式尚属可行，《各级仓收放仓谷暂行办法》十三条亦属适当，应如请准予备案。民政厅因即通令全省各属，其文曰：“查本省自二十二年起，厉行抽填积谷，迄今五年之久，各属均积有相当成数，亟应妥为管理，依时堆放。按现行《各级仓储管理细则》第八条载：‘各级仓谷之使用，依平粜借放办法行之’，第十条载：‘各级仓粜获谷款，应汇由市、县政府保管，或放商生息。至新谷登场，分别发领，照数买谷填仓，不得动支分文’等语，条文所载，已属显明。乃本厅长前次西巡，查知各地方官绅畏难苟安，对原积仓谷，既鲜实行借放，更未注意平粜，任其存储，并不盘量翻晒，以致经年累月，鼠耗粟陈，损坏滋多；抑或存储谷款，延不买谷入仓；甚或挪移侵蚀，弊窦丛生。似此种种情形，殊与积谷本旨大相违背。又各属县、区、乡、镇仓，间有依法借放，而对于放出收还日期、收获息谷数目及承借担保人姓名各项，均无一定表册为之登记，在平日考核已属不易，一旦弊病发生，追究尤感困难。且各该县属，每年秋收以后照规定应报积谷总数，但以向无定式呈报，遂不一律。兹为慎重仓储、划一程式起见，特拟定《借放仓谷登记簿》《收还仓谷登记簿》《承借积谷单》《承还保谷单》《借放盘量仓谷登销表》《收放仓谷暂行办法》，一并令行，俾资遵行而资划一。嗣后各该县府即须参照规定各式，汇总加结呈报来厅，以凭考核。合将册表单样张及《暂行办法》随令发给，由各县政府仿造分发各区、乡、镇长领用，认真办理。倘有不肖官绅阳奉阴违，再发生已往弊端，一经查实，定予严惩，以为玩视功令者戒。”

二十七年份

二十七年，民政厅通令各属，准将所欠之标准谷数及二十三、二十四年份增填二成谷数，暨二十六年底新案增填之三成谷数，准展限至本年三月底以前，一律分别照数积足收仓，列册具结报核，以后决不再予延期。又饬照《仓锁、钥匙交收保管办法》之规定，市、县仓各以不同钥匙之铁锁二把封锁，区、乡、镇坊仓各以不同钥匙之铁锁三把封锁，应照法定办理。又制定仓谷积量标式样，饬照说明各款，制就木标钉于仓内，庶积量若干可以一望而知。如不遵照办理，定惟各该地方官是咎。七月，经济部电建设厅，以民政厅所造《第四次仓储统计报告书》所用量器，仍系沿袭旧制，于法未合，应注意改正。建设厅即咨请民政厅，于造报《第五次统计报告书》时，遵照新制改正。先是，建设厅据度量衡检定所呈请转咨民政厅，将积谷量器改用新制。民政厅咨复，请将现行标准制之公斗与原日之京斗容积精确测验核算，规定标准，再行呈请通行。建设厅迄未咨复。至是民政厅仍咨建设厅，请查照前咨办理。

民政厅以二十六年份新旧抽填积谷总数，尚有六十二属未据造册结报，当于七月十八日以巧代电严行：“奉令之日，将现存积谷实数及款谷实数及款数，照案造册具结飞速呈报，并申儆以倘敢仍前泄沓，意存漠视，定予呈请撤惩，决不宽贷。”

十一月，省府议整饬各县积谷办法案，议决：“现在时局日见紧张，各县积谷实有积极增加之必要，应令民政厅飞饬各县，其积谷已足定额者，应酌加其积数，未积足者赶速积足，仍予酌加。至各县若有以谷变价者，趁此秋收，应一律买谷还仓，不得有存款情事。一面由厅分饬各视察员，就近详细视察具报。当经民政厅长丁兆冠拟定酌加一成，照议决各项分令各属，仰体政府意旨，宣谕民众，务各忍受痛苦，共济时艰。又令各视察员详查具报。兆冠呈送《云南省第五次二十六年份仓储积谷统计报告书》，请鉴核分别存转，并核明此项报告书。照例办成案，应印刷公布，惟在抗战非常时期，积谷关系资源，拟不付公布，以免宣泄。经本府核明，计标准总数为二百三十三万八千二百七十二京石，标准及增填总数为四百四十四万二千七百三十京石，现在积谷实数为二百八十六万六千七百三十七京石，内中比较增多如昆明县等，共增多积谷四万五千五百一十一京石，比较差少如昆明市等，共差少积谷一百六十三万二千三百四十五京石。照案咨请内政部备案，并令厅知照。”

建设厅咨商民政厅，以木京斗与铁京斗比较，其容积相差至标准制一升另七勺三撮之多，而以米重十四斤为一京斗之量法，又无科学根据。兹据检查结果，觉标准公斗之容积，介于铁京斗与木京斗之间，若以之改为积谷之标准，则较适宜，究应如何取舍决定，仍应由民政厅主稿挈衔会呈，俟标准如何酌定后，本厅当饬度量衡检定所，认真测验新算，提供参考。民政厅以现在各属既无京斗亦无公斗，若通令改照公斗计算，牵动甚大；宜将《管理细则》中“每一京石计一百四十斤”一语解释明白，饬遵前令计算结报，以免纷乱；俟至新制度量衡器推行至相当程度时，再行通令全省律改照公斗计算，以归一律。

内政部以前颁《各地方建仓积谷办法大纲》暨《各省建仓积谷实施方案》，自公布施行以来，与地方情形是否全能符合，有无扞格难行或需要补充之处，本部亟待明瞭，应请开具意见送部，俾便于必要时参酌修正。当以《大纲》《方案》两项自系就各省情形统筹规定，惟本省办理建仓积谷，曾经参照《办法大纲》，及体察各属实际需要情形，拟具《各级仓储管理细则》。实施以来，尚无窒碍，现在并无意见提供。因检取《各级仓储管理细则》一份，咨复内政部查核办理，旋准咨复应予存查。

民国二十八年至三十年

二十八年份

二十八年二月，内政部电省府，以粮食之储备为支持长期抗战之要素，请尽量购募，积极办理，并希将办理情形见复。省府以历年办理情形，自二十二年至二十七年诸设施并《第五次仓储积谷统计报告书》电复。同日民政厅以旧案规定各属二十六、二十七两年份应增填之积谷三成，暨再照原定标准数增填一成，共计四成，曾通令各属催缴，特再展限两月，直至六月底止，尚有昆明市等六十四属仍未据报。民厅拟请将该各市、县长等先行记过一次，并统限至八月底一律结报。九月，民政厅为充实仓廪未雨绸缪计，呈请本府将二十七年份超填及产谷较多之昆明、富民等五十属，于二十八年份一律增填积谷二成，限于本年秋收后抽填入仓，其余各属俟将前欠催填后再行酌加。府议可行，准如呈照办。同月饬令严督各乡、镇长分别照数催收入仓，出具负责切结。是时昆明粮价高涨，令以昆明、晋宁、安宁、玉溪、呈贡、昆阳、富民、武定、禄劝、宜良、路南、澄江、罗次、寻甸、禄丰、嵩明等附省十六县，照二十六年度积谷实数，以半数碾交昆明粮食管物处平价，暨留作地方机关、学校之食用。

十一月，民政厅呈报：本省二十七年份各属应抽填积谷数，截至八月底止，统计全省各属积获现存谷实数，共三百二十八万三千二百五十八京石，省仓存谷六千二百三十四京石，总计实有谷数共为三百二十八万九千四百九十二京石。照历办成案，汇编为《云南省第六次仓储积谷统计报告书》，应印刷公布。惟值此抗战非常时期，积谷关系国家资源，拟不付印刷公布，以免宣泄。惟以今年水灾，秋收大减，且各县积谷或因碾米济军，或运平价，影响谷价大涨，困难购填，纷纷呈将二十八年份新案增填之二成积谷，准予豁免或缓填。当经该厅查明属实，但以所请豁免有碍通案，自难照准，拟请省府准予缓至来年秋收再行增填，以示体恤。至水灾影响不大之县份，仍照旧案增填，以符通案。民政厅训令各属，应以一百四十旧斤干净稻谷为一京石，作为衡量标准。

二十九年份

二十九年二月，民政厅令将历届欠填积谷及借放积谷或碾米运省平价暨碾济军粮之积谷，并二十八年份新增二成谷数，严督催填入仓，造无欠册结呈报。省府以出征人员免除积谷、参照摊派积谷原则，拟具折中办法三项：（一）出征壮丁家属或军官家属确有子弟在前方抗战，如系殷实富户或拥有巨资者，仍应照派积谷，不得妄冀免派。（二）出征壮丁或军官家属，经查明家境实系贫寒，确无资产，由乡（镇）、保、甲长等切实证明者，应派积谷得予免除。但此项谷数仍须由该乡（镇）殷实富户照数填足。（三）出征壮丁或军官，如因出征抗敌伤亡，其家属确系家资殷实，经查明确有勋劳于国家者，此项积谷亦得酌予减免，但须缴有效证明文件证明，或自向各主管长官出具证明书，证明其勋劳，始生效力，否则仍应照填。如经证明而得减免者，其谷数亦仍应派由该乡（镇）殷实富户填足，俾重储政，庶与本省征填积谷原则及《优待出征军人条例实施细则》不背。电请军政、内政两部查照，转呈行政院备案。

三月，民政厅呈请提前建盖附省四十六县仓廒，其中昆明等二十属，请由富滇新银行投资建盖。

五月，民政厅以各视察员与各县县长所报各县积谷数每多不符，请富滇新银行转饬各县分行经理代为调查实况。

民政厅呈报各属借放仓谷数目，汇表备案。

六月，民政厅派员分往抽查各级仓谷以完前此功令，作为初步切实准备工作。将来部派委员到时，再行划分抽查区域，派员陪同前往办理。

省府奉行政院令，准军事委员会委员长蒋二十八年九月徵日电，各地丰收，应赓续进行积谷储粮。省府当即饬民政厅将办理情形结报核转。旋该厅遵照规定四项办法呈复："（一）本省积谷自二十二年积储以来向未征用，仅于二十八年份各属发生水灾后借给民食用，其后昆明粮价高涨，奉令提碾附省昆明等十六县仓谷三分之二运省平价，由粮食管理处发款饬各该县购还。然因粮价高涨不已，以原日售获谷款不能如数购还，此实情势所迫。又本年份因各属荒象严重，迭据呈请开仓救济。截至六月、七月止，业已呈准借放者计有丽江等三十五属。（二）本省富宁、广南、文山等县一带，接近桂南战区，其他边界或接壤缅、越各属，在此长期抗战、国际情势瞬息万变之时，对于各该属积谷平时收填与保管，自应遵照责成各该县长慎为管理，相机处置。现在密令各该县长随时侦查情况，若事机紧迫，即行移运，以免资敌。（三）本省积谷之增填，上年曾经妥筹计划，将昆明等五十县酌加二成积储。唯因上年本省遭受水灾，经核准缓至二十九年份再行增填者，已属多数，其余各属大多贫瘠之区，俟将欠填谷数收清，再视丰歉如何，以为核酌施行。（四）各属积谷曾经严督办理有案，偶有折征谷物县份，均因无谷购填，情形特殊，经核准暂行折收，以示变通，俟本年秋收，仍须照数购填入仓，以符谷额而实仓廪”等。

楚大师管区司令杨益谦电称：“近来粮食空虚，已成为迤西一带之普遍荒象，民情岌岌，治安堪虑，请通饬各县贷放积谷多成，以示赈恤。”民政厅核复省府，以“贷放积谷原系载诸规章，既准平粜以救荒，复许借放以济公。本省各属今年灾荒，造成待赈孔殷。自三月办理贷放迄今，全省已核准六十余县。迤西方面，准借亦在二十余属。其贷放成数，一经请示，均系按照各县灾情轻重、需要情形斟酌核定。有核准全数粜放者，有准六成、七成或四成、五成不等者，似无须通饬贷放，免于各属需要与实际不符。”十月，民政厅以本年各属大多秋收丰稔，现值时局紧张，敌寇已进窥边境，为未雨绸缪计，尔后军粮民食亟应充分储备，方足以赴事机而备不虞。拟请将产谷较多而本年度又未经补填之昆明等八十三属，先行按照各该县标准数再增填二成，定为本年新案。其因去今两年遭受荒旱暨水灾之丽江、鹤庆、剑川、兰坪、维西、中甸、石屏、安宁、盐兴、师宗等十县，及接近战区之开远、蒙自、砚山、屏边、金屏、文山、西畴、马关、广南、富宁、麻栗坡、河口等十二属，与素质贫瘠、产谷较少之大关、盐津、江城、双江、南峤、佛海、镇越、六顺等九县，并龙武等十六设治局，缓至将来，如遇丰收，再行酌量增填。

省府准军管区司令部咨，以据建宁师管区马为麟呈请转咨，饬建水团管区各县，准常备队、后补营、保安自卫队等，在紧急时期得借用积谷，以维兵食。本府饬民政厅查核办理具复再夺。该厅以积谷原以备荒，关于地方团队提借积谷以维兵食，在《各级仓储管理细则》内并无此规定。兹据建宁师管区马司令所请借用积谷一节，核与章则未符。然原呈系为紧急时期维持兵食起见，情形自有不同。拟请通饬照准，俾赴事机。但须酌加限制，仅能提借各该县现存积谷三分之一，至多不能超过半数，其下余三分之二或半数，应留作各该县备荒之用。所有应付谷款，拟请照当地现时市价照数付给，交各县县长负责，尽于提谷后两个月内购足填仓，以重储政。

十一月，安宁县政府呈报：去年奉令提碾公米，以购填后亏折甚巨，可否准予核销。八日提府议，饬由民、财两厅召前粮食管理处长，切实审查去岁提碾公米及各县实碾数目、所领款项等件，统筹补填之法，以免地方吃亏，交审查会遵行。管理处长会议谓：“各县情形复杂，纠纷甚多，遽难得适当解决，当由民厅派员分别前往各县切实清查。”经各该员综核各县亏折原因，均以谷价日涨，领款不敷购填为其共同因素。省府遂发新滇币五十万元，为补助各该县购还此项仓谷之费，饬民、财两厅分别等级予以补助。

民政厅派员抽查积谷区域，暨视察昆明等四十六县提前建仓情形。省府令将全省分为三期巡视，第一期先从昆明等四十县起，并须注意建仓保甲及月会情形。该厅遵将第一期应先视察之昆明等四十县分为六区，拟派视察员六人，分别前往切实视察。每员派查六县不等，规定每县可住五日，限明年二月底察毕。

十二月，民政厅呈报《第七次（二十八年份）仓储积谷统计报告书》，统计全省应积谷数，即各属应积标准数，及自二十三年起至二十八年止历年增填之总数，共为五百五十八万九千一百一十三京石，现存谷石实数共三百二十二万六千五百一十七京石，系根据各属二十八年结报积谷数而得，因历年各属多遭受水旱荒灾，有呈准缓填者，故比较应积谷数不免短少，至管理有仓积谷六千二百三十四京石，曾先后奉令全数借放碾米平价，收获谷款国币六万三千二百五十三元九角三仙，现在购谷归还，俟购获若干，并将借放本息谷数收清，统归二十九年度列报。

三十年份

三十年一月，行政院转政府训令：为救济军民粮食、平均民众负担起见，准各省田赋得酌征实物。惟查本省二十九年份耕地税方经改征国币，似不宜再予变更，且开始征收，已将四月，收获均达半数以上，中途改征实物，不惟征求困难，复因谷价关系，负担亦失平衡，拟俟必要时再行斟酌办理。

省府以民政厅长丁兆冠办理积谷成绩卓著，咨清内政部明令嘉奖。

内政部咨省府转饬各属，将建仓积谷经费列入地方预算。省府以本省举办积谷，原系采募集方式办理，迄今尚有相当成绩。至各县地方经费，多系入不敷出，若将建仓积谷经费列入地方预算，指定的款，数目甚巨，不仅各地方财力有所未逮，即办理亦必感受困难。拟仍照原案办理，按户递年增填，暂不变更。

六月，省府奉行政院训令：（一）调回后方休养整训军人及各部队军佐直系血亲，应予免派积谷。士兵家属如系富户，仍可减免，军官家拥巨资者不免。（二）在军事学校受训之学生，不得免派；其在前方作战，奉调受训者不在此限。省府令民政厅转饬所属一体知照。

七月，内政部咨省府，以“建仓积谷事项推行已久，二十六年以前各地积谷较有成绩，二十六年以后情势一变，已有者不免挪用，而历年积谷总册，造报亦复不齐。值兹抗战建国，《县各级组织纲要》实施之始，仓政关系保甲基础设施，甚为重要，应切实整顿。经详慎考虑，划分仓储行政为两个阶段：三十年度以前为整理阶段。重在彻底清理，另订清理办法，限期填报，不用仓储报告书式，不受成规之限制，以省手续。同时厉行惩处，务使不再因循疲玩，以期确实明了各地积谷实存数量。自三十年起，即为建设阶段，重在督促储建，并颁发清理各省市积谷及各款办法，清理各省市自十七年至二十九年年底积谷及各款。特拟订调查表式暨调查表设例，期易明了，且资整齐。为力求达到此项要求起见，各地积谷无论已否报部，均须照此项办法，重行填报。请转饬民厅督促所属，遵限于文到三月内，切实办理具报转部备核。”省府以本省积谷系民国二十二年开办，当饬该厅督促各属，应由是年起至二十九年年底止，逐一填报。其二十二年以前之积谷或谷款，如有应行清理者，应依部颁办法清结填报，用符规章。

民政厅呈报，将进行第二期应行抽查之个旧等四十七县，并划分为六区，派员分别前往抽查。

十一月，民政厅以今年收成尚属良好，本应照案筹划增填积谷，以资储备，无如现奉中央命令，本省田赋改征实物，今年若再增填积谷，人民负担不免过重。拟请将二十九年份未增填二成之五十余属，一律于本年份补填足额，以昭划一：并通令各属将短欠标增谷数尽于本年十二月底以前，一律催填入仓，以免欠悬。其三十年度应行增填谷数，拟请一律准予免填，俾人民得稍事喘息，庶于催填之中，仍示体恤之意。二十七日，主席以时局紧张，条谕民政厅即将省垣附近十县实有积谷，迅速查明具复，限明夜送呈。二十九日复饬该厅将所管省仓积谷，拨交粮政局碾米备用，并转令昆明县亦遵照办理。

内改部咨省府："奉行政院令：据粮食部呈，现在各省粮政局已次第成立，所有各省民政厅原管积谷事项，请令由本部转行，尽本年十二月以前，将案卷移交该省粮政局接收。自三十一年一月一日起，即由粮政机关负责办理"等语。省府以"本省积谷，自民国二十二年开办，迄今九载，概系由人民每户填积一京石为原则，递年增填，以期调节。本省积谷既由人民所填，官厅仅负监督之责，至今全省标准谷数虽未填足，但于民食军粮俾益匪浅，若将人民所积之谷移交粮政机关处理，似与积谷备荒之旨或有不符。报仍由原机关照旧办理，以作准备地方灾荒救济之用"咨复内政部。

历年各属积谷事辑下

民国三十一年至三十四年

三十一年一月，思普独立守备区指挥官胡道文，以时局紧张，战事一触即发之际，对于前方粮食，亟应移屯后方，请将江城、镇越两县积谷后移。

三月，民政厅呈报《第八次仓储积谷统计报告书》。以二十九年份统计，全省各属积谷现存谷石实数共三百四十八万七千二百七十京石，又管理省仓积谷六千二百三十京石。曾先后奉令全数借放或碾米平价，收获谷款国币六万三千一百零八元九角三仙。现在购谷还仓，俟购获若干，并将借放本息谷数收清，统归三十年度列报。

七月，民政厅请将积谷移交不清之各县长、设治局长，分别核定处分，省府议如所请。

民政厅以三十一年自入夏以来，雨旸失调，秋收难望丰稔，而征实征购又需大量粮食缴纳，加之各属须填历年积欠，因是三十一年度积谷应否通令各属增填，未敢擅自决定，呈请省府核示。省府以所呈各节，尚属实情，复查积谷章程，并无逐年递增之规定，三十一度应不再事增填。

省府通令各县局，以后非奉省府命令，不准动用颗粒积谷。

九月，第九集团军关总司令电请拨借文山等六县积谷，以济军食。省府准如电，令饬文山等六县县长，开仓拨借，一俟地方开征之时，即由各县征谷项下拨还，并电请关总司令监督填仓，以期两便。

内政部训令民政厅，以呈本省各县市二十九年度积谷统计报告书，所列谷数概以京石为单位，实有未合，除姑准予备查外，嗣后仍应遵照新制量器办理为是。民政厅以历年督促各属办理积谷，其中有勇于任事，不避艰难，填足应填数量，且有超溢者，自应呈请奖叙。兹经一再核考，查有宜良县县长宋光焘、牟定县县长陈培松，均超填积谷在五百京石以上，富民县县长倪之桢，超填在四百京石以上，拟请将宋光焘、陈培松，各记大功一次，倪之桢记功一次，以示奖励。此外，永仁县县长曾瑞鹤，办理积谷标增尚能认真，亦有超填，惟该县人民于二十九年间，时有控诉区乡长积谷舞弊案件，该县长似于监督方面不无松懈，然该县究有超填，请先行传令嘉奖。

十月，民政厅通令各属，以本省办理田赋征实征购，其性质与原日举办之仓储积谷各属一事，不能稍有牵混；又征实征购之谷，无论需要如何紧迫，决不能以积谷充抵，致滋纠纷。

十二月，省府奉委员长昆明行营代电，谓“据第七区行政督察员专员公署本年十月二十一日呈称：‘此次第五军由缅甸归国部队，经滇西各地，曾拨借积谷，应即归还，以维储政。’着由兵站总监部暨驻滇军粮局、粮政局、民政厅等机关，速予会商归还”等语。省府分令该厅、局等会同办理，具报候转。

民政厅呈报《第九次（三十年份）仓储积谷统计报告书》，统计全省各属积谷现存实数共计三百六十七万八千七百六十京石，管理省仓积谷二十九年份存谷计六千二百三十四京石，曾经先后奉令全数粜放碾米平价，收获价款国币六万三千一百零八元九角三仙；嗣于三十年份购得净谷一千三百零八公石入仓存储，现此项谷数亦经列入统计报告。

三十二年三月，民政厅据镇康县县长杨世英呈报：敌占孟定，损失积谷一千七百七十余京石，请注册备案。民政厅以接近战区，易被敌寇抢劫之粮秣，应移存安全地带，以免为敌人抢夺，业经省府及该厅先后训令通饬各属遵照。该县长不遵命令后移，致为敌用，实属罪无可恕，除予该县长撤职处分外，应饬由该县长负责赔偿，以重功令而昭儆戒。并再通令各属避烈前令切实办理，勿稍违误，致于责赔。

四月，民政厅拟订三十二年度施政计划，关于仓储部分，分两方面推进：（一）以催壤蒂欠为中心工作，各属欠填在一万五千京石以上者，统限于三十二年秋收以前催填足额，以应战时需要。（二）为明了各属对于积谷之催填、保管、借放暨购填提碾军粮等项，是否已遵令办理起见，拟于三十二年度派荐、任职委员十员，分为十区，近省者五区定三个月调查完毕，较远者四个月调查完毕，分别奖惩，以收实效。

第十一集团军宋总司令电请提碾保山等六县积谷，接济军粮，本府令民政厅、田赋管理处暨粮政局会同办理。嗣据粮政局复称：已酌拨四十四万大包，足敷用至年底。至于归还办法，由田赋管理处呈明，为谋适应地方粮食实际情形起见，仍由各该县本年征实所得谷数，除拨交粮政局之数外，由余谷项下归还。

七月，委员长蒋电，谓“积谷为保障民食，安定民生，关系至巨，饬与所属各县政府认真办理，并会同各级民意机关妥定保管办法，务除过去有名无实之弊，而事今后有备无患之功。”省府令民政厅遵照办理。

民政厅为将原有积谷京石一律改用公石量器为计算标准，通饬各属遵照，文曰：“查本省办理县、区、乡、镇积谷，所用量器系依据京石为验收之标准。并于二十八年十二月李前厅长曾调令各属，规定以干净谷重一百四十旧斤为一京石在案。各属积谷，每京石自应重旧称一百四十斤，其各年度已积之结报各数，亦应以此为准。惟去今两年度，提借积谷，碾济军粮，或提碾公粮民食之各属，有以京石为标准者，亦有以公石为计算者，彼此之标准不同，已经发现差异。虽借谷还谷，或发款购还，或由征实征购项下征获之谷数内拨还，仍须由借谷各属填足原借谷数，其中究难免纠纷参差之弊。复查本省所行使旧衡器，县与县殊，区与区别，甚至边远区域以挑或箩计算，无所谓衡器量器。即全照京石重量折算具报，实际仍有参差，尤难定为积谷之标准。因是不惟民间无所适从，每遇移交接收，以后借放平粜，提碾军粮，往往发生纠纷，易滋流弊。溯自去岁，本省实行普遍征实征购，除极少数未经清丈之县局仍系折征国币外，其余各县局均由省田赋管理处颁发征实各属公石标准量器一套，饬县处所属之各征收处仿制二套，行之两年，民间业已普遍使用。按诸省田赋管理处所奉部颁《验收实物暂行通则》第三条第一项规定：稻谷每公石在一百零八市斤以上为合格，而市斤等于十三旧两又四钱，即每公石谷重旧称九十斤又七两二钱为验收合格。如照此推算，则每三公石谷重，较诸过去所定二京石谷重，尚多旧称八斤又五两六钱。本厅为谋确定今后积谷标准，以杜流弊起见，拟将各属积谷所用之京石概折为公石，即以二京石折合三公石为标准，本尚多余旧称八斤又五两六钱之谷，作为各属仓储损耗，以示体恤。兹查各属三十年及三十一年度印结呈报实积京石谷数，应照此折量规定折为公石计算。自经此项改定后，各该属每年增填及收放概以公石为标准，不再计算京石，并以各属田赋征实征购颁发通行之公石量器为标准，不再以衡计算。其田赋折征各属，未颁发有公石量器，应饬径向度量衡检定所定制领用，以昭划一。

财政、粮食两部会电省府，以本省三十二年度军粮不敷，商请借用积谷一百二十万公石。本府于原则上允予照办，其归还办法，饬由民政厅、粮政局会拟呈核。并分令该厅、局暨田赋管理处，以后如遇需借积谷时，即由该处与粮食部商洽办理，不必请示，以省手续。

十月，民政厅训令各区政务督导员，就所督导区内各属三十及三十一两年度，提碾军粮暨拨交公粮、民食之积谷，切实督察严催还仓。先是客岁时局紧张，该厅奉令提借积谷，碾交军公民粮，以资应济。嗣后，除迤西及思普两区，提碾三十年军粮各属，经发价转饬即时购谷填仓外，其余各县，先后奉令分别由三十一年度征实征购拨交军公民粮余谷项下如数归还。兹为严密考核计，该厅将各属欠填积谷数目表印发一份，令各该员严催如数填还入仓具报，并饬将未呈报积谷纠纷案件之各属，迅予查催具复，以期结束。

田赋管理处函民政厅，准昆明行营兵站总督部代电：第二十集团军过境，需粮二万二千五百大包，请设法筹垫或动用积谷。民厅以军粮补给，或借用积谷，均属粮政局统筹办理，该局谓已拨款购米，足敷应用，以后并源源运济，无再借积谷之必要。

十一月，民政厅通令各属，迅将历届欠填及三十二年以前借放谷数，务尽秋收催填入仓，认真保管，列具册结呈报。

十二月，民政厅通令各区政务督导员，抽查清理，催填各属积谷仓廒确数及量器等换算情形，逐一查确报核。并饬各该员到县时应行注意事项:（一）抽查结报谷数。各级仓储应分别抽查实际存仓谷数是否与三十年或三十一年结报谷数相符。如发现掺杂秕稗或霉坏不堪食用，以及挪移亏短等情事，应即正式函达地方官，照《仓储管理细则》办理，由乡镇长及经管人员出具负责保管无亏切结，后由地方官加具印结，呈报来厅，以昭郑重。各仓廒锁钥是否照章办理，县仓曾否实行二锁制，保管是否认真，分别查明。（二）清理息谷，除本年度普行借放四成，迭经令饬各属遵照办理，册报候核，并严限于三十三年一月底以前，照加二息，本利催收入仓。并须连同查明历年借放谷数是否与案相符，是否照规定收息，有无蒂欠，除开支折耗及仓管人员津贴外，实存息谷若干，本息谷数有无混并及挪用等情事，逐一详查严催。（三）京石改为公石。各属积谷以每京石折合旧称一百四十斤净谷为标准，前于二十八年曾训令遵办一致推行，嗣以各县应用量器互殊，易滋流弊，经通饬各属照二京石改折为三公石计算，不再应用京石各在案。惟各属能遵令折算呈报者固多，而纷纷呈报折算标准相差甚巨者亦复不少。其中有无隐饰蒙蔽情事，应即确切调查实在换算情形，详细具报。（四）调查仓廒现有数目。各该员到县，应即查明富滇新银行投资修建以及由县自建之仓廒各若干所，每仓容量若干，何时修建，坚固程度如何，仓廒地点是否高燥，与每乡镇一仓之原则是否相等，管理是否认真，逐一据实详报。以上各点，务须切实查明呈报，以凭核办而竞全功。旋复通饬各属，迅将京石改折公石，普行借放及办理积谷竞赛等案，分别加紧办理完竣，赶造册结报核。

民政厅、粮政局会呈粮食、财政两部，借碾本省积谷一百二十万公石。归还办法，请以六十万公石折价作购，照现时折中谷价每公石谷作国币一千二百元发给价款，转发提碾各属购买杂粮储备救济，由粮政局向部具领价款。其余六十万公石作借，请饬由田赋管理处照成案出具借给六十万公石、向民政厅担保由三十三年度征实征购项下归还之正式证件，并照本省积谷借放民间加收二成息谷之规定，仍请照案准予加二收息还仓。

省府训令民厅，以本省三十二年度所需军粮，以全省征实征购全数收齐拨抵，尚不敷六十六万大包，就可能拨运之处借用积谷，则强勉可达到不敷之半数，其余半数曾电报委座，继又电请军政、粮食、后勤三部设法筹补，并分电远征军司令长官部及第一、第五、第九、第十一各集团军总司令暨两兵站总监部查照；径电中央，催促接济。

民政厅准粮政局电商第十一集团军宋总司令请借碾积谷情形。先是本年十月，宋总司令以军粮恐慌，电请碾保山、永平、云龙三县积谷济急，经厅、局会商酌定，准借用保山积谷一万大包，永平一千大包，云龙二千大包。十一月，宋总司令复以前方吃紧，需粮甚急，再请借碾积谷，经由田赋管理处主稿与厅、局会衔，令饬保山借碾二万大包，永平二千大包，云龙三千大包。嗣据永平县长李杰电呈，该县应借之数业经宋总司令派员与地方各首长会商，以每市斤米国币六元八角之价，由第十一集团军向地方有粮之户代购。民厅以永平县未借积谷，应不置议，仅转令保山、云龙两县遵照，并饬该两县于本年征实征购军粮项下一并尽先扣还，免干赔累。旋粮政局复电民政厅，以准后勤部总参议卢佐电："远征军职备屯粮六万大包，奉委座手令，限十二月底分屯完毕。因限期迫促，三十二年度征购配额尚未集中，经集会研讨，拟请借用保山等八县积谷，先行运屯。"民厅以所拟定之八县中，保山、云龙、镇康三县，均已令饬提碾有案，再无余谷可借。且十二月底，屯粮限期将过，而各属田赋业已开征，所需屯谷，尽可由征实征购项下配拨运屯。

省府准远征军兵站总监部电，"请饬楚雄县政府暂借积谷碾米五千大包，以济军食。"饬民政厅、粮政局会同核饬该县长准提借积谷一万五千公石，碾米五千大包。

三十三年一月，粮食部咨省府："去年商准提借滇省积谷一百二十万公石，前准省府主席代电拟半借半购，俾军粮民食得以兼顾。惟国库艰难，请以全部作借。"省府咨复以最低限度亦应以三分之二作借，三分之一作购，庶可兼顾。

民政厅拟订本年度仓储部分施政计划，其中心工作为整理各属谷数，添修仓廒暨仓谷之应用。

省府前于去年十二月准省临时参议会咨："建设整顿各县积谷意见六点：（一）切实清理各县积谷，蒂欠者严行追回。（二）修建足供储积谷之仓廒。（三）妥拟管理办法，按照实行。（四）按年于青黄不接、粮价高涨之际，全数贷放给民，秋收后加息二成收回。（五）所得息谷，平价出售，获价以开设县民银行。（六）银行章则、业务计划由有关机关会同妥拟，饬民政厅办理。"一月，该厅以"省临时参议会所建议各点，早经先后举办。兹奉前因，特逐条签复如下：（一）清理各县蒂欠积谷，曾经令饬各属催填积欠、标增谷数及清理息谷，以备工作竞赛，并发交各督导员查报。（二）办理积谷竞赛，清获历年息谷，即以之作修建仓廒之用。（三）旧有仓储管理细则多不适用，正另筹拟修订呈报施行。（四）去年曾于青黄不接时，全省普放四成，于秋收后加息收回。今后当按年堆放，以期推陈易新。（五）收入借放二成之息谷，以一成作各级仓管员工津贴，其他一成，因各县多无固定仓廒，积谷堆积庙宇、民房者，比比皆是，此后即以作修建仓廒之用。（六）各县息谷，业经定有用途。参议会建议用办县民银行一节，目前拟予暂缓，一俟各县仓廒固定建筑完成，达到有谷有仓之后，始予酌办，以资适应。"

二月，省府令民政厅，关于中央提碾积谷一百二十万公石一案，就中六十万公石，前饬由田赋管理处出给该厅借谷之正式证件担保。顷据该处呈称：其职掌范围仅及经征经收业务之推进，至实物用途之决定，则属粮政局主管。且此次借碾积谷，事出粮政局主管，其与上年本处因拨交该年度军粮民食向民厅借用积谷情形有所不同，无出具此印借之义务。惟案经呈奉省府会议决定饬遵，不能不勉为遵办，以赴事机。兹为顺应事实起见，拟请将此项借谷印据饬由粮政局出给，而由此处副署担保，由三十三年度本省征实收获稻谷项下提前照数填还。省府准予照办。

民政厅准粮政局代电，以奉粮食部训令整理积谷，文曰，"滇省各属历年筹募积谷已非少数，然因各县市局长未能认真办理，视官府如传舍，以致弊端百出，如多收少报者有之，未收虚报者有之，而已收之后滥消耗者有之，甚至拖延不报，擅行挪用，漫无限制者亦有之，不一而足。此皆由于各乡、镇、保、甲长串通保管人员，狼狈为奸所致。今后应遵去岁委座命令，自三十二年度起，加强办理，所有过去发生之流弊，自应痛加改革，以正人民观感。”

民政厅以“粮食部所举各弊，固属难免，前亦曾有见于此，故自三十二年六月奉令调掌民政以后，已积极力加整理。关于历年蒂欠及各级人员移挪侵蚀部分，曾迭饬各属照章追赔，填还入仓，并严禁查仓人员搕索舞弊。又为救济民食，推陈剔新计，曾通饬各属三十二年度照三十年结报谷数普行贷放四成，限本年一月收还。又为统一积谷量器，免兹流弊起见，复饬将实有谷数以京石折为公石报核。又为修理仓廒，以便保管，免遭无谓损失计，亦曾令饬清理历年借放所得息谷，以作三十二年度积谷竞赛标准，列表报核，以便统筹办理。又三十一年度以前积谷，奉令亟应清结，曾训令三十一年度以前积谷及谷款调查表暨填说明抄发，饬仍于本年底填报凭转”等语，咨请粮政局转复。

三月，民政厅准第一集团军卢总司令代电，“请由蒙自等十二县局积谷借碾代购军粮四万五千大包，价款由各该县局长具领转发，秋收照数填还。关于碾率，可就近监督证明。”民厅于去年九月，曾据华宁等县电呈第一集团军电请提碾积谷事，经已应候转呈核示指复。兹又准总司令代电所陈，曾召集蒙自等十二县局长开会商讨代购军粮事宜。各县局长等面称，均愿请求碾谷，并能负责秋收归还。本属可能，惟以动用积谷，向须呈请省府核示。且本年军粮不敷，原拟在交通便利区域借碾积谷一百二十万公石，该蒙自等十二县局已配借共一十三万五千七百公石，则该县局等对于借碾代购军粮四万五千包，是否有谷可供借碾，颇成问题。至于碾率一层，系属粮政局主管。以往借出积谷，均系以借出若干石仍填还若干石为原则，于此向不过问。该厅除将上述情形电复卢总司令外，并呈报省府签核，省府以中央向本省借用积谷一事尚未肯定，俟议妥之后，自当拨交兵站分配，其余不能自行动用，以免紊乱储政。

粮食部电省府：“（一）请鼎力督饬募储三十二年积谷。（二）三十二年度储粮积谷竞赛实施办法，希速拟定送部备查。（三）积谷仓廒缺乏，自应设法建修。惟查是项经费，依照《各地方建仓积谷办法大纲》第十三条之规定：应由县市政府指定的款开支，列入地方之预算，不敷亦得呈准省政府拨现存谷款或变卖积谷一部分充之，但仍不超过现存积谷总额三分之一为限。应请饬嘱遵照规定办理。（四）积谷原为惠民之设，贷放利息依法应为一分，请照规定办到。”省府令民政厅照案办理具报。该厅以募储积谷一项，因去岁本省灾情严重，业经请准缓办，仍请转咨准予缓办。又储粮积谷竞赛实施办法，祈转咨免予另拟实施。至贷放收息，本省向收二分，兹饬依法仅为一分，拟请于公文上允予照办。惟本省仓廒缺乏，各属又缺乏款修建，以致大多因陋就简。似此仓储不善，管理既属不易，无谓损失亦巨。兹决定完成一乡一仓之初步计划，其经费来源，拟请遵照部定办法，准予变卖各属积谷以不超过总额三分之一为准，俾资补救。省府准临参会咨，略谓去岁本省水旱灾祲，秋收欠薄，演成荒象，值兹春苗未熟，民食恐慌，且秋禾正待籽种撒播之际，请普行贷放二成，以作赈救灾荒而济籽种。经省府议如咨办理。

四月三日，第一集团军卢总司令电请民政厅转呈省府，谓“蒙自等十二县局积谷，据查足敷借购，请准通令提碾，以维军食。”民厅以军食既急，当即电令各该县局长，照原议代购数目，由积谷借碾，俟中央提借本省积谷一百二十万公石案商妥后，按各该县局配拨数扣除报核，以资因应。

八日，粮食部电省府：“关于三十二年度借用滇省积谷一百二十万公石，承示以三分之二作借，三分之一作购。惟此时作价，不仅国库力有未逮，即社会经济通货均有影响，仍请全部作借。万一实有困难，请将作购部分定最低价格，俾向行政院请示。”省府以荒歉奇重，不允全借，至价格若嫌过高，可以酌减。二十四日，粮食部复电，谓已呈奉行政院批示，准照三分之一作购，共核定购款三亿元，以一亿元发现款，两亿元发国币公债，至作借部分，请照规定，加一成息谷归还。省府以公债无法行使，请一律给现，请先定价格，以便转知提碾各县。五月，行政院核准价款三亿元，全部发现。

五月，第五集团军杜总司令电省府：“军粮不济，势将断炊，请由曲靖、沾益、宣威三县积谷借拨一部济急。”省府饬民政厅粮政局会同遵办。该厅局会电各该县长：曲靖借谷九千公石，碾米三千包，沾益借谷一万二千公石，碾米四千包，宣威借谷二万一千公石，碾米七千包，并迅速拨交兵站，赶运济急。省临时参议会质讯：邓川漏邑等地积谷贷放，平出尖收，据地方当事人称，系政府规定，应请彻查办理。民厅函复以平出尖收，大干例禁，该地当事人所称，是否以畏罪而故作遁辞，抑或该地主管县府果有此违法之规定，殊难悬揣。业将此案发交该厅积谷复查员，并案详查具报。并将此项违法情形，通令各属严禁，一面令饬该邓川县新任县长郎德沛彻查。

三日，民政厅呈称：民国二十五年显奉省府颁行之《云南省各级仓储管理细则》，乃近数年本省办理积谷之法规，收效颇巨，惟其内容多仅提纲挈领之指示，施行时感困难。且时日演变，其所规定如京石与区、坊、闾等名目，现在已不适用。兹为彻底整理，以期推行尽利起见，依照部颁规划，参酌本省实际情形，针对现状，以县行政与地方自治力量配合管理，并严密规定交代责任与奖惩，及募集使用建仓管理等办法，以为办理仓政之张本，爰拟订修正《云南省仓储管理细则》一种，呈请省府核定颁布施行，并将以前颁行之原则同时废止，以昭划一而资遵守。九日，省府议决：除应将标题改为《云南全省仓储施行细则》外，余均准如所拟，刊印成册，公布施行。

六月三日，民政厅签称：“本年各属仓谷，经省临时参议会咨请省府核饬通令借放二成。又前曾借碾军粮一百二十万公石，现在谷数虽属无多，而未经配借军粮各属，多系边远及去年灾情较重县份。为谋推陈易新而资救济起见，拟呈请饬一百二十万石提碾各属续放三成，其余各属续放六成，秋收照例概加二成息谷收仓。”府议为：（一）商准粮食部借用并借购本省昆明等七十二县局积谷一百二十万公石，即日由厅令县拨交粮政局分配。（二）除上项借购数目外，余存谷数照准借放。

二十三日，该厅复呈请变更通令各属贷放积谷数目，以旧制云南府十一属及玉溪一县未曾提碾军粮，其配拨谷数已转加于其他借碾各属，存谷无几，拟请将借碾军粮各属，除会泽、禄劝、师宗、泸西、罗次、大姚等六县，以交通不便，借碾较少，仍照放三成外，余均减少贷放一成。其未借碾军粮各属，仍照放六成。至旧制云南府十一属及玉溪一县，以既未借碾军粮，亦不再行贷放。省府准如拟照办。民政厅训令各属，以息谷之使用办法，与本谷完全不同。各属每年借放积谷所得息谷，应专案保管，以为三十二年度积谷竞赛工作标准。期冀清理所获，即为建仓经费，不得混入本谷。

田赋管理处函民政厅，以去年昆明、呈贡、晋宁三县碾交粮食供销处积谷，应由三十二年征实征购项下归还一案，除昆明、呈贡两县无问题外，晋宁一县因征实征购奉令改为征米，无法归还，可否准移入新案，由三十三年度征实征购项下拨还。民厅遂以晋宁列入新案。并通令凡系借碾积谷，饬由三十二年度征谷归还之县份是否业已照数拨还，迅速查明，如数归还，册结呈报备案。如三十二年度征谷无法归拨，即准列入提碾一百二十万公石新案照数扣除。

省主席谕民政厅："去年中央提碾本省积谷一百二十万公石拨交粮政局之区域县份，于西路者以大理以上保山各县局为指拨地区，于南路者以第一、第九两集团驻防区域为范围。如数量不敷时，改为一百万公石亦可，其他县份不得动用。并第一、第五两集团军提前借用之数，在此一百万石数内扣除。其作购部分，照该厅前所报价值，合计实合现款若干，照此计算。"该厅复云："关于业已议定之借碾数一百二十万公石，拟请不再交更，以免周折。其提前借碾县份，前奉令借拨交昆明粮食供销处调节民食，计昆明等五县，共计碾去积谷七万五千公石。碾济第五集团军食用，计曲靖等三县共碾去四万二千公石。碾济第一集团军，计蒙自等十二县局，共碾去十万零五千公石。以上三数以及其他提碾军粮之积谷，尚未归还者，均拟在此一百二十万公石案内照数扣除。其价购部分，去年所拟每公石国币一千二百元，此刻与市价比较，当太悬珠，就一千二百元之价以四十万公石数计算，应合价款四亿八千万元，粮食部已汇付三亿元，尚欠一亿八千万元"等语。关于价款一层，嗣经省府议决，将粮食部已汇付之三亿元，先由该厅具领放商生息，以所得息银归入将来各县企业局股本内，并再电请粮食部照前议每公石谷国币一千二百元数目计算，补发尾款。

七月，民政厅通饬各属，以近十余年来本省办理仓储，虽不遗余力，而流弊所及，已成积重难返之现象。值此改革时期，关于所颁法规以及整理原则、步骤、方法等，实有详细说明之必要，兹将编辑《各级办理仓储手册》，以为办理仓储之本，刊发各属，遵照施行。并照手册规定，将仓储管理委员会即日组织成立，且规定本年七月至十二月为整理期间，各属务须依期完成工作，以备抽查。

省府五月准粮食部咨送《积谷宣传纲要》一百零九本，请转发各粮政机关，广为宣传。民厅参照其内容编入最近颁发之《各级办理仓储手册》之内。

省府与滇黔绥靖公署会令，饬民政厅扩充各属保卫队名额，并分期抽调各保卫营队各级官长赴省受训及添制装具，准动用积谷一小部。"（一）各属此次扩充保卫队名额，添制装具，应先尽各属之地方团款及县级公粮余额撙节开支。（二）如地方团款及县级公粮余额不敷用时，始准动用积谷之息谷。（三）息谷仍不敷用时，始准动用本谷一小部。（四）各属动用积谷及添制保卫队装具，应将添制物品名称、数量、所需经费数额及动用积谷数目，事前拟具预算，呈厅核准后，始得动支。惟为迅赴事机起见，应准由县一面拟具预算呈核，一面动支变价添制，并于预算经厅核准后，即应照案开支，不能于事后呈请追加，亦不得浮支滥报。（五）各属动用积谷数目及添制保卫队装具所需经费，应由各地方官会同参议会议长、副议长及县党部书记长等切实查明，按照实际需要动支列报。其将动用之积谷变价时，亦应会同按照当地实际市价变卖。如对积谷变价有以多报少或以少报多，及对添制装具经费有浮支滥报情事，一经查实，即由各该地方官负责赔偿。（六）各属添制保卫队装具，应于事毕时将开支各款取据专案呈厅核销，呈请省府及绥署鉴核备案。”经省府及绥署会示：（一）武器仍用地方公枪，不足时，刀、矛亦可。（二）经费分经常及开办两项，其装具、卧具、厨具等属于开办费者，准由息谷项下动支一部，其经常部分务仅原有团款办理，不得挪用积谷。

八月，行政院令据粮食部呈请核定本省三十二年应筹募积谷一百二十万市石，经省府议决，饬由民政厅查酌办理。该厅签复：“去年八月，曾奉粮食部电饬增集三十二年度积谷一百三十万市石，当时因正值灾劫之后，业经本府邀准缓填。兹当秋收在迩，本省复奉令募集三十二年度积谷一百二十万市石，本难遵办。惟去年应增积之数既经邀免，且本年春苗较丰，民力稍舒，又此次粮食部借碾军粮一百二十万石，各属仓储已呈空虚，应有充实之必要。而今年田赋征额，已由去年之三百二十万公石增至四百零五万公石。此项积谷，若全数照案募积，双管齐下，衡量民力，恐有未逮。拟于本年秋收通令全省各属筹募六十万公石（即市石），按照全省户口总数二，三四一，六三五户计算，每户应积二公斗五升七合弱，民力尚可勉力担负。若蒙核准，即由厅饬令各属，依照《各级办理仓储手册》规定募集原则，按照各该属之户口、富力、田赋比率，公平派募。对于国计民生，俾得兼顾。”省府以行政院不明地方情形，本省积谷已有基础，此案应从缓议。但原有积谷，应加意妥为经管，并将实有数目查明报核，指复该厅。旋据该厅呈复称：“本省原有积谷之经管，向极注意。最近编撰之本省《各级办理仓储手册》已详载各种具体经管办法，以为今后办理仓储之张本，业经印发各属。兹奉前因，特检具原手册一本，呈请鉴核。关于本省积谷实有数目，历年均有结报。惟至三十二年七月奉内政部令，饬改结报为填报积谷谷款调查表，不用仓储报告书。此项调查表经已转饬各县属遵办，现尚未据报齐，是以三十一年、三十二两年度结报实在谷数，无法统计。此外，三十二年十二月，奉粮食部令饬填报三十一年以前积谷谷款调查表，现亦仅据二十余属呈报本厅，一俟催报齐全，再为汇报。惟奉饬查报实在谷数，仍将三十年度各市县局呈报积谷实数统计报告书检呈。”

粮食部电：“去年借购滇省积谷一百二十万公石，经本部呈奉行政院核定购价为三亿元购谷四十万公石。至每石或每斗价格若干，应在此总数内求出单价，与先行核定单价再行计划发款者截然不同。昨准省府代电，亦砥砺照核定价款全数发现，并未再提每石给价一千二百万元之议，事成定案，款已领拨，此时似未便再议变价。”省府以每公石单价一千二百元，系去年商定，与目前市价比较尚不足三分之一，实亏损过大，民力难胜。虽然再三通饬各属开仓，然均以去岁灾重，纷纷呼吁增价，以致督碾大感困难。且作借之八十万公石，原商定由本年征实征购拨还。今后如需再借，则此项尾款若不发清，失信于民，办理更多窒碍。再电达粮食部，补发尾款，以恤民艰。

十二月，民政厅令饬各市县局将三十一年度以前积谷及谷款调查表、三十二年积谷借放四成本息收填入仓册报、积谷京石折为公石、积谷竞赛表等四案，从速赶办具报。旋该厅复以整理仓储期限届满，亟待明了各属仓储管理委员会是否已遵章成立，仓管员是否已遵章改委，并盘量交接清楚，仓廒已修建完成若干座，本谷蒂欠已否催填清楚，积谷控案已清理若干件，通令各属赶办，饬于三十四年一月内呈报。

田赋粮食管理处长陆崇仁，以中央借购本省积谷案内作价之四十万公石，照省方意见，中央尚应补发尾款一亿八千万元一案，久悬不结，影响碾济军粮不能顺利进行，特拟具折中办法，签请粮食部徐部长补发一亿元，以了此案。本月该处奉粮食部电，谓“已照折中办法，签请行政院加拨一亿元，俟指复后即行汇发。”

三十四年一月，粮食部电省府：以借购积谷案内价购之四十万公石，业已呈准行政院再加拨一亿元，兹交中央银行汇上，请饬各属从速碾交，以维军食，至作借之八十万公石，因三十三年度军公各粮支出为数甚巨，仍须续借，始克困难，请饬主管粮政机关，在三十三年度征实征购项下拨还息谷外，不必先还后借，以省手续，下年即如数扣还。

省府饬令民政厅，研议粮食部提碾本省积谷所获价款之用途。先是于去年九月，省府准粮食部电，以准国民参政会经济策进会滇黔区办事处，请赈济迤东各属灾情，应由一百二十万公石借谷案作价部分购买杂粮，统筹救济。省府曾令民政厅查核议复。该厅以“三十二年十九省灾情严重，急待施赈，并经成立赈灾委员会，向各界呼吁，输将救济。又迭次呈奉核准由积谷项下办理借放而资因应”等语呈复。省府以粮食部价购本省积谷之价款，曾迭经文电声明系转发各县购储杂粮救荒，而该厅所呈仅及上年临时赈灾各情，并未交涉及积谷购价，应再行严议，须与前案不相抵触，以凭电复粮部。本月该厅复呈：“此项价款，原拟购买杂粮救济三十二年各属灾荒。嗣因此案辗转承商，逾时过大，而各属赈灾刻不容缓，为济急需计，业已设法施赈，并曾将经过情形呈报在案。现奉发此项售谷价款，如以之购储杂粮救济灾民，已属事过境迁。而本省各属，近年本因灾患频仍，负担繁重，迭次碾济军公民粮，动用积谷，民间盖藏已呈枯竭。此项价款，本应购谷作填仓之用。惟是本年度本省征实征借数达三百六十万公石之多，同时又购办军米四十万大包，合谷一百二十万公石，双管齐下，已属甚感困难。若再饬仓购谷，不惟粮价大受刺激，且于征政影响匪浅。为统筹兼顾，并为各属谋一长久之计，拟请将此款一并作为投资企业之用。”省府以所议尚属可行，准予照办。

二月，粮食部电省府，谓“滇省上半年积谷既已缓募，本年度储额复经减少，务请勉为派募，以备不虞，并请将派募情形，连同各县派额见复。”本府以本省本年度仍多灾歉部分，且征购改为征借，数目又较上年增加；此外，采购军粮为数亦极庞大，而县级公粮与事实上之需要亦已增加征额；同时，去年借放与人民作为种子及救济之积谷，均在积极办理收填还仓中：但求催填足额，民力已感困难，若再增集，不惟事实上万难办到，且恐徒失政府威信，无济于事也。按积谷要旨，原为备荒，必要时作为军食公粮缓急之需。本省积谷苟能照标准或将人民蒂欠数催足，已足以资因应，故仍电请粮食部，暂勿增派，以便督饬民政厅清理催填各属蒂欠谷数，以恤民力，俟来年秋收丰稔，再为增派。

临时参议会咨送王参议员用中建议，将粮食部发给之积谷价款，拨作各县立银行基金。省府饬民政厅核议具复。该厅以此案业经呈奉核定，将此项价款并作为投资企业之用。王参议员用中建议，虽属具有见地，然投资企业，不唯其利较薄，且效用远大，如各县农田水利之兴办，以及各属蕴藏富厚各种矿业开发，均所利赖。积谷既由人民募积而来，仍以之办理有利人民长久之企业，尤觉法良意善。若此项谷款分散发作各县立银行基金，化整为零，作用必微。倘办理不善，不免为地方土豪劣绅所把持，使人民血汗结晶之积谷轻易耗散，有失政府为民造福之意旨。省府查核所议尚无不合，准如原案办理。

三月，田赋粮食管理处函民政厅，以奉粮食部电，"动用滇省积谷一百二十万公石案，其碾率应按规定，每谷一市石碾米四斗五升计算"。先是该处遵照省府核定，每谷三公石碾米一大包，曾与民政厅会饬各属遵办，并呈请粮食部鉴核备案。至粮部既指示按照规定办理，乃函民政厅主稿，呈请省府转咨粮部，仍予照原案办理，以免分歧。民政厅以借碾积谷，拨交军粮，在本省立场，系以借去若干积谷，归还时仍以如数拨还为原则。至于碾率，向由前粮政局主办。此案既未蒙核准，仍应由处方主稿，请求照原案办理，较为妥协。

四月，民政厅通令各属：三十二年度积谷借放四成本息应收填还仓册结呈报、三十一年以前积谷及谷款调查表、积谷京石改折为公石册报、积谷竞赛报告表等四案，迭经限期严饬赶办具报。迄今事隔一年有余，仍未见报齐。又三十二年度办理之：（一）整理仓储案规定三十三年七月至十一二月为整理时期，亦迭经催办，迄今整理时期已过；（二）三十三年度积谷借放案，规定应于本年一月内本息催填入仓册结具报，迄今逾期将及两月；（三）借碾积谷一百二十万公石案，迭经令催碾交报核，此三案均未据报办理呈报。以上统计三十二、三两年度应办事项七案，均急待汇办，不容再缓。饬于文到半月内，迅即查遵前令各令，漏夜分别赶办结束，飞报来厅，以凭核汇。如再因循延误，拖延不报者，定即以贻误储政论罪。

省府据大理县喜洲街商民赵儒林呈报，因民困饥荒，请开放积谷一半，以资赈济。省府以积谷备荒已成定案，开放之期亦有明文规定，所请自属正办，饬民政厅遵章办理。该厅呈备，按照《云南全省仓储施行细则》第四章第十五条第二款规定，每年按四月底以前可照上年结报实存借放三成，现已时属四月，正值规定借放之期，各属亦有呈请借放者。为适应需要起见，拟照规定通令各属一律贷放三成，秋收加三成息谷归还。

五月，省府令民政厅及田赋粮食管理处，将粮食部续借本省积谷八十万公石案之归还办法，会拟呈核。该厅、处拟续由三十四年度征谷项下，仍照前案另加一成息谷归还。

省府议决，将三十二年粮食部借用本省积谷应付还之息八万公石如数捐献中央。先是，省府迭奉行政院命令，为改善士兵待遇，饬办理三十三年度全省大户献粮。省府以本省大户极少，小粮户较多，其余大半系自耕农，未办。

七月，民政厅以粮食部价购本省积谷，先后领获价款四亿元，遵令放商生息。经分别存放，计兴文银行一亿四千四百万元，劝业银行四千五百万元，矿业银行七千八百万元，益华银行五千五百万元，侨民银公司七千八百万元，共四亿元。由三十三年六月起截至三十四年六月二十日止，因此款准一次收集存放，放息日期先后不一，按照月息一分二厘综合计算，共得息银五千二百四十二万四千六百六十二元。拟照省府前令，将来一并归入各县企业局股本内。

行政院令暨准粮食部电，核定本省三十四年度应储积谷六十万市石，并饬仓储应依照规定修建。省府令民政厅及田赋粮食管理处核办具报。该厅处会呈：以本省各属自三十二年度以后，灾歉频仍，而大军云集，供应浩繁，更以征实征购借数量比年递增，人民负担奇重，农村经济异常凋敝，只原仰体军事第一、胜利第一之义旨，不得不勉力以赴事机，际兹日本已要求无条件投降，战事结束，指日可期，此后粮食消耗数量自可减少，亟应安定农村，使民稍得苏息，以资培养抗战八年来消耗之元气。如本省仓储已有基础，此后只须认真保管，即足以因应缓急，似不必急于在此人民创深痛剧之余，再事增加负担。是以拟请核转中央，准予缓至来年收成丰稔时再为办理，用示政府关怀民瘼之至意。

附：省仓事辑

云南初无省仓。自民国二十二年云南省政府以部领《仓储管理规则》规定县曰县仓，市曰市仓，区、乡、镇曰区、乡、镇仓。因改旧有之三迤丰备仓，定名为云南省仓。按丰备仓原系云南府仓，建于云南府署右侧。当前清光绪十五年，省城水灾，经督抚发款买谷存入府仓，始改名曰丰备仓。辛亥光复，正值仓务纠纷涉讼。据该仓仓管吕兴周造报仓谷，除借放各乡籽种外，仓中实存谷三万零六百五十八京石一斗二升二合，谷款除开支薪工伙杂各费外，实存银二万零七百九十一两八钱二分二厘。民国元年，控案结束，省议会成立，乃将该仓拨归省议会监督管理，订有管理规则。每届由三迤议员中各遴选一员充当管理员，接管其事，该仓乃改称为三迤丰备仓。计第一届管理员为议员何国宾、华为柱、谢开晋等三员，第二届管理员为议员张祖荫、桂良谟、者绍先等三员，第三届管理员为议员李瑛、杨蓉洲、林钟甲等三员，第四届管理员为议员石云章、赵秉彝、朱宝铨等三员。每届选举管理员均由省议会咨经省长公署备案。至于存谷、存款，则于民国十七年始据管理员石云章等，将该任经手借放入出概况，册报省政府及财政厅。内称："该仓并无存谷，仅有前市政公所于民国十二年办理平粜，借欠本仓积谷一千八百石；军需局于民国十三年借欠本仓积谷六百一十五石八斗；省会平粜事务所于民国十三年办理平粜，借欠本仓积谷二百石；又会泽县民国八年放赈，借欠本仓积谷四百四十石；平彝县民国八年被灾，借欠本仓积谷八十八石；曲靖县民国八年被灾，借欠本仓积谷一十八石零二斗；昆明县各乡各堡村于民国八年被灾，借欠本仓积谷七十三石零一升三合；省会同善堂于民国十年施给孤贫月米，借欠本仓积谷四十五石七斗（均系省石）：总共合借去省石谷三千二百八十石零五斗三升三合之数。均经前省长公署咨商省议会，由会议决通过，函饬该仓管等照借有案。又仓款，仅有存放富滇银行四万二千七百二十五元四角八仙七厘"等语。时以军事迭兴，政潮迭起，该管理员均已各回原籍，无人负责管理。当民国十六年"二·六"及"六·一四"两次政变，仓廒房舍悉为军队驻扎，所有前后院落木料、窗棂等件竟被拆毁一空。民国二十一年六月，省政府整顿全省仓政，该仓亦在应行整顿之列。爰令由民政、财政两厅，彻底清查，乃将上述各市、县、局、所、善堂等借欠积谷数目，报经省政府，严令悉数赔缴，并呈准修整计划大纲四条。遂于二十二年三月，定名为云南省仓，另行刊发钤记，并由民财两厅各委一员为省仓管理员。于是一面就原存富滇银行仓款项下开支旧滇币三万二千三百余元，修理前院较为完好之仓房十四间作第一步整理，一面将收回各方积欠谷款七万余元，连同民政厅保管各项赈款本息十二万余元（均系旧滇币），悉数拨作购谷之用。经于二十三年十二月乘各属新谷登场之际，令由附省产谷较丰之宜良等县代为采购，计先后购获省石谷三百四十三石二斗。同时并由财政厅购还军需局前借三迤丰备仓积谷数内省石谷二百石。综合购还两项，共省石谷五百四十三石二斗，折合京石谷四千六百五十六石，一律入仓存储。

二十四年十一月，市面米价上涨，将存谷借放米商，共借出五百四十一省石。二十五年六月，陆续收还，共存谷五百九十八省石一斗五升。二十六年二月，据民政厅呈报，截至二十五年十二月底，实存仓谷六百七十五省石六斗，仓款旧币五万一千八百一十一元五角八仙四厘。又至二十七年十二月底止，实存仓谷除借出六百一十八省石七斗外，实存一百八十省石零一斗，仓款旧滇币九万八千四百四十一元四角八分四厘。至二十九年年底，用仓实存积谷，连同二十五、二十七两年借放未收还之谷数，计六千二百三十四京石。嗣因该两年借欠积谷商不能照数购还，暨拨借粮食管理委员会公米储销处及粮政局碾济民食，迭有损耗，至三十二年九月，民政厅前厅长李培天移交省仓时，仅存积谷六百三十三公石六斗，谷款无余。共原有仓房十四廒，平房二十一间，于二十九年冬敌机袭昆，被毁仓房四间，平房四间，其余亦多被震坏。民政厅以被毁各仓房急待修理，免致愈滋损坏，仓谷亦应增积，以备不虞，谋另筹的款，以资整理。适会永平县购还积谷余款国币一百一十二万余元，呈奉省府将此款全数提作修理省仓及购谷填仓之用。旋昆明县呈报整理全县水塘，兴建水利，民厅饬由该县出售价值国币一百万元之积谷、息谷，作整理水塘费用。于是遂以此款照国币七百元一公石之市价，向该县购谷一千四百二十八公石六斗，连同原有之六百三十三公石六斗，共存谷二千六百五十二公石三斗。三十三年十月，全数借与省田赋粮食管理处碾济军食，由本年度昆明市田赋粮食管理处征实征借项下归还。量拨之间，共折耗二十一公石二斗，核与《云南全省仓储施行细则》耗率之规定相符，本府准予核销。至省仓被炸毁之仓房平房及其他被震坏部分，除于三十三年五月招工于被炸处筑墙，使未炸各廒房不受风雨之摧残外，复于三十四年五月拟具兴工修理大门门房及两侧平房围墙计划，其工程费估为国币七十一万零二千六百五十元，前保存至今之残余木料约值市价四十万元，尚不敷之三十一万二千六百五十元，民厅呈准本府由岁修费项下拨发三十万元抵补，以资修理。

民政厅汇报之仓储

民国二十二年至民国三十年各属积谷总数表

云南省第一次（二十二年份）仓储积谷统计报告书

凡例

（一）表中新列积谷数，系以京石为单位。

（二）积谷数在原报厅册内，有以京石计算者，有以挑或箩计算者，均经折为斤数，复按一百四十斤折合一京石数。

（三）原报厅册内所列京石以下零数，均以四舍五入法列为整数，以便计算。

绪言

《洪范》八政，一曰食。食之为义，历史《食货志》言之详矣。积谷之法，不过食之一端，唯其事较具体，可以备荒，可以平价，可以借贷，既益民，复甚便农，为利公溥。所以自汉代宣帝五凤中创立常平仓以来，历晋、北魂、隋、唐、宋、元、明、清诸朝，近二千年，迭有因革，而其制不废。

清季仓政不修，官府谷册，等于告朔饩羊。偶有存者，入民国后，因兵食匪劫，殆已荡然无余。一遇水旱偏灾，束手无策，粮价高涨，莫之遏抑。当青黄不接之时，农民之告贷者，坐受豪富朘削盘剥，无可诉语。国民政府内政部鉴于此，曾于民国十九年一月颁定《各地方仓储管理规则》，通行各省，一体照办。

滇省积谷，十数年来，尚未完全宣告破产。十九年奉到部颁《仓储管理规则》后，即由省政府通令各属遵照规则，认真办理。务须按各该县属户口总数，填足每户一京石之标准数。无如政令虽颁，而地方有司视同具文，奉行不力。迄至二十一年，报部总数，新旧合计，仅得谷一十万四千一百四十石四斗四升一合，苞谷二百一十八石一斗七升六合，荞五百三十九石七斗九升四合，谷款一万五千四百二十四元二角一分。

二十七年七月，兆冠奉命复长民厅，受职伊始，主席龙公即以积谷事相督责。兆冠顾念民食之不可或缓，重承主席期望之殷勤恳挚，勉力以赴，乘是年秋收冬藏期间，严饬各县属积极赶办，列为四大要政（积谷、保卫团、解放缠足、收容麻疯）之首。计关于此事之训令、指令，不下千件，复由主席分区督催，因将成绩太差之县长撤任留办者四员，记过申儆者数十员。截至本年三月底，暂告结束。综计各县属所积总数一百十四万四千一百三十五京石，较二十一年份已超过十倍有奇。但衡以全省户口（2,338,272户）应积标准总数，仅及十分之五稍弱。嗣由民厅呈定《云南省县建设三年实施方案》，将积谷事郑重订入，规定为上年未足数目，准于次年补填。并应于三年内照标准数增填二成。复由厅拟定《建仓办法》，附以图说，呈准通行。至是各地方人民观念一变，知此事政府所以代人民谋者，未为不臧。自兹以往，因势利导，继续努力，不懈益励，年积数目，当可递增矣。

《仓储管理规则》第七条载："市县政府，应于每年一月三十日以前，汇开县市各仓及县政府以下之区乡镇各仓上年积谷总数，报由民政厅汇开全省各县市积谷总数清册，送由省政府备案，并转内政部备案。”本省二十二年份全省各县市积谷总数清册，因交通不便，复查结报耽延，现始汇开成册，除分别呈送备案外，详细比较统计，列为报告表汇编成书，分发各县属地方存览。一以徵已往之事实，一以励将来之兴趣。此后第二次、三次以至无数次之报告，必更有可观之成绩。聊弁数言，以作喤引。丁兆冠谨识。

云南省各市县暨各设治局二十二年份积谷总数表

地方别	户口总数（户）积谷标准数(石)	现在积谷实数	比较标准数（石）		备考
			增	差	
昆明市	31,029			31,029	现已派定谷款约旧滇币一百一十余万元。因是年秋收已过，呈准于二十三年秋收时买谷入仓，归入等二次表报。
昆明县	35,675	13,342		22,333	
富民县	6,971	3,045		3,926	
晋宁县	9,688	7,382		2,306	
呈贡县	16,126	10,945		5,181	
宜良县	22,242	20,824		1,418	
易门县	12,254	10,734		1,520	
安宁县	10,766	8,960		1,806	
禄丰县	7,116	8,478	1,362		
罗次县	9,759	9,759			
嵩明县	20,523	17,300		3,213	
昆阳县	11,030	10,986		44	
武定县	25,696	27,633	1,947		
元谋县	7,759	6,794		965	
禄劝县	23,959	23,832		127	
澄江县	14,330	13,268		1,062	
玉溪县	28,287	7,926		20,361	
江川县	13,773	7,984		5,789	
路南县	18,099	15,228		2,871	
曲靖县	24,035	12,389		11,646	
沾益县	33,732	24,892		8,840	

（续表）

地方别	户口总数（户）积谷标准数（石）	现在积谷实数	比较标准数（石）		备考
			增	差	
陆良县	33,617	33,738	121		
罗平县	24,626	24,400		226	
寻甸县	29,925	29,855		70	
宣威县	58,476	31,391		27,076	
马龙县	9,342	7,100		2,242	
平彝县	23,639	12,150		11,489	
会泽县	58,413	12,200		46,213	
巧家县	40,369	12,957		27,412	
昭通县	46,651	14,910		31,741	
大关县	23,284	3,500		19,784	
盐津县	17,798	5,000		12,798	
永善县	34,344	20,946		13,398	
绥江县	16,544			16,544	
鲁甸县	14,147	6,750		7,397	
镇雄县	59,937	280		59,657	
威信县	7,606			7,606	县治甫经设置，尚未举行。
彝良县	35,544	1,296		34,248	
蒙自县	26,699	15,086		11,613	
个旧县	16,496			16,496	已据认限于二十三年底填足。
建水县	44,150	5,000		39,150	
河西县	14,721	14,882	161		
峨山县	13,650	13,474		176	
石屏县	32,218	11,240		20,978	

（续表）

地方别	户口总数（户）积谷标准数（石）	现在积谷实数	比较标准数（石）		备考
			增	差	
通海县	16,466	8,800		20,978	
开远县	19,636	6,055		13,581	
文山县	37,833	2,121		35,712	
马关县	37,197	2,432		34,765	
广南县	51,486	25,419		2,667	
富州县	17,654	9,378		8,276	
泸西县	29,919	27,761		2,158	
师宗县	9,970	2,006		7,964	
弥勒县	24,038	18,285		5,753	
丘北县	13,412	7,859		5,553	
华宁县	20,792	13,079		7,713	
西畴县	27,429	5,658		21,771	
曲溪县	6,330			6,330	积谷实数，未据册报。
金平县	9,732	2,190		7,542	
屏边县	14,769	5,717		9,052	
宁洱县	14,044	8,409		5,635	
景谷县	17,904	5,185		12,719	
墨江县	24,964	14,912		10,049	
思茅县	5,573	2,573		3,000	
元江县	18,319	12,629		5,690	
新平县	12,775	8,503		4,272	
澜沧县	37,468	1,300		36,168	
镇源县	11,038	4,961		6,077	

（续表）

地方别	户口总数（户）积谷标准数（石）	现在积谷实数	比较标准数（石）		备考
			增	差	
景东县	32,074	2,421		20,653	
缅宁县	16,809	276		16,533	
江城县	5,759	2,134		3,625	
双江县	11,466			11,466	积谷实数，未据册报。
车里县	7,559			7,559	积谷实数，未据册报。
南峤县	7,166	2,000		5,166	
佛海县	5,513			5,513	积谷实数，未据册报。
镇越县	5,150	1,600		3,550	
六顺县	6,634			6,634	积谷实数，未据册报。
楚雄县	22,824	22,323		501	
广通县	8,077	5,190		2,887	
双柏县	13,355	13,355			
牟定县	17,125	17,125			
盐兴县	5,192	4,037		1,155	
镇南县	16,712	13,362		3,349	
腾冲县	52,596	29,624		22,972	
龙陵县	18,725	9,364		9,361	
保山县	67,045	56,801		10,244	
大理县	16,132	12,043		4,149	
顺宁县	42,612	14,104		28,508	
镇康县	23,823	11,800		12,023	
永平县	7,596	7,994	398		
祥云县	21,067	19,212		1,855	

（续表）

地方别	户口总数（户）积谷标准数（石）	现在积谷实数	比较标准数（石）		备考
			增	差	
洱源县	11,297	8,753		2,544	
邓川县	7,157	6,697		460	
云龙县	15,214	12,617		2,597	
凤仪县	10,402	7,444		2,958	
云县	22,912	1,466		21,446	
漾濞县	5,039	5,123	84		
姚安县	18,099	10,342		7,757	
华坪县	14,414	4,805		9,609	
蒙化县	30,884	18,076		18,808	
弥渡县	17,672	15,312		2,360	
鹤庆县	15,309	5,395		9,914	
剑川县	13,501	9,506		3,995	
中甸县	6,034			6,034	因受蛮匪之患，故未举办。
丽江县	28,375	7,403		20,972	
维西县	9,107	300		8,807	
兰坪县	12,409	6,124		6,285	
大姚县	14,809	12,289		2,520	
永仁县	15,653			15,653	已据结认，于二十三年秋收后填足。
盐丰县	5,995	4,344		1,651	
镇南县	16,712	13,362		3,349	
永胜县	22,276	4,219		18,057	
宾川县	18,232	14,032		4,200	
昌宁县		1,520			因小部分界务纠纷，户口尚未确定。

（续表）

地方别	户口总数（户）积谷标准数（石）	现在积谷实数	比较标准数（石）		备考
			增	差	
临江设治局	2,072			2,072	
盈江设治局	5,475			5,475	
莲山设治局	5,111	1,500		3,611	
陇川设治局	2,272			2,272	
瑞丽设治局	4,599	135		4,464	
潞西设治局	7,907			7,907	
泸水设治局	3,434	200		3,234	
德钦设治局	1,214			1,214	积谷实数，未据册报。
康乐设治局	4,316	239		4,077	
碧江设治局	3,280	300		2,980	
砚山设治局					积谷实数，未据册报。
龙武设治局	975			975	上列户数，系河西县所划拨，其他各县划拨数目，尚未据报。
贡山设治局	1,985	130		1,855	
梁河设治局					积谷实数，未据册报。
总计	2,338,272	1,144,135	4,073	1,198,730	积谷数与比差数之合，除去比增及昌宁县积谷外，即等于户口总数。

附记：

1. 各市县积谷，已厘定补救办法。限期二十三年秋收后，凡业经超出、或积足标准数者，务将前颁《县政建设三年实施方案》内规定本年应照总额增加之二成填足。其仅办有成数，未足定额或全未举办者，务将差欠及应办应增各数，分别抽收填足。

2. 各设治局，虽因地广人稀，谷产各有不同，惟积谷原系储备荒歉，极为重要，故仍饬由各设治局长，尽量抽填。

3. 各市县设治局内，有永善等数县，及康乐一设治局，因产谷不丰，兼抽苞谷菽麦杂等粮册报者，此项杂粮，已并入积谷数内统计。不再另行合并注明。

4. 本年积谷总数，较之二十二年份，已超过十倍有奇。但衡以全省户口二百三十三万八千二百七十二户，应积标准总数，仅及十分之五稍弱。

云南省各市县区局民国二十三年份积谷总数表

地方别	户口总数（户）积谷标准数（石）	增填谷数（石）	标准及增填总数（石）	现在积谷实数（石）	比较（石）	
					增	差
昆明市	31,029	6,206	37,235	8,751		28,664
昆明县	55,675	7,135	42,810	24,969		7,841
富民县	6,971	1,394	8,365	6,971		1,394
晋宁县	9,688	1,938	11,626	9,776		1,850
呈贡县	16,126	3,225	19,351	15,158		4,193
宜良县	22,242	4,448	26,690	26,881	191	
易门县	12,245	2,451	14,705	10,734		3,971
安宁县	10,766	2,153	12,919	11,995		924
禄丰县	7,116	1,423	8,539	8,478		61
罗次县	9,759	1,952	11,711	11,711		
嵩明县	20,513	4,103	24,616	17,300		7,316
昆阳县	11,030	2,206	13,236	11,030		2,206
武定县	25,696	5,139	30,835	27,643		3,192
元谋县	7,759	1,552	9,311	9,318	7	
禄劝县	23,959	4,792	28,751	25,471		3,280
澄江县	14,330	2,866	17,196	18,472	1,276	
玉溪县	28,287	5,675	33,944	13,773		20,171
江川县	13,773	2,755	16,528	12,677		3,851
路南县	18,099	3,620	21,719	15,228		6,491
曲靖县	24,035	4,807	28,842	27,420		1,422
沾益县	33,732	6,746	40,478	24,892		15,586
陆良县	33,671	6,723	40,340	33,738		6,602
罗平县	24,626	4,925	29,551	26,301		3,250

（续表）

地方别	户口总数（户）积谷标准数（石）	增填谷数（石）	标准及增填总数（石）	现在积谷实数（石）	比较（石）	
					增	差
寻甸县	29,925	5,985	35,910	35,840		70
宣威县	58,467	11,693	70,160	31,391		38,769
马龙县	9,343	1,868	11,210	7,100		4,110
平彝县	23,639	4,728	28,367	12,150		16,217
会泽县	58,413	11,683	70,096	12,200		57,896
巧家县	40,369	8,074	48,443	17,553		30,890
昭通县	46,651	9,330	55,981	14,910		41,071
大关县	23,284	4,657	27,941	3,542		24,399
盐津县	17,798	3,560	21,358	12.955		8,403
永善县	34,344	6,869	41,213	21,096		20,117
绥江县	16,544	3,309	19,853	8,000		11,853
鲁甸县	14,147	2,829	16,976	6,750		10,226
镇雄县	59,937	11,987	71,924	4,500		67,424
威信县	7,606	1,521	9,127			9,127
彝良县	35,544	7,109	42,653	1,999		40,654
蒙自县	26,699	5,340	32,039	25,143		6,896
个旧县	16,496	3,299	19,795	9,339		10,456
建水县	44,150	8,830	52,980	5,452		47,528
河西县	14,721	2,944	17,665	14,882		2,783
石屏县	32,218	6,444	38,662	24,433		14,229
峨山县	13,650	2,736	16,380	4,782		11,598
通海县	16,466	3,293	19,759	19,476		283
开远县	19,636	3,927	23,563	10,981		12,582

（续表）

地方别	户口总数（户）积谷标准数（石）	增填谷数（石）	标准及增填总数（石）	现在积谷实数（石）	比较（石）	
					增	差
文山县	23,087	4,617	27,704	3,130		24,574
马关县	37,197	7,439	44,636	9,184		35,452
砚山县	18,500	3,700	22,200			22,200
广南县	47,732	9,546	57,278	25,419		31,859
富州县	17,654	3,531	21,185	10,947		10,238
泸西县	29,919	5,984	35,903	27,761		8,142
师宗县	9,970	1,994	11,964	2,006		9,958
弥勒县	24,038	4,808	28,846	18,285		10,561
丘北县	13,412	2,682	16,094	10,530		5,564
华宁县	20,792	4,158	24,950	19,982		4,968
西畴县	27,429	5,486	23,915	5,658		27,257
曲溪县	6,330	1,266	7,596	5,980		1,616
金平县	9,732	1,946	11,678	2,190		9,488
屏边县	14,769	2,954	17,723	5,717		12,006
宁洱县	14,044	2,809	16,853	14,409		2,444
景谷县	17,904	3,581	21,485	11,867		9,618
墨江县	24,961	4,992	29,953	14,912		15,041
思茅县	5,573	1,115	6,688	6,221		467
元江县	18,319	3,664	21,983	13,646		8,337
新平县	12,775	2,555	15,330	11,900		3,430
澜沧县	37,468	7,494	44,962	1,300		43,662
镇源县	11,038	2,208	13,246	4,961		8,285
景东县	32,074	6,415	38,489	24,799		13,690

（续表）

地方别	户口总数（户）积谷标准数（石）	增填谷数（石）	标准及增填总数（石）	现在积谷实数（石）	比较（石）	
					增	差
缅宁县	16,809	3,362	10,171	12,790		7,381
江城县	5,759	1,152	6,911	3,151		3,760
双江县	11,466	2,293	13,759	3,324		10,435
车里县	7,559	1,512	9,071			9,071
南峤县	7,166	1,433	6,599	5,390		3,029
佛海县	5,513	1,103	6,616	3,429		3,187
镇越县	5,150	1,030	6,180	4,239		1,941
六顺县	6,634	1,327	7,961	3,317		4,644
楚雄县	22,824	4,565	27,389	22,692		4,697
广通县	8,077	1,615	9,692	8,432		1,260
双柏县	13,355	2,671	16,026	16,026		
牟定县	17,125	3,425	20,550	20,500		50
永仁县	15,653	3,131	18,784	15,090		3,694
大姚县	14,809	2,962	17,771	17,773	2	
姚安县	18,099	3,620	21,715	17,966		3,753
盐兴县	5,192	1,038	6,230	4,037		2,193
盐丰县	5,995	1,199	7,194	4,344		2,850
镇南县	16,712	3,342	20,054	13,363		6,691
祥云县	21,067	4,213	25,280	20,346		4,934
弥渡县	17,672	3,534	21,206	15,312		5,894
凤仪县	10,402	1,080	12,482	7,444		5,038
大理县	16,192	3,238	19,430	12,043		7,387
邓川县	7,157	1,431	8,588	6,697		1,891

（续表）

地方别	户口总数（户）积谷标准数（石）	增填谷数（石）	标准及增填总数（石）	现在积谷实数（石）	比较（石）	
					增	差
洱源县	11,297	2,259	13,556	13,449		108
宾川县	18,232	3,646	21,878	18,232		3,646
永胜县	22,276	4,455	26,731	4,219		22,512
华坪县	14,414	2,883	17,297	4,805		12,492
丽江县	28,375	5,675	34,050	7,403		26,647
剑川县	13,501	2,700	16,201	12,565		3,636
鹤庆县	15,309	3,062	18,371	5,395		12,976
云龙县	15,214	3,043	18,257	12,617		5,640
兰坪县	12,409	2,482	14,891	6,124		8,767
中甸县	6,034	1,207	7,241	529		6,712
维西县	9,107	1,821	10,928	300		10,628
蒙化县	36,884	7,377	44,621	21,984		22,277
漾濞县	5,039	1,008	6,047	5,123		924
永平县	7,596	1,519	9,115	9,204	125	
镇康县	23,823	4,765	28,588	21,827		6,761
顺宁县	42,612	8,523	51,134	36,996		14,144
云县	22,912	4,582	27,494	10,498		16,996
昌宁县				10,775		
保山县	67,045	13,409	80,454	62,735		17,719
腾冲县	52,596	10,519	63,115	29,624		3,349
龙陵县	18,725	3,745	22,470	13,715		8,755
河口对汛区						
麻栗坡对汛区				1,078		

（续表）

地方别	户口总数（户）积谷标准数（石）	增填谷数（石）	标准及增填总数（石）	现在积谷实数（石）	比较（石）	
					增	差
龙武设治局				500		
宁江设治局	2,072	414	2,486	250		2,236
梁河设治局						
盈江设治局	5,475	1,095	6,570			6,570
莲山设治局	5,111	1,022	6,133	1,500		4,633
陇川设治局	2,272	451	2,726			2,726
沧源设治局						
合计	2,338,272	466,481	2,804,753	1,508,597	1,601	1,310,110

附记：

1. 云南省仓购储谷数四千六百五十六京石，连同各市县区局先后存积数一百五十万零八千五百九十七京石，总共合一百五十一万三千二百五十三京石。

2. 表列总数栏积谷数与比差数之合，除去比增数及昌宁县、麻栗坡、龙武所存数外，即等于应积谷数。

3. 表列各市县区局中，未将民国二十二年份标准尾欠及民二十三年份递增谷数填足者，已由厅拟具抽缴办法，呈奉省政府核准通行。尽本年十月底，连同民二十四年份照案增填二成一律填足具报。如出谷民户逾限至十一月缴纳者，照缴纳总数加罚一成。十二月内缴纳者，加罚二成。十二月以后拖延不缴者，由地方官传案管押，勒限清缴。倘再违抗，并得呈请查封家产备抵。

4. 各市县区局中，或已设制未久，户口划拨未定；或以地广人稀，素不产谷：或以遭匪蹂躏，未能举办。是以尚有少数呈报，均付阙如。惟积谷原系储备荒歉，极为重要，已令饬照案尽量抽填，归入第三次表报。

5. 各市县区局内，间有少数因产谷不丰，兼抽苞谷莜麦等杂粮册报者。此项杂粮，已并入积谷数内统计，不再另列，合并注明。

6. 峨山县二十二年份，报道谷数原为一万三千四百七十四京石，嗣据呈明，系结认数目。现实仅存四千七百八十二京石。

7. 本表增填“谷数”一栏，系按照户口标准数摊算二成。其石以下奇零，仍以四舍五入计算。

8. 本年积谷总数，除去二十二年份存数一百一十四万四千一百三十五京石外，仅积得三十五万九千八百零六京石。经云南省政府开军政联席临时会议议决：各县现有积谷，应饬集中保管，或设法收藏，遇紧急时，以免资敌。等语。电令遵办。对于督促积欠谷数，遂不无受其影响云。

云南省第三次（二十四年份）仓储积谷统计报告书

凡例

（一）表中所列积谷数，系以京石为单位。

（二）积谷数在原报厅册内，有以京石计算者，有以挑或箩计算者，均经折为斤数。复按一百四十斤折合一京石数。

（三）原报厅册内所列京石以下零数，均以四舍五入法化为整数，以便计算。

（四）本表增填谷数一栏，系按照户口标准数，摊算四成，其石以下奇零，仍以四舍五入计算。

绪言

滇省积谷，自民国二十二年实行按照户口总额每户填足一京石标准，全省共应填足二百三十三万八千二百七十二京石。截至二十三年份止，统计先后积获谷石计一百五十万零八千五百九十七京石，与标准应填谷石比较，尚差七十二万九千九百七十五京石。经迭次函电文告勖勉各属官绅，务尽于二十四年份将蒂欠暨二十三、四两年份照案应填二成一并依限填足具报。兆冠已于汇编第二次积谷统计报告书时，籀述其巅未于编首矣。兹查截至本年六月底止，统计全省积获现存谷石实数，计一百九十五万四千四百京石，连同省仓六千二百三十四京石，共合一百九十六万零六百三十四京石。除二十三年份外，实只增填四十五万二千零三十七京石，比较标准数，尚相差三十七万七千九百三十八京石。若连同二十三、四两年份应增二成计入，则相差一百三十余万京石。仅及标准谷石三分之二稍弱。若与二十二年份自十四万余京石增至一百一十四万四千余百京石相较，则二十三、四年份每年所增数，仅及二十二年份二分之一弱。循名责实，鉴往惕来，能弗自恧。奉职无状，不能严督所属官绅依限按额填足，贻误有以致之。惟滇省素号贫瘠，年产谷米仅敷食用，迤东各属，尤夙鲜产谷。益以去今两岁偏灾迭乘，不无影响抽填，斯于环境事实莫可曲讳，虽然，兆冠有弗能已于言者。《礼记·王制》曰："国无九年之蓄曰不足，无六年之蓄曰急，无三年之蓄曰国非其国也。"今滇省积谷，若依照预定标准及二十三、四、五三年增填二成如数填足，计共三百七十四万一千二百一十五京石而言，在本省仓政史上，已有惊人之数字记录，可开一新纪元，足备不虞矣。第以全省一千一百七十九万五千四百八十六人（二十一年调查统计数），平均每人日约需谷二斤，每京石约以一百四十斤计，则前项谷石，计合五万万二千三百七十七万零一百斤，从全省人口分配，平均每人约得四十四斤二两；若遇灾害饥馑，勉敷二十余日之食。若以此次统计实积数量一百九十余万京石而言，仅勉敷十二、三日之食用。与《礼记》所谓九年、六年、三年之蓄者，瞠乎后矣。不足与急云乎哉。

至仓廒一项，关系积谷甚为重要，经由厅于二十三年四月间拟定筹款建仓办法，并绘具图样，呈奉省政府通饬遵照。暨于二十四年九月间，复奉令由厅通饬限期将所属九级仓廒修妥报核在案。以最近饬查汇列平均数，每属约六十乡镇，计全省一百三十属，应合建盖仓廒七千八百所。乃截至本年六月底止。统计各属所报仓廒总数（省仓一所在内），全省共建各级仓廒二千五百六十五所，仅及标准数三分之一强。其成绩较积谷尤为落后，自应趁本年秋收时，连同积谷标准数、蒂欠及递年增填二成尾数，一并督饬各属上紧分别抽填添建。弗因地方情形困难，或偶值灾荒偏歉，或被匪蹂躏而稍宽假，以期借弥前愆，共襄百年善政，完成未竟之功。昔贤王阳明先生有言：“悯灾而恤患，庇民之仁也；未患而预防，先事之知也；已患而不怠，临事之勇也；创今以图后，敷德之诚也。行一事而四善备为。”今之黾勉于仓政者，亦此物志也，愿以各地方官绅共勉旃！民国二十五年七月一日，丁兆冠谨识。

云南省市县区局民国二十四年份积谷总数表

地方别	户口总数（户）积谷标准数（石）	二十三、四两年份各增填二成谷数（石）	标准及增填总数（石）	现在积谷实数（石）	比较（石）	
					增	差
昆明市	31,029	12,412	43,441	10,286		33,155
昆明县	35,675	14,270	49,945	52,506	2,561	
富民县	6,971	2,788	9,759	6,971		2,788
晋宁县	9,688	3,875	13,563	9,776		3,787
呈贡县	16,226	6,450	22,576	15,250		7,326
宜良县	22,242	8,897	31,139	33,562	2,423	
易门县	12,254	4,902	17,156	17,156		
安宁县	10,766	4,306	15,072	14,960		169
禄丰县	7,116	2,846	9,962	11,212	1,350	
罗次县	9,759	3,904	13,663	12,716		953
嵩明县	20,513	8,205	28,718	32,636	396	
昆阳县	11,030	4,412	15,442	15,340		102
武定县	25,696	10,278	35,974	27,643		8,331
元谋县	7,759	3,104	10,863	9,318		1,545

（续表）

地方别	户口总数（户）积谷标准数（石）	二十三、四两年份各增填二成谷数（石）	标准及增填总数（石）	现在积谷实数（石）	比较（石）	
					增	差
禄劝县	23,959	9,584	33,543	25,471		8,072
澄江县	14,330	5,732	20,062	20,692	630	
玉溪县	28,287	11,315	39,602	29,806		9,796
江川县	13,773	5,509	19,282	20,005	723	
路南县	18,099	7,244	25,339	25,339		
曲靖县	24,035	9,614	33,649	27,420		6,229
沾益县	33,732	13,493	47,225	24,892		22,333
陆良县	33,617	13,447	47,064	40,144		6,920
罗平县	24,626	9,850	34,476	34,624	148	
寻甸县	29,925	11,970	41,895	41,895		
宣威县	58,467	23,387	81,854	61,900	19,954	
马龙县	9,342	3,737	13,079	14,864	1,785	
平彝县	23,639	9,456	33,095	12,150		20,945
会泽县	58,413	23,365	81,778	13,300		68,478
巧家县	40,369	16,148	56,517	25,466		31,051
昭通县	46,651	18,660	65,311	14,910		50,401
大关县	23,284	9,314	32,598	3,542		29,056
盐津县	17,798	7,119	24,917	12,955		11,962
永善县	34,344	13,738	48,082	21,096		26,986
绥江县	16,544	6,618	23,162	8,000		15,162
鲁甸县	14,147	5,059	19,806	6,750		13,056
镇雄县	59,937	23,975	83,912	4,500		79,412

（续表）

地方别	户口总数（户）积谷标准数（石）	二十三、四两年份各增填二成谷数（石）	标准及增填总数（石）	现在积谷实数（石）	比较（石）	
					增	差
威信县	7,606	3,042	10,648			10,648
彝良县	35,544	14,218	49,762	1,999		47,763
蒙自县	26,699	10,680	37,379	25,143		12,236
个旧县	16,496	6,598	23,094	18,764		4,336
建水县	44,150	17,660	61,810	5,452		56,358
河西县	14,721	5,888	20,609			
石屏县	28,460	11,384	39,844	24,433		1,542
峨山县	13,474	5,390	18,864	13,200		5,664
通海县	16,466	6,586	23,052	19,476		3,576
开远县	19,636	7,854	27,490	13,812		13,678
文山县	23,087	9,235	32,322	3,130		29,192
马关县	37,197	14,879	52,076	9,184		42,892
砚山县	18,500	7,400	25,900	13,244		12,656
广南县	47,732	19,093	66,825	31,758		35,067
富州县	17,654	7,062	24,716	16,844		7,872
泸西县	29,919	11,968	41,887	38,865		3,022
师宗县	9,970	3,988	13,958	2,006		11,952
弥勒县	24,038	9,615	33,653	18,285		15,368
丘北县	13,412	5,365	18,777	10,530		8,247
华宁县	20,792	8,317	29,109	20,245		8,864
西畴县	18,367	7,347	25,714	25,252		462
曲溪县	6,330	2,532	8,862	6,359		2,503

（续表）

地方别	户口总数（户）积谷标准数（石）	二十三、四两年份各增填二成谷数（石）	标准及增填总数（石）	现在积谷实数（石）	比较（石）	
					增	差
金平县	9,732	3,893	13,625	2,190		11,435
屏边县	14,769	5,908	20,677	10,381		10,296
宁洱县	14,044	5,618	19,662	14,409		5,253
景谷县	17,904	7,162	25,066	11,867		13,199
墨江县	24,961	9,984	34,945	17,580		17,365
思茅县	5,573	2,229	7,802	7,878	76	
元江县	18,319	7,328	25,647	13,646		12,001
新平县	11,907	4,763	16,670	16,670		
澜沧县	37,468	14,987	52,455	4,000		48,455
镇沅县	11,038	4,415	15,453	5,100		10,353
景东县	32,074	12,830	44,904	35,216		9,688
缅宁县	16,809	6,724	23,533	12,790		10,743
江城县	5,759	2,304	8,063	5,763		2,300
双江县	11,466	4,586	16,052	3,324		12,728
车里县	7,559	3,024	10,583	9,071		1,512
南峤县	7,166	2,866	10,032	10,032		
佛海县	5,513	2,205	7,718	5,600		2,118
镇越县	5,150	2,060	7,210	4,239		2,971
六顺县	6,634	6,654	9,288	3,317		5,971
楚雄县	22,824	9,130	31,954	22,692		9,262
广通县	8,077	3,231	11,308	8,963		2,345
双柏县	13,355	5,342	18,697	18,697		

（续表）

地方别	户口总数（户）积谷标准数（石）	二十三、四两年份各增填二成谷数（石）	标准及增填总数（石）	现在积谷实数（石）	比较（石）	
					增	差
牟定县	17,125	6,850	23,975	23,975		
永仁县	15,653	6,261	21,914	15,090		6,824
大姚县	14,809	5,924	20,733	18,661		2,072
姚安县	18,099	7,240	25,339	18,099		7,240
盐兴县	5,192	2,077	7,269	4,037		3,232
盐丰县	5,995	2,398	8,393	6,449		1,944
镇南县	16,712	6,685	23,397	14,027		9,370
祥云县	21,067	8,427	29,494	20,346		9,148
弥渡县	17,672	7,069	24,741	15,312		9,924
凤仪县	10,402	4,161	14,563	9,557		5,006
大理县	16,192	6,477	22,669	19,343		3,326
邓川县	7,157	2,863	10,020	6,697		3,323
洱源县	11,297	4,519	15,816	15,707		109
宾川县	18,232	7,393	25,525	18,232		7,293
永胜县	22,276	8,910	31,186	5,059		26,127
华坪县	14,414	5,766	20,180	4,805		15,375
丽江县	28,375	11,350	39,725	26,317		13,408
剑川县	13,501	5,400	18,901	12,565		6,336
鹤庆县	15,309	6,124	21,433	8,205		13,228
云龙县	15,214	6,086	21,300	18,904		2,396
兰坪县	12,409	4,964	17,373	14,698		2,675
中甸县	6,034	2,414	8,448	529		7,919

（续表）

地方别	户口总数（户）积谷标准数（石）	二十三、四两年份各增填二成谷数（石）	标准及增填总数（石）	现在积谷实数（石）	比较（石）	
					增	差
维西县	9,107	3,643	12,638	300		12,450
蒙化县	36,884	14,754	51,638	21,984		29,654
漾濞县	5,039	2,016	7,055	8,023	968	
永平县	7,596	3,038	10,634	9,663		971
镇康县	23,823	9,529	33,352	28,643		4,709
顺宁县	42,612	17,045	59,657	37,889		21,768
云县	22,912	9,165	32,077	22,912		9,165
昌宁县				20,177		
保山县	67,045	26,818	93,863	93,863		
腾冲县	52,596	21,038	73,634	36,151		37,483
龙陵县	18,725	7,490	26,215	13,715		12,500
河口对汛区						
麻栗坡对汛区	9,062	3,625	12,687	1,078		11,609
龙武设治局	5,777	2,311	8,088	4,330		3,758
宁江设治局	2,072	829	2,901	950		1,951
梁河设治局				2,185		
盈江设治局	5,475	2,190	7,665			7,665
莲山设治局	5,111	2,044	7,155	2,000		5,155
陇川设治局	2,272	909	3,181			3,181
瑞丽设治局	4,599	1,840	6,439	1,788		4,651
潞西设治局	7,907	3,163	11,070	3,489		7,581
泸水设治局	3,434	1,374	4,808	413		4,395

（续表）

地方别	户口总数（户）积谷标准数（石）	二十三、四两年份各增填二成谷数（石）	标准及增填总数（石）	现在积谷实数（石）	比较（石）	
					增	差
德钦设治局	1,214	486	1,700			1,700
福贡设治局	4,316	1,726	6,042	6,042		
碧江设治局	3,280	1,312	4,592	470		4,122
贡山设治局	1,985	783	2,741	616		2,125
宁蒗设治局						
沧源设治局						
总计	2,338,272	935,282	3,273,554	1,954,400	14,582	1,356,098

附记：

1. 云南省仓现存谷六千二百三十四京石。连同各市县区局存数，全数总计实存谷百九十六万零六百三十四京石。

2. 表列总计栏内“现存积谷实数”一项与“比较”一项内“差数之合计”，减去该项“增数”及昌宁县，梁河设治局所存数外，即等于标准及增填总数。

3. 石屏、峨山、西畴、新平、麻栗坡、龙武等县属户口，与第二次报告书所列不符，系因划拨界务，互有增减，对于全省户口总数，并未变更。

4. 各市县区局中，或以设治未久，户口划拨未定；或以地广人稀，素不产谷，未曾举办。是以尚有少数县属未呈报，故付阙如。惟积谷原系储备荒歉，极为重要，已令饬照案抽填，归第四次表报。

5. 各市县区局内，间有少数因产谷不丰，兼抽苞谷、荞、麦等杂粮册报者，此项杂粮，已并入积谷数内统计，不再另列，合并声明。

云南省第四次（二十五年份）仓储积谷统计报告书

凡例

（一）表中所列积谷数，系以京石为单位。

（二）各属积谷数，在原报厅册内，有以京石计算者，有以挑和箩计算者，经均折为斤数，复按一百四十斤折合一京石数。

（三）原报厅册内所列京石以下零数，均以四舍五入法化为整数，以便计算。

（四）本表增填“谷数”一栏，系按照户口标准数，摊算六六成，其石以下奇零，仍以四舍五入计算。

绪言

教、养、卫合一，为现代政治中心工作。而救济农村，调节食粮，又为实行教、养、卫合一之必要条件。盖食不足，即民鲜盖藏救死，唯恐不暇；以言乎教，则无资事畜，安能望教化之行；以言乎卫，则不峙糗粮，安能后军心之固。此古之论政者，所以谓足食必先于足兵，而教之当在富之后也。积谷之法，盖本于耕三余一之意，而以备饥馑师旅之需者也。缓急有恃，斯民安厥生，慎封守以保其国家，治礼义以美其风俗，皆可次第而及。故欲求民生主义之实现，则仓政之推行，诚有不容缓者。

国民政府内政部，早见及此，曾于民国十九年颁行《各地方仓储管理规则》，通行照办。本省政府时正着手推行社、义两教，准备编练保卫团队，因知与仓储有连锁关系，意美法良，爰定每户积谷一京石为最低标准，饬属遵办。兆冠更以滇省幅员广袤，土宜不同，气候各异，谷产民力，弗能等量齐观；执一以绳，恐难共赴。复请准于二十三、四、五年中，每年各照标准数增填二成，订入《县政建设三年实施方案》，以备将来截长补短，酌盈济虚，而使全省预定标准谷数，至期毋虞不足，或有加焉。其办理经过详载第一、二、三各次仓储积谷统计报告书，兹不赘陈。

二十五年十月底，原定为各属仓储最后限期。就二十四年积谷数字观察，较标准数仅差一百三十余万京石，即连同二十三、四两年应增之二成比较，亦只差一百三十余万京石，自量严加督促，努力推进，不难于二十五年底照数填足。乃民力凋伤，复元匪易，势难依期结报。特予稍展限期，现截至二十六年六月底止，统计全省积获现存谷数二百四十万零四千二百二十七京石，连同省仓六千二百三十四京石，共合二百四十一万零四百六十一京石，比较标准数实已超过七万二千一百八十九京石。惟二十三、四、五各年应增二成，则尚总欠一百三十七万零五百三十六京石。此因有少数属分，地瘠民贫，产谷无多，万难照额积足之所致。

本省积谷增多，储藏堪虑，仓廒修建，尤属要图。二十四年全省共有仓廒二千五百六十五所，仅达标准三分之一强。现历年增填尾欠谷数一百三十七万余京石，既应继续催收，则仓廒应当同时并进。刻已严饬各属，上紧督责，毋稍松懈，务尽本年秋成时，尽量添建，收谷入仓，以能容纳各地应积谷数为度。不得久存民房及建筑未善之公共处所，以防敝坏。

去岁自秋至冬，本年由春迄夏，各属亢阳无雨，迭报旱灾。尤以邻近四川之永善、绥江、盐津、大关等县灾情为极重，青黄不接，民食维艰。其唯一救济之法，即由民政厅查酌各地受灾轻重，区域广狭，分别令饬各属长官，就仓谷提成借放。秋成，照数加一收回。灾重者，并免息谷。食粮有济，人心自安。老弱少壮，悉免流亡。人民咸知储谷之利，当能勉抽足额。加以年放息谷，有加无已，仓政前途，自抱乐观。而政府推行之社义两教，编练之保卫团队，均能按照计划办法，顺利进行，不因民食问题，发生障碍。以是知救济农村之道，首在仓储。而教、养、卫之合一，必赖此以跻成功矣。

民国二十六年七月一日，丁兆冠谨识。

云南省市县区局民国二十五年份积谷总数表

地方别	户口总数（户）积谷标准数（石）	二十三、四、五年份各增填二成谷数（石）	标准及增填总数（石）	现在积谷实数（石）	比较（石）	
					增	差
昆明市	31,029	18,617	49,646	10,286		39,360
昆明县	35,675	21,405	57,080	60,069	2,989	
富民县	6,971	4,183	11,154	10,870		284
晋宁县	9,688	5,813	15,501	10,161		5,340
呈贡县	16,126	9,676	25,802	15,250		10,552
宜良县	22,242	13,345	35,587	42,252	6,565	
易门县	12,254	7,352	19,606	19,607	1	
安宁县	10,766	6,460	17,226	15,845		1,381
禄丰县	7,116	4,270	11,386	12,712	1,326	
罗次县	9,759	5,855	15,614	15,614		
嵩明县	20,513	12,308	32,821	32,636		185
昆阳县	11,030	6,618	17,648	15,340		2,308
武定县	25,696	15,418	41,114	28,291		12,823
元谋县	7,759	4,655	12,414	10,228		2,186
禄劝县	23,959	14,375	38,334	25,471		12,863
澄江县	14,330	8,598	22,928	20,890		2,038
玉溪县	28,287	16,972	45,259	43,078		2,181
江川县	13,773	8,264	22,037	21,778		259
路南县	18,099	10,859	28,958	34,275	5,317	
曲靖县	24,035	14,421	38,456	27,420		11,036
沾益县	33,732	20,239	53,971	48,326		5,645
陆良县	33,617	20,170	53,787	40,144		13,643

（续表）

地方别	户口总数（户）积谷标准数（石）	二十三、四、五年份各增填二成谷数（石）	标准及增填总数（石）	现在积谷实数（石）	比较（石）	
					增	差
罗平县	24,626	14,766	39,402	37,594		1,808
寻甸县	29,925	17,955	47,880	42,515		5,365
马龙县	9,342	5,605	14,947	14,864		83
平彝县	23,639	14,183	37,822	12,150		25,672
会泽县	58,413	35,084	93,461	27,449		66,012
巧家县	40,369	24,221	64,590	38,341		26,249
宣威县	58,467	35,080	93,547	86,578		6,969
昭通县	46,651	27,991	74,642	14,910		59,732
大关县	23,284	13,970	37,254	4,142		33,112
盐津县	17,798	10,678	28,477	12,955		15,522
永善县	34,344	20,606	54,950	21,096		33,854
绥江县	16,544	9,926	26,470	10,504		15,966
鲁甸县	14,147	4,488	22,635	13,823		8,812
镇雄县	59,937	35,962	95,899	40,169		55,730
威信县	7,606	4,564	12,170			12,170
彝良县	35,544	21,326	56,870	1,999		54,871
蒙自县	26,699	16,019	42,718	25,143		17,575
个旧县	16,496	9,898	26,394	18,924		7,470
建水县	44,150	26,490	70,640	15,906		54,734
河西县	14,721	8,833	23,554	20,609		2,945
石屏县	28,460	17,076	45,536	34,793		10,743
峨山县	13,474	8,084	21,558	15,096		6,462

（续表）

地方别	户口总数（户）积谷标准数（石）	二十三、四、五年份各增填二成谷数（石）	标准及增填总数（石）	现在积谷实数（石）	比较（石）	
					增	差
通海县	16,466	9,880	26,346	22,395		4,051
开远县	19,636	11,782	31,418	17,547		13,871
文山县	23,017	13,852	36,939	3,130		33,809
马关县	37,197	22,318	59,515	9,184		50,331
砚山县	18,657	11,194	29,851	27,652		2,199
广南县	47,575	28,545	76,120	47,727		28,393
富宁县	17,654	10,592	28,246	16,844		11,402
泸西县	29,919	17,951	47,870	44,272		3,598
师宗县	9,970	5,982	15,952	2,006		13,946
弥勒县	24,038	14,423	38,461	18,285		20,176
丘北县	13,412	8,047	21,459	10,530		10,929
华宁县	20,792	12,475	33,367	25,947		7,320
西畴县	18,367	11,020	29,387	25,252		4,135
曲溪县	6,330	3,797	10,128	10,128		
金平县	9,732	5,839	15,571	2,496		13,075
屏边县	14,769	8,861	23,630	10,381		13,249
宁洱县	14,044	8,426	22,470	14,560		7,910
景谷县	17,904	10,742	6,646	11,867		16,779
墨江县	24,961	14,977	39,938	28,924		11,014
思茅县	5,573	3,344	8,917	9,037	120	
元江县	18,219	10,991	29,310	25,391		3,919
新平县	11,907	7,144	19,051	16,670		2,381

（续表）

地方别	户口总数（户）积谷标准数（石）	二十三、四、五年份各增填二成谷数（石）	标准及增填总数（石）	现在积谷实数（石）	比较（石）	
					增	差
澜沧县	37,468	22,481	59,949	4,000		55,949
镇沅县	11,038	6,623	17,661	8,640		9,021
景东县	32,074	19,244	51,318	35,216		1,610
缅宁县	16,809	10,085	26,894	18,777		8,117
江城县	5,759	3,455	9,214	8,937		277
双江县	11,466	6,880	18,346	3,324		15,022
车里县	7,559	4.535	12,094	12,094		
南峤县	7,166	4,300	11,466	11,466		
佛海县	5,513	3,308	8,821	8,571		250
镇越县	5,150	3,090	8,240	4,719		3,521
六顺县	6,434	3,980	10,614	4,793		5,821
楚雄县	22,824	13,694	36,518	30,365		6,153
广通县	8,077	4,846	12,923	8,963		3,960
双柏县	13,355	8,013	21,368	21,368		
牟定县	17,125	10,275	27,400	27,400		
永仁县	15,653	9,392	25,045	21,227		3,818
大姚县	14,809	8,885	23,694	20,939		2,755
姚安县	18,099	10,859	28,958	20,899		8,059
盐兴县	5,192	3,115	8,307	4,037		4,270
盐丰县	5,995	3,597	9,592	9,020		572
镇南县	16,712	10,027	26,739	22,711		4,028
祥云县	21,067	12,640	33,707	20,346		13,261

（续表）

地方别	户口总数（户）积谷标准数（石）	二十三、四、五年份各增填二成谷数（石）	标准及增填总数（石）	现在积谷实数（石）	比较（石）	
					增	差
弥渡县	17,672	10,603	28,275	31,717	3,422	
凤仪县	10,402	6,241	16,643	9,905		6,738
大理县	16,192	9,715	25,907	23,112		2,795
邓川县	7,157	4,294	11,451	11,451		
洱源县	11,297	6,778	18,075	15,707		2,368
宾川县	18,132	10,939	29,171	25,845		3,326
永胜县	22,276	13,366	35,642	6,596		29,046
华坪县	14,414	8,648	23,062	4,805		18,257
丽江县	28,375	17,025	45,400	26,317		19,083
剑川县	13,501	8,101	21,602	15,961		5,641
鹤庆县	15,309	9,185	24,494	19,462		5,032
云龙县	15,214	9,128	24,342	23,040		1,302
兰坪县	12,409	7,445	19,854	14,698		5,156
中甸县	6,034	3,620	9,654	1,451		8,203
维西县	9,107	5,464	14,571	9,201	5,370	
蒙化县	36,884	22,130	59,014	33,074		25,940
漾濞县	5,039	3,023	8,062	8,023		39
永平县	7,596	4,558	12,154	9,663		2,491
镇康县	23,823	14,294	38,117	29,951		8,166
顺宁县	33,521	20,113	53,634	44,708		8,926
云县	22,912	13,747	36,659	22,912		13,747
昌宁县	9,091	5,455	14,546	23,307	8,761	

（续表）

地方别	户口总数（户）积谷标准数（石）	二十三、四、五年份各增填二成谷数（石）	标准及增填总数（石）	现在积谷实数（石）	比较（石）	
					增	差
保山县	67,045	40,227	107,272	93,863		13,409
腾冲县	52,596	31,558	84,154	36,308		47,846
龙陵县	18,725	11,235	29,960	32,411	2,451	
河口对汛区						
麻栗坡对汛区	9,062	5,437	14,499	1,264		13,235
龙武设治局	5,777	3,466	9,343	9,251	8	
宁江设治局	2,072	1,243	3,315	950		2,365
梁河设治局				2,185		
盈江设治局	5,475	3,285	8,760			8,760
莲山设治局	5,111	3,067	8,178	2,000		6,178
陇川设治局	2,272	1,363	3,635	3,635		
瑞丽设治局	4,599	2,759	7,358	1,788		5,570
潞西设治局	7,907	7,744	12,651	3,489		9,162
泸水设治局	3,434	2,060	5,494	593		4,901
德钦设治局	1,214	728	1,942	143		1,799
福贡设治局	4,316	2,590	6,906	6,042		864
碧江设治局	3,280	1,968	5,248	470		4,778
贡山设治局	1,985	1,191	3,276	616		2,560
宁蒗设治局						
沧源设治局				400		
总计	2,338,272	1,402,952	3,741,225	2,404,227	30,980	1,370,536

云南省仓存谷六千二百三十四京石（内有二十四年份借放数内本谷省石四十九石五斗，折合京石四百二十四石三斗之谱，系照市价折收谷款，共和新币二千六百七十三元。应俟二十六年新谷登场时，再为购谷入仓。又借放盘仓鼠耗谷省石二石二斗，至二十五年，借放本息谷数，尚未届期收还）。连同各市县区局存数全省总计实存谷数二百四十一万零四百六十一京石。

附记：

1. 表列“总计”栏内“现存积谷实数”一项与“比较”一项内差数之合计，减去该项“增数”及梁河沧源两设治局所存数外，即等于标准及增填总数。

2. 表列昆明市现在积谷实数外，据报就市民资产项下分等抽获积谷捐款约新币六万余元，存俟二十六年份新谷登场时即行购谷入仓。

3. 砚山、广南、顺宁、昌宁等县属户口，与第三次报告书所列不符，系因划拨界务，互有增减。对于全省户口总数，并未变更。

4. 表列“总计”栏内二十三、四、五年份，各增填二成谷数一百四十万零二千九百五十三石，系照各该县属户口扣算六成。石以下零数，用四舍五入法化为整数，与按照户口总数二百三十三万八千二百七十二户扣算六成。合不符十京石，即因各别扣算，用四舍五入法，不无小有出入。

5. 各设治局中，有因户口划拨未定，或以地广人稀，素不产谷；或遭天灾人祸，未曾举办。是以尚有少数属分，未据呈报，故付阙如。惟积谷原系储备荒歉，极为重要，已令饬照案尽量抽填，归入第五次表报。

6. 各市县区局内，间有少数因产谷不丰，兼抽苞谷、荞、麦等杂粮册报者。不再另列。合并注明。

云南省市县区局民国二十六年份积谷总数表

地方别	户口总数（户）积谷标准数（石）	截至二十六年份止新旧案增填共九成谷数（石）	标准及增填总数（石）	现在积谷实数（石）	比较（石）	
					增	差
昆明市	31,029	27,926	58,955	22,402		36,553
昆明县	35,675	32,108	67,783	71,626	3,843	
富民县	6,971	6,274	13,245	13,247	2	
晋宁县	9,688	8,719	18,407	13,618		4,789
呈贡县	16,126	14,513	30,639	18,017		12,622
宜良县	22,242	20,018	42,260	58,923	16,663	

（续表）

地方别	户口总数（户）积谷标准数（石）	截至二十六年份止新旧案增填共九成谷数（石）	标准及增填总数（石）	现在积谷实数（石）	比较（石）	
					增	差
易门县	12,254	11,029	23,283	15,801		7,482
安宁县	10,766	9,689	20,455	20,797	342	
禄丰县	7,110	6,399	13,509	15,258	1,749	
罗次县	9,700	8,730	18,430	16,524		1,906
嵩明县	20,513	18,462	38,975	30,650		8,325
昆阳县	11,030	9,927	20,957	19,038		1,919
武定县	25,696	23,126	48,822	35,844		12,978
元谋县	7,759	6,983	14,742	13,555		1,187
禄劝县	23,959	21,563	45,522	35,953		9,569
澄江县	14,330	12,897	27,227	25,520		1,707
玉溪县	28,287	25,458	53,745	51,046		2,699
江川县	13,773	12,396	26,169	24,551		1,618
路南县	18,099	16,289	34,388	35,302	914	
曲靖县	24,035	21,632	45,667	33,772		11,895
沾益县	33,732	30,359	64,091	48,326		15,765
陆良县	33,617	30,255	63,872	57,685		6,187
罗平县	24,044	21,640	45,684	44,791		893
寻甸县	29,925	26,933	56,858	38,056		18,802
宣威县	58,467	52,620	111,087	86,315		24,772
昭通县	46,651	41,989	88,637	6,766		81,871

（续表）

地方别	户口总数（户）积谷标准数（石）	截至二十六年份止新旧案增填共九成谷数（石）	标准及增填总数（石）	现在积谷实数（石）	比较（石）	
					增	差
马龙县	9,342	8,408	17,750	18,454	704	
平彝县	23,639	21,275	44,914	38,904		6,010
会泽县	58,413	52,572	20,985	57,914		53,071
巧家县	40,369	36,332	76,701	42,278		34,423
大关县	23,284	20,956	44,240	4,677		39,563
盐津县	17,798	16,018	33,816	12,955		20,861
永善县	34,344	30,910	65,254	15,005		50,249
绥江县	16,544	14,890	31,434	22,860		8,574
鲁甸县	14,147	12,732	26,879	3,636		23,243
镇雄县	59,937	53,943	113,880	26,770		87,110
威信县	7,606	6,845	14,451	2,065		12,386
彝良县	35,544	31,990	67,534	15,603		51,931
蒙自县	26,699	24,029	50,728	25,143		25,585
个旧县	16,496	14,846	31,342	19,139		12,203
建水县	44,150	39,735	83,885	33,835		50,050
河西县	14,721	13,249	27,970	27,970		
石屏县	28,460	25,614	54,074	35,656		18,418
峨山县	13,474	12,127	25,601	20,755		4,846
通海县	16,466	14,819	31,285	26,730		4,555
开远县	19,188	17,269	36,457	20,956		15,501
文山县	23,535	21,182	44,717	18,777		25,940

（续表）

地方别	户口总数（户）积谷标准数（石）	截至二十六年份止新旧案增填共九成谷数（石）	标准及增填总数（石）	现在积谷实数（石）	比较（石）	
					增	差
马关县	37,197	33,477	70,674	14,169		56,505
砚山县	18,657	16,791	35,418	25,732		9,716
广南县	47,575	42,818	90,393	94,981		40,412
富宁县	17,654	15,889	33,543	17,630		15,913
泸西县	29,919	26,927	56,846	47,812		9,034
师宗县	10,552	9,497	20,049	7,869		12,180
弥勒县	24,038	21,634	45,672	17,024		28,648
丘北县	13,412	21,071	25,483	9,406		16,077
华宁县	20,792	18,713	39,505	31,162		8,343
西畴县	18,367	16,530	34,897	25,252		9,645
曲溪县	6,330	5,697	12,027	10,128		1,899
金平县	9,732	8,759	18,491	1,887		16,604
屏边县	14,769	13,292	28,061	11,873		16,188
宁洱县	14,044	12,640	26,684	14,570		12,114
景谷县	17,904	16,114	34,018	11,867		22,151
墨江县	24,961	22,465	47,426	17,551		29,875
思茅县	5,573	5,016	10,589	9,037		1,552
元江县	18,319	16,487	34,806	16,635		18,171
新平县	11,907	10,716	22,623	23,966	1,343	
澜沧县	37,468	33,721	71,189	4,000		67,189
镇沅县	11,038	9,934	20,972	8,640		12,332

（续表）

地方别	户口总数（户）积谷标准数（石）	截至二十六年份止新旧案增填共九成谷数（石）	标准及增填总数（石）	现在积谷实数（石）	比较（石）	
					增	差
景东县	32,074	28,867	60,941	52,255		8,686
缅宁县	16,809	15,128	31,937	20,200		11,737
江城县	5,759	5,183	10,942	11,291	349	
双江县	11,466	10,319	21,785	3,324		18,461
车里县	7,559	6,803	14,362	12,094		2,268
南峤县	7,166	6,449	13,615	1,604		12,011
佛海县	5,513	4,962	10,475	9,281		1,194
镇越县	5,150	4,635	9,785	4,939		4,846
六顺县	6,634	5,971	12,605	7,619		4,986
楚雄县	22,824	20,542	43,366	30,365		13,001
广通县	8,077	7,269	15,346	7,578		7,768
双柏县	13,420	12,078	25,498	27,704	2,206	
牟定县	17,125	15,413	32,538	31,112		1,426
永仁县	15,653	14,088	29,741	29,982	241	
大姚县	14,809	13,328	28,137	21,399		6,738
姚安县	18,099	16,289	34,388	28,958		5,430
盐兴县	5,192	4,673	9,865	5,953		3,912
盐丰县	5,995	5,396	11,391	6,866		4,525
镇南县	16,712	15,041	31,753	26,808		4,945
祥云县	21,067	18,960	40,027	32,154		7,873
弥渡县	17,672	15,905	33,577	34,192	615	

（续表）

地方别	户口总数（户）积谷标准数（石）	截至二十六年份止新旧案增填共九成谷数（石）	标准及增填总数（石）	现在积谷实数（石）	比较（石）	
					增	差
凤仪县	10,402	9,362	19,764	20,182	418	
大理县	16,192	14,573	30,765	25,365		5,400
邓川县	7,157	6,441	13,598	13,598		
洱源县	11,297	10,167	21,464	20,480		984
宾川县	18,232	16,409	34,641	25,845		8,796
永胜县	22,276	20,048	42,324	20,932		21,392
华坪县	14,414	12,973	27,387	20,035		7,352
丽江县	28,375	25,538	53,913	24,233		29,680
剑川县	13,501	12,151	25,652	15,961		9,691
鹤庆县	15,309	13,778	29,087	24,226		4,861
云龙县	15,214	13,693	28,907	24,310		4,597
兰坪县	12,409	11,168	23,577	23,577		
中甸县	6,034	5,431	11,465	1,763		9,702
维西县	9,107	8,196	17,303	9,321		7,982
蒙化县	36,884	33,196	70,080	33,074		37,006
漾濞县	5,039	4,535	9,574	8,004		1,570
永平县	7,596	6,836	14,432	18,904	4,472	
镇康县	23,823	21,441	45,264	29,951		15,313
顺宁县	33,521	30,169	63,690	47,709		15,981
云县	22,912	20,621	43,533	43,552	19	
昌宁县	9,091	8,182	17,273	24,774	7,501	

（续表）

地方别	户口总数（户）积谷标准数（石）	截至二十六年份止新旧案增填共九成谷数（石）	标准及增填总数（石）	现在积谷实数（石）	比较（石）	
					增	差
保山县	67,045	60,341	127,386	98,991		28,395
腾冲县	52,596	47,336	99,932	61,078		38,854
龙陵县	18,725	16,853	35,578	33,131		2,447
河口对汛区				3,085		
麻栗坡对汛区	9,065	8,159	17,224	19,393	2,169	
龙武设治局	5,777	5,199	10,976	7,421		3,555
宁江设治局	2,072	1,865	3,937	950		2,987
梁河设治局				6,817		
盈江设治局	5,475	4,928	10,403			10,403
莲山设治局	5,111	4,600	9,711	2,000		7,711
陇川设治局	2,272	2,045	4,317	4,315		2
瑞丽设治局	4,599	4,139	8,738	1,527		7,211
潞西设治局	7,907	7,116	15,023	8,353		6,670
泸水设治局	3,434	3,091	6,525	8,486	1,961	
德钦设治局	1,214	1,093	2,307	1,577		730
福贡设治局	4,316	3,884	8,200	3,808		4,392
碧江设治局	3,280	2,952	6,232	3,120		3,112
贡山设治局	1,985	1,787	3,732	616		3,156
宁蒗设治局				139		
沧源设治局				800		
总计	2,338,272	2,104,458	4,442,730	2,866,737	45,511	1,632,345

云南省仓存谷六千二百三十四京石（查省仓存谷数目，为推陈易新，救济民食，曾经照章开仓放出半数，因尚未悉数收还入仓，故应得息谷若干，无从计入。是以仍照二十五年份实存数列载。嗣后借放本息谷数收清，统归二十七年份列报），连同各市县区局存谷数，全省总计实存二百八十七万二千九百七十一京石。

附记：

1. 表列"总计"栏内"现存积谷实数"一项，与比较一项内差数之合计，减去该项增数，及梁河、沧源、宁蒗设治局及河口对汛区所存数外，即等于标准及增填总数。

2. 表列昆明市现在积谷实数，与规定抽填额数，相差尚巨，据报就市民资产项下，分等抽收积谷捐。已饬将实收谷款尽二十七年新谷登场时，悉数购谷入仓。

3. 表列各属中户口标准数，如禄丰、罗次、罗平、开远、文山、师宗、双柏等县，与第四次报告书所列不符，系因划拨界务，互有增减，对于全省户口总数，并未变更。

4. 表列总数栏内，二十三、四年份各增填二成，又二十六年份新案增填三成谷数，二百一十万零四千四百五十八石，系照各该县属户口扣算九成，石以下零数，用四舍五入法，化为整数。与按照户口总数二百三十三万八千二百七十二户，扣算九成合不符十三京石，即因各别扣算。用四舍五入法，不无小有出入。

5. 表列各属中"现在积谷实数"栏，间有与二十五年份抽填数目比较，反形减少者，系因新旧任交收，发现从前有结报不实情事。为实事求是计，故照新任接收结报实有数列载，以昭核实。并将各该卸任县长暨各该区乡镇长等，分别情节轻重，呈奉省政府核准罚款建仓，或记过撤职以示惩戒，而儆将来。

6. 表列各属中"现在积谷实数"栏，有与二十五年份抽填数目完全相同者，系因赶修滇缅公路，曾准公路总局函：将干道所经各属，二十六年份新案增填三成谷数会呈省政府核准，展缓至二十七年份抽填。或因灾荒歉收，经查实人民无力抽填，而呈准缓填之故。

7. 此项报告书，依照上年办理成案，尚需汇印分发各属以资参考。惟值此抗战期间，仓储事关资源，应守秘密，不再付印公布，以免宣泄。

8. 各设治局中有因户口划拨未定，或以地广人稀，素不产谷，或遭水旱偏灾，未曾举办。是以尚有少数属分未据呈报，故付阙如。惟积谷系储备荒歉，极为重要。已令饬照案尽量抽填，归入第六次报告。

9. 各市、县、区局内，间有少数因产谷不丰，并兼苞谷、菽、麦等杂粮册报者，此项杂粮，已并入积谷数内统计，不再另列，合并注明。

云南省第六次（二十七年份）仓储积谷统计报告表

凡例：

（一）表中所列积谷数，系以京石为单位。

（二）各属积谷数，在原报厅册内，有以京石计算者，有以挑或箩计算者，均经折为斤数，复按一百四十斤折为一京石数。

（三）原报厅册内所列京石以下零数，均以四舍五入法化为整数，以便计算。

（四）本表“增填谷数”一栏，系按照户口标准数摊十三成，其石以下奇零，仍以四舍五入法计算。

云南省市县区局民国二十七年份积谷总数表

地方别	户口总数（户）积谷标准数（石）	截止二十七年年份止新旧案增填十三成数（石）	标准及增填总数（石）	现在积谷实数（石）	比较（石）	
					增（石）	差（石）
昆明市	31,029	40,338	71,367	22,402		48,965
昆明县	35,675	46,378	82,053	82,053	足	
富民县	6,971	9,062	16,033	16,033	足	
晋宁县	9,688	12,594	22,282	13,618		8,664
呈贡县	16,126	20,964	37,090	18,017		19,073
宜良县	22,242	28,915	51,157	60,585	9,428	
易门县	12,254	15,930	28,184	30,931	2,747	
安宁县	10,766	13,996	24,762	24,762	足	
禄丰县	7,110	9,243	16,353	15,357		1,096
罗次县	9,700	12,610	22,310	22,446		
嵩明县	20,513	26,667	47,180	30,650		16,530
昆阳县	11,030	14,339	25,369	19,038		6,331
武定县	25,696	33,405	59,101	49,143		9,958
元谋县	7,759	10,087	17,846	17,347		499
禄劝县	23,959	31,147	55,106	53,763		1,343
澄江县	14,330	18,629	32,959	25,520		7,439
玉溪县	28,287	36,773	65,060	61,459		3,601
江川县	13,773	17,905	31,678	23,558		8,120
路南县	18,099	23,529	41,628	46,256	4,528	
曲靖县	24,035	31,246	55,281	34,276		21,005

（续表）

地方别	户口总数（户）积谷标准数（石）	截止二十七年年份止新旧案增填十三成数（石）	标准及增填总数（石）	现在积谷实数（石）	比较（石）	
					增（石）	差（石）
沾益县	33,732	43,852	77,584	48,326		29,258
陆良县	33,617	43,702	77,319	73,753		3,566
罗平县	24,044	31,257	55,301	51,593		3,708
寻甸县	29,925	38,903	68,828	59,086		9,742
宣威县	58,467	76,007	134,474	86,315		48,159
马龙县	9,342	12,145	21,487	34,984	13,497	
平彝县	23,639	30,731	54,370	38,904		15,466
会泽县	58,413	75,937	134,354	53,567		80,783
巧家县	40,369	52,480	92,849	42,278		50,571
昭通县	46,651	60,646	107,297	6,766		100,531
大关县	23,284	30,369	53,553	4,677		48,876
盐津县	17,798	23,137	40,935	12,955		27,986
永善县	34,344	44,647	78,991	15,005		63,980
绥江县	16,544	21,507	38,051	22,860		15,191
鲁甸县	14,147	18,391	32,538	5,160		27,378
镇雄县	59,937	77,918	137,855	26,770		12,085
威信县	7,606	9,888	17,494	2,065		15,429
彝良县	35,544	46,207	81,751	11,750		70,001
蒙自县	26,699	34,709	61,408	34,892		26,516
个旧县	16,496	21,445	37,941	19,139	18,802	
建水县	44,150	57,395	101,545	53,512		48,033
河西县	14,721	19,137	33,858	足		

（续表）

地方别	户口总数（户）积谷标准数（石）	截止二十七年年份止新旧案增填十三成数（石）	标准及增填总数（石）	现在积谷实数（石）	比较（石）	
					增（石）	差（石）
石屏县	28,460	36,998	65,458	35,656		29,802
峨山县	13,474	17,516	30,990	31,172	182	
通海县	16,466	21,406	37,872	26,730		11,142
开远县	19,188	24,944	44,132	23,594		20,538
文山县	23,535	30,596	54,131	18,777		35,354
马关县	37,197	48,356	85,553	14,169		71,384
砚山县	18,657	24,254	42,911	25,732		17,179
广南县	47,575	61,848	109,423	49,981		59,442
富宁县	17,654	22,950	40,604	17,630		22,947
沪西县	29,919	38,895	68,814	62,757		6,057
师宗县	10,552	13,718	24,270	10,008		14,262
弥勒县	24,038	31,249	55,287	40,728		14,559
丘北县	13,412	17,436	30,848	10,967		19,881
华宁县	20,792	27,030	47,822	31,162		16,660
西畴县	18,367	23,877	42,244	25,252		16,992
曲溪县	6,330	8,229	14,559	13,926		623
金平县	9,732	12,652	22,384	2,529		19,855
屏边县	14,769	19,200	33,969	11,873		22,096
宁洱县	14,044	18,257	32,301	14,560		17,741
景谷县	17,904	23,275	41,179	11,867		29,312
墨江县	24,961	32,449	57,410	29,904		27,506
思茅县	5,573	7,245	12,818	10,463		2,355

（续表）

地方别	户口总数（户）积谷标准数（石）	截止二十七年年份止新旧案增填十三成数（石）	标准及增填总数（石）	现在积谷实数（石）	比较（石）	
					增（石）	差（石）
元江县	18,319	23,815	42,134	27,667		14,466
新平县	11,907	15,479	27,386	27,057		329
澜沧县	37,468	48,708	86,176	4,000		82,176
镇沅县	11,038	14,349	25,387	8,972		16,415
景东县	32,074	41,696	73,770	52,255		21,515
缅宁县	16,809	21,852	38,671	20,200	18,461	
江城县	5,759	7,487	13,246	11,291		1,955
双江县	11,466	14,906	26,372	15,361		2,011
车里县	7,559	9,827	17,386	8,985		8,401
南峤县	7,166	9,316	16,482	8,242		8,240
佛海县	5,513	7,167	12,680	10,886		1,794
镇越县	5,150	6,695	11,845	4,939		6,906
六顺县	6,634	8,624	15,285	9,417		5,841
楚雄县	22,824	29,671	52,495	30,365		22,130
广通县	8,077	10,500	18,577	10,368		8,209
双柏县	13,420	17,446	30,866	27,704		3,162
牟定县	17,125	22,263	39,388	39,388	足	
永仁县	15,653	20,349	36,002	36,280	278	
大姚县	14,809	19,252	34,061	34,065	4	
姚安县	18,099	23,529	41,628	41,628	足	
盐兴县	5,192	6,750	11,942	5,953		5,989
盐丰县	5,995	7,794	13,789	10,893		2,896

（续表）

地方别	户口总数（户）积谷标准数（石）	截止二十七年年份止新旧案增填十三成数（石）	标准及增填总数（石）	现在积谷实数（石）	比较（石）	
					增（石）	差（石）
镇南县	16,712	21,726	38,438	33,382		5,056
祥云县	21,067	27,387	48,454	44,311		4,243
弥渡县	17,672	22,974	40,646	41,825	1,179	
凤仪县	10,402	13,523	23,925	20,282		3,643
大理县	16,192	21,050	37,242	33,125		4,117
邓川县	7,157	9,304	16,461	15,301		1,260
洱源县	11,297	14,686	25,983	25,983	足	
宾川县	18,232	23,702	41,934	31,265		10,669
永胜县	22,276	28,959	51,235	12,044		39,191
华坪县	14,414	18,738	33,152	20,035		13,117
丽江县	28,375	36,888	65,263	24,233		41,030
剑川县	13,501	17,551	31,052	15,961		15,091
鹤庆县	15,309	19,902	35,211	19,475		15,736
云龙县	15,214	19,778	34,992	31,451		3,541
兰坪县	12,409	16,232	28,541	23,577		4,964
中甸县	6,034	7,844	13,878	2,051		11,827
维西县	9,107	11,839	20,946	10,178		10,768
蒙化县	36,884	47,949	84,833	49,115		35,718
漾濞县	5,039	6,551	11,590	8,004		3,586
永平县	7,596	9,875	17,471	20,586		3,115
镇康县	23,823	30,970	54,793	46,523		8,270
顺宁县	33,521	43,577	77,098	57,644		19,454

（续表）

地方别	户口总数（户）积谷标准数（石）	截止二十七年年份止新旧案增填十三成数（石）	标准及增填总数（石）	现在积谷实数（石）	比较（石）	
					增（石）	差（石）
云县	22,912	29,786	52,698	42,596		10,102
昌宁县	9,091	11,818	20,909	30,955		10,046
保山县	67,045	87,159	154,204	98,991		55,213
腾冲县	42,622	55,409	98,031	79,460		18,571
龙陵县	18,725	24,343	43,068	43,045		23
河口对汛区				3,301		
麻栗坡对汛区	9,065	11,785	20,850	2,371		18,479
龙武设治局	5,777	7,510	13,287	7,875		5,412
宁江设治局	2,072	2,694	4,766	798		3,968
梁河设治局	9,974	12,968	22,940	6,817		16,123
莲山设治局	5,111	6,644	11,755	2,000		9,755
陇川设治局	2,272	2,954	5,226	5,226	足	
瑞丽设治局	4,599	5,979	10,578	2,206		8,372
潞西设治局	7,907	10,379	18,186	8,353		9,833
泸水设治局	3,434	4,464	7,898	1,051		6,847
德钦设治局	1,214	1,578	2,792	158		2,634
福贡设治局	4,316	5,611	9,927	372		9,555
碧江设治局	3,280	4,264	7,544	312		7,232
贡山设治局	1,985	2,581	4,566	616		3,950
宁蒗设治局				139		
沧源设治局				980		
总计	2,338,272	2,039,769	5,378,044	3,294,356	45,142	133,248

云南省仓存谷六千二百三十四京石（查省仓存谷数目，为推陈易新，救济民食，曾经照奉开仓放出半数，因尚未悉数收还入仓，故应收息数若干，无从计入，是以仍将二十六年份实存数列载，嗣后借放本息如收清，统归二十八年份列报），连同各市、县、区、局存数，全省总计实存谷三百二十八万九千四百九十二京石。

附记：

1. 表列“总计”栏内“现存积谷实数”一项，与“比较”一项内差数之合计，减去该项增数及沧源、宁蒗设治局及河口对讯区所存数外，即等于“标准”及“增填总数”。

2. 表列各属户口标准数，系根据第五次报告书，惟腾冲、梁河两属因划拨界务，互有增减，对于全省户口总数，并未变更。

3. 表列“总计”栏内，除现存积谷实数有三百二十八万三千二百五十八京石外，尚有昆明、陆良、云龙、鹤庆、墨江、碧江等六属共存积谷新币一万八千七百八十一元三角三分。

4. 表列“总数”栏内，二十三、四、五年份各增填二成，二十六年份增填三成，又二十七年份新案增填四成谷数三百零三万九千七百六十九京石，系照各该县属户口折算十三成，石以下零数用四舍五入法化为整数，与按照户口总数二百三十三万八千二百七十二户折算十三成，不符二十四石，即因各别折算，用四舍五入法，不无小有出入。

5. 表列各属中“现在积谷实数”内，间有与二十六年份抽填数目比较反形减少者，系因新旧任内交收，发现从前结报不实情事。为实事求是计，故照新任接收结报实有数列载，以昭核实。并将各该卸任县长暨各区、乡、镇长等，分别情节轻重，呈奉省政府核准，或记过，或已撤职查办，以示惩戒而儆将来。

6. 表列各属中“现在积谷实数”栏有以二十六年份抽填数目相同者，系因灾荒歉收，经查属实，人民无力抽填，而呈准缓填之故。

7. 此项报告书，依照以前成案尚须汇印分发各属，以资参考。惟值此抗战期间，仓储事关资源，应守秘密，拟照二十六年份，不再付印公布，以免宣泄。

8. 各设治局中，有因户口划拨未定，或以地广人稀、素不产谷，或遭水旱偏灾、未曾举办，是以少数属分未据呈报，故付阙如。惟积谷原系储备荒歉，极为重要，已严饬照案尽量抽填，归入第七次报告。

9. 各市、县、区、局内，间有少数因产谷不丰，兼收苞谷、菽、麦等杂粮册报者，此项杂粮已并入积谷数栏，不再另列。

10. 此次汇编二十七年份统计表，因各属汇报稍迟，截至本年十月底，尚有陆续呈报者。本表虽系统计二十七年份实有谷数，恤自二十八年入夏以后，因本省各属雨旸不时，遭遇水旱偏灾，呈请以积谷碾米平粜等情前来，曾经查明情形，分别批准借放二、三、五成不等，俾资救济在案。此项借谷除前令依法收还仓以重储政外，合并声明。

云南省第七次（二十八年份）仓储积谷统计报告表

凡例：

（一）表中所列积谷数，系以京石为单位。

（二）各属积谷数，在原报厅册内有以京石计算者，有以挑或箩计算者，均经折为斤数，复按一百四十斤折为一京石数。

（三）原报厅册内所列京石以下零数，均以“四舍五入”法化为整数，以便计算。

（四）本表“增填谷数”一栏，系按照户口标准数摊十三成或十五成，其石以下奇零，仍以“四舍五入”法计算。

云南省市县区局民国二十八年份积谷总数表

单位：石

地方别	户口总数（户）积谷标准数（石）	二十三、四五、六、七、八年先后增填各成谷数	标准及增填合计数	二十八年结报数	比较	
					增	差
昆明市	31,029	40,338	71,367	22,402		48,965
昆明县	35,675	53,512	89,187	55,379石，谷款国币16,169.75元		33,808
宜良县	22,242	28,915	51,157	47,240		3,917
武定县	25,396	38,544	64,240	49,143		15,097
玉溪县	28,287	42,431	70,718	316,057		34,661
宣威县	58,467	87,701	146,168	86,315		59,853
会泽县	58,413	75,937	143,628	54,441		79,909
昭通县	46,651	69,977	116,628	6,766		109,862
永善县	34,344	51,516	85,860	15,005		70,855
镇雄县	59,537	89,806	149,843	26,770		123,073
开远县	19,188	28,782	47,970	23,594		24,376
个旧县	16,496	24,744	41,240	款236,772.8元		40,589
建水县	44,150	66,225	110,375	76,280		34,095

（续表）

地方别	户口总数（户）积谷标准数（石）	二十三、四五、六、七、八年先后增填各成谷数	标准及增填合计数	二十八年结报数	比较	
					增	差
石屏县	28,460	42,690	71,150	35,202		35,948
文山县	23,535	35,303	58,838	25,577		33,261
马关县	36,521	54,782	91,303	13,938		77,365
广南县	47,575	71,363	118,938	49,981		68,957
澜沧县	37,468	56,202	93,670	4,000		89,670
景东县	32,074	48,111	80,185	55,112		25,073
楚雄县	22,824	34,236	57,060	30,365		26,695
永胜县	22,276	33,414	55,690	16,997		38,693
丽江县	28,375	42,563	70,938	23,551		47,387
蒙化县	30,884	55,320	92,210	49,115		43,095
顺宁县	33,521	50,282	83,803	66,667		17,136
保山县	67,045	100,568	167,613	72,926		94,687
腾冲县	42,622	63,933	106,555	75,291		31,264
嵩明县	20,513	30,770	51,283	30,650		20,633
澄江县	14,330	21,495	35,825	22,694		13,231
曲靖县	24,035	31,246	55,281	31,443石，军米款国币52,328.6元		23,838
沾益县	33,732	43,852	77,584	38,643		38,941
陆良县	33,617	50,426	84,043	64,614		19,429
罗平县	24,044	31,257	55,301	谷款国币180,730元		1,156
寻甸县	29,925	38,903	68,828	47,124		21,704

（续表）

地方别	户口总数（户）积谷标准数（石）	二十三、四五、六、七、八年先后增填各成谷数	标准及增填合计数	二十八年结报数	比较	
					增	差
平彝县	22,639	30,731	54,370	53,493		877
巧家县	40,369	52,480	92,849	51,916		40,933
彝良县	35,544	46,207	81,751	15,972		65,779
蒙自县	26,699	34,709	61,408	34,892		26,516
通海县	16,466	21,406	37,872	29,401		8,471
泸西县	29,919	38,895	68,814	54,783		14,031
西畴县	18,367	23,877	42,244	10,591		31,653
富宁县	17,654	22,950	40,604	19,825		20,779
墨江县	24,961	32,449	57,410	31,050		26,360
元江县	18,319	23,815	42,134	32,822石，谷款国币335.8元		9,312
车里县	7,559	9,827	17,386	8,985		8,401
宁洱县	10,075	13,098	23,173	14,105		9,068
姚安县	18,099	27,149	45,284	41,627		3,621
大理县	16,192	21,050	37,242	33,205		4,307
祥云县	21,067	27,387	48,454	46,585		1,869
弥渡县	17,672	26,508	44,180	41,825		2,355
宾川县	18,232	23,702	41,934	34,392		7,542
镇康县	23,823	30,970	54,793	52,097		2,696
维西县	9,107	11,839	20,946	2,694		9,252
中甸县	6,034	7,844	13,878	2,279		11,599
富民县	6,971	9,062	16,033	16,033		

（续表）

地方别	户口总数（户）积谷标准数（石）	二十三、四五、六、七、八年先后增填各成谷数	标准及增填合计数	二十八年结报数	比较	
					增	差
晋宁县	9,688	14,532	24,220	10,102		14,118
呈贡县	16,126	20,964	37,090	22,339		14,751
易门县	12,254	18,381	30,635	35,624		4,989
安宁县	10,766	13,996	24,762	17,996		6,766
禄丰县	7,110	10,665	17,775	14,084		3,691
罗次县	9,700	12,610	22,310	22,446	236	
昆阳县	11,030	16,545	27,575	19,038		8,537
元谋县	7,759	10,087	17,846	18,308	462	
禄劝县	23,959	31,147	55,106	53,763	1,343	
江川县	13,773	17,905	31,678	29,979		1,699
路南县	18,099	23,529	41,628	43,852	2,224	
马龙县	9,342	14,013	23,355	26,702	3,347	
大关县	23,284	30,269	53,553	4,444		49,209
盐津县	17,798	23,137	40,935	4,038		36,897
绥江县	16,544	21,507	38,051	24,176		13,875
鲁甸县	14,147	18,391	32,538	8,341		24,197
威信县	7,606	9,888	17,494	2,065		
河西县	14,721	22,082	36,803	36,803		15,429
峨山县	13,474	17,516	30,990	31,172	282	
砚山县	18,657	24,254	42,911	25,732		17,179
师宗县	10,552	13,718	24,270	8,736		15,534
弥勒县	24,038	36,057	60,095	44,969		15,126

（续表）

地方别	户口总数（户）积谷标准数（石）	二十三、四五、六、七、八年先后增填各成谷数	标准及增填合计数	二十八年结报数	比较	
					增	差
丘北县	13,412	17,436	30,848	12,494		18,354
华宁县	20,792	27,030	47,822	31,162		16,660
曲溪县	6,330	9,495	15,825	14,559		1,266
金平县	9,732	12,652	22,384	2,730		19,654
屏边县	14,769	19,200	33,969	11,873		22,096
景谷县	17,904	23,275	41,179	19,334		21,835
思茅县	5,573	7,245	12,818	12,428		390
新平县	11,907	15,479	27,386	27,751	365	
镇沅县	11,038	14,349	25,387	8,032		17,355
江城县	5,759	7,487	13,246	13,687	441	
双江县	11,466	14,906	26,372	15,361		11,011
南峤县	7,166	9,316	16,482	11,899		4,583
佛海县	5,513	7,167	12,680	10,886		1,794
镇越县	5,150	6,695	11,845	3,822		8,023
六顺县	6,634	8,624	15,258	15,258		
广通县	8,077	10,500	18,577	10,169		8,408
双柏县	13,420	20,130	33,550	33,550		
牟定县	17,135	22,263	39,388	42,534		3,146
永仁县	15,653	23,480	39,133	41,548	2,415	
大姚县	14,809	22,214	37,023	34,065		2,958
凤仪县	10,402	13,523	23,925	24,390	465	
盐兴县	5,192	6,750	2,942	6,312		5,630

（续表）

地方别	户口总数（户）积谷标准数（石）	二十三、四五、六、七、八年先后增填各成谷数	标准及增填合计数	二十八年结报数	比较	
					增	差
盐丰县	5,995	7,794	13,789	12,197		1,592
镇南县	16,712	21,726	38,438	27,519		10,919
邓川县	7,157	9,304	16,461	10,030		6,431
洱源县	11,297	16,946	28,243	23,054		5,189
华坪县	14,414	18,738	33,152	12,827	20,225	
剑川县	13,501	17,551	31,052	15,961		15,091
鹤庆县	15,309	19,902	35,211	21,549石，谷款国币7,407.35元		13,662
云龙县	15,214	19,902	35,211	32,303石，谷款国币4,000元		2,689
兰坪县	12,409	16,132	28,541	23,577		4,964
漾濞县	5,039	6,551	11,590	10,894		696
永平县	7,596	11,394	18,990	19,662	672	
缅宁县	16,809	21,852	38,661	20,200		18,461
云县	22,912	29,786	52,698	42,595		10,103
昌宁县	9,091	13,637	22,728	34,684	11,956	
龙陵县	18,725	24,343	43,068	24,715		18,353
河口对汛区				谷款14,129元		
麻栗坡对汛区	9,741	12,663	22,404	2,371		20,033
龙武设治局	5,777	7,510	13,287	7,875		5,412
宁江设治局	2,072	2,649	4,766	888		3,878
梁河设治局	9,974	12,966	22,940	6,817		16,123

（续表）

地方别	户口总数（户）积谷标准数（石）	二十三、四五、六、七、八年先后增填各成谷数	标准及增填合计数	二十八年结报数	比较	
					增	差
盈江设治局	5,475	7,118	12,593			12,593
莲山设治局	5,111	6,644	11,755	2,000		9,755
陇川设治局	2,272	3,408	5,680	5,461		219
瑞丽设治局	4,599	5,979	10,578	2,206		8,372
潞西设治局	7,907	10,279	18,168	8,353		9,833
泸水设治局	3,434	4,464	7,898	1,201		6,697
德钦设治局	1,214	1,578	2,792	216		2,576
福贡设治局	4,316	5,611	9,927	385		9,542
碧江设治局	3,280	4,264	7,544	313石，谷款国币4,014元		7,232
贡山设治局	1,985	2,581	4,566	995		3,571
宁蒗设治局				222		
沧源设治局				1,235		
总计	2,334,306	3,254,807	5,589,113	3,226,517	44,433	2,394,853

云南省仓存谷六千二百三十四京石，曾经先后奉令全数借放，或碾米平价，当遵令收获谷款国币六万三千二百五十三元九角三仙。现正购谷还仓，俟购得若干，并将借放本息谷数收清，统归二十九年列报。

附记：

1. 表列“总计”栏内，“现存积谷实数”一项与“比较”一项差数合计，减去该项增数，及沧源、宁蒗设治局、河口对汛区所存数外，即等于“标准及其增填总数”。

2. 表列各属户口标准总数，系根据第六次报告书，惟腾冲、梁河两属，因划拨界务，互有增减，对于全省户口总数并未更动。

表列总数栏内，除“现存积谷实数”有三百二十二万六千五百一十七京石外，尚有昆明、个旧、河口、陆良、云龙、鹤庆、墨江、元江、曲靖、碧江等十属共存有谷款国币三十九万九千二百二十五元四角六仙。

3. 表列总数栏内，二十三、四、五年份各增填二成，二十六年份增填三成，二十七年份增填四成，二十八年份于昆明等五十属呈准增填二成，内除路南、富民、宜良、罗次、新平、禄劝、大姚、曲靖、会泽、安宁、牟定、弥渡十二属因受灾呈准增填仍照其他各属以十三成计算外，其昆明等三十八县系以十五成核计，总数为三百二十四万五千八百零七京石，系照各该县户口抽算。石以下零数，用四舍五入法化为整数，与按照户口总数二百三十三万四千三百零六户分别抽算十三成及十五成，稍有不符，即因各别抽算用四舍五入法，不无小有出入。

原存六千二百三十四京石，为推陈易新，并救济民食，曾经先后奉令照数开仓，全数借放或碾米平价，因尚未悉数收购入仓，故应得谷数若干无从计入，是以本年暂付阙如，嗣将来本息如数收清，统归二十九年度列报。

4. 马关县户口划拨六百七十六户与麻栗坡对讯督办接管，故马关户口标准比较二十七年度统计所列数减少。上数划拨之户口已加入麻栗坡应增填数内，致与上年度不符。至于全数、户口总数并未更动。

5. 昆明、玉溪、宜良等处所列数，比较二十七年度统计所列数有短少，系因各该县二十八年遵令提碾积谷置省平价，所领米款未能如数购还，故比较上年数差少。

6. 表列各属中“现在积谷实数”栏，间有与二十七年度抽填数目比较反形减少者，系因新旧任交收，经盘量发现有结报不实情事，为实事求是计，故照新任接收结报实有数列载，以昭核实。并将各该卸县长暨各乡（镇）长分别情节轻重，呈请记过，或撤职查办，收填，以儆将来，而示惩戒。

有与二十七年抽填数目完全相同者，系因灾荒歉收，经查属实，人民无力抽填，而呈请缓填之故。

7. 此项报告书，依照以前办理成案，尚须汇印分发各属，以资参考。惟值此抗战期间，仓储事关资源，应守秘密，拟照二十七年度，不再付印公布，以免宣泄。

8. 各设治局中，有因户口划拨未定，或以地广人稀、素不产谷，或遭水旱偏灾、未曾举办，是以有少数属份未据呈报，故付阙如。惟积谷原系储备荒歉，极为重要，已严饬照案尽量抽填，归入第八次报告。

9. 各县、市区、局内，间有少数因产谷不丰，抽送为荞、麦等杂粮册报者，此项杂粮已并入积谷数栏内，不再另列。

10. 此次汇编二十八年统计表，因各属汇报稍迟，截至本年十月底，尚有陆续呈报者。本表虽系统计二十八年份实有积谷数，惟自二十九年二月以后，因本省去年歉收，遭遇荒灾甚重，纷纷呈请借放积谷，或请以积谷碾米平价等情前来，当经查酌情形，分别批准借放数成，或平粜不等，俾资救济在案，此项借谷，除严令催收，尽于本年秋收还仓，以重储政外，合并呈明。

云南省第八次（二十九年份）仓储积谷统计报告表

凡例：

（一）表中所列积谷数，系以京石为单位。

（二）各属积谷数在原报厅册内，有以京石计算者，有以挑或箩计算者，均经折为斤数，复按一百四十斤折为一京石数。

（三）原报厅册内所列京石以下奇零数，均以四含五入法化为整数，以便计算。

（四）本表“增填谷数”一栏，系按照户口标准数摊十三成、十五成或十七成。其石以下奇零数，仍以四舍五入法计算之。

云南省市县区局民国二十九年份积谷总数统计表

单位：石

地方别	户口总数（户）积谷标准数（石）	二十三至二十九年先后增填各成谷数	标准及增填合计数	二十九年结报数	比较	
					增	差
昆明市	31,029	46,544	77,573	22,402		55,171
昆明县	35,675	53,512	89,187	79,277		9,910
宜良县	22,242	33,363	55,605	58,352	2,747	
武定县	25,696	38,544	64,240	51,392		12,848
玉溪县	28,287	42,431	70,718	49,294		21,424
宣威县	58,467	99,394	157,861	101,602		56,259
会泽县	58,413	99,302	157,712	54,441		103,274
昭通县	46,651	79,307	125,958	6,766		119,192
永善县	34,334	58,385	92,729	10,777		81,952
镇雄县	59,937	101,893	161,830	26,770		135,060
开远县	19,188	28,782	47,970	27,024		20,946
个旧县	16,496	24,744	41,240	4,651		36,589
建水县	44,150	75,055	119,205	66,087		53,118
石屏县	28,460	42,690	71,150	35,202		35,948
文山县	23,535	35,303	58,838	26,698		32,140

（续表）

地方别	户口总数（户）积谷标准数（石）	二十三至二十九年先后增填各成谷数	标准及增填合计数	二十九年结报数	比较	
					增	差
马关县	36,521	54,782	91,303	13,938		77,365
广南县	47,575	71,363	118,938	49,981		68,957
澜沧县	37,468	63,696	101,164	4,000		97,164
景东县	32,074	54,526	86,600	55,112		31,488
楚雄县	22,824	38,801	61,625	30,365		31,260
永胜县	22,276	27,869	60,145	21,931		38,214
丽江县	28,375	42,563	70,938	23,311		47,627
蒙化县	26,884	62,703	99,587	77,633		21,954
顺宁县	33,521	56,986	90,507	68,878		21,629
保山县	67,045	113,977	181,022	130,597		50,425
腾冲县	42,622	72,457	115,079	75,291		39,788
嵩明县	20,513	30,770	51,283	30,650		20,633
澄江县	14,330	21,495	35,825	22,694		13,131
曲靖县	24,035	40,860	64,895	30,157		34,738
沾益县	33,732	57,344	91,076	38,643		52,433
陆良县	33,617	57,149	90,766	84,045		6,721
罗平县	24,044	40,875	64,919	58,822		6,097
寻甸县	29,925	44,888	74,813	63,268		11,545
平彝县	23,639	40,186	63,825	46,105		17,720
巧家县	40,369	68,627	108,996	51,916		57,080
彝良县	35,544	60,425	95,969	19,404		76,565

（续表）

地方别	户口总数（户）积谷标准数（石）	二十三至二十九年先后增填各成谷数	标准及增填合计数	二十九年结报数	比较	
					增	差
蒙自县	26,699	40,049	66,748	34,892		31,856
通海县	16,466	27,992	44,458	29,401		15,057
泸西县	29,919	50,862	80,781	54,783		25,998
西畴县	18,367	27,551	45,918	10,591		35,327
富宁县	17,654	26,481	44,135	19,825		24,310
宁洱县	10,075	17,128	27,203	22,669		4,534
墨江县	24,961	42,434	67,395	31,364		36,031
元江县	18,319	31,142	49,461	32,822		16,639
车里县	7,559	11,339	18,898	8,985		9,913
姚安县	18,099	30,768	48,867	37,199		11,668
大理县	16,192	27,526	43,718	36,406		7,312
祥云县	21,067	35,814	56,881	46,585		10,296
弥渡县	17,672	30,042	47,714	41,825		5,889
宾川县	18,232	30,994	49,226	37,810		11,416
镇康县	23,823	40,499	64,322	52,097		12,225
维西县	9,107	13,661	22,768	12,367		10,401
中甸县	6,034	9,051	15,085	2,279		12,806
富民县	6,971	10,457	17,428	17,835	407	
晋宁县	9,688	14,532	24,220	11,514		17,706
呈贡县	16,126	24,189	40,315	28,341		11,974
易门县	12,254	20,832	33,080	22,836		10,250

（续表）

地方别	户口总数（户）积谷标准数（石）	二十三至二十九年先后增填各成谷数	标准及增填合计数	二十九年结报数	比较	
					增	差
安宁县	10,766	16,149	26,915	25,816		1,099
禄丰县	7,110	10,665	17,775	14,084		3,691
罗次县	9,770	14,550	24,250	22,972		1,278
昆阳县	11,030	10,545	27,575	23,439		4,136
元谋县	7,759	13,190	20,949	18,308		2,641
禄劝县	23,959	35,939	59,898	44,595		15,303
江川县	13,773	23,414	37,187	31,630		5,557
路南县	18,099	27,149	45,248	43,852		1,396
马龙县	9,342	15,881	25,223	26,141	918	
大关县	23,284	34,926	58,210	4,444		53,766
盐津县	17,798	26,697	44,495	6,425		38,070
绥江县	16,544	28,125	44,669	24,176		20,493
鲁甸县	14,147	24,050	38,197	8,362		29,835
威信县	7,606	12,930	20,536	2,480		18,056
河西县	14,721	25,026	39,747	39,747		
峨山县	13,474	22,906	36,380	34,627		1,753
砚山县	18,657	27,986	46,643	25,732		20,911
师宗县	10,552	15,828	26,380	10,483		15,897
弥勒县	24,038	40,865	64,903	44,969		19,934
丘北县	13,412	22,800	36,212	14,369		21,843
华宁县	20,792	35,346	56,138	26,848		29,290

（续表）

地方别	户口总数（户）积谷标准数（石）	二十三至二十九年先后增填各成谷数	标准及增填合计数	二十九年结报数	比较	
					增	差
曲溪县	6,330	10,761	17,091	17,091		
金平县	9,732	14,598	24,330	2,730		21,600
屏边县	14,769	22,154	36,923	11,873		25,050
景谷县	17,904	30,437	48,341	19,344		28,997
思茅县	5,573	9,474	15,047	12,428		2,619
新平县	11,907	17,861	29,768	30,432	664	
镇沅县	11,038	18,765	29,803	8,032		21,771
江城县	5,759	8,639	14,398	14,280		118
双江县	11,466	17,199	28,665	9,327		19,338
南峤县	7,166	10,749	17,915	11,899		6,016
佛海县	5,513	8,270	13,783	11,727		2,056
镇越县	5,150	7,725	12,875	4,221		8,654
六顺县	6,634	8,624	15,258	15,258		
广通县	8,077	12,116	20,193	15,710		4,483
双柏县	13,420	22,814	36,234	28,987		7,247
牟定县	17,225	29,113	46,238	51,119		4,881
永仁县	15,653	26,610	42,263	40,698		1,565
大姚县	14,809	25,175	39,984	37,179		2,805
凤仪县	10,402	17,683	28,085	24,390		3,695
盐兴县	5,192	7,788	12,980	6,312		6,668
盐丰县	5,995	10,192	16,187	17,369	162	

（续表）

地方别	户口总数（户）积谷标准数（石）	二十三至二十九年先后增填各成谷数	标准及增填合计数	二十九年结报数	比较	
					增	差
镇南县	16,712	28,410	45,122	27,519		17,630
邓川县	7,157	12,167	19,324	17,893		1,431
洱源县	11,297	19,205	30,502	30,502		
华坪县	14,414	24,504	38,918	13,948		24,970
剑川县	13,501	17,551	31,052	8,197		22,855
鹤庆县	15,309	22,964	38,273	26,447		11,826
云龙县	15,214	25,864	41,078	33,152		7,926
兰坪县	12,409	13,614	31,023	24,302		6,721
漾濞县	5,039	3,566	13,605	13,583		22
永平县	7,596	12,913	20,509	22,766	2,257	
缅宁县	16,809	23,575	45,384	20,200		25,184
云县	22,912	33,950	61,862	48,665		13,197
昌宁县	9,091	15,455	24,546	38,683	14,137	
龙陵县	18,725	31,333	50,558	25,034		25,524
河口对汛区				谷款国币14,139元		
麻栗坡对汛区	9,741	14,612	24,353	2,371		21,982
龙武设治局	5,777	8,666	14,443	8,663		5,780
宁江设治局	2,072	3,108	5,180	888		4,292
梁河设治局	9,974	14,961	24,935	6,817		18,118
盈江设治局	5,475	8,213	13,688	249		13,539
莲山设治局	5,111	7,667	12,778	2,000		10,778

（续表）

地方别	户口总数（户）积谷标准数（石）	二十三至二十九年先后增填各成谷数	标准及增填合计数	二十九年结报数	比较	
					增	差
陇川设治局	2,272	3,408	5,680	6,167	487	
瑞丽设治局	4,599	6,899	11,498	2,206		9,292
潞西设治局	7,907	11,861	19,768	8,353		11,415
泸水设治局	3,434	5,151	8,585	1,201		7,384
德钦设治局	1,214	1,821	3,035	210		2,825
福贡设治局	4,316	6,474	10,790	616		10,174
碧江设治局	3,280	4,920	8,200	479石，谷款3,853元		7,721
贡山设治局	1,985	2,978	4,963	995		3,968
宁蒗设治局				222		
沧源设治局				1,235		
总计	2,334,306	3,788,958	6,223,264	3,487,270	27,680	2,665,131

云南省仓存谷六千二百三十四京石，曾经先后奉令全数借放，或碾米平价，当经遵令收获谷款国币六万三千一百零八元九角三仙。现正购谷还仓，俟购获若干，并将借放本息谷数收清，统归三十年度列报。

附记：

1. 表列总数栏内“现存积谷实数”一项，与“比较”一项内差数合计，减去该项增数，及沧源、宁洱两设治局所存数外，即等于“标准及增填总数”。

2. 表列总数栏内，除现存积谷实数为三百四十八万七千二百七十京石外，尚有省仓及河口对汛区、碧江设治局存有谷款国币洋七万七千六百二十三元二角三仙。

3. 表列总数栏内，二十三、四、五年份各增填二成，二十六年份增填三成，二十七年份增填四成，二十八年份呈准一律增填二成，二十九年份于江川等六十八属呈准各增填二成，以上六十八属，应照十八成计算。至于其他各属，仍以十五成计算。惟剑川、六顺两属因灾情较重，情形特殊，呈准以十三成计算，其各属增填总数为六百二十二万三千二百六十四京石，系照各该县户口为标准计算，石以下奇零数，以四舍五入法化为整数，按户口总数为二百三十三万四千三百零六户分别抽算十五成、十七成、十三成不等，稍有不符，即因各别抽算用四舍五入法，不无小有出入。

4. 户口总数一栏与二十八年份所报总计相符，至于全省户口总数，并未更动。

5. 各该县结报数，间有与二十八年份统计所列数比较短少者，系因该县于二十八年令提碾公谷运省平价，二十九年碾售军米及平价各情，所领米款一时难于购填，故比较上年度所列差少，然亦有超出者。

6. 表列各属“现在积谷数”栏内，有与二十八年度抽填数目完全相同者，系因灾荒歉收，经查属实，人民无力抽填而呈请缓填之故。后查有增填不力之少数属份，已将各该县长及各乡（镇）长等分别情节轻重，呈准记过，或撤或留办，以示惩戒而儆将来。

7. 此项报告书依照以前办理成案，尚须汇印，即分发各属，以资参考。惟值此抗战期间，仓储事关资源，应守秘密，拟照二十八年度，不再付印公布，以免宣泄。

8. 各设治局中，有因户口划拨未定，或以地广人稀、素不产谷，或遭水旱偏灾、未曾筹办，是以尚有少数属份未撰呈报，故付阙如。惟积谷原系储备荒歉，极为重要，已严饬照案尽量抽填，归入第九次报告。

9. 各市、县、区、局内，间有少数属份因产谷较少，抽收苞谷、荞、麦等杂粮册报者，此项杂粮已并入积谷栏内计算，不再另列。

10. 此项汇编二十九年积谷统计表，因各属结报稍迟，截至三十年十月底，尚有陆续呈报者。本表虽系统计二十九年份积谷实数，惟三十年二月以后，各属因米价高涨，或遭遇荒灾，纷纷呈请借放积谷，或请碾米平价等情前来，当经查酌情形，分别批准借放数成或平粜不等，俾资救济在案，此项借谷，除严令催收尽于本年秋收还仓以重储政外，合并陈明。

云南省第九次（三十年）仓储积谷统计报告表

凡例

（一）表中所列积谷数，系以京石为单位。

（二）各属积谷数在原报厅册内，有以京石计算者，有以挑或箩计算者，均经折为斤数，复按一百四十斤折为一京石数。

（三）原报厅册内所列京石以下奇零数，均以四舍五入法化为整数，以便计算。

（四）本表增填谷数一栏，系按照户口标准数，摊十三成、十五成或十七成，其石以下奇零数，仍以四舍五入法计算之。

云南省各市县区局三十年度积谷实数统计报告表

单位：石

地方别	户口总数（户）积谷标准数（石）	二十三、四、五、六、七、八、九年先后增填各成谷数	标准及增填合计数	三十年度印结呈报谷数	比较	
					增	差
昆明市	31,029	46,544	77,573	22,402		55,173
昆明县	35,675	53,512	89,187	79,277		9,910
宜良县	22,242	33,363	55,605	60,273	4,568	
武定县	25,696	38,544	64,240	55,765		8,475
玉溪县	28,287	42,431	70,718	55,073		15,645
宣威县	58,467	99,394	157,861	70,365		87,496
会泽县	58,413	99,302	157,715	52,863		104,853
昭通县	46,651	79,307	125,958	16,230 款 265,388 元		109,728
永善县	34,344	58,385	92,729	10,777		81,952
镇雄县	59,937	101,892	161,830	26,770		135,060
开远县	19,188	28,682	47,970	27,643		20,327
个旧县	16,496	24,744	41,240	6,385 款 10,981 元		34,855
建水县	44,150	75,055	119,205	66,087		53,118
石屏县	28,460	42,690	71,150	31,076		40,074
文山县	23,535	35,303	58,838	26,698		32,140
马关县	36,521	54,782	91,303	9,466		81,837
广南县	47,575	71,363	118,938	49,981		68,957
澜沧县	37,468	63,696	101,164	48,183		52,981
景东县	32,074	54,526	86,600	55,112		31,488

（续表）

地方别	户口总数（户）积谷标准数（石）	二十三、四、五、六、七、八、九年先后增填各成谷数	标准及增填合计数	三十年度印结呈报谷数	比较	
					增	差
楚雄县	22,824	38,801	61,625	38,748		22,877
永胜县	22,276	37,869	60,145	21,931		38,214
丽江县	28,375	42,563	70,938	28,374		42,664
蒙化县	36,884	62,703	99,587	77,633		21,954
顺宁县	33,521	56,986	90,507	71,162		19,345
保山县	67,045	113,977	181,022	148,727		32,295
腾冲县	42,622	72,457	115,079	75,291		39,788
嵩明县	20,513	30,770	51,283	46,720		4,563
澄江县	14,330	21,495	35,825	22,694		13,131
曲靖县	23,443	39,853	63,296	28,949		34,347
沾益县	31,998	54,397	86,395	38,643		47,752
陆良县	33,617	57,149	90,766	79,798 国币 180 元		10,968
罗平县	24,044	40,875	64,919	58,822		6,097
寻甸县	29,925	44,888	74,813	64,572		10,241
平彝县	25,965	44,141	70,106	46,105		24,001
巧家县	40,369	68,627	108,996	72,922		36,074
彝良县	35,544	60,425	95,969	21,307		74,663
蒙自县	26,699	40,049	66,748	34,892		31,856
通海县	16,466	27,992	44,456	29,401		15,057
泸西县	29,919	50,862	80,781	54,783		25,998
西畴县	18,367	27,551	45,918	12,215		33,703

（续表）

地方别	户口总数（户）积谷标准数（石）	二十三、四、五、六、七、八、九年先后增填各成谷数	标准及增填合计数	三十年度印结呈报谷数	比较	
					增	差
富宁县	10,075	17,128	27,203	22,669		4,534
墨江县	24,961	42,434	67,395	23,866		43,529
元江县	18,319	31,142	49,461	32,822		16,639
车里县	7,559	11,339	18,898	8,985		9,913
姚安县	18,099	30,768	48,867	37,199		11,668
大理县	16,193	27,526	43,718	36,406		7,312
祥云县	21,067	35,814	56,881	57,601	720	
宁洱县	10,075	17,128	27,203	22,669		4,534
弥渡县	17,672	30,042	47,714	43,509		4,205
宾川县	18,232	30,994	49,226	45,004		4,222
镇康县	23,823	40,499	64,322	52,097		12,225
维西县	9,107	13,661	22,768	12,735		10,033
中甸县	6,034	9,051	15,085	2,155		12,930
富民县	6,971	10,457	17,428	17,836	408	
晋宁县	9,688	14,532	24,220	11,514		12,706
呈贡县	16,126	24,189	40,315	29,135		11,180
易门县	12,254	20,832	33,086	24,830		8,256
安宁县	10,766	16,149	26,915	25,816		1,099
禄丰县	7,110	10,665	17,775	20,954	3,179	
罗次县	9,700	14,550	24,250	22,972		1,278
昆阳县	11,030	16,545	27,575	21,100		6,475
元谋县	7,759	13,190	20,949	18,611		2,338

（续表）

地方别	户口总数（户）积谷标准数（石）	二十三、四、五、六、七、八、九年先后增填各成谷数	标准及增填合计数	三十年度印结呈报谷数	比较	
					增	差
禄劝县	23,959	35,939	59,898	44,595		15,303
江川县	13,773	23,414	37,187	31,567		5,620
路南县	18,099	27,149	45,248	43,852		1,396
马龙县	9,342	15,881	25,223	26,141	918	
大关县	23,284	34,926	58,210	5,596		52,614
盐津县	17,798	26,697	41,495	7,297		37,198
绥江县	16,544	28,125	44,669	16,341		28,328
鲁甸县	14,147	24,050	38,197	9,617		28,580
威信县	7,606	12,930	20,536	2,971		17,565
河西县	14,721	25,026	39,747	39,747		
峨山县	13,474	22,906	36,380	33,640		2,740
砚山县	18,657	27,986	46,643	25,732		20,911
师宗县	10,552	15,828	26,380	13,504		12,876
弥勒县	24,038	40,865	64,903	44,969		19,934
丘北县	13,412	22,800	36,212	12,335		23,877
华宁县	20,792	35,346	56,138	29,130		27,008
曲溪县	6,330	10,761	17,091	17,091		
金平县	9,732	14,598	24,330	2,730		21,600
屏边县	14,769	22,154	36,923	14,770		22,153
景谷县	17,904	30,437	48,341	19,344		28,997
思茅县	5,573	9,474	15,047	12,428		2,619
新平县	11,907	17,861	29,768	30,432	664	

（续表）

地方别	户口总数（户）积谷标准数（石）	二十三、四、五、六、七、八、九年先后增填各成谷数	标准及增填合计数	三十年度印结呈报谷数	比较	
					增	差
镇沅县	11,038	18,765	29,803	11,018		18,785
江城县	5,759	8,639	14,398	15,790	1,392	
双江县	11,466	17,199	28,665	11,191		17,474
南峤县	7,166	10,749	17,915	14,857		3,058
佛海县	5,513	8,270	13,783	11,727		2,056
镇越县	5,150	7,725	12,875	4,643		8,232
六顺县	6,634	9,951	16,585	16,585		
广通县	8,077	12,116	20,193	20,834	641	
双柏县	13,420	22,814	36,234	37,308	1,047	
牟定县	17,125	29,113	46,238	52,230	5,992	
永仁县	15,653	26,610	42,263	45,391	3,128	
大姚县	14,809	25,175	39,984	37,119		2,805
凤仪县	10,402	17,683	28,085	24,390		3,695
盐兴县	5,192	7,788	12,980	6,312		6,668
盐丰县	5,995	10,192	16,287	17,369	1,182	
镇南县	16,712	28,410	45,122	40,358		4,764
邓川县	7,157	10,736	17,893	17,893		
洱源县	11,297	19,205	30,502	30,407		95
华坪县	14,414	24,504	38,918	32,180		6,738
剑川县	13,501	17,551	31,052	8,197		22,855
鹤庆县	15,309	22,964	38,273	22,365		14,908
云龙县	15,214	25,864	41,078	33,152		7,926

（续表）

地方别	户口总数（户）积谷标准数（石）	二十三、四、五、六、七、八、九年先后增填各成谷数	标准及增填合计数	三十年度印结呈报谷数	比较	
					增	差
兰坪县	12,409	18,614	31,023	24,302		6,721
漾濞县	5,039	8,566	13,605	14,203	498	
永平县	8,463	14,387	22,850	22,766		84
缅宁县	16,809	28,575	45,384	40,712		4,672
云县	22,912	38,950	61,862	48,665		13,197
昌宁县	15,473	26,304	41,777	40,402		1,375
龙陵县	18,725	31,833	50,558	25,034		25,254
河口对汛区				谷款国币15,122元		
麻栗坡对汛区	9,741	14,612	24,353	2,371		21,982
龙武设治局	5,777	8,666	14,443	9,919		4,524
宁江设治局	2,072	3,108	5,180	888		4,292
梁河设治局	9,974	14,961	24,935	8,817		18,118
盈江设治局	5,475	8,213	13,688	149		13,539
莲山设沿局	5,111	7,667	12,778	2,000		10,778
陇川设治局	2,352	3,528	5,880	6,167	287	
瑞丽设治局	4,599	6,899	11,498	2,206		9,292
潞西设治局	7,907	11,861	19,768	8,535		11,415
泸水设治局	3,434	5,151	8,585	1,201		7,384
德钦设治局	1,214	1,821	3,035	210		2,825
福贡设治局	4,316	6,474	10,790	680		10,110

（续表）

地方别	户口总数（户）积谷标准数（石）	二十三、四、五、六、七、八、九年先后增填各成谷数	标准及增填合计数	三十年度印结呈报谷数	比较	
					增	差
碧江设治局	3,280	4,920	8,200	479 谷款国币 385 元		7,721
贡山设治局	1,985	2,978	4,963	1,091		3,872
宁蒗设治局				285		
沧源设治局				520		
总计	234,635	3,801,298	6,142,933	3,678,760	24,651	2,489,626

云南省仓二十九年份存谷六千二百三十四京石，曾经先后奉令全数借放或碾米平价，收获价款国币六万三千一百零八元九角三仙在案，于三十年购得净谷一千三百零八公石。因系谷价奇昂，除运、杂各费开支外，购入上数存储，合并声明。

附记：

1. 表列总数栏内现存谷实数一项，与比较一项内差数合计，减去该项增数，及沧源、宁蒗两设治局所存数外，其所得数与标准及增填总数一项相等。

2. 表列总数栏内，除现存积谷实数为三百六十七万八千七百六十京石外，尚有昭通、个旧、陆良、河口、碧江等属积获谷款国币二十九万二千零五十六元。

3. 表列总数栏内，二十三、四、五年份各增填二成，二十六年份增填三成，二十七年份增填四成，二十八年份呈准一律增填二成，二十九年份于江川等六十八属呈准各增填二成，以上六十八属应照十七成计算，至于其他各属，仍以十五成计算。惟剑川、六顺两属因灾情较重，情形特殊，呈准以十三成计算，至三十年未经饬令增填各属，标准增填应积总数为六百一十四万二千九百三十三京石，系照各该县户口为标准计算，石以下奇零数以四舍五入法化为整数，按户口总数为二百三十四万一千六百三十五户分别抽算十五成、十七成、十三成不等，稍有不符，即因各别抽算用四舍五入法，不无小有出入。

4. 户口总效一栏与二十九年份所报统计数字略有不符，原因三十年十月，曲靖、沾益两县会呈奉令划拨插花地管辖户口，准将曲靖县减去五百九十二户，增入沾益县标准户口内，该县等标增应填谷数亦按照移拨清楚。沾益县同时将所属之羊肠营插花、畸零二千三百二十六户拨归平彝县接管，并照案计册增加汇入。此外，据永平县呈报该县户口三十年度增加八百六十七户，昌宁县亦呈报户口增加六千三百八十二户，陇川设治局于二十九年十二月呈报该属户口超出八十户，请由三十年度统计汇办，本年户口计超出七千三百二十九户，其应填标增各谷数，并据该县、局等呈明，已悉照收填在案，故按户口加算入该县、局等应积项下。

5. 各该县结报数，间有与二十九年统计所列数比较短少者，系该县于二十九年遵令提碾公谷平价及三十年借碾囤粮，一时难于购填足额，故比较上年列报减少，然亦有超出者。

6. 表列各属实积谷数栏内，有与二十九年结报数相同者，系因灾荒歉收、呈准缓填之故，或因三十年度免予增填者。复查有抽填不力之少数属份（如马关等县），查其情节轻重，已将各该县长（镇）长等撤职留办，或记过处分，以示惩戒而儆将来。

7. 各设治局中，有因户口划拨未定，或以地广人稀、素不产谷，或遭水旱偏灾、未曾筹办，是以尚有少数属份未据呈报，故付阙如。惟积谷原系储备荒歉，极为重要，已严饬照案尽量抽填，归入第十次报告。

8. 各市、县、区、局内，间有少数属份因产谷较少，抽收苞谷、荞、麦等杂粮册报者，此项杂粮已并入积谷栏内计算，不再另列。

9. 此次汇编三十年统计报告书，因各属结报稍迟，截至三十一年十一月底，尚有陆续呈报。本表虽系统计三十年实积谷数，惟三十一年三月以后，本省各属因米价高涨，或遭遇偏灾，均经斟酌情形，批准借放数成，俾资救济在案，此次借放谷数，除严令催收，尽本年秋收本利如数还仓，以重储政外，合并陈明。

10. 腾冲、龙陵两县，梁河、碧江、潞西、盈江、瑞丽、莲山、陇川六设治局，因地沦陷，各该属积谷数字，仍以二十九年所报者列入，并未变更。

二十九年至三十三年各属已报借放积谷概况

兹将各属二十九年至三十三年所报到厅借放积谷数目及有关情节汇表如下：

二十九年至三十三年各属已报借放积谷一览表

项别	二十九年		三十年		三十一年		三十二年		三十三年	
	核放成数	实放谷数	核放成数	实放谷数	核放成数	实放谷数	核放成数	实放谷数	核放成数	实放谷数
昆明市										
昆明县			5						2	14,916
富民县			县仓五 全县二						5	7,236
晋宁县			3		3	3,454				5,263
呈贡县			3		3	8,502	2	5,835	2	9,704
宜良县			3		2	12,034				

（续表）

项别	二十九年		三十年		三十一年		三十二年		三十三年	
	核放成数	实放谷数	核放成数	实放谷数	核放成数	实放谷数	核放成数	实放谷数	核放成数	实放谷数
易门县	4	12,372	3	3			3	7,450		
安宁县			5		2	5,163			2	5,162
禄丰县			4	7,110	4		3	6,280		
罗次县			6						2	4,619
嵩明县									2	14,015
昆阳县					仁德乡三其他乡镇二		2	4,220		
武定县			4	杁旧镇第四、五、六保杂粮借放四成	3	15,417	2	12,530	3	16,727
元谋县					4		3	5,580		
禄劝县					3	13,378	2	8,919		
澄江县			抚绥乡全数借放其他乡镇放五成		3	6,808				
玉溪县		18,053	6		5	7,700	3	16,500	3	24,068
江川县			2	此外县仓借放567京石	3	9,489	2	10,200	3	16,294
路南县			3	13,155	2	8,770			2	13,126
曲靖县			3		2	6,032			2	3,874
沾益县			5		3	11,592			2	3,784

（续表）

项别	二十九年		三十年		三十一年		三十二年		三十三年	
	核放成数	实放谷数	核放成数	实放谷数	核放成数	实放谷数	核放成数	实放谷数	核放成数	实放谷数
陆良县	4	29,238	3		县仓放三成		2	15,959	6	20,579
罗平县	4	20,637	2		3	17,646				
寻甸县			3		先后放四成	25,567				
宣威县					虹桥镇四其他乡镇二	20,320				
马龙县	3	8,010			4	10,456	2	5,228	8,626	
平彝县						2				
会泽县							3	15,630		
巧家县										
昭通县									全放	
大关县										
盐津县										7,411
永善县				借放苞谷540石						
绥江县					3	7,253			8	5,990
鲁甸县					3	2,804				
镇雄县								18,000		所积苞谷全数借放
威信县					3					
彝良县						所积苞谷全数借放				

（续表）

项别	二十九年		三十年		三十一年		三十二年		三十三年	
	核放成数	实放谷数	核放成数	实放谷数	核放成数	实放谷数	核放成数	实放谷数	核放成数	实放谷数
个旧县		138				民新乡放二成其他乡镇3,386				
建水县	2	10,704			3	19,836	3	19,527	3	
河西县			5	19,873	4	15,898	先后两次放四	14,898		
石屏县					瑞溪、麻鸣两乡各放三		2	6,215	5	
峨山县	4	12,469	3		4		2	6,728	3	11,316
通海县			3		4		2	5,880		
开远县										无息借放积荞146
文山县										
马关县										偓西乡借放900
砚山县										
广南县							2	2,301		
富宁县										
泸西县			先后两次借放六		2	10,956			5	27,600
师宗县			4		3	3,144			先后两次借放四	6,805
弥勒县										

（续表）

项别	二十九年		三十年		三十一年		三十二年		三十三年	
	核放成数	实放谷数	核放成数	实放谷数	核放成数	实放谷数	核放成数	实放谷数	核放成数	实放谷数
丘北县					3					
华宁县					4				2	3,564
西畴县										
曲溪县	3	42,168	2		4	6,836				
金平县										
屏边县										
宁洱县	3	4,323					2	45,338		
景谷县										
墨江县					2		2	4,773		
思茅县			3						8	759
元江县										
新平县			3		3					
澜沧县						县仓苞谷借放300石	2	9,630		
镇沅县					3	3,305				
景东县		17,127								
缅宁县					3	6,060	2	8,110		
江城县					3					
双江县			5		3	3,357			8	13,429
车里县									2	3,421
南峤县										
佛海县									8	7,893

（续表）

项别	二十九年		三十年		三十一年		三十二年		三十三年	
	核放成数	实放谷数	核放成数	实放谷数	核放成数	实放谷数	核放成数	实放谷数	核放成数	实放谷数
镇越县									2	1,137
六顺县			5					3,000		2,527
广通县	4	4,066		第一次借放三成，第二次县仓一、二两仓全数借放	3	6,250	2	4,161	3	9,868
双柏县			3		3	8,696	2	7,640		9,511
牟定县	4	15,755	3		3	15,335	2	10,440	3	
永仁县	4	16,619	4		3	12,209	2	8,505	8	51,033
大姚县			2		先放三后放四	未据报14,871	2	7,436	5	
姚安县			4		2	7,439			3	9,328
盐兴县					5	3,156				
盐丰县	2	2,179	3	5,210	荞麦二稻谷二				8	19,057
镇南县						八吉乡苞谷350京石	2	8,300		
祥云县	3	13,992	5		3	13,975	3	17,300	2	13,104
弥渡县	2	8,365	2		5	8,701	2	8,702		
凤仪县	4	8,113			3	7,317				10,375
大理县	5	30,727	第一次放五成，第二次全数借放	18,203	8	29,124			3	16,336

（续表）

项别	二十九年		三十年		三十一年		三十二年		三十三年	
	核放成数	实放谷数	核放成数	实放谷数	核放成数	实放谷数	核放成数	实放谷数	核放成数	实放谷数
邓川县					3	5,367				
洱源县			4		第一次借放二成，第二次放三成	未据报 9,122				
宾川县	2	20,635	3		4	18,000	2	9,000		13,284
永胜县					两次借放五	10,965	2	4,220		
华坪县	3	6,011			3	4,184	2	6,436		12,218
丽江县	全数	23,535							8	未据册报
剑川县	7	11,173				杂粮全数借放	2	1,639		
鹤庆县			4	10,578			2	4,660	8	未据册报
云龙县			4		4					
兰坪县									8	未据册报
中甸县										
维西县	5	5,089				杂粮全数借放			2	229
蒙化县					3	23,650			3	31,127
漾濞县				各仓苞谷全数借放		所积苞谷借放半数			3	5,354
永平县			3		3	6,829				
镇康县					3	15,629	2	10,419	3	未据册报

（续表）

项别	二十九年		三十年		三十一年		三十二年		三十三年	
	核放成数	实放谷数	核放成数	实放谷数	核放成数	实放谷数	核放成数	实放谷数	核放成数	实放谷数
顺宁县							2	14,232	3	同上
云县										
昌宁县			5		2	12,120				
保山县			3							
腾冲县	3	23,839						沦陷所余各乡全数借放		
龙陵县			3	7,510						
河口对汛区										
麻栗坡对汛区									4	246
龙武设治局					4		3	2,976	3	3,241
宁江设治局					3	266			2	
梁河设治局			5							
盈江设治局										
莲山设治局										
陇川设治局										
瑞丽设治局										
潞西设治局										
泸水设治局	4	520	全数							
德钦设治局										
福贡设治局			借放杂粮三	合稻谷184京石						676

（续表）

项别	二十九年		三十年		三十一年		三十二年		三十三年	
	核放成数	实放谷数	核放成数	实放谷数	核放成数	实放谷数	核放成数	实放谷数	核放成数	实放谷数
碧江设治局						苞谷全数借放合稻谷40京石				
贡山设治局										
宁蒗设治局										
沧源设治局										

说明：1. 本表所列各数概系根据各属呈报，未呈报者均不列入。

2. 二十九至三十二年份借放数字，概以京石为单位，三十三年份则以公石为单位。

各属仓廒数概况调查

兹将全省各属仓廒之建设情况统计如下表：

（一）二十四年份各市、县、区、局仓廒一览表

项别	仓廒类别及数目					合计	备考
	县仓	区仓	乡仓	镇仓	义仓		
昆明县	1				1	2	
富民县	3	1				4	
晋宁县	8	8				16	
呈贡县	3					3	计有二十一廒。
宜良县	4	2				6	
易门县							原无仓廒，现在各区积谷系借用庙宇及私人楼房存储。
安宁县						12	系原有县、区仓、镇仓数，惟不适用，现存谷数勉强容纳。

（续表）

项别	仓廒类别及数目					合计	备考
	县仓	区仓	乡仓	镇仓	义仓		
禄丰县	2	6				8	
罗次县		6				6	
嵩明县		7				7	
昆阳县	1	6	2			9	
武定县	1		6			7	
元谋县		3				3	
禄劝县	1					1	计四大间。
澄江县	2		8			10	
玉溪县							原有县、乡仓已毁或倒塌，系借寺庙、公所存储。
江川县	2					2	计八间。
路南县	4					4	均能通用，余未建。
曲靖县	1					1	原有县仓二十余间，遇政变拆毁，现在新建一所计十间。
沾益县						24	
陆良县	5					5	
罗平县	2		5	52		59	
寻甸县			17			17	
宣威县	1					119	
马龙县		6	12			18	
平彝县	1	48				49	县仓一所，计新旧一十四廒。
会泽县					1	1	原有府、县二仓，早经倒圮，现在积谷系借义仓存储。
巧家县					4	4	该县各乡镇尚未建筑，暂时寄存殷实富户及寺庙、公所。
昭通县	8	2				10	

（续表）

项别	仓廒类别及数目					合计	备考
	县仓	区仓	乡仓	镇仓	义仓		
大关县	1					1	计十五廒。
盐津县	1					1	计五间，其余各级仓廒或借用私仓、庙宇存储。
永善县	3			2	1	6	
绥江县	1					1	计二间。
鲁甸县	2					2	县仓略加修整尚可使用，其区仓系暂假寺庙或民房存储。
镇雄县	1					1	计十廒，其区、乡、镇尚未修建。
威信县							设治未久，据报现在筹建，尚未竣工。
彝良县	3					3	
蒙自县					3	3	系在县城及新安所、鸡街三处修整，尚堪实用。
个旧县							
建水县	1					1	
河西县		6				6	
石屏县	4			1		5	
峨山县	1					1	其区、乡、镇仓概系借原有公房存储。
通海县	1					1	计五间。
开远县	1					1	计六廒。
文山县	2	8				10	
马关县	1					1	
砚山县							未建。
广南县	1					1	
富州县	1					1	系民国二十年复建。

（续表）

项别	仓廒类别及数目					合计	备考
	县仓	区仓	乡仓	镇仓	义仓		
泸西县	1					1	计六间，其区、乡、镇仓尚未建。
师宗县	1					1	系原有，在县署左侧，其区、乡、镇仓未建。
弥勒县						4	尚堪适用，装解之数就各乡镇寺庙、公所修理装填。
丘北县	1					1	系新建，其区、乡、镇仓暂借寺庙及公所修葺存储。
华宁县	3					3	其区、乡、镇仓系就各区寺庙略为修改，计有二十四处，但不适用。
西畴县					1	1	
曲溪县		1	6			7	
金平县							原无仓廒设置，仅城内有小学校学仓。
屏边县	1					1	窄小不甚适用。
宁洱县						8	据报大仓三所，小仓五所，现存谷数尚能容纳。
景谷县							各级仓廒均无，现在积谷分存各处，由区首人负责。
墨江县	1	2				3	
思茅县	1					1	计一十二间。
元江县	1	3				4	
新平县	3					3	
澜沧县	6					6	
镇沅县	3					3	
景东县	2	2				4	县仓两廒足容二三千石，区仓较小，各足容二百余石。
缅宁县	1					1	修葺后可容纳三千石。
江城县						1	计十五间。
双江县							据报因地方匪乱，人民逃亡，仓储未曾举办。

（续表）

项别	仓廒类别及数目					合计	备考
	县仓	区仓	乡仓	镇仓	义仓		
车里县	1	5				6	县仓系新建于宣慰旧城。
南峤县	1					1	系新建。
佛海县	1					1	系新建。
六顺县	1					1	
楚雄县	1					1	计十三廒，少加修理，尚堪适用。
广通县	2					17	除县仓二所外，余系区、乡、镇仓。
双柏县	2	13				15	
镇越县							该县设治未久，尚无仓廒，系存各乡私有仓廒。
牟定县	1	5				6	
永仁县	3					3	
大姚县	1	4				5	
姚安县	1	9				10	
盐兴县		4	6			10	
盐丰县					2	2	
祥云县		6				6	
弥渡县	1					1	
凤仪县						46	
镇南县	1	4	42			47	
大理县						4	因震灾后倒塌，仅存四仓，余暂借民房、公所修葺存储。
邓川县	1					1	除县仓外，暂行借用民房、公所、寺庙存储。
洱源县	1					13	系二十二年新添县仓一所，原有乡、镇仓十二所。
宾川县	1	1				2	

（续表）

项别	仓廒类别及数目					合计	备考
	县仓	区仓	乡仓	镇仓	义仓		
永胜县	6					6	系借寺庙修葺存储。
华坪县	1					1	
丽江县	1					1	计三大廒。
剑川县	1	6				7	
鹤庆县						31	系新建区乡仓数。
云龙县	7					7	
兰坪县	1		3		3	7	系新建。
中甸县							各级仓廒均无。
维西县	1					1	计三间，尚属适用。
蒙化县	1					1	计六廒。
漾濞县	1					1	计三廒。
永平县	4					4	系就原有修葺、可称适用，其区、乡、镇仓各就公所及民房存储，计十二廒。
镇康县						30	系新建。
顺宁县	1	6				7	
云县	1					1	系原日火神庙大殿改建，尚属宽敞，修理后尚可适用。
昌宁县	1		5			6	
保山县						8	只能容纳原有谷数，其余系借各乡、镇境内寺院公房存储。
腾冲县						72	
龙陵县						30	系县、区仓合计数。

（续表）

项别	仓廒类别及数目					合计	备考
	县仓	区仓	乡仓	镇仓	义仓		
河口对汛区							向无仓廒设置。
麻栗坡对汛区							同前。
龙武设治局							各级仓廒均无积谷，暂借庙宇、民房存储。
宁江设治局						1	区、乡、镇仓尚未建。
梁河设治局							未据报。
盈江设治局							据报无仓。
莲山设治局						5	据报系就局署左厢修作仓廒。
陇川设治局							该区地沃人稀，潮湿太重，瘴气猛烈，产谷过剩，尚用火烧。
瑞丽设治局							据报无仓廒。
潞西设治局							系利用土司原有仓廒。
泸水设治局	1					1	系一大间，在局署内，能容谷三百余石。
德钦设治局							该属地近寒带，不出产稻谷，无仓廒之可言。
碧江设治局							各级仓廒均无，暂由局署存储。
福贡设治局						2	上帕及利酒底各有一仓，惟利酒底仓破溢，不适用。
贡山设治局		4				4	除一、四两区系新建外，余系以学校、寺庙改用。
宁蒗设治局							未据报。
沧源设治局							同前。
总计	149	136	160	59	13	939	

附记：又加云南省仓一座，计一十四廒，市仓一座，计一十六廒（系就原日三迤丰备划拨修理应用）。总计本省各市、县、区、局共有各级仓廒九百四十一所。本表系民国二十四年调查。

（二）二十五年份各市、县、区、局各级仓廒一览表

地方别	仓廒类别及数目					合计
	县区市局	区仓	乡仓	镇仓	义仓	
昆明市	1					1
昆明县	2		257	1		260
富民县	3	1				4
晋宁县	3	5		1		9
呈贡县	4			5		9
宜良县	4	2				6
易门县	2	6	48	10		66
安宁县						12
禄丰县	3	8	41	5		57
罗次县		6				6
嵩明县		10	21			31
昆阳县	1	5	22	1		29
武定县	1		6			7
元谋县		3				3
禄劝县	1					1
澄江县	1	8	63	11		83
玉溪县	1	3	4		14	55
江川县	1	29	9			39
路南县	4	1	2	2		9
曲靖县	1					1
沾益县						24
陆良县	5					5

（续表）

地方别	仓廒类别及数目					合计
	县区市局	区仓	乡仓	镇仓	义仓	
罗平县	2	5	47	3		57
寻甸县		17				17
宣威县						119
马龙县		6	12			18
平彝县			46	2		48
会泽县					1	1
巧家县					4	4
昭通县	8	2				10
大关县	1					1
盐津县	1					1
永善县	3	10			2	17
绥江县	1					1
鲁甸县	2					2
镇雄县	1					1
彝良县	3					3
蒙自县					3	3
个旧县		2	16	23		41
建水县	1					1
河西县	1		23	8	1	33
石屏县	4			1		5
峨山县	2	1	32			35
通海县	1	2	33	5	1	42
开远县	1					

（续表）

地方别	仓廒类别及数目					合计
	县区市局	区仓	乡仓	镇仓	义仓	
文山县	2	8				10
马关县	1					1
广南县	1		69			70
富州县	3	3	13			19
泸西县	1					1
师宗县	1					1
弥勒县						4
丘北县	1					1
华宁县	3					3
西畴县			17			17
曲溪县		1	6			7
屏边县			6	3		9
宁洱县	4	3				7
景谷县	3		27	7		37
辑江县	4	7	30	1	1	43
思茅县	1		26	2		29
元江县	1	3				4
新平县	3	1				4
澜沧县	6					6
镇沅县	3					3
景东县	3		52	9		64
缅宁县	1	3	12			16
江城县			30	2	1	33

（续表）

地方别	仓廒类别及数目					合计
	县区市局	区仓	乡仓	镇仓	义仓	
车里县	1	5				6
南峤县	1	6				7
佛海县	1					1
镇越县			1			1
六顺县			2			2
楚雄县	1					1
广通县	1	3	11	2		17
双柏县	1	2	28	3		34
牟定县	13		2			15
永仁县	1	3	60	3		67
大姚县		9				9
姚安县	1	9				10
盐兴县			17	4		21
盐丰县		7	22			29
镇南县	1	4	42			47
祥云县	1	7	5	2		15
弥渡县	1					1
凤仪县	1		41	4		46
大理县			23	9		32
邓川县		6				6
宾川县	1	1	1			3
永胜县	1	11				12
华坪县	1					1

（续表）

地方别	仓廒类别及数目					合计
	县区市局	区仓	乡仓	镇仓	义仓	
丽江县			117	16		133
洱源县	1		14	6		21
剑川县		7	24	5		36
鹤庆县		3	19	9		31
云龙县	7					7
兰坪县			19	6		25
中甸县	1		4			5
维西县	1					1
蒙化县	1					1
漾濞县	1					1
永平县		4	51	16		71
镇康县		6	41	8		56
顺宁县	1	6				7
云县	1					1
昌宁县	1		60	17		78
莲山设治局						5
潞西设治局		4				4
泸水设治局		7				7
福贡设治局			2			2
碧江设治局		2				2
贡山设治局		4				4
总计	155	250	1,632	225	28	2,564

云南省仓一所（计一十四廒）连同表列市、县仓数共合实有各级仓廒二千五百六十五所。

附记：

1. 表列数目系根据各地方官及视察员原报汇列，其未有将各级仓廒数目分别填报者，仅列总数。

2. 表列总计栏内第一、二、三、四、五项仓数之合计加入未将各级仓廒分别填明之安宁等县属数，即等于该栏第六项总数。

3. 威信等县属实有仓廒若干，未据填报。

4. 各属仓廒有暂借庙宇、公所或民房应用者，业经核饬务照本省前颁《仓廒图说》从速赶建完善，用备存储，合并声明。

5. 本表系民国二十五年调查。

（三）二十七年份各市、县、区、局各级仓廒一览表

属别	现有仓廒	遵照颁发图样新建仓廒数	备考
昆明市	16 廒	16 廒	
昆明县	215 廒		多数均遵照颁发图样新建，仅有少数仓因经费支绌借公所庙宇改建。
富民县	6 廒		该县有公所与颁发图样大同小异，其余均就寺庙及旧仓改建。
晋宁县	9 廒	9 廒	现有仓廒均系遵照颁发图样新建。
呈贡县	80 廒	80 廒	
宜良县		4 仓 5 廒	
易门县	56 所	8 廒	其余就公所、庙宇存储或借用私人住宅，间有专建之仓，未尽合式。
安宁县			该县仓廒完全改建，然遵照颁发图样新建者则无，拟本年加填后再筹建。
禄丰县	8 所	8 所	现有仓廒均系遵照颁图样新建。
罗次县	24 仓	6 仓	现在照式添建者尚有二座。
嵩明县		14 处	其余均系旧仓。
武定县	12 所	12 所	但未尽与颁图样相符。
元谋县	10 处	5 仓	除新建外，余系借用民房。

（续表）

属别	现有仓廒	遵照颁发图样新建仓廒数	备考
禄劝县	48 所	12 所	该县新建仓廒虽有 12 所，但未能尽符图样。
澄江县	83 所		虽无新建之仓，尚能修理适用。
江川县	18 所	18 所	现有仓廒均照图样新建。
路南县	8 仓	2 处	其余多系旧仓及寺庙改修或借民房堆存。
曲靖县		12 所	其余均系改建破庙宇而成。
沾益县			多系将旧庙宇略加修理应用。
陆良县	119 仓	14 仓	余均就寺庙改修或借用民房。
罗平县	56仓大1仓	5 仓 11 廒	大多就寺庙改建而成。
寻甸县		6 处	就公所改造而成，与规定不符。
马龙县	18 仓	8 仓	其余正集中筹建。
平彝县			均系借用地方庙宇或私宅，尚未遵式建筑。
会泽县			均不合规定。
巧家县		15 所	其余均借用寺庙及私宅。
昭通县	8 所	15 所	新建虽有八所，但与规定不尽相符。
大关县	7 仓		未遵式新建。
盐津县		1 所	各区仓廒多利用民房或碉堡。
永善县		24 间	但与规定不相符。
绥江县	85 处		遵式新建者甚少。
鲁甸县		1 所	余均借用庙宇或私宅存储。
镇雄县			尚未照章新建仓廒。
威信县	2 所		虽有新建二所，但不合规定。
彝良县	34 仓		遵式新建者甚少。

（续表）

属别	现有仓廒	遵照颁发图样新建仓廒数	备考
蒙自县		4仓23廒	其余均系寺庙改修。
个旧县		4所	余均系借用民房、庙宇。
建水县		8所	余系改修旧仓。
石屏县		2所	余系庙宇改修。
峨山县		183间	
通海县	2所		无新建仓廒。
开远县			已遵章动工建设新仓。
文山县		1所	余系公共处所改建，尚属适用。
马关县	14所	8所	
砚山县	25所	12所	
广南县	59所		虽有新建，但与规定不符。
富宁县	23所	18所	
泸西县	156处	2处	
师宗县	39仓	3仓3廒	
弥勒县	115仓	3处	
丘北县	29仓廒	20仓廒	
华宁县		2所	余均系庙宇或私宅存储。
西畴县		3所	余系庙宇或民房借用。
曲溪县			余系就庙宇修理应用。
金平县		1所	余均建成土库。
屏边县	13所	3所	
宁洱县	5廒	1廒	

（续表）

属别	现有仓廒	遵照颁发图样新建仓廒数	备考
景谷县			现有仓廒若干，未曾据报，新建者无。
墨江县	33仓	4所	
思茅县			仓廒数未误，但均系改修旧仓应用。
元江县			各级仓廒未误，无新建者。
新平县	26仓	26座	
镇沅县			据报无力新建，现所用者皆系旧有。
景东县	154间	112间	
缅宁县	47所	47所	
江城县			
双江县	2仓		无力遵章新建。
楚雄县		10所	未建之各乡镇定于本年修建。
双柏县			该县筹款困难，各级仓廒均未新建。
牟定县	47所		内中二十五所虽系新建，但均就寺庙、公所改建，未能全符图样。
永仁县	54所	42所	除遵式外，其余十二所系改建。
大姚县	31廒	12仓	均系就寺庙略加修改。
姚安县	58廒		由寺庙修建而成。
盐兴县	26仓	4所	正拟设法筹建二十二所。
镇南县			无新建仓廒，所有者全系旧有公所修改。
盐丰县	40廒		无新建之仓廒。
祥云县		2所	余未详。
弥渡县	15廒	3所	

（续表）

属别	现有仓廒	遵照颁发图样新建仓廒数	备考
凤仪县			因财政困难，尚未建盖。
大理县		4所	其余借用公所。
邓川县	12廒	1廒	
洱源县	26间		因限于财力，均系旧改建。
宾川县		1所	
永胜县	56所	28所	
华坪县		8所	
丽江县	191仓	40仓	
剑川县			数目未详，但均系公所改建，无新建者。
鹤庆县			遵照颁发图样新建者甚少。
云龙县	64所		均未照图样新建。
兰坪县		10间	
中甸县	45所		与图样相仿。
维西县	13所		大致与颁发图样相同。
蒙化县			全无新建者。
漾濞县			尚未建盖。
永平县	40所		均系旧仓改建。
镇康县	98仓	98仓	
顺宁县	52所	21所	
云县	1所		现已着手遵式建盖。
昌宁县			无新建仓廒。
保山县	390处		无新建仓。

（续表）

属别	现有仓廒	遵照颁发图样新建仓廒数	备考
腾冲县		1仓	现在筹建中。
龙陵县	103廒44仓	1仓	多系旧时建盖之义仓。
麻栗坡对汛区	8所		
龙武设治局	24仓	6仓	
梁河设治局	36仓		均系土仓。
潞西设治局	26所		此概为新建者，但与图样不符。
碧江设治局		2处	
宁蒗设治局	2仓2廒		
沧源设治局	3所		
宣威县	130所		
河西县	12所		
广通县			新仓尚未建盖。
总计	①现有仓廒共计1,026所，731廒，818仓，706处，180间。 ②遵章颁发图样新建仓廒共有359所，6间，228仓，176廒，29处，26座。		

附记：

1. 本表根据本年各政务视察员视察表列。

2. 本表“现有仓廒”栏内数目，系将新建仓廒并入在内。

3. 本表“现有仓廒”栏内多数未填，乃由于各视察员往往未将数叙出，仅叙明各该县多系借寺庙、民房存储等语，故付阙如。

4. 本表内有处、所、间、仓、廒等名词，系根据各视察员表列之。

5. 玉溪、昆阳、车里、南峤、佛海、镇越、六顺等县及宁江、贡山两设治局之仓廒，究竟情形如何，未据各该区视察员呈报，无从考查，故付阙如。

6. 本表系二十七年调查。

（四）二十九年份各市、县、区、局仓廒一览表

属别	原有仓廒数	新建仓数	建仓办法	每仓容量	备考
昆明市	仍为二十七年份仓廒原有数			未据呈报	
昆明县	同上	5	由富滇新银行投资	同上	
宜良县	同上	3	同上	同上	该县仓廒原有数，包括借用庙宇、民房在内。
武定县	同上	2	同上	同上	
玉溪县	同上	3	同上	同上	
会泽县	同上			同上	拟贷款自建二十六仓。
开远县	同上	2		同上	
建水县	同上	4		同上	
石屏县	同上	2		同上	
楚雄县	同上			同上	拟请由富行投资建十七仓。
蒙化县	同上			同上	拟请由富行投资建盖二十仓。
保山县	同上	11	同上	同上	
澄江县	同上			同上	由富行投资建仓，尚未完成。
曲靖县	同上	14	筹款自建	同上	
沾益县	同上			同上	拟定自建十七仓，尚未完成。
陆良县	同上			同上	向富行贷款自建二十仓。
寻甸县	同上			同上	拟定自行建二十三仓，尚未完成。
蒙自县	同上	4	筹款自建一仓，富行投资建三仓	同上	
通海县	同上			同上	由富行投资建二仓，自筹款项建三仓，均未完成。

（续表）

属别	原有仓廒数	新建仓数	建仓办法	每仓容量	备考
泸西县	同上			同上	由富行投资建盖新仓，数目未定。
大理县	同上	4		同上	
祥云县	同上	4		同上	
弥渡县	同上	4	筹款自建	同上	富行投资建五仓，尚未完成。
宾川县	同上	11	同上	同上	
呈贡县	同上	3	富行投资	同上	
易门县	同上	1	同上	同上	
安宁县	同上	3		同上	富行投资建仓，尚未完成。
禄丰县	同上	2		同上	
禄劝县	同上			同上	核定由富行投资建盖二仓，尚未兴工。
江川县	同上			同上	同上，建盖八仓。
路南县	同上			同上	同上，建五仓，未动工。
绥江县	同上	2	同上		
弥勒县	同上		同上		拟请由富行投资建四仓。
华宁县	同上		同上		由富行投资建一仓。
镇沅县	同上			同上	由富行投资建四仓，尚未完工。
广通县	同上	1		同上	
洱源县	同上	1		同上	
总计	与二十七年仓廒数同	86			

注：二十二、三、六、八等四年未据呈报。

积谷提碾与仓储法规

一、各属积谷提碾军公民粮

兹将各属积谷历年提碾军公民粮者统计如下。

二十八年份各属提用积谷数目表

属别	提碾数	平粜提售数	照积谷结报总数提用提拨之年份	备考
昆明市	14,784		民国二十八年	
昆明县	54,712		民国二十七年	运省平价
富民县	1,000		民国二十八年	同上
晋宁县	2,578		民国二十七年	同上
呈贡县	6,005		同上	同上
宜良县	20,013		同上	同上
安宁县	12,714		同上	同上，兼拨军粮米 300 京石
禄丰县			同上	提碾若干未据呈报
罗次县	9,271		同上	运省平价
嵩明县	15,335		同上	同上
昆阳县	9,518		同上	同上
武定县			民国二十八年	提碾若干未据呈报
澄江县	12,760		民国二十七年	运省平价
玉溪县	25,353		同上	同上
路南县	12,666		同上	同上
沾益县	18,971		同上	同上
寻甸县	29,543		同上	同上
广南县		8,603	同上	提二成以作驻军仓米

（续表）

属别	提碾数	平粜提售数	照积谷结报总数提用提拨之年份	备考
泸西县	2,566		民国二十八年	
镇南县	2,775		同上	
墨江县		14,952	民国二十七年	平粜二成
缅宁县		382	同上	平粜之用
姚安县		4,163	同上	照积谷总数提售一成，以 2/3 售给路工仓米，以 1/3 世给人民。
盐兴县		2,060	民国二十七年	平粜三成
鹤庆县		9,738	同上	平粜三成
宁蒗设治局		50	同上	售给军食
总计	138,755	39,951		

三十年各属提碾军粮积谷数目表

单位：京石

属别	拨借谷数	填还谷数	呈报日期	备考
安宁县	3,500	同左	民国三十二年十月二十九日	
寻甸县	8,750	同左	五月八日	
易门县	3,150	同左	六月三日	
罗次县	3,150	同左	四月二十三日	
路南县	5,950	同左	三月二日	
陆良县	16,700	同左	六月十七日	
曲靖县	4,200	同左	五月十三日	
平彝县	9,000	同左	二月十三日	
沾益县	5,250	同左	九月四日	
马龙县	3,450	同左		

（续表）

属别	拨借谷数	填还谷数	呈报日期	备考
昆阳县	2,750			未据呈报
晋宁县	3,000	同左	五月十三日	
呈贡县	5,400	同左	五月十三日	
宜良县	5,600		九月七日	
嵩明县	5,100	同左	四月二十五日	
澄江县	300	同左	民国三十三年三月五日	
思茅县	3,000			该县超碾 1,725 京石
宁洱县	6,000	同左	四月三十日	
车里县	6,000			
佛海县	6,450	同左	五月二十日	
南峤县	6,000	同左	九月三十日	
澜沧县	15,000	同左	九月七日	
江城县	3,000	同左	十一月二十一日	
镇越县	3,000	同左	一月十一日	
墨江县	6,000			未据呈报
元江县	6,000			同上
缅宁县	9,000			同上
云龙县	6,000			同上
云县	4,500			
维西县	3,000			
镇康县	3,000		十月一日	
泸水设治局	3,000			未据呈报
福贡设治局	600		七月十五日	

（续表）

属别	拨借谷数	填还谷数	呈报日期	备考
洱源县	360		十月二十一日	
大理县	480			同上
永平县	6,000			同上
保山县	36,000			同上
总计	201,140	66,200		

说明：

1. 本表拨借谷数概以二十九年结报为根据。
2. 各县应填还军粮数尚未报齐，其已报者，均列入表内。
3. 拨借谷数均以奉准者为准。

三十一年各属提碾军粮积谷数目表

单位：公石

属别	拨借谷数	填还谷数	呈报日期	备考
曲靖县	18,000			
沾益县	10,200	同左	民国三十二年九月四日	
马龙县	9,000	同左	十一月二十五日	
嵩明县	15,000	同左	四月二十五日	
大理县	5,000		九月二十一日	未曾提借
保山县	18,000	同左	九月二十九日	
永平县	6,000	同左	民国三十三年八月十二日	
凤仪县	10,000	同左	五月三日	
宾川县	14,000	同左	四月二十三日	
邓川县	7,000	同左	五月五日	
禄劝县	21,000	同左	二月十九日	

（续表）

属别	拨借谷数	填还谷数	呈报日期	备考
江川县	15,000	同左	二月二十七日	
楚雄县	15,000	同左	三月二十八日	
广通县	6,900			未提碾
元谋县	6,900			同上
宣威县	54,000	同左	民国三十二年三月一日	同上
罗平县	30,000		民国三十三年十一月	
华宁县	12,000	同左	民国三十二年二月二十七日	
禄丰县	9,000	同左	二月十九日	
武定县	30,000	同左	五月一日	
开远县	10,000	同左		未据呈报
泸西县	16,000	同左	三月八日	
弥勒县	28,000	同左	二月十日	
蒙自县	20,000	同左	一月十二日	
石屏县	20,000		四月二日	已归还一部分
建水县	40,000	同左	十月六日	
屏边县	10,000		四月三十日	
文山县	15,000	同左	五月二十四日	
砚山县	15,000			未据呈报
西畴县	8,000	同左	二月二十一日	
马关县	9,000	同左	四月二十八日	
广南县	13,000	同左	二月十八日	
丘北县	6,600	同左	十月五日	
寻甸县	13,500			未据呈报
总计	527,100	258,600		

说明：
1. 本表拨借谷数概以二十九年结报为根据。
2. 各县应填还军粮数尚未报齐，其已报者，均列入表内。
3. 拨借谷数均已奉准者为准。

三十二年提碾积谷一百二十万公石配拨及息谷汇表

单位：公石

属别	配拨谷数	应收息谷数	属别	配拨谷数	应收息谷数
昆明县	40,000	2,667	峨山县	21,000	1,400
呈贡县	10,000	667	武定县	24,000	1,600
晋宁县	5,000	167	禄劝县	16,000	1,200
昆阳县	10,000	667	陆良县	36,000	2,400
安宁县	10,000	667	师宗县	5,400	360
澄江县	13,500	900	路南县	26,100	1,740
江川县	18,000	1,200	弥勒县	27,000	1,800
广通县	12,000	800	缅宁县	24,000	1,600
楚雄县	22,500	1,500	华宁县	15,000	1,000
镇南县	24,000	1,600	曲溪县	900	60
双柏县	21,000	1,400	通海县	13,500	900
牟定县	24,000	1,600	河西县	27,000	1,800
祥云县	29,400	1,960	开远县	9,000	600
弥渡县	24,000	1,600	蒙自县	12,000	800
凤仪县	12,000	800	个旧县	3,000	200
漾濞县	6,000	400	建水县	9,000	600
永平县	12,000	800	石屏县	12,000	800

（续表）

属别	配拨谷数	应收息谷数	属别	配拨谷数	应收息谷数
保山县	114,000	7,600	屏边县	3,000	200
大理县	18,000	1,200	龙武设治局	3,000	200
邓川县	9,000	600	寻甸县	42,000	2,800
洱源县	8,700	580	会泽县	12,000	800
车里县	6,000	400	曲靖县	16,500	1,100
佛海县	4,500	300	沾益县	20,100	1,340
南峤县	6,000	400	马龙县	15,000	1,000
姚安县	13,500	900	罗平县	11,400	760
大姚县	4,500	300	平彝县	27,000	1,800
蒙化县	42,000	2,800	宣威县	39,000	2,600
昌宁县	21,000	1,400	泸西县	9,000	600
镇康县	27,000	1,800	文山县	18,000	1,200
云龙县	18,000	1,200	砚山县	15,000	1,000
云县	24,000	1,600	丘北县	7,500	500
顺宁县	30,000	2,000	西畴县	9,000	600
麻栗坡对汛区	2,400	160	富宁县	9,000	600
广南县	12,000	800			
马关县	6,900	400	总计	1,200,000	80,000

以上共六十八属。

又昆明市拨碾10,000公石交田赋粮食管理处。

又昆明市拨碾6,000公石，嵩明县拨碾30,000公石，宜良具拨碾12,000公石，玉溪县拨碾12,00公石，共计60,000公石交第五集团军。

二、本省仓储法规辑要

法规为举政之准绳，兴废良窳之所系，且可考见一制之进退，史家之所不当废也。然繁章冗段亦览者所不快，是贵得其菁华。兹择其尤要者于篇，以本省自定者为限。其中央法规虽为省方所资遵循者，例不必录，兹概略焉。

云南临时省议会议决保存积谷简章

（民国元年七月颁行）

第一章　纲要

第一条　本章程以慎重荒政、保存积谷为宗旨。

第二条　保存积谷，当为备荒之用，无论地方官绅，不能移作别用。

第三条　保存积谷以地方官员监督责任，绅士负管理责任。

第二章　管理员及其权责

第四条　管理员由各区自治团体公举殷实公正绅商二人为仓正，以一年为任期，呈由地方官立案，若期满后再被公举者，得连任一次，以杜盘踞之弊。

第五条　各厅、州、县所存积谷，自奉到本章程之日起，应由地方官督同绅士、自治员绅照档册存数全行量过，彻底清算。确有存数若干，须据实造册四份，一份呈报该地方官存案，一份由地方官转呈财政司，一份转呈民政司，一份存本地方自治局。

第六条　各地方积谷款项，如有暂存银钱尚未买谷之处，应由地方官督同仓正，即行买谷存仓，并案具报，不得借口挪移。

第七条　各厅、州、县积谷，一经量算之后，若旧管官绅有侵蚀挪移等弊，则由现任官禀请追究，若现任官舞弊，则由自治局据实禀究。绅则由现任官直接追究，并即另举公正绅董接管。

第八条　各地方积谷有并一、二处者，由地方官会同自治员绅，按照自治区域分区屯积。

第九条　各区既经举定仓正，无论存谷多寡，均应随时检查，若有放弃责任，致令损失霉烂，照数赔偿。

第十条　凡仓廒若有损坏，经仓正审查，认为必须修补时，得报告议、参两会，商承地方官筹款修理。

第十一条　凡收买积谷，必经仓正验明，确系风干净谷，方能收买入仓。

第十二条　凡各厅、州、县所设仓正，应由议、参两会议给相当之报酬，以便责成其职务。

第十三条　各地方积谷仓耗，准其报销，但每年每石不得过八合之数。

第十四条　积谷仓门须备锁三把，各异钥匙，封锁后，一存地方官衙门，一存本区自治局，一存仓正处。苦遇开仓时，非三方对齐，不能启钥。

第十五条　凡新任官履任时，均须检查积谷一次，若有短少，照本章程第七条办理。

第三章　推易办法

第十六条　厅、州、县各区所存积谷，推陈易新，得由仓正酌量地方燥湿情形，应时粜换，但不得过五成之数。

第十七条　凡遇推陈易新之时，适用粜借一法。但借放民间，须取具妥实保证人，以加一行息为原则。惟只能以谷放谷，不能改变银钱，视为利权。

第四章　平粜办法

第十八条　凡遇年荒平粜，由参、议两会会同地方官商订粜价办法，督同各区仓正、乡董办理。所有出入银钱、谷米，均宜切实稽核。除出具清单榜示通衢外，仍由地方官转报民政司、财政司查考。

第十九条　平粜须视市价为准，若谷价加涨不及二成，准粜至六成。至遇奇荒，方得全数出粜。

第二十条　凡平粜所出银钱，除照数买谷填仓及办理平粜开支外，其余提作该地方办理实业之用，其他事项不得挪移。

第二十一条　如遇连年奇荒，谷已粜尽，骤难买填，应由仓正会同参、议两会将原银暂行酌放股实生息，俟谷价平减时，即行买填。均应报告民政司存查。

附则

第二十二条　本章程以公布达到之日为实行之期。

第二十三条　本章程如有未尽事宜，得由地方官、议、参两会，报告本会议决修正。

云南省各级仓储管理细则

（民国二十五年六月颁行）

第一条　本细则依照内政部公布《各地方仓储管理规定》第二十三条之规定，并参酌本省实际需要制定之。

第二条　各级仓仓务，除照部颁规则规定办理外，悉依本细则行之。

第三条　各级仓积谷在县、市者，应由县、市长负责管理，在区、乡、镇、坊者，并由各县、市长督同区、乡、镇、坊长等负责管理，暨各推举地方公正士绅三人至五人协助之。

第四条　各级仓廒封锁手续规定如下：

（一）县、市仓仓廒，每廒应制备不同钥匙铁锁二把，俟谷收齐，由县、市长验明，眼同协助员严加封锁。其钥匙以一把由县政府或市政府保管，以一把交各协助员共同负责保管。

（二）区、乡、镇、坊仓仓廒，每廒应制备不同钥匙铁锁三把，俟谷收齐，报经县、市长派员验明，眼同各区、乡、镇、坊长及协助员等，严加封锁。其区仓钥匙以一把送县政府或市政府保管，一把由区公所保管，一把由协助员共同负责保管。乡、镇仓钥匙以一把交该管区公所保管，一把由乡、镇、坊公所保管，一把由协助员共同负责保管。

第五条　各级仓积谷，应由各县、市长督同区、乡、镇、坊长及协助员等，随时检查盘量，照章呈请推陈易新，勿使霉坏。

第六条　各级仓谷款，如因特殊情形尚未买谷时，应汇由县政府或市政府妥慎保管，或放商生息，以杜侵蚀。

第七条　凡收买积谷时，各县、市长应督饬区、乡、镇、坊长及协助员等，眼同验明，确系干净一色之谷，经过风扇净后，始得盘量入仓。

第八条　各级仓积谷之使用依下列办法行之：

（一）平粜。粜后于荒年粮价飞涨时，由县、市长酌定粜谷数目及粜价，先行呈经民政厅核准行之。

（二）借放。借谷于每年青黄不接时，由县、市长或区、乡、镇、坊长，取具殷实妥保，准各贫户借贷，并将借贷谷数册报民政厅查核，俟新谷登场，加一收回，但不得擅自加息或放谷收钱。

第九条　各级仓积谷。经核准粜借后，县、市长应督同区、乡、镇、坊长及协助员等认真办理。所有入出谷款。均须切实稽核，列榜宣示周知，并册报民政厅查核。

第十条　各级仓粜获谷款，应汇由县、市政府保管或放商生息，至新谷登场，分别发领。照数买谷填仓，不得动支分文。

第十一条　各级仓谷款两项，如查有保管疏虞，致受损失，遇有灾害无法救济，或侵蚀挪移及掉换图利者，除勒限保管侵挪掉换人加倍赔还外，并依《中华民国刑法》渎职罪章第一三〇条“公务员废弛职务，酿成灾害者，处三年以上、十年以下有期徒刑”、第一三一条“公务员对于主管或监督之事务，直接或间接图利者，处一年以上、七年以下有期徒刑，得并科七千元以下罚金”之规定，分别处罚。

第十二条　各级仓为办理抽、填、粜、借各事宜，应设置文牍、会计、庶务等职，并得以协助员兼任。

第十三条　各级仓职员及杂役，须视事务之繁简，得酌给相当薪工。但县、市、区、乡、镇、坊长及协助员均为名誉职，不再支薪。

前项经费，即由利谷项下撙节开支。

第十四条　各级仓积谷，每年每京石（计重一百八十斤）准耗谷一京升。但此项耗谷只准由粜谷盈余或收获息谷数内提出买填，不得于积谷本款项下开支。

第十五条　各级仓廒若有朽坏，经协助员查明，认为必须修补时，得层递呈由县、市长勘验属实，转请民政厅核准，就地方公款项下提款修理，事竣造具工料清册，汇同监修保固切结，随文报核。

第十六条　各级仓积谷，谷款两项，县、市长于交代时，依下列办法行之：

（一）旧任移交时，应将各级仓廒之名称、数目、仓内积谷若干、本任内有无增减、曾否推陈易新、已否霉坏及仓谷之贷放、仓款之存放、仓产之租赁、仓管员役若干、月支经费数目、仓内器具及卷宗等项，分别造册，咨经新任查明，出具符合印结，呈报民政厅备案。

（二）新任于接收后，应将接收情形、分别列册，专案呈报民政厅备案。

（三）凡新旧任交接时，对于谷、款两项数目，应会同盘量清点，其对于仓款之存放、仓谷之贷与，均须询明承放承贷人，由各本人缮具承收承还切结存卷，依限收回，不能由仓管人员一纸结报，敷衍了事。

（四）旧任如有亏欠仓款或挪移积谷情事，以致交代不清者，照本细则第十一条之规定分别处罚之。

（五）交代清册内，如查有虚捏隐瞒情事，除将前任照第十一条分别办理外，其后任应负失察处分，酌予记过罚俸，并负共同赔偿责任。

第十七条　凡县、市以下各仓积谷，遇区、乡、镇、坊长更换时，应由县、市长监督交代，倘有差短、侵蚀情事，照本细则第十一条之规定处罚之。

第十八条　本细则对汛区、各设治局举办之各级仓储均适用之。

第十九条　本细则自呈准公布后，所有前颁县、市仓管理细则及行政官仓储交代规则均废止之。

第二十条　本细则自呈准公布实行。

云南全省仓储施行细则

第一章　总则

第一条　本细则依照内政部公布《各地方仓储管理规则》第二十三条之规定，并参酌本省实际情形制定之。

第二条　各级仓仓谷收放，均以公石量器为标准。

第三条　各属积谷，除使用借放应分别照案呈报外，每年二月底以前，应将上年本息实存谷数及谷款，盘量清算总结一次（表式一）。

第二章　管理委员会之组织职权及经费

第四条　各市、县、区、局之积谷及谷款应组织市、县、区、局仓储管理委员会管理之。并得于各乡、镇组织乡、镇仓储管理委员会分别管理该乡、镇之积谷及谷款。

第五条　市、县、区、局仓储管理委员会由市、县、局长、区督办为主任委员，粮政科长为常务委员，参议会正副议长及中学校长等三人为委员（如市、县、局长、区督办兼任校长或无中学者，由中心学校校长任之）。乡、镇仓储管理委员会，由乡、镇长为主任委员，仓管员为常务委员（但以公正富有之士绅充任），所在地之参议员或中心学校校长一人为委员（如无上列人员时，由公正士绅中遴员任之）。均由市、县、局长、区督办委任，组织成立，呈报民政厅备案。

第六条　各级仓储管理委员会，每三个月均应召开常会一次。遇使用收填时，各开特别会一次。并于市、县、区、局行政会议及参议会开会时，由市、县、区、局仓储管理委员会将管理情形提出报告，研讨改善办法。会议结果，须呈报民政厅查核。

第七条　各级仓储管理委员会，由主任委员负全责，常务委员负经理责任，其余各委员负设计审核责任。

第八条 各级仓储管理委员会之委员，均为无给职，仓管员、役之薪工及管委会之办公费，得以息谷开支，规定如下：

（一）县、市、区、局仓储管理委员会之办公费，每年提用息谷一十二公石；乡（镇）管委会之办公费年提息谷六公石。

（二）每乡、镇限设仓管员、仓丁各一人。凡本谷满二千公石者，仓管员月支薪谷一公石四斗，仓丁月支薪谷一公石。凡本谷超过二千公石，且仓址不在同一地区者，得酌增设协助员一人，月支薪谷一公石二斗。凡本谷不满二千公石，不论仓址在同一地区与否，均由管委会酌量减少员役之薪谷数目，以求适合（3）项之规定为标准。

（三）每年办理借放所收之二成息谷，应一成专案保管，其余一成，除备补折耗之用（每一公石谷，准年耗谷一公升）外，余补上列各项之开支。再有节余，留补预备费。如不敷用，亦应设法撙节，不得提用本谷及专案保管之一成息谷。

（四）上列开支，应先由市、县、区、局管委会于成立后，造具支付预算表报核。其报销以每三月为一期，按期呈报支付报告表（附样据），以昭核实。

第九条 各级仓储管理委员会，其任期均以本职之去职期为交卸期。每遇主任委员变动时，应于新任到职二月内交接完毕，改组呈报。仓管员之任期以一年为限，不得连任，并定每年二月盘量交接。

第三章 积谷之募集及保管

第十条 各属积谷，以积足可供本境户口至少三月之食用为标准。派募数额每年由民政厅分别各属收成，以命令定之。

第十一条 各属对所定募集谷数应按照田赋之耕地税额分配，并得向当地之富商及有产业商之孳息者，照市价派募谷款，即时购谷入仓，惟须分别给予收据。

第十二条 凡收仓积谷，由管委会眼同验明，确系干圆洁净之谷，经过风车扇净，始得入仓。嗣后如发现掺有糠壳稗秕及霉烂等情事，则其风净损失，即责由仓管员赔偿。

第十三条 新旧各项分廒存储，以便逐廒借放，推陈易新。并须于每年二月新旧仓管员交接时，义务征工，彻底盘量翻晒。其折耗应依第八条第三项折除。如有不敷，准在专案保管之一成息谷内核实另案开支。但每公石之折耗，不得超过二公升，并均不得由本谷项下开支。

第十四条 各级仓廒，每廒应备不同钥匙铁锁三把，俟谷收齐，由管委会验明，眼同仓管员严加封锁。其钥匙一把交市、县局长、区督办保管，一把交乡（镇）长保管，一把交仓管员或协助员保管。仓内均应制备积量标。

第四章 积谷之使用

第十五条 积谷之使用，依下列办法行之：

（一）平粜谷：于荒年粮价飞涨时，由市、县、区、局管委会酌定粜谷数及粜价，先行呈经民政厅核准行之。

（二）借放积谷：规定每年于四月底以前，按照上年结报实存数借放三成，由管委会照规定手续准由贫户借贷，但须请具殷实妥保。如地方需要超放时，须事先呈奉核准。

（三）借放积谷：规定加收息谷二成，不得有擅自加减息谷或放谷收款等弊。借放后，应于六月底以前，由市、县、区、局管委会列册汇报，并须于次年一月底以前，本息如数收还入仓，二月内册结汇报。

（四）关于借放：管委会应制备借放及收还仓谷登记簿、借谷单、盘量登记表等。

（五）借放手续：由管委会布告借放日期及谷数，承借人先期向管委会领取承借谷单，照式填送，经查实批准后发还，届放谷期，再持往查验取谷。本息还仓时，应由管委会在原单结上批明，盖章发还原承借人存查。办毕后均应榜示周知。

（六）各属如遇特殊情形及水旱偏灾，必须提用积谷，非事先呈奉核准不得擅动。其奉准或奉令提用之谷，应由管委会遵限填还，使用时间不得超过一年。

第五章　息谷之使用

第十六条　借放所得息谷，应专案保管，不得混入本谷，并照本细则第八条、第十三条、第十九条、第二十条及第二十二条规定各项开支。

第十七条　开支节余之息谷，应由市、县、区、局管委会汇集专案保管，呈奉核准后，兴办地方生产事业。

第六章　仓廒之修建

第十八条　各属仓廒均须照民厅所制发图说及注意事项添建足敷装储所积之谷。

第十九条　添建仓廒经费，如专案保管之息谷不敷，得由地方公款提用或另行筹款开支，但均须呈经民厅核准。

第二十条　已建仓廒，每年应加岁修，其用款得由专案保管之一成息谷内动支。

第二十一条　修葺及添建仓廒，事前均须拟定计划及预算，呈经民厅核准，工竣后并须检具工料清册保固切结，汇同决算表呈经民厅派员验收。（附表式三）

第七章　交代

第二十二条　各级仓储管理委员会，凡遇主任委员变动或仓管员更换，其积谷及谷款除依《公务员交代条例》之规定办理交代外，并依下列办法行之：

（一）旧任移交时，应将仓廒之名称、数目、存谷若干、本任内有无增减、仓谷之贷放、仓款之存放、仓管员役姓名、月支经费数目，连同器具、卷宗等项，分别造册，于七日内咨送新任，并呈报上峰查核。

（二）新任接准咨交后，于三日内即须会同盘量，尽一个月内盘量完毕。一面咨复卸任，一面会同卸任出具符合印结，专案列册呈报民厅备案。此种盘量折耗，得照第十三条办理。

（三）凡旧任内关于呈准使用借放有案，尚未到填还日期与未收之谷，应由旧任专案列册，咨交新任继续催收具报。

（四）除上项所列呈准有案者外，结报谷数或咨交谷数查有差少时，如确系蒂欠在民者，应由欠户具结认缴，由新任催填。不得借口各了各责，延不办理。

（五）差欠之谷，如系旧任侵挪者，应由新任列具事实证件，呈报依法追赔议处。如系经手人员侵挪者，应由新任照本细则第二十五条之规定，于三个月内追赔还清具报，如有拖延，以奉行不力议处。

（六）新任接收如有代旧任弥缝及朦报情事，事后查出或被人检举，不论有无贿赂情形，均以溺职论罪，并饬其共同赔偿。

第八章　奖惩

第二十三条　每年年终实行考核一次。乡、镇管委会，山市、县、区、局管委会考核汇报。市、县、区、局管委会由民政厅考核。

第二十四条　办理仓储成绩卓著，有下列事实者，得予以记功、晋升之奖叙：

（一）积谷超额者。

（二）办理收放如期如数填还呈报者。

（三）积谷使用有节余者。

（四）各项表报齐全者。

第二十五条　积谷及谷款，如查有保管不善，致酿成灾害、蒙受损失，或侵蚀挪移（变卖积谷、馈送查仓人员，亦属挪移侵蚀）及掉换图利者，除勒限保管侵蚀掉换人加倍赔偿外，并依照《中华民国刑法》渎职罪章第一三〇条“公务员废弛职务酿成灾害者，处三年以上、十年以下有期徒刑”，依同法一三一条“公务员对于主管或监督之事务直接间接图利者，处一年以上、七年以下有期徒刑，得并科七千元以下罚金”之规定，分别处罚。其各管理委员如伙同隐匿，不加检举，视情节轻重，并科罪刑。

第二十六条　各属积谷之募集使用，不遵规定办理及表报不遵限呈报者，年终考核时酌予惩处。

第九章　附则

第二十七条　本细则自呈奉省府核准之日施行。

（附表式一）

×× 县（市、区、局）造报 ×× 年本息实存谷数及谷款清册呈

核

计开

旧存项下：

一、×× 年县仓实存本/息谷 ××/×× 义公石公石 ××/×× 斗 ××/×× 升 ××/×× 合，谷款国市 ×× 元 × 角 × 分正。

二、×× 年 ×× 乡（镇）仓实存本本/息谷 ××/×× 公石 ××/×× 升 ××/×× 合，谷款国币 ×× 元 × 角 × 分正。

以上 × 柱县，乡（镇）仓存仓本/息谷共有 ××/×× 公石 ××/×× 斗 ××/×× 升 ××/×× 合，谷款 ×× 国币 ×× 元 × 角 × 分正。

新收项下：

一、×× 年县仓新收本息谷 ×× ×× 公石 × × 斗 × × 升 × × 合，谷款国币 ×× 元 × 角 × 分正。

二、×× 年 ×× 乡（镇）仓新收本息谷 ×× ×× 公石 × × 斗 × × 升 × × 合，谷款国币 ×× 元 × 角 × 分正。

以上 × 柱县、乡（镇）仓新收本息谷共有 ×× ×× 公石 × × 斗 × × 升 × × 合，谷款国币 ×× 元 × 角 × 分正。

开除项下：

一、×× 年县仓开除 ×× 计息谷 ×× 公石 × 斗 × 升 × 合正。

二、×× 年 ×× 乡（镇）仓开除 ××，计息谷 ×× 公石 × 斗 × 升 × 合正。

三、×× 年 ×× 乡（镇）仓开除谷款国币 ×× 元 × 角 × 分正。

以上 × 柱县、乡（镇）谷共开除 ×× 息谷 ×× 公石 × 斗 × 升 × 合，谷款国币 ×× 元 × 角 × 分正。

结存项下：

一、×× 年县仓实结存本息谷 ×× ×× 公石 × × 斗 × × 合，谷款国币 ×× 元 × 角 × 分正。

二、×× 年 ×× 乡（镇）仓实结存本息谷 ×× ×× 公石 × × 斗 × × 升 × × 合，谷款国币 ×× 元 × 角分正。

以上 × 柱县、乡（镇）仓共结存本息谷 ×× ×× 公石 × × 斗 × × 升 × × 合，谷款国币 ×× 元 × 角 × 分正。

上　具册

民国 × 年 × 月 × 日　　×× 县市区局仓储管理委员会主任委员 ×××（章）

（附表式二）印结

×× 县（市、区、局）仓储管理委员会主任委员 ××× 今于　　　　与切结事：

实结得本县（市、区、局）截至 ×× 年 × 月止，实存本息谷 ×× ×× 公石 ×× ×× 斗 ×× ×× 升 ×× ×× 合，谷款国币 ×× 元 × 角，上数业经盘量清算，如查有不实不尽情事，除照差欠数赔偿外，并甘受严重处分。中间不虚，所具切结是实。

×× 县（市、区、局）仓储管理委员会

主任委员 ×××（盖章）

民国 ×× 年 × 月 × 日

（附表式三）

验收保固切结：××县（市、区、局）长兼仓储管理委员×××仓管员×××今于　　　　与切结事：实结得呈奉核准（或奉令）修建（或修理）××县××乡（镇）××仓廒一座，由××年×月×日兴工，至××年×月×日完成，业经验收确属牢固，如在××年内有倒塌破烂情事，甘愿负赔偿责任。中间不虚，理合出具保固切结是实。

××县（市、区、局）兼仓储管理委员会

主任委员×××（章）

监修员×××（章）

仓管员×××（章）

民国××年×月×日

民国云南通志长编卷二十五

民政六

赈济

赈济机构

抗战以前，本省政府无所谓赈济机构之组织，遇有灾情，皆临时指定机关办理之。自”七·七”事变，中央乃命各省组织赈济会，于是责有专属，兹列其组织要领如次。又旧有华洋义赈救灾总会云南分会者，虽权操于外人之手，而于本省照灾各事与有力焉，兹亦并列之云。

中国华洋义赈救灾总会云南分会之缘起及经过

云南华洋义赈分会之成立：因民国十四年本省发生震、霜各灾，旅京同乡王人文、赵鹤龄、张耀曾等闻此惨状，组织震灾协会，分头募捐，并来函以“华洋义赈会，愿宏力伟，泽及万方，各行省先后因天灾流行，组织分会以筹赈济，不一而足。吾滇灾情既重，应从速组织，以惠灾黎。”接函之后，即于是年六月由外司柬邀中外官绅士商会议，议定分会名称，暂名为“筹设中国华洋义赈救灾总会云南分会”。随于九月就省议会开会讨论章程，推选正副会长及华洋董事、干事、司库，报经总会核准，始于民国十五年一月正式成立。其会所，先暂借殖边银行，嗣为便利工程起见，乃于南城外岔街新建会所，至二十年八月落成迁入，为永久计焉。自分会成立后，承总会拨发赈款国币二十九万五千元，汇合滇币七十二万八千二百八十元，定为工赈六成、急赈四成，而可以一成为伸缩，并指派工程师来滇襄办，此款汇到，急赈期间已过，即以急赈款项提作救济老弱之用，函请政府调查各县灾区之轻重、灾民之多寡，分等拨款，设立支会，办理赈济。计分特等十八县，每县分配赈款四千元；一等二十县，各三千元；二等三十县，各二千元；三等三十四县，各一千元。其未经成立支会之县则暂不发给。至工赈计划，初议修浚昆湖，经工程师测勘，绘具图说征求政府，未得同意，逐改为兴修迤东汽车路。组织路工办事处，先期测勘由省至杨林一带路线，勘毕，于十二月开工，至十八年二月第一段由省至板桥之工程告竣。适以储款将尽，总会又未续拨款项，乃经大会议决，暂行停工，所有修好之路，移交政府管理。此办理工赈之大概情形也。此外，如十五年思茅县办理防疫，十六年红十字会办理冬赈，十七年省会水灾，十八年昆明火药爆灾，十九年阿迷县东山等处火灾，二十年昭通等县“八·一四”水灾，二十二年昆明市、县水灾及河口火灾，均无不酌拨款项，力谋赈济。其高义实有足多者，兹录新修迤东汽车路碑记于后，以存其实。

华洋义赈救灾总会云南分会新修云南迤东汽车路碑记

滇省东出川黔，向为驰驿赴北京之大路。民国十五年冬，中国华洋义赈救灾总会云南分会，木以工代赈之意义修建汽车路。自城东盐行街起至大板桥外龙泉寺止，长四十里有奇，宽一丈六尺，内筑桥梁六，涵洞六十有五，徙必无可让之冢三十有余，以十八年二月告成，费滇纸币十七万元；又徇昆明市政府之请，铺万寿宫至重关碎石暨改建桂林桥，费滇纸币十六万五千元，都为三十三万五千元，其经过人民田地，按亩授值约滇纸币五万余千元，则商于有司，由公款拨给之。先是民国十四年，滇西东惨遭震霜灾，旅京滇人士王人文、赵鹤龄、张耀曾等闻耗，吁请北京华洋义赈总会按款图救济，而先驰书滇省克日筹设分会。旋承总会颁国币二十九万五千元，以当时汇水收合滇纸币七十二万八千二百八十元，照总会以十之四从事急赈，十之六从事工赈，而可以一成为伸缩之规约统筹兼顾。除分发已经成立支会各县急赈及历次捐助省垣粥厂、爆灾平价售米，又营造分会住所各款外，所余盖已无几。总会迄未续颁款项，故此路于原订计划未能贯彻，遂于二十一年五月十二日将已成之一段移交政府管理续修。将来扩而充之，直达川黔，而溯厥权舆，不能不归美于华洋义赈总会也。同人等仰体慈善本旨，恪谨将事，所尤竞业相持者，人有土田，不敢无给以有之；人有茔兆，必求多方以避之。以蕲得免于戾。至若庀材赋工，则总会遣派技师彭禄炳专司其责，而总工程师塔得复两度来勘。先后与其役者，华董事则由云龙、李正芬、周钟岳、李伯庚、张维翰、张士麟、杨益谦、高云中、赵世铭、赵钟奇，秦光第、张荫浚、丁兆冠、吴焜、李家修、马钤、庾恩旸、李增、张祖荫、李相家、能从周，而不佞亦相与周旋者；洋董事则徐璧雅、蓝思德、龙怀仁、裴治，韩光临、安汝智、沟延总平、穆礼雅、范德勤、邹慕廉、沙文昌、彭格迩、何益德、欧心畬、何永学、夏灵氛、易理藩、戈德兰也。兴事功，宜并得书。民国二十二年癸酉孟冬，昆明顾视高记并书。

云南省及市县赈济机构组织

（一）云南省赈济会：赈济为社会事业之一，在平时已应重视，至若战时疮痍满目，尤为当务之急。国家自“七·七”战起，遭敌蹂躏，中央眷念难民转徙流亡，亟待收容赈济，乃令各省筹组省赈济会及难民救济分会，本省遵令成立，旋奉中央赈济委员会令，将原设赈济救灾机关合并改设为省赈济会。当由本省民政厅遵照规定，将省赈济会及难民救济分会改组为云南省赈济会，于二十八年三月十八日正式成立，开始赈济工作。至抗战胜利，奉令于三十四年九月底结束，归并省社会处。

本会之组织，遵章设主任委员一人，由省政府主席兼任，常务委员三人，由省府委员张邦翰、陆崇仁及民政厅长李培天兼任。执行日常常务委员若干人，由政府委员及省党部执监委员及社会名流热心公益者推任，委员为周钟岳、丁兆冠、龚自知、胡瑛，李培炎，陈廷璧、裴存藩、顾视高、庾恩旸、许伯明、缪嘉铭、严镇圭、李恒升、张正堂、曹星伯、董澄农、陈得斋等。委员会下分设总务、财务、救济筹募、查核等五组，每组设正副组长各一人，组长下设组员及助理员若干人。成立之初，正副组长由各有关机关长官及有关人员聘兼，不支薪俸，除总务组长一人外，事实上均不到会办公。三十年，将五组合并为总务、救济、财务三组，以查核事项归由救济组办理，筹募事项并入财务组负责，并改设专任组长，组长下添设主任一人。各组组员视事务之繁简年有增减。关于经费来源，由会编具预概算，送经本省财政厅汇案转报，由国库支领。

（二）各市县赈济会：省赈济会下属机构为各市县赈济会。本会奉令于各属筹组时，适当新县制推行之际，当经拟定《云南省各市县赈济会组织规程》，分别核定后，于二十九年八月令行各属遵办具报。至三十年八月止，据报次第遵令成立者，计有昆明、丽江、陆良、维西、镇沅、江川、峨山、大姚、牟定、楚雄、广通、丘北、宾川、盐丰、昌宁、玉溪、凤仪、永善、六顺、大关、建水、洱源、中甸、腾冲、双江、富宁、富民、永仁、华坪、安宁、易门、蒙自、弥渡、绥江、呈贡、巧家、云县、弥勒、澜沧、晋宁、沾益、顺宁、元谋、南峤、嵩明、武定、佛海、大理、新平、缅宁、潞西、镇越、屏边、贡山等五十四县局，又三十年十月至三十一年十月成立者，计西畴、文山、华宁、盐津、彝良、江城、永平、思茅等八县及麻栗坡对汛区与福贡设治局。并同上年已成立者，合计共达六十四属。其余各属均迭令赶速成立，惟以各地情节特殊，救济事项多由各县政府兼办，故仍有未报成立者。关于市县赈济会之组织，设兼主任委员一人，由各市县长兼任。嗣因市县长所任事务繁重，乃改由市政府社会局长或县政府民政科长兼任。委员若干人，由市县政府就地方党政机关长官暨民众团体及地方公正士绅中遴聘。会内设一、二、三股，第一股掌理总务及查核事项，第二股掌理筹募及财务事项，第三股掌理救济事项。各股各设股长一人，由主任委员就委员中指定之；股员若干人，由主任委员派充，而以市县政府及各机关人员中遴选兼任为原则。经费由地方款或救济准备金项下动支。

三十四年，中央系济委员会裁撤。省赈济会亦奉令于是年九月底结束，各属赈济会亦转令于同时结束。业务移交各该市县政府办理。

（三）县以下赈济机构：本省各属区域辽阔，以一县之赈济会担负全县救济工作，其事至艰。为完成以县为中心之赈济网，使救济力量普遍密布达于各乡村，遇有灾难发生，不患有偏颇不全或顾此失彼之虞。计于三十一年，在赈济会成立之县，令饬于县以下设置乡（镇）赈济会。内设主任委员一人，由乡（镇）长兼任；副主任委员一人，由未兼乡（镇）长之中心学校校长兼充；并设委员若干人，由地方公证人士遴聘，办理一乡（镇）之经常救济事项。直接受县赈济会之指挥。至乡（镇）以下保之一级，亦设一保赈济会主任，由保长兼充，率同所属甲长办所属各甲之赈济事项，受乡（镇）赈济会之监督指挥。

（四）各市县空袭救济联合办事处：抗战以来，沿海被封，本省已成国防及交通要镇，敌机偷袭轰炸，到处皆有。关于扶伤救亡之任务，不能不预为筹谋，当由省赈济会分令各县区克速筹组空袭紧急救济联合办事处，并将组织规程印发，饬参照该项规程，配合地方情形组织成立。由二十九年一月起至三十年六月止，据组织成立具报者，计有蒙自，泸西、个旧、禄劝、大姚、陆良、佛海、顺宁、丽江、云龙、牟定、双江、墨江、绥江、镇南、会泽、永平、剑川、鹤庆、路南、寻甸、富宁、昭通、澄江、保山、文山、镇越、盐丰、安宁、西畴、云县、易门、新平、峨山、河口、昌宁、沾益、罗次、师宗、江川、腾冲、嵩明、中甸、麻栗坡、缅宁、河西、洱源、昆阳、永仁、楚雄、姚安、广南、祥云、漾濞、景东、建水、江城、通海、武定、华宁、陇川、宜良、禄丰、玉溪、南峤、晋宁、大关、双柏、凤仪、德钦、镇康、兰坪、广通、屏边、鲁甸、盐津、罗平、景谷、泸水、巧家、蒙化、宁洱、永胜、宁蒗、福贡、丘北、弥渡、沧源、龙武、马龙、元江、永善、梁河等九十四属。关于昆明市县，则于二十八年四月成立市县空袭紧急救济联合办事处，以市县各机关团体推出代表一人为委员，并推防空司令部司令官为主任委员，综理会务。昆明市长及市党部书记长为副主任委员，秉承主任委员之命令办理日常事务。常委之下分设总务、救护、募集、宣传、医疗、调查、抚济、稽核、保管等九组，各组设组长一人，由各常委中推任之。视事务之繁简得增设副组长，每组设组员若干人，人员调配均为义务职，不支薪俸，遇必要时，得酌用雇员。各县组织大略相同。三十四年八月，抗战胜利，日本无条件投降，各处均相继结束。

（五）难民救济站：自欧战发生，法国解体，越南为日军所乘。吾滇南防，毗连越境，情势日急，入滇难民，与日俱增，不得不先事筹维，特遵赈济委员会电令，会同运送配置难民。昆明总站派员分赴南防交通中枢之蒙自、文山两县设置难民分站。蒙自难民救济分站于二十九年十一月十七日开始办公，文山分站则于同年十二月十五日成立，开始执行任务。当由省赈济会通饬各该县政府转行当地党政绅民各界及慈善机关团体，一体协助，以利进行。而该两分站所在地，自成立后即频遭敌机轰炸，幸工作人员尚属努力，除难民之运送配置外，尚能协助当地机关办理慰问、防护、发赈、募捐、救济等事。迄后工作渐少，该两分站又直属昆明总站指挥，其工作情况即不得明悉。

（六）难民职业介绍委员会：昆明自抗战以来，已蔚为后方交通、经济、文化之中心。战区难民相率而来，与日俱增，且敌机不断肆虐，本市民众，因而破产倾家，生活突变而丧失职业者，实繁有徒，故有设法推动职业赈济之必要。初由省赈济会发动联合昆明难民站、中华职业教育社、男女青年会、昆明市政府社会局、昆明各日报社，合组一难民职业介绍委员会，附设于省赈济会内，设主任委员一人，委员五人，常委四人，会之下置总登记处，设总干事一员。另分总务及介绍两组，每组设组长一员、干事二员、助理干事二员、书记二员、传事二名，均为有给职。至三十一年五月，因经费支绌，无法维持，呈准结束。

非常救济

空袭炸害之救济

抗战军兴，沿海诸省相继沦陷，滇已形成后方重镇，受敌机滥施轰炸。自二十九年，敌寇强占越南以后，因航程缩短，空袭频仍，轰炸连续不断。计二十八年起，迄三十三年，我与盟军并肩作战，空军转入优势，寇机敛迹。此六年中，入袭不下百余次，灾区遍及全省，伤亡在八千人以上，其他无形损失难以数计。其中以保山、昆明市、个旧、蒙自、开远等属及祥云属云南驿机场等次灾情为重，死亡亦最多。事后尸体集陈，凄惨情状，目不忍睹。赈济会职司抚赈，对扶伤救死之任务，不能不预筹谋，乃于成立后分令各县局克速筹组空袭紧急救济联合办事处，并将《重庆空袭紧急救济联合办事处组织规程》印发，饬参照该项规程，配合地方情形，组织成立，专负空袭善后抚赈之责，至对赈恤方面，除机关工厂员役系由主管官署给恤外，余均由会遵照行政院赈济委员会规定配发急赈。综计六年来共死亡五千九百零一人，重伤一千八百二十四人，轻伤一千一百零二人，毁屋一万八千九百八十八间，半毁三百四十九间，合共发出例赈款国币一十四万九千七百六十五元，此外，先后特赈款亦遵照斟酌实情加倍发竣。兹为详明起见，特分年列述于后：

二十八年十二月四日及三十日，蒙自属先后遭敌机轰炸，被炸人民死共一百八十六人，重伤九十六人，轻伤八十九人，毁屋一千二百八十五间，当由省府令富滇银行垫款国币二万元，派丁委员又秋亲赴该属办理抚赈，事后由空发救济准备处项下拨还归垫。

二十九年度，被炸区域计有开远等五属，被炸成灾者达十余次。其损失情形据各属空袭紧急救济联合办事处调查报告统计，死亡平民三百一十八人，重伤二百一十四人，轻伤五十七人，毁屋一千一百九十六间，共拨出紧急赈款国币九千四百八十元。

三十年度被炸区域计有昆明等二十余市县，被炸成灾者达四十八次之多。其损失情形据各该空袭紧急救济联合办事处调查报告统计，共死亡平民一千零一十一人，重伤八百零五人，轻伤六百二十二人，毁屋一万三千三百七十间。各属于被炸成灾后，除机关、工厂员役系由主管官署给恤外，余均由会照案配发急赈，计发出急赈款国币五万二千六百九十五元。

三十一年度，年来以受敌机屡次来袭教训，临近省会各属防空渐趋巩固，敌机未敢深入肆虐，惟毗连缅泰边境各地有建水等六县中，以保山一县于五月四日、五日、十三日、二十三日、二十四日先后被炸六次，死伤至为惨重，城垣一片瓦砾。事后，据各属调查报告统计，共死亡三千八百二十八人，重伤三百七十四人，轻伤四十四人，毁屋一千九百六十七间，半毁三百四十九间，发出例赈三千五百一十元（由空袭救济准备金项下动支者尚未列计在内），特赈二十二万元。

三十二年度被敌机轰炸成灾者，计有昆明县属和甸营、阮家村邻近机场各地及祥云属云南驿机场，凤仪属下关，南峤，澜沧等六属。总计被炸十四次，被灾人民共死亡五十五人，重伤三百二十七人，轻伤二百四十八人，毁屋六百九十四间，发例赈款六万二千元，特赈款十万元。

三十三年被敌机轰炸报灾者，有云县、碧江两属。经由会根据报后，遵照赈委会规定，云县重伤八人，轻伤三十二人，毁屋四百七十六间，共拨发急赈款国币一千六百元，汇交该县县长杨天柱具领，分别配赈。碧江死四人，拨发急赈款国币四百八十元。并饬由各县紧急救济准备金项下各准拨国币一万元，办理人民财产、房舍被毁善后救济之用。

兹将此六年内各属空袭损伤，赈恤列表于后：

民国二十八年至三十三年各属空袭灾情赈济表

日期	灾区		灾情（调查数）				急赈款（表）	备考
	县别	受灾地	死亡（人）	重伤（人）	轻伤（人）	毁屋间数		
二十八年十二月四日	蒙自	县城	186	96	86	1,280		省府令富行垫款二千万元，派丁委员又秋亲赴抚赈
	蒙自	机场			3	5		
二十九年二月一日	滇越路	湾塘车站	124	62	32	客车全毁	2,500	
一月四日	蒙自	机场	2	1	1			动支救济准备金
七月十四及十五日	富宁	文华镇	5			105	150	
十月一日	开远	县城	42	23	5		1,700	
十月十八日	个旧	县城	5				150	
十月二十三日	个旧	锡厂		2			40	
十一月十四日	蒙自	县城	3	1			110	
十二月三日	蒙自	芷村车站	25	31		23	1,820	
十二月十三日	个旧	县城	112	94	19	1,078	3,000	
三十年一月三日	昆明市	东南区	41	36	65	196	1,760	
一月三日	保山	县城	106	52	89	120	5,130	
一月五日	昆明市	东北区	12	24	15	574	740	

（续表）

日期	灾区		灾情（调查数）				急赈款（表）	备考
	县别	受灾地	死亡（人）	重伤（人）	轻伤（人）	毁屋间数		
一月九日	个旧	县城内绿春花		2		93		
一月二十二日	昆明市	南区	24	14	30	156	730	
一月二十三日	昆明县	海源寺		2			40	
一月二十九日	昆明市	东北区、西区	54	45	37	760	2,130	
二月九日	蒙自	迷拉地	6	3			240	
二月二十一日	文山	县城	11	4	9	90	500	
二月二十一日	马关	县城	6	8		130	340	
二月二十一日	安宁	北地哨	1	6	1		110	
二月二十二日	个旧	绿春花		2	5	92	90	
二月二十六日	昆明市	东南区	103	45	46	1,920	3,520	
二月二十七日	个旧	马拉格	6	6	3		240	
三月九日	安宁	邱家庄		3	9	11	150	
四月八日	昆明市	中心区	26	17	21	1,321	1,330	
四月十六及十八日	建水	县城	19	31	34	120	1,400	

（续表）

日期	灾区		灾情（调查数）				急赈款（表）	备考
	县别	受灾地	死亡（人）	重伤（人）	轻伤（人）	毁屋间数		
四月十八日	开远	县城东门	28	27		394	1,380	
四月十八日	蒙自	车站	16	4	15	110	590	
四月二十一日	保山	县城	17	15		109	810	
四月二十六日	昆明	西岳庙	7	6	3	159	360	
四月二十六日	广通	一平浪	16	11		72	700	
四月二十六日	个旧	县城	5	11	6	150	350	
四月二十九日	昆明	市中心区	78	53	46	1,000	3,390	
五月七日	昆明	北郊	68	24	45		3,345	
五月七日	个旧	甸村	1	2		5	40	
五月七日	建水	东郊	4	5	3		470	
五月七日	蒙自	车站	3	5			380	
五月七日	顺宁	甸西茶山	4	5			440	
五月十一日	昆明	东郊	11				420	
五月十一日	个旧	县城		1	5		115	

（续表）

日期	灾区		灾情（调查数）				急赈款（表）	备考
	县别	受灾地	死亡（人）	重伤（人）	轻伤（人）	毁屋间数		
五月十二日	昆明	南区	3	9	8	120	465	
六月一日	昭通	机场	2	5		32	320	
六月十五日	沾益	机场		2			80	
六月十六日	广南	县城	46	36	40	274	4,720	
七月五日	昆明	茨坝	4	6		2,000		由资源委员会给恤
七月十五日	凤仪	下关	8	11		50		由西南运输处给恤
八月十日	昆明	茨坝、马街子	21	25		200		由资源委员会给恤
八月十二日	昆明	茨坝、黄土坡	28	5	1	100	935	
八月十三日	昆明	市中心区	43	19	3	935	2,615	
八月十三日	呈贡			1		1	55	
八月十四日	昆明	市东南区	17	15	22	228	1,880	
八月十七日	昆明	市中心区	8	11	16	2,000	1,520	
八月二十一日	昭通	机场	1	2			100	
十一月二十八日	曲靖	北较场	3		2			由汽车大队给恤

（续表）

日期	灾区		灾情（调查数）				急赈款（表）	备考
	县别	受灾地	死亡（人）	重伤（人）	轻伤（人）	毁屋间数		
十二月十八日	昆明	东郊	147	176	42	49	9,825	
三十一年四月十八日	建水	县城	18	26	34		1,400	
五月三及四日	保山	县城	3,758	263		1,976		特赈十万元
五月七日	建水	县城	4	5	3		250	
五月二十四日	思茅	县城	3	6				
五月二十四日	河口			50				特赈十万元
五月二十五日	蒙自	东门外	10	3				省令拨发二万元
十月二十七日	蒙自	草坝	10	9	7			
十二月二十六及二十七日	祥云	机场	25	12			1,860	
三十二年一月十六日	祥云	云南驿	2	4				
一月十五日	南峤	县城	5					
一月二十二日	南峤	勐满乡		17	7	100		
一月二十四日	南峤	县城	10	9	7	42	5,000	恤发急赈除安存外救济准备金

（续表）

日期	灾区		灾情（调查数）				急赈款（表）	备考
	县别	受灾地	死亡（人）	重伤（人）	轻伤（人）	毁屋间数		
一月二十五日	澜沧	县城	10	9	4		5,000	作准备金，遇灾照案恤赈
一月二十五日	南峤	顶真	14	8				
四月二十六日	祥云	机场	398	200	171			除工程处给恤外，特赈七万元
四月二十八日	昆明	机场附近村庄	57	44		273	30,000	
五月十五日	昆明	蓿村	24	3	40	207		特赈三万元
九月二十日	昆明	蓿村	9	15	11		20,000	
十月三日	保山	县城	2	4				
十月二十五日	凤仪	金星村	8	8	3	16	2,000	
十二月十八日	昆明	机场	7	3				
十二月二十二日	昆明	机场	5	3	5	56		
三十三年一月十六日	碧江	娃底村	4				480	
五月十三日	云县	县城		8	32	46	1,600	
二十八年起至三十三年止	总计		5,901	1,824	1,102	18,988	149,765	

归侨难胞之救济

（一）赈抚归侨难民：本省因与越、缅毗连，自二十九年夏，敌寇在越南登陆，旅越侨胞不堪压迫，纷然退入滇、桂。省赈济会以南防吃紧，接近越边一带，需为筹措，乃会同运送配置难民总站，在文山、蒙自两地设立分站，收容由越入境难侨。并与沿途各县赈济会及乡镇驿运联络，于必要时，可以机动方式迅速抢救边境难民。

三十年秋，思普一带局势益严，又筹划于思普沿边各县设置赈救站。值太平洋战争爆发，星州、仰光相继沦陷，缅境内敌机轰炸日益频繁，旅缅及马来西亚等地侨胞回国，经滇转者络绎不绝，沿滇缅公路各县难侨麇集，缅境内英印居民甚亦有举家逃入滇境避难者。此项避难外侨，由省赈济会呈请赈济委员会与外交部商定办法，配置安抚，并防奸宄。至我国归侨，该会遵照省政府转发赈委会电令，会同昆明难民站积极赈抚，派员至边境各县区督同各该县局赈济会办理安抚、运输、住宿、医药、救济等事，作紧急之措施。市函邀在昆各市局机关共十七单位，组织“云南省紧急救侨委员会”统筹办理，以集中力量，统一事权。在滇缅公路组织救济站，在昆明设立招待所，招待难侨食宿，介绍职业，并代为办理接洽转道、开发实业等事宜。爰又遵照指示，另行改组救侨机构。省赈会则随时均与取得密切联系，共策进行，先后继接送返籍难民侨胞已达万余人。

三十年三月，腊戍弃守，腾龙失陷，不但侨胞入境者日众，腾龙等地人民不甘敌人压迫，离乡者又复不绝于途，省赈会当饬各属妥为维护，送收容配置外，并拟具难民救济办法，切实施行。

（二）介绍难民职业：民国二十八年六月，省赈济会鉴于抗战以还，难民来滇日众，以人地不熟，无法就业。过去昆明市政府办有职业介绍所，青年会、各报馆亦曾奉命办理介绍难民职业事宜，终因规模狭隘，且无统筹计划，难期完善。爰参照赈济委员会所颁办法，联合各社会事业机关团体，组织难民职业介绍委员会，附属于该会，以办理难民职业介绍工作，并聘请青年会、云南日报等六机关为登记处，积极工作。计二十八年到会登记求职者有六百人，女性二十人，各界函会征求者约三百五十人，内需女性三十人，经介绍就业成功者有二百余人。二十九年介绍职业人数未据该会统计报告，无从记载。三十年度计登记求职人数共三千三百二十二人，内男性二千七百六十六人，女性五百五十六人。各社团委托代征人数共二千六百一十五人，内需男性二千一百人，女性五百一十五人。已介绍得职业者共二千五百八十三人，内男性二千一百四十八人，女性四百三十五人。至三十一年五月，以经费支绌，无法维持，始暂时停顿。

（三）腾龙及边区名设治局寇灾赈济案始末：滇西边区腾冲、龙陵两县及泸水、陇川、瑞丽、梁河、莲山、盈江、潞西等七设治局与孟定、上江、练地各地，自民国三十年三月，因腊戍不守，相继沦陷敌手。敌寇极尽残暴毒恶之能事，民众之惨状，言之痛心疾首。幸国军于三十四年夏，大举反攻，冒暑推进，各沦陷区均得先后收复，各地既经失而复得，不论城镇乡村，多数庐舍为墟，片瓦无存，百孔千疮，满目凄凉。灾区之广，损失之重，灾情之惨，不可以楮墨形容。虽经本省当局予以赈抚，而收效甚微，灾民巨创仍然存在。各属旅省同乡以及各界关心人士奔走呼吁，乃于民国三十四年十一月二十五日成立腾龙及边区各设治局赈济委员会，议决筹款国币二千万元，并推定陆崇仁为主任委员，李培天、杨文清为募集组主任。然效果甚微，而腾龙各县局请求救济之公文纷至沓来，势不能不将已募获赈款讨论发放，以资救济，乃于本年四月二十八日召开第二次会议，议决：①赈济区域视灾情之轻重应以腾冲、龙陵两县为主，其他各属为次。上江、孟定、练地准予并入办理。②赈款分配（连中央所发赈款四百万元在内）共计十成计算，腾冲占四成，龙陵占三成半，其余各设治局占二成半。此二成半又以十成计算，潞西占二成半，瑞丽占一成半，泸水、上江、练地、孟定共占二成，其余陇川、盈江、莲山、梁河共各占一成。发放手续，腾冲、龙陵由旅昆同乡会具领，汇交腾龙善后委员会发放。其余汇交该区李专员国清发放。③赈款用途以十成计算，指定以七成急赈，以三成作为补助教育及善后卫生等事项之用。④各劝募队、组所欠收赈款限五月十日以前收齐结束，以便发放。经该会函催结果，爰准各队组先后检同用剩册据函报结束。兹特将各劝募队组收到款数及各县局分配应领赈款数目列叙于下：计收到银行公会队募交赈款国币四百二十八万四千元，省市商会队国币九十六万零四百二十三元，总工会队国币五十万元，公营事业队国币四百万元，娱乐业队国币二百万元，总计交到赈款国币一千五百九十九万一千五百四十三元。另加中央赈济委员会先后所发赈款国币四百万元，总共合实收到国币一千九百九十九万一千五百四十三元。照第二次议决案分配成数分配，计腾冲占三成半，应合领六百九十九万七千零四十元，各设治局共占二成半，应合领四百九十九万七千八百八十六元。此二成半又以十成计算，潞西占二成半，应合领一百二十四万九千四百七十一元；瑞丽占一成半，应合领七十四万九千六百八十三元；孟定、上江、练地、泸水共占二成，应合领九十九万九千五百七十六元；陇川、盈江、梁河、莲山共占四成，应合领一百九十九万九千一百五十六元。以上各款均经该会于五月二十三、四、五等日由《中央》、《正义》、《云南》等日报登载公布。腾龙两县应领之款业经各该县旅昆同乡会于五月二十八、九两日具领，即时转汇发放。其各设治局应领部分已经于六月五、六两日分别由矿业、兴文两银行汇交专员李国清具领。嗣又据兴文银行通知，此项赈款存行以周息九厘计算，应合利息四十万零七千二百零二元；又广东省银行后送来捐款一十二万九千元，除扣去归垫刊刻关防及查报等费二万五千一百元外，下余之款仍交由兴文银行代汇交李国清具领，并案发放各设治局。九日，已据该专员呈报，业经遵照前后各令暨第二次会议议决案办理发放，并造具印领分配表。同时，腾龙两县呈报亦已照案办理完竣，腾龙赈委会以此次赈务既已办理完毕，乃于九月二十八日呈报结束。

通常赈济

滇省近三十余年来，各属灾害及赈济情形，爰稽案册，分纪于篇。

水旱灾、霜灾、雹灾及荒灾

民国七年夏，省会雨水过多，东北堤决，西南一带，竟成泽国。秋收欠薄，米价腾涨。云南省长公署饬拨积、义、社三仓仓款，并捐廉提倡，交由地方士绅成立省会办赈事务所，募捐购米赈济之。

附：云南省会办赈记

岁戊午，邑中恒雨，苦东北堤多崩溃，西南各村落则壅而为泽，以致二麦霉烂，秋稼不登，一时小民艰食，竞致有拆屋而炊者。同人愁然忧之，为请命于政府，念切民瘼，饬拨义、社、积谷款十分之三购米放赈，款不足则捐以继之，凡邑之士大夫以及编氓，皆踊跃输将。而英、法之官于斯，商于斯者，亦解囊相助，使穷民有更生之庆，甚盛举也。事，计提拨义、社积谷款一万四千七百二十二元二角一仙，收捐款九千四百九十一元九角五仙九厘六毫，收银行息银一百零九元七角三仙八厘，购米四百石。由五路堡领米三百一十七石四斗一升七合，赈济五乡。附城贫民，则以七十九石二斗三升散给之。余米八石七斗三升拨归同善堂赈济各属逃荒难民及省会贫民。余银一千一百七十一元八角九仙四厘六毫，已未秋拨办栖流所，由县禀准在案。夫积谷者，民自积之，民自用之，古今通义也。回忆议办之初，阻力横生，救荒目的几无由达，而卒使千万户饥民无流离失所者，则政府监督维持之力也，今事竣矣，振笔刻石记之。俾后之君子，得所观览焉。是为记。

又省会自民国十三年以后，五六年间，水、旱频仍，饥馑洊臻，加以萑苻遍地，民难安居；而大理等属震灾，迤东等属霜灾，又相继间作，外县之避难逃荒来省者，实繁有徒，供给益形缺乏。因之米价陡涨，斗米由十余元售至三四十元，以迄六七十元。每遇运米入市，立即抢买一空，甚有持银到市无所得米者。民苦艰食，险象环生。据当时调查，省、市不能举火者达七千余百户之多，而合门服毒自尽，或相率扑河而死者，日有所闻。当道愁焉忧之，除被灾各属，已由省署分别发款，赶办急赈或照例蠲缓田赋及饬开仓平粜外，又以省会重要，灾民众多，当由省公署饬据内务司召集各机关团体会商赈济之法。乃于内务司内设立公米局，筹措巨资，购办大宗越米，以济民食；并于昆明市政公所设立平粜事务所；复经地方士绅，捐资组设民食救济会廉价售粥处，广为救济。嗣以灾情益重，灾区益广，复于十四年经中、西官绅士商报经中国华洋义赈救灾总会核准，成立云南分会。又于十八年报经中央政府核明，云南列为灾区之一，依法组设云南赈务委员会。综计先后筹款数百万元，购办越米数千兜，竭尽心力，始获渡此难关，亦云劳矣。公米局及平粜事务所，设立年余，即行撤销。民食救济会及廉价售粥处，历年相沿办理，至十七年始移归昆明市慈善会，为永久慈善团体。云南赈务委员会则以库款支绌，开支无出，旋即移交民政厅接办。云南华洋义赈分会之缘起及经过另节述之。

民国十四年四月十四、十五、十六等日，三迤各县发生霜灾，被灾地方共计三十七县。而兰坪、鹤庆两县，同时又发生雹灾，先后据报委查属实，统计共摧折豆麦一百三十一万余亩，灾民五十六万六千余户，共计丁口三百一十四万四千五百余人，死亡二十四万四千六百余十人，诚数百年来未有之奇灾也。兹将被灾田亩及各县灾民数目，依据全省赈务处编汇三迤各县荒灾报告，总列两表如下：

各县被灾田亩数目表

县别	原有田亩（亩）	被灾田亩（亩）	比较被灾田亩约占原有田亩的百分比
昭通县	44,513	41,897	95%
平彝县	30,016	24,307	82%
马龙县	31,427	28,489	91%
陆良县	32,160	26,437	82%
罗平县	25,104	23,768	95%
曲靖县	84,316	70,654	84%
沾益县	32,637	24,684	76%
寻甸县	64,655	49,733	77%
宣威县	125,294	98,874	79%
嵩明县	84,478	58,431	78%
禄劝县	37,847	27,415	72%
镇雄县	59,621	18,941	41%
会泽县	179,164	167,593	94%
大关县	9,918	6,783	69%
彝良县	102,534	62,834	63%
鲁甸县	15,642	11,387	74%
永善县	75,799	52,368	70%
绥江县	4,571	2,874	63%
盐津县	15,077	9,825	65%
昆明县	178,875	54,371	31%
宜良县	84,629	17,814	26%
呈贡县	54,091	10,381	20%

（续表）

县别	原有田亩（亩）	被灾田亩（亩）	比较被灾田亩约占原有田亩的百分比
师宗县	24,495	22,876	94%
建水县	56,442	25,937	46%
泸西县	100,636	73,845	74%
富州县	19,124	10,786	57%
弥勒县	88,100	28,688	33%
文山县	54,490	31,226	58%
昆阳县	64,492	9,999	16%
石屏县	58,376	34,873	60%
丘北县	50,723	40,351	80%
马关县	29,928	15,995	54%
西畴县	8,782	4,831	55%
路南县	33,514	17,412	51%
广通县	43,583	12,973	30%
永仁县	6,315	2,923	47%
盐兴县	17,117	7,658	43%
兰坪县	21,849	7,643	35%
鹤庆县	121,120	72,357	63%
合计	2,171,544	1,310,233	60.3%

附记：

1. 表列原有田亩，系照各县户粮底册查填；被灾田亩，系照各县初报清册暨勘灾委员复查清册查填。

2. 表列三十九县，除兰坪、鹤庆两属系属雹灾外，其余三十七县概系霜灾。

各县灾民数目表

县别	原有户数	被灾户数	原有人丁	被灾人丁			
				流离	致病	死亡	其他
昭通县	35,824	29,889	151,568	37,842	48,976	27,384	30,784
平彝县	33,616	24,675	175,492	28,173	42,712	11,125	64,924
马龙县	9,163	7,584	42,629	4,763	6,814	3,685	18,453
陆良县	27,147	15,559	153,334	17,825	16,954	5,874	57,425
罗平县	27,828	25,876	138,721	29,648	53,736	18,497	25,789
曲靖县	23,163	17,854	115,658	15,764	12,380	5,123	64,295
沾益县	29,319	12,643	130,189	17,871	13,671	4,325	68,683
寻甸县	28,118	19,878	142,580	16,974	14,685	5,931	76,425
宣威县	54,058	41,395	323,908	38,176	49,641	20,983	56,395
嵩明县	17,367	10,929	107,954	3,184	4,644	1,284	24,655
禄劝县	15,566	7,935	128,830	3,336	2,711	1,084	20,309
镇雄县	48,879	14,715	381,035	8,765	9,327	4,613	86,425
会泽县	51,812	40,783	242,297	26,385	45,631	17,308	26,945
大关县	24,259	16,784	130,519	2,684	2,739	1,307	58,764
彝良县	28,666	18,145	190,236	31,367	48,265	16,308	48,742
鲁甸县	13,439	7,847	12,268	2,584	2,267	1,326	54,381
永善县	32,361	21,843	217,171	8,758	4,395	2,649	63,842
绥江县	16,268	9,325	118,960	8,945	12,645	4,817	23,645
盐津县	14,898	8,364	101,385	7,845	15,623	4,526	18,327
昆明县	56,869	16,947	281,027	1,674	9,876	5,784	96,524
宜良县	14,718	3,521	84,153	2,865	8,432	3,658	9,189
呈贡县	11,691	3,893	57,000	634	2,863	1,087	12,943

（续表）

县别	原有户数	被灾户数	原有人丁	被灾人丁			
				流离	致病	死亡	其他
师宗县	12,973	10,237	55,510	13,876	19,389	9,788	11,689
建水县	44,271	31,371	259,375	38,943	39,675	12,897	96,335
泸西县	24,064	16,963	113,321	12,874	29,987	10,374	42,954
富州县	19,754	9,786	83,366	6,817	3,684	1,975	19,978
弥勒县	18,821	8,409	94,406	2,514	2,084	1,037	47,945
文山县	38,149	17,824	253,532	12,674	17,361	6,210	87,264
昆阳县	10,457	2,516	55,877	4,867	2,523	875	21,384
石屏县	28,666	18,374	125,699	1,582	6,321	1,914	94,589
丘北县	14,587	11,091	76,577	5,294	12,249	3,896	32,874
马关县	19,726	9,763	93,906	6,374	8,953	3,749	25,647
西畴县	20,398	12,648	117,646	18,327	30,785	11,426	38,759
路南县	17,703	8,327	89,334	6,413	11,811	3,127	19,415
广通县	7,614	2,944	39,621	3,052	2,327	1,653	10,894
永仁县	11,399	5,927	68,325	4,736	5,173	3,308	23,746
盐兴县	7,606	3,081	30,917	1,753	2,945	2,087	9,846
兰坪县	10,790	3,736	65,427	1,743	3,264	812	7,654
鹤庆县	20,517	7,879	91,539	1,787	1,236	845	19,431
合计	952,524	566,270	560,283	464,727	627,847	244,669	1,807,285

附记：

1. 表列原有户数暨原有人丁，系照内务司十二年编制《云南全省户口表》数目查填。

2. 被灾户数暨被灾人丁系照本年各县所报数目填列。

滇省自十三年水旱成灾，各县地方多筹款赈济，暂救贫民。省城方面，有公米局、民食救济会、平粜事务所、廉价售粥处等机关，或归官办，或归绅办，或由官绅会办。统计先后筹拨公款、捐款已在八十余万元。十四年霜灾以后，各县灾民来省就食者，日愈加多。而省城住户亦因生活继增，多不能举火。各救济机关，不得不继续办理，乃由公米局采办越米，由民食救济会照市价减收二成，分发各区。平粜购买者，以平民为限。廉价售粥处，扩充至八处，每日煮粥约五六万碗，每碗售铜元一枚，每人日食两三碗勉可度日，就食者日约二万数千人。此外，如昭通、会泽、曲靖、罗平等县亦设厂售粥，或购米平粜，但款项不多，功效甚微。其在政府方面，当灾情发生后，即经省公署议定办法四条：

（一）省城设立全省赈务处，办理全省灾赈事宜。以内务司长为总办，省议会正副议长、财政实业交通司长、市政公所、督办会商务总会会长为会办。迤东设赈务分处两处，各委总办一员，一处办理原日昭通、东川两府所属各县灾赈事宜，委熊廷权为总办；一处办理原日曲靖府所属各县灾赈事宜，委李朝纪为总办。迤南、迦西亦各设赈务分处，即以各该区道尹兼任总办。

（二）被灾较重各县，于报灾时，即先发现款一千元，交地方官赶办急赈。迤东灾情较重，先拨款十万元，交由两分处总办，各携五万元立时持赴灾区放赈，并陆续筹款接济。迤西、迤南两处，由各该分处总办，查明灾情，再行措款赈济。

（三）省城方面，拨款三十万元，采购越米接济民食。又由市政公所等款十万元，设立民食共济社，代理市民径向越南购米（购者不限于贫民），并准各商家自由购办越米入口。总计官商先后所办入口越米约在八千余百车，价值一千八百余万元，犹不能将米价平减，平均每中米百斤，省价尚在三十余元。可见，本年灾情之重，如无越米接济，不知尚须饿死若干万人。

（四）各县公款积谷，均准提出办赈。此外，又电致京沪各方面慈善家，请求捐款救济。统计，上海方面先后四次，共捐获滇币二万六千元；北京方面由常关赈务附加税项下两次，分获国币一万一千元。均照六股分配，迤西分配二股（连震灾在内），迤东分配二股，迤南分配一股，云武等属分配一股，均随到随分，径发各灾区赈济。

至各属灾赈方法，略可分为数种：

1. 设立粥厂，廉价售粥，或完全施贫；

2. 购米平粜；

3. 散放现款，按极苦灾民，每人酌发赈款数角；

4. 修理道路河堤，以工代赈；

5. 收养遗弃孩童；

6. 掩埋饿毙尸身；

7. 召回流亡，借发种子，以便即时栽插。

凡此数端，均属赈济要点，要非巨款，不能照办。查被灾各县，重者灾民数万人，少亦数千人。而拨发赈款，多者不过万余元，少者仅数百元，即各地所筹款项，至多亦不过数千元，实属无济于事。故受灾以后，数月之间，死亡已至二十余万人之多。虽属灾情过巨，未始非地方贫瘠，无款赈济，有以致之也。兹将迤东两赈务分处分发赈款函电附录于后。

昭通、会泽赈务分处总办熊廷权办赈方法电

（衔略）总办于七月梗日，自曲启行。俭日抵会泽，沿途查看逃荒灾民，多系老弱妇孺，依岩傍树，以为栖止，野菜山菌，以充饔飧。其强壮无食者，大都流为匪徒。所过市场，十室九空。其避兵避匪，扶老携幼，来城就居就食者，数至夥而状至惨。当于同日召集官绅开会筹议，佥谓连年荒歉，益以本年霜灾，四乡遭匪劫掠，拉人勒赎，县城两次兵变，又屡次募兵，元气斫丧殆尽，富民亦苦难生活。以至会泽一属调查，灾民已有二十万人之多。其中，最苦者亦有五万七千四百四十九丁口之多，平均每丁给洋五角，勉敷两日口粮，而需洋将近三万元，于灾民仍无裨补。现在赈款有限。博济难周，似宜变通办法，救目前之急，备将来之灾。众议佥同，得办法五项如下：

（一）延长粥厂。查粥厂经费，本城官绅，再四筹捐，又动用义仓积谷。原订办法，至阴历六月十二日款谷俱尽时停止，而极贫灾民之无家可归，无田可种，恃粥为生活者，在数千人。拟请由赈款内酌提若干，改施煮熟洋芋。

（二）资遣灾民。查食粥饥民，来自附近城乡者固多。其距城远者四五站，近亦二三站，拟按其城站酌给路资，陆续遣回；或酌给籽种，乘雨水下地，即时栽插。

（三）开办贫儿收养所。查在厂食粥贫儿，给有木牌者，数在二千八百余十丁口之多，其无父母者，居十之四，或有父母而因年荒抛弃者，居十之六。夜间露宿市里，哀号痛哭之声，褴褛尪羸之状，见者伤心，闻者酸鼻。拟请提赈款二千元，开所收养，俟其身体稍强，教以粗浅手工，俾其力能谋食，再为陆续开除，亦培补将来壮丁之一法也。

（四）开办临时防疫事务所。查县城饿毙灾民、病故贫民与枪毙匪徒，于附近城外金钟山下，掘一大坑，名曰万人坑，投尸其中，略掩以土，有薄板者，又多浅厝其侧，或竟未入土。暑雨熏蒸，以致酿为疠疫，每日附城内外，死者四五十人，其乡区以传染病故，不能调查者，尚不知凡几。拟请拨款开所，延医施药施诊，并添设清道夫，责成警察，清洁街道，遇有尸棺，认真调查，督令妥慎掩埋，至无疠疫之日止。

（五）创设赈济仓。查县城原有积谷，供剿匪军食用罄尽，义仓存谷无几，今年碾助粥厂，已颗粒无存，再遇饥荒，即无术救济。兹拟俟今年秋收，提款四千元，收买净谷、杂粮，另储一仓，由县委正绅两人保管，妥订章程，一遇灾荒，随时粜赈，并于每年青黄不接时出陈易新，秋后仍收买填仓。其有借作籽种者，还仓时酌加息谷一二成。此外，无论何项要公，均不准借口挪用。如此办理，设年岁丰稔，数年愈积愈多，则有裨荒政为不少矣。以上五项，前四项最为急要，拟先行办理，即由财政司拨发之急赈银一千元，暨此次携赴灾区赈款，该县分获之六千元项下拨用。暂行维持现状，俟将来向外募获赈款，再酌量添补。至第五项办法，应俟赈务收束，筹办善后时，再行筹款办理。（下略）

又电：（衔略）东昭赈务，遵在昭通适中设处，通令东昭府各地方官，拟具办法于六月十五号以前，亲率正绅或妥派代表来昭会议灾赈。查东昭两属共十县，除巧家、盐津两县灾情较轻，拟俟随后筹有巨款再行赈济外，应赈者共八县。计在省共领滇币四万元。会泽、昭通已各发六千元。永善、绥江、鲁甸已各发五千元，彝良已发三千元，以上六属共发去赈款三万元。大关、镇雄，因道阻无代表来，总办未便久待，当经支配镇雄应发五千元，大关自请发三千元，以上共八千元之数，业已发昭通县谢知事妥为保管，取有印收存查，俟两县道通，代表来昭，即由谢知事查明，照数发领。尚余二千元，因东昭两属，地广灾重，又各补发一千元，以足认领四万元之数。至各县赈务，均已指示办法，并各委员视察。另奉饬由昭分行取用之一万一千元，仅领出一千元，因该行款尚未足，拟请以此一万元并同后来赈款，统作兴修由滇至川大路，以符各县请求以工代赈之原议。（下略）

曲靖赈务分处总办胡朝纪办赈方法函

（衔略）各属服务，均体察地方情形，酌量受灾轻重，以定赈款多寡。先由曲靖着手，发给六千元，曾经呈报在案。次及沾益，其灾情户口与曲靖属不相上下，亦酌发赈款六千元，均交县领取，转发勷办员绅，按区散放，催核发各区，赓续举行。一面委派妥员王鸿来赴马龙督发，该县受灾虽重，而户较少，酌给赈款四千元，分别核发。次及寻甸，该属灾情虽与马龙相等，唯户口较多，给账款五千元，足敷分布。现曲、沾、寻、马四属，均已办毕，于八月二十八日到达宣威。查该县灾区辽阔，灾民较各属尤多，赈款苦少，不敷支配，从优提给九千元，核发给领，现正督促官绅积极进行。一俟办毕，即起道平彝，总期不延时日，实惠早及灾民为要。（下略）

又函：（衔略）查各属赈务，前经总办亲临其境，认真调查，考核地方情形，酌量受灾轻重，以定赈款之多寡，必使各得其宜，庶昭公允。昨已将曲、沾、寻、马、宣五属核发完毕情形，电呈在案，旋即起道平彝详查。该县区域辽阔，灾情甚重，酌给赈款六千五百元，以资散放。唯向义一区，较全县尤重，已商官绅从优提拨发给，以示体恤，一面亲督官绅定期核发。完竣之后，未敢久延，随即首途，已于本月十三日到达陆良。经该县官绅沥陈灾情，复经详查，该县虽然受灾，而土地较他县稍觉肥沃，不过户口甚多，贫民尤众，拟给赈款六千元，分别核发。现正亲督官绅，平均摊算，按照灾情，转发给领，总期勿延勿漏，实惠及民，为唯一之办法。但罗平一属，途程微远，路多梗阻，近闻瘟疫流行，传染极众；又兼多数军队驻防，其间难免紊乱秩序，防碍进行。然其被灾情况，博询周访，已得其详，虽未到境，大致比平彝为尤甚。地方瘠苦，灾民颇多，不能不从优体恤，以示区别，拟酌发赈款七千五百元，以资分配而示优异。惟觉该县现正发生种种异状，实觉不能轻于前往，已饬该知事选派员绅来陆领取款项，交县转发，俾得手续迅速完竣，实惠早及灾黎。所有八属赈款五万元，均已分配足额，取具各县印领，存备查考。（下略）

民国二十年八月十四日，盐津县大水成灾，县治民居千余家暨县政府头二门、科房、监狱以及通川之大铁索桥，连同桥墩马头，概被冲没。同时，大关、彝良、昭通等县亦被水灾。特盐津居于下游，凡大关、彝良各属之角套、牛街等河流皆汇聚于斯，故水势至此骤涨至数十丈之高，受灾尤重。云南省政府据报后，即拨款办理急赈，计盐津五万元，彝良四万元，大关、镇雄两县各二万元，补助办理善后，并以灾情奇重，组织云南水灾赈济委员会，筹款给赈。其各县所设之水灾救济会，令饬一体改为分会。又昭通安团长德化，成立昭十属“八·一四”水灾救济总会，分头的募款项，办理赈恤。

附盐津县长华国暨灾民代表蒋钟衡等电

（衔略）盐津不幸，天降鞠凶，于八月初旬，冯夷作祟，河伯不仁，十余日之倾盆大雨，水已涨异寻常，石格闹之危岩遂崩，关河又被压断，于元月倏被冲决，洪水骤涨数十丈之高，由津城以至川界，沿江数百里一带咸罹惨劫，盐津铁桥，关系滇川交通，建筑异常坚固，不独铁索冲断，基础亦被冲毁，全城变为泽国，农田成为汪洋。变起俄顷，迁避不及，老幼多被淹没，少壮仅以身免。全城街房，随洪波而东逝，家财什物，共惊浪以浮沉。古人谓：“祸患之烈，洪水为甚”，信不谬矣。况水涨时日已傍晚，大雨如注，奔避登高者，既无覆雨之具，又苦黑暗难行。一般灾黎，父哭其子，兄哭其弟，以及祖孙、夫妻、母女之哭泣声，耳不忍闻；杂以街房倒塌声，洪涛澎湃声，地惨天愁，心胆为之碎裂。天乎天乎，津民何辜，竟罹此万古未有之浩劫耶？现在洪水虽退，起视商务辐辏之盐津，已变为乱石纵横之石坝矣！滇川交通之铁桥，已成天堑难渡矣！其余沿岸，盐井坝、黄葛槽、临江溪、焦岩、普洱渡、滩头、铜鼓溪、新滩庙口，以及川属之新场，夙号繁盛之市镇，或片椽无存而变为沙坵，或寸土不留而变为巉岩。至于出川大路，昔本千里康庄，腾骧而驰，今作鸟道羊肠，攀藤以过。彼苍者天，何降浩劫于盐津，如是之酷且烈耶！约计全县街房、财产、货物之损失，在数千万以上；而生命之淹毙，田地之冲坏，未计焉。此时万余灾黎，日无充饥之粮，夜无安寝之所，啼饥号寒于岩穴，曝日沐雨于荒郊，罗雀掘鼠以充饥，采薇撷实而果腹。然供不给取，饿殍尤多，谋生无方，求死不得，惨状凄情，目不忍睹。决亦钧座闻之而痛心，亟思有以赈济之者，是以沥陈灾况，恳祈鸿施恻隐，大发慈悲，迅拨大批巨款，发津赈济，以救残黎余生，永颂再造鸿仁于无穷矣。

附盐津县赈灾委员、大关县长王培仁呈

窃查案奉钧府委令：“查勘盐津水灾，会同华县长散发赈款，调查灾情，具报核办”等因。奉令之下，遵即于九月二十一日，轻骑简从，驰抵盐津，遍查灾况。盐津居于下游，而大关、彝良各属之角奎、牛街等河流，皆汇聚于斯，故水势至此，骤涨至数十丈之高，以致极高铁桥及工程最称巩固之桥墩马头，冲毁倾颓。其阖城上下滩、街房及河西沙嘴铜店，与附近之豆芽沟、赶场坝、沟口等处居民在一千余家，连县政府头二门、科房、监狱，概被洪水冲没，砖瓦石料竟无存留，街基故址尽成乱石沙坵。洪水退后，一般灾民因失所栖，倾家荡产，立地即穷，衣食生活诸多无着。所幸该县官绅，即刻成立一水灾救济会，当将一般穷极无聊之灾民数百家，收容于各寺庙中。经华县长垫出镍币一千元急赈，维蒙安团长连拨半开银币一千元，仍以散赈极贫之家，其次贫者，暂行缓发不计。无如极贫者过多，杯水车薪，无济于事，急优赈济者，何啻望梅止渴！此系盐津县城一区之水灾大概情形也。其所属沿河以下之临江溪场、普洱渡场、滩头场、铜鼓溪场、庙子溪场、新滩各场市，及沿江东西各岸灾区，县长尚未亲询查勘，但询据该县救济会中各调查员，所称各该区尚有二千余户，均已

片瓦无存，其灾情惨状，殆有过之无不及者。虽蒙政府殊恩，已发急赈款五万元，为数不鲜，无如此次灾情过重，计自县城以达新滩下游，川滇交界止境，直长约二百六七十里，沿岸道路，冲成巉岩，河坝居民约在三千余户，损失财产、货物、建筑等项，统计约在千万元以上。其损失之巨，及灾区之广重，比较彝良之灾情，尚不及盐津百分之十，实有天渊之别。职本良心之职责，不敢不将所查盐津实况略先上陈，余俟亲诣勘明，再为续报，绝不敢饰词蒙混，致负钧府轸念灾黎之苦衷。正拟办间，续据县城数百灾民，扶老携幼，纷纷前来，泣请转恳钧府大施仁慈，多发赈款，以资救济者；间有以此自桥梁、道路冲坏、交通断绝，商务停顿，非有巨款不能疏通，仰乞代恳，速拨巨款，俾资修复；更有以城市基础，冲成乱石沙堆，灾民无力建筑，市面从此未免作废，更求邀恳特别准予无息借贷建筑费五十万元，由县政府完全负责分期偿还，俾得桥梁、道路、商场重新恢复，阖县万亿灾民有所依归，庶免流离失所，衣食有着，各等情前来。查盐津为滇川第一门户，诚为天然要塞，省防县治所关；且驻有政府特设征收机关，该县税收，素有可观，早为政府所珍视；若不代民吁恳，破格筹拨巨款修复整顿，恢复旧观，实不足以固省防，而维善后收入。

云南省水灾赈济委员会自民国二十年十月五日成立起，至二十二年一月十七日收束止，收支赈款，连同银息数目列下：

（一）先后三次，收稽核分所转交中央赈会发来赈款国币四万元，折合滇币三十万零四千元。

（二）先后二次，收财政厅交来本省军政费项下扣薪赈款滇币十二万二千四百八十八元六角九仙。

（三）先后收赈济委员、募获捐款及各机关自由募捐赈款滇币共一万七千七百五十三元二角。

（四）先后收赈款存放息银滇币二万三千八百三十八元一角三仙。

以上四柱，共收赈款及息银四十六万八千零八十元双零二仙。

1. 支交安旅长发给盐津灾民，购买耕牛、籽种，赈款滇币一十万元。

2. 支稽核分所盐津散赈办事员张福祥旅费滇币五千二百二十三元。

3. 支核销送来捐款中不能行使之半开现金十二枚，合滇币三十元。

以上三柱，共支赈款一十万零五千二百五十三元，总计收支两抵实存滇币三十六万二千八百二十七元零二仙。

此项全部存款于民国二十二年二月十六日如数函交财政厅查收。以滇币三十万元转借盐津灾民，建盖房屋，剩余滇币六万二千八百二十七元零二仙，俟财政厅将来修建盐津铁桥时，如数发作补助建桥之用。

案上列赈款系由水灾赈济委员会筹集，专作盐津善后之用。其余省府发给之急赈款及各县自行筹募之款，华洋义赈分会捐助之款，除由各县当时散放外，余数多由各县办理工赈——修复道路、桥梁、河堤，或购谷填仓，以备不虞。数目繁多，不及备载。

二十八年至三十四年各属灾荒赈济之经过

民国二十八年九月，本省各地霪雨连绵，山洪暴发，河水泛滥，以致各属先后均告水灾。计报者有安宁、路南、楚雄、盐兴、昆明、禄丰、弥渡、宾川、祥云、鹤庆、邓川、牟定、会泽、广通、巧家、永胜、易门、澄江、大姚、富民、蒙化、姚安、元谋、中甸等二十四属，灾情之重，灾区之广，为近年所罕见。其中，尤以安宁、楚雄、路南、盐兴四县为最严重，据报各该属等地位低洼，居民多属枕流而居，水位高出平面数丈，不惟田亩平均十分之八化为泽国，而居民房屋几无不倾倒淹没。因事起仓猝，多未能抢救，凡被波及，不论贫富，均已被冲洗罄尽。数十万灾黎，死亡枕藉，哀鸿遍野，其状之惨，言之恻然。省赈济会于据报后，呈经省府核准，会同民政厅派员分别前往勘查，携带垫款国币五千五百元及中华民国红十字总会驻昆办事处捐送救济药品，驰往施赈，急谋救济。同年十月，石屏县民，个旧矿商李恒升、张正堂两君关怀灾情，义捐国币一千元，经赈济会尊重其意，分配与路南、安宁两属施赈。一面饬令各属地方官绅率同团警防堵抢救，成立水灾救济委员会，设置难民收容所，借资救济：一面呈报中央及省府，请拨款救济，以惠灾黎。十月九日，云南省党部发起呼吁，各界成立云南省水灾救济募捐委员会，推定负责人，进行劝募赈款并办理一切救济事宜。同时，建宁师管区司令部亦自动发起捐募，计全部募获赈款七千六百余元。经按照各县灾损轻重，拟定分配发放办法及施赈原则，立即分别汇发各属，妥为发放。计分别灾区为三等，一等灾区发七百元，二等灾区发三百元，三等灾区发一百四十元。一等者计安宁等三属，二等者楚雄等八属，三等鹤庆等九属，均经发放有案。十二月省赈济会呈奉赈济委员会，电复拨补国币五千元归垫。民国二十九年四月，赈济委员会奉行政院核准，再拨发赈款国币五千元。统计此次水灾共发出赈款国币计捐款七千六百余元，中央赈款一万零五百元。以灾情之惨重及地方损失之巨，虽属杯水车薪，而对于安定灾民生活，要亦不无小补云。

同年三月，省赈济会以丽江县上年遭受水灾又遭冰雹，灾情奇重，谷损乏食，人民掘草根、树皮充饥，为状至惨，曾经省府拨款，开仓急赈。惟灾区广，杯水无济，且该县地近川康，所关地方治安甚巨，曾由该会以虽属天灾同为赤子等情，电请中央赈委会救济，旋奉核准，由前发水灾准备基金项下，提拨国币一万元赈济。当经该会会同云南省民政厅会议拟定赈恤办法，汇发赈济，民困借以稍苏。

同年内先后呈报水雹灾及米荒者，计有鹤庆、剑川、宾川、安宁、路南、云龙、盐兴、楚雄、姚安等九属，纷纷以各该属等灾情与丽江同样严重，应请援例赈济。当时，值赈济委员会屈副委员长映光来滇视察赈务，目睹灾情惨重，乃于五月支日代为电准赈委会加拨灾款国币二万元，汇由赈委会运送，配置昆明难民总站主任何崇杰，会同省赈会查赈。该会于奉令后即召集民政厅难民总站会商，经决定配赈办法如下：

（一）赈款二万共分为四十份，每份定为五百元。

（二）以鹤庆、宾川、剑川等三属遭受水灾，米荒甚重，列为一等，每县分六份，合分赈款三千元，共合分款九千元；以安宁、云龙为二等，每县分五份，合分赈款二千五百元，共合分款五千元；以路南、盐兴为三等，每县分四份，合分赈款二千元，共合分款四千元；又以楚雄、姚安为四等，每县分二份，合分赈款一千元，共合分款二千元。总共九县，分为四等，共合分赈款二万元。

（三）散放赈款系责成各该县旅省同乡会或县赈济会领取，会同县府散放，并由县党部、各法团担任监放，放毕呈报省赈济会备案。事后由省赈济会派员抽查赈票，统限同年六月底发放完毕。

（四）下列为灾民资格：1. 残老嫠婴之贫穷者；2. 赤贫非赈济不能生活者。

（五）赈票分为二等，每一户人口在五人以上者为甲等，每一户人口在四人以下者为乙等。每等发给赈款数，由县长召集县党部、县赈济会及法团会议决定之；但乙等赈票不得少于国币一元。

同年六月，又有师宗、陆良、文山等三属及维西、兰坪两属先后呈报荒灾，请求赈济。经省赈济会派员勘明属实，或系遭受雹灾，或小春无望，粮价高昂，民食匮乏，采树根为食，饿殍相望，灾象均呈严重。此外，又有双江、蒙自两县呈报水灾。除蒙自一县。已据呈报经地方自行筹款赈济外，双江一县则并入维西等属呈请赈委会核准，由救灾准备金项下拨款，查明向例，分别灾损轻重，发放施赈。综上赈灾，省赈济会共由偏灾准备金发出国币三万一千元，已收即灾即赈之效。

三十年度，雨旸若时，各地遭受偏灾者甚鲜。八月有维西呈冰雹灾，被灾计一千一百余户，田亩损失二千九百余户。九月广通县报县属山洪暴发，泛滥成灾，被灾十户，损田四十亩。均经省赈会先后呈经省府核准，于偏灾救济准备金项下拨发维西赈款国币五千元，广通赈款未详。由该会分别汇交各县政府，照灾情轻重平均分配发放，取据报核。

同年，又有顺宁、安宁呈报荒灾，即由省赈会呈奉核准，于偏灾救济准备金项下发出国币五千元。

三十一年九月，屏边呈报县属倮姑饥荒灾。经呈奉赈委会电饬拨款国币六万元，以资救济。上款系先由省赈会垫发急赈，事后归还。同月，文山、禄丰又报遭受水灾，经呈报赈委会救济。

三十二年，滇省三迤各属发生灾荒。灾情之产重与普遍，突破本省任何一次灾情之纪录。罹灾之初，多数县份当春耕之际，雨泽全无，旷野无鳞口之浆，以致栽插过时，禾苗发育不畅，迨秋成将届，忽遇兼旬严寒。此外，旱魃、潦雨、寒气、冰雹、害虫、恶风相间而作，稻谷结实受严重损害，谷穗均不低垂，即有一二空壳都属子虚，田畴荒芜，以全部收获不能偿其工资，故皆听其弃置，因之颗粒未收，生活断绝。报灾之县先后有镇沅、宣威、会泽、镇雄、昭通、彝良、陆良、泸西、广南、曲靖、沾益、平彝、马关、文山、罗平、开远、西畴、鲁甸、麻栗坡、丘北、富宁、马龙、师宗、思茅、保山、建水、蒙化、寻甸、石屏、楚雄、武定、蒙自、姚安、禄劝、巧家、祥云、宜良、永胜、宾川、华宁、丽江、大姚、嵩明、路南、弥勒、镇南、云县、鹤庆、永善、大理、元江、镇康、晋宁、缅宁、砚山、盐津、云龙、澄江、呈贡、景谷、江川、河西、剑川、通海、洱源、凤仪、绥江、新平、威信、兰坪、永平、双柏、元谋、禄丰、墨江、宁洱、邓川、罗次、曲溪、维西、盐丰、中甸、广通、盐兴、龙武、南峤、佛海、六顺等八十八属之多，约占全省所辖县属四分之三强。其灾情最重者为陆良、昭通、广南、彝良、泸西、开远、石屏、罗平、平彝、永善、寻甸、沾益、鹤庆、师宗、晋宁、弥渡、丘北等县，各该县全部收成不及十分之三。全省平均统计，收成仅及十分之五，其歉程度可以想见。省赈济会于据报后，除分别垫款派员查勘急赈外，兼常务委员陆崇仁更鉴于灾情严重，一面向各界呼吁救济，一面拟定办法救济数项于十二月二十八日呈报赈委会核办，其办法如下：

（一）邻近省份采购大批食米运至省境受灾县属储存备赈；

（二）请贷放农资；

（三）请拨发赈款国币三百万元，并附呈灾情报告表。

呈报去后，当蒙赈委会悯念灾情，转奉行政院核准，拨赈款一百万元。旋经省赈会以救灾如救火，刻不容缓，乃会同民政厅按照灾区之广狭，灾情之轻重，厘定赈恤标准，以先呈报灾歉各属，妥为分配。凡所受灾亩积在四十万亩以上者有昭通、广南、陆良、彝良等四属，各配发八万五千元。受灾在三十万亩以上者有泸西一属，发款八万元。受灾在二十万亩以上者有开远、罗平、永善、平彝等四属，计各配发六万元。在十万亩以上者有石屏、沾益、鲁甸、鹤庆、师宗、弥渡、晋宁、丘北等八属，计各配发三万元。在五万亩以上者有绥江、富宁、大姚、马龙等四属，各配发款二万元。又思茅一县受灾虽未满五万亩，惟同时瘟疫甚厉，据报已死数百人，仍发赈款二万元。以上共合国币一百万元。至各该属灾荒田亩，已由各该属自行呈请省田赋粮食管理处办理核免田赋。省赈会亦备函同时请求酌免，以惠灾黎。

三十三年一月，省赈会陆常务委员以行政院核发救济灾荒赈款为数过微，不足以资救济，而全省灾情惨况又属空前，所有灾民以草根、泥土度日，时有误食毒草而毙命者，卖妻鬻子，饿殍载道，甚有同类相食事件发生，惨绝人寰，如此灾象，闻所未闻。被灾各属旅省同乡会均纷纷自动组织赈灾会，分头劝募，用意虽善而行动分歧，不免流弊。为杜绝弊端，普通救济起见，特由该会呈请省府统筹办理赈济，当承省府主席龙云于一月十一日提经第八八九次会议议决，成立临时赈灾委员会，并鉴于灾区广大，救灾工作亟待全省上下分头努力，并饬各属县政府，会同县参议会、县党部、县赈济会，即时组织成立赈灾分会，俾号召地方绅商各界，殷实富户踊跃输将，以谋救济。后据呈报，成立县赈灾委员分会者，有灾情较重之绥江、永善、鲁甸、昭通、彝良、凤仪、弥渡、盐丰、沾益、陆良、晋宁、泸西、师宗、罗平、丘北、龙武、石屏、麻栗坡等十八属。

同年一月十九日由省赈济会召集有关机关开筹备会议议决，定期元月三十一日成立云南省临时赈灾会。因事体重大，请省府龙主席担任主任委员，推举省参议会议长由云龙、省府委员兼民政厅长陆崇仁为副主任委员，并增聘陈振之、华秀升、顾映秋为委员，会设总务、财务、宣传三组及劝募总队，并推定陆崇仁、杨天理为总务组正、副主任，李培天、华秀升为财务组正、副主任，赵公望、陈振之为宣传组正、副主任。劝募总队下设若干分队：总队长推定陆崇仁，金融队推定李培天、王振芳、张质斋，文化队推定龚自知、赵公望，农工队推定杨文清、陈廷璧，商业队推定严燮臣、周润苍，妇女队推定顾映秋，娱乐队推定李鸿谟，地产队推定罗佩荣、徐茂先，公营事业队推定陆崇仁、华秀升，军政队推定段小峰等，分别负责进行劝募事宜，并决定筹募赈款总数为国币五千万元为率，近两个月结束。

是年元月三十一日云南省临时赈济会正式成立，开会凡七次。因政府之倡导，各界热烈赞助，慷慨输将，为时两月募获赈款国币四千六百余万元。经该会依据灾情之重轻，人口之多寡，秉公分配。计配发特赈陆良等二十二属，合计配发赈款四百九十万元，特普两项共八十八属，总共配发赈款四千六百五十万元。

自此项赈款发出，由各属赈灾分会及地方机关散发后，数百万濒于饥馑之灾民，全活不少。

关于上项赈款之运用办法，一大部分系作为急赈，一部分系以工代赈。同年一月国民参政会经济建设策进会滇黔区办事处主任褚辅臣来函建议：（一）以工代赈；（二）兴办水利；（三）请中央核发农贷三万万元；（四）发动川、浙、粤、苏旅省同乡会募捐等四点；并愿鬻字劝赈，故经大会分别照办，褚主任关怀灾黎所拟办法虽未一一办到，而此种热忱实足可感。

同年四月，民政厅长陆崇仁鉴于上年灾情惨重，虽经赈济，究因创巨痛深，诚恐于青黄不接之际，人民乏食，重演惨剧，乃呈请省府将全省积谷除借碾军粮一百二十万公石外，完全贷与各属人民食用，以资救济，经奉准办理。

三十三年度呈报荒灾者有平彝、云龙、晋宁、马关、砚山、屏边、镇雄、永善、西畴、师宗、麻栗坡、巧家、龙陵、福贡、贡山、碧江、广南、罗平、大关、陆良、马龙、彝良、维西、江川、泸水、剑川、路南、元谋、曲靖、盐丰、昭通等三十二属；呈报水灾者有丽江、西畴、鲁甸、师宗、陆良、保山、绥江、盐津、广南、昆阳、元谋、会泽、文山、巧家、马关、彝良、剑川、罗平、姚安、弥渡等二十属。省赈济会据报后，分别饬令造具被灾房屋、田地亩积及死伤灾民表册，以凭核赈。其已经造具表册，甚属寥寥，当经该会呈报省府就救灾准备金项下查照向例规定款数拨定赈款，饬令具领转发。其中多因赈款为数太微，迄今未将手续办理完竣，该会正清理催办中。

三十四年度截至九月止，省赈会据报灾荒者有玉溪、安宁、江川、建水、马关、禄劝、盐津、丽江、大姚、保山、剑川、泸西、云龙、永善、元谋、呈贡、威信、澄江、绥江、会泽、鲁甸、广南、巧家、邓川、西畴、华宁、宾川、云县等二十八属。其中，尤以云县荒灾、安宁水灾为甚。云县因灾饿死者竟达二百余人，荒芜之田亦达七万余亩。来呈所绘灾状，惨不忍睹。安宁则为空前水灾，幸为时仅二三日，水位降低，且地方官抢救得力，多数人民财产不致沦没。省赈会据报后，其中已将受灾亩积表册造报齐全者，当即查照向例，核定赈款数目，呈请省府核准，由会存救灾准备金项下拨发施赈。其未造报受灾清册者，饬令造报，均经分别办理。惟该会所剩救灾准备金为数太少，杯水无济，少数受灾县份，已经由会饬令地方官就当地向富商大户酌量募捐施赈。

火灾

河口火灾

民国二十二年五月十日午后三点钟，河口市不戒于火，延烧至七时始行扑灭。被毁铺户五六百家，灾民三四千口，灾区几占全市四分之三。当由对汛督办署一面召集各机关、团体组织河口市火灾善后委员会，收容难民，先行煮粥，办理急赈；一面电准省政府龙主席先捐滇币五万元，以资维持。饬即详细调查被灾实况及筹拟复兴市场案呈候核办，并于昆明市成立赈济河口火灾临时委员会办理募捐事务。统计先后共收捐款滇币一十四万七千零三十一元四角，又法币一千三百九十二元一角三分，赈米三万四千七百四十斤，食盐九百六十斤，安南酱油四十八斤，分别散放灾民及筹办消防队补助公医院之用。

民财两厅会核议复河口对汛督办呈报复兴计划文

（前略）查上年盐津水灾善后办法，虽亦将款贷与人民为建屋之用，但所贷之款系由水灾赈济委员会就收获中央赈款及省内外捐款内呈准无息转借纸币三十万元，限期两年由该县官绅负责赔还，未向省库另行拨借。今所请筹借之修建款数，约需纸币二百余十万元之巨，公家既无如此财力，厅中亦无何项先例可援，实未便遽行议拟。惟查该督办原呈内称，该市成立火灾善后委员会，除办理急赈外，现复将被灾区域摄制图片并调查表地图等印成募捐册，分托省内外各县及东京、海防、香港、广州、各慈善团体、华侨个人，广为劝募等语。虽将来捐获款数多寡尚难逆料，但收齐之后必有一部分可资挹注，自可断言。拟俟该委员会募捐之款，稍有成数，再为预计尚能续行募获几何，斟酌情形，量予贷给库款现金三万元，以资补助。对于全体计划，所差不远，自可设法完成。倘募获无几，亦可就此共有款数范围，另行从俭计划，酌定步骤办理，总期市街逐渐建设，灾民不致流离，以期兴复繁荣云。

赈济会成立后之火灾赈济

查火灾一项，各属虽时有发生，惟事体只限于局部，较之荒灾之严重，自不可以道里计，故本省于各属火灾多无专款赈济。自省赈济会成立，稍加重视，然无的款。故每次火灾发生，除灾情重大者由该会直接派员并呈请上峰拨发专款特赈外，其余通常救济，经由该会与财厅规定各属自置救灾准备金，一遇灾情即由此项准备金分配施赈。

二十九年三月，省赈会据西畴县电报火灾，延烧房屋约百余栋，受灾者九十余户，共三百七十余丁口。省府已同时据报，即拨发赈款新币二千元，饬省赈会协同民政厅办理查赈。民厅赈会奉令后，立即会同派员分别查明发放。惟该县以发款过少，呈奉省赈会核准组织西畴县临时救济委员会办理善后，灾民借得救济，悉免流离。

三十一年三月，顺宁县长呈报，该属邦平镇大兴街于三月三日马帮驮运炸药爆发肇灾。计受灾户口十户，毁屋三十八间，炸毙五十三人，受伤一人，异常惨重，请予救济。省赈会据报后，立即拨发国币二千五百元，饬由该县长具领转饬县赈会查赈。

同年四、五、六等月内，据报火灾者先后有盐津、楚雄、安宁、弥渡等四县。除安宁一县呈报受灾五十三户，焚毁房屋九十六间，受伤二人外，其余三县未据造报灾情损失册表，无从依据叙述。省赈会均酌予拨款施赈，计每县拨款国币二千五百元。

三十二年呈报火灾者有邓川、罗次、保山等三属。计邓川被灾受赈人数二十八人，焚毁房屋四十一间，轻重伤四人。经省赈会呈奉核准，配发赈款国币四千元，罗次被灾受赈人数计二十一人，焚毁房屋四十二间，轻重伤三人，配发赈款四千三百六十元。保山被灾受赈人数计四人，焚毁房屋七间，轻伤一人，配发赈款八十八元一角五分。合计配发赈款四千四百四十八元一角五分，均由该会偏灾准备金项下支发。以上三属共拨赈款国币八千四百四十八元一角。

三十三年先后呈报火灾者有弥渡、华宁、文山、禄丰、双江、屏边、丽江、沾益、凤仪、宣威等十属。凤仪一县未据造报灾情，其余各属共计被灾五百五十九户。除华宁、沾益、弥渡、文山等四属系饬由各该县救灾准备金项下拨用外，共由省赈会发出赈款国币四万一千九百六十十元。

三十四年度截至九月十五日止，先后呈报火灾者有马关、昆阳、云龙、华宁、祥云、易门、陆良、罗平、大理、玉溪、凤仪等十一属。省赈会据报后，分别核明，饬由各该县火灾准备金项下拨款施赈。

昆明市火药爆灾

民国十八年七月十一日午后二时许，昆明市北门内江南会馆搬运火药，失慎爆发，全城震动，附近房屋悉被震毁，北城一区尽成焦土，死伤枕藉，诚亘古未有奇灾也。先是云南省政府主席龙云率师出黔，昆明有寇警，东西南各城分筑壕垒，作防御工程，并以原储北门外商山寺火药恐资款用，遂于七月九日起，用牛马车移运北门内之江南会馆暂时存储，殊运未及半，至十一日而祸作矣！当由省政府代主席胡瑛一面电请国民政府颁发赈款，抚恤灾民；一面饬由昆明市政府召集军政各机关、各法团代表及中外人士、慈善家筹备赈灾大会。随据议决，组设一赈灾会，定名为昆明市“七·一一”赈灾会。内部组织以华洋义赈分会、昆明市慈善会、红十字分会、总商会、商民协会、省党部总登记处、宪兵司令部、昆明市政府七团体机关为主干，其他各机关团体及中外人士乐善加入工作者，尽量容纳，并由省政府加派委员八人参加。同时，复由受灾民众组织一灾民联合会，遇事协商办理。当实地调查，综计受灾户数为三千三百零三户，受灾丁口为一万二千二百九十二人。内中轻伤者一千四百五十七人，重伤者五百六十七人，残废者一十二人，死亡者三百二十七人，其毁损房屋统计，西式及新式宫楼、旧式楼房、旧式平房四种；全毁者二十二院，八百一十七间；半毁者三十六院，一千三百八十六间；部分毁者一百三十七院，二千九百二十七间。此系就灾区范围内调查确定，其他不在灾区内之住户，房屋、窗棂、格扇、瓦片等项多有零落损坏，不甚大伤者，概不在内。至终收赈灾捐款，计民国政府发给国币五万元（折合滇币三十七万五千元），云南省政府发给滇币六十万元，其他国内外机关、团体、个人捐助者共七十七万二千余元，统共合收赈款滇币一百七十四万七千五百一十一元四角五仙，均经“七·一一”赈灾会按照人口、房屋分别酌予补助。一切详细数目，具载《昆明市“七·一一”赈灾会征信录》，可以复按。而该会《赈务工作始末纪略》一篇，对于此次灾赈叙述特详，附录于后。

昆明市“七·一一”赈灾会赈务工作始末纪略

吁嗟！不幸之昆明市，当民国十八年七月十一日，正苦兵患，复罹爆灾，极人世间之惨痛，突现于繁华都市！当此之时，举市皇皇，固莫如之何也！同人等受良心之驱使，群起而奔走营救，于是有“七·一一”赈灾会之设。会事告成，群策群力，分工并进，亘十阅月，幸得集事。兹届结束，用撮崖略，敬告当世。

是日午后二时许，霹雳一声，天地变色，震惊全市，惶骇呼号。讯之则北市之世恩坊火药爆炸，附近地方之人与物，毁损已不知凡几。昆明市政府慈善会、华洋义赈分会、红十字会及中外各界人士，咸赴灾区实施临时之救济。越日，市政府召集赈灾会议，结果以灾情浩大，灾区广阔，济众博施，绝非少数力量所可企及，决以慈善会、华洋义赈分会、红十字会总查记处、商协两会、市政府、宪兵部七团体机关为主干，参加中外各界之慈善家，合组一团体，定名为昆明市“七·一一”赈灾会。旋由省政府加派委员八人，推举执行委员十九人，互选常务委员九人，分设总务、财务、调查、赈济、卫生等部。即以常务九人，专司其任，庶事公开，一切措施均经会议表决实行。同时，受灾民众亦组织一灾民联合会，遇事彼此协商，交换意见，相助为理。故先后工作，得以顺序进行，列举如次：

（一）灾区以内，房屋倾倒，人畜死伤，填满街衢，本会连日催工清除。观测灾情，计灾区面积纵横四五华里之阔。自世恩坊中街之江南会馆侧近起点被火药爆炸之处，已陷落深达六七丈之巨穴；东极圆通寺、平政街，南极五华山后，西极海子边，北极北门街等处，悉为受灾之地方，中间因距离爆炸地点之远近，致所受灾情有轻有重之区分。故规划灾区，大别为轻重两部，制成图案，以资考证。

（二）北市一带地方，向以风物佳胜，居民众多；自受灾之后，庐舍为墟，伤亡枕藉，即幸而生存者，亦荡产离居，流亡载道。故亟亟设置收容所数处，指定文庙、武庙、土主庙、永国庵、三皇庙等处房屋为收容灾民暂时安集之所，并购置面食、干粮及由粥厂熬粥，朝夕分送各灾民就食疗饥。各收容所内并各设管理人员，配置警宪维持其安宁秩序。

（三）灾区清除之后，督工逐处挖掘，得炸毙覆压之尸体二百八十余具。其有被炸分崩，残毁不全者弗与其数，均经分别备棺盛殓：有主者听其认领安埋，无主者为之浅厝标志。一面并就附近之圆通寺内开建水陆道场七昼夜，超荐受灾死亡人众，以慰幽魂。其有因受灾而致伤疾者，均送往本市中西各医院治疗，并委托中西医士，就各收容所内诊治轻伤疾病，一切医药费用，除各医院医士捐送之外，并由本会尽量供给；孕妇分娩并给予相当之费用，计因灾伤病者共有一千余人，内受伤而治疗不愈已成残废经各医院鉴定者，共有五百五十余人。

（四）灾区以内临时救济工作，派员督工办理，其灾情状况之调查，则由本会之执行常务各委员分道、分组亲赴灾区，率同各区街董，挨门逐户实地查勘完竣，即将受灾人户、丁口列榜公布。灾区遗漏者，准其补报更正；浮冒重复者，得由区街董邻居举发；又举行二次复查及临时指地抽查。暑雨遄往，不惮烦劳，务得确实，提付会议公决定案。计受灾者三千二百余十户，人数一万二千二百余人。内重伤残废五百七十九人，死亡三百二十余人；其有临时过路遇难死亡或尸体残毁、无主报认、不能查悉者不与焉。

（五）此番爆灾，既为空前未有之浩劫，行人等协谋赈救，临时用费系由省政府、华洋义赈分会、慈善会总查记处分拨款项及各个人自由捐款开支。若济众博施，则徒呼负负。故迭经会议，舍扩大募捐助赈，实无他法。爰备捐册文电交驰，并公推人员，奔走劝捐。幸得本省政府拨发赈款滇币六十万元，省内外各机关团体及各个人，亦俱踊跃捐输。维时张莘鸥先生，适因参议中法商约，在沪一接灾讯，即向中央政府请得赈款大洋五万元，汇合滇币三十七万五千元，并在沪约集同乡组织协会筹捐募款。继有江西、南京、香港各同乡，香港东华医院、海防华商总会、旅缅云南同乡总会亦当仁不让，均各代募捐款，先后转汇回滇，交到本会接收散赈，统计共募得赈款合滇币一百七十二万零三百余元之谱，均经陆续分散于各灾民并供灾赈上经费之使用。得如是成绩，不可谓非灾民之幸，与夫乐善诸君子救助之力也。

（六）偌大巨灾，分配赈款，确戛戛乎其难。盖受灾情状，极为复杂，灾区图案虽分为轻重两部，其实，在同一灾区之内犹有轻重之不同，甲乙之比较亦复有重轻之不同一也。经几度之会议协商，公同审核，在此繁复情势之下，必欲求得均平之办法，实非容易，首先只有概括的按人口补助之一法，比较为善。因决定将受灾人户分为死亡、重伤残废及一般受灾者三项分配赈款。但在此时期所收之赈款，尚未及一百万元之数，故第一次之补助金只能定为每一受灾人，不分男女老幼，死亡者二百元；残废者一等四百元，二等三百元，三等二百元；重伤者一百元；轻伤及一般受灾者五十元，孕妇生产费四十元。议定公布并制一受赈券及领款凭证，由本会各委员亲赴灾区挨户查问，并由各街区董及左右邻人证明，当场散发凭券领款。其有散居乡间及灾区以外者，由昆明县长统率各该村董及各警察署长分别清查证实，到会当场散放承领。此一次人口补助金计共支去赈款滇币六十七万六千余元也。

（七）在人口补助金定案散放之后，所收赈款积数已有一百四十余万元，除支去人口补助金外，尚存八十余万元之谱，自当赓续散发。惟环顾灾区情状，人口之伤害固重，物质上之毁损亦非等闲，在一般薄有资产之小业主，人既受灾，房屋又被毁损，无力建设营生，徒唤奈何者所在皆是。又如家有壮丁，突死非命，遗下孤儿寡母不能谋生，或身受灾伤成废残，毁生活机能，与夫鳏寡孤独、贫难无告者，同在受灾人数之中，比较尤为惨痛。则类如此者，又当特为提出赈济。送经开会讨论，悉表赞同。递从事于房屋毁损之实地查勘，分编四组，奔驰两月，纠葛百端。是项工作完毕，乃决定其补助标准。依查得被毁房屋之新旧大小间数，分为全毁、半毁、部分毁三项。核其毁损程度，而证以所有者之家况，用积分法以八、七、六、五、四、三、二、一为比例公分，互为折算，贫者少折，富者多折，每一分给补助金一百元，每户所得最大限不过五千元。计毁损房屋共六百零七户，共支去赈款滇币四十余万元。

（八）房屋补助金散发以后，余存赈款原议尽数作为死亡遗族之养赡金，置产生息，按户按月，计口支领，以资生活。徒以继续收得赈捐款项，除支去人口、房屋两项补助金外，余款约有五十万元左右，又不能再作最后之处分。会议结果，时届阴历年关，不妨酌提十数万元再按人口续发一次，以资度岁。一切手续悉依第一次人口补助案为根据，惟从简捷处办，就轻重两灾区，加分最重、最轻两部，定为天、日、月、星、辰五等。除由灾民联合会及街区长董街邻证明，富户之列入天字者不再补助外，其余日、月、星、辰四等，每人由五元至三十元为比例差，所有残废及伤而未愈者在内。最轻灾区则每户五元，死亡者每人一百元，共支出去赈款滇币一十四万元不足，内有死亡者二万余元。他如灾区以内之公益会、所、名胜、寺庙，亦量为补助修理费，由一千元至五千元之数。所余之款即照原议办理，交归华洋义赈分会接收，本会亦即就此收束。嗣经多数会议主张及灾联会各区街董一再请求协商，均议为置产。恐惹起后来之纠纷，不若一次散放了结之为愈。按现余赈款约在三十万元之数，再依年终散发人口补助金之例，普通再发末后一次。其死亡遗族之养赡金每丁口给与一千元，每户至多不过五千元。经此分摊散发之后，如有余款或再续收有款，扫数移归慈善会作售粥施赈之用。计末次之人口补助金共支赈款滇币一十四万余千元，其遗族养赡金共支去赈款滇币一十九万余千元。所余无几，照案移归昆明市慈善会接收。

（九）本会自民国十八年七月十三日成立，截至十九年七月底收束止，历时已一年有余。每月开支，除赈务上之用款外，惟雇员供给伙食，略予津贴，计经常开支平均不及千元；灾民联合会经费每月五百元；合计用费一万余千元，均由所收捐款项下支销。连同每次散发各灾民之款项及陆续经收各处之捐款，均有详细表册，分别备载无遗，并另编录报告书分报政府，并逐月刊布众知，以资考证。中间尚有散赈米一事，则系驻滇法领事由越南捐助而来，每一灾民发越米一基罗（华秤一斤十两），由本会代为散发米飞，向天主堂取米，然亦足见外宾人类之同情，远颁义粟，至可感念也。尤有足多者，则本市之惠滇、大法各医院医士及本市中西各医院医士，在丧乱仓促之间，立将彼焦头烂额、断肢灼肤之灾民，登诸康和之境地。又张尊鸥先生，身居沪滨，家被灾毁，犹在外奔走呼号，为一般受灾者请赈募捐，并电告其家不受赈款分毫。更得沪上同人黄金荣、杜月笙诸先生鼎力赞助，俾集巨款，汇滇助赈。凡此之毅力热诚，匡救本会不逮之处，在均足以使吾人感念弗置。

本会同人，心长计短，力所不及。惟忏悔以求共谅而已耳。若夫，灾区以内善后建设一切事宜，待理甚多。依照省政府公布七月二十一日召集赈灾会议决案，关于灾区之复兴及一切善后，由政府另案统筹办理有案。本会遵照会章之规定，以赈济七月十一日受害灾民为宗旨，至无须赈济之时即行解散，今其时矣，是为记。

地震灾

嶍峨地震灾

民国二年十二月二十一日夜三更时，嶍峨地震成灾。是夜城内居民房屋倾覆四分之三，压毙人民甚多，衙署监狱，一片瓦砾，居民哀声震野，惨不忍闻。县知事赵式铭将收获租米及衙署积谷，会同议会员绅发赈，并募团丁三十名，会同巡警弹压外，呈请委员会勘，发款赈济。经云南行政公署委勘属实，先后发款五千元赈济之。

附：赈灾委员蒋熙藩、县知事赵式铭会呈

窃委员熙藩奉令携款二千元驰赴嶍峨，会同县知事，将被灾难民查勘明确，分别赈抚。遵即束装于民国二年十二月二十八日驰抵嶍峨，会同知事式铭逐一履勘。查此案于本月二十一日夜，县属地震为灾，衙署倒塌，公私损失殆尽；民房倾陷，人民压毙，痛哭之声，遍于城郭。知事连日带同团丁及司法行政各警察，四出查勘。各处地

裂、水涌，深为骇异。城中及附郭居民，压毙者已达五百余名。城垣倾圮，栋榱折裂，加以震声隆隆，终日摇动不止。即稍存结构未尽倾塌者，亦不敢寝处其间。所有盖藏，悉为碎瓦颓垣掩埋深固。发掘则泥粮参半，饥不可食。灾民于田野草露间搭篷栖止，野兽见侵，鼠窃时有。查悉情形，惨难名状。自治公所面请暂由已收粮款项下挪银五百元，发交给领，补助灾民掩埋之用；并以收获官租米四十六石三斗五升发给穷苦灾黎，暂活生命。正查办间，准委员熙藩解款到县，会同知事式铭商议，委绅督同切实复查。其附近十五里以内者，约三两日即可查竟；其距城窎远者，挨次调查，尚非数日所能蒇事。综计县属全境，体查被灾轻重，较诸现在知事式铭查悉之数，尚约加倍不止。兹拟补情灾奇重、压毙丁口者，每名赈银三元；受伤较重者，每名赈银一元。其房屋覆受伤较微者，分别极贫、次贫，极贫者每户赈银三元，次贫者每户赈银一元五角，应俟临时斟酌发给，以伤亡人数计算发赈，其倒塌房屋亦在赈济之例，以示体恤，而免偏枯。至现发赈款二千元及议拟赈灾办法，本应候示遵办，惟灾情奇重，待赈迫切，只得先行发给，以济急需。其未经查悉之数，切实估计，尚约实需银四千元之谱。恳祈照发，以资赈济。

大关、盐津地震灾

民国六年七月三十一日早七点钟，大关、盐津两县地震成灾。适值靖国军出川，行经云台山、吉利铺等处，压毙官兵无数。并查明大关县受灾人民计二千二百四十户，伤毙男女一千零六十九人；盐津县受灾人民计一百二十三户，伤毙男女三人。经云南省长公署拨发急赈款三千元，交大关县查确散放赈济，并通令军法各机关募捐助赈。

附：盐津县知事甘韶呈文

窃，七月三十一日盐津地震成灾，曾经呈报电陈，惟阻于大水，调查未周，兹已悉各方面情形，敬为钧座陈之，七月三十一号早七点钟时，盐津地大震。河水陡涨数丈，继而浊浪排空，山谷震摇，顺河流下房屋器具无算；洪涛骇浪中，难民尸身漂没者不知凡几。兰、周两团，已到盐津，阻水不能前进，兰团乃改向筠连出发。是日午后，第二旅也到。八月一号，水势渐退。因军事紧迫，即调夫千二百名，背运邓旅部军品，陆续出发。盐津地震，计损坏民房一百二十三间，打死李木匠夫妇及女三人。当即发银五元，派警催雇人殓埋。此盐津之情形也。一号，水稍退，即派人四处查看，二号下午，有由吉利铺逃出过客雷三元等到县，当即传问。据称："六月十三日早由石格闹起身，甫出店门，地如雷吼，万分簸摇，地忽开裂，先起烟雾，山头随即倒塌，泥土涌起数丈；继有泥水流出，四面山崩，人人发昏。同行十一人，打死三人，带伤一人。陆续扒石越山至吉利铺，每日地动数十次。湖街房屋倒平，打死军民不计其数。十五日至黄金坝，房屋全无，人马死者无数。至回龙溪，两面山倒，将河塞断，江水倒流，房屋人畜俱无。至马蹄石，房屋尽倒，并无人踪，唯闻臭气。至吊脚楼，房屋虽存，并无人影。至老母城，地动稍止，始越石逃命至井渡"等语。此盐津以上之地动情形也。连日探警回报："路由云台山倒塌，至老母城止，共九十余里，沿河两面，俱成赤壁，并无人烟，臭气熏天。惟吉利铺尚有军队三百余人，看守军装。陈团长已回大湾子。老母城有伤兵二十余人，排长姓赵，是腾越人，泣啼相告，此回共死有官军、人民千数人，驮马无数，现在无粮。警奉令带乡兵接救，尚带有干粮九斗，一并送与军人去讫。赶速回报”等语。并据由豆沙关后查探人回称：细沙溪一带，山倒阻河，水壅成海，淹死居民数百家等情。此调查各处地震成灾之情形也。知事闻此情状，为之酸鼻，当即雇夫五十名，运米五石，派巡警王质彬前往接济军民，并赈沿途难民。并送玉珍散一斤，“三七”八两，盐三十斤，酒两罐，函告军官，米粮认承运济，嘱其安心调养，看护军品外，设法将困阻军人、品物搬运出险。惟查地震损坏道路，上自云台山起，下至老母城止，共九十里，俱峻岩绝壑，山倒埋路，石阻沿途。前方军事吃紧，若待路通始行，则非二三月不可。故从速设法，一面运米粮接济，一面派警察区长，带夫五百名，同工程师孙天宝前往，设法将吉利铺军装运出，马用人牵空行，于十一号全数救出。此救护受灾军队之情形也。查受灾区域人民，除全家埋死不计外，其未死者、受灾者，嗷嗷待哺，情殊可怜。若待大关知事办理，则必致全行饥毙，是以不避越俎之嫌，购买苞谷囤积豆沙关，派人至灾区给飞，令其就近领谷，以活灾民。俟办毕，再行详报，呈请核销。此办理赈抚灾民之情形也。至盐津新建，存款毫无，地方人民，困苦异常。派来夫役，俱系穷民，不能不给予口食。当即集绅研议，唯有暂借仓谷二十石，以作发给夫役口粮，此项仓谷可否作为报销？当此雨水期间，地尚随时震动，应稍缓数月，再行开修。若修复原状，非有巨款不可，应请派员查勘，估计工程，发款修理。以后军队出入，唯有暂时改道，由昭通出永善至普洱渡，或出彝良至筠连、叙府，两路均可通行。所有呈报灾区及办理接济军队、赈抚灾民、动用积谷，呈请鉴核、给款各缘由，是否有当，伏祈钧令饬遵。

省长公署据报后，指令文曰：“查此案前据该知事及大关知事先后电呈，即经分别电令赶办急赈，暂为救济，并确查被灾户口，分别议拟请赈；暨饬将倒塌道路会同查明，应如何修复，共需款项若干，呈复核办；及咨请督军公署饬知前途军队，酌量改道，各等因在案。兹复据呈各情，核与先后电呈情形相同，除赈济灾民及修复道路，并军队改道等项，应仍查照迭次电令办理外，所有派令救护受灾军队之夫役，暂借仓谷二十石，以作发给口粮，请作为报销之处，事属可行，应予照准。”又训令大关县文曰：“案查该县属地震成灾，前据该知事先后电呈，当经分别电令赶办急赈，暂为救济，并一面确查被灾户口，分别议拟请赈；一面会同盐津县知事，查明倒塌道路应如何修复，共需款项若干，能否就地筹集；及将伤毙工役查明，应如何抚恤，分别议拟呈办。”复经盐津县知事呈准，通令暨分别函咨，一体捐赈，各在案。兹查该县被灾人民，待赈孔殷，若俟该知事查复，始行给赈，殊不足以惠灾黎，应由省库先拨银三千元，交由该知事查勘明确，分别散放，以资赈济而免流离。仍饬事竣详细造册，加结呈报，以凭核销。至倒塌道路，本应俟知事等查复至日，再行核办，惟现值军兴之际，最重交通，应由大关、盐津、永善、彝良、昭通等五县知事，会同绅商赶速设法，筹捐款项修理，俾利军行而便商民，其伤毙工役，究应如何抚恤，仍由该大关县知事，查遵前电议拟呈办。除令财政厅核发给领暨分令外，仰即遵照办理，仍将收到赈款日期及遵办情形具报查考。

大理、凤仪等属地震灾

民国十四年三月十六日下午九时，大理、凤仪等属同时地震，继以火灾、水灾。据大理镇守使李选廷，暨大理、凤仪、宾川、弥渡、祥云、邓川、蒙化等县知事文电呈报被灾情形。当经云南省公署一面电令大理镇守使李选廷为大理、凤仪等处赈灾善后督办，前云南监运使赵钟奇、省署参赞李伯庚为赈灾善后会办；一面分饬被灾地方公款、公谷均准提用，及邻近各县运米接济，并先后发给省款六万元，饬就各属灾情轻重，秉公发配，办理临时急赈，暨通电各省、各国及本省各县，广为募捐赈济。同时，并由云南省公民大会发起组织大理等属震灾筹赈事务所于省城，暨由旅京同乡组设北京云南震灾协济会，旅沪同乡组设旅沪云南赈济会，分头募捐赈济。嗣以本年四月，迤东、迤南各属又有霜、雹之灾，复经省务会议议决，设立云南全省赈务总分各处，以筹办本年全省灾赈为宗旨，收获赈款，按照议决办法，凡统捐若干，未经指定何地何灾者，暂照六股分配。迤东、迤西各分二股，迤南及云武等属各分一股。其指定震灾或震灾各处自行募获者，仍照案办理，不在此例。历经照案分配。综计此项震灾，以大理、凤仪两县为重，宾川次之，弥渡次之，祥云最轻，邓川、蒙化幸未成灾。据滇西李镇守使之调查及灾区各县知事之报告，列为统计表如下：

大理等六属赈灾统计表

县名	压毙丁口数	压伤丁口数	灾户总数	房屋及墙壁倒塌数		压毙牲畜头数	绝户	附记
				房（间）	墙（堵）			
大理	3,736	7,260	39,731	75,963	96,629	10,113	47	
凤仪	1,215	552	6,421	18,967	19,659	2,316		
宾川	745	286	1,465	9,306	7,850	1,245		
弥渡	129	163	3,460	10,276		2,315		墙倒数未详
祥云	21	19	906	475	678	890		
邓川	1	23	48	175		196		墙倒数未详
合计	5,847（人）	8,303（人）	52,031（户）	115,162	124,875	17,075		

1. 本表缺略各项未经县知事调查造报，无从统计。
2. 本表灾户总数一栏依据李镇守使所调查。
3. 本表压毙伤各栏依据各县知事之报告。

上项灾情，既经调查明晰，当由大理镇守使李选廷及前盐运使赵钟奇呈准，就急赈款内分配赈款标准:(一)以压毙丁口为准，每人给殓埋费二元;(二)以压伤丁口为准，每人给调养费一元;(三)以灾户数目为准，每户给赈款九角。依上分配合计，大理领款四万三千七百九十一元九角，凤仪领款八千七百六十元零九角，宾川领款三千九百九十九元五角，弥渡领款三千五百三十二元，祥云领款八百七十六元四角，邓川领款六十六元二角。以领款六万元分配，不敷由李镇守使捐银一千元助赈。除各县自行筹集及募捐者，单独办赈，不在此例外，其余由赈务处筹赈事务所等募获分得之统捐赈款，均依此标准给赈。并先后成立大理震灾善后筹赈会，拟定规则十四条，内分评议、会计、庶务、粮秣、卫生、清理、劝捐、编查、文牍等九股。大理善后工赈局拟定简章十五条，内分清丈、设计、收支、材料、庶务、文牍等六股，暨大理等属震灾负伤治疗所，设置西医二员、管理一员、助理一员、杂务一员，看护士数名。凡大理等属，因震灾负伤人民，勿论轻伤重伤，均得送所治疗，概不取医药费。其办理亦可谓周匝靡遗矣。然读全省赈务处编汇《大理等属震灾报告》，内有《汇录》一篇，其于当时灾赈情况，可以概见，谨附录如下：

“本年大理等属震灾，为云南空前未有之浩劫。震灾遍六属之广，震数在百次以上，震时绵延三十余日，压毙丁口五千八百四十七人，压伤丁口八千三百零三人，受灾户数达五万三千零三十一户，损伤房屋、器具、田园、牲畜等项，虽有巧历，亦难计算，至少当在万万以上。而大理、凤仪两属同时发生火灾、水灾，全城菁华，半化焦土，海滨田庐，多变沙丘。自灾情发生以后，虽省政府拨款急济，各公团奔走呼号，代向国内外募捐。然总计赈款不出十五万元，杯水车薪，无济于事。是以受灾难民，露宿风餐，啼饥号寒；大多数救死而恐不暇，以言恢复，不知当在何日矣！”

石屏地震灾

二十九年四月，省赈会据石屏县电报，该属于本月鱼日晚八时遭受地震。计城内压毙男女九人，重轻伤数十几人，墙倒屋裂，不计其数，内外城墙倒塌三百余丈。又所属一区及二、四两区，亦遭地震，而西乡、石秀一带灾情尤重，死亡者计一百八十余人，重轻伤一千余人，房屋倒塌数千余间，请派员赈济。该会当经会同民政厅派员携带大量药品，并呈奉省府核准，拨发急赈之款国币五千元，前往查勘抚赈。同月敬日，当蒙赈委会准拨赈款国币二万元，由昆明难民总站主任何崇杰驰往赈恤。均经按照灾损轻重平均分发。

玉溪地震

二十九年六月，省赈会据玉溪县呈报，于六月十九日午前四时左右，该县遭受地震。自该属皂角营起北向至与昆阳交界之刺桐关，照村落（计有）杨家营、承家庵、中后所、梅园、上庄子、下坝、石头独、掺坝圹、多衣村、刺桐关等十余村，均遭剧震，受灾者达四百余户，房屋、器具之损失约达当时市价国币五十万元以上，请赈济。该会以该县自去春以来，时阅年余，迭以地震始终未息，均经该县长据情呈报，并请转呈上峰拨款赈恤。当以灾情轻微，未便率尔呈报。昨复据呈，此次震动猛烈，地方受灾损失甚重，核阅情形，实深悯恻。当由会代电赈济委员会，请准援石屏震灾之案，酌拨赈款救济。

思茅地震灾

三十一年十二月，思茅县呈报，地震灾情异常严重。省赈会于据报后，由该会地方偏灾准备金项下垫发赈款国币五万元，并附发各项应报表册，坊该管县长按照震灾手续具领配赈。

民国云南通志长编卷二十六

民政七

禁烟

禁烟之办法

云南土质适宜于种罂粟者，居大多数。清季种、运、吸、售，颇为盛行。流毒之广，不言可知。清末厉行禁止，已有相当成绩。辛亥光复之初，政府注重军事，无暇兼顾及此，愚民间有乘机偷种者，毒焰复炽。民国元年十月，都督府复申禁令，制定厉行禁烟条规；临时省议会亦议决禁烟草案，通令遵办；又饬各属地方就自治公所组设禁烟事务所。订有《各属禁烟事务所章程》及《铲烟规则》《巡警稽查专则》《各属查获烟土办法简章》，凡有违犯者，概以军法惩治。每年当秋季下种期后，复分派委员前往各属巡视查铲。历二、三、四年，均继续严禁。每年中因抗铲烟苗而致枪毙、因偷运鸦片而致倾家丧产、身陷法网者，其数不少。而由省会警察厅与各道尹、各关监督每年焚毁烟土、烟膏、烟具者，其数亦多。顾其时仅注意于种、运，对于吸户未免稍有忽略，虽亦曾由各道署设立官绅调验所，究之为日无多，收效甚微。其不能完全禁绝，亦时势使然也。

民国五年春，准北京外交部电："以依前清与英国所订《停运印土条约》，应于民国六年由两国政府派员会勘，滇为著产省份，请先事准备。"于是复颁布严厉章程，其办法程序，为讲演劝导、收毁烟籽及地方官查铲、省道复查等项。如地方官查获有烟，则种烟人民予以枪毙，烟地充公，该管团保撤职究办；如省道复查发现有烟者，加惩地方官，予以撤任停委处分；如经会勘发现烟苗，则道尹撤任，地方官予以枪毙。功令之严，无与伦比。各道尹又各订有施行细则，办法益加周密。更以游击队、警备队补助搜铲，雷厉风行，为向来所未有。迨后由省派员复查，尚有少数地方搜铲未尽，地方官因之撤任停委、团保人员因之撤职拘押、种烟人民因之身受极刑，故一时官绅人民，莫不动色相戒，而烟苗乃得肃清焉。

民国六年一月，驻华英国公使，依本省向设四道区域，分为两路会勘（会勘经过，详禁种事辑）。

会勘结果，确已证明云南烟苗实在禁绝，在国际间固有相当之称誉，然所牺牲之代价，亦匪浅显。且因对外关系，专注全力于禁种，纯以严刑峻法，层层督责。初无善后之办法，以防其溃决，复不料环境之压迫，更有出人意外者。缘会勘以后，在本省政府固仍赓续严禁，未尝松懈；然吸烟者，未能禁绝。历年对于吸户，并无相当办法，只省会警察厅有戒烟药之发售，为时不久，效力甚薄。于是因需要之关系，烟价极昂，不肖商人，乃结帮持械，赴麻栗坝购烟入境，秘密运销。虽经军团迭次破获，而大利所在，愍不畏法者所在多有。盖邻邦属地，乘本省禁烟之际，乃广种而吸收我之金钱，复使边民因羡利之故，而移居缅界，甚至潜运界桩，失地失民，极为痛心。同时邻省亦因军事繁兴，广种鸦片，倒灌入滇，巨量金钱，源源输出，经济窘迫，生计困难，盗匪蜂起，防不胜防，公私交困，莫过此时。于是有少数地方，经官绅协议，私弛禁令，准民种烟，收捐款以图救济者。迨后发觉，皆酿成巨案，牵累甚众，吁可慨已。

民国九年秋，云南省议会以上述各种严重情形无法解除，乃商诸政府，取“寓禁于征”主义，办理烟亩罚金。政府亦因驻川滇军归来，饷无所出，需款孔殷，遂公布《云南禁烟处罚暂行章程》，特设专局以董其事，由议员而兼委员。凡种烟一亩者，处罚金二元，并具结声明烟已铲尽。以九年秋至十年夏为一届。嗣后逐年递推，办至六届。中间办第二届时，初已照原定章程按年加倍处罚之规定，加为每亩四元。旋因政变，规复旧制，至十五年中途停顿，十七年复行举办，名曰“新案”，仍由第一届始。而将十五年以前所办者，名曰“旧案”，以别界线。新案一、二届时，因币制低落之关系，罚金加重为每亩现金五元，办法亦有变更，纠纷甚多。至第三届，乃确定为每亩现金三元，以迄六届。所有历届亩数罚金之收入，财政类中已另有表，兹不赘述。不过新案三届以前，初由地方官查报，继由省委复查，年只收烟亩罚金数十万元，自新四届行结认制以还，年年由省指定标准亩数，浸成一定之额。又以罚金定额，有增无减，遂年收至旧币千万元左右。于本省财政，固属有益，即下至地方官、团保，亦各有办公费，复有办团补助费。此烟亩罚金所以停而复办，历时至十余年者，亦非无故也。

种、运、吸、售四者，本互相关联之事。本省既收罚金，准许人民种烟，则邻邦、邻省之烟，自属无从输入，初尚自行运销于本省境内，继则运至川、黔。迨越南许其通过，以供医药之用，而运至粤、桂等省者，乃络绎于道。及汉口销场甚盛，则又多集中于汉口。至于出口罚金，每百两由三元、六元，以增至现金二十元，收数之巨，几与亩罚相埒。嗣因兴修公路，又由出口罚金内加征路捐每百两现金三元。综计自民十以至二十四年之间，特货价值之消长，关系于本省金融财政者匪浅。至二十四年实行禁烟，统一运销，此风始戢。

民国二十四年，当新案六届结束之际，正全国烟禁吃紧之时。禁烟当事，在前本有建议，谓宜舍去亩罚，另图良策，以维正义人道，改造新兴生命。政府考虑再三，乃照国民政府所订边省产烟区域六年禁绝之规定，提前办理，期于二十六年将烟苗一律禁绝，运售、吸食者，亦随之施禁，同时结束。然鉴于民九以前之失败，预防环境之压迫，复为实事求是、力解控制起见，乃规定分期、分区逐年办理。种、运、吸三者，各订专章，又以禁吸为最后之归宿。其事务之繁难，实有过于种、运者，乃别设戒烟委员会为专管机关，切实从事。兹将禁烟实施办法纲要、分期推进表及禁种、禁运、禁吸三种章程，附志于后，以供参证。现在甫值进行之际，甚望其能收圆满之效果，不堕以前之覆辙，则幸甚。

（一）《云南禁烟实施办法纲要》。

（二）《云南全省禁烟分期推进表》。

（三）《云南全省实行禁种鸦片章程》。

（四）《云南全省实行禁运鸦片章程》。

（五）《云南全省实行禁吸鸦片章程》。

云南全省禁烟分期推进表

期别	属别	期别	属别	期别	属别
第一期	昆明市	第二期	楚雄县	第三期	大关县
	昆明县		平彝县		威信县
	曲靖县		宣威县		镇雄县
	沾益县		昭通县		绥江县
	玉溪县		会泽县		永善县
	呈贡县		罗平县		彝良县
	嵩明县		鲁甸县		盐津县
	昆阳县		巧家县		宁洱县
	宜良县		丘北县		缅宁县
	罗次县		师宗县		澜沧县
	路南县		马关县		双江县
	晋宁县		广南县		南峤县
	富民县		西畴县		车里县
	武定县		泸西县		思茅县
	禄丰县		建水县		江城县
	澄江县		石屏县		六顺县
	江川县		文山县		佛海县
	元谋县		富县		镇越县
	安宁县		金平县		临江
	禄劝县		屏边县		腾冲县

（续表）

期别	属别	期别	属别	期别	属别
第一期	易门县	第二期	河口	第三期	保山县
	马龙县		砚山		永平县
	广通县		龙武		顺宁县
	盐兴县		麻栗坡		龙陵县
	陆良县		景谷县		镇康县
	寻甸县		墨江县		云县
	双柏县		景东县		丽江县
	牟定县		镇沅县		云龙县
	蒙自县		元江县		中甸县
	通海县		邓川县		维西县
	河西县		鹤庆县		兰坪县
禁种：自民国二十四年秋间起。 禁运：内地自民国二十五年一月一日起。 禁吸：自民国二十五年一月一日起。	弥勒县	禁种：自民国二十五年秋间起。 禁运：内地自民国二十六年一月一日起。 禁吸：自民国二十六年一月一日起。	大理县	禁种：自民国二十六年秋间起。 禁运：内地自民国二十七年一月一日起。 禁吸：自民国二十七年一月一日起。	昌宁县
	个旧县		凤仪县		潞西
	峨山县		漾濞县		莲山
	开远县		盐丰县		瑞丽
	曲溪县		镇南县		康乐
	华宁县		大姚县		碧江
	新平县		永仁县		泸水
			姚安县		盈江
			宾川县		陇川
			弥渡县		贡山
			祥云县		梁河
			洱源县		沧源
			永胜县		德钦
			华坪县		
合计	三十八属	合计	四十七属	合计	四十四属

云南全省禁烟局制

禁烟实施办法纲要

	二十四年	二十五年	二十六年	二十七年以后，办理善后事宜。
禁种	一、减种全省亩数三分之一。 二、由省城及附近之县份推行。	一、又减种三分之一。	一、全省只留最少特区实行管理。 二、除特许区外一律禁种。	
禁运	一、一切出口烟土，统制运销。 二、沿边不准商运出口。 三、沿边入口烟土，严厉禁止。	一、分区统制运销。（即商人只准由各县购烟运至各区集中地点售卖。不准运入禁烟区域以内。）	一、各县区统制运销。（即商人只准由各乡购烟运至治城售卖，不准由甲县区运至乙县区。）	
禁吸	一、筹备公膏办法。	一、就全省三分之一禁种禁运区内推行公膏。	一、就全省三分之二禁种禁运区内推进公膏，其余三分之一区域翌年推行公膏。	
备考	本年内全省各县皆产烟土。本年秋季准种地方，只留三分之二。	本年内全省各县区约有三分之一地方不产烟土。 本年秋季准种地方，只留三分之一。	本年内产烟地方只有三分之一，及各特许区。	

（二）《云南全省禁烟分期推进表》。

（三）《云南全省实行禁种鸦片章程》。

（四）《云南全省实行禁运鸦片章程》。

（五）《云南全省实行禁吸鸦片章程》。

云南实行禁种鸦片章程旨趣

查鸦片之毒，根于种植；灭毒之方，首在禁种。必须根株禁绝，乃克使运售吸食次第廓清，是本章程之规定，乃禁烟之先决问题。自当详密审慎，使议定之纲要办法能于实现。惟本省禁种，过去有沉痛之历史，现在有严重之利害。则计划施禁，不难于条分缕析，应有尽有，而难于确实收效，可行能行。兹以本省过去之铲烟章则，参照中央现行法令，旁考各省办法，再按切本省现实情形，根据办法纲要，详细斟酌，订为实体法，都八章八十三条，并附图表册式，凡实体法上应有之规定，大致已备，而于可行能行之旨，亦三致意焉。

本章程之要点，在分时期与区域逐渐推进，而以三期禁绝，则必使亩罚旧章，随时期区域，以力嬗蜕。其时间性与空间性有明确之界限，方不致牵混误会。兹第一期中，有三十八属禁绝，九十一属仍办亩罚；第三期中，有八十五属禁绝，有四十四属仍办亩罚；第三期完全禁绝，固易分别。其第一期禁绝各属，处处相关，距省不远，控制较便，以施禁之初，必须平稳收效，则风声所播，二、三期自无窒碍。其各属原有烟亩总数，不能洽足三分之一者，亦以此故。二期中推进四十七属，其数较多者，以地方多在中间，施禁亦不甚难。三期概系边地，原有亩数虽不为多，而区域辽阔，毗连外疆，人民种类复杂，多未开化，施禁不易故。非留至最后时期，使边民悉知内地之中概已禁绝，斯不致发生反感，引起边衅。又一、二期中，若临时发现有特殊情形者，自不妨变更次序，且至三期一律禁绝，则变更亦无碍于大体，此时间之分辨，所以详为注意者也。

施禁之法，与其惩究于事后，不如警戒于事前，故宣传尚焉。以十余载之亩罚，一朝而忽焉改辙，一、二两期中，复有能种不能种之区别，愚民何知，易生误会，奸人煽惑，尤易滋事，则宣传之举，尤为重要。然宣传而不普遍，则效力甚微。若无各地重心人物参加其间，则易生疑，今所以郑重规划，复以之力奖惩标准之一端者，即所以重事前之警戒也。

取结之法，或有以文盲太多，易滋扰累者；或有以徒饰表面，无关实际者，不知宣传警醒之法，乃对整个民众而言。宣传以后，则须注重个人，必有以约束其心，乃能制止其行。向来习惯，均以具结为意思之表示，有结在公家，斯不敢违功令。况数家互保，又有牵制之效，何能谓为无关实际哉。彼文盲者虽不能看书，究不能不知，知之即约束制止之意也。至扰累与否，事实上固所不免，法令上则可制裁，且不能因噎而废食也。

查铲之分三级，或有以太繁为言者，或有以时机为虑者，不知负责必有三级，由主管机关以逮于地方官职员，乃一定不移之规。负责者若不查铲，则将不能自信矣。惟时机方面，确有顾虑之必要，苟初查、复查缓缓其事，迨终查之时，烟已收尽，从何查起，然章内控制之法，节节规定，不必待其呈报而派委员，不必株守次序而忽时机，事前固可督促，临时复可赶查。况铲烟与计亩不同，自有敏速之方，印、委纵有勾结，可以密查补救，所重可虑者，为抗铲问题耳。然追求抗铲之源，必因事前未知，或发生误会。兹有宣传取结之法，从根本上警告约束，则纵有冥顽不灵之徒，为数亦仅矣。

印官与职员之奖惩，皆系向来所行之法，并未别开蹊径。然奖不嫌其优，惩不嫌其重，一视其成绩、事实而定之耳。其于应奖成惩之条件，既列举而又概括者，盖使有应用之余地也。

惩罚违种，本可照刑办理，但本省情形既有不同，各省亦多另定罚则；且在一、二两期之内，尚有办理亩罚之处，故违种者虽有应得之后，不能不惩，而酌其情势，当由轻而重，逐渐紧严，若开始即严刑峻罚，则易生反感，故分为三期三级，在第一期内初查有烟者，处罚轻；复查有烟者，加倍；终查有烟者，再加倍。在第二期内，初查有烟者，照第一期之复查例处罚；复查、终查有烟者，递次加倍。在第三期内，初查有烟者，照第一期终查例处罚；复查有烟者，加倍；终查有烟者，没收烟地充公。盖第二、三两期内施禁之地方，就其地论本属初禁，然既较第一期迟至一年两年，其心目中先已知有施禁之期（在第一、二两期内，对于尚未施禁之处，将来当令各地方官告知人民，如我县明年或后年不能栽烟等语），及期又经宣传，则与第一期不同，故其处罚亦当加重。其罚额最轻者为现金五元，最重者为一百六十元，再进只有没收烟地。盖若罚至二百元以上，则虽变卖烟地，亦不能偿矣。其罚额有范围者，所以便于判断，可视其烟之多寡及其他情节而定之。至抗铲情节，当分数种：个人抗铲或持械者，其情虽重，而其事系一人，自易办理。其聚众抗铲或持械者，其情其事，虽均严重，尚可分别首从，拿案究办。至用械而危害及于查铲人员，则非格杀不能执行。然恐任意杀，故有严格限制。至此等抗铲之惩罚，须逐案讯明呈报核办者，以其情节、时机各项关系，非临时各别专案究办，不足以警顽强而利执行也。

特许区办法，系照奉发议定各条，只加收缴烟籽与夫违抗之惩罚及如何而可取消特许等项，是均应有之义也。

此外各条，亦均系应有之义，关系不重，故不重赘。只以罚金作开支，系事实上所必需，否则无法推进，且从前查铲烟苗，亦系如此办理也。

又禁烟诉讼采两级制，由主管机关为最终审级，已行之十余年，本章程尚有办亩罚之处，故仍照旧焉。

云南全省实行禁种鸦片章程

第一章　总纲

第一条　本章程依中央《分期禁烟办法》及《云南禁烟实施办法纲要》禁种部分制订之。

第二条　本章程以禁绝全省鸦片烟苗之种植为主旨，其因供给医药及科学试验暂时之用，应暂时指定特许区，严订取缔方法以管理之。

第三条　本章程以三年为禁绝期限。每一年为一期，由近及远，递次推进，至第三期止，除特许区外，完全禁绝。

前项期限满后，另定续禁办法施行之。

第四条　依前条规定，在第一、第二两期内其尚未推及施禁之处，仍照第七届公布之暂行章程继续征收烟亩罚金。

第五条　本章程以全省禁烟局为主管机关，督率各属地方官（包括市长、县长、设治局长、对汛督办、筹备设治专员等），领导各区团保自治人员及各地土司、绅首或汛长等执行之。

前项团保人员等统称禁烟职员。依现行阶级以为禁烟阶级。

第六条　地方官依法令负全属地方禁种鸦片完全责任，各级职员依所管区域层递负责。

第七条　地方官应选聘或遴委负有声望能力、妥慎可靠之绅民为全属或一区域之禁烟协助人员，参赞计划，或补助执行。

第八条　前两条之职员、协助员等，应以身作则，领导民众永不种烟。

第九条　地方官应鼓励人民互相警策，永不种烟，使成为风气，以资补助。

第十条　关于实施本章程之详细手续，由主管机关制定规则，或以命令补充之。

第十一条　各属中如有特殊情形须制定单行办法者，得于本章程范围内，由主管机关核定施行，或由地方官呈报核定行之。

第十二条　为查勘烟地、管理特许区及其他考查情形、促进效率起见，由主管机关随时委派人员前往各属执行职务。

第十三条　禁烟职员、协助人员或人民，因禁种鸦片所发生之争执事件，或人民不服禁烟职员之处置者，得告诉于该管地方官署，由地方官裁决后，呈报主管机关备案。不服裁决者，得上诉于主管机关，为确定之裁判。

前项上诉由裁决之翌日起，除程途外，以二十日为限。

第十四条　禁烟职员或人民不服地方官之禁烟处分者，得声请主管机关为确定之处分。

前项声请由处分翌日起，除程途外，以十日为限。

第二章　施禁程序

第十五条　施禁程序依第三条之期限规定如下，但特许区不在此限。

一、第一期由民国二十四年秋季播种烟籽之时起，禁绝三十八属（此三十八属，占全省三分之一而弱，其亩数照七届限种额约有三十万亩左右，其不能切合三分之一者，因初期以办理便利为主旨也），取消亩罚，永远不准栽种鸦片。其余九十一属（此九十一属，占全省三分之二而强，其亩数照七届限种额约有六十万亩左右），仍续办第八届亩罚。

二、第二期由民国二十五年秋季播种烟籽之时起，除第一期已禁之三十八属继续施禁外，再推广区域禁绝四十七属（此四十七属占全省三分之一而强，其亩数约有四十万亩左右，此期推广之数超过三分之一者，因第二期办理较易为力也）两期合并，共禁绝八十五属，取消亩罚，永远不准栽种鸦片。其余四十四属，仍办第八届亩罚。

三、第三期由民国二十六年秋季播种烟籽之时起，除前两期已禁之八十五属外，再将所余之四十四属一律禁绝。至此期全省鸦片种植除特许区外，完全肃清，亩罚概行取消（此期推广施禁之四十四属，约有二十余万亩，概系边地，亩数少而区域大，故留至最后施禁也）。

第十六条　第一期施禁各属如下：

一、昆明市，二、昆明县，三、呈贡县，四、嵩明县，五、宜良县，六、罗次县，七、晋宁县，八、富民县，九、安宁县，十、禄丰县，十一、昆阳县，十二、易门县，十三、澄江县，十四、路南县，十五、玉溪县，十六、江川县，十七、武定县，十八、元谋县，十九、禄劝县，二十、曲靖县，二十一、马龙县，二十二、沾益县，二十三、寻甸县，二十四、陆良县，二十五、广通县，二十六、盐兴县，二十七、牟定县，二十八、双柏县，二十九、开远县，三十、蒙自县，三十一、个旧县，三十二、曲溪县，三十三、华宁县，三十四、通海县，三十五、河西县，三十六、弥勒县，三十七、峨山县，三十八、新平县。

第十七条　第二期施禁各属如下：

一、会泽县，二、巧家县，三、鲁甸县，四、昭通县，五、宣威县，六、平彝县，七、罗平县，八、师宗县，九、丘北县，十、泸西县，十一、广南县，十二，富州县，

十三、西畴县，十四、马关县，十五、文山县，十六、屏边县，十七、金平县，十八、建水县，十九、石屏县，二十、龙武设治局，二十一、砚山设治局，二十二、河口对汛区，二十三、麻栗坡对汛区，二十四、镇沅县，二十五、墨江县，二十六、元江县，二十七、景东县，二十八、景谷县，二十九、楚雄县，三十、镇南县，三十一、永仁县，三十二、盐丰县，三十三、大姚县，三十四、姚安县，三十五、祥云县，三十六、邓川县，三十七、宾川县，三十八、凤仪县，三十九、大理县，四十、漾濞县，四十一、永胜县，四十二、华坪县，四十三、弥渡县，四十四、蒙化县，四十五、洱源县，四十六、剑川县，四十七、鹤庆县。

第十八条　第三期施禁各属如下：

一、大关县，二、盐津县，三、彝良县，四、绥江县，五、永善县，六、镇雄县，七、威信县，八、丽江县，九、兰坪县，十、维西县，十一、中甸县，十二、云龙县，十三、保山县，十四、龙陵县，十五、腾冲县，十六、镇康县，十七、顺宁县，十八、昌宁县，十九、永平县，二十、缅宁县，二十一、云县，二十二、宁洱县，二十三、思茅县，二十四、双江县，二十五、车里县，二十六、南峤县，二十七、江城县，二十八、佛海县，二十九、镇越县，三十、六顺县，三十一、澜沧县，三十二、临江设治局，三十三、沧源设治局，三十四、潞西设治局，三十五、莲山设治局，三十六、瑞丽设治局，三十七、碧江设治局，三十八、盈江设治局，三十九、陇川设治局，四十、贡山设治局，四十一、梁河设治局，四十二、德钦设治局，四十三、泸水设治局，四十四、康乐设治局。

第十九条　各期内施禁各属，由主管机关于每年下种前三个月，照第十六、十七、十八等条所列，以命令指定。但事前发现有必要情形应行提前或移后者，得临时酌定变更之。

集三章　施禁方法

第二十条　施禁方法如下：

一、下种期前之防止：

（一）宣传指导；

（二）层递取结。

二、下种期后之查铲：

（一）初查搜铲；

（二）复查搜铲；

（三）终查搜铲。

第二十一条　每年播种期前，由主管机关印制各种通用之宣传文件图画等，颁布施禁各属地方官，转发各区职员，于一定期限内张贴完毕，并照文件语义，集众讲演，唤醒人民，不种鸦片。

前项宣传期限，由主管机关各别核定之。

第二十二条　地方官应周历各区繁盛重要地方，并就各区赶集办会之时，亲往讲解，以昭郑重。

第二十三条　宣传文字或语言，一律用通俗白话，其不通汉文、汉语之处，应译成各该赴所用之语言、文字，并派能通译者充宣传员。

第二十四条　地方官于各区职员、协助员外，应就其他各机关团体或学校教职员等，分别委任，随时随地代为宣传，使其普遍。

第二十五条　地方官应考查各区土质、气候、农事等项，酌定应行改种之农作物，责成各区职员等指导人民，将往日种烟之地，一律改种有益作物。

第二十六条　宣传完毕，由直接人民之下级职员，如闾邻长或牌甲长等，取具人民十家或五家之联保切结声明："各家永不种烟，违甘惩罚，联保人亦同受惩"等语，加具"负责查禁，有烟甘惩"图结，送由该管中级或上级职员如区乡（镇）长或区团长等层递考查。所管户口必须概有联保切结，一户不遗。再层递加具钤结，切实负责，报由该管地方官汇齐考核，列具各级职员查禁区域表，协助各员任务区域表，并加印结，依照指定限期，呈送主管机关核办。

前项职员呈送各结期限，由地方官指定。其地方官呈送表结期限，由主管机关指定，但职员送结，须提前一个月。

第二十七条　各期职员于烟苗出土时，应举行初查。由高级职员率领所属各员及区团、并邀协助员等眼同将所管区域，逐细履勘。勿论任何隐僻幽险之处，均须普遍搜寻，见有烟苗，立刻铲除，面积大者，应用犁铲，使无根株留存。同时查明种户姓名及烟地面积，将户主及烟苗解送该管地方官惩处。其面积大者，应于地之四围插牌封识。俟案结后，再行启封、以杜狡赖诬陷之弊。

前项初查期限及举行日期，由地方官各别指定，汇报主管机关查核。

第二十八条　初查应注意时机，使查过以后，不能补种烟苗，并有复查终查之时间，以免落后，而误事机。

第二十九条　初查竣后，应详细列表呈请该管地方官，亲身复查，严密搜寻，如复查有烟者，除犁铲烟苗，惩处种户外，各级职员应受连坐处分。

前项复查时，应酌带常备队，前往办理。

第三十条　举行复查之日期及其期限，应由地方官于呈报初查日期时，连同拟定，先行呈报主管机关核办。

前项期限，应留终查之时间。

第三十一条　地方官复查完毕，应列表呈报主管机关委员终查。作最后最完密之搜检。如发现有烟苗者，除犁铲烟苗并惩办种户外，该管地方官与各级职员均应受惩。

委员终查时，应由地方官派团队随护前往，以供指挥。

第三十二条　主管机关对于各属下种收浆之时期与程途之远近、地面之广狭，应注意考查，再据以核定终查之时间。并先行指导各属地方官于终查以前相当期内，举行初查、复查。其终查委员得先期委往催促预备，必须于收浆期前，终查完竣。

第三十三条　终查完毕，由委员电报主管机关核办，有疑义者，加委密查。

第三十四条　终查时，如发现多数烟苗，非短期所能铲尽者，应飞电呈报主管机关，转报本省政府，将地方官撤任留铲，勒限铲尽，再由委员查明具结，方得回省。如撤任地方官始终放弃、违抗不铲者，由新任将旧任解省严办，烟苗由委员督团铲尽。

第三十五条　查铲烟苗时，有抗拒或持械者，当场逮捕归案惩办，并将烟苗立刻眼同犁铲净尽。如有聚众抵抗或持械逞势、不服开导者，当场查拿首要，解散胁从。其情形严重者，应酌调附近各区区团，强制执行；如事体紧张，范围扩大，团力不能执行时，得飞请附近军队前往震慑，再予执行，但以先事防范，不使发生严重情形，不致扩大范围为主。

第四章　特许区管理办法

第三十六条　待许种烟区，由主管机关于第三期（即二十六年秋季）施禁期满后，就沿边各县境内某一区域具备下列条件、考证实在者，分别指定之：

一、在种烟时间内只宜种植烟苗，不宜改种他项农作物者；

二、管理便利者；

三、所产烟土品质佳良者。

第三十七条　各属中指有特许区者，除此区域外，其余各区域仍须依期禁绝，以免牵混。

前项特许区与禁绝区之界限及特许区之面积，于指定后，由管理机关同地方官勘明划分，绘图列说，具报立案。

第三十八条　特许区应依核定之先后编列次序，名曰："第几特许区"。

第三十九条　每一特许区，由主管机关委员前往组设管理机关，实施管理。

第四十条　特许区内人民关于种烟事项，由播籽以至收浆、收籽，均应受管理机关之命令，不准自由处置。

第四十一条　管理种烟之大要办法如下：

一、每年未下种前，由管理机关调查种户之姓名、亩积，按户给予许可证，并造册登记。但不征收一切费用。

二、选发籽种，并派员到地内考查指导。

三、烟苗开花时，由管理机关派员到烟地内查勘亩数，比对许可证，详细记明，以便收买。

四、收浆时，应由管理机关逐日派员前往烟地内，于种户收获烟浆后，立刻令其呈缴，随收随即缴清，以一律收齐为度，不准种户私藏。其缴烟之时，应当同该管乡（镇）、闾邻长称明重量，登时照规定价值给价收买。耕户除违令应罚者外，别无种烟上之负担。

五、种户所收烟籽，应一律呈缴管理机关，酌给代价。

第四十二条　收买之价值，以最近三年新烟上市时之平均价值为准，并参酌本年收成之丰啬，由主管机关先期核定之。

第四十三条　各管理机关所收烟浆，应汇解制药机关核收制造。

第四十四条　各管理机关所收烟籽，除选取佳良者作种外，其余应一概汇集，会同该管地方官与查烟委员，称明重量，每年一次解缴制药机关备用。

第四十五条　特许区内地亩，在种烟时期内应一律种烟。

第四十六条　特许区内种户不准私卖烟土、烟籽，亦不准任何商人到区内购买烟土、烟籽。

第四十七条　特许区内关于种烟之改进事项，由各管理机关随时考查研究，秉承主管机关办理之。

第四十八条　特许区施行以后，由主管机关随时考查，如医药科学上之供给可以减少或停止，或区内情况有变迁时，应即陆续撤销。

第五章　奖惩

第四十九条　地方官之奖励如下：

甲等：留任或继续委用，或给金质飞鹤奖章一座（在任者留任，卸任者继续委用，或给奖章）。

乙等：特给奖金由一百元至二百元。

丙等：记大功每一次给三十元，记功每一次给十元。

第五十条　地方官备具下列成绩者，给甲等奖：

一、所属烟地原在一万亩以上，概行禁绝，经终查证实者；

二、排除重大障碍，有事实证明者；

三、亲历各区，宣传周到，有行程、文件证明者；

四、文、表、册、结，如期报齐者；

五、有其他异常成绩者。

第五十一条　地方官备具下列成绩者，给乙等奖：

一、所属烟地原在一万亩以下、一千亩以上，概行禁绝，经终查证实者；

二、排除障碍，有事实证明者；

三、亲历各区，宣传周到，有行程、文件证明者；

四、文、表，册结，依期报齐者；

五、有其他成绩者。

第五十二条　地方官备具下列成绩者，给丙等奖；

一、所属烟地原在一千亩以下，概行禁绝，经终查证实者；

二、文、表、册、结，依限报齐者；

三、督促所属，宣传周到，有文件证明者；

四、有其他应奖之事实者。

第五十三条　禁烟职员之奖励如下：

甲等：给匾额一方，制费四十元。

乙等：给禁烟章或褒状。

丙等：记大功每一次给十五元，记功每一次给五元。

第五十四条　禁烟职员备具下列成绩者，给甲等奖：

一、禁绝烟地在全属中比较最多、其数又在一千亩以上，经复查终查证实者；

二、排除重大障碍，有事实证明者；

三、亲历所管区域，宣传周到，有行程、文件证明者；

四、应报各给，依限送齐者；

五、有其他异常成绩者。

第五十五条　禁烟职员备具下列成绩者，给乙等奖：

一、禁绝烟地在全属中比较为多、其数又在五百亩以上，经复查终查证实者；

二、排除障碍，有事实证明者；

三、亲历所管区域，宣传周到者；

四、应报各结，依限送齐者；

五、有其他成绩者。

第五十六条　禁烟职员备具下列成绩者，给丙等奖：

一、禁绝烟地在全局中比较为少、其数又在一百亩以上，经复查终查证实者；

二、宣传得力者；

三、依限选结者；

四、有其他应奖之事实者。

第五十七条　地方官之惩戒如下：

甲种：撤任解省究办。解省后查讯实情，从严究办。

乙种：撤任勒铲。撤任后，勒令立刻铲尽。

丙种：罚俸。罚一月俸或数月俸。

丁种：记大过每一次罚三十元，记过每一次罚十元。

第五十八条　地方官有下列情节之一者，处甲种惩戒：

一、受贿、营私、纵容栽种者；

二、有其他重大情节者。

第五十九条　地方官有下列情节之一者，处乙种惩戒：

一、全不查禁，烟苗遍地者；

二、处置乖方，激生事故者；

三、有其他应惩情节者。

第六十条　地方官有下列情节之一者，处丙种惩戒：

一、查禁不力，终查时发现烟苗者；

二、并不宣传，亦未亲出者；

三、文、表、册、结，并不依期呈送者；

四、有其他应惩情节者。

第六十一条　地方官有下列情节之一者，处丁种惩戒：

一、查禁不周，隐僻处发现烟苗者；

二、文、表、册、结，呈送逾限，或不齐全者；

三、有其他过失者。

第六十二条　禁烟职员之惩戒知下：

甲种：撤职押办。撤职关押后，讯明实情，从严究办。

乙种：撤职处罚。撤职后处一百元以下之罚金。

丙种：记大过每一次罚十五元，记过每一次罚五元。

第六十三条　禁烟职员有下列情节之一者，处甲种惩戒：

一、受贿徇情，包庇种烟者；
二、自行违禁栽种者；
三、全不查禁，致所管区内烟苗遍地者；
四、处置乖谬，引生事端者；
五、有其他舞弊违章重大情节者。

第六十四条　禁烟职员有下列情节之一者，处乙种惩戒：
一、查禁不力，区内有烟者；
二、宣传乖谬，引起误会者；
三、并不依期结报者；
四、有其他应惩之事实者。

第六十五条　禁烟职员有下列情节之一者，处丙种惩戒：
一、查禁疏忽，隐僻处有烟者；
二、宣传不周者；
三、结报疏漏者；
四、有其他过失者。

第六十六条　省派委员之奖惩，由主管机关另定之。

第六十七条　协助人员之奖惩与职员同。

第六十八条　本章程功过均得相抵。每功三次为一大功，每过三次为一大过。

第六十九条　地方官奖励之甲、乙两等，惩戒之甲种，均于终查毕后由主管机关汇呈核定施行。其余各项奖惩，得随时考核呈报行之。

第七十条　职员奖励之甲、乙两等，惩戒之甲、乙两种，均于终查完毕后，由印、委会呈核定。其余各项得随时考核呈报行之。

第六章　惩罚违禁

第七十一条　人民于施禁期内故违禁令栽种鸦片者，除铲尽外，依查获之次序、施禁之年份、数目之多寡，分别惩罚。其规定如下表：

年份 / 处罚数量 / 查处次序	第一年	第二年	第三年
初查有烟之处罚	五元以上二十元以下	十元以上四十元以下	二十元以上八十元以下
复查有烟之处罚	十元以上四十元以下	二十元以上八十元以下	四十元以上一百六十元以下
终查有烟之处罚	二十元以上八十元以下	四十元以上一百六十元以下	烟地没收充公

第七十二条　前条惩罚，均由地方官提案讯明，判决执行，按月汇报主管机关查核。但处罚一百元以上或没收烟地两项，应先呈准，方得执行。

第七十三条　初查有烟者，由查获职员送请地方官讯判。其终查有烟者，由委员会同地方官讯明判决之。

第七十四条　人民违禁种烟，复于查铲之时持械抗铲者，由负责查铲之官、团拿案讯明，专呈飞报，从严恶办。

第七十五条　人民违禁神烟，复于查铲之时聚众抗铲者，由负责查铲之官、团勒令解散，分别首从，拿案飞报，从重惩办。

第七十六条　人民违禁种烟，复于查铲之时聚众持械抗不容铲者，由负责查铲之官、团以全力制止，勒令释械解散，分别首从，拿案讯明，报请重办。如有用械抗拒、伤害及于官、团职员者，当场格杀。但格杀一二人后，其余有畏服状态，已经释械时，即当停止，不得滥杀。并将处置情形，专案呈报。

第七十七条　特许区内种户私藏或私卖烟土、烟籽者，由管理机关处以一百元以下、十元以上之罚金，其所藏卖之烟土、烟籽，悉数没收。

第七十八条　特许区内种户不服管理机关之命令者，由管理机关处以五十元以下、五元以上之罚金，或送地方官拘押，呈报惩处。

第七章　经费

第七十九条　各属办理禁种经费，由惩罚违禁种户所收罚金内支给，每月就收获实数以十分之四作地方官办公费；十分之六平均分配与各区，作各区禁烟公费并按月造册呈报，列榜公布。

第八十条　地方官之特给奖金、记功奖金，禁烟职员之制匾费、记功奖金等项，均由省发给。其地方官之罚俸与记过罚金，由省追缴。职员之罚金与记过罚金，由地方官收缴解省。

第八十一条　本章程所定元数，均以本省现金计算。

第八章　附则

第八十二条　本章程自公布日实行。

第八十三条　本章程有未尽事宜，随时修正之。

人民联保结式

×属×区×处人民××等（十家或五家之名），今于与　　　联保切结事：实结得民等　　家，遵照禁令，自民国　　年秋季起，永远不种鸦片，所存鸦片种籽，如数缴呈公家焚毁，领取规定籽价。如存违令偷种者，除本人愿受惩处外，所有联保各家，均甘连坐受惩。中间不虚，所结是实。

具联保结人　　　盖章画押或盖指摹

民国二十　年　月　日

职员结式

属 × 区 × 处 × 职姓名今于

与“铃（图）”结事：实结得　　所管　　　等处共有人民　　户，今由民国二十　　年秋季起，遵照禁令，永远不栽种鸦片，不收藏烟籽。在职期内，承认遵章负责查禁铲除，如复查、终查时发现烟苗，甘当重惩。中间不虚，所结是实。

具结人　　　（章）

民国二十　年　月　日

（加盖图记或钤记）

印官结式

× 属 × 职 × 人今于

与印结事：实结 × 属遵章，由民国二十　　年秋季起，永远不栽种鸦片，不收藏烟籽。　　在任期内，承认负责实行功令，查禁铲除，如终查时发现烟苗，甘当重惩。中间不虚，所结是实。

具结人（署职名）　　（章）

民国二十　年　月　日

（加盖公印）

× 属 × 官为造册呈报事：今将民国 ×× 年 ×× 月份收获人民违禁种烟，铲后处罚之款及开支各项，分析造册，呈请

鉴核。

计开

旧管项下：

一、上月结存新币若干（或无项）。

上柱合新币若干（无项者不填）。

新收项下：

一、收 × 区 × 处 × 人因

案，罚金新币若干。

一、收 ×××× 若干

以上几柱，共收罚金新币若干。

开除：

县政府

一、照规定由罚金内提四成开支督办署

设治局

办公费，计新币若干。

一、照规定由罚金内提六成支给 × 区办公费新币若干。

以上几柱，共开支新币若干。

实在：

一、或无或结存若干（因何有存数应叙明）。

上　　　　　　　　　　　　　　　　　　　　　　　　　　　　　具

册

民国二十　年　月　日

（加盖公印）

某属禁烟职员负责查禁区域表

原职	姓名	所管地面	所属人员	所管户口	附记
填表说明	（一）原职，如区乡镇长等是。 （二）所管地面，如几镇或几闾几邻是。 （三）所属人员，如区长所属则镇乡（镇）长，乡（镇）长所属则填闾邻长是。 （四）所管户口，如区长须填全区户口总数，乡长须填全乡户口总数是。				
民国　年（盖印）		月	日某官某	（章）	呈

某属禁烟协助员任务区域表

姓名	资格	指定任务	服务区域	委任到职日期	附记
	（一）资格栏，如系绅士，可填其出身或现任之他项职务；如系人民即填公民两字。 （二）指定作务，如宣传、或查铲、或办理文件表册、或取结等是。 （三）服务区域，如全属或某一区某一乡是。				
民国　年（盖印）		月	日某官某	（章）	呈

云南实行禁运鸦片章程旨趣

中央颁布之禁运办法，不尽适合于滇省者，其办法明载“在业经禁种之各省区，因年老疾病，特准发给限期戒烟执照者，在此限期内所需烟土，应由湖北特税处酌定产地价目，向尚未禁种之边远省份统收统运，量为供给”等语。是中央之禁运办法，在种已禁绝、吸户亦少之地，仅为供给吸户而办禁运，则事较单纯，且其主旨只在统制运输，不在防堵输入。吾滇则种、运、吸遍地皆是，种、运、吸均须限期禁绝，而禁运又须与禁种，禁吸互相扣合，则事较繁复。且在栽种未绝以前，须防流毒以由祸；在栽种既绝以后，应防为外国、外省辟销货场。在此特殊情形之下，求时与地之所宜，须别有严密办法。今兹所拟，分为对外统制出口，对内限制贩运，并绝对防堵省外输入各项法则。

对外之必须统制出口及统制之必须官商合办者，以禁令言，全省烟亩既须三年始能禁绝，在未禁绝期中，虽逐年递减，产量仍多，既不便留毒在内，即须尽量输出，而输出之法，若仍听私商自由运办，则私土普洒，无从取缔，禁吸区域，等于虚设，此对于毒物施以控制抑勒，实为必要之办法；以经济言，历年商人自由运销，投机竞争，动多失败，商德既亏，市面紊乱，今由统运机关统制运销，计本省之产品，应外埠之需要，无所用其竞争，更可整齐步调、掌握确实，失败可免。然使统运机关全由官股办理，一般烟商立时无可改图，社会经济必致顿生变化，故官商合办，将向来业此之人与资本概予容纳，合力运输，陆续改善，庶于公私均有裨益。

对内之必须限制贩运并必须分期分区限制者，禁种既分为三期。递年分区缩减，至第三年始完全禁绝。所有未禁种区域之产烟，虽统运机关设有分处，自收自运，然地面既大，产量仍多，决不能对该区所有产烟之地，逐处分设机关。前往自收自运，又不能令各处所产烟土存待统运机关收运，且全省烟商，勒令改业，亦非一蹴可成，故在此未禁种区域，仍不能不暂准商人收买贩运。然准收买贩运而无所限制，听其遍运遍洒，一侵入禁种区域，既妨害公膏之进行，并失断绝吸户来源之主旨，故分为第一年，各路商贩限制只准在第一期禁种区域外贩运；至第二年，商贩限勒只准在第二禁种区域外贩运；至第三年禁种已完全禁绝，至全省境内运烟，亦随之完全禁绝。

查缉私运，对外必须在沿边出口或入口防堵、对内必须在禁种区沿周防堵者，因对外私运出口或入口必经过沿边各属，故在沿边各属防堵，挨次设置稽查为第一线。然犹恐私运已到达边县，容易进境，复于近边扼要地方设置稽查为第二线。对内私运入禁种区域，必经过该区域之沿周各属，故在该区域之沿周各属防堵，挨次设置稽查为第一线。然犹恐私运一过此属，即深入内地，如入无人之境，复于该区以内要地酌设稽查为第二线。并分为三期，逐年推进，过期即行裁撤。其有先期设置者，到期不再重设，然犹恐各稽查或有放弃职责，未能认真查缉也，故又随时加委密查，轮流巡查具报。然犹恐专恃稽查密查，或缉此窜彼，疲于奔命，于事鲜济；或自无实力，一遇持械抗拒，即莫如彼何也，复责成各地方官负全属查缉之责，督率各区团保甲，各依所管地地段，分段负责。并专为区团保甲另定各项办法，使稽查会同地方官督促指导，切实奉行。似此层层布防，已觉紧密周到。然犹恐仅在本省查缉，尚有疏漏也，复以统运机关在省内各属均设有分处，派人前往各属收买烟土，商人若有由各属私运烟土出口者，该分处人员最易调查尽知；在省外各埠均设有分销处，商人若有由本省私运烟土出口者，均同到一埠销售，某人由某地运来私烟若干，该分销处均最易探悉底蕴，故责成统运机关负调查报告之责。随报随即严拿重惩，彼私运者必有所惮而不敢再犯，且足以儆其余，此尤为确实有效之办法。其次，全省交通各要道、出入各要口，商人因贩运百货，希图夹带烟土隐瞒混过者，实繁有徒，若处处设立禁运机关，派人常驻查验，则开支浩繁，设不胜设，惟有责成各消费税局、各烟酒牲屠税局负查验过货有无夹带私运烟土之责。此尤为节省开支，一举两得之办法。此外，关于拿获私运烟犯，严定罚法，以示儆戒；关于执行禁运之职员，加重赏罚，以示奖惩，均为必要之规定。

云南全省实行禁运鸦片章程

第一章　总纲

第一条　本章程依中央《分期禁烟办法》及本省《禁烟实施办法纲要》禁运部分制定之。

第二条　本章程对于省外运销，成立统运机关，统制出口；对于省内贩运，分为三期，随禁种区域递年限制，三年完全禁绝。

前项限期满后，仍逐年继续查禁，另定办法实行。

第三条　本章程以云南全省禁烟局为主管机关，督率各属地方官，领导各区团、保甲（或土司）、汛长执行之。

前项区团保甲，统称禁烟职员。依现行阶级以为禁运阶级。

第四条　为实行章程、促行效率起见，主管机关应于扼要区域设置稽查，并随时加委密查，前往各属执行任务。

第五条　关于实施本章程之详细办法，由主管机关制定规则，或以命令补充之。

第二章　统制运销

第六条　官商合股组织统运机关，运输出口销售。无论任何私人，不得私自贩运，其有特殊情形暂准出口者，由主管机关专案呈请核定。

前项统运机关之组织办法另定之。

第七条　统运机关及暂准出口特货之一切税捐，仍暂行照旧完纳。

第八条　凡由外国外省运烟入境者，自统运机关成立后，概行禁止。

第三章　内地采运

第九条　内地采运分期限制如下：

第一年（即二十五年），各路商贩只准在第一期禁种区域以外贩运；

第二年（即二十六年），各路商贩只准在第二期禁种区域以外贩运；

第三年（即二十七年），全省完全禁绝。

第十条　凡内地产解，禁止运至边县销售，边县产烟，禁止运到该县距边界三十里之地销售。

第四章 查缉私运

第十一条 查缉沿边私运出口或入口，沿边各属设置稽查为第一线，复于近边要区酌设稽查为第二线，沿边设置稽查各属列后：

德钦、维西、中甸、永胜、华坪（附蒗蕖）、永仁、武定、禄劝、巧家、鲁甸、永善、绥江、盐津、威信、彝良、镇雄、昭通、会泽、宣威、平彝、沾益、罗平、师宗、丘北，广南、富州、西畴、麻栗坡各对汛、马关、河口各对汛、屏边、金平、江城、镇越、南峤、佛海、澜沧、双江、镇康、潞西、陇川、瑞丽、莲山、腾冲、碧江、康乐、贡山（上列边县，后因呈准暂留丽维、腾龙、思普、元墨四区，此处边县设置稽查，改设于紧接该区以内各属）。

第二线应设稽查，俟实行施禁后，考查私运出入情形，再为酌设。

第十二条 查缉内地私运入禁种区，在内地禁种区沿周各属设置稽查，为第一线。复于该区要地酌设稽查为第二钱。分为三期，递年推进。设置稽查各属如下：

（1）一期（即二十四年秋季）禁种区沿周设置稽查各县：

元谋、武定、禄劝、嵩明、寻甸、沾益、曲靖、陆良、路南、弥勒、开远、蒙自、个旧、曲溪、通海、河西、峨山、新平、双柏、广通、牟定、盐兴。

（2）二期（即二十五年秋季）禁种区沿周设置稽查各县：

巧家、鲁甸、昭通、会泽、宣威、平彝、罗平、师宗、丘北、广南、富州、西畴、麻栗坡各对汛、马关、河口各对汛、屏边、金平、墨江、镇沅、景谷、景东、蒙化、漾濞、洱源、剑川、鹤庆、永胜（附蒗蕖）、华坪、永仁、武定、禄劝。

（3）三期（即二十六年秋季），全省一概禁种，仅沿边第一线及近边第二线仍旧设置稽查，其余内地择要设置。

前列各期稽查，逐期推进，过期即行裁撤，有已先期设者，到期不再重设。

第十三条 依十一、十二两条设置稽查外，并委派密查，轮流巡查，其员额临时定。

前项稽查、密查服务规则另定之。

第十四条 各属地方官负全属查缉之责。各区团保甲等依所管地段分段负责。其办法如下（河口、麻栗坡两对汛督办，负全属查办之责，各分汛依所管地段负责）：

（1）查缉不论沿边各属及内地禁种域沿周各属，每属均分为沿边一带及境内向来运烟各路两项办理。

（2）稽查应召集该属，会同地方官、沿边一带之区、团、保、甲长，及境内向来运烟各路之区、团、保、甲长，其各按所管地段出具负责查缉切结及决不自运包运切结，呈报主管机关备案。

（3）稽查应会同地方官，饬区、团、保、甲等各按所管之沿边一带居民及境内向来运烟各路居民，挨次设置坐探眼线，专任查报之责。

（4）稽查应会同地方官，考查该属沿边一带及境内向来运烟各路，驻有团队若干，若查有某处团队力量薄弱，应指定邻近团队共负协缉之责。

（5）私运路线，有由甲、乙两县境界交错之处经过者，甲、乙两县之区、团，应联合协缉，共同负责。

第十五条　各统运机关对于私运，负调查报告之责。

第十六条　各征税机关负查验经过货物有无夹带、私运烟土之责

第五章　私运罚则

第十七条　自统运机关成立，凡私运出口或入口者，所运之烟土一律没收。

第十八条　凡私运入禁种区域者，所运之烟土一律没收。

第十九条　凡事后举有确证告发私运者，地方官应提案究办，若证明属实，应按所运烟数处罚。其烟土价额，照统运机关现定价额合银追缴。

第二十条　凡稽查区团以及征税机关等拿获私运烟土，应将人烟一齐解交地方官，当同货主称点重量、件数后，全数没收。并照没收数量悬牌宣布，填发没收证。

第二十一条　前项没收烟土，暂由地方官加封保管，限三日内呈报主管机关核示办理。

第二十二条　凡抗拒检查、闯运出口或入口者，除没收其烟土外，人犯送所在地方官按授律惩办。

第六章　职员奖惩

第二十三条　凡负有执行禁运职责人员，拿获私运烟土，准提四成充奖。照统运机关现行定价额发给，将所提奖金作为十成，分配如下：

（1）专由稽查派人拿获者，地方官一成，稽查四成，出力人员五成。

（2）专由地方官派人拿获者，地方官五成，出力人员五成。

（3）专由区团长等派团拿获者，地方官一成，区团长四成，出力人员五成。

（4）稽查协同警队拿获者，地方官一成，稽查、区团长各三成，出力人员三成。

（5）稽查协同团队拿获者，地方官一成，稽查、区团长各三成，出力人员三成。

（6）事后告发经证明属实，追缴之罚金，除以六成报解外，所余四成，地方官二成，告发人二成。

第二十四条　除依前条提奖外，汇核其缉获成绩，并分别给予下列之奖励：

特奖；

记功。

第二十五条　凡负有执行禁运职责人员，如有自行私运者，由发觉者迳报主管机关查核，从严究办。

第二十六条　凡有包庇故纵或怠于职务者，应分别情节，处以下列之惩戒：

撤惩；

罚薪；

记过。

第七章　附则

第二十七条　本章程自公布之日实行。

第二十八条　本章程如有未尽事宜，随时修正之。

云南实行禁吸鸦片章程旨趣

人类之于物也，有需要而后有供给。需要繁则供给多，需要绝则供给断。一人之所需，必合数人之能力以供给之。此方之所缺，必运他方之所余以补充之。其间关系条件，至繁且赜，故欲断绝一物之流行，必使无需要之人而后可。欲使无需要之人，必断其关系条件而后可。今本省之禁吸鸦片，其有取于是乎。

查民六以还，鸦片空气弥漫全国。吾滇系著产之区，当然不能例外。就其毒害之范围而考查之，种烟者属于农，运烟者属于商，其人之品类可稽也。若夫吸烟之流，则遍于各界各类，及于老弱妇女，其范围之广，人数之众，则难以枚举。种烟者播籽于土，历百余十日而收浆，土地固定可查，日期长久可考；运烟者载诸途间，历若干时日而出境，形迹可稽，货驮可证；独吹食鸦片者，平日彰明较著，无所顾忌，一朝施禁，则深闺密室，易于藏匿，瞬息过瘾，易于抵赖，搜检则滋扰累，无据又难折服，益以各属警团，组织不密，人选不易，则查禁难。种、运之业，虽非正当，然不害及身心，也难传染他人，改业也易，吸烟者生理上有变化，心理上成习惯，一身受害无穷，又易传染及他，前人犹未戒断，后人又复上瘾，则戒断也难。近来毒风日炽，以吸烟为应酬交际之要件，以烟具为陈设装点之物品，习俗移人，贤者不免，则改善风俗，非一朝可蹴，举此荦荦大端，其较禁种、禁运，迥有不同。然则将如何以施行禁令，又如何以订章程乎。如以火烈民畏之义，严刑峻法，逼其立戒，或仿前清季年之律例，或照现在之刑法，既惩其身，复罚以锾，就法而论，谁曰不宜。无如人数太多，习惯太深，惩不胜其惩，罚不胜其罚。矧改革以还，军事迭兴，政潮迭起，久已不遑兼顾，兹一旦而以严法逼之，是不啻设陷阱以待人民也。如以近世医药，颇有进步，广设医院，促其施诊，如平津等处近日之办法，收效甚速，就理而论，未尝不当。然平津等处之人力财力，已非本省可比，其吸食之人数，亦与本省有别，在彼能行者，在本省则不能行。是则本省施禁之法，究以何为宜乎？夫亦曰断绝其关系之条件，封锁其供给之来源，包围其四周之形势，使已吸者不能不断，未吸者不敢沾染，舍此别无妥善之法也。

查吸食鸦片，以熟膏、烟具为两大要件。因供给此两大要件之关系，而有零售生土者，制售熟膏者，开设烟馆者，制售烟具者，制售代用品者，私熬熟膏者（种植运输两项，比较此六项为远，已另有专章）。有此六者，故买土自熬或零购熟膏，而原料不缺矣，烟具可买，而器用不缺矣。如不能自熬自买，则赴烟馆吸食，也极便利。倘将来吗啡等代用品输入，或服食，或打针，更为简便，是将此六者禁绝，则吸食者土尽而无处购，膏尽而无处取，烟具坏而不能买，欲就食于人而不能，欲有所代而不可得，其受痛苦将有甚于戒断者，则欲其不戒而不可得也。然以医院骤难多设，无方法之猛浪戒烟，大有害于生命，则非逐渐引导不为功。故于层层包围封锁后，形趋势迫，使自然归入两途：一途则由公家发行有效之戒烟药，或审定市面自由发行之戒烟药，并由慈善团体提倡组织，或由医师营业，合组戒烟医院；一途则由公家制发公膏，凡四十岁以上、夙有烟瘾不能立时戒断者，领受公膏，逐年递减；其未满四十者，不得领发公膏，即须直接服食戒烟药，或入戒烟医院。而领受公膏者，三年期满，如未断除，仍不能不服药或入院以为究竟归宿。此切实有效可行能行之法，并非宽纵吸户，盖与禁种、禁运两项，有系统之联络。穷源究委，步步为营，庶使现在吸食者必能戒断，现未上瘾者不致沾染，以达到肃清之目的。兹将办法形势，绘图如下。

禁吸示意图

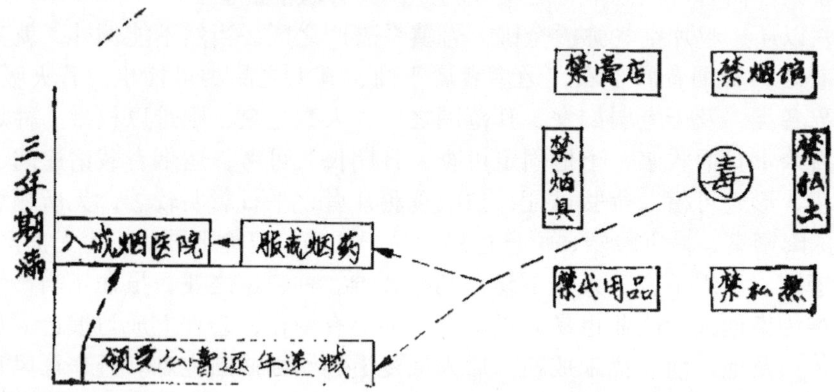

就上述办法而论，较诸挨户搜查、逐人检验者，固有上下床之分，是办理此事无困难矣。然以供给吸食为业，如上列六项者，其数亦复不少。其中多系桀骜不驯之流，际兹生活困苦，其所以反对破坏者，当无微不至，而以昆明市为尤甚。十九年禁吸罚金之取消，即因昆明市之纠纷与各属之困难所致，兹既决心施禁，认定此等供给吸食需要之事业，充有摧荡廓清之必要，则严厉查禁，毫无迁就，自属应有之义，但苟无强有力之新设机关主管其事，则不足以振聋发聩，排难解纷，实行法令。况关于公膏与戒烟药之制造发行，其事务至为繁重，亦非专设较大机关不能迅赴事机。故于省垣设全省戒烟委员会，于各属设分会。省戒烟委员会于民财两厅长外，任宪兵司令官与省会公安局长者，一则昆明市之禁吸事务，须直接属于省戒烟委员会办理，省内外军人方面，便于约束；二则昆明市警察周密，易于措施，其以禁烟局长参加者，取与种运两项，不致冲突，可收一贯之效也。各属分会，地方官应依法兼充，公正绅士亦不能不遴委参与。然无省委主持，恐致迁就地方，违背章程宗旨。省戒烟委员会内应设总务、执行、制造三组，各属分会则无制造，故只设两股，此设置机关之理由也。

此次禁烟有系统之计划，即分期分区，逐渐进行。种、运、吸同一步骤，而以禁种力准，则禁吸自当于禁种之后，立即施行，然时期与办理程序，不能不考虑周妥。如第一期之三十八属，系在二十四年秋季禁种，则当于二十四年秋冬两季，将禁吸之宣传调查筹备等事，办理齐备，二十五年一月一日起，即可施禁。早则筹措不及，迟则时期不接。推诸第二期之四十七属，第三期之四十四属，亦复如是。总以由二十五年起，分三期三区施禁。在二十五年中，施禁三十八属，尚有九十一属未禁。二十六年，则于上期各属外，推进四十七属，共有八十五属施禁，尚有四十四属未禁，至二十七年则一律禁止。此后一切办法，当视其情形而定善后之方，其在此三年中，逐渐经验，遂渐改进，则将来自有更妥善之法也。

施禁方法，依上述断绝吸食需要之原则，当分三部分办理：（一）对于零售私土，私售熟膏，开设烟馆，制售烟具等四项，则当厉行禁止。其所以先之以宣传，继之以调查登记，勒令具结，永远改业，交付职员监督实行，最终则依限查拿惩办者，盖以历年积习，过于深厚，若不有宣传等法，骤然拿办，则人民不服，易生反感。今已尽到种种手续，且取有认结，复示以期限，则仁至义尽矣。倘仍违犯，即无可恕矣。（二）对于代用品，则久悬厉禁，滇中尚未发现。此项吗啡等之毒甚于鸦片，故须拿获即办。又私售未经化验之戒烟药，则与售代用品同，亦有查获即惩之理由。又私熬熟膏者，一经发现，立即惩戒。（三）吸户方面，则关于登记调查，固不可无，然一切利害，宣传已周，倘其有瘾不认，亦不强迫，然不能于限满之后，补行登记。故逾期不认者，是自失其领照戒烟之权利，将来必有追悔莫及之感。是以调查登记，仅以一次为限，岂唯限制已吸之户，且使未吸上瘾者不敢上瘾也。其已登记者，充发单而后发照，一月一换，三年半戒清。照内明白登记每次领膏之量，且量既分期递减；质又不能增进，则以三年半之长期，受兹种种取缔，其必自行戒断，盖事势使然。至执照之价，只取成本。附缴烟灰，为扫除余毒，且使制造均有必要之理由。惟公家制发之戒烟药普遍售卖，听其吸户自由购服，其便利更大矣。

惩罚违禁，凡刑法所有者，自无须另定，而当依法办理。惟烟馆之没收房屋，系由前清禁吸以来之惯例，盖烟馆不仅传播烟毒，抑且藏垢纳污，非如是不足以资禁绝。至公膏方面之违章事项，系照行政执行法办理。以发行公膏，不过经过中之一程，尚非究竟之义也。

公膏与公家发行之戒烟药，当以统一制造为主，系一定之义。若听各属自制，则流弊甚大，各属发行公膏，因吸户太多，不能不多设处所，使其就近承领。至承销分销之制，为各处施行专卖之唯一方法，但其取缔须极严密，否则为私人生财，使吸户受害，故严订取缔之法，不嫌其繁也。

奖惩经费附则，均系应有之规定，各章中已逐一订明。其坐扣公膏成数，系作各种费用，而其成数不能分晰明定者，乃因公膏价目现不能定，将来又须随时变更，只能定其大概，其细数当俟诸异日。

本章程计九章七十九条，其一切表册单照等项，式样过于烦琐，当于施行手续法中，再行附订。

云南全省实行禁吸鸦片章程

第一章　总纲

第一条　本章程依中央分期禁烟方案及《云南实行禁烟办法纲要》禁吸部分制订之。

第二条　本章程以禁绝全省鸦片生土之零售，熟膏之制造、运售，或自熬吸食，与烟馆之开设、烟具之制造、售卖，及代用品之制造、贩卖，使用等项为主旨。

第三条　前条所列各项，除法令别有规定外，均适用本章程。

第四条　第二条应禁各项，至全省一律禁绝后，另定善后办法施行之。

第五条　本章程依分期禁种鸦片之区域程序施行之。

第六条　各属现行之禁吸鸦片办法，自本章程施行之日起，失其效力。

第七条　本章程对于吸食鸦片所需各项厉行严禁，使吸户受封锁包围，再经相当过程，归纳于实在戒断。同时使未吸者无从上瘾，以期肃清。前项对于吸食人之相当过程，以发行戒烟药及公膏为主。

第八条　本章程于施禁惩罚外，并注重宣传，鼓励人民自动戒烟，改善习惯，提倡设立戒烟医院。

第九条　本章程由主管机关督率各属执行机关，领导各区自治、警察、团保等职员执行之。

第十条　施行本章程之详细手续法，由主管机关呈定规则，或以命令补充之。

第十一条　为促进本章程之效率，由主管机关派人员前往各属查办范围以内各项事务。

第十二条　各职员（各区自治警团人员概称职员，余仿此）及人民因禁吸而生之争讼事件，或人民不服职员之禁吸处置者，得呈诉于该管执行机关依法审判。其职员或人民不服执行机关之判决或处分者，得上诉于主管机关，为最终之裁判。

第十三条　前项上诉期间，除途程外，由判决宣示翌日起，以十日为限。

第二章　机关设置及职责

第十四条　依第九条之规定，于省城设云南全省戒烟委员会为主管机关，于各属地方官所在处设各属戒烟委员分会（以下简称各属分会）为执行机关，其昆明市禁吸事务，直属于主管机关，不另设分会。

第十五条　戒烟委员会以民政财政两厅厅长、宪兵司令官、禁烟局长、省会公安局局长为当然委员，并由省府遴委若干员为委员，以财政厅长为主任委员，组织成立。

第十六条　各属分会以地方官、公安局长及省派委员为当然委员，并由地方官遴保地方正绅二员为委员，由主管机关委任之，即以地方官为主任委员，组织成立。

第十七条　戒烟委员会内设总务、执行、制造三组，各属分会内设总务、执行两股，分掌各项事务。

第十八条　戒烟委员会及各属分会一切规则另定之。

第十九条　戒烟委员会负全省禁吸鸦片责任。有指挥、监督、考核、奖惩各属分会及职员之权，随时考查督促施行，依期禁绝。

第二十条　各属分会负各该属禁吸鸦片责任。有指挥、监督、考核、奖惩各区职员之权，应执行法令，依期禁绝。

第二十一条　各属各区自治警团人员，为下级执行职员，各依其原有阶级、原管地段，各负专责，依期禁绝。

前项职员阶级、地段，应由分会列表呈报省戒烟委员会备案。

第三章　施禁程限

第二十二条　依第六条规定，凡各期内已经禁种鸦片各属，应即施行本章程。

第三十三条　各期施禁地方，其应办事项及其程限，规定如下。

第一期：

一、宣传及调查登记，自民国二十四年七月起，至九月底止。

二、筹备一切，自民国二十四年十月起，至十二月底止。

三、实施禁令，自民国二十五年一月一日起，至禁绝日止。

第二期：

一、宣传及调查登记，自民国二十五年六月起，至八月底止。

二、筹备一切，自民国二十五年九月起，至十二月底止。

三、实施禁令，自民国二十六年一月一日起，至禁绝日止。

第三期：

一、宣传及调查登记，自民国二十六年四月起，至六月底止。

二、筹备一切，自民国二十六年七月起，至十二月底止。

三、实施禁令，自民国二十七年一月一日起，至禁绝日止。

前项所列各期内实施禁令日期，固定不移，其宣传、调查、登记及筹备事项，如有特殊情形者，得提前办理。

第二十四条　宣传及调查登记事项规定如下：

一、宣传本章程一切办法与各属施禁日期，务使人民了解政府此次绝对禁烟之主旨。

二、调查吸食鸦片之人户，登记专册，并填发吸户三联单。

三、调查制造、运售熟膏及零售生土之人户牌号，登记注册。

四、调查开设烟馆之人户，登记注册。

五、调查制售烟具之人户牌号，登记注册。

六、调查境内私人所卖戒烟药，登记注册。

第二十五条　筹备事项规定如下：

一、勒令制造运售熟膏者、零售生土者、开设烟馆者、制售烟具者，一律于前条所实施禁令之日以前，各具切结，承认遵照定限，分别改业。

二、颁发吸户承领戒烟执照。

三、化验私人所卖戒烟药品，分别准卖或禁止。

四、制造戒烟药及公膏（分会不制，向戒烟委员会请领）。

五、划定承销，分销公膏区域，并发给牌照。

第二十六条　实施禁令事项规定如下：

一、凡前条勒令改业各项及私熬熟膏与制售代用品者，一律严密考查，如发现违犯者，立即拿案惩办。

二、考查已经核准之私人售卖戒烟药，有无变更处方情事，并查拿未经化验核准之戒烟药，予以惩罚。

三、颁发戒烟药及公膏于有执照各吸户。

第四章 施禁方法

第二十七条 由主管机关规定大规模宣传办法，颁发多种文告图画，责成各属分会将文告图画逐村逐寨粘贴完备，使无一处遗漏。再由委员、职员分认区域，召集民众，明白讲演，务使全体人民明了一切，以利进行。

第二十八条 凡遇不通汉文汉语之处，应将宣传文告加译当地所用之语言文字，再行粘贴，并派能通译者，前往讲演之。

第二十九条 凡人民在施禁期前存有生土、熟膏或烟灰者，准其呈缴，执行机关给价收买，汇解主管机关核收。

第三十条 照第二十四，二十五条之规定，凡零售生土者、制造运售熟膏者、开设烟馆者、制售烟具者，应照程限于调查登记后，勒令具结遵限永远改业。并交该管职员（指第二十一条规定人员，即区、乡、镇、坊、闾邻，或团、保、牌、甲长，余依此）监督实行。至施禁以后，随时严密调查，如查有违犯者，人犯应照第四十七条惩处，没收其生土、熟膏、烟具等物，该管职员应负连带责任。

前项惩处，对于开设烟馆者，亟应从重惩办，并没收其开设烟馆之房屋。

第三十一条 施禁后查获前条违禁之一，未经注册具结，实系在施禁后仍有违禁行为者，人犯应照前条及后项加重惩办，该管职员应负查禁不力之责。

第三十二条 凡私熬熟膏者，应严密调查，有违犯者，照第四十七条惩处。

第三十三条 制造、贩卖、使用吗啡、高根、海洛因、红白丸、金丹、白面等及其他化合质料可为鸦片之代用品者，应严密查禁。如有发现，应即提案讯明，没收其制造器具与存余之代用品，并照第四十七条惩处。即现时境内虽无此种违禁之人，亦应随时查办，以绝毒源。

第三十四条 买卖烟灰者，照使用代用品查禁之。

第三十五条 凡人民售卖戒烟药者，应照程限于施禁前调查登记。勒令售主将处方、样药、服法等呈请主管机关化验核准，方得售卖。施禁后有售卖者亦同。如于施禁后查有未经核准、私自售卖或核准后变更原案者，照第四十七条惩罚，并没收其药品，永不准再售。

第三十六条 第三十条已经登记具结各户，应随时监视查考。凡有犯者，不论初犯再犯，均应详细登记，每半年汇报一次。第三十二、第三十三、第三十四等条之违禁事项亦同。

第三十七条 第三十、第三十二、第三十三、第三十四等条所列之违禁事项，准由人民举发查办。如查实获案惩罚者，提罚金之一半奖给告发人。但匿名揭发者不在此例。如查属虚诬者，告发人依刑法处断。

第三十八条 凡吸食鸦片成瘾者，于规定程限内，依下列方法促其戒断。

一、调查登记

（一）自行报请登记：调查之先，明白布告登记事项及其利害关系，责令有瘾者自赴执行机关报请登记。

（二）挨户查明登记：自报期满，由执行人员将区内住民挨户查询，凡认有瘾者，详细登记。

二、填发三联单：照登记册填齐调查吸户三联单，以执照一联裁交吸户，持赴执行机关换领戒烟执照，以缴验一联随同表册呈送执行机关，以存根一联自行存查。

三、发给第一期戒烟执照限期戒断：凡已登记之吸户，一律令其以调查一联赴执行机关换领戒烟执照，以六个月为一期，期满换照。每期递减膏量十分之二，至第五期减净，第六期停膏服药断完。凡年在四十岁以上者，方得给照。

四、征收照费：每张收现金四角，汇齐报解。

五、发售戒烟药：由人民自由购买服用。

六、发给公膏：由吸户逐日或分日持照备价，赴分销处所承领服食，并于照内注明数量，加盖日戳。

七、按期考核：换领新照，收毁旧照，照三项所定期限，凡第一期届满末日，将此期执照收齐注销，换给第二期新照，以下照此办理。每换一次，征收照费一次

八、旅行执照：于到达时，于店主指导担保，报请执行机关发给，回时即缴销之，以杜取巧假冒之弊，但在至一月以上者，须换领长期执照。如在本籍已领过照者，须于起程时报明，停止发膏。

第三十九条　调查登记吸户规定如下：

（一）姓名，（二）年龄，（三）籍贯，（四）性别，（五）住址，（六）每日吸量。

第四十条　吸户之调查登记，仅以施禁前为限，施禁后不准补报增加一人。

前项登记册，由各属分会按照程限造报省戒烟委员会办理。

第四十一条　抗行调查登记之规约如下：

一、不准借口私收分文。

二、挨户调查须有三人以上方得入门，并限于白昼。

三、先行明白告知利害，再依户口册逐一查询。其承认有瘾者，乃予登记，不加强迫于施禁后，绝对不准补报登记。

第四十二条　发给第一期戒烟执照，应依其每日吸量并所吸之烟质，以为最初发膏及按期递减之标准。

第四十三条　执照由主管机关制发。定为三联式，一联存根，存于执行机关；一联缴验，随照费造册呈缴主管机关；一联执照，交与吸户。

前项执照上，应注明姓名、住址、年龄、性别、数量及应守规则，并留空白，以备领膏时填注。

第四十四条　凡年在四十岁以下吸户，不论如何成瘾，有无疾病，一律以药戒断，禁止发给公膏。其在四十岁以上者，如能自愿服药戒断者，应听其便。

第四十五条　戒烟执照之限制如下：

一、每张限于一人，禁止多人同领一张，或转卖转借与他人，或用以包庇他人。

二、执照依其所领之烟质分为三等：甲等红色，为南路铟；乙等黄色，为西路烟；丙等蓝色，为东路烟。只能由甲等而递降乙、丙等，禁止由乙、丙等而上升甲、乙等。

第四十六条　承领公膏之限制如下：

一、依执照上规定之最初与递减之数量承领，或每日分领一次，或数日合领一次，均听其便。但数日合领者，非日期届满，不能续领。过期未领者，不得补领。

二、承领时由分销人查对执照上日期、数量相合，收齐膏价，再行发给，并于执照空白处填注承领日期及其数量，加盖戳记，每领一次，填注一次。

三、第一次以后领公膏者，应将前次所剩之烟灰，悉数呈缴，作抵膏价。每膏一两至少须缴灰二钱，按月由承销人汇解主管机关核收。

第五章 惩罚违禁

第四十七条 凡有第三十条、第三十二条、第三十三条、第三十四条之违禁行为者，依民国刑法惩处，并没收其违禁与供犯罪用之物品。其有第三十条第三项之违禁行为者，连其开设烟馆之房屋，一并没收之。

第四十八条 凡私售未经化验核准之戒烟药，或已经化验核准而更定案者，以售卖代用品论罚。

第四十九条 各区职员声获有违法行为者，应将人犯与违禁物品，一并拿送执行机关办理。禁止私自处罚，或隐违蒙蔽。

第五十条 吸户已领调查单，不换领戒烟执照，或已领执照不领公膏，又不报明戒所者，处现金二十元以下罚金，并分别追缴已领之调查单或执照。

第五十一条 吸户不依限换领新照、呈缴旧照，又不报明戒断者，处现金二十元以下之罚金，并追缴旧照。

第五十二条 吸户以所领执照租借移转或售与他人者，处现金二十元以下罚金，其承受者亦同，执照追缴注销。

第五十三条 领受公膏不缴烟灰，或有其他违背规则之行为者，处现金五元以下之罚金。

第五十四条 吸户违犯上列各条规定者，由承销分销人或该管职员送请执行机关办理，禁止私罚隐瞒。

第六章 药膏之制造发行

第五十五条 戒烟药以林文忠公原方及其他有效药方制造发行。

第五十六条 凡全省需要之公膏，概由主管机关设厂，统一制造，交由各属分会，兵领发行。

第五十七条 公膏其质分为三等，熬制成盒，并于盒面贴颜色印花，以区别之，分列如下：

甲等：南路烟，贴红色印花。

乙等：西路烟，贴黄色印花。

丙等：东路烟，贴蓝色印花。

第五十八条 前条各等公膏，其重量应各分为一钱、二钱、五钱、一两等四取装置。均于印花上注明，以便发行。

第五十九条 药膏之价值由主管机关统一规定，禁止经手人等附加浮收。

第六十条 各属应用之公膏，由各分会于初次调查登记后，详细核算最初所需及以后递减之数目，按照第三十八条第三项戒断期限，核定每一期内应需总数，造册请领。

第六十一条　凡分会所收获戒烟药与公膏价款，应按月报解，不得积压挪用。

第六十二条　各属分会于领获公膏后，应照下级职员查禁区域，分为若干承销区，算明各区每期应销数目、价值，招致妥商取具殷实铺保，再领取公膏及区内吸户清册，前往承销。

第六十三条　各承销商得就区内乡镇闾邻之数目与吸户之多寡，自行酌定分销区域。每一分销处，自行招人承办，直接销与吸户承领。

第六十四条　前两条区域及承销分销商确定后，应层递报，由各分会转报主管机备案。并由各分会责成各该处高级职员就近监督，随时派员考查办理情形，以杜流弊。

第六十五条　各承销分销商之限制如下：

一、应照规定份值发行，不准加收分文。

二、应照吸户名册发行，不得于名册外分销。

三、吸户来领时，应查对执照上日期、数量办理，按日盖戳，不得补发滥发。

四、遵守一切规则，不得视为包办，任意处置。

第七章　印委职员之奖惩

第六十六条　各属分会委员，办理得力，弊绝风清，成绩卓著，或有其他应奖之事绩者，视其等差，给以下列之奖励：

一、特给奖金。临时酌定数目。

二、记大功每一次奖现金三十元，记功每一次奖金一十元。

第六十七条　各属分会及各区职员，办事勤慎，恪尽职责，著有成绩，或有其他应奖之事绩者，视其等差，给以下列之奖励：

一等、特给奖金。由分会拟呈主管机关核定。

二等、给予奖章或褒状。同上。

三等、记大功每一次奖现金十五元，记功每一次奖现金五元。

第六十八条　各属分会委员，有渎职、溺职、违误禁令，或因循敷衍，或有其他应惩之情节者，视其等差，处以下列之惩戒：

一、撤惩。撤任或撤差，情节重者，查办惩处。

二、罚俸薪。罚一月或数月之俸薪。

三、记大过每一次罚现金三十元，记过每一次罚现金一十元。

第六十九条　各属分会或各区职员及承销分销商，有借公营私，操切滋扰，或办理不力，禁令废弛及有其他应惩之情节者，视其轻重，处以下列之惩戒：

一、撤换或拘押查办。由分会委员拟呈核定。

二、罚金。由分会委员拟呈核定。

三、记大过每一次罚现金一十元，记过每一次罚现金五元。

第七十条　分会委员之一等奖励及甲种惩戒，由主管机关考核呈报核定施行，其余得随时核定执行之。

第七十一条　各职员之奖惩，由分会委员汇案，或随时考核，呈报主管机关办理之。

第八章 经费

第七十二条 省戒烟委员会之经费，应编县预算，按月请领开支。

第七十三条 省戒烟委员会之办公费及各分会之经费，与各承销分销商之推销费，均按月由收入膏价项下，共坐扣百分之十五至百分之二十，以作开支。其成数由主管机关核定之。

第七十四条 省戒烟委员会之制造费，得先借款垫办，于收入解款后，按期归还。

第七十五条 各分会照第二十九条收买生土、熟膏之款，得先由地方官借垫发给之，后由膏价内归还，但须先呈奉准。

第七十六条 各分会领运药膏及汇解生土、熟膏之费用，得先由地方官借用，后于罚金内坐支，但须先行呈准。

第七十七条 各分会每月所收罚金，应按月造报，听候处置，分别提奖。

第九章 附则

第七十八条 本章程自公布日施行。

第七十九条 本章程如有未尽事宜，得随时修正之。

禁种事辑

民国以来施禁概略

罂粟初入中国，大抵仅作药用，其后渐有吸食者。清季此风益盛，流毒之广，不言可知。云南在清末厉行禁止，已有相当成绩。辛亥光复，政府注重军事，无暇兼顾及此，人民有乘机偷种者。民国元年六月，都督府复申禁令，制定厉行禁烟条规，临时省议会亦议决禁烟草案，通过咨办，又饬各属地方，就自治公所组设禁烟事务所，订有《各属禁烟事务所章程》及《铲烟规则》、《巡警稽查专责》、《各属查获烟土办法简章》等，以资遵循。每年当秋季下种期后，复分配委员前往各属巡视查铲。历二、三、四年，均继续严禁，违禁者罪之，违禁品火之。顾其时对于禁政注意于种、运，而忽吸食，虽亦曾由各道署设立官绅调验所究之，为日无多，收效未宏。

英领会勘经过

五年春，准北京外交部电，以前清与英国所订《停运印土条约》，应于民国六年由两国政府派员会勘，请先事准备。于是复颁布严厉章程，其办法程序为讲演、劝导、收毁烟籽及地方官查铲、省道复查等项。如地方官查获有烟，则种烟人民予以枪毙，烟地充公，该管团保撤职究办。如省道复查发现有烟者，加惩地方官，予以撤任停委处分。如经会勘发现烟苗，则道尹撤任，地方官予以枪毙。功令之严，无与伦比。各道尹又各订有施行细则，办法益加周密。更以游击队，警备队补助搜铲，雷厉风行，为向来所未有。迨后由省派员复查，尚有少数地方搜铲未尽，地方官撤任停委，团保人员因之撤职拘押，种烟人民则身受极刑。故一时官绅人民莫不动色相戒，而烟苗乃得肃清焉。

六年一月，驻华英国公使依本省向设四道区域，分为两路会勘：一路派宜昌总领事窦尔恭勘滇中、蒙自两道区；一路派腾越正领事义思得勘腾越、普洱两道区。同时并照会外交部，电知本省分派大员协同勘查。当由督军兼省长唐继尧派定督军署谍查课长詹秉忠，协同窦领查勘滇中、蒙自两道，地方派腾越道道尹由人龙、普洱道道尹陆邦纯，各照本管区域，协同义领查勘具报。

窦领事电知本省政府，先勘贵州至遵义，嘱我方所派委员至遵义相会。詹课长遂如约而至，与窦领会议。初拟由罗平、宣威经东川、昭通出盐井渡至四川以回宜昌，嗣因查阅地图，访询土人，以为东、昭为入川大道，必无烟苗；南防临、开、广一带人民强悍，烟苗必多。于是变更原议，放弃东、昭，改由罗平进开化、广南，出河口，循海道而归。詹课长乃电省署请示，奉复饬依窦领之意勘办。遂由罗平、师宗、弥勒、泸西、丘北、开化、广南，经老卡对汛以达河口。沿途中所经路线，所宿地点，窦领独出己意，随时变更，所经不由大路而行，所住皆非指定之所，饮食住宿多感不便。盖窦领之意，以为幽僻险阻之地，必有隐瞒偷种但铲不尽者，故专由此处百计搜寻。迨查勘已遍，迄无所获。到达河口时，乃具并无根株发现之证明书，交与詹课长呈送省署，达部备案。

义领事初由腾越会同由道尹，经腾越、龙陵沿边土司地方勘至缅宁，普洱道陆道尹由思茅至缅宁相会，随即会同接勘查普洱道属。经上、下改心及澜沧、六顺、思茅、普洱、镇沅至景东之猫街，普洱道属查毕无烟，义领出具证明书交陆道尹销差。先期约会，由道尹又至猫街同义领接勘腾越道属，计由景东经蒙化、弥渡、祥云、凤仪、大理、永平、保山而回腾越，沿途亦并无一株一茎发现，仍由义领出具证明书交与由道尹，并电北京英公使复命。会勘之役乃告终结。会勘结果，确已证明云南烟苗实在禁绝，在国际间亦有相当之称誉。且因对外关系专注全力于禁种，纯以严刑峻法，层层督责，而于禁政大计则未统筹办理，会勘以后吸烟者仍未焚绝，历年对于吸户，只省会警察厅有戒烟药之发售，为时不久，需要未减，烟价极昂，不肖商人乃秘密向外采购运销，虽经军团迭次破获，而大利所在，愍不畏法者所在多有。盖邻邦属地，乘本省禁烟之际，乃广种以吸收我之金钱，复使边民因羡利之故而移居缅界，甚至潜运界桩，失地失民，极可痛心。同时邻省乃军事繁兴，广种鸦片，倒灌入滇。

寓禁于征时期

九年秋，云南省议会商诸省府，取寓禁于征主义，办理烟亩罚金。省府亦因驻川滇军归来，饷无所出，需款孔殷，遂公布《云南禁烟处罚暂行章程》，特设专局，以董其事，由议员而兼委员，种烟田亩以六十四个平方丈为一亩，按亩征收产地罚金，谓之亩罚。自民国九年创办，以是年秋季播种、来年春夏间收浆之烟为第一届。嗣后逐年递推，每届均跨于两年之间，至民十五年共办六届，其办法分查定亩数与征解罚金两项。查亩之法，先由印官初查，委员复查。继以历年所查大略相同，乃核定标准，由印官接认，不复委查。至征解罚金，全由印官办理，必要时乃委员催促。故亩数渐增，罚金渐多，至民国十五年夏末，计有六届。每亩征旧滇币二元，本极轻微，而因历时稍久，群以为病，乃经前省府会议议决，自是年下半年起实行取消产地罚金，改力印花罚金。凡贩运烟土者，均按数量由各商贩购贴印花，其目的全在救济农村经济。但施行以后，不但收数锐减，而其流弊允多。加以当时金融财政复无统筹抵补之法，复经议会议决，自十七年四月一日起废止印花。是年秋后栽种至次年收浆之烟，仍旧征收产地罚金。凡十五年以前各属谓之旧案，十七年秋季起为新案第一届；其后仍递年相沿，至二十六年结束，共计新案九届，其办法仍照案，而逐届加以改进。新一届罚金每亩征本省半开银币三元，二届改征五元，三届至九届均征三元。所有新旧案中，全省各属除德钦（即阿墩子）设治局外，皆有亩罚。二十四年秋，分期分区实行禁种，第一期施禁之昆明市、县等三十八属亩罚，办至新七届为止，第二期施禁之会泽等四十八属，于二十五年秋施禁，办至第八届止，二十六年第三期施禁之大关等四十五属，办至第九届止。综计新旧亩罚，勿论亩数罚金之多寡，办理方法之如何，而其中有因受天灾、匪患与贫困、迁徙、死亡而豁免者，有由反动逆军之估提者，有官绅、团保收而不解者，有实欠在民者，故均不能收齐。但罚金内有坐扣办团补协一项，各属赖以整理团务，清剿盗匪，于地方亦有裨益云。

实行禁种办法要旨

自二十四年秋季起，实行禁种区域计有昆明市及昆明、呈贡、嵩明、宜良、罗次、晋宁、富民、安宁、禄丰、昆阳、易门、澄江、路南、玉溪、江川、武定、元谋、禄劝、曲靖、马龙、沾益、寻甸、陆良、广通、盐兴、牟定、双柏、开远、蒙自、个旧、曲溪、华宁、通海、河西、弥勒、峨山、新平等县，共三十八市县，是为第一区第一期。自二十五年秋季继续推进区域，计有会泽、巧家、鲁甸、昭通、宣威、平彝、罗平、师宗、丘北、泸西、广南、富宁、西畴、马关、文山、屏边、金平、建水、石屏、砚山、镇沅、墨江，元江、景东、景谷、楚雄、镇南、永仁、盐丰、大姚、姚安、祥云、邓川、宾川、凤仪、大理、漾濞、永胜、华坪、弥渡、蒙化、洱源、剑川、鹤庆等四十四县，河口、麻栗坡两对汛及龙武、宁蒗两设治区，共四十八属，是为第二区第二期，自二十六年秋季起继续推进区域，计有大关、盐津、彝良、绥江、永善、镇雄、威信、丽江、兰坪、维西、中甸、云龙、保山、龙陵、腾冲、镇康、顺宁、昌宁、永平、缅宁、云县、宁洱、思茅、双江、车里、南峤、澜沧、江城、佛海、镇越、六顺等三十一县，临江、沧源、潞西、莲山、瑞丽、碧江、盈江、陇川、贡山、梁河、德钦、泸水、福贡等十三设治区，共四十四属，是为第三区第三期。凡此区域、期限，明定章程，颁布通传。复于各属施禁之先，向来烟苗下种期之前，以命令指定各区各属，一禁之后即永久不准再种，仍逐年查禁。

第一期施禁经过及结果

民国二十四年秋季施禁之昆明市、县等三十八属为施禁之第一期。应树第二、三两期之楷模，当于是年六月十五日由省府通电各属印官，于二十五日到省参加禁烟会议，禁烟局委定之指导员等亦同列席。二十五至二十七开会三日，经主席、各省务委员、各厅长以及党指委、禁烟局局长、会办会议时所训示者虽着重于禁种，而于禁运、禁吸之纲要亦附带阐发，结束时并由各印、委宣示具结，散会以后印、委即各回本县执行职务。印官与委员商定路线，召集职员、民众，详明指导，并取具人民互相联保，永不栽种鸦片、不收存烟籽之切结。自宣传以迄取结各项手续，均各依限于到县后一个月办竣。此后仍由印官及各级职员随时随地继续提升警觉，迨烟苗出土，由职员照印官指定日期举行初查，继由印官照呈定复查日期亲出复查结报，随即由省按属委派禁种终查员，分往各属，守候执行职务。罗次、元谋两县，各派两员，其余三十六属各派一员。各员出省之先，由禁烟局召集，施以短期训练，将一切服务方法与应守条件，详明指授，又将各属情形，如从前办亩罚时某处烟多，某处烟少，一一指示。四十员查勘进行均无障碍，陆良小有事端，无碍大体。各委查毕结报，计发现溜生烟苗，经委员督饬铲尽者，有罗次、元谋等二十一属。终查毕，又派员抽查之，曲溪、弥勒两属尚有未铲之溜生烟苗，亦经铲尽。凡此均系照本省章制办理也。及后，奉中央命令，因特派员不及到滇，关于二十四年之禁种检举，应由省府举行。及经派员检查，亦无异状。故综核此期施禁结果，并无故意违种及收籽、收浆情事，证明实已禁绝。而当实施期间，曲溪县长刘明义办理不力，立予撤任。迨办理结果，凡经最后考证未发现根株之昆明市、昆明、玉溪、宜良、江川、寻甸、马龙、禄丰、广通、通海、蒙自，开远、个旧等十三属印官，分别留任，特给奖金及记大功，记功有差，以示奖励。其余各属多发现溜生烟苗，各该印官亦分别撤任留铲或记大过、记过有差。各指导终查员，亦分别成绩优劣，予以奖惩云。

第二期施禁经过及结果

二十五年秋季起，继续推进第二期之会泽、永胜、文山等（名称见前）四十八属，其程站距省较远，且多系著产之区，不啻本省禁种之中枢地带。事先即由省禁委会照原定方案、手续、办法，颁发规章、命令及多数宣传品，饬各属印官认真将事。仍按属委定指导员（其辖境较广之属则派两员），于省施以短期训练，即于是年七月内出省，分赴所任属份，按照区域（每属之派两员者，一为甲区，一为乙区，系照各该属原有自治区平均分划），协助印官指导职员深入农村。与印官分途出发，遍及全境，普遍宣传。其宣传、指导期限均定为两个月，指导完竣，均据取呈人民互相联保、永不种烟及不收藏烟籽切结与印官，至闾邻长认真负责查禁图钤印各结具报销差。随由禁委会分别考核，有成绩者继委为该属禁烟专员；其失职或三种任务未能完全达到者，即予分别撤换，惩罚有差，各属在指导期间，当以其下种、收浆之早迟先后，分别核定其初、复查日期。届期仍由各级职员举行初查，由印官接续举行复查。其发现溜生烟苗之处，均将种户及该管职员分别惩办。复查结果均据具呈印结，确未发现偷种，上期应派之终查员系由省派往，本期则以各该属禁烟专员为终查员，其辖境较宽之属又由省加派一员，仍给予限两月，在收浆以前查竣。但在终查之后，如有可虑之属，仍照例派员抽查，以甲县终查员委查乙县，或以乙县终查员抽查丙县。各员终查及抽查之后，有建水、石屏、永胜、华坪等十二属发现烟苗，均已分别铲除无遗。建水、石屏两属并派有军队前往督铲，乃告肃清。据印、委会同结报，随经黄特派员毓成，会同省府按属派员严密查禁检举，证明实无烟苗，推进本期时，所有上期之三十八属，对于下种前之宣传防维及下种后之各级查铲，仍督饬各属印官，继续分别办理。终查一项，仍派各该属专员担任。最后由特派员与本府并同本期各属（共八十六属），分别于烟籽下种及烟苗出土时期，派员一律查禁检举，毒卉实已肃清，乃由禁委会设禁烟分会于各该属，委派专员，协同办理禁政，以期周到。

第三期施禁经过及结果

二十六年秋季应推进第三期之大关、盐津、维西、中甸等四十四属（县名见前），均在边远，关于宣传、查勘、搜铲等事，比较上两期尤为繁重，故策划指挥倍加注意。其中除镇康、澜沧、镇雄、威信等十七处呈准划为展期禁种区域（展种区连第二期巧家之六城坝共十八处，详见后）外，其余三十七属中，德钦、福贡、康乐三设治区，或尚不产烟，或户口、产量过于稀少，均易查禁，故决定不另派委员，即责成地方官认真办理。此外，各属均先期颁发规章、命令及多数宣传品，饬各属印官即时着手，以期事豫则立。于播种期前，按属委派指导员一员，协同印官督责各区普遍宣传，取呈联保切结并印官职员各结，随即实行初、复、终查，概照章案循序办理。唯以边区情形不同，汉文、汉语亦有多处不能通用，饬令翻译详尽，并多发图面。于委员人选，则饬以熟习情形、能通夷语者为上。复责令印官选委当地有声望者为协助员，而加重其责成，给以夫马费，使其尽力。是以终查之后，除六顺一属改为惩罚违种外，其余各属均据结报无收籽，收浆情事，仍由黄特派员会同省府派员检举，做最后考证，结果无异状。推进第三期时，对于已施禁一年或两年之第一、二两期各属，诚恐印官职员注意稍弛，人民从而误会，生心尝试，又恐奸人造谣，煽惑偷种，是以严令第一、二两期各属印官，对于境内陈籽，务应督责毁尽，以靖毒源；下种前之宣传指导，改种有益农产，应详切办到，增加正当农产。又督饬检拔溜生烟苗，其种后之初查、复查均逐一实施，在复查之后，仍派各该属禁烟专员为终查员，遍历境内耕地，细细勘查，均据报确已肃清。迨第三期由特派员与省府会同检举时，所有第一、二两期亦同齐一并检举（呈准展期禁种各属除外），证明完全禁绝。本年对于一、二期各属所设之分会，由禁委会查酌实际情况，分别裁留，以期事咸就绪，人无虚设。二十六年六月底，考查其已禁各属时间，均已经年无偷种，是禁政大体办法，绅民均有相当认识，当将第一、二两期原设专员保留三十三员，裁撤五十二员。于蒙、个、开交界之碧色寨新设一员。迨同年十一月底，除平彝、罗平、巧家三县外，其余各属专员即一律裁撤，以节糜费，而符实际需要。

第一、二两殖边督办办理禁政概况

第三期施禁各属，因概在边区交通不便之处，如腾龙、思普沿边各属，气候较湿，多数地方阴历八月内即有播烟籽者。又各该属瘴雨蛮烟正在此时，而普防入夏以后，若澜沧、礼仙两江水涨，则交通梗阻，更难如期到达。此等地方，既不能派员前往办理，若全责诸印官，又恐玩瘼敷衍，妨害禁政。当饬由第一腾龙区、第二思普区两殖边督办可负监督边地政务之责，并据订定《殖边督办署办理禁政纲要》，由省府会同禁烟特派员核准，责成第一、二两殖边督办，依照法令督促办理。惟腾龙与思普两方比较，情形又各不同：腾龙沿边各属，烟瘴较思普各属为轻，且汽车已通下关，路程亦已缩短，较之思普各属自玉溪以下概属路程，瘴疠疾病又正盛行者不同。是思普情形较为重要，则第二殖边督办应负之责更为重大，第一殖边督办只督促考核及办理临时发生之事，当于纲要内规定：第二殖边督办署所管区域，除已列在第一、二两期施禁及呈准展种之处由省派员办理外，所有宁洱、思茅、双江、车里、南嶠、江城、镇越、六顺等八县及宁江设治区共九属，归第二殖边督办照本省原定章则及实施成案负责执行，一切手续随时函商禁委会处理，以免分歧。其禁种一项，督责地方官绅并就近派员指导宣传，务于事前防止下种，并按期执行初查、复查，赓续派员终查。禁运一项，督查各属严密查缉走私，指导统运分处务将各属存土收买无遗，禁吸则督责各属严厉执行六项禁令，调查登记吸户，发照领膏。督办署办理情形，由省府随时派员密查或抽查。其各属成绩，由禁委会派员考核，会商奖惩。第二殖边督办既负此九属禁政之责，其事务当然增繁，并核定增设人员办理，以专责成。其应需经费月合新滇币二百一十八元二角，自二十六年一月一日起按月发给，此九属应派人员，均由第二殖边督办驻在之宁洱派往。各员服务期限，暂定自二十六年十一月一日起，至二十七年七月底止，共八个月，计往返旅费及薪公津贴等共新币一万零二百六十九元，概由禁委会预算经费内逐月汇拨应用。除六顺一属准改为惩罚违种外，其余各属，经特派员会同省府派员检举结果，均与本期施禁之大关、盐津等属一律肃清，并无收籽、收浆情事。二十七年六月底，三期施禁完成，禁烟委员会会务即于此时结束。所有第二期平彝、罗平、巧家三属及第三期各属禁烟专员即完全裁撤，各禁烟分会亦悉于结束。

展种区缘起及主旨

本省第三期施禁各属，其中多系西南边远之地，复与英法属地缅、越接界，而腾冲之北部与澜沧之西南为中缅未定界地方，禁至何处，无从指定，固不易施禁；即已定界之处，亦因改流未久，政教未敷，邻邦种种招徕，不遗余力，若无相当之筹备，边民将有越界迁徙之事，不啻为渊驱鱼。且因地广人稀，习俗各别，骤然施禁，宽则难于见效，严则易生边衅，殊非安全完成禁政主旨。又迤东边地与川、黔接界之镇雄、威信及第二期巧家之六城坝，情形亦异常特殊，且尔时川、黔两省尚未完全禁绝，以望衡对宇之地而办法个个不同，难期彻底收效。此等地段，欲将禁令灌输于人民意识之中，须经相当时期之准备，方能一举禁绝。当经省府先后呈奉兼禁烟总监蒋核准，将此等地方之禁种一项暂行展期一年或两年，名曰展种区，其禁运禁吸两项，仍照原定办法及期限办理，并不展期。凡展种之处，原曰亩积不多，产量亦少，展种不过时间问题。以此短少时间积极准备，至期满施禁，方能收效，此“宽一步即是紧一步”之法也。至展种之地，自下种以迄收浆，逐步均加以严格之约束管理，将所产烟土一概收归统运处统制运销，以供制药及救济公膏之需要，不准种户留以自吸或运售图利，流毒贻害。仍在中央原定限期内一律肃清。

展种区域及期限

展种区域，初经呈报核定，系一十六处。其中全部展种者，为镇康、澜沧、佛海、龙陵、昌宁五县及泸水、潞西、陇川、莲山、盈江、瑞丽、沧源、宁蒗等八设治区。其一部展种者为顺宁之耿马、腾冲之北部（包括梁河在内）及巧家之六城坝等三处，均自二十六年秋季起，准暂行栽种两年，至二十八年夏末止。其后镇雄、威信两县，亦经请展种两年，与镇康等属一律，嗣奉兼禁烟总监蒋核准一年，故同属展种而限期有分别。即展期两年者，亦分年减种，并随时查酌情形取缔。有应提前禁种者，即予提前施禁，务在二十八年秋后禁绝。

二十六年秋季起，先后呈准展种者共十八处。至二十七年秋季，镇雄、威信两即予施禁。又宁蒗及巧家之六城坝两处，虽原准展种两年，然经考核应停办展种，故将该两处亦提前禁种。其余一十四处，二十七年秋季仍续办展种，至二十八年秋季起，一律严厉禁种。

云南展种区各属二十六年限种与实种概况一览表

属别	原定限种数（亩）	实种亩数（亩）	烟土产量（两）	发出执照数（张）
镇康县	700,000	700,000	14,000,000	605,000
澜沧县	384,000	384,000	7,680,000	240,000
佛海县	96,700	96,700	1,934,000	51,200
龙陵县	214,300	214,300	4,286,000	180,000
昌宁县	524,100	524,100	10,482,000	272,000
潞西设治区	136,000	136,000	2,720,000	108,000
泸水设治区	97,000	97,700	1,954,000	90,000
陇川设治区	70,300	70,300	1,406,000	33,000
莲山设治区	100,000	51,550	1,031,000	55,000
盈江设治区	29,800	13,700	274,000	56,000
瑞丽设治区	20,000	20,000	400,000	76,000
沧源设治区	11,200	11,200	224,000	10,000
腾冲北部边境	174,000	174,000	2,480,000	162,000

（续表）

属别	原定限种数（亩）	实种亩数（亩）	烟土产量（两）	发出执照数（张）
顺宁县之耿马	70,000	70,000	1,400,000	62,000
镇雄县	3,245,600	2,792,150	53,843,000	1,442,500
威信县	945,550	675,550	13,511,000	300,600
巧家之六城坝	15,000	15,000	300,000	9,400
宁蒗设治区	7,000	7,000	140,000	5,800
共计十八属	6,890,550	6,053,250	118,065,000	3,758,500

说明：

（一）本表时限，系自民国二十六年秋季起，至二十七年夏末止，计呈准暂缓禁种之处共一十八处。

（二）表列限种亩数，系以各该处在前历年种烟亩数加以指定，准减不准增。

（三）表列实种数即系实际种烟亩数。又各处产量，因气候、土质、人工等等之不同，每亩约能收十八两乃至二十一二两不等，概以平均数每亩二十两计算。

（四）表列核种执照，系各户填发一张，每张征印寄费国币五分。各处填发执照数，亦即各处种户之数。

云南展种区各属二十七年准种与实种亩积概况

属别	原定减种数（亩）	实种亩数（亩）	烟土产量（两）	发出执照数（张）
镇康县	350,000	354,000	7,080,000	311,100
澜沧县	192,000	192,000	3,840,000	120,000
佛海县	48,350	33,350	676,000	25,200
龙陵县	107,150	107,150	2,143,000	90,100
昌宁县	262,050	262,050	5,241,000	136,400
潞西设治区	68,000	68,000	1,360,000	54,000
泸水设治区	48,850	48,850	977,000	45,000
陇川设治区	35,150	35,150	703,000	29,800

（续表）

属别	原定减种数（亩）	实种亩数（亩）	烟土产量（两）	发出执照数（张）
莲山设治区	50,000	43,800	876,000	39,800
盈江设治区	14,900	13,100	262,000	5,200
瑞丽设治区	10,000	10,000	200,000	7,700
沧源设治区	5,000	5,600	112,000	4,700
腾冲边境	87,000	87,000	1,740,000	110,000
顺宁之耿马	35,000	36,000	720,000	50,000
镇雄县	无	1,316,450	26,329,000	无
威信县	无	86,000	1,720,000	无
宁蒗设治区	无	6,750	135,000	无
共计十七属	1,314,050	2,705,250	54,105,000	1,009,000

说明：

（一）本表时限，系自二十七年秋季起，至二十八年夏末止。所有列表之十七属，其中自镇康至顺宁之耿马等十四属，系原准续办展种，其余镇雄、威信、宁蒗等三属，原应施禁，但以人民狃于积习，于原准展种期限认识不清，仍大量偷种，因种种关碍不能彻底铲除，故兼顾政体与民生，改为惩罚违种。

（二）表列减种一栏，凡属办展种之十四属，于应种亩数，系照上年限种数核减一半，一律准减不准增。而违种之三属系照实际种数计算，当然无减种亩数。

（三）表列实种：即系各处实际栽种之数，惟事实上难于悉按减种栽种，如佛海莲山、盈江等三属均未足原定，而镇康则较增四千亩，耿马则增一千亩，连同违种三属，共计三万五千四百亩。

（四）表列产量，系以平均数每亩二十两计算，共五十万一千零五十两。

（五）表列发出执照，除违种三属外，其余十四属共一百万零九千张，系各户填发一张，每张征印寄费国币五分，共征国币五百零四元五角。又各处执照数，亦即各该处种户之数。

通省完全禁种经过及结果

照决定计划，自二十八年秋初，各展种区定限已满，违种惩罚之镇、威、宁蒗等属更应严禁，当即宣布全省一百三十属不准有烟籽入土。责成各属印官，组织宣传队，委派各属学校教职员为宣传员，并由省按属派禁烟宣传指导员，分赴各属，深入区乡宣传禁令，同时协助印官，指导职员，切实照章办理。其不通汉语之处，即饬遴选译员，将规定事项详细译作夷语、夷文及制作有意义、有兴趣之图画，分别粘贴通衢，及挨户散发。又加选诚实公正而为夷众信仰之翻译人员，随时传译指导，促其了解省情，不再种烟。又以各夷族人民隶属土司已久，对土司信仰较深，特定《禁种鸦片补充办法》，加重土司、土目责任，严饬各土司土目与印官、职员，个个恪遵应负之责任，切实负责，约束所属夷民，从二十八年秋季起永远不违种鸦片，层递具结呈送。迨烟籽下种及出土之际，先由职员、土司、土目举行初查，随由印官举行复查，并由省遴委终查员分往各属搜勘，发现根株烟苗，各地方官及职员等一并撤职查办，重者并应受军法最重处分；违种之户，照禁种条例治罪；各土司、土目等照补充办法，轻者革职重惩，不准承袭，重者受军法最重处分。此又预定二十八年以后赓续加紧，务期禁令贯彻者也。

二十九年，中央六年期限届满，先后颁行《肃清烟毒善后办法》及《禁烟禁毒治罪暂行条例》。本省乃详加检讨，所有一百三十一属中，其近省及开化较早，政治已上轨道各属，自遵期完成肃清烟苗以后，已无顾虑，但恐日久玩生，乃于每年播种期内继续查禁。其曾经展种及过去产烟较盛与邻邦、邻省毗连各处，如澜沧、沧源接近滇缅南段未定界地方，查禁铲除以何处分界，尚不能定；而其地之野佧，凶横强悍，全未开化，不易施禁；且地势宽阔，恐因此而影响将来之界务；又虑地方官绅，借此而将能禁之地亦混在内，为最堪注意之区，亦即目标之首要。次则车里、佛海、南峤，紧接外界，又石屏、蒙自、建水之江外夷区，与广西直接间接有关之丘北、广南、师宗、泸西等嶆区、沙夷区域，滇康及滇川接壤之巧家、华坪、永胜、宁蒗等属之凉山夷区，滇川毗连之镇雄、威信、绥江之边区，接近哀牢山之楚雄、景东、双柏、镇南、镇沅等属之深山夷区，过去均有偷种及有发现烟苗嫌疑处，是为次要之目标，亦已特别注意施禁，针对实际情况，设法随时督责，其情形重者，即以种种适宜之方法，加重加强查禁惩办。其时机早者即提前布置防维，区域不明者即予划分课责，施禁之方虽有不同，而轻重缓急，期其切合于实际，鹄目所在，期其彻底肃清，此一贯之主旨，有不得不陈述者也。

二十八年施禁，除遵照中央颁布之有关法令及本省《禁种鸦片章程》办理外，因鉴于过去数年之中，纵如何严厉施禁，而边区及交界之处仍有违种情事。各属官吏每以系邻邦偷种或不属管辖区域等推卸。为欲达肃清之目的，势不能不查酌各地情况，另予规定办法，乃于二十八年九月间拟定《云南各边区禁种鸦片补充办法》，同年十二月又拟订《省邻连界地方联合查禁种烟办法》及《云南省各县联合查禁种烟办法》，先后呈奉核准公布施行。其与邻省有关之省、县连界地方联合查禁种烟办法，并经呈奉核准，由内政部转咨川、康、黔、桂等省政府，分饬遵照切实联络查禁，使各属与邻省接壤各属，均无推躲余地。施行之初，效力甚宏，其后日久玩生，每有疏懈，或明遵暗违，曾经严予查办者大有人在。二十九年为中央六年限满之年，势不能不加强办法，加其惩处，以达彻底肃清之目的。二十九年六月，内政部颁布《举发种烟给奖办法》。同年十二月，行政院公布《肃清烟毒善后办法》。三十年二月，国民政府公布

《禁烟禁毒治罪暂行条例》，并规定烟犯概行以军法审判，于兹可见中央愈趋愈严、步步吃紧之用心。本省二十九年以后，除根据上列各法规外，并查酌当地情况严行办理，按期通饬各属，并随时派员督导、查考奖惩，其重要各处，并查情势派兵协助，派大员督促。然利之所在，趋之若鹜，递年推演，其间有少数不肖官吏及土劣之辈，罔顾法令，阳奉阴违，对上则取巧圆滑，对下则欺诈示恩。或放纵以自肥，或居间以渔利，虽年年不断之考核惩办，而仍年年俱有偷种、违种之事发生，为因严厉查铲，其间曾发生不少之风波，至三十一年为最恶劣，违种之处，亦较过去为多。乃于三十二年六月间，经省务会议议决，责成民政厅严厉切实整顿，故三十二年除依据上列各项法规严厉宣示施禁外，并于三十二年九月规定查铲烟苗办法，同时将初终查改委为政务督导员，规定《督导禁烟要则》，切实遵照办理。一面发动各属士绅、土司等协助官吏，并通饬各属聘委县及乡镇督导员，以补助印官及乡镇长之不足，使勘查人员耳目周到，互相激励，层层查勘，自动铲除。并由厅规定《各属禁种督导员服务要则》，责以奉行，并派密查或责成征收人员从旁侦察具报。以广大之发动，分别严予奖惩之后，违种、放种、渔利之风始为稍戢。

三十三年继续三十二年厉行查禁之精神，并增强办法，以期周密。于三十三年七月，规定《收毁罂粟种子办法》，三十三年六月，规定《禁种罂粟有关人员职责奖惩办法》，并奉增高举发奖金之令。同年，及准内政部规定肃清本省残余烟毒之电，曾于三十三年三月拟定肃清云南残余烟毒办法、步骤、规定、纲要，均经先后严厉施行。防止查禁之际，正期陆续收效，忽而敌寇南侵，黔桂战事吃紧。本省四面受敌，人心震撼，于是奸人造谣蛊惑，土劣及不肖官吏又复有乘机渔利之想，愚民无知，受此播弄，又复有违种之事。三十四年适当暴敌投降，胜利到临之际，正复兴民族、以图建国之时，乘此时机，晓以利害，严厉施禁。

综计二十八年施禁结果，发现烟苗者，有梁河、盈江、陇川、潞西、瑞丽、泸水、龙陵、宁蒗、华宁、石屏、元江、龙武、永胜，砚山、泸西、保山、景东、澜沧、华坪、姚安、通海、绥江、巧家、武定、罗平、弥勒、师宗、广南、永善、永平、昌宁、蒙自、个旧、彝良、洱源、威信、六顺、禄劝、平彝等三十九属；发现溜生者，有昆阳、盐兴、祥云、大理等四属，其上列各属发现烟苗，先后勒令铲尽。各该县局长玩忽禁令，按其情节之轻重，分别严惩。总计历年发现偷种之区域，可概括为：一为滇缅接壤之腾龙边区各属，二为滇越、滇老接壤之车、佛、南边区各属，三为滇、桂毗连之广、富、丘、师、泸边区各属，四为滇、黔毗连之镇、彝、威边区各属，五为滇、川毗连之盐、绥、永等边区各属，六为滇、康毗连之巧、会、华、永、宁等边区各属。其内地之建水、石屏、元江、墨江、龙武、镇沅、景东、新平、楚雄、镇南、双柏、兰坪等属发现烟苗之处，皆为山势险峻之夷民区域，除有因不肖官吏或土劣鼓惑放纵发现较多外，其数均在逐渐减少之中。惟上述各边区夷民多未开化，种烟成习，强悍愚顽，且多于深山老林悬崖陡箐之处偷种，分散并不连接，穷日之力，所铲不过数处，而铲烟兵力，多则给养为难，少则恐为所乘，盖以区域广袤，查勘每有不能到达之所，故历届查报所得违种数字之外，难免不有隐藏之处。

历年发现烟苗地名表

二十八年度	二十九年度	三十年度	三十一年度	三十二年度	三十三年度
梁河	会泽	砚山	泸西	华坪	丘北
盈江	石屏	金平	姚安	墨江	耿马
陇川	华坪	车里	楚雄	丘北	华坪
潞西	蒙自	南峤	双柏	兰坪	永胜
瑞丽	曲溪	梁河	弥渡	南峤	宁蒗
泸水	宁洱	潞西	会泽	师宗	镇雄
龙陵	镇沅	盈江	罗平	景谷	师宗
宁蒗	师宗	莲山	巧家	曲溪	泸西
华宁	巧家	陇川	盐津	镇沅	墨江
石屏	永胜	瑞丽	绥江	宁洱	峨山
元江	景东	华坪	永善	维西	龙武
龙武	新平	石屏	丘北	福贡	金平
永胜	砚山	盐津	广南	永仁	建水
砚山	龙陵	曲溪	砚山	耿马	巧家
泸西	威信	耿马	石屏	六顺	新平
保山	屏边	墨江	建水	镇沅	元江
景东	牟定	蒙自	金平	元江	石屏
澜沧	墨江	泸西	新平	砚山	广南
华坪	大姚	姚安	龙武	龙武	砚山
姚安	祥云	兰坪	墨江	楚雄	鲁甸
通海	保山	巧家	澜沧	景东	永善
绥江	龙武	会泽	沧源		六顺
巧家	建水	丘北	镇沅		兰坪
武定	罗平	镇康	镇康		腾冲

（续表）

二十八年度	二十九年度	三十年度	三十一年度	三十二年度	三十三年度
罗平	宣威	永胜	景东		梁河
弥勒	平彝	广南	蒙化		镇越
师宗	广南	寻甸	耿马		南峤
广南	车里	沧源	华坪		车里
永善	澜沧	龙陵	永胜		碧江
永平	元江	腾冲	宁蒗		澜沧
昌宁	沧源	绥江	兰坪		沧源
蒙自	金平	新平	贡山		
个旧	宁蒗	龙武	碧江		
彝良	楚雄	永善	福贡		
洱源	蒙化	镇雄	中甸		
威信	丘北	维西	维西		
六顺	马关	江城	泸水		
禄劝	六顺	宁洱	保山		
平彝	昌宁	景东	顺宁		
昆阳	双柏	镇沅	云县		
盐兴	镇康	师宗	景谷		
祥云	梁河	元江	南峤		
大理	潞西	武定	车里		
	盈江	楚雄	佛海		
	陇川	弥渡	曲溪		
	莲山	蒙化	元江		
	瑞丽	开远	蒙自		
	泸山	中甸	富宁		

（续表）

二十八年度	二十九年度	三十年度	三十一年度	三十二年度	三十三年度
	耿马	澜沧	威信		
		易门	彝良		
		镇南	镇雄		
		景谷	陆良		
		泸水	凤仪		
		顺宁	祥云		
		佛海	镇南		
		文山	师宗		
		建水	开远		
			峨山		

禁种方法

禁种为正本清源之计，首当促其成功。烟地固定，种户因定，历届亩罚，有册有籍，可按而索，固较禁运之流动无定，禁吸之隐深蒙者易于措手，然重山叠嶂，幽谷悬崖，未尝无隐蔽之所，人事变动，今昔情殊，未尝无取巧之方。此在内地尚不易言，西南边地，民俗强悍，文化低落，清末民初尚有抗铲之事，演成流血之惨；尤以中英南北两段未定界地方，禁至何处，尚不能决，妨碍最大。故欲于一年之内，全省各属同时禁绝，匪唯人力物力有所不继，事实亦所不许。况施禁以后，农村衰落，可以立见，若无妥善办法，必致溃决横溢，扬汤止沸，不如釜底抽薪。与其种而后铲，不如使之不种。在政府可省力省费，在人民亦免损失。二十四年，乃商定分地为三区，时为三期，逐渐推进。又以事前防止最为重要，临时搜铲与事后惩罚，亦步步紧接。并以禁运、禁种之连锁关系，宣传取给之重重约束，击破人民图利之心，更使之怵于查铲之繁，处罚之累，父诏兄勉，互相传诫，期于不用兵、不流血而廓清毒卉，永不复生。鹄的所在，一切法令规章依此旨而制定，各印、委执之际，亦遵照此旨，故收效异于曩昔。

《禁种章程》第三章规定办法，分下种期前之防止，与下种期后之查禁。事前防止之法，以宣传指导，惊醒人民之心，层递取结，约束其行。初则印发大量之标语、图画、小册，责成印官督率当地各机关团体或学校教职员学生，广为张贴，分途讲演，以资普遍。其不通汉文、汉语之地，择定通译之人，随往传译。随由省按属派委禁种指导员，驰往各属，深入区乡，再度讲演，协助印官，指导职员，取齐人民联保切结，不论前此曾否禁烟，每五户或十户皆应具结联保，层转其结至县府，由县长汇集全县之结而交委员呈省核办。此外则宣传取结之时，由印、委考查各区生产情形，示以改种有益农作物，以期釜底抽薪。顾实行结果，在第一区施禁之昆明等三十八属，以系内地，表结均齐，复无流弊。二区施禁之会泽等四十八属，表结尚有少数不齐，流弊亦间有发生。至第三期施禁之大关等四十四属，不但表结不齐，且多有流弊。盖联保结，则由印官与区长完全代印代写，而将费用摊派。人民虽知结之当具，而于摊缴费用则有所不满。屡经饬由主管机关按属实地考查，比户口册籍及其情形加以纠正，更改补取呈送，并将摊派费用之区长等予以惩处，印官亦予记过，其摊派之费一律追缴，除实用者外，余数发还人民，此法立，弊生之所致固无可讳。延至二十七年之夏，三期各属，表结乃报齐全。经此手续，而全省人民皆知政府决心禁种，无复观望之余地矣。至下种期后之查铲，分为初查、复查、终查三项，烟苗出土以前，责成各地方官各别指定各区初查日期，并妥拟复查日期报省核定，至烟苗出土一寸前后，能于辨识之际，即由职员举行初查，见有烟苗，立刻铲除，查明种户姓名及烟地面积，将烟苗及户主解送该管地方官惩处，烟地面积大者，应在其周围插牌封识，初查完竣，各职员应将详情列表，呈由该管印官转报。同时由地方官酌带团队，亲身逐处复查。如发现烟苗，立刻铲除，并惩处种户，其该管各级职员，亦应受连坐处分。复查完竣，即由地方官具呈，全县已复查完竣，境内烟苗确已根株禁绝，如终查发现有烟，愿受最严厉惩处之印结呈候，由省派员终查。其派委实行日期，则以各属下种收浆之早迟，辖境之广狭，距省之通近，由主管机关注意考查，再据以核定。核定终查时间，先期按属委派终查员一员或两员，前往守候查勘，并催促指导印官职员，赶将初、复查办竣，盖恐初、复查时故意延缓，使终查员到县，烟已收尽也。终查员到县一周以内，即将各区以往禁种情形考询明白，斟酌远近及时间，妥拟出查计划具报，随即由经过复查之地依次查勘。如复查有烟苗，立督铲净，将种户立即拿送地方官署讯明，连同职员，分别拟具处分。在各级查铲时，如有抗拒或持械者，当场逮捕归案惩办。如有聚众抵抗或持械逞势、不服开导者，当场查拿首要，解散胁从，其情形较重者，应酌调附近各区区团，强制执行。如事态紧张严重，范围扩大，团力不能执行时，得飞请附近军队前往震慑，严行铲尽。但以事先妥予防范，不使发生严重情形，不致扩大范围为主。终查工作，无远无近，任何险僻之地，均须处处身到眼到，细细搜勘，并在收浆以前办竣，仍由终查员会同印官具结呈报。其有疑义者，加派密查或抽查人员驰往查勘考证。如此三度搜检，方能使其无有隐遗。二十四、二十五、二十六三年中，均依此法实行，即施禁至第二年以后，亦年年照案举行。然以执行人员贤愚不一，如印官与各区职员中有查而不报者，有查而草率者，有私擅处罚者，委员中亦有溺职不法或被揭控者，故责成主管机关随时考核，凡有可疑之情，立即派员密查，并于终查员查过之地，再行搜铲。而在二、三两期中，复蒙中央简派金特派员汉鼎，黄特派员毓成，先后施行检举办法，故违种者、溜生者概经铲净根绝，无复有收浆者矣。

关于禁种处理方法分述如下：

飞来插花地之施禁办法

禁种鸦片系行政之一端，自当照行政区划办理。因各属行政区划之管辖境界每有两种纠纷：

（一）即一县之地而与邻县犬牙相错，但与其本管县仍相接连者，谓之插花地；

（二）即四周皆系本属或他属管辖，独其中一部归他属或本属所管，而与其本管县已不接者，谓之飞来地。此两种特殊形势，插花地之管辖界限多未经勘明，最易误认；而飞来地则又各以向来之习惯，关系一切行政事务，主管县有鞭长莫及之虞，所在县有主权莫属之虑，已常生纠葛，妨碍甚大。实施禁种，凡指定应禁属份，自不容有根株发现，在同一期施禁各属尚无重大问题，若施禁期次不同，注意稍有未周，必致互相推诿或互相侵越，因明定查禁办法。其插花地之办法有四：

1. 凡插花地仍由原管县办理。

2. 凡与邻封接壤而邻封为同期者，由本管县长于下种以前飞咨各邻封定期会勘，各派一专员，会同各该地之自治团保人员，到期先行认定界址。如原来已有固定界址者，自可照旧认定；如原无固定界址或勘划未定尚有争执者，可暂划一线以为禁种界址，分别认定，至出土期以后，即行会勘，如果查有烟苗，立即照地界会同铲尽，所有认定界址及会勘情形，均应由办理入员会报各该县政府转报查核。

3. 凡与不同期之邻封接壤，由已施禁之属照第二项办法办理，于认定界址查勘确定后，各照期数办理。凡在施禁界内者，应行查禁；其在此期施禁界内者，由本管县于下期再禁。但须明白宣讲，使双方所在民众一律明了，以免误会。

4. 凡与邻省相接者，应严督本管境内各该管首人认真查铲。其所管区域，邻省禁种与否，本省自不能过问。

其关于飞来地之查禁办法亦有四项：

1. 飞来地之原管县与所在县同属一施禁区者，为查禁便利计，由原管县移送所在县办理。所在县之印官职员，仍应负责认真查禁，务同本属地方一律禁绝。

2. 飞来地之原管县已届施禁期、而所在县尚未届期者，由原管县将该地亩数移送次期施禁之原在具并同办理，至明年秋季归入该期施禁。

3. 飞来地之所管县尚未届施禁期，而所在县已届施禁期者，由原管县移送所在县并同施禁，俾与所在县一致，以免独异而滋误会。

4. 飞来地跨于两三属之间而期数各异者，如所跨之县多在已禁区，则归已禁区办理，如所跨之县多在未禁区，则归未禁区即理。

烟籽之销毁

烟籽为鸦片之来源，自应使之断绝。其物可以制油或作饼饵，亦非无用之物。第一期初次施禁，本已责成各县发价收集解送来省，制为大量之油，集中销售，收回籽价，嗣以收买不便，装置不易，耗费太巨，得不偿失，如人民不以之入土，烟籽固无所害。乃改定办法，饬由印官勒限人民自行销毁，或以制油，或作食品。如限满不毁，故意储藏，或尚收集者，以藏烟论罪。自是而籽种乃无存者矣。

执行人员之惩奖与惩罪违种

禁种由各属印官负执行全责，各级职员及协助员均各有部分专责。果能恪遵方法步骤，实心任事，根株禁绝，自当优予奖叙，以资激劝。如其怠惰因循，亦必从重惩罚，以示警惕。地方官之奖励计分甲、乙、丙三等：以留任或继续委用或给金质飞鹤奖章一座为甲等奖，以特给奖金由一百元至二百元为乙等奖，以记大功或记功并照案给记功奖金为丙等奖。禁烟职员及协助员之奖励亦分为甲、乙、丙三等，以给匾额并给制费（制费四十元）为甲等奖，以给奖章或褒状为乙等奖，以记大功或记功并给记功奖金为丙等奖。又地方官之惩戒分甲、乙、丙、丁四种：以撤任解省究办为甲种惩戒，以撤任勒铲为乙种惩戒，以罚薪俸为丙种惩戒，以记大过或记过并追缴罚金为丁种惩戒。职员及协助员之惩戒计分甲、乙、丙三种：甲种撤职押办，乙种撤职处罚，丙种记大过或记过，至其应奖应惩之标准，均视其工作境内原有地亩之多寡，办事之勤惰，成绩之优劣，由亩主机关或地方官分别考核，呈准办理。至省委指导、终查等项人员，均各有重要责任，其成绩优良者，则予继续委用，或记大功、记功，并给奖金；其溺职者，则予撤职查办，不再委用，或记大过、记过，追缴记过罚金。凡此惩奖办法，第一期系于施禁完毕时汇案考核，将印官、委员之应奖应惩者同时宣布，嗣以奖惩贵及乎时，事后汇办不如及时解决，故随时随案办理，以期及时而资观感。至人民违种应行惩罚者，初因本省情形不同，在第一、二两期内尚有办理亩罚之处，故违种者虽有应得之咎，不能不惩，而酌其情势，当由轻而重，逐渐紧严。嗣奉兼禁烟总监蒋于指令省府呈送禁种章程内饬将违种惩罚照《禁烟治罪暂行条例》办理，并特原拟罚则废止，概照条例办理，以昭划一。

展种区实施方法及结果

烟苗下种之前，由印官先行宣传指导，使各级有职人员及自治团保、土司、土目、首人等全体了解，并责其分途讲演，凡前此未种之烟地，不准借此而种；人民不愿种者，不准稍加强迫。愿种者须先行亲自或托人赴该管区公所，将姓名、住址、门牌及种烟亩数报明登记，领取准种执照，始能栽种。准种执照计分正照、副照，缴验、存根等四联，每户无论栽种多寡，均填一张，正照一联裁给种户，副照一联存区公所，缴验一联解省考核，存根则留存地方官署。此为第一步根据。以后一切管理考核，皆以此为凭。自下种以迄缴售烟土、领取价值，随时均须于照内登记。印官、职员宣传之际，并由省按属派员协助办理。委员到后，应再普遍宣传指导，使人民对于展种理由、办法，完全明了，尽祛疑误。此为种前之管理。烟苗出土以后，对于种户报请登记亩数是否实尽，有无遗漏隐瞒，责成印官督率职员、种户，就原报亩数随行初查，如有遗漏错误，立即更正。其隐瞒之数，初查时亦准补行登记，补发执照，免其处罚。初查之后，由省委督同职员及种户接续复查。如与初查数符合，即予核定；如有隐漏差少，立予更正。种户应受处罚，即照其应缴应售之数加缴十分之一，以示惩处；初查职员并应议惩，务使所种之数毫无隐匿。遗漏亩积系以六十四个平方丈为一亩，查勘时即以该地习惯，照颁发计亩方法折算成亩，分别记明于执照四联之内。复查核定亩数即为第二步根据。每一处复查核定亩数时，由印、委双方先行详切估计收成约数具报，随由统运处派员携款分往组设分处，准备收缴。迨将收浆，再由印、委与统运分处人员及各区区长（或该管高级首人）切实查明，会同将每亩产量实数，公同会议妥拟，呈由主管机关切实核定应缴、应售烟土数量，以作第三步根据。盖收获实数，关系极重，必使能于照数缴售而无所隐瞒，故决不许片面主张，亦不能在县决定，必须四面会议拟报，由省核定饬收，俾免困难。此为种后之管理。

有上述三步根据，即当从事于征收，且以完全收烟，不准折价，不准售与私人为唯一原则。但所种之烟，种户若无相当负担，则底价必低，奸人有机可乘，暗中与统收机关竞争，烟土即难收尽，是以将核定数分为两部分征收，一为产税烟，每亩应缴五两，各处一律，不准差少。此系种户应有负担，不给价值。一为公卖烟，完全售与统运分处，其数不等，概照核定数分别计算，给价收买。每两烟价由统运处妥酌规定，先期公布，必使种户得相当利润，乐于缴售。各处产量核定，印官应斟酌各区距城远近及时间先后，指定收烟地点数处及每处收烟日期，先行详明宣布，责成各该职员率领所管种户，如期持照与烟前往指定之地缴售，立刻领价而去。应缴之烟及应领之价，均于执照各联内登记，应由领价种户盖章或画押于上，以昭核实。收烟时，印、委及统运分处人员均同齐到场，由印官或其所派之员专司核算、登记、催促等事，如有纠纷争执者，即为之排解；省委则监察一切；统运分处人员则称兑数量，鉴别真伪、成份收储发价，俾三方互相监视，而职责则个个分明，以杜弊端。此为最后之征收。

展种所产烟土，恐缴售之外仍有余剩，故规定种户缴售之数超过核定数者，则有增价之奖，如以老烟来售者，所增之价更多。倘逾限不缴，屡经催促，仍观望抗延者，则分别惩罚。又印委职员之办理得力者，亦予奖励，玩疲贻误者，则予处罚。综其结果，则各属印委能照规定逐一办到，烟数收足者有三分之一；办理未周，烟数不足者，居三分之二。盖边民文化较低，对于报请登记及持照缴烟两点，尚不能实行，且非严催数次，不肯来缴，而对于老烟更鲜有来缴者。又收烟之际，种户能直接来缴者，大都绅士地主之流，其余多数人民，均由各区、乡长汇缴代领，故发给之价，亦间有流弊，追究清理，乃克结束。至二十八年实行禁种之时，凡未缴而欠在种户者，概行免收，以清界限而杜流弊。

实施禁种方法及程序

本省实施禁种，分期推进，至二十七年大体已告完成。乃因本省边区夷民罔知法令，且恐不肖官吏明遵暗违，故二十八年以后，仍继续照章厉行查禁。然历年之中，仍有少数地方发现违禁偷种及溜生野生之事。其间乃参照过去经验暨发现处所之实际情况，或加强办法，或加重惩处，或改变督察，或广大发动，或单独课责，均因其时间、空间之不同而有转移因应。然大体历年施禁之方法，因种植鸦片与时令攸关，不外以时间为标准，以每一年为一度，照本省天候而论，普通种烟之习惯，皆以秋季下种，翌年春季收浆，故禁种年度亦即以每年秋初开始，至翌年夏末结果。每年以季节划分，即七至九三个月为宣传防止下种及督导施禁时期，十至十二三个月为厉行查禁时期，一至三三个月为督铲勘证时期，四至六三个月为考核整理统计时期。二十七年以后，通省施禁，所有宣传及防止下种、搜毁烟籽、查禁铲拔等工作，均责成各地方官及各级自治人员分区负责办理。二十八年以后，中央六年限满，并遵照中央规定，以禁烟为六大要政之首，由民政厅为中心，不断督责各级机关办理。并由厅于每年秋收之际，提示禁烟禁毒之要义及与国家民族之关系，法令之森严等项，先期通饬各地方官及有责人员，注意以身作则，切实遵令宣传防止。一面布告晓谕儆策，勒令分层出具负责查禁种烟切结，实行联保、连坐，由县局长以下取具保甲切结，责成各地方官以下人员不断勘查具报外，其内地已经禁绝而不致再有发现之属份，即完全饬由各地方官负责办理具报，其曾经发现违种或有种烟嫌疑、情形较重各属，并由省派员作初查或复查等勘证工作。初查以两月为期，其查有发现之处，即责令各地方官，督率所属人员及团队等勒限搜铲，其违种较多，或具有其他不易查铲之情形，或有抗拒之企图，或地区危险之处，即调集邻封团队或请绥靖公署派兵协助，或就近商请驻军协铲。其间发生抗拒而恐难于查铲者，并指派高级军政长官亲往督铲。初查或复查之后继以终查，亦以两月为期。其边区较远各属，因禁种有时机关系，尤恐发生问题，请示困难，二十八、二十九两年，于每届禁令开始之时，即由省府令派高级军政长官兼任督察禁种专员，就近督促指导各地方官办理。其区域划分情形如下：镇雄、彝良、威信等属，以陇营长德华兼任；昭通、鲁甸、大关、盐津、永善、绥江各属，以陈司令纯初兼任；建水、石屏、龙武、蒙自、金平等属，以马司令为麟兼任；永胜、华坪、宁蒗等属，以史司令华兼任，六顺、车里、佛海、南峤、澜沧、沧源等属，以胡司令道文兼任。按每年委派初查、终查委员，每属以一员或二员，分期先后逐细勘查，均照部令办理。其素不产烟及早已禁绝并无疑义地方，即不予委派，然查禁之原则，仍与各属相同。其重要地方，酌量加派，其薪、公、旅、杂各费，均由民厅发给，届时分头前往指定各处详密搜查。唯恐查后复种，或初、终查查报不尽确实之处，随时加派密查搜索。并一面遵照中央规定，奖励人民互相举发。如初、终查查报以后，经密查或督察团等查出烟，或经检举证实者，即并同地方官、初、终查员等一律惩办。三十二年以后，并责令邻封互相监视，具呈联保印结，以期互相监察。其腾龙边区之腾冲、梁河、龙陵、镇康、耿马、潞西、盈江、莲山、陇川、瑞丽等十属，在未沦陷之先，因与缅甸接壤，且多未定地界，情形特殊，易引起纠纷，势不能不加意办理，故由省府令委腾龙边区行政监督龙绳武兼任腾梁等十属督察禁种专员，直接负责及派员督促查禁，一切法规仍与全省一律相同。其所以稍与各边区不同者，即该十属之一切施禁及督查、督铲、考核事项，悉由该兼专员负责。三十年以后，各区行政督察专员成立，腾龙等十属亦告沦陷，督察禁种专员之事务即责由各区行政督察专员负责办理。三十年为六年限满之第一年，为便于查报起见，初查委员即以各属党部书记长兼任，但收效仍微。三十一年为中央六年限满后之第二年，初查委员之名称改为禁绝种烟委员，除一部分仍以书记长兼任外，一部由省派员驰往，以加重其责成。终查之名仍旧。三十二、三十三两年，因初、终查之制本无不善，然行之既久，流弊亦生，又适民政厅长李培天调任财政厅长，财政厅长陆崇仁调任民政厅长，际此更动之后，遂将初、终查之制废除，禁烟亦不单独派员，除加重各地方官之责任并发动各属税收人员、士绅、土司等一体协助地方官办理，由县局等各属委派县局及乡（镇）禁烟协助人员，仍以县、乡（镇）督导员为名，不断查勘外，省方即并同各项政务，将全省划为四十余区，委派政务督导员四十余员，分头督导，并将全省划分三区，委派政务复查员三员，履行复查，其情形恶劣之处，又临时委派密查员查报，其派员查勘之要旨，不外在明了实际情形，以便分别课责、查酌应付耳。其每年间办理之程序均分如下：（一）宣传制止下种。每年于秋初即颁发布告与种种小册子、标语、图画等，发交各属地方官，散播张贴，召开禁烟大会，宣示禁令，同时派员分头讲演。不通汉语之处，遴派熟习当地夷语可靠人员翻译演说。并由省派员驰往查禁。取具各级负责查禁“如有发现愿受严厉处分”之切结，查明是否尽力从事。（二）收缴烟籽。责成各属地方官督饬乡（镇）、保、甲长按户查询，如藏有烟籽者，一律缴出，当众焚毁，或自动销毁。（三）初查。当冬季烟苗出土期间，责成各乡（镇）长举行初查，报其结果，于地方见有烟者立即铲除。（四）复查。地方官于乡（镇）查报后，须亲身下乡查勘。重要地方视其有无违种及曾否铲尽，分别办理。至寻常无烟之地，派员代为复查。如有铲不尽者，即惩处乡（镇）长与种户。（五）终查。地方官于复查后，报其结果于民政厅，随由厅派员做最后之勘证，以定地方官之功过。（六）惩处。经查获有烟之处，按其办理情形，将该地方官与乡（镇）、保长等分别惩办。其种户饬由各地方官依其违种情节之轻重，依《禁烟禁毒治罪暂行条例》，分别拟处呈核，违种田地予以没收，其省外各属，概以公文饬责，以派员勘查佐证。其情形严重者，始派员坐催督查，或派兵协助。可谓督责不遗余力矣。

历年烟案

罗次元谋两县发现溜生烟苗之惩处

二十四年十二月初旬，罗次县长高仁夫先后具报：“一区地方处处有烟种户，以职员王镇坼、周家仁为首，抗不认铲。人民穷困，绅权太重，无法办理”等语。该县系近省地方，民风素惇，何致有此现象。当由禁烟局派员查实，烟苗果多，遂将该县长撤任留铲，并责令将为首抗铲之职员王镇坼、周家仁立即撤职拿案，严重管押。所有违种之户，一并提案管押。并派民政厅长丁兆冠驰往查办督铲，又指派军队随同前往。一俟烟苗铲尽，即将该高县长及一干有关人犯解省讯明法办。种烟田地，应查明亩积充公。又该县既复查有烟，前派禁烟指导员李辉山，实属指导不力，斯时虽已销差，乃饬令其回县协助查铲。民国二十五年一月十六日，丁厅长兆冠率带随员及军队兼程驰抵该县，亲履阡陌勘查，督饬新、旧任县长再度复查，又派随员及团队四处搜铲，于菜籽丛中及田埂地边或肥料堆侧先后拔获野生烟苗数百株，长尺寸许，并将案内人证，逐一详晰讯明。其发现之烟，并非有意违种，因二十三年尚在办理亩罚，当收籽时无意遗落于土壤或肥料之中，交春遇雨苗长，农家称之为溜生，均已拔尽，实无根株留存。至高县长仁夫，亦已详切查访明确，尚无包庇纵容情事，在前办理，亦尚认真，核其情节，虽均不无可原，惟当厉行禁烟之际，该县民众应加注意搜检，乃竟听其溜生滋长，必待复查，终查尚有发现，其为意存观望，玩视功令，已甚显然，不能以溜生之故，过分宽原。当饬将所有种户，免其解省，发交周新任汝彦分别讯拟拘役及罚金有差。高卸县已撤任留铲，应再记大过一次，仍责成留县铲尽，俟周新任及梁、王两委结报后，始准自由回省。李卸委辉山亦于铲尽后准其回省，免再议惩。嗣后周新任及梁、王两委查勘完毕，会同具结，证明确已铲拔净尽，并无收籽收浆情事，此罗次因溜生而酿重案之情形也。

元谋县长杨钧之于复查后结报无烟，迨经终查员速成章到县查勘之初，即在一、二等区发现烟苗，立将该县长杨钧之撤任留铲，该管成员撤职拿案管押，连同种户由县讯惩，并划分域，添委吴熙前往分途按区终查。速、吴两委搜查结果，均未继续发现烟苗，在前速委发现者，亦系溜生，登即拔尽，并非故意违种。是以确无收新籽新浆之事，已由姚新任孟虞及速、吴两委会同具结存案。以上两县溜生之案，经慎重办理，各县印、委闻风知警，加紧搜铲，一期结果，用臻圆满。盖发令之初，不以细小而忽之也。

建石江外派军协铲之经过

建水溪处、纳楼两区长所属之凹碧洞、宗瓦、宗哈、三勐一带地方，与石屏县属之瓦渣司、甲寅村，及蒙自县属之纳梗、犒吾卡两司，及个旧县属之新城（均系土司地界）等处，地相毗连，均在江外，又同系著产区域，在清末民初禁种，曾屡次抗铲，枝节横生。而以建水之江外，更有可虑。早经本府督责注意。乃在二十五年十一月间，先后据报江外各土司地方仍旧翻种烟苗。其溪外所属凹碧洞等处，为土目郭坡萨、李萨梅二人势力范围，煽惑夷民，偷种烟苗，土司亦被其挟制，无如之何。若辈正聚众准备抗铲。又崇安司所属三勐地方，情形亦正相同，同时石屏张县长文明及该县乙区指导员何宪，亦报称石屏第六区甲寅村后山一带亦有建属溪处司属人民所种烟苗。以两县文报印证，是江外一带无知土民，被人煽惑，已有多数偷种，复有聚众抗铲之意，实属胆大妄为，当飞令驻建水步六团李团长派兵一营，归熊县长光琦指挥，由建城克日出发，前往查铲。不问地属蒙自、建水或石屏，均不分畛域，一律负责铲尽。又念江外地方夷民较多，知识晚开，又远处边陲、交通不便之地，于法纪禁令，或有未完全明了及深切接受之处，当饬由禁委会在熊县未出发以前，妥拟布告，加派姚永生为该县指导员，携带布告，兼程驰赴江外，会同各区长首人，努力宣传，晓以利害，命其自动铲除净尽，即不究既往。倘熊县到后，仍有抗令不遵，抑或隐匿不报，一经查觉，或被告发，不论地方，种户即严拿解省，照《禁烟治罪条例》从重治罪，种烟土地一律没收充公，决不稍事宽假。同时，责令石屏、个旧、蒙自等三县长，各率团队驰往各该属江外，严督各该区长及土司首人，细密搜勘，务将偷种烟苗完全铲尽。如有抗延，即会同熊县长严铲。各该属指导员并应同齐前往，协助传及查铲。姚委先抵凹碧洞，随赴萨浦寨、阿马河、赊革勒等村，遍历有烟各地，先之以宣传，继之以查勘，人民咸已觉悟，且感于不再处罚之恩，相率自行铲尽。间有力量不及者，由头人为之犁铲。同时熊县长光琦，亦会同李委员启凤，继姚委之后，协同两县县长厉行搜铲。凡三属江外土司地方，均已查遍，或并未违种，或已种而闻军队将到即已自行铲尽，乃从宽解决，未予深究。

镇雄威信宁蒗三属惩罚违种概况

民国二十七年夏间，已将镇雄、威信两县及宁蒗设治区，与巧家之六城坝，提前施禁。当由民厅照章督促施行，并分派委员前往指导。同时由财厅将展种各事结束，以免牵混。且由省府撰发布告，严切指示。乃至冬后，据镇雄印、委呈报，该属已遍种鸦片，查看烟苗，均出土寸许。立经民厅飞电该管邓县长，责令督率各区，速予铲尽。随后迭令严催，并经本府专电责铲具报，并以县长邓鸿藩因循积延，事前不能防止，事后不能搜铲，立予撤任留铲。并调委绥江县长刘承功署理县掾，立即驰往协同严铲。而以区域辽阔，骤难铲尽，该县绅民，迭次请求，以为展种原系两年，民间早已知晓，县府施禁复稍迟，致照旧播种，若以瞬得收浆之烟，一朝铲除净尽，不啻置人于死地，趋之而为盗贼，再三恳求，准其收浆，照展种案收缴归公，以后绝不再种。新任刘县亦立为之请，当由民、财两厅，一再筹商，佥以该属人民于展种两年之印象较深，致演成违种现象，斯时烟已成长，人民眼见有利可获，非有重兵不能铲除。附近无有部队可调，若由省抽调，时间已不许可。种户将乘机收浆，今该县官绅既亟加请求，力言以后决不再种。对于已违种亩积与其任听乘机收浆，暗中流毒，败坏禁政，善后为难，勿宁姑准收浆，严予约束，使产量统收归公，则政体民生，尚可兼顾。又威信辖境，原由镇雄划分成立，镇民违种，威信方面亦群相效尤。曾严令该管陈县长坤严铲，结果并未彻底。此外，宁蒗设治区因与西康省之宁属夷区接壤，亦有违种情事，其未彻底铲尽之情况，亦正相同。均难听其公然收浆，实有与镇雄一例办理之必要，但该三属如权准收浆，在此施禁最后关头，设他处亦故意造成事实，从而要请，尚复成何政体。当经呈由省府核定，该三属二十七年秋后违种之烟，姑准收浆，改为惩罚违种，照展种时加倍收缴烟土，即按亩征惩罚烟十两，不给价值，其余产量归公，给价收买，统制运销。盖非加重惩罚，不足以示惩罚而杜他属妄念。至各该管印官职员等，则分别撤职、罚俸、记大过有差，以为办理玩忽者戒。

镇威两县，在前亩数较多，辖境又复辽阔，此次违种产量，固应由公收集，而此后禁种，诚恐印官职员等办理或及疏忽，是以由省府特派禁种专员前往督同办理。人民所种之烟，已照展种案加倍收缴，同时宣布自二十八年秋季以后，绝对不准再种。自印官以至人民之心志，均应有严厉约束之表现，俾不敢再稍玩忽，或借端尝试。当饬由专员督饬镇、威两县印官及区、乡、保、甲长等于切实普遍宣传唤醒人民之外，仍层递取具印钤图联保各结，使识真执行禁令，防止下种。并检拨溜生，迨烟苗出土季节，照案举行初查、复查、委员终查结报，听候本府派员作最后检举。如发现根株烟苗，印官与各级有职人员，以至种户概照军法从重惩治。又宁蒗违种案之收缴及二十八年秋后禁种事宜，概责成该管设治局长承行。以后如再发现根株，均照军法处断。

南峤县长刘国祥撤职定罪案

二十八年度，南峤发生违种。迭经严饬查铲，乃该县长推延不铲。后据报县长有纵容种烟、派摊烟款情事，核查不虚，当经呈奉核准将该县长撤职解省，交军法处讯办。复经令派新任查实该县长擅委张自兴为南峤禁烟局长，出布告每百两抽收烟捐六元，灯户每户每月上纳灯捐四元。经一并呈报滇黔绥靖公署讯办，结果判处该犯有期徒刑一年零八个月，并科罚金一千五百元，剥夺公权二年。经省务会议议决后，即将该犯发监执行。

镇越县违种抗铲戕杀禁委案

二十八年间，镇越等九属施禁系责成第二殖边督办署负责办理。分往各属查禁之委，亦系由该署委派。

该署于二十八年春间，派往镇越之禁烟委员刘秀川，到县工作之时，适该县县长赵思治出巡县务，由科长赵光裕代理，对刘委丝毫不予便利，言语复加难堪。后委闻得补龙、补角、新山、志龙等寨有烟，乃函县往铲，并借获大小枪两支，前往查禁，意在得获烟苗，以资佐证。殊刘委员言语激烈，瑶人野蛮成性，恃地险林密，遂聚众谋害。故刘委甫至老竜寨中，尚未行抵烟地，即被瑶人杀害，且连其随从等数人一并戕害。凶犯等即焚寨逃逸，后经缉获邓本亮、禄大、蒋大等三人，其余均逃越南，复照会越南圈官引渡归案，迄无结果。邓、禄、蒋三人，亦据报越狱逃脱。经查办结果，该县长赵思治颇有袒种鸦片嫌疑。照章委员在县工作，地方官均有保护之责，乃该县长对赵委行动，事前既不过问，事后又使正凶逃逸，实属溺职偾事。经予撤职查办，通饬缉凶法办。

龙武违种抗铲围攻局署案

龙武二十八年度即发生违种。该局前局长葛祖尧尚有庇种之嫌，经予撤萌查办，尚未结果。乃二十九年，据报违种甚多，且复有抗铲准备等情。经指饬该局长杨之翰负责查铲，并请建水马司令官派兵协助。殊该局长往龙朋督铲，于一月二十四日即被莫恩之子莫崇梁及其女婿袁家成等，集合甸中、甸期、龙朋等处种户、土棍二三百人，围攻入警察局内，将莫恩等三人劫去，并派人围攻勐者乌局署未得逞。当莫恩等欲杀害局长杨之翰之时，适有李恒升来局，将杨局长拦住，并以手枪驱退莫恩。后李恒升闻得莫恩等劫狱烧局，随即自杀，经呈奉省府令派马专员（派科长李毓芳）会同马旅长（派杜营长）督铲查办。民厅派何汝珍查报。嗣后有违种烟苗，均已督铲净尽。首犯莫恩、莫崇梁、袁家成、孙家琛、邱流芳、龙云高等，当时概行逃逸，拿获之尹绍云、杨忠国二人正法后，收田地四十九亩八分。莫恩等凶犯，或经立功赎罪，或经缉案处罪，均已分别惩办。

景东戕害终查向仁甫案

景东第七区，发现违种烟苗，区域甚广。向委仁甫查获后，即将种户数人拴带随行，意示以惩处。不料该乡乡长狄铸与吴灿然密商，恐种烟事机泄露，乃与区长江尚文等串通官绅，勾结谋害向委及随从二人于金鼎山，以灭其口。当据报查办之初，即以该县长王景陶有溺职行为，经呈准将该县长撤职查办，并派景谷保卫营长左荣昌前往缉拿江尚文、吴灿然、何焕清、李占元等交案。乃各凶均已事先逃逸，未曾缉获，后经新任虞钺查明属实。惟凶犯在逃，案悬莫结，拟具权宜处置办法三项：（一）饬地方召集全县绅民为向委开会追悼；（二）饬吴、狄两犯家属各缴新币一万五千元以作运柩回省之资；（三）各犯仍继续上紧缉究。经奉准照办。并经呈请从优抚恤发给运柩费，一并发交向委之妻杨淑文具领。又据虞县报称此案之嫌疑犯，尚有马熙泽、刘玺两人已逃来省，请饬侦缉等情。亦经令饬省会警察局严密侦缉，至今数载，主犯及嫌疑人犯，均未据报缉获。

镇沅景东终查左澄先被戕案

镇景两属，迭有发现违种情事。三十年禁种，当严饬查禁并即派左澄先为该两属终查委员，责以勘报。乃该委到镇后，即据报发现烟苗，行将收浆等情。经飞电勒令镇沅县长白之藩星夜铲尽，否则严办后，忽据左委报白县恐其据实呈报，揭破其违法行为，出查寸步不离，严密监视其行动。并曾有置毒药于饺中谋害，幸中毒微，发现尚早，得以获救。兹闻尚欲买翻匪徒，冀于归途中杀害之意。当以该委所报，不为无因。经立电饬景东虞县率队驰往维护，并查明真相具报，殊正核办间，即据虞县报：左委由镇来景，行至该属圈铁街，即被其随从王培志、陈绍仪杀伤甚重，经饬虞县妥为医治，但卒因伤重致死。经查明，该县县长白之藩有放纵分肥、蒙蔽上峰，且复有主使谋害向委之嫌。经呈奉绥署核准，将该县县长白之藩撤职解省，并同凶犯王、陈二犯一并解交绥署军法处讯办。

龙武抗铲戕害局长黄光陆案

三十一年度，龙武仍有违种。局长黄光陆，查铲颇为得力，均已悉数铲尽，以是奸民多怨。三十一年，当秋季下种之际，该局长即亲出巡查，至东水、他克则等处，仍有偷种之象。该局长即严厉宣布，勒令首人铲除，并扣管保甲长等九人。随带回局，加入保甲训练，期以改换其头脑，并作铲烟之质，如铲不尽，即以所质各人惩办。甫出村外，即被叛民围攻，局长黄光陆中弹，甲长陶思聪受伤，先后毙命。经派由建水张专员率队亲往主持处理，督率将烟苗铲尽，缉获镇长罗国正、保长李文明、首谋李兴宝、李小三、李其标等五人，首犯马国正、李兴宝、李小三、李其标等四人，随即奉准正法。李文明处有期徒刑五年，首犯李友昌、普家宽、普家乐、罗家顺、罗有康等五人逃逸。后普家宽、普家乐、罗家顺等三人，经新任刘局长探得下落，派员往缉，拒捕击毙。罗有康、李友昌二人亦于随后诱缉击毙。李文明在监执刑期中，因越狱逃逸，亦被击毙。黄局长为禁政殉职，已呈请从优议恤。

泸西抗铲戕害县长李承勋等案

泸西五嶆乡，多属沙夷，历有偷种之事。三十一年，该县县政府科长王正德，利诱县长李承勋，委任该科科员段克信任五嶆乡长，暗中勾结，嗾使五嶆乡人民种烟，企图派收烟款。县长李承勋三十二年一二月间，会同初查委员吴国祥往查，暗中使人民指引吴委由大路到达秧补，均系无烟之处而回；吴委受贿，即谎报无烟。二次终查施慰农往查之时，已属收烟之期，该县委均不免有收烟收款之事。复据报五嶆乡确有违种烟苗，经严令勒饬该县委克日铲尽具报。一面派保卫营长陶树先率队前往协铲。乃该县报舍得、罗母城等处有违种烟苗，迨陶营长与施终查到达再行往查之际，李县乃下令铲烟。而该乡副乡长杨建业率以为既派烟款，何以又要铲烟，即借故避去。次日复铲，人民即聚众抵铲，四面围攻，县长李承勋、终查施慰农、中队长赵纯五等被戕，商团队长唐金镛负伤，团队伤亡约三十人。省府据报后，令派第二区行政督察专员亲往查办，民厅派第五科长杨君超前往查明具报。先后据查报原因及损失情形无异。该县县长李承勋身为县长，胆敢任用奸贪，玩法图利，派烟派款，以致激生事变，损失政府威信，实属罪无可逭。终查施慰农违法溺职，协同舞弊，亦有应得之罪，惟均殉难，犯罪主体消灭，均无庸议。军事斜长王正德、五嘈乡长段克信贪婪狡诈，互相勾结，狼狈为奸，利诱县长包庇种烟，从中渔利，追原祸始，则戕官之案，完全该等造成，实属目无法纪，经查属实，呈奉绥署核准，就地枪决。至抗铲戕官首犯杨建业、李凤高、李凤鸣、杨得兴、杨得善等，既敢违种，复敢抗铲，戕官伤毙多人，实属目无法纪，罪大恶极，应予依法惩治。然事变之后，彼等盘踞罗母城，械备甚严，后经多方设法，始将其胁从解散，彼等首要，均各远飏、嗣后缉获从犯赵开、赵金科，分别定罪。其杨建业等，予以通缉。经第九集团军部缉获李凤高、李小友等数人，该部即并同抢劫美军车辆器械之案，予以枪决。其祸首因犯多人，至今尚在踩缉中。所有违种田地一千余百亩，均一并依法没收拍卖。其所得变价款项数百万元，奉准即作为此案之一切善后费用，如医药、棺殓、运柩、抚恤及一切旅杂等项之开支，均由新任龙县长照章奉准立案，分别拨用，逐细列册报销。其在事死亡官兵及受伤人员，亦经分别予以抚恤。其弥勒团队损失之枪弹，亦经责由地田变价款内，逐一赔价，收获贿烟，亦经追出一部焚毁。

镇耿终查施耀龙被戕案

耿马三十一年度违种甚多，情形严重，除由厅严厉督责，并派员终查外，该管第五区行政专员公署，亦于三十二年春间，加派该区保安营营副兼连长施耀龙为镇耿区终查员，赴耿严密查铲。但任务完毕，行将返署，于五月七日由耿马岩蜂山起程，道经镇耿交界之四水沟地方，突被烟犯王佐臣、王树棠，白老板等，勾结王朝纲、王朝相弟兄，聚众包围，开枪射击。后续有邦棒、勐颇两乡壮丁参加，以机枪火力扫射，施耀龙所属士兵高士贵首先中弹毙命，随员宋子芳、赵国灿、吴兴邦等亦负伤、遂受逼迫缴械，施及随员等均束手受缚。随将施耀龙及随从三人，捆至勐黑寨街后山上口拷打。随从后已放回，施则被害。当经该管专员杨适生勒饬缉凶未获。后任薛专员查明拟呈王佐臣部分处分，饬其家属负责赔偿损失各费五十万元。三任陈专员出巡，之镇康即缉获凶犯王朝纲，奉准就地正法，余尚在缉办中。

姚安县长段裔贤处死案

三十一年，姚安弥兴、涟水、普硼、蛉原等乡镇之深山箐壑中发现违种烟苗甚多，民厅据报后，迭经文电交驰，勒令该县县长段裔贤克日亲率团队铲尽具报。乃该县长一味敷衍搪塞，延不出铲。嗣据密报，该县违种烟苗，系属官绅勾结，暗中开会指定各乡地点栽种，为有组织之违禁放种，冀图收烟分肥，并其行贿初、终查委员扶同循隐等情。同时，并据该县绅民纷纷呈报，经派密查查实，提经省务会议议决：将该县长段裔贤撤职解省，交军法处讯办。一面调派附近团队及商请该县驻军协同查铲，限期将烟苗铲尽；一面饬由西路大队长将该县长提解到省，经军法处讯明该县放纵各节，依照《禁烟禁毒治罪暂行条例》，拟处极刑。咨复省府，复经省务会议议决照办。乃于当日将该县长提庭宣示，执行枪决。至该畏初查委员罗紫雯、终查委员陈葆初及该县违种有关之土劣黄云、陈光洲、刘彝等亦经先后缉解到省，经军法处讯明，依其情节之轻重，分别处罪有差。其与违种有关之乡保长等多人，经饬由新任李县长查讯拟罪，依其所犯情节，分别惩处有差。自此严办之后，该属及与该属接近过去常有烟犯发现各处，为此风声所播，人人惕励自儆。是以三十二年不费心力，而即告禁绝矣。

楚蒙两属违种派李厅长查办案

二十一年度，楚雄之哨地各乡镇（如前安、后义、鹿鸣、礼社等）及蒙化与楚雄毗连之乡镇，据报均有烟苗发现。迭经严饬楚雄县长何斌臣、蒙化县长佴凰，克日亲出督铲。乃该县氏等虽亲出勘查，而一味推延，谣传纷纭，甚有谓为经省方默许者，有谓为系官绅勾结放纵者，似此恶劣现象，深堪影响禁政前途，经省府派员查明，情形异常严重。提经省务会议议决：令派民政厅长李培天亲往查办。风声传出，该两属绅民，始大惊惶，于是，星夜自动查铲，迨该厅长到达各乡勘查之时，所有违种田地，已无寸茎烟苗可查，经该厅长查明，实系无知夷民受奸人之鼓惑，妄贪非法之利而偷种，并非该两县官绅勾结包庇放纵情由，该两县官绅不能尽力防止，以致演成严重现象，咎无可辞。经呈准将该两县长何斌臣、佴凰撤职查办。第五区督察员杨适生所辖地区发现烟苗不能即时铲除，亦属查禁不力，亦奉准撤职。至有关之该两属发现烟苗各乡镇保甲长及土劣等，亦经奉准分别轻重惩处有差。又当李厅长到达僻远山地勘查之时，竟于地中捡获已铲烟果数枚，由此可证明已有一部分抢收烟浆，深恐流毒民间。凡有此项烟果发现之处，亦经该厅长议拟勒饬追收烟浆一部分，报解销毁，亦曾有报解追获焚毁矣。

历年多事之华永宁及丘北等之大概情形

华永宁三属，毗连凉山，人民夷多汉少，山势旷野，夷民视种烟为唯一之生命线，无论任何查禁。而自二十四年施禁至今，中间除汉人区域曾告肃清外，其凉山各区，仍年年皆有违种。历年派兵查铲，兵多则匿避一空，但以深山绝壑，亦无法搜索殆尽；兵少则抗拒围攻，历年均发生冲突。夷自器械犀利，查铲部队曾迭次受重大之损失，先后牺牲于该三属之官兵以及地方团壮等，统计约在二百左右。禁烟一项，政府又无的款可资动用，每届查铲之军队开支，动辄派摊于各地，以是夷匪种烟，而良民受扰累者，不可以道里计也。尤有甚者，夷民以种烟为唯一之生活方法，每届查铲神速进行之后，烟苗一经铲除，夷民即无以为生，故四时四出抢劫，于是附近各属之居民，横遭蹂躏，甚即掳人为奴，数十年而不得归者，大有人在。各该属之治安，亦为彼等夷民破坏无余。间接受害或牺牲者，何止万千。此等地区，不仅禁政无法推行，即一切政令均不能到达，完全化外，附近居民，可谓苦矣。势非有相当之计划与力量，万难收效，将来解决边政之时，尚祈特加意焉。丘北之双龙、挠普与广西之西宁毗连，亦为偷种最盛之区。人民野蛮成性，不仅历有抗拒之事，就内中亦相互谋害。三十一年度，双龙镇长张玉良，为查禁被常治高等枪杀。三十二年，镇长韩子刚又被人民张其福等劫持杀害。两案死伤在数十人，而其凶犯每多流为盗匪，故善后事务亦无法作妥善之处理，似此继续演变，将有江河日下之势。三十二年，乃将该县素有势力而历年参与违种渔利之土豪彭续周拿解到省，经查明历届主使违种分肥情形，搜获证件，严鞫讯后，奉准处以死刑，饬由昆明县政府执行矣。三十三年，亦有抗铲之事，曾击毙李文广、枪决杨学林弟兄等案。历届惩处烟犯，以极刑者，即以该属为最多。无如该属民性强悍异常，纵虽严处死刑，而违种仍如其前，似此不畏法纪，亦为他县所无之特殊现象也。势非有相当兵力震慑，不足以其施禁也。

禁运

寓禁于征时期

关于鸦片运输办法，在民国九年至民国十六年之间，系以内运罚金为准。在本省境内运输者，须向禁烟局或各县检查局缴每百两新币六元之罚金，领证同运。邻封入境之烟，亦经照额缴内运罚金。此时收数无多，年仅数十万元，迨出桂出越之路通，无内运票者，须补缴足数，于是收入乃增，每年至百万元以上。而外省商人，亦有来滇采办，且组设公司者。至民十六年将内运罚金改为就乡市征收，凡各属各区产烟，限定在本属本区之附近乡市买卖，无论大宗零星，均责成买主照所买货数，购买印花粘贴货上。每货一两，贴印花一角，一两以上，照数递推，不及一两者，免贴。此种印花系为三联票式，除存根外，以正花一联粘贴货上，执照一联发给商人收执，得在内地流通运销。但须花货同行，数目相符，不得回头重用。并限定以本年二月一日至次年二月一日计满一年为有效时期。其欲贩运出境者，必须呈验内地印花执照，并另在省城或指定之边县缴纳出境罚金，领取出境证，始准出口。又邻邦邻省之烟运入本省者，仍由入境地方查卡，责成照购每百两十元印花，粘贴货上，始准入境。

上述内运罚金与印花两项，大体相同，一征于起运之际，一征于买货之时，惟印花有三联，手续稍为烦琐。各局卡及商人均以为不便，收数减少，乃于民国十八年废止印花，专征出口。凡年内所产新烟，在一年期内，准其自由运销。本省境内，无论运往何县，均不检查，亦不另征分厘。但须年产年销，若在年内销售未尽，留至次年四月以后，即为老烟，无论存售，均须粘有每百两拾元之印花，否则，查获处罚。至于运出本省境外者，勿论出川、出黔、出桂、出越，均限集中省城，向禁烟局领取出口证，方准起运。其边地各属距省较远，为便利商人计，亦准就近在边局领取。但在省领证出口者，每百两科收罚金二十元，如系上年所存老烟，征收外每百两加收罚金二十元，以示区别。边局事务，即责成各该地方官或雇员兼办，并规定近边各县以沿边各县为禁运出口区域，务先在近边各县报领出口证，始准运行。沿边各县，则以各该县接近邻省邻邦交界二十里之地，为禁运出口区域，务先在该县报领出口证，始准运行。除由各该稽查随时派团保查禁外，复由禁烟局加派密查，常往边县巡回查拿。如有已领证而私加浮增或未领证而私运者，查获分别惩处，又沿边各县有邻省邻邦之烟运入，务于入境地方，仍照旧案购贴印花，否则即予处罚。至民二十年，复将内地老烟印花取消，不分新老，一律仅征出口罚金，其办法仍照旧，惟边局事务稍加调整。二十二年，因边地存烟较多，运省不便，又不能出口，公私均有不便，乃将近边沿各县划为十三个稽征区办理。凡在边地出口者，准向稽征区照缴罚金，领证运出，以期存烟销尽。盖以集中省城为原则，以边地就近出口为例外。至民二十四年，实施禁运，始分别裁留，而收数亦较增至五六百万元。此运输方面，寓禁于征之大概情形也。

第一年实施状况

民国二十四年五月一日，先于省城组成特货统运处，收购各方烟土，以统制运出。任何私人，禁止贩运，邻省邻邦运烟，一律禁止入口，将沿边线、近边线严行封锁查禁，派稽查常住两线以辅助地方官吏。惟思、普、元、墨、腾、龙、丽、维等处，距省较远，暂划为思普区、元墨区、腾龙区、丽维区等稽征区。各该凶产烟，准商人就地采购，照旧缴纳罚金，运输出口。此项稽征区，由省各委派专员办理。其他内地产烟，禁止运入各谈稽征区域，并禁止运至各区沿周地方。又第一区施禁以后，所有各属存烟，令须先期肃清，以免流毒自祸，由统运处派人尽量收买，并将第一期施禁办法，先行通令各地方官及新派各属禁烟分会委员剀切宣导。

二十五年一月一日起，第一期已禁种之三十八属，完全实施禁种。该区境内发现烟土，即没收惩处，并在该区域沿周各属封锁控制。且于火车、汽车线之入该区要口处截堵检查，以防内运。其第二、第三期各属产烟，对内即禁止运入施禁区域，并禁止运至距该区域边界三十里之地。对外禁止运出稽征区域及边县，并禁止运至距稽征区域边县边界三十里之地，至边县产烟，禁止运至距该县边界三十里之地。在本年内为初期改革，产量虽减少三分之一，而烟价尚无大变化，各路商人运集省城，亦乐于售交统运处，其旧日办运出口之烟商，又系气势雄厚，最易改业，且有少数已投资统运处，故统制运输尚能顺利。惟边远地方，因发令之初，不免狃于故习，尝试私运。在二十五年，共查获私运一百六十三案，共没收烟土、熟膏、烟灰净重二万七千七百九十八两八钱，烟犯处刑有差。

第二年实施状况

民二十五年五月，第二、三期施禁区内，已分期组成统运分处。凡商人在该区买运烟土，无论多寡，均责成商人售归各该区统运分处，运省或迳出口。为防止商人收买存留、走私等弊，规定统运分处直接派人到各地买烟者，须带统制买运证，商人到各地收买、转卖与统运分处者，须于八月内先向统运分处登记，请保领取特许买运证，随买随交，始得买运。在八月前，地主或富户已有收存多数者，须自行报请地方官登记数量，向地方官领取登记证，随货起运售交统运机关。其未设统运分处各属及暂设稽征各属之烟，如运到设有统运分处地方售交者，须先向该县地方官报领内运证，始得运行。以上统限八月底办清，至八月后有未领证而买运烟土者，一律禁止。惟当地吸户在未发公膏前，购以自用者，准买一百两，不得超过。

又思普、腾龙、元墨等处，均已组成统运分处，自应一律统制。各该处暂设之稽征区域，即饬于八月底撤销。九月一日起，所有商民在该区域采运烟土者，均一律卖归统运分处，严禁私运出口。且前曾规定内地产烟，禁止运至暂设稽征区域之沿周。其时稽征区域虽经撤销，而各该区域俱系边县，又非销场，内地产运，自无运出该区域之必要，应仍以原设稽征区域沿周各县为内地产烟禁止运出之地。至各统运分处运烟来省，应向地方官报验箱数，领取内运证，随货运行。如须就近出口者，应先将货数箱数专案报请核示。又前次防止收存走私办法施行以后，多数虽已遵办，然有少数尚在观望。第二期施禁以后该区境内存烟，若非尽年内缴由统运分处收清，则到期将为自祸。又第三期各属，本年尚在栽种，相距新烟登场不远，而该区旧有存烟为数仍多，亦非年产年销，先事收运，不易着手，故凡该区内买运烟土尚未领证及人民存烟尚未登记者，特准展限至十一月十五日止，补行领证登记。一面饬由各统运分处，召集烟商，剀切宣导，一面饬由地方官再出示晓谕，并召集所属各区乡镇长说明办法，责令转谕人民，一体知悉。自十一月十五日以后，即由地方官禁烟稽查员会同督率各区乡镇长等分别前往各市场严查，有未领证而收买烟土在一百两以上者，即予没收。各税局卡，获查各路有未领证而运烟者，不论多寡，均予没收。至人民领证登记之存烟，统限十二月以前，如数运交统运处收买，违即没收治罪。二十六年一月一日起，第二期禁种之四十七属，开始实施禁运。该区境内发现运烟，即查拿没收，同时继续施禁。第一期加紧查禁，并在第二期沿周各属严行封锁，及将第一期沿周所设稽查，推进至第二期沿周布置，且对于火车、汽车线严密检查，以杜内运。其第三期产烟，对内禁止运至第一、二期施禁区沿周，对外禁止运出边线界三十里之地，在本年内产量减少三分之二，情势变动，各处商人投机营业之习一时未能打破，不乐就范，而愚民惑于近利，希图居奇，暗地竞买，各区统运分处之收运，颇受影响。然卒以种种限制，设法包围，仍得相当收获。而违禁者，亦多查获，共计一百六十三案，没收烟土膏灰一万五千七百五十八两八钱，烟犯处罚治罪。此期施禁各属，已于事前由各区统运分处加紧收买，余毒尚少，故至开始实施，亦少发现运烟，又因封锁严密，第三期内之烟，俱难侵入也。

第三年实施状况

民国二十六年五月，第三期各属境内多已组成统运分处，即未能设立分处之地，亦已组设支处。各属产烟，即由各统运分处或支处统收统运，禁止私人买运。至本地烟民未发公膏以前，买供自吸者亦只买十两为止。惟思普各属情形不同，另加限制。各该属烟民，即使买供自吸，应将姓名、住址及每日吸量填具申请书，经该管地方官查核属实，发给准买凭证，向当地统运分处或支处购买，勿论多寡，均不得直接私买。其价值由分处或支处每月按烟质之优劣，分为三等，先于上月尾酌定，牌示周知，并由地方官稽查及统运分处按月造册报核。又统运分支处，因地方边远，须派人收买或由商人领证代办时，均应持证采买，以昭核实。至各支处之烟运交分处、分处之烟运解来省，仍先向各地方官报验箱数，领取入运证，随货运行，以便稽查。其人民收存烟土，由禁委会通令布告，在九月前，已向各统运分支处报明数量登记者，应速售交原登记之分支处；若尚未报请登记者，自见布告后，须速一律向统运分处报明数量登记，领取登记证，尽九月内照数交原登记之分支处收买，九月后即截止登记。若再有私存，经人密报或察觉，即实施检查，分别处以过期罚金。其检查办法，如有人密报或察觉人民私存烟地者，无论稽查或县府政警、或各区乡公所及其他执行禁令人员，须会同当地之村邻三人以上，同其作证入室检查，检查完毕，须由证民搜检其身，凡所带物件，均须出以示人，以明无所私取隐匿之弊。搜毕，再将同往检查之人及证人之姓名，开单会同盖章或画押，送县府存案。查获之烟，须当同证人及货主清点件数，称准重量，开列清单，会同盖章画押，一并解送统运分支处收买，并罚以过期罚金，检查人如不照上列规定检查时，准受检查人据实呈控。

二十七年一月一日，第三期三十八属开始实施禁运。虽禁种方面，因情形特殊，划有展种区域，但分期统制管理所产烟土，统由统运分处统收统运。其运输一项，仍一律施禁。本年内共查获私运六十一案，没收烟土五千一百四十二两七钱，烟犯处刑罚金，均已结案。又本年对一、二期继续严禁，完成全省禁运。于沿边近边各线，加紧防堵火车、汽车线，认真检查，以防外土侵入。在本年内，产量减至三分之二以上，统收禁运较易实施，惟奸商暗中活动，仍有私贩隐藏云。

实施禁运计划方案

二十四年，既定分期、分区施禁之制，关于运烟一项，自当彻底禁绝，唯在旧烟尚存、新栽未绝情形之下，应防留毒以自祸，即须立谋疏通。且为救济本省烟民计，须以若干数量留济本省，若干数量运销外方，非有统筹之策，不能因应适宜。而留济本省者，事前须有大数考量，事后须有确切统计，是非统收统运不为功。又此后禁吸以发公膏为主要办法，若仍容许商人私收私运，则私土遍地，私膏亦遍地，公膏等于废物，禁吸何从奏效，此统收统运，实为必要之办法也。惟是统收统运，原属两事，统运在短少期间，尚可办到。至统收一项，则以全省区域之广，出数之多，虽以公家之力，既难骤集多之资本，亦难骤设此遍布之机关，且极边地方，有种种困难，故分为个阶段，由集中统运兼收，经分期统运兼收，而至全省统运统收，循序渐进，方易收效。

依上述程序，在统运机关未能遍布以前，各处所产烟土，既不能不禁其出口，又不能令其存待统运机关收运。则其调节之方，唯有暂准商人采办，运交统运机关。又统运机关分设以后，因地面辽阔，产烟散漫，不能逐处前往自收或自运，不若仍有商人代办，较为便利。故在此统运统收过程中，商人收买售交，或代办运交，势所必至。然既许其收运代买，而无所限制，倘其遍运遍洒，既违反统制之原则，而一浸入施禁区域，尤妨害公膏之进行，故分为第一年，商贩只准在第一期禁种区域外贩运；第二年，商贩只准在第二期禁种区域外贩运；至第三年，全省完全施禁，依次办法，其唯一对象，既在防止对外私运出口或入口，及对内私运入施禁区域，必须有适当之路线，以资控制。因对外之私运出口或入口，必先经过沿边各属，应在沿边各属截堵；然私运已到达边县，容易过境，次于近边各属择要防堵。对内私运入施禁区域，必先经过该区域之沿周各属，应在该区域沿周各属截堵；然私运一过此属，即深入内地，如入无人之境，须于该区以内，扼要防堵，又汽车、火车等交通工具，最易夹藏混过，必须格外注意。故分为沿边线、近边线、施禁区沿周线、汽车线、火车线，分别防堵，完成网罗。至于执行查缉，每县以一保一甲为查缉单位，而此一保一甲中，必有熟悉当地情形之人，因地制宜，指定各当地保甲长依所管保甲地段，负责查缉。推而一镇一乡一区，即以乡镇区长等，依所管乡镇区负查稽之责。而区乡镇保甲长等，俱隶属于地方官，以地方官指挥督促，自易灵动，且集中把握，亦须有人。故责成地方官负全属查稽之责，乡镇保甲长等各依所管地段分段负责，惟地方官事务丛集，或有疏虞之处，复派委稽查员协助地方官办理，以期周到。又各征税机关，多在交通要道，出入要口，设有局卡，对于商人贩运货物，夹带私运者，不难发觉。又责成各消费税局、各烟酒牲屠税局，负责查验经过货物有无夹带。又各统运分处收买烟土，与烟商随时接触，对于烟商行动，最易探悉，责成各统运分处负调查报告之责。随报随即查拿。可谓星罗棋布，鱼网蛛丝，使私运者无从幸免。此外，查获违禁私运人犯物证，即一并报解地方官，当同货主称点重量、件数后，全数没收。填发没收证，悬牌宣示，地方官加封保管。讯明人犯，仅三日内呈报主管机关核示。对于各级执政人员，除将没收烟土变价提四成给奖外，又视其成绩，分别予以特奖、记功、升用等之奖励。其有溺职或舞弊者，亦按其情节分别处以撤惩、罚薪、记过等之惩戒。

云南省二十四、二十五、二十六年禁运概况表

稽查线	区别	县属	查禁人员之设置	查禁情形	设置裁并情形
沿边线	沿川	永胜、华坪、元谋、武定、禄劝、巧家、鲁甸、永善、绥江、盐津	各县县长负全属查缉之责。所属各区团保甲长等，各按所管地段分段负责，并各加委稽查员，督促办理。	各稽查随时于本县境内向来运烟各路及沿边一带认真巡查，一面设置坐探眼线，督同区团保甲严缉，一面与邻县稽查切取联络，互通消息。	沿边各县稽查，系于二十四年五月设置，至二十五、二十六两年一月一日以后即先后裁撤。由戒委分会接办，分会裁后，专由地方官办理。
沿边线	沿黔	镇雄、彝良、通海、会泽、宣威、平彝、罗平			
沿边线	沿桂	师宗、丘北、广南、富州			
沿边线	沿越	西畴、马关、屏边、金平、麻栗坡各对汛、河口各对汛			

（续表）

稽查线	区别	县属	查禁人员之设置	查禁情形	设置裁并情形
近边线	大姚、盐丰、宾川、鹤庆、剑川、兰坪、保山、昌宁、顺宁、缅宁、镇康、景东、永平、新平、峨山、建水、个旧、蒙自、文山、泸西、陆良、曲靖、沾益、寻甸		每县设置稽查一员，会同县长办理。	稽查流动巡查，各查缉人员，各依所管地段，认真严缉，并奖励人民呈密，以通消息。	二十四年五月委任，至各属分会成立撤销，惟个、蒙至二十七年六月乃撤。此四区系在二十四年秋后暂设，至二十五年秋后裁撤，于二十六年一月一日施禁。
暂设稽征线	思普区	思茅、普洱、澜沧、双江、佛海、南峤、临江、六顺、车里	左列各属，因情形特殊，所产烟土，准暂予就近报运出口，特划为四区，每区设置区长一员，以下每属设分局长一员。	稽征区局长督同分局长稽征出口特货，并由各地方官及区团保甲补助稽私。	
同上	腾龙区	腾冲、龙陵、梁河、盈江、莲山、陇川、潞西、瑞丽			
同上	丽维区	丽江、维西、中甸、德钦、贡山、康乐、碧江			
汽车线	西路	安宁、禄丰、广通、楚雄、镇南、祥云、弥渡、凤仪	属于沿边、近边各县，由原设之稽查兼任，属于禁稽区域各县，由禁烟分会兼任，其他各县，由地方官负责。	各稽查员与地方官，各于本县汽车道口，逐日派员或亲身前往截堵检部。	各稽查分会于二十六、七两年，先后裁撤。
同上	东路	嵩明、寻甸、马龙、曲靖、沾益、平彝、宣威			
同上	南路	呈贡、晋宁、昆阳、玉溪			
铁道线	滇越路	个碧路、宜良、婆兮、碧色寨、芷村、河口	左列各车站，设置稽查一员，其属于近边各县，由原设稽查兼任。	稽查会同铁道警察，对于来往客车货斗，严密检查。	宜良、狗街、婆兮三处情形较坏，于二十四年底裁撤稽查，由铁道警察专办。
同上	个碧路	蒙自、个旧、建水			

备注：沿边线所以堵截内外运输之路，虽稽查分会有兴有废，而地方官与各区始终完全负责。

三年禁运完成后之防范

统收统运，虽已达到预定目的，惟邻省邻邦辟销货场，又展种各属，虽已统制管理，然奸商重利轻害，难免偷运，必须防其侵入内地。本此理由，特再加紧查禁，继续防维。

防止邻省邻邦烟土输入：沿边查缉，责成沿边各地方官，督率各区乡镇保甲及团警首人等，于与邻省邻邦交界处所及由外入内各要口，严密封锁，梭巡堵缉，并由各税局卡切实补助。随时均有查获。偷运之法，亦层出不穷，然其数较少，盖奸人冒险偷运，常化整为零。节节尝试，一次被获，即停顿观望，此亦贯技也。

防止展种区、沦陷区存土之内运：民国二十七年，展种区如镇康、澜沧等十七县局，虽仍可种植一年，至二十八年秋季始，全省禁种完成，但分区统制管理，所产烟土，统由统运分处统收，已收成效。并于展种各县局，责成各该地方官督属于交通要道，注意查缉。并饬附近展种已禁绝各县，派员于交通地方各要道严密堵缉。至二十八年，展种区烟土收完，全省禁种完成时，尤责成各该管地方官督属查缉境内余烟，勿使流入内地。至二十九年并遵照行政院颁布《肃清残余烟毒章则》及《禁烟禁毒治罪暂行条例》严格执行。

缉私制度之更迭：自民国二十四年实施分期分区三年禁绝计划之始，即废除稽征，实行分区推进、混合查缉制度。凡县局境内，由各该管地方官、督率乡镇保甲团警等，负责巡查境内各交通要道、山隘、小径、河流、渡口。至各主要干道，则由税局员丁协助县府人员查缉。曾颁发查烟旗帜，郑重办理。并由税局及海关人员，于各关卡查验货物时，兼代查缉烟土。其全部办法，已属严密，至二十七年，复实行稽核制度，由主管机关委派各税局会计兼禁运稽核员，负责考核监视，以凭奖惩。施行以来，收效尚宏。至三十一年，交通日繁，中枢设置水陆交通统一检查处，专司查缉之责。各主要干道，如滇缅公路、滇越铁路、川滇公路等复由宪兵、警察会同查缉。凡驻有军队之县，并由驻军协同巡查。此后，地方印官忙于办理县务，且检查范围减少，仅负各该境内乡镇城市查缉之责，为缩减开支，乃于三十二年撤销各县稽核员，进入个别查缉时代，惟于必要时，乃酌派密查巡视各县查考。如此相沿至今，办法完善，收效甚著。

缉私人员之惩奖：各县办理禁运，除随时考核登记，于年终汇办，分别予以精神上之奖惩外，其物质方面，凡缉获烟土，均有奖金，以示鼓励。在民国二十四年，即有一定之奖额，但斯时生活指数尚低，奖金数目亦微，至二十九年，生活指数日高，渐次增加奖额。当时缉解烟土，由主管机关按照所含纯烟数每公两作价新币九元，以六成给奖，合新币五元四角，其余四成则拨充禁烟经费。三十年二月又改为每公两作价新币一百零七元二角，实奖六成，合新币六十四元三角二仙。此后，物价上涨愈猛，至三十一年又增加为每公两作价国币一百八十七元六角，给奖六成，实合国币一百一十二元五角六仙，行至三十二年仍觉过低，复修加为每公两作价国币三百四十八元四角。至三十三年又增加为每公两作价国币一千零一十八元四角。最后于三十四年八月一日，比照中枢规定，增加为每公两作价国币三千三百五十元，所奖六成，已合国币二千零一十元，实为奖金之最高额。

实施禁运经过及其结果：民国二十四年，实施分期分区三年禁绝计划，关于禁运一项，亦随同推进，责成各县认真查缉，唯当时禁令尚未普及，无知好利之徒，暗种偷运，尤以边地未开化愚民为甚。彼等以低价就地采购人民余藏之烟，或由缅越购买，设法绕道越关，偷运至内地销售图利。其偷运之法，亦层出不穷，查缉不易。民厅为贯彻禁政，一面再三申令告诫，一面责令各县印官，认真督率各查缉人员及团警乡镇首人等，于各要道防堵严密检查。随时均有破获，尤以与缅越交界处，查获数量甚多。所有人犯，均严予惩处，勒饬具结，永不再经营禁物。此后一般奸人，知难得逞，从此改营正业者，亦颇不乏人。即冒偷运者，亦常化整为零，节节尝试，一次被获，即停顿观望，此其贯技。自实行稽核制度后，流弊亦日益减少，盖各属查获私运案件，须通知稽核员，当同称点数量，双方盖章加封，呈报核办。此外，并考核各属负责执行禁运人员，平日是否认真查缉，有无私弊。各地方官督促是否尽职，办理是否实在，随时呈报，以资督促效率。并规定，凡有私运之案，已偷过甲而由乙县破获者，乙县出力人员，优予奖励，甲县印官以及本责职员，均应受处分。所有查获之烟土烟灰，除伪者不奖外，所有出力人员与报口、眼线等，概提高给奖标准，迅速发给，以期奋勉。故实行以来，事实上已收大效。预计全省禁绝肃清之期，为时不远。孰知三十一年夏，暴敌侵入滇西，腾冲、龙陵、潞西、盈江等十县局沦陷。敌人施其一贯之毒化政策，强迫愚民种烟，于是一般奸人，贪图利益，趁机蠢起，纷纷购买烟土，偷运入内地；或勾结军人艄流，武装走私。斯时，缅、越、泰及沦陷区烟土有涌入内地之趋势，防不胜防，查获颇感困难，功亏一篑。为严厉施禁，彻底肃清计，乃请昆明行营通饬各地驻军团队，协助查拿，颇获甚巨。

其烟土来源及走私路线：滇西方面：系由滇缅及各沦陷区购买至龙陵、腾冲会集，再于黑夜偷渡过潞江，潜入保山、昌宁、镇康、耿马、双江、澜沧等地，虽沿江驻军日夜巡梭查拿，但因防线过长，仍有不少偷漏烟商。既到达保山，则勾结军、商车辆，由滇缅公路直入昆明。至镇康等处者，则多系武装走私，用马驮运，经昌宁、顺宁、蒙化、弥渡到下关，再经公路运至昆明。耿马、双江、澜沧等处者，则经景谷、景东而至楚雄，再由公路至昆明。上列各地烟商，均以黑价为转移，亦有会集下关，经大理、邓川、鹤庆至丽江出境，运入西康销售者。至迤南方面：则系由越南入境，经金平至蒙自，再由滇越铁路运至昆明。其武装走私者，多系经建水、曲溪、通海、玉溪，顺公路至昆明，亦有由文山、砚山、广南、丘北、弥勒经公路入昆明者。各地烟土潜入昆明后，则辗转售卖，除一部分就地被未戒断之残余老病烟民购买消耗外，其余多数则向迤东输出，一路系经曲靖、平彝出贵州；一路经嵩明、寻甸、会泽、昭通、盐津出四川。主管机关侦悉烟土之来往线索，当随时观察环境，针对其动向，于烟商必经之地各要口派员驻守检查。如滇西保山之功果、大理之下关、广通之一平浪、禄丰之董谷村及昌宁、顺宁、蒙化各渡口、乡村。此外，楚雄、弥渡、邓川、会泽、嵩明等县，均布有网罗，严密查缉。昆明为首善之区，烟土集散之地，殊甚重要，经责成省会警察局会同宪兵缉私分处检查处等，派员于东、西两站协同检查。不论车辆货驮，均认真执行。但查缉漏网者，乃潜入昆明。统自二十七年七月至三十四年六月底，共查获私运七百一十二案，没收烟土膏灰十万零二千七百四十三公两零四分，烟犯六百八十八人，经依照《禁烟禁毒治罪暂行条例》严予惩办矣。

禁吸

禁吸事辑及方法

一、寓禁于征时期

自民九实行以罚为禁之制，对于吸食一项，有议发售公土者，有请统制熟膏者，屡经筹议，终鲜良策。民国十七年，乃行试办由调查吸户发照限制入手，责令吸食者按期缴纳罚金，逐渐减少烟量，以迄戒烟。同时严禁烟馆以杜传染。无照吸食予以惩处。其法甚为简易，罚金亦极轻微，乃印制多数之调查表，分发各属，限期查报。殊因循日久，屡经催促，查报者寥寥无几。或以困难搁置，或以少数搪塞。文电往返，委员查催，迁延年余，仅有少数罚金，略敷开支，其于立法本旨竟未收效，故十八年以后，即行取消。此其原因甚多，而时势环境之障碍，实为最大原因，然以此期之经验，乃有二十四年之办法，则失败为成功之母，其言亦可征也。

二、分期戒绝情形

吸户之戒绝嗜好，可分两项。（一）系年在四十岁以上，领取公膏戒绝者。因定章以三年戒绝，分作六期，每期六个月，依初期调查之吸量，每期递减去十分之二，给领至五期止。已到两年半后，即不发膏，勒令服药戒绝。故第一区昆明等三十八市县，自二十五年一月一日起，至二十七年六月底止，分为五期。每期领膏戒绝烟民平均一万零九百余十人，期满戒绝五万四千余百人。第二区会泽等四十七属，自二十六年一月一日起，至二十七年六月底止，只发行三期即提前停止。三期领膏戒绝烟民，平均为八千二百余十人。第三区大关等四十五属，除展种区不得发行公膏，提前办理施禁外，计自二十七年一月一日起，至是年六月底止，仅发一期，约戒断烟民三千余人。因各期戒绝之人，有先后多寡之殊，情形异常复杂。然大体则有执照与膏量可计也。（二）自行就医服药戒绝之人。此种数目无可稽考。凡四十岁以下吸户，不能领膏者，事势逼迫自动戒断，且不愿报明为曾染嗜好而经断过之人，以泯痕迹，故其数无可稽考。然禁令之旨促其戒，既与主旨相符，即不必刻舟求剑，强以登记，转滋疑误纷扰，此分期戒绝之情形也。

三、第一年施禁状况

依呈定禁吸章程，由二十四年秋季起，即筹备昆明等三十八市县施禁事宜。七月间由省委员分往各属宣传吸烟之害，中央与本省政府决心禁吸之德意，调查吸户发行公膏及戒烟丸之主旨，及其他吸户应遵守之事项。随即实行调查吸户。初则令其自报，而观望不前，继则挨户查询考证，无可抵赖，乃答复所问，得有结果，故调查颇需时日。至十月后乃陆续报齐。统计此三十八属，共登记吸户有五万四千五百八十五名口，各填给执照一本。烟民所吸膏量，每日多者三钱，少者五分，共计每日应发五千三百七十四两。又调查吸户之时，顺使调查售土、售膏、售烟具与开烟馆之人，当宣传之际，即知有调查之举，立即停止改业者有之，暂时观望情势者有之，全家隐避锁门而去者有之。各地乡镇长既不欲于此期间结怨于人，以其能重功令而知回避，亦不穷予追究。故调查完竣，唯吸户有结果，其余各项无可填报。是年秋季，尚鲜市售戒烟丸，更无毒品之可查，故六项调查无从核汇。

二十五年一月一日实施禁令，先期即有文令布告，并指示印官与区乡镇长执行之法，关于售药售膏之事，已招有承分销商，并于二十四年冬末领到药膏，一月一日各属开始发行。其间情形最为复杂。吸户因登记核减之量，参差不一，经济能力亦复不同，有能按日购领者，有须数日购领者。人民唯知利己，辄请变通，一如昔之购买私膏，其纠纷冲突时有发生，而承分销商之违章舞弊者，亦间有不免，其领膏解款参差间断，以致公膏停顿者复时有所闻，当责令主管机关，考查整饬办理，至五月后乃无可虑之事，而半年一期转瞬届满。每期查其自行提前戒断者，删减人数膏量，换发执照，颇为烦琐，只以近省之区办理较易。戒烟药之效力，已渐显著，购服者多，六项禁令之施行，在筹备调查登记期间，无所表现，自系一时之现象。调查经过以后，能悔悟而永久改业者，固居多数，其有意违玩，故态复萌者，亦所不免。查拿之余，缉获违犯六项禁令者，共有一百七十二案，人犯一百八十三人，共没收生土膏灰六千三百三十三两三钱。烟犯分别依法惩处，没收物变价充奖有差，不能变者并同烟具等销毁。

二十五年秋后，筹备第一期会泽等四十八属之施禁，仍与一区同，而时间提早，以途程稍远也。

四、第二年实施状况

民国二十六年，继续办理第一区昆明等三十八属第三期与第四期各事，其中吸户、人数、膏量，已逐渐减少，计第三期登记吸户三万六千五百四十九人，第四期计仅登记吸户二万七千七百四十四人。继续照章办理。

会泽等四十八属照章于是年一月一日起开始施禁，一般吸户因与一区各属壤地相接，早知一区各属之事，颇有先自戒断者，第一期计登记吸户三万零四百九十五人，第二期登记吸户二万三千八百五十八人，照章发膏。同时戒烟药之推销与日俱增，是年合一、二期，各属共查获违禁六十三案，烟犯百余人，没收土膏灰四千九百一十四两，变价提奖出力人员与报口，烟犯依法惩处。又继续化验现售戒烟药丸，及格给照准售者二十六种，抽查化验现售戒烟药二十六种，勒令停售三种，处罚十四种。至各种毒品仍无发现，而查禁则未稍疏也。

本年下半年，照章筹备第三区大关等属禁吸事项，如一、二两区。又本年六三纪念日，当责成禁烟委员会，商同省党部开盛大之会，召集各机关、各界举行隆重仪式。由省委各长官演讲禁烟之历史、理由、利害。并由云大学生分组于街市演说，且以市街游行，散发传单，游行后将历月没收私吸、私售、私运烟土烟具等，共三十余箱，其中烟土熟膏十一箱，烟具二十七箱，在近日公园实行焚毁。自午一时开始，至午后四时余始烧毁完毕，全部化为灰烬。各界观感为之一新云。

五、第三年实施状况

第三年即民国二十七年，对于昆明等三十八市县，应继续办理第五期公膏，人数膏量，又比上年逐渐减少，故本期登记吸户，初系二万余人，至六月底期满吸户甚少，照章勒令购药戒断。对于会泽等四十七属，本年内应继续办理第三第四两期公膏，而人数膏量较之一、二两期已渐减少，即违禁案件，亦比较锐减。其对于大关等四十五县，除展种区外，仅余少数县属。而查报之人数零落参差，殊不可信。此少数地方，本应发行公膏至二十九年六月底，但以国难严重，亟宜振作民气，常发公膏不足以鼓舞抗敌精神，爰将此二十余属与第二区会泽等属之公膏，与第一区各属同时停止，厉行查缉。违禁之案，时有所获。又本年一月以后，省府以民间残余未戒之吸户，当有再加催戒之必要，而前两年尚未设置有传验所戒烟所者甚多，乃责成主管机关通饬各属设置戒烟传验所实施验戒。据报已先后设置者共七十五所，共戒断二万三千六百余人，盖以禁令事势之逼迫，虽欲不断而不可也。

是年，全省各属查获违禁四十四案，没收土膏等二千零六十九两六钱，照章处置烟犯，由各属呈准惩处，而其数目甚少，可知禁令之效矣。

六、调验及传验施戒

厉行禁吸鸦片，当由公务员之有瘾者，先行戒断，与民更始，树之风声，并加强办事能力，促进效率。是以省府于二十四年七月九日以后，陆续议定办法，督责戒烟委员会，组设调验所，拟订调验方法，呈经核定，并迭次会同总部，函令党部运署以及各行政、司法、军事机关暨学校等所有一切公务人员，凡有嗜好者限七月起至是年年底一律戒断。七、八两月为自行戒断时期，九、十两月为分别登记监督戒断时期，在此期内如不自行登记及不戒断者，即由各该长官负责检举，仍饬依限戒断。十一、十二两月为戒断调验时期，由各军政长官、学校校长将所属荐任委任人员与教职员，凡有嗜好业经戒断者，列举衔名负责具结，呈由本府与总部发会交所调验。如属员中有可疑者，应提出声明，听候处理。如再发现有嗜好人员，应连带负责。至下级人员司、录事、夫役等有嗜好者，统由各该长官校长自行负责，令其在此期内戒断，否则撤革。职员等当调验时，不能戒断受验者，立即撤差，从严惩处。各长官对于所属职员，届时不能负责具结，又不检举者，一经告发查实，长官应受连带处分。各学校学生如有吸食鸦片者，应即开除学籍，各学校校长、教员、职员如徇情隐匿，应受连带处分。又凡已经戒断调验后，又复吸食者，一经查出，即照行营《禁烟实施办法》第五条办理。至向未沾染嗜好者，由各长官负责具结证明，准即予免验，但经人揭发，具结长官应连带受惩。至二十五年一月内，各机关应行受验人员已经报齐，乃交由戒委会抽签调验，送留验室一星期考查。如有发现下列症状者，即是瘾未戒断：（一）欠伸，（二）流涕，（三）流泪，（四）自汗，（五）作恶吐酸，（六）腹泻，（七）瞳孔放大，（八）呛咳。如有争执即以化验便溺定之，在调验期中，临时规避及证明嗜好尚未戒断各公务员，经会议决定，酌予行政处分，一律将原任现职撤销，停委三年。恐有验后复吸者，特于三月复加抽验。复验时又沾染嗜好者，一据报告，除照章予以行政处分外，定即交发司法机关，按照法律予以刑事处分，同时新委人员及在省外任职而素有嗜好，或因事晋省均具报已戒断者，亦临时指调加入留验之。

照以上各项办法，由二十五年二月份起，每星期一在戒委会、禁委会抽签调验一次。截至二十六年六月底，共调验四十七次，验明确已戒断者九百一十三员，俱由传验所给与证明书。尚未戒断者二十一员，立予撤职，并停委三年示惩。其各月所验细数列表附后。

又已施禁区域内吸户，在调查登记时，有坚称戒断或冒称素不吸食者，若听其抵赖，则功令为之破坏，省府特令由戒烟委员会规定办法，应勒令取具妥保听候随时传验。倘经人举发，或经警察稽查查实，或经验明未断者，应连保人从重惩处。其传验之大要办法如下：（一）传验机关，昆明市由省会警察局督饬医院担任，各属由地方官担任。（二）被验人于传到时，应缴相当之传验费，其数由传验机关就地情形呈报核定。（三）验断以留验方法行之。（四）验明有瘾者，除酌处本人及保人罚金外，责令本人领药限期戒断，限满复验。自此法实行而各属自动戒断之吸户，乃风起云涌，戒烟药之销数亦大增，各属办理情形间有分歧者，复由主管机关通行指示，分点以附近县府为宜，不能随处好设，其职员即由县政府职员兼充，不另支薪。留验人员须在八人以下，设备用具，即在此范围中，期以七日为限。传验费以足敷留验人之伙食杂费为准，各就地方情形规定，至多不得过新币六元。至开办费至多不得过新币一百元，即由禁吸罚金项下撙节开支，不能格外请领。又各属传验所应设戒烟所，以为设立医院之基础而使彻底实行。盖以传验所兼办戒烟所，事属简而易行，因施戒与传验互有关系，原属一举两得也。

七、发行戒烟药及救济公膏

六项封禁，吸户已陷于绝境，最后归宿，自当迫其戒断。而戒断须良好医药，省外各属才财两乏，戒烟医院鲜能设置，而二、三两区，又提前停止公膏，若不制发大量之戒烟药，则尚未戒绝之吸户，将有生命之危险。故由二十七年下半年起，饬由财政厅制发戒烟药，交由各属税局出售，任听吸户购服。惟不准加价营利，或取封零售，改换掺杂。自此药畅行三迤，赖以戒断者，不知凡几矣。

自大量戒烟药发行以后，中年以下之吸户，均已相率戒除嗜好。惟六十岁以上、身有痼疾之吸户，纵使服药，亦难骤然戒除，迭据查报，老病吸户之痛苦，闻之恻然。乃饬由财政厅另制干膏，用纸包装，可以行远，发诸衰老疾病之吸户，以资救济。并先由印官切实查报姓名、住址、年龄，并派员抽查考证属实，乃发照给领，统计各属登记有一万一千余人，自二十七年七月至十二月共发干膏五万五千八百余十两。二十八年以后仍照案继续发行，按期递减，不准永远吸食，至相当时期即勒令一律戒绝，最迟不逾二十九年内。彼时吸量已微，自易戒除，此于体恤老病之中，不失禁令本旨。至六十岁以下者，则勿论有疾与否，均不能比拟，当勒令于二十七年内，一律戒新，以示区别。

公膏及戒烟药，均由主管机关设药膏制造所，自二十四年秋季起，即簿备制造，药则选取林文忠公戒烟丸原方，交医药专家，就本省之天时水土与成瘾之病态需要，有所加减，而后决定照方配药，于质、量两方面，俱派熟习者数人，分司采购考验称量之责，交付工人。以后关于工程上之过程，自碾剉簸叠成丸，以迄装置成盒时，均有精细明白之员监视指导。分量若有多寡，粗细若有不匀，均立予纠正，最后装置成盒。又经详细称量并抽取化验，必以合于规定为主。其装置有五钱一两之分，复印有说明书，指示服食方法，与服后生病之医治法，其精其密，固非市售者可比。以其足以改造吸者之新生命也，故名曰："新生戒烟丸"。发行后服者皆认为有效。惟一般劳工，以体质生活不同，服后效力稍减。各工厂工头，均有建议，乃将新生丸之原方，复加研究，另制一种合于工人戒烟之用。其处方更加精密，工人服者，咸称悉善，因名曰："劳工戒烟丸"。公膏之制造，最为繁重，土法西法均有，所采质量配合俱有规定，自选材、配料、溶化、熬煮、收锅、称装、封锁以迄成盒，手续颇多，监视也严，其装置有一钱、二钱、五钱、一两之分，并有特殊之封锁，足以杜绝偷换开拆掺杂零售等弊。上述药膏两项之制造，系补助禁令之事，而筹设施工，备极烦琐，全以工厂办法行之。至二十六年，因存品已足敷用，乃予停止制造，以示不复延期之心，促进提前戒断之意。节省经费，犹其次焉者也。

药膏两项定价低廉，仅以收回成本为主。其发行事务，过于烦琐，故责成印官于领获公膏后，照区域分为若干承销区，算明各区每期应销数目价值，招致妥商，取具殷实铺保，缴纳保证金，并具遵章办理切结，认定区域，每一期缴纳膏价十分之二点五保证金后，始准领取公膏及区内吸户清册前往遵章承销，并由该商就区域吸户之多寡，自行酌定分销区。每一分销处，自行招人承办，直接销与吸户。其手续先照吸户名册发行，查对执照上所注日期数量，按日盖戳，不得补发滥发及不得于名册外分销。其收获膏价，准其坐扣公费，补交余数。药则先行缴价，并准坐扣推销费，具领发售，任听吸户自由购服。至药膏之价值，由主管机关统一规定，禁止经手人加收分文，以及开盒另售，偷换掺杂等弊，并由印官随时考核监督，以符章制。

自二十七年六月，禁烟委员会结束，继续禁吸事项，分交民财两厅办理。关于六项禁令及私吸人犯，由民厅督责省会警察局及各属地方官督察，严密调查，勒令戒断。

八、禁吸实施经过与结果

二十八年为分期施禁完成后之第一年。执行六项禁令，加强办理。昆明市责成省会警察局，各属责成地方官，督率各级禁烟职员，加紧严拿查禁，依法惩处私开烟馆者，并将所用烟馆之房屋，全部或一部没收充公。执行人员不加查缉惩处，即将执行人员一并照章惩办。其六十岁以上老病烟民，另行调查登记，发给救济公膏，按期递减膏量，劝导陆续施戒。各属公私立医院治疗所，均委托兼办戒烟事宜，听人民自行投戒。照规定应设立之戒烟、传验两所，由地方官负责办理。凡已戒未验，或遗漏未戒之烟民，均分别传所戒验。计全年验戒烟民八千三百零五人，拿获违禁一百零二案，烟犯一百一十二人。

二十九年，中央规定六年禁烟计划满期，各项违禁均应一律肃清。除饬各属依照成案厉行查禁外，所有六十岁以上，曾受救济及遗漏未戒烟民，均饬及早设法先行准备。或购服化验及格之有效戒烟药，或就县属戒烟传验所及兼办戒烟之医院，于六月底戒断报验，至迟不得过九月底，并于年底验明汇报。救济公膏即行停止。是年据报验戒烟民五万二千一百九十四人，拿获违禁七十二案，烟犯八十一人，没收违禁物品四十一两七钱五分，照案分别办理。比较成绩，已属显著。而据各方报告，仍未臻肃清之境，于此益见禁吸情形之复杂。

三十年度开始，实行断禁政策。将各属戒烟、传验两所，暂缓结束。并加紧调整，认真戒验。其尚未成立者，仍速成立。如当地有卫生院所，即归并卫生院所办理。嗣奉中央颁布《肃清烟毒调验规则》《公务员、军警调验规则》，当成立省会公务员、军警调验所，饬由昆华医院兼办。并饬各属将旧设传验所，照案改组为调验所。未经成立者从速组设。责由卫生机关负责办理六项禁令。饬由新县制督导员，前往各属分别督导。并饬民政厅会同警务处，择定全省情形，重要者六十四属，划为十二区。每区拣派禁吸密查一员，前往秘密查拿。除在曲靖、宣威、平彝、蒙自、个旧、开远、玉溪、凤仪、大理、弥渡、保山、腾冲、丽江等属，曾经拿获违禁，依法处理，并将各地方官照考成规则惩处外，其余各属尚无发现。是年统计调验烟民二千零六人，拿获违禁六十三案，烟犯六十三人，没收违禁物品九十七两四钱。

三十一年度，为限满后之第二年，尤应根据成案及中央善后办法，加紧督饬各属认真办理。适准内部咨送《改正烟毒检查证明书及说明》，饬由民政厅通行遵办，并饬会同当地军事机来联合检查，切实肃清。各地少数不肖军人，间有包庇售吸之事，地方官及负责职员，往往借为口实，而对各项违禁不予检查。复饬由民财二厅、警务处，分别通饬所属，务须采取有效办法，认真法办。倘有包庇放纵违禁之案，隐匿不办者，一经发觉，即唯地方官是问。各项禁令颇觉紧张，是年统计调验烟民九百一十一人，拿获违禁二十三案，烟犯二十三人，没收违禁物品八十公两四钱五分。

三十二年度禁吸，一面责由各地方官督属严拿违禁，一面加强省会公务员军警调验所、各属肃清烟毒调验所机构，充实内容，以资普遍调验。适准云南省临时参议会咨，建议省县卫生院，应增设戒烟机构，免费施戒，以救劳工贫民，而增抗战力量。经饬云南省卫生处、省会警察局、各属地方官遵照办理。复规定表式，饬由各区政务督导员严加督促。卒以财力物力所限，各属仍未能切实办理。然各项违禁人犯已有所警惕，故发现渐少。是年统计调验烟民三百六十二人，拿获违禁四百八十三案，烟犯四百九十五人，没收违禁物品一千六百八十七两三钱。

三十三年度禁吸，以上年督饬增设戒烟机构，各属未能切实遵办，致各地烟民号称戒断，而暗中吸食者仍甚多。地方官置若罔闻，而主管机关亦难免忽略之咎。当饬由民政厅严督各属认真执行禁令，凡年在五十岁以下者，依限一律禁绝。同时各县分别设立大规模之调验所，凡有嗜好可疑者，一经拘禁，强迫戒断。遇有执行不力之地方官，即予撤惩。其设有专员区域，责成各专员监督办理。未设专员区域，由该厅直接监督办理。同时通饬遵照院颁《彻底肃请云南省残余烟毒实施办法》切实办理，依限肃清。再分区委派督导实施考查督导。是年统计调验烟民六百四十五人，拿获违禁三百一十一案，烟犯四百二十五人，没收违禁物品五百四十五两七钱。

三十四年度，肃清残余烟毒限期届满，各属调验所成立而欠充实者，督饬认真整顿，尚未成立者，限期成立。实施上年曾饬各地方官调查册报未戒烟民，其未报齐者，限期调查册报。调验完毕，随时严督查缉六项禁令，依法讯拟呈报，再犯者从重惩处，并遵照《消灭私存烟土办法》，肃清积存烟土。内地各属已先后呈报办理情形，边远各属仍以文化低落，交通不便关系，尚未呈报，正在严厉督促中。截至本年七月底，计调验烟民七百八十三名，拿获违禁二百四十三案，烟犯二百四十五人，没收烟土膏灰一百二十六两三钱。

九、沦陷收复区前后施禁情形

滇省沦陷收复地，包括腾龙边区各属，计腾冲、龙陵两县及盈江、泸水等七设治局，均地处边疆，毗连英缅，情形复杂。而设治各属，民智未开，山头野人性尤犷悍，禁种之政，推行困难。在敌寇未侵入以前，几连年派兵督铲，始克收效。而邻邦弛禁烟土，则时时输运入境，防不胜防，故禁运禁吸亦莫不受其影响。自敌人侵入以后，据六区专员公署派员查报，各属人民处于铁蹄之下，被迫种植鸦片，几于遍地皆是。人民以其有利可图，不惜以全家粮食所需之地，完全种烟，冀获非分之利。乃自各渡被敌封锁，外面粮食无法运入，因而食草根树皮者，不知凡几。此固在敌执行毒化政策之下为必然之结果。迨我军收复，已在收浆期后，地方残破之余，疮痍满目，凄凉万状。然以禁令所关，自不能听其违害法令，破坏全局，亦不能遇事操切，致失抚绥之旨。当经饬由民政厅责令六区专员，按照中央颁布《收复地区肃清烟毒办法》妥为办理。并广事宣传，详切开导，务纳正轨，使咸知敌人阴谨，痛绝毒源，同登康乐之域。

十、施禁纲要及程序

施禁纲要，可分为筹备事项与施禁事项两大纲。筹备事项有六：（一）宣传一切办法与各属施禁日期，使人民了解绝对禁吸之主旨。（二）调查吸食鸦片之人，制造、运售熟膏及零售生土之人户牌号，开设烟馆之人户，制售烟具之人户，市售戒烟药之人户、药名，制售代用品之人户牌号、药名，逐一详细登记造册。（三）勒令售生土熟膏与开设烟馆、制售烟具、制售代用品之人改业。（四）化验市售戒烟药之成分。（五）制造戒烟药与公膏。（六）组织承销商，承销药膏。此六项俱于各期施禁之前办理完毕。至施禁事项有四：（一）考查勒令改业之人，有违犯者立予重惩。（二）化验决定市售戒烟药之准售与否。（三）查明四十岁以上之吸户，发给三联执照单，换领限期戒断执照，在期内领取公膏。（四）发售公膏，分期递减，并发售戒烟药。至其程序，则以昆明等三十八市县为第一期，由二十四年七月起至九月底止，筹备一切。二十五年一月起实施禁令，至禁绝日止。以会泽等四十七县为第二期，自二十五年六月起至八月底止，办理宣传及调查登记。九月起至十二月底止，筹备一切。二十六年一月一日起实施禁令至禁绝日止。以大关等四十五县为第三期，自二十六年四月起至六月底止，办理宣传及调查登记，七月起至十二月底止筹备一切。二十七年一月一日起，实施禁令至禁绝日止。各期内实施禁令日期，固定不移。其宣传调查登记及筹备事项，如有特殊情形者，得提前办理。此其大要也。

十一、六项封禁事宜

六项封禁者，一曰禁生土之零售，二曰禁熟膏之制造贩卖，此二者所以使吸户无从得资料也。三曰禁私熬私吸，以使有存土者不能不缴，且除领公膏者外不能不戒断也。四曰禁烟具之制售，所以断其用器也。五曰禁烟馆，所以杜其传染也。六曰禁代用品（即吗啡、高根、海洛因等毒品）之制造贩卖，所以杜毒品侵入也。此六者有密切之关系，一律严禁。乃可纳吸户予法令之内，不必严刑峻法以恐惧之，不必入室搜检以滋扰之，而环境改变，颓风转移，禁令乃可完成。六项之中，本省僻处边隅，吗啡等毒品向来未输入。但交通逐渐发达，奸民百计营利，不能预定以后无人营运，故当查禁。至封禁烟馆，同不始于今日。因其足以藏垢纳污，地方人士见有烟馆起而攻击，报经当地政府拿办者，尚有所闻。施禁以后，大都改业，虽有秘密开设者，亦经破获。其零售生土熟膏之人，省内外营业者甚多，施禁之初，尚联名呈请缓办，或请由彼等承办公膏。经严厉批驳，并责成警局逐一查传到案，勒令限期改业，违犯者立予拘押查封；而售熟膏生土者，乃依限禁绝。烟具之禁，易于办理，市间一有发现，立即拿案惩处；省内外销毁之数甚多惟私熬私吸一项，虽有查获，以多在夜深之际，严闭门户窗牖，乃敢熬者吸食，故查获不易。此种犯行，在施禁之初，故所难免，及日久而存土耗尽，当然无从煮吸，终不能逃于禁网，此事实之所必至者也。

十二、烟民登记及检举与发照办法

每期施禁之先，即将吸户调查登记。如一期三十八属在二十四年秋后着手，冬季办毕。调查吸户，以四十岁以上之平民，而未服公职者，登记于册，施禁后即不准补电增加。在调查之先，由该地方官先行明白布告，然后由委员及各区职员，按其区域，宣传登记事项及其利害关系，责令有瘾者，自赴执行机关，报请登记。如登记期满，而吸户有不来报登者，由执行人员将区内住民挨户查询，并就表面考验，凡认为有瘾者，详细登记，同时照登记册，填齐调查吸户三联单，以执照一联裁交吸户，持赴执行机关换领戒烟执照。领执照时，应缴照费国币二角，以缴验一联，随同表册呈送执行机关，以存根一联，自行存查。至发照以后，恐有规避隐瞒者，第一期由主管机关派员检举，二三区则由本府与特派员公署分委人员实施检举。按区按乡抽查考证，如年龄不及格而捏报冒领，或其人本无瘾，本已戒断，而欲领以转卖图利，均予纠正。同时宣传中央复兴民族、荡涤旧染之德意，责成不能领膏之吸户，立即服药戒除，至检举完毕后，即行发给戒烟执照。以六个月为一期，期满将此执照收齐注销，换领新照。以下照此办理。每换一次，征收照费一次。执照上注明吸户之姓名、住址、年籍、性别、领膏数量及应守规则，并留空白以备领膏时填注。至领照吸户如到其他施禁区域时，须于起程之先，报明事由地点，请填发旅行执照，停止发膏。并移转膏量于到达地点，再由所住之店主或房主，指导担保，报请该管执行机关发给领膏证照，回时即缴销之，以杜取巧假冒之弊。其旅行在一月以上者，须请换发长期执照。每张执照只限一人，禁止多人同领一张或转卖转借及租与他人，或用以包庇私吸等弊，盖必使领照人数确实无漏，方能促其依限戒断也。

十三、执行人员之奖惩与惩罪违禁

禁吸之奖惩大体与禁种禁运相同，而因发膏之关系，故有增加。关于地方官及委员之奖励，计分甲乙二种。甲种为特给奖金（临时酌定数目），乙种为记大功、记功（照通案发给奖金，每大功一次奖新币三十元，每小功一次奖新币十元）。地方官及委员之惩戒，计分甲、乙、丙三种。甲种撤惩（撤任或撤差，情节重者查办惩处）。乙种罚俸薪（罚一月或数月之俸薪，视当时情节定之）。丙种记大过记过（照通案缴记过罚金，每大过一次缴新币三十元，每小过一次缴新币十元）。各区职员之奖励计分一、二、三等。一等特给奖金（奖金数目，由地方官拟呈主管机关核定）。二等给予奖章或褒状。三等记大功记功（每大功一次奖新币九元，每小功一次奖新币三元）。各区职员及承分销商之惩戒，计分甲、乙、丙三种。甲种为撤换或拘押查办（由地方官拟呈核定）。乙种为罚金（亦由地方官拟呈核定），丙种为记大过记过（每大过一次照案缴罚金新币九元，每小过一次缴新币三元）。各属地方官及委员之奖励及惩戒两项，由主管机关考核呈报核定施行，其余得由主管机关，随时核定施行。各职员之奖惩，由地方官汇案，或随时考核呈报主管机关办理。至省委禁吸视察员任务，系视察各属办理禁吸概况，及境内有无发生违犯六项禁令之事件。其成绩优良者，则予以继续委用及记大功记功之奖；其有怠惰溺职者，则予以撤惩不再委用，或记大过记过之罚，均由主管机关考核行之。此外尚有各属地方官及承销商欠领公膏之办法。如甲月应领膏量，须尽甲月内缴清膏款，方能再领乙月之膏。又每月中分为上、下半月办理者，则上半月膏量，不能延至下半月请领，否则过期即不补发，均照案以欠领议处。其处罚办法如下：（一）欠领半个月公膏者，印官照章记过扣薪。承销商照应销膏量，从价处罚百分之五罚金，于下次领膏时一齐解缴。（二）欠领一月公膏者，印官照章记过扣薪。承销商照应领膏量，从价处罚百分之十罚金，于下次领膏时一齐解缴。（三）欠领一月半公膏者，印官照章记过扣薪，承销商照应领膏量，从价处罚百分之十五罚金，于下次领膏时一齐解缴。（四）欠领公膏至二月以上者，印官照章严处。承销商照应领膏量，从价处罚百分之二十罚金，除由印官追缴外，撤销其承销权。至前项膏款，即以该属每月应销膏量，照核定价值计算（例如应领膏量一千两，每两四元，合缴四千元，除坐扣百分之十分会经费及推销费四百元外，实缴三千六百元）。

惩罚人民违禁之法，凡零售生土者，制造运售熟膏者，开设烟馆者，制售烟具者，应照程限于调查登记后，勒令具结，遵限永远改业，并交由该管职员（即乡镇坊闾邻长）监督实行。至禁后严密调查，如查有违犯者，人犯应照《禁烟治罪暂行条例》分别惩处。由地方官查询明确，专案议拟，呈奉核准，再予执行。并没收其生土、熟膏、烟具等物，该管职员亦应负连带之责。对于开设烟馆者，格外加重，没收其开设烟馆之房屋。其私售未经化验核准之戒烟药，或已经化验核准而变更其处方质量者，关系人民生命至巨且大，亦依《禁烟治罪暂行条例》严行惩处。又吸户已领调查单，而不换领禁烟执照，或已领执照，而不领公膏，又未经验明戒断者，处以现金三十元以下之罚金，并分别追缴已领之调查单或执照。至吸户不依限换领新照，呈缴旧照，又不报明戒断请验者，或将已领之执照，租借转移及售与他人者，处现金二十元以下罚金，并追缴旧照。其他有违背规则之行为者，处现金五元以下之罚金。以上关于吸户，有违章应罚之情节时，由承销分销人或该管职员，分别开单送请执行机关办理，禁止私罚隐瞒。其各区职员查获有违禁行为者，应将人犯与违禁物品，仍一并拿送执行机关办理，禁止私自处罚，或隐瞒蒙蔽。此外，并奖励眼线密报，使秘密违禁者，不致漏网。此其大要也。

十四、三年定限届满之加强办法

三年期满，停发公膏，结束禁烟机关，原系预定之计划。但以余势未尽，复恐人民误会，自宜加强进行，以免死灰复燃。又为分工合作，增进效率计，乃将六项封禁事宜，畀诸民政厅永办。公膏之善后，戒烟药之制售等，责由财政厅接管。民厅对于封禁诸端，即责成印官认真查缉。又随时委派明查、密查以作耳目，即巡视政务人员，亦责令并同查报，用资督率，此外，凡团务警务人员，均饬其查缉。一有所获，即送印官究治，他如奖励之优厚，惩罚之严厉，更比限内加重。故昆明市则宪警密布，各属则自县长以迄保印长、政警、法警等层层包围，处处截堵，人民睹兹形势，自知警惧，故查缉越严，而犯者越少矣。此外，尚有药膏两项之加强办法，亦足以促成禁令。

十五、继续施禁之标准及调验所之整饬

自三期施禁完成停止发膏后，关于六项禁令，依照成案加紧查缉，无或少懈。而六十岁以上烟民，未能急切戒断；六十岁以下烟民，亦难免有所隐瞒。加以抗战军兴，政令殷繁，于是奸劣违禁，遂难肃清矣。

本省设置戒烟传验两所，验戒残余烟民，至二十七年底先后已成立七十五所。二十八年至三十二年亦历有增设，但卒未达到预期目的。考其原因，由于外县才财两乏，尤以边远各属，困难更甚。故虽经主管机关一再通饬整顿，其未成立者，限期一律设置，及调查结果，更能认真增设，适合调验需要者，仍属无几。而以前成立各属中，且每有因经费不继，中途辍废者，为数亦在不少。乃严饬民厅，妥为规划整饬，务须加强调整效率。其办法如下:（一）因经费人才药品等项关系，特规定各属调验所，由卫生院兼办，两相配合而利推进。凡已设立卫生院各属，均令由云南卫生处督责各属卫生院，认真兼办调验事宜，并由地方官查取院长履历，呈由民政厅核委兼充调验所长，以专责成。内容不完备者，负责督促加以充实。（二）凡有专员各属，均责成各专员查明所管各属情形。除已成立者，由厅抄单饬办，责令监督整顿。未成立者，或责令各地方官照案单独设立调验所。两所以上或并入专署调验所办理，总以能实施调验为主。其组织设备及验戒方法，由厅分别拟具规程，呈请省府核定通饬遵办。（三）民政厅直辖各属，除昆明市责成卫生处兼办外，其余各属，均分别督饬整顿，其未成立者，严催赶速成立。（四）由民财两厅会同查明各属情形，按照县之等级，分别规定调验所开办经常各费标准数目。通饬各属自三十四年一月起，列入县经费预算，作正常开支，是皆针对历来困难情形，逐一彻底改进者也。嗣由该厅拟具规章呈经核定，复规定程限。于三十四年一月以:（一）上年已遵限将调验所改组成立，并将烟民分

批调验列报者，应继续调验，每验毕一批，即将其姓名、年岁、籍贯、职业及调验经过情形，详晰列表，并填具鉴定书呈厅查核。（二）上年未遵规定将调验所成立具报，或已具报成立而未将所长请委，及未将烟民分批调验列报者，统限奉文一个月内，一面成立调验所，遵照组织规程第八条，将调验所长呈厅给委，一面即开始第一批调验，呈报查核。（三）各属所有五十岁以下烟民名册，为分批调验之依据，早于半年前令饬详细调查册报有案。凡未查报者应照上顶所定限期内，造送来厅，以凭查核。（四）各属调验所经费，虽规定自三十四年起，由县经费列支，但仅报调验所成立，并无实际工作表现，而未将烟民调验列报者，仍不准列支，以示区别。其有借名筹款，违法摊派者，查明严惩等项规定，通饬遵办，并随时不断督促。至是而调验基础，乃臻巩固。截止三十四年七月底，据报道照规定成立，确能实施调验者，共七十七属，登记册报五十岁以下烟民，共三千五百七十五名，已调验者共七百八十三名，内有一百三十二名经验明尚未戒除，已饬勒限戒断复验，并继续调验未验烟民呈报，其尚未查报烟民及设所调验各属，多系边区，现正严督办理中。当前抗战已属结束，禁令推行较前为易，稍假时日，不难普遍设置，将残存烟民，一举而验戒廓清也。

十六、救济干膏及戒烟药制造之更替

干膏及戒烟药之制造时期，各有不同。而制造处所其名称亦随主管机关之更易，及当日施禁情形而各异。一曰药物管理所。此期隶属财政厅。自二十七年七月起至二十二年九月止，干膏及戒烟药兼制，但干膏之制售，端在救济老病烟民。至二十九年底，因以前登记之六十岁以上烟民，俱已领膏戒断完毕，即予停制发售，仅制戒烟药一种。二曰药物管理所收束处。此期因调整禁政机构，经本府会议议决，饬财政厅将药管所移交民政厅接管，以资统一配合施禁情形，从事收束事宜。其时间自三十二年十月起，至三十三年三月底，将接收之戒烟药成品，及在制品制售完毕，即将该处撤销，人员分别给资遣散。三曰民政厅临时制药所。此期开始于三十三年八月，所以结束而复制造者，盖因整饬调验，各属地方官均以有效之戒烟药颇感缺乏，以致勒限验戒无法推进，纷纷呈请再制，廉价发售，俾残余烟民，得以戒断，借资肃清，故暂为俯准。以其系临时性质，故冠以“临时”二字。一俟相当时期，即仍予停止。至各期制售之戒烟药，均照禁委会时取林文忠公旧方，加工监制。二、三两期出品，其装置无论五钱一两者，俱一律改用纸袋，以期尽量减轻成本，使劳工贫民，均能购服，以资戒断。定价仅以收回成本为主，由各属按照需要，呈厅核准，饬所照售给领，仍照定价售给烟民，不准多加分文。

十七、公务员军警之调验

查本省调验公务人员，开始于二十五年至二十六年，完成后即将调验所裁撤。嗣后如有应经调验者，并交省会警察局烟民传验所验断。然群怵于公令森严，未敢尝试。故二十七、八、九年均无被举发交验之员。三十年十月，省府据报公务员中，又有新染嗜好者。经于十月二十一日议决，责由民政厅随时考查严予调验，维时因各属烟民戒烟传验两所，已先奉中央通令应于二十九年底一律裁撤。省府虽尚未通饬撤销，但在未奉有新办法以前，自未便仍责警局办理。且事关调验各级公务人员，证以从前办理经过，须专设处所方能推行无阻。适行政院公布之《公务员军警调验规则》、《肃清烟毒调验规则》颁行到滇，即转饬遵照组设云南省公务员、军警调验所，并指定省立昆华医院院长兼充所长，由厅拟定组织简章，及实施调验规则，呈经核定，于三十一年六月筹备成立。凡被检举及有嗜好嫌疑之公务、军警人员，均由厅按照程途远近，分别限定日期，通知其本管机关，督令来厅报到，立派检查、监视员各一员，率同入所会同调验所检查员，详细检查受验人之衣履，有无夹带违禁物品，监视赤身入浴后，穿着公备之衣裤鞋袜，并留取小便两瓶，以资化验。随有监视员陪同入受验室，共住一星期，逐日监视其饮食起居行动，有无发现《调验规则》第九条所列欠伸、流泪、流鼻涕、自汗盗汗、作恶吐睃、腹泻、瞳孔放大、呛咳等以及其他有瘾症状，逐一按表填列，参合医师之诊断，及小便之化验，以鉴定有无烟瘾。自三十一年八月起，至三十四年七月底止，已调验至十五期，计公务员七员，军职十一员，警员二员，验明确已戒断者十八员，俱由所填给鉴定证明书，尚未戒断者二员，因系军职，由厅呈请滇黔绥靖公署撤职严惩。此外尚有县长一员，到厅报到时，即自认因病染有嗜好，犹未戒除，又有保卫中队长一员，被检举时即闻风逃逸。均经分别由厅呈请撤职惩办。以其俱未入所受验，故不列入受验期内。然以三年时间，其被检举者仅此二十余员，则大多数公务军警人员，不甘堕落，自知警惕，亦可见矣。

云南省公务员军警调验所调验统计表

年别	月别	调验期数	受验人数	界别			调验结果		备考
				公务员	军	警	确已戒断人数	尚未戒断人数	
三十一年	八月	第一期	1	1			1		
	九月	第二期	1	1			1		
	十月	第三期	1	1			1		
	十月	第四期	1	1			1		
三十二年	一月	第五期	1	1			1		五员皆县长
	三月	第六期	2		1	1	2		警员一，保卫分队长一
	六月	第七期	1		1		1		保卫中队长
	七月	第八期	1		1		1		保卫分队长
	十一月	第九期	1		1		1		保卫中队长
	十一月	第十期	3	1	1	1	2		县长警员各一
	十二月	第十一期	1	1			1		盐务管理职员
三十三年	五月	第十二期	1		1		1		保卫营长
	六月	第十三期	2		2		2		保卫营长中队长各一
	八月	第十四期	1		1		1		军委会县事局昆明办事处职员
	八月	第十五期	3		3		1	2	保卫营长一、中队长二
合计			21	7	12	2	18	2	

云南省会警察局传验本市吸户统计表

届别	传验人数	日期		传验日数	传验结果
		起	止		
一届	9	二十五年十一月十六日	十一月二十二日	7	验明戒断七人，勒限戒断二人
二届	6	二十五年十一月二十三日	十一月二十九日	7	验明戒断五人，勒限戒断一人
三届	6	二十五年十二月十四日	十二月二十日	7	均已戒断
四届	6	二十五年十二月二十八日	二十六年一月三日	7	验明戒断五人，未到一人
五届	7	二十六年一月十一日	一月十七日	7	均已戒断
六届	6	二十六年一月二十五日	一月三十一日	7	验明戒断三人，先期死亡外出三人
七届	6	二十六年三月八日	三月十四日	7	验明戒断五人，勒限戒断一人
八届	6	二十六年三月二十二日	三月二十八日	7	均已戒断
九届	6	二十六年八月九日	八月十五日	7	验明戒断四人，无力交费缓验二人
十届	7	二十六年八月二十三日	八月二十九日	7	验明戒断六人，老年缓验一人
十一届	6	二十六年九月六日	九月十二日	7	验明戒断五人，因病缓验一人
十二届	7	二十六年九月二十日	九月二十六日	7	验明戒断六人，先期出省一人
总计	78				
附记	一、本表系根据省会警察局自成立传验所起，至结束止，所有已经传验人数填列。 二、传验吸户系在第一卫生所办至八届后因该所收容脑膜炎病人暂行停止，至八月初间开始继续传验。				

云南戒烟委员会调查公务人员统计表

年别	月别	调验次数	受验人数	界别				调验结果	
				党	政	军	学	确已戒断人数	尚未戒断人数
二十五年	一月	3							
	二月	3	47		33	8	6	43	4
	三月	3	46	1	36	5	4	45	1
	四月	2	30		21	7	2	30	
	五月	3	41		32	6	3	41	
	六月	2	32		24	5	3	32	
	七月	3	64		45	17	2	61	3
	八月	3	65		41	21	3	61	4
	九月	2	45		28	14	3	44	1
	十月	3	69		43	24	2	66	3
	十一月	2	50		30	18	2	50	
	十二月	2	48		32	13	3	45	3
合计		28	537	1	365	138	33	518	19
二十六年	一月	3	68		43	20	5	68	
	二月	1	22		13	71	2	22	
	三月	3	55		17	1	55		
	四月	1	23		16	5	2	22	
	五月	1	22		15	6	1	21	1
	六月	2	44		23	20	2	44	
	七月	3	59		35	19	5	58	1
	八月	2	45		25	18	2	45	
	九月	1	22		14	7	1	22	
	十月	无							
	十一月	1	11		11	9		20	
	十二月	1	17		14	2	1	17	
合计		19	397		245	130	22	395	2
总计		47	934	1	610	268	55	913	21
附记	一、本省自二十五年二月份起，至二十六年底止，调验公务人员，计四十七次，前后验毕九百三十四员。 二、验明嗜好未戒断者二十一员，当将该员等撤职，并处以停委三年之处分。 三、验明确已戒除嗜好者九百一十三员，由调验所予以证明书。								

ONG GAOZHONG JIAOKESHU

AXUE

普通高中教科书　化学　必修　第二册

ISBN 978-7-107-33575-4

教科书定价：9.85元

配套光盘定价：5.00元

ISBN 978-7-107-33575-4

民国云南通志长编　一　大事、党务、议会、内政、军务

民国云南通志长编　二　民政

民国云南通志长编　三　财政、教育

民国云南通志长编　四　建置、交通、盐务

民国云南通志长编　五　司法、外交、社会、农业、工业

民国云南通志长编　六　商业、宗教、艺文、金石、人物

民国云南通志长编

四

[民国]周钟岳 李根源 方树梅 等 纂修

云南出版集团
云南美术出版社

图书在版编目（CIP）数据

民国云南通志长编：全6册 / 周钟岳等纂修．-- 昆明：云南美术出版社，2022.12
ISBN 978-7-5489-5156-8

Ⅰ．①民… Ⅱ．①周… Ⅲ．①云南—地方志—民国 Ⅳ．① K297.4

中国版本图书馆 CIP 数据核字（2022）第 180154 号

出 版 人：刘大伟

项目统筹：刘大伟　赵文红
责任编辑：赵异宝
装帧设计：郑玉如
责任校对：孙小渊　王飞虎　何　花

民国云南通志长编　四

［民国］周钟岳　李根源　方树梅等　**纂修**

出版发行：云南出版集团
　　　　　云南美术出版社（昆明市环城西路 609 号）
印　　刷：云南出版印刷集团有限责任公司华印分公司
开　　本：787mm × 1092mm　1/16
印　　张：22.5
字　　数：956 千字
版　　次：2022 年 12 月第 1 版
印　　次：2023 年 3 月第 1 次印刷
ISBN 978-7-5489-5156-8
定　　价：1960.00 元（全六册）

目 录

民国云南通志长编卷三十九

民国云南通志长编卷四十

民国云南通志长编卷四十一

民国云南通志长编卷四十二

民国云南通志长编卷四十三

民国云南通志长编卷四十四

民国云南通志长编卷三十七

建置

建置

我国文明起源虽早，而进步则迟，物质建设与欧美各国较，尤瞠乎其后。盖革命之目的在于建国，建国之工作经纬万端，将欲使数千年陈陈相因、迂缓不进之陋习，一举而廓清之，作加速度之进展，自非排除万难，作有计划之全面动力不为功。全国如是，一省亦然。光复以后，未尝无有心之士，谋桑梓之建树，然天灾人事，阻挠实多，收效盖寡。所幸自十八年八月省政府成立后，肃清萑苻，绥靖闾阎，进而调整金融，安定民生，乃复致力于建设工作。自十八年以还，为期虽短，而进步之速实惊人。举其大要，略有三端：建设之旨，在于交通，省河山梗阻，道路崎岖，乃谋修筑公路，干道、支道，咸依计划完成通车，一也；民以食为天，本省土地广大肥沃，只以水利未兴，弃置无用，乃发动三迤官民，合力以赴。迤东如昭通、鲁甸、曲靖、沾益，迤南如蒙自、开远、陆良，迤西如宾川、祥云，滇中如宜良、路南等地，大型、小型水利既兴，阡陌相望，葱葱郁郁，方之汉文齐，元张立道、赛典赤，明沐英、沐春，清鄂尔泰实可比美，民食可望自给，一切生产乃有基础，二也；本省矿产既富，为天然之工业区，然工业建设方面尤多，重工业及机械制造不易着手，故先从纺织、炼锡等项工业进行。规模既宏，成效尤著，各种轻工业亦次第举办，三也。此荦荦大者，当分别以专章叙述。此先就官署、城池、街市、祠庙之改革略述其概，以其仅为建设之一部，故易名曰“建置”云。

官署变迁

清时官署通称衙门，而督、抚、提学三署又崇其称曰院。各官署均有永久地址。民国成立，凡百维新，统谓官署曰公署，亦曰机关。然因限于财力，而官制复时有变更，多系沿用昔日官署稍加修葺。今就现设各公署详纪颠末，而清时旧有公署经改作他用者，亦附类列叙于后，俾后之言建置者有所考云。

云南省政府：在省城内五华山，原系清万寿亭右侧之悯忠寺，光绪三十四年改建为两级师范学堂讲舍。辛亥光复，成立军都督府于此，而迁师范学堂于旧总督署。历年官制变迁，如将军行署、督军公署、靖国军总司令部、省公署、滇军总司令部、三十八军总司令部、讨逆军第十路总指挥部，中央剿匪军第二路总司令部，均递嬗设立于此。其北部于民国二年为云南省行政公署（即民政长署），同时各司均附设于内。

民政厅：在小西门福照街，原系清之巡抚署，民国三年后，历作巡按使署、省长公署、内务司、内务厅等公署。

财政厅：在大东门内象眼街，原系清布政使司署之东轩，后于象眼街开门为兵备处。民国成立，设国税厅，继改财政司，今为财政厅，附设全省清丈总局。

教育厅：在小西门内武庙上街，原系清巡抚署之西花厅。民国十年，经前省长公署划分，修建为教育厅公署，另行向北开门，继改为教育司，今仍为教育厅。

建设厅：在大东门内迎恩街，原系清之督标中军守备署，宣统初改设劝业道。光复后曾设实业司、滇中道、外交司、交通司于此。民国十七年改设建设厅。

实业厅：在城内翠湖南黄公祠，原系清之尽忠寺，光绪三十四年，改设自治总局，附自治研究所。民国八年，请准作黄公祠。先是，实业司在南门外金碧公园内，十六年迁入城，旋改组为农矿厅，又改为实业厅。二十四年裁废，并归建设厅，而以其地设公路总局。

盐运使署：在南城内万钟街，原系清盐法道署。民国二年初，设滇中道观察使于此，三年设盐运使，仍恢复焉。

外交部特派员办事处：在城内翠湖东，原系昆明市政公所新建礼堂。初交涉署系在大东门内绿水河，继改云南外交司，迁今建设厅署，近改办事处，仍迁于此。

高等法院：在城内西华街，原系清之翊灵寺。民国初改设司法筹备处，后改为高等审、检两厅，十六年改高等法院，仍设于此。

地方法院：在南门内庆云街，原系清提法使司署。民国成立，改设民政司，后改设昆明地方审、检两厅，十六年改昆明地方法院，仍设于此。

省会公安局：在南城内景星街，原系清督标中协署，宣统初设巡警道。民国成立，先后改设巡警局、省会巡警厅、全省警务处，民国十一年设昆明市政公所，警务归并市政办理，二十一年该局划分独立，仍设于此。

昆明市政府：在南城内景星街，就省会公安局东偏余地修建今署，仍同大门出入。

昆明县政府：在小西门内平安街，原系清抚标右营游击署。民国成立，改作昆明县知事公署，继续作县长公署，今改县政府，仍设于此。

造币厂：在大西门内钱局街，系清宝银局旧址。

富滇银行：初在威远街清左营游击署，今移旧市政司街，原系清市政司西偏库房地址。

禁烟局：在威远街财神巷内，原系清督标左营游击署。民国成立后，设水利总局于此，今售作民房，由局租住。

电政管理局：在大东门内迎恩街，即清电报局旧址。

无线电局：在护国门内正街，系新建屋宇。

邮政管理局：在南门外得胜桥旁，建于清末。

特种消费税局：在邮政管理局旁。

契税、营业税局：在小西门内正街，前设烟酒事务局，今同署办公。

宪兵司令部：在旧布政司街，原系清布政使司署。

兵工厂：在北海子边，即清机器局旧址。

军需局：在如安街，原系清抚标中军署，宣统初改为粮饷局被服厂。民国成立后改今名，仍设于此。

机械局：在五华山后黄河心，即清军械所旧址。

清云贵总督署：在南城内三牌坊西，建自康熙初年。民国成立后，改作两级师范学堂，今为省立云瑞师范学校。

清云南巡抚署：在总督署西，康熙时建，光绪三十年裁巡抚缺，改作陆军小学堂，今为民政局。

清提学使司署：在北门内世恩坊右，康熙时建，原为提督学政，清末改司，仍设于此。辛亥光复时，头二门被毁，旋修改作昆明市立第四小学校，今市立中学亦并设于内。

清布政使司署：在南城内三牌坊东，康熙时建。即今之宪兵司令部、财政厅、富滇银行。

清提法使司署：在南城内南正街东，康熙时建，原为提刑按察使司，清末改提法使，仍驻于此，即今之地方法院。

清交涉使司署：在总督署左，清末新设，其官署系以总督署之一部分划分改建，今并归省立云瑞师范学校。

清粮储道署：在南城内南正街西，康熙时建。民国成立，初改设图书馆，后开为直街以利交通，两廊修建铺房，即今之文明街。

清盐法道署：在南城内万钟街，康熙时建，即今之盐运使署。

清巡警道署：在南城内景星街，原系督标中协署，宣统初就该署改设巡警道，即今之省会公安局、昆明市政府。

清劝业道署：在大东城内迎恩街，原系督标中军守备署，宣统初改设劝业道，即今之建设厅。

清云南府知府署：在大西城内文林街，康熙时建。民国成立后改作省立一等中学校，今为昆华中学校。

清南关水利督辅府署：在南城外珠市街，咸丰时建，今为商埠第一区警察署。

清云南府教授署：在孔子庙旁学宫内尊经阁左，康熙时建，民国成立，改作昆明师范学校寄宿舍，今附入昆华民众教育馆。

清云南府训道署：在学宫内尊经阁后，今附入昆华民众教育馆。

清昆明县知县署：在小东城圆通山脚，康熙时建。民国成立后，改作阵亡官兵遗族教育所，今为遗孤院。

清昆明县教谕署：在学宫内崇圣祠左，康熙时合府县两学为一，并同修建，民国成立，改作昆明师范学校寄宿舍，今附入昆华民众教育馆辟作球场。

清昆明县训导署：在学宫内崇圣祠右，康熙时建。民国成立，整理市街，拆卸房字，贯通文庙西巷，与西华街交通，今立有石碑，题曰“不冷堂遗址”，即其地也。

清陆军第十九镇统制署：在大东门内熟皮坡，即前清督标右营游击署，清末改为镇统署，民国成立，改作女子职业学校，今为昆华女子中学校。

清督标右营游击署：清末改为镇统署。民国成立，改作女子职业学校，今为昆明女子中学校。

清督标左营游击署：在城内威远街。民国成立，改作富滇银行、水利总局，今售作民房。

清中军守备署：在城内象眼街，清末改作昆明劝学所，今作昆明教育局。

清抚标中军兼左营参将署：在如安街，即今之军需局。

清抚标右营游击署：在平安街，即今之昆明县政府。

城守营参将署：在大西门内，今并作昆华中学校。

清汛防千总署：在北门内左哨街，今作省会警察第三署。

清考试官公馆：在翠湖南，今改作赵武毅公祠。

清矿务督办署：在大东门内长春坊，原系分巡迤东道行馆，后改为京铜局，光绪中改作矿务署，今作省教育会。

城池变迁

云南省会旧有城，高二丈九尺二寸，周九里三分，形如梯式；西北面成长方形，东南面成三角形。原设城门六，上皆有楼。东门曰“咸和”，楼曰“殷春”，俗呼大东门。东北门曰“敷泽”，楼曰“璧光”，俗呼小东门。南门曰“丽正”，楼曰“近日”（《古今图书集成》原名“尚明”，清总督范承勋易今名），俗呼大南门。西门曰“宝成”，楼曰“拓边”，俗呼大西门。西南门曰“威远”，楼曰“康阜”，俗呼小西门。北门曰“拱辰”，楼曰“望京”。南门西偏有钟楼，曰“宣化”，东偏有鼓楼，曰“启文”。后鼓楼毁于光绪戊申年，仅存钟楼。环城有河，曰“护城”，可通舟楫。其外有重关，扼市阛之隘。案《唐书》:“广德初，凤伽异筑拓东城”，今城即其旧址也。后改善阐府。元曰中庆城。明洪武十五年建云南府，改筑砖城，并将东北隅展拓至螺峰山外。万历四十八年重修。清康熙二十年，以大兵围攻吴三桂，倾圮，重修。其后，请动地丁边费银重修者，有嘉庆二十一年总督伯麟、巡抚孙玉庭、陈若霖，道光九年总督阮元、巡抚伊里布；支岁修银重修者，有乾隆二十九年昆明县知县魏成汉，三十一年知县李世保，三十三年知县朱学醇，五十年知县施廷良，嘉庆四年知府李治；由守令官自修者，有乾隆十三年云南府知府徐铎，二十一年昆明县知县额鲁礼。宣统三年，云南举义正，将西北隅攻破，旋即修复，故城壁甚完好。

民国八年，因省会人口繁盛，为便利交通计，于西南隅特辟一门，适云南护国功成，特额曰“护国”，以作纪念。其门无楼，亦无重关，俗呼小南门。外筑桥，亦以护国名。主其事者，为省会警察厅。工竣，立石以垂永久。其碑记为袁嘉穀撰、陈荣昌书，附录于后。

云南省会护国门碑记

民国四年，帝逆移国，会泽唐公继尧率滇人兴师护之。国复兴，中外人士相震动。众日集，市日懋，肩摩毂击，途为之塞。省会警察厅启当道，辟会城东南隅门以通之。崇而坚，宏而整。门外筑拆，桥工如门，费六万余金，不劳民力，名曰“护国”，以表一省任事之艰，祝民国万年之福也。自唐筑拓东，六门屹立，千年古迹，踵而增华。碑以永之，斯其宜也。工事之详，别载碑阴。爰为铭曰：天南一隅，支柱中原。兴师仗义，劳哉滇人。乃巩国基，乃辟垣门。来者勿忘，亿万斯年。

民国十一年八月，昆明市政公所成立，为整理交通起见，拟将城垣拆去，以免阻碍。惟工程浩大，骤难全部实行，特呈准省公署将南城之丽正门及月城，先行拆去，以其旧址改修为“近日公园”，并由全省公民酬金公建“会泽唐公再造共和纪念标”于中央，其“近日楼”则另加修葺。立“护国纪念博物馆”，设改“丽正门”为“正义门”，东西两端各辟一口，接筑马路，绕“近日公园”成环形。工竣，勒《整理城南交通工程记》于石，以垂永久。斯记为昆明市市政督办张维翰撰书，附录于后。

整理城南交通工程记

云南省会城垣，向辟六门。而以南城门当交通要冲，其门内外凡二，皆有层楼，一曰丽正门，即今移建于古幢公园以作劝农亭者，一曰近日楼，即今所称之正义门。画栋雕栏，固庄严犹在也。在昔重门叠设，皆阔仅丈余，窈然深黑，而又络以月城，廛屋参差，露贩杂陈，市人熙来攘往出入于其间者，肩臂相摩，有如万蜂穿穴充塞无缝之势。政府深感其不便，乃有增辟护国门之举。顾南城门既居商场中心，其交通之频繁，仍如故也。中华民国十一年春，今省长会泽唐公，还镇南滇，励精图治，而尤亟亟焉以市政为当务之急，划省会区域为昆明特别市，将以树风声于全省。维翰适由海外考察归来，奉命承乏其事。受任之初，以为整理市街，当以交通为前提，而阻碍交通之城垣仍存，将无以语于整理。因拟留其一部，以存历史旧迹，而余尽去之。乃又艰于财力，有志未逮，不得已而思其次。爰定局部整理之策，先将南门月城以内及其附近民廛，凡数十间，尽收买之，然后举月城城垣与丽正门楼同时拆卸，而于“近日楼”则加以修饰，使增壮丽。并就其东西两端各辟一口，接沿月城旧址。筑石块马路为环形，使出入异趋以利交通。路之中有椭形广场，则缭以铁槛，筑池种花，营为市街公园，以资游息。路以外东西两端余地，则起楼房各数十间，亦如环形，以为模范市场。更空其当中之一间，而通以横巷，巷以外则分置菜市、食馆与夫浴场、车店之属。使市内应有公用设备，而此一隅皆尽有之。此其计划之大略也。计划既定，呈奉省务会议可决，遂于民国十二年五月成立整理城南交通工程处，选任优于土木建筑人员分理其事，而在事人员亦各竭心努力，排众难，忍百苦，历十一月之惨淡经营，而告厥成功。以视曩日旧状，则楼焕然以新，门洞然以启，环形马路亦廓然以广；涉园而花气袭人，喷泉溅露；入肆而瑰货方至，百艺竞奇。凡人身历其间，盖无不流连四顾，神为之怡。即前之泥守故廛难与谋始者，亦欣欣然而转相称庆矣。其尤足以壮都市之观瞻而为人群所景式者，则全省公民醵金恭建唐公再造共和纪念标，适居公园中央，又于同时落成；金碧辉煌，与近日楼互相掩映。而斯楼复因市民之请，设立护国纪念博物馆，是标与馆皆所以纪公之功德；而公之功德无非为主持正义，因名楼门为正义，名环形马路为正义东路、正义西路，而近日楼之仍存，且以近日名公园。今于工之竣也，爰举其概要而为文以记之。

民国十九年，昆明市政府以省会人口日渐增加，商务日臻繁盛，旧有房屋铺面不敷居住营业，呈准省政府将由正义门以东、护国门以西一段城墙完全拆卸，建筑新市场之一部，以与三市街相衔接。旧有护城河一段，即以拆城所得之土填筑，以拆城所得之砖镶水沟二条，沟帮每边宽一法尺，共宽二法尺，沟身宽二法尺，共计四法尺；位置于南北两廊步道之下，以泻东面城河之水及东南城内街面之水，每沟隔二十丈镶砌沉淀池一个。此沟底深下二尺，上置铁网盖，以便挑除沟中淤泥。中间修筑石马路一条，路幅宽度定为：车道三丈六尺，步道每边一丈，共计五丈六尺。计自护国门起至正义东路止，就城墙地址规定铺面开间一丈一尺，进深四丈，两廊可建铺面二百六十二间，铺后余地可建大小住房八院；此项铺地、房地，业经商民认购。惟因路面未修，应收买正义东路现有铺面，以通出入之处，亦未照办，故至今尚无起建者。

商埠一署地址开街一条，直通祥云街，车道二丈四尺，步道每边九尺，共四丈二尺。

民国二十三年，昆明市政府以小西城为本市水陆交通孔道，因路幅狭窄，车马行人异常拥挤，将来各公路完全通车，通行更感不便。业经测量设计，绘具图案，编具工程计划预算书，呈奉核准招工投标承办在案。已于二十四年度兴工改造，计改造工程分为六项：（一）修理大小鼓楼，（二）移建小学校舍，（三）挖辟城墙，（四）修筑拥壁，（五）新建大观街石桥，（六）修筑沟道。现在着手进行，工事尚未完成。

查拆城之举，当民国十二三年间全国同风，拆废不少。近年国民政府叠有保存名胜古迹古物之令，而保存城垣并有专令。此后能否再有拆卸，当亦视时代环境变迁耳。至本省各县原有城池，悉沿其旧，并无变更。

街市变迁

云南省会街市原分城内外二十四段。清宣统二年经巡警道改为九区：计城内五区，曰内中、曰内南、曰内东、曰内西、曰内北；城外四区，曰外南一、曰外南二、曰外东、曰外西。迄民国二年，复经省会警察厅并为六区，即今之省会警察一、二、三、四区及商埠一、二区也。不惟警察依此设置，即施行地方自治编联保甲，咸依次划分为准则焉。自滇越铁道通车以来，四方云集，人烟辐辏，昔日街市，大都阻碍，于是筹设市政，整饬街容。塞者通之，狭者宽之，坑陷予以平夷，交通遂称便利。其间变迁之经过，有足资叙述者，兹将各区分段所辖街巷及变迁情形分列二表于后：

云南省会各区分段街巷一览表

区别	段别	街及正巷	附属各巷
第一区	第一段	正义东、西街	永升巷
		南月城	清真寺巷
		南大街	康龄巷
		高山铺	小火巷
		天宁寺巷	
	第二段	文庙街	海天角巷
		景星上街	庆余巷
		甬道街	郭家曙光巷
		文明街	质当巷
		甬道横街	草纸巷
		东、西巷，洞巷	玉泉巷
	第三段	龙王庙街	石灰巷
		景星下街	耳巷
		万钟街	龙家巷
		通城巷	
		吉祥庵巷	
	第四段	南城脚	吕祖庵巷
		龙井街	华阳巷
		华兴巷	小土主庙庵
		龙家村巷	龙泉巷
			涌泉巷
	第五段	光华街	石板巷
		甘公祠街	
		兴隆巷	
		沙腊巷	

（续表）

区别	段别	街及正巷	附属各巷
第一区	第六段	西院街	大厅巷
		如安街	升平巷
		五福街	石门坎巷
			月宫巷
			高石坎巷
			围杆巷
	第七段	菜市街	宏昌巷
		东院街	庆余巷
		三牌坊	居仁巷
		南正街	四知巷
			邱家巷
			孝子坊巷
			大、小银柜巷
	第八段	象眼街	六合巷
		威远街	小柳树巷
		劝学巷	三台巷
		大树巷	
	第九段	青龙巷	石门坎巷
		财神巷	豆豉巷
		白鹤桥	火腿巷
		双水塘	水井巷
		绣衣上街	福昌巷
	第十段	东城脚	豆角巷
		穿城巷	汲泉巷
		启文巷	

（续表）

区别	段别	街及正巷	附属各巷
第一区	第十一段	南昌街	白果树巷
		绣衣下街	新平巷
		团城脚	财神宫前、后巷
	第十二段	登仕街	太平巷
		庆云街	翠花巷
		端士街	际春巷
		大柳树巷	豆菜巷
		云兴巷	
第二区	第一段	西华上街	华国寺巷
		马市口	省议会东、西巷
		华山街	翊灵寺巷
		文庙西街	四纛巷
			螃蟹巷
			嵩呼巷
			浙江巷
			吉安巷
	第二段	永宁宫坡	
		楚姚镇巷	
		布珠巷	
		黄河巷	
	第三段	四吉堆	豆腐巷
		西华下街	双梅树巷
		好生巷	
		左家巷	

（续表）

区别	段别	街及正巷	附属各巷
第二区	第四段	咸宁寺巷	建理巷
		柿花巷	
		五华坊	
		街家巷	
	第五段	兴华下街	磁碗巷
		大、小绿水河	青宁巷
		扁担街	电报局巷
		报国寺街	报国寺巷
	第六段	迎恩街	双双巷
		东升街	龙泉巷
		东月城	麒麟巷
		东门下街	
		褡裢巷	
	第七段	东门上街	花园巷
		兴华上街	三光巷
		如意巷	魁星巷
			土墙巷
	第八段	长春坊	东道巷
		文庙东街	
		四牌坊	
		文庙西巷	
	第九段	二纛街	宽巷
		三纛巷	东生巷
		文庙西街	潇湘巷
		义生巷	小土巷
			康寿巷
			围墙巷

（续表）

区别	段别	街及正巷	附属各巷
第二区	第十段	土主庙下街	保和巷
		城隍庙	仁和巷
		福照街	乾羓巷
		劝业场前街	永国庵巷
			上、下马庄巷
			劝业巷
	第十一段	武庙上街	饮甘巷
		三转湾	义兴巷
		丰乐街	吉兴巷
		小富春街	汲水巷
			益兴巷
			太阳巷
			梅子巷
	第十二段	西城脚	福兴巷
		富春下街	水井巷
		平安街	庆和公馆
			饮泉巷
			石山公馆
	第十三段	富春上街	芭蕉巷
		洪化桥	通济巷
		武庙下街	三阳巷
			咸阳巷
			花红井巷
			余家巷
			交通巷
			豆浆巷
			提塘卷
			连升巷

（续表）

区别	段别	街及正巷	附属各巷
第二区	第十四段	蒲草田	黑源巷
		水塘子	料香巷
		小西月城	福升巷
		小西门街	福寿巷
			正阳巷
	第十五段	钱局下街	海源巷
		承华圃	打碑巷
		洗马河	石安巷
		蒲草巷	箭美巷
	第十六段	中和巷	静云庵街
		大桑子巷	清泉巷
		景虹上街	吉云庵街
		沈官坡	小桑子街
			曹家街
	第十七段	南海子边	小井巷
		磨盘山	
		景虹下街	
	第十八段	黄公东、西街	
		一丘田	
		尽忠寺坡	
		宜兴庵巷	
	第十九段	卖线街	纸马街
		升平坡	三棵树巷
		登华街	竹子巷
		铁局街	四端巷

（续表）

区别	段别	街及正巷	附属各巷
第二区	第十九段	土主庙上街	槐树巷
		土主庙巷	仙姑巷
			天灯杆巷
			炒豆巷
			受福巷
第三区	第一段	北门下街	
		双眼井街	
		北仓坡	
	第二段	世恩坊	端拱巷
		螺峰下街	都成巷
		圆通下街	缘忠巷
		大兴街	
		积善街	
	第三段	圆通上街	初地巷
		圆通西街	
	第四段	小东正街	打水街
		马家地巷	远照巷
	第五段	大、小东城脚	竹园巷
		节孝后巷	金凤花园
	第六段	平政街	复和巷
		节孝前巷	平角巷
		皇城角	新民巷
			宝兴巷
	第七段	螺峰上街	桂花巷
		高地巷	
		大小梅园巷	

（续表）

区别	段别	街及正巷	附属各巷
第三区	第八段	水晶宫	青云巷
		青云街	石印巷
		祝国街	
	第九段	皇华馆	
		青连街	
		海潮庵街	
		础基巷	
	第十段	海心亭	若园巷
		玉龙堆	
	第十一段	北海子边	
	第十二段	钱局上街	木牌坊巷
			敬节堂
			染布巷
			石牌坊巷
			仓园巷
			白衣庵巷
	第十三段	大西正街	忠烈祠巷
		荃巷街	光宗巷
		金鸡街	
	第十四段	文林下街	哑巴巷
		府角街	软枣树巷
		西仓坡	
	第十五段	文林上街	围墙巷
		先生坡	吉安巷
		小吉坡	地藏寺巷
			天君巷

（续表）

区别	段别	街及正巷	附属各巷
第三区	第十六段	龙门桥	四方井巷
		左哨街	洋碱巷
		贡院街	裴家巷
		贡院坡	蔡家巷
			堆子巷
			大、小井街
	第十七段	北门上街	老马地巷
	第十八段	莲花池正街	居安巷
			大昌巷
			邓家巷
			中巷
			桂花巷
第四区	第一段	裕丰街	
		三合营	
		瓦仓庄	
	第二段	南、北篆塘边	
		牛市巷	
	第三段	永丰街	周家巷
		庆丰街	打猪巷
		外西城脚	
		大观楼	
		东西长村	
		潘家湾	
	第四段	县城坡	
		长耳街	
		龙翔街	

（续表）

区别	段别	街及正巷	附属各巷
第四区	第五段	凤翥街	
	第六段	三分寺	
		胜因寺村	
商埠第一区	第一段	珠市下街	廉泉巷
		祥云上街	福生巷
		毡子街	崇德巷
		毡子横街	
		宝善西街	
	第二段	珠市上街	银珠巷
		同仁街	胭脂巷
		三市街	二元巷
		凤凰桥	盐店巷
		玉溪商业场	
	第三段	顺城街	云龙巷
		打带巷	孚佑宫
		崇仁街	静地庵
	第四段	烧猪桥	
	第五段	敦义下街	三益里
		鸡鸣桥	
		北岳庙	
		大梵宫	
	第六段	敦义上街	知化巷
		羊市街	仁寿巷
		金碧街	金马巷
		教子巷	碧鸡巷
	第七段	东寺上街	花椒巷
		鱼课司街	

（续表）

区别	段别	街及正巷	附属各巷
商埠第一区	第八段	东寺下街	西寺巷
		石桥铺	
	第九段	书林街	司马第巷
		奏功桥	
	第十段	云津市场	
	第十一段	广集街	香油街
		崇善街	陕西街
		德声巷	
	第十二段	巡津下街	
		后新街	
	第十三段	新城铺	泰安巷
		三义铺	
		巡津上街	
		护国下街	
	第十四段	木行街	
		维新街	
		护国上街	
	第十五段	翠花街	
		头道巷	
		二道巷	
		宝善东街	
	第十六段	北后街	端仁街
		营门口	复善巷
		祥云下街	
		南强街	
		正义街	
		鼎新街	

（续表）

区别	段别	街及正巷	附属各巷
商埠第二区	第一段	岔街	
		后岔街	
		重关	
	第二段	聚奎街	
		三元上街	
	第三段	三元下街	白塔巷
		盐行下街	石家庵巷
	第四段	云津街	
		盐行上街	
		塘子巷	
		太和上街	
		得胜桥北岸	
	第五段	太和下街	杨家庄
		福德街	
		咸和下街	
		交三桥	
	第六段	咸和上街	
		吹箫巷	
		卖米巷	
		打草巷	
	第七段	东正街	
		金牛街	
		猪集下街	
	第八段	猪集上街	屠兽场
		丁字街	
		敷润上街	
		米厂心	

（续表）

区别	段别	街及正巷	附属各巷
商埠第二区	第九段	桃园街	豆腐巷
		敷润下街	米线巷
		灵光下街	
		薛家巷	
		南河埂	
	第十段	灵光上街	
		羊坞里	
		北河埂	

云南省会各区街市变迁一览表

区别	街市名称	变迁情况
第一区	南大街	系就原曰南大街南正街三牌坊归并
	景星街	原分上下街并为一街
	甬道街	系将原有甬道横街并入
	市府东街	原为龙王庙街
	光华街	系将原有东院街并入
	威远街	系将菜市街东西两街头并入菜市仍沿用旧名
	绣衣街	原分上下两街合并为一街
第二区	西华街	原分上下两街合并为一街
	马市口	系将原曰四牌坊归并在内
	东大街	系就原曰东门上下街长春坊大东月城归并
	兴华街	原分上下两街合并为一街
	文庙横街	原称东西街合并为横街
	武庙街	系就原曰城隍庙街及武庙上下街归并
	武成公园	系就武庙照壁改建
	富春街	原分上下两街合并为一街

（续表）

区别	街市名称	变迁情况
第二区	小西正街	将原有小西门月城归并为一街
	蒲草田	将原有之蒲草巷归并在内
	永安街	系就原曰钱局下街更改
	景虹街	原分上下两街合并为一街
	土主庙街	原分上下两街合并为一街
第三区	北门街	原分上下两街合并为一街并将世恩坊并入
	螺峰街	原分上下两街合并为一街
	圆通街	原分上下两街合并为一街
	小东城脚	将原曰大东城脚归并在内
	崇孝巷	原名节孝巷并分前后今仍改沿旧名并为一巷
	东海子边	系以皇华馆海潮庵巷一部分归并统称是名
	钱局街	原名钱局上街今将上字取消
	文林街	原名上下两街合并为一街
	龙门桥	将原曰左哨街并入
	玉龙堆	将原有贡院坡归并在内
商埠第一区	珠市街	原分上下两街合并为一街
	祥云街	原分上下两街合并为一街
	南华街	系将毡子横街更改
	宝善街	原分上下两街合并一街
	三市街	系将金碧街归入
	东寺街	原分上下两街合并为一街
	碧鸡大街	系就原曰敦义上下街鸡鸣桥归并统称是名
	金马大街	系就原曰奏功桥广聚街新城铺归并统称是名
	巡津街	原分上下两街合并为一街
	护国街	原分上中下街合并为一街
	正义街	原分前后两街合并为一街

（续表）

区别	街市名称	变迁情况
商埠第二区	聚奎街	原分上下两街合并为一街并将重关并入
	盐行街	原分上下两街合并为一街
	咸和街	原分上下两街合并为一街并将交三桥东正街并入
	三元街	原分上下两街合并为一街
	太和街	原分上下两街合并为一街
	敷润街	原分上下两街合并为一街
	珠集街	原分上下两街合并为一街并将丁字街并入
	灵光街	原分上下两街合并为一街

省会街市路面原用石砌，本甚坚实，惟以年久失修，凸凹不平，且街面过窄，交通常梗。光复以后，从事都会建设，饬由省会警察厅、昆明市政府择要陆续修理，概用白细条石砌成。截至民国二十年止，计先后修理街道三十八条，兹按年附列于后：

民国六年修理者：文明街。

民国十年修理者：南正街（自马市口直至正义门）。

民国十二年修理者：光华街，西华街，北仓坡。

民国十三年修理者：正义东、西路，三市街，广聚街，巡津街，敦义街，云津街，北海子边。

民国十四年修理者：珠市桥，打带巷，凤凰桥，长春坊，大观马路。

民国十五年修理者：大东门正街，土主庙街，城隍庙街，小西门内、外正街，西院街，甘公祠街，西仓坡，尽忠寺坡，小西门外顺成马路。

民国十六年修理者：护国街，宝善街，菜市街，玉溪街。

民国十七年修理者：盐行街，升平坡，卖线街，青云街。

民国十八年修理者：翠湖东马路。

民国十九年修理者；三元街。

民国二十年修理者：岔街。

上列各街均已修筑完成，余仍赓续进行，务期省会街道，一律通行无阻。其旧有街道狭窄之处，则为之推广宽度，饬令居民退让，以利交通。并拆卸腰厦，锯短出檐，于转角处铺房悉令拆退，转为弧度。又马市口至大南门一段，为省会极繁盛之街道，因旧时街宽尺度不一，民国十九年后彻底改造，推广宽度为三丈八尺，计车道二丈四尺，步道每边七尺。勒令各铺户限期退缩，各转角处亦退为弧度，铺面形式建为一律，现在工作已告完成。

祠庙变迁

辛亥光复，国体虽更，祀典未废，春秋报享先圣先贤，一仍旧制。民国八年，当道且动支库款，修葺文庙，出示保护。而省城及三迤士绅，复先后呈准有永历帝庙，景贤、报功等祠之修建。洎乎民国十七年，内政部行文废止祀孔，自是以后，各祠庙之祭祀亦随之而废，并缩小孔子庙范围。此自有孔庙及自有祀典以来之一大变局也。兹将各祠庙变迁情形，分述于后：

孔子庙：旧称文庙，初在五华山右，始建于元世祖，后废。明洪武初，即旧址重建，丁亥流寇入滇毁，后迁于长春观。清顺治十七年，总督赵廷臣等捐修，康熙二十九年，总督范承勋、巡抚王继文会疏请改建于文庙街北，屡次增修，并摹刻孔子及圣迹图于后，及清末升大祀，复经重修，规模宏大，庙貌崇峻。民国三年，北京政府订定祀孔典礼，改称今名。八年，因大霖雨，梁柱墙垣外有倾圮，当道允士绅之请，曾一度大加修葺。十七年，部令废止祀孔，并饬对子庙宇善为利用。于是民政、教育两厅遵照部定办法，以大成殿为孔子庙，制直额悬檐下，其两庑并大成门外之名宦、乡贤、忠孝、节义各祠，以及棂星门内外各地，概划归教育厅接收管理。现已改为民众教育馆，陈列图书博物，供民众阅览参观。昔日两庑从祀之先贤、先儒各木主，则移入大成殿内；名宦祠内各木主，移往报功祠内；乡贤祠内各木主，移往景贤祠内；忠孝节义祠内各木主，移往三纲祠内。现在之孔子庙仅一殿而已。

崇圣祠：在旧日大成殿后，奉孔子及颜、曾、思、孟、周、程、朱、张各贤之先代。现在各木主咸移入孔子庙内，即昔之大成殿。而祠宇亦拨归教育厅改作他用。

关岳庙：原系武庙，奉关壮缪。民国四年，北京政府订定关岳合祀典礼，奉壮缪忠武于一龛，乃改今名。庙制旧与孔子庙略同。民国十四年，昆明市政公所整理市街，将大门及照壁拆卸，修建为武成公园。形式已非旧观，祀典随孔祀而废，惟庙宇仍旧保留，现女子中学附属第二小学校即设于其内。

永历帝庙：旧无庙，民国成立，据地方人士之请，以大西门外旧有文昌宫祀典既撤，呈准改建，并拨公帑五百金，作缮庙设立追悼诸费。其制以前殿中龛奉帝主位，而以帝之戚臣延平王朱成功、晋王李定国、中湘王何腾蛟、临桂公瞿式耜四人为配。其左龛以祀大学士姜日赓等殿阁部院科道六十七人，皆贵臣也；右龛以祀黔国公沐天波以下二十二人及总兵官邓凯等镇将守令二十二人，皆勋臣也。其后殿中龛以祀帝之考妣，左龛位男。以祀帝之兄弟世子八人，右龛位女，以祀帝后妃嫔五人，而附以昆明熊司氏及杨娥。其后庭东厢以祀吴贞毓等十八人，则马场殉难者也；西厢以祀朱蕴金等七十八人，则巵缅殉难者也。其前庭东厢以祀滇中义烈朱播等一百五十人，西厢以祀滇中遗逸李正雄等四十三人并纪其事，勒之于石，以志永久。

报功祠：建自清道光元年，祀元咸阳王赛典赤·瞻思丁、明黔宁王沐英、颍国公傅有德三人。民国九年，省会士绅以周滇王庄跻拓土开疆，功不可没，理宜祠祀。并列举历年有功德于滇土之汉按道侯韩说、安汉侯张翕、句町王亡波、拔胡将军郭昌、大将军田广明、益州太守王阜文、牂柯太守陈立、永昌郡太守郑纯、蜀汉丞相武乡侯诸葛亮、安汉将军镇交州刺史建宁太守李恢、领军爨习、越嶲太守张嶷、永昌太守吕凯、建宁太守马忠，晋宁州刺史谢恕、李毅、王逊，宁州裨将姚崇，〔刘〕宋宁州刺史爨龙颜，隋西宁刺史梁昆，唐河东州刺史王仁求、南宁州总管韦仁寿、西州节度使李德裕，南诏蒙异牟寻、南诏清平宫张建成、郑回、南诏布燮杨奇鲲、南诏臣段宗牓，大理国王段思平、相国高泰祥、高参明、近奉使李紫琮，元行中书省参知政事张立道、云南平章段功，行省参政段实、左丞相雅思拉丁、梁王把匝剌瓦尔密、员外杨智，明黔国公沐天波、大将军凉国公蓝玉、宣宁侯金朝兴、云南布政使司梅思祖、左都督副总兵方政、云南副总兵邓子龙、云南按察使周新、云南巡抚何孟春、陈用宾、顾应祥、王恕，云南巡按使邹应龙、云南分巡副使林俊、翰林院修撰杨慎、云南知府郭镇，清云贵总督赵慎畛、赵良栋、蔡毓荣、甘文焜、王继文、鄂尔泰、尹继善、阿里衮、福康安、伊里布、潘铎、阮元、林则徐、劳崇光、岑毓英，云南巡抚石琳、石文晟、杨名时、祁彭龄，云南布政使陈宏谋，云南提督褚克昌诸人，各制木主，按时代之远近列神位之先后，合祀一祠。仍名曰“报功”，迄今祀典仍旧，殿宇无恙。

景贤祠：民国十四年，省会及三迤士绅呈奉省公署核准，就翠湖之东龙神庙旧址改建。内奉云南历代先贤木主一位，地址狭隘，祠宇构筑颇属简单，大门内仅正殿三楹而已。

杨文襄公祠：民国九年，省会军政学警绅商各界以公为有明一代伟人，功在国家，名存天壤，理宜立祠奉祀，爰呈滇军总司令部云南省长公署核准，拨给北海子边公房一所，启建落成。

毛杨二公祠：祠在昆明县西三十里高峣村，原系杨庄介公祠，明万历时建，清康熙间，总督范承勋重修。内祀杨升庵遗像，而以里人毛给谏用成附祀。盖二公当明世宗时同议大礼，毛死杨戍，忠节均属凛然。民国十五年，三迤士绅呈请省公署通令各地方官保护修葺乡贤祠宇。昆明县长以毛给谏无专祠，呈请核准改庄介祠为毛杨二公祠，俾合祀焉。

蔡公祠：蔡公松坡，任清云南陆军协统，辛亥武昌起义，与滇同志谋光复。事成，滇省同志公推为军都督，指挥军事。未几入京。民国五年，云南起义讨袁，拥护共和，复来滇率军出征，与袁氏军队连战皆捷。袁氏悔恨暴亡，共和再造，功在民国。殁后，经唐督军继尧通电，主张在滇设立专祠，以报有功，因无相当地点，祠宇久未成功。十八年，始指定南校场援黔忠烈祠（即旧日火神庙）改修成立。

三纲祠：原系就明忠义薛尔望先生故宅所改建。清时凡属忠臣、孝子、节妇之蒙旌表者，俱得入祠奉祀。现在，祀典虽废，祠宇依旧留存，每年春秋两季，仍由各后裔定期致祭。

烈士祠：清之昭忠祠，光复后改为忠烈祠，近复改为烈士祠，凡奔走革命为国捐躯诸先烈及战斗阵亡之将士军人俱入祀焉。

警察忠烈祠：祠在大西门内，就旧有关帝庙改建，祀历来效忠警务诸先烈之灵。

黄公祠：祠在劝业场后街，系就原有尽忠寺改建。专祀黄武毅公毓英。公之墓在圆通山，铜像则在烈士祠前。

赵公祠：祠在南海子边，系就旧日之皇华馆改建。专祀赵武烈公又新。祠前隙地宽敞并建铜像，护以铁栏。现在工尚未竣。

城隍庙：庙在翠湖之南，祀云南都城隍及府县城隍之神。庙宇宏敞，香火甚盛。光复后，已将两栏及前殿神像销毁，改建劝业场。民国二十一年，复将正殿后殿神像一并焚毁，改建为民众礼堂。

东岳庙：庙在东关外白塔街，光复后销毁，改为铁工厂，民国二十一年，复改设平民工厂。

民国云南通志长编卷三十八

交通一·公路

公路上

本省公路，为路政史中最新之一页。欲述筑路之起因，当先考路政之经过。

一、修筑公路之缘起

滇处岩疆，山谷险阻，行路之难，视蜀道且过之。顾自秦开栈道，汉通西南，丛莽尽辟，筚路大启。亘元、明、清，各道通驿，军政施设，利赖至今。惟惜人马杂沓，荒秽失修，历年补苴，无当大计。清末英法窥邻，争以铁道政策谋人国。直至滇越铁路穿入堂奥，滇人士始瞿然以惊，渐有自动修筑之议。以限于人力财力，又历年荷担救国事业，民力已疲，军务倥偬，实亦无暇顾及路事。民国三年，倡修滇白线路，内容无异指路借款，旋亦辍议停修。七八年间，感于滇越路之种种苛虐，亟谋自动筑路通海，于是有路政局之成立。其始定名蒙剥，未几改称全省。由委员会主持局务，决议派员向蒙剥中间开北、广西、五槽、西洋塘着手勘测。修路经费，则尚待滇蜀铁路公司拨筹，编者是时适长总务，曾拟有筹修省道各计划，上之路局（全文刊载《云南实业杂志》)。虽献曝心拙，要为滇人谈滇省道之始。其后，省局变迁，路政几停。民国八、九年，顾总司令首倡兵工筑路，百忙之中，由省垣起修，至三分寺一带。唐公返滇，交通司成立，又续修至安宁一段，但工程至碧鸡关而止。当时一切修法，颇似铁路规式。滇人士见用款多而告成无几，有渐趋入修汽车路之一途。其时公路一名词，尚在酝酿试用中。民十六年，编者自美归省，接长交通。一度视察之后，亦决请改修公路，行驶汽车。期期之意，以用费较省，工作较易，衡之以本省人力财力，公路实比铁路为得。惜是时政局粗定，百废待兴，未能锐意有所专注。个人亦量移他去，不获多所禀承，为可惜耳。民十七八年间省政统一，由主席龙公云积极主修公路。交通厅易称建设厅。承省府命，遴十员勘修，公路经费局亦相助为理。于是，划分省道，规定修费，锐意从事，不遗余力。八年以后，省府更分全省公路为四干道、八分区。集中人力财力，各路同时工作，依限完成。重以路工专门人员一致努力，通过各县官民之共通负责，不及三四年，已成通车者，计程总长二千公里。而陆续筑成者，且有加无已。最近为统筹急进起见，又有公路总局之组织，权责视前益专。全路告成，指顾可待。是真于云南路政史上，别开一新纪元，使吾人兴奋不置者，故乐为纪之如此。至公路进行之情形，时有改进，兹特撮其要者，编次于下：

二、公路之规定

全省公路修筑之始，先分为省公路、县公路、乡村公路三种。

（一）省公路：即自省会起点，修经若干区城，与邻邦、邻省相连之公路也。一名省道。修筑时，宽度定为九公尺。

（二）县公路：即省内甲县与乙县及与省道相连之公路也。一名县道。修筑时，宽度定为七公尺。

（三）乡公路：凡各县内此乡与彼乡及与县道相连之公路也。一名村道。修筑时，宽度定为五公尺。

省、县、乡公路之名义既定，特就交通关系之轻重，复区分为干路及支路，兹分述之：

（一）干路

1. 滇西干路：即滇西省道，由昆明市起点，经安宁、禄丰、广通、楚雄、镇南、祥云、弥渡、凤仪、大理之下关、漾濞、永平、保山、腾冲至滇缅界止之公路也，计长约一千九百余里。

2. 滇东北干路：即滇东北省道，自昆明市起点，经嵩明、寻甸、会泽、昭通、大关、盐津，与四川省叙府衔接之公路也，计长约一千四百余里。

3. 滇东干路：即滇东省道，自昆明市起点，经杨林、陆良、师宗、罗平至三江口，与广西省西林衔接之公路也，计长约五百余公里。

4. 滇东南干路：即滇东南省道，自昆明市起点，经呈贡、宜良、路南、泸西、丘北、广南至剥隘止，与广西省百色衔接之公路也，计长约千三百余里。

5. 滇南干路：即滇南省道，自昆明市起点，经呈贡、晋宁、玉溪、河西、通海、曲江、临安、个旧、蒙自、蛮耗、河口，与越属老街衔接之公路也，约长一千余里。

6. 滇北干路：即滇北省道，自昆明市起点，经宜良、武定、禄劝，与四川会理衔接之公路也，计长约四百里。

7. 滇边干路：与安南接壤者，由河口东经老卡、天保、田蓬达富州；由河口西经龙博、那发、勐喇、平河、勐乌、勐往达澜沧县，长约一千四百余里。与缅甸接壤者：由腾冲南经干崖、龙川、遮放、孟定、孟连抵澜沧；由腾冲北往莲山、片马、维西抵阿墩子，长约千八百余里。

按滇边干路，系初时所定名称，即国防公路。现虽尚未着手，但据报所载，其主要应修者有数线，即：

（1）西北国防公路丽阿段　由丽江经维西至阿墩子，计长五百六十五公里。

（2）滇西国防公路

甲、腾莲段　由腾冲经南甸、盈江、莲山至缅甸交界，计长一百二十八公里。

乙、云滚段　由云县经勐永镇，沿南汀河至滚弄，与缅甸相接，计长二百一十五公里。

丙、滇西南国防公路思洛段　思茅起，经普文、车里、佛海、镇越以达打洛，计长三百五十二公里。

丁、滇南国防公路蒙河段　由蒙自经蛮耗、南屏至河口止，计长二百一十五公里。

以上各段国防公路，共计长约一千五百三十公里。名称与滇边干路略有出入，然大致相同，故并列之，以资互证，要皆关系国防大计，不能不统筹兼顾者也。

（二）支路

1. 滇东支路：自嵩明、杨林经易隆、马龙、曲靖、沾益、平彝，与贵州省之盘县公路衔接，长约四百余里。

2. 滇西支路：自弥渡起，向西南行，经蒙化、云县、耿马、孟定至滚弄江，与缅甸腊戌路衔接，长约一千里。

3. 滇南支路：自玉溪县起，向西南行，经峨峨、元江、墨江、宁洱、澜沧至勐马与缅甸衔接，长约一千二百里。

总计以上省公路六，滇边公路一，支路三，共约长一万一千八百余里。省公路均由省府计划，建设厅奉令派员督工修筑。县公路、乡公路则由各县公路分局审定划分，绘具图说，呈报公路总局核定办理。

三、公路修费之规定

旧时修费，仅有前滇蜀腾越铁路公司所余财产之一部，为数无多。现在修筑公路，即加入地方认款、路股、盐股捐、开边盐捐、特税出口捐、个旧俱乐捐，每年收入五六百万元，悉指作修筑公路经费。除俱乐捐取之娱乐场所外，余均为人民所负担。

四、干路分区之改定

公路既经分修，究以人力财力之限制，不能如期观成。民十八年十二月一日，省政府令分全省公路为四干道、八分区，饬令同时工作，限期完成。旋定修筑公路限为二期，即第一期赶修四省道，第二期分修八分区。二十三年十月，又核定四县之县道，现亦在分别测修中。

五、筑路办法之规定

筑路办法，均定有则例规章。对于工程之实施、民工之征用、占用田地之处理、大小工程费之分担、补助等等，一一公允施行。当公路经过县份时，占用田地若干，征集民工几何，桥梁涵洞等之修费，小款出自人民若干，各县均有报告可查。不过详略不同，或待施工毕再行补报者，亦间有之，兹特调制成表，分别录列如下：

滇西干道明细表

经过县份	经过地段	占用田地若干	出民工若干	人民出款政府助款若干	何年兴工	何年通车
昆明	经过大西堡、蔡家院、黄土坡、碧鸡堡、高六甲。	占地：三光庵、潘家湾。占用田：上则田六亩零八厘，占用田地五十五亩九分二厘五毫。	由西门外至安宁读书铺止，土路长四十里。前滇顾总司令军队修筑数年，铺沙、铺石、修补，出民夫六万，共占田地二百二十五亩，除田由前交通司资购无案。		民国十年兴工。	民国十六年通车。
安宁	自长坡入境，经过桥头村、读书铺、茨城、和尚庄，过螳螂川，绕治城西北，经平地哨、草铺、青龙哨、大哨、安平营、绿膔，至三合邑出境，共长七十五里。	占用上中下三则田一百六十八工半，摊合粮三石一斗。	出民工四十七万四千余名，铺石等又派夫，现共五十九万。	小款由左区合摊，共三万五千元，大桥五座政府修筑，用款不详。		
罗次	由羊老哨，海子边至朝峰寺止一段，长约四十华里。	占用田亩四百三十余工。	出民夫六十万零。	九十余座桥梁，民款三十六万余元。红土石匠工资等，政府助款数不详。		民国二十年五月通车，杨家庄年底通车。
禄丰	自安宁交界之陈家营起，至羊老铺、干海子为第一段，长二十一里。又自罗次属之大坝起，至董户村止为第二段，长十八里。	第一段占用田工四百余亩。第二段约占田工三百余亩。	第一段出民夫二十一万名，第二段出民夫六十余万。	第一段人民款一万五六千元，第二段人民款三万七八千元，均由应缴路股一万五千元项下支用。		民国十八年十二月五号通车。

（续表）

经过县份	经过地段	占用田地若干	出民工若干	人民出款政府助款若干	何年兴工	何年通车
广通	自禄广交界之手攀岩起，沿鱼皮郎河、石臼河、水鲊儿屯、蔡家河、古坝、高家庄，至楚雄交界之丫叉箐止，计长一百余里。				民国十九年开工，土方完成十分之四。	
楚雄	由胡家庄起至县城北门外，长约一百二十余华里。	占用田四百一十二亩四分九厘八毫。	出民工二百余万。	人民出款未计。由广通至楚雄，由盐兴县坚请助款十万元代工。	民国十八年兴工。	
镇南	由新铺渡河起自向阳冲后山起，至力毕甸，为最大山岩之工程，约长九十余公里。	占田五十余工。	出民工六十余万。			民国十九年十月开工。
祥云	自姚安属力毕甸起，至宾川属之铁城界止，长约二百华里。	占用田约一千五百四十余亩。	出民工一百五十余万。	民款三万二三千元，又解过路股一万九千余元。		
弥渡	约有三段：东段由老张营左侧十里，西段在板桥方里约六七里，中段约三里。	未定。	出民工五万余名，石工千余，土工二千余。	工料镍洋一万六千余元，人民平均负担。	民国二十年三月开工。	
凤仪下关	测有二线： （甲）由祥云经梁王山，出开山塘而抵下关。 （乙）由祥云西行经红岩而上清水沟，依山斜行，直达下关。					

按：滇西干道，已经数次变迁，当民八九年顾前总司令时，命兵工筑路，修成由省垣至三分寺一带。其时尚无公路之名。嗣唐公旋滇，交通司设立路工处，继续修至碧鸡关，均占全段十分之六七而停。且当时工程似近于铁路形式。民国十七年，省局

统一，锐意修筑公路，目标一定，进行极易，约经五阅月而昆安段全线通车。民十七年底，公路总局成立，派李炽昌为西路技监。十八年春出测，十二月已分定干道及分区，同时工作，限期完成滇西干道，即由昆明经安宁、禄丰、广通、楚雄、镇南、祥云、凤仪而达下关。十九年公路总局裁撤，改由建设厅主办。二十一年五月，已通禄丰，本年春通楚雄。

滇东北干道明细表

经过县份	经过地段	占用田地若干	出民工若干	人民出款政府助款若干	何年兴工	何年通车
昆明	由昆明至嵩、寻，取道与滇东路同。由聚奎楼至大板桥，土路长四十里（此段由华洋赈会承修）。又由大板桥至长坡。	占用田二百四十亩零。	出民工二十余万。	人民款一万余元。	民国十八年。	民国二十年。
嵩明	自杨林新闸塘口起，至接界村嵩、寻界处止，计长四十五里。	占用田四百三十亩。	连合滇东路、滇东北路，共出民夫三百万名。	人民款六十万元。政府补助款领获五万七千元。	民国十九年。	民国二十一年三月二十七日。
寻甸	自嵩、寻接界村起，至柳树河止，计长七十华里。又自柳树河起，至会泽县小铜厂止，长八十余华里。		果那亦徜四乡八分团，共出民工十三万二千余名。又柳树河起至小铜厂一次段，约需民工七八万，如何分担，尚待计划。	人民款十二万一千余元。	民国八年三月。	民国二十一年二月底始能通车。
会泽	所经分上、下两段：自县城至寻甸属交界止，计长二百六十里，已完土路约七十余里；下段自治城起至鲁甸属江底止，长一百八十里，已勘未修。		出民夫三十五万五千一百一十一名。	约计需数百万元，唯尚未修。	民国十八年十一月一日。	工程大，道路长，为他处所不及，通车难预计。

（续表）

经过县份	经过地段	占用田地若干	出民工若干	人民出款政府助款若干	何年兴工	何年通车
鲁甸	经过县境东南隅，自昭鲁交界之大水塘至水闸转角楼止，此为本县属地，地势平坦，奉令划归昭通修理。又自昭威接壤之大口子起，至威鲁交界之段家田止，凡三十五里，系威宁领域，鲁甸仅播乐租约里许之地插入其间，地势坡陀，土坚石多、泥少，一片砂砾，归鲁甸修理。约占田三万七千余亩，出民工二十万名，因停工日久，有改道之势。					
昭通	由南门外月牙塘起，至鲁甸大口子境止，长约九十余里。	尚未开报。	出民工二十七万五千二百零三名。	桥梁等尚未修，政府助款尚未发。	民二十年六月一日。	未通车。
大关	县境上通昭通，下接永绥，左达彝良，右通盐津，本为川滇之孔道。将来如加修筑使通汽车，交通当更利，现尚未计及。东北干道，在亦计及修至昭通为止也。					
盐津	因八·一四水灾，全城荡然，兴修车路问题，亦已中止。					

按：滇东北干道，由杨林起已直到大麦地。亦经过嵩、寻等县，现修通者计长八十公里五百公尺，已通车至柳树河。巧家，本在滇蜀铁路内，但东北汽车干道似不当冲，故不列入（摘巧家县报告）。

永善，虽位滇东北，以地处边隅，交通不便，故无建筑汽车路之必要。其通省大道，则奉令建筑也（摘永善县报告）。

滇东干道明细表

经过县份	经过地段	占用田地若干	出民工若干	人民出款政府助款若干	何年兴工	何年通车
昆明	由聚奎楼至大板桥，路长四十里，与滇东北干道同。又自大桥板至长坡，修筑土路。		共出民夫二十余万。	修桥洞等共用款一万余。	民国十八年。	民国二十年。
嵩明	自长坡昆、嵩两属交界处起，至古城屯嵩、寻、马三属交界处止，长八十里。	占田六百七十亩。	与东北干道合出民夫三百万名。	共用修理桥洞费六十万元。政府助款仅领五万七千元。	民国十八年。	民国二十年五月十六日。

（续表）

经过县份	经过地段	占用田地若干	出民工若干	人民出款政府助款若干	何年兴工	何年通车
寻甸	滇东路易隆段，系自嵩明界古城上丫叉树起，至马龙界何家村上县属小车张止，计长七十五华里。	共占隆全乡公私田地一百九十九亩四分，占用甸上乡人民私有各种田地一百二十二亩四分，本段系宣甸隆七四乡十一分团兴修。	共出民夫约五十余万名。	人民款十六万余千元。政府款二万元。	民国十八年。	民国二十一年三月。
马龙	经过永宁冈等十二村及外十屯。	永宁冈占田三百二十一亩三分，外十屯占一百九十一亩。				
曲靖	境内汽车路有三段，除曲南段、白水段另列外，其西北一段，始为滇东干道之正段，即自由曲西区面甸起，经县城西门关至沾益交界止，计长二十公里六十公尺。	占田二百九十九亩七分，占地一百一十八亩六分。	出民工约十万。	桥洞一公尺五以上者，政府修建，共余三十个，用旧币约十六万元。	民国二十年八月。	民国二十一年十二月。

按：滇东干道既达曲靖，取道面甸，经县城西北关至沾益止。是为省道之正段，即下表之西北段也。若自城东起，循南直走，直至陆良，是为曲南段。由此段经师宗、罗平以达三江口，为本省对外交通之唯一要道。或由陆良经路南，以达宜良，亦为第六分区之向南一支线。由曲靖接修至沾益之白水界是为白水段，中经沾益（白水）、平彝以达贵州之盘县，或沾益（松林炎方）、宣威以达贵州之威宁，是即滇东省道之一支线，即今所云之第五分区也。

总之，滇东干道在初时取名滇东省道。议自昆明市起点经杨林、陆良、师宗、罗平以达三江口，与广西省西林县衔接，民十八年十二月规定之滇东公路，系由昆明经嵩（杨林）、寻（易隆）、马龙、曲靖、罗平以达三江口。今滇东路已经由省道至宣威，中经归化、干海子、大板桥、长坡、小铺、杨林、顺龙桥、易隆、三岔、炎方等各段，又有支线通达平彝，共计二百四十七公里长。至达三江口，则取道第六分区，如上曲靖南段所述。

滇南干道明细表

经过县份	经过地段	占用田地若干	出民工若干	人民出款政府助款若干	何年兴工	何年通车
昆明	由定光寺至杜家营、呈贡止，土路长四十里。	占田十余亩。	出民工二十余万。	人民款八万数千元，政府助款一万元。	民国十八年。	民国二十四年四月。
呈贡	北接昆明，南接晋宁，长二十五公里。	占田地五百余亩。	出民工十三万。	人民用款十八万余千元。政府助款二万元。	民国十八年十一月。	民国十九年三月完工。
晋宁	东北至呈贡交界之撒马河起，西南至昆阳交界之李家塘止，共长十五公里。	占田一百五十余亩。	共出民工三十万八千六百余名。	桥洞两项共需十三万六千余百元。建厅助款六千元。	民国十八年十月十六日。	
昆阳	自晋宁交界之李家塘坡起，至昆、玉交界之界碑止，计长二十三公里。	占田三百六十亩。	出民工七十余万名。	十七万余元。	民十八年。	民二十一年。
玉溪	自昆阳界址碑起，至县城为北段，长五十里。自县城至河西曲陀关交界为南段，亦五十里。	占田一百九十八亩七分。	出民工三十二万零。全路须加两倍。	民款十二万余元，政府助款二万元。	民十九年二月。	二十一年十二月北段通车，南段上路大部完成。
河西	民二十年方始测勘，共得十八法里有奇。至二十一年方兴工，占田、出夫、用款尚无确计。					
通海	境内汽车路虽测勘，至今尚未动工无从详述。					
曲溪	经过地段长五十二中里。占田百余亩。出民工难以预定。民款及政府助款难预定。民二十二年开工，通车难预定。					
建水	公路尚未测勘修筑，无从详记。					
个旧	由县城北之三家寨起，至锁龙桥止，长十五法里。民二十二年四月已测毕。需工二十四万。现准备动工修筑中。					
蒙自	由蒙城北门外个碧车站起，修至文山属拇拉境界止，中间经过东村、灰土寨、东山、麦冲、马坎、老棚子、长冲、独家村、迷拉甸、灯笼山、杨柳井等十余村寨，计长三十公里。占用未计，出民工二十五万。需款六十万元。又估石工料等三十八万元。政府未助款。民二十年六月十日开工，因桥梁未动工，通车尚难确计。					

（续表）

经过县份	经过地段	占用田地若干	出民工若干	人民出款政府助款若干	何年兴工	何年通车
蛮耗	在蒙自西南，位红河北岸。昔滇越铁路未通，由越入货多，借红河船运至此处，再雇驼马转运至蒙自等处，故旧时拟辟为口岸。					
河口	在蒙自东南，当南溪河与红河相会之处，与法属老街仅隔一街，通以滇越铁路铁桥。清光绪二十一年，与法约开为商埠，进口货最多，出口则大锡、山货、药材等等。					

按：滇南干道，由省通车可直达玉溪县城，中经呈贡、晋宁、昆阳等县，长为一百一十二公里，约当全干道三分之一。

又昆明、呈贡、晋宁、昆阳为滇南支道，原列第一分区，现改为滇南干道，路已全通。

又自昆阳起，经玉溪、江川、通海之支道，原列第二分区，此分区中之昆玉段，现与滇南干道等同，并已通至玉溪。

第一分区明细表

经过县份	经过地段	占用田地若干	出民工若干	人民出款政府助款若干	何年兴工	何年通车
昆明	由定光寺至杜家营、呈贡止，土路长四十里。	占用田十余亩。	共出民工二十余万。	人民款八万余元。政府款一万元。	民十八年。	民二十四年四月。
呈贡	北接昆明，南接晋宁，长二十五公里。	占田地五百余亩。	出民工十三万。	人民款十八万余千元。政府款二万元。	民十八年十一月。	民十九年三月完工。
晋宁	东北至呈贡交界之撒马河，西南至昆阳交界之李家塘坡止，共长十五公里。	占田一百五十余亩。	共出民工三十一万八千六百余名。	桥洞两项共十三万六千余百元，建厅助款六千元。	民十八年十月十六日兴工。	
昆阳	自晋、昆交界之李家塘坡起，至昆、玉交界址碑止。计长二十三公里。	占田三百六十亩。	出民工七十余万名。	十七万余元。	民十八年。	民二十一年。

按：第一分区现改为滇南干道，自昆明至昆阳，路已全通。

第二分区明细表

经过县份	经过地段	占用田地若干	出民工若干	人民出款政府助款若干	何年兴工	何年通车
昆阳	经过地计长二十三公里。	一百六十亩。	七十余万名。	十七万余元。		
玉溪	北段自昆阳界界址碑起，至县城止；南段自县城起，至河西县由陀止；共长一百里。	一百九十八亩零。	三十二万名，全路完成，需加二倍以上。	民款十二万余元。政府助款二万元。		
江川	据二十一年报告，境内公路未筑，无汽车通过。					
通海	境内汽车路虽经测勘，尚未修筑，其他各项无法预计。					

按：此分区中之昆阳、玉溪，现与滇南干道同。民十八年九月开工，二十一年已通。

第三分区明细表

经过县份	经过地段	经过县份	经过地段
江川	据报境内未筑公路。	晋宁	东北自呈贡之撒马河起，西南至昆阳界李家塘坡，共长十五公里。
澄江	二十一年，据报公路已筹修，现正测勘，定后即兴工。	宜良	未报测筑公路情形，惟闻已经开工。

第四分区明细表

经过县份	经过地段	占用田地若干	出民工若干	人民出款政府助款若干	何年兴工	何年通车
安宁	自长坡入境至安平营，共长七十五里。	占用未计。	出民工五十九万名。	民款二万五千元，政府助款未计。	民十七年夏昆安段通车。	民二十一年通车草铺、禄脿。
罗次	属滇北路经过之公路，由安宁小石桥起，至白花山界址碑止，长约一百二十里。	占田四千亩。	出民工二十余万名。	土路现完成二分之一，桥洞等未动工，用款难计。		民二十三、四年可望通车。

（续表）

经过县份	经过地段	占用田地若干	出民工若干	人民出款政府助款若干	何年兴工	何年通车
武定	自武、罗交界之白花山起，至武、禄交界之马家庄对门界址碑止，计长四十七里九百三十尺。	占田未详。	出夫不详。	用款未计。	民二十年十月十一日。	二十二年底土路已通。
禄劝	汽车路经过，计长三十五里。	占田二百八十亩。	出民工二十八万二千名。	桥洞等未着手，政府未助款。	民二十年十月十一日。	现尚未通车。

按：此路即原定之滇北干道，达禄劝后，与西川会理衔接，长约四百里。

第五分区明细表

经过县份	经过地段	占用田地若干	出民工若干	人民出款政府助款若干	何年兴工	何年通车
曲靖	经过曲、沾交界之白水段，自沾益接起，至平彝接界止，长约二十公里。	未详。	未详。	未详。	现在筹修。	
沾益	自沾益、曲靖交界雾山村起，至白水、宣威两交界止，共长一百四十五里。	占田九十四亩五分。	出民夫一百零二万零五百名。	大桥涵洞由政府担任，未助款。其县属涵洞合滇币二十万元，人民出资。	民十九年。	民二十一年。
宣威	由城南起点，上接沾益属之迤谷，即可接于干路。中间经过村落为小耿屯（十五里）、红桥铺（二十里）、板桥、大耿屯、二道桥、黑泥塘、回子田、永安铺（二十五里）、迤谷等凡六十五里。路款于田工地种项下抽收两月，计现金一万二千元。占田出役均未报。二十年测修，现已通车。 由宣威城外十里即沿山至黑石头、凉水井等处，即由牛街子右转，以达咸宁，共长约二百公里。					
平彝	上自平、白交界之李家湾起，下至滇、黔交界之长坪街止，长三十六公里六百六十公尺，合山半段、海半段，共出民工五十万二千名。占田未计，桥洞未修，用款亦未计。民十九年开工，现山海半段已通车。 自平彝经亦资孔至盘县，长约七十公里。					

按：此路由曲靖达沾益后，即分两支线：一由沾益趋宣威，与贵州之威宁衔接；一由沾益趋平彝，与贵州之盘县公路衔接。现正请求中央主持，拨款修通此两线，以联络滇黔公路也。

第六分区明细表

经过县份	经过地段	占用田地若干	出民夫若干	人民出款政府助款若干	备考
曲靖	曲靖段自城东起，循南直走，至陆良止，长约四十公里。	未计。	未计。	未计。	正修筑。
陆良	南由天生关、阿油铺、太平哨、西桥、陆良县城、新发村、卢旗堡、板桥、马军营、白鹤堡至马场湖止，长一百二十里。又由西桥至碓壁，长七十里。	总共占田地九百四十二亩四分。	出民夫未报。	修费票洋三十万元，政府助一万五千元。	民国十八年开工，现尚未通。
路南	分两段：一为路宣段，干路由城东学地山起，直达伯牧场，接宣、良汽车路，约长六十五中里；一为路、陆支路，由路美邑分岔起，直达天生关，长五十五中里。	共占田二百余亩。	出民夫五十八万八千六百名。	人民用款十余万元，政府助款一万五千元。	民十九年开工，二十一年可通。
宜良	闻现已开工，但无报告。				

第七分区明细表

经过县份	经过地段备述
文山	原拟自蒙自之桥头入文山勐拉，继改道由阿迷之中和营、马者哨入文山之敢古，经洒戛、蛮竜、马塘、干塘子、依人河、天生桥、白沙坡，抵县城西北之新街，计长一百三十里，比较由勐拉入境减七十里。此段由民二十年十月一日自开工，又城北新街经二塘、三塘，经江那、者腊、阿勐出境，接广南线，计长一百七十里。此段已测。先拟由阿基一带出境，以商务关系，故改道阿勐。 占田出夫修费均未计。
马关	据马关县交通报告谓：十九年六月出版之《云南建设月刊》公路计划图绘有马关，且直跨三条：一由县至文山城，长一百四十里；一由县至西畴县城，长一百六十公里；一由县城至龙剥，长二百里。虽奉省府有定期成功之明令，但至今尚未实施测勘，故一切均尚未计云。
西畴	无报告。
麻栗坡	无报告。

按：第七分区，初计划后，已经出测，因人材缺乏，仪器少，不敷分配，不能不分别缓急，择要兴工，故将此分区连同三分区、八分区暂行停测，直至民十九年，公路总局裁撤，由建设厅主办，仍按照原日分区计划，继续进行。

第八分区明细表

<table>
<tr><th>经过县份</th><th>经过地段</th><th>占用田地若干</th><th>出民工若干</th><th>修费</th><th>备考</th></tr>
<tr><td>宁洱</td><td>现测者为由县城至磨黑井一段，长三十公里。</td><td>占田二百余亩。</td><td>境内每年出夫一万余人，每人作工五天。</td><td>修石桥一座，用款七千余元，连同涵洞，共出款九千余元，现由第二殖边署呈准。在石膏、磨黑各井抽收公路附捐开支。</td><td>筑就毛路十几公里。民二十年三月兴工，现尚未通。</td></tr>
<tr><td>墨江</td><td>县境车路，计长一百四十里。</td><td>占田二十亩。</td><td>未详。</td><td>未详。</td><td>民二十一年兴工，现正修筑。</td></tr>
<tr><td>思茅</td><td colspan="5">公路一项无报告。</td></tr>
<tr><td>车里县</td><td colspan="5">按车里、佛海县属公路，依建厅原定计划，系在第八分区省道干线内。修筑时间，须在迤东、迤西两省道完工后。民十九年，殖边禄督办提前修筑思普区公路，设思普区公路监督署，先由宁洱兴工修筑。二十年十一月，增设车里事务处，以县长兼主任督修，聘秦用宽组队测勘。由本县打角渡口起测至佛海。十二月动工，四个月约成土路七千五百公尺，民工四万八千五百名。因系公田，占用无问题。用款未计。出工之规定：凡县属十六岁至五十岁之男子，除残废者外，每人均出义务工十个。因地接英缅，故人知公路之益。木桥一，大小木涵洞十九个，均已完工。现拟于二十一年底通车。惟车里至佛海一切修费，政府尚未核定，欲改建石挢，须俟省款发下。</td></tr>
<tr><td>佛海</td><td colspan="5">佛海亦接英缅，为思普区汽车干路所必经。民十八拟有公路计划，虽奉殖边署令：于冬派来路工养成所学员三人，专助本县由县北车里界惠爱箐起，至打洛江右岸由英属派来交汇打洛江南览河左岸交界地点止，计长二百四十余华里。夷民田亩公有，占田不成问题。勘完，即留学员二人，在县轮派民工，每日三百名，督工试修由县城蛮乱桥头至城一段毛路。计十五里，于二十一年三月竣工。其他有款有着，不难筑成通车也。</td></tr>
<tr><td>勐卯</td><td colspan="5">与缅接境。彼方公路早通。我方由十九年秋，由刀土司提议：由勐卯城起，向南直达缅甸之南坎，沿我国境修一汽车路。十月兴工，二十年三月告成，长一百二十里，约占田三百三十余亩。民工派修，土司有两辆汽车私行（摘抄报告）。</td></tr>
</table>

六、开剥干道之沿革

筹修此路之动机，远伏在民国七八年前。当时成立蒙剥路政局，旋由蒙剥名义扩至全省，改称云南全省公路局。着手勘测开化、广西、五曹、西洋塘一带路线，预备筑成由省至剥以通海运之一大道。但其时尚无公路之名也。其后省局屡变，路事终于停顿。民十七年，又计划由开远修至蒙自、文山、广南、富州而达剥隘之公路。其后第七分期计划，又系由文山经马关、西畴而达麻栗坡，一度停测以后，此路又同时暂搁。直至民十九年，建厅主办路政，原日分区计划既经继续进行，又以此开剥干道为滇、桂交通要道，关系至巨，复议改由昆明起点，经嵩明、宜良、弥勒、开远而达剥隘，特易名为昆剥干道。分嵩弥段、弥开段先后派员勘测，以与开剥段衔接。复以开、个、蒙一带为南防锁钥，商务中心，实有成修之必要，乃增设开、个、蒙一支路，亦正委主任人员从事测筑。此路一旦告成，通海自由，借免滇越铁路之束缚，则全滇之幸矣。

七、路政之分权共进

旧时筹修公路，一切设施工程，系由建设厅负责办理。筹集修费，则由公路经费委员会任之。后又改组为监察委员会，考经费出纳情形。民十八年，干道分区既经规定进行，更由四干道中提前修理东、西两路。嗣后建厅与委员会分负路责，除特别工程及一公尺五以上之桥梁、涵洞归政府办理者外，所遗土石工程划归委员会负责办理。建厅仅负测勘设计及修筑工作。经是以后，分权共进，财政集中，各路益为猛进，路政乃以毕举矣。

八、公路修筑之成绩

各公路积极修筑以来，截至现在，据路事有责任者之谈，大致筑成通车之公路一千五百七十六公里有奇，测筑中之公路三千二百五十四公里。近更有公路总局之专设，将来全路不难早日观成也。

环城马路

一、筑路缘起

自三迤汽车公路积极兴修，其起点场由昆明出发，分向东西南北。各干线现在逐渐通车，若轮辐之毕凑于中轴者然。使有一路为之沟通联络，则环市之交通更称便利。三年前，省府训令昆明市政府修筑环城马路，为东西南北等各路之枢纽，以便运输，此筑路之缘起也。

二、路线经过

环城马路既以环绕省城为鹄的，故选择路线，即就九里多之昆明近郊，作一圆周，而分配其路段如下：

第一段：由迤西汽车路起至西坝河止，共长一千三百四十一点五公尺。

第二段：由东陆运动场起至迤西汽车路止，共长一千七百一十公尺。

第三段：由螃蟹石起至东陆运动场止，共长一千七百七十五公尺。

第四段：由太和街起至东陆运动场止，长度未计。

第五段，由柳坝河起至塘子巷止，共长一千八百六十五点五公尺。

以上各段，其修筑之经过，即由小西门外迤西汽车站背后汽车路起，贯穿大观街、篆塘河，直达弥勒寺村上首之西坝河，过河直到西岳庙村下首之永畅河，再由西岳庙村经双龙桥，与滇越路相交，过农场至塘子巷口，与盐行街相交，再沿福德街经穿心鼓楼至茭瓜塘，过羊坞里，鼓楼至螃蟹石，越盘龙江，绕屠兽场前面，沿一窝羊旧路至东陆运动场，与龙泉路相交，转虹山，直经蛇山山神庙达三分寺东边，与迤西汽车路复相接，此环城路之环绕情形也。全路共长一万零五百七十公尺，车道宽三丈六尺，人行道每边宽五尺，共宽四丈六尺。

三、工程费用之估计

计分全路为六段，共需土工洋二十三万六千四百三十三元，加补修坝土约需洋四万余，共约合洋二十八万元。土工实施，系取包工办法，每挖填土一立方公尺，包价票洋一元二角。出各段委员发给工资，负责督修。其桥梁、水洞之设计施工，计石桥九座，水洞三十九个，总计需费三十三万八千零一十一元。先经测量设计，复经开会审核，招工修理，公开投标。实施工程，则由各段委员负责办理之。另外，下水道工费，约需六万二千二百元，全路添铺碎石，约计十余万元，沿路占用坟地及田地房屋，须一一分别收买。计给移坟蛇山，由山神庙起至穿心鼓楼止三千三百二十二塚费用，需洋六万四千五百二十元，占用上中则民田二百一十三亩二分，需收买费一十五万七千五百九十一元；塘子巷、太和街、福德街、羊坞里所占房屋，共需收买费一十一万七千三百元。

四、修筑经费之来源

系由省城内外各户征收环城马路捐款项下开支。

五、环城马路工程委员会之组织

昆明市政府奉省府命令修筑本路，以事务殷繁，特组织环城马路工程委员会，由市长主持。将全路分作六段，各段设委员一人、事务员二人，专负责该段施工之使命而办理之。收买田地，则由市府土地局承命办理。退让房屋，则由土地、工务两局负责，并派财政局经理款项，工务局计划工程，公安局处理纠纷，土地局迁移坟墓、收买田地房屋。而各局长，均为委员会之常务委员。

六、环城马路之筑成

本路自民二十年动工修筑，中间因路款不足，稍稍停顿，但已于二十三年告成。路幅宽阔平坦，车马通行，人人称便。真近郊交通史上一可纪之事业也。

公路中

交通问题为一切建设事业之基础。云南跬步皆山，河流绝少舟楫之利，其唯一之交通工具，为骡马肩舆。自元、明、清以还，省内外驿路大启，无远弗届。然山路崎岖，行程迟滞，与内地及外国隔绝，有若天渊。以是云南对于交通之需要，较之内地尤为迫切。清季滇越铁路告成，云南对外交通形势大变。惟系法款建筑，利权外溢，于是滇人士自动筑路通海之议以起。革命军兴，政局俶扰，民力疲敝，未暇及也。民初设全省路政局，筹勘蒙剥路，并于省垣首倡兵工筑路，是为本省公路之始。以人财两乏，又无具体计划，数年间省垣东西两线所成勉可通车之路，亦仅数十公里而已。民国十八年，省府改组，乃筹款设公路局，隶建设厅，就本省交通地形详加勘测，预定计划，分全省公路为四干道八分区，集中人力物力，积极以兴筑之。二十四年，滇东、昆明、平彝间二百四十三公里之干道通车。二十六年春，横贯西南之京滇公路完成。由首都出发，经皖、赣、湘、黔诸省达昆明，全线长三千公里，以一百又八小时可达，此滇省交通之大革命也。抗战以后，本省公路益加速发展，滇缅公路由昆明至畹町，全长九百七十三公里，于二十七年间动员民工百万人，仅八阅月而全部完成；沿途翻山越水，克服天险，工程难巨，世称奇迹。至二十九年秋，滇越铁路被敌截断，该路形成后方唯一之国际交通线。军运商运，转输不绝，敌机虽不断肆扰于功果桥、惠通桥间，而昆明、下关之繁荣一时，在全国中殆无其匹，盖交通进步，势使然也。三十一年五月，太平洋战事扩张，缅甸沦陷，腾龙被侵，此路停运。然至三十三年冬，因反攻缅甸，中美合作建筑之中印公路已越胡康河谷而南抵密支那，于是本省复派员工，协助滇缅公路工务局及远征军，于三十四年一月十七日开通保密路。二月四日中印公路正式通车，中美军会师勐育，巨型卡车百辆组织成队，载运大批物资，自列多出发，经胡康河谷、密支那、八莫、畹町而抵昆明，是为中印二国有史以来第一条公路交通之始。由是言之，近十余年云南公路之进展，在中国交通史上始占一重要之地位，决无疑矣。兹编汇集云南全省公路局及交通部公路总局滇缅工务局报告稿，仓猝成编，目的仅在史料之供给，补葺编订，尚待来者。

公路建设概述

二十八年以前之回顾

滇省素称险阻，交通开发自以公路较易为力。民国初年，此方人士即曾数度提倡修筑马路，如兵工政策及以工代赈等，均经分别实行；犹以财才两乏，又无具体计划，遂即贸然兴工，自难期得良好之成绩。自十八年主席龙云秉政，认定发展交通为一切建设基础，乃积极倡修公路，由建设厅遴员勘修，置公路局以协助之。爰有四干道八分区之规定。自十八年以后十年间，兴工修作，继续进行。对于原定计划，虽不免有更动之处，惟大体已完成。通车公路之里程，达三四千公里，以昆明为中心，西通缅甸，东接川、黔两省，实为横贯本省之主要干线。其他与越南、泰国及广西衔接之各干线，亦经分段修筑。至于县与县间之联络及市区名胜公路，主要者均已通车。本省财力不足，所赖以完成此工程计划者，惟在利用伟大民力之征调而已。

战时本省公路工程之建设与破坏

民国二十八年以还，本省公路工程继续推进，除按照预定计划，分别修筑大丽段、宣昭段、开砚段、路开段、昆会段、昆宁段、昆兴段等七段干道路线，及昆富段、玉建段，呈通段、开蒙段，弥祥段、镇盐段、安易段、盐舍段、砚广段、师泸段、弥泸段、晋江段、砚昆段、宾鸡段、富罗段、广八段、牟楚段、楚双段、保顺段、保腾段、腾八段、元永段、景蒙段、金永段、丘广段、宁江段、宁车段、宁澜段、砚马段、马麻段、昆易段、昭永段、宾金段、昭鲁段等三十四段支道及县道路线外，并为适应抗战需要，对于特殊工程之整饬，如滇缅公路赶修完成，尤称奇迹，盖是时我国海岸被敌人封锁，赖此保持国际运输，凡友邦援我物资，得以源源接济。二十九年，中英政府被迫宣布短期封锁滇缅路，一时我军火物资无法补充，影响綦重。未几，越南局势转变，本省奉令赶修滇越公路，以期配合军事需要，由中央直接拨款，业将工程处组织成立，人员委定，已开始测量，又以越南沦陷而止。本省与泰国邻近，为应军事上之急切需要，曾一度着手兴筑打洛公路，由玉溪经墨江以达思普等县，中央亦曾派员来滇主持，正计划中，旋亦因故停顿。其后因准备反攻越南，为便利本省境内军事调遣，先后奉令打通东南区各公路。盖本省蒙自、开远、建水、河西、峨山、丘北、文山一带，本已有公路可通，惟不能切取联络，以致未能适应军事上之应用。于是乃由中央直接发款，遵照各次令示，并由驻军长官协助指导，于数载之内分别成立若干路段工务处，先从事修筑路基及桥涵工程，路基完成者则赶铺路面。在此区域内，工程不断推进，虽至抗战结束，仍尚在努力之中也。以上所述，为直接配属于军事行动之工程，其次即为接济军事需要之工程。自越南、缅甸及本省腾龙边区相继沦陷，大军云集，本省粮食有限，势不能不设法由邻省搬运；足以接济粮食之区，惟西康及川、黔等省。本省因更奉令改善及修筑由昆明经滇缅路东段以达武定、元谋等段公路，及元谋至龙街、广南至黔省兴义之两段驿运道，又由滇缅路之祥云起，经大姚、姚安、永仁达康省会理一线，亦属粮运要道，曾于最短期内赶修完成。三十年后，本省为盟军重要空军基地之所在，空运集中，为衔接机场运输并便利盟军车辆行驶起见，先后奉令改善由昆明至陆良、罗平、羊街及巫家坝等段公路，并于市邻增辟盟军车辆行驶之一段路线，以补助空运之不足。其关于国际交通之运输线，并由美方负责主持赶修中印公路，中间由密支那起，入本省境内之一段路线，仍由我派工赶修，于三十四年中实现通车。惟此路路线太长，印缅境内经过之区，丛林深谷，野兽出没，危险堪虞。第一次通行之大批车辆，纯为军事上之配备，故所需食物药品及修车配件工具等，皆系随车携带，毋须仰给沿途县镇。此路既通，初仅限于军公物资之运输，商货运输尚未准行。并为纪念史迪威特军之劳绩，由我政府命之曰史迪威公路。又为纪念陈纳德将军，亦将岔巫公路（由昆明市之岔街起，至巫家坝之机场止）命名为陈纳德公路，用志不忘。凡此均本省有关抗战之公路建设工程也。然战事告急，公路兴废，变更纷纭。自敌军进占越南后，于河内广辟机场，滇越距离不远，备受威胁。本省为预防计，除蒙河一段公路停修、蒙河一段铁路拆卸外，其余足以资敌利用之路段，均奉令作破坏之准备。滇缅路方面，自缅甸撤守、腾龙沦陷，为防敌深入计，惠通桥以西之路段，不能不忍痛彻底破坏。其东至下关一段，亦奉令作准备之破坏。就中一节，则实施单程之破坏，即将公路路面破坏一半，使车辆仅能单行，不能并驾。又由滇缅路祥云起，经大姚、姚安、永仁以达川境之西祥公路一段，则由中央派军直接破坏。所幸我驻军增厚，严密监视，始终敌骑不能逾越惠通桥一步，以是本省境内破坏计划无须彻底实施，如西祥公路等段，破坏未久，即行修复，是亦不幸中之大幸也。

战时本省公路交通管理与管制

本省公路交通之管理，自二十八年后，经政府迭次调整，置有汽车营业管理处，为本省之官办机构，汽车公司为官商合办之运输机构。就运输言，公路通车里程虽达三四千公里，惟其始一般生产尚未发达，各地物资有限、交通工具之不足等，实影响运输业务之发展。故运输力量之平衡，为管理上最大之要着。自各商营公私车行完全归并，所有本省公路之客货交通，全由官商合办之汽车公司负责维持。该公司组织设备均称健全，其时接管之新旧车达二百余辆，省道运输任务赖以维持。惟全国口岸相继沦陷后，本省地位日趋重要。机关个人迁避来滇者日增月累，对于交通工具之需要甚切。二十九年，滇缅路及昆平段移交中央接管，由于车辆入境之随时增加，本省汽车进出，事实上遂无形开放。斯时，交通部对于全国公路交通管理，已作统盘计划，成立牌照监理处，并分处于昆。规定各种汽车牌号、行车执照及各项申请书表，分别颁发，饬各省一律遵行。本省商营客货车，均须悬挂国滇字牌号。是年年底，全国汽车牌照管理处统计各公司车行商营货车数量，本省官商合办汽车公司所有车辆尚居于第一位。当滇缅公路畅通之际，外货由仰光直接进口，利之所在，经营汽车贸易及运输者，风起云涌，本省汽车营业，可谓极一时之盛。其后因军事之迫切需要，军公物资运输至急，经滇缅公路运输工程监理委员会规定，所有商车一律均须承运公物，为国家服务，是为政府统制商车之始。在初实行运公物一次，准运商货一次，继复加强管制，改为公运四次，商运一次，以便军公物资大量入口。及至缅局吃紧，积存公物急待抢运，遂规定完全禁止商车通行。此项措施，当时曾引起各方评议，佥谓商车运输效率较高，倘全以之抢运，则我国所存缅甸物资，或不致全沦敌手也。缅甸、腾龙为敌占领后，保山曾一度紧张，军运迫切，本省当局与中缅运输局为应付时局计，乃封派大批商车，赶运部队，由嵩明起，经昆明达保山，旬日之内即达成任务。自兹以后，国际交通既断，内地转运复受严格管制，本省汽车运输营业之黄金时代，遂成往事矣。

就本省公路管理之机构言，则有本省公路管理局。为管理省道公路，先后成立昆明东、西站，下关、保山、畹町、曲靖、玉溪、开远、一平浪、羊街、宜良、陆良、安宁、呈贡、昭通、会泽、罗平、武定等管理站，照章征收各项捐费。凡商车开行省道各公路，由省路局填发通行证。开行滇缅路及昆平段区间车，由滇缅局管制机关填发准行证。所有有关本省公路交通行政，及汽车司机之训练考验及给照等事宜，均系由省路局主持办理。其后因车辆管制之关系，商车行驶须受调派机关之指挥。三十一年，实行商车编队，由滇缅公路局调配所直接办理，计先后成立十余大队。本省官商合办汽车公司及汽车营业办事处车辆，因负有维持省道交通责任，虽专案呈准免予编队，惟结果亦以调配服务之关系，对省道交通之任务上不无遗憾之处。

征工协修中央经办各项重要工程

抗战后，本省地位日趋重要，中央先后在此兴修叙昆铁路、滇缅铁路，改善滇缅公路、川滇西路（西祥公路），兴修羊街飞机场、呈贡飞机场及中印公路。除人员组织由中央直接办理外，每项工程实施，均需大量民力。本省路局奉令成立协修各铁路、公路、机场征工处、募工处及征工总管理处，每次动工，由工程机关将需用民工数目决定，交路局办理。路局复查酌情形，分别令饬路经各县政府负责代为征派，此项征工设施，虽给有工资，然并未达到普通一般工资之标准，且所需数量，动以千万计，倘不借重地方官绅之力量，按区保摊派，曷克臻此。所幸历次办理，各县官民均能仰体时艰，全力相助。使各项重要工程，均能依照预定计划顺利推进。统计先后协修各铁路、公路及机场，除中印公路因军事关系、已经出工而又停止外，实际出工已达四十万人之谱，实做工数达五千三百余万工，斯诚本省民众对国家之伟大贡献也。

本省公路交通之复员计划

三十四年八月，日本无条件投降后，我出海交通急须恢复，而滇越铁路下段破坏甚巨，非短期所能通车，绕道他路，亦感未能适合需要。本省路局乃奉令赶修滇越公路由蒙自至河口一段，当即成立蒙河段工程处，派员着手测量，组测量队三队，分头并进。土路工程由地方民工及军队赶修，桥梁涵洞等特别工程，则采包工制，分别招商承办。此段路线，全长一百八十余公里，原限期于两月内完工，此抗战终止后之急要公路工程建设也。除公路工程建设外，其次为本省公路交通之复员与管理。当战事停后，本省交通管制机关即正式宣布解除，所有商车一律开放。然以货运有限，车辆稍多，运价难以维持合理之标准。且胜利来临，一般物价相继下跌，任何营业均陷亏折，货运几全停止。至滇缅公路及昆平公路之移管问题亦属重大。盖此两段为本省之主要干道，路线之长几横跨本省全境，而联络衔接之各段配道尤属所在皆是，自应统盘调整，拟定具体计划，以期按步实施，以求未来尽量之发展也。

公路总局之组织

本省公路总局之组织，原系督、会办制。至二十八年六月，奉省令饬改为局长制，任命原任督办杨文清为局长，原任会办杨石生为副局长。局内各部组织，原设总务、工务、审核、出纳四科，自改局长制后，各科名称及职掌亦有变更，审核出纳两科归并为审核科一科；车务工作日增繁重，遂将原设总务科之车务股扩大成立为管理科。故改组后计总务科设文书、铨叙、庶务三股，工务科设路线、桥涵、材料、统计四股，审核科设审核、出纳、簿记三股，管理科设车务、运务、养路三股。各附属机关则仍旧有官商合办汽车公司、汽车营业办事处、行道树育苗场、火药制造厂、各路段工务处及各管理站。继为实行会计独立制，奉令将审核科之名目改为会计科，其它则原设会计科之出纳股改隶总务科，管理科之养路股改隶工务科，但另添设稽征股一股，始终仍保持四科之单位。旋为实施管制本省火药原料，奉令将火药制造厂扩大职权，由本省路局会同滇黔绥靖公署军务处成立云南全省黑火药管理处。

人事方面，二十九年中央为普遍甄别审查全国公务人员，非经甄审合格，不能任用。路局遵即认真办理，先由局内人员着手，然后再推及各附属机关、各工务处及各管理站，按照文官任用办法，依据各员职掌，分别确定其等级。局长、副局长叙为简任，秘书、科长叙为荐任，股主任及各等级科员叙为委任，技术人员及会计人员依照文官任用之等级铨叙，技正同荐任，技士同委任，会计科长同荐任，股主任及会计员同委任。局内除正项规定设置之人员外，为集思广益并备咨询起见，另聘设顾问、参事及专员名额，并无一定待遇，亦不尽与专任人员相同。路局原有技术人员中，设置技监二人，最初，工程处即由两技监共同主持，旋分别派修滇东、滇西两干道公路，工作完成后仍回局服务。其后，局内仅设技监一人，并成立技监室，分设审查、设计、文书三股，先后设置多年，复奉中央令饬改称为总工程司室，亦改称总工程司室，另分设审查与督察两组。

关于本省路局之名称，自民国十八年以迄三十年，均称为云南全省公路总局。三十年以后，始奉中央令，改称为云南省公路管理局，以与全国各省公路局之名称相划一。三十二年七月，杨局长文清调任建设厅长，遗缺由陇体要接任，副局长杨石生继续连任，仅于各科之名称及职掌方面稍有更改而已，冀与现行省公路局组织规程相符：总务科之铨叙股更名为人事股；统计股原属工务科，后改归总务科；会计科添设一工帐股，继又奉令改称会计科会计室；工务科路线、桥涵两股，改称工事股及设计股。附属机关中添设一昆明市郊公共汽车营业处，后又改为公共汽车营业处。

本省交通之管理，亦属路局重要职掌，除先后设立昆明东、西两站及畹町、保山、下关、玉溪、开远、曲靖、陆良、宜良、羊街、一平浪、安宁、呈贡、会泽、昭通、罗平、武定等管理站外，复以本省汽车装运商货殊为散漫，以致运价亦无一定之标准，为实行管理本省境内汽车装运商货起见，呈准省府，于三十三年六月成立云南省道区间汽车联运处。该处设处长一人，副处长二人，下分总务、车务、营业、稽查、会计五组。

至于各路段之组织名称，视各路段工程之开始与结束，随时设裁，先后设置者不下数十个工务处，其名称为昆弥、曲路、环湖、鸡建、玉建、玉元、玉峨、安龙、大丽、罗兴、开文、昆建、会昭、江底桥、盘江桥及兴广、元龙两驿运道。继又为办理养路工作，先后复成立附省名胜之昆玉、昆陆、曲路、陆罗等段养路工务处。迨至抗战胜利，奉令打通滇越交通，成立蒙河公路工程处，旋又奉令停工。同时，因本省公路经费异常支绌，故多数路段工务处均予撤裁，各部分组织机构力求紧密，人员减少，虽组织仍无变动，惟工作之范围，则已较前缩小也。

兴修公路计划

民国十七年，本省公路总局成立，其计划以东通川、黔、桂三省，西通大理为原则。拟定建筑大纲，着手兴修，将全省分为四干道八分区。所谓四干道者：即（一）滇东干道，由昆明经嵩明、寻甸、马龙、曲靖、沾益以达平彝，为滇黔交通要道；（二）滇东北干道，由嵩明之杨林起，经寻甸、会泽至昭通城止，为滇蜀交通要道；（三）滇西干道，由昆明起，经安宁、罗次、禄丰、广通、楚雄、镇南、姚安、祥云、凤仪、至大理止，为滇省西部交通之骨干；（四）蒙剥干道，由蒙自起，经开远、文山、广南、富州至剥隘止，为滇桂交通要道。所谓八分区：系以昆明为中心，逐步推广。第一区为昆（明）、呈（贡）、晋（宁）、昆（阳）等段，第二分区为宜（良）、路（南）、昆（阳）、玉（溪）、呈（贡）等段，第三区为宜（良）、陆（良）、曲（靖）、呈（贡）、澄（江）、江（川）、玉（溪）、建（水）等段，第四区为昆（明）、富（民）、安（宁）、罗（次）、武（定）、元（谋）等段，第五区为沾（益）、宣（威）、平（彝）等段，第六区为泸（西）、师（宗）、罗（平）等段，第七区为腾（越）、永（胜）区，第八区为思（茅）、普（洱）区。此项分区计划，系以干道为经，县道为纬，使县与县之间贯通联络，成一公路网。计划本极周详，惟以政府公路经费既属有限，地方负担又属奇重，同时修筑，兼顾为难，旷日持久，不免财力虚耗，无所成就。于是二十四年度有第二期计划之定，分全省公路为省道、县道、村道三种，以赶修省道，择修县道为主旨，并将第一期计划已修未完之各段路线修竣通车。计划既定，并厘定修筑责任，鸠工庀材，惨淡经营。不数年间，本省三迤公路遂将得纵横交错，如网在纲，各县之经济文化沿以繁荣兹长；昔日之关山险阻，鸟道羊肠，今则周道如砥，朝发夕至矣。兹将各期计划修筑已成未成之路线分述于后。

展修及新修干县道计划

依第一、二两区计划，兴筑路线有展修、新修两种。展修方面凡有七线：

一、昆建段：自昆明经呈贡、晋宁、昆阳、玉溪、河西、通海、曲溪至建水城止，全长二百四十一公里一百公尺，为滇南干线之一。在呈贡马金堡与滇越公路相交，至昆阳城与环湖公路相接。在玉溪大梨园与玉峨公路相接，此于民国十九年即派员修筑昆玉段，至二十一年完工通车。二十九年又派张星炬为玉建段主任，由玉溪继续修筑，于是年通达通海。随派赵荫祖为主任，继续修至建水，现已完成通车。该路与滇越公路昆蒙段东西相峙，对于滇南交通及经济文化获益甚大。

二、昆昭段：该路由昆明至嵩明属之杨林，系与昆平段并用，未另修筑。即由嵩明杨林起，经嵩明、羊街、柳树河、功山、会泽、鲁甸而至昭通城止，全长四百余公里。终点与威昭公路相衔接，可以直达黔省，为滇东北干线，关系东昭各属文化经济之繁荣至为重要。曾于二十四年，派技正吕廷相、主任刘存忠、杨存敏先后修筑杨林至会泽之一段，至二十九年完工通车。复于三十三年派主任杨存敏继续修筑由鲁甸至会泽，又派主任李本立由鲁甸修至昭通。就中江底大桥位于会泽公路牛栏江上，两岸与河底之高差达二十五公尺左右，工程艰巨，需款甚多，兴建为十公尺拱桥三孔，二十公尺钢桥一孔，总跨径为五十公尺，经另派主任字凤仙负责专修，现石桥部分业已竣工，钢桥部分本年十二月间亦可竣工。

三、开砚段：由开远马者哨起，经中和营、平远街、大架衣而至砚山，全长一百六十公里三百八十公尺，为通桂干线。将来砚剥、砚广两段完成后，即可与桂省百色西桂公路衔接。于二十八年派主任钱介负责兴筑，三十年完成一段。又派主任杨宏章接办，于三十三年完成通车。

四、安龙段：由安宁属之安丰营起，与滇缅公路相接，经罗次属界牌、武定、元谋、龙街至金沙江边止，全长二百二十六公里五百三十公尺，过江即与西康会理公路相接。于二十四年派主任张星炬、张源先后修筑安丰营至元谋之一段，于三十一年完成通车。三十三年二月又派主任黄湛，由元谋展修至龙街金沙江边，于是年五月完成通车。

五、昭威段：由昭通起，经八仙营、中和关、方海、牛街子而达黔省威宁，全长一百二十二公里二百公尺。起点与昆昭路接，终点与滇川路接，为滇东北各属通川要道。于二十四年派主任浦宗兴修，二十八年完成通车。

六、大丽段：由下关起，经大理、上关、邓川、洱源、剑川而达丽江，全长一百零一公里，于二十四年派主任董广积负责修筑，因公款支绌，时修时辍，以致兴工数年未能完成通车。现路基已基本完成百余公里，晴天勉可通车至鹤庆属之牛街。倘工款有济，该路完成后，将来延展至维西、中甸，对边疆文化之启发，裨益不小。

七、保云段：由保山内辛街起，经顺宁至云县止，全长二百一十八公里九百公尺。于二十九年派主任褚其潜、李灿章负责兴修，至三十年完竣通车。嗣因缅甸失陷，奉令彻底破坏。三十三年，中央又派员修复，已全段完工，正式通车。

新修方面计有九线

一、滇越公路：由昆明起，至呈贡、宜良、路南、弥勒、竹园、开远、鸡街、蒙自、屏边而达河口，与越南老街隔河对峙，全长五百一十二公里。在呈贡境与昆建公路相接，在宜良境与嵩宜公路相接，在路南境与滇黔南路相接，在弥勒境与师弥公路相接，在开远境与开砚公路相接，在蒙自境与蒙个、鸡建两公路相接，为滇南主要干道。于二十四年即着手兴修由昆明至开远之一段，二十九年为国防军运起见，积极展修开远至河口段，将全路分为六段修筑。第一段由昆明至宜良，派张士锃为总段长，负责监修。第二段由宜良至弥勒边境，派何非为总段长，负责监修。第三段由开远边境至蒙自城，派杨宏章为总段长，负责监修。第四段由蒙自城至蒙自属新现，派郭朝宗为总段长，负责监修。第五段由新现至屏边属撇枝，派张源为总段长，负责监修。第六段由撇枝至河口，派钱介为总段长，负责监修。并于蒙自设置工程处，委吴融清、段纬为正、副处长，指挥各段工作暨办征调民工修筑事宜。是年四月已大体完工，初步通车至河口，正加紧改善中。而越南沦陷，该路重要性已失，乃将河口至蒙自一段破坏。现仅能通车至蒙自，计长三百一十二公里，对于军运交通实深利赖焉。今奉令修复蒙河公路，正派员前往测筑间，又复奉中央电令中止，功亏一篑，甚为可惜。

二、滇康公路（即原称西祥公路）：自祥云下庄街起，经姚安、大姚、永仁至金沙江边止，与西康省会理公路相衔接。因抗战需要，中央于三十年派员主持修筑。关于路基路面工程所需工人，完全由本省派出，已完工通车。复因缅甸沦陷，滇西军事紧张，仍由本省派工破坏，三十三年又由省征工修复。

三、富昆段：由昆明属黑林铺起至富民止，全长四十一公里五百公尺。起点与滇缅公路相接，于二十四年四月派员兴修，至二十九年底完工。三十四年三月，又派主任张士锃继续修理未竣工程，七月改善完竣通车，对于供给省垣之粮运，获益颇大。

四、武禄段：由武定至禄劝，全长八公里，为禄劝县治与安龙公路之县道。于二十四年六月与安元段同时兴修，至二十六年七月完工通车。将来由禄劝至寻甸段完成，即可与滇东各属相联络。

五、元一段：由元永井起，经乐伍村、沙依旧、斑鸠村、籐子栅、舍资至一平浪止，全长二十一公里七百公尺。在一平浪与滇缅公路相接，为运盐要道。于三十一年二月派主任陈种仁兴修，是年十月完工通车。

六、祥宾段：由清华洞起，经祥云、杨宝树至宾川止，全长五十公里一百公尺。起点与滇缅公路相接。于二十四年由大丽段兼修，至三十年专派张士锃为主任负责修筑，是年十二月完工通车。

七、安易段：由安宁属禄脿起至易门县城止，全长四十三公里。起点与滇缅公路衔接。于二十七年派杨安民为独立段长，负责兴修，至三十一年完成通车，易门矿产赖以运输。

八、祥弥段：出祥云起至弥渡止，全长八公里。起点与滇缅公路相接，为弥渡县与滇缅公路联络县道，于二十五年兴修，二十六年完成通车。

九、环湖路：由昆明碧鸡关起，经观音山、海口至昆阳县城止，全长五十一公里一百四十公尺。起点与滇缅公路相接，终点与昆玉公路相接，与两大干线联贯，环绕滇池。于二十五年起，先后派蔡崇礼、张应科为主任，兴筑土路，于二十七年又派商文渊为主任，继续修复各项工程，至三十一年年底，全段完成通车。

完成东南区公路网计划

本省东南区公路，有昆平、昆蒙、昆建、昆兴等四大干线。而联络此干线者，有嵩宜、师弥、曲陆、罗兴、鸡建、文砚等支路。如是，形成一公路网，俾东南区附近各县之交通联贯，而经济文化亦得趋于繁荣。兹将上列各支路分述于后：

一、嵩宜公路：由嵩明小新街起，经阿多村、香树坡、宋家营、沈家营、土官营、陈家渡、蓬莱村等地，至宜良汇通桥止，计长四十五公里二百八十公尺。起点与昆平路相接，终点与昆蒙路相接。其间由昆至曲及由昆至陆两段，有该路联贯沟通，于交通方面关系不小。该路于三十一年派杨萃贤为主任，负责勘测修筑，于是年八月通车。

二、师弥公路：由师宗起，经泸西至弥勒之金山村止，计长八十八公里四百三十公尺。为联络昆兴干线中陆良、罗平以达黔省之兴义，及昆蒙干线中之路南、开远以达蒙自之重要支路。滇东南各属之文化、经济，可借此发达焉。该路于二十八年起，先后派何非、张承芳为主任，负责修筑，至三十三年完成通车。

三、曲陆公路：由曲靖起，经小鸡街、马厂湖、板桥至陆良之西桥村止，全长六十六公里四百公尺。起点与昆平路相接，终点与昆兴路相接，为沟通该两干道交通之联络县道。

四、鸡建公路：由蒙自鸡街起，经倘甸、面甸、马家营而达建水县城。起点与昆蒙路相接，终点与昆建路相接，为该两干道联络县道。三十年派夏国光为主任，兴修土路，完成十分之六。三十三年九月，又派张懋成为主任，继续修筑未完土路及桥涵，三十四年底可以完工。由此两大干道，可以绕成一大长环形，沿此环附近者将有十余县，该路之重要可以想见。

五、罗兴公路：由罗平起至滇黔交界之旱木格止，计长四十六公里，土路已修通数年，路面虽铺，多未衔接，车行甚难。即于本期内将未衔接路面一律铺填完竣，使其连贯，以利车行。此线与曲陆、陆罗两路联络，洵为滇黔两省间之重要孔道。

六、文砚公路：由文山起，经二塘至砚山，计长三十四公里一百三十公尺。为开远至文山、开远至砚山及砚山至广南等段之联络线，三十三年完工通车。

七、泸五丘砚公路：此线在计划修筑中，仅有一度之勘测，尚未施工，为师弥及开砚等段之联络线。

地方自治建筑公路实施计划

该局第二期公路计划订定，修筑既见成效后，遂更颁布《修理旧有县乡道路办法》十二条，以为实施标准，于是修筑县乡村道，即成地方自治重要工作之一，旋奉省政府令发第五届中央执行委员会第十二次全会会议通过《加强推行地方自治原则及补充意见》，饬局拟具办法呈候核夺。嗣又奉令转内政部函，以“全国行政会议所通过之《地方自治条例》，应于二年内完成县乡村道，并以本省为示范市县，尤应取最低标准，提前赶办”各等因，经拟具《分期兴筑县乡道路实施方案》，并将原办法十二条增加为十四条，条文内容加以修正，由指定之县次第推行。兹将方案及修正办法分述于后。

一、实施方案

（一）兴修各县县道

第一期（民国三十三年起）

1. 昭通至大关段：该段起点与会昭段相接。
2. 泸西至丘北段：该段起点与师泸段相接。
3. 蒙化经南涧至景东段：该段起点与关蒙段相接。
4. 澄江经江川、华宁至通海段：该段起点与呈澄段相接，终点与玉建段相接。

5. 楚雄至双柏段：该段起点与滇缅路相接。

6. 开远平远街至文山段：该段起点与开砚段相接，终点与砚山段相接。

7. 文山至马关段：该段起点与砚山段相接。

8. 玉溪至易门段：该段起点与昆玉段相接，终点与双易段相接。

9. 牟定至元谋段：该段起点与楚牟段相接，终点与安元段相接。

10. 峨山至元江段：该段起点与玉峨段相接。

11. 建水至石屏段：该段起点与玉建、鸡建两段相接。

12. 寻甸羊街至禄劝段：该段起点与寻会段相接，终点与武禄段相接。

以上第一期共推进十二段，联络县份二十五县。

第二期（民国三十四年起）

1. 大关至彝良段：该段起点与昭大段相接。

2. 大关至永善绥江段：该段起点与昭大段相接。

3. 会泽至宣威杉木箐段：该段起点与会昭、寻会两段相接，终点与川滇公路相接。

4. 马关至麻栗坡段：该段起点与文马段相接。

5. 元永井至盐兴段：该段起点与元平段相接，终点与谋元段相接。

6. 楚雄至牟定段：该段起点与滇西公路相接。

7. 永仁仁和至华坪段：该段起点与西祥公路相接。

8. 盐津至镇雄段：该段起点与大盐段相接。

9. 元江至墨江段：该段起点与峨元段相接。

10. 景东至镇沅段：该段起点与景蒙段相接。

11. 双柏至易门段：该段起点与楚双段相接。

12. 富民至罗次段：该段起点与昆富段相接，终点与安元段相接。

13. 牟定至镇南段：该段起点与楚牟段相接，终点与镇姚段相接。

以上第二期共推进十三段，联络县份二十六县。

第三期（民国三十五年起）

1. 大关经盐津至绥江段：该段起点与昭大段相接，终点与永绥段相接。

2. 墨江至宁洱段：该段起点与元江段相接。

3. 镇沅至宁洱段：该段起点与景镇段相接，终点与墨宁段相接。

4. 丘北至砚山段：该段起点与泸丘段相接，终点与开砚段相接。

5. 阿勐经西畴至麻栗坡段：该段起点与砚广段相接，终点与马麻段相接。

6. 云龙经兰坪至剑川段：该段起点与滇缅公路相接，终点与大丽段相接。

7. 云县经缅宁至澜沧段：该段起点与保云段相接。

8. 宁洱经思茅六顺至澜沧段：该段起点与墨宁段相接，终点与云澜段相接。

9. 思茅经车里佛海至打洛段：该段起点与墨宁段相接。

10. 石屏至元江段：该段起点与建石段相接，终点与峨元段相接。

11. 个旧经江城至思茅段：该段起点与开个段相接，终点与思洛段相接。

以上第三期共推进十一段，联络县份二十六县。

（二）兴修乡镇道

第一期（县道完成之翌年起）

一县与一县间道路修筑完竣之翌年，即应修筑重要乡镇与县相接之道路，俾县城与重要乡镇联络。

第二期（重要乡镇完成之翌年起）

各重要乡镇道路完成之翌年，即应修筑乡镇间联络道路，俾完成全县公路网。

（三）养路工作

各县县道乡镇道完成之县份，由县组织养路队，随时养护已成道路之路基路面及栽植行道树等事宜。所有工人由各乡镇出之。

（四）修筑原则及负担

1. 县道路幅照规定修为五公尺宽，乡镇道路照规定修为三公尺宽。

2. 关于县道，由全县人民负担修筑。乡镇道由各乡镇负担修筑，不能胜任时，得由附近各乡镇补助之。

二、修正办法（《云南公路局修理旧有县乡道暂行办法》）

（一）各县应组织修理委员会，主办修理旧有道路。

（二）规定县道宽度为五公尺，乡道为三公尺。

（三）路面须铺碎石或煤渣，依照实际地质之软硬而定其铺填尺度之厚薄，由十公分至三十公分。若地质软则应铺厚，地质硬则应铺薄。其宽度，县道定为三公尺，乡道定为二公尺。路上石板仍须利用。

（四）桥面宽度不得小于规定路幅。

（五）引水溉田之水道，应由各田主自行埋水管或绞水沟，其长度不得小于路幅。

（六）规定每年十月及十一月为修路时期。

（七）修筑土路及路面工程，由各县照户口分派负担，其不愿工作者，得自行雇工代替。

（八）桥梁工程，由各县建设费项下拨款办理。

（九）以修路成绩作为县长考绩之一。

（十）民工修筑桥，经修路委员会勘验确实完善后，得予以奖励之。

（十一）路旁业主贪图私利，不顾公益、毁损路基路面者，应予以惩处。

（十二）凡遇有石砌工程，应需工具及火药，由各县呈准备案，购买运用之。

（十三）凡遇有特殊工程，修路委员会对设计施工等项发生困难时，由局指派高级技术人员辅导办理之。

（十四）本办法如有未尽事宜，得随时修正之。

公路经费之负担

本省自开始兴筑公路以来，最大困难即为经费问题，盖第一期之整个计划，为修筑四干道八分区公路，以路线经过之地方而论，几已遍及全省，而其长度合并计算，长达四五千公里。如此庞大工程之经费，仅赖少数之附捐及余款，实属微乎其微。修筑公路既为政府重要设施，同时亦为发展地方所必需，故不能因经费之困难而停顿。何况发展交通，繁荣地方，实受其惠者均属人民，则强民出资虽属不易，而发动民力尚属可能。本省有广大之农民，农作岁收以后，正可利用劳作。本省公路修筑，即本此原则施行。关于征用民工，其实施办法几经规定，最初实行义务工作制，继后又采属地主义，实行由地方负责。兹分别略述于后。

一、义务工作制：当本省决定借重民力修筑全省公路后，迭经考虑，决定推行义务工作制。原则方面，拟定每人每年须服义务工作五天。能工作者由本身直接履行，不能工作者则可出资雇工代役。每年根据户口调查，预计每年所得之工数，复根据出工数字，决定每年可以修筑公路之里程。先由省垣市区着手，然后普遍推及各县，实行全省总动员，人人均参加修路之工作，以本省民众共同之力量，完成四干道八分区计划。然就事实而论，其办理手续之繁，不言而喻。路局既负工程责任，又须办理征工，实难兼顾。故此项办法虽经宣布，然实未能作普遍之推行也。

二、确定地方民众之负担：路局拟定征集民工修筑公路办法，分别划分地方与政府之负担，即凡属踏勘测量特别工程，及一公尺五以上之桥梁涵洞，由政府负责；全部路基工程，及一公尺五以下之桥梁涵洞，由地方负责。铺填路面则合力办理，由政府发款，由地方备料。出工发款之标准，照里程规定数目计算，每一段公路经路局派员分别踏勘测量完成后，按照路线之里程及经过之地方，规定期限，责成各县县长负责派工，将土路修筑完成，报请政府验收。关于民工之征派，由县长督饬各区乡镇长分层办理，路局不再过问。此种办法实行之初，似近苛扰，盖民工负责修路。不但不给工资，并须自负行装工具，自备糇粮，远道工作，推进不无阻碍。且修筑之公路愈多，征工区域愈大，经迭次宣传开导，人民交相劝勉，为谋地方建设，忍痛暂时，征工遂逐渐顺利，效率得以提高。本省之公路所以能畅达四境，实民力有以致之，是诚可贵之成就也。

此外，关于公路占用田地问题，与人民相关至切。当兴筑公路之初，政府对此极为注意。盖以公路占用人民田地，既为事实上所不可避免，而田地被占，即成为私人之损失，为谋公共之福利而使少数人实蒙其害，殊欠公允。故于不能避免必须用作路面之田地，议由政府照市给价。继以政府公款支绌，迭经考虑，初拟发给地价股，即凡被占用田地者，照市面价给予股票，将来以汽车营业盈余分别还本还息，旋又以汽车营业未必定有获利之把握，则此项股票发出，何日始克还本付息，殊觉渺茫，地价股票之议遂寝。征派民工既取属地主义，即以本县民工完成本县路线，则征用田地亦未尝不可准此原则，一县之内，公路占用人民田地若干，估计其总共价值之数目，然后平均摊派全县民户，筹出款项，分别发给被占田地之人民。如此办理法良意美，惟因历年修筑之公路既多，占用人民之田地诚属不少，一时办理极为纷繁，至今尚未能推行普遍。然自应继续认真办理，谋逐步之解决。

公路工程纪要

本省公路行政机构，自改隶省府直辖，组织渐具，三十三年一月，照全省通案，奉令改称云南省公路管理局。抗战以还，本省转为西南重镇，当国际补给之枢纽，为盟我军事之根据，业务日加繁重。然抗战持久，人民负责綦重，国家财政维难，而物价高涨，工程单价遂增至三十倍以上，公路工程之进展，因受重大之阻碍与打击。无论政府与地方，虽切知交通建设至关紧要，然心余力拙，路局之收入又复微薄。其后管理业务逐一划归交通部，该局所属机关，致自收自支之经费亦感困难。嗣交部虽月补助经费国币二百万元，杯水车薪，无裨实际。于是原定之县乡村道路逐步推进计划，不得不酌量变更，择要兴修。在三十二年前，抢筑完成移交中央管理之滇缅、滇川两大干线，已经畅通，尔时其它县道未能顾及，仅由该局在经费极度紧缩之下，勉强维持现状。其后以军事战略关系，始奉令拨款赶通西祥干道；通行未久，缅甸陷落，西祥路又奉令彻底破坏（由祥云破坏至金沙江南岸）。而誉称国际桥梁之滇缅路，亦由惠通大桥破坏以至保山。其在兴修中之东南干道亦因而停顿。旧有路线及新修通各段，除少数交通繁盛区域勉为临时养护以维现状外，余以护养需费庞大，无法担负，惟有任其暂行荒弃，损坏日滋。

三十三年，盟军来华，分驻滇省部队日有增加，大规模之飞行站场亦先后增筑，分布各处。为应付战略粮运军运之需，先后奉中央命令或军事主管及盟军之商请，以全力赶修军用路线，漏夜兴工。经费则由局拟具计划预算，向中央请领，由交通部公路总局第四工程督察区（后改属战时运输管理局）监督，及盟方工程师参赞其事。计续修工程，有昆建、鸡建、开蒙、开文、罗兴、阿迷河桥、安龙、昆会、环湖、师泸、弥昆、玉峨、大丽、昆富、宾永、曲路、威昭等段。其新修者计有西祥、保云、会昭等段，盘江、长底、江底、海口等大桥，及兴广、元龙两驿道等工程。改善工程，计有寻会、昆陆、陆罗、昆玉、路开、武元、路师、环城等段，及其它临时性之桥涵工程。其余旧有通车之道，养护已疏，已修未通各路，亦先后停顿，原来计划之县道，亦搁置矣。所有工程，除会昭公路及江底大桥纯用省款外，其它则多仰赖中央专款。而为争取时间，限于工费，暂修通车各线间桥梁涵洞，多未加重建，此修彼腐，通塞不恒。三十三年经一再造呈养路计划预算，经奉核准，乃分别就各重要干道建造工房，正式成立养路机构，认真养护。惟预算核下过迟，已失时效。经费之分配，月领有限，欲将木便桥涵彻底更换，势所不能，其它路段亦顾此而失彼。将来必须补充经费，推广范围，庶已成之路，无损坏荒塞之虞，而临时工程费之支出，亦可以撙节缩减矣。

三十四年九月，抗战胜利欣临，宣布复员，中央以滇越交通为复员重道。而滇越铁路大半已经破坏，铁路之修复工程既艰，轨道器材之补充尤难。于是责成本局，筹建蒙河公路。已分头并进，积极准备就绪，待款施工，预期三个月内通车，并先行从事测量工作。旋又奉令停修，仅将测量工作完成结束，暂告寝顿，以俟来日。以上所述，此七年以来公路工程进展之概略也。建国伊始，交通恢复扩展，自属要政。鉴往知来，枚举数端，期于将来之工程设施有所参考焉。

一、经费不充：抗战以来，公路关系交通，居行政首要。然该局经费，因物价变动剧烈，异常支绌。而收入方面，每一路段或重要桥涵之兴筑改善，均必仰赖中央专款，预算呈核，公文往返，动需时日。几经周折，迨工款发下，实际工费所需，已与原预算超越二三倍，甚至十倍。故惟有一面兴工，一面续请追加，其间或核减或不准，为时愈久，不敷愈巨。最后不得不迁就款项，降低标准，勉达通车目的。故桥涵路基路面虽合原则，完成之时间亦每难如限预定。

二、工具窳陋：本省道路工程，除原始工具或凭兽力外，纯依人力工作，其督工勘测，每每徒步往返烟瘴不毛之区，缺乏卫生给养之设备。加之峻岭丛峦，坚岩巨壁，破谷深箐，急湍漩河，随处皆是。运料压路，最多限于兽力；土石之敲凿填补，水分之抽汲贯注，均以人力挑运。故七千公里之公路，胥三迤民众血汗积累之所成。以视先进国家之筑路，其开山、挖土、打桩、起重、供水、运料、碎石、压路等，均使用机械，以一部机械之能力，足当千百人之工作，效率高而财力时间省者，相去何啻天渊。以故值此建设刻不容缓之际，吾人以为公路工程应有现代化之机械设备也。

三、材料限制：本省所有公路路面，几全属麦克登碎石路面。然因运输困难，多半就地取材，于土壤石砂之选择，自不能尽合要求。而桥涵材料，仅限于采用石木两种，而石工桥涵，所费亦属不赀。至如钢铁材料，必仰给于外来；水泥、柏油以及防腐油剂，虽有出品，供求不应。自海运遭敌封锁，来源断绝，价值昂贵；桥涵工程不能因地制宜，施以钢铁水泥之建筑，其于各种地质形势应用施工之便利，坚固耐久，相形见拙。以故建筑公路工程，一切材料之改善，首要自给自足，此则有俟乎重工业之振兴者矣。

四、民工问题：本省山陵起伏，地广人稀，历年抗战，征兵课赋，运粮服务，人力锐减。他省修筑公路，大都以招募为基本，工价较优，责成自易。该局以有限之津贴，抗战期间大量征调民工，报效国家，厥功虽伟，不可久恃。以后筹集路款津贴民工办法，亦将不可忽焉。

至于测量施工之原则标准，本法令规定，间有特殊情形，则参酌权宜从事，除重要工程部分已见前章专述外，其七年来公路工程及各重要桥梁改善修筑之过程，分别举述于后。

各路段工程提要

一、干道

（一）滇缅干道（昆畹段）：此线于民国二十七年完成通车后，即移交滇缅公路局管理。该线经过功果（悬桥）、胜备（石墩木面桥）、惠通（悬桥）三大桥。三十一年五月缅甸陷敌，奉令破坏惠通桥至保山一段，由滇缅路局负责指导工作，该局则组织征调民工，爆破工作则由国际工程处调派工兵，从事彻底破坏。嗣战事好转，昆明至保山间之路幅，又复加宽。

（二）滇黔干线（昆盘段）：此线经于二十七年修达通车后，即移交西南路局管理。线路经过马过河（永久式石拱桥）。自移交后，所有一切养护管理，均由西南局负责。

（三）滇黔干线（路罗段）：此线于民国二十四年修达通车。三十二年三月，陆良机场动工，陆良至师宗间，自一五三公里至一五八公里间，被机场占用，就十二工程处原有运料便道补修通车，而地方则依法定另行修筑一线，绕道陆良县城。曾经勘测，拟具预算，嗣以经费问题，久悬未决，乃折中加强现有路线。其罗平至兴义一段，于三十年修筑完成，线间经过二大桥：

1. 阿迷河桥：位于南盘江附近，为临时性之木梁桥。高十公尺，共十二孔，跨径四至六公尺不等，总跨度为四十五公尺。建于二十八年，当时因急赶通车，工作不免草率，已计划改建永久式桥梁，嗣越局突变，遂尔中寝。此桥久经使用五年有余，事先未加防腐，各部腐坏，几经修换。三十四年，经核准专款另建，而数额仍属不敷，乃迁就事实及迅速起见，就原址建造木桥，用混凝土基础，以济车运。

2. 长底河云兴大桥：石台木面，三十三年兴修，全长一百零四公尺，载重十吨，三十四年四月修建完竣通车。同年雨季，桥被冲毁二孔，当即抢修复原。由黔边至陆良之路面桥梁，以军运关系，均于三十四年六月至八月全部加以改善铺填，并增筑挡墙涵洞。其昆明至路美邑之一段，为东南主要军运干道，亦于三十四年五月全部整修改善。

（四）滇越干道：此线由路美邑分线经弥勒、开远以达蒙自，于民国二十八年初测量完竣，着手施工，同年底完成通车。惟南盘江处尚未修建桥梁，先用小船联系过渡，嗣改为正式渡船，交通未臻便利，乃决修大桥。二十九年终，桥墩部分完成，而越南遭敌占领，材料不济，工程中停。同时由蒙自至新现已修筑完成通车之土路，亦随滇越铁路而破坏。三十三年，为应军事需要，大桥工程又复继续，并设南盘江工务处专司其事，照计划修建为铁索悬桥，跨度六十三点四公尺，载重十吨，三十四年四月完工通车，废弃船渡。同年六月，中央为胜利后复员计，以铁道之修复不易，器材困难，于是令将蒙河一段路仅三个月内赶通。当即积极筹划，先行测量，尚未施工，又奉令停修，仅将测量完毕。以该路系国际干道，性质重要，将来仍当贯彻此项计划也。

（五）滇康干线西祥路：此线由滇缅路祥云县属之维新街起，三十一年三月兴工，本省负责征集民工，川滇西路工程局则办理工程。通车未久，三十一年五月腾龙失陷，又复奉令全线破坏。战局好转，仍由川滇路局修筑，直接镇南，而原接祥云一段即告废弃，三十四年初通车。

（六）滇川干线沾威段：此段由沾益天生桥分支，经宣威接黔境威宁，以达毕节，直达四川泸县。滇段二十四年秋季动工，至二十八年冬季通车。其在威宁境内工程，系中央发款兴修，三十年春即移交川滇路局负责。

二、省县道

（一）开文段：本段由开远三台山起，经文山至砚山，即昔日之开剥段。二十九年勉达通车，年来均在改善中。盖以桥涵多为临时式，且有数处以便道绕行，现已完成百分之六十，纵坡侧坡及湾道间，有未合规定之处。石砌部分，锅口附近工程较大，路幅宽度石砌仅三公尺至五公尺左右，最狭处有二公尺五者，时有塌陷，交通梗阻，至于路面，大体铺筑完竣，晴天可以通车。三十四年初，奉拨专款改善，而分配数额有限，实不济事，故停作不常，未能贯彻，尚须继续工作，方臻完善。

（二）昆玉段：此段由昆明至玉溪，早经完成通车。其昆明东站至三岔口，系属基本干道，交通繁盛，早经修整加宽。其马金堡一段，被机场占用，另行勘测路线，由机场工程处修筑。所有三岔口至玉溪路面，三十四年五月全部加以修补，惟有桥二座，尚须待改善者。

1. 晋宁桥：此桥位晋宁县城之南。原日旧桥系二孔，石台木面，每孔跨径五公尺。前因节省公费，遂绕道利用此旧有木桥，行车时两端须转急湾，亟为不便，宜依原测线修建永久式石桥。

2. 玉溪州桥：位于县城之北二公里，利用旧桥（五孔石台木面），加强本面通车。三十一年底，木面即已大部损坏，不能通车，当时木料缺乏，乃将跨径缩短，增设档架，支持轻车通过。现已危险，亟待改建。

（三）玉建段：此线为滇南干道之一，民国三十年日寇占据越南，为应军事需要，继续赶修。其间以军事演变，时修时辍。三十三年奉令赶修，因核定工款过少，单价增高，不能照标准完成，乃于是年十二月勉达通车。三十四年，路面亦着手铺填，其间以雨季排水工程不足，路基多有冲坏，尤以通海曲溪间一段工程浩大，目前已不能通行。此段重要桥梁，计有曲江大桥（跨度八十公尺）、路南河桥（跨度二十四公尺），均属木质便桥，且为时已逾五年，均多腐朽。而路南河桥，本年雨季洪水冲毁。现惟昆明至通海一段，尚可畅行通车。

（四）鸡建蒙段：此段除鸡街至蒙自之二八点七八八公里已完成通车，仅少数桥涵须增加路面，择要翻修外，其建水至鸡街一节（长五六点二四公里），自民国三十三年一月开工以来，因所领工款有限，只能逐步推进。三十三年六月将建水至面甸一节（长二十公里），在工款紧缩限制之下，择要修筑，晴季勉可通行，然有一部分桥涵，必须增建。面甸至六田山长七公里一节，三十二年七月修筑线间第八号猴街桥，工程浩大，未能同时举办，其它石砌桥涵，则已分别并进。三十四年初，领获东南区四项重要专款，本段虽为四项之一，惟分配工款有限，复受物价影响，无法赶通。为免工程损失，乃将工款并入玉建段应用，另行呈请追加，先后奉拨专款，工程亦积极进行，预计年底昆蒙、昆建间两大干线之联络运输，可观厥成矣。

（五）鸡个段：此线为工矿运输补助线，自民国二十八年完成通车后，因战争关系，矿业衰落。且另有个碧铁道，故列居次要，而车辆往来既稀，损耗亦少，现仍照常通车。将来锡业矿冶复兴，必须大加修理。

（六）师泸弥段：此线自师宗县城南起，经泸西至昆弥段相交点止，三十二年前已大体完成通车，为东南区公路联络线通黔南孔道。将来如有专款，拟将所有三十座石台木面桥改建为永久式，并将路面整铺，以便运输。

（七）曲陆段：此线为滇、川、黔及滇越诸干线之联络线，早经通车。除尚有石台木面桥一座外，其余桥涵均为永久式。三十三年底，以军事设备关系，路面宽度不足，乃由军事工程机关将全段改善，路面部分加宽为五公尺。

（八）昆富段：此段公路，由昆市黑林铺起至富民城止。前曾将路基及桥涵修竣通车，惟其中有十座，系临时木便桥，四座石台木面桥，以工款无着，年久失修，早已腐朽倒塌，未通车者两年有余，路面亦随而荒芜毁损。迨至三十四年，因粮运需要，请专款七百万元，尽力所及，加以葺修撤换，勉维通车。将来路款有着，一切桥涵均应改建为永久式，并铺筑路面。

（九）呈澄、安易、祥宾、一元、武禄、广八、昆沙、嵩会等八段：以上各县道，于战时运输关系上仅居次要，故自先后修筑通车，迄未能有具体之养护，故所铺路面多已损坏，临时桥涵日久腐朽，该局亦以赶修车运干道，无力顾及。此后自应设法整理，以免全功尽弃也。

（十）环湖路：环昆湖东及北方之路，早经完竣。由碧鸡关接观音山一段路基，于民国二十八年修筑完成。观音山迄海口、海口迄昆阳两段，二十八年六月至十一月测量完毕，续即施工，至三十三年底勉可通车。惟海口至观音山，应建涵洞六十二个，仅完成四十四个。桥有二座未修，路面所经海口大桥，亦系建为临时式木桥（跨度一百公尺）；而必要路面，尚有四十五公里八百八十五公尺未经铺填。现昆湖四周工厂林立，运输尚未畅通，亟有续修完善之必要。

（十一）玉峨段：此线自玉溪县属大梨园与昆建段交点起，至峨山县城，为原计划滇缅南干道（经元江、思普、车里、佛海以通滇、缅、暹交界打洛），因军事失利，遂尔停工。三十三年，领获工款一百三十余万元，当已将大路赶修通车；惟以款资既少，石砌部分尚未修足，桥涵亦仅择要修建，不敷排水。将来国际干道续修，必须另加整理。

（十二）安元段：此段由滇缅路之安丰营相接处起，至元谋止。民国二十八年前通车武定，三十一年通元谋，为粮运供给线。其桥涵工程，多为临时式，腐朽已多，路基亦系年久失修，奉令改善，因颁发专款日时稽延，致原估单价增涨，超越预算，仅能择要改善补修，未达工程标准，后此仍须继续改善。

（十三）保云段：此线于二十八年测量完竣，赓即施工，修筑路基土方，至民国三十年，滇缅铁路兴修，因其有关铁道工程之补给，乃由滇缅铁路局补助一部分工费，全线赶修，于三十一年十二月完成通车。三十二年七月，滇西军事严紧，奉令发动民工加以破坏，迄今尤未修复。

（十四）威昭段：本段由威宁经张家坪、七星河、西冲、朱仙背等处，以达昭通，长一百三十二公里二百公尺。远在二十五年时，即已测量兴工，通车日久，路面破烂，需择要翻补，临时桥涵，亦需改建。此线北通川黔，南通省会，为滇东南、川、黔及滇中之联络线。

（十五）昭鲁段：本段由鲁甸至昭通，长二七点三九公里。三十二年测量完毕，赓即动工，修筑期间，地方发生变乱，影响工程。现仅系土路，交通稀少，桥涵多为临时式，亦已朽坏，尚待整理。

三、附省名胜公路

省垣以名胜所在，联接四方，多筑名胜公路。计有穿金、金黑、交昙、龙泉、吴井、海屯、灵源、石林、安温、环城、岔巫、碧太、黑海、大观等十四路，均于三十二年前先后完成。环城路并经部分改为柏油路面。岔巫路因通巫家坝机场，三十二年盟方专司管理，亦经铺为柏油路面。其余各线，交通较繁者，特作临时之修补；交通较稀者，路面之损失亦少，故大体尚佳。将来如有余力，亦须加以整理。安温一线，于三十一年复由温泉西南方增辟一线，环山衔接螳螂川大桥；其由温泉至珍珠泉路，亦经一度测量计划，以需款过巨，尚未实施。

四、已修未通各路线

（一）砚广、元永、姚盐、保莲、宾鸡、关蒙、平文等七段：曾经先后测量完竣，动工兴修，其间或战事影响，或因工费不济，而渐次停顿。现战事告终，将来工款有着，当照原计划一一推进也。

（二）宾永段：由宾川太和村、片角街及金沙江至永胜，长约一百三十公里，三十一年已赶修至金沙江，土方完成百分之三十三，铺路备料桥梁三十五座，尚未完成；涵洞在宾川境内者七十二个，完成三十七个。

（三）峨元段：本段自峨山经大开门、扬武坝、青龙厂至元江之大水坪止，全长一百二十余公里。民国二十六年测竣，以工程浩大，沿路气候恶劣，夏秋两季，瘴毒至猛，而给养缺乏，无充分之工款与完善之设备，不能兴工，全段计约土方一百五十四万方，石方一十六万八千余方，沿线多高山峻岭，坚岩绝壁。较大河流计有峨山、大开门、化念等三河，延接打洛，为滇缅南路。现昆佛路已决议复工，在呈请中央发款中。

（四）蒙河段：于三十年曾经修筑一大部分，续奉令破坏，现正重加测量中。

（五）大丽段：本段自下关起，经大理、上关、喜洲、邓川、剑川直达丽江，全长一百零一公里。远在二十四年，即组织测量队勘测，三十年着手修建，已通车至邓川；三十二年因战事而中停。其后即改修为驮运驿道，下关至大理计十二公里，已铺填碎石路面，其余仅路基大体筑成。路间跨洱河之靖西大桥一座，工程较大，原拟建为十公尺连二孔石桥，后以限于时间经费，乃改为石台木面，而大料复不易选购，遂于每孔中间加木支柱一排，成为五公尺连十二木面桥，载重仅及五吨。数度修葺，仍难支持，现已腐朽不堪，必须改建石桥。其它在大理、邓川、洱源、鹤庆各县境涵洞，均已大部使用石质；在剑川、丽江境内之桥涵甚多，全未着手，仅于民国三十年一度修为木便桥涵，现已全部腐坏倒塌，虽一再列入必修工程，请款续修，迄未获准。

（六）会鲁段北线：由会泽至江底牛栏江，长一百三十四公里，由江底至鲁甸四五点四九三公里。会昭全段均系省款修筑，江底海子附近所过坡箐甚多，故桥涵工程艰巨；跨牛栏江之江底大桥及两岸之工程，最为浩大，江面宽度四十余公尺至七十余公尺，而路与河底之高差达二十五公尺左右，战时器材缺乏，工款支绌，现造为四孔十公尺径石拱二十公尺一孔钢梁桥，工程正积极进行中，预期年底可观厥成。此路通后，昆昭间交通可缩短百余公里，于懋迁粮运，均利赖焉。

五、驿道

（一）大丽驿道：大丽段公路正铺筑间，因故停工，嗣以联络中印交通之处乃一度修改为驿道，将来仍须修复公路。

（二）元龙驿段：此线全长四十公里，为运粮补给线，奉令修为车运驿道。于三十三年兴工，路面仅择要铺填。将来续建为公路，将半永式及临时式桥涵改为永久式，并添建涵洞，铺修路面，则滇康交通又多一捷径矣。

（三）兴广驿道：本段之属于滇境者，系广南县至者红一段，长一百零九公里。路颇崎岖，而烟瘴恶劣，人烟稀少。三十一年即奉令计划兴筑，至三十三年始奉发专款动工，为时既久，米价超出预算达于十倍，累请追加未准，迄无法完成。

六、计划线

将来逐步完全省路网，其业经列入计划，或已经勘测、待工款充裕而逐一兴筑者，计有建元（建水经石屏至元江）、昭彝（昭通经大关以达彝良）、盐绥（盐津经黄平溪以达绥江）、会巧（会泽至巧家）、鹤兰（鹤庆经剑川以达兰坪）、元景（元江经摩沙坝、按板井、镇沅县以达景东）、云澜（云县经缅宁、双江以达澜沧）、思澜（思茅经六顺以达澜沧）、峨石（峨山经龙武以达建元段）、楚牟（楚雄经会基关以达牟定）、永丽（永仁经华坪、永胜以达丽江）、富武（富民至武定）等十二线。

柏油路面

民国二十九年，鉴于环城马路交通日渐频繁，损坏已甚，碎石嶙峋，坑陷未平，势非彻底修补不可；而新修碎石路面，所费亦巨，乃有改铺柏油之议。由市府与路局会商，协同组织改铺环城公路柏油路面工程处，推进工作。先由西站试铺，结果佳良，乃续铺至鸡鸣桥、太和街、大观楼一段及黑海公路。其碧鸡关至西站一段，系滇缅路局于二十九年底铺筑衔接。嗣因缅甸陷落，柏油供应断绝，致工程未能如期推进，时作时辍。后又向光华化学公司订购植物柏油，勉铺大兴桥至双龙桥一段，其余段落，仍翻修为凝结碎石路面，至三十三年经费不足，遂告结束。

养护

本省年来因本军事第一之义，全力赶修军用公路，又受物价上涨影响，预算膨胀，养路工费庞大，能力不逮未能照原定计划实施，仅于设有工务处各段，分别作临时性之养护。诸如路面破坏、木便桥之修补更换，均尽力所及以赴。嗣以通车路段及新成大桥日有增加，运输公司耗损特甚，桥涵腐朽，挡墙设备不充，雨季抢修，应接不暇，于三十三年底，一再造呈养路计划预算，先从养护东南干道着手，至三十四年十月，始奉核准正式成立昆罗、曲陆、路开、开文、开蒙等五个养路工程段，照组织规章一致成立。其工料在限定可能范围内设置，约每四十公里设一养路分段，每分段内十公里设一养路道班，每道班养路工人二十名，正副班长各一名，并由工务处派技术员一名负责指导。所有段内员工设置，均力求简便灵活，以节事务费用。其养护内容分为：

（一）路基养护，（二）路面养护，（三）桥涵养护，（四）其它设置之养护等四项。除桥涵养护云兴盘江大桥，已专设立养护道班外，余尚无专款，未能成立。以后俟该局工款充裕，其它各段路面，始能设立道班，以贯彻养护之旨云。

公路之管理

本省公路总局，原负本省公路工程与管理两责，除主持办理全部公路之测量修筑外，所有省境公路行驶车辆，亦悉由该局管理。自民国十九年起，先后公布各项规章，严密制定有关各种类汽车之登记检验、领取牌照、缴纳捐费及领取通行证等办法及手续，通饬各车主一律认真遵奉实行。汽车司机、技匠之管理，则另拟专章，分别规定登记、考验及雇用等办法。此外，关于一切违反章则之取缔，依照车辆及机匠两项，拟定规章缴纳捐费、不按照规定办理各项手续及违犯行车规则等处罚规则，分饬有关人员随时执行，至于管理机构，除登记、领照、缴捐由该局直接办理外，昆明为车辆出发中心，特成立东、西两管理站。各路终点，视其需要，亦次第推广设立。当时本省情况并不复杂，最初汽车营业，系采官办，继而实行开放，准许商人自由经营，加以适当之管理。至二十七年，另采官商合办制，在该局指挥监督之下，本省汽车营业已渐纳入正轨。其后抗战紧张，本省地位益形重要，情况亦愈复杂，先后奉令将滇缅、昆平两段公路，交由中央直接管理。随后中央即实行管制全国公路交通，在本省设立之机构，计有西南运输处、中缅公路运输总局、滇缅公路运输工程监理委员会、汽车牌照管理所、滇缅公路运输局等，滇缅局之下，复附设车辆管理所，后改为车辆管制总站，再改为车辆调配所，牌照所后改为云南区监理所。凡此均为战时之措施，且带有全国性。自我国海岸被敌封锁，所有外援物资之接济，仅惟滇缅公路是赖，中央特别重视此路，一再改善路面，健全管理机构，加强运输效率，以适应军事之需要。路线既划分管理，车辆亦逐渐集中为公家服务，地方交通之维持，于是遂几全受支配矣。惟本省公路，除滇缅、昆平两段以外，其它通车之路线不少，且国道区间公路仍属省道范围，该局除于昆明东、西两站设置管理站外，先后在下关、曲靖、保山、畹町、玉溪、开远、羊街、宜良、安宁、呈贡、一平浪、昭通、罗平、会泽、武定、陆良等处继续设置管理站，以资管理。各该段内行驶之车辆，并征收各项费捐。其后为管理本省客货运输，于三十三年奉准成立云南省道区间公路联运处，惟以战时交通备受管制，商运不能获尽量之发展，同时一切军公物资运输，均由战时运输机构调配办理，地方交通机关不能干预。故在抗战期间，该局对本省公路交通之管理，已不能照战前办理，作一贯之实施，虽有偏废之处，是必有待战后复员，始能恢复调整，作实施具体管理之计划也。

公路之运输

本省自各公路干道支线次第完成，分别通车以后，汽车运输事业即随而开始。初可供运输之线路，西路为昆明至禄丰、楚雄、下关一段，东路为昆明至曲靖、沾益、宣威一段。其后逐渐推广，南路由昆明至玉溪以达通海、河西，东北路由东路之杨林起以达会泽。东路更由宣威展长，经黔威宁以达昭通。西路由下关展长，经保山以达滇缅交界之畹町，又由昆明经宜良、陆良、师宗以达罗平。东南方面，由宜良经路南、弥勒、开远以达蒙自，此为滇越公路之上段。又由开远经文山、砚山、广南以达富州。西路由滇缅线接罗次、武定以达元谋，又接大姚、姚安以达永仁，又接县道以通易门、富民。东南区县与县相接之路线，亦逐渐打通。以上各段，为历年本省可以行驶汽车之运输路线。至于办理汽车运输之营业机构，历年亦有变迁，约分三期，特述于后。

官办时期

本省汽车营业始办之际，纯为官营。于民国十九年，由公路总局成立云南省全省汽车营业总管理处，负责办理通车公路之汽车营业，先后购汽车约十余辆。当时认为汽车营业系属新兴事业，获利当属可期，由公家经营，使之配合公路修筑，即以赢利拨作经费，并备征工征地代价补偿。然办理结果，汽车营业既无获利把握，且由政府负责专营，不但不足以鼓励人民对于开发交通之兴趣，且政府本身亦无益处，于是遂变更原来计划，实行开放。

商办时期

民国二十三年，本省汽车开放，准许商人自由经营。营汽车业者一时风起云涌，咸以为此为新兴事业，发展易期，争相从事。惟以本省公路尚未广为修筑，通车里程既短，而生产落后，商品有限，乘客稀少，于是汽车供过于求，以营业竞争，运费贬损，不能保持合理之标准，久之，停业倒闭续有所闻。公路总局负有维持运输之责，设法救济，始召集各车商共同设法，采取分段联运制，由各车商互相监督实行。计先后设立昆禄、一昆、楚昆、大昆、曲昆、玉昆等段联运处，规定各项运价数目，各车一致遵守。至开行程途之远近，视各车行车辆多寡而分别规定其限制。当时最远之程途为昆大段，非有车六辆以上者不准开行。经此一度整饬，汽车营业遂又勉强维持。惟此项联运办法，在执行当中，防范稍有不周，流弊即随之而生，殊非长善之策。为维持全省公路交通，使汽车营业能获健全之发展，尚须继续整顿，以谋彻底之解决。

官商合办时期

本省汽车营业开放期间，先后呈准设立之公司车行，共达四十余家之多，虽采行联运办法，仍不能使各车行之营业均衡发展。公路局为本省汽车营业具体之调整计，当经拟具归并办法，成立官商合办汽车营业组织，经呈准省府实行。于是本省除官办之汽车营业管理处保留外，单独设置一云南官商合办汽车公司，时民国二十七年也。前此四十余车行公司之车辆，完全归并，人员亦分别委任。合办公司成立后，接管新旧汽车二百余辆，规模较大，设备亦周，足以负责维持全省公路交通。以当时之情况而言，固极适合于环境之组织也，迨后我国抗战工作展开，中央为适应军事上需要，对交通管制逐步加强；同时滇缅、昆平两段公路，奉令交由中央直接管理。由是本省公路运输，遂以军运、公运为主，商运为次，甚至公运数次，始得商运一次，自难兼顾地方交通之任务矣。

补助办理征工事项

（协修中央在滇建设各项工程）

抗战以来，中央先后在本省建筑或改善铁路、公路、飞机场等工程之进行，均需多量民工，省府应各路当局请求，指定由本省公路局负责协助办理。其办法即每项工程开始，由主办机关将需用民工之数目，详细计算拟订，通知省公路局查酌情形，妥为分配，令饬所在各县政府负责代征，必要时再令其它各县协助出工。组织方面，由省公路局设协修征工处，由征工各县设征工分处，并由省公路局指派督察员，分别前往各该县督促坐催。历次办理之结果，各县官民均能仰体时艰，踊跃应征，截至三十二年上半年止，本省实际出工人数已达四十万名之多，虽未达到规定征工之数，惟大体工作已属完成。同时各路情形亦颇复杂，有已定订计划而又变更者，有已经修而又停工者，即如叙昆、滇缅两铁路，虽完成一段，而全路终未能打通。凡此变迁，对于民工，不无虚耗，就中尤以协修中印公路最为困难，民工均系越境征派，出入蛮瘴之区，生命随时堪虞，后竟因军事发生而仓促退却，民工星散，其能返乡者，亦云幸矣。迭次协修征工，为适应战时军事之需，征派民工之人数虽多，而工作之限期迫促，致每次办理，均不免有若干问题发生。所幸各县官民，均能克尽厥职，仰体时艰，踊跃从事，故每次办理，均有相当成绩。是亦本省民众对国家抗战之一种贡献，其功绩亦不可磨灭者也。至三十二年七月，始奉令将此项协修征工之事务，移交建设厅核办。兹将协修各路情形，分别略志于后。

一、协修叙昆、滇缅两铁路

组织方面，成立协修叙昆、滇缅两铁路征工处，设处长、副处长各一人，分三股办事。其人员均由公路局职员中指派兼任，待遇则仅支津贴若干；设督工员若干人，系专任职，分赴各县督催征工。自征工开始以迄结束为止，征工县份设征工分处办理之。征工区域，就路线经过之区计，有宣威、曲靖、沾益、马龙、易隆、寻甸、嵩明、昆明、安宁、罗次、禄丰、广通、楚雄、姚安、大姚、镇南、祥云等县，征派工数不足，再令其它县份补助征派之。

实际出工人数，叙昆路规定征工四万人，实做工数为三百六十万工。滇缅路规定征工一十二万人，实际出工七万二千人，实做工数为一千二百九十六万工。

二、协修西祥公路

组织方面，成立协修西祥公路征工处，一切组织均与叙昆、滇缅铁路同。征工区域，就路线经过之区计，有祥云、大姚、姚安、永仁四县。征派实际出工人数，规定征工三万五千人，实际出工三万一千五百人，实做工数为六百六十一万五千工。

三、协修改善滇缅公路

组织方面，成立协修改善滇缅公路征工处，一切组织与叙昆、滇缅铁路同。征工区域，就路线经过计有昆明、安宁、罗次、禄丰、广通、楚雄、镇南、祥云、凤仪、大理、漾濞、永平、保山、龙陵等县。征派出工人数，规定十三万九千五百人，实际出工八万三千六百人，实做工数为一千一百一十一万二千工。

四、协修滇越公路

组织方面，此线路系中央发款，由公路局会同中央派员，组织滇越公路工程处，负全部工程责任。征派民工，不另设组织，由局令县办理。征工区域，就线路经过，有蒙自、金平等县。征派出工人数，规定二万六千人，实际出工一万五千六百人，实做工数为一百四十万四千工。

五、协修滇缅铁路西段

组织方面，成立协修滇缅铁路西段征工总管理处，地点设在弥渡，由副处长负责主持，处内分科分股办事，人员均为专任职，组织较为完备。征工区域，就路线经过，有弥渡、祥云、云县、顺宁、缅宁、双江、澜沧等县。征派工数不足，再令其它县份补助。征派之出工人数，规定征工二十二万人，实际出工一十四万五千人，实做工数为一千七百四十万工。

六、协修中印公路

组织方面，成立中印公路募工处，处内仍分科分股办事，并指定若干地区设立募工分处。征工区域，沿路所经县区，多属蛮区瘴域，仅由路经地方征派实难足额，工数相差太巨，遂决定由其它县份补助征派实际出工人数。规定征工一十万人，工甫派入，即因军事关系而停修。

七、协修羊街、呈贡两飞机场

组织方面，成立协修机场征工处，负责办理各机场征工事务。人员甚少，工作简单。征工区域，就机场附近县份指定征派。实际出工人数，羊街机场规定征工四万二千人，实际出工二万零二百零三人，实做工数为三十万工。呈贡机场规定征工一万五千人，实际出工六千三百人，实做工数为二十五万二千工。

以上先后协修七项工程，历时达五载有余。计办理之结果，规定征工之人数，为七十三万七千一百人，实际出工之人数为三十九万八千二百零三人，实做之工数为五千二百六十四万三千工。因事实环境所限，虽未能达指定之数，要为本省民众抗战期中之重大贡献也。

公路下

滇缅公路

滇缅公路东起昆明，西迄畹町，原为云南省道。抗战之前，已由昆明通至下关，计长四百一十二公里。抗战军兴，沿海要港次第沦陷，海运不通，中央鉴于国际通路之重要，于二十六年冬，由交通部派员协同地方当局，计划延长该路至毗连缅甸之畹町。当由本省政府令饬各县出动大批民工赶筑，未及一年，即告完成。二十七年秋间先行通车，全程计长九百五十九点六公里。惟时间过促，建筑工程未能尽合标准。同年十月设立滇缅公路运输管理局，直隶交通部，嗣因适合军事需要，自民国三十年七月，改隶于军事委员会运输统制局，将运输部分划出，改称滇缅公路工务局，专司工程。三十二年三月，又归隶于交通部公路总局。溯自该局成立后，即设计改善工程。本路系主要国际路线，敌人无时不思破坏，自二十九年十二月迄三十年二月，只就功果一桥言，已前后被炸十四次，是以空袭抢修，亦为艰巨之工程。

自二十九年滇越铁路阻断，本路运输骤形激增，平均每日往来车辆，自三百辆而至八百辆以上。原有碎石路面，不易养护，为适应需要以及养护经济起见，爰于三十年，将浇铺柏油路面列为中心工程。乃施工未久，缅甸失陷，寇逼国门，三日间敌骑深入二百余公里，所成柏油路面及施工时应用之车辆、机械、材料等，以事起仓促，不能撤退，泰半陷于敌手。兹将数年来工程与管理概况略述于下。

工程

一、改善工程计分三种

（一）路基：该路全线几全系跨山越谷，或因路基太狭，或因路线弯道太急，或因坡度太陡，对于行车，未感舒畅。历年来改线及拓宽者，计有羊老哨、级三坡、天子庙坡、定西岭、杨梅岭，澜沧江、怒江两岸双坡，以及三台山等数十处。经改善后，路基之宽度、坡度、弯度、超高及路拱等，虽未能尽合标准，然较之初期，已有相当进展。兹将历年来改善工程所做之土石方列叙于下：

二十八年做土方四百二十四万四千二百四十公方，石方三十一万九千八百四十公方。

二十九年做土方七十五万四千二百六十公方，石方三十四万六千九百四十公方。

三十年做土方二十六万九千九百九十公方，石方三十五万三千八百零九公方。

三十一年做土方一十一万六千一百五十公方，石方八万五千五百一十公方。

三十二年做土方六十四万八千七百五十三公方，石方二十三万六千二百一十八公方。

五年总计：做土方九百零三万三千三百五十三公方，石方一百三十四万二千三百一十七公方。

截至三十二年底，共做土方二千九百零一万七千三百五十三公方，石方三百二十一万七千八百一十四公方。

（二）路面：该路原为碎石路面，其石料均系就地取材，质料松坚不等，并有风化石掺入，车行之后，即被压成沙泥，致通车之后易损坏，雨季且易成槽。历年累经改铺，但三台山、级三坡等处，以附近无沙石可取，运料车辆缺乏，卒未能彻底整理。至于养路方面，亦以工料困难未能满意。当民国二十九年时，中缅运输频繁，往来车辆日以七八百计，原有碎石路面不克胜此重任，故于是年七月，在昆市附近试铺柏油路面，经一年之观察，成绩颇佳。盖该项路面既不需时加修理，且可增加行车速率，减少轮胎消耗，为提高运质、适应负荷起见，因决定全路浇铺柏油。所采用之柏油，经试验后决定美孚行之冷柏油（Socofix）。兹将施工方法简述于下：

先将原有路面之缺点，如弯道、超高、路拱以及局部隆起、洼下等处，按规定标准修补完整后，再以整洁坚硬有棱角之碎石，加铺宽五公尺厚七公分之水结碎石路面一层，再浇铺宽五公尺之冷柏油一层（每平方公尺十分之四加仑），另加铺一又四分之一公分石子（每公里六二点五公方），滚压完整，经相当时间，即可行车。经一至四星期后，再于路中心浇铺三公尺宽之第二层柏油（每平方公尺十分之二加仑），铺盖粗砂或石屑（每公里二五公方），并须再加滚压，随时将路面石屑或粗砂扫刷均匀，使柏油尽量吸收为止；并拟于一二年内，将第二层柏油加宽至五公尺，以维久远。

上项计划，经决定实施后，即于三十年二月，分别发包及征工办理。卒因各县民工出工不足，外洋机械不能按时运到，以及雨季之影响，致工程进行不能如预定之顺利。畹町龙陵段甫告铺竣（一二三点四公里），龙陵保山段仅铺成十二公里。时滇西战事即已爆发，仓卒之间，不特器械材料尽弃怒江之西，即员工亦未能完全撤退，以身殉职者颇不乏人，总计全线铺成之柏油路面，连昆明近郊段，仅一五五公里又三六零公尺，其概况如下：

完成柏油路面一百五十五公里三百六十公尺。备料数量：块石一十四万五千五百五十五公方；二至四公分碎石一十二万三千三百四十五公方；石屑一千三百零五公方；砂子一万三千五百零六公方。

上列数项所备材料中，碎石可铺路五百八十八公里，砂子可铺路一百四十四公里，占未成路面百分之七十。

岔道柏油路面四点八公里不在内。

当柏油路面未铺筑之前，如羊老哨、级三坡、天子庙坡、定西坡、杨梅岭等急弯陡坡地段行车不便，每逢天雨泞滑难驶，爰择要改铺弹石路面，成级颇佳。惜以技术工人招致不易，不能大量铺筑，截至三十三年三月约成四十公里。

（三）桥梁涵洞：该路桥梁涵洞，当建造之时，大多因陋就简，经历年改善，现俱能胜任十公吨以上之标准。三十三年度第二期改善，拟尽量提高到十五公吨至二十公吨，俾较巨之重车得以通过。惟因限于时间及材料，有采用永久式者，有采用半永久式者，有采用临时式者。现在全线构有桥梁三百九十六座，涵洞四千五百五十八道。兹列叙于下：

桥梁共计三百九十六座，共长三千零三公尺三寸。其中石拱桥一百四十二座，共长九百六十二公尺九十公分；石台木面桥二百四十三座，共长一千四百六十九公尺七十公分；木架桥四座，共长一百九十九公尺；钢索吊桥四座，共长三百四十六公尺六十公分；钢筋混凝土桥三座，共长三十四公尺十公分。

涵洞四千五百五十八座。其中石砌拱式九十座，砖砌拱式六座，木质箱式一百九十二座，石台木面箱式一百九十五座，石砌箱式三千四百四十二座，混凝土板梁式五座，绉纹铁管式四十座，汽油桶管式五百八十座，混凝土管式十二座，便洞十六座。

二、抢修工程计分两类

（一）空袭抢修：民国二十九年，敌寇侵入越南，滇越铁路因告中断，该路遂为国际惟一之交通要道。同年七月缅方下令禁运，至十月间，重复开放，敌人因有破坏本路之企图，对于功果、惠通两大桥屡施轰炸。当时，本路早作防护及抢修准备，故虽遭十余次之轰炸，均能随炸随修，于交通方面未受重大影响，卒使敌人徒劳无功，知难而退。关于是项工程，似较特殊，爰不厌求详，将经过情形分述于下：

功果桥跨澜沧江上，为钢索吊桥，长八十八公尺，载重七公吨半。嗣因运输日繁，并为防备空袭起见，于上游加建钢索吊桥一座，名昌淦桥，长一百三十五公尺，载重十五公吨。自二十九年十月二十日起，迄三十年二月十二日止，敌机屡来轰炸，凡十四次，昌淦、功果两桥先后被炸坠江。至是改用渡船浮桥，维持交通，并积极赶修坠江吊桥，于三十年三月及五月先后完全修复。当两桥尚未炸断以前，本路即预筹及此，特于两岸开辟便道，另建渡船，以备万一。此项渡船，采用流线型式，利用五十三加仑汽油空桶一百四十四只及木架制成，在船上系以钢索，而于两岸用柴油拖车头，拖拉渡江。每次来回十二分钟，每日能载渡卡车二百四十辆，行驶平稳，宛如机器发动之轮渡。自三十年二月二十三日两桥全被炸断后，桥工队漏夜工作，于二十五日即开始用此项渡船通车，故断绝交通者仅二日二小时又五十分钟。嗣因渡口只有一处，在车辆频繁之际，仍不免等候费时，乃即增添渡船，联成浮桥，使车辆直驶通过。三十年三月一日浮桥告成，即行通车，迨至昌淦桥修复之后，遂将该桥拆散隐蔽，以免被炸。此外并于桥之上下游二公里以外，各择渡口一处，另建渡船浮桥，通以便道，以防万一。唯因两岸山壁陡立，石质坚硬，施工困难；更以时当雨季，瘴疫盛行，工人病故及失足堕江者日必数起，故工作进行不免迟缓。此项便道，建于上游者，于三十年四月开工，至十月完成；建于下游者，于九月开工，至翌年二月完工，两处搭建之浮桥，平时不予使用，于试车后即行拆散隐蔽。至是，澜沧江上已无虞敌人之滥施轰炸矣。惠通桥亦为钢索吊桥，跨越怒江之上，长八十六公尺又七十五公分，载重十公吨。自二十九年十二月二十八日起，至三十一年二月二十七日止，敌机分批轰炸凡六次，虽投弹无算，然命中甚少，惟钢索及东岸桥台受损较重，经修复后，其载重量减少，几及一半。因于三十年十一月开始加固，十二月完成后，仍恢复以前之载重。同时，计划于上游另建新吊桥，于三十一年四月开工，两岸桥塔基础工程甫告完成，适敌人侵袭滇西，突于五月五日进抵桥畔，工程遂以停止；原有吊桥亦经炸毁。当惠通桥被敌机轰炸时，该路亦已备有渡船，其设计与功果同。嗣又于上、下游加筑便道，搭建浮桥，试车后即拆散，分别隐蔽；迨敌骑到达时，亦经自行破坏，与吊桥同归于尽。当惠通、功果两桥被炸以后，敌人广播宣传，谓滇缅路运输已断，三个月内无通车希望；而事实上阻车之时间极短，或竟未曾阻车，或仅阻车一、二小时。总计被炸二十，仅阻车十三日另十小时又十五分钟。

惠通、功果两桥空袭抢修纪录

功果桥

第一次，一九四〇年十月二十日十二时四十五分，敌机十七架来袭，未阻车。

第二次，一九四〇年十月二十五日十二时三十分，敌机三十五架来袭，未阻车。

第三次，一九四〇年十二月十二日十三点二十分，敌机九架来袭，未阻车。

第四次，一九四〇年十二月十四日十二时二十分，敌机九架来袭，未阻车。

第五次，一九四〇年十二月十五日十二时三十五分，敌机九架来袭，阻车五小时二十五分，于当日十八点通车。

第六次，一九四〇年十二月十六日十二时三十分，敌机九架来袭，阻车一小时，于当日十三点三十分通车。

第七次，一九四〇年十二月二十二日十二时五十分，敌机十二架来袭，未阻车。

第八次，一九四一年一月三日十三点十分，敌机九架来袭，未阻车。

第九次，一九四一年一月四日十二时四十五分，敌机九架来袭，未阻车。

第十次，一九四一年一月五日十二时四十五分，敌机九架来袭，阻车五日十小时十五分，至十日二十三点通车。

第十一次，一九四一年一月十日十四点三十分，敌机九架来袭，阻车二小时，于当日十六点三十分通车。

第十二次，一九四一年一月二十三日十二时十分，敌机九架来袭，阻车二日二小时五十分，于二十五日十五点通车。

第十三次，一九四一年二月七日十二点三十分，敌机二十七架来袭，未阻车。

第十四次，一九四一年二月十七日十二时三十分，敌机二十架来袭，未阻车。

惠通桥

第一次，一九四〇年十月二十八日六点，敌机二十七架来袭，阻车十八小时，至二十九日六点通车。

第二次，一九四〇年十月二十九日十二时，敌机二十七架来袭，阻车二日十小时，至三十一日二十三点通车。

第三次，一九四一年二月九日十三时四十五分，敌机二十七架来袭，阻车六小时十五分，于当日二十时通车。

第四次，一九四一年二月二十一日十四时二十分，敌机二十七架来袭，阻车五小时，当日十九点二十分通车。

第五次，一九四一年二月二十二日十三点，敌机二十七架来袭，阻车一日十一小时，于二十四日通车。

第六次，一九四一年二月二十七日十五点，敌机二十七架来袭，阻车九小时三十分，于二十八日零时三十分通车。

（二）坍方抢修：滇西气候，每年自六月至十月为雨季，其雨量常在一百五十公分左右。在此时期，该路全线尽遭浸袭，尤以西段为烈，辄有大量坍方。凡此情形，较之其它公路更为困难。除出动原有员工外，并征募临时工，漏夜抢修，务使运输不致中断。当初每值雨季，外界对于坍方阻车，时有责难，嗣经逐年改善之后，已渐无上项隔膜矣。兹将历年清除坍方数量，择述于下：

二十八年清除坍方三十九万五千七百八十公方，二十九年清除坍方一十四万九千六百三十五公方，三十年清除坍方二十四万二千九百公方，三十一年清除坍方七万九千二百一十八公方，三十二年清除坍方二万五千一百零五公方：五年计清除八十九万二千六百三十八公方。

三、养路工程

该路修养工作，由各工程处主持，下设分段。每分段设监员五人或六人，每人管辖七公里至十公里，指挥及监管工人进行养路工作。所有工人，计分为道班、飞班、技工三种。在三十一年以前，全线共有道班一百一十班，飞班七班，技工班十四班，共计工额二千八百七十八名；另编临时工班及临时雇工以应付雨季抢救。二十九、三十两年度，常工及临时工等直接用于养路之工人，平均每天总在四千五百名左右，每公里养路约四点六人。三十一年五月，西段沦陷，行驶车辆激减，养路工人因亦酌减。兹将三十一年四月份及现在养路常工人数列述如下：

三十一年四月，第一工程段原有七百九十六人，现有四百二十二人；第二工程段原有六百四十一人，现有四百二十六人；第三工程段原有七百二十一人，现有三百七十八人；第四工程段原有三百八十五人，现有三百三十八人；第五工程段原有四百七十七人，现有二百五十八人；第六工程段原有五百七十四人，现撤销；第七工程段原有三百二十三人，现撤销；功果桥工队原有三百四十七人，现有一百零四人；惠通桥工队原有一百零七人，现撤销：总计原有四千三百七十一人，现有一千九百二十六人。

四、破路工程

三十一年五月初，敌人由缅侵入国境，五月五日敌骑已侵抵惠通桥，我驻桥工兵奉令于是日上午十时将桥炸毁，旋该路组织破路工程队，于五月十二日出发，赴前线与军事当局组成滇西破路工程处，工程组由路局担任。当即开始破坏，以地点逼近火线，时受敌人攻击，该路技工及民工颇有死伤。计彻底破坏者有二十七公里，在该段内破坏约四十余处，每处长约五十公尺。所有上述两地段内之大小涵洞二百零七道及桥梁十座，亦全部炸毁。

五、复路工程

自惠通桥以西，于三十一年五月沦陷之后，当局为防止敌寇东侵，即自东岸七百五十九公里起，开始破坏，至六百八十公里处，所有桥涵均予炸毁，路基部分或已削成陡坡，或以掘作深渠。迨至三十三年春季，以军事准备反攻，积极复路，至为迫切；而以前年破坏甚巨，本次修复，较之新辟毛路，尤为困难。且以时值雨季，乡人忙于农作，雇工颇属不易。由军政协助，拨兵工并征民工，先行修复公里七百零八至七百三十四段（其由公里六百八十至七百零八段业于三十二年十月提前修复）。工程经昼夜趱赶，得于三旬内如限竣工。惟以军事进展顺利，复由公里七百三十四续修至公里七百四十二处，限期仅有四日，亦经达到使命，无误戎机。且其间增有大小桥涵三座，克于最短时期修复，殊难得也。今复路工作已达公里七百八十一处之腊勐，惠通大桥并告完成，且已通过重车，对于军运裨益良多。以上复路所作工程，概计土方二十八万方，坚松石十四万二千方，碎石路面二十一万方；惠通大桥正桥一座，临时人行吊桥及驮马吊桥各一座，渡船十二艘，涵洞二千五百公尺，其它如护墙、护坡等未计在内。

管理

一、客货运输

该局在管理局时代，除工程外，兼办客货运输业务。沿途冲要地点，如昆明、禄丰、楚雄、下关、漾濞、永平、保山、龙陵、芒市、畹町、腊戍俱设车站。二十八年七月，开始办理客运，行驶昆关及关保区间车，第一次装设雪佛兰客车十八辆，第二次装设道奇客车十四辆。该项道奇客车，均聚橡皮垫椅，坐座舒适，沿路均设有招待所，以备旅客食宿。班次正确，管理周到，旅客尚能满意。货运则以利用运料车及工程回空者为多。其出口者，以装复兴公司桐油及资委会钨砂为主，进口除自运外洋材料外，以装运航空器材及兵工署物资为主。当时参照铁路成例，厘定客运货运规程，路途各站，均能依照规章办理。迨三十年七月，该项运输业务，奉令移交中缅运输局接办，于是站务人员、车辆等随之移交，该项业务亦由滇缅公路运输局办理矣。

该局对于车辆调度，系采取集权制，在业务科设立调度股，全路车辆调派，均由该股指挥，各站则根据调度电报，填发行车总票。每日行车状况，各站均以电报传递，故日行逐驶停留及故障之车辆十分明了。

二、养路费之征收

该局养路费之征收，悉依照规定费率办理，除与各机关有特约者外，均以收现为原则。西段未沦陷前，该路行驶车辆频繁，每月养路收入，最高额达八百一十余万元。至三十三年，运输停顿，收入锐减，虽征收费率已提高十余倍，而每月全路收入，仅及三百元。费率虽增，收入则减，故各站站务人员，较前亦减少半数。各站处理站务，悉依照该局规定之《处理站务须知》办理之。

三、材料之处理

处理材料办法，系采取二十六年二月间前铁道部颁布之《铁路材料帐目则例》，并参照公路情形，另行厘订《处理材料规程》一种，于三十年一月呈报交通部备案。在沿各线工程段所在地，均设有材料厂库及油库、油站，专司材料之收发储转及车辆加油等事宜。

对于材料列帐手续，除各库室逐日按照收发情形，随时登记收发记录，并按月编造表报送局核审外，局内主管部分，备有全路材料总登簿，根据库室表报，逐日记载编造材料收发月报。至对于各库室实际办事情形，则派由材料点查员抽查之。

四、机务

该局机务设施，向就重要地点设立厂所，专司车辆修理保养及制配零件等事宜。运输业务未移交前，昆明、下关、保山设有修车厂，禄丰、楚雄、永平、龙陵设检验所。各厂配备车辆数目，规定分段运输，不相混杂。迨运输业务移交时，各厂所随之移交，该局仅保留工程车及工程机而已。

五、电讯

该局成立之初，为应赶工需要，沿路线各地均设电台。计自昆明至畹町，共有电台十三座，视需要及报务之繁简，装置收发报机一套或两套。其电力有十五瓦特至一百五十瓦特不等。其后业务日增繁忙，原有电台限于设备，不克应付。三十年一月，加装话报设备，历时六月，全部装竣，正式通话。该项话报机，兼可收发电报，使用结果，尚称满意。旋以汽油来源不易，全部机件暂停使用。各台均设有管理员工作准绳，悉照该局规定之《处理台务须知》办理。

该路以地位重要，关系国际交通至巨，对于抗战所负使命实大，故前五年来，悉以尽力增加运量为旨。当国军进入缅甸之时，为该路运量鼎盛时代，亦即该路工程最为繁盛时期，如赶铺柏油路面，抢修功果、惠通两桥。近年以来，则多从事于准备复路工作，卒至三十二年九月复路，开始先修公里六百八十至七百零八一段，三十三年五月进行反攻，复奉令抢修公里七百零八至七百三十四段路基，从军事进展顺利，刻已修复至惠通桥以西二十二公里之腊勐。综志前后在事员工，无不夜以继日，黾勉以公，以配合军事需要，争取最后胜利。三十三年三月，密支那已告克复，腾龙指日可得，抢修复路，责任益重云。

史迪威公路

民国三十一年，敌军侵占缅甸，我国唯一国际路线即滇缅公路因被截断，斯时物资接济，端赖空运。然数量有限，不足以应需要，是故打通中印间另一国际供应线，实甚迫切。三十三年，滇西国军强渡怒江，发动反攻，我驻印远征军亦同时配合美军进击缅北，基于下列动机:（一）与已将完成之列多公路衔接，（二）较原滇缅公路缩短行程二百七十公里，（三）在八莫等地未克复前，先滇缅公路而利用。乃决定兴筑自保山经腾冲而迄密支那之中印公路，由滇缅公路工务局局长龚继成主持负责办理。三月编拟概算，六月奉令筹备，七月九日先后成立保密公路第一、二两工程处，派沈来义、黎杰才分任处长，分辖保山至国界及密支那两段工程，由军事委员会颁发《滇印公路修筑计划大纲》，饬将艰巨部分及不防碍军事地段，先行开工。十一月，复饬集中力量，加工趱赶，限于三十四年二月底打通。该局奉令之余，深明该路对于抗战前途之重要，使命之重大，督促昼夜趱赶，幸得各方协助，及员工体悉时艰，不辞辛劳，卒于一月十九日全线打通。

踏勘经过

保密公路第一工程处成立后，即派该处工务课李课长家驹组织踏勘队，于七月二十七日徒步出发，绕越腾冲、龙陵，潜入敌后；复自保山经户帕、双虹桥、大塘子越高黎贡山江苴街、马站街、板桥，于八月十日迂回至古永。古永至国界路线，于十二日开始勘测，八月三十日勘毕。其时密支那业经克复，乃复偕邦工程师、监工各一人，会同美方工程师，踏勘国境外路线。二十三日自古永起程，过猴桥、黑泥塘而达国界，再经无穷、洒鲁、瓦桑，畹貖而至密支那。随勘测队之后，保密第一工程处先后派测量队八队，由保山出发，分段施测。第二工程处首批测量人员二十五名，九月四日由昆飞抵密支那；二批人员继于九月三十日飞达。划分三队，测量国界至密支那路线。选线之时，美军部代表薛德乐上校曾提出关于路线之意见，数经商讨，决定正线自滇缅公路六百九十公里处，经大千岩、蒲漂镇、塘子沟、放马厂、打板箐，于惠人桥渡怒江，经蛮殷、红木树跨高黎贡山，于龙文桥渡龙川江，经橄榄寨，仇家铺达腾冲，复由腾冲西渡大盈江，过缅箐街、小寨、高田、欢喜坡、板桥、阱口而至古永；然后西经高田，渡槟榔河之猴桥而至国界三十七号桩，复由国界经干麦地、新寨、无穷、腊拜、鲁居、吴家、昔董、楼兰、玛瑙、洒鲁、曼明、那摩洋、瓦桑而抵终点密支那对岸伊洛瓦底江东之宛貖。踏勘长度共六百三十四公里。龙陵至腾冲支线，则由龙陵西北行，渡龙陵河、龙川江经蛮岐渡大窝河，经下勐连、上勐连而至腾冲，踏勘长度共七十九公里。

筑路经过

史迪威公路跨越滇缅边境，丛山峻岭，复以滇西兵灾之后，人工缺乏，致施工深感困难。本省政府、远征军各部长官、地方士绅、各县人民热忱合作，以及工程处事先周到擘划，员工努力匪懈，用能提前打通。

保密一处工程，由保山、龙陵、腾冲三县征调民工一万三千人；二处由腾冲征调民工三千八百余人，梁河九百五十人，莲山一百人；另由美方供给开路机器，于十月十六日由洒鲁河边开始工作。该项机器，在平地上功效颇大，日可进展六七公里；惟一遇森林，即生障碍，由工人先为铲除，方能继续。为求工程迅速起见，经采取逐段抢通办法，按段配款，按款施工。国内一段，计自腾冲至国界三十七号桩，新筑工程八十八公里，修复腾冲至龙陵支线七十九公里，全长一百六十七公里；路基宽度，狭者四公尺，宽者六七公尺；于十二月底前，先后抢通。他若怒江、龙川江、大盈江、槟榔河等大桥，及其它小桥一百余座，涵洞一千余座，亦经先后架设通车。兹将各段工程抢修情形分述于下：

（一）龙陵城郊便线，计长二点一九公里，于三十三年七月开工，同月二十日通车。

（二）龙腾支线及腾冲高田段正线，全长一零零点五公里，于十月二十三日开工，十一月八日通车。

（三）高田、古永段，计长三十三公里，于十一月十七日开工，十二月三日通车。

（四）古永、猴桥段，计长一一点四公里，于十一月二十五日开工，十二月十五日通车。

（五）猴桥、国界三十七号桩段，计长二十一点四公里，于十二月六日开工，同月二十七日通车。

至国外一段，全长一百三十三公里，桥梁有瓦桑、洒鲁、太平等大桥，以及其它小涵洞，其各段抢通情形如下：

（一）宛仇至洒鲁河畔一段，共长四十六公里，经于十一月十五日修复通车。

（二）洒鲁、鲁甸一段，山势险峻，工程艰巨，于十二月三十一日打通。

（三）鲁居至国界三十七号桩一段，石方较多，经分段凿炸，复由美方派轻便手推开山机四架，协助工作，工程得以顺利进行。

自三十七号桩至干麦地一段，峭壁危崖，工程艰难，为全线冠，经全体员工日夜趱赶，于一月四日夜间通车。最后复分两路进行，一自干麦地西向，一自鲁居东向，分头趱赶，于三十四年一月十九日打通，全线完成使命。

毛路打通以后，各段即继续加宽路基，铺筑路面，修建永久式桥涵等项工作，俾符标准而利运输。惟自三月以后，沿线物价飞涨，卢比汇率亦高，影响工展特大。复以农忙时届，民工逃亡累累，势不得不高价募工，另加补充，期少贻误，但原定概算数额因有超出，四月后正呈请追加中。

艰辛事实

保密公路配合军事进展修筑，所经路线，为始经收复之腾、龙两县，西越高黎贡山及高良工山，蜿蜒而至密支那。其间峭壁悬崖，工程艰巨，而国境以外，复多原始森林，人烟稀少，致沿线人力物力均感缺乏，测量修筑之际，艰辛情形，罄竹难言。

测量工作人员为艰苦工作之开拓者。保密一处八个测量队，在施测时枵腹露宿，备尝艰辛，尤以李课长家驹一队出发之时，前线战斗正酣，人马残骸，遗布道中，敌寇殂击，出没无常。当测量队翻越高黎贡山之时，终日侧身悬崖峭壁中，往返选测，偶一失足，生命堪虞。而怒江、龙川江两江之间，瘴疠猖獗，稍一不慎，即罹疾疫。其时腾冲甫经克复，突围敌军分窜龙川江、板桥、高田、古永一带，该地工作员工，虽以身免，惟测量仪器损失殆尽，至密城克复后，首批测量人员即于元月九日由昆飞往，当时全城已成废墟，中美驻军解衣推食，始能工作。复因雇工之不易，全体施测人员，无不胼手胝足，躬亲操作。所经之处，尽属原始森林，荫翳蔽日，貅、狼、虎、豹、蚂蟥、金蝇在在皆是，生命安全，备受威威。

兴工之始，运输至感困难，除两处工作人员由美方飞机运送至保、腾、密支那等地，转赴沿线外，所有食水食盐以及应用工具，经商得美方同意，利用中航公司回程空机，于空中抛投供给，费用浩巨，损失亦大，断炊之举，时有所闻。他如住屋问题，亦莫不因陋就简，以降落伞架设帐棚，聊避风雨；屋内设置阙如，坐卧为难，艰辛情形，实难胜述。

殉职员工

保密公路系由中美军民合作而成，其中滇西民工贡献尤大。三十四年一月初旬，该路打通前夕，工作正极紧张，乃六、七两日连降大雨，天气奇寒，国界附近民工，因工棚之简陋，竟有冻毙者，余则下山暂避，工展频受影响。然以一般而论，其服务之精神实足钦敬。他若盟友在工地殉职者，亦复数见。三十四年一月十七日薄暮，国外段新寨以东约二公里处凿炸岩石，松石自高流下，压毙美方工作人员狄霖一员，伤及赖信斯基、格列波、赛尔、福特尔等四员，及民工一名。次日下午四时许，亦因相似情形，伤及包工一名，当经抢救，由美方以红十字车送密支那医治。又一月十四日运送工粮之际，美机投掷手窦琴，于干麦地投掷米粮时，罹难身亡。所有肇事情形，均经呈报，死伤各员，亦经优加慰恤。

此路为中印间有史以来第一条公路，抢通后，中外各界备至赞誉、首批卡车二辆，救济车一辆，先自密城开出，于一月十九日毛路打通后，立即驶入，于二十二日到达昆明。继有巨型卡车百辆，组织成队，载运大批物资，驶经该路，迤逦东来，于二月四日抵达昆明。昆市各界特举行盛大欢迎会，情况空前热烈。蒋主席亦因此广播演说，阐明该路修筑之重要意义，并命名为史迪威公路云。

民国云南通志长编卷三十九

交通二·铁路·驿路·邮政·电话·电报

铁路

云南风气晚开，当清光绪中叶，英法窥邻，尚无自动修筑铁路之觉悟。直至滇越铁路先由法人攫得，主权被夺，隐患无已，其后为补救计，动议修筑滇蜀、滇邕各线。三年道谋，终成画饼，已于交通略痛述及之。顾滇越铁路定约缘起，修路经过，通车后一切情形以及民三钦渝铁路之议修，虽云变相借款，其内容有不能不抉出者。特分为两节叙述之。

一、滇越铁路

（一）

法自侵入安南后，即蓄意兴筑铁路，贯穿滇境，借口治理商务，为实行侵略之阴谋。观其屡次商酌，即可知本路酝酿之渐。查光绪十三年《中法会订事务专条》第五条内载："越南之铁路，或已成者，或日后拟添者，彼此议定，可由两国酌商，妥定办法，接至中国界内"等语。光绪二十二年（一千八百九十六年）续定事约，遂有敷设云南铁路联络越境之议。迨至光绪二十四年（一千八百九十八年）法即强占我广州湾，同年三月，遂由法使吕班，衔其国命，坚申前议：请自越南边界修筑铁路一道，直至云南省城。一切路章、通章，经由中法两国内外分议。筑路之权，法已攫得，而定约之时，有关地主权利，如收回年限、分利数目诸大端均不提及，且反以展修支路为请。外部迭次复议，均以展修支路原为约章所许，但应视干路成后，彼此认为有益，再议展修；至此段干路，借地建造，已属两国格外交谊，若不明定收回年限，实与地主之权有碍；至滇省购备地段所费不赀，如无利可分，受亏更巨。定议相持数月，法使始允将此段铁路，俟八十年后可由中国议收。分利一项，法使借给二百万法郎，以备滇省购地之需，不取利息，俟十五年后由路利归还本款。外部以借款买地，恐贻后患，切实驳拒。另行商定：该公司股票，中国亦可任便购买，与各股东均分利息。如将来购票较多，借可收回权利。各款磋商十数次，始行定议，订出路章三十四条。收回年限定议，见路章第二十四条，可以参考。至购买路股一节，法方亦照会同意，具见附件，列入章程之后。一切详目，别载约章，兹不赘述。路章签订以后，法方遂援约组织公司，定期兴工修筑。自是主权已失，后患日多，所云收回及购股，遥遥无期，不过聊以解嘲耳。

滇越铁路，全线总长八百五十四公里。其自海防至老街一段均属法境，计长三百八十九公里有奇，已于光绪二十七年（一千九百零一年）动工修筑。路短途平，工作较易，光绪二十九年即已竣工。自老街渡过红河，即入我滇境河口。由河口至云南省城，计长四百六十五公里，于光绪二十九年（一千九百零三年）兴工，以工程艰险，停工数次，直至宣统二年，始行竣工。翌年全部通车。

此路系法资修筑，由滇越铁路公司经营管理。据云费时九年，耗资一万万五千八百四十六万法郎。每年尚受殖民政府一百万法郎之协助。六年前之调查，据云每年收入约六千七百二十余万法郎，可得纯利一千万法郎。此或系法公司一面报告，精确与否，不得而知。至路工困难，确系实事。路沿江河流域，比较平坦，惟所经岩岸，多系泥灰岩或石灰岩，组织疏松，最易浸蚀，每年遇雨，岩石崩塌，岁修苦之。婆兮中段，又恰在断层地震区域，常恐震灾波及路面。河口、阿迷间，每日穿洞有一百四十余处之多，其最长者需时十分始获通过。誉此路者，谓为世界第三工程，亦非虚语。惟路系单轨，车身较小，沿途山路弯曲，空气燠热沉浊，以故客车仅开昼班。全线开行，需时四日。所经车站，共三十六个。每日起、行、到、着，均有一定时刻。计第一日自海防至河内，只需三小时。经过海防、嘉林、河内三车站。第二日自河内至老街，晨七时开，下午五时到。所经车站除河内外，为富梅、老街，过南溪（一名红河）铁桥即为云南之河口，搭上行车者每愿宿此。第三日自河口至阿迷，晨六时开，下午七时到。所经车站除河口外，有蚂蟥堡、南溪、马街、老范寨、大周塘、腊哈地、白寨、湾塘、波渡箐、倮姑寨、戈菇、落水洞、芷村、黑龙潭、碧色寨、大庄、大塔、阿迷等十八站。第四日自阿迷至云南省城，晨六时开，下午五时到。所经车站除阿迷外，有小龙潭、巡检司、大龙潭、拉里黑、西扯邑、热水塘、婆溪、小河口、西洱、糯租、禄丰村、徐家渡、滴水、狗街、羊街、宜良、可保村、前所、水塘、七甸、呈贡、獭米珠、西庄、九门里、索珠营、云南府等大小二十六站。至其客车价目，因在滇境，作算滇币，时价不一，仅照安南银币（安南币译名披沙，约合美金四角六分九）计算。通票分等，价目如下：计头等通票售安南币四十六元五角六分，七年前之换算，约合华币八十二元八角八分。二等通票售安南币三十二元零八分，约合华币五十七元一角。三等通票售安南币一十七元八角六分。又货车运费，具载《滇越铁路慢车特别章程》，兹不赘述。

（二）

抗战以来，法为同情于我之国，依十九年《中法专约》之签定，货运上给与种种之便利。自二十六年以后，三四年间，云南商业随而发生极大之进步。大理以东、四川建昌以南，及距昆明千里以上之商务，均吸收于此交通线内。而昆明及本路之经济地位，更显重要。就民国二十八年论，有机车九十七辆，客车二百零七辆，货车一千零四十九辆。年运旅客三百四十余万，较十八九年增至三倍有余。运货四十余万吨，也较十四年至二十年之平均货运量三十一万吨，约增至四分之一。其能与之相比者，仅十九年之四十七万二千余吨。惟其时货运大部仍属于云南及安南境内之运输，或彼此相互运输。其由海防到云南之过境运输，仅二万九千三百余吨，而二十八年滇越铁路之运输四十余万吨中，政府货物占总数十分之四，商货十分之二，汽车十分之二，洋灰十分之一，其他十分之一。后因国内需要日增，货运拥挤，政府设滇越铁路统筹委员会管理之。故此期内，该路货运大半均属我国公用物资、军械之入口，或换取外汇物资之出口过境运输。商货八万吨，加以汽车、洋灰，殆占十分之五，较之平时亦属激增，是为该路创建以来运输最为紧张忙迫之时间矣。其运输价格之计算方法，安南境内，用越币计算；云南境内，用金单位计算。计算方法，须由法币折成滇币，由滇币折成金单位，由金单位折成越币。旋以外汇波动不定，越币行市时有变迁，自昆明至河口或海防之票价，依国币或滇币计算者，各有不同，视外汇率而定。二十八年十月二十五日公布之货运价格，更为复杂。往往同一等级之货物，有数种不同之运价，特种货物，另定运价，有七百多项之多。兹分举其大纲于下：

（一）普通货物

（甲）普通货物运价如下：一等每公里 / 吨从海防、河内至河口为 0.16 元，河口至昆明为 0.32 元；二等从海防、河内至河口为 0.128 元，河口至昆明为 0.256 元；三等从海防、河内至河口为 0.10 元，河口至昆明为 0.20 元；四等从海防、河内至河口为 0.08 元，河口至昆明为 0.16 元；五等从海防、河内至河口为 0.06 元，河口至昆明为 0.12 元。

（乙）凡货物满五公吨者，可享受次级货物之待遇。其第五等货物满五公吨者，每吨每公里海防，河内至河口 0.04 元，河口至昆明收 0.08 元。

（丙）铁煤满六十公吨，由昆明至海防在二百公里以下者，由海防、河内至河口者，同收费 0.014 元。由河口至昆明者，收费 0.028 元。

（丁）凡包裹或箱子单独超过四十公斤者，每吨每公里由海防、河内至河口收 0.20 元，河口至昆明收 0.40 元。

（二）危险货品

危险货品分为两等：第一等按普通货物之货价加倍；第二等较普通货物之运价多收百分之五十。

（三）运输工具

（甲）有把且有二轮之运输工具，每辆每公里由海防至河口收 0.16 元，河口至昆明收 0.32 元。

（乙）有把且具四轮者，由海防至河口收 0.24 元，河口至昆明收 0.48 元。

（丙）飞机、汽车（行程方向同前），由海防至河口每辆每公里收 0.25 元，河口至昆明收 0.50 元。

（丁）凡商业上之运输工具，已装箱、未装箱、有马达或无马达者，均按（一）节内普通货物运价收费。

（四）兽类

（甲）象或其他猛兽，海防、河内至河口，每吨每公里收0.15元，河口至昆明收0.32元。

（乙）骡、马、驴（方向同前），由海防至河口收0.07元，河口至昆明收0.14元。

（丙）牛、羊、猪（方向同前），收0.02元与0.04元。

（五）能移动物品

（甲）海防至河口收0.60元，河口至昆明收1.20元。

（乙）海防至河口收0.80元，河口至昆明收1.60元。

（丙）海防至河口收0.20元，河口至昆明收0.40元。

（丁）海防至河口收0.24元，河口至昆明收0.48元。

上列五项，为抗战期间法国对于我国通过滇越铁路货运之新规定（见资源委员会编《云南之交通》）。依民国十九年签订之《中法专约》第六条："凡各种矿物、锡块、生皮以及本约甲种附表内现在或将来之各种货物，过越免税，其他货物，照值百抽一纳税。中国军火过越免税。"又第七条两国约定，"在越粤桂滇，不得设立同时不适用于其他各国之进出口及通过之禁令及限制。"然如上所述，法国于运输货价，随时增加，危险物品，加倍收费；运输工具如飞机、汽车、马达等运费均较昂贵。且买兜抢运，须用种种小费，此与变态之税收及禁令何异。且该路管理失当，车辆有限，货站设备简陋，开车时间仅限于白昼，夜间并不通行，敌机迭来袭击，阻碍殊多。以是论之，滇越铁路之货运，在我国此次抗战中，贡献虽大，然未能完全实现《中法专约》之规定，则不能不谓遗憾者也。自二十九年六月，《德法停战协定》成立，七月，日寇在安南北圻登陆后，我省府当局奉命将河口铁桥炸毁，继将河口芷村间路面破坏。中越邦交，因告中断。实际上滇越路权，按照前清中法会订《滇越铁路章程》第二十四条，"中国与他国失和，遇有战事，该铁路不守局外之例，熟听中国调度"之规定，我于此时，即可自由收回。顾中国政府对于中法传统友谊始终尊重，不肯乘人之危，当时故仍维持原状。乃未几，法维琪政府竟与日寇订立《越南军事及经济协定》，以越南资其利用，使为侵袭我国之根据地。又许日寇进占广州湾，对于中国之伪组织放弃治外法权，交还租界。同时滇越铁路通车之段，行车无定时，撞车、出轨时有所闻，弊窦种种，无能制止。三十二年八月一日，我政府始向维琪政府宣布绝交，同时，对滇越铁路实行接管焉。今者，日寇请降，转瞬期年，而河口、芷村间之路轨，已于三十年奉令拆铺昆叙南段。其重要之桥梁、涵洞及车站货仓等，前以防敌进攻，多自行破坏。敌机数载侵袭，于沿线重要建筑所损尤大。现向美订购路轨，尚未运到。从事修复之工作，初由桥梁涵洞及路基路面着手，其竣工当有待于来年也。

至历年该路经济行政有关之纪录档案，接收后悉归法方携返河内，无从参考。

兹就滇越铁路管理局觅得该路段三十二至三十四年进款概况表、三十五年一至五月运输统计表列于后：

滇越铁路滇段营业进款概况

年份	客运业务（元）			货运业务（元）			总计
	寻常旅客进款	行李进款	包裹进款	商货进款	政府军品进款	杂项	
三十二年八月至十二月	30,276,355	341,203	2,138,796	75,005,944	5,527,736	193,566	113,483,600
每月平均进款	6,055,271	68,240	427,759	15,001,188	1,105,547	38,731	22,696,720
三十三年全年度	161,912,112	118,056	89,532,319	354,799,329	59,406,362	8,285,245	674,053,423
每月平均进款	13,492,676	9,838	7,461,026	29,566,610	4,950,530	690,437	56,171,118
三十四年全年度	1,048,489,553	690,849	563,368,593	1,578,371,494	604,437,387	21,837,415	3,817,231,291
每月平均进款	87,374,129	57,570	46,947,382	131,530,957	50,372,782	1,819,784	318,102,670

附注：交通部接管始自三十二年八月一日。

三十五年度一至五月份运输统计汇总表

项目		一月份	二月份	三月份	四月份	五月份
装运货车吨数		16,070	11,770	13,620	16,170	18,077
运用货车吨数		3,550	3,670	3,460	3,610	3,740
车辆周转率	棚车	6.06	6.97	7.29	5.71	5.65
	敞车	5.44	8.60	7.39	5.77	5.63
	平车	23.43	16.66	13.00	15.04	19.05
开行列车次数		1,146	929	1,013	1,116	1,159
列车公里总数		55,801	47,286	55,214	54,834	55,986
运用客车辆数		29	29	30	29	29
车辆公里	客车	148,176	131,671	146,074	137,313	141,932
	货车	260,032	265,040	249,222	266,550	251,610
客座公里总数		5,529,094	5,029,842	5,461,100	5,038,670	5,165,556
货车吨公里总数		3,312,344	2,631,414	3,268,748	3,493,296	3,349,276
列车平均公里		40,260	40,543	43,999	40,438	40,024
车辆平均行驶公里	客车	164,823	162,156	137,063	157,833	158,463
	货车	31,483	25,791	29,713	32,384	31,876
列车平均牵引吨公里	上行	130,222	98,347	148,380	137,931	145,237
	下行	139,610	91,361	122,183	126,138	131,311
列车平均速度		16,696	16,941	16,875	16,035	16,973
每日平均开行列车次数		6,270	5,890	6,204	6,877	6,928

由上表统计，三十二年每月平均进款二千二百六十九万六千七百二十元，三十三年每月平均进款五千六百一十七万一千一百一十八元，三十四年每月平均进款三亿一千八百一十万二千六百零七元，即三十三年高于三十二年一倍有余，三十四年高于三十三年约六倍弱。以货运言，商货进款最多，平均每年每月五千八百六十九万九千五百九十五元，政府军用品进款次之，平均每年每月五千六百四十二万八千八百五十九元。而两者均以三十四年为最高，盖其时我已准备反攻，而滇省南防军事所关，同时又须防止敌人之进攻也。以客运业务言，三十二年，每月平均收客票六百零五万五千

二百七十一元，三十三年每月平均收客票一千三百四十九万二千六百七十六元，三十四年每月平均收客票八千七百三十七万四千一百二十九元。其比例数字，亦与进款约相等。其可注意者，此项进款，仅系滇段，且政府军品运款，远较商货为低。则此时军运之频繁，可想见矣。

至该路运输工具，如机车、客车、货车，自日寇占据越南，河口桥炸坏以后，迭有损失，兹表列于后。（表见第 80，83，84 页）。

滇越铁路在战时之重要性，既如上述。则其在抗战胜利后之建国途程中，其使命自更属伟大，无容置疑。惟我国以工业落后之国家，建筑铁路所需之材料如钢轨、枕条、水泥等项，不能不仰给外国。滇越铁路之损坏部分，据该路管理局报告，仅河口至芷村一段，约及全路三分之一。其碧色寨至昆明一段，照常通车。三十四年，滇段运货进款，每月平均尚有三十万元以上。修复工程由芷村以下至腊哈地一段，由一千六百余公尺降至二百余公尺，山路崎岖，修复困难。至沿路线十一车站，设备虽经破坏，修理尚不十分为难，但桥梁涵洞中，颇多艰巨工程，如波渡箐铁桥即为全路之冠。然此等建筑，依专家估计，如切实计划，由外运至器材，大批征集民工加工赶筑，半年内即可完工。滇越铁路恢复通车，则器材源源而来，自可继续铺筑昆叙铁路，由昆明经由曲靖、威宁、昭通以至宜宾。届时川滇黔三省货物，可由此两路之联接，而直接由经海防出口，以转达欧美南洋各邦。而建设西南所必需之铁路网工程，亦将于此完成。曾经一度计划之滇缅、石佛诸路，均将于短期间得一适当之解决。而西南经济建设，亦可因交通设备之完成，而顺利展开焉。

滇越铁路运输工具表（机车）

类别 \ 辆数 \ 时期	由昆明至海防全线畅通时期共有机车	日寇占据越南河口桥炸坏以后存留滇段机车	拆除河口至碧色寨路轨拨给川滇路使用之机车	自三十二年八月收归国营后报废之机车	本路现有机车
轻便式	20	7		3	4
重式	31	6	6		
特重式	33	30	7	2	21
巩固式	5	5	3		2
双机式	6	6	3		3
小型式	2				
共计	97	54	19	5	30

滇越铁路段客运价嬗变撮要

实施日期		货运									
起	讫	每公吨每公里运价率（整车·元）									
年月日	年月日	一等	二等	三等	四等	五等	六等	七等	八等	九等	十等
32.8.1	32.10.31	60.9	48.30	37.80	31.50	23.10	15.75				
32.11.1	33.2.29	暂放	//	//	//	//	//				
33.3.1	33.5.31	4.23	38.56	33.52	29.11	25.33	22.05	19.16	16.64	14.49	12.60
33.6.1	33.12.15	61.92	53.98	46.93	40.75	35.46	30.87	26.82	23.29	20.29	17.64
33.12.16	34.3.31	106.14	92.53	80.44	69.85	60.78	52.92	45.96	39.92	34.78	30.24
34.4.1	35.3.3	//	//	//	//	//	//	//	//	//	//
34.4.1	35.5.1	//	//	//	//	//	//	//	//	//	//
34.4.1	35.5.10	291.90	254.47	221.21	192.10	161.66	145.53	126.41	109.78	95.64	83.16
35.4.1	//										
35.5.4	//										
35.5.21	//	420.79	281.08	187.11	124.74	83.16	停	停	停	停	停

附注：1. 三十二年交部接管伊始，为适应需要仍援用法管旧价章。2. 三十三年货运开始改遵部章，货物等级增为十等，符合国营铁路章则，三十五年交部为统筹划一各铁路运价，将货物等级暂改为五等，即两等筹并一等，以适应胜利后环境。

滇越铁路段货运价嬗变撮要

实施日期		客运						
起	讫	旅客				行李	包裹	
年月日	年月日	每人每公里运价率（元）				元	每十公斤每公里（元）	
		头等	二等	三等	四等	每十公斤每公里	快运	慢运
32.8.1	32.10.31	17.00	11.22	6.80	2.19	0.84 头、二、三等 0.399 四等		1.0008 四十公斤以下者 0.84 四十公斤以上者
32.11.1	33.2.29	5.40	3.60	1.80	废除	0.28	0.392	无
33.3.1	33.5.31	6.30	4.20	2.10	//	0.42	0.588	//
33.6.1	33.12.15	8.19	5.46	2.73	//	0.588	0.8232	0.588
33.12.16	34.3.31	14.49	9.66	4.83		1.008	1.4112	1.0094
34.4.1	35.3.3		//	//		//	//	2.3325
34.4.1	35.5.1	39.69	26.46	13.23		//	//	//
34.4.1	35.5.10					2.772	3.8808	//
35.4.1	//							3.136
35.5.4	//	72.00	48.00	24.00				//
35.5.21	//	//	//	//				//

附注：1. 三十二年交部接管伊始，为适应需要仍援用法管旧价章。2. 客运先行改遵部章，废除四等客车。

滇越铁路运输工具表（货车）

时期 / 辆数 / 类别	昆明海防全线畅通时期共有货车	日寇占据越南河口桥炸毁后存留滇段货车	拆除河口至碧色寨路轨拨给川滇路使用货车	接收后报废货车	本路现有货车
10 吨低边车	31	31		4	27
10 吨低边敞	12	9		2	7
10 吨救援车	11	6	1		5
10 吨起重车	3	2			2
20 吨卫生车	2	1			1
8 吨守车	40	23	6	2	15
10 吨棚车	380	157	70	3	84
10 吨牲畜车	5	2			2
20 吨棚车	213	77	39	1	37
10 吨平车	77	30		3	27
20 吨平车	45	19		1	18
10 吨高边敞	140	84		6	78
7 吨高边敞	20	11			11
20 吨高边敞	25	16			16
10 吨特高边敞	20	14			14
20 吨特高边敞	25	13			13
共计	1,049	495	116	22	357

滇越铁路运输工具表（客车）

类别 \ 辆数 \ 时期	由昆明至海防途线畅通时期共有客车	日寇占据越南河口桥炸坏后存留滇段车辆	拆除河口至碧色寨路轨拨归川滇路使用之车辆	自三十二年八月收归国营后报废之车辆	本路现有车辆
公务车	2	1		1	1
包车	1	1			1
工务车	3	1			
三等车	6				
卧车	3				
三、四等混合车	2				
四等车	119	36	8	4	24
四等车代厨车房	8				
头、二、三等代厨车房		6		3	3
头、二、三等混合车	29	4	1	2	1
头、二、等混合车	3				
守车	31	8	2	1	5
共计	207	57	11	11	35

（三）

本省已成立铁路有二：一为法国经营之滇越铁路，一为地方民营之个碧临屏铁路。兹先言滇越铁路。

滇越铁路为轨距一公尺之狭轨。铁路由越南之海防至云南省城，全长八百五十四公里。在越境者，海防老街间三百八十九公里；在滇境者，河口昆明间，四百六十五公里。自光绪二十七年兴工，至宣统二年四月一日全线通车，历时计十年之久。

溯自中法战役告终，光绪十一年，中法缔结《越南条约》，其第七款，略谓“彼此言明：日后若中国拟筑铁路时，自向法国业此之人商办。其招募人工，法国无不尽力协助，惟不得视此条为法国独享之利益”等语。嗣后越南总督杜美氏，欲肆其侵略云南之野心，屡遣人探测红河，并入滇考查矿产。因知红河涨落无定，不利航行，乃决心攫取滇越铁路之敷设权。光绪二十二年，中法续订商约，法人即有敷设云南铁路与安南铁路联络之提议。二十四年，法人强占广州湾，同时获得本路之敷设权。越南

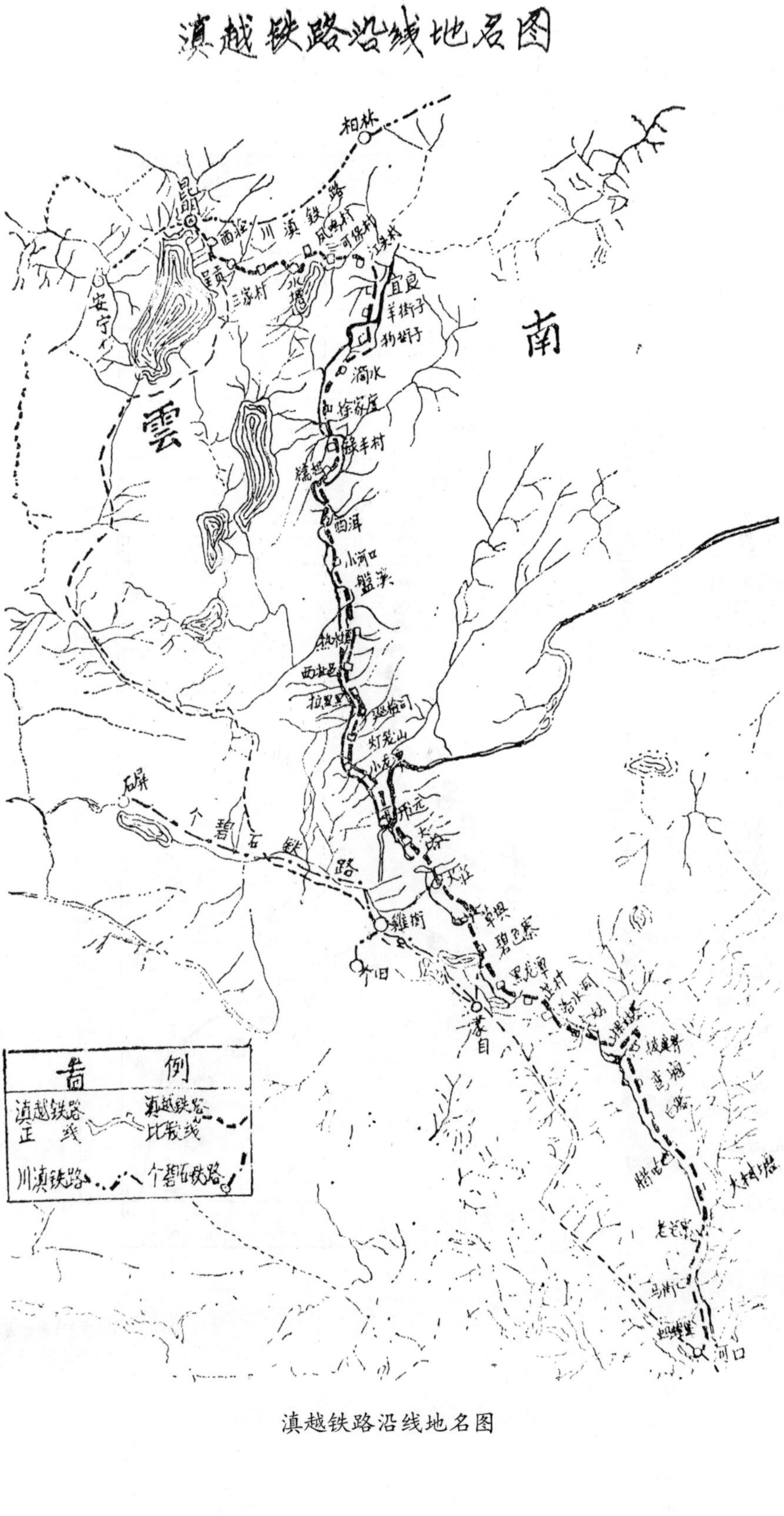
滇越铁路沿线地名图
柏林
昆明
川滇铁路
呈贡
宜良
羊街子
狗街子
滴水
徐家渡
禄丰村
西洱
小河口
盘溪
巡检司
灯笼山
小龙潭
开远
大庄
草坝
碧色寨
黑龙潭
芷村
落水洞
蒙自
个旧
雞街
石屏
个碧石铁路
雲
南
河口
图例
滇越铁路正线
滇越铁路比较线
川滇铁路
个碧石铁路

滇越铁路沿线地名图

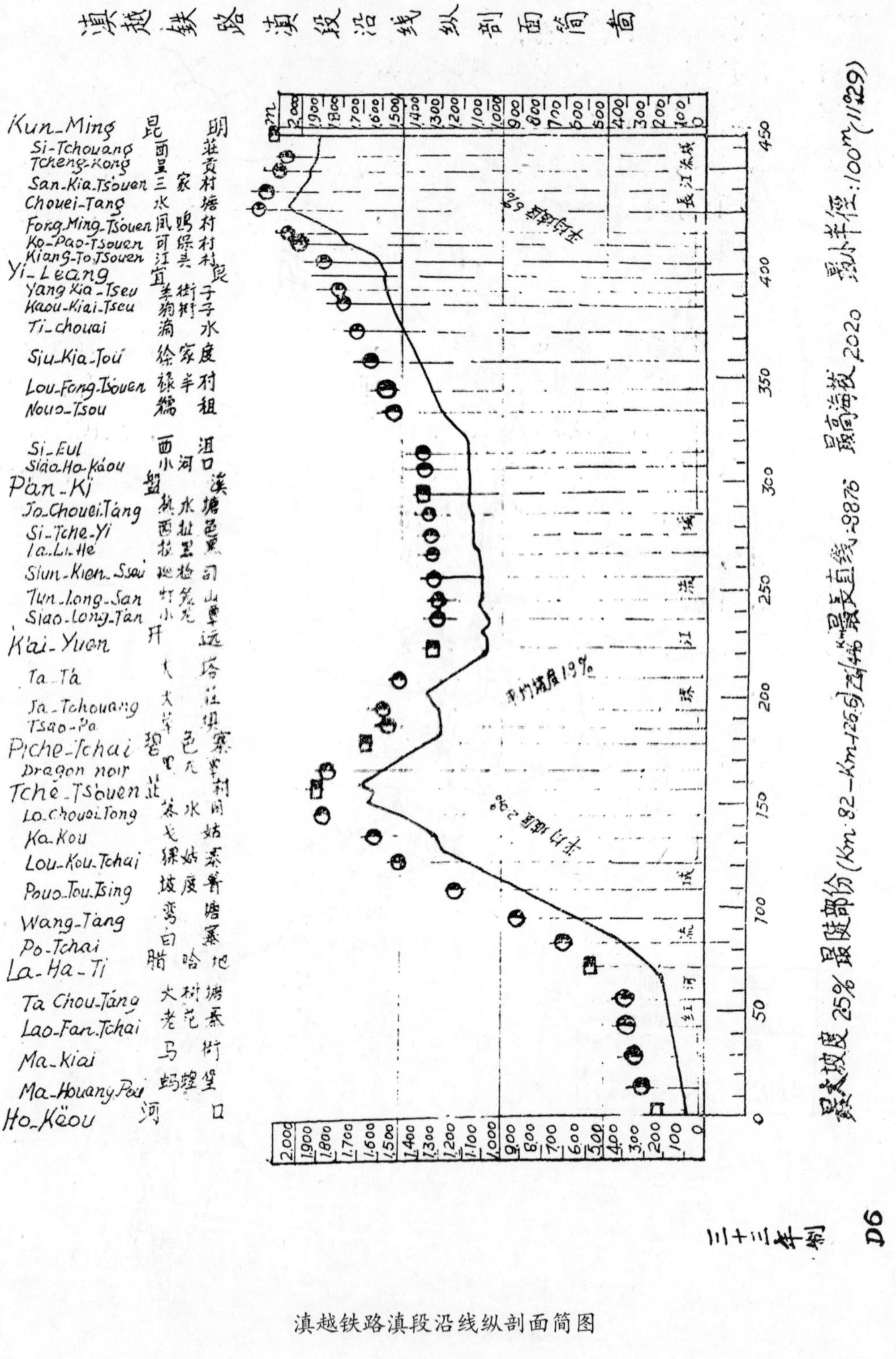

滇越铁路滇段沿线纵剖面简图

政府乃在巴黎与各大银行订立承揽合约，集资一千二百五十万法郎，并组织滇越铁路法国公司，于巴黎设总管，于河内鸠工筑造。光绪二十九年十月，又与我国订立《中法滇越铁路章程》三十四条，详载修造与管理诸事宜。此法国攫取本路敷设权之概况也。

滇越铁路原测路线：滇境部分，系由河口经龙博、屏边（大窝子）、新现至蒙自为下段；再由蒙自通过本省富庶区域之建水（临安）、通海、玉溪等处，至昆明为上段，毛路已辟至蒙自城南三十里之阿三寨，电线已架至蒙自县城。嗣因建水等地人民纷起反对，乃改测新线，由河口沿芷村河，经芷村至阿迷为下段，由阿迷沿南盘江，经宜良至昆明为上段。新线百分之八十行于巉岩峻岭间，计凿山洞一百五十处，架桥梁四百二十五座，工程实甚艰巨。且沿线瘴疠苦毒，人烟寥落，而法人无所顾虑，气不稍馁，其侵略之用心，至足畏也。

滇越铁路法国公司最高行政机关设于巴黎，委派一总管驻河内，管理铁路一切事务。总管下设秘书处、交通、营业、购置、管理等科及修理厂一所。各科工作人员大部驻河内，一部驻云南境内。初设滇越铁路法国公司代办所于蒙自，至民二十年裁撤，其人员大半移驻阿迷。全路有职员六百余人，其中高级职员一百一十九人，全为法籍。滇境内中级职员，如站长、查票员等，则少数为滇籍，多数为越籍。工人共有三千余人。修理总厂在越南嘉林，滇境内设分厂于芷村及阿迷。民二十，滇境上下两段，共有车站及停车场四十二处，有重机车二十三辆，往来行驶。

客车分头、二、三、四等，夜间停驶，以阿迷为宿站。昆明阿迷间与阿迷河口间，每日对开车一列，谓之通车。通车每列挂头、二、三等各一辆，余为四等。昆明宜良间车无头、二等，阿迷碧色寨间车则概为四等。四等车设置简陋，仅车厢两边各有长木凳一条，中颇宽敞，用以堆货。载客为四等，载货为特快运输。凡附随客车运货者，运价最贵。

货物运价，分三区段计算：由昆明至碧色寨，计二百八十七公里，为第一区段；由碧色寨至老街，计一百七十八公里，为第二区段；由老街至海防，计三百八十九公里，为第三区段。运价：第一区段中平，每吨公里越币一角四分（第四等货油料标准运价不同）；第二区段最贵，每吨公里越币二角五分；第三区段最廉，每吨公里八分；全程八百五十四公里，每吨运费计合越币一百一十五元八角。但照公司规定，凡每次运量在五吨以上，可装一兜者（每兜载重五吨至二十吨），得享优惠待遇，即可不依里程计算，由昆明至老街每吨合收越币五十一元，由老街至海防，合收二十四元五角五分，共计七十五元五角五分。较之按里程计算者，可省四十元二角五分，约合百分之三十五。又每年运量，若超过一千吨者，则自一千吨至二千吨可打八折，二千吨至三千吨可打七折，三千吨至四千吨以上可得五折之优待。至第一等运货价，则第一区段每吨公里越币三角三分，第二区段四角，第三区段一角二分，全程每吨运费，计合二百零九元七角二分。

滇越铁路每年载运费收入如下：民国十八年收入一、二、三等客票二十三万六千元，四等客票一百二十九万三千元，行李费二十八万一千元，特快运货一十六万五千元，慢车运输二百六十八万六千元，杂收入二万一千元，总计全年收入四百六十八万二千元，平均每公里收入五千四百五十元越币。民国十九年收入一、二、三等客票二十四万元，四等客票一百一十八万七千元，行李费二十五万七千元，特快运货二十万一千元，慢车运输二百七十八万六千元，杂收入一万二千元，总计全年收入四百六十八万三千元，平均每公里收入五千四百五十元越币。以两年收入比较，可见历年收入，亦所差无几。

滇越铁路货运能力表（单位：公吨）

<table>
<tr><th>年份
货运别</th><th>民国
十四年</th><th>民国
十五年</th><th>民国
十六年</th><th>民国
十七年</th><th>民国
十八年</th><th>民国
十九年</th><th>民国
二十年</th></tr>
<tr><td>云南境内</td><td>136,591</td><td>123,768</td><td>126,363</td><td>126,768</td><td>125,647</td><td>128,947</td><td>130,916</td></tr>
<tr><td>由云南到海防码头（过境）</td><td>11,856</td><td>6,747
8,848</td><td>8,737</td><td>10,275</td><td>10,149</td><td>9,424</td><td>9,721</td></tr>
<tr><td>由海防码头到云南（过境）</td><td>24,227</td><td>22,400
27,271</td><td>27,990</td><td>30,846</td><td>24,142</td><td>29,329</td><td>23,367</td></tr>
<tr><td>云南到安南</td><td>952</td><td>3,875
1,774</td><td>1,571</td><td>1,502</td><td>1,004</td><td>953</td><td>1,009</td></tr>
<tr><td>安南到云南</td><td>93,622</td><td>19,047
14,175</td><td>3,541</td><td>5,479</td><td>9,767</td><td>1,846</td><td>1,291</td></tr>
<tr><td>海防码头到安南</td><td rowspan="3">111,107</td><td rowspan="3">93,616</td><td rowspan="3">127,980</td><td rowspan="3">140,242</td><td rowspan="3">139,338</td><td>22,995</td><td>19,529</td></tr>
<tr><td>安南到海防码头</td><td>4,505</td><td>4,727</td></tr>
<tr><td>安南境内</td><td>49,917</td><td>47,919</td></tr>
<tr><td>总计</td><td>324,355</td><td>269,435</td><td>296,162</td><td>315,112</td><td>310,047</td><td>472,916</td><td>238,079</td></tr>
</table>

滇越铁路公司业务报告

自滇越铁路通车后，本省对外贸易顿形活跃。蒙自关每年对外贸易额占全省总额百分之八十五以上，即本省对外贸易有百分之八十五以上之数额借本路运输出入（详见下文），足见其对本省地方经济之影响力量。但本铁路运价既较国内各铁路为高，且一律以越币核算，故自金价腾贵，其收费亦随之增加数倍，又货物经过越南时，杂费甚多，不堪苛扰，是皆本省对外贸易之莫大障碍。而输出贸易，受害尤为重大。兹将货物通过越境时应纳之各项费用，列举于后：

一、海关方面：货物通过越境时，越南海关征收之各项费用如次：

（一）过境税：货物通过越境，须纳过境税百分之一至百分之四。

（二）过关税：无论何项货物经过海关者，不分等级，每吨概收越币二角。

（三）统计税：越海关设有统计室，以便计核。进出货物不分等级，每吨概收越币二角。

（四）手续费：除上列关税外，尚须纳手续费千分之一。

二、车站方面：车站方面尚有下列各项费用：

（一）登记费：各货装车，必须车站方面派员登记。不论货别，每吨概收越币一角。

（二）过站费：仅限于起货及卸货二站。不论货别，前者每吨收越币二角，后者收一角。

（三）过秤税：货物在装车之前，均需过秤。不分货别，每吨概收越币五分。

（四）打印费：各货装讫，车站方面即用火漆加封。零货每件越币一角，但载满一兜，每兜仅收越币一元。

（五）搬运费：即夫力费，每吨因货而异，由越币二角至四角，上下均同。

三、码头方面：海防码头直接属于政府，派有专员管理，其应纳费用如次：

（一）卸货费：由火车将货物搬运上船，应纳码头费每吨越币三角三分。由轮船搬运上车者同。

（二）进栈：卸下货物，如不及搬运上船或上车，即由码头派工移入栈房，每吨夫力费及十五日栈租费，出口货每吨越币四角，入口货五角五分。

（三）栈租费：如十五日仍不能将货物运出，则每十五日每吨收栈租费越币一角五分。

（四）借路费：如于装船或装车时，自雇工人将货物由栈房取出，每吨须收借路费越币一角。

四、保险方面：昆明海防间保险费，普通商品每千元收越币二角至四角，油类约在五角以上。此尚可以数量大小，向保险公司商洽。

以上所述，通过越境之货物，其杂费如是繁重，直接影响本省之对外贸易，间接影响本省之经济生活，实至深且巨也。

滇越铁路建筑于崇山峻岭间，每届雨季，则路基、路轨、桥梁、山洞常被冲毁，车运即陷于停顿。如宣统元年七月初，蒙自河口间路基崩溃，至十一月始行修复。宣统三年，九十一公里处山石冲断大桥，车运停止数月。民国四年，夏季大雨，大庄碧色寨间之草坝尽成泽国，水面高过路轨二公尺许，年底始克修复。民国五年七月杪，河口碧色寨间山洞塌陷，至十一月修复。民国六年七月初至八月末，河口与迷拉地数处地溃。安南平原患水，车运停止月余。民七情形严重，与宣统二年相似。民九数处地溃。民十三大庄河水漫溢，附近一带咸遭沦没。狗街子路轨冲毁，旅客往来全赖舢板。民十七昆明大水，路轨淹没，长达数里。总之一遇雨量过多，则车运极易阻滞，铁路公司因受损失，本省对外贸易，亦不得不因而停顿也。

滇越铁路对云南文化及经济之发展，其功虽不可没，以其权操于法人，故对本省经济生活所发生之反效用，为害亦烈。况本路军事意义，人所共知，或拟之如深入本省心腹之一毒蛇，良有以也。

个碧临屏铁路

清光绪三十四年，川滇议修滇蜀腾越铁路，滇省自由认股者不多。于是官商集议，除随粮随盐认股外，再由个旧出产之锡，每张抽银五十两，谓之滇蜀路锡股；又炼锡所用之炭，每烧一昼夜，名曰一个，每个抽银三元，谓之滇蜀路炭股：两项合计，议定认股一百万两，抽足即止。当禀经滇督锡良批准。至宣统间，股额即将抽足。个旧绅商，以个人出此巨资，将来所修之路，于个旧无输运之利，况滇蜀铁路开工无期，遂倡修临个支路，虽有呈请将前项已收锡炭股款拨作临个路股本之议。时政府以前定股额，尚未收足，已收者又不允拨给，仅允以未收之数，尽三年内收获若干，全数拨交，作为借款，俟临个路成功之日，此项借款，仍由临个铁路公司偿还滇蜀路局。终因意见各执，未成事实。嗣复几经研议，始经政府核准，将临个路修筑事宜，归滇蜀铁路公司承办。以前个商要求拨还股款，与政府核准借给款项两说，一同取消。派美籍工程师多莱率领工程人员分头测勘，切实进行。洎民国光复，政局变更，测勘人员先后离去，临个铁路归滇蜀公司承修之议，因而中止。民元，个旧绅商以前议既寝，拟于滇蜀路股抽足后，再自动续抽新股，修筑临、蒙、个、屏诸路，但以需款甚巨，若仅随炭抽股，匪特负担不均，恐亦无济于事，故拟再添抽砂股一项。凡个旧所出之砂矿，每桶抽收一元，锡、砂、炭股款，均抽至路成之日为止。在临、蒙、个、屏铁路未成之前，不得借故停抽。开会研议，经所有绅商客炉一致认可，并即呈奉云南都督府批准。议定即由发起人组织股东会，商讨筑路范围、铁道轨距及组织公司等问题，兹分述于下：

一、筑路范围：初议仅拟筑个旧至碧色寨一段，以与滇越铁路接轨。惟因个旧锡、砂两项商人，建水石屏两属者占十之八九。故两属股东，实为本路股东之主体，为促进建石实业文化之发展计，该两属股东，均愿延长抽收股款日期，多出股本，将铁路展筑至两属县城。故路线乃定为由碧色寨经鸡街至个旧为第一段，由鸡街至建水为第二段，由建水至石屏为第三段。嗣后蒙自股东出而争议，请改路线自碧色寨经由蒙自县城至鸡街，要求开股东大会，研议此项问题。各股东以改经蒙自县城，绕道数十里，须多糜股款数十万，于工程、款项、燃料及开车时间上均不经济，拒绝接受。双方坚持，各具呈政府，争辩甚烈。其后蒙属承认于抽股之外，再由地方公认另入股款四十万元。议决立案，改道兴修，是即今线路也。

二、铁道轨距：初议定为一公尺轨距，与滇越铁路同。嗣因法籍工程师呢复礼士条陈，谓本路不过县与县间交通工具，运输不似国际省际之繁，改用六公寸轨径已足敷用，如是可省工料十之四，以免浮费。经公司经股东会研议后，派代表赴越南河内考查该处六寸轨短程铁道，认为可用，始正式呈请政府核准，定为六寸轨距。

三、公司组织：清光绪间，政府已觉悟借款筑路丧失主权，故力倡商办。订优先股、零款股、彩票股、米盐厘金、随粮认股等办法，以利投资。并以折扣抵款，颁奖官御匾额等办法以劝之。惟商办铁路实现者少，成功者尤少。故民初个商倡筑本路，政府奖励备至。二年，都督府召股东代表进省会议，决由滇蜀铁路公司与个旧股东组织官商合办公司，同入股本，修筑个碧临屏铁路，先由个碧段着手，咨部立案，名曰个碧铁路公司。预定集股二百万两。政府准由滇蜀铁路公司出股本一百万两，个商由锡砂炭抽股一百万两。设不敷用，再由滇蜀路股项下拨借五十万两。即拟定章程六章，析为六十四条，于三年二月呈交通部立案。

公司组织既定，由政府委任陈性圃为总理，聘多莱为工程师。未几，总理奉调回省，另委陈鹤亭、周柏斋为总协理。多莱亦回国，久不到差，由公司另聘呢复礼士为工程师，续勘路线，实行开工。以上即筑路前倡议及筹备之经过情形也。

民六，因滇蜀铁路无开工希望，所存股款，多放出在外。政府拟将路款移作他用，特委专员设立催收铁路局借款处，督同滇越蜀铁路公司催收外债，并会商结束办法，由专员、局长、董事等拟具办法，会呈政府。以为个碧路线无利可图，公家不肯以急需有用之款，营此无利之业，又以锡炭股本，每年须由滇蜀公司筹付息银，不惟无益，反受其害，拟请将以前个旧自治公所截留之股款及滇蜀路局先后交个碧公司之股款并划拨锡务公司欠款，共凑合一百万两之数，拨还锡炭股东，自行直接加入个旧路股。从此滇蜀公司与个碧公司手续清了，与锡炭股东亦脱离关系，即将政府入个碧路股官商合办之原案取消，以后个碧临屏铁路纯归商办。此又由官商合办变为纯属商办之经过也。

本路自民三兴工，民八年三月，自碧色寨通至鸡街。九年九月由鸡街通至乍甸，十年十一月由乍甸通至个旧，个碧段全部通车。由鸡街至建水一段，自十年五月开工，十七年十月二十一日落成通车。由建水至石屏一段继续展筑，今已完成三分之一矣。已成部分，由个旧至鸡街三十三公里，由鸡街至蒙自二十八公里，由蒙自至碧色寨十二公里，个碧段计长七十三公里。又由鸡街至面甸三十六公里半，由面甸至建水二十五公里，鸡临段计长六十一公里半。两段合计共长一百三十四公里半。将来临屏段筑成，由建水至马坊街九公里，由马坊街至新街十五公里，由新街至石屏二十四公里，全段计长四十八公里。合并三段计之，则本路全长为一百八十二公里半。

本路公程就地势言：碧色寨海拔一千三百五十五公尺，鸡街一千二百四十一公尺，个旧一千六百八十七公尺，建水一千三百零六公尺，石屏一千四百二十公尺，故本路上落斜度，以鸡街个旧间为最大，建水石屏间次之。由鸡街西上至个旧，山势险峻，斜度达百分之三以上，山洞最多，尤以第七号洞为最长，且洞中路线转折，故工程最巨。计个旧鸡街间凿洞十一个，鸡街建水间凿洞五个，将来全线完成有洞十八个。鸡临段工程师为闽人萨少铭及粤人李庆余。临屏段工程师为浙人吴澄远。鸡临、临屏两段，轨距虽仍为六公寸，但路基桥梁山洞均已加宽，备作改铺一公尺轨距之用。建筑费，个碧段四百四十余万元，鸡临段约倍之，临屏段当更不少。盖鸡临、临屏二段，路面加宽，工耗较巨，一也；欧战后器材涨价，二也；民十后滇币跌落，三也。故个碧段为最长，而用款少；鸡临段较短，而用款多；临屏段最短，而用款亦最多。职是故也。

本路设备简陋，与滇越铁路略同。客车辆数不详。个碧通车，每日上下行各一次。例挂一、二等车一辆。计一等十座，横排皮垫靠椅；二等十七座，横排藤垫靠椅；三等车一辆，共二十二座，横排木椅；余为四等车，情形与滇越铁路四等车同。建水通车，亦每日上下行各一次，在鸡街与个碧通车衔接。货兜约共一百二十辆。机车初向法国及扬子机器厂购买，均因马力太小，设计简单，不能胜任。嗣后购置美国机车十五辆，马力速率均称适用矣。修理厂一所，设于蒙自车站。

自个碧段通车以来，客货拥挤，营业旺盛。惟因轨狭车小，运输力弱。加以个旧鸡街间斜度太大，机车马力不胜，致上行困难，下行亦感危险。匪特公司损失，客商亦多怨谤。又因公司组织未克健全，各属股东互争权利，不以发展营业为重，而以盘踞要路为先，滥进冗员，开支浩繁，积弊丛生，整顿无术，长此以往，欲其营业发展，殆亦难矣。夫个旧锡产，占全省出口货总值百分之八十五以上，本省对外贸易之漏卮，端赖锡出口以资弥补。故谓个旧锡矿为本省经济之命脉，亦不为过。本路除由个旧运出大锡外，举凡十数万矿工所需粮食、被服、工具及炼锡所需之木炭，均赖本路运输供给，是本路不独有关大锡之运输，且有关大锡之生产，故谓本路为个旧锡厂之命脉，更不为过也。本路之重要如此，尚希政府与个商力加整饬，而谋其健全发展焉。

本路货运数粮如何，无正确统计可得。最近三年营业进款及营业用款，则可查如下：民国十八年收入旧滇币（下同）四百九十一万六千四百八十八元二角八分，支出三百零五万八千九百零六元一角二分，盈余一百八十五万七千五百八十元一角六分。民国十九年收入四百九十二万五千零三十七元二角八分，支出三百七十七万六千三百九十三元八角七分，盈余一百一十四万八千六百四十三元四角一分。民国二十年收入四百六十六万零三百四十五元九角四分，支出四百六十五万八千三百零二元三角八分，盈余二千零四十三元五角六分。

二、钦渝铁路

此路拟由广东之钦州，修经广西、云南，而达四川之重庆（渝），即多年前议修之通海粤滇线，与通江之川滇线相连而成之铁路线也。通海一线，前经外籍工程师测勘，拟自云南昆明起，经嵩明（杨林段）、寻甸（易隆段）、马龙、曲靖、罗平、板桥，转向丘北、广南、富州以达剥隘，与广西百色相接（此一线民三时又名滇百线），计长一千二百余公里。由百色接修南宁（邕），更至北海（旧时定名百北段），以抵钦州出海，是为通海粤滇线。对于国防、经济，至有关系。通江一线，宣统元年时，经多奈测勘。在云南境内，自昆明起，修经嵩明、会泽、昭通、老鸦滩以至滩头、三仙桥止，计程五百四十五公里；入川境后，经叙府、南坪坝止，计程一百六十公里：共长七百零五公里。以下经泸州水道而达道庆（渝），以出长江，是为通江川滇线，两线连合，即钦渝铁路也。

钦渝铁路，钦州起至叙州止，全长三千九百一十八里，议修动机，系因客货运至滇越铁路时，备受法关之留难，多愿改由他道，以重主权，而保商运之自由。于是修筑此路之议以起。且钦渝一线，中间贯穿滇、桂、川等三省，铁路沿线出产亦多，米、麦、包谷而外，广南之三七，西隆之蔗糖，百色之花生、八角，南宁之蔗糖、八角、牛皮等，均属滇邕段之特产。预计此路筑成，仅仅滇邕一线之客货，每年亦可收三百万元之利益。况由百色至南宁后，若舍陆而就水运，经行右江水路，共六百五十三里，夏季水大，有小电轮行驶，其余各季，均有车船曳船，上下装运客货。是此线只须修通至百色，其转运固无往不宜也。南宁以下，或经梧州、广州以出海，或由南宁修经钦州以至南乡，俾不绕梧州、广州一带，缩短出海之路程，尤为捷便。至由滇蜀干线之昆明接修至四川，则成都、嘉定、叙州等处出入之货，又可吸引通过。收入畅旺，更在意计之中。至于修路经费，则滇蜀一线，本省已于光绪三十一年组织公司，收集盐粮股款数百万两预备兴修；不幸初议未当，蹉跎经年，路未成修，而滇民股本虚耗泰半。民国三年，滇督蔡公又一度倡议修筑滇百铁道，特向德商礼和洋行订定滇百铁道三百万镑借款草约，旋因法使抗议，迫令取消。后外交部提出钦渝路修筑之议，即将滇蜀、滇桂各路并入，与中法实业银行签订借款一亿法郎，实则指路借款，图作别用，非真修筑此路也。截至三年六月，银行方面已交垫款三千二百一十万五千五百法郎，欧战起，垫款停，路亦未修。迨至欧战和议告成，又拟进行此事，以中法银行停兑，遂形搁置。此经过之大略情形也。

附：个碧石铁路

一、筑路缘起

法自滇越铁路通车后，不时窥伺个厂，意图接修支路，以遂其侵略之野心。重以米物薪炭需数至多，牛马驮运殊感不便，乃由厂商自动集议，呈请前云南都督蔡公批准，继续抽收锡炭及砂股，以作修个、蒙、临、屏铁路之用。而施工程序，决先个碧段，其次鸡临段，又其次临屏段。是为民营铁路当日修筑之原始。

二、个碧石公司组织经过

厂商既倡修铁路，旋得政府嘉许资助。由滇蜀铁路公司出股本一百万两，个商方面抽锡砂炭股一百万两，设不敷时，由滇蜀路股项下拨借五十万两。民国三年，有拟定《个碧铁路股份有限公司章程》呈请省府立案，是为官商合办时期。民六，滇蜀铁路公司收束，函商个旧锡砂炭股东会将入股银及拨各号欠款归还股东，取消官商合办之案。以后由个方自行修筑，是为商办时期。直至民国二十三年，政府以公司办理不善，组设整理委员会，另订《民营章程》，由会转报政府。现任董事、监察、总协理，均依照章程分别选举，此公司之组织经过也。

三、股款之来源及总额

个旧大锡，每张认股五十两，谓之锡股；每炼锡之烧炭一个（烧一昼夜为一个），认股三元，谓之炭股：两项合计认定一百万两。又呈请续收锡炭股，以作经费。因用款较大，并于锡炭股外，每矿砂一桶收洋一元，谓之砂股。截至停止抽收日止，共收得股本一千三百七十余万元。又滇蜀公司拨还股本一百万两，及特别收入新砂股二百一十余万元，总计合股本洋一千七百四十余万元，渐以滇纸低落，约计股本总额，殆不足实银一千万元之数。

四、各段开工及通车之日期

个碧段，民二开工，至民国十年十月通车。鸡临段，民七开工，至十七年通车。临屏段，民十八开工，现土石工将竣，铺轨将及一半，若有款采购不足钢轨，明春可望通车。

五、各段里程、山洞及建筑费

个碧段，长七十二公里强，有山洞八，二号洞最长，七号洞最曲，建筑用款四百四十余万元。鸡临段，长六十二公里弱，有山洞五，三号洞较长，余均短，建筑用款五百六十余万元。临屏段，路长四十二公里，有山洞六，均短，建筑用款已达旧币八百六十余万元，尚需五十余万元乃能成功。

六、轨间距离

原拟定为一公尺，与滇越铁路同一轨距，旋以本路不过县与县间局部之交通运输，采用六公寸轨距。及修筑鸡临段时，已感太窄，故鸡临、临屏两段，虽仍用六公寸轨距，而山洞及路基，则已加宽，以便异日改用一公尺之轨距。

七、最近三年营业状况

其始因机身较小，马力不足，行驶既迟又不能多带车兜，故营业所得仅敷开支及改购大机车。而鸡临段又继续通车，营业逐渐发达，二十三年份，约赢余二百四十余万元。

八、机车及各种车辆之数目

公司现有大机车十六辆，小机车二辆，运输材料花车二辆，一、二等车三辆，三等车六辆，四等车二十辆，以运客商。又大篷兜四十五辆，小者五十辆，高边者二十六辆，以运货物。又石料兜七辆，油柜兜二辆。

九、组织系统

以股东大会为最高权力机关。在未开大会时，以董事会行使监督权，以监察行使纠察权。由董事会选举总协理，执行一切事务，其下设总务、会计、车务、营业、机械、保线六课，分任其职。各课下设若干股，各司其事。现在筑路期间，并设总工程处，其下设分段工程处，以专其责。总计本路共有职工千三百余名。

十、个碧铁路银票情形

公司自呈准开办铁路银行以来，因筑路需要，先后四次共发行纸票八百八十九万余元。除历次焚毁三百七十四万元、又现在收回未毁六十五万元外，尚流通市面四百五十万元。收入者陆续截角，不再行使，但数目较多，一时尚难结果。

以上十项，系根据该公司《铁路概要》编次而成。详情见原册，不赘述。

三、滇缅铁路

滇缅铁路之勘测与修筑

组织沿革：滇缅铁路，初名滇缅铁路工程处，系二十七年秋成立，设处址于昆明，又设西段工程分处于祥云。东西两段，同时勘测施工兴修。旋于是年九月将东段工程处改名滇缅铁路工程局，西段分处亦改称西段工程处。二十八年秋，局址迁移禄丰。并为集中筹划兴工起见，于二十九年二月，将西段工程处撤销，所有各总段均改归局中直辖。全线赶工，工程进展颇速。是年夏，因滇缅公路遭受封锁，铁路工程遂一度停顿。及公路重行开放，始于三十年三月复工。当是时，国内战事扩大，国际局势紧张，为应长期抗战需要，因于三十年六月，正式成立滇缅铁路督办公署于弥渡，裁撤工程局。将前两段分为一、二、三工程处，前东段改为第四工程处。集中人力、财力、物力，分段赶工。预期西段十五个月、东段两年全部修竣通车。施工后进展甚速，完成可期。讵三十一年四月，缅变骤起，战事延及国境，复被迫停工。署址撤退至禄丰，办理结束。迄三十二年五月，各部结束，大致告竣。乃成立保管处，赓续办理督署未了事宜，并保管文卷财产，以待异日复工。

路线选择：滇缅铁路东起昆明，西达缅边，路线绵长，地经蛮荒。为应抗战需要，赶速完成，乃将全线划分东、西两段，同时施工。东段自昆明经安宁、禄丰、楚雄、镇南而至祥云。由此通至缅边，有南北两线可循：一由祥云、下关、保山、腾冲出国，以接缅甸铁道干线终点之密支那站，或由腾冲出国以接八莫，是为北线；一由祥云、弥渡、云县、孟定、南定河口、滚弄以接缅甸铁路支线之腊戌站，是为南线。经实地勘测结果，北线有横断山脉，高低相差悬殊，工程太大；南线里程较短，工程较易，且需费少而需时又省，二年余即可完成。故决采用南线。计自昆明经安宁、禄丰、楚雄、镇南、祥云、孟定、南定河口而至滚弄，全线共长九百余公里。

工程概况：滇缅铁路之兴筑，既为抗战之需要，故工程之进行，至为积极。旋因种种关系，时修时停，影响工程之进展甚巨。迄日寇侵缅，战事及于国境，西段工程复加破坏，致全线停工，功亏一篑。计至停工时止，已成未成之工程状况，另列表以明之。（表见第97页）

滇缅铁路之抢筑

滇缅铁路，起自昆明，西经安宁、禄丰、广通、楚雄、镇南、姚安、祥云、弥渡、南涧、云县、勐赖、勐只、勐润、孟定，以至中缅边界之术达。自二十七年十二月二十五日分段兴工。东段由昆明至祥云属之清华洞，长四百一十公里；西段由清华洞至术达，长四百七十公里。全程共计八百八十公里。轨距为一公尺之狭轨铁路，以便与安南、缅甸之轨道衔接。东段工程，昆明禄丰间土方已大致完成，山洞二十座，正开工凿修。如材料来源顺利，经费人工无大问题，二十九年底可完工。西段工程进行颇迟，材料经费及人工并感缺乏。政府原定东段经费每月四百万元，西段二百万元，同时进行。遭受相当阻滞，故至二十八年十一月间，将该路经费减低，将款拨归滇缅公路局，充买洋灰修筑路面之用。东段经费，每月由四百万元减低至二百五十万元，工程依旧进行。西段则每月发给三十万元，仅敷维持少数员工生活而已。于是云南省党部、省执委会代电中央党部秘书处转六中全会，请求续修。其文云：

"查滇缅铁路开工，为期未满一年，全线业已完成百分之二十五以上。工程进展，尚推顺利。如能加拨经费，赶运材料，东西两段，同时并进，则在一年半之短时间内，当可望其全线通车，以应抗战之需要。乃最近交通部忽有缓修之议。政府修筑本路之目的，不仅为增进后方运输力量，且为抗战建国之基本国策，关系至为重要。属会本于全省人民一致要求，除电呈总裁，恳请积极赶修外，特再电请钧会提议主持。其理由如次：

（一）保障安全。滇缅铁路不惧敌陆上部队之包抄，不虞敌机之轰炸，不受敌海军之封锁。较之北之中俄、陇海，随处有被敌侧击切断之可能；南之越桂、滇越，根本暴露于敌海陆空军势力范围内者，自不能不认为我抗战上惟一安全、最有保障之对外交通线。

（二）运输力强。滇越公路，虽已完成于一年以前，但雨季每年倒塌，军运时虞断绝，此其一。山路汽车载重力至多不过十吨左右，前线必需品如大炮、坦克车以及各种机械、汽油等，大量运输颇感困难，此其二。汽车、汽油、车胎、零件消耗甚大，而必须外求，此其三。夜间行车，易生危险，每日欲维持六百吨之汽车运输量，平均每三分钟发车一次，事实上必不可能，此其四。昆明至腊戍一千一百四十六公里间，来回平均为十六日，二吨卡车四千辆之购费，至少亦在美金四百万元以上，此其五。现每吨货物一公里之运费为国币一元，一千一百四十六公里一日六百吨，须六十八万七千六百元，一年须二亿五千余万元，已超出铁路建筑费之全部，此其六。

（三）形势重要。云南，西南边地，面积广大，人口稀少，蕴藏富厚，为西南最有望之农垦区域。且其地南控缅甸、暹罗，西通印度、西藏，形势重要，无以伦比。而海外华侨之扶助，弱小民族之提携，又为先总理夙定之国策。凡此数点之经营与实现，均将有待于滇缅铁路西段之开通。

（四）经费易筹。滇缅铁路工程颇称艰巨，但自改用六公寸及一公尺两种轨距适用路基之设计后，其工程标准，已大为减低，经费亦减削一半。现在如赶筑路雄，每月所需不过二百万，此数非难于筹措。

（五）材料不绝。欧战虽已爆发，而国外材料来源尚未断绝。如美国、加拿大等处积存之旧钢轨、机车未尝不可商购或借以为应急之计。西段密迩缅甸，一切材料皆可利用缅境内之铁路、公路、水路，源源而运，绝无困难可言。英人对于此路之期待方殷，我如积极兴筑，彼必将其所余公里之路线迅速完成，以谋接轨。

（六）预备充实。目前西段员工、材料、粮食、医药均已大量集中，一旦遣散未免可惜，而已动工约二百余公里之工程亦将完全虚掷。云南气候有雨季干季之分，雨季为五月至九月，干季为十月至（次年）四月，今年干季一经错过，明春即欲赶修亦已无及，转瞬又是一年。

滇缅铁路各工程处主要工程已成未成数量表

（三十一年四月停工时止）

工程名称	单位	第一工程处			第二工程处			第三工程处			第四工程处			前工程局
		数量		已成百分数 %	数量		已成百分数 %	数量		已成百分数 %	数量		已成百分数 %	已成数量
		已成	未成		已成	未成		已成	未成		已成	未成		
土石方	m^3	3,870,488	1,511,512	71	2,534,057	2,348,083	52	3,128,426	6,830,922	31	13,100	5,986,900		11,220,000
隧道	m	142		90	468	904（内有已开工）	49	486	2,179（内有已开工）	45	38	1,262（内有已开工）		12 座计 1,205.5 公尺
大桥	m	12 座均已开工		47	46	363（内有已开工）	54	16 座共长 541 公尺		44	0	52 座计 1,350 公尺		946
小桥	m	74 座均已开工		51	121	395（内有已开工）	50	共 567 座		45	0	176 座计 950 公尺		
涵渠		205	373（内有已开工）	52	246	140	63				1,210			793

基于上述诸点，属会认为续修滇缅西段不仅有必要，而且无困难。为保障抗战前途之胜利计，为开发西南资源计，为扶助华侨之发展计，均应请以全会名义提交行政院，转饬财、交两部，限即日起按每月拨足滇缅铁路工程款六百万元，不分东段西段，昼夜赶修，以利工程而竟全功。抗战幸甚！建国幸甚！云南省党务执行委员会叩。”

自此电发出后，滇缅、叙昆两铁路工程局，为促进两路工程进度、俾便如期完工起见，特与本省公路总局会同商定征工办法。定二十八年十二月十五日为全线各县开工日期，加给路工津贴，限期完成各段土石方。又以各县征工单价太低（每工作一土方得国币三角，每人一日只能工作一个半土方，得资四角半，不足维持伙食），领款验工手续太繁，且层迭折扣，迨款落工人手，已为数无几；民工缺乏组织，工作效率亦差诸点，因着手改善各县征工协修办法，沿途各县设征工处，以官绅任正副处长，组织民工，呈请省府公布实行。唯叙昆、滇缅两路，所需建筑器材十三万吨，均由滇越铁路运输，而分配与该路之运输量，每日平均尚不及三十吨，已非数年不能运罄。二十九年一月新年前后，滇越铁路迭遭轰炸，情形更有不同，且桂越间之全部运输，亦因敌寇侵桂归并于滇越一路，运输更形困难。故中央虽表示完成该路决心，然施工不易，乃系事实。是年六月间，敌寇在越登陆，滇越铁路截断。七月以后，即为停工待命时期。三十年三月，经政府决定继续赶修，然以国际形势之演变以及技术人员之缺乏，因令滇缅铁路局举办训练班培植技术人才。并呈请行政院经缅甸政府商洽材料供给问题，得其赞助，始雇民工，限三十年底完工。其东段中之昆明达一平浪一段，经省府拟定征工办法，限四月底将路基完成。东段全部又分为数段抢修。西段已由滚弄江边起，向东兴工修筑，俾与东段衔接。同时以滇越铁路下段拆卸轨道，尽先借用装铺于昆叙路西段及滇缅路东段。四月，滇缅线客车由昆明开至石咀，而昆叙铁路，亦由昆明通至曲靖云。

四、川滇铁路（叙昆铁路）

川滇铁路之勘测与修筑

勘测：自“七七”抗战事起，沿海各交通干线先后为敌占据，西南一带已成为抗战之根据地。惜交通不便，军运迟滞，为求争取最后胜利，首先应求军事与交通之配合，故有兴建川滇铁路之议。当由交通部、四川省政府及云南省政府联合组织川滇铁路公司理事会，并成立叙昆铁路工程局主办其事。本路路线，除昆明附近之一段依据前铁道部贵昆测量队勘测路线施行定测外，其余路线，由本路分七个测量队，自民国二十七年十一月起出发，施行初测、定测。由昆明经曲靖、宣威、威宁、昭通、盐津而至叙府，全线于民国三十一年大致测量完竣，约计八百五十公里。

修筑：本路修筑工程，于民国二十七年十月，先后分别兴工。交由包商及民工承办，计完成之工程，有昆明至宣威一段。在宣威以北另有山洞数座，亦已完工。至其余工程，因战事关系，建筑材料未克内运，已于民国三十二年相继停工。现自昆明至沾益一段，计长一百七十三公里，业已铺轨通车。所有轨道材料多系利用滇越铁路南段拆下之旧轨铺筑。其建筑标准，大致如下：

（一）钢轨：定为每公尺三十公斤。

（二）轨距：定为一公尺。

（三）枕木：定为 205mm × 150mm × 2,000mm。每十二公尺长钢轨，直道用枕木十六根，弯道用十八根。已铺轨之一段，则钢枕、木枕并用。

（四）道碴：正线每公里用碎石为七百一十三点七立方公尺，卵石为七百六十一点三立方公尺。

（五）路基宽度：定为四点四公尺、路堤高度超过六公尺，用四点八公尺。填土边坡用一比一点五。挖土用一比一或一比一点五。挖软石用一比四分之三，或一比二分之一。挖硬石用一比四分之一，或一比八分之一。

（六）永久式之桥涵：如混凝土、钢筋混凝土及砖石之建筑，概照中华十六级载重设计。上部之工字梁、钢板梁、钢桁梁及钢架墩等钢料部分，除特殊情形外，亦照中华十六级载重设计。

（七）路线最陡坡度：包括曲线折减率在内，不得超过百分之二点五。最锐曲线不得大于十度（半径约一百一十五公尺）。

（八）路基高度：规定至少高出最高洪水位六十公分。

（九）给水站最大距离：为三十公里。

附录：叙昆铁道路线之一瞥

陈一得

叙昆铁道，在云南为向内联系之大动脉，在全国为向外活动之头臂筋。关系军事、经济、文化、交通、国防周密，民生繁荣、内外结合，至重且大，早宜全力完成。较之滇越铁道之修复，滇缅铁道之展筑，其重要性对外多于固内者，有过之无不及。以贫瘠之云南，位于国防前线，若不使向内联系之大动脉畅通，虽滇越、滇缅两铁道即刻完成，亦仅局部交通之便利，尚不足言建国图存。

滇蜀铁道之重要，滇人士早经注意。在前清光绪末年，即有滇蜀铁道公司之成立，募集股本，开办铁道学堂，勘定路线，选送学生留学比国，记者亦被选之一人。继因革命风潮云起，政府变更，主管意见纷歧，遂致迁延贻误，股本销减，公司撤废，经济交通大受损害。抗战之后，利用滇越铁道撤卸旧料，始得由昆明至曲靖一段通车，以便军事运输，而叙昆全线之实现完成，尚有待于今后全民之努力。此次省议会开议，记者曾拟具意见，建议提前完成叙昆铁道，已经提会讨论，审查通过。闻中央政府决定，三年建筑此路完成，殊堪告慰。

去冬，记者因回盐津修纂县志，往返经此路线。由昆明至宜宾，全长约一千零四十公里。先自昆明至曲靖，通车一百六十公里，继延长通至沾益十三公里。由沾益至宣威八十六公里，路基已建筑完竣。以上均系平原部分。此后工程，将进行山岳地带。全线各段工程局所，早已准备齐全。昭通县城实为全线中心。沿路地势大要，兹就个人观览所得，介绍于关心交通建国之人士。

叙昆铁道，系以沟通长江、珠江两流域，路线不离云岭支干脉。由云南高原下降四川盆地，即须超越两流域支流之分水岭。经昆明曲靖两高原，东北循岭脊以达威宁高原，即历牛栏江及北盘江源可渡河、杨柳河之分水岭大幕山，复由威宁西北行，再超越乌蒙山脉脊干麻窝山而达昭通高原。又西北循洒鱼河，降沿大关河谷以达盐津县治，继循盐津河入四川省界，历横江、安边场以至宜宾。

此路线，自前清为刘臣尧先生初测，图籍犹有存者。反正后，经数次复勘，曾由昭通李伯文君导同工程专家实测，仍未改刘先生初测路线。中央早经定案。几经斟酌比较，颇合经济交通原则。盖此路线中心昭通为滇东重镇，物产丰富，商务繁盛。东接筑泸公路，西连金江凉山，开发荒区，固结民族，利益甚大。唯由昭通高原下降至宜宾江岸，地势倾斜颇急，赖可就洒鱼、大关、盐津唯一河谷顺流自南向北，绝无横阻山系，可免开凿山洞之劳。工程虽属艰巨，较诸他线易于兴工。记者此次旅行，顺用简单仪器，略测此线各段高度，冀求明叙昆铁道全路形势之概念。其已成通车，由昆明至沾益。及路基工竣，由沾益至宣威，地势均系平坦，高度相差，二百六十公里间不过约七十四公尺耳。若入山岳崎岖地带，地势即高下悬殊，由宣威北行，路线渐次提高，铁道线略与川滇公路平行，同须越高峻之分水岭。此山脊之高度，就宣威县城为标准，陆家冲路高二百二十七公尺，杉木箐路高二百四十六公尺，降至舍居乐溪谷，则比宣威高八十公尺，复升至黑石头，比高一百四十一公尺，达威宁县城，较宣威县城高一百七十二公尺。此段路长约一百七十九公里，山多壤土，岩石少见。

由威宁小盆地至昭通平原之一段，须超越乌蒙山脉脊干，是为云岭支脉之极高分水岭。各地高度，以威宁县城为标准，西上三龙乡凹口高四十三公尺，牛街子凹口高六十八公尺。路线绕过李子沟到得胜坡头，高七十四公尺。上栗柴林及麻窝山地，为叙昆铁道线全路之极高处，比威宁高一百零五公尺，比宣威高二百七十七公尺，比昭通高三百零一公尺，比昆明高三百五十一公尺，比宜宾高二千零三十公尺。由此下行三十七公里，即达昭通县城，较威宁县城低一百九十七公尺，比宣威亦低二十五公尺。此段路长约一百二十二公里，沿途土壤厚积，间露岩石。

由昭通高原降至盐津河谷，叙昆路路线上段不依旧有大道进行，西北由旧府循洒鱼河流逐步低降，折东北至小河场，合大关河，沿线皆为阶级岩谷，旧道尤为险峻。由昭通平原出钻沟山口，比昭通高二百一十五公尺，降至鹦哥咀山口，即比昭通低八十公尺。大关县城，则低六百八十九公尺，车乐坝低至九百九十公尺。叙昆铁路经过之黄葛溪，比昭通低至一千零八十九公尺。路线循大关河左岸行，经小关溪，比昭通低一千一百六十九公尺，马蹄石则低一千二百六十七公尺。路线转过白水江，改循盐津河右岸达盐津县治新街，比昭通县城降低一千三百零四公尺。盐津县治，当昭通、宜宾两城市路线之中点，商贾辐辏，定有车站设计。此段沿河下行，两岸多悬岩峭壁，河流湍急。

由盐津县治达宜宾一段，仍循盐津河东岸，路多贸易商场，历普洱渡镇、滩头镇。河东即入四川省界，河西至新滩庙口仍属盐津县境，河流倾斜颇急，滩峡甚多。铁路线经磨刀溪、张窝场以至横江镇，为宜宾县属繁盛市埠。左接雷、屏、金江，右通川南六县，再经安边市即达长江南岸。渡江至宜宾县城，即旧叙州府治，为叙昆铁道终点。宜宾海拔高度约二百五十九公尺，比盐津县治新街约低四百二十五公尺，比昭通城低约一千七百二十九公尺，比昆明市约低一千六百七十九公尺。盖自云南高原降入四川盆地，以图贯通长江、珠江两大流域，必须超越高峻山岳，下临低深之河谷，限于自然地势也。以上略测标高，系以昆明市一得测候所气压表水银面海拔一千九百二十公尺比计，自不如水平测量之精密。旅行一瞥，求明大概而已。（录自《展望月刊》）

五、石佛铁路

石佛铁路之勘测

云南省石佛铁路总工程师兼测量总队长吴融清述：

昆明至景洛路线，为昔英人倡议自印度洋通达扬子江之铁路，滇段为四比较线之一。

总理《实业计划》中之广州思茅线，于石屏元江间衔接。所谓石佛铁路适成其滇境西段，直抵普思沿边。其地绾毂泰、缅、越三国国际交通枢纽，尤关重要也。

云南省府致力筹边，以本路有提前兴办之必要，爰于民国二十九年春，借调叙昆铁路正工程师周宝鑫君踏查石屏至墨江一段二百三十五公里。三十年冬，成立石佛铁路工程筹备委员会，组一踏勘队，续勘墨江至宁洱一段一百八十五公里，回程带查扬武至玉溪一段一百一十公里。共计已勘五百三十公里，全线尚余六百公里许未经查勘。厥后，委员会决议积极完成测量，略事改组，以清承乏工务，并定于三十一年九月内开始组织六个测量队，十月出发工作，以赴事机，届期均已照案办理。于九月下旬，率领副总队长兼第二测量队长贾荣轩等查勘。自昆明经安宁及呈贡，会合昆阳至玉溪路线，随交第二队实施初测，唯其余五队则因经费问题，衍期一二个月不等。清于分派各队出发后，于三十二年一月五日前往沿线，进行全部查勘选线工作，分交各队办理实测。二月八日抵达打洛江前哨，四月十八日回至昆明销差，往返程途二千一百五十余公里，为时一百零三日。兹将勘定全线情形，节略于后：

一、工作人员及随行：计正工程师左梦星、帮工程师彭惠芳、事务员兼护兵队长单耀龙、护兵六名及其他随行员役六名。

二、工作日报：去程六十三日，实际野外三十三日，内室工作四日；回程四十日，野外工作九日，内室工作二日，其余属于寻常站程或因故停留。

三、路线长度：初测路线五百二十公里，复核或改定路线五百三十公里，比较线一百余公里，全路勘定长度为一千零五十公里。

四、昆明环湖至玉溪段初勘路线：自昆阳以上，计分二路，一接滇缅铁路于安宁，经过炼钢厂、水电厂与其他军需工业区域，路线半沿螳螂川河谷行，半沿滇池西岸，最大坡度千分之十五，唯以滇缅昆安段限制坡度高至千分之二十五，影响直达运输。故安阳只拟作实业支线之用。一接滇越铁路于呈贡桃源新村，路沿滇池东南两方，所经为膏腴一段，之农田园艺区域，经济人文俱称发达。本段坡度，以滇越昆呈段同其平坦，应用为本路客货运输直达干线也。昆阳至玉溪路线长达四十七点五公里，而铁炉关丫口至刺通关一节直路仅长四公里，高度骤降一百五十公尺，因欲保持千分之十五最大坡度，路线曲折，盘旋而下，须展长至十五公里。其他经由河谷田坝部分均为坦途，地方富庶，文物称盛。计昆玉全线长一百四十公里，除有数丫口及冈沟外，工程尚属轻易。此次勘路，利用陆地测量局之实测五万分一地图，颇与实际地形相符。当即另为描制踏勘图，交由第二队初测。至今测算完竣，已将实测图表报核矣。

五、玉溪峨山段路线研究：查阅此段原勘图表，在玉溪之研和街以下，经由田坝但实系洼地，过后又上混水塘丫口，高低悬殊、坡度不适。所注田坝与丫口之高差亦错误至三十公尺，以改原线，难以采用。为便利丫口两方路线扩展、逐渐升降计，应将路基改从西面山坡蜿蜒而过，以达峨山县城。峨山老鲁关间则仅有一河谷可溯，河床坡度，尚为适宜，唯将路线改从北岸行，不再过河。原拟老鲁关隧道太长，拟取道另一丫口，以期缩短。以上研究结果，统交左副总工程师率第三队临时复勘随测，业经顺利通过。

六、老鲁关青龙厂段比较线研究：查阅该段原勘图表，自扬武以下，与周勘石墨线似难接通。第四队按图施测时，并经发现老鲁关、罗吕河间高差错误九十余公尺，所经沟谷冈咀错杂逼窄，无回旋延展余地，实难采用。兹拟仍取原定比较线，从王家哨下判闷，经化念大开门，顺龟枢河行，于大桥河口接连石佛路拟改之本线。业由第四队用视距法勘查，自老鲁关至大开门，计路长六十五公里，高差五百九十公尺，易于通行。所经化念坝，颇饶经济价值，龟枢河段较原线亦减短十余公里也。此段原勘线全部废弃，须重测新线，以资衔接。

七、石屏城青龙厂比较线研究：查据陆地测量局实测五万分一地图所示，宝秀之关口较三转湾丫口高出一百四十余公尺，而小河底原线过渡处又较大桥河口低降一百许公尺。如改用大桥比较，则较原线内最大高差减少二百余公尺，后段高差亦减百公尺之谱，路线长度因得缩短二十余公里。其原勘所标过分坡度，从而易资调节，通昆支线之联络，亦较简便也。此段原线拟加废弃，改用大桥河比较线，由贾副总队长率队随勘随测，以速进行。自龟枢河上青龙厂则林莽深密，阻碍颇甚，须经大量清除工作，方能进行也。

八、青龙厂墨江段之研究：查此段原勘线，大体不差，唯上下均系大坡，路线盘屈亦甚。自青龙厂下甘庄坝主沟，两旁山势及清水河、背阴山等处绕越岭谷，均有重行斟酌选线之必要，交由第三、四两队详细复勘施测，路线不无变更。以出青龙厂改行右坡下降，元江桥址下移至南溪口，及背阴山隧洞改道均短，与原线出入较大。此外有溯南溪河越大风丫口到墨江城一线，亲经查勘，不及沿线便利，未能采用。

九、墨江城布固江段原勘线发生异状之补救：查本路路线，以此段横断岭谷，形势最为复杂，选线本非易事，又无可靠地图足资参考。前曾于陆地测量局十万分一图上，酌拟自碧朔西北通江及自大勐连越岭下江二线。唯前派踏勘队则另选自湖光地过岭，沿干河下江一线，遽尔作定。据报工作尚嫌草率，恐有疑问。经查询未得要领，故决以左副总工程师主测本段，相机办理。果发现江岭之间，原图高差实际不符至五百公尺之多，地形亦多岐异，势难通过，亟应废弃。但为免除工作停顿、期限延长起见，仍由湖光地起点，另觅可通之路，随勘随测，不变更原定最大坡度，其路线展长三十五公里。过江桥址，亦北移二公里。虽该队加倍努力，全部依限测竣，而原拟两线未暇一勘，俟后再作比较，以定取舍。

十、布固江宁洱城段之考查：该段为第一测量队原勘，大体尚无不合。唯江边至通关一节，长度不够伸展，定线尚费斟酌。把边江桥原定桥位，不易转旋，酌为改至魁阁，其间路线，亦改就山阳干燥坡坂。附近宁洱六公里路线，原勘在金竹林过河，势须长提高桥，且附城大曲洼地均有未妥，特为另勘，乃循原河沟左岸，再达南城外河东田坝设站焉。另作踏勘图一幅，交由测队照办。而龙子寨丫口至金竹林一段，则未暇复勘。

十一、宁洱、思茅、普文段之踏勘：本段新勘路线，由宁洱之改定车站起点，自宁洱河左岸约五公里入峡，初行陡壁，渐入地势平缓，经过数支流河口，约二十九公里至臭盐井，转溯思茅河至思茅城，约三十四公里。沿思茅河下段，多石岩峭壁响滩，平均坡度千分之十五。大寨以上峡内河道曲折颇甚，犬牙交错，路基须特别抬高，方有回环余地，挖掘之工程殊重。思茅车站设于诸葛营，取其高亢近市。自思茅至普文四十九公里，勘由刀官寨附近之洗碗田丫口越岭，以平均千分之二十坡度下降十二公里至蛮歇海，然后沿大开河行。此节林莽深密，测量推进，殊多不便。冈沟错杂，填挖工程颇巨。路线在麻栗坪过河，又经狭谷七公里，出沿普文坝西坡脚，地尚高亢，唯荆莽茂密，清除繁费。普文车站设于瘴气河左岸。全段有五万分一踏勘图，交由第五队办理初测。

十二、普文车里段之踏勘：本段起自大开河谷，超越波罗山脉，高差五百公尺。下降至澜沧河谷，高差约八百三十公尺。以地势复杂，林箐深茂，而本省十万分一地图错误太多，难供参考，故本队盘旋于百花山、蕨蕨岭、京竹岭、关平、三岔河之间二旬之久，卒于人迹不到之处，勘定一线。其线由普文车站通瘴气河，沿山上行，转入麻底河至蕨蕨岭前，路长约三十七公里。过南星河东西河头两分水处，约距十六公里。循关平河下，在关平三岔河开哨站间，路颇展绕，然后由三岔河直下澜沧江边，路长四十八公里，复沿江行二十公里，于羊因寨过江而至车里设站，全段约长一百二十二公里。林箐丛密，清除开道之工特重。作有五万分之一踏勘图五幅，分交第五、六队办理初测。

十三、车里、佛海、南嶠段之踏勘：自车里车站径到蛮董，选线所过均属荆莽小丘，路属平坦。自蛮董溯流沙河北岸上至勐宋坡脚，路线尚无问题，唯自坡脚至小田坝约五公里间，河床陡峻，高差至三百公尺之谱，故路线拟向内山沟谷回绕展长。自兵房至佛海均沿大路定线，于蛮外村东过河，尚属平易。佛海车站拟设于市街两侧。自车里至此五十六公里。自此西北向至景买，复趋流沙河边，平坡到达蛮那马设站，距约十三公里。自此分为二支：一溯南开河至勐混十五公里，暂为终站。查勐混田坝广阔，地方适中。民初改土归流，原定佛海县治，自可即时建置，以利行政。一支趋顶真至南峤十二公里，将来延长至澜沧县治，于边政建设，亦在需要也。全线均作五万分之一踏勘图，原交第六队初测，因会令中途变更办法，工作因致停顿。

十四、勐混景洛段之踏勘：本段须越南开、南板之分水岭于丫口及弄良左右，须向南格、南庇两河回旋展长路线，使不逾最大坡度千分之二十五限制。自勐板以下，坡度尚属平易。此段因国外铁路未能衔接，故拟先修公路约五十公里。现有约二三公尺宽之路基，可以利用。自景洛至景栋计路长约七十公里，亦应接通公路。则本路交通，南达曼谷，西通仰光，东接越北，均可联络无阻矣。

十五、供水：本路各站供水，以利用高亢溪水，依重力自流，避免机器动力抽水为原则。故车站之选定，除地点适中、足资展布外，给水来源，亦为注意之一端。机车用煤，除省城附近至昆阳可无问题外，沿途峨山、宁洱、澜沧已发现之煤炭，未甚适合机车之用。在本路计划中，唯燃料问题较为严重，初步或暂用燃柴机车，以资进行。又车里之流沙河，河床坡度甚大，水源极旺，颇合水力发电条件。澜沧高净褐炭，挥发分特高，当为炼油上品。以沿线经过河流，水源充沛，落差颇大，将来并可考虑电气铁道，或燃油机车之建置也。其他枕木及建筑材料，沿途均有出产。

十六、钢轨：吾滇路用钢轨，向系仰给外洋。自抗战军兴，交通阻塞，钢轨来源断绝，铺轨材料自感困难。查有昆华煤铁公司设炼钢厂于安宁，采易门铁矿冶炼成钢，可轧轻磅轨条。将来开工，自昆明南下铺轨，可商购应用。至石屏西向铺轨，似可另设土炉于龙武、峨山、鲁奎山等处冶炼生铁，于石屏附近设别色麻炼钢炉，并建千余匹马力之蒸汽机及轧轨机厂，制造每公尺重十五公斤以上之轨条，以资成用。其详细计划，另为编制。此次踏查全路，以道途辽远，交通不便，又以各测量队出发在前，而路线事先尚未全部勘定，故本总队工作，限于最短时间，确定指示路线，俾各分队依据施测，时间迫促，事多意外，仅能勉完任务而已。现六个测量队均已撤回昆明，编制实测图件报告，约一月余可完竣。兹将其工作状况，附表于后：

车站表（宁洱至南嶠、勐混）

序次	站名	等级	距离（公里）	序次	站名	等级	距离（公里）
1	宁洱县	2	0	23	下官坪	5	7.0
2	漫达	4	5.5	24	三叉河	4	8.2
3	那烈河	停车	4.8	25	撒郎	5	9.8
4	龙潭	4	6.7	26	河边	停车	6.0
5	南箐	5	7.1	27	河口	4	9.5
6	大凹子	5	8.3	28	江边	5	8.0
7	满谷	4	8.6	29	蛮斗	4	7.0
8	莲花寺	5	8.8	30	车里县	2	8.0
9	马皇堡	5	5.7	31	戛洞	4	5.5
10	思茅县	2	7.5	32	流沙河	5	10.1
11	洗碗田	5	6.3	33	勐宋	5	7.9

（续表）

序次	站名	等级	距离（公里）	序次	站名	等级	距离（公里）
12	蛮歇坝	5	11.5	34	兵房	4	9.5
13	辣子河	5	11.1	35	八法	停车	7.3
14	那勐	4	11.1	36	蛮外	4	7.3
15	普文	3	9.0	37	佛海县	2	7.3
16	坡脚	4	10.5	38	蛮累	5	7.7
17	景东寨	5	10.5	39	蛮含混	3	5.5
18	麻底河	5	8.0	40	蛮烈	5	7.5
19	蕨苴岭	4	8.5	41	勐混	2	8.0
20	金竹岭	5	7.4	42	顶真	3	5.8
21	塌土坎	停车	6.1	43	南峤县	2	5.9
22	上官坪	5	8.0				

隧道表（宁洱至南峤）

地点	里程（单位：公里）	长度（单位：公尺）
那烈、河口	10+900	50
大麦地	11+200	80
臭盐井	28+800	40
满谷	43+760	80
洗碗田至蛮歇坝	70+000—80+000	300
蛮歇至那勐	80+000—100+000	200
普文至蕨苴岭	115+000—150+000	400
塌土坎至三叉河	165+000—180+000	150
撒郎	193+000	140
	194+700	90
	197+700	140

（续表）

地点	里程（单位：公里）	长度（单位：公尺）
河边	199+200	150
	203+600	120
江边	215+000—230+000	100
戛洞至兵房	240+000—265+000	300
约共计		2,140

大桥表（宁洱至南峤）

地点	里程	样式		长度（m）
那连河	15+800	2—10m	工字梁	22
南木箐	34+300	3—8m	石拱	28
满谷思茅河	44+100	4—8m	//	38
白庙思茅河	58+600	3—8m	//	28
思茅河	64+200	3—8m	//	//
勐烈河	87+800	3—10m	工字梁	34
辣子河	91+900	2—10m	//	22
瘴气河	112+700	3—10m	//	34
	136+000	3—8m	石拱	28
麻底河	145+000	3—8m	//	//
小勐养河	196+500	3—8m	//	20
蛮斗澜沧江	230+500	1—80m 桁梁 +12—8m	石拱	200
南木溪	238+800	2—10m	工字梁	22
蛮外流沙河	281+000	4—10m	//	46
南开河	302+500	4—10m（双轨）	//	2×46
约共计				678 公尺

小桥表（宁洱、南峤、景洛间）

地点间	里程间（单位：公里）	小桥座数									总长度（单位：米）
		径长（单位：米）									
		2	3	4	5	6	8	10	12	18	
宁洱—满谷	K0—K40	7		4			2			1	64
满谷—洗碗田	40—70	1					2			1	36
洗碗田—大凹子	70—86	3		3		1	1			1	50
大凹子—普文	86—112	2	1	1		6	1			1	43
普文—蕨苴岭	112—149										70
蕨苴岭—官平	149—170	7		1		1					24
官平—三叉河	170—186	6	1		1		1			1	46
三叉河—河口	186—213		15			1					51
河口—车里	213—234	3	5	3							33
车里—佛海	234—289	27	7	1	1	1	1		1		110
佛海—蛮含混	289—302	1	9	8			1				57
蛮含混—勐混	302—312	7		4		1					36
勐混—南峤	0—12		2		2		2		1		44
约共计		＝									664 公尺
勐混—弄良	K318—K327	7	3	7		1	2				73
弄良—孟板	327—349	2	2	2		2	1				38
孟板—景洛	349—372	3	1	5		3	2			1	81
约共计											192 公尺

注：双线以上为铁路线，双线以下为公路线。

路线概要表（宁洱至南峤、混勐）

里程（公里）	地点	高度（公尺）	最大坡度（%）	距离（公里）	路基工程难易分别			概况
					A 难	B 中	C 易	
0	宁洱县	1,570		共 330	共 118	共 120	共 92	接三十一年勘线，改善原线五公里，车站改至城东。
29	臭盐井	1,298	25	29		23	6	平田六公里后入峡，循宁洱河右坡有陡壁。
70	洗碗田	1,573	20	41	25		16	河左陡壁上行十公里，山脚平坡四公里，河岸曲折十四公里，田坝山脚十三公里。
112	普文	1,033	25	42	24	18		前节大坡经高冈、深沟、陡壁、急湾，后节循河右岸。
150	蕨苴岭	1,524	25	38	13	20	5	过瘴气河提高路线，蜿蜒转入麻底河，左山坡所经有密林、陡壁、深沟。
166	官平河头	1,356	20	16	3	13		循南星河头，转金竹岭后沟，约十公里转入石山半坡，下行至分水丫口。
213	叉河口	822	20	47	22	25		阿头坡度陡急，路从半山蜿蜒展绕而下，抵三叉河，乃顺河边至江边。
234	车里县	806	5	21	7	13	1	沿澜沧江边左山行，间经陡岩、密林、丛竹，于蛮斗渡江。
265	小田坝	1,302	28	31	20	7	4	行平地小丘约五公里，入流沙河左山坡至勐宋坡脚，河床陡急，路线向内延长。
289	佛海县	1,396	15	24	4	12	8	仍循流沙河左岸山坡，上溯过蛮竹桥，依山脚行至县治。
302	蛮含混	1,400	10	15		3	10	循河岸山脚，依傍原公路设线。
318	勐混	1,445	10	16		4	12	循河边山脚设线，间经林地田坝。
0	蛮含混							由本站过河分支，趋南峤，将来向澜沧县展线。
12	南峤县	1,405	10	12			12	均为田坝平地，尽需小桥涵洞。

石佛铁路宁洱至勐混及南嶠支线建筑费概算表

会计科目	类别	说明	概算额						
			十亿	亿	千万	百万	十万	万	千元
资—1	总务费	约总额5%估计			4	8	0	0	0
资—2	筹办费				1	0	0	0	0
资—3	购地	2,000亩，价1,000元				2	0	0	0
资—4	路基筑费	平易工92公里，价500,000元；中常工120公里，价1,500,000元；较重工118公里，价2,500,000元。		5	2	1	0	0	0
资—5	隧道	2,000m，价20,000元			4	0	0	0	0
资—6	桥工		(	2	1	7	8	7	5)
6—1	大桥	共长680m，价150,000元		1	0	2	0	0	0
6—2	小桥	共长665m，价75,000元			4	9	8	7	5
6—3	水沟及涵洞	330km×4m=1,320m，价50,000元			6	6	0	0	0
资—7	路线保卫	330km，价10,000元				3	3	0	0
资—8	电报及电话	330km，价50,000元			1	6	5	0	0
资—9	轨道			(	9	1	9	7	5)
9—1	轨枕	370km×1,600根≈600,000，价50元			3	0	0	0	0
9—2	钢轨及配件	370km×67吨=2,479吨							
9—3	铺轨	370km，价25,000元				9	2	5	0
9—4	铺路基	370km×950m³，价250元			5	2	7	2	5
资—10	号志及转辙器								
资—11	车站及房屋	43站，价750,000元			3	1	5	0	0
资—12	总机器厂	房厂部分及普通设备			2	0	0	0	0
资—13	特别机厂								
资—14	机件								
资—15	车辆								
资—16	维持费	370km，价15,000元				5	0	0	0
	总计		1	0	0	7	7	0	0

注：1.每公里建筑费≈3,000,000元。2.路基修筑一项，动用民工军工。3.钢轨及配件、号志及转辙器、机件、车辆等项，拟请由美料借款内拨。

勐混至景洛公路建筑费概算表

会计科目	类别	说明	概算额						附记
			亿	千万	百万	十万	万	千元	
资—1	筹备费	54km，价 15,000 元				8	0	0	开办测量
资—2	总务费	约总额 10% 估计			3	0	0	0	
资—3	路基路面		（	1	1	8	8	0）	路宽 7m，津贴民工军工按公路局民工津贴计价，边远工价较内地加二。
3—1	路基	每公里未完$\frac{土}{石}$方平均$\frac{3000}{1000}$方计$\frac{20}{100}\times 54$公里			8	6	4	0	
3—2	路面	五等泥结宽 3.5m，厚 20cm，54km，价 60,000 元			3	2	4	0	
资—4	桥梁涵管	400m，价 30,000 元		1	2	0	0	0	
资—5	隧道	无							
资—6	路线保卫	54km，价 5,000 元				2	7	4	
资—7	其他筑路费	护墙改河等			1	0	0	0	
资—8	房屋				2	0	0	0	
资—9	车辆								
资—10	机件及器具								不列
资—11	浮水设备								//
资—12	电信设备				1	5	0	0	
资—13	其他设备	所经土司公田拟征用							
资—14	地亩								
资—15	其他支出								
	总计			3	2	4	5	0	

注：路线总长 54 公里，每公里建筑费 =600,000 元。

石佛铁路测量队第一队工作状况表

日期						开始地点	终止地点	非测量日数（天）					测量日数		测量里数	
起			迄					筹备	程途	迁移	雨天	其他事故	踏勘	初测	踏勘	初测
年	月	日	年	月	日											
31	3	1	31	3	15	桃源	桃源	15								
	3	16		3	28	桃源	墨江		13							
	3	29		3	31	墨江	墨江	3								
	4	1		5	20	墨江	宁洱			5	5		40		185.5	
	5	21		5	31	宁洱	宁洱					回程雇马 11				
	6	1		6	10	宁洱	扬武		10							
	6	11		6	27	扬武	扬武	17								
	6	28		7	26	扬武	玉溪			2	3		24		108	
	7	27		7	30	玉溪	玉溪					整理 4				
	7	31		7	31	玉溪	桃源	（1）	1							
	8	1		10	15	桃源	桃源					绘图 76				
	10	16		11	26	桃源	桃源	42								
	11	27		12	20	桃源	布固江		24							
	12	21		12	24	布固江	布固江	4								
	12	25	32	4	16	布固江	土地祠			15	10	5		82		105
32	4	17		4	21	土地祠	磨黑		1			4				
	4	22		5	6	磨黑	昆明桃源		15							
总计								81	64	22	18	100	64	82	293.5	105

说明：踏勘路线：①由墨江至宁洱，自墨江西南行，经黑龙潭分水岭，沿支流而达布固江，渡江后沿支流上行，而达通关分水岭，乃沿漫干河而入把江边。渡江即沿磨黑河而至磨黑，再上行穿过龙子分水岭，而降至普洱。②回程由扬武勘至玉溪。此段路线系出扬武东北行，沿扬武河至大开门，经化念河口，溯罗吕河而上，经老鲁关分水岭沿连江之源，经坡脚而达峨山，沿大路行而达玉溪。初测路线，系由布固江边至土地祠，中经通关分水岭，横跨把边江，复沿磨黑河而达土地祠，一高一低，沟谷横列，以布固江至通关一段尤为恶劣，把边江至土地祠一段，略为平顺。（下转第113页）

石佛铁路测量队第二队工作概况表

日期						开始地点	终止地点	非测量日数					测量日数		实测里数	
起			迄													
年	月	日	年	月	日			筹备	程途	迁移	雨天	其他事故	踏勘	初测	踏勘	初测
31	9	24	31	10	9	安宁	甸基			1		整理 2	（6）	13	127km	9.0（P）　0.633（4—P）
	10	10		10	17	甸基	平地哨			1				8		7.0（P）　1.669（P）
	10	18		10	27	平地哨	中邑村			1	2			7		14.0（P）
	10	28		11	13	中邑村	三节塘			1	2			13		20.0（P）　9.0（C）
	11	14		11	19	三节塘	下石美			1				5		3.992（D）　7.0（C）
	11	20		11	22	下石美	甘露寺			1				2		11.0（C）
	11	23		11	30	甘露寺	呈贡机场			1				7		11.921（E）
	12	1		12	24	八街子	铁炉关			3	2			9		5.0（P）
	12	15	32	1	7	铁炉关	下坝			1				23		20.0（P）　0.246（D）
32	1	8		1	17	下坝	戴井			1		1		3		7.0（P）　2.549（E）
	1	12		2	8	戴井	玉溪			1	2	等后夫马 11 过年节 2		12		5.6（P）　7.981（E）
	2	9		3	1	青龙镇	才娘冲			4	2	休息 1		14		0.78（C）　7.38（S）
	3	2		3	13	屏石城	三转湾			2	1	因员工被雨 休息 1	（4）	8	55	18.0（T）

（续表）

日期						开始地点	终止地点	非测量日数					测量日数		实测里数	
起			迄					筹备	程途	迁移	雨天	其他事故	踏勘	初测	踏勘	初测
年	月	日	年	月	日											
32	3	14	32	4	6	三转湾	分水岭			1			（5）	23	25	29.0（T） 3.7（D）
	4	7		4	19	分水岭	沙拉葛箐			1	1		（2）	11	10	16.764（T）
	4	20		4	23	摆夷寨	石屏城			2		交涉车辆 2				
	4	24		4	26	石屏城	桃源			3						
总计										26	12	19		158	217km	

说明：过横塘渡后山势破碎。过基甸后山势较陡。中邑村后地势平易。正线地势平易，呈贡支线在渠东里三节塘间山多破箐，将军岭南地势较陡。甘露寺后地势平易。过铁炉关后山势陡。刺通关背后山中盘旋线，山势陡，树木多。戴井后地势平易。青龙镇后山箐深邃，林籐茂密，过宝香坳口后傍山侧行，山陡树茂。三转湾后山陡树密。

附注：①在（ ）内日数，系与其他工作同时并行，不再计算。②迁移时仍照常工作者不列。③本队八月内成立，作内业，绘标准图。1—4 踏勘八棵树河线。20—24 勘大桥河及小河底江路线。16—17 勘大开门河至季田白山脚。

报告者　贾荣轩　32 年 5 月 26 日

（上接第 111 页）附注：①在（ ）内日数系与其他工作同时并进，不再计算。②迁移时仍照常工作者不列。③本队于 31 年 3 月 1 日成立，奉令踏勘墨江至宁洱及扬武至玉溪两段路线，于七月底勘竣，十月间将图表报告绘制完毕。11 月 27 日出发初测由布固江至土地祠，32 年 4 月 16 日测竣，5 月 6 日回至桃源。

报告者　吕维宏　32 年 5 月 27 日

石佛铁路测量队第三队工作概况表

日期						开始地点	终止地点	非测量日数					测量日数		实测里数	
起			迄					筹备	程途	迁移	雨天	其他事故	踏勘	初测	踏勘	初测
年	月	日	年	月	日											
31	9	21	31	11	13	昆明	昆明	54								
	11	24				昆明	玉溪		1							
	11	15		11	18	玉溪	玉溪	4								
	11	19		12	26	玉溪	老鲁关				3		（6）	35	25	57
	12	27	32	1	12	高井槽	高井槽					17				
	1	13		1	23	高井槽	墨江		11							
	1	24		1	25	墨江	墨江	2								
	1	26		3	14	墨江	布固江				3	2	（5）	43	70	84
	3	15		3	19	桥头	桥头					5				
	3	20		3	21	桥头	西里		2							
	3	22		3	24	西里	西里	3								
	3	25		4	26	墨江	三板桥				3		（14）	30	70	77
	4	27		5	8	三板桥	昆明		12							
总计								63	26		9	24	（25）	108	165	218

说明：玉溪后平地多水塘，山地多密林，墨江后山高、箐深、林密、坡陡。

附注：①在（ ）内日数，系与其他工作同时并进，不再计算。②迁移时仍照常工作者不列。③十一月二十四日由昆明赴玉溪，筹备用具，整理仪器。三十二年一月十二日以前补充工人，交涉卫兵。一月十三日后由高井槽移墨江，筹备用具，整理仪器。一月二十六日至三月十四日放假。三月十五日至十九日候旅费。三月二十日由桥头迁西里。五月八日由三板桥回昆明。

报告者　左廷序　32年5月18日

石佛铁路测量队第四队工作概况表

日期						开始地点	终止地点	非测量日数					测量日数		实测里数	
起			迄					筹备	程途	迁移	雨天	其他事故	踏勘	初测	踏勘	初测
年	月	日	年	月	日											
31	9	21	31	11	15	昆明	昆明	56								
	11	16		11	22	昆明	坡脚		7							
	11	23		11	24	坡脚	坡脚	2								
	11	25	32	1	14	坡脚	罗吕河			1	3	29	9	9	63	10
32	1	15		1	17	王家哨	青龙厂		3							
	1	18		1	20	青龙厂	青龙厂						3		21	
	1	21		3	11	青龙厂	元江				6	2		42		48
	3	12				元江	瓦纳		1							
	3	13		4	17	瓦纳	元江				3			33		38
	4	18		4	18	元江	瓦纳		1							
	4	19		4	26	瓦纳	三板桥				2		（2）	6	15	8
	4	27		5	8	三板桥	昆明		12							
总计								58	24	1	14	31	12（2）	90	99	104

说明：坡脚至罗吕河段岭峻、坡陡，沟深、树密。青龙厂至元江段绝壁陡坡，平地水田沟深密林。元江至瓦纳及瓦纳至三板桥悬崖陡坡，深沟树密。

附注：①在（ ）内日数，系与其他工作同时并进，不再计算。②迁移时仍照常工作者不列。③九月二十一日起至十一月十五日组织及候款，由昆至玉溪一日，候雇夫马三日，由玉溪至坡脚三日，检查仪器，预备用具二日。④该区六次耽误 28 日，元旦休假 1 日，老鲁关至罗吕河原勘高差 500m，经以视距法较对，则差 592m，错误 100m，不能下降，乃自老鲁关山洞口左行，另勘一线，可以通行，即行初勘。⑤王家哨有土匪滋扰，奉令移青龙厂工作。⑥农历年，休假 2 天。自瓦纳向下测至元江，向瓦纳而与三队会测。⑦返回时经过石屏。

报告者　杨梯　32 年 5 月 18 日

石佛铁路测量队第五队工作概况表

日期						开始地点	终止地点	非测量日数					测量日数		实测里数	
起			迄					筹备	程途	迁移	雨天	其他事故	踏勘	初测	踏勘	初测
年	月	日	年	月	日											
31	10	8	31	11	26	昆明	昆明	10								
	11	27		12	22	昆明	宁洱		26							
	12	23	32	1	1	宁洱	宁洱	10					（4）			
32	1	2		1	3	宁洱	回龙寨		2				（2）			
	1	4		1	5	回龙寨	回龙寨	2					（2）		33	
	1	6		3	12	臭盐井	蛮歇坝			9	3			54		50
	3	13		3	20	蛮歇坝	回龙寨		8							
	3	21				回龙寨	回龙寨	1								
	3	22		4	19	臭盐井	金竹林							29		36.7
	4	20				宁洱	宁洱	1								
	4	21		5	7	宁洱	昆明		17							
总计								24	53	9	3	40		83	33	86.7

说明：以宁洱、回龙寨之臭盐井为起点西至思茅之洗碗田为思茅河流域，再西为勐烈河流域，东至金竹林为宁洱流域。地形概况，除思茅坝、宁洱坝十余公里为平原荒草蔽野外，其余七十公里均为山峡地带，山陡树密，尤以勐烈河流域地形最为复杂，深谷高岭，工程浩大。

附注：①在（）内日数系与其他工作同时并进，不再计算。②迁移时仍照常工作者不列。③本队于31年10月成立，候款四十天，11月27日出发，本年5月7日返昆。10月8日至本年5月5日，共二百零二天。踏勘区域，由宁洱臭盐井至思茅城。初测区域，西至蛮歇坝，东至宁洱金竹林。

报告者　甄云祥　32年5月31日

石佛铁路测量队第六队工作概况表

日期						开始地点	终止地点	非测量日数					测量日数		实测里数	
起			迄					筹备	程途	迁移	雨天	其他事故	踏勘	初测	踏勘	初测
年	月	日	年	月	日											
31	10	11	31	12	18	昆明	昆明	69						（20）		8
	12	19				昆明	玉溪		1							
	12	20		12	29	玉溪	玉溪					10				
	12	30	32	1	29	玉溪	车里		30							
32	1	30		2	1	车里	车里					3				
	2	2		2	5	车里	蛮长		4							
	2	6		2	7	蛮长	蛮长	2					（2）			
	2	8		3	13	上角寨西	澜沧江				5	3		26		31
	3	14		3	16	蛮长	蛮长		3							
	3	17		3	28	蛮长	蛮长					12				
	3	29		4	6	蛮长	宁洱		9				（5）		16	
	4	7				宁洱	宁洱	1								
	4	8				宁洱	金竹林		1							
	4	9				金竹林	金竹林	1								
	4	10		4	29	金竹林	新寨对面				1		（5）	19	30	21.5
	4	30		5	3	磨黑	磨黑					4				
	5	4		5	16	磨黑	石屏		13							
	5	17		5	26	石屏	昆明		4			6				
总计								73	65		6	38		45	46	60.5

说明：上角寨西至澜沧江一段沿河多深山密林，斫树开路，颇费人工。金竹林至新寨对面沿线陡坡，且多深沟。

附注：①在（ ）内日数系与其他工作同时并进，不再计算。②迁移时仍照常工作者不列。③第一批员工 12 月 19 日由昆赴玉。在玉溪洽雇夫马及在中途各县交涉卫兵民夫，耽搁 10 日。在车里因无民夫，全队分两批赴蛮长，又奉会令暂停工作，候会中及总工程师指示方针，工作完后由蛮长移宁洱，在思茅休息一天，又由宁洱赴金竹林继续工作，完工后由石屏搭火车返昆。

报告者　彭琦　32 年 5 月 28 日

交通

驿路

滇省西北接康藏高原，横断山脉骈列。境内地势高峻，有云南高原之称。自越南入境至蒙自附近，海拔达一千四百余公尺，至昆明附近，达一千余百公尺。自缅甸入境至腾冲附近，达一千六百余公尺，至大理附近，达二千余公尺左右。西北阿墩子一带，达三千五百余公尺。故全省水道，俱为各大河源。水险滩急，无舟楫之利。又全省万山盘结，鸟道纡曲，在滇越铁路未通前，除各小盆地间短程运输间有牛马车外，一般商货均赖驮运。以省垣为中心，主要驿路为下：

云南主要驿路计程表

驿路	重要站口	站间距离			与昆明距离		
		日程	里程		日程	里程	
			公里	华里		公里	华里
昆明贵阳间	曲靖	5	178.6	310	5	178.6	310
	平彝	2	77.8	135	7	256.4	445
	入贵州普安	3	129.6	225	10	386.0	670
	安顺	6	201.7	350	16	587.7	1,020
	贵阳	4	117.0	203	20	704.7	1,223
昆明泸县间	曲靖	5	178.6	310	5	178.6	310
	宣威	3	118.1	205	8	296.7	515
	经贵州毕节	8	299.6	520	16	596.3	1,035
	入四川叙永	5	190.2	330	21	786.4	1,365
	泸县	4	143.3	248	25	929.7	1,613
昆明宜宾间	会泽	8	325.6	565	8	325.6	565
	昭通	4	187.2	325	12	512.8	890
	盐津	6	233.3	405	18	746.1	1,295
	入四川宜宾	6	230.3	400	24	976.4	1,695
昆明西昌间	武定	3	106.6	185	3	106.6	185
	元谋	2	65.5	114	5	172.1	299
	入西康会理	7	219.0	380	12	391.1	679
	西昌	6	172.7	300	18	563.8	979

（续表）

驿路	重要站口	站间距离			与昆明距离		
		日程	里程		日程	里程	
			公里	华里		公里	华里
昆明八莫间	禄丰	3	119.0	207	3	119.0	207
	楚雄	3	87.0	151	6	206.0	358
	下关	7	275.5	478	13	481.5	836
	保山	8	314.0	544	21	795.5	1,381
	腾冲	4	167.0	290	25	962.5	1,671
	入缅甸八莫	8	210.0	365	33	1,172.5	2,036
昆明巴安间	下关	13	481.5	836	13	481.5	836
	丽江	5	201.6	350	18	683.1	1,186
	维西	6	224.7	390	24	907.8	1,576
	阿墩子	10	334.0	580	34	1,241.8	2,156
	入西康巴安	9	501.1	870	43	1,742.9	3,026
昆明车里间	玉溪	3	125.6	218	3	125.6	218
	元江	4	172.9	300	7	298.5	518
	普洱	10	282.2	490	17	580.7	1,008
	思茅	2	69.1	120	19	649.9	1,128
	车里	6	241.9	420	25	891.8	1,548
昆明百色间	玉溪	3	125.6	218	3	125.6	218
	通海	2	57.5	100	5	183.1	316
	建水	2	66.1	115	7	249.2	433
	蒙自	2	96.6	168	9	345.8	602
	文山	4	162.3	282	13	508.1	883
	广南	5	201.6	350	18	709.7	1,233
	富州	4	149.7	260	22	859.4	1,493
	剥隘	3	115.5	200	25	974.9	1,693
	入广西百色	3	115.2	200	28	1,090.1	1,893

注：1. 本表里程以一公里等于 1.7361 营造里计算。

2. 本表系驿路里程，与公路里程不同。

昆明贵阳间驿路，自贵阳北行，经遵义、綦江而达重庆，计程十五日，共五百四十三公里，合一千零八十六华里。自贵阳东行，经镇远、铜仁而至常德，计程约八百公里，合一千六百华里。唯商旅多至镇远下船，循沅水至洪江，泛沅之常德。由昆明至常德，约需三十五日，计程二千六百余里，为滇湘干路。由常德北走河朔，东通淮海。故此路为滇省与国内交通之主动脉。又自贵阳经柳州至桂林，计程十二日，再转粤北湘南，滇商多有取道于是者。又有昆明经宜良、陆良、师宗、罗平至贵州之兴义，计程十日，共三百八十一公里，合七百六十二华里。再由兴义至安龙，计程三日，共八十九公里，合一百七十八华里。由兴义、安龙北走贵阳，南入广西，此路往来商旅亦颇不鲜。

昆明宜宾间驿路，为滇蜀交通要道。自宜宾接长江与岷江航线，沿岷江经乐山，彭山而达成都，计水程三百九十公里，合七百八十华里。

昆明西昌间驿路，亦为滇省与川康间之重要路线。由西昌十日至雅安，再六日至成都。由雅安八日至康定，再九日至理化，又五日至巴安。自来川康土产货物运缅销售者，均由西昌、会理经永仁、宾川而抵下关，再转运至八莫。由缅甸或滇西运入川康货物亦取道于此。由下关至会理、西昌，其日程与由昆明至该两地同，又由滇入西康驿路，除昆明西康间、昆明巴安间与下关西昌间三线外，尚有丽江经永宁、木里至康定之线，计程十八日。由丽江经中甸乡城至理化之线，计程二十日。由丽江经中甸、德荣至巴安之线，计程二十五日。唯此三线，商旅不多。自巴安西北行，经昌都，再西行经太昭而入西藏。

昆明八莫间驿路，乃滇缅交通之主要路线。自八莫有铁路通曼德勒及仰光，或泛伊洛瓦底江至于仰光。又由缅入境货物，自保山至顺宁，计程六日，共二百三十公里，合四百六十华里。又由顺宁至下关，计程八日，共三百公里，合六百华里，为运茶要道。

昆明车里间驿路，为本省西南驿路干线。由车里西南行，至缅掸部之康东，西行至曼德勒，而迄仰光。南行至暹罗之景迈，而达曼谷。又由车里南行，入安南之老挝，而抵东京。

昆明百色间驿路，尚有经罗平、凉水井之线，计程二十日。经弥勒、丘北、广南之线，需时略同。唯通商后，蒙自设关征税，出入口货物，须在蒙自报关。时滇越铁路未通，港粤货物均由百色运至蒙自，为当时主要商路。自百色沿右江至南宁，计程四百九十二公里，合九百八十四华里。增水时，可通电船。再由南宁循郁江东下，有电船通梧州，由梧州有汽船通香港。自南宁至香港，一千零三十一公里，合二千零六十二华里。又自百色南转龙州，计程五日。由龙州南转东兴，计程十二日。东南转北海亦十二日。

光绪末叶，本省出入口货运，已渐舍桂粤而取道安南，故水陆转运之枢纽，亦由百色而移于蒙自之蛮耗。盖红河水运，由蛮耗直达海防，通海既近，驿程又短，所省运费，殊不赀也。蛮耗在蒙自城南七十八公里，合一百五十六华里，日程二日。蛮耗至河口水程为百余公里，约二百华里左右。由蛮耗顺流至海防，需时七八日至半月。由海防逆流至蛮耗，需时约一月。

自滇越铁路告成，本省对外贸易，遂开一新纪元，本省内地交通及与邻封往来驿运虽未能废，但全省出入口货之运输，约百分之八十五以上唯铁路是赖矣。于是法人扼我交通之咽喉，制我经济之死命，言念及此，不寒而栗。今滇省欲振兴实业，发展商务，对于自建铁路刻不容缓。盖铁路运输力强，且迅速省费，远非驿路所能及也。

邮政

云南旧称僻远，顾二十年来，一跃而跻腹省地位者，或谓舟车便利所至，其实邮政之功，亦不可没。邮政能深入社会，利便人群，广布文化，无间遐迩，其他事业，远非所及。唯自驿站制度递嬗而至邮政，此间有若干过程，为吾人所不能知者，兹特述之。

一、沿革

云南设置驿站，自明至清垂数百年。晚制衰颓，遗规犹在。当时有捷报，有文书，有专差，有驻京提塘，往来传递公官文件，而人民无与焉。其能弥此缺陷者，唯一即民信局。就中如“松柏长”“祥合源”“麻乡约”等往来昭通。云南陆路，每封信资约八十文或一百八十文。每一次限期约二十日或五十日。每月寄送六次、或三次、或九次不等。开办历年，颇便人民。惜其墨守信用，不讲规模，尚末尽邮便之利。五口通商后，法国客邮侵入云南。据光绪三十三年之调查，法邮十五局中，蒙自、云南两府口岸，即各有其一处。主权被夺，已非一日。幸我城办邮政，深自努力，不及十年，已能与各国联邮。办邮区域，又由各海关推行至内地。开办既久，信用益著，所提华京会议，各国无所借口。浸至民国十二年，驿站全裁，客邮取消。民信局亦相继取缔，于是邮权统一，邮政始为我国家独占事业矣。云南在此过程中，可划然分为两时期：第一时期，由光绪二十年起至宣统二年止。系以通商口岸为标准，故蒙自、思茅、腾越三口岸均设有寄信局，由蒙自海关税务司兼办。其后改为邮政局，而税务司之管理如故。当时蒙自总局所管各局，如云南府，临安府之石屏州、嵩枝地、蛮耗、个旧厂、通海、蒙自，楚雄府，广南府之剥隘、普厅，曲靖府之马龙州、平彝、宣威、杨林，开化府之河口，东川府，甚至贵州安顺府之郎岱，兴义府之普安，均归蒙自总局管辖。思茅总局所管各局，如思茅厅，普洱府之磨黑、他郎。腾越总局所管各局，如腾越厅，大理府之下关，蒙化厅，永昌府之龙陵，丽江府之鹤庆州、维西，永北厅，旧衙坪等。第二时期，由宣统二年起至民国成立为止。系以行政区域为标准，以云南府为云南省之中央机关，派邮务长一员，管理其事。而以蒙自、思茅、腾越三处属之。

二、组织

总局自蒙移省，先设局于翊灵寺矿神庙，续迁至兴隆街公房。民十二年乃新建总局于南门外得胜桥边，与车站毗连，邮件运输益感便利。至于邮务员工之组织，则于省邮区总管理局置有外籍邮务长一员，管辖全省邮务。其下有邮务官、邮务员、邮务生、信差、邮差、力夫、杂役，各级员工承邮务长命，分别服务。其各分局之组织，则视地方情形，分设一等分局、二等分局、三等分局、邮寄代办所，或城市乡村信柜等，各有邮务员工，承命处理分局邮务，如下表：

云南省邮局设置情况表

设邮县份	局别	等级	设局年月	备考
昆明	总局			
富民	分局	代办所	光绪二十五年	
晋宁	分局	同上	光绪二十六年	
呈贡	分局	同上	民国元年	
宜良	分局	三等分局		
易门	分局	代办所	宣统三年	
安宁	分局	代办所八街邮柜	光绪十年、民国二十年	
禄丰	分局	代办所	民国二年	
罗次	分局	代办所	光绪末年	
嵩明	分局	代办所白龙桥柜	光绪二十八年	
昆阳	分局	代办所	光绪二十三年	
武定	分局	代办所	光绪二十三年	
元谋	分局	代办所	宣统三年	民三改为三等
禄劝	分局	代办所	民国元年	
澄江	分局	三等分局	光绪二十七年民八正式成局	
玉溪	分局	二等分局	光绪三十四年	
江川	分局	代办所	宣统三年	
路南	分局	代办所	光绪末年	
曲靖	分局	二等分局		
沾益	分局	代办所	光绪三十年七月	

（续表）

设邮县份	局别	等级	设局年月	备考
陆良	分局	二等分局	光绪三十二年	民五改二等，现降三等
罗平	分局	代办所	民国三年	
寻甸	分局	代办所	民国九年以前	
宣威	分局	代办所	民国九年以前	由代改三
马龙	分局	代办所		
平彝	分局	代办所	光绪二十二年	
会泽	分局	二等分局	光绪二十五年	
巧家	分局	代办所	光绪三十四年	一在县内，一在蒙菇
昭通	分局	二等分局		
大关	分局	代办所		
永善	分局	代办所		
绥江	分局	三等分局		现仍改代
鲁甸	分局	代办所		
镇雄	分局	代办所	宣统二年	
彝良	分局	二等分局连坝柜	宣统三年、民国七年	
盐津	分局	三等分局	光绪三十二、民国十四年	
威信	分局	代办所、扎西柜	民国九年，民国二十年	
楚雄	分局	二等分局	光绪甲辰	
广通	分局	代办所		
镇南	分局	代办所		
双柏	分局	代办所		
牟定	分局	代办所		
盐兴	分局	代办所	清末	
盐津	分局	代办所	民国八年	民国八年改三等分局
蒙自	分局	初设总局后改为一等分局	光绪三十三年	名蒙自局

（续表）

设邮县份	局别	等级	设局年月	备考
个旧	分局	二等分局		
建水	分局	二等分局		
河西	分局	代办所		城区
嶍峨	分局	代办所		
石屏	分局	三等分局		
通海	分局	三等分局		
曲溪	分局	代办所		
宁州	分局	二等分局	光绪三十三年改，光绪三十年、民国十一年	分威宁、海婆
阿迷	分局	三等分局	光绪三十一年	
蛮耗	分局	代办所		
河口	分局	二等分局		
文山	分局	二等分局	光绪二十六年、民国元年	
（马关）	分局	代办所	光绪三十年	民国十七年降为代
安平	分局	三等、二等分局	光绪三十年、宣统二年，民国二年又改为三等	
广南	分局	三等分局		
富州	分局	代办所		
剥隘	分局	代办所		
泸西	分局	三等分局	光绪三十一年	
师宗	分局	代办所	光绪三十四年	
弥勒	分局	代办所		
丘北	分局	代办所		
西畴	分局	代办所		
麻栗坡	分局	代办所		
普洱	分局	代办所		
思茅	分局	三等分局		
景谷街	分局	信柜		

（续表）

设邮县份	局别	等级	设局年月	备考
（墨江）	分局	三等分局		
他郎	分局	代办所		
元江	分局	代办所		
新平	分局	代办所		
澜沧 上下允 西盟	分局	代办所		
镇沅	分局	代办所		
景东	分局	代办所		
缅宁	分局	代办所		
双江	分局	代办所		
江城（勐烈）	分局	代办所		
车里	分局	代办所		
南峤	分局	代办所		
佛海	分局	信柜		
镇越	分局	代办所		
六顺	分局	鲁史代办所		
腾冲	分局	一等局		
龙陵	分局	代办所象达设柜	光绪二十九年、民国二十年	
保山	分局	二等分局	光绪二十七年	
镇康	分局	代办所		
永平	分局	代办所	光绪二十五年	
漾濞	分局	代办所	民国元年	
顺宁	分局	代办所		
云县	分局	三等分局		
蒙化	分局	三等分局		
祥云	分局	代办所改二等分局	宣统二年、民国七年	
弥渡	分局	三等分局	民国九年	云南驿、城区
凤仪	分局	代办所	光绪三十年	
大理	分局	二等分局	光绪二十九年	

（续表）

设邮县份	局别	等级	设局年月	备考
宾川	分局	代办所		
邓川	分局	代办所	光绪二十九年	
洱源	分局	代办所	光绪三十四年	
云龙	分局	代办所	民国二年	
鹤庆	分局	三等分局	民国三年	
丽江	分局	三等分局	光绪二十四年	
剑川	分局	代办所	民国二年	
维西	分局	代办所		
中甸	分局	代办所		
兰坪	分局	代办所喇井柜	民国三年、民国六年	喇井设柜
阿墩	分局	代办所		
姚安	分局	三等分局	宣统元年	
大姚	分局	代办所		
永仁	分局	代办所	民国三年	
永北	分局	代办所		
华坪	分局	代办所		
屏边	分局	代办所		
金河	分局	代办所		
平河（勐丁）	分局	代办所		
临江	分局	代办所		
干崖（盈江）	分局	代办所		
盏达（莲山）	分局	代办所		
砚山、陇川、瑞丽	分局	代办所		
（勐卯）潞西（芒遮板）	分局	代办所		
泸水、康乐（上帕）	分局	代办所		
碧江（知子罗） 龙武（龙朋）	分局	代办所		
河口、贡山（菖蒲桶）	分局	代办所		

三、邮路

云南邮路有两种，即上海云南线之邮路与云南之干线邮路是也。前之一种，由上海至海防，为轮船邮路；由海防至云南，为铁道邮路。沿路所过重要城市，如香港、琼州、河口等处。路程里数，约五千九百五十六里。总共需时约十三日，交通困难。至云南省内之干线邮路又可分为三线。其一，昆明盐津线，为滇、川两省干线，经过会泽、昭通。沿途山川修阻，交通艰难，路程一千二百八十五里，属邮差邮路。仅恃邮差挑运邮件，需时六日。其二，昆明腾越线，为西行干线，与缅通邮，经过楚雄、下关、保山等处。沿途高山大川，多雨有瘴，邮运颇感困难，路程一千七百六十八里。在迤西公路未修筑时，属邮差邮路，需时十一天。现昆明至楚雄公路已通，可行汽车，邮程可缩减。至于由楚雄至腾越，则仍需邮差挑运，始能成行也。其三，昆明亦资孔线，为滇黔联络干线，经过宜良、陆良、曲靖等处。沿途虽多山，但比较平坦，路程五百五十里，属邮差邮路，需时三日。又本年中国航空公司组织昆渝航线，由重庆起飞，中经贵阳而达昆明，约需三小时。已于二十三年五月初开航，先办邮运，是可认为云南航空邮路云。

四、业务

初系收寄投递各种邮件，其后则汇兑、包裹、航空邮递等。以交通日趋便利，逐年收寄之邮件，其数均有增加，但细数如何，尚待查考。汇兑开办本早，至近年则愈形发达。现分国内汇兑、国际汇兑、小款汇兑三种。而国内汇兑颇为便利，又最普遍。所订汇率虽较银行为高，人争趋之，不以为苦。故其增加之数目，至可惊人，近且占邮政事业中重要之地位矣。邮政储金，在滇兴办不过近数年事，如何情形，亦有待于将来之调查也。

人事组织及考试制度之变迁

中国邮政，在国民革命军北伐以前，向由国外客卿主持。是以邮政人事组织及考试制度，另有作风，未能与一般政府机关发生联系，滇邮亦不例外。年来邮局因已实际归入交通部指挥之下，故人事及考试制度均已遵照政府规定，逐渐改良。云南邮政管理局原仅设有外籍局长一人，综揽行政规则，实行会计、邮务、财务三权鼎立制度，补助管理局长执行政务。兹特列表如下。（表见 129 页）

至于考试制度，原仅偏重外国文。其职员等级，分为邮务长、邮务官、邮务生、拣信生等级。遵照考试院规定标准，分别举行高级及初级考试。外国文虽仍为必须考试科目之一，但其他学科及常识亦均兼重。经高级考试及格者，得充甲等邮务员及其以上人员；经初级考试及格者，则为乙等邮务员及邮佐。兹将邮局人事系统列序如下：

邮务长——副邮务长——甲等邮务员——乙等邮务员——邮务佐——听差、邮差、信差、局役、力夫及其他杂项差工。

邮局人事制度颇称健全，其各级职员乃至信差，均非照章考试及格不予录用，绝无幸运可能。但一经录用，则就有保障，非有重大过失，不致失业。邮局人员无论充任何种职务，均按其等级领取薪给，已与现行考铨办法不谋而合。此为邮局人事制度之优点。

滇邮员之增减

云南邮区在抗战以前，以业务不振，全区员工总数不过五百人左右。抗战军兴，滇省地位日趋重要，后因滇缅公路为国际大动脉，邮政业务一日千里。在民国二十九年左右，全区邮工人数已过千人。三十二年至三十四年间陡增一倍，仅昆明一地，邮工总数已达千人左右。邮局业务进展之速，亦可窥知矣。

邮政局所及邮路之增减

云南邮区向称业务清淡。在昆明市仅设有支局三处：一在东门街，称一支局；一在武成路，称二支局；一在华山西路，称三支局。嗣因营业不振，且将华山西路支局裁撤。抗战以还，昆明人口日增，而多数中央机关及沿江沿海各地工厂纷纷内迁，邮局营业猛进。在昆明市乃陆续增设文明街、华山南路、大兴街、东寺街、南屏街、金碧路、青云路等地支局七处，以应社会需要。省会以外各地，更因配合战时需要，广为增设邮局，遍及穷乡僻壤。例如畹町、垒允、芒市、遮放、中滩、凤鸣村、万寿山、跑马山等地。战前皆非一般人所熟知之偏僻村镇，均各设置一、二、三等邮局。又因适应地方需要，并免增加开支，复有四等邮局之创设。如：大关、彝良、嵩明、广通、永仁等地均设四等局，遴选当地士绅充任局长，仍受邮政管理局之监督指挥。至于内地邮局总数，亦由战前之四十二局，增至一百局以上，均增二倍又零。邮路方面，除尽量将以前早班之三日班、四日班或多日班，酌量加速为间日班或逐日班，并保持原有之滇越铁路火车邮路外，更尽量利用商营汽车往来带运邮件。滇缅公路完成后，云南已形成西南各省之国际交通孔道，邮局乃自备汽车，组设邮政汽车间日班。邮路西起畹町，与缅甸汽车邮路衔接，东迄平彝，联络黔区邮车，以之沟通西南各省邮运，班期准确，行驶快捷，绝少延误，对各方公私通讯之传递，裨益良非浅鲜。至如邮政代办所及邮政信柜，允增设不遗余力，三数年间，增加数约在二倍以上。另附详表于后，以备参阅。

云南邮政管理局组织系统表

- 局长
  - 邮政汽车修理厂
  - 邮务帮办
    - 本地业务股
      - 营业组
      - 包裹组
      - 收发组
      - 提分组
      - 航快组
      - 查验组
      - 转运组
      - 各支组
      - 本地视察室
    - 内地业务股
      - 综核组
      - 经划组
      - 各内地一二三等局
      - 内地邮务视察
    - 总务组
      - 文书组
      - 人事组
      - 统计组
      - 庶务组
  - 会计股
    - 账务组
    - 本地审核组
    - 内地审核组
    - 事务组
  - 财务帮办
    - 储汇股
      - 汇票清理组
      - 寿险组
      - 储金组
      - 事务组
      - 汇兑组
    - 出纳股
      - 票款组
      - 代理组
      - 收支组

航空邮路之扩广

溯自交通部组设民用航空公司以来，邮局随即利用飞机带运邮件。航空信件既可迅速传递，又可畅所欲言，以较电报进步多矣。唯是此种邮运，其运输工具邮局未能掌握，辄须仰赖航空公司协助，邮局无权管理。战前滇省航邮，计有昆沪、昆蓉两航线，邮局航空信件，可通达此两线起迄点及其沿线各地。嗣以战局转变，首都南迁，航线因之变更，改为昆渝、昆粤及起自宜宾经昆明、丁江而达加尔各答，暨昆明至河内、昆明至仰光等航线之开辟，邮局航空邮路即因之更改。内中以昆河及昆加两线，沟通国际航空邮运，尤属重要，唯昆河线随越南沦陷而闭塞，昆仰线因仰光失守而不通。仅昆加线自抗战迄今均未中断。胜利后，昆沪航线恢复，邮局航空邮路乃复竟直达京、沪等地，而与国内各重要都市保持密切联系焉。

抗战后军邮之设置

抗战军兴，中国邮政史上最有成绩之措施，厥唯军邮。政府为适应军人在前线彼此间之通讯与后方联系之需要，经军委会决定，设置军事邮局，以便前后方军事信件之传递。乃由后方勤务部设立军邮督察处，总揽其成。处长一职，由邮政总局副局长余祥麟兼任。划后方各省为若干区，大致每一区域，或为一省，或跨二三省之边区，每区域设一军邮总视察段，受其驻在省之邮政管理管辖。总视察段下辖若干视察分段及军邮局派出所。其数目之多寡，辄以军事情形为转移，并无定数。军邮局组织较大，其经办业务大致相当于三等邮局，派出所则类似普通邮政代办所。设立标准，大致规定师部及师以上之集团军总司令部、方面军司令部、长官司令部，每一单位设一军邮局。师以下之旅部或独立团部等，则每一单位设一军邮派出所。办理军邮人员，大部分均由各区邮政管理局征调甲、乙等邮务员及邮务佐充任，余则录用交通技术人员训练所毕业学生。本省境内之军邮局，划归第十三军邮视察段指挥。其办公处初设于昆明市小西门内水塘子，旋迁往北郊白龙潭第十三军邮总视察段之下，附设第二十军邮收集所，专办联络各部队移动情报，指示邮区如何转递。一切军事邮件按图索驿，从无延误。军邮局及派出所皆追随部队，随时移动，往往达于作战前线。是以各地部队官兵虽在最前线作战，仍可照常与其后方家属通讯，而一切军事公文均得随转达于前线部队。以官兵论，固可随时获知其家庭情况，精神上所得到安慰至大；以部队论，因消息灵通，作战尤称便利。抗战期间，军邮局对军事上之关系，其功不可磨灭。至于军邮局邮件之运送，仍赖普通邮局转递，但以联络方法渐为完美，是以纵在穷乡僻壤，仍可与后方各地息息相通，保持密切联系。军邮局之所以能于完成任务，辅助抗战，盖亦军邮、普邮联络得体，互相合作，有以致之，初非偶然也。

邮局之新兴业务

邮局除对于各类邮件之运送依法享有独占权利外，其他如收寄包裹、办理储金、代订刊物、代购书籍、办理汇兑等均可兼营业务。二十四年以来，各项兼营业务日异月新，长足进步。抗战末期，为增加收入、扩展业务计，邮局已有银行化之趋势。其营业范围日广，种数日增，显值记述。兹分别为专营、兼营、代理三项，详叙如下：

一、专营业务：为各类邮件之收寄投递。

二、兼营业务：

（一）储金：邮政储金、原仅开办定期存单及活期存折两种，年来逐渐扩充。计增加下列各种：1. 小额储金，2. 支票储金，3. 甲、乙种节约建国储蓄券，4. 美金储蓄券，5. 乡镇公益储蓄券。

邮政储金，原仅办理小额存款，自增办支票储金后，如邮局存款额限一再放宽，嗣更不如限制。本省各县邮局所收支票储金，有达数亿元之巨者，衡诸一般银行，已无多大轩轾，甚且远驾一般商业银行之上。事实上不仅有银行化之趋势，且已远取而代之之地步。而储蓄券一项，更于战时财政以极大补助，对于紧缩货票流通量，裨益殊非浅鲜也。

（二）汇兑：邮政汇兑，原仅收汇小额款项，其限额甚低，每张汇票不过五千元，种类亦仅国内普通汇票、国际汇票及行使于邮局与代办所间之小款汇票而已。嗣以抗战期间，通货膨胀，货币贬值，为应付社会需要，并与银行竞争，一再提高额限，目前普通汇票一张，已可汇款二十万元，犹恐未能应付民众需要，复增办下列各种汇票：1. 电报汇票，2. 普通高额汇票，3. 特种高额汇票，4. 定汇额票，5. 代收货价汇票。

1、3 两种汇票，均无限制，往往每张汇票可达千万乃至数万万元，较诸一般银行汇兑，已无逊色矣。

（三）简易寿险：邮局办理人寿保险，表面观之，似已越出邮局正常业务范围以外，但此种业务之创办，并非独出心裁。日本邮局早已实行，我国不过仿效办理已耳。此种保险计分终身及五年、十年、十五年、二十年定期等数种。其目的仍在提倡节约，奖励储蓄，并辅助政府，使市面庞大之货币得以回笼。殆与节约建国储蓄券相辅而行，殊途同归，其功仍不可小视也。

三、代理业务：邮局除原已办理之代售印花税票、代收包裹货价、代订刊物、代购书籍等代理业务外，近三年来，复再度扩张代理业务之范围。三年来陆续增办者，计有下列数种：

（一）代理国库：财政部为加强管制各项税收、严格实行公库法令、并为节省开支计，经与邮政总局商妥。由国库局委邮局在四行两局未设分支机构之内地县城地方，代理国库所有各项国税，如盐税、货物税、直接税等均由代库邮局代收代解。其由财政部核发之政府机关经费，如司法经费等类，亦由代库邮局代为支付。此种代库邮局，多远及边陲，深入腹地。往昔无法迅速收解之税款，自经邮局代收以后，均能按期收解，汇缴国库。且邮局管理严密，一扫积弊。本省因交通未臻便利，代库邮局为数颇多，约有六十余局。经收库款，每年约数十亿元。辅助政府管理税收，已见成效。

（二）代收银行存款准备金：依各省市县银行及一般商业银行所收存款。均应酌提若干缴存中央银行，以期保障存款安全，并防游资充斥，扰乱金融，若未设立中央银行之地，则由其国家银行代收。但抗战以后，本省商业畸形发展，各商业银行辄在腹地设立分行或办事处，四行两局未能随之设立分支机构，对于存款准备金之收取，因之诸多不便。四联总处因邮局代理国库已著成绩，遂再委托邮局代收各省银行及商业银行存款准备金。据悉中央银行控制腹地银行资金，规定凡重要二等邮局均开办此项业务。本省约有三十四处二等邮局，即将办理此项业务，对于辅助中行控制游资，不无相当裨益也。

（三）代收盐款：盐无善政，自古已然。是以盐款之管理运用，匪特关系国库收入，抑且影响民生。本省盐务管理局，妥与邮政管理局商妥，所有本省各盐场、公署、盐务所、盐务官仓等单位应收之盐价款，均由邮局代收，即存于邮局。其各单位所需薪本及各项开支，亦由邮局代汇。定期存款无息，汇款免费，互惠互助，相得益彰者也。

抗战后云南邮局之新设备

云南邮局业务在战前异常清淡，其业务数字在全国各省中仅较殿尾之贵州区略胜一筹耳。是以业务方面之设备，辄因陋就简，未能如一般大都市之现代化。抗战后，滇省地位日益重要，人事日繁，邮局业务猛进突飞，为适应社会需要，遂不得不改善设备。举其荦荦大者，约有下列数种：

一、昆明邮局投送信件，向仅交由信差步行送达，现已改用自行车，以期迅速。

二、昆明市内重要街道设置邮筒，以便人民投寄信件。

三、增设邮局及代办处，以利通讯。

四、邮局收到他局发来信件，在投送以前，照章须于收到之日加盖当日日期邮戳，以便查考。此种盖戳工作，向用人工办理，颇费时同，及改用电动盖戳机，颇能收争取时间之益。

五、昆明邮局包裹业务异常发达，原有业务室不敷应用，乃在巡津街对岸滇越铁路车站，另自建新式洋楼一幢，作收发包裹及储金、汇兑等业务之用。

六、全区邮局一律办理急密、要密、慎密邮件。

七、组设各地村镇邮路，并于昆明近郊尽量扩展此项邮路，并用自行车信差收寄及投送信件，人民称便。

八、自备汽车运送邮件，行驶滇缅及滇黔公路准确迅速。交由火车运送之往来邮件，均改用汽车接送，以争取时间。

邮政汽车邮路之管理

云南邮局，自组设滇缅公路及滇黔公路汽车邮路后，所用邮政汽车，共约四十辆。关于汽车之保养、司机之管理、汽油之核发、零件之储备，自非有人专司责不能应付。是以云南邮政管理局，乃特设运输股管理之。下设车务及油料两组，分层负责。另于昆明组设汽车零件库，充分储备汽车零件，以备于汽车零件损坏时，即可尽速更换。复于昆明设立汽车修理厂，专司邮政汽车之修理。在上述公路途中，西起畹町，东迄平彝，沿途设站管理，计有畹町、保山、永平、下关、楚雄、昆明、曲靖、平彝等八邮政汽车站，掌管司机之管理、零件之换发、燃料之补充，是以邮政汽车能于办到迅速准确两点，亦非偶然也。

邮政总局之迁滇

掌理全国邮务行政之机关，称邮政总局，直属交通部。其管理各省区邮务之机关，称邮政管理局，直属邮政总局。北伐以前，邮政总局设于北京。北伐成功，乃暂设上海。政府奠都南京后，即移住南京。二十七年冬，首都沦陷，邮政总局西迁汉口。及武汉告急，乃再度移迁，远来昆明。盖以昆明接近缅、越，交通较称便利故也。初至昆，租屋于正义路小银柜巷作局址，即今太华饭店所在处也。嗣以业主易人，不能续租，乃另租小西门水塘子住宅一所暂住。旋以该局各部分人员档案，均已先后抵昆，租用民房颇不适用。乃在跑马山购地建屋，并购得白龙潭中正医学院院址作为局址，分住两处。所有房屋均为单房，异常简陋。但此全国邮政之神经中枢，乃于其间执行任务，未尝稍懈。迨二十八年冬，始奉交通部令，迁往重庆黄桷垭。胜利后仍返首都。叙述云南邮政之陈迹。斯亦颇值吾人记载之一重大事件也。

中华邮政驻缅越办事处之设立

京汉等地相继沦陷后，云南邮务之进展，一日千里。尤以包裹之运输激增颇剧，无法应付。邮政总局乃派大员前往安南海防设办事处，转运一切邮件，兼为总局洽购汽车及各具用品。迨太平洋战事爆发，日军登陆海防，该办事处遂告结束，会滇缅公路告成，我海外交通，改以仰光为唯一出海口。国际邮件端赖仰光入口，经由滇区转往后方各地。邮政总局乃复于缅甸之腊戍设办事处，其职责与驻海防办事处大致相同。至缅甸沦陷，始行撤销。此两办事处虽非云南邮局之附属机构，但与云南邮务之维持及进展，息息相关，故并述之。

附：云南邮区邮路里程增减概况表

云南邮区邮路里程增减概况表

民国三十年	
邮路类别	里程（公里）
火车邮路	704.5
汽车邮路	1,805.1
步差邮路	20,178.4
村镇邮路	3,525.1
自行车邮路	199.0
共计	36,412.1
民国三十一年	
邮路类别	里程（公里）
火车邮路	714.1
汽车邮路	967.0
步差邮路	19,737.2
村镇邮路	2,701.0
自行车邮路	199.0
共计	24,318.3
民国三十二年	
邮路类别	里程（公里）
火车邮路	714.1
汽车邮路	710.1
步差邮路	20,032.2
村镇邮路	3,167.0
自行车邮路	199.0
共计	24,822.2

民国三十三年	
邮路类别	里程（公里）
火车邮路	680
汽车邮路	753
步差邮路	18,434
村镇邮路	3,174
自行车邮路	202
轮船邮路	52
共计	23,295
民国三十四年	
邮路类别	里程（公里）
火车邮路	676
汽车邮路	1,059
步差邮路	18,559
村镇邮路	2,710
自行车邮路	226
轮船邮路	69
共计	23,299
民国三十五年（截至7月31日）	
邮路类别	里程（公里）
火车邮路	691
汽车邮路	960
步差邮路	18,669
村镇邮路	3,293
自行车邮路	342
轮船邮路	69
共计	24,024

注:（一）本区境内多山，交通工具缺乏，邮路以步差者为最多。村镇邮路，包括邮局雇差行走之村镇邮路，及代办信柜自行向附近邮局交收邮件邮路。

（二）民国三十年以前之档案无存，故缺。

云南邮区各类邮件按年收寄件统计表

年份	普通函件	挂号及快递函件	航空函件	包裹	共计
二十八年	10,000,084	1,261,337	1,402,414	39,328	12,703,163
二十九年	14,077,861	1,811,586	2,508,903	37,421	18,235,771
三十年	16,900,706	2,114,790	1,442,908	17,186	20,505,590
三十一年	81,971,316	3,252,113	3,135,421	12,192	25,371,041
三十二年	15,810,065	3,468,610	2,375,884	10,303	21,664,862
三十三年	19,508,956	4,142,694	2,624,179	10,380	26,286,209
三十四年	19,870,644	5,439,750	5,022,299	7,302	30,339,995

注：民国二十八年以前者，因档案被焚，无法查考。

云南邮区军邮概况表

民国三十年	
军邮类别	**共计**
军邮总视察段	一处
军邮视察分段	五处
军邮局	十一局
军邮派出所	七所
军邮联络站	六站
民国三十一年	
军邮类别	**共计**
军邮总视察段	一处
军邮视察分段	六处
收集所	一所
军邮局	十七局
军邮派出所	十一所
军邮联络站	九站
民国三十二年	
军邮类别	**共计**
军邮总视察段	一处
军邮视察分段	九处
收集所	一所
军邮局	二十七局
军邮派出所	二十一所
军邮联络站	二十九站
民国三十三年	
军邮类别	**共计**
军邮总视察段	一处
军邮视察分段	九处
收集所	一所
军邮局	四十一局
军邮派出所	十七所
军邮联络站	三十八站
民国三十四年	
军邮类别	**共计**
军邮总视察段	一处
军邮视察分段	一处
收集所	一所
军邮局	九局
军邮派出所	一所
军邮联络站	十八站

注：本区军邮总视察为十三段，自二十九年十一月成立，三十四年十二月八日撤销。

商用航空

云南建设航空，远在十数年前，以机制不同，用途各别，不适于商业飞行。年前由中美合资商办之中国航空公司，特就西南开辟昆渝航线，拟自重庆（渝）飞达昆明。一度试飞之后，以此航线适经川、黔、滇三省，又须跨越最高峻之山岭，若非机身稳固，不能耐长途之飞行。当由交通部拨款二十五万元，向美购到大型之福特机，客邮兼运，能容搭客十数人。已于二十四年五月二十三日实行开航，由重庆飞经贵阳而达昆明，需三小时。班期星期二、四两日。每星期二由重庆飞贵阳，当日由贵阳飞回重庆。星期四由重庆经贵阳而至昆明。星期五由昆明经贵阳而至重庆。时间则暂由飞机师视天气情形临时决定。现开办伊始，先运邮件，将来再行定期搭客云。

电话

电话亦云南交通事业之一，比较他省发达为晚。兹据电话局报告，述其缘起及历年办事状况，特为汇编如下：

一、成立缘起

清光、宣间，云南改练新军，创办学堂，于总督署设督练公所，于提学司署设学务公所。为指挥监督便利起见，特就两公所各设一电话交换机，用以联络各标协、各学堂，是为云南设置电话之始。宣统元年，滇越铁路修抵省垣，昆明南关外又辟商埠，云贵电报局乃由沪订购交换机、话机及各材料，二年到滇，爰照部章安总机于电局，名曰总机关。凡政署、警署及商用电话，胥于其时安设，统由总机关交换，并能与两公所原安各线通话，总机约一百号。此民国以前之情形也。民国纪元，移督练公所交换机于总机关。九年，增设个、蒙两分局（各有一百门总机一部）及个蒙长途电话。十五年，并总机关于电话所，始改所为局，仍隶总司令部副官处。十八年以线路多阻，十九不能通话，于是省府提出会议，决意改电话局为云南全省电话局，直隶省政府。照交通部电话局章程改组，同时开班训练技术员工，储材待用。组织局务，分为工务、事务两课。工务复分设置事务、营业两股。选用技术人员，以资整顿省会电话，筹设全省各县市村电活。十九年，复以电话为公用事业，局址附设省府于事不便，乃于南城近日楼分设一南局，移入事务课及交换机关之一部，以交换南城内外各用户电话焉。

二、电话历年办理之状况

省会电话，当总机关未归并电话所之先，总机关初收用户租费，月四元，后改六元，以作维持费，电话则不收租费。材料皆取资于军需局。及至民十五归并，设局自理，材料由局自办，用户复多不纳租费，加以增设架空缆线，又无相当测验仪器，以故明线阻则无款修理，缆线阻则无法修理，线路之告阻日多，租费之收入锐减，于是，电话交通几于全市停顿。十八年十二月，省府会议整顿，复改电话局为全省电话局。十九年间，复发巨款整理。二十年恢复用户租费原额，月仍收现金四元，官商照纳，唯公务员私宅，因公呈准安设者得减租费之半。自是以后，修换新线，改善杆路，省会电话始渐畅通。当话局初成立时，官商用户可通者不及百号，自经整顿，用户日增，至二十一年止，已达四百余号。是岁十二月份，收入租费五千六百余元。唯交换机皆十六年以上之旧物，使用欠灵，又因款项支绌，尚未扩充改换新机，是其遗憾耳。

三、长途电话之筹设

民国二十年，省府会议决议筹设全省长途电话。分为七区：在迤东者，曰曲靖、昭通，迤南者，曰建水、文山，迤西者，曰楚雄、大理，滇中曰昆明。分三期架设：以昭通、文山为第一期，特指定专员，组设长途电话购料委员会，采办话机及一切材料。现第一期材料已到，已派员前往昭通从事架设。据报：滇中区东路，由昆明而嵩明、而寻甸，北路由昆明而富民、武定、禄劝，南路由昆明而呈贡、晋宁、澄江，均已架设通话。现由晋宁另设一线至昆明、玉溪、河西、通海云。

长途电话

民国二十二年，省政府议决架设长途电话，并分全省为七区，由政府垫款购料，地方供给杆木，先从迤东着手。适二十四年，滇黔剿匪总司令部为军事关系滇中、盐井两区境内，急需长途电话，以利军事通讯。当经积极赶办，于是年中完成。滇中区所有各县电话所管理人员，并由各县选派送省受训，毕业后返县负责。旋于民国二十五年完成盐井区。二十七年完成曲靖区。共设电话所及支所四十七处，并设长途电话总管理处。昭通区长途电话网亦于三十一年完成。先后成立长途电话分管理处六处，分布于昆明、一平浪、大姚、玉溪、曲靖、昭通等县。

自动电话

民国二十六年，抗战开始后，昆明市军事机关、学校、工厂数量骤增，对电话之需要量亦遽然大加，殊感供求不能相应，兼之原设磁石电话，自整理后，使用已达八年，虽随时局部修换，但机体已逾保用年限，线条亦多蚀锈，且系单工裸铁线，电力尤易消失，话音微弱已成普遍现象，实不足以应战时电信要求。省府向德国西门子工厂订购全部机料，并修建总机装置地点。测量各街地缆位置距离，训练管理技术员工。二十九年四月，此项机件已第一批运达半数左右，当即赶工安设，于是年六月二十日正式开放。唯是时所到材料，仅能装设用户五百户，仍感不敷分配，尚冀其余材料继续到达，庶可应当前需要，不意日寇进踞越南之时，此项器材甫抵海防，无法抢运，竟至全部损失。

磁石电话

现时磁石电话，除昆明市区约有用户二百余户外，蒙自、个旧、昭通三县，亦经设有市街电话。蒙、个各有总机一百门，昭通有总机一百零五门。昭通电话分局，成立于民国三十二年。其他各县，如昆明、宜良、陆良三县，因乡村电话之扩充，所管县市乡村长途线路，各在二百公里以上，总机三十五至五十门，均已成立电话分局。

电话局架设话所之县区分别于后：

（一）呈贡、安宁、嵩明、寻甸、富民、禄劝、武定、罗次、禄丰、昆阳、河西、广通、昆明。

（二）盐兴、牟定、楚雄、姚安、大姚。

（三）盐丰、永仁、玉溪。

（四）通海、宜良、陆良、沾益、晋宁、个旧、昭通。

（五）盐津、绥江、彝良、普洱渡、一平浪。

（六）羊街、路南、曲靖。

（七）平彝、澄江、蒙自、巧家、永善、镇雄、鲁甸、温泉、杨林、仁和、牛街、牛场庙坝。

电报一

云南电报，创自前清光绪十二年春，北洋大臣李鸿章，邮政大臣盛宣怀，特派专员李必昌、潘光旦、顾长龄、程廷照率丹麦国工程师占臣、工头叶秀来滇展设云贵电线所。电杆由云南善后局分饬沿线各县采办，于光绪十二年十二月，就云南省成立云贵电报总局，开始通报。以李必昌为总办，分设报房、账房、文案房，办理报务、收支、文牍事宜。并开办学堂，招生教授电报学。此云南创设电报之历史也。

其建设线路，系由广西百色接线入手，经剥隘、广南、开化、蒙自依次架线设局，以达昆明。东路干线由云南省城经宣威、毕节，东至贵州贵阳，北至四川泸州。于光绪十三年三月通报。西路干线由云南省城经大理至腾越，于光绪十四年九月通报。光绪十六年三月，由蒙自分设线路，经蛮耗至河口，与越南老街接线通报。光绪二十四年正月，由腾越展设线路，经蛮允与缅甸八莫接线通报。光绪二十三年三月，由通海增设经元江、他郎、普洱至思茅线路，分别通报。

此最初与省际国际间通报线路之建设经过也，此后历年线路增减，经载在《云南通志》前集，兹不赘。

电信管理局工作概况

二十七年十二月，增设昆明巫家坝线。

二十八年三月，开办话务员训练班。

同月，开放昆明、重庆无线电话。

四月，合并云南省政府无线电局。成立国际无线电支台，直隶交通部。增设昆明市郊各遥控线。

二十九年二月，新增昆筑长途话线，昆明、曲靖段完成。

三月，曲靖至胜境关长话线完成。

六月，装设河口局无线电话机，嗣因越局骤变，九月裁撤。

十一月，完成昆明、百色长途电话昆明竹园线。

三十年二月，开办报务员及话务员训练班。

四月，完成竹园、广南长途话线。

五月，完成广南、百色长途话线，竹园、开远、个旧、蒙自长途话线。

七月，完成丘北、文山长途话线，曲靖、宣威话线，昆明、玉溪话线。

九月，完成玉溪、建水话线。设立江城无线电局。

十月，完成弥勒、泸西、麻栗坡、西畴各报线。

十一月，装设下关二百瓦无线电机。次年七月，因时局撤除。

十二月，组设交通部技术人员训练所昆明分处，招训快机员一班，实习报务员一班，技术一班。

三十一年一月，完成曲靖经陆良至丘北话线，完成保山、畹町话线。

四月，续办话务员训练班。完成昆明、保山及玉溪、思茅话线。

二月，交通部昆明长途电话第四区工务处成立，接管长途话线及同杆报线。

六月，完成师宗、罗平、兴义话线。

七月，完成祥云、西昌话线，蒙自、芷村话线。

八月，完成祥云、弥渡、公郎、云县话线，开设云龙无线电局。

九月，完成鸡街、建水话线。

十月，完成昆明、寻甸、会泽报线，祥云、下关话线。

十二月，增设下关、保山话线，云县、者别话线。并续办报务员及话务员训练班各一班。

三十二年一月，完成陆良、路南话线。

二月，完成思茅、车里、佛海报线。

三月，完成建水、石屏话线。

四月，完成墨江、江城报线。

七月，完成广南至兴义话线。

八月，完成永平、功果桥报线。

三十二年七月，复将全部报线工程人员、材料，移交第四区工务处接管，该局只负业务责任。

三十三年二月，完成保山、顺宁、云县话线。

四月，增设昆明、会泽话线及元江、石屏话线。

十一月，协助美方赶设中印公路昆明至畹町油管话线。次年五月，次第完成，并建设楚雄、永平、龙陵各话音帮电站。

昆明装设一千瓦无线电发报机，与成都、重庆直达工作。

三十四年一月，开始向昆明材料厂提用租借法案八百吨电信器材。

三月，赶办昆明至贵阳油管话线工程。

五月一日，与第四区工务处合并，成立第五区电信管理局，主办本区工业内务行政事宜。另设昆明电信局，办理昆明当地业务。

该局自成立以来，为时五十九年。其间主管名称，由总办而监督、局长，更易三次，辖区更易一次，职名变更三次。所属单位及线路长短，恒以军事及业务之需要为存废之鹄的。目前全区各电信局六十九局，营业处五处，兼营长话者五十二局处。线务段十二段。机务段四段。修线队二队。通信队二队。报线长五千三百一十三公里。话线长九千五百二十六公里。电报话杆十万四千六百九十一根。此该局沿革之大概情形也。

现在之状况

第五区电信管理局之组织系统表及员工人数表。（见表第 141 页）

员工人数如下：（一）技术员六十人，（二）报务员五百五十七人，（三）话务员二百三十九人，（四）业务员三十五人，（五）事务员一百零八人，（六）会计员二十五人，（七）机务佐六十七人，（八）报务佐二十九人，（九）线务佐六百四十二人，（十）司机十三人，（十一）助手十二人，（十二）报话差一百二十七人，（十三）小工四十人，（十四）警卫十人，（十五）公役一百八十七人。

电报二

一、缘起及组织

云南电报，创自前清光绪十二年。初由广西百色接线入手，经剥隘、广南、开化、蒙自依次架设而连省城。爰设电报总局以总办管理局务。即于是年十二月二十六日开局通报，是为云南有电报之始。后三迤干线陆续展设，除由本省通报至贵阳、泸州，以达长江下游外，开广一线，密迩两粤，可连海疆各省。更由南路干线与法属越南连接，西路干线与英属缅甸通报。其组织情形已如《交通略》所述，兹不复赘。民国光复后，电报总局奉命改为军政府云南电政总局。大局统一，复奉命令改为云南电政管理局，改总办为监督。十六年又改监督为局长，局务时有改革。大致局长之下设总务、工务、报务三课，课复分股，各设主任。行政用人，悉照部章办理。

交通部第五区电信管理局组织系统表

- 局长
  - 副局长兼总工程师
  - 副局长
  - 秘书室
  - 工程师
    - 工务处
      - 线路科
      - 机务科
      - 材料科
        - 第一股
        - 第二股
        - 第三股
    - 业务处
      - 报务科
      - 话务科
      - 营业科
  - 总务科
    - 第三股
    - 第二股
    - 第一股
  - 会计科
    - 第二股
    - 第一股
  - 财务科
    - 第二股
    - 第一股
  - 人事室
    - 第二股
    - 第一股
  - 主任巡查员——巡查员
  - 各委员会
  - 各局、段、队

二、分局之设置

计四等局六，支局二十六，未置等局四，总数三十六局。著名者如下关、大理、小辛街、中甸、元谋、他郎、永平、永昌、安平、曲靖、老鸦滩、宜良、东川、丘北、阿迷、阿墩子、青龙厂、宣威、思茅、昭通、剥隘、师宗、通海、麻栗坡、婆溪、普洱、开化、富州、云南、云龙、顺宁、楚雄、碧色寨、个旧、蒙自、广南、临安、罗平、丽江、腾越、泸西、鹤庆等，此等分局设置，中间迁变不一，其时有民元以前设置，入民国而停止，或迁移者，有由民元起至二十年中陆续添设或因故而停止迁移者。兹分别列表如下。

民元以前各分局表

局别	驻在地	开办年月	停止迁移年月
通海局	县城	光绪二十三年三月	民国十八年九月裁
青龙厂局	青龙厂	同上	现移莫浪坡
他郎局	县城	同上	民国十七年匪患，线路被毁
普洱局	县城	同上	同上
思茅局	县城	同上	同上
临安局	县城	光绪二十三年	民国十六年被匪，线路毁
蛮耗局	蛮耗	光绪十六年	宣统元年停
麻栗坡局	麻栗坡	宣统二年	民国十四年裁
剥隘局	剥隘	光绪十二年十一月	民国十五年被匪全毁
顺宁局	县城	宣统二年	民国十六年被匪毁停办
蛮允局	蛮允	光绪二十二年	民国元年七月移小辛街
小辛街局	小辛街		民国元年七月由蛮允移设

三、电线之展设及修复

民元以前，三迤干线既经安设，且已设局，与省内外及国外接线通报，已如《交通略》所述矣。民国二年，更展设由永平至鲁掌线，永昌至顺宁线，大理经鹤庆、丽江、中甸至阿墩子线。民国八年，部令停止协济云南电话材料，一切悉由省办。耗费不赀，经济恐慌以起。民国十一年十月，由通海展设婆溪线，由省展设宜良、罗平、泸西、丘北至开化线。民国十七年，省府筹发修线专款一十七万元，始于最短期间，将三迤重要干支各线，重新修复。另由宜良、师宗、泸西、弥勒、阿迷改设干线一条，以达蒙自。民十九年二月，修复元谋线，七月修复罗平至江底线，与贵州黄草坝衔接。民国二十一年三月，裁撤舍资报房，改设禄丰局。四月，由曲靖展设平彝线，与贵州盘县衔接。

民国二十年中各分局表

局别	驻在地	开办年月	停止迁移年月
老鸦滩局	盐津县城	民国五年六月	
罗平局	县城	民国十年十月	
宜良局	县城	民国十一年十月	
师宗局	县城	民国十八年十一月	
弥勒局	县城	民国二十年一月	
泸西局	县城	民国二十年五月	
平彝局	县城	民国二十一年四月十九日	
小辛街局		民国元年七月由蛮允移设	
下关局		民国二年十二月	
鹤庆局		民国二年四月	
丽江局		民国二年	
中甸局		民国二年	民国十五年七月被匪毁停办
阿墩子局		民国二年	同上
云龙局		民国四年	民国十六年被匪毁停办
前所局		民国二十一年十二月	

四、有线电之收费

电报收费，系沿用交通部规定之旧章，举国一致。但详确价目，未据报告，无从编述。

五、云南电报线路杆线统计

据民国二十二年十月之统计，大略如下：线路长度五千九百二十点五公里，线条长度七千二百八十二点五公里，电杆支数四万四千二百三十五根。

无线电

无线电，为云南最近交通事业之一。但设置之动机，则远在二十年前。兹就无线电局、所自述成立之缘起及经过，及各局工作时间表、历年收支表汇报摘编于下。至价目表未据开送，无从编入。

一、成立缘起及经过

民国二年，阿墩子至川边巴塘间建设有线电报，因路程过远，保护难周，运料设局，均极费事，当由滇督蔡锷、川督尹昌衡合电北京大总统及国务院，请改设无线电，并请由滇蜀分垫料款，得复赞许，令速筹办。其时适接部电，交通传习所创设无线电班，分电各省招生。我电报当局乃呈明交部，选生送部肄习。旋蔡去任，川督亦易人事，乃中止。民国八年，云南唐督军再申前请，但改阿巴电台，为谋川、黔、滇、粤电讯之交通。一面命电报所长华树培另为计划，又饬电政管理局选送电报生十五名，赴河内习无线电学。是年六月，华以代理电政监督，与法国东方汇理银行总办毕喜订立合同一十五条，购买五十基罗华脱无线电机一具，五基罗华脱无线电机五具。即就大东门外旧五谷庙建无线电台，安设五十基罗华脱无线电机，占地圆径七百五十法尺，约合中尺宽长各二百一十丈。中建铁质总电塔一座，高一百五十法尺。其周围相距三百五十法尺之地，分建各高五十法尺之铁质小电塔六座。九年春，军需局承命建筑，鸠工集材，历时五年，至十四年春落成，十月一日正式通电。十六年，又成立开化分台，旋因机毁裁撤。民十七年一月，建设厅长张邦翰建管无线电局事，以报务之不发展，因五十基罗华脱之长波无线电机已成过时利器，乃改用一百瓦特真空管式短波无线电机。八月，复以电政管理局长萧扬勋（美普渡大学电机工程师）兼任无线电局长，以赵家遹（美普渡大学电机工程师）为华工程师。十八年秋，添设昆明二台于省政府武侯祠。十九年设河口分台，地点在河口督办署后层。二十年春，移局于城内绣衣街，建设双工制收发电台，以五谷庙一台为第一机械室，武侯祠二台为第二机械室，均属双工制电台。并于五谷庙另建一广播无线电台，安设五百瓦特广播无线电机。夏五月，增设迤东昭通（地点在昭通文庙八角亭）、迤南宁洱（地点在宁洱东城内建水厂）两分台。先是，十六年以前局中自工程师以至收发报员、机械员，皆雇用法人及安南人。十六年始以毕业生接换安南收发报员。十九年，始将法工程师及安南机械师悉数解雇。局中至此，始无外人足迹。局中组织亦重厘定。局长以下设工程师一员，办事职员分总务、工程、报务三科。科复分股，设法文秘书一员以司翻译，设稽查一员以考勤惰。双工制电台设总收发报室、营业室及一、二两机械室外，台设台长一员，报务、机械各若干员。

二、无线电历年办理报务之状况

无线电台，当用长波收发电报时，仅能与奉天、广东之中国电台及天津、河内之法人电台通电，所有军政及商务电报，大都由河内电台转递。十七年，改用短波，乃得与京、沪、川、黔、香港各电台直接通讯。举凡前由河内电台经转之大江南北各电，概由沪台转递。其他各省，亦先后联络。迄今与本省电台固定直接工作者，计已有二十三台。并与电政管理局互相扶助。凡从前本省有线各电局所收由外国水线经转之京、津、沪、港各电，一律拍至省局收交无线电局经转。又十七年改用短波时，初仅一百瓦特发报机一部，不敷分配，乃于十八年秋，增设昆明第二台于省政府旧武侯祠，装置一百瓦发报机一部。十九年夏，复装二百五十瓦特发报机一部。又因滇系山国，山脉广大，所在多含金属矿质，影响所及，易使电波发生变态，闻度强弱不一，加之天候之变化，机械之故障，往往彼此不能收听，电务积压，无法补救，乃筹备添设双工制电台。二十年春装置完毕，计置有收报机四部，一百瓦特发报机二部，二百五十瓦特及五百瓦特发报机各一部，同时与四个电台收发。于是工作效率增高，前此迟滞积压不能解决之困难，乃扫除一清。

云南无线电总局最近四年收支表（单位：元）

科目 \ 收支 \ 年度	十七年度	十八年度	十九年度	二十年度	备注
国内外电报费	131,225.58	227,958.41	444,341.38	654,806.60	本项开支本局收支挂号分抄、校对、代收邮费包括在内。
附带收入	13,128.24	11,635.03	12,762.18	1,426.20	
收入合计	144,407.82	239,620.44	457,103.56	656,232.80	
薪工	39,916.56	77,458.54	187,479.91	189,305.73	
办公费	13,752.75	39,364.65	52,468.74	70,454.87	本局营业办公所需之文具、租税、购置、修缮、消耗、杂支等包括在内。
维持费	66,428.19	54,558.01	47,228.27	173,052.49	
奖恤费		5,932.00	15,148.60	20,164.60	
杂捐	4,275.36	217.44	2,019.00	2,898.00	
国际转报费	923.33	3,283.68	25,359.37	49,512.01	本项遵照预算章程条支出。
特别费		18,298.77	3,770.00	4,900.19	
扩张费		2,300.00	18,655.00	79,129.23	
支出合计	133,698.19	201,413.09	350,188.89	559,417.07	

云南无线电总局对外工作时间表

境界	台名	呼号	工作时间
国外	香港	CCF	上午八至九，下午十三至十四，十六至十七，二十一至二十二。
	河内	FCO	上午九时至正午十二时，下午十七时，二十二至二十三时。
省外	南京	XCG	上午九时，午后十五时。
	南京	XHI	下午二十至二十一时。
	上海	XHF	上午一至三时，八至九时，下午十四至二十及二十四时。
	长沙	XJS	下午十八时。
	成都	XMA	正午十二时至十三时。
	成都	XMA	下午十七时。
	重庆	XOFA	上午九时。
	叙府	XMG	下午十三时至十四时，下午十七至十八时。
	洪江	XWC	正午十二时至十三时。
	贵阳	XOB	正午十至十一时。
	南宁	BOO	上午九至十时。
	广州	XMB	下午二十时。
	汉口	XJA	下午二十时半。
省内	宁洱	XNP	上午十时，下午十四时及十九时。
	昭通	XNG	同上。
	河口	XNH	上午九时三十分，下午十四时半及十八时半。
	建水（军用一台）	XDI	同上。

附注：上列工作时间随时均有变更。

民国云南通志长编卷四十

盐务一·场产

序

昔魏源有言:“东南大计，无如漕盐。二百载来，文法委曲繁重，致利不归下，不归上，而尽归中饱，官民交困。间有讲求刷剔芟薙者，则中饱蠹蚀之人，轰起而交持之，虽有良法美意，不能贯彻施行。”此清代盐政之弊，所以积久益深，卒至败坏而末由补救也。民国肇建，百度维新，盐政亦得借手厘革。以云南论，首先统一税率，举前此之练兵经费、学堂经费、国务经费，以及添针费、解款费、火耗费、役食费等种种名目，并为整数；又改两为元，划一征收，俾司盐务者不能格外需索，而盐政遂视为进步矣。迨大借款后，运使署、稽核所成立，另定均税平秤办法，就场征税，自曲运销，民间本轻利便，各区产额既增，销数亦畅，向销川、粤盐之黔西、东、昭、开、广等属，俱为滇产扩充收回。在六、七、八年间销数由七十余万担，以达八十余万担之多，为前此所未有。乃至九年春夏季间，商人见盐销日畅，视为利薮，趋之若骛，而稽核所只顾增多收入，滥给税单，不顾产量之能否足敷分配，骤增抄盐牌号至千余家之多，于是争先恐后，购贮盐斤，不必悉数销售于民，而场产遂现供不逮求之势，俨若盐荒。不得已于十年前后，权以官运商销济其变，由官局专运，酌盈济虚，分配于各地之商，以蕲供求之平。方期将牌号虚名及灶兼商号等不合法者逐次取消，再复自由运销之旧，乃各商以为夺其利也，砌词攻击，诉之政府，诉之议会，盐务几不可收拾。自是之后，币价日低，物价日昂，工费薪本逐年增高，运销所需，与之俱涨。加以黑井区卤淡硐老，产量锐减，至十六七年间，向销黑井区盐之省岸各县，亦屡现荒象。开、广、东、昭、黔西各边岸，则相继停销，不得已乃借销川粤盐以济边岸之穷。其白磨两区，产量较丰，亦因纸币价低，道远运艰，不能有所发展。虽十八年各井煎额日减，运不济销，设合运处以救其弊。十九年规定短额罚金，通饬各场计卤较煎。依其全年所领煎之矿卤较定成分比例计算，并制定开新提旧办法，以期产量日增。规定黑井区盐价，严禁屯积。二十年公布云南盐政改革方案，推行各场。一平浪移卤就煤，工程浩大，取消牌号销盐特权，准由商民自由运销，以祛垄断之弊。二十一年规定《取缔运盐马脚办法》，设查验所，点验分配到井抄盐：举行场长考试，加以训练委用。二十四年施行盐斤统制。凡此种种设施，胥为黑井区煎不济销，频现荒象，极尽整顿补救办法，要以统制案改革较大。迨二十七年管理局接收运署后撤废统制办法，复行自由贸易之制。二十九年、三十年广设盐仓，运储平价，整顿边岸食盐，增加税收，先后成立开、广、腾、龙边盐办事处，以统制各边岸销征。设立官销所，设官售盐，以作转入官专卖之过渡。三十一年实行官专卖制，于各县市普遍设立公卖店，三十二年、三十三年两年完成。官卖机构人员经费，视前运署稽核分所为多，此则管理局成立以后之措置。适当抗战期间，而群起竞利，官价市价相悬甚巨，社会啧有烦言，民意机关亦起而抗议。至三十四年遂取销官专卖，施行管制办法。究之税收过重，成本太高，产销民食胥受影响。综观云南盐务，在全国仅占总产量百分之一而强，本不为繁重，乃以井场散漫，情状纷歧，致产不供销，运艰价贵。民国以还，几经改革，抗战而后变更尤大，究不足以挽衰颓、济民食，其利弊何在，览其往迹可为借鉴。语云："前事不忘，后事之师。"要当以新法开提井硐以裕产制，积极修建道路以利运输，又必减低税率以轻成本，如此则盐多价贱而销自广，虽欲操纵居奇垄断牟利，其亦无可乘之机矣。爰分类叙述于篇。

历年事略

民国元年，云南军政府令将全省盐政合并实业司兼管，订定试办简章，公布施行。

黑、白、磨三区，各置督煎督销总局，各井场各置督煎督销局。

厘订章程，就原日所收之杂、附加各数合并计算，改两为元，统名曰盐款，一律就井征收，先款后盐。

全省各井实销盐五千四百一十二万余斤。

二年，中央善后借款成立，指定全国盐款作为抵押，本省盐款亦在其内。

仿照百货照票办法，由实业司改订三联照票。

北京盐务署稽核总所，委派华洋经协理来滇组织稽核分所。本省亦将实业司兼管盐务划出，改组云南盐政处，相机筹备，划分一切行政征收事项。

十一月，云南盐政处组织成立，月支经费一千四百六十二元。

三年，北京政府简任萧堃为云南盐运使。

三月，稽核分所成立，本省盐政处亦即取消，改组盐运使署，将征收盐款等事移归分所专管。并将各井督销机关取消，由分所另设盐税局。

四月，盐运使署组织成立，统黑、白、磨三区场务公署。十分场署、三掣验局、二掣验分局、四盐务局、五盐务分局、一署。内设三科，分十一课，嗣改总务室场产、运销两科。复因减政，改设中英文秘书各一人，原设室科并为一科。

稽核分所行用三联税单。

部颁各种缉私法规。

黑、白、磨三区督煎督销总局改为场务总局，置局长，各井督煎督销局改为场务分局，置场长。

盐务署颁发《保荐场长规则》。

《云南盐务辑要》编印成书。

四年，盐务署令以盐运使兼任缉私统领，于运署设缉私统部，黑、白、磨三区设缉私营，各井场设缉私队，各分场设缉私排。

盐务署核定云南年销盐额为五十八万担。

中央官制改订盐运使兼缉私统领简任，各井场知事荐任，各分场委员、盐务委员、掣验委员委任。

盐务署颁发《场知事任用暂行条例》，非依条例规定，不得荐请任命。

萧运使巡视黑井、磨黑两区盐务。

五年一月呈准实行破除引岸。

云南省政府派陈钧署理盐运使，未几调，任以吴琨署理。

九月运署奉令，将各井场务局一律改为场知事、分场委员。

稽核分所于黑、白、磨三区各添设一支所，以为各井征收承转机关，为原日条件所未规定。

改用四联运照，分别存缴裁发。

黔西川盐运不济销，由滇黔商人呈组织黔岸盐隆公司。

北京政府简任由云龙为盐运使。

六年一月实行均税平秤，以前加二八、三八、五八秤办法废止。税率分为内岸每司码秤盐百斤征税三元五角，边岸每百斤征税二元，极边岸每百斤征税一角。

改定本省年销额为司码秤盐七十二万五千担。

三月开广边岸商人设立开化永利公司、广南盐务公司。

成立开岸芷村、广岸阿迷两掣验局。

五月成立黔岸板挢、黄泥河两掣验局。

元永井卤淡产减。

七年一月，腾龙边岸商设立腾冲裕通公司、龙陵双茂公司。

成立腾龙两边岸掣验局于各该县城。

黑井区盐除分销省东南暨附井三十余县外，尚有余存，推销开、广、黔西三边岸。

云南财政厅征收川盐厘每百斤二元。

本年实销盐八十万担以上。

八年，添设黔岸板革竜、江底、平彝三掣验分局。

元永井硐倾倒，产额顿减，盐价增涨。

《云南盐务辑要续编》告成，自本年起月出公报一册。

阿陋井卤量陡增数倍，产盐数多。

九年一月，运署设立官运局以平盐价，未几裁撤。

十一月，财政厅加征川盐厘每百斤一元。

十二月，滇军总司令部、云南省长公署函，按盐每百斤抽收军饷一元。

滇军总司令任命杨福璋署理盐运使。

十年一月，黑井盐减税一元，阿陋盐加税五角。

改行自由运销。

黔岸盐隆公司取消，另由商人组设永和益。

滇军总司令部任命赵锺琦署理盐运使。

十月先后设绥裕、磨铺分场，各置委员一员办理。

运署稽核分所会订《包课办法条件》呈准实行。

十一年四月，云南省公署任命周钟岳署理盐运使。

六月黔岸永和益倒歇，复由滇黔商人成立黔西盐务公司。

稽核分所另行颁用四联收税放盐执照。

十二年，因时局不靖，灾祸迭出，各井产制短减，销额不足。

十三年四月，运署呈准设立盐务督销总局于省城，黑区各井及腰站、富民、海口等处各设分局。其制为灶煎官运商销，并借运粤盐，限定数目，专销开广、黔西各边岸，移边岸额抄之盐补充内岸。

五月成立黑井区常备保井队。

十四年，稽核分所废黑井区分所，白、磨两区设置如故。

元永井卤味回浓，复大旺。

阿陋井因地震卤忽淡，日煎盐仅数百斤。

三月，周运使代表赴北京开善后会议，任命袁嘉穀署理盐运使。

十二月，盐务督销局裁撤。

十五年一月，云南省公署令再加军饷捐一元，连前每盐百斤共为二元。

二月，财政厅加征川盐厘每百斤一元。

复改有限制之商运商销，承运商号先缴保证金一千元，始得领照抄盐分销，并取消黔西边岸公司，任民自运自销。

袁运使会同稽核分所缪经理秋杰巡视黑区各井盐务。

滇省内地盐不足，由政府先后令饬将开、广盐务公司停办，仅存腾、龙边岸两公司。

八月，随盐征收金融借款，每百斤四元五角。

十二月，运署议订《黑井区销盐新章》办法。

十六年二月，省政府任命王九龄署理盐运使。

四月，减征金融借款，每盐百斤为二元五角。

六月，省政府任命胡瑛署理盐运使。

改编黑井区常备保井营队为保井团。

原裁丽江分场，复收回归官办理。安宁、抱母两分场署裁撤。招商包办。

十月，废除金融借款。

十七年，省政府呈请简任马骢署理盐运使。

厉行整顿销盐明订奖惩办法。

九月，运署、稽核分所会派委员于碧色寨、麻栗坡、广南等处设立盐务、盐税两局，征收滇粤盐税饷及海盐罚金。

十二月，省政府令各项征收以纸币三元作抵一元。

十八年二月，黑井区保井团取消，仍设置常备保井队。

运署令省市营盐业者组织商运联合处，附井县亦由地方组设公盐领运局。

四月，实行《开广边岸运销暂行办法》，以资救济。

六月，省政府令随盐征收金融附捐，每百斤纸币三十元。

九月，省政府呈请简任朱旭署理盐运使。

规定《开辟井硐条例》。

开广缉私营照部定新章改为缉私大队。

国民政府财政部复设盐务署，并于上海仍设稽核总所。本省分所职权自十三年以来并未停顿。

十一月，财政厅改川盐厘名目为川盐捐。

十二月，取消省市盐商附号，减少牌照为二百六十号。每号加收保证金一千元。开广边岸仍由运署派员设局运销已购粤盐。

运署遵照部章改组，于盐运使下设秘书及总务、场产运销三课，所有人员均照呈部铨叙任用。

取消金融附捐。

十九年一月，政府实行《改变征收现金办法》。

奉令编纂《民国盐政史·云南分史》稿，于九月成稿。

三区各场知事均改称场长，分场委员均改称分场长。

规定短额罚金。通饬各场计卤较煎。

二十年一月，各场缉私队改名为场警局。黑井区保井队改名为黑井区场警大队。白井区各场保井队合编改名为白井区场警大队，归运署管辖。开广、腾龙缉私营亦同时改编为云南缉私第一、第二大队，磨黑缉私营改为云南缉私第一中队，阿墩缉私营改为云南缉私特务队。

五月，国民政府颁布新《盐法》。

九月，部令加征中央附税现金九角。

十月，省政府呈请简任张冲署理盐运使。

呈准推行云南盐政改革方案，取消牌照销盐特权，准由商民自由运销。

订定《开新提旧奖励优待法案》。

二十一年一月，改定运盐执照。

二月，琅井分场改为包课。

三月，本省征收公路盐股捐现金六角。

举行场长考试，取录三十二员，设所训练任用。

二十二年一月，元永盐税每担减收四角，阿陋盐税每担增收四角。

三月，设立黑井区食盐运销处。

四月，裁撤黑白两区各场场警局及两大队本部，改编为六中队，磨黑区仍旧。

设立云南一平浪制盐场工程处。

二十三年二月，省政府呈请简任李培炎署理盐运使。

修订《开新提旧奖励优待法案》。

五月，弥沙、琅井、凤冈、勐野、汪家坪各井收归官办，均设场务所。

七月，奉令改用新衡，旧秤百斤等于新秤百二十七斤。

元永、黑井两场成立柴本借贷所。

设立开广边盐局，推销磨黑井盐。

二十四年，筹办白井场薪本借贷金。

七月，奉令实施盐务统制征收禁烟抵补费，普通每担征二元，白井征一元二角，按板井征一元五角。

二十五年十月编印《二十四年度云南盐务统计》。

二十六年，中央令征建设专款，每市担国币五角，运署呈准减征新币五角。

运署会同建设厅，拟定盐井《造林区暂行章程》及《办事规划》等，呈准于黑井、白井两区成立造林场，从事造林工作。

呈准筹办黑井希贤中学。

九月，部令饬征整理费每担二角。

编印《二十五年度云南盐务统计》。

改定全国盐务组织，裁并运署、稽核分所为盐务管理局。云南先就分所组织成立，薛桂轮为局长。

十一月，《云南盐政实录》第一集告成。

十二月，缉私各队改编为税警区队，成立十四个队。

二十七年，一平浪工程处改为制盐场，实行起煎，设置场务所，由滇西企业局办理。

六月，运署裁撤，盐务行政事项移交云南盐务管理局接收办理。

复行自由贸易制。

撤销各井场盐务机关，另行改组，设置场务所，并于黑、白、磨三区各设场公署。

十月，盐务管理局呈准通令各区随税代征公益费，每担一角。

成立开广边盐办事处。

二十八年，改黑井为滇中场，白井为迤西场，磨黑为迤南场。

成立腾龙边盐办事处，取消腾龙边岸公司。

财政部规定增产四十万担。

二十九年，于各据点广设盐仓，储盐平价。

三十年，云南财政厅派员到川购运盐斤，设局销昭通各县。

三月，加征偿本费，每担八元，旋复增为十四元、二十五元等。

中央附税增为每担国币三角。

七月，税警区队奉令拨交财政部缉私处。

九月，令征产税，税率不一致。

取消各场行盐商脚。

设立官销所，设官售盐。

三十一年，实行官专卖制，为民制官收、官运、商销，于各县市普遍设立公卖店。

五月，加征专卖管理费每担七元，旋先后增为二十元、五十元、一百五十元、三百元等。

加征专卖利益，分固定不固定两种。

三十二年，成立保山、昭通分局。

十月，加征食盐战时附税，每担三百元，旋复增为一千元、六千元等。

十一月，财政部缉私处增派税警第六团，由黔移驻本省。

三十三年，成立昆明、蒙自分局。

三月，令加征国军副食马干费，每担一千元。

四月，财政部令缩编本省税警第六团部队，以节开支。

三十四年三月，部令加征盐税，每担五千一百一十元，旋于四月加征附税为六千元，只收盐税一百一十元。

四月，加征盐工福利费每担五元。

缉私处裁撤，原驻本省税警独立第四连同时编遣。

六月，奉令场警名称一律改称盐警。

奉令取消官专卖制，仍施行管制办法。

八月，奉令将盐警队改编盐警区队，副队长改称分队长。

公布三十四年调整公卖店办法。

十一月，奉令取消滇中区公卖店及合作社，另定产区销盐开放办法。

场产

云南为井盐岩盐兼产之区，有黑井、白井、磨黑井三区之分，入民国后并为十场，仍分三区：

一、黑井区为黑井、元永井、阿陋井三场，而以琅井为黑井之分场。

二、白井区为白井、乔后井、喇鸡井、云龙井四场。

三、磨黑区为磨黑井、按板井、香盐井三场，而石膏井为磨黑井之分场，益香井为香盐井之分场。二十三年改设琅井、勐野、凤冈、弥沙、汪家坪五场务所。二十七年运署稽核分所归井盐务管理局，井场亦同时改组。二十八年以三区仅用所辖一井名名之，易滋混淆，改为滇中区，设场署于元永，辖元永、黑井、阿陋、琅井、一平浪各场。滇西区设场署于大理，辖乔后、云龙、喇鸡、弥沙、丽江各场，及剑川、官仓、右江转运仓。迤南区设场署于磨黑，辖磨黑、按板、香盐、石膏、景东、抱母、凤冈、茂爱各场，及元江转运处。白井场则为独立，不属于滇西区，设场署于本井。

盐场

元永井场：旧属广通县治，今在盐兴县城东南约七十里。东西约半里，南北约五六里。西北七十里为黑井场，西南二十里为阿陋场，西一百里为琅井场。距省城三百五十里。民国五年设置场署。二十七年设黑井区盐务公署兼理本井盐务。二十八年设滇中场署于此，仍兼本井盐务。

黑井场：旧属定远县辖境，今在盐兴县属西岸相距一里许。东西距约半里许，南北纵长约二十里。东与元永场毗连，相距七十里，西与琅井场相距三十里。距省五站，每站七十里或八十里不等。琅井及新山上下井为其分区。清设提举衙署，并设盐大使于东岸（今盐兴县）。民国光复，改为督煎督销总局，管辖七井，四年改为场务总局，继改为场务公署。二十七年改为黑井场务所，二十八年后改为黑井分署。

阿陋井场：本场又名大诺井，位于盐兴县城东南约九十里。场之面积，东南约二里半，南北约二里。距黑井场九十里、元永场二十里、琅井场一百里，距省城约三百五十里。其东南有安乐井，距本井二十五里。民国光复后，改设督煎督销委员，三年改为场务分局，七年始改为场务公署，二十七年改为场务所，今仍之。

琅井场：旧属牟定县管辖，今在盐兴县城南约三十里。东界黑井大河约十里，西界牟定县属周家庄约三里，东西相距约十三里；南界广通县小哨头约五里，北界牟定县属羊肝石及菖蒲塘约五里，南北相距约十里。与黑井相距三十里，阿陋井及元永井约九十里，距白盐井约三百里，距省约四百里。民国元年改设督煎督销委员，属黑井总办管辖，二年改为分场委员。二十年改行包办，二十三年仍设为场务所，二十七年运署、稽核分所归并成立盐务管理局，后独立设场。

一平浪场：本场系民国二十二年运使张冲出巡黑井区时，查助得一平浪煤富质良，地当元永、阿陋两场上游，距场三十余里，便利接济井场燃料，呈经省府核准设立云南一平浪制盐场工程处，由张运使兼任督办，进行移卤就煤，计划于煤山麓建灶三百六十间，高地设储卤池，并建办公署所。其由元永井改建之泡矿池及贮卤池，系沿沙矣旧河右岸，顺流嵌设卷槽，引卤至一平浪蓄卤池内；阿井则沿小河左岸安置卷槽，亦引卤至一平浪。其他小井所设卷槽，计由安乐井十里，盖板井五里，草溪井十五里，即至沙矣。与元永卷槽会合，总计共设卷槽一百华里。在筹备期间，称为一平浪工程处，自二十七年起始改置盐场，实行起煎，并设场务所，系由滇西企业局所办理也。

白井场：旧属姚安，今位于盐丰县城内。东西相距里许，南北相距二里许，与黑井场相距六站，约四百余里，距省十站约七百余里。清设提举司，光复后改场务所，二十八年后改设白井场署，系独立，不在迤西区范围之内。

乔后井场：旧属剑川州治，今在剑川县城东南一百四十余里，面积东西广七八里，南北长八九十里（弥沙井在内）。距喇鸡井约三百余里、云龙井约二百余里、省城一千余里。所属旧有弥沙井及上井，上井已封闭。最初开辟时为永盛井（即俗之上井），只产卤水，继改移乔后井，则开硐采矿。原属弥沙产区，为白井子井，光复后始离白井而独立，递改设场署，二十七年改场务所，继改乔后场分署，兼理本井盐务。

云龙井场：在云龙县城东北之石门井，距县城约半里许。东西一里许，南北半里许。距喇鸡井场约二百四十里、乔后场约二百余里，距省一千二百余里。所属分石、诺、大、天、山、金、顺、师八井区。光复后改设督煎督销局，继改设场署。惟金泉井由民国六年归商包办，至九年收回官办，十三年八月仍归包办。山井历归官办，自九年地震井硐倒塌，公家发给修费，卒未收效，至十四年灶户集股重修，呈准包办。二十七年后改为场务所。

喇鸡井场：本场坐落兰坪县喇鸡村，在县城西六十里。东西里许，南北半里许。距云龙场二百四十里，乔后场二百五十里、省城一千四百余里。所属有丽江高轩、日期各井，均在本场东北。于光复后改为督煎督销局，三年改为场务局，六年改为场公署，二十七年后改场务所。

弥沙井场：弥沙本二井，原属剑川州，明清设盐大使，后归并乔后复开，仍隶剑川县，由地方公办。二十三年收归官办，设场务所，今仍之。

丽江井场：旧属丽江府，改县后仍属县治。向系招商包办，二十七年后收归官办，设场务所，今仍之。

磨黑井场：在宁洱县，东北六里至大椿树，西至安乐寨，相距约五六里。南至杨家寨，北至黑弄寨，相距约十里。距石膏场九十里、香盐场三百里、按板场三百六十里。距省城十六站，约一千一百里。前清提举时代，磨黑为石膏属井，民国三十年改组场务后，以产销盐数多寡定等第，磨黑产销较多，统属各井，故全区以磨黑为首。二十七年后改设迤南场务所于此，兼理本井盐务。

按板井场：原名南丘，清末更名按板，在镇沅县城西，距城十四里，民国元年镇沅县署亦移驻于此，距香盐场一百八十里，距益香场二百一十里、磨黑场三百六十里、省城九十里。本场所属南有恩耕井、抱母井、茂腊井、滥盐井、蛮卡井，西有茂爱井，北有景东井，旧均为子井。民国光复后，设置场署，二十七年改为场务所，二十八年后改设按板场分署，兼理本场盐务。

香盐井场：在景谷县城南三十里许。南北相距三十里许，东西相距约四十里许。北距凤冈三十里、刁孔九十里、抱母一百四十里、按板一百八十里，西距蛮帽一百二十里、茂篾一百八十里，南距益香四十里，东距磨黑三百余里，距省城约一千二百余里。本场北有凤冈井，西北有刁孔井，西有蛮红井，南有蛮窑井，西南有蛮帽井、茂篾井，旧均为所属子井。民国光复后，设置场署管辖，二十七年后改为场务所，今仍之。

益香井场：在景谷县南，距县治七十里，四周均山，似一锅底形，东西南北相距约三十里。距香盐井约三十余里，磨黑、石膏、按板等井约三百里左右，省城约一千余里。清光绪二十八年开办，名永兴井硐，民国十年井硐陷落，继开益兴、复兴、中兴、济兴、同兴、天培各井，惟益兴井硐接矿，余均未见成效。十三年益兴井硐又被水淹，嗣于同兴井硐左边四丈开一井硐，于十四年接矿，即现在出矿之井硐，设置分场委员管辖，二十七年后改为场务所，今仍之。

石膏井场：在宁洱县城南，相距三十里。东距三家村二里，西距勐海十里，南距追栗河七里，北距三村庄五里，距磨黑场九十里、省城九百余里。清末设提举大使，民国三年冬改组，易名场务分局。五年，改为石膏分场。二十七年后改为场务所，今仍之。

景东井场：在景东县属。民国十四年，茂爱、茂腊两井包办，十七年，大井、小井亦继续包办，二十八年后改为官办，设场务所，今仍之。

抱母井场：在景谷县治，旧属按板所辖。初由官办，民国十七年改包商办，二十八年后仍收归官办，设场务所，今仍之。

凤冈井场：属香盐井产区。民国十九年重开，招商办理，二十三年收归官办。设场所，二十七年运署稽核分所归并成立盐务管理局，后仍之。

茂爱井场：属景东县治。旧为商办，二十七年后始改设场务所，现在仍为包办。

井硐

元永井场：元永井计分元兴井，一称外井，创建于明万历年间，现有井硐四槽，门硐开于清道光年间，矿卤兼产，福元硐开于民国三年，矿卤兼产，利元兴硐开于民国十九年三月，至二十五年十月接彩产矿；灯楼硐开于光绪初年，现仅产卤，量微，灶户仅资以包矿；群达硐开于民国二十一年，至二十五年接彩，因纠纷涉讼，停止进行。永济井一称黑井，创建于道光年间，现有一既济硐，开于民国八年，至十七年十二月接彩，矿卤兼产。此外各井硐均已圮废。元永井场初隶属黑井，民国五年设署盐场公署，兼辖绥裕分场（即草溪井），十三年改招商办，易名裕民井，于二十五年二月，以妨碍元永井产销，从事封闭。

黑井场：黑井井硐，属于大仓部分者有上洞、底竜井、大子井、新井、龙泉井、德祥、东井，均产卤，其制盐权系大仓七十七灶户共同享有。新山上井部分有上井一硐，产卤，制盐权系上井五灶户共同享有。新山下井部分有里连升井、祝园井、新尖子岩泉井、天成井、六台井、外连升井，产卤，制盐权系下井七灶户共同享有。此外尚有小井如沙井、裕济井、坤元井（有天恩、坤元、乾元三硐）、同济井（有大窝路、小窝路两硐）、元升井等，其产卤制盐权均归各该井开提人所有。其余如宝聚井、丰东井、贞元井、太华井、中兴井、萃泽井、中裕井、兴隆井、天聚井及盐水河，同福公司之福成、福德、福安、生财、福中等五井，其情形不同，但已先后停废矣。

阿陋井场：阿陋井有井硐三，大诺井开于明洪武年间，为本场开发最早之井硐，曾经停废，嗣后开发；丰济井开于明嘉靖年间，约后于大诺井百余年；奇兴井于明万历二四十年，后于丰济井约六十年；各井均产卤。尚有董家桥新硐，自民国二十三年开凿，迄今并未见彩。桥喇井业已停废。

琅井场：本井创建于元代至正年间，现有井硐四，开化井开于清道光初年，生生井开于民国十一年，正兴井开于清光绪年间，兴隆井开于清道光年间。其他如爱春井、宝应井、宝龙井、宝兴井，均已先后封闭。又荣兴井、长兴井亦开筑未成而罢。

白盐井场：白盐井分观、旧、乔、界、尾及安丰六区。其井硐观井区计天福、正德、硐井、小西、杨云五硐。其天生、盘井、石门三硐，含盐成份甚低，原在废弃之列，惟于冬春毛柴期间，正硐卤少，销畅产绌时，亦予设煎，已停闭者为滋川、同寿、五福、双宝、王家、大新、永盛、古井、公子等各井硐。旧井区计添福、福寿、宝泉三井，其宝泉井龙潭及神台井，因含盐成份过低，仅冬春有毛柴时汲煎，已停闭者为天乙、贵人、新井、大石、新挖、仙德、花园、小新、羊羔等各井硐。乔硐区计大中、灵羊、大新三井，含盐成份甚低已停闭者为莲池、十井、弥勒等井硐。界井区计石羊、大井、小井、天成、新井、庆丰、三盘（庆丰井、三盘井含盐成份过低）六井，已停闭者为同福、张家两井硐。尾井区计正德、五福、新挖、中井、上井，大厢、天德七井，其王家、硐井、龙潭三处，含盐份甚低，仅于冬春有毛柴期间汲煎，已停闭者为下井、来福井。安丰井二十五年已予停闭，井区亦已取消。至二十八年滇区奉令增产济销外岸，所有上列含盐成份甚低各井，均予核准列为正井，以增卤产，而裕盐额。

乔后井场：乔后井井硐三，即地宝硐、联珠硐，长发硐，均开于清代末叶，距今已有八九十年之历史。矿卤兼产。地宝硐内原无卤水，系由硐外浸入清水，经过硐脉，因以成卤汲用。其余宝国、天财二硐均已停废。上硐开于明洪武年间，至清咸同间封闭，民国十二年曾一度开复，包商承办，旋以妨碍正销，仍予封闭。此外，尚有水穴一处，系专充排泄长发、联珠各井硐清水及流通空气之用，其本身并不产盐卤也。

云龙井场：本场井硐，计分石门、诺邓、大井、天耳、山井五区。石门区有井二，旧井开于明代，迨清初因卤水淡缩封闭，于嘉庆间另开新硐，专产卤；永济公井开于民国初年，产卤，但量不丰。诺邓区有井一，即诺邓井，开于清咸丰年间，产卤。大井区有井三，东井开于明洪武年间，产卤；牛皮井、牛窝井均开于洪武年间，民国十二年曾被水淹停废，二十二年修复，产卤。天耳区有井一，即天耳井，开于明万历四年，历受水淹，均经提修，产卤。山井区有井一，即各山井，开于明永历间，民国八年被水淹，十四年修复，由商包办，因妨碍正销，二十五年收归官办。其石门区香火井，开于清咸丰年间，旋因卤淡产微，已予封闭。

喇鸡井场：本场井硐有二，恒丰硐开于清同治二年，光绪间曾遭山崩，旋经修复，产卤；颂丰硐自民国二年开挖，旋停，至二十二年始行告成，产矿。

弥沙井场：本场井硐均为民国以后所开，计元兴硐系十九年由剑川大公出资开凿，旋坍废，于二十五年修复，专产矿。其兴硐系二十一年由大公开凿，矿塘与丰硐相连，专产矿。享丰矿系二十三年亦由大公开凿，新通风洞一，系二十八年兴建，专为矿硐通风之用，不产矿。旧卤井系明洪武间开凿，其初产极丰，嗣渐衰落，民初改招商办，二十三年复收归官办，专产卤。又有旧矿硐一，系十八年开挖，中曾一度停顿，二十四年后开，尚未见效。

磨黑井场：本场开自盛清同治年间，现有之上下槽硐，所产卤本极丰富，取用煎制，供给运销，尚皆绰有余裕，故近年产销额均见继续增高。该井之盐质既坚而味厚，故商民乐于购食，其前途诚不可限量。

按板井场：本场开凿最早，年代无稽，盛于前清嘉庆年间，嗣因矿硐陷落，于同治年初在附近南丘地方寻开矿卤，即现设场治所办之永安、安逸、源丰各硐也。该三硐向皆产矿，就中惟源丰一硐于民国七年乃有淡水羼入，与矿溶解成卤，成份甚佳。惟该处素号瘴乡，人难久居，故夏秋雨发，竈工即返原籍，工作遂不能不有所停顿也。

香盐井场：本场开于清雍正年间，产矿之硐名为老井，出产本极丰旺，嗣因开采年久，硐落过深，乃引水入硐与矿溶合成卤，质味亦甚浓厚，以之煎盐供销，历经取用不竭。但因硐老山立，崩颓时有所闻，随时修补尚无碍于产制，惟来日方长，后患可畏，现已经当局竭力整顿，其产销数实较前有起色。该产矿脉雄厚，此后新硐定能取用无穷矣。

石膏井场：本场开自清乾隆年间，咸丰、同治之交，犹称大井，光绪以后，始渐见衰落。现有之老井及天宝井，在前均系产矿，后因淡水羼入与矿溶解成卤，老井之卤质含盐成份尚多，天宝之卤则次之，每遇夏秋雨水其卤较淡，竟至不可煎盐，灶户即须歇火，以致时有供给困难之事，后经先后修浚老硐，疏通卤源，以为顾全煎销之计，现在所产卤水确已较前增加。

抱母井场：本场开于清乾隆年间，现办二井，出产不丰，卤质含盐成份并不见佳，惟后煎制方法予以改良，其品质已较前提高，而商人亦乐于购销。

益香井场：本场开凿于清道光年间，未久即报废，嗣于光绪中叶乃重复行开办，所产矿卤，足供煎销，其产额可与香盐相等。昔日衰弱之现象现已一变而为发展者矣。

勐野井场：本场矿产丰富，盐质极佳，前清时代曾经试开，因其僻在瘴乡，查察难于周到，又无固有销地，有碍正井销征，旋即奏明封禁，以杜窥窃竞争诸弊。晚清时间有因见利而请复开者，究因限于例案，迄未议准复开。民国以后，滇南各属绅民，纷纷请愿，要求开放煎盐，专销边远夷地，乃准集股开煎，现产量年数千担。

〔井硐兴废〕

〔黑，白、磨三区，或产矿，或产卤，或矿卤兼产。其间兴废隆替，不一而足。特分举如下：

黑盐井，纯产卤，所属有新井、大子井、东井、尾井、沙卤井、德洋井、龙泉井、低龙上硐、天恩井、乾元井、元升井、新山上井、新山下井、中兴井，就中尾井、沙卤井皆早废。新山上井，民国十三年被河水冲塌，旋复筑堤拦水，寻获原日井口，仍取卤供煎。虽未遂还原状，然亦规复大半也。

琅井，产卤，旺于天启，降至咸、同，犹有大井之称，迄光绪则转丰为歉。所属开化、生生、庆春、新大、正兴、宝应、宝隆、宝兴、兴隆、贺元各井，半多质味淡涩，远逊该区各井。就中惟开化一井，卤清味正，前因咸淡相混，未能充量供煎。近已革淡取咸，再加整饬，当有日新月异之象。

元永井，有元槽门硐、永槽门硐、阴元硐、福元硐、小井房硐、新元硐及未有名称之各旧硐。最初矿卤兼产甚旺。民国六年引淡作咸，九年渐呈衰象。十四年卤味回浓复大旺，日产盐至四五万斤。未几，卤变淡，额顿减。永井复辟既济新硐，元井亦就元槽门老硐内另开窝路，俱获矿，现正分段凿开通风，再将矿硐多分岔枝，即可溢煎裕课也。

阿陋井，产卤所属有巴喇井、罗木井、格拉井、十二丁井、表信井、表朝俸井、改版井俱废。纳甸井曾由灶重提，究未成效。寄兴井则于民国八年以后，卤量陡增数倍，复得丰济辅之，故产盐之多甲于黑井全区。十四年，该井因地震，卤忽变淡，日仅煎数百斤。后经彻底淘浚，始稍回复。故此时该井场煎额之多寡，专恃奇、丰两井之丰歉为转移也。

白盐井，盛于明洪武间。先后开辟小西井、天福井、正硐井、旁井、扬云井、福寿井、添福井、宝泉井、大中井、灵羊井、石羊井、天成井、庆丰井、新井、正德井、新艳井、五福井、天德井、大厢井、中井、上井共二十一井。所产卤，本非浓厚而质味较佳，甚为川边会理一带所争买。清宣统元年，提举杨尚懿，督灶改煎锅盐，色虽白而味淡，人不喜食。以致盐积疑悬，乃规复原式，始陆续推销。民国以来，该井出卤，尚可供煎顾额。十九年间，议将封闭之安丰井复行开提，迄未收效。

乔后井，所属有天财、地宝、联珠、长发四硐，均产矿，递年见增。惟开采日久，内部空虚，难保不无窠路深远、天棚下坠之患，前经未雨绸缪，饬由该场官灶培旧改新，现已次第收效。故民国以来，产煎照常丰富。

喇鸡井，向产矿，清同治年间，硐顶陷落，淡水浸入，遂化矿为卤，出数极多且咸。该井官灶，复于旧硐南端另辟新硐，准备取矿。纵遇雨季，可免供不给求之患。

云龙井，产卤，系分八井，即石门、诺邓、大井、天耳、山井、金泉、师井、顺荡等井是也。卤淡灶困，屡经调剂补苴，尚能勉强供煎，历久尚无异状。

磨黑井，矿卤俱丰。现办之宝兴上、下槽硐，尤蕴藏甚富，取不尽而用不竭。民国以后，该井产盐之进步，不啻一日千里。

石膏井，初产矿甚丰，嗣因硐落，专汲卤以济煎，既而卤复减少，月煎盐不及十万斤，遂阙不振。民国十八年，又复获矿，如能历久不变，足可恢复旧观。

按板井，矿净卤浓，包孕甚富。民国十二年以前，永丰、永裕两硐，日产多数矿卤，发灶供煎，绰有余裕。十三年矿硐坍塌，情状为之一变，随即另开新硐，寻获矿苗，努力进取，不难恢复旧制。

香盐井，初产矿甚丰，因硐深路远，引淡作咸，遂致老硐突告倾覆。乃由官灶并力开采得矿，渐次扩充，至今未尝废弛。

益香井，产矿卤，盛于清光绪中叶。其时，出数足敷正井短额。惟该井矿源，俗称类似鸡窝，根蒂未深，故丰歉靡常，近数年来亦如之。〕

〔井场气象〕

〔一、晴雨：滇居南徼，地少平原，山居十之七，地只十之三。凡黑、白、磨三区产盐各井，类皆杂处，山间包孕虽宏，而采取匪易。且山国气象，与滨海、滨江者又自不同，所以每当夏、秋，辄多阴雨，弥月不开，其中尤以磨黑一区为最；春、冬则又晴明。故各井产数，多丰于春、冬，而歉于秋、夏。

二、温度：滇省气候，无祁寒，亦无酷暑。三区比较，磨黑地稍卑下，天气炎热而多瘴疠；黑、白两区，皆在滇垣之西，居高临下，冬不甚冷，夏不甚热，春秋则尤和平。因此，一切劳工，尚少疾病死亡之人。就中黑井一场，滨于龙川大河，每当盛夏，其温度之增高，不无超迈黑、白两区各井耳。〕

灶户

元永井：本场灶户之制盐权，则根据卤丁，元兴井有五十五灶，大锅一百四十口，桶锅一千八百六十七口。永济井原有五十灶，大锅三口，桶锅三十五口。

黑井：本场连新山、下井，计有八十一灶，大锅一百四十九口，小锅八千八百三十八口。向来各灶制盐并无特许证券，仅由黑井场署转呈运使批准立案。

〔阿陋井：本场产卤者共有两硐，即丰济、奇兴也。丰济井每日能拉卤两班，每班二百一十背，每背一百斤，每斤卤水约含盐质二两九钱。奇兴井每日产卤多则四班、三班不等，近只一班。每卤一斤，约含盐质四两一钱。按各灶丁份之多寡，平均分摊。但两井所含盐质，若遇雨季，则卤水虽较多，然其味稍淡。如值晴季，则卤水较少，然其味稍浓。计新旧十九灶，共有大锅七十九口，桶锅九百九十八口。〕

琅井：本场现在出卤之井有七，在琅井西南者六，即生生井、庆春井、正兴井、宝兴井、新大井、兴隆井；在琅井东北者一，即开化井。其他数井均废。本场灶户共十六家，为温永正、温若和、温永立、江彭年、江永年、江永兴、杨复初、杨庆余、杨附灶、武协和、施树德、莫尚荣、洪国藩、赵永清、李恒太。每灶各有大锅三口，小锅三十六口。各灶均于成立时在场署呈报立案。其卤份灶房，系私人自置。

白井：白井共有煎灶六十六座，每座有大锅一口，小锅二十五口，各灶一律。

乔后井：本场原有八十灶，当咸同间兵燹时，灶户逃亡殆尽，深恐盐课为累，至以最低价出卖而补贴以家具什物者。嗣杨玉科克复，招回流亡灶户，仍复业供煎。至无主领之灶份即用以奖从征战士，分别给予牌照。故有民灶官灶之别，相延至今，已五十年。旧日所属之弥沙井有三十灶，亦已年久未经编查。

云龙井：本场各井于民国初年系督煎督销，仅编列各灶户盐简字号，并未颁有证券。

喇鸡井：本场共有八十五灶，居山城之上。用竜工由槽硐内拉出卤水，贮入锅内。每卤煎盐须铁锅四口，即在锅内熬成盐粒。其制盐特许证券尚未颁发，惟有喇井场署印给灶牌为有效力之凭据。

磨黑井：本场灶户煎盐，概用梯灶。每灶置锅二连或三连、一连不等，以所煎份数之多寡而置锅灶。如份数多者则置三连，次者二连，少者一连。每连置锅十四口至十七口不等，仍以二连灶置锅十五口者居多。均未颁发特许制盐证券。

按板井：本场现有矿硐四口，灶户九十六家，已颁发矿班执照为制盐之凭证，有窑灶五盘，梅花灶八十三盘，制盐锅六百八十一口。

香盐井：本场现有矿硐一口，卤硐二口，采卤者仍仅一口。全井分为硐班三十个，卤班六十个，计卤班二个，当矿班一个。共为六十矿班，分上灶十三，副炉九，共锅三百二十二口，分领矿卤煎制，均领有凭证。

石膏井：本场〔所属之宝丰井产卤六合硐及新开之中兴井则产矿〕，各灶曾由运司颁发矿卤丁份执照。计有灶户六家，盐灶六盘，共锅三百一十口。

益香井：本场灶户八家，矿卤定为三百四十份担，平均分摊制盐，每家约置二十余锅口作为梅花形或梯形。井硐系由灶家合资开办。自前清以至民国，公家均给有营业凭照，许其有制盐权。

兹将三区灶户丁户暨矿卤丁份列表于后：

云南全省灶户丁户及矿卤丁份表

区别	井别	灶产业主丁户合计	矿卤丁或矿班份担灶房股份石数合计	备注
黑井区	元永井	元井共五十七户	元井共二百一十六丁半	内分六成份二百三十七股，四成七五份七十五股，四成七八份七十八股。
		永井共五十三户	永井二百九十股	
	黑井	七十户	二百二十另半丁另半灶	内分天井一百零一丁半，零半灶，东井六十二丁，新井五十七丁。
白井区	阿陋井	二十户	二百七十五丁	
	琅井	一十四户	一百五十一股二丫	内分开化井四十六股，正兴井十三股，兴隆井十七股五丫，庆春井七股七丫，生生井六股，新大井十九股，宝应井四十二股。
	白井	六十六户	八百三十六石	内分观井二百一十六石，界井一百五十石，旧井一百八十二石，尾井一百二十石，乔井一百六十八石。
	乔后井	八十户	八十灶	
	喇鸡井	八十五户	八十五灶	
	云龙井	四百二十五户	四百二十五灶	内分石门井六十八灶，金泉井五十五灶，诺邓井七十五灶，顺荡井三十六灶，大井七十二灶，师井四十灶，天耳井八十四灶，山井十五灶。
磨黑区	磨黑井	二十九户	三百四十份担	
	按板井	九十户	二百个矿班	
	香盐井	十三户	九十个矿班	内分：矿三十个矿班，卤六十个卤班。
	益香井	八户	三百四十份担	
	石膏井	八户	六百八十七份担	

上列黑井、元兴、阿陋均为丁份，永济、琅井均为股份，白井为石数。乔、喇、云为灶数，磨、黑、益香、石膏均为份担，按板为矿班，香盐亦为矿班。此系各井命名，定义各不相同，惟一矿班、一份担、暨一灶一担，即同于一丁一股，因各井所产，丰歉无常，以致各灶承领矿卤数目亦历久不变，惟后置各场，多无可考。民国二十年十月运使张冲出巡黑井区，视查黑、元、阿、琅等四场之盐务状况，并访查白、磨两区情形，深识本省盐务已濒危境，若不亟图挽救，必至不可收拾。其挽救之责，自以灶户方面为最重要。彻底改组灶户实为刻不容缓之图。曾经拟定《改组各井灶户

方案》及《改组各井灶户办法大纲》，呈由省府核准施行。对于改组灶户之理由，在使改组后之灶户能负责增加生产及减轻成本之责任。至于改组之办法，计分灶户、公司两种。灶户制系以（一）场额、（二）矿卤为标谁。计算应设灶数，务使化零为整，矿卤平均，决无大小参差之悬殊，以裕产制而便考核。三区各场除乔后一场因灶数整齐，矿卤平均，实为此次改组案所取法，不应再予纷更外，其他各场，迭经饬令化零为整，平均产制，俾灶数较前减少，盐额较前激增，一年以来，成效颇著。嗣各场对于改组煎灶，大体均已就绪，运署拟于整理后，汇报部署，以作将来发给制盐特许证之根据。至公司制则责成场长督饬所属灶户，组织制盐公司，承办该井盐务，照包课包额。自煎自卖两原则办理。同时依据大纲第二十四条，订定《各井场制盐公司组织通则》，于公司之职权，公司之权利，公司之义务，皆有明文规定，综其大要，则公司有定额溢额，得享豁免税饷之权利；反是，则受责赔税饷之处分，由该公司保证金内扣抵，扣抵不敷，责令补缴，其性质同于小井包课。当时各场商灶遵照改组制盐公司者，计有黑井场之兴业公司，磨黑场之民主公司，石膏场之华兴公司，香盐场之天和公司，喇鸡井之丰裕公司，云龙场之四井公司，其他各场未能一一成立。而公司包办期内大都亏课甚巨，就中如磨黑民生公司则将溢额月份应退税饷共新币二十三万余千元完全退清，而短额月份应赔税饷只新币十四万余千元，乃竟抗延不缴，商灶只知尊重私人权利，忽视对公家应尽义务与应负责任，是公司推行不无窒碍。故于包期届满后即改弦更张，从事追收欠课。惟云龙场四井公司办理较有成绩，但就场署管理便利言，该公司亦有继续办理之必要，故至今犹存。民国二十四年，运署以本省各场灶民团体之组织无一定章则，以致名称互异，有灶务委员会，灶公所，井柜等等分歧，既与国家法令不符，且常滋生事端，自非一律依法改组，不足以资整顿。运使李培炎呈准省府，通饬各场按《人民团体组织法》之规定，灶民团体属于人民团体之工商团体，依法组织为制盐同业公会，颁发各场《制盐同业公会组织通则》，将原有灶民团体一律加以改组。又同年运署以各井场产区若千盐户向无稽考统计，以资改进，故近年来人口增殖，时有供不给求之虞，而盐价亦因之不能持平，影响国计民生甚大，并呈经省府核准，规定产区丁户表，责成各场填报，以期名区井硐灶数及现制停煎之状况得以彻底明了，随时改善，调节食盐。

卤矿

云南各井场之制盐原料，不外卤、矿两种。

一、采卤与输卤。各场卤井之吸卤方法，并非一律，即同一井场亦视井硐之形状，应用之便利而有不同。概括言之，可分以下数种：

（一）轱辘拉汲式。此种方式系应用于垂直开凿之吊硐，依井硐之大小，于硐口安置轱辘配用四人至八人，用手转动轱辘，使盛卤之袋汲以上升，此项卤袋多为牛皮制，因其质坚厚，不易为盐水浸蚀也。

（二）竹筒抽汲式。此种方式应用于倾斜开凿之陡推式井硐，依井之深浅安置相当之竹筒，俗称为“龙”，其竹筒之节数俗称为“双条龙”。每条配用竜伕一人，应用唧筒之原理，将卤逐节抽上，以至于硐外之卤池，或与地面相平洼地，开沟流注于卤池。

（三）背运。由背伕直入硐底汲卤于篓，背负驮出。

（四）挑运。由盐工用木桶直接向井硐汲取，肩挑以去。至于卤水自井硐汲取以后，大致均集注于卤池，以备配发各灶，用以煎盐。

二、采矿与泡矿。矿为固体盐块，其自然存在，乃如岩石，故采矿颇类开煤，惟滇区迄今均尚仅用人工而无利用机器者。其法于开挖矿硐接彩后（即获矿），在窝路（即由硐口直达采矿之路）上面及左右加设镶木，人伕入硐，树凿于岩，用软柄（竹条）铁锤捶击分裂以下，用人伕背运出硐，集中于矿房，再以配发灶户。泡矿系以矿块泡成卤水，以便于煎制，此项工作近尚归灶户自行负责。灶户于领得矿块以后，用篾制箩筐盛矿放入卤池，其易于溶化之盐质，即经溶入水内，其不能溶化之沙石杂质，则仍存箩筐以内，俟其溶至无可再溶时，即以倾弃，另盛矿块。卤池经泡矿之后，其水份已有盐质，但为排除杂质起见，或用布质滤清，或依自然澄清，然后用木勺舀入锅内煎熬。

采卤方法

黑井：本场采卤之法有二种，一用牛皮袋搬汲，一用水龙拉汲。先存池内，按丁散放各灶煎熬。有用背桶背者，有用木桶挑者。新山下井则用枧槽将卤水引入灶内。

琅井：本场采卤之法，系用人工掘地为井，深浅不定，有卤为度。以木板或条石嵌砌，使其不易倒塌，然后截大竹为筒，长一丈三四尺，园径四寸，去其中心之节，只留底节，节中钻一孔，用长丈余之细竹竿，一头分劈为三，缚竹圈于上，又以牛皮截一园形蒙竹圈之上，插入大竹筒中，名为竹龙，俨如古用唧筒之形。视盐之深浅，而安竹龙自井以至底，浅则四五条，深则十余条，每龙用一龙工（即拉卤工人），司之龙工，坐于龙旁，以双手持龙中之竿，拉之出入不息，则卤水因龙中无空气之故，即由龙底孔中钻入，由龙口喷出。井底之龙，泄卤水至第二龙，以次拉送至井口。井口有大卤池，以木制成，拉出之卤，即盛其中。池宽深各数丈，可容卤百余背。然后由管卤之人分配，由木槽或人背送入灶房。又有生生井，不用竹龙拉卤，系用皮带。其法先用木架于井口，架上横置粗木段可以活动，木上安四方木条二根，作十字形，两头皆然，缚皮绳于粗木上，长各十余丈，绳端系一皮袋，可容卤四五十斤，两绳绕于木上，方向相反，此器名为滚龙。以四人合力攀动木条，即粗木滚动皮袋，此上彼下，卤水即盛于袋中，提至井口，又用一人，将皮袋中之卤，倒于木槽中，是为攀卤之法。

元永井：本场无论矿或卤，其采取方法，均系先辟硐路，以采求矿层。俟矿或卤发现时，即分别用采矿或取卤方法，将矿或卤取运出硐，分发各灶。兹分述如下。

一、开辟硐路。硐路多自山麓凿入，硐宽四五尺，高五六尺。硐路多倾斜向下，内方深入山腹。其矿卤发现，多在入山四十余丈至七十余丈深处。其硐路进行中，设遇青硖，即须转换路向，以避淡水浸没；设发现淡水，即须下掘水套，以资归纳，不使漫延；设遇软硖，须架桥镶木，以防倒塌；设闷亮窒息，须另开通风硐路，俾空气流通，勿碍硐内工作。总期硐路安全，以达采矿目的。

二、采矿。硐内采矿出硐，系以捶手二人、砂丁二人联合工作（俗称一水）。捶手入硐取矿，一人执铁钎着矿层，一人用大铁锤打铁钎，矿即随钎而下。砂丁则用篮负出矿硐。设矿层狭窄，同时只容一水人取矿；如矿层宽广，则左右上下均可开辟矿路，可容数水人同时采取。计每水人日可取矿八百斤。

三、采卤。硐内发现卤水，即于硐路内向下开掘水套，用以储积，并防他处之淡水浸入。其运出硐外方法有二：一为用木桶背出，一为用竹龙拉出，竹龙为特制拉唧卤水之用，每龙长约丈余。系用粗大之竹（园径约三寸许），空其中如筒状，龙内装置龙竿、皮兜等件。用龙拉卤时，将龙筒下端没水套卤中，龙夫于上端继续抽送龙竿，卤水即因唧筒作用，自下端入筒至上端涌出，复于上端另设水套纳此卤水。如法再用龙向上拉唧。如是各龙递接，同时工作，则卤水可自硐内深处递接出硐。计每龙须龙夫一人拉唧。设出卤处距硐口愈远，则所需龙数及龙夫愈多。

阿陋井：本场用长约一丈，口径约三寸余之多数大竹筒（俗名龙），将山挖空，顺序斜上列。每龙设龙夫一名，各持一汲水棍，棍之尖端，包裹羊皮套，周围用绳系之如碗状。每小时可抽送四十次左右。如唧筒之作用，陆续上升，积于高约三丈之卤房之大木缸内（木缸之直径约五尺余，高六尺左右），然后由枧槽逐日分布各灶。

白井：本有卤无矿，井深可三四丈。井内架以木箱，外复甃以条石。自底上至井口高凭地齐。其采法，于井上架木如井形，高约七尺，中横一栗木于架上，木之两端，各穿一孔，嵌柄如纶，而系皮绳于左方，绳下系皮袋。袋必用黄牛革，绳则用水牛革。将绳掷入井内摆之，卤即注满袋中。龙工用力拉挽而上泄于卤槽，每一袋可盛四担。槽满时集卤丁挑至灶房。近为运卤便易计，在各井安置木枧槽直达灶房内。卤由井拉上时，即便倾入木槽内，转瞬即流入灶房之卤池，较之人挑便易多矣。又各井咸卤之旁必有淡水，灶户采卤必将淡水拉出，分别注之淡水所在之处，曰撤潭。撤淡水之法，系用竹龙，园径三寸余，长一丈四五尺，放龙潭底。另以四尺长之小竹竿，系皮兜于竿梢，横其柄如丁字形，将皮兜插入龙腹，是时龙中之水，都已注满，只用拉提，以水引水，淡水则应手而出。潭之深者，必用三台，浅者则两台，视淡水之多寡以为衡。其分台之法，第一台直达潭底，拉至半中，则以石池蓄水，作之字形，为第二台，复排龙而拉之上至第三台，则有沟路，使泻流入于河，各井皆然。倘淡水不撤，掺入咸卤，则盐之成份必减。

乔后井：本场矿、卤兼产。其采矿法，用人力持五六斤重之木柄铁锤，进井硐内打击，至获矿后，仍用人力以竹筐背出，输送到灶。采卤用木龙拉汲出硐，更用木枧槽接引到灶（弥沙井采矿、卤之法略同）。

喇鸡井：本场采卤，由槽硐内安龙七条，每条龙工一人，下硐汲取，递拉而上至最外一条，接枧槽流入卤池，经场税机关派员分卤发灶。又由卤池接枧槽，引入灶房，以供灶煎。

云龙井：本场石门井，用竹龙七条，以卤丁十五人，分昼夜两班，拉汲接以枧槽，西流半里许至卤池，用人背入灶房。诺邓井，用竹龙十条，卤丁二十名，分昼夜两班，拉入卤仓，用天车绞入卤缸，背入灶房。大井有井硐二。东井，用竹龙二十二条，卤丁二十二名，拉入卤池，背入灶房。牛皮井，用卤丁二名，以牛皮口袋汲取。天耳井，用竹龙十七条，卤丁三十人，轮班二次汲入卤缸，负入灶房。

磨黑井：磨井卤水浸矿硐内，浸出聚于一塘，用竹龙拉汲。其竹龙每长八九尺或一丈或一丈一二尺不等。由硐内聚卤塘接连安置出硐。每竹龙以一硐丁守之，上下龙丁相连拉汲卤水出硐又集于聚卤塘，仍以竹龙拉汲分发各灶。

石膏井：本场于开辟槽硐获卤之时，即设镶头领班，安置竹龙二十节或三十节。招集龙丁鱼贯入硐。先由卤源处发卤，然后一龙拉递一龙之卤箱，逐渐而上，拉出槽门，渡进公共匝塘，限以标准，仍复拉放枧槽，渡至各灶卤塘，以备煎熬。

按板井：本场采矿采卤方法，各有不同。采矿之法，系于有矿之地，先开辟斜陡之硐，高五尺、宽三尺五寸，用楞木成长方之框，名镶木，相距五寸一架，挨次安置，外垫木柴，使无松动。开辟至结盐矿之处，即不安镶木。砂丁以洋钢打成五寸长之尖形，〔再以〕如手指粗之细木条长二尺，于条之中间用火烘，挽成圆圈。其圈称尖之大小，套尖于内，左手握木条挽回之两端，支尖于矿体，右手执四五斤重之铁锤击尖顶，矿即成块崩下。用篾织之背箩，将矿装于箩内，以皮带或布套于箩身，背负由槽硐而出，倾于矿卤厂堆存，以待秤发灶户领煎。其采卤之法，系于采矿之硐，遇涝塘（即掘矿之地）或槽硐倾坏不能采矿时，硐内有水浸入，将内未采完之矿硐渐泡成汁，名曰卤水。即于硐口安设竹龙，每一丈二尺安一条，安至硐底接触卤水之地为止。每条竹龙用龙工一名拉卤，将卤接次拉出硐口，枧槽相接，流注卤塘内，以待发给灶户领煎。凡矿卤硐内，均属黑暗，每砂丁龙丁，均须每人点灯一盏，始能工作。

香盐井：本场拉卤水，自门至硐底约十余丈。设龙八条，逐日卤丁入硐，各拉一竹龙。先由硐底卤丁拉满一札塘后，次第照此拉出硐口，又采矿之法，大都有砂丁二人，共同合作。二人之中，一名捶手，一名背脚。捶手在硐底，用铁锤击尖，将矿片片打下，由背脚用篾箩背出硐口过秤。

益香井：本场同兴井及复兴井硐均有卤水。采取之法，由硐门至硐底设置竹龙三十余条，级级而上。龙丁拉卤，须按龙坐满，先由硐底第一龙发水，逐次而上，拉出硐外之公共札塘即可，以分发各灶。至采矿之法，系由同兴硐之左边通风洞，自硐门至硐底约打进三十余丈之远。砂丁有锤手背夫之别，锤手将矿打下，背夫用篾箩背出硐门，堆于矿房，过秤后即分发各灶煎盐。

盐场分区

黑井：琅井分场距黑井三十里，位于本场之西。又黑井附属之新山下井，位于本场之北，距离约五里。

元永井：本场分元兴、永济两井。

阿陋井：阿陋之东南有安乐井，距本井二十五里，即为本井之分区。

乔后井：本场所属之产盐场，有弥沙井及上井（现已封闭）。弥沙井在本场之西北，相距八九十里。上井接近本场，在本场之东。

喇鸡井：本场所属有丽江井、高轩井、日期井，均在本场之东北隅，各井相距约六十余里。

云龙井：本场所属有石、诺、大、天、山、金、顺、师八井区。石门井即云龙场。诺邓井居场之北，离场十五里。大井居场之东，离场五里。天耳井居场之东，离场九里。山井居场之东，离场十里。金泉井居场之西南，离场三十里。顺荡井居场之西北，离场一百五十里。师井居场之西北，离场一百里。

按板井：本场所属小井，南有恩耕井，距八十里；有抱母井，距六十里；有茂腊井，距九十里；有滥盐井，距一百一十里；有密卡井，距一百二十五里。西有茂爱井，距四十里。北有景东井，距六十里。

香盐井：本场附近小井颇多。已开采者，距北三十里许有凤冈一井，出矿富饶，矿质佳良，现有包商办理。距西北七十里许，有刁孔卤井，亦包商办理，西距十余里，有蛮虹卤井。距南里许，有蛮窑井，尚未开办。又西南之一百二十余里有蛮帽卤井。又六十余里，有茂篾卤井，皆招商承办。

按白井、磨黑井、石膏井、益香井俱无分区。

各井盐质

民国十九年间，运署使先后将各井场盐样，呈送盐务署化验，经陆续化验结果，列表令发，特录列如次。

云南各盐井含盐量统计表

产地	种类	氯化钠	水分	夹杂物
元兴井	矿煎	63.92	3.22	32.86
永济井	矿煎	44.22	6.13	49.65
元永井　槽门新硐	矿煎	70.00	6.24	23.76
黑井	煎	86.13	7.42	6.45
阿陋井	煎	79.21	6.58	14.21
琅井	煎	88.76	0.16	11.08
白井	煎	92.68	1.20	6.22
乔后井	煎	91.32	0.12	8.56
喇鸡井	煎	93.90	2.40	4.51
云龙　石门井	煎	84.21	9.35	6.44
诺邓井	煎	92.49	1.28	6.23
天耳井	煎	93.64	0.84	5.52
山井	煎	84.31	11.62	4.07

（续表）

产地	种类	氯化钠	水分	夹杂物
大井	煎	85.24	7.59	7.17
磨黑井	煎	89.56	4.32	6.12
石膏井	煎	93.20	0.42	6.38
石膏井　中兴硐	矿煎	87.15	2.35	10.50
按板井	红矿	46.41	0.13	53.46
香盐井	白矿	90.97	0.44	8.59
按板井	白矿	66.98	0.26	32.76
益香井	白矿	87.32	4.14	8.54
安宁井	白矿	64.05	0.76	35.19
枳旧井	白矿	82.35	4.62	13.03
安乐井	煎	81.85	5.40	12.75
金泉井	煎	86.39	2.08	11.55
师井	煎	87.54	7.64	4.82
顺荡井	煎	86.17	1.51	12.32
弥沙井	煎	88.18	1.05	10.77
勐野井	煎	92.30	4.52	3.17
丽江井	煎	91.58	0.92	7.50
磨歇井	煎	94.70	0.50	4.80
磨铺井	煎	95.07	0.76	4.17
磨腊井	煎	86.35	3.00	10.65
茂腊井	煎	83.52	7.33	9.16
景东大井	煎	89.51	0.25	10.24
景东小井	煎	82.14	7.42	10.48
景东　谦田井	煎	86.21	6.75	7.04
恩耕井	煎	88.39	6.37	5.24
茂篾井	煎	67.42	5.41	27.17
刁孔井	煎	90.33	1.82	7.85
茂爱井	煎	87.90	3.36	8.74
又按板井	煎	93.40	4.23	2.31

查表列，含氯化钠在百分之八十五以下不合标准者，业经令饬盐务员司认真改良督制，务合标准成份。嗣据乔后场呈到改良盐样，经加工滤洁，发明一种改良方法，简而易行。复经通令各场遵照，并将法则录后：

一、提滤盐质原料，系将黄豆泡洗净洁，连水磨成浆汁，用麻布袋扎好口，滤去渣滓，取豆浆掺水十倍，倾入锅内煮沸，另用石膏烧透泡化成液，澄出清浆，加于煮沸之豆液内，搅至三五分钟之久，安放于清洁之盆，俟待冷后将浮面浆液取出，留作提滤盐质之用，而沉底结合物质当豆腐。至于浆液成份，因黄豆富有碱性，石膏内含酸性，两相混合，成碱性中有酸性之质液，而氯化钠不易与此性混淆，所以盐卤内放入此种原料即可分析成最好之盐卤，杂质亦即沉底不动。

二、盐卤倾入滤瓶内滤去渣滓，复将清卤注于洁净卤缸，用上述原理掺入少许，用木棒搅拌，如原料过少不曾分析，再加少许，以能分析为度，听其澄清，则取清卤煎盐，以滤二三次为佳。

三、煎煮之法，看其盐卤煎沸，倘有沫于杂物不尽，再用米饭或香油少许点入沸卤内，仍听其沸，则沫子杂物自随所点入之米饭或香油浮于面上，用竹编瓢箩（上缝细麻布于面）将米饭及夹杂物捞尽，随起随捞，自得良好成份之盐。

四、乔后盐质原有氯化钠九十分以上，制成盐时反减少至八十分稍零，杂质几占二十分之多，兹经提滤试验，每盐一斤所含氯化钠在九十分以上，如再加工提滤将不仅如现在所得之质色已也。

又云南全区盐质，除滇中区外，含盐成份均甚高，含碘成份一般以山东等区海盐为高，因滇区一般食物均缺乏碘质，故山间居民往往易生颈瘤病。惟为防止颈瘤病之发生，其最普及之方法，厥惟在盐内加入相当份量之碘质。盐管局于民国二十八年派化学博士沈祖堃从事试验，二十九年成功，随即于滇中区着手实施。自三十年起又在迤西分场逐步实施，颇具成效，迤南区年来亦正在筹备实施中。再关于滇中区之盐质，一般含芒硝太多，虽与人体无显著之弊害，但究非所宜，祛除之法惟有一、加入氯化钡，二、冷冻。然此两法，前者因需要药物太多、太贵，乃实验室内办法，未可普及应用。后者因大规模之机器国内无法制造，故迄未能付诸实施，只可待异日整个国家实行工业化之时办理耳。特将最近化验各井盐质成份之表列后：

云南各井场盐质成份表

井场	氯化钠	硫酸钠	氯化钙	硫酸钙	硫酸铁	氯化铝	不溶物	水份
元永井	80.83	16.38	—	0.81	0.17	0.13	0.50	1.32
琅井	55.53	41.88	—	1.18	0.55	0.22	0.44	0.82
阿陋井	70.62	26.55	—	1.08	0.33	0.54	0.58	1.14
安宁井	85.99	5.51	—	5.40	2.18	0.09	0.20	1.15
一平浪井	83.21	11.62	—	1.68	0.96	0.61	0.55	2.12

（续表）

井场	氯化钠	硫酸钠	氯化钙	硫酸钙	硫酸铁	氯化铝	不溶物	水份
黑井	86.78	13.10	—	1.02	0.47	0.09	0.42	0.53
抱母井	95.72	1.16	—	1.55	0.96	0.25	0.22	0.54
石膏井	96.99	0.29	—	1.37	0.18	0.61	0.50	1.91
凤冈井	98.58	0.16	—	0.44	—	0.35	0.42	0.17
磨黑井	98.63	0.40	—	0.72	—	0.06	0.19	0.22
益香井	99.26	—	—	0.24	—	0.09	0.37	0.12
白井	91.47	4.01	—	2.28	0.59	0.07	0.32	2.28
乔后井	92.92	—	1.03	2.62	—	1.19	2.50	0.28
喇鸡井	96.05	0.60	—	1.82	0.25	0.36	0.39	2.13

矿、卤质量

滇省三区各场所产矿、卤，因咸淡不一，质量遂殊。历年以来，虽间有变迁，大致相悬不多，抑或时增时减。特将民国二十年间较煎所得成份列表于下：

黑、白、磨三区各场最近较煎成份简明表

区别	场别	井硐别	矿卤别	较煎成份
黑井区	黑井场	各井	卤	每卤一斤约煎盐一两二钱
	琅井场	各井	卤	每卤一斤约煎盐一两二钱
	元永场	元兴、永济	矿	每矿一斤约煎盐四两一钱
	元永场	元兴	卤	每卤一斤约煎盐一两六钱
	元永场	永济	卤	每卤一斤约煎盐八钱
	阿陋场	奇兴	卤	每卤一斤约煎盐三两八钱四分
	阿陋场	丰济	卤	每卤一斤约煎盐二两四钱
	阿陋场	大诺	卤	每卤一斤约煎盐一两二钱
白井区	白井场	天福	卤	每卤一斤约煎盐一两二钱
	白井场	正井	卤	每卤一斤约煎盐一两二钱

（续表）

区别	场别	井硐别	矿卤别	较煎成份
白井区	白井场	硐井	卤	每卤一斤约煎盐八钱
	白井场	杨云	卤	每卤一斤约煎盐一两
	白井场	小西	卤	每卤一斤约煎盐九钱
	白井场	福寿	卤	每卤一斤约煎盐一两四钱
	白井场	大成	卤	每卤一斤约煎盐一两一钱五分
	白井场	宝泉	卤	每卤一斤约煎盐九钱
	白井场	大中	卤	每卤一斤约煎盐一两六钱
	白井场	灵羊	卤	每卤一斤约煎盐九钱
	白井场	石羊	卤	每卤一斤约煎盐一两二钱
	白井场	三盘	卤	每卤一斤约煎盐八钱
	白井场	天成	卤	每卤一斤约煎盐一两一钱五分
	白井场	新井	卤	每卤一斤约煎盐一两二钱
	白井场	庆云	卤	每卤一斤约煎盐九钱
	白井场	正德	卤	每卤一斤约煎盐一两三钱
	白井场	中上	卤	每卤一斤约煎盐一两
	白井场	大湘	卤	每卤一斤约煎盐一两四钱
	白井场	五福	卤	每卤一斤约煎盐一两六钱
	白井场	天德	卤	每卤一斤约煎盐一两六钱
	白井场	新挖	卤	每卤一斤约煎盐一两四钱
	白井场	王家	卤	每卤一斤约煎盐九钱
	乔后井	天财	矿	每矿一斤约煎盐八两
	乔后井	地宝	矿	同上
	乔后井	联珠	矿	同上

（续表）

区别	场别	井硐别	矿卤别	较煎成份
白井区	喇井场	恒丰	卤	每卤一斤约煎盐三两七钱
	云龙场	石门	卤	每卤一斤约煎盐七钱
	云龙场	诺邓	卤	每卤一斤约煎盐三两二钱
	云龙场	大井	卤	每卤一斤约煎盐一两六钱
	云龙场	天耳	卤	每卤一斤约煎盐七钱
磨黑区	磨黑场	下井	矿	每矿一斤约煎盐七两五钱六分
	磨黑场	下井	卤	每卤一斤约煎盐二两九钱
	按板井	永盛	矿	每矿一斤约煎盐六两一钱五分
	按板井	长安	矿	每矿一斤约煎盐六两四钱
	按板井	天宝	卤	每卤一斤约煎盐二两一钱四分
	按板井	永安	卤	每卤一斤约煎盐一两五钱
	按板井	永盛	卤	每卤一斤约煎盐二两一钱五分
	按板井	长安	卤	同上
	香盐场	永丰	矿	每矿一斤约煎盐八两八钱
	香盐场	老开	卤	每卤一斤约煎盐一两
	香盐场	同兴	矿	每矿一斤约煎盐七两二钱
	香盐场	同兴	卤	每卤一斤约煎盐二两六钱六分
	香盐场	复兴	卤	每卤一斤约煎盐六钱
	石膏场	六合	矿	每矿一斤约煎盐六两五钱六分
	石膏场	六合	卤	每卤一斤约煎盐二两一钱六分
	石膏场	中兴	卤	每卤一斤约煎盐二两四钱

注：1. 黑井场有卤井二十四堰，上列总数系以各井煎率平均所得。

2. 石膏场中兴硐原系产矿，现被水淹没，仅有卤水。

产盐种类

黑井：本场盐色纯白，形为锅平，每平重二百斤上下。行销省岸及附近邻县。新山上下井盐，则专销玉溪。

琅井：本场所产之盐，因系井中之卤所制，故名井盐。色白微带黑灰色，味略苦，多含硝质。其形如一锅而中实。每平约重二百斤。食用时，须先打碎入臼中舂之成粉，方可食用。销岸有昆明、镇南、元谋、易门、曲靖、武定、牟定、本井等处。

元永井：本场盐质原料（即矿卤），产自井硐，经人工煎制而成，故名井盐。其质为白色极细之结晶体，作食盐之用。销售本场附近各县。

阿陋井：本场大锅盐，色洁白，每盐一锅，俗称一平。交仓时，均锯为两半坨，运时改为四块。多数直接运往省垣分销各县。均作食盐。各井之盐，即以井名名盐，如阿陋所煎之盐，名曰阿盐。

白井：本场产盐曰为筒盐，其色青，不甚洁白。销地为姚安、大姚、祥云、宾川、永北、华坪、会川、盐丰等八处。

乔后井：本场产青灰色筒盐一种，食用均宜。

喇鸡井：本场产盐系分大盐、水盐二种，均系白色，惟水盐更为洁白。其式即如锅形。通常销鹤庆、丽江、剑川、兰坪，兼销永昌等五县，纯系供民食用。

云龙井：本场各井之盐均系筒子盐。其色青白，销于腾越、永昌、永平、云龙各县。均作食盐。

磨黑井：本场制出之盐名曰锅盐，其色洁白，为坚实之结晶体。运销临安八属及元江、墨江、新平等地。作蔬菜腌腊做菜之用。

石膏井：本场产盐，名为锅盐。质坚色白，分开成块。销于思、宁、澜沧各县。

按板井：本场制成之盐名曰锅盐，其色洁白，近锅之一面，带灰黑色。销新平、景东、楚雄等县。

香盐井：本场仅产锅盐一种，煎制厚者，俗称为厚盐，薄者称为薄盐。

益香井：本场制出之盐名曰锅盐，色白而光泽，为坚硬之结晶体。

煎制

滇区煎制盐斤，除云南省办一平浪制盐场用煤煎制外，一般均仍沿用柴禾煎制，其灶式亦为数百年来陈陈相因之形式。灶壁用石块与泥叠筑，于煎成盐斤后随时拆除，锅以下另用铁条横直，以资支持铁锅，计分两种：一为筒锅（俗称小锅），口径约一尺，高约一尺六寸，每灶依规模大小安置八口至二十口不等；一为平锅（俗称大锅），口径约二尺二寸，高一尺二寸，每灶安置二口至八口不等。一般称灶之大小即以此项平锅之口数为准。当煎制时，筒锅仅为煎卤俟浓之用。故卤池卤水先以木勺倾倒筒锅，浓度增加，复以木勺倾倒平锅。平锅于未行开煎之先，施用香油（菜油）涂抹，俾盐粒不致粘着。卤水经以火力煎煮后，逐渐结晶，先自下部，逐向上部，终至全部结晶而与锅口相平为度。大致自起煎至成锅，须费时二十小时，熄火以后。将锅起出，于热度稍减时，将盐自锅起出，即用灶泥先抹面，特期凝固，而免疏散。并为排出留水、促进团结起见，复行移至灶旁，用灶烤相当时间，是为锅盐，亦称盐平，每平重量自二百四十斤至三百斤。若白井、乔后井场尚有所谓筒盐，系于卤水在平锅内煎成盐沙后，移置预备之筒形木桶中，捣结使固，成为桶状，然后经稍作烘烤而成者，每筒约重十斤。

以上为滇区井场一般以矿卤煎制盐斤之程序。至如安宁场、汪家坪场，因卤水质过于清薄，有如长芦等区土硝盐办法，将卤水泼于盐田，经日光曝晒，水份蒸发，地面渐起盐霜，即将盐土刮起积存成堆，陆续装入瓦缸等内，再用井汲卤水淋洗，其淋出之卤，经澄清后入锅，用柴火煎煮。

惟此项灶式，设备既极简陋，而于火力利用尤觉滥费，灶面未能封固，火力不能集中，灶后并无空地，煎成锅盐须另备火烘烤。而其最大之缺点，为无烟卤之设置，即有亦仅为小小之出口，且地位倾于墙脚，以致火力不旺，热度大减，烟雾腾郁，滥费柴薪。麦迭生氏爰经对此拟定改良灶式一种，已在研究试办中。

制盐方法

黑井：本场制盐，先用木桶，由贮卤槽内将卤水接入小锅内，煎煮成盐沙。然后用木瓢舀入滤甑，流至大锅内，将沙装满锅口，用木棍冲紧成平，至次早将盐铲出，用火烧干，改锯为两块，背入盐仓过秤。

琅井：本场制盐之法，系用柴煎。于灶房中，用土制一盐灶，作长方形，名马槽灶，近灶门之端，安大铁锅三口，尾端安小桶锅三十六口。灶旁置盛卤水之木槽二三个，约可盛卤三四十背。又安大木缸一个，以灶本打碎，放入用卤水泡之。此泡灶本之水，含盐最多，为制盐之必需。如无灶本所泡之水掺合卤水，则制盐时间加长，所费柴薪亦较多。凡制盐时，锅中盐水煮沸，即以木瓢舀出，浇于灶上，日日如是，其时灶体热度极高，又最干燥，卤水即完全汲入，其盐质与灶体凝结，宛知矿石。修灶时，将此项灶土贮存，名为灶本，用以泡水混入卤水中，可增加其盐质。制盐之前，大铁锅中，各以菜子油（土名香油）遍抹，俟灶中火燃，将油烘干，方倾入卤水，大锅二口为盛盐之锅。一锅为滤水之锅，其余之桶锅均系成沙之锅。成盐锅，先以带水盐沙二十余斤放入，用木棒舂之，使其坚实，作盐平之底。以后则各锅之卤，煮成盐沙，即陆续加入成盐锅内。又以一人专司添薪之事，三人专司添卤制盐之事。木槽之卤，混合木缸之水，逐渐加入桶锅。桶锅煮成之盐沙，逐渐加入大锅，约历九小时，两大锅之盐沙堆满，且因火力渐渐凝结，始盖本灶名于其上，再用缓火烘干，连锅抬于地面。以二人持铁杆起出，是名盐平。

元永井：本场制盐，约分下列之程序：

一、设备。灶户须设备灶房，以为煎盐之所。灶房需高大屋宇三楹，一砌灶，一设置卤槽，一焙制盐平及其他工作。另需空地一方，用屯柴薪。盐灶尽一楹地之大小，用土砌成，高约四尺，前留隙地，为供给然料入灶之用。灶左右砌有灶沟，宽尺许，其深度与灶度相等，长亦与灶齐。

二、原料之领取。矿或卤采取出硐后，由场署专司人员按各灶所有丁份分配，由各灶背运回灶。故灶房地址较低，则卤水或用枧漕接回。

三、原料之调制。用卤煎盐，其卤内所含盐质，以每斤五两为适度。过淡则徒耗燃料，过浓则易损锅口。惟各场所产卤水煎味，向不及五两，故须经泡矿或泡土之工作，俾增厚原卤煎味，适合煎制。以业经锤碎之矿块，或含有盐质之灶土盛堆篮中，用绳系篮，悬浸储有原卤之高槽内，使盐质渐溶于卤，增厚卤至适合煎制为止。遂将卤放入地槽，澄清备煎。经泡过之矿或灶土，盐质既去，置灶沟焙干之，留备砌土灶之用。

四、含盐灶土之制成。起火煎盐时，卤水往往漏泼灶上，又于煎毕歇火后，将卤浇入灶内，应用灶火余热，盐质遂浸入灶土。每三日浇灶一次，约三月之久，灶土已含有多量盐质，乃将灶土撬起，留备泡用。另以所备之土砌灶（灶土俗称盐脚又称灶本）。

五、盐平之起煎。每灶每晨八九时即开火起煎。其列置灶上各锅，除留备筑成盐平（俗称抹盐）之大锅外，余均盛满业已调制之卤。起火后，待筑盐之锅有相当热度，即用菜油遍涂锅内，俾盐平筑成启出时，不致粘锅。各锅之卤，经热至沸，没有沸沫，即舀入滤兜而滤入筑盐锅中。又卤沸溢出锅时，即用菜油少许，洒入锅中，即可止沸免溢。俗称洒锅煎熬。既久，各锅内水份蒸发，卤渐少而益浓，遂将各锅热卤，逐渐归并，另添冷卤于空锅。热卤再热渐结为沙，将沙尽移筑盐锅内，至满而止，用棒筑沙，使紧结而成盐平，同时停火息工。计自起火至停火，约需六小时。

六、盐平之焙制：盐平置于锅中，以灶火余热，蒸发其水份，至次晨开煎时，始将盐平自锅起出，复用柴薪余烬侧焙之，约六小时半，焙之又约十六小时至盐平干燥，工作始告完成。

阿陋井：本场各灶，领卤后即贮于各该灶自备之巨木缸中，以泡大土。所谢大土，即卤内泥块。因煎制盐斤之时，汲卤进锅，卤水时有渗漏，而四周之烧红灶土，因滴漏卤水，乃借火力烧干，而泥内即可含多量之盐质。是以同时既可煎盐，又可制造大土。每隔四星期左右，修灶一次，将大土取出，用竹箩置缸内，溶泡成泥，可增多新卤盐质，且省柴枝，溶化之泥，即作烧新灶之用。其卤水俟澄清后，放于用石镶地之木槽中，然后用小桶提出，置滤锅内滤净后，方倾于桶锅中，煎煮成沙。再煎盐之先，于每日拂晓之际，将灶锅、大锅、桶锅安放平整，于后用菜油在锅内擦抹一周，然后乃于灶孔内放火。俟菜油起烟后，旋即将卤水次第倾入。由火伕陆续将柴枝投入灶内，亦继续将卤水添于锅中。俟桶锅内之卤水变为盐沙，乃移储于大锅中，以木棒筑之。筑满一锅后又用木板压平，在半干时，加盖各该灶之灶印。待水份蒸干后，乃用铁铲取出，用火烤之，约需三四日，始能完全坚固成平，否则易碎。

白井：本场制盐之法，由灶户采卤后，即贮于灶房之卤池。每一灶房，有三四至五六卤池不等，每一池可盛水四百余挑。起煎时，灶工燃柴于锅下，注卤水于锅中。俟锅内之卤渐次煮沸，渐沸渐添，浓则并之，干则注之，均有一定，均须五六小时，即成盐沙。俟汁稍干，乃铲入盐箩滤之。稍冷，则用男女工团成椭园筒数，以盐灰洒地，置盐于上，仍用灶火烘干，削去盐底之灰炭，再入土仓，用栗炭燃烧一夜，盐质始坚，至次早挑送盐仓秤收之。

乔后井：本场制盐法，系于每灶置深三尺、宽二尺之卤缸八个，以竹箩盛矿放卤缸内，浸一二小时，澄去渣滓，入锅煎煮（每灶用二尺口径大锅八口）一二小时，即成盐砂，便储于另一盐缸内，然后用木模筑成长圆形之筒盐。再用炭火焙干，即可缴仓。

喇鸡井：本场灶户领卤后起火煎熬。早六七时，将卤贮入锅内，煮成盐砂。又将头锅内之盐，捞出并入后锅。其第四口锅，用以温水供前三口之用，至十一二时，则头锅锅门，已成洁白坚固之水盐。后锅盐质较松即成大盐。夜间熄火，次早取出缴仓。

云龙井：本场制盐。先由灶户取卤，用锅煎熬成砂，捞入盐孔之内，水份滤干，倒入臼内舂细，筑成圆筒，用炭火烧干。

磨黑井：本场各灶制盐，均用梯灶。其灶约长四五丈，由头至尾，安置锅口。每口各高五寸，梯层而上，砌灶支锅两连或三连、一连。每连置铁锅十三口、十五口、十七口不等。灶旁有盐塘四个：一曰滟水塘，一曰溶矿塘，一曰搅水塘，一曰泥浆塘。将领存之矿，用竹篮装载，置于溶矿塘内，汲搅淡水塘之水溶之。俟矿化水浓，放入滟水塘内澄清，然后用竹龙拉出，盛于木桶，倾入铁锅内，放火煎熬，渐煎渐浓，陆续掺添滟水，随时加火。经两昼夜，至盐砂积满锅口，业已坚实成盐，将火熄灭。并将中间浮盐铲除，注入最后锅内，后将本锅之盐，暂留灶上薰干以后铲取出，即成锅盐一口。

石膏井：本场制盐，系先筑灶房，次筑泡矿及盛滟卤各塘。就地以土砖砌灶，其灶二连或三四连不等。每连十二口或十五六口亦不一。灶门中砌一铁板，第一灶洞内应筑铁条十数根，灶上面按口将锅放齐，用工人将矿塘内泡化之卤入锅，以松木杂柴投入第一灶洞，以柴火煎熬，陆续加柴，复由工人将滟水拉入桶内，灌浇各锅。两昼一夜可制成锅盐一锅。

按板井：本场制盐，由灶户将矿运领至盐房，储于矿仓，用小篾箩将矿装满，置矿箩于泡矿塘内，注入清水，经过二十四小时，即泡成卤。又由卤塘通管流入贮卤塘，以木桶或大木瓢取之，倾入大铁锅内，以柴火煎熬。经过四十八小时，即结成三四寸厚之锅盐。灭火后，将未结实之盐矿铲去，用铲子由锅内取出，即成整口之锅盐矣。

香盐井：本场制盐用梅花灶，每灶置锅七口，中一周六，以其形似梅花，故名。制盐时，以脂油先涂于锅内，乃由卤塘拉出制就之卤水，倾入锅内。各锅盛满，厝薪燃火，使锅中卤水沸腾。久之，卤度变为盐砂层凝锅内。随时视锅内之水减少渐次添入。俟盐矿满凝锅口，水不能添时，将锅高垫寸余，使火焰上蒸，则盐质呈硬，而制盐之事毕矣。每煎盐一发，需时两昼夜。

益香井：本场各灶制盐之法，用梯灶（又名窑灶）、梅花灶两种。每梯灶一盘，安置铁锅二连或三连，每连安锅十三四口不等。梅花灶每盘安锅七口，盐旁筑土塘四个，分滟水塘、泡矿塘、淘矿塘、清水塘。面积约一方丈，深约二尺许。放火之头一日，将矿用篾箩装好。泡入泡矿塘内。俟水之咸度泡足，注入滟水塘内。又将篮内之矿渣，移入淘矿塘内，用清水淘之，以取其未尽之盐。煎盐之时，先用香油涂锅，厝薪燃火，将锅烧热，然后注入卤水，使卤沸腾。久之，卤变为砂，将锅渐次填满，陆续添入卤水，必俟砂满锅口，取去锅心浮盐砂，移入他锅之内，再以余火薰之（名曰炖锅），则质坚成盐。灶下用通锅沟，历二昼夜，煎盐一发。梅花灶不用风沟，需三天始能煎盐一发。

制盐器具

黑井：本场制盐器具数种，一名大铁锅，一名小桶锅。灶系长方形，后面置桶锅九台。桶锅底栽以铁桩，大锅两旁，砌以两小桶锅。大锅底砌铁枕数条，用以架柴燃烧。一名吊桶，用以提卤。一名木瓢，用以舀盐矿及卤水。一名木甑，上用麻布覆于甑口。滤卤甑分两种，大者置旁锅上滤清卤，小者置灶头大锅上滤盐卤。一名铁锤，用以打碎盐母，用竹篮将盐母装入，以草索吊于地槽内，以井硐之水淹之使咸。此外，尚有竹畚、刀、钩、铁链等物。

琅井：本场制盐所用之器具，约有十数种。一为盐灶，其形为长方，宽三尺五寸，长一丈二尺，高五尺，用土制成。灶内前段，安大铁枕二三棵，约重百余斤。后段直栽小铁锅桩二十余棵。小铁桶锅即置于上灶中，用桶锅三口平列，名机心桶锅。其前直安大锅三口，大锅之左右各置桶锅四口，名为陪堂，顶持大锅，不令动摇。二为大锅，以铁制成，直径二尺五寸，深一尺二三寸，重司码秤一百斤，作圆形。三为桶锅，以铁制成，形如茶杯，深一尺五六寸，直径一尺，重五十斤。四为铁锤，重十斤，形前尖后圆，中安木柄，小锤亦然，每灶有大小三把。五为铁拨子，长一尺五寸，宽二寸，重斤余。六为铁铲，形如半钟，口平后圆，上安铁管，接以木柄，长四尺余。七为木瓢，木质凿成，如水瓢形。大瓢可盛水二十余斤，中瓢可盛水十六七斤，小瓢可盛水十斤。八为滤卤甑，形如甑，以木制成，直径二尺，高一尺六七寸，中安木条作十字形，上铺麻布一幅，麻布上用竹箩盛炭灰置于布上，作滤卤之用。九为大铁枕，长方形，铁质，重百余斤。十为顶锅桩，长方形，铁质，重三十余斤。十一为大木槽，以木质制成，形长如马槽。十二为盐抵齿，木质制成，如泥工所用之瓦刀。十三为筑铁盐桩，以木制成，圆形，长约二三尺。十四为火叉，以铁制成，头作双股，后接木柄，长五六尺。十五为火扒，以铁制成，如锄形。十六为砍刀，以铁制成，如厨刀，而厚寸余，重约三斤。十七为斧子，以铁制成，重斤余。十八为木桶，以木制成，圆形，如普通之水桶，可盛水二十余斤。十九为木印，以木制成，作长方形。

元永井：本场制盐器具，有下列数种：

大锅。铁质铸成，其形与造饭所用者同，锅口之直径二尺五寸，锅口之圆心垂直锅底，计深一尺二寸。用法，各灶户视每日煎盐若干（一平至三平），于灶上设有大锅二口至五口，自火门上方，直列至后，除作筑盐平所用外（煎盐若干即用若干口），余作煎卤之用。设首日甲锅筑盐，乙、丙锅煎卤，次日即用乙锅筑盐，甲、丙锅煎卤，按日循环应用。故煎卤所用大锅，有转水锅之名。

筒锅。铁质铸造，比大锅小而高，锅口之直径一尺五寸，锅口之圆心垂直至锅底，约深一尺三寸。用法，列置灶上为煎盐之用，其在灶上之排列向有一定，在灶前部大锅之两旁各一，直列者，俗称陪堂（八口至十四口）；高架大锅与陪堂之间者，俗称马眼（四口）；其余每四口作一横列，俗称一围。自灶中部渐至后方，每灶设六围至九围（十四口至三十六口），总计每灶设筒锅二十六口至五十四口。

卤槽。即巨大圆形木桶，直径约八尺左右，分高槽与地槽二种，高槽深约四尺，地槽深约六尺，高槽近底处有放孔，有木塞可启闭。用法：高槽置地槽之上，用储所领之卤，并作泡矿或泡土之用。槽内之卤，泡灶或泡土后，至卤味适合煎盐时，即启卤孔，放卤入地槽，澄清后待煎。计每灶户设置高槽二或三，地槽二。高槽每槽溶卤八十背至一百二十背，地槽每槽容一百数十背至二百背。

锅桩。为铁质之桩，长约三尺二寸，上端方形，约二寸以下作锥形状。为灶上撑筒锅之用，上端承锅，下端插入灶底。

火枕。铁质条形，长约五尺。用法，横撑灶内，距灶底约尺许，用枕柴薪，俾易燃烧。每灶设一条或二条，其功用与普通之炉条等。

枧槽。形式弧形，木槽长约一二丈。用法，放于分发矿卤处，为接卤入灶房之用。设用人背运，则枧槽可以不用。

铁毛尖。铁质，长约六寸，状若鸟喙。用为啄醉矿块之用。

碓篮。竹篾编制，长约二尺，宽尺许，高约二寸。为泡矿或泡灶土之用，其法将碎矿或灶土盛碓篮内，以绳系篮，悬于高槽之盖下，使篮垂浸没卤中。

木桶及桶杆。水桶与普通之挑桶无异，惟加有桶杆一根，长约四尺，用铁钩与桶梁相连。为自地槽舀卤入锅之用。

卤瓢。形式与普通之水瓢无异，惟加有长约四尺之柄。为舀各锅中卤水或盛砂入他锅之用。

滤兜。为篾制之兜，上铺麻布。用法：一置灶旁为滤各锅底卤渣之用；一设筑盐大锅之上，为将各锅之沸沫滤入大锅之用。

起子。长约尺余，下端铁质，扁平形，上端接以木柄，以为将盐平自锅内起出之用。

筑盐棒。木制之棒，长约三尺余，下端较削，以为筑盐平之用。

砍刀。形式似普通之菜刀，以为削齐盐平边沿及砍断捆索、藤索之用。

木印。长形，上刊阳文灶名。用法，盐平于大锅筑成时，用木印压之，俾盐平之面陷入灶名。

毛印。毛制之灶名，印形式不一。用法，盐平分锯为二块后，于锯口盖灶名毛印，遂即交仓。

火叉。铁制，U字形之叉，有木柄，长四尺余以为叉灶内燃薪之用。

火杆。铁制，锥形木柄长约四尺余，以为挑灶内燃薪之用。

大锤。方形，木柄长约三尺，用为锤铁、毛尖之用。

板锄。形式与农人所用者无异，以为扒火及撬灶之用。

阿陋井：本场制盐器具，约有十数种，一为大铁锅，深约一尺，锅口直径二尺左右，成圆箕形，约重百斤，作煎盐之用。二为桶锅，深一尺三四寸，锅口直径一尺，约重四十余斤，作煮卤水之用。三为滤锅，即大锅之通底者，内垫麻布并置炭削以之滤卤。四为木槽，深六七尺，大小不一，以之贮卤。五为石镶地槽，大者深约七八尺，长方亦如之，以作贮卤之用，而大木槽即安于地槽之上。此外尚有水桶、木瓢、铁制火叉、支锅铁桩、铁枕、砍索刀、铁锅夹、铁起子、大小铁锤、火铁啄、毛尖、铁锄、木制凸字灶印、长杆铁火铲、吊桶、铁钩、铁火枕等，亦为必须之物。

白井：本场制盐器具，大抵分金、木、竹、皮等类，兹略述之。如采卤有木架、木轮、皮绳、皮带，储卤有木槽（口径六尺，深一丈二三尺），挑卤有木桶（口径一尺一寸，深一尺三寸）。而煎卤之最要者，厥为铁锅，又分大小锅两种（大锅口径一尺七寸，深一尺四寸，厚约三分。小锅口径一尺二寸，深一尺，厚亦三分），均购自牟定县。每一灶内制大锅一口，小锅二十五口。其余金类器具，尚有鹰嘴啄，形似大秤钩，置于铁链之末端，用以启放大锅，又有鸳鸯斧、条锄、板锄以除锅中之细泥。平头斧，以击锅口之盐。敲锅锤，以去锅中之渣。铁火扇，以取灶中之火。铁锹，用以整灶。铁铲，用以取锅中之盐。铁叉，用以掷细索。铁绳，用以挨大锅。举凡刀、锯之属亦不缺。又如木类，尚有木桶、木瓢。木桶以取槽中之卤，木瓢以散盐砂。尚有接火瓢、木榔。竹类则有盐箩以滤汁，篾箩以淹盐母，又有畚箕、挑盐篮、篾索等项亦为必要之物。

乔后井：本场所用制盐器具，如卤缸、卤桶、矿篮、畚箕、条帚、铁锤、铁锄、铁锅、火钳、木盐模等，与普通家俱相同。

喇鸡井：本场灶户所用制盐器具约有数种，一为铁锯子，用剖盐；二为铁凿子，用以取锅内之盐；三为木缸，用以贮卤水；四为木锤，用以拍盐；五为火钳，用以撮火。

云龙井：本场制盐器具，略可分为数种：一、铁锅，圆形，用以熬盐；二、铁叉，牛角形，用以叉火；三、铁火夹，叉子形，用以夹火；四、柴刀，长刀形秃头，用以剖柴、破明子；五、水瓢，用以盛水至锅内；六、撮箕，用以撮盐砂；七、水缸，用以储卤水；八、盐孔，背箩形，底尖，盐熬成砂时，用以滤盐；九、盐盆，圆形，用以装盐；十、面盐脱，用以脱盐；十一、盐板，方形，用以制盐；十二、榨板，条形，制盐时用以榨盐；十三、盐臼，圆形，用以舂盐砂。

磨黑井：本场各灶制盐器具，计分数种：一、铁锅，用以煎盐；二、铁铲，用以铲锅盐面上之浮砂；三、铁起子、铁锤，用以起盐；四、铁板锄，用以刮矿；五、铁条锄，用以挖矿；六、竹龙，用以拉卤水；七、木桶，用以盛卤水；八、大木瓢，用以舀盐砂；九、铁叉、铁火钳，用以夹柴凑火；十、篾箩，用以装矿。

石膏井：本场所用制盐器具，有铁锅、竹龙、木桶、篾篮、铁铲、木勺、大小铁斧、火钩、起子等类。

按板井：本场制盐，一灶户须用三合泥筑塘三个，一贮清水，一泡矿，一贮净卤，位置衔接。窑灶，长如石阶，每一阶支锅一口，每一灶门二眼、三眼不等。每一眼九阶、十阶、十一阶、十二阶不等。梅花灶，其形如梅花，支锅六口，中间安冷水锅一口，共支锅七口，安灶门一个，每放火四十八小时，可取盐六口。其锅系铁铸成，用子窑灶者，每口重百斤左右，用于梅花灶者，每口重四五十斤。又起子亦系铁制，五寸长，形似斧子。此外，尚有铁铲、火棍、火钩、泡矿箩及竹龙、木桶、木瓢等，均为制盐不可缺之物。

香盐井：本场制盐器具较为简单，以矿泡卤时，则用矿箩，系以竹编成，为四方形，宽一尺二寸，高七寸许，两方有耳，上扎绳索，装矿在内，吊于矿塘之横木上，不时摇动，使矿溶化成卤。然后以竹龙汲取卤水，用枧槽导入梅花灶之中锅内。又用一种长柄木瓢，由中锅取水羼旁之六口，俟盐结晶满锅，即用铁制锅铲由锅边撬入，锅盐即可取出。其竹龙制法，先以如碗大之竹，长八寸许，将节凿通，下端仅通一孔，以皮制成活塞，名曰拜镰，中用细木轴心，其下端内圆形，用一块较大于筒口周围之牛皮，用绳索五六根，系之于龙杆上，称为龙兜皮，插入竹筒中，由上端往复抽汲，卤水即可由口流出。盖无异于汲水筒也。

益香井：本场制盐器具，其主要在铁锅，厚约五分许。余则有汲卤之竹龙，移注卤水之木桶、木瓢以及铲锅盐之铁铲，起盐之起子等，亦为必要之物。

制盐成本

滇省制盐之成本，可大别为薪本与竈工硐费二部。前者为灶户方面制盐之所费，由盐务机关于盐商缴税时合并征收后，再以发给灶户。此项薪本数目，因各盐场柴薪来源之难易，卤水含盐成份之多少，劳工工资之贵贱，以及各种应用物价之高低等等，各盐场多有不同，甚至有相差一倍者。大抵交通愈不便、柴源丰富、工资愈低廉者，薪本比较为轻，但反而此种盐场之产盐，其运达销地之运脚殊贵，综合全部之售价，仍不能甚抵于交通便利、薪本较重之盐斤。后者为盐务机关维护井硐安全久远，与夫发给采矿、采卤等工人工资之所费，此项竈工硐费，亦于盐商缴纳捐税时同时征收，大部分由盐务机关直接支用，亦有由盐务机关转发经管矿卤采汲之灶户团体支付者，如白井区之乔后井及云龙井等是。滇省井硐之开发，大致由私人集资经营，其用矿用卤权习惯上亦即归参加经营灶户之所有，故其修理义务亦有完全由各该灶户共同负担者，惟有于天灾地变之后，井硐损坏，仅恃灶户不能修复者，亦有呈奉核准修理费用之一部或全部，而此项费用之支用即系出自征存之竈工硐费也。兹将民国以来官署核准征收发灶承领数目分别列于后：

民国初年各场制盐成本表

井别	薪本	竈费	备考
元永井	一两二钱	二钱五分	
黑井	一两三钱	一钱	
阿陋井	一两二钱	一钱	
琅井	一两二钱八分	一钱	
白井	一两二钱	五分	本场无竈费只有灶局计费银五分。
乔后井	九钱五分		本场无竈费。

（续表）

井别	薪本	竈费	备考
云龙井	一两四钱六分零		本场无竈费。
喇鸡井	一两一钱一分		本场薪本硐费共合银如左数。
磨黑井	一两一钱五分五厘		本场无竈费。
按板井	九钱八分		同上。
香盐井	一两零三分		同上。
益香井	一两零三分		同上。
石膏井	一两零二厘		同上。

民国六年改定各场制盐成本表

（七年十一月一日实行）

井别	每司玛秤一担征收发灶数
元永井	一元六角四分
黑井	一元六角六分
阿陋井	一元五角一分
琅井	一元七角二分
白井	一元五角六分
乔后井	一元零九分
云龙石门井	一元八角一分
诺邓井	一元七角一分
大井	一元八角一分
天耳井	一元八角八分
山井	一元八角一分
喇鸡井大盐 喇鸡井水盐	一元 一元二角
磨黑井	一元四角三分
按板井	一元二角五分
香盐井	一元二角
石膏井	一元三角五分
益香井	一元二角

民国十一年各场制盐成本表

井别	薪本	竈费
元永井	二元四角	五角
黑井	四元	一角五分
阿陋井	二元	一角
琅井	二元五角	二角二分八厘
白井	二元	一角
乔后井	一元二角	三分
云龙石门井	二元一角三分	一角四分四厘
诺邓井	二元二角	九分三厘
大井	二元二角	三角二分
天耳井	一元二角八分	二角八分
山井	一元八角六分	四角一分
喇鸡井 大盐 水盐	二元零五分 一元二角	无 无
磨黑井	一元四角八分	二角五分
按板井	一元一角五分	三角五分
香盐井	一元二角五分	二角五分
石膏井	一元二角五分	四角
益香井	一元一角	二角五分

民国十五年各场制盐成本表

井别	薪本	竈费	场夫费
元兴井	八元五角	一元七角三分	五分
永济井	八元八角		五分
黑井	十二元	七角	五分
阿陋井	八元二角	九角	五分
琅井	七元六角四分	七角八分三厘	五分
白井	八元	三角	五分
乔后井	六元二角	一角	五分
云龙石门井	六元二角	四角三分二厘	五分

（续表）

井别	薪本	竈费	场夫费
诺邓井	五元二角	三角一分四厘	五分
天耳井	六元二角	六角一分	五分
大井	六元二角	六角六分	五分
喇鸡井大水盐	五元	一角二分	五分
磨黑井	七元四角	一元二角	五分
按板井	六元七角	九角二分	五分
香盐井	五元二角	八角	五分
石膏井	六元二角	四角四分	五分
益香井	五元二角	六角	五分

民国十八、十九、二十年各场制盐成本表

井别	十八年	十九年	二十年
元永井	十九元	六元	七元
黑井	二十二元	五元四角	五元九角
阿陋井	十七元	四元一角五分	四元六角五分
琅井	十五元	三元七角三分	四元三角三分
白井	十八元	四元四角二分	四元九角四分
乔后井	七元五角	二元二角	三元五角
云龙石门井	十五元一角	四元二角四分	四元七角四分
诺邓井	十五元零六分	四元一角三分	四元一角三分
大井	十五元一角五分	四元四角	四元九角八分
天耳井	十五元零六分	四元四角一分	四元九角一分
喇鸡井大盐	七元二角	二元四角	二元八角
喇鸡井水盐	八元一角	二元四角	二元八角
磨黑井	现金三元二角	四元二角二分	五元一角二分
按板井	现金三元	四元一角	四元六角
香盐井	现金二元六角	三元六角	四元一角
石膏井	现金二元三角	三元八角	三元八角
益香井	现金二元五角	三元三角	三元八角

云南盐区各场民国二十七至三十四年制盐成本表

场别	盐别	民国二十七年			民国二十八年		
		薪本	竈费	每担成本	薪本	竈费	每担成本
元永场	锅盐	2.325	0.575	2.90	12.57	2.50	15.07
黑井场	甲灶盐	2.375	0.325	2.72	1.50	1.24	8.74
黑井场	乙灶盐						
黑井场	加工仓盐						
黑井场	普通食盐						
阿陋场	锅盐	1.95	0.25	2.20	6.80	1.00	7.80
琅井场	锅盐	2.25	0.225	2.475	7.00	0.80	7.80
白井场	锅盐	2.60	0.175	2.775	6.50	0.28	6.78
白井场	筒盐	2.50	0.125	2.675	6.25	0.28	6.35
乔后井	筒盐						
	筒盐	1.40	0.05	1.45	3.10	0.20	3.30
弥沙场	锅盐	1.15	0.20	1.35	2.30	0.30	3.10
弥沙场	筒盐	1.05	0.20	1.25	2.40	0.30	2.10
喇井场	大盐	1.10	0.15	1.25	1.70	0.45	2.15
//	水盐	1.20	0.15	1.25	1.90	0.45	2.35
//	筒盐						
丽江场	筒盐						
云龙场	石门井	1.975	0.195	2.17	4.00	0.35	4.35
//	诺邓井	1.975	0.15	2.125	4.00	0.30	4.30
//	大井	1.975	0.28	2.225	4.00	0.43	
//	天耳井	1.975	0.28	2.335	5.00	0.42	5.42
//	山井	1.95	0.385	2.235	4.00	0.45	4.45
磨黑场	锅盐	1.65	0.40	2.05	3.90	1.20	5.10
按板场	锅盐	1.38	0.51	1.89	3.00	1.20	4.20

（续表）

场别	盐别	民国二十七年			民国二十八年		
		薪本	竈费	每担成本	薪本	竈费	每担成本
香盐场	锅盐	1.40	0.50	1.90	3.10	1.20	3.30
石膏场	//	1.18	0.415	1.595	2.70	0.60	3.30
益香场	//	1.40	0.50	1.90	3.10	1.20	4.30
凤岗场	//	1.47	0.50	1.90	3.10	1.30	4.30
抱母场	//						
景东场	//						
茂爱场	//						
金泉分场	//						
汪家坪场	//						
安宁场	//				9.08	0.75	9.83

场别	盐别	民国二十九年			民国三十年		
		薪本	竈费	每担成本	薪本	竈费	每担成本
元永场	锅盐	19.50	4.60	24.10	27.00	7.00	34.00
黑井场	甲灶盐	21.50	4.30	35.80	35.00	5.80	40.80
黑井场	乙灶盐						
黑井场	加工仓盐						
黑井场	普通食盐						
阿陋场	锅盐	18.00	5.60	20.50	26.10	3.10	29.20
琅井场	锅盐	18.00	2.30	20.30	24.00	2.70	26.70
白井场	锅盐	18.00	1.40	19.40	29.00	2.40	31.40
白井场	筒盐	19.00	1.40	20.40	30.50	2.40	32.90
	筒盐	19.00	1.40	20.90	30.50	12.40	42.90

（续表）

场别	盐别	民国二十九年			民国三十年		
		薪本	竈费	每担成本	薪本	竈费	每担成本
乔后井	筒盐	5.75	2.50	8.25	23.10	5.90	29.00
弥沙场	锅盐	5.80	0.55	6.35	20.40	1.40	21.80
弥沙场	筒盐	5.40	0.55	5.95	20.00	1.40	21.40
喇井场	大盐	7.70	2.00	9.70	12.00	3.90	15.90
//	水盐	7.90	2.00	9.90	13.00	3.90	16.90
//	筒盐	8.50	2.00	10.50	14.00	3.90	17.90
丽江场	筒盐						
云龙场	石门井	14.00	2.00	16.00	26.00	4.42	30.40
//	诺邓井	14.00	2.00	16.00	25.00	4.40	29.40
//	大井	14.00	2.00	16.00	25.00	4.40	24.40
//	天耳井	17.00	2.00	19.00	30.00	4.40	34.40
//	山井	14.00	2.00	16.00	25.00	4.40	24.40
磨黑场	锅盐	16.00	4.50	20.50	25.00	11.00	36.00
按板场	锅盐	9.50	3.30	12.80	15.00	8.00	23.00
香盐场	//	12.00	3.60	15.60	18.00	8.00	26.00
石膏场	//	11.00	3.00	14.00	18.00	8.00	26.00
益香场	//	12.00	3.60	15.60	18.00	8.00	26.00
凤岗场	//	12.00	3.60	15.60	18.00	8.00	26.00
抱母场	//	11.00	1.50	12.50	22.00	8.00	30.00
景东场	//						
茂爱场	//						
金泉分场	//						
汪家坪场	//				110.00	3.00	113.33
安宁场	//		10.00	55.40	87.80	10.00	77.80

（续表）

场别	盐别	民国三十一年			民国三十二年		
		薪本	竈费	每担成本	薪本	竈费	每担成本
元永场	锅盐	195.00	40.00	235.00	408.52	70.00	478.52
黑井场	甲灶盐	260.00	15.80	295.80	535.24	25.00	560.24
黑井场	乙灶盐						
黑井场	加工仓盐						
黑井场	普通食盐						
阿陋场	锅盐	195.00	23.00	218.00	397.55	33.20	429.75
琅井场	锅盐	205.00	14.50	219.50	440.25	30.00	470.25
白井场	锅盐	106.00	30.00	136.00			
白井场	筒盐	106.00	30.00	136.00	384.40	45.00	429.40
	筒盐	61.00	30.00	91.00	239.78	45.00	284.78
乔后井	筒盐	78.00	30.00	108.00	193.11	45.00	338.11
弥沙场	锅盐	65.00	30.00	95.00	173.51	45.00	218.51
弥沙场	筒盐	64.00	30.00	94.00	167.68	45.00	312.68
喇井场	大盐	64.00	30.00	94.00	154.40	45.00	199.40
//	水盐	64.00	30.00	94.00	167.36	45.00	212.36
//	筒盐	64.00	30.00	94.00	169.28	45.00	214.28
丽江场	筒盐						
云龙场	石门井	125.00	30.00	155.00	290.20	45.00	335.00
//	诺邓井	107.00	30.00	137.00	272.00	45.00	317.00
//	大井	102.00	30.00	132.00	272.00	45.00	317.00
//	天耳井	127.00	30.00	157.00	304.06	45.00	349.06
//	山井	102.00	30.00	132.00	272.00	45.00	317.00
磨黑场	锅盐	200.00	40.00	240.00	374.40	100.00	474.44
按板场	//	98.00	40.00	138.00	147.18	80.00	227.18
香盐场	//	100.00	40.00	140.00	292.14	80.00	372.14

（续表）

场别	盐别	民国三十一年			民国三十二年		
		薪本	灶费	每担成本	薪本	灶费	每担成本
石膏场	锅盐	125.00	40.00	165.00	237.31	105.00	342.31
益香场	//	100.00	40.00	140.00	267.98	80.00	348.98
凤岗场	//	100.00	40.00	140.00	244.06	80.00	324.76
抱母场	//	166.00	40.00	206.00	326.18	80.00	406.18
景东场	//	175.00	40.00	215.00	358.35	80.00	448.35
茂爱场	//	175.00	40.00	215.00	368.26	80.00	448.26
金泉分场	//	185.00	30.00	215.00	379.21	45.00	424.21
汪家坪场	//	335.85	5.00	340.85	708.17	12.00	720.17
安宁场	//	352.28	20.00	372.28	529.91	27.33	607.24

场别	盐别	民国三十三年			民国三十四年		
		薪本	灶费	每担成本	薪本	灶费	每担成本
元永场	锅盐	1,296.31	399.64	1,695.95	7,799.00	888.00	8,687.00
黑井场	甲灶盐	1,434.26	127.80	1,562.06	9,773.00	400.00	10,173.00
黑井场	乙灶盐	1,383.22	127.80	1,511.02	9,406.00	400.00	9,806.00
黑井场	加工仓盐	1,306.66	127.80	1,434.46	8,857.00	400.00	9,257.00
黑井场	普通食盐	1,255.62	127.80	1,383.42	8,490.00	400.00	8,890.00
阿陋场	锅盐	1,359.61	142.82	1,502.43	7,555.00		8,160.00
琅井场	锅盐	1,124.26	229.56	1,353.82	6,844.00	225.56	7,073.56
白井场	锅盐						
白井场	筒盐	1,357.98	108.24	1,466.22	10,769.00	668.00	11,437.00
	筒盐						
乔后井	筒盐	391.81	134.70	726.51	4,030.00	332.00	4,362.00
弥沙场	锅盐	440.75	183.00	623.75	2,712.00	1,278.00	3,990.00

（续表）

场别	盐别	民国三十三年			民国三十四年		
		薪本	竜费	每担成本	薪本	竜费	每担成本
弥沙场	筒盐	431.47	183.00	614.47	2,701.00	1,278.00	3,979.00
喇井场	大盐	472.46	150.00	722.46	2,808.00	306.00	3,114.00
//	水盐	514.22	150.00	664.22	3,073.00	306.00	3,379.00
//	筒盐	519.24	150.00	659.24	3,157.00	306.00	3,463.00
丽江场	筒盐				2,938.00	650.00	3,588.00
云龙场	石门井	1,256.50	182.00	1,438.50	3,731.00	529.00	4,260.00
//	诺邓井	1,185.21	182.00	1,367.21	3,485.00	529.00	4,014.00
//	大井	1,206.33	182.00	1,388.33	3,619.00	529.00	4,148.00
//	天耳井	1,301.61	182.00	1,483.64	4,520.00	529.00	5,049.00
//	山井	1,204.88	182.00	1,386.88	3,619.00	529.00	4,148.00
磨黑场	锅盐	1,384.74	430.20	1,815.04	3,948.00	726.00	8,674.00
按板场	锅盐	1,086.29	157.35	1,243.64	3,062.00	968.00	4,030.00
香盐场	//	596.14	170.00	766.14	5,945.00	560.00	6,505.00
石膏场	//	786.64	230.00	1,016.64	4,807.00	1,102.00	5,914.00
益香场	//	607.30	170.00	777.30	4,688.00	1,060.00	5,748.00
凤岗场	//	588.41	160.00	748.41	5,339.00	652.00	5,991.00
抱母场	//	1,304.98	100.00	1,404.98	2,633.00	308.49	2,941.00
景东场	//	1,115.96	120.00	1,235.96	2,900.00	238.00	3,138.00
茂爱场	//	1,328.54	120.00	1,448.54	2,546.00	277.00	2,823.00
金泉分场	//	1,594.08	362.55	1,956.63	5,254.00	1,153.00	6,407.00
汪家坪场	//	3,507.08	35.00	3,542.08	21,226.00	35.00	21,261.00
安宁场	//	2,995.67	178.80	3,174.47	9,089.00	107.00	9,196.00

备注：

（1）薪本与竜费之和即为成本。

（2）每担成本系以国币计算。

（3）黑井场自二十七年起至三十二年薪本竈费之核定均系一律并未分报。
（4）白井场自三十二年起至三十四年锅盐已停煎，故未核定薪竈征率。
（5）安宁场自二十七年起至二十八年又自三十三年起均商人包办。
（6）喇井场自二十七年起至二十八年未煎筒盐，故未核定薪本。
（7）丽江场自二十七年起至三十四年二月均系由商人包办。
（8）抱母场自二十七年至二十八年系由商人包办。
（9）景东、茂爱、金泉分场自二十七年起至三十年均由商人包办。
（10）汪家坪场自二十七年起至二十九年系由商人包办。
（11）安宁场自二十七年及自三十年六月起系由商人包办。

产盐数目

黑、白、磨三区各井盐斤，向仅销数可查，产数多不能考。民国改革后虽经整理，仍无详确纪载。自九年以来，产盐数目始见册籍，特分别胪列，备掌故焉。（表见 1115 页）

仓储

元永井：本场设有元兴、永济两仓，分存元兴及永济两井之盐平。元兴仓可存盐约四百平，重约八万斤。永济仓可存盐约五百平，重约十万斤。

黑井场：本场并无仓廒，历来均以清提举署之大堂存储，可容五六万斤。

阿陋井场：本场盐仓甚小，在场署内，仅能储盐二三百担。其盐煎成由锅内取出时，因水份不干，须置于灶之盐厂，以火烤之，经三四日后方能交仓。

琅井场：本场原有盐仓三座，现仅存大小仓各一，均在场署中，大仓一个可容盐十五六万斤，小仓一座可容盐五六万斤。

白井场：本场分为五井，每井有盐仓一座。灶房逐日交盐于总仓，除销售外，即分别存储。其存储之法，系逐筒递层加高，依次排列，大致每仓之中平均可存盐二千担有奇。

乔后井场：本场各灶制盐，原围有土垣，官设之仓亦筑有垣，故名为灶城。各灶每日煎出之盐，须分存仓灶两处，尚便管理。

云龙井场：本场出盐不多，煎不济销，向无仓之设备，所有盐斤秤收后，均存场署中。

喇鸡井场：本场有盐仓七座，可存盐万余担。

磨黑井场：本场产盐系归地署前院公仓存储，分为东西两仓，可存盐十余万斤。为因容量所限，故各灶煎制之盐就灶堆存，每日销数，即由各灶轮流送交公仓秤放。

按板井场：本场设有公仓，可存盐六十万斤。

香盐井场：本场并无仓厂之设备，盐多存灶。商人购盐缴清税款后，始将盐由灶抬出至场署一小仓内，现收现放。

云南各井场民国九年至二十年盐产统计表

云南盐运使公署历年档册　（单位：担）

场别	民九年	民十年	民十一年	民十二年	民十三年	民十四年
元永井	14,082,750	14,262,300	13,018,050	10,963,800	7,287,600	9,931,400
黑井	8,360,148	8,583,064	8,779,900	8,636,500	8,239,100	6,300,000
阿陋井						2,600,000
琅井	1,521,910	1,617,567	1,437,002	1,771,914	1,480,080	1,700,000
白井						2,600,000
乔后井						7,800,000
喇鸡井						2,200,000
云龙井	2,810,350	2,593,750	2,357,050	2,097,100	1,692,000	1,200,000
磨黑井					7,585,349	6,358,949
按板井	5,430,500	5,940,520	5,371,246	5,485,279	3,376,242	3,150,113
香盐井	3,213,833	5,940,520	2,979,878	3,262,545	3,401,624	3,323,388
石膏井						1,800,000
益香井	2,148,734	2,119,705	2,249,300	767,146	480,800	406,206

场别	民十五年	民十六年	民十七年	民十八年	民十九年	民二十年
元永井	15,285,357	8,906,285	4,501,166	32,238,346	3,150,860	4,574,600
黑井	5,910,000	7,036,500	7,520,000	7,095,600	7,848,343	6,678,180
阿陋井	4,066,000	3,011,000	2,854,096	3,672,530	4,646,629	4,149,200
琅井	892,360	880,185	1,399,843	1,378,164	1,189,210	1,324,600
白井	3,100,000	2,700,000	3,921,330	3,800,000	6,379,040	7,831,020
乔后井	8,000,000	8,400,000	9,000,000	2,300,000	10,530,568	9,162,080
喇鸡井	3,400,000	2,000,000	8,100,000	2,330,000	2,111,538	2,621,225
云龙井	1,418,300	1,385,250	1,840,100	1,671,950	1,655,350	1,801,250
磨黑井	7,248,784	9,104,415	10,239,144	7,353,072	17,249,060	7,700,102
按板井	1,288,114	1,055,815	1,733,601			1,721,500
香盐井	2,700,000	2,700,000	2,074,180	1,490,704	1,101,474	739,500
石膏井	1,400,000	1,500,000	2,000,000	1,200,000	1,894,084	1,796,850
益香井	933,305	1,277,440	1,770,920	1,323,590	1,661,967	1,250,850

云南各井场民国二十二年至三十四年盐产统计表

场别	民二十二年	民二十三年	民二十四年	民二十五年	民二十六年	民二十七年	民二十八年
元井场	79,986	74,503	121,615	161,872	196,097	165,056	176,317
黑井场	112,303	113,920	120,287	142,706	140,527	126,597	111,712
阿陋场	62,070	42,813	34,617	30,677	29,028	30,645	26,828
琅井场		7,071	13,738	16,587	12,243	14,282	12,821
白井场	99,322	96,862	107,412	87,772	96,210	82,206	67,612
乔后场	86,470	69,825	92,854	123,666	125,518	107,104	743,373
喇鸡场	33,696	38,296	34,704	43,512	46,663	44,318	40,198
云龙场	26,812	23,978	25,041	26,752	26,587	26,904	24,785
磨黑场	119,883	103,180	102,597	147,319	139,952	122,359	104,273
按板场	35,574	27,164	51,755	65,695	47,125	54,780	75,772
香盐场	12,401	8,887	9,089	20,719	18,491	12,457	19,233
石膏场	31,225	20,962	23,874	26,889	28,700	28,500	27,932
益香场	9,618	6,499	10,023	17,149	18,882	19,780	13,818

场别	民二十九年	民三十年	民三十一年	民三十二年	民三十三年	民三十四年
元永井	317,705	307,884	315,390	313,087	305,782	171,069
黑井场	127,554	118,747	101,108	94,349	83,659	39,637
阿陋场	19,432	18,284	24,924	22,246	20,090	9,345
琅井场	14,988	13,788	15,713	14,442	11,805	5,917
白井场	84,982	78,354	99,985	82,737	72,405	31,730
乔后场	160,610	160,993	144,240	156,793	136,776	40,752
喇鸡场	61,419	63,993	56,312	53,225	60,563	25,406
云龙场	28,305	25,051	23,717	12,747	13,365	7,343
磨黑场	111,712	97,929	72,883	79,899	66,513	41,682
按板场	92,150	109,059	80,601	83,855		52,967
香盐场	26,604	30,600	23,816	13,352	19,904	10,762
石膏场	40,850	31,848	21,851	16,090	23,571	11,475
益香场	27,258	31,442	31,007	31,600	25,507	15,201

注：三十四年份产数系上半年之数目。

石膏井场：本场有南、北二仓，均可储盐四千余担。

益香井场：本场设有东、西盐仓，所产盐斤俱归公家存储，惟畅销之时则现收现放，归公家存储较少。

上述为井场储盐状况。至于销盐，在昔曾有盐店之设置，民国二十四年盐运使署办理盐斤统制时期，大都实施官运官销，当时昆明、蒙自均设有官盐仓，各县设有公盐号。二十七年管理局接收盐运使署，取消统销，改行自由运销，如蒙自仓为备销开广边岸之总纽，仍予保留外，昆明仓即予停办。惟自由运销之最大顾虑为大资本商人之操纵垄断，职是常平仓之设备乃为必须之措施，故于上次昆明仓停止之后，不几时即予恢复，名为昆明官仓。同时为补助由滇中区场一部官运至昆明仓之便利起见，复就一平浪、腰站、羊老哨三处各设官仓一所，至年底管理局即自备柴油汽车开始行运，陆续自一平浪、羊老哨官仓运盐。其腰站者，先以未能直达汽车行运时，复以人工转运至羊老哨仓，然后再交车运。二十八年，以自井场雇用人夫马脚背运深感困难，一平浪至昆明亦仅为一日之运程，故将羊老哨、腰站两官仓先后撤销。又以二十八年九月公路桥梁为水冲塌，一平浪至昆明间交通告断，为接济昆明以及黔岸盐运计，此时于禄丰设转运站，以运元永场之官运盐斤，阅月余，桥梁修复，该转运站即予撤销。在二十八年因奉令筹备实施官运商销政策及以盐情特旺备济盐荒起见，先后于镇南、保山设置常平仓，下关设置转运仓。兹将截至二十八年底止，设有各仓分述如次：

一、昆明官仓：成立于民国二十七年，收存一平浪官仓之官运盐斤，备作昆明市发售之常平盐及官运黔岸之济销盐。在磨盐运输困难时，并由此发交滇越铁路车运至蒙自仓，接济开广边岸盐销。

二、一平浪官仓：成立于民国二十七年，收存滇中区元永场之官运盐，备作昆明仓及直达黔岸者。

三、镇南常平仓：成立于民国二十八年，收存白盐井场之官运盐，备作必须时当地发售及转运昆明仓之常平盐。

四、下关转运仓：成立于民国二十八年，收存乔后井场之官运盐，备作保山常平仓之常平盐；其他附近各县，多销乔盐，必须时执行常平仓任务，发售常平盐。

五、保山常平仓：成立于民国二十八年，收存云龙喇鸡盐及由下关转运仓转运而来之乔后盐场官运盐，备作发售常平盐，惟次年来腾冲边岸包商办理情形殊多缺陷，必须改制，该常平仓将于成立腾龙边岸办事处时，改为该处之官仓，专备发售边岸盐斤。

六、蒙自官仓开广边岸办事处：设于蒙自。所有发运边岸盐斤，均由在此设置之官仓抄发。官仓食盐之来源，以地理关系，近年已由滇中区井场盐改定磨黑盐场盐，惟必须时仍以滇中区盐运济存放。

包课小井

云南包课小井，向有安宁、枳旧、硝井、安乐、横山、三星、绥裕、小羊箐、金泉、高轩、日期、顺荡、山井、师井、恩耕、茂爰、茂腊、茂篾、磨歇、勐野、磨铺、习孔、整董、汪家坪、镇雄、盐井渡等井。民国十八年，运使朱旭以三迤各属向多产盐之地，黑、白、磨井区而外，所在皆有，自汉以迄民国，产量丰富，民食充裕，其余额尚可推销黔西边岸，近十年来，生齿渐繁，需用较增，而黑井区元、阿等井，因矿薄卤淡，产量锐减，以致供不给求，频现荒象，盐价奇涨，为亘古所未见，实于国计民生大有妨碍。〔乃〕拟具《开辟井矿条例》，分呈省政府、盐务署查核备案，并出示公布，各界人士遂纷纷呈请开辟，计先后已有四十余处，共间虽不尽可供煎制，究于产量不无裨补。兹将各小井概略分述于后：

安宁井：在安宁县城东北隅，原为分场，属元永场管辖，民国十五年改为招商包办。

枳旧井：旧属武定府和曲州，清初归阿陋兼管，民国后当地居民包办。

硝井：属广通县，旧废，民国十四年重开，由商包办。

安乐井：属盐兴县，即蚂蟥井，向系灶户包办，民国十九年二月，呈盐务署拨款举办，旋封闭。

横山井：旧属定远县，今隶盐兴县，为黑井子井，民国十三年改包商办。

三星井：在盐兴县治，旧为古井，未有名称，民国十八年重开得卤试煎，始定名为三星井，由商包办，属黑井。

绥裕井：在武定县西南境，即草溪井，民国九年重开，设绥裕分场，至十三年改包课，未几仍归复，于民国十九年重提招商包办，更名裕民井。

小羊箐井：在广通县治，为黑井子井，久废，民国十二年重开，由商试办，未见成效，十四年复封闭，十九年一月令黑井场查复，仍照包课。

金泉井：在云龙县治，为云龙八井之一，旧并大井办课，至民国六年始改包商办。

高轩井：在丽江县治，即高光井，原为丽江子井，因产量甚微，向由灶户包办。

日期井：旧属丽江府治，今改归兰坪县，为高先井产区之一，废弃已久，民国十五年由商包办，重提禄、喜二井供煎。

顺荡井：在云龙县境，为云龙子井，初归云龙征课，由灶承包，民国十三年改由商包办。

山井：在云龙县境，为云龙子井，课亦并由云龙征办，民国十四年始改包课，由商承办。

师井：在云龙县境，为云龙子井，旧并顺荡井办课，民国十三年始另招商办。

恩耕井：在镇沅县治，民国四年重开，十三年改商办。

茂爱井、茂腊井：属景东县治，即磨外井、磨腊井，同属景东井产区，初由正井办课，民国十四年改包商办。

茂篾井：属景谷县境，为香盐产区之一，民国八年始改包商。

磨歇井：属思茅县治，民国八年改包商，课额递年有增。

勐野井、磨铺井：座落元江府他郎通判境，即今墨江县治，初由该地夷民自煎自食，不准行销。民国八年包商开办，二十三年收回官办，设场务所。二十七年后，以地处边隅，瘴疠素著，官办不易，仍招商包办。至磨铺井于十年设立分场，十二年仍改包办。

习孔井：在景谷县，为香盐子井，几经兴废，民国十五年由商包办。

整董井：旧属普洱府分防攸乐同知管辖，为乌得土井产区之一。民国十一年重开，由商包办，至十三年复废。

汪家坪井：在巧家县属，民国八年收归官办，十一年改包商，二十三年复归官办，设场务所，二十七年仍改招商包办。

镇雄井：在镇雄县治，民国元年滇军政府委员开办，虽取卤试煎，就近销售，征收课款，究未卓有成效，十一年改由商包办，十四年封闭。

盐井渡井：在盐津县治，民国六年重开，初由官办，未见成效，改为包商，屡易屡绌，十四年遂封闭。

安丰井：属白井区，民国十八年十二月令白井场查明呈复核办，现以距场远，管理不便，招商包办。

中兴镶石小井：属元永场，民国十八年十一月呈准包课。

盐水河井：属黑井场，民国十八年十二月呈准办理，二十年十月呈复，获卤起建灶房煎制。

旧井及阿撒角井：属黑井场，民国十八年十二月令黑井场查明呈复核办，二十年十月呈复，改天聚，归正场。

岩孜村里崴井：属景东县，民国十九年一月呈准试办六月，二十年八月包课。

发龙村古井：属黑井场，民国十九年一月令黑井场并案查复包课。

大木排古井：属黑井场，民国十九年一月令黑井场查复，已获彩。

明乐田卤井：属黑井场，民国十九年三月暂行存查。

金榜山箐脚卤井：属黑井场，民国十九年三月饬填表再行核办，嗣据报获彩。

蛮宏盐井：属香盐场，民国十九年七月令香盐场查明呈复核办，十二月呈复，旋封闭。

峨旺盐井：属香盐场，民国十九年七月令香盐场查明呈复核办，十二月呈准试办三月，至二十年六月封闭。

小河口小倮左井：属巧家以金瓶子汤郎，治理属禄劝县。民国十九年十月令巧家县查复核办，二十年一月呈准试办六月，至二十一年一月呈复封闭。

叽喇旧井：属阿陋场，民国十九年十二月呈准开提。

金江边象鼻岭盐卤井：属巧家、会泽两县，民国十九年十二月呈准试办六月，至二十一年一月呈报封闭。

沧江边鸡街子山脚盐卤井：属顺宁县，民国二十年一月呈准试办六月，至本年六月令封闭。

金河边盐井：属巧家、会泽两县，民国二十年三月令巧家县查明核办，二十一年一月饬两县较煎。

大窝路旧井（现改名复兴井）：属黑井场，民国二十年四月呈准照天聚井例，归正场办理。

顺荡井附近盐井：属云龙县，民国二十年八月令场查复，十一月里准试办三月。

草云龙村附井卤井：属牟定县，民国二十年九月令黑井场查复核办。

岩子脚盐卤井：属路南县，民国二十年十月呈准试办。

小井盐卤井：属武定县，民国二十年十一月令黑井场、武定县查明呈复核办。

椅子湾盐卤井：属广通县，民国二十年十二月令元永场、广通县查明呈复核办。

福禄井：属云龙场，民国二十一年三月饬遵照《开井条例》办理。

脉村下江边盐卤井：属新平县，民国二十一年五月令新平县查明呈复核办。

民国二十四年，运使李培炎查明黑、白、磨三区各包课小井，前于张前运使任内已审核决定，除开办年久之横山、积旧、硝井、裕民、安乐、丽江、高轩、日期、金泉、顺荡、师井、磨歇、抱母、景东、茂爱、恩耕、茂篾、安宁等井所产盐斤与正场有相铺并行之效，准仍包留外，其余如磨黑场属磨铺、整董两井，按板场属之茂腊、茂益、里崴、二尾等四井，香盐场属之习孔井，均距正场较远，各该小井包商唯利是趋，往往减价加秤，肆意冲销，妨碍正场销征实大，爰饬磨黑场灶产户兼认磨铺井包额，石膏场灶户兼认整董井包额，按板场灶户兼认习孔井包额，即将该包井等概行封闭，以杜冲销。并经拟定实施封闭办法，呈奉省府核准令遵办理。无如各正场灶户等徘徊观望，延不兼认，致正场煎销仍受影响，无法整顿，李运使乃赓续严令进行，始据磨黑场长呈报，该场灶户愿兼认磨铺井包额，石膏场长呈报，该场灶户愿兼认整董井包额，实行封闭。其磨黑场灶户所认之磨铺井，尚未据报认保各结，犹未封闭。此外按板场属之茂腊、茂盐、里崴、二尾等井，香盐场属之习孔井，据该管场长等具报，正井灶户均不愿兼认各该包井等盐额，当经分别情形将茂益、里崴两井提前为无条件之封闭，将茂腊、二尾、习孔等三井依照实施封闭办法第七条之规定，仍行保留，饬由各该包井灶户承办，经令取具认保各结呈候核转。其余应存之各小井，俟随时查酌情形办理。民国三十四年间，盐务管理局以云南区除正井外，尚有地处边远及产量微小或不便设官管理之井硐，由本局呈请盐政局核准，招商认定盐额，依额缴课，并先由局按该井之产卤数量浓淡情形，核定最低标额，公开投标取决，得标商人经核定承包，须取具认保结，并缴纳等于三个月课款之保证金以后，方可赴井接办，按月缴纳课款，产盐如有短绌，须负赔补之责，其产盐超过包额，在百分之二十以内，此种盈余亦归包商所得。产出之盐斤须加盖该包课井毛印，填发特别运照，在本局指定之销区内销售，以免碍及正井盐销。

兹将现有包课小井情况列表如后：

云南区现有包课小井情况表

管辖盐务机关	包课小井名称	包课原因	备注
黑井盐务局	小羊陷井	因产少课微，距场甚远，故招商包办。	
	横山井	同上。	
	积旧井	同上。	
	硝井	同上。	

（续表）

管辖盐务机关	包课小井名称	包课原因	备注
昭通分局	汪家坪井	因僻处边隅，产制特异，成本高昂，故招商包办。	
	红花小溪井	因产少课微，僻处边隅，管理不便，故招商包办。	以下二井均在镇雄县境内属镇雄官仓管辖。
	白果树井	同上。	
	瓦石料井	同上。	以下二井均在威信县境内属威信官仓管辖。
	蔡家井	同上。	
喇鸡场务所	高轩井	因产少课微，距场较远，管理不便，故招商包办。	
	日期井	同上。	
云龙场务所	师井	同上。	
	顺荡井	同上。	
	兴丰井	同上。	在云龙县境内，属该县管辖。
磨黑场务公署	磨铺井	因地处边隅，瘴疠素著，官办不易，故招商包办。	
	磨歇井	同上。	
	勐野井	同上。	
按板场务所	黄庄井	因气候恶劣，产量无多，故招商包办。	在镇沅县境内，属按板场管辖。
	恩耕井	同上。	
	茂爱井	同上。	
香盐场务所	茂篾井	地居边远，官办不便，故招商包办。	
石膏场务所	整董井	因产少课微，距场较远，管理不便，故招商包办。	
白井盐场公署	安丰井	因距产较远，管理不便，管理不便，故招商包办。	在盐丰县境内，属白井场署管辖，自民国三十三年七月起包至三十四年七月届满，现已封闭。
本局直辖	安宁井	因卤淡薪昂，产少课微，故招商包办。	

开新提旧

云南每年产盐数量，平均为六十万担，占全国总产量百分之一而强，供不逮求，加以运艰价贵，是宜开提井硐以裕产制，民国二十年，运使张冲又订定《黑井区开新提旧奖励优待法案》，饬灶合组公司，认定煎销盐额，督饬照额办理，渐收成效。二十三年，运使李培炎将《黑井区开新提旧奖励优待办法》另行修订，凡包商归办较大之井，收回官办，积极筹修开提之井硐，激增前额。于是收回开广边岸，推销磨盐，更进而整顿黔边岸，并刷新场所内容，厘定认额，产煎尤有进展。二十四年七月，因实行统制盐务案，顾全所收之禁烟抵补费、公路工程两费预算各数目加大，煎额恐为销区所限，不能尽量推销，乃设法将销区腾让，每年销额遂出六千余万斤，渐次增销至九千万斤左右，超过民国十年前后销盐极盛纪录，即产额在素称低微之黑井区，亦一变而为供过于求之井场。

其开新提旧事项计有下列八种：

一、修订《黑井区开新提旧奖励优待办法》

民国二十年运使张冲拟订，呈经省府核准施行，嗣以该区现办井硐著效甚多。为保护旧井计，又经明订，以后开新提旧硐，凡与旧井同一方向者，须相距华尺一百丈，如系反对方向者，须相距华尺三十丈，始准开凿。复将原订办法呈准省府分别增订，通令实行。二十三年，运使李培炎为督促开提工作，亲往该区各井，周历巡视，验悉各场新旧井硐，类多犬牙相错，易启纠纷，深觉本案增订办法，虽曾将新旧井硐关系分别同一方向与反对方向明订距离，惟所谓同一方向与反对方向尚有明白补充解释之必要，乃另订定补充办法三条，分别呈准令行。盖此次修订本办法，要旨在规定原办法所谓与旧井同一方向者凿进而后，其进行路线须与旧井常保持平行状态。所谓反对方向者，须与旧井常保持九十度之距离，只准外向，不得内偏，较原办法尤为完密。迨至二十四年，实行统制，取消自销盐后，各小井以煎盐利微，相继停煎，其正开提尚未著效者，亦多因此停工，黑井场长郭之翰迭电呈请救济。同时省府亦有设法增加黑井场产量之命，李运使以各自薪盐小井，于增加产量不无裨益，如不另定开提奖励办法，则现状且难维持，遑论增加产量。乃于不损及正项税饷之原则下，就可能范围内明定办法公布试行如下：

（一）查明开提著效各小井，具结认额开煎，实行自薪自销。日期至二十四年实行统制时，已满一年者，退给半数抵补费一年，未满一年者，退给半数抵补费二年，均自开始实行退给之日起算，盐则归公抄销。

（二）正开提各小井，准俟著效后，分别开新者退给半数抵补费二年，提旧者退给半数抵补费一年，均自核准正式起煎日计算，盐仍归公抄销。自经上项办法公布后，不数月间，成效大著，停煎者均恢复煎制，正开提而停工观望者，亦悉恢复工作，先后有贞元、裕济两井，据报著效全场，产数历月均较前有增。

二、开凿喇井场颂丰硐

民国二十二年办理改组灶户、组织制盐公司、认额包办期间，据该井场长李实呈转，该井灶户杨裕芳呈请另开新硐，经运署转奉省府核准，由二十一年度支出预算营造费项下核发经费旧币二万五千五百元，饬据呈报于二十二年七月兴工开凿，至二十三年二月接彩，四月开通通风，五月开始取矿供煎，计自兴工以至采矿煎制，为期七月。开辟正硐窝路六十六丈，通风窝路一十八丈，日均出矿一千余斤，含盐五成以上，而用款仅旧币二万余元，平均每丈仅合旧币三百元左右，比较以往开硐工程经济实多。每日出矿数目于喇井场大有裨益。

三、修理黑井场龙泉井及东井

黑井场龙泉井及东井，在前产卤丰富，原为该场重要井硐，自民国十九年霪雨成灾，井硐受损以后，龙泉井则产量大减，东井且完全废置，虽经运署、分所双方会议修理，终以工程浩大，款项支绌，迄未果行。二十三年李运使巡视井场时，查悉该两井卤量甚旺，颇有修理必要，即饬据随行技术人员，切实勘测，拟具修理龙泉井办法及预算，并赓续饬据前黑井柴本借贷所经理杨宝昌拟具修理东井办法及预算，并案呈请省府拨款修理。一面并将该场竈工硐费按照每盐一担加收银币一角，指定储作修理该井之用，随经省府核定修理预算为旧币一十五万五千四百零五元九角二分，经李运使转行前黑井场长刘国树，由税局拨款，着手兴修。先以一十万元修理龙泉井，余俟龙泉工竣，再为拨足续修东井，计于二十五年三月正式开工，不期年而蒇事。龙泉井日产卤数已由原日之七百背，每背六十斤，增加至一千八百背，每斤卤味亦由原日之一两左右增为二两一二，统计多出卤水，足供五灶半之煎制。于是饬场增加丁灶，招人租煎，以每灶每日煎盐二平计，每平重二百八十斤，每年可增加盐额八千二百五十担，每担以收旧币五十六元五角计算，政府每年可多收入各项税饷捐费旧币四十六万六千一百余元。其修费共支出旧币八万二千九百二十九元四角四分，除用余器材约合旧币一万五千七百二十三元六角三分外，实仅用去旧币六万七千二百零五元八角一分，至东井，亦饬场长孙天霖速照案拨款，赓续修理。

四、淘修阿陋场丰济井井硐

民国二十三年夏间，阿陋场丰济井卤水质量忽然锐减，较煎结果，每斤水仅含盐一两六七钱，实为历来未有现象。考其原因，良由该井自民国十五年淘修后，历八九年均未重修，致令硐为泥沙淤塞，镶木坍塌，出卤日微，煎量大减。经李运使查悉前情，呈奉核准，由署存结余竈费内发给旧币一万七千四百七十元，饬场认真淘修。计此项工程自二十四年二月十二日起，至四月三十日止，为时二月有余，即以竣工，硐内泥土均已淘尽，窝路两旁俱购新料架设镶木，并加天头地脚，左右宽处且由原日之四尺辟为六尺。经派员验收不符，复责令按照原呈准之修理办法切实重修呈报。重修竣事，复经令派新任场长赵宗培等会同验收。

五、开提黑井场裕济、贞元两井

民国二十三年，据商民徐智仁呈请，于黑井场开凿裕济井；二十四年，又据王子钧呈请，提修贞元井，均经先后核准据报兴工。徐开之井已三年余，王开之井亦一年余，运使随时指导督促，均已相继见效。裕济属于新开，于二十五年十一月十七日起煎，卤味为百分之十三。贞元属于旧提，于二十五年五月七日起煎，卤味为百分之九。每井日各煎盐二平，月以二十五日计，每年可煎盐三千担，收入税饷捐费约旧币一十六万九千五百元。

六、新开元永场利元硐

民国二十二年，元永场元兴井灶户，以该井现办之福元、槽门等硐，硐老山空，产量减少，呈请就井另开新硐，命名利元。经核准兴工，久未见效，经李运使指导督促，乃于二十五年十一月二十八日接彩，试验矿质较福元硐矿成色尤佳，惟因福元、槽门等硐，年来亦经竭力提修整顿，产量已较前激增，超过需要。

七、开办麻地场废井

民国二十二年底，运署据云龙县赵炳焜等呈请试办麻地场废井一年，至二十三年年底期满。又据云龙场长呈转该民等呈报，自核准后已集股三千元，积极兴工，至五月内将有成效。时因大雨连宵，山水暴涨，竟将井硐淹没，致数月来工资人力尽付东流，现已另筹股本，赓续努力，请再展限一年，以图后效。经李运使以该民等所请尚属实情，现当整饬腾龙边岸，抵制缅私时期，增加盐产实为要着，经准延期半年，以竟全功。

八、另开弥沙井新硐

民国十九年，乔后弥沙井包商赵芹等所开矿硐，产量丰富，影响附近各场煎销，二十三年七月收回设置场务所，改为官办。惟自场务所成立后未几，据报井场河涨，矿硐被淹，每月产矿已由一万五六千斤减至六七千斤，李运使乃责令督饬上紧拉退淡水，终以所浸之水有增无减，拉退为难，致每日产量递减至六七百斤。经查明，该井硐脉富有，堪辟新硐，乃督饬场务所主任召集灶商会同详勘，于旧井旁另开新硐，未满四月即已据报接彩，日出矿二三千斤，虽不能顿复旧观，然较以往大有进展。又运署民国二十四年以后，就黑井区各场原有井硐修理整饬，奖掖外界人士前往该区开提，标本兼治，成效大著，所有每年产盐，不独可以供给本岸，且有溢盐一千万斤左右堆积井场，薪课两悬，官灶交困，殊有酌予限制之必要。其它白、磨两区，供过于求，亦需限制煎量，调济产销，李运使乃商得稽核所同意，订定限制开提井硐办法七条，呈经省府通令实行，于是三区各场产销得平衡焉。

盐区造林

尝考滇区制盐所需柴薪，原由柴户于井境邻近四山砍伐，历时既久，附近山林砍伐殆尽，甚则连株起根，至成一片童秃。前李运使于二十四年巡视各井时，目击斯状，建议造林计划，遂于二十六年与本省建设厅会同拟具《盐井造林区暂行章程》三十八条、《造林场办事规则》二十四条，各附预算，呈经省政府核准，先于黑井、白井两区成立造林场，从事造林工作。民国二十七年盐管局接收行政后，仍予继续办理，其经费原由竈工硐费项下拨出一部分，至二十八年以竈工硐费用度加增，不能支配造林，因改于竈工硐费以外另行征拨，专充造林之用，嗣以经费渐感不足，更以人事递嬗变更，工作推进日增困难，以致自办理迄今未著宏效。嗣以造林事业关系将来之柴源接济至深且大，兼以培养土质，防御水旱，其利非止一端，故自三十四年一月份起，经与建厅商定，黑、白两区造林经费年各七十万元，由局于年初拨送建厅支配，并负责造林业务等一切工作，期使两区灶户需用煎盐燃料，得以源源不断，维持产制，且使场地两方，兼得其利。

其他事业

向日井场囿于经费，凡应举办事业殊多缺乏，即有倡议者亦多不能见诸实施。民国以来，一切进步，其锐意筹划，胥为地方福利，兹分述各项兴办事业如后：

一、希贤中学

民国二十六年，运署呈准省府，就黑场筹办中学。当与教育厅往复商定办法原则八条，按照原则，校名定为云南盐运使署公立希贤中学，校长以黑井场长孙天霖兼任。自二十六年秋季始业，先招学生一班，以后按年各添一班，办足三班，三年毕业。随即由厅于二十六年三月加委校长，并饬克日就职，积极筹备。迄九月间，所有修理校舍，购置校具图书，委聘职教各员，招考学生，一切事宜均已先后筹办完竣，惟因学生报考踊跃，一班不敷容纳，经准招为二班，取录男女学生八十四名，于九月正式开学上课。计全校共设职教员九，校工九，月领经费旧币三千三百元。关于基金部分，则饬由场署、盐兴县政府、制盐同业公会共同组设基金保管委员会经收保管。二十七年五月三十一日，运署照案结束，依现行教育法令，将该校教育行政计划归教育厅管理，以一事权。在前该校校长系由场长兼任，预算案内校长不另支薪，今后另委校长，增加薪俸，该校原拟经费预算应即变更，乃由运署另行酌定，照案自原有预备灶户二十灶内，划拨十六灶每月租金新币七百六十八元，为该校经常费，由基金保管委员会保管，交由校长照支，按月照册取据报请教育厅核销，管理局备案。其余四灶月收租金新币一百九十元，作黑井场修理河堤井硐专款，由县府、场署保管筹用。又该场长呈准新建之灶房四间，月收租金新币一百九十九元统由基金保管委员会收存保管，以一半发为该校之奖学金及助学金，以一半发作该校增设附小经费，仍按期按月造册取支，报由教育厅核销，以昭核实。

二、黑井、元永两场柴本借贷所

民国二十三年，运署以盐之煎制于矿卤外，柴薪亦为唯一原料。近来黑井区属各场森林，因历年砍伐供煎，柴路来源与日俱远，柴薪售价与日俱增，而该区各井灶户之贫困，尤以黑、元两场为甚，故每井需用柴薪，多不能于市价平减之时预为购存，以致每于农忙柴贵，竟有无力购柴撬灶停煎之事，前据黑井场长呈报，当经运署查明，拟具设置黑、元两场柴本借贷所办法，呈经省府核准照办，由运署所存脚余特奖内暂行拨借旧币二十万元，设立黑、元两场柴本借贷所，以维煎制。此项拨备之款系以低息借给各灶购办柴薪，月息收入作为开支。迨运署于二十七年五月裁撤时，分令两所照案结束，计元永柴本借贷所借放基金新币三万二千七百九十二元，又结欠利息新币四千零七十三元二角一分，本息共合新币三万六千八百六十五元二角一分，除中和及邓和光两灶共三户归还本息新币八百一十九元二角外，计合本息新币三万六千零四十六元零一分。又黑井柴本借贷所借放基金新币五万二千四百零二元，结欠利息新币四百一十七元四角九分，本息共合新币五万八千八百一十九元四角九分。以上统合新币八万八千八百六十五元五角，经运署检同册据及抵押品，函请财厅追缴归款，分别转收入账，作为运署报解款项，并经呈奉省府令准备案。

三、白井场薪本借贷金

民国二十四年，运署呈准省府，由白井场应解未解节余竈费及运署所存节余竈费内，拨发旧币三万元，交由场署贷放弱小灶户，定名为薪本借贷金。先是白井场煎盐薪本向由灶户自备，例不由官垫给，在有资本之较大灶户固属绰有余裕，如无资本弱小灶户随时均感困难。又白井地形偏狭，街卫污浊，炎暑秽气薰蒸，殊于卫生有碍，盐丰县因井设治，向缺行政经费，不能图谋卫生，故白井场场长李苍呈请仿照黑、元两井设立柴本借贷所，并请以息银作白井场卫生费。运署查实，呈奉省府令准照办，一切办法均照黑、元两井柴本借贷所办理，惟由运署兼办，不另设所，其所收之利息，明定以五厘为运署兼借贷办公费，以一分为盐丰县治卫生经费。施行以来灶民称便，市容修洁，一举而两善备焉。

民国云南通志长编卷四十一

盐务二·运销

运销

滇省销售盐斤，有官商公司之别，其情形颇与他省不同。按《清会典·事例》：雍正元年题准黑井盐统运昆明省店行销，其余各井皆就井行销邻近各府厅州县，未设盐店，至咸同间乱作，昆明盐店被毁，统运之制遂废。光宣之季，黑井盐商复有设立公号统运到省分商销售办法，迄光复后时未尝变更。民国九、十年间，省会运销曾有盐业公司之设，然其组织完全为商运团体，非公司体例，历时数月即废。十七年，盐政当局以商运不无争端，饬令省市营盐业者组设商运联合处，其附近黑井各县亦有地方组设公盐领运局、所，以为救济之策，逾年亦即解散。十八年场产渐绌，供不给求，运署乃呈准组织官商合运处以救其弊。十九年复请取消合运，改行有限制之自由商销，重订牌号，摊分抄额。二十一年又请撤销省市盐商牌照，仍行开放自由运销。讵料改革以后，盐号骤然增多，产额越难分配，乃又呈准在省城筹设盐业平价合作社售盐处，作统运分销之救济，盐价始渐平减。二十二年三月修筑公路，筹款维艰。经全省公路经费委员会建议，由该会就省设立黑井区食盐运销处，承办由井至省运销事宜，除就井抄售附井各县食盐、住井民众食盐、砍工盐、自薪自销等盐外，所余概由运销处统运到省转售商脚，定价分销，而于黑、元、阿各场设分处，专司抄运。其抄盐手续仍照普通商运办法，就井照缴正附税捐薪竃等款，由税局填单抄配，自行雇脚运输到省交处分售，所得利益拨作修筑公路桥梁涵洞经费补助建设专款。二十三年，呈准建立开广边盐局，推销磨黑井盐，并将腾冲、龙陵两县盐务并为一区，招商办理。阿墩盐务改为商办。二十四年，滇省厉行禁烟令，实行统制方案，撤销黑井区食盐运销处，另设省运销局，办理省岸三十一县市食盐。又于建水设磨按盐运销局，新平、元江各设分局，统制建水、新平等十六县盐务。于白井、乔后两场所产，包商承办，分销盐丰、楚雄、宾川、祥云等十四县。并将香盐、益香、凤冈三场合并统制，设立香益凤统销局。产销两额，逐渐增加，税饷、公路抵补各款亦皆照额收缴。二十七年五月底，运署照案裁撤，所有滇省盐政，则由云南盐务管理局接办，复行自由商销，亦仍滇之旧制。二十九年至三十年，广设盐仓，移运屯储，平价出售。其各井场则由盐行商号自由领盐，转发配销，不免有造成黑井情形，遂于三十年下半年仍将此种商号一律取消。三十一年起实行局专卖制度，于各县市普遍设立公卖店，三十二年成立保山、昭通分局，三十三年成立昆明、蒙自分局专卖机构，又于省市试行计口授盐办法。三十四年部令取消官专卖制，仍恢复自由运销制度，公卖店及合作社办法一律取消，其变迁不可谓不多矣，此外尚有各场附属小井招商认课包办者，或井老产衰，或卤淡薪贵，虽其中亦间有蕴藏富饶可期发达者，然非边远即瘴乡，从前设官专办，类皆额短税绌，得不偿失。在滇盐荒歉期间，得此以济供求，实不无壤流之助，而各该井之灶商、夫工因缘为生者，亦可借资救济，故为公私利便计，不能不量为变通，一律订定条件，包商承办，借裕盐课而维民食。惟包商一项，在滇则属于场产范围，与他省之属于盐运销者，迥不相侔。至包销公司，民国元年黑井区有承销黔岸滇盐之普兴公司，承销东川盐之云兴公司，皆由商团集资组合，领运官盐，指地销售。四年，因川省规复黔边引岸，普兴公司取消，云兴旋亦废止。未几，川盐运不济销，民多淡食。五年，双方商人组织盐隆公司。六年，开广边岸商人设立开化永利公司、广南盐务公司。七年，腾龙边岸商人设立腾冲裕通公司、龙陵双茂公司。十三年黔岸之盐隆公司取消，另有商人组织永和益。十一年，永和益倒歇，复由滇黔商人成立黔西盐务公司。旋因十四年开广公司盐不到岸，十五年滇省内地盐荒，乃由政府先后令饬各公司停办，仅存腾龙边岸之两公司，而办理之人及公司名称，亦屡经更易。惟是开广盐务，十八年因黑井区产不济销，开广岸边交私浸灌，防不胜防，乃将个、蒙靖边等属，指销磨黑井盐，于碧色寨设盐务局，专司各该属商人领单运销磨盐事宜。并由滇越铁路暂借销粤海盐，官督商运，于麻栗坡、广南、仁和三处各设盐务局，剥隘设盐务分局，专司粤海盐征榷验放事宜。又于麻栗坡、广南、马关属之船头、田蓬、桥头地方各设盐运委员，专司商人报运入口查验事宜，以一年为期，作为试办。试办期满，查照部令将盐务局盐运委员一律取消，仍改为招商借运粤盐，抵制海私，先后由商人组织公司承办。二十三年一月取消商包，由全省公路经费委员会设立开广运销处接办。旋以井产渐增，乃筹办官运官销。八月于蒙自设立开广边盐局，推销磨黑井盐，于元江斐脚设转运处，建水设转运分处，以利运输。一面并放运黑井区盐，用济行销。富州境内准许销售粤盐，于剥隘设查验所，查盐征税。二十四年七月实行统制案，并将开广划归统制区办理。腾龙盐务自十八年招商认办后，历年短额甚巨，至二十三年十一月合并腾龙两属而为一区，另招新商接办，仍销乔后、喇鸡、云龙三场盐斤。阿墩盐务，以前由官设局办理，往往收不敷支，二十三年九月核准改为招商认办，对于销征，年有起色。黔西盐务，于二十四年起划入省运销局销区以内，招商认额办理，旋与川盐纠纷，竟未实行。自二十七年归并云南盐务管理局接办后，遂成立开广边盐办事处，又于二十八年成立腾龙边盐办事处，取消原日边盐公司，以谋整顿。

运销区别

官运：滇盐官运之设，始于开广、腾龙、中维、勐烈、王布田各边岸，初由公家垫支薪脚，设局分销，自前清迄民国五年均无变更。旋因六年均税平秤，乃将中维、勐烈、王布田三边岸裁撤，仍旧商运商销，开广、腾龙、边岸则改为招商认额承办。九年，因黑井区产额短减，商人争运争购，马脚飞涨，盐价高腾，民食几匮，盐运使署曾一度设官运局以资救济，未几亦废。十三年后，由政府设立督销总局于省城，黑区各井及腰站、富民、海口等处各设分局，专办运输事项，十四年底仍裁撤。二十四年统制盐务成立运销局二：一为省运销局，一为磨按盐运销局。二十七年运署归并盐务管理局接办，完全废止。三十年广设盐仓。三十一年起实行局专卖制度，各市县普设公卖店。三十二年成立保山、昭通分局，三十三年成立昆明、蒙自分局，三十四年部令取消。白、磨两区自均税平称以后，大都供求尚能相济。

商运：滇区井盐原听商人自由运销，嗣因黑井区产额短绌，供不逮求，营盐业者多垄断居奇，借牟厚利，乃于自由之中采用限制办法。民国十五年后，凡运销黑区盐商，均须核准领照，纳缴保证金滇币一千元，始得营业，十八年九十月间，切实调查原有照牌四百九十号，确实营业者实只二百余家，其余概属附号，爰另定取消附号减少牌照办法，每号加收保证金一千元，以示限制而便考查。至白区乔盐场，虽有牌号限制，但未能征收保证金，意在考查平均盐额，使其不能故为操纵，妨碍民食。二十年后，取消牌号，自由运销，嗣以产不济销，于省岸及磨、按区仍行官运。二十七年恢复商运，不久实行官专卖制，至三十四年十二月间始复商运商销制，其余各井则仍沿旧抄运，赓续办理自由贩运。各井运盐商人除资本较厚、具有号店者外，尚有一种肩挑背负零星小贩，周年往来井场，随购随运，随运随销，并无若何限制，此种贸易维持小本营业不鲜。

借运：滇本产盐区域，而犹借食邻盐者，一则因时制宜，以应供求，一则因地制宜，以利懋迁故也。兹就向所借运川盐、粤盐、砂盐三项分述之。

（一）川盐。《明史·食货志》："洪武初，许四川以盐与乌撒、乌蒙、东川、芒部等处易马，计马一匹，得易盐一百斤。"又"洪武三年募商纳米中盐，普安、普定、乌撒、乌蒙等处皆杂给淮、浙、四川，安宁等县盐。"其时昭通、东川、镇雄隶四川，是为食川盐之始。清雍正四五年间，东川、昭通二属隶云南。乾隆三年总督张允随疏，有"将东川等处原食滇盐，添拨食盐不敷之别州县行销"，则隶滇后不食川盐可知。乾隆四十五年，四川巡抚文绶奏："滇省自雍正七年至乾隆三年，先后奏定，令东川、昭通、镇雄、宣威、沾益、平彝、南宁等局改食川盐"。光绪五年奏准三省接办滇边盐务，归黔边官运局经理，计滇岸及近滇之宜宾十二厅、州、县，每年水陆额引纳二万四千余担，是又为滇食川盐之证。民国光复，滇盐大加改革，煎溢于销，宣威各属已食滇盐，其食川盐者仅东川、昭通以下各县，十年后黑井区产额缩短，迤东各属，食盐缺乏，川盐渐充销。十六七年间不仅侵入曲靖各县，即省市也有运销者。三十年间滇省以抗战期间，后方盐不敷销，财政厅派员到川购运，分销昭通各县，三十三年将盐局裁撤，始行停运。仍由盐管局招商，向川康局宜宾支局每月领运额盐九千八百担，到岸核价销售。以后改为任商自由向宜宾领运销售，不再管制。

（二）粤盐。查开广边岸区域辽阔，交通不便，在昔原属磨黑井盐行销区域，继因该井产盐有限，运销修阻，改为黑井区盐行销边岸，定由元永、阿陋两井抄配盐斤运往济销。时本省人口稀少，井盐供过于求，故无竭蹶之虞。嗣后人口日渐增加，井产日形短绌，开广边岸迭见盐荒，起因固在供求相悬，而金融紊乱，生计增高，萑苻不靖，运费奇昂，亦为井盐不能到边重要原因。民国光复后，政府有见及此，初则设分销局于开化、广南，运销黑、磨两区盐斤，继于民国六年实行均税平秤，招商组设永利公司于开化、盐务公司于广南，运销黑井区盐，卒以井盐稀少，交私充斥，地方土豪，虽经峻法严办，依然勾结奸枭，收捐贩私，使之乘机侵灌边围，充销内岸，政府为抵制交私、救济民食起见，爰有规复借销粤盐之议。先是，前清乾隆初，广南、弥勒、师宗、罗平各属，曾奏请岁由广东买运生盐二百万斤，以便民食。已而复奏议开化一府，除文山县仍食阿陋井盐外，岁定买粤盐一百二十万斤。十七年复增入文山，加配二十万斤。十九年总督鹤年，以广东岁需滇铜十万斤，本省亦岁需粤盐一百六十六万斤，道途险远，转运稽迟，请准铜盐互易、岁于滇、粤间广西之百色、云南之剥隘地方交割。二十四年复加二十万斤，拨弥勒州行销。二十七年奏谓弥勒加额仍销滇盐。三十年复增运粤盐五十万斤，分给广南宝宁县、开化府文山县领食。嘉庆十二年，只开化文山岁销粤盐九十万斤，广南宝宁铜盐互易如故。二十五年，以转运稽延，经总督阮元奏请归百色埠商带运，于是盐归商办，铜由官运，互易案遂停。嗣因埠商歇业，复改由水客自运粤盐往广南等处销售，但经过平塘江口时，须纳过境税。由平塘江入口之粤盐每年总数不下二十万担，内除熟盐一成，专销广西之邕宁、百色、龙州外，其余生盐十八万担，均运销云南之广南等处。嗣仍归复百色埠商带运办法，饬由广南府监视收放。迄道光、咸丰以还，商运官销法令废弛，往往权不在官，任商操纵病民。光绪三十年乃改为官商互运入关，由征收厘金委员局试办。嗣据商民禀请改归商办，又以短销辞退，改为官运官销，仍归委员局一手经理。三十三年额定每年盐课照二百五十万个报解，长销尽解，不足责赔，至宣统二年议准补救滇盐办法，于是开广边岸概行运销黑井区盐，借销粤盐之案遂见中止。此光复以前本省借销粤盐之概况也。惟开广人民贩购交私，情形已如上述，纵使本产充裕，难免舍此趋彼。重以民十而后，黑井区产盐锐减，不敷运销开广边岸，故于十三年间曾一度由官设局借销粤盐，未久又以运道梗阻作罢。迨至十七年间开广复告盐荒，政府集议规复借销粤盐成案，采取寓禁于征办法，限制数量，重其罚金，指地入口，严密稽征，于是令由运署体察情形，将开广借运海粤盐事宜量予变通，改为官督商运商销，会同稽核分所，双方设局负责经征罚金税款，呈准着手试办。至十九年五月，又因开广缉私部队兵单械劣，私盐未能一律禁绝，以致税收短绌，成绩不良。复据运署呈请取消官督商运商销办法，改为包商承办制度，并拟具简章，划定文山、西畴、马关、靖边、丘北、广南、富州七属为运销粤盐区域，布告招商投标，结果以商人李粹儒年认包额二万三千三百六十担为最高额，照章由中标人取具结保，呈缴证金，每担认缴税款三元五角，军饷捐现金三元，报经运署核明，令委该商前往开办。旋据呈报，定名为开广七属边盐协济公司，即于十九年十一月一日开办起课，当即转呈财政部盐务所核准照办在案。至二十一年一月间，省政府计划修筑滇省公路，无款可筹，复将开广盐务收入，除中央补偿外债附税照案收解外，其余悬数拨作修路经费，以资挹注。

适据协济公司以办理困难，呈请辞职，并恳将丘北解额核减五成，文、西、马、靖、广、富六属解额核减二成，共解盐课总额一万七千六百零八担，以免赔累。均经运署核明照准，将原列丘北一属划除，指定文、西、马、靖、广、富六属为借销粤盐区域，一面摘录简章并将投标办法布告，令行开广各县另招新商接办。旋据协济公司及商人义和祥、刘维新等呈请认额包办前来，复经运署于二十一年二月二十七日召集各该商到署设标取决，结果旧日协济公司认额不足退辞，以商人刘维新认额一万八千担为最高额，当同在场监标人员公开宣布，取为首标，饬据呈缴保证金现金三万零六百元，预缴一个月正附税款现金一万零二百元，并取具认办条件、保结等项，呈由运署核明，令委刘维新为开广六属边盐总局经理，饬即前往接办。旋据呈报旧商协济公司于五月三十一日停止运销，该商亦即于六月一日接办，全年认缴正附税捐现金十三万三千二百元，按月摊解稽核分所核收转解，经运署核明备案，并将包期定为二年，惟一年后如果本省黑、磨二区产额增加，足敷开广边岸销售，届时即将该公司撤销，开广各县收回运销井盐，以维利权而杜漏卮。二十三年八月设开广边盐局推销井盐，仍借销粤盐，计自二十三年一月至七月，由公经会运销之粤盐共合一万一千五百四十八担二十一斤，外产侵销，而本产甚丰之磨黑井盐较受影响。运使李培炎乃有收回自办之请，绅商按照运署定额以及运销条规，认设立开广边盐局，由运署遴员，于二十三年八月一日就蒙自县将边盐局组织成立，办理文山、广南、马关、屏边、西畴、富州、砚山七县及河口、麻栗坡两特别区盐务。复设元江、斐脚两转运处，由局直辖，分负运输之责。即于磨黑正额盐外加煎三百万斤，由磨黑场按月抄运二十五万斤，交由元江转运处运至斐脚，再由斐脚转运处运至建水，转运蒙自交边盐局定价分售。至二十四年七月奉令实行统制盐务，因该区行销磨黑盐仍属统制区域，照案加收抵补费。惟富州属距省鸾远，井盐运输不易，仍从地方习惯，暂准借销粤盐，招商强吉文组设利济公司，认额认办，按月解缴课款新币一千四百八十元。至二十五年三月，因该公司短额甚巨，改由富州县政府暂办，并经核减每月课款为新币一千二百元。又河口区亦准暂销砂盐，责成河口督办按月收解课款新币一千四百元，均经呈奉省府核准，将粤砂盐课款拨作省运销局经费。二十六年一月，据河口对汛督办呈请核减税率，复经核减二成，每月解课新币一千一百二十元。五月，又据边盐局呈，富州业已招获新商廖广贤接办，并称富州外私充斥，请予减税抵制外私。当经详填审核，将该县入口粤盐税率，每担减税新币三元，改征为新币九元，自盐务管理局接收行政后业已取消，但实际仍有进口者。又该边岸之富宁一县，过去定有粤盐济销办法，由广西境经由剥隘进口，该县设有稽察处，剥隘设有验秤处，专为稽察入口粤盐，自抗战以后，粤盐来源已告断绝。又腾龙边岸毗邻缅甸，亦有缅产盐斤私运入口，此项私盐亦多为土司承办，以为腾龙边岸公司弥补运销内盐困难之计。

（三）砂盐。中甸维西两县，居滇省西北极边，原为喇、丽井盐销地，惟因僻远荒寒，每届冬春大雪封山，交通为之断绝，滇盐转运困难，其地接壤川藏，遂为川藏砂盐所充斥。该地居民食私已久，骤禁为难，前清时即经酌定变通办法，于砂盐入口之阿墩地方，由维西厅派员设立局卡，征收盐厘，后即改由弹压委员就近兼征。宣统年间以内地盐款迭次加征，复行加厘。民国成立，又经实业厅加厘一次，至五年稽核分所分设税局征税，迄今仍有商人认包运销，征税款如故。

销售方法

滇盐销售方法，向系各就产制式样，分别内岸边岸，酌量配发。民国初年行销内岸之盐改订新章，一律就场现卖，任听商人到井纳清课款，照领官盐，自运自销。三年，盐运使署及稽核分所先后成立，各井亦改设场署税局，销盐手续异于畴昔，商人到井购盐，须到场署税局缴清薪竃饷捐税款，领取运票税单，到仓抄领盐斤，各井皆为一致。十五年间，黑井区各场以产不敷销稍加限制，商人购运井盐须领牌照，按月由运署规定售盐数目，饬先到署缴清饷捐，给发运单，然后到稽核分所纳税领取税单，一并执持到井交场署税局验明，照缴薪竃各费，填给运票，到仓抄盐运销。其磨黑、石膏两场，近因燃料缺乏，更有以运盐马脚代灶运柴，照市给价，分别配盐之一变通办法。此外并无何种限制。二十七年云南盐务管理局接办，仍承稽核分所之后一切手续亦无大变异。至于运销边案之盐，在清季以及民初，均系由该井员负担运销责任，一切脚费、灶薪、课款亦由各该井员借拨，预支垫支，必俟盐到边局，陆续销出，收获盐价，始能拨还井局，分别报解归款。其间销情之畅滞，纯视外私有无为转移，故销售边岸官盐方法，较之内岸殊为困难，一方面既须加秤、减价、贴脚，作消极之抵制，一方面又须严重边境缉务，施积极之干涉，以期交缅外私，不致浸入倒灌充销。迨至民国六年一月实行均税平秤，前之加秤办法，已不适用，乃改为先税后盐，由官督运，但亦难办理，于是筹定招商包销办法，就经过销盐数目，责由各该地绅商组织公司认额承销，如有短欠税款，则由公司赔缴。所有缴税领盐一遵定章，即每百斤在井照缴内岸三元五角之税，俟盐运到岸，经由署所分设之掣、稽两局，查验过秤，盐、照相符，始准放至边地，并分别近边、极边，照章退还应减边税，以恤商艰。惟各商良莠不一，运盐成本亦时有参差，倘承销期内任其自由增减价格，难免垄断居奇，贻害民食，故关于售盐标准价格实有划一规定之必要，于是乃由署所按照边税、薪本、马脚酌加商息，随时明白规定，布告遵守。就中如遇马脚增多减少，成本轩轾时，亦须呈经署所查明属实，酌量增减以昭核实。至于已经到岸退税之盐，亟应就地销售，倘有倒灌充销，或抬价减称情事，一经查觉，法难姑容，已由运署特定条规，从重惩处。此外，运销商人如于公布标准盐价外，取巧需索，亦经列为厉禁，以资约束，奉行迄今，尚无违碍。民国以后，边岸销盐迭有变更，要不外严加限制，减轻价本，以期供给民食，抵制外私。至于借销川、粤盐，则均由政府派员办理，法令规定，手续极为缜密。

商贩

元永井场运盐商人，在前分牌号商与散商两种。牌号商者，经运署立案，准予设立牌号，经营盐业之商人也。散商者，未经立案之普通商人也。牌号商得遵照运署及分所分配之抵课盐数目，按月抄盐，并得随时抄运现售；散商则限定抄运现售盐而已。

黑井场系属商运商销性质，并无一定之商名照号。

阿陋井场运盐商贩，有牌号者多设于省垣地方，惟以十数家或数十家共请经手一人，代为驻井抄盐，雇脚驮运，每百斤酌送酬劳费用。

琅井场运盐商贩共二百五十五家，统须由运司特许给照，并缴纳保证金，始准营业。

白井场向无专营运盐商贩，故须设置牌号。凡来井运盐之人，有时因情形不熟，多请当地商贩为之经纪，似亦散商之类也。

乔后井场贩运事宜纯任自由，营是业者，多属零星商号，故无需牌号，亦可到井抄盐。

云龙井场有永济公司及永聚公司两盐商，系属包销性质。此外散商仍得自由运销。

喇鸡井场场盐商，除少数商号外，余皆零星小贩，且多属兰坪属之兰州商民。

磨黑井场运盐商贩，有井商、省商、边商之别。向运署、分所购买税饷执照，到井抄配之商，谓之省商；由蒙个边盐局购买税单，到井抄配之商，谓之边商；设号坐井，就地抄配之商，谓之井商。

按板井场运盐商大致与香、益两井同。

香盐井场运盐商贩与益香盐井同。

石膏井场，远方赶马至井运盐之商贩，俗称为马锅头，邻近各乡赶牛赴井运盐之商贩，俗称为牛锅头，有资财者均以运盐为业，无资财者则专以驮盐为生。

益香井场运盐商贩，有盐商、牛马脚及水客之别。盐商一项大都系勐住、双江之人，在当地设号贩运，牛马脚则有自行贩运者，有盐商专运者；若水客则系零星贩运，故又名挑子盐。

以上所述，均系二十年先后情形。自二十四年实行统制案，二十九年、三十年设立盐仓，三十一年起实行官专卖制度，于各市县普遍设立公卖店，或为官运官销，或为官运商销。至三十四年部令取消官专卖制，仍然恢复自由运销，无论何项商人皆可就省、井缴价抄盐也。

销价

滇省各井盐价，自入民国改行新章以来，皆系各按原征正杂课款暨随盐抽收之团、路两费，加入井灶薪鸾各项统计，定为井地卖价，布告商民，就井征纳，是为例定之价，迄无涨落之时。惟商民由井购盐运至销地，随市转售，民间则又视程途之远近与脚费之多寡为衡。计自元年至七八年间各井盐例价均只数元，市价亦不过八九元。八年以后例价加军饷捐一元，十五年增为二元。嗣后加征金融借款，未久取消，而各井灶薪又逐渐增加，例价竟自数元以达十余元乃至二三十元不等。市价则因币价低落，脚费高腾，逐年来每盐百斤亦自十余元逐渐售至百元以上（为当日旧滇币之数）。自抗战后，物价增涨，税收加重，三十年间，每盐一斤已售国币十余元以上，逐渐增至百元，近日则已每斤官价售至三百九十余元，军政费用胥赖乎此。是虽由于时局金融影响所及，而生寡食众亦一大原因。至若运销边岸之盐，官销、商销均有一定规则，价值伸缩并受官厅之取缔，非如内岸商运之盐价可随市增减也。其余包课各小井煎出之盐，多销边地及附近土民，未能强定其例价，市价亦无一定标准，虽经设法调查取缔，究以包商承办限定额数，不能悉为一致。兹将民国元年、十年、二十年、二十五年等各主要市县盐价列表附后，以资考证。

云南各县区自民国元年至民国二十年逐年盐价表　　单位：每百斤·元

项目	元年	二年	三年	四年	五年	六年	七年	八年	九年	十年	十一年	十二年	十三年	十四年	十五年	十六年	十七年	十八年	十九年	二十年
昆明县	9.3	10.0	同左	8.5	9.0	8.0	8.5	8.3	9.5	15.5	13.5	16.0	23.0	24.0	33.0	46.0	51.0	30.8	22.5	25.5
安宁																				22.0
富民																				23.0
晋宁	8.0	同左	同左	同左	15.0	18.0	同左	同左	同左	同左	同左	22.0	同左	30.0	31.0	同左	同左	33.0	同左	34.0
呈贡													24.0	30.0	同左	31.0	32.0	同左	31.0	同左
宜良																				24.0
易门	8.0					16.0				15.0			17.0			55.0		34.0		28.0
禄丰	5.0							12.0					15.5	20.0		50.0	35.0			
罗次	7.5	同左	同左	同左	同左	同左	9.5	同左	同左	同左	19.5	同左	同左	同左	45.0	同左	同左	36.0	24.0	同左
嵩明	25.0																		36.0	26.0
昆阳																				20.0
武定	6.0							10.0	13.0		18.0	20.0			21.0	20.0	25.0	30.0	24.0	18.0
元谋	10.0					13.0				20.0										19.0
禄劝																				22.0
澄江																				27.0
玉溪	10.0									18.0				26.0						
江川	10.0													27.0						31.0

（续表）

项目	元年	二年	三年	四年	五年	六年	七年	八年	九年	十年	十一年	十二年	十三年	十四年	十五年	十六年	十七年	十八年	十九年	二十年
路南	10.0						15.0	同左	同左	同左	同左	35.0	同左	40.0	37.0	同左	同左	同左	26.0	同左
曲靖														26.6						
沾益	15.0																		29.0	30.0
陆良	13.0	13.7	16.0	13.0	11.0	15.7	12.6	13.0	15.0	22.0	23.0	30.0	24.0	28.0	29.0	21.0	22.0	29.0	27.0	23.0
罗平																				33.0
寻甸	8.0									20.0		26.0				16.0		30.0		
宣威																				30.0
马龙																				30.0
平彝	21.0	同左	同左	同左	同左	同左	同左	30.0	同左	同左	同左	同左	32.0	同左	同左	45.0	同左	同左	40.0	同左
会泽	30.0																			45.0
巧家	20.0	同左	25.0	同左	同左	20.0	同左	35.0	30.0	同左	同左	36.0	35.0	同左	40.0	同左	同左	45.0	40.0	同左
昭通		20.0		25.0			20.0						34.0				38.0			38.0
盐津																				22.0
大关																				30.0
永善	25.0			30.0				32.0						25.0						30.0
绥江	16.0	同左	同左	15.0	同左	同左	同左	同左	同左	28.0	同左	同左	同左	同左	同左	30.0	同左	同左	同左	40.0
鲁甸										30.0										
镇雄	20.0								26.0				42.0						43.0	同左

（续表）

项目	元年	二年	三年	四年	五年	六年	七年	八年	九年	十年	十一年	十二年	十三年	十四年	十五年	十六年	十七年	十八年	十九年	二十年
彝良	15.0	同左	同左	15.5	同左	14.0	同左	15.0	16.0	19.0	同左		33.0	23.0	40.0	同左	同左	45.0	同左	42.0
楚雄	20.0											23.0				40.0	同左	52.0		
广通																		50.4		
双柏	20.0					16.0					15.0					42.0		51.0		
牟定	20.0			15.0		16.0				14.0			15.0			41.0		50.0		
盐兴																				16.0
泸西																				28.0
师宗	10.0																			30.0
弥勒																				30.0
镇南	15.0									20.0										25.0
蒙自											150.0	180.0	200.0	190.0	220.0	190.0	154.0	160.0	40.0	44.0
个旧											170.0	200.0	220.0	200.0	230.0	200.0	156.0	161.0	42.0	46.0
建水	12.0									160.0				180.0	210.0	180.0				
河西	15.0											200.0		210.0	250.0					
峨山																		161.0	40.0	
石屏																		190.0		
通海																			40.0	37.0
开远	15.0										190.0									

（续表）

项目	元年	二年	三年	四年	五年	六年	七年	八年	九年	十年	十一年	十二年	十三年	十四年	十五年	十六年	十七年	十八年	十九年	二十年
文山					16.0		18.0		20.0											
马关	18.0								26.0			180.0		200.0						
广南	17.0																			38.0
富州																				43.0
华宁																			40.0	
西畴	20.0																			40.0
曲溪	20.0										21.0					24.0				
宁洱	5.0															16.0				
景谷	7.0																		15.0	
墨江	5.0	5.5	6.0			5.0		5.5	7.0		7.5	9.5		10.5	12.0	16.0		13.5	14.0	15.5
思茅															15.0				14.0	12.0
元江	15.0									15.0										
新平	18.0								16.0											
澜沧																			20.0	
镇沅																				10.2
景东																			20.0	
缅宁	9.0										15.0			8.5						
江城															5.0					

（续表）

项目	元年	二年	三年	四年	五年	六年	七年	八年	九年	十年	十一年	十二年	十三年	十四年	十五年	十六年	十七年	十八年	十九年	二十年
双江																			16.0	
车里	10.0				25.0															
五福																				20.0
佛海																				23.0
镇越																				20.0
六顺	5.0													9.0						14.0
顺宁														17.0						
镇康														24.0						
云县	6.0	7.0					8.0	14.0	14.5	14.0	15.0		16.0		16.5	16.0	17.0	30.0	20.0	25.0
屏边	18.0																			38.0
腾冲	19.0		19.5	16.0	19.8	19.0	19.8	20.0	21.0	22.0	21.0	23.0	25.0	27.0	25.0				24.6	
龙陵							18.0								22.0	22.0	25.0			24.8
保山	17.0																			20.0
大理														13.0	17.0	19.0	15.0	16.0	19.0	16.0
永平	16.0													14.0						
祥云	7.0				8.0									13.0	15.0		16.0			
洱源	9.0																			15.0
邓川																				18.0

（续表）

项目	元年	二年	三年	四年	五年	六年	七年	八年	九年	十年	十一年	十二年	十三年	十四年	十五年	十六年	十七年	十八年	十九年	二十年
云龙	4.0				8.0										6.3					
凤仪	10.0					13.0				16.0										
漾濞															10.5					
姚安										14.0					15.0					
华坪											20.0					30.0			20.0	20.0
蒙化						5.3	5.8	6.5	7.5	7.0	8.0	10.0	12.0		15.5	12.5	14.0		11.5	13.5
弥渡														10.5						
鹤庆																		19.0		20.0
剑川	15.0																			18.0
中甸																				28.0
维西																				14.0
丽江																				6.0
兰坪	7.0																			12.0
大姚														14.0						
永仁	10.0																		70.0	
盐丰	3.0																			
永北																				30.0
宾川	3.0		3.2		5.0		6.0	7.0		14.0		15.0		18.0						
梁河		12.0		14.0		17.0			20.0						24.0				28.0	同左

（续表）

项目	元年	二年	三年	四年	五年	六年	七年	八年	九年	十年	十一年	十二年	十三年	十四年	十五年	十六年	十七年	十八年	十九年	二十年
莲山														24.0						
盈江														24.0						
陇川	16.0																			28.0
瑞丽																				28.0
潞西																				23.6
泸水																				17.0
阿墩																				13.5
上帕																				20.0
知子罗																				10.0
菖蒲桶																				17.0
砚山																				35.0
金河																				32.0
猜丁																				32.0
临江																				20.0
威信																				28.0
麻栗坡																				38.4
河口																				35.0

注：梁河、莲山、盈江、陇川、瑞丽、潞西、泸水、阿墩、上帕、知子罗、菖蒲桶、砚山、金河、猜丁、临江、威信为设治区，麻栗坡、河口为对汛区。

云南省各主要市县盐价表（一）

市县别	每百斤平均售价（元）			
	民国元年	民国十年	民国二十年	民国二十五年
昆明市	9.30	15.50	23.50	25.00
宜良县			24.00	25.88
澄江县			27.00	26.80
玉溪县	10.00	18.00		26.80
曲靖县				28.60
平彝县	21.00	30.00	40.00	30.80
罗平县			33.00	30.40
盐兴县			16.00	18.20
楚雄县				20.00
宾川县	3.00	14.00		19.50
盐丰县	3.00			15.00
腾冲县	19.00	22.00		26.50
大理县			16.00	17.00
保山县	17.00		20.00	21.00
凤仪县	10.00	16.00		14.50
顺宁县				18.50
鹤庆县			20.00	15.00
丽江县			6.00	15.50
兰坪县	7.00		12.00	12.50
云龙县	4.00			17.50
宁洱县	5.00			14.60
元江县	15.00	15.00		25.10
新平县	18.00			26.10

（续表）

市县别	每百斤平均售价（元）			
	民国元年	民国十年	民国二十年	民国二十五年
蒙自县			44.00	34.60
个旧县			46.00	35.60
文山县				40.60
广南县	17.00		38.00	43.60
澜沧县				20.60
镇沅县			10.20	12.60
云县	6.00	14.00	25.00	26.10
镇越县			20.00	17.60
会泽县	30.00		45.00	27.50
昭通县			38.00	35.00
镇雄县			43.00	37.00
中甸县			28.00	25.00
河口市			35.00	25.00

注：本表每百斤平均售价栏内，元年、十年、二十年三栏内盐价均以旧滇币计算，其二十五年一栏则以新滇币计算。

云南省各主要市县盐价表（二）

市县别	每百斤平均售价（元）							
	二十七年	二十八年	二十九年	三十年	三十一年	三十二年	三十三年	三十四年
昆明	16.50	41.00	59.00	230.00	800.00	1,670.00	3,100.00	38,800.00
宜良	16.10	20.00	74.98	222.00	800.00	1,750.00	6,430.00	40,200.00
澄江	16.35	20.00	26.98	324.71	850.00	1,780.00	6,310.00	41,500.00
玉溪	17.35	38.00	61.18	224.56	800.00	1,880.00	6,550.00	44,100.00

（续表）

市县别	每百斤平均售价（元）							
	二十七年	二十八年	二十九年	三十年	三十一年	三十二年	三十三年	三十四年
曲靖	16.65	22.00	74.00	222.00	850.00	2,370.00	6,500.00	40,700.00
盐兴	9.23	15.00	38.98	174.56	450.00	1,240.00	4,200.00	21,400.00
楚雄	14.50	26.00	46.35	206.56	650.00	1,530.00	6,500.00	32,900.00
宾川	10.76	24.00	24.35	164.00	507.00	1,250.00	4,100.00	31,400.00
盐丰	8.16	13.00	23.20	106.50	350.00	1,220.00	3,850.00	21,100.00
大理	7.40	10.00	37.30	151.00	382.00	1,350.00	5,990.00	28,600.00
保山	8.10	24.00	72.00	190.76	750.00	1,400.00	8,800.00	32,000.00
顺宁	12.30	38.00	34.23	400.00	923.00	3,345.00	9,780.00	53,000.00
鹤庆	9.76	25.00	37.10	104.56	584.00	1,660.00	6,900.00	31,400.00
丽江	10.51	28.00	22.30	117.55	584.00	1,470.00	6,900.00	34,600.00
兰坪	6.76	11.00	40.71	131.90	593.00	1,110.00	4,430.00	25,800.00
云龙	9.13	20.00	35.00	118.70	550.00	1,660.00	5,422.00	21,300.00
宁洱	9.50	17.00	108.10	105.00	640.00	1,295.00	4,389.00	23,400.00
元江	16.50	60.00	83.00	370.00	1,050.00	3,390.00	11,000.00	53,300.00
新平	21.50	60.00	98.70	170.00	860.00	3,605.00	10,290.00	63,000.00
蒙自	20.50	78.00	98.70	678.00	1,083.00	2,160.00	7,100.00	42,500.00
个旧	20.50	71.00	155.15	722.00	970.00	2,300.00	7,250.00	43,100.00
文山	19.50	60.00	165.00	830.00	1,370.00	2,450.00	10,488.00	50,500.00
镇沅	7.80	16.00	27.00	84.00	591.00	1,168.00	4,055.00	21,200.00
云县	10.85	34.00	69.00	245.00	820.00	3,072.00	7,998.00	54,500.00
镇越	12.00	35.00	71.00	125.00	1,020.00	3,570.00	7,400.00	33,900.00
会泽	17.00	29.00	90.00	450.00	640.00	2,060.00	19,400.00	83,000.00

注：本表系以每年十二月份零售价每担国币元填列。

民国十八年以来，省府鉴于盐价高低与民食及社会经济息息相关，故对各县售盐价目，向极注意，终以散商零脚分销之故，不易稽察，至二十四年七月实行盐务统制后，凡署统制区内，即责成运署转饬运销局或公盐号，将购盐成本及运费商息等详列盐价表，呈由运署核定公布，具报考察，并令各主管县政府随时监察，照定价售卖，不准抬价居奇，以防操纵焉。

销地

滇省自前清末季封并各小井，划定三大区，实行灶煎官销。关于划分销盐区域，向视井产多寡，供求盈亏，道里远近，运输利钝以定之，迄民国仍按区分配销地。二十四年盐运使署为促进盐销、增加附税之故，实施全省盐斤统制办法，期以人为限制某处盐斤运销某地，类似一种销岸制度。二十七年盐务管理局接办行政，撤销统制办法，各场之盐，任听盐商运销何地，并无限制。在此时仍供不应求，形成垄断之局面，故盐管局特在昆明设立零盐店五家，平价售零，并积极推广各地常平仓，其目的并不在取缔商人之自由运贩，不过抵制盐价之无限度上升耳。惟边境如开广、腾龙、阿墩子等区，以距离产场过远，交通又复不便，在自由运销制度下，殊无人愿为领销，因特别有所谓边岸包销办法。除去此项边岸以外，即统称为本销内岸。本销之盐斤虽云通行自由贸易制，但因交通不便，运费居盐价中重要部门，因此另一产区之盐斤实际决不能与各该销地相邻产区之盐斤相竞争，食户并寝假而有某区居民惯用某区盐斤之心理，即如昆明附近者不喜用白井区产之筒盐，开远、蒙自一带以及开广边岸，即价格稍贵，亦宁愿用磨黑井盐，是以无形中俨然成就一种销岸，在昔外销受有限制之时，滇省产盐无他出路，故各井场之产盐数亦多以此种无形销岸之销数为标准。兹就各井区产盐行销县份概括列表如次：

云南盐区行销县份调查表

区别	行销县份	备考
滇中区	昆明、嵩明、马龙、宜良、曲靖、沾益、泸西、平彝、路南、师宗、罗平、弥勒、呈贡、禄丰、澄江、寻甸、会泽、禄劝、武定、元谋、罗次、富民、盐兴、安宁、晋宁、玉溪、易门、广通、楚雄、双柏。	昭通、鲁甸等十一县即所谓滇东岸，向销川盐。最近部令以滇盐济销，销额由管理局拟定，年计为五万担。
迤西区	盐丰、永仁、永胜、大姚、姚安、镇南、祥云、宾川、弥渡、大理、邓川、洱源、剑川、鹤庆、丽江、兰坪、维西、云龙、漾濞、永平、保山。	盐边、华坪等多销川盐，四川会理一带混销白盐井盐。

（续表）

区别	行销县份	备考
迤南区	开远、蒙自、个旧、建水、石屏、曲溪、通海、龙武、华宁、河西、新平、元江、墨江、江城、镇越、宁洱、思茅、六顺、车里、佛海、景东、峨山、镇沅、景谷、临江、南峤、昌宁、顺宁、云县、缅宁、双江、镇康。	
安宁井	昆明、安宁、宣威。	安宁井盐多销腌宣腿，故有销至宣威者。
汪家坪井	巧家、会泽。	
一平浪盐产场	昆明。	

上述本销外，又有边岸。距离井场甚远，且交通不便，运输困难，在自由运销制下，以需用资本过多，盈利有限，鲜有人愿予营运，因此一方特设机关管理监督，一方招商承包，列为专案。并定盐斤到岸退税一部，以减轻成本。然为开广边岸，毗邻安南，以有海盐出产，成本甚轻，私漏颇多，在前盐运使公署实施盐斤统制办法时期，曾规定有河口方面每年准予进口一千担，由河口督办公署经办，年收税款一千四百元，作为盐务机关办理统制组织之一部分经费。盐务管理局接收行政后，无形取消，但实际仍有进口者。又该边岸之富宁一县，过去定有粤盐济销，由广西境经由剥隘进口，过去富宁县曾设有稽察处，剥隘设有验秤处，专为稽察入口粤盐，但自抗战以后，粤盐来源已告断绝。腾龙边岸毗邻缅甸，亦有缅产盐斤私运入口，其他行政权一部尚操于土司之手，此项缅盐入口亦多，为土司所承办，该边岸盐务之腾龙公司，以盐斤运销困难，不能与缅盐竞争，因有私向土司抽一部分费用，以为弥补之计。阿墩子边岸由商人承办，但西康在喇嘛领导下之政权，觊觎颇切，往年曾有以武力掳劫税款之事实。

再查滇盐曾经行销省外，二十八年奉令济销之区域，如以省境为范围而论，则黔西当称为外岸，如以过去行盐之限制而言，则滇东亦当称为外岸，至如川省之会理一带，亦有一部分领销白盐井之盐，惟为数殊微，每年不过五六百担而已。兹仅就黔西、滇东两岸述其概要：

（甲）黔西岸。此岸包括贵州之兴义、普安、兴仁、贞丰、南龙、安南、盘县、大定、水城等九县，即属盘江以西之区域，贵州本省原不产盐，而此等县份乃与滇省相毗邻，在昔为滇省入川入湘孔通，近年建成之西南公路由滇出发之一干线，亦系经过此区者，有清之时亦有滇盐行销，民国中亦曾定为销岸正式行销，只以年来产量尚旺，湘岸鄂岸均属引岸，难以扩销，而川滇盐质比较，滇盐复不如川盐之受食户欢迎，因遂确定黔西为川盐之专岸，不容滇盐混销。二十三四年间，盐运使署以存盐过剩，无法推销，曾一再向部力争，终无结果。但自抗战以后，川盐因须推销湘、鄂，销黔一部粤盐，来源亦告断绝，云南居战事后方，盐斤产制行运，均可照常进行，故二十八年财政部遂于统筹兼顾之原则下，自动令行滇区，每年拨盐十万担济销黔西岸，但亦仅止于济销而已，所有充销盐斤，均以官运手续运由贵州盐务办事处经收，然后配销各县，并非将该区划为滇盐之销岸全部由滇区支配也。然以战时后方各区整个感觉缺盐，且滇区在自由运销之政策下，盐商资本雄厚者逐渐增多，部分尚有交通机关作后盾，故实际于官运之外，其由商人运往行销者，虽无精确统计，但可信当不在官运数额三分之一以下。

（乙）滇东岸。此岸本包括有会泽、巧家、昭通、永善、鲁甸、盐津、大关、绥江、镇雄、彝良、威信、宣威等。但会泽与巧家毗邻，巧家为滇区所在地汪家坪井场，该场虽一年产数不多，均系行销此两县，故川盐向来行销很少。又宣威为公路所经，车运便利，且该县腌腿业特别欢迎滇区安宁井场之盐斤。至于其他各县可以谓之滇东岸，殆与黔西岸情形相仿，向来定为川盐之销区，惟云南省政府于此项行销入滇盐斤征以消费税，年计征收约十万元。因征收方法仅在已设有消费税局之数地点，实际所销盐数，则断不止此数。抗战以后，亦以上述同样理由，由财政部自动令行由滇区济销，每年五万担，招由大业承包运销，包额为月计四千担，暂行指定由元永井场抄放。三十年滇盐不能济销，由滇财厅派员赴川议运川盐，组设滇东公盐运销公司，每月额运九十九引，设局分销。至三十三年以盐管局所行办法多有限制，遂即撤销停运。

包装

元永井场盐平存锅时，系原平堆置，交仓时分锯为二，均无包装。

黑井场盐斤起运时，由马脚将盐块改锯为两半，另书红码于锯缝上，晴日以稻草，雨季以棕皮或芦席等物包之，并无除皮净重之说。

阿陋井场产盐因系整块，不用包装。

琅井场之盐系平方形，无须包装，惟驮运时，以一锅锯为四块而已。

白井场盐斤包装，系盛以竹皮编成之篮，内实蓝草，每盐一担分而为二，各如法整之，即运赴销地售卖。

乔后井场向产十斤重之筒盐，故无须包装，商脚承运亦须用骡马驮载，每驮平均能载盐十筒许。

云龙井场各井均系筒盐，用蓝草装载。

喇鸡井场盐质坚固洁白，不易散碎，故运盐时可省包装手续。

磨黑井场盐质坚硬，无须包装，仅用皮绳或麻索捆扎，即可载运。

按板井场锅盐坚硬，不用包装，仅用绳捆载，间有用笋叶包扎者。

香盐井场锅盐，向无须包装，惟以人力肩挑时，间有以竹箨包裹者。

石膏井场运盐如用牛马时，则以笋叶包之，外用木架皮绳捆扎，用牛驮时则以篾篮整之，间有用笋叶包扎者。

益香井场锅盐，质极坚硬，无须包装。

运输

元永井场商人运盐，大都用马，间有人背者。

黑井场运盐方法有二：一用马驮，一用人工挑负。如销省岸，则先运之腰站，再发脚运往省城，点交商号查收。

琅井场运盐之法有马驮、人背之分，马驮法系将盐平锯为四块，作三角形（约重五十斤），用皮绳缚于马鞍上，策马而行，人背法系将盐手锯为二块（约重百斤），用绳缚于木架上，架用绳结二环形，背盐人以背向盐，将双臂套入环中，负于背上而行。

至阿陋、白井、乔后、喇鸡、云龙、磨黑、石膏、按板、香盐、益香各井运盐方法，大都用牛马载运，或人力挑负，故不详述。今公路畅通之处如元永、一平浪各场，则用汽车运输，较为便利。

运道

元永井场运盐至盐兴县七十里，至广通县一百一十里，至禄丰县一百二十里，至元谋县一百三十五里，至牟定县一百四十里，至罗次县一百八十里，至楚雄县一百九十里，至武定县三百一十里，至禄劝县三百二十六里，至昆明县三百五十里，至宜良县四百九十里。

黑井场盐斤运道，大部分系运往省城再行转销他县，计由场至昆明、富民为程均五站，至玉溪六站，至武定四站，至元谋二站，至腰站两站半。

阿陋井场运盐至省城约三百五十里。

琅井场盐斤多销省城一带地方，计琅井至阿陋或元永井均九十里，以次至禄丰亦九十里，至老鸦关、安宁县均八十里，至昆明七十里。

白井场盐斤运往姚安一百二十里，大姚九十里，祥云二百里，宾川二百六十里，永北六百里，华坪四百里，会川六百里。

乔后井场盐斤运往洱源八十里，邓川一百四十里，大理二百四十里，漾濞一百九十里，永平四百二十里，保山六百三十里，腾冲、龙陵均九百二十里。

云龙井场盐斤运至云龙之旧州约一百二十里，至云龙漕涧约一百九十里，至永平县约二百二十里，至保山县三百五十六里，至腾冲之西练约六百七十里，至腾冲南甸约七百里，至腾冲陇川约九百里，至腾冲县城约六百二十里。

喇鸡井场盐斤多运往剑川分销，其经过运道系由场至兰坪县城六十里，由兰坪至甘禾登八十里，至羊城八十里，至剑川城五十里。又由剑川至鹤庆八十里，至丽江一百三十里，若由井直运永昌则五百余里。

磨黑井场盐斤运往墨江四站，元江七站，新平、峨山、石屏均十站，玉溪、通海、河西、建水、车里均十二站，个、蒙十四站，昆明十五站，各勐地十余站不等。

按板井场盐斤运至新平四百八十里，至 磜 嘉三百里，至楚雄之八哨三百六十里，至景东二百四十里，至云县三百六十里。

香盐井场运盐斤至缅宁运道有二：一走马台江边，计由场至三家村六十余里，至翁孔六十里，至大路边七十里，至马台七十余里；一走大蚌，计由场至长海七十里，至勐戛十余里，至茂篾七十余里，至大蚌六十余里。

石膏井场之盐运至宁洱三十里，复由宁洱转运至干田寨约七十里。由场直运思茅九十余里，由思茅转运澜沧八百余里，再运勐河三百里，计程一千一百余里。

益香井场盐斤运道有四：一至澜沧九站，二至缅宁八站，三至双江六站，四至景谷二站。

民国二十四年七月实行统制盐务，销固重要，运尤关系非轻。盖本省近年素以患煎不患销之黑井区，亦时感觉推销困难而惟疏销是务，何况磨黑区僻处思普，白井区远在迤西，山川修阻，运道艰难，尤宜改进运输，以广销路。当经运署呈奉省府核准，将黑井区省岸盐斤包商承运，由井抄运直接到省交仓。其白井盐亦利用车运，移而东销，让出西路马脚驮运。乔后、云龙各井盐斤，将大批省马雇往驮运。磨元段之磨黑盐，让出附近磨井之人马牛脚驮运石膏、香盐等井盐斤，以期调剂运输，便利销征。至二十六年三月包运磨元段之省马满期，暂为结束。其和兴公司承运黑井区盐之包商，于满期后复经核准，继续承办，比照前届办法，将承运盐额改为每月二百四十万斤，计黑井、元永二百万斤，阿陋四十万斤。琅井则饬商脚就井自由抄销，不在公司承运数内，较上年办法为稍异耳。其余非统制区运脚，仍由盐商自行招雇，惟脚价均饬照官价发给，限制加价抢脚，以免妨碍官运。

运费

滇盐所需运输脚费，概由商贩自行应付。在清末时，每盐百斤日需银二三钱，故当时三井区售盐价值，每百斤只四两上下，逮入民国，日渐增加，然以转运边岸之马脚计之，加秤盐百斤亦不过日需费银五角以至七角，盖视脚力多少、招雇难易以为运本涨落之标准。乃十年以后，时局不靖，币价低落，生活日高，各井区运盐脚费，每日每百斤自一元增至五六元不等。二十年以后更有增加，以致盐价高昂。迨至最近，自滇中区各井运省盐斤，以汽车运每万斤需费五六千元，加以正附税捐及制盐成本等，每百斤官价均在三百元以上，黑市则已四百余元，其余各井亦增加无已。

兹将二十年间各井运费列后，以供参考。

黑井：本场运费可分为人力、马脚二种，马脚每站约需滇币七元，人力每站约需滇币八元弱。

琅井：本场盐斤运至昆明，每驮盐约百斤，每站需运费滇币八元，计五站需运费四十元。运至元谋、镇南均二站，需运费三十元。运至曲靖计十站，需运费八十元。

元永井：本场运盐至各销岸，每站运费约滇币七八元之谱。

阿陋井：本场盐斤运至各销岸，每站需滇币六元。

白井：本场运盐百斤，每站需滇币五元。

乔后井：本场运盐百斤，每站需滇币六元。

喇鸡井：本场盐斤运费分人背与马驮二种，人背每百斤每站需滇币六元五角，马驮则需五元五角。

云龙井：本场盐斤运至云龙之旧州，马脚约需滇币十二元五角，至云龙之漕涧约二十一元，至永平县约二十五元，至保山县约三十二元五角，至腾冲县城及腾冲之西练，约各需五十五元。

磨黑井：本场盐斤运至宁洱每百斤约需滇币二元五角，运至干田寨则需六元，运至思茅需七元五角，运至澜沧需二十七元五角，再运勐海需三十六元。

按板井：本场盐斤运至各销地，大约每站每百斤需滇币六元。

香盐井：本场之盐运往各销岸，每百斤每站约需运费滇币五元。

益香井：本场盐斤运至景谷县属约需运费十元，运至澜沧县属之双江须加运费三十元，运至勐连、勐定须加运费四十五元，均以旧滇币计算。

销额

滇省年销盐额，在前清光绪年间，计正额盐三十四万一千八百五十八担一十三斤半，溢额盐十三万五千四百九十担六十四斤半，漏报溢额五万二千三百六十七担四十六斤，共合年销额五十万九千七百一十六担二十四斤，递年比较，只准加增，不准短少，责令赔偿课款。民国光复，改定新额并责成黑、白、磨三区督销督煎，总办实销实报。数年之间，递有增加。惟滇省一区，过去因僻处边隅，人口稀薄，且有一部分夷族深居山泽，生活简易，经济贫困，对于食盐之购买力殊低。滇东十余县规定行销川盐，开广边岸之富宁一带有粤盐济销，而沿越南及缅甸之边境，又有粤私及缅私侵入，是以过去盐销年额从未有超过九十万担者。又查滇区人口确数，从来并无可靠之统计，就中除滇中、迤西一带人烟比较稠密以外，大部分地方人口殊为稀薄，即就粮食产地而论，亦极稀少，可由此推测，似以全区为一千一百万人较为可信。以全区人民统扯计算，每人每年用盐为十市斤，则年计应为一百十万担，而过去平均销额约为八十五万担，计相差至二十五万担，此实值得注意之事。二十八年一年中，战区日愈扩大，外区避难来滇，以及机关、学校迁移入滇者，日愈加多，其销盐量当能在过去全滇人口平均水准以上，此其一。黔西、滇东两岸，过去系限制川盐行销，本年因川盐须负责济销湘鄂，滇盐举令必须济销上述两岸，以补川盐之不足，此其二。粤盐以海岸被敌盘据，运输困难，济销富宁一带亦告断绝，此其三。战争以来，外汇紧缩，越币缅币比价相对提高，越私缅私盐价无形提高，边地人民亦觉购用滇盐为低廉，此其四。复以币制多有变动，一般人颇有囤积现货，盐斤为人类日常之必需品，而存储不致变值，且以求过于供，及因薪本税收等日有增加之故，续有增涨，故亦为囤积操纵者之机会，以故近年销数较有增加也。兹将民国元年至二十六年各井销售数列表如次：

云南盐运使署所管各井场实销盐数统计表（单位：担）

项目	黑井全区									
	黑井场	元永场	阿陋场	琅井分场	安宁分场	绥裕分场	汪家坪井	盐井渡井	开化边岸	广南边岸
元年	55,732.94	80,804.28	32,537.11	4,979.00	2,000.99	无	无	无	10,171.00	11,179.18
二年	46,562.74	115,187.60	34,713.53	7,466.94	3,311.90	无	无	无	16,591.73	13,177.56
三年	58,291.25	135,526.40	22,429.47	5,404.42	2,881.85	无	无	无	20,767.11	12,960.97
四年	61,327.20	127,539.30	31,636.23	5,709.79	2,937.85	无	无	无	12,986.68	15,566.82
五年	61,699.09	156,276.50	48,609.88	5,747.89	2,938.86	无	无	无	10,930.84	2,965.12
六年	72,642.92	142,424.98	65,714.77	8,124.17	3,544.13	无	无	无	32,331.51	11,808.72
七年	73,278.92	150,044.79	75,730.12	10,187.47	3,971.21	无	无	无	30,828.50	10,188.00
八年	78,743.78	88,670.60	95,401.70	12,667.66	4,232.70	无	3,000.05	无	30,013.00	11,828.00
九年	88,601.48	70,068.50	61,989.40	15,219.10	3,255.48	743.20	4,131.95	无	27,246.60	13,977.50
十年	85,741.70	93,734.00	56,281.00	10,175.67	2,081.31	1,111.80	4,024.66	无	23,184.00	15,705.00
十一年	87,799.06	90,357.50	49,266.00	14,370.02	1,893.69	3,841.30	227.55	无	25,610.00	14,213.00
十二年	86,365.00	73,602.00	50,502.00	17,719.14	2,282.75	1,111.30	无	245.45	23,670.00	12,366.00
十三年	82,239.10	57,396.00	63,413.00	14,800.80	2,267.40	1,741.00	无	61.90	10,170.00	5,310.00
十四年	77,632.30	96,314.00	84,532.00	13,693.52	1,884.40	无	无	无	无	无
十五年	70,948.90	148,053.57	37,247.00	8,609.48	1,837.49	无	无	无	无	无
十六年	70,365.00	89,062.85	32,976.00	9,111.79	无	无	无	无	无	无
十七年	75,205.00	42,719.50	28,983.00	14,002.55	无	无	无	无	无	无
十八年	70,956.00	32,054.00	36,770.00	13,771.58	无	无	无	无	无	无
十九年	80,158.00	31,590.00	46,460.00	11,902.16					3,893.20	
二十年	75,893.00	50,044.00	44,557.00	11,738.10					18,087.23	

（续表）

项目	黑井全区		白井全区							
	黔西边岸	合计	白井场	乔后井	喇井场	丽江分场	云龙场	金泉井	腾越边岸	龙陵边岸
元年	无	197,440.50	37,397.50	37,710.60	10,489.70	无	14,243.50	无	无	无
二年	无	237,012.00	50,526.50	54,933.50	17,846.22	无	16,458.02	无	无	无
三年	无	258,261.47	50,339.00	65,053.80	16,814.07	无	18,634.50	1,311.69	无	无
四年	无	257,699.87	54,426.31	61,838.60	22,525.45	6,928.69	20,346.20	5,717.50	9,979.73	3,808.08
五年	无	289,168.18	58,703.00	65,689.50	22,719.08	7,256.08	19,458.00	5,588.00	13,006.91	无
六年	无	336,651.20	77,049.50	101,769.60	25,463.63	无	19,638.50	无	6,558.95	630.45
七年	23,846.50	378,075.51	80,451.50	83,739.70	27,612.74	无	10,904.50	无	13,814.50	5,500.00
八年	23,445.00	348,103.49	82,059.50	96,294.70	25,755.80	无	10,984.50	无	17,003.20	6,000.00
九年	29,535.00	309,748.11	55,848.50	97,809.95	32,249.10	无	12,113.00	4,972.50	17,710.00	5,274.00
十年	24,902.00	332,941.14	57,429.00	99,439.50	33,340.00	无	9,034.50	4,924.00	16,156.00	5,017.00
十一年	23,233.00	310,811.06	64,805.00	100,775.40	35,918.00	无	10,433.50	3,778.00	9,965.50	2,664.00
十二年	22,428.00	290,291.64	60,494.50	91,462.70	31,024.00	无	13,084.50	3,045.00	4,108.50	无
十三年	18,364.00	255,736.20	48,606.50	93,558.70	31,041.68	无	13,161.00	1,232.50	2,570.50	2,575.00
十四年	8,900.00	282,956.22	31,522.50	93,920.00	30,375.28	无	16,297.50	无	3,574.00	755.00
十五年	6,300.00	272,996.44	33,051.50	66,495.00	29,601.10	无	13,269.00	无	2,889.00	2,778.00
十六年	无	201,515.61	26,379.00	93,578.50	29,484.70	197.80	13,855.50	无	无	无
十七年	无	160,905.05	39,086.50	85,315.00	30,860.70	1,127.08	18,123.50	无	277.50	1,150.00
十八年	无	153,551.58	32,868.00	72,876.00	16,646.00	379.90	16,634.50	无	85.00	1,860.00
十九年		174,003.36	61,911.50	112,070.00	29,125.10		16,093.00		1,462.50	4,950.00
二十年		200,319.33	69,914.50	73,224.00	24,033.50		13,479.50		2,874.00	11,331.00

（续表）

项目	白井全区		磨黑井全区							
	阿墩边岸	合计	磨黑井	石膏分场	按板场	抱母分场	香盐场	益香分场	景东井	勐野井
元年	无	99,841.30	40,614.60	13,177.42	32,286.24	3,387.79	12,457.26	13,767.79	无	无
二年	无	39,264.24	62,511.33	14,376.20	48,571.59	5,067.63	17,489.55	14,062.79	无	无
三年	无	152,153.06	56,431.76	16,006.33	49,264.11	4,451.90	24,224.62	16,742.11	无	无
四年	无	185,590.56	63,456.62	26,647.79	47,807.56	5,055.00	20,842.59	21,417.38	无	无
五年	无	191,820.57	70,133.41	27,050.03	39,214.66	4,329.31	14,000.51	28,254.62	无	无
六年	无	231,110.63	74,780.77	26,852.59	46,534.40	5,807.38	11,879.66	18,441.87	无	2,643.87
七年	无	222,022.94	85,137.87	25,778.68	51,690.05	2,279.26	20,083.28	17,915.71	2,239.55	2,186.95
八年	无	242,097.70	74,722.40	22,599.24	53,034.19	4,105.46	25,738.57	20,735.95	7,373.11	341.11
九年	无	225,977.00	80,383.69	19,736.05	55,901.43	5,209.87	32,138.33	21,487.34	6,319.24	1,637.37
十年	无	225,340.00	81,395.59	15,666.86	56,463.33	3,019.62	29,836.71	21,197.05	5,219.34	2,072.47
十一年	无	228,339.40	69,057.53	16,083.41	53,686.46	4,343.05	29,798.38	22,493.00	6,014.29	无
十二年	无	204,019.20	175,207.02	13,300.06	54,740.29	3,168.18	32,625.45	7,671.41	6,034.82	无
十三年	无	192,745.88	76,222.99	16,827.68	33,823.24	4,136.13	34,016.24	4,808.98	7,136.52	无
十四年	无	176,444.28	62,785.06	18,000.70	31,350.16	3,966.16	33,233.85	4,067.60	4,424.80	无
十五年	无	14,808.60	66,486.40	12,894.00	12,880.14	4,176.75	25,351.96	10,368.47	2,555.77	无
十六年	无	163,495.50	96,026.38	15,501.65	10,559.95	2,346.30	29,684.21	12,718.44	2,680.49	无
十七年	无	175,940.28	103,226.40	20,003.10	19,527.60	373.09	20,740.80	17,709.20	无	无
十八年	无	141,349.40	70,163.50	12,115.00	10,570.85	无	13,984.34	11,235.90	无	无
十九年	620.02	226,232.12	72,604.00	18,970.50	12,711.75		11,444.82	16,226.00		
二十年	1453.49	196,309.995	67,353.00	13,525.10	13,410.96		5,152.70	6,531.80		

（续表）

项目	磨黑井全区						包课小井			
	磨歇井	恩耕井	茂篾井	磨铺井	合计	三区统计	安乐井	积旧井	横山井	安宁井
元年	无	无	无	无	115,781.19	413,062.99	200.00	865.51	无	无
二年	无	无	无	无	162,099.07	538,375.31	325.08	1,194.60	无	无
三年	无	无	无	无	167,120.65	377,555.16	386.52	1,548.52	无	无
四年	8,200.00	无	无	无	194,026.94	637,317.37	392.64	1,596.84	无	无
五年	8,397.50	无	无	无	191,380.04	672,368.79	392.64	1,596.84	无	无
六年	9,086.80	无	无	无	196,026.86	763,788.69	480.55	1,338.21	无	无
七年	9,571.50	无	无	无	216,877.85	816,976.30	480.48	1,363.44	无	无
八年	无	718.00	330.40	无	209,808.45	800,009.64	486.48	1,363.44	无	无
九年	无	1,244.00	352.06	无	224,408.38	760,134.49	685.68	1,390.26	无	无
十年	无	679.88	67.25	无	215,618.09	773,899.23	685.68	1,390.26	无	无
十一年	无	102.98	4.04	106.37	201,743.53	740,893.99	685.71	1,390.28	无	无
十二年	无	无	无	无	192,947.23	689,858.07	685.71	1,390.28	无	无
十三年	无	无	无	无	176,971.78	625,480.86	685.71	554.28	1,022.05	无
十四年	无	无	无	无	151,828.33	617,228.83	685.71	582.85	889.30	无
十五年	无	无	无	无	133,714.49	554,794.53	685.71	582.85	624.00	257.14
十六年	无	无	无	无	169,517.42	534,528.56	685.71	582.85	624.00	3,084.71
十七年	无	无	无	无	181,580.17	518,425.52	114.28	582.85	624.00	3,785.71
十八年	无	无	无	无	118,070.59	412,971.57	685.71	582.85	534.86	3,885.71
十九年					131,957.07	521,266.83	638.40	558.82	604.65	2,259.34
二十年					105,973.47	602,602.795	820.70	532.60	564.30	2,450.70

（续表）

项目	包课小井									
	硝井	绥裕井	汪家坪井	镇雄盐井	盐井渡井	弥沙井	高轩井	福兴井	三星井	丽江井
元年	无	无	无	无	无	无	无	无	无	无
二年	无	无	无	无	无	无	无	无	无	无
三年	无	无	无	无	无	257.19	254.40	无	无	无
四年	无	无	无	无	无	932.64	254.40	无	无	无
五年	无	无	无	无	无	887.82	254.40	无	无	无
六年	无	无	无	无	无	285.85	338.26	无	无	1,271.51
七年	无	无	无	无	无	342.85	310.08	无	无	3,628.57
八年	无	无	无	无	无	678.80	338.27	无	无	3,428.58
九年	无	无	无	无	无	681.50	338.27	无	无	3,428.58
十年	无	无	无	无	无	620.68	338.27	无	无	3,428.58
十一年	无	无	1,964.28	47.61	857.14	394.28	338.26	无	无	3,428.58
十二年	无	无	2,130.05	142.86	无	411.43	338.26	无	无	3,371.43
十三年	无	857.14	2,142.85	142.85	57.14	460.00	338.26	无	无	3,028.57
十四年	385.71	2,000.00	2,142.85	95.24	285.71	482.82	338.86	无	无	2,828.57
十五年	685.71	342.85	2,535.71	无	无	471.42	342.85	无	无	2,957.74
十六年	214.28	无	3,702.38	无	无	382.86	342.85	无	无	1,714.28
十七年	514.28	无	2,609.52	无	无	411.42	342.85	无	无	无
十八年	514.28	无	2,744.04	无	无	415.42	480.00	308.57	195.60	2,000.00
十九年	237.10		1,299.00		无	572.00	498.70	269.15	159.45	2,299.50
二十年	210.10		2,839.00			2,121.54	498.70	无	69.00	2,029.60

（续表）

项目	包课小井									
	日期井	金泉井	顺荡井	师井	山井	勐野井	磨歇井	景东井	茂爱井	茂篾井
元年	无	无	无	无	无	无	无	无	无	无
二年	无	无	无	无	无	无	无	无	无	无
三年	无	无	735.14	无	无	无	无	无	无	无
四年	无	无	1,526.61	无	无	无	无	无	无	无
五年	无	无	1,526.61	无	无	无	无	无	无	无
六年	无	3,420.57	1,821.19	无	无	无	无	无	无	无
七年	无	3,361.99	1,860.00	无	无	无	无	无	无	无
八年	无	3,387.42	1,851.85	无	无	3,100.00	5,771.43	无	无	无
九年	无	无	1,898.14	无	无	1,100.00	5,771.43	无	无	无
十年	无	无	1,921.71	无	无	1,091.27	5,771.43	无	无	无
十一年	无	无	1,921.71	无	无	3,571.42	5,771.43	无	无	238.09
十二年	无	无	1,921.71	无	无	3,571.42	6,571.70	无	无	857.14
十三年	无	1,142.85	1,354.28	567.42	无	5,588.18	6,571.70	无	无	857.14
十四年	无	2,814.28	1,354.28	567.42	285.71	10,171.71	7,600.28	无	4,310.36	1,107.04
十五年	242.86	2,842.85	1,354.28	567.42	428.57	10,171.71	7,600.28	无	5,747.14	1,157.14
十六年	342.85	1,600.00	1,354.28	567.42	445.71	10,219.64	7,892.00	无	5,747.14	1,157.14
十七年	342.85	1,757.14	1,354.28	567.42	445.71	10,328.57	无	9,760.28	5,765.36	1,157.14
十八年	565.71	2,914.28	1,354.28	567.42	445.71	10,328.57	无	9,760.28	5,771.42	2,453.57
十九年	425.70	4,304.50	1,572.30	620.00	414.00	1,969.00	2,100.00	2,331.45	2,350.00	961.00
二十年	517.67	2,798.00	1,215.00	605.00	327.00	5,037.00	7,400.00	1,739.25	1,532.00	1,113.00

（续表）

项目	包课小井									
	磨铺井	整董井	恩耕井	抱母井	茂腊井	习孔井	小羊箐井	裕民井	二尾井	蛮卡井
元年	无	无	无	无	无	无	无	无	无	无
二年	无	无	无	无	无	无	无	无	无	无
三年	无	无	无	无	无	无	无	无	无	无
四年	无	无	1,200.00	无	无	无	无	无	无	无
五年	无	无	1,200.00	无	无	无	无	无	无	无
六年	无	无	714.28	无	无	无	无	无	无	无
七年	无	无	714.28	无	无	无	无	无	无	无
八年	无	无	416.66	无	无	无	无	无	无	无
九年	无	无	无	无	无	无	无	无	无	无
十年	无	无	无	无	无	无	无	无	无	无
十一年	无	214.28	952.38	无	无	无	无	无	无	无
十二年	428.57	285.71	1,142.86	无	无	无	无	无	无	无
十三年	428.57	71.43	1,142.86	无	无	无	57.14	无	无	无
十四年	428.57	无	1,425.71	无	无	无	285.71	无	无	无
十五年	575.65	无	1,520.00	无	1,466.67	981.50	无	无	无	无
十六年	589.00	无	1,520.00	无	1,600.00	1,812.00	无	无	无	无
十七年	589.00	无	1,520.00	5,285.00	1,600.00	1,812.00	无	无	无	无
十八年	589.00	无	1,520.00	6,040.00	1,600.00	1,812.00	无	无	无	无
十九年	342.50	无	471.30	3,908.50	768.55	687.90		93.00	无	33.00
二十年	400.00	9.50	999.40	3,264.05	594.40	775.47	54.80	258.01	244.00	560.00

（续表）

项目	包课小井					
	发龙井	凤冈井	滥盐井	茂益井	合计	全省统计
元年	无	无	无	无	1,065.51	414,128.50
二年	无	无	无	无	1,518.68	539,893.99
三年	无	无	无	无	3,181.77	580,716.93
四年	无	无	无	无	8,703.13	646,020.50
五年	无	无	无	无	8,658.31	681,027.10
六年	无	无	无	无	13,928.42	771,717.11
七年	无	无	无	无	13,275.97	830,252.27
八年	无	无	无	无	21,474.67	821,484.31
九年	无	无	无	无	10,293.86	775,428.35
十年	无	无	无	无	15,247.88	789,147.14
十一年	无	无	无	无	21,775.45	762,669.44
十二年	无	无	无	无	23,250.03	710,508.10
十三年	无	无	无	无	27,070.42	652,551.28
十四年	无	无	无	无	41,068.29	658,297.12
十五年	无	无	无	无	44,136.86	598,931.39
十六年	无	无	无	无	45,182.10	579,710.66
十七年	无	无	无	无	51,269.66	569,695.18
十八年	无	无	无	无	57,932.13	490,903.70
十九年	无	无	无	无	43,655.83	564,922.66
二十年	57.90	8,110.00	230.00	144.00	50,121.69	552,724.485

说明：

1. 表列各井场边岸及包课小井销数，正井系照各该场员逐月册列之数填列，包课小井则照各该包商认解税课数目折合盐斤填入，其在运署未成立以前之各小井包课，系并同正井税款报解，故无从分别填列，仅此说明。

2. 安宁分场自民国十五年十二月改为包办，销数已列包课小井栏内。

3. 裕绥分场自民国九年十月一日复开，委员试办，上列销数，系官办期间实销盐数，至十三年八月改为包办，其销数已列包课小井栏内，迨至十五年三月因匪停煎，十六年一月六日实行封闭。

4. 汪家坪井自光绪十九年由土人私开，认解包课七百五十两，至元年改征一千零七十元，解交财司，至民十三仍收归运署管理，所收包课解交分所，至民八年一月，由署委员开办，至十一年二月改为包办。上列系官办期间销数。其包课盐数已另列包课小井栏内。

5. 盐井渡井从前系销川盐，至民六仍由署委员开办，但办理数年，未著成效，亦未据报销盐，至十年十二月仍由商人包办，一年满交由盐津县派人代收盐税，计除开支以实银报解，至十三年十一月，复改包办，均无成效，至十四年十一月，始行封闭。

6. 开化边岸至十四年一月一日停办，十四年乃呈准借运粤盐试办一年，至十九年起又改为招商认额办理。

7. 广南边岸自十九年起并入开化边岸，划为一区办理。

8. 黔西边岸从前办法，系由商人自行购运元永、阿陋井盐行销，并未退税，故元年至六年销数已列入元永井盐数内，至民六年六月改为边岸，实行退税，复招商人组设公司运销，至六年停办。

9. 丽江分场民国元、二、三年销数，系并入喇井列报。又自民国六年改为包办，至民国十六年十一月，仍收回官办。上列系官办期间销数。至十八年三月一日，复改包办，其包课盐数已另列包课小井栏内。

10. 金泉井民国元、二两年销数已列入云龙正井之内，自六年改为包办，自民国十六年十一月仍收回官办。上列系官办期间销数。至十八年三月一日复改包办，其包课盐数，已另列包课小井栏内。

11. 腾越边岸及龙陵边岸向系运销乔、云两井，民国元年、二年、三年销数已列正井之内，至民国六年改为边岸，实行退税，复招商人组织公司运销。

12. 抱母分场自民国十七年二月十六日改为包办，包课盐数已另列包课小井栏内。

13. 景东井于民国六年委员复开，民国七年八月开始销盐，至十七年一月，改为包办，包课盐数已列小井栏内。

14. 勐野井于民国五年三月重开，六年一月销盐，至八年二月改为包办，至九年四月复收回官办，又至十年九月仍改为包办。上列系官办期间销数。包课盐数已另列小井栏内。

15. 磨歇井民国元、二、三年收入税款，系并同正井报解，故无从查填销数，自四年份起始按月造报销数，至八年二月改为包办。

16. 恩耕井原系包办，惟元、二、三年包课系并同正井报，自四年份起始专案报解，至八年八月收回官办，又至十二年三月仍改包办。

17. 茂篾井自八年七月收回官办，至十一年三月仍改包办，其情形与恩耕井同。

18. 磨铺井自十一年新开，委员试办，开办未久，因无成效，乃于十二月改为包办。

19. 安乐井自民元以来均系由灶包办，至十七年二月，因匪停煎免课，至十月起始行起煎，故是年盐数较少。

20. 积旧井自民元以来，均系由灶连同横山井包办。至十三年始将横山井划除，另行包办。

21. 横山井自十二年以前包课，系并入积旧井内列报，至十三年始行划分，另行招商包办。

22. 安宁井自十五年十二月一日改为包办。

23. 硝井自十四年七月一日由商包办。

24. 绥裕井自十三年八月一日改为包办，至十五年三月一日因匪停煎，十六年一月六日封闭。

25. 汪家坪井自十二年二月一日改为包办，其官办期间销数已列前栏。

26. 镇雄盐井于民国六年委员开办，但办理数年毫无成效，亦未据报煎销盐数，乃于民国十一年九月归商包办，至十四年九月仍未见效，故实行封闭。

27. 盐井渡井自十年二月十六日改由商人包办，一年至十一年十二月十六日期满，交由盐津县派人代收税课，计除开支以实银报解，至十三年十一月仍改为包办，均无成效，至十四年十一月起始行封闭。上列系包办期间销数，其官办销数已列前栏。

28. 弥沙井与高轩井向系由灶认课包办，惟元、二两年包课系并同正井报解，故无从查填盐数。

29. 福兴井自十八年七月一日新开，由商试办六个月。

30. 三星井自十八年七月十八日新开，由商试办六个月。

31. 丽江井自民国六年改为包办，至十六年十一月仍改由官办。又于十八年三月复改包办。

32. 日期井自十五年四月复开，由商包办。

33 金泉井自民国六年改为包办，至九年仍收回官办，至十三年八月复改包办。上列系包办期间销数，至官办销数已列前栏。

34. 顺荡井向系由商灶认课包办，惟元、二年份包课系连同云龙正井解缴，故无从查填盐数，至十三年又将师井划分，另招包办。

35. 景东井自十七年一月一日改为包办。

36. 茂爱井与景东井同时开办。复因产盐稀少，乃于十四年四月改为包办，其官办销数已并景东正井栏内。

37. 茂篾井自民国八年七月收回官办，至十一年三月仍改包办。

38. 磨铺井自民国十二年改为包办。

39. 整董井自十一年四月一日复开，由商包办，至十三年四月一日停煎，八月二十四日封闭。

40. 恩耕井自民国八年八月收回官办，至十一年三月仍改包办。

41. 抱母井自十七年二月十六日改为包办。

42. 茂腊井自十五年二月一日复开，归商包办。

43. 习孔井自十五年六月十五日复开，由商包办。

44. 小羊箐井自十三年十二月一日复开，由商包办六个月，至十四年六月一日封闭。

云南省各井场销盐统计表（单位：担）

井别	民国二十一年	民国二十二年	民国二十三年	民国二十四年	民国二十五年	民国二十六年
元永井	54,960.00	65,572.70	74,705.50	112,419.05	148,002.50	129,683.00
黑井	83,583.38	105,660.50	113,902.00	120,721.40	141,356.07	126,838.13
琅井	1,506.45		5,893.00	12,825.98	17,260.46	4,158.80
阿陋井	46,222.70	45,954.80	43,281.05	34,481.12	50,797.00	28,096.00
白井	77,203.00	92,505.00	98,948.70	102,484.60	74,762.83	89,710.30
乔后井	77,959.00	71,671.00	73,966.70	101,017.10	127,618.60	108,253.00
喇鸡井	23,745.50	27,885.10	29,685.97	31,253.50	34,184.20	45,547.50
云龙井	17,634.00	23,531.30	23,977.50	24,685.95	27,106.75	26,856.80
磨黑井	63,467.81	99,535.53	101,865.76	114,360.38	174,703.67	124,370.84
按板井	19,939.70	28,921.57	37,266.63	52,939.64	58,191.21	52,376.43
香盐井	6,064.49	7,521.78	6,771.25	6,287.56	21,824.32	14,756.40
石膏井	14,952.98	16,610.55	33,092.88	14,664.10	29,235.30	25,219.10
益香井	5,683.40	5,240.00	9,748.80	8,208.01	18,962.75	14,566.40
汪家坪井			874.28	9,653.68	4,379.92	11,187.80
凤冈井			3,385.37	5,038.09	8,482.23	9,360.47
勐野井					2,321.72	6,088.33
弥沙井			5,451.50	8,340.60	9,156.00	7,126.00
总计	492,739.12	589,594.83	662,406.89	760,382.76	708,345.43	822,196.99

销盐比较及考成

滇省应销盐额虽如上述，而一年之中，又有平、旺、淡之分，计十、十一、十二月及次年一月为旺月，应销年额十二分之五点五，以二、三、四、五为平月，应销年额十二分之四，以六、七、八、九为淡月，应销年额十二分之二点五，均经按照国历年月分井摊定月额比较列表，呈准有案，并奉盐务署颁发《销盐考成条例》，凡溢销不足一成者记功，一成以上者记大功，二成以上者由盐务署呈请奖，三成以上者呈请进官或加秩，皆按年额统计。在任不满一年者停奖。短销不及一成者申诫，一成以上者减俸，二成以上者降等，三成以上者褫职，若因特别灾变短销者，查明酌予减免处分。旋又奉行平秤，凡销售秤量概以磅秤为率（即百零五司码秤），从前所用正岸之加二八及边岸之加三八等加秤，概行取消。当即依据各井前定比较销额五十八万担，旧用秤量如法乘计，申合司码秤量，节出加秤余盐，加入正销盐数，另定年月销额比较表，呈准改定年额为司码秤盐七十二万五千担，于六年一月实行。六年至十一年间，历年销数均有增加，十二年后因时局不靖，灾祲迭出，各井产制又复短减，以致销额比较不足。二十三年，省府核准运署呈请，规定各场煎销年额为九十一万八千一百六十担零五十斤，令饬办理。先是本省各场销盐月额，自六年实行均税平秤更改后，历时十六七年，终为各场产销状况递年有减无增，前奉准七十二万五千担之年额势难企及，致分摊旺、平、淡月额，不能切实列比。二十一年运署奉部署令将本省年额依旧定为七十二万五千担，并发销盐考核章程，是时各场销情尚未增进，运署详叙事实，历呈经过，并查填最近三年实销盐数表，请将实销年额酌定为五十七万二千担，俾得实施比较，厉行奖惩，然以未奉令难，不能办理。继因改并煎灶，组织公司，实行溢额退税办法，又经运署将正场产销年额拟定为六十万担，呈经省府核准，令饬遵办。二十三年七月一日改行新衡，运使李培炎复将正场及场务所产销两数，或照新衡申计，或量予增加，呈准规定年额为九十一万八千一百六十担零五十斤，旺月销年额十二分之一点三，平月销年额十二分之一点零，淡月销年额十二分之零点七，通令施行焉。又二十一年运署呈准省府，举行场长考试，取定场长三十二员，于训练后即行以次委用，并照部颁《销盐考成章程》第十三条严定考核办法，凡甲月煎销短额者，责在一月补足，乙月再短者除记过、罚薪外，限两月补足，如丙月再短者即撤任。并准甲、乙、丙三个月短额合计比较，如仅短一成以内者免议，一成以上二成以内者，予以停委一年之行政处分，二成以上三成以内者停委三年，三成以上五成以内停委五年，短额五成以上者停委十年，其有煎溢销短，或销溢煎短者，得互相抵除，呈经省府核明照准，并通令遵办，用以整饬鹾纲，严督进行，而维定额，兹将最近年度销盐比较列表如次：

云南区最近各年度销盐比较表

项目	三十年	三十一年			三十二年		
	实销数	核定数	实销数	比较增减	核定数	实销数	比较增减
1月	106,264.43	72,646.00	68,886.40	− 3,759.60	95,650.00	98,086.34	+ 2,436.34
2月	94,276.07	72,646.00	53,588.70	−19,057.30	95,650.00	67,861.40	−27,788.60
3月	108,323.95	72,646.00	86,400.71	+13,814.71	95,650.00	95,935.35	+ 285.35
4月	109,667.39	72,646.00	67,530.95	− 5,115.05	95,650.00	104,789.52	+ 9,139.52
5月	114,488.56	72,646.00	69,208.71	− 3,437.29	95,650.00	112,681.73	+17,011.73
6月	85,285.69	72,646.00	76,418.94	+ 3,772.94	95,650.00	78,874.53	−16,775.47
7月	92,096.81	72,646.00	83,707.80	+11,061.80	95,650.00	85,352.15	−10,297.85
8月	90,028.99	72,646.00	77,041.18	+ 4,368.18	95,650.00	61,524.71	−34,125.29
9月	75,849.84	72,646.00	91,819.74	+19,173.74	95,650.00	58,522.01	−37,127.99
10月	90,692.96	72,646.00	94,657.98	+22,011.98	95,650.00	72,545.60	−23,104.40
11月	98,107.85	72,646.00	75,711.87	+ 3,065.87	95,650.00	81,907.73	−13,742.27
12月	86,085.94	72,646.00	92,722.04	+20,076.04	95,650.00	107,490.77	+11,840.77

（续表）

项目	三十三年			三十四年		
	核定数	实销数	比较增减	核定数	实销数	比较增减
1月	95,480.00	93,105.40	− 2,274.60	98,376.00	126,799.19	+28,423.19
2月	95,480.00	96,044.14	+ 564.14	98,376.00	77,081.62	−21,294.38
3月	95,480.00	91,909.68	− 3,570.32	98,376.00	94,800.15	− 3,575.85
4月	95,480.00	69,215.88	−26,204.12	98,376.00	77,106.06	−21,269.94
5月	95,480.00	69,014.35	−26,375.65	98,376.00	101,420.55	− 3,044.55
6月	95,480.00	64,123.75	−31,356.25	98,376.00	91,499.87	− 6,875.13
7月	95,480.00	71,939.14	−23,540.86	98,376.00	76,010.77	−22,365.23
8月	95,480.00	73,385.16	−22,094.84	98,376.00	50,958.80	−47,417.20
9月	95,480.00	81,976.42	−13,503.58	98,376.00	31,826.97	−88,049.74
10月	95,480.00	76,727.17	−18,752.83	98,376.00	31,826.97	−66,549.03
11月	95,480.00	95,839.00	+ 359.00	98,376.00	66,189.27	−32,186.73
12月	95,480.00	114,642.59	+19,162.59	98,376.00	82,356.11	−16,019.89

秤放

自前清迄民国初年，秤放盐斤均属井场职权。三年三月运署稽核分所成立，各井煎销机关一律裁并，遂将秤盐事务移转分所会同办理。场署设管仓员，税局设监秤员，每日各灶煎交仓盐由场夫提盐上秤，司秤报唱斤数，用红土画码于盐上，管仓员登记，监秤员监视毕，即将商人执持运照、税单验明无讹，照单分配，先由场署员役于盐斤上加盖“抄发讫”毛印，再由税局监秤员督同员役逐一点对，核算无错，并于盐上加盖英文某井字样毛印后，发交商人领运出仓。如本日所收盐斤除配发商人外，尚有余存，盐上只有红码并无毛印，此盐即交管仓员记数保管。各井场逐日秤放之盐数，在民国三年以前，系由督销总办按月汇报省盐务机关。迨运署稽核分所成立，各井场署、税局根据商人持缴之运照、税单照数放盐后，即逐柱详登簿记，按月由场署、税局遵照规定手续，造具报告表册，连同缴存照单，各报运署分所查核。

秤量

民国六年以前，各井局秤放盐斤，系用二八加秤，即正岸盐每担加放二十八斤，边岸盐以路途遥远、转运耗损较多，故每担加放三十三斤或三十八斤。自改用司码秤后，即一律以一零五奉颁法码秤放，废除加秤办法。其法码系铁质所铸，有一百斤、五十斤、二斤、一斤四种，均由税局会同场署随时较准秤用，以免秤量轩轻之弊。缘司码秤制，每斤合库秤一十六两八钱，以百斤计，合较十六两秤多五斤，易言之，即每司码秤一百斤之重量，等于库秤一百零五斤，并非一百斤外加给五斤，故谓为加五秤制者实误。至二十三年实行改用新衡后，当将各场应需新秤，由稽核分所电请总所就沪代为订购运滇。其各小井应需之数，则由运署函托本省实业厅代为仿制，均于六月办理齐备，由署所分别转发各正场税局及各小井包商承领，自七月一日起一律实行。按新制市用秤每百斤合司码秤七十八斤十二两弱，司码秤每百斤合新制市用秤一百二十七斤。故此次改用新秤，除照部案将正附税捐一律仍旧征收，以免纷更外，其属于产盐之薪本竃费两项，为减轻人民负担计，已由运署按照新旧衡之比重折算改订，连同税捐列为场价组合细目表，公布周知。改衡原属创举，实行而后有谓新秤折算大者，有谓新秤较旧秤折算小者，运署慎重将事，爰将新旧衡器法码派员切实较量，并无不合。复经通电各场秤放盐斤务须躬亲监督，认真较准，并明白解释新旧秤的比重，以免误会。惟包载秤量，计各井场产盐运赴销地，大都用马驮运，间有用人力背运或担运者，锅盐则先由灶锯为二块，交仓后复分锯为二尖，尖约重四十余斤乃至七十斤不等，每马驮运两尖，每人背运一二尖，担则二尖或数零块，以期运载利便。筒盐则每筒约重十斤，运时须用稻草篾篮包盛，计每马可运百余斤，人可运数十斤。

掣验

《清会典·事例》:“道光十七年议准，滇省井盐照票，由盐道刊发井官，听商领引运盐，并于井地要隘设卡，责成大使等盘验，引盐相符，挂号放行。”光绪末季，云南举办团务，奏请抽收盐捐以资办理，由辖井地方官保举正绅，详请盐道给委，前驻该井，设关盘查，名曰盐绅，不久即废。自民国初行销内地之盐，仍系商运民销，商贩到井向督销局缴款领票，督煎局照票发盐，照后执票配盐，运往销地，随市转售。盖盐未出井，已经过督煎、督销两机关之对照盐票，出井又须受关卡之盘验，及其到岸销售，亦无商引认定岸界各项限制，故滇盐运销途次，实无掣验之必要，因之掣验组织遂付阙如。民国六年一月实行均税平秤，将各边岸分销、转运各局一律裁撤，招商组织公司认额运销，井盐情事既殊，办法也异，不得不严订条规从事掣验，以期验照放盐，查禁充灌各事具有专司，得免流弊。于是开岸芷村、广岸阿迷两掣验局遂于六年三月组织成立，腾冲、龙陵两边岸掣验局亦于七年一月各就县城组织成立。此外罗平、平彝两县，境连黔西原属内岸运销区域，民国四年以黔销川盐不济，黔绅呈请黔西边岸认额运销滇盐。因于六年五月间，曾就黔边滇盐出口之罗平县属板桥及平彝县属黄泥河两处，各设掣验一局，直隶运署。八年，又添设板革、老江底、平彝三分局以资验放运黔盐斤。未几，黔西边岸裁撤，各掣验局所亦同时结束，其后所存在者惟开、广、腾、龙四掣验局而已。

淹耗

云南各井配运盐斤，向例皆用制定平秤。在前清中叶，各井官灶争图充销邻境，侵匿课款，皆借折耗为名，甚或私加秤量以作招徕之具。故每盐百斤竟有加秤至四五十斤，公家课款隐受亏损不少。清盐道署乃创节秤加额办法，厘定每盐百斤准加耗盐二十八斤，颁发制秤，通行遵用，凡销内地正岸之盐，概以此为法定重量。惟配发各边岸盐则因距井遥远，层递转运耗折较多，且须减价贴脚弥补，故于例定加二八称外，再加十斤，定为加三八秤。然此亦为开化、广南、腾冲、中甸、维西、勐烈、王布田等处极边地方行之，以为抵制交、缅、藏私之规定。若东川、贵州内地边岸之盐，则只于定例加秤外加称五斤，以资贴补，各井一致，不许高下。井局发盐之制秤，均由省盐政机关制定颁用，惟东、昭、镇雄借销川盐，就中过秤征厘，暂定斤重以加三为标准，其余各城市镇乡商民买卖盐秤，则各以其地之习惯为信用，秤价出入由其自定，不能强以一致。民国改革后，所有秤量耗斤一依以前办法办理。迨六年一月实行均税平秤，勿论内边盐岸，均一律改为司码秤，以百零五斤作一百斤计算，一切耗价悉在其内。二十三年改行新衡，比之清末民初办法，较为简单划一，公家收入亦无形中视前增加矣。

盐照

滇省业运盐者，以零商小贩为多，商人照章在井抄获盐斤，行销悉听其便，故入民国后，仍依前清旧章印发两联照票，以为商贩赴井缴课购盐之用，民国二年仿照百货厘税办法，由实业司改定三联照票，凡商脚到井缴款购盐，每脚一帮，填照票一号，无票即以私论。其票根由督销总办按月汇缴，第二、三两联填给商脚抄领盐斤，第三联则交由督煎局收存汇缴。运署成立后，奉部颁发运盐执照及规则到滇，因内载事项与滇省情形不同，难于实用，经呈准暂用旧时三联票。嗣场局及盐税局成立，乃与分所往复商定，就原用三联旧票，酌为变通办理。自民国三年十一月实行划收税款之日起，凡商运脚贩购运盐斤，须先由场局核明应纳税薪各若干，领官盐若干，分明填明照票之内，由场局将薪本照收后，随将三联运票发交购盐商脚，转向盐税局照数纳税毕，由税局将运票存根一联截存汇缴，填给收税单，并同中、尾二联运票仍交商脚，一并执持赴仓领盐，由场局管仓员，税局监秤员查明运票税单，照数配盐给领运销，税单则由监秤员留缴税局，运票尾联则由管仓员截缴场局汇报，中联仍交商脚随盐运销。民国五年九月一日实行改组盐场知事，以原用三联照票内载事项名称多不相符，且不足以昭慎密，复经函商分所，另定式样，改用四联运照发交各商。凡商脚到井购盐，每脚一帮仍填运照一张，注明商脚名号及纳税收薪领盐数目，将存根一联留存场署备查，其备核一联由税局截缴分所，复核一联由场署裁存，汇缴运署，运照一联发交商脚，随盐起运，以备沿途盘验，所有核填票内税薪盐数，及分收税薪缴销各手续，悉仍其旧。近今十余年来行之内岸，尚属有利无弊。此外，开广、腾龙、黔西各边岸应配照票，亦经会商定议，由运署编制四联运照发交井场。于公司雇脚到井购盐时，每脚一帮填运照一张，注明公司脚人姓名及纳税收薪领盐数目，将存根一联由场署汇缴运署备查，其备核一联由税局裁缴分所，复核一联由场署并同运照发交公司执持，到岸报由掣验、稽税两局分别查验过秤，如数目相符，即由运署委派之掣验员、稽核分所委派之稽税员证明，实已到岸，盐数分报查核，并由掣验局将复核一联裁存汇缴运署，将运照一联批明盐数相符，加盖印章，发还公司配盐行销，俟此项盐斤到岸分报到省，再由稽核分所核明应纳边课，将其在井时照内岸税率多纳之税，照数发还给领。此外核填票照薪饷盐数及分收税薪手续与内岸同。自实行迄今亦称便利，此内、边岸之运照办法也。至于包课各小井，则运署制发三联特别照票，发交包商填用，凡商贩向包商运盐斤，缴纳价银清楚，即行填给照票，交购盐商贩执持运销，如盐照不符即照章罚办。其裁缴照票手续，则由包商于填给时将存退一联裁存汇缴运署查核，备核一联裁存汇缴稽核分所备核，此则稍异于内边岸者也。二十一年一月一日运署呈报省府，参照成案，另行改定运盐执照。按运盐执照原为护运官盐、防察私盐而设，向由运署照案制发填用。至二十一年一月一日起，运署奉部颁发新式运照，当今参酌成案，另行改定运盐执照而为三项：（一）为四联运盐执照，为各正场于抄放盐斤时填用；（二）为四联特别运照，为各小井包商于抄放包课官盐时填用；（三）为边岸五联运盐执照，为各边岸公司到场抄盐填用。均由运署先期分别制发，由各场场长及包商公司照案填用，按月由场将缴核一联暨已填用数、余存数一并造册呈报，再由运署连各场及各包商报齐各项运照，按月汇填载运凭单表，分报省府查核。其奉部饬应领之新式运照，经运署分呈核准，从缓领用，暂照旧照办理。并已规定场用运照办法，仍旧以存根一联留场备查，复核一联改名缴核，由场裁缴运署，备核一联由税局裁缴稽核分所，运盐执照一联由场署发交运盐商脚随盐到岸。其腾、龙两边岸公司运销井盐，原用边岸四联运照，向以存根一联由场汇缴运署，备核一联由税局裁缴稽核分所，复核运照两联由场发交公司随盐配运，到岸时报经掣验、稽税两局，称验相符，由掣验局将复核裁缴运署，运照联则仍交公司随盐运销。是四联之边盐运照，在边岸既多掣验一层手续，并场署亦将存根呈缴，即已毫无察考，殊欠周密，故增一联更订边岸五联运盐执照，并将照内文字略加修改，填发裁缴手续稍为变更，订为存根一联留场备查，缴核一联由场裁缴运署，备核一联由税局裁缴分所，复核及运盐执照两联由场署并发公司随盐到岸，报经掣、稽称验相符，即将复核一联裁存汇缴运署，运盐执照仍交公司随盐运销，俾与正岸运照办法一律，惟交掣验局裁缴之复核一联，庶免分歧。至阿墩边岸，系稽征入口川康砂盐，既非产地配销，亦非正式借用，自不适用运盐执照，而盐务局现用之三联税票，不惟名实不符，且与税局所用照票亦觉混淆，其填发裁缴各手续仍欠完备，实有改订之必要。且前经运署将此项砂盐税，商得分所同意，定名销税，兹应参照各销区所用销税收照名称，订为四联销税执照，为证明已纳销税，及随盐行销以备查验之用，其填发裁存汇缴各手续，悉照正岸四联运盐执照办法办理。上项照票骑缝字号须各别编列，即以场名首字冠之，如黑井场则以黑字第几号，元永场则以元字第几号编之；边岸运照则于场名首字之下加一边字，如乔后则编为乔边字第几号，喇井则编为喇边字第几号之类；阿墩盐税执照则以墩字编例。均于颁发新照时各自第一号编起，并令各场均从二十一年一月一日一律自一号起，衔接填用，不得颠倒跳越，以便稽考，其在以前所领未用旧照，饬其缴销。

附：照票式样。

照票

云南实业司为截发给照票事，今据商贩赴井遵照新章缴课购盐，除截根外，合就填票交该商贩持往官仓照数配运出井销售。所有应记事项如左：

井地	
配发盐数	
课价	每百斤照章缴课银　元　角　仙 兹应缴课银　元　角　仙 已如数完讫
脚价	
商贩姓名	

中华民国　年　月　日给

配盐零趸均以此票为凭，无票作私，如有小票名目并究

字　第　号

根票

云南实业司为截根事，今据商贩赴井遵照新章缴课购盐，除填发照票外，合就截据按月由督销总办汇缴来司查核对销，所有应记事项如左：

井地	
配发盐数	
课价	每百斤照章缴课银　元　角　仙 兹应缴课银　元　角　仙 已如数完讫
脚价	
商贩姓名	

中华民国　年　月　日截

配盐零趸均以此票为凭，无票作私，如有小票名目并究

民国元年实业司规定各井正岸照票式

照票

云南实业司为给票领盐事，今据该商贩赴井遵照新章缴课购盐，除截根外，合就填票交该商贩持赴官仓照后开盐数领盐出井销售，领毕即交由督煎局收存汇缴，勿违。须至票者。

井地	配发盐数	课价	商贩姓名
		每百斤照章缴课银　元　角　仙 兹应缴课银　元　角　仙	

中华民国　年　月　日　给

配盐零趸均以此票为凭，无票作私，如有小票名目并究

字　第　号

照票

云南实业司为发给照票事，今据商贩赴井遵照新章缴课购盐，除截根外，合就填票交该商贩照数配运出井销售，所有经过路井应销引地之沿途各厘卡，务须验票放行，勿得留难阻滞是为至要，切切。须至票者。

井地	配发盐数	课价	商贩姓名
		每百斤照章缴课银　元　角　仙 兹应缴课银　元　角　仙	

中华民国　年　月　日　给

配盐零趸均以此票为凭，无票作私，如有小票名目并究

字　第　号

根票

云南实业司为截根事，今据商贩赴井遵照新章缴课购盐，除填发照票外，合就截根按月由督销总办汇缴来司查核对销。所有应记事项如左：

井地	配发盐数	课价	商贩姓名
		每百斤照章缴课银　元　角　仙 兹应缴课银　元　角　仙	

中华民国　年　月　日　截

配盐零趸均以此票为凭，无票作私，如有小票名目并究

民国二年实业司改定三联照票式

特别照票

云南盐运使署为发给特别照票事，案查××井据商人×××出具结状认额包办，业经署所会核照准，所有配发盐斤，自应刊发特别照票，俾便查核。兹有商贩×××配盐××斤至××属之××地方销售，遵照定价每百斤缴纳洋×元×角×分×厘，其银已由包商如数收讫。除饬将存根一联按月汇缴盐运使署查核，备核一联按月汇缴稽核分所备查外，合给照票，仰该商随盐执持以备沿途盘验，到岸销售。如其盐照相离，或照盐不符，即照章法办。一俟用毕，即设法呈缴盐运使署核销，勿违此照。

右给×××准此

中华民国　年　月　日

盐字第　号

备核

云南盐运使署为备核事，案查××井据商人×××出具结状认额包办，业经署所会核照准，所有配发盐斤，自应刊发特别照票，俾便查核。兹有商贩×××配盐××斤至××属之××地方销售，遵照定价每百斤缴纳洋×厘，共洋×元×角×分×厘，其银已由包商如数收讫发盐放运，除饬将存根一联裁存汇缴盐运使署查核外，即将此备核一联裁存汇缴稽核分所备核

中华民国　年　月　日

盐字第　号

存根

云南盐运使署为存根事，案查××井据商人×××出具结状认额包办，业经署所会核照准，所有配发盐斤，自应刊发特别照票，俾便查核。兹有商贩×××配盐××斤至××属之××地方销售，遵照新章定价每百斤缴纳洋×厘，共洋×元×角×分×厘，其银已由包商如数收讫发盐放运，除饬将备核一联裁存汇缴稽核分所备查外，即将此存根一联，裁存汇缴盐运使署查核。

中华民国　年　月　日

前各包课小井特别照票式

运照

云南盐运使署为发给运照事，今据该××配运××井盐×斤×两至××
属之地方销售，照章每百斤由场署/税局分别核收讫，除饬场署存根，至备核一
联由税局裁存缴稽核分所查核并请加给准单，其复核一联，由场署裁存汇
缴本盐运使复核外，合给运照，仰该商随盐执持以备沿途盘验，到岸销售，
如其盐票相离，或票照不符者，即照章罚办，勿违此照。
右给×××准此
中华民国　　年　　月　　日

运字第　　号

复核

云南盐运使署为复核事，今据××配运××井盐×斤×两至××属之
××地方销售，照章每百斤纳税/缴薪洋×元×角×分×厘，共合洋×元
×角×分×厘，已由××场署/税局分别核收讫，即将此复核一联裁存按月
汇缴本盐运使复核
中华民国　　年　　月　　日

运字第　　号

备核

云南盐运使署为备核事，今据××配运××井盐×斤×两至××属之
××地方销售，照章每百斤应收盐税×元×角×分×厘，共合洋×
元×角×分×厘，应由场/盐税分局核收，加发准单，发放盐斤，即将此
备核一联裁存汇缴稽核分所备核
中华民国　　年　　月　　日

运字第　　号

存根

云南盐运使署为存根事，今据××配运××井盐×斤×两至××属
之××地方销售，照章每百斤纳税/缴薪×元×角×分×厘，共合洋×
元×角×分×厘，已由××场署/税局分核收讫，仰该场存根备查
中华民国　　年　　月　　日

民国五年规定各井正岸照票式

照票

云南盐运使署为给票领盐事，今据该商贩赴井遵照新章，缴课购盐，除截根外，合就填票交该商贩持赴官仓照后开盐数领盐出井销售，领毕即交由督煎局收存汇缴，勿违。须至票者 ×××

井地	配发盐数	课价	商贩姓名
		每百斤照章缴课银×元×角×仙，兹应缴课银×元×角×仙	

中华民国　　年　　月　　日　　给

配盐零星均以此票为凭，无票作私，如有小票名目并究

字第　　号

照票

云南盐运使署为发给照票事，今据商贩赴井遵照新章缴课购盐，除截根外，合就填票交该商贩照数配运出井销售，所有经过该井应销引地之沿途各厘卡，务须验票放行，勿得留难阻滞是为至要，切切。须至票者：×××

井地	配发盐数	课价	商贩姓名
		每百斤照章缴课银×元×角×仙，兹应缴课银×元×角×仙	

中华民国　　年　　月　　日　　给

配盐零星均以此票为凭，无票作私，如有小票名目并究

字第　　号

票根

云南盐运使署为截根事，今据商贩赴井遵照新章缴课购盐，除填发照票外，合就截根按月由稽销总办汇缴来署查核对销。所有应记事项如左：

井地	配发盐数	课价	商贩姓名
		每百斤照章缴课银×元×角×仙，兹应缴课银×元×角×仙	

中华民国　　年　　月　　日截

配盐零星均以此票为凭，无票作私，如有小票名目并究

民国三年运署成立沿用实业司改定三联照票式

特别运照

云南盐运使公署为发给特别运照事，兹据××井包商××报明商贩××购运××井包课官盐计重×担×拾×斤前往××地方销售，照章每担应完正税银×元×角，共合正税银×元×角×分×厘，又饷捐附税银×元×角，共合饷捐附税银×元×角×分×厘，已由该包商如数收讫。经过行盐地方验照放行，不得重征留难，除饬该包商存根备查及截留缴核备核两联按月分别汇缴本署及稽核分所查核外，合给此照交该商收执为据。

右给商贩 准此

中华民国 年 月 日

字第 号

备核

云南盐运公署为备核事，兹据××井包商××报明商贩××购运××井包课官盐计重×担×拾×斤前往××地方销售，照章每担应完正税银×元×角，共合正税银×元×角×分×厘，又饷捐附税银×元×角，共合饷捐附税银×元×角×分×厘，已由该包商如数收讫。除发给特别运照并饬该包商存根及将缴核一联截存汇缴本署查核外，即仰该包商将此联截存按月汇缴稽核分所备核。

中华民国 年 月 日

字第 号

缴核

云南盐运使公署为缴核事，兹据××井包商××报明商贩××购运××井包课官盐计重×担×拾×斤前往××地方销售，照章每担应完正税银×元×角，共合正税银×元×角×分×厘。又饷捐附税银×元×角，共合饷捐附税银×元×角×分×厘，已由该包商如数收讫。除发给特别运照及饬包商存根并截留备核汇缴稽核分所备查外，即仰该包商将此联截留按月汇缴本署查核。

中华民国 年 月 日

字第 号

存根

云南盐运使公署为存根事，兹据××井包商××报明商贩××购运××井包课官盐计重×担×拾×斤前往××地方销售，照章每担应完正税银×元×角，共合正税银×元×角×分×厘，又饷捐附税银×元×角，共合饷捐附税银×元×角×分×厘，已由该包商如数收讫。除发给特别运照并饬该包商将缴核、备核两联分别裁留汇缴署所查核外，即仰该包商存根留查。

中华民国 年 月 日

四联票式

运盐执照

云南盐运使公署为发给运盐执照事，兹据××场署报明××请运××井场官盐计重×担×拾×斤前往××地方销售，照章每担应完正税银×元×角，共合正税银×元×角×分×厘，又×银×元×角，共合银×元×角×分×厘，已由支所/税局如数收讫。经过行盐地方验照放行，不得重征留难，但盐与照离、数量不符及有伪造、涂改、影射、重运等弊者，仍行扣留呈报罚办，该商切勿违背定章，致干究惩。除饬场署存根备查及截留缴核一联按月汇缴本署查核，并饬支所/税局截留备核一联汇缴稽核分所及发给准单称放盐斤外，合给此照，交领收执为据。

右给　　收执

中华民国　　年　　月　　日

字第　　号

备核

云南盐运使公署为备核事，兹据××场署报明运盐者××请运××井场官盐计重×担×拾×斤前往××地方销售，照章每担应完正税银×元×角，共合银×元×角×分×厘，应由该所/局如数核收。除发给执照并饬署存根及将缴核一联截留汇缴本署查核外，即仰该支所/税局发给准单，秤放盐斤并将此联截留汇缴稽核分所备核。

中华民国　　年　　月　　日

字第　　号

缴核

云南盐运使公署为缴核事，兹据×场署报明运盐者××请运××井场官盐计重×担×拾×斤前往××地方销售，照章每担应完正税银×元×角，共合正税银×元×角×分×厘及×银×元×角，共合银×元×角×分×厘，已由支所/税局如数收讫。除发给执照及饬该场存根并饬支所/税局截留备核汇缴稽核分所及发给准单外，即仰该场将此联截留按月汇缴本署查核。

中华民国　　年　　月　　日

字第　　号

存根

云南盐运使公署为存根事，兹据××场署报明运盐者××请运××井场官盐计重×担×拾×斤前往××地方销售，照章每担应完正税银×元×角，共合正税银×元×角×分×厘，又×银×元×角，共合银×元×角×分×厘，已由支所/税局如数收讫。除发给执照，并饬该场及支所/税局将缴核及备核两联分别截留汇缴署所查核外，即仰该场存根备查。

中华民国　　年　　月　　日

四联票式

销税执照

云南省盐运使公署为发给销税执照事，兹据××盐务局报明盐商××由××运到××盐计重×担×拾×斤即在转运××地方销售，所有每担应完销税银×元×角，共合销税银×元×角×分×厘，又附税银×元×角，共合附税银×元×角×分×厘，已由盐税局如数收讫。经过指定行销地方验照放行，不得重征，但盐与照离、数量不符及有伪造、涂改、影射、重运、冲销内地等弊者，仍行扣留呈报罚办。除饬该局存根及截留缴核一联按月汇缴本署查核，并饬盐税局截留备核一联汇缴稽核分所及加发收税放盐执照外，合给此照交该商收执为据。

右给　　收执

中华民国　年　月　日

墩　字　第　号

备核

云南盐运使公署为备核事，兹据××盐务局报明盐商××由××运到××盐计重×担×拾×斤，所有每担应完销税银×元×角，共合销税银×元×角×分×厘，应由该盐税局如数核收。除发给销税执照并饬盐务局存根及将截留缴核一联汇缴本署查核外，仰该税局加发收税放盐执照并截留此备核一联，汇缴稽核分所备核。

中华民国　年　月　日

墩　字　第　号

缴核

云南盐运使公署为缴核事，兹据××盐务局报明盐商××由××运到××盐计重×担×拾×斤，所有每担应完销税银×元×角，共合销税银×元×角×分×厘，已由盐税局如数收讫。除发给销税执照及饬该局存根并饬盐税局截留备核汇缴分所及加发收税放盐执照外，仰该局截留此缴核一联按月汇缴本署查核。

中华民国　年　月　日

墩　字　第　号

存根

云南盐运使公署为存根事，兹据××盐务局报明盐商××由××运到××盐计重×担×拾×斤，所有每担应完销税银×元×角，共合销税银元×角×分×厘及附税银×元×角，共合附税银×元×角×分×厘，已由盐税局如数收讫。除发给销税执照，并饬该局及盐税局将截留缴核及备核两联分别汇缴署所查核外，即仰该局存根备查。

中华民国　年　月　日

阿墩用四联票式

运照

云南盐运使署为发给运照事，今据该××公司购运××井盐×斤至××边岸地方销售，按照新章每司码秤盐百斤纳税缴薪银×元×角×分×厘，共银×元×角×分×厘，已由税局场署分别核收讫。除由场署将存根呈缴并由稽核分所××井盐税分局查照备核加给准单外，合给运照，仰该公司随盐执持到岸，报由掣验、稽税两局分别查验过秤，经稽核分所委派之稽税员称得所运之数与运照内开之数相符，即将此运照由本署委派之掣验员批明盐照相符，加盖印章，发还该公司配盐行销，以凭查考而杜弊端，再照配运之盐，限于×月×日到岸验秤相符分报到省，再由稽核分所按盐核明应纳边税，将其在井时照内地课率所多缴之税款，照数核发给还，以符定章。

中华民国　年　月　日

运字第　号

复核

云南盐运使署为复核事，今据××公司购运××井盐×斤至××边岸地方销售，按照新章每司码秤盐百斤纳税银×元×角×分×厘，共银×元×角×分×厘，已由××井盐税分局如数核收讫。即由场署将此复核一联并同运照交发该公司执持，到岸报由掣验、稽税两局分别查验过秤，所运盐斤须与运照内开之数相符，即由盐运使署委派之掣验员与稽核分所委派之稽核员证明实已到岸盐数，分报署、所查核，并由掣验员将此复核一联，裁留存局汇缴运署以备考核。此照配运之盐，限于×月×日到岸验称相符分报到省，再由稽核分所按盐核明应纳边税，将其在井时照内地课率多纳之税款照数核发给还，以符定章。

中华民国　年　月　日

运字第　号

续前

备核

云南盐运使署为备核事，今据××公司购运××井盐××斤至×边岸地方销售，按照新章每司码秤盐百斤应收盐税×元×角×分×厘，共银×元×角×分元厘，应交缴××井盐税分税局核明，加发准单放盐运销，即将此备核一联裁存汇缴稽核分所备核。此照配运之盐该公司认限于×月×日到岸报候掣验、稽税两局查对，照旧称验符合裁缴照单，再由稽核分所按盐核明应纳边税，将其在井时照内地课率所多缴之税款照数核发给还，以符定章。

中华民国　年　月　日

运字第　号

存根

云南盐运使署为存根事，今据××公司购运××井盐×斤至××边岸地方销售，按照新章每司码秤盐百斤纳税缴薪银×元×角×分×厘，共银×元×角×分×厘，已由税局场署分别核收，填发税单运照配盐运销，即由场署将此存根按月汇缴盐运使署备查。此照配运之盐该公司认限于×月×日到岸报候掣验、稽税两局查对，照盐补验符合裁缴照单，再由稽核分所按盐核明应纳边税，将其在井时照内地课率所多纳之税款照数核发给还，以符定章。

中华民国　年　月　日

民国五年开广、黔西、腾龙各边岸由商组设公司运销井盐规定四联运照式一

运盐执照

云南盐运使公署为发给运盐执照事，兹据××场署报明××公司请运销××井场官盐计重×担×拾×斤前往××边岸地方销售，按照定章每担应在井完纳场税银×元×角，共合场税银×元×角×分×厘，又附税银×元，共合附税银×元×角×分×厘，已由××井盐税局如数收讫，填发准单配盐运销。除饬场存根，并由场署及盐税局分别截留缴核、备核汇缴署所查核外，合给此照，连同复核发交该公司收执，仰即随盐赍运到岸，报经掣验、稽税两局查验过称，盐照数量相符，即由掣验局将复核一联截留汇缴，并于照上加盖印章仍发交该公司随盐行销，以备稽查。所有经过沿途及指定行销地方，一体验照放行，不得重征留难。但盐与照离及有伪造、涂改、影射、重运、倒灌冲销正岸等情弊，仍行扣留呈报罚办。此照配运之盐，限于×月×日内到岸报验，逾期应予严行处罚。如系运销近边或极边之盐，由该两局分别截缴照单呈报后，由稽核分所按盐核明应纳边税，即将在井时照正岸税率所多纳之正附税款照数发还，以符定章，须至执照者。

右给××公司收执

中华民国　　年　　月　　日

边字第　　号

复核

云南盐运使公署为复核事，兹据××场署报明××公司请运××井场官盐计重×担×拾×斤前往××边岸销售。按照定章每担应在井完纳场税银×元×角，共合场税银×元×角×分×厘，又附税银×元×角，共合附税银×元×角×分×厘，已由××井盐税局如数收讫，填发准单配交运销。除发给执照并饬场存根及由场署税局分别截留缴核、备核汇缴署所查核外，即仰该掣验局会同稽税局查验过秤，如盐照数量相符，即截留此复核一联汇缴本署查核，仍将执照发交公司随盐运销。此照配运之盐，限×日内到岸报验放行，逾期应予严行处罚。如系运销近边或极边之盐，由该两局分别截缴照单呈报后，再由稽核分所按盐核明应纳边税，即将在井时已照正岸税率所多纳之正附税款照数发还，以符定章，须至复核者。

中华民国　　年　　月　　日

边字第　　号

续前

备　核

云南盐运使公署为备核事，兹据××场署报明××公司请运××井场官盐计重×担×拾×斤前往××边岸地方销售，按照定章每担应在井完纳场税银×元×角，共合场税银×元×角×分×厘，又附税银×元×角，共合附税银×元×角×分×厘，应缴交××井盐税局如数核收，填发准单配盐运销。除发给执照并饬场存根及饬场署、掣验局分别截留缴核、复核汇缴本署核查外，即仰该税局截留此备核一联汇缴稽核分所备核。此照配运之盐，限×日内到岸报请掣验稽税两局称验放行，逾期应予严行处罚。如系运销近边或极边之盐，由该两局分别截缴照单呈报后，再由稽核分所按盐核明应纳边税，即将在井时已照正岸税率所多纳之正附税款照数发还，以符定章，须至备核者。

中华民国　　年　　月　　日

边字第　　号

缴　核

云南盐运公署为缴核事，兹据××场署报明××公司请运××井场官盐计重×担×拾×斤前往××边岸地方销售，按照定章每担应在井完纳场税银×元×角，共合场税银×元×角×分×厘，又附税银×元×角，共合附税银×元×角×分×厘，已由盐税局如数收讫，填发准单配盐运销。除发给执照并饬场存根及饬盐税、掣验各局分别截留备核、复核各联汇缴署所查核外，即仰该场截留此缴核一联汇缴本署查核。此照配运之盐，限×日到岸报请掣验、稽税两局称验放行，逾期应予严行处罚。如系运销近边或极边之盐，由该两局分别截缴照单呈报后，再由稽核分所按盐核明应纳边税，即将在井时已照正岸税率所多纳之正附税款照数发还，以符定章，须至缴核者。

中华民国　　年　　月　　日

边字第　　号

存　根

云南盐运使公署为存根事，兹据××场署报明××公司请运××井场官盐计重×担×拾×斤前往××边岸地方销售，按照定章每担应在井完纳场税银×元×角，共合场税银×元×角×分×厘，又附税银×元×角，共合附税银×元×角×分×厘，已由盐税局如数收讫，填发准单配盐运销。除发给执照并饬该场及盐税、掣验各局分别截留缴核、备核、复核各联汇缴署所查核外，即仰该场存根备查。此照配运之盐，限×日内到岸报请掣验、稽税两局称验放行，逾期应予严行处罚。如系运销近边或极边之盐，由该两局分别截缴照单呈报后，再由稽核分所按盐核明应纳边税，即将在井时已照正岸税率所多纳之正附税款照数发还，以符定章，须至存根者。

中华民国　　年　　月　　日

改订各边岸盐五联运盐执照式

川盐税票

云南盐政处为发给税票事，据商民×××贩运川盐××斤到××售卖，
应纳税银×元×角在××局如数缴讫。凡过沿途局卡，务须货票同行，
由局卡验明票限在壹百伍拾日期内，盖印验戳放行，过期作废。另饬上纳，
并须认真查验，不准回头重用。如货已销售，即由销售地方厘税、局卡
验票缴销。切勿隐漏，须至票税者。

中华民国　　年　　月　　日照票

盐　　字第　　号税银

验单

云南盐政处为裁缴验单事，据商民×××贩运川盐××斤到××售卖，
应纳税银×元×角在××局如数缴讫。所有验单经过第一局即行裁下，
按月汇缴盐政处核对，须至验单者。

中华民国　　年　　月　　日验单

盐　　字第　　号税银

存根

云南盐政处为汇缴存根事，据商民×××贩运川盐××斤到××售卖，
应纳税银×元×角在××局如数缴讫。将存根按月汇缴盐政处核对，
须至存查者。

中华民国　　年　　月　　日存查

民国六年规定阿墩盐务局票照式

牌照之整理

本省黑井盐营业盐商，除附井各县不计外，大都集中省城。从前各井产盐充裕，盐价平减，故未加以限制，而业盐商人亦只三四十号而已。嗣因元永矿卤减少，煎额日绌，黑、阿亦逐渐减短，于是业盐商人不惜加价雇脚争先挤购，继而虚立牌号，希图多得盐斤。及至民国十五年取消督销恢复商运后，盐商牌号竟达一千余号之多，其实设号营业之真正盐商，不过一二百号而已。当恢复商运时，为防杜操纵，严禁居奇起见，曾经明予规定，凡经营盐商，须先呈经运署核准，每号缴纳保证金一千元，由运署发给营业执照，然后方能设号运销。殊商人意在趋利，以为多设牌号，即可多抄盐斤，故有一人而设数号，以至一人而设二三十号者，牌号之多，无有过于此时者也。继因军事匪风，交相迭乘，各井日产盐斤每为军队筹饷现卖，商人应抄运岸盐斤反久事积压，延不获抄，因是弱小商人，无利可图，乃纷纷报请歇业退取保证金。至民国十七年商运联合成立以后，据报停业者已达半数，存在者有四百八十九号，如以该地区各场月产总额平均摊分，除由井现售零盐及供给附井各县食盐不计外，每号月只得抄二千斤以至二千余百斤者，非拾价居奇，藏匿操纵，殊无以维持生计。当是时运输虽然统一，其初盐价亦略平减，但因每号所得为数甚少，不免囤积居奇，加以合运内部发生流弊，商民啧有繁言，乃于民国十八年六月，复将合运取消，仍行自由分运制度。惟产额有限，牌号过多，终不免争购抬价，若不从事整顿，不足以平盐价而便民食。复经运署饬据盐商同业公会详加调查，造册呈复，计实有设号营业真正盐商二百六十号，其余均属虚设附号，亟应一律取消。惟取消以后，各该盐商原缴保证金一千元自应照章发还具领，但此项保证金已为前政府先后三次提借过五十万元，虽于提款时声明“将来退还盐商时，应由财厅筹拨归还”等语，斯时省库支绌，筹还为难，而被取消各号，又复纷纷请求发还，以资另谋生活，运署为顾全政府威信兼防新商操纵起见，乃明予规定，令饬设号各商二百六十号，每号除原缴一千元外，各加缴一千元，共合二千元，所有加缴之款，充作发还取消各号之用。

盐斤统制

滇省盐斤运销制度为自由贸易，民国二十年，云南盐运使公署受省政府令饬办理盐斤统制办法。先是云南省公路局以办理公路开发经费无着，由该局设立黑井区食盐运销处主持办理，而以其盈余所得从事公路之建设，此为实施盐斤统制以前之办法。该运销处设立并不甚久，至民国二十四年云南省政府奉令实施禁烟，省库因禁烟所致，收入之减少甚巨，无以抵补，因就前公路总局设置黑井区盐斤运销处扩大运用，由运销黑井区一部分者，推广至于云南全省，于所有实施统制区域盐斤，附加禁烟抵补费，未实施区域盐斤，附加公路费，此为实施盐斤统制办法之最大原因。其次则因十七八年以后，滇盐销数年有减少，任意操纵，囤积居奇，私弊颇多，实有根本改革之必要，此亦为当时实施统制之一原因耳。其盐斤统制办法要点为：

（一）盐斤销区之划分。

甲、黑井区盐向销省岸，恒不患销而患产，白井盐所销附近各县，又不患产而患销。当时迤西汽车已通楚雄，省道交通转为便利，为裕食疏销计，特将白井盐移销楚雄、元谋、牟定、双柏等县，而以余由黑井盐斤推销滇东会泽暨黔西一带，其向食白井盐之宾川、祥云、弥渡划为乔井盐岸，以资弥补。至迤东以下原销川盐，采推销本产之意，川盐入口每百斤由财政厅酌加消费税新币二元。

乙、磨黑井盐产量丰富，指定专销建水、石屏、个旧、蒙自、金平、通海、河西、曲溪、峨山、丘北、开远、龙武及开广边岸，实施统运，其原销磨盐之宁洱、墨江、元江三县则听商自由购销。

丙、乔后、云龙、喇鸡、弥沙、石膏、按板、香盐、益香、勐野、汪家坪各井产盐，原有销岸，因销地散漫，除按板盐运一部分外，余均采就场专卖制，自由运销。

丁、河口、麻栗坡两对汛区情形特殊，准按人口配盐，缴纳税饷。河口每月推销砂盐一万斤，麻栗坡一万六千斤，就其所销盐数，每百斤缴纳新币十四元，拨作运销费用。

戊、腾龙、阿墩边岸仍照案办理。

（二）各级办理之机关。所有运销事宜，统由前黑井区食盐运销处改组之盐运使署运销局直接指挥办理，并于各场设立分局，以资分别管理。除省岸外，其他内边各岸就各属人口分配定额包商认课，设立公盐号分销，原日盐商得向包商之公盐号分销承销。其无包商承办县份，责成该管长官邀集乡绅组织公司承办，否则仍由运署设局办理。

（三）运价中包含之经费。盐斤由运销局接收运销处后统办运销，其盈余全数归公，原系拨充公路经费，现移作禁烟抵补费。至于就井自行购运各县及灶产自销盐，应将此项盈余每百斤约新币四元并同抽收，用昭划一。就中白井盐以程途较远，酌减抵补费一元六角，即为每百斤二元四角，俾于运达销地以后，与黑井区销价无大差异，以免趋避。磨黑井盐概收抵补费四元，统由运署按照税饷薪工，加入运费商息，切实核定，在各销地悬牌公告。在上项盐价以内，关于禁烟抵补费，除明定每百斤加新币四元者外，其余未经明定者，亦概照每百斤收取四元。盖谓在普通商人运盐时代，每百斤盐即有此数之盈余，商息无论何地概定新币一元，公路费除旧收每百斤盐新币六角者外，再就未经统制自由运销之乔后、云龙、喇鸡、弥沙、石膏、香盐、益香、凤冈、安宁、汪家坪各井及按板、勐野之一部分、每百斤盐附收新币一元四角。以上各费，均责成各该场场长、主任分别收解。

此项统制办法，由盐运使公署遵照省政府核定原则，拟定计划，即于当年五月一日起陆续付诸实施。在实施之一年内，盐斤销数大见起色，后盐斤滞销，运销局以及各分局存盐亦均日渐加多，而其办法终未变更，迄至民国二十七年六月，管理局接办行政，运署撤销后，始行停止，而各区附加抵补费、公路经费亦仍照定案征收。

锯砂运销办法

民国二十三年以后，运署查明黑井区头二道锯砂，在昔为灶家马户所有，往往冲销附井各县，妨碍正额。自派员查明后，经规定锯砂之解额收归公有，分令运销锯砂附井各县，并酌津贴马户，以示体恤。乃因核定解额较少，仍不免有溢额影射冲销，复经运署令据省运销局呈复，议拟办法如下：（一）关于头道锯砂，照规定从每月每井产盐平数计算应解锯砂数目，每月约得砂四万一千九百五十斤。（二）二道锯砂，因以块计算，自与头道锯砂不同，应不分井别，照每月局销数平均定为每块锯砂以三斤为限，总计黑、元、阿三井，共应得二道锯砂四万九千五百斤。（三）以上一、二两项，共计头、二道锯砂九万一千四百五十斤，应饬如数运省销售。其配销办法，除省城已抬商承包，每月认销五万斤外，所余四万余斤，即分配于附省各县公盐号。嗣复据承销商续请添认销额，现已全数运省交售。（四）关于二道锯砂，系按每百斤给马户津贴旧币二角五分，每年约需六万六千三百斤，此项津贴应由运商和兴公司照加，并严令该公司无论脚价涨跌，津贴不能任意增减。（五）上项办法定自二十六年九月一日实行。在九月一日以前抄运未扣缴砂价之盐，仍一律照价扣脚，作抵应缴砂价，俾便另行立帐，以清眉目而免牵混。复经运署核明，呈奉省府准予照办，分令各场长督同监锯员恪遵计算标准，分别认真锯解，悉数运交省局计划分销。其二道锯砂每块锯数，约以三斤为准，如有超溢，仍应涓滴扫运，不得私擅处分。至原配销附井各县及各分销处之盐砂，一律停配，遵照前令改销大盐，按月赴井抄足，遇有亏短，照案责赔。又马脚驮运二道盐砂，应发津贴，原拟定以一百斤计发，嗣因二道盐砂，在场以块计收，为求符合收发两数起见，故将此项津贴改为按块给与旧币四角，统由运署收获脚余项下按月发交和兴公运盐处照数发给。

修建把边江及西里铁桥

民国二十六年，运署呈准省府，将修建把边江铁桥经费，由二十五度各局营业盈余项下拨发动支。按把边江铁桥，为由磨黑至元江往来要道，实于二十四年十月铁索崩断，沉于江底，运盐人马不能通过，妨害甚大。随据磨按盐运销局长彭嘉猷，磨黑场长黄守义，先后电呈，当经令据磨按局派员驰往会场，修建木桥一座，暂时恢复交通。嗣于二十六年六月，据兼代磨黑场长周奉璋电呈，宁洱连日大雨，昼夜不息，山洪暴发，江水汹涌，已修成之木桥又被冲去无遗。复经据电呈报，又在大江坝修建木桥一座，照常通运。惟把边江山险水急，木桥决难支持永久，为一劳永逸计，当派技士李伟前往会场筹修铁桥。随据会呈估计工料，拟具预算，招获工头段开经包揽承修，包价为新币一万六千五百六十元。桥两端之牌楼，因与维护桥身有关，并请磨黑场长呈请修复，计需工料、油刷等费新币六百三十五元一角二分。此外工程处事务员及夫役月薪伙食暨杂支、旅费等项四百九十四元九角，又犒劳费新币一百四十六元零九分，又刊碑悬额费新币四百一十六元，均为必要开支，当予核准，饬遵于二十六年四月修理全竣，并举行开桥典礼，通行无碍。统计第一次木桥修费为新币一千一百八十四元零五分五厘，第二次木桥修费为新币一千三百六十七元八角，第三次铁桥修费为新币一万八千二百五十二元一角一分。前二次已分呈省府令准，由磨黑井场竜费项下核销。第三次铁桥修费，经令据磨黑税局收税官李文祥呈报验收工程切结，并据叙明工料均属坚实，修费亦经包工段开经如数领讫，并无浮冒。当经运署核明，呈奉省府核准，由二十五年度各局营业盈余项下拨支归垫。又民国二十五年九月，运署呈经省府核准，修复乔后西里铁桥。考西里桥界于永平、云龙、漾濞三县相交之地，为乔后盐运销西路必由要津，关系腾冲、龙陵、保山等县民食甚巨。建自前清末季，民国十六年为股匪所毁，因工程浩大，迄未修复。迨二十三年，乔后场场长杨履坤查明乔盐产丰销绌，由于西里桥毁，交通梗阻所致。为推销乔盐、裕课便民计，爰集商灶，建议修复，并会税局估勘工程，计需新币九千三百八十二元四角，呈经运署转奉省府核准，由正款项下动支新币五千元，永平、云龙、漾濞三县各摊捐新币一千元，共八千元，其余之新币一千三百八十二元四角则由乔后商灶负担，分令遵办。惟永平县呈认分期解缴新币一千元，云龙、漾濞均以地瘠民贫呈奉核免，并再请由正款追加新币二千元抵补云龙、漾濞两县未认之数。但因集议筹款，一再呈请，竟耽延至二十五年九月中开始动工，迄二十六年三月底工竣。其时物价、人工等均已高涨，原定预算款目不敷支付，致结果实支工程各费新币一万一千五百四十元零五角三分，计超过预算经费新币二千一百五十八元一角三分，据报已由乔后商灶设法弥补，并验收工程矣。

抗战期间增加本省井盐产销方案

民国二十六年，省府以滇现为后方重镇，食盐产销关系至要，经令运署统筹全局计划，抗战期间增加本省井盐产量，以备需要。旋据拟具方案，呈经核明，准予存备采择，俟函商盐务管理局办理。兹将原案摘录如下：

（一）生产数量：按各井产盐年有定额，现按所出矿卤能力确计，于原额外尚可分别增加，如元永井现额一千六百万斤，拟增产二千万斤；黑井现额一千四百万斤，拟增产四百万斤；阿陋现额四百五十万斤，因井情不振，不能再加；琅井现额一百二十七万斤，拟增产二十三万斤；白井现额正额九百五十万斤，活加额八十万斤，共一千零三十万斤，拟增产二百万斤；磨黑现额一千四百七十三万四千八百斤，拟增产四百万斤。以上共计现额六千零十万四千八百斤，拟新增三千零二十三万斤。

（二）征收数量：查各井盐每百斤收正税、军饷捐外，尚附加中央附税、建设专款、整理仓坨费暨本省盐股捐、禁烟抵补费、工程费、公路费以及医院经费等。兹为运销边远及省外各地减轻成本计，拟于运到销地时酌量退给税或附捐之一部，以平售价。其各井新加盐额所增得之税捐，计元永盐每百斤征正、附税捐一十二元一角，加额二千万斤，合征二百四十二万元。黑井盐每百斤征税捐一十一元六角，加额四百万斤，合征四十六万四千元。琅井盐征税捐九元，加额二十三万斤，合征二万零七百元。白井盐征税捐一十元零五角，加额二百万斤，合征二十一万元。磨黑盐征税捐一十一元，加额四百万斤，合征四十四万元。以上共合增收中央和地方正、附税捐新币三百余万元。

（三）薪本数量：查各井盐之运销向例，均以先银后盐为原则，即系先交税捐，始得抄盐出仓。此次加额属于战时生产，一切税捐自应暂时缓收，俟将盐销后再行补纳。惟其中有灶产薪本须垫发四分之三，元永盐百斤薪本四元六角五分，照新加额应垫银数，每年需六十九万七千五百元；黑井盐薪本四元七角五分，需一十四万二千五百元；琅井盐薪本四元五角，需七千七百七十元；白井盐薪本四元四角，需六万六千元；磨黑井盐薪本三元三角，需九万九千元。以上年须垫发薪本新币一百零一万二千七百七十元。

（四）运费：查每年新加盐额三千万斤，各井月合加煎二百五十五万斤，兹计划每月各井共运省盐二百万斤，各井共存盐五十万斤，再由省每月分运各转运处一百万斤，积存一百万斤。递月照此分别存运，预计一年内各井常存盐六百万斤，省市常存盐一千二百万斤，各转运处收销盐一千二百万斤，每月约需运费一百五十万元。

（五）经费：除上述薪本、运费外，尚需银息、仓租及临时杂费约一十万元，以上三、四、五三项共需一次垫款二百数十万。

（六）推销区域：此次计划推销地方，依前所述属于本省者，为会泽、巧家、昭通、永善、鲁甸、盐津、大关、绥江、镇雄、彝良、威信、宣威等县；属于黔西者，为兴义、普安、兴仁、贞丰、南笼、安南、盘县、大定、水城等县；属于川盐与滇东同为引岸者，为马边、雷波、宜宾、屏山、庆符、高县、筠连、珙县、南溪、江安、长宁、古宋、兴文等县，及本省白盐混销之会理一带。

（七）销盐数量：按上列会、巧、昭、永、鲁、盐、大、绥、镇、彝、威、宣等县，依人口调查共一百零一万八千二百九十二人；黔西等县只兴义、盘县、兴化、南笼，据档案所列约五十一万人；其余调查不清，但约计至少当有五十一万人；再加川边十一县：合计不下三百余万人，如照每年食新衡盐十斤计算，则滇盐新加额三千万斤适足供一年之需要。

（八）囤积地点：查滇盐东销以新加额为限，其黑井、元永、阿陋、白井、磨黑，原定额五千一百万斤应供内地正岸食用不议外，其新加额中应以黑井区所产二千余百万斤，专销滇东及川边，新加白井盐二百万斤准备专销会理一带，新加磨黑盐四百万斤，准备专销黔西一带。照此分配则各井应储存盐六百万斤，省城储存盐一千二百万斤，余应于会泽设一转运总处，储存盐五百万斤，昭通从下设转运分处两处，各储存盐一百万斤，另于彝良设转运处，储存盐二百万斤，平彝、罗平各储盐一百万斤，兴义、普安各储存盐五十万斤，源源推销，源源运存接济，始无脱销之虞。

以上办法八项，业经省府令准，存备采择，俟函商盐务管理局办理。

民国云南通志长编卷四十二

盐务三·征榷

民国光复后，盐务改归实业司管理，厘定新法，凡从前之款目繁赜，科目奇零，平色参差，期限前后，经收者高下其手，报解者伸缩其期，以及趱销赊盘，侵挪亏欠各弊端，悉分别取消而廓清之。合计旧日应征之课厘、团费、练费、杂款、公费，与夫平色等名目汇数，计两成元，名为盐款。并规定由井一次征纳，实行先银后盐，禁止赊欠。至是盐款收入，始为划一办法。民国二年中央善后借款，指定全国盐税为抵押（信用），实业司所管盐务一部分即行划出，改组盐政处。未几中央又派华洋人员来滇组织稽核机关。三年三月运署稽核分所成立，全省盐税即划归分所直接设局征收，就中虽亦略有增损，而其大概数目均沿实业司旧案，删繁就简办理。惟征收数目多寡悬殊，各井行销内、远岸盐所用秤量参差不齐（如加二八、加三八、加五八、加五之类）。民国五年，经运署分所会商定议，呈奉盐务署总所核定均税平秤办法，自六年一月一日实行。各井秤量不分内、远销岸，概以百零五司码秤发放。至于税率，分为二种：一、内岸税按每司码秤盐百斤征税银三元五角；二、边岸税按每司码秤盐百斤征税银二元，极边征税银一角。以内岸税率而论，虽在全国中不无过重，而以旧案税率平均比较，尚属有所核减。而各井征收既无轻重之殊，内、边岸限亦鲜牵混之弊，计自六年一月与平秤案同时实行以来，税收递有增加，此实盐政改良进步之一大端。乃自十年以后，黑井区盐产额减短，加以时局不靖，种种影响，历年税收递为减色，然均税办法极昭划一。就中惟琅井于九年十月，因请补给折耗盐斤，呈准减收五角。至十年黑、阿两井亦以成本悬殊，经盐署分所会商核准，自六月起黑井盐税每担减收五角，阿井盐税每担加收五角，以资调济，其余各井悉照规定办理。靖国之役，滇省军需浩繁，于九年十二月一日起征收军饷捐，每担收一元，至十四年再加一元，共收二元。十五年八月一日筹备金融借款，每担预借四元五角，十六年四月减为二元五角，至十月底止。十七年六月征收金融附捐，每担附加滇币三十元，至十二月底止。二十年就旧黑井区各井场及白井场，征收一平浪制盐场工程费，每担六角。二十年九月一日起，遵奉部令，每担征收中央附税现金三角，补助外债磅亏。二十一年加征人马脚捐每担三分。又二月一日起每担征收本省公路盐股捐现金六角，借作公路修理之用。又同年黑井区征收造林费每担五分。二十二年一月，以元永比阿陋成本较高，元永每担减收四角，阿陋每担增收四角，复因黑井正税较各井尚少五角，由黑井增收盐股捐二角。自二十三年七月起，奉令改用新衡，旧秤一百斤等于新秤一百二十七斤，各场税率仍照新秤计算征收。二十四年五月奉令实施禁烟以后，弥补省地方收入，就盐征收抵补费，普通征率为每担二元，白盐井为一元二角，按板井为一元五角。又同年六月于非统制区域之盐斤，加征公路费，普通每担七角，腾龙边岸近边部分三角五分，极边部分二角。二十六年，中央以各种建设事业需款甚巨，令征建设专款，每市担国币五角，运署呈准减征为新币五角。二十六年六月，省卫生处为实施防疫，就迤南区所属各井场征收卫生费，每担五分。九月部令饬征整理费每担二角。二十七年十月，盐务总局呈准通令行盐各区，随税带征公益费每担一角。三十年六月加征偿本费每担八元，旋复增为十四元、二十五元等。又中央附税每担增为国币三角，九月令征产税，税率不一致。三十一年五月加征专卖管理费，每担七元，旋先后增为二十元、五十元、三百元等。又征盐专卖利益固定部分每担四十元，不固定部分每担二十五元。三十二年十月令加征食盐战时附税，每担三百元，旋复增为一千元、六千元等。三十三年三月令加征国军副食马干费，每担一千元。三十四年三月，部令加征盐税，每担五千一百一十元，旋于四月加征附税为六千元，正税只征一百一十元。又本年四月加征盐工福利补助费每担五元。计自二十七年以来，正副税合计最高每市担合国币六元八角，最低为一元二角五分。乃至三十四年底止，总计三区各场，每区一担须纳正税一百一十元，盐工福利补助费五元，整理费二元，偿本费二十五元，专卖管理费三百元，战时附税六千元，国军副食费一千元，共为七千四百四十二元。此民国以来征收正副税款先后变更之大概情形也。

民元税则

民国元年，盐务改归实业司兼管，乃厘定章程，就原日所收征课附加各数合并计算，改两为元，统名曰盐款（即正税），一律就井征收，先款后盐，以前积弊一扫而空。自改元迄五年期间，曾组设盐政处、盐运使署、稽核分所，征收手续虽有变更，而征税科则一仍实业司改定章程，相沿照旧办理。兹将规定税则列表于下，以备参考。

民国元年改定各井税则一览表

井别	盐别	秤量	税则	
			每担（元）	年收（元）
元永井	正盐	加二八	4元	59,160
	零盐	加二八	4元	25,860
黑井	正盐	同上	4元	55,160
	零盐		4元	21,860
安宁井	水盐	同上	3元	82,060
琅井	正零盐	同上	3元	78,060

（续表）

井别	盐别	秤量	税则	
			每担（元）	年收（元）
阿陋井	正零盐	同上	4元	57,060
横山井	包课盐		无定率	
安乐井	包课盐		同上	
积旧井	包课盐		同上	
白井	正盐	加二八	4元	50,946
乔后井	正盐	同上	4元	70,660
弥沙井			无定率	
喇鸡井	大盐	加二八	4元	48,600
喇鸡井	水盐	同上	4元	63,600
上 丽江温三井 下	正盐	同上	1元	97,700
	溢盐	同上	1元	37,800
丽江　老井	正盐	同上	1元	89,600
云龙石门井	正盐	零五	3元	54,585
云龙若邓井	正盐	同上	3元	45,065
云龙　大井	正盐	同上	3元	32,365
云龙天耳井	正盐	同上	3元	28,895
云龙金泉井	正盐	同上	1元	80,000
云龙　山井	正盐	同上	3元	33,515
顺师　两井	包课盐		无定率	
高轩井	包课盐		同上	
磨黑井	正盐	加二八	3元	91,240
石膏井	正盐	同上	3元	89,480
按板井	正盐	同上	3元	99,540
抱母井	正盐	同上	4元	490
香盐井	正盐	同上	3元	99,600
恩耕井	包课盐		无定率	
勐野井	包课盐		同上	
磨歇井	包课盐		同上	
磨蔑井	包课盐		同上	

（续表）

井别	盐别	秤量	税则	
			每担（元）	年收（元）
汪家坪井	包课盐		同上	
开广边岸	边盐	加三八		
腾龙边岸	边盐		无定率	
中维边岸	边盐	加五八		

注：

一、腾龙边岸　向无一定税则，系照各该边局原定售价除薪本、运脚外，余数全行归公。

二、中维边岸　因销盐无多，又川盐、沙盐已实行加增盐厘，因于四年取消边岸名目。

按元年改革之初，团费、路捐两项未经决定。嗣经核准，将路捐豁免，团费仍并入盐款，收归专存。此为入民国后税则增损之点。兹表均照定案编列，用昭核实。

改定税则

民国初年定按税则，系就各井原征、附征、正杂各款归并而成，其间征收数目多寡悬殊，不无轻重偏畸之处，且各井及边岸所加数量，参差不齐，于统一盐政亦不无障碍。五年，大局平定，乃由运署体察情形，呈奉核定均税平秤办法，改定税则。内岸税按每司码秤盐百斤征税银三元五角，凡属内岸地方行之，出井以后任其所之，不分岸界。边岸税按每司码秤盐百斤征税银二元，凡开广、腾龙、黔西三边岸行之。惟腾龙边岸中另有近边、极边两种，近边只征税一元，极边只征税一角，盖亦道远脚贵，体恤边民之意。又开广边岸借销之粤盐，每百斤征税四元，海盐每百斤征罚金滇币七元。中维边岸行销之川藏砂盐，每百斤征税三元，其所属之茂顶地方，只征税一元五角，羊拉分卡只征税一元。统由稽核分所设局征收。至东昭各属行销川盐，在前每百斤抽厘二元，九年加征一元，十五年又加一元，共成四元。

十八年十一月将厘金名目取消，改为川盐捐，仍沿旧率征收。二十年一月，川盐捐取消，并入消费税，照旧率之数八折征收，均由财政厅委员办理。借销本不得已、权济边民之一方法，而边盐入口各地稽查难周，官私视为利薮，此实滇省特殊情形，尚未有以善其后者也。均税平秤虽已实行，而琅井以脚贵滞销，减税五角，黑井薪贵，阿陋薪薄，盐价实有轩轾，为平价疏销计，只有挹彼注此，黑井减税五角，移加薪本，阿陋加税五角，以为弥补黑井税之亏折，于是黑、琅盐每担合征税三元，阿盐每担合征税四元，可谓两得其平。又向来只分内岸及边岸两种，所有普通食盐，酱销实业用盐各项，概行包括在内，并未另定章则。其借销之粤盐、海盐、川藏砂盐等税则，微有不同，兹将征收税率照列简表如下：

征收税率简表

井别	税率	说明
元永井	3.50 元	
黑井	3.00 元	
琅井	3.00 元	
阿陋井	4.00 元	
黑井区	3.50 元	
内岸	3.50 元	
近边	1.00 元	本税 3.50 元，于运到岸时退税 2.50 元。
极边	0.10 元	原税 3.50 元，于运到岸时退税 3.40 元。
粤盐	4.00 元	
海盐	7.00 元	
阿墩正局	3.00 元	
茂顶、孟丁分卡	1.50 元	
羊拉分卡	1.00 元	

注：

查开广边岸，十三年前系由包商组织公司运销。元永、阿陋井盐照边办法，于报税时征税三元五角，系盐运到岸时退税三元五角。上列粤、海盐税率系十八年实行之开广边岸借销海、粤盐暂行办法规定之数。

按表列各区内、边岸税率，均系照滇纸币征收，十八年一月至五月止改照原币三元作抵一元征收。十九年一月一日起复改征本省通用半开银币，各区盐税除开广边岸外，均照办理。

至二十年以后，正税而外，中央附税则有产税、盐专卖利益（分固定部分、不固定部分两种）、盐税、外债附税、建设专款、食盐战时附税、国军副食马干费、公益费、盐工福利补足费、整理费、偿本费、专卖管理费（事业费）等等名目。地方附税则有军饷捐、盐股捐、人马脚捐、公路费、工程费、抵补费、造林费、卫生费、地方附加税等名目。兹据云南盐务管理局制定云南区各井场自二十一年起至三十四年七月改定税率详表所列先后税收数目，可概见矣。（表见 266 页）

云南区各井场自二十一年起至三十四年七月改定税率详表

项目及税率	1 二十一年初至二十九年八月二十八日	2 二十九年八月二十九日至三十年六月十六日	3 三十年六月十七日至三十年六月十九日	4 三十年六月二十日至同年八月三十一日	5 三十年九月一日至二十日止	6 三十年九月二十一日至同年十一月二十日	7 三十年十一月二十一日至二十八日	8 三十年十一月二十九日至三十一年二月九日
正税	1.75	1.75	1.75	4.20				
产税					32.20，27.20 22.20，17.20 12.20，7.20	37.2，32.2 27.2，27.2 17.2	42.2，32.2 37.2，27.2 22.2，17.2	42.2，32.2 37.2，27.2 22.2，17.2
盐专卖利益								
固定部分								
不固定部分								
盐税								
外债附税	0.15	0.15	0.15	0.30	0.30	0.30	0.30	0.30
建设专款	0.25	0.25	0.50	0.50	0.50	0.50	0.50	0.50
食盐战时附税								
国军副食马干费								
公益费	0.10	0.30	0.30	0.30	1.00	1.00	1.00	1.00
盐工福利补助费								
整理费	0.20	0.20	0.20	0.30	1.00	1.00	1.00	1.00
偿本费			8.00	8.00	8.00	8.00	8.00	8.00
专卖管理费（事业费）								
军饷费	1.00	1.00	1.00					
盐股费	0.10，0.30 0.40	0.10，0.30 0.40	0.10，0.30 0.40					
人马脚捐	0.03	0.03	0.03					
公路费	0.70	0.70	0.70					
工程费	0.60	0.60	0.60					
抵补费	2.00	2.00	2.00					
造林费	0.05	0.05	0.05					
卫生费	0.05	0.05	0.05	4.40 6.4，5.4				
地方附加税								
共计	A	B	C	20.00，19.00 18.00	D	E	F	G

续表一

	9	10	11	12	13	14	15	16
项目及税率	三十一年二月十日至四月三十日	三十一年五月一日至十三日	三十一年五月十四日至六月十八日	三十一年六月十九日至三十二年五月三十一日	三十二年六月一日至三十二年七月二十日	三十二年七月二十一日至十月六日	三十二年十月七日至三十三年三月六日	三十三年三月七日至三十四年一月十四日
正税								
产税	37.20							
盐专卖利益						65.00	65.00	65.00
固定部分		40.00	40.00	40.00	40.00			
不固定部分					25.00			
盐税								
外债附税	0.30							
建设专款	0.50							
食盐战时附税							300.00	300.00
国军副食马干费								1000.00
公益费	1.00	1.00	1.00	1.00	2.00	2.00	2.00	5.00
盐工福利补助费								
整理费	1.00	1.00	1.00	1.00	2.00	2.00	2.00	2.00
偿本费	8.00	8.00	8.00	8.00	8.00	8.00	8.00	14.00
专卖管理费（事业费）			7.00	7.00	20.00	20.00	20.00	50.00
军饷费								
盐股费								
人马脚捐								
公路费								
工程费								
抵补费								
造林费								
卫生费								
地方附加税	6.4，5.4 4.40	6.4，5.4 4.40	6.4，5.4 4.40					
共计	54.00 53.40 52.40	56.40 55.40 53.40	63.40 62.40 61.40	57.00	97.00	97.00	397.00	1436.00

续表二

项目及税率	17 三十四年一月十五日至三十四年三月十二日	18 三十四年三月十三日至三月三十日	19 三十四年四月一日至四月二十一日	20 三十四年四月二十二日至六月三十日	21 三十四年七月一日起现行	备注
正税						（1）、（2）、（3）三十年六月十九日以前地方附税，计军饷捐、盐股捐等八项，但其中有此场征收而彼场豁免者，如卫生捐，只迤南区征收，造林费只黑、白两井征收，亦有征率随场情而低昂者，如盐股捐一项，以至各井场税率共计不能划一（A、B、C）。 （4）部令实行地方附加为6.40、5.40、4.40三种，以前捐费名称取消，但征收情形仍未一致。 （5）、（6）、（7）、（8）、（9）实行产税税率，仍不一致，以至各井场征率共计，不能划一，地方附加一度停征（D、E、F、G）。 （10）、（11）、（12）、（13）、（14）、（15）、（16）、（17）部令取消产销税目，实行盐专卖，征收专卖利益。 （18）、（19）、（20）、（21）部令征收盐税，每担（5,110.00），复奉令每担征收（5,000.00），作战时附税列报。
产税						
盐专卖利益	110.00					
固定部分						
不固定部分						
盐税		5,710.00	1,110.00	1,110.00	1,110.00	
外债附税						
建设专款						
食盐战时附税	1,000.00	1,000.00	6,000.00	6,000.00	6,000.00	
国军副食马干费	1,000.00	1,000.00	1,000.00	1,000.00	1,000.00	
公益费	5.00	5.00				
盐工福利补助费			5.00	5.00	5.00	
整理费	2.00	2.00	2.00	2.00		
偿本费	25.00	25.00	25.00	25.00	25.00	
专卖管理费（事业费）	150.00	150.00	150.00	300.00	300.00	
军饷费						
盐股费						
人马脚捐						
公路费						
工程费						
抵补费						
造林费						
卫生费						
地方附加税						
共计	2,292.00	7,292.00	7,292.00	7,442.00	7,440.00	

正税额征

民国元年统计各井实销盐数比较，初定销额五十八万担，即以元年改订新章税率计之，约合征银二百三十余万元，然以元、二、三、四、五等年份实征银数平均计之，均在二百万元以上。因彼时正边各岸销盐俱有二八、三八、五八加秤之折耗，故实征之数尚多不能适合。五年呈准改订年额为司码秤七十二万五千担，于六月一日实行。以是年所行场税三元五角计之，合征银二百五十三万七千五百元。六、七、八、九、十、十一等年份实征银数，均在额征之上。惟自十二年迄二十年间，因产制减缩，实征银数皆未及额。自民国元年实业司兼理盐政之日起，至三年三月十一日止，以及划归稽核机关以后，截止十八年底，每年正边岸暨包课各井实征税银总数一并统计，附列简表。至于边岸各公司包课，各井之认额税课，虽经分所按照征收，而税课迭有增益。又自二十一年起至三十三年税课，亦据云南盐务管理局调查数目，一并附表以备参考。

民国元年至三十三年盐税统计表

年度	银数	说明
元年	1,805,446.00	
二年	1,483,294.00	
三年（1月1日至3月11日）	196,441.00	
三年（3月12日至年底）	825,066.57	三年三月十二日分所成立，盐税概归征收。
四年	3,021,541.34	
五年	2,978,393.84	
六年	2,781,376.25	
七年	2,822,516.05	
八年	2,758,415.19	
九年	2,633,844.31	
十年	2,717,988.77	
十一年	2,569,456.91	
十二年	2,401,184.00	
十三年	2,218,617.02	
十四年	2,373,344.14	

（续表）

年度	银数	说明
十五年	2,096,022.28	
十六年	2,012,916.15	
十七年	1,996,592.83	
十八年	1,657,729.67	
十九年	9,529,852.68	一月至五月改照原币三元作抵一元征收。
二十年	8,815,402.77	一月一日起，复改征本省通用半开银币。
二十一年	1,559,000.00	本年起加增外债附税及军饷捐、军盐股捐、人马脚捐在内。
二十二年	2,332,000.00	
二十三年	2,490,000.00	
二十四年	2,753,000.00	
二十五年	3,018,000.00	
二十六年	4,320,000.00	本年起加征建设专款、管理费暨运署之抵补费、公路费、工程费、卫生费亦包括在内。
二十七年	4,818,000.00	
二十八年	7,580,000.00	
二十九年	7,444,000.00	
三十年	8,140,000.00	本年九月改征产税。
三十一年	35,811,000.00	本年五月专卖利益、产、外、建税目取消。
三十二年	128,141,000.00	本年十月起加征食盐战时附税。
三十三年	780,748,000.00	本年三月起加征国军副食马干费。

注：自二十一年起至三十三年止，均据云南盐务管理局调查所列。

官运税款及余利

滇省各井行盐，在清末由井官运输者，仅开广、腾龙、中维、勐烈、王布田等边岸。顾其盐虽由官运，然须代边岸各局垫薪垫脚，各局收获运盐，恪遵定价听民购销，除团费、厘金、练兵经费等项概行免收，借以抵制外私不计外，所有应征课税，即在盐价之内由公家照收。且公家对于此项运盐有减价、贴脚之损失，故亦无余利之收入，其中惟开、广两处运边盐百斤，得照章将所加秤头盐十斤之售获盐价，以之开支各局经费，并弥补极边销盐之减价、贴脚，如有余剩，应照案报解归公。光复后，开化盐务改归公司承办，报解秤头余银之案，始见实行，元、二两年份，曾据报解银二万。广南方面所余之数亦不过三数千元。他如腾龙、中维各岸，则年销边盐无多，秤头余款且不敷局费缉饷之用，尚须由内地筹划补助，更无余利之可言。三年而后，官运商运间有更易，而减课、加秤、垫脚、减价等办法，则悉仍其旧。嗣于六年一月实行均税平秤，以前办法即不适用，且须先税后盐，官运更不能办，所有各边岸概行改为招商认额包运包销，公家仅照边岸定章征税，承包公司一切费用及其盈亏，公家均不过问。惟九年间运署所设之黑井区官运局暨十三、十四年间政府所设之盐务督销局，专运黑区各井产盐到省，商分销，以平盐价而裕民食，但所需成本悉由倡办官署筹垫，分所应征之盐税，概照定章缴纳，其于盐价内所余手续费及官息，除开支一切费用外，盈余无多，仍如数报解，不在盐款之内，历时未久亦即停办。二十四年七月，运署遵令办理统制盐务，官运官销，至二十七年五月止，除运局各项费用外，实合盈余新币九十六万三千六百五十二元。其二十四年五月至二十五年六月之款，由运署解交军需局补助饷粮；二十五年七月至二十七年十月之款，由运署解交富滇新银行核收。

黔岸盐税

滇省白、磨两区，并无邻税之收入，惟黑井区运销黔境之盐，曾经滇黔两省协定暂行章程，由滇招商设立公司，专运滇盐行销黔境，应征课则仍照滇省行销内岸盐之定价征收，除灶薪外，每百斤约余银三两零，黔省分银二两，余归滇省作为临时收入。计自民国元年六月开办至四年七月停止，仍照旧行销川盐。旋因川盐运不济销，复于五年三月，由滇黔两省代表组织公司运销滇盐，每加二八秤盐百斤，仍外加秤头盐五斤，以资弥补沿途折耗。六年一月实行均税平秤，从前办法一律取消，应缴盐税亦由分所照章征收。十五年初以滇盐供不给求，公司运盐令饬撤销，黔西边岸亦即告一结束矣。二十三、二十四年间，运署以存盐过剩，曾一再请求推销黔岸无结果。自抗战以后，川、粤盐均不能运销，财部乃令滇区每年拨十万担接济，均以官运手续，由贵州盐务办事处经收配销。官运外亦有由商人运往行销，每年数额亦不为鲜。

川盐厘金

向来东川、昭通、镇雄一带，借销川盐，由本省于川盐入境各处设立局卡，抽收厘税，按每川盐百斤，征收厘银三元。民国初，此项厘金由国税厅筹备处交还滇盐务机关主管督征。未几，中央借款合同成立，全国盐税应归稽核范围，滇省所征川盐厘金，遂于此时停止。迨至七年，靖国军兴，滇省自主，川盐厘金始行规复，由财政厅主办委员征解，交厅核收。其税率由七年起至九年十月止，规定每百斤征收二元，九年十一月起至十五年一月止，加征一元，为每百斤三元。十五年二月起加征一元，为每百斤四元。又于十八年十一月将川盐厘金名目改为川盐捐，仍沿旧率征收。至二十年一月消费税成立，将川盐捐取消，并入消费税局办理，照旧率八折征收。三十年滇盐不能济销，财政厅派员赴川协商，组织滇东食盐运销公司，每月额运九十九引，设局分销，三十三年撤销。其资金系由云南兴文、劝业、益华、矿业等四行联合担任，一切均由财政厅办理。

历年征收川盐厘金统计如下：民国七年收入四万二千九百九十七元五角，民国八年收六万七千九百一十九元九角，民国九年收六万零一百二十五元九角八仙，民国十年收六万九千六百八十二元四角四仙，民国十一年收五万一千三百八十元九角七仙，民国十二年收四万八千八百八十三元七角七仙，民国十三年收五万三千九百九十五元六角八仙，民国十四年收四万三千四百八十八元九角八仙，民国十五年收五万八千九百五十一元八角六仙，民国十六年收二万九千五百零二元二角，民国十七年收五万九千六百八十八元七角八仙，民国十八年收四万六千七百六十九元三角四仙，民国十九年收一十五万二千八百三十三元，民国二十年收二万五千九百三十一元。

粤盐税

滇之广南府属借销粤盐，由来已久。前清咸、同军兴以后，商运官销之制度废驰有年，弊端百出，任商操纵，权不在官，入关概不征厘，俟出关始行抽收，走漏不少。光绪三十年详议，无论官运商运，入关即先征收，按盐填给引票，出关过卡，验票放行。每盐百斤，抽收厘金银六钱，每年以二百五十万斤计算，除开支银四千两外，约解银一万一千两。民国改元后俱销黑井区盐。十三年因井盐产额锐减，始设立督销局，借销粤盐，先后仅四万余担，售罄即行停止，所有应征税款，均由分所收讫。十八年改订《开广边岸借销海、粤盐暂行办法》，其粤盐税款亦经分所设局征收，究以此项粤盐旋办旋停，所征税款自与按年征收者不同，征获税款项目故亦无从统计。十九、二十年间，复招商办理，所收课款亦已计入正税之内。二十四年运署实施盐斤统制办法，规定由河口每年准进口一千担，由督办署经办，年收税款一千四百元，以作盐务机关办理统制之一部分经费。盐管局接收后无形取消，但实际仍有进口者。富宁一县，向亦定有粤盐济销，抗战后来源已告断绝。

川藏砂盐税

前清时拟定办法，于砂盐入口之阿墩地方，由维西厅派员设立局卡，按每砂盐百斤收盐厘四钱，年解课银五十四两，嗣以内地盐款迭次加征，经于宣统年间加收为一两。民国成立又经实业司加征为二两。所收之款，均仍照案年解课款五十四两，余皆留作局费缉饷及地方公益之用。迨盐款实行专存，仍由运署收回，委员设立盐税局专办，照原征数目折合银二元七角七仙七厘七毫七丝。五年稽核分所成立后，遂由分所派员增设盐厘局，改盐税局为盐务局，附设缉私队，其盐税由盐厘局收解大理支所。九年一月规定，阿墩盐税每担三元，孟丁分卡每担一元五角，羊拉分卡每担一元，迄今无变更，惟以系边岸盐务，改由商人承办矣。

历年征收川藏盐税统计如下：元年至三年每年收五十四两，四年收一万一千八百八十七元，五年收一万一千三百八十四元，六年收一万六千八百九十六元，七年收一万一千三百九十六元五角六仙，八年收一万二千零一十二元九角八仙，九年收一万二千七百三十一元二角四仙，十年收八千二百三十六元六角九仙，十一年收九千二百二十元一角九仙，十二年收九千四百七十七元二角，十三年收七千七百九十二元四角，十四年收七千四百五十三元二角，十五年收六千五百六十元九角三仙，十六年收四千五百六十七元一角二仙，十七年收七千零三元三角四仙，十八年收四千零二十四元八角九仙，十九年收八千五百九十六元三角，二十年收二万一千一百九十七元八角五仙。

另征款项

滇省各井场，向来灶户制盐交官，应领薪本工资及采汲矿卤之竜工硐费，均有沿习之定率。当其核定之时，皆各就实地状况，查其矿卤之咸淡，成盐之难易，需用柴薪之多寡，采运物料之远近，核计其购买价值、人力工资，以定为灶薪工本及竜工硐费之需要。自前代迄民国，中间虽有增加，数亦无多。六年一月一日实行均税平秤办法，将从前所加二八、三八、五八秤头一律取消，改用百零五司码新秤，仍按各该井灶原订工资薪本乘除核记，将其应领薪本及附征场夫工资、竜工硐费，酌量归并改正，统定为制盐成本，如数征收，分别发灶。至于征收办法，薪本一项，向系由抄盐商人，按照购抄盐数，遵依定章，如数缴纳场署，由场核收，转发各灶承领，月终报告收支帐目，均属照收照发，并无亏短盈余。惟竜工硐费情形迥异，在昔由场收发，嗣稽核分所成立，各井先后设立税局，此项工资费用，遂由税局代征，每旬照拨场署，按照逐日采汲矿卤实需工资油盐各项，以及背运盐斤夫力，修补井硐费用，分别转发给领，每届月终，将收支帐目报告审查转送稽核。此种办法虽系会商转呈核定之案，然以各场状况迭有变迁，生活费用逐渐增加，照章所收工费，往往不敷开支，税款不能丝毫补助，场署亦无法挪移，日积月累，亏欠甚巨。以黑井区为尤甚，酿成井场衰象，不能不归咎于补助之无款也。十五年以还，运署洞悉症结，乃将各井竈工硐费，参酌当时情状，以次增加，借资弥补整理。至十八年间，收支较增，白、磨两区，收支两抵每月存余，黑井区除元永井外，黑、阿两井近亦稍有存款，备作修理井硐之用，仍须按照手续呈经盐务署核准，方可动支。兹将十六年至十八年收支竈工硐费盈亏数目，附表如下以供参考。

按下表所列旧日黑、白、磨三区各井收支竈工硐费盈亏各数，缘自民国改元以后，薪竈名目未分，各井场只以固定标率，随盐抽收，发灶领支。迄民国七年间，耿普鲁协理巡视井场，虽明予划分，而其盈亏各数，多由灶户担负，故其册报手续亦多阙如。至民十以后，竈工划归税局经收转拨领支，场员只负监督责任，又因政局变迁，场员更换无常，册件不齐，实难统计编制。又按本区各场制盐事务，以采汲矿卤为重要部分，向由场署随盐抽收少许费用，招雇领班目夫等人为之，所有采汲矿卤应需工料各费，概以此项收入支付，井硐如有破坏阻塞，亦以此项收入修理，倘有节余，则悉数解缴，储作整顿全区场产、修理井硐、河堤以及其他有关场产之建设事业专款，是即所谓竈工硐费。往者各场开支此项竈费，以经理支用之人员言，有由场长委托灶组织之井灶公所代办者，有由场长委派专员自行办理者；以开支之标准言，有额设人员按月给薪者，有按所采矿卤数目给资者。办法既不一致，浮冒自所难免，尤以属于临时支出之修理、办公、消耗等费，漫无限制，虚糜更多。年来各场竈费多已形成收不敷支，如不速谋整理，不惟予一部分不肖官绅以侵蚀中饱之机会，抑使全区竈费不敷日巨，无法善后。故李运使于二十六年根据各场现行办法，取利弃害，拟具《各场管理竈工硐费通则》九条，函送盐务管理局会核，呈经省府核准，通令施行。意在划一办法，公开收支，严防浮冒，杜绝中饱，以期收支适合，如有节余，涓滴归公，以重盐款。随于二十四年、二十五年，先后将黑井场所属新山上井、元永场、阿陋场、喇井场、石膏场，香盐、益香、凤冈三场，汪家坪井等竈费，分别核明增加，以裕支用。

民国十六年至十八年收支竈工硐费表

井名	民国十六年份				民国十七年份				民国十八年份			
	收数	支数	比较		收数	支数	比较		收数	支数	比较	
			盈	亏			盈	亏			盈	亏
黑井	55,105.60	41,962.76	13,142.84		46,015.67	40,562.69	5,425.98		69,515.28	66,254.24	3.261.04	
琅井	6,214.24	8,666.01		2,451.77	9,794.36	同左			1,667.11	同左		
元永井	83,332.45	87,691.15		4,358.70	11,238.86	102,936.01		91,697.15	77,113.34	197,287.31		120,173.97
阿陋井	15,136.80	18,266.45		3,129.65	20,797.60	20,789.36	8.24		35,861.03	30,204.50	5,656.53	
白井	6,091.49	9,247.20		3,155.71	10,066.67	9,247.20	819.47		31,555.40	19,112.50	16,748.53	
乔后井	9,840.00	同左			9,840.00	同左			9,840.00	同左		
喇井	1,886.92	同左			4,080.56	同左			4,034.57	同左		
石门井	1,650.83	1,406.26	244.57		2,010.55	1,403.84	606.71		3,337.42	4,954.92		1,616.50
诺邓井	2,084.11	2,919.70		835.49	2,544.21	2,680.30		136.09	5,491.00	16,187.99		10,696.93
大井	1,450.00	1,805.10		355.10	1,823.35	1.803.90	19.45		3,235.35	5,021.00		1,785.65
天耳井	1,087.93	1,575.97		488.04	1,939.15	1,875.36	63.79		3,055.20	6,820.25		3,765.05
磨黑井	108,972.00	94,614.33	14,357.67		123,811.88	128,021.52		4,209.64	79,397.70	860,927.53		781,524.83
石膏井	7,763.04	6,912.23	850.81		10,341.02	9,782.13	558.89		6,839.50	8,951.58		2,112.08
按板井	19,161.78	20,200.76		1,038.89	10,549.90	25,910.78		15,360.88	11,609.71	22,874.64		11,264.93
抱母井	1,964.20	同左			6,246.00	同左						
香盐井	16,061.28	15,220.93	840.45		12,445.48	14,283.06		1,837.38	10,963.19	13,056.78		2,093.59
益香井	10,174.72	9,308.95	865.77		14,165.28	13,028.88	1,136.40		8,985.72	9,703.55		744.83

注：抱母井于十七年二月十六日改归刘秉刚包办。

中央附税

建设专款：民国二十六年，中央以各种建设事业需款甚巨，由财政部通令各盐区，随盐另征建设事业专款，每市担国币五角。在前盐运使公署以体恤人民负担能力，经呈奉准减征为新币五角，只合国币二角五分，即于六月起实行附征，各井场产盐一律征收。

整理费：国内沿海盐区，于数年前先后附征一种整理费，专充工程建筑等费用。云南区至民国二十六年九月间奉部令饬征，征率为每市担二角，随同正税带征，专款存储报解。是年十月各井场即先后一致附征，原定一年为期，惟嗣后以用途甚多且大，故于届限后仍续征报解。

公益费：民国二十七年十月，财部盐务总局以战区日增，难民难童无家可归者甚多，急待各方面协力收容接济，特呈部核准，通令于行销各区盐斤随税带征每市担公益费国币一角，即新币二角，专款储备收容难童、救济灾民费用。云南区即于该月，令饬各场一致实行带征。

外债附税：我国举借外债，均系以借债国之币制计算偿还，其中指定以盐税为偿还基金亦然。惟民国二十年前后，金价续涨，以我国银本位征收之税款偿还借款，相差甚巨，此种差额，通称镑亏。财政部为筹补该项亏额起见，于二十年九月通令，各盐斤随同正税附征外债附税每担一角五分，云南区即于其月起实行附征。至三十年六月，复奉令增为每担国币三角，旋于三十一年五月取消。

偿本费：民国三十年六月加征每担八元，三十三年三月增为十四元，三十四年一月增为二十五元，现仍征收。

产税：自民国三十年九月一日起征，征率殊不一致，至三十一年四月停止。

专卖管理费（事业费）：民国三十一年五月加征，每担七元，三十二年六月增为二十元，三十三年三月增为五十元，三十四年一月增为一百五十元，四月复增为三百元，现时仍照征收。

专卖利益费：固定部分自民国三十一年五月加征，每担四十元，至三十二年七月停征；不固定部分于三十二年六月一日至七月二十日止，每担二十五元。至三十二年七月二十一日合两部分，每担共征六十五元。于三十四年一月十五日至三月十二日止，征为每担一百元。

食盐战时附税：民国三十二年十月加征，每担三百元，旋于三十四年一月增为一千元，又于四月一日增为六千元，现仍征收。

盐税：民国三十四年三月加征，每担五千一百一十元，旋于四月令改征附税六千元，正税只征一百一十元。

国军副食马干费：民国三十三年加征，每担一千元，现仍征收。

盐工福利补助费：民国三十四年四月一日加征，每担五元，现仍征收。

〔附：中央附税

民国二十年三月，中央政府以各区盐款摊还各项外债。在十八年十月第二次所定各区摊额，系按英金一镑折合国币十二元。迨十九年春间银价日低，英金一镑已合国币十五元，因之，各区汇解之摊款，不敷分配，曾于十九年四月起，按照原定摊额，一律增加三成。乃现在银价更见低落，每镑须合国币二十三四元，按照前定摊额，竟约短一千万元。为维持国信起见，决定将产盐各区食盐场税，每担一律加征附税三角，自本年四月一日实行。运署于奉部令后，与稽核分所商定，照每盐一担征收本省半开银币三角，照规定价格折收纸币，呈经本省政府照准办理。惟以收获税款存于东方汇理银行一节，该行在滇情形特殊，未便存放。且此项税款系国家收入，应请存入本省银行汇解，至一切征解手续，应由运署会同稽核分所办理，呈候中央核示后，再定期实行。嗣经运署往复呈函商请，决定至八月初间，始与分所会衔通令各场署、支所、税局及各县地方，由二十年九月一日起实行加征，计自九月一日起至十二月底共收附税纸币二十六万七千二百五十五元七角一仙。〕

地方附税

军饷捐：滇省自护国、靖国以来，频年用兵，军需浩繁，财力艰窘，兼之向驻川、粤军队，先后撤回滇境整顿收束，军饷较前骤增甚巨。乃自九年十二月起，按每盐百斤抽收军饷捐一元，所有正边盐捐款，均饬由各井场知事委员代收，报解运署汇转联军总司令部核收，添供军用。十四年复以各路军队一律调回收束改编，本省税收不敷开支，议再加收一元，连前共合二元，自十五年一月起实行。嗣后连年军事发生，此项附加捐款关系军费，未能遽行废止，抽收手续亦极简单。二十年九月改由各井税局代征，报解稽核分所汇转财厅核收。至二十六年稽核分所改组管理局，至二十七年管理局接办行政以后均无变更。

金融借款：滇省于民国十五年以后，金融枯窘，纸币低落，自援川、援黔、护国、靖国、建国诸役，相继用兵，军费不济，迭向银行挪借款项，积欠至二千数百万之多。既未得中央协助，亦未增加赋税、借用外债，是以积欠无力偿还，不免逾额发行纸币，以致金融恐慌，影响于社会经济者甚大。政府乃召集各界代表开会筹商救济办法，议决就各项税收上预借整理金融款项两年。借获之款，按月迳解金融整理处收毁。两年后各种税收原征额减收一成，推至二十年还清。其应募公债者，则照公债条约付息还本，并由该会议定财政公开及金融保障办法。至盐斤一项，系按每百斤预借四元五角，自十五年八月一日实行办理。行之数月盐税收入顿行减少，当经运署呈奉核准，减去二元五角，借征二元，自十六年四月起征。嗣于是年九月，政府议决，以此项借征，原为维持金融，讵料历时已久，金融之恐慌如故，政府未获其益，商民先受其害，饬自十六年十月一日一律废除。

云南盐运使公署征收支解军饷捐款一览表

项目及年份	收入数	支解数			支解合计	备注
		薪公解费	拨支黑井区保井团营薪饷各项	实解数		
九年十二月起至十年十二月	695,010.493	16,149.4535		678,861.0385	695,010.493	
十一年	745,294.59	16,030.8738	4,000 元	725,263.7162	745,294.59	
十二年	723,378.14	18,085.455		705,292.685	723,378.14	
十三年	655,300.68	12,220.25	23,200 元	619,880.43	655,300.68	
十四年	639,575.5102	12,627.237	47,100 元	579,848.2733	639,575.5102	
十五年	1,018,705.413	18,036.994	49,328.215	951,340.204	1,018,705.413	左列收数系自一月起奉令加征一元，连前共征二元，故比较十四年以前为多。
十六年	845,502.753	18,344.944	69,200.84	757,956.969	845,502.753	左列实解数内，有 263,935.14 元系军队在井提用，由场呈请抵解政府，余均仍解财政厅。
十七年	1,419,803.201	25,552.0241	88,297.2	1,305,953.9779	1,419,803.201	左列实解数内有 754,816.754 元系由场里请抵解政府，余均仍解财政厅。
十八年	1,558,227.44	21,324.87	61,202.62	1,475,699.95	1,558,227.44	左列收数自一月起改征现金，以三抵一计算，至六月底止，即行取消。
十九年	4,108,298.99	39,076.81	98,760.45	3,970,461.73	4,108,298.99	自本年一月起，各项税捐均改征现金，照五抵一计算。
二十年	3,157,297.75 901,046.14	35,946.74 无	61,665.25 无	3,029,685.76 解 871,210.00 未解 29,836.14	901,046.14	自本年九月起，遵照省政府令饬交由稽核分所代为收解，故照分列，以资查考。

金融附捐：滇省以纸币价格日形低落，赋税收入照征纸币，以致收不敷支，乃于十八年一月，改征现金，以三抵一，实行数月，殊无成效。复经省政府召集各界代表研议，决定于五月底取消三抵一办法，自六月一日改征金融附捐，仅就特货、盐、银三项抽收。盐斤一项，按每百斤加收纸币三十元，专作收毁逾额纸币，不能移作他用，仍由各场知事代收，当同缴款人截角挖心，按月迳解金融委员会核收，汇数焚毁。嗣因改变征收现金办法自十九年一月实行，此项金融附捐即于十八年十二月底取消。

公路股款：民国十八年十二月，本省政府据公路总局呈请，照改订《云南全省公路建筑办法大纲》第五条第三项之规定，实行认款股，视各地方贫富状况酌发股票，分期认缴。各地方收到股票之后，或按富户分担，或按粮额摊派，或就现有公款抵拨，经各该官绅自行筹划，按照本省各县井场地方应认款公路股款分明列表，通饬布告遵照办理，均经各地方先后照认解缴。兹将各井盐场认款照表摘录于后。

此外关于就盐加收公路款者，有盐股捐一项，系建设厅呈经本省政府议准，每盐百斤抽捐现金六角（初为每担旧滇币三元，嗣增为新币二元，旋复减为此数，并改名公路股捐），自二十一年二月一日起实行，饬由运署照军饷捐办法，委托稽核分所代收，以至于今。所征税款初解云南全省公路委员会，后解云南公路总局。

抵补费：即禁烟抵补费。创征于民国二十四年五月，系为省地方奉令实施禁烟以后，弥补省地方收入。初以盐斤抄配以后，由场务机关直接征解省地方财政机关。其时盐斤由盐运使公署施行统制运销，以为此项附加，即为征前商营时代商人所得之盈余，故于盐价上并无增加，亦不致加重食户之负担。但自二十七年六月管理局接办行政，撤销统制办法，此项收入已成为省地方收入之重要部分，一时无法减征，故即正式列为盐税附税增收。惟其征收之范围，亦仍循以前施行统制之井场产盐为限，普通征率为每担二元，白盐井为一元二角，按扳井为一元五角。

公路费：亦与抵补费同创征于民国二十四年五月。初，省公路局以建设公路经费无着，设立黑井区盐斤运销处，接办该井场销运省市盐斤事务，而以盈余所得拨充建设公路经费。二十四年盐运使公署扩大实施统制，运销处由盐运使公署之运销局接收办理，除统制区域均征抵补费外，而于非统制区域之盐斤加征公路费以维持建设公路经费之来源。二十七年管理局接办行政后，亦即列入正式附税之一，其附征区域仍旧。征率普通为每担七角，惟腾龙边岸之近边部分为三角五分，极边部分为二角。以其为建设公路经费之故，由管理局征收后，按月直接拨解云南省公路总局。

各井盐场分任公路股款表

区别	款项	缴款期限			
		第一期	第二期	第三期	第四期
元永场	12,000 元	4,800 元	2,400 元	2,400 元	2,400 元
黑井场	20,000 元	8,000 元	4,000 元	4,000 元	4,000 元
阿陋场	12,000 元	4,800 元	2,400 元	2,400 元	2,400 元

（续表）

区别	款项	缴款期限			
		第一期	第二期	第三期	第四期
白井场	20,000元	8,000元	4,000元	4,000元	4,000元
乔后场	20,000元	8,000元	4,000元	4,000元	4,000元
喇井场	12,000元	4,800元	2,400元	2,400元	2,400元
云龙场	12,000元	4,800元	2,400元	2,400元	2,400元
磨黑场	20,000元	8,000元	4,000元	4,000元	4,000元
按板场	24,000元	8,000元	8,000元	4,000元	4,000元
香盐场	12,000元	4,800元	2,400元	2,400元	2,400元
琅井分场	8,000元	3,200元	1,600元	1,600元	1,600元
石膏分场	8,000元	3,200元	1,600元	1,600元	1,600元
益香分场	8,000元	3,200元	1,600元	1,600元	1,600元
磨歇井	8,000元	3,200元	1,600元	1,600元	1,600元
勐野井	8,000元	3,200元	1,600元	1,600元	1,600元

工程费：即一平浪制盐场工程费。民国二十年盐运使署为移卤就煤，改用煤煎，以期改革原有之产煎方法，计划于一平浪设立制盐场，先行成立工程筹备处，所有关系该项经费。统就旧黑井区各井场（元永、黑井、阿陋、琅井）及白盐井附加一种工程费。截至二十七年止，虽筹备处已改组为正式制盐场，但因工程陆续扩充或改造，尚未全部完成，故此项工程费亦继续附征未止，征率一律为每担六角。

卫生费：磨黑井场所在之迤南地区，向因地广人稀，瘴疠炽盛，民国二十六年六月省卫生处为筹施防治起见，特定于磨黑井场附近之宁洱县城建立医院一所，为该区地带瘴疠疟疾之防治与卫生事业之推进，所需经费即就迤南区所属各井场产盐特征一种卫生费，征率一律为每担五分。

旧日黑、白、磨三区各井地方，自民国十年以后，因军事期间，匪风不靖，防患乏资，又或办理地方交通警务经费无着，随盐抽收附捐，名目繁多，既违政府功令，复增人民负担。二十年一月稽核分所转奉财政部令，以各省盐斤附税，业经国府明令核定，限于本年三月一日由部核收，令即转饬所属，迅将各该区各项附税率起征原因、期限、年月及其实在用途详细查明，并将届时接收办法、将来整理计划妥议具复，转呈核夺一案，并录议拟整理计划及接收办法清单附捐表函达运署酌核办理。当经复由分所接收，代征人马脚特捐纸币三角五分，因有弥补场警大队不敷薪饷之关系，不能不暂行保留外，所有黑井场之商灶乐捐、保卫团捐纸币各一元，元永场之筹防费纸币二元，阿陋场之防务费商灶乐捐纸币各一元，琅井分场之筹防费纸币二元，白井场之修硐费、团捐、自卫捐共折合纸币二元四角八分，未据查报起征之驮捐、保井捐、造林修路捐共折合纸币三元一角，喇井场之灶商马脚乐捐折合纸币五角，云龙场之团捐诺盐收纸币二元、石大天盐收纸币一元，乔石井之保井捐、驮捐、学校经费捐、商会经费捐、修路捐共折合纸币三角又铜元一百三十枚，磨黑井之公路捐、马柜捐、桥工捐、路工捐、乐捐共折合纸币四元零一分，按井板之公路捐、马柜捐共折合纸币四元七角五分，香盐井之公路捐折合纸币三元，石膏分场之公路捐、马柜捐、团捐、路工捐共折合纸币三元八角，益香分场之公路驮捐、水费捐共折合币纸四元。均经于四五月间，先后呈奉政府核准，一律取消，分令各井场遵照实行，暨函分所查照，呈报盐务署转呈财政部备案。

杂收款项

缉私收入：滇省处理私盐办法，曾经部颁《私盐治罪法》、《缉私条例》及各种法令，均经通行遵办。顾处理灶私、外私两项，向有本省特定单行办法，虽为条例所无，业经呈奉核准在案，办理盐务，莫不注意于此。窃考滇省历年私盐，非如他省之大股枭犯，任意横行可比，而各井灶户良莠不齐，加以近年生活高昂，币价低落，产量减少，盐价飞腾，灶私一项，比较尚多。至于西南两边，向为交缅私盐所浸灌，本属防不胜防，然一以条约所关，一以缉禁未弛，犯私之案尚未甚夥。综计频年所获私盐及其他附同各物，照市变价暨处理罚款，除民国七年以前，均归入税款之内，未经划分外，其自七年迄二十年，可得举其逐年收入统计之数，以觇滇省私盐之状况，究与淮、浙、闽、粤各省不同。又此项缉私收入，除充赏驮解脚费外，充公之款，均由场署照收，按照缉获办结之案，交由税局转解。其边岸外私，则由稽税局照收报缴，后未有所变易。兹将历年收入数目列叙如次：七年收入二千九百五十二元七角，八年收入二千七百九十六元四角一仙，九年收入二千七百六十六元零三仙，十年收入三千三百二十九元零一仙，十一年收入五千二百一十六元八角六仙，十二年收入三千五百五十四元六角五仙，十三年收入三千一百五十元九角八仙，十四年收入七千一百二十六元三角八仙，十五年收入一万一千三百二十二元七角，十六年收入八千三百五十八元五角四仙，十七年收入七千四百三十四元零四仙，十八年收入一万零七百七十六元二角七仙，十九年收入一万九千八百七十五元八角四仙，二十年收入二万七千三百四十一元七角五仙。

柴本扣成：前清同治十三年，盐务甫经收回官办，各井灶户概为招辑而来，资产荡然，对于煎制事宜，每每樵苏后爨，贻误销征，乃有预借柴本之举。最先倡自黑、元永、阿、琅等井，嗣白、乔、磨、石、按、香、益各井灶亦踵而行之。其间如何借垫归还，以岁久无案可稽。自光绪十三年奏请先复正课缓征杂款之案，其功过綦严，各井员以井灶类多贫乏，不能预购柴枝存储供煎，乃纷纷详经盐法道汤聘珍，呈请督抚奏奉复准每年由盐库收存正课项下，各照其订定之额借领，入册奏销。计黑井每年借发银七千两，元永井每年借发银八千两，阿陋井、琅井每年各借银六百两，安宁井每年借发银五百两，白井、乔后井每年各借银三千五百两，石膏、磨黑二井每年共借发银五千两，抱母、香益二井每年共借发银二千两，按扳井每年借发银三千两。此项柴本之请领借垫手续，系由井员按年具领，其发银时即由库分别扣除一成或一成一分之领费，净款发交井员转发各灶，由各灶户出结负责缴还。至扣收缴解办法，例如：甲年借给，乙年起扣，丙年扣清，仍由井员备文呈缴盐库核收。其扣缴时复由各灶照章添缴扣成，并扣每两加缴三分六厘之平色，节年类推，轮流垫扣。惟扣获之领费、平色，初系作为道署官吏办公之资，嗣于光绪二十七年，各省奉文摊赔洋款，滇以无款可筹，经前清官吏于裁节各官署津贴公费案内，即将此款全数裁提归公，备赔庚款，历经照办。光复后虽仍照旧办理，然仅黑、阿、元、琅四井之灶户借之，其他各井灶户，未据请求借垫，官厅遂亦听之。但民国初元，该黑、元、阿、琅四井仍相沿借垫扣收，嗣因领解手续诸多困难，且匪多路阻，往返运送，危险堪虞，迭据各该井员呈经核准，以领抵解，每年仅照缴领费、平色两项。民国三年三月署所成立，亦仍其旧。厥后各井灶情困苦，煎制为难，此项解款虽仍照扣，但因各该井垫薪之款，不能不权宜挹注以作垫薪之用。今各井有垫借薪本之办法，均系按盐领借，如新煎出盐按平借给，俟盐售出即行扣回，轮流垫发，周而复始。惟此款垫，自前清、民国改元及盐款专存后，均未动拨正税，纯为场署另款之一种，完全与税课无关，扣缴之款亦于三年十二月呈奉盐务署核准以“此款既系灶欠归还性质，将收回领费、平色悉数解存司署，专作借垫款项之需，勿庸解缴分所等因，分别函令遵照在案”。自是转借垫薪应解之扣成平色，遂亦停止。

砍工补息：元、永两井，砍工一项，向系由井员自行借给，由灶户认息拨还。光复后官有余款，悉数扫提归公，无款借给，只以习惯相沿不能不设法借垫，遂由该井督煎总办呈经实业司核准，由盐款项下借给，以四个月为一卯，每年三卯，每卯元井借给四千二百元，永井借给二千八百元。借后以一分三厘计息，俟一年起扣，仍以四个月扣清，亦照借垫柴本办法办理。其后本银仍轮流借垫，息银亦挪作垫薪，均为盐署另款，且须常川垫用也。

收借灶本：民国元年，黑井水灾，民居灶产尽行淹没。二年，复值岁欠，米薪昂贵，灶情艰窘。三年一月经前督煎督销总办详请盐政处转呈民政长核准，由盐款项下动拨，按每锅口借发灶本银一百两，计一百二十五锅口共借银一万二千五百两，由各灶应领薪本，分次限三年扣收归款，免缴息银，以示体恤。至六年六月，已照数扣存场署。随据各灶续呈，灶情难窘，经场知事呈准，续借一百元，余数拨借新山上井柴本及元永垫薪之用，七年底仍全数收回。八年一月复呈续借五十元以供煎制，亦经照准。自是之后，因井灶多故，灶户一再要求，于是旋收旋垫，故至今尚未归还清楚。

锅本：黑区各井灶户煎盐铁锅，向仰给于禄丰炉户。在前清末季，因各灶户鼓铸劣薄，最易破坏，且被居奇操纵，乃经提举呈奉前盐法道核准，由委员公费项下拨借银二千两，招徕专商鼓铸铁锅器具，运交井署，分发各井灶户领用，并照公议价值，于应领薪本内随用随扣。至民国三年，盐务抵押署所成立，适因各灶所用锅器大都仍自行购办，公家制者似不适用，复经督煎呈准，取消炉厂，将款收回报解。惟此款系属旧案盐款，不归专存范围，已由场扣解财政厅核收备用，以后即未另行借垫。

灶课：滇省各井灶户，只尽煎盐交仓义务，并无直接纳课之负担，故从无场灶之课款，亦无收入科则之规定。在前清时各井有所谓井款名目，皆附于盐价之内，与课款、灶薪并同征收，留于井地，以为官灶等一应公用之费，如井地、井员公费，地方学费，道路、桥梁、井硐岁修等费之类。自民国元年改章以后，即经分别归并。六年实行均税、平秤，凡属以前之办法，悉已芟除净尽，至若边地、夷地各小井，在名词上固有灶户包课之称，究其事实，销征报解皆属场员事权，应缴课款悉由购盐商贩交纳，与他省之场课性质迥不相侔。

摊还外债

民国十九年十一月，财政部〔令〕，“据稽核总所呈：以‘云南一区应解外债摊额，前以该省时局及军事关系，曾于上年五月间遵令转饬云南分所停止拨解。兹查该区本年六月至八月盐税收入，每月平均数目约计洋十万元，按照职所所呈十九年度盐税收入预算书所列，该区盐税数目一百三十七万零七百二十四元，以全国盐款收入一亿三千六百三十八万九千一百一十一元为比较，乃系百分之一，是该区按照本年外债摊额总数一千六百零六万四千五百元之百分之一核计，年应拨解摊额十六万零六百四十五元。现在时局亦已平定，拟酌量变通办理，饬令该区自本年十二月份起，按月拨解外债摊额一万元，即每年十二万元。衡以该区收入，仅抵十分之一，事属易举，而于外债信用裨益甚巨，请核示’等情。经以云南税收渐增，拟令自本年十二月份起，按月拨解外债摊额一万元，即全年十二万元，应准照办。”令行到滇，当经运署转呈省政府核示，旋饬由财政厅查明盐税实收数目及本省财政困难情形，拟电财部请免摊解，并令运署转函稽核分所，暂缓拨解。嗣经分所转奉财部电令，函达运署查照办理，复由运署呈请省政府核示，于二十年二月七日奉指令准予照办，即由分所查明。

拨留协款

滇省地处边瘠，财政艰窘，前清时系属受协省分，光复后协饷骤停，应需军政费用全恃盐款以为挹注，而援川援黔，历年用兵，饷糈异常拮据，罗掘俱穷，尚苦无法应付。民国二年七月，盐务抵押款归专存，是时滇省盐务系由实业司兼办，迭奉财政部电令，催促实行专存，而滇省财政，如将盐款提拨，更行枯竭，殊难维持，当经滇都督民政长一再电呈困难情形，请予拨留，迄未邀准。至三年三月，运署、分所先后成立，又经往复磋商，呈奉财部电准，“将三月以前所收盐款，准其留滇支用，作为中央拨济滇省之款。至四月以后概归分所专存。如滇省因盐款无着，筹饷为难，可速拟具真实收支清单，送部呈核”等因，即经分函滇民政长查照。嗣六月十日复奉盐务署电开，以“滇省需饷，业由部按月准拨八万元，自四月以后，所收盐款无论何种名目，一律交分所专存”等因，又经转函巡按使查照。旋奉盐务处电饬，“由四月以后收入盐税项下扣抵，惟对于分所不必以扣抵为词，只可作为欠交之款，将来由部设法应付。”嗣因本省办理三年度概算，出入两抵，不敷甚巨，经督军兼巡按使迳电财政部，请速拨款协济，或将提存盐款全数划拨。适值边防紧急，需饷殷繁，并由署迭电呈请拨款接济，复奉盐务署令：“现奉批准，自三年九月起，每月除原准之八万元外，加拨四万五千元，共月拨十二万五千元。”至四年十一月，拥护共和，滇省首义，军需浩繁，无法维持，经滇都督与稽核分所往复会商，订立条件如下：“一、滇省盐款自三月一日起，除每月原拨之协款十二万五千元仍照旧拨付及盐务各机关应支之经常费照拨外，其余悉数作为增加协款，与原案之十二万五千元归并一起，分期由分所交付云南财政厅核收，即由财政厅出具三联印单，交分所备案。但分所每期交款以凑至万元为整，其奇零之数可归次期并交。二、分所及各总分各盐税局之人员，仍照旧供职，准其征收盐税照常进行，所有分所及总分各盐税局之人员，如能克尽厥职，自应查照向章办事，云南省不加干涉，惟薪俸及一切经费，除分所仍用旧开支外，均一律改从省章办理。三、云南新盐务行政机关，不另立别项名目征收盐税，但如人民愿纳盐捐补助军饷者，不在此限。四、此项允准条件未订定以前，分所已收各项盐税，除照原案于二月杪将三月份协款十二万五千元预行拨付外，其余数云南省不再要求退还（但所谓已收各项盐税者，指分所已实收现金者而言，如总分各局虽已详报收数，而现金尚未缴至分所者，不在已收之限）。五、盐税全数中，应有分所支出各盐务机关经常费及必需之款，得足供运署（场务各局在内）、分所（盐务总分各局在内）、缉私营（缉私队、缉私分队在内）三部分之用，至经常费数目，即以现在修正新预算案为范围，一俟新预算案编成，即行送交运署会商，以应支之数为度，其数每月不得超过四万元，但每月结算余数仍一律交还财政厅。六、云南省应允准担任保护盐税总分各局所用人员，因公出差及税款起解在途时，一经分所通告，即行派兵护送。七、关于运署及缉私营队遇有改革事件，随时知会分所查明。八、关于分所遇有改革事件，随时知会运署查照。九、此项允许条件，系暂时行之，一俟中国完全恢复和平，时局大定时，此项允准条件由本省政府查酌情形，商量停止。”以上各项即自五年三月起实行，将盐税全数除运署、分所及所属机关经费外，悉数拨归滇用，声明俟恢复和平，时局大定再行斟酌。迨共和恢复，南北统一，对于办理善后，收束部队，在在均需巨款，经督军巡按使会电呈请财政部维持原案，全数拨留。随奉盐务署训令核准，“自五年八月起至十一月止，净数拨留四个月，至十二月起，仍照前订协款数目月拨十二万五千元”等因，当将滇省内容，自举义后，饷糈锐增，厘税日减，非有巨款不能维持，由署电呈部署核准，“自五年十二月起，除原拨十二万五千元外，另由中央每月筹拨六万元，以四个月为限，至六年三月止。”但细译电文，由部另筹则恐往返困难，复请仍由盐款拨付，嗣督军公署函奉财政部敬电核准，“自五年十二月至六年三月止，此四月内连同十二万五千元，加拨六万元，共计十八万五千元，由盐款项下直接拨交备用”等因，期限届满，续呈请求，当奉核准，继续拨留仍以三月为限，期满如仍必需，应先行呈请续拨。嗣以公文往返，徒费手续，且滇省无此常年协款，势难应付，始将定限办法呈请取消，按月赓续拨付。护国、靖国诸役，饷糈缺乏，不获已仍根据前案，呈奉盐务署训令核准，“悉以拨归滇用，并声明至另行议定办法为止。”历经遵照办理在案。民国十七年十月，奉财政部训令颁发《各省区每年应行摊解偿还外债盐款数目表》，内列云南应摊每年二十七万五千五百元。又经省政府以“云南频年为国用兵，迭膺大难，悉索敝赋，牺牲独多，所有饷械之消耗，人丁之伤亡，其代价不可计数。自隶属中央，成立第十三路总指挥部及改组各师部队，除以国、地两税收入计算，每月经费不敷在十万以上，非有国家税款为之协助，则饷糈将无所出，本省财政立陷于无法维持之境。且滇省盐税概收纸币，现值币价低落、汇水增高，以滇币摊解，仅合沪币六万余千元，若照沪币计算，则需滇币百万有奇。除此之外，所余无几，实于军需政费影响甚巨，惟有恳请俯念边远贫瘠之区与腹省迥异，暂准免拨，并请妥议协款办法，按月协济，一俟协款抵补有着，再行遵照拨解，庶几中央与地方双方均能兼顾，不致有所妨碍”等情，电呈请示，嗣于十八年五月准分所函，“奉总所电令，自五月十四日起，将所收盐税，暂不拨解摊还外债，除去核准经费外，连同从前留备拨解外债之款，悉数拨归省库备用。”

自民四年四月一日至二十年历年拨留滇省盐款数目如下：四年四月一日至年底协款总数六十九万八千九百九十五元，五年二百一十万五千零一十元九角，六年二百三十七万六千元，七年二百四十三万三千元，八年二百三十二万九千元，九年二百四十一万六千元，十年二百四十六万四千四百元，十一年二百一十五万五千元，十二年一百六十万五千元，十三年一百三十一万四千五百元，十四年一百三十五万五千元，十五年一百二十三万元，十六年六十六万九千零一十六元四角八仙，十七年七十三万零八百七十八元二角一仙，十八年六十二万一千三百八十七元三角三仙，十九年五百二十万元，二十年四百八十四万元。

旧欠盐款

前清各井提举亏欠盐课为数甚巨，光复后实业司委员分往各属清查催收，其未经收获者，交由各地方官催收解缴。民国四年一月巡按使署将此案划归财厅办理，订定《催收旧盐款章程》十三条，将各井提举改为催收委员，并各加委监察委员一员同往催收，仍订《监察收款简章》七条，暨通令各地方官会同传催。乃自办理以来，收数无多，徒糜公款。各催察委员，有因事变迁者，有病故、潜逃者，至十八年始将各催察委员裁撤，改由各地方官负责催收。《旧案盐款惩奖规则》呈经省政府核准，通令遵照办理。惟是欠款盐商，散居各属，积年既久，变迁甚大，虽经严追，而解款者仍属寥寥，殊少收获希望，计原欠一百八十二万七千两余，已缴收六十万两余，尚有一百二十二万二千三百六十一两余未收也。

征收方法

滇盐征税，自民元改章以迄三年春间，均照规定先银后盐，就井一次征纳。迨稽核机关成立，征收税款则有抵课、现税及销往边岸盐之退税、预缴税各办法。

凡商人就场购盐，用现款迳向税局缴纳，由局填给税单，故名曰现税。

凡商人购盐，先向分所（黑井区办法）缴纳税款，得有分所填给之征收正课盐税单甲联，持赴税局抵缴税款，同时分所支所将税单之乙联寄发税局，对照商人所缴之甲联符合与否，再换给与现税同样之税单，故名曰抵课。

边岸税率既比正岸税率为少，为防杜商人蒙混充销起见，故有预缴税、退税之办法，即凡商人于边岸盐报税时，由税局仍照正岸税率预征滇币三元五角，俟其盐运至税单所载明之边岸地界，经边岸掣验局证明后，再由稽税局转知原收税局发还多收之税率，如近边只征一元，应退二元五角，极边只征一角，应退三元四角之类是也。以上办法只登帐手续有所不同，而退还多缴之税率则无异。十五年七月手续更加详密，先由场署征收薪本，给予凭单，次由税局照凭单所列盐数征收税款，填给收据，转知场署发给运照，同时由税局填给税单，最后始得到仓抄盐。二十七年运署归并盐务管理局后，初则取消统制，恢复自由运销，继仍实施官专卖制。至三十四年九月后，则又开放一切征收手续，与前运署稽核分所存在时大致相同。兹将向日各场办法分列于后：

元永井：本场征税手续分现税与抵课两项。现税系商人就场购盐，用现款缴纳；抵课系由商人先向分所缴纳，取有分所填给之甲联取税单为凭，谓之抵课。同时分所将该税单之乙联寄发税局，俾资对照。无论现税、抵课，其在本场纳税领照手续，均系先由场署征收薪本，给于凭单，次由税局照凭单所列盐数征收正税，填给收据，转向场署填发运照，同时由税局填给收税放盐执照首联，俾持赴盐仓运盐。

黑井：本场由商人先向盐署缴薪，填给盐斤担数及银数临时凭单，向税局缴税后填给收据，又赴场署填给运照，再由商人执持运照到税局出具保结，不得在井翻买翻卖，由收税处照填放盐执照，始向盐仓领盐，由管仓员、监秤员会同核对运单执照，担数相符，然后发放盐斤。至分所发给商人在省预缴税课之税单，如遇遗失及焚毁情事，得由商人报请补发副单。

阿陋井：本场办法大致与黑、元两井相同。在限制商牌时期，除少数盐斤系由阿陋井收税局收税外，其余均由各盐商经运署按月规定每家盐号准其抄运若干后，即向稽核分所领取税单，分别持赴税局抵课抄盐。此项税单并无期限，但税局将分所所发之正税单收回后，须另发给放盐准单。至税单则每届月终由税局呈报缴销。黑、琅、元、永四场亦同此办法办理。

琅井：本场由商人先在盐署请领盐斤数目，缴纳薪本及附捐后，由场署换发运照及备核各一张，持照向管仓人员取得盐码单，再向税局缴纳税款及竃工费，收税人员即填发放盐执照，由商人盖章，持向放盐处，经放盐人验明无讹，方得放盐。

白井：本场收税手续，自售盐划归场署后，即规定先薪后税之法。先由商人向场署缴纳薪本、饷捐后，即付与运照一联，该商人持至税局完纳正税，税局按场署所填盐斤数目收税，并填给放盐执照一联，商人复持向盐仓取盐，事毕仍将此照缴回，再由场署送交备核，一联按旬呈报支所备案。

乔后井：本场各商人到场购盐时，先由场署支配盐斤担数，填给凭单，由商人转向税局报税，经税局照数收清后，填给收据，商人始到场署纳薪领照，继到税局，经收税局查核相符，填给收税放盐执照，商人即连同运照及备核到仓领盐，经监秤员及管仓员验明后即照数发放，同时将执照及备核截留呈缴，填给运照随盐出关。

云龙井：本场商人购盐，须先向场署领取凭单，该商持向税局完税后，领取收税放盐执照，再向场署纳薪，配给运照。至商人领有凭照，大都即往放盐处领盐，间亦有因马脚缺乏、耽延至半月或一月者，其凭照仍属有效。

喇鸡井：本场盐商购盐，先向场署报明配数，由场署填给凭单，该盐商持单到税局纳税，经税局收清后填给收据及准单，复由场署填给运照发运。

磨黑井：本场征税手续，须先经官柴局点验各商马匹，按其马匹之多寡而配盐，并开一购盐单交场署收薪处及支所收税处，由商人向场署收薪处缴薪本，并填给运照一张，由商人持向支所收税处缴纳税款，并填给放盐执照一张，商人即可持运照及执照向仓中领盐。

按板井：本场商人买卖盐斤，须先向场署缴纳饷捐、薪本，领取运照，再持运照到税局缴清正税、竈费，领取收税放盐执照，随时向公仓领盐。

香盐井：本场商人先至场署缴纳薪饷，取有凭单，后至税局报税，取有收据及执照，然后再到场署领取运照，始由仓内照数称放。

石膏井：本场收税手续，系由商人先投分场购盐，取具运照备核，次向税局缴纳正税，填给放盐执照，以便持单照赴仓领盐。倘商人因事耽误，逾五日有效期间竟未赴仓领盐者，其盐斤即悉数呈报没收。

益香井：本场收税手续，场署备有四联运照，税局备有四联执照，商人买盐先将正税、薪本及竈工硐费与附加饷捐等缴清后，由场署填给运照，税局填给执照，俟商人领运盐斤以后，即将其执照涂销，商人仅持运照发运。

税单

滇省在稽核分所未成立以前，征收税课手续极为简单，商人到井抄购盐斤应缴课银，按盐核计数目照收，备填运照之内，别无税单之规定。民国三年稽核分所成立，各井分设收税局、所，所有填用税单均由分所印发，初用三联式，首联填给商人，中联呈缴，尾联存局备查。十一年间另颁四联式收税放盐执照，首联填给商人，俟抄盐收回后与中两联按月呈缴，尾联仍存局备查，此种格式至今沿用未易。查各井税局所用税单计分四种：一、正岸收税放盐执照。二、边岸收税放盐执照。凡此二种，商人于缴税领单后，即可执持到各购盐井场盐仓，照单列盐额抄盐。三、征收正课盐税单，即商人在分所先缴正税时（黑井区各场办法）分所填发之抵课税单，商人持赴井局抵缴正税，换领收税放盐执照。四、正税收据，即井局填给商人之正税收据，俾持向场署请领运照。

征收机关

民国元年，盐务未设专官，一切行政权悉归实业司兼理，出纳盐款则由财政司主管，以杜前清盐官职权一人专擅之弊。各井场则设置督销专官，管收所有盐课，按月汇解财政司核收支用。二年中央善后借款，指定全国盐款作为抵押，凡盐税收入，均应悉归专存，以协合同条件。北京盐务署稽核总所委派华洋经、协理来滇组织分所，本省亦将实业司兼管盐务一部分划出，改组云南盐政处，旋又取消，改组为盐运使署，遂将所有征收盐款等事，移归稽核分所专管，并将各井场原设之督销机关取消，由分所另设盐税局，直接管理征解税款及称放盐斤各事宜。五年九月，因运署方面奉令将各井管理行政之场务局一律改为场知事暨分场委员，于是稽核分所亦将黑、白、磨三井区各添设一盐务稽核支所，以为各该井征收承转机关，此为原订条件之所无者。十四年废黑井区支所，白磨两区设置如故，其征收事项仍由原设之盐税局照旧办理。二十七年运署稽核分所归并后，一切均由盐务管理局接办矣。

解款机关及办法

黑、白、磨三井区各场未设税局时，则由督销总局逐日征收，按月汇解财政司核收。自后各区盐税总局、稽核支所及税局先后成立，税款移归收解，各井局每月收入之款，除拨付场署、税局、缉私营队及保井队经费，驻防军队薪饷外，黑井区各场税局，民国六年至二十年间迳解分所，九年至十四年间，或解分所，或解黑井区盐税总局及支所。十四年以后支所裁撤，专解分所。白井区稽核支所及所属白、乔、喇、云各场税局，磨黑区稽核支所及所属石膏、按板、香盐、益香各税局，初亦迳解分所或总局、支所汇解，今则均解交支所汇解分所核收。至各井区向来解款办法有下列各种：一、运解，二、商号汇解，三、邮局汇解，四、银行汇解，五、各局拨解。黑井区各场因商号购盐需款，以由商号汇解为多，邮局次之，嗣富滇银行汇款处成立，亦曾汇解，为数极少。至各局拨解，则须于各局需款奉令核准时遵办。白、磨两区各场税局将款解交总局或支所，在初直接解省呈缴分所，后因道途不靖，改由大理、思茅富滇分行汇解，十八年间银行裁撤，乃由商号汇解。

民国云南通志长编卷四十三

盐务四·缉私·职官·经费

缉私

概述

民国成立以后，因滇省盐务积弊在于趱销欠课，是以积极筹改进方策，先其所急者，惟在并订税率、就场征税、先税后盐诸大端。而对于缉私一项，则仍因沿旧制。四年，奉盐务署令，以盐运使兼任缉私统领，乃于盐运使署设缉私总部，于黑、白、磨三区设缉私营，于各井场设缉私队，于分场设缉私排。因黑井区产盐前系运销开广边岸，而开广边地毗连越南，向为交私冲销，故以黑井之缉私营驻于马关、广南等处，查缉交私。白井区产盐向销腾龙边岸，腾龙各土司地方，在在与缅甸接壤，缅私充销腾龙边岸，头头是道，故以白井区缉私营驻扎腾、龙两属，查缉缅私。磨黑边岸，西接缅甸，东连越南，缅越私盐，随在皆可侵入内地，故以磨黑缉私营分驻勐烈、磨歇两处，堵缉缅越私盐。惟三边岸地方，名虽各设一营，择要分扎，其实开广缉私营仅有盐巡一百七十名，腾龙缉私营仅有盐巡一百二十八名，磨黑缉私营仅有盐巡八十名。以边地区域辽阔，实有顾此失彼之虞，爰于十八年内，先将开广缉私营照部定新章改为缉私大队，其腾龙、磨黑两缉私营，亦拟照章改编大队，俾兵额稍多，能于分布扼扎，借收查缉之效。至各井场所设队排，当编组缉营时，原系由各管带分别统辖，嗣以缉私事项与井场署局，时有密切关系，而营部驻扎边岸与各井场距离太远，遥制诸多不便，乃于二十年一月份分别改编，与边岸暨销地缉私队划清界限，其编制如下：

一、各场缉私队改名为场警局，附设于该管盐场公署之内，以场长兼任局长，每局之下并设分驻所及派出所，择要驻扎，综计各场共设官长三十九员，警夫四百三十七名。

二、黑井区保井队改名为黑井区场警大队，设官长警夫五百零七名，大队部驻于元永井，其三中队则分驻元、黑、阿三场，专任防剿散匪，保护运商马脚之事。白井区原有白乔云喇各场保井队，亦统行合编，改名为白井区场井大队（就原有商灶筹设之保井队改编，归由官办），其编制与黑井区相同，大队部驻于白井，各分队则分驻白、乔、云、喇四场及近场运道，保护运输。此两区场警大队统归运署管辖，但仍受驻在地场长之节制调遣。至本区原有销地之缉私队，即开广、腾龙、磨黑各边地及阿墩子缉私营队，亦同时一律改编三三制之缉私大、中、小各队。将开广边岸缉私大队改名为云南缉私第一大队，内分三中队，共设官佐三十六员，士兵夫三百七十八名，大队部驻扎马关县，各中队则分驻文山、西畴、广南、富州等县及麻栗坡、河口特别区。其腾龙边岸缉私营，则改名为云南缉私第二大队，暂缺一中队，先行编足大队部及第一、二两中队，共设官佐二十六员，士兵夫二百五十六名，大队部驻扎腾冲县，各中队分驻腾冲、龙陵、陇川、遮放、干崖等县区及极边各土司地。又将磨黑边岸缉私营改名为云南缉私第一中队，归运署直辖，只设官佐十员，士兵夫一百二十二名，中队部驻扎江城县，各小队则分驻江城、勐野、磨歇等县区。并将阿墩子缉私营改编为云南缉私特务队，照小队编制，只设官长一员，士兵夫三十七名，归运署统辖，仍受盐务局之节制调遣，分驻阿墩子各卡，以资查缉。嗣因时局平静，缩减经费，于二十二年四月裁撤。黑白两区各场场务局及两大队本部，改编为六中队，仍分驻于各井，归各场长节制。磨黑区各井场仍保存场警局，销地缉私任务概由各地方官协助办理。迨至二十六年底，盐运使署裁并，所有缉私各队均由云南盐务管理局接收，改编为税警区队，成立十四个队。其组织机构，在管理局设有税警课，经办税警防务之配备及指导缉私与人事装械处理等事宜。课以下于各主要场区设税警三区，以下为队，计第一区设黑井，配属四个队；第二区设白井，配属四个队；第三区设磨黑井，配属六个队。课设课长一，课之组织为人事、经理、缉务三股，各设股长一人，课内人员视事务需要，各设课员由四至六人。每区设区长、区佐各一人，书记一人。队设队长一人，分队长二人，书记一人，士警三十六名。三十年七月，税警区队奉令拨交财政部缉私处（后改缉私署）接收，改编为税警团。云南区税警各区队移交该团，比照陆军部队编制为税警第八团第三营。营之建制辖四个连，计步兵三个连，机枪一连。仍担任云南区盐务缉私护运护产等等工作，分驻迤西、迤南、滇中三区。抗战军兴以还，本省因地处后方，年来因人口迁移，地方日趋繁荣，而缉私任务也因而增繁，原有兵力不敷应付，嗣于三十二年冬，由缉私处增立税警第六团，由黔移住本省，并将黔区之该团第二营拨交税八团，改属税八团第三营，以原驻滇区之税警第八团第三营，改属该团为第二营。该团到本区后，仍分驻各场局，担任全区缉私护运护产任务。迨三十三年四月，缉私署以税警经费预算不敷，奉财政部令缩编驻防本省之税警第六团部队以节开支后，其直属各连及第一、二营，奉部令拨交本省改编为场警十八个队，分布于迤西、迤南、滇中各产盐场区及昆明、蒙自、保山、昭通等销区，专任盐务、保产、缉私、护运、警卫等工作。其组织方面，在管理局设警务科，各主要场署设警务课，主办全区警务一切事宜。科之组织为警政、管理、经理三股，科设科长一人，警务督察一至三人，股设股长一人，股以下视事务之需要，各设警务员四至六人。场课之组织视事务之需要，各设警务员三至四人，配属各场署，主办警务一切事宜。队部官佐员额仍照税警区队编制，每队队长一员，副队长二员，书记一员，士警四十八名。滇中配属四队，迤西五队，迤南四队，昭通一队，安宁二队，昆明二队。凡配属各分局场署达一队者，设警务员一员，配属该分局场署，办理警务一切事宜，不足一队者，不设警务员。同年九月，奉令拨交三个队，由贵州盐务管理局接收后，本区实有场警十五个队，设滇中、迤西、迤南各驻四队，昆明、昭通、安宁各一队（包括分驻蒙自分局一个分队，曲靖一个分队）仍担任上述等任务。三十四年四月，缉私署裁撤，配驻滇省之税警独立第四营同时编遣，其所属税警第一连仍拨由本局接收，增编为四个队，连同原有之场警十五个队，共为十九个队。添编之警就各区警力单薄处，经于昆明、昭通、蒙自、迤西等场局各增驻场警一队，以厚实力。而场警名义，现奉部令，饬于三十四年六月一日起，一律改称盐警。又盐警队复奉令饬自八月一日起，改称盐警区队，副队长改称分队长。以上所述，为自民国三年初起，至三十四年八月止之本省盐务缉私机构之概况也。云南盐署民国二十年改编各场缉私队为场警局，均仍分驻于各井场以查缉场私。至所属第一第二缉私大队防地之分配，另有规定，兹列叙如次：

第一缉私大队防地分配如下：大队部驻防马关县，第一中队部及一、二两小队驻防马关县，第一中队第三小队驻防八寨，第二中队及第四小队驻防麻栗坡，第二中队第五小队驻防攀枝花，第二中队第六小队驻防豆豉甸，第三中队部及第七小队驻防仁和，第三中队第八小队驻防桥头，第三中队第九小队驻防白果。

第二缉私大队防地分配如下：大队部驻防腾冲县，第一中队部驻防南甸，第一小队驻防古永。

附：缉私队

滇省缉私设置，只有缉私大队、缉私营、缉私队排，并无场警商巡名目。至黑井区内，虽于缉队之外，另设有保井队，但职责专在保卫井场，疏通运道，对于缉私任务，仍由缉私队负之。

其营队名称，计有：

开广缉私大队	腾龙缉私营
磨黑缉私营	元永井缉私队
黑井缉私队	阿陋井缉私队
琅井缉私排	白井缉私队
乔后井缉私队	云龙井缉私队
喇鸡井缉私队	阿墩子缉私队
磨黑井缉私队	香盐井缉私队
按板井缉私队	石膏井缉私队
益香井缉私排	

以上缉私大队、营、队、排，共设有一十七处。

保井队

黑井区系黑、元、永、阿、琅五井聚处为产盐财赋之区。民国七年，元永井被匪焚抢以后，黑、阿各井亦迭被股匪侵扰。背夫马脚时虞抢劫，国计民生妨害甚巨。爰呈准本省政府拨派陆军一连，驻井镇慑，兼保运道，名曰盐兴独立连，常驻井地，运道较前通畅，井地亦渐安谧。惟独立连薪饷系由军费项下开支，统辖之权操于政府，遇有军事发生，辄将驻军调动。五井商灶人民，因军队开拨即惶恐不安，恳祈设法保卫，运署为维持治安、疏通运道起见，复经呈请将独立连改为黑井常备保井队，归运署直接管辖，其薪饷、服装、经费均由盐税项下开支，俾井场常有驻军保卫，商灶人民得以安居乐业。嗣奉省政府核准，即于十三年五月一日起，将营队改编成立。惟保井队薪饷因函商分所转呈总所之故，至是年九月一日始由分所照数拨支。此黑井区常备保井队设置之缘起也。至民国十六年，本省发生政变，军事烦兴，匪徒乘机滋扰。五井商灶人民，以驻井营队兵力较单，不足以资防卫，迭请添派军队，用厚实力。复将原设营队，另行改编为保井团，其薪饷服装经费，除由盐税项下照案拨领保井队原定军费外，不敷之数，均由所收军饷项下补充。至十八年二月，军事底定，奉省政府令，将保井团取消，仍改归设置常备保井队以符原案。嗣于十九年七月，遵照部颁《组设场警办法大纲》将各井缉私队、排改组场警局，保井队亦照案改编为黑井区场警大队及白井区场警大队。并遵照颁发《缉私队编制纲要》，将开广、腾龙缉私营改编第一、第二缉私大队，磨黑缉私营改编为缉私第一中队，旋改为特务中队，阿墩缉私队改编为缉私特务队。至各场所属缉私队改组场警局，长警名额不过增减一二名。又开广缉私大队改称云南缉私第一大队，人数毫无增减。惟白、乔、云、喇四场保井队改编为白井区场警大队。腾龙、磨黑两缉私营分别改编为第二大队及特务中队。阿墩队改为特务小队，名额各有增减、汰留及招募编足，于二十年五月一日实行改编成立。

防地分配

查禁绝外私，畅销官盐，固以整顿边岸缉私为主。惟本省之开广、腾龙、磨黑、阿墩，或毗连缅甸，或接壤越南，又或密迩川、藏，袤延数千里，区域至为辽阔，以言整理，尤以分防巡缉为当务之急。在昔缉私营尚未改编为队以前，均属兵不满百，器械苦窳，责以缉禁外私，实觉力有未能。盖壤地如是之广，兵力如是之单，何能分防周密，从事查缉。故于十八年先后将各缉私营、队改编为缉私大队，或缉私特务队，扩充兵额，增加缉力。并规定各队驻防地点，以期择要防缉外私，推销官盐，庶于国库民食两有利赖，边岸盐务可望日臻上理。

云南税警组织及配布

云南区税警，均依照部颁章则编制，全境分划三区，与井场分划相同，以滇中区为第一区，迤西区为第二区，迤南区为第三区，区部均设于各该区盐场公署所在地，每区辖三队，每队辖三分队，其内容编制如次：

区部有区长一员，区佐一员，一等书记一员，二等书记二员，伙夫一名，下辖三队。

队部有队长一员，二等书记一员，下辖三分队。

分队有分队长一员，警士长一名，上等警士二名，警士八名，每队之第一分队长为队长兼任。

云南区税警，其在每一井场，有派驻一队者，有派驻二分队者，亦有仅派驻一分队者，全视该井场产盐之多寡、井硐灶房位置是否集中及从来缉私事务之繁简等而定。如一平浪等虽非井场，但为运盐之枢纽，故亦派驻税警，以便稽查。兹将其配布情形叙如次：

滇中区：元永场派驻第一队（区部驻元永井）。黑井场派驻第二队（队部驻此）。阿陋井派驻第三队之第八分队（队部驻此）。琅井派驻第三队之 × 分队（因离第三队部甚远，归第二队队长节制）。一平浪官仓派驻第三队之 × 分队。汪家坪井派驻第四队之 × 分队。

迤西区：白井场派驻第五队，区部驻大理县城内。乔后井派驻第六队及第一、二分队。弥沙井派驻第六队之第三分队。云龙井派驻第七队。天耳井派驻第七队之第二分队。诺邓井派驻第七队之第三分队。喇鸡井派驻第八队。

迤南区：磨黑井派驻第九队。按板井派驻第十队。香盐井派驻第十一队。益香井派驻第十二队。凤冈井派驻第十三队。石膏井派驻第十四队及二分队。勐野井派驻第十四队之三分队。

云南盐警区队编制及薪饷：

区队长，比照陆军上尉，名额一员，已等甲级一百元，乙级八十五元，丙级七十元。

分队长，比照陆军中（少）尉，名额二员，已等丁级六十元，戊级五十元，己级四十元。

书记，同陆军准尉，名额一员，庚等五级四十元，六级三十五元，七级三十元。

警长，比照陆军上、中士，名额上士一员、中士二员，辛等三级三十六元，四级三十四元。

副警长，比照陆军下士，名额三员，辛等五或六级三十二元。

警士，比照陆军上、一、二等兵，名额分别为上等兵六员、一等兵二十四员、二等兵六员，辛等七级或八级，薪饷分别为三十、二十八、二十六、二十四、二十二元不等。

伙夫，比照陆军上、一、二等兵，名额分别各为一员，辛等九或十级，薪饷分别为三十、二十八、二十六、二十四、二十二元不等。

合计每警区队编制共四十九人。

其他团队

滇区各井场大抵遍处山丛，交通阻滞，每遇地方不靖，时感不安，税警人数有限，未能任意扩充，因由管理局核准，或循向有规范，或令从新筹备，组成一种保井队或护井队之武装团队，协助税警维护井场地方之治安。所有训练事宜，均由驻在税警队长、分队长负责，主持之人员由地方公推，呈由管理局核委。兹将各井场团队设置列叙如下：

滇中区：黑井、元永井、阿陋井、安乐井、一平浪、琅井、汪家坪、安宁井。

迤西区：白盐井、乔后井、喇鸡井、云龙井、弥沙井。

迤南区：磨黑井、按板井、香盐井、益香井、凤冈井、石膏井、勐野井。

缉私官兵之考成

缉私队之职责在查禁私盐，以裕征销。每月缉获私盐与否，须填表具报。其所获私盐变价后以半数充公，半数充赏。若是月无私盐即于表内填无字。以法理言之，本应以私盐禁绝、无私盐为原则，但虑盐务职官、缉私官弁或失于觉查，或知情故纵，或缉捕不力，均于征销妨碍极巨，故《缉私官弁奖惩条例》，于贩私失查、知情故纵，或缉捕不力各明定惩戒办法，就中知情故纵或因而得财者，情节尤重，故对于此项罪名，惩处较为严重。无论盐务职官、缉私官弁，于所辖境内有结伙十人以上执持枪械而缉获不及半数，或不获首犯者，初次减俸，二次降等，三次记大过，四次褫职。其缉私未获而将私盐全数缉获，得免惩处。私盐犯有拒捕杀伤人行为，未能缉捕者，照前两项惩处外，仍勒限缉犯，限内能缉获半数兼获首犯者，准其开复褫职处分。又缉获之犯，纵令脱逃，或缉获之盐侵占入己，或妄捕好人诬为私犯，无论盐务职官、缉私官兵，均褫职依法治罪。

私盐之种类

云南各井场边岸私盐约有六种

一、场私。私盐来路，十有八九出自场地，盖因灶户、灶丁私煎私售，偷漏正税所致。为防遏走私计，各场署均设有督放矿卤员、管仓员，稽查各灶逐日煎制盐斤与交仓数目是否相符，并严订计卤督煎办法，考核所领矿卤应行煎出盐数与实在煎交盐数有无差异，又以缉私队排随时巡查缉拿，其管理法已不为不周矣。而多煎少报，暗中移屯，偷窃矿卤盐砂私自煎售，与夫无照盐及盐与照不符等弊，匪惟不能禁遏，且复所在多有者，良由场署员司每多受贿串弊不能认真管理，而缉私官兵常有包庇放纵不能恪尽职责故也。以民国十年以前之产额销数而论，全省人民每年食量约需七千万斤以上，而十五年以至十八年则产量销数均较前锐减，岂果吾民多淡食耶，实则纸币低落，物价腾贵，盐官缉队之薪饷，与夫各井灶户之薪本，均不足供给生活费用，致作奸犯科之事日渐增多，而偷漏正税之盐几占全年产额十分之三，良可慨也。近年以来，当局于盐务职官、查缉官兵之薪饷及各井灶户之薪本暨灶工硐费，分别量予加给，盖亦欲正本清源，以期逐渐减少场私之一道也。

二、商私。商人贩卖之私盐，在各井场者，概系向灶户偷买而来，其零星小贩，则在附井各属私卖，盐数较巨者，则运至销岸私卖。官盐与私盐虽与有无运照毛印之分别，然各场贩卖之私盐，大都私制毛印，蒙混运出井场，一经出井，即不易于辨别。私盐充斥，税收短绌，实由商人贩卖所致。至开广边岸之交私，腾龙边岸之缅私，均由各边地商民潜往越南、缅甸私自购运入境冲销，若缉私官兵认真查缉，虽云区域辽阔，防不胜防，然亦不至明目张胆，到处充斥。乃因距省太远之故，大都暗收规费，纵之入口，商人唯利是图，固不足怪，惟缉私营队之官兵及与有地方责者，亦多贪图私利，置国际条约于不顾，国计民生两受其害，殊可恨也。

三、官私。各井场边岸之灶私、商私，多由不肖官兵暗中收费串弊纵放，已于场私商私节内连类述及，此外如军人运私护私，滇省尚无此弊也。

四、贩私。内边井岸贩运私盐之商民，大多以数百斤者为多，并无大帮枭私也。至零星小贩，多系附近各场之贫苦小民，每日购买私盐二三十斤或四五十斤，偷送出境，暗中与商人或运输盐斤之马脚，多则得利五六元，少者得利二三元，以作生活费用。此辈零星小贩，均系本境无业游民，每次偷带之盐为数不多，查缉殊不易，且常与缉兵勾通，官长亦不易查觉。又各场贩运私盐者多系运盐马脚，其贩运之法，每将私盐敲碎夹于盐驮之中或随身携带，人但见所驮之盐均已盖有毛印，并有配盐运照，而不知夹运私盐所在皆有，查缉不易，此亦一端。况常川驮运之马脚多与缉兵熟识，彼既夹运私盐，自种种方法以达其贩运之目的也。

五、邻私。东川、昭通各属，毗连川境，向销川盐，开化广南各属多食粤盐，虽入境行销之川粤盐、阿墩子之砂盐均经设局征收盐税，然偷运避税之邻私，在所不免。

六、外私。外国运入滇境之私盐，在开广边岸者为交私，在腾龙边岸者为缅私，虽经设种种方法以抵制之，置缉私营队以查缉之，究因外私税轻价廉而充斥如故，实亦缉兵额少，不敷分配，贩私商人悯不畏法，利之所在，趋之若鹜。贩私者既百出偷运手段以图达其牟利目的，缉私兵亦贪得非法利益而不顾职责考成，致腾龙边岸之盐务公司，因受边私影响，常有滞销之虞，而开广边岸几成交盐销场也。

查缉

查缉私盐之手续，以煎制时最关紧要。于放矿放卤之时即登记其放矿放卤数量，灶户领矿卤煎盐，则由查灶员随时稽查，于查灶簿内记载其煎制数目。俟灶户煎出交仓，即照计卤督煎办法，按其所领矿卤与煎交盐数比对，如无差异，或差异无几，则置而不议；倘相差过巨，则一面查其短少原因，一面勒令罚赔税款。已经计数存灶盐平，如查有短少，即以私论。此稽查煎盐手续矣。至私贩偷运，则于出境要道，严行查验有无运照及盐块上有无毛印，如背脚马脚未持有场署运照，如有运照而盐块上未盖毛印，则所运之盐即系私贩。又边岸查缉官兵，系择入口要道，分别驻扎，凡遇外私入境，一经查获，即解送究办。此即查缉私贩之手续也。

审理

查缉营队缉获人犯，先由盐务机关审讯后，始移送该管司法官署或兼理司法之县知事审理之。惟私盐在四十斤以下、情节较轻者，准由该管盐官，按照违警罪酌予处罚，以免解送之烦。

处分

处治私盐人犯，除遵照公布之《私盐治罪法》《缉私条例》及先后奉到各种法令，按其盐数多寡，情节轻重，分别处治外，惟因《缉私条例》第八条载："凡从前关于缉私各项章程规定与本条不相抵触者，仍继续有效”等语，当查滇省处理灶私外私两项，向有特定办法为条例所无，经呈奉核定，准予继续实行，历经遵照办理。兹特附列于后。处理灶私办法，凡经人盐并获者，向系不问盐之多寡，除将案犯交由地方官署讯明，分别私制、私贩、纠众、窝藏各罪，照律科断外，并究明私盐来历，将偷卖私盐之灶户查封，灶产及卤丁或矿份，分别罚赎变抵。其有盐数较多、情节较重者，并应革除灶籍，驱逐出境，不准再营制盐事业，所获私盐及其附同各物，则照市变价，各按五成分别给赏充公。此项向行办法，较之部颁法令虽不免稍重，然为杜绝私盐计，非此不足以昭惩儆，故自继续实行以来，滇省盐井零星散漫，虽未能完全禁绝，而灶私究不甚盛行者，未始非此项法令之效。此滇省向来处治灶私之办法也。凡缉获交缅外私，如人盐并获者，将私犯交该管地方官讯明详惩，若私犯非中国人，则交其主国官厅审讯。私盐悉解盐局验明过秤，先行垫付赏款，按照人盐并获者，每百斤赏银七元，获盐而不获人者，每百斤赏银四元。获有载盐之船只骡马，一并照约全行入官，如数变价，仍以一半充公，一半给赏。其余交盐局之私盐，即由局照井盐式样，另行改煎，尽数变价，除归还垫赏款及驮解私盐脚费外，全数作正款报解收入盐款。如私盐变价不敷赏款，得由盐款内拨支，此滇省向来处治外私之办法也。

缉私之奖惩

查缉私营队之设置，原为查缉私盐，查缉私盐即为缉私官兵之专责。缉私官兵既有额定薪饷，而缉私盐变价以后，复得提成充赏，其鼓励之方已属周至，身任缉私职务者，当能恪尽职责，认真查缉，用博名义上之荣誉，而冀实质上之赏款矣。惟国家设官分职，原期治具毕全，故任何设施均须制订一种奖惩办法，以激浊扬清，俾各知奋勉从事。缉私官兵奖惩办法，前于民国三年内制定《缉私官兵奖励惩戒条例》公布施行。盐为人人所必需，凡通都大邑，穷乡僻壤，均为销盐之地，私犯冲销，在所难免，缉私营队驻扎各井场或各边岸查缉，势难周至，非各县地方官协助查缉，不足以裕税收而遏私盐。而各县地方官对于贩运私盐，认为非职责内事，大都漠视不理，其不肖者更涎视场官，非法干与，以致私盐日多，正税日减，于国家收入影响非浅。财政部有鉴于此，特于民国三年内制定《地方官协助盐务奖励惩戒条例》，通行各县，作为县知事之一种考成，每年由盐务主管机关严加考核，按照条例所列事项，分别奖惩，以资激励而昭儆戒。私盐暨充公物件变卖价款，将办理本案一切费用提出后，所余净款以一半拨归盐款项下，一半充赏款，其余净数若不及十元者，即全数拨充赏款，若有报信之人，则应提二成赏之，此旧时之提赏办法也。十八年奉到另定《私盐充公充赏办法暨处置方法》，凡充公物之变价，除私盐变价及罚款不敷费用时，应尽先拨足外，其余数在二百元以下者，全数拨充赏款，在二百元以上、五百元以下者，以八成拨充赏款，五百元以上、一千元以下者，以六成拨充赏款，一千元以上、二千元以下者，以四成拨充赏款，二千元以上、五千元以下者，以三成拨充赏款，五千元以上者，概以二成拨充赏款。其由盐务官员、场警所获案件，其赏款应以六成发给缉获人员，二成发给缉获人员之主管机关，按官员薪（夫役不在内）比例分给，以二成给报信人。但报信人有特殊情形者，得酌量数目，先提余数，按八成分配，以六成给缉获人员，二成发给主管机关。如无报信人则缉获人员应得赏金全数之八成，主管机关得二成，若经地方军警或官员协助而缉获之案件，应以赏款五成发给缉获人员，以五成赏协助人员。至由地方军警或官员独力缉获之案件，应以赏款全数发给缉获人员。又私盐暨充公物件变价即罚款，如提出税款外不敷开支，认为必须赏时，可特案呈准财政部盐务署，由盐税收入项下拨发。

附：部颁私盐治罪法

第一条　凡未经盐务署之特许，而制造、贩运、售卖，或意图贩运而收藏者，为私盐。

第二条　犯私盐罪者，依下列处断：

一、不及三百斤者，处五等有期徒刑或拘役。

二、三百斤以上者，处三等或四等有期徒刑。

三、三千斤以上者，处二等、三等有期徒刑。

四、携有枪械、意图拒捕者，加本刑一等。

第三条　犯私盐罪，结伙十人以上，杀人、伤害人致死及笃疾或废疾者，处死刑；伤害人未及死及笃疾者，处无期徒刑或一等有期徒刑。

结伙不及十人，伤害人致死及笃疾或废疾者，处死刑或无期徒刑；伤害人未致死或笃疾者，处无期徒刑或二等以上有期徒刑。

第四条　犯前条之罪，应处死刑者，得用枪毙。

第五条　第三条之未遂犯，罪之。

第六条　知系私盐，而搬运、受寄、收买或为牙保者，减第二条之刑一等或二等。

第七条　盐务官员，缉私场警兵役，自犯私盐罪或与犯人同谋者，加第二条之刑一等；其知有人犯第一条情事，而不予以相当之处分者，与犯人同罪。

因犯前二项之罪而获利者，并科所得价额二倍以下、价额以上之罚金。若二倍之数不及一百元，科一百元以下、价额以上之罚金。

第八条　犯第三条之罪者，褫夺公权，其余亦得褫夺之。

第九条　犯私盐之罪者，所有之盐及供犯罪所用之物，没收之。

第十条　本法自公布日施行。

制盐特许条例第十一条之规定，于本施行日废止。

附：部颁缉私条例

第一条　凡未经盐务之特许而制造、贩运、售卖或意图贩运而收藏者，由缉私营队查缉之，地方官有应负协缉之责。其经盐务署特许而制造、贩运、售卖不如法者，由盐场或掣验榷运官吏查禁，但遇有重要情形，必须营队协助者，经该官吏之商调或盐运使之调遣，缉私营队应协助之。

第二条　缉私营队缉捕前条第一项人犯，须人盐同获，获盐不获人者，仅就现获之盐没收之。

第三条　缉私营队于执行职务时，遇有结伙执持枪械拒捕者，得格杀之。

第四条　缉私营队缉获人犯，应移送该管司法官署，或兼理司法事务之县知事审理。

第五条　缉私营队缉获私盐，应解送就近盐务官署，或改由司法宫署及县知事转解盐务官署，没收变价，除提成充赏外，归入盐务项下，报解充公。其充赏由盐务署定之。

第六条　本条例第二、第三、第四各条，于盐场巡警及商雇巡役，经官署许可者，得适用之。

第七条　本条例自公布日施行。

第八条　本条例施行后，凡从前关于缉私各项章程规则与本条例不相抵触者，仍继续有效。

附：部颁海关缉私充赏办法

一、私盐案件经海关人员查获后，应将赃犯及犯私盐罪所用物件，解送就近盐务机关处置。其查获人员之奖赏，应按海关担数每担合一百三十二磅并一磅三分之一，在一百担以下者，每担给予奖金一元二角五分，在一百担以上、五百担以下者，每担给予奖金一元三角七分五厘；五百担以上、一千担以下者，每担给予奖金一元五角，一千担以上者，每担给予奖金一元六角二分五厘。

二、奖金应于盐斤解到后，由盐务机关如数交付海关查收。

三、奖金在盐税收入项下，以预支垫款名义开支。

四、私盐及物件充公变卖后，其售价除扣去自私盐物件解到盐务机关后所用之正当费用外，余数拨入盐税收入项下，如拨之数不敷抵还奖金之数，在盐税收入帐内开支。

职官

概述

滇省盐务，初归实业司管理。至三年，因实业司经理不便，于民政长署内附设盐政处，直隶于民政长。未几盐务署电令设置盐运使署，并将三区督煎督销总局改为场务总局，各设局长一员，督煎督销局改为场务分局，各置场长一员。四年，取消场长局长名称，一律改为场知事、分场委员。延至五年九月一日，于黑井、元永井、阿陋井、白井、乔后井、云龙井、喇鸡井、磨黑井、香盐井、按板井等十处，各设场务公署，于安宁井、丽江井、益香井、石膏井、抱母井、琅井等六处各设分场署。嗣以安宁、丽江、抱母三井，产额减少，税收日绌，先于六年内将丽江分场署裁撤，改由灶户认额包办，至十六年内复收回归官试办，仍设分场署，拭办期满，以煎销两绌，十七年底复将分场署裁撤，由灶户承包。并于十六年内，先后将安宁、抱母分场署裁撤，仍招商认额包办。黑井场属之绥裕两子井，曾于十年内，就绥裕井设分场署，置委员一员，嗣以盐劣味涩，产额无多，未几仍呈准封闭，裁撤分场署。白井区属之中甸、维西、阿墩子，原系行销井盐，由维西通判征收盐税。嗣以距井遥远，改食川藏砂盐，清末时由阿墩子弹压委员征收进关盐厘，民国初年设置盐厘局，五年设置盐务局，置委员一员兼缉私事务。磨黑区属之磨歇、勐野两井，矿卤甚旺，清代以地远瘴烈，封闭未开，民国因土民时有私煎，查禁不易，且毗连越南，私盐充销，乃于磨歇勐野两处，各设煎销局，置委员一员，隶磨黑场署，嗣以瘴烈税绌，于八九年间先后将磨歇勐野两处煎销局裁撤，改为招商认额承办。恩耕井原由镇沅直隶同知兼管，清末封闭，民国初准予开放，以产额少由地方绅商包办，六年以后产额递增，乃于八年收回官办，隶属按板场署，设会计一员，管卤兼查灶一员，以经理之，嗣产额复减，仍招商认额包办。景东井原由景东直隶同知兼管，清光绪十三年封禁，民国五六年间，抱、按两井槽硐坍塌，煎不敷销，准予开放，初由地方绅商承办，办理不善，收回官办，七年设煎销局，置委员一员，嗣以产额无多，仍改由商人认额包办。磨铺井于民国十年七月设立分场，置委员一员，旋于十二年间仍招商包办。迤东巧家县属汪家坪井，清末历由商人认额包办，民国初年招商承办，嗣以产额日增，于七年收回官办，设煎销局，置委员一员，复以产盐无多，于十一年间改由商人包办。盐井渡井于民国六年由官开办，置委员一员，未见成效，旋废。开广腾龙四边岸，清末官运官销，民国初年各设分销局，各置委员一员，边地分设子局，转运地点设转运局，均各置委员一员，嗣改由商人组织公司认额运销。开广两岸于六年三月就芷村、阿迷各设掣验局，置委员一员。腾龙两岸于七年一月就腾越龙陵县治设掣验局，各置委员一员。十年，广南盐务公司归并开化公司，取消阿迷掣验局，未几开化盐务公司停办，取消芷村掣验局。黔西边岸，向销川盐，民国四年以后，因川盐不济，黔绅呈请认销黑井区盐。六年五月，黔西盐务公司成立，于罗平县属之板桥，平彝县属之黄泥河各设掣验局，置委员一员。十五年因黑井区产额锐减，本省销岸尚有煎不济销之势，乃取消黔西边岸销额，裁撤板桥、黄泥河掣验局。十七年内因黑井产额日减，不能济销，开广边岸，外私浸灌，防不胜防，乃将开广边岸旧时之区域文山、靖边、马关、西畴、广南、富州、河口、麻栗坡并个旧蒙自两县，划为边岸区域。每年运销磨黑盐二百五十万斤，借销粤盐海盐共五百五十万斤，于碧色寨设盐务局，专司运销磨黑盐征榷事宜。麻栗坡广南两处，设立盐务局，剥隘设盐务分局，专司借销海粤盐征榷验放事宜。又于麻栗坡、广南所属之桥头、船头、仁和、田蓬地方，各设盐运委员，专司商人报运事宜，以一年为期，作为试办，嗣因试办期满，迄无成绩，遵奉部令将借海粤之盐务局兼运销委员一律取消，改为招商包办。民国十七年九月，所有三区各场场知事均改称场长，于职掌并无变更。二十年中央颁布《新盐法》。二十一年二月将琅井改为包办。三十三年五月以后将包办之弥沙、琅井、凤冈、勐野、汪家坪改设场务所。二十六年改定全国盐务组织系统，中央设盐务总局，直隶于财政部，各省盐运使署及稽核分所一律裁撤，每省设一盐务管理局。惟云南与河东两运使署于二十六年九月、始奉国民政府及盐务总局正式裁撤之令，而云南又以盐税拨充协款及办理统制运销，与本省财政关系重大，呈经省府商准财政部，于二十七年五月底裁撤移交由稽核分所改组之云南盐务管理局，所有滇区盐政遂为统辖。运署所属各井场盐务机关同时撤销改组，设置场务所，并于原日黑、白、磨三区各设场公署，依其区域分辖各井场。二十八年，以三区场名仅用当地所辖一井之名名之，易滋混淆，因就各该区位置改黑井为滇中场，白井为迤西场，磨井为迤南场，其尚未设官管理之包课井，并经择其产额较丰者陆续收回官办。

铨用

民国初元，其任用盐官之标准，以熟悉盐务富有学识经验者为合格。三年，盐务署颁发保荐场长规则，以（一）曾在中学校以上毕业或与中学校相等程度毕业者；（二）曾任盐务官吏满两年以上著有成绩者；（三）曾任财政赋税官吏满三年以上著有成绩者；（四）前清之举贡生员以上、于盐务素有研究或著有盐务书者，合于保荐资格。但虽具有上列各项资格，曾犯刑事处分或惩戒处分者，现为场商或运商者，吸食鸦片者，均不得保荐。四年，盐务署颁发《场知事任用暂行条例》，非依条例规定，不得荐请任命。其规定资格：（一）在本国或外国大学或专门学校修法律、政治、经济之学三年以上，得有文凭，并确有盐务学识或试验者；（二）在本国或外国专门以上学校或本国讲习所修法律、政治、经济之学一年半，得有证明书，并曾办盐务行政满三年以上者；（三）曾任盐大使以上官职或州县以上官职满三年以上、办理盐务有成绩者；（四）曾有盐大使州县以上官职相当之资格、历办盐务行政满三年以上确有成绩者；（五）现任场长或其他办理盐务行政人员，经盐运使认为有盐务学识或经验者。但虽具有上列五项资格，曾受褫夺公权处分尚未复权或褫职处分未满二年者，品行不端曾受商民控诉查明属实者，亏欠公款尚未缴清者，侵蚀公款者，年未满三十岁以上者，年力衰弱不堪任事者，均不得保荐。盐运使萧堃，遵照条例，拣选资格相符、堪胜场知事人员十四员，专案保荐，并附送公文证书等项，呈请考核，经盐务署咨行内务部，转送知事试验委员会，按照《场知事任用暂行条例》，汇案审查，所保人员均与条例相符合，具文详送，听候考讯。嗣将赴京投考之李宗彝、岳森，呈请免试之唐巘、罗仲素、刘虞、谢之翰分发云南以场知事任用。未几护国军兴，滇省自主，保荐分发两项遂即停止。自五年以还，既未举行考试，亦未调用他省人员，先后任用之场知事，惟以存记者为标准。其存记办法：由各机关择其熟悉盐务或办事多年著有成绩人员，咨送运署审查合格，即行注册存记，酌予任用，其任期之久暂视办事成绩若何以为去留。二十年间，运使张冲以场长为各场盐政长官，负有执行盐务法令之责，为盐务行政系统上之干部，品性良否，学识优劣，均关系国计民生。往者本省任用场长，并无一定标准。根据云南盐政改革方案，将本省选用场长办法改为场长考试训练，举行第一届考试。参照中央法令，斟酌本省情况，拟具《云南场长考试暂行章程》十九条，并根据该章程第五第六两条之规定，拟具《典试委员会组织规则》《资格审查委员会组织规则》，呈奉省政府核准公布施行。由省府委派周钟岳、袁丕佑、龚自知、华秀升、张冲等五员为场长考试典试委员会委员，典试委员长由省政府主席龙云兼任，并委派喻宗泽、缪尔纾、邹世俊、傅绥德、王用中、杨天理等六员为襄试委员，唐正东、龙文汉、朱道尊、陈毓华等四员为监试委员，分别担任典试襄试监试事务。又派张运使兼任资格审查委员会委员长，王用中兼任副委员长，何秉智等十一员兼任委员，办理审查资格事务。并由运署委派戴绍祖为典试委员会事务处处长，从事筹备。报考人员共二百八十四名，当照详细严格审查，除资格不合者不录外，复举行体格检查，合格者共二百二十一名；于十月十五日举行第一试笔试，取录一百二十二名；次日举行第二试笔试，取录七十名；嗣继续举行第三试口试，由委员长亲临复试，共取定三十二名。考试既毕，照章实施训练，就运署附设场长训练所训练之。科目极为充分，举凡为盐官应具之学识，公务人员应具之知识，一并讲授。历时三月，训练期满，二十一年二月举行毕业考试，计取定甲等吴从周、王树华、杨熔、曹起麟、薛锟、杨瑄、李实、孙铮、方际熙、曾昭德、钱鸿焘、李守谦、符继曾、苏玉麟、段耀新、周武、郑锡昌、郭之翰、徐培基、王锡光、李苍、张炳翼、王澄等二十三名。乙等褚成藻、李郁文、梁继先、段箴、周之彦、杨联芳、张汉勋、张照川等八名。丙等汤源新一名。

官规

盐务上关国课，下系民食，较行政征收各官，职责尤重。盐官贪劣不法，固与国计民生大有妨碍，而泄沓不尽其职，亦于煎销民食影响匪浅，故盐务职官之规箴，亦以廉节勤奋为唯一策励之方。盐务职官之职责，在于整理场产，使场制丰旺，税收增多，人民不至淡食，价值常趋平减。其督责盐务职官，订立规条八项，随时督责各盐务职官一律遵守。其任事尽职者，有成绩者，按其事实分别记功升秩，奖叙有差；其奉行不力，贪劣渎职者，亦按其品节之轻重，酌予申诫、记过、撤任，并有于撤任之后，交付惩戒者。

附：官规八条

一曰力行勤俭，恪尽职务。一曰提旧开新，增进产制。一曰疏通运道，推广销额。一曰严厉缉私，杜塞偷漏。一曰革除积弊，不准营私。一曰注重造林，预储柴薪。一曰敦品厉行，勿染嗜好。一曰恪遵功令，力图治理。

考成

盐为日用必需之品，上关国课，下系民生，故盐务官员以督励煎销为应尽之责。清例无故堕煎或行盐无术，按其数目多寡分别提参，并勒限令官赔课款，灶追薪本；而督销不力致有引欠，则自盐法道以至行盐州县。亦停职追赔，降革有差；此所以重盐法也。民初各场销盐数目，亦经分别厘订，严饬照额分销。三年以后，遵奉盐务署颁行《销盐考成条例》，令各场一律遵办。其考成方法系先订销盐总额，再以平淡旺月份，作为比较，分别奖惩。溢额一成以上者，由盐务署呈请进官或加秩，但溢销须按年额统计，在任不及一年者勿庸给奖。短销不及一成者申诫，一成以上者减俸，二成以上者降等，三成以上者褫职。但短销系因天时人事、特别灾变所致者，经盐务署查明事实，呈请大总统核夺，得酌减处分或免除之。盐官考成固亦綦严，惟是国事不宁，中央与地方之关系时合时离，盐政长官之奖惩迄未贯彻实行。有应进等而不进者，其他奖惩类是，而其权反时时旁落于地方，其长官既无所鼓励，则于所属之考成亦不免积久生玩矣。十七年署运使马骢，对于属下考成，明定奖励方法：（一）以规定每月份煎销额为准，分为十成，其煎销数目，日增加至一成者记功，一成以上至二成者记大功一次，二成以上至三成者记大功二次，三成以上者特别奖给。（二）以三月统计其煎销数，增至一成者，奖给一个月薪俸，一成以上至二成者，奖给二个月薪俸，二成以上至三成者，奖给三个月薪俸，三成以上者留任。其惩罚法：（一）以规定每月份煎销数为准，分为十成，亏短在五分以内不及一成者，从宽免议，一成以上未满二成者记过一次，二成以上未满三成者记大过一次，罚半月薪俸，三成以上者记大过二次，罚一月薪俸。（二）以三个月统计，若挈长补短，能顾足定额或不足一成者免议，一成以上者记大过一次，罚一月薪俸，二成以上者记大过二次，罚二个月薪俸，三成以上者撤任。如因天时地利人事，时出灾害，挽救无术，即应予发生事故时，详叙事由呈报，作为特案办理。

盐运使署

云南盐运使署，自民国三年四月成立后，设总务、榷运、场产三科，科分机要、编纂、会计、庶务、收发、榷算、运销、票照、井灶、测验、缉私十一课，各设课长一员，并设校对监印二员，雇员十二员。嗣以欧战发生，厉行减政，盐务署令改设总务室，置秘书一员，英文秘书一员，场产、运销两科，置科长一员，一等科员二员，余设一、二、三、四等雇员。后以裁减过多，不敷办公，经呈准添设二、三等科员各一员。复因中央减政裁人，遂将云南盐运使定为三等，设中、英文秘书各一人，原设总务室及场运二科并为一科，设科长一人，置一、二等科员各三人，三等科员五人。至十八年国民政府制定《盐运使公署章程》九条，公布施行后，遂遵照改组，并参照《财政部直辖各机关组织通则》办理，于盐运使下设秘书一员，总务、场产、运销三课，各置课长一员。总务课置一等科员二员，二等科员二员，三等科员六员。场产、运销两课，各设一等科员二员，二等科员二员，三等科员三员，办事员五员，雇员十六员。

场署及分场署

民国成立，各井设置迭有变更。四年一月盐务署令饬取消各局场长名称，改为场知事，直隶运署，定为荐任官职，适云南护国军兴，暂缓置办，至五年九月一日始照实行。

元永井一等场署，设场知事一员，安宁分场委员一员，课员一员，一、二、三等雇员十八员，丁役十六人。十五年十二月废安宁分场，添设雇员二员。十九年改场知事为场长，设佐理员三员，事务员五员，雇员九员，丁役十二名。

黑井二等场，设场知事一员，琅井分场委员一员，课员一员，一、二、三等雇员二十员，丁役十四名。十四年开办新山下井，添设会计员一员，一、二、三等雇员各一员，丁役三名。十九年改场知事为场长，设佐理员四员，事务员四员，雇员十三员，丁役十三名。

阿陋井三等场，设场知事一员，一、二、三等雇员六员，丁役九名。十二年十二月添设三等雇员四员，丁役二名。十九年改场知事为场长，设佐理员二员，事务员二员，雇员六员，丁役十一名。

白井二等场，设场知事一员，课员一员，一、二、三等雇员十五员，丁役十名。十九年改场知事为场长，设佐理员三员，事务员三员，雇员十员，丁役十名。

乔后井二等场，设场知事一员，课员一员，一、二、三等雇员十员，丁役十名。十九年改为一等场，场知事为场长，设佐理员三员，事务员四员，雇员三员，丁役九名。

喇井三等场，设场知事一员，丽江分场委员一员，一、二、三等雇员十四员，丁役十一名。六年九月废丽江分场。十九年改场知事为场长，设佐理员二员，事务员二员，雇员五员，丁役七名。

云龙井三等场，设场知事一员，一、二、三等雇员八员，丁役八名。九年添设二、三等雇员各一员，丁役三名。十九年改场知事为场长，设佐理员二员，事务员三员，雇员七员，丁役十一名。

磨黑井一等场，设场知事一员，石膏分场委员一员，课员一员，一、二、三等雇员十六员，丁役十四名。十四年添设一等雇员一员，十九年改场知事为场长，设佐理员五员，事务员四员，雇员四员，丁役十三名。

按板井二等场，设场知事一员，抱母分场委员一员，课员一员，一、二、三等雇员十二员，丁役十名。十九年改场知事为场长，设佐理员三员，事务员三员，雇员四员，丁役七名。

香盐井三等场，设场知事一员，益香分场委员一员，一、二、三等雇员八员，丁役八名。十二年添设雇员二员，十九年改场知事为场长，设佐理员一员，事务员一员，雇员四员，丁役五名。

琅井分场隶黑井，设委员一员，一、二、三等雇员三员，丁役四名。十三年添设二、三等雇员二员。十九年改委员为分场长，设佐理员一员，事务员二员，雇员二员，丁役四名。二十一年改为包办。二十三年与弥沙、凤冈、勐野、汪家坪四井复设为场务所，各设主任一员，事务员一员，雇员二员，丁役二名。

石膏分场隶磨黑井，设委员一员，会计员一员，一、二、三等雇员五员，丁役四名。十三年裁三等雇员一员，十九年改委员为分场长，设佐理员一员，事务员一员，雇员三员，丁役四名。

益香分场隶香盐井，设委员一员，一、二、三等雇员四员，丁役三名。十四年裁二等雇员一员，丁役一名。十九年改委员为分场长，设佐理员一员，事务员一员，雇员二员，丁役三名。阿墩盐务局，设委员一员，会计一员，司事四名，秤手一名，丁役三名。十九年改委员为局长，设会计员一员，事务员一员，雇员四员，秤手一名，丁役三名。

掣验正分各局

腾冲、龙陵掣验局，设委员各一员，雇员各一员，局丁各二名。南甸、陇川、芒市、遮放分局，各设委员一员，局丁各一名。十九年改腾冲、龙陵两局委员为局长，雇员为事务员，各添设局丁一名，改南甸、陇川、芒市、遮放四分局委员为分局长，局丁如故。

盐运使署之组织系统

盐运使署直隶于财政部盐务署，各井场务公署、缉私营、缉私大队、场警大队、盐务局、掣验局直隶于盐运使署，分场署直隶于该管场务公署，各井缉私队直隶于场务公署，缉私排直隶于分场署。至二十年以后，行政缉私迭有变迁，特将前后各系统图备列如下：

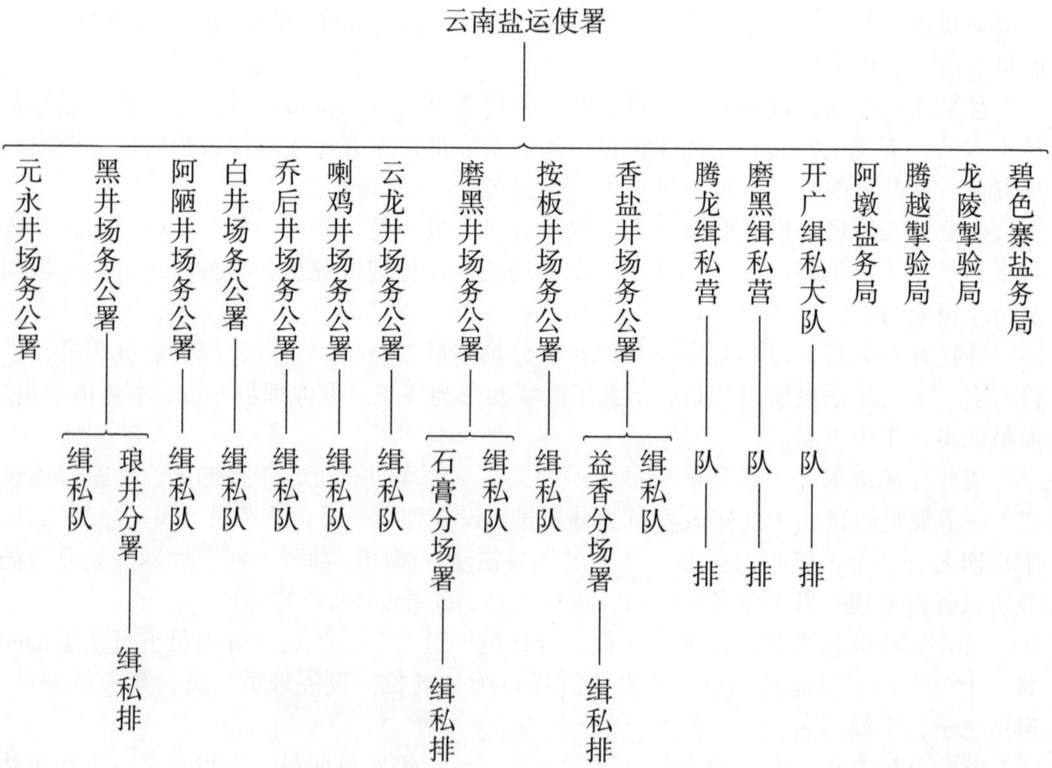

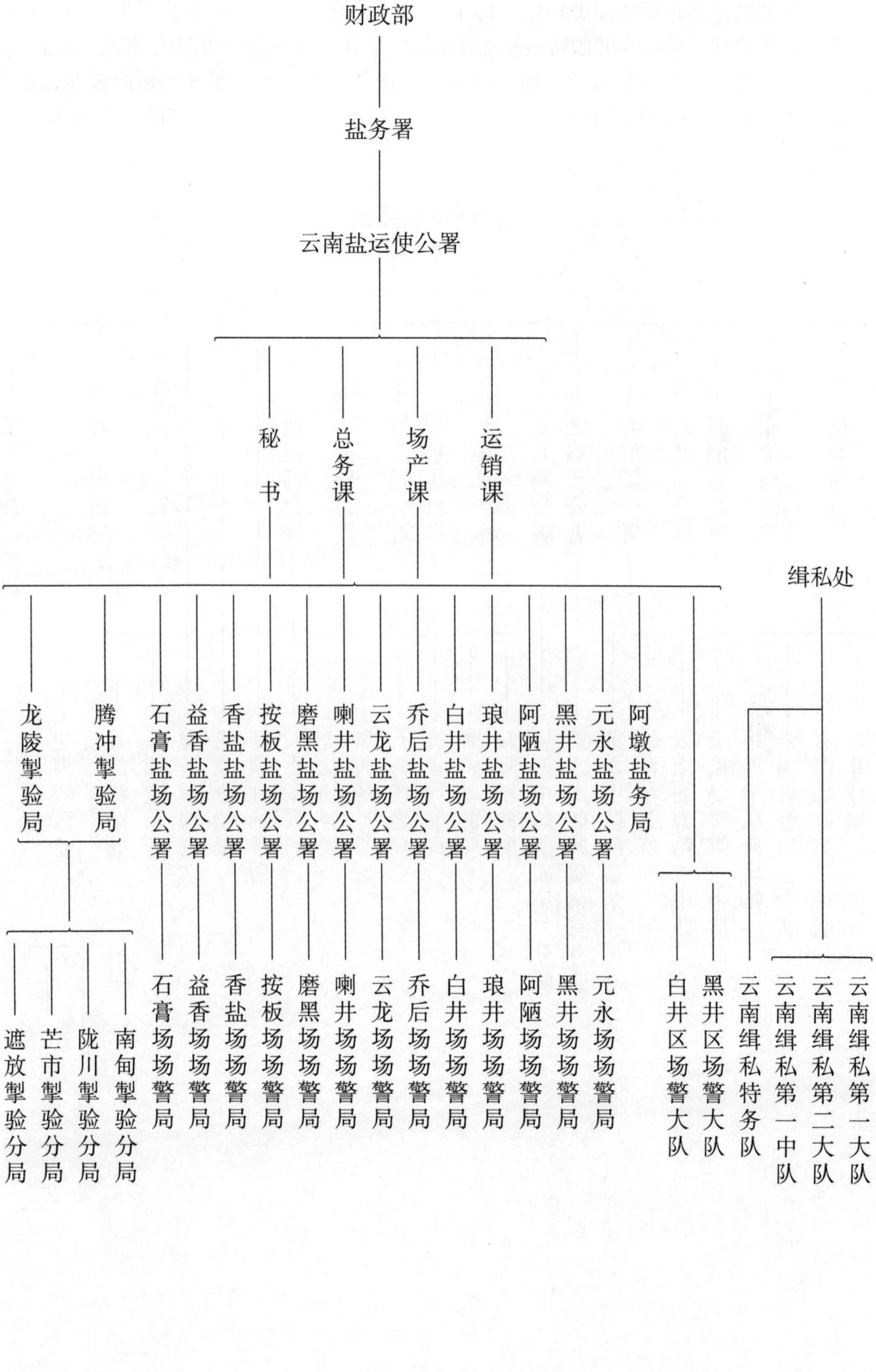
财政部
盐务署
云南盐运使公署
秘书
总务课
场产课
运销课
缉私处
龙陵掣验局
腾冲掣验局
石膏盐场公署
益香盐场公署
香盐盐场公署
按板盐场公署
磨黑盐场公署
喇井盐场公署
云龙盐场公署
乔后盐场公署
白井盐场公署
琅井盐场公署
阿陋盐场公署
黑井盐场公署
元永盐场公署
阿墩盐务局
遮放掣验分局
芒市掣验分局
陇川掣验分局
南甸掣验分局
石膏场场警局
益香场场警局
香盐场场警局
按板场场警局
磨黑场场警局
喇井场场警局
云龙场场警局
乔后场场警局
白井场场警局
琅井场场警局
阿陋场场警局
黑井场场警局
元永场场警局
白井区场警大队
黑井区场警大队
云南缉私特务队
云南缉私第一中队
云南缉私第二大队
云南缉私第一大队

上项组织，系经呈奉部署核定，即于二十年五月实行。惟滇省情形不同，缉私部分仍由运署兼辖，不另设缉私局，云南缉私第一中队改为云南缉私特务中队。又石膏、益香分场名称于二十一年取消，即为四等场。琅井场于二十一年改为招商包办，复于二十三年与弥沙、凤冈、勐野、汪家坪四井设为场务所，腾龙边岸四掣验局取消，未再列入。

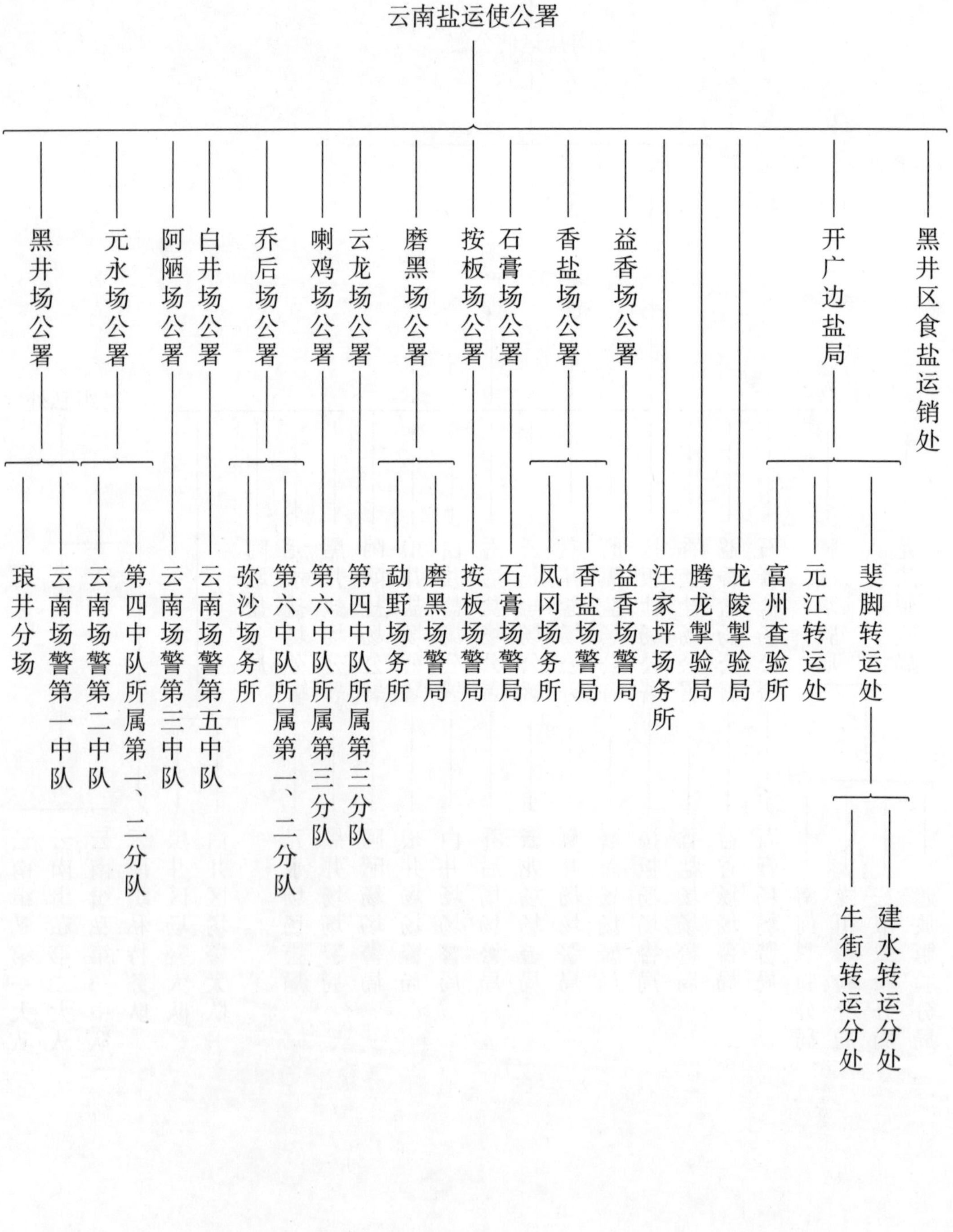

盐运使署及各场局之驻地

云南盐运使署，系沿用前清之盐法道衙门，在省会南门内万钟街。各井场署及分场署，均系因井设场，向未另辟场区。腾冲掣验局在县城内，龙陵掣验局在县域内，阿墩盐务局在阿墩子。

附：修正盐运使公署章程

民国二十年六月公布

第一条　产盐区域设盐运使，管理盐务行政事宜。其设置地方及管辖区域，由财政部指定。

第二条　盐运使由财政部呈请简任。

第三条　盐运使秉承财政部盐务署监督指挥所属职员，办理场产、运销、缉私及征收灶、场课各事务，考核所辖盐区内，各县县长协缉私盐成绩，并管辖所属场警及水陆缉私舰队。

其缉私事务及管辖水陆缉私舰队，有特别规定者，依其规定。

第四条　盐运使公署组织如下：

一、总务课

二、场产课

三、运销课

第五条　盐运使公署设秘书、课长，均荐任；课员、办事员均委任；其员额另定之。

第六条　盐运使公署，因核算、缮写及其他公事，得酌用雇员。

第七条　盐运使公署之分等及其经费，由盐务署呈请财政部核定。

第八条　本章程自公布日施行。

附：修正盐场公署组织章程

民国二十年一月公布

第一条　产盐地方各设盐场公署，掌理该管区域内盐之制造、贮藏、捆运及管理场警、征收灶、场课事宜。

第二条　盐场公署之废置及管辖区域之变更，由该管盐运使、运副呈请财政部盐务署核定之。

第三条　盐场公署设场长一员，秉承该管盐运使、运副监督指挥所属职员。办理第一条规定事项。场长任用章程另定之。

策四条　盐场公署于场长下设佐理员、事务员，其员额依盐场公署之等级，事务之繁简，另行规定。

第五条　佐理员分掌文牍、会计、庶务及办理预决算与一切表册等事项。

第六条　事务员分掌监视盐斤制造、贮藏、捆运及其他属于场产事项。

第七条　佐理员由场长遴选，呈请盐运使、运副委任。

第八条　事务员由场长遴委，并于委任后，将各该员履历，呈报盐运使、运副查核。

第九条　盐场公署因缮写文件及办理其他事项，得酌用雇员。

第十条　盐务公署管理场警之规则另定之。

第十一条　场长于必要时，得秉承盐运使、运副调遣该管区域内缉私舰队。

第十二条　盐场公署之分等及其经费，由盐务署呈请财政部核定。

第十三条　本章程自公布日施行。

附：云南历任盐运使及所属场局营队职员一览表

盐运使：（民国元年后由民政长署实业司兼管）

	萧坤	三年任		
	陈钧	五年任		
	吴琨	五年任		
	由云龙	五年任		
	杨福璋	十年任		
	赵钟琦	十年任		
	周钟岳	十一年任		
	袁嘉穀	十四年任		
	王九龄	十六年任		
	胡瑛	十六年任		
	马骢	十七年任		
	朱旭	十八年任		
	张冲	二十四年任		
	李培炎	二十三年任		
黑井督煎总办：	叶大林	元年至二年	张维翰	三年
督销总办：	罗森	元年至二年	解秉和	三年
场务局长：	岳森	三年五月	唐巘	四年
场知事：	罗仲素	五年九月	刘畤	七年四月
	吴宝树	十年三月	丁其彦	十一年九月
	金万熔	十二年十月	吴瑄	十三年二月
	赵芹	十三年十二月	宋嘉俊	十五年六月
	赵芹	十六年四月	苏品镒	十六年八月
	李晋笏	兼	顾万舞	十七年四月
	马兴援	十七年十月	布青阳	十八年一月
	马为骥	十八年五月		

场长：	徐维藩	十八年十月	傅铭彝	十九年七月
	朱晃	二十年二月	曾恕诚	二十年五月
	周傅鼎	二十年十一月		
琅井督煎委员：	王钧图	元年	廖崇仁	二年
场务分局长：	龚藩	三年	陈谦	四年
分场委员：	邓培基	赵熙泰	杨国祥	
	和清远	赵文炳	段澍霖	十四年一月
	陈鸣岐	十五年一月	苏节	十五年八月
	洪元亮	十六年十一月	萧文炘	十七年二月
	段兰荪	十七年七月	陶情	十八年九月
分场长：	李炳旸	十八年十月	陈雄	二十年二月
	李良钰	二十年十月兼代		
元永井督煎委员：	徐瑞铭	元年	龚藩	二年
场务分局长：	李宗彝	陈维	廖宗仁	
场知事：	窦宗鲁	刘虞（代）	罗仲素	
	陈璠	八年八月	张之霖	九年八月
	罗仲素	十年一月	赵舒怡	十一年七月
	金万熔	十三年二月	李兴孝	十四年一月
	段长顺	十六年一月	赵芹	十六年八月
	李煜兰	十七年二月	李森春	十七年十月
	郭之瀚	十八年五月		
场长：	傅铭彝	十八年十月	常荣林	十九年六月
	赵世钊	二十年一月	刘仁佑	二十年十一月
安宁井督销委员：	周绍夔	元年	高仰	二年
	萧云章	三年		
场务分局长：	刘桂清	四年		
分场委员：	刘桂清		马秉丰	六年十月
	邓树东	七年十一月	胡兆鹏	
	姚裕祯	九年八月	陈思	十年三月
	王作宾	十年四月	马中骥	
	黄绍裘	十一年七月	李翘	
	孙光仪	十四年十一月		
绥裕井开井委员：	许维洲	九年		
分场委员：	刘宝章	十年	段成德	十年四月
	李有植	十二年三月		
阿陋井督煎委员：	曾毓泽	元年	华开泰	二年
场务分局长：	萧云章	三年	华振	四年
	段鸿绪	五年		

场知事：	段鸿绪		宋宣	六年七月
	金万熔	九年七月	丁其彦	十年五月
	赵坤	十一年八月	杨自培	十二年八月
	赵芹	十三年四月	马秉丰	十三年十月
	张殿甲	十四年	赵芹	十五年六月
	何秉智	十六年四月	杨福海	十六年九月
	苏节	代	杨福海	十七年三月
	布青阳	十七年十月	马兴援	十七年十二月
	葛延春	十八年三月	蒲丰龄	十八年十月
场长：	王文坤	十九年四月	张永熙	二十年二月
	刘人佑	二十年八月	徐惟精	二十年十一月
白井督煎总办：	黄启凤	武继祖		
督销总办：	杨大才	李正蕊	刘祖荫	
场务局长：	刘祖荫	谢之翰　四年	刘润畴	五年
场知事：	刘润畴		伍作楫	六年八月
	李相家	九年十月	赵鳌	十一年七月
	赵式铭	十二年十月	赵鹤清	十四年三月
	冯家聪	十四年十一月	陈春芳	十五年十二月
	李莹	十七年四月	纳汝珍	十七年十一月
	阎殿馨	十八年九月		
场长：	左荣昌	十九年三月	袁嘉猷	十九年十二月
	谢开智	二十年八月		
乔后井督煎总办：	黄启麟		李培元	
督销总办：	严镇圭		唐煜	
场务分局长：	陈灼	刘光萃	陆培钰	五年四月
场知事：	袁丕镛	六年九月	顾联甲	十年六月
	何汉清	十一年九月	张殿甲	十二年十一月
	王祖羲	十三年十二月	于守云	代
	习绍孔	十五年十二月	朱翼	十六年八月
	何泽周	十七年四月		
	赵如炎		莫玉廷	十八年七月
场长：	马成骧	十八年八月	葛延春	十九年十一月
	谭其第	二十年五月		
喇井督煎委员：	修家缪			
督销委员：	段尚春			
场务分局长：	宁济群	封镇	吴铣	五年七月
场知事：	李宗彝	五年十月	李相家	六年七月
	陈光熙	九年九月	杨允升	十年九月

	王祖羲	十一年八月	张殿甲	十四年
	赖显才	十五年二月	王祖羲	十六年五月
	王锐中	十六年	于守云	十六年九月
	沙云仙	十七年四月	马秉丰	十八年六月
场长：	梁启瑞	十八年十一月	钱莲	十九年八月
	李人英	二十年五月		
丽江井督煎委员：	董绍文	元年	谢华衮	三年
督销委员：	尤希孔			
场务分局长：	张子英	萧镇西	封镇	四年八月
分场委员：	王澄	五年十月	吴铣	
	赵震	六年六月		
云龙井督煎委员：	吴宝树	元年	邓西陶	三年
督销委员：	杨大华	元年	王镇元	三年
场务分局长：	唐煜			
场知事：	杨自培		刘虞	七年六月
	陈光熙	代	马秉丰	十年五月
	李煜兰	十一年	李艳东	十二年十二月
	徐之琅	十四年七月	赖显才	十六年六月
	修世杰	十七年四月	赵正清	十七年十一月
场长：	关美	十八年十一月	左荣昌	二十年一月
	张泽	二十年五月	薛际时	兼代
阿墩局盐务委员：	姚骥	二年	杨志	四年
	赵芹	六年	曹永锡	十一年
	杨廷泽	十二年	杨德铨	十四年
	赵宗杰	十六年	张坤	十七年
	段绥滋	十八年	何宪	十八年八月
局长：	苏汝诚	十八年十二月	尹注	二十年五月
磨黑场督煎委员：	姜绥垣			
督销委员：	范九龄			
场务局长：	朱朝琛		李冠勋	代
	罗仲素	四年二月	朱枬	五年八月
场知事：	朱枬		赵鹤清	
	徐嘉钰	七年	吴宾	八年
	金万熔	十年	李宗彝	十二年
	宋嘉俊	十四年	许鸿举	十五年
	王文赞	十六年	朱泽民	十六年
	高其义	十七年	顾能良	十八年
场长：	萧本元	十九年	叶桐	二十年

	张觉民	二十年		
石膏井督煎总办：	黎元熙		杨开元	
督销总办：	朱朝琛			
场务分局长：	李为藩	三年		
分场委员：	李为藩		罗赞元	四年
	姜孟侯		吴南图	
	杨学矩	七年	赵芹	
	杨元		徐之琅	十二年十二月
	何金章	十四年四月	徐存植	代理
	陈鸣岐	十六年	吴铣	十六年
	陈鉴毓	十七年	李孝治	十八年
分场长：	刘文才	十八年十一月	陆文炳	十九年
按板井督销委员：	杨晖		张运泰	
督销委员：	苏云林			
场务分局长：	袁昌卓	李冠埙	丁一鸿	五年
场知事：	丁一鸿		李炳勋	
	赵芹	十一年	杨自培	十三年
	李瑞棻	十三年	何瑛	十四年八月
	张舜笙	十五年十月	王家璧	十六年五月
	赵名馨	十七年八月	周敬修	十八年六月
场长：	潘保德	十八年	宋嘉晋	十九年六月
	黄鸿烈	二十年二月	李祖泰	二十年九月兼代
抱母井分场委员：	岳时俊		许维洲	
	李金魁	李张艳　岳时俊	许维洲	十年
	王承祚	十二年	陈位元	十四年八月
	刘福田	十五年十二月		
景东井开井委员：	朱元勋	六年		
煎销委员：	陈灼	七年	李金魁	
	庄从礼		李钟英	十一年
	岳时俊	十二年十二月	英廷杰	十六年三月
香盐井督煎委员：	杨德晖	元年	杨东瀛	
督销委员：	刘道渊	二年	吴宝祚	三年
场务分局长：	吴宝祚		杨东瀛	
场知事：	杨东瀛		唐煜	
	马秉丰	八年一月	赵鹤清	十五年
	刘钟华	十一年七月	萧善选	十四年四月
	陈位元	十五年十二月	李启唐	十六年十一月
	莫玉廷		高家骐	十八年五月

场长:	李占春	十八年十一月	薛际飞	十九年十一月
	秦培生	二十年七月		
益香井督煎委员:	杨德晖	兼	杨东瀛	兼
督销委员:	罗之纪			
分场委员:	吴宝祚		王作宾	
	杨恒昌	八年五月	张尊美	
	夏培钦	十三年	黄毓光	
	荀祖植	十六年	彭廷杰	十六年
	欧阳杰	十七年	周树藩	十八年
分场长:	任敏之	十八年	解汝炽	
开办盐井渡井场委员:	李文祯			
汪家坪煎销委员:	李张艳	七年	赵厚培	九年
	袁学禹	十年	陈秉宽	
恩耕井会计员:	杨成书		吕光锐	
茂蔑井会计员:	李正昌			
磨铺井分场委员:	刘绍仁	十年七月		
黄泥河掣验委员:	李继	六年四月	蒋继曾	
	王承祚	十年七月	吴星朝	十一年二月
	郑秀镛	十二年十一月	刘福田	十四年六月
板桥掣验局委员:	朱吉	十四年六月		
芷村掣验局委员:	戴承绪	六年	王作宾	十年九月
	段叔青	十一年六月	徐敏	十四年四月
	徐儒为	十五年十月	赵舒翰	十六年九月
广南掣验委员:	张宪贞	六年四月	杨恒昌	六年十月
	吕英	八年二月	李开荫	八年七月
	甘德裕	九年七月		
腾冲掣验委员:	张问德	六年	张云龙	八年十二月
	韦乃樾	十年十二月	张丽辰	十三年十二月
	由升龙	十五年四月	孙光祖	十七年九月
	李大芳	十七年十月	韦乃祯	十八年十一月
	段学矩	十九年四月		
龙陵掣验委员:	洪桂馨	六年	萧琛	九年
	李开荫	十四年二月	张丽辰	十五年十月
	杨泽	十六年三月	王承祚	十七年十一月
	赵鹍	十八年十月	张翔	十九年九月
开广缉私营管带:	马伯骥	四年	曾应炘	五年
	何秉钧	六年六月	周启材	七年十二月
	刘海寿	九年七月	王正德	十年五月

	杨承纪	十年十一月	李家祜	十一年
	李鸿谟	十三年一月	李培炎	十五年
	王大德	十六年	魏丕丞	十七年三月
	罗鉴堂	十七年十月		
大队长：	芮虞舜	十八年	朱泽周	十八年十一月
	李文鸿	二十年一月	者朝宽	二十年九月
腾龙缉私营管带：	何秉钧	四年	黄昌夔	五年
	李源	六年四月	杨国兴	八年一月
	李金光	十年十一月	杨国兴	十一年
	杨承禄	十二年五月	周锡卿	十四年五月
	姜元贞	十六年	刘光汉	十七年五月
	朱仲翔	十八年十二月		
大队长：	刘名勋	十九年八月	杨俊璋	二十年七月
	钱广	二十年十二月		
磨黑缉私营管带：	李冠勋	兼	李德超	五年
	冉泽	七年八月	许宝书	八年七月
	何钟霖	八年九月	穆国藩	十年
	刘海寿	十二年一月	刘体仁	十四年四月
	马仲骥	十六年三月	刘海寿	十八年五月
	薛际飞	十八年十一月		
中队长：	刘海寿	十九年五月	杨炳恒	二十年五月
	冯梁	二十年十二月		
盐兴独立连连长：	郎至诚	十年　拨归本署管理		
黑井区临时保井营兼常备保井队队长：	何炯然	十三年四月委任		
黑井区保井队队长：	何自尧	十四年五月	马为骥	十五年一月
	彭廷杰	十六年一月	马为骥	十六年四月
	芮虞卿	十六年九月	胡祖虞	十八年
	黄槐	十八年十月		
黑井区场警大队长：	武凤祥			
白井区场警大队长：	赵子超			

盐务管理局

云南盐务管理局系于民国二十六年奉部令改组成立，原令本定将前稽核分所及前盐运使公署合并改组，嗣以地方情形特殊，故呈准于是年先就前稽核分所改组，其盐运使公署与其所属机关均仍其旧，以产销税警事务均尚归运署管辖，故亦先仅设置总务、会计两课，逮二十七年六月，始将前盐运使公署归并，同时双方所属各级机关，亦合并组织。并仿照盐务总局组织法，就原有机构内部设总务、会计、产销、税警等四课暨视察室，外属设黑井、白井、磨黑三区盐场公署，暨汪家坪场务所、富宁秤放办事处、开广边盐办事处。黑井区之元永井、黑井、阿陋井、琅井各场务所，以地区距昆明较迩，由局直辖。二十八年以该区产销重要，经将盐场公署迁设元永井，改称滇中盐场公署，直辖黑井、阿陋、琅井三场务所。复因区名与井场名称相同，极易混淆乃将白井区改称迤西区，磨黑区改称迤南区，两区盐场公署名称亦随之更改，惟各署组织仍行照旧。二十九年为增强官运设营运处，又为便利昆明市食盐配销，经于二十八年设立昆明官仓，同年又将官运设计事宜改由产销课主办，营运处改为官运课，成为对外执行运输机构。更为便利处理盐业技术改进事宜，添设技术处，由管理局正副局长兼任正副处长。迨三十一年一月奉令实行盐专卖制度，关于产收运销等项办法变更，本局组织亦随之扩大，内部计设总务、会计、场产、运销、财务等五科，视察、技术、统计、人事等四室，原有之税警科因奉令将税警队移交云南缉私分处，缩小为警务股，隶属总务科。至三十二年为加强管理距场较远、销务较繁之地区专卖机构起见，经筹设昆明、昭通、保山、蒙自四分局，均于是年先后成立。三十三年复因查缉场私事权不相统属，甚感不便，奉令将税警部队仍交局管理，原有警务股扩大组织，成立警务科。此管理局自成立以来各重要机构改变之大略情形也。兹将初时组织列表如次：

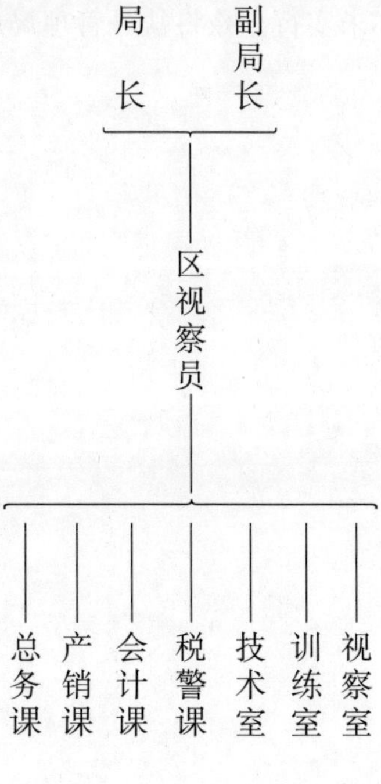

注：

一、总务、产销、会计、税警各课及视察室均依中央颁布财政部盐务总局规定组织。

二、技术室系民国二十七年六月组织，将以前所置技术员均归入该室办事，设有主任一员、技术员四员，办理食盐化验以及井场建设、维护有关技术指导等事宜。

三、训练所系于民国二十七年六月组织，先办一批税警官警训练班，于本年九月毕业，接办低级盐务员司训练班，本年底毕业。

场署及其他

管理局以下所属各机关组织，因为适应事业需要，时有变更。以场警机关言，在管理局接办之初，原系前稽核分所所属各税局设置区域，虽各区盐场未达财政部盐务总局组织法规定年额一百万担始予设置场之标准，但因境内交通不变，情形特殊，呈准变更组织二场：一为白井区盐务公署，设于大理，下辖白盐井、乔后井、弥沙井、喇鸡井、云龙井，各设场务所，弥沙井产量有限，地位接近乔后井，定为该井之分场，设场务分所。二为磨黑井盐场公署，设于磨黑井，兼理磨黑场务，下辖按板井、香盐井、益香井、凤冈井、勐野井，各设场务所。此外元永井、黑井、阿陋井、琅井、汪家坪井亦各设场务所，直隶管理局。民国二十七年五月，增设黑井区盐场公署，兼理元永井场务，将以前管理局直辖之黑井、琅井、阿陋井各场务所，均归该署管理。嗣安宁井改为官办，设置场务所，直隶管理局；并呈准勐野井改为包课，裁撤场务所；原来包课之抱母井，改归官办，设置场务所，隶属黑井场公署，截至十二月尚未实行。二十八年复呈准黑井区改为滇中区，白井区改为迤西区，磨黑区改为迤南区，同时将白盐井改归滇中区，后亦未实行。兹将盐务管理局成立后，区内全部机关组织列表于次。

- 云南盐务管理局
  - 昆明官仓办事处
  - 滇中区务场公署
    - 黑井场务所
    - 阿陋场务所
    - 琅井场务所
    - 一平浪场务所
    - 滇中区诊疗所
  - 安宁井场务所
  - 汪家坪场务所
  - 滇中区林场
  - 迤西区林场
  - 镇南常平仓办事处
  - 迤西区场务公署
    - 乔后井场务所
      - 弥沙井场务所
    - 白盐井场务所
    - 云龙井场务所
    - 喇鸡井场务所
    - 下关转运办事处
    - 保山常平仓办事处
    - 腾冲称放处
      - 南甸称放分处
      - 陇川称放分处
    - 龙陵称放处
      - 芒市称放分处
      - 勐野称放分处
  - 富宁称放处
  - 迤南区场务公署
    - 按板井场务所
    - 香盐井场务所
    - 益香井场务所
    - 凤冈井场务所
    - 勐野井场务所

- 云南盐务管理局
  - 滇中场署
    - 黑井场分署
    - 一平浪场务所、琅井场务所、阿陋场务所
  - 迤南场署
    - 按板场分署
    - 香盐场分署
    - 石膏场务所、元江转运处、景东场务所、茂爱场务所、抱母场务所、益香场务所、凤冈场务所
  - 迤西场署
    - 乔后场分署
    - 剑川官仓、云龙场务所、喇鸡场务所、弥沙场务所、右江转运仓、丽江场务所
  - 白井场署
  - 昆明分局
    - 宜良官仓、曲靖官仓、宣威官仓
  - 蒙自分局
    - 开远官仓、富宁官仓、碧色寨官仓
  - 保山分局
    - 下关官仓、永平官仓、漾濞官仓、腾冲官仓、龙陵官仓、汪家坪场务所
  - 昭通分局
    - 盐津官仓、镇雄官仓、绥江官仓、威信官仓

至于员额组织，盐务管理局设局长一人，秘书一人，视察二人，总务、业务、会计、警务等科科长四人，文牍、事务、人事、场务、运销、计核、资金、出纳、审核、帐务、统计、警务、经理各股股长十三人，组长二人，书记长一人，电台台长一人，警务督察一人，科员十九人，助理员三十七人，甲级雇员十四人，乙级雇员十六人，译电员一人，报务员一人，机务员一人。滇中区盐场公署场长一人，总务、会计、业务、警务等课课长四人，文牍员一人，课员二人，助理员七人，佐理员一人，收发员一人，管卷员一人，电台管理员一人，会计员一人，收税员一人，统计员一人，监秤一人，司秤六人，矿卤管理员一人，放矿员四人，放卤员四人，技术员二人，造林工程师一人，查验员二人，办事员一人，司事四人，雇员一人，录事五人，电台摇机夫二人，工友五人，仓夫一人，门役二人。黑井场分署设分场长一人，业务、会计两课课长二人，助理员一人，监秤员一人，矿卤管理员一人，矿卤验放员五人，会计员一人，司事三人，录事三人，司秤二人，工友四人，仓夫十人。阿陋井场务所设主任一人，文牍员、会计员、佐理员、监秤员、矿卤管理员各一人，录事二人，司秤一人，工友二人，仓夫二人。琅井场务所设主任一人，文牍员、会计员、佐理员、监称员、矿卤管理员各一人，录事二人，司秤一人，工友二人，仓夫二人。迤西区盐场公署设场长一人，总务、会计、业务、警务等课课长四人，课员二人，文牍员、收发员、管

卷员、会计员、统计员五人，助理员七人，佐理员一人，电台管理员一人，电台摇机夫一人，司事四人，录事五人，雇员一人，工友五人。乔后场分署设分场长一人，业务、会计两课课长二人，助理员、监秤员、会计员各一人，矿卤管理员一人，矿卤验放员二人，司事二人，录事三人，司秤三人，仓夫十人，工友四人。云龙场务所设主任一人，文牍员、会计员、佐理员、监秤员各一人，司秤三人，矿卤管理员三人，矿卤验放员六人，工友四人，仓夫十二人。弥沙场务所设主任一人，文牍员、会计员、佐理员、监秤员各一人，矿卤管理员一人，矿卤验放员二人，录事二人，司秤二人，工友三人，仓夫四人。喇鸡井场务所设主任一人，文牍员、会计员、佐理员、监秤员各一人、矿卤管理员一人，矿卤验放员二人，录事二人，司秤二人，工友三人，仓夫八人。丽江场务所设主任一人，佐理员、矿卤管理员各一人，司事一人，录事二人，司秤四人，工友二人，仓夫四人。白井盐场公署设场长一人，业务、会计两课课长二人，助理员、警务管理员、监秤员、会计员各一人，司秤六人，矿卤管理员一人，矿卤验放员二人，司事二人，录事三人，工友四人，仓夫十二人。迤南场务盐务公署设场长一人，总务、会计、业务、警务等课课长四人，课员二人，文牍员、佐理员、收发员、管卷员、会计员、统计员各一人，助理员七人，电台管理员一人，电台摇机夫二人，监秤员二人，矿卤验放员二人，司事七人，录事五人，雇员一人，工友五人，仓夫八人。石膏井场务所设主任一人，文牍员、会计员、佐理员、监秤员、矿卤管理员各一人，录事二人，司秤二人，工友二人，仓夫四人。按板场分署设分场长一人，业务、会计两课课长二人，助理员、监秤员、矿卤管理员及矿卤验放员、会计员各一人，录事二人，司秤三人，工友三人，仓夫二人。香盐场分署设分场长一人，业务、会计两课课长二人，助理员、监秤员、矿卤管理员、矿卤验放员、会计各一人，司事二人，录事二人，司秤二人，工友三人，仓夫二人。凤冈、益香场务所设主任一人，佐理员、矿卤管理员各一人，矿卤验放员、司事各一人，录事二人，司秤二人，工友二人，仓夫二人。抱母、茂爱、景东场务所设主任一人，佐理员、矿卤管理员各一人，司事一人，录事一人，司秤一人，工友一人，仓夫二人。又滇中区昆明官仓设主任一人，业务、会计两课课长二人、助理员二人，警务管理员一人，监秤员一人，会计员一人，文书、会计、司事各一人，司秤三人，录事三人，工友四人，仓夫二人。宣威分仓设主任一人，文牍、会计、佐理、监秤各员共四人，司秤二人，录事二人，工友二人，仓夫二人。迤南区蒙自官仓设主任一人，业务、会计两课课长二人，助理员二人，警务管理员一人，佐理、监秤、会计各员共三人，司事三人，司秤三人，录事三人，工友四人，仓夫二人。元江分仓设主任一人，文牍、助理、佐理、监秤各员共四人，司秤二人，录事二人，工友二人，仓夫二人。迤东区昭通官仓设主任一人，业务、会计两课课长二人，助理、佐理、监秤、会计各员共四人，警务管理员一人，司事三人，司秤三人，录事三人，工友四人，仓夫二人。汪家坪场务所设主任一人，佐理员一人，矿卤验放员一人，司事一人，录事一人，司秤一人，工友二人，仓夫一人。迤西区下关官仓设主任一人，业务、会计两课课长二人，助理员、管理员、佐理员、监秤员、会计员共六人，司事三人，司秤三人，录事二人，工友四人，仓夫二人。保山分仓设主任一人，文牍、会计、佐理、监秤员各一人，司秤二人，录事二人，工友二人，仓夫二人。惟管理局在抗战胜利以前人员颇多，至复员时始陆续裁减也。

官俸

云南盐运使署月支薪俸，自运署成立起，迄无变更，各井场知事自民国五年九月改组起，亦无增减，惟运署一、二、三等科员及各分场盐务掣验委员薪俸，或因币制低落，物价腾涨，抑因事务纷繁，月薪微薄，不无增加，然亦照支滇省纸币，十九年度始按照奉准编列国币汇率改支。至稽核分所薪俸，除照规定支付外，尚有边省津贴一项，其数目系按正薪每百元加二十五元，不足百元者亦按二五推算，惟此项边省津贴，须以不在原籍省内服务者为限。兹照民国十八年运署稽核分所及缉私人员预算及规定所支付俸给薪饷列表，以供参考。至云南盐务管理局系于二十六年由稽核分所改组成立，其薪俸如何规定，未据查报，无从编列。所列表如下。

盐运使署人员俸给表

职别	员数	月各支薪俸（元）	月共支薪俸（元）	备考
盐运使	1	700	700	
中文秘书	1	180	180	
英文秘书	1	180	180	
科长	1	200	200	
一等科员	3	150	450	
二等科员	2	90	180	
三等科员	2	70	140	
一等场知事	2	240	480	计元永、磨黑两场。
二等场知事	4	220	880	计白井、黑井、乔后、按板四场。
三等场知事	4	200	800	计阿陋、喇鸡、云龙、香盐四场。
分场委员	4	55、70、80	285	计琅井月七十元，丽江月五十五元，石膏、益香月各八十元。
阿墩盐务委员	1	55	55	
腾冲、龙陵掣验委员	2	40	80	
盐务委员	4	100	400	以下各委员均自十八年因借运粤盐及磨黑盐先后设立。
盐运委员	3	70	210	计碧色寨、麻栗坡、广南、仁和四处。
盐务分局主任	1	70	70	

说明：按表列官俸系照民国十八年份预算开列，惟自十八年二月起因滇币低落，奉令复经呈准，照原定薪额三成，系属特案，未经列入前项表内。

稽核分所人员俸给表

职别	员数	初支薪俸（元）	最高薪俸（元）	备考
经理	1	600	800	
协理	1	600	800	
文牍主任	1	250	350	
会计主任	1	250	350	
一等汉文课员	1	175	225	
二等会计员	1	120	160	
二等英文课员	2	120	160	以上一员所支之数。
三等英文课员	1	70	100	
三等会计员	2	70	100	以上一员所支之数。
三等汉文课员	1	70	100	
英文管档员	1	70	100	
打字员	1	70	100	
副打字员	1	40	60	
汉文管档员	1	40	60	
会计雇员	2	40	60	以上一员所支之数。
高级录事	1	40	50	
收款司事	1	30	40	
录事	10	20	40	以上系一名所支之数。
号房	1	12	15	
公役	8	8	15	以上系一名所支之数。

说明：按表列稽核人员薪额，系照规定额数支给，在滇币与纸币相埒时，均支滇币，嗣因滇币低落，即改支墨洋，后仍照支国币，比较盐务行政人员待遇为优。

缉私营兵薪饷表

项目	管带		队官		大排长		小排长		文牍会计		司书		盐巡		合计
	员额	薪额（元）	员额	薪额（元）	员额	薪额（元）	员额	薪额（元）	员额	薪额（元）	员额	薪额（元）	员额	薪额（元）	薪额（元）
元永缉私队			1	30			5	14			1	12	45	8	472
黑井缉私队			1	30	1	18	4	14			1	12	38	8	420
阿陋缉私队			1	30			2	14			1	12	26	8	278
琅井缉私队					1	18							19	8	170
白井缉私队			1	30			3	14			1	12	24	8	276
乔后缉私队			1	30			2	14			1	12	21	8	238
喇井缉私队			1	30	1	18	2	14			1	12	40	8	360
云龙缉私队			1	30			4	14					36	8	386
丽江缉私排							1	14			1	12	10	8	94
磨黑缉私队			1	30			4	14			1	12	32	8	354
按板缉私队			1	30			3	14			1	12	24	8	276
香盐缉私队			1	30			2	14			1	12	21	8	238
石膏缉私排					1	18	2	14					16	8	174
益香缉私排					1	18	2	14					11	8	134
阿墩缉私排													3 25	8 7	199
腾龙缉私营	1	70	4	30	4	18	7	14	2	20	16	12	119	8	1424
磨黑缉私营	1	70	2	30	1	18			2	20	3	12	80	8	864
开广缉私大队	大队长 1 队附 1	156 75	中队 3 队附 3	78 50	小队 9 队附 9	52 42	班长 27	31.2	特 2 务 8	65 38	14	31.2	1 2 334	中士 36 下士 25 兵夫 24	16266.2

说明：云南缉私营队，系于民国四年成立，缉私统部统领一职，以盐运使兼任，未支薪俸，而于开广腾龙磨黑三边岸设立缉私营，并于边岸扼要及三区各井场分设队排。表列官兵饷额，系照民国十八年份预算开列，十八年以后迭有改编裁并，名目隶属亦有变易，待遇比较改善。向日缉私人员，以巡警月饷微薄，仅足糊一人之口，以致各队官兵多不能安心服务，甚者视警队为利薮，以与商灶因缘为奸，徒负缉私之名，而行放私之实，是以整顿场警，必自改良待遇始，今兹所列以见一斑。

经费

概述

民国初年，滇省盐务为实业司兼管，内设盐务一科，专理各井场产销征解缉私事宜，所需经费系由实业司署经费项下开支，至民国二年十一月，乃设盐政处专管盐政，月支经费一千四百六十二元，由盐款项下领支，迨民国三年三月运署成立，该处即于四月撤销。省外各井场在实业司管理期间，系将各井盐提举大使等官裁撤，另设黑、白、磨三井督煎督销总办各一员，其余各井定为煎销分局，各设委员一员。运署成立以后，即将该三井改订为场务总局，其余则改为场务分局。民国五年九月，复将各大井一律改设场知事，其次则设分场委员，其次则改行包办。十九年间又改场知事为场长、分场委员为分场长等名目，所有运署各井场改组设置规定经费暨改编缉私营队、场警局队薪饷，悉由正税项下开支，二十七年以后，运署裁撤，归并盐务管理局，一切经费仍照规定由所收税款开支，数目较前增多。

拨领办法

运署及所属各分支机关，自成立以还，其经费均系由财政部核定，转饬本省稽核分所，照额分别由所征正税项下就近拨付，遇有变更，亦须专案呈请核准，始得领支。即本省前在自主期间，一切文件均与北平政府断绝关系，而对于经费一项仍须由分所转呈核定，方能拨领。惟以前一切领支办法诸从简略，且系计年份而不用年度，行政与缉私混合编列，至于临时费则向不列入预算，如有动支，均系逐案呈准，或函商分所转呈核拨。迄南京政府成立以来，迭奉颁发规章办法实例，先后不下二十余种，且以盐务机关所辖部队，在产地者为场警，归场署节制指挥，照章应付于场长公署，由运署统率，直隶盐务署；在销地者为缉私队，应特设专局管理，故自十九年度起（即十九年七月）乃遵照部颁《组设场警办法大纲》，照案改组各场警局及黑、白两区各场警大队，并遵照颁发《缉私队编制纲要》，照章改编各缉私大、中、特务各队，划分行政缉私经费。关于缉私部分本应另设缉私局统率，惟因本省缉私规模狭小，为节省糜费、统一事权起见，曾经呈奉财政部核准，不另设局，仍由运署管理，直接财部。

自是而后，会计手续日臻完密，运署应领之行政缉私经费，照章均应直接呈请部署核发，其南京及本省之稽核总、分所，均只有拨款之责，已无审核之权。盖运署经费，照章原属国家支出第六类财务费，以财政部为审核汇编本类预算之主管机关，自不能再由稽核机关之呈转核定也。所有一切领支报销办法，又可分为预算、计算两部分。关于预算方面应分别行政、缉私两部分，所领经常费遵章于年度开始以前核实，汇编国家预算第一级基本岁出预算书，分呈部署审定汇编第二级分类岁出预算书，送达国民政府主计处审核汇编总预算书，送达中央政治会议核定后，交由国民政府公布，分令财政部及审计院照案执行。复应照审定之年度预算数目，按十二个月编列岁出预算分配表，呈送核定备案。此办理年度岁出预算经过之程序也。然后按月照分配数汇编本分支机关月份支付预算书三份，并填具请款凭单一纸，呈经财政部核准，由国库司填具拨字支付命令，转送监察院审计部核明与预算相符，始由审计部签字盖印，送还财政部分令运署及稽核总所，转令分所遵照。并由运署汇填领款总收据，连同奉发之支付命令通知，送由分所核对与支付命令相符，留下通知及收据，方能照数拨领支发。此编制月份支付预算书单之始末也。然分所方面，尚须填具五联抵解书，检同运署所出之五联领款总收据及收回之通知书，呈由总所汇转总金库照数抵解，应解之盐税由总金库核收后，分别登记转帐，并通知财政部国库司及监察院审计部登帐，由财政部印发批回。此又分所办理拨解运署经费之情形也。惟滇省距京穹远，邮递迟缓，公文往返，动需一二月之久始能奉复。对于月支经常费，若照上述程序办理，则甲月之款必至丙月始能领到，而官佐士兵长警巡士夫役伙食无着，事实上殊难办到，乃呈请部署核准，通融办理，于年度岁出预算审定后，对于额定经费，即可按月由分所照案拨借，但上项会计手续均应按月办妥，始得正式拨领抵解。至于特准用款，若有动支，仍须于事前开列概算清单，加具概算表，专案呈准，方能于核定预算范围该科目每月拨领留存之款内开支。良以税务为国家收入，故无论解缴现款及抵解坐支拨支各经常费，均系照章报解，即分所拨付省库协款，亦必取据抵解登记收入盐款后，始能拨入地方补助费帐内，所以清款目而重国帑也。关于计算方面，仍应分别行政与缉私两部分，于每月照核定预算经费数目拨领支发后，按月取具支出凭证单据暨各附属表单据粘存簿、财产增加减损各表，汇编为本分支机关月份支出计算书，类分呈部署转送审计部核销，发给核准状，始得解除责任。迨年度终了，又须汇编本分机关决算报告表，呈送财政部核转汇编国家总决算。又本年度各月份支余或不需之一切经常费、额定特准各用款，均应于年度终了汇案缴还部署。此开支报销经常费之造报办法也。至滇省盐务行政机关支款本位，从前滇省银元、纸币及沪币等价值平衡，原无分别。迨民国十三年以后，滇币价格逐年低落，财政部首先不甚明了滇省币制及金融状况，嗣悉十八、十九两年先后改定滇纸币三抵一、五抵一情形，因与国府公布之《预算章程》中预算概以国币为本位之规定不符，对于汇编第二级预算及国家总预算并领支报销一切会计手续，均生窒碍，乃奉财政部电令，自十九年度起（即十九年七月），预算改照国币编列。其时适值本省政府核定本省各机关经费，自十九年七月份起，一律照原支滇币数目加给一倍半，运署及所属行政缉私两部分经常费，因格于中央核定预算，不能照案加领一倍半，且旧预算薪工饷额原较本省各机关略高，未便遽行照数改列国币。

经朱运使再三斟酌，始拟定照原支滇币数，薪工饷额酌加三四成，多者仅及一倍为止，办公费则只酌加数成，平均计算，每一机关经费仅合加六七成之谱。按当时市面汇水折合国币，编成十九年度岁出预算，呈奉财政部核定后，转呈中央政治会议核定。自十九年度开始（即十九年七月）起支，函由国民政府行政院财政部层转，令行下署，每月拨领经费时，系由稽核分所呈奉总所核定汇率，照国币预算额折合滇币支给。此运署所属分支机关经常费改支国币起源、数目拨领之经过情形也。自十九年度经常费改列国币确定支额以后，二十年度开始，系经财政部规定部辖各机关本年度预算由主管署司处代编，当经盐务署照旧编造运署行政缉私两部分本分支机关二十年度岁出预算，呈部核定汇编，转送主计处汇转中央政治会议，饬署补缮岁出预算书、预算分配表，呈经核转监察院审计部核准备案。程序虽有变更，而编造办法月份预算决算等仍未稍动。至二十六、二十七年运署稽核分所先后合并为盐务管理局，经费拨领手续比较统一，不复如前此之烦琐也。

经费总额

民国元二年，盐务行政事宜，系由实业司兼管，嗣又于民政长署附设盐政处，民国三年设置盐运使署，所有自民国元年起至二十年底，历年经费总额特分别列表附后。又稽核分所自三年以至六年，开支经费因迁移住所，档案遗失，无从查其总额，自七年起以至二十年底始照查列。又自盐务管理局成立至三十三年止，每年开支总额分别列表附载于后（其二十一年至二十六年数目因运署裁撤无从查列）。

云南盐务稽核分所及所属各支所税局
历年开支经费总额表

项目		稽核分所(元)	稽核支所及各税局（元）	说明
年份	民国七年	41,612.00	88,328.38	按表列稽核机关开支经费，自民国三年三月成立起，至民国六年十二月止，开支数目因迁移机关，所有档案均零落不全，实无从考查，故仅自民国七年起列开销银数。民国十年以前滇省纸现同价，与各省纸洋相差无多，故照支滇币，嗣滇纸跌落，即一律改支墨洋，前列额数均以墨洋为本位，如十八年份滇纸与墨洋相差在七八倍之多，故稽核薪金数较之行政机关大相悬殊，十九、二十两年仍支墨洋，此两年经费较行政机关超出尤多也。
	八年	40,496.00	92,793.32	
	九年	43,832.96	94,935.49	
	十年	41,604.57	110,767.48	
	十一年	45,198.35	125,828.90	
	十二年	61,305.00	193,381.20	
	十三年	61,484.00	92,716.00	
	十四年	65,569.00	91,727.20	
	十五年	72,415.00	89,929.20	
	十六年	80,937.00	131,024.60	
	十七年	79,239.00	107,251.60	
	十八年	68,105.00	94,688.10	
	十九年	89,756.44	127,556.06	
	二十年	87,730.53	148,111.40	

云南盐运使署所属行政缉私机关历年开支经费总额表

项目		盐务行政机关（元）	盐务缉私机关（元）	说明
年份	民国元年	163,228.80	无	查盐务行政及缉私机关历年开支经费，滇纸币自十九年税收改照五抵一办法，一切开支酌量增加，且又组设黑白两区场警大队，故行政部分经费比较为多。
	二年	166,152.80	无	
	三年	194,722.10	306.00	
	四年	217,108.00	62,376.00	
	五年	184,999.60	92,556.00	
	六年	119,775.13	32,592.00	
	七年	117,222.00	17,976.00	
	八年	118,760.00	79,656.00	
	九年	120,655.50	79,566.00	
	十年	121,513.50	80,494.00	
	十一年	129,825.40	80,557.00	
	十二年	129,388.40	80,577.00	
	十三年	129,555.60	86,890.00	
	十四年	129,472.00	94,296.00	
	十五年	127,978.60	95,845.00	
	十六年	133,130.20	111,078.00	
	十七年	131,255.40	104,310.00	
	十八年	192,368.10	215,226.35	
	十九年	559,286.70	244,564.25	
	二十年	1,011,455.50	393,725.88	
	总计	4,197,871.33	1,952,591.48	

云南盐务管理局历年开支经费总额表（元）

二十七年	149,565.49
二十八年	436,254.28
二十九年	513,160.33
三十年	498,721.37
三十一年	3,142,224.00
三十二年	6,428,741.07
三十三年	11,091,290.23

参考书藉

《盐法通志》
《云南通志》
《滇系》
《云南鹾务略》
《云南财政说明书》
《清盐法志》
《云南盐政纪要》
《民国昆明县志》
《云南盐务缉要及续编》
《粤鹾纪实》
《盐务年鉴》
《民国盐政史云南分史稿》
《云南第一届考取盐场场长同年录》
《云南盐政公报》
《中国文化史丛书·中国盐政史》
《云南盐务统计》
《云南盐政实录》
《云南行政纪实》
《云南经济》
《云南盐运使署稽核分所盐务管理局查报资料》
其他有关盐务资料

民国云南通志长编卷四十四

盐务五·借款·稽核

借款

民国二年，北京政府为改组政府、整理政治起见，向五国银行团借外款二千五百万镑，以全国盐税为抵押品，其一切用途条件，偿本付息各办法，均详载于大借款合同内。本省盐款亦在全国盐款抵押之内，此外并未由本省抵借他款。按照借款合同第五条之规定，本省亦设稽核分所。将大借款合同摘录于后：

大借款合同草案

本契约于北京一千九百十三年某月某日，代表支那共和政府（下文称为支那政府）之国务院总理、外交部总长及财政部总长，与香上银行、德华银行、汇理银行、美国财团（由莫尔甘组合克夫伊罗耶尔会社第一国立银行及国民西基伊银行组织而成）、俄亚银行及横滨正金银行（下文称为银行团）签押。

保证

支那政府为改组政府及整理政治起见，拟借外款二千五百万镑（即德币五万万一千一百二十五万马克、法币六万万三千一百二十五万法郎、美币一万万二千一百六十二万五千元、俄币二万万三千六百七十五万卢布、日币二万万四千四百九十万元），希望银行团按照前项额数发行金货公债以为保证。又银行团为支那政府将前项借款公债预备发行，因之订结契约如左：

第一条　支那政府委托银行团发行金货公债二千五百万镑（即德币五万万一千一百二十五万马克、法币六万万三千一百二十五万法郎、美币一万万二千一百六十二万五千元、俄币二万万三千六百七十五万卢布、日币二万万四千四百九十万元），利率定为五分半，发行度数或一次，或数次，随银行团所选择。

银行团得有选择权，或用金镑，或用应募国之货币，遵照前揭款项向支那政府拨付应募公债额之全部或其一部，附随暂行证券及本公债券之息票，由前揭各该数国拨付。

本公债之拂戾发换支拂各节事宜，均适用同一条件。本借款起点，定为发售第一次公债之日，名为“改造支那政府五分半金货借款”。

第二条　关于拨付第一次息票事宜，照第十三条规则办理。至于本借款用途，定以下开各项为限：

甲、本契约附录甲号所备载之支那政府负债之偿还。

乙、本契约附录乙号所备载之未济小借款之全部偿还。

丙、本契约附录丙号所备栽之支那政府短期负债届期满时须拨还者，此项将外国人革命战争时所受之损害赔还含在其中。

丁、本契约附录丁号所备载之遣散军队费用。

戊、本契约附录戊号所备载之偿还各省军票及纸币事宜。

己、本契约附录己号所备载之行政经常费用。

庚、本契约附录庚号所备载厘改盐政费用。

辛、他项行政事项，支那政府与银行团特约协商者。

前揭附录认为本契约之一体。

第三条　本借款及有关系本借款之前提，借款全部由支那政府直接负责，故支那政府对于本借款元本利息，及前提借款之拨还，并本契约规定之各节事宜，理当确立信用，以资遵守。

第四条　本借款及前提借款，举支那盐税全部充为抵押，但本契约担保盐税之权限，照附录细单所载，准已经担保未经偿还之既成借款处第二位，如本借款或其一部未经清偿时，对于一切抵押盐税之借款，特有优先权，无论何种借款，不得用逾越本借款或以本借款同等之条件以行缔约，并不得另订借款，以减少毁损本借款拨还上必需之前揭盐税担保。且将来借款，以前揭盐税充为担保者，均照本借处第二位。凡订结此种借款者，须要于该契约内必须声明，并约将来税关岁计加增进款能偿还现存借款而有余时，即因厘革关税之结果，撤废厘金之理由，得以该进款充为担保，则先用此项盈余金以供本借款偿还及担保之用，至于加增盐税之进款，不妨由支那政府任意使用之。

第五条　支那政府须约依赖外国臂助，按照财政总长所订之办法，以担保本契约之盐税征收法，即行厘革，其方法如下：支那政府在北京设立中央盐务处，归财政总长监督，该中央盐务处内，设盐税总监督所（稽核总所〉，置支那人稽梭总办及外国人会办，两者得享有报告盐税收入，并编纂计算书，发行特许状各等最高权。

产盐各地设立地方稽核分所，任命华洋所长各一人，关于盐税之征收保管，均负连带责任。至于任命华洋分所员事宜，由中央稽核总办会办协同商议，一由财政总长承认取决。凡地方分所长，负有协同义务，掌管特许状发行事宜，并向地方盐运使及北京中央稽核总所，详细报告其出纳。该出纳簿册，必应提出财政总长，然后由财政总长登诸政府公报，以行发表。各产盐地方征收盐税证书，由华洋两所长协同用印。此项税银在银行团所设立之支那政府盐税会计部或银行团所承认之贮藏所存储，与出纳簿册一并送交中央稽核总所，以资凭信。凡盐税收入非经中央稽核总所总办及会办共同盖印，则不得放出。凡中央稽核总所总办及会办，负有义务对于盐税收入为担保之数种借款保护优先权。凡本借款元本利息如约拨还，则银行团遵照规程，不干涉盐政，倘拨还元本利息均误日期，则暂缓相当期间，然后将前揭盐政归并海关，该收入以股东利息为目的，得行处分。

第六条　关于盐政改革。直隶、山东、湖南、江西四省，自本借款成立之第一月起，按照本借款附表所明记之额数，将本借款执行上必需要资金，每月于限期前十四日以内，拨交银行团。此种摊派各省之款项，以各该省缴纳于中央政府之地租定为第一担保，须由支那政府将各省行政重要官吏确实承认该负担之证据，向银行团提出以供担保，凡一年间盐政收入若能拨还盐税担保之借款及本借款半期之交款额数并息票之利子而有余，则停止前揭各省之捐金，专赖盐税偿还本借款，且盐税收入连续三年经持前揭收入额数而无短缺，亦将前揭各省负担悉行免除。

第七条　银行团须向公债应募者发行对于本借款金额之金货公债，其额由银行闭决定之。债券之形式及文字，由财政部总长或驻扎伦敦、柏林、巴黎、华盛顿、圣彼得堡、东京之民国公使，与银行团协议，由银行决定之。该债券以支那政府之费用印刷，插入财政总长署名之写影，以代署名，并添加支那政府印章之写影。驻扎伦敦、柏林、巴黎、华盛顿、圣彼得堡、东京之民国公使，于未发行债券之先，须证明前揭署名印章已经正当手续，毫无贻误。伦敦、柏林、巴黎、华盛顿、圣彼得堡、横滨各地银行团代表者，得以公债发行者代表之资格副署之。

第八条　本借款利率，以表面价格，定为五分半。支那政府俟股东提供息票，即由银行团或其代理店经手，每半年一次，拨付利息。关于息票，或镑、或马克、或法郎、或美元、或卢布、或日元等，一从第一条规准以付利息，自债券发行日起算。

第九条　本借款期限定为五十年，自第十六年起偿还元本，其法依据一百九十九万七千四百九十三两，即二十四万九千三百七十三镑五分半（德货五百零九万九千六百八十二马克二六，法货六百二十九万六千八百七十四法郎五六，美货一百二十一万三千二百元九六，俄货二百三十六万一千五百六十四卢布六八，日货二百四十四万三千八百六十元三六）之减债基金，按月拨付，必于期日前十四日以内由支那政府向银行团交付。自本借款期日起，经过十五年之后，支那政府若冀望按照额面以行偿还，或冀望购回未偿还额数时，于六个月以前，特用书牍通告银行团，此种偿还并购回期日，自非有银行团定有反对规条，则遵照借款计划书，定以现金放出日为期日。

本借款契约，于全部偿还时，即行消灭。

第十条　凡欲拨付利息时，财政总长遵照本借款附表之规条，于每月期日前十四日以内，向银行团随时指定之银行一律交款，美国指定花旗银行为美国财团代表。凡上海地方所用之马蹄银或银币等，至支那货币制度确定后，得在欧美及日本各国以金币行授受时，即于同日与银行团互行改照金币计算，若支那政府在欧美及日本通用金币资金，必须输送现币时，得在欧美及日本于期日前十四日内，用金币以行交款。关于拨付元本及利息之费用，由银行团向支那政府，将本借款年额四分一厘之手数料请领，此项手数料，按照本契约附表内规条，每半年向银行团交付。

第十一条　关于本契约计划书内必需之细目，即如拨付元本利息，并因行偿还起见，缴还借券各等节目，由银行与驻扎伦敦、巴黎、柏林、华盛顿、圣彼得堡及东京之民国公使协议决定，银行团于签押本契约之后，迅速发行公债计划书，支那政府向前揭驻外公使颁发训令，凡有特要双方协同之行为，并有不依借款计划书特行盖印等事，俾其与银行团协同办理。

第十二条 本契约存续期内，关于债券及息票及借款上之支拂受授、将输入税其他一切课税，概行蠲免。

第十三条 本借款之价格，则系伦敦市场发行之价格，公债之额面价格，则由银行团不行六厘以下之割引伦敦发行价格，则对于全借款将九割零五厘以上、九割六分半以下之纯价给与支那政府。除债券之印刷雕刻费用不计外，一切发行费用，归银行团支办。发行债券于支那政府尤有利益之时期，由银行团决定，并为便支那政府训令驻外公使起见，特于事先时将银行团通告支那政府以资照办。

银行团在欧美及日本，就本借款第一次发售额内，将第一次半年份之利息及银行团手数料之四分之一扣留保管，支那政府用该保管款项，向银行团支付该利息及手数料，一面为支办第一次息票利息起见，照本契约第四条，将各省须拨给银行团之资金，限六个月存储，以供各省来源涸竭时之准备金。此项保管，一至不须各省租税担保即在第四条规定内添加声明为止，扣除第一次息票并以前提借款利息相当之公债发售额，并支办第二条甲、乙、丙各项费用而所余之借款，纯收入额则于伦敦、柏林、巴黎、纽约、圣彼得堡、横滨之香上银行、德华银行、汇理银行、美国财团、俄亚银行、横滨正金银行，须缮入支那政府改造借款栏内。

欧美及日本银行团输送借款资金时，须由驻华银行团，或时定之代理店经手，务由各银行平均分担。至于各银行欧美及日本银行团，输送借款之汇兑经费，均于同日与该输送银行协定，如其碍难输送同额时，即由银行团与财政总长协议决定。在伦敦、柏林、巴黎、纽约、俄都及横滨保管借款资金之利息，定为三分，在支那由输送银行所保管借款资金之利率，则适用短期存款率。若于欧美及日本后支那政府改造借款项下行放出时，须遵第十四条之规定。俟财政总长发有命令，始能实行。凡限期一星期内输送支那借款之资金，随时与银行团或指定代理店协定。但每一星期内不能逾越五十万磅，且该输送资金，由驻华输送银行保管，以俟借款用途之需，关于此项放出事宜，于第十四条规定之。

第十四条 支那政府约定遵照一千九百十二年十二月十五日大总统颁布之教令，即翌十六日政府公报发刊之临时规准，将审计处稽核局确实举办，将该规则之写本及译本，附载本契约附录第八号内，将来修正该规约时，亦应不妨害本契约效力也。

附属审计处及稽核所之外国借款局，审计处之华洋两监察员，须依协同盖印，以保证使用借款之承认。凡欲向银行团放出借款资金，须要与支出费之实额互相符合。关于放出借款事宜，若向银行团振出手形时，必须由财政总长之代表者盖印署名，并以该借款用途之清单及放款命令均向银行团一并提出。

前揭银行团代表者业经确知该费，自遵据本借款第二条及附表，而无违戾，则副该手形上，首先呈验于财政总长，再由财政总长向银行团要求筹拨，若前记银行团代表，关于借款用途倘有疑义时，即向稽核所、借款局长要求复查，且享有权利，可以俾其作成领单，并审查证书也。

第十五条 债券若有遗失、被窃、破损等情事，则由关系银行团即向财政部，及驻扎巴黎、伦敦、柏林、华盛顿、圣彼得堡及东京之民国公使特行通告，由各该公使将该债券即行停止交款等情，登报声明，并准据法律习惯，采取必需办法，以资周知。若债券破损时，并遗失被窃之债券，于银行团规定期间内，未经发现时，则由伦敦、巴黎、柏林、华盛顿、圣彼得堡及东京民国公使，作成同一金额之债券二枚，向债券原主或代表原主之银行团交付，至于此种债券之作成，递交各等事宜之费用，归债券原主之负担。

第十六条　公债发售计划书经发布之先，因政治上或财政上之恐慌，支那公债市价大受影响，由银行团公认本契上之条件，未足发售本借款以期成功时，银行团得自本借款签押日起算，限六个月间，暂缓发售；若届期满时，而市场尚未恢复，则该银行团得有要求延搁期间之权利；若支那政府拒绝延搁期间之要求，则本契约即归消灭。但关联于本契约已经实行之前提款之增加利息当然支付，若使本借款遵据第一条规则数次发售时，本项规则，对于每次发售之本借款，一律适用。

第十七条　支那政府，若欲担保盐税更行借款，或欲发行与本契约第二条所载同一性质之补助公债时，须向银行团付与本契约十三条规定之借款选择权。

支那政府，须保证支那政府于本借完全发行并借款计划书中最后支付已经完结之后，非经银行团之事先同意，绝无于一千九百十二年一月以来缔结之政府借款或政府保证之借款计划另图进行之事。

第十八条　香上银行、德华银行、汇理银行、美国财团、俄亚银行、横滨正金银行等，对于借款均负有分担，彼此不负相互责任。

第十九条　香上银行、德华银行、汇理银行、美国财团、俄亚银行、横滨正金银行，对于本借款均遵守一切义务；所有权利将其全部或一部，让渡于英德华法俄日公司或委托之，无妨碍也。该公司之理事及代理者，得将其权利再行让渡委托时，无论初次再次，须要支那政府之承认。

第二十条　本借款契约，系由外交部向英、美、德、法、俄、日各公使公式通牒之权利，由国务总理、外交总长、财政总长代表支那政府签押。

第二十一条　本契约用英文及华文成为九份，支那政府留存三份，银行团留存六份。本契约倘有疑义，以英文契约为准。

中国政府善后借款合同

此合同于西历一千九百十三年四月二十六日在北京订立。其订立者：一为中华民国政府（以下简称曰中国政府）中国国务总理、外交总长、财政总长代表；一为汇丰银行、德华银行、东方汇理银行、道胜银行、横滨正金银行（以下简称四行）。兹因中国政府借款二千五百万金镑，计马克五万万一千一百二十五万正、法朗六万万三千一百二十五万正、卢布二万万三千六百七十五万正、日本金元二万万四千四百九十万正，为善后及行政之用（节目详后），并拟发售其金币债票，以实现此项借款，其额及上所言之处，又因银行预备代中国政府将上言之借款之债票，发售于公众，故订条款如左：

第一款　中国政府准银行发售五厘金币债票，其总额计二千五百万金镑，合马克五万万一千一百二十五万，法郎六万万三千一百二十五万，卢布二万万三千六百七十五万，日本金元二万万四千四百九十万元，其发或作一批或分多批，由银行自行酌定。此项借款之进款或全数或几部分，或以金镑或以承购此项债票之各该国货币，按照以上所定比价，交付中国政府，由银行自行酌定。附录于预约证券及正式债票之息票应付之款，应按照以上之比价，在各该国交付。其正式债票之拈收回、或购回、或清还均按此办法办理。

此项借款日期，由首次发售债票之日起，命名为“中国政府一千九百十三年善后五厘金镑借款”。

第二款　此项借款除照后开第十三款所载预作交付首次息票之用外，系专为以下开列各事之用：

一、为交付本合同附件甲号所详中国政府业已到期应清还各款之用。

二、为赎回本合同附件乙号所详各省现有借款全数之用。

三、为预备本合同附件丙号所详中国政府不久到期各款随时清还之用，预备赔偿各国因革命所受损失一算一项在内。

四、为按照本合同附件丁号所详遣散兵队之用。

五、为预备本合同附件戌号估计现时各费。

六、为本合同附件已号所详整顿盐政事务。

七、为中国政府与银行互相商允之他项行政费。

以上所载合同附件均视为本合同之一部分。

第三款　此项借款总额及关系此项借款之整款，系中国政府直接担任之债务，是以按期清还本借款及或垫款本利一节及按照本合同所开政府应行各节，中国政府须诚实照办，以昭信谊。

第四款　此项借款总额及关系此项借款之垫款之本利，除盐务收入，按照本合同附单所开，业已指定为从前借款债务之担保，未经清还者外，即以中国盐务收入全数作为担保，此项借款或其一部分未清还以前，其所有本利，应较将来他项借款或他种抵押之债务，用以上所指盐务收入者，独占优先权。凡他项借款或他种抵押之债务，比此次借款更占优先权或以之平等者，或减少或损害盐务之收入，用以担保此项借款，每年应有款项之利权者，均不得举行或创办。又将来他项借款，或他种抵押之债务，用上文所指盐务收入者，须本借款占优先权，并须于将来他项借款或他种抵押之债务之契约内载明。

倘若将来海关每年所收款项，除已经指定作为担保从前债务，或以后因修改海关税则，而裁去厘金，凡现存合同指定他项债务，归该关税担保者，除应付各项款项外，若仍有余款，即默认，并商定该余款应仅先作为本借款之担保，用以偿还本利，因此而盐务收入，所有盈余之款，应如数拨归中国政府，用以办理他项事宜。

第五款　中国政府承认，即将指定为此项借款担保之中国盐税征收办法，整顿改良，并用洋员，以资襄助。至如何办法已由财政部定夺，即如下节所言。

中国政府在北京设立盐务署，由财政总长管辖。盐务署内，设立稽核总所，由中国总办一员，洋会办一员，主管所有发给引票、汇编各项收入之报告及表册各事，均由总会办专任监理。又在各产盐地方设立稽核分所，经理华员一人，协理洋员一人，此二人之等级职权均平等，即系英文所称华洋所长，该二员会同担负征收储存盐务收入之责任，华洋经、协理（英文称华洋所长），及稽核总所并各稽核分所必须华洋人员，其聘任免任，由总、会办会同定夺，由财政总长核准。各该经、协理，须会同监理引票之发给及征收各项费用及盐税，并将收支各事详细报告该地方盐运使北京稽核总所，转呈财政总长后，分期将报告颁布。

各产盐地方盐斤纳税后，须由该处华洋经协理会同签字，方准将盐放行，所有征收之款项应存于银行，以后所认可之存款，应归入中国政府盐务收入帐内，并应报告稽核总所，以备与稽核总所所存之表册核对，以上所有盐务进款账内之款，非总、会办会同签字之凭据，不能提用，该总、会办有保护盐税担保之各债先后次序之责任。

此项借款，如本利按期交付，则不得干预以上所详盐政事宜，倘利及本或届期拖欠，逾展缓近各情之日期后，则应将该盐政事宜即归入海关，并由海关管理所担保之收入，以保执票人之利益。

第六款　于盐政在整顿之际及自本合同债票发售后第一个月起，直隶、山东、河南、江苏各省，应提出款项足敷本合同附表所开本借款内应还之数目，于未到期十四天以前，按月交存于银行，所有各该省应备之款项，即以将来各该省所指定之中央政府税项为头次之担保，中国政府并承认将合同所有之各该省正式承认其负担之证据给与银行。

一俟一周年盐务所征收之收入足敷其所担保之借款及他项债务并此次借款、且更有余款足敷此次借款次年上半年应付息票之用，则所有各该井按月应交存之款项可以暂行停止，而此次借款应备之款项，应即由盐务收入内交付，倘将来盐务收入接连三年足敷预备上开之额，则以上所有各该省之负担即行取消。

第七款　此项借款，准银行按总数目发售金币债票与承购之人，其债票之币名，即每张票面之金数，由银行斟酌定夺，债票式样、文字，由银行与财政部或中国驻伦敦、柏林、巴黎，圣彼得堡及东京之公使核定。

债票由银行印刷，费用由中国政府担任，并将中国财政部总长签名字样印于上，以省其亲自签押，且将中国政府印信摹刻加于其上。各债票未发以前，可听凭银行之驻伦敦或巴黎或圣彼得堡或东京公使将其签名，并担任发售此项债票之证据，银行之驻伦敦、柏林、巴黎、圣彼得堡及横滨代表人，亦可在债票上加签，以证其为发售债票之经理人。

第八款　此项借款，中国政府所付周年利息应照票面本金之数以百分之五厘计算，由银行或其指定代理人每半年一次交付。持有息票者，按照第一款所规定：以金镑或以金镑合成之马克、法郎、卢布、日本金元交付利息。此项利息借款发售，即于公布之日起算。

第九款　此项借款期限，定为四十七年，其还本由第十一年起，每年递还总额（　　），合金镑（　　），合马克（　　），合法郎（　　），合卢布（　　），合日本金元（　　）。中国政府按照本合同附表所开数目，并于其期末到前十四天以内，每月交付一批。

自本借款之日起，十七年后三十二年以前，无论何时，中国政府欲将所欠未到期之款或全数赎回或照本合同所附清单赎回其一部分，凡此项赎回之数每百分须加二厘半，即每百镑票债须加二镑半。惟三十二年后赎回，则无须加价，但每次拟另赎回若干，须于六个月前，由中国政府函告银行，以便于招帖载明拈阄之日期，多加号数。此项借款还清以后，本合同即行作废。

第十款　中国政府为还本付利，每月应交之款，均按本合同附表所开办理，并于还本付利之期前十四天，由财政部按月均分，交付银行。财政部应按在欧洲及日本国应付之金数筹备足敷该期本利之现银，及或新国币（一俟此项国币行有实效）交付在上海银行或其随时所指定之代理人，其汇价应同日与银行商定。中国政府如有金款，实在存于欧洲及或日本国，并将为还此项而汇去者，亦可于期前十四天，用以付还此借款到期之本利。按日所存每批之款项，至将该款项付执票者，作为还付本利之用之日为止，银行应按周年二厘行息，交付中国政府。银行为经理此项借款付利还本各事，按每年经手付利还本之数，中国政府允给与银行每十分之二分半作为经手费用，按照合同附表所载，每半年一次，交与银行。

第十一款　所存借款招帖以及付利还本拈阄、赎回债票一切办法，未经本合同详细载明者，由银行商会中国驻伦敦、柏林、巴黎、圣彼得堡及东京公使核定现准银行，俟合同签押后即行相机分发此项借款之招帖。并由中国政府饬知以上所开驻各该国京都公使，遇有应行会同办理之事件，即与银行协同酌办，得随时请其签押此项借款之招帖。

第十二款　所有此项借款之债票，以及收付各款，于合同未满期内，免纳中国厘税。

第十三款　此项借款之债票，其分批之价值，中国政府所应得，系按债票存伦敦发售于公众之价值，而由银行按票而虚数扣拨百分之六，其存伦敦发售之借款，不得少于百分之九十，中国政府所得借款总额之净，则不得少于百分之八十四。至发售票费，除印帖或刻债票费外，统归银行担任。

发售债票，由银行定夺最完美之日期，预先照会财政总长，以便将应办事件转告中国驻各该国公使。

此项借款，首半年所应付之利息及银行所应得之经手费用十分之二分半各款，银行得于欧洲及日本由此项进款第一批所得之进项留存于各该国足敷所书各项之数，现中国政府准银行将首半年之利息及经手费用，由此项留存之进款支付。至于首次息票之期限内，各该省按照本合同第六款所载，应交存于在中国之银行之所为付此项借款所需者，必须将此六个月所存积留，以备将来各该省或有终止交付情事，至按照该款所开暂行停止交存之时为止。

此项借款之进项，除足付本款首次息单之款及交还关于此项借款所垫各款之本利，并本合同之第二款所详之一、二、三各号所应备各款项外，其余尽数应存伦敦之汇丰银行、柏林之德华银行、巴黎之东方汇理银行、圣彼得堡之道胜银行及横滨之横滨正金银行，归入中国政府善后借款帐内，其分批及分期，均按照招帖所定承购章程办理。

凡由欧洲及日本汇寄借款款项来华，均由银行在中国之行办理。汇来时，须设法使各该银行汇寄之数目相等，其每次汇价，应与各该汇寄之银同于一日订定，倘不能使其均匀，则财政总长与银行商定，或银行自行彼此商定一汇拨之办法。此项借款之款项，凡存伦敦、柏林、巴黎、圣彼得堡或横滨者，即周年按百分之三付息，至于存在中国之各该汇寄银行者，则按照各该银行之流水帐之息率付息，其多寡以后商定。

此项借款之进项，存于欧洲及日本，归入中国政府之善后帐下者，应听候财政部按照本合同第十四款所载提用。每星期汇寄款项来华之数，随时与银行或银行指定之代表商定多寡，但每一个星期，不得逾五十万镑。汇到款项分存于在中国各该汇寄银行，俟办理此项借款所应办各事之处，按照本合同第十四款提拨。

第十四款　中国政府允将一千九百一十二年十一月十六日公报所载，十五号之大总统所公布《审计处暂行规则》立即实行。该规则之照录并其所译之洋文，均作本合同之庚号附件，言明以后如须将此项规则更改，不得与本合同有所窒碍之情事。

凡关乎借款项下之领款凭单，均须由审计处所属稽核外债室华洋稽员（英文称国债科华洋科长）会同签押，以证核准，凡由银行提拨之款，其数目按照该事实行著手需用之数支出。

凡接拨银行所存此项借款所有支票及或提款命令，须经财政总长所委派之代理员签押，并须将前节所言业经签押之领款凭单与拨款命令，一齐送交银行将来所指定之代表，经该代表查悉所拟支出款项实与借款合同第二款及该所有之附件相符后，则即时加签该款之票送回财政部，以便赴银行凭票提款。如银行代表对于已经支出借款款项有怀疑之处，可向审计处所属稽核外债室洋稽核员（英文称国债科洋科长）询问，并得收据及详表查问。

第十五款　此项借款发行之债票，倘有遗失或被窃去或经毁坏，关系之一银行可随即知会财政部及中国驻伦敦或柏林或巴黎或圣彼得堡或东京公使，由各该公使允准银行，于通行报纸刊登告白，声明已失之票，不能凭以取款，并按各该国法律或习惯，设法办理。倘所失之票，已过银行所定之期限仍未觅回，则中国驻伦敦、柏林、巴黎、圣彼得堡或东京公使应照原数发给一重票或数重票交与代表。其票失去或被窃或毁坏之票主之银行，或数银行或一票或数票所有一切费用，概由银行代该票主担任。

第十六款　倘于未发此项借款招帖以前，遇有政治上之恐慌，以致影响各市面，或中国政府各项债票之价值，在银行之意见，以为此项借款未能照本合同借款发行此项借款，中国政府应准银行自本合同签押之日起算，展缓六个月，设或届时市面仍属不佳，银行可请中国政府续展期限，如中国政府不允展期，则此借款合同即行作废。但银行关于此项借款所垫出之款之本息，自应先行清还，倘此项借款第一款所开分批发售，则每批之发行除必须更改之处外，即应按本条款所规定办理。

第十七款　倘若将来中国政府欲以盐务收入为担保再行借款，或欲继续借款，以办理本合同第二款所详性质相同之事，则中国政府允银行照本合同第十三款所开按债票而虚数，提经手费百分之六为根据，自行酌量承办。

中国政府又允本合同借款债票全行发售，并将招帖所开末次票价付清，六个月内，除一千九百十三年四月十四日以前，已经签订之借款外，非先与银行商允，则不得发行他项政府借款或政府担保之借款。

第十八款　此项银行，由汇丰银行、德华银行、东方汇理银行、道胜银行及横滨正金银行均分承办，惟彼此均无互相担保之责。

第十九款　汇丰银行、德华银行、东方汇理银行、道胜银行及横滨正金银行，可将本合同应有之权利权力及裁断权，全份或一份转让或托付于英、德、法、俄或日本公司，或董事，或代理人等，并予以再行转让或托付之权。惟此种转让或再行转让，托付，或再行托付，均须先由中国政府核准，但本合同所载银行之担负，乃为有效。

第二十款　本合同系国务总理、外交总长奉大总统中华民国二年四月二十二日之命令代表中国政府签押，该命令已由外交部正式公文照会英、法、俄、德等国及日本驻北京公使。

第二十一款　本合同共备华英文共八份，中国政府执收华英文各三份，银行执收华英文各五份，如文义有疑难之处，以英文为准。

外交总长

国务总理

财政总长

中 华 民 国 二

年四月二十六日在北京签押

西历一千九百十三

稽核

善后借款既以全国盐税为抵押，则盐税收入之多寡，实与债权有密切关系，稽核所之成立，所以监督全国盐税也。其主要职务在于征收各该区内盐税，保管所收盐款及划拨盐款债务帐目。本省稽核分所自民国三年成立以后，相沿至今，虽中间名义职权稍有更易，如黑、白、磨三区，先设收税总局，继复各改支所，嗣又取消黑井支所，仅留白、磨两区支所，此外别无其他变迁。当于民国十三年至十七年间各省稽核职权皆已停顿，至十八年以后，始由国民政府财政部改设盐务署，并于上海仍设稽核总所，在各省设立分支所，逐渐恢复，加以整理。惟云南与辽宁、川、鲁各分所，从未停顿稽核职权。其稽核机关之范围只在征收保管盐税，拨还债款，签发准单，秤放盐斤等事，各井场及销盐地方应收税款，均照规定税率按数征收，于每月底列表呈报分所，并将税款报解支所，或迳解分所。至各井场及销盐地方之收税局，对于销售盐斤时均应由秤放人员自行秤放，俾煎销两处均得实在，以期增进盐税，杜绝私盐。又稽核人员报告之种类，约分为事务报告、帐目报告两项。其事务报告如随时呈文各项册表是也。帐目报告如经常帐、临时帐是也。至定期之报告，则有旬报、月报、季报、半年报、年报等项，均系遵照规定程式办理。此外对于其他职务权限责任，均依分所章程。

盐务稽核分所

云南盐务稽核机关，自民国二年中央政府因善后借款，将全国盐款抵押，始于北京设稽核总所，置华洋总、会办，综核全国盐款，隶属盐务署。于产盐省份各设稽核分所，置华洋总、协理，稽核本省盐款，隶属总所。而云南稽核分所于民国三年三月成立，所有盐款悉归分所直接管理，于各井场各设分税局，于三井区各设盐税总局。惟黑井区盐税总局附设分所之内，白井区盐税总局则设于大理，磨黑区盐税总局设于磨黑场，与场署同驻。民国六年因均税平秤实行，即取消盐税总局，改设白、磨两区稽核支所，仍驻大理、磨黑，而黑井区仍属于分所。民国七八年间因阿陋产销骤增，于九年一月将黑区总收税局移驻阿陋，十一年改总局为支所，民国十二三年因该区匪氛不靖，防护难周，遂移驻黑井，不久即行取消。所有稽核机关组织列叙于下：

云南盐务稽核分所员役名额：经理一员，协理一员，文牍主任一员，会计主任一员，一等汉文课员一员，二等会计课员一员，二等英文课员二员，三等英文课员一员，三等会计员二员，三等汉文课员一员，英文管档员一员，打字员一员，副打字员一员，汉文管档员一员，会计雇员二员，高级录事员一员，收款司银一员，录事十员，号房一名，公役八名。

白、磨两区稽核支所员役名额：正助理员各一员，副助理员各一员，英文课员各二员，会计课员白二员磨三员，汉文课员各一员，监秤员磨一员，监查员磨一员，副会计兼打字员白一员，录事各四员，司秤磨一员，副司秤磨二员，矿卤巡丁磨四名，杂役各四名。

黑白磨三区各井税局员役名额组织表

项别	元永收税局	黑井收税局	阿陋收税局	琅井收税局	白井收税局	乔后收税局	云龙收税局	喇井收税局	磨黑收税局	石膏收税局	按板收税局	香盐收税局	益香收税局	腾冲稽税局	南甸分局	陇川分局	龙陵稽税局	芒市分局	遮放分局	阿墩盐厘局	碧色寨盐税局	麻栗坡盐税局	船头称放处	广南盐税局	剥隘分税局	田蓬称放处
税官	一	一			一	一																				
委员			一	一			一	一		一	一	一	一	一		一	一	一	一	一	一	一		一		
高级录事	一	一	一		一	一	一	一		一	一															
监秤员	三	二	一		一	一	四	一		一		一		一									一			
监查员										一	一															
录事	二	三	二	三	二	二	二	二		一	二	二	二	一			一			一	一	一		一	一	一
司秤	二	二	二	一	二	一	四	一		一	一	一	一								一	一	一	一	一	一
副司秤	五	三	二	一	二	二	五	二		二	一	二	一													
矿卤巡丁										一	四	二	二													
杂役	二	三	二	二	二	二	二	二		一	三	二	二	一	一	一	一	一	一	一	一	一	一	一	一	一

注：

（一）黑井收税局兼管新山下井，计设监秤、司秤、副司秤、杂役各一名。
（二）磨黑收税局该井既设支所，故未再设税局。
（三）腾冲、龙陵两稽税局录事兼司秤。

盐务稽核分所系统

云南盐务稽核分所，自民国三年成立以来，迄无变更，惟支所一级实为条件之所无者。初黑、白、磨三区均照设置，嗣废除黑区一所，仅白、磨两区设置如故。计黑区由分所直辖各税局及芷村稽税局，白井支所下辖白井区各税局、腾龙边岸各稽税局、阿墩子盐税局，磨黑支所下辖磨黑区各税局。

至民国二十六年财政部令饬，将运署、分所合并改组，盐务管理局以滇省情形特殊，未能即遵办理，仅将分所名义改名，云南盐务管理局一切职务仍旧。迄二十七年六月，运署裁撤归并管理局，滇区盐政全归统辖，内部及运署、分所所属机关，悉予改组，究之分所职权仍名去而实存焉。

稽核机关之驻地

云南盐务稽核分所在万钟街盐运使署东院，现移驻南城外崇仁街，旋移书林街。白井区支所在大理县城内，磨黑区支所及各井区税局，均系以各井场署同在一处，腾冲、龙陵、芷村三稽税局，阿墩税局，亦与各掣验局、盐务局同在一处。

盐务署稽核分所章程

第一条　各盐务稽核分所均隶属于财政总长所管辖盐务署内之稽核总所，承总所华洋总、会办之指挥、监督，办理各分所之职务。

第二条　按照善后借款合同第五款内所载，在各产盐地方设立稽核分所内设华洋经、协理二人，其等级职权均相平等，应尽职务如下：

一、华洋经、协理须会同监理发给引票或准单，准许纳税后运盐，以及在各稽核分所设立之处，可征收一切盐税盐课及各费，并监督他处之征收上列各税各费。凡该处收税之官，应由总、会办委任，该收税官关于所收税款对于分所担负责任。

二、凡在盐区征税后放盐，须以该分所华洋经、协理会同签字之单据，或以该分所印信为凭，其管理称盐及由仓坨放盐事务各员，应为分所属官。华洋经、协理及其所属之称盐及放盐之员，对于场仓放盐须稽查是否有正式准单，是否照章完全纳课，是否只照允准之量纳数放出，并按时期向该分所所辖地点内之场坨察视，在该地点之内，如该处运司或运署所属各局所之人员，有违背章程之事，应呈报总所之总、会办；倘于巡查时见有私制，及向领有牌照之场坨私运等情，亦须一律呈报。买盐、储盐、运盐并代政府售盐之地方各分所，对于此数者应尽之职务，由盐务署按各地情形，规定办法。

三、所有收入之款，应由分所华洋经、协理，以中国政府盐务收入帐名目存于国内各银行，或该银行所认可之存款处。其款项数目应报告稽核总所以备与稽核分所送呈之报告校对其放盐之数，并与银行送呈之报告，校对其收款之数。

四、盐款收支一切，须由分所华洋经、协理详细报告该处之盐运司并北京总所。

五、各分所之华洋经、协理及所员任免，由华总办及洋会办会同定夺，呈由财政总长核定。

第三条　各分所之员额，量事务繁简，随时核拟人数，经总所总、会办详细酌妥，呈由财政总长核定。

第四条　各分所若于第二条所指明各事有应行商酌之处，可开具说帖，呈总所总、会办请示办法。该办法由总、会办决定，如事重要者，则由总、会办征求财政总长之意见，遵照办理。

第五条　分所中若有与该地方盐运司，因权限职务责任等事彼此争执时，应由盐务署长及总所总、会办，呈请财政总长酌夺办理。

第六条　各分所应用之登记收交款目之簿记、表册式样及应用之收条、引票、执照等件之式样，均须遵照总所颁发之训令备办。

第七条　各分所一切费用，应于每年度开始以前编制预算，呈送总所，以资限制，并由总所与盐务署之预算，一并呈送财政部，以备核编。

第八条　凡分所对于盐务款目、引票额数及一切关于盐务之事，遇有应行查询时，得函请盐运司将所需文件，照送查核，或商明盐运司对于分所遇有应行查询事件时，亦同附件。

一、以上总分所两章程所定各该职务，如有未尽事宜，或日后有应行更定者，应由总所总、会办及盐务署署长，将所抒意见陈明财政总长，以便将此章程增加修正。所改正之章程再以财政总长之命令公布之。

二、以上总分所两章程，自财政总长命令公布之日施行。

三、自本章程颁布以后，从前盐务筹备处所定之章程，概行取消。

中华民国三年二月　日　　财政总长　熊希龄

财政部盐务稽核分所章程

第一条　财政部于各产盐区域设稽核分所，归总所监督指挥。各销盐区域，每区设稽核员一人，不另设分所。

第二条　各分所设职员如下：

一、经理一人。

二、协理一人。

三、文牍课长一人。

四、会计课长一人。

五、课员若干人。

六、雇员若干人。

第三条　各分所经、协理秉承长官之命令，会同办理下列各职务：

一、征收各该管区内一切盐款。

二、监理发给准单及称放盐斤。

三、保管各该区所收盐款。

第四条　各分所因办理收税款，称放盐斤事宜，得呈由总所转呈部长，派用收税及放盐人员。

第五条　各属所用放盐准单，应由各该管分所经、协理会同签字，并盖用分所印信为凭。称放人员称放盐斤时，须稽核已否照章完纳课税，有无正式准单及是否照数放出。

第六条　各分所经、协埋，如查有盐务机关违背定章或遇有私制及私运，则查有此种情形亦应呈报盐务署核办。

第七条　各分所经、协理，应将所收一切税款，即时存入各该区本部指定之银行，收本部帐。各区摊还民国三年以前因盐税作抵，并确由盐款项下偿付各债款之额数，当由部长遵照民国十七年九月二十五日国民政府命令，逐月由所收税款尽先拨归分所盐款债务帐。

此盐款债务帐内之款，须由经、协理签字提拨，按月将全数拨解本部指定之银行，收总所盐款债务帐。

第八条　各分所经、协理及其所属人负之任免，应由总所总、会办会同呈请部长核定施行。

第九条　各分所与各该区盐务行政机关，因权限、职务、责任等事，彼此如有争执，应分别呈请上级机关核查示遵。

第十条　各分所所用登记收支款目之簿记、表册式样及所用收条、准单、执照等件之式样，均应由总所呈请部长核定办理。

第十一条　各分所一切费用应于每年度开始时编制预算，呈由总所转呈本部核准。

第十二条　各分所由本部刊发关防，以便钤行文书及印发单据之用。

第十三条　各分所于办理分所内职务时，如有应向运署查询事项，得函请盐运使检送所需文件，或商明运使，派员到署查询。盐运使对于分所，遇有应行查询事件，亦得同样办理。

第十四条　本章程自公布之日施行。

稽核所人员服务规则

一、不准收受馈赠。凡盐商或公司或与制盐、囤盐、赃盐有直接、间接关系之人，勿论何种赠品、谢仪、酬劳，一概不准收受。不遵此谕者，即斥革。

二、不准向属员借贷。凡稽核所各职人员，不准向属员或向支领同等薪水或薪水较少人员借贷款项，以免遇事碍难约束，及不能秉公办理之弊，违即撤差。

三、不准与盐商共同营业。除购盐家用外，所员司均不准购买囤存，或制造、贩运盐斤。并不得与盐商或公司共同营业及有何种交易。

四、不准聚赌及吸食鸦片或不正当行为。各人员勿论在公或散职后，对于立身行事，务必循规蹈矩，妥慎检点。倘有偶犯聚赌及吸食鸦片、品行不端情事，均照规定办法惩治。

五、不准泄露机密。泄露公务税要，刑律订有罪名。凡本机关一切公务，除已经公布或宣布登报者外，均不得向局外人宣泄。至于向本机关低级人员指示办法时，亦应慎重办理。

六、不准兼任他职。凡在本机关服务人员，如未呈奉总、会办核准，不准兼营他业或兼任他职，以免妨碍执行本机关之事务。

七、不准由属员斡旋向外面借贷。凡所属人员，若欲向外间借贷款项，概不得由其属员帮忙从中斡旋，以杜流弊。

八、不准违背规定，妄自呈控。凡所属人员，欲控告同级或上级员司者，须先向该长官呈诉一切，纵使该管长官，即为其所控之人，亦应照此办理。其一切手续，均须按照饬令规定，不得借口不知此项饬令而不遵照，则概不受理。其连名具呈者，并应遵照手续办理。

九、各员司均须遵命赴调。办事人员，应以公务为重，不得企图个人便利，致碍公事。故各处分所，稽核处、支所、收税局之课员、会计员、副收税员及办事人员等，于委用时即订明，勿论派往国内何处，均不得推辞。所有人员，一经奉令他调，即须遵照实行，不得违延。

稽核人员之考成

稽核人员每年办事情形，于每年十月一日由经、协理及其他主管人员，将所属二等课员以上办事情形及品行、才具切实查看，会衔密呈，其密呈事项分为三类：（一）特别保举者；（二）成绩优美者；（三）成绩不佳者。惟对于成绩不佳之人员，应将报告之考语，令本人阅看，并令其签字，证明已经看过，或在原报告内签字，或另具一纸令其签字，贴附于报告之后。此种报告，应由经、协理亲自编送，以一份寄呈总所，以一份封存分所保险铁柜内。总所存案之报告内，查有某员，曾经三次报告谓其成绩不佳者，无论各该报告是否连接，或是否来自一属，届时当令编呈第三次报告之人员，将该员是否堪以留用，查明呈报，以凭核办。经、协理对于报告，应将各该员所办各项文件原稿（例如主任会计所拟公函之底稿、与其他课员翻译文件之底稿、会计课员等编查之帐目及收税员、放盐员所办之呈文等类），一并呈核，以资佐证。惟各报告之主管人，对于呈验之各稿件，必须查明确为各属员本人所办，未经他人相助，免受蒙混。凡各属所保荐之员，嗣后若经查得不能称职，则该具呈保荐之主管人员，当视为无知人之明，或视为非真正为盐务谋利益。

云南盐务稽核分所及所属支所税局职员一览表

职别	姓名	任事年月	备考
经理	张汝霖	民国三年三月任	
	钱方轼	三年八月任	
	钟荫棠	四年八月代理	
	钱文选	四年十一月任	
	吴观峦	八年一月任	
	卢彦荪	十三年九月代理	
	蔡华杰	十三年十月任	
	谭天池	十四年十一月任	
	缪秋杰	十五年任	
	郭绍宗	十八年七月任	
协理	保德成	民国二年任	
	耿普鲁	八年三月任	
	迪部罗	九年四月任	
	阿亲泽斯基	十二年任	
	巴图文	十四年三月任	
	保德成	十五年十二月复任	
	陆力贝	十六年九月任	
	普格思	十八年四月任	
	巴图文	十八年复任	
黑井区盐税总局长	唐堃华	九年一月至十年四月任	查黑井区总局九年一月设于阿陋井。
	费相藩	十年四月任至十一年八月	查黑井区总局自十一年九月改为稽核支所。
黑井区稽核支所华洋助理员	华员：费相藩	十一年九月任至十二年三月	
	洋员：麦德臣	十年七月至十三年五月	
	华员：周震寰	十二年三月至十二月	
	舒伟镛	十二年十二月至十四年二月	
	黄克聪	十四年二月至十一月	黑井区支所于十四年十一月裁撤。

（续表）

职别	姓名	任事年月	备考
黑井收税局委员	严汝芬	四年十一月至五年九月	该局于四年十一月成立。
	王永清	五年十月至八年三月	
	李绍康	八年三月至十一年五月	
	李诵谔	十一年五月至十二年六月	
收税官	王德宣	十二年六月至十六年二月	
	吴之璇	十六年二月至六月	
	邵文彬	十六年七月至十七年四月	
	李长安	十七年五月至十八年七月	
	章郁蕃	十八年七月至十九年九月	
	李一廷	十九年十月至	
收税员	张自重	二十一年一月至十月	
	苏德扬	二十一年十月现供斯职	
元永井收税局委员	林堃	三年十一月至十二月	该局即于本月成立。
	陈伯槭	三年十二月至四年十月	
	黄赓年	四年十月至五年十月	
	严汝芳	五年十一月至六年三月	
	华振	六年四月至九年一月	
	郑廷榆	九年一月至十年三月	
收税官	周克家	十年三月至十二年二月	
	张敬亭	十二年二月至十三年三月	
	吴之璇	十三年三月至十六年二月	
	王德宣	十六年二月至三月	
	邵文彬	十六年三月至五月	
	金维祺	十六年五月至十八年五月	
	周明泰	十八年五月至十月	
	陈伯鲁	十八年十月至二十一年七月	
收税员	李良钰	二十一年七月至十二月	
	费守廉	二十一年十二月	

（续表）

职别	姓名	任事年月	备考
阿陋井收税局委员	华振	五年十月至六年五月	查该局于本月成立。
	梁际尧	六年五月至九年一月	九年一月裁撤该局设盐税总局。
收税员	孙汉	十四年十一月至十五年五月	查该井收税局于黑区支所撤后复设。
	何少山	十五年五月至十七年十一月	
	周明泰	十七年十一月至十九年四月	
	杨毓中	十九年四月至二十年八月	
	周昌年	二十年八月至二十一年八月	
	钱维藩	二十一年八月至十二月	
	顾诚	二十一年十二月	
琅井收税局收税员	张敦诗	十四年十一月至十五年九月	
	黎树星	十五年九月至十七年三月	
	段复元	十七年三月至十一月	
	钱维藩	十七年十二月至十八年十一月	
	周昌年	十八年十一月至十九年八月	
	李良钰	十九年八月至二十一年二月	二十一年二月裁撤改招商承办。
开化边盐稽税局委员	李继钊	民国六年至七年六月	查该局于六年成立。
	林常椿	七年六月至十年四月	
	张敬亭	十年四月	查该局于十三年裁撤改为芷村稽税局。
芷村稽税局委员	吴杰	十三年六月至十五年一月	
	陈肃矶	十五年一月至十六年十一月	
	顾邵本	十六年十一月至十七年二月	
	李祖泰	十七年二月至十九年四月	十九年四月裁撤该局。
广南稽税局委员	吴山	五年十月至九年	查该局设驻阿运九年裁撤。
贵州边盐稽税局委员	郭庆元	五年七月至十年六月	查该局于五年设驻板桥，十四年八月裁撤。
	顾邵本	十一年二月至十四年八月	
白井区盐税总局收税员	张膺方	三年十一月至四年七月	查该局于本年成立。
	林堃	四年七月至十月	
	刘际昌	四年十月至六年二月	查该局于六年三月改为支所。

（续表）

职别	姓名	任事年月	备考
白井区稽核支所华助理员	刘际昌	六年三月至九年十一月	
	卢彦孙	九年十一月至十年十二月	
	刘景春	十年十二月至十四年一月	
	舒伟镛	十四年一月至十五年二月	
	郭绍宗	十五年二月至十八年十月	
	汪时中	十八年十月至十九年十一月	
	赵武显	二十年四月到差现供斯职	
洋助理员	葛费纳	六年四月至七年八月	
	巴图文	七年八月至十年一月	
	傅国勋	十年十一月至十二年十月	
	柏克	十二年十月至十五年十月	
	德来保	十五年十月至十六年二月	
	萨格思	十九年五月到差现供此职	
白盐井收税局委员	阎枚卜	三年十一月至四年七月	查该局于本年成立。
	刘楚勋	四年七月至五年四月	
	邓希陶	五年四月至六年十一月	
	李毓芳	六年十一月至十一年二月	
	黄积谦	十一年二月至十二年一月	
收税官	黄诚	十二年二月至十三年十二月	
	章郁蕃	十三年十二月至十六年四月	
	王凤翔	十六年四月至十七年十一月	
	林学煊	十七年十一月至十八年十一月	
	李一廷	十八年十一月至十九年九月	
	陈文瑗	十九年九月至十一月	
收税员	苏德扬	十九年十一月至二十一年十月	
	王肇启	二十二年二月到差现供斯职	
乔后井收税局委员	金国政	三年十一月至十二月	查该局于本年成立。
	许滇生	三年十二月至四年四月	
	栗飞鹏	四年四月至五年二月	
	何骏声	五年二月至六年十一月	

（续表）

职别	姓名	任事年月	备考
乔后井收税局委员	邓希陶	六年十一月至九年十二月	
	翁燕旋	十年一月至十一年二月	
	朱斌甲	十一年十月至十二年二月	
收税官	高祖卿	十二年十二月至十四年十二月	
	梁继尧	十四年十二月至十六年三月	
	王允信	十六年三月至十一月	
	李长安	十六年十一月至十七年五月	
	吴之璇	十七年五月至十八年六月	
	李一廷	十八年六月至十月	
	陈建唐	十八年十一月至二十年十月	
	尹绍	二十年十月至十二月	
	王肇岐	二十年十二月至二十二年二月	
	杨毓中	二十二年二月现供斯职	
云龙井收税局委员	杨德晖	四年六月至十一月	查该局于四年六月成立。
	李毓芳	四年十一月至六年十二月	
	李锡庚	六年十二月至八年十月	
	何骏声	八年十月至十年二月	
	李诵谔	十年二月至十一年十月	
收税员	毛士俊	十一年十月至十四年三月	
	梁际尧	十四年三月至十五年八月	
	潘保常	十五年八月至十六年十一月	
	苏德扬	十六年十一月至十七年十一月	
	王肇岐	十七年十一月至十八年九月	
	辜仲清	十八年九月至十九年十月	
	钱维藩	十九年十月至二十年十二月	
	王季华	二十年十二月至二十二年二月	
	王存孝	二十二年二月到差现供斯职	
喇井收税局委员	仇金鳌	三年十一月至四年三月	查该局于三年十一月成立。
	李振五	四年三月至四月	
	沈鸿翔	四年四月至十一月	

（续表）

职别	姓名	任事年月	备考
喇井收税局委员	吴宝树	四年十一月至六年十一月	
	刘思沛	六年十一月至十年七月	
	沈鸿翔	十年七月至十一年十二月	
收税员	黄廷俊	十一年十二月至十二年三月	
	华季瑞	十二年三月蚩十四年五月	
	曾纪顺	十四年五月至十五年二月	
	辜仲清	十五年二月至十七年三月	
	袁丕镛	十七年三月至十八年九月	
	段复元	十八年九月至十一月	
	苏德扬	十八年十一月至十九年十二月	
	尹绍	十九年十二月至二十年三月	
	王嘉寿	二十年三月至二十二年四月	
	熊汝昆	二十二年四月到差现供斯职	
腾越边盐稽税局委员	庞铭恭	六年一月至十年三月	查该局六年一月成立。
	毛士俊	十年三月至十一年六月	
稽税员	丁维达	十一年六月至十五年六月	
	苏汉文	十五年六月至十六年十月	
	赵世缨	十六年十月至十七年五月	
	王肇丕	十七年五月至二十年十一月	
	陈建唐	二十年十一月至二十一年一月	
	尹绍	二十一年一月到差现供斯职	
龙陵边盐稽税局委员	李耀	五年四月至十年五月	
	李济澜	十年五月至十一年三月	
	侯树勋	十一年三月至十五年四月	
	虞舜卿	十五年四月至十七年十二月	
	周哲民	十七年十二月至十九年一月	
	楚原	十九年一月至二十年二月	
	钱维藩	二十年二月	
	周昌年	二十一年五月，现供斯职	

（续表）

职别	姓名	任事年月	备考
阿墩盐厘局委员	杨超群	五年四月至十一年五月	
	李济澜	十一年五月至十三年八月	
	王允信	十三年八月至十五年六月	
	陈文郁	十五年六月至十八年三月	
	赵世缨	十八年三月至二十二年二月	
	陈昌华	二十二年二月，现供斯职	
磨黑区盐税总局收税官	刘际昌	三年十一月至四年十二月	查该局于本年成立。
	林冲镛	四年十二月至五年二月	
	钟荫棠	五年二月至六年五月	该总局于六年五月改为支所。
磨黑稽核支所华助理员	钟荫棠	六年五月至八年十月	
	李奕榆	八年十月至十年五月	
	刘景春	十年五月至十一年八月	
	张天祥	十一年十二月至十五年一月	
	孙鉴	十五年一月至十八年五月	
代华助理员	梁启圻	十八年五月至十九年三月	
	梁中愚	十九年三月至二十年三月	
华助理员	王履丰	二十年三月，现供斯职	
洋助理员	巴利士	七年五月至六月	
	傅国勋	七年六月至十年八月	
	萨格思	十年八月至十八年五月	
	坦以理	十八年五月至二十一年一月	
石膏井收税局委员	黄贤哲	三年十二月至四年八月	查该局于本年成立。
	林兆英	四年八月至五年五月	
	李勋	五年五月至十一年五月	
	许立铭	十一年五月至十三年一月	
收税员	唐文怀	十三年一月至十五年七月	
	张其惠	十五年七月至十七年九月	
	陆凤岐	十七年九月至十八年十一月	
	罗杰	十八年十一月至十九年十二月	

（续表）

职别	姓名	任事年月	备考
收税员	张自重	十九年十二月至二十年六月	
	张其慧	二十年六月至二十一年十月	
	楚原	二十一年十月至二十二年一月	
	田耕籍	二十二年一月　现供此职	
按板井收税局委员	侯廷珍	三年十一月至七年五月	查该局于本年成立。
	唐文怀	七年五月至十二年三月	
收税员	张秉奎	十二年三月至十四年十月	
	陈拱生	十四年十月至十六年十月	
	侯树勋	十六年十月至十九年五月	
	李祖泰	十九年五月至今仍供斯职	
香盐井收税局委员	梁际尧	三年十一月至五年四月	查该局于三年成立至五年四月改为香盐、益香两局。
香盐井收税局委员	张思来	五年四月至八年五月	
	王灼明	八年五月至十二年四月	
收税员	李炳琛	十二年四月至十四年一月	
	吴逊镜	十四年一月至十六年五月	
	陈伯鲁	十六年五月至十八年五月	
	辜仲清	十八年五月至二十年三月	
	刘存弟	二十年三月至二十一年十一月	
	罗杰	二十一年十一月至二十二年一月	
	黄时俊	二十二年二月至五月	
	马金国	二十二年五月到差现供斯职	
益香井收税局委员	何道孚	五年四月至九年一月	
收税员	梁际尧	九年一月至十三年十月	查该局于本年成立。
	王鸿宾	十三年十月至十五年四月	
	陈德隆	十五年四月至十九年六月	
	饶钧德	十九年六月至二十年一月	
	罗杰	二十年一月至二十一年十月	
	张其慧	二十一年十月到差　现供斯职	

ONG GAOZHONG JIAOKESHU

AXUE

普通高中教科书　化学　必修　第二册

ISBN 978-7-107-33575-4

教科书定价：9.85 元

配套光盘定价：5.00 元

国家教材委员会专家委员会审核通过
2019

普通高中教

生物

选择性必修 2

生物与环

民国云南通志长编　一　大事、党务、议会、内政、军务

民国云南通志长编　二　民政

民国云南通志长编　三　财政、教育

民国云南通志长编　四　建置、交通、盐务

民国云南通志长编　五　司法、外交、社会、农业、工业

民国云南通志长编　六　商业、宗教、艺文、金石、人物

民国云南通志长编

三

[民国]周钟岳 李根源 方树梅 等 纂修

云南出版集团
云南美术出版社

图书在版编目（CIP）数据

民国云南通志长编：全6册 / 周钟岳等纂修．-- 昆明：云南美术出版社，2022.12
ISBN 978-7-5489-5156-8

Ⅰ．①民… Ⅱ．①周… Ⅲ．①云南－地方志－民国 Ⅳ．① K297.4

中国版本图书馆 CIP 数据核字（2022）第 180154 号

出 版 人：刘大伟

项目统筹：刘大伟　赵文红
责任编辑：洪　娜
装帧设计：范正莲
责任校对：赵关荣　王飞虎　孙小渊

民国云南通志长编　三

［民国］周钟岳　李根源　方树梅等　**纂修**

出版发行：云南出版集团
　　　　　云南美术出版社（昆明市环城西路609号）
印　　刷：云南出版印刷集团有限责任公司华印分公司
开　　本：787mm×1092mm　1/16
印　　张：27.25
字　　数：675千字
版　　次：2022年12月第1版
印　　次：2023年3月第1次印刷
ISBN 978-7-5489-5156-8
定　　价：1960.00元（全六册）

目 录

民国云南通志长编卷二十七

民国云南通志长编卷二十八

民国云南通志长编卷二十九

民国云南通志长编卷三十

民国云南通志长编卷三十一

民国云南通志长编卷三十二

民国云南通志长编卷三十三

民国云南通志长编卷三十四

民国云南通志长编卷三十五

民国云南通志长编卷三十六

民国云南通志长编卷二十七

财政一

地方岁入

概说

滇自光复后，财政制度迭经变更，所有税捐，鲜有通行至五六年之久者。此二十年间财政改革之故，关系至为重大。盖滇本瘠区，在前清时为受协省份，自民国成立，省自为政，川鄂协饷断绝。本省农工商均未发达，税源枯窘，所有财政几难自给。故民国元年，预算案岁入经常部为：田赋银一百零七万五千五百九十六元八角七仙，盐课税厘一百九十八万四千一百零九元四角八仙，杂税金八两九钱八分，又银一百零一万八千一百九十五元三角五仙七厘，厘金三十三万四千八百三十四元八角五仙七厘，官业收入四十五万九千九百二十四元零四仙四厘，杂捐一万三千九百七十六元六角六仙，杂收入一万四千四百八十八元三角五仙。岁入临时部为：杂收入银四万七千八百九十八元六角六仙六厘，余存金三百一十三两二钱三分，又银一百三十三万三千五百九十八元九角五分三厘（查原案并有补收金共银六百零八万五千一百二十四元九角九仙三厘，据其说明书系田赋、厘税及盐课等历年欠款，将来收得若干，不能预定，自当无庸列入）。二共合岁入金三百二十二两二钱一分，又银一千二百三十六万七千七百四十八元二角三仙。岁出经常部为：都督府所管经费银一十万八千零二十三元六角六仙四厘，军务司所管经费三百二十三万四千零六十元八仙三厘，民政司兼司法司所管经费三十二万四千五百五十二元二角九仙八厘，财政司所管经费一百一十五万五千七百二十六元二角零四厘，教育司所管经费五十八万五千三百一十九元四角六仙六厘，实业司所管经费五十五万八千九百五十元八角四仙，外交司所管经费二万四千七百一十六元五角二仙六厘，临时省议会经费四万零三百二十四元六角，会计检查厅经费一万二千八百一十三元二角五仙。岁出临时部为：都督府所管经费一万七千九百八十七元九角八仙，军务司所管经费五十六万四千九百四十五元四角四仙六厘，民政司兼司法司所管经费四千四百四十五元七角五仙四厘，财政司所管经费六十二万九千二百七十七元一角九仙，教育司所管经费六万六千八百一十二元零一仙，实业司所管经费三十八万四千零一十四元，临时省议会经费七千五百九十四元六角，会计检查厅经费一千元，收入缺捐额三百万元，补支金三十万六千五百一十一元六角八仙五厘。新要求款：军务司所管经费三十万元，民政司兼司法司所管经费四十六方三千四百九十五元，财政司所管经费一百八十二万元，教育司所管经费二万二千四百四十二元，实业司所管经费三十三万元。以上经常、临时、新要求三部共合岁出银一千三百九十六万三千零一十二元五角九仙六厘。两抵已不敷银一百五十九万五千二百六十四元三角六仙六厘。民国二年预算案，国家岁入经常门为：田赋银七十六万四千三百一十四元，盐税一百零三万二千二百三十五元，厘金五十万一千八百零一元，杂税七万四千九百九十三元，官业收入一千五百三十六元，杂收入四万一千二百九十七元。岁入临时门为杂收入银二万二千五百四十元。二共合岁入银二百四十三万八千七百一十六元。国家岁出经常门为：外交部所管共银三千零三十六元（此款少列，据是年度国家税出更正预算案，外交部所管共银三万九千七百六十八元），内务所管共银二百四十七万九千七百九十六元，财政部所管共银四十万一千四百四十元，教育部所管共银二十六万零六百四十九元，陆军部所管共银八百二十九万二千七百一十七元，司法部所管共银一百四十九万三千零八十五元，农林部所管共银五万四千零二十一元，工商部所管共银七万三千三百元。国家岁出临时门为：外交部所管共银八千三百元，内务部所管共银六十六万九千三百六十元，财政部所管共银一百一十八万八千五百七十六元，教育部所管共银二万三千三百九十四元，陆军所管共银三百六十一万七千五百三十元，司法部所管共银一十八万三千一百七十八元，农林部所管共银三万四千二百四十元，工商部所管共银八万四千九百二十八元。二共岁出银一千八百九十万四千二百八十二元。两抵不敷银一千六百四十六万五千五百六十六元。又同年地方预算案岁入经常门为：田赋附加税共银三十三万零一百三十五元，盐课附加税共银七十九万四千五百七十一元，杂税附加共银四十三万一千一百一十二元，官业收入共银一十三万八千六百一十二元，杂捐共银四万零一百七十六元，杂收入共银一万五千九百二十元。共合岁入银一百七十五万零五百二十六元。地方岁出经常门为：内务行政费一万五千九百六十元，教育行政费五十二万五千六百一十七元，实业行政费五万二千九百八十九元。地方岁出临时门为：内务行政费一十六万一千九百五十元，财务行政费五十五万元，教育行政费二十二万零二百二十元，实业行政费二十万零三百元。二共合地方岁出银一百七十二万七千零三十六元。两抵盈余银二万三千四百九十元。其他本年国家及地方岁出岁入追加预算之数，已可从略。又如六年预算案简表，国家岁入经常门为：租税银一百六十八万八千九百三十七元，官业收入银一十五万九千九百四十四元，杂收入银三千八百九十六元，岁入临时门为杂收入银一千五百六十元。二共合岁入银一百八十五万四千三百三十七元。国家岁出经常门为：外交部所管共银二万二千元，内务部所管共银一百七十四万一千五百七十八元，财政部所管共银一十二万五千九百零七元，陆军部所管共银四百九十万三千四百五十七元，司法部所管共锡三十九万六千四百四十四元，农林部所管共银二万一千四百一十四元。岁出临时门为：外交部所管共银二万九千二百七十五元，内务部所管共银二十八万八千八百元，财政部所管共银八万五千四百四十元，陆军部所管共银一万四千九百元，农林部所管共银六千四百七十元。二共合岁出银七百七十三万五千六百八十五元。两抵不敷银五百八十八万一千三百六十八元。又据同年度《省地方预算简表》，岁入经常门为：租税银六十九万零五百二十六元，官业收入银七千二百五十九元，杂收入银五万一千五百九十三元。岁入临时门为杂收入银六千六百元。二共合岁入银七十五万五千九百七十八元。岁出经常门为：内务费三十七万二千七百五十九元，财务费二万六千六百二十四元，教育费六十二万九千二百三十元，实业费一十九万二千一百零四元。岁出临时门为：内务费三万六千二百三十四元，财务费三万六千元，实业费四千九百八十元。共合岁出银一百二十九万七千九百三十一元。两抵亦不敷银五十四万一千九百五十三元，其余如十七年度预算案，国家岁入经常门为纸币四百五十五万六千九百七十六元，国家岁出经常门为纸币一千六百三十一万零五百五十二元，国家岁出临时门为纸币二百六十六万四千一百五十五元，省地方岁入经常门为纸币五百九十八万四千五百七十一元，省地方岁出经常门为纸币五百九十六万四千四百零三元，省地方岁出临时门为纸币二百零九万四千五百元。十八年度预算案，国家岁入经常门为纸币五百三十八万五千一百七十一元，国家岁出经常门为纸币二千五百五十二万一千二百九十七元，国家岁出临时门为纸币二百八十万四千二百六十元，省地方岁入经常门为纸币七百六十六万九千三百三十二元，省地方岁出经常门为纸币八百零八万七千八百六十四元，省地方岁出临时门为纸币三百五十六万零四百七十六元。十九年度预算案，国家岁入经常门为国币二百四十一万六千三百九十八元（近年每国币一元约抵本省现金二元，每现金一元可抵纸币五元），国家岁出经常门为国币二百九十七万八千二百三十七元，国家岁出临时门为国币四百五十五万零六百六十六元，省地方岁入经常门为国币二百八十八万七千二百五十七元，省地方岁出经常门为国币二百九十万四千一百零二元，省地方岁出临时门为国币五十一万二千二百一十九元。二十年度预算案，国家岁入经常门为国币三百五十九万八千三百五十一元，国家岁出经常门为国币一千零六十万四千九百五十四元。国家岁出临时门为国币五十四万六千六百六十七元，省地方岁入经常门为国币三百一十二万四千八百五十七元，省地方岁出经常门为国币四百七十六万零五百六十九元，省地方岁出临时门为国币六十七万零二百五十元。两抵均属不敷甚巨。虽本省预算案尚不止此六年者，而历来财政均收不敷支，其他年度已可例推矣。其预算之数，虽因天灾或人事之关系，于事实上不无差异之处。而就财政厅历年收支实数观之，民国元年共收入银六百三十九万三千七百八十一元零九仙六厘，共支出银六百二十万一千六百六十三元四角八仙三厘。二年共收入银七百三十一万七千三百七十八元六角三仙七厘，共支出银七百五十九万一千零一十元九角六仙四厘。三年共收入银六百七十四万六千零三十元八角八仙八厘，共支出银七百四十七万一千七百零九元八角三仙。四年共收入银四百四十万四千九百九十四元六角九仙二厘，共支出银四百三十八万九千九百八十五元七角六仙六厘。五年共收入银五百七十二万三千四百九十九元四角七仙七厘，共支出银五百五十九万八千七百八十三元五角五仙七厘。六年共收入银五百三十八万二千九百三十五元二角六仙，共支出银五百四十二万一千四百零八元四角五仙一厘。七年共收入银五百九十一万零一百三十四元四角九仙八厘，共支出银五百八十八万七千三百二十七元二角九仙一厘。八年共收入银六百七十七万零八百八十七元二角七仙，共支出银六百八十八万三千八百五十二元四角四仙九厘。九年共收入银六百一十四万四千二百六十九元二角九仙九厘，共支出银六百零六万九千五百三十八元四角七仙九厘。

十年共收入银五百二十七万二千一百一十四元二角一仙七厘，共支出银五百二十八万八千一百六十二元四角八仙一厘。十一年共收入银三百九十七万四千五百四十元八角九仙，共支出银六百四十九万零九百七十七元四角五仙二厘。十二年共收入银四百四十一万三千八百七十五元三角九仙二厘，共支出银七百四十九万四千八百三十二元六角六仙四厘。十三年共收入银五百七十二万八千二百三十三元四角三仙三厘，共支出银八百六十九万三千七百三十八元四角七仙七厘。十四年共收入银九百六十一万零五百八十九元四角五仙二厘，共支出银一千四百九十八万七千五百五十八元八角零二厘。十五年（截至五月底）共收入银四百四十一万一千九百四十四元九角九仙一厘，共支出银五百四十六万七千八百八十三元五角五仙六厘。十六年共收入银五百七十八万六千七百一十三元，共支出银一千八百九十八万三千八百元。其自十七年起至二十年，止收支实数已多散见于岁入岁出两部矣。在此二十年中之收支，虽亦有数年于表面上似相悬不远，然历经援川、援黔及护国、靖国、建国诸役，为时既久，需饷浩繁。除前由所收官产、叛产等售价及临时所筹提如筹饷局、造币厂、铁路局各机关之款弥补外，截至五年六月底止，政府已借欠富滇银行八十万元，六年（以下各年均截至六月底止）借欠一百一十万元，七年借欠一百三十万元，八年借欠一百六十万元，九年借欠一百六十万元，十年借欠二百二十万元，十一年借欠三百一十万元，十二年借欠九百四十万元，十三年借欠一千三百三十万元，十四年借欠一千九百八十万元，十五年借欠二千九百四十万元（此系根据富滇银行所列云南政府借用兑换券与银行营业应用兑换券比较表之数，而查前金融会议录案，则谓富行截至十五年五月底止，其发行纸币之总额为三千七百五十万元。此中政府积欠之数，截至本年五月底止，共计二千八百九十万元。内除官本一百五十万元，未分红息七十万元，公积金四十万元，南校场地价约七十万元，共合三百三十万元外，实欠二千五百六十万元。其余则系商欠借款与银行产业及流动资本云。又查是时富行纸币价落，外埠汇水日涨，每汇港、沪、防币百元，约须滇纸币二百余十元至三百余十元。政府召开金融会议，当即议决，除田赋及锡税改为整理金融公债外，本省所有税捐，一律照原定税率暂加一倍征收，以两年为限，名之曰“借征”，专为政府偿还富行积欠，收毁纸币之用。约计每年全省收入可增加至一千一百余万元，以两年计，可还二千万元以上。其余不敷之数，另行设法，亦尽两年内完全偿清。行之未久，外埠汇水已陆续跌至二百元乃至一百八十元。嗣于十六年二月，又将此项借征案取消，其汇水即行回涨自三四百元至八九百元，有时乃至千余元）。十六年至二十年止，富行纸币发额及政府借欠富行款为数亦巨。虽民国初年，政府曾发行爱国公债一次，五年发行护国公债一次，六年又发行靖国公债一次，冀资挹注。除护国公债未经本省募收外，所有爱国、靖国两项公债，收数均属无多，故本息亦易付还讫。是本省财政入不敷出，固由军事之迭兴，而亦由地方之贫瘠，已可概见。十九年一月，政府乃将全省各项税捐一律改征现金，且规定以纸币五元折抵现金一元，并将当时所有之各项税捐分别调整，于是金融稳定，财源不致窘迫（本省税捐自改征现金后，所有省库收入经财厅预算年约纸币六千万元，呈由省政府提会议决，自十九年度起，以三千万元为全省岁需军政费，以三千万元为整理金融补助款。此项补助费按月由财厅拨交整理金融委员会保管，专供整理金融改良币制之需。

嗣又据财厅呈准自二十年一月份起，将禁烟局全部收入，拨作整理金融补助费，按月由禁烟局径解金融委员会核收。统计自十九年八月份起至二十一年六月份止，经财厅及禁局先后拨交整委会之整理金融补助费，共合纸币三千二百七十八万四千一百八十元零一分。内计财厅拨交纸币七百七十七万元，禁烟局拨交纸币一千九百零一万四千八十元零一分。只并附表)。二十八年，各项税捐改征新滇币，以旧滇币五元折抵新滇币一元。二十九年，复改国币，以旧滇币十元，折抵国币一元。新滇币与国币则为二与一之比，而旧滇币旋由政府以国币及新滇币悉数兑收销毁，市面即无流通者矣。迄三十四年，本省一切税收，除征实物者外，仍皆以国币为本位焉。此民国三十四年来本省财政之大概情形也，兹再根据《金融会议录》及《财政厅行政报告书》将本省财政岁入、岁出分述于后：

地方岁入一

田赋

本省田赋，在民国初年，系沿前清钱粮旧制，名目繁多。自六年财政厅设立整理赋税委员会，当将旧有钱粮之条丁，奏平公耗，秋米米折，永折荞款费，坐平运脚及夫马津贴，藉谷摊丁等项取消，以粮为本位，统名之曰“田赋”。又将类似钱粮之官租课等，改称租课，并明定各县征收数表，一律折征办理。至二十年，全省分区实行清丈，将各县耕地以亩为本位，从新厘订，分为三等九则制，税率甚轻，统名之曰“耕地税”。已清丈者照新订亩数上纳，未清丈者仍照民国六年厘定征率，一律折征。凡经清丈县份田赋上历来积弊，悉数廓清。中央以本省清丈耕地，成绩甚佳，誉为全国之冠。二十七年，全省清丈，大体完成。二十八年，省政府为促进县政建设地方自治奠定财政基础计，照《建国大纲》规定，将县有耕地税概行拨作地方行政及事业费，各县自治附加亦归并正税办理，由财政厅拟订《云南省各属耕地税划归县地方办法纲要》，核定通令全省各县统于二十八年度起实行，兹将划拨纲要，附录于下。

云南省各属耕地税划归地方办法纲要

一、全省各县耕地税，自划拨之日起，应全数拨归各该县地方，不再解缴。

二、未清丈各县，应照旧日名称及旧额，照案划归地方。

三、凡二十七年及二十七年以前之田赋及耕地税，仍应扫数解缴。何县于何日解清，即自解清之日起，照案划拨。若在二十八年十一月以前扫数解清者，即先行划拨。

四、以后各县凡遇荒歉蠲免，修改等则，即由财政局提出县地方财政委员会通过后，由县政府呈厅核准。

五、自拨之日起，所有烟酒牲屠税附加之自治捐及义教屠宰附捐，以及各县其他由烟酒牲屠项下附加之一切附捐，又各县就货物抽收之称捐、过路捐等，均一律移交各县烟酒牲屠局办理。其应抵补之款，概由耕地税拨支。若有耕地税全数不敷抵补者，另案呈财厅请示办理。

六、划拨以后原日对各县之补助费，应一律取消。若有预算不敷者，应请示办理。

七、官租一项，仍照旧办理。

八、划拨以后，应由各县财政局拟具全县总收支预算，送该县财政委员会通过后，呈报财政厅转送县地方财委会审核议后由财厅核示。

九、划拨耕地税意义重大，本办法彻底实行不可。嗣后凡县长、局长奉行不力者，即撤职查办。地方人士阻挠破坏者，拿解晋省从严惩办。

自各属耕地税划归地方后，因抗战及物价高涨，各县财政开支，均超出耕地税额甚巨。有于正项税额之外，自行代征附加税以资弥补之举，省政府念及各县困难事实，当准照各县耕地税额，按二十八年增加一倍征收。自增之后，无论何等何则之耕地，每亩税银概以角为单位，以新币照征。其各县自行随赋带征之附加税一律取消，以免苛扰。嗣于二十九年，复鉴于各县财政仍属拮据万状，准予概行改为国币征收。与以原有清丈新订之新币税额计算，合增十倍。此皆为县地方筹谋行政及建设事业经费之措施也。三十年，中央为适应抗战筹措军糈民食之需要，经全国第三次财政会议之决议，令将各县耕地税移交财政部云南田赋管理处接收办理，兹将本省耕地税等则税率表录载于下。

云南省耕地税等则税率表

等则	清丈后每亩每年应纳原税率	民国二十八年改订税率	民国二十九年改订税率
上上则	三角	六角	一元五角
上中则	二角四仙	四角八仙	一元二角
上下则	一角八仙	三角六仙	九角
中上则	一角四仙	二角八仙	七角
中中则	一角一仙	二角二仙	六角
中下则	八仙	一角六仙	四角
下上则	五仙	一角	三角
下中则	三仙	六仙	二角
下下则	一仙	二仙	一角

附记：

1. 本表所列原税率，系以现金为本位。二十八年改订税率，系以新滇币为本位。二十九年改订税率，系以国币为本位。

2. 本表所列税率，系每亩每年应纳数。

本省田赋，在民国十九年以前，每年征额银一百四十一万九千九百二十七元四角七仙六厘。内有团费一项，年征银六万一千七百七十一元七角九仙八厘，现系截留地方办团。又租课一项，年征银四万一千一百五十九元三角一仙一厘。二十年举行清丈以后，每年额征新滇币二百七十六万五千七百九十九元二角五仙五厘。照原数改征国币。

本省田赋，因每年均有水旱偏灾及公路汽车场、飞机场或其他公用占用民田永远豁免与居民欠未完者，年仅能收至七八成。十一年收七十一万六千七百六十三元三角六仙六厘，十二年收八十三万五千零九十三元八角一仙三厘，十三年收九千万九下五百五十六元五角八仙九厘，十四年收九十八万四千三百八十七元三角九仙六厘，十五年收二十八万五千七百二十四元二角七仙二厘（据《金融会议录》所载，财政司收支总数表均截至十五年五月底止。此数较以上全年者过少，似仅为五个月收入之数。其他是年收数为十二月），十六年数缺，十七年收七十六万三千八百九十二元七角七仙，十八年收一百一十六万五千二百五十五元二角四仙，十九年收七十六万二千五百三十二元零四仙，二十年收九十一万一千六百九十三元一角八仙七厘，二十一年收一百万四千零七十七元一角四仙，二十二年收一百二十七万四千四百三十六元二角六仙，二十三年收一百二十六万四千三百五十二元六角六仙，二十四年收一百零九万三千五百元零四角，二十五年收八十万七千八百五十四元，二十六年收九十三万一千一百四十六元，二十七年收七十四万五千五百元（二十年以后，概以新滇币为本位。自二十八年度起，田赋划归地方自行收支，收数不详）。民国十九年，本省政府以田赋内附收之陋规、票费等项为最烦琐，类似苛杂。饬由财厅查明列表呈核，计二十八县，共有三十余种。当经核明通令各该县，并刊刷布报清单，自十九年十月一日新赋开征之日起，一律免除，以恤民力。兹将清单开列于后。

（一）昆明县年征陋规银八十四元零五仙。

（二）晋宁县年征科银、粮票费钱，折银三元四角五仙。

（三）陆良县年征陋规银三百九十九元九角三仙三厘。

（四）河西县年征旧票费银折银六十二元六角八仙一厘。

（五）玉溪县年征杂粮升斗米租银八十元。又，靛称租银五十五元五角五仙。

（六）路南县年征火腿规费银一十二元。

（七）巧家县年征旧票银八百三十三元一角三仙九厘。

（八）永善县年征旧票费银五百零七元九角。

（九）镇南县年征陋规银七十七元六角七仙。又，堡租槽马银二百三十八元。

（十）牟定县年征草场马料银三十二元八角二仙四厘。

（十一）蒙化县年征陋规银七百零七元九角二仙五厘。又，旧票费银二百十七元七角三仙三厘。

（十二）景东县年征旧票费银三百八十四元。

（十三）师宗县年征陋规硝斤银三百二十元。

（十四）丘北县年征旧票费银三百二十元。

（十五）碍嘉县佐年征陋规银五十五元七角。

（十六）澄江县年征陋规银二千二百一十三元一角九仙八厘。

（十七）墨江县年征陋规银三百四十八元六角八仙。

（十八）会泽县年征陋规银一千二百元。

（十九）中甸县年征陋规银四百六十一元八角。

（二十）大姚县年征陋规银四百九十六元六角七仙四厘。

（二十一）个旧县年征建年例银一百零三元五角。

（二十二）泸西县年征考棚预贮银七十五元。又，随粮银四元三角七仙四厘。又，则例银三百七十五元。

（二十三）维西县年征杂费，土司养廉等项银七百二十九元二角六仙五厘。

（二十四）弥渡县年征蒙规银三百二十七元七角二仙一厘。

（二十五）兰坪县年征正土籽粮银二百二十四元四角零八厘。

（二十六）石屏县年征海口经费、学校修金、副约、工食等银一千零二元四仙二厘。

（二十七）顺宁县年征耿马岗押粮一千元。

以上各县陋规等项，应准自民国十九年国历十月一日开征日起，一律豁免。共二十七属，豁免银一万二千七百五十八元九角二仙五厘。

又本省征收田赋，入民国后，曾由财政厅制定票据正样，编发填用，定为每张征收铜元一枚，弥补纸章印刷等费，谓之“票资”。旋因工料价涨，加为铜元一枚半，均系折银解缴财厅。其票式分为四联：一曰存查，二曰缴验，三曰赴比，四曰收执。年来考察地方官吏，仍有浮收情事，于十九年通令各属，即于七月一日实行取消，并由财厅将票式另行厘定。复于票面注明“无价发给”字样呈准通行。迄二十八年，耕地税划归地方，其征收票据，即由各该县属自制填用不再由财厅制发矣。

本省田赋，向例以甲年九月初一开征，至十二月底止四个月为上忙，完解半数，乙年正月初一日起至三月底止三个月为下忙，扫数全完。又以甲于记粮年份十九年，遵照中央政府规定全国改用国历，将开征日期，自十九年份起，改为十九年十月一日，即以十月、十一月、十二月及次年一月四个月为上忙，次年二月、三月、四月三个月为下忙。复将向来所用甲子计算完粮年份之旧制，一并改为某年份田赋，不再沿用甲子矣。至民国二十九年止，无或更易。

本省粮额，原为二十万石，后奉财政部令，每粮一石，随征附捐一元，共为二十万元。当时虽定为解部专款，至今均省收省用，其收数：十一年为一十四万零二百六十八元零一仙七厘，十二年一十三万九千九百九十一元八角三仙五厘，十三年一十七万七千五百零五元二仙四厘，十四年一十六万五千八百五十七元四角一仙二厘，十五年五万四千八百六十元三角三仙三厘，十六年数缺，十七年一十一万七千零四十五元七角九仙，十八年七万一千七百零三元三角九仙，十九年八万八千八百三十八元五角零六丝，二十年一十二万九千零四十元九角九仙。迄二十一年举行清丈后，此种附捐即告停止矣。

契税

契税一项，在前清系由布政使司衙门颁发，契尾盖用司印，发交各该管州、县署征解。自民国三年，由财政部改定为四联印契，历经相沿办理。至十九年，由财厅另行新制杜典契官纸。编号盖印，发交各县长官，并责成各长官委托能负责任之地方人士设法推销，并认其登记，遇有人民购买官纸时，经售人员必须将购买人之姓名、住址，登记完毕，始能售卖，否则不得售卖，并将前用之四联契纸取消（其中一联系发给纳税者，即前所谓之契尾也），改用二联纳税证及契税证稿，由财厅制发，各县依照填写。凡报税人应先向各县长官呈报投税，即由各填写契税纳税证稿，每届一月，即将一联留存县属备查，其余一联，应备文造册呈转财厅，由财厅核明查照册列各花户，逐一填给纳税证，发由各县将纳税证附粘于纳税人契纸上，并将应纳税款，照数收回，汇解财厅核收。并规定凡杜典房屋者，统限于立契后一年内呈明投税，如逾限不投税者，除纳征税外，并照章处罚。若有先典后杜之杜契，无论承典人与卖主属于一人与否，仍应遵章照缴纳杜契税，不准扣抵原纳典契税额。

本省契税税率，在前清时系杜九典三，即杜契征收百分之九，典契征收百分之三，民国三年，财部所定税率分为四期：自民国三年六月起至九月底止为一期，按照杜二典一征收；自十月一日起至四年一月底止为二期，按照杜四典二征收；自二月一日起至五月底止为三期，按照杜六典三征收；自五月以后仍照杜六典三征收。统限于立契六个月内呈明投税，如逾期不投税者，分期递加罚金，其罚金以照应纳税额三倍为止。此外每填用印契纸一张，征收纸价费五角。十二年，又将税率减为杜四典二，并将杜契官纸定为每张售价四角，典契官纸每张售价二角，借券官纸每张售价一角。十八年一月，本省各项税率实行改征现金，时因契税原系从价征收，如果照案改征现金，则人民于立契时售价列为现金，于实际上亦与征收纸币无异，故仅将官纸价改售现金。其后征现金案于五月即行取消，仍照旧率征收纸币。至十九年，复将税率改定为杜契征收百分之六，典契征收百分之三。凡产价列为现金者，照收现金，列为银两者，以七二折成现金征收，列为他种货币者，照市价折成现金征收。官纸价改定为杜契官纸每张售现金一元二角，典契官纸每张售现金六角，借券官纸每张售现金一角，至请发给管理执照者，除照契税率缴纳契税外，并照产价数目，每现金一百元缴执照费一元。二十年，改为杜四典二。又以业经清丈后之各县田亩，对于杜典契税之征收，概予废除，改收为登记费，其征率为杜三典一点五。至未清丈者及宅地，暂仍照旧，俟土地法施行后，再行废止。又契税一项，原属省库收入之一。至三十年，中央改变财政收支系统，将省级预算并入国家预算，复于三十一年一月一日，将各县、市经征契税等移交财政部云南田赋管理处接收办理矣。

本省契税收数：十一年收一十二万三千五百一十九元四角七仙二厘，十二年一十七万七千三亩六十九元四角五仙，十三年二十万五千九百八十四元三角零六厘，十四年二十一万九千六百九十一元七角零六厘，十五年八万三千八百一十六元七角六仙五厘，十六年数缺，十七年收纸币三十八万零四百五十一元五角七仙，十八年收纸币二十八万八千八百七十三元，十九年收现金一十四万五千元，二十年收现金一十万八千六百四十一元二角，二十一年收现金二十一万零六百六十七元七角四仙，二十二年收新币二十二万六千四百三十六元八角八仙，二十三年新币一十七万四千八百三十七元二角八仙，二十四年新币一十二万六千三百七十五元八角四仙，二十五年新币九万一千五百二十六元，二十六年新币一十五万零九百六十四元，二十七年新币一十一万六千零五十元，二十八年新币二十五万五千二百四十四元五角二仙，二十九年新币七万五千九百六十元六角八仙，三十年国币二十九万二千一百六十三元九角八仙（二十一年以后，官纸价登记费均并入在内）。

此外，又有契注册费：十一年收二万一千零七十八元三角三仙四厘，十二年一万一千四百一十七元五角二仙一厘，十三年一万二千二百零五元七角八仙七厘，十四年一万四千五百一十一元八角二仙三厘。十五年以后缺。

又附官纸价：十七年收纸币二万三千四百一十七元，十八年纸币二万一千七百三十五元，十九年收现金二万四千元，二十年收现金一万一千三百零五元零七仙（二十一年以后，官纸价已并入契税收数之内）。

附：现行章程。

云南省财政厅征收契税章程

（民国二十年六月公布）

第一条　本章程依据呈奉省府核准之改革税制计划案订定之。

第二条　契税系从价征收，按所立契约之产价，杜契征收百分之三。凡产价列为现金者，照收现金，列为银两者，以七二折成现金征收，列为他种货币者，照市价折成现金征收。

第三条　各属经征官署征收此项契税，准由现金收数内提扣现金百分之五作办公费，不收纸价费，亦不得需索任何费用。

第四条　凡人民缴纳契税，须持成立契约到该管官署投契税。该管官署应即加以登记，填具纳税证稿。每届月终，造具花户名册，汇案呈报本厅核办。

第五条　各属报到契税纳税证稿，由厅核明查照册列各花名户，逐一办理纳税证，发交各该管官署将纳税证附粘于契纸上，加盖骑缝印，转发纳税人，即将税款收齐，解厅核收。

第六条　各属征获契税，甲月所收之款，限定乙月十日以前起解，不准积压。若有收而不报，报而不解等项情事，依法惩处。

第七条　凡有杜典田地房屋者，限于立契后一年内呈明投税，如逾限不投税者，除纳正税外，分期加罚，按一年为一期，逾限一期者照正税如罚一倍，逾限二期者，加罚二倍，逾限三期以后者，加罚三倍。

第八条　如有匿报契价、以多报少，一经查出或被告发确有证据者，除应补纳正税外，照所匿报契价应纳税额处十倍罚金。此项罚金，准以一半奖给告发人，一半奖给经收官署。

第九条　罚金收据应用三联，以一联给纳税人收执，一联缴厅，一联存征收官署备案。

第十条　契税纳税稿系用二联，由厅编发各属填用，以一联缴厅，一联留署备案。

第十一条　先典后杜之杜契，无论承典人与买主属于一人与否，仍应遵章缴纳杜契税，不准扣抵原纳典契税额。

第十二条　官署地方自治团体及其他公益法人为不动产之买主或承典人，免纳契税，但以收益为目的者，不在此限。

第十三条　各属经征官如有对于契税事宜任听人民隐匿、观望、奉行不力者，得由厅呈请议处。

第十四条　本章程自呈准公布之日实行。如有未尽事宜，由本厅提出修正，呈省政府核准行之。

云南省财政厅官纸专买章程

（民国二十年六月公布）

第一条　本厅为统一本省契约形式，保障人民财产权利起见，特定本章程，实行官纸专买。

第二条　此项官纸暂定为三种：一、杜契官纸，凡买卖不动产适用之；二、典契官纸，凡典质不动产适用之；三、借券官纸，凡借贷银钱适用之。杜契官纸每张售价现金一元二角，典契官纸每张售现金六角，借券官纸每张售现金一角。

第三条　此项官纸，除厅责成各属售卖外，各属得酌量情形，委托该管地方能负责任之人，设立官纸代售处代售，但须将设立处呈报本厅查核。

第四条　经售人于售卖官纸时，必须将购买人之姓名、住址、立契日期三项询明登记。售获之价，每届月终，缴由该管官署，依限造册汇解。

第五条　此项官纸由厅颁发，定为三联，于每联编列号数，合缝处盖用厅印。各县署奉到后，应于年月上加盖县印，以一联交与购用人，一联存署，一联随同售价缴厅备查。

第六条　各属及各代售处办公经费，得由售价内坐扣十分之三，不准需索其他费用。

第七条　凡经售人遗失官纸者，应照售价处以十倍罚金。遗失杜契官纸者，立即公布失效。

第八条　凡有不用官纸，私以白纸成立契约者，遇诉讼时，依法不能保障。

第九条　各经售官署及各代售人，如有营私舞弊情事，依法惩处。

第十条　本章程自呈准公布之日实行。如有未尽事宜，由本厅提出修正，呈请省政府核准行之。

云南省财政厅发给管业执照章程

（民国二十年六月公布）

第一条　凡有田地、房屋、山林、池沼管业契据遗失，或因分析产业而请领管业执照者，依本章程之规定办理之。

第二条　凡请领管业执照者，应填具申报表一份，将产业种类坐落面积四至五项详细开列，并声明此业系祖遗或何年购自何人。有粮票者，并须附粘近三年完粮券票，叙明老契因何遗失，或向无契纸，只有分关单约等管业证据，邀请邻证地方当事人盖章画押，呈报地方官署查核发给。

第三条　声请人呈报到县时，由县派员前往履勘。如确系声请人产业，即行布告署前及通衢地点，俟经过一月之期，然后照市估计产价数目，照契税章程缴纳契税，并照产价数目每现金一百元缴执照费现金一元。

第四条　各县署于核准之申告表，应连同契税纳税证稿具文呈报本厅核明，分别填给管业执照及契税纳税证，发交各县署转知申请人照数缴款，领照管业。

第五条　各县署所收照费，除准由收数内提扣百分之五作办公费外，其余悉数按月依限报解。

第六条　凡请领管业执照，该管县长必须调查确凿，始能呈请核发。倘有不实，以后发生纠纷，该县长须负失察之责。

第七条　申告表式样由厅印发各县署转发申请人照式填写，不收费用。

第八条　本章程自呈准公布之日实行，如有未尽事宜，由本厅提出修正，呈请省政府核准行之。

印花税

本省印花税，于前清光绪末叶兴办。当时，因交通梗阻，商务不甚发达，未能推行尽利。迨民肇兴，北京政府又将税法修正颁行，并明令督促认真推行，始由前国税厅筹备处于省垣附带办理，外则委诸道署及各县、局负责推销。旋将国税筹备处改为财政厅，继又改厅为司，改司为厅，虽均相沿办理，但进行则不免迟滞矣。及民国十五年，仍派定印花销额，通令各县，切实推行。仍因交通商务不甚发达，其条例内刊各项办理稍著成效者，仅状结、护照、戏券等数项，其余概未畅行。至十六年八月，经中央政治会议通过《财政部印花税暂行条例》九条，颁行各省遵照办理。本省仍于十九年三月，由财政厅设处办理，名曰整理印花税处。拟定《整理计划》，分别次第实施外县印花税系定额按期派销，省市印花税系托商店分发代售，且随时宣传劝导检查，故印花税之收入，遂较前增加。迨至民国二十三年一月，财厅以整理已渐就绪，为节省经费起见，呈奉省府核准，将整理印花税处裁撤，并归第二科，设股办理。复继续改进推广销路，除省市外，凡组设新县制财政局各县，均着手实税实贴，并厉行检查处罚，于是税收逐年均有增加，至民国二十六年十月，财政部令颁《非常时期征收印花税暂行办法》，饬将现行印花税率加倍征收。当时因本省情形特殊，若一旦从事变更，则困难问题殊多。乃体察本省情形，从权办理，暂将印花税票面额加一倍征收。至一切条例规章贴印花办法，一概照旧，暂不变更，自民国二十七年一月一日起实行，办理颇为顺利，惟值抗战时期，度支浩繁，亟应力谋开源之方，以资挹注。复于二十八年，遵照财政部前颁《非常时期征收印花税暂行办法》办理，饬以往印花税条例规章及本省补充条例一并废止。计昆明市二十八年二月十日起实行，外县自同年三月一日起实行，关于发行税票及检查处罚之一切行政事项，则照旧由财政厅办理，以一事权。如此积极进行，力图推广普及，印花税收逐渐旺畅。嗣于民国二十九年，中央令国地收支划分，本省印花税遵令于三十年四月底结束，由五月一日移交云南直接税局接办，自移交后，关于检查印花事项，仍由财政厅协助办理。

印花税税率，计为一分、二分、三分、四分、一角、五角、一元、二元、三元、四元、五元、十元、二十元等。其订定标准，或以亩积银数之多寡而别，或以凭证关系之轻重而异云。印花税收数：十一年为九千八百二十一元六角零四厘，十二年一万零八百七十四元七角四仙八厘，十三年九千五百四十八元九角二仙六厘，十年七千三百三十三元一角八仙九厘，十五年八千零九十六元八角四仙六厘，十六年、十七年、十八年数缺，十九年收现金一万八千元，二十年收现金二万六千三百二十元，二十一年收现金九万六千零八十元零七仙，二十二年收现金一二万六千三百四十九元三角六仙，二十三年收新币一十六万六千五百七十二元七角三仙，二十四年收新币一十六万零一百五十元六角三仙，二十五年收新币一十八万七千七百五十五元六角三仙，二十六年收新币一十八万二千六百五十五元二角九仙，二十七年收新币二十七万四千五百二十三元八角（由本年度起实行《非常时期印花税暂行办法》，将税率加倍征收），二十八年收新币五十七万二千一百六十五元零五仙，二十九年收新币七十万四千一百二十六元一角三仙，三十年以后移交财政部云南直接税局接办，收数不详。

特种营业税

营业税，在各省境内经营商业、开设店铺者，除已向中央政府纳过所得税之公司及由中央征收特种税捐之营业外，均应交纳。本省于民国三年，即由前财政部令饬财厅创办，迄未实现。至十九年，中央迭令各省限期将厘金及类似厘金之一切税捐裁撤，并指定裁厘后举办特种消费税，抵补国库收入，营业税抵补省库收入。本省奉令后，即饬由财厅分别筹备办理。惟因本省地处边瘠，商情冷淡，且工商业向不发达，所有一切货品及日用品均须仰给予外省或外洋输入，而此种输入货物，大都又已上纳过特种消费税。若再于销售时征收营业税，则一种货品负担二重之税捐，民力自有未支。又举办营业税必须根据商民之营业额、资本额或盈余额任择其一，以为课税标准，进而酌定税率。但查本省现时各商账簿均欠完备，又不统一，调查多感困难，最易引起纠纷。骤然行之，非惟商民惊愕，虑其纷扰，更恐隐瞒偷漏，公家所得，似属无几，自不得不慎重考虑。当即体察本省情形，参照部颁《营业税大纲》，将未经负担过特种消费税之商业，选择提出转运业、保险业、有奖储蓄业、堆店业、旅馆业、金店银楼业、银钱业、茶馆业、中西菜馆业、娱乐场业、押当业、牙行业等十二业，先行举办，并先就昆市试办。又因此次举办之营业税系就一般商业中提选出十二业，并未于全体商业中征税，故定名为特种营业税，并于昆明市成立特种营业税局，专司征收昆明营业税事宜。又上列各业，其中有数业在未征收营业税之先，已由昆明市政府有捐款者，如旅馆业及堆店业，收有旅店照费及人马店捐；茶馆业收有茶捐；押当业收有押号照费及当课；中西菜馆业收有馆捐；牙行业收有牙行年税等——自特种营业税开征之日起，所有市政府征收之一切捐款，均已一概取消。

本省所选提应纳营业税中之十二业中，其间因营业性质之不同，是以课税标准亦即互异，除有特殊情形者另定课税标准外，此项课税之标准，暂定为以下两种：

一以营业额为标准，

一以资本额为标准。

凡营业额、资本额之计算，概以滇铸之半开现金为本位。根据以上课税标准，并斟酌本省各业情形，分别订定税率。

特种营业税局于成立开征之日，应即饬应缴纳特种营业税之店铺将特种营业税之种类、牌号、住址及营业人之姓名、籍贯、住址、营业资本总额、全年营业收入估计总额，分别填具报单，呈由特种营业税局审核。并即按照商店之资本额或营业额，分别将全年应纳税额核定，填发营业证。此项营业证有效期以一年为限，期满应即另行换发，并将应纳税总额分摊作十二个月，按月征收一次。其应纳特种营业税者，如在本省境内设有总分店，所有应纳税额，应向总店一并征收。若总店或分店有设在省外者，其设在省外之总店或分店应缴营业税，应由商店寄归在省内之商店或总店，由特种营业税局向设在省内之店或分店征收。若商店对于营业额或资本额及对于营业税有以多报少，或隐匿不报、伪造账簿、无证营业，或应换证而不换、延不缴纳税款、拒绝调查检验，及有抗税行为等情，即由特种营业税局分别纠正，并照章处罚之。

又凡应纳特种营业税之店铺，应于该管特种营业税局成立开征之日起，遵限填具报单，呈经特种营业税局审查核定税额，领取营业证，并将此项营业证悬于店铺内易见之处，俾便征收机关随时稽查。俟后并应按月将应缴营业税缴由该管营业税局核收给据，并将店铺应置之账簿、银钱收付数、分别逐日流水细数、月结总数、年结总数，明白登记，以备查考，不得掩延。并在核定税额一年以内，不得请求减轻税额。若特种营业者停止营业时，须于十五日以前呈报该管特种营业税局，缴清停业以前之应纳税款，并将所领营业证缴销。至若有招牌换记移转，或新加资本，及增添股伙等项情事时，应即呈报该管征收机关，换领新营业证。其有变更营业种类者，旧营业照停业例办理，新营业照新开例办理。

昆明市特种营业税局自二十年七月一日组织成立，八月一日开始征收，于九月份方始收获税款。计二十年度收现金一万七千七百九十二元七角二仙，二十一年度收现金三万零七百一十九元零六仙，二十三年度收新币八万一千六百三十二元七角八仙，二十四年度收新币七万三千六百九十三元四角，二十五年度收新币六万四千八百八十二元，二十六年度收新币二万六千零三十二元，二十七年度收新币二万二千五百零四元，二十八年度收新币九十一万六千零二十元六角四仙，二十九年度收新币二十六万三千二百九十七元八角八仙，三十年度收国币一万七千七百九十二元七角二仙。迨至三十一年，省府准财政部渝直营字函，以滇省营业税自三十一年二月由财厅移交财政部云南直接税局接管办理，经财厅转令昆明等属特种营业税局于三十一年二月一日一律结束，移交云南直接税局接收。

厘金

一、沿革

本省厘金始自前清同治十三年，入民国以后，亦沿旧制。民国二年，各厘局改为招商承办，旋又改为委办。六年，定有《云南征收厘金暂行章程》计二十四条。十年，改定《云南征收厘金暂行章程》计四十二条，较前增加十八条，将各委员缴纳保证金及矩收处分较前加重。十九年一月起，又招商投标承办，后奉国府令："本年十月十日起，所有全国厘金及类似厘金税捐，一律裁撤。"本省厘遂于十九年底，遵令裁撤。

二、设局及经费

本省征收厘金共设四十四局。各局开支分四等，一等局员月支薪俸一百元，一等局员月支薪俸八十元，三等局员月支薪俸五十元，四等局员月支薪俸三十元。各局经费：一等局每月坐支收入数百分之五，二等局年额不满二万元者坐支收入数百分之九，年额在一万元以上者坐支收入数百分之八，三等局每月坐支收入数百分之十，四等局每月坐支收入数百分之十二。兹并列叙于下：盐井渡为一等局，俸给一百元，每月坐支经费收入数百分之五。通海、六城、永昌、思茅为二等局，俸给八十元，月坐支经费收入数百分之八。新嶍、下关，宣威、缅云、永北、昭通、武定、曲靖、丽江、楚雄、景东、临屏、开化、陆良等为二等局，俸给八十元，月坐支经费收入数百分之九。宜良、平彝、镇雄、个蒙、腾冲、蒙化、漫乃、副官、竹园、嵩明、顺宁、寻甸、罗平、仁和、东川、牛街为三等局，俸给五十元，月坐支经费收数百分之十。剥隘、龙陵、蒙姑、威远、皈朝、姚安、墨江、昆阳、阿迷为四等局，俸给三十元，月坐支经费收入数百分之十二。

三、收数

厘金收数：十一年收二十三万九千三百九十一元八角九仙一厘，十二年三十一万四千二百七十四元九角四仙九厘，十三年二十四万五千一百三十九元四角九仙六厘，十四年二十四万一千七百七十元六角九仙一厘，十五年一十一万三千三百三十二元六角六仙，十六年数缺，十七年三十二万一千二百零二元，十八年二十五万零四百九十七元，十九年四十四万六千八百六十元。

有改定《云南征收厘金暂行章程》四十二条兹不备录。

川盐捐

一、沿革

川盐捐即川盐厘所改。前清光绪九年，川盐厘由川省包办，年认解滇省银一万四千两。光绪二十八年，滇盐加收团费，本省咨四川当局酌加六千两，连同原额计为二万两。入民国后，川盐厘提归本省直接征收。三年，中央政府向五国银行团借款，以盐税作抵，全国盐税设稽核所经收，本省川盐厘即于是年停征。七年，本省自主川盐厘，又由财政厅委员征收。十八年，始将川盐厘改为川盐捐，另委专员设局征收。十九年，绥江、镇雄两局招商承办，牛街、盐井渡两局则为委办，适奉中央明令裁撤厘金及类似厘金之征税，川盐捐遂于十九年底止裁撤。

二、捐率

民国七年，以盐厘由财厅委员征收时，每百元征收银二元。九年，加征一元，每百斤收银三元。十五年，加收一元，每百斤收银四元。十八年，改厘为捐，每百斤仍征收四元。

三、设局及经费

川盐捐局分三等：一等局员月支薪俸一百元，二等局员月支薪俸八十元，三等局员月支薪俸六十元。各局经费：一等局每月坐支收入数百分之五，二等局每月坐支收入数百分之八，三等局每月坐支收入数百分之十。

四、收数

川盐厘捐收数：十一年收厘金五万四千六百九十九元五角四仙四厘，十二年四万零三百六十七元七角四仙二厘，十三年二万九千五百九十元三角零二厘，十四年二万四千四百二十九元九角一仙一厘，十五年一万四千七百三十四元零一仙二厘，十六年数缺，十七年数仍列入厘金收数内，十八年收捐五万五千元，十九年一十五万八千八百一十四元。其《川盐捐章》二十条兹不录。

土布附捐

一、沿革

土布附捐即预征布厘所改。前清光绪八年，以洋纱入关销售织成土布难于清理，乃举办预征布厘，就纱征收，以杜偷漏。民国二年，广云帮商号、成信祥等，以运省洋纱既在蒙关纳税，复由昆明大城局扣厘，有违关章，请予豁免，由前临开广观察使吴良桐咨经前民政长罗佩金核明，以所请按土布直接征收，较之就纱抽厘能否相抵，饬据六城厘员查复，尚可相抵，即于是年八月一日起暂免征收，至十三年，财厅终以改就土布征收难以稽查，偷漏甚大，乃呈准恢复前制，就纱征收，又谓之布纱厘。十八年，改为土布附捐，奉国府令裁撤厘金及类似厘金之税捐，遂于十九年底止裁撤。

二、捐率

土布附捐捐率，初定每洋纱一小捆预征布厘二角，旋因商人要求，暂改为每纱一小捆预征布厘一角六仙，迨至十七年始征足二角。

三、设局及经费

土布附捐共有五局：一为昆明土布附捐局，一为碧色寨土布附捐局，一为河口土布附捐局，一为腾冲土布附捐局，一为思茅土布附捐局。分为三等：一等局员月支薪俸一百元，二等局员月支薪俸八十元，三等局员月支薪俸六十元。各局每月经费则视事务之繁简酌定之。兹列叙于后。

昆明一等局，俸给一百元，月支经费六百元。腾冲为一等局，俸给一百元，月支经费二百六十六元（该局兼办棉纱、杂货附捐，月支八百元，划支三分之一）。碧色寨为二等局，俸给八十元，月支经费三百元（该局兼办棉纱附捐，月支六百元，划支二分之一）。河口、思茅两局为三等局，俸给六十元，月支经费一百四十元（河口兼办棉纱附捐，月支二百八十元，划支二分之一。思茅由厘局兼办，不另支俸公）。

四、收数

土布附捐十四年收二十六万七千二百二十一元四角四仙，十五年二十六万三千八百二十四元五角三仙，十六年数缺，十七年三十四万三千七百零四元，十八年三十一万九千一百六十八元，十九年收现金四十九万五千九十七元（原注：以一抵五，合纸币二百四十七万七千九百八十五元）。

杂货附捐

一、沿革

杂货附捐，系就国外输入货物，仿照海关子口半税抽收。盖子口半税原系抵补内地厘税，商货入口时完纳海关正税后，或完子口半税，或径赴内地厘局完纳厘税，悉听商人之便。惟内地厘税关卡重叠，征收手续亦颇繁扰，又票期短促，尤感不便。子口半税则一道征足，票期又长。商人避重就轻，往往纳子口半税，从无一人上纳内地厘税，民十四年，财厅因势利导，将内地厘税改善办法，定名为内地厘金一道征收，不准重征。厘票限期加长，厘率照海关子口税减接征收。于是商人群赴内地厘金局完纳厘金，不上子口半税矣。十八年，因与中央税名冲突，改为杂货附捐，一切办法照旧。十九年，奉国府令裁撤厘金及类似厘金之税捐，至十九年底，遂一律裁撤。

二、设局及经费

杂货附捐共有四局：一为昆明杂货附捐局，一为蒙自杂货附捐局，一为思茅杂货附捐局，一为腾冲杂货附捐局。共分三等：一等局员月支薪俸一百元，二等局员月支薪俸八十元，三等局员月支薪俸六十元，各局经费视事务繁减酌之。兹列叙如下。

昆明为一等局，俸给一百元，每月坐支经费九百元，公费一百元。蒙自、思茅为二等局，向系厘员兼办，不另支俸公。腾冲为一等局俸给一百元，每月坐支经费二百二十六元（该局向系兼办土布、棉纱附捐，月支经费八百元，划分三之一为杂货附捐支出，约如上数）。

三、收数

杂货附税，自民国十四年成立以后，每年共约收银十四五万元。十七年收一十六万四千一百六十六元，十八年一十四万八千八百九十元，十九年收现金一十七万八千一百六十八元（原注：以一抵五，合纸币八十九万零八十四元）。

棉纱附捐

一、创办经过

棉纱附捐，创办于民国十四年，系应商民要求而成立者。盖自本省恢复预征布厘后，各帮纱商会称："洋纱入关，完纳正税，并完子口半税，今又完预征布厘，担负甚重，恳请征收纱厘，从轻定率，则商等情愿完纳内地厘金，不完子口半税，借以减轻负担”等语。经财厅考查，我国与各国所定通商条约，货物入关，商人愿完子口半税或内地厘税，悉听其便，未予限制。于是因势利导，征收棉纱厘金，长予期限，蠲免重征，照子口税税率减轻征收，商民见利可图，不假驱策而踊跃输将矣。十八年，因与中央税名冲突，改为杂货附捐。十九年，奉中央令裁撤厘金及类似厘金之税捐，遂于十九年底止一律裁撤。

二、设局及经费

棉纱附捐，共有五局：一为昆明棉纱附捐局，一为碧色寨棉纱附捐局，一为河口棉纱附捐局、一为思茅棉纱附捐局。一为腾冲棉纱附捐局。共分三等：一等局员月支薪俸一百元，二等局员月支薪俸八十元，三等局员月支薪俸六十元。每月经费，视事务繁简酌定。兹列叙于后：

昆明为一等局，俸给一百元，月支经费五百元。腾冲为一等局，俸给一百元，月支经费二百六十元（该局兼办土布、杂货附捐，月支经费八百元，划支三分之一）。碧色寨为二等局，俸给八十元，月支三百元（该局兼办土布附捐，月支经费六百元，划支二分之一）。河口为三等局，俸给六十元，月支经费一百四十元（该局兼办土布附捐，月支经费二百八十元，划支二分之一）。思茅为三等局，向由厘员兼办，不另支俸公。

三、收数

棉纱附捐，年可收银十一二万元。自十七年起至十九年裁撤止，各年收数如下：十七年十二万六千五百四十元，十八年十一万四千二百元，十九年二十九万六千五百八十二元（原注：以一抵五，折合纸币一百四十八万二千九百一十元）。

煤油附捐

一、创办经过

民国十七年，中央颁布《煤油特捐简章》，上海、杭州、安庆、福州、汉口、南昌、广州、南宁、长沙、天津、济南、河南、太原等处，均先后成立煤油特捐局。惟此项税收，系属国家性质，本省因军事迭兴，金融枯窘，经财厅呈准改为煤油特捐，作为整理本省金融之用。十八年，因与中央税名冲突，改为煤油附捐。十九年，奉中央令裁撤厘金及类似厘金之税捐，遂于十九年底止一律裁撤。

二、捐率

煤油捐率，定为值百抽十。

三、设局及经费

煤油附捐有总局、分局、分所之别。总局长月支薪俸一百二十元，办公费八十元，月支经费二千二百六十二元。个蒙、腾冲两分局每月共支俸公五百一十元。昭通、镇雄、思茅、河口、宜良及下关分所每月各坐支收入数一成，碧色寨稽查所月支俸公一百元。

四、收数

煤油附捐，自十七年成立后，收数如下：十七年万六千五百六十元，十八年一十一万九千七百八十四元，十九年十七万四千二百九十二元。

化妆品附捐

一、创办经过

民国十七年，中央颁布《化妆品特税简章》，各省均仿照成立化妆品特税局，惟此项税收，系属国家性质，本省因军事迭兴，金融枯窘，经财政厅呈准，改为化妆品特捐，作为本省整顿金融之用。又因此项待捐收数不多，系委煤油特捐局代办，不设专局，以省开支。十八年因与中央税名冲突，改为化妆品附捐。十九年，奉中央令裁撤厘金及类似厘金之税，此项附捐，遂遵令于二十一年一月起裁撤。

二、捐率

化妆品捐率，系从价征收。价不及一角者免征。价在一角以上至五角者，征捐二仙。价在五角以上至一元者，征捐五仙。价在一元以上至二元者征捐一角。价在二元以上至五元者，值百抽十计算。价在五元以上至十元者，照值百抽十五计算。价在十元以上者，照值百抽十计算。

三、收数

化妆品附捐自十七年成立后，收数如下：十七年九千零七十一元，十八年九千三百二十七元，十九年一万七千零二十元。

土货出口捐

一、创办经过

财政厅为实行保护贸易起见，特于土货减轻出口税。民国八年，曾拟订《土货出口章程》。何种货物应准予出口，由财厅随时调查指定，呈奉前省长公署核准照办。嗣经财厅考查，以黄白丝出口日见发达，即以黄白丝为第一次指定出口土货。凡商人欲采办黄白丝出口销售者，遂具妥保，赴财厅报明货量及采办地点，缴纳税银，财厅即发给商人特许证，前往指定地点采办。特许证有效期间为一年。一方面又发给出口地厘税局出口税票。该商人持证到采办跑方采买完足，驮运出口。经过沿途厘税局卡，均不能抽收厘税或地方捐款，一俟货到出口地方，报经该地厘税局验明，换给税票出口。厘税局即将商人呈缴特许证，呈财厅注销。又商人请领特许证后，因发生障碍或天灾匪患不能采买时，得将所领特许证呈缴注销，发还原缴税银。历年均系如此办理。至十九年，奉中央令裁撤厘金或类似厘金之税捐，遂于十九年底将此项土货出口税裁撤。

二、征率

黄白丝出口税征率，每百斤五元，由财厅一道征足。

三、收数

黄白丝出口税：十一年收四千二百三十一元，十二年五千八百九十元，十三年三千二百二十五元，十四年四千七百三十元，十五年八百八十七元五角，十六年数缺，十七年四千七百三十元，十八年四千六百五十元，十九年五千三百二十元。

地方岁入二

商税

本省商税，即前清府厅州税。入民国后，府厅州制取消，因关系本省经常岁入，改名商税，仍由旧府、厅、州治各县兼征。嗣因兼办第一、三、四、五区商税之县知事，先不承认财政厅新定解额，遂由财厅另委专员办理，又兼办十五区商税之丽江县亦不承认新额，复由财厅提归丽江厘员兼办。十九年，复因兼征各县短解过甚，目局卡林立，历来经征人员弊窦太多，为世所诟病，由财厅呈准招商试办。其征收区域，旧日原有一十四区，每区设置一局，由县兼办，嗣将丽江、思茅两税局归并商税办理，全省共计一十六区。十三年，本省成立茶税专局，复将丽江、思茅两局改组，除丽江一局停征茶税、仅征百货税外，思茅一局改设茶税专局，商税亦即停征。十九年，奉中央令："本年十月十日起，所有全国厘金及类似厘金之税捐，一律裁撤。"本省因结束需时，且各局承办日期尚未满年，故展期至二十年六月十六日止，乃全行裁撤云。

商税征收性质，含有出产、通过二税在内。凡在本省境内，不论本产货品（牲畜在内），经过一府或一厅，州辖境，即须纳税一次。与厘金制度之纳厘一次，可以通行全省者不同。虽事实上有须向沿途局卡补厘者，但仍为定章所不许。税则所列应征货品范围极广，除未列名各项得照百分之五估价征收外，各多寡互异，而税率之轻重，亦极不一致。至税率在表面观之，似不甚多，平均经过一局，值百抽二，至多不过值百抽五，但经过数局，则积少成多，为数殊不赀矣。

商税年额以尽解居多，在民国四年前，每年平均虽称实征银数一十三万九千五百余十元，内有效局系商、牲税合并报解，无法划分。实际此数内，尚应除去局员俸给一成开支，暨依法支出等项，实在收入不过银币八九万元。六年，因护国兴师后，库藏空虚，增加年额三万五千九百余十元。合计各局年额共为银币一十七万五千五百元，但仍不能征解足额，且与牲屠税款统列，无从得其确数，兹谨将自十七年至十九年实收数目列下：十七年九万四千一百二十五元九角五仙，十八年一十三万六千七百三十九元一角二仙，十九年二十二万四千五百一十七元，二十年裁撤。

矿税

矿税者，除锡以外之各种矿税也。前矿税系由藩署征收，光绪中云南置矿业大员，旋废。入民国后，由财政厅继续办理。三年，中央颁布《矿业条例》，并于本省设矿务监督署专司矿务。凡矿商遵照《条例》划矿区、矿产，两税概照《条例》征收。若未划区，暂照旧章办理，征收百分之五产税。至《矿业法》虽已颁行到滇，因本省有窒碍，除矿区税已有照征者外，矿产税尚未实行。兹将本省原征各矿税率，分列于下：

一、铜税，照云南通省《原税章程》《白铜章程》每百斤征银一两六钱，红铜每百斤征银一两，实际均照旧案，一律征收百分之五。至二十年，归特种消费税局办理，改为每铜百斤征银二元。

二、铝锌税，照《云南厘税章程》每百斤均征银一钱，厥后，一律均征收百分之五，自并归特种消费税局办理，改为每百斤均征银一元。

三、煤铁税，除双柏、牟定、镇雄、澜沧等四县照旧案年征铁课外，余均从价征收。煤税旧征百分之五。自《征收煤炭矿产税局简章》实行后，与铁一律征收税千分之十五。至二十二年，举办特种消费税，以煤、铁均为日用品，即将煤、铁两税停征矣。

四、硝矿税，此项硝磺多由商民组织公司承办，初仅每硝百斤征厘一元，每磺百斤征厘五角。其各矿商采出者，则由各署征收产税千分之十。十三年，本省成立硝磺督办处，应征厘税统由督办处代征。至十五年，督办处裁撤，此项硝磺公司仍由财政厅招商承办，照缴年课。此外，为照《矿业条例》领区注册缴纳区税者，即照《条例》征收产税千分之十。其公司照《小矿业条例》领区及无区可领者，则照省章征税百分之五。

五、石磺税，在前清每百斤仅纳磺课五角，入民国后，征银五钱三分。至二十年，特种消费税局成立，改为每百斤征银二元。

又矿税一项，系于矿物出产后运销时征收。除东川、永北产额最多，设有专员办理外，余则另委各县署征收，由各厘局查验。惟本省已产各矿，产量无多，县署不甚注意，是以矿税尚未征解者已属不少。此外，尚有前述年课一款，系属包办性质，不论产量多寡，年纳例课一次，即各区硝磺公司硝磺年课，与夫牟定、镇雄、双柏、澜沧、峨峨等县铁课是也。但近年收数均不甚多，十一年统收九千五百九十元二角八仙，十二年一万四千四百零九元五角六仙九厘，十三年一万三千二百一十二元零一仙三厘，十四年五千二百八十元二角三仙，十五年六千二百五十二元九角五仙，十六年数缺，十七年煤税收一千六百五十一元，十八年收一千九百二十元，十九年收现金二千零三十九元，十七年铜税收九十七元，十八年收一百零五元，十九年收现金一百一十元。十七年铁税收八百三十元，十八年收八百三十二元，十九年收现金八百三十四元。十七年铝税收九百六十六元，十八年收六十七元，十九年收现金四百六十七元。十七年锌税收二千五百六十四元，十八年无，十九年收现金七百零一元。十七年石磺税收六百一十八元，十八年收五百四十四元，十九年收现金二千七百七十九元。至二十年，归特种消费税局经收。是年煤税收现金一千零六十九元六角七仙，铜税收现金一千零九十九元八角八仙，铁税收现金八百九十二元二角五仙，铝税收现金七百一十九元四角，锌税收现金二百三十九元六角，锑税收现金一十五元，石磺税收现金一百一十六元九角五仙。至于硝磺年货，计第一区公司于十七、十八、十九三年各缴四千零一十九元，二十年缴现金一千六百零五元。第三区公司于十七、十八、十九三年各缴一千五百一十元，二十年缴现金一千八百零一元。第四区公司于十七、十八、十九三年各缴三千八百一十二元，二十年缴现金一千零一十元。第五区公司于十七、十八、十九三年各缴七百五十元，二十年缴现金一千八百九十八元。第七区公司于十八、十九两年各缴二百五十元，二十年缴现金二百五十元（原注：本省硝磺公司系分八区，因第二、六、八等区无人承包，是以未列。又第七区于十八年内始行包出，是以十七年份无收数）。二十一年，由特种消费税局征收，惟二十一至二十二年间数缺。二十三年为国币一百一十三万七千三百五十六元四角，二十四年为一百四十三万零五十四元八角八仙，二十五年为一百八十七万零五元六角四仙，二十六年为二百五十六万四千三百二十七元三角七仙，二十七年为一百五十万零六十四元一角三仙，二十八年为三百六十五万二千零二十四元五角七仙，二十九年为二百八十六万七千零五十三元六角六仙。

锡税

本省个旧之锡，以近年产额计算，少则四千余吨，多约七八千吨，平均年约产锡五六千吨。征税办法，入民国后，即由前实业司会财政局仿照划一盐课办法，将旧有之新旧锡课正加厘金及平色等名目一律取消，总名之为锡课。每锡一张计二十五块，每块重一百斤，一张共重二千五百斤，不分上、中、下锡，共征银币一百二十二元。二年，复将锡课划分为二，一为国家税，一为地方税。国家税，每锡一块征银三元六角；地方税，每锡一块征银一元二角八仙，但成数虽经划分，而税收总数每张仍系一百二十二元，并无出入。又有余锡一项，系因个锡每块重量，旧章本定一百斤，而实在数量，不无稍有溢出。其超过法定之数，统称余锡，仍应征税，随同国、地两税分款报解。十三年六月一日，由财政厅呈准，将前从量征收之锡课，改为从价以百分之四征税。十五年二月，又增加税率，改为征收百分之五计。此项锡税，十一年收四十六万零二百四十九元九角七仙六厘，十二年五十七万四千七百一十一元五角七仙一厘，十三年五十二万四千二百三十九元九角二仙，十四年一百三十一万零三百三十九元二角一仙，十五年七十万八千六百七十八元八角四仙，十六年数缺，十七年二百四十九万三千三百零一元一角九仙，十八年三百九十九万四千七百六十八元一角一仙，十九年收现金七十四万一千六百九十九元一角五仙八厘。至征税机关，自前清光绪九年八月即成立厂务局，民国初年相沿办理。九年八月，乃将厂务局取消，改组为个旧锡税局。至二十年一月，本省举办特种消费税，又将锡税局取消，并为个旧特种消费税局，继续办理。是年，该局所收锡税，计现金七十八万一千五百四十一元四角三仙。二十二年以后数未详。

茶税

本省产茶素丰，向为输出大宗货品。民国初年，茶税系附在各商税局征收，征率不一。思茅每茶一担征银一元五仙，景谷每茶一担征银五角，顺宁每茶一担征银六角，厘金方面，又征有茶厘一种，系每百斤征银二元一角。厘税两项，年约征银一万四五千元。十三年，财政厅为整顿收入，提出思茅、缅宁、景东三处，特设专员办理，定为每茶百斤，征银一元二角。未设专员处，仍由商税局征收。十九年，财政厅以本省茶价渐涨，税率亦应增加，呈奉核准，每百斤征银二元四角。其税由产地一次征收，由财政厅印发三联票据，发交茶税委员，于商人购茶出关时，按数核实征收，填发票据，不准私收零星等，所设思茅茶税局区域系思茅、宁洱、元江三县。缅宁茶税局区域系缅宁、顺宁、云县、凤仪、蒙化、镇康等六县，景东茶税局区域系景东、景谷二县，每局设委员一员，月支薪俸八十元，连同公费，由税款坐支，按月呈厅核拨。其收数：十一年共为七千七百六十八元九角一仙六厘，十二年二千三百五十三元一角二仙九厘，十三年一万二千三百九十元六角二仙四厘，十四年二万四千七百六十六元五角三仙四厘，十五年六千五百零六元三角，十六年收数缺，十七年思茅局收一万三千三百八十六元六角四仙，缅宁局收九千五百二十元，景东局收六千七百二十元八角。十八年思茅局收一万五千八百六十二元，缅宁局收一万零六百七十五元，景东局收七千八百五十四元五角。十九年四月改为招商投标承办，其上半年收数：思茅为八千九百九十一元，缅宁为二万零二百零三元六角，景东为二千九百五十五元六角四仙。至招商投标认额，除思茅局系现金三万六千一百五十元，实解三万三千一百二十八元外，其缅宁局系现金二万零四百五十元，景东局系现金一万零一百五十五元，均已收解足额。至二十年，本省举办茶消费税，即将此项茶税局取消矣。

糖税

本省糖税，在昔原系厘金商税例内之一。厘金方面名曰糖厘，其征率每冰糖一百斤征银一元二角，白糖一百斤征银六角，红糖一百斤征银二角，商税方面名曰糖税，其征率定为每冰糖一百斤征银一两六钱，白糖一百斤征银五钱，红糖一百斤征银一钱二分。糖厘年约征获银一万七千九百六十余元，糖税年约征获银三千八百九十余元，为数无多。其原因在各厘税局征收糖厘、糖税时，多不照章征解。每就销场剥取，徒饱私囊，故政府所得无几。财政厅以本省所产及外来之糖为数颇巨，则税收应得之数，亦当不少。乃于十七年拟定《改办糖捐统征办法》，就产地一道征收，以期便利。计全省设十四局：第一区糖捐统征局区域即昆明、宜良、安宁、呈贡、嵩明、晋宁、昆阳、澄江等县。第二区糖捐统征局区域即武定、富民、禄丰、罗次、元谋等县。第三区糖捐统征局区域即蒙自、阿迷、建水、个旧、石屏、黎县、曲溪等县。第四区糖捐统征局区域即弥勒、泸西、平彝、曲靖、马龙、沾益、寻甸等县。第五区糖捐统征局区域即文山、富州、马关、广南、西畴、丘北、河口、麻栗坡等县。第六区糖捐统征局区域即峨山、元江、宁洱、江川、玉溪、墨江、通海、河西、新平、思茅等县。第七区糖捐统征局区域即巧家、鲁甸、会泽、宣威等县。第八区糖捐统征局区域即永善、绥江、大关等县。第九区糖统征局区域即镇雄、彝良、盐津、昭通等县。第十区糖捐统征局区域即易门、禄丰、大姚、盐丰、广通，双柏、盐兴、镇南、姚安、楚雄、牟定等县。第十一区糖捐统征局区域即保山、腾冲、龙陵、镇康、永平、云龙等县。第十二区糖捐统征局区域即永北、邓川、鹤庆、丽江、兰坪、剑川、维西、中甸、华坪、永仁等县。第十三区糖捐统征局区域即云县、景东、顺宁、缅宁、景谷、澜沧、镇沅等县。第十四区糖捐统征局区域即宾川、祥云、漾濞、弥渡、洱源、凤仪、蒙化、大理等县。每区由财厅各委委员一员，于适中地点设局征收，并于必要地方酌设分局、查卡。其征率定为不分本、外产，每冰糖一百斤征银四元五角，上白糖每百斤征银三元五角，次白糖每百斤征银三元，红糖每百斤征锡二元。并规定年额在三万以上者为一等局，委员月支薪给一百元。年额在二万元以上者为二等局，委员月支俸给八十元年额在一万元以上或不及万元者为三等局，委员月支俸给六十元。所需本局及分局、查卡费用，统于捐款内提留一成，以作开支。其考核方法，由财厅遵照国府颁布《征收俸捐考成条例》办理。十九年一月，因边远地方改征现金，民力实有未逮，据各糖商纷纷具呈请减税，政府特饬财厅将糖捐征率核减五成，自十九年八月一日验行，其改定征率如下：冰糖每百斤征银二元二角五仙，白糖每百斤征银一元七角五仙，红糖每百斤征银一元。同时自本年起，各糖捐局改为招商投标包办，未投出者，仍由委办人员征收。至二十年，本省取消厘金，此项糖捐亦同时取消。

特种消费税

民国十九年一月六日，奉国民政府令："本年十月十日起，所有全国厘金及类似厘金之一切税捐一律裁撤。"并迭奉财政部电开："裁厘为中央已决定之政策，期在必行，该省自应查照裁厘委员会会议决案甲项依限裁撤。一面改办特种消费税及办理地方税以资抵补。如再不敷，应依照国税收支标准造送确实顶算，呈请中央核夺。不得借故推延，致碍通案。至对于裁厘后应如何预筹抵补，并应拟具方案呈报，以备取择咨询。"又于是年七月二日，奉发《筹办特种消费税预测表》暨说明规章，当由财政厅组设改革税制筹备处，指派厅员并咨询厅外素有经验士绅，征求民众意见，分组研议办理。佥以部定《特种消费税条例》应征特种消费税之货品，品类有十九类之多，而某种货品应否征收，非详细调查难期适合。又部定《发还重税细则》《缴存销税保证金细则》两项，虽为防止重征消费税而设，但按之本省商情亦未相宜。且往复扣缴，不特易滋流弊，即税局办理兹事，势必感受特殊困难。嗣据该处先后拟具计划书，连同根据财政部《特种消费税条例》等拟定之《征收特种消费税章程》及《税则》(内分《本产货品税则》、《外产货品税则》)、《管理细则》(系管理局所之细则)、《施行细则》(系纳税人应行遵守之细则)、《物价评议会组织规则》，呈经政府提会指派委员暨单行法规编审委员会，分别审查修正议决照行，即由财政厅公布仍咨请财政部查照备案。

应征收特种消费税之货物，品类为棉及棉制品类，麻、丝、毛及其制品类，矿产物及五金品类，食品类，化学产品及染料类，纸类，油、烛、蜡、皂、漆、胶类，皮毛、角骨、牙类，瓷陶、玻璃、搪瓷类，木、石、泥土类，珠宝玉石类，出厂品类。

征收特种消费税则，分为二大部：一为本产货品税则，共列五十九号，内分七类，计矿产物类八号，食品类二十二号，药材类五号，木石竹麻纸类五号，油漆蜡胶类八号，皮毛角类六号，出厂品类五号。税率以从量征收为多。其从价征收者，自百分之二点五起，至百分之十二点五止。次为外产货品税则，共列四百五十九号，内分十三类，计棉及棉制品类七十三号，麻丝毛皮及其制品类四十号，五金品类六十号，食品类八十三号，药材类九号，化学产品及染料类五十二号，纸及纸品类二十二号，油、烛、蜡、皂、漆、胶类三十一号，皮、牙、毛、角、骨类十四号，瓷、陶、玻璃、搪瓷类十一号，木石、泥沙类八号，珠宝、玉石类九号，出厂品类八十三号。税率亦以从量征收为多。其税率又别为洋产、国产二项。普通物品，洋产征收百分之十，国产征收百分之五，惟洋产工具，为提倡本省实业起见，特别减轻税率，仅收百分之二点五，机器则完全免税。其余如奢侈品及有特别不利本省工商业发展之货品，比较普通物品税率稍有增加，自百分之十二点五至百分之十七点五不等。嗣办一年期满，又由财政厅修改一次。本产税则项下删去一十七号，外产税则项下删去一百五十五号，至本、外产名称及应征税率，已印有专刊，兹不具述。

特种消费税局分为以地名设局及以物名设局二类。其属于地名设局者，即为某地特种消费税局，计全省原设昆明、个旧、昭通、丽江、腾冲、仁和。二十一年裁撤总局，嗣将丽江局移设下关，及仁和局裁撤，共为总局五局。又设碧色寨、河口、蒙自、宜良、阿迷、盐津、牛街、绥江、蒙姑、罗平、镇雄、宣威、思茅、平彝、龙陵、剥隘等十六分局。嗣将罗平、思茅、龙陵三分局裁撤，并改蒙自、阿迷、绥江三分局为查验所，共设分局十局，其属于物名设局者，即为糖或茶消费税局。糖消费税局已详糖税下，茶消费局计有思茅、缅宁、景东三局。凡特种消费局每局设局长一人，惟昆明局事务较繁，得增设副局长二人。分局每局设局长一人，自局长以至分局长，任期均定为三年。其局内组织，以事务之繁简而定，至多得设三课，其事务较简者，至多得设二股。分局事务较繁者，得分股办事，但至多得设二股，否则不得分股。每课设课长一人，每股设主任一人，下设一、二、三等办事员若干人，书役等若干人。凡局长、副局长由财厅委任，呈请省府加委。分局长由财厅遴员委任。课长、主任及查验所长由局长遴员，呈请财厅委任。办事员及查验员由局长委任，呈报财厅备案。

特种消费税及糖、茶消费税局征收税款，凡税则别有规定及未经税则载明或概列之各项货品，均不得征收。其应征之货品，纳税人报关时，须先填具报单，呈缴税局，其有海关报单者，并须连同呈缴。税局于收税款时，须先将报税货品、应征税率及税款数目，逐一开列税票之内。税票期限定为一年，期满作废，如丝、棉、纱、川盐、煤油等项，即配发特税印花税票，贴于其上，立即盖用日戳涂销，不得重用。其外产货品由车道运入者，应向货品下车后所在地之税局报关完税；其不经车道由沿边各地运入者，应向入口地税局或就近税局报关。又本产货品经税则规定在产地纳税者，无论起运与否，应向产地局所报关（惟糖消费税改为就榨征收，区内人民到榨房煮制冰糖、红糖，于制成时，由榨房或糖主立即报告税局，查验征税），其规定在销地纳税者，应向起运后经过第一局所报关。所有外产、本产货品应征之税额，均一次纳足，通行全省，不再纳税。至纳税人希图隐瞒漏税者，一经查明，除令完正税外，并将货品扣留，处以五倍至十倍之罚金。但查属无心错误者，得酌予从轻处罚。其纳税人有与税局串通舞弊者，除将货物、贿赂如数充公外，舞弊官吏立即撤职查办，纳税人应受短纳税款二十倍之罚金处分。纳税人若系商号，作弊在五百元以上者，即将牌号查封之。

消费税各局，财厅原拟自二十一年一月起概行成立，惟当时因旧办厘税各局尚未年满，且本省幅员过广，交通阻滞，筹备新局，极感困难，是以为进行便利起见，遂有分期陆续成立之举。除茶、糖两项消费税收数均有定额外，其特种消费税各局则收数多寡均无定额，尽收尽解。其收数并由财政厅于每年十二月终了后，令由各局纳税人将纳税日期、征收银数各项，分别汇齐，刊印一《税收征信录》公布。昨已将二十年份《昆明特种消费税局税收征信录》印发各界，各局、所一律仿照办理云。

烟酒税

本省烟酒税，自前清时即有之。民国三年，始办酒税牌照税，由各县署经征。其烟厘、烟税则仍由各厘局经征。县署及厘局征获税款，解缴财政厅核收。公卖税一项，于民国四年九月一日奉前北京政府财政部令筹备，于十一月一日公卖总局成立，省区即行开征。旋值本省护国军兴，公卖无形停顿。至五年二月八日，奉令继续办理，即将全省各县分为四区。省区除外，每区各设一分局及若干支栈。并为稽查川烟入口起见，特于盐津设一稽征局。各县支栈隶属于分局，分局隶属于总局。各县支栈仅征公卖费一项，同年十二月二十三日，前北京政府为统一烟酒税费起见，将各省之烟酒厘税并归各省烟酒公卖总局接收办理。本省奉令后，即呈准财政部将各县署经征之酒税牌照税、各厘局经征之烟厘，于六年七月一日，由财政厅移交烟酒公卖总局接管，所有征收办法，一仍其旧，由各县署及各厘局经征，惟须专案报解烟酒公卖总局核收。嗣十年七日，为便于统辖起见，特将公卖四分局裁撤，并将各县公卖支栈改为烟酒分栈，烟酒公卖总局改为烟酒事务总局。当时各县分栈仍系仅征公卖费一项，其余烟厘、烟税、酒税、牌照税等，仍由各县署及各厘局征解。至十三年五月，本省政府以征收烟酒税费机关，甚属纷歧，又将各县烟酒公卖分栈改为烟酒事务分局，并将各县署经征之税、酒牌照税及各厘局经征之烟厘、烟税，划归各县烟酒事务分局办理。至全省各县，原拟为分三期改组：第一期昆明等三十县，业已实行。嗣因设立分局办理方法尚未筹定，因之第二、第三两期应行改组之各县，亦暂时从缓办理。十八年十二月，本省为整理财政、统一征收、增加收入起见，将烟酒事务总局归并财政厅办理。复由财政厅将各县烟酒事务分局改为烟酒事务局，将各县署经征之烟酒牌照税及各厘局经征之烟厘、烟税，一并划归各烟酒事务局办理。至民国二十年，全国实行裁厘及类似厘金之一切税捐，本省遵令于同年一月起，将原征之烟酒厘税概行取消，专征烟酒公卖费及烟酒营业牌照税，仍由各县烟酒事务局办理。惟为办理方便起见，连同牲屠税一并招商包办，承办人即由财厅给委为各该县烟酒牲屠事务局委员。二十一年及二十二年，仍照旧招商包办。或由原承办人认办。二十三年，财政厅以各县烟酒税收入数，经历年招商包办、认办，业已明了，并为免除包商征收苛扰起见，改为委办，由厅遴委人员派充各县烟酒牲屠税局长，负责征收。其边远特殊县份，仍照旧招商包办或认办。至二十九年七月，国、地收支系统划分，烟酒税划为国税，财厅即遵令将烟酒税移交财政部云南区税局办理。各县烟酒牲屠税局，自此名实已不相符，为适应环境事实起见，旋经财厅将各县烟酒牲屠税局改称为税务局，专征牲屠税，但财政部云南区牲务局所属各县征收机构设立较少，经与财厅会商，决定互委代征办法，即区税局设有征收机构各属，对于牲屠税则委托区税局代征；财厅设有税务局各县，则代征区税局之烟酒税等。征获税款，除坐扣一成代征费外，其余分别解缴区税局或财厅。至三十二年七月，财政部云南区税局奉令与财政部云南直接税局合并，改组成立云南税务管理局，财厅所属各县税务局移交税管局管辖。至是本省烟酒税，遂统由财政部所设征收机关直接征收矣。

本省烟酒两项，向与百货混合抽厘，名曰烟酒正厘。清光绪二十年后，迭准部咨加征之款，名曰烟酒加厘。二十九年，奉谕仿照直隶税则加征之款，名曰烟酒税。此三种厘税均归厘局经征。烟类抽厘，旧章土烟每百斤抽厘银八分，川烟每百斤抽厘银一钱。光绪二十年八月，川烟每百斤抽厘银三钱，连正厘一钱共四钱。二十五年，于抽正加厘外，再加一倍，共抽八钱，以四钱为正厘，四钱为加厘。至于土烟，则规定每百斤抽二钱，加厘二钱。三十年开办烟税，土烟分两次征税。土烟丝于现抽正、加厘外，每斤征税钱十六文，折合库平银一分六厘，每百斤合征税银一两六钱。土烟叶于现抽正、加厘外，每斤征税钱八文，折合库平银八厘，每百斤合征税银八钱。又川烟税一项，无论丝烟叶烟，每斤于现抽正加厘外，征税钱十六文，折合库平银一分六厘，每百斤合征税银一两六钱。光绪三十二年，重订通省厘章，川叶烟改为每百斤抽正、加厘各五钱，川丝烟改为每百斤抽正、加厘各六钱。合计是时厘税两项征率，以每百斤计算，土丝烟共征银二两，土叶烟共征银一两二钱，川丝烟共征银二两八钱，川叶烟共征银二两六钱。酒类抽厘，旧章土制清酒每百斤抽厘银六分，川仿绍酒每坛抽厘银一钱，川、陕大曲酒百斤抽厘银三钱。光绪二十年，遂将清酒每百斤于原抽正厘六分之外，加抽厘银六分；川仿绍酒每坛于原抽正厘一钱外，加抽厘银五分；川、陕大曲每百斤原抽正厘三钱。旋又将土酒一项，于现抽一钱二分之外，加抽一钱二分。三十年，开办酒税，土酒每百斤于原抽正、加厘外，仿照直隶税则征税银六钱；仿绍酒每坛于原抽正、加厘外，征税银一钱五分；大曲酒每百斤于现抽正、加厘外，征税银一两。三十二年，重订通省厘章，又将土酒一项定为每百斤正、加厘各抽二钱，共四钱。合计是时厘税两项征率，土酒每百斤共征银一两。仿绍每坛共征银三钱，大曲每百斤共征银一两五钱。综上所述，本省征收烟酒厘税税率，烟厘税约征百分之五，酒厘税约征百分之五或每百斤征收一元五角。迄至民国，均相沿办理，十五年秋，本省为整理金融，焚毁纸币起见，所有各项税收，均一律借征一倍，烟酒厘税自在借征之列。此项借征，至十六年二月取消。十八年一月，本省变更各项税捐征收本位，一律改征现金，并规定现金缺乏地方，准以纸币三元作抵现金一元。惟此项办法，历时仅五月即取消，仍照旧率征收纸币。十九年一月，本省为谋收支适合起见，复将各项税捐一律改征现金，更规定如以纸币缴解者，每纸币五元，准作抵现金一元。至二十年，全国实行裁厘及类似厘金之一切税捐，于是烟酒厘税亦于是年即行取消矣。

本省征收公卖费之税率，当公卖局成立时为值百抽十五。嗣于民国五年十月九日，本省政府以吾滇贫瘠，烟酒产销又复零星，且烟酒两项，原有厘税附捐，负担已不少，加征公卖费税率益高，商力难胜，电奉财政部核减为百分之十，自十二月实行。迨至十五年八月，本省各项税收一律借征一倍，至十六年三月后即取消。又十八年一月实行改征现金，时因公卖费系从价征收，如照征税案征现办理，则于估价征税时，商人必借口请求征收现金应以现金估价，不能以纸币估价。而征现金若以现金估价而征现金，则关于收入方面，名虽改征，实与照纸币估价而征纸币无异，且于办理手续，困难殊多，故仅将费率改为值百抽二十，仍收纸币，不收现金。其后征现案于五月取消，惟公卖费则展期两月。其始仍照旧章征收百分之十，至十九年改为值百抽二十。但此项改定税率，系自新委接办日起实行，至旧任则仍照旧率征收百分之十，是年各县税局新委接办日期先后不一，故照改定税率实行征纳，各县亦参差不齐。至二十年，本省改革税制，乃改定凡进口之洋酒及省外之烟丝收足百分之三十，其他进口烟酒及本省出产之烟酒，一律收足百分之二十，以现金估价，征收现金，此项税率，由二十年实行至三十二年七月移交财政部云南税务管理局时，无或更易。

本省烟酒牌照税，于民国三年七月开始征收，其税法之规定，或贩卖烟草或酒类之营业，分为两种：第一种，整卖营业，凡以烟草或酒类大宗批发与零卖商人者属之；第二种，零卖营业，凡贩卖烟草或酒类零星售与消费者属之。内又分甲、乙、丙三种。开设一定之店肆，以零卖烟草或酒类为全部或大部分营业者为甲种零卖营业；开设一定之店肆，兼零卖烟草或酒类为乙种零卖营业；无一定之店肆，于道旁或沿户零卖烟草或酒类者为丙种零卖营业。凡整卖营业每年纳税四十元，甲种零卖营业每年纳税十六元，乙种零卖营业每年纳税八元，丙种零卖营业每年纳税四元，兼营整卖与零卖或兼酒类与烟类者。须分别领取牌照，各依定额纳税。又全年税额分四期完纳：第一期一至三月，第二期四至六月，第三期七至九月，第四期十至十二月。迄民国二十四年，烟酒公卖税改称烟酒税，除卷烟及舶来作卷烟用之烟丝、烟叶划归教育厅管理不计外，其余税率规定为本产烟酒：烟叶、烟丝，每百斤征新币四元，卷烟从价征百分之二十七点五，丝烟从价征百分之二十五，酒从价征百分之二十七点五；外产烟酒：每百斤征新币三十三元，其他从价征百分之三十，烟丝从价征百分之四十，酒从价征百分之四十。烟酒营业牌照税改为：营业额每年在新币二千元以上者，每季缴纳十六元；在新币一千元以上或二千元以下者，每季缴纳八元；在新币五百元以上或一千元以下者每季缴纳四元；在一百元以上、五百元以下者，每季缴纳二元；在一百元以下者，每季缴纳一元。兼营酒类者则总计营业额合纳牌照税。二十九年七月，此项烟酒牌照营业税划归国税，即由财政部另行规定。

本省自征收烟酒税费以来，各征收局、所均系委员办理。其解款有定额者，有不定额者，有定额而不照额解缴者，有照额而不按期报解者，种种情形，不一而足，于政府收入，颇多妨碍。民国十七八年间，当时烟酒税系旧烟酒事务总局经管，即将各县烟酒税费明定最低解额，改为招商投标承办，结果尚余多数局、所无人投标，仍予委办。迨十九年烟酒局归财政厅接管，将各县烟酒税费征收机关合并为一，各曰某县烟酒事务局。又采用不定额投标办法，一并提出招商承办，是年标额统计共现金五十余万元。二十年，连同牲屠税仍提出招商投标承办，二十一年亦相沿办理，并增设各行政区之税局。总计三年投标标额，均递年增加，惟投标方法，对于政府收入固已历年递增，而因招商投标，系以认额最多者核予承办，于是投标者竟有不调查收入情况，不惜增高标额，咸欲取得承办权。且投标人数既多，其中贤愚良莠不齐，因之于接办后有以标额太高，实际收入不敷解缴，遂施其种种卑劣手段，违章苛索者，此种种弊窦，政府固已洞悉。惟因以前征收人员对于收入税款，多饱私囊，为剔除中饱起见，乃暂时采用此种投标办法，借以明其实际之收入也。二十三年，即将承办各县烟酒牲屠办法改为认办，由现在承办人员按照原日标额或略加少许，经厅核准后，即将继续承办，不再招商投标。二十三年，财厅为招商承办时有苛扰情弊，复由厅遴派人员办理。迄二十九年，国家与地方收支系统划分，烟酒税属于国税范围，至此财厅乃遵令移交财政部云南区税局办理。

烟酒税收数：十一年统收七万五千六百六十一元一角四仙，十二年一十万六千五百二十九元七角七仙，十三年一十三万二千四百零一元四角零四厘，十四年七万七千七百五十六元八角八仙，十五年四万二千三百四十四元一角三仙五厘，十六年一十三万七千五百七十八元二角五仙五厘五丝。

据《财厅行政报告书》，是年烟酒税费共收入数为一十三万七千五百七十八元二角五仙五厘五丝，似并公卖费在内矣。

公卖费：十一年统收四万五千八百二十元一角八仙八厘，十二年八万六千三百六十八元零六仙五厘，十三年七万八千八百七十三元零四仙四厘，十四年五万六千四百七十三元九角五仙五厘，十五年五万六千八百元三角六仙。

至前烟酒事务总局兼归财政厅后改为招商投标承办法，收数顿增。兹特将十七、十八两年份各县烟酒分局、分栈解额，及十五年至二十九年收入统计，分别列表于后。

民国十七、十八两年各县烟酒分局栈解额表

栈局别	解额（元）	栈局别	解额（元）	栈局别	解额（元）
昆明	132,000.00	西畴	11,155.50	姚安	846.00
通海	28,000.00	顺宁	6,500.00	大姚	2,200.00
蒙自	19,200.00	思茅	2,200.00	牟定	4,020.99
宜良	5,100.00	永善	3,701.00	盐兴	1,500.00
武定	6,511.10	盐津	50,346.00	盐丰	720.00
昆阳	8,250.00	富民	6,000.00	巧家	1,261.00
澄江	7,200.00	嵩明	6,211.00	昭通	7,698.00
玉溪	30,000.00	安宁	4,851.00	大关	1,200.00
江川	3,600.00	呈贡	3,661.56	鲁甸	1,012.00
个旧	7,200.00	晋宁	3,100.00	镇雄	5,326.00
阿迷	3,001.20	罗次	2,420.00	彝良	3,111.00
东川	4,500.00	禄丰	1,800.00	宣威	6,216.00

（续表）

栈局别	解额（元）	栈局别	解额（元）	栈局别	解额（元）
绥江	5,000.00	易门	4,932.00	大理	1,402.00
陆良	12,221.00	元谋	1,200.00	弥渡	1,800.00
弥勒	9,000.00	禄劝	2,100.00	凤仪	1,361.00
楚雄	7,000.00	路南	4,182.00	洱源	812.00
蒙化	10,050.00	曲靖	4,200.00	邓川	1,812.10
宾川	10,111.90	沾益	1,461.00	云龙	881.05
保山	仅征解	马龙	1,072.00	漾濞	371.00
龙陵	10,989.80	寻甸	2,500.00	祥云	3,000.00
腾冲	1,480.00	罗平	4,216.00	景东	4,900.00
广南	9,000.00	平彝	3,360.00	永平	551.00
文山	6,655.00	广通	2,700.00	镇康	1,316.00
富县	6,500.00	镇南	1,440.00	缅宁	1,300.00
马关	17,900.00	双柏	5,060.00	云县	1,200.00
永北	5,000.00	建水	1,200.00	墨江	1,812.00
华坪	1,204.00	曲溪	未定额	镇沅	1,171.00
丽江	560.00	泸西	4,300.00	元江	3,555.50
鹤庆	1,000.00	丘北	1,200.00	新平	3,661.50
剑川	1,000.00	师宗	1,510.00	景谷	1,567.00
维西	200.00	河西	1,100.00	澜沧	720.00
中甸	未办	黎县	6,331.00	双江	300.00
兰坪	849.00	嶍峨	5,350.00	芒遮板	试办未定额
石屏	2,057.36	宁洱	2,512.10	阿墩	试办未定额

注：1. 盐津以上为分局，富民以下为栈。

2. 盐丰由县长兼办。

历年烟酒税费收入统计表

单位：元

年份	收入额	备考	年份	收入额	备考
十五年	222,444.90	纸币	二十三年	574,660.50	新币
十六年	137,578.26	纸币	二十四年	519,587.06	新币
十七年	160,692.15	纸币	二十五年	575,778.28	新币
十八年	480,548.05	纸币	二十六年	570,298.63	新币
十九年	340,829.18	现金	二十七年	730,657.57	新币
二十年	445,759.30	现金	二十八年	685,343.16	新币
二十一年	371,502.05	新币	二十九年	414,079.50	新币
二十二年	213,935.13	新币			

注：1. 自二十八年起，会计年度改为历年制，二十七年度实际仅有六个月（自二十七年七月至十二月）。

2. 民国二十一年至二十九年表列数字，营业牌照税亦加入在内。

3. 三十年度以后，由财政部直接税局办理，收数未详。

牲屠税

牲屠税系牲畜税及屠宰税之简称。牲畜税一名四脚税，在前清时即已举办，由各州、县经征。其设有府治或直隶州地方，并入商税，归府或州办理。年定解额多寡不一，多则二千余两，少仅两余，甚有并未定额者。此外，遇闰例须加征，亦有定额，实际均难照额征解。厥后复有现年征解及加提办法，为数亦属寥寥，全省统计仅有一万七千六百余十两。民国后，仍相沿办理。至六年，经前财政司派员调查结果，将牲畜税力加整顿，严禁各县自行刊印税票，新定《征收简章》一十六条，剔除中饱，认真考核，收数渐有可观。又屠宰税为民国以来施行新税之一，在前清时本省各县对于屠案往往私取汤判税，并未报解，系属陋规部分，其性质与屠宰税相似。自民国四年四月，本省办理屠宰税后，通令各县将旧日私收之汤判税取消，改办屠宰税。初为试办，不规定解额，继经一再督促指导，办理渐有成效，收数亦陆续增加。于是牲、屠两税之收入，在财政上渐居重要之位置矣。

在前征牲畜税时，按照定章，凡贸易之牲畜如马、骡、驴、猪、牛、羊等，均从价值百抽三，即每两纳银三分。惟本省各县，间有抽取牛、马之皮革及猪油、腌肉等项，其税率并不一律。有征收百分之二三者，有征收百分之四五者，有征收百分之六七者。又本省《厘金章程》规定，凡厘局得征收牲厘。大猪重一百五十斤上下，每口抽厘银二钱。中猪重一百斤以内，每口抽厘银一钱二分。小猪重五十斤以下，每口抽厘银六分。羊每只抽厘银三分，牛每头抽厘银二钱，马每匹抽厘银九钱，骡每匹抽厘银一两五钱，驴每匹抽厘银三钱，惟牲厘、牲税二者，性质稍有不同。盖厘金不分区域，出关时一次征足，即可通行全省。牲税系以县区为限，经过一县或买卖一次，均应征收。又各县地方因办理团政之需，对于买卖牲畜，酌抽附捐，各属自为风气，亦多寡不等，民国十九年，始改为从价征收百分之五。至二十四年，因附加自治事业费并入正税征收后，改为百分之五点五。

本省屠宰税，自民国四年举办以来，均遵照财政部颁发之《屠宰税简章》施行，以猪、牛、羊三种为限，猪每口征银三角，牛一元，羊二角。但向征之数有超过者，仍依其旧。前项税额由屠户完纳。至附收之地方公益捐亦犹牲税，不得超过正项之数。十九年改订征收办法，限于猪、黄牛、羊三项。其税率每猪一口征收现金一元二角，每黄牛一头抵收现金三元，水牛禁止宰杀，每羊一只征收现金六角。二十四年，财厅奉省府令将牲屠税项下附之自治事业费并入正税征收后，屠税税率即改为每猪一口征新币一元三角二仙，羊每只征新币五角，黄牛每头征新币三元三角。并规定各县税局每届月终，由征获屠税项下提扣十分之一作为自治事业费。此项办法，表面观之，似觉税率略有增加，而实际并未增加也。二十九年，因抗战军兴，物价上涨，较诸战前已涨十倍有余，财厅斟酌情形，照原定税率加增五倍征收。后因市面辅币缺乏，为使征纳双方便利起见，一律以元为单位，改订屠宰税率为猪每口征新币八元，羊每只征新币三元，黄牛每头征新币二十元。水牛则向例禁止宰杀，如违，罚收新币五百一十六元。三十年十月，奉行政院颁行《屠宰税通则》，规定屠宰税从价征收百分之五。本省因备地肉类价格不同，衡器各异，征收考核，均感滞碍。经由财厅参酌本省情形，规定《三十一年度牲屠税征收暂行办法》，采从价计算，从量征收。改订为猪每口征国币一十元（每猪以六十斤计，每斤标准价三元五角，则每口总值为二百一十元。五角以下，五角免征），羊每只征国币四元（每只平均以三十斤计，每斤标准价以二元五角计，每只总值七十五元，征百分之五，合三元七角五分，合征四元），黄牛每头征国币二十五元（每头平均以二百五十斤计，每斤价二元，每头总值五百元，征收百分之五，合征额二十五元）。三十二年，各地物价日趋上涨，复将屠宰税改定为猪每口征国币三十元，羊每只征国币二十元，黄牛每头征国币七十五元。并由财厅规定各税务局对于当地猪、羊、牛肉价，每三个月调查呈报一次。如与前订标准价相差在百分之五十以上时，应专案报请另行改订征率。三十三年，物价继续增高，屠宰税率分两期改订：上期自一月份起，至六月底止，猪每口征国币六十元，羊每只征国币二十五元，牛每头征一百五十元；下期自七月一日起，至十二月底止，改订为猪每口征国币一百二十元，羊每只征国币五十元，牛每头征国币三百元。

十九年，财政厅改订征收办法，原以废牲加屠为主旨，即废牲畜税而加屠宰税是也。除屠宰税率已见前外，当猪、牛、羊牲税完全取消，其骡、马、驴亦只收买卖税一项，全省一律值百抽五。惟各县牲屠税原系由厅明定解额，委今各县署征收，于十三年，本省欲明了各县牲屠税收入实数，乃提出二十四项招商投标额，请准仍由县长承办。于是各县之牲屠税，复由县长兼办。惟县长兼办期间，每多解不足额，时有短欠，故收入总数亦因之而减少。迨十九年，烟酒事务总局归并财政厅，将各税局改为投标办理，各县之牲屠税亦于是时一并提出招商投标，惟系与烟酒税各别承办。二十年，始将各县之烟酒税及牲屠税合并提出，由一人投标承办，二十年亦相沿办理。惟投标一事，原系一时从权办法，故是年投标各新委纷纷前往接办后，即由财政厅拟具二十二年招商承办各县烟酒牲屠税办法，即旧任于累办期间能依现解款、未曾苛征滥罚者，或酌加解额，或仍照原额经政府衡核，准其继续承办，即不再提出投标矣。二十三年，废除包商办法，由财厅遴派人员充各县烟酒牲屠税局长，负责征解。其边远情形特殊县份，仍照旧招商包办或认办。至二十九年七月，国、地财政收支划分，烟酒税划归国税，交财政部云南区税务局办理，以前财厅成立之烟酒牲屠税局遂改名为税务局，专征牲屠税。嗣因财政部云南区税务局所属各县征收机构设立较少，经与财厅会商决定互委代征办法，即云南区税务局设有征收机构各属，牲屠税则委托区税务局代征，财厅设有税务局各县，则代征区税局烟酒税。征获税款，除坐扣代征费一成外，分别解缴财厅或区税局。三十二年，财政部云南直接税局奉令与云南区税局合并，改组成立云南省税务管理局，本省牲屠税照中央颁布《税务管理局章程》，有代征自治税捐之规定，遂于三十二年七月一日由税务管理局代征，财厅所属各县税务局亦移交税管局接管，改组直辖。并自接管之日起代征牲屠税，坐扣代征费二成，作为征收费用。三十四年六月，财政部云南税务管理局奉令成立云南区直接税局及财政部云南区货物税局，局内因机构简化，难于代征本省牲屠税务，经财厅与税管局会商决定，自三十四年六月一日起，仍交还财厅办理。财厅为节省人力、财力，不另设局办理，将牲屠税并归各县原设之自治税捐征收处办理，将处内组织人员扩充调整，由财厅委派主任一员，并由府财政科长兼任副主任。内设一、二两股，第一股长由主任兼充，负牲屠税征解之全责。第二股长由副主任兼充，办理其他自治税捐之征收事宜。至边远县区，情艰特殊，或收数较少者，仍照旧招商包办，或由县、局长兼办。

前牲屠税均混入商税或厘金内，颇难划分，且数亦有限，盖多归中饱耳。兹将十七年至二十一年份县牲屠税局解额表及历年统计表分别于后。

民国十七年至二十一年份各县牲屠税局解额一览表

单位：元

年度 金额 局别	十七年（纸币）	十八年（纸币）	十九年（现金）	二十年（现金）	二十一年（现金）
昆明	41,400.00	352,111.00	130,000.00	160,000.00	176,190.00
安宁	2,379.00	2,900.00	4,011.00	5,010.00	6,000.00
禄丰	1,741.00	2,100.00	2,082.00	2,030.60	4,000.00
晋宁	2,530.00	3,600.00	6,416.00	7,180.00	8,000.00

（续表）

局别＼金额＼年度	十七年（纸币）	十八年（纸币）	十九年（现金）	二十年（现金）	二十一年（现金）
呈贡	3,886.00	5,200.00	6,246.00	7,650.00	6,120.00
昆阳	2,573.00	4,200.00	5,601.00	7,706.00	8,000.00
易门	1,420.00	2,040.00	4,900.00	6,050.00	4,112.00
嵩明	4,000.00	5,200.00	3,869.00	3,460.00	14,460.00
罗次	1,320.00	1,320.00	744.00	4,800.00	4,238.00
富民	2,755.00	4,700.00	2,818.00	3,115.00	5,012.00
武定	4,460.00	6,400.00	4,824.00	3,506.00	6,000.00
元谋	2,960.00	3,500.00	4,600.00	3,845.50	6,328.00
禄劝	953.00	1,600.00	2,640.00	3,014.00	5,000.00
沾益	2,964.00	5,300.00	3,890.00	6,035.00	12,080.00
陆良	4,038.00	7,000.00	7,600.00	11,650.00	16,080.00
平彝	2,950.00	5,040.00	5,461.00	5,720.00	8,460.00
罗平	1,968.00	3,600.00	6,200.00	9,700.00	10,618.00
师宗	822.00	1,200.00	624.00	1,510.00	3,839.30
弥勒	3,380.00	7,260.00	5,321.60	9,900.00	11,000.00
石屏	1,470.00	2,400.00	1,401.60	3,934.68	4,001.66
黎县	5,760.00	7,800.00	5,686.00	7,956.80	7,000.00
通海	4,040.00	5,041.00	2,420.00	7,111.10	10,000.00
河西	2,400.00	2,400.00	3,218.00	6,800.00	10,000.00
嶍峨	1,547.00	2,280.00	2,012.00	3,569.00	4,422.00
凤仪	2,780.00	3,150.00	2,806.00	4,040.00	4,407.00

（续表）

年度 金额 局别	十七年 （纸币）	十八年 （纸币）	十九年 （现金）	二十年 （现金）	二十一年 （现金）
云龙	2,140.00	2,500.00	4,532.80	9,321.21	12,500.00
邓川	3,553.00	4,410.00	4,000.00	5,806.00	9,000.00
洱源	2,592.00	5,950.00	2,418.80	2,936.00	6,018.00
宾川	3,394.00	5,544.00	5,000.00	10,000.00	16,489.90
祥云	3,070.00	7,600.00	5,218.00	9,528.00	12,044.00
华坪	1,200.00	4,764.00	556.80	2,588.50	4,960.00
镇沅	429.00	537.00	345.00	464.00	1,800.00
中甸	488.00	488.00	374.40	206.00	1,161.20
鹤庆	3,300.00	5,000.00	3,155.00	6,000.00	16,000.00
剑川	778.00	1,250.00	1,130.00	4,596.00	6,500.00
永平	1,261.00	3,140.00	1,852.00	2,400.00	6,600.00
蒙化	5,640.00	8,000.00	15,600.00	25,000.00	18,060.00
澄江	5,880.00	9,000.00	9,017.70	6,200.00	9,500.00
路南	5,760.00	7,200.00	10,610.00	13,480.00	17,000.00
江川	3,362.00	4,200.00	4,203.00	6,200.00	5,000.00
宁洱	2,454.00	4,000.00	2,400.00	6,566.00	12,752.00
思茅	2,029.00	4,000.00	2,820.00	3,008.00	3,285.45
元江	2,820.00	3,000.00	4,102.00	4,340.00	6,377.00
镇南	2,000.00	2,000.00	2,001.99	7,360.00	8,256.90
广通	1,249.00	1,300.00	6,760.00	2,220.00	3,000.00
牟定	1,830.00	2,400.00	4,320.00	5,420.00	5,228.60

（续表）

局别 \ 金额 \ 年度	十七年（纸币）	十八年（纸币）	十九年（现金）	二十年（现金）	二十一年（现金）
姚安	1,681.00	1,857.00	2,822.40	3,330.50	5,626.60
大姚	1,503.00	5,579.00	924.00	1,924.00	4,900.00
双柏	3,600.00	3,600.00	3,562.00	4,600.00	4,000.00
景东	2,716.00	2,800.00	5,340.00	7,230.00	19,000.00
缅宁	1,242.00	2,000.00	2,161.00	3,008.00	5,768.00
云县	2,277.00	2,280.00	3,241.30	3,303.50	6,680.00
漾濞	945.00	1,050.00	1,348.00	1,951.00	2,884.00
弥渡	2,940.00	3,500.00	4,500.00	7,000.00	9,294.70
盐兴	3,300.00	3,300.00	2,779.00	2,358.80	3,366.00
盐丰	950.00	1,116.00	800.00	1,680.00	3600.00
彝良	1,440.00	3,000.00	2,436.00	4,001.20	7,070.00
大关	1,275.00	2,400.00	1,560.00	2,550.00	5,099.99
鲁甸	2,960.00	3,600.00	3,700.00	5,860.00	6,632.50
墨江	912.00	1,200.00	2,612.00	3,989.90	4,989.00
维西	300.00	300.00	390.40	1,000.00	2,209.99
丘北	885.00	1,000.00	600.00	2,000.00	4,178.00
新平	1,020.00	1,200.00	3,716.00	4,631.00	7,000.00
兰坪	796.00	840.00	456.00	2,222.00	1,988.00
绥江	890.00	1,366.00	1,360.00	1,812.00	6,000.00
景谷	720.00	720.00	480.00	3,360.00	4,820.00
马龙	480.00	720.00	1,265.00	2,415.00	3,500.00

（续表）

局别 \ 金额 \ 年度	十七年（纸币）	十八年（纸币）	十九年（现金）	二十年（现金）	二十一年（现金）
寻甸	2,110.00	4,353.00	6,120.00	8,400.00	17,400.00
盐津	1,357.00	1,953.00	2,048.00	本年系委办未定额	18,000.00
富州	952.00	1,520.00	2,800.00	3,062.00	5,000.00
龙陵	740.00	1,200.00	3,720.00	5,400.00	9,156.00
马关	1,760.00	2,000.00	2,300.00	2,550.00	5,180.00
镇康	600.00	600.00	600.00	1,668.00	3,765.00
会泽	9,456.00	9,456.00	13,091.00	10,000.00	14,000.00
昭通	1,200.00	1,200.00	14,000.00	27,110.00	48,000.00
镇雄	3,600.00	3,600.00	8,106.00	3,162.00	7,252.00
巧家	2,400.00	2,400.00	5,412.00	6,260.00	9,000.00
永善	740.00	740.00	3,205.00	3,000.00	8,612.00
曲靖	2,363.00	3,600.00	3,132.90	6,321.80	11,000.00
宣威	3,360.00	5,251.00	6,500.00	31,068.00	30,000.00
宜良	4,900.00	1,200.00	17,218.00	19,990.00	15,220.00
玉溪	12,614.00	12,614.00	10,827.00	15,110.00	30,499.00
建水	1,417.00	3,868.00	2,010.00	6,000.00	7,999.90
个旧	7,200.00	7,200.00	8,115.00	1,080.00	7,568.88
蒙自	13,600.00	13,600.00	19,502.40	18,000.00	19,000.00
阿迷	3,326.00	10,802.00	3,818.00	3,624.00	4,846.00
文山	6,000.00	6,000.00	3,612.00	5,052.00	10,000.00
永仁	2,946.00	6,152.00	3,360.00	3,300.00	4,700.00

（续表）

局别＼金额＼年度	十七年（纸币）	十八年（纸币）	十九年（现金）	二十年（现金）	二十一年（现金）
楚雄	2,000.00	2,700.00	6,310.50	9,437.00	11,020.00
泸西	4,350.00	7,200.00	8,051.00	13,000.00	10,080.00
保山	13,200.00	13,200.00	32,033.00	34,469.69	61,668.80
腾冲	6,600.00	6,600.00	21,112.00	25,120.00	35,000.00
大理	8,740.00	9,100.00	6,500.00	8,479.00	22,200.00
顺宁	5,850.00	6,570.00	13,000.00	13,120.00	20,000.00
丽江	3,193.00	3,400.00	3,800.00	7,201.50	22,899.00
永北	3,884.00	4,500.00	2,160.00	5,028.00	15,000.00
广南	500.00	800.00	3,400.00	3,600.00	5,200.00
西畴	4,800.00	4,800.00	6,200.00	9,300.00	13,790.00
阿墩	225.00	1,530.00	未办	未办	390.00
澜沧	未办	156.00	3,060.00	770.00	5,000.00
曲溪	未办	500.00	300.00	360.00	800.00
河口	未办	未办	未办	1,753.60	3,062.00
双江	未办	未办	未办	1,450.00	4,000.00
江城					383.00
六顺					780.00
车里					1,016.60
南峤					850.00
佛海					1,100.00
镇越					510.00

（续表）

年度 金额 局别	十七年（纸币）	十八年（纸币）	十九年（现金）	二十年（现金）	二十一年（现金）
威信					1,006.00
靖边					672.00
勐丁					420.00
临江					370.00
干崖					1,070.00
盏达					1,000.00
陇川					400.00
勐卯					233.00
芒遮板					4,086.00
泸水					1,000.00
康乐					668.00
知子罗					689.00
葛蒲桶					300.00
金河					732.00
附记：	左列各局，除未办各局外，阿迷一县系厘局兼办，阿墩系行政委员兼办，昆明系市府兼办，其余概系具办。	左列各局，除未办各局外，或系县办，或系商办，或系厘员兼办，或系行政委员兼办。	左列各局，除未办各局外，多系投标兼办，余为县办。	左列各局，除未办各局外，盐津一局系委办，其余概系投标承办。	左列各局，概系投标承办。

（一）历年牲屠税收入统计

单位：元

年份	收入数		年份	收入数	
十七年	纸币	289,091.00	二十四年	新币	687,311.74
十八年	纸币	614,912,00	二十五年	新币	702,440.00
十九年	纸币	1,689,961.00	二十六年	新币	305,468.00
二十年	现金	460,780.03	二十七年	新币	273,374.00
二十一年	新币	301,097.74	二十八年	新币	107,503.34
二十二年	新币	347,366.60	二十九年	新币	378,448.80
二十三年	新币	463,189.11	三十年	新币	339,321.82

附记：三十一年以后改征国币，征数未详。自二十八年起改为历年制。

（二）二十年度历月牲屠税收入统计

单位：元

年月	收入数	年月	收入数
二十年七月	39,394.87	二十一年一月	72,088.15
二十年八月	37,611.66	二十一年二月	57,229.39
二十年九月	36,711.61	二十一年三月	48,160.00
二十年十月	53,938.21	二十一年四月	36,970.44
二十年十一月	54,862.09	二十一年五月	47,583.34
二十年十二月	51,153.93	二十一年六月	84,934.40
合计	620,638.09		

河口俱乐捐

河口对汛督办防地，毗连法越辖境，以河为界。沿河两岸，滇法各设对汛，置兵防戍。自铁路开车以后，河口一隅，日益繁盛，商贾辐辏，粤侨居多，其间好赌之风，亦不亚于粤地。越界先已抽捐开办公赌，滇界自不能不仿照办理。当由河口督办署呈准设立俱乐捐，开办公赌，取缔私局。所有每年抽收捐款，除拨充公用外，年经由督办署册报核销。至民国十五年，为统一政权计，由财政厅另行拟定投标办法，将此项俱乐捐以一年为一期，由省派委专员前往河口，会同督办署布告招商投标，当场公开决定，以标认捐额最多者为合格。改办以来，收入渐多。至十八年，复将此项俱乐捐改在财政厅署监投，此后均依旧案办理，按照全年中标额平均分别缴解河口督办署核收，以抵支督署经费。若有余存，仍发督署作抵经费不敷之用，或为整理市容之需。经赓续办理至三十一年八月份，届满第九十九期止，财厅旋令督署继续布告招标办理第一百期。嗣与督办张邦藩及承包办理人陈栋乔先后报以日军侵陷越南，时局紧张，曾布告多日，无人登记投标，财厅当即核明自三十一年九月起停止办理。兹将民国十五年起至二十二年五月二日止，各年标认数目，列叙于后：

第八十五期河口俱乐捐，益成公司认标年额为一十六万五千四百五十元，该公司投中年额为纸币一十一万零三百元，承办期限系自十五年十一月一日起至十六年十月底止。一年期满，继因时局未靖，仍责由该公司继续承办，以半年为限，至十七年四月底止。另行招收故合并如上款。

第八十六期河口俱乐捐，万利公司认标纸币一十三万二千六百元，该公司系自十七年五月一日接办起，至十八年四月底止，一年期满。

第八十七期河口俱乐捐，德声公司认标，纸币二十三万一千一百元，该公司系自十八年五月三日起接办，至十九年五月二日止，一年期满。

第八十八期河口俱乐捐，利成公司认标现金五万九千五百九十元。该公司系自十九年五月三日起接办，至二十年五月二日止，一年期满。

第八十九期河口俱乐捐，福安公司认标，现金四万二千元。本期布告招商后，四月十五日在财政厅署竞投开标后，均未及额。嗣据该公司投递认状，年认解现金四万二千元，即经财政厅呈奉本府核准，给委该公司承办。自二十年五月三日接办起，至二十一年期满。

第九十期河口俱乐捐，福安公司认标，现金三万二千元。本期布告招商定于三月十五日在财政厅署竞投，迨投标期限已逾，并无一人购标券。嗣据该公司投递认状，年认解现金三万二千元，经财政厅呈奉本府核准，给委该公司继续办理。其承办期限自二十一年五月三日起，至二十二年五月二日止。

杂捐及杂款

杂捐即普思沿边渡捐、河口俱乐捐、升斗捐、驮捐等。十一年收一万五千一百七十六元一角三仙三厘，十二年收五万九千四百七十元九角七仙三厘，十三年收三千三百六十四元零五仙一厘，十四年收三万四千六百六十六元零六仙七厘，十五年收四千一百七十三元一角五仙，十六年十七年数缺。杂款即各机关流存烟酒局邮费报费等项及其他不属于各款者。十一年收七万七千九百二十元一角九仙九厘，十二年收一十四万五千零六元六角二仙三厘，十三年收五万八千五百三十四元一角九仙一厘，十四年收四万四千二百四十元三角九仙六厘，十五年收三万一千四百二十六元三角四仙四厘，十六年十七年数缺。十八年一月二十日，省政府通令各县取消苛杂，此项杂捐杂款，遂一并不复存在矣。

民国云南通志长编卷二十八

财政二

地方岁出一

本省财政上岁出款项，现大别之为政费、军费、杂费三种，均以实际上由财政厅直接或间接支销之费用为准。其有不由财政厅支出各款，如前烟酒公卖局经费，系由该局税收项下开支；富滇银行经费，系由该行营业收入项下开支；造币厂经费，系由造币余利项下开支；盐运使署及各盐场经费，系由盐税项下开支；最高法院分院及高等法院第一第二分院各经费，系由司法收入项下开支之类，均未列入。又有由财政厅垫支之清丈费，将来收入照费，仍须归还，并非实在开支者，当另详清丈编中，亦不列入。惟本省自三十一年起，奉令改定收支程序，实行国地税收划分，对于岁出方面，除县级机关经、临费列为自治级财政支发外，所有省级机关经、临费，概由中央列入国级财政范围内，统筹核发。其办理手续，在三十一及三十二年度内，本省发出概算，系由财政厅根据各机关造报之概算数目编造概算书，呈报省政府转报行政院核算，再照核定数编造分配预算，呈报财政部，财政部根据行政院核定预算内各科目所列分配数，按月汇交国库云南分库存备拨发。各机关所需经、临各费，即由财政厅照分配预算按月签办拨款书，直接发交领款机关，持赴国库云南分库拨领。迄三十三年本省原有审计处改组，新会计审计两处成立，财务四大系统于焉树立。会计处为主计机关，办理编造概算、分配预算及事前审核工作。审计处为监察机关，办理审查及核销工作。财政厅为执行拨款之命令机关，办理拨发工作。国库为出纳机关，办理支付工作。各机关拨领经、临各费，均须遵照公库法规办理，由财政部核定预算内各科目所列分配数按月汇交国库云南分库保管。财政厅则照分配预算数按月签办拨款书，送会计审计两处会核签章，然后发交领款机关，径向国库拨领。此即本省财务行政上度支程序变更之概况也。

兹将三十一年以前，由财政厅支出各款及三十一年以后由财政厅办理拨发向国库支领各款，分述于下。

党务费

本省党务机关，由省库支领经费者，有下列各处：（一）第一届省党务指导委员会；

（二）云南党员总登记处;（三）第二届省党务指导委员会;（四）第三十八军特别党部筹备委员会（按上列各党务机关，现时存在者仅有第二届省党务指导委员会及三十八军特别党部筹委会二处，其余各处，均已撤销）等。其党费自民国十七年一月起至二十一年六月止，实支经常费一百二十四万零三百八十五元三角九分四厘，临时费一十九万二千六百九十元零二分，共计支银一百四十三万三千零七十五元四角一分四厘。

兹将历年实支党务费细数及各党务机关实领款数，分别经常、临时，列表附后。

云南省库自民国十七年一月起至二十一年六月止支出党务费总表

年份	经常费	临时费	合计
十七年份	21,885.394 元	4,300.71 元	26,186.104 元
十八年份	28,000 元	32,000 元	60,000 元
十九年份	290,700 元	56,513.31 元	347,213.31 元
二十年份	578,200 元	99,876 元	678,760 元
二十一年（一月至六月）	321,600 元		321,600 元
总计	1,240,385.394 元	192,690.02 元	1,433,075.414 元

第一届云南省党务指导委员会经费一览表

费别	金额（元）	备考
经常费	3,415.394	第一届省党务指委员，自民国十七年八月六日成立起，至十八年二月底止，计有六个月又二十六日。
临时费	4,000	
合计	7,415.394	

云南省党员总登记处经费一览表

费别	金额（元）	备考
经常费	9,500 元	云南党员总登记处，自十八年三月十三日成立，至十九年三月十五日撤销。
临时费	20,000 元	
合计	29,500 元	

第二届云南省党务指导委员会经常费一览表

年月	金额（元）	备考
十九年三月	10,000	第二届省党务指委员自十九年三月成立起，月拨经费一万元。
十九年四、五、六月	36,000	自十九年四月份起，按月拨办理民国日报费二千元，共拨经常费一万二千元。四、五、六三个月，共如左数。
十九年七、八月	60,000	自十九年七月份起，全省市县党务月共拨补助费三万元。七、八两月共如左数。
十九年九月至二十年五月	330,000	自十九年九月份起，月拨党务补助费三万五千元外，加拨民国日报经费二千元，共三万七千元。十九年九月至二十年五月计九个月共如左数。
二十年六月至二十一年六月	650,000	自二十年六月起，月拨党务补助费五万元，连民国日报经费一并在内。二十年六月至二十一年六月，计十三个月，共如左数。
二十一年七月至十二月	300,000	每月照旧支五万元，七月至十二月计六个月，共合支如左数。
二十二年一月至十二月	720,000	每月较上年加一万元，合六万元，计十二个月，共支如左数。（以上均系旧滇币本位）
二十三年一月至四月	48,000	自本年度起改为新滇币本位，月支一万二千元。一月至四月计四个月，共合支如左数。
二十三年五月至十二月	64,000	二十三年自五月份起经省府议决减发半数，每月合支六千元，续因不敷开支，增二千元，计八个月共支合左数。
二十四年一月至十二月	96,000	每月照旧案支八千元，一月至十二月计十二个月，共合支如左数。

（续表）

年月	金额（元）	备考
二十五年一月至五月	40,000	每月仍照旧案支八千元。一月至五月计五个月，共合支如左数。
二十五年六月至九月	24,000	由六月起，每月较前减发二千元。六月至九月计四个月，共支如左数。
二十五年十月至十二月	24,000	由十月份起，仍增发二千元。十月至十二月计三个月，共合支如左数。
二十六年一月至十二月	96,000	月支八千元。一至十二月计十二个月，合共支如左数。
二十七年一月至十二月	76,800	依缩减经费案，照发八成，每月为六千四百元。一月至十二月计十二个月，共合支如左数。
二十八年一月	8,000	恢复原案，月支八千元。一个月如左数。
二十八年二至七月	72,000	每月增四千元，为一万二千元。二月至七月计六个月，共合支如左数。
合计　旧滇币	2,109,000	十九年三月份至二十二年十二月份为旧滇币本位，共合左数。
新滇币	196,000	二十三年一月份至二十八年七月份为新滇币本位，共合左数。

附记：截至二十八年七月止，为云南省第二届党务指导委员会历年所支经费。自二十八年八月起，省指导委员会奉令改组为云南省党务执行委员会。故自二十八年八月省执委会成立后所支之经费。另表列后，以示区别。

中国国民党云南省执行委员会经费一览表

年月	金额（元）	备考
二十八年八月	31,218	新案月支数计一个月，应支如左数。
二十八年九至十二月	206,388	每月增为五万一千五百零九元七角。九月至十二月计四个月，共合支如左数。
二十九年一至十二月	561,924	每月减为四万六千八百二十七元。一至十二月计十二个月，共合支如左数。
三十年一至十二月	561,924	同上。
合计	1,632,416	

附记：1. 本表所列数字以新滇币为本位。

2. 本表自二十八年八月省执委会成立起，三十年十二月截止，三十一年度由中央直接拨发，月支总数为一万零九百三十四点五元。三十二年月支总数为十万零八千三百二十八元。三十三年月支总数为五十四万八千六百五十四元。

第二届云南省党务指导委员会临时费一览表

费别	金额（元）	发款年月
修理购置费	6,000	十九年二月
筹备费	2,000	十九年三月
开办党务训练班经费	10,000	十九年三月
修理购置费尾数	3,340.61	十九年三月
筹备费尾数	796.7	十九年四月
修理大讲堂经费	4,000	十九年四月
党务训练班经费尾数	10,000	十九年五月
杨故指委大铸丧葬费	4,000	十九年八月
曾扬陈裴陈五指委三个月薪金	3,500	十九年八月
高级特务调查准备费	2,000	十九年十一月
特款	3,000	二十年四月
特款	50,000	二十年四月

（续表）

费别	金额（元）	发款年月
第二期党务训练班经费	20,000	二十年九月
第二期党务训练班经费尾数	20,000	二十年十月
党政训练班经费	300,000	二十二年六月
征求预备党员用费	112,000	二十三年五月
合计	555,637.31	

第三十八军特别党部筹备委员会经常费一览表

年月	金额（元）	备考
十八年三月至十二月	20,000	自十八年三月至十二月，计十个月，每月照发经常费二千元，共如左数。
十九年一月至九月	23,400	自十九年一月至九月，每月发经常费二千六百元，九个月共如左数。
十九年十月至二十一年六月	75,600	自十九年十月至二十一年六月，每月发经常费三千六百元，二十一个月共如左数。
合计	119,000	

第三十八军特别党部筹备委员会临时费一览表

费别	金额（元）	发款年月
各师各级党部筹备费	10,000	十八年五月
登记测验表印刷费	2,000	十八年十二月
征求预备党员入党表册印费	4,876	十九年十月
教导团人员入党表册费	1,000	十九年十月
新春同乐会经费	2,000	二十年一月
征求预备党员入党表册印费尾数	4,876	二十年四月
合计	24,752	

市县党部经费，本省市、县、区党部截至三十三年止，计有一市、一百一十二县、十四设治局，其经费在三十二年以前各参差不一，尚无一定经常数额。自三十三年，始由中央规定数目，发给省指委会转发，计昆明市党部为特别级，每月国币六千元，其余一级县党部每月四千元，二级县党部每月二千元，三级县党部每月一千二百元，四级县党部每月九百元。党部员工，一律得享有县级公粮之待遇。

政费

政费即本省内外行政各机关所领支之款项，又有经常、临时之别。经常政费即本省内外行政各机关每月份按定额领支之款项，凡省内外行政各机关月支经费，先均照章编造预算，呈经省府发交财政厅审核议拟复候核定饬遵，再行按月照数领支，其有应行追加经费预算者，亦须呈奉核准，方能如数加发。但此中追加款项，非确有不敷或需要情事，不能照准。故预算一经核定，即难轻予变更。第基于本省财政金融之状况，又不免时有损益。当民国十八年二月，因本省纸币价落，财政因之为绌，曾于是年一月将全省赋税改征现金，宣布以纸币三元作抵现金一元，收入加多，其各机关月领纸币经费虽敷支用，乃按各支经费原额一律加给三成，是为经费加三案。乃是岁六月，因税收规复旧制，仍用纸币，收入减少，于此加三款数，难再支付，乃将此案取消，仍照原案支发。迨十九年一月，又于全省税收宣布仍征现金，以纸币五元抵现金一元。库储增加，而各机关经费加三成案，因以复合。更于是岁七月会计年度开始时，将各该经费核算略为更改，对于原定俸薪及办公费各金额，分别量予增益，除于各县县长、行政委员、县佐之俸给各加两倍，办公费各加一倍外，其他各机关之俸薪，概加倍半，办公费概加五成，是为分加俸公案。及十九年一月，因讨逆军部队由桂旋滇，所需伙食款项无从筹措，乃于各机关经费量予核减，用资挹注。内除各督办署及各县长、行政委员、县佐公署，各游击队经费，因情况特殊，仍照旧额支给外，其他各机关经费，悉按原额暂减一成。迨至九月，军费渐少，库币渐裕，仍各照原额领支，至今无所增减云。兹将各机关历支经常政费分别罗列于后。

省务费

省务费即省政府及府内附设各机关每月额支之经费，计分下列数种。

省政府经费计有各委员俸公及主席招待费、政治费、交际费暨顾问、参议、夫马费等项。兹分款列表说明如后。

各委员俸公表

（自二十一年度起，主席招待费、政治费、交际费、顾问、参议、夫马费、庶务所经费均已包括在省政府委员会及省府机要费等科目内。）

时期	月支款数（元）	备考
十七年一月份至五月份	3,836	
十七年六月份至十月份	4,384	人员增加。
十七年十一月份至十八年一月份	4,932	人员增加。
十八年二月份至五月份	6,411	照案加三成。
十八年六月份至五月份	4,932	加三案取消。
十八年十月份至十二月份	5,480	人员增加。
十九年一月份至六月份	6,988	加三案规复。
十九年七月份至十二月份	11,040	照案俸给加倍半公费加五成。
二十年一月份至六月份	9,936	照案减一成。
二十年七、八月份	8,424	人员减少。
二十年九月份至二十一年六月份	9,360	减成案取消。
二十一年七月份至十二月份	9,360	
二十二年一月份至十二月份	9,360	以上均系旧滇纸币本位。
二十三年一月份至十二月份	2,738.10	自本年度起照成案改支新币。
二十四年一月份至十二月份	2,574	新币本位。
二十五年一月份至十二月份	2,574.60	新币本位。
二十六年一月份至十二月份	2,574.60	新币本位。
二十七年一月份至十二月份	2,574.60	新币本位。
二十八年一月份至十二月份	2,574.60	新币本位。
二十九年一月份至十二月份	8,080	新币本位，照新调整案增加。
三十年一月份至十二月份	8,930	新币本位。
三十一年一月份至十二月份	36,812.16	自本年度起，实行国地划分，列入国级范围，以国币为本位。此项科目列为省政府委员会。
三十二年一月份至十二月份	48,022.58	国币本位。
三十三年一月份至十二月份	52,328.03	同上。
三十四年一月份至十二月份	67,631.083	同上。

主席招待费表

时期	月支款数（元）	备考
十七年一月份至十一月份	1,500	
十七年十二月份	2,500	加一千元。
十八年一月份至十九年六月份	2,800	加三百元。
十九年七月份至十二月份	4,200	照案加五倍。
二十年一月份至八月份	3,780	照案减一成。
二十年九月份至二十一年六月份	4,200	减成案取消。
二十一年七月份至十二月份	4,260	
二十二年一月份至十二月份	4,260	以上均系旧滇纸币本位。
二十三年一月份至十二月份	1,008	自本年度起照成案改支新币。
二十四年一月份至十二月份	1,008	新滇币本位。
二十五年一月份至十二月份	1,008	同上。
二十六年一月份至十二月份	1,008	同上。
二十七年一月份至十二月份	1,008	同上。
二十八年一月份至十二月份	1,008	同上。
二十九年一月份至十二月份	1,966	新币本位，照新调整案增加。
三十年一月份至十二月份	1,966	新滇币本位。

附注：自三十一年改由国库支领后，此项费用包括于省政府委员会及省府机要费等科目内。

主席政治费表

时期	月支款数（元）	备考
十七年一月份至七月份	1,250	
十七年八月份至十月份	1,500	加二百五十元。
十七年十一月份至十八年三月份	1,600	加一百元。
十八年四月份至十九年六月份	1,800	加二百元。
十九年七月份至十二月份	2,700	照案加五成。
二十年一月份至八月份	2,430	照案减一成。
二十年九月份至二十一年六月份	2,700	减成案取消。
二十一年七月份至十二月份	2,700	
二十二年一月份至十二月份	2,700	以上均系旧滇纸币本位。
二十三年一月份至十二月份	648	自本年度起改支新滇币。
二十四年一月份至十二月份	648	新滇币本位。
二十五年一月份至十二月份	648	同上。
二十六年一月份至十二月份	648	同上。
二十七年一月份至十二月份	528	同上。
二十八年一月份至十二月份	528	同上。
二十九年一月份至十二月份	1,030	新滇币本位照新案增加。
三十年一月份至十二月份	3,004	新滇币本位较前年度增加，自二十一年改为国库支领后，此项费用已包括于省政府委员会及省政府机要费等科目内。

主席交际费表

时期	月支款数（元）	备考
十七年七月份至十九年六月份	1,000	自十七年七月份起支。
十九年七月份至十二月份	1,500	照案加五成。
二十年一月份至八月份	1,350	照案减一成。
二十年九月份至二十一年六月份	1,500	减成案取消。
二十一年七月份至十二月份	1,500	
二十二年一月份至十二月份	1,500	以上均系旧滇纸币本位。
二十三年一月份至十二月份	360	自本年度起照成案改支新币。
二十四年一月份至十二月份	360	新滇币本位。
二十五年一月份至十二月份	360	同上。
二十六年一月份至十二月份	360	同上。
二十七年一月份至十二月份	360	同上。
二十八年一月份至十二月份	360	同上。
二十九年一月份至十二月份	702	新滇币本位，照新调整案增加。
三十年一月份至十二月份	702	新滇币本位。

附注：自三十一年改为国库支领后，此项费用，已包括于省政府委员会及省府机要费等科目内。

省府机要费表

（三十一年起至三十四年止）

时期	月支款数（元）	备考
三十一年一月份至十二月份	70,000	国币本位。
三十二年一月份至十二月份	70,000	同上。
三十三年一月份至十二月份	70,000	同上。
三十四年一月份至二月份	70,000	同上。
三十四年三月份至十二月份	100,000	同上。

顾问参议夫马费表

时期	月支款数（元）	备考
十七年八月份	4,287.86	自是月份起。
十七年九月份	5,162.669	人员增多。
十七年十月份至十二月份	5,384	同上。
十八年一月份	5,916	同上。
十八年二月份	7,790.80	照案加三成。
十八年三、四月份	7,820.80	人员增多。
十八年五月份	7,824.80	
十八年六月份至十二月份	6,116	加三案取消，而人员增加。
十九年一月份至三月份	10,186.80	加三案规复，人员亦增多。
十九年四月份至六月份	10,290.80	人员增多。
十九年七月份	20.150	照案加倍半，而人员减少。
十九年八月份	23,456	人员增多。
十九年九月份	22,691.60	人员减少。
十九年十月份	27,534.70	人员增多。
十九年十一月份	23,165	人员减少。
十九年十二月份	22,265	人员减少。
二十年一月份至四月份	19,206	照案减一成，人员复减少。
二十年五月份至八月份	18,306	人员减少。
二十年九月份至二十一年一月份	20,340	减成案取消。
二十一年二月份	20,820	人员增多。
二十一年三月份	20,590	人员减少。
二十一年四月份	20,640	人员增多。
二十一年五月份	14,420	财政厅呈请将已有差委及未在省各员夫马费停支，令准照办。

（续表）

时期	月支款数（元）	备考
二十一年六月份	14,020	
二十一年七月份至十二月份	14,020	
二十二年一月份至十二月份	14,020	以上均系旧滇币本位。
二十三年一月份至十二月份	3,278	自本年度起改支新滇币。
二十四年一月份至十二月份	3,578	新滇币本位，人员增多。
二十五年一月份至十二月份	3,554	新滇币本位，人员减少。
二十六年一月份至十二月份	3,890	新滇币本位，人员增多。
二十七年一月份至十二月份	4,541	新滇币本位，人员减少。
二十八年一月份至十二月份	5,761	新滇币本位，人员增多。
二十九年一月份至十二月份	9,146	新滇币本位，照新调整案增加。
三十年一月份至十二月份	8,819	新滇币本位，人员增多。

附注：自三十一年改为国库支领后，此项费用已包括于省政府委员会及省府机要费等科目内。

省府庶务所员司夫役薪饷表

时期	月支款数（元）	备考
十七年九月份至十八年一月份	1,094	自十七年九月份起支。
十八年二月份至五月份	1,422.20	照案加三成。
十八年六月份至十月份	1,094	加三案取消。
十八年十一、十二月份	1,188	员司薪水加多。
十九年一月份至六月份	1,544	加三案规复。
十九年七月份至十二月份	2,970	照案加倍半。
二十年一月份至八月份	2,673	照案减一成。
二十年九月份至二十一年六月份	2,970	减成案取消。
二十一年七月份至十二月份	2,970	
二十二年一月份至十二月份	2,970	以上均系旧滇纸币本位。
二十三年一月份至十二月份	1,009.80	自本年度起改支新滇币。
二十四年一月份至十二月份	1,009.80	新滇币本位。
二十五年一月份至十二月份	1,009.80	同上。
二十六年一月份至十二月份	1,009.80	同上。
二十七年一月份至十二月份	1,075.10	同上。
二十八年一月份至十二月份	1,075.10	同上。
二十九年一月份至十二月份	3,716.10	新滇币本位，较前增加。
三十年一月份至十二月份	3,836	新滇币本位。

附注：自三十一年改为国库支领后，此项费用已包括于省政府委员会及省府机要费等科目内。

省府秘书处历支经费表

时期	月支款数（元）	备考
十七年各月份及十八年一月份	3,894	
十八年二月份至五月份	5,062.20	照案加三成。
十八年六月份至十二月份	3,894	加三案取消。
十九年一月份至六月份	5,062.20	加三案规复。
十九年七月份至十二月份	8,592	照案薪俸加倍半，事务费加五成。
二十年一月份至八月份	7,532.80	照案减一成。
二十年九月份至二十一年四月份	8,592	减成案取消。
二十一年五、六月份	9,467	自五月份起公费加多。
二十一年七月份至十二月份	9,467	
二十二年一月份至十二月份	9,467	以上均系旧滇纸币本位。
二十三年一月份至十二月份	3,018.80	自本年度起，照成案改支新币。
二十四年一月份至十二月份	3,018.80	新滇币本位。
二十五年一月份至十二月份	3,018.80	同上。
二十六年一月份至十二月份	3,018.80	同上。
二十七年一月份至十二月份	3,018.80	同上。
二十八年一月份至十二月份	3,018.80	同上。
二十九年一月份至十二月份	18,107	新滇币本位，照新调整案增加，所属统计室经费并入。
三十年一月份至十二月份	37,598	新滇币木位，又复增加。
三十一年一月份至十二月份	25,876	自三十一年起，改由国库支领，即以国币为本位。
三十二年一月份至十二月份	34,723.50	国币本位。
三十三年一月份至十二月份	53,940	同上。
三十四年一月份至十二月份	100,000	同上。

省府单行法规委员会经费表

时期	月支款数（元）	备考
十七年十一、十二月份	200	自十一月份起支。
十八年一月份	322	添设人员。
十八年二月份至五月份	418.60	照案加三成。
十八年六月份至十二月份	322	加三案取消。
十九年一月份至六月份	418.60	加三案规复。
十九年七月份至十二月份	737	照案薪俸加倍半，事务费加五成。
二十年一月份至八月份	663.30	照案减一成。
二十年九月份至二十一年六月份	737	减成案取消。
二十一年七月份至十二月份	737	
二十二年一月份至十二月份	737	以上均系旧滇纸币本位。
二十三年一月份至十二月份	244.90	自本年起支新滇币。
二十四年一月份至十二月份	244.90	新滇币本位。
二十五年一月份至十二月份	344.90	同上。
二十六年一月份至十二月份	244.90	同上。
二十七年一月份至十二月份	244.90	同上。
二十八年一月份至十二月份	244.90	同上。
二十九年一月份至十二月份	611	新滇币本位，照新调整案增加。
三十年一月份至十二月份	904	新滇币本位又复增加，三十一年裁撤。

省府秘书处统计室历年支领经费表

时期	月支款数（元）	备考
二十三年四月份至十二月份	400	新滇币本位。
二十四年一月份至十二月份	400	同上。
二十五年一月份至十二月份	400	新滇币本位。
二十六年一月份至十二月份	400	同上。
二十七年一月份至十二月份	400	同上。
二十八年一月份至十二月份	400	同上。
二十九年一月份至十二月份		此两年，经费合并于省府秘书处项内。
三十年一月份至十二月份		
三十一年一月份至十二月份	5,786.66	国币本位。
三十二年一月份至十二月份	5,786	同上。
三十三年一月份至十二月份	6,261.40	同上。
三十四年一月份至十二月份	22,500	同上。

省府审计处历年支领经费表

时期	月支款数（元）	备考
二十三年一月份至十二月份	1,426.60	新滇币本位。
二十四年一月份至十二月份	2,870.80	同上。
二十五年一月份至十二月份	2,870.80	同上。
二十六年一月份至十二月份	3,305.20	同上。
二十七年一月份至十二月份	3,305.20	同上。
二十八年一月份至十二月份	3,305.20	同上。
二十九年一月份至十二月份	9,924	新滇币本位，照新调整增加。
三十年一月份至十二月份	20,650	新滇币本位，又复增加。
三十一年一月份至十二月份	17,351	自本年度起，国币本位。
三十二年一月份至十二月份	44,950	国币本位。
三十三年一月份至十二月份	35,000	同上。
三十四年一月份至十二月份	83,000	同上。

省府公务员铨叙审查委员会历年支领经费表

时期	月支款数（元）	备考
二十六年二月份至十二月份	299.8	新滇币本位。
二十七年一月份至十二月份	299.80	同上。
二十八年一月份至十二月份	299.80	同上。
二十九年一月份至十二月份	904	新滇币本位，照新调整增加。
三十年一月份至十二月份	1432	新滇币本位，又复增加。
三十一年一月份至十二月份	1,227.50	国币本位。
三十二年一月份至十二月份	1,442.50	同上。
三十三年一月份至十二月份	1,563.83	同上。
三十四年一月份至十二月份	4,000	同上。

省府国民经济建设委员会历年支领经费表

时期	月支款数（元）	备考
二十九年一月份至十二月份	3,268	新滇币本位。
三十年一月份至八月份	3,268	同上。

省府物价调整委员会历年支领经费表

时期	月支款数（元）	备考
二十九年三月份至十二月份	1,000	新滇币本位。
三十年一月份至十二月份	1,000	同上。

省府总动员委员会历年支领经费表

时期	月支款数（元）	备考
二十九年二月份至十二月份	594	新滇币本位。
三十年一月份至十二月份	594	同上。
三十一年一月份至十二月份	3,914.30	国币本位，三十二年裁撤。

物价管制委员会经费

三十四年，省府成立物价管制委员会，年支经费国币 48,000 元。

内政费

内政费即民政厅及其附属各机关每月额支之经费，又省外各道署、各殖边督办署、各绥靖处之经费，及各县县长、各设治局局长、各县佐之俸公，暨各游击队薪饷皆属之。但此项内政费，前称内务费，连民政长署、巡按使署、省长公署及省议会等经费均赅括在内。十一年共支出银一百一十一万三千三百六十二元七角六仙九厘，十二年共支出银一百二十八万八千五百八十六元九角七仙四厘，十三年共支出银一百六十一万五千八百七十三元三角，十四年共支出银二百二十四万三千三百二十四元九角九仙六厘，十五年共支出银五十一万三千三百七十二元六角（据《金融会议录》所载《财政司收支总表》均截至十五年五月底止，此数较以上全年者过少，似仅为五个月支出之数，其他是年经费亦同）。十六年数缺。十七年起即称内政费，分列如下：

一、民政厅十七年起至三十四年支出经费列表如后。

民政厅经费表

时期	月支款数（元）	备考
十七年七月份以前各月份	5,042	
十七年八月份至十八年一月份	5,000	
十八年二月份至五月份	6,500	照案加三成。
十八年六月份至十二月份	5,000	加三案取消。
十九年一月份至六月份	6,500	加三案规复。
十九年七月份至十一月份	11,662.50	照案薪俸加倍半，事务费加五成。
十九年十二月份	12,387.50	加警卫薪饷。
二十年一月份至八月份	11,148.75	照案减一成。
二十年九月份至二十一年六月份	12,387.50	减成案取消。
二十一年七月份至十二月份	12,387.50	
二十二年一月份至十二月份	12,387.50	以上均系旧滇纸币本位。
二十三年一月份至十二月份	4,609	自本年度起照成案改支新币。
二十四年一月份至十二月份	6,429.50	新滇币本位。

（续表）

时期	月支款数（元）	备考
二十五年一月份至十二月份	6,429.50	新滇币本位。
二十六年一月份至十二月份	5,825.50	同上。
二十七年一月份至十二月份	5,825.50	同上。
二十八年一月份至十二月份	5,825.50	同上。
二十九年一月份至十二月份	22,000	新滇币本位，照新调整案增加。
三十年一月份至十二月份	72,849	新滇币本位，又复增加。
三十一年一月份至十二月份	61,713	国币本位。
三十二年一月份至十二月份	82,341.70	同上。
三十三年一月份至十二月份	85,157.90	同上。
三十四年一月份至十二月份	166,666	同上。

二、团务总局经费：该局自民国十八年六月成立起，月支经费二千元，至是年十一月即行裁撤。

三、自治经费：本省支出自治经费，除民政厅以各县区自治经费不敷，呈请拨款补助，当经财政厅议准，于县佐裁撤后，每年拨款十四万元，由民政厅酌量分配外；兹更将自治筹备员办事处历支经费，分期列表如后。

自治筹备员办事处经费表

时期	月支款数（元）	备考
十九年八月份至十二月份	3,000	自是年八月份起支。
二十年一月份至八月份	2,700	照案减一成。
二十年九月份至二十一年六月份	3,000	减成案取消。
二十一年七月份至十二月份	3,000	
二十二年一月份至十二月份	3,000	以上均系旧滇币本位。
二十三年一月份至十二月份	600	新滇币本位。
二十四年一月份至十二月份	600	同上。

（续表）

时期	月支款数（元）	备考
二十五年一月份至十二月份	600	新滇币本位。
二十六年一月份至十二月份	524	本年度起改为地方自治推进委员会。
二十七年一月份至十二月份	524	新滇币本位。
二十八年一月份至十二月份	524	新滇币本位。自本年度止，以后停支。

四、训政讲习所经费：该所经费第一期自民国十八年十二月起，月支六千元，支至十九年四月份止。第二期自十九年九月份起，月支八千元，支到十二月份止。

五、区长训练所经费：该所经费共支一十五万元。自十九年九月份起，分五次支给，每月三万元，至二十年一月支清。

区长训练所经费表

时期	月支款数（元）	备考
十七年二月份至十八年一月份	265	自十七年二月份起支。
十八年二月份至五月份	344.50	照案加三成。
十八年六月份至十二月份	265	加三成案取消。
十九年一月份至四月份	344.50	加三案规复，支至四月份该处裁并时止。

六、水灾赈济委员会经费：该会自二十年十月成立起，月支经费五百一十六元。二十一年底停支。

七、警官学校经费：该校经费，自二十一年起，月支旧币一万三千元。未开学时暂支薪公三千元，二十二年改支新币二千七百元。兹分期列表如下：

警官学校经费表

时期	月支款数（元）	备考
二十年七月份至十二月份	3,000	旧滇币本位。
二十一年一月份至十二月份	13,500	同上。
二十二年一月份至十二月份	13,500	同上。
二十三年一月份至十二月份	2,700	新滇币本位，自本年底停止。

八、昆明市政府及公安局经费：昆明市政府与公安局，有该局隶属该府时代之混合款数，有府局改组分立时代之各款数，而其附属机关如警察学校、男子感化院、养济院等处款数，又有由各该机关迳行请领者，有由主管机关请领转发者，加以中经整理税收，一再提拨牲屠税及稽证费各款项，与夫随时增减经费通案，有所损益，以致忽多忽少，忽合忽分，其情形至为复杂。兹分别列表说明如后。

昆明市政府与公安局合组时代经费表

时期	月支款数（元）	备考
十七年一月份至七月份	24,048.70	有拨补警校经费之已裁未委人员薪数四百九十元在内。
十七年八月份至十八年一月份	25,578.30	
十八年二月份至五月份	33,104.79	照案加三成，而拨补警校经费款数未曾照加。
十八年六月份至十二月份	25,578.30	加三案取消。
十九年一月份至六月份	33,251.79	加三案规复，而拨补警校经费款数亦已照加。
十九年七月份至十一月份	66,851.79	是年七月，照案分加俸公，而该府另编预算，久未核定，因仍照加三案支发，而于此外应加款数，暂行量预借之。除另以该府收款拨抵数目不计外，计支至二十年十一月份，平均折算约合月加三万三千六百元。
十九年十二月份	93,217.448	因将该府旧收昆明市牲屠税提厅招商投标办理，而于向由税款项下拨交该市消防、道路各经费一万一千五百三十八元四角三仙，及市教育经费一万四千八百二十七元二角二仙八厘分别拨补。
二十年一月份至七月份	83,895.703	照案减一成。
二十年八月份	90,895.703	仍照案减成支发，特以该府旧收稽证费押号捐等提归营业税局办理，而于该府向赖款开支各费，酌予每月拨款七千元，以资抵补。
二十年九月至十二月份	100,217.488	减成案取消。

府局合组时代警察学校所领经费表

时期	月支款数（元）	备考
十七年一月份至十八年一月份	1,016	
十八年二月份至五月份	1,320.80	照案加三成。
十八年六月份至十二月份	1,016	加三案取消。
十九年一月份至十二月份	1,320.80	加三案规复。
二十年一月份至八月份	1,188.72	照案减一成。
二十年九月份至十二月份	1,320.80	减成案取消。

府局合组时代男子感化院所领经费表

时期	月支款数（元）	备考
十七年一月份至十八年一月份	900	
十八年二月份至五月份	1,170	照案加三成。
十八年六月份至十二月份	900	加三案取消。
十九年一月份至十二月份	1,170	加三案规复。
二十年一月份至八月份	1,053	照案减一成。
二十年九月份至十二月份	1,170	减成案取消。

府局合组时代养济院所领经费表

时期	月支款数（元）	备考
十七年一月份至十二月份	8,480.173	月支经费二百七十七元八角，外加是年各月份所支贫民流民米价，平均款数八千二百零二元三角七仙三厘。
十八年一月份	18,163.971	经费项下，呈准加发一百五十元，外加是年各月所支贫民流民米价，平均款数一万七千七百三十六元一角七仙一厘。
十八年二月份至五月份	18,247.312	原支经费照案加三成，加款及米价款仍旧。
十八年六月份至十二月份	18,163.971	加三案取消。
十九年一月份至十二月份	17,412.236	加三案规复，所有原支及加发各经费均照加三成，外加是年各月份所支贫民流民米价平均款数一万六千八百五十六元零九仙六厘。
二十年一月份至八月份	16,121.415	经费照案减一成，另加是年各月份所支贫民流民米价平均款数一万五千六百二十元八角八仙九厘。
二十年九月份至十二月份	16,177.029	减成案取消。

昆明市政府及附属机关自二十一年起月支经费表

机关	月支款数（元）	备考
昆明市政府	87,193	自二十一年一月份府局改组分立后，曾饬各编收支预算，于收款逐一报解，而将向来取给于收款之各项费用另行逐一领支，综计核定该府及附属机关月支经费款数，除养济院加三经费及米价仍旧迳行领支外，实合支给八万零一百九十三元，再加拨补稽征各费项下用款七千元。二十一年一月份至六月份。
	127,500	二十一年七月份起较前增加。
	127,500	二十二年度，以上均系旧滇币本位。
	25,500.70	二十三年度，自本年度起改支新滇币。
	25,784.40	二十四年度，新滇币本位。
	25,780.40	二十五年度，新滇币本位。
	24,222.64	二十六年度，新滇币本位。
	25,784.40	二十七年度，新滇币本位。
	27,703.73	二十八年度，新滇币本位。
	79,362	二十九年度，照新调整案增加，新滇币本位。
	206,444	三十年度复增加，新滇币本位。
养济院	13,393.64	该院经费中，加三款数仍照旧迳行领支，外加此上半年月支贫民流民米价平均款数一万二千八百三十七元五角，共计如左数。二十一年一月至六月。
	26,415	二十一年七月份起较前增加口粮米价在内。
	26,415	二十二年度，以上均系旧滇币本位。
	5,283.70	二十三年度，自本年起改支新滇币。
	5,000	二十四年度，新滇币本位。流民口粮米价在内。
	5,000	二十五年度，新滇币本位。
	5,000	二十六年度，新滇币本位。
	5,000	二十七年度，新滇币本位。
	5,000	二十八年度，新滇币本位。
	4,000	二十九年度，按新调整增加，新滇币本位。
	35,329	三十年度，照上年度稍减，新滇币本位。

省会公安局及附属机关自二十一年一月起月支经费表

机关	月支款数（元）	备考
省会公安局	89,070	自二十一年一月份府局改组分立后，曾饬各编收支预算，于收款逐一报解，而将向来取给于收款之各项费用另行逐一领支，综计核定该局及附属机关月支经费款数，除警官学校与男子感化院向来各领经费仍旧迳行领支外，实合支给八万六千零七十元，连同追加交通队经费三千元。共计如左数。二十一年一月至六月。
	163,335	二十一年七月份起较前增加，旧滇币本位。
	163,335	二十二年度，旧滇币本位。
	32,667.80	二十三年度，自本年度起改支新滇币。
	32,667.80	二十四年度，新滇币本位。
	36,629.10	二十五年度较前又有增加，新滇币本位。
二十六年起省会公安局改称警察局	32,319.20	二十六年度较前稍减，新滇币本位。
	32,319.20	二十七年度，新滇币本位。
	32,319.20	二十八年度，新滇币本位。
	157,031.19	二十九年度照新调整案增加，新滇币本位。
	187,031.99	三十年度较前又增加，新滇币本位。
警察学校	1,320.80	系将向来迳领经费照加三案支发，二十二年停支。
警察分校	5,515	自二十一年五月份起支，以六个月为限。
男子感化院	1,170	系将向来迳领经费照加三案支发，二十二年停止。

九、各道尹署经费：各署经费，蒙自、腾越、普洱三道，各有不同，兹分别列表如后。

蒙自道署经费表

时期	月支款数（元）	备考
十七年一月份至十八年一月份	2,012	
十八年二月份至五月份	2,615.60	照案加三成。
十八年六月份至十二月份	2,450	加三案取消。另加警卫四百三十八元，支至是年十二月裁撤止。

腾越道署经费表

时期	月支款数（元）	备考
十七年一月份至十八年一月份	2,750	
十八年二月份至五月份	3,575	照案加三成。
十八年六月份至十二月份	2,750	加三成案取消，照旧支至是年十二月裁撤止。

普洱道署经费表

时期	月支款数（元）	备考
十七年一月份至十八年一月份	1,349.50	
十八年二月份至五月份	1,754.35	照案加三成。
十八年六月份至十二月份	1,349.50	加三案取消，照旧支至是年十二月裁撤止。

十、各殖边督办署支款表

机关	月支款数（元）	备考
第一殖边督办署	6,663	自十九年一月份成立起支至十二月份，旧滇币本位。
	6,663	二十年度，旧滇币本位。
	7,670	二十一年度较上年有增加，旧滇币本位。
	7,670	二十二年度，旧滇币本位。
	1,534.90	二十三年度，自本年起改为新滇币本位。
	1,534.90	二十四年度，新滇币本位。
	1,534.90	二十五年度，新滇币本位
	1,534.90	二十六年度，新滇币本位。
	1,534.90	二十七年度，新滇币本位。
	1,534.90	二十八年度，新滇币本位。二十八年底裁撤督办署，经费停支。
第二殖边督办署	2,425	自十九年一月份成立起支至十二月份，旧滇币本位。
	2,425	二十年度，旧滇币本位。
	54,525	二十一年度，旧滇币本位。
	54,525	二十二年度，旧滇币本位。
	10,905	二十三年度，自本年度起改为新滇币本位。
	10,905	二十四年后较前大减，新滇币本位。
	786	二十五年度，新滇币本位。
	786	二十六年度，新滇币本位。
	786	二十七年度，新滇币本位。
	786	二十八年度，新滇币本位。二十八年底裁撤督办署，经费停支。
第二殖边统领部队	30,277.50	此为十九年一月份核定款数。
	29,802.50	此为十九年三月份核减酌定款数，以后即照此支给。二十三年起，照折新币支领，二十八年底撤销。

十一、各绥靖处经费表

机关	月支款数（元）	备考
第一绥靖处	5,751	自十九年十二月成立时起核定月支款数。
	6,151	自二十年三月份起呈准月加公费四百元。
	10,035	二十一年较前增加，旧滇币本位。
	10,035	二十二年度，旧滇币本位。
	2,007.60	二十三年度，自本年起改为新滇币本位。
	2,007.60	二十四年度，新滇币本位。
	2,007.60	二十五年度，新滇币本位。
	2,007.60	二十六年度，新滇币本位。二十六年底裁撤，经费停支。
第二绥靖处	1,130	自十九年十二月成立时起照支至二十年八月裁撤日止。
第四绥靖处	7,298	此为十九年九月成立后按月照支至十二月份之款数。
	4,383	此为二十年一月份报支之款数。
	2,648	此为二十年二、三月份各照报之款数。
	1,281	此为二十年四月裁撤以前之半月薪饷数。

十二、各县县长与各行政要员及设治局局长暨各弹压委员、县佐等项俸公：各县县长历支俸公因县缺等级不同，而各等级之缺数，时有增加，其俸公又随通案而迭有变更，甚为复杂。至各设治局系由原设各行政委员公署改组，故局长每月俸公，一如委员所支款数，惟其间复杂之处，仍与县长无殊。又各弹压委员、各县佐情形亦略同。兹分别列表如后。

各县县长历支俸公表

时期	等级	月支款数（元）	备考
自十七年一月份至十八年一月份	一等县十四缺	7,700	每缺月支五百五十元合计如左数。
同上	二等县四十一缺	18,450	每缺月支四百五十元合计如左数。
同上	三等县四十三缺	15,050	照案加三成，每缺月支七百一十五元，合计如左数。
自十八年二月份至五月份	一等县十四缺	10,010	照案加三成，每缺月支七百一十五元，合计如左数。
同上	二等县四十一缺	23,985	照案加三成，每缺月支五百八十五元，合计如左数。
同上	三等县四十三缺	19,565	照案加三成，每缺月支四百五十元，合计如左数。
自十八年六月份至十二月份	一等县十四缺	7,700	加三案取消。
同上	二等县四十一缺	8,450	同上。
同上	三等县四十三缺	15,050	同上。
自十九年一月份至六月份	一等县十五缺	10,725	加三案规复。
同上	二等县四十一缺	23,985	同上。
同上	三等县五十二缺	21,660	同上。
自十九年七月份至二十一年六月	一等县十五缺	18,000	照案俸加两倍，公加一倍，每缺月支一千二百元，合计如左数。
同上	二等县四十一映	41,000	照案俸加两倍，公加一倍，每缺月支一千元，合计如左数。
同上	三等县五十二缺	41,000	照案俸加两倍，公加一倍，每缺月支八百元，合计如左数。

各行政委员历支俸公表

时期	等级	月支款数(元)	备考
自十七年一月份至十八年一月份	特等行政委员四缺	800	每缺月支二百元，合计如左数。
同上	一等行政委员九缺	1,350	每缺月支一百五十元，合计如左数。
同上	二等行政委员二缺	240	每缺月支一百二十元，合计如左数。
自十八年二月份至五月份	特等行政委员四缺	1,040	照案加三成，每缺月支二百六十元，合计如左数。
同上	一等行政委员九缺	1,755	照案加三成，每缺月支一百九十五元，合计如左数。
同上	二等行政委员二缺	312	照案加三成，每缺月支一百五十六元，合计如左数。
自十八年六月份至十二月份	特等行政委员四缺	800	加三案取消。
同上	一等行政委员九缺	1,350	同上。
同上	二等行政委员二缺	240	同上。
自十九年一月份至六月份	特等行政委员四缺	1,040	加三案规复。
同上	一等行政委员九缺	1,755	同上。
同上	二等行政委员二缺	313	同上。
自十九年七月份至二十一年六月份	特等行政委员四缺	1,800	照案俸加两倍，公加一倍，每缺月支四百五十元，合计如左数。
同上	一等行政委员九缺	3,150	照案俸加两倍，公加一倍，每缺月支三百五十元，合计如左数。
同上	二等行政委员二缺	580	照案俸加两倍，公加一倍，每缺月支二百九十元，合计如左数。

各弹压委员县佐历支俸公表

时期	职别	月支款数(元)	备考
自十七年一月份至十八年一月份	弹压委员二缺	140	照案每缺月支七十元，合计如左数。
同上	一等县佐十一缺	1,100	照案每缺月支一百元，合计如左数。
同上	二等县佐五十三缺	3,710	照案每缺月支七十元，合计如左数。
自十八年二月份至五月份	弹压委员二缺	182	照案加三成，每缺月支九十一元，合计如左数。
同上	一等县佐十一缺	1,430	照案加三成，每缺月支一百三十元，合计如左数。
同上	二等县佐五十三缺	4,832	照案加三成，每缺月支九十一元，合计如左数。
自十八年六月份至十二月份	弹压委员二缺	140	加三案取消。
同上	一等县佐十一缺	1,100	同上。
同上	二等县佐五十三缺	3,710	同上。
自十九年一月份至六月份	弹压委员二缺	180	加三案规复，合计如左数。
同上	一等县佐八缺	1,040	加三案规复，合计如左数。
同上	二等县佐五十缺	4,550	加三案规复，合计如左数。
自十九年七月份至二十二年十一月份	弹压委员二缺	340	照案俸加二倍，公加一倍，每缺月支一百七十元，合计如左数。
同上	一等县佐八缺	1,840	照案俸加二倍，公加一倍，每缺月支二百三十元，合计如左数。
同上	二等县佐五十缺	8,500	照案俸加二倍，公加一倍，每缺月支一百七十元，合计如左数。

沿边各县长及各行政委员增加公费表

地名	职别	月支款数（元）	备考
车里、佛海、六顺、五福、镇越、江城	各县长	1,500	呈准自二十年十一月份起，各缺增加补助公费三百五十元，合计如左数。
干崖、盏达、陇川、勐卯、芒遮板、临江	各行政委员	720	自二十年十一月份起，各缺增加补助公费一百二十元，合计如左数。

自二十二年十二月起，本省各县局俸公，一律改支新滇币，每旧滇币五元折合新滇币一元。迄二十九年，照旧案重新调整，增加一倍。同年十月份始遵照中央规定薪俸标准支付，并改为国币本位。计一等县每缺月支国币四百三十元，二等县每缺月支国币四百元，三等县每缺月支国币三百八十元，一等设治局每缺月支国币二百六十元，二等设治局每缺月支国币二百四十元，三等设治局每缺月支国币二百二十元。此外，尚有生活补助费，县级公粮未与焉（另章详述于后）。又本年一、二、三等县缺及设治局，二十年后时有变更，县佐亦经先后裁撤，截至三十年止，共有一等县二十五缺，二等县二十七缺，三等县六十缺，设治局一十五缺。

十三、各县区孤贫口粮及其他例支款项：各县区孤贫口粮均有定额，自民国十七年以来，迄今并无增减，统计每月共合支款四千五百七十五元六角。其他例支各款，如昆明县之礼乐生工食，马关县之团练营薪饷，永善县之质蛮口粮，富州县之土司养赡，维西县之弁兵薪饷，翻译、水手各工食，及其他关于拨补教育实业各款额，有年支者，有月支者，而后来又有加多者，有减少者，有停支者，中以二十年裁除各县区苛捐杂税，拨款抵补原日取给经费，其所增益尤多，遂致未能齐一云。兹分年按月平均计算列表如后。

孤贫口粮及其他杂支表

时期	月支款数（元）	备考
十七年各月份	2,388	
十八年各月份	2,378	
十九年各月份	2,957	
二十年各月份	5,819	
二十一年各月份	5,819	
二十二年各月份	4,545	以上皆系旧滇币本位。
二十三年各月份	909	自本年起改为新滇币本位。
二十四年各月份	909.60	新滇币本位。
二十五年各月份	911.60	同上。
二十六年各月份	911.60	同上。
二十七年各月份	911.60	同上。
二十八年各月份	911.60	同上。
		二十八年以后数缺。

十四、各游击队薪饷：各游击队薪饷，款数既属不一，而其间又随通案变更，亦甚复杂。兹分别列表如后。

腾冲游击队历支薪饷表

时期	月支款数（元）	备考
十七年一月份至十八年一月份	804	
十八年二月份至五月份	1,045.20	照案加三成。
十八年六月份至十二月份	804	加三案取消。
十九年一月份至十二月份	1,245.20	加三案规复，并加津贴二百元，合计如左数。
二十年一月份至二十一年六月份	3,480	
二十一年七月份至十二月份	5,900	
二十二年一月份至十二月份	5,900	以上均系旧滇币本位。

（续表）

时期	月支款数（元）	备考
二十三年一月份至十二月份	1,180.20	自本年起以新滇币为本位。
二十四年一月份至十二月份	1,180.20	新滇币本位。
二十五年一月份至十二月份	1,180.20	同上。
二十六年一月份至十二月份	1,180.20	同上。
二十七年一月份至十二月份	1,180.20	同上。
二十八年一月份至十二月份	1,180.20	同上。
二十九年一月份至十二月份	1,180.20	同上。
三十年一月份至十二月份	1,180.20	同上。

镇雄独立营历支薪饷表

时期	月支款数（元）	备考
十七年一月份至十八年一月份	3,368	
十八年二月份至五月份	4,378.40	照案加三成。
十八年六月份至十二月份	3,368	加三案取消。
十九年一月份至六月份	4,378.40	加三案规复。
十九年七月份至二十一年六月份	8,295	照案薪加倍半，公加五成。
二十一年七月份至十二月份	14,040	
二十二年一月份至十二月份	14,040	以上均系旧滇币本位。
二十三年一月份至十二月份	2,808.30	自本年度起改为新滇币本位。
二十四年一月份至十二月份	2,808.30	新滇币本位。
二十五年一月份至十二月份	7,202.80	同上。
二十六年一月份至十二月份	7,202.80	同上。
二十七年一月份至十二月份	7,202.80	同上。
二十八年一月份至十二月份	7,202.80	同上。
二十九年一月份至十二月份	13,778	新滇币本位，较上年有增加。
三十年一月份至十二月份	13,778	同上。

巧家游击队历支薪饷表

时期	月支款数（元）	备考
十七年一月份至十八年一月份	281.50	此为十七年各月份所支款数。
	405	此为十八年一月份以后增加款数。
十八年二月份至五月份	526.50	照案加三成。
十八年六月份至十二月份	405	加三案取消。
十九年一月份至十月份	526	加三案规复。
十九年十一月份至二十一年六月份	1,255	照案薪加倍半，公加五成。
二十一年七月份至十二月份	2,115	
二十二年一月份至十二月份	2,115	以上均系旧滇币本位。
二十三年一月份至十二月份	423.70	自本年度起改为新滇币本位。
二十四年一月份至十二月份	423.70	新滇币本位。
二十五年一月份至十二月份	1,205	新滇币本位，较上年增加。
二十六年一月份至十二月份	1,205	新滇币本位。
二十七年一月份至十二月份	1,205	同上。
二十八年一月份至十二月份	1,205	同上。
二十九年一月份至十二月份	1,801	新滇币本位，又复增加。
三十年一月份至十二月份	1,801	同上。

华坪游击队历支薪饷表

时期	月支款数（元）	备考
十七年一月份至十八年一月份	412.50	
十八年二月份至五月份	536.25	照案加三成。
十八年六月份至十二月份	412.50	加三案取消。
十九年一月份至九月份	536.25	加三案规复。
十九年十月份至二十一年六月份	1,255	照案薪加倍半，公加五成。

（续表）

时期	月支款数（元）	备考
二十一年七月份至十二月份	2,135	
二十二年一月份至十二月份	2,135	以上均系旧滇币本位。
二十三年一月份至十二月份	428.40	自本年度起为新滇币本位。
二十四年一月份至十二月份	428.10	新滇币本位。
二十五年一月份至十二月份	427.10	同上。
二十六年一月份至十二月份	1,180	新滇币本位，队兵扩充，经费较以前增加。
二十七年一月份至十二月份	427.10	新滇币本位，队兵减少，经费又复减为二十五年原支数。
二十八年一月份至十二月份	427.10	新滇币本位，二十九年裁撤停支。

永绥游击队历支薪饷表

时期	月支款数（元）	备考
十七年一月份至十八年一月份	467	
十八年二月份至五月份	607.10	照案加三成。
十八年六月份至十二月份	467	加三案取消。
十九年一月份至九月份	607.10	加三案规复。
十九年十月份至二十一年六月份	2,060	照案薪加倍半，公加五成。
二十一年七月份至十二月份	3,485	
二十二年一月份至十二月份	3,485	以上均系旧滇币本位。
二十三年一月份至十二月份	697.40	自本年度起改为新滇币本位。
二十四年一月份至十二月份	697.40	新滇币本位。
二十五年一月份至十二月份	1,253	新滇币本位，队兵扩充，经费较前调整增加。
二十六年一月份至十二月份	1,253	同上。

（续表）

时期	月支款数（元）	备考
二十七年一月份至十二月份	1,253	新滇币本位，队伍扩充，经费较前调整增加。
二十八年一月份至十二月份	1,253	同上。
二十九年一月份至十二月份	2,636	同上，队伍扩充，经费又复增加。
三十年一月份至十二月份	2,636	同上。

井滩游击队历支薪饷表

时期	月支款数（元）	备考
十九年八月份至二十一年六月份	2,938	以前薪饷系由保商费内开支，自十九年八月一日改编成立始，月领薪饷如左数。
二十一年七月份至十二月份	4,975	
二十二年一月份至十二月份	4,975	以上均系旧滇币本位。
二十三年一月份至十二月份	995.90	自本年起改为新滇币本位。
二十四年一月份至十二月份	995.90	新滇币本位。
二十五年一月份至十二月份	995.90	同上。
二十六年一月份至十二月份	995.90	同上。
二十七年一月份至十二月份	995.90	同上。
二十八年一月份至十二月份	995.90	同上，二十九年裁撤停支。

十五、行政督察专员公署经费：自三十一年起，本省奉令成立行政督察专员公署，计共设立七区。兹将各区行政督察专员公署由三十一年至三十四年历支经费分别列表如后。

云南省各行政督察专员公署年支经费表

名称	年支经费数（元）	备考
第一区行政督察专员公署	117.60	国币本位，三十一年。
同上	152.80	同上，三十二年。
同上	127.40	同上，三十三年。
同上	300	同上，三十四年。
第二区行政督察专员公署	117.60	国币本位，三十一年。
同上	152.88	同上，三十二年。
同上	127.40	同上，三十三年。
同上	300	同上，三十四年。
第三区行政督察专员公署	117.60	国币本位，三十一年。
同上	152.88	同上，三十二年。
同上	127	同上，三十三年。
同上	300	同上，三十四年。
第四区行政督察专员公署	117.60	国币本位，三十一年。
同上	152.88	同上，三十二年。
同上	127	同上，三十三年。
同上	300	同上，三十四年。
第五区行政督察专员公署	117.60	国币本位，三十一年。
同上	152.88	同上，三十二年。
同上	127	同上，三十三年。
同上	300	同上，三十四年。
第六区行政督察专员公署	117.60	国币本位，三十一年。
同上	152.88	同上，三十二年。
同上	127	同上，三十三年。
同上	300	同上，三十四年。
第七区行政督察专员公署	117.60	国币本位，三十一年。
同上	152.88	同上，三十二年。
同上	127	同上，三十三年。
同上	300	同上，三十四年。

十六、其他机关经费：除上述各机关外，尚有其他机关不及备载，且本省自三十一年度起，又有多数新设机关，名目繁多，兹特撮要列举，并将其年支经费数字，列表如后。

三十一年度

机关名称	年支经费数（元）	备考
云南省临时参议会	159,848	国币本位。
整编保甲户口办事处	840,000	同上。
警察训练所	293,470	同上。
省训练委员会	206,942	同上。
省训练团	501,198	同上。
卫生实验处及所属	10,759,779	同上。
抗疟委员会	1,897,494	同上。
省立昆华医院	453,600	同上。
省立仁民医院	3,024,000	同上。
个旧卫生院	28,350	同上。
元江卫生院	3,024	同上。
宁洱卫生院	3,780	同上。
景谷卫生院	3,042	同上。
景东卫生院	2,268	同上。
澜沧卫生院	2,268	同上。
巡回麻疯医疗队	5,035	同上。

三十二年度

机关名称	年支经费数（元）	备考
省府驻渝办事处	210,000	国币本位。
云南省临时参议会	207,803	同上。
警察训练所	381,551	同上。
省训练委员会	279,042	同上。
省训练团	2,171,857	同上。
卫生实验处及所属	10,892,345	同上。
抗疟委员会	1,680,833	同上。
省立昆华医院	544,320	同上。
省立仁民医院	544,320	同上。
个旧卫生院	34,020	同上。
元江卫生院	3,629	同上。
宁洱卫生院	4,536	同上。
景谷卫生院	3,629	同上。
景东卫生院	2,722	同上。
澜沧卫生院	2,722	同上。
巡回麻疯医疗队	75,588	同上。

三十三年度

机关名称	年支经费数（元）	备考
省府驻渝办事处	156,000	国币本位。
云南省临时参议会	225,119	同上。
警察训练所	413,304	同上。
公务员调研所	24,000	同上。
省训练团	2,985,365	同上。
卫生处及所属	11,800,040	同上。
抗疟委员会	1,022,901	同上。
省立昆华医院	589,680	同上。
省立仁民医院	589,680	同上。
个旧卫生院	36,855	同上。
元江卫生院	3,913	同上。
宁洱卫生院	4,914	同上。
景谷卫生院	3,931	同上。
景东卫生院	2,949	同上。
澜沧卫生院	2,949	同上。
巡回麻疯医疗队	6,546	同上。

三十四年度

机关名称	年支经费数（元）	备考
省府驻渝办事处	202,800	国币本位。
省府警卫队	1,107,969	同上。
辑刻云南丛书处	390,000	同上。
公务员调研所	31,200	同上。
省训练团	4,500,000	同上。
省临时参议会	292,655	同上。
警察训练所	337,293	同上。
卫生处	960,000	同上。
抗疟委员会	1,020,901	同上。
卫生实验所	945,000	同上。
卫生人员训练所	1,245,000	同上。
隔离医院	600,000	同上。
实验卫生院	450,000	同上。
省立昆华医院	589,680	同上。
省立仁民医院	589,680	同上。

财政费

财政费即财政厅历支之经费。其附属机关之经费，除关于征收机关应属财政费者另行编述外，余均属之。但此项财政费，兹又称财务费，连财政厅及附属机关与支征收机关经费赅括在内。十一年共支出银一十四万七千二百二十元二角零五厘，十二年共支出银二十万七千二百零六元五角九仙五厘，十三年共支出银五万七千六百二十九元五角八仙九厘，十四年共支出银二十万八千零二十三元七角七仙二厘，十五年共支出银一十四万七千七百元六角六仙七厘。自十七年起，财政费即仅指财政厅及附属机关之非征收性质者之经费而言，分列如下：

一、财政厅经费：除票价一项应汇财务费中编述外，兹分期列表如后。

十七年至三十四年财政厅支出经费表

时间	月支款数（元）	备考
十七年一月份至十二月份	4,355.33	
十八年一月份	5,800	
十八年二月份至五月份	7,540	照案加三成。
十八年六月份至十二月份	5,800	加三案取消。
十九年一月份至六月份	7,450	加三案规复。
十九年七月份至十一月份	21,950.50	照案俸加倍半，公加五成。
十九年十二月份	22,755.50	加警卫薪饷八百零五元，合计如上数。
二十年一月份至八月份	20,479.95	照案减一成。
二十年九月份至二十一年六月份	22,755.50	减成案取消。
二十一年七月份至十二月份	22,955.50	
二十二年一月份至十二月份	36,544	以上均系旧滇币本位。
二十三年一月份至十二月份	7,308.80	自本年度起改为新滇币本位。
二十四年一月份至十二月份	7,308.80	新滇币本位。
二十五年一月份至十二月份	7,880.80	新滇币本位，较前略有增加
二十六年一月份至十二月份	8,209.70	新滇币本位，较前减少。
二十七年一月份至十二月份	8,209.70	新滇币本位，较前减少。

（续表）

时间	月支款数（元）	备考
二十八年一月份至十二月份	7,808	新滇币本位，较前减少。
二十九年一月份至十二月份	32,215	新滇币本位，照新调整案增加。
三十年一月份至十二月份	76,292	新滇币本位，又复增加。
三十一年一月份至十二月份	53,404	自本年度起改为国币本位。
三十二年一月份至十二月份	103,732	国币本位，较前增加。
三十三年一月份至十二月份	75,211	国币本位，较前减少。
三十四年一月份至十二月份	125,000	国币本位，较前更增加。

二、整理财政委员会经费：该会自十八年十二月成立起，月支经费旧滇币七百一十二元四角，支至十九年四月份止，以后改由金融款支发。

三、设计委员会经费：该会自十九年二月份成立起，月支经费旧滇币六百七十元八角，支至是年四月份裁撤止。

四、会计人员养成所经费：自十八年十月份开办起，月支经费旧币一千五百七十二元，十九年一月份，加为四千五百五十七元，并照案加三成，共合五千九百二十四元一角，照支至是年六月份停办止。

五、财政人员养成所经费：自十九年七月份成立起，月支旧币六千元，二十年一月份照案减一成，月支五千四百元，照支至是年七月份停办止。

六、印花税处经费：印花税处自十九年四月份成立起，月支经费旧币二千八百六十元，二十三年改为月支新币五百七十二元，迄二十三年十一月裁撤止。

七、清丈处经费：清丈处自二十年十月成立起，月支经费旧币一万七千五百三十二元，二十二年减为一万二千五百七十六元，二十三年改为月支新币三千五百零六元五角，二十九年增加为新币一万零五百一十二元，至是年十二月份裁撤止。

八、清丈人员养成所经费：清丈人员养成所自十九年七月成立起，月支经费旧币一万二千五百七十六元，二十三年改为新币二千五百一十五元二角，二十四年减为新币二千四百九十三元六角，至二十七年三月停办。

九、财政人员训练班经费：财政人员训练班自民国二十二年成立起，月支经费旧滇币四千七百二十八元，二十三年改为新币九百四十五元六角。二十九年一月至六月份加添学员班次，增为新币八千六百二十六元，七月至九月份，增为一万四千六百八十九元，十月至十二月份，增为一万七千五百七十三元。三十年一月份起，增为新币一万九千二百六十三元，三十一年一月份起，增为二万七千一百六十七元，三十三年一月份起，增为九万二千六百二十五元，至三十四年七月底停办止。

地方岁出二

教育费

教育费即教育厅及各教育机关月支或年支之经费，十一年共支出银二十七万八千四百九十七元七角七仙二厘，十二年共支出银四十三万六千九百三十九元一角六仙七厘，十三年共支出银四十四万九千九百八十元四角八仙七厘，十四年共支出五十万八千三百九十元六角一仙一厘，十五年共支出银二十万三千六百九十九元六角五仙三厘，十六年数缺。十七年起分别列表如次：

一、教育厅经费：由十七年起至三十四年止，历支经费列表如下。

教育厅历支经费表

时期	月支款数（元）	备考
十七年一月份至十二月份	2,088.000	
十八年一月份	2,788.000	
十八年二月份至五月份	3,624.400	照案如三成。
十八年六月份至八月份	2,788.000	加三案取消。
十八年九月份至十二月份	3,096.000	加督学经费 308 元。
十九年一月份至六月份	4,024.800	加三案规复。
十九年七月份至十月份	7,414.000	照案俸加倍半，公加五成。
十九年十一月至十二月份	7,969.000	加警卫薪饷 555 元，合计如左数。
二十年一月份至八月份	7,172.100	照案减一成。
二十年九月至二十一年六月份	7,969.000	减成案取消。
二十一年七月份至十二月份	7,969.000	
二十二年一月份至十二月份	7969.000	以上均系旧滇币本位。
二十三年一月份至十二月份	2609.900	自本年起改为新滇币本位。
二十四年一月份至十二月份	2,609.900	新滇币本位。
二十五年一月份至十二月份	3,000.000	新滇币本位，较前增加。

（续表）

时期	月支款数（元）	备考
二十六年一月份至十二月份	3,000.000	新滇币，较前增加。
二十七年一月份至十二月份	3,000.000	同上。
二十八年一月份至十二月份	3,000.000	同上。
二十九年一月份至十二月份	8,000.000	新滇币本位，照新调整案增加。
三十年一月份至十二月份	23,000.000	新滇币本位，较前又增加。
三十一年一月份至十二月份	61,713.830	国币本位。
三十二年一月份至十二月份	82,341.700	同上。
三十三年一月份至十二月份	85,157.900	同上。
三十四年一月份至十二月份	166,666.000	同上。

二、省立各学校及各教育机关经费：在十七年份，每月约共支五万余元。自十八年一月份起，将卷烟特捐划归教育经费管理处经收，以作各该学校机关经费，省库即已停支。三十年复由财厅支付。三十一年改由国库支付。兹将三十年迄三十四年省立各学校及各教育机关年支经费分别列表如后。

三十年度教育费支出统计表（新滇币）

领款机关	年支数（元）	领款机关	年支数（元）
教育经费管理局	79,421.000	顺宁中学	109,366.000
昆华中学	222,220.000	云瑞初级中学	69,764.000
昆华女子中学	276,720.000	富春初级中学	63,106.000
楚雄中学	120,108.000	武定中学	41,758.000
大理中学	106,403.000	宜良中学	34,850.000
普洱中学	133,039.000	景东中学	31,067.500
昭通中学	135,936.000	昭通女子中学	40,911.000
丽江中学	122,487.820	开广中学	27,264.000

（续表）

领款机关	年支数（元）	领款机关	年支数（元）
曲靖中学	120,790.000	玉溪中学	121,881.000
腾越中学	147,457.000	保山农业学校	35,086.000
会泽中学	96,025.000	蒙化中学	11,000.000
永胜中学	23,664.000	艺术师范	10,724.000
昆华师范	109,104.000	个蒙高级工业学校	115,849.000
昆华女子师范	107,363.000	开远农业学校	92,484.000
昆华体育师范	34,682.000	小龙洞制陶职业学校	1,312.000
镇南师范	68,949.000	缅云师范	63,951.500
大理女子师范	113,096.240	蒙自森林学校	2,800.000
保山师范	111,849.000	中华第一职业补习学校	22,800.000
鹤庆师范	59,766.000	昆华小学	45,800.000
宣威师范	95,731.740	中等教育临时费	419,200.000
泸西师范	77,315.000	各校专任教员年功加俸	45,740.000
思茅师范	91,148.000	各师范学校膳食津贴	130,764.000
昆华高级工业学校	175,741.000	各区会考办事处	33,294.000
昆华高级农业学校	102,349.000	中学会考委员会	53,625.000
助产学校	63,918.000	教育部补助师范生奖学金及津贴	115,729.500
昆明商校	82,254.000	私立学校补助费	132,829.000
昆明女子职业学校	52,842.000	中小学升学指导委员会	1,800.000
官渡农校	111,805.000	县市立各学校指导委员会	30,970.000
玉溪农业简易师范学校	43,303.000	国民教育经费（省立各小学）	
宾川农业学校	8,910.000	潞西小学	26,360.000

（续表）

领款机关	年支数（元）	领款机关	年支数（元）
昆明实用职业学校	82,064.000	车里小学	36,690.000
临安中学	93,119.000	碧江小学	33,902.000
石屏师范	104,359.000	耿马小学	30,690.000
个旧简易师范	5,418.000	碧山小学	35,420.000
师宗小学	32,125.000	梁河小学	27,360.000
圭山小学	36,440.000	桥头小学	29,360.000
永胜小学	35,190.000	边地小学笔墨费	48,947.000
兰坪小学	33,390.000	边地小学医药费	5,100.000
德钦小学	35,190.000	教部补助国教添班费	313,140.000
丘北小学	35,190.000	师训班补助费	18,000.000
炎山小学	34,470.000	小教署讲会	46,491.000
草黄小学	36,553.000	国民边地教育委员会	31,320.000
莲山小学	35,190.000	小学教员检定委员会	30,900.000
江城小学	26,775.000	双江简易师范	3,106.000
六顺小学	26,775.000	佛海简易师范	40,125.000
镇康小学	30,925.000	大姚简易师范	37,744.000
中甸小学	30,525.000	小坝女子简易师范	37,744.000
叶枝小学	29,025.000	大观简易师范	23,528.530
金平小学	30,941.000	祥云简易师范	7,224.000
澜沧小学	28,275.000	视导经费	243,140.000
宁蒗小学	34,275.000	昆华图书馆	54,744.000
泸水小学	14,280.000	昆华民众教育馆	47,520.000
盈江小学	31,071.400	昭通民众教育馆	2,520.000

（续表）

领款机关	年支数（元）	领款机关	年支数（元）
陇川小学	22,860.000	开化民众教育馆	720.000
福贡小学	24,060.000	楚雄民众教育馆	720.000
南峤小学	19,860.000	卫生教育委员会	152,400.000
龙武小学	25,860.000	电播巡教队	16,500.000
华坪小学	15,495.000	电播第一队	58,460.000
贡山小学	25,860.000	电播第二队	51,201.000
电播第三队	52,110.000	各县立民众教育馆	26,360.000
剧歌第一队	46,590.000	童子军理事会	1,600.000
拓东运动场	20,520.000	剧歌巡教第二队	3,600.000

三十一年度教育费支出统计表（国币）

领款机关	年支数（元）	领款机关	年支数（元）
中师教员检定委员会	14,320.000	昭通女子中学	78,016.000
升学及职业指导委员会	9,600.000	云瑞初级中学	78,016.000
小学教员检定委员会	90,264.000	富春初级中学	78,016.000
昆华中学	22,2208.000	会泽中学	82,336.000
昆华女子中学	222,206.000	宜良中学	46,992.000
楚雄中学	153,760.000	武定中学	46,992.000
大理中学	15,376.000	昆华师范	197,691.000
大理女子中学	82,336.000	昆华女子师范	157,637.000
顺宁中学	118,896.000	昆华体育师范	157,637.000
腾越中学	153,760.000	石屏师范	157,637.000
丽江中学	118,396.000	泸西师范	157,637.000

（续表）

领款机关	年支数（元）	领款机关	年支数（元）
临安中学	118,896.000	鹤庆师范	157,637.000
开广中学	118,896.000	镇南师范	157,637.000
玉溪中学	118,889.000	大理师范	157,637.000
曲靖中学	118,896.000	保山师范	157,637.000
昭通中学	118,896.000	思茅师范	157,637.000
普洱中学	118,896.000	缅云师范	157,637.000
宣威师范	157,637.000	宾川农业学校	28,154.000
佛海简易师范	151,757.000	小龙洞职业学校	28,154.000
大观简易范师	151,757.000	昆华女子初级实用职业学校	84,461.000
小坝女子简易师范	151,757.000	蒙自中学	153,120.000
大姚简易师范	105,091.000	龙渊中学	76,644.000
祥云简易师范	105,091.000	女子初级实用职校	123,581.000
个旧简易师范	105,091.000	优良小学及回民教育补助费	39,584.000
昆华高级工业学校	168,960.000	国民边地教育委员会	61,152.000
昆华高级农业学校	140,798.000	图书杂志审查处	54,000.000
昆华高级商业学校	84,461.000	童子军理事会	2,555.000
昆华高级医事学校	84,461.000	卫生教育委员会	4,608.000
官渡农业学校	112,614.000	私立南菁学校补助费	65,544.000
开远农业孝校	84,461.000	私立学校补助费	116,216.000
个旧工业学校	56,304.000	云南日报社	148,554.000
保山农业学校	56,304.000	民国日报社	148,554.000
昆华实用技艺职校	84,461.000		

三十二年度教育费支出统计表（国币）

领款机关	年支数（元）	领款机关	年支数（元）
中师教员检定委员会	17,196.000	昆华女子中学	416,028.000
升学及职业指导委员会	11,520.000	楚雄中学	244,308.000
小学教员检定委员会	108,317.000	大理中学	225,816.000
昆华中学	417,408.000	大理女子中学	266,808.000
顺宁中学	200,376.000	缅云师范	146,832.000
腾越中学	286,860.000	宣威师范	367,776.000
丽江中学	237,780.000	佛海简易师范	170,136.000
临安中学	225,816.000	大观简易师范	143,136.000
开广中学	227,208.000	小坝女子简易师范	151,757.000
玉溪中学	244,308.000	昆华高级工业学校	336,024.000
曲靖中学	227,208.000	昆华高级农业学校	218,628.000
昭通中学	230,568.000	昆华高级商业学校	197,712.000
普洱中学	198,600.000	昆华高级医事学校	122,724.000
昭通女子中学	91,068.000	官渡农业学校	206,412.000
云瑞初级中学	153,120.000	开远农业学校	159,000.000
富春初级中学	153,120.000	昆华实用技艺职业学校	153,216.000
会泽中学	207,108.000	优良小学及回民教育补助费	47,500.000
昆华师范	559,956.000	国民边地教育委员会	73,382.000
昆华女子师范	319,644.000	图书杂志审查处	70,200.000
昆华体育师范	192,000.000	卫生教育委员会	3,666.000
石屏师范	272,580.000	童子军理事会	4,608.000
泸西师范	395,316.000	私立南菁学校	65,544.000
鹤庆师范	245,280.000	私立学校补助费	116,216.000
镇南师范	264,204.000	云南日报	148,554.000
保山师范	361,344.000	民国日报	148,554.000
思茅师范	318,852.000		

三十三年度教育费支出统计表（国币）

领款机关	年支数（元）	领款机关	年支数（元）
中师教员检定委员会	18,629.000	石屏师范	295,295.000
升学及职业指导委员会	12,480.000	泸西师范	428,259.000
小学教员检定委员会	117,344.000	鹤庆师范	265,720.000
昆华中学	452,192.000	镇南师范	236,221.000
昆华女子中学	450,697.000	保山师范	391,456.000
楚雄中学	264,667.000	思茅师范	345,423.000
大理中学	244,634.000	缅云师范	159,068.000
大理女子中学	289,042.000	宣威师范	398,424.000
顺宁中学	217,074.000	大观简易师范	155,064.000
丽江中学	257,595.000	小坝女子简易师范	200,811.000
临安中学	244,234.000	昆华高级商业师范	214,188.000
开广中学	246,142.000	昆华高级医事学校	132,951.000
玉溪中学	264,667.000	官渡农业学校	223,613.000
曲靖中学	246,142.000	开远农业学校	172,250.000
昭通中学	249,782.000	昆华实用技艺学校	165,984.000
普洱中学	215,150.000	昆华高级工业学校	364,026.000
昭通女子中学	98,657.000	昆华高级农业学校	236,847.000
云瑞初级中学	165,880.000	昆华女子初级实用职校	133,880.000
富春初级中学	165,880.000	优良小学及回民教育补助费	51,458.000
会泽中学	224,367.000	国民边地教育委员会	79,497.000
蒙自中学	165,880.000	短期师资训练费	250,000.000
龙渊中学	83,031.000	国民学校增校添班费	250,000.000
昆华师范	666,619.000	印发民教课本费	150,000.000
昆华女子师范	424,281.000	编缉地方性小学教材费	150,000.000
昆华体育师范	208,000.000	童子军理事会	3,322.000
私立南菁学校	85,207.000	云南日报	160,934.000
私立学校补助费	151,081.000	民国日报	193,120.000

三十四年度教育费支出统计表（国币）

领款机关	年支数（元）	领款机关	年支数（元）
中学教员检定委员会	24,218.000	普洱中学	244,920.000
升学及职业指导委员会	16,224.000	云瑞初级中学	214,344.000
小学教员检定委员会	152,546.000	富春初级中学	213,720.000
国民边地教育委员会	103,346.000	会泽中学	243,984.000
卫生教育委员会	7,787.000	蒙自中学	240,240.000
昆华中学	596,076.000	龙渊中学	244,608.000
昆华女子中学	600,444.000	昆华师范	896,844.000
楚雄中学	329,284.000	昆华女子师范	621,920.000
大理中学	318,084.000	昆华体育专科学校	250,536.000
大理女子中学	318,084.000	石屏师范	423,228.000
顺宁中学	315,120.000	泸西师范	517,764.000
丽江中学	346,164.000	鹤庆师范	517,928.000
临安中学	349,284.000	镇南师范	414,336.000
开广中学	354,276.000	保山师范	309,132.000
玉溪中学	382,356.000	思茅师范	488,592.000
曲靖中学	318,084.000	缅云师范	244,296.000
昭通中学	317,148.000	宣威师范	484,536.000
昭通女子中学	150,696.000	昆华简易师范	359,736.000
昆华高级商业学校	313,248.000	维西小学	65,000.000
昆华高级医事学校	190,021.000	中甸小学	65,000.000
官渡农业学校	306,072.000	贡山小学	65,000.000
开远农业学校	227,760.000	宁蒗小学	65,000.000
昆华高级工业学校	597,636.000	福贡小学	65,000.000
昆华高级农业学校	310,128.000	碧江小学	65,000.000

（续表）

领款机关	年支数（元）	领款机关	年支数（元）
昆华女子实用职业学校	238,940.000	德钦小学	65,000.000
昆明图书馆	259,584.000	沧源小学	65,000.000
昆华图书馆	154,596.000	镇康小学	65,000.000
昆华民众教育馆	206,544.000	车里小学	65,000.000
昭通民众教育馆	49,920.000	河口小学	65,000.000
开远民众教育馆	33,384.000	南峤小学	65,000.000
昆明科学馆	81,432.000	兰坪小学	65,000.000
电话教育辅导处	152,880.000	童子军理事会	4,319.000
第一电教队	114,192.000	私立南菁学校	25,350.000
第二电教队	113,412.000	私立求实中学	25,350.000
第三电教队	113,412.000	私立护国中学	16,900.000
第四电教队	59,904.000	私立南英中学	16,900.000
第一剧教队	127,452.000	私立青年会补习学校	16,900.000
圭山小学	65,000.000	明德中学	16,900.000
金平小学	65,000.000	云南日报社	209,214.000
江城小学	65,000.000	民国日报社	251,054.000
师宗小学	65,000.000	妇女会	2,300.000
六顺小学	65,000.000	戏剧界抗敌协会云南分会	2,146.000
澜沧小学	65,000.000	全国文艺界抗敌协会云南分会	2,176.000
		拓东体育场	40,689.000

三、东陆大学经费：在十七年份，每学期支给补助费旧币一千五百元。自十八年五月份起，每月支给三千元。迨十九年一月以后，照案加三成，月合支三千九百元，是年七月照案加为六千九百元，及十月将该大学改为省立，从此月支经费二万五千元。除于二十年一月至八月份照案减支一成，计合二万二千五百元。二十二年改为月支新滇币五千九百元。二十四年易名为省立云南大学，仍照旧月支新币五千九百元。二十

六年增为月支新币一万二千五百元。二十九年复增为月支新币二万八千三百三十三元。迄三十年改为国立云南大学，省库停支。

四、省督学旅费：在前系作临时费用，而经过各县照章拨支呈报查核。及二十年度开始时，乃由教育厅呈经省府令财政厅议复核准，改为每年由省库匀拨一万五千元，分为三期发交教育厅领取分配转发。二十二年改为年支新币三千元，至二十五年停止。

五、国内大学滇生汇款减半贴水：兹将二十二年至二十九年历年支数列表如后。

国内大学滇生减半贴水统计表

年度	年支数（元）	备考
二十二年度	60,000.000	新滇币本位。
二十三年度	60,000.000	同上。
二十四年度	60,000.000	同上。
二十五年度	60,000.000	同上。
二十六年度	60,000.000	同上。
二十七年度	60,000.000	同上。
二十八年度	60,000.000	同上。
二十九年度	36,000.000	同上。

六、外国留学生费：兹将二十二年至二十九年历年支数列表如后。

支付外国留学生费用统计表

年度	年支数（元）	备考
二十二年度	42,000.000	新滇币本位。
二十三年度	42,000.000	同上。
二十四年度	42,000.000	同上。
二十五年度	42,000.000	同上。
二十六年度	42,000.000	同上。
二十七年度	42,000.000	同上。
二十八年度	42,000.000	同上。
二十九年度	23,000.000	同上。

七、义务教育补助费：自二十二年起，每月由省库补助新币七千五百元，历年复有增加。兹将逐年月支数列表如后。

义务教育补助费历年统计表

年度	月支数（元）	备考
二十二年度	7,500.000	新滇币本位。
二十三年度	7,500.000	同上。
二十四年度	7,500.000	同上。
二十五年度	16,666.000	同上。
二十六年度	16,666.000	同上。
二十七年度	16,666.000	同上。
二十八年度	16,666.000	同上。
二十九年度	25,000.000	同上。

八、云南通志馆经费：云南通志馆自二十年九月起成立，月支经费列表于后。

云南通志馆历年支出经费表

时期	月支数（元）	备考
二十年九月份至二十一年十二月份	6,060.000	旧滇币本位，函聘江苏金天羽薪金并计在内。
二十二年一月份至十二月份	2,000.400	新滇币本位。
二十三年一月份至十二月份	2,000.400	同上。
二十四年一月份至十二月份	9,312.000	同上。
二十五年一月份至十二月份	9,312.000	同上。
二十六年一月份至十二月份	4,000.000	同上。
二十七年一月份至十二月份	4,000.000	同上。
二十八年一月份至十二月份	4,000.000	同上。
二十九年一月份至十二月份	26,000.000	同上。

建设费

建设费即建设厅及其所属机关每月领支之经费。前关于交通部分之经费，十一年共支出银一十一万八千六百二十七元六角八仙，十二年共支出银一十四万二千七百五十六元一角八仙，十三年共支出金一十六万零七百九十六元二角一仙六厘，十四年共支出银一十八万八千六百三十元一角七仙，十五年共支出银五万七千五百八十六元二角五仙，十六年数缺。兹自十七年分列如下。

一、建设厅：系由交通、实业两厅合并改组，继又划分权限添设农矿厅，以致经费有所损益，兼以时随通案增减，情形亦甚复杂，兹分期列表如下。

建设厅历年支出统计表

时期	月支款数（元）	备考
十七年一月份至十八年一月份	4,262.000	
十八年二月份至五月份	5,540.600	照案加三成。
十八年六月份至七月份	4,262.000	加三案取消。
十八年八月份至十二月份	3,162.000	自八月份起因添设农矿厅，划去经费一千一百元。
十九年一月份至五月份	5,379.400	改编预算。
十九年六月份	4,885.400	
十九年七月份至十一月份	8,395.000	照案俸加倍半。公加五成。
十九年十二月份	8,950.000	加警卫薪饷五百五十五元，合计如左数。
二十年一月份至八月份	8,055.000	照案减一成。
二十年九月份至二十一年六月份	8,950.000	减成案取消。
二十一年七月份至十二月份	8,950.000	
二十二年一月份至十二月份	8,950.000	以上均系旧滇币本位。
二十三年一月份至十二月份	6,678.000	自本年度起改为新滇币本位。
二十四年一月份至十二月份	6,786.700	新滇币本位。
二十五年一月份至十二月份	6,786.700	同上。
二十六年一月份至十二月份	6,786.700	同上。

（续表）

时期	月支款数（元）	备考
二十七年一月份至十二月份	6,786.700	新滇币本位。
二十八年一月份至十二月份	5,000.000	同上。
二十九年一月份至十二月份	28,749.000	新滇币本位，照新调整案增加。
三十年一月份至十二月份	28,749.000	同上。
三十一年一月份至十二月份	98,897.500	国币本位。
三十二年一月份至十二月份	128,400.000	同上。
三十三年一月份至十二月份	78,619.500	同上。
三十四年一月份至十二月份	125,000.000	同上。

二、道路工程学校：自十九年七月开办，三、四两班，由财政厅担任经费，支至二十一年一月毕业止。至二十年十一月继办五、六两班，财政厅以汽车营业收入渐多，经费大可取给，对于核定款数，仅认担十分之六，呈准照支，故先后月支数目，亦不一致，兹分期列表如下。

道路工程学校经费支出统计表

时期	月支款数（元）	备考
十九年七月份至十二月份	8,107.000	
二十年一月份至八月份	7,296.300	照案减一成。
二十年九、十两月份	8,107.000	减成案取消。
二十年十一月份至二十一年一月份	12,563.800	加入摊任五、六两班经费合计如左数。
二十一年二月份至六月份	4,456.000	减去三、四两班经费余如左数。
二十一年七月份至十二月份	4,456.000	
二十二年各月份	7,827.000	以上均系旧滇币本位。
二十三年各月份	1,037.000	新滇币本位。

注：三十四年起并入云南省公路管理局办理，不再由省库支领经费。

三、公路局经费：自十七年十二月份起，月支一千六百四十元。十八年二月至五月份照案加三成，共支二千一百三十二元，六月以后仍照旧额支给，支至十二月裁并止。

四、修筑迤西公路经费：自十八年一月份起，月支二万一千元，及十九年一月以后，改由建设厅支给。

五、无线电局工程师司机生薪水：自十八年二月份起，月支法纸九百七十元。兹将历次折合滇纸数目分别列记知下：十八年二月份支出五千八百二十元，三、四、五月份支出七千二百七十五元，六月份至十九年八月份支出六千七百九十元。

六、邮政管理局经费：自十七年一月起至三十三年十二月份止，列表如下。

电政管理局历支经费表

时期	月支款数（元）	备考
十七年一月份至七月份	6,000.000	
十七年八月份至十八年一月份	7,244.150	
十八年二月份至五月份	9,417.395	照案加三成。
十八年六月份至十二月份	7,244.150	加三案取消。
十九年一月份至六月份	9,417.395	加三案规复。
十九年七月份至十二月份	16,661.545	照案薪加倍半，公加五成。
二十年一月份至八月份	14,995.390	照案减一成。
二十年九月份至二十一年六月份	16,661.545	减成案取消。
二十一年七月份至十二月份	16,661.545	
二十二年一月份至十二月份	19,929.000	以上均系旧滇币本。
二十三年一月份至十二月份	5,000.000	自本年起改为新滇币本位。
二十四年一月份至十二月份	3,000.000	新滇币木位。
二十五年一月份至十二月份	3,000.000	同上。
二十六年一月份至十二月份	3,000.000	同上。
二十七年一月份至十二月份	3,000.000	同上。
二十八年一月份至十二月份	3,000.000	同上。
二十九年一月份至十二月份	3,000.000	同上。

（续表）

时期	月支款数（元）	备考
三十年一月份至十二月份	3,000.000	新滇币本位。
三十一年一月份至十二月份	2,833.500	自本年起改为国币本位。
三十二年一月份至十二月份	3,420.000	国币本位。
三十三年一月份至十二月份	3,685.500	同上。

七、电话局：自十九年七月份至二十二年底，支出经费列表如下。

电话局历支经费表

时期	月支款数（元）	备考
十九年七月份至十一月份	2,000.000	
十九年十二月份	3,000.000	
二十年一、二月份	2,700.000	就加额三千元，照案减一成余如左数。
二十年三月至六月份	1,800.000	就原额二千元，照案减一成余如左数。
二十年七月份至十二月份	1,800.000	旧滇币本位。
二十一年各月份	1,800.000	同上。
二十二年各月份	1,800.000	同上。

注：自二十三年起，由局自支，不向省库支领。

八、建设厅所属其他机关：自二十四年度起，至三十年度止历年经费开支，列表如下。

建设厅所属其他机关历年经费总表（新滇币）

机关名称	年度支款数（元）							备考
	二十四年	二十五年	二十六年	二十七年	二十八年	二十九年	三十年	
度量衡检定所筹备处	1,200	1,200	7,914	7,908	7,908	36,300	36,330	
第一农事试验场	1,572	1,572	1,572	1,572	5,316	26,304	26,340	
第二苗圃	2,040	2,050	2,040	2,040	2,052	10,728	10,488	
种马畜牧场	3,744	3,744	3,852	3,744				三十四年六月自实业厅移转接办。
宾川棉作实验场	6,896	6,896	6,896	6,896	6,896	28,128	28,128	同上。
迤东分区林务局	4,428	4,428	4,428	4,428	4,428	21,132	27,544	同上。
迤南分区林务局	4,428	4,428	4,428	4,428	4,428	22,188	47,544	同上。
省垣附近农田水利工程处	7,200	7,200	7,200	7,200	7,200	36,312	36,312	同上，二十七年停办。
六县棉业试验场	4,320	4,320	4,320					
建设委员会		14,946	14,946	14,946				二十八年裁撤。
河口热带作物实验场		7,200	22,952	22,952	7,200	32,568	32,568	
畜产改进所				12,000	37,488	37,488	33,200	
蚕桑改进所				37,488	12,300	35,280	37,488	
水利局					1,757	27,000	27,000	二十四年六月自实业厅移转接办。

（续表）

机关名称	年度支款数（元）							备考
	二十四年	二十五年	二十六年	二十七年	二十八年	二十九年	三十年	
设计委员会					10,080	4,860	4,860	
第一园艺实验场					2,676	10,680		
第一茶场					680	2,890	2,890	
第二林场					709	3,190	10,680	
禄丰村林场					3,600	17,172	1,716	
林务处					9,132	35,280	39,120	
第一苗圃						10,488	10,488	
粮政局							101,076	三十年九月一日成立四个月支上数。

实业费

实业费即实业厅及所属实业机关月支之经费。十一年共支出银五万二千四百七十三元零一仙，十二年五万一千八百九十七元三角四仙八厘，十四年五万二千二百六十八元四角二仙，十五年一万九千一百四十四元五角，十六年数缺。自十七年起，分列如下：

一、实业厅：系于十八年八月由建设厅划分组织，兹将其自是月份起历支经费分期列表如下。

实业厅月支经费表（滇币）

时期	月支款数（元）	备考
十八年八月份至十二月份	3,900.000	
十九年一月份至六月份	5,070.000	照案加三成。
十九年七月份至十一月份	9,800.000	照案俸加倍半，公加五成。
十九年十二月份	10,355.000	加警卫薪饷五百五十五元，合计如左数。
二十年一月份至八月份	9,319.500	照案减一成。
二十年九月份至二十一年六月份	10,355.000	减成案取消。
二十一年七月份至十二月份	10,355.000	
二十二年一月份至十二月份	38,313.000	以上均系旧滇币本位。自本年起农业推广委员会经费并入。
二十三年一月份至十二月份	3,971.300	新滇币本位。

案：该厅自二十四年五月撤销。

二、农事试验场及林牧场：除经费外，尚有种马费，亦应并同计算。牧场费有三种，亦复时增时减，仍甚复杂。兹分期列表如下。

农事试验场及林牧场历年经费表

时期	月支款数（元）	备考
十七年一月份至十八年一月份	435.450	
十八年二月份至五月份	566.085	照案加三成。
十八年六月份至十二月份	435.450	加三案取消。
十九年一月份至六月份	436.085	加三案规复，惟于林部经费一百三十元已停发，故仅合左数。
十九年七月份至十二月份	638.175	照案加薪公。
二十年一月份至八月份	574.357	照案减一成。
二十年九月份至二十一年六月份	638.175	减成案取消。
二十一年七月份至十二月份	638.175	
二十二年一月份至十二月份	131.000	以上旧滇币本位。
二十三年一月份至十二月份	443.000	新滇币本位。

案：实业厅于二十四年五月撤销。

三、第三育苗场：从十八年至二十三年支出经费如下表。

第三育苗场历支经费表

时期	月支款数（元）	备考
十八年五月份至十九年六月份	1,800.000	
十九年七月份至二十六月份	3,720.000	照案薪加倍半，公加五成，合计如左数。
二十一年七月份至十二月份	3,720.000	
二十二年一月份至十二月份	3,720.000	以上均系旧滇币本位。
二十三年一月份至十二月份	1,700.000	新滇币本位。

案：实业厅二十四年五月撤销经费停止。

四、农业推广委员会：十九年至二十一年支出经费如下表。

农业推广委员会历支经费表

时期	月支款数（元）	备考
十九年五月份至十二月份	1,999.400	
二十年一月份至八月份	1,799.460	照案减一成。
二十年九月份至二十一年六月份	1,999.400	减成案取消。
二十一年七月份至十二月份	1,999.400	以上均系旧滇币本位。

案：该会至二十二年并入实业厅项下开支。

五、实业厅其他附属机关：二十二年及二十三年度支出经费，分年列表如下。

实业厅其他附属机关二十二年支款总表

机关名称	月支数（元）	年支数（元）
种马畜牧场	312.000	3,744.000
宾川棉业试验场	574.700	6,896.400
迤东分区林务局	369.000	4,428.000
迤南分区林区局	369.000	4,428.000
省垣附近农田水利工程处	600.000	7,200.000

实业厅其他附属机关二十三年支款总表

机关名称	月支数（元）	年支数（元）
水利局	87,624.000	1,105,488.000
种马兽牧场	312.000	3,744.000
宾川棉业试验场	574.000	6,888.000
迤东分区林务局	369.000	4,428.000
迤南分区林务局	269.000	4,428.000
省垣附近农田水利工程处	600.000	7,200.000
六县棉业试验场	360.000	4,320.000

注：水利局二十一年及二十二年支出经费，已并入实业厅内。

附记：该厅至二十四年五月撤销，经费停支。其所属机关，有移交建设厅继续办理者，有停办者。

地政费

地政费即地政局及所属历支经费。本省地政局自三十三年成立，年支经费列表如下：

地政局及所属年支经费表

时期	年支款数（元）	备考
三十三年一月份至十二月份	480,000.000	国币本位。
三十四年一月份至十二月份	920,000.000	国币本位。

社会事业费

社会事业费即社会处及其附属机关每月额支之经费也。兹分列如下：

一、社会事业费：三十一年度支二万五千元，三十二年度支二万五千元，三十三年度月支三万五千二百零八元，三十四年度月支八万五千八百三十三元。

二、救济会：救济会三十一年成立，月支经费国币四万一千六百六十六元。三十二年停止。

三、托儿所：托儿所三十三年成立，月支经费国币二万五千元。三十四年月支经费一万六千二百五十元，同年又成立第二托儿所，月支经费一万六千二百五十元。

四、合作事业管理处：合作事业管理处三十三年成立，月支经费国币一十一万六千四百六十五元，三十四年月支经费一十二万五千元。

五、个旧矿区劳工福利委员会：个旧矿区劳工福利委员会三十四年成立，月支经费国币三万五千零五十五元。

六、国民劳动服务团：国民劳动服务团三十四年成立，月支经费国币三万三千三百三十元。

七、社会服务处：社会服务处三十四年成立，月支经费国币二万七千零八十三元。

八、儿童福利指导所：儿童福利指导所三十四年成立，月支经费国币二万七千零八十三元。

九、劳工福利社：劳工福利社三十四年成立，月支经费国币一万二千一百八十七元。

十、救济院：救济院三十四年成立，月支经费国币二万七千零八十三元。

保警费

保警费即各保安队、防空司令部及警务处所属各防护机关每月额支之经费也。三十年前，各绥靖处及各游击队经费，列入民政范围。三十一年以后，保安队增加防空司令部，警务处所属防护机关，成立颇多，即非民政范围所能包容；且自三十一年度起，省级预算即已特立保警费科目，兹故专章列之，并将月支数按年分别列表如下：

云南省三十一年度至三十四年度月支保警费一览表（元）

机关名称	三十一年	三十二年	三十三年	三十四年	备考
保安第一队		128,368.000	139,065.000	100,000.000	本表均系国币本位。
保安第二队		128,368.000	139,065.000	100,000.000	
第一区专署保安营		44,087.000	47,761.000	62,089.000	
第二区专署保安营		44,087.000	47,761.000	62,089.000	
第三区专署保安营		44,087.000	47,761.000	62,089.000	
第五区专署保安营		44,087.000	47,761.000	62,089.000	
第六区专署保安营		44,087.000	47,761.000	62,089.000	
永绥江防队	2,878.000	3,741.000	4,053.000	7,633.000	
巧家江防队	3,093.000	4,021.000	4,356.000	7,433.000	
宁蒗守备队	2,182.000	2,837.000	3,074.000	3,995.000	
护路第三营	16,430.000	21,527.000	22,237.000	28,907.000	
津关护路队	1,681.000	2,184.000	2,366.000	3,075.000	
个蒙护路队				4,800.000	
防空司令部		36,056.000	39,060.000	50,778.000	
防空情报监视哨		45,990.000	49,822.000	64,769.000	
防空无线电总台		22,792.000	24,631.000	32,098.000	
防空司令部楚大、建蒙、开广、沾曲四指挥部		40,000.000	43,333.000	56,333.000	

（续表）

机关名称	三十一年	三十二年	三十三年	三十四年	备考
防空情报处		9,569.000	10,366.000	13,476.000	
省会防护团		9,304.000	10,079.000	13,103.000	
警务处	5,089.000	6,653.000	7,207.000	21,666.000	
省会警察局	186,294.000	242,182.000	262,363.000	341,072.000	访局于三十二年移用畹町警察局经费。
下关警察局	8,230.000	10,993.000	11,591.000	15,086.000	
查缉第三队	7,357.000	8,828.000	9,563.000	12,432.000	
警察训练所				43,941.000	
滇越铁道警察局	85,225.000	110,792.000	120,024.000	156,031.000	
禄武江防队					
弓弩队					
省府警卫队	48,423.000	65,560.000	71,023.000		二十四年该队经费划入行政支出。
河口独立营				12,412.000	
麻栗坡独立营				13,311.000	
防空情报所		4,289.000	4,646.000	6,040.000	
鹤丽中维华永保安司令部	6,705.000				三十二年裁撤。
民众自卫军保安津贴		919,000.000	919,000.000	666,666.000	

外交费

外交费即交涉员署及关于外交各机关月支之经费。十一年共支出银一万四千七百七十九元二角五仙六厘，十二年共支出银二万九千七百五十四元一角八仙九厘，十三年六万一千八百六十四元零一仙，十四年五万五千零九十元八角九仙，十五年一万二千一百四十五元三角二仙，十六年数缺。自十七年起，分列如下：

一、交涉员署经费：在未改由中央拨发以前，历支款数，分期列表如下。

交涉员署历年支款统计表

时期	月支款数（元）	备考
十七年一月份至十八年一月份	1,960.000	交际费三百元在内。
十八年二月份至五月份	2,548.000	照案加三成。
十八年六月份至十二月份	1,960.000	加三案取消。
十九年一月份至十二月份	2,488.000	加三案规复，除交际费外，均照加，支至是年五月份停止。
二十年一月份至十二月份	2,488.000	
二十一年一月份至十二月份	2,488.000	以上均系旧滇币本位。
二十二年一月份至十二月份	1,000.000	新滇币本位。
二十三年一月份至十二月份	1,000.000	同上。
二十四年一月份至十二月份	1,000.000	同上。
二十五年一月份至十二月份	1,000.000	同上。
二十六年一月份至十二月份	1,000.000	同上。
二十七年一月份至十二月份	1,000.000	同上。
二十八年一月份至十二月份	1,000.000	同上。
二十九年一月份至十二月份	2,250.000	照新调整增加，新滇币本位。
三十年一月份至十二月份	2,250.000	同上。

二、滇越铁路警察局经费及护路宪兵各区队薪饷各项：均时有损益，又各随通案增减，故亦甚复杂，兹分期列表如下。

滇越铁路警察局及护路宪兵各费统计表

时期	月支款数（元）	备考
十七年一月份至九月份	15,197.700	经费薪饷并计。
十七年十月份十八年一月份	15,083.700	
十八年二月份至五月份	19,608.810	照案加三成。
十八年六月份至十二月份	15,083.700	加三案取消。
十九年一月份至六月份	19,608.810	加案规复。
十九年七月份	33,157.584	照案薪加倍半，公加五成。
十九年八月份至十二月份	38,714.844	区队改组添设，薪饷增加。
二十年一月份至八月份	35,652.825	经费增加后，又与薪饷照通案减一成。
二十年九月份至十二月份	39,614.250	减成案取消。
二十一年一月份至十二月份	36,259.250	区队裁减。
二十二年一月份至十二月份	36,259.250	以上均系旧滇币本位。
二十三年一月份至十二月份	17,908.800	自本年起改为新滇币本位。
二十四年一月份至十二月份	17,908.800	新滇币本位。
二十五年一月份至十二月份	16,195.800	同上。
二十六年一月份至十二月份	16,195.800	同上。
二十七年一月份至十二月份	16,195.800	同上。
二十八年一月份至十二月份	16,195.300	同上。
二十九年一月份至十二月份	62,659.000	同上，照新调整增加。
三十年一月份至十二月份	62,659.000	新滇币本位。
三十一年一月份至十二月份	85,224.600	同上。
三十二年一月份至十二月份	20,070.900	国币本位。
三十三年一月份至十二月份	30,240.000	同上。
三十四年一月份至十二月份	156,030.100	同上。

三、各对汛督办署：历支经费，兹分期列表如下。

河口对汛督办经费表

时期	月支款数（元）	备考
十七年一月份至十八年一月份	6,551.900	独立连及对汛经费并计在内。
十八年二月份至五月份	8,127.470	照案加三成，惟于独立连伙食未加。
十八年六月份至十二月份	6,551.900	加三案取消。
十九年一月份至六月份	8,127.470	加三案规复。
十九年七月份至十二月份	13,379.370	照案薪加倍半，公加五成。
二十年一月份至二十一年一月份	15,069.370	独立连加饷。
二十一年二月份至六月份	16,069.370	独立连及四对汛伙食增加。
二十一年七月份至十二月份	24,110.000	
二十二年一月份至十二月份	24,110.000	以上旧滇币本位。
二十三年一月份至十二月份	4,822.300	自本年起改为新滇币本位。
二十四年一月份至十二月份	4,822.300	新滇币本位。
二十五年一月份至十二月份	5,809.000	同上。
二十六年一月份至十二月份	5,809.000	同上。
二十七年一月份至十二月份	5,809.000	同上。
二十八年一月份至十二月份	5,809.000	同上。
二十九年一月份至十二月份	14,780.000	同上，照新调整案增加。
三十年一月份至十二月份	14,780.000	同上。
三十一年一月份至十二月份	27,290.000	国币本位。
三十二年一月份至十二月份	32,641.000	同上。
三十三年一月份至十二月份	35,369.400	同上。
三十四年一月份至十二月份	45,969.500	同上。

麻栗坡对汛督办经费表

时期	月支款数（元）	备考
十七年一月份至十八年一月份	2,850.000	六对汛及巡缉队经费并计在内。
十八年二月份至五月份	3,705.000	照案加三成。
十八年六月份至十二月份	2,850.000	加三案取消。
十九年一月份至六月份	3,705.000	加三案规复。
十九年七月份至二十一年六月份	6,489.000	照案薪加倍半，公加五成。
二十一年七月份至十二月份	10,110.000	
二十二年一月份至十二月份	10,550.000	以上均系旧滇币本位。
二十三年一月份至十二月份	2,110.900	新滇币本位。
二十四年一月份至十二月份	2,110.900	同上。
二十五年一月份至十二月份	3,724.500	同上。
二十六年一月份至十二月份	3,724.500	同上。
二十七年一月份至十二月份	3,724.500	同上。
二十八年一月份至十二月份	3,724.500	同上。
二十九年一月份至十二月份	8,933.000	同上，照新调整案增加。
三十年一月份至十二月份	8,933.000	同上。
三十一年一月份至十二月份	30,923.830	国币本位。
三十二年一月份至十二月份	37,180.000	同上。
三十三年一月份至十二月份	42,100.000	同上。
三十四年一月份至十二月份	52,261.250	同上。

四、腾越会案经费：在十七、十八年份，照旧案年支四千元，嗣因滇币低落，自十九年起，呈准年支现金四千元，合计纸币二万元。至二十九年增加为新币八千三百三十三元。

以上即省内外各机关历支之经常政费也。临时政费即省内外行政各机关于核定预算经费之外，随时报支之费。固以有开支必要者为限，方能照准支给。特其间名目繁多，不能悉举。兹第将历年支款之最著者，特别提出，以次编述，而将其余支出款项分年计数汇列一表，以备查考。

特别临时费

一、"七·一一"震灾赈款：民国十八年七月十一日，省垣发生火药震灾，详内政中。当经省务会议议决，由政府先行发给库款六十万元，筹办急赈，以资抚恤。随令由财政厅照数发交"七·一一"震灾委员会具领办理。

二、政务调查员薪公旅费：民国十七年，案据民政厅呈请分区派员前赴各县查政务，当经省府令饬会同财政厅议拟各委员薪公旅费，呈准饬遵。计分十二区，各区道里远近不同，生活程度互异，故支给费用亦多寡不一。嗣据各委员结报核销，统计先时在省分支给领，及后来在外分拨领用各款数，约共二万三千六百八十余元。

三、县长、行政委员、设治局长、县佐赴任卸任及查案委员旅费：本县县长、行政委员、县佐赴任卸任旅费，在前虽有定例，民国十八年业已停支。而例定支给查案委员旅费，又因纸币低落，不敷开用。十九年七月，经财政厅体察情形，将查案旅费连同县长、行政委员、县佐赴任卸任各项旅费。分别拟订暂行规则，呈经省府核准，通令施行。二十九年以后，物价逐渐猛涨，复经数次改订增加，除规则附录外，兹将前后历支款数，分期列表如下。

历年支出县佐等旅费表

时期	月支款数（元）	备考
十七年份	4,470.000	系将拨支数实支并计。
十八年份	980.000	
十九年份	27,350.000	
二十年份	55,750.000	
二十一年份	54,940.000	以上旧滇币本位。
二十二年份	48,000.000	以下新滇币本位。
二十三年份	48,000.000	
二十四年份	48,000.000	
二十五年份	72,000.000	
二十六年份	72,000.000	
二十七年份	72,000.000	
二十八年份	72,000.000	

（续表）

时期	月支款数（元）	备考
二十九年份	144,000.000	
三十年份	144,000.000	
三十一年份	576,000.000	以下为国币本位。
三十二年份	480,000.000	
三十三年份	1,620,000.000	
三十四年份	1,500,000.000	

支给旅费暂行规则

第一条　凡本省各县县长、行政委员、县佐赴任卸任及查案委员旅费，均依本规则支给之。

第二条　凡省政府委任之县长、行政委员、县佐及呈奉省政府核委之查案委员，得照下列各项规定分别支给旅费。

（一）县长：南路每站发给纸币四十元，东西路每站发给三十元。

（二）行政委员：南路每站发给纸币三十元，东西路每站发给纸币二十元。

（三）县佐，南路每站发给纸币三十元，东西路每站发给纸币二十元。

（四）查案委员分别东西南路照行政委员及县佐例支给。

（五）凡通火车区域应由车道而行。县长给予二等车票一张，四等车票一张，行政委员、县佐给予三等车票一张，四等车票一张，拟照车价核发。若下车之后尚有相当程途始能到达目的地者，仍得分别远近发给行程费。查案委员为荐任职者，与县长同，为委任职者，与行政委员、县佐同。

（六）查案委员因公住坐，南路每日发给纸币六元，东西路每日发给纸币四元。

第三条　县长、行政委员、县佐、查案委员，有下列各项情形者，不得支给赴任卸任及查案旅费：

（一）县长、行政委员、县佐、查案委员因案撤职者；

（二）县长、行政委员、县佐经征款项尚未报解清楚者；

（三）查案委员委查之案并未呈奉省政府核准者。

第四条　县长、行政委员、县佐于奉委后须备具程站表及领款单据呈请财政厅核发。至卸任时仍应照备手续请领，不得由应解经征款内先行坐支，及由各县或各征收局拨去。

第五条　查案委员于奉委后须备具程站表、往坐日期预算表及领款单据，呈请财政厅核发，但于查毕回省时，应造册呈请令委机关转财政厅核销。

四、退休金：本省行政各机关公务员，向无退休办法。民国二十年五月，财政厅因公务员薪俸业已增加，而各机关所有年力衰迈或积劳成疾，不能服务各人员，亦应设法待遇。特拟定《公务员退休暂行章程》，呈经省府核准，通令施行。嗣据各机关公务员之年老积劳成疾者，陆续援照章程，请准退休，呈由主管长官转呈省府，历经令发财政厅审核议拟呈复。凡与定章相符者，均分别给予退休金，以资休养各在案。

兹查自退休章程实行以来，所有发给退休金，将实支拨支并计，曾于二十年发旧币一万八千九百二十元，二十一年发旧币二万五千六百一十元，二十二年增发旧币六万元，二十三年至二十八年每年发新币六万元，二十九年至三十年每年发新币一十二万元，三十一年发国币五万八千八百元，三十二年发国币七万零五百六十元。三十三年发国币九万一千七百二十元，三十四年发国币一十二万八千四百一十九元。章程附后。

云南省公务员年老退休金暂行章程

第一条　本省政府为体恤公务员起见，凡年老退职给予退休金者，适用本章程之规定。

第二条　公务员年逾六十，曾在一机关继续任职在十年以上，有下列情事之一者，得给予退休金：

（一）精神衰弱或身体残疾不胜职务者；

（二）勤劳卓著，欲事休息，自请退职者。

第三条　有下列情事之一者，不得请给退休金：

（一）贻误要公，业经明令撤职者；

（二）规避处分，先行自请退职者。

第四条　退休金以退职时俸额为标准，凡历职满十年者，给予二十个月之俸金，每多一年，照加二月。

第五条　公务员退休时，请领退休金者，应由该管长官取具详明履历，呈请本省政府核准，令财政厅发给。如有扶同徇隐情事，该管长官负连带责任。

第六条　凡呈经核准之退休金，作一次发清。

第七条　凡领过退休金人员，即不得再任其他机关职务，将来身故后，亦不得再请给恤金。如退职时，不愿领退休金者，即不受本条两项限制。

第八条　本章程所称之公务人员，以曾经中央或本省政府委任，由省库支给俸给者为限，其俸额亦以经本省政府核准者为准。其他法令别有规定或无案可稽者，均不适用之。

第九条　本章程如有未尽事宜，得随时修正之。

第十条　本章程自公布之日实行。

五、迤东水灾赈款：民国二十年八九月间，迭据迤东盐津、宜良、镇雄、大关等县分报洪水为灾，即经省务会议决，先后令饬财政厅拨发款项办理急赈，计于盐津县拨发五万元，宜良县拨发四万元，镇雄、大关两县各拨发二万元，分饬各该县长具领，并派员会同散放，用资抚恤。仍照章取结列册呈报核销，以昭核实。

六、全省户口调查经费：民国二十一年，本省实行户口总调查，将全省划为十区，每区各设监督处，督率各县市办理，并派员分头视察催促进行，限自本年二月起尽五个月调查完毕，分别填具表册呈送，由民政厅汇办存查。所有各项办法及各监督处经费，各县区补助费及民政厅关于举办此项调查事宜所需邮电印刷各费，经民政厅会同财政厅拟定规章，编造预算，呈经省府核准，通令实行。其有经费呈请追加者，亦令财厅议复，经核准令遵各在案。兹将各款数分别列叙如下：全省十区监督处经费二十一万二千八百元。各县及各行政区补助费五万八千元（每县五百元，每区三百元）。民政厅印刷户口表册及邮电各费一十万零四千四百九十一元。

七、政务视察员薪公、旅费：民国二十一年，本省举行政务视察，将全省各县及各行政区域，划为十二区，分别派员视察，并于各视察员出发后，更分派密查员跟踪前往秘密侦察其有无违法舞弊情事。所有视察及密查各办法，与各项人员领支薪公暨车旅各费之款数及手续，经民政厅拟定章程，并拟定分派各人员，呈经省府核准，分别分委，并分别令财政厅遵照各别支拨给领，以便进行在案。兹除第十二区之普思以外沿各边县，同属瘴区，当瘴疠发生时，遂难前往，已据呈准暂缓视察外，其余十一区视察员薪公旅费，计共支五万三千二百六十四元，又密查员薪公旅费，共支三万一千三百元。

八、火灾赈款：此项火灾，照案由发生火灾各地方该管县长、行政委员或县佐，于据报履勘后，照其受灾户口及灾情轻重，分别极贫、次贫，依照呈准《火灾赈恤章程》计算赈恤款数，册报民政厅核准，即由收入粮款项下照数拨支，眼同绅管散发给领，取具切结单据呈报财政厅核拨抵解。兹将历年所发赈款约数列表如下。

历年所发赈款统计表

时期	月支款数（元）	备考
十七年份	13,000.000	旧滇币本位。
十八年份	9,800.000	同上。
十九年份	10,600.000	同上。
二十年份	11,100.000	同上。
二十一年份	10,200.000	同上。
二十二年份	35,000.000	同上。
二十三年份	36,000.000	新滇币本位。
二十四年份	36,000.000	同上。

（续表）

时期	月支款数（元）	备考
二十五年份	36,000.000	新滇币本位。
二十六年份	36,000.000	同上。
二十七年份	36,000.000	同上。
二十八年份	36,000.000	同上。
二十九年份	36,000.000	同上。
三十年份	36,000.000	三十年后未列入预算，停止支发。

九、各项服装费：本省普防殖边队及河口麻栗坡各对汛，华坪、腾冲、巧家，井滩、永绥、镇彝各游击队与滇越铁道护路宪兵队兵夫，暨昆明市政府公安局、滇越铁道警察总局警役，昆明市警察学校、滇越铁道警察学校、警官学校学生，及省府传事夫役，各厅警卫等项服装，均系照季请领。其费用多系由各该机关呈请省府饬由军需局代为制发，向财政厅请领价款归垫。亦有呈府令厅核发价款或拨发给领、自行制发者。兹统计民国十七年以来所有历年支发各项服装费款数，分别列表如下。

历年所支各项服装费统计表

时期	月支款数（元）	备考
十七年份	46,000.000	殖边队、对汛、游击队、护路宪兵队兵夫，市府路警局警役、警校学生、本府传事夫役等项服装费并计在内。
十八年份	46,000.000	加入各厅警卫服装计算。
十九年份	123,000.000	加入警官学校学生服装费计算。
二十年份	126,000.000	新滇币本位。
二十一年份	170,000.000	同上。
二十二年份	600,000.000	同上。
二十三年份	600,000.000	同上。

（续表）

时期	月支款数（元）	备考
二十四年份	600,000.000	新滇币本位。
二十五年份	600,000.000	同上。
二十六年份	600,000.000	同上。
二十七年份	600,000.000	同上。
二十八年份	600,000.000	同上。
二十九年份	720,000.000	同上。
三十年份	720,000.000	同上。
三十一年份	5,760,000.000	国币本位。
三十二年份	5,760,000.000	同上。
三十三年份	12,000,000.000	三十四年预算内是项删除停止。

十、其他特别临时费：除以上九项外，三十一年度内所支出之其他特别临时费，兹撮要列表如下。

三十一年度特别临时费

名称	月支款数（元）	备考
文职出差旅费	48,000.000	国币本位。
各边远县局会计员瘴区津贴	4,291.000	同上。
昆明市环境卫生事业费	133.000	同上。
未成立各县局卫生院开办费	8,674.000	同上。
各县施种牛痘补助费	66.000	同上。
防治霍乱费	74.000	同上。
昆明市施种牛痘补助费	46.000	同上。

三十二年度特别临时费

名称	月支款数（元）	备考
省府行政视察员	298,000.000	国币本位。
团务费	1,290.000	同上。
各边远县局会计员津贴	842.000	同上。
昆明市坏境卫生事业费	137.000	同上。
防治霍乱费	74.000	同上。
施种牛痘补助费	45.000	同上。

三十三年度特别临时费

名称	月支款数（元）	备考
省府行政视察费及出差旅费	346,000.000	国币本位。
团务费	2,532.000	同上。
赴中央警官学校受训旅费	1,674.000	同上。
各边远县会计员津贴	1,055.000	同上。
昆明市坏境卫生事业费	266.000	同上。
各县施种牛痘补助费	137.000	同上。

三十四年度特别临时费

名称	月支款数（元）	备考
省府行政视察费及出差旅费	375,000.000	国币本位。
省府驻外代表费	4,166.000	同上。
会计督导费	35,000.000	同上。
户政事业费	91,000.000	同上。
卫生事业费	320,456.000	同上。

普通临时费

此种普通临时费，除上述九款以外，所有临时支出各项政费皆属之。因名目繁多，不及备列，特统计民国十七年以来所有拨支实支各款数，分年列叙如下：十七年份一十一万三千七百八十八元九角九仙四厘，十八年份四十二万六千九百八十四元一角零七厘，十九年份一百零二万零七百一十八元六角七仙七厘，二十年份一百一十二万二千四百一十六元三角三仙九厘，二十一年上半年五十五万二千二百三十四元六角六仙一厘。以下年份缺。

生活补助费及公粮

自抗战军兴以来，国内经济状况日渐混乱，物价涨率动辄千数百倍，生活费用之高日甚一日。一般公务人员尤感入不敷出之苦。政府为谋救济起起，于民国三十年订立《公务员生活补助办法》，颁布施行。本省自三十一年一月份起，各级公务人员除薪金外，再加发食米代金及生活补助费。至三十二年，政府以公务员生活仍属清苦，乃一再改善，由一月份起，将食米贷金改易实物补助，照月发给公粮，至六月，生活补助费亦蒙中央拨发专款。兹将历年发领之标准及款数列表于后：

云南省省级公务员工历年月支生活补助费标准数目表

年度	月份	职别	月支补助费（元）	备考
三十一年	一至十二月份	月薪二百以上职员	60	
		月薪二百以下职员	80	警官与职员同。
		工役	20	警士与工役同。
三十二年	一至五月份	职员	250	警官与职员同。
		工役	100	警士与工役同。
	六至九月份	职员	450	警官与职员同。
		工役	180	工役与警士同。
	十至十二月份	职员	900	警官与职员同。
		工役	360	警士与工役同。

（续表）

年度	月份	职别	月支补助费（元）	备考
三十三年	一至四月份	简任职员	1,400	
		荐任职员	1,100	
		委任职员	900	
		警长	900	
		警士	450	
		工役	400	
	五至十月份	简任职员	2,700	
		荐任职员	2,100	
		委任职员	1,700	
		警长	1,700	
		警士	850	
		工役	750	
	十一、十二月份	简任职员	9,100	
		荐任职员	7,300	
		委任职员	5,900	
		警长	3,850	
		警士	2,250	
		工役	2,600	
三十四年	一至二月份	简任职员	15,000	
		荐任职员	10,000	
		委任职员	6,300	
		雇用职员	5,100	
		工役	2,000	
		警长	1,800	

（续表）

年度	月份	职别	月支补助费（元）	备考
三十四年	一至二月份	警士	1,760	
		武职官佐	2,172	
		士兵	97	副食费。
	三至六月份	简任职员	30,000	
		荐任职员	20,000	
		委任职员	15,000	
		雇用职员	11,500	
		工役	1,600	工役自三月份起，将月领公粮加为六公斗，故生活补助费较以前所领数目为少。
		警长	4,300	
		警士	2,800	
		武职官佐	4,372	
		士兵	360	
		公费生副食费	272	公费生副食费，每人年支3,272元，以十二个月平均，由教育厅统领分配转发。

附记：

1. 本表数字以国币为本位。

2. 公务员生活补助费三十一及三十二两年度，仅列为职员工役两项人员分配。三十三年度起始分为公教人员、长警人员。公教人员中，又别为简任、荐任、委任、工役等级。三十四年度起，中央又增拨武职人员官佐生活补助费，士兵副食费，及公费生副食费。

3. 公费生副食费一项，中央核定人数为四千一百五十人，全年拨发副食费一千三百五十八万三千元，照月由财厅照年额十二分之一交教厅具领统筹分配转发。

4. 本省领生活补助费之公务员，三十一年计职员八千九百七十一人，工役三千一百三十人。三十二年计职员九千零四十六人，工役四千零二十五人。三十三年计职员四千零二十一人，工役一千六百三十人，警长二百七十一人，警士一千九百八十三人。三十四年计职员四千零五十八人，工役一千六百五十六人，警长二百七十一人，警士一千九百八十三人，武职官佐六百二十三人，士兵六千九百九十六人，三十一及三十二两年度警长系并入职员分配，警士系并入工役内分配。

5. 关于生活补助费发领标准等事项，定有《改善公务员生活办法施行细则》，兹从略。

云南省省级公务员工生活补助费历年支发数目统计表

年度	月份	职别	人数	每级月支数（元）	每月实支数（元）	全年支发数（元）
三十一年	一至十二月份	月薪二百元以上职员	1206 人	72,360	756,160	9,073,920
		月薪二百元以下职员	7765 人	621,200		
		工役	3130 人	62,600		
三十二年	一至五月份	职员	9046 人	2,261,500	2,664,000	61,272,000
		工役	4025 人	402,500		
	六至九月份	职员	9046 人	4,070,700	4,795,200	
		工役	4025 人	724,500		
	十至十二月份	职员	9046 人	8,141,400	9,590,400	
		工役	4025 人	1,449,000		
三十三年	一至四月份	简任职员	34 人	47,000	5,457,150	151,470,800
		荐任职员	230 人	253,000		
		委任职员	3743 人	3,368,700		
		工役	1629 人	651,600		
		警长	271 人	243,900		
		警士	1983 人	892,350		

（续表）

年度	月份	职别	人数	每级月支数（元）	每月实支数（元）	全年支发数（元）
三十三年	五至十月份	简任职员	34人	91,800	10,305,900	
		荐任职员	230人	483,000		
		委任职员	3743人	6,363,100		
		工役	1621人	1,221,750		
		警长	271人	460,700		
		警士	1983人	1,685,550		
	十一、十二月份	简任职员	34人	309,400	33,903,400	
		荐任职员	234人	1,708,200		
		委任职员	3753人	22,142,700		
		工役	1631人	4,238,000		
		警长	271人	1,043,350		
		警士	1983人	4,461,750		
三十四年	一至二月份	简任职员	32人	480,000	36,836,734	832,713,796
		荐任职员	252人	2,520,000		
		委任职员	3129人	19,712,700		
		雇员	645人	3,289,500		
		工役	1656人	3,312,000		
		警长	271人	582,650		
		警士	1983人	2,776,200		
		武职官佐	623人	1,353,156		
		士兵副食费	6996人	678,612		
		公费生副食费	4150人	1,131,916		

（续表）

年度	月份	职别	人数	每级月支数（元）	每月实支数（元）	全年支发数（元）
三十四年	三至七月份	简任职员	32人	990,000	76,104,032	
		荐任职员	251人	5,020,000		
		委任职员	3129人	46,935,000		
		雇员	645人	7,417,500		
		工役	1656人	2,649,600		
		警长	271人	1,165,300		
		警士	1983人	5,552,400		
		武职官佐	623人	2,723,756		
		士兵副食费	6996人	2,518,560		
		公费生副食费	4150人	1,131,916		

附记：

1. 表列各年度生活补助费，计三十一年度年支九百零七万三千九百二十元，三十二年度年支六千一百二十七万二千元，三十三年度年支一亿五千一百四十七万零八百元，三十四年度年支八亿三千二百七十一万三千七百九十六元。

2. 本表三十四年度年支数较月支数散总相差八元，系因公费生副食费十二月份较诸各月多发八元之故。

本省自三十一年度田赋交归中央改征实物后，中央及各省级公务人员已因应环境之需要而配发公粮，唯各县级公务人员尚无配发公粮之规定。本省政府鉴于县级公务人员之责任綦重，而生活至苦，因有调整待遇配发实物之拟定。旋奉中央电令，以省级公粮即于所征实物内分拨。至县级公粮即另行规定加征，不在上项数额分配。于是遵照拟定征拨办法，由各县属田赋管理处随赋带征，照月拨交县府粮政科配发。其收支原则及各属支发并领粮机关人员之核定办事后之核销，则由财政厅掌理之。

县级公粮之收入，其年度系以粮政年度计算。其征收则由各县正赋收据上加盖带征戳记，不再发粮票。其原额则以民国二十九年田赋数为标准，其征率则征实县属每田赋一元带征稻谷五公升。三十一及三十二两年度，因公教人员公粮不敷，每田赋一元加征稻谷二公升为七公升。折征县份，则民国三十一年度每田赋一元带征国币十元，三十二年度带征国币二十元，三十三年度带征国币三十元，加征后为四十二元。计全省三十一年度征实一百零七属，共收入县级公粮稻谷五十三万三千八百四十二公石三斗九升八合。三十二年度征实一百零五属，共收入稻谷四十六万四千零四十五公石七斗三升八合。三十年度折征十六县局，共收入折征县公粮代全国币二百二十七万零一百四十三元七角五仙。三十二年度折征十八县局，收入折征代金国币七百零八万七千三百七十三元四角。

各属县级公粮之配发单位，在三十二年为各县区局政府等十七单位及受县款补助之县立学校教育人员。三十三年则于三十二年所发机关单位人员外又加保安营等七单位，及购领之各县党部、三民主义青年团分部、县地籍整理办事处等单位人员。三十四年与三十三年同。其配拨标准，则在三十二年内各县级机关单位人员，不分阶级，每人月支公粮米三公斗。三十三年荐任县长月支一公石，主办会计员月支八公斗，委任职月支六公斗，雇员月支四公斗，士兵、工役及乡镇专任工作人员月支三公斗，乡镇丁月支二公斗，购领机关单位人员，比照县级人员标准配售。三十四年与三十三年同。兹将配发县级公粮机关单位及标准列表如下：

云南省各县属三十二、三年度公粮配发机关单位及标准表

年度	配发机关单位	配发标准	备考
三十二年度	县市局政府、政警队、县佐公署、警察局、保卫队、保卫营、卫生院、度量衡检定所、农业推广所、农林场、县金库专任人员、县参会、县志局、县训所、防空监视哨、电话所，受县款补助之县立学校。	各机关单位人员不分阶级，一律每月各配发食米三公斗。	
三十三年度	除三十二年度所列机关单位仍旧外，再增配发单位为保安营、县参会驻会议员、乡镇户籍干事、乡镇公所工作人员、县政府主办会计员、防护团防空监视队、地方自治税捐征收处、县党部、三民主义青年团分部、县地籍整理处。	县市局长月配发食米一公石，主办会计员月配发食米八公斗，委任职人员月配发食米六公斗，雇员月配发食米四公斗，乡镇公所人员士兵夫役月各配发食米三公斗，乡镇丁月各配发食米二公斗。购领单位人员比照县级人员标准配发。	本年配发公粮标准之实施，系依据各县整理地方自治财政结束之月起，照本标准配发。在未整理结束前各月份，仍照旧案，不分等级，月各配发三公斗。因各县属整理结束时期，先后不一致，故全省各县属实行本标准亦不一致。

附记：
1. 本表所称年度系会计年度。
2. 征实县属照规定标准配发实物。
3. 折征县属按照收入折征标准比照配发代金。
4. 收不敷支之县属统筹一律降低标准配发。

以上即本省民国以来三十四年中支出政费之大致也。唯自三十一年后，物价上涨，省级县级发出逐渐浩大，兹特将三十一年至三十四年省级县级岁出核定预算总表分别附录于后。

云南省三十一年度省级岁出核定预算总表（国币本位）

科目	经常门常时部分（元）	经常门临时部分（元）	全年合计（元）
政权行使支出	573,176		573,176
行政支出	11,253,473	1,475,270	12,728,743
教育及文化支出	8,635,742	2,238,592	10,874,334
经济建设支出	9,684,312	7,014,400	16,698,712
卫生及治疗支出	16,245,612	114,940	16,360,552
社会及救济支出	12,977,500	1,800,000	3,097,750
保安支出	6,163,019	840,772	7,003,791
普通补助支出	8,789,000		8,789,000
公务员退休及抚恤支出	58,800		58,800
移殖支出	644,478		644,478
财务支出	3,659,385	600,000	4,259,385
其他支出	197,921	15,068,512	15,266,433
预备金	9,000,000		9,000,000
总计	76,202,668	29,152,486	105,355,154

注：政权行使支出一项三十二年度起停支。

云南省三十二年度省级岁出核定预算总表（国币本位）

科目	经常门常时部分（元）	经常门临时部分（元）	全年合计（元）
行政支出	11,117,831	1,863,464	12,981,295
教育文化支出	13,076,256	3,238,592	16,614,848
经济交通支出	7,606,359	11,974,600	19,580,959
卫生支出	16,879,186	2,873,090	19,752,276
社会经济支出	447,395	1,800,000	2,247,395
保警支出	22,551,276	840,772	25,393,048
公务员退休及抚恤支出	70,560		70,560
财政支出	1,096,108	1,489,200	2,585,308
其他支出	74,692	75,425,619	75,500,311
预备金	1,000,000	6,000,000	7,000,000
总计	75,920,663	105,505,337	181,426,000

云南省三十三年度省级岁出核定预算总表（国币本位）

科目	经常门常时部分（元）	经常门临时部分（元）	全年合计（元）
行政支出	10,002,896	6,834,390	16,837,286
教育文化支出	15,454,815	4,308,240	19,763,055
经济及建设支出	6,074,227	19,312,366	25,386,593
卫生支出	17,228,743	21,880	17,250,623
社会及经济支出	2,182,257	1,561,501	3,743,758
保警支出	25,679,301	1,350,965	27,030,266
公务员退休及抚恤支出	91,728		91,728
财政支出	902,534	2,661,500	3,564,034
其他支出	504,916	2,050,000	2,554,916

（续表）

科目	经常门常时部分（元）	经常门临时部分（元）	全年合计（元）
预备金	1,500,000	8,450,000	9,950,000
新兴事业支出		8,706,326	8,706,326
生活补助费支出		47,243,415	47,243,415
公粮支出		72,000,000	72,000,000
总计	79,621,417	174,500,583	254,122,000

云南省三十四年度省级岁出核定预算总表（国币本位）

科目	经常门常时部分（元）	经常门临时部分（元）	全年合计（元）
行政支出	16,676,975	11,510,585	28,187,560
财务支出	1,500,000	1,790,000	3,290,000
教育文化支出	17,530,289	22,795,499	40,325,688
经济及建设支出	5,227,912	23,754,075	28,381,987
保警支出	19,175,264	70,899,212	90,074,476
公务员退休及抚恤支出	128,419	2,630,000	2,758,419
卫生支出	6,400,261	3,845,362	10,245,623
社会及救济支出	5,039,914	1,626,251	6,666,165
补助支出	7,360,124	377,252	7,737,376
预备金	6,018,300	9,828,406	65,844,706
生活补助费		367,995,000	367,995,000
公粮支出		200,000,000	200,000,000
新兴事业支出		10,000,000	10,000,000
总计	85,057,358	726,449,642	811,507,000

云南省各市县局三十一年度收支预算总表

岁入		岁出	
科目	金额（元）	科目	金额（元）
税课收入	14,868,056.22	政权行使支出	308,430.00
特赋收入	1,056,258.00	行政支出	12,883,035.00
惩罚及赔偿收入	139,017.00	立法支出	49,000.00
规费收入	2,624,004.84	教育及文化支出	10,157,848.57
财产及利权收入	4,184,956.54	经济及建设支出	1,590,225.00
公有营业之盈解收入	28,180.00	卫生及治疗支出	1,644,204.00
公有事业收入	162,043.00	保育及救济支出	729,890.00
补助收入	12,705,745.00	营业投资及维持之支出	18,640.00
地方性之捐献与赠与收入	17,859.00	保安支出	11,186,218.94
财产及利权之售价收入	556,414.00	财务支出	1,137,488.96
赊借收入	829,465.25	公务人员退体及抚恤支出	171,840.00
教育经费收入	8,694,284.04	损先支出	36,320.00
司法收入	388,445.00	协助支出	259,291.00
其他收入	3,030,702.67	司法支出	415,978.00
合计	49,285,430.56	其他支出	3,141,878.80
		预备支出	8,060,885.53
		合计	51,791,173.82

云南省各市县局三十二年度收支预算总表

岁入		岁出	
科目	金额（元）	科目	金额（元）
税课收入	29,603,308.00	行政支出	26,562,017.70
分配县市国税收入	34,031,403.00	教育文化支出	28,933,039.05
国税附加收入	1,600.00	经济及建设支出	23,439,525.00
特赋收入	10,133,755.00	卫生支出	2,555,552.00
惩罚及赔偿收入	440,194.00	社会及救济支出	990,029.20
税费收入	5,933,061.00	保安支出	18,031,815.63
信托管理收入	371,352.00	财务交出	3,147,732.00
财产及权利孳息收入	39,751,066.07	债务支出	7,400.00
公有营业之盈余收入	124,650.00	公务员退休及抚恤支出	323,690.00
公有事业收入	798,899.00	补助及协助支出	10,533,496.00
补助及协助收入	4,147,995.00	信托管理支出	416,350.00
地方性捐款及赠与	41,784.00	损失支出	948,246.34
其他收入	8,437,076.80	其他支出	4,213,460.82
财产及权利之售价收入	482,619.90	预备金	16,220,693.38
收回资金收入	350.22	营业投资及基金支出	7,800.00
公债收入	285,000.00	债务支出	5,448,000.00
赊借收入	5,718,869.35	合计	141,778,837.12
合计	140,302,983.94		

云南省各市县局三十三年度收支预算总表

岁入		岁出	
科目	金额（元）	科目	金额（元）
税课收入	274,592,024.00	行政支出	149,979,168.00
分配县市国税收入	42,975,378.00	教育文化支出	300,123,566.84
国税附加收入	189,333.00	经济建设支出	9,212,941.00
特赋收入	8,263,887.85	卫生支出	5,851,694.00
惩罚及赔偿收入	2,409,908.00	社会及救济支出	5,764,233.00
规费收入	36,105,649.50	保安支出	65,116,606.58
信托管理收入	10,000.00	财务支出	12,393,424.70
财产及权利之孳息收入	479,399,038.30	债务支出	2,500.00
公有营业之盈余收入	4,878,014.00	公务员退休及抚恤支出	953,815.00
公有事业收入	6,980,905.00	补助及协助支出	53,819,793.00
补助及协助收入	4,863,829.00	信托管理支出	216,096.00
地方性捐献及赠与收入	5,313,588.00	损失支出	5,148,293.00
其他收入	7,332,214.16	其他支出	89,121,180.84
财产及权利之售价收入	5,813,122.00	乡镇临时事业支出	9,390,305.30
赊借收入	1,226,439.00	预备金	171,954,261.74
教育筹款收入	28,061,407.00	营业投资及基金支出	100,000.00
合计	974,414,736.81	永久性财产购置支出	141,200.00
		新兴事业费支出	108,874,867.00
		合计	989,063,946.00

云南省各市县局三十四年度收支预算总表

岁入		岁出	
科目	金额（元）	科目	金额（元）
税课收入	991,594,249.17	行政支出	638,977,922.00
分配县市国税收入	139,214,478.00	教育文化支出	2,126,051,703.00
国税附加收入	1,333.00	经济及建设支出	40,584,190.00
特赋收入	42,871,600.00	卫生支出	43,244,720.00
惩罚及赔偿收入	67,482,484.00	社会及救济支出	59,962,341.00
规费收入	358,732,224.00	保安支出	389,429,313.00
信托管理收入	56,726.00	财务支出	64,888,595.00
财产及权利之孳息收入	3,054,232,537.85	债务支出	1,808,843.00
公有营业之盈余收入	27,636,174.00	公务员退休及抚恤支出	8,566,720.00
公有事业收入	10,623,101.00	补助及协助支出	108,077,718.00
补助及协助收入	11,872,470.00	信托管理支出	60,726.00
地方性捐款及赠与收入	27,405,400.00	损失支出	4,475,750.00
其他收入	19,563,0371.00	其他支出	1,027,547,154.00
财产及权利之售价收入	56,354,121.00	乡镇临时事业支出	177,411,924.00
收回资本收入	100,000.00	预备金	500,061,843.99
公债收入	110,000.00	营业投资及基金支出	115,224,604.00
赊借收入	580,000.00	永久性财产购置支出	3,362,000.00
教款收入	214,781,950.00	利权构置支出	520,000.00
补助国税收入	16,739,870.57	新兴事业费支出	56,500,000.00
乡镇公产收入	20,952,000.00	合计	5,366,756,066.99
合计	5,236,971,069.59		

地方岁出三

军务费

本省财政，向以军务费为最多。清季饷源，除部款、省款外，端赖川、鄂两省协助之款。入民国后，协饷全停，挹注无由，经前都督蔡锷文电交驰，一再力争，始获中央允许，将本省应行解部盐税，拨为滇军协饷。当时全省陆军月支薪饷公干一十八万五千元，即系由此项盐税项下提拨支付。至民国三年后，又追加六万五千元，共月支二十五万元，嗣增支至三十万元，仍由财政厅按月筹拨。及民国五年，袁氏叛国，滇举义师，除临时军费另行筹措外，复由财政厅按月加筹五十五万元，连原额共合月支八十五万元。护国功成，大局统一，即收束军事，力从撙节，乃规复原额，按月发经常费三十万元，临时费仍另行筹措。自民国五年迄十三年五月以前，均大致相同，无多增减。及十三年六月，为整理军需，规定按月筹拨六十万元，由财政厅交军饷局具领，转发军事各机关及各部队。实行后虽时有出入，或少至五十万元，或多至八十万元不等，大致均以此项规定为筹发军费范围。十一年只支军费若干，至十五年五月底止，共支军费若干。十六年八月复经议决，每月经常军费暂时只发伙食，定为七十三万元，由财政厅按月筹交军需局支发。其中间经过靖国、建国诸役，出师川、粤、桂、陕、鄂、黔诸省，饷糈浩繁。所有军事支出各费数目，并由前总裁唐继尧于民国十五年整理金融会议时，提出宣布，通告周知，大致均以此项规定为筹拨军费范围。下加十一年共支军费四百六十五万四千七百七十一元七角二仙一厘，十二年共支军费五百一十七万五千六百四十六元五角八仙二厘，十三年共支军费六百一十一万八千四百零七元二角六仙六厘，十四年共支军费一千一百五十七万七千七百六十五元九角二仙三厘，十五年五月底止，共支四百一十八万四千一百三十五元七角二仙二厘。兹将自十七年一月份起所支军务费，分别经常、临时、特支三项，分述如下。

经常军费

本省军费在十九年度预算案未实行以前，军需局月领经常费系连同临时费如恤赏、修理、运输、医药、旅杂等费，一并概括在内，由军需局查照核定月支军费总数，备具领款单据，向财政厅具领，再由局照案分别转发军事各机关及各部队承领应用。唯有时因库支绌，每月经常军费，虽有规定额数，亦难照额支足，或遇军用急需，于规定额数外，复另由财厅设法筹措，故每月支发经常军费数目，互有差异，约计十七年一月起至五月份止，每月约合筹发经常军费六十五万元左右。自六月份起，规定按月筹发经常军费八十万元，至十二月份止，均以此数支领。然每月军费八十万，仍不敷支用，乃由总部部务会议议决：除设法节缩，另筹抵补及提归政费各款外，每月合不敷一十二万元，咨由省府令饬财厅照案追加，遇有不敷，随时筹措。适值内乱，政局未能统一，财政金融日趋紊乱，本省收入，因之锐减。政府几经筹划，始于十八年一月改变征收本位，以本省所铸半开现金定为本位货币。其时省库收入，除从价征税者不计外，其从量征税者，概征收本位币。如以富行纸币缴纳，暂定纸币三元折抵半开现金一元。实行以后，收入较有增加，乃将月支经常军政各费酌照原额增发三成，借维军政。其军费一项，自十八年二月份起，月支经常费一百三十万元。至十八年六月，改变征收本位办法取消，而月支经常、临时军费仍无减少。十九年一月一日起，复将征收本位改变，所有赋税捐款，一律征收半开银币。其现金缺乏地方，准以纸币五元折抵半开现金一元，自折收实行后，库储渐有增加。于是将全省岁支经常、临时军政各费，重予审核，编定十九年度新预算案，提经会议通过，定自十九年七月一日实行。除政费外，军费一项，规定月支经常军费一百六十八万四千零一十六元三角一仙。查照向章，将尾数八万四千余元，留存财厅，备抵省外各县局垫支临时军费外，每月实发一百六十万元。军事临时款并同临时政费，月约支五十万元。十九年十二月，援桂前敌各部队旋滇，复令财厅自二十年一月份于月支经常军费外，按月加筹前敌部队伙食五十万元。嗣以财厅库币奇绌，此项伙食费不易筹交，乃将省内军政各机关月支经常费扣发一成，以九成实发，计扣得二十三万八千余元，又由经常军费项下扣发十万元，临时军政费项下扣发十万元，共扣得四十三万八千余元，以作抵此项讨逆部队伙食费用。下余不敷之数，由财厅另行筹措。至二十年九月，政府因念军政各机关人员平日所得薪俸，已属微末，如再扣发一成，不免感受困苦，令饬财厅将前扣军政各机关一成经费，自二十年九月份起，一律规复。每月由财厅筹发经常军费一百五十八万四千零一十六元三角一仙，加前敌部捐款人伙食五十万元，共月支军费二百零八万四千零一十六元三角一仙。此外，军医学校自十九年十二月份起，月约支薪饷伙食九千五百元。临时军法会审委员会自二十年二月份起月支经费五百元。兵工厂附设机械学校自二十一年五月份起月支薪饷伙食五百五十六元。此项不在预算原案内之经常军费，按月由各该领款机关持据迳赴财厅支领。至二十二年十二月份，改订军政经费预算，每月核定军务费为新币八十万元，备抵省外各军事机关拨支军费月底汇案核结外，下余新币六十八万元，由财厅分作六次拨交军需局具领转发。计第一次交新币一十六万元，第二次交一十四万元，第三、第四、第五次交九万元，第六次交一十一万元。至二十五年八月起，又加练新兵两团，每月订为新币八十五万五千四百四十九元四角。至二十六年二月起，又加练新兵两团，月发军费增为新币九十一万零八百九十八元八角。二十八年，因物价波动甚大，本省军政人员待遇，由一月份起，从新改善，订为月支新币一百二十一万零八百九十八元八角，由财厅每月截留二十一万零八百九十八元八角，作为拨抵驻县各军事机关饷项之用外，每月整发军需局一百万元，拨款手续，仍分六次。至九月份起，军政待遇从新调整。军务费每月增发五十五万元，每月共为新币一百七十六万零八百九十八元八角。二十九年，一般物价续涨甚大，以致军务费亦随之剧增，乃核定预算数为月支新币二百四十四万九千二百八十八元八角，三月份又增加一百二十万元，共为月支新币三百六十四万九千二百八十八元八角。七月份国地收支划分，国家岁出岁入均统交国库处理。本省军事部分，划编为国防军后，其经临各费，即一概改由国库开支矣。

兹将自十七年一月份起，至二十一年六月份止支发军需局经常军费，及军医学校、军法会审委员会、兵工厂附设机械学校等机关薪饷伙食款数，及二十一年七月份起至二十九年六月份止历支经常军费款数，分别列表如下。

本省十七年一月份起至十九年六月份止实支经常军饷概数表

时期	每月实支军饷平均概数（元）	合计实支军饷概数（元）	备考
十七年一月份起至五月份	719,570.400	3,597,852.000	按照十六年八月间决议，每月经常经费暂时只发伙食，定为七十三万元。唯财厅当时因限于收入，故每月约实支如左数。
十七年六月份起至十八年一月份	809,871.500	6,478,972.000	十七年五月核定军费预算，令饬财厅按月筹发军费八十万元。唯有时因军用急需，故支款超多，计八个月，约共实支如左数。
十八年二月份起至五月份	1,329,000.000	5,316,000.000	十八年一月份实行三抵一案后，令饬财厅自二月份起每月筹发军费一百三十万元。唯有时因军用急需，故支款超多，计四个月约共实支如左数。
十八年六月份起至十二月份	934,185.700	6,539,300.000	十八年六月三抵一案取消后，自六月份起至十二月份止，由财厅支发经常军费如左数。
十九年一月份起至六月份	1,270,785.830	7,624,715.000	十九年一月实行五抵一案后，新预算案尚未编就，军费暂照三抵一案支给。唯财厅当时因限于收入，故每月约实支如左数。

附记：

1. 本省军费，月支经常经费，自民国十七年以来，虽经核定实支款数，唯以时势需要，及财厅收入时有盈绌，故额支数目亦因而时有变更，是以表内所列各年月支经常军费，互有差异。

2. 本表为便于查阅起见，故以变更额数之先后为时期，分期开列。

本省十九年度新预算实行后实支经常军饷概数表

时期	每月实支军饷总数（元）	合计实支军饷总数（元）	备考
十九年七月份起至十二月份	1,684,016.300	9,500,000.000	新预算案实行，每月实支军费一百六十八万四千零一十六元三角，除尾数八万四千余元留存财厅备抵各县局拨款外，每月合应支一百六十万元。自七月份起至十一月份止，计五个月，共支八百万元。其十二月军饷，除尾数照案扣留外，实支一百五十万元，尚有一十万元，已拨支前敌部队伙食，不再补发。
二十年一月份起至八月份	1,684,016.300	14,640,000.000	自本年一月份起，因筹发讨逆前敌部队伙食，乃核准由额定经常军费数内先减十万元，再扣发一成，又除留备拨抵各县局拨款八万四千余元外，每月实支一百三十四万一千五百九十八元三角七仙（唯因限于财力，每月由财厅实交军需局一百三十三万元，合每月欠交一万一千五百九十八元三角七仙，以八个月计，共合欠交军需局军饷九万二千七百八十六元九角六仙。又除扣军需局于六月十六日支中山纪念堂捐款一十二万元外，该局合长支军饷二万七千二百一十三元零四仙）。加前敌部队伙食五十万元，合实支如左数。
二十年九月份	2,084,016.300	1,972,786.960	自九月份起，军事经常费除扣拨一十万元外，前扣一成，照案规复。连前敌部队伙食五十万元，每月合支二百万元，其尾数八万四千余元，仍照案留备拨抵各县局拨款（军需局前支中山纪念堂捐款，除由财厅于二十年一月至八月欠交该局军饷扣抵外，军需局尚合长领二万七千二百一十三元零四仙，应由九月份军饷内照数扣还财厅归垫）。故由财厅实支军饷如左数。
二十年十月份至十二月份	2,084,016.300	5,940,000.000	十月份军饷，连前敌部队伙食，仍照案实发二百零八万四千零一十六元三角。除尾数八万四千余元照案留备拨抵各县局拨款外，又自十月份起，每月扣存迤东水灾军界人员应捐赈款二万元。三个月应扣除六万元，故由财厅实支军饷如左数。

（续表）

时期	每月实支军饷总数（元）	合计实支军饷总数（元）	备考
二十一年一月份起至六月份	2,084,016.300	12,000,000.000	自本年一月份起，经常军饷除尾数八万四千余元仍照案留备拨抵各县局拨款外，照案每月实支二百万元，以六个月计，共合实支军饷如左数。

附记：

1. 自十九年七月份起，至二十年八月份止，每月应支经常军费一百六十八万四千零一十六元三角。据财政厅呈报，预算既经增加，每月由各县局拨支经常军费，为数亦巨，向章于军需局月领经常军费内扣存一万元，不敷拨抵。当经核准将预算尾数八万四千零一十六元三角悉数扣存厅库，以备拨抵各县局拨款。每月终核结一次。如有不敷，归入下月核结。如有长余，则由财厅如数发交军需局具领。

2. 自二十九年九月份起，每月应支经常军费二百零八万四千零一十六元三角，其尾数八万四千余元，仍照案留存财厅备抵各县局拨款，每月月终核结一次。

3. 本表所列经常军费，仅实支一项，其十九年度新预算案以前，由各县局拨支军事款，及十九年度新预算案后，每月留存尾数八万四千余元，由省外各县局拨支经常军事费款数，均另表开列。

云南省二十一年七月至二十九年六月历支经常军费表

年度	月份	月领款额（元）	备考
二十一年	七至十二月	2,084,016.000	
二十二年	一至十一月	2,084,016.000	
	十二月	800,000.000	由本月起改订军政费预算。
二十三年	一至十二月	800,000.000	
二十四年	一至十二月	800,000.000	本年预算数。
二十五年	一至七月	800,000.000	
	八至十二月	855,449.400	本年八月份起，加练新兵两团，每团增加经费 27,724.7 元。
二十六年	一月	883,174.100	本年份又加练新兵两团，半月份经费共 27,724.7 元。
	二至十二月	910,898.800	二月份起实领两团经费 55,449.4 元，合增如左数。
二十七年	一至十二月	910,898.800	
二十八年	一至八月	1210,898.800	本年物价变动甚巨，由本月份起调整如左数。
	九至十二月	1,760,898.000	第二次调整增加 550,000 元，如左数。
二十九年	一至二月	2,449,288.800	本年预算数。
	三至六月	3,649,288.800	三月份起增加 1,200,000 元，合如左数。

附记：

1. 本表所列数字，在二十一年七月至二十二年十一月份为旧滇币本位。二十二年十二月至二十九年六月份为新滇币本位。

2. 二十九年七月起，国地收支划分，国家岁入岁出均统由国库处理。本省各军事部分编为国防军，军费即改由国库开支。

本省十七年一月份起至二十一年六月份止军需局月领经常军饷尾数存备拨抵省外各县局垫支军费概数表

时期	每月拨支军饷平均概数(元)	合计拨支军饷概数（元）	备考
十七年一月份起至五月份	8,139.046	40,695.230	按照向案，由月领经费内按月扣存财厅库一万元，拨抵各县局所垫支军费，每月终了总结一次。如有盈绌，核明后呈核，饬由月领军饷内照扣归垫。
十七年六月份起至十二月份	88,459.780	619,218.463	自本年七月份起，增加五、七两师驻西军饷，故支数较巨。
十八年一月份起至五月份	82,669.409	413,497.045	驻西五、七两师部队更动，拨支军饷较减。
十八年六月份起至十二月份	90,946.992	637,628.809	五、七两师驻西军饷截至本年十二月底止始改由省库实发，其自六月份至十二月份止计七个月拨支军费，平均如左数。
十九年一月份起至六月份	106,296.470	637,778.876	自本年一月份起，实行五抵一案后，新预算案尚未编就，军政各费均照三抵一案支给，故支发款数较前者增加。
十九年七月份起至十二月份	87,944.960	527,669.780	自七月份起，新预算案实行，据财厅呈准，将每月经常经费尾数八万四千零一十六元三角，留存该厅备抵各县局拨支经费，每月月终核结一次，如有不敷，归入下月结算，如有长余，则由财厅发交军需局具领。
二十年一月份起至八月份	107,457.390	859,659.180	
二十年九月份起至十二月份	96,673.700	386,695.100	
二十一年一月份起至六月份	77,961.440	467,768.670	

军医学校月领薪饷伙食表

月份	实支薪饷伙食款数（元）	月份	实支薪饷伙食款数（元）
十九年十二月份	2,687.870	二十年十月份	9,361.700
二十年一月份	2,526.100	二十年十一月份	8,958.700
二十年二月份	3,185.550	二十年十二月份	9,092.350
二十年三月份	5,958.700	二十一年一月份	9,293.400
二十年四月份	7,614.360	二十一年二月份	9,025.000
二十年五月份	8,006.370	二十一年三月份	9,821.400
二十年六月份	8,525.940	二十一年四月份	10,215.740
二十年七月份	8,819.050	二十一年五月份	10,190.400
二十年八月份	8,215.500	二十一年六月份	9,950.400
二十年九月份	9,341.600		

附记：

1. 军医学校每月应领薪饷伙食，照案由该校按月呈经总部核准应发款数，令饬财厅遵照发给。

2. 该校教职员薪俸，除职员照定案支给外，其教官薪俸，系以钟点计算。因各教室每月上课之钟点有多寡，故该校每月支领薪饷款数互有差异。又因学生津贴款数，每月不同，故该校月支薪饷伙食多少不等。

军法会审委员会月领经费表

月份	月支经费数（元）
二十年二月份至二十一年六月份	500.00

兵工厂附属机械专门学校月领薪饷伙食表

月份	月领薪饷伙食款数（元）
二十一年五月份	556.000
二十一年六月份	556.000

临时军费

临时军费者，即因军事上临时支发之款项也。如恤偿、修理、运输、医药、购置、旅杂等项。此项临时军费，在民国十九年七月以前，皆括于经常军费内支领，自十九年度新预算案成立后，乃提出不再并归经常费项下。凡遇有因军事上应发各种临时款项时，则先经总部核准应发款数，填给临时发款通知单，令饬财政厅遵照给领。至于省外各军事机关及各部队，遇有因军事上需用临时军费，或给各县回籍休养官兵恩饷时，均照呈准款数，由各该署或当地征收机关随时遵照发给，取据呈报拨抵。自十七年一月份起，每月实支拨支临时费，均用军事上临时支发，款项各有不同，故每月所发临时军费致有多寡。自十九年度新预算案成立后，临时军费并同临时政费，月约支五十万元。但自十九年七月迄今，每月支发临时费，因为军事所必需，故每月多超过预算原案之所规定。又自日人侵我沈阳后，全国一致对日，经济绝交，外货少入，沪战继起，本省收入锐减，收支不敷，而应支军政各经常费，既已列入预算，势难稍减。政府乃令财厅竭力整顿收入，催积欠，复于二十一年三月令省内外各军政机关及各部队，凡属不急之需，临时之费，暂从缓议，一律停发，俾得移缓就急，稍纾财力，故对于临时款项，全无支动。至二十六年抗战开始，本省认为军事重于一切，为应付紧急时局计，积极购办械弹，准备应付非常。计第一次购获械弹，合价款新币一千三百七十四万三千一百六十元零九仙，第二次购获械弹合价款新币一百五十八万七千一百八十六元四角二仙，其价款均系由财政厅在二十六年至二十九年内先后照数筹交富滇新银行转付。兹将十七年一月份起至二十一年六月份止每月开支临时军费款数及二十六年至二十九年每年年支临时军费概数分别列表于后。

民国十七年份实支临时军费概数表

月份	实支临时军费概数（元）	备考
一月份	5,520.000	本月份系发将校队印书价、宪兵司令部查车费等款。
二月份	1,830.000	本月份系发宪兵司令部查车费等款。
三月份	3,040.000	查三、四两月份系讲武学校印书价、宪兵司令部派赴徐家渡查车等费。
四月份	13,000.000	
五月份	29,360.000	本月份系发张师长军米费及宪部查车费等款。
六月份	63,620.000	本月份系发张师长军米费、宪兵部查车费、讲武学校印书费等款。

（续表）

月份	实支临时军费概数（元）	备考
七月份	290,520.000	本月份系三十八军遣散人员薪饷七万六千五百元、马局长弸领灰毡费八万六千八百八十九元六角五仙，及兵工厂订购棉药费四万八千四百六十二元五角等款。支数较巨，并同其余临时各款，共约支如左数。
八月份	17,470.000	本月份系宪兵司令部查车费、讲武学校印书费等款。
九月份	76,870.000	本月份系修理炮步两团营房第一次工料费及查车费等款。
十月份	151,870.000	本月份系修理炮步两团营房第二次工料费及各乡剿匪奖金、查车费等款。
十一月份	242,780.000	本月份以军需局领制备秋冬季服装费二十二万九千一百八十元等款。支数较巨，并同其余临时各款，共约支如左数。
十二月份	80,670.000	本月份系修理巫家坝营房工程费及购洋商灰毡等款。

民国十八年份实支临时军费概数表

月份	实支临时军费概数（元）	备考
一月份	210,180.000	本月份以军需局修理北校场营房工料费六万元，还锡务公司前借用一十万元等款。支数较巨，并同其余临时各款，共约支如左数。
二月份	200,010.000	本月份以制备二师三旅六团木器价六万元，商业航空筹备处修理飞机房屋开办费三万四千元，兵工厂领加波公司强水费二万零八百元，锡务公司建储炸药室费三万元等款，支数较巨。并同其余临时各款，共约支如左数。
三月份	185,330.000	本月份系发高旅长、鲁旅长特别费及宪兵司令部查车费、军事杂志费等款。
四月份	13,400.000	本月份系讲武学校印书费及宪兵司令部查车费等款。
五月份	94,010.000	本月份系还兴文当借用军饷六万元及陆军医院修理费、宪兵司令部查车费等款。

（续表）

月份	实支临时军费概数（元）	备考
六月份	169,430.000	本月份系还兴文当借用军费九万零五百七十三元、滇越铁路公司运械弹费四万元、陆军医院修理费及军医处卫生材料费等款。
七月份	365,103.000	本月份以高旅长出发迤西伙食费四万四千元，张师长出发蒙自伙食费七万元，军米、军用物品费一十万元及制备夏秋季服装费一十万元等款，支数较巨。并同其余临时各费，共约支如左数。
八月份	36,870.000	本月份系张师长领剿匪用费三万元，陆军医院修理费、总部副官处查车费等款。
九月份	16,740.000	本月份系张师长领剿匪用费一万零八百七十元，及总部副官处查车费等款。
十月份	347,207.000	本月份以还富行转付滇越铁路公司一、二两期运兵车费法币四万元，申合滇币二十七万九千六百一十七元一角八仙一款，支发较巨。并同其余临时各费，共约支如左数。
十一月份	186,790.000	本月份以还富行转付铁路公司第三期运兵车费法币二万元，申合滇币一十五万一千八百二十元一款，支发较巨。并同其余临时各款，约共支如左数。
十二月份	893,626.000	本月份以军需局领十七年份军米不敷尾数十七万一千七百九十七元九角三仙，又领还积欠军米服装各费五十万零九百五十八元，及还富行转付滇越铁路公司第四期运兵车费法币二万元，申合滇币一十四万六千元等款，支数较巨。并同其余临时各款，共约支如左数。

民国十九年份实支临时军费概数表

月份	实支临时军费概数（元）	备考
一月份	409,452.000	求月份以发还法商马拉格底飞机价法币二万八千七百九十五元，申合滇币二十三万九千零六十八元八角，及还富行转付滇越铁路公司第五期运兵车费法币二万元，申合滇币一十六万元等款，支数较巨。并同其余临时各款，共约支如左数。

（续表）

月份	实支临时军费概数（元）	备考
二月份	506,551.000	本月份以军需局领制备春季服装费三十万元，及还富行转付滇越铁路公司第六期运兵车费法币二万元，申合滇币一十六万一千元等款，支数较巨。并同其余临时各款，共约支如左数。
三月份	199,180.000	本月份以还富行转付滇越铁路公司第七期运兵车费法币二万元，申合滇币一十五万九千元一款，支数较巨。并同其余临时各款，共约支如左数。
四月份	167,108.000	本月份以还富行转付滇越铁路公司第八期运兵车费法币二万元，申合滇币一十五万九千六百七十七元一角一款，支数较巨。并同其余临时各款，共约支如左数。
五月份	380,818.000	本月份系修理巫家坝、北校场等处工程尾数八万三千七百一十八元五角，发供支军饷换镍币二十万元等款，支数较巨。并同其余临时各款，共约支如左数。
六月份	372,031.000	本月份以还富行转付滇越铁路公司第九、第十两期运兵车费法币四万元，申合滇币三十三万三千元一款，支数较巨。并同其余临时各款，共约支如左数。
七月份	401,204.000	本月以述富行转付滇越铁路公司第十一期运兵车费法币二万元，申合滇币一十六万八千元，军需局领修理忠烈祠、讲武学校及九十九师部工程费八万一千六百六十八元三角，兵工厂领棉药费三万元等款，支数较巨。并同其余临时各款，共约支如左数。
八月份	308,481.000	本月份以还富行转付滇越铁路公司第十二期运兵车费法币二万元，军需局修理五华山忠烈祠工程及教导团修理体操器械工程费，共六万八千一百四十九元四角等款，支数较巨。并同其余临时各款，共约支如左数。
九月份	143,744.000	本月份系发教导团印书费，张师长南防巡查旅费，军需局领修理北校场、巫家坝营房及五华山石印所、团务军械所等工程费。
十月份	370,945.000	本月份以还富行转付滇越铁路公司第十三期运兵车费法币二万五千元，申合滇币二十二万二千二百五十元，又汇交黄子衡转运械弹开支运税费法币三千九百四十五元，申合滇币三万五千三百零九元七角等款，支数较巨。并同其余临时各款，共约支如左数。

（续表）

月份	实支临时军费概数（元）	备考
十一月份	267,010.000	本月份以还富行转付滇越铁路公司第十四期运兵车费法币二万七千九百五十一元三角八仙，申合滇币二十四万零三百八十二元八角六仙一款，支数较巨。并同其余临时各款，共约支如左数。
十二月份	225,200.000	本月份以军需局领修理团防军械所等处房舍工料费一十一万零八百余十元，副官处领转发办理要公人员奖金四万元等款，支数较巨。并同其余各款，共约支如左数。

民国二十年份实支临时军费概数表

月份	实支临时军费概数（元）	备考
一月份	277,958.230	本月份以军需局领制发前敌各部队布鞋背心价一十九万二千四百元，及汇交黄子衡运械尾数法币六千零四十八元二角二仙，申合滇币六万三千五百零六元三角一仙等款，支数较巨。并同其余临时各款，共约支如左数。
二月份	383,855.000	本月份以军需局领制备服装费共二十万零九千三百五十元，修理北校场营房五万一千九百零四元，及卢总指挥领二月份各项杂费一十二万元等款，支数较巨。并同其余临时各款，共约支如左数。
三月份	557,521.600	本月份以筹付铁路运费购买法币，先后共五万元，共申合滇币五十三万一千七百五十元一款，支数较巨。并同其余临时各款，共约支如左数。
四月份	353,975.200	本月份系发考送南京军校学生六十名旅费及管理员旅杂费国币一万三千六百元，申合滇币八万五千六百八十元，又航空队领备置飞行人员飞行衣帽等款三万零二十元八角五仙，暨西巡朱委员领所率官佐士兵费，遣送由粤回滇各级官佐旅费等款。
五月份	196,651.300	本月份系发军需局修理北校场者营盘一、二两营房及新营盘与巫家坝营房工程费，及教导团印刷笔记费、军医学校印刷讲义费等款。

（续表）

月份	实支临时军费概数（元）	备考
六月份	166,605.000	本月份系发前敌总指挥部十九年五月至本年二月止，支款不敷四万九千四百八十三元三角，及发军需局修理兵工厂熟铁部墙壁工程暨修理总部各卫兵室、教导团、干海子、工兵营兵舍砖床，衣架板等项工程费。
七月份	390,945.800	本月份系发军需局领修理总部骑兵队、干海子骑工两营房，骑兵团兵舍砖床、公路涵洞、教导团团务军械所、白药厂及加修巫家坝、北校场新老营房等处工程费，及参谋处领印发教导团所需四大教程预支价洋暨各旅运解服装械弹车旅费，第三旅剿匪旅马费等款。
八月份	146,023.000	本月份系发军需局修理省府大讲堂、第三办公室小花园内运动场、大食堂侧边过道、交通队干海子骑兵队添砌砖床、思沐小墅林园、航空队飞机库、水月轩，补充各队体操器械等处工料费，又第九旅张旅长领转发前一百零一师部编余人员遣散费等款。
九月份	100,887.700	本月份系发军需局修理开武亭、省府禁闭室、狗熊笼、补充第一大队讲堂、炮兵队地板、军装房军装架等处工程费，及第五旅剿匪旅马费、机关枪大队、炮兵大队淘汰士兵恩饷等款。
十月份	1,415,677.900	本月份系发陆代表子安带海防交黄顾问子衡运输存防械弹开支税运各费法币三万元，申合滇币三十二万六千四百零九元，又交广兴汇海防交黄顾问运输存防械弹费法币四万五千元，申合滇币五十五万三千五百九十八元八角，又筹发前欠滇越铁路公司运兵车费现款法币四万元，申合滇币四十五万四千五百零六元，又发本月份应交滇越铁路公司车费期票法币五千元，故本月支数较巨。
十一月份	431,135.800	本月份系汇交香港萧经理寿民购电气铜镍球子价法币一十七万零一百三十元，又发本月份应交滇越铁路公司车费期票法币五千元，又发军需局转付兵工厂购办材料费一十五万元，交通队长高顾往上海购办电器材料国币一千四百元，申合滇币九千九百四十元，又发军需局修理宪兵军士队、卫士队房舍、体操器械、军械局、第五旅等处工程费及参谋处领教导团教程印费等款。

（续表）

月份	实支临时军费概数（元）	备考
十二月份	242,737.847	本月份系发军需局转付兵工厂购办材料费一十万元，又发本月份应交滇越铁路公司车费期票法币五千元，汇海防黄顾问子衡法币四千元，申合滇币四万九千二百二十三元六角八仙，又发军需局修理护卫骑兵队操架及马房地面、园通山龙故团长至城坟墓、军用汽车房出入道路等处工程费，及遣散各师编余军官赵廷相等恩饷等款。

附记：

查本省积欠滇越铁路公司运兵车费，除于本年十月份由财厅发现款法币四万元外，并由财厅填发期法币六万元，交外交办事处转付。此项期票系填为十二张，每张填为法币五千元，共合法币六万元。自二十年十月份起，每届月底照案发给期票法币五千元，至二十一年九月底止发清。

民国二十一年一月份起至六月份止实支临时军费概数表

月份	实支临时军费概数（元）	备考
一月份	393,344.550 法币 5,000.000	本月份系交滇越铁路公司一月份期票法币五千元，军需局修理各部队装架费，教导团四项工程费尾数，卫兵大队、交通队衣架板，宪兵司令部三区队及加修炮兵大队等处工程费，第七旅解运服装等车旅各费，教导团书籍六种印刷费，军事书籍二十三种书价，考送南京步兵学员十一员旅费及南京国术馆学员二名旅费，又各部队出场校阅士兵夫奖金等款。
二月份	178,802.550 法币 5,000.000	本月份系交滇越铁路公司二月份运兵车费期票法币五千元，军需局修理航空队男女厕所、劳公祠、殷家箐、干海子射击场等处工程费，第三旅所属五、六两团及十七、八两团剿匪旅马费，及教导团测图演习费等款。
三月份	710,458.650 法币 5,000.000	本月份系交滇越铁路公司三月份期票法币五千元，交广兴汇海防交黄子衡转付法商多赉尔洋行第一次械弹款法币四万二千五百二十一元零六仙，申合滇币五十一万八千七百五十六元九角一仙，又军需局修理机关枪大队厨所、厕所，省府各队部队卫兵室兵床，补充一大队沐浴室，北校场卫兵大队厕所等处工程费，及购置思沐小墅碑石棹凳等款。

（续表）

月份	实支临时军费概数（元）	备考
四月份	286,570.100 法币 5,000.000	本月份系交滇越铁路公司四月份期票法币五千元，军需局修理学山楼下一部及衣架板，大麻苴射击场，省府大营门步哨铁门、晒台、炮兵大队炮房地板，开凿柳叶洞等处工程，及奖给前敌编余官佐零用费，派参军到芷村输运官兵旅费，又外交办事处转付滇越铁路公司二十一年四月份军人乘车费滇币二百二十三元二角三仙等款。
五月份	352,932.950 法币 5,000.000	本月份系交滇越铁路公司五月份期票法币五千元，汇交海防黄顾问子衡代运械弹税租等费法币四千八百零四元五角八仙，申合滇币五万九千元零二角四仙，及第五旅遣散士兵费、教导团举行野外实施演习费等款。
六月份	1,442,364.050 法币 5,000.000	本月份系交滇越铁路公司六月份期票法币五千元，交广兴汇海防交黄子衡转付法商多赉尔洋行第二次械弹款法币八万五千元，申合滇元一百零七万八千二百八十四元四角八仙，又教导团改修校本部工程费，第三旅剿匪旅费，兵工厂领硝强水、石棉价款，暂编领转发陈铎安葬生活费，又外交办事处转付滇越铁路公司二十一年六月份运兵车费滇币五万零五百七十元零三仙等款。

民国二十六年至二十九年临时军费概数表

年度	款额（元）	备考
二十六年度	3,100,000.000	新滇币本位。
二十七年度	2,000,000.000	同上。
二十八年度	8,120,000.000	同上。
二十九年度	2,110,346.000	同上。

特支军费者

特支车费者，凡不属于上述之经常临时性质而开支之军费，易言之，此种特支军费，乃为一种事出非常而开支之用款也。在前，此等用款，如援川援黔之类，统属于军费项下。自民国十七年以来，政府以为援助黔军四十三军旋黔，本省出师西征，奉中央命令出兵援桂等项，为数颇巨，而又非普通性之军费，故特提出专为述之。

一、援助四十三军旋黔用款。本省政府援助黔军四十三军旋黔用款，除关于衣裤灰毡等项开支已并入上述临时军费项下不计外，曾由省库筹交四十三军李军长燊军费纸币一十七万五千元、现金三万、交军需局领各师出发费四十万元、补充械品革品费三万余千元、交朱代表导江黔西临时政务委员会开支一万元，以上约共支纸币六十二万余千元及现金三万元。

二、军需局领应用特款。民国十八年一月份，因需用特款开支，曾由财政厅筹发军需局特款二百六十万元。详细开支，由军需局另案呈报。

三、西征军费用款。（一）由省库支发出征各部队薪饷旅杂费一百二十万元，军需局购办棉衣及棉夹衣裤费共银三十四万八千八百一十元，各师革品费一万元，连同械品费卫生材料费发给负伤官兵奖金及西征凯旋各部毛巾酒肉等费，共约合一百六十一万六千余百元。（二）由各县垫支西征各款粮秣等费，共约合二十八万五千一百元。（三）由富滇银行下关分行及姚安、镇南等县解交行营用款，共约合二十三万二千余百元。以上共合纸币二百一十三万四千余百元。此外发高旅长、鲁旅长等特别费及高旅长出发迤西伙食等费，已于前临时军费概数内叙及，兹不再列。

四、出桂用款。本省出师开支军费，应分中央及粤拨济款项与本省实支军费二项，兹分别列下：第一项中央及粤拨济款项，第一次中央接济之国币三十万元，系由代表张维翰代领。据报：以国币二十九万九千一百八十三元三角四仙，交由东方汇理银行汇来法币二十五万五千九百八十三元三角，如数收到。随于五月七日发交前敌总部领讫。至余存国币八百一十六元六角六仙，据张代表函称：因零碎不便交汇，后再补缴。第二次中央接济国币三十万元，系由张维翰、教育厅长龚自知代领。据报：因旅费告罄，维翰借用五千元，自知借用一千元，并遵电存福春恒一万四千元，其余二十八万元，交由上海国华银行汇得港款二十五万三千九百四十元一角六仙，交香港萧寿民查收。并据萧寿民单报，已如数收到，除奉电汇交赵亚曾家属港币五千元，交陆亚夫港币一千元，并购法纸二十万元，送往广州转交前敌总部查收，共支港币二十四万三千九百元外，余剩港币四千八百五十元一角六仙，已如数交朱丽东收讫。第三次中央接济之国币十五万元，系由李处长培炎代领。据报：照卢总指挥汉电汇交香港萧寿民十万元，汇交陈其如五万元。其汇港之十万元，并据萧寿民单报：计收获八万九千元，除交陆代表亚夫一千五百元，交薛之标送伤兵用费一万元，购探海灯价运各费一万一千八百一十一元五角五仙外，尚实存六万五千六百八十八元四角一仙。第四次中央接济之国国币三十万元，准卢总指挥来电，据朱景暄、李培天电称，业已全数领获，已电朱、李照领妥存沪行应用。此外，又有粤济广毫二十万元。此项粤济广毫，据刘司令沛泉呈报：除开支车费等项外，共易得法纸十万元，港币四万五千二百零一元一角，由该司令带滇，已于五月七日并同第一次中央接济款如数发交前敌总部领讫。

财务费

凡系办理征收赋税应用之经费，名曰财务费。其应征款目，有相沿旧例，于征率上坐支成数，以作办公费者。又于征收事项，有一定开支经费者，谓之财务经常费。其关于征收机关需用票据印花票及开办购置修缮旅费等项，随时核其必须应支之数，始能支给者，谓之财务临时费。兹将民国十七年至二十一年度及二十二年至二十九年度历支财务经常费、临时费，分别叙述并列表于后。

财务经常费

一、各县征收款坐支办公费，旧赋凡经过两次征期者，照征收金额得坐支纸币百分之五，经过三次征期以上者，得坐支纸币百分之十。自十九年起，改定为应将历年积欠旧赋扫数征清者，方能照支。

二、随粮附捐得照征收金额坐支纸币百分之五。

三、契税照征收现金额坐支纸币百分之六。自二十年九月起，改定照征收现金额坐支现金百分之五。

四、官纸价照征收现金额坐支纸币百分之十。自二十年九月起，改定照征收现金额坐支现金百分之三十。

五、屠宰税系连同牲税征收，除牲税不支公费外，屠宰税之公费，照征收现金额坐支纸币百分之五。自十九年以后，招商投标包办，无坐支。

六、印花税公费坐支百分之十。于十九年特设立印花税处，另支经常经费。

七、矿税除个旧锡税局支款另详后项外，其余铜、铁、铅、锌、煤、石磺等税，均由各县征解，应支公费，得照收入坐支百分之五。各县有照章绝支者，有因收数太少，未即坐支者，为数均属无多。二十年后，并归消费税收办。

八、各县会计员薪俸。自会计制度推行后，委派会计员赴各县办理核算统计等事，自十九年八月份起分派昆明、呈贡、镇康、马关、永仁、巧家、禄劝、昆阳、禄丰、丽江、师宗、罗次、剑川、顺宁、昭通、镇雄、大理、石屏、玉溪、绥江、永善、丘北等二十二县，每县一员，计二十二员，每月照三等会计员月支薪一百元，由县署收入拨支。

关于各县征收应支公费列表如后。

十七年至二十一年各县征收应支公费表

（单位：元）

款别	年别				
	十七年	十八年	十九年	二十年	二十一年
旧赋	13,444.464	17,163.379			
随粮附捐	5,852.289	3,585.169	4,441.925	6,452.049	4,145.619
契税	22,827.094	17,092.380	24,300.000	10,832.208	9,660.000
官纸税	2,341.700	2,173.500	9,200.000	7,197.800	10,500.000
屠宰税	6,504.550	12,298.250	750.000		
印花税	2,667.100	2,109.205	4,014.976	22,797.765	21,695.285
矿税	9.689	5.370	6.511		
各县会计员薪俸			11,000.000	26,400.000	13,200.000
合计	53,646.886	54,427.253	53,713.412	73,679.822	59,200.904

税局经费

一、烟酒税系分烟厘、烟税、酒税、烟酒牌照税、烟酒公卖费等项。向设烟酒事务总局管理，将收获之款解交财厅核收。总局经费由解款内坐支，计十七年份月开支经费二千零一十一元，特别费四百元，调查费二百元，至十八年二月起，迭有增加，特别费为月支五百二十元，调查费为月支一千二百六十元，经费月支二千六百一十四元三角，至五月经费又加为月支二千八百七十四元三角，十月份起又酌减经费为月支二千二百一十一元，特别费四百元，调查费一千二百元。综计十八年一月至十二月十八日裁撤拨归财厅经管止，共合支洋四万九千零七十一元七角五仙五厘。十八年十二月十八日财厅接收后，招商投标包办，并无支款。

二、印花税处经费。该处十九年四月成立，月支经费一千元。是年七月经费加倍时，经核准每月加八百元，自七月起月支一千八百元。

总计以上二项为烟酒事务总局十七年支三万一千三百三十二元，十八年支四万九千零七十一元七角五仙五厘。印花税处十九年支一万三千八百元，二十年支二万一千六百元，二十一年支一万零八百元。

征收局所经费

一、厘金：沿自前清，共设四十四局。一等一局，月支俸给一百元，二等一十八局，月支俸给八十元，三等一十六局，月支俸给五十元，四等九局，月克俸给三十元。十八年一月至五月，俸给照加三成支给，其公费：一等局坐支收入百分之五，二等局内有四局坐支百分之八，其余十四局坐支百分之九，三等局坐支百分之十，四等局坐支百分之十二，以作各局公费。至十九年仅一等盐津渡局，二等临屏、通海、永北三局，三等个蒙一局系委办，其余各局招商包办。至二十年裁撤厘金，一律取消。

二、商税：全省划为十七区，除第一区昆明商税局月支薪一百元外，其余各区，概由厘局和各县兼办，并不支薪，唯统照税款得坐支十分之一。迨至十九年，第一、第三、第四、第五、第十六等区，委员办理，核定额支经费，其余各区均照招商包办。至二十年裁撤商税，一律取消。

三、川盐捐：旧系川盐厘，由厘局兼办。十八年盐厘改为盐捐，委员设局征收。盐津渡为一等局，月支俸给一百元，其公费以征收之额得坐支百分之五。镇雄为二等局，月支俸给八十元，其公费得坐支百分之八。牛街、绥江为三等局，月支俸给六十元，其公费得坐支百分之十。均自十八年十一月起。至十九年四月，改定办法，牛街归并盐津，设盐津牛街烟酒厘金川盐捐总分各局，委员专办，核定额支经费。镇雄绥江投标商办。至二十年一律取消。

四、糖捐：旧由厘金收办。十八年起，另设糖捐，划为十二区，一等九区，俸给一百元，三等三区，每区俸给六十元。十九年四月改为十四区，其十八年一月至五月及十九年一月至六月俸给，均照通案加三成支给。其各区局公费，照收入坐支一成。十九年七月以后，招商投标包办。

五、茶税：共设三局，其薪俸经费，思茅局月支三百四十一元，缅宁局月支三百二十元，景东局月支二百三十一元。十八年一月至五月及十九年一月至五月薪俸经费，均照通案加三成支给。十九年六月招商包办。

六、个旧锡税局经费：十七年月支四百元，至七月加为月支五百元。十八年加为月支七百元。十九年三月加为月支九百一十元，十月加为月支一千零一十元。此外之款，如无定额三成防费一项，系以前锡税值百抽四，后加为值百抽五，核准于新加之一元中，截留三角作为防费，是每税款五元截留三角，则十元即截留六角，计合税收总额支百分之六。此项防费，照新案分为一百份拨发：个旧筹防处百分之十五，蒙自联合师校百分之三十五，临安中学校百分之二十八，石屏中学校百分之六，建、石、个、蒙各县义务教费各百分之四。税收多则照多划拨，税收少则照少划拨。又按每征大锡一块之税，照提纸币一元二角八仙（即现金二角五仙六厘），作为地方款，分拨个旧、蒙自公安局警饷，个旧公安局服装费，个旧独立营饷，蒙自联合师范学校费，蒙自道署添解新案学费等款，均有定额不定额之分，以锡税之枯旺，定数之多寡，每月约支一万数千元至二万数千元及三万数千元不等。其各年全年拨支数，详列后表。自二十年起改为特种消费税局，另核定该局经费，汇列后表。其应支上列三成防费暨地方各款，仍照案支给，并归计入消费税经费支款表内。

七、分金库：分设于昭通、蒙自、下关、腾冲、思茅五处，每处经费核定为月支四千八百三十五元。自十九年八月设立，至十二月底裁撤。

八、卷烟印花特捐：设总局于昆明，应支薪公费、邮电印刷费、稽查所暨各分所公费，月支数各不同。十七年每月约支四千元。十八年一、二月份支数稍多，是年二月拨归教育厅经管，专作教育经费。

九、布纱杂货附捐：系土布附捐、棉纱附捐、杂货附捐三项，共设六局。昆明一等局，月支俸给经费二千四百元，腾冲一等局，月支俸给经费一千一百元，碧色寨二等局，月支俸给经费七百六十元，河口三等局，月支俸给经费四百元。十八年一月至五月及十九年一月至六月，照通案加三成支给。思茅附捐由思茅厘员兼办，蒙自附捐由个旧厘员兼办，均不支薪费。至十九年底裁撤。

十、煤油化妆品附捐：系煤油附捐、化妆品附捐两项。昆明总局月支薪俸公费经费二千四百六十二元，个蒙、腾冲两分局月各支俸公五百一十元，碧色寨稽查所月支俸公一百元。十八年一月至五月及十九年一月至六月照通案加三成支给。昭通、镇雄、思茅、河口、宜良、下关等六分所，每月照收入坐支一成。十九年底裁撤。

十一、特种消费税经费：自改革税制，将旧设厘金、商税、川盐税、茶税、布、纱、杂货、煤油、化妆品附捐概行取消。自二十年起办理特种消费税，另为划定区域，先后设立总分各局及查验所。核定额支经费，附表列后。

十二、昆明特种营业税兼昆明契税局：于二十年八月成立，月支经费四千四百一十八元，自十一月起，月定额支五千二百一十五元。

十三、盐厅军饷捐支款：系支运署饷捐处办事职员薪俸、各井场经手人员津贴、解款旅费及黑井区保井团营及独立连薪饷、调查旅费等项，均由运署于所收军饷捐内照数坐支。各年支数，详列后表。

十四、盐务稽核会计薪费：系运署稽核股主任会计员暨各场井会计等薪俸伙食，月共支纸币四千五百七十五元。自二十年十月起照支。

十五、运署小西门查验所：系稽查黑井区各井运盐。二十年十月十二日成立起，月支经费六百二十元。

财政厅各特种消费税总分各局及查验所二十年至二十一年月支经费列表如下：

财政厅各特种消费税局所二十及二十一年月支经费表

局所名称	月支经费金额（元）	备考
昆明总局暨东	22,575.000	二十年一月一日成立。
西关查验所		
碧色寨分局	4,240.000	同上。
河口分局	2,658.000	同上。

（续表）

局所名称	月支经费金额（元）	备考
蒙自分局	1,075.000	二十年一月日成立七月十六日裁撤改为查验所。
宜良分局	2,570.000	二十年一月四日成立。
婆兮查验所	1,365.000	二十年一月十日成立。
阿迷分局	1,545.000	二十年一月十一日成立，二十一年四月十五日裁撤，改设查验所。
个旧总局	3,732.000	二十年一月十六日成立。
盐津分局	5,185.000	二十年二月一日成立。
牛街分局	3,350.000	二十年二月九日成立。
绥江分局	2,150.000	二十年二月九日成立，至二十一年四月底撤销，改设查验所。
昭通总局	4,745.000	二十年二月十六日成。
丽江局	2,930.000	二十年五月十六日成立，至二十一年二月底裁撤，移设下关。
蒙姑分局	1,465.000	二十年五月二十三日成立。
仁和局	2,870.000	二十年六月一日成立，至二十一年二月底裁撤。
罗平分局	1,140.000	二十年六月五日成立，至二十一年二月底裁撤。
元谋查验所	1,290.000	二十年六月五日成立，至二十一年二月底裁撤。
镇雄分局	4,345.000	二十年六月八日成立。
宣威分局	2,125.000	二十年六月十四日成立。
思茅分局	2,492.000	二十年六月十五日成立，至二十一年二月底裁撤。
平彝分局	1,635.000	二十年六月二十四日成立。
腾冲分局	5,335.000	二十年七月十一日成立。

（续表）

局所名称	月支经费金额（元）	备考
蒙自查验所	565.000	二十年七月十六日由蒙自分局改设。
龙陵分局	3,185.000	二十年七月二十二日成立。
宁洱查验所	811.000	二十年七月二十六日成立至二十一年二月底裁撤。
剥隘分局	2,745.000	二十年八月一日成立。
永北查验所	796.000	二十年八月二十一日成立至二十一年二月底裁撤。
下关分局	3,221.000	二十一年三月五日成立，由丽江局移设。
阿迷查验所	1,149.000	二十一年四月十六日成立，由阿迷分局改设。
绥江查验所	2,365.000	

附记：

查消费税总分各局及查验所，每月额支经费，视税收之多寡、事务之繁简核定。其裁撤各局所，因收数无多，无设立之必要，酌予裁撤。

二十二年至三十二年财务经常费明晰表

（单位：元）

起止年月 / 月支金额 / 机关名称	二十二年一至十二月	二十三年一至十二月	二十四年一至十二月	二十五年一至十二月	二十六年一至十二月	二十七年一至十二月	二十八年一至十二月	二十九年一至六月	二十九年七月至三十年十二月	三十一年	三十二年一至六月
昆明营业税局	8,632.50	1,843.80	1,913.80	3,542.40	3,792.40	3,792.40	3,792.40	12,465.00			
昆明特种消费税局	17,732.50	3,546.50	4,388.04	4,822.00	5,877.00	4,877.000	4,877.00	21,940.00			
东关查验所	3,257.50	651.50	807.50	842.00	882.00	880.00	880.00	2,393.00			
西关查验所	3,514.00	702.80	972.80	948.60	941.60	941.60	941.60	2,588.00			
宜良特种消费分税局	2,338.50	466.70	518.40	568.60	583.60	703.20	583.60	1,687.00			
婆兮查验局	1,425.50	285.10	539.30	614.00	639.00	551.20	639.00	1,576.00			
建水查验局	1,516.00	303.20	303.20	375.80	395.90	347.00	395.90	1,710.00			
阿迷查验局	1.197.00	239.40	349.50	422.00	387.00	387.50	387.00	1,140.00			
碧色寨特种消费税局	4,566.50	913.30	1,210.90	1,423.80	1,428.80	1,240.30	1,428.80	3,460.00			
河口消费税局	2,845.50	657.10	745.60	830.20	897.20	897.20	791.20	2,107.00			
个旧消费税局	3,937.00	787.40	1,241.50	1,439.60	1,478.10	1,468.10	1,478.10	3,607.00			
宣威消费税局	2,392.50	478.50	577.50	627.50	632.50	605.00	632.50	1,630.00			

（续表）

起止年月 / 月支金额 / 机关名称	二十二年一至十二月	二十三年一至十二月	二十四年一至十二月	二十五年一至十二月	二十六年一至十二月	二十七年一至十二月	二十八年一至十二月	二十九年一至六月	二十九年七月至三十年十二月	三十一年	三十二年一至六月
平彝消费税局	4,213.00	482.60	692.70	807.00	862.00	738.60	862.00	2,731.00			
蒙姑消费税务局	2,287.50	457.50	532.00	915.50	1,066.00	1,066.00	1,066.00	2,830.00			
昭通消费税局	5,553.00	1,110.60	1,391.50	1,467.00	1,597.00	1,597.00	1,597.00	4,292.00			
牛街消费税局	4,211.50	842.30	1,106.30	1,118.60	1,102.00	939.00	1,102.00	1,720.00			
盐津消费税局	5,988.00	1,197.60	1,621.60	1,721.60	1,720.60	1,471.00	1,720.00	4,428.00			
镇雄消费税局	5,918.50	1,183.70	1,716.60	1,898.00	1,908.00	1,908.00	1,980.00	5,422.00			
龙陵烟酒牲屠税局								419.00			
龙武烟酒牲屠税局							2,208.80	496.00	904.00	764.00	1,781.00
砚山烟酒牲屠税局							712.00	712.00	1,224.00	1,074.00	2,146.00
屏边烟酒牲屠税局								730.00	1,050.00	包办	包办
威信烟酒牲屠税局								566.00	1,753.00	769.00	1,671.00
大理烟酒牲屠税局									1,980.00	2,420.00	5,049.00
富宁烟酒牲屠税局									1,350.00	1,087.00	2,535.00

（续表）

起止年月 / 月支金额 / 机关名称	二十二年一至十二月	二十三年一至十二月	二十四年一至十二月	二十五年一至十二月	二十六年一至十二月	二十七年一至十二月	二十八年一至十二月	二十九年一至六月	二十九年七月至三十年十二月	三十一年	三十二年一至六月
凤仪烟酒牲屠税局								630.00	1,142.00	642.00	1,478.00
思茅烟酒牲屠税局									1,360.00	1,095.00	2,163.00
孟连烟酒牲屠税局									945.00	包办	包办
南峤烟酒牲屠税局								497.00	1,394.00	1,057.00	2,161.00
漾濞烟酒牲屠税局									924.00	917.00	1,928.00
昌宁烟酒牲屠税局									644.00	1,083.00	2,179.00
维西烟酒牲屠税局								930.00	930.00	825.00	1,665.00

附记：

1. 表列金额计二十二年至三十年为新滇币，三十一年至三十二年为国币，其比值为国币一元折合新币二元。

2. 表列金额为各该税局各年度月支数。

3. 查各县烟酒牲屠税局暨消费税局，自二十三年起取消包办，改委称职人员办理。其解额较少各局仍包办。至二十九年七月起，营业烟酒消费各税，划归财政部税管局办理，本省仅征牲屠税，乃互委代征，酌扣代征费，以作开支。至三十二年七月起，连牲屠税统由税管局代征。其经临各费，由该局统筹支发。

4. 表列龙陵以上各局自二十九年七月起移交云南区税管局，龙武以下各局自三十二年七月移交云南区税管局。

财务经常费明晰表

（单位：元）

起止年月 / 月支金额 / 机关名称	二十二年一至十二月	二十三年一至十二月	二十四年一至十二月	二十五年一至十二月	二十六年一至十二月	二十七年一至十二月	二十八年一至十二月	二十九年一至六月	二十九年七月至三十年十二月	三十一年一至十二月	三十二年一至六月
下关特种消费税局	3,435.00	687.00	917.00	1,034.20	994.00	851.20	994.00	2,411.00			
绥江查验所	2,882.50	576.50	776.50	894.00	894.00	894.00	894.00	2,857.00			
龙陵特种消费税局				1,350.00	931.00	931.00	1,075.00	2,427.00			
富州特种消费税局	2,691.50	608.30	547.60	587.00	625.00	625.00	625.00	1,628.00			
思茅特种消费税局			534.70	762.00	762.00	842.00	749.00	2,036.00			
孟连特种消费税局				494.00	242.00	575.00	242.00	577.00			
佛海特种消费税局				470.00	693.00	797.00	693.00	2,084.00			
南峤特种消费税局				224.00	227.00	262.00	227.00	719.00			
麻栗坡特种消费税局								1,296.00			
宁海特种消费税局								662.00			
腾冲特种消费税局	6,267.50	1,525.50	1,747.30	1,979.70	1,956.30	1,956.00	1,956.00	5,603.00			
宜良特种消费税局		76.58	106.60	101.60	101.60	101.60	101.60	309.00			

（续表）

起止年月 月支金额 机关名称	二十二年一至十二月	二十三年一至十二月	二十四年一至十二月	二十五年一至十二月	二十六年一至十二月	二十七年一至十二月	二十八年一至十二月	二十九年一至六月	二十九年七月至三十年十二月	三十一年一至十二月	三十二年一至六月
昭通特种消费税局		199.10	205.10	200.10	200.10	200.10	410.00	693.00			
开远特种消费税局		112.20	127.20	121.10	121.10	121.20	121.20	273.00			
蒙自特种消费税局		537.60	537.60	565.10	571.90	571.90	517.90	1,693.00			
河口特种消费税局			88.60	101.60	95.60	95.60	95.60	202.00			
个旧特种消费税局		178.20	179.70	179.00	179.70	179.70	179.70	445.00 一至九月	3,000.00	1,142.00	2,169.00
华宁特种消费税局		140.10	140.80	240.80	215.80	204.00	209.80	661.00 一至九月	1,054.00	1,170.00	2,442.00

附记：

1. 富州局于三十二年改设广南。

2. 除个旧、华宁两局于三十二年七月移交云南区税管局外，其余各局均在二十九年七月移交云南区税管局。

财务经常费明晰表

（单位：元）

起止年月 / 月支金额 / 机关名称	二十二年一至十二月	二十三年一至十二月	二十四年一至十二月	二十五年一至十二月	二十六年一至十二月	二十七年一至十二月	二十八年一至十二月	二十九年一至九月	二十九年十月至三十年十二月	三十一年一至十二月	三十二年一至六月
马龙烟酒牲屠税局			154.60	194.50	107.50	107.50	107.50	401.00	930.00	861.00	1,755.00
丘北烟酒牲屠税局			166.20	272.50	202.30	202.30	202.30	698.00	1,498.00	867.00	1,891.00
曲溪烟酒牲屠税局		219.60	189.60	248.50	248.50	248.50	248.50	800.00	1,930.00	1,118.00	2,273.00
蒙化烟酒牲屠税局			626.60	750.60	290.60	690.60	690.60	1,785.00	2,562.00	3,659.00	8,011.00
师宗烟酒牲屠税局		188.40	193.50	188.00	188.00	188.00	188.00	637.00	1,290.00	814.00	1,634.00
大姚烟酒牲屠税局		196.60	196.60	192.60	192.60	192.60	192.60	628.00	1,054.00	929.00	2,041.00
永仁烟酒牲屠税局		139.90	139.90	174.40	136.40	136.40	136.40	635.00	1,374.00	1,318.00	2,662.00
剑川烟酒牲屠税局		220.50	220.50	248.00	253.00	253.00	253.00	609.00	930.00	957.00	2,502.00
洱源烟酒牲屠税局		254.50	254.80	289.30	249.30	249.30	249.30	737.00	1,280.00	1,218.00	2,905.00
丽江烟酒牲屠税局			440.80	486.00	483.80	483.80	483.80	1,184.00	2,164.00	2,143.00	4,397.00
新平烟酒牲屠税局		238.68	251.50	286.00	294.00	294.60	294.60	783.00	1,252.00	1,102.00	2,338.00
江川烟酒牲屠税局			246.70	308.30	212.30	212.30	212.30	946.00	1,462.00	1,739.00	3,569.00
鹤庆烟酒牲屠税局			207.50	237.00	258.20	258.20	258.20	648.00	2,600.00	1,779.00	3,653.00

（续表）

起止年月 月支金额 机关名称	二十二年一至十二月	二十三年一至十二月	二十四年一至十二月	二十五年一至十二月	二十六年一至十二月	二十七年一至十二月	二十八年一至十二月	二十九年一至九月	二十九年十月至三十年十二月	三十一年一至十二月	三十二年一至六月
富民烟酒牲屠税局		205.30	171.30	195.80	200.00	220.00	220.20	666.00	1,030.00	939.00	2,082.00
西畴烟酒牲屠税局		286.80	286.60	347.70	337.50	337.50	337.50	776.00	1,622.00	1,549.00	3,177.00
双柏烟酒牲屠税局		203.50	160.30	184.80	191.80	191.80	191.80	637.00	1,054.00	935.00	1,933.00
景谷烟酒牲屠税局		238.20	238.20	279.30	329.30	329.30	329.30	775.00	1,018.00	884.00	1,850.00
顺宁烟酒牲屠税局		421.80	421.80	511.40	590.00	590.00	590.00	1,439.00	2,290.00	2,043.00	4,129.00

附记：

各局于三十二年七月移交云南区税管局。

财务经常费明晰表

（单位：元）

机关名称 ＼ 月支金额 ＼ 起止年月	二十二年一至十二月	二十三年一至十二月	二十四年一至十二月	二十五年一至十二月	二十六年一至十二月	二十七年一至十二月	二十八年一至十二月	二十九年一至九月	二十九年十月至三十年十二月	三十一年一至十二月	三十二年一至六月
呈贡烟酒牲屠税局		63.00	67.00	109.00	179.00	779.00	179.90	661.00	1,204.00	1,089.00	2,261.00
晋宁烟酒牲屠税局		99.60	133.70	158.20	171.50	171.50	171.50	617.00	1,350.00	1,202.00	2,348.00
盐兴烟酒牲屠税局		169.80	176.70	238.70	238.70	238.70	238.70	710.00	1,134.00	1,019.00	2,061.00
盐丰烟酒牲屠税局		144.30	144.30	213.30	203.30	203.30	203.30	601.00	930.00	863.00	1,705.00
云龙烟酒牲屠税局		258.70	278.20	347.50	347.50	347.50	347.50	875.00	2,080.00	1,395.00	2,891.00
兰坪烟酒牲屠税局		123.80	113.80	168.80	包办	包办	包办	1,440.00	1,440.00	1,279.00	2,867.00
剑川烟酒牲屠税局		161.40	232.70	265.30	265.30	265.30	265.30	699.00	1,174.00	1,083.00	2,155.00
宁洱烟酒牲屠税局		313.40	313.40	403.60	460.70	460.70	470.70	1,123.00	2,371.00	2,173.00	4,049.00
陇川烟酒牲屠税局					41.20	71.00	71.00	包办	包办	包办	包办
镇沅烟酒牲屠税局		192.30	192.30	291.30	338.30	338.30	338.30	包办	包办	包办	包办
昆阳烟酒牲屠税局		128.30	128.50	158.10	152.10	152.10	152.10	658.00	1,412.00	1,271.00	2,356.00
澄江烟酒牲屠税局		146.90	146.90	181.40	181.40	181.40	181.40	637.00	1,375.00	1,925.00	3,970.00
石屏烟酒牲屠税局		175.50	213.20	242.70	258.10	258.10	258.10	1044.00	1,747.00	1,540.00	3,240.00

（续表）

起止年月 / 月支金额 / 机关名称	二十二年一至十二月	二十三年一至十二月	二十四年一至十二月	二十五年一至十二月	二十六年一至十二月	二十七年一至十二月	二十八年一至十二月	二十九年一至九月	二十九年十月至三十年十二月	三十一年一至十二月	三十二年一至六月
陆良烟酒牲屠税局		302.80	281.20	825.70	285.70	285.70	285.70	888.00	1,550.00	1,525.00	3,179.00
嵩明烟酒牲屠税局		319.00	269.20	295.60	295.60	295.60	295.60	901.00	1,540.00	1,370.00	2,950.00
镇南烟酒牲屠税局		218.70	223.20	258.20	200.00	260.00	260.00	910.00	292.00	1,122.00	2,138.00
武定烟酒牲屠税局		306.70	272.80	287.30	302.30	302.30	302.30	915.00	1,578.00	1,454.00	3,008.00
弥勒烟酒牲屠税局		720.00	809.00	828.00	844.30	844.30	844.30	1,167.00	3,018.00	3,205.00	6,480.00
盈江烟酒牲屠税局					71.00	包办	包办	包办	包办	包办	包办
缅宁烟酒牲屠税局		429.40	449.70	522.80	541.50	541.50	541.50	1,295.00	2,688.00	1,279.00	2,401.00
澜沧烟酒牲屠税局		174.70	161.90	包办	包办	包办	包办	包办	包办	包办	包办
宾川烟酒牲屠税局		428.70	419.40	513.50	406.30	406.30	346.30	693.60	2,649.00	3,823.00	7,478.00
沾益烟酒牲屠税局		253.10	253.10	267.10	267.10	267.10	267.10	770.00	1,760.00	1,170.00	2,440.00
峨山烟酒牲屠税局		337.90	209.70	270.00	270.00	270.00	270.00	845.00	1,074.00	1,079.00	3,592.00
云县烟酒牲屠税局		460.10	408.10	469.60	469.60	469.60	469.60	1,199.00	1,517.00	1,420.00	2,816.00
永善烟酒牲屠税局		121.60	243.20	332.70	410.90	410.90	410.90	995.00	2,312.00	1,859.00	3,871.00
大关烟酒牲屠税局			186.10	253.40	240.40	240.40	240.40	646.00	1,030.00	1,138.00	2,266.00

（续表）

起止年月／月支金额／机关名称	二十二年一至十二月	二十三年一至十二月	二十四年一至十二月	二十五年一至十二月	二十六年一至十二月	二十七年一至十二月	二十八年一至十二月	二十九年一至九月	二十九年十月至三十年十二月	三十一年一至十二月	三十二年一至六月
镇康烟酒牲屠税局				323.70	407.50	407.50	407.50	786.00	1,128.00	1,198.00	2,378.00
罗次烟酒牲屠税局			130.70	160.20	163.50	163.50	163.50	748.00	1,154.00	1,049.00	2,918.00
路南烟酒牲屠税局			200.70	225.20	245.30	245.30	245.30	832.00	1,690.00	1,609.00	3,019.00
双江烟酒牲屠税局			217.50	包办	包办	包办	包办	包办	包办	包办	包办
永平烟酒牲屠税局			218.10	252.60	315.10	315.10	315.10	742.00	1,114.00	959.00	1,811.00
元江烟酒牲屠税局				306.90	390.00	390.00	390.10	939.00	1,730.00	1,523.00	3,073.00
昆明税务局								24,853.00	23,853.00	20,005.00	50,710.00
镇雄烟酒牲屠税局									1,033.90	1,101.00	2,630.00
盐津烟酒牲屠税局		203.36	301.90	309.90	313.90	313.90	313.90	727.00	1,275.00	1,062.00	2,344.00
彝良烟酒牲屠税局		209.50	214.50	214.50	214.50	214.50	214.50	705.00	2,892.00	3,004.00	5,676.00
建水烟酒牲屠税局		113.90	100.70	85.70	85.70	85.70	85.70	330.00	1,872.00	1,659.00	3,215.00
通海烟酒牲屠税局			433.80	459.80	459.80	459.80	459.80	1,362.00	1,384.00	2,454.00	4,910.00
河西烟酒牲屠税局		280.60	240.60	270.60	398.30	253.00	253.00	871.00	1,970.00	1,456.00	3,202.00

（续表）

起止年月 / 月支金额 / 机关名称	二十二年一至十二月	二十三年一至十二月	二十四年一至十二月	二十五年一至十二月	二十六年一至十二月	二十七年一至十二月	二十八年一至十二月	二十九年一至九月	二十九年十月至三十年十二月	三十一年一至十二月	三十二年一至六月
华坪烟酒牲屠税局					232.60	232.60	232.60	587.00	1,072.60	985.00	1,997.00
曲靖烟酒牲屠税局		339.50	348.00	379.00	344.00	344.00	344.00	1,040.00	2,160.00	1,655.00	3,381.00
会泽烟酒牲屠税局		537.30	541.80	596.80	620.40	620.40	620.40	1,595.00	2,370.00	2,286.00	4,632.00
易门烟酒牲屠税局			267.70	307.20	307.20	307.20	307.20	894.00	1,430.00	1,297.00	2,453.00
楚雄烟酒牲屠税局		453.70	413.80	506.00	409.60	409.60	409.60	1,125.00	1,868.00	1,769.00	4,062.00
文山烟酒牲屠税局		312.90	312.90	335.40	353.40	353.40	353.40	866.00	1,980.00	2,024.00	4,054.00
祥云烟酒牲屠税局		310.40	328.60	368.10	369.60	369.60	369.60	1,075.00	1,944.00	1,974.00	4,241.00
玉溪烟酒牲屠税局		689.70	574.00	643.70	678.70	678.70	678.70	1,833.00	3,390.00	2,745.00	5,206.00
泸西烟酒牲屠税局		344.10	226.30	274.60	369.10	369.10	369.10	811.00	1,580.00	1,404.00	3,021.00
牟定烟酒牲屠税局			313.00	328.50	393.50	228.50	393.50	991.00	272.00	1,162.00	2,392.00
禄劝烟酒牲屠税局			176.50	189.00	193.00	193.00	193.00	668.00	1,830.00	1,206.00	2,402.00
禄丰烟酒牲屠税局		144.50	173.60	198.10	208.10	208.10	208.10	700.00	1,054.00	1,121.00	2,267.00
永胜烟酒牲屠税局		826.40	826.40	989.40	989.40	989.40	1,014.40	2,597.00	4,796.00	4,830.00	10,158.00

（续表）

起止年月 月支金额 机关名称	二十二年一至十二月	二十三年一至十二月	二十四年一至十二月	二十五年一至十二月	二十六年一至十二月	二十七年一至十二月	二十八年一至十二月	二十九年一至九月	二十九年十月至三十年十二月	三十一年一至十二月	三十二年一至六月
罗平烟酒牲屠税局		247.70	275.50	305.50	275.50	275.50	275.50	821.00	2,142.00	1,779.00	3,661.00
马关烟酒牲屠税局		257.70	257.70	307.20	312.20	312.20	312.20	872.00	1,756.00	1,395.00	2,695.00
景东烟酒牲屠税局		525.20	591.31	412.30	729.30	729.30	729.30	1673.00	2,109.00	2,006.00	3,889.00
安宁烟酒牲屠税局			208.10	237.40	242.60	242.60	242.60	906.00	1,750.00	1,617.00	3,615.00
寻甸烟酒牲屠税局		277.90	277.90	247.40	272.40	272.40	272.40	842.00	1,760.00	1,604.00	3,484.00
绥江烟酒牲屠税局			67.40	83.00	86.40	86.40	36.40	185.00	2,048.00	2,109.00	4,331.00
弥渡烟酒牲屠税局			307.30	366.80	431.20	431.20	431.20	1098.00	1,720.00	1,614.00	3,386.00
墨江烟酒牲屠税局			174.80	209.20	212.80	212.80	212.80	581.00	1,094.00	1,017.00	1,869.00
元谋烟酒牲屠税局			356.80	314.70	448.50	448.50	324.10	858.00	2,624.00	1,899.00	4,311.00
鲁甸烟酒牲屠税局		205.70	210.70	258.20	255.20	255.20	255.20	669.00	1,815.00	939.00	2,264.00
姚安烟酒牲屠税局		181.10	181.10	183.00	229.20	229.20	229.20	733.00	1,272.00	1,160.00	2,782.00
广通烟酒牲屠税局		241.20	223.50	239.50	259.40	259.40	259.40	813.00	1,092.00	1,331.00	3,052.00
威信烟酒牲屠税局		163.40	163.40	158.40	161.40	161.40	161.40	349.00			

（续表）

起止年月 月支金额 机关名称	二十二年一至十二月	二十三年一至十二月	二十四年一至十二月	二十五年一至十二月	二十六年一至十二月	二十七年一至十二月	二十八年一至十二月	二十九年一至九月	二十九年十月至三十年十二月	三十一年一至十二月	三十二年一至六月
保山烟酒牲屠税局		582.30	691.80	719.30	706.10	706.10	706.10	2,151.00			
广南烟酒牲屠税局		288.80	289.30	319.30	235.30	625.00	625.00	1,628.00			
腾冲烟酒牲屠税局		235.50	284.00	284.00	284.00	294.00	294.00	579.00	2,109.00		
凤仪烟酒牲屠税局		217.70	217.90	207.90	228.90	228.90	228.90	463.00			
宣威烟酒牲屠税局		166.90	166.90	156.90	161.90	161.90	161.90	356.00			
平彝烟酒牲屠税局		97.40	98.40	93.40	93.40	93.40	93.40	180.00			

附记：

表列广通以上各局在三十二年七月移交云南区税局。保山以下各局在二十九年七月移交云南区税局。

关于设治局征收应支经费表

（单位：元）

款别	十七年	十八年	十九年	二十年	二十一年
厘金	60,228.180	5,777.830	6,102.350		
商税	10,402.595	11,103.831	64,968.600		
川盐捐		5,930.000	74,930.000		
糖捐		30,939.700	38,113.430		
茶税	10,704.000	12,042.000	5,798.000		
个旧锡税	268,617.032	441,428.087	355,780.498		
分金库			120,875.000		
卷烟印花特捐	49,522.690	14,461.162			
布纱杂货附捐	55,920.000	62,910.000	64,308.000		
煤油化妆品附捐	43,441.700	49,692.000	51,842.700		
特种消费税经费				1,285,441.745	675,817.090
昆明特种营业税				23,684.000	31,290.000
盐斤军饷捐支款	113,849.225	82,527.490	137,837.260	823,629.010	971,988.820
盐务稽核会计薪资				13,725.000	27,450.000
运署小西门查验所经费				1,860.000	3,720.000
合计	612,685.422	768,813.101	920,555.828	2,148,339.755	1,710,265.910

（续表）

款别	二十二年	二十三年	二十四年	二十五年	二十六年
厘金	本年度起皆通用新币				
商税					
川盐捐					
糖捐					
茶税					
个旧锡税					
分金库					
卷烟印花特捐					
布纱杂货附捐					
煤油化妆品附捐					
特种消费税经费	826,133.000	235,729.00	311,217.935	254,339.081	457,291.402
昆明特种营业税	39,872.000	8,723.000	7,929.014	9,265.333	
盐斤军饷捐支款	954,288.920				
盐务稽核会计薪资	20,497.000	5,926.710			
运署小西门查验所经费	1,593.512	497.300			
合计	1,842,384.433	250,876.010	319,146.949	262,595.414	457,291.402

财务临时费

一、各种税票费。系粮票、杜典契、借券、官纸、厘金票、商税票、牲屠税票、特种消费税票、特种营业税票暨各罚金票。

二、各种印花票费。系卷烟印花，煤油、土布、棉纱、化妆品、川盐捐各种印花。

三、各征收局开办费。系商税局，川盐捐、分金库、布纱杂货附捐、特种消费税局所，特种营业税局。

四、各征收局旅费。系商税局，分金库，布纱杂货附捐、十九年份委办盐津、临屏、通海、永北、个蒙等厘局，二十年设立特种消费税局所各职员旅费，另有订定征收人员赴差旅费规则，附录于后。

五、各会计员旅费。系各县会计员、分金库，各征收局及运署各场井会计员旅费。

六、运署附设场长训练所经费。于二十一年一月设立至三月止，每月二千八百三十元，计三个月毕业。又设备费七百元。

七、各征收局奖金。凡征收人员经考核成绩特殊，应予特别给奖。昆明布纱杂货附捐局照征收额给奖百分之三。第一区商税裁撤，亦经核给奖金。昆明消费税总局征收税款，成绩优异，经省务会会议决给奖百分之二。宜良、阿迷、婆兮、碧色寨、河口、个旧、昭通、盐津、牛街等各局所，核准照财厅所拟分别给奖数。列表附后。

八、其他用费。改革税制计划书、各种印刷费、《昆明消费税局征信录》印费、新式簿记印费、各局所修缮、购置器具、解运税款旅费、并员丁病故殓埋恤金等项一切杂费。

二十二年至三十二年财务临时费总表

名称	年支数（元）	备考
二十二年度（新滇币本位）		
各税局开办费	147.000	全年共支如左数。
各税局旅运费	2,616.000	同上。
会计员旅费	1,887.000	同上。
二十三年度（新滇币本位）		
各税局开办费	10,360.000	全年共支如左数。本年取消包办。
各税局旅运费	8,940.000	全年共支如左数。
会计员旅费	6,340.000	同上。

（续表）

名称	年支数（元）	备考
二十四年度（新滇币本位）		
各税局开办费	2,160.000	全年共支如左数。
各税局旅运费	1,620.000	同上。
会计员旅费	854.000	同上。
二十五年度（新滇币本位）		
各税局开办费	1,650.000	全年共支如左数。
各税局旅运费	1,478.000	同上。
会计员旅费	1,544.000	同上。
二十六年度（新滇币本位）		
各税局开办费	1,370.000	全年共支如左数。
各税局旅运费	2,499.000	同上。
会计员旅费	1,322.000	同上。
二十七年度（新滇币本位）		
各税局开办费	1,480.000	全年共支如左数。
各税局旅运费	2,965.000	同上。
会计员旅费	2,216.000	同上。
二十八年度（新滇币本位）		
各税局开办费	3,552.000	全年共支如左数。
各税局旅运费	7,226.000	同上。
会计员旅费	5,478.000	同上。
二十九年度（新滇币本位）		
各税局开办费	5,668.000	全年共支如左数。
各税局旅运费	22,690.000	同上。
会计员旅费	8,696.000	同上。

（续表）

名称	年支数（元）	备考
三十年度（新滇币本位）		
各税局开办费	8,473.000	全年共支如左数。
各税局旅运费	34,879.000	同上。
会计员旅费	18,768.000	同上。
三十一年度（新滇币本位）		
各税局开办费	12,854.000	全年共支如左数。
各税局旅运费	257,988.000	同上。
会计员旅费	83,225.000	同上。
三十二年度（新滇币本位）		
各税局开办费	8,995.000	一至六月共支如左数。
各税局旅运费	35,670.000	同上。
会计员旅费	18,897.000	全年共支如左数。

附记：

1. 各局开办费包括购置费在内。

2. 财务临时费中，尚有二十二年以后各项票价款，已列入财政费内，兹不再列。

杂费

杂费一项，凡下列各费统属之。其中如补助津贴等类，按年有一定支额者，谓之经常杂费。其随时支出无一定支额性质者，谓之临时杂费。

民国十七年至二十一年经常杂费如下表。

十七年至二十一年财务临时费总表

（单位：元）

年别/款别	十七年	十八年	十九年	二十年	二十一年
各种税票费	44,561.200	46,729.450	225,531.000	324,000.000	162,000.000
各种印花票费	24,496.000	6,344.000	2,707.566	26,411.364	1,049.720
各征收局开办费		7,420.644	11,123.148	23,321.790	401.150
各征收局所旅费		2,933.580	14,027.740	25,731.530	8,552.802
各会计员旅费			7,262.000	15,810.000	6,685.000
运署附设场长训练所经费					9,190.000
各征收所奖金			35,556.000	291,985.900	
其他用费			6,192.710	33,120.000	19,771.522
合计	69,521.200	63,427.674	302,400.164	740,380.584	207,650.194

民国十七年至二十一年支出杂费表

（单位：元）

年别／款别	十七年	十八年	十九年	二十年	二十一年	附记
图书馆	6,180.000	515.000				发至十八年一月止。二月以后归教育厅支给。
明伦学社	1,440.000	240.000				发至十八年二月止。三月以后归教育厅支给。
尚志学社	2,400.000	2,400.000	2,400.000	2,400.000	1,200.000	
通志馆				38,900.542		二十年二月至八月为筹备处。九月起月支六千零六十元。又函聘江苏金天羽薪金并计在内。
旅京学生学费	2,089.800	1,134.000				专门财政学校徐乾元等。
体育会				7,520.000	4,800.000	二十年三月起，每月八百元。惟三月至八月减一成。
会计学会			3,000.000	5,040.000	2,700.000	十九年六月起，每月三百元。七月起每月四百五十元。二十年一月至八月减一成。
实业改进会	600.000	450.000	150.000			二十年起停止。
风俗改良会	1,200.000	900.000				十八年十月以后，由昆明市政府支给。

（续表）

款别＼年别	十七年	十八年	十九年	二十年	二十一年	附记
法医院津贴	1,666.640	1,666.640	1,666.640	1,666.640	1,666.640	
法医官津贴	1,500.000	1,500.000	1,500.000	1,500.000	750.000	
拒毒分会		3,400.000		2,840.000	1,200.000	十八年一月起，月支二百元。又年支举行禁烟纪念费一千元。十九年停发。二十年一月至八月减一成，又年支纪念费六百元。
体仁堂	929.280	929.280	1,161.600	1,300.992	696.960	每月七十七元四角四仙。十九年七月加五成，二十年一月至八月减一成。
育婴堂	1,200.000	1,200.000	1,500.000	1,680.000	900.000	每月一百元。十九年七月起加五成，二十年一月至八月减一成。
养济院	996.000	996.000	1,245.000	1,394.400	747.000	每月八十三元。十九年七月起加五成，二十年一月至八月减一成。
施棺会	600.000	600.000	750.000	832.500	450.000	每季一百五十元。十九年七月起加五成，二十年一月至八月减一成。
育婴堂、同善堂、养济院补助费	600.000	600.000	600.000	600.000		每年补助六百元，年底具领。

（续表）

年别 款别	十七年	十八年	十九年	二十年	二十一年	附记
红十字分会医院		2,000.000	15,000.000	16,800.000	9,000.000	十八年一月起，月支五百元。三月起，月支一千元。十九年七月起，月支一千五百元。二十年一月至八月减一成。
南京第一贫儿教育院		3,780.000	3,780.000			每年沪币六百元。
各报社补助费	13,800.000	14,760.000	18,450.000	29,504.000	24,330.000	旧系报界公会。民生日报、又五家报馆，十七年七月起加二家。十九年七月起加五成，二十年九月加通讯社，十月加新商报。
查办地方官吏被控委员会				8,735.000	13,260.000	二十年九月下半月起，开办费一千元，月支二千二百一十元。
合计	35,201.720	46,070.920	51,203.340	120.722.460	115,810.600	

民国二十二年至二十九年经常杂费月支一览表

（单位：元）

领款机关	二十二年度	二十三年度	二十四年度	二十五年度	二十六年度	二十七年度	二十八年度	二十九年度
尚志学校	400	400	400					
世界语学会	600	600	600					
体育会	1,600	1,600	16,000					
红十字会	3,000	3,000	3,000					
拒毒会	400	400	400					
施棺会	150	150	150					
体仁会	232	232	232					
育婴堂	300	300	300					
养济院	349	249	249					
同善堂	100	100	1,000					
西南义声社均报	2,130	2,130	3,130					
民生日报	420	420	420					
大无畏报	420	420	420					
云南新报	420	420	420					
助产学校	1,000	1,000	1,000					
中医研究所	1,000	1,000	1,000					
新商报	2,000	420	420					
日报公会	2,000	2,000	2,000	2,000	2,000	2,000	2,000	
童子军分会	600	600	600	1,000	1,000	1,000	1,000	450
妇女协会	600	600	600	600	600	600	600	1,350
会计学会			900					
南菁学校			6,000					

（续表）

领款机关	二十二年度	二十三年度	二十四年度	二十五年度	二十六年度	二十七年度	二十八年度	二十九年度
军医学校			200					
各县孤贫口粮			9,116	9,116	9,116	9,116	9,116	
各县团务补助费			17,000	15,260	15,260	15,260	15,260	
云南日报				10,000	10,000	10,000	22,500	
法国医院				278	278	278	278	278
民国日报								51,000
戏界抗敌协会								1,125
图书杂志审查委员会								1,050

附记：二十二年度旧滇币本位。二十三年度至二十九年度新滇币本位。

临时杂费又分四类：

一、驻外代表费。凡驻京、沪、平、港、川、汉代表及驻京办事处，三全、四全会代表，并调查财政委员，张委员赴京参加中法订约等费均属之。其金额如下：十七年一千一百八十元，十八年八万八千三百二十八元七角四仙，十九年九万七千一百六十一元，二十年二十二万八千九百六十三元六角七仙九厘，二十一年二十六万四千三百二十五元零八仙八厘。

上列款项包括二十一年发还福春恒商号代垫四全大会代表用款在内。

二、招待费。招待外来各代表、外宾，暨咨询会议各县代表，各县教育代表均属之。其金额如下：十七年九千八百六十元零五角一仙，十八年一十一万二千六百八十三元零六仙，十九年一万七千二百八十三元六角九仙，二十年二十三万八千五百零二元六角三仙，二十一年七万零三百八十七元五角。

查各年支数不同，以各外来代表人数多寡，办理招待用费因之而异。

三、典礼费。庆祝纪念会，暨唐故总裁营葬费附之。支出如下：十七年九万一千五百二十元，十八年一万八千五百一十一元零七仙，十九年一十二万六千四百一十五元三角三仙，二十年一十万七千六百二十七元七角九仙，二十一年四千一百六十一元。

查唐故总裁营葬费十万元，系十九、二十等年份作三次发给。

四、其他杂费款目如下。整理财政金融委员会分担费，经济审查费，金融研究会补助费，采购平价越米款，协利昌代办条银批费，掉换哑板银元折去火耗费，中华全国铁道协会、全国铁路建筑协会装订全省县区地图费，总理奉安建筑牌楼费并购送市花派员专送费，整理内政会议筹备处印刷费，云南新华编辑处经费，《天南杂志》、太平洋通讯社、上海震旦通讯社等补助费，《云南问题》《省府职员录》印费，《云南公报》《财政公报》及《公报日刊》印刷费，国民会议代表云南选举事务所经费，考试县长开支费，高等普通检定考试委员会办理检定考试经费，民政厅训政讲习所经费，赠送全国运动会款，体育会运动器具费，旅京学会补助费，东大毕业生出外考查费，东陆大学校长出外资助费，审查合格特许优待国内各大学专科滇生汇款贴水费，南菁学校设备费，修理北城围墙费，市政府奖金，总部副官处奖金，云南外交特派员修办事处费，修理护国门工程费，昭鲁水利工程处补助赞，龙陵惠通桥、兰坪沧江桥、永北石桥等修费，中国展览会捐款，国货陈列馆购置各费，建设厅检送度量衡学员旅费，市政府交涉署制备奖章费，旅沪同乡会基金捐款，云津市场地价，其他置备器具各项用款，年支总数如下：

十七年二万五千零六十九元二角二仙八厘，十八年四万二千六百二十九元四角六仙五厘，十九年九万五千九百四十八元五角九仙，二十年四十六万三千七百六十九元九角九仙一厘，二十一年一十六万零八百零九元七角零六厘。本项杂费，本无定额，故历年用数不同。

现将本节支用各年款项列叙如下：十七年一十八万零四十八元五角五仙八厘，十八年一百七十九万零三百四十六元八角二仙五厘，十九年三十八万八千零一十二元六角五仙，二十年一百一十五万九千五百八十六元五角五仙，二十一年六十一万五千四百九十三元八角九仙四厘（以上旧币）。二十二年六十三万八千零五元二角一仙七厘，二十三年一万五千七百零七元三角，二十四年二万八千八百一十四元三角九仙七厘，二十五年一万四千三百十四元二角零五厘，二十六年一万一千二百九十五元一角八仙二厘，二十七年二万七千零二角五仙。

以上所述，除根据前言之两项书录及财政厅档案外，别无重要材料可资参考。故于财政收支，有只得其全部之总数者，如某年共收入若干，某年共支出若干是也，有只得其各部之总数者，如某年收入田赋若干，某年支出内务费若干是也，亦有得其各部之细数而不得其全部之总数者，且有并总、细数均不可得者。

民国云南通志长编卷二十九

财政三

国家税收

蒙自、思茅、腾越三关税收，民国后均由中央直接收解。三十一年，蒙自关又改为昆明关。兹据各税务司之报告及杨端六等所编六十五年来中国际贸易统计，与夫云南省财政厅档卷，将三关税收情形，分述如次。

蒙自关税

蒙自关在清季由税务司办理。各分关由税务司所派帮办管理。其关务由临安开广道监督，所属各分关由监督署委派委员监察。至民国二年，北京政府简任监督。于是设立蒙自关监督署专管关务事宜。是年二月十日，开设监督署于蒙自城内，分总务、文牍、外务、稽核、会计五科。总务科管理署内一切事务，文牍科掌理文卷，外务科管交际，稽核科编发各种税案单照，会计科管理收入支出及预算决算等事。至民国二十年始遵照关务署法规组织，分总务、税务、计核三课。总务课管理内外一切及驻省办事处各事，税务课管理征免税项及稽查税款收支等事项，计核课管理预算决算及统计等事项。每课设课长一员，课员若干员，办理本课事务。又于各分关每关设分关委员一员，稽查分关税务，均归监督署直接管辖。监督署及所辖各分关委员办事处开支，每年计支银二万一千六百元，每月计支银一千八百元，节余解部。税务司署暨所属各分关每年计支关平银一十二万一千二百两，每月计支一万零一百两，余由总税务司提用。民国三十一年，奉令改名为昆明关，就蒙自关驻省办事处成立。内设总务、缉私、文书、会计、税款、审核、监察等课。未几复奉令将思茅、腾越两独立关改为分关。三十四年七月，腾越关仍恢复独立，思茅关旋改为昆明关思茅支关。故在民国三十一年以前为蒙自关，三十一年后以即改为昆明关也。至其税收之数，除三十一年以后改为昆明所收者另行表出于后外，兹将三十一年以前蒙自关所收者分年列表于后。

蒙自关分年关税表

年份	税收之数
民国元年	361,244两4钱3分八厘
民国二年	365,852两4钱8厘
民国三年	332,346两1钱5分3厘
民国四年	335,083两4分1厘
民国五年	345,734两8钱1分5厘
民国六年	381,108两6钱9分2厘
民国七年	401,267两6钱3分7厘
民国八年	414,220两9钱1分7厘
民国九年	486,068两7钱4分2厘
民国十年	547,072两2钱3分4厘
民国十一年	616,013两3钱8厘
民国十二年	759,661两1钱7分1厘
民国十三年	790,779两4钱4分1厘
民国十四年	684,988两4钱3厘
民国十五年	855,475两8钱9厘
民国十六年	775,712两2钱4分5厘
民国十七年	801,214两7钱3分4厘
民国十八年	1,065,486两7钱5分5厘
民国十九年	1,663,957两7钱6分4厘
民国二十年	1,595,741两3分
民国二十一年	977,177两9钱7分
民国二十二年	2,058,115元
民国二十三年	1,938,363元
民国二十四年	2,163,827元

（续表）

年份	税收之数
民国二十五年	2,657,843 元
民国二十六年	3,008,430 元
民国二十七年	4,424,197 元
民国二十八年	7,549,737 元
民国二十九年	4,619,032 元
民国三十年	3,493,120 元

附记：

1. 本表所列数字，据财政厅档案，自二十二年起至三十年止，皆以国币元计算。
2. 三十一年奉令将蒙自关驻省办事处改为昆明关。蒙自关即行裁撤。

思茅关税

思茅关在清末以思茅同知兼任关监督。民国元年始改归迤南道兼任，后改普洱道尹，仍由道尹兼任。民国十九年始将监督裁撤，至税务司一职，原系用外国人充当，民国十五年一月一日，始改用中国人为之。历任更替，均不再用外国人。其关税则一如蒙自关办法，凡思茅关税务所进出各货，历年均遵照咸丰戊午税则征收。自欧战后，民国八年八月一日，遵奉新颁税则征收进口，至十二年一月十七日又遵奉改修新税则，实行值百抽五征收。而本关应征仅有三种，即洋货进口、土货出口、洋货入内地之子口三种，凡列于税则之货品，遵照新颁税则征收，未列税则之货品，均按估价征收，每征关平银一两，折合花洋一元五角二分五厘。至报关完税程序，凡商人赴关报验，应先将进出子口货物填写报单，送挂号处编号登簿，然后将货物报单送总务房内供事翻译，将货单翻成洋文，验单交与商人持交验货厅验货员接收后，照单开货物数量与原货查验相符，一一注明单内，交与商人。验单连同报单交核估税率处，将单分算，照章核税，填发汉文验单，交由商人赴官银号完税。其报单存于估税率处。官银号照收应纳现款，于验单上加盖戳记，仍交商人换取盖用税务司印之税单，将验单存留关上。税单发给商人，即可通行无碍。至于开支经费，在监督署未裁撤之先，每月开支银五百两。至民国十七年改为每月五百元。自监督裁撤，则此项开支亦与之俱裁，惟税务司正关暨所属各分关分卡则每月开支二千五百两，以每两一元五角二分五厘折算。民国三十一年奉令改为昆明关分关，三十四年复改为支关。今将其历年税收之数分别列表如下。

思茅关分年关税表

年份	税收之数
民国元年	8,939元8角9仙9厘
民国二年	9,843元4角4仙2厘
民国三年	10,404元1角3仙6厘
民国四年	7,745元零1仙7厘
民国五年	9,151元5角8仙9厘
民国六年	7,371元6角6仙9厘
民国七年	6,878元3角7仙9厘
民国八年	15,703元零3仙2厘
民国九年	14,862元4角1仙2厘
民国十年	12,803元7角7仙3厘
民国十一年	6,385元1角2仙1厘
民国十二年	6,967两
民国十三年	7,350两
民国十四年	8,180两
民国十五年	8,065两
民国十六年	1,355两
民国十七年	4,885两
民国十八年	7,992两
民国十九年	原缺
民国二十年	34,275元
民国二十一年	43,067元
民国二十二年	65,413元
民国二十三年	102,242元
民国二十四年	155,856元

（续表）

年份	税收之数
民国二十五年	165,123 元
民国二十六年	118,788 元
民国二十七年	129,500 元
民国二十八年	109,892 元
民国二十九年	119,325 元

腾越关税

腾越关在清末以迤西道任监督，民国来仍之。道尹裁撤后，现由第一殖边督办兼任监督。署设关务科科长一员，由督办署财政科科长兼充，下设科员二员，一等书记四名，二等书记二名。科长、科员秉承监督办理关务事项及一切文件。书记缮写科中文件。又设刻字匠一名，专任雕板。印刷匠二名，专任印刷。并设置护目一名，护兵十名，杂役二名。又设有官银号一部，系附于正关，专任经收税款事宜。设官银号委员一员，书办头一员，书办二名，杂役一名，后改委员名目为主任。其书办杂役则仍其旧额。此监督署之组织及变迁情形也。至于办事章则，因系附设，向未具体拟订，一切办法皆依部令办理，案牍繁赜。兹摘要略述如上。

税关分正关及分关、查卡三部，税务司一员，由总税务司委派，以洋员充任（但海关近改章程，华员亦可升任税务司），驻正关，总管全关事务，并设帮办一员（向系洋员充任，但现任则系华员），但辅助税务司执行其职务，并兼管账房事务。税务员三员，其一办理正关大公事房税务事件，其一管理账房事务，又其一在秘书室办理英文文牍事件。文案一员，在正关办理中文文牍事件。核税员二员，一在进口台，一在出口台，办理核算应纳税款事务。验货员一员，为外班领袖，在验货厅主办检验一切进口出口货物事务。稽查员二员，负稽查偷漏货物之任务。秤手一员，在验货厅秤应纳税款之货物。巡丁一名，巡查正关附近漏税货物。外设厅差二名、杂役九名，照料正关内一切杂务及供役使之用。其帮办税务员及外班之验货员、稽查员，俱由总税务司调派。惟现任文案则由本地考选。核税员亦由税务司商同监督考选录用。又税务员以下，俱系华员，惟外班验货一员为洋员，稽查员前亦多系洋员，现任则为华员。此正关之组织及华洋人员职名权限之大概情形也。

正关所辖有龙陵、小辛街、南伞三分关，牛圈河、蛮允、腊撒、陇川、塘上水、孟定、遮岛七查卡。各分关俱设有核税员、秤手、巡丁三项人员，各查卡则三项人员有全设者，有仅设秤手、巡丁者，视其事务之繁简而定。民国二十年七月，奉财政部令，裁撤各分关委员后，各分关查卡仅以核税员主办，名曰主任核税员。无核税员之处，则以秤手为主任。若秤手俱无路处，则以巡丁为主任。此分关查卡之组织情形也。

海关人员俱各按等级升转加薪，其赏罚进退事项，小者由税务司自行处理，大者则报由总税司处理。其税务司、帮办、税务员等大抵三年调动一次。各分关查卡人员，则大抵两年调动一次。薪俸优厚，中以洋员为最优，华员次之，华员中又以办洋文者为最优，办中文者次之。服务年限大抵以三十年或三十五年为率，年满休致，则给以一次之养老金，并其在职所储之储蓄金，若中途因怠惰职守违误公事斥退者，则无养老金之给与，或并扣除其储蓄金。若有舞弊营私之情节发现，则并交法庭治罪。故服务海关人员，因赏罚分明待遇优厚均能自知爱惜，尚少营私舞弊之情节发现。

本关开支经费，计税务司与监督署每月约共支银二万九千两以上，每年约支银三十六万两至四十万两左右。民国三十一年奉令改为分关，隶属于昆明关。三十四年复奉令恢复为独立关。至其税收之数，按年列表如下。

腾越关分年关税表

年份	税收之数
民国元年	50,825两8钱6分
民国二年	64,482两6钱6分6厘
民国三年	56,633两3钱5分5厘
民国四年	62,322两3钱8分1厘
民国五年	50,271两2钱零6厘
民国六年	60,600两2钱9分1厘
民国七年	63,496两3钱5分4厘
民国八年	73,066两3钱7分1厘
民国九年	99,685两4钱9分1厘
民国十年	113,304两零7分3厘
民国十一年	102,752两5钱4分6厘
民国十二年	97,550两3钱7分1厘
民国十三年	105,294两1钱9分5厘
民国十四年	105,944两1钱8分7厘
民国十五年	77,327两1钱7分6厘

（续表）

年份	税收之数
民国十六年	113,250 两 8 钱 3 分 8 厘
民国十七年	88,317 两 6 钱 9 分 3 厘
民国十八年	168,957 两 8 钱 8 分 2 厘
民国十九年	212,646 两 9 钱 4 分 5 厘
民国二十年	247,331 两 6 钱 5 分 7 厘
民国二十一年	365,077 元
民国二十二年	323,874 元
民国二十三年	363,039 元
民国二十四年	306,735 元
民国二十五年	309,074 元
民国二十六年	304,659 元
民国二十七年	533,703 元
民匡二十八年	878,890 元
民因二十九年	1,817,540 元

附记：

1. 二十一年起据财政厅档案皆以国币元计。

2. 三十年税收数目，因三十年腾龙失陷，海关撤退时档卷遗失，无从考查。

昆明关税

昆明关原为蒙自关驻省办事处，民国三十一年奉令改名为昆明关，将腾越、思茅两关先后改为分关，隶属于昆明关。三十四年腾越关复改为独立关，思茅关改为昆明关思茅支关，已如上述。每关各设税务司一人，由财政部派委。截至三十三年底止，昆明关职员内勤部分计四十七人，外勤部分计六十五人。兹将三十一年昆明关成立至三十三年每年所收税款，分叙如下：三十一年收二千六百一十七万四千零一元，三十二年收四千二百零二万六千九百二十元，三十三年收一亿五千八百六十二万八千三百七十三元（以上概以国币为本位）。

金融

在《通志》中，金融原归商业考，兹列入财政者，盖民国以来金融由政府管制，私人不得经营也。兹分述如下。

货币

云南使用货币，至清光绪末年，尚以银锭为主，制钱辅之。银锭来源除川、鄂协饷外，本省货物运销川、黔、湘、鄂、桂、粤等省者，亦多易得银锭以归，故白银供给不虞短少。银锭有三十两至五十两之元宝，十至十余两之川锭。省垣煎销铺则以元宝改铸牌坊锭，重五六两，经公估后流通于市，成色稍逊，盖工耗与利润，均于是取给之也。通用于小锞，有南漕西漕之分，重一两左右。又有滴水珠重数分至一钱不等。至如碎花杂片，重量不一，则多用以添秤，每月月底月半，为大小比期。商家收付，官库进出，皆以银两为主，其流通数额殊难确计。

清代钱法屡更，私铸流行，故制钱大小不一，轻重迥异。滇省通用制钱，可别为大小两类。大制钱俗称大钱，有康熙、雍正、乾隆、道光等种，每文约重一钱至一钱四分，每八文当小制钱十文。小制钱有嘉庚、咸丰、同治、光绪等种，每文重六分至八分。此外尚有私铸之小毛钱，重二三分不等，与制钱混杂用之。制钱泰半系本省炉局所铸，炉局嘉庆时谓之宝云，后通称官钱局。小钱亦有京墩，但为数甚鲜。除嘉庆有红铜小钱外，其余均为黄铜所铸。此滇省制钱之概略也。制钱为零星找补之用，实银锭之唯一辅币。

迄光绪末造，鄂省协饷，改以银元解交，市面始有银币。宣统元年本省龙元局（民元后改咨造币厂）成立，开铸银币日多。银元每元法定重量为库平制七钱二分，其辅币有三钱六分之半元，一钱四分四厘之双毫，及七分二厘之单毫三种。半元辅币多为省厂所铸，银角则先由鄂省输入，迨本省大量鼓铸，通行日广。惟终清之世，丁粮仍以银两计算，折合银元征解，其余赋税，则银两与大小银元铜元并用。至于商家收付，则仍以银两为主，通常仅搭用银币三成。民国元年，通令以银币为本位，公私收付，始一律改两为元。

是时铜辅币有当制钱十文之单铜元与当制钱二十文之双铜元二种。单铜元重二钱，双铜元倍之。铜元亦因商家需要，初由川、鄂等省购运入滇，与制钱相辅而行，继则本省大量鼓铸、为数愈多。制钱因比价低落，民间私销铸器，民国五年以后，渐告绝迹矣。

银两、银币、铜元、制钱之比价，在宣统二年，大银元一元合关平银六钱六分，蒙自关关平银一两折合湖北、云南银元一元五角二分五厘一毫。思茅关商家收付，则以银币一百四十四元作抵纹银一百两，尚须贴水三元。每单毫换铜元十枚，制钱一百二十文左右，至民国四年一月二十五日调查，昆明每银币一元合铜元一百三十四枚、制钱一千五百文。

先是越南金元及单双银角，已流入境内。盖自通商以后，蒙自越南间商务日繁，越币已见于市面，迨滇越铁路在境内兴工，工资悉以越银付给，输入滇境者，不下千余万元。民国八年以前，个旧大锡运港销售后，因省内需要白银，尝购运港银及墨银入滇，数达五百万元以上。缅币卢比亦因滇缅商务兴盛，由边疆潜流入境。英银行虽不直接与我流动商人往来，但对土人取怀柔政策，大量贷款与启仔，启仔再转放于华商。启仔者，放款之缅人也。又祥云、蒙北、楚雄等属之劳工，数约六七万，冬初出境，雨季前亦携缅币返滇，故卢比之流入本省者，每年约达八十万左右。

民国八年以前，滇省对国内外贸易尚属以货易货性质。外销货物，多易银锭或银币回省，故金融稳定，币价高昂，与外币平色不稍逊。越、港、墨洋，每元仅值六钱七八，或滇币九角二三。四川、广东、吉林，北洋及江南各厂所造银元亦有少数入滇，价值例低数分至一角。又当时由滇汇往外埠，每百元仅须滇币九十二三元，由外埠汇入滇省，则须贴水十五元左右。

民国元年，政府以协饷停止，省库支绌，乃筹资五百万元，创设富滇银行，并发行纸币一百万元。商人以纸币便于携带，亦乐用之。适造币厂改由本省自办，而公家存银尚在二百万两以上，故源源鼓铸，银币颇形充裕。纸币信用既固，以硬货兑换者，因供不给求，尚须贴水。四年，纸币发行总额达三百四十余万元。六年，增至五百三十余万元。七年，增至七百万元左右。八年，铸币收回，流通者仅六百余万元矣。八年以后，生银来源渐少，铸料缺乏，且硬货外溢日甚一日。九年，纸币发行额已渐增至九百万元左右，是时富行兑现既不能酌予限制，商家需要银币者，惟有暗中贴水收买之一法。十一年，富滇纸币百元等于银币九十八元。十二年，唐继尧返滇二次秉政，因军用浩繁，常向富行拨借，以资挹注。纸币发行额乃剧增至四千余万元。斯时，银币愈少，换获愈难，贴水日高，外埠汇率，亦因而日涨。至十三四年间，纸币百元仅换银币四十元左右矣。于是，政府乃有整理金融之议。溯自富行现金准备渐告匮乏以来，滇省币制，已无形中成为虚银本位性质。富行纸币又增发不已，致滇省金融变态，形成江河日下无可挽救之势，金融紊乱，实受财政支绌之影响。盖云南为协饷省份，素称贫瘠。

论者谓光复后协饷停止，而护国、靖国诸役，连年用兵，军费浩大，政府每年收入，不过一千万元有奇，入不敷出，遂致增发纸币，牵动金融。夫财政与金融，息息相关，中外皆然，不容否认。惟滇省金融变态，尚有其最大原因，即硬货外溢与入超剧增是也。

当富行成立之际，法国东方汇理银行亦在蒙自设立分行，吸收筑路时输入之越银与本省之现金，而负经济侵略之使命。凡滇越铁路客货运费，除白银直接运走外，所收获之纸币，即由该行向蒙自富滇分行兑现。嗣因兑换数额太多，蒙自分行无可准备，乃由总行固定数额，在省兑换。滇越铁路每年收运费数百万元，本省生产落后，无所抵偿，以致白银出境，川流不息。欧战后缅甸英银行不再向华商放款，华商均以实本经营。且入超大增，不惟以前入境之小洋渐被吸收，本省大洋亦大量流出。

欧战之际，大锡因需要增加，价值猛涨，本省锡出口异常畅旺。进口洋货，则因来源不畅，大形减少。故四年至七年间，每年出超为数颇巨。欧战后锡价惨跌，而洋货进口与日俱增，致本省对外贸易由出超一变而为入超。十二三年间，大锡出口尚不足抵补蒙自一关之漏失，腾越关则每年入超达百万两以上。且出口货以川康所产之黄丝、麝香、皮革为大宗，而进口货之棉纱、布匹、烟草及各种消耗品，大都运至昆明，销于省内。是每年漏卮，尚不止入超之数，亦硬货逃逸与金融变态之一重大原因也。

七年欧战告终，忽发生银荒风潮，银贵金贱，为二百二十余年来所未有。是时，欧美金货，均运远东倾销。八年，我国金货进口总值达五千一百零七万八千六百四十三海关两，入超四千一百一十八万二千二百十四海关两之巨，实为空前所未有。本省政府亦于八九年间鼓励金进口，官商购入者为数颇巨。大锡运港后换回黄金，亦达三十余万两。省长公署与富行乃以所购黄金铸造金币，并代商附铸。金币分十元、五元两种，前者重库平二钱四分，后者半之。成色为金九铜一。然因找补不便，而法定价格不能伸缩，故行使效率甚低，对于金融变态，毫无裨益。民十以后，金价回涨，购时每两三十七八元者，渐涨至五十四五元，各商以有利可图，纷以存金运返港沪或缅甸销售。金币除一部分被金铺收罗销毁运出港沪外，一部分又被东方汇理银行吸收运走。十一年金价更涨，富行乃发布通告，限期收缴，但数已不多，归行后亦由各金铺代为销毁后运出港沪。

十二年以白银缺乏、曾铸镍质辅币，分一角、半角两种。原料由日本购进。初时拟铸五十万元，后因需要既多，省库并可获利，加铸数字颇大。至二十年犹未停止。因富行纸币日跌，边区人民乐于使用，故逐渐迁流，与本省半开银币同为边区之主要通货。

十四年，政府鉴于维持金融刻不容缓，爰召集金融会议，设置整理金融处。一面指定附加整理金融捐款，由各征收机关负责代征，将附征之纸币票面金额上凿孔涂销，解交该处汇收焚毁，以减少纸市之流通额。一面由政府通令各县署及征收机关，凡钱粮赋税均须一律收受纸币，不得索取现金，以提高纸币之价值。再如银币贴水及外汇补水，均由富行规定价格，悬牌照办。终因银币外汇均供不给求，纸币仍跌落不已，计十五、十六两年间，共收毁纸币六百六十九万五千元，但价格仍难振起。

十六年，金融变动愈大，纸币一元仅抵银币三角四五。十七年政府乃召集军政各界及全省绅耆会，议定：照市价以富行纸币三元作抵银币一元，政府税收，悉以银币为准。嗣因纸币价值又再低落，复于十八年续开整理金融大会，决以本省半开银元为本位币、谓之新币，政府收支均以新币为标准，富滇纸币以新币一元折换五元收回焚毁，未收毁者照此折换价格，暂行流通市面，实际等于新币之辅币。实行新币后，财政收入之实质增加，而支出则力事撙节，每年可节余新币数百万元，于是又组织整理金融委员会，购银条铸币。民国二十一年，富滇新银行成立，先从事于纸币之统一，一面发行新兑换券，计有百元、五十元、十元、五元、一元五种，确定新币之比率为滇半元银币二枚，换新币一元，并确定旧币与新币之比率为旧币五元换新币一元，并积极准备将旧币全数收回焚毁。因比率已定，旧币不啻为新币之辅币，且行使已久，流通区域较广，尤以美印票流通遍及全省，非短期所能如数收回，故收币办法不能不分为两个段落：其印工纸质均差而为数最巨之沪印、滇印之各种旧票，短期内勒令兑换；美印票则在第二步赓续肃清。先后焚毁七次：计二十二年七月焚毁三千万元；二十二年十二月三百万元；二十三年十月五百五十万元；二十三年十二月一千三百一十余万元；二十六年十二月一千三百余万元；二十八年四月一千三百五十余万元；二十八年九月为七百万元。总计焚毁达八千五百二十余万元。虽与发行额数九千二百余万元尚有差额，但其后即已无人持票诣行兑换者，因发行年久，历年自有损毁故也。从此旧滇票殆已收尽，而市面流通者惟富滇新行兑换券及滇铸半开现金矣。而先后所购之银条，铸成现金为数颇巨，以是新滇币之信用益固。逮二十七年，本省奉令推行法币政策，法币与新滇币同时在境内通行，并经财政部规定新滇币二元折合法币一元，一律行使。而法币中又有所谓关金票者，关金每元折合法币二十元，至三十四年，无或更易。

先是，自民国十年，世界银价转平。十一年日内瓦国际经济复兴会议讨论维持金本位问题，规定条例。此后各国于元气复苏之际，将原有金本位次第恢复，同时更相继实行禁金输出与汇兑管理。十五年，印度采用金块本位，又使白银销路大减。是时，各国铸币之银，需要额递减，而金准备额递增，生金产量不多，而生银产渐大，于是银价乃跌落不已。十七年，印度及其他各国出售旧币熔银，为数颇巨。同时日本为准备金解禁，事前买进大宗标金，更使金价奇涨，卒促成世界不景气与二十年之银价惨跌。

民国元年至二十年之金银比价表

年次	银对金一之比值	年次	银对金一之比价
民国元年	33.30	民国十一年	27.22
民国二年	33.90	民国十二年	29.30
民国三年	36.90	民国十三年	27.56
民国四年	40.41	民国十四年	29.13
民国五年	29.84	民国十五年	32.55
民国六年	22.87	民国十六年	35.86
民国七年	19.65	民国十七年	34.91
民国八年	16.38	民国十八年	39.07
民国九年	15.17	民国十九年	44.25
民国十年	25.34	民国二十年	105.60

以上数目，据伦敦每年平均市价求出。

十七年，世界银货大量运销我国，入口总值达一亿一千一百六十六万二千二百七十三海关两，入超一亿零六百三十九万五千六百九十六海关两之巨，实为空前所未有。

是年财厅见银价低落，来源畅旺，乃由港购买大条鼓铸银币，以作维持金融之基址。更开放造币厂，奖励白银入口，代商附铸，规定每万两铸发半开银币四万七千四百枚。首批百余条，即由永昌祥承运入滇，共十二万余两。各商以购银铸币，可获利十分之一，故纷纷购进，前后不下三千余万两。但来数太猛，该厂鼓铸不及，各商觉存放日久，无利可图，且银价仍跌落不已，不如运出沪、港、缅甸销售之为益。我政府以库款拮据，无力收屯，故每万两抽税五千元后，任其出境。此民国十八九年间事也。

本省金融变态，在整理时期，仍每况愈下，原因有四：（一）受历次政变之影响，纸币发行额有增无减；（二）因纸币与半开现金之法定比价，既由三抵一而五抵一，但十七年以后所铸之半开，其法定成色为五成半，本位币成色低，遂使形似辅币之纸币价值更随之而跌落；（三）十四至十七年，每年入超平均为七百五十八万余两，十八年至二十年平均亦在二百六十五万两以上；（四）受法越东方汇理银行操纵之影响。盖自金价腾贵，越币因与金法郎联系，故价值日高。十六年后，该行拒收越银，但对滇省银币则任意贬价，吸收未已，因越银本质未变，而滇省银币则数元始抵越币一元也。同时，该行除吸收大宗无息存款外，并操纵本省之对外贸易与汇兑市场。十九年一月，越南实行金本位汇兑后，该行操纵伎两，遂愈演愈烈。十五年六月，越币百元合滇币三百三十元，但在十八年一年间，越币一百元兑换价格由滇票四百七十元涨至九百二十元，影响所及，使滇币价值狂泻不已。又滇越铁路客货运费以越币定价，是时亦借口滇币低落，任意增收。该路又有每日向富行兑取半开现金三万元之特权，此集中之现金，亦以存款方式入东方汇理银行，库内现金集中愈多，其操纵之力亦愈大矣。

十二至十五年间，劣质广毫由广西大量入滇，当时银币缺乏，富行不能兑现，政府虽拒不收受，但农商人民以其为硬货也，颇乐用之，流通全省，为数殊巨。盖八年至十三年间，广东曾广收小洋，运沪铸宝；再用宝购买大条，运粤铸造成色极低之小洋。又十三、十四两年，广东北海治权操诸军人之手，遂于廉、钦二州开设造币厂，输入银条银块，并收集旧币重铸二角劣质广毫洋，含银不及三成，此等广毫，均经广西流入本省，迨本省半开银币大量鼓铸，此项劣质毫洋始被迫跌价，终于逐渐销毁。惟本省金融及农商人民受害已大矣。

兹将民元以来本省通货比价举例如次。

（一）纸币与银币比价：民元以前，纸币与银币之比价尚属平衡。十一年，纸币每百元换银币九十八元。十二年至十五年，换四十元。十六至十八年，换三十五元。十九年至三十年，换二十元。

（二）纸币与镍币比价：十二三年间纸币与镍币平衡。十五年纸币每元换镍币八角八分半。十九二十年间，换五角。

（三）银币纸币与铜元比价：五年，银币每元换铜元一百三十四枚。十年，换一百二十枚左右。十五六年间，纸币每元换九十二枚。二十年，换三十枚。

（四）银币与制钱比价：五年，昆明银币每元换制钱一千五百文。嗣后通行渐少。十年，思茅换二千文。二十年，二千七百文，腾越换一千文。

（五）滇币与越币比价，越币每百元，在三年以前值滇币九十二三元。四年欧战爆发，法政府令东方汇理银行搜集白银运回本国，越币上涨，由一百零八元至一百十二元。十五年间，换三百三十元左右。十八年，换四百七十至九百二十元。二十年换九百八十元。

（六）滇币与缅币比价：卢比每百元，民元至六年间，在腾越平均换纹银四十两。照民元政府规定大洋一百元等于六十八两五钱计算，约合银币五十八元四角。六年至九年从未超过三十八两，约合五十五元。最高时为民四年，换五十两约合七十四元五角。最低时为民七年，换二十八两，约合四十元八角。十五年冬，换八十元。二十年，换一百八十元。

造币厂

云南造币厂创始于清光绪间，已详《通志·币制考》。历年开铸，其成色、公差，一如部定。以故市面流通，人民便利。入民国后，因政局之变迁，成色不免逐渐减低，而历年所铸币数，与其开支及余利尚有可得而记述者。兹录列两表如下：

历年铸币种类与数目表

年别	银币数	镍币数	当 50、20、10 铜币数
民国元年	4,861,660 元		当 10 7,955,220 枚 当 20 72,890 枚
民国二年	6,071,760 元		当 10 7,035,700 枚 当 20 74,350 枚
民国三年	557,803 元		当 10 14,042,060 枚 当 10 4,268,325 枚
民国四年	1,635,710 元		
民国五年	3,804,031 元		
民国六年	5,535,174 元		
民国七年	7,725,493 元		
民国八年	123,345 元		
民国九年	469,357 元		
民国十年	790,895 元		
民国十一年	659,755 元		
民国十二年	729,469 元		
民国十三年	1,245,369 元	5,228,400 枚	当 50 886,315 枚
民国十四年	1,290,976 元	21,750,630 枚	
民国十五年	528,137 元	15,452,175 枚	当 50 1,296,200 枚

（续表）

年别	银币数	镍币数	当50、20、10铜币数
民国十六年	1,233,379元	20,402,400枚	
民国十七年	1,987,747元	32,606,400枚	
民国十八年	2,415,700元	24,517,500枚	
民国十九年	2,921,842元	13,788,500枚	
民国二十年	7,322,182元	8,196,000枚	

附记：

1. 二十年以后数缺。

2. 二十九年以后，由中央办理。

历年造币厂开支与其余利表

年份	开支数	余利数
民国元年	32,127元	39,852元
民国二年	37,112元	46,390元
民国三年	32,988元	41,236元
民国四年	44,280元	35,697元
民国五年	51,545元	83,395元
民国六年	67,964元	114,450元
民国七年	85,722元	186,875元
民国八年	79,645元	123,346元
民国九年	114,441元	469,357元
民国十年	123,460元	790,895元
民国十一年	151,055元	659,755元
民国十二年	226,555元	729,469元
民国十三年	219,505元	407,042元
民国十四年	159,376元	566,146元
民国十五年	14,882元	42,841元
民国十六年	997,480元	1,232,997元
民国十七年	1,200,928元	1,987,741元

（续表）

年份	开支数	余利数
民国十八年	940,618 元	910,189 元
民国十九年	582,579 元	141,803 元
民国二十年	609,915 元	279,003 元

二十一年至二十八年铸币之数字，因遭敌机轰炸，档卷被毁，无从稽考。二十八年十月，本省造币厂奉令移交中央接办，经过三个月筹备就绪，于二十九年元旦正式成立开铸辅币。至同年八月份，每月出品达三十一万枚（包括一分、二分铜币及十分镍币）。时值越局紧急，警报频仍，经奉令将新置机器、原料、物料分别疏散。不幸竟于是年十月十三日被炸，致停止铸造。于十月份始整理就绪复工，至三十年六月份，产量均达二十余万枚之数。嗣物价高涨，原铸辅币，因单位太小不适市面之需要，于三十年奉令改铸十分及二十分之新镍合金币。旋因物价继续上涨不已，复奉令专铸五十分辅币。旋亦不适需要，且该币每枚之成本已超过面值数倍，遂于三十一年下期奉准以剩机力试办其他有关国防物品，以备国防工业上之需要。兹将二十九年移交中央接办后年产品概况采访列表如下：

造币厂历年产品概况表

二十九年度	品名	十分镍币	五分镍币	一分铜币	二分铜币	总数量
	数量	18,680,000 枚	5,800,000 枚	5,550,000 枚	25,350,000 枚	55,380,000 枚
三十年度	品名	十分镍币	五分镍币			
	数量	40,060,000 枚	11,640,000 枚			51,700,000 枚
三十一年度	品名	十分镍币	二十分镍币	五十分镍币		
	数量	4,380,000 枚	1,680,000 枚	4,770,000 枚		10,830,000 枚
三十二年度	品名	金属及合金片	紫铜保险帽	紫铜接力帽		
	数量	38.5 吨	115,000 枚	60,000 枚		38.5 吨 175,000 枚
三十三年度	品名	金属及合金片				
	数量	1262 吨				1262 吨
三十四年七月底止	品名	金属及合金片				
	数量	36.8 吨				36.8 吨

地方银行银号钱庄

清末之大清银行，民元改为中国银行，并照财政部拟定之《中国银行兑换券暂行章程》发行钞票。护国军兴，中国银行停办。是后本省金融，遂以富滇银行为枢纽。

富滇银行

富滇银行为省立地方银行，创设于民国元年，资本五百万元，以调济全省金融，奖励储蓄，扶助实业为主旨。开办之初，即发行纸币一百万元，准备充足，信用巩固。其业务有八：（一）各种存款；（二）各种放款；（三）省内外汇兑及银单押汇；（四）国库证券及商业妥实期票之贴现；（五）办理国家及地方公债；（六）兑换外国货币及买卖生金银；（七）经收各种票据及贵重物品；（八）依各种储蓄银行及劝业银行之办法，适宜于本省地方情形之营业。间亦发行纸币，然为数极少，且存有多数之准备金，随时兑换，皆可兑现，毫无留难，以故信用卓著，营业发达，本省三迤重要地方暨省外贵阳、上海、香港、海防、瓦城等处，均有分行或汇兑处之设置。时滇币对外汇兑，常与沪、港平衡。嗣因护国、靖国诸役，滇省以一省财力，独任艰巨，支用浩繁，不得不发行逾额纸币，以资挹注，并曾限制兑现。于是富滇纸币之价格日愈低落，全省商业均受其害，详见上文货币节。富滇银行纸币发行总额，据该行报告：截至十八年八月底止，已达七千七百四十八万三千八百七十余元。又据《云南概览》所载：截至十九年止，共为九千二百余万元。曾经数次烧毁，共计毁去五千二百七十余万元云。富行因政治上之关系，形成其优越地位，除经营一般之银行业务外，并代表本省政府执行地方金融政策，统制外汇，发行钞票，代垫省款，实滇省金融机关之中心也，及二十一年改组富滇新银行，始告结束。

富滇新银行

民国二十一年七月，富滇银行结束，富滇新银行遂宣布成立。其时筹获资本基金滇铸银币一千六百万元，并规定以富滇新银行发行之纸币为本省通用货币，照券面金额兑取滇铸银币，至旧日富滇银行发行之纸币由新银行以新币一元换旧币五元之价格陆续收回焚毁。经此彻底改革之后，云南之金融基础，得以奠定，且为本省金融机构之上一转捩点。故在此数年之间，富滇新银行在云南金融基本上之建立，约有二点：对于省内，为划一币制，确定白银基金，使新行纸币深得民众之信用，农工商矿各业渐趋发展，政府税收岁有余裕，此其一也；对于省外国外，为补助发展国际贸易，管理外汇，因而使出口货物激增，取得外汇之大宗来源。由于外汇之集中掌握，与适当供应，因能调节市场，使汇价安定，不受外商操纵，并有多余外汇以供新兴工业建设及购国防械品器材之需要，此其二也。抗战以来，中央实行法币政策，推行法币，与滇币同时在省境内通行，并经财政部规定：新滇币二元折合法币一元，一律行使。于是滇币遂切实附着于法币，以促成国家币制之统一。且因二十七年以来，国家银行与商业银行纷纷来滇成立，而各种工工业之迁入，商业之勃兴，迥非昔日旧观。由于国家战时经济之决定，而富滇新银行之作标准亦随整个国策及战时情况而转移，遂有下述之两种趋向：第一为停止商业性质之银行业务，以免助长商场上不正常之发展，减少囤积操纵之风，故不惟新行本身无商业活动，即商业放款亦全部拒绝；第二为商业及外汇银行业务既经放弃，乃以两部力量更进一步从事工业、农业银行业务，以助长于国防民生有关之生产事业。基于以上之两种趋向，迄民国三十年止，该行总计使用于生产事业方面之资金，共达国币二亿七千五百五十一万元之巨云。该行除总行设于昆明外，并设有昭通、曲靖、开化、个旧、宁洱、下关、丽江、腾冲等分行，其业务为本省银行之冠。

殖边银行

殖边银行集资成立于民国四年，资本一百五十万元，并在蒙自、个旧等处设立支行，此行创议于徐绍桢、王揖唐、冯麟霈三氏，其目的在辅佐中国银行，使对于拓殖边疆之金融力量，得以充裕。二年七月，徐绍桢等拟具则例草案，呈请财政部转知国会议决。旋因国会停顿，议决无期，乃于三年三月将改订条例草案续请财政部提交国务会议议决，当经财政部分别修正，呈准公布。规定股本总额二千万元，总行设于北京，不三年间先后设分支行号达三十余处。云南殖边银行在系统上系属该行之分行，并代该行推行纸币。惟资金由本省召集，系独立性质，资本额不详。该行营普通业务，并无起色，十七年政府勒令结束。

个碧铁路银行

个碧铁路公司为调济工程款项起见，于民国七年附设个碧铁路银行，发行兑换券二百万元，又于十五年增发二百万元，流通于个旧、蒙自、建水、石屏、阿迷一带。民十七年政府勒令结束，但所发兑换券二十年仍未全数收毁。个旧锡务公司亦于十七年发行钞票二百五十万元，在当地行使，嗣经收回一百五十万元。

实业银行

民国十七年六月，云南建设厅筹资新币十二万元，创设实业银行，以小款借贷扶助工商及救济农村为业务中心。其小额职业放款，普通每户五十元，最多二百元，年息一分，采分期偿还办法。

实业合作银行

建设厅筹办，十七年六月成立，资本新币五十万元。业务除吸收存款外，兼办小款借贷，以扶助工商、救济农村为主。

劝业银行

十九年十二月，云南农矿厅及财政厅筹款新币二十万元，创设劝业银行，设总行于昆明，分行于个旧，其业务与普通商业银行无异。当该行成立时，滇省金融机关尚少，故省、个双方，市面金融，赖以维持者不少，而该行之信用基础，亦即渐臻稳固。二十四年八月，农矿厅裁撤，遂隶属于财政厅。二十六年中日战争爆发，滇为后方重镇，中央对于后方建设推进不遗余力，中、中、交、农及各行省银行之来滇设立者，亦如雨后春笋。财政厅为谋充实抗战经济，健全金融机构，遂将该行基金拨足新滇币二百万元，以作扩充总分行之用。迄三十四年，该行营业颇有发展。

兴文银行

兴文银行乃就兴文官银号改组而成。民国二十九年一月正式成立，仍隶属于财政厅。资本总额定为新币四百万元，由财政厅筹集。设总行于昆明，设分行及办事处于个旧、佛海、昭通、腾冲、保山、龙陵、重庆等地，及其他各地办事处或代理处。营业范围除前营之存放款、国内外汇兑等项外，增营有价证券之贴现，代理保管生金银及贵重物品，承办国家及地方债票，兼办仓库业务、商业储蓄业务，代理收解各种公款，并代理省金库。

益华银行

益华银行在民国二十八年以前为益华银号，改组后经注册办理银行业务，仍纯系私人资本。所营汇兑及存款等业务，皆纯为商业性质。三十年以后，资金较前增加。

矿业银行

矿业银业成立于三十年，该行亦隶属财政厅范围之云南省企业局。设总行于昆明，三十一年至三十四年间先后成立下关、保山、丽江、腾冲、一平分行，及会泽、蒙自、通海、蒙化、元谋、元永井、昆阳、巧家、盐丰、姚安、昭通等办事处，营业状况尚称发达。

昆明商业银行

昆明商业银行其资金纯属私人集股，营业性质亦纯为商业方面，自三十年成立后，逐年增加设立分行，截至三十四年止，已成立下关、昭通、宜宾、桂林、贵阳等五分行，及昆明城中办事处。

中国侨民银公司

中国侨民银公司成立于三十一年，内中有华侨投资股本，故以侨民名焉。其办理业务为存款、放款、储蓄、信托、汇兑等项。三十二年七月增设下关、昭通、保山分公司及曲靖、丽江办事处。

附：县立银行组织情形

滇省僻处边陲，交通梗阻，生产落后，农村经济之枯窘，地方财政之支绌，盖已不可讳言。自中央改订财政系统，营业等税划归中央，原日拨归县市自征自用恃为命脉之耕地税，交由中央征实物后，县地方财政基础为之动摇。幸年来经省府转饬财厅，积极整理地方财政，举办自治税捐，清理公有款产，于是地方财政方面，稍有补救，于地方经济，则鲜有裨益。抗战以来，本省由后方重镇转为国防前线要冲，省会人口激增，工商业日趋进展，银行增至三十余单位，然省会虽形繁荣而各县生产绝少，仍贫瘠如故。溯厥因原，实由于金融呆滞，缺乏组织，运用不灵，游资散漫，以致地方财政不能集中应用，以求发展生产。故欲健全地方财政，非成立地方金融机构不为功。爰于二十九年十二月中央颁布《县银行章程准则》，普遍设立县银行，以期活动地方金融。本省政府乃令财政厅着手筹划，普遍推行，参酌中央法令章则，体察本省实际情形，拟定推行本省各县县银行方案，于三十三年十月三日批准。其实施步骤，除昆明市县两银行业经开业不计外，其余各县分为两期推行，兹分列于后。

一、第一期：以交通便利或商业发达物产较丰及整理财政完毕、收入充裕之永胜等四十三县，克日推行，尽三十三年十二月底完成其县属如下：永胜、顺宁、镇雄、文山、通海、河西、姚安、富民、平彝、罗平、马关、昭通、会泽、宣威、宜良、开远、蒙自、个旧、楚雄、大理、凤仪、保山、宾川、宁洱、蒙化、牟定、禄丰、罗次、嵩明、丽江、武定、路南、玉溪、祥云、建水、弥渡、大姚、曲靖、石屏、澄江、华宁、弥勒、沾益。

二、第二期：以地方重要及整理财政完毕之安宁等五十八县局陆续推行，尽三十四年六月底完成，其县局如下，安宁、江川、呈贡、寻甸、晋宁、马龙、峨山、镇南、泸西、师宗、新平、广通、曲溪、陆良、盐丰、永仁、双柏、盐兴、丘北、龙武(局)、屏边、昆阳、禄劝、易门、景东、云龙、广南、西畴、元谋、永善、元江、巧家、墨江、彝良、富宁、邓川、大关、洱源、剑川、鹤庆、盐津、思茅、景谷、昌宁、缅宁、佛海、鲁甸、砚山、华坪、漾濞、永平、兰坪、绥江、镇康、云县、威信、镇沅、镇越。

其他少数边远县局，交通梗阻，情形特殊，推行不易，俟第二期各县推行完成后，再为酌定。又第二期推行各县、各地方有愿提前设立者，并入第一期推行。

银行之资本系官商合股，商股不得超过二分之一。且应就本县境内有住所者尽先招募，如不敷，得在营业区外招募足额。其营业区内之地方法人、团体及合作社均得为商股股东。惟公股部分，财厅因规定以县府预备金一部及其公款下拨充，其乡镇有固定公产者，并由公产项下拨充。后经省府准财部咨，第一期永胜等四十三县所需公股，应首先以各县整理自治财政增加之收入及其他公款尽量拨充，如不敷时，再为动支县预备金。又第二期安宁等五十八县所需之公股，得正式列入各县政府三十四年预算岁出特殊门营业投资基金科目出之。省府即转令财厅遵照办理。

根据推行云南省各县县银行方案，于财厅内设督导室，专司督导推行各县县银行事宜，并将本省县属分为八督导区，每区派督导员一人，前往督促指导，积极筹组。截至三十三年止，除昆明市、县及曲靖、蒙自等二县业已开业外，其他各县亦已纷纷着手筹备，计已成立筹备处者有昭通等五十余县，呈请注册者，有富民等八县。

兴文官银号

兴文官银号由兴文公当积累而成。查兴文公当，成立于前清光绪十五年，因维持经正书院膏火、卷金，特由盐道咨藩司，将先后解道厘金外销款项提银一万五千两，及吴永安、王炽各捐银一千五百两，共合银一万八千两，交张廷梁、李培厚等开设公当。利息每月每两规定一分五厘，每年除开支各项外，遇有盈余，规定以十股计，以七股归公，三股奖给各司事人等。归盐道主管。光复后盐道职权并归实业公司，而兴文公当亦归实业公司管理。民国三年，财政统一，由财政司收回管理。于十五年财政司加添基本金一万元，当号息率，呈准改为二分收息。十七年又由财政司加添基本金二万元。于十八年添设存放营业，每年所长红利，改为八股归公，二股奖给各职员等。于十九年起，改两为元，至二十年九月，体恤民艰，呈准将五十元当本以下息率仍减为一分五厘，当本在五十元以上者，仍以二分计算。财政厅又鉴于公当营业不振，乃积极从事整理。二十一年八月改组兴文官银号，内分三股，曰总务股，曰营业股，曰当业股。截至二十一年底，官股红利本金共存合一百五十万元，当号架存已达二百五十九万五千余元，存放款额约共三千余百万元。其全年收支合计总数，在二十二年为新币二亿二千九百一十五万零四百八十三元，二十三年为二亿零六百零一万六千三百一十二元，二十四年为二亿二千三百六十七万八千七百零一元，二十五年为三亿一千四百四十万零三千七百七十三元，二十六年为三亿四千二百六十一万九千二百一十七元，二十七年为二亿八千八百四十六万五千四百五十三元。迄二十九年一月，该银号因时势之需要，遂改为兴文银行，其业务已另章述之。

个旧铁路银号

个旧铁路银号，于民国三年成立，专放款于厂商生息。资本五十万两，为个旧随锡炭所抽之滇蜀铁路股款而为个旧自治公所所截留者。民国六年，滇蜀铁路公司将锡炭股拨归个旧股东自行修筑个碧铁路，该号遂告结束，其资本即转移为个碧铁路公司股本。

益华银号

益华银号于十八年八月成立，资本定新币二十万元。系商人资本所经营，业务亦纯为商业性质。至民国二十年，资本仅达国币八万九千元，但营业总额则达国币七百三十八万七千余元，二十八年改组为益华银行。

溥源钱庄

溥源钱庄于民国三年成立，资本约四万元。营业除存放款及抵押外，并办救济小商贩及农民贷款，以十吊至五十吊为率，按月退还。至民国十二年，因营业亏折，放款难收，宣告倒闭。

永和益钱庄

永和益钱庄于民国十一年成立，资本十万元。营普通放款及抵押。嗣因营业不振，民国十四年停业，改组为盐号。

裕亨钱庄

裕亨钱庄民国二十九年三月二十九日成立，资本国币五千元，经营兑换业务。

亨利钱庄

亨利钱庄民国二十九年四月十五日成立，资本国币五千元，其业务范围为兑换找补。

恒兴裕钱庄

恒兴裕钱庄，其业务专事兑换。民国二十九年四月二十七日成立，资本国币五千元。

源通钱庄

源通钱庄成立于民国二十九年四月十九日，其业务为各种币券之兑换，资本国币五万元。

建利钱庄

建利钱庄民国二十九年六月一日成立，资本国币五万元，专营兑换找补。

光明钱庄

光明钱庄资本国币一万元，二十九年七月一日成立，营业兑换。

汇利钱庄

汇利钱庄民国二十九年成立，资本国币二万元，业务为汇兑兼找换。

西南银号

西南银号资金国币五万元，民国二十九年成立，以找换银钱货币为业务。

国家银行分行

中央银行昆明分行

中央银行昆明分行于民国二十六年十二月一日成立。其资金无定额，视业务之需要随时由总行增减。二十八年七月五日成立下关支行，二十九年三月五日成立蒙自支行，三十年十一月一日成立文山办事处，三十三年三月一日成立保山办事处。

中国农民银行昆明分行

中国农民银行昆明分行，民国二十七年五月成立，并先后在蒙自、曲靖、下关、保山等处设办事处，海口、沾益、宣威、建水等处设分理处，其资金无定额，视业务上之需要随时由总行增减。

交通银行昆明分行

交通银行昆明分行，其资金无定额。于民国二十七年成立，并在各地设立办事处五处。

中国银行昆明分行

中国银行昆明分行，民国二十七年十一月成立。资金无定额。曾先后设立昆明马街子、楚雄、云南驿、下关、保山、腾冲、丽江、开远、草坝、个旧、曲靖、沾益、会泽、昭通等十四分行，办理汇兑业务。

附：其他外省银行在滇设立分支行处

本省自二十七年抗战以后，地位形成国际交通枢纽，内迁工厂、学校、团体、机关等，纷纷以昆明为集中地，人口剧增，商业繁荣，一日千里，蔚为战时商业、文化、经济、金融、交通重心。而国内各银行来滇设立分支行处者，除国家银行中、中、交、农外，尚有二十余行处之多，兹列表如后。

外省银行在滇设立分支行处统计表

名称	资金额数	成立日期
广东省银行昆明办理处	160,000 元	二十八年十二月
山西裕华银行昆明办事处	500,000 元	三十三年九月四日
大同银行昆明分行	250,000 元	三十二年十二月二日
中国工矿银行昆明分行	2,000,000 元	三十二年八月二十日
同心银行昆明分行	5,000,000 元	三十一年五月十二日
其昌银行昆明分行	100,000 元	三十四年一月十六日
邮政储金汇业局昆明分局	资金无定额	二十八年四月十日
正和银行昆明分行	500,000 元	三十三年九月八日
浙江兴业银行昆明分理处	160,000 元	二十八年十月
光裕银行昆明分行	500,000 元	三十四年四月十八日
济康银行昆明办事处	500,000 元	三十一年三月
金城银行昆明分行	160,000 元	二十七年五月
聚兴诚银行昆明分行	500,000 元	二十八年一月
川盐银行昆明分行	160,000 元	二十九年五月
上海商业储蓄银行昆明分行	500,000 元	二十七年十月十日
华侨兴业银行昆明分行	300,000 元	三十二年三月

（续表）

名称	资金额数	成立日期
新华银行昆明分行	160,000 元	二十七年十一月
亚西实业银行昆明分行	50,000 元	三十一年九月
重庆银行昆明分行	300,000 元	二十七年十一月
四川美丰银行昆明分行	50,000 元	二十七年十一月一日
川康平民银行昆明分行	200,000 元	二十七年十一月
和成银行昆明分行	1,000,000 元	二十八年

附注：上列金额均为国币本位。

外国银行

东方汇理银行

滇省外国银行，历史最久、势力最大而为害最烈者，厥为法国东方汇理银行。该行成立于光绪元年，总行设于巴黎，为法国诸大银行之联合组织，亦为法国经营安南之一重要机关。甲午战后，列强投资我国，攫取铁路、矿山及其他权利，法国即以该行当此任务，而与各国竞争。该行缴足资本六千八百四十万法郎、公积金及预备金亦达三千万法郎，已详《通志·商业考》，该行于民国二年冬，复派法员易孟士机到蒙自组织分行，至三年一月一日，即正式成立。经特派云南交涉员张翼枢将此事电呈外交部请示，并将该分行在滇业务及垄断商业各情详加研究，拟定增铸富滇银币，推广港、沪富滇分行，并整理中国银行滇省分行，以为补救方法。各情逐一举例，详陈外交部会商财政部核办，以为抵制。民国七年间，该行有招募卫队十名至二十名在该分行内部梭巡保卫之议。此事关系国权威信，均属重大。经特派云南交涉员徐之琛密函蒙自卫戍司令部，请为侦查，如实有其事，并请严行阻止去讫。至民国八年八月，该分行忽在省城广聚街三十四、五号门前悬挂东方汇理银行办事处招牌。当经徐交涉员以“省城南关外，虽系自开商埠，然所定埠章，未经贵交涉员承认，自应仍照内地办理，此次汇理银行复来省设立办事处，实属不合。应请转饬该行，将此项办事处立即取消，仍不得以别项牌号托其他商人代理营业，以符约章”等语，向驻滇法交涉员正式提出严重抗议，旋准该委照复，略谓：“该银行之办事处，在省设立，实际上已有数年。此次贵特派员所引约章，实与现时云南府实在情形未能吻合”等语，并要求俟中国大局统一，再为解决，以为延缓之计。民国十年七月，该办事处修理房屋，似有扩张营业，正式设行之势。唯警察厅咨会，复经据理交涉，请其立予取消。乃该委延不答复，经一再催询，仅由口头答称："银行在省设立之办事处，实在无事可办，且限定仅为办事处，决不使有所变更"等语，仍未解决。民国十一年五月，有个旧商人公然用个旧东方汇理银行办事处名义押放大锡，经个旧知县事马镇国电呈交涉署，请严重主持，当经电饬该知事严予拒绝。民国十二年六月，该行省城办事处前用华人梁子惠名义所租之屋，租期届满，该办事处竟出面正式直接立约续租。经昆明市政公所将所呈租约咨送交涉署请严重抗议。以"当查此案迭经交涉，而该法委均借故迁延，迄未解决。但该办事处当时租赁此项房屋，系用华人梁子惠名义，其期不无限制。现在租期届满，该办事处竟出面正式立约订租，实属得寸进尺，轻于尝试，当然不能照准。应请饬令仍用华人名义暂予立约继续租赁，用示限制。至根本上之解决，本署当随时相机提出交涉"等语，咨复市政公所查照办理。此案交涉迄无结果，直至倭寇占踞越南后，始告结束。

中法实业银行

民国六年一月，中法实业银行有来滇开设分行之议，经特派云南交涉员张翼枢电请外交部查核，奉复："饬即立行禁阻。"七年二月间，该行果派法人华兰来滇筹设，并由驻滇法交涉员偕同华兰向省政府要求允许。初被拒绝，嗣经该交涉员一再面请，乃由军政、财政、银行、外交各主管长官协商，以该行为钦渝铁道之金融机关，且有华股在内，始行认可。该行遂于三月十二日在省城南关外云津街二十一号门牌正式开幕，即以华兰为分行行长。经警察厅长秦光第将该行开幕情形呈报省长唐核示。嗣省长公署以"银行关系本省金融，与其他商业不同，省垣南关外虽系自辟商埠，与中央指定通商口岸有间，对于外人投资营业，应备何种条件及其名义上是否立于对等地位，抑仅有股东一部之涵容，该署职掌所在，当有考查。该行现虽开业，然仅据省政府之口头允许，是否即可认为取得正确之效力，且《商业注册条例》具在，该行曾否经过此种手续"等语，令由外交署逐一详查妥拟办法具复核夺。交涉员张翼枢以"滇省自开商埠不同，虽与约开埠不同，然外商前来营业，亦不须备具何种条件。因外人照约不受中国法律制裁。该行既名为中法实业银行，自有中国股本在内，惟成数多寡，是否立于对等地位，未见原订合同，本署亦无案可查，莫由知悉。至《商业注册条例》，凡属华商，均成遵行。外人既不受中国法律制裁，即无须经过此种手续。翼枢上年筹议改良商埠时曾拟将此条加入新章，后因中止而罢。其来滇开设分行，既经钧长口头允许，似即可认为取得正确之效力也"等语呈复。至四月，该行复有拟照北方及通商口岸成例发行钞票之举。经张交涉员会商各主管长官，以"允许开设分行，系省政府通融办法，至发行钞票，非俟大局统一后由中央核饬不可"等语，向驻滇法交涉员提出交涉，并呈报省长查核。嗣奉密令以"该行开办，初无正式之报告，省政府亦无正式允许之文。虽外人不受中国法律之制裁，其名义既为中法实业银行，似未可概以外人营业相视。兹复有发行钞票之举，于滇省财政金融大有关系，应由该署多方审查，切实筹议，会同财政厅妥为商办，勿或贻误"等语。当经往复筹商，均以"银行亦属商店，自为条约所许，省城虽非通商口岸，然已允许外人营业。该分行又已开幕，似难置议。至于发行钞票一层，自经提出交涉后，法委已允许暂时不发行矣”等词，会文呈复。至七月新任特派员徐之琛到任后，详核卷档，体察近情，拟定抗议该行办法三条，面呈省政府核准。当于八月初亲赴法交涉员署正式提出抗议，为口头之谈判。其抗议要点：第一条，云南非通商口岸，按之条约，系属内地，自无允许外国银行设置之例；第二条，前东方汇理银行要求在省城设立分行，省政府曾经按约拒阻，上年中法实业银行来滇拟设分行，经本署电询外交、财政两部，能否照允，奉复：“云南省城非通商口岸，应立行禁阻，征之成案，迭经抗拒，此次中法实业银行设置之事，本省政府当然不能承认”；第三条，银行与普通商店不同，不能援照办理。法委当将前项抗议三条录入纪事本内，以为日后交涉地步；并切实声明：“在大局未解决以前及未经中央政府或本省最高级长官许可时，中法实业银行不得议及发行纸币。”法委亦承认：在中法实业银行问题未经正式解决以前，决不发行纸币。业将谈判情形及拟令蒙自关稽查该行纸币入口办法，呈奉省长公署核准照办。至民国九年十月，即据确报：该行私运纸币十余万元，以印刷品名义报运入口，已被云南府海关查获扣留等情。当经交涉员徐之琛面呈省长电饬蒙自税务司照章没收，从严法办。并以中法实业银行私运纸币十余万元、用印刷品名义报运来滇，希图发行，已被云南府分关查获扣留——此事不唯有背约章，抑且破坏金融，向驻滇法委提出严重抗议。旋准税务司电复称：“此案已呈奉总税务司令开，凡外国银行，已经设立，似难禁其纸币入口，且该行此项纸币，本非寄滇之物，拟复运出口。应请照准放行。”经省长公署令饬交涉署核议具复，并准法委照复，略谓：“该分行发行纸币一事，已经分行长明白宣言，如不得政府允许，决不发行纸币。又关于报关一层，亦经声明，此种诬告报关之事，吾人决不承认。盖此项未经签字之花纹纸，确系一种石印物品，吾人既未报关，即不能有蒙混之事”等语。经交涉署并同核议，曾以该蒙自关税务司对于此案虽奉有总税务司之命令，仍转请政府听候核示，颇有尊重本省政府之意。尚我方不允所请，彼竟自行发还，殊与本省政府威信有碍。如因本省在自主期间，另筹对付海关方法，是因中法银行私运纸币，更牵及于海关本身，节外生枝，转滋纷扰。且法委照复，已明白声言：如不得政府许可，决不发行纸币。经此次提案，该银行以后当不至再有蒙混报关，希图尝试之举，应请准如该税务司所请，准予复运出口，以资完结，呈奉核准。当即咨行蒙自关监督转咨该税务局遵照。至十年七月，法委通函称：“现因中法实业银行正与法国各银行在巴黎商定改组事件，由各银行董事会议决，暂停营业。以定本省确实地步，本交涉员特请与该行有交际各商家于该行暂停营业时间，勿须稍有疑虑，约两星期即可恢复营业”等语。并以“中法实业银行，兹因营业上发生困难情形，业经呈请援照定章，和平处理。查此项办法，与普通倒闭截然不同，应请允饬附单所列各商号，不可意存疑虑，并请准予设法维持”等词，备具说帖，面呈滇军总司令部。奉批：“饬特派交涉员李华到商务总会宣布该行停业原因，并由交涉署第二科科长会同法副委前往该行清查”。旋据回称：“现存现款，以之偿还存户，尚属有余”等语。亦经呈报总部，并函请商会查照。迨至该委所言两星期之限届满后，复通函展期，意图迁延。李特派员华即拟向法委提出抗议，请其会同将该行所存现款悉数提交富滇银行代为保管，以作将来偿还存户之用，并请法委将该分行立予取消。呈奉总部核准，经李特派员亲往法委署提出口头抗议，该委次日即用书面答复，对于提款移存富行一节，允电巴黎请示，并将中国人与该行来往账目开送，请代清还，并声明中国存户或报馆访事其他一切人等，对于该行或法国人民如有扰乱情事，应由政府完全负责。经交涉署以“该行一再迁延恢复，实属别有用心，无怪本省各存户以及一般舆论佥谓该行不顾信用，群情愤激，本特派员为该行利害及维持安宁计，始有将中国存户在省城中法实业银行所存现款移存富行之请。至请清还欠有该行款项一层，按之法理，殊有未合。盖各欠户皆有抵押品，且期限未满，亦不能责其先期归还也。又云南府非通商口岸，按诸约章，该行实不能来滇设立。本省政府于该行来省开设时，尚且不予承认，来照乃欲本省政府负保护违反条约者之责任，亦殊嫌不当”等语，驳复去讫。至七月中旬，本省各存户迭次纷纷向该行索款，经李特派员约会法委同往查看。至时各存户到者约数十人，坚向该行索取存款，李特派员亦乘机设法劝告，法委令该行长华兰将银库开视，由存户代表三人清点，点毕封闭，并将钥匙交由李特派员保管，各存户始满意而散。数日后，各存户又复往索，该行始承认自七月二十六日起偿还债务。经交涉署布告各存户，无论活期定期，均可持证往取。并呈请滇军总司令部布告，以维秩序。是日复派员往视，各存户之款均已取获，尚无异状。至八月三日法委照称奉越南总督命令：“中法实业银行于七月二十六日因被压迫所发中国各存户之款项应请追还”等语。当经滇军总司令部以“偿还中国各存户款项一事，实出于贵交涉员所主张及中法实业银行之自愿，与本省政府毫无关系。乃贵越南总督欲本省政府代为追还此款，诚百思而不得其解。本总司令官不敢赞同”，照复该委转达。至十一月三日，该委复申前请，“要求用书面宣言，允为勒令各存户退还七月二十六日取回之存款，并允对于此项退款一事完全负责。惟本交涉员不妨预先声明，非至万不得已时，决不向贵省政府请求退索此款”等语。当以“该银行既未倒闭，实无追款之必要，更无所用其宣言。惟贵交涉员一再以此为言，以特派员为谋两国亲善起见，特允照贵越南总督之意，将来如有万不得已情形，自当代为追款，应请迅速电转，以资了结”。照复去后，复准该委转达“越南总督对于前项照复各节尚未完全满意。关于追款办法，除贵省政府已允代追外，必须再用书面正式承认将来如果追不足数当由贵省政府负责偿还责任，此案方可完全了结。届时印度支那政府自当将富滇银行所有过境宝银立刻放行，不再扣留。以及一切有碍邦交之命令，亦当同时一律取消，立即回复旧日亲善之状态”等语。经签请滇军总司令部核示，奉批：“所请解决办法，自可承认”等因，旋即照会该委“承认照办，将此案作为完全了结。并请将扣留富行宝银立刻放行，以及一切有碍两国邦交之命令，亦同时取消”，照请转达。至十四年五月，该分行经理多拉克亦已离滇，负责无人，且闻该行将有取消之说。经云南交涉署以“该行停业三年有余，一切内欠外欠款项，诸多未清，现该行驻滇经理，又复离滇省，则该行在滇之债务，应归何人负责”照询法委。旋准照复，谓“须俟该行将来发行金法郎券时，即当予以渐次偿还。但该行债权者之偿付，必视其债务者之还款为依归”等语。至二十年，未经取获存款各户，复呈请外交部驻滇特派员办事处代为交涉，其结果，以所存滇分行之存款证售与海防中法实业银行者有之，又以存款证换获金法郎券者亦有之。本案遂即告一个段落。滇省分行亦未经恢复。此即中法实业银行在滇省垣设立及撤销之经过也。

储蓄会

万国储蓄会于民国四年来滇设立分会。储户数千，颇有得奖者，于是储户日益踊跃。嗣后交由法商徐璧雅洋行代营，收入储款，用以营牛羊皮、猪鬃及大锡等出口，获利甚丰。截至民国十九年六月，集聚储款共达六千余万元。据调查，昆明市每月被骗取金额，达八千余万元之巨。法商更组织中法储蓄会，为万国储蓄会之姐妹机关，掠夺滇人之血汗。民国二十八年，中央信托局设中央储蓄会云南分会于昆明，又于个旧等县成立支会，储费分为三种，即全会月储国币十二元，半会月储国币六元，四分之一会月储国币三元。该会亦为有奖储蓄性质，按月开奖，至民国三十四年，全省储户已达数万户之多云。

保险公司

本省保险业，在民国元年，有太平洋保险公司，民国二年，又有金星人寿保险公司来滇设立分公司，人民保险者不少。至民国二十年收束，保户多数全部损失，退获保金者无几。抗战以还，本省业此者甚多，计二十七年迄三十三年成立保险公司及分公司办事处者，达十五家之多，兹将各公司之名称及资本数额、成立年月列表于后。

昆明市保险公司一览表

公司名称	保险种类	资本数额	成立日期
富滇物产保险股份有限公司	火险、水险、航空运输险	10,000,000 元	三十二年六月
云信物产保险股份有限公司	火险、水险、航空运输险	10,000,000 元	二十七年
太平保险公司昆明分公司	火险、水险、航空运输险	5,000,000 元	三十一年十二月
太平洋保险公司昆明分公司	火险、水险、航空运输险	10,000,000 元	三十二年十一月
民安保险公司昆明分公司	火险、水险、航空运输险	10,000,000 元	二十八年七月
兴华保险公司昆明分公司	火险、水险、航空运输险	1,000,000 元	三十二年十二月
新丰保险公司昆明分公司	火险、水险、航空运输险	1,000,000 元	二十七年十二月
中国保险公司昆明经理处	火险、水险、航空输运险	5,000,000 元	三十三年七月
合众保险公司昆明经理处	火险、水险、航空运输险	5,000,000 元	三十二年十二月
昆明中央信托局物产保险处	火险、水险、航空运输险、兵险	10,000,000 元	三十三年

（续表）

公司名称	保险种类	资本数额	成立日期
永大保险公司昆明办事处	火险、水险、航空运输险、兵险	5,000,000 元	三十三年九月
华孚保险公司云南区办事处	火险、水险、航空运输险	5,000,000 元	三十二年八月
宝丰保险公司昆明代理处	水险、火险、航空运输险、兵险	5,000,000 元	三十年
中国工业联合保险公司云南经理处	水险、火险、航空运输险、兵险	20,000,000 元	三十二年十一月
昆明中央信托局人寿保险公司	寿险	10,000,000 元	三十三年

附记：

1. 本表所列各保险公司及分公司办事处资本金额皆为国币本位。
2. 富滇及云信两公司资本数，各原订一千万元，实各收五十万元。

各种公债及储蓄券

抗战军兴，国家用费浩大，不得不发行公债及提倡储蓄，以资挹注。兹将民国三十年至三十四年历年所发公债及储蓄券分别列表于后。

历年各种公债一览表（国币本位）

年份	公债种类及名称	债额（元）	实收数（元）
民国三十一年	同盟胜利美金公债	8,000,000	2,587,730
民国三十一年	同盟胜利国币公债	2,000,000	6,269,100
民国三十二年	同盟胜利国币公债	1,700,000,000	35,755,800
民国三十三年	同盟胜利国币公债	3,200,000,000	在办理中

历年各种储蓄券一览表（国币本位：元）

名称	民国三十年	民国三十一年	民国三十二年	民国三十三、四年	备考
节约建国储蓄金	2,620	146	2,492		单位十元，自民国二十九年九月起。
节约建国储蓄券	35,200	47,679	20,532		
美金储蓄券		78,789	229,150		三十一年四月至三十二年八月。
外币储蓄		460			
节约建国储金邮票			7,410	6,211 1,397	三十三年度三十四年六月止。
乡镇公益储蓄				360,000	
黄金储蓄				596,165	
人寿储蓄				1,579	
特种有奖储蓄券					中央储蓄会。
合计	47,820	127,074	259,588		

民国云南通志长编卷三十

财政四

财务行政

云南自清季预备立宪，即于藩司衙门内附设有财政公所，并裁撤善后局，特设清理财政局。光复后，废止藩司财政公所与清理财政局各种旧制，改设云南财政司，隶属于都督府之军政部。民国元年五月，始直隶于都督府。二年二月，另设国税厅筹备处，其地位与财政司相等。三年七月，国税厅筹备处及财政司一并裁撤，合组为云南财厅，政直辖于中央财政部，而受云南巡按使指挥监督。五年，护国军兴，继以六年靖国之役，从此云南财政厅遂先后直辖于云南都督府暨云南省长公署及联军总司令部。十一年八月，云南省政府复改厅为司。十六年三月，又改司为厅。十七年七月奉到国府颁发木质印信，改称为云南省政府财政厅。十八年八月，奉换颁铜质印信，又改称云南省财政厅，其组织屡有变更。十七年八月，遵照省令改组，设第一、第二、第三、第四、第五、第六等科，并于厅长下设秘书二员，以资佐理。各科又各视事务之需要，分设若干股，每股设科员、学习员、书记若干员。另以科长以上职员组织厅务会议，协议要政，呈经省政府核准实行。十九年五月，复查酌需要，另行改组，于厅长以下仍设秘书二员，各科则就其职掌，改并为总务、征收、度支、稽核、库藏五科。各股组织及人员，亦略有变革，并特设设计委员会专司本厅一切设计事宜。其厅务会议则一仍其旧。洎十九年秋，以情势需要，又有所变革，并于五科之外添设清丈处及印花税处，后又将印花税处合并于征收科，清丈处亦于三十年冬因工作完毕裁撤。其他组织，迄三十四年，并无更易。此本省财政机关沿革之大略也。民国十八年八月以后，云南财政厅整理省地方税收，粗有端绪，以其余力整理各县地方收入。经两年之调查研究，订定章程两种，兹录如下。

云南各县财政局暂行规程

第一章　总纲

第一条　本省为整理各县地方财政力求统一起见，依据《县组织法》第十六条第二项之规定，就各县设立财政局，定名为某县财政局。其他设治区经收款项者，亦适用之。

第二条　各县财政局受财政厅及县政府之监督指挥，掌管该县地方财务行政事宜，并依命令委任办理国家及省地方财务行政事宜。

第三条　各县财政局办理县地方财务行政事宜，应查照《县地方财政委员会暂行规程》办理之。

第二章　组织

第四条　各县财政局设局长一员，掌理全局事务。副局长一员，辅助局长办理全局事务。

第五条　各县财政局于局长之下分设三股，其掌理事务如下：

第一股　掌理出纳、保管、总务及不属于其他各股事务。

第二股　掌理国家款及省款一切收支事务。

第三股　掌理县地方款一切收支事务。

第六条　县财政局事务较简者，分设二股，依照第五条规定之事务，以第二条二三两股并为第二股。

第七条　各县财政局每股置事务员若干人，秉承局长命令，分办各项事务，并由局长于每股中指派事务员一人负管股责任。

第八条　各县财政局为缮写公文及照料杂务，得酌用雇员。

第九条　各县财政局设置人员之多寡，由财政厅核定之。

第十条　各县财政局局长由财政厅令委，呈报省政府备案。副局长由县长就地方人士中保请核委。

第三章　收支

第十一条　各县地方一切收入支出，概归财政局掌管，统收统支，不得由各机关自收自支（如自行筹款自行弥补之类）妨碍整理。省政府别有规定者，依省令办理之。

第十二条　各县地方之收入，不论其为租税（正税及附加）、租息、规费、坐扣及其他一切收入，均应由财政局列入预算，切实整顿。

第十三条　各县地方之支出，由财政局长秉承县长视地方各种事业需要情形，通盘筹划，分别支配，力求经济，仅就县地方收入内开支。务期收支适合，预算确立。

第十四条　各县财政局遇有下列各事项之一时，须先提交财政委员会通过，呈由县长转呈财政厅核准后始能办理。

（一）举办新税。

（二）变更税率。

（三）售卖产业。

（四）变更税额。

（五）筹集临时款。

第四章　保管

第十五条　财政局于每会计年度终了时，应造具财产清册，提交县地方财政委员会查核，呈报财政厅备案。

第十六条　县地方所有一切存款或资金暨有价证券等项，须由局长负责存于当地之妥实金融机关或商号，否则应由局长负责保管，不得挪移应用。

第五章　审计

第十七条　每届年度开始前三月，财政局应编造下年度县财政收支经费预算，提交县地方财政委员会审核通过后，由县政府呈报财政厅查核。

第十八条　各县财政局逐月收支经费，应于次月十五日以前编造全月整个收支计算书两份，附具单据，呈送县政府提交县地方财政委员会依法审计后，以一份存县政府，一份呈报财政厅核销。

第十九条　每届年度终了后一个月内，财政局应编造上年度收支经费决算书，提交县地方财政委员会查核，呈报财政厅备案。

第二十条　县财政之临时支出，若有超出原定临时预算时，财政局应提交地方财政委员会核议，通过后始得动支。

第六章　奖惩

第二十一条　财政局正副局长任期暂定为三年，但经财政厅考核成绩优异者，得予连任。其考核章程另定之。

第二十二条　财政所属管理款产暨征收人员，如有挪移侵蚀及其他营私舞弊情事，除免职追款外，并依法究办。

第二十三条　正副局长对于财政局管理款产暨征收人员，若有扶同隐徇情事，应负连带责任。

第七章　附则

第二十四条　各县财政局办事细则另定之。

第二十五条　各以财政局遇有交代时，适用部定《征用官交代条例》之规定办理。

第二十六条　本规程公布后，凡关于征收赋税旧有各项章则，与本规程不相抵触者，均适用之。

第二十七条　本规程如有未尽事宜，得由财政厅随时修改，呈请省政府核准行之。

第二十八条　本规程自呈奉省政府核准公布之日实行。

云南各县地方财政委员会暂行规程

第一条　本省为整理各县地方财政、力求公开起见，特就县政府设立县地方财政委员会，名曰某县地方财政委员会（以下简称财委会）。

第二条　财委会以下列人员组织之：

（一）当然委员由县长及县政府各局局长兼任。

（二）聘任委员由县长就本县绅耆中聘任。

第三条　财委会委员人数以七至九人为限。

第四条　财委会以县长为委员长。

第五条　财委会委员任期，除当然委员与本职同时进退外，其余聘任委员，任期一年，但得续任。

第六条　财委会委员概系名誉职，亦不支给津贴、夫马、伙食费。

第七条　下列各事项由财委会掌理之：

（一）关于县地方岁入岁出预决算之审查事项。

（二）关于县财政局及其他行政机关或事业机关每月收支计算书之审查事项。

（三）关于县地方租税解额之决定事项（税率不变更时）。

（四）关于县地方租谷折征及一切公有物品售卖价格之议定事项。

（五）关于县地方公款、仓谷暨不动产之使用或变更事项。

（六）关于县地方财产之清查整理事项。

（七）关于县地方营造事务之议定、监修及验收事项。

（八）关于财政局逐日款项收支结存之稽查事项。

（九）关于县财政局库存之检查事项。

（十）关于县财政局办理投票事务之监视事项。

（十一）关于县行政机关及事业机关票据账簿之制发事项。票据每张应盖县印、账簿应编号，并于每页加盖合缝县印。

（十二）关于财务行政人员营私舞弊之举发事项。

（十三）其他一切与县地方财政有关系之监察及审计事项。

第八条　财委会每周至少开常会一次。遇有临时议案时，由委员长召开临时会。

第九条　财委会开会时所议案件，以下列三项为限：

（一）县政府交议者；

（二）财政局提议者；

（三）委员提议者。

第十条　财委会内部一应事务，由县政府员役兼办，酌给津贴。

第十一条　财委会议事细则另定之。

第十二条　财委会应将审查完竣之每月收支计算书及呈奉核准之预决算书公告。

第十三条　财委会委员对于县财务行政人员如有串同舞弊情事，应加等究办。

第十四条　本规程如有未尽事宜，得由财政厅修改，呈请省政府核准行之。

第十五条　本规程自呈奉省政府核准公布之日实行。

以上两种规程，曾经公布施行，当即由厅体察情形，就指定试办区域内，先后委任昆明、呈贡、晋宁等三县财政局局长，业经据报改组成立。旋复令饬遵章聘任委员，组织县地方财政委员会，以资策进。并饬就地方公正士绅。遴选副局长，呈候核委，均经遵照办理。

民国二十八年，省府为谋改进县地方行政之效能，求县财政机构紧拨及节约起见，本省各县所属各局，一律实行改局为科。三十二年，复于各县财务机关有会计室、县金库之设置，继又设置县财政整理委员会。该会为一临时机关，县财政整理完毕，预算确立后，即行裁撤。遵照中央法令，改组为财政保管委员会。复由财政厅筹划，令调现任各县财政科长，发交财训所训练。三十三年九月毕业，回避本籍任用。关于整理各县地方财务行政，订有裁局改科办法十条，兹从略。

会计

会计在财务行政以外，有超然性质。我国会计制度，尚未健全，盖未有会计不当而能为委吏者。是故不理财则已，如其理财，则会计之法制与人选，均不容忽略。云南财政厅推行会计制度，始于民国十年七月。从统一簿记入手，并即特设会计人员养成所及财政学校。后又改称财政人员养成所，计先后毕业五班，凡数百人，均派赴省内外征收局所暨官营业机关任职，专司会计稽核各种要务。又于厅内特设稽核科，以作推行会计之中心。三十二年，中央派员来滇设立审计处，即就本省原设之审计处改组为省会计处，于九月一日正式成立，推行本省会计制度，并于同月四日将前由财政厅会计室兼办之省总会计事务接收续办。于是，省府所属各机关之概算、预算、计算、决算等会计事项，悉由会计处主管。各县地方之概算、预算、计算、决算事项，仍由财厅负责办理。所有关于会计新制度之法令规章，皆已由中央公布通行，款目繁多，不备录。现仅将十九年二月本省财厅所规定之《统一会计暂行章程》撮其重要者节录于后。

统一会计暂行章程

（十九年二月公布）

第一条　本厅为统一全省财政，实行会计制度，订定本章程。

第二条　凡省内外各征收机关或官营业机关，均应查照本章程办理。

第三条　本章程实行后，凡征收机关或官营业机关，均应遵照下列各项办理：

（一）设置会计主任或会计员。

（二）改良簿记。

（三）适用中央或本省规定之各项收支报告书表票据凭证。

第四条　凡省内不属于财政厅直辖之征收机关及官营业机关，应实行会计主任制。关于会计主任人选，由财政厅委任，并由财政厅随时监督考核指挥之。

前项会计主任，以曾在国内外专门以上学校毕业，于财政、经济、会计等学科有相当研究，并经中央考取得有会计师及会计主任证明书者为合格。

第五条　凡财政厅所辖之征收机关，一律实行会计员制。会计员由财政厅长委任，并由财政厅随时监督考核指挥之。

前项会计员，以曾在财政厅会计养成所或中等商科学校毕业，对于数理簿记有相当研究者为合格。

第六条　会计主任及会计员之待遇暂如下列，以后另定年功加薪公布施行。

（一）会计主任月薪分甲乙二级，甲级月薪八十元，乙级月薪七十元。

（二）会计员月薪分甲、乙、丙、丁四级，甲级月薪六十元，乙级月薪五十元，丙级月薪四十元，丁级月薪三十元。上项标准，得援照加薪通案办理。

（三）会计主任及会计员非依法不得退职。

（四）会计主任及会计员任期为一年，如成绩优良者，得延长其任期，但遇有必要时，得以其他会计主任或会计员对调。

第七条　各征收机关应用之簿记及表册等，概由财政厅参照中央法令及本省情形规定通行。

前项簿记及表册等式样另定之。

第八条　财政厅遇有必要时得随时派员检查各机关之簿记及表册。

第九条　会计主任、会计员办事细则另定之。

第十条　会计主任，会计员奖惩规则另定之。

第十一条　本规则自公布日实行，如有未尽事宜，得由厅修正呈准行之。

征收机关会计主任办事细制

（十九年三月公布）

第一条　本细则依据《统一会计章程》第九条规定之。

第二条　会计主任之职责如下：

（一）掌理收入之登记事项；

（二）掌理款项之报解事项；

（三）掌理财务之稽核事项；

（四）掌理收支之统计事项；

（五）掌理改良簿记及办理各项新颁表册事项；

（六）会计主任有监察征收之责，关于该局所员役人等若发现舞弊情事，应查据确证，呈报核办，倘扶同隐匿，应负连带责任；

（七）会计主任有条陈建议之责，关于该局所征收上应兴应革事项，应随时设计条陈，以供采择；

（八）会计主任有调查财政经济之责，关于该处地方财务行政、收支状况、经济情形，应详确调查，将所得资缉精密统计，书面呈报。

第三条　凡征收或官营业机关每日出纳款项，无论巨细，均应由会计主任记账。

第四条　凡征收或官营业机关每日收入之款，应由主管长官负责保管。

第五条　凡报解款项，每三日一次，至迟不得逾一星期。

第六条　会计主任应于解款之先，将一应手续预备齐全，查照解款手续办理。

第七条　各特支款项，须得会计主任之同意盖章，方得交付。

第八条　会计主任对于应用之簿记及收支报告书表、联票、凭单，均应盖章负责。

第九条　会计主任逐日将账目及报告表单等整理清楚，扎结盖章。

第十条　会计主任应逐日将收支款项数目填报财政厅查核。

第十一条　会计主任应随时稽核一切账表及其他经手有关银钱事项。

第十二条　会计主任应于月终将收支款项数目详细造册，由主管长官盖章，转报财政厅审核备查。

第十三条　会计主任于会计年度开始及年度终了，应将预算及决算书造册由主管长官转报查核。

第十四条　会计主任对于本机关经常、临时各种开支，只负整理及核转责任。

第十五条　各征收机关或官营业机关所用之薄记，每一会计年度终了，应由会计主任查照更换一次。

第十六条　各机关长官任免会计人员时，须得会计主任之同意。对于任免会计人员，会计主任得参加意见。

第十七条　本细则自公布日实行，如有未尽事宜，得由厅修正呈准行之。

征收机关会计员办事细则

（十九年二月公布八月修正公布）

第一条　本细则依据《统一会计暂行章程》第九条规定之。

第二条　会计员之职责如下：

（一）掌理收入之登记事项；

（二）掌理款项之报解事项；

（三）掌理财务之稽核事项；

（四）掌理收支之统计事项；

（五）掌理改良簿记及办理各项新颁表册事项；

（六）会计员有监察征收之责。关于该局所属员役人等若发现有舞弊情事，应查据确证，呈核办理，倘扶同隐匿，应负连带责任；

（七）会计员有条陈建议之责，于该局所征收上应兴应革事项，应随时设计条陈建议，以供采择；

（八）会计员有调查财政之责。关于该处地方财务行政、收支状况、农工商业、交通情形，应详确调查，将所得资料精密统计，书面呈报。

第三条　各该机关每日出纳款项，无论巨细，均应由会计员记账。

第四条　征收机关每日收入之款，应由主管长官负责保管。

第五条　会计员应于解款之先，将一应手续预备齐全，查照解款手续办理。

第六条　各该机关特支款项，须得会计员之同意，方得支付。

第七条　征收机关报解款项，每星期一次，不得逾十日。

第八条　会计员对于应用之簿记及收支报告书表、联票、凭单等，均应盖章负责。

第九条　会计员应逐日将收支款项账目及报告表单等整理清楚，分别扎结盖章。

第十条　会计员每周应将收支款项数目填报财政厅查核。

第十一条　会计员应随时稽核一切账表及其他经手有关银钱事项。

第十二条　会计员应于月终将收支款项数目详确造册，由主管长官盖印转报财政厅审核备案。

第十三条　会计员于会计年度终了及年度开始，应将预算及决算书造册由主管长官转报查核。

第十四条　会计员对于本机关经常、临时各种开支，只负整理及核转责任。

第十五条　各征收机关所用之簿记，每一会计年度终了，应由会计员查照更换一次。

第十六条　各机关长官任免会计员以下人员时，须得会计员之同意。会计员对于任免会计员以下之人员，得参加意见。

第十七条　本细则自公布日实行，如有未尽事宜，得由厅修正呈准行之。

征收机关稽核员服务规则

第一条　本厅为划分会计员与稽核员之职权、促进办事效率起见，于现行《会计员办事细则》外，另定本规则实行之。

第二条　稽核员之职责如下：

（一）关于簿记表单之稽核事项；

（二）关于税款凭证之稽核事项；

（三）关于税局职员之考勤事项；

（四）关于税局职员舞弊之弹劾事项。

第三条　税局一切簿记表单解款书等，应逐日由稽核员审核付署盖章，并由会计员登记之。

第四条　稽核员有监察并催促解款之责。

第五条　稽核员有监察征收之责。若发现该局员役有违法舞弊情事，应立即报请总分局长核办，否则应负连带责任。

第六条　稽核员发现违法舞弊情事，若情节较大或涉及总分局长者，应直接呈报本厅核办。

第七条　稽核员有条陈建议之责，关于征收上应兴应革事项，应会同会计员随时设计向本厅建议，以供采择。

第八条　稽核员有调查财政之责，关于地方财务行政、经济状况、收支情形、农工商业、交通情形，应会同会计员详细调查，将所得资料书面呈报本厅，以供参考。

第九条　关于税局职员勤惰，应由稽核员置划到考勤簿逐日登记考核，呈由该局长分别核汇照章奖惩。

第十条　稽核员非依法不得退职。

第十一条　稽核员之待遇，依照本厅修正《统一会计暂行章程》办理之，并得与局内职员享同等之待遇。

第十二条　本规则若有未尽事宜，得由本厅随时修正公布实行之。

第十三条　本规则自公布日实行。

审计

云南自财政整理就绪，会计制度并已见诸实行，对于审计制度，有推行之必要，省政府乃拟于中央未设云南审计处前，暂设云南省政府审计处，以施行地方审计。于是，根据中央法令，体察本省实情，因时制宜，制定《云南省政府暂行审计条例》及《审计处组织规程》，于二十二年六月公布。后即划拨省政府内一部分屋舍为审计处办公地点，并委华秀升为审计处处长，先行筹备，以期早观厥成。迨华氏于是年七月十四日就职后，积极筹备，阅二月而诸事就绪。乃遴选各职员请委，经政府核准照委，令其于九月十八日召集，暂行将审计处组织成立，开始办公。自是以后，即由处长统率各职员，一面暂行办理以前各机关报销案件，一面根据《暂行审计条例》及《组织规程》，拟具各种辅助规章，呈请政府审核。又阅二月而规模具备。政府乃又令于十二月一日正式成立，并通令各机关，每月应报审核之各项书表单据，均于是月起遵照实行。此审计处成立之大致情形也。至其组织，系于处长下设审计二人，协助处长推行一切审计事务。又分四组，每组设组长一人，一、二、三等组员及学习员若干员，办理各组事务。第一组办理一切事前审计事务，第二组办理一切事后审计事务，第三组办理一切稽查调查事务，第四组办理一切文书、统计、会计、庶务、收发及不属于其他各组事务。三十二年五月，中央审计部决定筹备组织云南审计处，派梁元芳为处长，于同年九月一日筹备就绪，正式成立，开始审计工作。处内设处长一人，下分四组，各设主任一人，均由协审、稽查、秘书等兼任。并设佐理员、办事员及书记等各若干人，办理处内事务。第一组主办省级各机关之事前审计事项，第二组主办省级各机关及中央在滇各机关之事后审计事项，第三组主办省级机关及中央在滇机关之监视及调查事项，总务组主办处内杂务事项。又处内人事人员，系照铨叙部各级人事机构组织办法成立直属铨叙部。会计人员系照会计制度组成，直属主计处，且该处除依法办理上述审计制度外，并办理其他奉令有关之一切审计事项。各种办事法规，均经中央审计部公布通行，兹不赘录。今仅将本省三十一年以前所实施之《暂行审计条例》及《组织规程》附录如下：

云南省政府暂行审计条例

第一条　本省为实施审计制度，于中央设立审计处前，依据审计法制定云南暂行审计条例，以资遵守。

第二条　本省为执行审计条例，于省政府内设立审计处。

审计处组织规程另定之。

第三条　凡云南省政府所属各机关及第十路总指挥部所属各部队，各军事机关暨盐务、交通、外交及官营机关之审计事项，除法令另有规定外，悉依本条例办理之。

第四条　各机关于每会计年度前，须按照法定程序及期限，编制收支概算，送经财政厅汇呈省政府审核后转财政部汇办。

第五条　各机关经费薪饷，以核定概算数目为准，非经核定或无特别支付命令之款，财政厅不得令金库支付。

第六条　凡年度开始后新成立之机关，须就实际应需经费编制概算书，专案呈请省政府核实后交财政厅查照。

各机关核定概算以外领支临时款项，须陈明事由，专案呈请省政府核夺饬发。

第七条　各机关于每月终须造具收入支出计算书、收支对照表，连同单据粘存簿，呈由主管机关转送省政府审查办理。

其无直接收入之机关，得免造收入计算书。

第八条　各机关每年度终了，须造具收入支出总决算书、贷借对照表、财产目录，呈送主管机关汇转省政府核后交财厅汇办。

第九条　各机关按月请领款项，须造具支付预算书，呈送省政府核准后转发财政厅知照，并通知该领款机关备领款凭单收据赴厅请领，应由厅填制支付命令，呈经省府核定后照发。其他发款机关，有特别规定者，不在此限。

省外各县政府及征收机关，其月支经费之核准坐支者，对于前项之规定，暂不适用。

第十条　省政府审查各机关之收入支出计算书及凭证单据，认为正当者，即发给证明书，解除出纳官吏之责任。如认为不当者，则令知该主管长官或直接处分之，但出纳官吏得提出辨明书，或检具相当证据，请求再审查。

第十一条　各机关计算决算，如经审查有超过或浮冒情形及与证明单据不符、政府有所查询时，原呈机关应依照限期详细答复，遇必要时，省政府并得派员调查之。

第十二条　收支款项经审查后，省政府认为由主管长官负赔偿责任者，该主管长官应即依限赔缴。

第十三条　为审查上之必要，得向各机关调阅案件证据，或直接派员调查之。

第十四条　各机关计算决算经审后发现有不经济之支出，虽与预算案相符，亦得驳饬之。

第十五条　因审计而制定之各种规章书式，各机关须遵照施行。

第十六条　各机关所用簿记书表，除有特别规定外，须遵照本省会计法规办理。

第十七条　各机关现用簿记，经检查后有认为不合者，应遵令更正之。

第十八条　各机关自行拟定之会计章程，应呈请省政府审核认为与审计法规抵触者，应即停止执行，并依法定程序修正之。

第十九条　各机关故意违背省政府关于审计之查询书答复期限、各种计算决算送达期限者，应受处分，或由省政府扣发其应领之款项。

第二十条　各机关凡关于包揽工程、招商投标、验收工程及特款购置物品机件之查验等事，须请省政府派员会同财厅监验。其属军事机关者，并请总指挥部派员会同办理。

第二十一条　对于省外各机关之审查验收事项，于必要时得行委派审查。受委派之人或机关，应将其审验结果报告省政府查核办理。

第二十二条　本省各军事机关及各部队经费饷糈之报销，应由总指挥部按月汇咨省政府审核备案。

第二十三条　省外各税收机关、各县政府及官营机关，除核准坐支经费外，非奉总指挥部，省政府或财政厅命令，不得拨付款项。若无饬拨命令而自行拨交者，须自负收回责任，不得于应解款项内扣抵。

上项奉令拨交之款，须向领款人取具正式凭证，连同解款文书，呈送省政府转饬财政厅拨收、拨放，其属于军事范围者，转知总指挥部核办。

第二十四条　省金库、省银行及教育经费管理局、公路经费委员会，须将每日结存款项数目逐日列单报告省政府查核。省政府并得派员检查之。

第二十五条　本省教育经费、公路经费之收入、支付、保管，每月终过后，须造具收支计算书及开支经费预算，连同单据粘存簿，呈送省政府审查。

第二十六条　省政府直属各官营业机关，须照下列规定按期造具各书表呈送省政府审查。

日计表、库存现金分类表，以上须按日造送。月计表、营业费计算书，以上须于每月终过后五日以内造送。

营业决算报告书、贷借对照表、损益表、财产目录、纯益金分配表、各项统计图表，以上须于每会计年度终结算后一个月以内造送。

第二十七条　各机关之付款凭单、购物单据，如有特别原因或为营业上便利须自行保管者，得声明原由，归各该机关自行保管，但省政府得随时调阅检查之。

第二十八条　支付命令之审查，自收受日起，除有不得已之事由外，应于三日内决定之。

第二十九条　审查完竣之事项，自决定之日起，在五年内如发现其中有错误、遗漏、重复等项情事者，得再行审查。若发现诈伪之证据者，虽经过五年，仍得再行审查。

第三十条　每届会计年度终了，由省政府编造审计报告书，并随时将执行事项发刊公布之。

第三十一条　承办审计事务之人员，非依法律及因怠误职守，不受停职之处分。

第三十二条　审计人员保障法另定之。

第三十三条　本条例施行细则另定之。

第三十四条　本条例自公布之日施行。

云南省政府审计处组织规程

第一条　本省为执行审计，依《云南省政府暂行审计条例》第二条之规定，于省政府内设置审计处。

第二条　审计处系对省政府负责办事，概不对外。

第三条　审计处设处长一人，承政府之命，综理处务，并指挥监督所属职员。

第四条　审计处设审计二人，协助处长推行一切审计事务。

处长及审计均由省政府遴员任命之。

第五条　审计处设下列四组办理处务：

第一组　掌理关于一切事前审计及决算之审核各事务。

第二组　掌理关于一切事后审计及决算之审核各事务。

第三组　掌理关于一切稽查调查各事务。

第四组　掌理文书、统计、会计、庶务、收发及不属于其他各组事务。

第六条　各组设组长一人，禀承处长，督率属员办理本组一切事务。均由处长遴员呈请省政府任命之。

第七条　前条各组组长，得酌量事务繁简，由审计兼任之。

第八条　各组视事务繁简，各设一、二、三等组员及学习员，承组长之命，分别办理一切事务。

各级组员由处长遴员呈请省政府委任，学习员由处长委派之。

第九条　审计处因缮写文件及其他事务得酌用录事。

第十条　审计处遇必要时得聘用专门人员。

第十一条　审计处关于审核稽查重要事务，得举行处务会议商决之。

处务会议以处长，审计及各组长组织之。

第十二条　各组关于重要事项得举行组务会议，由组长随时召集之。

第十三条　审计处办事细则另订之。

第十四条　本规程自核准之日施行。

民国云南通志长编卷三十一

财政五·附录

附录一：田粮

概要

吾国以权立国，田赋向为人民对政府之主要负担，亦为政府之大宗收入。其税源是否充裕，赋课是否平允，关系国计民生均属至重。且大欲谋税收确实，库币丰裕，并于人民之负担，悉臻公平，势非有详明之赋籍，健全之税制及允当之科则不为功。本省田赋，清季虽经一度整理，民元仍沿旧制。第以频年战乱，屡经沧桑迭易，旧有赋籍多已残缺不完。其幸未散佚者，亦多内容紊乱，真象莫名，且以税目繁杂，科则纷歧，吏胥因缘为奸，弊端百出。人民既苦重累，政府收入亦受损失。民国十七年，省政府主席龙云奉派主持滇政，全省盗匪渐次肃清，社会秩序日趋安定，百废俱兴。当以清丈耕地，整理赋籍，列为新政之一，饬由财厅拟具计划，分期实施。自民国十八年起至二十九年止，历时十有三载，先后将省内应行整理田赋之昆明等一百一十属，及中甸县第三区清丈完毕。即将旧有田赋废除，另依清丈成果改行新耕地税。在全国田赋整理史实上独放异彩。盖当时其他省区，能全省整理完毕，利用新得成果征收田赋者，尚属绝无仅有。自兹以还，赋籍既较精确，负担亦臻平允，库收日增，收效甚宏，继自民三十，田赋收归中央接管，改征实物后，历年均能达成任务，军公民粮得以供应无缺，端赖清丈整理所获之良好基础。惟是抗战以后，一方以税率递增；他方复以农作变迁，原订清丈科则及应征税额，遂嫌过高，民力苦难负荷，此种非常变化，原非始料所及。前省田赋管理处及省田赋粮食管理处，均曾先后将地方疾苦情形详呈中央，并于旧有清丈成果尽力设法调整改善（详见本文后列各项），期能休息民力，养其生机，俾税源常裕，取给不竭。将来战争结束，更当谋根本之改革，庶能建立最健全合理之税制，国帑既不虞匮乏，而民间负担亦能适合公平允局之标准。复次，滇省位居高原，山多田少，土地瘠硗，粮产不丰。平时勉堪自给，偶有灾歉，即须采购越米以济民食。抗战开始，逐渐形成后方反攻重要基地，大军陆续临境；其他机关、团体、学校及内迁同胞，亦先后云集，人口逐年递增，粮食消费数量激增。其中尤以军粮之需要最为紧急，政府为掌握大量粮食供应军需起见，爰于三十年度，开始实行田赋征实。是年本省奉令征收之稻谷，计九十万市石，不敷军米，借碾积谷十万大包，约合稻谷三十余万市石之谱。合计约达稻谷一百二十万市石，均如额收足。在改制之初能有若是优良结果，实非预料所及。至三十一年度，本省征实数额，奉令增至稻谷一百五十万市石，并随赋征购稻谷二百万市石。继又奉令采购差额军粮米二十一万大包，约合谷六十三万市石。另再随赋带征县级公粮稻谷五十万市石以上。三十一年度，各项应征应购之粮，竟约达稻谷四百六十三万市石之谱，为数至巨。然赖龙前主席领导于上，各级田粮人员均抱定效忠职责之决心，而朝野人士亦各深明大义，热忱赞助，尤以全省民众一致仰体时艰，不惜毁家纾难，卒各勉为应付，收效之大，得未曾有。三十二年度，本省不幸灾歉迭乘：初则霜雪扬威，小春不旺；继而雨旸失调，栽插违时，虫蝗肆虐，风雹交侵，灾区遍及三迤各县，情势至为严重。而是年征实粮额，仅奉准照三十年核减稻谷三十万石，应征一百二十万市石。征购及县级公粮则仍如上年旧额，并无减少（按是年征购部分，系奉令购米九十万市石，照四五碾率折算，约合谷二百万市石，县公粮仍为谷五十万市石）。此外，另奉令采购差额军米四十七万大包，约合稻谷一百四十余万市石，以上各项合计约合谷五百一十一万市石。致各县民间灾后仅有之余谷，虽追比迫索，搜罗一空，而军粮所需仍感不敷。本省政府十余年来，苦心督饬，而各县地方民众齿积所得之积谷，亦竟于此时挪去一百二十万余市石，已达全省实储总额半数以上，公私元气大伤。三十三年度，奉令仍征实稻谷一百五十万石，并将征购改为征借，借额为稻谷二百一十万市石，另征县级公粮稻谷七十万市石，并采购差额军米四十万大包，约合稻谷一百二十万市石，各项合计合谷四百八十万市石。较之三十二年总额虽稍为减少，但以与三十一年度比较则仍属增多。本年度承上年重灾困敝之余，征实部分得以如额收足，且复稍有超溢，征借则达定额之九成八九，采购军米亦达四分之三左右，洵非易易。综合以上四年度，本省各属各项应征应购（借）稻谷，总计高达一千五百七十四万余市石之谱。以农产素称贫瘠之本省，竟各能勉力完成使命，全省农民对抗建事业贡献之伟大，牺牲之惨重，允宜铭诸史册，永垂不朽矣。

一、田赋粮政机关之组织系统及沿革

（一）田赋机关之沿革

自抗战军兴，沿海重要城市相继沦陷。国库向所仰赖为大宗收入之关、盐、统三税，骤形锐减。军政各费之度支供应深感困难，而各省因受战事影响，交通阻滞，粮食之生产运销均受窒碍，供需失调，以致粮价亦追随物价不断上涨，不仅人民生计感到威胁，即军公粮食之供应亦备受粮价波动之牵掣。中央为应付当前实际需要，特于八中全会议决：暂将各省田赋收归中央接管，改征实物，以期掌握充足粮源，巩固抗建财政基础，并调剂军公民粮，力求民生之安定。旋由财政部召集全国第三次财政会议，议决接管实施办法，呈奉行政院会议通过，转奉国民政府明令公布。自三十年八月一日起，各省田赋统归中央接管，改征实物，并通令各省组设田赋管理处，以各省财政厅厅长兼任处长。本省财政厅奉令后，遵即积极筹备，当于三十年八月一日，将财政部云南省田赋管理处组设成立。照案由财政厅厅长陆崇仁兼处长，张培光任副处长，下设秘书三员（先后由鲁启煃、徐时雨、寇德麟、旃荫棠充任），办理机要文件及文稿之复核事宜，并设第一、二、三等三科（先后由李仁、丁沅、吴其荣、赵宗煦充任科长），及会计室（由施正源充主任），分掌总务、人事、财务、田赋、土地税、契税之征收，整理、减免及会计岁计等事项。所属各市、县亦经通饬遵章设置，各市、县、区田赋管理处统限于三十年九月十五日以前组设成立，筹备开征，并照章以各该市、县长、设治局长，或对汛督办委兼处长，暨遴委各该属原经办田赋或清丈人员任副处长，各该处内部均分设二科至三科分掌各项事务。县以下各乡镇，则斟酌粮区之分布情形，配设经征分处若干处，办理稽征事宜。嗣于民国三十一年七月，因原由粮政机关主办之实物经收事务，奉财政粮食两部会令一并移归田管处，增设一科办理。当即遵令，就省处增设一科，列为第三科，主办实物之收储、保管、拨交、仓库之修建管理等事项（先后由师茂材、杨海晏任科长），原设第三科改列为第四科，职掌仍旧。县处部分亦奉令增设一科，负责乡镇经征处，改称征收分处，扩大组织，分设稽征、收储两股，分掌经征、经收事宜。至民国三十三年十月，本省田赋粮政机关奉令合并，所有人员业务均移交云南田赋粮食管理处接收办理。

（二）粮政机关之沿革

1. 云南粮食管理处：民国二十七年，昆明物价上涨，粮价亦随之波动，影响民生殊巨。本省省政府，为切实管理粮食，安定民生计，特组设云南粮食管理处，直隶省府。以段克昌任处长，于是年三月，正式组设成立，该处内部分设总务、采购、调节、会计等四科，分掌各项事务，以李慎修任总务科长，孙建献任调节兼采购科长，李梅轩任会计科长。同年十月该处奉令扩大为云南省粮食管理委员会，即结束撤销。

2. 云南省粮食管理委员会：民国二十七年，省府为加强粮食之管理事宜，经决定将前设云南粮食管理处，扩大为云南省粮食管理委员会，于是年十一月改组成立。以胡瑛任主任委员，丁兆冠任副主任委员，下设总务、采购、会计、运输、调节等五组。以段克昌任总务组长，陆崇仁任采购组长，缪嘉铭任会计组长，杨文清任运输组长，裴存藩任调节组长。至二十八年四月该会奉令改组为省会粮食供销调节处，即结束。

3. 省会粮食供销调节处：民国二十八年四月，省府将原设云南省粮食管理委员会撤销，改设省会粮食供销调节处。以缪嘉铭为主任，负责办理，并即向越南购进大量食米，运昆供销，平抑粮价。至是年十月，米价渐趋平稳，已无再行调平之必要，该处旋即结束。

4. 云南省粮食管理局：民国二十九年八月，云南民政厅奉省府秘令，转奉行政院代电，准国防最高委员会秘书厅函，以奉委员长蒋手令饬召开粮食会议，爰定粮食管理调节具体办法，并组织各级粮食管理局主持办理，经议决拟订各级粮食管理机构组织纲要，转饬会同财政厅及经济委员会妥为会拟省粮食管理局组设办法呈核，当经各该厅会等会同核议，拟具办法呈奉省府核定，于民国三十年四月，设立云南省粮食管理局。以民政厅长李培天兼任局长，内部设置二科、二室，分别掌理粮食生产、价格之调查，粮食商贩仓库之登记管理，粮食市场及仓储之管理，粮食之交拨、调配、平价等事项。该局在行政系统上，系直属省府并兼受全国粮食管理局之监督指挥，惟该局成立未久，适以全国粮食管理局改组为粮食部，各省粮食局亦改组为粮政局，当即改组。

5. 云南粮食调节处：民国二十九年九月，米价再度波动。省府为谋调平计，复设立云南粮食调节处，以缪嘉铭为主任，李培天为副主任。至三十年九月，该处复奉令改组为云南粮食供销处，即结束。

6. 云南省粮政局：民国三十年九月，本省粮食管理局遵令改组为云南省粮政局，直属省府并兼受粮食部之监督指挥，仍由民政厅长李培天兼局长，杨天理及杨克诚任副局长，其下设秘书二员（先后由端木垚、王守尘、周荫樾、王丕等充任）。并分设第一、二、三等三科（先后由余其勋、杨履坤、宋文熙、苏茂本、马培尧、周汝昌、李绍纲充任科长），及会计、统计两室（先后由宋瑞贤、苏藻、郭良夫等充任主任），分掌各项事务。并遵照组织规程之规定，设置储运处，直属该局，办理粮食之运输、配拨、仓储及公教员工及其家属依法核定公粮之拨发等事项。该处组织计设处长一员（先后由杨天理、于百溪等充任），副处长一人（先后由杨履坤、周汝昌、张鹏岳等充任），其下设秘书一员，并分设总务、仓储、运输、配拨等四组（先后由沈径瞻、杨家裕、陈英信、陈光祖等分别充任组长），并设会计室（由苏藻充任主任），分别掌理各项业务。此外另在重要交运粮食地点，设有接运站数处，办理接运粮食事宜，暨由省粮政局将昆明市之东西两聚点仓拨归该处管理，作为存储粮食之用。至县级粮政机构，亦经照案通饬各县局设立粮政科负责办理。三十一年二月，局长李培天、副局长杨克诚辞职，另由粮食部、省政府简派段克昌任局长，沐镇坤任副局长。民国三十三年，本省田赋、粮政两机关奉令合并，该局遵令于是年十月结束，移交云南田赋粮食管理处接办。

7. 云南省粮食供销处：民国三十年九月，云南粮食调节处奉令改组为云南粮食供销处，以粮政局局长李培天兼主任，裴存藩、严燮臣为副主任，负责办理民食之供销事宜。三十一年兼主任李培天辞去本兼各职，改派新任粮政局长段克昌兼该处主任，赓续办理。是时，每月配销民粮约合米二万五千余石。嗣该处兼主任段克昌以该处组织庞大，用人甚多，开支经费亦巨，为节省公帑计，当经呈奉省府核准，于三十二年十一月，将该处撤销，其原办民食之供销事宜，改由新设立之昆明粮食公司负责供应。

8. 昆明粮食公司：民国三十二年底，因粮价续涨，复经本省省政府第八八四次省务会议议决，组设昆明粮食公司，依照《公司法》《特种股份有限公司条例》组织官商合办。其资本总额定为国币五千万元，以一万元为一股，并决定就中官股占一千至三千万元，其余为商股。负责向附省产米县区采购食米运昆，调剂昆明市粮食之供需，以期防止争购、囤积、操纵之弊。三十三年一月，该公司正式成立，由段克昌任董事长，万湘澄任经理，并即展开业务。至同年六月，该公司存米仅余二千余百公石，而每日销量则日需五六百公石之多。虽仍继续购进补充，第以为数太微，不敷供应。欲大量采购，则苦于款项缺乏，且后缓不济急迫。不获已，乃于三十三年六月，宣布停业。

9. 云南军粮采办处及军政部驻滇军粮局：民国二十九年，军政部为筹办本省军粮事宜，特组设军政部云南军粮采办处。以段克昌任处长，沐镇坤任副处长，下设四科：

第一科办理总务（由李慎修任科长），第二科办理军粮（由孙建猷任科长），第三科办理财务（由李绍纲任科长），第四科办理审核（由李先庚任科长），三十年五月一日，该处奉令改组为军政部驻滇军粮局，以段克昌任局长，沐镇坤任副局长，下设第一、二、三、四等四科（以王杰任第一科科长，孙建猷任第二科科长，段石星任第二科科长、苏茂本任第四科科长），至三十二年二月底，该局奉令结束业务，移交昆明行营兵站总监部接收办理。

（三）田赋粮政机关合并经过

查田赋、粮政两机关，过去因各别所掌理之业务均甚纷繁，中枢为便利推进计，原系规定分别设置，各有专司，惟是各该机关间之关系至为密切，应行联系办理之事务极多，每以往返磋商，常致稽延时日，未能收迅捷之效。且各该机关过去因立场不同，间有步凋难趋一致情事。遇有问题发生，辄有责任不清之感。中枢有鉴及此，当即针对事实需要，制颁各省市田赋粮食管理处组织规程。明定将各省、市田赋、粮政两机关合并改组，设立田赋粮食管理处，直隶财政、粮食两部，并受省政府之监督指挥，并规定省田粮处处长得列席省务会议，以期指挥灵活，事权集中。此外，并明定各省、市田粮处得审按各该省、市粮食业务实际情形，呈准设置储运处、粮食调节处、粮食市场管理处等直辖机关，分别办理粮食之运输、交拨、调节、管制等事宜。本省于奉令后，遵即体察本省实况，呈请将原设田赋、粮食两机关合并改组。旋由粮食部徐部长堪，财政部田赋管理委员会关主任委员吉玉联袂飞昆，与省府会商，决定合并设立云南省田赋粮食管理处，以陆崇仁兼处长，张培光、杨天理为副处长，当于三十年十月四日先行成立，分别接收田赋管理处及粮政局两机关业务，并于是月十六日起，就前粮政局原址办公。其内部组织计照章设置第一、二、三、四、五、六等六科（由张铸、吴其荣、赵宗煦、杨海晏、宋文熙、马培尧等六员分任科长），及会计调查两室（由施正源、郭良夫两员分任主任），分掌各项田粮业务。另设秘书三员（由寇德麟、旃德荣、王杰充任），综核文稿（详见后附省田粮处组织系统表（五））所有该处各级办事人员，均系遵章由前田赋、粮政两机关原有人员尽先调用。并呈准设置储运处，直属该处，办理公粮之储运、配拨等事宜。该处设处长一员（由李仁充任），副处长一员（由张文贵充任），下设秘书一员（由杨君超充任），并分设总务、仓储、运输、配拨等四组（由张树均、张士儒、陈英信、陈光祖等四员分任组长），及会计室（由朱松龄任主任），分掌各项事务。全省所属各市、县、区亦经遵令将原有之县、市、区田赋管理处及县粮政科合并改组为各该市、县、区田赋粮食管理处。仍照章以各该县、市局长等兼处长，以原田赋处副处长任各该处副处长，各该处内部均视其业务之繁简，分设三科至四科，并配设集中总仓一所，分仓数所。县以下则照章分按粮区广狭，配设乡镇办事处若干处，内部分设稽征、储运两股，并另行配设收纳仓数所，办理实物之收纳事宜。民国三十四年三月，昆明市粮价又形波动。当经遵章呈准，组设粮食调节处，直隶省处，该处计设主任一员（先后以师茂材、古梅百充任），副主任一员（先后以古梅百、陈光祖充任），其下设秘书一员（先后由赵宗煜、盛恩霈充任），另设总务课（先由赵宗煜、谢开德充任课长），业务课（由熊鑫任课长），会计课（由周景贤任课长），分掌各项事务。

二、本省田赋之沿革

（一）二十九年以前征收地税情形

查本省田赋，民初系沿前清旧制，科则纷歧，名目繁杂，官民征纳均感不便，且历时既久，积弊丛生。至国六年，始经本省前财政厅呈奉省长公署核准，组织整理赋税委员会，从事清理。将旧有之各色名目删繁就简，合并定名为《田赋》与《租课》两种。并将原有征课之粮石及银两单位，一并改折为本省半开银元计算，费时经年，始行蒇事。呈奉前省长公署核准，于民国七年七月公布实施。此次改革后，全省田赋总额共为银元一百四十一万九千九百二十七元四角七分六厘（内有地方团费及民国三年前北京财政部通令各省加征之附粮捐等两项征额并同计入）。租课总额共为银元四万一千一百五十九元三角一分一厘。二共合计应征本省半开银元一百四十六万一千零八十六元七角八分七厘。继至民国十七年，本生政府成立后，有鉴于本省田赋原系因袭前清旧制，年久失时。其间虽于民国七年经前省长公署时代，一度整理；但仅从治标方面着手，而于旧有各种赋制之是否合于实情，各人民负担是否平均，均未加以清查。为力谋正本清源计，自非实施清丈，改订科则不为功。当自民国十八年起，筹办耕地清丈事宜，先自昆明县开始试办，继乃制订清丈计划，分期扩大实施，至二十九年始全部告竣。全省耕地已清丈完成者：计一百零五县一市，两对汛区，三设治局，及中甸县属旧自治第三区，实测耕地面积共计二千八百五十二万二千五百零五亩九分八厘五毫。并皆各按当地当时地价、土质、水利等情况新为厘订等则，为上、中、下三等九则，改征新耕地税。各等则均有统一之征率，以期平均负担，便利推行（详见后附清丈后历年改订耕地税率简明表）。此外，尚有少数边远县区，因设治未久，土地鲜有经济价值，田赋制度尚未建立推行，清丈困难甚多，业经财厅呈准暂缓举办清丈。关于此类县区地方政费来源，以往除向人民抽收少数户折、工折捐款外，悉赖省库补助维持。各已清丈县区之耕地税，课税标准原有正税与附加之分。正税归省，附税归县。正税征率：初时全皆一律订为上等上则，每亩征收国币一角五分，依次递减，至下等下则之耕地，每亩仅征国币五厘。总计清丈后，全省册列应征耕地税额计国币一百四十二万二千四百三十八元三角七分五厘。至附加一项，则系指定专作各地方常备队（保卫队）经费，由财政厅斟酌各属情形，分别核准，比照正税附加一倍至四倍不等。二十八年十一月一日，省政府为促进各县地方建设，俾使平均发展起见，特将耕地税正税征率各照清丈后原率提高一倍，并正副各税全部划归各县地方列入预算开支，同时明令规定："其附加一项，此后只准减低，不准增高"。是年调整税率后，全省应征耕地税正税额，计合国币二百八十四万四千八百七十六元七角五分。二十九年，因战时物价过度高涨，各县地方预算收支不能平衡，纷请提高耕地税征率或附加倍数。本省政府为谋统一税率、平均人民负担起见，复于是年十一月一日，将耕地税率一律调整改订为：上等上则每亩征课国币一元五角，依次递减，至下等下则每亩课征国币一角。是年全省册列应征耕地税额，共计国币一千四百六十七万五千五百九十元三角二分，其各县原有附加亦一律明令取消。自是而全省耕地税之名称及其征率始告统一，无复再有正附税之分与正税加倍征收之办法矣。至未清丈之车里等十九属，亦分按各该属二十八年以前原所抽收之户折、工折等项税捐款数，照二十九年改订税率标准，各别比例照加五倍计算。计此十九属，二十九年原税额共合国币一十九万一千六百三十八元五角五分。总计全省二十九年度，原征耕地税额共合国币一千四百八十六万七千二百二十八元八角七分。惟本省已清丈各县，其距清丈推行之期，远者十有余年，近者亦多在三五年以上。而历年各属耕地，因公用征收使用变更，人民放弃业权及遭受灾歉先后荒芜者，为数甚多。其原有承粮面积及应征税额均变动不少。截至三十四年度，其应行减除之税额，均计当为二三成之谱。附云南省各属清丈后历次改订耕地税率简明表。

省各属清丈后历次改订耕地税率简明表

单位：国币，元

等则	清丈后每亩原征正付税率		二十八年每亩加征税率		二十九年改订税率	
	正税	附加税	正税	附加税	正税	附加税
上等上则	0.15 元	一倍至四倍	0.30 元	照旧	1.50 元	取消
上等中则	0.12 元	同上	0.24 元	同上	1.20 元	同上
上等下则	0.09 元	同上	0.18 元	同上	0.90 元	同上
中等上则	0.07 元	同上	0.14 元	同上	0.70 元	同上
中等中则	0.055 元	同上	0.11 元	同上	0.60 元	同上
中等下则	0.04 元	同上	0.08 元	同上	0.40 元	同上
下等上则	0.025 元	同上	0.05 元	同上	0.30 元	同上
下等中则	0.015 元	同上	0.03 元	同上	0.20 元	同上
下等下则	0.005 元	同上	0.01 元	同上	0.10 元	同上

（二）三十年度中央接管本省田赋经过

田赋原为国家收入，自民国十七年划归地方后，各省赋则纷歧，轻重失其平衡。三十年四月，中央召开五届八中全会议决：“为适应战时需要，各省田赋暂归中央接管，以便统筹而资整理案”。其办法乙项第五条规定：“中央为适应战时需要，得依各地生产、交通状况，将田赋之一部或全部征收实物”。并于同年六月，举行第三次全国财政会议，议决二项原则：1. 自民国三十年下半年起，各省田赋一律征收实物。2. 田赋征收实物，以三十年田赋正附税总额每元折征稻谷二市斗为标准，其赋额较重之省份，由财政部酌量减轻。旋即通饬各省遵照接管办理。本省部分系自三十年八月一日起，由中央接管，并改征实物。即依照财政部颁行之财政部各省（市）田赋管理处组织规程及财政部各（市）县田赋管理处组织规程之规定，积极筹组省、县田赋机构，以便接管。省级方面于三十年八月一日筹备就绪，正式组织成立财政部云南省田赋管理处（以下简称省处）。县级方面虽经省处通饬各县田赋管理处统限于三十年九月十五日以前组织成立，以便筹备开征。惟因田赋改制，事属创举，各县筹备期间，难免有所稽延，至三十年十月上旬，方据各县纷纷呈报组织成立日期。省处于成立后，除接管财政厅移交原日经办有关田赋档案外，即积极筹划一切应办事宜。一面呈请核减征率，并一面呈请核定开征日期。于同年十月十八日，征率始奉核定。征实县区，每原征耕地税额一元，改征稻谷一市斗二升。折征法币县区，每原征耕地税额一元，折征法币六元。并经省务会议议决，决定于十一月一日，全省各县田赋一律开征。全省一百三十县局，内中以交通便利产粮较丰之昆明等六十三属，全部征收实物。交通困难产粮较少之昭通等四十二县，全部折征法币。并均分别设置县田管处，负责办理。其余已清丈之河口等两对汛区、龙武等三设治局及未清丈之镇越等二十属，共计二十五县区，均因地处边隅，交通梗阻，产谷不丰，原征赋额无多，甚或原未征赋而仅抽收户折、工折等项捐款，情形特殊，如照章设置田赋机构，转致虚靡，故此二十五县局，三十年度田赋初开征时，原经指定各该县政府督办署设治局办理，并仍全部折征法币。惟嗣奉财政部电令该二十五县区田赋管理处，仍应一律组设成立，以符通案，当即遵照组设，至该年度办理征收情形，容于本项（三）内详述。其征实及折征区域详细划分情形，当于第五项详述。兹不赘。

（三）各年赋额赋率核定标准及其收解情形

1. 三十年度

（1）赋额及征率：查本省二十九年度，原征耕地税额，共为一千四百八十六万七千二百二十八元八角七分。惟该项税额内，尚包括有因公征用，灾歉荒芜及人民放弃业权等项应行蠲缓之税额一部分。其确数因适值田赋改制之初，时间迫促，不及依法清查剔减，当经约略估计，暂照全省一成数计算蠲缓。其三十年度之应征赋额，约共合一千三百余万元。至本年度田赋征收办法，系经奉准以原征税额之半数征实，半数折征，当经体察本省实际情形，以昆明、呈贡等六十三县全部征实，以昭通、巧家等四十二县及澜沧、镇越等边远二十五县区，共计六十七县区，全部折征法币，以征实部分之征率，原奉令规定应照二十九年十月所订原征耕地税率每元征收稻谷二市斗。折征部分每原税银一元加九倍征收，共合国币一十元。嗣经本省政府一再电请从宽减轻，以恤民力，始奉准征实部分减为每原税银一元，征谷一亩斗一升。折征部分减为每原税银一元加五倍征收，共合国币六元。计征实部分应合征稻谷九十万市石，折征部分应合征国币三千五百二十五万八千七百五十八元九角二分。

（2）收解情形：三十年度征实之昆明等六十县，自三十年十月一日开征起至三十四年九月底止，共计征起稻谷九十万二千四百一十四公石。较之部订数合超收二千三百一十九公石。折征国币之昭通等六十七县区，自三十年十月一日开征起至三十四年九月十五日止，共征起国币二千三百四十七万七千三百八十二元。就中已据呈报解缴国库核收有案者，共计国币二千二百零七万九千三百七十三元，尚未据报解国库核收者，凡国币一百三十九万八千一百零八元。欠征赋款共约国币一千二百万四千六百三十九元三角四分。惟就中大部分系因迤西之腾冲、龙陵、陇川、瑞丽、莲山、盈江、潞西、梁河等八属于三十一年五月沦陷，无法收解。

2. 三十一年度

（1）赋额及征率：本省三十一年度田赋征实总额原奉中枢配定为稻谷二百万市石。嗣经省政府一再请减，蒙中枢查知本省山多田少，产谷不丰，兼以谷价高涨，人民缴纳赋粮备感困难，始允将征实总额核减为一百五十万市石，当即划定昆明市县等一百零九属为征实区。其余地处边远，情形特殊之中甸、澜沧等十四县区，则予折征法币。嗣又以原列入征实县区中之耿马、宁蒗两属，因地籍错误，办理困难，复经奉准改为折征法币，故本年度实际实行征实者，仅为一百零七属，折征法币者为十六属至业已沦陷之腾，龙等八属则经呈准免赋。以上核实征实之一百零七属约共有原征耕地税额一千三百九十三万零六十九元八角五分。唯就中仍应除去历年灾荒减免及因公征用、人民放弃业权等类耕地应行注销、免赋暨预防流滥、征不足额各数约共占总额二成八之谱，其实际可能征收之税额仅有一千万元左右。故将本年度正赋征率酌予提高为每原税额一元，改征稻谷一市斗五升。又折征法币之十六属，共有原征耕地税额国币三十三万七千八百六十九元八角三分，其折征标准系参照本年度中央核定本省征购粮食给价标准，订为每原税额一元折征法币三十元（即等于稻谷一市斗五升之官价）。计共应征国币一千零一十三万六千零九十四元九角。再省处为便利人民纳赋起见，在上列征实各属中，其不产稻谷地方，得在前省田赋管理处核准搭征杂粮成数范围内，改征苞谷或苦荞两种杂粮，此项比率系订为苞谷一斗或苦荞一斗三升作抵稻谷一斗。

（2）收解情形：本年度本省各属田赋，为适应本省稻谷收获季节，系核定分为两期开征。其第一期自三十一年十月一日起，第二期自同年十一月一日起。综计自开征起截至三十四年九月底止，征实各属共收起稻谷一百七十一万三千八百八十六石（搭征杂粮各属所收杂粮均折为稻谷计算），以与部定数比较，计超征稻谷二十一万三千八百八十六石。其折征法币各属，共收起正赋国币五百三十五万三千二百七十二元。就中据报业已解缴国库核收有案者，共计四百九十六万九千五百七十元，尚未据报解库核收者，计三十八万三千七百零一元，欠征赋款共约国币四百七十八万二千八百二十二元九角。

3. 三十二年度

（1）赋额及征率：本省三十二年度征实数额，原奉最高当局定为稻谷二百万石，虽经省政府一再呼吁，请予核减，文电往返几十余次，仅准财政、粮食两部来咨，允将征实数额减为稻谷一百五十万石。迨至第五届十一中全会开幕时，省政府龙前主席奉召出席，省田赋管理处陆前兼处长崇仁亦随同前往。再将本案分别面向有关当局提出要求，始奉准将征实数额减为稻谷一百二十万石，计较上年度减去三十万石。当即划定昆明市县等一百零五属为征实区，其地居边远，产谷不丰，情形特殊之耿马、佛海等十八县区仍予折征法币。又业已沦陷之腾、龙八属，本年度仍照案继续免赋。本年核定征实之一百零五属，共有原征耕地税额一千三百八十二万五千二百五十三元二角一分，惟就中应除去历年灾歉减免，因公征及人民放弃业权应行注销免赋，暨本年度奉准调整各属山地等，则应行核减赋额与预防流滥、征不足额各数，约占总额二成六七之谱，实际可能征收之税额，仍仅有一千万元左右。但本年度征实总额，既较上年度减少，故将实物征率核减为照二十九年十月所订原征耕地税率，每元改征稻谷一市斗二升，计较上年度每元合减少三升，又为便利交拨计，凡在交通便利地方，得照四五碾率折收食米；交通不便县区，则仍以征收稻谷为原则，其出产杂粮县区，并准照上年度办法搭征一部分苞谷或苦荞，惟将杂粮与稻谷之比率酌予提高为苞谷八升或苦荞一斗一升即可作抵稻谷一斗，嗣因本省三十二年普遍受灾，催收困难，至截限日止，尚未征达部定成数。复经奉准于三十三年小春登场之时，于收数较少，出产豆麦县区准予搭征一部分蚕豆或小麦，其小麦与稻谷之比率，经核定为小麦七升作抵稻谷一斗。至蚕豆与稻谷之比率，系由前田赋管理处饬由搭征豆麦各属，按照当地蚕豆与稻谷之实际价格，自行拟定呈核施行。又折征法币之十八属，共有原征耕地税额四十四万五千四百零七元四角四分，其折征标准，因本年粮价已较上年增涨，爰将各属折征率改订为每元折征国币七十元，计共应征国币三千一百一十七万八千五百一十元八角。

（2）收解情形：本年度本省各属田赋分为三期开征，第一期自三十二年十一月一日起，第二期自十一月十六日起，第三期自十二月一日起，综计自开征起截至三十四年九月十五日止，征实各属共收起稻谷一百一十一万九千四百五十五石（其征米各属所收粮食，及搭征杂粮各属所收杂粮，均照原定比率折为稻谷计算），以与部定数比较，计尚欠征稻谷八万零五百四十五石。其折征法币各属，共收起国币一千六百三十六万六千九百八十七元四角七仙。就中据报业已解交国库核收有案者，共计一千六百零五万一千六百八十七元，尚未据报解库核收者，计六十九万五千四百零三元，其余尾欠赋款，共约国币一千四百八十三万六千三百二十二元三角三仙。

4. 三十三年度

（1）赋额及征率：本省三十三年度，田赋征实，原经中央核定为稻谷一百七十五万石。而本省山多田少，产粮非丰，且自抗战军兴以来，农村劳力缺乏，生产减少。然消费方面，则同盟军及外来人口较前日愈增多，兼值去岁灾歉之余，民力实有难胜。当经前省田管处呈由省政府一再咨商财政粮食两部，请酌予减轻，均未获允。迨至粮食部徐部长堪及财政部田赋管理委员会主任、委员关吉玉，于本年九月联袂来滇，洽商征务。始经省政府龙前主席及省田管处陆前兼处长崇仁相与商定，核减为征实稻谷一百五十万石，计较原定数减少二十五万石，是年度划定征实县区及其原耕地税总额，仍与三十二年度相同，关于上项核定应征之数，奉令务须颗粒征足，而本省耕地自经清丈以还，其间迭经公路、铁路、机场占用，及其他公用征收，暨因灾致荒，与三十二年度奉准调整各属山地等则，应予注销免赋者为数甚多，已如前述；加以上年度本省各属受灾田亩，照案应予本年度准抵免赋者，为数亦复不少，凡此诸种情事，在在均为不能征足之原因，顾以情势如此，欲于事后再请减让绝不可能，当经审按实际情形，将本年征率一律提高为照二十九年十月所订原征耕地税额，每元征谷一斗七升（较上年度每元提高五升），其出产杂粮县区，仍准照上年度办法搭征一部分苞谷苦荞，其苞谷苦荞与稻谷之比率，亦与三十二年度同。又交通便利，需粮较急，于截限期满，尚未收达规定成数各属，并准照上年度办法，准予搭征一部分其他农产物。其搭征种类除照上年规定搭征之小麦与蚕豆二种外，复加征黄豆一种，以便拨作士兵副食之用，其小麦与稻谷之比率，仍与上年度同。至蚕豆、黄豆与稻谷之比率，则照上年度办法，由各属自行拟定，呈报省处核行。唯至低限度不得下于蚕豆一斗或黄豆五升作抵稻谷一斗之标准，嗣前省田管处以原核定本年度征实各属中之景东、六顺、丽江、永善、大关、绥江、盐津、彝良、镇雄、威信、景谷、永胜、华坪等十三属，皆因地处边远，运输极感不便，复经审按实际情形，今饬各该县处，除仍酌征一部分实物，以备拨作驻在各该县中央及省级机关公粮之用外，其余应征实物概行参酌当时部令核定委购军粮价格之标准，每谷一石作价折收国币二千元，惟其带征之县级公粮，则仍照案征收实物。再原定征实之会泽、鲁甸、巧家等三属，原定准予搭征杂粮部分，亦因运输及处置困难，仍准照上项标准折收国币，以示权宜。至地居边远，产谷稀少，上年度核准折征法币各县区，本年度仍予折征法币，共折征标准因本年度粮价又已较前略涨，故将其折征征率酌予提高，订为照原税银每元折征国币九十元（较上年度每元提高二十元），计共应征国币二千九百八十三万三千九百九十四元七角。其余腾、龙等八属，或因沦陷日久，甫行收复，民生尚未安定；或因尚未收复，消息隔绝，本年度仍予免赋。

（2）收解情形：本年度本省各属田赋征收日期，仍照上年度办法，分为十一月一日，十一月十六日及十二月一日等三期开征。惟其气候较热、谷熟较早、能于提前开征者，仍准予尽量提前开征，以赴事机。计自开征之日起。截至三十四年九月底止，征实各属共收起征实稻谷一百五十六万零八百二十三石（其搭征杂粮各属所收杂粮及折价征收各属收起价款均照规定比率及价格折为稻谷计算），以与部定数比较，计超征稻谷六万零八百二十三石；——其折征法币各属，共收起正赋国币二千万零九千四百九十三元。就中据报业已解缴国库核收有案者共计一千一百四十一万七千六百三十元，尚未据报解库核收者计八百五十九万一千八百六十三元，尾欠赋款共约国币九百八十四万三千八百六十九元。

三、带征县级公粮

本省自三十一年度起，遵照委员长蒋辰世侍秘电核示办法，随赋带征县级公粮，以作县级公教人员公粮之用，三十一、三十二、三十三等各年度，全省带征县级公粮总额，均各奉令核定为稻谷五十万石。即予各该年度划定征实县区，随同正赋带征。其征率一项，经前省田赋管理处及省田粮管理处先后呈奉核定为：照二十九年十月所订原耕地税银每元随赋带征稻谷五市升。至边远折征法币各县区，其县级公粮亦随正赋折征法币，因各年度粮价迭有增涨，故其折征率亦随同正赋酌予提高。计三十一年度核定数每原税一元，带征县级公粮国币一十元，三十二年度为每元带征县级公粮国币二十元，三十三年度为每元带征县级公粮国币三十元。嗣因三十三年度各县公粮奉令照新案配发，原征之数不敷支配，奉省政府令，饬由本省财政厅会同民政厅、教育厅及省田粮管理处拟议，无论征实或折征县区，均各照原额加征四成，所有征实各属每元加征稻谷二市升，连前共带征七市升。折征法币各属，每元加征国币十二元，连前共带征四十二元。呈奉省政府核准施行。第因此项命令发布稍迟，于时各属田赋业已先后开征，并已收起相当成数，其已完纳各户，于事后补征不无困难，故实际征起之数仍属不多。兹将本省三十一、三十二、三十三各年度应征及截至三十四年九月十五日止据报征起县公粮稻谷及国币数量列表于次：

各年度征起县级公粮稻谷及国币数表

年度	县区	应征数	起征数		备考
三十一年度	征实县区	500,000 石	558,117 石	464	
	折征县区	3,378,698 元	1,109,562 元	75	
三十二年度	征实县区	500,000 石	427,931 石	39	
	折征县区	8,908,148 元	3,004,777 元	46	
三十三年度	征实县区	700,000 石	475,490 石	629	本年度奉令照三十一及三十二年度加四成征收。
	折征县区	13,922,530 元	6,280,416 元	10	

上项带征县级公粮，系由各县市区田赋管理处（或田赋粮食管理处）随赋带征后，拨交各该县市区、县市政府、设治局或督办公署接收处理之。

四、随赋征购及征借粮食

（一）三十一年度办理随赋征购粮食情形

1. 征购粮食数额：查本年度本省奉令随赋征购稻谷二百万市石。其给价办法，原经中央核定为每石发给国币一百元（就中以三成发给现钞，七成发给粮食库券，是项库券于三年后始能分年换取现钞）。本省奉令后，当将吾滇山多田少，产谷无多；且自越、缅相继陷敌后，粮源供应断绝，谷价节节上涨，对奉令核定征购粮额及给价办法、难于遵办情形，沥陈中枢，吁请减额加价。嗣蒙核定原定征购粮额，系属军事上之必需数量，仍应办足稻谷二百万市石，以济军糈，唯于价款方面，特予增加为每谷一市石，给价国币一百九十元（就中以九十元发给现钞，以一百元搭发美金储蓄券，是项美金储券规定于一年以后计息归还），人民负担稍得减轻。

2. 征购粮食办法：查是项三十一年度本省应购粮额，因系军事上必需之数，迭经中枢令饬务须照额办齐，以济军需。当经就各属农产丰啬、交通便阻、军需缓急、灾荒有无诸种情形统筹规划，划定昆明市、昆明县及呈贡、宜良、晋宁、昆阳、澄江、江川、玉溪、路南、罗次、武定、富民、元谋、牟定、易门、禄劝、嵩明、寻甸、曲靖、马龙、沾益、陆良、平彝、罗平、弥勒、泸西、开远、蒙自、建水、石屏、通海、河西、曲溪、峨山、华宁、文山、砚山、西畴、马关、丘北、安宁、禄丰、广通、楚雄、镇南、祥云、蒙化、弥渡、凤仪、大理、宾川、邓川、洱源、鹤庆、顺宁、昌宁、姚安、大姚、盐丰、盐兴、漾濞、永平、保山、师宗、永仁、巧家、昭通、会泽、宣威、个旧、双柏、新平、元江、墨江、宁洱、丽江、剑川、鲁甸、永善、大关、绥江、盐津、彝良、镇雄、威信、广南、富宁、河口、麻栗坡、屏边、金平、江城、龙武、镇沅、景谷、思茅、六顺、景东、缅宁、云县、耿马、镇康、永胜、华坪、兰坪、维西、云龙等一百零九属，为实施随赋征购粮食区域，核定各该属应行征购粮食数额，并令饬各该属田赋管理处，切实考查各当地地权分配情形，本小粮户免购原则，自行拟订起购点（在地权分配极为畸零之县属，并得将起购点酌量降低，呈由省田赋管理处核定实施）。再综计其起购点以上之赋额，拟订每元购粮比率，报由省处核定实施。其应发粮户征购价款，并经商请各银行分饬各该行驻县分行会同县处发放，即由各县处会同各当地银行派员组成巡回付款队，于开征后持款分赴各粮区巡回付款（后附三十一年度随赋征购粮给价办法）。

3. 收起征购粮额：查三十一年本省泰半县属，均以晴雨调匀，得庆丰收，而我三迤人民对其应纳粮赋复能踊跃输将，结果全省计收三十一年度征购稻谷二百七十万二千四百六十四市石。合较定额已溢购粮食七十万零二千四百六十四市石。我滇民爱国情绪，诚可标之史实，永垂不朽矣。

（二）三十二年度办理随赋征购粮食情形

1. 征购粮食数额：查本年度本省原奉配定应随赋征购稻谷二百万市石，其价格一项，因四川省已自动请求改行随赋征借办法，不愿再领现钞，嘱本省亦仿照实行。惟以本省上年度负担粮额至重且巨，三十二年复以雨水愆期，多数县属灾象早已形成，于奉令核定购额后，当经省府电复，请予减额加价，以恤民艰。继迭奉最高当局电令，及准财政、粮食两部文电，对于前项定额迄未予以减少，继又不惜竭力呼吁，来往文电几十余件，最后准粮食部、财政部来咨，对于征购粮食数额仍未变更，惟于给价方面，则允照三十一年度价格计发，并将美金储蓄券一项，改为搭发粮食库券。迨第五届十一中全会开幕，本省龙前主席奉召出席，前本省田赋管理处兼处长陆崇仁亦随同前往，乃将本案再分别面向中央有关当局提出要求，始奉准是项核定，应购稻谷二百万市石，改订为随赋征借食米六十万市石（按二谷一米标准，发给粮食库券，此项库券概系稻谷面额，规定自三十七年起至四十一年止。每年以面额五分之一抵缴各当年田赋应征之实物，并自发行之日起，以实物计息，利率订为周息五厘），及随赋征购食米三十万市石（每石给价国币一千四百元）。

2. 征购粮食办法：查上项所述应购应借粮额，本省既驻有重军，需粮至急，惟有勉力遵办，又为求名称统一起见，对外即统称征购粮食，以免贻误要政。当由前省田赋管理处分按上年度征购粮食成果，并体察各地灾歉重轻，交通便阻、军需缓急及产米多寡诸情形配订，由昆明市、昆明县及峨山、石屏、澄江、玉溪、易门、龙武、建水、曲溪、个旧、金平、开远、新平、元江、永仁、马关、麻栗坡、砚山、耿马、蒙自、弥渡、富宁、思茅、宜良、富民、华宁、弥勒、丘北、墨江、禄丰、文山、屏边、西畴、通海、六顺、保山、宾川、蒙化、永平、云县、安宁、广通、楚雄、牟定、会泽、泸西、河西、江城、晋宁、路南、武定、禄劝、广南、宁洱、元谋、镇沅、河口顺宁、镇南、姚安、大姚、盐兴、缅宁、昌宁、祥云、景东、罗次、呈贡、昆阳、嵩明、寻甸、马龙、镇康、盐丰、洱源、剑川、鹤庆、师宗、罗平、凤仪、大理、江川、陆良、平彝、曲靖、沾益、宣威、双柏、邓川、漾濞、云龙、车里、佛海、南峤等九十五属，分别援照三十一年度征购粮食成例，仍在小粮户免购之原则下，自行拟订起购点（地权分配零星地方，并得将起购点酌量降低），并订定每元购粮比率，报由省田赋管理处核定实行。又起购点并经规定不得低于五元以下，以利小农。是项征购粮食，因系征购征借合并实行，故于发给价款一项，经核定仍为每米一市石，给价国币一千四百元，惟就中以三分之一付现钞四百六十六元，以三分之二发给粮食库券，除现钞部分规定应于各粮户纳粮后照数发给外，其应发粮食库券部分，则因自三十七年起，始能以之抵纳田赋，深恐发交人民后，日久遗失，转滋周折。当经规定各属成立粮食库券保管委员会。由各该属党政民意机关代表及地方士绅共同组织，指定县市局长为主任委员，参议会议长为副主任委员，代粮民保管此项粮券，由本处将各属应领库券，发交各当地田赋管理机关，如数转交各该县市区粮食库券保管委员会代表人民具领保管，县市政府或设治局、督办公署并负连带责任。复查中枢对本省稻谷加工成率，原规定为二谷一米之标准，经核定应发本省征借食米六十万市石之粮食库券，共为稻谷面额一百二十万市石。惟查本省土地瘠薄，稻谷成色素差，关于是项二谷一米之标准，泰半县属实难达到。爰经列举事实，沥陈困难，务恳以四五为平均碾率。对于是项粮食库券，应请加发给稻谷面额一十三万三千三百三十一市石，以符实际需要，惜恤民艰。其间文件往还，亦在十余件，最终始邀准，俟筹印补发。现已领运到滇者，仅稻谷面额一百二十万市石，其金应领尾数稻谷面额一十三万三千三百三十一市石，则尚未蒙转发，其已领到库券部分，兹正从事分发各县具领保管中。

3. 收起征购粮食额：查本省三十二年，遭受空前巨灾，全境百分之八十以上县属，收成均属锐减，截至目前止，计收起食米八十七万二千四百四十六市石，仅达定额九成七八之谱。前省田管处为力谋补救起见，已报奉中枢核准于一部分受灾过重地区，在三十三年小春作物登场之际，得搭收一部分小麦或蚕豆以补不足，将来或可收足定额。

（三）三十三年办理随赋征借粮食情形

1. 征借粮食数额：查本省三十三年度，原奉令应随赋征借稻谷二百一十万市石，并向大户累进征借稻谷二十万市石。共应征借稻谷二百三十万市石。是项征借粮额，自民国三十八年起至四十二年止分五年平均推还，不计利息，不给粮食库券。当以本省上年受灾严重，民间元气未复，而累进征借一项，则因本省地权分配向来平均，大粮户甚少，小粮户居多，且全省各属总归户册未编造完成，实属难于遵令举办。中经数度商请减额，并请豁免累进征借粮食，直至粮食部徐部长与田赋管理委员会关主任联袂飞滇，始经面商决定：将大户累进征借部分全部免办。仍应随赋征借稻谷二百一十万市石。

2. 征借粮食办法：查本省是年应征借粮食奉令务须颗粒收足，以济军糈，而上年度受灾情形又复惨重，为预防田赋流滥、借不足额起见，特将定额酌予多配借一部分，以资因应。援照以往两年办理征购粮食成案，仍视各地交通、军事、灾歉、产量各情形，并以授权各县田赋管理处体察各当地地权分配情形，参照前颁《征购粮食办法》，妥为自行拟订起借点（地权零星县属，并准酌量降低其起借点）每元借谷比率，报由省田赋管理处核定实行。当即核定昆明市、昆明县及峨山、石屏、澄江、玉溪、易门、龙武、建水、曲溪、个旧、金平、开远、新平、元江、永仁、马关、麻栗坡、砚山、弥渡、蒙自、富宁、思茅、宜良、富民、华宁、弥勒、丘北、墨江、禄丰、文山、屏边、西畴、通海、六顺、保山、宾川、蒙化、永平、云县、安宁、广通、楚雄、牟定、会泽、泸西、江城、河西、晋宁、路南、武定、禄劝、广南、宁洱、元谋、镇沅、河口、顺宁、镇南、姚安、大姚、盐兴、缅宁、昌宁、祥云、景东、罗次、呈贡、昆阳、嵩明、寻甸、马龙、镇康、盐丰、洱源、剑川、鹤庆、师宗、罗平、凤仪、大理、江川、陆良、平彝、曲靖、沾益、宣威、双柏、邓川、漾濞、云龙等九十一单位，举办随赋征借粮食。嗣以六顺、景东两属交通不便，运输困难，借获实物不便处理，复经改定为将随赋征借粮食折借法币，并规定折借率为稻谷每石折合国币二千元，将来到期抵纳田赋时，仍按其实借数量计算，是实际征借实物者，仅昆明市等八十九单位。

3. 收起征借粮额：查本省上年因灾荒遍布，其所有受灾田亩，照案应于本年度流抵免赋。幸本省三十三年度应行征借粮额，前因预防田赋流滥及因灾请免致难足额起见，经酌予多配借一部分，是以收起二百零六万七千五百二十二市石。尚能达定额九成八九之谱。军糈得以无缺，我滇省人民对抗战贡献，可谓至巨大矣。

五、征实及折征法币区域

本省田赋自三十年度改制以还，对于各年度征实及折征法币区域之划分，均系查酌各属农业生产、交通状况及各该年度需粮情形而定，兹将各年度征收区域划分情形分别列叙于次：

（一）三十年度

1. 征收实物县名：昆明、呈贡、宜良、晋宁、昆阳、澄江、玉溪、路南、罗次、武定、富民、易门、禄劝、嵩明、寻甸、曲靖、马龙、沾益、陆良、平彝、罗平、弥勒、开远、蒙自、建水、石屏、通海、河西、曲溪、峨山、华宁、文山、砚山、安宁、禄丰、楚雄、镇南、姚安、祥云、弥渡、凤仪、大理、邓川、宾川、洱源、鹤庆、蒙化、顺宁、昌宁、大姚、盐兴、漾濞、永平、保山、江川、元谋、牟定、丘北、盐丰、泸西、西畴、马关、广通，共计六十三县。

2. 折征国币县名：昭通、会泽、师宗、巧家、双柏、新平、元江、墨江、宁洱、剑川、丽江、腾冲、龙陵、鲁甸、宣威、永善、大关、绥江、盐津、彝良、镇雄、威信、广南、富宁、屏边、金平、江城、镇沅、景谷、思茅、六顺、景东、缅宁、云县、镇康、永胜、华坪、兰坪、维西、云龙、个旧、永仁、河口、麻栗坡、龙武、宁蒗、耿马、中甸、澜沧、双江、车里、镇越、佛海、南峤、宁江、陇川、碧江、德钦、福贡、贡山、泸水、沧源、瑞丽、潞西、盈江、莲山、梁河，共计六十七县区。

（二）三十一年度

1. 征实并随赋带购粮食县名：昆明市、昆明、呈贡、宜良、晋宁、昆阳、澄江、玉溪、路南、罗次、武定、富民、易门、禄劝、嵩明、寻甸、曲靖、马龙、沾益、陆良、平彝、罗平、弥勒、开远、蒙自、建水、石屏、通海、河西、曲溪、峨山、华宁、文山、砚山、安宁、禄丰、楚雄、镇南、姚安、祥云、弥渡、凤仪、大理、邓川、宾川、洱源、鹤庆、蒙化、顺宁、昌宁、大姚、盐丰、漾濞、永平、保山、江川、元谋、牟定、丘北、盐兴、泸西、西畴、马关、广通、昭通、会泽、师宗、巧家、双柏、新平、元江、墨江、宁洱、剑川、丽江、鲁甸、宣威、永善、大关、绥江、盐津、彝良、镇雄、威信、广南、富宁、屏边、金平、江城、镇沅、景谷、思茅、六顺、景东、缅宁、云县、镇康、永胜、华坪、兰坪、维西、云龙、个旧、永仁、河口对汛区、麻栗坡对汛区、龙武对汛区，以上共计一百零七县（市）区。

2. 折征国币县名：中甸、澜沧、双江、佛海、南峤、车里、镇越、宁蒗设治区、耿马设治区、宁江设治区、沧源设治区、泸水设治区、德钦设治区、福贡设治区、碧江设治区、贡山设治区，以上共计一十六县区。

3. 暂行豁免田赋县名：腾冲、龙陵、潞西设治区、梁河设治区、陇川设治区、瑞丽设治区、盈江设治区、莲山设治区，以上共计八县区。

（三）三十二年度

1. 征实征购县名：昆明市、昆明、呈贡、宜良、晋宁、昆阳、澄江、玉溪、路南、罗次、武定、富民、易门、禄劝、嵩明、寻甸、曲靖、马龙、沾益、陆良、平彝、罗平、弥勒、开远、蒙自、建水、石屏、通海、河西、曲溪、峨山、华宁、文山、砚山、安宁、禄丰、楚雄、镇南、姚安、祥云、弥渡、凤仪、大理、邓川、宾川、洱源、鹤庆、蒙化、顺宁、昌宁、大姚、盐丰、漾濞、永平、保山、江川、元谋、牟定、丘北、泸西、西畴、马关、广通、会泽、师宗、双柏、新平、元江、墨江、宁洱、剑川、宣威、广南、富宁、屏边、金平、江城、镇沅、思茅、六顺、景东、缅宁、云县、镇康、云龙、个旧、永仁、盐兴、河口对汛区、麻栗坡对汛区、龙武对汛区，以上共计九十一县市区处。

2. 征实免购县名：昭通、巧家、丽江、鲁甸、永善、大关、绥江、盐津、彝良、镇雄、威信、景谷、永胜、华坪，以上共计十四县。

3. 征购不征实边远县名：佛海、南峤、车里、耿马设治区，以上计四县区。

4. 折征法币边远县名：兰坪、维西、中甸、澜沧、双江、镇越、宁江设治区、宁蒗设治区、沧源设治区、泸水设治区、德钦设治区、福贡设治区、碧江设治区、贡山设治区，以上共计十四县区。

5. 免赋县名：腾冲、龙陵、潞西设治区、梁河设治区、陇川设治区、瑞丽设治区、盈江设治区、莲山设治区，以上共计八县区。

（四）三十三年度

1. 征实征借县名：昆明市、昆明、呈贡、宜良、晋宁、昆阳、澄江、玉溪、路南、罗次、武定、富民、易门、禄劝、嵩明、寻甸、曲靖、马龙、沾益、陆良、平彝、罗平、弥勒、开远、蒙自、建水、石屏、通海、河西、曲溪、峨山、华宁、文山、砚山、安宁、禄丰、楚雄、镇南、姚安、祥云、弥渡、凤仪、大理、邓川、宾川、洱源、鹤庆、蒙化、顺宁、昌宁、大姚、盐丰、漾濞、永平、保山、江川、元谋、牟定、丘北、泸西、西畴、马关、广通、会泽、师宗、双柏、新平、元江、墨江、宁洱、剑川、宣威、广南、富宁、屏边、金平、江城、镇沅、思茅、六顺、景东、缅宁、云县、镇康、云龙、个旧、永仁、盐兴、河口对汛区、麻栗坡对汛区、龙武对汛区，以上共计九十一市县区。

2. 征实免借县名：昭通、巧家、丽江、鲁甸、永善、大关、绥江、盐津、彝良、镇雄、威信、景谷、永胜、华坪，以上共计十四县。

3. 折征法币边远县名：佛海、南峤、车里、兰坪、维西、中甸、澜沧、双江、镇越、耿马设治区、宁江设治区、宁蒗设治区、沧源设治区、泸水设治区、德钦设治区、福贡设治区、碧江设治区、贡山设治区，以上共计十八县区。

4. 免赋县名：腾冲、龙陵、潞西设治区、梁河设治区、瑞丽设治区、陇川设治区、盈江设治区、莲山设治区，以上共八县区。

六、委购差额军粮

查本省自抗战军兴以还，地位日趋重要。一面既为国际交通要道，同时又因地理环境关系，逐渐发展为反攻主要基地，国军大量云集，而盟国陆、空军及有关军事之训练机关亦相继在省境各处集中驻防。所需军食至为浩繁，其中一部固已划拨各年征实征购（借）所得实物以供应用，但以需粮过大，不敷之数甚巨。此项军粮差额，如仍加诸各属粮户，并由征实征购（借）项下征收，民力实难负荷，幸蒙中央体恤，历年均另行拨发购款，饬令田粮机关设法采购补充，其于一般已完粮之业户，确已免除其额外之负担，又于军糈之供应，复收迅捷之效。计三十年度，奉令增购差额米一十万大包（每大包重一百公斤折合二百市斤），系经前本省粮政局会同民政厅呈奉省府核准，就积谷项下借碾拨用，以赴事机。一面另由民厅发款，饬令借用各属购买填还；三十一年度奉令采购差额军米二十一万大包，就中十九万大包，由前省赋管理处负责采办，二万大包由前粮政局负责采办；三十二年度前粮政局奉令采购差额军米四十七万大包，共分照案办理：（一）五万大包核定单价每包国币一千一百元。（二）三万大包核定单价每包国币四千元。（三）十万大包核定单价每包国币二千三百元。（四）十四万大包核定单价每包国币二千三百元。（五）十五万大包核定单价每包国币一千三百元。

三十三年度奉令采购差额军粮四十万大包，核定每包单价国币六千元，由省田赋粮食管理处采办，关于此项差额军米之收购交拨情形，请今阅本文十一项“交拨军粮”。

七、收纳实物

（一）仓库设置情形

各属田粮机关收纳实物，系遵章于各乡镇设置收纳仓库若干座，专供收存人民上纳各项实物之用。另再就各该县级田赋粮食机关下设置集中总仓一座，分仓若干座，作为各该县交拨粮食之集中地点。惟此项收纳及集中仓，因未奉部中拨发专款建筑，且数量较多，须由各县因地制宜自行计划设置，故多数均系利用旧有县仓，或乡镇仓、或私人祠堂、房舍、庙宇或其他公共建筑修理使用。并因奉发修理费用无多，类皆因陋就简，无固定仓址、容量可资记载。又前粮政局时曾由粮食部直接发款建筑，有昆明等十属聚点仓［县名、仓址、座数、容量等详见本项附表（一）］，均系位于交通便利之冲要地点，以便军粮之运输交接。此项仓库建筑坚固，对实物之保储甚为适用。此外，前省田赋管理处，曾奉财政部拨款，于昆明、宜良、玉溪、禄丰等四属建有模范仓四座［仓址、座数、容量等详见本项附表（二）］，此项仓库建筑亦较坚实，现均已拨交各该属田粮处直接管理使用。

（二）各属收纳仓库使用验收工具及保管实物情形

本省自田赋改征实物以来，所有各属处验收实物所使用之量器，及补助校验所需用之衡器，均经省田粮机关于每年度开征以前，令饬各属向当地度量衡检定所依法检定、烙印、编号后始配发各粮仓使用，并呈报备查。如遇主管人员交卸时，应列册悉数移交，仍由管理人员妥为保管。又每届实物入仓后，应随时检查粮仓是否坚固，如有破漏情事，即须加以修理，俾不致倾圮；又如发现所储实物有潮湿、霉坏情事，应即报请上级派员勘验，迅予设法处置，或予翻晒；并为预防虫蚀、鼠啮，应备杀虫药剂及捕鼠用具，以免损耗过多，每月实物进出仓，须分别填入规定报表内，依限呈报，以备查考。如遇紧急事态发生，或仓内所储实物达容量七成时，应速通知指定接粮机关拨运出仓。必要时，并请当地行政机关或驻军派军警戒备，以防意外。

各县设置聚点仓库座数暨容量一览表（一）

名称	仓址	座数	容量（石）
昆明东聚点仓	昆明市东火车站旁	散、包装仓各一	各 7,000
昆明西聚点仓	昆明市西火车站旁	散、包装仓各一	各 7,000
曲靖聚点仓	曲靖县	散装仓一	5,000 石二座
		包装仓三	7,000 石二座
宣威聚点仓	宣威县	包装仓二	各 5,0000
楚雄聚点仓	楚雄县	包装仓一	7,000
文山聚点仓	文山县	包装仓一	7,000
宜良聚点仓	宜良县城西半公里	散、包装仓各一	各 7,000
蒙自聚点仓	蒙自县城外西火车站旁	包装仓一	7,000
下关聚点仓	凤仪县属下关	散、包装仓各一	各 7,000
玉溪聚点仓	玉溪县城南校场	包装仓一	7,000
建水聚点仓	建水县	包装仓一	7,000

说明：

1. 表列十一县共计建有包装仓十三座，散装仓五座，可容纳谷米十二万五千公石。

2. 表列各仓，除宣威包装仓二座及曲靖包装仓二座，系粮食部仓库工程管理处第一建仓工程处，于三十四年建筑完成，后奉粮食部令饬由本处验收接管外，其余各仓，均系前粮政局移交田管处接管。

昆明等四县模范仓库座数暨容量一览表（二）

县名	仓址	座数	容量（市石）
昆明	昆明县小板桥	一座	1,200
宜良	宜良县匡山镇法明寺	一座	1,200
禄丰	禄丰县姚陵镇金山公园	一座	1,200
玉溪	玉溪县棋阳镇	一座	1,200

八、催征二十九年以前各年旧欠田赋

自三十年度，本省田赋收归中央接管，改征实物后，本省各县区三十年上期以前（即本省征收耕地税年度二十九年以前）各年旧欠田赋，亦奉令自三十一年十一月一日起交由各县区田赋管理处接收催征，届满六个月后，即须改汇实物。奉令之后，即由财政厅会同前省田管处通令各县、区、府、署、局及田赋管理处遵照，饬于三十一年十一月一日起，交由各县区田赋管理处接收征解。其在三十一年十一月一日以前，溯至三十年八月一日中央接管本省田赋之日起，其间原由各县、区、府、署、局所征获之历年旧欠赋税，当时曾经规定为：

（一）各府、署、局自三十年八月一日起至三十一年十月底止，所征获之二十七年以前各年旧欠正额赋税，其已报解省库者，饬将解库数目列册呈候由财厅拨交省处接收转解；其尚未报解省库者，即交由各该县、区田赋管理处接收转解。

（二）各府、署、局在同时期内征获二十八、九两年度之耕地税，仍由各该府、署、局支用。但应将征获数俱报，以便由财厅拔款交由省田粮处接收转解。继为力谋结束起见，复经省处商准财厅同意，由前省田管处以陆兼处长崇仁私人名义，致函各县、区处兼处长，嘱将各该区历年蒂欠之款，由地方设法筹解，其地方一时无款筹解者，亦应声明理由呈处，以便统筹设法请免，借免日后又再征实，重重苛累。旋因各县、区处中多数未能遵照办理，又经省处商准财厅，由厅拨送国币二百一十一万四千七百七十六元二角七分，作为代各县区抵补欠数，由处统筹解库。惟以各县区欠数一项，除已经据报者外，其余未报各属，自非酌就上款分别拟定不可，殊正办理期间，各属中又续有筹款解处者（盐丰、新平、宾川、弥勒、昆阳等五属）；亦有自行解库者（姚安一属）；又有原未据报欠数，业经代为拟订，而后来据报实际欠数，多于或少于省处之拟定数者；甚有陈明根本无欠数者。以致随时牵动，更改莫定，省处为力谋从速结束本案起见，特就截至三十二年六月份以前，各种情形分类统计如下：

1. 已据报欠数者三十七属，共欠一百二十六万二千七百九十一元八角二分，就中除已据径行解缴国库云南分库五千八百四十八元零一分，及解由省处暂收三万六千三百一十六元三角五分外，实欠一百二十二万零六百二十七元五角一分。

2. 未据呈报欠数者共有六十二属。

3. 据报毫无欠数，及边远未经清丈，从未征收耕地税，亦无欠数，与已沦陷者共三十二属。

上列三种情形，就中除第3项应据实呈明不再摊解外，其由财厅前拨之款内，除去代第一项已有欠数各属抵解一百二十二万零六百二十七元五角一分外，其余尚有八十九万四千一百四十八元八角一分，即作为未报各属之欠数，亦即代未报各属抵解数。并即照此项原则，将未报各属之欠数酌予分配拟订，由省处会同财厅，于三十三年七月八日填具省田旧字第特号缴款书，缴解国库昆明分库核收，并呈报财部请予结束，及通令各属将所有三十年上期（即本省二十九年度）以前所有耕地赋税旧欠概予豁免，以恤民艰。

九、勘报免赋案件

（一）勘办因公征用免赋案件情形

查本省抗战后，地位日形重要，机关、工厂、学校、团体先后迁入者与年俱增。并以准备反攻，国军及盟军亦不断调滇驻防，对于土地之需要大为增加，各县承粮耕地，因修筑公路、铁路、机场、厂房、校舍或其他公用建筑，而先后征用者为数甚多。此类耕地既已因公征用，原主已无收益，照章应即勘查免赋，以示体恤。惟过去征收田赋机关，未能及时清查、减免，致积案极多。前省田赋管理处成立接办赋政后，鉴于田赋之减免，关系人民之负担甚大，曾先后迭令严饬各县属恪遵土地赋税减免规程之规定，利用各年田赋淡征时期，积极清理，分别造具减免赋税清册及简明表，呈报核办，并照案令派各区督导人员前往复勘具报，核转财政部地政署会核减免有案。田粮管理处成立后，更加紧督促赶办，数年以来，已办毕多案，其未办结者，亦经严催赶办中。兹将历年因公征用核准免赋之亩积税额，列表附后以供参阅。详见下表。

云南省历年因公征用耕地应免赋粮数额表

年度	免赋面积（亩）	减免成数	减免税额（元）	减免粮额（石）
三十年	2,734.19	十成	1,954.94	234.674
三十一年	9,596.259	十成	8,138.131	1,220.758
三十二年	15,634.848	十成	8,099.95	970.666
三十三年	2,460.93	十成	1,628.866	278.318

附记：

1. 表列各年度减免数额经先后呈准自该年度注销免赋。

2. 表列减免粮额一栏数字仅列征实一项，其征借及县公粮并未列入。

（二）勘办历年灾案免赋情形

查各属正产农作（即秋收）如遭水、旱、风、雹、虫伤、病害成灾，遵照中枢颁布法令之规定，均得据实报请主管田粮机关，派员层次初勘并复勘受灾实况，转请中枢减免田赋，以恤灾黎。本省自民国三十年田赋改征实物后，历年均有灾歉发生，除三十年仅有丽江、剑川两县遭受水灾情形较轻外，其余各年则受灾县属甚多。灾区广阔，灾情亦重，就中尤以三十二年度为最，计三十一年受灾者有晋宁、呈贡、宜良、易门、安宁、禄丰、双柏、寻甸、曲靖、马龙、元谋、罗平、会泽、富宁、沾益、顺宁、剑川、丽江、平彝等十九属，受灾类别多为水、旱及冰、雹灾。三十二年受灾者，计有昆明市、晋宁、嵩明、顺宁、盐津、罗平、绥江、泸西、富宁、昆明县、马龙、马关、河口、鹤庆、镇雄、广南、曲靖、中甸、丘北、大理、河西、师宗、沾益、陆良、路南、永善、呈贡、凤仪、彝良、大姚、平彝、华宁、江川、华坪、宜良、弥勒、缅宁、宣威、砚山、六顺、兰坪、寻甸、楚雄、思茅、开远、永胜、禄劝、大关、维西、盐丰、云县、玉溪、巧家、剑川、石屏、姚安、元江、广通、云龙、永平、富民、潞西、泸水、文山、昭通、安宁、墨江、罗次、漾濞、麻栗坡、耿马等七十一属。灾歉类别，水、旱、风、雹、虫灾均有。三十三年受灾者，计有麻栗坡、曲靖、云龙、广南、富宁、楚雄、镇南、缅宁、剑川、呈贡、澜沧、鹤庆、西畴、沾益、蒙化、姚安、洱源、平彝、宜良、陆良、马关、文山、邓川、蒙自、昆阳、思茅、开远、元谋、武定、保山、弥渡、景东、祥云、巧家、盐津、绥江、永善、兰坪等三十八属。灾歉类别，多为水、旱两灾。以上各年灾案，均经前省田赋管理处及省田粮处，先后遵照院颁《再修正勘报灾歉规程》及《土地赋税减免规程》之规定，令派督导人员分别驰往实地复勘，明确具报后，详细审核，填具灾歉状况表，呈奉财政、粮食两部核定灾情，并分令原受灾县属田粮机关，遵章按照核定灾成及亩积，造具免赋清册及简明表，详填应免税额及应征实物数，呈凭核转减免田赋，其中遇有勘明灾情确属轻微者，均恪遵委员长蒋电令所示，轻灾不得率报之旨，分别剔除驳回，以杜借词逃避国赋之弊。又灾案之勘转减免法定手续甚繁，往往不易于各年度田赋开征以前办毕，按照部令规定：当年应予减免之赋额，仍须照纳，俟全部手续办毕后，再就同户次年应纳赋额项下流抵减免，亦经通饬遵照办理在案。兹将历年灾案奉准减免亩积税额列表附后，以资参阅。详见下表。

云南省历年灾歉应免赋粮数额表

年度	免赋面积（亩）	减免成数	减免税额（元）	减免粮额（石）
三十年	14,855.41	十成	4,476.54	537.65
三十一年	419,831.549	一成至十成	53,380.08	8,015.244
三十二年	5,558,191.642	同上	403,992.385	47,899.582
三十三年	710,044.748	同上	6,527.83	1,100.169

附记：

1. 表列减免赋额及减免粮额两栏所列数字，系根据受灾各属遵章造具免赋册表，报经本处核转备案者填入、其未报免赋册表者，应免数额则无从查悉。

2. 表列减免粮额一栏所列数字仅列征实一项，其征借及县公粮并未列入。

十、调整山地等则

滇省各县耕地，自民国十八年起至二十九年止，曾经本省财政厅先后实施清丈整理地籍，并重新将田赋科则厘定为上、中、下三等九则，载在地籍图册，即据以课征耕地税，实行之初，颇能适应民力，并具有简化科则之优点，官民交相称便。民国三十年田赋收归中央接管后，仍继续利用该项清丈成果办理，颇收事半功倍之效。惟渐以施行日久，情况不无变更，原订等则遂感评订过高，民力难支。前本省田赋管理处，曾迭据各属机关、团体、民众纷纷呈请调减，当以所请关系到国计民生异常重大，不能不慎重将事，即经令派各区督导人员于前赴各属督导时，切实考查具报凭核。旋据先后呈复，佥以各县山地部分之等则，确有评订过高情事等情到处，复经该处汇核。滇省各县耕地内，其山地部分清丈时所订等则，过去间有评定稍高者，盖以滇省初期推行清丈，各属当时尚未实施烟禁，各该属山地虽土壤硗瘠，缺乏水利，不适其他农作之栽培，而清丈时厘订等则，又系以田地之收益为其主要依据，以致评定时亦不免有失平允之处，自政府厉行禁政以还，该项山地只能改种杂粮，且类皆广种薄收，收益较昔锐减，所幸在民国二十八年以前税率较轻，又系征收法币，民间勉可支持，故尚鲜少争议。自抗战开始，用度浩繁，滇省耕地税率三度递增，较前骤加十倍，继于民三十改征实物，又继行随赋征购，负担愈形加重，该项山地以瘠薄之地力，确难负担，以致弃地逃亡者有之，自愿缴照归公者亦有之，其于赋政之推行，土地之利用，影响均至为重大。为体恤民力计，爰经体察地方实况，拟订《三十二年度调整各属耕地等则暂行办法》一种，呈奉财政部地政署会令核准施行，当即转饬各属遵照。旋本省田赋粮食管理处成立，更加紧督促各属实施。第以该项办法，因系顾及抗战期间，情形特殊，人力、物力、财力缺乏，仅规定作局部之调整，所有应行调整之县、区，均概以清丈届满十年或虽未达十年而确有调整必要，经专案呈准者为限。又其应行调整等则之耕地，仅以山地为限，水田暂不调整，再为避免牵动过大、影响征收起见，其调整后所减少之原征税额，经奉准至多不得超过全县原征税额之一成，自开始实施后，计于三十三年内办毕呈准调减者，有龙武、元江、顺宁、砚山、呈贡、蒙化、晋宁、澄江、易门、武定、马关等十一属。三十四年七月以前奉准调减者，有宾川、姚安、屏边、石屏、绥江、鲁甸、昆阳、楚雄、罗平、丽江、凤仪、云龙、禄劝、罗次、开远、宜良、寻甸、巧家等十八属。均照规定在其原征总税额内减去十分之一，其于人民之负担减轻不少。

十一、交拨军粮

本省三十年度应交军粮总额，奉粮食部核定为军米三十万大包，就中奉令由田赋征实项下拨交二十万大包，已全数交清，并取获军粮局印据报销在案。另十万大包系就是年采购差额军米项下交拨，亦已悉数拨清，惟领据不齐，尚待洽取汇办。三十一年度应交军粮总额，计军米一百零六万大包，就中奉令由征实征购项下拨交八十五万大包，已先后拨交七十八万四千九百二十七大包又一百市斤，均已取获兵站印据报销。

其欠交数已遵令停交兵站，列入余粮清理。另外本年应交之军米二十一万大包，系以采购之军米拨交，计已购交十七万零四百零三大包，并取得印据报销，欠交数亦已遵令列入余粮清理。三十二年度奉配应交军粮总额，计军米一百四十七万大包，就中奉令由征实征购项下拨交军米一百万大包，已先后交拨米八十六万零一百九十五大包又一百八十四市斤，杂粮二万六千四百二十五石，均已取得兵站印据。正与前昆明行营兵站总监部及远征军兵站总监部洽换汇报中，欠交之数已遵令停交，列入余粮清理，另不敷军粮四十七万大包项下拨用均已交清，并由前粮政局取据报销在案。三十三年度奉配应交军粮总额计一百三十七万五千大包，就中奉令由征实征借项下拨用九十七万五千大包，已交八十五万四千四百五十一大包，内中已取获兵站印据报销者计七十万零四千四百三十五大包，正换据报销者一十五万零一十六大包。欠交之数已遵令停交，列入余粮清理。本年不敷之四十万大包，系采购军米补充，已购交二十九万零二百五十大包，并呈准免购三万大包，其余欠购之数，正严令各县扫交结报中。

十二、配拨公粮

（一）三十一年配拨公粮情形

自抗战军兴后，各地物价普遍上涨，粮价亦随之波动。公教人员原有待遇，系以货币支发，难以物价增涨之指数为比例之增加，生活深感不易。中枢为保障一般公教人员生活、并安定其服齐心理起见，经决定自三十一年起，对各公教人员及其直系亲属之食粮，一律由政府拨发实物供应。是年，本省前粮政局奉粮食部令饬由三十年度由田赋征实收起稻谷项下拨发谷十七万一千公石，以作本省省级公教人员平价食粮之用。该局遵即将上项应拨发数额，查酌各县情形，分配各县照拨。惟以附省交通便利地区，征起实物，多因尽先交拨军粮，已拨用罄尽。其尚有实物存储可供拨用者，率为比较边远区域，无法拨运。爰又经呈准就地变价交款，即以是项变价所得价款，改发公教人员食米代金，总计是年共售出稻谷十万零六十八石一斗二升七合，变得价款则已分别解国库及财厅核收，发作代金。

（二）三十二年配拨公粮情形

三十二年前本省粮政局奉部令由三十一年度征实征购项下划拨稻谷四十五万公石，作为本省三十二年省县级公粮，并按月配拨实物，不缴基价。惟因奉令期间，适值旧粮业已用尽，而新粮则又尚未收入，当经该局呈奉省府核准，借用附省各县积谷，先行垫发，第以此项积谷，均系多年陈谷，质色太差，经派员分往各县试碾，低者每谷一石仅能碾得食米三斗一升五合，高者亦不过四斗二三升之谱，平均约折合米十八万公石，该项公粮之配发手续，可分为两部分：

1. 审核应发数：由各机关按照预算设置人数，及规定未满二十六岁者发给六公斗、二十六岁以上来满三十岁者八公斗、三十岁以上者一公石、公役四公斗之标准，造具员姓名，及应领粮数清册，送交省府会计处及财政厅，统筹审核后汇总呈请省府转饬粮政局照发。

2. 配发公粮：由粮政局分别情形，凡驻于省会者，由该局委托省会粮食供应处，一律按月配发实物；驻于各县者，由该局分令各该驻在地县政府，按照有粮发粮无粮改发代金之规定办理。其代金标准系由粮政局会同财政厅及省府会计处议订呈准实行。代金来源则系由粮政局将边远县区应交之公粮变价或改为折价，即以其收得之价款备发。总计是年度共配发公粮米十万三千二百五十四公石零二升，又奉令拨发一部分驻滇中央机关公粮米三万一千六百九十六公石九斗，两项合计共配发公粮米十三万四千九百五十石九斗二升。在书面上计算两抵合余存米四万一千公石。

（三）三十三年配发公粮情形

三十三年省级公粮奉令由三十二年度征实征购项下划拨稻谷四十万石，照奉准核定之四五碾率计算，约合米十八万公石。至驻滇各中央机关公粮，则奉令改发代金，总计是年度共配发公粮米十一万一千六百七十三石六斗二升。两抵应合余存米六万八千余公石。其配发手续及机关，均仍照上年成案办理，并无更变。

（四）三十四年配发公粮情形

三十四年奉令由三十三年度征粮项下，配拨稻谷七十六万公石，以三十万公石作为中央驻滇机关公粮，以四十万公石作为省级公粮，其余六万公石作为驻滇国立各院校员生公粮。又是年因军粮部分奉令避免以边远地区粮食拨交，所有附省交通便利地区所征起借获之实物，均遵令先拨交军粮，其可能匀拨公粮者，仅有稻谷四十一万公石，余则不能不就边远之永善、绥江、丽江等县三十三年度征粮全数拨作公粮。又因各该县区交通不便，征起粮食不易运输集中利用，而存储变卖亦有困难，爰又遵照部颁《处理边粮办法》并参酌委购军粮价格标准，呈奉核准每公石谷折收法币二千元，即以所得价款作为改发代金之用，复查前奉粮食部颁发中央公粮明细表所列单位食米，全年共需米二十二万零一百三十一石六斗，除奉拨中央公粮稻谷三十万石，以四五碾率约合食米十三万五千公石，以之全数拨发外，尚不敷米八万一千公石，经以三十四年度征粮垫发，并经呈准以三十五年度新粮归还在案。又省级公粮四十万石，以四五碾率计算，约折合食米十八万石，除配发本年省级公粮及自三月份起增加公役食粮全年共配拨食米十五万四千一百七十九石二斗三升外，约存米二万余千公石，至国立各院校公粮谷六万石，已经配拨清楚。总核各年度省级公粮在账面上虽有盈余，均系欠在民间，不易催收。

十三、调节管制

本省先后组设粮食管理机构，办理调节民食，平抑粮价。情形已于本文“田赋机关之沿革”“粮政机关之沿革”及“田赋粮政机关合并经过”等目内详细分述，兹不再赘。至关于粮食之管制事宜，前本省粮政局及省田赋粮食管理处，为力谋昆明市民皆得有购买平价食米之均等机会起见，曾先后遵章举办全市户口总登记，按户籍人口填发牌照，由市民持向前省会粮食供销处粮食公司、前省会粮食调节处请求配售食米。

其机关团体所需之食米，则规定应按照各该机关团体人口数额，报粮政局省田粮处审核填发购运证，指定向产米县区购办食用，以免集中昆明抢购，影响粮价。又于粮商之管理方面，则照章举办粮商登记，填发营业执照，并规定各该粮商每月应售之额数，填发购运证，饬向产米区购回，依照规定限额出售，不得超购少售，借免发生变象囤积情弊。并与宪警机关密切联系，严禁非粮商购运售卖，以免发生黑市，引起粮价波动；一面饬令昆明市粮食业同业公会，切实遵章严格督促各粮商遵照政府管制粮食之法令。办理数年来，收效尚佳。

十四、督征契税（田赋推收附）

（一）三十一年中央接管本省契税推收之经过

查契税一项，在民国三十年以前，原为省级收入，由财政厅委托各县代征。并就征起数内，照案坐扣百分之五办公费，以作代征开支。再本省因各县耕地部分业经清丈发照，其契税之办理亦与其他各省稍有不同，按照本省单行法令之规定，凡未经依法实施土地测量登记，或未经清丈发照之一切不动产（多为城镇乡村宅地、墓地、荒山、林场等类），如有业权移转情事，均须照章向主办契税机关购领官印契纸，并完纳契税。此类不动产因向无田赋负担，故无须办理推收，但其系业经清丈，领有执照之耕地，如有业权转移情事，依照本省财政厅颁行之《耕地登记暂行章程》，只须凭原领清丈执照并填呈报单报请主管机关办理转移登记（即田赋推收），改注执照所列业权，不再购领官印契纸唯约须比照契税各项税率缴纳耕地登记费一种，解缴省库核收。民国三十年田赋收归中央接管，契税因与田赋推收具有密切关系，亦奉令一并移交前本省田赋管理处接办。至三十一年一月，始准财厅将该项业务移交清楚，当即由前省田赋管处体察本省实际情形，拟订各项有关法规，从事整理。并为适应地方习惯、便利业务推进起见，呈奉财政部核准，通饬各属仍照旧例就已清丈领照之耕地部分继续办理耕地登记，并比照各项法定契税征收登记费，以契税科目解交国库核收，不再购领官纸，其未经清丈领照之一切不动产，则依法购领官纸并完纳契税。

（二）历年契税征收情形

本省契税自经前省田管处及省田赋粮食管理处先后接管后，经积极整理推行，甚为顺利。兹将历年全省征解税款数分述如后：

1. 三十一年度征解税款情形：本年度财政部配定全省应征契税比额，计国币六百万元，经审按各县情况分配征解，年度终了时，实收起国币六百三十二万九千零六元五角一分。

2. 三十二年度征解税款情形：本年度奉财政部令配定全省应征契税比额为国币一千九百万元，仍照案分配各属征解，至年度终了时，实收解国币四千零八十三万六千二百三十五元七角四分，合超征二千一百八十三万六千二百三十五元七角四分。

3. 三十三年度征解税款情形：本年度奉财政部令配定全省应征契税比额为国币二千六百万元。至年度终了时，实收解一万万零二百九十六万八千九百一十七元六角六分，合超征七千六百九十六万八千九百一十七元六角五分。

4. 三十四年度征解税款情形：本年度奉财政部令配定全省应征契税总额为国币七千二百万元，至年度终了时，实征解二万万八千二百八十四万零一百零九元六角六分，合超征二万万一千二百八十四万零一百零九元六角六分。

附注：契税征解年度系采历年制，即自每年一月一日起至十二月底止，与田赋粮食年度不同，以上所述契税征解年度均系照历年制。

（三）整理各县属契税情形

民国三十二年，前本省田赋管理处奉财政部令颁发《整理契税办法》，饬即遵办下处，当即由该处体察地方实况，拟订《补充实施办法》呈准并通饬各属一律自该年四月十五日起至八月十五日止实施整理在案。按照上项呈准办法之规定，首应组设各保查验契照之机构，并照部颁宣传大纲，普遍发动宣传，务使民众家喻户晓，俾能依限踊跃呈验其所执管业契照，免罚补税登记。俟自动呈验期满以后，即由各保查验，但就各该管辖地域，挨户实行查挤。其逾越整理期限，经人告密举发之未税白契，或未登记之执照，除照章补行登记征税外，并即照章科以罚锾，以示惩儆。自举办以来，多数县属尚能切实遵章办理，故所得结果大体堪称圆满。其在该年度整理契税期间，有因各种特殊原因迄未遵令举办，或则虽已开始，并未切实推行；或则举办较迟，未能依限完成者，亦经前省田管处令饬于次年度淡征期间继续遵章整理报核，以重税政。田粮合并后，仍赓续办理，统计至三十四年为止，计有昆明市、昆明县、宜良、玉溪、会泽、通海、呈贡、华宁、晋宁、昆阳、建水、墨江、蒙化、姚安、宾川、邓川、易门、蒙自、文山、曲溪、曲靖、禄丰、牟定、嵩明、安宁、剑川、罗平、盐丰、祥云、永仁、镇南、洱源、武定、峨山、顺宁、泸西、砚山、陆良、华坪、元谋、新平、漾濞、屏边、西畴、麻栗坡、江城、宁洱、永平、禄劝、马关、缅宁、路南、云龙、思茅、景东等五十五县市区，已先后整理完成。历年契税超征，均得力于实施整理之功。

（四）组会评价征税情形

查契税之课征，系根据业户所报产价照章计算，其应行缴纳之税额，一般纳税人往往企图短报产价，减轻负担，征税机关如无适当控制，加以审核，国库之损失实甚重大。前省田管处有鉴于本省民间短报产价之风颇甚，为力谋矫正计，曾于三十一年度内，体察各地情形，拟订补救办法，拟于各属组设不动产评价委员会，切实调查当地各类土地市价，拟订标准地价呈经省处核定公布，作为审核户所报契价之根据。如有报价不实者，即以查定之标准价为契价，核实课征。当即将上项办法通饬遵办，并呈部备案，嗣于三十二年底奉财政部令颁《各县不动产标准地价评订委员会组织规程》及《评价实施办法》等件，当即转饬各属处切实遵照实施报核，并将前本省所拟办法七项分别修正，作为补充办法，并分别呈报转省及通饬遵照亦各在案。此次组会评价，各县尚能恪遵办理，计先后有昆明、永胜、河西、弥勒、泸水、澄江、蒙自、路南、宁洱、牟定、安宁、剑川、姚安、大姚、盐丰、祥云、峨山、泸西、陆良、嵩明、会泽、呈贡、玉溪、墨江、建水、宾川、易门等二十七属处。

（五）改进田赋推收情形

田赋推收（即耕地业权之转移过户拨粮），关系地籍整理成果之保持至为重大。欲谋征赋地籍之户、地、粮三者严密联系，不致脱节，非建立良好完密之推收制度不为功。本省赋籍自经清丈以后，已有相当基础，并已针对地方实况，树立耕地登记制度。如能认真推行，当可达到预定目标。只以本省田赋在中央接管以前，各属主管赋政人员对于推收之重要意义多未彻底明了，未加重视，亦未严密督促；而所属推收人员则又素质太差，盖以办理推收之登记簿表，亦有欠完善，更无从获得圆满之效果，故各属推收颇形废弛。从而人民土地业权无所保障，纠纷时起；而国家田赋正供之征收，亦窒碍丛生，困难百出。前本省田赋管理处接准财厅将该项业务移交接收后，为力谋保持地籍整理成果，并顺应地方习惯起见，当经呈准关于耕地部分之推收及其契税之征收，均仍照旧有章案办理，以期顺利推行。同时并针对旧有缺点，暨遵照部颁推收章案，先后拟订《接管各县属耕地登记事宜暂行办法》及《整理保管清丈图册办法》等章则，呈准通饬施行，各该项办法内对于本省已清丈耕地部分之推收、登记、纳费及清丈册籍之过户、拨粮、改注等均有详细之规定。此外，田管处并曾迭令各属遵照规定，慎重契税推收人员之人选，并严予考核奖惩，以资改进。至本省未经清丈之城镇或乡村宅地等其他不动产，过去仅征收契税，并未专簿登记，过户殊碍稽考。田管处亦经遵照部令印发各种契税登记簿格式，令饬各属遵照仿制，认真登记，并于嗣后发生移转时，随时过户登记。

十五、开征土地税（即地价税与土地增值税）

民国三十二年，前本省田赋管理赴奉财政部电令，饬即开征昆明市地价税并饬查明其他能在三十二年度内开征地价税之城镇一并筹备开征。唯当时因本省各级地政机关尚未成立，各城镇地籍整理计划亦未拟订，仅有昆明市一单位虽已于民国二十八年起奉令由昆明市政府依法实施土地测量、登记、估价有案。第以该市以往办理是项地籍整理事宜，因未筹定专款，人员经费均备受限制；又值空袭频繁期间，工作之推进阻力甚大，故进度至为迟缓，距离开征程度尚远。当经前省田管处据实呈复，奉准缓期开征在案。是年十月，本省地政局奉令组设成立，积极展开城镇地籍整理工作，先后开办玉溪、曲靖、沾益、宜良、楚雄、镇南、大理、凤仪、石屏、建水、蒙自、祥云、开远、宣威、昆明县等十五属县城及所属重要市镇之土地测量、登记、规定地价等工作。三十三年度后，奉财政部迭令饬开征二十三年度地价税，并补征三十二年度地价税一并解库核收。又经前省田赋管理处将补征三十二年度地价税困难情形陈明，呈奉财政部核准免征。其三十三年度新地价税之征收事宜，则以适逢田、粮两机关奉令合并，当即移交省田赋粮食管理处接收，赓续筹划办理。省处接办后，即会同省地政局严催昆明市及其他举办地籍整理之十五属，加紧赶办造具地价册，移交各该属田粮机关接收，准备开征。至是年十二月间，始据报陆续在交接中，省田粮处为遵奉功令、迅赴事机起见，当经严饬迅速交接，并规定自三十三年十二月二十五日起，一律起征三十三年新地价税，不得再延。各该县处奉令后遵办，自三十四年一月起，陆续开始征收，计三十三年全省地价税配额共国币五千万元，土地增值税共国币七百万元。至三十四年七月，共征齐地价税九百一十四万三千三百一十元三角四分，土地增值税一十五万一千元。三十四年本省田粮处续奉财政部核配三十四年度地价税四千五百万元，土地增值税六百万元。唯因三十四年正补征三十三年度税款，如与三十四年新税同时征收，困难甚多，业经呈请将三十四年新税顺延至三十五年再行补征亦在案。

十六、督导考核

（一）各年度田粮督导工作推进情形

前本省田赋管理处及省田赋粮食管理处，为严格督促所属田粮机构推行各项田粮要政起见，均恪遵部颁各该处组织规程之规定，设置督导员若干人，于每一田粮度开始前，将全省各县（市）区分按其交通状况划分为若干督导区，每区均指派督导员一员，前往巡回执行督导任务。举其最重要之任务计有：督征田赋、征实、征购（借）及县级公粮，督催实物或价款之拨解，各项田粮业务之指导，及视察灾歉及因公征用免赋案件之复勘，控告案件之查报暨其他处令饬办事项。至历年督导区域之划分，三十年度系将该年度办理征实且粮额较大之一百零六县（市）局，分为六个督导区，派督导员六人前往督导。其边远未设处之十七属，未派员前往。三十一年度系将全省一百二十三县（市）局划分为二十个督导区，分派督导员二十人负责督导。三十二年度，除边远沦陷奉准免赋各属外，计将是年办理征实、征购之一百一十九县（市）局划分为四十二个督导区，分派督导员四十二人办理。三十三年度，督导区域之划分及督导员设置人数仍与三十二年度相同。

（二）三十一年度举行征实征购行政会议及扩大宣传会情形

民国三十一年秋，前本省田赋管理处奉省府令转军委会委员长蒋密电，以本省征实、征购事宜，应由省府督饬各级行政长官一律出巡备导，发动全力办理，以期顺利完成。遵即拟订办法，呈奉省府核准，将全省分为五区，举行征实、征购行政会议及扩大宣传会。各区均由省府指派省务委员或高级行政长官前往主持。第一区为昆明、呈贡等三十九属，由缪委员嘉铭主持，在昆明市举行，议决重要提案六十五案。第二区为昭通等十属，在昭通举行，由龚委员自知主持，议决重要提案十三件。第三区为蒙自等二十二属，在蒙自举行，由陆委员崇仁主持，议决重要提案二十三件。第四区为蒙化等二十一属，在蒙化举行，由民政厅李厅长培天主持，议决重要提案十五件。第五区为丽江等十一属，在丽江举行，由粮政局杨副局长天理主持，议决重要提案十五件。各区开会日期均在是年十月下旬，并于行政会议闭会之翌日，赓即举行扩大宣传会。

（三）各年度办理征收考核情形

查本省各属处办理各该年度田赋征实、征购（借）征收成绩考核事宜，就中除三十年度因事属创举，各属筹备开征迟滞，情形特殊，均未照章办理考核外，其余三十

一、二、三等三年度各属处办理赋征收考核事宜，均参酌各该年度实际情况及财、粮两部会颁之《战时田赋征实暨征购粮食考成办法》办理之。兹将本省各属处办理各年度田赋征实征收成绩考核分按年度列表于后：

三十一年度各属正副处长征收成绩考核表

县别	兼处长姓名	副处长姓名	奖惩事实	奖惩办法
龙武	刘雨苍	张国仪	该正副处长三十一年度办理征实征购超收644.508石。	各予记大功二次并给予特奖。
建水	谭其莨	倪朝栋	征实征购超收2,637.435石。	同上。
华宁	徐培基	段复增	征实征购超收6,865.826石。	同上。
宜良	关汝贤	刘世铭	征实征购超收16,056.431石。	同上。
澄江	刘承功	吴浚	征实征购超收13,337.234石。	同上。
个旧	董广布	展廷杰	征实征购超收1,131.844石。	同上。
金平	李杰生		征实征购超收327.678石。	记大功二次并给予特奖。
开远	魏嘉惠	陈泰阶	征实征购超收12,558.399石。	各予记大功二次并给予特奖。
墨江	宋恩浡	徐继明	征实征购超收1,264.974石。	同上。
弥渡	杨瑯	端木利锟	征实征购超收12,902.800石。	同上。
富民	倪之桢	陈典文	征实征购超收2,149.537石。	同上。
玉溪	赵正岳	刘景熙	征实征购超收15,095.150石。	同上。
禄丰	超宗培	李人英	征实征购超收9,357.202石。	同上。
文山	李墉	秦雨村	征实征购超收3,744.296石。	同上。
西畴	李攀桂	杨赋铨	征实征购超收3,619.013石。	除副处长已故不议外，兼处长记大功二次并予特奖。
河口	张邦藩	李时	征实征购超收1,435.644石。	各予记大功二次并给予特奖。
镇沅	吴崇荃	艾朝华	征实征购超收2,789.733石。	同上。
永仁	曾瑞鹤	李昌	征实征购超收7,048.658石。	同上。

（续表）

县别	兼处长姓名	副处长姓名	奖惩事实	奖惩办法
麻栗坡	梁謇	范鉴虞	征实征购超收14,186.273石。	各予记大功二次并给予特奖。
通海	李璋	王立楹	征实征购超收5,219.716石。	同上。
永平	李杰	史宗汉	征实征购超收6,611.020石。	同上。
砚山	蒋振西	殷辂	征实征购超收3,302.481石。	除兼处长因案不议外，副处长记大功二次并给予特奖。
河西	徐舜钦	杨毅	征实征购超收1,497.107石。	各予记大功二次并给予特奖。
丘北	张永年	高蕴松	征实征购超收1,804.659石。	同上。
华坪	周壁光	何守忠	征实征购超收5,850.193石。	除兼处长已离任并有控案不议外，副处长记大功二次并给予特奖。
易门	任文汉	冷兆升	征实征购超收10,537.251石。	除兼处长有控案不议外，副处长记大功二次并给予特奖。
云县	何学友	赵熙泰	征实征购超收8,850.817石。	除兼处长业经离任且曾因案受留办处分不议外，副处长记大功二次并给予特奖。
昌宁	曾国才	李焴	征实征购超收5,296.490石。	除兼处长已离任且有控案不议外，副处长记大功二次，并给予特奖。
石屏	宋嘉晋	朱文高	征实征购超收14,148.131石。	正副处长均因案撤职应不置议。
马关	邓承式	王敬熙	征实征购超收5,593.511石。	正副处长均已因有案应不置议。
保山	杜希贤	张炤川	征实征购超收5,594.707石。	正副处均已免职有案应不置议。
缅宁	莫俊周 张文英	黄廷中	征实征购平均收达九成九。	旧任兼处长莫俊周已故，新任到职未久均不置议，副处长记大功一次。
峨山	崔崇	泰得中	征实征购平均收达九成弱。	各予传谕嘉奖。
曲溪	廖彬	蒋超青	同上。	同上。
蒙自	赵道宽	周毓琰	征实征购平均收达足成弱。	各予记大功一次。

（续表）

县别	兼处长姓名	副处长姓名	奖惩事实	奖惩办法
广南	赵仲瑛	杨春富	征实征购平均收达九成五。	除兼处长现已撤职且因案受留办处分不议外，副处长记大功一次。
思茅	海济舟	张鉴青	征实征购平均收达八成五。	除兼处长已故不议外，副处长传谕嘉奖。
盐津	李瑛	姜思敏	征实征购平均收达九成强。	各予记功一次。
顺宁	郑崇贤	杨育才	征实征购平均收达九成弱。	各予传谕嘉奖。
弥勒	王承忠	田致祥	同上。	同上。
江城	杨炬锐	扬嘉权	征实征购平均收达七成四。	各予记大过一次。
新平	杨登廷	曹福龄	征实征购平均收达七成五。	同上。
元江	马运升 周彭年	孙铮	征实征购平均收达不足一成。	除旧任兼处长马运升及副处长各予免职不议外，新任兼处长周彭年记大过一次。
宁洱	张华清	宋邦倬	征实征购平均收达三成五。	兼处长因案免职，副处长已故均免置议。
六顺	张泮香 张士儒		征实征购平均收达六成强。	旧任兼处长张泮香已故，新任兼处长张士儒到职未久，姑予免议。
元谋	罗荣伸	杨肃廷	征实征购平均收达一成三。	兼处长已因案免职，副处长已故均免置议。
绥江	熊启嵩	吴烇	征实征购平均收达六成三。	各予记大过二次。
屏边	党焕绩	章沛国	征实征购平均收达四成弱。	除兼处长故免议外，副处长记大过二次。
景东	曹起麟	何汉涛	征实征购平均收达四成弱。	业经专案各予撤职留征，应不再议。
景谷	聂体仁	秦钟华	征实征购平均收达五成弱。	业经专案各予撤职留征，应不再议。
巧家	杨风梧	刘超	征实征购平均收达一成二。	除兼处长已免职并予留征处分应不再议外，副处长记大过二次。
永胜	杨运新	吕蓬仙	征实征购平均收达三成六。	正副处长均已免职应不再议。
宁蒗	顾震		征实征购平均收达二成弱。	已撤职留征有案，应不再议。

（续表）

县别	兼处长姓名	副处长姓名	奖惩事实	奖惩办法
宾川	刘人佑	刘志靖	征实征购平均收达八成弱。	各予记过一次。
蒙化	佴鹍	周济平	征实征购平均收达七成五。	同上。
永善	王仲杰	郭家祥	征实征购平均收达六成强。	除兼处长因案免职不议外，副处长记大过二次。
富宁	张青选	杨文佐	征实征购平均收达六成三。	同上。
昆明市	罗佩荣	邹凤石	征实征购超收 173.778 石。	各予记大功二次并给予特奖。
昆明县	高直青	汪启家	征实征购超收 22,932.965 石。	同上。
江川	杨问梅	张锡彬	征实征购超收 7,549.213 石。	同上。
呈贡	李悦立	倪士英	征实征购超收 10,874.218 石。	同上。
晋宁	杨正礼	李榕轩	征实征购超收 10,675.226 石。	同上。
安宁	陈笃生	周景贤	征实征购超收 8,877.095 石。	同上。
平彝	彭立铨	徐景濂	征实征购超收 9,345.630 石。	同上。
曲靖	刘应福	赵益龄	征实征购超收 2,109.451 石。	同上。
马龙	袁昌华	林景熙	征实征购超收 3,071.023 石。	同上。
沾益	张伟	曹鹤麟	征实征购超收 2,539.529 石。	同上。
寻甸	奚冠南	周铸	征实征购超收 9,022.655 石。	同上。
宣威	胡邦翰	李琥	征实征购超收 7,952.216 石。	同上。
武定	莫松恒	王楷	征实征购超收 16,327.754 石。	同上。
禄劝	李子元	余登籍	征实征购超收 1,367.073 石。	同上。
广通	段绶滋	李福超	征实征购超收 5,478.842 石。	同上。
楚雄	何斌巨	杨祖镛	征实征购超收 10,496.042 石。	同上。
牟定	陈培松	孙桂墀	征实征购超收 7,862.838 石。	同上。
双柏	何文选	马崇喜	征实征购超收 3,424.042 石。	同上。
镇南	李廉方	高御之	征实征购超收 6,115.073 石。	同上。

（续表）

县别	兼处长姓名	副处长姓名	奖惩事实	奖惩办法
大姚	伙心从	袁积伊	征实征购超收4,714.659石。	各予记大功二次并给予特奖。
盐丰	刘显炽	李鼎	征实征购超收3,725.382石。	同上。
洱源	高克敏	吕诗修	征实征购超收6,858.146石。	同上。
漾濞	文泰和	杨卓桐	征实征购超收3,226.440石。	同上。
师宗	李焜	罗辅辰	征实征购超收3,787.775石。	同上。
凤仪	欧阳焱勋	盛于虞	征实征购超收5,188.617石。	同上。
大理	张廷勋	丁光昆	征实征购超收9,340.297石。	同上。
维西	沈长青	刘舜英	征实征购超收731.106石。	同上。
丽江	徐亚雄	和又余	征实征购超收5,376.610石。	除副处长已故不议外，兼处长记大功二次并给予特奖。
云龙	段作霖	孙沛恩	征实征购超收7,465.072石。	各予记大功二次并给予特奖。
泸西	李承勋	钱宁	征实征购超收4,166.441石。	除兼处长已故不议外，副处记大功二次并给予特奖。
路南	罗人吉	卢殿虎	征实征购超收15,876.292石。	除副处长因案撤职不议外，兼处长记大功二次并给予特奖。
昆阳	吴漱泉	黄中俊	征实征购超收13,427.091石。	除兼处长因案撤职不议外，副处长记大功二次并给予特奖。
罗次	龚彦麟	赵振寰	征实征购超收6,348.192石。	除兼处长已故外，副处长记大功二次并给予特奖。
姚安	段裔贤	高鸿熙	征实征购超收8,007.157石。	同上。
罗平	廖文渭	杨振兴	征实征购超收3,113.248石。	同上。
邓川	黄承祐 赵际云	朱文柄	征实征购超收6,565.569石。	旧任兼处长黄承祐于旺征期间因案免职，新任兼处长赵际云到职未久应不议，副处长记大功二次并给予特奖。
剑川	窦廷伟	于世康	征实征购超收8,543.764石。	除兼处长因案撤职不议外，副处长记大功二次并给予特奖。

（续表）

县别	兼处长姓名	副处长姓名	奖惩事实	奖惩办法
鹤庆	罗鉴堂	何懋熙	征实征购超收20,028.986石。	除兼处长因案撤职不议外，副处长记大功二次并给予特奖。
嵩明	胡湘	李兆祥	征实征购超收6,171.844石。	同上。
陆良	高昕	李永康	征实征购超收9,603.877石。	兼处长已离职，且与副处长有控案均不置议。
镇康	杨世雄	丁振身	征实征购超收5,509.923石。	同上。
祥云	郎德沛	周钤	征实征购超收11,818.293石。	正副处长均已离职，且曾因案查办，各均不予置议。
威信	陈才宝	箫炳炎	征实征购平均收达七成强。	各予记大过一次。
会泽	林景泰	窦尔敏	征实征购平均收达八成强。	各予申诫。
盐兴	金惟明	张璧	征实征购平均收达九成弱。	各予传谕嘉奖。
兰坪	黄守玉	李培信	征实征购平均收达九成强。	同上。
耿马	严清		征实征购未报收数。	记大过二次。
彝良	周杰	潘宗汉	征实征购平均收达四成七。	各予记大过二次。
昭通	汤祚	何学书	征实征购平均收达五成二。	同上。
镇雄	刘彬文	杨友桐	征实征购平均收达四成五。	同上。
鲁甸	徐岳东	白耀光	征实征购平均收达五成强。	同上。
大关	夏运麟	董盛鸣	征实征购平均收达四成强。	同上。

附注：

1. 查三十一年度就中除腾冲、龙陵、潞西、盈江、莲山、梁河、陇川、瑞丽等八属沦陷及边远折征法币之中甸、车里、南峤、佛海、澜沧、镇越、双江、宁江、碧江、福贡、泸水、贡山、德钦、沧源等十四属均未加入考核外，其余表列之龙武等一百零九属均系办理征实征购县（市）区。

2. 本表从龙武至富宁为第一期开征，由昆明以下至大关为第二期开征。

三十二年度各属正副处长平时征收成绩考核表

县别	兼处长姓名	副处长姓名	奖惩事实	奖惩办法
澄江	刘承功	吴浚	该正副处长办事认真，努力赋政，应征额收达八成以上。	各予传谕嘉奖。
玉溪	赵正岳	陆信	同上。	同上。
易门	任文汉	冷照升	同上。	同上。
永平	李杰	王恩锡	同上。	同上。
呈贡	李悦立	袁莘农	同上。	同上。
凤仪	胡占一	赵嘉麟	同上。	同上。
姚安	李士厚	陶淑	同上。	同上。
石屏	赵道宽	刘钐	该正副处长在截限期满未报征起实物数额。	各予记大过一次。
曲溪	廖彬	李文浩	该正副处长在截限期满未报征收数额，正处长在更动时未达应征额。	各予记大过一次，正处长留征处分。
个旧	董广布	段杰	该正副处长在截限期满未将征收实物数额呈报。	各予记大过一次。
新平	唐家仁	曹福龄	同上。	同上。
元江	周彭年	孙铮	同上。	同上。
砚山	田有恒	殷辂	同上。	同上。
永善	王开基	郭家祥	同上。	同上。
盐津	李瑛	姜思敏	同上。	同上。
宜良	关汝贤	徐景濂	同上。	同上。
富民	倪之桢	陈典文	同上。	同上。
华宁	徐培基	张文明	同上。	同上。
弥勒	王承忠	李人英	同上。	同上。
丘北	杨国珍	高蕴松	同上。	同上。
西畴	李攀桂	邓永福	同上。	同上。
通海	李璋	王立楹	同上。	同上。
宾川	杨琊	李世昌	同上。	同上。

（续表）

县别	兼处长姓名	副处长姓名	奖惩事实	奖惩办法
蒙化	载永萃	饶任生	该正副处长在截限期满未将征收实物数额呈报。	各予记大过一次。
安宁	陈笃生	周景贤	同上。	同上。
云县	杨天柱	姚成勋	同上。	同上。
会泽	林景泰	杨文豪	同上。	同上。
河西	徐舜钦	林鉴秋	同上。	同上。
路南	许良安	王汝高	该正处长在更动时未达其应征收额数。	正副赴长予留征处分。
景谷	郭耀庚	董仲义	该正副处长在截限期满未报征收数额。	各予记过一次。
巧家	饶继昌	刘超	同上。	同上。
威信	陈才宝	肃炳炎	同上。	同上。
昭通	汤祚	何学书	该正副处长在截限期满未将征收数额呈报。	各予记大过一次，又严重警告。
大关	夏运麟	董盛鸣	同上。	各予记过三次。
彝良	周杰	潘宗汉	该正副处长在截限期满未报征收数额，又正处长在更动时未能达其应征数额。	各予记大过一次，并将该正处长予以留征处分。
广南	李表东	杨春富	同上。	正处长留征处分。
元谋	李绍纲	施泽辉	该正副处长在截限期满未报征收数额。	各予记过三次。
镇沅	黄德佐	艾朝华	同上。	各予记过一次。
思茅	赵乃广	白耀光	同上。	同上。
祥云	文泰和	冯嘉干	同上。	同上。
景东	和志钧	张受年	同上。	同上。
罗次	陈毓华	赵振寰	同上。	同上。
昆阳	李群杰	黄中俊	该正副处长在截限期满未报征收数额。	各予申斥及记过一次。
寻甸	王景陶	周铸	同上。	各予记过三次。
马龙	袁昌华	李幼贤	同上。	各予记过一次。

（续表）

县别	兼处长姓名	副处长姓名	奖惩事实	奖惩办法
镇康	张浩	丁正身	该正副处长在截限期满未报征收数额。	各予记过一次。
罗平	于纳	杨正兴	该正副处长在截限期内未报征收数，又正处长在更动时未能达其应征数额。	各予记过一次并将该正处长予以留征处分。
师宗	苏树声	罗辅辰	同上。	同上。
陆良	龙翔	李永康	该正副处长在截限期满未报收起数额。	各予记过一次。
宣威	赵宗培	李琥	同上。	同上。
双柏	郑培仁	陈世昌	同上。	同上。
镇南	李廉方	欧阳琪	同上。	同上。
大姚	王德富	熊克升	同上。	同上。
盐兴	刘嘉熔	林兆龙	同上。	同上。
剑川	张开琼	于世康	同上。	同上。
邓川	黄承祐	孔庆仁	同上。	同上。
镇雄	刘彬文	杨友桐	同上。	同上。
丽江	李浚	李治馨	同上。	同上。
洱源	汪锡彬	吕诗修	同上。	各予记过三次。
绥江	熊启嵩	吴熿	同上。	各予记大过一次。
鲁甸	徐岳东	罗钧	该正副处长在截限期满未报征收数额，又正处长在更动时未达其应征额数。	各予记过一次，并将该正处长予留征处分。
河口	布秉武	李时	该正副处长在截限期满未报征起数额。	各予记过一次。
顺宁	雷啰雍	丁光昆	同上。	同上。
缅宁	张文英	黄廷忠	同上。	同上。
永胜	伙心从	吕蓬仙	该正副处长在截限期满未报收起数额。	各予记过一次。

（续表）

县别	兼处长姓名	副处长姓名	奖惩事实	奖惩办法
峨山	林汝森	秦得中	在截限期内已报征收数达六成以上。	照章免议。
龙武	刘雨苍	张国仪	同上。	同上。
建水	谭其莨	倪朝栋	同上。	同上。
蒙自	李炳垣	周毓琰	同上。	同上。
金平	李杰生	许曙	同上。	同上。
开远	魏嘉惠	盛于虞	同上。	同上。
弥勒	张嘉柱	孙楚生	同上。	同上。
永仁	李乐山	杨蔚文	同上。	同上。
富宁	李绍文	杨文绍	同上。	同上。
马关	周继福	王照福	同上。	同上。
麻栗坡	梁謇	范鉴虞	同上。	同上。
耿马	李天骙		同上。	同上。
车里	李毓芳		同上。	同上。
南峤	张励辉		同上。	同上。
佛海	安则法		同上。	同上。
墨江	宋思淳	宋邦倬	同上。	同上。
禄丰	王子祐	马良瑛	同上。	同上。
文山	李墉	秦雨村	同上。	同上。
屏边	李树	章沛国	同上。	同上。
六顺	张士儒	秦用宽	同上。	同上。
保山	李国清	孟立人	同上。	同上。
广通	杨履中	李福超	同上。	同上。
楚雄	欧阳焱勋	杨祖镛	同上。	同上。
牟定	陈培松	李载仁	同上。	同上。
泸西	李焜	钱宁	同上。	同上。
江城	杨炬锐	杨嘉权	同上。	同上。

（续表）

县别	兼处长姓名	副处长姓名	奖惩事实	奖惩办法
昆明市	罗佩荣	邹凤石	该正副处长在截限期内已报征收数达六成以上。	照章免议。
昆明县	高直青	汪启家	同上。	同上。
晋宁	杨正礼	李榕轩	在截限期内已报征收数达六成以上。	同上。
武定	张华清	李崧峻	同上。	同上。
禄劝	萧珍	余登籍	同上。	同上。
华坪	沈兴贤	何守忠	同上。	同上。
宁洱	张自真	徐继贤	同上。	同上。
昌宁	张文贵	寸石麟	同上。	同上。
嵩明	杨冠群	孙桂墀	同上。	同上。
大理	张廷勋	朱文炳	同上。	同上。
江川	杨问梅	陈德荣	同上。	同上。
平彝	彭立铨	张一行	同上。	同上。
曲靖	冯天祥	岳树棻	同上。	同上。
沾益	张伟	王澍	同上。	同上。
盐丰	刘显炽	李鼎	同上。	同上。
鹤庆	何自尧	董张坦	同上。	同上。
漾濞	曹子英	杨卓桐	同上。	同上。
云龙县	段作霖	牛兆祥	同上。	同上。

附注：

1. 景谷、威信、镇沅、思茅、祥云、景东、昆阳、寻甸、马龙、罗平、师宗、陆良、宣威、双柏、镇南、大姚、盐兴、剑川、邓川、镇雄、丽江、河口、顺宁、缅宁等二十四属，因该县处系第三期开征，从轻议处。

2. 耿马、车里、南峤、佛海四属，不设副处长。

三十三年度各属正副处长平时征收成绩考核表

县别	兼处长姓名	副处长姓名	奖惩事实	奖惩办法
永平	李杰	杨卓桐	对应征借粮额截至二月中旬止，均收达八成以上，成绩佳良。	各予以传谕嘉奖。
昆明县	高直青	张学仁	同上。	同上。
玉溪	李悦立	陆信	同上。	同上。
呈贡	倪之桢	王正发	同上。	同上。
金平	赵继和	许曙	同上。	同上。
漾濞	曹子英	杨镇勤	同上。	同上。
凤仪	胡占一	赵嘉麟	同上。	同上。
姚安	李士厚	佴鹏	同上。	同上。
大姚	王德富	高德健	同上。	同上。
禄劝	萧珍	赖光泽	同上。	同上。
麻栗坡	梁謇	刘应宽	同上。	同上。
双柏	郑培仁	苏謇	同上。	同上。
永仁	李乐山	胡用之	同上。	同上。
嵩明	杨冠群	孙桂墀	同上。	同上。
昆阳	李群杰	黄中俊	同上。	同上。
会泽	欧阳燚勋	杨文豪	截至二月中旬止，征起粮赋未达应征粮额三成数。	各予记过一次。
元谋	杨文龙	杨显吾	同上。	同上。
寻甸	汤祚	高御元	同上。	同上。
沾益	张伟	王澍	同上。	同上。
宣威	陈文友	李琥	同上。	同上。
泸西	龙翔	惠国钧	同上。	同上。

（续表）

县别	兼处长姓名	副处长姓名	奖惩事实	奖惩办法
弥勒	蒋子孝	聂思培	截至二月中旬止，征起粮赋未达应征粮额三成数。	各予记过一次。
广南	刘剑魂	杨春富	同上。	同上。
龙武	刘雨苍	刘珍	同上。	同上。
河西	何慧青	张璧	同上。	同上。
剑川	张开琼	朱文炳	同上。	同上。
宾川	杨瑯	李世昌	同上。	同上。
六顺	杨建勋		同上。	同上。
蒙化	杨问梅	饶任生	同上。	同上。
景谷	郭耀庚	饶永龄	同上。	同上。
永胜	伙心从	赵乃晃	同上。	同上。
威信	杨迎道	萧炳炎	同上。	同上。
巧家	饶继昌	苏汉	同上。	同上。
罗平	傅宅安	关瑞云	同上。	同上。
新平	杨正礼	段新辅	同上。	同上。
元江	周荫樾	乔树馨	同上。	同上。
缅宁	周立慈	汪骐	同上。	同上。
洱源	倪肇鹏	孔庆仁	同上。	同上。
永善	魏嘉惠	董家荣	同上。	同上。
鲁甸	陈开先	张国仪	同上。	同上。
云龙	郭晟	牛兆祥	截至二月中旬止，未报收起确数。	各予记过一次。
云县	李其诚	姚成勋	同上。	同上。
昌宁	盛恩隆	寸石麟	同上。	同上。
镇康	张浩	黄耀才	同上。	同上。
镇沅	黄德佐	艾朝华	同上。	同上。

（续表）

县别	兼处长姓名	副处长姓名	奖惩事实	奖惩办法
丽江	李浚	刘舜焕	截至二月中旬止，未报收起确数。	各予记过一次。
昭通	刘彬文	张嘉谷	同上。	同上。
镇雄	杨春霖	杨友桐	同上。	同上。
彝良	姜思敏	潘宗汉	同上。	同上。
大关	夏运麟	董盛鸣	同上。	同上。
楚雄	林景泰	李维	收起应征赋额约达三成以上，不足八成。	免予处分。
景东	和志钧	张受年	同上。	同上。
盐津	杨竹铭	姜思敏	同上。	同上。
华坪	沈兴贤	何守忠	同上。	同上。
盐丰	王杰	李重诺	同上。	同上。
牟定	陈培松	甘师禹	同上。	同上。
镇南	杨润基	陈希文	同上。	同上。
江城	刘培伦	杨嘉权	同上。	同上。
宁洱	张自真	晏建侯	同上。	同上。
思茅	赵乃广	徐升卿	同上。	同上。
弥渡	张嘉桂	孙楚生	同上。	同上。
鹤庆	何自尧	董张坦	同上。	同上。
邓川	郎德沛	杨光明	同上。	同上。
顺宁	雷哕雍	王有为	同上。	同上。
大理	张廷勋	鲁荫侯	同上。	同上。
祥云	文泰和	冯嘉干	同上。	同上。
建水	杨起凤	倪朝栋	同上。	同上。
西畴	黄守伦	莫慎斋	同上。	同上。
平彝	李旭	李雨岫	同上。	同上。

（续表）

县别	兼处长姓名	副处长姓名	奖惩事实	奖惩办法
曲溪	廖彬	梅宗黄	收起应征赋额约达三成以上，不足八成。	免予处分。
墨江	刘光泽	宋瑞武	同上。	同上。
峨山	林汝森	秦得中	同上。	同上。
通海	李璋	郑世昌	同上。	同上。
华宁	徐培基	张文明	同上。	同上。
江川	莫松恒	陈兴和	同上。	同上。
屏边	张子昭	章沛国	同上。	同上。
蒙自	李炳垣	周毓琰	同上。	同上。
丘北	王承忠	高蕴松	同上。	同上。
富宁	李文昭	岳开源	同上。	同上。
河口	布秉武	陈振之	同上。	同上。
马关	周继福	王照枢	同上。	同上。
砚山	尚铭	殷铬	同上。	同上。
文山	李攀桂	旃勉	同上。	同上。
个旧	董广布	李春华	同上。	同上。
石屏	赵道宽	范钦文	同上。	同上。
建水	谭其莨	倪朝栋	同上。	同上。
澄江	刘承功	吴浚	同上。	同上。
禄丰	王子祐	罗用功	同上。	同上。
富民	杨品瑶	高丕勋	同上。	同上。
易门	朱光明	徐继贤	同上。	同上。
晋宁	杨正礼	李榕轩	同上。	同上。
武定	罗荣绅	李崧竣	同上。	同上。

（续表）

县别	兼处长姓名	副处长姓名	奖惩事实	奖惩办法
安宁	陈笃生	周景贤	收起应征赋额约达三成以上，不足八成。	免予处分。
广通	杨育才	张紫垣	同上。	同上。
马龙	袁昌华	李幼贤	同上。	同上。
陆良	熊从周	冯仪	同上。	同上。
曲靖	冯天祥	岳树棻	同上。	同上。
师宗	陈泽铣	朱家琳	同上。	同上。
路南	谭熙春	唐伯庚	同上。	同上。
罗次	陈毓华	宋福林	同上。	同上。
宜良	关汝贤	段复增	同上。	同上。
昆明市	罗佩荣	邹凤石	同上。	同上。
开远	魏嘉惠	何学友	同上。	同上。
保山	孟立人	范致祥	同上。	同上。
绥江	李瑛	潘宗汉	同上。	同上。

十七、其他

前本省粮政局及省田赋粮食管理处办理历年征实、征购（借）、拨交军、公、民粮之碾折成率，均经呈奉粮食部核准，按每谷一市石碾米四斗五升至四斗七升之成率及七十五公斤至七十七公斤之折重标准，分别考察各属所产谷质之优劣，酌予规定，饬遵照办，各属均尚能遵照规定办理。其中有因灾歉及土壤、气候等关系，无法达到核定标准各属，经地方民意机关暨督导人员查明属实，报请核减者，亦经如请准予酌量减低碾折，用轻民负在案。

附录二：民国财政史

〔按：此卷原名《民国财政史》，内容庞杂而简略，内有梁启超、周学熙、贾士毅三序。从周序看，它是一部初稿，但对研究云南财政史仍不失为重要资料，故照原文编次录之〕。

序

洞明近时财政概要及将来整理方针云。

梁启超

序

民国财政史凡六编，一总论，一岁入，一岁出，一国债，一会计，一泉币云。

周学熙

序

本书之旨，在使国计之沿革、新政之设施、已著之成效。未来之伟划，一一贡献于吾国民之前，于以察既往，审将来，立久永之大纲，采精当之良策云。

民国五年　阳羡贾士毅撰

民国元年预算云南岁入分类

田赋一百零三万四千五百五十九两，盐课二十万零六百二十五两，关税四十万九千二百九十三两，货物税五十七万一千九百九十五两，正杂各税四十四万六千五百五十九两，正杂各捐五万六千八百零五两，官业收入三十五万七千四百零三两，杂收入六十八万七千三百三十九两，共计五百五十七万零二百零三两。

民国元年预算云南岁出分类

外交费五万二千二百八十元，内务费二十二万五千八百八十元，财政费二百七十一万七千九百零五元，教育费一十一万五千零一十元，陆军费四百二十三万三千三百七十五元，海军费一万零一百一十一元，司法费一十九万八千二百九十一元，农商费一十二万八千零九十三元，交通费六万六千二百三十一元，共计七百七十四万七千一百七十六元。

民国元年预算云南岁入岁出盈亏

岁入总额五百五十七万零二百零三元，岁出总额七百七十四万七千一百七十六元，亏数二百一十七万六千九百七十三元。

二年份云南专款额数

共认解六十四万九千八百元。

民国二年度预算云南岁入分类

田赋九十三万八千二百二十二元，厘金五十九万五千一百六十二元，正杂各税五十九万六千二百九十元，正杂各捐二万九千八百八十七元，官业收入六十二万一千四百七十五元，杂收入一十七万零九百五十六元，共计二百九十五万一千九百九十二元。

民国二年度预算云南岁出分类

外交费八万九千二百五十二元，内务费一百零八万零八百零四元，财政费八万八千四百三十一元，陆军费六百一十六万二千二百二十九元，司法费四十九万一千四百三十一元，农商费九万三千九百五十三元，交通费二十万四千六百九十六元，共计八百二十一万零七百九十六元。

民国二年度预算云南岁入岁出总数

岁入总数二百九十五万一千九百九十二元，岁出总数八百二十一万零七百九十六元，亏数五百二十五万八千八百零四元。

民国三年度预算云南岁入分类

田赋八十四万一千八百四十一元，货物税四十八万九千八百六十一元，正杂各税四十六方七千七百二十五元，官业收入一十万九千七百七十四元，杂收入一十万四千二百六十五元，共计二百零一万三千四百六十六元。

民国三年度预算云南岁出分类

外交费六万七千一百二十七元，内务费一百三十万五千七百六十一元，财政费一十一万三千五百六十六元，陆军费三百一十万六千二百八十八元，司法费二十二万元，农商费三万零四百七十六元，交通费一十六万四千七百七十五元，共计五百万零七千九百九十三元。

民国三年度预算云南岁入岁出总数

岁入总数二百零一万三千四百六十六元，岁出总数五百零七万零九百九十三元，亏数三百零七万五千五百二十七元。

民国五年度预算云南岁入分类

田赋一百零九万四千四百十九元，货物税五十四万二千七百五十七元，正杂各税九十六万一千七百一十三元，正杂各捐无官业收入二万六千零五十二元，杂收入一十八万八千一百八十四元，共计二百八十一万三千一百五十五元。

民国五年度预算云南岁出分类

外交费二万四千零二元，内务费二百一十八万四千七百五十九元，财政费一十七万八千二百三十五元，陆军费三百一十万六千二百八十八元，司法费一十七万九千六百六十八元，教育费三十五万一千二百六十二元，共计六百零二万四千二百一十四元。

民国五年度岁入岁出总数

岁入总数二百九十万三千一百五十五元，岁出总数六百零八万六千三百六十三元，亏数三百一十八万三千二百零八元。

历年地方财政岁入岁出

岁入门

民国二年度预算数一百七十三万六千二百一十五元，民国三年度预算数一百六十四万三千三百二十二元，民国五年度预算数五十一万九千七百三十七元。

岁出门

民国二年度预算数一百七十七万八千一百五十四元，民国三年度预算数二百八十六万八千四百一十一元，民国五年度预算数六十八万八千二百二十七元。

云南田赋之现情及田额

民田：八万三千九百四十二顷三十八亩有奇。

夷田：八百八十五段。

屯田：九千一百四十三顷九十八亩有奇。

义田：十三顷三十八亩有奇。

学田：九十亩有奇。

义学田：二顷十五亩有奇。

马厂地：九十顷八十一亩。

云南税率

民田赋最低额征银零点五五，最高额征银四点六五，征米或麦最低额粮米一点九四，最高额同上一五点零。

卫所归并州县，屯地最低额又五点九二，最高额又八点一八。

马场最高额中地三点零，下地二点零，最高额夷地粮一点零。

赋额

民田、夷田赋银十六万五千零四十一两有奇。

民丁赋银二万八千六百一十六两有奇。

屯田赋银七万零四百三十四两有奇。

杂赋银十一万一千零十九两有奇。

学田租银十两有奇。

义学田租银三十八两。

马厂地租银二十一两。

民田本色粮十万二千零一石有奇。

屯田本色粮二万六千九百三十三石有奇。

义田租谷五百七十一石有奇。

学田租谷二十石。

义学田租谷一百二十四石。

带征各款

云南前清定制：滇省地丁每两加收耗银二钱，粮米每石加收耗米三升，民国以来，遵照通案添设地方附税，旋合复分。外如中央附税，按照粮米每石加收一元。至征收费即在署经费之内，向不另支。

折价标准

滇省田赋地丁钱粮，按照旧例征收一元五角改折。其愿以钱折纳者，按照各地市价折合粮米改征，折色每两亦以一五改收银元。

征收方法

滇省田赋系县知事主办。征收期限上忙自阴历九月开征，至年底止；下忙自次年正月开征，至三月底止。

各项税收

民国五年田赋收数分类

赋目及收数：地丁四十四万五千六百七十三元，漕粮三十一万八千六百四十一元，租课一万三千一百四十五元，杂赋三十一万六千九百九十元，共计一百零九万四千四百四十九元。

历年田赋入预算

民国元年预算数一百零三万四千五百五十九元，民国二年度预算数九十三万八千二百二十二元，民国三年度预算数，经常数八十四万一千八百八十四元，民国五年度预算数，经常数一百零九万四千四百四十九元。

筹议清丈

滇省牙税之帖费税率均未详。领帖有效期间以二十年为限，五年编审一次。

历年牙税收入预算，民国二年度预算数三百八十七元，民国三年度预算经常数三百八十七元，民国五年度预算经常数七百零五元。

当税

滇省之当税未详。

历年当税收入预算数二千六百二十四元，三年度预算经常数二千六百二十四元，五年度预算经常数二千七百九十元。

烟酒特许牌照税

民国二年度预算七万五千元，三年度预算经常费七万五千元，五年度预算经常数七万五千元。

煤矿税

滇省煤税照章值百抽五，惟全省煤矿除两三处外，皆系小矿，出产甚微，因未专派征收人员，采矿者往往不纳矿税。

铜矿税

滇省之铜矿，在前清时为官有，向不纳税。辛亥以后，改为商办，始照《云南暂行章程》，每铜百斤纳税一两八钱，每吨约征三十七元六角分，运铜往川行销，仍沿前清习惯，不纳厘金。其售于川省供鼓铸者，只在四川完纳总捐一次。但经由重庆，则须纳常关及出口税。

锌矿税

滇省所产之锌，在东川者其销路与铅同，所纳税亦相仿。每吨之价在产地约一百六十八元，纳矿产税百分之五，计每吨征八元四角。在罗平者，由安南运销香港，其纳税与东川所产者同。

锡矿税

云南之锡课，每二千五百斤计征一百二十二元。此外尚有路股，每二千五百斤计征一百二十元，以每吨锡价一千六百元计之，约抽百分之十。出口时尚有须纳海关正税与子口税。

公司及边省缴纳矿税之办法

云南宝华公司所产之纯锑，于清宣统元年十一月奏准，但征关税。民国二年，屡次由滇省咨请援“华昌”之例，以每吨八十两为出口税价。虽经财政部核准，但税务处未允照办，故现仍按市价征税。

云南之铅锌，只纳海关出口正税，详见前章。

各矿煤实行税则，云南通例税率二点零，税数零点零五，附加税零点一。

各地金属矿实行税则

云南普通税则：铜，官价七百五十一元六角四分，平均市价七百三十二元一角，矿税率零点零五，税数三十七元六角三分，厘金无。

云南铅普通税则：官价一百一十七元六角，平均市价一百九十七元零六角，税率零点五，税数五元八角八分，厘金八角四分。常关税（甲）五角，出口税六元二角八分，子口税无。

云南锌普通税则：官价一百六十八元，平均市价二百四十九元，税率零点五，税数八元四角，厘金八角四分，常关税（乙）五角，出口税六元二角八分，子口税无。

云南锡普通税则：官价一千六百元，平均市价一千六百二十七元，税率零点五，税数八十元，附加税八十元，出口税三十一元四角一分，子口税一十五元七角，出口纳税总数二百零七元一角一分，税价比例零点一二七。

云南宝华公司纯锑特别税则：官价一千一百二十元，平均市价一下九百元，税率：附加税，厘金，常关税均免税。出口税九十五元，出口纳税总数九十五元，税价比例零点五。

各金属矿每吨成本

云南东川铜成本三百六十八元六角，矿产税三十七元六角三分，税本比例零点一零二。

云南个旧锡成本七百元，矿产税一百六十元，税本比例零点二三。

历年云南矿税收入预算

民国二年度预算数三十二万八千八百七十八元，三年度预算经常数三十二万四千九百零二元，五年度预算经常数四十六万四千二百七十九元。

契税

滇省前清白契概行免税，民国成立之契，按照卖六典三征收。

历年云南税契收入预算

民国二年度预算数五万五千二百一十四元，三年度预算原有数七万七千二百一十四元，增收数一十五万四千四百元，五年度预算原有数七万七千二百一十四元，增收数一十五万四千四百元。

云南之现情

大契收查验费二元，注册费二角。小契收查验费一元，注册费二角。截至民国五年三月底为限，如有逾限未验之契，查出大契收四元二角，三十元以下、五元以上之小契，收二元四角，五元以下之小契免收。查验费仅收注册费四角。

历年验契收入预算决算

二年度预算数一十万元，三年度预算数八十万元，三年决算数二十一万四千八百三十七元九角五分四厘，四年决算数四十一万七千五百七十二元五角七分一厘。

历年印花税收入预算

民国二年度预算数二万元，三年度预算经常费六万元，五年度预算经常费数六万元。

所得税收入预算

民国二年度预算数七万五千元。

产盐之状况

云南盐凡十有二，曰黑井，曰元永井，曰阿陋井、白井，乔、喇鸡、云龙、丽江、磨黑、石膏、按〔板〕，抱〔母〕、香〔盐〕、益［香］等井场，均系井水煎制，黑井白井两场，出卤最旺，一省产盐不足四千万，而两场居其大半。此外各场出卤，日形淡薄。

运盐之状况

滇盐自前清嘉庆年间改为灶民运，无论何人，皆许领票输课，运盐不拘井口，销盐不拘地面，完课之后，听其所之，同治以后，改为灶煎官卖。光复之初，分为官运、民运两种。属于官运者凡六县，属于民运者凡八十五县。四年，中甸、维西、广南等处停办。现惟腾越、龙陵、文山等县尚系官运，其余各县统为民运耳。

销盐之状况

滇盐行销本省昆明县等八十七县及贵州之盘县等四县。其东川、昭通、镇雄等处，向销川盐。广南府属，借销粤盐，由来久矣。综计滇盐岁销之额，共四百五十万担。

盐区税则

内岸每百斤税则三元五角，边岸二元。

民国元年盐税预算

正课四十七万四千七百四十四两，税厘一十三万两，加价一十九万七千八百八十三两，杂款五十三万四千八百七十三两，合计一百三十三万七千五百两，折合银元二百万零六千二百五十元。

民国二年度盐税预算

盐税经常数二百万零三千九百九十七元。

民国三年、五年盐税预算

三年度预算二百四十九万二千六百六十二元，五年度预算二百零四万九千零七十九元。

说明：查云南税则最为复杂，最高者每担四元五角，最低者二元一分有奇。若按销额计算，必难真确，只按各年份实数开列。

各区水陆缉私机关

云南统部一，步兵营三，合计四。

茶税

滇省茶税向有课、厘之分。丽江一府，按茶一驮，税银四钱五分。普通茶归就近厘局抽收，旧章细茶每百斤收正厘银一两二钱，粗茶每百斤收正厘银一两，宝红茶每百斤收正厘银四钱。后另加收四成，并征分解。

历年茶税收入预算

民国二年度预算数五千五百五十七元，三年度预算经常数一千九百一十一元，五年度预算经常数一万二千三百三十九元。

烟酒税

滇省征收厘税机关，向不一律。民国四年省财政厅重行划分区域，设立征收总、分各局。关于烟酒厘税，统归征收局经征，其税率悉仍旧制。

烟酒税捐收入预算

民国二年度预算数二万九千八百八十七元，三年度预算经常数六万零四百八十元，五年度预算经常数六万零四百八十元。

中央专款数目

民国三年云南认解数三万零四百元，民国五年认解数三万零四百元。

公卖费率

云南百分之十五。

五年烟酒公卖收入预算

云南二十万元。

糖税收入预算

云南〔原缺〕。

牲畜屠宰两税收入预算

民国五年预算经常数牲税九万一千九百九十八元，屠税三万九千四百二十八元。

货物税

滇省厘局凡四十有四，厘金税无。沿用日久，征厘以外，又有加厘，所有商货，大都不外值百抽五。民国以还，悉仍旧制。三年夏，财政厅以昔物价高下悬殊，呈请改定税则，经部批准。旋于十二月呈报全省厘税章程，仍照旧制编列，故迄今尚未变更耳。

货物税收入

民国元年五十七万一千九百九十五元，民国二年五十九万五千一百六十二元，民国三年经常数四十八万九千八百六十一元，民国五年经常数五十四万二千七百五十七元，五年份核定比较数五十三万七千一百八十二元。

五年度货物税收数分类

厘金五十四万二千七百五十七元。

海关税

各关一览

蒙自关及卡：河口分关，碧色寨分卡，蛮耗分卡，新街查卡，马白分卡，天生桥查卡，牛羊新街查卡。云南府分关开放事由：光绪十二年《中法通商追加条约》。

思茅关及卡：东关查卡，永靖查卡，勐烈分关，易武分关。开放事由：光绪十二年《中法通商追加条约》。

腾越关及卡：龙陵分关，小新街分关，蛮线蛮允分关，蚌西查卡。开放事由：光绪二十二年《缅甸修正条约》。

边境进出口税

中法陆路进出口税：我国滇、桂等省与法属越南毗连。光绪十一年《中法新约》内有“所运货物进出云南、广西边界，应纳各税，照现定《通商税则》较轻”之语。翌年缔结《通商章程》，凡进口之货，经云南、广西边关时，按照《通商税则》减五分之一收纳进口正税，其税率表未载之货物，概照值百抽五征收。翌年续定《商务专条》十款，改定进口货物照《通商税则》减十分之三，出口货物照《通商税则》减十分之四。旋二十一年改议《商务专条附章》九款，稍有改正，然税率仍系前日所续订，沿至今日，未有变动。兹举有关云南现行条约之要点于后。

云南之蒙自、思茅、河口等处，均开为商埠。云南铁路通车后，亦照例征税。

中英陆路进出口税：我国云南、西藏两处，与英领印度、缅甸毗连。光绪十九年《中英会谈藏印续约》，辟亚东为商埠，设立海关。进出口物品自辟埠之日起五个年间，一律免税，俟期满后，再由两国商定。三十四年《中英修订藏印通商章程》，又辟江孜、噶大克为商埠，尚未设关。约内有“光绪十九年所定《通商章程》，与此次章程无违背者，仍应照行”之语，是以上数处于免税期限满后，即应协商税率，然迄今尚未议定也。至云南与英领缅甸之陆路贸易，始于光绪二十年《中英续议滇缅条约》，二十三年略有修正。兹举条约之要点于后：

一、腾越、思茅为商埠。

二、自缅甸输入之货物，照海关税率减十分之三征进口正税。自云南输出之货物，照海关税率减十分之四征出口正税。

三、子口半税照普通之规定。

四、云南铁路建筑时，与缅甸铁路接轨。

按诸上列各款，则缅甸边境之进出口税与安南边境之进出口税，属于同一之税率，可恍然矣。

海关税之收数

民国元、二、三年海关实收。

元年份海关实收数：蒙自关三十六万一千二百四十四元四角三分八厘，思茅关六千八百五十二元八角一分，腾越关五万零八百二十五元八角六分。二年份海关实收数：蒙自关三十六万五千八百五十二元四角零八厘，思茅关六千四百五十四元九角九分七厘，腾越关六万四千四百八十二元六角六分六厘。三年份海关实收数：蒙自关三十三万二千三百四十七元一角五分八厘，思茅关六千八百二十一元九角三分九厘，腾越关五万六千六百三十三元三角五分五厘。

历年海关收入预算

民国元年，蒙自关三十三万一千零六十七元，思茅关九千零一十六元，腾越关六万九千二百一十元。民国二年度，蒙自关五十五万一千五百零四元，思茅关一万零六百七十七元，腾越关七万七千七百零七元。民国三年度经常数，蒙自关五十五万零九百零四元，临时数六百元，思茅关经常数一万零六百七十七元，腾越关经常数九万七千五百三十五元，临时数一百七十二元。民国五年度，蒙自关经常数五十八万五千四百一十六元，临时数九百七十四元，思茅关经常数九千六百一十八元，腾越关经常数九万五千二百八十七元，临时数七百八十三元。

杂税

滇省之杂税如窑税、锅税、芦税、板税、糟税、商税、碗花税等是。除商税一项收数较巨外，其余各税琐细已甚，有年收不及百元者，视税收丰旺之各省，不免相形见绌矣。

历年杂税收入预算

民国二年度三千七百四十三元，三年度经常数二百零五元，五年度经常数二十一万二千四百八十元。

杂捐

滇省之杂捐，惟迤东、迤西之驮捐收数较丰。从前设局经征，现大都改归各关代征，其余各种零星杂捐、章制不一，收数有限云。

历年杂捐收入及预算

民国二年度二万九千九百八十七元，五年度经常数无。

官业收入

云南之官业收入只有官办局厂之余利，及各项官股利益。

历年官业收入预算

民国元年度三十五万七千四百零三元，民国二年度六十二万一千四百七十五元，年度经常数一十万九千七百七十四元，五年度经常数一十一万六千零五十二元。

官有产业

云南造纸厂岁入为一百一十八万八千六百九十二元，岁出为一百一十七万六千五百八十三元。计盈余一万二千一百零九元。此历年财政部所管之造纸厂特别会计之收支情形也。

吾滇官产以土地建筑物为大宗，约值七十余万元。

官产收入

财政厅五年份认解数一十八万二千五百六十二元。

历年杂项收入预算

民国元年六十八万七千三百三十九元，民国二年度七万零九百五十六元，三年度经常数七万二千二百零二元，临时数三万二千零六十三元，五年度经常数一十四万零二百零六元，临时数四万七千九百七十八元。

外交费

历年外交费岁出预算

民国元年云南外交费五万二千二百八十元，民国二年度八万九千二百五十二元，三年度经常门六万七千一百二十七元，五年度经常门二万四千零二元。

民国五年度预算外交费分类

云南外交费二万四千零二元，交涉署经费一万六千四百四十元，腾越交涉经费二千六百零二元，办迤西边案过耕经费四千元，海防照料委员薪水九百六十元。

内务费

历年内务费岁出预算

民国元年二十二万五千八百八十元，民国二年度一百零八万零八百零四元，三年度经常费一百三十万五千七百六十一元，五年度经常费二百一十八万四千七百五十九元。

民国五年度预算内务费

云南内务经常费二百一十八万四千七百五十九元，巡按使公署经费一十二万元，各道尹公署经费一十万零八百元，各县公署经费七万二千六百四十八元，河口副督办署经费一万一千二百二十元，麻栗坡副督办署经费五千九百二十八元，省城警察经费一十一万六千八百零八元，铁道警察经费一十二万三千四百八十九元，各县警察补助费一十五万四千四百八十七元，警察学校经费一万八千九百一十二元，巡警教练所经费一万一千一百九十二元，警备队经费六万元，孤贫口粮二万九千五百零四元，普济堂经费一万六千二百三十六元，敬节堂经费七千四百六十四元，医院经费六千一百一十九元，富县土司养赡五百五十六元，永善质蛮口粮四百三十九元，各分治弹压委员经费六万四千零一元。

宣统三年云南新军暨绿防各营经费

饷项三百七十三万一千五百五十五元。摘要：陆军第十九镇及警察队、巡防营七十二营、绿营廉俸、薪杂共四百四十员名。

民国二年云南陆军人数饷额

人数三万九千五百人，饷额二百九十四万零五百元。

历年陆军费岁出预算

民国元年四百二十三万三千三百七十五元，民国二年度六百一十六万二千二百二十九元，三年度经常费三百零四万五千四百八十八元，临时费六万零八百元，五年度经常费三百零九万零八百一十二元，临时费一万五千四百七十六元。

民国五年度预算陆军费分类

云南经费三百零九万零八百一十二元。将军行署经费一十六万七千八百零八元，陆军两师经费二百三十六万八千三百五十六元，独立连经费一十八万八千六百六十元，宪兵队经费四万零五十六元，军乐队经费六千三百一十二元，军需局经费一万四千一百三十六元，军械局经费二万零一十六元，军医局经费七千九百九十二元，兵工厂经费四万零三百九十二元，测量局经费四万二千六百二十四元，又临时费一万五千四百七十六元，军械各分局及支发局经费一万六千五百元，镇雄营参将薪饷一千八百二十四元，看守营房委员津贴六千二百零四元，士兵津贴三万零九百三十六元，讲武学校经费五万四千元，军马所经费四千零三十二元，迤南剿匪事务所经费二万四千元，麻栗坡巡缉队经费三千三百四十八元，麻栗坡、河口对汛经费五万一千二百二十八元，昭忠祠经费二百零四元。

历年海军岁出经费预算

民国元年云南岁出海军费一万零一百一十一元。

历年司法岁出预算费

民国元年一十九万八千二百九十一元，民国二年度四十九万一千四百三十一元，三年度经常费二十二万元，五年度经常费一十七万九千六百六十八元。

民国五年度预算司法费分类

云南司法费一十七万九千六百六十八元。高等审判厅经费二万二千二百五十二元，高等检察厅经费一万四千八百七十四元，蒙自商埠地方审判厅经费一万二千八百一十六元，蒙自商埠地方检察厅经费九千一百四十元，昆明地方审判厅经费一万六千七百七十六元，昆明地方检察厅经费一万四千六百七十元，阿迷路审判检察厅经费二千五百四十四元，会审勘验夫马经费九千六百元，昆明地方看守所经费五千一百二十四元，蒙自商埠地方看守所经费二千一百六十元，昆明监狱经费九千六百一十二元，各县旧监经费六万元。

历年教育费岁出预算

民国元年一十万五千零一十元，民国五年经常费三十五万一千二百六十二元。

民国五年度预算教育费分类

云南教育经费三十五万一千二百六十二元，专门学校经常费四万元，师范学校经常费一十万元，中学校经常费五万元，小学校经常费二万四千二百四十元，女子学校经常费三万元，留学国内外学生经常费七万七千七百二十八元，留欧学生监督经常数五百二十元，省会图书馆、博物馆经常费七千七百零四元，补助各学校经常费二万一千零七十元。

历年农商费岁出预算

民国元年一十二万八千零九十三元，民国二年度九万三千九百五十三元，三年度经常费三万零四百七十六元，五年度经常费六万二千一百四十九元。

民国五年度预算农商费分类

云南农商业费六万二千一百四十九元，农林局经常费二千八百八十元，农事试验场经常费二千八百八十元，山蚕传习所经常费一千二百九十六元，棉业总机关经常费一千六百二十二元，棉业试验场经常费一千一百五十八元，工业学校经常费二万九千六百一十一元，模范工厂补助费三千六百元，矿务科经常费七千二百八十元，矿业讲习所经常费六千二百七十六元，个旧矿产经常费三千五百六十六元，矿业技师薪水一千九百八十元。

历年交通费岁出预算

民国元年六万六千二百三十一元，民国二年度二十万四千六百九十六元，三年度经常费一十六万四千七百七十五元。

历年财政费岁出预算

民国元年二百七十一万七千九百零五元，民国二年度八万八千四百三十一元，三年度经常数一十一万三千五百六十六元。

民国五年度预算财政费分类

云南财政费一十八万七千二百三十五元，财政厅经常费四万元，各征收局经常费一十一万二千五百一十四元，各县征收契税经常费七千七百二十一元，官制契借券婚书办公费一万八千元。

长期内债

云南一万一千三百元。

云南一十四万九千一百六十元。

滇省外债

宣统三年夏，李督实施新政，改编新军，以收不抵支，遂向英法隆兴矿山公司订借一百八十万两，年利五厘，期限自缔结合同之日起算。二十五年间，每年平均偿还，此滇省借债之情形也。

借债一览

云南向英、法国隆兴矿山借款一百八十万两，息五厘，起债期西历一千九百十一年，偿还期西历一千九百二十六年。

银行分支等金库一览

云南分库：金库。

滇省收支款项，民国初元系由财政司库存储发放。三年夏，财政部电商该省改存金库。旋经商定，俟中国分行成立后再照通案办理。

银行接收金库一览

云南分库：银行行号。

云南分行、滇行。

货币：云南造币分厂

大小银元铜元制钱比价：民国四年大银元合铜元一百三十四枚，大银元合制钱一千五百文，大银元合小银元十角。调查月日：一月二十五日。

纸币：云南富滇银行

在民国初元已发行纸币，迨四年秋，增至三百四十万余元。

民国五年度云南省岁入岁出分类预算

岁入门

田赋经常数一百零九万四千四百四十九元，地丁四十四万五千六百七十三元，秋粮三十一万八千六百四十一元，盈余二十二万一千九百三十二元，额外摊丁三百零五元，仓收九百一十九元，夫马团费九万三千八百三十四元，官学租一万三千一百四十五元，货物税五十四万二千七百五十七元，厘金五十四万二千七百五十七元，正杂各税九十六万一千七百一十三元，契税七万七千二百一十四元，矿税四十六万四千二百七十九元，烟酒税六万零四百八十元，当税二千七百九十元，牙税七百零五元，茶税一万二千三百三十九元，窑税九十六元，芦税九十元，板税一百九十元，糟税二百元，商税一十四万四千零九十四元，牲税九千九百九十八元，屠宰税三万九千四百二十八元，杂税六万七千八百一十元，官业收入一十一万六千零五十二元，官办局厂收入九千六百零四元，官股利益一十万六千四百四十八元，杂收入一十四万零二百零六元，临时数四万七千九百七十八元，司法收入四万九千八百一十四元，官款息一万八千六百九十六元，交涉署收入三千六百九十二元，警察收入二万四千元，教育收入三千七百七十五元，契纸等项收入六万元，其他收入一千八百二十九元，截矿临时数三万五千八百二十八元，罚款临时数一万二千一百五十元，共计经常数五百六十五万九千九百五十二元，临时数九万五千九百五十八元，经临总数五百七十五万五千九百一十元。

岁出门

外交部所管二万四千零二元。其中：交涉署经常费一万六千四百四十元，腾越交涉经常费二千六百零二元，办理迤西边案过耕经常费四千元，海防照料委员薪水九百六十元。

内务部所管二百一十八万四千七百五十九元。其中：巡按使公署经常费一十二万元，各道尹公署经常费一十万零八百元，各县公署经常费七十一万一千六百四十八元，河口副督办署经常费一万一千二百二十元，麻栗坡副督办经常费五千九百二十八元，省城警察经费一十一万六千八百零八元，铁道警察经费一十二万三千四百八十九元，各县警察补助费一十五万四千四百八十七元，警察学校经费一万八千九百一十二元，巡警教练所经费一万二千一百九十二元，警备队经费六十万元，孤贫口粮二万九千五百零四元，普济堂经费一万六千二百三十六元，敬节堂经费七千四百六十四元，医院经费六千一百一十九元，富县土司赡养五百五十六元，永善质蛮口粮四百三十九元，各分治行政弹压委员经费六万四千零一元，迤南沿边行政经费一万四千七百六十元，怒俅殖边局经费三万四千八百一十九元，游民习艺所经费一万一千零八元，幼孩工艺厂经费九千六百元，女子习艺所经费三千元，电话局经费四千元，马关勐桐团丁经费三千六百元，镇边土勇经费二千七百一十九元，维西阿海洛古汛经费四百五十元，典礼费一千元。

财政部所管一十七万八千二百三十五元。其中：财政厅经费四万元，各征收局经费一十一万二千五百一十四元，各县征收契税经费七千七百二十一元，官制契纸借券婚书办公经费一万八千元。

陆军部所管三百零九万八百二十元，临时数一万五千四百七十六元。其中：将军行署经费一十六万七千八百零八元，陆军两师经费二百三十六万八千三百五十六元，独立连经费一十八万八千六百六十元，宪兵队经费四万零五十六元，军乐队经费六千三百二十一元，军需局经费一万四千一百三十六元，军械局经费二万零一十六元，军医局经费七千九百五十二元，兵工厂经费四万零三百九十二元，测量局经费四万二千六百二十四元，军械各分局及支发局经费一万六千五百元，镇雄营参将薪饷一千八百二十四元，看守营房委员薪工四百零八元，江防质蛮薪饷一千七百七十六元，留学员津贴六千二百零四元，士兵津贴三万零九百三十六元，讲武学校经费五万四千元，军马所经费四千零三十二元，迤南剿匪事务所经费二万四千元，麻栗坡巡缉队经费三千三百四十八元，麻栗坡、河口对汛经费五万一千二百二十八元，昭忠祠经费二百零三元，测量局出张费临时数一万五千四百七十六元。

司法部所管一十七万九千六百六十八元。其中：高等审判厅经费二万二千二百五十二元，高等检察厅经费一万四千八百七十四元，蒙自商埠地方审判厅经费一万二千八百一十六元，蒙自商埠地方检察厅经费九千二百零四元，昆明地方审判厅经费一万六千七百七十六元，昆明地方检察厅经费一万四千六百七十元，阿迷路事审检厅经费二千五百四十四元，会审勘验夫马费九千六百元，昆明地方看守所经费五千一百二十四元，蒙自商埠地方看守所经费二千一百六十元，昆明监狱经费九千一百六十二元，各县旧监经费六万元。

教育部所管三十五万一千二百六十二元。其中：专门学校经费四万元，师范学校经费一十万元，中学校经费五万元，小学校经费二万四千二百四十元，女子学校经费三万元，留学国内外学生经费七万七千七百二十八元，留欧学生监督经费五百二十元，省会图书、博物馆经费七千七百零四元，补助各学校经费二万一千零七十元。

农商部所管六万二千一百四十九元。其中：农林局经费二千八百八十元，农事试验场经费二千八百八十元，山蚕传习所经费一千二百九十六元，棉业总机关经费一千六百二十二元，棉业试验场经费一千一百五十八元，工业学校经费二万九千六百一十一元，模范工厂补助费三千六百元，矿务科经费七千二百八十元，矿业讲习所经费六千二百七十六元，个旧矿产经费三千五百六十六元，矿业技师薪水一千九百八十元。

共计经常数六百零七万三千八百九十元，临时数一万五千四百七十六元，经临总计六百零八万五千八百六十五元。

民国云南通志长编卷三十二

教育一

概述

云南近代之教育制度，溯源于前清光绪、宣统间，已详《通志学制考》中。民元以还，循序进展，颇有蒸蒸日上之势。唯护国军兴，而后饷糈浩繁，教育经费，首受其影响。继以护法一役，旷日持久，人力、物力胥告匮乏，影响所及，百业皆废，教育设施莫能例外。故在十年至十七年之间，全省教育界均在难关中渡过。十八年后，始告稳定，得谋建设。综核数十年内之云南教育，约可分为五时期：前清末季为创始时期，民国元年至四年为发展时期，五年至十七年衰退时期，十八年至二十九年复兴时期，三十年迄今保守时期。盖至十八年以后，军事敉平，匪患肃清，省政府提拨卷烟特捐，交教育厅独立管理，整顿收入，作为经费，乃无匮乏之虞。旋又制定《云南省政府教育行政方针》，颁布施行，责成教育厅改进中等以上学校教育，并筹办义务教育与民众教育。自十九年起，即开始实施义务、民众两项教育。整理并推广全省中学、师范、职业教育，改进国内外留学教育。至二十年，全省学校教育，社会教育俱有所增进，而义务、民众两项教育，学校设置数量与学生就学数量，大为增加，几倍曩昔。职是之故，云南教育，遂以复兴。至三十年后，因税制变更与物价高涨，经费既感支绌，教育遂趋保守，势使然也。然无论何时，云南教育均与全国保持统一之精神，即在十七年以前，省政多由自主，而教育则仍本一定之制度推行，斯亦一特色也。兹分述如下。

教育行政

省教育行政

辛亥光复，都督府内设军政部，其下有内务、外交、学政、实业、财政各司。学政一司，禀承军政部掌理全省学务，督促教育之进步改良。司内设司长、副司长各一，由学界人士齐集教育总会，投票选举李华、陈文翰任之。其内容组织，大体仍前清提学使司之旧，惟将学务公所改名学政公所，专门、实业二科并为一科，名曰专门实业科。省视学改称司视学，其员额初亦六人，元年七月，增设十人，分区视察，颇著成效，是为云南视学员额最盛之时期。

嗣又于五科之外，添设通俗教育一科，办理通俗教育事件。学政司名称改为教育司，裁去副司长一职，改设参事一员，以周钟岳为司长。其分科组织，则一仍其旧。民国二年四月，中央颁布划一各省地方行政官厅组织，令各省组织行政公署，于民政长下设教育司，承民政长之指挥，办理关于教育之各种事务，以民政长名义行之。内设四科，以第一、第二、等三、第四别之。第一科掌理文书、会计、统计、教育会议、学校卫生及不属于各科之事。第二科掌理师范、中小学校、幼稚园及凡属于普通教育各学校及学龄儿童就学等事。第三科掌理专门、实业各学校，外国留学等事。第四科掌理博物、图书馆、图书审查及凡属于社会教育一切事务。至是教育行政机关，遂失独立资格，而变为地方最高行政长官之一佐僚。同时中央颁布《各道地方行政官厅组织》，令于观察使署内设教育科，办理道属教育事务。故省教育行政组织，遂由二级制变为三级制，即各县教育事务以观察使为直接行政长官，而间接受民政长之监督指挥。至于视学员，因教育司无对外之责，故仍改称省视学，另订省视学处务细则，俾资遵循。是年十一月，改订视学区域，减为八区，而于普思沿边及保山、龙陵等县所属之土民学塾，特设临时省视学二员，随时派往考查。

三年六月，省行政公署改组巡按使署，教育司改为政务厅教育科，分三股。科设佥事一人，掌理本科事务。每股设管股主事一人，主事若干人。所办事务，虽仍其旧，而权限范围已缩至极小限度。盖以前之第一、第二两科，易为一、二两股，而三、四两科，则并为第三股也。教育行政机关之缩小，以此时为最。至视学一项，是时亦有变动，即裁撤以前之十区省视学，按照各道区域各设省视学一人。而道尹既负教育行政事务，亦各设道视学一人。其各县及特别区并设县视学一人。五年，护国兴师，滇政改组，于都督府内设民政厅，教育科隶焉。其组织权限，一仍其旧，仅将佥事易称科长，主事改为科员尔。道视学一项，以经费不敷，并即裁撤。此时教育行政机关以军事影响不绝如缕，一切教育，均形停顿。后虽以渐复兴，然卒未回复原状。民国六年，省长公署成立，教育科又变为政务厅三科之一，迄于九年底止，均无变迁。在此期内，于教育行政内有一新发生事项，即检定小学教员是也。云南小学教员检定会于六年三月十五日成立，以教育科长为会长，下设常任委员五人，临时委员四人，以教育科科员及师范学校教职员兼之。其检定项目，分无庸检定、无试验检定、暂免检定、试验检定四种。统计所检定给状之员，至民国十年奉令裁撤检定会之日止，已届二千人之谱。虽未能尽其全功，于教育固不无裨益也。

十年元日，教育厅成立，教育行政机关，至此始恢复独立。先是，中央于六年九月公布《教育厅暂行条例》，并明令废除省长公署政务厅内教育、实业两科，是时本省以政局尚未统一，及经济、人才之关系，未克查照办理。延至九年，因感于时势之必要，爰任留美学生、前学政司长李华为厅长，促令回滇组织厅署，遂于十年元旦宣告成立教育厅。教育厅之组织，系采用六年中央公布条例，并参酌本省情形定之。内分三科，即将前教育科之三股扩大组织之，职员亦多仍旧。教育厅成立后，对于内部则积极整顿，复设立编译处及教育研究会，以提倡学术，补充学识。对于外部，则订定《全省教育行政组织大纲》，分省教育行政组织、县教育行政组织，街、村教育行政组织之三级。

十一年八月一日，云南省长公署成立，分役八司，教育司居其一，即就教育厅改组焉。教育司直隶于省长，管理全省教育、学艺及监督所辖各学校、官署事务，为全省教育行政之总枢。又附设教育委员会，以为行政方面之咨询、议决机关。至司中分科治事办法，与教育厅大体从同。

十六年云南省政府成立，依组织法之规定，设置教育厅，专理本省各级教育行政事宜。其内部组织为秘书室，第一、第二、第三等三科暨各项委员会，分掌有关业务或建议、辅导事项，沿为定制。迨十八年九月，省府任命龚自知为厅长，到任后即厘定整理各级教育计划，积极建筑校舍与充实设备。关于内部之组织，即秘书室掌理机要案件之撰拟，公报之编制，政令之宣传，复核各科文稿，管理本厅书报等事项。第一科掌理省教育经费之预算、决算，省、县教育人员之叙委、诉愿，本厅会计、庶务、典守印信，文件之收发、缮校等事项。第二科掌理师范教育、义务教育、小学教育、幼稚教育、民众教育等事项。第三料掌理高等教育、中等教育、职业教育、社会教育、特殊教育等事项。此外，关于恢复事项者，厥为督学与厅经费。盖因上年拟将督学（前称省视学）经费移补留学经费，暂缓设置督学。殊此项经费，不惟迄未照领移补，无形中竟将督学废除。现为督导各地方教育实施之人员，与沟通现行教育方针，教育计划，将理想与事实联成一气，实有恢复设置之必要。并鉴于以前督学分区过广，旅途督导，不易周详，重行分划区域为八区，每区设督学一员，按期出发。至本厅经费，原由财政厅支领，当教育经费独立之际，财政厅即不承认教育厅经费之支领。迨至十八年九月，龚厅长以教育厅乃省政府之一环，系属行政机关，与教育事业不同，力请省府，始恢复旧制。又为集思广益起见，除开厅务会议外，更扩大组织，每星期召开咨询会议一次，以为改进推广教育之计划张本，并编行定期刊物《云南教育半月刊》，以广宣传。

二十一年四月，因业务勃兴，以前规划之各科职掌，已觉不甚适应环境，复将本厅办事细则，重加修正，经呈转层奉行政院核准备案，并通饬全省各县局及学校、直辖教育机关知照。经修正要点为内部各科、室之职掌事项，暨设置有关业务之各项委员会，以协助业务上之辅导促进。兹将组织系统表解于后。

云南省教育厅组织系统表

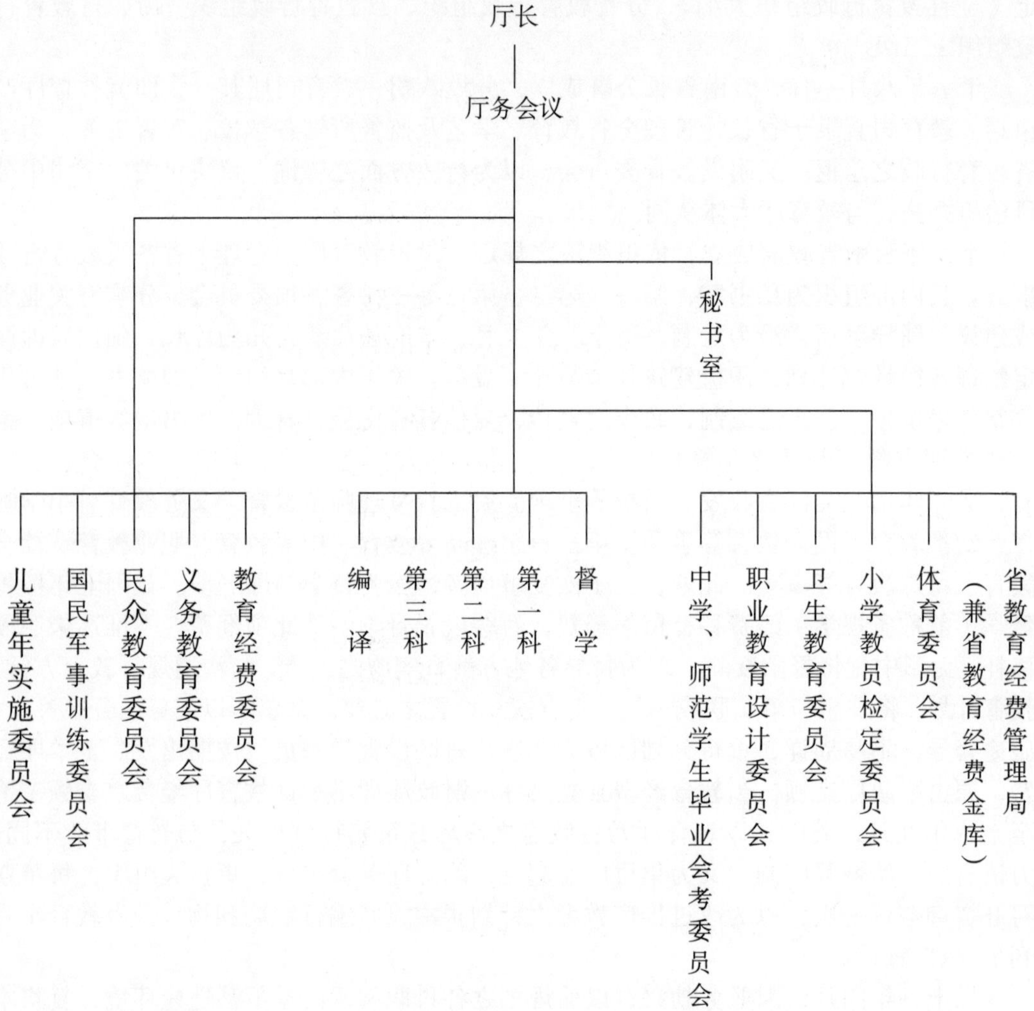

此时计设置督学八人，分区督导全省各级教育。又设置编译人员，专司编译学术文化作品、刊物。关于公文之处理、职员之考核，均分别厘订细则，以提高行政效率。回溯十六年至十八年三年之内，因政局动摇，经费无着，厅长更动频繁，所有规划，均未能按程推进，则此期中之教育行政，可谓有划时代之进步矣。

二十八年，政府厉行会计独立制，该厅遵行法令，设置会计室，将省教育经费之岁入、岁出事项，划规该室专管，并因应新县制所需，举办国民教育。为顾名思义，废弃以数字命名办法，将现设之一、二、三科改名中等教育科、国民教育科、社会教育科，职掌小有移转。惟各委员会有因隶属变更而移转，有因施政宗旨不同而改革，有因不须再予督促而交科办理，归纳后仍存在者仅教育经费委员会，国民、边地教育委员会、小学教员检定委员会、卫生教育委员会、中学、师范教员检定委员会、中学、师范学生毕业会考委员会、电化教育服务处。

三十年四月，中央统一税收，将本省唯一命脉之教育经费（卷烟特捐）移并税局经收。正期发展之省教育事业，又另换一局面，不得不将省教育经费委员会暨教费管理局宣告裁撤。自此，省教费按月由财政厅向国库统领转发，教厅本会计、出纳各守岗位、互不牵混之原则，增设总务科，划分职掌，兼省教费出纳之责，因此组织机构，有如下两表，至令仍之，悬为定制。

云南省教育厅历年行政长官姓名一览表

任期　起迄	称谓	长官姓名
民元年一月一八月	学政司	李华
民元年八月一二年五月	教育司	周钟岳
民二年六月一三年一月	教育司	由云龙
民三年二月一四年十二月	教育科	秦光玉
民五年一月一九年十二月	教育科	钱用中
民十年一月一十年七月	教育厅	李华
民十年八月一十一年七月	教育厅	秦光玉
民十一年八月一十三年一月	教育司	董泽
民十三年二月一十四年一月	教育司	钟动
民十四年二月一十五年一月	教育厅	董泽
民十五年二月一七月	教育厅	由云龙
民十五年八月一十六年五月	教育厅	张鸿翼
民十六年六月一十七年十一月	教育厅	张士麟
民十七年十二月一十八年七月	教育厅	卢锡荣
民十八年八月一二十二年一月	教育厅	龚自知
民二十二年一月一十二月	教育厅	袁丞佑
民二十三年一月一三十四年十一月	教育厅	龚自知
民三十四年十二月一现在	教育厅	王政

云南省教育厅行政机构组织表

<table>
<tr><td>机关名称</td><td>主管人姓名</td><td colspan="2">地址</td><td colspan="4">隶属机关</td><td colspan="6">职掌</td></tr>
<tr><td>云南省教育厅</td><td>龚自知</td><td colspan="2">昆明市武成路105号</td><td colspan="4">云南省政府</td><td colspan="6">综理本省各级教育行政事宜</td></tr>
<tr><td colspan="2">内部组织</td><td colspan="12">职员数</td></tr>
<tr><td rowspan="2">名称</td><td rowspan="2">分掌事项</td><td colspan="6">法定员额</td><td colspan="6">实际员额</td></tr>
<tr><td>简任</td><td>荐任</td><td>委任</td><td>聘任</td><td>雇员</td><td>计</td><td>简任</td><td>荐任</td><td>委任</td><td>聘任</td><td>雇员</td><td>计</td></tr>
<tr><td>秘书室</td><td>复核文稿，承办机要，及临时指派事项。</td><td>最高额
最低额</td><td>最高额
最低额</td><td>最高额
最低额</td><td>最高额
最低额</td><td>最高额
最低额</td><td></td><td></td><td></td><td></td><td></td><td></td><td></td></tr>
<tr><td>会计室</td><td>办理教育经费之岁计、稽核事项。</td><td></td><td></td><td></td><td></td><td></td><td></td><td></td><td></td><td></td><td></td><td></td><td></td></tr>
<tr><td>总务科</td><td>办理文书、档案、人事、出纳、庶务及考试事项。</td><td></td><td></td><td></td><td></td><td></td><td></td><td></td><td></td><td></td><td></td><td></td><td></td></tr>
<tr><td>中等教育科</td><td>办理高等、中等教育事项。</td><td>1</td><td>7</td><td>56</td><td></td><td>19</td><td>83</td><td>1</td><td>6</td><td>55</td><td></td><td>21</td><td>83</td></tr>
<tr><td>国民教育科</td><td>办理国民教育事项。</td><td></td><td></td><td></td><td></td><td></td><td></td><td></td><td></td><td></td><td></td><td></td><td></td></tr>
<tr><td>社会教育科</td><td>办理社会教育事项。</td><td></td><td></td><td></td><td></td><td></td><td></td><td></td><td></td><td></td><td></td><td></td><td></td></tr>
<tr><td>督导室</td><td>办理教育督导事项。</td><td colspan="6">省督学8员，国教视导员12员，科员1员，雇员15员。</td><td></td><td>8</td><td>13</td><td></td><td>15</td><td>36</td></tr>
<tr><td>卫生教育委员会</td><td>办理卫生教育事项。</td><td colspan="6">主任医师1员，办事员2员，雇员2员。</td><td></td><td>1</td><td>2</td><td></td><td>2</td><td>5</td></tr>
</table>

（续表）

内部组织		职员数											
名称	分掌事项	法定员额						实际员额					
		简任	荐任	委任	聘任	雇员	计	简任	荐任	委任	聘任	雇员	计
国民、边地教育委员会	办理边地、国民教育之设计辅导事项。	委员7员，干事3员，雇员1员。						1	6	3		1	11
中、师教员检委会	办理中、师教员之检定事项。	主任委员1员，委员6员，秘书1员，干事3员，雇员2员。						1	7	3		2	13
中学学生毕业会考委员会	办理中学学生之毕业会考事项。	主任委员1员，常务委员5员，命题阅卷委员23员，办事员25员，书记19员。						1	28	25		19	73
小学教员检委会	办理小学教员之登记、检定事项。	主任委员1员，委员7员，干事6员，雇员1员。						1	7	6		1	15
中、小学升学就业指导委员会	办理中、小学生升学及就业指导事项。	专员1员，科员3员，雇员1员。							1	3		1	5
教育公产整理处	办理教育公产之整理事项。	正、副处长各1员，科员4员，雇员3员。							2	4		3	9

附记：教育厅各种委员会，除表内所有六种外，计1. 体育委员会二十九年一月因节省开支裁撤。2. 职业教育设计委员会，二十八年因中小学升学及就业指导委员会成立，职务归并裁撤。3. 教育经费委员会，三十年四月因教费由税局经收，奉令裁撤。4. 义务教育委员会及民众教育委员会，同于二十九年一月因节省开支裁撤。5. 国民军事训练委员会二十八年移并军管区司令部办理。6. 儿童年实施委员会二十八年归科办理。

县地方教育行政

本省自兴学以来，县地方教育行政之沿革，可分五时期：自前清光绪三十三年至宣统三年为施行总董制时期，自民国元年至四年为施行劝学员长制时期，自民国五年至十二年为施行劝学所长制时期，自民国十三年至二十七年为施行教育局长制时期，自二十八年至现在为教育科长制时期。总董制已详《学制考》，兹述民元以后情形如次：

劝学员长制时期

民国元年，本省军都督府军政部规定各属自治公所办法大纲，将原设之劝学所并入自治公所，所有劝学所事务则由各属参事会参事员或原任劝学人员分别专任。此种办法影响于地方教育之前途者甚大，如果实行，则县教育无独立之行政机关，效率必将大减。是时军政部学政司见及于此，乃根据法理、事实，坚请收回成命。旋奉核准，各属劝学所始得赖以维持，地方各项教育始获照常进行。学政司于是另行拟具本省各属《劝学所暂行章程》，呈准通饬遵行。其要点约有四端：一、劝学所听学政司之命令指挥，并受地方官之监督，执行本属教育行政事务。二、劝学员长资格加以严格限制，并以专任本职为原则。三、地方官对于劝学所除监督办理外，负有提倡学务、保护学款之责。其有阻挠学务者，应提案惩处。四、各属自治机关对于劝学所仅能建议或纠弹，而无干涉、黜陟之权。其自治职员则负有建设学校、筹集经费之义务，如有违误，得由劝学员长呈请核惩。上述四项，其于县地方教育之责任主体，及自治与学务互相关系权责之规定，极为分明。并于学政司及各属地方官对于劝学所之指挥或监督关系，亦加明定，系统尤为严密。是虽出于救济一时之暂行办法，然县地方教育行政之基础，得以维持不坠者，实赖于此。

劝学所长制时期

民国五年二月，奉到部定《劝学所及学务委员规程》，遂将前项《暂行章程》废止，遵照部定规程办理。于是县地方教育行政，乃确有法律根据，其基础遂臻稳固。惟是县地方教育行政，除劝学所长及学务委员之职务应有规定外，并应设置县视学，专任视学职务。是时，县视学之设置既无规定，而视学职务又未便付诸阙如，乃从本省旧章办理，以劝学所长兼任县视学。盖本省于民国三年，曾通饬各属劝学员长兼任县视学，由教育行政机关核委之，其薪俸则由县署支给。部颁规程既无设置县视学之规定，故从本省旧例办理，仍有县视学名目。此于部定劝学规程由所长视查学务之规定，虽屡有变更，然固无碍于行政系统。

在此时期，本省教育厅拟订《县教育行政组织大纲》及《街村教育行政组织大纲》，通饬遵行。摘要述之如后。

一、县教育行正组织要项有五：

（一）县教育行政主体。规定县知事及所属劝学所均为县教育行政主体，及劝学所直接办理县学款支办之学校教育及社会教育。又凡支用市、乡学款办理之市、乡各项教育，均归劝学所直接主管。其街、村教育行政，并由劝学所监督指挥。至全县教职人员及其他办学人员，则由县知事考核，呈请奖惩。

（二）县教育经费。规定凡县教育支用县学款办理者，由劝学所按年份酌加办理，并编制预、决算案呈核施行。又凡县教育经费，概划归劝学所收支，独立保管，不得挪作他用，亦不得统由其他机关代收。其市、乡教育经费不属于街或村者，亦统归劝学所直接收支，独立保管。

（三）县办之学校教育。规定凡县立中、小学及师范学校，旧制乙种职业学校，并县、市、乡立之各种补习学校，由劝学所主办。私立小学由劝学所考核，并补助之。

（四）县办之社会教育。规定凡立县或市、乡立之图书馆、博物馆、理化试验所、公共体育场、巡回讲演所等，及改良戏曲电影等项，均由劝学所主办。

（五）县教育统计及报告。规定凡县办之各种教育事项，均由劝学所分别统计并呈报，以资汇办。

二、街村教育行政组织，亦有五要项：

（一）街村教育责任主体。规定各地方教育行政，以街及村为基本单位，并划一街、村组织为单独的与联合的两种编制，就各街、村设置学董、副学董为街及村教育行政之主体，直接秉承劝学所承办街、村教育一切事务。

（二）街村教育经费。规定凡街村固有之各种公款、公产，均得提作街村教育经费，并得就街村抽收烟酒、迷信等捐补助办理。又规定街村教育经费，由学董、副学董负责保管，并按年编制预、决算案，呈劝学所核行。

（三）街村应办之学校教育。规定除办街村立之小学、职业学校及补习学校外，并应主办本街村义务教育及改良本街村之私塾。

（四）街村应办之社会教育。规定为阅览、讲演、运动、武术及改良风俗、破除迷信等项。

（五）街村教育统计及报告。规定凡街村教育状况及经费收支，均由学董等编制统计及报告，呈报劝学所核办。

此两种大纲，为针对当时事势，并依据教育法令，将县地方教育行政权界，具体规定行政组织，由全县推及市乡，更由市乡推及街村，不惟系统完整，权责分明，并于县地方及所属市乡教育经费之独立，明文规定，尤具特殊之精神。盖健全行政组织、保障教育经费两者，实为促进教育之必要条件，故特详加规定，俾有遵循。自此两次大纲颁行后，各县地方多已遵照实施，虽未能将大纲精神完全表现，然于行政之进行，较前已具条理。经费之保障，亦获得法令上之依据。实此时期整理县地方教育行政之效果也。

教育局长制时期

民国十一年，第八届全国教育会联合会议议决，各省所属各县劝学所应改为教育局，并拟具改革地方行正制度方案，旋经教育部审核修正，制为《县市乡教育行政大纲》将各县劝学所一律改为教育局，并分别制定《县教育局及特别市教育局组织规程》，提经阁议通过，通行各地方实行改组。其市乡教育行政，即附入县教育行政中。

此项县教育行政组织，系以局长一人、县督学一人、事务员若干人组织县教育局，各学区设置教育委员，并规定局长商承县知事主持全县教育事务，及督促指导市乡教育事务。盖以指导员代替视学，并将市乡教育划归教育局直接主办，此节与本省前定《县教育行政组织大纲》大略相同。其不同者，在于局长暨行政人员外，设置董事会。规定董事员额为五人、七人、九人三种，选任对于教育学术及社会事业有研究成绩及对于经济筹划有能力者为董事，并明定董事会职权为：一、议决县教育行政之方针及计划；二、筹划县教育经费及保管县教育资产；三、审核县教育经费之预算、决算；四、议决县教育局交议一切事件。

此项董事会之设置，盖为县教育行政之议决机关，并付以监督教育行政及经费之权，此其精神，异于原设劝学所者也。

本省奉到此项规程，由教育司提出教育委员会讨论，准备遵照施行。适本省方议改革县制，遂决议并入县制改革案办理，就中唯昆明一县奉教育司令，提前将劝学所改组为教育局，以资实验。嗣本省新县制厘定，指定昆明、宜良、会泽、个旧、蒙自、大理、保山、腾冲等八县推行，同时县教育局规程亦经教育司参酌本省地方情形，略加修正，并入新县制案中，以便遵行。乃于民国十三年，先由昆明等八县照新县制案，将劝学所实行改组为教育局，其余各县劝学所仍照旧设置。教育司修正《县教育局规程》，与部定规程，大体相同，就中因切合本省情形，酌加修正之处，有下列三点：教育局长之任用，照中央公布规程，系由县知事推荐三人，呈请省区教育行政长官选举，并呈报教育部备案。本省规定，则修正为教育司选任县教育局长，须先呈请省长核示，然后由司给委。盖本省政府是时在宣告自主期间，关于任免行政人员，另有划一办法，一也。董事会董事之选任，照中央公布规程，除县视学为当然董事外，余由县参事会选举。本省规定，则修正为除由县长委派县视学及县参事员各一人为董事外，其余由议事会依规定标准选举之。盖是时省政府方议撤废参事会，故改由县议事会选举，二也。各学区教育委员之任用，照中央规定，系由教育局长选任。本省规定，则修正为由县教育局长荐请县长委任，三也。此三点则与部章略有出入之处也。

十八年，教育厅又将地方教育行政组织加以改进，重新厘订本省县教育局之组织标准，拟定云南《县教育局组织暂行规程》十六条，呈准颁行。此项暂行规程规定，以局长一人，督学又事务员若干人，并各学区教育委员组织县教育局。局务分股办理，而局长须兼任第一股事务，以收分工合作之效。又局长职务，定为专任，并规定局长应负整理筹增与市乡教育经费，及维持独立之职责。复规定县教育局应设局务会议，筹议教育行政之进行。教育局改组完竣，并又订定本省《市县督学规程》，于民国十八年令发各县教育局遵照施行。本省《市县督学规程》，系依照部颁《督学规程》第十八条之规定拟订。关于督学员额之设置，规定为一人至三人，视各市县所辖区域之广狭及所设学校之多少，酌量定之。其设督学二人以上之市县，应划分视导区，分区督导，并按年交换其督导区域，关于市督学之任用、待遇及其职务，均于规定内详加规定。

十九年三月，教育厅因呈奉核准厉行全省义、民两教之普及，特先召集昆明等九县教育局长会议。有因各县人力财力多寡不同，事务繁简亦异，县教育局组织之大小，难归一致，照教育局规程之条文规定，虽含有伸缩性，然究无一定之标准可循，提出请求改组教育局办法议案。当查各县实行改组教育局后，其中不无误解条文、改组不合程式者，乃另订定《县教育局组织标准》九条，提会议决，通令颁行。此项组织标准，系补充《县教育局组织暂行规程》条文规定之具体办法，二者相辅而行。

教育科长制时期

二十八年，为配合新县制推行，省府令饬各县裁局改科，教育局裁并为县政府第三科，直属县府，秉承县长办理全县教育事项，唯是除一等县设专科外，二、三等县则建、教两科合设。嗣以事务繁重，科长人选不易两全。迭据各县呈请，仍各设专科，于三十一年七月签奉省府核准，将原案修正，各设第三科，专掌教育行政，建设事业，另设专科，以符通案。其设置人员、职掌及办理程序、经费如下：

一、设置人员：（一）设科长一员，科员二员至三员，录事二名至三名。（二）县督学一员至三员，区教育委员三员至五员。（三）教育经费管理员一员至二员。以上各项人员设额多寡，视事务之繁简及分区多少而定之。

二、职掌：（一）科长秉承县长掌理全县教育事宜。（二）科员秉承科长分掌全县学校教育、社会教育及其他教育行政事项。（三）录事承办文件、缮印手续。（四）督学秉承科长掌理全县各项教育视察、指导事项。（五）区教育委员秉承科长、督学掌理各该区内各项教育行政事项。（六）教育经费管理员秉承县长、科长掌理全县教育经费收支、保管事项。

三、办理程序：依现行法规，科长直接对县长负责，指挥所属人员，办理全教育事业之计划、实施及经费之统筹支配事宜。至对外行文，概用县长名义。

四、附属组织：依现行法令及本省单行办法，县教育局改科后，应设置下列各种委员会：（一）县教育经费委员会（科长兼任副委员长）。（二）义务教育委员会（县长兼委员长，科长兼委员）。（三）民众教育委员会（县长、科长均兼常务委员）。

五、经费：县教育局改科后，除教育经费仍照定案独立管理支办教育事业外，其设科所需行政经费，除科长、科员等项人员俸给及办会消耗等均由县政府经费项下统筹支给以资划一外，县督学、学区教育委员、教育经费管理员等俸给及办公费，仍由原日教育局行政经费项下另拟预算拨支。各种委员会办公费，仍照旧案办理，其节余经费，应概拨作行政事务费。

教育经费

省教育经费

本省教育经费，民元年以后，概由财政机关统收统支，其多寡随政局为转移。计元、二两年领支总数，年共六十三万四千三百六十八元。至三、四两年，则减至五十四万二千四百七十二元。五年，护国军兴，饷糈浩繁，库款支绌，无法挹注，以致中等学校假期延至数月之久。是年经费，顿减至一十四万三千五百三十二元。民六以后，虽稍有增发，但以国家多故，频年兴师，卒未能恢复原额。十二年以后，币价低落，外汇奇涨，省教费之实际支出，较之元、二两年，相距更远。而各中等学校经费，亦有积欠累月，未能支领者。乃致经常费有旧案、新案之名词，又有预支、补领等手续。学务人员之精力，大半疲于经费之奔走呼号焉。

十三年，《国民党政纲》随《第一次全国代表大会宣言》宣布后，其对内政策第十三条，有增高教育经费并保障其独立之规定。中央及各地方政府，俱分别筹谋教育经费之独立。十七年，第一次全国教育会议复有教育经费保障条例之决议，全国教育界人士奔走呼号，群谋促成教费独立之实现，既而沿江诸省，已有教费独立之事实。是年五月，本省政府召集整理内政会议，教育厅乃提出划拨教育经费并保障其独立之议案，经第五次预备会、第七次大会议决通过，唯划拨时期，暂以六个月为限，而饬由教育、财政两厅，体察情形，妥筹办理。

本省政府深以欲求教育之进展，当先谋教费之独立，乃于十七年十二月十八日第六十次省府会议提出，为维持及发展地方各项教育事业起见，所有省、县教育经费，拟自十八年一月份起，一律实行独立，其征收及用人权责，暨财政统系如何兼顾，拟饬由教、财两厅会同妥拟办法，呈候核行之议案。当经决议照案通过，并指拨卷烟特捐作为省教育专款。在该项特捐未实行整理、增加收入以前，若有不敷，应由财政厅照数拨足。本省教育经费独立案，至是遂确实成立。

财政、教育两厅奉令后，会拟《教育经费委员会简章》《教育经费管理处大纲》《教育经费督核委员会简章》，呈奉核准。教育厅随即照章组织各会、处，以多数委员分担核议、征收、保管、督核责任，财政厅亦将原征之卷烟特捐，照案咨交教育厅转行管理处接收办理，教育经费各会、处，遂于民国十八年三月一日起照案行使其职权，并由省府呈报国民政府备案暨布告全省周知。至是云南教育经费之独立，遂完全实现焉。

省教育经费既独立，适值卷烟来源畅旺，且以经管得宜，金额逐年递增。自民十八以迄于二十八年之间，年收总额由旧滇币三十余万之最低额，增至新滇币三百余万之最高峰。历年收入，以纸卷烟捐额占其百分之八十以上，余为叶卷烟捐、田产租息、锡税附加捐、存款孳息以及中央暨省府拨发之义务教育补助费等。此时之省级教育，以经费充裕，迄得尽量扩增充实。举凡学校区之开辟，校舍之建筑，图书、仪器、校具之添置，班级之扩增，学生待遇之改善，国教、边教、社教之推广，靡不精心筹划，逐步进行。斯数年间，可称为光复以来省教育之极盛时代。嗣以抗战军兴，寇焰蔓延，国际交通梗阻，外烟不能入口，特捐收入锐减，尤以二十九年为甚。当时教费收支悬绝，窘迫万状，幸有历年节存之各项准备及卷烟统销处照案分得百分之四十之利润，勉为应付，省教育始得维系于不坠。三十年，奉中央明令，划分国、地财政系统，将卷烟捐列为国家税收，遵于是年三月将经收十有二年之卷烟特捐，移交云南区税务局接管。其原设之教育经费委员会、督核委员会、管理处同时撤销，仅留教育厅金库，担负省教育保管收支之责。教费独立，自是停业。是年自四月份起，以迄于年底之教费，纯赖财政部及省库按月拨补之补助费开支。尚有不足，且向富滇银行借款及裁并学校，以资维持。自三十一年度起，则遵照政府规定程序，按年编拟概算，呈奉核定后，向国库拨领开支。教育厅金库，遂亦撤销，而于厅中总务科设立出纳股，以负保管、出纳之责。所管各项产业，则组织教产整理处负保管、整理之责。兹将三十一年度起，年领经费总额表列于后。

文教经费一览表

科目 金额 年度	三十一	三十二	三十三	三十四
甲、经常费（元）	10,415,563	14,137,332	19,836,579	83,585,176
常时部分	7,672,951	10,863,612	14,021,681	18,618,425
行政经费	534,559	744,816	733,340	1,384,121
中等教育费	6,165,376	8,902,208	10,414,493	13,692,953
社会教育费		1,050,404	1,206,660	1,492,468
边地教育费	856,800		1,000,000	1,300,000
私立学校及文化团体补助费	116,216	166,184	667,188	748,883
临时部分	2,742,612	3,273,720	5,814,898	64,966,751
行政费	319,220	283,736	399,000	718,500
国内大学滇生奖学金	504,000	538,080	655,200	982,800
中等教育临时费	1,919,392	2,451,904	3,649,240	5,944,012
社会教育临时费			260,000	390,000
国民教育临时费			851,458	1,177,187
公费生副食费				55,527,000
临时补助费				227,252
乙、战时生活补助费（元）	450,835	9,792,700	44,209,800	469,485,700
行政员工	437,519	714,150	1,528,100	34,067,500
中教员工	3,586,824	8,089,550	34,834,900	355,704,100
社教员工	4,848,008	989,000	3,497,600	42,000,100
边教员工			3,349,200	37,714,000
丙、公粮（公石）		25,637.40	25,637.40	30,380.60
行政员工		1,375.20	1,375.20	1,431.20
中教员工		14,772.00	14,772.00	15,677.20
社教员工		1,886.40	1,886.40	2,026.40
边教员工		1,648.80	1,648.80	1,700.80
公费学生		5,955.00	5,955.00	9,545.00

县地方教育经费

本省各县（市）教育经费，均以耕地佃租收入为大宗，其他租息（房租利息等）及杂项收入次之。自民国十九年起，遵照省政府委员会决议案，通饬全省各县（市）一律遵案实行独立管理，由教育局按照年度，编制预算、决算，分别呈报核行。兹就地方教育经费之来源、收数、分配及经理、考核等项，分别略述之：

一、来源。本省各县教育经费之来源，约有下列数种。（一）地租：以谷租或荞租为主要，其他杂粮次之。（二）房租：较占少数，多系按年征收租金。（三）利息：有基金存储者，照当地息率征收利息。（四）杂捐：现在保留者有升斗捐、秤称捐等项手续费，其迹近苛杂者，已遵案取消，另由耕地税附加抵补。（五）其他各县乡村小学经费不敷，或无的款者，多系就地方公款拨费维持。其公款支绌者，则就地按户摊派，以资维持。

二、收款。各县地方教育经费，应包含全县所有教育行政经费及事业经费之全部。唯各县情形不同，多数地方，对于县属之乡、区、镇、村等教育经费，尚未能统筹分配。兼之乡村教育经费，多系就地自筹，或由公项酌拨，或就户口分摊，其经济基础，尚未巩固，故调查甚为困难。兹就各县教育局直接所经管及曾经调查确实之教育经费计之，则各县收数多寡不一，有岁收银币十余万元者，有岁收数千元或数百元者。统计全省各县（市）教育经费全年收数约为二百三十余万元，平均每县尚不足二万元。

三、分配。各县教育经费之分配，据最近调查，城市经费较占少数，约为百分之四十或五十，乡村教育较占多数，约占百分之六十或五十。间有少数县区，其城市或乡村教育经费占最大部分达百分之八十或九十者，显属例外。

四、经理。各县教育经费自民国十九年起，即照案遴委专员，实行独立管理。凡经费之收入支出及保管，均由此项专员负责办理。其经费较多之县，岁收在三万元以上者，得添设副管理员一员，以资补助。县教育局只有支配经费、编制预决算之权责，不直接经管教育款产。至于经费之监察及审计，系照案组设县教育经费委员会负责实施。

五、考核。各县教育经费之考核，除由教育局按照年度编制预算、决算交由县教育经费委员会审核通过，呈由县政府核转教育厅核行外，并须按月造具计算书表，附具单据，依照程序，呈转核销。

六、学租之整理。本省各学租为地方教育经费收入大宗，但各县此项教育公产，或系旧日学署，文庙所有之田地、房产，或原系地方公产及寺庙产业，大都渊源久远，积弊丛生，租额既极低微，管理更多失当。其间佃户之把持顶替，劣绅之辗转承租，以及经管人员之舞弊中饱，已成习惯。而地方官吏又惮于劳怨，从未清理。以此各县学租收入，不但为数无多，且复常有蒂欠。经费短绌，教育不振，主因实在于此。教育厅为整理地方教育经费、推进教育事业起见，乃于民国二十一年拟定《云南省各县学租整理办法》十条，呈经省府公布施行。此项办法施行以来，尚有相当成效，各县学租收入，逐年均有增加。其激增者达原收数一倍以上，其余亦增收至二成以上，于以想见县教育经费之急待整理也。

云南省教育经费独立后历年度收入数目表

年度别	每年收入数目
民国十七年度	817,273.55（旧币元）
民国十八年度	1,720,957.12
民国十九年度	5,135,898.04
民国二十年度	5,389,582.08
民国二十一年度	1,370,164.90（新币元）
民国二十二年度	1,407,919.23
民国二十三年度	1,680,263.65
民国二十四年度	2,537,932.00
民国二十五年度	2,778,800.00
民国二十六年度	3,437,869.33
民国二十七年度	5,474,966.00
合计	31,751,625.90

云南省教育经费独立后历年度岁入预决算比较表

年度别	预算数目	决算数目	比较	
			增	减
民国十八年度	688,700.00	720,957.12	32,257.12	
民国十九年度	4,812,000.00	5,135,898.04	323,898.04	
民国二十年度	4,800,000.00	5,389,582.08	589,582.08	
民国二十一年度	960,000.00	1,370,164.20	410,164.90	
民国二十二年度	1,826,037.00	1,407,919.23		418,117.77
民国二十三年度	1,851,063.00	1,680,263.65		170,798.35
民国二十四年度	2,713,300.00	2,537,932.00		175,435.30
民国二十五年度	2,778,800.00	3,722,232.30	934,435.30	
民国二十六年度	2,974,000.00	3,437,869.33	543,869.00	
民国二十七年度	5,474,966.00			

注：二十年度以前为旧币，二十一年起为新币。

云南省教育经费独立后历年支发数目表

年度别	每年支发数目（旧币元）
民国十七年度	658,592.70
民国十八年度	1,817,687.52
民国十九年度	3,736,049.40
民国二十年度	5,502,019.66
民国二十一年度	5,038,328.28
民国二十二年度	1,501,860.92
民国二十三年度	1,349,149.92
民国二十四年度	1,869,174.76
民国二十五年度	1,922,425,73
民国二十六年度	31,214,062.72
民国二十七年度	3,911,476.52

云南省教育经费独立后历年度支发预决算比较表

年度别	支发预算数（元）	支发决算数（元）	比较	
			增	减
民国十七年度	611,320.00	281,616.70		
民国十八年度	1,615,161.00	1,817,687.52	202,526.52	
民国十九年度	3,006,423.00	3,736,049.40	729,626.32	
民国二十年度	2,930,497.20	5,502,019.66	2,631,522.46	
民国二十一年度	4,811,829.50	5,038,328.28	229,498.78	
民国二十二年度	1,247,368.29	1,501,860.92	254,926.30	
民国二十三年度	1,354,453.83	1,349,149.92		5,303.92
民国二十四年度	2,451,742.00	1,869,174.72		582,567.28
民国二十五年度	3,081,191.00	1,922,415.73		1,158,765.27
民国二十六年度	3,363,083,78	3,314,062.72		47,021.06
民国二十七年度	5,019,178.00	3,911,476.52		1,107,701.48

注：十七年度内部分由财厅支。

云南全省各县市教育资产调查表

学区	县（市）别	资产				
		耕地	田地	房产	基金	其他
昆明学区	昆明市	82.882 亩	17 块	76 间	110,200 元	
	昆明县	381.76 亩		55 所		
	嵩明				600 元	米租 57 石，荞 3 石
	呈贡	68 亩	58 亩			
	晋宁	4.045 亩	12 亩			
	昆阳	55 工				
	安宁	775 工	1 块	3 所		寺租谷 8 石，米 1 石
	禄丰					学谷 202 石
	富民					
	易门			2 所	12,935 元	学谷 336 石
大理学区	大理	138.16 亩		铺 10 间，店房 2 所，住房 6 间	1,092.3 元	谷 4,185 石 5 斗 豆麦 14 斗
	凤仪					
	祥云	10 处		2 间		
	弥渡	1,978 亩		2 间		
	蒙化				1,000 元	谷 1,427 石
	宾川	1,500 亩				石、硝厂各 1
	邓川	508 亩				
	洱源	859 亩	50 亩			
	漾濞	643 亩				
普洱学区	宁洱	163 亩	4 块	18 间		
	墨江	25 亩	4 块			谷 459 石
	思茅		20			谷 426 石 6 斗
	江城	2 分				谷 19 升
	六顺				86.4 元	谷 19 石 6 斗

（续表）

学区	县（市）别	资产				
		耕地	田地	房产	基金	其他
曲靖学区	曲靖	1,247 亩	428 分	23 处		
	沾益	1,096.73 亩	195 亩	楼房 5 间		
	宣威	88 亩	75 亩			
	平彝			85 处		
	马龙	320 亩	140 亩			租 30 石
	寻甸	1,214 工		20 间		
临安学区	建水	19 分				谷 375.2 石
	曲溪					谷 300 石
	平河					66 石
昭通学区	昭通		44 亩	28 所		苞谷 236 石，米 14 石
	大关			5 所		谷 230 石，米 435 石
	永善	760 亩	500 亩	2 所	500 两	
	绥江				8,923 元	
	鲁甸	250 亩	35 块	20 所		煤矿 1 处
楚雄学区	楚雄	1,423 工	山 1 岭	29 间		谷 1,048.8 石
	广通	435 亩	2 块	3 间		
	盐兴				9,580 元	谷米 401 石
	牟定	4.998 亩		7 所		谷 8.075 石
	镇南	550 亩	440 亩	5 所	1,682 元	
	双柏				1,682 元	
丽江学区	丽江	1,820 亩	780 亩			
	鹤庆				192 元	
	剑川	600 亩				
	兰坪				900 元	

（续表）

学区	县（市）别	资产				
		耕地	田地	房产	基金	其他
永昌学区	保山	100 亩	50 亩			米 120,823 斛
	永平		254 亩			米 350 石
	云龙	364 亩			990 元	米 73.39 石，谷 216.81 石
	泸水					
顺宁学区	顺宁	11,000 亩				谷 1,480 石
	昌宁				14,870 元	
	云县	6,500 亩	13,250 亩			
	缅宁				23,385 元	
开化学区	文山			5 所	1,042 元	谷 260 石
	西畴	23 亩	7 亩			
	马关	9 亩	1 亩		2,150 元	
	砚山				15,320 元	
	麻栗坡					谷 32 石，麦 37 石
武定学区	武定				6,351 元	
	禄劝	520 亩	120 亩			
	元谋				25,330 元	
	罗次	642 亩			9,000 元	
玉溪学区	玉溪	642 亩				
	江川				13,740 元	
	华宁					谷 73.8 石
	通海				14,090 元	
	河西				9,513 元	
	峨山				12,280 元	谷 34 石
	新平	32 亩	21 丈			

（续表）

学区	县（市）别	资产				
		耕地	田地	房产	基金	其他
宜良学区	宜良	1,919 工	168.3 亩	1,535 间	7,500 元	
	路南				9,834 元	
	澄江	1,700 亩				
	陆良				21,070 元	
泸西学区	泸西					谷 485 石
	罗平				68,950 元	93 石
	师宗				3,790 元	
	弥勒					谷 101.19 石
	丘北					谷 48 石，苞谷 16 石
蒙自学区	蒙自	98 亩	40 亩			60 石
	开远				52,272 元	
	个旧				300 元	谷 1,000 桶
	屏边				6,075 元	
	金河					谷 1,532 斗
	河口				32,200 元	
石屏学区	石屏	400 亩		6 间		谷 300 石
	龙武					
	元江		220 分	17 所	9,600 元	谷 1,400 石
东川学区	会泽	糖亩 2 型		辗房 1 所，住房 2 处		谷 89.4 石，荞、苞谷 71.79 石
	巧家	5 型		13 间		谷 104 石，糖 7,200 合
镇盐学区	彝良	27 型				
	镇雄	49 亩	888 亩			
	威信	551 亩				谷 163 石 55 斗
	盐津	43 处	32 处	134 间		

（续表）

学区	县（市）别	资产				
		耕地	田地	房产	基金	其他
两姚学区	姚安	1,480 亩				
	大姚				镍洋 1,000 元	
	永仁					1,020 石
	盐丰				4,275 元	
华永学区	华坪	15 型	25 型			
	宁蒗					
	永胜					1,084 石
景东学区	景东	65 亩	6 亩			
	镇沅				2,900 元	
	景谷					谷 101 石
广南学区	广南				6,566 元	
	富州	13 份			6,566 元	
中维学区	德钦				900 元	
	中甸	46 亩	22 亩			
	维西				353 元	54.61 石
	康乐				1,804 元	谷 77 石
	碧江				550 元	
	贡山				551 元	
车里学区	车里					
	佛海				120 元	谷 300 挑
	南峤				1,104 元	
	临江				1,642 元	
	镇越		山场 2 分			谷 30 石
腾越学区	腾冲	1 型			2,626 元	
	龙陵					谷 910 箩
	梁河					
	盈江					
	潞西				5,182 元	
	莲山					3,300 箩
	陇川				5,600 元	
	瑞丽				1,600 元	

（续表）

学区	县（市）别	资产				
		耕地	田地	房产	基金	其他
镇双学区	镇康				12,000 元	
	双江					谷 504 石
	澜沧	44 分			5,217 元	谷 296 石
	沧源					

云南全省各县市整理学租统计比较表

学区名称	县市名称	科目				
		原收租金（元）	原收租石（升）	新增租金（元）	新增租石（升）	百分比
昆明学区	昆明市	110,200.00				
	昆明县	61,283.00		157,687.00		22.5%
	嵩明	224.00		2,440.00		64%
	呈贡	224.00	1,210.00		487.50	
	晋宁			90.00	1,187.15	
	昆阳	448.00			84.00	29%
	安宁					
	禄丰		9,910.00		1,320.00	19%
	富民				725.00	
	易门	797.00	24,642.00	788.10	353.00	36%
大理学区	大理	8,578.00	184,335.00		10,000.00	
	凤仪	285.00	59,555.00	30.00	6,556.00	
	祥云	180.00	5,768.00	307.00	40,035.00	
	弥渡		85,416.00	8,482.00		
	蒙化		189,140.00	12,542.00	59,800.00	
	宾川	2,350.00	151,400.00	500.00	6,500.00	
	邓川	810.00	17,600.00	13,941.00		
	洱源	55.00	64,000.00	50.00	5,400.00	
	漾濞	192.00	21,230.00	96.00	2,625.00	

（续表）

学区名称	县市名称	科目				
		原收租金（元）	原收租石（升）	新增租金（元）	新增租石（升）	百分比
曲靖学区	曲靖	1,930.00	3,254.00	382.00		20%
	沾益	1,234.00	3,258.00	600.04	1,247.20	
	宣威		4,298.00		1,553.00	36%
	平彝					
	马龙		9,310.00		178.30	1%
	寻甸	4,000.00	9,000.00	150.00	2,087.50	
临安学区	建水					
	曲溪		3,206.00			19%
	平河		1,320.00		990.00	17%
普洱学区	宁洱	5,221.00	64,175.00	14,188.80	6,800.00	22%
	墨江	1,835.00	28,000.00	1,028.00	5,300.00	20%
	思茅					
	江城					
	六顺		3,320.00		800.00	24%
昭通学区	昭通		16,428.00			
	大关			2,190.00	1,160.00	
	永善	14,215.00		10,359.00		61%
	绥江					
	鲁甸	847.00	718.00	2.50	333.00	40%
楚雄学区	楚雄	90,941.00		17,545.00		19%
	广通	435.00	42,975.00	880.00	360.00	52%
	盐兴	1,216.00	33,478.00	9,580.00	4,106.00	52%
	牟定	950.00	85,750.00	1,150.00	2,650.00	65%
	镇南		7,890.00		10,000.00	5%
	双柏	3,554.00	15,727.00	396.00	3,868.00	18%
丽江学区	丽江	404.00	68,553.00	539.00	7,789.00	73%
	鹤庆	2,080.00	75,730.00	570.00	9,500.00	16%
	剑川	810.00	47,000.00	202.00	6,350.00	19%
	兰坪	1,840.00	7,700.00			

（续表）

学区名称	县市名称	科目				
		原收租金（元）	原收租石（升）	新增租金（元）	新增租石（升）	百分比
永昌学区	保山	19,350.00	11,889.00	2,500.00		13%
	永平		28,272.00		8,079.00	28%
	云龙		39,425.00		2,315.00	6%
	泸水	479.00	323.00			
顺宁学区	顺宁		160,000.00		30,000.00	18%
	昌宁					
	云县	2,577.00	64,030.00		8,000.00	13%
	缅宁				1,323.00	
武定学区	武定	112.00	31,090.00	280.00	3,211.00	15%
	禄劝	224.00	58,493.00	626.00	2,075.00	11.5%
	元谋					
	罗次	7,220.00	9,000.00	3,429.00	1,200.00	34%
开化学区	文山	1,001.80		399.40		39%
	西畴		24,490.00		4,300.00	18%
	马关					
	砚山					
	麻栗坡					
玉溪学区	玉溪	95,850.00				
	江川		7,646.00		1,388.60	19%
	华宁		24,440.00		1,910.00	10%
	通海	22,028.00				
	河西	9,513.00				
	峨山		28,400.00		1,910.00	23%
	新平		28,400.00		1,910.00	
宜良学区	宜良	18,986.20	8,710.00	20,387.00	24,350.00	13.7%
	路南		30,006.00			
	澄江		30,006.00		4,239.50	23%
	陆良		100,000.00		4,000.50	5%

（续表）

学区名称	县市名称	科目				
		原收租金（元）	原收租石（升）	新增租金（元）	新增租石（升）	百分比
泸西学区	泸西		49,000.00		7,350.00	15%
	罗平	1,120.00	9,110.00	5,167.00	4,740.00	50%
	师宗					
	弥勒					
	丘北			900.00		
镇盐学区	彝良		4,000.00		2,000.00	50%
	镇雄					
	威信					
	盐津	3,005.00	22,430.00		2,900.00	14%
蒙自学区	蒙自	12,996.00	9,800	830.00		
	开远					
	个旧					
	屏边					
	金河		12,000.00		2,150.00	
	河口					
石屏学区	石屏	757.00	59,527.00	185.00	7,665.00	25%
	龙武					
	元江					
东川学区	会泽					
	巧家					
两姚学区	姚安	1,950.00		4,500.00		
	大姚		85,000.00		17,500.00	
	永仁	1,002.00	28,300.00			
	盐丰	4,275.00		6,350.00		
华永学区	华坪	50.00	8,888.00	421.00	750.00	
	宁蒗					
	永胜					

（续表）

学区名称	县市名称	科目				
		原收租金（元）	原收租石（升）	新增租金（元）	新增租石（升）	百分比
景东学区	景东	1,780.00	49,000.00		4,000.00	10%
	镇沅					
	景谷	100.00	3,156.00	91.00	1,011.00	31%
广南学区	广南	5,133.00		1,090.00		20%
	富州	3,337.00		380.20		
中维学区	德钦					
	中甸	3,500.00				
	维西	353.00	5,461.00	15.00		
	康乐					
	碧江					
	贡山					
腾越学区	腾冲					
	龙陵					
	梁河					
	盈江					
	潞西					
	莲山					
	陇川					
	瑞丽					
镇双学区	镇康					
	双江					
	澜沧					
	沧源					
车里学区	车里					
	佛海		30,000.00	500.00		
	南峤					
	临江					
	镇越					

云南省各县市地方教育经费分配表

（二十四年度总支出 4,976,875 元）

学区名	县市区名	岁入教费数（折合本省新币）（单位元）	岁出教费数			
			教育行政费	教育事业费		
				中等教育（包括中师职）	初等教育费（包括城乡）	社会教育费
总计		4,128,052	396,110	243,374	4,286,096	51,277
昆明	昆明市	172,616	4,688	18,835	167,928	5,360
	昆明县	44,934	4,232	10,340	66,778	5,057
	嵩明	67,330	5,814	4,250	63,010	
	呈贡	38,888	5,174	1,800	38,764	124
	晋宁	34,957	5,284	2,683	34,494	463
	昆阳	16,508	5,848	6,030	16,000	508
	安宁	57,273	3,630	2,000	56,832	441
	禄丰	30,271	3,629	7,000	29,980	291
	富民	26,158	4,510	1,800	25,870	288
	易门	37,532	5,800	2,400	37,532	
宜良	宜良					
	路南	20,278	3,929		19,668	610
	澄江	20,584	2,958	3,432	20,000	584
	陆良	43,060	5,047		42,140	920
玉溪	玉溪	50,380	6,780	4,704	48,408	1,972
	江川	28,281	4,636		27,480	801
	华宁	40,810	4,090	2,784	40,000	
	通海	32,669	4,988	2,476	28,188	4,481
	河西	19,026	2,740	2,880	19,028	
	峨山	25,219	2,456	1,680	24,560	659
	新平	16,335	2,498	1,495	15,990	345

（续表）

学区名	县市区名	岁入教费数（折合本省新币）（单位元）	岁出教费数			
			教育行政费	教育事业费		
				中等教育（包括中师职）	初等教育费（包括城乡）	社会教育费
大理	大理	63,431	5,568	24,056	4,000	431
	凤仪	12,041	4,982	3,600	12,000	144
	祥云	70,996	4,591	1,920	70,996	
	弥渡	24,545	4,230	6,320	24,000	554
	蒙化	114,760	5,004	13,000	114,552	
	宾川	30,500	2,294		30,000	
	邓川	46,074	4,928		45,820	271
	洱源	55,985	4,591	1,596	551,916	269
	漾濞		1,230			
建水	建水	19,865	5,069		197,568	630
	曲溪	13,600	2,294		13,600	
	金平					
曲靖	曲靖	26,121	1,776		26,733	388
	沾益	21,147	1,418		21,140	370
	宣威	55,000	3,942	3,600	54,258	800
	平彝	38,312	1,780		38,312	348
	寻甸	6,432	1,065		6,432	
	马龙	3,715	1,049		3,125	800
昭通	昭通	70,046	2,197		70,046	1,185
	大关	12,000	1,964		12,000	500
	永善	52,386	5,216	1,365	52,160	226
	绥江	17,840	1,966		17,840	
	鲁甸	8,839	2,096		8,654	185
宁洱	宁洱	182,343	5,941	8,641	181,480	863
	墨江	18,976	3,869	3,783	18,696	280
	思茅					260
	江城	5,484	744		5,404	80
	六顺	2,606	492		2,528	76

（续表）

学区名	县市区名	岁入教费数（折合本省新币）（单位元）	岁出教费数			
			教育行政费	教育事业费		
				中等教育（包括中师职）	初等教育费（包括城乡）	社会教育费
楚雄	石屏	25,123	4,473		24,106	
	龙武					
	元江	30,648	3,564		29,648	
	楚雄	76,449	4,539	1,436	75,394	
	广通	30,264	2,878	1,700	29,748	325
	盐兴		4,000			
	牟定	128,088	6,180	3,400	181,608	480
	镇南	13,881	2,300		13,459	522
	双柏	3,869	2,536		3,364	409
丽江	丽江	17,285	5,117		16,580	600
	鹤庆	15,280	3,461	3,386	14,600	680
	剑川	20,878	2,235		20,732	246
	兰坪	3,000	490	2,260	2,900	100
中甸	中甸	1,540			1,940	100
	维西	9,314	1,033		9,314	
	德钦	1,500			1,800	
	福贡					
	碧江	400			500	
	贡山	400			500	
永昌	保山	114,262	7,362	9,874	112,562	
	永平	10,240	1,024	2,500	10,240	
	云龙	48,068	4,906		48,060	480
	泸水	1,632	198		1,980	
顺宁	顺宁	184,210	7,357	9,315	183,918	379
	昌宁	30,119	4,956	6,200	29,740	379
	云县	42,365	4,871	5,398	41,986	
	缅宁	47,073	2,852	3,794	46,770	

（续表）

学区名	县市区名	岁入教费数（折合本省新币）（单位元）	岁出教费数			
			教育行政费	教育事业费		
				中等教育（包括中师职）	初等教育费（包括城乡）	社会教育费
开化	文山	91,024	6,295		90,950	765
	西畴	59,929	6,320	2,440	55,792	420
	马关	40,500	4,935		40,000	603
	砚山	30,621	3,446		30,460	340
	麻栗坡			3,900		303
武定	武定	12,702	5,270	2,592	12,702	
	禄劝	107,280	4,700	2,100	107,000	826
	元谋	51,659	3,225		50,660	190
	罗次	42,369	1,120	2,000	42,000	496
泸西	泸西	36,000	4,040	4,444	36,000	
	罗平	68,356	3,790		67,900	556
	师宗	7,740	1,021		7,580	160
	弥勒	38,542	4,392	4,500	38,168	600
	丘北	20,014	3,418		19,980	144
东川	会泽	40,530	4,853	4,821	40,530	
	巧家	20,125	3,805		20,052	224
蒙自	蒙自	29,276	6,201		49,276	
	开远	107,450	4,540		104,544	634
	个旧	26,721	5,724		26,520	
	屏边	12,150	1,451		12,150	65
	河口	46,400	4,640		46,400	
华永	华坪		1,603			
	宁蒗					
	永胜	16,530	3,672		16,360	
两姚	姚安	44,133	4,413		44,123	
	大姚	80,000	3,254		20,000	
	永仁	32,620	3,540	4,600	32,540	80
	盐丰	6,606	1,660		6,606	220

（续表）

学区名	县市区名	岁入教费数（折合本省新币）（单位元）	岁出教费数			
			教育行政费	教育事业费		
				中等教育（包括中师职）	初等教育费（包括城乡）	社会教育费
镇盐	镇雄	17,500	3,750		17,500	
	彝良	9,800	2,960		9,600	
	威信	6,000	1,000		6,000	
	盐津	33,553	1,890		32,000	3,352
景东	景东	62,857	6,215	6,000	62,150	772
	镇沅	27,494	2,749		27,494	
	景谷	13,086	3,485		13,086	
车里	车里					
	佛海	4,000	1,068		4,074	
	南峤	2,000			2,208	
	镇越	3,000			3,200	41
	宁江					
广南	广南	33,798	5,350	2,200	33,123	675
	富州	30,000				540
腾越	腾冲	109,754	4,850	7,496	108,500	1,254
	龙陵	26,431	4,607	2,200	26,076	355
	梁河					
	盈江					
	潞西	1,000			10,364	
	莲山	6,000			9,000	
	陇川					
	瑞丽					
镇康	镇康	29,860	6,986		29,860	
	双江	3,000			3,284	
澜沧	澜沧	24,500	2,420		24,206	
	沧源					

民国云南通志长编卷三十三

教育二

学校教育

高等教育

民元以后，本省高等教育，虽增设高等师范、美术专科学校，然为时甚暂。惟法政学堂改组法政专门学校，迄二十年后，始照案停办，力期较久。现仅存专科学校两所。又私立东陆大学成立于十三年，嗣后相继改组为省立、国立大学。此外，于国内留学及国外留学，历年造就实际需要之专门人才亦不少，兹分述如次：

公立法政专门学校

清季由课吏馆改设之法政学堂，民国继续办理，改称法政学校。元年二月，校长孙志曾辞职，吴琨继之。三月，并别科丁班于别科丙班，而另招别科丁班新生一班。呈准拨回校前兴隆街住房二院，辟为第二寄宿舍，而以校内寄宿舍为第一寄宿舍。四月，吴琨辞职，委杨思源为校长。六月，招考特科新生，计分甲、乙两班。七月，杨思源去职，以丁兆冠为校长。八月，继拨回兴隆街住房十院，推广为第三以下各寄宿舍。奉教育司令，接办自治局所办之自治学校为附设班次，计有甲、乙两班。九月，附设银行班，招考新生一班。十二月，别科乙班毕业，计毕业生九十四名。附设自治甲、乙两班毕业，计甲班七十名，乙班三十名。二年二月，拨回校门前铺面楼房，计上、下十间，作为阅书报室，公开阅览。三月，呈准改并特科甲、乙两班为别科戊班。四月，招收预科新生，计分甲、乙两班。八月，别科两班毕业，计毕业生九十七名。呈准改别科丁班为政治经济别科，并改别科戊班为法律别科。校长丁兆冠辞职，孙志曾继之。奉部令改称法政学校为公立法政专门学校，期与各省一致。三年三月，银行班毕业，计毕业生四十七名。四月，预科甲、乙两班毕业，计毕业生共一百零六名。除选入商业本科第一班甲班十四名外，余升为法律本科第一班。五月，招考附设商业本科第一班及预科新生各一班。嗣奉教育部令，该两班新生应以八月为入学期。十一月，校长孙志曾辞职，顾视高继之。四年三月，政治经济别科毕业，计毕业生九十二名。六月，法律别科毕业，计毕业生一百一十五名。七月，商业预科毕业，升为商业本科第二班。五年二月，因本省兴师护国，奉军都督府令展缓开学。八月，护国军军事收束，奉令召集员生克期开学。呈准将兴隆街第二以下寄宿舍暂为租佃，经收押租，留作校中垫款。六年一月，顾视高辞职，委饶重庆为校长。九月，法律本科第一班毕业，计毕业生五十八名。附设高等预备科，招考甲班新生一班。十一月，饶重庆辞职，杨思源继任为校长。七年一月，商业本科第一班毕业，计毕业生三十二名。四月，招考预科丙班新生。五月，招考高等预备科乙班新生。九月，高等预备科甲班毕业，计毕业生二十八名。八年一月，商业本科第二班毕业，计毕业生二十三名。三月，预科丙班毕业生三十四名，随即升入法律本科第二班。附设英语专修科，招考新生一班。四月，招考预科丁班新生。五月，高等预备科乙班毕业，计毕业生三十二名。八月，招考预科第五班，即戊班新生。九年三月，预科第四班即丁班毕业，升入法律本科第三班。七月，预科第五班毕业，升入政治经济本科第一班。停办附设英语专修。十年一月，筹办附设云南全省地方自治研究所，由各县选送学员来所讲习。三月，将校前阅书报室改为阅报室。四月，自治研究所第一届即甲班开学上课。七月，杨思源辞职，王灿继任为校长。八月，招考预科第六班新生。九月，自治研究所第一届毕业，计毕业生一百五十四名。十二月，法律本科第二班毕业，计毕业生二十八名。自治研究所第二班开学上课。十一年一月，附设军官研究法政速成班开学。五月，阅报室移入校内，铺面四间出租。八月，预科第六班毕业四十九名，升入法律本科第四班，校长王灿去职，姜荣章继之。十一月，姜荣章病故，邓绍先继任为校长。十二月，法律本科第三班毕业，计毕业生四十名。十二年一月，军官研究法政速成班毕业，计七十三名。五月，重办附设自治研究所。七月，自治研究所第三班开课。政治经济本科第一班毕业，计毕业生六十五名。九月，招考财政讲习特别班新生一班。十月，招考商业讲习特别班新生一班。十三年七月，自治研究所第三届毕业，计七十九名。十四年四月，招考预科第七班新生。七月，法律本科第四班毕业，计毕业生三十八名。八月，招考预科第八班新生。九月，财政讲习特别班毕业，计毕业生三十七名。十月，商业讲习特别班毕业，计毕业生二十七名。十五年三月，预科第七班毕业，升入法律本科第五班。招收预科第九班新生。七月，预科第八班毕业，升入法律本科第六班。十六年二月，预科第九班毕业，升入法律本科第七班。十七年一月，因本省党务纠纷，奉省政府令展缓开学。四月，邓绍先去职，任命旃德荣为校长。奉令召集学生筹备开学，五月七日，各班学生一律上课。十月，呈准于十八年春季开始兼收女生。十八年一月，改建新式大门，改修旧关圣殿为礼堂，并修改图书室，将藏书室及阅览室各别设置。更将兴隆街住房第一院内附之一小院改建为铺面一间，面临两院街。二月，法律本科第五班毕业，计毕业十四名。三月，招考预科新生，计第十班女生、第十一班男生各一班。遵照大学院令暨《各级学校增加党义课程暂行通则》，各班一律加授军事教育及党义课程。七月，法律本科第六班学生毕业，计毕业生十九名。十九年一月，法律本科第七班毕业，计毕业生十三名。二月，合并职员办公室，集中并统一办事精神。三月，预科十班、十一班毕业，升为政治经济本科第二班。三月，又呈准招收三年毕业之法政讲习班新生一班，因范围广泛，呈准改称政治讲习班，毕业年限仍旧。遵照教育厅令，移交本校所管之兴隆街寄宿舍十二院及兴隆街西院街铺面六间于省教育经费委员会管理之。十二月，校长旃德荣辞职，委任洪承德继之。二十年，继续办理。二十一年，政治经济本科第二班毕业，政治讲习班亦提前结业，本校乃照部颁办法停办。中有一度拟请改组为独立法学院，未成事实。综本校成立凡二十余年，毕业学生约及四十班，一千八百余人。本省行政、司法干部，多为本校毕业生，且有特出之士，为桑梓建树者。

国立云南大学

云南大学之沿革：云南大学之筹建，始于民国初年，但因经费无着，不果实行。九年，前云南省长唐继尧乃倡议捐资创设私立大学，定名曰“东陆”，又因故中辍。十年，继续进行，设筹备处，拟定《大学组织大纲》，呈请省公署核准，指拨旧贡院为校址。唐省长及滇中各界捐助款项，组织建筑委员会，商决建筑计划，即着手兴建校舍，并由筹备处推举董泽为校长，大学遂于十二年八月正式成立，十三年四月二十日开学，计招预科学生二班，此后每年春季添招一班。十三年末，预科一、二班学生毕业。十四年春，开办本科。为适应云南需要，先设立文、工两科。文科分政治、经济、教育三系，工科分土木工程、采矿冶金两系，以便预科毕业生升入各学系肄业。十五年，中华文化教育基金董事会派员莅滇视察，认为办理妥善，补助本校理化仪器及图书设备费三万元。十六年春，开办附属中学，招收学生二班。此外逐年添招二班，以谋大学新生程度之提高。十七年末，本科第一届学生毕业，是为云南自办大学正式毕业生之嚆矢。十九年，大学内容逐渐扩充，校费不济。省政府为谋教育系统之调整，教育事业之联络，及大学本身之发展计，议决改组为省立东陆大学，经费由省款支给。校长董泽辞职，省政府以副校长华秀升代理。遵照教育部令，停办预科，改设文、工两学院。附属中学亦归并省立第五中学，大学专办本科。二十一年，省政府议决整理云南高等教育案，将省立师范学院归并该大学扩充为教育学院。文学院扩充为文理学院，增设理科学系。工学院仍旧，而准备扩充学系。一面筹设医学院，但以师资设备，一时难以集事，先办医学专修科。至是该校编制组织，始符法定之三院制。是年秋，代理校长华秀升辞职，省政府以工学院长何瑶兼代。二十二年，于教育学院添设教育学系，文理学院添设数理、法律两系，并招考医学专修科。该校既依法完成文理、教育及工三学院，乃于二十三年六月，造具《省立东陆大学现况》，呈请省政府转咨教育部核准备案，即遵照部示各点，复将本校编制，依现实情形酌加整理，以期均衡发展。于九月十六日，遵部令改校名为云南省立云南大学。文理学院改称文法学院，教育学院归并之。理工各学系合称理工学院。医学院先设医学专修科，并筹设医院。又设农业试验场，研究实地农业问题，为将来开办农院之基础。二十五年春，添办附属高中，以作教育系学生实习之用，并遵部令，注重实地问题及边地教育之研究。二十六年夏，省立云南大学校长何瑶辞职，省府延聘熊庆来继任，并核增经费为每年国币二十五万元，于是学校组织，得事扩充。分理工学院为理学与工学两院，并添办医学院，而于文法学院分设文史、政治、法律、教育四系，于理学院设算学、理化、植物三系，工学院系列仍旧（原分土木、矿冶两系），医学专修科及附属中学仍继续维持。是时，熊校长认为改进本校之基本方针在:(一)慎选师资，提高学校地位;(二)严格考试，提高学生素质;(三)整饬校纪;(四)充实设备;(五)培养研究风气。于此各点，均力求实现。于行政组织，则力求简化，撙节经费，以增高教师待遇。又与国内外学术机关广为联络，以通声气。就经费言，是时于省款外，尚得教育部及管理中英庚款董事会、中法教育基金董事会等之补助。英庚会并补助经费，设置讲座五席。以教学言，教授应聘来校者，多积学专家，例如，顾颉刚、何鲁、胡光炜、吴文藻、顾宜荪、萧蘧、赵忠尧等名师，皆相继到校。学生则增至六百八十余人，图书仪器增置者亦甚多。校产则收购北门外农田及基地约二百余亩，校西园地一块，及民房数十间。校舍则添建楼房一栋(今文法学馆)，并扩建科学馆东部。龙主席为谋该校更进一步之发展，以改国立事力请于中央。二十七年，经行政院会议通过，由教育部聘熊庆来、蒋梦麟、张伯苓、梅贻琦、龚自知、陆崇仁、张邦翰、缪嘉铭、任可澄、李书华等为国立云南大学筹备委员，并以熊庆来为主任委员，于是年七月一日正式改为国立。国民政府简任熊庆来为校长，学校经费定为国币五十万元，由国库、省库各拨半数。学校组织，除以教育系并入国立西南联合大学新设之师范学院外，于文法学院增设社会学系，工学院增设采矿专修科，并将理学院之植物学系改为生物学系。此外，复筹设农学院，添办先修班，附中亦加以扩充，而矿冶系复得中华教育基金会之补助，设备大为充实，蔚为国内有数之学系。此项补助，期以十年。于校舍则添建医学院教室及实验室十余间，工学院实习工厂两座，又承龙夫人惠捐巨款兴建映秋院，作为女生宿舍。于时抗战方殷，战区学生负笈来学者接踵而至，本科人数增至七百余。二十八年，农学院、社会学系及社会学研究室相继成立，文史学系亦分设中国文学及史学两组。农学院设有农艺、森林两学系，院址择于呈贡，即其处购地三百余亩，建平房一院，楼房一座。社会学研究室亦在呈贡魁阁，先后受教育部，中国农民银行、罗氏基金委员会之资助，致力于云南省农村经济、乡镇行政及工区、工厂、劳工等问题之调查与研究。是年秋，矿冶系因避空袭，首迁广通县舍资镇，与滇西企业局合作，指导一平浪盐、煤各矿之开采，颇有贡献;该系也深得资助，设备方面，复有重要之补充。二十九年文史学系增设英文组，与中文、史学两组遂鼎立而三。农学院亦添办蚕桑专修科，院舍续加添建。医学院承董澄农先生捐建细菌学馆一座。已而，时局剧变，奉部令疏散，遂迁理学院于嵩明之马坊，工学院于会泽，矿冶系即由舍资转往。抵会后，该系另与滇北矿务局合作，石充教授于马尾丝铜矿之精选研究，获得良好结果。秋九月，本部校舍惨遭轰炸，会泽院屋顶中弹一枚，他处亦颇有损伤。三十年，改文史系之英文组为外国语文组，分政经系为政治、经济两系(政经系下设政治、经济两组)，又于工学院添设铁道管理系，于医学院成立附属医院，附中又加以扩充。于校舍承卢失人捐建泽清堂。春三月，校本部再遭轰炸，会泽院复中一弹，至公堂去其顶，医学院教室及科学馆均已夷平，细菌学馆亦毁其半。他如木工厂、西宿舍等处亦经波及，损失至为惨重。三十一年，承兴文、劝业两银行之补助，设置龙氏讲座十席，并成立西南文化研究室。该室致力于西南史地译著之搜集与刊布，先后印行学报两种，丛书六种。校舍方面，已毁之至公堂赖捐款修复，复承董澄农先生捐助，细菌学馆得复旧观，并在渔街子捐建西郊疗养院。三十二年春，土木系及铁道管理系先自会泽迁回。秋，矿冶系及采矿专修科亦陆续回昆。铁管系因办理困难，暂停招生。是年，承纺纱厂及热心教育者之补助，设棉作讲座、南园讲座、文化讲座等，图书亦颇有增添，所购英国文学书籍一批，计六百余册，尤足珍贵。校舍则重建科学馆，并增建水力实验室、植物温室、试金实验室、选矿实验室等。三十三年，理学院由嵩明迁回，铁道管理系奉部令续办，并于工学院添设航空工程系。社会学研究室与云南省经济委员会合作，由该会负担经费，出版刊物多种，并译成英文，编入《太平洋学会报告》及《哈佛大学社会学丛书》。三十四年，增设物理学系，外国语文组亦独立成系。先是，文史学系分设中国文学、外国语文、史学三组，三十三年冬，部令改为文学系，分设中国文学及外国语文两组，史学组无形取消。几经请求，仍得保存文史学系之名。下分中国文学及史学两组，而外国语文组则独立成系。秋，社会学研究室自呈贡迁回。兹将本校概况表示如后：

国立云南大学三十四年度所有院系及学生统计表

院别	学系	学生人数						合计
		一年级	二年级	三年级	四年级	五年级	六年级	
文法学院	文史学系	19	14	12	8			53
	外国语文系	39	23	11	2			76
	法律学系	12	6	3	2			23
	政治学系	32	29	10	15			86
	经济学系	39	42	47	30			158
	社会学系	15	14	7	5			41
理学院	数学系	3	2					5
	物理学系	2	2					4
	化学系	18	7	7	5			37
	生物学系	1	4	1				6
工学院	土木工程学系	36	19	17	10			82
	矿冶工程学系	36	26	25	12			99
	航空工程学系	22	10					32
	铁道管理系	9	11					20
医学院		31	27	19	9	7	7	100
农学院	农艺系	15	10	8	9			42
	森林系	3	3		2			8

（续表）

院别	学系	学生人数						合计
		一年级	二年级	三年级	四年级	五年级	六年级	
蚕桑专修科		10						10
先修班	文法组	61						61
	理工组	34						34
总计：院五、系一六，专修科一，先修班一、组二。		437	249	167	110	7	7	977

注：1. 文史系所分文、史两组，未曾分别统计。

2. 本科生总人数为八七二人。

3. 特别试读生五人，中法寄读生八人，先修班旁听生九十四人，均未列入统计表。

4. 本表系根据国立云南大学教务处注册组所制《三十四年度第一学期在校学生统计表》造具。

云南大学之校舍：云南大学成立时，即由政府指定前贡院为校址，位于云南省城昆明城内之西北，面积七十五亩三方丈。先后又经政府指拨圆通山之一部为校址，备建筑医学院及农学院之用，面积一百十三亩三分；小东门外前农业学校苗圃为本校农业试验场，面积二十五亩；北门外苗圃改建运动场，面积二十三亩。二十四年秋，政府批定旧昆华中学校舍为建筑理工学院及医学院之用，面积六十二亩二十七方丈。校址既已扩张，当即延聘建筑工程师彭禄炳拟就建筑理工学院计划，土木工程系主任王伟计划建筑学生宿舍及教职员宿舍，均已先后呈准由省库拨定建筑费用，概列如下：

志成院（工学院）：建筑费新币六十万元。

学生宿舍：建筑费新币一十万元。

教职员宿舍：建筑费新币三十万元。

训委会、体育课办公室：建筑费新币七千元。

医科教室：建筑费新币五万元。

校舍说明

会泽院：为大学成立后之最大建筑，凡两层。第一层东、西各七大间，以十一间为文法学院各系教室，两间为教授休息室，中间为训导长办公室，第二层东五间为图书馆，西五间计教室二、注册课办公室一、教授研究室一、测量仪器室一，中分三间，计校长办公室一、秘书课办公室一、接待室一。屋顶为露天平台。全院纵七丈，横二十三丈四尺。教室面积每个约占二十二平方英尺。

科学馆：凡三层。第一层为化学教室、化学实验室、化学药品储藏室、天秤室、化学教授室各一，第二层为物理教室、物理实验室、物理教授室各一、物理器械储藏室二。面积阔八丈九尺，深三丈六尺。

礼堂：纵七丈七尺，横六丈。原为贡院至公堂，能容八百人。

食堂：就旧贡院之衡鉴堂改建，可容三百人。

校务处：就旧贡院监临院改建，凡二进二十一间。庶务、会计两课在内。

试金堂：新建筑之一。纵四丈，横三丈，可容学生二十人。

冶金堂：新建筑之一。横三丈，可容学生十二人。

实习工厂：分二院。一为铁工厂，一为木工厂，各占地三十五平方丈。

第一宿舍：凡三层，寝室各三十间，容学生一百二十人，占地四十平方丈。

第二宿舍：寝室三十间，容学生八十人。

第三宿舍：凡三层，寝室各五十五间，容学生六百六十人。

省立英语专科学校

教育厅前为推进英语教学工作及培养初中英语教学起见，于民国二十八年参与中国正字学会，筹商创设省立英语专科学校一校，于二十九年八月正式开班，招收首届学生。校址设于昆明绥靖路咸宁巷二号昆华女中附设幼稚园园地，校长为水平同，修业年限初为二年，后改为三年，现已毕业学生三班，并于三十三年专案呈请教育部备案。校址曾迁移光华街云瑞中学内，后因该地改辟公园，又迁至兴隆街。

省立体育专科学校

该校原为省立昆华体育师范学校，创立于民国二十五年，校址设于昆明市拓东路旧盐行会馆内。首任校长聂体仁，继为罗光明、李立贤。办有学生三班，毕业者计七班。民国三十三年，教育厅因鉴于中等学校体育专科师资之缺乏，乃积极筹划，将昆华体师改为省立体育专科学校，体育师范则改附办于该校，现有学生一班，以马约翰为校长。

留美预备班

抗战军兴，国外留学生纷纷返国，或暂时辍学。至三十年五月六日，省府第七六〇次会议议决，为培植本省专门人才起见，决定最近期内一次筹送留美学生四十名，应考者以高中毕业生以上、年在二十五岁以下者为合格。一切详细办法，交由教育厅拟呈核定。并成立云南选送留美学生委员会，以缪嘉铭为主任委员，龚自知、陆崇仁、张邦翰、丁兆冠、李培天、袁丕佑等为委员，开始筹办。三十一年招生，三十一年一月八日在昆明开学上课，定名为云南省选送留美公费生预备班。受训期限定为一年，假昆明市省立昆明图书馆为校址，聘缪嘉铭为班主任，沈履、金龙章二人为副主任。三十二年十月二十八日结业。三十三年，复经教育部派高等教育司司长吴俊升来昆举行复试，计及格学生苏尔敬等四十名，并发给出国护照。至三十四年五月，始由金龙章率领出国，九月抵美。

抗战后移滇之高等教育机关

自抗战军兴后，沿海及华北各大都会先后沦于敌骑蹂躏之下，所有文化机关复横被敌寇有计划之摧残，不得已而南移，借保国家文化之命脉者不下十数，兹将抗战后移滇之公、私立大学及专科学校统计列表如下：

移滇公私立大学及专科学校一览表

校名	校长	学院	现住地点	备注
西南联合大学	蒋梦麟 张伯苓 梅贻琦	文法商、理工、师范三院	昆明	系设校务委员。
中山大学	邹鲁	文、法、理、工、农、师范、医七院	澄江县	
同济大学	赵士卿	医、工、理三院	昆明市	附置附中。
中正医学院	王子玕		昆明市	
华中大学	韦卓民	文、理、教育三系	大理县	私立。
国立艺术专修科学校	滕固	造型美术、实用美术二系	禄丰县	附置。
中央政治学校大理分校	汪懋祖	职业、简师、初中等学级	大理县	系设分校，主任办理中学同等之学校。
北平中法大学	徐廷瑚		昆明市	
国立国术体育专科学校	张之江		昆明市	
唐山工学院	茅以升			
上海医学院	颜德庆			

附录：

国立西南联合大学纪念碑

文学院院长冯友兰撰文

中国文学系教授闻一多篆额

中国文学系主任罗庸书丹

中华民国三十四年九月九日，我国家受日本之降于南京，上距二十六年七月七日卢沟桥之变，为时八年。再上距二十年九月十八日沈阳之变，为时十四年。再上距清甲午之役，为时五十一年。举凡五十年间日本所鲸吞蚕食于我国家者，至是悉备图籍献还，全胜之局，秦汉以来，所未有也。国立北京大学、国立清华大学原设北平，私立南开大学原设天津，自沈阳之变，我国家之威权逐渐南移，惟以文化力量与日本争持于平、津，此三植实为其中坚。二十六年，平、津失守，三校奉命迁于湖南，合组为国立长沙临时大学，以三校校长蒋梦麟、梅贻琦、张伯苓为常务委员，主持校务。设法、理、工学院于南岳，于十一月一日开始上课。迨京、沪失守，武汉震动，临时大学又奉命迁云南。师生徒步经贵州，于二十七年四月二十六日抵昆明。旋奉命改名为国立西南联合大学，设理工学院于昆明，文法学院于蒙自，于五月四日开始上课。一学期后，文法学院亦迁昆明。二十七年，增设师范学院。二十九年，设分校于四川叙永，一学年后，并于本校。昆明本为后方名城，自日军入安南，陷缅甸，乃成后方重镇。联合大学支持其间，先后毕业学生二千余人，从军旅者八百余人。河山既复，日月重光，联合大学之战时使命既成，奉命于三十五年五月四日结束，原有三校，即将返故居，复旧业。缅维八年支持之苦辛，与夫三校合作之协合，可纪念者盖有四焉：我国家以世界之古国，居东亚之天府，本应绍汉、唐之遗烈，作并世之先进。将来建国完成，必于世界历史居独特之地位。盖并世列强，虽新而不古；希腊、罗马，有古而无今。惟我国家，亘古亘今，亦新亦旧，斯所谓“周虽旧邦，其命维新”者也。旷代之伟业，八年之抗战，已开其规模，立其基础。今日之胜利，于我国家有旋乾转坤之功，而联合大学之使命，与抗战相终始，此其可纪念者一也。“文人相轻，自古而然”，昔人所言，今有同慨。三校有不同之历史，各异之学风，八年之久，合作无间，同无妨异，异不害同，五色交辉，相得益彰，八音合奏，终和且平，此其可纪念者二也。万物并育而不相害，道并行而不相悖，小德川流，大德敦化，此天地之所以为大，斯虽先民之恒言，实为民主之真谛。联合大学以其兼容并包之精神，转移社会一时之风气，内树学术自由之规模，外来民主堡垒之称号，违千夫之诺诺，作一士之谔谔，此其可纪念者三也。稽之往史，我民族若不能立足于中原，偏安江表，称曰南渡。南渡之人，未有能北返者，晋人南渡，其例一也；宋人南渡，其例二也；明人南渡，其例三也。“风景不殊”，晋人之深悲；“还我河山”，宋人之虚愿。吾人为第四次之南渡，乃能于不十年间，收恢复之全功。庾信不哀江南，杜甫喜收蓟北，此其可纪念者四也。联合大学初定校歌，其辞始叹南迁流离之苦辛，中颂师生不屈之壮志，终寄最后胜利之期望，校以今日之成功，历历不爽，若合符契。联合大学之终始，岂非一代之盛事、旷百世而难遇者哉！爰就歌辞，勒为碑铭。铭曰：痛南渡，辞宫阙，驻衡湘，又离别。更长征，经峣泉，望中原，遍洒血。抵绝徼，继讲说，诗书丧，犹有舌。尽笳吹，情弥切，千秋耻，终已雪。见仇寇，如烟灭，起朔北，迄南越。视金瓯，已无缺，大一统，无倾折。中兴业，继往烈，维三校，兄弟列。为一体，如胶结，同艰难，共欢悦。联合竟，使命彻，神京复，还燕碣。以此石，象坚节，纪嘉庆，告来哲。

国内升学

民元以来，本省中学毕业生升学国内各公、私立大学及专科学校者，其人数年有增进。政府于国内留学滇籍学生，原有津贴之给与，惟以国立大学为限，其名额数量及给与办法，未定标准。至十四年，始将国内留学滇籍学生之津贴名额，定为一百名，又将学校名额之分配，学生请领之手续，出缺、递补之方法，明白规定，公布实行。十九年，复核定《本省补给升学国内大学、专科学校奖学金规程》及《优待升学国内大学、专科滇生汇款贴水办法》，分别实行。奖学金之范围，较前扩大。在昔补给奖学金之学校，系以国立北京大学、北京师大、法政，农业、工业、医科各大学、交通大学、东南大学、上海商大、南洋大学、武昌师大、成都师大、唐山大学、北洋大学等校为限，而私立大学学生，概不发给。此次规定，则公、私立大学兼顾。凡国立大学、专科学校之滇籍本科正额生，及教育部核准立案认可之私立大学滇籍本科正额生，经审查合格者，一律得享有奖学金之待遇。名额之规定，较前酌量增加。在昔补给奖学金初无定额，但不足六十名。继则定为一百名，又增为一百二十名。此次规定则加至一百五十名，内以一百二十名补给国立各大学滇籍生。至十九年年底止，已经核准补给奖学金国立大学滇籍生计一百零四名，私立大学滇籍生计九名，合计一百一十三名。在二十年内，本省中学毕业生逐渐加多，升学国内公、私立大学者亦随之增进。截至二十年底止，已将奖学金定额一百五十名如数补足。至补足定额之外，尚有存记候补者四十余人。二十一年，升学国内大学、专科学校之滇籍学生已超过定额一百五十名之数，爰将奖学金名额扩充为二百名。复由教育厅另行修正规程，定名为《补给本省高中毕业生升学国内大学专科学校奖学金规程》，并指导学校院系，限制投考，以期符合实际需要，造就有用人才。于二十一年十二月，呈经省府核准实施。此后本省国内留学奖学金之给与，即大率根据是项规程处理。仅二十三年补充规定《云南省教育厅第一期变通补给奖学金指定学校院系表》略有所纷更外，其余无甚变动。即凡申请奖学金经审考合格者，自核准之日起，至法定毕业之日止，按季汇发奖学金。其数额规定国立大学每生月给国币十五元，私立大学每生月给十元，研究生分别照加五元。此项奖学金所指学校之院、系分配，系遵照教育部培养农、工、医、理人才通案，暨本省储备建设急需人才之旨趣酌定之。总额二百名，每年出缺叙补五十名。唯遇本省考送时，则仍须以考送学生之叙补为前提云。此外对于国内留学生又有优待汇款办法，盖本省自民十六年后，因金融变迁，京、沪一带汇款贴水甚多，所有京、沪一带留学滇籍生均以汇水奇重、设法救济为请。仍由省府核准，凡滇籍学生汇款者，得由富滇银行代为汇兑，减轻汇水。此项贴补银数，即由省府担负，以示优待国内留学滇籍生之意。十八年，富滇银行撤销驻沪办事处，随将优待汇款办法暂时停止。继又念及本省学子远道留学，学、膳等费，所用不赀，仍又恢复优待汇款办法。其要旨在本省币价折汇国币未回复常态以前，特许升学国内大学、专科之滇籍学生，于其法定在学期间，每年得向本省政府指定之个旧锡务公司省部汇出国币二百元，其汇款贴水得照当时市价减收三分之一，并得于每年分两次汇兑之。凡请求此项优待汇款之滇籍学生，由学校出具学籍证明书，送本省教育厅审查合格，即将汇款证发交各生在省家属具领照汇。自此项汇款优待办法公布以后，在民国二十年以后，曾发过特许证二百七十号。各生家属领得特许证后，每年汇款交给国内大学及专科学校滇籍生时，持证照汇，只付汇水之半数。每届月终，由个旧锡务公司省部汇造汇款贴水清单，送交本省财政厅归还贴水之款。旋因汇款发生流弊，乃由财政厅会商教育厅规定汇款发给清单办法，每次汇款须由汇款人持特许证向教育厅报名，发给清单，填明代理人及收款人姓名、汇款数目。持单前往个旧锡务公司省部验证，照单办理。

云南省教育厅第一期变通补给奖学金指定学校院系表

学校名称	各学院奖学金名额								一校补给奖学金名额合计	备考
	农	工	医	理	教	文	法	商		
国立北平大学	1	1	1				1		4	
国立北京大学						1	1		2	
国立北平师范大学				2	2				4	理学院、教育学院各2名。
国立唐山土木工程学院		1							1	
国立法华大学		1		1					2	
国立上海交通大学		8							8	土木工程系、采矿冶金系、电气工程系、机械工程系各2名，共8名。
国立中央大学	1				1	1		1	4	
国立浙江大学	2	1							3	
国立同济大学		1	1						2	
国立武汉大学				1					1	
国立四川大学				1	1				2	
国立中山大学	1		1						2	
国立上海商学院								1	1	

（续表）

学校名称	各学院奖学金名额								一校补给奖学金名额合计	备考
	农	工	医	理	教	文	法	商		
国立北洋工学院		1							1	
中央政治学校				1					1	
私立协合医学院			1						1	
私立燕京大学						1			1	
私立南开大学				1					1	
私立金陵大学	2								2	
私立厦门大学				1					1	
私立沪江大学								1	1	
私立大夏大学					1				1	
私立复旦大学				1					1	
私立大同大学				1					1	
私立南通大学		2							2	纺织系2名。
总计	7	16	4	10	5	3	2	3	50	

附记：

1. 凡本省高中毕业生在二十三年秋自行考入本表指定学校院系者，应照新颁《国内留学奖学金规程》第七条之规定，履行申请奖学金手续，听候核办。

2. 如有申请手续不完备者，系属自误，不补奖学金。

3. 民国二十五年四月，本省复有叙补标准四条之规定，唯系临时性质，兹不赘及。

云南省国内升学生一览表

升学校别	升学生姓名	院系别	入校年月	毕业年月	补奖学金数量	备考
国立中央大学	袁令晖	教育学院教育学系	二十年九月	二十六年六月	月给国币十五元	
	姜一鹍	工学院土木工程系	二十年九月	二十七年六月	同上	
	吴廷标	工学院化学工程系	二十年九月	同上	同上	二十四年休学。
	施章	文学院研究生	二十年九月	二十五年十二月	月给国币二十元	
	郑宗虞	农学院	二十五年九月	二十七年六月	月给国币十五元	
	李显杨	农学院	同上	同上	同上	
国立中央研究院	方国瑜	历史语言研究所研究生	二十年十二月	二十二年秋	月给国币二十元	
国立北平大学	李汝源	法商学院研究生	二十四年九月	二十五年九月	同上	
	王廉	法商学院经济系	二十一年十月	二十五年六月	月给国币十五元	
	罗月辉	法商学院国际贸易系	二十一年九月	同上	同上	
	唐桂馨	法商学院管理系	同上	同上	同上	
	张增智	法商学院法律系	二十一年九月	二十六年六月	同上	
	张君亮	农学院林学系	二十年秋	二十六年六月	月给国币十五元	考送，二十四年休学。
	杨大林	农学院农业化学系	同上	同上	同上	
	李升	农学院农艺系	二十一年九月	同上	同上	
	孙钟岳	工学院机械工程系	二十三年九月	二十七年六月	同上	
	赵缅	工学院应用化学系	二十四年九月	二十八年六月	同上	
	徐声灏	医学院	二十三年九月	二十九年六月	同上	
	赵莼	女子文理学院数理学系	二十一年九月	二十五年六月	同上	
	赵淑贞	同上	二十三年秋	二十七年六月	同上	

（续表）

升学校别	升学生姓名	院系别	入校年月	毕业年月	补奖学金数量	备考
国立北平大学	袁芷芬	女子文理学院经济学系	二十一年九月	二十五年六月	月给国币十五元	
	汤汝媛	同上文史学系	二十二年转入	二十六年六月	同上	
	赵宝义	同上经济学系	同上	同上	同上	
	惠国芳	同上文史学系	二十年九月	同上	同上	
	全振寰	同上英文系	二十四年秋转入	二十八年六月	同上	
	陈大谊	法商学院数学系	二十五年秋		同上	
	张福华	理学院数学系	二十二年九月	二十六年六月	同上	
国立北平师范大学	张孝机	理学院数学系	二十三年秋转入	二十六年六月	月给国币十五元	
	尚学仁	同上	二十三年九月	二十七年六月	同上	考送。
	牛光泽	理学院化学系	同上	同上	同上	同上。
	张极苍	同上	同上	同上	同上	
	杜光昭	文学院外国语文系	同上	同上	同上	考送。
	杨彩	同上	同上	同上	同上	
	苏竞存	教育学院体育系	同上	同上	同上	
	李埏	文学院历史系	二十四年九月	二十八年六月	同上	考送。
	田汝康	教育学院教育系	同上	同上	同上	同上。
	徐维贞	工艺劳动师训科	二十五年十月	二十八年六月		由省保送。
	卢浚	教育学院教育系	二十五年九月	二十八年六月		考送。
	张家麟	文学院历史系	同上	同上		同上。
	杨嘉禾	理学院数学系	同上	同上		同上。
国立北平清华大学	吕宝东	文学研究院研究生	二十三年九月	二十五年六月	月给奖学金国币十五元	
	杨绩昭	工学院土木工程系	二十一年九月	同上	月给奖学金国币十五元	

（续表）

升学校别	升学生姓名	院系别	入校年月	毕业年月	补奖学金数量	备考
国立北平清华大学	王槐清	工学院土木工程系	二十二年九月	二十六年六月	月给奖学金国币十五元	
	熊秉信	理学院地学系	二十一年九月	二十五年六月	同上	
	刘钟明	文学院中国文学系	二十三年秋转入	同上	同上	
	杨名聪	法学院经济系	二十三年九月	二十六年六月	同上	
	周宝玮	工学院机械科	二十四年九月	二十八年六月	同上	
	张巨泽	法学院经济系	二十五年秋	二十九年秋		
国立东北大学	杨正德	法学院经济系	二十二年九月	二十五年六月	月给奖学金国币十五元	
国立唐山土木工程学院	王秉文	土木系	二十三年九月	二十七年六月	同上	
	杜巨兴	土木工程系	二十四年九月	二十八年六月	同上	
	赵奠洲	采矿冶金系	同上	同上	同上	
	赵缅	土木工程系	二十五年秋	二十九年六月		
	杨标	同上	同上	同上		
国立同济大学	白珍	工学院土木工程系	二十三年九月	二十七年六月	月给奖学金国币十五元	
	杨湝渊	医学院	同上	同上	同上	
	李法天	工学院机械电工系	二十四年九月	二十八年六月	同上	
	李奇谟	工学院机械土木系	二十四年九月	二十八年六月	同上	
	吴祥光	工学院机械系	二十五年七月	三十年六月		
	李宗懿	医学院	二十一年九月	二十六年六月		
国立北京大学	王宏道	文学院史学系	二十五年秋	二十九年六月		
	何克淑	理学院物理系	同上	同上		
	浦琼英	同上	同上	同上		
	周尚士	同上	同上	同上		

（续表）

升学校别	升学生姓名	院系别	入校年月	毕业年月	补奖学金数量	备考
国立暨南大学	马骏	商学院工商管理系	二十五年秋	二十五年六月	月给奖金国币十五元	
	熊韵策	文学院外国文系	二十二年九月	二十六年六月	同上	
	艾朝楷	文学院教育系	二十八年秋转入	同上	同上	
	黄元贞	理学院物理系	二十四年九月	二十八年六月	同上	
国立交通大学	张正扬	土木工程院道路门	十七年九月	二十五年六月	同上	
	周宝珧	管理学院铁道管理科	二十二年九月	二十六年六月	同上	
国立武汉大学	陈廷栋	文学院	十九年七月	二十五年六月	同上	
	杨国兴	法学院政治学系	二十一年七月	同上	同上	
	周懋贤	工学院机械工程系	二十三年九月	二十七年六月	同上	
国立浙江大学	施尔宜	农学院森林系	二十年九月	二十四年十二月	同上	
	乔华	工学院电机工程系	二十五年秋	二十九年六月	同上	
国立广州中山大学	苏树言	医学院	二十年九月	二十五年六月	同上	
	邓遵六	同上	同上	同上	同上	
	姚蓬心	同上	二十一年九月	二十六年六月	同上	
	王甲纲	理学院数天文学系		二十五年六月	同上	
	李群杰	法学院政治系	同上	同上	同上	
	江应梁	文科历史系研究生	二十五年秋		同上	
	苏树勋	工学院土木工程系	二十二年九月	二十六年六月	同上	
	李如柏	理学院物理系	二十五年秋	二十九年六月	同上	
	李家珍	农学院农林化学系	二十四年九月	二十八年六月	同上	
	李家鼎	理学院生物系	二十五年秋	二十八年六月	同上	
	吴钧	研究院文科史学系	二十五年秋	二十九年　月	月给奖金国币二十元	

（续表）

升学校别	升学生姓名	院系别	入校年月	毕业年月	补奖学金数量	备考
国立四川大学	卢炳诏	理学院化学系	二十一年八月	二十六年六月	月给奖学金国币十五元	
	胡秋亮	理学院物理系	十八年八月	二十五年六月	同上	
	吕汝霖	理学院数学系	同上	同上	同上	
	师绍先	法学院经济系	同上	同上	同上	
	熊鑫	法学院法律系	二十年九月	二十六年六月	同上	
	彭耀	理学院化学系	二十二年九月	二十七年六月	同上	
	李自强	文学院中国文学系语言文字组	同上	同上	同上	
	杨禄增	理学院生物系	二十五年十月	二十九年六月	同上	
	杨绍鹍	农学院病虫害学系	同上	同上	同上	
	胥钟灵	理学院数理系	二十四年九月	二十八年六月	同上	
	袁绩藩	农学院园艺学系	二十五年十月	二十九年六月		
	徐天祥	理学院数理系	同上	同上	同上	
	王樵	文学院教育系	二十五年秋	二十九年六月		
	范承先	理学院化学系	同上	同上	同上	
	郑浩如	电影电教育专科	二十一年秋	二十五年六月		考送。
	郑永福	农业劳作专科	同上	同上		同上。
	傅培德	同上	同上	同上		同上。
	李钟	同上	同上	同上		同上。
	杨理	家事劳作专科	同上	同上		同上。
	梁雅娅	同上	同上	同上		同上。
	段炳麟	劳作师资专科				
	乐觐朝	电影电报专科	同上	同上		同上。
国立中央政治学校	余潮海	外交系	二十一年九月	二十六年六月	同上	
	戴自培	社会经济统计组	二十二年九月	二十五年六月	同上	

（续表）

升学校别	升学生姓名	院系别	入校年月	毕业年月	补奖学金数量	备考
江苏省立教育学院	许俊	农教系	二十一年九月	二十五年六月	月给奖学金国币十五元	休学暂停奖学金。
	×××	民教系	同上	同上	同上	
	×××	同上	二十三年转入	同上	同上	
	阎志龄	农教系	同上	二十六年六月	同上	
国立体育专科	杨文泽	体育	二十二年八月	二十五年六月	同上	
国立北平助产学校	赵自华	助产	二十二年春季	二十四年十二月	同上	
国立中央助产学校	施懋芝	同上	二十三年九月	二十五年六月	同上	
	李琼仙	同上	二十三年九月	二十五年六月	同上	
国立北洋工学院	李润	土木工程系	二十四年九月	二十八年六月	同上	
国立北平艺术专校	张菊芬	图画科西画组	二十二年九月	二十七年六月	同上	
国立音乐专校	李章莹	音乐	二十四年九月	二十八年六月	同上	
私立北平中国学院	许强	法科政治系	二十一年九月	二十五年六月	同上	
	万寿林	化学系	二十三年秋	二十七年六月	月给奖学金国币八元	
	李培阳	文科国学系	同上	二十六年六月	月给奖学金国币十元	
	张光裕	化学系	二十二年	二十七年六月	同上	
	李勤英	教育系	二十二年秋	同上	同上	
私立北平民众学院	陈钟沪	政治系	同上	同上	同上	
私立北平朝阳学院	惠国钧	法科政治系	同上	同上	同上	

（续表）

升学校别	升学生姓名	院系别	入校年月	毕业年月	补奖学金数量	备考
私立金陵大学	杨秉礼	文学研究院研究生	二十三年九月	二十五年六月	月给奖学金国币十五元	
	李绍兴	农学院森林系	十九年九月	同上	月给奖学金国币十元	
	马运煊	同上	同上	同上	同上	
	潘琰	同上	二十五年秋	二十七年六月	同上	
	毕昌佑	农学院农业专修科	二十五年九月		同上	
	张毓昆	同上	二十五年秋	二十七年六月	同上	
	孙家宝	同上	二十四年九月	二十六年六月	同上	
	赵光宇	同上	二十五年秋	二十七年六月	同上	
	萧煜东	同上	同上	同上	同上	
	王立中	同上	同上	同上	同上	
私立复旦大学	明景岳	法学院法律学系	二十一年九月	二十五年六月	同上	
	方宝龄	理学院土木工程系	二十二年九月	二十七年六月	同上	
	胡裕昌	同上	二十四年九月	二十八年六月	同上	
	黄崇华	法学院政治系	同上	同上	同上	
	孙铭祖	理学院土木工程系	同上	同上	同上	
	康良藩	理学院生物系	同上	同上	同上	
私立震旦大学	周锡年	理工学院数理系	二十二年九月	二十六年六月	同上	
	高震宇	同上	同上	同上	同上	
	李瑞本	同上	同上	同上	同上	
	李岱学	医学院	二十三年转入		同上	
私立光华大学	杨瑞勋	文学院教育系	二十一年九月	二十五年六月	同上	
	马钟汉	文学院国文系	二十二年九月	二十六年六月	同上	

（续表）

升学校别	升学生姓名	院系别	入校年月	毕业年月	补奖学金数量	备考
国立大夏大学	王志导	理学院数学系	二十年九月	二十四年十二月	月给奖学金国币十元	
	张廷勋	教育学院教育行政系	二十一年九月	二十五年六月	同上	
	赵瑞枝	同上	同上	同上	同上	
	张正武	同上	二十二年九月	二十六年十二月	同上	
	项克宽	同上	二十三年九月	二十七年六月	同上	
	陈金灿	同上	同上	同上	同上	
	张泰麟	教育学院社会教育系	二十二年九月	二十四年十二月	同上	
	刘樾	同上	二十四年秋	二十七年六月	同上	
	汤汝梅	同上	二十四年九月	二十六年六月	同上	
	胡兴渐	同上	二十五年	二十八年六月	同上	
	叶在和	文学院社会学系	二十一年九月	二十五年六月	同上	
	赵月玉	教育学院社会教育系	二十五年	二十八年六月	同上	
	汤用梅	理学院化学系	二十四年九月	二十六年六月	同上	
	王淑训	同上	二十二年九月	同上	同上	
私立持志学院	方良能	法科政治经济系	二十一年九月	二十五年六月	同上	
私立江苏南通大学	汤汝玉	医科	同上	二十八年六月	同上	
	郭耀辰	纺织科	二十二年九月	二十六年六月	同上	
	李宏谟	同上	二十四年秋	二十八年六月	同上	
	孙恭绰	同上	二十五年秋	二十九年六月	同上	
	杨智	同上	二十三年九月	二十七年六月	同上	
	杨怀松	同上	二十五年秋	二十九年六月	同上	
	郭叔岑	同上	同上	同上	同上	
	李宏	纺线科	二十四年九月	二十八年六月	同上	

（续表）

升学校别	升学生姓名	院系别	入校年月	毕业年月	补奖学金数量	备考
广东勷勤大学	赵众乾	工学院建筑工程系	二十一年九月	二十五年六月	月给奖学金国币十元	
私立燕京大学	周杲	研究院国文系	二十三年九月	二十五年九月	月给国币十元	
	余海福	法学院社会学系	二十四年九月	二十八年六月	同上	
	张凤仪	法科政治研究生	二十五年秋		同上	
私立大同大学	杨友桢	理本科	二十三年八月	二十七年六月	同上	
	罗友谅	理学院数学系	二十四年九月	二十八年六月	同上	
	罗树藩	理学院物理系	二十五年秋	二十九年六月	同上	
私立东吴大学	彭望漪	文学院	二十三年九月	二十七年六月	同上	
私立南开大学	黄继昌	理学院化学工程系	二十四年九月	二十八年六月	同上	
	胡鸿昌	同上	二十五年秋	二十九年六月	同上	
私立岭南大学	李梁材	工科	二十四年九月	二十七年六月	同上	
静生生物调查所	梁国贤	生物科	二十四年春	二十六年三月	同上	
	倪琨	同上	同上	同上	同上	
附香港大学毕业生						
毕近斗　呈贡	陆万钟　昆明	吴永立　定远	何昌　禄丰	王承才　昆明		
张裔昌　剑川	姚光裕　昆明	李炽昌　昆明	李祖佑　昆明	周伟		
张问孝　昆明						

附记：

1. 补奖学金者一百三十七名。

2. 除补奖学金者均给汇款证之外，尚有私立、省立大学生五十九名准给汇款证，其姓名未列入此表。

3. 合计国内留学领奖学金及汇款证者一百九十六名。

4. 本表系三十年教育厅所制，仅详二十年以后，以前无法调查，从缺。

日本留学

本省公费留日学生，自民国元年以后，除第一届考送留日公费学生四十名外，停止考送办法，由学生自行赴日入预备学校，俟考入指定学校后，再补给公费。唯此种办法，不免漫无限制，有整理之必要。乃于十五年订本省《留日学生管理办法》，定为公费生十四名，旋加为二十名，又加为二十五名。至二十年，省府公布本省《选补暨管理省费日学生暂行规程》，定为省费留日学生三十名，内男生二十五名，女生五名。所补省费之学校，除照部案限定者外，并斟酌成绩素著者及女生所入学校，加以选补，共计十七校。关于管理事项，采严格主义；关于给费事项，悉依规定标准及程序办理，较诸已往留日学务漫无限制者，自异其趣。及自东北事变与沪战发生后，留日滇籍学生悉数罢学回国，乃将本省留日学务暂时结束。至二十一年七月，特增订《复学办法》，名额减为三十名，毕业后即不予递补。至二十五年三月，最后三名毕业，留日《复学办法》因之废止。

欧美留学

本省以公费考送欧、美留学生，始于民国二年。是年考送任嗣达等六名赴美学习工业、政治，李汝哲等五名赴法学习法政、兵工，熊庆来等三名赴比学矿，王承才等八名赴香港学习工、医、电学，阙后勤工俭学议起，自费赴法留学者日有增加，终以费给不敷，环请本省政府补助，乃有《欧美留学自费生津贴办法》之颁行。其大要为凡滇籍学生曾在中等以上学校毕业、自费考入欧、美各国高等专门以上学校，在本科第二学年肄业者，得给津贴。补助之年限，每次以一年为率，即以各校学年为起讫，至多不得逾三年。每年津贴银数，定为滇币五百元。民国二十年，省府以欧、美留学势难中断，且财力也稍舒，乃公布《选派欧美留学生暂行规程》，并布告自二十一年起，照章每年考选合格学生，分送欧、美学习指定学科。一面又就自费留学欧、美滇生选拔其合格者，补给公费。所有考送及自费补额两项，总数以不得超过二十名为限。旋于民国二十一年一月，照章组织欧、美留学生考选委员会，以省政府主席为委员长，省政府委员及各厅长为当然委员，聘请各科专家为选聘委员及专门委员，依据考选委员会章程会议规则、考选细则等分别着手办理。同时复厘订选派欧、美留学计划书，详为规划，以资循守。计是届考竣后，取录第一期送美学习教育之杨家凤、徐继祖等二名，学习农林、种棉之熊廷柱一名，送英学习采矿冶金之张铭鼎一名，共计四名。于民国二十一年十二月由外交部驻滇特派员办事处分别函商美、英两国相当学校当局，介绍入学。并由教育厅呈请教育部核发欧、美留学证书，以便领取护照，定期放洋。至旅、学各费，照规程由省库支给。复查在此期内，考送欧、美留学，除在省考选杨家凤等四名外，其余应照章由自费欧、美滇籍学生中选取合格者一名，补给公费。爰即就申请到会者举行审查选补，截至民国二十二年十二月底止，计申请补给公费之欧、美留学自费生有留德者一名，留法者六名，留美者四名，共十一名。教育厅即根据《暂行规程》第六条之规定，择其合法定资格之一人，呈准补给公费。其待遇与考选学生相同，惟不得请领治装费及出国旅费云。

云南省国内外大学专科学校在外滇籍学生统计表

（民国二十七年度）

学科别	国内外别及在学人数									合计	备考
	国外	英	法	德	美	国内	国立大学	省立大学	私立大学		
农学						17	6	2	9	17	本年应届毕业者9人。
工学	4	3		1		168	160	3	5	172	本年应届毕业者15人。
医学						72	63		9	72	本年应届毕业者1人。
理学						78	69	1	8	78	本年应届毕业者15人。
教育						105	97		8	105	本年应届毕业者35人。
文学	1		1			133	131		2	134	本年应届毕业者3人。
法学						112	110		2	112	本年应届毕业者35人。
商学											
艺术	1		1			5	3		2	6	本年应届毕业者2人。
音乐						2	1		1	2	本年应届毕业者1人。
体育						1	1			1	
其他						18	18			18	
总计	6	3	2	1		711	659	6	46	717	本年应届毕业者116人。

附记：

1. 本表所列系受本省奖学金或减汇优待者。

2. 凡其他机关私人资送而未呈报教育厅备案、亦未请求奖助之滇生，概未列入。

3. 法学栏包括法律、政治、经济人数。

民元以来云南曾受高等教育人数及科别统计表

（民国二十七年度）

学科别	国内外别及受学人数														合计	备考
	国外	英	法	比	德	美	日	国内	国立大学	国立专门学校	省立大学	省立专门学校	私立大学	私立专门学校		
农学	18		1			5	12	57	19	12		9	4	13	75	
工学	60	14	5	5	4	15	17	94	11	8	68	1	2	4	154	
医学	14	2	2		1	1	8	55	16	5	27		7		69	
理学	13		2		1	2	8	118	39	26	36		15	2	131	
教育	20					9	11	96	13	5	32	34	12		26	并指高等师资训练而言。
文学	11	1	1				9	140	44	27	20	32	14	3	151	
法学	37		6			9	22	438	40	11	72	304	9	2	475	包括政治经济法律。
商学	7					1	6	12	9	1			2		19	
艺术	4		1				3	14	8	4			2		18	
音乐	3						3	24	22	2					27	
体育	5						5	20	5	9				6	25	
其他	46		4			5	37	1,269	10			1,259			1,315	包括未注科别及专科讲习之类。
总计	238	17	22	5	6	47	141	2,337	236	110	255	1,639	67	30	2,575	

附记：

1. 本表统计系自民元起至民二十七年止已学成离校者。
2. 军事人才未在本表统计之列。

国外留学生题名

留日学生

李毓茂	祥云	张鸿翔	保山	萧扬勋	昆明	杜润昌	
张锡彬	祥云	张相时	鹤庆	黎款臣		李廷英	晋宁
李迪		李健		保春森	盐兴	倪守仁	昆明
李培基		欧阳谦	文山	米文兴	玉溪	刘国澍	腾冲
袁丕佑	石屏	戚景潘	呈贡	李德和		饶发枝	易门
杜嘉瑜	剑川	朱文精	会泽	胡邦翰	姚安	萧士英	昆明
黄福生	鹤庆	汤克新	会泽	邓晶	盐兴	李日基	腾冲
段世德	澄江	张德辉		郭廷英		王家鼎	牟定
赵良壁	鹤庆	唐锡畴	玉溪	李长元	晋宁	陈洪畴	陆良
刀成英	腾冲	杨镇坤	大理	刘辉光	昆明	俞其能	陆良
赵炯	昆明	王国靖	玉溪	张子仁	河西	周锡夔	剑川
张福延	剑川	杨宝昌	河西	王九龄	云龙	李子高	腾冲
黄灿英		黄宗黄		丁孚远	昆明	王调钧	
朱龙楹		米璋		季廷枧	保山	史秉彝	
冯湛霖	保山	缪嘉祥	昆明	陈立干	镇南	张家祥	
明增龄	腾冲	卢永祺		方正藩	龙陵	方正基	龙陵
龚效	腾冲	龚政	腾冲	戴明熙	盐津	明增灏	腾冲
李乾元	晋宁	袁丕明	石屏	廖方新	石屏	萧家仁	昭通
李煜		陈开先	昭通	李培天	宾川	赵崇德	
邓鸣藩	盐津	李泰黄	晋宁	陈开勋	昭通	吴仲沆	昆明
苏霖	剑川	寸树声	腾冲	张景	盐兴	赵鹏	鹤庆
邓泰坤	会泽	周曾佑	大理	张铭勋	盐津	李家谟	大理
赵丕欣	大理	赵键	顺宁	赵莺书	顺宁	赵凤英	顺宁
沈种苓	大理	欧阳策	文山	欧阳琨	文山	沈鸿炎	建水
陈中孚	宜良	俞丕休	陆良	李耀商	丽江	陈治文	昆明
张星晟	腾冲	汪向宸	嵩明	陈绍义	盐津	戴宏猷	盐津
李苏翘	陆良	冯佩萱	大理	俞建休	陆良	萧家骥	昭通
胡文芝	顺宁	赵明昌	会泽	李藜	个旧	张易	盐丰
沈季潞	个旧	邓鸿畴	盐津	吴绳海	永昌	毛增学	个旧
陈佩	昆明	杨伟昌	大理	徐兴化	昆明	罗周书	个旧
侯奉琨	蒙自	刘铨	昆明	张逸飞	绥江	李运枢	大理
沈之采	楚雄	吴诚格	易门	于百溪	宜良	张杰	弥勒
周光琦	昆明	马希融	元江	蒋宗明	顺宁	施丽侠	会泽
高天爵	石屏	萧家懋	昭通	胡运嘉	大关	梁之相	建水

余登籍	镇雄	王琨	开远	李师同	永善	廖可庄	昆明
张琼璧	镇南	蔡昌敏	昆明	李登熙	马关	李治民	文山
赵吉五	龙陵	毛达庸	个旧	徐君直	蒙化	马季唐	蒙自
刘之汇	易门	刘宝煊	建水	卢邦治	昭通	周立慈	嵩明
谢树森	建水	杨振镛	昆明	张铭颐	盐津	徐绳祖	弥渡
卢邦基	昭通	孔祥樾	宣威	张季飞	绥江	何从容	宜良
徐栋	姚安	马季勉		吴煌		陈家骥	石屏
李锦心		张楫	昆明	木向东		李元达	
赵瀛芳		毛友竹	个旧	方家治	洱源	吴煊	澄江
罗佩锦	澄江	罗曙		罗一恒	盐津	刘宝煊	
张铭绶	大关	王浩兰	易门	张静芬	昆明	雷莲芳	祥云
李生萱	腾冲	王惠媛	昆明	黄崇厚		陈楄	石屏
高衮父	石屏	朱明之		甘以功	昆明	周立爱	嵩明
陈元溥	昆明	华世英	呈贡	蔡崇礼	昆明	丁飞	鹤庆
王裕昌	弥渡	龙泽汶	昭通	张第东	腾冲	吴汉英	易门
杨国治	大关	张六师	大理	朱鸿逵	昆阳	吴信达	蒙自
李登曦		吴家蓉	昆明	张树英	西畴	龙霖	大关
方学文	普洱	丁慧鹃	鹤庆	王顺虞	腾冲	张公达	大理
黄肇元	鹤庆	蒋宝祥	曲溪	杨式谷		王谦	姚安
徐克娴	蒙化	丁桂英	昆明	杨伟昌		侯奉瑜	蒙自
张瑞先		杨鸿烈	晋宁	万家淑	晋宁		

留比学生

熊庆来	弥勒	杨维浚	昆明

留英学生

顾品端	昆明	李增祜	曲靖	顾桂芳	昆明	李文焱	昆明
商娍生	姚安	张铭鼎	盐津	杨瑞麟		邵浚	
张家宁		蔡维坤		方楷		杨心湛	
杨振镛							

留德学生

丁孚远	昆明	李煜	昆明	苗天宝	江川	李淑家	盐兴
熊光暄	昆明	苗仲华	江川				

留法学生

李汝哲	丽江	姜荣章	昆明	窦志鸿	昆明	柳希权	蒙化
吴恢量	大关	谢东发	昆明	杨维浚	昆明	熊庆来	弥勒
吕其昌		张伯简	剑川	徐嘉锐	昆明	陈绍康	宣威
余铭		秦教中	呈贡	高桂芬	石屏	骆淑英	
张邦珍	镇雄	廖新学		杨维仪	昆明	王季文	
姜寅清	昭通						

留美学生

李燮阳	鲁甸	李伟		马标	洱源	念五	
任嗣达	昆明	卢锡荣	陆良	杨克嵘	洱源	周恕	太和
缪嘉铭	昆明	范师武	太和	董泽	云龙	李华	昆明
陶鸿焘	昭通	李炽昌	昆明	姚光裕	昆明	何瑶	石屏
萧杨勋	昆明	李廷槻	保山	何瑗	石屏	袁丕佑	石屏
张鸿翼	保山	华秀升	通海	郜重魁	鹤庆	李立藿	昭通
李立德		李昂	昆明	袁丕济	石屏	张禄	昆明
张邦媛	镇雄	杨士昌		朱鸿题	昆阳	赵政	
赵家遹	通海	王承才	昆明	杨家凤	鹤庆	陶贞元	昆明
徐续祖	弥渡	陈玉科		熊廷柱		李宝莹	

民国云南通志长编卷三十四

教育三

学校教育

中等教育

云南中等教育，计有中学校、师范学校、职业学校三种设置，均创始于清末。入民国后，继续办理，力谋分途发展，数量以渐增加，兹分别述之。

一、中等各学校历年设置概况

（一）中学校

本省中学校，清末有师范学堂附属中学及模范第一中学，均设于省会。第二、第三模范中学，分设于大理、蒙自两地。民国元年，并模范第一、第三两中学及附属中学为省会中学校。模范第二中学改称第二中学校，是时私立中学崛起，有私立第一中学校、私立正则中学校、私立成德中学校。成德一校，较具规模。至各县所立中学，有联合设立者，始于三年通饬各县将旧日筹解各府中学堂的款妥为经管，即就前府所属各县筹办联合中学。于是昆明等十一县联合中学校，蒙自等十三县联合中学校，均于是年成立。

四年，丽江等六县联合中学校、姚安等四县联合中学校、普洱道立中学校先后成立。

五年，文山等四县联合中学校成立。

十年，大理等八县联合中学校成立。

十一年，腾冲县立中学校推广范围，联合干崖、盏达、勐腊、陇川四行政区，改办联合学校。至是全省联合中学计有八所。其由一县单独设立之中学，于民国四年成立者，计有保山、顺宁、蒙化等三县。七年成立者，有建水、阿迷两县。此外镇雄、弥渡、宁洱等县，亦均先后呈准设立，嗣因经费不济，相继停办。乃由省长公署规定县立中学校设立之标准，加以限制。若未筹有的款，不得率请开办。民国六年以后，政府推广设置省立中学校，除省会第一中学校仍旧外，改昭通第二师范学校为第二中学校，大理第二中学校改办为师范学校。改丽江第六师范学校为第三中学校，改保山第五师范学校为第四中学校。迄于民国十一年，计有省立中学校四所。

十二年，于省会添办初级中学校一所，名曰云南中学校。又合并女子师范学校及女子职业学校两校，改设女子中学校。均采用三三制。至民国十五年，续办高中，分普通、师范、家政三种。盖自民国十二年后，依法令采中学、师范、职业三者合办之制故也。

十八年，将私立成德中学改为省立第五中学校，以省款办理。

十九年，厉行全省义务教育，为训练师资计，复将第四中学校改办为第五师范学校。其余县立中学，则联立依学制改称共立中学校。迄于民国二十年，计增通曲、姚安、腾冲共立中学校三所。一县单独设立者，计增昆明市立中学校、昆明县立第一、第二、第三中学校及大理、楚雄、顺宁、保山、腾冲、澄江、石屏、会泽、鹤庆、凤仪、云县、洱源、云龙、永仁、牟定、新平、宾川、禄劝、思茅、黎县、河西、弥勒、景东、缅宁、河口等二十所。此外弥勒尚设有虹溪中学一所。私立中学，则于省会添办私立求实中学校、私立明德中学校二所。

二十一年，新创省立临安、楚雄、顺宁中学三所，改石屏县中为省办。

二十三年，增设省立富春、胜峰、蒙自、永昌等初级中学四所，并划分全省为昆华、大理、曲靖、临安、普洱、昭通、楚雄、丽江、永昌、顺宁、开化、武定、玉溪、宜良、泸西、蒙自、石屏、东川、镇盐、两姚、华永、景东、广南、中维、腾越、镇康、车里、澜沧等二十八个中学区。

二十四年，增设武定初级中学一所。

二十六年，增设腾越省中及盐兴、景东两初级中学，计三所。又至二十四年止，本省县、市立中学计有三十七校。盖自二十一年以后，新设县中，计有华宁、泸西、宣威、弥渡、广南、通海、景谷、昌宁、祥云、宜良、永胜、嵩明、云龙等十三所，及云龙之宝丰、西畴之畴阳初中二所，永绥联立初中一所，昆明县立一中、二中、三中，分别易名为县立日新初中、玉案初中、清波初中，昆明市立职业中学改为市立中学，姚安共立中学改为两姚共立中学。停办者有通曲共立中学，腾冲、澄江、建水、云县、洱源、禄劝、阿迷、宁洱、河西、河口等中学。就中亦有由中学改办师范者。

二十五年以后，新设昆明市立女中。其县中之新设者，则有广南、宁洱、罗次、曲溪、镇南、玉溪、安宁等初级中学校（安宁一校称景秀初中）。其由简师改办初中者，则有宾川、峨山两校，宜良县立女子初中一校。

二十七年以后，因战争影响，物价日昂，各县学子出外升学不易；兼以田赋征实，附加税增加，致各县教费亦因之增加；小学较前发达、毕业学生数年有增加。因此县立中等学校亦年有增加。其中以中学增加最多，师范次之，且有若干师校改办为初中。

截至三十四年六月止，县、市立中学计有一百零七校，师范二十校，职业一校。至省立中等学校，则自二十九年以后，变迁甚大。因教育经费独立时之主要税收——卷烟特捐，于此后划归中央，本省中学教育业务，因限于预算，经费支绌异常，维持原有现状，殊为困难，不得不将原有学校单位以及班级缩减，计法定紧缩办法三项：

1. 以省办高中，地方办初中为原则。

2. 归并或结束规模较小之省校。

3. 鼓励市、县地方创办初中及师、职等校，务期每一市、县地方，均有市、县立中学、师范、职业等学校各一所。

自此以后，省办中等学校以质的充实为主，量的方面则尽可能发展。主要调整工作如下。

1. 省立中学拨交县办者，计有省立宜良、武定、盐兴、景东初级中学等四校。

2. 省立师范拨交县办者，计有彝良、个旧、大姚、景谷、祥云简易师范等五校。

3. 调整停办并办者：（1）省立文山初级中学改为省立开广中学。（2）省立顺宁高级中学改为省立顺宁中学。（3）省立双塔初级中学并为昆华高级农业职业学校附中。（4）省立虹山初级中学并为昆华高级工业职业学校附中。（5）省立泸西初级中学改为省立泸西师范学校。（6）省立石屏初级中学改为省立石屏师范学校。（7）省立玉溪简易师范及初级农校合并为省立玉溪中学。（8）省立佛海简师并归省立思茅师范办理。（9）省立艺术师范、保山初级农校、宾川初级农校、小龙洞职校四校停办。

三十年，增设缅云省立师范学校，将省立双江简师停办，移归该校办理。省立大理女子师范改为省立大理女子中学，省立永昌师范易名为保山师范，省立鼎新商技易名为省立昆华商业职业学校，省立庆云初级工艺职校易名为省立昆华初级实用技艺职校，省立昆华女子初级家事科职校易名为省立昆明女子初级实用技艺职校。

三十一年，新设省立龙渊中学一校，并将省立个蒙高级工校改为省立蒙自中学，省立昆明商业职校改名为省立昆华高级商业职业学校。省立高级护士助产职校易名为省立昆华高级医事职业学校。此外，腾、龙失陷，省立腾越中学因而停顿。

三十二年，将省立云瑞初中改为云瑞中学，省立昭通女子初中改为昭通女子中学，皆增设高中班级。省立大关简易师校因办理困难，故于三十四年停办。此外，又将省立小坝简易乡师改为昆华简易师范，省立昆华男女两实用技艺职校奉令各将技艺二字删去。同年八月，遭受敌机轰炸，损失綦重，难于恢复之省立昆华实用职校停办。

三十三年，奉命推广师范教育，乃增设省立玉溪师范及省立开广师范两校。另筹设省立体育专科学校，将昆华体育师范附办于该校。

三十四年，复呈准增设省立武定师范一校。腾龙光复后，又将停顿已久之省立腾越中学筹备复校。此外，并将省立昆华简易师范改为省立小坝乡村师范学校，以便全简两师并招学生，易于发展。（二十九年以后，为叙述便利计，连师、职两种在内。）以上均为公立学校设置之概况。

至于私立中学，约可分为两期：二十六年以前为第一时期，二十七年以后为第二时期。在第一时期内，私立中学甚少，继续办理者计有求实中学、南菁中学、明诚初中、明德初中、南英中学、护国中学、大理五台中学、天祥中学、粤秀中学、江华铸民中学、建民中学、峨岷中学、天南中学及宜良南薰中学等校。二十七年以后，因抗战关系，学校内移入滇者日多，尤以滇缅、滇川公路等线畅通以后，本省人口陡增，私立中等学校亦年有增设，多在昆明市、县境内。如建国中学、私立中法大学附设中法中学、五华中学、云锡中学、磨黑中学、中国建设中学、永平兰津中学、云秀中学、宾川正惠高级中学、会泽楚黔中学、金江中学、长城中学、培文中学、大同中学及黔灵中学等校，均为第二时期内所增设者。截至三十四年止，本省共有私立中学三十校，私立职业学校一校。其中有育德中学一校，于三十三年内，因经费困难停办。其余各校，大都仅办初中。综合全省公、私立各中等学校，以中学数量为较多，师范次之，职业又次之。历年设施状况，以资料缺乏，未能按年表列。仅得二十七年度及三十四年度各种一览表数件，亦管中窥豹，略见一斑云尔。

（二）师范学校

本省师范教育，创始于清光绪三十二年，分别于省会及各府直隶厅、州开办师范学堂及师范传习所。省会于光绪三十二年，就原设之高等学堂改办两级师范学堂，先设优级师范选科。三十四年，添办初级简易科，并将原办师范传习所改办为附属中学，以供实习。宣统元年，添办初级完全科，同时停办简易科。

入民国后，将两级师范学堂改为省会师范学校，并将省会中学校兼办之初级师范科并入合办，同时并停办单级教员讲习科。

二年，停办选科，专办初级完全科。又体察本省情形，添办国文、体操、音乐、图画、手工各专修科三班。毕业后派充小学校专科教员。

三年，因经费支绌，将蒙自第四师范学校并入合办。

六年，改为省立第一师范学校，添办第二部一班。

十二年，颁行新学制，第一部改为六年毕业。

十五年，停办第二部，添办高级师范科。

省会师范教育，并设有女子师范学校一所，成立于民国元年，颇称发达。十二年，改为省立女子中学校，并将女子职业学校并入办理，办高初两级，原有师范各班，逐渐收束。

至省外师范教育，在光绪三十二年，各府直隶厅，州均设立师范传习所。三十四年，改为师范学堂。宣统三年，各属师范学堂因经费支绌，悉数停办，乃于省会省立第一中学、大理第二中学、蒙自第三中学等办初级师范科，即将各属初级师范学生就近并入，以谋补救。民国二年，复通盘筹划，就昭通、曲靖、蒙自、宁洱、保山、丽江设立省立第一、第二、第三、第四、第五、第六、第七师范学校。三年，又以蒙自一校归并省会省立第一师范学校。其宁洱、保山、丽江等校，递改属第四、第五、第六师范学校。六年，改昭通第二师范学校、保山第五师范学校、丽江第六师范学校为省立第二、第三、第四中学校。大理省立第二中学校则改为第二师范学校。惟曲靖第三师范学校、宁洱第四师范学校照旧办理，俾师范与中学平衡发展。至是省立师范学校全省计划有四所。十九年，厉行义务教育，复将保山第四中学改办为第五师范学校。县立师范学校则有昆明、顺宁各一所。联合师范学校则有昭通等八县、富民等五县各一所。此本省师范教育设施之大略也。

此外尚有一种短期之师资训练机关，即师范讲习所，在本省师范教育设施上，亦占重要地位。民国二年，教育司议将省立各师范学校附设之小学教员讲习所改由各县办理，名曰小学教员讲习所，订定规程，通饬遵行。三年，各县先后成立者四十八所。四年，部咨将小学教员讲习所改称师范讲习所。十年，因各属师资仍感缺乏，由教育厅将原订规程修正颁行，并督饬筹备设立。十二年，各县师范讲习所已达三十三所，而大理、蒙化、个旧、丽江各设女子师范讲习所一所。

民国十八年，因筹办义务教育，除将保山第四中学改办为第五师范学校，昆明等县共立中学改办为第六师范学校外，并订定办法，通饬各县开办乡村师范学校及短期师资训练班。十九年，各县成立之乡村师范学校计一十四所，师资训练班七十三所，并在一师校中增办师范专修科、社会教育科及幼稚师范科。

二十二年，划全省为昆华、曲靖、临安、大理、普洱等五个师范学区，每区各设省立师范学校一所。

二十四年，增设省立昆华男、女简师两所，玉溪、腾冲、双江简师三所，共五所。

二十五年，继续调整扩充各校班级设备，更新设省立昆华女子师范学校一所，体育师范学校一所，艺术师范学校一所，蒙自、镇南、保山、思茅、宣威、佛海、彝良、东川、永胜、广南、景谷师范学校十一所，共十四个师范学校。即扩编全省为昆华、宣威、蒙自、思茅、保山、鹤庆、镇南等七个师范学区。

二十七年，赓续加紧推广师范教育，增设大关、个旧、祥云、大姚等四个简师学校，并改设大理女子师范学校一所。

又县立师范学校，自二十一年至二十四年之一阶段中，颇称发达。新设者计有晋宁、峨山、路南、罗平、剑川、墨江、楚雄、元谋、宜良女简师，华坪、曲溪、永善、双江、镇康、龙陵、沾益、澜沧、易门、禄丰、康乐、漾濞等二十一县立简师，蒙化县太仓区立简师、县立乡师，宾川县立乡师，麻栗坡区立乡师，麻栗坡董干汛立乡师。此外，由县中改办简师者，有弥勒县立虹溪中学、洱源中学、河西县中等校。至二十四年止，共有师范四十二校。二十五年以后，新设者有昆阳县立简师、车里县立简师二校。由县中改办简师者，有开远县立简师一校。

二十七年以后，县立中等学校年有增加。二十九年以后，鼓励市、县地方办市、县立中等学校，其详已见前。截至三十四年六月止，市、县立中等学校，除中学一百零七校、职校一校外，共有师范二十校，总计县立中等学校为一百二十八校。

（三）职业学校

本省职业教育，创始于清光绪三十年。是时，开办蚕桑学堂。三十三年，将蚕桑学堂及拟办之森林学堂合并为省会中等农业学堂，设农、林、蚕三科，并附设农业教育讲习所，毕业后派充各属初等农业学堂教员。又附设染织科，兼收男、女学生。宣统三年，添设农业讲习班及女子蚕桑讲习班。民国元年，改称省会农业学校，停办附设之染织科。二年，改名省立甲种农业学校。三年将班额扩充至十一班。四年以后，因经费支绌，递减至四班。七年，开办女子职业学校，将女子蚕桑讲习科并入办理。九年，添办林科。十年，添办兽医科。十二年，因学制改革，逐渐收束，限至原有各班学生毕业完竣即行停止。同时照新订年制，于初级中学一段，添办初级农业职业科；高级中学一段，设农科职业科。直至十八年，乃就十五年设立之农科高级中学改为省立第一农业学校，并在各级中学及师范学校内酌设农业职业班，或加授农业课程。各级小学酌加适应生活之农业准备科目。第一农业学校后改名为省立昆华农业职业学校，新建校舍于省会大西门外，并添置农场、林场、苗圃，设林科二班，农科二班，农业推广科一班，又增设农业师范科一班。其原设初级部改办为双塔初级中学，遵定制也。此外，又于玉溪、开远、会泽、彝良及昆明之官渡，先后设立省立初级职业学校各一所，宾川设棉作科职业学校，省会设立女子职业补习学校一所。此农业职业教育之大略也。

工业职业教育，创始于宣统二年，当时于省会设立高等工矿学堂，民国元年停办，改为省会工业学校，将实业司所办之矿业讲习所附入办理。二年，改名甲种工业学校，先办采矿冶金科。三年，班额增至八班。四年，裁并为四班。八年，添设应用化学科，附设理化试验所。理化试验除供学校实习外，并对社会公开使用。十二年，因学制改革，停止招生，并将预科及年级较低之本科学生归并第一中学，俟本科学生毕业完竣，即改办高级中学。直至民国十九年，乃就十四年设立之美术学校改办省立第一工业学校，将美术学校未毕业学生并入第一师范学校为艺术师范班。第一工业学校兼办高、初两部。高级部以养成工业技师为目的，学科及实习并重。初级部以养成职工领袖为目的。后改名省立昆华工业职业学校。将初级部改为虹山初级中学。遵定制也。工业职业学校设土木工程科，并预备设其他切于需要之各科。此工业职业教育之大略也。

至商业职业教育，除昆明市立中学曾兼办商业班，既于民国二十五年改办初级工业职业学校外，同年就省会设立鼎新初级商业职业学校，专办商业科。又设团山、玉溪、开远、宾川初级农校四所，昆华高级护士助产职校及庆云初级职校二校。二十六年，充实昆华农、工两校改设为高级职业学校。三十七年，赓续加紧推广职业教育，添设省立小龙洞制陶职业学校一所，昆华女子初级职校一所。

二十八年以前，本省职业教育省立学校之概况如此。

县立者至二十四年止，仅有保山县立蚕桑职业学校一校，二十五年以后始新增昆明市立职业学校，创设园艺科、印刷科、文事科、商业科共四班。毕业后专办商科。后改为昆明市立商业职业学校。

截至三十四年六月止，县、市立中等学校一百二十八校中，仅有职校一校。虽经教厅迭令推广职业教育，限制扩张中学，且厘定职业教育经费应占全中等教育经费百分之三十五之比率，实际上仍未能办到也。

二十七年度云南省立中学设施一览表

校名	所在地	校长	学级数			教职员数	学生数	毕业生数	附办事业	经费数（新币元）
			高	初	合计					
省立昆华中学	昆明	徐继祖	7	13	20	47	1,039	261		120,890
省立昆华女子中学	昆明	杨家凤	9	9	18	65	1,303	346	附属小学二校	116,091
省立云瑞初级中学	昆明	侯奉琨		4	5	6	290	172		30,610
省立富春初级中学	昆明	聂长庆		5	5	22	264	44		31,080
省立武定初级中学	武定县	梅宗贵		2	2	8	98	40	附办简师一班	16,109
省立昭通中学	昭通县	师茂材	2	7	9	31	549	76		62,495
省立会泽初级中学	会泽县	萧显铭		2	2	8	92	40	附办简师一班，初农三班	14,816
省立昭通女子初级中学	昭通县	姜思敏		3	3	16	139	23		20,982
省立曲靖中学	曲靖县	谢显琳	1	5	6	25	285	62	附办简师二班	41,795
省立泸西师校附属初级中学	泸西县	万物贞		3	3	14	116	39	附办简师一班	20,384
省立开广中学	文山县	胡占一	1	1	3	8	109		附办简师五班	17,876
省立临安中学	建水县	刘宝煊	1	6	7	25	405	65		48,480
省立石屏师校附属初级中学	石屏县	张儒翰		5	5	15	251	65		48,480
省立玉溪中学	玉溪县	倪德馨	1	4	5	24	294	36		33,348
省立宜良初级中学	宜良县	甘铭		3	3	14	145	37		20,966
省立楚雄中学	楚雄县	毕羲德	3	7	10	29	433	12		63,516

（续表）

校名	所在地	校长	学级数			教职员数	学生数	毕业生数	附办事业	经费数（新币元）
			高	初	合计					
省立盐兴初级中学	盐兴县	熊光玠		3	3	13	106		附办简师一班	20,388
省立景东初级中学	景东县	康良藩		3	3	12	117	18	同上	20,214
省立普洱中学	普洱县	李辉轩	3	4	7	36	347	24		62,876
省立顺宁中学	顺宁县	陈朝桢	3	1	4	16	137	26	同上	32,358
省立大理中学	大理县	陈时策	2	6	8	28	372	196		51,909
省立丽江中学	丽江县	和志坚	3	5	8	26	433	86		60,744
省立腾越中学	腾冲县	熊廷柱	1	3	4	18	209	50	附办简师四班	26,964
省立昆华高级农业职业学校附办初级中学	昆明市	李澍		3	3	25	105			17,135
省立昆华高级工业职业学校附办初级中学	昆明市	毕近斗		3	3	12	185	48		18,720
省立昆华女子师范学校附办初级中学	昆明市	罗志英		2	2	9	100			12,480
省立蒙自工业学校附办初级中学	蒙自县	周宝琮		5	5	19	258	46		31,200
省立保山师范学校附办初级中学	保山县	杨玉生		5	5	15	247	95		31,200
省立大理女子师范学校附办初级中学	大理县	夏耀南		2	2	6	87			13,480
合计	29 校		37 级	12 级	12 级	617 人	8,515 人	1,996 人	简师 17 级，初农 3 级，共 20 级	1,090,308

附记：共附办简师 17 级，人数 825 人，职员 68 人，经费 102,526 元，毕业生 130 人。

二十七年度云南省市、县私立中学一览表

校别	校址	校长	学级数			学生数	教职员数	岁初经费数（元）
			高	初	合计			
昆明市立中学	昆明	梁恒渊		3	3	235	17	7,774
昆明市立女子中学	昆明	龙美莹		3	3	170	24	9,410
合计	二校			6	6	405	41	18,184
昆明县立玉案初中	昆明	刘鑫		2	2	95	5	2,640
昆明县立清波初中	昆明	李毓铮		2	2	80	7	2,000
昆明县立日新初中	昆明	马彪		2	2	140	8	2,640
新平县立初中	新平	马太元		2	2	38	13	1,700
华宁县立初中	华宁	周华年		2	2	120	9	2,200
会泽县立初中	会泽	党懋绩		4	4	145	29	4,846
宣威县立初中	宣威	王宏德		3	3	184	6	3,900
永仁县立初中	永仁	寸曦炳		2	2	107	2	5,371
牟定县立初中	牟定	邵光华		3	3	163	8	2,100
大理县立初中	大理	董广训		3	3	189	11	6,020
凤仪县立初中	凤仪	袁登熙		4	4	192	22	3,477
弥渡县立初中	弥渡	谷宝善		3	3	157	13	3,400
云龙县立石门初中	云龙石门	董世先		1	1	59	8	3,400
云龙县立宝丰初中	云龙宝丰	杨武勋		2	2	85	9	3,900
蒙化县立初中	蒙化	谢祖培		5	5	201	18	10,440
鹤庆县立初中	鹤庆	高鸿图		4	4	179	14	5,150
保山县立初中	保山	宋嘉晋		5	5	237	18	10,440
广南县立初中	广南	高秀嶷		2	2	107	8	2,900
通海县立初中	通海	陈永康		2	2	80	8	2,400
宁洱县立初中	宁洱	赵家珍		3	3	120	13	6,600
顺宁县立初中	顺宁	陈世禄		7	7	337	21	14,700
景谷县立初中	景谷	许儒端		3	3	98	14	4,860
云县县立初中	云县	张启贤		3	3	112	11	3,454
缅宁县立初中	缅宁	华封豫		2	2	10	12	3,224
景东县立初中	景东	段绥滋		3	3	122	10	7,174

（续表）

校别	校址	校长	学级数			学生数	教职员数	岁初经费数（元）
			高	初	合计			
昌宁县立初中	昌宁	陈鸿勋		2	2	88	7	2,692
嵩明县立初中	嵩明	杨环		3	3	150	9	4,200
宜良县立初中	宜良	陈禄		2	2	86	6	5,489
思茅县立初中	思茅	潘泽膏		2	2	45	9	2,400
永胜县立初中	永胜	陈广新		2	2	80	8	2,000
祥云县立初中	祥云	王禹锡		2	2	118	13	3,200
罗次县立初中	罗次	段坤		1	1	48	2	2,180
墨江县立初中	墨江	李维先		3	3	102	10	4,200
玉溪县立初中	玉溪	马天祚		2	2	118	10	4,920
曲溪县立初中	曲溪	韦云生		1	1	60	7	3,000
宾川县立初中	宾川	张彬		2	2	105	6	3,000
澄江县立初中	澄江	张时珍		3	3	143	15	4,710
陆良县立初中	陆良	朱光华		2	2	143	9	2,600
蒙化县立初中	蒙化	周兆麟		3	3	102	21	4,248
镇南县立初中	镇南	周丕义		1	1	50	7	2,600
两姚县立初中	姚安	李仲贤		3	3	258	10	4,802
永绥两县联立初中	永善	郑抄松		3	3	76	6	3,200
腾冲五县联立初中	腾冲	刘少和		3	3	165	12	7,536
西畴县畴阳区立初级中学	西畴	夏时春		3	3	81	9	3,160
合计	44校			117	117	5,458人	481人	183,339
私立求实中学	昆明	苏鸿纲	2	3	5	高121 初232	52	20,400
私立南菁中学	昆明	强嘉栋		3	3	初197	15	12,100
江华私立铸民初级中学	江川	丁士铭		3	3	初197	12	23,340
合计	7校		2级	9级	11级	高121人 初499人	79人	55,840

附记：

1. 本表经费，概以本省新币计算。

2. 本表所列各项，系根据各校二十五年度呈报列入。

二十七年度云南省立师范学校设施一览表

校名	所在地	校长	学级数			教职员数	学生数	毕业生数	附办事业	经费（元）
			完全	简易	合计					
省立昆华师范学校	昆明	王政	10		10	27	419	121	附属小学	77,454
省立昆华女子师范学校	昆明	罗志英	3	2	5	21	241	58	附办初中小学	40,933
省立昆华体育师范学校	昆明	聂体仁	3		3	12	146	40		26,251
省立昆华艺术师范学校	昆明	杨楷	4		4	15	158	80	昆华话剧团 电影实验队	33,984
省立小坝女子简易师范学校	昆明	张静华		1	1	7	40			4,986
省立昆华乡村师范学校	昆明县 莲花镇	王顺		1	1	7	40			4,986
省立玉溪简易乡村师范学校	玉溪	余寿年		2	2	12	82		附办短小	9,972
省立宣威乡村师范学校	宣威	胡永桢	4	1	5	20	286		附属小学	43,109
省立彝良简易师范学校	彝良	李保谦		1	1	3	36		附办短小	4,986
省立大关简易师范学校	大关	李华松		1	1	6	65		附办短小	4,986
省立蒙自师范学校	蒙自	周宝琮	2		2	6	58		附办初中小学	45,286
省立个旧简易师范学校	个旧	陈觉先		1	1	6	51		附办短期小学	4,986
省立广南简易师范学校	广南	蒋福桢		1	1	3	63		附办短期小学	4,986
省立思茅师范学校	思茅	秦用宽	3	1	4	26	159	33	附属小学	42,282
省立佛海简易师范学校	佛海	华荫乾		2	2	14	83		附小	17,267
省立保山师范学校	保山	杨玉生	3		3	9	111	32	附办初中小学	27,620
省立双江简易师范学校	双江	李文林		3	3	13	144		附小	19,962

（续表）

校名	所在地	校长	学级数			教职员数	学生数	毕业生数	附办事业	经费（元）
			完全	简易	合计					
省立鹤庆师范学校	鹤庆	解福荫	2	1	3	9	173		附小	25,657
省立永胜简易师范学拉	永胜	郑福增		1	1	7	58		附短小	4,986
省立镇南师范学校	镇南	刘晖瑜	4		4	16	185	32	附小	38,158
省立大理女子师范学校	大理	夏耀南	1	2	3	10	146	22	附办初中	18,988
省立祥云简易师范学校	祥云	吕振元		1	1	4	66		附短小	4,986
省立大姚简易师范学校	大姚	徐鸿图		1	1	6	47		附短小	4,986
省立景谷简易师范学校	景谷	杨鹭		1	1	14	45		附短小	4,986
省立武定初级中学附办简易师范学校	武定	梅宗黄		1	1	4	50		附短小	4,986
省立会泽初级中学附办简易师范学校	会泽	萧显铭		1	1	3	43		附短小	4,986
省立泸西初级中学附办简易师范学校	泸西	万物贞		1	1	14	45		附短小	4,986
省立盐兴初级中学附办简易师范学校	盐兴	熊光玠		1	1	2	50		附短小	4,986
省立景东初级中学附办简易师范学校	景东	康良藩		1	1	4	45		附短小	4,986
省立曲靖中学附办简易师范	曲靖	谢显琳		2	2	7	89	65	附小	19,240
省立开广中学附办简易师范	文山	胡占一		5	5	18	183		附短小	23,916
省立腾越中学附办简易师范部	腾冲	熊天柱		4	4	10	183			23,454
省立顺宁高级中学附办简易师范学校	顺宁	陈朝桢		1	1	5	46			4,986
合计	33 校		39 级	41 级	80 级	331 人	3,751 人	538 人	14 级	638,291

附记：共附办初中 14 班，人数共 692 人，职教员人数共 49 人，经费共 88,360 元，毕业生共 141 人。

二十七年度云南省县立师范学校一览表

校别	校址	校长	学级数			学生数			教职员数	岁出经费（元）
			正师	简师	合计	正	简	合计		
昆明县立乡师	昆明	梁继先		1	1		65	65	24	10,632
晋宁县立乡师	晋宁	李鼎钟		2	2		55	55	10	1,920
昆阳县立乡师	昆阳	李之森		1	1		90	90	10	2,270
安宁县立简师	安宁	杨静泉		1	2		100	100	8	3,830
玉溪县立简师	玉溪	黄家声		2	2		85	85	9	3,600
河西县立简师	河西	何浚		2	3		53	53	13	4,350
澄江县立简师	澄江	张时珍		3	2		141	141	18	4,630
呈贡县立简师	呈贡	后德昌		2	2		86	86	7	2,688
峨山县立简师	峨山	普一邦		2	2		81	81	8	3,180
路南县立简师	路南	赵子衡		3	3		185	185	15	4,000
罗平县立简师	罗平	庄兴楚		1	1		44	44	7	3,824
寻甸县立简师	寻甸	郑如樾		3	3		96	96	9	2,280
富民县立简师	富民	杜兆祥			1		39	39	5	1,500
禄劝县立简师	禄劝	李世宗		3	3		103	103	5	1,500
剑川县立简师	剑川	寇士昌		1	1		58	58	12	2,150
昭通十县联立女子简易师范	昭通	姜思敏		3	3		77	77	15	5,880
蒙化县立女子师范	蒙化	朱煊		3	3		72	72	22	3,570
墨江县立简师	墨江	李继元		3	3		102	102	10	4,200
楚雄县立简师	楚雄	毕义德		1	1		17	17	3	2,340
元谋县立简师	元谋	文春波		1	1		38	38	8	3,120
宜良县立女子简师	宜良	陈畋		1	1		16	16	10	2,040
永平县立简师	永平	罗彝		1	1		43	43	6	1,800

（续表）

校别	校址	校长	学级数			学生数			教职员数	岁出经费（元）
			正师	简师	合计	正	简	合计		
曲溪县立简师	曲溪	许文元		1	1		38	38	6	3,500
永善县立简师	永善	李尚珉		1	1		35	35	6	3,500
洱源县立简师	洱源	张曜		2	2		35	35	12	1,206
双江县立简师	双江	罗润		1	1		73	73	6	1,200
镇康县立简师	镇康	张明轩		1	1		48	48	7	2,070
华坪县立简师	华坪	陈代英		1	1		52	52	6	1,800
龙陵县立简师	龙陵	刘宏仁		1	1		50	50	6	1,400
沾益县立简师	沾益	朱灿鑫		1	1		38	38	5	1,804
澜沧县立简师	澜沧	苏云光		1	1		51	51	6	1,400
易门县立简师	易门	王天信		2	2		66	66	8	2,000
开远县立简师	开远	杨以信		3	3		157	157	10	6,200
禄丰县立简师	禄丰	罗云章		2	2		82	82	10	2,400
弥勒县红溪区立简易师范	弥勒	刘蒲		3	3		88	88	8	5,000
蒙化县大仓区立简师	蒙化	范宗寿		1	1		18	18	12	2,800
武定县立简师	武定	张家琨		1	1		46	46	6	1,200
漾濞县立简师	漾濞	李朝栋		1	1		21	21	5	1,200
宾川县立简师	宾川	杨时烈		1	1		48	48	8	4,000
康乐设治局立简师	康乐设治局	杨天相		1	1		30	30	6	1,200
麻栗坡区立乡师	麻栗坡	关绍岳		1	1		42	42	5	9,240
麻栗坡董干汛立乡师	麻栗坡	王家珠		1	1		40	40	5	1,000
合计	44校	42人		70级	70级		273人	273人	382人	124,333

附记：本表经费概以滇省新币计算。

二十七年度云南省立职业学校设施一览表

校名	所在地	校长	学级数			教职员数	学生数	毕业生数	经费数（元）
			高	初	合计				
省立昆华高级工业职业学校	昆明	毕近斗	8		8	33	366	75	74,580
省立昆华高级农业职业学校	昆明	李澍	6		6	36	207	40	63,654
省立昆华高级护士助产职业学校	昆明	姚寻源	4		4	22	95	17	23,945
省立昆明商业职业学校	昆明	王齐兴		3	4	32	164	58	28,698
省立庆云初级工艺职业学校	昆明	储灿经		6	6	31	200	25	38,554
省立玉溪初级农业职业学校	昆明	余嘉年		3	3	12	115	20	21,793
省立官渡初级农业职业学校	昆明 莲德镇	王顺		4	4	13	193	30	28,446
省立开远初级农业职业学校	开远县	褚守庄		4	4	11	144	25	28,411
省立宾川初级农业职业学校	宾川县	胡才昌		1	1	5	30		6,455
省立小龙洞初级制陶科职业学校	安宁县	邓鸿畴		1	1	5	13		5,244
省立昆华女子初级家事科职业学校	昆明	李培均		1	1	7	43		24,134
合计	11 校		18 级	23 级		207 人	1,572 人	290 人	352,914

附记：共附办初中 6 班，人数共 290 人，教职员人数共 37 人，经费共 35,855 元，毕业生人数共 48 人。又有省立会泽初级中学附办初农 3 班，人数 135 人，职教员 4 人，经费 19,260 元。

三十四年度云南省立各级中等学校一览表

校名	校长	校址	班级数		学生数		教职员数	备考
			高	初	高	初		
省立昆华中学	李伯远	昆明	12	6	455	250	75	徐天祥（前校长）。
省立昆华女子中学	秦淑贞	昆明	9	9	336	431	68	
省立云瑞中学	刘钟兴	昆明	2	5	98	203	28	聂长庆（前校长）。
省立富春中学	高云裳	昆明		6		292	28	
省立龙渊中学	张淑洵	昆明	4	4	126	121	33	
省立楚雄中学	徐天祥	楚雄	4	6	129	286	38	李伯远（前校长）。
省立大理中学	李邵谟	大理	3	6	171	167	34	
省立大理女子中学	周淑怀	大理	3	4	71	168	27	
省立顺宁中学	张正武	顺宁	3	6	144	290	30	
省立保山中学	李国清	保山	2	6	60	391	41	教职员数包括保山师范教职员。
省立腾越中学	李绍和	腾冲						该校新近恢复，尚未开课。
省立普洱中学	柳纯	宁洱	2	5	61	259	30	
省立丽江中学	木松园	丽江	4	7	216	460	37	
省立蒙自中学	万寿麟	蒙自	2	6	62	408	26	

（续表）

校名	校长	校址	班级数		学生数		教职员数	备考
			高	初	高	初		
省立临安中学	刘宝煊	建水	6	6	118	324	45	
省立开广中学	焦郁兰	文山	2	5	34	215	36	
省立玉溪中学	郑永福	玉溪	3	7	82	417	40	
省立曲靖中学	谢显琳	曲靖	3	6	123	271	35	
省立会泽中学	范承先	会泽	3	4	46	147	27	
省立昭通中学	张孝机	昭通	4	6	174	381	37	
省立昭通女子中学	陇体聪	昭通	1	4	11	148	20	
省立昆华师范	杨玉生	昆明市	11	8	384	229	88	初级八班，内简师班 84 人，附中六班，145 人。
省立昆华女子师范	赵世德	昆明市	6	4	235	185	55	初中四班，系办附中，该校设有附小六班。
省立小坝乡村师范	张静华	昆明市		5		215	25	全系简师。
省立泸西师范	张致中	泸西	4	6	56	230	37	初级六班中，内一班为简师计 21 人，附中五班计 209 人。
省立镇南师范	张乃猷	镇南	6	4	230	215	36	初级四班，全系简师。
省立保山师范	李国清	保山	1		8			与保山中学合办，教职员见中学栏。
省立思茅师范	陈炳	思茅	2	4	85	172	27	初级四班，全系简师。

（续表）

校名	校长	校址	班级数		学生数		教职员数	备考
			高	初	高	初		
省立鹤庆师范	宣学智	鹤庆	3	1	125	32	19	初级一班，系女子简师班。
省立宣威师范	包维新	宣威	5	2	185	82	25	初级二班系初中。
省立石屏师范	张万彬	石屏	2	8	59	389	30	初级八班中，内二班为女简师，计77人，另六班为初中，计312人。
省立缅宁师范	彭桂萼	缅宁	2	1	72	58	15	初级系简师班。
省立玉溪师范	郑永福	玉溪	1		35			该校与玉溪中学合办，教职员数见中学栏。
省立开广师范	焦郁兰	文山	1	1	34	14		该校与开广中学合办，教职员数见中学栏。
省立武定师范	和克强	武定	1	1	37	30	14	正、简师全一班。
省立昆华高级工校	李嘉谟	昆明市	13	3	484	139	62	
省立昆华高级商业学校	侯奉琨	昆明市	6	4	305	266	36	初级四班，系初中。
省立昆华高级医业学校	姚蓬心	昆明市	5		70		21	
省立昆华女子实用职校	熊韵筠	昆明市	3	2	50	51	29	
省立官渡农产制造职校	王顺	昆明市	2	5	18	65	33	
省立开远农业职业学校	毛仁学	开远	2	4	52	74	18	初级四班中，内二班为初职计25人，初中二班计49人。
省立昆华高级农业学校	熊廷柱	昆明市	8		76		31	

云南省历年中学、师范学生毕业会考统计表

项目＼年度＼人数				民国二十三年度		民国二十四年度		民国二十五年度		民国二十六年度		民国二十七年度		总计	
				男	女	男	女	男	女	男	女	男	女	男	女
参加毕业会考学生	中学	国立	高中									94		94	
			初中												
		省立	高中	126		140	29	87	90	180	96	221	137	754	352
			初中	662	204	856	203	952	189	955	212	1331	301	4,756	1,109
		县市立	高中						31						31
			初中	689		894		1,031	38	1,104	36	1,548	142	5,366	236
		私立	高中									52		52	
			初中	61		51		56		21		150		429	
	师范	省立	正师	77	75	308	64	188	39	146	26	321	102	1,040	306
			简师	81		159		175	73	229	10	104	26	748	109
		县区立	正师												
			简师	971	27	466	15	317		580	60	401	13	2735	115
合计				2,667	306	2,874	311	2,806	460	3,405	460	4,222	713	15,974	2,258

（续表）

项目				民国二十三年度		民国二十四年度		民国二十五年度		民国二十六年度		民国二十七年度		总计	
				男	女	男	女	男	女	男	女	男	女	男	女
毕业会考及格学生	中学	国立	高中									94		94	
			初中												
		省立	高中	21		132	19	83	82	166	82	219	127	711	310
			初中	557	147	770	177	859	156	897	203	1,308	284	4,391	967
		县市立	高中						29						29
			初中	506		597		726	23	996	52	1,455	128	4,280	203
		私立	高中									52		55	
			初中	46		51		46		94		108		385	
	师范	省立	正师	75	69	298	43	172	26	144	22	313	98	1,002	259
			简师	77		143		155	62	224	10	100	24	699	96
		县区立	正师												
			简师	723	24	380	15	269		481	55	394	13	2,247	107
合计				2,095	240	2,371	254	2,310	378	3,002	425	4,083	674	13,861	1,970

（续表）

项目			年度/人数	民国二十三年度		民国二十四年度		民国二十五年度		民国二十六年度		民国二十七年度		总计	
				男	女	男	女	男	女	男	女	男	女	男	女
及格人数百分比	中学	国立	高中									100%		100%	
			初中												
		省立	高中	88.1%	72.1	74.3	65.5	95.4	91.2	92.2	95.4	99.5	88.3	94.3%	88.2%
			初中	84.2%		89.9	82.2	90.2	82.5	93.9	95.8	98.3	94.4	92.3%	
		县市立	高中						93.6					93.6%	
			初中	73.4%		66.8		90	60.5	91	92.9	94	90.4	79.8%	89%
		私立	高中									100		100%	
			初中	75.4%		100		82.1		84.7		98.7		89.7%	
	师范	省立	正师	97.4%	92	96.7	67.2	91.4	66.7	98.6	88.5	97.5	96.1	96.6%	84.6%
			简师	95.1%		98.9		88.6	94.8	97.8	100	96.2	92.3	93.5%	89.9%
		县区立	正师												
			简师	91.4%	88.9	82.6	100	84.7		82	91.7	98.3	100	87.2%	93%
平均百分比				78.6%	78.4%	82.5%	81.7%	82.4%	82.2%	88.1%	92.4%	96.7%	93.5%	86.8%	87.3

附注：1. 本表正师包括师范、乡村师范、幼稚师范在内。

2. 本表简师包括简易师范、简易乡村师范在内。

三十四年度云南省县、市立中等学校一览表

校名	校长	校址	班级数		学生数		教职员数	备考
			高	初	高	初		
昆明市立中学	邹景荣	昆明市	3	7	97	221	34	
昆明市立女子中学	龙美莹	昆明市	3	6	105	282	33	
昆明市立高级中学	龙美莹	昆明县	1		60		7	
昆明县立玉案中学	刘鑫	昆明县		3		235	12	
昆明县立清波初中	高振荣	昆明县		3		206	12	
昆明县立日新初中	张藻	昆明县		3		215	12	
华宁县立初中	张运鹍	华宁		3		190	14	
华宁县立盘溪初中	黄天祥	华宁		4		173	12	
寻甸县立初中	张子光	寻甸		4		175	15	内有简师一班，学生30人。
永仁县立初中	曹元燾	永仁		3		220	16	
新平县立初中	杨理增	新平		3		125	15	
牟定县立初中	袁昌华	牟定		3		158	15	
宣威县立初中	丘秉纲	宣威	1	7	24	145	27	
宣威县立文阁初中	李同如	宣威		4		181	10	
宣威县立殷文中学	尹广仁	宣威		3		165	12	
大理县立初中	赵继增	大理		3		359	20	
峨山县立中学	管怀忠	峨山		6		275	15	
凤仪县立中学	袁登熙	凤仪		3		185	22	
华坪县立初中	高俊明	华坪		2		75	12	
弥渡县立中学	张嘉桂	弥渡		7		402	28	
云龙县立中学	李松	云龙		2		124	14	
蒙化县立中学	姚继唐	蒙化		10		454	36	
蒙化县立大仓中学	范宗寿	蒙化		3		105	15	
鹤庆县立初中	舒潞	鹤庆		7		501	28	

（续表）

校名	校长	校址	班级数		学生数		教职员数	备考
			高	初	高	初		
保山县立初中	薛铮	保山		6		393	15	
保山县立旬阳中学	常竑恩	保山		4		175	15	
保山县立中正中学	方国定	保山		3		175	15	
广南县立初中	陆怀德	广南		6		251	20	内有简师三班，计77人。
通海县立初中	王廷贵	通海		4		226	20	
维西县立初中	林克鉴	维西		1		60	10	
顺宁县立初中	梅争先	顺宁		9		415	38	
景谷县立初中	李希哲	景谷		4		165	15	
昭通县立初中	刘质君	昭通		1		56	5	
云县县立初中	罗有缙	云县		3		75	15	
缅宁县立初中	彭桂蕚	缅宁		3		148		该校附办于缅云师范内，教员不另计。
昌宁县立初中	张文定	昌宁		2		75	7	
嵩明县立初中	谢景哲	嵩明		4		225	17	
宜良县立中学	陈泰阶	宜良	1	9	29	431	28	
大关县立初中	夏运麟	大关		2		85	10	
罗平县立中学	王之达	罗平	1	3	30	124	10	
祥云县立初中	白光尧	祥云		4		215	21	
罗次县立初中	陈毓华	罗次		2		60	6	
剑川县立初中	段法昌	剑川		5		235	15	内一班为一年制师训班计40人。
曲溪县立初中	章宪周	曲溪		4		231	10	
宾川县立初中	张彬	宾川		6		283	20	
宾川县立平川中学	李伯昂	宾川		3		145	15	

（续表）

校名	校长	校址	班级数		学生数		教职员数	备考
			高	初	高	初		
澄江县立初中	张奉承	澄江		6		234	24	
陆良县立初中	熊从周	陆良	1	6	43	361	23	初中有一班为简师班，计33人。
陆良县立萃山中学	朱杰	陆良		3		145		
镇南县立初中	杨润基	镇南		5		130		
呈贡县立初中	昌景光	呈贡		5		230	11	
开远县立初中	万蒿	开远		4		188	16	
安宁县立初中	李万清	安宁		3		130	12	内一班为简师班，计55人。
安宁县立景秀中学	王朴	安宁		1		20	3	
禄丰县立初中	萧文英	禄丰		4		167	20	
路南县立初中	杨一波	路南		6		347	24	
绥江县立初中	杨朝俊	绥江		4		207	13	内一班为简师班，计43人。
宜、路、陆三县联立三痒中学	杨瑾	路南		3		125	12	
姚安县立初中	李士厚	姚安		4		146	20	
永绥联合初级中学	汪维西	永善		3		61	9	
广通县立初中	王国琮	广通		3		145	15	
西畴县立初中	纪朝元	西畴		3		137	11	
西畴县立畴阳中学	石成屿	西畴		3		81	10	
沾益县立播乐中学	温培群	沾益		5		208	15	
沾益县立龙华中学	张伟	沾益		3		122	14	
永善县立初中	汪维西	永善		3		115	15	
个旧县立初中	蒋宝琨	个旧		3		158	15	
大姚县立初中	史远明	大姚	1	6	6	165	24	
晋宁县立初中	杨甦民	晋宁		3		184	14	

（续表）

校名	校长	校址	班级数		学生数		教职员数	备考
			高	初	高	初		
墨江县立初中	刘光泽	墨江		3		157	17	
武定县立初中	凤肇国	武定		6		237	28	
元谋县立初中	杨春江	元谋		4		137	15	内设一班为一年制,短期师范班,计38人。
禄劝县立初中	邵光远	禄劝		3		105	15	
盐兴县立初中	刘嘉铭	盐兴		3		115	15	
永胜县立初中	杨崇栋	永胜		7		370	19	内二班，一班为三年制简师，计34人，一班为一年制，计38人。
景东县立初中	梁得桐	景东		7		397	20	该校设有太和分校一校,计三班,学生157人，教职员9人，已计入上数。
彝良县立牛街初中	高丕文	彝良		3		105	12	
邓川县立初中	王锡睿	邓川		5		225	16	内一班为简师班，计56人。
石屏县立宝秀五三联立初级中学	许家琪	石屏		3		120	15	内一班简师，计35人。
镇越县立初中	李文龙	镇越		2		78	9	
镇雄县立初中	张佑宇	镇雄		3		155	26	
平彝县立清溪初级中学	盛恩霈	平彝		7		336	32	
曲靖县立润泉中学	余祥麟	曲靖		3		170	18	
巧家县立荣仁初中	饶继昌	巧家		3		145	12	
洱源县立初中	杨勍	洱源		6		315	23	
易门县立初中	侯开齐	易门		4		145	16	
师宗县立初中	柴定坤	师宗		3		119	10	

（续表）

校名	校长	校址	班级数		学生数		教职员数	备考
			高	初	高	初		
弥勒县立初中	张嘉谟	弥勒		6		207	9	
漾濞县立初中	曹子英	漾濞		2		66	8	
文山县立初中	张鸿舟	文山		4		282	15	
弥勒县立竹朋中学	赵焕剑	弥勒		4		100	10	
江川县立初中	李迎春	江川		4		99	16	内简师一班，计24人。
马关县立初中	欧阳河图	马关		3		103	11	
马关县立蓬春初中	周继福	马关		2		85	9	
泸西县立中学	龙翔	泸西		4		282	20	
丽江县立初中	李觉民	丽江		9		473	31	内六班为初中，计358人，二班为简师，计80人，商科一班，计40人。
镇源县立初中	谭元德	镇源		3		74	15	
盐丰县立初中	张景	盐丰		3		91	11	
缅宁太恒镇初级中学	虞继唐	缅宁		1		55	5	
河西县立初中	解煊	河西		4		203	16	
双柏县立初中	郑培仁	双柏		2		89	15	
富民县立初中	杨昌瑶	富民		3		145	22	
蒙自县立初中	徐灰镛	蒙自		4		239	19	
双江县立初中	胡肇模	双江		3		145	12	
永平县立初中	李杰	永平		3		115	15	
盐津县立初中	任谦之	盐津		2		75	9	
镇康县立初中	尹范尧	镇康		1		40	4	该班系短期师范。
昆明县立师范学校	梁继先	昆明	3	1	135	48	18	

（续表）

校名	校长	校址	班级数		学生数		教职员数	备考
			高	初	高	初		
昆阳县立简易师校	张守光	昆阳		2		85	15	
元江县立简易师校	李芳	元江		1		16	11	
宁洱县立简易师校	刘廷学	宁洱		1		58	7	
晋宁县立简易师校	方轩民	晋宁		1		22	13	
呈贡县立简易师校	昌景光	呈贡		1		60		该校与县中合办，教职员见中学栏。
弥勒县虹溪区立简易师校	姜煊	弥勒		4		153	14	内二班为初中，计68人，二班为简师，计85人。
永善县立简易师校	沈明钦	永善		2		68	10	
澜沧县立简易师校	周右稷	澜沧		1		57	7	
麻栗坡简易师校	唐兴贤	麻栗坡		3		128	15	内一班为简师，计25人，二班为初中，计103人。
漾濞县立简易师校	曹子英	漾濞		1		28	7	
顺宁县立简易师校	段显文	顺宁		4		178	15	
大理县立喜洲师范学校	杨白仑	大理	1		22		7	
宣威县立简易师校	符继舜	宣威		3		145	15	
会泽县立简易师校	张兴明	会泽		1		67	10	
玉溪县立简易师校	黄子方	玉溪		2		83	9	
曲溪县立简易师校	韩光荣	曲溪		1		45	5	
永平县立简易师校	杨卓桐	永平		2		56	11	
富民县立简易师校	杨品瑶	富民		2		58		该校与县中合办，不另计教职员数。
龙武简易师校	刘雨苍	龙武		1		25	5	
宣威县立板桥初级农业职业学校	周全璧	宣威		3		102	9	

三十四年度云南省私立中等学校一览表

校名	校长	校址	班级数		学生数		教职员数
			高	初	高	初	
私立求实中学	苏鸿纲	昆明市	3	7	121	270	37
私立南菁中学	张邦珍	昆明市	3	4	155	175	40
私立天南中学	马约轮	昆明市	3	3	97	91	27
私立中法大学附设中法中学	庄子毅	昆明市	4	4	96	76	26
私立粤秀中学	王了一	昆明市	1	3	12	67	19
私立南英中学	杜震东	昆明市	6	6	106	90	40
私立护国中学	毕希德	昆明市	1	6	45	180	29
私立明德中学	马聪	昆明市		3		98	17
私立五华中学	李希泌	昆明市	4	5	95	135	42
私立天祥中学	邓衍林	昆明市	3	6	143	254	45
私立峨岷中学	周润苍	昆明市		4		104	19
私立培文中学	阮以仁	昆明市	3	3	115	135	28
私立大同中学	陈达三	昆明市	2	2	85	95	12
私立黔灵中学	曹儒修	昆明市	1	1	50	55	10
私立金江中学	龙奎垣	昆明县	3	1	110	40	17
私立长城中学	王以中	昆明县	1	4	49	160	20
私立云秀中学	李涛	昆明县		2		106	15
私立江华铸民中学	查临铠	华宁		4		98	12
私立明诚中学	何凤智	昭通	1	3	19	142	18
私立大理五台中学	杨白仑	大理	2	3	53	187	18
建水私立建民中学	刘宝煊	建水	2	6	62	339	32
宜良私立南薰中学	董巨	宜良		3		250	6
私立建国中学	王家璋	呈贡	2	4	73	88	18
私立云锡中学	杨敏修	个旧		3		79	12
私立磨黑中学	黄知廉	宁洱		5		175	18
私立云修中学	袁昌华	马龙		3		175	15
私立永平兰津中学	李根源	永平		3		135	15

（续表）

校名	校长	校址	班级数		学生数		教职员数
			高	初	高	初	
私立宾川正惠高级中学	刘鸿毅	宾川	2		89		10
私立明德中学开远分校	马熙文	开远		3		133	14
私立会泽楚黔初级中学	刘绍熙	会泽		1		64	13
私立惠滇医院高级护士学校	凌珊瑛	昆明市	6		44		10

二、学制之整理与活用

本省至民国十二年实行改用新学制，小学、中学一律遵行。师范亦因与中学高、初级比照，而有前后期之分，其前三年称曰前期师范，又初级师范，收高小毕业生；后三年称曰后期师范，又曰高级师范，收初中毕业生。将前此六年师范剖为二段，前三年亦发给初级师范毕业证书，而告一结束，准其到各地服务，程度年龄，是否相当，殊成疑问。又中学教育实施三三制后，高中仅省城办理，外县则概系初中。以此，初中毕业学生受区域寥廓与交通梗阻影响，升学既不易，服务亦殊为难，乃自十九年起，酌加调整。省会各中学得三三制与四二制兼行，省外各中学则以试行四二制为主，俾初中程度提高一年，庶不能即时升学而欲服务社会者，亦较有把握，且高中定为二年，对于设置之充实与推广，更易举办也。爰经教厅第十六次咨询会议议决，凡十八年度招收之初中一年级学生，后改行四二制。十八年以前招收之二、三年级学生，仍沿用三三制。自十九年起，凡招收初中新生得并行四二制。至招收高中新生，在未有四年级初中毕业生以前，普通科暂行沿用三三制，职业得依设科性质，沿用三年制，或改行二年制。省立师范则一律六年制，收受三三制初中毕业者三年，四二制初中毕业者二年，高小毕业者六年，中等职业教育则比照中学分高、初二级办理。此本省十九年度调整学制之概略也。兹再分述其办法如次。

（一）中学

凡省立各中学，自十九年起，除三三制外，得试行四二制。省立以外之各项中学，经检定整理后，应改行四二制。四年制初中毕业生，经编级试验及格者，得插入三年制高中二年级。省立各中学在县立初中未普遍以前，暂兼办高、初两级，但得视实际需要及人力、财力，定其分年进展完成之顺序。省立以外之各项中学，三年内均不得添办高中，至省立高中之分科，须参照学制规定及本省通案办理。

（二）职业

除采用中学学制外，得按照设科性质，酌予变通。

（三）师范

本省至十九年起厉行普及教育，为养成多数师资计，对于师范学制经两度改订如下。

1. 十九年度《改进全省师范教育计划》，特规定本省师范教育制度，在三年内分正则及变则两种。正则收受初中以上毕业生，修满法定年限，乃得毕业。变则收受高小或初中毕业生，加以相当年限之训练。其适用变则之师范学校，依地方教育进展情形，逐渐提高，以期达到正则为目的。

2. 二十年度，复参照第二次全国教育会议所通过《改进全国教育方案》第三章筹设各级各种师资训练机关计划，及上年本省颁行之计划大纲，体察实际需要，于五年内（二十年二月至二十五年一月）设添，并改进各级各种师资训练机关，以期：（1）依限设置完成；（2）养成多数健全师资；（3）尽量发展乡村教育。

兹将改订之学制，述其概略如下。

1. 培养初等之师资训练机关：

（1）县立（或共立）乡村师范学校招收初中毕业生，或同等学力而有志教育者，在学年限三年或二年（四年制初中毕业者二年，三年制初中毕业者三年，下同），高小毕业生在学年限六年，均得在修满法定年限一半时，派充小学代用教员，以后再补足之。

（2）县立乡村幼稚师范科资格同上，在学年限得缩减三分之一。

（3）省立师范学校及高中师范科，专收初中毕业生，在学年限三年或二年。

（4）省立幼稚师范科资格同前，在学年限二年或一年。

2. 培养中等师资之训练机关：

（1）省立乡村师范学校招收师范及高中毕业任教育职务三年以上者，师范专修科毕业生及大学二修了之学生，在学年限二年，分为两期训练。

（2）省立师范专修科招收师范及高中毕业生，在学年限二年。至于省立、县立、共立之师范学校及师资训练所等现有班级，系照原日变则师范编制，或师资训练所简章办理者，仍准适用原定办法，办至毕业为止。

自民国二十年二月一日起，均应遵照本纲要办理。

三、课程标准之厘定及教学之改进

本省各中等学校，自民国十三年改行新制以还，虽遵照部颁课程标准进度实施，然各班级每周教育时间，仍未能确定，即各科教学应占之时间及学分数，亦未遵照标准办理。良以中等教师缺乏太甚，不得已有兼课过多者。是以必修学科有自入校即开始教学，而至毕业之日犹未及教毕者。无已，则于将届毕业之期，加多上课时数，以期仓促了事，不惟有违教学原理，妨碍学业，亦且浪费时间，虚糜教费，太不经济也。乃规定自十九年起，凡中等学校，不论公私立，男女别，其课程概应按照十八年部颁《中、小学课程暂行标准》办理，其授课时数，初中每周不得超过三十六小时，高中不得超过三十小时，并颁示中等学校教学事项如下。

1. 改良教学方法：（1）采取自学辅导主义。（2）充实并活用图书馆、科学馆，以养成学生自动学习之习惯。（3）实行学生笔记，教师随时加以检阅。（4）酌行分组研究。（5）注重实验实习。

2. 由各科教师分组拟定各科课程纲要。

3. 各学校于开课前，应预报各科教材进度表。放假后应具报各科教学进程表，请厅核示。

4. 平时测验及学期考试，均应严格举行，不及格者，照章补习或留级。

5. 限制教师缺课及学生请假，并实行教师补课办法。

6. 关于教学详细事项，由各校组织会议，订定实施细则，呈厅备案。

以上关于课程方面之教学事项，仅为中等各校所应共同注意者。至职业与师范，则更有其特别应行注意之点，兹分述如下。

1. 职业科之课程特别，须注重实习，其时间不得少于全时间三分之一。职业科之教学，除遵照上列各注意事项外，特再订下列三事：

（1）实习或参观时，应特重社会服务指导，以广学生之出路。

（2）实习中有生产者，除一部分消费外，若有纯益，得酌提若干成奖与学生。

（3）学生实习不及格者，不得毕业。故职业学校就其设科性质，分别设置各科实习场所及技术事务人员。

2. 至各级各种师资训练机关之课程，先由各校主办人员根据现行师范课程标准及修学年限，并体察各地实际需要，编定教程方案，呈请教育厅核行。就中尤以乡村师范教育之发展为主旨，以故乡村师范课程，特有下列各条之规定：

（1）凡乡村师范学校之环境及各种教材，应以生活为中心，尤应注重农事实习及自然实验。

（2）凡师范学校与高中程度相当之班级，其学科除通习学程外，得酌量分组教学。其分组以文史地、自然科学、艺术及体育四组为限。每组至少须有选习学生十五人，始得分组。又分组选习学分，不得超过毕业总学分四分之一。

（3）各级师资训练机关，以共同工作为主要教学方法。一切教材，均应侧重师范生将来之实际应用。应由教员指导学生实地收集，共同整理。各科教员，并应负所任学科教学法之切实指导。

（4）各级师资训练机关之教育实习，分学校参观、教学实习及学校行政实习数种。其成绩不及格者，不得毕业。故凡各级师资训练机关之课程，咸以实习为其中心工作。务使各学程皆与实习发生关系，而各学程间亦互相保持密切联系焉。

查本省旧时高中部之普通科分文、理两组，后三年之师范科亦分文史地、数理化等组，初尚合同年级者除通习学程外，乃分组选习，后渐截然分开，名曰分组，实即分班。虽曰适合学生个性，俾中学便于升学，师范便于教学。惟分化过早，于研究高深学术，殊多窒碍。盖常识基础未固，即遽行研究学术，多见其不知量耳。况三年毕业以后，常识日就荒落，专知曩无根底，不论升学任教，均感不便。爰自十九年起，高中部之普通科，不再分文、理两科，师范科别既有限制人数，及选习学分亦明白予以规定，俾普通科毕业生已略涉各科门径者，确具升学后专攻深造之准备；师范毕业生略具基本常识者，兹具一二专科之特长，以备服务时任高初两级小学之用。至若新设之农、工两校课程，其科目与实习固重在地方需要，与夫利用地方环境与生产，然于中等学生应具之必要常识，亦特加重视，俾成完材。此外，为谋中等学生之职业训练及职业指导计，特在各中等学校酌设职业班，或加授职业课程。又为本省厉行普及教育计，特于中学及职业之高年级加授教育学科，俾略具教育常识，以造就多数级任或专科之代用师资云。

四、训管之改善与学风之整饬

本省自创办学校，一切学风、校风以及教风，均以朴实诚恳为重。不幸近十年来，教者误解儿童本位教育意义以致流于放任；学者薰习学生自治末节，而竟趋于自肆。驯至演成教者只管教书，而不问教书以外之事；学者只求读书，而读书之外更无余事。所谓训育，不过执掌规条簿册，唱名画诺而已。何谓纪律，何谓法规，学校视为具文，当局置若罔闻。失学之讥，将何所逃于清议欤？爰于十九年初，特别规定各中等学校之训管原则。积极方面，注重启发与诱导；消极方面，纠正因循与敷衍。盖以养成学生之振奋精神，务使学者愿守纪律，乐从纪律，以合理的自主，变易其盲从的自主云。兹摘举各中等学校之训管要项如下。

（一）关于普通中学者：

1. 注重训育主任之人选，并采取严格主义，注重人格感化。

2. 切实指导学生课外作业。

3. 男子高中，一律遵章实施军事训练，初中实施童子军训练。

4. 注重教管联络，各科教师，须同负训管责任。

5. 联络学生家庭，各校平时遇有特殊事件发生，应通知学生家长，共同注意。并于每学期末，将学生之操行、体育及学业成绩，通知其家长，或开恳亲会以交换教管意见。

6. 教职员与学生之生活，力谋接近，并共同巡守学校规律。

7. 对学生须多举行团体及个别训话。

8. 省会各校酌设校警，认真稽查出入。

9. 学生一律穿着制服。

10. 学生能恪守校规并成绩优异者，每届下学期开始，应予相当之奖励（如免收学费、发给奖状奖品之类）。

以上各条，对于训管内容与形式，仅举示其大要。至若详细办法，仍应由各校根据条文，自行拟定实施细则，呈厅核准备查云。

（二）关于职业学校者：职业学校之训育标准，除依照中学拉训育要项办理外，其关于职业教育之特殊训练，及实习场所之训练，由该校自行体察情形，分别规定，呈厅核示施行。

（三）关于师范学校者，按师范教育为实现三民主义国民教育之本源，其管理及训育须十分严慎，兹除参照《中学训管规定》办理外，并饬特别注意下列要项：

1. 凡师范学生之训育标准，皆须由学校根据师范教育实施方针，参酌实际需要，分别按年逐条拟具，呈请教厅核定施行。

2. 凡师范学生之训管，以严格为主，尤应注意下列各点：

（1）实施军事训练，以养成其团结性与纪律性。

（2）一律寄宿、寄膳、着制服，守纪律，尚勤学，重朴实。

（3）自理日常事务，如洒扫、洗涤、布置、栽培及印刷、装订、烹饪、裁缝等项工作。

自经此次积极整理后，一般学风，尚属稳定。学者教者，均各认清职责，安于职守，努力上进。不惟风潮平息，且已表现其朴实诚悫之气象。即学生团体，亦均能遵照国府颁行之《学生团体组织条例》及《学生自治会组织大纲》等法规，慎重进行，而无凌轹放驰之病云。

五、学级编制之厘正

民国十八年以前，省立各级中学校，对于班级编制，多不克调整衔接。不惟招生、升级，有所不便，即一校能否增添班次，亦几视校长一人活动为转移。官厅既乏统筹办法，各校转竞相效尤，咸以提高学级或增多班级为事。内容之充实与否，在所不计。言至教室则因陋就简，图书仪器则残缺不完。爰自二十六年度起，力矫斯弊，由厅厘正各中等学校之编制，俾有所循率焉。兹录其概要如次：

（一）中学之高级部，以省立为原则。初级部，以县立或共立为原则。但县立中学尚未能普遍设置，故省立中学，在三年以内，仍得高、初并设。但省立中学无论先办初中，或同时兼办高、初两级，其初中部应各个年级衔接，办足三班或四班。高中部只设一科者，两班或三班，两科者四班或六班，共办足六班或九班为正则。此外，或两重初中，或两重高中，均为变则。其班数，一校总计不得超过十二班。若先办初中之省立中学，应以各个年级衔接，办足三班或四班为正则，此外，均为变则。其班数，一校最多不能超过九班，至省立以外之各项中学，其班次应为合理之编制。为谋省内、外教育之均衡发展，及地方人才之充分培养计，其班数得逐渐推广之。又中学每班学生人数，除女中注重推广，暂不限制外，各项男子中学，从十九年起，除第一年级外，其他各级均以五十人为最高限度，三十五人为极低限度。惟高中职业科人数，暂不限制。

（二）职业学校，自十九年起，省立农、工两校，均暂分高、初两级，以各办足六班为原则。

（三）师范学校，因本省至十九年春季起，厉行全省公民教育之普及及专业人才之培养，均需先行造就多数优良健全师资，方敷选优甄用。故对于师范教育之改进较多。兹仅就其编制方面，分录十九及二十两年改进计划如下：

1. 十九年度教厅改进全省师范教育计划大纲关于班级之编制要点有四：

（1）正则师范以办足三年或二年之师范六班，专修科或职业科师范二班为限。正则师范，收受初中以上毕业生，而按照法定年限毕业。变则师范，收受高小或初中毕业生，而加以相当年限之训练。

（2）变则师范，按其修业年限，以办足二班至四班为限。

（3）县立义务教育师资训练所之班次，临时酌定。本省为推行义、民两教，造就速成师资起见，特颁行《各县义务教育师资训练所简章》，尽民国十八年内，每县成立义务教育师资训练所一所，每班学生须有五十名以上。一、二等县，开办三班以上，三等县至少须开办两班。第一届毕业，除有县立师范者外，须续办第二届。

（4）凡师范学校或高中师范科，每班学生人数，从十九年起，变则编制者以五十人为率，正则编制者以四十人为率。惟职业班人数得酌减，但不得少于二十人。

2. 二十年教育厅《改进全省师范教育实施纲要》，关于省立师范班级之编制有下列三点补充规定：

（1）在五年内，省立第一师范学校应办足三年或二年毕业之学生六班，办足暂行令设之师范专修科学生一班至二班，开办附设之幼稚师范科一班。

（2）第二至第六师范学校应办足乡村师范学生二班至四班。其班数应否酌增，俟二十年度第三学期以后再定。

（3）省立第一女子中学校高级部之师范科及省立第一农业学校高级部之农村师范科，均以现办之班数为限，于五年内不得增加。

六、校务组织之确定

省立各中等学校，每校设校长一人，禀承教育厅综理全校校务。以下分设教育及事务两项职员，商承校长分掌各项职务。至各校内部关于行政、教学、训管、研究及测验等项委员会之组织，由校长分别会同各主任人员，酌定办法，并呈报教育厅查核。兹分述确定之职员名额如次：

（一）教育职员：凡六班以上之校，专设教务主任、体育主任各一人。训管人员，按两班设一人之标准，得分设训育主任。三班至五班之校设教务员一人，例须兼任文书。训管人员仍两班一人。不足三班之校，不设教务员，文书由校长兼任，设训管人员一人或二人。此外，凡实施军事训练之校，得酌设训练主任或训练员一人。

（二）事务职员：凡三班以下之校，设会计兼庶务一人。四班至六班，分设会计及庶务各一人。六班以上，分设文书、会计及庶务各一人。每校得设校医一人。此外，补助事务之稽查，司书、校警及工役等名额，亦有规定。每校设稽查一人，既设校警之校，则不得重设稽查。三班以下设司书二人至三人，四班至六班设司书三人至五人，七班以上设司书五人至七人。校警每校二人至四人，既设稽查，则不得设校警。校工一班至三班设一人至二人，四班至六班设三人，六班以上每三班添设一人，不满三班者不加。办公室设一人。校址广阔者，校具及教具储藏室得设一人。每有寄宿学生一百名加设一人。号房、茶房、快足，每校各设一人。

民国云南通志长编卷三十五

教育四

学校教育

初等教育

一、小学

本省前清所设小学堂，入民国后，一律遵章改称学校，气象一新，有子弟者，皆踊跃就学。在民国三四年间，推行最为顺利，全省初等小学视前清末年校数增多一倍有奇。女子初小逐渐发展，除省会外，每县至少设有一校，高等小学亦逐渐推广。至四年，不惟县立较前增多，乡立高等小学亦陆续具报成立。商务繁盛之区，且多设女子高等小学者。五年以后，渐受时局影响，入于衰退时期。据十年度之统计，高、初合计约五千余校，学生十七万五千余人。十一年，受政治及军事影响，停废过半。至十七年，省政府改组成立后，锐意整顿，始复旧观。十九年度，本省各县、市公、私立小学校高级共为五百三十八校，计七百四十八班；初级共为六千八百五十八校，计七千四百三十四班。以后学校数量逐渐增进。兹分为省立小学、县（市）立小学、私立小学等概述如下：

（一）省立小学

本省省立各普通小学，初本附属于省立师范或中学内，称为某师范或某中学附属小学。嗣以实施升学预备之优良教育，借供地方小学示范，爰将原有成绩卓著之校改为独立设置，名曰省立某某小学。又以师范学校独立办理计，按分区所设省立师范学校九校各附办完全小学，供应师范生实习，并辅导地方教育，相沿至今。其余省立中学附设县之小学校，次第停办。又本省推广土民教育，增强国防力量，数年之间，先后在边地各设省立小学三十六校。嗣因经费限制，困难殊多，酌量移交地方接办。至今继续办理者尚有二十校（别详边疆教育）。

（二）县（市）立小学

本省各县（市）立小学，因各地人口，富力均有不同，以致所设学校多寡亦不一致。其多者达二百数十校，少者仅数十校。截至二十九年实施国民教育以前，合计一万一千零六十九校，一万九千三百七十学级，学生七十七万四千八百一十六人。自二十九年实施国民教育，本省于三十年开始推行，至三十三年底设学成果，全省计乡（镇）中心国民学校一千三百八十四校，保国民学校七千六百五十四校，未改制之公、私立小学校二千零三十一校，共二万三千六百零九学级，学生一百一十万七千四百九十五人。县（市）立小学以初级小学之数量为多，高、初级合设之完全小学校数较少，其内容较初小充实。实施国民教育以后，依照法令规定，每乡（镇）设一中心国民学校，即四年制之初级小学，均力求实质之充实与改进。又本省在实施国民教育以前，即自十九年起推行义务教育，遵照中央义教法令，采用二部编制，试行半日或间日及巡回教学，通饬各县设置一年或二年制之短期小学或简易小学，现亦得视各地情形，酌量办理。但此类小学之设置为数甚少。

（三）私立小学

本省私立小学现呈经立案者三百零三校，以昆明市、县设置为多。至原有私塾，自民国十九年推行义务教育以来，即因大量推广小学，所有私塾，即勒令改良，并调训塾师，改充短期小学师资，或严予取缔，逐渐改革，现已无私塾之设置。

本省小学校教师，在城市地方除每班设级任教员一人而外，并共同设置专科教员若干人，担负体育、音乐、工艺、美术等各科教学。乡村地方则多为单级小学校，每班仅设教员一人。平均计之，约为两班三教员。至小学教师资格，据二十年度统计，大学、高等师范学校毕业者一百零五人，本省优级师范选科毕业生及师范专修科毕业生并计在内。旧制师范学校及新制高中师范科毕业者五千七百二十九人，大学或中学毕业者二千零一十四人，短期师资训练毕业者二千八百五十三人。

本省各省立及县、市立小学校学级编制，为使义务教育尽量推行起见，规定参用正则、变则二种。正则小学之编制：一为中心小学，以单式编制为原则，复式编制为例外；二为普通小学，以复式或单级编制为原则，二部制或半日制为例外。至学龄儿童密集之地，应采用葛雷学校之编制。具有实验性质之学校，得另行他种编制。变则小学之编制，教室过小、一时无从添建者，行半日二部制。经费较绌而有二个以上教室者，行全日二部制。村落稀疏、烟户散处者，采巡回教学制。上述小学之编制，应适应社会环境，根据学校经济能力及学童就学情形而定。依教学之效率言，当以集中设立而行单式之小学为优，但只适于密集城市小学。乡村小学户口稀少，交通又多未便利，则以复式或单级编制为最普通。若必集中设立，采行单式编制，转使儿童就学不便，致碍教育之推行。至于边远区域或偏僻乡村，经济能力更属薄弱，若复按部就班，责令成立正则小学，事实上更不可能。欲使其儿童免于失学，故不能不尽量采用变则编制，以徐图充实改进。故现时本省各县、市小学之编制，以正则为主，而以变则为辅。正则小学中，单级编制者较多，其余半日、二部等制亦推行不广。边远县区所设之变则小学，则以采用半日、二部制、巡回教学制者为多。此则限于地方环境而形成自然之趋势者也。

本省小学之设备，仅能备具教室、工作室、体育场、学校园、成绩陈列室、合作社、书报室、消防设备、卫生设备、普通应用校具等。自制教具及标本、仪器，只城市小学校可能，乡村小学校各项设备均较简单。变则编制各小学校，则尤为简易。以利推行。

本省对于教材之编印，因限于人力物力，一时尚不易做到。所有小学校均一律购用教科书。上海商务印书馆、中华书局、世界书局，均于省城设有书店，运售所编印之小学教科书。其补充教材则由各校随时选编乡土教材，以资教学。关于教学办法，除试验小学兼采各种新方法以资实验外，一般小学，均以自学辅导法及分团教学法为主。

关于授课时间，历年均用钟点制，今仍照旧。惟实验小学则有试用分钟制，以资实验者。此外，对于毕业儿童，均由级任教员随时留心，确审其个性及其身心发育情形，将届毕业之前一学期，征求儿童毕业后之志愿而为升学或就业之准备及指导。亦有组织升学就业指导委员会指导学生者。

本省大多数为农村社会，城市地方工商亦未发达，犹在家庭营业时代。小学生毕业亦可在家中助理一切，故无闲居之小学毕业生。据二十年度之调查统计，本省小学毕业生一万五千三百八十名，升学者约占百分之六十一弱，就业者约占百分之二十三强，在家帮工者约占百分之十六强。

二、幼稚园

清季省立女子师范学堂附设之保姆养成所，学生毕业后，即于宣统三年于该校附属小学成立蒙养园，招收学生一班，以附小校长兼园长。民国初年，增为四班。四年，因核减经费，仍改为一班。学界人士陈文政等发起私立蒙养园一所，旋依部案改名幼稚园，嗣因经费缺乏，于七年停办。其后省会公立小学，亦间附设幼稚园，私立者亦相继成立。省立学校亦如省立第一师范学校附属小学及昆明市立第一、二、三、四、五等校。均各附设幼稚园。教会私立者，则有培光、恩光等园，均为半日制。至民国十八年，教育界人士发起组织全部生活制之幼稚园，遂于省城设立生生保育园，施行全部生活指导之幼稚教育。十九年，女师幼稚园亦改组为实验幼稚园。惟本省公、私立幼稚园多数设于省会，省外各县，其数甚少，只晋宁、大理、昭通、新平等县各有一所。

三、义务教育（国民教育）

本省自民元以后，积极推广小学教育，以期普及。至义务教育，则自十一年始为有计划之推行。是年，云南省政府教育司制定《云南省施行义务教育大纲》，并规定分年推行义务教育程序，将各县分为三等区，以十一年八月起至十九年八月，每年为一期，共分八期，分等按期推行于全省，通令全省遵照办理。然以经费、师资两项，未曾事先准备，又其时各县匪乱纷乘，民力凋敝，虽定有整个推行之计划，卒因事实之障碍。未能见诸实行。仅昆明市一区，著有成效。自十九年起，遵照省政府议决教育施政方针，以办理地方基础教育为重要工作，积极实施义务教育，制定各项法令，明令通饬遵办。计自十九年春季起至二十三年止，全省小学数量激增，统计由四千九百三十一校增至一万零四百三十八校，由五千三百三十班增至一万二千六百八十九班，学生由十九万五千余人增至四十四万八千余人。正谋推进间，旋于二十四年七月，奉中央明令全国一致实施义务教育，先后颁行《实施义务教育办法大纲》及《实施细则》暨《一年制初期小学课程标准》等项章则，遂遵照通案，于二十四年积极加紧办理，实施全省义务教育，一面规定实施办法，电饬全省各县市区一体遵照。

（一）行政组织：拟具《省义务教育委员会组织规程》，设置省义务教育委员会，为全省策动机关。由教育厅长兼委员长，由省府延聘委员六人，分总务、辅导两课，各设主任一人，由委员互推兼任，下设办事人员分掌两课事务。县、市依照《各县市义务教育委员会组织通则》，设置县、市义务教育委员会，襄助各该主管行政机关办理义务教育。

（二）推行程序：分年由省拟定义务教育实施计划，增设学校，充实班级、学额及设备，其数量均酌量分配，颁行各县、市、区查遵，拟具各县、市、区实施计划，呈报核定遵办。

（三）经费：本省义务教育经费，其来源分下列三项：

1. 中央补助费：自二十四年实施义务教育，蒙中央按年补助，遵照部定义教经费保管标准，并由义教委员会承领存放，统筹支配。

2. 省库筹拨：中央补助义务教费案内，曾经令饬由省库自筹相当经费。本省自二十四年实施义教，初由省府裁减各县常备队兵额二成，腾出经费，按年拨付，不敷之数，并由财政厅筹拨。

3. 各县市自筹：各县、市办理义务教育，于开始时，曾经令饬各县就地自筹半数以上经费，以足供应用为度。但各县所筹之款，因限于取消苛杂、禁止摊派之案，多遭核驳，各县均陷于无法应付之局面。嗣奉财、教两部会定筹集义教经费办法，通饬遵办，就设学区内募集捐款，或由地方富户分担，亦有由公产划拨一部分作义教经费者。省政府鉴于各县、市办理义教经费难筹，复经会议议决，划拨各县、市烟酒、牲屠、自治附捐二成，作各县、市义教经费。

（四）督查辅导：为明了各县、市实施义教状况，督促努力改进起见，省厅分区委派义教督查辅导委员驰往各县、市，实地督察辅导，或指派省立中等学校校长兼充。其所督导区域，亦多寡不等，一依事实需要而定。嗣因加强工作效率，改为义教视导员，均委专员充任，严密督导，以作考核、奖惩之依据。

（五）省立实验短期小学：本省依照省义务教育委员会第八十三次之议决，自二十八年春季起，开始设立各县省立实验短期小学，分两期筹设完成，以求实现本年全省义务教育实施计划所决定之重要事项。此项实验短小，其职权一方面在实验短小学制及课程之实施，而另一方面则在倡导及辅助各县保立短小之推广设置，以期推行尽利，逐渐普及。此项实验短小之开办及维持所需经费，均由省义教委员会所管有之义教费动支。教职员之待遇及其一应办法及视导方面，均各厘定专案，为具体之规定。复于创办之初，招收师范毕业生及现任或曾任小学教员（概系男性）严格考选一百二十名，开办义教师资训练班，予以三个月期间之训练，分发服务。

本省义务教育自十九年起，直至二十九年上半年，不断推进，关于各县、市之基础教育，已具规模。二十九年，奉中央令颁《国民教育实施纲领》及有关设学筹费、师资训练、视察辅导各项法令，饬实施国民教育，爰于二十九年八月，召集全省各县市地方教育行政人员赴省会议，研悉法令，并施以行政干部训练，以期推行尽利。计赴会者六百余人，会议及训练期间半个月，分组研讨，期满各回原县。以二十九年下半年为筹备时期，自三十年起，全省一律开始实施。截至三十三年底，其实施成果，分别列表于后：

云南省二十九年至三十三年实施国民教育概况表

		二十九年	三十年	三十一年	三十二年	三十三年
行政单位						131
乡镇						1,552
保						14,367
人口						10,393,296
学龄儿童						1,685,069
成年民众						5,561,541
设学概况	中心小学		1,001	1,411	1,418	1,384
	国民学校		3,079	5,979	6,544	7,654
	原有公私立小学	11,069	6,937	3,940	2,330	2,031
	小学班级	19,370	20,527	22,002	23,450	29,609
	民教班级	3,000	7,298	17,133	17,647	20,326
	受教儿童	774,816	878,351	1,016,311	1,042,696	1,107,495
	受教成人	1,070,197	129,217	1,806,107	1,825,787	1,923,572
普及百分比	儿童	45%	52%	60%	61%	65%
	成人	19%	23%	32%	33%	34%

备注：

1. 本省于二十九学年度，奉令推行国民教育，当即积极筹备。惟以区域辽阔，乃订二十九下半年为筹备时期，三十年起正式实施，故二十九年无中心及国民学校。

2. 各年受教儿童及成人数系连同已受教人数之累计数。

3. 行政单位总计二十二县、一市、十六设治局、二对汛，尚有四设治局，未据呈报。

4. 三年战区九县局中心小学六十五校，国民小学二百二十三校均停顿，未计入。

云南省二十九年至三十年国民教育经费概况表

甲、收入之部（元）

项目	二十九年	三十年	三十一年	三十二年	三十三年
中央补助费	240,000	1,190,000	700,000	800,000	1,200,000
省补助费	150,000	150,000	4,101,500	3,296,452	800,000
合计	390,000	1,340,000	4,801,500	4,096,452	2,000,000

备注：

1. 三十三年中央增发国教补助费 150,000 元奉令移作三十一年动用。

2. 三十一年原编省概算数为 4,101,500 元，因被漏刊，迄未核定，可能动支者仅教部拨助之 700,000 元，连同三十年结余 150,000 元，共 850,000 元。

3. 三十二年者概算数未奉核准，仅有教部直接助之 800,000 元可动支。

云南省二十九年至三十三年国民教育经费概况表

乙、支出之部（元）

<table>
<tr><th>年度</th><th>项目</th><th>金额</th><th>年度</th><th>项目</th><th>金额</th></tr>
<tr><td rowspan="5">二十九年</td><td>义教师资经费</td><td>84,584</td><td rowspan="7">三十二年</td><td>补助各县市局中心学校充实费</td><td>210,000</td></tr>
<tr><td>实验短小经费</td><td>33,930</td><td>一年制师训班补助费</td><td>100,000</td></tr>
<tr><td>课本印刷及短小开办费</td><td>96,516</td><td>小学教员假期训练费</td><td>240,000</td></tr>
<tr><td>行政视导费</td><td>49,440</td><td>民教课本及指导刊编印刷费</td><td>91,976</td></tr>
<tr><td>省立边区小学补助费</td><td>35,350</td><td>部扣教育通讯费</td><td>48,024</td></tr>
<tr><td colspan="2">合计</td><td>399,820</td><td>国教未报区补助费</td><td>100,000</td></tr>
<tr><td rowspan="5">三十年</td><td>各县局各校增班费</td><td>300,887</td><td>保留款</td><td>40,000</td></tr>
<tr><td>省立实验中心学校经费</td><td>561,123</td><td colspan="2">合计</td><td>830,000</td></tr>
<tr><td>师资训练费</td><td>54,100</td><td rowspan="4">三十三年</td><td>补助各县市中心学校充实费</td><td>275,000</td></tr>
<tr><td>课本购置费</td><td>70,000</td><td>一年制师资训练补助费</td><td>370,000</td></tr>
<tr><td>行政视导及辅导月刊教员等费</td><td>23,000</td><td>小学教员假期训练补助费</td><td>180,000</td></tr>
<tr><td colspan="2">合计</td><td>1,009,110</td><td>国民学校增添班补助费</td><td>25,000</td></tr>
</table>

（续表）

年度	项目	金额	年度	项目	金额
三十一年	各县局中心学校国民学校补助费	420,000	三十三年	民教课本印刷费	290,000
	一年制师训班辅助费	80,000		国教示范区补助费	60,000
	假期训练经费	180,000		地方性教材编印费	198,000
	民教课本费	153,440		国教师资函授学校经费	27,435
	部扣教育通讯费及国民教育课本全年费	16,560		辅导研究刊物印刷费	101,565
合计		850,000		小学自然教具制造费	48,000
			合计		1,775,000

四、边地教育

本省毗连缅、越等，住民复杂，各地语文、宗教及生活方式，均存在不同。省府为谋内地及边地教育文化之均衡发展、以唤起边胞民族意识、〔使其〕增强国家观念起见，曾先后厘定《云南省政府实施边地教育办法纲要》（二十年四月公布）及《云南省政府教育厅实施苗民教育计划》《边地简易师范及小学设学概要》《云南省设置省立小学纲要》（二十四年九月公布）公布实施。并自二十四年起，先后创设中甸、维西、兰坪、镇康、澜沧、南峤、六顺、车里、江城、金平、德钦、碧江、福贡、贡山、宁蒗、耿马、沧源、临江、泸水、梁河、盈江、莲山、陇川、潞西及环州（武定县）、师宗、圭山（路南县）、永胜、丘北、炎山（昭通县）、黄草坪（巧家县）、龙武、河口、华坪等三十四校。三十年，以收支系统变更，经费紧缩，除在内地之师宗、圭山二校为鼓励当地人民子女入学，仍暂继续办理外，有环州、永胜、丘北、炎山、黄草坪、华坪、龙武等七校，因当地学校已具规模，为配合国民教育之实施，均拨归各该地方办理。又边地之宁蒗一校，因环境特殊，暂行停办。三十一年，日寇侵滇，多数边区陷于战时状态，学校办理困难，复将澜沧、沧源、车里、南峤、泸水、梁河、盈江、莲山、陇川、潞西、镇康、河口等十二校暂时停办。

三十二年四月，奉令加强推行边地教育，乃拟定《本省边地教育三年推进计划》，呈奉核准后，通饬边地三十一县局分别查遵办理。三十三年，滇西沦陷县区收复，依照计划及斟酌各地情形，先于三十四年春季，将泸水、梁河、盈江、莲山、潞西、陇川等七设治区之省立小学一律恢复。至地方教育，则饬于边胞聚居地方，拟具计划，积极提前设学，并列为年度施政中心工作之一。

附：近四年来省立边地小学概况比较表。

云南省二十九年至三十三年短期师资训练班概况表

年份	类别	班级数	受训人数	备注
二十九年	短期师训班	11	632	
三十年	短期师训班	19	918	
三十一年	一年制师训班	23	1,032	内有7校232人，系省立实验中心学校附办。
三十二年	一年制师训班	23	894	本年开办者计17县17班734人。省立边地小学附办6班160人。
三十三年	一年制师训班	43	2,360	本年指定37县开办37班，计2,200人。省立边小继续开办6班160人。
合计		119	5,836	

云南省近五年来小学教员假期训练概况表

年份	类别	班级数	受训人数	备考
二十九年	国教干训班	1	600	
三十年	暑期进修班	63	4,052	
三十一年	假期训练班	6	4,400	内2,010人系师范区调训，其余1,390人系各县自办。
三十二年	假期训练班	18	1,328	本年原定办理40班，实际办理18县共18班，计1,148人，又由各县初小调训180人。
三十三年	假期训练班	29	1,987	原定50县，每县办理1班，实际办理29县，计29班。
合计		117	12,340	

县地方教育经费收支概况表

<table>
<tr><th>年别</th><th>金额</th><th>备注</th></tr>
<tr><td>二十九年</td><td>12,094,507 元</td><td rowspan="5">一、本表经费系包括全省各县、局教育经费及乡、镇、保自筹经费。
二、各县局教育经费分配于国民教育者约占全数百分之七十以上。</td></tr>
<tr><td>三十年</td><td>19,736,716 元</td></tr>
<tr><td>三十一年</td><td>45,671,538 元</td></tr>
<tr><td>三十二年</td><td>80,007,026 元</td></tr>
<tr><td>三十三年</td><td>84,207,979 元</td></tr>
</table>

各县（市）各年度中心、国民学校基金筹集概况表

<table>
<tr><th colspan="4">年度</th><th>三十年</th><th>三十一年</th><th>三十二年</th><th>三十三年</th></tr>
<tr><th colspan="4">县数 / 数量 / 项目</th><th>59 县</th><th>66 县</th><th>50 县</th><th>24 县</th></tr>
<tr><td colspan="2" rowspan="2">学校数</td><td colspan="2">中心</td><td>594</td><td>812</td><td>596</td><td>304</td></tr>
<tr><td colspan="2">国民</td><td>3,978</td><td>5,061</td><td>4,638</td><td>1,962</td></tr>
<tr><td rowspan="4">各年度筹集基金数（元）</td><td rowspan="4">校数</td><td rowspan="2">中心</td><td>动产估价</td><td>4,459,245</td><td>7,567,329</td><td>7,339,595</td><td>6,958,200</td></tr>
<tr><td>不动产估价</td><td>12,961,155</td><td>29,168,900</td><td>24,077,361</td><td>23,129,025</td></tr>
<tr><td rowspan="2">国民</td><td>动产估价</td><td>3,632,181</td><td>15,836,975</td><td>14,241,322</td><td>10,645,220</td></tr>
<tr><td>不动产估价</td><td>13,920,405</td><td>47,243,349</td><td>41,398,068</td><td>33,553,193</td></tr>
<tr><td colspan="2" rowspan="2">共计</td><td colspan="2">动产估价</td><td>8,141,426</td><td>23,404,304</td><td>21,580,917</td><td>17,603,420</td></tr>
<tr><td colspan="2">不动产估价</td><td>26,881,560</td><td>76,412,249</td><td>65,475,427</td><td>56,682,218</td></tr>
</table>

注：主要筹集方法为：1. 市集公斗、公秤捐之收入；2. 款产利息之增益；3. 整理款产之收入；4. 清查匪产绝业，提拨寺庙款产；5. 分工生产利息收入；6. 其他捐杂及杂项收入。

云南省公私立小学教员待遇调查表

<table>
<tr><th colspan="3">校别</th><th colspan="2">省立小学</th><th colspan="2">县立小学</th><th colspan="2">中心国民小学</th><th colspan="2">国民学校</th><th colspan="2">私立学校</th></tr>
<tr><th colspan="3">职别</th><th>校长</th><th>教员</th><th>校长</th><th>教员</th><th>校长</th><th>教员</th><th>校长</th><th>教员</th><th>校长</th><th>教员</th></tr>
<tr><td rowspan="2">每月实支
薪给金额</td><td colspan="2">最高</td><td>180元</td><td>180元</td><td>180元</td><td>130元</td><td>180元</td><td>120元</td><td>120元</td><td>110元</td><td>180元</td><td>180元</td></tr>
<tr><td colspan="2">最低</td><td>140元</td><td>65元</td><td>140元</td><td>65元</td><td>60元</td><td>60元</td><td>60元</td><td>50元</td><td>60元</td><td>60元</td></tr>
<tr><td rowspan="3">每月食米津贴</td><td rowspan="2">数量（公斗）</td><td>最高</td><td>1公石</td><td>1公石</td><td>6公斗</td><td>6公斗</td><td>6公斗</td><td>6公斗</td><td>6公斗</td><td>6公斗</td><td>合作代金5000元</td><td>5000元</td></tr>
<tr><td>最低</td><td>6公斗</td><td>6公斗</td><td>3公斗</td><td>3公斗</td><td>3公斗</td><td>3公斗</td><td>3公斗</td><td>3公斗</td><td>3000元</td><td>3000元</td></tr>
<tr><td colspan="2">来源</td><td colspan="2">由省级公粮支给</td><td colspan="2">由县级公粮支给</td><td colspan="2">由县级公粮或就地筹给</td><td></td><td></td><td colspan="2">由学校经费支发</td></tr>
<tr><td rowspan="3">生活补助费</td><td rowspan="2">金额</td><td>最高</td><td>1700元</td><td>1700元</td><td></td><td></td><td></td><td></td><td></td><td></td><td></td><td></td></tr>
<tr><td>最低</td><td></td><td></td><td></td><td></td><td></td><td></td><td></td><td></td><td></td><td></td></tr>
<tr><td colspan="2">来源</td><td colspan="2">由省级公务人员生活补助费支发</td><td></td><td></td><td></td><td></td><td></td><td></td><td></td><td></td></tr>
</table>

说明：

1. 表列金额，均以国币计列。
2. 省立边地小学，有所在地无粮可拨者，照通案折交代金。
3. 各县公、私立小学教职员生活补助费，已督饬视当地生活状况，酌量办理。

云南省历年各县小学校优良教员统计报告表

年度	县数	优良教员数		奖励办法
		最优	次优	
三十一年	11	8	25	最优者由教部发给奖励金各一百元，次优者由各县传令嘉奖。
三十二年	18	18	34	同上。
三十三年	24	24	43	呈请教部核奖。

注：本表包括中心国民学校及国民学校。

云南省各县地方教育经费概况表

年度	金额总数	备注
二十九年	12,094,507 元	1. 本表所列经费，包括全县所属及乡（镇）保教育经费。 2. 地方教育经费分配于国民教育者，占全数百分之七十。 3. 各县教费均系量入为出。
三十年	19,736,716 元	
三十一年	45,671,538 元	
三十二年	80,007,026 元	
三十三年	84,207,979 元	

云南省近四年内省立边地小学概况比较表

（三十三年十一月国教科填报）

年度/数量/校名	三十年				三十一年				三十二年				三十三年				备考
	班级	学生数	毕业生数	经费（元）	班级	学生数	毕业生数	经费（元）	班级	学生数	毕业生数	经费（元）	班级	学生数	毕业生数	经费（元）	
省立德钦小学	6	200	51	42,660	4	141	69	33,061	4	141	42	29,960	4	155	49	38,360	
省立贡山小学	4	200	18	31,320	4	195	38	同上	4	187	39	同上	4	187	32	同上	
省立中甸小学	5	250	51	36,990	4	245	72	同上	4	245	49	同上	4	126	39	同上	
省立维西小学	5	240	80	同上	4	160	20	同上	4	160	38	同上	4	172	50	同上	
省立碧江小学	6	269	40	42,660	4	266	60	同上	4	165	51	同上	4	144	36	同上	
省立兰坪小学	6	252	63	同上	4	249	82	同上	4	131	47	同上	4	131	42	同上	
省立宁蒗小学	5	175	35	36,990	4	171	35	同上	4	171	38	同上	4	132	34	同上	
省立泸水小学	5	180	25	同上	4	174	45	同上									因军事影响暂停。
省立梁河小学	6	240	58	42,660	4	233	70	同上									因地方沦陷暂停。
省立盈江小学	5	200	38	36,990	4	190	38	同上									同上。
省立莲山小学	6	270	40	42,660	4	255	65	同上									同上。
省立陇川小学	4	160	29	31,320	4	140	49	同上									同上。
省立潞西小学	6	150	32	42,660	4	144	72	同上									因军事影响暂停。

（续表）

年度/数量/校名	三十年				三十一年				三十二年				三十三年				备考
	班级	学生数	毕业生数	经费（元）	班级	学生数	毕业生数	经费（元）	班级	学生数	毕业生数	经费（元）	班级	学生数	毕业生数	经费（元）	
省立耿马小学	6	257	45	42,660	4	211	68	33,061	4	211	44	29,960	4	140	40	38,360	
省立镇康小学	5	192	66	36,990	4	182	86	同上									因军事影响暂停。
省立沧源小学	5	150	30	同上	4	140	50	同上	4	140	47	同上					因军事困难移交地方。
省立澜沧小学	5	191	50	同上	4	170	73	同上	4	170	39	同上					同上。
省立车里小学	6	207	46	42,660	4	180	66	同上									因军事影响移交地方。
省立南峤小学	4	133	40	31,320	4	150	62	同上									因军事影响暂停。
省立大顺小学	5	170	50	36,990	4	140	73	同上	4	140	60	同上	4	118	35	同上	
省立江城小学	5	220	48	36,990	4	129	60	33,061	4	148	58	29,960	4	141	34	38,360	
省立金平小学	5	190	28	同上	4	175	58	同上	4	175	49	同上	4	125	30	同上	
省立河口小学	5	138	36	同上	4	125	48	同上									因按近战区移交地方。
省立师宗小学	6	257	48	42,660	4	184	67	同上	4	171	62	同上	4	182	32	同上	
省立圭山小学	6	326	53	同上	4	197	71	同上	4	287	55	同上	4	170	51	同上	
省立福贡小学	4	180	32	31,320	4	183	52	同上	4	165	32	同上	4	146	26	同上	
省立黄草坪小学	6	272	62	42,660													

（续表）

年度/数量/校名	三十年				三十一年				三十二年				三十三年				备考
	班级	学生数	毕业生数	经费（元）	班级	学生数	毕业生数	经费(元)	班级	学生数	毕业生数	经费(元)	班级	学生数	毕业生数	经费(元)	
省立环州小学	6	300	70	42,660													因经费收支系统变更移交地方。
省立丘北小学	6	322	44	42,660													同上。
省立永胜小学	6	170	30	42,660													同上。
省立华坪小学	3	95	20	18,810													同上。
省立炎山小学	6	226	34	42,660													同上。
省立龙武小学	4	236	35	31,320													同上。
省立佛海师附小	4	159	40	31,320													因军事影响暂停。
合计	174	705	1467	1,271,700	104	4,729	1,549	859,586	64	2,807	741	479,360	56	2,070	510	556,880	

附记：

1. 边教之国教部，已在国教设施内，本表专填列省立边地小学。

2. 本表数字系根据各校历年所填报之概况表统计。

3. 本表经费系包括经常费及学生补助公粮或公粮代金，及战时生活补助费，均照省级公教人员待遇支发。

4. 表列之班级及学生数，包括各校附办之师资训练班在内。计三十年 9 班 394 人，三十一年 7 班 244 人，三十二年 7 班 235 人，三十三年 6 班 192 人。

5. 泸水、梁河、盈江、陇川、潞西、莲山等六设治区之省立小学，已于三十四年恢复。

民国云南通志长编卷三十六

教育五

社会教育

本省社会教育，在前清办学之初，虽有宣讲所之设，其目的在自治，非教育之设施也。民国元年，教育司增设通俗教育科，专办教育事务。先由省会开办通俗教育讲习所，预储人才，就各县财力所能及者，先后拟定《巡回文库施行简章》《简易图书馆办法及应用书目》《宣讲所施行简章及宣讲用书》等，分别通令饬办。然具报成立者颇少，且因经费牵掣，旋兴旋废，或则有名无实。民国四年，又转废弛，部订社会教育案，亦未能切实奉行。复于六年通令催促，责成各县于县教育会内附设图书馆，高等小学校内附设通俗图书馆，劝学所及城乡国民学校内均附设通俗教育讲演所，而遵照办理者仍少。后经教育行政机关竭力督促进行，对于各县通俗讲习所及通俗图书馆两项，大体均成立。

十年，省立四区小学开办通俗讲演。十二年，四区小学并归市公所，继续增至七处，并设妇女演讲所，暨组织巡回讲演团，临时于通衢或剧场等处举行宣讲，并于市立第一、第二、第三、第四、第五、第八、第十五、第十七等小学附设平民学校。

民国十八年，省政府饬由教厅规定《各县文庙附设通俗图书馆简章》《通俗图书馆管理简章》及《教厅鉴定通俗图书馆书目》三种规程，同时公布饬遵后，成立者已日渐增多。至民国十九年四月，教厅又筹集专款，定购《万有文库》二十余部，除颁给省立学校外，以十七部巡回全省，借资倡导。全省各县之图书馆事业，经督促倡导后，筹款设立图书馆者益踊跃，计已设立者约七十余县。

同时又制定《云南全省各县实施民众教育》计划，通令全省一体遵办，务期于六年训政期内，使全省青年及失学民众均得受相当识字训练及公民训练。二十年三月，教厅又拟定《全省县立民众教育馆实施纲要》，规定以省款补助开办办法，通饬各县筹设民众教育馆，以为各地方民众教育实施之中心。二十一年三月，转发部颁《民众教育馆暂行规程》，及四月颁行厅订《设置改进全省民众教育馆计划》，设置改进，两者并行，并于省立各中学附设省立民众教育馆，督饬积极办理。又鉴于民教事业，期待群策群力，共谋进行，遵章组织省民众教育委员会，以指导规划全省地方民教事业之实施，并于昆明县莲德镇饬由昆华民众教育馆分部办理实验改进农村之民众教育。

又以体育一道，为强国强民之唯一键钥，特先后筹筑省立翠湖、光华两体育场及翠湖游泳池。现更新辟古幢、大观两运动场，以谋引起民众对体育之兴趣及民众体育之普遍发展，并遵案组织省体育委员会，以指导全省各县体育之实施。

又以电影映放，在教育效率上裨益匪浅，经由厅遵案组织电影检查委员会，认真检查，期省内影戏事业，趋于正当发展之途径。

他如省立职业补习学校之开办，私立补习学校之补助，亦属于社会教育设施之一端。兹将本省社教推行之概略，叙述如下。

一、社教经费之筹拨：省府以各县社教经费，都未能达到部订标准，爰饬由教育厅商民、财两厅，将烟酒牲屠附加自治捐款，酌提若干，拨作各县（市）社会教育经费。旋经该厅等筹定，此项附加自治事业费，除确定以十分之二为社会教育经费外，其余十分之八作为各地方造林、筑修水利、农田等用。复经教育厅拟定《各县市社教附捐保管支用规程》，呈准颁行，通饬一律自二十三年七月一日起征日起，照拨二成，遵照《社教附捐保管支用规程》所定用途办理。计以往全省社教经费，约占全省教育经费百分之十三强，自筹增此项经费后，社教经费已占省教费百分之三十。各县（市）、区办理社教，因经费增裕关系，推行自易矣。

二、社教人员之训练：教厅为推行社教计，曾资送学生前往江苏教育学院肄习社会教育，并对此项学生呈请发给汇水减半证，民国二十四年度，复经省民众教育委员会拟定培养民众教育人才办法，函厅呈经省府核准令饬遵行。其所拟培养民教人才，计分三点：（一）开办民众教育人员讲习所，调集各市、县、区现任民教人员来讲习。（二）令饬各师范学校加授民众教育学科。（三）开办民教人员训练班及民众教育学系。

三、社会教育之视导：本省各县（市）、区办理社会教育，向有工作月报表之呈报，必要时并派督学视察。后因各省县民教馆增设至一百所以上，分布各处，普查不易，适值义教委员会指派视察员分区视察义教之便，当即委托视察社教，由厅拟定视察各表及视察要项说明，分发各义教视察员填报。其意义在明了各地方办理社教之真实情形，以作改进之参考。

以上为本省关于社会教育行政之概况。兹再将历年对于社会教育事业推行之概况分述如下。

一、民众教育

（一）民众教育馆

本省为谋促进社会教育，提高地方文化，遵照部颁《民教馆暂行规程》，拟定《全省民教馆设置纲要》，于二十一年二月，就省立博物馆及民众图书馆原有机构，改组为省立昆华民教馆。内设总务、推广等五部及莲德镇实验区。并就各省立中学区筹设省馆，通饬各县（市）政府筹设县馆，先后拟订《民教馆改进计划实施程序》等法令以资遵循。教厅对新设之馆，除按其开办费多寡比例补助外，并呈准省府由各县附加自治费内提拨二成，作各馆事业费用。以是截至二十六年止，全省有昆华、开远、开化、昭通、楚雄、丽江六个省馆。二十八年，分期轮派省、县馆长赴渝受训，回职后，由部、厅核发设备费，俾利购置。二十九年，抗战紧张，空袭频仍，当令省会及交通区各馆疏散重要设备，并商同省训团开办民教人员训练班，指调未赴部受训馆长来省就近受训。三十年，昆华民教馆被炸中弹，屋舍半毁，工作停顿。三十一年秋，另委馆长主持其事，并调整开远等馆馆务。现时昆华馆舍已复旧观，各部业务照常进行，其他各级民教馆，亦尚能充实设备，加强工作云。

（二）民众学校

本省民众学校，自民国十九年起，即作普遍性之推行。截至二十三年度，计设学二千五百零二校，学生达一十二万余千人。二十四年度，增设至二千七百二十二校，收容学生一十三万八千二百余十人。自二十五年度起，教厅拟定实施民众补习教育六年计划，规定各县（市）应设校数及招生数量，并配民教课本，以资应用。是年全省民校数量遽增，收容失学民众达二十六万五千七百二十人。又以各县常备队队兵多属成年失学民众，特拟定《县（市）团队实施民众教育办法大纲》，以省令颁布实行。此项队兵失学教育呈报实施者，有七十余县，历年毕业生数约七万三千余百人。二十七年十一月，本省奉教部训令，举办战时民众教育。当于二十八年指定昆明市、县为实施区域，发动知识分子，利用行政力量，作大规模之推行。办理结果，以能发动保甲人员参照户籍，分期分镇抽调失学男女入学，故设学数及学生数，市、县成绩均尚可观，尤以昆明县区设学较多。二十九年，复拟订《本省战时民教第二年实施计划纲要》，就全省主要交通路线，于其所经各县之重要城镇，继续推行。此项实施，除由教厅筹组战时民教巡教总队三队分赴昆大、昆平等路及铁道区设学施教外，并饬各县政府组织推行委员会，计划设学。因规模较大，规章较密，推行结果，计施教区域有呈贡、宜良、晋宁、嵩明、玉溪、楚雄、禄丰、镇南、祥云、大姚、凤仪、马龙、平彝、沾益、宣威等十五县。教厅巡教队在二十九年全年及三十年上学期内，共设四百八十余校，收教失学成年约四万五千三百六十余人。与各县所设并计，共设校九百余所，收教失学男女九万零数百人。此项计划，原拟继续实施，因民校推行事宜改由各县（市）中心国民学校附办成人班、妇女班负责办理，遂告终止。惟自三十四年度起，属于社会教育者，另筹划实施民众职业补习教育，饬由各级民教馆举办，现在推行中。

二、图书教育

省立图书馆

（一）省立昆华图书馆

本省图书馆，于宣统元年九月成立后，宣统三年七月，博物馆继以成立。民国元年，奉军政府令，缩小范围，暂裁馆长一席，一切事务，由庶务负责办理。嗣又奉令，以本馆翠湖馆址作陆军偕行社之用，图书馆遂迁移旧粮道署内。军府先后聘赵藩、秦光玉、蒋谷相继为馆长，均以他故，在职不久，惟蒋谷任期直至三年十月为较长。继任馆长者为由云龙，由馆长任内修订章程，编印图书目录初编，皆馆务之荦荦大端，有足纪者。七年四月，由云龙辞职，赵藩复任，兼办辑刻云南丛书处。八年，政府辟旧粮道署为新街，将陆军偕行社腾还图书馆，遂仍迁回翠湖旧址。迁移即定，旋聘袁嘉毅为副馆长。此时期中，特别增设特别阅览室、妇女阅览室、儿童阅览室及馆外各阅书报分处，并继续编印书目二编。迄十六年，袁嘉毅辞职，赵藩逝世，政府依照赵馆长遗嘱所荐，聘陈荣昌为馆长，秦光玉为副馆长。嗣陈君坚辞未就，遂聘秦君为馆长，而裁副馆长一席。馆务一仍旧贯，未尝中辍。十八年七月，城北火药爆发，地壳波动，以致馆中墙屋毁坏，户牖坍塌，因竭力修缮补葺，迄十一月，始以旧观。秦馆长继任以后，于馆务大加整顿，博物部分教育厅移设省城文庙内，后改民众教育馆，乃集中精力，增加图书阅览部分之效率。依照省府规定，改馆名为省立国学图书馆，嗣复改为省立昆华图书馆。兹将二十年以后之馆务概况，分述如下：

1. 组织之改变：遵照部章，设采编、阅览、印售、总务四部。

2. 馆舍之修葺：因阅览人数增加，将阅书室改修扩充一倍。又馆舍历次被敌机轰炸波及，经随时修复，并于馆内建一防空室，以备随时隐避。又改建厕所，以重卫生。

3. 图书之增加：自二十年以后，每月经、临费节省开支所余，均用以购书。又复本方志及本馆出版《云南丛书》与南京国学图书馆及燕京大学图书馆交换，图书增加甚多。截至现在，全馆图书总计如下：

省立昆华图书馆图书统计表

项目	部数	册数
总类	1,228	48,949
哲学类	795	2,707
宗教类	283	7,747
社会科学类	4,558	12,271
语文类	752	1,787
自然科学类	1,321	1,989
应用技术类	1,040	2,181
艺术类	512	2,120
文学类	5,224	20,541
史地类	2,605	20,078
复本	2,396	20,486
合计	20,714	140,856

此外又与北平图书馆传抄善本书，计该馆借抄本馆者一百二十余种，本馆借抄该馆者，为《正德云南志》《天启滇志》，计四十余卷。

4. 书目之编辑：本馆书目除初编书目已印行外，现在重编统一书目及参考书目。分类依据皮高品氏十进分类表，另编著者目录、书名目录。

5. 阅览之改善：阅书增加座位；书目改用卡片；又书库及阅览室均增加职员；阅览者之稽考用号码牌；订阅览规则二十条；又添设杂志阅览室。

6. 历年阅览人数统计如下：

省立昆华图书馆历年阅览人数统计表

年份	人数	年份	人数
宣统元年	1,834	十七年	22,627
二年	8,947	十八年	19,805
三年	16,307	十九年	25,235
民国元年	18,396	二十年	70,726
二年	22,806	二十一年	83,051
三年	25,155	二十二年	84,008
四年	32,497	二十三年	98,736
五年	26,229	二十四年	103,477
六年	27,985	二十五年	99,825
七年	24,512	二十六年	101,142
八年	19,298	二十七年	128,978
九年	60,623	二十八年	135,645
十年	48,018	二十九年	105,642
十一年	41,563	三十年	115,825
十二年	47,032	三十一年	99,762
十三年	36,608	三十二年	105,432
十四年	32,182	三十三年	112,586
十五年	28,778	三十四年	97,828
十六年	17,529		

7. 图书之疏散：二十九年，因昆市空袭频仍，为策安全计，将馆藏善本及抄本、孤本图书，运存市外安全地点，计四万余册。

8. 章程之改订：馆中迭经改组，旧日章程多不适用。于二十一年改订章程五章三十四条，函教育厅转呈省府备案，业经编入本省《单行法规汇编》第二十集公布施行。

9. 与国外交换图书：三十四年四月，美国图书馆专家劳伦伯来馆参观，检送以本省《通志》及《丛书目录》、本省《乡贤事略》等书，并与劳氏商谈，希望以后美国新出书刊与本馆交换，劳氏已表同意。

10. 出版情形：《云南丛书》刻成《丽郡诗文徵》《六书纲目》等，至《滇诗文丛录》正印行中。又陈小圃先生《虚斋文稿》《诗稿》版片，亦与先生后裔洽妥，收归馆中。

（二）省立昆明图书馆

1. 筹设：省府鉴于国内学术机关迁滇者日众，名流学者荟萃一隅，文化水准无形增高，而本省原有之图书机关，质量均感不足，殊难配合时代发展。乃谕示教育厅精密设计，筹建本馆，其规模必须宏大，设备务求完善，期成为本省图书教育之典型。

2. 馆址：本馆馆址原系选定市西郊学校区附近，俾能就便多数学子。嗣以地区过偏，未能顾及普通民众阅览，乃另行择于市内大兴街现在地址。

3. 房舍：馆舍中心建筑为宫殿型中西大楼一座，完全新建。自二十九年八月兴工，因值空袭紧张，工程时受障碍，至三十一年十一月始克落成。建筑富丽，气象雄伟，前有宽敞庭园，旁置办公室及书库，布置适当，环境优美，洵属时代文物场所。

4. 组织：本馆遵照中央所颁《省立图书馆组织规程》，计设特藏、采编、阅览、推广、总务等五部，附设印刷所一所。

5. 人员：设馆长一员（现由教育厅龚厅长兼任），各部主任五员，干事八员，办事员六员，雇员六员，警卫二名，工役六名。

6. 经费：本馆自三十一年一月起，即筹备办公，支领经费。以后逐年经费数目，均有增加，分别列后：三十一年领一十二五千二百五十六元，三十二年领一十三万八千二百六十一元，三十三年领一十九万九千六百八十元，三十四年预算数二十五万九千五百八十四元。

7. 藏书：本馆开办以来，因抗战关系，图书价昂，而经费原属有限，尚无大量购藏。已由教厅拨发前大理民族文化书院移交之中文书籍五千三百余册，西书五百四十五册。又由省立昆华中学拨借中、西文书籍共一千五百一十五册，昆华民众教育馆拨借中、西文书籍九千八百八十五册。现教厅已决定拨给巨款约一千万元，以资充实设备。

8. 工作情形：本馆初步工作，将人事设定应用及陈设所需器物，大体均已购备。关于图书整理、编目、保管等工作，均在逐日进行中。并于三十三年十月先进行开放刊物阅览室及普通阅览室，阅览人数，日有增加。现应英国新闻处及中英文化协会之请，决于年内增设特别阅览室，备置西文书刊，供众阅览。

9. 附设印刷所：本馆为备采编部出版书刊，以推广图书教育，即于筹建馆舍之初，开办印刷所一所于西郊环城公路附近。四年以来工作成绩，尚为可观。

市县图书馆

本省各市、县图书馆，自民国十年后，逐渐成立。教育厅规定《各县文庙内附设通俗图书馆简章》《通俗图书馆管理章程》及《鉴定通俗图书馆书目》三种规程，同时公布后，内容设置，渐形充实。至十九年四月，教育厅又筹拨专款，定购《万有文库》二十余部，除颁给学校外，以十七部巡回全省，借资提倡各县图书馆事业。兹将各市县图书馆列表如下：

云南省各县（市）图书馆统计表

名称	性质	立别	地址	藏书册数	每年经费	组织	馆长	成立年月	备注
广南县通俗图书馆	通俗	县立	孔庙内	千余册	孔庙款产	未分部或组	陆怀德	1929 年1月	
丘北县通俗图书馆	//	//	财政局内	二百余种	//	//	杜启泰	1929 年11月	
宜良县通俗图书馆	//	//	孔庙内	《万有文库》一部及丛书二十八种	孔庙款产三千九百零六元八角	//	张树德	1930 年11月	民国二十年八月并为民教馆阅览部。
江川县通俗图书馆	//	//	教育局内	二百余种	官绅捐廉	//	赵元昌	1929 年11月	
楚雄县通俗图书馆	//	//	暂设西月城	《万有文库》一部及其他二百八十五种	五百四十元	//	刘文华	1929 年11月	现拟归并民教馆改为阅览部。
巧家县通俗图书馆	//	//	教育局内	二千一百一十册	一千四百余十元	//	会宪稷	1929 年3月	民国二十年五月并为教馆阅览部。
邓川县通俗图书馆	//	//	//	新旧书共百卷	三百六十元	//	王璧	1929 年12月	二十一年十二月并为民教馆阅览部。
腾冲县通俗图书馆	//	//	联合中校内	三千余册	由联中经费支用	//	校长兼		成立年月未详。

（续表）

名称	性质	立别	地址	藏书册数	每年经费	组织	馆长	成立年月	备注
缅宁县通俗图书馆	通俗	县立	东城楼	二百余种	孔庙祭款	未分部或组	何士林	1929年12月	
祥云县通俗图书馆	//	//	钟鼓楼	七十余种	三百元	分设二、三区	刘焕中	1929年11月	民国二十年九月并为民教馆阅览部。
凤仪县通俗图书馆	//	//	教育局内	二千余种	一千五百余元	分设下关，红崖等五处	田飞龙	1929年11月	饬并民教馆改为阅览部。
寻甸县通俗图书馆	//	//	钟鼓楼	二百余种	一千零六十八元	分设图书阅览二部	李华章	1930年3月	民国二十一年五月并为民教馆阅览部。
漾濞县通俗图书馆	//	//	初等小学校内	//	孔庙款项	未分部	阿焕业	1930年1月	民国二十一年四月改为民教馆阅览部。
宁洱县通俗图书馆	//	//	文昌宫	//	//	//	赵家珍	1929年12月	//
平彝县通俗图书馆	//	//	教育局内	//	//	//	杨式岳	1930年1月	
河西县通俗图书馆	//	//	孔庙内尊经阁	一百余种	九百二十元	//	赵作霖	//	
易门县通俗图书馆	//	//	县城	//	孔庙款项	//	吴祯祥	1930年2月	
大关县通俗图书馆	//	//	县城	//	//	//	罗择远	1930年2月	民国二十年饬改为民教馆阅览部。
双柏县通俗图书馆	//	//	孔庙内	//	//	//	尹任仁	1930年1月	
顺宁县通俗图书馆	//	//	//	//	//	//	江如渊	//	饬并为民教馆阅览部。

（续表）

名称	性质	立别	地址	藏书册数	每年经费	组织	馆长	成立年月	备注
洱源县通俗图书馆	通俗	县立	孔庙内	九百余册	八百四十元	未分部	赵秉钧	1930年2月	
彝良县通俗图书馆	//	//	//	三十四种	孔庙款产	//	谢昭琦	1930年3月	
路南县通俗图书馆	//	//	教育局内	数十种	孔庙款产	//	汪作霖	1930年3月	饬并为教馆阅览部。
麻栗坡通俗图书馆	//	//	//	//	三百六十元	//	张以华	1930年4月	民国二十九年九月并为民教馆阅览部。
大理县通俗图书馆	//	//	五华楼	《万有文库》一部、其他六十八种	一千二百余元	//	杨桂生	1930年3月	民国二十年三月并为民教馆阅览部。
弥渡县通俗图书馆	//	//	城内关街	百四十余种	七百二十元	//	杨周华	1929年12月	饬改为民教馆阅览部。
蒙化县通俗图书馆	//	//	孔庙内	《万有文库》一部、其他一百一十余种	五百五十元	//	罗家麟	1930年5月	民国二十年八月改为民教馆阅览部。
广通县通俗图书馆	//	//	城内公卖	一百五十种	六百元	//	胡思	1930年7月	
安宁县通俗图书馆	//	//	东城楼	一百余种	一千八百元	//	董涟	1930年9月	
盐丰县通俗图书馆	//	//	文昌宫	//	一千元	//	王乃明	1930年10月	民国二十年六月改为民教馆阅览部。
昭通县通俗图书馆	//	//	孔庙内	二千一百三十册	三千元	阅览、事务两部		1923年3月	民国二十年三月改为民教馆阅览部。
保山县通俗图书馆	//	//	社教筹办处	千余册	八百元	未分部	陈厚发	1930年8月	现已并为民教馆阅览部。

（续表）

名称	性质	立别	地址	藏书册数	每年经费	组织	馆长	成立年月	备注
墨江县通俗图书馆	通俗	县立	教育局内	六十余种	二百六十四元	未分部	胡钟琳	1923 年	
宾川县通俗图书馆	//	//	第三高小校内	一千四百五十册	一千零八十元	//	赵现清	1930 年 2 月	
丽江县通俗图书馆	//	//	城内	五千七百六十六种	四百九十二种	//	和志坚	1929 年 8 月	
河口县通俗图书馆	//	区立	中学校内	《万有文库》一部	七百二十元	//	王定华	1930 年 2 月	
镇南县通俗图书馆	//	县立	教育局内	三千另三十册	五百四十元	//	杨慎昭	1930 年 3 月	
大姚县通俗图书馆	//	//	//	四十余种	八百四十元	//	李家梓	1929 年 9 月	
姚安县通俗图书馆	//	//	孔庙内	八十余部	六百元	//	朱廷燎	1630 年 10 月	
牟定县通俗图书馆	//	//	武庙前层	七十四种	七百八十元	//	刘崇先	1924 年 3 月	
教育厅图书馆	普通	教育厅设立	省教育厅内	一千四百五十六册	一千元	//	魏嘉木	1921 年	
云南省教育会图书馆	//	公立	昆明市长春坊	中西图书共计二万九千一百二十一册	一万一千九百四十元	普通、特别阅览室、阅报室	徐继祖		
东陆大学图书馆	//	省立	本校内	一万四千册	一千二百元	主任一人管理员三人	严佐兴	1921 年	
师范学院图书馆	//	//	小富春街	五千四百九十一册	一万二千元	主任一人事务员一人	王烈	1923 年 3 月	
公立法政学校图书馆	专门	公立	兴隆街	六千余册	约一千二百元	主任一人司事一人	洪承德	1901 年	

（续表）

名称	性质	立别	地址	藏书册数	每年经费	组织	馆长	成立年月	备注
省立第一师校图书馆	普通	省立	本校内	四千八百五十七种（一万七千三百一十六部）	一万二千元	管理员一员司事一员书记一员	王子祜	1929年	
省立昆华中学图书馆	//	//	文林街	一万九千余册	六千元	分南北两院	夏光南	1912年	
省立昆华女中图书馆	//	//	高中部在熟皮坡，初中部在咸宁巷	中文六千八百七十九册、外国文二百一十九册	六千元	每馆设管理员一人	高中管理员周维璧初中管理员王家璇	1923年2月	
省立一工学校图书馆	专门	省立	本校内	二千五百八十四册	七千九百五十元	设主任一人管理员一人	王克生	1930年3月	
省立一农图书馆	//	//	双塔寺	八千二百一十八册	七千九百五十元	//	张淑良	1926年8月	
昆明县第一至五民众书报阅览室	普通	县立	三捷桥、官渡、小坝、马街子、农头村	每室置图十一种、书一百八十余册、报十四种	一万三千八百元	分设中乡、南乡、东乡、西乡、北乡五处	李永清	1925年	
凤仪县民众书报阅览室	//	//	各小学校内	百余种	四百二十元	分设各小学校	田飞龙	1930年3月	
大理县民众书报阅览室	//	//	魁星阁	//		分设二处	杨桂生	1930年1月	

（续表）

名称	性质	立别	地址	藏书册数	每年经费	组织	馆长	成立年月	备注
云龙民众阅览室	普通	县立	教育局	百余种	六十元	未分部	王选贤	1930年3月	
弥渡县民众书报阅览室	//	//	城内	//	三百六十元	//	杨周华	1929年7月	
宾川县民众阅览室	//	//	县城	二千余册	二千二百八十元	分设县城、宾居、挖色	赵现清	1929年5月	
牟定县民众书报阅览室	//	//	图书馆内	百余种	六百五十元	未分部	刘崇先	1928年12月	
安宁县民众书报阅览室	//	//	县城公房	//	三百六十元	分设二处	董涟	1930年10月	
姚安县民众书报阅览室	//	//	东城楼	//	六百元	未分部	朱廷燎	1926年5月	
镇南县民众书报阅览室	//	//	城内	//	五百一十二元	分设四处	杨慎昭	1930年3月	
广通县民众书报阅览室	//	//	黑苴斗观寺、洛川观音街	//	一百八十元	分设二处	陆怀德	1930年6月	
寻甸县民众书报阅览室	//	//	城内鼓楼	与图书馆合用		未分部	秦宝宾	1930年3月	

（续表）

名称	性质	立别	地址	藏书册数	每年经费	组织	馆长	成立年月	备注
昆明市立图书馆	普通	市立	市府东街	四千七百零四册	四千九百八十元	设馆长、主任、事务员各一人	濮玉	1926年	
昆华民众教育阅览部	//	//	文庙内	二万三千四百十二册	二万五千七百六十元	设主任编审、保管各一人，阅览室五处各设助理干事一人	周立慈	1923年1月	该部原系民众图书馆，于本年三月始并为民众教育馆阅览室。
昆明市立近日楼阅览所	//	//	近日楼	三千六百七十八册	三千四百六十二元	设管理员一员、助理员一员、事务员一员	钱鸿寿	1923年	
昆明市立劝农亭阅览所	//	//	古幢公园	八十九种	一千八百元	设事务员一员	林继春	1929年	
昆明市立大观楼阅览所	//	//	大观公园	九十七种	一千八百元	//	段建时	1930年	
昆明市立海心亭阅览所	//	//	翠湖公园	一百五十四种	三千四百六十二元	//	宁伯禽	1923年	

注：以上调查至二十年止。

民国二十一年以后云南省图书馆统计表

（1932—1940 年）

名称	性质	立别	地址	藏书册数	每年经费	组织	馆长	成立年月	备注
省立昆华高工图书馆	通俗	省立	西门外	10,481	500	事务一人	不详	1932 年	
省立昆华高护图书馆	//	//	金碧路	2,851	900	管理员一人	//	//	
昆华女子家事学校图书馆	//	//	钱局街	352	100	//	//	//	
省立云瑞初中图书馆	//	//	文林街	6,205	360	//	//	//	
省立富春初中图书馆	//	//	富春街	4,854	//	//	//	//	无固定经费。
省立昆华简易图书馆	附设	//	官渡镇	6,180	300	主任一人、管理员一人	//	//	
省立大理中学图书馆	//	//	县城内	13,413	350	//	//	//	图书系西云书院遗留。
省立丽江中学图书馆	//	//	县城内	10,404		//	//	//	无固定经费。
省立曲靖中学图书馆	//	//	东门街	30,765	780	主任一人、管理员一人	//	//	
省立顺宁中学图书馆	//	//	旧城	4,926		管理员一人	//	不详	//
省立临安中学图书馆	//	//	建水县文庙	12,806	360	//	//	//	
省立蒙自高工图书馆	//	//	大屯	5,924		教师兼任职员	//	//	经费无固定数。
省立普洱中学图书馆	//	//	城内	9,650	100	管理员一人	//	//	

（续表）

名称	性质	立别	地址	藏书册数	每年经费	组织	馆长	成立年月	备注
省立保山师范图书馆	附设	省立	县城内	27,122	1032	主任一人、管理员一人	不详	不详	
省立昆华国学图书馆	独立	//	翠湖公园	133,853	18,582	分采编、阅览、印售、总务四部	秦光玉	1930年2月改组	
省立昆明图书馆	//	//	大兴街	20,000	125,256	分采编、特藏、阅览、推广、总务五部	龚自知	1942年2月	经费照三十一年度。
昆明市立图书馆	//	市立	圆通公园	3,000	2,160	设阅览、总务二部	不详	不详	
省立昆华中学图书馆	附设	省立	西门外	27,004	1,200	主任一人、管理员二人	//	//	
省立昆华女中图书馆	//	//	绥靖路	6,860	1,140	主任一人、管理员一人	//	//	
省立昆华师范图书馆	//	//	西门外	86,243	3,000	主任一人、管理员四人	//	//	
省立昆华女师图书馆	//	//	绿水河	6,377	1,700	主任一人、管理员一人	//	//	
省立昆华体师图书馆	//	//	拓东路	1,000		不详	//	//	经费无固定数。
省立昆华高农图书馆	//	//	西门外	11,565		//	//	//	
省立泸西师范图书馆	//	//	泸西城内	5,361	500	管理员一人	//	//	

（续表）

名称	性质	立别	地址	藏书册数	每年经费	组织	馆长	成立年月	备注
省立思茅师范图书馆	附设	省立	思茅东门外	6,840	1,200	主任一员、管理员一人	不详	不详	
省立镇南师范图书馆	//	//	镇南城内	4,677	960	管理员一人	//	//	
省立宣威师范图书馆	//	//	宣威城内	6,998	850	//	//	//	
省立鹤庆师范图书馆	//	//	鹤庆南城内	2,852	120	//	//	//	
省立小坝女简师图书馆	//	//	昆明县小坝乡	168	90	//	//	//	
省立大理女师图书馆	//	//	大理北门内	6,350		主任一员、管理员一人	//	//	经费无固定数。
省立佛海简师图书馆	//	//	佛海城内	3,583	200	管理员一人	//	//	
省立个旧简师图书馆	//	//	个旧城内	2,500		职员由教师兼任	//	//	经费无固定数。
省立广南简师图书馆	//	//	广南城内	432			//	//	//
省立永胜简师图书馆	//	//	永胜城内	451	72	管理员一人	//	//	
省立双江简师图书馆	//	//	双江城内	6,050	300	//	//	//	
省立玉溪初农简易图书馆	//	//	玉溪城内	6,051	480	//	//	//	
省立宾川初农图书馆	//	//	宾川牛井	1,575	180	//	//	//	

（续表）

名称	性质	立别	地址	藏书册数	每年经费	组织	馆长	成立年月	备注
省立会泽初中图书馆	附设	省立	会泽城内	1,174	300	管理员一人	不详	不详	
省立宜良初中图书馆	//	//	宜良城内	4,837		//	//	//	无确定经费。
省立开远初农图书馆	//	//	开远城文庙内	1,819	350	//	//	//	
省立开远民教馆图书室	//	//	//	13,497	300	//	//	//	
省立丽江民教馆图书室	//	//	丽江城内	25,746	3,200	主任一人、管理员一人	//	//	
峨山县立爨文小学阅览室	附设	县立	峨山城内	430		管理员一人	//	//	无专款。
峨山萃秀小学图书室	//	//	//	500		//	//	//	//
宣威宛温小学图书室	//	//	宣威城内	620	175	//	//	//	
宣威虹桥小学图书室	//	//	县区虹桥镇	420	200	管理员一人	//	//	
宣威左所小学图书室	//	//	宣威左所	350	150	//	//	//	
宣威倘塘小学图书室	//	//	宣威倘塘	705	175	//	//	//	
宣威保山小学图书室	//	//	宣威宝山	452	160	//	//	//	
宣威龙霖小学图书室	//	//	宣威龙场	380	150	//	//	//	
宣威格宜小学图书室	//	//	宣威格宜	362	150	//	//	//	

（续表）

名称	性质	立别	地址	藏书册数	每年经费	组织	馆长	成立年月	备注
宣威田坝小学图书室	附设	县立	宣威田坝	480	200	不详	不详	不详	
宣威文关小学图书室	//	//	宣威文关	673	200	//	//	//	
宣威基长小学图书室	//	//	宣威基长	372	150	//	//	//	
宣威板桥小学图书室	//	//	宣威板桥	752	285	//	//	//	
宣威关莹小学图书室	//	//	宣威关莹	380	210	//	//	//	
宣威歌平小学图书室	//	//	宣威歌平	452	160	//	//	//	
宣威得禄小学图书馆	//	//	宣威得禄	258	175	//	//	//	
墨江县联珠小学图书室	//	//	墨江城内	1,000		管理员一人	//	//	
马龙通泉小学图书室	//	//	马龙通泉镇	1,075	300	//	//	//	
邓川得源小学图书室	//	//	邓川北门西街	596	60	//	//	//	
文山第一区兴华小学附设民众图书馆	//	//	文山第一区	3,050	200	//	//	//	
石屏玉屏小学图书室	//	//	石屏玉屏小学	544		职员由学生轮任	//	//	经费不定。
开化民众教育馆图书馆	//	省立	文山县黌学	13,732	1,080	主任一员职员一人	//	//	
昆华民众教育馆阅览部	//	//	昆明市文庙	43,917	1,800	//	徐建雄	//	

（续表）

名称	性质	立别	地址	藏书册数	每年经费	组织	馆长	成立年月	备注
省教育会图书室	附设	公立	昆明市绥靖路	21,500	1,620	职员九人	不详	不详	
昆明县第一区书报阅览室	专设	县立	第一区遵德镇	1,000	360	主任一人、职员二人	//	//	
昆明县第二区书报阅览室	//	//	县区官渡镇	1,000	360	//	//	//	
昆明县第三区书报阅览室	//	//	县区板桥镇	1,000	360	//	//	//	
昆明县第四区书报阅览室	//	//	县区龙泉镇	1,000	360	//	//	//	
昆明县第五区书报阅览室	//	//	县区大渔镇	1,000	360	主任一人、职员二人	//	//	
华坪县图书阅览室	//	//	华坪城内	1,817	320	主任一员、科员一人	//	//	
镇沅县图书馆	//	//	县区按板镇	2,267	1,260	馆长一员、职员二人	//	//	
西畴县立图书馆	//	//	西畴城内	1,250	200	//	//	//	
腾冲和顺乡图书馆	//	//	和顺乡文宫	21,000	1,000	//	//	//	
泸西县图书馆	//	//	城内北门街	12,121	2,500	//	//	//	
永善县图书馆	//	//	县城内	2,120	360	//	//	//	
鲁甸县崇文图书馆	//	//	城内巡检署	2,810	1,264	//	//	//	

（续表）

名称	性质	立别	地址	藏书册数	每年经费	组织	馆长	成立年月	备注
宣威县图书馆	专设	县立	县城内武庙	1,510	1,500	馆长一人，职员一人	不详	不详	
墨江县普益图书馆	//	//	南城外普益社	1,000	750	//	//	//	
寻甸县图书馆	//	//	城内学海	2,562	1,044	//	//	//	
六顺县图书馆	//	//	第一区官房	1,020	2,000	//	//	//	
宾川县图书馆	//	//	县城文庙	2,500	1,500	//	//	//	
镇越县图书馆	//	//	县城易武	1,000		馆长一人、职员一人	//	//	经费数不详。
洱源县图书馆	//	//	县城文庙	3,043	4,740	馆长一人、职员三人	//	//	
镇康县通俗图书馆	//	//	教育局	3,308	420	馆长一人、职员一人	//	//	
大理第二区苍逸图书馆	//	//	史城镇喜洲	17,000	1,000	馆长一人、职员二人	//	//	
个旧县教育局图书馆	附设	//	县城文笔路	4,129	300	管理员一人	//	//	
个旧县商会图书馆	//	//	县城文庙内	2,700	1,000	//	//	//	
个旧锡务公司图书馆	//	公立	县城禄春花	6,732		//	//	//	无固定经费。
个旧县党部图书馆	//	//	县城金火庙内	2,500		//	//	//	//

（续表）

名称	性质	立别	地址	藏书册数	每年经费	组织	馆长	成立年月	备注
昭通济川民众阅览室	专设	县立	本县西城楼	1,660	840	管理员一人	不详	不详	
马龙通俗图书馆	//	//	通泉镇	4,580	728	//	//	//	
缅宁县图书馆	//	//	县城民教馆	5,000		馆长一人、职员二人	//	//	
禄劝县图书馆	//	//	县城内	420	250	馆长一人、职员一人	//	//	
罗次县图书馆	//	//	民教馆内	2,253	432	//	//	//	
呈贡县图书馆	//	//	民教馆内	2,380	1,200	馆长一人、职员二人	//	//	
剑川县明伦图书馆	//	//	县城明伦堂	5,100	358	馆长一人、职员三人	//	//	
盐津县图书馆	//	//	县城老街公园	3,169	200	馆长一人、职员一人	//	//	
大理县民众教育馆图书室	附设	//	县城五华楼	3,775	800	主任一人、职员一人	//	//	
昆阳县民众教育馆图书室	//	//	旧教育局	5,210	360	//	//	//	
江川县民众教育馆图书室	//	//	县城启文公园	2,046	2,550	主任一人、职员二人	//	//	
广通县民众教育馆图书室	//	//	城内正街	1,000	680	主任一人、职员一人	//	//	

（续表）

名称	性质	立别	地址	藏书册数	每年经费	组织	馆长	成立年月	备注
富明县民众教育馆图书馆	附设	县立	县城内	5,000	1,300	主任一人、职员一人	不详	不详	
宜良县众教育馆图书室	//	//	县城文庙	10,500	570	//	//	//	
牟定县众教育馆图书室	//	//	教育局	500	524	//	//	//	
通海县众教育馆图书室	//	//	民教馆	3,300	180	//	//	//	
广南县众教育馆图书馆	//	//	县城文庙	3,501	350	//	//	//	
新平县众教育馆图书馆	//	//	民教馆	220	150	//	//	//	
邓川民众教育馆图书馆	//	//	县城文庙	3,094	2,683	主任一人、职员二人	//	//	
陆良民众教育馆图书馆	//	//	县城孔子庙	2,075	500	主任一人、职员一人	//	//	
楚雄民众教育馆图书馆	//	//	县城中正街	2,406	480	//	//	//	
漾濞民众教育馆图书馆	//	//	南门外本主庙	3,562	2,286	//	//	//	
永仁桂香民众教育馆图书馆	//	//	县城内	1,456	360	//	//	//	
大关民众教育馆图书馆	//	//	中烈宫	5,553	167	//	//	//	
峨山民众教育馆图书馆	//	//	黄公祠	1,371	230	//	//	//	

（续表）

名称	性质	立别	地址	藏书册数	每年经费	组织	馆长	成立年月	备注
顺宁民众教育馆图书馆	附设	县立	县城文庙	9,000	500	主任一人、职员一人	不详	不详	
宁洱民众教育馆图书馆	//	//	县城维新街	12,030	1,250	//	//	//	
蒙自民众教育馆图书馆	//	//	县城文庙街	9,914	200	//	//	//	
蒙化民众教育馆书报室	//	//	县城县门口	10,000	2,500	//	//	//	
兰坪民众教育馆图书室	//	//	县城文兴街	7,000	60	//	//	//	
晋宁民众教育馆图书馆	//	//	县城明伦堂	3,959	2,820	//	//	//	
嵩明民众教育馆图书馆	//	//	县城西街	4,000	1,500	主任一人、职员一人	//	//	
永平民众教育馆图书馆	//	//	师范学校	1,536		//	//	//	经费不详。
彝良民众教育馆图书室	//	//	县城正街	321	321	//	//	//	
易门民众教育馆图书馆	//	//	南城外二会	822	1,000	//	//	//	
澄江民众教育馆图书室	//	//	县城文庙	1,500	60	管理员一人	//	//	
石屏民众教育馆图书馆	//	//	县城文庙	4,930	754	主任一人、职员一人	//	//	
双柏民众教育馆图书馆	//	//	县城内正街	1,000	600	管理员一人	//	//	

（续表）

名称	性质	立别	地址	藏书册数	每年经费	组织	馆长	成立年月	备注
马关民众教育馆图书馆	附设	县立	县城马白东关	900	816	主任一人、管理员一人	不详	不详	
河西民众教育馆图书馆	//	//	县城文庙	3,267	120	管理员一人	//	//	
安宁民众教育馆及初级中学图书馆	//	//	太极书院	4,000	480	//	//	//	
保山图书馆	//	//	民教馆	5,030	750	主任一人、职员二人	//	//	
威信培文图书馆	专设	//	县城札西小学	351		学校职员经理	//	//	
永仁仁和民众教育馆图书馆	附设	//	县区仁和镇	860	360	管理员一人	//	//	
弥勒简易师范学校图书馆	//	//	南门外横街	1,600	2,000	主任一人、职员一人	//	//	
河西简易师范学校图书馆	//	//	县城武庙内	1,000	60	管理员一人	//	//	
澄江初级中学图书馆	//	//	县城内	2,902	900	主任一人、职员一人	//	//	
易门初级中学图书馆	//	//	县城内	2,300	500	//	//	//	
通海县初级中学图书馆	//	//	县城内	3,520	240	管理员一人	//	//	
广通县初级中学图书阅览室	//	//	凤鸣书院	620	300	主任一人、职员一人	//	//	

（续表）

名称	性质	立别	地址	藏书册数	每年经费	组织	馆长	成立年月	备注
剑川县立中学金华图书馆	附设	县立	县城内	1,900		主任一人、职员一人	不详	不详	无专款。
禄劝县立中学图书馆	//	//	县城内	1,020	300	馆长一人、职员一人	//	//	
西畴县立畴阳中学图书馆	//	//	畴阳老街	200	50	管理员一人	//	//	
永仁县初级中学图书馆	//	//	大田镇	1,654	480	//	//	//	
峨山县初级中学图书馆	//	//	县城内	378	210	//	//	//	
路南县初级中学图书馆	//	//	县城内	857	30	//	//	//	
永仁县桂香小学图书馆	//	//	县城内	754	240	//	//	//	
石屏县钟秀小学图书馆	//	//	县城内	320		学生轮流管理	//	//	无固定经费。
元江县城区小学图书馆	//	//	县城内	400		管理员一人	//	//	//
元江青龙镇立小学图书馆	//	//	青龙镇	400		//	//	//	//
元江洼垤镇立小学图书馆	//	//	洼垤镇	400		//	//	//	//
元江迤萨镇立小学图书馆	//	//	迤萨镇	400		//	//	//	//
元江小羊街乡立小学图书馆	//	//	小羊街	400		//	//	//	//

（续表）

名称	性质	立别	地址	藏书册数	每年经费	组织	馆长	成立年月	备注
元江雾山镇立小学图书馆	附设	县立	雾山镇	400		管理员一人	不详	不详	无固定经费。
元江崇差镇立小学图书馆	//	//	崇差镇	300		//	//	//	//
元江因远妥定小学图书馆	//	//	因远	300		//	//	//	//
元江因远镇立小学图书馆	//	//	因远	300		//	//	//	//
丽江石鼓小学儿童图书馆	//	镇立	石鼓街	500	50	主任一人，职员一人	//	//	
丽江忠义小学儿童图书馆	//	县立	忠义村	3,591	220	管理员一人	//	//	
陆良第一小学图书室	//	//	西街旧老棚	600	50	//	//	//	
陆良第二小学图书室	//	//	南城外关岳庙	400	40	管理员一人	//	//	
陆良女子小学图书室	//	//	南小街五显庙	300	30	//	//	//	
陆良鼎新小学图书室	//	区立	永丰镇岔河海湖寺	400		//	//	//	经费无专款。
陆良钟灵小学图书室	//	//	钟灵镇	1,000	50	//	//	//	
陆良县政府第三科图书室	//	//	县城东街	106		//	//	//	经费无专款。
丽江县上元民众图书馆	专设	乡立	县区上元村	320	40	//	//	//	

（续表）

名称	性质	立别	地址	藏书册数	每年经费	组织	馆长	成立年月	备注
丽江县大中图书馆	专设	保立	县区极乐宫	2,700	55	主任一人、职员一人	不详	不详	
峨山县教育局书报阅览室	附设	县立	县城内	3,250	180	管理员一人	//	//	
路南县通俗图书馆	专设	区立	县城内	247	45	管理员一人	//	//	计四所。
佛海现代图书馆	专设	私立	县城内	4,000	200	馆长、职员各一人	//	//	
南峤县图书馆	专设	县立	县城新街	250	600	同上	//	//	
大理县图书馆	专设	公立	大理县城内	7,306	16,122	设文书、事务、阅览三部	赵继曾	1944年12月25日	

说明：

本表系根据二十一年以后二十九年以前之资料编制，二十九年以后，各市、县图书馆概况调查表，尚未征集全，故缺。

三、体育运动

本省体育运动发轫较迟，民十八年以前尚无宏大发展。历经努力推进，民十九年以后，始稍具规模。“七·七”以还，战局内移，本省以西南重镇，肩负民族复兴重任，深感体育运动之推进，实关乎良兵良民之培养，且系乎抗建大业之完成。秉承中央政令，积极推进，不遗余力。迄今体育行政机构大体完具，体育事业，亦略有端倪。爰就民国二十二年后本省体育运动发展概况，分志于次：

（一）学校体育

学校体育经费支绌，设备简陋，影响学生体育兴趣非浅。教厅为谋学校体育之改进，除转发部颁《各级学校体育设备暂行最低限度标准》《中小学体育实施方案》《中等学校体育改进要点》《中学体育实施成绩考核办法》及纪录表等项，通令切实施行外，并加强各校体育行政组织。负责体育行政人员，由各校校长慎加遴选，并倡导学生举行各项运动比赛，每学期内经常举行班际比赛，并举行全校运动会；各校均能遵照举办，学生运动兴趣亦日渐提高。各校体育经费，于奉部颁《各级学校体育设备暂行最低限度标准》后，一切设备已有准绳。自二十三年迄二十六年，各校均遵照充实设备，已日趋改观。二十六年，抗战军兴，各校学生加紧军训，体育运动亦因之蓬勃发展。二十八年，敌机频袭，昆明各校奉令疏散，校址率皆散居乡间，体育设备一时不能筹设。教厅通令各校加紧课外运动，利用环境，施以合理之活动（如爬山、越野、国术、游泳等运动）。三十年冬，空袭已渐减少，各校始陆续迁返。然因疏散期内各项体育设备，不无损坏。三十四年，始逐渐修理恢复。

（二）国民体育

1. 运动会：本省运动大会，约每两年举行一次。民十九年双十节，举行全省运动大会时，外县不但无大规模运动会，即学校运动设备亦极简陋，教厅特令各县教育局、各省立学校派遣代表来省参加，以资观摩。民二十年，省会举行双十节运动大会，来省参加者，更由教厅补助半数旅费，以示优遇。民二十二年，本省政府经费支绌，然仍在昆明举行运动大会一次，以为各县楷模。至二十四年，教厅竭力监导，各县大规模之体育场纷纷呈报完成。各商业繁盛之区，皆有体育会之成立。二十四年十一月，政府不惜巨款，详加擘划，除于二十五日起在昆华学区照例举办盛大之运动会外，其余临安、普洱、曲靖、开化、丽江、大理、蒙自、楚雄、永昌、昭通等十学区，亦指导举行，予以补助，造成空前盛况，使交通不便之吾省，亦能收普及之效。民三十二、三十三年，昆明市政府于双十节日曾举办全市运动大会二次，教厅特制奖品颁发。三十三年八月，社会处于教厅筹备举办志舟杯篮球赛，至三十四年度八月始举行比赛，教厅特制锦旗三面为奖品。

2. 体育场：

（1）省立体育场：

云南大学体育场：该场系由前东陆大学接收前农业学校农事试验场场地改筑者。场址在北门外，全场周围约计八百米远。中设四百米跑道一，西面连二百米直跑道一。全场设足球、排球、篮球、网球及器械操设备。

光华体育场：场址沿省立昆华师范旧有体育场扩充，设有一百米跑道一，北面设有天桥、单杠滑杠各一，西北隅设枪箭靶，全场设有足球场一、排球场一、网球场一、篮球场二。该场设场长一人。体育设备分为球类、器械、国术、田径赛、舞蹈等项。二十七年三月，省政府决议修建云瑞公园，该场奉令结束，全体职员发薪二月遣散，所有场内一切设置，令云瑞中学暂行管理。兹已兴工建设云瑞公园，场地大部划入，其余一部分由教厅收回，计划筹设一小型体育场。

翠湖体育场：民二十年五月，奉省令于翠湖公园内东北角建立翠湖体育场，委省立体育专门学校校长聂体仁充任场长，其中并建立游泳池一座。该场位于风景区内，每日运动人数踊跃异常。昆明素无游泳场所，自该场成立以来，每届夏日，前往游泳者络绎不绝。二十六年十一月该场场长聂体仁奉令整顿省立体育师范，呈请辞去场长兼职，教厅令委姚继唐接充。二十七年二月，因修浚翠湖，昆明市政府呈准省府，将此场仍挖为池，而以土移填潘家湾运动场，该场乃奉令结束。

拓东体育场：二十八年教厅以省立光华、翠湖两体育场均因故停办，乃积极筹设一设备完善之体育场。场址选定拓东路金汁河畔，令委聂体仁为筹备主任，设立拓东体育场工程处。二十九年八月，复令委李立贤接充筹备主任。继因抗战关系，致使该场不能如期完成，且敌机空袭昆明，该场三度被炸，以前完成之大部工程，遭受损坏不少。三十一年元月，始将各部工程建筑完竣，三十一年四月，筹备主任李立贤请辞，令委马约翰为场长。三十一年九月一日，该场始正式成立，设备较往昔体育场已臻完善矣。

（2）市县立公共体育场：

昆明市体育场：设于小西门外潘家湾，设备计有田径、球类、器械操等项目。然以场地低洼，每易积水，且市府管理未妥善，一切设备日渐损坏，运动人数亦无形减少。

县立体育场：教厅二十三年通令各县筹备体育场，二十四年各县呈报成立者甚多，惟多系附省县份及较大县份，边远及贫瘠县份仍未能成立。二十九年，全省计有县立体育场一百六十九所，三十一年填报设置概况者计三十八所，三十二年度填报设置概况者四十七所，三十四年度全省仅有边远之泸水、宁蒗设治局，及武定县未能设立，教厅已令饬于年内筹设。其他如镇越、缅宁、福贡等县，均于三十三年先后成立。三十四年度，各县体育场设备除令饬设球场及田径赛场外，并令量力设备项器械，使各县体育场不但有场，而有设备。

（三）体育师资

本省体育师资，往昔仅有赴京、沪学习体育之少数专门人才。至二十二年，教厅鉴于体育师资日感缺乏，乃筹办省立体育专门学校，令委聂体仁为校长。三十四年，又设昆华体育师范于聚奎楼旁。两校毕业生，均已分往各校服务。省立体育专门学校于二十四年奉令停办，现仅有体育师范一校。

（四）国术馆

本省国术馆，在各县区多由民教馆倡办。惟县民能认识国术之重要者尚少，受训人数不多，成绩尚无显著表现。至省会国术团体，偶有私人聚徒教授，作辍靡常，组织规模均无可言。教厅乃于省立昆华民教馆附设国术团，聘请专家担任教练。昆明市政府亦设有市立国术馆一所。

四、电化教育

（一）电影教育

二十四年五月，由沪购到教育电影放映机、轻便发电机、幻灯机各一部，十六厘教育影片四十本。二十五年十月，试办教于电影巡回讲映队一队，委王秉心为主任，出发迤南工作。同年八月，选派魏嘉禾、李永诠、李德、毕训等四员，赴京入电化教育训练班学习。二十六年初，教育部补助柯达E型电影放映机及美国贺米莱特轻便发电机各四部，即于同年六月及九月，先后成立第二、第三两讲映队，并委魏嘉禾、李永诠分任主任。并在六月中，委派范绍文为电化教育技术专员，前往教育部听候遣送至各大电机工厂实习。并选送宣学智、冉旭光、杨其栋、李文伟、范启新、林国光六名，入第二期电化教育人员训练班，分别学习电影、播音及影片摄制。适抗战军兴，各选派人员亦即纷纷南返。二十六年十月，于主管社会教育之第三科专设电化教育技术室，办理电化教育行政及设计、制作、改进、修理、辅导等事项。二十七年四月，成立第四讲映队，委傅培德为主任。同年八月，于省立昆华艺术师范设实验队，以为该校电影科学生实习，并派龚景绪、严绍锟、苏文兰、张心聪、曾述尼、张孝樾赴渝入电化教育人员培训班。又本年内计购到抗战影片四十五本。二十八年，将实验队改由技术室附设。六月，依照社会教育分区，订定《电影播音巡教队设置通则》。随将四个巡回讲映队依次改名为腾永顺区、楚姚大区、东昭曲区、临开广区电影播音巡教队，并调整人事，健全组织，充实设备。同年十二月，购置美国柯达克十六厘电影摄影机一具，并由香港购到《台儿庄》等抗战影片三十六本。并由技术室设计自制幻灯机三具，配发各队应用。二十九年，教育部补助柯达克E型教育电影放映机、幻灯机各两部，电影实验队并于九月间改隶省立实用职业学校。三十年初，因教费奇绌，将腾永顺区巡教队裁撤。九月，复将实验队独立设置，以作昆明市、县区内之巡回施教。其临开广、东昭曲、楚姚大三个巡回队自是复改为第一、第二、第三电影播音巡回队，使不受区域影响，而便于工作。三十一年，遵照部令，将原设技术室扩大设置，易名为电化教育服务处，照案以社会教育科长兼任主任，以原技术室主任为副主任，其共下分设总务、技术两组。三十二年十月，将电化教育服务处改组为电化教育辅导处。十一月，将第一、第二、第三三个电影播音巡回队更名为电化教育巡回工作队。同时，实验队亦改称为第四电化教育巡回工作队。三十四年，响应联合国影闻宣传处，设立放映站。三十四年，暂将第四电化教育巡回工作队裁并，借以充实其余三队。八月，并筹购有声电影放映机及发音机，以作战后电影教育改进扩充之准备。

（二）播音教育

民国二十五年，由义教专款积存项下提拨现款，汇往教育部，订购直流七灯落地式长波收音机十二架，交流六灯落地式长波收音机八架，先事分发首要省立各中等学校及边地省立小学。二十六年切，教育部发给直流七灯台式长短波收音机四十二部，交流六灯台式长短波收音机十一具。此项机件运达后，自四月十九日起，即陆续分发省、县立各中等学校及民教馆、省立小学暨其他社会教育机关，计至本年底止，已具领装用者共达五十六单位。又关于直流收音机所需电池，教部虽酌予补助，但一则以数量太少，供不应求，一则以运输困难，缓不济急，故由厅筹办一小规模电池制造厂，以资供应。二十七年，教育部颁发直流七灯台式短波收音机四十具，经订定尽先颁发所在地消息迟滞、离省较远、而交通又复不便之各级学校及民众教育馆。电池制造厂，拨给省立庆云初级工艺职业学校接办，俾于生产之中寓教育之意。除发款添购机械外，并拨给流动资金。二十八年，技术室设计之电池箱已告成功，特拨款制造，分发各收音机关应用。六月间，教育部又补助直流七灯长短波台式收音机二十架，继续令发各学校及社教机关。二十九年，空袭频仍，未经发领之收音机及其他电化教育器材实行疏散下乡。电池制造厂以原料补充不易，产量锐减，各收音机关收音工作，因限于环境，鲜能推动，三十年，订定《电化教育服务处无线电收音机修理办法》，并令催各收音机关速将损坏机件送厅修理。三十一年电池厂原料缺乏，停止生产，各收音机关大多数以经费人才之限制，工作陷于停顿。三十二年，电池厂原料缺乏，停止生产，各收音机关大多数以经费人才之限制，工作陷于停顿。三十二年，已缴厅修理之收音机，其原领机关，因人事、经费关系无法继续使用者，由厅代为保管，暂不发还。七月，奉部令半价补助收音机十四架，当即筹汇款项，呈请订购颁发，三十三年，电化教育辅导处，着手设计将各项直流机改用最新式线路及真空管，以节省消耗，增进效率。并设法量力利用土产原料，自制部分产品。上年订购之收音机十四架，委托本省驻渝办事处代领，并设法运滇。三十四年教育部由昆明广播电台拨发直流机两架。截至本年八月止，计共领有收音机一百四十九部（各学校机关之自购者未计入），其分布情形如下：省、市、县私立中等学校七十七台，省县立小学三十一台，省、县立民众教育馆四十九台，省立图书馆一台，其他社会教育机关六台。

（三）戏剧歌咏教育

民国二十五年，教厅因鉴于戏剧歌咏教育之重要，即积极设计进行。乃于筹设省立艺术师范，专门训练戏剧，音乐暨电影技术人才之外，更就省立昆华民众教育馆组织金马话剧社，厅内设置艺术专员，话剧社一切进行事宜即由艺术专员主持。旋于四月间宣告成立，参加男女社员计七十余人，均以业余之时间，作话剧之研究及从事旧剧之改良。在二十六、二十七两年内，该社工作已日渐展开，并拨借云瑞中学礼堂为剧场，经常作对外之公演。并组织救亡花灯队，以抗战为题材，新编《张老三从军》《一个怪人》《新别寒窑》《陈麻子招安》《汉奸报》《别祖坟》《新四郎探母》等灯剧，谱入旧花灯调演唱。因通俗浅近，备受一般民众欢迎。故时由厅提拨经费，派驻附省各县演唱，并下乡授徒。二十七年暑期，并由金马话剧社及艺师戏剧电影科学生临时组织昆华巡回剧团，分赴个旧、建水、石屏及大理、凤仪诸县、区，作抗战话剧之巡回表演。二十八年暑期，艺术师范戏剧电影科学生已毕业，随即组织云武泸区戏剧乐歌巡教队，任陈豫源为队长，出发呈贡、澄江、江川、通海、河西、玉溪、昆阳、晋宁等县工作。原金马剧社，改组设立为楚姚大区戏剧乐歌巡教队，出发楚雄、镇南、凤仪、姚安、大姚等县工作。二十九年十一月，因经费关系，其他各区剧歌队之设置计划，一时不克实现，为各该队区域上之限制，乃毅然将云武泸区巡教队改为第一戏剧乐歌巡教队，楚姚大区巡教队改为第二戏剧乐歌巡教队。迨至三十年，社教经费更形拮据，不得已将两队合并，改称为第一戏剧乐歌巡教队，升任杨其栋为队长。经一度整理后，出发马龙、罗次、曲靖、沾益等县工作。三十一年，复往安宁、罗次、武定、禄劝、富民等县工作。三十二年三月，参加社教扩大运动周，表演话剧，结束后即搭车南下，工作于建水、蒙自、个旧、石屏等县。三十三年五月，再加调整，任范启为队长，并指定与昆华民教馆合作，就民众剧场公演。三十四年四月初，出发昆阳、晋宁、玉溪工作。综计历年以来，各队除经常表演话剧外，并同时推行歌咏教育及各地方戏剧歌咏之辅导。

普通高中教科书

英语

ENGLISH

必修

第一册

民国云南通志长编　一　大事、党务、议会、内政、军务

民国云南通志长编　二　民政

民国云南通志长编　三　财政、教育

民国云南通志长编　四　建置、交通、盐务

民国云南通志长编　五　司法、外交、社会、农业、工业

民国云南通志长编　六　商业、宗教、艺文、金石、人物

民国云南通志长编

六

[民国]周钟岳 李根源 方树梅 等 纂修

云南出版集团
云南美术出版社

图书在版编目（CIP）数据

民国云南通志长编：全6册 / 周钟岳等纂修. -- 昆明：云南美术出版社，2022.12
ISBN 978-7-5489-5156-8

Ⅰ. ①民… Ⅱ. ①周… Ⅲ. ①云南—地方志—民国 Ⅳ. ①K297.4

中国版本图书馆CIP数据核字（2022）第180154号

出 版 人：刘大伟

项目统筹：刘大伟　赵文红
责任编辑：罗现唐
装帧设计：范正莲
责任校对：洪　娜　刁正勇　王　梦

民国云南通志长编　六

［民国］周钟岳　李根源　方树梅等　**纂修**

出版发行：云南出版集团
云南美术出版社（昆明市环城西路609号）
印　　刷：云南出版印刷集团有限责任公司华印分公司
开　　本：787mm × 1092mm　1/16
印　　张：21.5
字　　数：532千字
版　　次：2022年12月第1版
印　　次：2023年3月第1次印刷
ISBN 978-7-5489-5156-8
定　　价：1960.00元（全六册）

目 录

民国云南通志长编卷五十八

民国云南通志长编卷五十九

民国云南通志长编卷六十

民国云南通志长编卷六十一

民国云南通志长编卷六十三

民国云南通志长编卷六十四

民国云南通志长编卷六十五

民国云南通志长编卷五十八

商业一

《易·系辞》曰："古者，日中为市。聚天下之民，致天下之货，交易而退，各得其所。"商务之兴，由来尚矣。汉兴，恶商人操纵，乃严为之限，使不得与孝悌力田齿。自唐以后，此制已废，而士大夫犹羞言商贾，高谈仁义。然其时中外未通，闭关自守，亦足以为国。至清季，外人挟其商力，以朘削我金钱。而国乃日弱，于是北京始有商部之设。滇疆僻远，亦同时设商会于省城，至于今而规模大备。兹将民国二十年来，本省商务概况记录如下。昔太史公传货殖，于任公家约，刁间商法，及酿酒、剪纸、洗削、脯胃之细，列举无遗。兹之商务略，亦犹史迁之义云尔。

云南地处边陲，交通梗阻，故货弃于地，商务晚开。洎乎法并越南，英吞缅甸，蒙自、河口、思茅、腾越、昆明相继辟为商埠，藩篱尽撤，门户洞开。迨滇越路成，西人之经济势力，乃随之而深入，三迤商务，亦因之而丕变矣。向之家庭伎艺，稗贩贸迁，浸假俱为产业革命与经济侵略之怒潮所荡洗，而沦胥以亡。今则异域货物，充斥阛阓，生产落后，而奢靡成风。《盐铁论》曰："川源不能实漏卮，山海不能赡溪壑。"况滇省地瘠民贫，有不财用匮乏者邪。

夫工而成之，商而通之，此欧美诸国之所以富国强兵也。滇省商人，务经纪而忽工艺，慕小利而昧远略，致日用纤介之物，悉仰给于外，识者患之。

滇省山岳绵亘，耕地仅全面积十之一，故农产无奇羡，惟矿藏富饶，天惠弗薄。故倡实业以强本，戒纷奢以节用，此人足家给之道也。商贾阜通货贿，操富国裕民之术，若易经纪而治生产，岂特足利其家而已。

清季京兆、江、浙、川、鄂之故衣，大批运滇，分销各县，为数至巨也。省垣福照、西院、二纛等街，故衣铺林立，营业甚盛，斯时民风敦朴，可想而知，鼎革以还，故衣业已消灭于无形，而鲜衣丽服竞尚时髦者，招摇满市。通商以前，服用玩好，皆国货也；今则欧美之瑰异珍怪，毕集于肆，虽处贫贱，亦竭财媚俗，而逞其矜俊之欲。至如工厂之建设，技艺之讲习，则鲜能孜孜兀兀以求之。消费之力强，而生产之事绌，利权外溢，胡所底止。涓涓不塞，终成江河，商界与有责焉。

一、商务

（一）商会之缘起及其沿革

滇省地处边隅，商业向不发达。各业虽有行规及集会地点，但乏完全组织。前清末季，鉴于列强各国注重商务，爰有农工商部之设置，并于各省设置农工商务局董理其事。本省绅耆马启元、王鸿图、董润章、祁奎等，于光绪三十二年三月发起组织云南全省商务总会，禀陈云贵总督丁振铎奏准设立。其内部组织，设总理一人、协理一人、会董十人、帮董十人合办会务，任期均为一年。会址初设于威远街，继迁于南城脚，嗣经呈准拨福照街旧抚左守备署另行建盖，即现在市商会之办事处所也。兹将总、协理、会董、帮董姓名列下：

总理：马启元。

协理：王鸿图。

会董：袁嘉猷、宋升培、高凌云、朱琨、朱文远、李云蔚、熊灿文、曹琳、王百川、李春圃。

帮董：杨钧、吴清源、赵荫廷、周肇京、周树堂、于洁溪、曹藕舫、杨凤来、雷震坤、王级三。

马总理等任期满后，复推王鸿图为总理，董润章为协理。宣统二年正月，王总理奉派参加南洋赛会，董协理润章因病请假，复推陈德谦代理总理，施焕明代理协理。宣统三年九月九日，本省举义后，奉军都督府令，改为云南省城商务总会，仍以陈德谦为总理，施焕明为协理，于原设会董、帮董外，并推祁奎为参议长，杨蕴山、洪锦堂、曹辅臣、王级三、张采臣、陆虎丞、张星阶、陈云衢等十人为参议员。是年十一月，奉军都督府令，改为总理云南全省商务局，兼理商务行政事宜。令委陈德谦为总理，胡源为协理，于会董、参议员外，加推帮董为三十八人。时因光复伊始，治安亟待维持，奉军都督府令，附设商团局，任命胡源、陆胜武为正、副监督，划城内外为九区，各推代表一人，协办局务。各街设商团长一人，领率指导。民国二年一月，奉令仍改称云南商务总会，推陈德谦为总理，胡源为协理。照定章组设商事公断处，举陆胜武为处长，设评议员二十四人。胡协理因事辞职，推周炘继任。推雷恩溥为公断处长，周汝诚继之。五年，陈、周总、协理任期届满，适奉北京政府颁布《商会法》，设会长、副会长各一人，会董六十人，特别会董十二人，经遵照新法筹备改组。六年五月，开会选举第一届职员，依法选出高培中等五十九人为会董，推选祁奎为会长，王廉升为副会长，并函聘特别会董六人。依照规定，仍继续设立公断处，推施正坤为处长。其职名列下：

会长：祁奎。

副会长：王廉升。

会董：高培中、徐和卿、王世翊、陈有、傅之骥、张仲淑、熊灿文、谢开晋、李如松、苏润、童凤采、杨瑄、李祖培、于藻、朱庆侯、雷选坤、朱炳、胡钰、张国海、安和、梁树德、曹嘉骏、谢时珍、秦光玺、郎钟俊、刘成瑞、武承烈、王佐、陈天德、杨永寿、陈炳南、张殿臣、王懋、阎本善、杨垲、马汝桂、肖自立、庄德富、金祖义、王善复、宋德谦、王铬、张觐宸、方存义、王康、唐焕、张登瀛、李常和、苏尔贞、胡万清、周铨、谭定邦、刘瀛、肖廷桂、罗楫、曾正伦、顾瑞、何建松、郑鑫。

特别会董：赵鹤清、刘志道、刘青藜、雷恩溥、周汝诚、叶华。

七年十月，王副会长廉升因病出缺，依法推选雷恩溥继任。八年五月，第一届职员任满。七月二十六日，选举第二届职员，选出雷巽坤等五十九人为会董，仍推祁奎为会长，雷恩溥为副会长，并函聘张之霖等十二人为特别会董。其职名列下：

会长：祁奎。

副会长：雷恩溥。

会董：雷巽坤、王懋、徐和卿、李如松、谢时珍、施正坤、李祖培、秦光玺、严钦、于藻、张国海、李焕章、朱荣章、牛鋆、王善复、陈有、马汝桂、戴中恒、王桂林、顾品金、曹嘉骏、谢绍亨、万本仁、张觐墀、庄德富、杨永寿、王铬、姚锡龄、吴树衡、熊灿文、裴长源、梁树德、杨垲、朱炳、丁得胜、唐煃、郑鑫、陈正荣、段玺、张永福、胡钰、栗运、顾瑞、童凤采、卢嘉祥、栗鹤年、戴三友、李沛、李琨、方存仁、赵美、蒋国荣、朱元煦、徐铭、任士桢、赵清、杨吉庆、舒嘉惠、詹万成。

特别会董：张之霖、董洺章、苏尔贞、李治明、高培中、关肇煌、施汝祺、张鑫、黄天荣、刘志道、谢开晋、孙琳。

二届任满，于十年十一月选举第三届职员。陆承武等六十人当选为会董，选定李鸿康为会长，顾品金为副会长，函聘刘志道等十二人为特别会董。十一年四月，李会长鸿康因病出缺，顾副会长品金亦因病辞职，遂于五月十七日开会，互选张荫后继任会长，董洺章继任副会长。职名如下：

会长：李鸿康，因病出缺，推张荫后继。

副会长：顾品金，因病辞职，推董洺章继。

会董：陆承武、雷恩溥、张鑫、李焕章、叶廷勋、邓应春、张荫后、杨垲、陈雨如、董洺章、王连城、傅以纯、邓炳堃、陈峄、刘世奇、沈兴贤、张显然、戴文龙、舒嘉彦、张觐宸、杨载仁、周崇恕、曹观斗、刘启焜、覃冠英、严钦、朱炳、胡思训、张开炳、吴树衡、陆渭东、冯国梁、陈云安、周铨、王槐、孙嘉泰、祁章汉、刘成瑞、毕昌源、任士桢、展翼、赵明润、徐忠、李维郁、马子英、戴忠恒、杜镜若、马向元、姚锡龄、郑鑫、李崇福、徐良、常泰茂、李会忠、何树源、陈其桂、李秉臣、陈正荣、匡照元、马治思。

特别会董：刘志道、李如松、施汝祺、黄询儒、迟兴周、施恩溥、王世翊、徐和卿、高培中、谢时珍、陈伯棫、王善复。

三届任满，于十三年一月七日改选第四届职员。施汝祺等六十人当选为会董，张荫后连任会长，董洺章连任副会长，函聘刘志道等十二人为特别会董。职名分述如下：

会长：张荫后。

副会长：董洺章。

会董：施汝祺、董万川、尹彰、叶廷勋、严镎、王世翊、曹发科、杨有麟、丁炳旺、陈寿祺、尹守善、谢树蕃、谢时珍、李汉年、段思明、舒嘉彦、刘世奇、曹观斗、李保厘、马向元、邹治湘、陈峄、周自镐、杨含浩、李珩、刘明盛、傅以纯、窦宗鲁、李培元、张鑫、郭铨、杨培基、马致和、戴文龙、胡钰、胡光南、苏家宝、何嘉祥、孙沅、覃冠英、马荣福、李德先、黄斌、唐堃、周和卿、谢绍亨、赵明润、庄德富、张炎广、周铨、秦先玺、熊兆珧、刘成瑞、杨金源、刘锦章、李发春、李显成、展翼、张国海、谭世隆。

特别会董：刘志道、黄本常、黄询儒、施恩溥、潘汝砺、陈有、严钦、王连城、杜镜若、熊灿文、童相、许嘉植。

四届任满，于十五年三月四日办理第五届成员改选。董灿章等五十九人当选为会董，尹守善为会长，高云中为副会长，函聘刘志道等十二人为特别会董。嗣尹会长守善因事辞职，经分会议决由高副会长云中兼代，不另推选。其职名分载如下：

会长：尹守善。

副会长：高云中。

会董：董灿章、潘汝砺、胡光南、高宪章、廖文元、杨有麟、邓应春、马毓祥、施云、吴树衡、夏文志、朱希周、张国海、李德彰、卢嘉祥、张礼祯、浦在廷、杨淮清、祁章汉、杨汝才、许嘉植、赵德寿、李品金、周道、李肇凤、杨锜、杨锡锦、李培元、杨含湘、谢树辉、杨瑄、陈锡荣、雷雨、吕文明、张仁忠、窦宗鲁、卢鹤翔、何嘉祥、周谱、陈嵩、廖绩勋、李家齐、段全福、颜德鸣、黄元珍、金文浚、何显光、王连城、陈有、李克成、杨含浩、刘文藩、杨萃东、黄崇文、李富春、展廷弼、刘光培、李巨裁、张允宽。

特别会董：刘志道、张荫后、严钦、叶廷勋、张福坤、严镩、曹观斗、赵樾森、段绍康、周崇恕、戴文龙、罗彝铭。

十七年三月，五届任期届满，正筹备改选时，适奉国民政府颁发《修正商会法》到滇，经呈奉省政府核准设临时执行委员会，推胡光南等十一人为委员。依照《修正商会法》筹设昆明市商会，同时中央颁布《商民协会法》到滇，有主张仍照《修正商会法》改选第六届总商会者，有主张先组商民协会者，双方争持多日，结果先组设省商民协会及市商民协会。依法选举严燮成为省商民协会主席，张荫后为市商民协会主席。依照会法督促各同业组织同业公会，计先后成立三十余个同业公会。十八年八月十五日，中央公布《商会法》及本法施行法到滇，经会议决定依法组织昆明市商会。由总商会、商民协会各推派代表十人，组设筹备委员会。嗣因筹办人员尚感不敷，复由各业增推十人，共计筹备员三十人。推定张荫后，胡光南、杨淮清三人为常务委员，拟具《筹备委员会组织大纲》十条，于十九年十二月呈奉省党务指导委员会核准照办。并遵照《人民团体组织方案》呈奉发给四二二号许可证书，随依照《工商同业公会法》组织各业同业公会，计先后成立六十五个，并依法登记。耀龙电灯公司，均益肥皂公司为商店会员。由各业推派会员代表，于二十年二月二十八日举行第一届第一次代表大会，选举执行、监察委员。计张荫后等十五人当选为执行委员，张琼等七人当选为监察委员，王源谱等七人为候补执委，李应祥等三人为候补监委。复由执委互选黄锡龄、张荫后、张福坤、卢鹤翔、陈权为常务委员，复选张福坤为主席。未几，张福坤因年老多病，辞主席职，依法推举卢鹤翔继任。常委及执、监委各有异动，亦均依法分别递补。职名详述于下：

主席：张福坤，因病辞职，后以卢鹤翔继任。

常务委员：张荫后、卢鹤翔、黄锡龄、陈权。

执行委员：严镈、王华新、马纯龙、张寄凡、张世夏、潘琪、何秉钧、孙耀东、沈圣安、廖文元。

监察委员：张琼、李世琮、赵凤翔、陈天贵、张嘉智、刘轻尘、雷雨。

候补执行委员：王源谱、陈鹏九、张仁忠、周道、张仲和、胡光南、杨淮清。

候补监察委员：李应祥、者绍先、李少元。

第一届职员任期于二十二年三月即已届满，依法应即改选，只以会内经办教国捐甫经着手，正待继续办理，迭次呈请党政机关核示，均饬暂缓改选。延至二十六年四月二十二日，始开第二届代表大会，举行选举，计李岐山等十五人当选为执行委员，沈圣安等七人当选为监察委员，周润苍等七人当选为候补执委，沈献之等三人当选为侯补监委。复由执委互选陈德斋等五人为常务委员，周宗顺为主席。二十七年十二月，周主席宗顺因病出缺，推选陈德斋继任，并以执行委员李沛阶继任常委。职名分述如下：

主席：周宗顺，因病出缺，后推陈德斋继任。

常务委员：陈德斋、李岐山、赵道宽、周芸生。

执行委员：李沛阶、赵松年、朱又安、者绪昌、高文卿、戴锡侯、童林、刘光汉、潘若金、张秉义。

监察委员：沈圣安、马筱春、张万钟、何劲修、王满声、蒋杞、孙存光。

候补执行委员：周润苍、马向光、胡耀山、黄沛然、陈莹轩、杨澄甫。

候补监察委员：沈献之、王嘉润、王兴科。

二十八年四月，第二届职员任期届满。适值抗战期间，中央《修正新商会法》及厘订商业、工业、输出业三种公会法暨施行细则颁布到滇，奉党政机关命令，依照新法改组。爰于二十八年八月组织改组委员会，推赵海如、马筱春、陈德斋、朱又安、何劲珍、李沛阶、周芸生、李岐山、孙耀东九人为委员，聘陈子量、戴述尧二人为秘书。拟具改组办法八条，呈奉党政机关核准，督促各业依法改组同业公会，并筹组工业、输出业同业公会，期机构健全，早日改组。惟工业、输出业同业公会，均因时局关系，未克遽然成立。延至二十九年三月十一日，始将一应筹备事宜办理就绪，各业同业公会及非公会会员代表名册亦经呈报核定。于四月三十日开第三届第一次代表大会，选举严燮成等二十一人为执行委员，董澄农等十一人为监察委员，李琢庵等十一人为候补执委，高文卿等五人为候补监委。复由执委互选李梦白等七人为常务委员，严燮成为主席。嗣因常委杨显成辞职，依法由侯补执委李琢庵递补执行委员后，并推选为常务委员。职名分述如后：

主席：严燮成。

常务委员：李梦白、赵海如、周润苍、郑和风、甘汝棠、李琢庵。

执行委员：庾晋侯、张厚庵、黄子衡、黄美之、程顺元、李岐山、张万钟、朱又安、马筱春、孙耀东、欧子全、周芸生、陈展廷、张宜轩。

监察委员：董澄农、田澜泉、方绍坤、王少岩、何劲修、吴肖园、者绪昌、杜宗琦、董裕如、戴鑫成、彭汉卿。

候补执行委员：李沛阶、苏剑泉、刘崑山、缪云台、朱友恭、樊陶斋、贺民襄、戴锡侯、张福彭。

候补监察委员：高文卿、李仲镜、邹凤石、肖渔侯、王汉声。

以上所述，即本省组设商会之缘起及其沿革情形。至公断处之设置及历届职员之姓名、解决案件之数目、与夫总商会、昆明市商会先后办理之特殊事项，均分别另行叙述之。

（二）商业公断处之沿革

查本市商事公断处之设置，系于民元全国工商会议各省代表之提议议决，经奉工商、司法两部于民国二年先后奉颁章程及办事细则到滇，前云南商务总会遵于民国二年五月二十五日呈报组织成立。嗣先后奉颁《商会法》及《新商会法》，相继改组云南总商会、昆明市商会，仍照章设置公断处，以调处工商业争执案件。盖公断处之意义，系立于仲裁地位，纯以和解息讼为主旨，向皆遵照章程细则，体查本省商业善良习惯、商人通例，并参照历次颁布《民法》，斟酌情法，妥慎办理。至评议案件向系合议制，取决多数。自处长以至评议调查员，均系名誉职，纯尽义务。成立迄今二十九年，各业商民尚称利便。〔其历年解决案件数目及历届商事公断处职员姓名见司法，不赘〕。

二、云南度量衡制度沿革

吾国度量衡制度，历代迭有改革。至以秬黍之子谷为标准，则古今一也。各地秬黍子谷，因土地之肥瘠，气候之寒热而不同，以致度量衡之器量，其间不无差异，实可推想而知。本省旧制度量衡，在清初之前，亦以秬黍之子谷为准则。自前清康熙年间，清圣祖躬亲累黍布算，而以纵累百黍之尺为营造尺，十分之一为寸。并以营造尺之寸法，而定升斗之容积及法码之轻重。颁布度量衡法，以营造尺为度之标准，漕斛为量之标准（即一百四十斤为一京石），库平为衡之标准（即库平十六两为一斤）。后康熙四十三年由户部颁发官制器具到滇，从此本省官司出纳，悉以营造库平制为计量之标准。沿用数十年，民间安之若素。惜当时政府所颁制器，为数甚少，且未设有专官管理，官制器具一经颁发后，即无较准之举，沿用日久，器量变迁，各地所用度量衡器之长、短、大、小、轻、重遂不相等。乾隆、光绪年间，政府虽时有改革度量衡制之议，然终未见切实施行。至清末民初，本省官厅出纳，虽仍以营造库平制为计量之标准，然各市县属民用度量衡器具之形式、器量，不特县与县异、区与区别，且一乡一邑之中，东邻与西邻不同，此业与彼业亦异，从此农田市物之争乃无已时，而牙侩平价之人，遂得从中牟利，致使整齐划一之制度，成为欺诈舞弊之渊薮。民国成立，北京政府农商部于民国三年决定中华民国度量衡采营造库平制与万国公制（即标准制）并用，拟定《权度法》《权度条例》，于民国四年二月呈经大总统核准公布施行。只以内战频仍，遂致搁置。本省政府，于民十以后，以改革度量衡关系商业道德及学术文化之进步甚巨，急图划一，乃拟定各项单行规章，并向前国民政府农商部清领权度标准器，发交前云南模范工艺厂（现改为云南五金器具制造厂）依式制造，缴由前云南实业厅及昆明市政公所逐细检查发售。昆明市县及附近省城之繁盛县区，颇有实行者。民国十六年四月，国民政府定都南京后，工商部决议：中华民国度量衡以万国公制（即米突制）为标准制，并以与标准制有最简单之比率而与民间习惯相近者为市用制（即以标准尺三分之一为一市尺，以一标准升为一市升，以标准斤二分之一为一市斤）。拟定《中华民国权度标准方案》呈请公布。国民政府于民国十七年七月公布《权度标准方案》、十八年二月公布《度量衡法》后，本省建设厅于民国十九年遵照部颁《全国度量衡划一程序》及《全国度量衡检定人员养成所规则》等之规定，拟定《云南省度量衡划一程序》及有关度量衡单行规章，呈经省政府核转工商部备案。同时考送学员入全国度量衡检定人员养成所受训，并一面通令本省各市县属遵照部颁《公用度量衡器具颁发规则》之规定，备价购领度量标准器及标本器。民国二十一年九月，本省工商事业奉令归并前实业厅办理。实业厅乃于民国二十二年照建设厅呈请成立度量衡检定所筹备处原案，拟具《云南省度量衡检定所筹备处组织简章》及开办经常费预算书呈奉省政府核准，于厅内设置专门人员筹备，并月发经费新滇币一百元。民国二十四年三月，实业厅奉令归并建设厅后，建设厅于同年六月一日正式成立云南省度量衡检定所筹备处，积极筹备，并继续考送学员入全国度量衡检定人员养成所受训，及严催各市县属备价购领度量衡标准器及标本器，同时拟定《修正云南省度量衡划一程序》及《云南省度量衡检定所组织规程》等各项单行规章，呈请省政府核转实业部备案。民国二十五年八月一日，建设厅于厅内正式成立云南省度量衡检定所，积极办理制造、检定新制（即标准制）度量衡事宜。民国二十六年六月，度量衡检定所复于所内成立度量衡器制造厂，大量制造民用新制度量衡器具，及本省各市县属所需标准制标本器暨普通测量用器。自民国二十七年一月一日起，开始推行现行之标准制度量衡器。

三、二十年来米价之伸缩

昆明市区人口约在一十七八万，每日需用食米约在八百公石左右。昆明县境年产米谷仅足供给十之二三，其余十之七八则恃富民、嵩明、禄劝、罗次、安宁、昆阳、玉溪、晋宁、呈贡等县运至市区销售。在民国初元以至七八年间，本省金融稳定，币价较外埠为高，每米一市斗（一百二十斤）常在四元四五角以至五元三四角，盖是时银元充裕，随时可向富行兑现故也。民九以后，富行限制兑换，市面需用银元者，不能不暗中贴水，农人售米，需索银元，而昆明市面购米仍用纸币，于是米价逐渐增涨。民国九年内，则由六元余角渐涨至七元余角，十年内则由七元余角涨至八元余角，十一年由八元余角涨至十元左右，十二年由十元余角乃涨至十二元。十三年春，因小春收成歉薄，在二三月内涨至十三元余角至十四元，五六月青黄不接，竟涨至十五元余角，是年秋收以后虽稍跌落，然至十四五年内，仍复继续增涨。十五年冬涨至十七元余角，十六年则至十八九元，十七年涨至二十元以上，十八年内涨至二十四五元，十九年内涨至二十八九元，二十年则在三十元以上，二十一年内续涨至三十八九元，二十二年内至四十五六元，二十三年则涨至五十元以上。二十四五年均继续增涨，贵时竟至七十元以上，秋收以后稍为低落。二十六年全年恒在七十余元。二十七年以来，全面抗战已经展开，沦陷区、战争区之学校、工厂及避难人民迁移来滇者，日渐增加，因人口激增之故，米价亦渐增至八九十元。“九·二八”敌机轰炸昆明，各种物价陡然增涨，米价遂增至百元以上，然每米一公石（一百四十斤）仍只合币十元余角也。入冬以后，因富户囤积居奇，来源日少，米商亦从中操纵，竟常川陡涨，莫可抑制。二十八年春初，则涨至国币三十余元，虽经政府设置公米店，由附省各县购米平价，但因米数稀少，供不逮求，市面米价仍复暗涨无已，至五六月间，竟涨至国币五十元左右。政府以公米店办法不善，另行改组，遴委大员，设置粮食管理处，指定附省之四十县购米来省销售，只以来米无多，未能普遍销售，而公米售价又与市米相悬甚大，于是市面米价竟涨至国币九十余元。二十九年春夏之交，政府设置公米储销处，大量采购越米，计口授食，上米每一公石定价国币八十五元，次米八十元，再次七十八元，逐渐低减，而市面售价则仍在百元有奇。近日新米上市，收成丰稔，市面米价已渐低减，上米每公石月来低至八十余元，但因各种物价均极高昂，受环境之压迫，预料本年以内，亦无大跌之希望也。

四、市场及贸易

民元以还，云南商场经几度之繁荣，又几度之衰败，其变也骤，其影响于国计民生也非浅。盖自交通便利，政局频转，政府与人民之间连成一有机体。牵一发而动全身，非复前此闭关自守自给时期无大波动者之可比。金融之变化，其象尤显著。在前清理金融事业者为票号，政府饷项亦须票号拨解，故前篇收金融于《商业考》。民国则金融全由政府管制，故别著于《财政》篇。兹逡述二十年来之市场与贸易状况以见概略。

（一）市场

云南区域广袤，在交通不便之地，仍保持以前赶场之习惯。县城较大者有商号二三十家，或少至五六家。除圩期外，并不若何繁盛。在抗战以前，省内较大商场唯昆明、蒙自、腾冲、思茅、下关、昭通、个旧等处。军兴而后，沿滇缅路一带均顿增繁荣，唯仍以昆明为货物集散之中心区域。据实业部之调查，将昆明市商号分类统计如下：

昆明市商号分类统计表

（单位：元）

业别	家数	资本额	营业总额	职工数
棉纱	46	1,870,000	7,450,000	275
北货	24	580,000	1,440,000	163
药材	91	205,000	715,000	532
金业	15	200,000	620,000	73
布匹	116	146,000	580,000	738
中西百货	85	224,000	672,000	433
茶业	11	120,000	360,000	54
糖业	14	41,000	160,000	66
针织	54	31,800	95,400	305
当业	21	532,000	1,064,000	126
油蜡	145	14,000	50,000	384
印刷	13	33,000	100,000	46
燃料	106	85,000	320,000	432
海味酱园	110	120,000	360,000	568
书籍	11	95,000	356,000	188
土杂货	12	24,000	120,000	42
西药化装	28	64,000	238,000	106
颜料	18	18,000	54,000	58
押号	22	72,000	144,000	132
猪毛	149	100,000	300,000	505

（续表）

业别	家数	资本额	营业总额	职工数
丝线	32	104,000	312,000	114
棉线	16	5,000	21,400	45
斗笠	11	5,500	15,500	41
丝纱什帕	19	14,250	42,750	54
酒业	28	14,000	28,000	81
帽业	75	37,500	112,500	205
象牙	16	11,200	33,600	42
爆竹	28	5,600	22,400	81
梳篦	25	2,700	8,100	68
油榨	12	4,000	12,200	45
毡业	17	3,400	10,200	42
染纸	I7	1,700	8,500	37
估衣皮草	37	18,500	55,500	101
皮箱	19	5,700	17,100	50
木器	25	未详	未详	71
干果	25	14,000	28,000	68
铜器	55	5,500	未详	215
屏联	21	10,500	24,000	57
棉絮	45	20,000	50,000	123
金箔	19	4,000	7,000	72
食馆	25	未详	未详	132
机器面业	22	3,300	14,500	86
照相	10	12,000	36,000	41

（续表）

业别	家数	资本额	营业总额	职工数
旅馆	85	11,300	26,100	235
丝绒	8	1,600	3,200	22
人力车	49	72,000	96,000	218
染业	50	7,500	15,000	200
钟表	21	10,000	22,000	80
糕饼	22	21,000	68,000	65
首饰	55	12,000	18,000	184
寿板	74	65,000	100,000	127
花栗木	29	未详	未详	64
油纸	9	1,500	2,000	25
皮鞍	15	7,000	87,000	61
运输	13	1,300	45,000	41
新衣	20	9,400	21,000	62
顾绣	24	6,000	10,000	45
裱画	22	2,400	6,200	68
瓷器	10	18,800	37,600	38
鞋	200	16,600	63,900	1,020
纸	43	18,800	33,500	118
总计	2,412	5,059,450	16,730,150	9,769

昆明市商号之家数、资本额及营业金额，既表列于上，兹择其重要者略述营业状况如下：

棉纱：云南推销棉纱为数甚巨，每年由外输入，统计达一千四五百万元。在二十三年，昆明市专营此业者有四十六家。尚有四五十家专办药材或杂货而兼办棉纱者。棉纱多由上海购进，货到蒙自或昆明市后，再分售各县。蒙自为迤南之商场，迤南各县所用之棉纱，均由蒙自购买。昆明市为迤东、迤西之咽喉，迤东、迤西各县所用之棉纱，均由昆明市分销。蒙自每年销入口棉纱总数占百分之三十，昆明市占百分之七十。以前营此业者，获利颇丰，近年因家数太多，且购买力减少，营业情形稍为退步。

布匹：布匹为外来之货，多由上海输入。业此者，以江浙人为多，上海各大绸缎铺亦有在昆明市开设分店。上海永安纱厂在该市开设分销处，营业不弱，销路甚畅，有求过于供之势。

书籍：近年销路日渐增多，此为教育日渐发达之现象。查昆明市之大小书局共有二十余家。然以商务、中华二书局之营业为最盛。此二书局在各大县市镇多设代销处，故各学校所用课本，多由此二家购买。其余各局、营业地方只在昆明市，各县无代售处或分局。书籍多由上海运到。

象牙器具：象牙为日常用品之一，如筷子、烟管、家具、装饰品等销路颇广，且价值相宜，故销售及于省外。唯该货物运往省外，必经过法属之安南抽收过境税，故确非需要时，多不轻购。

靴鞋：靴鞋为中等阶级人士日常必需之品。式样可分中西两式。以前中式流行，最近西式日见畅销。皮革均由香港及安南购进，成本颇贵。

药材：药品亦有中西之分。西药多由安南、香港、上海购来。中药多产自本省，价值比西药便宜。

中西百货：在昆明市营此业者，景象颇佳。现虽有八十余家，但资本雄厚、规模颇大者只一二家。此一二家，近年营业状况颇有可观。所买之贵品，是上海本国各工厂出品。至欧美贵品，因价格昂贵，过问之人甚少。

爆竹：爆竹多由粤省运到。每当废历过年期间，货尽销售。

当押：中国当押生意无不获利，云南亦不能例外。但近年退步之原因不外二端：一因利息太高；二因一般人均持节俭，服用土布，妇女之金银首饰亦多屏除。故所当押者多为无足贵重之物品。

糖业：蔗糖产量极多，价格低廉，但色泽不佳。除在本省销售外，向外推销，只有些少运销贵州边县。但产量丰富，销售呆滞，大有供过于求之势。

金业：此项主顾以妇女为多。妇女之首饰多以金器为本。

海味：海味一物，普通有本国产者，有外国产者。经营本国货者，生意不恶。

帽业：帽亦为日常用品之一。销路广大，尤以冬季为多。毡帽多由上海运到，价格颇贵；至小帽、便帽，销路较窄。

铜器：铜器为本省有名出品。原料取自会泽县。多是旧式，唯价格相宜，人多乐用。

英商颐中烟草股份有限公司：此公司成立于清宣统年间，以前之名称为英商驻华英美烟公司。自二十三年十一月起，凡在中国本部营业者，改称今名。自开办以来，均由外国人办理。所设分公司为昆明市及蒙自二处。各处多有代理处，如昆明市、昭通、曲靖、宜良、呈贡、昆阳、澄江、晋宁、玉溪、安宁、武定、富民、禄丰、楚雄、大理、鹤庆、腾越、景谷、思茅、蒙自、个旧、临安、通海、石屏、开远等县。营业总额约国币六十六万元。

此外，外商之经营于云南者，有美商慎昌洋行、英商旗昌洋行，均营机器业。希腊商歌胪士洋行、若利玛洋行、日商保田洋行、宝多洋行，法商安兴洋行、志利洋行，则系营进出口杂货。他如府上、徐璧、利玛、地亚多等洋行，或营玩具，或营布纱，或数种兼营。

至昆明市商号，规模较大者有福春恒、茂恒、永昌祥等经营进出口货。信诚、春影阁、大兴公司、和通公司等经营洋杂货。万来祥等经营西药。其余商店多系门市交易，不备录。

（二）贸易

甲、省内贸易

据各地方调查、册报，本省各市县出入口货值概况如下：

云南各县出入口货值概况表

（单位：元）

县别	输入货值		输出货值		附记
昆明	棉纱	4,452,000	布	420,000	
	纸烟	1,820,000	帽	270,000	
	绸缎	782,000	花豆	120,000	
	米	295,000	饼果	230,000	
	盐	378,000	大头菜	41,000	
	石油	108,800	牛羊皮	24,000	
	茶	36,000	猪鬃	5,000	
呈贡	布	7,320	米麦	562,500	呈贡出水果有名，数量亦不少，但此无报告
	糖	1,150	蚕豆	90,000	
	石油	800	高粱	30,000	
			香油	870	
			豆粉	240	
晋宁	布	66,000	米麦	2,253,500	
	棉花	56,000	蚕豆	2,000,000	
	盐	35,000	花豆	6,000	

（续表）

县别	输入货值		输出货值		附记
晋宁	糖	8,000	高粱	3,000	
			黄豆	1,000	
			玉蜀黍	700	
昆阳	布	100,000	米麦	90,000	
	盐	33,000	蚕豆	22,000	
	杂货	20,000			
	石油	15,000			
安宁	糖	20,000	米麦	460,000	
	布	33,600	豆	250,000	
			葱	140,000	
			酒	500,000	
			香油	4,000	
			烟	3,000	
富民	布	26,000	糯米	1,000	
	糖	900	刚炭	1,000	
			瓜	700	
禄劝	盐	9,000	牛羊皮	2,300	
	布	84,000	米麦	4,300	
	糖	2,000	豆	300	
武定	盐	40,000	米	3,000	武定出鸡有名，为数不少，但此无报告
	布	8,000	靛	2,200	
	糖	1,600	牛羊皮	1,700	
	杂	900	杂	400	
宜良	盐	840,000	米	540,000	
	石油	92,000	杂粮	90,000	

（续表）

县别	输入货值		输出货值		附记
澄江	布	180,000	米	675,000	
	米	135,000	烟叶	400,000	
	石油	6,000	鱇鲍鱼	165,200	
	盐	30,000			
	棉花	7,000			
江川	棉纱	388,800	布	86,400	
	盐	3,140	鱇鲍鱼	31,000	
	石油	1,440	烟	2,000	
玉溪	棉纱、花	502,500	布	500,000	
	茶	4,000	烟叶	40,000	
			土瓜、姜	14,000	
			木器	4,600	
河西	棉纱、花	515,000	布	262,000	
	盐	4,800	谷	15,000	
	石油	2,400	牛羊皮	14,000	
			线毯	6,600	
			铁器	6,500	
			烟丝	3,500	
黎县	棉纱、花	152,000	杂粮	6,061,000	
	盐	36,000	粮	2,160,000	
	石油	3,600	陶器	36,000	
	布	168,000	烟叶	70,000	
	火柴	1,150	烟丝	24,000	
			靛	10,000	
			斗笠	6,000	
			菜油	3,000	
			鱇鲍鱼	20,000	

（续表）

县别	输入货值		输出货值		附记
通海	棉纱、花	20,000	布	700,000	
	靛	260,000	烟丝	200,000	
	烟叶	180,000	酱油	12,000	
阿迷	石油	21,000	糖	7,000	
			米线	1,100	
弥勒	布	120,000	米	105,000	
	盐	62,400	糖	40,000	
	杂货	33,600	靛	12,000	
	石油	4,900	菜油	12,000	
			酒	9,800	
			烟丝	1,200	
泸西	棉纱、花	480,000	布	5,000	
	布	55,000	烟	3,000	
	盐	17,000	香油	2,000	
	绸布	10,000	煤	400	
	镜箱	5,000	牛羊皮	300	
丘北			香油	2,000	
路南	盐	60,000	米	5,600	
	布	18,000	香油	3,580	
	杂货	28,000	烟丝	4,400	
	石油	1,240	草帽	1,800	
师宗	布	20,000	铁	200,000	
	盐	15,600	棉花	30,000	
	杂货	37,000	菜油	15,000	
			煤	1,800	
			面	1,800	

（续表）

县别	输入货值		输出货值		附记
陆良			米麦	120,000	
			布	100,000	
			豆	54,500	
			毯	20,000	
			菜子	2,000	
			牛羊马皮	1,000	
			蛋面	3,000	
			陶器	500	
罗平			玉蜀黍	219,000	
			清油	70,000	
			豆	12,700	
			菜子	19,600	
			牛羊皮	18,500	
曲靖	棉纱	900,000	布	700,000	
	纸烟	30,000	陶器	2,000	
	纸	20,000	蒲席	20,000	
	靛	20,000	锡纸	17,000	
	糖	8,000			
沾益	棉纱	54,400	牛羊皮	17,000	
	盐	36,000			
	靛	20,000			
	糖	12,000			
宣威	盐	100,000	火腿	140,000	
	棉纱	696,000	猪毛	12,000	

（续表）

县别	输入货值		输出货值		附记
平彝	布	177,990	米麦	145,500	
	盐	41,000	豆	30,000	
	糖	9,000	菜子	3,700	
			猪毛	3,000	
			牛羊皮	1,800	
蒙自	纸	9,600	酒	40,000	
	糖	3,800	烟	20,000	
	棉花	7,500			
	草果	4,800			
	布匹杂货	20,000			
个旧	米	1,851,000	锡	7,400,000	据矿产总值表个旧出锡实有160万元
	炭	674,000			
	石油	288,000			
	香油	175,000			
	烟	126,000			
	黄豆	42,000			
建水	棉纱	48,000	牛皮	6,200	有棉花出产
	洋货	35,000			
	石油	1,500			
嶍峨	布	180,000	米	252,000	
	盐	53,700	铁	12,500	
	棉花	27,000	竹器	2,100	
	烟丝	10,800	烟叶	1,500	
	石油	600	糖	600	

（续表）

县别	输入货值		输出货值		附记
元江	布	12,000	茶	24,000	有棉花出产
	杂铁	1,500	糖	12,800	
	川丝杂货	不明	槟仁	3,000	
	洋广杂货	不明	枳壳	750	
新平	棉纱	30,000	笋丝	9,000	
易门	布	50,000	米	800,000	
	盐	10,000	糖	520,000	
			杂货	1,200	
禄丰	布	55,000	米	12,000	
	杂货	10,700	杂货	5,300	
罗次	布	60,000	米	50,000	
	糖	8,000	豆	10,000	
	盐	3,000			
摩刍	布	100,000	米麦	1,600,000	
	茶	5,200	糖	480,000	
	盐	5,000	姜	100	
镇南	棉纱、花	200,000	油	2,000	
	糖	100,000	牛羊皮	2,000	
	茶	12,000			
	盐	14,000			
	布	6,000			
弥渡	棉纱	26,000	丝	150,000	有棉花出产
	糖	24,000	米	20,000	
	盐	25,000	豆蔬	7,000	

（续表）

县别	输入货值		输出货值		附记
墨江	盐	48,000	紫胶	6,000	
	香油	6,000	干笋	3,000	
	靛	4,800	猪牛	1,800	
	烟	4,500	牛羊皮	900	
	棉花	4,000	杂食	940	
	布	8,000			
	杂货	3,340			
镇沅	烟	1,000	米麦	447,200	
	杂货	1,000	茶	1,550	
			糖	500	
景东	布	1,700	茶	80,000	
	棉花	4,800	糖	13,000	
	铁锅	630	烟	4,500	
			靛	3,000	
			紫梗	1,000	
			芦子	1,600	
			面	1,200	
			棉花	500	
勐烈	洋药	30,000	盐	71,200	
	布	4,000	茶	9,000	
思茅	布	24,000	棉花	135,000	
	盐	86,400	茶	8,400	
	靛	10,400	紫梗	8,000	
普思沿边	盐	6,000	樟脑	25,000	
			藤	12,000	
			紫梗	1,000	

（续表）

县别	输入货值		输出货值		附记
宁洱	棉纱、花	40,000	药材	9,900	
	烟	21,000	糖	9,000	
	靛	4,000	茶	300	
澜沧	盐	5,800	铁	540	
	布	600	铅	400	
景谷			茶	68,000	
			紫梗	1,000	
缅宁	盐	80,000	布	100,000	
	棉纱、花	18,500	茶	60,000	
	油	14,000	紫梗	9,000	
	糖	8,400	米	7,000	
云县	盐	14,000	糖	140,000	
	棉纱	80,000	布	18,000	
			牛羊	44,500	
			牛羊皮	7,000	
			黄笋	1,500	
顺宁	棉纱、花	50,500	布	30,000	
			茶	500	
			药	3,200	
蒙化	棉纱、花	71,000	黄丝	18,000	
	盐	85,000	烟叶	15,000	
	茶	30,000	烟丝	7,000	
	糖	13,800	牛羊皮	25,000	
			食物	5,200	
			陶器	1,400	

（续表）

县别	输入货值		输出货值		附记
凤仪	生茧	360,000	纺丝	500,000	
	生丝	480,000	花线	100,000	
	绸缎	200,000	棉花	100,000	
	糖	85,000	砒矿	90,000	
	盐	31,500	糖	46,000	
	药材	40,000	药材	60,000	
	茶	24,000			
大理	棉纱、花	1,304,000	楚石	12,000	
	糖	60,000	靛	10,000	
	烟	10,000	干鱼	4,000	
	缎	41,000			
	布	10,000			
漾濞	布	20,000	米	15,000	
	盐	70,000	杂货	5,000	
	糖	10,000			
永平	布	80,000	牛羊皮	1,000	
	茶	2,700	豆	3,000	
	糖	3,600	杂货	5,000	
	烟	6,000			
	火柴	300			
	盐	1,600			
邓川	棉花	8,000	米	875,200	尚有铁器、陶器，价值不多
			蚕豆	169,000	
洱源	纱、布、花	50,640	乳扇	28,800	
	糖	11,000	天生磺	600	
	茶	3,840	杂货	2,100	

（续表）

县别	输入货值		输出货值		附记
云龙			米麦	743,170	
			玉蜀黍	215,000	
			菜子	1,560	
			牛羊皮	1,800	
			大麻	330	
剑川	盐	105,000	茯苓	1,500	
	布	154,000	马札椅	5,000	
	糖	9,000	干粉皮	150	
维西	棉、布	10,000	牛羊皮	7,000	
	茶	12,000	药材	3,000	
	糖	1,000			
中甸	布	18,000	蜡虫	100,000	
	盐	40,000	牛羊皮	30,000	
丽江	棉纱	60,000	骡马	60,000	产茶花有名
	茶	6,000	牛羊皮	10,500	
	糖	4,500	冬虫草	1,400	
	贝母	2,500	茯苓	600	
	黄连	1,500			
鹤庆	棉纱	350,000	米	140,240	
	洋货	200,000	棉花	1,750	
			牛羊皮	1,300	
			糖	5,000	
			纸	2,000	
永北	棉纱	86,100	糖	740,000	
	盐	61,000	烟叶	30,000	
	茶	30,000	牛羊皮	20,000	

（续表）

县别	输入货值		输出货值		附记
永北	丝	7,500	黄丝	10,000	
	杂货	40,000	香菌	14,000	
			香椒	2,100	
			茯苓	8,400	
华坪	棉纱	72,800	斗笠	18,000	
	盐	26,400	牛羊皮	64,000	
	茶	9,600	防风	6,400	
	缎布	7,700	茯苓	1,500	
			香菌	3,600	
			木耳	1,200	
			猪毛	3,600	
宾川	棉纱	100,000	糖	200,000	
			棉花	120,000	
			烟	50,000	
			靛	7,500	
祥云	盐	30,000	布	30,000	
	糖	3,000	牛羊皮	1,300	
	火柴	400			
	纸	900			
盐丰	酒	12,000	盐	396,000	
	糖	3,000	牛羊皮	8,100	
			香油	3,000	
			麻布	1,000	
姚安	布	100,000	香油	6,000	
	纱线	42,000	牛羊皮	750	
	纸烟	3,000	黄蜡	500	
	石油	520	黄白丝	220	

（续表）

县别	输入货值		输出货值		附记
大姚	棉纱、花	44,800	杂粮	40,000	
	盐	50,000	油	4,500	
	糖	10,000			
	布	2,000			
楚雄	棉纱、花	68,700	丝	14,000	
	盐	27,000	布	14,000	
	香油	5,500	米	15,000	
	烟	8,400	靛	1,000	
	茶	3,000	薄荷	200	
牟定	棉纱	100,000	铁器	5,900	
	布	52,000	酒	2,700	
	糖	6,000	牛羊皮	1,600	
	香油	3,240	蜂蜜	700	
盐兴	布	350,000	盐	1,800,000	
	米豆	250,000			
	香油	60,000			
	糖	10,000			
	酒	30,000			
	烟	1,000			
广通	布	19,300	茯苓	600	
	烟	2,100	防风	600	
			薏苡	300	
			花生	460	
			甘蔗	500	
元谋	布	78,000	棉花	10,000	
	盐	10,000	西瓜子	10,000	
			芝麻	5,500	
			糖	1,200	

（续表）

县别	输入货值		输出货值		附记
嵩明			米麦	25,000	
			豆、玉蜀黍	10,000	
			布	43,000	
			菜油	15,000	
			竹器	8,000	
			烟	7,800	
			陶器	3,600	
寻甸	盐	36,000	木材	45,000	
	布	22,000	牛羊皮	8,600	
	烟	16,000	茯苓	3,000	
			鸡棕菌	2,500	
马龙	盐	20,000	马铃薯	160,000	
	布	5,000	米	10,000	
			牛羊皮	1,300	
会泽	布	120,000	铜	180,000	
	川盐	61,200	铅	6,000	
			黑铅	3,500	
巧家	棉纱	90,000	红糖	80,000	
	盐	21,000	小红糖	40,000	
	白盐	5,000	清油	7,300	
			白油	9,000	
鲁甸	布	18,000	蜡虫	102,000	
	食盐	40,000	制革羊皮	12,000	
			制衣羊皮	13,000	
			牛皮	15,000	

（续表）

县别	输入货值		输出货值		附记
昭通	盐	250,000	牛羊皮	220,000	
	玉蜀黍	25,000	玉蜀黍	50,000	
	棉纱	26,780	猪毛	12,000	
	布	8,000	羊毛	4,000	
	米麦	3,400	米	1,400	
	豆	600			
永善	布	60,000	米麦	7,900	
	盐	10,000	豆	1,600	
	糖	14,800	芋片	1,600	
			牛羊皮	1,600	
			菜子	400	
大关	盐	314,200	米麦	800	
	布	2,800	皮	140	
	糖	1,000	茶	160	
彝良	布	20,000	丝	21,500	
	盐	10,000	猪毛	750	
	糖	4,800	牛羊皮	600	
镇雄			猪毛	40,000	尚有药材，价值不明
			牛羊皮	5,800	
			天麻	1,760	
盐津	布	10,500	牛皮	130	
	盐	1,600	猪毛	250	
	糖	160			
绥江	川盐	70,000	丝	38,400	
	布	9,600	卷绸	7,000	

（续表）

县别	输入货值		输出货值		附记
保山	棉纱、花	820,000	布	150,000	
	茶	17,000	烟	50,000	
	纸烟	14,000	靛	36,000	
			黄丝	27,000	
			玉麦	5,000	
腾冲	棉纱	3,936,000	黄丝	1,350,000	
	染料	768,000	布	120,000	
	棉花	500,000	毯	60,000	
	布	185,000	斗笠	28,000	
	玉石	190,000	麻线	13,500	
	盐	70,000	兽皮	12,750	
	糖	20,000	铁器	6,660	
	火柴	97,200	核桃栗子	6,500	
	杂货	8,700	铅	4,000	
			棕盖	6,000	
			黄连	4,000	
			厚朴	1,000	
			饵丝	3,900	
龙陵	棉纱、花	26,500	布	12,000	
	盐	65,000	核桃	4,000	
	糖	3,000	紫梗	3,000	
	杂货	17,000	爆竹	6,500	
			纸	1,000	
			杂货	2,000	

（续表）

县别	输入货值		输出货值		附记
文山	棉纱	220,000	米	60,000	
	烟	105,000	三七	70,000	
	石油	60,000	木耳	14,400	
			黄苓	7,200	
马关	盐	42,000	米	1,060,000	
	布	15,600	木材	60,000	
	棉纱、花	18,400			
	石油	9,000			
	杂货	16,800			
河口	棉纱	350,000	紫梗	75,000	

乙、对外贸易

1. 概况：云南山岳盘结，交通梗阻，故在滇越铁路未通以前，进出口货物量与值均甚微小。迨滇越路成，交通称便，于是对外贸易，乃得顺利发展。惟民国以来，历天灾人祸及金融变态之影响，使对外贸易消长无定，其情形另节述之。

云南自设蒙自、思茅、腾越三关后，始有正式之国际贸易。迨滇越铁路通车，贸易尤为繁茂。清季贸易情形已详《通志·商业考》，兹就民国以后述之。

据蒙自海关监督署所造报该关民元迄二十年货物进出口，按关平折算计值甚详，又腾越关、思茅关进出口货物按海关两计值亦甚详，兹录如下：

蒙自关进口出口货物价值表

年份	进口		出口		进出口总计	复出口	金融		出入内地之货	
	由外洋	由通商口岸	往外洋	往通商口岸			进口	出口	入	出
一	7,772,032		11,847,849		19,569,881	192	2,945,911	116,149	5,610,462	4,725
二	8,644,260		11,066,270		19,710,530	31,614	1,542,014	325,800	5,792,364	
三	7,803,458		8,378,838		16,183,296	29,521	608,243	415,478	4,916,171	10,647
四	5,392,946		9,809,128		15,202,074	10,716	3,753,201	256,733	4,280,095	366,231
五	5,575,984	13,874	9,387,913		14,997,683	24,406	2,104,008	134,067	4,378,691	250,894
六	5,921,349	43,466	12,865,668		18,830,483	56,634	2,093,576	23,850	4,583,074	29,185
七	9,056,690	447,154	11,398,818		20,881,662	8,619	1,326,459	522,667	6,351,210	102,605
八	8,520,867	548,924	9,886,638		18,962,369	3,547	3,017,381	1,672,632	6,736,021	213,361
九	9,620,901	372,776	12,252,083		22,245,760	19,617	2,926,958	957,746	7,421,970	214,723
十	10,916,058	290,476	7,156,397		18,362,931	41,685	1,710,750	2,984,309	8,415,729	474,366
十一	12,231,892	784,025	9,240,969		22,256,886	34,031	2,096,000	2,094,816	9,768,313	51,640
十二	13,659,338	645,586	9,042,543		23,347,467	33,708	2,727,589	827,500	10,660,749	78,885
十三	14,845,295	584,678	9,976,363		25,406,336	21,548	1,155,184	353,000	10,330,607	45,426

（续表）

年份	进口		出口		进出口总计	复出口	金融		出入内地之货	
	由外洋	由通商口岸	往外洋	往通商口岸			进口	出口	入	出
十四	16,834,670	472,091	13,642,029		30,948,790	69,887	423,048	700,454	3,830,903	45,517
十五	19,095,186	505,076	10,210,913		29,811,175	50,327	699,927	505,815	1,224,351	103,747
十六	16,163,212	427,286	9,583,858		26,174,356	137,577	480,516	120,000	698,662	63,092
十七	16,159,263	424,354	11,257,660		27,841,177	51,508	175,200	256,000	558,292	112,738
十八	13,378,929	921,658	10,864,242	65,142	25,229,971	83,940	1,122,200	805,707	711,895	170,475
十九	11,706,453	6,790,200	10,143,019	647,592	29,287,264	133,734	546,603	272,309	799,172	165,132
二十	6,623,752	9,064,548	5,803,915	4,909,712	26,461,917	59,611	9,158,650			

附记：1. 由通商口岸进口本货，四年前并入内地贸易。2. 往通商口岸出口本货，十七年前并入内地贸易。3. 出口金融本货，多系往外洋之金银铜币，二十年无。4. 入内地之本货，因二十年取消子口税，无从估计。5. 出内地之本货，因二十年取消子口税，无从估计。6. 单位按关平银折价计算。

腾越关进口出口货物价值表

（单位：按海关两计值）

年份	土货出口	洋货入口	总计
一	681,977	1,821,908	2,506,905
二	730,277	2,401,798	3,132,075
三	562,819	2,009,681	2,572,500
四	747,012	2,192,422	2,939,434
五	628,376	1,771,670	2,340,046
六	794,498	2,202,412	2,996,910
七	1,425,547	2,527,336	3,952,883
八	2,692,375	3,505,271	5,534,646
九	1,605,280	4,042,570	5,647,850
十	1,391,631	3,015,153	4,946,784
十一	1,523,174	2,968,375	4,491,549
十二	1,536,611	2,364,697	3,901,308
十三	2,071,753	2,447,330	4,519,083
十四	1,755,263	3,701,194	5,456,457
十五	1,419,725	2,605,349	4,025,074
十六	2,212,134	3,432,293	5,644,427
十七	793,177	2,879,517	3,852,694

思茅关进口出口货物价值表

（单位：按海关两计值）

年份	土货出口	洋货入口	总计
一	43,223	219,578	262,801
二	39,360	184,890	224,250
三	35,907	225,728	261,635
四	33,065	174,286	207,351
五	25,628	158,547	184,175
六	29,635	235,373	265,008
七	31,419	108,768	240,187
八	32,997	189,337	222,334
九	61,443	285,527	346,970
十	38,865	262,457	301,322
十一	43,220	222,424	265,644
十二	42,868	184,054	226,922
十三	42,000	152,198	194,198
十四	28,323	231,923	260,255
十五	134,478	215,706	350,184
十六	164,477	238,756	403,233
十七	23,308	148,828	172,136

2. 蒙自、思茅、腾越三关进出口货品：兹据六十五年来中国国际贸易统计及云南实业改进会季刊，将民国四年至七年，又十五年至十七年蒙自、思茅、腾越三关之进出口货分别列表如下：

蒙自关进口货表

（单位：担）

货名	四年	五年	六年	七年	十五年	十六年	十七年
稻米	335	28		3	157,887	1,873	40,370
大豆	1	66	5				
棉花	1,278	364	176	208	6,278	6,135	4,110
烟丝	5,872	2,695	2,984	562			
芝麻	1						
面粉					10,893	9,683	11,518
糖					40,205	27,036	34,115
煤					18,885	22,156	16,198
煤油					1,583,773	1,358,163	2,175,633
棉纱					174,541	141,986	156,545
水泥					22,592	23,947	20,069

蒙自关出口货表

（单位：担）

货名	四年	五年	六年	七年	十五年	十六年	十七年
大豆	12,340	27,604	97,579	31,404			
烟丝	14	1	2	1			
棉花	12	11					
小麦			170	6			
燕麦				493			

（续表）

货名	四年	五年	六年	七年	十五年	十六年	十七年
豆类					594	3,232	4,554
茶					4,236	3,624	3,674
牛皮					17,606	13,439	21,395
桐油					156	291	
煤					195	64	122
生丝					109	4	3

思茅关进口货表

（单位：担）

种类	十五年	十六年	十七年
面粉			2
糖	6	9	3
棉花	5,494	5,498	3,306
煤油	220	145	855
棉纱	10	45	45

思茅关出口货表

（单位：担）

种类	十五年	十六年	十七年
茶	321		
生丝	252	338	13
生铁	10	130	22

腾越关进口货表

（单位：担）

种类	十五年	十六年	十七年
面粉	82	77	156
糖	116	86	67
棉花	8,203	7,326	4,489
煤油	74,200	52,473	88,170
棉纱	22,955	30,104	25,795
水泥	64	20	46

腾越关出口货表

（单位：担）

种类	十五年	十六年	十七年
豆类	75	135	33
花生	26	6	9
茶	60	143	203
牛皮	190	901	782
桐油			1
生丝	2,215	3,447	1,131
棉纱		1	
生铁		16	

3. 本省对外贸易在全国对外贸易上所占之地位：兹列表以明之：

云南对外贸易占全国对外贸易百分比

（单位：海关两）

年份	云南对外贸易总额	全国对外贸易总额	百分比
民国元年	22,339,587	843,617,434	2.65
民国二年	23,066,855	973,468,103	2.37
民国三年	19,017,431	925,468,011	2.05
民国四年	18,348,859	783,336,883	2.11
民国五年	17,508,028	998,204,361	1.75
民国六年	22,048,935	1,102,450,404	2.17
民国七年	24,627,578	1,040,776,113	2.36
民国八年	24,170,425	1,277,807,092	1.90
民国九年	27,867,804	1,303,881,530	2.14
民国十年	18,373,777	1,507,377,976	1.21
民国十一年	26,230,054	1,599,941,583	1.64
民国十二年	26,830,111	1,676,320,303	1.60
民国十三年	29,534,939	1,789,995,145	1.65
民国十四年	36,193,411	1,724,217,881	2.10
民国十五年	33,681,357	1,988,516,024	1.70
民国十六年	31,794,730	1,931,551,286	1.64
民国十七年	31,541,653	2,187,324,259	1.44
民国十八年	28,463,132	2,281,466,139	1.25
民国十九年	25,830,541	2,204,599,336	1.17
民国二十年	15,683,165	2,342,964,719	0.66

本表数字，系根据海关报告册所载蒙自、思茅、腾越三海关对外贸易出入口总值合计而得。

欲求出国币数值，可以一海关两等于一元五角五分八厘折算之。

4. 出入超：至于出入超情形，概言之，自光绪二十三年蒙自开关始，年年均系入超，惟在光绪二十八年以前，从未超过二百六十万元。光绪三十年，滇越铁路开工，至宣统元年通车，因输入大批铁路材料，及法越移民需要之大宗日用品，故每年入超均达五百万元以上。但自宣统二年后，忽一反前例，由入超转为出超，并继续此有利情形达八九年之久。寻绎其故：盖自滇越铁路通车后，因运输便利，土货得以大量出口，一也；欧战期间，大锡因需要增加而涨价，出口畅旺，二也；进口洋货，因来源不畅，大形减少，三也。民八、九两年，虽已变出超为入超，但数字颇小，进出口两值相较，几跻于平。民十则出口锐减，入超剧增，自是以后，每年入超平均达五百万两以上。盖自欧战告终，锡价惨跌，致历年出口数值，毫无起色。但各国以元气渐复，竞以其过剩精制品销于中国，滇人乐用外货，推行日广，致进口数值，有加无已。民十八后，因金融剧变，盗匪充斥，进出口贸易，均形减少，入超数字，亦因而降低。兹将民元以来，滇省直接对外贸易出入情形，表列于后。

云南直接对外贸易出入超统计表

（单位：海关两）

年份	洋货进口值	土货出洋值	出超	入超
民国元年	9,766,518	12,573,069	2,806,551	—
民国二年	11,230,898	11,835,907	605,009	—
民国三年	10,038,847	8,978,564	—	1,060,283
民国四年	7,759,654	10,589,205	2,829,551	—
民国五年	7,466,111	10,041,917	2,575,806	—
民国六年	8,359,134	13,689,801	5,330,667	—
民国七年	11,771,794	12,855,784	1,083,990	—
民国八年	12,221,415	11,949,010	—	272,405
民国九年	13,948,998	13,918,806	—	30,192
民国十年	14,193,668	9,126,893	—	5,066,775
民国十一年	15,422,691	10,807,363	—	4,615,328
民国十二年	16,208,089	10,622,022	—	5,586,067
民国十三年	17,444,823	12,090,116	—	5,354,707
民国十四年	20,767,796	15,425,615	—	5,242,181

（续表）

年份	洋货进口值	土货出洋值	出超	入超
民国十五年	21,916,241	11,720,116	—	10,196,125
民国十六年	19,834,261	11,960,469	—	7,873,792
民国十七年	19,187,508	12,254,145	—	6,933,363
民国十八年	16,294,450	12,168,682	—	4,125,768
民国十九年	14,172,484	11,658,038	—	2,514,446
民国二十年	8,498,686	7,184,479	—	1,314,207

5. 本省三海关在对外贸易上之地位及其出入超情形：本省对外贸易，以蒙自关之数值为最多，腾越关次之，思茅关又次之。盖蒙自关有滇越铁路交通之便，有个旧大锡出产之富，故其出入口货值占全省百分之八十五左右，实属势所必然。其他两关，因地处边隅，既乏通海铁路，又较蒙自关距离国内各埠为远，自不能与蒙自关相颉颃。腾越关在滇越铁道未通前，出入印缅货物，颇形畅旺。其入口洋货，且可运销川、黔两省。滇越铁路完成后，其贸易数值虽无起色，但所占百分比始终在百分之十以上，民国八年，且达百分之二十三之多。寻绎其故：一、因滇越铁路运费甚高，有时印度棉纱经腾越驮运至昆明，尚能与由铁路运入之棉纱竞争；二、由铁路运入之日本纱，因抵货运动发生而减少，故由腾越进口之印纱，能运至昆明竞销；三、因迤西各属地广人稠，以地近印缅，故出入印缅货物之运费，常较经铁路往来者为低廉；四、因川、康土产货物以印缅为销场者，必经腾越出口，而印缅洋货亦可运销川、康。上列四因，实维系腾越关贸易数值于不坠。思茅关贸易数值极微小，以地处荒僻，国境内外生产消费及运输条件均远逊于其他两关也。兹将云南三海关出入口货值及其所占全省对外贸易总额之百分比，列表以明之。

蒙自、思茅、腾越三关出入口总额统计表

（单位：海关两）

项目 年份	全省出入口贸易总额		蒙自关出入口总额		思茅关出入口总额		腾越关出入口总额	
	货值	百分比	货值	百分比	货值	百分比	货值	百分比
民国元年	23,339,539	100	19,569,689	87	262,801	2	2,506,905	11
民国二年	23,035,241	100	19,678,916	85	224,250	1	3,123,075	14
民国三年	18,987,910	100	16,153,775	85	261,635	1	2,572,500	14

（续表）

年份＼项目	全省出入口贸易总额		蒙自关出入口总额		思茅关出入口总额		腾越关出入口总额	
	货值	百分比	货值	百分比	货值	百分比	货值	百分比
民国四年	18,338,143	100	15,191,358	83	207,351	1	2,939,434	16
民国五年	17,497,526	100	14,973,575	86	184,175	1	2,340,046	13
民国六年	22,035,767	100	18,773,849	85	265,008	2	2,996,910	13
民国七年	25,066,113	100	20,873,043	83	240,187	1	3,952,883	16
民国八年	24,715,831	100	18,958,822	76	222,334	1	5,534,675	23
民国九年	28,220,963	100	22,226,143	78	346,970	2	5,647,850	20
民国十年	23,569,352	100	18,321,246	78	301,322	2	4,946,784	20
民国十一年	26,980,048	100	22,222,855	82	265,644	1	4,491,549	17
民国十二年	27,441,989	100	23,313,759	85	226,922	1	3,901,308	14
民国十三年	30,098,069	100	25,384,788	84	194,198	2	4,519,083	14
民国十四年	36,595,615	100	30,878,903	84	260,255	2	5,456,457	14
民国十五年	34,136,106	100	29,760,848	87	350,184	1	4,025,074	12
民国十六年	32,084,439	100	26,036,779	81	403,233	1	5,644,427	18
民国十七年	31,814,499	100	27,789,669	89	172,136	0.6	3,852,694	10.4
民国十八年	29,366,004	100	25,146,031	85	129,158	0.4	4,090,803	14.6
民国十九年	33,134,599	100	29,153,530	88	126,658	0.3	3,854,411	11.7
民国二十年	29,597,834	100	26,402,306	89	232,899	0.9	2,962,629	10.1

注：本表出入口贸易总额货值与后表直接对外贸易总额不同者，系因包括转口上货数值之故。

至于各出入超情形，概言之，蒙自关在民九以前年年出超，民十以后变出超为入超。其原因有二：大锡销路不畅，价格低落，致出口数值减少，一也；本省奢靡风渐，消费力强，致洋杂货进口增加，二也。思茅、腾越两关，则素为入超口岸。兹表列民二、三、六、七、八、九、十六、十七、十八、十九、二十等年份三关出入超情形以见其梗概：

蒙自、思茅、腾越三关出入超统计表

（单位：海关两）

关别	年份	洋货进口值	土货出洋值	出超	入超
蒙自关	民国二年	8,612,646	11,066,270	2,453,624	—
	民国三年	7,773,927	8,379,838	405,911	—
	民国六年	5,864,515	12,865,668	7,000,953	—
	民国七年	9,027,071	11,398,818	2,371,847	—
	民国八年	8,526,807	9,886,638	1,359,381	—
	民国九年	9,601,287	12,252,083	2,650,796	—
	民国十六年	16,163,212	9,583,858	—	6,579,354
	民国十七年	16,159,163	11,257,660	—	4,901,503
	民国十八年	13,378,929	10,864,242	—	2,514,687
	民国十九年	11,706,453	10,143,019	—	1,563,434
	民国二十年	6,623,752	5,863,905	—	759,847
思茅关	民国二年	184,890	39,360	—	145,530
	民国三年	225,728	35,907	—	189,821
	民国六年	235,373	29,635	—	025,738
	民国七年	208,768	31,419	—	177,349
	民国八年	189,337	32,997	—	156,340
	民国九年	285,527	61,443	—	224,084
	民国十六年	238,756	164,477	—	74,279
	民国十七年	148,828	23,308	—	125,520
	民国十八年	107,596	21,562	—	86,034
	民国十九年	103,855	22,803	—	81,502
	民国二十年	174,893	57,986	—	116,907

（续表）

关别	年份	洋货进口值	土货出洋值	出超	入超
腾越关	民国二年	2,401,798	730,277	—	1,671,521
	民国三年	2,009,681	562,819	—	1,446,862
	民国六年	2,202,412	794,498	—	1,507,914
	民国七年	2,527,336	1,425,547	—	1,101,789
	民国八年	3,505,271	2,029,375	—	1,475,896
	民国九年	4,042,570	1,605,280	—	2,437,290
	民国十六年	3,432,293	2,212,134	—	1,220,169
	民国十七年	2,879,517	973,177	—	1,906,340
	民国十八年	2,807,925	1,282,878	—	1,525,047
	民国十九年	2,362,176	1,492,235	—	869,941
	民国二十年	1,700,041	1,262,588	—	437,453

五、进出口货品

本省进口货品以棉货为大宗，煤油、烟草、人造靛、糖、钢铁、纸等次之。棉货中又以棉纱为最多，棉布次之，棉花又次之。出口货品以锡块为大宗，经丝、皮革次之，猪鬃及其他金属品又次之。兹按照国联分类法，将最近五年间本省主要进口货品及货值列表如下：

五年间本省主要进口货品货值表

货别＼货值＼年份	民国十六年	民国十七年	民国十八年	民国十九年	民国二十年
鱼介类	102,783	72,309	80,412	79,346	108,372
牛乳及附产品	69,144	53,555	43,084	30,897	20,689
其他动物原料及产品	45,597	45,813	19,904	8,554	21,960

（续表）

货值 年份 / 货别	民国十六年	民国十七年	民国十八年	民国十九年	民国二十年
食用果品	27,311	44,756	24,484	30,376	21,820
咖啡及香物	29,943	46,257	28,125	70,343	41,799
米	22,454	282,642	774,953		
面粉	88,411	75,619	72,101	77,676	70,866
其他植物粉	370	439	1,378	1,021	476
油用子仁干果工业及医药用植物	56,796	86,706	74,141	69,961	82,905
植物染料及胶液	1,098	1,836	199	2,000	1,745
动植物油蜡	32,172	23,728	37,925	13,297	17,911
糖	304,998	375,310	247,253	204,643	221,004
酒及其他饮料	41,765	36,574	39,446	24,893	75,191
烟草	426,661	686,210	191,902	32,124	31,087
水泥	48,993	35,839	74,448	71,218	17,078
煤油	612,271	1,049,415	747,250	566,382	494,950
煤	260,235	147,350	210,164	210,900	247,551
其他矿物燃料	24,490	60,966	49,480	95,737	79,327
化学品及药用材料	267,543	131,434	188,079	187,546	196,401
人造靛青	541,014	405,800	241,779	450,352	478,371
其他颜料及油漆	49,928	42,385	46,626	71,593	71,629
香油及香料	34,666	37,108	21,016	27,416	11,815
生皮拣皮皮革	62,931	62,818	33,409	83,588	37,002
橡皮及其制品	9,268	13,050	9,907	25,511	33,073
木材及木制品	76,604	51,708	68,663	59,863	68,949

（续表）

货值　年份 货别	民国十六年	民国十七年	民国十八年	民国十九年	民国二十年
纸及其应用品	277,620	243,129	243,272	188,499	164,455
人造丝及其制品	6,734	8,516	21,139	13,546	7,859
毛织品	279,051	334,123	139,618	155,419	199,334
棉花	551,060	386,109	541,035	503,496	599,135
棉纱	9,128,093	9,527,400	8,074,059	5,515,708	1,102,533
各色棉布	3,921,550	2,846,914	2,119,883	3,286,830	2,034,790
各种制成衣物	119,280	89,270	67,442	113,342	164,354
麻及其他植物纤维制品	866	673	776	1,274	2,886
纤维胎毡及其他特种工业用纤维	13,186	10,754	16,274	10,102	9,661
石及其他矿物制品	20,785	10,703	12,008	9,318	27,715
玻璃及其制品	47,806	45,069	54,194	76,991	88,999
钢铁	241,044	226,491	181,328	270,807	240,981
铜锡	19,397	34,073	29,357	37,812	13,279
其他主要金属及其制品	111,770	109,021	76,573	60,836	104,108
锅炉机器及其配件	221,250	45,132	42,820	27,358	44,661
电机及电料	27,811	37,333	90,767	123,881	198,347
交通器材	232,125	70,319	133,907	362,281	224,223
光学测量及其他科学仪器	5,726	2,646	2,850	10,737	31,821
军械军火	126,059	18,322	234,554	13,942	4,564
共计	18,386,874	18,935,071	15,412,899	13,607,031	7,807,057

根据上表，则最近五年间本省主要进口货前八位及其所占进口货总额之百分比，如下表所示：

五年间主要进口货及其百分比

年份 / 货名及百分比 / 位次	民国十六年		民国十七年		民国十八年		民国十九年		民国二十年	
	货名	百分比	货名	百分比	货名	百分比	货名	百分比	货名	百分比
第一位	棉纱	49.1	棉纱	50.3	棉纱	52.3	棉纱	40.5	棉布	25.1
第二位	棉布	21.3	棉布	15.0	棉布	13.7	棉布	24.1	棉纱	14.1
第三位	煤油	3.3	煤油	5.5	米	5.0	煤油	4.2	棉花	7.6
第四位	棉花	3.0	烟草	3.6	煤油	4.8	棉花	3.7	煤油	6.3
第五位	人造靛	2.5	人造靛	2.1	棉花	3.5	人造靛	3.3	人造靛	6.1
第六位	烟草	2.3	棉花	2.0	糖	1.6	铁路材料	2.5	煤	3.2
第七位	糖	1.6	糖	1.9	纸	1.5	钢铁	2.0	钢铁	3.1
第八位	毛织品	1.5	毛织品	1.7	人造靛	1.5	糖	1.5	糖	2.8

以上表所列，除民十八之米、民十九之铁路材料、民二十之煤为特殊输入外，大致以棉纱为第一位，棉布为第二位，煤油第三位，棉花为第四位，人造靛为第五位，以下为烟草、糖、钢铁、毛织品及纸。棉货为衣着材料，棉纱、棉布、棉花均属之；民十六合计占百分之七十三点四，民十七占六十七点三，民十八占六十九点五，民十九占六十八点三，民二十占四十六点八，人造靛亦为棉货之染色颜料，足征本省仰给外货之程度，以衣着为最深也。

至本省近五年出口货品及货值则如下表：

民十六至二十年本省出口货品及货值统计表

货别＼货值＼年份	民国十六年	民国十七年	民国十八年	民国十九年	民国二十年
牲畜	9,587	9,363	6,232	5,322	14,336
肉类	224	220	686	712	292
鱼介类				210	164
蛋类	10,845	18,080	20,424	17,363	25,720
猪鬃	132,767	105,260	88,593	113,916	135,060
其他动物原料及产品	33,827	64,707	58,387	31,962	49,045
黄豆	18,250	21,708	54	2,120	4,519
其他豆类	1,329	864	663	3,337	1,436
食用蔬菜	70,549	91,112	85,475	85,409	13,647
食用果品	21,326	15,119	20,557	22,342	18,217
茶	87,677	78,002	83,413	31,614	16,518
米谷				8	9
油子及油	2,518	2,478	4,764	2,477	2,194
桐油	2,457	4,268	20,815	15,368	3,411
其他动植物油蜡	71,786	87,332	33,003	26,044	25,854
植物粉制品	7,994	6,973	6,096	4,045	6,576
烟草	1,511	3,015	7,671	3,594	10,596
矿产品	578	1,085			88
化学品及药用材料颜料漆等	4,788	1,840	3,847	2,540	3,809
生皮拣皮皮革	7.49,223	1,342,978	1,184,028	732,060	54,606
细毛皮	19,137	15,881	13,922	28,122	46,253
木材及木制品	800	287	338	172	307

（续表）

货值 年份 货别	民国十六年	民国十七年	民国十八年	民国十九年	民国二十年
植物编织品	173	521	263	280	867
纸及其应用品	5,598	5,538	4,973	5,636	3,156
经丝	2,016,130	643,920	953,760	169,187	656,326
丝织品	2,448	20,947	2,819	2,282	1,078
羊毛	44	5,353	5,608	1,568	49
棉布	26,184	9,365	25,080	12,700	27,037
麻海		24	45		
纤维胎毡及其他特种工业用纤维	73,553	56,464	60,028	39,354	28,662
各种制成衣物	4,544	9,707	7,087	1,717	2,018
鞋帽伞及其他时装用品	24,401	33,609	15,453	9,172	8,293
石制品陶器玻璃	7,406	12,489	18,626	20,991	22,942
钢铁	9,975	4,269	7,850	8,311	15,033
锡	8,162,100	9,157,071	8,740,919	8,559,178	4,602,500
锑	1,330	556	1,000	3,535	
其他主要金属及其制品	104,052	119,336	144,306	153,468	119,130
总计	11,679,707	11,878,692	11,626,429	10,160,946	6,823,668

根据上表，则五年间本省主要出口货前五位及其所占出口货总额之百分比，如下表所示：

本省主要出口货所占出口总额之百分比

年份 货名及百分比 位次	民国十六年		民国十七年		民国十八年		民国十九年		民国二十年	
	货名	百分比	货名	百分比	货名	百分比	货名	百分比	货名	百分比
第一位	锡	70.0	锡	77.1	锡	75.2	锡	84.2	锡	70.0
第二位	经丝	17.3	皮革	11.4	皮革	10.3	皮革	7.5	经丝	14.0
第三位	皮革	6.5	经丝	5.4	经丝	8.2	经丝	1.6	皮革	8.6
第四位	猪鬃	1.1	其他金属品	1.0	其他金属品	1.2	其他金属品	1.5	猪鬃	2.0
第五位	主要金属品	0.8	猪鬃	0.9	猪鬃	0.8	猪鬃	1.1	主要金属品	1.7

以上表所列，锡占第一位，经丝及皮革（包括细毛皮）占第二或第三位，猪鬃及其他主要金属品（锡在外）占第四或第五位。

六、本省进出口货之来处及去处

民国十九年前之海关贸易报告册中，对本省进出口货之来处及去处，悉认作印度、安南与香港三地。但香港为一转运口岸，本省向香港输出入之货物，其来处及去处有英国、欧洲大陆各国，美洲、日本、澳洲、印度、新加坡等地，及我国沿海各口。向印度、安南输出入之货物系由他处转来，或转往他处者亦有之。故本省进出口货之真实来处及去处，并其数值如何，均无从得知其详。兹将民十六至十九年海关贸易报告册中蒙自、思茅、腾越三埠对各国进出口贸易值之统计，列编如次：

本省进出口货来处及去处统计表

（单位：海关两）

年份	埠别	货值 \ 来去处	印度	安南	香港	合计
民国十六年	蒙自	进口值	—	3,159,792	13,003,420	16,163,212
		出口值	—	413,210	9,110,648	9,583,858
	思茅	进口值	216,500	22,250	—	238,756
		出口值	164,085	392	—	164,477
	腾越	进口值	3,132,293	—	—	3,432,293
		出口值	2,212.134	—	—	2,212,134
民国十七年	蒙自	进口值	—	3,022,645	13,136,518	16,159,163
		出口值	—	894,410	10,361,250	11,257,660
	思茅	进口值	137,887	10,941	—	148,828
		出口值	23,168	140	—	23,308
	腾越	进口值	2,879,517	—	—	2,879,517
		出口值	973,177	—	—	973,177
民国十八年	蒙自	进口值	—	3,133,720	10,245,209	13,378,929
		出口值	—	668,577	10,195,665	10,864,242
	思茅	进口值	99,514	8,082	—	107,596
		出口值	21,554	8	—	21,562
	腾越	进口值	2,807,925	—	—	2,807,925
		出口值	1,282,878	—	—	1,282,878
民国十九年	蒙自	进口值	—	2,142,817	9,563,636	10,706,453
		出口值	—	576,502	9,566,517	10,143,019
	思茅	进口值	101,649	2,206	—	103,855
		出口值	22,803	—	—	22,803
	腾越	进口值	2,362,176	—	—	2,362,176
		出口值	1,492,235	—	—	1,492,235

民国二十年海关贸易册中对于蒙自一埠进出口货之来处及去处，曾有详细之分析。兹将是年蒙自一埠对各国进出口贸易值列表如下：

蒙自关进出口值统计表

单位：（海关两）

货值 来去处	进口值	出口值
安南	828,834	463,463
香港	1,002,478	5,391,908
比国	38,164	
法国	332,940	5,181
德国	853,937	
英国	535,831	
美国	595,896	721
暹罗		5,050
日本	2,024,283	350
朝鲜	14,608	832
荷属东印度	74,795	
挪威	50,113	
新加坡等处	24,431	
瑞典	117,432	
总计	6,473,713	5,863,905

蒙自关贸易数值占全省贸易总额百分之八十以上。而蒙自关进出口货，均赖滇越铁路运输，且必须经过安南之东京区，故海防贸易研究会所制《民十七年至十九年经由东京至云南贸易总额统计表》，对于云南进出口货之来处、去处及其数值，颇有足资参证之处。兹特录之于后。

蒙自关外贸数值表

数值 / 年份 / 交易地	吨数			价值（法郎）		
	十七年	十八年	十九年	十七年	十八年	十九年
香港至云南	19,068	22,324	22,324	208,096,908	233,436,236	272,256,311
云南至香港	9,310	9,809	8,982	28,993,118	163,055,802	128,539,877
云南至法国	606	229	267	8,179,910	2,904,238	3,061,791
美国至云南	4,863	2,817	1	9,804,161	5,307,301	8,255
荷领东印度至云南	3,856	2,377	1	8,223,391	5,358,940	21,347
中国至云南①	1,453	1,061	1,061	53,475,033	44,426,531	64,241,239
云南至中国②	171	296	317	1,596,479	3,316,934	3,219,084
日本至云南	8	39	13	49,572	148,156	119,748
云南以外之中国至香港	83	125	91	1,560,882	2,442,551	1,655,133
法国至云南	60	373	143	692,886	1,425,402	593,890
其他欧洲诸国至云南	164	252	75	1,865,842	4,277,035	884,804
中国至法国以外诸国	65	289	137	1,175,572	1,641,690	2,770,540
法国以外至中国	147	270	208	1,504,067	991,924	2,678,146
云南至欧洲诸国	66	34	23	786,311	295,260	328,250
合计	40,220	34,367	34,081	505,924,151	469,028,000	480,346,451

〔注：①②按“中国至云南”系指内地货物经由越南海防转入云南境内者。“云南至中国”系指云南货物经由越南海防转入内地者。〕

七、影响对外贸易之重要因素

本省对外贸易，消长变动之原因固多，归纳言之，其影响贸易发展之重要因素不外三端：金融变态，一也；天灾人祸与交通阻滞，二也；税则与商品价格之变动，三也。兹分述之：

1. 金融变态：金融乃经济活动之命脉，在国内贸易上如是，在对外贸易上亦如是。贸易以货币为中介，故币值稳定，为贸易顺利发展之先决条件。对外贸易之支付方法，有赖于汇兑，故汇率之涨落，实足以影响对外贸易之盛衰。滇省币制紊乱，各种货币之比价既不一定，汇率又起落无常，乃成贸易发展之莫大障碍。金融变态之经过，上文已详述之，兹将历年海关贸易报告册中对于金融变态与贸易有关之叙述节录之，以见一斑。

民九，云南锡之贸易不克兴盛，而年初汇率又高，与新加坡锡亦难争衡。——蒙自关。

民十四，地方通货价格低落，无稍补救，影响进出口贸易诚非浅鲜。——蒙自关。

同年，富滇银行钞票之跌价及市面现银之缺乏……均有碍于该埠之贸易也。——思茅关。

民十五，全年以内皆感货币问题之困难，兼之夏季洪水为灾，东京之铁路运输时有阻滞。当上半年之际，富滇银行滥发纸币，致滇省银元跌价不止，迨六月间，银价市价需三百三十元始折合安南银元百元。于是本省当轴严加取缔，以期逐渐恢复原价，因之发生反动，剧而且速，贸易为之停顿……溯自一月至五月间，布匹及棉纱进口甚形踊跃，盖当道对于跌价之纸币正在筹划补救间，商人预料进口贸易恐有限制，纷纷向海防、香港订购大批货物……至进口贸易之所以活动者，尚有一大原因，即：有商人欲将积存之纸币脱手，以换不易跌价之物，适值滇省纸币突然回涨，人皆虑其于匹头贸易不免有不良之影响，特是海防存货累积，势必售脱，虽铁路梗阻，终能设法将货运滇，结果，则有大批染色洋素绸、尺六绒、尺九绒、及绒棉毯输入。——蒙自关。

民十七，冬季最大阻力为货币之继续跌价。——蒙自关。

同年，货币跌价，贸易不发达。——思茅关。

民十八，金融紊乱，全年兑价起落无常（法银币一百换滇票四百七十至九百二十元）。——蒙自关。

同年，下半年运输工人因现金与纸币之高低，对工价问题发生争执，以致马户罢工达两月之久。同时本口贸易，亦完全停顿。——腾越关。

民十九，最不利者，为省府自一月一日起，纳税定为滇币五元折合银币一元征收，较去年增五倍。——蒙自关。

民二十，洋货因汇兑不利，为消费者力所不胜。——蒙自关。

2. 天灾人祸与交通阻滞：个旧大锡为本省之主要出口商品。但泰半以土法洗炼而得，洗砂端赖天然雨水。故雨量充足，则产额增多；一遇天旱，则产额减少。惟雨水过多，又常冲毁铁路，使交通阻滞，运输又成问题。因此，天灾常使本省对外贸易为之减缩。又本省（自护国军兴以还）连年用兵，军运频繁，骡马常被征用，使商货运输为之阻滞。至若本省因地形特殊，易匿盗匪，剿办殊感不易，致伏莽时闻，商旅裹足，是皆有碍贸易发展之重要因素也。兹摘录历年海关贸易册中有关之报告，以觇其梗概：

民四，云南铁路阿迷州一段，因雨太大，土山崩卸，甚至有一万吨重之土直冲铁路，车不能行。东京叉道全被淹没，云南各地之货不能运往东京。——蒙自关。

民六，军人需用骡马，商货乏骡马运输，尤为妨碍。——蒙自关。

民十三，始因天时久旱，个旧水源不敷洗砂；继又大雨滂沱，铁路数处大变损失，交通因而停止，车马驮夫，被征军用，此皆有阻商务之发展也。——蒙自关。

同年，霪雨连绵，车驮减少，运输脚费，甚形昂贵，此皆思茅商务沉闷之原因也。——思茅关。

民十四，盗贼遍境骚扰，均有碍于该埠之贸易也。——思茅关。

同年，至出口贸易，则因盗匪猖獗，阻碍内地来货，成绩稍逊。——腾越关。

民十五，夏季以后，四川生丝出口锐减。盖自云南府至腾越之路，盗贼如毛，生丝改由思茅出口。——腾越关。

民十七，前三季四境平靖，贸易差强人意。冬季则盗匪猖獗，货运阻滞，丝之出口减少。——腾越关。

民十八，本省军事行动，终年不已，夏初之时，所有骡马被征，故内地运输停顿。——蒙自关。

民二十，蒙自及昆明县境内，自十九年十一月起迄今年六月以后，天燥无雨，但灾区仅以此两地及个旧为限。个旧锡产，因以减少。——蒙自关。

同年，迤西通商孔道，曾为苗族所盘踞，劫商旅，掠村舍，一时商务大受影响。——思茅关。

3. 税则与商品价格变动：税则变更则影响货物之成本与销路，其有关贸易之发展，乃势所必至。举例言之：如民十八本省海关施行新税则，将按照关平银两与滇洋汇率减半征收关税之办法取消，改按汇率十足征收，加以新进口税则之施行，税率增高；十九年海关进口税更改按金单位征收，省政府复加收进口货附税；二十年又施行特种消费税，是皆影响贸易之发展甚大。兹摘录海关贸易册中有关之报告如次：

民十八，本年海关施行新税则，并取消减征关税之特别利益（即以前所订货物通过中越边界之税），皆影响进口贸易……自税收方面观之，该关自有史以来，实以本年为足记。盖本关欲得一固定币位，为征发税课之标准，今于本年十一月实行，于是该关征税之折合率，乃与其他口岸相似，但为体恤商艰，现在各项税课，只照定率折半征收。即关平银一百两等于滇银二百三十四元五角，或与此半数相等之本省流通币，故于该关税收增益甚多。——蒙自关。

同年，进口鹿茸锐减，系因新税则增高至值百抽二十七点五之故。——思茅关。

同年，本口向来所有之边关减税法取消，致进口税率大增。本年生丝出口虽较上年多，而卢比价仍高，乃因出口生丝，多囤积于缅甸；而缅甸市场所存人造丝甚多，故生丝价跌，不易脱手。当局有鉴于此，乃取消生丝出口附税。——腾越关。

民十九，本年二月，海关进口税改按金单位征收，而省府复自三月一日起至十月底止，加征进口货附税，致商务完全停顿，走私甚多。——思茅关。

民二十，本年施行特种消费税（自百分之二点五至十七点五），影响贸易甚大。惟成立在六月一日，旺月已过，故前三季贸易统计，尚未受何影响，十一月间，始呈缩减之象。——思茅关。

同年，按照关平银两与滇洋汇率减半征收关税办法为期届满，改按汇率十足征收。加以新进口税则之施行，皆为本年贸易不振之重要原因。出口杂货及丝，几至不能行销，盖以印度海关现在所征之关税，其税率较之我国税则有过无不及也。——腾越关。

商品价格之变动，其影响贸易之盛衰，办至深且巨。锡出口为左右本省直接对外贸易出入超之主要因素，其价格升降，与本省贸易消长之关系，上下文中均有论及之者，故不赘述。兹就海关贸易报告册中，摘录其他商品价格变动与贸易盛衰有关之叙述，以窥其概：

民九，思茅一口，本年细甸棉花贸易，大有复振之象。腾越一口，棉纱、棉花两种为大宗进口货，输入之数，足慰人意。因细甸方面价格既低，驮费又暂行减跌，以是在云南销售，大获其利。

民十四，英国粗细本色斜纹布，虽由去年之二万七千八百六十五匹跌至本年之一千五百六十匹，而价格较廉之日本货，则由二百匹增至二万五千二百十四匹。——蒙自关。

民十九，因人造丝价低，以致向来行销于缅甸之丝织品，为人造丝所排。——腾越关。

至如商品在国外之销场，常以他货之竞争面缩减。洋货在本省之销路，亦因土产之代替而退步。如民九、十两年间，本省出口锡因玻利维亚与马来亚之竞争而减缩（蒙自关）。民十三年，棉花及印纱之进口因不敌土货之盛行而滞销（腾越关）。民十以后，日货火柴渐被土产所代替，以致绝迹等。其例颇多，事本寻常，故不详赘。

民国云南通志长编卷五十九

商业二

一、主要进口货棉及其纺织品

（一）历年棉货进口概况

本省以棉产不能自给，致每年棉货进口值向居进口货之第一位，占进口总值百分之六十以上，价值千余万两。实本省之最大漏卮，亦本省入超之主要因素也。故本章特撮要述之。

兹将最近五年间棉货进口值及其所占进口总额之百分比，列表如次：

民十六至二十年棉货进口值及所占进口总额百分比

（单位：海关两）

种类 ＼ 货值 ＼ 年份	民国十六年	民国十七年	民国十八年	民国十九年	民国二十年
棉花	551,060	386,109	541,035	503,496	599,135
棉纱	9,128,093	9,527,400	8,074,059	5,515,708	1,102,533
本色棉布	743,962	731,500	499,519	908,895	459,110
印花棉布	135,794	220,390	87,496	303,379	66,716
漂白或染色棉布	3,041,793	1,895,024	1,542,868	2,074,556	1,508,962
共值	13,700,703	12,760,423	10,734,977	9,308,034	3,736,456
全省进口贸易总额	19,834,261	19,187,508	16,294,459	14,172,484	8,498,686
占进口总额百分比	68.6	66.6	65.9	65.7	44.0

本省三海关中，蒙自关进口棉货向居首位。在滇越铁路未通前，该关每年进口棉货约值四百至五百万元，占三关棉货进口总值百分之七十至七十五。腾越次之，每年约值一百六十万至二百万元，占进口总值百分之二十五左右。思茅关最少，每年约值二十万元，占百分之二至三。滇越铁路通车后，蒙自关因运输便利，棉货进口年见增长，虽有时以其他原因而减少，但腾越、思茅两关则除少数年份偶然增加外，在过去四十年中，三关进口之百分比殊鲜差异。兹将最近五年间本省三海关棉货进口值及其百分比列表如下：

民十六至二十年三关棉货进口值及百分比

（单位：海关两）

类别	货值及百分比＼年份	民国十六年	民国十七年	民国十八年	民国十九年	民国二十年
蒙自关	货值	10,634,908	10,359,433	8,301,086	7,185,868	2,148,854
	百分比	77.6	81.2	77.3	77.2	57.5
思茅关	货值	196,666	118,696	90,630	93,668	124,805
	百分比	1.4	0.9	0.9	1.0	3.3
腾越关	货值	2,869,129	2,282,294	2,343,261	2,026,498	1,463,797
	百分比	21.0	17.9	21.8	21.8	39.2
三关合计	货值	3,700,703	12,760,423	10,734,977	9,308,034	3,736,456
	百分比	100	100	100	100	100

主要棉货为棉花、棉纱与棉布三大类。棉花为棉纺织品之原料，棉纱与布则为纺织品。详言之，棉纱为半制品，而棉布则为制成品，皆本省衣着之主要材料也。此外，如棉线、汗衫、毛巾、袜子等因为数较少，故不赘述。

棉花进口值占棉货进口总值之比数最小，但历年变动甚大，滇越铁路通车后，棉花进口数量虽未见增加，但比较三关各别之进口数量，显见蒙自关亦因运输便利而有增长。腾越、思茅两关，四十年来之进口数字始终在五千担至八千担之间。而蒙自关，除光绪二十一年前数年外，由光绪二十二年至民国六年，每年进口数量极少，自民七起始增高至每年五千担上下。棉纱与棉布两类，蒙自关进口数值，均占最大多数，惟棉花则不及其他两关中之任何一关。兹将最近五年间各关棉花进口数值及所占棉货进口总值之百分比，列表如下：

民十六至二十年各关棉花进口数值占棉货进口比

（单位：海关两）

种类 \ 数值 \ 年份		民国十六年	民国十七年	民国十八年	民国十九年	民国二十年
蒙自关	货值	166,667	105,192	144,020	171,843	205,250
	担数	6,135	4,110	4,365	5,214	4,705
思茅关	货值	192,430	115,710	87,640	87,360	78,717
	担数	5,498	3,306	2,504	2,496	3,364
腾越关	货值	291,963	165,207	309,375	244,293	315,159
	担数	7,326	4,489	7,374	7,125	8,699
共计	货值	651,060	386,109	441,035	503,496	599,135
	担数	18,955	11,905	14,243	14,835	16,758
全省棉货进口总值		13,700,703	12,760,423	10,734,977	9,308,034	3,736,456
占进口总值百分比		4.1	3.0	5.0	5.4	16.0

棉纱进口值占棉货进口总值之比数最大，且历年逐步增加。思茅关进口棉纱甚少，腾越关进口棉纱，在民十三年前保持平稳状态，俟后则缓缓下降。蒙自关之趋势，长期继续增加。兹将最近五年间各关棉纱进口值及所占棉货进口总值之百分比，列表如下：

民十六至二十年各关棉纱进口数值占棉货进口比

（单位：海关两）

种类 \ 数值 \ 年份		民国十六年	民国十七年	民国十八年	民国十九年	民国二十年
蒙自关	货值	7,299,806	8,076,223	6,456,335	4,179,053	174,063
	担数	141,986	156,544	125,967	80,543	3,398
思茅关	货值	1,350	1,350	1,830	5,040	30,571
	担数	45	45	61	168	520
腾越关	货值	1,826,937	1,449,827	1,615,894	1,331,615	897,899
	担数	30,104	25,795	27,201	20,927	13,737

（续表）

种类 \ 数值 \ 年份		民国十六年	民国十七年	民国十八年	民图十九年	民国二十年
共计	货值	9,128,093	9,527,400	8,074,059	5,515,708	1,102,533
	担数	172,135	182,385	153,229	101,638	17,655
全省棉货进口总值		13,700,703	12,760,423	10,734,977	9,308,034	3,736,456
占进口总值百分比		67.1	74.6	75.2	59.2	29.5

棉布进口趋势：在蒙自关方面，与棉纱情形相仿佛，即在三关中居首要地位，并在滇越铁路通车后，其进口值系长期之继续增加。腾越关无大增减，思茅关则进口不多，无足重视。兹将最近五年间各关棉布进口值及所占棉货进口总值之百分比。列表如下：

民十六至二十年各关棉布进口值占棉货进口比

关别	种类 \ 货值 \ 年份	民国十六年	民国十七年	民国十八年	民国十九年	民国二十年
蒙自关	本色棉布	548,482	620,014	334,551	781,467	360,560
	印花棉布	108,007	196,269	76,217	275,015	63,473
	漂白或染色棉布	2,511,946	1,361,735	1,289,963	1,778,490	1,345,499
	合计	3,168,435	2,178,018	1,700,731	2,834,972	1,769,532
思茅关	本色棉布	—	—	—	48	1,037
	印花棉布	—	—	—	—	293
	漂白或染色棉布	2,886	1,636	1,160	1,220	14,187
	合计	2,886	1,636	1,160	1,268	15,513
腾越关	本色棉布	195,480	111,486	154,968	127,380	97,513
	印花棉布	27,787	24,121	11,279	28,364	2,950
	漂白或染色棉布	526,962	531,653	251,745	294,846	149,276
	合计	750,229	667,260	417,992	450,590	249,739

（续表）

关别 \ 货值 种类 \ 年份	民国十六年	民国十七年	民国十八年	民国十九年	民国二十年
共计	3,921,550	2,846,914	2,119,883	3,286,830	2,034,788
全省棉货进口总值	13,700,703	12,760,422	10,734,977	9,308,034	3,736,456
占进口总值百分比	28.8	22.3	19.7	35.3	54.5

上开各表，仅列举最近五年之数字，以觇梗概。盖并自民元至二十年之数字下而出之，则繁赜殊甚也。

本省进口棉货，一部分直接由外国输入，一部分乃来自外省之转口土货。其货值如下表。

民十八至二十年进口棉货来源及货值表

（单位：国币元）

种类 \ 货值 \ 年份		民国十八年	民国十九年	民国二十年
棉花	洋货	842,831	784,446	933,453
	转口土货	—	—	—
	合计	842,831	784,446	933,453
棉纱	洋货	12,579,504	8,613,693	1,714,892
	转口土货	336,618	9,757,513	12,281,622
	合计	12,916,122	18,371,206	13,996,514
棉布及其他	洋货	3,266,618	4,967,242	3,297,332
	转口土货	323,266	140,462	520,920
	合计	3,589,884	5,107,704	3,818,252
共计	洋货	16,688,953	14,365,381	5,945,677
	转口土货	659,884	9,897,975	12,802,542
	合计	17,348,837	24,263,356	18,748,219

民十八年以前，海关贸易册之编制法，将由香港转入本省之国产品一律视同洋货。自十八年起，始将转口土货与洋货分别统计。故本表数字，亦仅能列举最近三年者。

棉花为棉纺织品之原料，历年进口数值增减无多，足征本省棉纺织品业略无进步。棉纱棉布为半制品及制成品，而历年进口数值增长不已，可见本省依赖外货之程度日深。稽之史实，在海禁未开前，本省棉货自给自足，今则情形迥殊。直言之，本省固有之手工纺织业已渐被淘汰，殆将澌灭以尽矣。又在棉花、棉纱与棉布三类中，以棉纱之进口数值为最大，常占棉货进口总值百分之六十以上。盖本省产棉不多，棉价昂贵，故棉纱初入境时，与棉价相去不远，于是本省妇女之家庭手纺工业，遂被摧毁而告绝迹，手织工业，则悉以外来棉纱为原料矣。

（二）蒙自关历年棉花进口之消长

本省进口棉货，初时多为印度产品，经缅甸由腾越关运输入境，并转销川、黔各地。自滇越铁路告成，印度棉货大量改经香港及越南输入，其仍由缅甸入口者，多数仅销至保山一带为止。又日本及越南东京区所产棉货，亦因铁路运输之便，进口日多。蒙自关因铁路所经，故其棉货进口值长期继续增加，跃居三关中之首位。上节已略述之。兹将蒙自关历年棉货进口之消长状况，举要如次：

自宣统二年滇越铁路全线通车后，蒙自关进口货值增加颇巨，棉货自亦不能例外。是年棉纱进口，由宣统元年之五万七千六百六十担，猛增至八万四千七百九十一担，价值四百三十五万元。宣统三年，辛亥革命发生，十月三十日至十一月二日，省垣政变，秩序紊乱，商人多停止购进。迨政局平定，则因存货售罄，市价上涨。嗣后进口虽多，但总值较上年减少一百万元之谱。

民元政务安饬，滇越铁路恢复通车，而棉货则因上年进口较少，供不给求，加以川黔省政杌陧不安，对棉货需要方殷，故由本省大量运往，于是乃使本省棉货进口特殊畅旺。计为数二十一万余担，价值一千一百二十余万元，较上年约增两倍。民二，本省歉收，香港纱市冷淡，越政府复禁白银出口，影响贸易，致是年棉纱进口又减。计为数十二万四千担，价值六百三十六万余元。民三，亦因三月间大雪盈尺，农产歉收，购买力弱。八月欧战爆发，市情剧变，致进口数值较民二尤减。惟是时日货则大量乘虚而入。

欧战初起，不惟汇市紊乱，且汇路艰难。其后金价下跌，银价骤高，对棉货进口似颇有利。惟印越棉货均感缺乏，致价格大涨，其程度较汇兑上所获之利益为多。故该两地棉货进口，仍无起色。惟于日货输入，则颇有利。兹将民三至民八年间蒙自关棉纱进口净数，列表如下：

民三至民八蒙自关棉纱进口净数统计表

（单位：担）

年份＼纱别	印度纱	东京纱	日本纱	合计
民国三年	76,723	36,072	13,419	136,214
民国四年	66,849	25,456	10,542	102,847
民国五年	76,866	17,797	10,107	104,770
民国六年	78,972	10,451	10,044	99,467
民国七年	77,267	5,183	23,715	106,165
民国八年	83,199	6,596	6,734	96,529

又自民国四年十二月护国军兴，六年遣兵援川，骡马被征军用，内地运输颇感不便。进口棉货未至大量退缩者，以是时战事蔓延，遍及长江上游，江西又多匪患，川、黔两省棉货之所给于武汉九江者，不能不转向本省输入也。

至棉纱商标及市价，兹表列民国九年八月上旬情形如下：

棉纱商标及市价统计表

（单位：元）

商标	支数	产地	市价	商标	支数	产地	市价
鹤鹿	42	日本	14.89	赵子龙	20	印度	6,70
双鹿	42	日本	14.89	天王	10	印度	6.00
黄佛	20	日本	8.70	三羊	10	印度	6.40
孔雀	10	东京	6.30	国旗	10	印度	6.50
刁仔	10	印度	6.80	花盘	10	孟买	6.40
钓鱼	10	孟买	6.40	金牛	10	孟买	6.60
英武	10	印度	6.60	刀兵	10	孟买	6.40
金钱牌	20	印度	6.50	古乐	10	孟买	6.50
和合二仙	10	印度	6.60	拉手	10	印度	6.30
双童	10	印度	5.80	看看花	10	印度	6.30
女瓜花	10	印度	6.30				

市价以一股计算，每股重八斤，四十股为一捆。放四十倍之，即得一捆之市价。

观此，则四十支纱为日本货所独占，二十支黄佛牌向亦畅销。民八排货风行，进口遂少，于是印纱金钱、赵子龙两种起而代之。十支纱向以刁仔牌销行最畅，英武次之，孔雀牌亦颇流行，然比诸刁仔牌，则犹不及也。

欧战期间，各国商品工业为军需工业所代替，战后复兴需时。我国轻重工业乃乘机崛起，尤以纺织工业之发展为最速。民三至十四年间，我全国共有纱厂八十七家，其中属于华商者五十三家，属于日商者三十三家，属于英商者一家，华商纱厂共有纺锤一百七十六万八千五百锭，本国纱厂剧增，产量日大。适欧战停止，由上海直达海防之商轮渐多；运输便利，且沪纱较印纱白净，份量亦重，故销路大佳。于是本关进口之国产棉货，乃与日俱增。

欧战结束，大锡滞销，出口锡多积存香港。影响所及，使汇率不利，棉货进口亦因之减少。民十一，锡出口恢复，棉纱、棉布进口亦因而增加。十二年，商人为规避新税则，争先运入即将加税之日用品，棉纱乃大量涌进。是年蒙自关棉纱进口计十八万四千担，价值一千一百八十九万余元。结果存货过多，影响次年之输入。

十四年，滇币价值跌落，人民购买力低减，棉纱进口乃锐减二万五千担之多，嗣后，政府正谋整理金融使纸币恢复原价时，商人惟恐进口货将受限制，争先向港订购，又是年广州罢工抵制英货，印度纱价格低廉，改向云南涌进，故是年印度纱进口极多。十六年，本关棉货进口额竟达二十万余担。

十六、七两年间，本省政局变乱相循，致棉货进口平平，而布匹进口减少尤多。主要原因：乃蒙自关进口布匹，以日货为多。十七年七月后，省内厉行抵制日货，英国布与上海布虽即运入抵补，但为时已晚，致是年棉货进口值较为低落。

十九年，世界经济恐慌，各国争将货币贬值，使外汇价格起伏不定，商人订货，因亦裹足不前。又是年滇、桂间发生战争，交通阻滞，海关亦于是年施行新税则，并取消减征关税之特别利益。是皆棉货进口锐减之原因也。二十年，本省开征特种消费税，且黔、桂交通日愈便利，出入贵州之货物，改走广西。又自十八年起，本省币值低落日甚，东京过境税，改按金价计算，滇越路运费复超过汇率，任意加收。本省民穷财尽，消费力弱，而商人血本，亦无形中亏蚀殆尽，此又棉货进口递减，至民二十竟一蹶不振之最大原因也。

（三）腾越关历年棉货进口之消长

蒙自关以有滇越铁路运输之便，故棉货进口在相对比率上，逐渐增加，惟腾越关在绝对数值上，则起落无多，其所以保持常态者，上文已略言之矣。

宣统三年，腾越关亦受政变影响，棉货进口较少。迨政局敉平，颓势立转，数值陡增。进口后，大部分运至大理、丽江一带。运至昆明，再转成都者，亦颇不少。

民三，进口又减。一因欧战发生，欧洲与缅甸间之贸易大受阻碍，仰光商务不振，致华商款项拮据，购纱者少；二因决定腾越关棉货进口之主要因素，为卢比价格之升降，卢比汇价，则视出口货之多少与缅甸华工带回卢比之多少为转移。平时缅甸农产品运销欧洲，自欧战发生，输出减少，华工失业者为数甚众，致带回卢比因而锐减，于是卢比缺乏，市价高涨（年初每百卢比值腾越平纹银四十二两，年终达五十两），使印纱成本增高。惟是年棉纱进口虽减，但棉货进口，则仍宣统二年以来之一贯趋势，续继增加。盖棉花价格，在缅甸年初值三十六点八卢比一担者，年底跌至一十八点四卢比。跌价程度远过卢比涨价程度也。

民四，以省内市场存货缺乏，且卢比跌价，运脚低廉，故进口略增。是年末，护国军兴，使民五年初之进口顿形停滞。入秋，虽秩序渐复，但贸易时节已过，影响所及，使本年棉货进口大减。按之腾越商人习惯，为棉纱滞销，则赶办匹头，匹头滞销，则赶办棉纱或棉花，惟本年则三者统见减少。棉纱减少，由于缅甸市价太高；匹头减少，由于印缅均告缺货。棉花则因印度方面需要太切，不惟不能供给细甸，反向缅甸收买。是皆民五本关棉货进口减少之原因也。民六、七年，进销略畅，亦殊鲜起色。

民八、省垣抵货运动发生，遍及全省各地，蒙自关进口日货大见减少。且欧战告终，缅甸棉货市价逐渐低落，故来源销路两俱畅旺，使本关棉货进口，突见增加。就本关印纱进口数额而论，民三为三万零五百十三担，民四为三万七千八百十一担，民五为三万二千四百九十九担，民六为三万六千九百二十五担，民七为三万三千六百六十五担，民八则突增至三万九千一百五十担。

民十至十二三年间，本关印度匹头颇能与蒙自关运入之日布相角逐。嗣后卢比汇价上升，印布销胃乃滞。惟民十六迤西兵匪构乱，昆明日布无法运销本关，印布入口为之一振，但为时甚暂耳。民十六以降，滇币大跌，印币奇涨，昆明日货乘机推销，印布仅于日货受抵之余，起而弥补，平时则几无问津者矣。盖日布价廉，由轮船转运而来，即西至保山、腾越，犹较印布为廉。且日商常派考查团来滇，研究花色习惯，迎合人心好尚，故日布畅销。印布之由本关入口者，其数额每况愈下矣。

二、主要出口货锡

锡占云南出口货第一位，已略如上卷所述。在全国出口锡中，云南之锡亦占全国百分之九十三以上，其重要可知。云南省政府秘书处统计室有四十七年来云南省出口锡统计册之编辑，兹摘要如次：

云南出口锡担数与价值按年比较表

年份	公元	锡量		锡值	
		担数	量比	关两数	值比
元年	1912	136,331	100	11,390,198	100
二年	1913	128,288	92.74	10,484,902	95.25
三年	1914	112,253	81.15	7,648,010	67.15
四年	1915	124,401	89.93	8,889,564	78.05
五年	1916	115,293	83.35	8,046,778	70.65
六年	1917	185,634	134.20	11,579,628	106.66
七年	1918	130,670	94.46	10,039,391	88.14
八年	1919	139,977	101.19	8,038,933	70.58
九年	1920	182,581	131.99	10,629,634	93.32
十年	1921	98,705	71.35	5,762,910	50.60
十一年	1922	151,147	109.27	8,277,490	27.67
十二年	1923	131,175	94.83	7,772,905	68.24
十三年	1924	115,239	83.31	8,988,642	73.65
十四年	1925	147,662	166.75	11,984,870	105.22
十五年	1926	108,806	78.66	8,704,480	76.42
十六年	1927	102,023	73.76	8,161,840	71.66
十七年	1928	114,460	82.74	9,156,831	80.39
十八年	1929	109,316	79.03	8,745,225	76.15
十九年	1930	108,416	78.37	8,673,281	76.15
二十年	1931	112,870	81.59	9,029,635	79.28

云南出口锡每担价值及价比比较表

（单位：海关两）

年份	公元	每担价值	价比
元年	1912	82.34	100
二年	1913	81.73	99.26
三年	1914	68.13	82.74
四年	1915	71.46	86.79
五年	1916	69.80	84.77
六年	1917	62.38	75.46
七年	1918	76.83	93.31
八年	1919	57.43	69.75
九年	1920	58.22	70.71
十年	1921	58.39	70.91
十一年	1922	54.76	66.51
十二年	1923	59.26	71.97
十三年	1924	78.00	94.73
十四年	1925	81.16	98.57
十五年	1926	80.00	97.16
十六年	1927	80.00	97.16
十七年	1928	80.00	97,16
十八年	1929	80.00	97.16
十九年	1930	80.00	97.16
二十年	1931	80.00	97.16

蒙自关出口锡值占全关出口货值之百分数表

年份	公元	全关出口货	出口锡值	锡值占全出口货值之百分比
元年	1912	11,847,847	11,390,198	96.14
二年	1913	11,066,270	10,484,902	94.75
三年	1914	8,379,838	7,648,010	91.27
四年	1915	9,809,128	8,889,564	90.63
五年	1916	9,387,913	8,046,978	85.72
六年	1917	12,865,668	11,577,628	90.00
七年	1918	11,398,818	10,039,391	88.07
八年	1919	9,886,638	8,038,933	81.31
九年	1920	12,252,083	10,629,634	86.76
十年	1921	7,156,397	5,762,910	80.53
十一年	1922	9,243,969	8,277,490	89.57
十二年	1923	9,042,543	7,772,905	85.96
十三年	1924	9,976,363	8,998,642	90.10
十四年	1925	13,642,029	11,984,870	87.85
十五年	1926	12,210,913	8,704,480	71.28
十六年	1927	9,583,858	8,161,840	85.16
十七年	1928	11,257,660	9,156,831	81.34
十八年	1929	10,929,384	8,745,225	80.02
十九年	1930	10,790,611	8,673,281	80.38
二十年	1931	10,773,617	9,029,635	83.81

云南出口锡占全国出口锡百分比表

年份	公元	担数			关平两数		
		云南	全国	百分比	云南	全国	百分比
元年	1912	138,331	148,739	93.00	11,390,198	11,813,914	94.46
二年	1913	128,288	141,263	90.82	10,184,902	11,011,083	95.92
三年	1914	112,253	122,012	91.93	7,648,010	8,077,609	94.68
四年	1915	124,401	134,817	92.97	8,889,564	9,330,456	95.28
五年	1916	115,293	128,594	89.70	8,046,778	8,703,799	92.49
六年	1917	185,634	198,396	93.57	11,579,628	12,295,907	94.18
七年	1918	130,670	146,676	89.09	10,039,391	11,059,644	90.78
八年	1919	139,977	146,870	95.31	8,038,933	8,456,112	95.07
九年	1920	187,581	192,256	94.97	10,629,634	11,186,097	95.05
十年	1921	98,705	104,056	94.86	5,762,910	6,042,362	95.37
十一年	1922	151,147	155,700	97.08	8,277,490	8,482,528	97.58
十二年	1923	131,175	135,780	96.47	7,772,905	8,027,064	96.83
十三年	1924	115,239	120,029	96.01	8,988,642	9,181,779	97.92
十四年	1925	147,662	153,331	96.30	11,984,870	12,260,390	97.75
十五年	1926	108,806	116,224	93.62	8,704,480	9,164,692	94.98
十六年	1927	102,023	109,842	92.88	8,161,840	8,668,459	94.16
十七年	1928	114,460	124,588	93.37	9,156,831	9,803,376	93.41
十八年	1929	109,316	119,622	91.36	8,745,225	9,669,376	90.44
十九年	1930	108,415	117,939	91.95	8,673,281	9,669,383	89.70
二十年	1931	112,870	124,621	90.57	9,029,635	10,247,846	88.11

他如民十四以降，水患频仍，盗匪出没，运缅川丝，亦改由思茅出口，致卢比缺乏，汇价不利。民十四年七月一日，边境土司借口，预征省土布厘金，除原有征收驮捐外，对入口棉纱，亦每担抽捐二元一角，使商人负担加重。十八年，边关减税法取消，以及银价惨跌实行新税则等，在在皆使本关棉货进口不能回苏。自新税则施行，走私风盛，海关统计数字，愈见低落矣。

思茅关进口棉货不多，其消长情形不赘述。

三、茶之产销

（一）滇茶之名称、装制及产地

本省为著名产茶区域。普洱贡茶，名满海内。往昔盛时，即六大茶山，亦年产十数万担。味醇质厚，品种特优。况滇为山国，农产不丰，而全省之气候、土壤、地势，几无不宜茶。故就滇茶之环境与品质论，实具有攫取国际市场，而与印度、锡兰、日本、爪哇等产角逐于世界市场之可能性。惜乎地处边陲，交通梗阻，农民墨守成规，举凡栽培、制造、包装诸要端，均粗拙简陋，罔知改良。致发展无期，不为世人所注意。

滇茶主要产地，大部偏于西南一隅。发源于六大茶山，延及澜沧江左右之哀牢、蒙乐、怒山间高地。换言之，其发展趋势，大抵由思茅迤南之江城、镇越、车里、佛海、五福、六顺等县，渐移向西北之澜沧、景东、双江、缅宁、云县，而迄于顺宁。以时期言：如双江、缅宁之勐库茶，在光绪二十五六年，始行种植；顺宁之凤山茶，至光绪末年方见栽培，今皆名冠全省矣。以产量言：景东、缅宁二处，民十以前，年产仅九千担，今已增至一万四千担；宣统年间，顺宁年产仅五百余担，今则增至五千余担；民十五以前，澜沧尚无产茶之名，乃者，茶园日广，每年亦产千担左右矣。以川销茶之消长言：初为宋园茶（即大山茶），继为景谷茶（景东属之景谷街），今则大部取之于双江、顺宁，是皆滇茶发展趋向之明征也。至原产地之六大茶山，民十以前，年产尚达三万五千余担，近因漫乃、倚邦等处数遭火患，茶树焚毁，兼之植茶农民（俗称本人）死亡甚夥，致茶产锐减过半。每况愈下，良足痛惜也。

六大茶山者，或谓攸乐、革登、倚邦、莽芝、蛮砖、漫撒，或谓倚邦、架衣、嶍屹、蛮砖、革登、易武，或谓倚邦、易武、蛮砖、莽芝、革登、架布，未知孰是。此六大茶山，在昔均隶思茅厅，思茅厅又属普洱府，故外省人士概名滇茶曰“普洱茶”，实则普洱并不产茶，昔思茅沿边十二版纳地所产之茶，盖以行政区域之名而名之耳。昔思茅沿边十二版纳地所产之茶，泰半以思茅为集散地。今则情迥势殊，大凡顺宁、云县、双江、缅宁所产，什九以下关、昆明司其出纳；景东、景谷所产，则以昆明为其市场；而佛海、五福、车里所产，则集中于勐海，运往昆明、缅甸或暹罗。普洱非但不产茶，且非茶叶贸易市场。仅佛海少数散茶运至思茅，由茶号掺以倚邦等茶，装制后分售省商或古宗，已不占重要地位。故所谓普洱茶，徒存历史上之名称而已。

滇茶名称，以产地别：则顺宁县产者，曰“凤山茶”；双江、缅宁等县所产者，曰“勐库茶”；景东、景谷等县所产者，曰“景谷茶”；车里县产者，曰“三宋茶”；镇越、江城等县所产者，曰“大山茶”；佛海、五福等县所产者，曰“坝子茶”。其他各县所产者，名称尚多，以产数不大，在商品中并无重要地位，故不复赘。以销路别：有销四川之沱茶，销西藏之砖茶、紧茶（心脏形），销暹罗、南洋、香港之圆茶（圆饼形，直径七八寸，每筒七饼，亦称七子圆），销古宗西藏之蛮庄茶，销本省之散茶。又，沱茶因其原料产地与成分配合关系，凡以顺宁、双江、缅宁所产为原料者，曰“关茶”，以顺宁、景东、景谷所产为原料者，曰“景关茶”。以采摘时间别：凡在阳历三月底至四月初采摘者，曰“春茶”，亦称“春尖”“毛尖”“白尖”；以后采摘者，曰“夏茶”（又先采者，曰“黑条”，后采者，曰“二水茶”），九月初采摘者，曰“秋茶”“谷花茶”，以是时稻方扬花，故有是名。“谷花茶”品质次于“春尖”而优于“夏茶”。至茶店所称之春尖，即清明前所采者，则与各省相同。

滇茶制造包装，均甚简陋，而贮藏一端，根本不予注意，是以颜色黝黑，汤色不清，香气消失，色、香、味三者无不受损，甚可惜也。关于制造工作，可别为初制及复制二步。一曰“初制”，茶农白日采茶，当晚入锅，反复炒拌至叶瘪，置于簸箕或竹簾，以双手搓揉使成条状，再行抖散，或晒或焙，使其半干，再事搓揉，初制工作即告完成。二曰“复制”，茶商购得初制散茶后，各就庄口，制成馒首形，心脏形、饼形、砖形、方形等，是谓“紧茶”。其制造方法，大约将散茶加以拣选，别为撒面茶与心茶等，以一定之成分部位，装入小铜甑中，加以内票，蒸之使柔，而后倾入特制之布袋内，略加搓揉，将袋口结于底部中心，然后以特制之压茶器压之成形，工作即成。其拣余之茶梗、黄片、碎片、茶果及灰末，则售于古宗西藏，称“蛮庄茶”云。至包装材料，概用纸、竹篓、竹箨，而以竹蔑束之。每包大小、轻重，并数多少，均视庄口而别。沱茶则一筒四饼或五饼，七子茶则一筒七饼，再入竹篓，两篓为驮，重约一百至百二三十旧斤。

本省产茶区域，约达三十余县，不可谓不广。惟茶农对于茶树管理，一本传统习惯，根本毫无知识，且往往视销路畅滞，以定栽培勤惰。至百年老树，形成乔木，高可一二丈者，触目皆是。树老叶细，产量日削，且采摘艰难，甚有不敷工资者，宜其日益荒废，致本省茶业衰落，每况愈下。兹将本省产茶区域情形，分别略述于后：

一曰思普沿边区：略以思普沿边行政区域为范围，并包括思茅南部及江城西部地，即昔之十二版纳也。因澜沧江（即九龙江）流贯境内，故产茶区域，有江内、江外之别。江之东为江内，即六顺、镇越及江城之西、思茅之南、与车里之一部。所产之茶，通称“大山茶”。其产地以倚邦、易武、漫撒、架布、蛮布、莽芝、革登、蛮松、攸乐等处为最，而以攸乐为中心。所谓：“六大茶山”即其地也。江之西为江外，即佛海、五福、车里三县及临江行政区。所产之茶，通称“坝子茶”。其产地以佛海、南糯、苏岾、勐松、蛮芳、勐遮、顶真、勐混、勐阿、蛮软、勐亢等处为著，而以南糯、勐松为中心。又，车里之蛮金、蛮时、蛮芳三地所产，即历史上有名之“三宋茶”也。以产量言：江外较江内为多，年产约二万担。江内年约四五千担。再分析言之，佛海以勐海、勐混为中心，年产约一万担，为数最多。凡海拔由三千九百五十尺至六千尺之村寨，无不有茶。车里产区，分江内、江外，江内以攸乐为中心，江外以南糯、勐松为中心，此车里之三大产区也，年产约八千担。五福以景真、勐翁、景鲁、蛮迈光、西定、勐满、旧笋等处为著，年产约五千担。镇越主产地，即六大茶山之易武也，漫乃亦著名，年产约四千担。茶质优良，远较佛海为胜，以一部运思茅，一部销越南。江城（即旧时之勐烈），年产约二千四百担，大部运销越南。滇茶运输之可资水道者，惟江城一县耳。思茅以倚邦为最著，年产约二千担。临江行政区以蛮糯、勐阿、勐亢等处为主要，年产约五六百担。

二曰景东、景谷区：景东、景谷两县，为本省产茶著名区城，昔为川销茶主产地。以景东县属之景谷街为中心，两县年产约一万三四千担。景东约占十之七八，景谷约占十之二三。什九以景谷街为集散地，而景谷县属之龙潭街次之，以销四川及本省为主。

三曰元江、镇沅区：两县所产之茶，以猪、羊街茶为最著，大半销香港、广州各地。为“七子茶”之主要原料，年产约二千担。元江属之猪街茶，民元前后，曾一度畅销，今已衰落矣。

四曰澜沧区：本县植茶未久，以景迈山为中心，年产约千担。

五曰双江、缅宁、云县区：双江、即昔之得党〔按：得党在今永德县。此处应为勐库、勐勐〕，民十七设治。境内土地肥沃，物产丰富，而以茶为最著，即所谓“勐库茶”也。本县植茶，始于光绪二十五六年，彭耀南氏首倡之。茶种来自佛海，系“大山茶”。产地以县北之公龙、班改、户赛、邦协、勐库为最著，县西各地次之。全县年产约一万余担，十之七八运云县、下关，销四川及本省；十之二三运麻票坝销细甸，少数销孟定、耿马、施甸、保山一带。缅宁县年产约四五千担，以县城及泰恒街为主要集散地，大部运销于云县及下关。云县主产地不详，产额年约六百担。

六曰顺宁、镇康区：顺宁为本省新兴之最大茶区。光绪末年，知府琦璘首倡植茶，今全境各村镇土地，已泰半成为茶园矣。其中以太平、白塔、庆甸、维平、聚望、安石、中和、洪象、和顺、中山、新宁、雪鹤、雪山、松山、涌金等村镇为最多，年产已达五千余担。以城南之凤山所产为最著，故通名之曰“凤山茶”。施甸亦茶树繁殖，年产达二千余担。镇康产地不详，年产八百余担。上述各地所产，大都运至下关，销于四川及本省，少数运销保山一带。

此外如大关、彝良、绥江、盐津、镇雄等县，年产茶共约一千六百余担，供当地消费，其中以大关之“翠华茶”为最著。宜良、路南两县，年产茶约五百担；以宝洪山为中心，故有“宝洪茶”之名，销于当地及附近。旧广南府属，年产茶约四五百担，除自给外，向销广西之百色、安南之河阳等处。他如保山之“太和茶”，年产约六百斤，大理之“感通茶”、丽江之“雪山茶”及“十里茶”，品质最优，惜产数太微，除作礼品外，不见于普通市场，故不能以商品目之矣。

（二）滇茶运销及其兴替概况

滇茶除销本省外，以销四川、康、藏为大宗，间销安南、暹罗、缅甸、南洋及我国沿海沿江各省。运输路线，大别为南北两途。什九赖乎骡马，得资水道火车者不多。兹略述之如下：

1. 北路：凡顺宁、镇康、云县、缅宁、双江等县所产，大部由产地驮运至下关、昆明两地。除销本省之散茶外，多数制成紧茶，运至四川之叙府（即宜宾县），分销重庆、成都各地。或由中甸、维西、阿墩子以入康、藏。其产自景东、景谷者，则径运昆明后，转赴叙府。普思沿边所产，集中思茅后，亦先运抵昆明，再转往迤东、川、黔各地。

2. 南路：凡佛海、五福、车里等地所产，自阿墩子一途阻塞后，初由澜沧之孟连土司地出缅甸，西北至缅属北掸部中心之锡箔上火车，西南经瓦城、沙什而达仰光，换船至印度之加尔各答，由火车至西哩古里，换牛车或汽车至加邻旁，又改用骡马入藏，嗣以缅甸公路通至公信（亦作贵兴），遂舍西北一线，改由佛海驮运出打洛（属佛海）至缅甸之景栋（即孟艮），换汽车至公信达瑞仰，换火车至沙什达仰光，转加尔各达入藏。又镇越、江城所产，或循李仙江至越南，或自墨江、石屏至蒙自，由滇越铁路运香港转销各地。

滇茶产地及其产额之盛衰，上节已略言之。往者邈矣，清末民初之际，茶产以勐库、景谷、大山、坝子等为著。勐库细茶，泰半仅销迤西五十余县，粗茶销康藏、中甸、阿墩子等古宗地。景谷及思普沿边所产，制为园茶历来销于川、黔，尤以川省为多。川销茶历史最久，牌名最著者，为“宋园牌”普洱圆饼春茶，川省茶价涨跌咸取决之。余如雷永丰、元庆、复聚、新春、宝森、永兴、三泰、庆春等茶号，均营川销。特“宋园牌”茶，以供不给求，不能为合理之分配。自永昌祥以顺宁茶为原料，创制下关沱茶，名满全川，乃代宋园而为川销之标准茶，于是宋园之名渐渐灭无闻矣。溯自民元以来，普思沿边茶产就衰，代之而兴者，首推顺宁，良有由也。夫农、工、商、贾，相辅相依，而实相成。为商者岂特懋迁有无，宜熟察市场消息，而寓志于商品之改良，其业务之昌隆攸赖之，社会生产及民生经济之发展，亦攸赖之。故向导农工，扶植生产，是商人之所有事也。是说也，吾于是得一左证焉，治史所以鉴往开来，凡是启迪来兹者，靡不珍贵。故述民元以来之茶业史，则对永昌祥沱茶创销及顺宁茶产发展之经过，不可缺而不书。

永昌祥者，大理严镇圭所创商号也。镇圭初营布业于会理、建昌间，守信义，重然诺，业务蒸蒸日上，渐设分号于叙府、重庆、汉口、上海及瓦城诸埠。平居以此乃一家之生计事业，非社会生产事业也，心惘惘以为未足。时顺宁及勐库茶未尝起之于世，光绪三十一二年间，乃购置顺宁春尖数十驮，于下关雇工拣选，制成沱茶。装璜精美，品味绝佳，远寄川中，遍赠亲友，社会人士，品而甘之，于是销路渐开，初制数百驮，继而数千驮，洎后同业继起，岁增至数万驮。迄今全川人士，盛称永昌祥下关沱茶，村镇茶肆，亦以其名标榜。其商号创制沱茶，垂三十年，茶色品质始终如一，宜其称道弗衰也。镇圭有心计，而出之以忠厚，又能用财，而不为财役，兹特其一端耳。

顺宁茶初归实业局收销为教费，仅永昌祥一家订购，为数无多。今则普遍栽植，地无余亩，产量日增，已成农村正业，民生富庶，成为一大茶产地。宣统初，顺宁府奖励种茶，蓊郁遍境内。惟初栽新茶，品味虽佳，但饮后颇感腹痛不适。镇圭乃取勐库茶配合揉制，以题宁茶为撒尖之用，饮后得无异状，故勐库茶于以畅销入川。民元后景谷茶亦改为沱茶，以勐库、景谷配合，在省垣设庄揉制者逐渐增多。川销圆茶，遂绝迹矣。

本省地接藏卫，藏人嗜茶成癖，与蒙古同。以茶与牦牛油、牛乳混合，加盐煮食之，名曰“酥油茶”，日不可缺。平均每人每年食茶约值国币三元至三元五角，合康、藏、滇边食用国茶者，姑以三百万人计，则每年销费所值，当不下千余万元。滇产粗茶所制所谓“蛮庄”者，专销藏卫。在昔每届冬季，康藏古宗马数千匹入滇，迳至普思沿边运茶。鹤庆、大理驻丽江、中甸商人，亦多经营藏销茶业。嗣因阿墩子一路阻塞，洪盛祥始取道加尔各答铁道运输，销路得以不坠。滇茶品味虽佳，惟因运输困难，费用綦巨，故运至藏卫，价值奇昂，普通藏民无力购食，仅供喇嘛贵族享用。通常茶货，多由四川运往。民十以前，年约二百万两。其中由打箭炉往者百十万两，由松潘镇往者七十余万两。嗣后松潘一路渐衰，南路经由打箭炉者日盛。藏境征茶税甚重，运至拉萨概由喇嘛专买，商人不得参与。

本省产茶县份，几占全省四分之一。品种优异，色味并臻，诚能发展交通，改良装制，则茶产必日趋旺盛，在世界茶市场，必可屹立不败矣。至若藏卫市场，更必莫能与竞。匪特足以增进本省与康、藏间之经济关系，更可进而谋西陲民族之团结与联系。商界志士，曷于此三致意焉。

清季茶行不多，至其要者，如际春行资金一万两，天申行三千两，福兴隆五千元。天申行后改六合春，六合春茶，每担约三十三元之谱。时川销茶年万余担，并滇销者计之，亦仅二万余担，迨勐库、凤山等茶嗣兴，产额日多，今已年达十万担左右矣。

四、本省蚕桑事业与出口丝

（一）蚕桑事业概况

本省地处亚热带高原，空气干燥，四时如春，乃最适宜于蚕桑之一理想区域也。春秋雨量虽少，但于蚕事并无大害，反可减少病毒，保证蚕作之安全。夏季雨量虽多，但不似广东、江、浙之沮暑霉湿，使蚕病得以蔓延。故在昔蚕桑盛时，年饲蚕四次，倍于江、浙。春蚕蚕质最优，夏蚕及早秋蚕次之，秋蚕较逊。惟蚕健无病，蚕作均能丰收，是事实经过足为学理之证明也。若夏秋蚕改用优良品种，则茧质必能与春蚕无异。况本省迤西边境及普思沿边一带，据调查所得，肥沃荒地不下百数十万亩，栽桑无地不宜，育蚕无时不利。虽宜蚕桑，惜乎倡导乏人，振兴无期耳。

本省之有蚕桑始于清光绪末叶，当时林绍年设立蚕桑馆，开始造就蚕桑人才。嗣奉部令设农工商局，委方宏纶为总办，并置劝业公所，实行栽桑育蚕。宣统间，刘劝业道孝祚通令各县，遍设蚕桑局，是为推进蚕桑事业之嚆矢。继经郭道台灿改蚕桑馆为蚕桑学校，自兼总办，以重其事，规模乃粗具焉。提学使叶尔凯创立省会农业专门学堂，归并蚕桑学校而为蚕科，并添办染织科，蚕桑事业顿见曙光，所织滇缎亦驰名遐迩。是时，云南总督锡良，对蚕桑亦颇倡导。士绅李龙元更捐款十万元，创设收买蚕茧所，将所收之茧，交由农业学校缫丝织缎。蚕茧销路既广，农民养蚕之兴趣乃高，云南蚕桑事业之基础，于以巩固。昆明四十八铺蚕丝之普及，曾盛极一时。锡良决心普及蚕桑教育，复通令各县设立初级蚕桑学校，由蚕科毕业生前往举办，以期蚕桑教育与蚕业推广相辅而行。惜未及一年，革命军兴，蚕桑事业，因之停顿。迨民国二年，省立甲种农业学校，仍有蚕桑科之设立。民八九年间，实业司长华封祝派员赴沪购买缫丝机器，举办丝厂，后因经费不足而止。蚕桑教育，则直至民十二南菁学校改为私立东陆大学，始行取消。收茧织缎机关既因经费支绌而停顿，蚕桑教育机关又复相继裁撤。于是本省蚕桑及滇缎之名，悉成陈迹，而不复为人所记忆矣。

本省提倡蚕桑事业之经过既如上述，惟本省气候宜蚕，故蚕桑事业仍无处无之。但所产不多，在本省商品中殊无地位可言也。至本省出口丝悉为川产，下节当详言之。

（二）出口丝之产销

本省黄丝出口，占全省出口货中之第二或第三位，占腾越关出口货中之第一位。兹将近五年来三关出口经丝之数值，列表如下：

三关丝出口情况表

关别	数值 年份	民国十六年	民国十七年	民国十八年	民国十九年	民国二十年
蒙自关	担	4	3	23	13	30
	海关两	2,000	1,380	10,920	4,850	9,945
思茅关	担	338	13	—	—	—
	海关两	135,200	9,100	—	—	—
腾越关	担	3,456	1,133	1,746	2,533	2,057
	海关两	1,878,930	633,440	942,840	1,164,337	946,381
合计	担	3,798	1,149	1,769	2,546	2,087
	海关两	2,016,130	643,920	953,760	1,169,187	956,326

本省产丝甚微，出口丝均系滇商自川收买，改纺运出缅甸销售者。

川丝主要产地为清嘉定府（府治乐山县）、潼川府（府治今三台县）、成都府（府治今成都市成都县、华阳县）、保宁府（府治今阆中县）、顺庆府（府治今南充县）、叙州府（府治今宜宾县）、雅州府（府治今雅安县）、重庆府（府治今重庆市巴县）、宁远府（府治今西昌县）、夔州府（府治今奉节县）、绥定府（府治今达县）及绵州直隶州（州治今绵阳县）、资州直隶州（州治今资中县）、眉州直隶州（州治今眉山县）、忠州直隶州（州治今忠县）等府州各属地。至川丝产额，因无正确统计，不可得知。据西人吉尔白曼氏调查，川省产茧额年约一千九百万格兰姆。换算之，约为三十一万七千担。平均以茧十五斤出丝一斤计，则产丝额年约二万一千一百四十担。

但据前英国总领事贺西氏调查，川省产丝额年为四万担，则产茧额当为六十万担也。

华丝销缅，初为滇川土粗条丝，为数甚微，未成庄口。因《中英续订缅甸界务商务条款》规定：中国所出之货或制造之物，由旱道入缅者概不收税，但经丝由海道上仰光者，值百抽一点二五（后增至二点五），故滇商贩丝均取道陆路入缩，已历三十余年。缅销条丝初仅数百包，光绪末，渐增至千余担。经营土丝出口业者，亦增至三十余家。是时下关福春恒、永昌祥二号，先后至瓦城设庄，并调查缅销庄口，期能迎合缅商需要。随即在四川嘉定、成都二处，收购土丝，设厂改纺。每厂工人近千。其后众商见改纺事业有利可图，乃纷设庄厂，群起效法。滇商中能急起直追者，以下关茂恒一号为最著。滇商丝厂，除嘉定、成都外，并分设于叙府、筠连、西昌等处。

欧战后，银贵金贱，丝销锐减。华商丝庄被迫停业者甚多。瓦城一埠，仅余福春恒、永昌祥、茂恒及陕西天增公四家而已。

川丝除四川生丝公司由江浙采办，改良蚕种，分发蚕户，所得白茧概归该公司收买外，原产皆为黄丝，滇商虽丝茧并收，惟丝多茧少。民十五前收丝数量，以福春恒为第一。年约二千余担。永昌祥、茂恒次之，各约千余担。其后永昌祥锐意改良，在嘉定购茧，自抽改制四十余条份以下之洋纺丝，加工纺制，更能迎合顾主之需要，于是驰名全缅，牌誉销数俱跻福春恒而上之。永昌祥所出丝品，有绿缎商标者，条丝也；双狮商标者，纺丝也；单狮商标者，洋纺也。以洋纺为最精良，且货色始终如一，故销路日广。该号缅庄门楣，即以单狮商标为识，使缅人一望而知其为屯售佳丝之市场。洋纺丝虽成本较高，售价亦提高半倍，但以货品精良，故能充销至印度各地。印度原为意大利丝所独占，自永昌祥洋改纺丝出现，颇受抵制，销数减少。今则同业群起仿效，华丝前途方兴未艾也。

川纺可分为土粗条丝、改纺丝、洋改纺丝三种。土粗条丝简称条丝，即农家所缫之黄丝也。改纺丝简称纺丝，农家所缫之丝，丝商收买之，加以再缫改为洋装者，即国际市场中之所谓黄经丝也。洋改纺丝，简称洋纺，俗作扬纺，用机械加工缫制，即江浙俗称之厂经丝，国际市场中之所谓黄缫丝也。给之粗细曰条份。条份多者为粗条丝，条份由九十至百二十不等。次之为纺丝，条份由四十至六十不等。条份最少者为洋纺，十三至十五不等。条丝中之茧屑，俗称梗子，其胶结成块者，曰“胶板”。盖农家缫丝手续简陋，故梗子、胶板及不洁之物，在所难免，但经丝商改纺后，即不复存在矣。丝之装束：条丝绞长成把，每把约重十二旧斤，四把打为一包；纺丝绞短成饼（一作卷），每饼缅称一斤，约合华斤四十四两五钱，十八饼打为一包，与棉纱装束略似；洋纺与纺丝同。以言缅市价值，最高时在第一次欧战期间，因卢比跌价，条丝每缅斤值卢比四十至五十，纺丝每缅斤（即每卷）值卢比六十至七十。今通常条丝仅值卢比十三四，纺丝值二十，洋纺值二十二三而已。滇商收买农家所缫之丝，不再加工者为条丝，取其细者加工改纺即为纺丝，洋纺则系买茧自抽，工更精细。

缅境日本丝商，与滇商竞争甚烈。华丝交易，日商常设法破坏之不遗余力。滇商虽不得国家之保护与援助，但与缅人情感敦睦，并大量赊欠，不惜亏北，致日商终难立足，亦云苦矣。

民国云南通志长编卷六十

宗教

云南宗教，佛教最盛，道教、天主教、回教、基督教次之。古代宗教之源流，已详通志。民国而后，仍以佛教为盛。各地采访所得资料，仅列信教人数，间及寺产状况，不足以见其传教之真相。兹就见闻所及，胪列其概。道教无可述，故从缺。又增喇嘛教、巫教、夷教等于后云。

一、佛教

云南佛教，在清末极为式微，各大丛林多就颓毁，而住持僧宝尤为罕覯。民国以后，较为振作，举其要略，盖有四端：

一曰僧徒之潜修。清末有福建僧德清，号虚云，承临济衣钵，在终南山习禅。其后，偕湖北僧戒尘游滇，卓锡鸡足山，募建祝圣寺，严守戒律，诲人不倦。民初来昆明，又兴修华亭圆觉寺，改名云栖寺。此寺为元代玄通禅师道场，虚云锐意经营，颇为壮观。其禅堂规制亦严，每年举行授戒，亦依律制。其后，虚云回福建，继其事者为昆明僧定安。虚云精进苦行，专志参究数十年。惟其弟子于参究事，未能继绳，临济一宗，已成绝响。

二曰净宗之盛行。民初，富民僧莲洲创接引殿于圆通山，居士陈荣昌，张璞等同结螺峰莲社。为日不久，戒尘自与虚云来滇，居滇日久，与陈古逸、张学智，金在镕创净业社，又兴佛护莲社，信从弟子甚众。其后，主持筇竹寺。戒尘戒行精严，习华严宗，以华严教义，阐净土宗旨，圆融贯通，故为滇南佛教徒所敬服。我国净土一宗，自庐山远公始，民国有普陀印光法师，晚岁闭关吴县及灵岩山，倡导净土尤力。其教人也，入世出世，言行一如。弟子遍及国中，云南学佛之士，信受其教，遥为归依者，亦不少。以其无分于利钝根器，但于信愿行老实念佛，必收实效也。莲洲刻《西方公据》，戒尘组织“助念生西会”，居士则陈荣昌翻刻《龙舒净土文》《安士全书》，自撰《困叟净土集》，陈古逸撰《净圆丛刊》，简净修纂《极乐》等书，流传甚广。陈古逸又发起集合同道于碧峣、叶洲、净园、云栖寺、太华寺，仿净宗莲池大师、截流大师遗制，结精进佛七期、多次皆胜会也。叶洲一集，凡九十日，圆满之期，有异鸟来堂中，尤为殊胜。古逸记其事，且图为手卷，题咏甚多。古逸持菩萨戒，数十年专修，享高龄，正念分明，无疾而逝，见闻者尤为感服。

三曰讲经之效果。云南佛教，古代以禅宗、净土宗为盛。教下各宗，诵习者少，民初，江西欧阳渐创支那内学，既于南京宏杨相宗，辑刻藏要，重兴玄奘窥基之教。其后来滇讲经，其造诣甚深，惜从学之士，能了解者甚少。惟玉溪聂耦耕极为颖悟，为渐所称而早逝。又居士陈元白来滇传密教，学者亦少。其后有释常惺来滇讲大乘起信论、八识规矩，颂《心经》及《初学讲》等，深入浅出，引起佛徒阅藏之兴会。又宁波僧宝静。为谛闲弟子，则崇尚天台宗，来滇讲《法华经》《楞严经》《弥陀经》，化导尤普，常惺、宝静，皆青年法师，辩才无碍，为学佛者开正知见，其效力甚宏云。

四曰居士之宏法。居士学佛，陈荣昌、陈古逸等已详上文。石屏袁嘉穀，撰《滇南释教论》，于古滇佛教史实，征引甚详。会泽陈维庚，著有《法相因果观竹密流水集》，能融合各宗大义。元江县孙乐重印《古庭语录》。他如陆邦纯、张学智等，皆居士学佛之能身体力行者。省政府主席龙云曾于鸡足山建楞严塔，工程亦甚巨云。

二、回教

据采访所得，将云南回教分布状况列表如下：

云南回教分布情况

项目 县名	教徒人数	清真寺	附记
昆明县	二百余人	四所	
晋宁县	二十余户	一所	光绪三十四年马世忠创建
呈贡县	一百三十余人	三所	
嵩明县	二百余户	三所	共有三村，明代迁人
大理县	五千余人	十所	赛典赤之子纳速剌丁迁大理，为回教之始，近设小学一所
凤仪县	一百余户	一所	清道光间迁入
弥渡县	一百余户	一所	
祥云县	二十余户	一所	附设阿拉伯文学校一所，创始人张发祥、罗汝贤
邓川县	一百六十余户、九百余人	五所	士庞村附设小学校一所

（续表）

项目 县名	教徒人数	清真寺	附记
洱源县	五十余户、 二百四十余人	二所	明清之季迁入，前曾设半日学校，现已停止
曲溪县		八所	
峨山县	四百余人	一所	附设初级小学一校，民众学校一校
楚雄县	三百余户	三所	清初迁入，附有教会学校一所
永仁县	一百余户	一所	明洪武间，有聂姓之祖，由土耳其迁来
缅宁厅	六户		先有清真寺一所，乱后被焚，现未建立
沾益县	二千五百余人	八所	清初迁入，附设回文学校六所
马龙县	二十余户、 八十余人	一所	
罗平县	三百五十余户	一所	只有马、桂二姓，清初迁入
寻甸县	二千九百余户、 二万八千五百余人	五十六所	明嘉靖及清初迁入，附设学校十一所
宣威县	八千四百余人		元时及清初迁入
中甸县	二十余户		
永平县	一千一百余户	一所	清乾隆间迁入，附设学校一所
腾越县	五百余户、 三千余人	十三所	明代随王尚书征缅留腾，多南京籍
永善县	二百余人	一所	清代迁入
漾濞县		二所	
华坪县		一所	
丘北县	二千余人	四所	清乾隆间迁入
元江县	三十余户	二所	

三、天主教、耶稣教

天主教已略见通志。民国后两教之概况，据册报列表如次：

云南省天主教耶稣教分布情况

项目 县名	天主教		耶稣教		附记
	教徒	教堂	教徒	教堂	
昆明县	五十余人	二所			
富民县			六十余人	一所	
罗次县			二十余人	一所	属英国
晋宁县			二十余人	一所	
呈贡县			十余人		
安宁县			五十余人	一所	属内地会
禄丰县	三百余人	一所	一百余人	一所	
昆阳县			二十余人	一所	
易门县					耶稣教，已有教士传教，未立教堂
嵩明县			一千余人	三所	
大理县	一千余人	二所	二百余人	二所	天主教，清同治十二年来；基督教，清光绪七年来
弥渡县			一百余人	一所	光绪初年传入，附设小学二校
邓川县	二百余人	一所			
洱源县	十余人	一所			
宾川县	一百余人	二所			
建水县			二百余人		
曲溪县			三十余人	一所	约翰派
开远县	一千余人	一所	五六十人	一所	天主教，清光绪二十五年入境
华宁县			八百余人	三所	

（续表）

项目 县名	天主教		耶稣教		附记
	教徒	教堂	教徒	教堂	
通海县	八十余户	一所	三十余户	一所	天主教，清光绪十六年入境；耶稣教，清宣统间入境
河西县			三十余人	一所	
峨山县			三百五十余人	一所	属德国内地会，附设小医院
蒙自县	三十余人	二所	八十余人	一所	天主教，清光绪二十年入境；耶稣教，清宣统二年入境
个旧县			四十余人	一所	
楚雄县		一所	一百余人	二所	
牟定县			一百余人	二所	
大姚县			数十人	一所	
永仁县	数十人	一所			清光绪年间入境
澄江县	一百二十余户	一所	二十四户	一所	天主教，清光绪三十年入境
玉溪县			一百二十余人		清光绪三十二年入境
路南县	一千五百余人	九所	二十余人		天主教，光绪十五年入境
顺宁县			一百余人	一所	
云县			一百余人	二所	
缅宁县			一千余人	二所	附设小学一校
曲靖县	不详	四所	不详	一所	耶教现已他迁
沾益县			不详	一所	属英国内地会
陆良县	一百余户	六所	不详	一所	
寻甸县			六百余人	七所	
平彝县	一百余人	五所	三十余人	一所	
宣威县			六百余人	不详	清末入境
丽江县			三十余人	一所	

（续表）

县名＼项目	天主教		耶稣教		附记
	教徒	教堂	教徒	教堂	
剑川县			二十余人	三所	清季入境，租民房而居，来去无定
墨江县			二千余人	不详	
保山县			八十余人	不详	
永平县	四十余人	一所			天主教，清光绪六年法国人设
腾越县			十余人	三所	夷民入教者甚多
龙陵县			数十人	不详	
文山县	一千余人	二所	八百余人	二所	天主教始于清光绪三十四年，耶稣教始于宣统元年
巧家县	一百余人	二所			
昭通县	不详	三所	一千余人	一所	天主教始于清道光末年，耶教附设医院一所，学校一所，始于清光绪十三年
镇雄县			二百余人	九所	
彝良县	不详	三所	不详	一所	天主教始于清道光末年，耶教始于光绪间
威信县			一百余户	一所	耶教附设小学一校
永善县			五百余人	二所	耶教始于清光绪三十四年，附设小学二校
鲁甸县			十余人	一所	
绥江县				一所	耶教始于清光绪末年，附设小学一校
盐津县	二千余人	四所	八十余人	一所	天主教始于清道光二十四年，耶教始于光绪末年
景东县				一所	
蒙化县	十余人	一所		一所	始于清光绪间
永胜县	四十余户	三所	不详	一所	天主教始于同治末年
漾濞县	六七十人	一所			天主教始于清光绪六年，设有小学一校
华坪县	五百余人	四所			天主教始于清光绪十九年
泸西县				一所	

（续表）

县名＼项目	天主教		耶稣教		附记
	教徒	教堂	教徒	教堂	
师宗县	二十余人	一所			天主教始于清光绪末年
武定县			三千五百余人	三所	始于清光绪三十二年，附设小学一所
元江县			五十余户	一所	附设协济医院及明德学校
盐兴县	一百余人	二所			天主教始于清光绪三年

四、喇嘛教

喇嘛教传自西藏。唐时有莲华生者，自印度入西藏，宣传此教，是为旧教，亦称红教。明永乐间，宗喀巴起而改革之，别创新教，亦称黄教。有二大弟子：一曰达赖喇嘛，驻前藏；一曰班禅额尔德尼，驻后藏。谓世世转生，轮回不已，谓之呼毕勒罕。自是以来，其教转盛迄今，以西藏为此教之中枢，而遍行于西康、青海、满洲、蒙古等。近复有藏僧传此教于中国各省。滇省则永北、丽江、维西、中甸、腾越诸地密迩西康，故亦有喇嘛教之传入。喇嘛圣露、洞行等，甚为习彼教者崇敬云。

五、巫教、夷教

巫教起源甚早，凡未开化之民族皆有之。而于边鄙之地及文化低落之乡，信者尤多。夷教亦有似于巫教。巫教多行于汉族，夷教则惟行于夷族。诸夷之中，有摩些、倮倮及摆夷三种。倮倮之经典，即以其文字书写之，谓之曰《白马经》，亦称《白毛》，又称毕摩；摩些则称刀巴，一曰东宝，皆系译音，无一定之名称也。其教亦曰白马教。其他各族之教，名目虽异，而仪式亦相去不远，大率有疾病或婚丧等事，则请司教者诵经以为禳解焉。巫教、夷教所在之地，无教堂，无信徒，无修持，不过为谋衣食之技术而已。滇之巫教，亦有男女之别，男“端公”，女“师孃”，其术则同，家中供神之处曰“五花灵堂”，其神曰“三爷”，其乐器曰“司刀”“匾鼓”。各县大率从同。至于夷教，则名目繁多，不可殚述。惟夷教只夷族所居之地有之，巫教亦非遍行于各县。兹惟就册报于有巫教、夷教之州、县列之，其无者则缺之，以便省览。

云南巫教分布情况表

县名	教徒人数	县名	教徒人数
昆明县	二十二人	大姚县	不详
罗次县	十余人	苴却	不详
晋宁州	二十四人	河阳县	不详
安宁州	六人	新兴州	不详
昆阳州	二十人	路南州	三十四人
易门县	人数不详	富州厅	不详
嵩明州	人数不详	云州	七十余人
太和县	十三人	南宁县	三十人
赵州	不详	沾益州	十七人
云南县	七十二人	陆凉州	二十余人
浪穹县	二十人	寻甸州	五十余人
宾川州	十人	平彝县	不详
建水县	三十余人	宣威州	不详
曲江坝	人数不详	丽江县	六十余人
石屏州	人数不详	兰坪	二十余人
阿迷州	人数不详	中甸厅	不详
通海县	人数不详	鹤庆州	不详
河西县	人数不详	剑川州	不详
嶍峨县	四十人	宁洱县	四十余人
蒙自县	不详	保山县	不详
楚雄县	九人	永平县	二十五人
镇南州	二人	腾越厅	六十一人
南安州	不详	龙陵厅	二十余人
定远县	不详	永康州	不详
广通县	不详	盏达	不详
姚州	不详	文山县	不详

云南夷教分布情况表

县名	教徒人数	县名	教徒人数
昆明县	九十一人	干崖	十一人
昆阳州	人数不详，但云占户口总数十分之二	恩安县	不详
易门县	人数不详	永善县	九人
赵州	人数不详	盐津县	六十人
云南县	五十七人	广西州	不详
宾川州	十人	武定州	六人
建水县	人数不详	黑盐井	不详
曲江坝	人数不详	白盐井	七十四人
嶍峨县	不详	巧家厅	一百八十一人
蒙自县	不详	恩安县	不详
镇南州	一千二百人	彝良	不详
南安州	不详	威信	一百余人
定远县	不详	永善县	五十人
姚州	不详	鲁甸厅	不详
大姚县	不详	绥江	一人
河阳县	五百余人	盐津	一百二十人
富州厅	不详	景东厅	不详
南宁县	不详	蒙化厅	十余人
沾益州	三千人	漾濞	一百四十人
寻甸州	二万三千余人	永北厅	二十人
宣威州	不详	广西州	不详
丽江县	一百余人	元谋县	十余人
中甸厅	不详	新平县	一百余人
保山县	不详	黑盐井	十二人
永康州	不详	白盐井	九十五人

民国云南通志长编卷六十一

艺文一·滇人著述之书

概述

滇南文化，启于炎汉。自汉迄清宣统辛亥止，已故滇人之著述，曾依四库分类著录于《新纂云南通志》中。兹续新通志，凡在此期间已故滇人之著述，则不复依四库分类，而以科第行辈，按时代先后著录之。生存人之纂辑者，则援《云南丛书》例，亦择要著录。外省人所著纪载滇事之书，别录为一目。至方志，《道光通志·艺文》无论省内人、省外人所纂修者，概收为纪载滇事之书，兹另列一目。地理山川志次之。后附各种期刊，以便钩稽。综上三者，滇南近代文献，继往开来，于此可征矣。

滇人著述之书

杨文宪公写韵楼题词录一卷

赵惠元辑。惠元字春亭，剑川人。诸生。升庵文宪谪滇时，尝寓大理班山感通寺厢楼，著《转注古音略》，遂名楼曰写韵楼。寺僧藏文宪遗象，后贤来游者，多有题咏。惠元抄辑成卷，稿失去。子萱于村塾得抄本，以示其从兄藩，颇讹舛蠹损。藩校雠补完。班山象已不存，倩胡应祥仿石门程氏《年谱》首小象，摹冠卷端，藩刊入《云南丛书》二编。

金华馆诗草

杨宝山撰。宝山字廿峰，太和人。诸生。弘山给谏之裔。清咸丰间回乱，避地剑川。金华者，剑川名山也。宝山慕之，因名其馆。宝山诗有老笔，有练句，有典雅，惜少完篇，由未得名手相切劘也。其子杨鑫、杨鉴印行。前有陈荣昌、赵藩叙及自叙。

腾越杜乱纪实一卷

曹琨撰。琨字佩瑶，号饭藿居士，腾越人。是书纪腾越杜乱，起咸丰丙辰，讫光绪丙子，为考掌故之重要者。保山吴焘为之叙，同邑革孚言、李学诗、〔保山〕吴焘及其弟煦有题词。同邑李根源、余杭章炳麟、呈贡胡裕培有跋。根源收入《曲石丛书》。

饭藿集山房诗稿一卷

曹琨撰。是书前有民国丙寅年自叙，时年八十。又昆明王灿叙，赵藩、孙光庭，诸祖耿、赵式铭、覃宝光、缪尔纾题词，李根源撰墓表。根源印入《曲石丛书》。

向湖村舍诗初集十二卷　二集二十六卷　三集二十六卷

赵藩撰。藩字樾村，一字介庵，晚号石禅，剑川人。光绪乙亥举人，易门县训导，以军功保荐分省直隶州补用，授四川酉阳直隶州知州，历以卓异授永宁道，署四川按察使。藩于诗，天性笃嗜。初集十二卷，存稿自同治甲子至光绪丙戌。保山吴式钊叙，并为之刻于长沙，称“其诗虽危苦伊郁，语无不嶒嵘婉惬”。二集二十六卷，自光绪丁亥，至宣统辛亥。门人李根源、周钟岳、赵式铭、方树梅、何秉智、华世尧编次。昆明陈荣昌叙，称其诗“不名一家，不拘一格，变幻离奇，不可测度。以言其古，则夏鼎商彝也。以言其朴，则大辂越席也。以言其幻，则牛鬼蛇神也。以言其真，则吉金乐石也。以言其和平，则湘灵之瑟，冯夷之舞也。以言其激烈，则荆轲之剑，渐离之筑也。以言其空灵，则禅门之棒喝，玄室之鼎烹也。以言其富有，则边韶之经笥，安世之书箧也。以言其沉痛，则屈子之哀怨，杜子之呻吟也。以言其诞谲，则东方之诙谐，东坡之戏谑也。以言其匀称，则五雀六燕之平均也。以言其参差，则三辰七政之错落也。其言近者其旨远，其言小者其喻大，则又凫胫短而不可续，鹤颈长而不可截也。先生之于诗，真老斫轮哉”。三集二十六卷，自民国纪元壬子，至丁卯八月二十九日《病中自述》八首止，中多有关史事之作。十六年来，中国党争内讧无宁日，藩闵怀时局之作，多为一代诗史。总藩生平之诗，不下万首，近代滇中诗家，藩存稿为最富。王灿选《滇八家诗》，录藩诗一百首。

向湖村舍文集二十卷　骈文八卷

赵藩撰。藩自少笃嗜古文词，自少至老，手不释卷。其文不拘拘于学某一家，摹某一派，雅洁苍健，自成其为一己之文，而叙跋碑传，尤多杰作，酝酿于史汉唐宋诸大家者甚深。

小鸥波馆词钞六卷

赵藩撰。是书中分谥箫词一、淬剑词二、味茗词三、眠琴词四、炙砚词五、煮石词六。后附倚笛楼剩曲，前有自叙、黄炳堃《倾杯乐》题词。自叙云：“年十六龄，学为倚声，积稿十数阕，乱后失去，不复为。二十五岁，计偕北上，途中友朋牵率，偶为之。其后又数数为之。”藩于词学，功亦深矣。是书藩子宗瀚、宗培、宗煦、宗朴、宗祥民国癸未八月石印行世。

介庵金石书画题跋十卷

赵藩撰。藩嗜金石书画，收藏甚富。精赏鉴，工书法。己所藏弆，及友朋乞题跋者，夥至不可胜数。兹则择其可传而负有声誉者，得此十卷。至所缀墨即抄存之，则非十卷所能尽。

介庵书扎三十卷

赵藩撰。藩于笔札甚长，乡荐后，入盐道钟念祖、滇督岑毓英幕，名噪遐迩。厥后南北遨游，服官西蜀，以及与海宇贤豪交游，论学、论事、论兵，所往还者，皆雅洁，动中窍奥，迥非寻常酬答笺牍所能及。

鷦巢识小录十二卷

赵藩撰。藩博览载籍，有关滇中之轶闻轶事为前人所未道者，录存以备遗亡。此外，诗文之零玑碎玉，采录不少。滇中掌故，极关重要之书。

桐华馆梦缘集三卷

赵藩撰。藩只身官蜀，龙安郡守丽江杨福萃作合西昌郭氏女凤翔为篷室，婉慧知礼，藩阃桐华吟馆于寓园迓归，自后藩屡以诗词赠之。民国己未五月，郭氏病殁昆明，藩时长岭南政府交通部，家人戒不使知之。是年十月，藩归自岭南，始悉其已前卒，自后屡以诗词悼之。藩抄集中关于赠悼诸作，名曰《梦缘集》。诗编为上、下二卷，词则附之于后。前有周钟岳、赵式铭、陈荣昌、熊廷权、金保泰、谈溶溶、邓万岁、蔡守题词。弟子赵式铭、周钟岳编。乙丑，仿宋刻印于上海。

介庵楹句正续合钞二卷

赵藩撰。弟子陈迪光、周钟岳、赵式铭同辑钞。前有蔡守、邓万岁题词，赵式铭叙。男宗瀚、宗培同校。乙丑仿宋刻印于上海。

樾村居士自订年谱一卷

赵藩撰。藩清咸丰元年辛亥正月初七日申时生。是书藩自始生之年编订至光绪十七年辛卯藩年四十一岁止。家世、仕履、出处甚详。

钱南园先生守株图题词录一卷

赵藩辑。是书前有弁言六则、南园先生守株图，后则南园自题守株图诗、五古四首、七古一首。次则杨永芳、唐文灼、胡绍鼎、姚鼐、孔广森、林树蕃、李潢、蒋良骐、蒋攸钦诸人诗，皆南园及身请题者。次则陶澍、林则徐、范仕义、陈用光、阮元、伊里布、王楚堂诸人诗，皆后人所请题者。藩合抄为一卷，收刻《云南丛书》二编。

鸡足山志补四卷

赵藩、李根源同辑。前有赵藩叙云："民国壬子秋八月，余与腾冲李君印泉，既解兵柄，挟僚友为鸡足山之游，住悉檀寺者旬余。筇屐所至，援古证今，十得八九。而山中文献，志外所佚，或载往籍，或遗僧寮，犹往往而有，印泉谓宜辑为志补，余深韪之，爰首钞徐氏志目志略则可与钱志互证者。次人物，次金石，次榜联，次书画，次艺文，则钱志所未载者，厘为四卷。”民国二年夏五月，京师聚珍版印行。

榛舆遗稿二卷

张钊纮撰。钊纮字榛舆，原名思敬，石屏人，光绪乙亥举人。性豪迈，不随俗俯仰，生平抱经世之志，诗文卓然成家，存稿甚夥。往年敝蓰科名，投身实业，入个旧开矿。民国十六年十月，个旧匪乱，焚掠市场。其诗文集亦遭祝融。子华澜，多方搜罗，始获十之一二，纂为诗文各一卷，民国二十三年秋印行。前有秦光玉叙，后有华澜跋。《滇文丛录》录文七篇，《滇诗丛录》录诗四十二首。

〔按：另本有“其子华澜由经正课艺及各处搜访，得诗四十三首、文七篇，用铅字排印。”〕

红药山房诗钞

谢文翘撰。文翘字秀山，恩安人。光绪乙亥举人，官贵州镇远府知府。文翘以诗知名于时。是书已刊《滇诗丛录》，录二十首。

砚庐诗稿

孙允端撰。允端字砚畦，昆明人。光绪乙亥举人，官河西县教谕。《滇诗丛录》录诗十首。

存古轩诗钞八卷　文钞九卷

施有奎撰。有奎字聚五，一字文晏，昆明人。光绪丙子解元。性古傲，人称为纽松，有奎乐受之，自作《纽松传》。与石屏朱庭珍、昆明陈荣昌投分，以诗、古文相切劘。诗戛戛独造，适如其人。诗文稿自订精严，未付梓。《滇诗丛录》录诗六十二首，《滇文丛录》录文三十篇。

〔按：另本标题作《存古轩诗文钞述论》。〕

陶庐诗文集

吴焘撰。焘字子明，树声从子，保山人。光绪丙子进士，官吉林提法使，改革后任天津道。《永昌府文征》录诗百七十八首，文二篇。

明夷子二卷

陈荣昌撰。荣昌字小圃，号虚斋，昆明人。光绪壬午解元，癸未成进士，入词垣，历官山东提学使司。改革回滇，政府聘不出。生平著作宏富，有《虚斋诗集》《虚斋文集》《桐村骈文》《东游日记》等书，新修民国前《云南通志》已著录。是书为荣昌遁于安宁之明夷河时所著，因名曰《明夷子》。上卷曰《性书》，下卷曰《伦书》，深慨近世于五性五伦之不讲，因畅发其旨，分为二十篇：著天地第一，著人性第二，著物性第三，著经训第四，著诸子第五，著气质第六，著理教第七，著鬼神第八，著主静第九，著勉学第十，著明伦第十一，著中道第十二，著大节第十三，著高行第十四，著众人第十五，著凶德第十六，著纪异第十七，著辨感第十八，著反经第十九，著自序第二十。荣昌在生时惧遭时忌，未刊印。手稿现藏剑川赵宗瀚家。

改过编一卷

陈荣昌撰。是书取古人之改过者卫武公、颜涿聚、段干木、朱云、刘向、陈元、盗牛者、陈兴、许升、徐庶、左原、宋果、贾淑、周处、陶侃、皇甫谧、刘峻、皇甫绩、李泌、蔡齐、司马光、刘安世、狄青、徐积、张载、谢良佐、胡寅、吕祖谦、吴澄、薛瑄、王守仁、南大吉等三十二人，各人前叙其史实，后加以案语，畅发其改过后之品诣，以勉人改过，有心世道人心之作。后附录刘蕺山先生《记过格》《讼过法》，李二曲先生《悔过自新说》，前有杨觐东叙，封面书《陈氏全书》之十四。民国癸亥已印行。

评选放翁律绝三卷

陈荣昌选评。荣昌学诗，由放翁入手，后乃宗李、杜。民国丙辰，居明夷河，教门人子弟学诗，授以李、杜，苦不入。因念放翁七律有少陵矩矱，七绝有太白风韵，从此问津，或较李、杜易入，而借以识李、杜之门径。共选七律三百四十九首为二卷，七绝二百六十二首为一卷。有旁批，有总批，间有眉批，为学者示法甚详。民国癸亥，国学专修馆得七律一卷印行。

砚食录十五卷

陈荣昌撰。荣昌归隐后，政府屡聘不出，卖书卖文自活，此卖文稿本。荣昌归道山后，多散出。每卷中有象赞，有碑传，有叙跋，有诗歌，因时着笔，故文体未分，其中不少传作。

骚涕

陈荣昌撰。荣昌于诗、古文外，亦喜为倚声。是书为荣昌于国变后所作，词名曰《骚涕》者，取《离骚》“揽涕沾襟”之意。未刊。

东斋诗钞三卷　文钞二卷

孙光庭撰。光庭字少元，南宁人。光绪壬午举人，官中书，改革后任参议院议员、云南省政府委员。是书前有李根源、陈荣昌、贵池章兆鸿、安化贺宗章叙，后有严天骏跋。荣昌叙云：“其文浩瀚流行，皆直摅其所见，而所言又皆不诡于正，此其喜读宋儒书之力也。”兆鸿叙云：“其文盖取法昌黎，以气魄胜，而理则沉浸于宋儒。”诗则常熟孙雄跋云：“沉雄处似杜，坦率处似苏，兀傲处又似黄。要之生气远出，万象在旁，本性情学问以寄诸篇章，自成为吾伯兄少元先生之诗。”吴江金天羽跋云：“先生之诗，不外一真字，其风味在杜、苏、陆之间。清初则亭林，清末则郑子尹有同调也。”根源于民国甲子年刻入《曲石丛书》。

丹凤山樵诗集八卷

林槐撰。槐字梦亭，宁州人。光绪壬午举人。是书内分《南北驿草》《笔耕草》《黔游草》《遁园吟草》《鸿泥草》。前有段兆鳌、李坤叙。《滇诗丛录》录一百零六首。

两汉洗斋诗文钞

谢崇基撰。崇基字履庄，恩安人。光绪丙戌进士，入词林，授检讨，历官直隶、天津、清河等道。性情恬淡，改革后侨寓天津不仕，与严修时相唱和，卒葬天津，其子名钤，宝其遗稿，编诗、文各一卷。方树梅北游搜访文献，名钤示树梅携归。《滇诗丛录》采诗二十九首。《滇文丛录》录文七篇。

〔按：另本题作《两汉洗斋诗文草》。〕

遯庐诗存三卷

王人文撰。人文字采臣，一字豹君，太和人。光绪丙戌进士，由知县历官四川布政使司，护川督。辛亥改革后，避地天津。人文自幼文名籍甚，文多不存稿。诗改革后较多，亦较佳，已印行。前有赵藩、周善培叙，后有刘善锜题词，顾祖彭后叙。

〔按：另本标题无“三卷”，“太和人”作“大理人”；又有“入民国任参议院议员，是编载古近体诗三百余首”等句；“顾祖彭后叙”作“顾祖彭为之跋”。〕

梅雪山房诗文集

郭爕熙撰。爕熙字理初，镇南人。光绪戊子举人，初官丽江县教谕，民国官盐丰县知事，纂修县志。爕熙于诗、古文辞功力甚深，而诗尤擅长，文亦雅洁，诗文稿皆自订。

梅雪堂墨花诗二卷

郭爕熙撰。爕熙善画梅，每画喜自题五、七言绝句于其上。是书即汇其题画诗，得二百首，分为上、下编。自叙云：“就画以言诗，上编可署桠杈吟，下编可名香雪史”。民国壬戌秋已印。

孝弟录韵言百篇二卷

郭爕熙撰。昆阳李文耕有《孝弟录》，孝亲六十五条，友弟三十五条，已刻入《云南丛书》。是书爕熙就文耕原辑，每条咏诗一首，古体今体无定。前有陈荣昌、杨觐东叙，张砺、方树梅题词，后有自跋。民国戊辰冬已印。

闺德录韵言

郭爕熙撰。是书爕熙就《金科辑要·赏闺德·征事》之《闺德录》，每条附题一诗，如《孝弟录韵言》，古近体无定。前有杨觐东叙，后有自跋。民国庚午夏印行。

云南孝节录二卷

郭燮熙撰。燮熙晚年悟道，入同善社。是书入社后，体师尊之慈悲，由社采访云南近代之孝节，仿湖南之例而成。卷上乾孝正篇凡二十一人，乾孝副篇凡十二人，坤举正篇凡七人，坤孝副篇凡三人。卷下坤节正篇凡二十二人，坤节副篇凡十二人，坤贞烈正篇凡七人，坤贞烈副篇凡一人。补录乾孝正篇凡二人，乾孝副篇凡一人，坤节正篇凡二人，坤贞烈副篇凡一人。前有述古老人、陈荣昌二叙及自叙，凡例十条。后附周宝龄印书启，捐款姓名。民国癸酉印行。

蠖庵诗文集

吴煦撰。煦字子和，保山人。树声少子。光绪己丑进士，入词垣，授编修，历官广东布政使。改革后，侨寓故都，卖画自给。《永昌府文征》录诗三首。

补过斋读老子日记六卷　读西铭日记一卷

杨增新撰。增新字鼎丞，蒙自人。光绪己丑进士，历官至新疆省长。民国以来，世道人心，江河日下，增新读《老子》《西铭》后，于古人注外，日记其心得，思以之挽救世道人心，而成此二书。前有自叙，已印行。

补过斋文牍四十六卷

杨增新撰。增新官新疆省长十余年，收历年所办文牍汇录而成此书。新疆毗邻俄国，又汉回杂处，外交内政，措施煞费苦心，是书增新之治绩具见。已刊印，《滇文丛录》录文四十四篇。

补过斋日记十九卷

杨增新撰。增新读书治事，刻苦自励，公暇，日记其所经历而成是书。已刊。

江渔诗钞一卷

周玮撰。玮字兰屏，丽江人。光绪己丑举人。是书前有周钟岳、钱用中叙，杨肇修题词，后有王达鉴书后。其子冠南印行。

竹淇诗稿

王成章撰。成章字竹淇，丽江人。光绪己丑举人。早岁喜为诗，存稿甚富，藏于家。

〔按：另本："光绪己丑举人"作"与周炜同举乡试，永善学正。"〕

悠然楼诗稿一卷

王玉麟撰。玉麟字仲瑜，昆明人。光绪辛卯举人，官至贵州劝业道。改革后任云南民政司长。玉麟先专志于吏治，诗不多作，作亦不存稿。民国后与陈荣昌隐安宁之明夷河，取陶渊明“悠然见南山”之语，以为楼名。是时诗始数数为之，亦与陶相近。前有赵藩、陈荣昌、谢宇俊叙及自叙。己未冬印行。子浩，字孟然，宿慧嗜学，喜为诗。年十六，染时疫卒。玉麟恸甚，出其遗稿，请陈荣昌编之。荣昌为删存六十五首，附刊玉麟诗后，名曰《孟然幼吟诗草》。前亦有荣昌及赵藩、谢宇俊叙。《滇诗丛录》采玉麟诗十五首，浩诗十二首。

论语案四卷

杨琼撰。琼字叔玉，号迥楼，一号柿平，邓川人。光绪辛卯举人，官晋宁州学正。因案被知州黄毓崧控革职。留学日本速成师范归，以办学功，开复举人。是书为琼任省会国学社理事长，又自组立成德中学校，登堂讲授，编次其讲义，以成此书。前有任可澄、赵藩叙，陈荣昌题诗四首。藩叙云：“余观其细绎故训，间发新理，或感触时事，或借镜欧西，大要取便学子所易领解，而亦可以备一时之参证。”民国四年己卯秋印。

〔按：另本：“赵藩叙”作“赵藩跋于后”。〕

肄雅释词二卷

杨琼撰。琼喜治《说文》，取经传中恒用虚字，得五十字释之。每词首列篆书，缀以《说文》，次引群经、子、史、诗句以究其用，后附以赞语，亦《经传释词》之流亚也。前有沈钟叙，后有自跋。光绪二十三年已刊行。

〔按：另本条文末有“是书收入《云南丛书》二编”。〕

寄苍楼诗文集

杨琼撰。琼诗功力亦深，古体胜于今体，中年优于晚年，古文碑传较长。前有赵藩叙。民国壬子印于京都。《滇诗丛录》录诗四十九首，《滇文丛录》录文十六篇。

滇中琐记一卷

杨琼撰。是书，琼以滇人记滇事，画方而不断代。前有李根源、赵藩叙。藩叙云：“昔人谓作宰相须两眼明，一心正。余谓作史何独不然。眼不明，无以别白是非，提要钩玄则辞费；心不正，虽明知是非所在，而或且有意颠倒之，则辞偾，均之敝也。叔玉学道矜慎，于集二长而袪二敝，是之兢兢。其中记兵记政，荦荦数大端，足为异日庀史之取裁者，尤臻翔核，琐云乎哉。”民国壬子秋李根源为之印行。

〔按：另本：“是书”下有“杂记滇中轶事、异闻，中记滇越铁路经过，可作滇中掌故观”等字，而未录“藩叙云”文。〕

形声通五卷

杨琼、李文治同撰。琼字叔玉，邓川人。光绪辛卯举人，官晋宁州学正。文治字采臣，太和人。光绪己卯举人，镇雄州学正。是书前有琼及文治叙，后有文治弟文源跋。光绪乙巳冬，印于日本东京。

〔按；另本无“琼字叔玉，邓川人。光绪辛卯举人，官晋宁州学正”。〕

劫余集一卷

王肇奎撰。肇奎字聚五，昆明人。光绪辛卯举人。日本习速成师范归，奉委创东川府师范传习所及中学校，后任教育官厅科员。是书前有倪隆德叙，后有其子懋德撰家传，唐继尧题象赞，陈荣昌题家传跋并象赞。诗六十八首。隆德叙云：“戛然率性情而出以真。”懋德刊板行世。《滇诗丛录》录诗十七首。

疢存斋集十五卷

周宗麟撰。宗麟字瑞章，一字石君，太和人。光绪辛卯举人，官陆凉州学正。是书卷一文存上，卷二文存下，卷三大理县乡土志，卷四文存续编，卷五诗存，卷六随笔上、下卷，卷七自订年谱、孔门学说上、下卷，卷八药言，卷九事物溯原，卷十物犹如此录，卷十一拉杂丛谈，卷十二奇闻录，卷十三联语汇录，卷十四谐联漫录，卷十五古今趣谈。宗麟生平著述，统名《疢存集》，知其人亦好学寡过之士。是书前有《疢存山人周石君传》，后署民国纪元后十三年二月男伟、俊、保、俣、倬谨述。十三年已印行，十八年又重印之。《滇文丛录》录文五篇。

〔按：另本标目为“《疢存斋文存》四卷、《诗存》二卷、《随笔》三卷、《孔门学说》二卷”。〕

思诚斋文钞甲集四卷　乙集二卷

钱用中撰。用中字平阶，晋宁人。寄学昆明，光绪辛卯举人。用中颖异过人，读书过目不忘，讲解别具只眼，好谈经世大略，时时以经济发为文章。生平为文，流连光景者不作，羌无故实者不作，往还酬酢者不作，作则发表思想，谈理精透，不作应声之虫。甲集乃论说叙跋、书牍、碑传各种文，乙集乃主讲普洱宏远书院时示范肄业诸生之文。后附八股文数篇，明清以之取士，中国文体之一。用中八股文皆富有思想，非清末空疏墨裁所比。

祀神大改革一卷

钱用中撰。中国祀神，稽之史乘，多无其人。用中熟于史乘，取最有功于社会国家人群进化者百数十人，阐明其应祀之由，而成此书。

中国社会总改造

钱用中撰。用中为政治思想学者，中国数千年来社会种种之不善，思发为论著，以冀改造为新社会。是书先发凡云：“拟著《中国社会总改造》，自个人家庭以至中央政府，一切问题均以社会范围之。特将改造事项，分为五大纲：一、铲除罪恶，二、矫正生活，三、革新组织，四、均齐负责，五、共同进步。第一纲分细目三十，第二纲分细目四十五，第三纲分细目六十，第四纲分细目三十，第五纲分细目五十。”观所定纲目，用中之思想志愿可见。仅成第一、第二两纲目。年八十二而卒。

我之国民改造观一卷

钱用中撰。是书与《中国社会总改造》同一发表其政治思想之作，此特专就国民改造而言耳。前有自叙二。第一章，改造全民之人生观；第二章，改造全民之宇宙观；第三章，改造物质生活；第四章，改造精神生活；第五章，改造革命行径与建设意义；第六章，改造道德之修养。第二卷未成书。

中华民国宪法草案

钱用中撰。民国初，预备立宪，云南亦设政见商榷会。宪法，海内政论家拟者甚夥，用中于宪法，素有研究，亦拟就是书，稿凡数易，总五十八条，其中多有说明。已印。

大中华建设新论三篇

钱用中撰。第一篇宪法，第二篇总统选举法，第三篇中央行政与地方行政之区划及其组织制度。已印。

政治学会章程

钱用中撰。用中喜研究政治，望多有政治人才，发起组织研究。是书共六章，十六条。已印。

云南全省公安行政条例草案

钱用中撰。团警事宜，概括为公安行政由民政厅主管。昆明市由市政府，各县由县政府依法办理，关系公安甚大。用中是书共十九章八十五条，于团警公安事宜颇详尽。已印。

湾村自治公会组织大纲

钱用中撰。用中避空袭，退归晋宁湾村故乡，邀集村中老幼，组织公会，完成自治之初基。各村如仿照推行，可为各县之模范。是书颇扼要。

思诚斋联语一卷

钱用中撰。用中富改造精神，所拟赠挽及家庭各联，皆有微意寓其中，迥非文士舞弄笔墨所可比。

严伯良遗诗

严天骥撰。天骥字伯良，新兴人。光绪庚子、辛丑并称举人。与弟天骏，新兴清末翘楚。《滇诗丛录》录十七首。

苍云阁文钞

严天骏撰。天骏字仲良，新兴人。光绪辛卯举人，官湖北长阳县知县。有《长阳集》，未见。《文钞》，《滇文丛录》录十篇。

晚香室诗稿十卷　文稿一卷

黄华撰。华字香圃，昆明人。光绪癸巳举人。诗存稿自同治癸酉至民国庚申止。华诗文名籍甚，而诗精力尤专，佳章络绎，手编未印。《滇诗丛录》录诗四十首，《滇文丛录》录文五篇。

续云南备征志三十二卷

秦光玉辑。光玉字璞安，呈贡人。光绪癸巳举人。日本习速成师范归，任学务公所课长。入民国，历任教育司科长、省会师范学校校长、教育厅佥事、省立昆华图书馆馆长等职。清道光间浪穹王崧辑《云南备征志》，得数十种。今将百年，光玉于崧所未收者，及崧后之著述，又得数十种，皆同为考云南掌故重要之书。赵藩、袁嘉穀为之叙。待刊。

滇南明季遗民录二卷

秦光玉辑。有明鼎革，永历流播至滇，建邦设都，开科取士，延祚十有五年。殆至金蝉殉国，吴逆藩滇，以讫大清定鼎，甘心肥遁，以遗民终老者，较历代多。光玉博稽志乘，参考私家著述，辑为此书。将遗民之属于乡贤者，编为上卷，其属于寓贤者，则为下卷。民国三十二年已刊。版前有袁嘉穀、张华澜叙及自叙。

师竹斋遗集二卷

刘镇藩撰。镇藩字锐卿，昆明人。光绪癸巳举人。是书诗、文各一卷，前有袁嘉穀、王灿叙。嘉谷叙云："孝廉负奇气，倜傥不群，以豪饮著。顾其于诗文，则细针密缕，无懈可击。雅不欲以长江大河之观，驰骋于古作者之林，而鉴湖一曲，清澈见底，望而知为高介之人。"民国甲子印行。《滇诗丛录》录诗二十二首。《滇文丛录》录文四篇。

左微

萧瑞麟撰。瑞麟字石斋，恩安人。光绪癸巳举人，民国官普洱道尹。清季，京师设经科大学，是书瑞麟肄业经科时，治左氏学所著。已印。

乌蒙纪年四卷

萧瑞麟撰。昭通为古乌蒙地，瑞麟考关于乌蒙地方之历史，用编年体而纂辑之。卷一西汉至后汉，卷二蜀汉至宋，卷三元至明，卷四清。西汉则孟孝琚碑，清则改土归流为最详。已印。

榴花馆诗存十卷

萧瑞麟撰。瑞麟存诗自光绪丙戌始，至民国乙亥止。前有袁嘉穀、周钟岳、由云龙叙，夏震武、陈伯陶、袁嘉穀、赵式铭题词。嘉谷叙云：“诗兼圣俞、放翁之长，体物体人，妙造自然，无一诗不得其性情之真。”云龙叙云：“其论古衡今，则思周藻密；其处家取友，则语挚情真。近体既雅饬清苍，古体亦奥折排荡。盖不规规以求深，不泛泛以涉浅，而充然自得于学养者。求之近代，殆于清夜斋、海藏楼为近，而远则遗山、宛陵之流风余韵也。”已印。

寄影庐诗文钞

王开国撰。开国字承谟，腾越人。光绪癸巳举人。居乡授徒四十余年，为士林所重。是书未印。《永昌府文征》录诗二十一首。

周易分类增注五卷

杨钟斗撰。钟斗字仰山，河西人，光绪间岁贡。钻研《周易》二十余年，而成此书。一卷易经原始、两仪、大象、泰否、坎离、咸恒，二卷出处、戒慎、改过、刑狱、朋友、萃聚、仕进、进退、骄亢、谦逊、盈虚、孚信，三卷天地、圣学、疑信、群小、躁动、兵师、因循、贲饰、过中、异同、消长、附丽、井卦、颐养、小畜、需待、家人、归妹、蛊坏，四卷生物、阴阳、循环、法天、坤道、九六、读易、卦位、九德、言行、行止、困卦、蹇难、益卦、明夷、羁旅、民心、临接、隐遁、应爻、改革、地利、祭祀、鬼神、交涉，五卷叙卦传、杂卦传、制器篇、时叙篇、河洛篇、连山归藏周易解、补益、取象篇、占则、广象篇。分类如此，其书可知。前有唐继尧、顾视高、由云龙、杨琼叙及自叙。盖民国初，省会立孔教会国学社，延聘钟斗为讲员，钟斗即以是书为讲义而印行之。

琴砚斋诗草一卷

华世尧撰。世尧字文安，一字允三，昆明人。朱庭珍、赵藩弟子。辑刻《云南丛书》处助理采访员，有功滇南文献。《盘龙两游诗录》录诗二十二首。

强静斋诗文集九卷

吴志郭撰。志郭保山人，原名式钊，字完奇，一字楚生。光绪甲午进士，选庶常，授检讨，被议后，改主事。志郭负文名，与朱庭珍、赵藩、陈荣昌称滇南四杰，是书收入《云南丛书》二编。诗前有番禺陈昭常叙及自叙。昭常叙云：“兹集各体悉备，五言尤有唐音。又生长楚地，往还衡湘间时为多，得江山之助，以抒其怀古思友，雄奇顽艳之文藻。”《滇诗丛录》录诗四十首。骈文排奡雄丽，《滇文丛录》录文六篇。《永昌府文征》录诗二百四十六首，文十三篇。

六书纲目一卷　切音导原第一篇一卷

吴志郭撰。志郭小学夙有钻研。入词林后，又得朋友之切劘，于此故能深造。《切音导原》惜未完成。《云南丛书》收入二编。

寄情诗草

杨继元撰。继元字亮丞，号慕陶，剑川人。光绪甲午举人。继元喜为诗，存稿自光绪乙酉至己亥，年三十八，印稿已数百首。前有张建勋、赵藩、欧阳霈、赵式铭、张德麟、罗宿、鲁钤、李逢庆题词及自叙。三十八以后诗，存稿亦甚夥。

汉书注补

赵式铭撰。式铭字星海，一字弢父，剑川人。光绪甲午副贡，民国官嶍峨县知事、白盐井场长。式铭为赵藩入室弟子，学有本源。《汉书》自颜师古后，注者无虑数十家。式铭治是书，于古人有未注者，或注而已别有见解者补注之。

剑川方言考

赵式铭撰。式铭生长是乡，自幼熟习乡中方言。比长，读书博览，于乡中方言合于经史百家之书者，一一考明之。是书已收于《新纂云南通志·方言考》中。

希夷微室诗文钞若干卷

赵式铭撰。式铭自幼喜治诗古文辞，长从赵藩游，学愈进，诗学尤深造，寝馈杜、韩、苏三家甚深。诗集金天羽、袁嘉穀有叙，推挹甚至。古文亦出自唐、宋诸大家。二书稿已自订。

读杜韩随笔

赵式铭撰。式铭于古大家诗，特嗜杜、韩，烂熟胸中。两家诗注，浏览甚夥，式铭别有心得者，随笔录之，而成是书。

礼园杂记

李湛阳辑。湛阳字劲风，昭通人。光绪甲午副贡，官广东候补道。园在四川巴山，原名宜园，广约二里。清宣统间，其弟和阳，构屋数区，以怡其父。其父弃世，权厝园中。湛阳兄弟，读礼其间，四方之士，道渝者枉相存，多以诗张其胜。荣县赵熙，居园中最久，题赠尤多。湛阳汇所赠牓联诗歌，及相与唱和者，名曰《礼园杂记》印行之，借以讬传于先陇。

八十一株梅花馆诗文集

寸开泰撰。开泰字晓亭，号心丹，腾越人。光绪乙未进士，刑部主事，改官贵州安平知州，充癸卯科乡试同考官，因案降丽江县教谕。归里，任腾越铁路公司协理，议事会议长，中学校长。是书未印。《永昌府文征》录诗八十三首，文八篇。

斯未能信斋存稿四卷

李增蔚撰。增蔚原名增芳，字襄国，蒙化人。光绪乙未进士，由户部主事改福建知县，升知府，历署福宁、泉州等府。是书卷一、二服官时之函牍，卷三叙义论，卷四附载泉州留任呈、电十二件，报章二十六条，增蔚服官之政绩可见。是书前有自叙。宣统元年冬印行。《滇文丛录》录文五篇。

滇云耆旧传二十二卷

施汝钦撰。汝钦字典初，号少云，昆明人。光绪乙未进士，官贵州龙里县知县。是书内分名儒、经学、孝友、忠烈、遗逸、名臣、循吏、风节、情操、高士、独行、畸人、义侠、文苑、方技、列女十六门。自叙云："余自己酉罢职归里，杜门读书，课徒自给，辛亥以还，愈不敢问世事。稽古之余，间与及门诸子述乡先达轶事，未尝不反复而向往者久之。因叹陈寿有《益部耆旧记》，习凿齿有《襄阳耆旧录》，踵为者不一而足。而吾乡先达之嘉言懿行，虽散见于各志中，究未有勒为专书者。且志多芜杂，有谀美未尽可为实录，不足以示后，征文献者有憾焉。爰忘固陋，广搜严采，始于汉，迄于清，别类十有六，为卷二十有二，名曰《滇云耆旧传》，从古名也"。陈荣昌为之叙。

醉经庐诗文集

施汝钦撰。汝钦为解元施有奎犹子，陈荣昌入室弟子，学有渊源。改革后隐于书，益肆力于诗古文。是书已身编定，未印。《滇诗丛录》录诗二十六首，《滇文丛录》录文十一篇。

讲易管窥三卷

袁嘉穀撰。嘉谷字树五，一字屏山，石屏人。光绪甲午亚元，癸卯成进士，入词垣，荐举经济特科第一，授编修，出任浙江提学使司，擢布政使。才高学博，生平著述甚富。是书嘉谷任教东陆大学时所讲授，弟子昆明于乃仁述记。卷上易之起源与完成、卷中易之流传、卷下易之古史进化观三纲，每纲有子目若干，条理井然，阐发透辟。前有嘉谷叙，后有弟子武嘉荣、马秀卿、施子愉、覃瑞华四跋，于兰芬赞一。收入《云南大学丛书》，民国丙子夏印行。

孔氏弟子籍二卷

袁嘉穀辑，元江孙乐订。是书根据太史公所传之《孔氏弟子籍》，特史公附益处，嘉谷属其门人孙乐，采群书之考辩异同者，抒其所见，列各书后。命其子丕佑，以古篆补书《孔氏古文弟子籍》一册，尺寸字数，期不悖周末简编之旧冠于前。前有自叙，后有孙乐及袁丕佑跋。民国二十年庚午印行。

滇绎四卷

袁嘉穀撰。自叙云："滇，吾乡也。吾游数万里，觉可恋可誉之地，莫滇若焉。

读《滇志》《滇系》诸书，犹有管窥之助，因随笔之，名曰《滇绎》，愿以告同心之恋乡誉乡者”。嘉谷博览群书，摘其有关滇中掌故者，或补前人所未及，或正前人之所失，自谓恋乡誉乡，洵非虚语。前有孙树礼、王灿叙，赵式铭题辞。后有孙树礼书后诗四首，夏光南、王家亮二跋。民国十二年癸亥印行。

卧雪堂诗集十二卷

袁嘉穀撰。是书分卷一幼学集，卷二幼学余集，卷三九龙池集，卷四公车集，卷五敝帚集，卷六安车集，卷七东游集，卷八京华集，卷九辅轩集，卷十敝帚后集，卷十一移山集，卷十二澍园集，总计十二卷。存诗自清光绪丙戌始，至民国乙丑止，共六百余十首。自订稿，极精审，丁卯夏印行。前有陈荣昌、张学智、霸县高步瀛、浙西孙树礼叙。后有高步瀛后叙，彭嘉霖、郑鹤春、郑鹤声、徐敏、张连楙五跋。嘉谷于诗为癖好，荣昌亦癖好诗，其叙历举古来各有所癖而传者以例之，自解自比。嘉谷之工诗，可想见矣。嘉谷自乙丑以后诗，尚有二卷，孙乐刊于《湖月初集》《续集》中。

卧雪堂文集二十二卷

袁嘉穀撰。嘉谷自幼喜古文辞，擅考据。是书卷一经说，卷二论，卷三辩，卷四考，卷五说，卷六议，卷七记，卷八叙，卷九后叙、跋，卷十书后，卷十一疏、呈、教、饬、批牍、谕，卷十二史传、家传、传、别传，卷十三书、启，卷十四赠叙，卷十五神道碑，卷十六墓志铭、墓铭、墓表，卷十七行述、事略，卷十八祭文、诔，卷十九赞、颂、箴、铭，卷二十赋，卷二十一杂文上，卷二十二杂文下。男丕元、丕佑、丕济、丕厘编次，侄丕理缮印，受业孙乐、于乃仁、于乃义、宋恩浡校印。文后多有五塘、穆清、虚斋、厚安、墨卿、伯诚诸人评语。前有孙树礼、高步瀛叙，许印芳、赵式铭题辞。后有孙乐、宋恩浡跋，高步瀛后叙。民国癸酉秋印行。

卧雪堂诗话八卷

袁嘉穀撰。前有陈度、由云龙叙。度叙云：“树五精声韵学，于古韵剖晰极精，考证极详。其于诗也，则上自六朝，下及明清诸家，浏览涵泳，各得其奥。故其论诗，皆有精意，不屑拾前人牙慧。而存近人诗，亦以其所知者精审而存之。存其诗即存其人，故无有徇情滥收之弊”。云龙叙云：“意在表章前哲，奖掖后进。无主奴之见，无畛域之分。善则必录，幽则必阐。不惟可药宋以来诗话之偏，并足以救济近代选家之不足。岂率尔操觚任意评骘者，所可同日语哉。”民国初已印。

移山簃随笔五卷

袁嘉穀撰。是书未印。《屏山先生纪念集》载二十七条。

金钟山雅谈二卷

袁嘉穀撰。金钟山在石屏，嘉谷晚年，侨寓会垣，思慕不置，其所谈者，笔成此书。《屏山先生纪念集》载七条。

孟孝琚碑题跋一卷

袁嘉穀辑。昭通孟孝琚碑出土，海内嗜古者，得之珍若拱璧，多有题跋。因碑上截残失，就现存“丙申月建临卯，严道君曾孙武阳令之少息及十二，随官受韩诗，兼通《孝经》二卷”，及碑阴“武阳主簿李熇字文采，书佐黄芊字仲兴，铃下任骠”等考之，云献帝建安二十二年，光武建武十二年，和帝永和八年，桓帝永寿二年者，所主不同。嘉谷汇辑为一卷，民国辛亥孟秋印行。

唾玉堂文存六卷　杂文一卷　诗存十六卷　绮香外集一卷

熊廷权撰。廷权字种青，昆明人。光绪戊戌进士，官四川高县知县。入民国，任丽江府知府，川边财政厅长、腾越道尹。廷权充经正书院高材生时，即文名籍甚。是书未刻,《永昌府文征》录诗三十首，文六篇。《滇秀集》刻文九篇。

绮香阁词存一卷

熊廷权撰。廷权工诗，词亦绮丽。未刻。

落落轩诗钞三卷

宋嘉俊撰。嘉俊字荩臣，一字镜澄，一字净尘，晋宁人。光绪戊戌进士，由刑部主事改官四川江津县知县。洁己爱民，善折狱，循声大著，有青天之称。改革后回滇，历任昆阳县知事，磨黑黑井场知事，以不善应时辞归，两袖清风，为滇人士所钦重。能文工诗，文不多作，诗则吐嘱清雅，近体优于古体，近体五律尤擅场，逼近浣花。《晋宁诗征》录诗三十三首。

痴道人诗集二卷

陈君权撰。君权字子衡，新平人。诸生。为乡塾师数十年。诗多近体，卷二后附词九首。已印。

橘洲诗文钞

陈铭撰。铭字丹书，一字揆洲，剑川人。诸生。从赵藩学。民国初，任辑刻云南丛书处校对员，以失明归。《丽郡诗征》录诗二十八首。

移华书屋诗存四卷　文存四卷

赵荃撰。荃字湘皋，一字揆叔，剑川人。光绪丁酉举人，前清任四川盐边、直隶通判。入民国，历任四川打箭炉关监督，云南兰坪、马关、文山县知事。前有其兄藩叙，酉阳易光吉、同邑杨继元、昆明李坤、石屏袁嘉穀题词，后有藩撰墓志铭，谓“弟溺苦于学，受经史于父兄，受制举业于其外舅段野史郡丞，受诗古文辞法于许五塘教授、吴完其检讨。集益之友，则经正诸同学，而熊廷权、李坤、夏瑞庚、顾视高、秦光玉、杨继元、袁嘉穀、杨觐东，尤为投分。”叙谓：“揆叔于为学主通经致用，中西载籍，罔不探涉。思措之经世，雅不欲争工拙于文字间。故偶有吟咏，脱稿即不复省视。所存者皆散佚删汰之余，固知揆叔意所弗属也。”此为兄叙弟诗如此。然荃诗渊源家学，五律极似少陵，五七古、七律亦深稳。民国辛酉七月印行。《滇诗丛录》录诗六十八首。文集四卷未印，《滇文丛录》录文二篇。

〔按：另本标目为《移华书屋诗文集》。〕

樾碧楼诗集

孙嗣煌撰。嗣煌字莼庵，呈贡人。光绪丁酉举人，历任四川梁山、大竹等如县。改革后，历任宣威、玉溪、安宁、黎县等知事。嗣煌为清元孙，清元以诗雄于时，嗣煌诗有家法。是书未刊，《滇诗丛录》录二十五首。

散匏诗钞

李增撰。增字灿高，一字散匏，澄江人。光绪丁酉举人，官法部主事。改革后任参议院议员。性豁达，嗜酒，善谈论。工书，写山水苍苍莽莽，雅有士气。题画诗有逸趣。

馋园诗集

吴良桐撰。良桐字梓伯，大关人。光绪丁酉举人，官四川江津知县。改革后，历任蒙自道尹，云南高等检察厅长，财政厅长。《南雅社吟稿》录诗十首，《晋宁诗征》录诗一首。

素问诠释

吴良桐撰。良桐博极群书，披览不倦。晚年尤邃于医，聚医籍八百余种，三千余卷。是书皆数十年所得精蕴。

鹃啼血稿、旋滇咏、矜慎吟各一卷

张景仓撰。景仓字小槎，昆明人。光绪丁酉举人。

日南书屋诗集二卷

夏甸畇撰。甸畇原名尚忠，字子培，昆明人。光绪丁酉举人。诗多改革后作。《滇诗丛录》录三十五首。

征尘集一卷　梁总兵事略一卷

梁嘉言撰。嘉言字韶功，建水人。光绪贡生，官马龙州学正，丽江府教授。入民国，官至广东振武上将军署少将军医处长。《征尘集》皆嘉言游宦之诗，《事略》一卷，乃纪其父士美战功。士美字玉山，咸同间，官临元镇总兵。

南雅社吟稿一卷

由云龙辑。民国壬申夏，云龙发起，邀萧瑞麟、袁嘉穀、孙嗣煌、赵式铭、吴良桐、何孝简、周钟岳、吴琨、易文炷、徐之琛、李增、马骢等为南雅诗社，一月两会，岁周一累。选辑应社佳章，而成一册印行。

滇录八卷

由云龙辑。卷一、二边务类，卷三交通类，卷四、五、六矿产类，卷七、八史略类。是书仿沈思孝《晋录》、朱竹垞《禾录》之例，因名曰《滇录》。云南省教育会民国二十二年印行。前有省教育会第一届理监事叙及云龙自叙。

亦陶新乐府一卷

赵镜潜撰。镜潜字亦陶，原名永鑫，字品三，嵩明人。光绪庚子优贡。日本习速成师范归，任两级师范学堂教员、省视学。是书自叙云："余生不幸，遭时横流，凡耳之所闻，目之所见，无一不成为怨怒之音，并无一不成为哀思之韵。仿乐天之体裁，为咏时事新乐府二十七首。"《滇诗丛录》录二十二首。

立峊丛稿四卷

马太元撰。太元字会三，新平人。光绪庚子辛丑并科举人。任新平中学校长，成就甚众。是书卷一、二古文，卷三古近体诗，卷四制艺。前有张国彬、孙汝相、张福叙。民国十七年印行。

六梅旧馆诗文钞

萧善选撰。善选字选楼，一字佛青，剑川人。光绪庚子辛丑并科举人，官四川洪雅知县。《丽郡诗征》录诗十二首。《滇诗丛录》录诗十三首。

返观堂诗集

刘淇撰。淇字竹泉，昆明人。光绪庚子辛丑并科举人。是书未印。赵藩为之叙。《滇诗丛录》录十七首。

养浩然斋文存诗存

席聘臣撰。聘臣字上珍，昆明人。光绪庚子辛丑并科举人，留学日本东京帝国大学毕业，回国应试，考取翰林院庶吉士。民国官云南财政司副司长，司法部、农商部秘书，云南审计分处处长。聘臣性嗜学，服官公。诵读若老书生。新旧典籍，手不释卷。愤时，患神经病卒。

中国贤女传、泰西贤女传

席聘臣撰。民国以来，女教如江河日下，聘臣因著此书，其用心亦良苦矣。

中国道德思想史

席聘臣撰。此书有关世道人心之作。

四书韵偶正续二卷

许实辑。实字秋田，宜良人。光绪庚子辛丑并科举人，官法部七品法官，后任云南高等审判厅推事，蒙自审判厅庭长。是书体沿《声律发蒙》依上下平韵，纯用四书语辑缀而成。前有由云龙、李坤、赵式铭、董乃麟叙及自叙。民国三年甲寅印行。

青藜书屋诗文集

刘润畴撰。润畴字伯膏，昆明人。光绪庚子辛丑并科副榜，官七品小京官。民国初，官陆凉、玉溪、盐兴等县知事，腾越、呈贡税局长。是书未印。《永昌府文征》录诗五十七首。

偶得诗集五卷

吕志伊撰。志伊字天民，思茅人。光绪庚子辛丑并科举人，派赴日本学速成师范。毕业后，入早稻田大学习政治经济。民国历官至立法院委员。志伊喜为诗，自光绪甲午至丙午为卷一，自丁未至辛亥为卷二，自民国元年至八年为卷三，自九年至十七年为卷四，自十八年至二十八年为卷五。前有李根源叙，并根源撰墓志铭。前后有自叙二。志伊卒后，根源为印行。

思亭诗钞六卷　文钞二卷

李坤撰。坤字厚安，一字栎生，号雪园，昆明人。光绪癸卯进士，入词垣，授编修。坤从杨高德、许印芳、朱庭珍学，天分既高，才力亦大，故造诣日深。是书名思亭，因其祖天相，官甘肃丹噶尔同知，其父迎春随官，先定婚田，滇乱，未得归娶，先纳妾陈，生坤于衙署亭中，坤因号思亭生。此诗文钞八卷，坤自定稿，极矜慎。诗钞前有杨高德、朱庭珍叙。高德叙云："思深旨远，律细词新。"庭珍叙云："如太华秋晓，苍翠横空，滇池春晴，烟波澄练。"文兼柏枧、柈湖之长，骎骎入古大家之堂。已收入《云南丛书》初编。王灿选《滇八家诗》，坤其一也。录诗一百首。

齐风说一卷

李坤撰。坤喜治毛诗，读《齐风》心得，成此一卷。已收入《云南丛书》初编。

说文引经考四卷

李坤撰。坤少长，喜治《说文》，又钻研经学，成此四卷。坤卒后，遗著多散失，此书不知存否。其目见坤自撰墓志。

云南温泉志一卷

李坤撰。坤喜考云南掌故，滇中各府厅州县志乘，流览甚夥。见所记载温泉，摘钞而成此书。秦光玉收入《续云南备征志》。

筱风阁随笔四卷

李坤撰。坤古文自订稿，去取极严，上驷收入文钞，中驷及小品题跋，则收入随笔，丛书处并为之整理其楹句，分编为四卷。收入《云南丛书》二编。

滇诗拾遗补四卷

李坤撰。坤见陈荣昌《滇诗拾遗》尚有遗漏，就各府厅州县志所载者，补成此四卷。收入《云南丛书》。

滇事述闻二卷

李玉振撰。玉振字佩珂，太和人。光绪癸卯进士。是书述大理咸同回乱事甚翔实。已印行。秦光玉采入《续云南备征志》。

小琅文集

夏瑞庚撰。瑞庚字小琅，昆明人。提督毓秀子。清季滇中武将之子，喜读书负文名者二人：楚雄李维述子楷材，经正书院高材生，惜早卒。其一即瑞庚。光绪癸卯进士，官学部主事。是集未刊。《滇文丛录》录文二篇。

求志轩文稿四卷

杨觐东撰。觐东字毅庭，保山人。光绪癸卯亚元，官内阁中书。民国官腾越道尹、广东粤海道尹。是书自分四编，即四卷，觐东民国前所作之各种文字也。觐东善谈论，为文亦风发泉涌，长于议论，适如其人。前有陈荣昌、严天骏叙。光绪乙巳，印于日本。《滇文丛录》录文十五篇。

教育行政杂志一卷

杨觐东撰。是书为觐东留学日本习速成师范归，在云南学务公所任专门实业兼文案事时之公牍文字。内分详文类、移文类、札文类、批示类、禀牍类。前有丁振铎、张璞、秦树声叙及自叙。光绪三十二年印行。

国学专修提要

杨觐东撰。是书觐东为国学专修馆而作。卷一：国学缘起第一，国学非国学衡第二，历代学制考第三，国学当师法三代、折中孔孟厘定第四。卷二：国学大学教科第五，国学大学系统表第六，大学教科顺序表第七，国学小学教科第八，小学教科顺序表第九，应用书籍第十。卷三：随修、择修、补修第十一，教授管理考试第十二，学科答问第十三，国学视国力趋重为转移第十四，兴国学即兴中国第十五。已印。

敦集二卷

杨穆之撰。穆之字迓衡，丽江人。光绪癸卯优贡，朝考授职小京官。宣统初元，被选为咨议局议员。改革后任阿墩子行政员，是书即任阿墩时所著，故以名其集。穆之著作，散佚甚夥，仅其弟钧之收存二卷。剑川赵式铭为之叙，谓其七律“悍而不剽，质而不癡，”又谓“感怀前辈七绝，有关郡中文献”云。

昨非轩诗集四卷

周荃撰。荃字楚香，昆明人。光绪癸卯举人。荃性嗜诗，在滇师赵藩、袁嘉穀、雅有门径，多清新之作。在京师易顺鼎尝赠以诗。惜中年而卒，未克成家。《滇诗丛录》录四十九首。

梦奎诗文录

段宇清撰。宇清字漱泉，保山人。光绪癸卯举人，贵州直隶州知州。改革后任参议院议员，病殁北京。善谈嗜饮，有权略。《永昌府文征》录诗二十七首，文二十八篇。

仰山诗文集

顾视高撰。视高字仰山，昆明人。光绪癸卯进士，翰林院侍讲、众议院议员。民国甲申卒。其遗稿同邑王灿为之编定。有叙冠简端。

养机诗草六卷

王建中撰。建中字宗尧，石屏人。光绪癸卯举人，民国官鹤庆、沾益等县知事。建中博览约取，才力丰富，下笔千言，近代石屏杰才，惜早死，尚未大成。诗稿手编未印。《滇诗丛录》录诗四十五首。

泡影集十卷

陈古逸撰。古逸原名宪，更名度，字古逸，号琴禅，晚以字行，先世江西临川，经商来滇，占籍泸西，寓省会。光绪甲辰进士，官吏部主事，丁艰回滇，筹备滇越铁路，政府派赴美聘工程师。改革后任外交司长。性倜傥，才思敏捷，政事文学，兼擅其长。是书卷一至六诗，卷七、八文，卷九、卷十词。前有自叙二，并袁嘉穀叙，张学智、日本和合铺太郎题词。嘉谷叙云：“古逸之诗，根柢少陵，时有陶意，选词新，造意深。壮游瀛寰之后，参以新义，不复拘拘绳墨，而无一字不出心裁，无一字不无来历。古文径韩入欧，淡宕纡徐，取于前、后《汉书》者为多，词皆少年时作，以二李之纤新，行苏、辛之浩气，较竹垞、饮水，殆无多让。”民国乙丑夏已印。

平滇纪略六卷

张镇撰。镇字位三，昆明人。光绪丙午优贡。是书纪自汉至清回乱止兵事大略。

宜园诗钞十五卷

倪隆德撰。隆德字宣三，一字曼和，东川人。光绪庚戌进士。好读书，好吟咏，好奇思，好逸趣，下笔滚滚不能自休。存诗自光绪庚寅始，至民国丙寅止，共三十七年诗，约七千首。《滇诗丛录》录诗十八首。

柏香诗钞四卷

和让撰。让字德谦，丽江人。宣统二年拔贡生，为童子师数十年。嗜吟咏，自叙作诗千余首，自芟十之二，存诗八百余首，以学馆之额“柏香”为其名。钞本未刻。民国初年卒。《滇诗丛录》录九首。

医学通灵四卷

余道善撰。道善字性初，太和人。试用县丞。是书前有自叙。凡例云：“为初学入门切近之书。”首卷摘录中西汇通，切要处指点人身中脏腑，经脉，六气、阴阳大略。二卷剖明伤寒六经及杂病、脉症、治法。三卷分别十二经诸病，及其脉症治法。四卷详二十八脉法及药性。以浅略文字编成，俾学者容易记忆，由浅入深。民国十九年出版。道善外有《增补大全书》三卷，自云：“仲景先师临乩校正增补。附录之，备医家审择。”

二余堂续诗稿二卷

师源撰。源字一清，弥渡人。诸生。望江县令师范之后。范有《二余堂诗稿》，源盖承其高大父诗集而名者。存诗自光绪癸巳，至民国己未止。前有赵藩、李作梅、邓鸿逵，师翔春叙。后有自叙。民国庚申春印行。

竹园诗草四卷

陈福昌撰。福昌字少畴，号竹痴，昆明人。家世行医小西门外潘家湾，守先人之竹园，以医自给。暇喜吟咏，将数十年所得者，按春、夏、秋、冬，分为元、亨、利、贞四集。前有陈荣昌、由云龙、秦光玉、方树梅叙及自叙，子文德、峻德校印。

罗生山馆诗文六卷　治平吟草四卷

李学诗撰。学诗字希白，腾冲人。增生。历官顺云协、维西协参将。其为人豪健负奇气，至性过人，好学，喜亲炙耆儒。《罗生山馆集》，未入吴前之作，有李曰垓、亢维恭、周麟书叙，方树梅、何秉智跋，章炳麟撰传，金天羽撰墓志。《治平吟草》则依根源于吴，根源母氏阙终，柩厝治平寺，学诗伴根源守之，寻觅兆宅。凡所经过山川寺观，园林祠墓，学诗皆以诗纪之，因以治平名其集。有章炳麟、孙光庭、金天羽叙，尹明德书后，孙雄、吴荫培、费树蔚、亢维恭、王源瀚、彭谷孙、周麟书、周钟岳、何秉智题词。二书民国二十年根源刻于苏州。《滇文丛录》录文四篇，《滇诗丛录》录诗三十八首。

〔按：另本分《罗生馆诗文集》六卷、《治平吟草》四卷二标目。《罗生馆诗文集》

六卷下有“是书诗五卷，文稿一卷。文中缅甸风土记、滇边野人风土记、南界所见录、红蚌河定界记、佧佤山英谋片马经过记，皆有关志乘。”〕

滇缅界务记四卷　图一卷

李学诗撰。学诗于维西协废后，时滇缅界务发生，被檄勘察滇缅边界，易商旅服为微行，深入佧佤山，疏记所历山川风土险塞，考定今昔界址，成记四卷，图一卷。

南盘江上游水利工程计划书

秦光第撰。光第字少元，呈贡人。廪生。民国历官蒙自道尹。民国十五年丙寅，沾益、曲靖、陆凉、宜良四县绅民为备荒计，请愿修南盘江。政府从四县绅民之请，委光第董其事，光第悉心计划，而成是书。前有自叙、略图，内分原起第一，流域形势第二，江流患害第三，办法期限第四，工程利益第五，款项约估第六，择要工作第七，结论第八。各有子目若干，后附工程概要。已印。

钱伯良诗集、大阪博览会纪游诗

钱良骏撰。良骏字伯良，号小帆，昆明人。诸生。留学日本。民国初，任师宗、宜良县知事、河口督办、染瘴回省卒。良骏聪颖豁达，幼年肄业经正书院，以诗文名于时，而诗吐嘱尤风雅，格律亦高。未刊行。《滇诗丛录》录三百零一首。《纪游诗》已于日本印行，诗皆七绝。陈荣昌为之叙。

自强斋稿

陈国璜撰。国璜字渭溪，蒙化人。增生。入民国后，历任交涉署科长，师宗县知事。

种墨轩诗集

赵维藩撰。维藩字锡侯，白井人。诸生。入民国任内务司科员。

有获堂遗稿五卷

杨利谦撰。利谦字尚诚，号筱亭，剑川人。诸生。诗存稿自光绪丁亥至民国戊午止为一、二卷，文赋、论说、解序为卷三，传、志、墓表为卷四，外集为卷五，诗逊于文。利谦卒后，其从弟彦谦为之印行。前有赵式铭撰墓志铭，赵藩叙，段鹏瑞题词。《滇诗丛录》录诗七首。

〔按：另本标目为《筱亭诗文集》。〕

永昌府文征一百三十六卷

李根源辑。根源字印泉，腾冲人。前清永昌府增广生员。于府属史地掌故极熟。入民国后，历官至农商总长、国务总理，声望愈高，交游遍天下，以文字往还酬赠者至夥。是书抗战军兴，根源任云贵监察使时所辑。永昌府属为今保山、腾冲、永平、漾濞、镇康、龙陵六县，及梁河、盈江、莲山、陇川、瑞丽、泸水、潞西七设治局。开辟既早，文献可征。是书录诗一万余首，文一千余篇，纪载二百余篇，列传六十六篇。记载部分，于永昌史地，民族沿革甚详。三十年出版。计叙跋、凡例、目录、撰人名录装一册，诗录装十册，文录装六册，记载装八册，列传装一册，都二十六册。

明滇南五名臣遗集三册

李根源辑。是书辑安宁杨一清、昆明孙继鲁、傅宗龙、禄丰王锡衮、弥勒杨绳武之遗诗遗文而成。前有陈荣昌、陈度叙及自叙，后有赵藩、黄膺诗词。收入《云南丛书》。

明雷石庵胡二峰遗集合刻

李根源辑。是书辑新兴雷跃龙、腾越胡璇之遗文遗诗合刻之。前有自叙。雷集后有方树梅跋。收入《云南丛书》。

陈圆圆事辑续一卷

李根源辑。陈圆圆关系明清两代之兴亡，临桂况周颐辑得一卷，群书载其轶事，尚遗漏不少。根源又续得一卷，合刻于《曲石丛书》，金天羽为之叙。

天地一庐诗文集五卷

李曰垓撰。曰垓字子畅，腾越人。附生，京师大学毕业，奖举人，中书科中书。回滇任滇边土民学校总办。改革后，历任云南军政部次长，民政厅长，西藏宣慰使，云贵矿务督办，云南第二殖边督办。诗文自订自叙。《永昌府文征》录诗五十二首，文十二篇。

滇八家诗选八卷

王灿辑。灿字惕山，昆明人。优廪生，日本留学毕业。改革后历任省政府秘书长，高等审判厅长、南京最高法院庭长。诗文皆深造。是书选清代滇中诗已成家者，昆明钱沣、黄琮、戴䌹孙、石屏朱雘、剑川赵藩、昆明张星柳、陈荣昌、李坤八家各百首。民国三十一年大理董万川为之印行。前有灿及万川叙，后有纳汝珍跋。

滇六家文选六卷

王灿辑。是书辑昆明钱沣、陈荣昌、施有奎、李坤、宁州刘大绅、呈贡秦光玉六家之文各数十篇。为六卷。自有叙。

滇骈文钞二卷

王灿辑。滇南骈文，张汉、戴䌹孙、陈荣昌三家已刻外，余皆存者寥寥。灿旁搜博采，精选此二卷。有自叙冠于首。

五菊石斋诗文存

张鸿翼撰。鸿翼字君翔，保山人。北京优级师范毕业。云南农业学校校长，华宁县长，外交司司长。是书已印。《滇诗丛录》录诗四首，《滇文丛录》录文二篇。

近华楼诗草四卷

施勤撰。勤字勉斋，昆明人。贡生。官赵州训导。改革后，隐于砚。应明伦学社课，多拔前茅。集中应社课诗，多佳作。卒后，稿散出，方树梅购得，录数十首于《滇诗丛续录》。

螺髻山房诗钞

郭之桢撰。之桢字维周，晋宁人。优廪生。教授乡塾数十年，持身不苟，以困卒。诗从其母舅李承祜学，有规律，《晋宁诗征》录诗八首。

滇南碑传集三十二卷

方树梅辑。树梅字臞仙，晋宁人。附生，云南优级师范选科毕业。历任省会男、女师范中学国文教员，云南大学文史系教授，辑刻云南丛书处、云南通志馆编纂员。树梅因钱仪吉、缪荃孙、闵尔昌三家《碑传集》所收滇省人物甚少，旁搜博采，成《明清滇南碑传集》三十二卷，体例依钱、缪、闵三家而斟酌损益之，计明宰辅、部院大臣、九卿、科道、曹司、使臣、巡抚、司道、守令、校官、佐杂、武臣、忠义、孝友、儒林、文苑、卓行、隐逸、列女、方外凡十二卷，清部院大臣、内阁九卿、科道、曹司、巡抚、司道、守令、鹾尹、校官、佐杂、武臣、忠义、孝友、儒林、文苑、卓行、列女、方外凡二十卷。卷首赵式铭、秦光玉、海盐朱希祖、南阳徐炳昶叙，自叙，凡例，九江万斯年摘要，缪尔纾题词，总目，撰者略历。末附树梅拟撰传十一篇。北平图书馆长袁同礼、云南大学教授顾颉刚介绍上海开明书店，已出版。

历代滇游诗钞四十卷

方树梅辑。历代滇诗，有《滇诗略》《滇诗选》《嗣音集》《重光集》《拾遗》《拾遗补》《诗丛录》《续丛录》，辑已七、八次，而历代之官于滇，使于滇，幕于滇，谪于滇，以及游历流寓于滇，留有题咏、或与滇酬和者，不乏其人。树梅苦心搜采数十年，专录与滇有关者，而成是书，岂仅骚坛之光，可备史乘之助。李根源有叙，赵式铭、缪尔纾、刘楚湘有题词。

晋宁诗文征二十卷

方树梅辑。是书选本邑人之诗文为内编，外属人之有关者，名外编以别之。计诗内编七卷，外编三卷。文依《滇文丛录》分体，计内编六卷，外编四卷。前有缪尔纾叙及自叙。民国二十五年印行。

滇南书画录四卷

方树梅辑。滇南明、清两代，以书画名世甚夥，因边省道远，海内编纂书画集得见其作品而著录者甚鲜。树梅性嗜书画，极重滇贤，而搜藏颇富。因博考志乘，及私家著述，以学行诣力为准，而成此书。卷一自明初讫明末，卷二自顺治讫乾隆，卷三自嘉庆讫清末，卷四方外、闺秀、流寓总得三百人。各人传后，注明根据之书。前有陈荣昌叙及自叙，赵式铭、郭燮熙题词。民国丙寅秋已刊。

钱南园先生年谱二卷

方树梅辑。昆明钱沣，号南园，工诗文，善书画。清乾隆朝，官江南道监察御史，参山东巡抚国泰枉法伏法，参陕甘总督毕沅酿成罪案，军机大臣和珅不至军机处值宿，直声满天下，为有清滇省第一人。树梅景行仰止，搜集生平事迹，编成年谱二卷。陈荣昌叙于前，李根源跋于后。民国己巳已锓木。

张滇洲先生祠祀录二卷

方树梅辑。晋宁张鹏升，号滇洲，以进士官刑部员外郎，出守沂州，擢济南太守。著循声。因公罪谪吉林襄办赈灾，丁艰赐环，服阕，复入刑部，官郎中，总办秋审三次，星轺遍于七省，昭雪闽藩李赓芸奇冤。尚风义，送给事中谷际歧、望江县尹师范之柩归滇，极为海内士大夫所称许，于晋宁善举亦最夥。树梅奉为瓣香，倡以其故宅，建为专祠；搜采各志乘及私家著述，关于鹏升之诗文与夫祠堂之榜联碑记、后贤题咏而成此书。末附鹏之遗文遗诗，同邑钱用中叙于前，李根源跋于后。民国辛未已印行。

滇南茶花小志三卷

方树梅辑。滇南茶花甲天下，昔人评有七绝十德，种类七十有二，明赵璧有《茶花谱》，张志淳有《二芳记》，记杜鹃与山茶，今皆不得见。树梅是书三卷，搜集所载评骘滇南山茶之美盛者为卷一，无论古称或新誉考出七十二种为卷二，省内外古今名人题咏诗文为卷三。前有自叙，周钟岳、郭燮熙、赵式铭、赵芹题词。民国庚午已付梓。

杨文襄公年谱四卷

方树梅辑。安宁杨文襄公，出将入相，文德武功，明代宰辅之表表。树梅搜集公之生平事迹极富，而成是书。

师荔扉先生年谱三卷

方树梅辑。赵州师大令范，著述等身，《滇系》一书，于文献关系尤大。树梅自幼景仰，名其书室曰“师斋”，搜获诗文画綦夥。民国三十三年编成。

古滇诗合钞二卷　古滇文合钞三卷

方树梅辑。滇南自汉至元之诗文，见之于《滇诗文略》《滇诗文丛录》外，散见于各属志乘及金石者，尚往往而有。树梅综核汇钞，成此二书。滇人自汉至元之诗、文殆尽，而自汉至元之文化，亦可概见矣。

滇南名人生卒考二卷

方树梅辑。是书考得滇南自明至近代已故之名人生卒，得二百数十人，并叙明其科第、仕历、著述，卒后某人为撰传、志、墓表。已刻。

滇贤象传初集一卷

方树梅辑。是书得云南自明至近代已故名贤遗象五十五人，前半篇刻象，后半篇为传。已刻。

稻香书屋诗文钞二卷

方树猷辑。树猷字克斋，晋宁人。诸生，省会师范传习所毕业。历任晋宁县立高等小学及呈贡安江、陆凉马街高等小学教员。诗由天性，清新之句，最惬人怀，五律尤佳。《滇诗丛录》录诗二十一首。文亦有义法，《滇文丛录》录文三篇。

〔按：另本有“是书前有其兄树梅、赵式铭撰墓志铭”。〕

孟怀诗文稿二卷

王用予撰。用予字孟怀，泸西人。云南优级师范最优等毕业，励奖举人。历任省会男、女师范中学国文、论理教员，省政府秘书，昆明、罗平县长，财政厅秘书长。善讲说，富于思考，中外政治、经济、哲学，会悟贯通，惜未大用而卒。其诗文遗稿，缪尔纾、方树梅为之编订。

苓连轩诗文稿

王宪斌撰。宪斌字孝全，建水人。光绪间诸生。

幼伯诗稿

马骧撰。骧字幼伯，太和人。清季增生。

初吟草四卷

李文藻撰。文藻字子懿，通海人。诸生。是书自光绪己酉至庚申止，存诗四百余十首。诗笔清雅，袁嘉穀尝称之。

芷谷诗文集

李曰基撰。曰基，曰垓弟，字芷谷，腾越人。云南讲武堂生，留学日本，官会乐县长，军事参议院中将参议。精音乐，善篆刻，惜早卒。遗集未印。《永昌府文征》录诗五十八首，文三篇。

言志录一卷

唐继尧撰。继尧字蓂赓，会泽人。日本士官学校毕业，民国官云南督军、省长，是书前有任可澄、由云龙叙，赵藩、庾恩旸题词。民国六年印行。《滇诗丛录》录诗十五首。

中国对外三十六大军事家

庾恩旸撰。恩旸字泽普，号枫渔，墨江人。日本士官学校毕业。改革后，任云南省都督府参谋长。恩旸自幼喜兵书，长而投身军界，于古来名将，堪为军人模范者，靡不留心其史迹。民初，各军阀多拥兵自卫，容纳流氓土匪，以增殖势力，蜗角蛮触，纷纷内讧而未已，而国防无过而问焉。恩旸乃取中国历史军事大家之对外者，自黄帝以至清代之冯子材，得三十六人，附五人，详列实事，加以论断，与海内治军者共商榷。民国六年七月刊印。前有恩旸自叙。

云南拥护共和始末记

庾恩旸撰。是编叙述袁氏称帝之起缘，云南首义之准备，首义时之计划，首义后之情形及军事结束之部署。搜罗广博，记载綦详，而于首义之真象及战地之军情，捃摭尤为翔实。书凡七章，三十余节，都十三万言。民国六年八月。云南图书馆出版。

再造共和唐会泽大事记

庾恩旸撰。是编专述唐会泽光复云南，再造共和，镇抚滇、黔，经画华夏，及其家世、学术、操履诸章。章炳麟、梁启超、岑春萱、赵藩、张耀曾、由云龙等，皆为之叙。民国六年印行。

滇南文化论

袁丕钧撰。丕钧字百举，石屏人。北京大学毕业。性聪颖，自幼能文工诗，受知于章炳麟。惜早卒，未得深造。是书论滇南文化，自庄跻开滇，以迄于清之治乱、人物、著作、金石等关系于文化者，得其梗概。已印行。

历代文学变迁论

袁丕钧撰。丕钧肄业北京大学，教授朱希祖讲文学分期，始析而为六：第一上古至夏、商，第二周至三国，第三晋至陈，第四隋、唐至五代，第五宋至明，第六有清一代。丕钧就希祖所分，订为第一期上古至春秋，第二期战国至东汉，第三期三国至陈，第四期隋、唐至五代，第五期宋至明，第六期有清一代，议论亦多与希祖不同。是书为丕钧北京大学毕业论文，教师赏之，拔第二。丕钧卒后，友人为之印行，其叔袁嘉穀叙之。

北山诗集一卷

袁丕钧撰。是书前有章炳麟评语二则，陈荣昌与丕钧论诗书。炳麟谓“五古遒逸似谢康乐，七言律、绝亦清”。已印行。《滇诗丛录》录五十六首。

义务政府主义一册

王毓嵩撰。毓嵩字式南，一字峙南，太和人。日本留学毕业，历任省会中等学校国文教员。毓嵩好学深思，于古今中外道德、伦理、政治、经济、法律、教育、文化、军事、宗教、艺术，靡不坚苦研究。中国数千年君主，变而为民主，各种官吏，对国家应尽义务，而不应享权利，毓嵩畅发其主义。此主义亦即林肯之民有、民治、民享，许行之与民并耕而食，饔飧而治之学说也。近时虽不能行，将来或可有采用之日。义声报社初印。钱用中极钦倒，重印二次，有叙冠于首。

人理学

王毓嵩撰。毓嵩于人生哲理，潜心钻研。是书于人理学说，阐发透辟。已登载《云南学术批评》中。

小学卮言

袁丕钧撰。是书丕钧呈章炳麟鉴正，炳麟谓已无病。登载《尚志杂志》中。

觉庵诗草

徐进撰。进字从先，保山人。保定军官学校毕业，官至陆军少将。任侠尚气，娴军旅，工篆刻，诗亦孜孜焉从事于汉、唐以来之五、七言，有一日千里之势。民国己巳、庚午、辛未三年，共得古、近体二百余首，末附旧作若干首，一帙。辛未夏印行。前有吴良桐、王灿叙，后有自跋。《滇诗丛录》录二十七首。

杨林两隐君集三卷

李文汉、李文林同辑。文汉字星槎，嵩明人。讲武堂毕业生。历官麻栗坡督办。弟文林，字竹村。昆明师范毕业，官双江县长。文汉昆弟，景仰其乡兰、贾两隐君，于杨林修建合祠。复将两隐君诗文散见于《滇诗略》《滇诗拾遗》《拾遗补》、云南各通志、《嵩明州志》者，汇成《兰集》一卷，《贾集》一卷。又将各书中有关兰、贾诗文汇为附录一卷。已收《云南丛书》二编。前有赵藩，陈荣昌叙，后有文汉跋。

蔡邵阳年谱

李文汉辑。邵阳蔡公锷，光复云南有功，而拥护共和功尤大。治军之严明，任事之勤劳，及其人格之高尚，堪为民国军人之模范。文汉从戎有年，于邵阳极崇拜，平昔留心其生平事迹，编成是书，颇翔实。由云龙为之叙，已印行。

徐呈五殉难诗文集

徐之琛辑。之琛字宝权，蒙化人。留学巴黎毕业。民国官外交司长。之琛以其祖文学允福，咸丰戊午，于邑之云川骂贼殉难，之琛以其殉难事，征诗文表扬。是书先文后诗。民国二十二年印行。后附之琛征诗文启。

历代名人碑传里居年表二十四卷

姜寅清辑。寅清字亮夫，昭通人。北京大学毕业。河南大学教授，云南大学文学院院长。读书博览，音韵、训诂、考据尤擅长。近年编辑历代名人生卒之书甚夥，要以寅清此书为最详。

滇事拾遗十卷

何秉智辑。秉智字小泉，昆明人。京师大学堂毕业。历任云南省立图书馆员，通志馆编纂员，辑刻云南丛书处编审员，省政府秘书，内政部主任秘书等职。博览载籍，见有记载滇省之遗闻轶事，随笔录出，注明根据，而成此书。吴江金天羽为之叙。

橘农诗文集

赵宗瀚撰。宗瀚字澄甫，剑川人。赵廉访藩子。自幼受庭训，诗、文皆深造。民国三年，应高等文官考试，分发四川，任川北县知事。回滇后，任滇黔绥靖公署秘书长十余年。抗战军兴，兼任行营秘书长，积劳而卒。诗书皆未印。《晋宁诗征》录诗七首。

浑庵诗集一卷

张自明撰。自明字智斋，龙陵人。云南讲武堂生，历官马关县长，麻栗坡督办。工书。任马关，纂修县志。遗诗，李根源与王选瑾诗合刻，名《龙陵二子诗》。《永昌府文征》录诗六十六首，文一篇，词五阕。

塞垣诗集一卷

王选瑾撰。选瑾字季晖，龙陵人。聪颖好学，邑中所藏古书，无不搜寻过目。性孤僻，穷困以死。《永昌府文征》录诗九十三首，词一阕。

人本政治

梁英撰。英字冠群，巧家人。东陆大学毕业，游吴、楚、燕、赵间归滇，以疾卒，年三十二。其师袁嘉穀伤之，搜其遗著，曰《人本政治》若干编，属剑川赵式铭为之点定，嘉谷叙之，并撰传，式铭亦弁言于首。同邑陆崇仁，民国二十一年为之印行。后附遗诗三首。

袁屏山先生纪念集六卷

屏山门人同编。石屏袁屏山嘉谷，滇中硕儒。民国二十六年十二月二十三日，旧历十一月二十一日终于省宅，年六十有六，远近人士闻耗咸悼之。门弟子李士厚、孙乐、彭元槐、苏玉麟、于乃仁、于乃义等，发起编辑纪念刊，永怀不忘。二十七年十月书成，卷一、二碑传、年谱，志生平也。卷三遗著提要，述学说也。卷四遗著选刊，发文采也。卷五言行录，拾遗说也。卷六纪念诗文，表德行，摅哀思也。冠之遗像、遗迹、遗墨，则见其物，思其人，觏其容，仰其神。前有周钟岳叙及编辑同人叙，后有于乃仁、于乃义跋。

绮香吟草

倪绮仁撰。绮仁字少华，昆明人，倪观察惟钦女，杨载坤室，年三十有一而卒。是书前有陈荣昌撰小传，后附挽联。载坤印行。

澹园吟一卷　闭关吟一卷

释海苹撰。海苹字莲舟，昆明地藏寺僧，富民人。与赵藩、陈荣昌、熊廷权诸公，结莲社于螺峰山之接引殿，年五十余，始从太守普安谢宇俊学为诗。《澹园吟》前有陈荣昌叙，荣昌和赵藩题词。《闭关岭》前有赵藩、李增、谢宇俊叙，陈荣昌书后。《澹园吟》民国己卯印行。《闭关岭》民国己未印行。《滇诗丛录》录十首。

元龙诗征三卷

何显瞻辑。显瞻字秋云，云南人。是书采辑自清乾隆始，至近代云龙人之能诗者，分上、中、下三卷，共十二人之许。每卷后附录数人。附录后又增以拾遗，编次未尽合法。其母舅张宪民鉴定，并为之叙。

大理张氏诗文存遗

张耀曾辑。耀曾字蓉溪，大理人。民国初官司法总长。是书卷一辑其祖其仁文十五篇，诗二首。卷二辑其二伯士铨诗三首，七伯士彬诗三十七首。卷三辑其父士德诗四首，其母陆嘉年二十三首。卷四辑其堂兄启增二十五首。前有耀曾自叙。民国二十四年印行。

滇文丛录一百卷

云南丛书馆辑，秦光玉主编。是书先为赵藩所纂，藩卒，归光玉主其事。晋宁方树梅襄助之，民国丁丑成书。前有龙云、李根源、秦光玉叙，例言，作者小传，后有方树梅、于乃义跋。卷首汉至元文，卷一至末，内分论著、辞赋、叙跋三类为著述门。告令、陈议、书牍、哀祭四类为告语门。传志、杂记二类为记载门。所录都七百七十九人。

滇诗丛录一百卷

云南丛书馆辑，袁嘉穀主编。是书先为赵藩所纂，藩卒，归嘉谷主其事，晋宁方树梅、昆明于乃义襄助之。卷一为汉至元诗，卷二至末为明至近代已故人诗。前有龙云、袁嘉穀叙，后有王灿、方树梅、于乃义跋。民国丁丑成书。

滇词丛录三卷

云南丛书馆辑，创川赵藩主编。藩与三迤耆宿启当事，辑刊《云南丛书》，刻专集百余种。于畸零之诗文，别录为诗丛、文丛，藩递及于词，而成此书。自元迄清，得五十一人，词凡三百八十五首。前有藩叙。

李文山观察年谱

陈荣昌编。荣昌见前。文山名光翰，父万有，以开办个旧锡厂致富，光翰袭父业。咸同兵燹，岑毓英制府需款急，万有捐输以助，光翰亦踵父善行，以军功历保至道衔。光汉生道光壬寅，卒民国甲寅，年七十三。前并有荣昌叙，民国戊午排印。

伯良诗集、双江旅行记

钱良骏撰。良骏字小帆，一字伯良，昆明人。官师宗县、宜良县知事，后任河口督办。《双江旅行记》已印行。

民国云南通志长编卷六十二

艺文二·记载滇事之书·方志·期刊

记载滇事之书

云南盐政纪要四卷

潘定祥著。定祥南海人。书成于民国初元，印于北平。前为上、下卷，总论、沿革、利弊、要素、状况及杂记、图画等。后分十五章、三十三节，记清末盐务甚详尽，足备考镜。

云南盐务辑要一卷

杨长兴编辑。长兴字用宾，昆明人。民国三年，任云南盐运使署职员时所编，分七类：一、场产，二、引地，三、运销，四、征榷，五、经费，六、盐务机关，七、附编。记前清盐务大略及民国改革状况，纲举目张，成于民国三年九月。已印行。

云南盐务辑要续编一卷

云南盐运使署编辑。全书分七编：一、总论，二、场产，三、运销，四、征榷，五、缉私，六、机关之组织，七、附编。系继以前《盐务辑要》而编，至民国七年为止，所纪皆民国初年事实。有印本。

民国盐政史云南分史稿

云南盐运使朱旭奉令编。全书首弁言、叙、例言、编纂人员、图画等。次分九编，详记民国盐政迄十八年为止，盛衰兴革，于是可考。十九年一月起编至九月成稿，呈核印行。

云南盐务统计（民国二十四、五年度合册）

云南盐运使署编印。详考两年盐务各项数字，前后比较，综合分析，制为图表，览者即得一明确概念，据此足为举措之资。实近年来盐务上之巨著。分二册，已印行。

云南盐政实录一编

云南盐运使署编辑。记载民国二十三年一月至二十四年六月本省盐政，并附记十八年以后至二十二年事实。全书分象、叙文、总论、图画、总务、场产、缉私、运销、征榷、附录各编，二十六年十一月印行。

云南经济全编

张肖梅著。肖梅主办中国国民经济研究所事务，成绩最优。自民国二十八年来滇调查编辑，故本编所纪，亦截至二十八年为止。全书分二十二本，吾滇资源产物，巨细毕陈，洵为促进经济建设之参镜。三十一年六月出版。

云南温泉志补

童振藻撰。振藻字仲华，江苏淮安举人。清末保送分发云南补用知县。改革后，任市政府、省政府秘书、科长，省会中学、师范教员，历史、地理，夙有钻研，时时留心经济，发为论著。云南温泉最多，昆明李坤有《云南温泉志》，记载已不鲜。振藻更博加搜采，集为补编四卷，云南温泉记载，可云大备。民国己未五月已刊印。

云南地震考

童振藻撰。地震在昔视为灾异，散载史志，鲜纂专书。前陇右大震，翁咏霓蒐集史料，纂成《甘肃地震考》，振藻见而悦之。民国七年长云南学会，拟颁云南地志细目各属，征集资料，于地质门中，列地震一目。十三年，有大理等属之大震，周咨博访，先成《大理等属地震区域图说》，嗣纂《洱海附近地震述要》，后将旧有及呈报省署饬大理等属新报之资料，分时分地，钩稽编纂，自汉河平甲午，迄民国乙丑，震年共二百三十；又合经过地震之昆明等八十一属计之，微弱强烈各震，共三万三十九次，苦心考察搜集而成。十五年十一月，云南省公署枢要处第四课刊印。

滇南界务陈牍

黄诚沅编辑。诚沅字云生，武缘人。以县丞分发云南，荐升司马。曾官昆明县丞，碍嘉州判，南安知州。诚沅颇留心舆地，是书专辑云南界务重要文牍。未印，稿存省立昆华图书馆。

蜗寄庐随笔六卷

黄诚沅撰。是书随笔记载。前四卷记滇事不多，五、六两卷记云南地理沿革较详。民国十四年出版。

爨文丛刻

丁文江撰。文江江苏泰兴人，地质学专家。是书为罗文笔翻译，经文江编订，由商务印书馆印行。

蛮书校注十卷

沈曾植撰。曾植字子培，浙江嘉兴人。清光绪六年进士。是书有自叙，尚未印。

蛮书校注十卷

向达撰。达字觉明，溆浦人。西南联合大学、云南大学教授。是书达任云南大学教授时所著。未印。

滇南本草图谱

经利彬撰。利彬 × × 人。云南大学教授，药用植物研究所所长。是书依明兰茂《滇南本草》所收而图谱之。已印，未全。

滇游一月记

郑子健撰。民园二十五年，子健自香港经海防至昆明，留一月，原道返，按日记所见闻。由中华书局印行。

西南旅行杂写

向尚与同行数人合撰。民国二十三年，中华职业教育社农学团组织国内农村考察团，自沪行经粤、桂、黔、滇、康、川、鄂、皖诸省，行程万里，费时十月。此为粤、桂、黔、滇、康、川之途中见闻记。由中华书局出版。

黔滇川旅行记

薛绍铭撰。为绍铭全国旅行记之一部，民国二十三年绍铭游西南诸省所作。由中华书局出版。

云南边疆地理

严德一撰。德一于民国二十三年至三十一年五次旅行滇边，就所经历及见于载籍者为此书。由商务印书馆出版。

滇西经济地理

张印堂撰。印堂泰安人。留学英国，攻地理之学，任清华大学教授。播迁至滇，民国二十八年赴滇西考察，成此书。由云南大学西南文化研究室出版。

阿细的先鸡

光未然翻译。此为路南阿细族民歌之一种。由北门书屋出版。

云南经济植物概论

俞德浚撰。德浚字季川，北平人。任静生生物调查所研究员。民国二十六年至滇，历次旅行滇西考察，合蔡希陶、王启无在滇东、滇南考察所得为此书。由云南农林植物研究所出版。

云南茶花新志

俞德浚撰。是书续方树梅辑《滇南茶花小志》所未详之植物学，记载栽培方法，并鉴别品种，附写生图谱。尚未出版。

方志

大理县志三十二卷

周宗麟、杨楷、李文琴同纂。按大理县在明、清曰太和县，为大理府治。民国二年，政府通令废府、厅、州制，乃改今名。康熙以前，县无专志，县事附载府志。洎康熙初年，邑人张相度始有《太和县志》之纂辑。道光间，邑贡生范名世踵而纂成《志草》，迻钞庋藏，未付剞劂，嗣后靡继之者。民国初元，宗麟等乃集议纂辑是编，三阅岁而书成，铅印流行。内厘十二部：曰地志、曰地理、曰建设、曰食货、曰社交、曰学校、曰武备、曰祠祀、曰秩官、曰人物、曰艺文、曰杂志。部各厘纲，纲各立目，统为三十二卷。宗麟字石君，民国元年任县议事会议长。楷字正修，前清广西荔浦县知县。文琴字郁堂，前清附贡生，官四川知县。皆大理县人。——《云南方志考》。

陆良县志八卷

刘润畴、俞赓唐纂修。润畴昆明人，民国三年官陆良县知事。赓唐清邑举人，曾官安宁州学正，签升大理府教授，民国未仕。陆良旧志，自明天启间绅士朱朝藩创修后，崇祯九年，邑贡生申官得朝藩残稿，复为纂辑。迨清乾隆初，申官裔孙申德述其先人遗稿，续纂成之，皆未剞劂。十七年，知州事沈生遴访获申氏旧志，厘订付梓。道光二十五年，知州事缪阒续修椠行。至是，润畴知县事，集邑绅重修。由俞赓唐总纂，将道光二十五年以后事采摭捃入，凡八卷，体例改协通志，民国四年成书。文汇石印局印行。——《云南方志考》。

路南县志十卷

马标、杨中润编辑。路南旧志，清康照五十一年知州金廷献，学正李汝相纂辑，乾隆二十二年知州史进爵属郭廷选续修，其后无继之者。逮民国六年，标知县事，乃属杨中润重修之。标字锦驹，一作锦帆，洱源人。中润字雨膏，一作雨皋，前清举人，与锦驹同里，故延聘相与纂修此志也。——《云南方志考》。

马龙县志十卷

王懋昭纂辑。懋昭字德元，四川合川县人。由法政毕业，考取知县，分发云南。民国四年，任马龙县知事。马龙旧志，创修于明嘉靖间知州事张揀，清雍正元年，知州事许曰藻重修，历二百余年，至是懋昭续为修辑，厘天文、沿革等十目。民国六年丁巳成书。——《云南方志考》。

景东县志稿二十二卷　卷首一卷

周汝钊、侯应中纂修。景东在唐代为金齿、白蛮所据。元初置州，归入版图，明季设府，清改直隶厅，民国废厅改县。旧志创修于清康熙同知胡向极，雍正间同知徐树闳、教授张问政同修，乾隆间同知吴兰孙重修，嘉庆十八年同知张志学再修，二十五年邑人寄稿属程含章修椠于广州，皆为厅志。至是，汝钊知景东县事，属应中复修之，因已改县，故以《景东县志》名焉。民园十一年成书。汝钊字勉之，昆明人，民国七年任景东县知事。应中字谏廷，景东人，清己酉科选拔进士。——《云南方志考》。

蒙化县志三十六卷

梁友檍纂辑。友檍字君与，蒙化人。光绪癸巳科举人，分发江苏，咨留广东任用知县。是编以天时、地利、人和三部为纲，纲下厘二十六目，目下系以子目，各以类从。其不入类者，则以杂志统焉。民国八年成书，周钟岳、李瑗、李春曦、吴良桐、徐之琛皆为之叙。简首自撰凡例，称"此志开笔于光绪丙午，丁未得十一目，嗣以修辑乡土志教科书中断。宣统以后，东西南北者十年。此次归检残箧，前稿尚存，合并乡土志修正编次，成为一书，共计二十六卷"云。——《云南方志考》。

续修新平县志十一卷

符廷铨、魏镛纂修。新平志创修于康熙五十一年张云鄗，凡四卷，五十八年王蹇臣校椠。后黄岩、李诚奉命重修，凡八卷，道光六年丙戌成书椠行。光绪十年，邑贡生龚绳儒续修，未刻。至是，廷铨知县事，乃与镛重修焉。廷铨宣威人，民国五年任新平县知事，魏镛民国五年任县公署总务科长。——《云南方志考》。

元江志稿三十卷　卷首一卷　卷末一卷

黄元直、刘达武、娄际泰同修。元江旧为府，府志创辑于清康熙五十二年知府事章履成，雍正十年知府事祝宏续修。嗣改府为州，道光六年知州事广裕偕学正王垲纂修州志四卷，百余年来，靡踵之者。民国八年，元直知县事，乃与达武、际泰等纂修之。民国九年告成，十一年印行。都三十卷，内厘十三部，卷首一卷，卷末一卷未与焉。元直字砺汝，四川万县人。达武字粹叔，邵阳人。际泰字赓扬，昆明人，与达武先后任元江县公署总务科长。——《云南方志考》。

盐丰县志十二卷　卷首一卷

郭燮熙纂修。燮熙字理初，镇南人，官盐丰县知事。盐丰古白盐井地。井志雍正初岁贡生陈廷佐创修。其后，雍正八年提举刘邦瑞因廷佐稿本辑为四卷。乾隆三十二年提举郭存庄属赵淳纂修，仍其卷数。又提举王子音补纂志补一卷。光绪二十四年至三十一年，提举李训鋐文源先后续修，共成十一卷梓行。民园元年改设盐丰县，六年，燮熙署县知事，乃修是编。九年成书，十三年铅印。——《云南方志考》。

续修建水县志十八卷

梁家荣纂辑。家荣字茂春，建水人。分发广东任用知县。建水旧志，明包侍郎见捷创修于万历，清康熙九年州牧李濒重修，四十六年州牧陈肇奎复修之，雍正九年，州牧祝宏踵前续修，历乾、嘉、道、咸、同、光、宣七朝，无继之者。至是，县知事丁国梁属家荣续修，民国九年庚申成书。其为目也三十有九，厘十八卷，较祝修州志增益十二目、二卷。缪嘉寿、丁国梁、蓝和光、吴运昌、王垂书皆为之叙。缪叙称“起雍正九年，迄宣统末，百八十年间事，纪载详明，了如指数，而戎事一篇，尤据事直书，无铺张，无瞻徇。咸、同之乱，蹂躏遍三迤，无域不破，无坚不摧，建城独完全，固守垂十余年，盖梁总兵士美之力。今仅纪其始末，无一饰词，信史之征，已见一斑”云云。嘉寿，昆明人，民国七年任第二卫戍区司令兼蒙自道道尹，九年调任财政厅厅长。国梁，姚安人，民国六年任建水县知事。和光、运昌、垂书，皆邑彦绅。——《云南方志考》。

宜良县志十卷　卷首一卷

许实纂修。实字秋田，宜良人，任宜良劝学所长兼县视学。宜良旧志，一修于明万历间知县罗任，再修于清康熙间知县高士朗，三修于雍正间知县朱干，至乾隆间知县王诵芬、李淳等先后增修之。统计二百年间，纂辑县志者，历任县令凡五人。由李修后，迄于民国，其间中断者一百三十余年。至是，知县事王槐荣复属实纂修，民国十年成书。——《云南方志考》。

昭通志稿十二卷

符廷铨、杨履乾纂修。县旧隶昭通府，曰恩安，民国废府，改曰昭通。旧无县志。先是乾隆间，马龙州牧戴芳率邑贡生马洲、李其泰创修，名《恩安县志》。至是，廷铨知县事，乃与杨履乾续为纂辑，名《昭通县志》，民国十二年成书。廷铨字选卿，宣威人，民国十一年署昭通县知事。履乾字筱云，清昭通廪生，民国任修纂县属志书局主任。——《云南方志考》。

丘北县志十册

徐孝哲、沈祜、缪云章纂辑。丘北自元、明设摩维州，清初因之，康熙六年置丘北通判，道光二十五年改设县治。县旧无志。先是，民国六年，孝哲知县事，集议倡修，书未成而卸去。九年，祜继任，属云章等踵修之。十二年辛酉成书，厘天文等十余部。孝哲字浚卿，姚州人。祜字锦章，浙江人。云章字成之，泸西人。——《云南方志考》。

昆明县志

陈荣昌纂修。荣昌有《虚斋诗文集》等书，已著录。仕履见前。《昆明县志》，自道光辛丑戴筠帆侍御纂辑，光绪辛丑椠行，后无继之者。至是，荣昌续为纂修。民国十四年成书，今椠版未竣。——《云南方志考》。

续修玉溪县志十四卷

李鸿祥、崔征纂修。鸿祥字仪廷，邑人，官云南民政长。征字评山，宛陵人。邑志一修于康熙五十三年知州事任中宜，再修于乾隆十一年知州事徐恩正。民国改新兴为玉溪县，鸿祥属续修之，民国二十年成书。——《云南方志考》。

马关县志十卷

张自明、左进思纂辑。马关汉都梦县地，晋为都簹县，宋以后未设，元为临安宣慰司地，明置枯木等司，其职不可考。清初为文山县地，寻析置安平厅，治马白关，隶开化府。民国初元，改为平安厅，旋又改为马关县。旧无志乘，事迹附载《开化府志》。民国后，始倡修之。先是知事赵荃率县绅唐世楷、卢一善纂辑，民国九年脱稿，十五年邑绅江砺山、刘世勋复同增修，俱未付椠。至是，自明来知县事，乃集绅耆左进思等续修焉。二十一年杀青付印，卷数一仍前修之旧，惟各门类事迹，皆有增益。荃字湘皋，剑川人。自明字浑庵，龙陵人。世楷前清七品衔职，民国任劝学所总董。一善前清县丞。砺山、世勋，俱前清附生。进思民国任驻粤滇军第七旅旅长，皆马关人。——《云南方志考》。

广南县志七卷

是编修纂于民国二十二年，不载纂修人姓氏及叙跋。卷一为大事记上篇、中篇，卷二为大事记下篇，卷三志天文，卷四志职官，卷五志财政，卷六志农政，卷七志交通。他若人物、户籍、学校、兵防、礼俗、祠祀等，皆无志。且卷四以下，行文冗杂，部居凌乱，疑非定稿。此本乃云南通志馆所庋迻钞之本。——《云南方志考》。

宣威县志稿十二卷　卷首一卷

缪果章纂辑。宣威旧志，清雍正九年邑孝廉吴承伯纂修于前，乾隆四十四年知州饶梦铭重修，道光二十四年知州刘沛霖续修，光绪间学正黄谦率邑绅复修之。至是，果章准旧志而参以同治间邑岁贡缪光绪所撰之《三朝纪略》、同治癸酉邑拔贡缪永龄所撰之《可鉴编》，及光绪末年果章自纂之《宣威乡土志》，民国七年劝学所长樊集麟所编之《宣威县地志》诸书，汇萃纂辑。民国二十三年成书，因民国改州为县，故以县志名焉。果章字浒澄，宣威人。前清历任云南学务公所图书科科员，贵州学务公所统计员，民国初年任宣威劝学员长，二年至十八年均任省立第三师范学校文案兼国文教员。——《云南方志考》。

石屏县志四十卷　卷首一卷

袁嘉榖纂修。嘉谷字树五，石屏人，仕履见前。有《卧雪堂诗文集》等书，已著录。屏志创修于明万历戊戌年州牧泰和萧廷对，始图说，终艺文，都十三卷。越三十年崇祯戊辰，吴江顾庆恩由澄江别驾署州事，续增奇观一卷。其后四十六年，知州江夏程石门修于康熙癸丑，知州江宁张毓瑞续修于己卯，先后增旅途、志补各一卷。又六十一年乾隆己卯，江右管学宣取州人许秀山侍讲、张月槎侍御手编逸志，综核参订，复加补缀。又二十年乾隆庚子、知州长寿李缵先将官师，人物、选举、艺文之缺遗待续者，详为补辑。自是以后，历嘉、道、咸、同、光、宣六朝，靡有踵事纂辑者。民国改州为县，嘉谷乃汇参旧志，续为访益，纂修是编。其书中大事记咸、同以后事，多依岑《志》，未采唐《志》。民国二十七年成书，厘四十卷，卷首一卷，由县人李恒升捐赀印行。——《云南方志考》。

镇越县志稿未厘卷数

赵恩治、单锐创作。镇越原为勐腊等土司地，元、明、清三朝皆属车里宣抚司，隶思茅厅。民国二年，设思普沿边行政总局，析其地为八区，各置行政分局。十六年裁总分局，改第五区为镇越县，县府设于勐腊。十九年，将易武土司划归县治，复将县府移于易武。二十年，由国民政府颁发县印，委任县长，县治始立。旧无志乘，二十六年思治知县事，乃与锐创修之，厘沿革、地理、户口、物产等十二目，二十七年成书油印。思治字子安，宣威县人，东陆大学卒业，民国二十六年四月二十一日任镇越县县长。单锐字镜泉，蜀南宁远人，任镇越县政府总务科长。——《云南方志考》。

巧家县志十卷　卷首一卷

陆崇仁、汤祚纂修。巧家向无专志，仅《东川府志》中略有纪载。惟府志成于清乾隆二十六年，时巧家尚隶会泽，故所纪述，特具梗概。民国十九年，崇仁与袁昌荣，乃发起创修，由县知事鲁启煃属稿，未竟以事去。至是，祚两任县知事而续成之，全稿经崇仁鉴定。厘十卷，卷首一卷，其为目也二十有三，民国二十九年成书，三十一年印行。崇仁字子安，官云南省政府委员兼财政厅厅长，寻调民政厅厅长。昌荣字锡侯，官滇黔绥靖公署参谋长兼军械局局长。皆巧家县人。祚字锡之，昆明人，启煃字啸仙，绍兴人。——《云南方志考》。

中甸县志五卷

段绶滋辑。绶滋字润勋，剑川人。民国二十六年由景东县县长调署中甸县县长。按中甸原名建塘，清雍正二年始归版图，改名中甸。初移剑川州判分驻于此，属鹤庆府管辖，继裁撤州判，改升为厅，调拨楚雄府同知驻扎，其地属丽江府。民国改县，属腾越道，道寻废。县向无志，绶滋始创辑是编，厘五卷：卷首为总纲，卷上为自然，卷中为政治，卷下为社会状况，卷末为杂俎。赵式铭、李培天为之叙。经始于民国二十六年七月，脱稿于二十八年九月。迻钞未印。——《云南方志考》。

云南行政纪实三编未厘卷数

喻宗泽等纂辑。先是，云南省政府于民国二十七年八月开第五七二次省务会议，以本省政府自十八年改组成立，主座龙公执政以来，正当潮流激荡之中，共负艰难缔造之任，凡百政务，同时推行，虽课功责效，未必尽如所预期，而寸累铢积，或亦各有所成就。比岁以来，朝野团体，观光络绎，时有批评。凡不虞之誉，未敢据以自荣，若声闻过情，尤为君子所惧究竟，同人言思拟议，有无实现之事功；各级机关奉公守法，是否尽举其责任。若无彻底考察，切实纪载，既不能检讨既往，更无以策励将来。爰经议决，纂辑《云南行政纪实》一书，借为鉴往知来之资。并决定成立云南行政纪实编纂委员会，以宗泽为编纂主任委员，复遴委缪尔纾、梁之相、何秉智、王用予、沈啸霞、李正荣、张其崟、周锡夔、戴绍祖、王滢等十人为委员，并推梁之相为常务委员，执行会务，兼任审编，继又加推缪尔纾会同审编。嗣因何秉智调职中央，沈啸霞奉委云龙，复委杨培、汪锡彬继之，并以张炤川为补助委员。经始于民国二十七年十月，成稿于二十八年岁暮。复经省政府委员前民政厅厅长丁兆冠总审后，三十二年印行。全书统厘三编、二十六章、一百九十余节、四百余目，都七十余万言。上起民国十八年省府改组之日，下讫民国二十七年杪，凡此十年间滇省之政务，捃摭无遗，足资将来史册志乘之采摘焉。宗泽字守余，鹤庆人，官云南省政府秘书长，禁烟局局长。之相字书农，一字丽亭，建水人。尔纾字季庵，宣威人。秉智字筱泉，昆明人，皆官云南省政府秘书。锡彬字子文，鹤庆人，官民政厅秘书。用予字梦怀，泸西人，官财政厅秘书。其崟字紫珊，鹤庆人，官财政厅参事。锡夔字粟斋，剑川人，官教育厅秘书。绍祖字述尧，昆明人，官建设厅秘书。滢字澄波，昆明人，官公路局秘书。培字植斋，官盐运使署秘书。炤川字济澜，四川人，官民政厅科长。——《云南方志考》。

云南地志三卷

刘盛堂撰。盛堂字克叶，会泽人。光绪壬午举人。是书分疆域、地势、山脉、水源、天气、物产、人民、建置区划、土司、边防等目。而区划除省治外，以二十一府、厅、州、县，分隶于金沙、澜沧、南盘三江之流域，于全滇地势，开卷了然。全省图外，各府亦绘有分图。其图较昔日《云南通志》之图精细，乃治云南地理良好之参考书。光绪戊申冬，爱国小学堂出版。

缅宁厅乡土志三卷

无编辑人姓氏。清季学部定体例，令各省、厅、州、县编为高等小学课本历史、地理、格致各四十课。是书盖厅奉文查部颁体例编成者。已印。

民国昭通县志二十四卷

卢金锡纂修。金锡字迪身，贵定人。云南优级师范选科毕业，民国二十三年任昭通县长。以民国十一年所修之《昭通志稿》起自古昔，截至宣统，民元而后，未尝涉及，迄今二十余年，苟不续修，他日时过境迁，采访莫由，乃倡仪筹款，属杨履乾、包鸣泉为编辑，体例依省颁兴修县志纲目草案及各县修志概要，阅一岁而书成。前有省政府主席龙云叙及金锡叙。

宣威州乡土志三卷

缪果章编纂。果章字浒澄，宣威人。廪生。是书果章任教育司学务公所图书科科员时，查照学部颁行体例编纂，分历史、地理、格致三门，各四十课。果章是书，正课外多附表，务求详尽。提学使目郭灿鉴定，实业科科长钱用中，图书科科长叶翰参订。已印。

禄劝县志

许实、杨国柱纂修。实见前。《禄劝志》创修于康熙五十八年州牧铁岭李廷宰，名《禄劝州志》，凡二卷。乾隆四十五年，知县望江檀萃重修，名《农部琐录》，凡十四卷。民国十一年，县长绍兴全奂泽、县议长角乃赓、副议长梅朝荣，协同倡修，聘实为总纂，书成过半，实病故，国柱续成之，凡十五卷。国柱字某，邑拔贡。

昆明市志

童振藻编。振藻见前。是书民国甲子年张维翰长昆明市，属振藻编纂。内分名义及沿革、位置、面积，区划及城郭，地势及地质、山脉、河、湖、泉、气候、出产、人民、产业、工业、商业、机关、财政、金融、卫生、组织、教育、新闻杂志、公用事业、娱乐事业、交通、名胜古迹、附图、统计图、影片等。十三年书成，已印。前有张维翰叙及振藻叙。

续修新平县志八卷

马太元编纂。太元见前。新平志已三修。民国二十一年，县长牟定吴永立延太元主其事，体例依省颁各县修志纲目及修志概要。越一年成书八卷，凡二十四类，二十二年印行，前有太元叙。

嵩明县志三十三卷

杨思诚纂修。思诚字明斋，嵩明人。前清附生，云南师范传习所毕业，历充嵩明劝学所长、中学校长。嵩明有志，清康熙五十九年，知州休宁汪熙纂成八卷，光绪十三年梁思明重修，成书八卷。康熙志殆未得见。民国二十一年，县长昆明陈贻孙倡修，属思诚编纂，成书三十八卷，李文汉等参订，视前所增倍蓰。三十三年，县长洱源杨冠群筹款付印，三十四年印成。

晋宁州志三十卷

方树梅纂修。树梅见前。晋宁之有志，自前明天顺间州人王昱始。弘治丙辰，州人朱克瀛重修。至万历间，知州崑山许伯衡又重修之，其书皆不存。清康熙五十五年，署知州杜绍先修，成书五卷。乾隆二十三年，江川毛鳌纂修，未成书而卒。二十六年署知州龙岩朱阳续成，凡二十八卷。道光二十二年，知州傅白朱庆椿又重修之，成书十六卷，其书至今皆存。民国七年，县知事会泽魏锟倡修，聘昆明陈荣昌为总纂，方树梅、郭之祯、李培元等为分纂，属稿未全，适荣昌卒，书未成。三十一年，县长昆明张伟聘树梅总纂，原定体例，照《昆明新修县志》，截至宣统辛亥止。树梅仍断代而修，体例则分图、表、纪、略、传、录。三十二年，成书三十卷。

碧峣志二卷

由云龙撰。云龙前见。碧峣为昆明名山，在滇池西北碧鸡关左，前明毛给事玉之海庄在其下。议大礼，玉受廷杖死，慎谪滇，念死友，筑精舍，常居之，省会附近名胜也。云龙筑别墅山下村中，纂成是书。前有自叙。民国二十八年成书。已印。

和衲山志四卷

方树梅编纂。是山唐时建万松寺。崇照禅师以山腹深潭可建寺，咒龙潭涸而建盘龙寺，后人因寺名山，而山之原名和衲遂晦，今盘龙寺外大门和衲山三字石额犹存。明、清增修刹宇，早称名胜，古今游人，题咏最夥。树梅于山之历史、刹宇、名僧、榜联、金石、艺文等，搜考颇详，而成是书。名曰和衲，从古名也。

石宝山小志

赵宗瀚撰。宗瀚见前。石宝山在剑川，有唐代造象甚夥。明代杨慎、李元阳同往游之，有诗文章其胜概。宗瀚仿新安黄元治《荡山志》体例，而成是书。待梓。

云南矿产一览表

吴琨编辑。琨字石生，昆明人。光绪癸卯进士，选庶吉士，散馆授编修。民国官云南财政厅长。民国四年，汉寿余焕东任云南矿务监督时，曾辑《云南矿产一览表》，对于各产矿区地、沿革、种类，虽属明了，然所取材或本诸《云南通志》，或求之前清各衙署档案，复困于经济，弗及实地调查。仓促付梓，缺憾尚多。六年，矿署并归财政厅兼理，琨任厅长。是年十月，责成技术员兼科长钟伟、事务员姜和鸾，率同全科人员，悉心调查，从事编辑，至九年十一月编竣。中间或派员往查，或饬各县知事查报，参观互证，有美必收。编辑之方，矿质种类，按照条例规定，由第一类顺次至第二、第三两类。属地先后，则由滇中而腾越，而普洱，而蒙自各道，县境衔接道系。名分首为各县矿产种类、四至、距离、道里表，次为各种矿产表，后附全省舆图，以便检阅。十年五月，财政厅长华封祝付印。前有余焕东、吴琨、华封祝叙。

云南概览

省政府秘书处编纂。是书民国二十六年京滇公路完成，周览团来滇，省政府令秘书处职员编纂，以供团员之参考。别为沿革、地理、党务、民政、财政、建设、教育、盐务、金融、币制、军事、国民军训、艺术、金石、名胜古迹诸大纲。二十六年四月出版。省政府主席龙云叙于前。

期刊

云南日报

宣统二年一月一日注册。清宣统元年（1909）年10月15日由云南教育总会、自治总局、自治公所、商务总会等滇省官绅共同创办，负责人钱用中，编辑方树梅。以开通民智、指导社会为宗旨，开设有电传、上谕、论说、时评、宦迹、省外新闻、本省新闻、紧要、教育、军事、实业、学术、自治、译述、选稿、文苑、小说等栏目。

云南官报

宣统三年二月十五日注册。清宣统三年（1911）创刊，清云南督署编印。其刊物以选载官中文牍为主。若采及公私文牍，则须已见施行或确有依据者。以本省文牍为主，其京师各省文牍之紧要者，亦载入。本省又以督署文牍为主，其省中各司道局处堂所文牍之紧要者，亦收载。内容有：（一）电传，谕旨。（二）要电。（三）章奏。（四）文牍。（五）专件，凡章程条陈及各项报告、统计、调查等册表，均入此类。（六）杂录纪事。

滇南公报

宣统三年闰六月初七日注册。

云南政治公报

民国元年二月二十八日注册。清宣统三年（1911）创刊，旬刊，云南军都督府法制局编辑。刊登命令、法规、规程暨选录关于正式进行的一切文告，包括上自军都督府命令，下至各部各司各局之申请、谘移、通告、札文、批牍、章程、规则、报告等。

华南新报

民国元年二月二十八日注册。民国元年（1912）2月24日创刊。以“负有指导舆论之天职，监督政治之行为，尤当竭力研究民族、民权、民生主义，自以民权民生为最先之研究，以付同胞之希望”为宗旨，开设有社说、著译、中央近事纪要、本省新闻、外省新闻、戏曲等栏目。

云南省教育会周刊

民国元年六月二十六日注册。创办于民国十六年（1927）11月20日，共发行2期。

云南警务杂志

民国元年八月十六日注册。

天南日报

民国元年八月二十三日注册。由滇籍留学生发起创办于民国元年（1912）8月17日，以“发挥本党政见，宣扬共和政法之精神、自由平等之真理，而尤重于民生问题”为宗旨，成为同盟会滇支部机关报。开设有社说、专件、译件、专电、译电、中央法令、中央新闻、地方新闻、世界新闻、要件、时评、文苑、小说、谐文、本党消息、民国春秋、滇海春秋等栏目。

南针杂志

民国二年七月十日注册。民国二年（1913）创刊，云南政见商榷会编辑，主编席聘臣，月刊。本刊宗旨是化除党私，发挥政见，交换知识，与当世宏达商榷政见，希得南针。内容有论著、译述、时事、法令、要电、文苑、随笔等。

崇实报

民国三年三月十九日注册。创办于民国三年（1914）2月14日，民国五年（1916）5月停刊。以“俾一般人士，咸知去华就实，共进国家于实力充裕之地位”为宗旨，开设有社说、特电、要件、国内外新闻、本省新闻、文苑等栏目。

农业丛报

民国三年五月十八日注册。云南省农会编印，创办于民国三年（1914）4月20日。

滇声报

民国三年六月二日注册。创办于民国三年（1914）4月，以“提倡民权，宣传政府措施，传播社会新闻，改革社会习俗”为宗旨，开设有社说、选论、要件、特电、译电、国内外新闻、时评、文苑、戏曲等栏目。

实业杂志

民国三年八月二十九日注册。云南行政公署实业司编印，创办于民国二年（1913）7月，民国四年（1915）停办。

国是日报

民国三年十二月四日注册。创办于民国三年（1914）11月。开设有社说、国内要闻、国外要闻、特别要闻、时评、云南新闻等。

觉报

民国四年八月十日注册。创办于民国四年（1915）6月14日，民国五年（1916）2月停办。以“惩恶扬善，黜华崇真，移风易俗，规过辅仁”为宗旨，开设有社说、选论、政令、要电、时评、海外新闻、本国新闻、本省新闻等栏目。

中华民报

民国五年一月十五日注册。创办于民国五年（1916）1月6日，至年底停办。以“鼓吹共和，维持民主，提倡实业，增进自由幸福为宗旨”。开设有评论、译述、电报、通讯、小说等栏目。

义声报

民国五年一月十五日注册。创办于民国五年（1916）1月10日，系云南军都督府主办的机关报，民国二十八年（1939）8月停办。以“义师之举，再造共和，义声之报，笔伐口诛，唤起普天之愤，阐扬大义，传播仁声为任务”。开设有社说、公牍、要件、特别新闻、中外新闻、欧战近讯、时评、本省新闻等栏目。

金鸣报

民国五年五月十六日注册。创办于民国五年（1916）5月27日，9月停办后改报名为《民鸣报》。报以金鸣取名，“得勿有取兵之意。袁世凯叛国，天下用兵之际，凡属中华人民应有讨贼之义务。报章出版之时，正逢兵事竞争之潮流。故联络同志群起而作鸣鼓攻之。托笔墨以抒怀抱，口诛笔伐。金马碧鸡为滇省之灵气，特取义于金鸣者，殆谓吾省金马一鸣，实为云南放一奇彩之光。”开设有金声、军声、译林等栏目。

滇声新报

民国五年五月十六日注册。云南军都督府于民国三年（1914）4月创办了《滇声报》。民国五年（1916），《滇声报》与《崇实报》合并，改名为《滇声新报》。两个月后，取消《滇声新报》名。

民听报

民国五年八月二十五日注册。创办于民国五年（1916）7月3日。开设有社说、护国捷音、时评、外国新闻、国内新闻、本省新闻、戏曲、文苑等栏目。

民鸣报

民国五年八月九日注册。民国五年（1916）8月，《金鸣报》更名为《民鸣报》，意即“怀愤国贼，以民大声，口诛笔伐，显金碧之灵气。”开设有民声、民意、译林、世界消息、时评、小说、文苑等栏目。

云南省政府公报

民国五年九月四日注册。云南省政府秘书处第三科编印，民国十八年（1929）1月创刊，民国三十八年（1949）停刊。本刊为本省政府公布法令、记载政务之刊物，内容有命令、法规、公牍、特载、调查统计、附录六门。

护国报

民国五年十月十六日注册。创办于民国五年（1916）7月10日。以“反对帝制，维护共和，打倒袁世凯为宗旨”。开设有言论、选论、大总统命令、选电、公电、紧要新闻、时评、要件、文苑、本省新闻等栏目。

醒报

民国五年十月十八日注册。

滇声报

民国五年十月三十一日注册。民国三年（1914）4月，云南军都督府为了“提倡民权，宣传政府措施，传播社会新闻，改革社会习俗”，创办了《滇声报》，开设有社说、选论、要件、特电、译电、国内外新闻等栏目。

实业周刊

民国五年十二月七日注册。云南实业司编印，创办于民国五年（1916）11月，至民国六年（1917）1月第七期改名为《云南实业要闻周刊》。民国九年（1920）4月停办。

中华新报

民国五年十二月十六日注册。创办于民国五年（1916）12月30日。以“发挥共和之真理，思有以促进国家于民治之实，透揭平民主义之原本，以唤醒国人之国家观念为任务。”

平报

民国六年二月十二日注册。创办于民国六年（1917）2月12日。声明以为民不平即鸣，抑强扶弱，公理是伸，政策持平，主张平治，反对内乱。开设有政令、要电、国内新闻、本省新闻、社说等栏目。

清真报

民国六年四月二日注册。

痛报

民国六年四月二十一日注册。创办于民国六年（1917）4月16日，10月底停刊。开设有说论、时评、本省新闻、紧要纪闻、要件等。

实业日报

民国六年八月一日注册。

尚志杂志

民国六年十月六日注册。民国六年（1917）创刊，尚志学社编辑。发行至民国十一年（1922）3月，共刊出3卷，内容以研究学术、讨论社会问题为宗旨。文录有墓志、序跋、传记等。1922年，该刊附有《星期》，每周星期日出版，以提倡文化、改进社会为宗旨，内容有论说、访闻、译述、选载、学术、通讯等。

小言周刊

民国六年十一月二十日注册。

中华日报

民国六年十一月二十三日注册。创办于民国六年（1917）12月16日。以“痛民国之将倾，悯共和之垂危，组织同人，以正大言论，抒发意志为宗旨”。开设有代论、选论、漫言、紧要消息、译电、内外要闻等栏目。

小学生周刊

民国七年一月十一日注册。

危言日报

民国七年二月十四日注册。创办于民国七年（1918）3月，7月停刊。以“呼唤国民觉醒，反对军阀内战，主张和平，一致对外，保护民族的独立生存为目的。”开设有社论、公电、紧要通讯、要闻、本省新闻、文苑、笔记、时评等栏目。

大声日报

民国七年四月一日注册。创办于民国七年（1918）2月20日。开设有社说、公电、国内新闻、时评、本省新闻、文苑、小说等栏目。民国十年（1921）7月停刊。

云南救国日刊

民国八年九月二十五日注册。民国七年（1918），段祺瑞政府同意日本提出的霸占山东各项权利的要求，并与日本订立了军事协定。5月，留日学生在东京进行示威抗议，罢课回国。当时参加北京救国会的滇籍留学生张天放等被派回云南组织分会，创办《救国日刊》，内容以论文为主，宗旨在于唤醒群众，反对日本侵略和段祺瑞政府卖国求荣。

云南学生爱国周刊

民国八年九月一日注册。

共和滇报

民国八年九月十七日注册。共和党云南支部机关报，原名《滇南民报》，后经共和党议决，更名为《共和滇报》，民国元年（1912）继续刊行。以“抒发政见为主，注重党德，消融意气”。开设有社说、选论、警钟、命令、公牍、紧要新闻、本省新闻、滇事一览、小说等栏目。民国九年（1920）年底停办。

均报

民国八年十二月九日注册。创办于民国九年（1920）5月24日，民国二十三年（1934）12月停刊。以“奖进道德，启迪愚蒙，提倡实业，振兴教育为宗旨”。开设有社论、专电、外电、本省新闻、时评等栏目。

云南军事杂志

民国九年二月二十三日注册。创办于民国十一年（1922）10月，民国十三年（1924）停办，共发行23期。

云南陆军周刊

民国九年二月二十三日注册。

云南小学教育旬报

民国九年七月十三日注册。创办于民国九年（1920）8月20日，12月30日停办，共发行15期。

云南财政月刊

民国九年七月十三日注册。民国九年（1920）创刊，云南省财政厅编，至民国三十年（1941）发行8卷，每卷12期。刊登关于财政之整理计划及重要文件，内容包括（一）公文，有分呈、咨、公函、电、委任令、训令、指令、批、布告，（二）法规，即关于财政之法令及通行或单行章程，（三）杂录，即各项表册及杂件等。

逸兴日刊

民国九年八月十二日注册。创办于民国九年（1920）8月10日。声明以“超迈流俗之意兴，唤起民众抗敌救国”。

滇潮月刊

民国九年十月十六日注册。民国八年（1919），云南省一中成立了学生自治会，并由一些教师和学生创办了《滇潮》月刊，提倡白话文，提倡科学、民治主义。民国十五年（1926）停刊。

云南实业公报

民国九年十一月十一日注册。云南实业司编印。创办于民国九年（1920）11月。民国十六年（1927）9月停办。

市政杂志

民国十年一月八日注册。昆明市政公所编印。创办于民国十年（1921）1月。

新云南日报

民国十年三月十五日注册。

云南小学教育月刊

民国十年四月一日注册。创办于民国十年（1921）4月，7月停办。共发行4期。

云南自治旬报

民国十年四月十四日注册。民国十年（1921）创刊，由云南省长公署发行，总编辑周钟岳。刊物宗旨在于剖析自治真理，提倡自治事业。内容有论著、论述、记载、杂组四类。

星期报

民国十年四月二十七日注册。

民觉日报

民国十年五月四日注册。创办于民国九年（1920）5月，7月底停办。开设有社论、时评、国际和国内新闻、省内外新闻等栏目。

星期三

民国十年五月十一日注册。云南教育会发行，民国十年（1921）创刊，总编辑龚自知。

教育公报

民国十年五月三十一日注册。创办于民国十年（1921），云南教育司编辑兼发行，以公布教育法令，介绍学术思想，促进全省教育为宗旨。其内容为讲坛、论著、译述、法规、公牍、专件、记载等。至民国二十七年（1938）停刊。

云南省第一小学校刊

民国十年五月三十一日注册。

新民报

民国十年七月二十八日注册。创办于民国十一年（1922）1月，年底停办。以“提倡各界维持社会，促进民治发展”为宗旨。

游艺周刊

民国十年九月十日注册。

微言报

民国十年九月十九日注册。民国十年（1921）创刊，主编罗养儒，民国十三年（1924）7 月停刊。

云南省立第三小学校学生月刊

民国十年十月十一日注册。

科学报

民国十年十月二十日注册。

晨钟报

民国十年十月三十一日注册。

爱国周刊

民国十年十一月五日注册。

星期旅行队杂志

民国十年十一月二十一日注册。

第一中学校校刊

民国十年十一月二十二日注册。民国十一年（1922）12 月，《救国日刊》改名为《复旦报》，民国二十九年（1940）停办。以“输入世界消息，鼓吹联省自治、国家主义，实行民治主义”为宗旨。

复旦报

民国十年十二月六日注册。创办于民国十一年（1922）1 月，年底停办。以“提倡各界维持社会，促进民治发展”为宗旨。

锋报

民国十一年一月三日注册。

金碧日刊

民国十一年一月三日注册。

灵声

民国十一年一月二十五日注册。

道新

民国十一年一月二十八日注册。

清真旬刊

民国十一年四月十七日注册。云南回教俱进会编辑，创办于民国十一年（1922）5月16日。以“阐扬真主教义，以正人心，疏浚民治，自治治人”为宗旨。开设有论说、要闻、世界新闻、译林、省市要闻等栏目。

民光日报

民国十一年四月二十日注册。创办于民国十一年（1922）5月23日。以“保存国粹，迎纳新机，注重民生问题，发扬民治精神”为宗旨，开设有言论、时评、专电、国内要闻、国外要闻、本省新闻、思潮等栏目。

云南青年

民国十一年五月一日注册。

民治日报

民国十一年五月三十日注册。创办于民国十一年（1922）6月，民国十六年（1927）2月停办。以“滇省为护法省份。既树先声，尤重民治。在导吾民趋归自治正轨，并使吾民皆知自治之所以然，发挥民治之真精神”为宗旨。开设有代论、专论、时事提要、本省新闻、本市新闻、军事、交通、文苑等栏目。

军事杂志

民国十一年六月二十日注册。

军事日刊

民国十一年六月二十二日注册。云南陆军军事杂志社编辑，创办于民国十一年（1922）8月1日。以“法律之准绳，开武德之响导”为宗旨。

民治实进会会报

民国十一年十一月十五日注册。

光明半月刊

民国十二年一月四日注册。

滇市新报

民国十二年一月十六日注册。创办于民国十二年（1923）1月22日。以“阐发民治精神，促进市政建设”为宗旨。

民生报

民国十二年一月二十七日注册。创办于民国十一年（1922）12月，民国十二年（1923）停办。以“改进社会问题，发扬民生主义精神”为宗旨，开设有社说、专电、世界新闻、省内外新闻、时评等栏目。

市政月刊

民国十二年二月十三日注册。云南昆明市政公所总务课编印，民国十二年（1923）创刊。系汇载昆明市政公所办理市政之近事，内容有图画、论著、公牍、规章、译述、报告、统计、记事等。至民国十四年（1925）12月，共发行36期。

高报

民国十二年四月二十三日注册。创办于民国十二年（1923）4月23日。

社会新报

民国十二年八月二十三日注册。创办于民国十二年（1923）9月11日，民国二十七年（1938）12月30日停办。以“改良社会，巩固民生，振兴国势，补偏救弊”为宗旨。开设有社论、社评、紧要电讯、世界消息、各省消息、本省消息、社会学、文苑等栏目。

农事浅说月刊

民国十二年八月三十日注册。云南省农会编印，民国十二年（1923）9月创刊，至民国十六年（1927）1月，共发行43期。

云南午报

民国十二年九月十二日注册。创办于民国十二年（1923）9月24日。

天足会汇刊

民国十二年九月十四日注册。

东陆校刊

民国十二年十一月六日注册。云南私立东陆大学编行，民国十二年（1923）9月创刊。原为季刊。至民国二十年（1931）东陆大学改为省立，10月5日编印《东大特刊》月刊，发行1至8期。至民国二十一年（1932）9月，编印第9期，改名为《东大月刊》，只出版了1期。

振亚日报

民国十二年十一月二十六日注册。创办于民国十二年（1923）11月。民国十三年（1924）5月停办。

云南新闻

民国十二年十二月七日注册。创办于民国十二年（1923）12月。

成德学生半月刊

民国十二年十二月二十四日注册。

风俗改良会会刊

民国十三年四月四日注册。童振藻编辑，创办于民国十五年（1926）8月。民国十七年（1927）停办。共发行11期。

童子军联合会会刊

民国十三年四月二十八日注册。

云波旬刊

民国十三年五月二十八日注册。云南东陆大学云波文学编行，编辑梅绍农、李纤。民国十三年（1924）3月创刊，至民国十七年（1928）停刊，共发行21期。

改造

民国十三年六月二十四日注册。云南私立东陆大学编印，董泽编辑。创办于民国十五年（1926），民国十六年（1927）2月停办。

新滇日报

民国十三年八月十五日注册。创办于民国十三年（1924）8月15日，民国二十四年（1935）停办。以“改良社会，提倡教育实业”为宗旨，是昆明市政府机关报。开设有社论、电讯、世界新闻、省外要闻、本省要闻、本市消息、时评、笔记、文苑等栏目。

云南乡村教育月刊

民国十三年九月十七日注册。创办于民国十三年（1924）9月，共发行2期。

工商周报

民国十三年九月十八日注册。

澎湃旬刊

民国十三年九月十八日注册。云南尚志学社发行，编辑龚自知、徐嘉瑞、刘尧民，民国十三年（1924）8月创刊，至民国十四年（1925）6月停刊，共发行16期。

孟晋杂志

民国十三年十月十四日注册。民国十三年（1924）创刊。刊登有学术性文章，撰稿人多为本省知名学者。于民国十四年（1925）12月停刊。

甲子新闻日报

民国十三年十月三十日注册。创办于民国十三年（1924）10月30日。以“流通新闻，反对帝制，巩固共和”为目的。开设有社评、快讯、电讯、要闻、时评、本省新闻、文苑、戏评、小说等栏目。民国十四年（1925）11月停办。

云南司法月报

民国十四年四月六日注册。云南司法司编印，民国十四年（1925）12月至民国十五年（1926）底发行13期后停刊。民国十六年（1927）复刊，发行13期后停刊。

卫生促进会会刊

民国十四年六月十一日注册。

云南省立第一师范校刊

民国十四年六月二十三日注册。

灵学月刊

民国十四年六月二十日注册。昆明悟善分社发行，民国十四年（1925）11月创刊，民国十五年（1926）9月停刊。

幸福旬刊

民国十四年八月四日注册。

民党俱乐部周刊

民国十四年九月五日注册。

云南省议会会刊

民国十四年十月七日注册。

儿童之友

民国十四年十一月七日注册。

滇语报

民国十四年十一月十一日注册。

云南财政公报

民国十五年一月二十三日注册。云南财政司编行，民国十四年（1925）创刊。刊登关于财政之整理计划及重要文件，内容包括公文、法规、统计、杂录等。

昆明市声

民国十五年三月九日注册。民国十五年（1926）创刊，共发行了10期。以研究都市问题、介绍新知、增进常识为宗旨。

滇事旬刊

民国十五年八月十一日注册。民国十五年（1926）创刊，至民国十六年（1927）停刊。内容有言论、时评、记事、要志等。

云南烟酒月刊

民国十五年八月十一日注册。

西南日报

民国十五年八月三十日注册。创办于民国十一年（1922）1月，民国二十六年（1937）1月31日停办。以“维护民治，巩固共和，宏扬西南声势为目的”。开设有社评、专电、论评、国际消息、本省新闻等栏目。

女声报

民国十五年十月二十七日注册。云南妇女解放协会编行，民国十六年（1927）创刊。内容有妇女运动中种种实际问题的解决方法和批评、提倡社会科学和文艺作品之研究。

农业月刊

民国十五年十二月十六日注册。

云光

民国十六年三月二日注册。

云南民国日报

民国十六年四月十九日注册。创办于民国十九年（1930）5月，民国三十五年（1946）4月更名为《民意日报》，民国三十八年（1949）12月停刊。开设有通告、国内政况、社评、国际时事、军事状况等栏目。

迪新周报

民国十六年五月六日注册。

鸣旦

民国十六年五月十七日注册。

青白日报

民国十六年七月五日注册。中国国民党云南临时党部筹备处主办，创办于民国十六年（1927）7月1日。

冲锋月刊

民国十六年八月一日注册。云南省景东旅省学生会编印。创办于民国十六年（1927）7月。

大无畏报

民国十六年九月二日注册。创办于民国十六年（1927）9月2日，民国二十四年（1935）12月31日停办。以“熟读总理遗教，速作坚固团结，窃谓福民利国之旨”。开设有时务电讯、特约通信、中外要闻、中央文电、本省新闻、时评等栏目。

云南总商会周刊

民国十六年九月十六日注册。民国十六年（1927）创刊。以研求工商学识、宣传会务、灵通商情、交流商品信息、鼓励提倡工商业事业为目的，内容包括论坛、工商须知、特载、调查、公牍、本省要闻、会务纪要、杂俎、商情概况。

云南新报

民国十六年九月二十六日注册。创办于民国十六年（1927）9月26日，民国二十三年（1934）12月停办。以“新舆论，为新云南的政治、文化、经济和风俗提出评价、建议、评论，并以舆论监视其政府官吏之政德”为目的。开设有本报专电、本省新闻、紧要新闻、社评等栏目。

路政促进会会刊

民国十七年二月十六日注册。

三民旬刊画报

民国十七年二月十六日注册。

三十八军政治训练处半月刊

民国十七年二月十六日注册。

真光月刊

民国十七年六月五日注册。

云南反日出兵后援会周刊及画报

民国十七年七月二十六日注册。

云南党务周报

民国十七年九月六日注册。

云南司法公报

民国十七年九月六日注册。云南省高等法院编行，民国十七年（1928）8月创刊，至民国十八年（1929）3月，共发行8期。内容有公文、判词、法规、论著等。

云南民众日报

民国十七年十月三十日注册。创办于民国十七年（1928）冬，民国十八年（1929）停办。主编李生庄。以“反封建、反礼教、反宗法并片断地介绍马克思主义基本知识”为宗旨。开设有社论、时事、国内外和省内外新闻等栏目。

反日时刊及画报

民国十七年十二月四日注册。

公路周刊

民国十八年一月十日注册。云南建设厅宣传所编印。创办于民国二十三年（1934）10月8日。民国二十四年（1935）1月10日停办。共发行259期。

警钟日刊

民国十八年一月十九日注册。

云南清真铎报

民国十八年一月二十八日注册。民国二十九年（1940）6月创刊，民国三十七年（1948）3月停刊，共发行36期。以宣传伊斯兰教教义，以崇正道而清来源为宗旨，内容有撰述、翻译、选载、正教易行录、杂俎、会议纪要、诗歌、杂记、书翰、要闻等。

训政半月刊

民国十八年二月八日注册。

云南建设周刊

民国十八年二月二十八日注册。云南省政府建设厅编印，民国十八年（1929）2月创刊，至民国十九年（1930）3月共编印38期，民国二十四（1935）至二十五年（1936）编印51期，民国二十六年（1937）编印11期，民国三十四年（1945）编印2期。本刊原名《建设周刊》，民国二十六年（1937）改名月刊。以刊登有关建设方面中央公布之法规命令、本省之单行法令及本厅之政令等内容为主。

云南通讯

民国十八年五月二十四日注册。

九九通讯

民国十八年九月二十三日注册。

云南整理金融旬刊

民国十八年十月十七日注册。云南整理金融监察委员会编印，创办于民国十八年（1929）9月。共发行了3期。

雄飞半月刊

民国十八年十月十九日注册。云南航空司令部编印，创办于民国十八年（1929）10月，民国十九年（1930）10月停办。共发行了5期。

民生日报

民国十八年十二月九日注册。创办于民国十八年（1929）12月，民国二十二年（1933）9月7日停办。以“促进社会，主张民生”为宗旨，开设有本报专电、中央广播无线专电、国内外要闻、省市新闻、各县消息等栏目。

昆明市政日刊

民国十八年十二月二十日注册。昆明市政府编印，创办于民国十九年（1930）4月，民国二十三年（1934）停办。内容有关于市政之言论、新闻、计划译述及文学艺术作品。

云南教育半月刊

民国十九年一月七日注册。云南教育厅发行，民国十八年（1929）创刊。本刊原名《云南教育半月刊》，自民国三十年（1941）起改名为《云南教育》。以促进教育事业，研究教育学术，传播教育状况为宗旨，内容为有关本省教育的论著、计划、议案、调查、统计、规章等。

拒毒会刊

民国十九年一月十三日注册。

民力月刊

民国十九年三月二十五日注册。

民国日报

民国十九年四月十二日注册。创办于民国十九年（1930）5月，是中国国民党云南省党部主办的机关报。民国三十五年（1946）4月改名为《民意日报》，民国三十八年（1949）12月停办。开设有通告、国内政况、社评、国际时事、军事状况等栏目。

民锋周刊

民国十九年八月十九日注册。昆明中国国民党昆明市党务指导委员会编印，创办于民国十九年（1930）8月16日。发行3期后于9月停办。

云南民政月刊

民国十九年八月二十八日注册。云南民政厅编印，民国十九年（1930）3月创刊，初为月刊，至民国二十一年（1932）改为季刊，民国二十三年（1934）改为月刊，民国二十八年（1939）改为半月刊，民国三十四年（1945）改为月刊。以发扬政治，指导官吏，启迪民众，完成训政工作，促进宪政为宗旨，内容为对民政范围内重要设施事项如区域、人口、沿革、吏治、国防、警务、救济、卫生、礼俗等进行叙述。

党铎周刊

民国十九年九月二十七日注册。昆明市党务指导委员会出版，创办于民国二十年（1931）8月8日。以“阐发本党主义，以造成本市中心舆论，而纠正一切谬误言行，为昆明市宣传工作上的重要设施”。开设有专论、市政党务动态、市政建设、社会与民政等栏目。

云南新商报

民国十九年十一月二十二日注册。昆明市新商报社编印。创办于民国十九年（1930）7月。“所有一切国政军情，市俗利弊，生意价值，货运往来，无所不载。”开设有紧要电讯、国内外新闻、省市新闻等栏目。民国二十七年（1938）11月停办。

财政旬刊

民国十九年十二月二日注册。云南省财政厅出版，创办于民国十九年（1930）12月10日，民国二十一年（1932）12月停刊。以宣传国家财政经济法规，报道省内外财政消息为任务，开设有时论、特载、选论、布告、法规、本省财政消息、外省财政消息等栏目。

新昆明周报

民国二十年一月二十二日注册。

生活周刊

民国二十年三月四日注册。

三民日报

民国二十年六月二十四日注册。创办于民国二十年（1931）10月。声明“对革命过程中，均曾有代表时代领导思想之刊，集中国硕彦士之力，研讨革命建国理论”。

凤哕杂刊

民国二十年六月三十日注册。创办于民国二十年（1931）7月。仅出版了一期。

云南半月刊

民国二十年七月二十一日注册。国民党省党务指导委员会宣传部编辑，民国二十年（1931）创刊，以阐扬三民主义，讨论建设方案，研究边疆问题，促进云南文化为宗旨。

昆明市半月刊

民国二十年六月三十日注册。国民党昆明市执委会编印，民国二十年（1931）创刊，以阐述扬本党主义，发扬革命精神为主。

东大特刊

民国二十年十月二十七日注册。民国十八年（1929）发行了1期。

普及教育

民国二十年十二月八日注册。云南省教育厅编印，创办于民国二十年（1931）7月15日。以“一致奋起，兴学救国，明耻教战，共赴国难为宗旨”。内容有唤起民众厉行教育、紧急动员群众实行国民教育，训政时期的儿童义务教育、全省民众教育等。

云南教育周刊

民国二十年十二月八日注册。民国二十年（1931）4月创刊，原名《云南教育周刊》，自第二卷起改为《云南教育行政周刊》。共发行2卷，每卷52期。以促进教育事业，研究教育学术，传播教育状况为宗旨，内容有论著、计划、议案、调查、统计、规章等。民国二十二年（1933）4月停刊。

抗日救国

民国二十年十二月十五日注册。昆明市抗日救国会宣传科编印，民国二十一年（1932）1月创刊。以宣扬抗日救国，激发抗战情绪为宗旨。

昆明通讯

民国二十年十二月二十四日注册。

民国云南通志长编卷六十三

金石一

清代以前云南金石，已详《通志·金石考》。自民国后，石刻亦复不少。兹著录之，以镌之先后为次云。

杨振鸿诔文

蔡锷、李根源、殷承瓛、韩建铎撰。欧阳椝书。高七尺五寸。广二尺二寸。十行，行三十七字。正书。黄帝纪元四千六百有九年九月十三日。在保山县城内太保山。见拓片。

定西岭刻石

李根源题。赵藩书。高五尺。“定西岭”三字径八寸，正书。云南光复后五十七日。在今弥渡县定西岭关庙。见拓片。

汉儒张叔盛览故里碑

李根源题，并书。高五尺。三行。正书。云南光复后七十日。在大定县南城门口。

建三公祠令碑

大理府知府秦恩述，大理县守参将杨星焯立。高六尺。正书。民国元年正月。在大理府城内三公祠。祀傅友德、蓝玉、沐英。

天威迳三大字摩崖

李根源书。横书。广五尺。正书。民国元年正月。在今漾濞县石泉哨。见拓片。

革命先锋四大字摩崖

南军第一军都督张文光书给第一军副先锋钱泰丰。每字高广二尺。行书。辛亥秋。在镇南州城西三里大石门上。见拓片。

题明李指挥镇雄墓诗刻石

赵藩七古一首。高五尺。广二尺二寸。十一行，行二十五字。正书。民国元年二月。在腾冲县大佛寺李氏墓。见拓片。

秦力山墓碣

开国先烈湖南秦公鼎彝之墓。公字力山，假名陈子力，湖南人。因革命事入滇，教习干崖。殁于丙子阳月。今华夏光复，同志等恐年久名湮，乃建墓表彰之，以志不朽。同志弟李根源、寸海亭、刘品三、刀安静、杜韩甫、马右白同立。中华民国元年三月。高四尺。广二尺。八行。正书。在腾冲县干崖土司地。见拓片。

黄子和墓碑

蔡锷撰、书。民国元年。在昆明县圆通山。见邵武刘粹叔《笔记》。

忠孝神仙四大字摩崖

赵藩题。高五尺。正书。民国元年二月。在腾冲县宝峰山。见拓片。

二峰高节四大字摩崖

李根源题。高四尺。正书。民国元年二月。在腾冲县宝峰山。见拓片。

清龙陵营千总李公鸣銮殿琼墓志

赵藩撰，并书。高六尺。广二尺四寸。正书。民国元年二月。在腾冲县九保汉坝湾。又石，嘉兴胡光炜书。衡阳曾熙篆盖。方广二尺二寸。二十行，行二十字。正书。均见拓片。

清旌表节孝李母黄恭人墓碣

赵藩书。高五尺。广二尺二寸。五行。正书。中华民国元年二月。在腾冲县九保龙盘山。见拓片。

烈妇李金焕墓表

赵藩撰，并书。高五尺。广二尺。正书。民国元年二月。在腾冲县九保管家寨。见拓片。

清署贵州威宁镇总兵张公才墓碣

李根源题，并书。高五尺。十二行。隶书。中华民国元年二月朔。在腾冲县九保。见拓片。

清腾越镇左营都司龙公玉珠墓碣

李根源题，并书。高五尺。十行。隶书。中华民国元年二月。在腾冲县九保。见拓片。

孝子昆明盛树森墓碣

李根源题，并书。高四尺。十行。正书。中华民国元年二月。在腾冲县九保。见拓片。

振鹭亭三大字石刻

李根源书。高五尺。隶书。中华民国元年二月。在腾冲县九保。见拓片。

明无为州知州张烈公故里碑

于永平县知县李治书、建。高七尺。正书。民国元年二月。在永平县银江边。公讳化枢，永平人。明末死难。

赵藩游宝峰寺石刻

剑川赵藩七绝五首。欧阳椝书。高四尺。广二尺。八行，行二十八字。正书。民国壬子年三月十九日。在腾冲县宝峰寺。见拓片。

张文耀宝峰寺石刻

七律一首。沅陵文耀旧作。文耀，明万历进士，官金沧副使。赵藩、李根源镌石。高四尺。广一尺四寸。六行，行二十一字。正书。民国元年三月。在腾冲县宝峰寺。见拓片。

赵樾村先生诗刻

《感乾隆征缅事》七律一首。《寄怀》《寄事》七绝八首。腾冲李森林书。高五尺。广二尺二寸。十六行，行三十一字。正书。壬子三月十七日。在腾冲县底塘刘邓祠。见拓片。

叠水河观瀑诗刻

赵藩七古一首。剑川欧阳椝书。高六尺。广二尺。十行，行二十六字。正书。中华民国元年三月初五日。在腾冲县叠水河。见拓片。

杨振鸿事略

李根源述。李森林书。高八尺。广二尺二寸。二十行，行七十五字。正书。中华民国元年壬子夏四月。在腾冲县叠水河杨公祠。见拓片。

杨振鸿遗诗刻

七律二首，七绝二首，词二阕。李根源刻石。高一尺三寸。广三尺。二十七行，行十四字。行书。中华民国元年壬子四月。在腾冲县杨公祠。见拓片。

云南光复首倡公诔忠毅秋帆杨先生墓表

云南迤西巡按使赵藩撰。南京司法部次长吕志伊篆额。迤西陆防各军司令部编修欧阳椝书。云南陆军第二师师长、节制迤西各属文武官吏、西防国民军总司令李根源建石。高五尺六寸。广二尺二寸。二十五行，行七十七字。正书。民国元年壬子四月十七日。在保山县太保山。见拓片。

腾冲明贤崇报祠记

曲靖孙光庭撰。邑人李曰垓书，并撰额。民国元年春。在腾冲县。见《东斋文钞》。

小国公营四字石刻

《升庵杂记》载：赵州城南华藏寺后，西平侯沐英平大理，其子沐春驻兵于此，故名。辛亥冬十月，腾越李根源书。高三尺。广二尺。四行，行十八字。正书。在凤仪县华藏寺。见拓片。

广文先生墓志铭

袁嘉穀撰。正书。民国元年立。又广文先生之配宋夫人墓表。李经羲撰。同刻立金钟山。在石屏县金钟山。见《屏山袁氏校补》。张竹轩先生舜琴也。

石花洞三字摩崖

赵藩题。高三尺六寸。广二尺。正书。民国元年四月。在保山县西二十里。石花洞又名芭蕉洞。见拓片。

杨秋帆振鸿墓表

赵藩撰。欧阳椝书。高八尺。正书。民国元年四月。在保山县城内太保山。见拓片。

彭莫墓表

李根源撰。欧阳椝书。高五尺。正书。民国元年四月。在保山县城内太保山。见拓片。

刘邓诗刻

刘綎《各官大会永昌宴集赋诗》七律一首，邓子龙《登镇南楼》歌一首。李根源跋刻。高二尺。广四尺。行书。民国元年四月。在保山县南城。见拓片。

刘邓祠前诗刻

赵藩《送别印泉归大理》五律二首，七绝二首。李森林书。高四尺。广一尺八寸。十二行，行二十二字。正书。民国元年五月。在腾冲县底塘刘邓祠。见拓片。

罗岷二大字摩崖

李根源书。横书。广四尺。正书。民国元年五月。在腾冲县澜沧江西小石坝。见拓片。

太平岭三大字石刻

李根源题、书。高四尺。广二尺。正书。民国元年五月。在漾濞县太平堡。见拓片。

题明李指挥镇雄墓诗刻石

邓川杨琼七古一首。高五尺。行书。民国元年五月。在腾冲县大佛寺李氏墓。见拓片。

重修大理大石庵记

李根源撰。张文光书。高五尺。广二尺。正书。民国元年五月。在大理观音塘。见拓片。

磅礴排奡四大字摩崖

李根源题。高一丈。字大径二尺。正书。民国元年五月。在大理县中和峰。见拓片。旁有李必昌题，李瑞清书。摩崖待访。

点苍山顶摩崖

李根源题、书。方六尺。五行。正书。民国纪元五月十六日。在大理县点苍山顶中和峰。见拓片。

明死节户部尚书顺宁龚公祠祀碑

剑川赵藩撰。江都董楷书。知府张汉皋立。高五尺。广二尺。十六行，行五十五字。正书。民国元年五月。在顺宁县昭忠祠。见拓片。尚书讳彝，顺宁人。

担当和尚遗诗刻

《鸡足山诗》八首。李根源跋、刻。高二尺。广三尺四寸。二十六行，行二十一字。行书。民国元年五月。在宾川县鸡足山华严寺。见拓片。

大错和尚遗诗刻

《鸡足山》七律一首。《石钟寺》七律一首。李根源跋、刻。高一尺二寸。广一尺九寸。十八行，行十四字。行书。共和元年五月。在宾川县鸡足山悉檀寺。见拓片。

永北刘彬诗刻

《读残明遗事漫记》七绝六首。李根源跋、刻。高一尺二寸。广一尺九寸。十七行。行书。民国元年五月。在宾川县悉檀寺。见拓片。

节孝杨孺人大松阡表

玄孙杨琼撰。民国元年六月。在邓川县大松阡。见《寄苍楼集》。

买闲林三大字摩崖

李根源题。高六尺。正书。民国元年七月。在剑川县买闲林。见拓片。《旧志》作满贤林。

建杨文烈公祠堂令碑

楚雄府知府秦恩述立。高六尺。正书。民国元年七月。在楚雄杨公祠，即旧县署。公讳畏知，陕西宝鸡人。

峻极于天四大字摩崖

李根源书。高六尺。正书。民国壬子八月。在宾川县鸡足山华首门。见拓片。

游西山石室放歌摩崖

用吴梅村《观王石谷山水图歌》原韵七古一首。古永李鸿祥撰、书。高一尺七寸。广二尺八寸。二十七行，行十六字。正书。民国元年秋八月。在昆明县西山云华洞。见拓片。

鸡山揽胜四大字摩崖

张文光书。字大径尺。横刻。正书。民国壬子八月。在宾川县鸡足山。

邓川云弄湖馆记

杨琼撰。民国壬子仲秋九日。在邓川县云弄湖中。见《寄苍楼集》。

国庆纪念祝词石刻

额撰《国庆纪念祝词》。知丽江府兼县事、西征军参事官熊廷权撰。剑川赵芹书。高七尺。广二尺二寸。十五行，行六十字。正书。民国纪元壬子重九日。在丽江县北龙神祠。见拓片。

潘澄三德昭墓志铭

杨琼撰。民国元年冬。在邓川县菩提塔。见《寄苍楼集》。

留春别墅

知府张汉皋以东山寺改建。行书。民国壬子十月。在顺宁县城东二里东山寺。见《顺宁县采访册》。

王文毅公祠堂碑

赵藩题。民国壬子年冬十一月。在禄丰县王文毅公祠。见《禄丰县采访册》。

哀乌斯藏辞刻石并叙

丽江府长熊廷权撰。西征滇军司令官节制丽维永等属文官武吏调迁陆防各军事宜殷承瓛书。民国元年十一月二十五日，班师抵丽江，勒石置象山下。在丽江。见拓片。

巅峻山三字摩崖

邑人李根源书。直书。每字大小八寸。高二尺八寸。广一尺四寸。二行，行十一字。隶书。民国元年。在腾冲县玉璧坡。见拓片。

白云楼三字石刻

里人李根源为宝峰寺题。横书。每字大小八寸。高一尺。广三尺八寸。四行，行七字。篆书，款隶书。民国元年。在腾冲县宝峰山。见拓片。

李润九先生恩澍墓志铭

杨琼撰。李坤书。范宗宝题盖。民国二年二月。在腾冲县来凤山麓邵子墅。学诗父。

刘母杨太夫人墓志铭

昆明陈荣昌撰。民国癸丑。在华宁县。见《滇南碑传集》。江阴知府刘有光母。

明薛尔望先生祠堂碑记

昆明李坤撰。民国二年四月蔡锷等修。在昆明县黑龙潭。见《思亭文钞》。

改西门文昌宫为明永历帝庙纪事碑

军都督蔡锷、民政长罗佩金立。高五尺六寸。广二尺八寸。十九行，行四十字。行书。中华民国二年六月。在昆明县永历帝庙。见拓片。

嵩明小学教员胡子哲纪念碑

赵藩撰。高六尺。广二尺四寸。十二行，行三十八字。行书。民国二年九月。在嵩明县。见拓片。

昆明熊廷权守丽诗石刻

《退院杂感》五律四首，《衙斋闲情》六言诗二首。高三尺二寸。广一尺八寸。十四行，行二十八字。行书。癸丑重阳后十日。在丽江城北龙神祠。见拓片。

熊廷权雪山诗刻

七律三首，五律一首，七绝一首。高二尺八寸。广一尺五寸。十三行，行二十四字。行书。民国二年十月中浣。在丽江县城北龙神祠。见拓片。

怒求殖边碑

怒求殖边会办四川任宗熙撰。分二石刻，各高三尺，广二尺，十二行，行二十字。正书。在福贡设治局内。见《福贡采访册》。

赠晋宁方氏六昆季诗刻

赵藩撰七绝二首，并书。高二尺四寸。广一尺二寸。六行，行二十三字。行书。在晋宁县方氏乐耕堂。见拓片。

金陵王氏家谱叙

毕节路承熙叙，并书。裔孙王槐卿孝行立。高一尺二寸。广三尺六寸。三十六行，行十七字。正书。民国甲寅正月。在宜良县。见拓片。

袁慎夫游东山阁记

邑人李步云书，并跋。高四尺。广一尺八寸。二十行，行五十二字。正书。民国三年正月。在顺宁县东山寺。见拓片。慎夫名谨，咸丰辛亥举人。回乱，殉于蒙化。

张竹轩先生高卧处石刻

甥袁嘉穀识，并书。高三尺。广二尺四寸。八行，行十六字。正书。民国甲寅春。在石屏县。见拓片。

赵封翁拙庵联元墓表

大理王人文撰。民国三年十二月十六日。在剑川县宝华山。见《滇南碑传集》。藩父。

清殉节张竹轩先生不冷堂旧址石刻

陈荣昌书。在昆明县文庙西巷旧儒学署壁。见《滇绎》。

钟秀街记

徐师撰。民国四年。在大姚县。见《大姚县采访册》。

金碧开市订名启刻石

徐师撰。民国四年。在大姚县城北六十里。见《大姚县采访册》。

云山二大字摩崖

康有为题。行书。在云龙县双清庵后。见《云龙县采访册》。

重修灵妙禅寺记

曲靖孙光庭撰。民国四年。在曲靖县城南。见《东斋文钞》。

重修永盛桥碑

邑人董正荣撰、并书。高五尺二寸。广二尺三寸。二十二行，行四十二字。正书。民国四年。在腾冲县宝华乡夹象石。见拓片。

创办钟秀学校叙

李培林撰。民国四年。在大姚县。见《大姚县采访册》。

九保里贤录刻石

李根源撰。贺宗章书。高四尺。广五尺。隶书。中华民国五年二月。在腾冲九保。见拓片。

清腾越镇左营都司陈上进墓碑

李根源撰。贺宗章书。卢铸篆额。高七尺。隶书。中华民国五年四月朔。在腾冲县西练奎阁山。见拓片。

诸葛武侯渡军处碑

杨琼题、并书。高五尺。广一尺四寸。隶书十二行。行书二行。民国五年秋。在邓川县青索村。见拓片。

陆军上尉杨绪昌墓表

四川合江县知县张壮猷撰。高一尺八寸。广三尺。三十五行，行二十二字。正书。民国丙辰岁。在顺宁县。见拓片。

旌节孝李孺人墓志铭

癸卯科举人昆明刘淇撰。高五尺。广二尺。正书。民国丙辰年七月初四日。在昆阳县城南门外下铁锁后。见《昆阳县采访册》。清副贡毓秀母。

知府杨小泉墓表

清诰授中宪大夫一品封典二品顶戴、赏戴花翎盐运使衔升春道达春巴图鲁四川权顺庆府事实任龙安府知府丽江杨公小泉墓表。前一品封典二品衔四川提刑按察使剑川姻世晚生赵藩撰，并书。民国五年丙辰秋七月。在丽江县。见《丽江县采访册》。

刘公祠碑记

昆明后学陈荣昌撰。并书。高四尺。广二尺。十六行，行三十六字。正书。民国丁巳闰二月。在华宁县刘公祠。见拓片。公讳家逵，字仲鸿。二品衔四川补用道。杜文秀之乱，捍卫地方，有功于民者也。

腾越道尹移署纪念碑叙

道尹姚安由人龙撰。高八尺，广二尺六寸。十七行，行五十四字。正书。民国六年二月二十八日。在腾冲县道尹署。见拓片。

孝女李荆怀碑

李根源撰。贺宗章书。张耀曾篆额。侄孙李润枝立。民国六年三月。在腾冲县九保左家地。见拓片。

张孺人墓表

贺宗章撰。秦恩述书。赵藩题额。孙张问瀛立。高六尺。正书。民国六年四月。在腾冲县九保。

玉溪县公立图书馆叙

知县事文山刘祖荫撰。昆明陈荣昌书。高六尺。广二尺六寸。十三行，行三十六字。正书。民国七年戊午孟春。在玉溪县。见拓片。

袁母徐太夫人墓志铭

陈荣昌撰。男袁嘉穀书。姚州由云龙填讳。广西陈度篆盖。高二尺。广三尺。三十六行，行二十四字。正书。民国戊午年二月二日。在石屏县南乡金钟山。见拓片。

忠烈张宗棠墓碑

功服兄宗濂题。僚婿段国祥书。高四尺八寸。广二尺四寸。十四行，行三十二字。正书。民国七年戊午季春月。在富民县永安庄温泉山麓。见拓片。剿华宁县夷匪阵殁也。

傅忠壮公宗龙摩崖书

共十三字。高七尺。广二尺四寸。草书。在昆明县碧鸡山罗汉壁。民国戊午年。李根源刻记。见拓片。

马悔斋先生故里碑

在元江县。见邵武刘粹叔《笔记》。悔斋即马公汝为也。

马悔斋先生传

邵武刘达武撰。民国七年十二月。在元江县。

规复太史祠原置波罗村田亩租碑记

晋宁县徐兆松撰、书。高四尺六寸。广二尺。十五行，行三十一字。正书。民国戊午秋七月。在昆明县高峣升庵祠。见《昆明县教育局采访册》。

陆军少将杨瑞昌墓志铭

李步云撰。高一尺六寸。广二尺八寸。三十八行，行二十三字。正书。民国七年。在顺宁县。见拓片。

祭文

靖国第二军军长赵又新。高三尺二寸。广二尺。十九行，行四十四字。正书。民国七年戊午十月。在顺宁县。见拓片。

战绩叙略

靖国军十四旅旅长金汉鼎撰。高一尺六寸。广二尺八寸。三十六行，行二十三字。正书。民国七年。在顺宁县。见拓片。

李允会府君颖桧墓志铭

孙光庭撰。秦恩述书。章炳麟篆额“腾越李府君墓碑铭”八字。高六尺。广二尺四寸。二十二行，四十二字。正书。中华民国七年戊午十二月。在腾冲县九保汉坝湾。见拓片。

李材六先生国科墓碑

宣威陈祖基撰。王人文书。章炳麟篆额。高六尺。正书。中华民国七年十二月。在腾冲县孟宋村。

通润桥题字并记

李根源记、并书。高三尺。隶书。民国七年。在腾冲县九保。见拓片。

黄子和祠诗刻

邓泰中、杨蓁、蒋光亮撰。高一尺。广二尺六寸。二十行，行十四字。行书。民国七年。在昆明县。见拓片。

仁济桥碑记

邑人庠生钟庆龄撰。杜儒林书。高三尺。广一尺八寸。十四行，行三十三字。正书。民国八年三月。在富州县城北外河北街。见《富州县采访册》。

荆建义夫桥记

前曲靖府知府秦树声撰，并书。旌表义夫。曲靖赵勋丞独资建。高七尺。广二尺五寸。光绪己未六月。在宣威县北盘江可渡河义夫桥侧。见《宣威县采访册》。桥长三十六丈，宽二丈。

诰授奉政大夫李君时升墓志铭

石屏袁嘉穀撰。昆明陈荣昌书。昆明李玉珍镌石。高二尺。广三尺五寸。三十四行，行二十字。正书。民国八年秋后七月二十九日。在华宁县南汪家山。见《华宁县采访册》。

松风水月四字石刻

丽江马之龙题。高一尺二寸。广三尺二寸。正书。民国庚申仲春安宁段世忠钩刻。附跋，十三行，行十四字。行书。在丽江县城北龙神祠。见拓片。

瀑岩映月四大字摩崖

邬伦元题。大字四，小字十七。行书。民国九年六月。在罗次县炼象关。见《罗次县采访册》。又册报关之象岭石壁上有摩崖五、七言诗各一首。

重修云庙功德碑叙

前清甲午举人建水沈兴廉撰，并书。高四尺二寸。广二尺。九行，行四十一字。正书。民国九年庚申仲秋月。在个旧县。见拓片。

方农髯先生秉孝墓表

赵藩撰，并书。额篆“清故文学农髯方府君墓表”十一字。昆明毕钟刻石。高六尺。广二尺四寸。十八行，行四十八字。正书。民国九年岁次庚申冬十一月二十六日。在晋宁县白沙村。见拓片。

云南商品陈列所记

华封祝撰。陈荣昌书。民国九年。在昆明县金碧公园。见《昆明市采访册》。

清中宪大夫选用县丞何止斋先生立言墓表

族子藩谨述。子婿王崑松书。杨彦升刻石。高三尺。广二尺三寸。三十行，行五十四字。正书。民国九年岁在上章涒滩姑洗月中浣。在剑川县河东村后山。见拓片。

弥渡魁星阁记

邑人杨蓉洲撰。盛文光书。高六尺。广二尺四寸。十六行，行四十二字。正书。民国辛酉年春正月。在弥渡县。见拓片。

郭炜男廷英墓志铭

聂正瑞撰。高文华书。高四尺八寸。广二尺四寸。二十六行，行二十五字。正书。民国辛酉冬。在大关县。见拓片。

建筑会规约石刻

高四尺。广二尺。二十行，行五十字。正书。民国十年孟春月赵美等立。在昆明县。见拓片。

昆明孙南村先生鹏传

赵藩撰，并书。高五尺。广二尺六寸。正书。民国九年。在昆明县白龙寺孙墓。

长兄国楠先生墓碣

道光二十七年，胞弟李国科撰。嘉兴沈曾植书。安吉吴昌硕篆额。题“腾越李君国楠墓碣”八字。高六尺。广二尺四寸。十二行，行二十字。正书。民国九年六月，在腾冲县九保汉坝湾。见拓片。

中甸新筑城垣碑记

知事虞钺撰。民国辛酉年九月一日。在中甸。见《中甸采访册》。

徐天禄墓碑

赵藩撰。祥云张步瀛书。腾冲旅省人士公立。高六尺。广二尺四寸。十一行，行二十九字。正书。民国十年辛酉冬日。在昆明县昙华寺后。见拓片。寸开泰有题墓七律三首。

铭泉石刻

泉在石屏金钟山下，泉侧巨石刻篆书“铭泉”二大字。长一丈。铭曰：“人以泉名，泉以人铭。斯人斯泉，万古同情。”盖袁广文嘉谟庐墓处也。李坤有诗云：“斯水一泓清，斯人万古洁。遥遥一片心，千载两寄绝。”见《屏山袁氏校补》。

陈在德墓志铭

富邑黄择馨撰。富邑陈肇基书。高二尺六寸。广一尺四寸。在富州县。见《富州县采访册》。

谒马之龙墓诗刻

丽江县知县段世忠五律一首，王成章、张文湛、李怀璧、王树和、习世贤、王锡章、和让、习世伟、李炳魁、唐尚贤、张恺各七律一首。分二石刻，高二尺六寸，广五尺四寸，共五十二行，行二十四字。正书。民国十年阴历菊月。在丽江城北象山麓。见拓片。

五十自寿诗刻

袁嘉穀五律四首。高一尺二寸。广二尺四寸。二十行，行十字。正书。在石屏县。见拓片。

太华山诗摩崖

袁嘉穀七律一首。正书。在昆明县大华山。见《屏山袁氏校补》。

富通桥亭碑记

知县事盘县谢栻撰，并书。高三尺。广一尺八寸。十二行，行十九字。草书。民国十一年二月。在富州县南城外富通桥。见《富州县采访册》。

西母徐孺人生圹铭

陈荣昌撰，并书。分二石刻。各高二尺六寸，广一尺二寸，九行，行二十八字。正书。民国壬戌岁。附联，王兆翔八言，张其崟正书。韩凤楼五言，张鑫昌篆书。在顺宁县。见拓片。

龙光石刻十七则

在腾冲县路南三里叠水河龙光台。均见拓片。

龙光亭记

明吴璋撰。刘楚湘书。高一尺六寸。广二尺八寸。二十二行，行十五字。正书。民国十一年闰五月中浣。

龙光亭赋

明陈宗器撰。腾冲田秋年书。高一尺二寸。广三尺。三十二行，行十六字。正书。民国壬戌年夏月。

龙光台诗

明杨慰《龙洞垂帘》七律一首。清尹艺《龙光台瞻武侯像》七律一首。田秋年书。高一尺三寸。广二尺四寸。十七行，行十字。行书。民国十一年仲秋。

昆卢寺观瀑楼记

青蒲王昶撰。田秋年书。高一尺六寸。广三尺二寸。二十二行，行十三字。隶书。民国壬戌仲夏月。

叠水河石刻瀑布诗

郡人刘晋康撰排律一首。刘楚湘书。高一尺二寸。广二尺三寸。十六行，行九字。正书。民国十一年仲秋。

登龙光台观大盈江瀑布歌

郡人金泽撰古歌一首。田秋年书。高一尺四寸。广三尺。二十行，行十四字。草书。民国壬戌夏。

重修龙光台落成题记

赵藩书。高一尺二寸。广三尺。十一行，行八字。行书。壬戌闰夏。

大盈江观瀑布诗

昆明熊廷权撰七律一首，并书。高八尺。广二尺二寸。六行，行十五字。隶书。民国壬戌仲夏月。

叠水河观瀑诗

邑人王开国撰七律一首，并书。高一尺五寸，广二尺八寸。十三行，行六字。正书。民国十一年孟秋月。

龙光台诗

安化谢式南撰七古一首，并书。高一尺五寸。广二尺八寸。十二行，行七字。隶书。民国壬戌年孟秋月。

重修龙光台募捐叙

刘楚湘撰，并书。高二尺。广三尺二寸。二十八行，行十六字。正书。民国十一年岁在壬戌夏闰五月。

重修龙光台记

邑人金家惠撰，并书。高一尺七寸。广二尺七寸。正书。民国十一年壬戌秋八月。

龙光台观瀑诗

刘楚湘撰古歌一首，并书。高一尺八寸。广三尺。二十二行，行十二字。行书。民国壬戌仲夏月。

叠水河岩树记

刘楚湘撰。李根源书。吴县张一麟篆额，题“叠水河岩树记”六字。高五尺。广二尺八寸。十六行，行三十二字。隶书。民国十七年十月朔。碑阴刻民国二十年田秋年绘《岩树图》。

龙光台三大字

陈荣昌正书。高一尺二寸。广四尺。正书。

龙光台三大字

黎元洪正书。高一尺二寸。广四尺。正书。

龙光台篆书三字

吴昌硕书，并跋。高一尺二寸。广四尺。跋九行，行九字。行书。

赵封翁德周墓碣

云南省长唐继尧题。云南盐运使周钟岳书。高五尺。广二尺。四行，行十四字。正书。附联十二言。由云龙篆书。民国十一年秋月。在顺宁县。见拓片。福增父。

墓志铭

昆明陈荣昌撰。大理赵名馨书。高四尺二寸。广二尺。十四行，行三十六字。正书。民国十一年。在顺宁县。见拓片。

石坊刻字

高一丈五尺。广二尺。前镌“模范人群”及“龙章凤篆”第字。唐继尧题。正书。在顺宁县城东二里东山寺。见《顺宁县采访册》。

雨花寺游记

记一首，附五律一首。凤仪袁登熙题。高一尺四寸。广二尺六寸。十八行，行十四字。行书。民国壬戌秋八月上浣。在凤仪县雨花寺。见拓片。

汉益州郡滇池县治故址碑

袁嘉穀题。陈荣昌书。晋宁知县袁丕镛立。高六尺。广二尺。三行。正书。在晋宁县。见拓片。

重修文庙碑记

袁嘉穀撰，并书。正书。民国十一年。在昆明县文庙。

游雨花寺诗刻

五律一首，七绝一首。尹桥如题。高一尺四寸。广二尺四寸。十七行，行十一字。行书。在凤仪县雨花寺。见拓片。

壬戌冬日园居石刻

袁嘉穀七古首。高一尺二寸。广二尺二寸。二十行，行十一字。行书。民国壬戌。在石屏县。见拓片。

永锡难老四大字石刻

田母许安人百岁纪庆。唐继尧赠。陈荣昌书。高二尺。广八尺。三行，行十字。行书。民国壬戌。在龙陵县。见拓片。

清孝廉方正中书科中书允升袁公墓志铭

胞弟袁嘉穀撰，并书。高四尺。广二尺。十七行，行四十字。正书。民国癸亥春二月二十一日。在昆明县归化寺。见拓片。讳嘉猷。丕镛、丕钧父。

赠陆军少将曹路先之骅墓志铭

孙光庭撰。李曰垓书。章炳麟篆盖。方广二尺。正书。民国十二年三月。在腾冲县。民国五年讨袁世凯帝制，战死纳溪。

太平寺三大字石刻

黎元洪书。广五尺。正书。民国十二年三月。在腾冲县九保大平寺。见拓片。

清诰封宜人杨母寸宜人墓志铭

赐进士出身刑部主事安顺府安平县知县寸开泰撰，并书。民国十二年癸亥孟夏月中浣。在腾冲县。见《腾冲县采访册》。

滇西都督张文光墓志铭

孙光庭撰，李根源书。章炳麟篆盖，题“故滇西都督大理提督总兵官赠陆军中将张君文光墓志铭”二十四字。方二尺二寸。二十九行，行二十八字。隶书。民国十二年五月。在腾冲县董库村。见拓片。

墓碣

李根源题。于右任书。腾冲县人士公建。高五尺。广二尺八寸。九行，行二十八字。行书。民国十二年五月。见拓片。

李凤冈朝阳墓志铭

孙光庭撰。李根源书。章炳麟篆盖，题“故陆军少将琼崖卫戍司令普洱李君朝阳墓志铭”二十字。高二尺二寸。广二尺二寸。二十六行，行二十六字。隶书。民国十二年五月。杨晋、李根源、陈官箴、梁謇等刊。在普洱县。见拓片。

节孝段母樊孺人墓志铭

昆明潘丕炎撰。李根源书。章炳麟篆盖，题“清故旌表节孝腾冲段母樊孺人墓志铭”十六字。高二尺。广二尺。二十行，行二十一字。隶书。民国十二年十月。在腾冲县九保左家地。见拓片。

周氏宗祠记

顾视高撰，并书。分二石刻，各高一尺四寸，广二尺八寸。共五十八行，行二十字。正书。岁在昭阳大渊献孟冬月中浣。在昆明县圆通街初地巷。见拓片。祠以忠义周公顺云宅改建。周公当贼马荣戕总督潘忠毅公之夕，率全家服毒死。被旌入祀三纲祠。讳翊，视高外王父也。

疏浚抚仙星云两湖口碑记

呈贡秦光第撰。澄江张鑫书。高六尺。广二尺八寸。二十四行，行六十字。正书。民国十二年十二月。在澄江县海口。见拓片。

节孝白母王宜人墓志铭

潘丕炎撰。李根源书。章炳麟篆盖，题“旌表节孝白母王宜人墓志铭”十六字。高二尺二寸。广二尺二寸。二十一行，行二十一字。隶书。民国十二年十月。在腾冲九保丙界山。见拓片。

缪母高太夫人墓志铭

长沙章士钊撰。三原于右任书。安吉吴昌硕篆盖，题“昆明缪母高太夫人墓志铭”十二字。高二尺四寸。广二尺四寸。二十九行，行二十九字。正书。民国十二年十一月。子嘉祥、嘉寿、嘉铭刻石。在昆明县呼马山。见拓片。

竹轩先生舜琴墓表

陈荣昌撰。民国癸亥年。在石屏县西乡白仓山。见《滇南碑传集》。

神道碑

袁嘉穀撰。民国癸亥年。在石屏县西乡白仓山。见《滇南碑传集》。

九保城门题字

凡五石。在北门，黎元洪正书。西康门，章炳麟篆书。右安门，岑春煊正书。左宁门，于右任正书。太平门，章士钊正书。各高一尺六寸，广四尺。民国十二年，在腾冲县九保。均见拓片。

赛平章墓上石刻三则

见《滇绎》。

咸阳王墓四大字

袁嘉穀书。

元史本传

师范节本。袁丕钧书。

墓记

袁嘉穀撰、书。

杨文襄公一清谒墓诗

袁丕钧书。

宁澹居三大字刻石

赵藩书，并跋。高一尺四寸。广五尺。正书。民国十三年一月。在腾冲县九保。见拓片。

会泽唐公再造共和纪念标铭

高四尺。四面刻，面广二尺四寸，七行，共二十八行，行十三字。正书。中华民国十三年三月。在昆明县。见拓片。

武庠孙云龙墓志铭

石屏袁嘉穀撰文。泸西陈古逸书丹。石屏袁丕佑篆书。高二尺。广二尺四寸。二十四行，行二十六字。正书。民国十三年三月六日。在元江县绿萝山庄。见拓片。乐祖父。

清泗水令南村孙公家传

剑川赵藩撰，并书。高六尺。广二尺六寸。十六行，行三十六字。正书。民国甲子年。在昆明县大东门外白龙寺后公墓上。见拓片。南村先生讳鹏，清愍公继鲁六世孙也。

重建万松古刹碑记

方树梅撰记。高六尺。广二尺四寸。十八行，行五十二字。正书。民国十三年四月十五日。在晋宁县。见拓片。

整理南城交通工程记

昆明市督办张维翰撰，并书。高六尺。广五尺二寸。二十六行，行三十三字。正书。中华民国十三年四月一日。在昆明市。见拓片。

古幢公园记

张维翰撰。高五尺。广二尺二寸。十五行，行三十五字。正书。中华民国十三年四月一日。在昆明市古幢公园。见拓片。

第九届全国教育会联合会记

昆明陈荣昌书。云南省教育会立。高五尺。广二尺四寸。十四行，行三十四字。正书。民国十三年季夏月。在昆明县。见拓片。

十七家保正田提捐学产碑记

方树梅撰。方树猷书。十七家子孙方秉林等立。高五尺。广二尺。二十行，行四十五字。正书。民国第一甲子秋六月。在晋宁县。见拓片。

六库石桥碑记

六库段承钧撰。民国十四年十一月。在泸水县六库。见《泸水县采访册》。

腾冲青齐李氏宗祠石刻

四石，各高一尺四寸，方四尺。正书。民国十三年九月镌石。在腾冲县绮罗李氏祠。见拓片。勋位令一，特任状五。

张节母龚孺人墓碑铭

孙光庭撰。张一麟书。章炳麟撰额，题“腾冲张节母龚孺人之墓志铭”十三字。高五尺。广二尺。十五行，行三十三字。正书。中华民国十三年三月。子张问明等立。在腾冲县九保。见拓片。

始迁祖龙池孙府君墓表

裔孙孙光庭撰。民国十三年。在曲靖县。见《东斋文钞》。

黄土坡阡表

孙光庭撰。民国十三年。在曲靖县。见《东斋文钞》。

李连邦墓表

孙光庭撰。李润枝书。章炳麟篆盖。高五尺。隶书。民国十三年十月。在腾冲县罗必四庄。中校营长。在四川战死。

雅谈诗刻

袁嘉穀五古一首，并叙。高一尺二寸。广二尺。十七行，行十四字。正书。民国甲子上元日。在石屏县金钟山。见拓片。

重修孙南村先生墓记

昆明陈荣昌撰。澄江张鑫书。裔孙国玺率子永安重修。高六尺。广二尺六寸。十六行，行三十六字。正书。民国甲子岁冬十月。在昆明县大东门外白龙寺后公墓上。见拓片。

重修钟灵寺碑记

任立纲撰。尹培仁书。高三尺五寸。广一尺八寸。正书。民国十三年。在文山县钟灵寺正殿。见《文山县采访册》。

清武举李公朝珍墓表

袁嘉穀撰，并书。孙文汉、文林立。昆明苏长青刻石。高五尺六寸。广二尺二寸。十四行，行四十字。行书。额篆书阳文“嵩明李贡公墓表“七字。中华民国十四年乙丑春二月。在嵩明县。见拓片。

清恤祀昭忠祠候选知县李公朝彦同配张夫人墓志铭

赵藩撰。陈荣昌书。孙文汉、文林立。昆明毕钟刻石。高六尺，广二尺四寸。十七行，行五十二字。正书。中华民国十四年岁次乙丑季春月吉旦。在嵩明县。见拓片。

清文学李公延龄同配夫人墓表

泸西王用予撰。澄江张鑫书。曾孙文汉、文林立。昆明毕钟刻石。高六尺。广二尺五寸。二十行，行四十六字。正书。中华民国十四年四月。在嵩明县。见拓片。

清缅宁千总署都司云楼李公景科墓表

赵藩撰。澄江张鑫书。子文汉、文林立。苏长青刻石。高六尺。广二尺五寸。十九行，行五十二字。正书。额篆书阳文“武功将军云楼李公墓表”十字。中华民国十四年四月。在嵩明县。见拓片。

腾越赵会楼先生墓表

吴江金天羽撰。门人李根源书。章炳麟篆额。民国十四年岁次乙丑六月朔日。在腾冲县东山沙坡。

重修兰止庵祠碑

同里戴秉经撰。知嵩明县事李和声、邑人李文汉、顾恒斋倡修、李荫堂、杨玉麟重修。高六尺。广一尺。十行，行七十二字。正书。民国十有四年。在嵩明县杨林兰公祠。见拓片。

陈古逸游西山诗摩崖

五言绝句三首。高一尺三寸。广一尺五寸。八行，行八字。隶书。跋二行，行十一字。草书。民国乙丑。在昆明市西山三清阁。见《昆明县采访册》。

清诰授奉政大夫杨纯德墓志铭

清孝廉方正丁酉科拔贡吴嘉禄撰。清廪生张德芳书。民国十四年孟冬月上浣。在腾冲县。见《腾冲县采访册》。

新修广通县署记

广通县知事伍作楫撰，并书。高一尺七寸。广三尺五寸。二十七行，行十七字。

正书。民国十四年十月十七日。在广通县政府。见拓片。

清封宜人张太宜人墓表

石屏袁嘉穀撰。泸西陈古逸书，并篆额。高四尺。广二尺二寸。二十行，行三十字，正书。民国第一乙丑仲冬月。在昆明县。见拓片。学智母。

西山诗刻五则

在昆明县西山。民国乙丑。各见拓片。

袁嘉穀

《壬寅游太华寺》七律一首,《山行》五绝二首,《乙丑秋由三清阁至太华寺》七律一首。高一尺二寸。广二尺四寸。十八行，行十一字。行书。

陈古逸

《游太华寺》五律一首,《太华寺茶花》调《满江红》一阕。高一尺二寸。广一尺四寸。十五行，行十四字。隶书。

张学智

《游佛严寺》七律二首，附跋。高一尺二寸。广一尺四寸。十二行，行十二字。行书。

袁丕佑

《民国乙丑夏与家人侍家大人游太华山》五古二首。高一尺二寸。广二尺四寸。十八行，行十一字。篆书。

方农髯先生遗诗六首刻石

赵藩书。高一尺二寸。广三尺。三十二行，行十四字。行书。在晋宁县方氏师斋。见拓片。

清岁贡刘地山先生福谦墓表

陈荣昌撰。赵藩书。周钟岳篆额，题“腾冲刘地山先生墓表”九字。分五石刻，每高一尺五寸，广二尺二寸，十五行，行十字。正书。附李曰垓、张问德题记。在腾冲县。见拓片。楚湘父。

宋柏行诗刻

袁嘉穀撰七古一首，并书。民国十五年丙寅季秋。在昆明县黑龙潭。见《龙泉公园采访册》。

清刑部郎中张滇洲先生家传

赵藩撰，并书。后裔张文焕立。毕钟镌。高六尺。广二尺四寸。二十五行，行六十五字。正书。中华民国十五年丙寅夏六月。在晋宁县张公祠。见拓片。

祠堂记

袁嘉榖撰，并书。裔孙张文焕等立。毕钟刻字。高六尺。广二尺六寸。十四行，行三十二字。正书。民国丙寅夏。在晋宁县。见拓片。

孝女李智贞墓碑

吴宝箴撰。尹培仁书。高三尺五寸。广二尺二寸。十三行，行四十六字。正书。民国十五年五月。在文山县城西新街。见《文山县采访册》。

绮罗三李功烈碑

李根源题。于右任书。腾冲合县人士公立。高五尺。广二尺八寸。八行，行二十二字。行书。中华民国十五年九月之吉。在腾冲县绮罗。见拓片。三李：含英、含瑞、珍国也。

李母黄恭人家传

吴县吴荫培撰。江宁邓邦述书。高五尺。广二尺二寸。二十二行，行四十四字。正书。中华民国十五年丙寅十月。孙根源等立。在腾冲县九保。见拓片。

砚冢铭

赵藩撰，并书。门人方树梅、华世尧、何秉智立。高三尺五寸。广一尺六寸。民国十五年。在昆明县华亭山黄琮诗冢之东数步。

腾冲绮罗李氏宗祠记

裔孙李根源撰，并书。黄县丁佛言篆额，题“绮罗宗祠记”五字。高七尺。广二尺六寸。二十一行，行四十九字。隶书。民国十四年十月吉日。在腾冲县绮罗李氏宗祠。见拓片。

顾衡斋纪念碑

×沂撰。高四尺二寸。广二尺四寸。二十二行，行五十二字。正书。在昆明县黑龙潭。见拓片。

箐口纪功碑

李根源题。于右任书。腾冲合县人士公立。高五尺。广二尺八寸。九行，行二十九字。行书。民国十六年丁卯正月。在腾冲县古永练箐口。见拓片。纪总兵刘光焕歼蔡发春功也。

越睒二字石刻

腾越古名。李根源书。直书。每字大八寸。高二尺。广一尺七寸。三行，行八字。隶书。民国十六年。在腾冲县。见拓片。

龙马窝三字石刻

《唐书》载越睒骏马产此。李根源书。直书。每字大六寸。高二尺。广一尺八寸。四行，行八字。隶书。民国十六年。在腾冲县龙马窝。见拓片。

古软化府四字石刻

蒙异牟寻置。李根源书。直书。每字大七寸。高三尺六寸。广一尺二寸。二行，行十二字。隶书。民国十六年。在腾冲县城。见拓片。

顾江故州四字刻石

元世祖时置州，隶腾冲府。李根源书。直书。每字大小八寸。高三尺六寸。广一尺四寸。三行，行十九字。隶书。民国十六年。在腾冲县顺江街。见拓片。

古勇故县四字石刻

元至元十四年置县，隶腾冲府。李根源书。直书。每字大小九寸。高四尺。广二尺四。行十四字。隶书。中华民国十六年元月。清总兵刘公光焕、拔贡杨先生润富故里。在腾冲县古永练。见拓片。

定蛮关三字石刻

"宣统三年二月，余筹办片马事，曾两度至此。邑人李根源书。"直书。每字大一尺。高四尺。广二尺。三行，行十七字。隶书。民国十六年。在腾冲县明光隘。见拓片。

茶山河三字石刻

清骁将左大雄故里。李根源书。直书。每字大一尺。高四尺。广二尺。三行，行十七字。隶书："宣统三年，余筹办片马事，曾驻此旬日。民国十六年。"在腾冲县明光隘。见拓片。

腾云寺三字摩崖

李根源敬书。横书。每字大九寸。高二尺。广四尺。八行，行十四字。隶书。中华民国十六年。在高黎贡山巅，又名雪山尖。明贤叶奕、吴茂桂、段真、肖道成、胡璇、李镇雄、徐宏泰诸公先后尝隐此山中。见拓片。

雪花岭三字摩崖

李根源书。"宣统三年二月，余曾经此。"直书。每字大一尺。高四尺，广二尺。

三行，行十二字。草书。款隶书。民国十六年。在腾冲县界头高黎贡山顶。见拓片。

大树园三字石刻

清大学士傅恒经略缅甸驻师腾越时所筑。曾为文记之。邑人李根源书。直书。每字大五寸。高三尺八寸。广一尺。六行，行八字。隶书。民国十六年。在腾冲县大树园故址。见拓片。

侍郎坝三字石刻

明兵部侍郎泽州侯琎筑。邑人李根源书。直书。每字大一尺二寸。高四尺。广二尺。三行，行十二字。篆书。款隶书。民国十六年。在腾冲县侍郎坝。见拓片。

尚书营三字石刻

明正统间，兵部尚书东鹿王骥征讨麓川，曾驻兵于此。巡抚王启有诗。邑人李根源书。直书。每字大一尺二寸。高四尺。广二尺。五行，行十四字。篆书，款隶书。民国十六年。在腾冲县来凤山后。见拓片。

新平中学校碑记

校长马太元撰。学监周镇岐书。高四尺二寸。广二尺。十六行，行三十三字。正书。民国十六年丁卯仲春月二十六日。在新平县中学校。见拓片。

烈女朱西璧墓碑

云南省政府题旌“贞烈可风”四字。吴宝箴撰。高三尺三寸。广一尺六寸。五行，行五十二字。正书。民国十六年六月。在文山县城西新街。见《文山县采访册》。

赵母明孺人墓志铭

赵藩撰、书。陈荣昌篆盖。民国十六年三月。在腾冲县东山。敬业母。

保山祝云程东映墓志铭

李根源撰。民国十六年十二月。在保山县由旺马回寨老龙山。见《曲石文录》。

重建昆阳河西乡福星桥记

杨恒昌撰，并书。李蓁、李和、杨文蔚、杨和总工。高五尺二寸。广二尺四寸。十七行，行四十字。行书。在昆阳县。见拓片。

重建文庙尊经阁碑记

邑人严绍曾撰。邑人严霱书。高六尺。广三尺五寸。二十二行，行四十八字。正书。民国十七年仲春月。在宜良县尊经阁。见拓片。

祖师洞参禅庵碑记

邑人秦品真佳士撰。僧李工高建。民国戊辰夏五月，在维西县祖师洞。见《维西县采访册》。

郑和李文耕故里合刻

明七次出使西洋郑和、清贵州按察使崇祀名宦乡贤李文耕之故里。高五尺。广二尺。四行。民国戊辰年。在昆阳县城水波门外。见《昆阳县采访册》。

杨文襄公书札石刻

书札墨迹，凡刻三石。各高一尺，广二尺四寸。行书。附翟云升、赵藩、孙光庭、王人文、吴焘、吴煦、李曰垓、袁嘉穀、周钟岳、施有奎、王灿、曾子书、刘润畴、陈荣昌、李根源等题跋九石，共十二石。民国十七年七月刻。今在昆华图书馆。见拓片。

市长张维翰创办义务教育纪念碑

昆明市教育会记。吴绍璘书。三石，每高一尺八寸，广二尺，三十一行，横行，行十二字。正书。中华民国十七年八月一日。在昆明县。见拓片。

民国云南通志长编卷六十四

金石二

碧峣经幢

陈古逸书《佛说阿弥陀经》，书时一字百拜，并作观、廷，为幢凡三级，六面，高丈余。在昆明高峣村陈氏法幢精舍。有陈氏及袁嘉穀、张学智、孙乐赞语。

幢内藏写经数十卷。

法幢精舍诗刻

陈古逸自书六言绝句四首。

简寅钦先生墓志铭

陈荣昌撰、书。墓在昆明普吉村。

缪延之嘉寿墓志铭

张一麟撰。邓邦述书。黄葆钺篆盖，题“故勋三位陆军中将昆明缪君之墓志铭”十六字。高二尺二寸。广二尺二寸。三十二行。行三十二字。正书。民国十七年九月，胞弟嘉铭等刻石。在昆明县。见拓片。

清岁贡李君墓表

金天羽撰。从子李根源书。邓邦述篆额。民国十七年十月吉日。在腾冲县来凤山邵子墅。讳恩周，字雨农。

洱源处士张焕南墓志铭

李根源撰。民国十七年十二月。在洱源县。见《曲石文录》。

清守备常鹤龄墓志铭

李根源撰。民国十七年十二月。在保山县。见《曲石文录》。

白龙洞灵泉碑记

宏西龙撰，并书。高二尺。广二尺四寸。二十行，行二十八字。行书。佛历二千九百五十五年九月下沐。在昆明县碧鸡山华亭寺，今云栖寺后。见拓片。

李母阙太夫人诔

章炳麟撰，并书。高一尺二寸。广三尺。三十八行，行十九字。行书。民国十七年。在腾冲县九保。见拓片。

文懿先生墓志铭

门人赵式铭撰。门人李根源书。陆世同镌。高四尺四寸，广二尺。十五行，行三十二字，隶书。中华民国十八年岁在屠维大荒落孟陬月人日。在剑川县金华山。见拓片。

文懿先生剑川赵公碑

金天羽撰。民国十八年。见《天放楼文言》。

清进士江舻故里摩崖

李根源题、书。高五尺。隶书。民国己巳二月。在腾冲县西南二十里镇彝关烈遗山。见拓片。

清岁贡段野史先生从先德教碑

周钟岳撰。民国十八年。在剑川县。见《滇南碑传集》。

重修归化桥记

邑人杨汝炎记。段显文书。高二尺。广三尺。三十二行，行二十五字。正书。民国十八年四月十二日。在顺宁县归化桥。见拓片。

清举人革就三孚言墓志铭

李根源撰。民国十八年己巳五月。在腾冲县南山。

李润九府君与妻寸太君墓表

吴江费树蔚撰。从子李根源书。黄县丁佛言篆额。民国十八年岁次己巳六月。在腾冲县来凤山邵子墅。学诗父母。

云南火药爆碑记

袁嘉穀撰。陈荣昌书。正书。民国十八年。在昆明县世恩坊。

清程刘两抚院故里碑

李根源题，并书。高六尺。隶书。中华民国十八年七月。在景东县。程含章、刘崐也。

清江苏巡抚陈公时夏故里碑

李根源题，并书。高六尺。隶书。中华民国十八年七月。在元谋县。

清大中丞李公因培故里碑

李根源题，并书。晋宁合邑人士公建。高五尺。广二尺四寸。大字一行，行八字。小字一行，行二十五字。隶书。中华民国十八年七月。在晋宁县。见拓片。

许如轩佩墓表

李根源撰，并书。分二石，每石高三尺，广一尺五寸。隶书。中华民国十八年己巳八月。在腾冲县来凤山。见拓片。

开辟大兴街及创修铁索桥记

邑人何作霖撰。里人苏芬书。高三尺。广二尺。二十二行，行三十八字。正书。民国十八年秋月。在顺宁县大兴桥畔。见拓片。

祝圣寺优昙华记

张璞述。周琦书。高二尺八寸。广四尺二寸。三十一行，行二十九字。正书。佛历二千九百五十六年岁当己巳深秋九月朔二日。在宾川县鸡足山祝圣寺。见拓片。

云南平价售米处碑记

袁嘉穀撰。石屏雷恩溥书。高五尺五寸。广三尺。十五行，行四十六字。正书。附记任事者胡耀山、雷沛周等十七人。民国十八年岁次己巳冬月吉日。在昆明县。见拓片。

碧峣韵事石刻

袁嘉穀书邓远游诗四首，周钟岳书杨升庵诗三首，陈古逸书自作七律一首，肖瑞麟录旧作一首，袁嘉穀二首，周钟岳一首。由氏定庵立石。高一尺。广一尺四寸。三十四行，行十七字。行书。己巳冬。在昆明县高峣。见拓片。

清文学李华春颖榕墓碑铭

李根源撰，并书。张一麟篆额。民国十八年己巳。在腾冲县曲石练铅舨。

朱敬之先生墓志铭

石屏袁嘉穀撰。澄江李增书。泸西陈度篆额。高四尺八寸。广二尺八寸。二十二行，行四十二字。正书。民国十八年己巳十月。在龙陵县东山。见拓片。朱旭父。

九幽化光四大字石刻

昆明陈荣昌题。高一尺六寸。广六尺。正书。民国十八年仲冬月。在玉溪县。见拓片。

李谷丞墓志铭

石屏袁嘉穀撰。石屏袁丕佑书。高五尺。广二尺四寸。十八行，行三十六字。正书。民国十八年十月二十一日。在宜良县汤池。见拓片。谷丞名天保。官南韶连镇守使。

重修温泉池记

昆明张学智撰七绝二首，并书。在昆明县黑龙潭。见《龙泉公园采访册》。

清附贡李云农恩覃墓志铭

族子李根源撰。定县谷钟秀书。民国十八年己巳十二月。在腾冲来凤山邵子墅。

海天一览四大字摩崖

大理王人文书。广一丈。行书。在昆明县碧鸡山。见拓片。

重修九龙桥碑记

高三尺六寸。广一尺八寸。十四行，行三十二字。正书。在邓川县。见拓片。

宝峰山三大字摩崖

大理王人文书。高六尺。大字三。小字十二。行书。民国十八年。在腾冲县宝峰山。见拓片。

新建北区福星桥碑记

谢允瑞撰。李琼书。高四尺六寸。广二尺。十五行，行三十二字。正书。中华民国十九年岁次庚午孟春月。在昆阳县。见拓片。

西母王夫人生圹记

张其崟子山甫撰。分二石刻，各高一尺六寸，广二尺，十八行，行十七字。正书。民国十九年孟春月。在顺宁县。见拓片。

清增生李琼楼林瑶墓志铭

族子李根源撰，书。张一麟篆盖。民国十九年庚午二月。在腾冲县明郎练。

清岁贡冷君正光妻史孺人墓志铭

李根源撰。民国十九年二月。在永北县。见《曲石文录》。

石屏袁百举丕钧墓志铭

章炳麟撰。李根源书。张一麟篆额。高四尺。广一尺八寸。十八行，行三十四字。隶书。民国十九年二月。在石屏县。

墓表

从父嘉谷撰，并书。

节孝黄母王宜人生圹志铭

李根源撰，并书。分二石，每石高四尺，广一尺五寸。隶书。中华民国十九年四月。在腾冲县来凤山。见拓片。

重修勐拱关帝庙碑记

李根源撰，并书。旅居勐拱华侨大众公立。分二石，每石高一尺八寸，广三尺四寸，五十八行，行十四字。隶书。中华民国十九年四月。在腾冲县旧属勐拱宣抚司地。见拓片。

青齐李氏族约

李学诗撰。李根源书。高四尺。广二尺。隶书，民国十九年五月。在腾冲县绮罗李氏祠。见拓片。

剑川县长李伯衡大修县城垣及四隅碉楼碑记

赵式铭撰。王崐松书。高五尺。广三尺余。分二石。中华民国十五年立。在城昭忠祠。

团长唐建侯纪功碑记

赵式铭撰。王崐松书。高四尺。广三尺。中华民国十七年立。在南城楼外。

剑川县长李伯衡南关碑记

赵式铭撰。中华民国十五年立。在南乡野鸡坪。

剑川县长修复大堂及厅舍门壁记

赵式铭撰。王崐松书。张子良镌石。高四尺。广二尺六寸。十九行，行三十四字。正书。中华民国十九年岁在上章敦牂月上浣。在剑川县。见拓片。

伯父仙筹先生家传

受业侄秦光玉撰。王崐灿书。男秦光第等立。毕钟镌字。高三尺。广一尺八寸。二十五行，行四十九字。正书。民国十九年岁在上章敦牂三月朔日。在呈贡县。见拓片。讳鹤龄。官元谋县训导。

刘母彭安人墓碑铭

李根源撰，并书。分二石，每石高四尺。广一尺六寸。隶书。民国十九年庚午六月二十一日。在腾冲县。见拓片。楚湘母。

刘母彭安人墓碣

章炳麟题。高四尺。中行篆书，两侧行书。在腾冲县。见拓片。

李根素墓志铭

周钟岳撰。袁嘉穀书。陈度篆盖，题“腾冲李君守白墓志铭”九字。高广二尺。二十五行，行二十五字。正书。中华民国十九年八月。在腾冲县龙盘山。见拓片。

琊琊山三字摩崖

郡人李根源书。直书。每字大小一尺一寸。高四尺。广二尺。五行，行十二字。篆书，款隶书。民国十九年八月。在腾冲县古永练。腾冲诸山皆发脉于此，逾此即茶山、里麻界，恩梅开江流域矣。见拓片。

腾越茨竹隘土司守备左孝臣殉难碑

李根源题。于右任书。腾冲合县人士公建。高五尺。广二尺八寸。六行，行二十一字。行书。中华民国十九年八月。在腾冲县明光。见拓片。

龚晋卿辅国墓志铭

李根源撰。李润枝书。李曰垓篆额。民国十九年庚午八月。在腾冲县九保。

古幢公园重整记

李念祖记、袁嘉穀书。高五尺。广二尺四寸。十三行，行三十二字。行书。中华民国十九年八月。在昆明县古幢公园。见拓片。

袁慎夫观鱼记

邑人杨森书，并跋。高四尺。广一尺八寸。十九行，行四十二字。正书。民国庚午秋。在顺宁县龙泉寺。见拓片。

龙湫夜月诗刻

董永芝、孙缙、李文渊、吴元鳌各七律一首。里人陈贵昌书。高四尺。广一尺八寸。十四行，行三十六字。正书。民国十九年岁次庚午季秋。在顺宁县。见拓片。

云南省议会议长赵直斋伸墓志铭

李根源撰。中华民国十九年九月。在嵩明县。见《曲石文录》。

方母叶太夫人墓志铭

袁嘉穀撰。赵宗瀚篆盖，题“方母叶太夫人墓志铭”九字。四男树梅书。昆明毕钟镌字。高一尺八寸。广一尺八寸。三十行，行三十字。正书。民国十九年岁次庚午仲冬月。在晋宁县。见拓片。

墓志铭二

金天羽撰。李根源书。民国二十年。见《天放楼文言》。

饭藿老人曹先生墓表

李根源撰。李润枝书。李曰垓篆额。民国十九年十二月。在腾冲县河西练邦读山。讳琨，字佩瑶。

腾冲县商会会长金绍和蒙难始末记

刘楚湘撰。高八尺。广二尺六寸。二十行，行六十二字。正书。民国己巳。在腾冲县。见拓片。

祭金绍和碑文

腾冲合邑人士。高六尺。广二尺。十二行，行三十四字。隶书。民国十九年庚午仲冬。在腾冲县。见拓片。

文化之源四大字石刻

于右任书。高一尺八寸。广五尺。行书。在腾冲县图书馆。见拓片。

腾冲图书馆题楣五大字石刻

章炳麟书。高一尺八寸。广五尺。篆书。在腾冲县图书馆。见拓片。

井栏刻石

题“汲入离中煮乾坤”七字。民国辛未春三月。谢执中书。高一尺。广一尺二寸。四行，行六字。正书。在昆阳县第二镇。见拓片。

张成清传

余杭章炳麟撰。同里李根源书。腾冲合县人士公建。高四尺。广一尺八寸。十五行，行三十二字。隶书。民国二十年六月。在腾冲县杨秋帆祠。

张母钟太君墓表

李根源撰、书。张一麟篆额。子荣庭立。高五尺。广二尺四寸。十八行，行三十七字。隶书。民国二十年七月。在腾冲县。见拓片。

宜良县张仁怀给文庙堂判石刻

宋承武书。高七尺。广三尺。二十五行，行四十七字。正书。民国二十年八月。在宜良县文庙。见拓片。

重建海晏桥碑记

呈贡秦光第撰。澄江张鑫书。高六尺。广二尺八寸。十九行，行五十字。正书。民国二十年孟春月。在澄江县海口。见拓片。

杉木笼三字摩崖

明平缅宣慰司地。兵部尚书王骥破思任法于此。李根源书。直书。每字大小一尺二寸。高四尺。广二尺。四行，行十五字。篆书，款隶书。民国二十年。在腾冲县杉木笼。见拓片。

胆札二字摩崖

明置古勇隘也。通茶山、里麻、孟养。邑人李根源书。直书。每字大一尺六寸。高四尺。广二尺。四行，行十五字。篆书，款隶书。民国二十年。在腾冲县胆札。见拓片。

猴桥二字摩崖

邑人李根源书。横书。每字大一尺五寸。高二尺。广四尺。五行，行七字。篆书，款隶书。民国二十年元旦。在腾冲古永。见拓片。

滩滇二字摩崖

邑人李根源携。直书。每字大一尺一寸。高二尺八寸。广二尺。四行，行十字，篆书，款隶书。民国二十年元旦。在腾冲县滇滩隘。见拓片。

土主石山四字摩崖

徐霞客曾憩于此。李根源书。直书。每字大四寸。高二尺。广一尺。二行，行九字。隶书。民国二十年。在腾冲县滇滩隘，见拓片。

雅鸟山三字石刻

邑人李根源书。直书。每字大一尺二寸。高二尺。广二尺。三行，行七字。篆书，款隶书。民国二十年一月。在腾冲县大西练雅鸟山。见拓片。

云峰山三字摩崖

邑人李根源书。直书。每字大九寸。高三尺五寸。广一尺四寸。二行，行十一字。隶书。民国二十年。在腾冲县大西练云峰山。见拓片。

平麓城三字石刻

明万历间巡抚陈用宾筑。李根源书。直书。每字大小九寸。高三尺二寸。广一尺四寸。三行，行十九字。隶书。民国二十年。在腾冲瑞丽设治局。见拓片。

鸟索二字石刻

此清咸同杜乱战场也。李根源撰。横书。每字大一尺六寸。高二尺。广四尺。六行，行七字。篆书，款隶书。民国二十年。在腾冲县大西练。见拓片。

朝阳洞三字摩崖

李根源书。横书。每字大七寸。高一尺四寸。广二尺八寸。二行，行八字。隶书。民国二十年。在腾冲县西练。见拓片。

马面关三字摩崖

元、明古关也。通云龙、五井、泸水、保山。邑人李根源书。横书。每字大一尺一寸。高二尺。广四尺。五行，行八字。篆书，款隶书。民国二十年。在腾冲县界头练。见拓片。

曲石二大字摩崖

印泉长兄先人庄田所在，其十世祖镇雄公隐居处也。于右任书。直书。每字大七寸。高三尺二寸。广二尺二寸。二行，行十字。隶书。民国二十年。在腾冲县曲石铅觎。见拓片。

滚钟溪三字摩崖

宝峰山故迹也。徐霞客曾憩于此。邑人李根源撰。直书。每字大九寸。高三尺二寸。广一尺。二行，行十五字。篆书，款隶书。民国二十年。在腾冲县宝峰山。见拓片。

腾冲赵春楼先生墓表

昭通姜寅清撰。侄孙赵敬业书。章炳麟篆额。高五尺。广二尺四寸。正书。民国二十年十月。在腾冲县东山。

石鼓铭

马太元题。高一尺八寸。周四尺二寸。面篆书二字，底隶书十字，侧行书二行，铭十六字。民国二十年冬。在新平县。见拓片。

嵩明节烈孝妇谢李氏表颂

章炳麟撰。云县张渡书。孙谢景哲、景贤立。内侄李文汉、文林监修。李祚刻石。高五尺四寸。广二尺二寸。十八行，行四十二字。正书。民国二十年岁次辛未冬月。

在嵩明县。见拓片。

第九十九师师长朱晓东石坊刻石

高一丈八尺八寸。广二丈三尺四寸。龙云题额曰“隆誉达德”，陈荣昌“惠洽枌乡”，袁嘉穀“文武经纶”，李曰垓“岩徼英声”，周钟岳“天降雄彦”，谭其筤“梓桑坊表”。联：龙云八言，陈荣昌十九言，袁嘉穀十三言，周钟岳十二言。民国二十年秋九月。在龙陵县。见《龙陵县采访册》。

袁母张太夫人墓志铭

陈荣昌撰、书。行书。在昆明县东山清定庵左侧。见《屏山袁氏校补》。

袁母张夫人墓表

由云龙撰。袁丕佑书。在昆明县东山清定庵左侧。见《屏山袁氏校补》。

重摩衢州孔子象碑

袁嘉穀跋刻。高四尺。在昆明县文庙大成殿右。见《屏山袁氏校补》。

南无大乘妙法莲华经九大字摩崖

正书。安宁县温泉。见《屏山袁氏校补》。

南无阿弥陀佛六字摩崖

袁嘉穀书。字大尺五。正书。在昆明县圆通山。见《屏山袁氏校补》。

徐霞客游憩处碑

袁嘉穀书。杨仲鸿立。正书。在丽江县。见《屏山袁氏校补》。

碧鸡颂摩崖

袁丕佑书。隶书。下刻《碧鸡颂考》，正书。在昆明县碧鸡山千步崖侧。见《屏山袁氏校补》。

拥华二字摩崖

袁嘉穀书。段以忠刻。高二丈。篆书。在昆明西山。见《屏山袁氏校补》。

瓦甸董怀德入祠建坊纪略碑

昆明刘润畴撰、书。高四尺六寸。广二尺二寸。十九行，行二十六字。正书。民国二十年。在腾冲县瓦甸董氏宗祠。见《腾冲县采访册》。

抗节不挠四字石刻

内政部题旌董怀德于杜乱时殉难白马山。每字广高一尺六寸。正书。在腾冲县宝华乡，见《腾冲县采访册》。

陈景图墓志铭

知富州县事盘县谢麟撰。富邑陈肇基书。高二尺六寸。广一尺四寸。正书。在富州县。见《富州县采访册）。

苏春池荣暨配朱夫人墓表

袁嘉穀撰，并书。高四尺四寸。广二尺四寸。二十七行，行五十二字。正书。在宾川县白塔山。见拓片。

墓表二

昆明陈荣昌撰，并书。高四尺六寸。广二尺二寸。二十一行，行四十五字。正书。见拓片。

尹学之先生维仕墓表

曲靖孙光庭撰。定县谷钟秀书。长乐黄葆钺篆额。高六尺。广二尺。二十行，行四十字。正书。民国二十一年壬申二月孙德明等立。在腾冲县河西魁阁山。见拓片。

宾川杨太夫人墓表

昆明陈荣昌撰。长乐黄葆钺书。高四尺六寸。广二尺四寸。二十行，行三十七字。隶书。民国二十一年春。在宾川县平川东山。见拓片。

墓志铭

余杭章炳麟撰。江宁邓邦述书。长乐黄葆钺篆额。十八行，行三十四字。正书。民国二十一年。见拓片。

家传

曲靖孙光庭撰。茶陵谭泽闿书。高四尺六寸。广二尺四寸。二十二行，行四十八字。行书。民国二十三年十月。见拓片。

尹苑林先生占甲墓碣铭

金天羽撰。李根源书。章炳麟篆额。高六尺。广二尺。十八行，行四十字。隶书。中华民国二十一年壬申三月，子明德等立。在腾冲县河西魁阁山。见拓片。

汉经师孟孝琚故里碑

袁嘉穀书。陈廷仁立。在昭通元宝山下，见《屏山袁氏校补》。

般若波罗密多心经

佛海居士孙乐书。分四石刻，各高一尺四寸，广一尺六寸，共四十八行，行六字。篆书。民国壬申年。在昆明县贡院街忆西精舍。见拓片。

建设云南党务指导委员会记

裴存藩撰。雷宣书。高五尺。广二尺六寸。十五行，行四十字。正书。民国二十一年五月。在昆明县。见拓片。

卢母龙太夫人墓志铭

陈启周撰。正书。民国二十一年七月二十二日。在鲁甸县西北百十五里贤隐乡。见《鲁甸县采访册》。卢应祥母也。

碧峣法幢精舍七日念佛记

佛海居士孙乐撰、书。高一尺五寸。广二尺四寸。三十四行，行十一字。行书。民国壬申年八月七日。在昆明县碧峣法幢精舍。见拓片。

龙母李夫人墓志铭

袁嘉穀撰。顾视高书。周钟岳篆盖。高二尺八寸。广二尺八寸。二十六行，行二十五字。正书。民国二十一年八月十九日。在昆明县滇池西观音山。见拓片。

金太公纯泰墓志铭

金天羽撰。黄葆钺书。李根源篆盖。高二尺四寸。广二尺四寸。二十三行，行二十字。隶书。民国二十一年十月。在昆明县西城天台寺。见拓片。

家传

章炳麟撰、书。高七尺。广三尺四寸。十六行，行二十三字。篆书。民国二十一年十月。见拓片。

墓表

赵熙撰。谭泽闿书。高七尺。广三尺四寸。十五行，行二十八字。正书。民国二十一年十月。见拓片。

墓碣

李根源书。高七尺。广四尺。大小字共九行。隶书。民国二十一年十月。见拓片。

泷炭朝云四大字摩崖

李根源篆。八十二老人金殿书刻。高六尺。广四尺。民国二十二年癸酉正月。在腾冲县泷炭山。见拓片。

比立尼妙静功行碑

高三尺。广一尺六寸。十四行，行四十字。正书。民国二十二年岁在癸酉夏四月。在宾川县鸡足山祝圣寺。见拓片。妙静，虚云和尚之庶母也。

李鹤峰中丞公故里碑亭记

村后学李桢撰。苏玉麟书。高二尺。广四尺。三十三行，行二十四字。正书。民国二十二年闰五月一日。在晋宁县望鹤山麓。见拓片。

清廪贡杨汉云登霄墓志铭

李根源撰。民国二十二年五月。在顺宁县丰厚村。见《曲石文录》。

王承谟先生开国墓碣

章炳麟书，题曰“清孝廉王承谟先生之墓”。高四尺。三行。篆书。民国二十二年。在腾冲县南山。见拓片。

尹同庵先生玉书墓志铭

刘楚湘撰，并书。民国癸酉冬月。在腾冲县西山。

盐津戴益卿时焕墓志铭

李根源撰。民国二十二年十月。在盐津县黑铅田。见《曲石文录》。

华洋义赈分会新修迤东汽车路碑记

顾视高撰，并书。高三尺八寸。广一尺八寸。十行，行四十字。正书。后列董事由云龙、李正芬、周钟岳等三十八人。刻工李玉龙。民国二十二年癸酉孟冬月。在昆明县。见拓片。

财政厅宜良清丈分处记事碑刻

朱文炳撰。张子由书。高五尺。广三尺。十九行，行四十二字。正书。民国二十二年七月。在宜良县文庙。见拓片。

新修水沟记

嵩明李文汉星槎记。广西榴江于守云汉翔书。高四尺。广二尺。十二行，行三十字。隶书。民国二十二年双十节。在昆明县北校场。见拓片。

马关李太公相邦墓表

李根源撰，并书。分二石，高二尺二寸，广一尺四寸，共十八行，行二十七字。隶书。民国二十二年腊月十六日。在马关县城子山。见拓片。

墓碣

章炳麟撰。高三尺六寸。广二尺二寸。三行，中行篆书，两侧行书。见拓片。

蒋怀若先生谷墓志铭

陈荣昌撰。民国二十二年。在昆明县。

金汤锁钥四字摩崖

文山县长李郁高题。高一尺二寸。广四尺三寸。行书。民国二十二年。在文山县天生桥。见《文山县采访册》。

张茂才墓志铭

袁嘉穀撰。段克明书。民国二十二年。在昭通县天梯。见拓片。

腊竹里凿石崖碑

会泽马凌云撰。高三尺二寸。广一尺八寸。正书。在距福贡八里许腊竹里。见《福贡采访册》。

福贡学堂碑

会泽马凌云撰。高二尺。广一尺二寸。正书。在福贡设治局。见《福贡采访册》。

腊乌凿路碑

荆州景方鋆撰。高二尺五寸。广一尺六寸。正书。在距福贡设治局三里腊乌。见《福贡采访册》。

利沙里凿石崖碑

洱源张铺撰。高二尺八寸。广一尺五寸。正书。在距福贡设治局一百五十里利沙里。见《福贡采访册》。

福贡仓谷碑

陆凉保维德撰。荆州景方鋆书。高二尺五寸。广二尺。正书。在福贡设治局。见《福贡采访册》。

石月亮摩崖

维西李翰湘题“边陲大观”四字。隶书。在福贡三区碧江西高黎贡山之巅。石峰嶙嶙，中空丈余，俨如初升之月。见《福贡采访册》。

铁峰庵题名摩崖

袁嘉穀书。字大六寸。记惺庵、定庵、莼鸥、屏山重九游此。在昆明县铁峰庵。

见《屏山袁氏校补》。

精忠遗迹石刻

分三石，各高一尺二寸，广二尺二寸。行书。岳飞书。十七行。首李光国题，次梁章钜跋，十二行。次张木欣跋，七行。墨迹旧为章钜藏，继归恭王府。民国己巳，张木欣得于北京，携还腾冲。甲戌春摹刻。嵌于腾冲六保街木欣图书馆壁。见拓片。

李灿高增墓志铭

顾视高撰，并书。民国二十三年。在澄江县。

烈遗山三字摩崖

邑人李根源题。直书。每字大八寸。高二尺八寸。广一尺二寸。三行，行十一字。隶书。民国二十三年。此腾越太古火山之遗也。在腾冲县镇彝关。见拓片。

热海二字摩崖

大理提督张文光殉难于此。徐霞客有记。李根源书。直书。每字大小五寸。高一尺四寸。广一尺二寸。五行，行五字。隶书。民国二十三年。在腾冲县清水练硫磺塘。见拓片。

董库二字石刻

此滇西都督张君文光故居。李根源书。直书。每字大小九寸。高二尺四寸。广一尺四寸。三行，行十一字。隶书。民国二十三年。在腾冲县东练。见拓片。

囊宋关三字石刻

李根源撰。直书。每字大一尺一寸。高四尺。广二尺。四行，行十三字。篆书，款隶书。中华民国二十三年一月。在腾冲县囊宋关。见拓片。

叠水河三字摩崖

邑人李根源书。横书。每字大九寸。高一尺二寸。广三尺二寸。三行，行五字。隶书。民国二十三年。在腾冲县叠水河。见拓片。

大洞温泉四字摩崖

李根源书。直书。每字大三寸。高一尺七寸。广一尺四寸。三行，行五字。隶书。民国二十三年。在腾冲县大董练黄坡。见拓片。

护珠寺三字石刻

一名干峨寺。蒙诏时孟氏创建。邑人李根源书。横书。每字大七寸。高一尺。广三尺六寸。六行，行七字。隶书。民国二十三年元月。在腾冲县北练护珠寺。见拓片。

龙江驿三字摩崖

李根源书。直书。每字大一尺二寸。高四尺。广二尺。三行，行十二字。篆书，款隶书。民国二十三年一月。在腾冲县龙江桥。见拓片。

董官村三字石刻

乡贤董小亭先生大纯故里。李根源书。直书。每字大一尺一寸。高四尺。广二尺。四行，行十六字。篆书。款隶书。中华民国二十三年一月。在腾冲县小西练董官村。见拓片。

盘龙元梅四字石刻

李根源书。高三尺。广一尺六寸。三行。隶书。在晋宁县盘龙山元梅花下。

黄烈士小康墓志

云南省立丽江中学校长和志钧撰。丽江县教育局长和志坚书。高六尺。广二尺四寸。十二行，行五十字。隶书。民国二十三年四月。在丽江县城北东河里。见拓片。小康名金钟，抗县官贪暴殉难也。

清凉寺灵溪公园记

嵩明李文汉撰。高四尺。广二尺四寸。十八行，行三十一字。隶书。民国二十三年五月一日。在盐兴县元永井。见拓片。

清咸丰丙辰年昆明回教被难先灵墓碣

额上书回文，碣旁亦书回文。高五尺。广二尺六寸。正书。在昆明是。见拓片。

迁葬咸丰丙辰年昆明五方被难回教亲友碑记

额有横书回文二行。陆军中将前云南省政府委员兼云南省盐运使马聪书。云南回教俱进会、昆明清真公会暨绅耆士庶等公立。分二石刻，各高四尺二寸，广二尺，共二十九行，行四十字。正书。民国二十三年甲戌仲夏月。在昆明县大西门外上麻园清真公地。见拓片。

清翰林院检讨许公尔超故里摩崖

李根源书。腾冲第五区绅民公建。高四尺。广二尺。三行，行十二字。隶书。民国二十三年六月。在腾冲县瓦甸。见拓片。

济康墓志铭

前山东即用知县郑炳麟撰。前山东提学使陈荣昌书，高二尺八寸。广三尺八寸。四十三行，行三十字。正书。民国二十三年甲戌七月十六日。在昆明县东乡白龙寺。见拓片。

秦母朱太夫人家传

陈荣昌撰。星南朱昌书。降服子秦光第附跋二行。高三尺二寸。广二尺。二十三行，行四十九字。正书。民国甲戌九月朔。在东关外贝子茔。见拓片。秦秀峰先生室。光铭、光玉母。

新营陆军墓地纪念标刻

民国革命军驻文阵亡病故将士之墓。标座四方。高一丈二尺。广五尺。龙霖撰叙。十五行，行三十三字。正书。民国二十三年十月十日。文山县城西新街。见《文山县采访册》。

补修石洞寺过楼石门围墙碑记

里人苏芬美珊撰，并书。监修人杨永桊、苏藻等立。高一尺四寸。广二尺二寸。二十四行，行十七字。正书。民国戊辰仲冬上浣。在顺宁县石洞寺。见拓片。

财政厅禄罗区清丈分处禄丰县记事碑

禄罗区清丈分处长李世昌撰。民国二十三年甲戌十二月上浣。在禄丰县。见拓片。

曩连德死事碑

李根源题书。高五尺。广二尺。七行，隶书。民国二十三年十二月。在腾冲县河西练。见拓片。连德密探里麻江心坡，染瘴道卒也。

尽瘁边事四大字刻石

内政部题褒曩连德。高六尺。广二尺。正书。民国二十三年十二月。在腾冲县河西练。见拓片。

百岁明母马太夫人墓表

李根源撰。李藏谷书，并篆额。民国二十四年八月。在腾冲县西山。

大理阎庶侯墓表

李根源撰。民国二十四年九月。在大理县玉局峰。

赵曾夫人墓志铭

李根源撰。夫赵家珍书。民国丙子四月。在普洱县。

孙母张夫人墓表

陈荣昌撰、书。民国二十四年一月十四日。在昆明县北关外沐家山。见《昆明县采访册》。前云贵总督张公凯嵩女，孙少元先生妻也。

重修南隅乡堰塘坝碑记

李润生撰，并书。高四尺六寸。广三尺。十九行，行三十六字。正书。民国二十四年孟春。在晋宁县南隅乡。见拓片。

重修潞江惠通桥碑记

保山林筑品撰。蒙化陈铭竹书。高六尺。广三尺。二十三行，行四十八字。正书。民国二十四年一月三十一日。在龙陵县惠通桥。见拓片。

重修梵王宫碑记

乡人李润生撰，并书。高七尺。广三尺。二十一行，行四十二字。正书。民国二十四年仲春。在晋宁县南隅乡。见拓片。

省财政厅清丈双柏县耕地记事碑

云南省财政厅双柏清丈分处长沈富增撰。高三尺六寸。广二尺二寸。十八行，行三十四字。正书。民国二十四年二月二十八日。在双柏县。见拓片。

雄镇三关四字石刻

邑人黄忠季题。附贡陈肇基书。高一尺六寸。广五尺四寸。行书。民国二十四年三月。在富州县东门城楼。见《富县采访册》。

跋郑和太公墓志铭刻石

昆阳县建设局长张臣撰。邑人陈钟书。高八尺。广三尺。二十一行，行五十五字。正书。民国二十四年乙亥仲秋月。在昆阳县。见拓片。

明史三保太监郑和传

荔扉师范撰。邑人武良书。高八尺。广三尺。二十二行，行六十字。正书。民国二十四年乙亥仲秋月。在昆阳县。见拓片。

清浦王兰泉先生叠水河瀑布诗摩崖

李曰垓书。李根源、刘楚湘勒石。高五尺。广七尺。十九行，行十五字。行书。民国第一乙亥冬。在腾冲县叠水河。见拓片。

朱晓东墓志铭

石屏袁嘉穀撰。在龙陵县。见《龙陵县采访册》。

墓表

石屏袁嘉穀撰。在龙陵县。见《龙陵县采访册》。

明三保太监郑和故里刻石

知昆阳县事杨和声立。高五尺。广二尺。三行。正书。民国丙子春望日。在昆阳县城内。见《昆阳县采访册》。

修补天生桥记

屏边县长王学撰。民国二十五年一月。在屏边县东三十里之天生桥。见《屏边县采访册》。

姊妹山三字摩崖

李根源撰。横书。每字大一尺二寸，高二尺，广四尺。三行，行四十字。篆书，款隶书。丙子冬。在腾冲县姊妹山。见拓片。

集鹰山三字摩崖

邑人李根源书。横书。每字大一尺二寸。高二尺。广四尺。三行，行六字。篆书。款隶书。民国丙子冬月。在腾冲县打鹰山。见拓片。古火山也。

故署四川督军广西省长罗公熔轩墓表

无锡诸祖耿撰。腾冲李根源书。吴县张一麟篆。隶书。民国二十五年十二月。在澄江县朱家山。

嵩明云溪高等小学校产业碑记

李文汉记。李树棠书。高六尺。广三尺二寸。三十一行，行五十二字。正书。民国二十五年十二月十五日。在嵩明县。见拓片。

福贡实业碑

会泽马凌云撰。高二尺。广一尺二寸。正书。在福贡设治局。见《福贡采访册》。

双江县三字石刻

李根源书。直书。每字大一尺二寸。高四尺。广二尺四寸。四行，行十四字。隶书。民国二十六年。在双江县。见拓片。

天南奥区四字石刻

双江县长李君文林属题。李根源书。直书。每字大一尺。高四尺。广二尺。三行，行十五字。隶书。民国二十六年。在双江县。见拓片。

漾濞县三字石刻

郡人李根源书。合邑人士公立。直书。每字大一尺二寸。高四尺。广二尺。二行，行十五字。隶书。民国二十六年。在漾濞县。见拓片。

昌宁县三字石刻

李根源书。直书。每字大一尺二寸。高四尺。广二尺。二行，行十五字。隶书。民国二十六年。在昌宁县。见拓片。

永胜县三字石刻

李根源书。合邑士庶公立。直书。每字大一尺二寸。高四尺。广二尺。三行，行十三字。隶书。民国二十六年。在永胜县。见拓片。

署山西巡抚实任布政使刘公慥故里刻石

乡后学李根源书。永胜县士庶公立。直书。高四尺。广一尺八寸。三行，行十七字。隶书。民国二十六年。在永胜县。见拓片。

云南双江县政府七字石刻

县长嵩明李文林立。高八尺。广二尺。正书。民国二十六年。在双江县。见拓片。

云南双江县政府碑记

双江县长嵩明李文林撰文。昆明董福宁书丹。分二石刻，各高四尺，广三尺二寸。共五十四行，行三十七字。隶书。民国二十六年丁丑花朝节。在双江县政府。见拓片。

云南双江县全图石刻

县长李文林置。双江在云南西南角。民国十七年，合上改心、四排山两分县、勐库、勐勐而成。全县分五区，计三十八乡镇。烟户八千户，人口五万有奇。由东至西二百余里，由南至北一百六十余里，面积三万三千余方里。何士林制。毕开义绘。李英记。高三尺。广二尺。在双江县政府。见拓片。

云南西南边地省立学校创设记

校长嵩明李文林撰文。昆明董福宁书丹。缅宁丁石城刻石。高四尺。广二尺。十九行，行二十四字。隶书。民国二十六年春。在双江县。见拓片。

双江县彭忠义公专祠碑记

双江县长嵩明李文林撰文。昆明董福宁书丹。缅宁杨汉清、丁石城、戎正嵩刻字。分二石刻，各高四尺，广三尺二寸。五十三行，行四十字。隶书。民国二十六年丁丑花朝节。在双江县。见拓片。

云南陆地测量局长洱源赵液池鳌墓志铭

剑川周钟岳撰。民国二十六年四月二十五日。在洱源赵家庵。

昆明何君子泉暨配吴孺人墓志铭

孙光庭撰。李根源书，并篆额。高五尺。广二尺四寸。隶书。民国二十六年。在昆明县东关外紫云山。秉智父。

戎公定荣墓表

嵩明李文汉撰。张兴旺书。丁石城刻字。高二尺。广一尺四寸。十三行，行二十八字。正书。民国二十六年春。在缅宁老尖山。见拓片。文汉、文林母戎氏故里也。

母里碑

李文汉记。杨垣美书。李文林、戎建国立。丁石城刻。高二尺。广四尺。二十四行，行十六字。正书。民国二十六年春。在缅宁老尖山。见拓片。文汉、文林母戎氏故里也。

南荔草堂石刻

在晋宁县方氏。见拓片。

南荔草堂四字

困叟陈荣昌并识。高一尺四寸。广四尺。跋六行，行九字。行书。民国庚午十月。

杨一清刺使存问志感七律一首

高一尺。广四尺四寸。十九行，行五字。行书。

诗境二字

陆游。高二尺。广一尺。正书。

担当七绝四首

高一尺二寸。广四尺二寸。二十四行，行六字。草书。

担当墨迹

“趣冷人闲，高士书来”八字。附刻五、七绝诗各一首。高一尺二寸。广三尺六寸。小字六行，行书。

云中一鹤四字

师范。高一尺。广二尺二寸。行书。

刘大绅张鹏升遗墨合刻

刘七绝一首，张书格言联十二字。高一尺。广三尺六寸。十行，行四字。行书。

李因培师范诗合刻

李七古一首，师七律二首。高一尺二寸。广三尺六寸。三十行，行十四字。李草书，师行书。

完白山人诗刻三石

邓石如书《应荔扉父台命》：一、五绝二首。高一尺。广二尺。十行，行五字。隶书。二、五绝二首。高一尺。广二尺。十行，行五字。行书。三、五绝二首。高一尺二寸。广二尺四寸。十二行，行六字。行书。

自得二字

钱沣。高一尺二寸。广二尺四寸。后附甲子午日赵藩跋。七行，行十七字。行书。

乐志论

钱沣。高一尺。广四尺。三十二行，行八字。正书。

闲坐咏诗四字

钱沣。高一尺。广一尺六寸。正书。

赋孔雀七律一首

寄庵刘大绅。高一尺。广一尺六寸。十一行，行六字。正书。

晚香二字

何彤云。高一尺。广二尺六寸。行书。

方学周墨刻

节录《近思录》。高一尺二寸。广四尺。十五行，行五字。行书。辛卯新秋。

陈荣昌长歌行一首

《赠别方耀仙》。高一尺。广四尺。三十五行，行十一字。行书。民国甲戌十月。

石禅老人诗

赵藩。《方村》七律一首，五律一首。《赠耀仙兄弟》七律一首。《宿方氏宗祠》七律一首。《赠方氏六昆弟》七绝二首。高一尺二寸。广五尺。三十三行，行九字。行书。

赵藩书札

二函。高一尺二寸。广二尺二寸。二十行，行十字。行书。辛酉十一月望。

乐耕堂三字

赵藩书并跋。高二尺六寸。广五尺。跋七行，行十二字。行书。大字隶书。甲子秋八月。

赵藩四言联

“闭门种菜，抱瓮灌园”。高六尺。广一尺四寸。行书。

滇贤象刻

共十石。明杨文公、明唐池南佥事合刻一石。明段恭节公、明杨忠节公合刻一石。明文贞赵先生、明袁荣之茂才合刻一石。明唐五龙解元、明担当上人合刻一石。清高雪君土知府、清倪蜕翁布衣合刻一石。清张月槎侍御、清钱南园侍御合刻一石。清张溟洲侍郎、清方茂亭明府合刻一石。清黄文洁公、清许五塘广文合封刻一石。清严秋槎大令、清方友石州同合刻一石。清张竹轩广文，附袁嘉穀跋，八行，行十二字，行书一石。民国甲戌端午日。在昆华图书馆。见拓片。

滇贤墨刻

共十二石。在昆华图书馆。见拓片。

担当一石

七绝、五绝各一首。“趣冷人闲”四字。高八寸。广二尺二寸。六行，行十一字。草书。

朱昂赵士麟一石

朱七律一首，赵扇面一幅。高一尺。广二尺二寸。二十三行，行十三字。朱行书，赵草书。

虞世缨一石

节临《九成宫》。高一尺。广二尺。二十一行，行八字。

涂晫傅为许尹壮图一石

涂五绝一首，傅赐谥忠愍诗五古一首，尹联一副。高一尺。广二尺。十二行，行十五字。行书。

李因培一石

《题春山小霭图》古歌一首。高一尺。广二尺。十七行，行十三字。草书。

马汝为释介庵张汉一石

马七绝一首，介书《离骚》，张七律一首。高一尺。广一尺四寸。十七行，行十四字。马、介行书，张草书。

孙璠林有柄张端亮一石

孙录古语，林七绝一首，张七绝一首。高一尺。广二尺。十七行，行十二字。林正书，孙、张行书。

周于礼一石

《苔溪诗》五律一首。高一尺。广二尺二寸。十行，行八字。行书。

陈履和张鹏升袁文揆一石

陈五律一首，张《心经揭》十八字，袁七言二句。高一尺。广二尺。十七行，行十一字。行书。

刘大绅师范一石

刘录欧阳修语，师《赠钱竹汀》七古一首。高一尺。广二尺。二十二行，行十三字。刘正书，师行书。

戴絅孙一石

扇面一幅。高一尺。广一尺四寸。十四行，行八字。行书。

许印芳张舜琴袁嘉榖一石

许评袁诗古文，张自挽联，袁《滇贤墨刻跋》。高一尺。广二尺。二十行，行二十字。行书。

民国云南通志长编卷六十五

人物

一、政事

唐继尧

继尧字蓂赓，别号东大陆主人，会泽县人。清末，以诸生留学日本，毕业士官学校，归国考列优等。李经羲督滇，调充督练公所参谋处提调、讲武堂教官、七十四标二营管带，转讲武堂监督。辛亥，民国建立，任军都督府参谋部次长。领师北伐，至黔时，黔省以匪乱求援，平之，遂任贵州都督。三年，调云南都督，旋改开武将军。五年，袁世凯帝制议起，初仅讨论，后渐实行，继尧知大拂民意，与蔡锷潜通声气。及蔡入滇，李烈钧、方声涛、熊克武亦至，决计出师讨之。首电袁氏取消帝制，随即通电宣布独立。第一军出蜀，蔡领之；第二军出桂，李领之：名曰护国军。继尧以都督坐镇云南。及肇庆立抚军院，推为院长，岑春煊副之。护国一、二两军入川、桂后，虽互有胜失，而各省相继响应。袁氏位不自安，下令取消帝制，未几病殁。黎元洪继任总统，未一年去位，参议、众议两院解散，冯国璋、徐世昌、段祺瑞迭长国政，战乱不宁。继尧起而护法靖国，出兵川、粤。九年，顾品珍由川率军回滇，继尧让之，出居粤。十年，还任督军。十六年滇政改组，推为总裁，旋病卒。继尧资禀英好，气度雍容，有文武才。历长军、民两政，约十余年。再造共和，厥功尤伟，晋至陆军上将，勋一位。地方民众，建标铸像，以为纪念。喜吟咏，著有《东大陆主人言志录》。间绘墨竹，亦疎落有致。

刘臣尧

刘臣尧，字文山。先为广东嘉应人，父官蜀，遂移居重庆。十五能文，应童子试于江津，被攻冒籍，拘于县署。时县令为蒙自陆葆德，精技击，著名直、鲁、晋、豫间。以翰林出宰是邦，观臣尧相不凡，令入署亲为讲授。于文武艺术，皆得其要。葆德殁，游滇无所遇。适中法越南战事，毅然从军。攻宣光时，随入地道，将通城，敌觉，埋火药以俟，臣尧善听风，令速出，不及者被毁。和局定，回省教授生徒，多能知名当世，更习刑名，应各司道牧令之聘，参赞幕府，渐得当路知遇。英法与滇西南界务交涉，大府以其耐劳，任以划界委员。不避艰险，并日一食，积功保以知县试用。嗣监查法修滇越铁路，以平日对于铁道工程深有研究，十余年间常与法国工程专家交涉往还，且略通法语，得了解铁道建筑工程原则。光绪末年，云南滇蜀腾越铁道公司成立，大府委以初次测勘滇蜀铁道路线。披荆斩棘，攀岩扶壁，履险过溜，并食野宿，历二年余，选择由昆明经昭通达叙州一线，绘图详注上之。继经复测调查比较，皆以臣尧采取由洒鱼河循大关河转盐津河出横江至宜宾一线为适当案。今交通部定案，叙昆铁道路线仍依原案未改。作又于国防界务，极有抱负。民国十六年得当道任，就四排山县佐地，组成新设双江县治。适值班洪佧佤班弄回民互相械斗，臣尧一再密呈省政府暨交涉署，详报班洪炉房厂矿产、外人垂涎、传教利诱及叛匪宋钟福等乘机扰乱各情形，并建议亟应经营公明、西盟两山，设防勐角董，奖励班洪野王胡玉山，保荐彭肇纲为抚慰班洪专员等。至二十二年，外兵果侵占炉房厂地。翌年二月，攻毁班老村寨，叛匪宋钟福等威胁班洪，胡玉山竭力抗拒，迄西南义勇军参加抵御，外兵始不前进，皆不出其所料。密呈俱有存稿。此外，尚著有《滇边界务事略》一卷、《问答》一卷，未刊。嗣以劳绩署理云龙知县，抵任计擒大盗金某，人惊其神勇，而不居其功。历膺保案晋升同知直隶州，然犹未尽其才也。清末，总督锡良知其才，调补文山知县。未几光复。入民国后，尝以教授自给。臣尧刚简不矜饰，深自晦藏，不苟求人知，遇事则果于有为。当时论者，谓其质朴淡泊，不合时宜云。卒年八十三。

陆邦纯

陆邦纯，字稚芰，江苏吴县人。由通判分发云南，历任师宗、蒙化、鹤庆、蒙自、宾川各州县，所至有声。升补元江直隶州知州，旋任全省团务总局提调。整饬团务，闾阎乂安。民国光复，滇军政府任为参谋部第七部长，运筹帷幄，倚畀甚殷。五年，任腾越道尹兼关监督，勤于课吏，所属地方皆能效法，边民阴受其福。九年，任普洱道尹，以先曾任洋务局文案，于英法外交知之甚深，到任后办理外交、会勘边案，悉驾轻就熟，人民至今犹爱戴之。嗣任省政府少将参议兼枢要处课长、剿匪事务处主任，殚精竭虑，以致积劳成疾，遂辞职。日惟诵经礼佛，笃守皈戒，发愿专修旅滇江南同乡会，推举为会长。于公有产业，认真清理。时局屡经变迁，而乡人尚能团结，维持乡谊，其力为多。二十九年逝于昆明，年七十八。依佛法火化，子敬基、兴基、端基，能世其家。

李正棻

李正棻，字映川。幼孤，赖伯母张氏鞠养，因以为嗣。先是，父昆仲伯叔辈二十余人，值乱，迤西一带遍遭蹂躏，大兵之后，继以瘟疫，亲族数十丁口，或死于兵祲，或殁于王事，所存者与母二人而已。乱平归里，庐舍已毁于兵，祖遗田产又为族中豪强掠夺净尽，家徒壁立。于是出就外傅，勤苦攻读。每自塾归，辄助母氏操作，不耽嬉戏，迥异常儿，里人交誉之。年二十，入邑庠，旋食廪饩，邑人士争聘为子弟师，其自远道负笈相从者，恒数十百人。十数年间，所造就者甚众。继因食指渐繁，乃迁居元兴井，创建恒丰盐灶，经营盐业，且读且贾，家渐小康。民国二年，本省政府整顿盐政，稔知熟悉鹾务，委任白井全区督销总办。下车后，周历各井区，详切考查，规划扩充边岸。销情畅旺，课额日增。常有言曰："盐政无他法，但供过于求，则恤商；求过于供，则恤灶。两得其平，则销情自畅，课额自增，商灶无困累，人民无淡食矣。"嗣盐政改组，调任凤仪县知事。事必躬亲，狱无留滞，至今人犹颂之。七年，省议会第二届改选，被选为省议员，复举为正议长。其子等以年事高，请勿就，曰："议会代表人民，但使闾阎疾苦得以上闻，民意得以宣达，身虽劳，于心滋慰。"继政府特聘兼任滇蜀腾越铁路公司总办，路款得以保存者数百万元。议会期满，解职后，专致力慈善事业。历任省赈济会会长、昆明市慈善会董事、监事、中国华洋义赈会云南分会正会长。举凡救死扶伤，恤孤怜贫，无不尽心力为之。生清咸丰丙辰年九月九日，卒民国庚辰年九月九日，寿八十六，无疾而终。人以为生有自来云。

苏桂芬

苏桂芬，字筱荃，昆阳人。由清光绪乙酉科举人大挑分发贵州，署理修文县知县。嗣经广西巡抚林绍年调办文案，旋又调赴广东，办理督辕文案，以勋补授广东肇庆府知府。辛亥光复，陆军第二师师长兼南防剿匪司令官刘祖武聘任军法处长兼参议，调署大理县知事。八年以后，历任云南督军公署枢密官，北伐军司令部、云南省禁烟公所、昆明市政府秘书长，云南全省团务督练处秘书。桂芬赋性明敏，娴古文学。生平著作甚富，以抗战敌机轰炸昆市，稿遗失无存。

张渠

张渠，字汉石，原名鸿范，字定宇，昆明人。幼承家学，博涉群书，由附生考选云南经正书院高材生。光绪癸巳恩科举人。乙巳，以高等学堂教习咨送日本考察学务，并入宏文学院习师范，深得彼邦教育旨趣。毕业返滇，历充省会各学堂博物教员，兼师范传习所监督。尽心教导，裨益来学，为地方培植人材甚夥。宣统元年，援例报捐知县，签分贵州，先后充巡警区官、学务公所科长。辛亥光复，假归，任云南景东、大姚两县知事，路南、安宁两县县长，均有声。生平著作未刊稿，散见《经正课艺》及《滇文丛录》中。

张自明

张自明，字智斋，别号浑庵，龙陵人。少时丰姿英敏，性情爽直。读书颖悟超群，抱负不凡，弱冠入儒学。宣统己酉，投考云南讲武学堂，毕业乙班第一期。辛亥光复，随师长李根源赴迤西抚循边氓。护国之役，又从蔡锷、罗佩金率师援川，任上校参谋长，掰画周详，严若秋霜，军纪风纪，井井有条。嗣任江西进贤县长，政声卓著。民国十八年回滇，当轴以有干济才，委任麻栗坡对汛督办，整治边圉，安抚边氓，不遗余力。次年任马关县长，政通人和，百废俱兴。凡地方教育、建设、农田、水利，以及修治道路、举办公益事项，靡不躬亲提倡，捐俸为之。并手编《马关县志》，刊印分布，尤称难得。在任二年，至交卸日，万民欢送，不绝于道。二十四年，任云南第六区团务督练分处长，于文山一带训练团队，整饬有方，极为当道器重。二十六年，以积劳病卒于昆明。自明曾东游会稽、朱方，上匡庐，探禹穴，徜徉具区、桐庐之旁，所至交会英哲贤豪，雅歌赠答于樽酒之间。其为诗宏肆健直，有六十六首，与词五阕。腾冲李根源为录入《永昌府文征》，并与王选瑾诗合刊为《龙陵二子诗》行世。

吕志伊

吕志伊，字天民，别号金马、侠少，思茅人。原籍石屏，父金山携之入思茅，遂著籍焉。幼敏慧好学，十五入泮，肄业普洱宏远书院、省会经正书院高材生，究心经世学，兼能诗古文。弱冠，中庚子、辛丑并科乡试。甲辰，被派赴日本留学，肄业宏文学院速成师范班。乙巳秋，孙总理至日京，志伊聆其演讲，遂决心革命，矢志不移。云南留学生之入同盟会者，以志伊及张朝甲、张华澜、杨振鸿为先导焉。是冬，二张及杨均毕业归国，志伊继续留学，入早稻田大学政治经济科，兼任同盟会云南支部长。自丙午至戊申，由其介绍入党者，先后达百余人。《民报副刊》册内《云南讨满洲檄文》，即其所著。又以清廷严禁《民报》输入国内，乃与赵伸等发刊《云南杂志》，以近代之历史事实、政治学说，灌输民族、民权主义；文字含蓄，使清廷不知注意，而阅者自能领悟。又虑文言未能普及，复发刊《滇话报》为以白话文宣传革命之前驱。戊申夏，云南河口之役，清廷有借外兵平内乱议，志伊与杨振鸿、赵伸、杜韩甫、黄毓英等发起云南独立会于日京，为义军声援，宣言与清廷断绝关系。开会时志伊登坛演说，听者皆大感动，有台湾遗民之五龄幼女，亦感泣解囊捐助，军饷立集，得款数千金。志伊与党中主干，密派同志数十人赴越入滇助战，惜未至而义军已败。乃商之大森体育学校，开暑期军事讲习会，集同志中有志实行革命而格于禁例不能入军校者入会训练，如武汉起义之孙武、湖南起义之焦达峰、四川起义之熊克武，均会中人，他若战守武汉之学生军、攻克南京之沪军先锋队，其干部人员亦多属之。是年冬，清两宫死，杨振鸿急谋入滇西举义，电约志伊至仰光，商进行策。志伊乃先至新加坡，谒孙总理受机宜，及抵仰光，振鸿已先行。至瓦城，闻振鸿败殁，志伊乃返仰光，与居正共主《光华日报》，以鼓吹革命。及《光华日报》改组《进化报》，居正被讼累出境，志伊乃独力任报务，并谋举义于滇西。旋以有英兵占片马之报，遂暂停滇事，以全力图粤。辛亥三月广州之役，志伊任撰拟法令、檄文，并保存印信、密件。事败赴沪，任《民立报》撰述，与宋教仁、陈其美、谭人凤、于右任、史家麟、杨谱笙等组织同盟会中部总机关，筹划联络长江流域之革命。及川汉铁路风潮起，湖北同志居正、杨玉如至沪报告，决起义于武汉。志伊回滇谋响应。云南光复，志伊任都督府参议，与蔡锷及滇中同志筹划派兵援川。及弭腾越之衅，定临、蒙之变，均悉中机宜，滇之萧墙无患、反侧胥安者，志伊赞助之功为多。旋充赴宁全权代表，选孙总理为临时大总统。民元，南京政府成立，任司法部次长。时总长伍廷芳在沪，任南北和议总代表，部中用人、行政均由伊主持，历时仅三月，建设规模已大备。辞职后，任同盟会上海机关部副部长、民国新闻社总编辑。是秋，奉孙总理命，赴南洋各岛及缅甸筹设国民党各支、分部。二年，当选国会参议院议员，对袁政府违法签字之大借款及丧权误国承认外蒙独立之《中俄协约》，均竭力反对。四年，回滇运动反对袁氏，被捕入狱。释放后，仍稳密继续进行，与杜韩甫等同谋协力分头进行。滇军中干部如邓泰中、杨蓁、田钟谷、李文汉、李植生等，黔军中干部如吴传声、熊其勋、彭文治等，均联合一致，决心讨袁。迨“筹安会”发生，唐继尧特托志伊出外与各省同志联络，冀广树声援，分袁兵力，故蔡锷、李烈钧等入不数日，云南即首义，拥护共和，反对帝制，则伊与滇同志诸人，智灼机先，运动经年之力，亦不可没也。袁死黎继，志伊仍供职参议院。六年，督军团叛变，志伊随孙总理赴粤护法，及粤军回粤，志伊任司法部次长，并奉总理命，与张继筹设中国国民党本部广州办事处。十年，非常国会选孙总理任大总统，志伊改任内政部次长。十一年，陈炯明叛变，孙总理赴沪。国会恢复，志伊从党议，坚持法统。迨直系逐黎，志伊与诸同志先行赴沪，拒绝曹锟贿选。十三年，任大元帅府大理院院长，兼管司法行政事务，并任广州第三区党部执行委员。十七年，中国国民党中央党部派志伊充云南省党务指导员，国民政府简任志伊为云南省政府委员兼建设厅长，均辞未就职。及国民政府立法院成立，志伊连任立法委员四次。在议场发言，多本总理遗教及国利民福为主张，辞义严正，恒得多数之同情，舆论许为“议会之柱石，国家之元气”。十八年，充中国国民民党第三次全国代表大会云南代表及中央党史史料编纂委员会名誉编纂。抗战军兴，志伊以老病疏散还滇，仍努力后方工作，担任动员委员会设计委员。二十九年卒。志伊为人不拘小节，然大节凛凛，不以利害夺。投身革命垂四十年，宣传奔走，屡任秘密工作，艰险不避，始终如一，对于党国贡献甚巨，为云南革命党之巨擘焉。

黄德润附子毓英

黄德润，字玉田，晚以字行，会泽人。清光绪己丑举人，庚寅进士。以知县分发四川，先后署渠县、万县、铜梁、云阳、郫县等县，补授彭县、江安两县，援例升道员，为历任川督鹿传霖、岑春煊、锡良、赵尔巽所识。其署渠县，则禁私铸钱，成效克著；任彭县，则整饬捕务，明教讼理；署铜梁，则创设中学及女子小学，以开风气；郫县，则订正字音课本，各县争相仿效。每任满回省，均充成都府发审局坐办，则听断严明、数数平反大狱。充川东土税总局文案，往陈大府川东灾情，请发急赈，全活甚众。任边藏饷械局总办、川南禁烟督办、官印局总办，皆举其职。辛亥争路事起，督泸州榷务。民国光复，旋聘为滇都督府顾问，任司法司长、司法筹备处长。地方公益之事，如集资创办东川矿业公司、昆明自来水公司，购建东川同乡会、捐修会泽中学、长三迤总会、扩张成德中学。袁氏称帝，力持正义。护国军兴，督办筹饷总局，日夕规划，得款数百万元，军用赖以不匮。晚年闭门谢客，绝意世事。“二·六”及“九·一八”事变，仍以地方安危所系，出与乡耆组织保安会，以维秩序。尝为渠县前任弥补亏空，同乡某某借用多款，身故焚券，并厚赈其家，人多义之。

次子毓英，字子和。留学日本，习陆军，未毕业，即参加黄兴河口举义。事败，走仰光，与田桐、吕志伊等创办《光华报》，鼓吹革命，旋入滇西，与杨振鸿等秘密工作。辛亥，随在滇同志于“重九”光复云南。出师援川，请为前驱，驰赴泸州。川得滇援，即告反正。旋南北和议成，黔督唐继尧请援，毓英一面送亲返滇，一面拔队赴黔，寻阵亡贵州铜仁，时民国六年也。惜哉！

杨大铸

杨大铸，字用之，大理人。自幼感觉社会不良，入省东文学堂，时图有以改革。迨东渡日本留学，恰值孙中山先生组织同盟会，即加入国民党，追随革命，几经失败，奋斗愈艰。镇南之役、河口之役，均身临大敌，拼命杀贼。辛亥武昌起义，云南首先响应，大铸鼓吹、指导之力为多。护、靖两役，纠集同志各方奔走；而倒唐运动，竟遭所忌，屡濒于危。民国十九年，奉命回滇，整理党务，日夜辛劳，不稍倦怠；继办党务，尤赖筹措；虽疾病在身，尚复竞竞努力。竟以二十余年之积劳，演成不治之症，于是年八月逝世。遗著《中国国民党云南革命小史》一篇，大铸生平革命事实，可以概见。

李增

李增字灿高，晚号散匏，河阳人。湖南巡抚李发甲之裔。生而颖异，幼承庭训，负文名，书法尤重当时。未弱冠食廪饩，选高材生。踔厉风发，崭然见头角。丁酉以选拔联登乡荐，春闱两踬。又十年丁未，科举将停，始以举贡会试及第。擢主事，签分法部宥恤司。在宫甫逾年，以母老乞假归。云贵总督锡良奏留滇襄学务，旋举为云南咨议局议员，又资政院议员。终养复出，而国体适变，即驰归，比抵里门，省议会则悬议长以待。受事以来，于地方兴革、边防要政，多所建白。期满举国会议员。未几，国会解散，归赞滇幕。继国会复开，又北上。时党争剧烈，言论纷呶，不衷轨物。行省又残民以逞，而反曰为民。增鉴时事日非，国不可为，噫郁苍凉，乃一以酒自遣。自后盖无日不饮，每饮必狂歌。间作诗文作画，皆不循常法，而毫端时露纵横奇气。生平与昆明顾太史视高交至契，两人凡在咨议局、资政院、学务公所、锑业公司，以逮争片马、争七府矿产业权、争盐斤加价，应求罔不相同。增尝以业权、盐价之争回，为两人快心事。其爱国爱乡之素志所表见，此其荦荦大者。日寇侵入东三省，增尤愤懑，终日沉醉，人劝以节饮，则曰：“醒更难堪。”又劝以温旧，借作消遣，则又曰：“读书终何用。”其怀抱若此。癸酉三月十八日，疾终昆明，年六十。

刘润畴

润畴字伯皋，昆明人。光绪庚子、辛丑并科副贡。丁未会考，以小京官分法部，旋擢主事。辛亥，共和建国，任云南民政长署秘书。出署陆良县，转黑井盐场知事，调内务司秘书兼科长。民国十四年，权玉溪县，土匪围城，势危急，润畴偕在籍少将张效巡御之，得不失，地方人民咸颂其德。历任大理分金库长，腾冲、呈贡征收局长，为政府增进利益，无一毫自私。性至孝，幼失怙，父病危笃，割股以进，获生，至享大寿，人谓孝感所召也。润畴居官廉，交友信，能诗、工骈散文，字入城悬之室，小楷尤佳。著有《青藜书屋诗文集》。

张锴

张锴，字南金，号铁卿，昆明人。祖某，贵州镇远县知县，有惠政，咸丰苗乱，殉于任。家贫不能归，遂寓贵阳。兄键，光绪己丑、庚寅联捷进士，仕贵州。锴少，归昆明，应童子试，以第一补县学生。辛卯，举于乡。乙未，成进士，改吏部主事，荐升员外郎、郎中、丞参，吏部裁，擢内阁铨叙局长。民国二年，任内务部佥事。锴生而颖异，性情和厚，读书能文，知大体，嗜义如命。遇事如医缓治疾，洞见一方垣，人服其精；任事如平宰肉、敏破甑，人服其公且决；待友如公瑾，醇醪饮之不觉其醉，虽村夫稚子无或慢之者，人服其信。居官则循循职守，无废事，无躁进，无沽名，无私利。历任稽勋司、文选司掌印，凡《会典》则例，成诵如流，目览手披，罔有遗误。选掌世称要职，任之者，各部司员、各省监司以下，奔走希冀，利随权进。锴持正选补，悉准于例。如小失者，或有可原，虽无嘱托，亦维持之。受其惠者，弗之知，而锴不计也。京师建昭忠祠，锴以其祖入祠祀，捐巨金助其成。友人困旅，或客死京师者，锴无不助之，先后监督学治馆凡五年，襄理试验县知事凡三届，以及疏通旧学、会考举贡，错笃于乡谊，时时陈之长官曰："滇途远，来之不易，且人数寡，希善之"，而又非专为一二亲友托者；长官多谅而纳之。或引见，或传见，或起复请封，或辩冤，或赴任投文、取结、领照、收呈，无一事不身任之。无资者，代用之，不问其偿否；有责者，代担之，不问其累否。以故所入巨万，丰于友而俭于已。乡人入京，无老壮，无亲疏，无文武，几无一不先资于锴者。且有黔、蜀、粤、浙之人，不问其乡人而问锴者，锴又一掬诚而告之，尽心力而谋之。当光宣之际，锴才名震都下，朝廷拟大用之。而改革事起，锴奉命代表一省、与南京政府讨论政体，剪发南下。旋丁母忧，仓卒交铨叙局事及公文公款，奔丧至黔。丧事毕，复入京，困甚，以实任京卿降补荐任，群劝其屈就。京师公产，向归直年私秘，二十年前，始清理无弊。锴任直年，修各会馆，置木器，建新屋四所，修滇义园数百家，倡设滇学堂，倡赈滇旱灾，锴之力为多，滇人称道不衰。民国四年四月二十日卒于京，年四十有八。

张耀曾

耀曾字镕西，大理人。以京师大学优等生送赴日本，入东京帝国大学，主办《云南杂志》。辛亥，武汉起义，回南京，任云南代表。草定《临时约法》，被选临时参议院议员兼法制委员长。民国二年，选为众议院议员并宪法起草委员。初稿为其所拟，世所称《天坛宪法草案》是也。袁氏解散国会后，东渡，卒业归任北京大学教授。袁氏称帝，回滇参赞护国军讨袁。袁死，黎元洪继任总统，任司法总长。十年，美国召集太平洋会议于华盛顿，被聘为高等顾问。十一年，任法权讨论委员会委员长。以各省法院情形不一，必先整顿，始足以言收回法权。亲往各省视察，复念外人于中国法律未尽谙，乃延专家，取我国现行民、刑、商律、诉讼等法规，译为英、法文字，都十七种。东西学者之得窥我国司法实况，端赖于此。十二年，曹锟贿选总统，首电反对。十三年，首都革命，复授命长司法，与国务总理黄郛及诸阁员摄行大总统职务。一时重要政令，多出其手，修正《清室善后条件》其一也。段祺瑞执政，复继以张作霖入京，遂辞法权讨论委员会事。至沪执律师职务兼各大学教授。中日战起，被聘为国防参议员，草陈《武力以外制敌方略》，谓如能认清敌人外交、经济、思想各弱点所在，予以攻击，必有特效，上之政府。国民参政会成立，被任为参政员，因病未往，旋卒。耀曾擅口辩，登坛演说，虽反对者亦鼓掌叹服。又执律师时，日商三井洋行诉追甬人洪某亏欠四十万元于中国法院，耀曾以三井洋行为外国法人，依法，非先在中国官厅登记无向中国法院诉讼权，请驳斥。于是洋商大震，东京法学界论文研讨其事，终莫能难。著有《考查司法记》十卷、《列国在华领事裁判权志要》二卷、《民法讲义》若干卷、《知非集》四卷。

王人文

王人文，字采臣，一字豹君，大理人。清光绪癸未进士。由贵州知县累官至川滇边务大臣，有政声。民国成立，以资望被举为参议院议员。卒年八十。性情和平，与物无改忤。能文、工诗，著有诗文集。

赵藩附赵荃赵宗瀚

藩字樾村，一字蟠仙，晚号石禅，剑川县人。领光绪乙亥乡荐，以易门训导保知州入蜀，由酉阳直隶州荐晋至永宁道，署盐法道、按察司。勤求民生国计，遇事敢为，历二十余年，多惠政。先后川督交章保荐。清季，赵尔巽督川，务为掊克。藩屡诤，弗省。卒复厉行糖捐，科条苛碎，商民大戚，哄局殴官，乃急檄藩往察，多方谕导，薄惩哄者，事定；改定捐章，力为民请，尔巽虽允行，而心弗善，遂乞养归里奉亲课子。辛亥重九革命，迤西各郡骚然不靖，寻被征为巡按使兼摄腾越关道事，与师长李根源戡抚之，察吏安民，不数月底定。旋被选为众议院议员。未一年，议会解散，继以袁世凯称帝，滇督唐继尧与蔡锷等兴师讨袁，任全滇团保局长，用备抽调。靖国之役，继尧督师入川，征之同行，宜慰川南。粤设军政府，任交通部长。未几，解职回滇，长图书馆。一意文献，辑刻丛书约数千卷。藩生而奇慧，读书过目不忘。凡经史百家之书，以及古今文章流别，金石文字，无不博涉详考，复摈伪学虚娇之旨而昭证达用。先后服官，政绩卓著。所在疾恶如仇，爱才若命，崖岸既高，士林归附。著有《向湖村舍诗文集》七十一卷、《小鸥波馆词钞》《云南咸同兵事记》《岑襄勤公年谱》、

《剑川县志》《丽郡文征》八卷、《诗征》八卷。

弟荃，字湘皋，光绪丁酉举人，官四川盐边厅通判。壬子回滇，历任兰坪、马关、文山等县知事。荃，肄业经正书院，充高材生。治诗古文辞，工吟咏，与兄藩唱和极多。著有《移华书屋诗存》四卷。

子宗瀚，字澄甫，幼随父读书四川官所。民国三年北上，应高等文官考试及格，分发四川，任北川县知事，颇著政声。七年，广东成立军政府，藩长交通部，宗瀚任秘书，旋升路政司长。十一年，回滇，被举为第四届省议会议员。十九年，任省政府办公厅秘书主任。历任单行法规编审委员会委员长、云南全省禁烟局会办、云南通志馆编审委员。抗日战事起，任滇黔绥靖公署秘书长兼昆明行营秘书、秘书长。宗瀚幼承家学，博闻强记。著有《还读书堂丛稿》《澹静斋诗文钞》《石宝山小志》《滇南掌记集》。

席聘臣

席聘臣，字莘农，上珍其号，昆明席汉宗先生长子也。幼聪颖，敏于文，塾师咸器重之。年十五游泮宫。十八，入经正书院，从陈小圃先生游，益肆力于经史词章，二十一登贤书，旋选送京师大学堂。未几，派赴日本，入第一高等学校，升东京帝国大学。毕业归国，考列最优等，奖法政科进士，授翰林院庶吉士。曾任山东学务公所专门课长。辛亥改革后，历任云南财政司副司长、审计分处处长、监督财政参事、中央参议院议员、财政会议代表、司法部首席秘书，要皆昕夕从公，悉心擘画，二十年如一日，而君之精力，亦尽瘁于是矣。君国故湛深，又饫闻欧美学术，故新旧沟通，为侪辈所稀见。而又富于爱国心、爱乡心、南北奔走，不肯自暇自逸。惟性孤介，罕与人合。晚年所志未遂，郁郁不自得，竟于民国十九年二月十四日仰药以卒。悲夫！悲夫！春秋五十有二。著有《养浩然斋诗存》四卷、《文存》三卷、《中国贤女传》二卷、《泰西贤女传》一卷、《结婚须知》一卷、《燕市琐谈》二卷、《中国道德思想史》若干卷。又译有《永久和平论》《权利战争论》各一册。稿本存昆华图书馆。

陈钧

陈钧，字鹤亭，石屏人。年十八，与兄陶斋同入庠，肄业五华书院。文名藉甚，有二陈之目。光绪丁酉拔贡，辛丑举于乡，癸卯成进士，用湖北知县。檄赴日本考察政治，返国授天门令。天门多水患，下车，汲汲焉以治水为务，民德之。甫三月，丁外艰归，为云南学务公所议绅。服阕，补黄陂令。黄陂号繁剧，习尚赌博，遂多盗，严惩之，赌风革，盗案以稀。二年，调宜都令。宜都民纯，治以宽政，颂声作焉。三年，调兴国州牧，未赴任，军兴，国变还乡。石屏赤瑞湖下流沙河淤塞，沿湖田受水之害，沿河田又苦无水，钧集绅耆筹议，沿湖按亩抽谷，沿河按亩派工，分段疏浚，期年告竣，岁增收谷数千石，乡人赖之。复注重教育，于本村设两等小学校，又亲赴各乡劝导，以是学校浸多。滇督蔡锷征为参事，旋升内务司长。个旧知事呈请开办公娼，收捐作警饷，钧严行驳斥，事乃寝。民国三年，任个碧铁路总理。初、官商合办，意见分歧，数岁未动工。钧既任事，乃退官股归商办。又以前议由法国滇越铁路公司承办为非宜，乃自延工程师以勘路线；调用本省铁道学生以资练习；创设个碧铁路银行以保股本、便路工；纳股东公议定为窄轨以省经费图速成，于是进行无阻。十五年间，由碧而蒙、而个、而临，次第通车，准临屏一段，未告成耳。袁氏叛国，云南护国军起，唐继尧任钧财政厅长兼盐运司。清理税课，点滴归公，以充兵饷。五年，黎元洪任大总统，七年、十一年，三次代表云南入京，或接洽南北和议，或陈述滇省要政，颇尽心力。还滇任锡务公司总理，会欧战后锡业衰落，公司大窘。所有基金，早用以购器机、建厂屋、无余存者；且亏欠富滇、汇理两银行及滇蜀铁路公司之款，达二百余万元。岁用苦不支，乃与两银行反复磋商：旧债分期摊还，并分为停息、付息两种；又向汇理新借银二十万元，向富滇新借银四十五万元，又将欠滇蜀公司之款，概变作股本。议既定，乃极力扩充尖子，整顿内部，未三年恢复。省、港、碧各分部，兼营洋纱、汇兑，其业遂大兴，获利五百余万元，除支付新旧股息及债项外，尚有流动基金二百余万元。佥谓非钧热心毅力不及此。十二年，回屏省亲，乃劝富商李茂兴等捐巨款提倡设中学校，置田租百余石，又清出废学租、贡租百余石，创办税契加价征收滞纳罚款，为校内基金，石屏始有中学。屏人感其乐育后进，为建一楼，额之曰：“企鹤楼”。十三年，云南以整理金融之故，由富行拟定联合条件，限制锡务公司熔出锡片全数售与富行，不得售与他所及自行运港，由省长饬令奉行。钧以为果奉行之，是断送公司也。乃亲为呈文二千余言，据事实、手续、法律三者力争之，卒取消条件。其实心任事、不缄默阿附如此。锡务公司历年墴渣卖与厂商，钧查其损失甚巨，乃由公司垫款，设渣子尾首处专办之；所得盈余，除垫款本息外，以六成归公司，四成为各职员津贴。综理精密，比于陶侃之竹头木屑，殆无以异。十四年，改任蒙自道尹。时辖境多匪，临、个尤甚。钧谓治匪不外防、剿，剿者军人之任，防则行政官有责焉。个旧产锡，为财赋重地，匪尤垂涎，守兵既单，又无城池，上书省政府，请于锡税新加项下拨三成为防务经费，以经费之八成为个旧修碉筑墙练团；以二成补助建、石、个、蒙各中学。防务于是乎大备。十五年，匪首莫朴率党犯个旧，钧急召民团，会合军队大破之。莫匪自此不敢复窥个旧。俄有匪入据建水城，又督众克服之。匪既数受创，以石屏为钧故里，益仇视之，闾阎不安枕。钧乃令绅耆酌抽谷捐，办联合团，严禁内奸通匪。当是时，匪首李绍宗、孔庆贵等名虽就抚，实持两端。十六年夏，忽大举反攻，石屏中、下两区，庐舍灰烬，惟上区实行联合，得免于祸。屏城被围急，钧乃集旅个乡人，组织援屏团，驰往助官兵击走之，围乃解。是秋，丁内艰回屏，李、孔等又焚掠个旧，各属代表请钧出办善后，地方始安。十七年，卸蒙自道尹，被举为省政府委员。十八年辞职，省政府聘为高等顾问官。二十七年六月十七日病卒，生同治甲戌年四月五日，年五十有八。

覃宝珩

覃宝珩，字楚白，亦字子楚，呈贡县人。父懋和，光绪壬午科举人，官平彝县训导。生五子，宝珩其长也。生而颖异，通经史百家之书，尤善书法，得南宫意，秀丽遒劲，文艺斐然。弱冠登光绪己卯科贤书，两上春官不第，乃佐岑襄勤戎幕，以倮黑案保奖以知县用。分发广西，委署苍梧县事。历调胜县、桂平县令，皆游匪出没之区。大府察其干练，擢署临桂，首邑治尤称最。辛亥委横江道盐税总办，数月而国变。时邵阳蔡公松坡主滇政，电调回滇，任以军都督府秘书，赞画机要。民二委署通海县事，在任一年，以病辞。调充巡按使署秘书，递充民政长公署总务科长。民七戊午三月卒，年六十岁。宝珩体貌修伟，眉宇间有英气，而天性纯笃。以孝友闻。当居家时，读书奉亲，设帐授徒，一以敦品励学，躬行实践，自课课人，出其门者，多一时贤俊。诸弟子侄，亦受陶熔作育，蔚为人材。课余则与并时学人王少卿、杨晋三、孙玉堂、朱经田、秦灿青诸子集会讲学，砥砺学行，潜意晋修。稍久，又与陈兰卿、李厚安、赵樾村、谢幼侯、刘荫堂诸名彦结艳梅诗书画社，研究诗学、书法。及国变还乡，则与健在老友如赵谢、熊仲青、赵星海诸耆宿诗酒唱和，惟不留稿，适意而已。诗书外并博涉医籍，颇能采其精奥云。配徐氏无子生女一，适滇督军兼省长刘祖武为继室，别以冢侄恩溥嗣。

李曰垓

曰垓字子畏，腾冲人。以庠生清季考入高等学堂，俄选送京师大学毕业，授中堂科中书。回滇，上书请开发边民知识，遂派总办全省沿边土民学堂，于腾、龙、永、顺、思、普沿边创设土塾一百二十八所。继改任蒙自中学监督。辛亥革命，与赵又新、朱朝瑛谋响应昆明，光复迤南，调军都督府军政部次长，历任民政司司长、民政长公署秘书长。乙卯秋，筹安会初起为袁氏图帝业，潜与罗佩金、顾品珍、邓泰中、杨蓁、董鸿勋等谋削帝制，先言于滇督唐继尧，及蔡锷入滇，讨袁之议乃决。蔡率军入川任秘书长，所谓“护国军”名，自曰垓定也。共和恢复，特任云贵矿务督办。戊午，国会解散，护法军兴，奔走南北，调解未成，遂返滇。日惟写字读书，以吟咏自遣。己巳，任云南第一殖边督办。到腾冲，勘得缅箐乡有荒地数万亩，缺水源，乃召地方士绅醵资组织“利生垦务公司”，拟引魁甸河水灌溉。惟距离约十余里，中横阻一山，工程分三段进行，北段筑坝积水，中段穿山凿隧，南段开垦。自兴工历时五载，功未及半，以扼于经费而中辍。他如修县境公路，两年成数千里。尝谓中日战事，必不可免，建议修滇缅公路。又关于滇缅铁路之线，主事者拟自祥云清华洞起，西行经下关、保山、腾冲，往接密支那，以备将来打通印度。议虽不用，顾未尝不服其卓见。生平性刚正，自负才智，而不随人为俯仰。诗文有奇气，尤善军国书檄，萃挟风霜，见者罔不畏服。若有《天地一庐诗文钞》四卷。

吴良桐附子恢量

吴良桐，字子白，一字梓伯，大关人。少颖异，父嗣周作汙漫游，病殁太原。良桐孑身徒步，走山西扶柩归，乡党以孝子称之。后以大关学调省，入经正书院为高材生。旋中清光绪丁酉科举人，赴礼部试未第。以知县分发四川候补，署云阳、新繁，皆有政声。旋充成都发审局正委、四川巡警道署总务科长、重庆警察局提调，旋调署江津。越岁，值辛亥四川争铁路同志会起，全省骚然，他州县官或亡或匿，磊落英迈之士，集议县署，曰："今日举义旗反正，为四川一百余州县倡，在一言耳。事无疑，时无几，不则余飘然远引。"众咸鼓掌应声曰："唯。愿从公无敢违。"于是，即日布告民众，移文邻邑，曰江津已于某月某日反正矣。一面饬防军，静驻原防，候进止。城乡团警，则令严稽查，安秩序，有敢扰害地方者，无论军民杀无赦。约束既申，四境清肃有愈于常时。各州县得江津讯，次第起而响应，江津近属重庆，水程可半日至；重庆有道、府大员在，不取之不惟江津有足虑，即川东反侧亦莫能安，良桐躬率所部出发，适重庆以反正闻，止于中途，而部属犹欲进。良桐曰："吾属以义动，而彼已应之，不退则违义也。"众乃从之。已而南北议和成，大局粗定，良桐遂解组归。蜀人留之不得，为树"去思"之碑。时云南都督蔡锷闻良桐还里，召入省使参民政曹事。未几，出为临开广观察使，因蒙自旧道署驻焉。时光复甫二稔，政辙初更，而临安、开化、广南三府，幅员辽阔，良桐抚绥有方，宁帖无事。其后历任云南高等检察厅长、交通司长、财政厅长、省政府秘书长、参议、顾问等职。顾其时滇省政本未宁，怀才抱器，不竟厥施。民八以后，即杜门却扫，聚书穷理，泛窥百家，所聚医籍得八百余种，都三千余卷，殆占所藏书十之一，凡人间孤本，海内不概见者靡不辗转搜罗。自谓于诗古文辞，则古人在前，吾力不能追，然处亲旧知好间，亦不能无作以答欢笑；至于经国临民之大，与夫笃行节义之高，亦时为之，所系固不在一时一事耳；医则生平所最刳心者，他书一字误可也，一句误犹之可也，惟此半字误而即杀人，故校勘之勤，不能不倍于他籍。其治学、究医有如此者。二十七年秋，自昆明抱病归大关故里，未兼月卒，年六十有四。著有《馋园诗文稿》《子白医案》。至其抄录以备纂辑之册，积数尺而盈。亦以见其务学之勤且苦矣。

子恢量，字佩韦，法国巴黎大学法学博士。归国后，历任云南高等法院院长、第十路总指挥部军法会审委员、云南地方官吏被控查办委员、全省禁烟委员、兼调验所长、省府法律顾问，奉职勤慎，贞廉自矢，听讼折狱，决断允当，有厥父风。后迁国府监察院委员兼任滇缅铁路督办公署粮食处长。际国步艰难之会，膺劳怨并任之责，经划不遗余力，积劳致疾而终。所著《法华大辞典》一书，卒时尚未脱稿，使天假之以年，则其书当可杀青行世，惜哉！

喻宗泽

喻宗泽，字守余，鹤庆人。父涵万，有文学，趋庭时，恒举古圣贤及乡先达之孝友忠介者，命师承之，宗泽志之弗衰。髫龄受业于河南张瑞书、同邑段抡斋之门，英特奋迈，冠其侪辈。清光绪甲辰，年甫十八，遂附学籍，时湖南夏荫吾任鹤丽镇军幕，将有事于德钦，器宗泽学行，挈之与俱。远历雪地冰天，未尝言苦，遂资南游，以求深造，因肆业于法政学校，每试辄拔前茅。踔厉风发，有凌云之志。会辛亥革命，滇督蔡锷出师援蜀，宗泽慷慨从军，为营记室。事定，仍返法校卒业。大关吴良桐新除蒙自关道，一见重之，委长道署外交科。宗泽清才浚展，忠以治事，历岭南王协吉、黔竺周季贞各观察，均许为大器，倚如左右手。民国五年，入京中式高等文官，分发蒙藏院，以佥事用，阅三稔，随季贞入粤、入陕，先后权澄迈、褒城县事。所至瘅心民瘼，庶政灿然。既卸事归滇，任滇西镇守使署秘书长，随节驻大理，兼权县事。值地震灾情奇重，民舍为墟，宗泽协同镇守使李选廷，劝募赈恤，心力交瘁，犹以事未尽藏仓卒离职为歉。而榆城人士，至今感之，时民国十四年间事也。未几，随军晋省，出发开、广。迨选廷解甲出游，同历沪、杭，近张维翰在沪主办改订中法越南商约，被邀共事。以宗泽曾在蒙自道署历办外交，于法越情形，洞见症结，故于改定商约摅抒意见，动中肯綮，案牍累累，多其手笔。民十九年，任卢总司令幕，相随入桂。旋任云南省政府秘书长，调任云南禁烟局长。宗泽于禁烟，素有抱负，由是精心擘画，规定分年施禁办法，次第推行。民二十五年，改组禁烟委员会，递任常务委员，迄二十七年六月结束会务，著有《禁烟纪实》初、二集。至是决计奉母归养北堂，重以滇府主席龙命主纂《云南行政纪实》，兼任省府政治顾问、省临时参议会秘书长。宗泽于参议会开会后，即荐贤自代，专任《行政纪实》编纂事务。是年秋，敌机临省，宗泽以母老不堪惊扰，乃请假奉母还乡。假满回省，随奉中央委为云南省禁烟督察团副团长，逾二岁，所编《行政纪实》成，卷轴丹黄，悉费心裁。楷缮精核，都十万言。二十九年回籍省亲而病遽作，就医叶榆，卒于苍逸医院，年五十有五。综厥生平，内行谨备，敦重练达。每受事，事无不办；善知人，人乐为用。临财不苟取，急公不后人。劲气内敛，精神外溢，居恒靡惰容，载籍无不窥，如在蒙藏院佥事任时，以事务清闲，地近文渊阁，暇辄往读四库书，凡三易寒暑，故其为文，典则流丽；每著议论，精审透澈。并长于言辞，上下古今，庄谐杂出。见大宾聚精会神，应对端雅。而天性笃孝，倍切乌私。病中寓书友人云："人世荣利，视等尘羹。漆园彭殇，更不烦作。惟以老母倚闾，为罪咎耳"。数语洵足以觇其孝思矣。

王承浚

承浚字少尧，昆明县人。以廪生考入云南高等学堂，送赴日本留学。初入高等师范，旋转东京法政大学法律科毕业。民国二年归国，历任云南高等检察厅首席检察官、昆明地方审判厅厅长、云南大理分院监督推事。十六年，南京国民政府成立，调任司法行政部刑事司科长。二十五年，出任贵州高等法院首席检察官。抗日战事起，卸职回滇。三十年，部派长云南高等法院腾冲第四分院。未半载，腾邑为日寇所陷，院务暂设昆明。三十四年，腾冲收复，方冀重返而病不起。承浚廉以持己，忠于服务。办案一秉至公，绝请托，寡交游，从未以情溺法，尝谓："公正为法官天职，须能耐穷，方可为法官。"洵至言也。

朱家宝

朱家宝，字经田，华宁人。清光绪壬辰进士，由庶吉士累官至安徽巡抚。勤政爱民，为皖人所爱戴。民国成立，历任参议院议员、直隶都督、直隶省长。卒年六十四。家宝精于公牍，尤工书，学黄山谷，颇为时人所推许。

按：家宝及王人文等政绩，均在前代，于民国殊少贡献，故不列入政事。

〔按：前按虽言“不列入政事”，但亦未定归属，查原稿二人均列在政事，故仍之。〕

许实

许实，字秋田，宜良人。光绪庚子、辛丑并科举人，官云南高等审判厅推事。优文学，留心史地。纂修宜良、禄劝两县志。心机灵巧，有《四书偶韵》行世。

秦康龄

秦康龄，字子蕃，呈贡县人，世居安江镇。性颖敏，年十三，即补县学生员。以高材生肄业经正书院。中丁酉科举人，三试春官不第，即在乡授徒奉亲。清末学制改，创办安江两等小学，经营规划甚备。其后为省视学，为咨议局议员。入民国后，历任会泽、曲靖、永北、文山、江川等县知事，皆政绩斐然。而于教、养两端，尤多可纪。其不朽者，则在其所办之地方事业。安江地居下游，濒海，水为上游截用，不能以时栽插，及水雨大至，海水倒灌，则稚苗又被淹没，以故十岁中不过三四稔。君乃于民国三年，出资倡设抽水机，值国家多故，几经挫折，卒底于成，今旱潦无忧，每年增产至五千公石矣。又，安江本水陆皆可交通之巨镇，而苦无市集。君于光绪三十年，倡为五日一集之市场，于是远近咸集，农商便之。帆樯林立，顿成繁荣之象。当其任文山县事时，以除历年不治之水患，县人于奔石坎勒碑纪念，并匾于署中曰：“学道爱人”，诚非溢美也。君生于同治戊辰年四月十七日，卒于民国二十六年二月四日，春秋七十。子光华、光弘，皆善继述，使其志事绵延而光大云。

张世勋

张世勋，字芗庵，石屏人。幼有至性，事父及嫡母、生母以孝闻。父老年半身不遂，世勋朝夕侍疾，数年不懈。与异母弟世爵相友爱，乡里无闲言。族叔钊纮极重之，常称为族中子弟之冠。年十七，应童子试。学使高钊中亦器之，以第二名入泮，次年即以优等补廪生。未几，父及嫡母相继卒，母出寒微，每以屈于妾媵为憾。世勋乃捐一教职，旋补思茅厅训导。奉母之任，以百金制板舆，极其精工；亲扶舆出境，本邑乡人聚观称羡，母乃大喜。其能养志，率类此。清末云南咨议局成立，被举为副议长。时议长某君，年老，局事多付之世勋。世勋尊重舆论，主持正义。对于英占片马事，争之尤力。辛亥重九，云南独立，开化诸生余金棠闻风响应，驱逐清开化府知府某。开化镇夏文炳复杀余，拥兵持两端。都督蔡锷忧之，以世勋机警有口才，任为开化府知府，俾往说夏。世勋乃聘王九龄、董成志为顾问，率护卫四人前赴任。既至，见夏喻以大义，怵以危言；夏立就范，率所部离境。世勋遂署开化镇，保王九龄等任安平厅，不费一卒一兵，而开化全府反正，世勋之力也。民国元年裁府，世勋改任文山县，旋调通海，又调武定。时武定匪风甚炽，世勋剿抚兼施，匪患遂息。未几，又调云龙，会巨匪张结巴纠其党围城，城中无兵，不能守。世勋不得已，乃亲往见结巴，苦口说之归正，结巴虽不从，亦感其诚，为解围去。旋以双目失明，辞职来省行医。口授医方，服其方者多愈，为省会名医之一。年六十四卒，为人聪颖绝伦，幼学于其父同行。同行岁贡生，仅工制艺，而世勋则诗、赋、书、画以及医学、兵法，一见即通，不假师传。莅官必迎养其母，不忍一日离膝下。外和内刚，疾恶如仇，故交游虽广，而忌者亦多。卒不获大用，士论惜之。

钱良骏附弟良骥

良骏字小帆，昆明县廪膳生，考入经正书院肄业。清光绪二十六年，以第一名考送日本，毕业宏文学院，继入法政大学。三十三年回国，任贵州法政学堂教习。事属首创，规章课程多所擘画。宣统三年，调滇任云南自治筹办处调查科长。辛亥，委署师宗县，时值鼎革，地方莠民多乘机窃发，到任即倡办乡团，闾阎获安。二年调任行政公署总务科长，旋出任宜良县，如疏浚文公河，以除水患；清回滇越铁路两旁被占田数百亩，以充学款，均其政绩。五年，以蒙自道尹署秘书长委充河口督办一月，即染瘴病殁。良骏工吟咏，著有《伯良诗稿》二卷、《大板博览会纪游诗》一卷、《双江旅行记》一卷。

弟良骥字希庞，清宣统己酉拔贡。庚戌考取上品小京官，分邮传部。辛亥回滇，任昆明劝学所及农业学校教员。先后委办景东、丽江榷务，惠商恤民，人咸称颂。著有《中等国文简易法程》，足为教学之资。

蒋松华

蒋松华，字月秋，晚号庸叟，昆明人。生而颖慧，六岁能缀文。甲申入府庠，丁亥食廪饩，拔充育材书院学长。甲午举优贡，乙未朝考一等，以知县用。分发贵州，委署黔西州知州。补授威宁州知州。旋丁父艰。黔藩沈爱苍电调回黔，充兵备处文案。未几改革，回滇任石屏、宜良、广南等知县。丁母忧，营葬事竣，历任省级机关秘书。松华事亲孝，每居官必迎养，侍命唯谨。待人接物，谦和爽直，人恒亲敬之。松华擅书法，学王、赵兼喜临河南、海岳、香光、覃溪、梦楼诸家，笔致清超脱俗，兴会所趋，不拘一格。晚年尤精。民国二十九年五月卒，年七十四。

二、武功

蔡锷

锷字松坡，湖南邵阳人。年十三入邑庠，十五肄业长沙时务学堂。光绪戊戌变政，学堂解散。己亥，赴沪考入南洋公学，得唐才常资助、渡日入东京大同高等学校。庚子，唐才常在汉口起义，归赴之，事败，走免，复东渡入陆军士官学校，习骑兵。毕业归国，在桂创办讲武堂。旋调滇任标统，升协统。辛亥九月，联合新军起义，响应武昌，推为云南都督。惟时川、黔初反正，极混乱，派李鸿祥、谢汝翼、唐继尧领兵分援之。藏复不靖、派殷承瓛戡定之。督滇二年，吏治军政焕然一新。屡乞解职，调京任经界局督办。四年，袁氏帝制议兴，被监视。潜逃至日本，转滇与唐继尧共商讨袁大计，组护国军。致电袁氏取消帝制，不应，随即饬军三千余，率入川。初在叙、泸与北洋军战，大胜。复在纳溪，因川军受挫，致败退大州驿，誓众曰："要死就死在此，再退非我死所。"经二日之整励，士气大振，嗣后两军相持，血战二阅月。孤苦支持。沉着应战，十万放军，终莫可谁何，未几，川、桂相继独立，袁氏以恚死，共和恢复，政府令任督军兼省长，电辞。先是锷入滇，即已病肺，扶疾督师，以寡敌众，劳苦过甚，病加剧，犹力疾赴成都镇抚，策划善后，始赴日就医，卒不起。殁于福冈医院，年仅三十有五。锷性好学，军暇即读书。生平崇拜乡先辈曾文正、胡文忠，著有《曾胡治兵语录》。持躬廉介，功成不居。督滇时，励行节约，月仅支薪六十元。其不爱财、不惜死之精神，足为军人模范。虽古良将何以加焉，民国以来，一人而已。

罗佩金

佩金字镕轩，澄江人。光绪丁丑翰林瑞图之孙，甲子举人森之子。少跅驰不羁，以诸生赴粤，投效于两广总督岑春煊。春煊为瑞图之弟子，试以文，遂送赴日本留学，卒业士官学校。归国任十九镇随营学堂监督，兼讲武堂步兵科教官。未几，调督练处参议官，兼陆军小学堂总办。派赴沪购枪械，归任七十四标统带。辛亥光复，率所部从协统蔡锷攻入总督署，全城大定。适蒙自兵变，出为南防总司令。民国元年八月，以军事代表入京，授陆军中将。二年，被任为云南民政长。历十月，都督蔡锷去职，随解任。袁氏称帝，组织护国军，任锷第一军总参谋长。时饷糈奇绌，变产得银十二万元，军始开拔入川。在永宁龙头铺与蔡督战，右胫为炮片所中，退守大州驿，与北军相持。无何，桂、粤响应，继以湘、浙、陕宣告独立，袁氏自毙。黎元洪继任总统，授广西省长，加陆军上将衔，勋三位，二等大绶嘉禾章。蔡受四川督军兼省长，以肺疾失音，赴日就医，荐护理四川督军。中央命裁遣四川诸师之兵，致酿变解职。授超威将军，即将所率滇军交顾品珍、赵复祥，由唐继尧指挥。去川里居，以谋耕为事。及赵复祥战死泸州，顾品珍率兵还滇，继尧出走香港，迤南十数县为吴学显、莫朴、李少宗诸匪所踞，复以巡阅使出任剿匪。及继尧自粤、桂返昆明，品珍战殁，奔迤西，至苴却与何国钧为匪首普小洪所害，同死于双金坡。

顾品珍

品珍字小斋，昆明县人。以诸生考送日本留学，毕业士官学校。回滇任讲武堂骑兵科教官。辛亥反正，以功晋至师长，授陆军中将，旋调讲武堂监督。袁氏称帝，滇兴护国军，蔡锷任第一军总司令，编三梯团：第一梯团长为刘云峰，第二梯团长为赵又新，第三梯团长即品珍。率何海清，朱德两团入川，与北军曹锟、张敬尧部战于纳溪之朝阳观、柿花埂，死伤积野。北军掘壕固守，不易进击，于是，退守大州驿。蔡与罗佩金督队冲锋，肉搏数十次，而北军野炮、机关枪猛烈排射，不能进。忽狂风起，品珍率何海清部短兵入，始将敌阵突破，毙敌甚众，曹、张溃败。川督陈宧命伍祥祯、熊祥生、冯玉祥分道向叙府反攻，亦为刘云峰击破。宧请求停战，蔡许之。袁氏复命周骏为四川将军，宧北走，驶入成都。未几，袁病殂。蔡命品珍及云峰、又新三部向成都进取，迭战于内江、资中、简州、龙泉驿。骏逃，滇军开入，佩金代督军，品珍任卫戍司令。无何，滇、川失和，又新遇害泸州。品珍为部属所拥回滇，唐继尧出走，任滇军总司令。壬戌三月，迤南吴学显、莫朴、李少宗诸匪蜂起，继尧由桂边入境，品珍出剿，阵殁于陆良天生关之鹅毛寨。品珍治兵，从无欠饷，甘苦与共，且勇敢有胆略。在川与敌遭遇，大小无虑数百，往往以寡胜众，亦近代之战将也。

谢汝翼

汝翼字幼臣，玉溪人。以诸生入算学馆，考送日本，毕业士官学校。回滇任讲武堂骑兵科教官，旋调炮兵十九标三营管带。辛亥重九反正，率部夜袭省垣军械局，久攻不下，汝翼身先士卒，冒弹火摧破之。清统制钟麟同战死，总督李经羲遁，全城以平。置军政府，推蔡锷为都督。时川督赵尔丰持两端，土匪蜂起，锷命偕李鸿祥领师入川戡乱，迫令独立。事定，率师还，任第一师师长，晋陆军中将。及锷奉调入京；代理都督。俄放大理镇守使，匪徒杨春魁倡乱，平之。调京入觐，乘滇越铁道车行，至宜良糯租被何荣昌狙击身死。何前任排长，因事撤职，怀恨谋杀。汝翼学、术两科俱优，勇而有谋，在吾滇士官生中，可称巨擘。不幸为部下谋害，未竟其用，论者惜之。

刘祖武

祖武字继之，昆明人。年十七考入武备学堂，旋补县学生。逾年考送日本，毕业士官学校。清季回滇，任讲武堂教官。辛亥举义，历任步兵第八团团长、第四旅旅长、第二师师长。护国军兴，滇方出兵川、桂，迤南蒙自被匪扰乱，围逼城下，几牵动大局。祖武守御，得不破，省军至，悉歼败之。民国十年，任政务厅兼财政厅长，俄代省长。十一年春，时疫猩红热流行，死者累累。祖武上疏为民请命，愿以身代，遽感疫卒。子先殒，妻亦逝，闻者莫不伤之。

殷承瓛

承瓛字权桓，陆良县廪膳生。癸卯，考入云南高等学堂，拔送日本留学，初习测量，更入士官。既毕业回国，应考试列优等，派为陆军第十镇副参谋，俄升正参谋。辛亥举义，任云南军政府参谋总长。时西藏有乱事，以总司令领军平之。师旋，解职，偕蔡都督锷北上。蔡督办经界局，保任清丈处长，派赴东三省及朝鲜考察，作成方案颇详，核令湖北印行之。经界三书多有其著述，人或未之知也。适袁世凯方谋帝制，与蔡锷出京，绕道日本回滇，首义申讨。蔡领护国军出蜀北伐，任总参谋长。袁死，黎公元洪继任总统，命为川边镇守使。历晋至陆军上将。丁巳，卸职归，自是遂一意学道，初从欧阳竟无研法相宗，继从班禅及洞行习密法，有闻辄悟，得无上妙义。

庾恩旸

庾恩旸，字泽普，一字孰右，别号墨江枫渔。墨江人。幼失怙恃，受其兄教育。光绪壬寅，普洱创设中学，入校肄业，为都讲钱用中所嘉许。省会开办高等学堂，与选晋省，值考送学生赴日学习军事，与试及格，遂东渡日本。初学于振武学校，毕业，入广岛第五联队炮科，练习期满，再入士官学校，戊申毕业，复入联队见习。宣统己酉奉调回滇，委充陆军炮队第十九标教练官，并筹办陆军讲武堂。及随营学校成立，兼任两学堂管教。旋调任陆军炮队第一营管带，仍兼讲武堂教授。一时将士、学生与游者，恩旸皆以感情固结之，并乘间力阐民族主义，闻者感动。当片马界务发生时，恩旸倡议抵制，并发起捐资扩充兵工厂，急造枪弹以为交涉后盾。事为政府禁阻，不果行。辛亥八月，武昌首义，恩旸与谢汝翼、唐继尧、蔡锷等，屡开秘密会议，响应武昌，有惧外人进兵干涉、拟待数省而后举者，恩旸力持不可再缓，议始决。重九夜举义，恩旸与唐继尧、罗佩金任攻督署，率所部炮兵会合步队进攻，行抵南城外为清军马队所阻，随复分兵进攻。恩旸率炮队入小西门，进至龙井街口，登城配备阵地，用炮连向督署轰击，黎明克之。收枪弹数万，分兵踞督、巡、盐各署，严护居民。事定，组织军政府，恩旸任参谋部部长。甫就职而南防警耗至，与佩金奉令为正副统领，率师南巡。南防传檄而定，以计擒斩江川巨匪史春能，复率大军进镇个旧，劝谕各炉户开工营业。未几，川中事急，军府电促返省援川，任参谋部长兼炮兵团事，只身前往，晓以大义，众皆肃然。旋奉命卫戍省城，时因军队分赴川省，迤西蒙自各处，在省兵力减少，匪徒生心，潜谋作乱。恩旸侦悉，擒斩首谋数人，省垣赖以安靖。嗣任北伐军总参谋长，与继尧率师北伐。顺道代戡黔乱，军抵贵阳，先商由黔人致书会匪，陈说利害，不听，乃以兵力攻击。恩旸与继尧亲身督战，匪众不支，死亡枕藉，降者三百余人，黔乱大定，黔人感服。遣代表请改组军政府，推继尧为黔军都督，恩旸为黔军总参谋长，暂允维持。后值南北统一，继尧奉中央命为贵州都督，恩旸亦遂留黔。以总参谋兼任讲武学校校长及军务处长各职。民国元年代表入京，补授陆军少将，留任总统府咨议官。当以黔事竭力陈于政府，因得中央协济款项数十万金，黔中财力，为之稍裕。二次革命军起，锷与继尧欲联合滇、川、黔、桂会师长江流城，减袁氏力，密电促恩旸南旋，赞襄军务。电为袁政府所获，派警监视行动，后由继尧释疑，电调回滇，委任陆军讲武学校校长，旋充都督府高等顾问。二年十二月大理之乱，恩旸参赞军机，以功保奖三等文虎章，并加陆军中将衔。三年五月，继尧兼任巡按使，恩旸为警备总司令部总参议官，办理全省改编警备队。七月，大总统策令任为开武将军行署参谋长。十二月，继尧以恩旸办理改编全省警备队劬劳，保奖四等嘉禾章。四年一月，继尧轸念民瘼，呈请大总统任命恩旸为普防巡阅使，代巡普防各属。恩旸以次按临抚绥，大军所过而民不扰。又考查各地情形及应兴应革事宜，汇辑其所记录，曰《普防巡阅管见录》。时越边有事，关系外交，恩旸坐镇思茅，分兵策应，使政府无南顾忧。事竣旋省，中央晋给二等文虎章。四年，帝制发生，继尧通电反抗，宣布护国，改组都督府，恩旸任军政厅长，兼宪兵司令官，嗣又兼任参谋厅长。及军务院成立，继尧被举抚军长，成立警卫军，乃命恩旸兼警卫军总司令官。后袁氏病死，继尧将军政厅合并，改组参谋厅，又改编军队为三师，任恩旸为督军公署总参谋长，兼第三师师长。五年十月十日，国庆赏勋，晋给三等嘉禾章。十二月二十五日，云南起义岁周，以勋三位补授陆军中将，并晋给二等嘉禾章。恩旸深维护国之艰而惧纪载失实，乃撰《再查共和唐会泽大事记》及《云南首议拥护共和始末记》《中华护国三杰传》《护国军神蔡公传》，并采辑中华历代史传，列成《中国对外三十六大军事家传记》一册，以资军人模范，均各刊印行世。六年三月，继尧分区剿匪，任恩旸第三卫戍区总司令官。七月，复辟祸起，继尧举兵靖国，任恩旸靖国第三军总司令官。及继尧大旆出发，复调思旸驰赴行营，兼联军总司令部参赞，军次毕节，七年二月十八日，被刺陨命，年三十有五。

赵又新

又新原名复祥，字凤喈，又新其别号也，后因避袁氏侦缉，遂以别号行，顺宁县人（前顺宁府宝宁县）。生而颖异，长更聪强。年十五，补博士弟子员。逾二年，以优等食饩，士林重之。性倜傥，善饮，健谈，人乐亲附。时清政不纲，疆宇日削，每与朋辈谈国事，辄喟然曰："丈夫不能如班超以诸生立功异域，亦当学马援愿战死疆场、以马革裹尸，日事毛锥，老死牖下，不几负此七尺躯耶！"光绪甲辰，滇大吏议送学生出洋，乡人士或惮远不敢行，君毅然往，遂至日本。入振武学校，继入联队，后入士官学校。戊申毕业归国，阅长江各省军队而还。既抵滇，授讲武堂教官，不就，与同学叶荃、黄毓成两君入川，任督练公所提调。宣统己酉，滇督调回，授以七十五标教练官，驻防临安。辛亥重九，全滇光复，标统罗某先逃，君抚其众，靖临安，援蒙自，怀异志者皆逃，一方以宁。民国元年，入赣参军务，湖口起义失利，间关回滇。三年春，任云南讲武学校校长。四年冬，袁氏叛国，滇省首义，君率领第二梯团，随蔡邵阳取道川中讨逆。川中附逆者，皆来迎战，先后五六月，卒破之。袁氏退位，共和恢复，君以第二梯团长兼永宁道尹，驻泸州，治军之余，抚绥众庶，政教一新，盗匪歛迹。六年，改任第七师师长，仍兼永宁道尹。适川将刘某谋争督军，复起战争，叙、泸一带失而复得者，皆君平日德洽军民之所致也。重庆既下，滇政府宣言“川人治川”，以熊某督之。顾品珍领第一军，君领第二军，分驻资、泸。君在泸，一意练团兴学，劝种植，倡实业，宜民善政，举办不遗余力，泸人建祠祀之。九年春，排外风起，川军伺隙来攻，君与顾品珍力战走之，遂入成都。而彼众我寡，势难久持，遂旋师。敌军四起，归路断绝，君先抵泸，顾品珍督战未返。而守泸川军，潜作内乱，君亟缒而出，待品珍不至，坚不肯行。比及品珍至，而敌愈大集，君以体壮行缓，遂及于难，季弟复新及犹子霖均死之。君临危谓其弟与侄曰：“我死国事，分也，汝辈可速行，得生还，仍效力国家，以竟吾志，则予瞑目矣。”言讫，以短铳自击而逝。时民国九年秋八月二十七日，距生于光绪七年辛巳冬十有二月朔日，春秋四十。归葬省垣西郊玉案山麓。君虽以武功显，颇娴文事。食饩之年，应经古，试题为《岳武穆奉诏班师赋》，君有句云：“一木难支，宋室之偏安已定；百年遗恨，英雄之结局如斯。”甲辰将东渡，撰联云：“甲篆新翻，敢自悔望洋而叹；辰猷远告，勿轻言观海之难。”驻泸时，每以暇日集名流联咏，尝和老杜诸诗与秋兴八首皆有杰句，如“千古英雄同一哭，仰天长叹泪沾襟。”说者以为诗谶云。（撰墓志铭，罗为藩撰事略及轶事）

叶荃

荃字香石，云县人。以庠生留学日本士官，毕业回国，赴四川任教练帮办。旋调新军标统，兼剿蛮匪指挥。手击蛮酋，遂打通雷波、马边、屏山诸路。辛亥革命，任黔军第一师师长。丙辰，袁世凯称帝，云南护国军兴，任第五军军长。靖国任第八军军长，率师入陕，与于右任、井勿幕、胡景翼、曹俊甫诸辈联合作战，迭摧陈树藩、刘镇华、吴新田之众数万，声威震于关陇。继以川滇战起，率军南返，为管金聚扼于汉中，不动声色，竟生擒金聚而礼纵之。乙丑，冯玉祥、胡景翼、孙岳起国民军，任第三军第二师师长。阚玉昆、刘镇华倾众来犯，会岳维峻大破之于洛阳。由是孙殿英等远近绿林咸来归附。丁丑，自京沪归，返顺宁，潜修佛法，以疾遂不起。荃性豪爽，疏节阔目，论者谓有古英雄气概，非虚语也。

牛时

牛时，字正中，会泽人。父培元，以经术授省垣。时生有远志，光绪间习业陆军小学，又入湖北陆军中学，旋晋保定陆军军官学校。辛亥八月，武汉义师起时，加入革命军，任汉阳战时总司令部参谋。旋至沪同规措北伐军，任威武军队长。率赴黄州、汉皋驻防。民国元年，调沪任光复军连长。新疆都督杨增新，滇人也，闻时能，调任察罕通古后路总教练官。旋随增新宣慰伊犁，事讫，任镇边使署高等军事顾问。调任伊犁陆军团长，约束哥老会党人，皆戢戢奉法，获奖六等文虎章，实授陆军上校。四年，署伊犁镇守使署参谋长。其明年俄属逃哈窜据伊犁，身往边界特克斯川与俄官安插逃人，中外敦睦。居雪碛中数月，著《边防撮要》书，复遍历边防要隘，测绘山川形势，备国家缓急之用。六年，兼任骑兵团长，实授陆军少将。已而，俄国新旧党交哄，边书日数至，复任霍尔果斯司令，步、骑、炮胥归节制。比受事，关开节解，境用安谧，复兼伊霍绥禁烟提调。民不苛扰，而事就理。未几，俄旧党占领俄属之萨马，骎骎窥我边境，时先事控制，党氛以戢。九年，奉令行伊犁镇守使事，数戡变乱，旋即镇，愈加整饬。十一年，俄党侵入塔城，道尹自裁，全疆俶扰，复被任全省总司令。既至挫其机牙，安其反侧，危局复定。自以频年以来，一身当军事、外交之冲。年事寖衰，慨然有归志，迄未获请。闻滇中以饥故鬻粥赈救，乃捐橐中装为助。十五年，复有俄党潜煽官兵谋攻使署，时提孤军与之角逐，党首就歼，余众惊溃。奉大总统令，补授陆军中将。捐金七万两，疏凿河道，溉民田数千亩，边人德之。十七年，杨增新死难，退意滋切。适兴北伐之师，兼任国民革命军师长，检责愈重，勉扞艰虞。十九年，始解各职，蒙旗王公制扁联衣缴送别，有感泣道旁者。其时主席金树人，电请国民政府简任为焉耆区行政长，又不果行，遂遇缠回之变。先是马贼仲英之乱，缠回首应，全疆蠢动。焉耆尤为缠回聚集，势岌岌不可终日，时所部仅有一旅，驻防距焉耆百里之库尔勒。亟飞檄往调，而旅长詹士奎拥兵不至。复电乞省政府增兵，又为电人所泄，遂及于难。实二十二年正月初三日事也。时死，缠回大掳掠，火使署。时妻周氏，妾田氏及男舜宗、禹宗、虞宗，女佩芬皆投火，惟周氏与舜宗，禹宗以救免。周氏与二子匿于民间，其明年秋，乃乞食至迪化。善后督办盛世才伤之，启时榇至省，设位悼祭讫，舜宗等乃扶护还滇葬焉。

李忍涛

李忍涛，鹤庆人。幼聪颖过人。弱冠入北平清华大学，学益进，以擅辩才参与各大学演说辩论，雄词惊众。忍涛小时即受革命思想之陶冶，既入京师，观夫国步之艰难，遂慨然有济世之志。参加国民党，研习军事学，以身许国。民国十五年，赴美国入维尔尼亚陆军军官学校步科及步兵专校暨芝加哥大学研究院。十九年，赴德国研习参谋、勤务三载。学成归国，初任中央军校军官教育总队区队长，继任留德预备班副主任兼教官。二十一年，奉命筹组学兵队于南京，任队长，从事于特种兵干部之训练，翌年春成立，身亲管教，备极辛勤，不一载，即斐然著成绩。南昌检视，深得委员长蒋公嘉许，派兼国防军备专门委员。自此编制日充，而忍涛益振奋。二十五年，西安事变作，奉命率军入陕，辅助友军。次年抗战军兴，复亲率重炮参加淞沪之役。返京后，奉命组成特种部队，并筹组学兵管理处，改称防毒处，我国特种部队于兹产生，全国部队之防毒组训，亦由此创始。忍涛规划周详，粲然有绪，克集事功。二十七年，学兵队奉命扩编为军政部学兵总队，任总队长兼防毒处处长。以战事西移，奉命率所部内迁。初驻湘西，以湘黔公路不靖，乃协同友军剿抚，卒成康庄。嗣入川南，以奉命清乡，爰内勤训练，外靖地方，威信所孚，闾阎戴德。先是，特种部队成立后，原有干部教育改由干部训练班主持。二十七年七月，奉命改编为中央军校特科干部教育班，仍兼该班主任。复历任中央训练团讲师，由第一期迄至二十四期，授课未常间歇。三十二年夏，所属炮一团奉命出国，配属驻印军。是秋，赴印检视所部，于归国途中，乘机失事，探索经年，初无音耗，盖忍涛已为国牺牲矣。以生前不事生产，纤毫无所蓄，身后所遗，除图书满笥外，别无长物。夫人及其二幼子生活教育所需，胥有赖于知好之维护。缅北健儿，扬威国外，皆忍涛所手植。有助于建国者良多，忍涛为不朽矣。

佴致中附朱朝瑛

佴致中，字位卿，建水人。清岁贡生。宣统辛亥，闻武昌首义，乃密谋于驻军七十三标教官赵又新及同邑朱朝瑛，企图革命。朝瑛、又新重其言。俄而，昆明光复，越二日，建水亦兴义旗，遥为响应，成立军政分府。推举朝瑛为正都统，又新副之，致中任参谋长，运筹帷幄，多所策划，故对于云南光复大业，致中与有力焉。民国二年，出任易门县知事，有政声，未几，卸任归，不复入仕途。日惟诗文自娱以终老，民国十三年病卒于家。

朱朝瑛，字渭卿，与致中同里。少读书，慷慨有大志。清光绪丁酉科乡副进士，以功授广东补用道。吉林巡抚朱家宝器重之，派赴东瀛考察政治军事。辛亥旋里，适鼎革，纳佴致中谋，爰于重九后二日就建水举义旗，被推为正都统。时蒙自海关兼兵备道龚心谌握南防军权，闻变派督带孔繁琴率军三营图建城，意欲先肃南防，然后率兵窥复省垣，颠覆革命。朝瑛侦悉之，提军迎击于大破丫口，孔负伤，全军溃散。朝瑛旋派副都统赵又新、参议朱润卿进攻蒙自，龚力不支，遂引窜，迤南大定，省垣得无威逼。至是朝瑛乃电辞都统职，滇督蔡锷改委朝瑛为临元、澄江总镇，兼统南防各营，并兼国民党迤南支部部长。值蒙自兵变，朝瑛会同督署所派大员罗佩金从容处理，使地方危而复安。旋电辞本兼各职，上峰允之，特授陆军中将。

段枪

段枪，字月楼，剑川人。少时喜读太史公《游侠》、意大利《三杰》等传，慕荆卿、玛志尼之为人。清光绪丁未，为邑高小学生，以优异升丽江郡中学生。庚戌，由府申送入省选科师范。特渠志气轩昂，不欲以师儒终，遂考入讲武堂。辛亥秋，黄子和招之密议革命于归化寺。重九光复，枪身与其役，事甫定，滇督蔡锷令充步兵三联队二大队小队长，克日援川。叙泸之役，战绩卓著。民国元年四月班师，驻东川。旋应江西都督李烈钧电召，赴赣供职军府。越年，方声涛任江西混成旅旅长，调枪充少校参谋。宋教仁案发，赣督李烈钧宣讨袁，令方声涛部移驻湖口。辎重缺乏，时水陆交通已断，枪多方计划，转运饷糈，军食得以无匮。厥后夹谷、沽溏、吴城诸役，枪无不身先士卒，手刃敌人。已而失利，乃东渡扶桑，入浩然学校，毕业，又入东京法政学校。乙卯三月，中日交涉起，袁世凯卖国已露其端，枪愤激填膺，与杨益谦奔走同志间，约归国举义。旋抵沪隐居租界，日与川、滇、黔同志筹计西南起义事。八月，得李烈钧自南洋电招，枪偕同志航香港转新加坡。适帝制议起，李烈钧、林虎、邹鲁、陈炯明及杨益谦、庄怀恭等集议新埠，枪亦与焉。决议分道向滇进行，枪挺身曰："此男儿报国时矣，愿得通问唐将军书，同庄君怀恭，绕缅甸入腾冲，鼓动迤西军队，再抵昆明谒唐请首义。"同志俱豪其言，遂祖饯别。甫抵叶榆，庄怀恭染瘴殁，未几，枪亦相继卒。时年仅二十有四，国人惜之。孙总理为题其墓道曰："功同首义"，杨益谦为撰墓表，述其生平事迹綦详。

赵琛

赵琛，字玉波，晋宁人。世业农。琛幼入初级小学校，与群儿戏，恒扶弱锄强，群儿胥惮之。民国五年，应募入伍为步兵，胆识迈同伍，见赏于部官，拔充特务长。十六年二月六日，滇政变，升排长。入将校班，毕业成绩优异，师长孟友闻擢充连长。孟师败，入教导团，刘旅长正富驻大理训练，调充营长。二十六年，抗战军兴，鲁南会战，琛曰："男儿报国，此其时矣。"编入陆军第六十军一八二师五三九旅一零八二团中校营长，出守台儿庄西黄石山，誓与敌不两立。被围三昼夜，枪炮飞机，弹如雨落，率孤军拼死冲出，饥疲不堪，偕友军联络转移而中断，孤军复陷，凡七昼夜，敌增兵重围，援绝弹几尽，奖励士卒，矢志与阵地共存亡。援至，复突围，歼敌尸遍野，营中仅亡一卒，夺获枪械无算。《大公》《扫荡》各报盛称其战绩。视沪上四行仓库八百壮士之英勇壮烈尤过之。奉令退守徐州丹徒集要寨，敌我争据，琛率队先驰，陷数重围中，援远隔百里外，对士卒泣曰："我辈万里长征，欲餐虏肉、饮虏血。今若此，甘愿肝脑涂地，不愿腼颜被虏，辱我祖国。"齐奋勇冲破敌军，遂饮弹殉国。时二十七年五月十日前十时也。生清光绪二十六年三月二十六日，年三十有八。

田钟谷

钟谷字树五，漾濞县人。性沉默，寡言笑。幼即有志武略，苦地僻无师。年十四，赴省肄业讲武堂，因入同盟会。辛亥秋毕业。重九之役，身先士卒，杀敌数十人，以功擢连长。五年春，护国兴师，君率兵一营，与敌战于叙府之白沙场。所部仅数百人，敌众且十倍，苦战相持至数日。一夕，集士卒励曰："凡久战则敌我俱惫，能鼓最后瞬息之勇者胜焉。况彼众我寡，设为所乘则歼我之尽。何若出其不意，冒死进击，或能克敌也。"明晨进战，自朝至日中，不得前。敌弹如雨、巨炮声震遐迩，尘起蔽天，将士相继伤亡，陵阜枕藉、血肉模糊，君左手中弹，血流如注，犹持佩刀，神色凛然，数数驰骋军中，指挥不稍馁。巨弹毁所立足旁大树，直立不为动。日将晡，未克进展，乃率所余百余人，奋起一呼，同陷敌阵，与敌大搏，刀剑击刺声，訇然不绝。会援兵亦至，遂破敌。遂北至二十余里，俘获甚众，由此名大振。或谓护国军之获胜、决于此云。其后戍蜀四载有奇，巨细百余战，屡功晋阶至中将。其平日御下以宽，颇以李广之不击刁斗自况。十四年夏，应范石生之邀入桂，盛暑远征，往来百色、剥隘间，染瘴成疾。是年十一月五日殁于南宁军次。春秋三十有四。君少好学，戍蜀时愈纵览子史，尝欲辑《诸子兵略》一书，未就。又嗜释典及道家言，居恒屏欲澄虑，冀于静中养出端倪。故每临危，均能神色不变。其卒也，滇人惜之（据张左丞撰事略）。

附田将军事略（四川张左丞撰）

自滇军之兴，威镇海内，而田将军尤以勇闻于时。将军讳钟谷，字树五，云南漾濞人。性沉默，寡言笑。幼时慕古名将颇牧之为人，父老有谈太平天国遗事者，辄从旁侧听之，私心响往，尝欲奋功名以挽世运。时聚村儿部勒为行阵，乡人见者皆相惊曰："此儿非常儿也。"漾濞故位滇西鄙，人文闭塞，苦无所得师。年十四，负笈至昆明，入讲武堂，习兵法。以素有恢复中原志，因入同盟会。结交四方豪杰，秘谋攘夷兴诸夏。辛亥秋卒业，适武昌起义，滇省亦于重九夕举兵以应。将军躬先士卒，杀贼数十人，以功擢连长。五年春，袁世凯称帝，滇省兴师讨之。将军率兵一营，与贼战于叙府之白沙场，将军此部仅数百人，贼众且十倍，苦战相持至数日。一夕，集士卒励之曰："凡久战则敌我俱惫，能鼓最后瞬息之勇者胜焉。况贼众我寡，设为所窘，则歼我立尽，何若出其不意，冒死进击，或能克敌也。"明朝进战，自晨至日中不得前，贼发弹还击，密如暴雨。巨炮频发，声震遐迩，尘起天蔽，将士相继伤亡，陵阜枕藉，血肉模糊。将军左手中弹，血流如注，犹持佩刀，神色凛然，数数驰骋军中，指挥不稍馁，巨弹毁所立足旁大树，直立不为动。日将晡，未克进展，乃率所余百余人，奋起一呼，同陷敌阵，与敌大搏。刀剑击刺声，𥕢然不绝。会援兵亦至，遂破贼，逐北至二十余里，俘获甚重。由此将军能战之名大振，嗣后贼每见将军旗帜，往往指目曰："此滇南田家军也"，惊怖不敢战，辄走。护国军一役，其胜负遂定于此焉。袁死，大府廉知其才，命戍蜀，四载有奇。巨细百余战，卓有殊绩。将军前已屡迁至旅长，是时晋中将。其治兵也，御下宽，以谓："程不识正部曲行伍，李广不击刁斗以自卫。宽严虽异，而善战皆同，吾宁法李，使人自便，而不苦烦苛。"余初闻将军名自邓公泰中，邓公曰："滇将之善战者诚众，至其骁果缜密，百审一发，发无不大胜，则首推将军。"八年冬，余奉前临时大总统孙公命入蜀，邓公与俱，始识将军于万县。相聚兼旬，议论国事，穷日夜不倦，依依而别。其后数与共事粤桂，见其临事勇决，益叹邓公之言不谬。九年夏，法统中辍，将军建议迎大总统孙公及国会入蜀立政府。群挠其议，将军怨谋不为用，事不可为，愤然曰："吾他无所恨，独恨未能将骄悍之北洋正统，悉芟夷之。"先是，袁世凯死，其余孽犹众，惧势坠，乃结死党创为北洋正统名号，以与南方护法政府相抗。更日肆淫虐，侵掠无已，时天下骚然，全国无宁土，人民无安岁。而国政乃棼然不复可理。将军故以殄灭此辈、治军旅、佐孙总理定天下为自任。今败垂成，故尤痛之。十三年，范石生迭电邀将军赴粤。十四年夏入桂，将军盛暑远征，往来百色、剥隘间，中瘴疠成疾不治，于中华民国十四年十一月五日殁南宁军中，春秋三十有四。

将军素有大志，好以"英雄世用，只求建白"两语自著，酒酣必举此高歌以寄慨，同侪亦期之甚殷。乃竟不得稍申其志而殁，呜呼，伤已。少好读书，戍蜀时愈纵览子史，尝欲辑《诸子兵略》一书，未就。尤嗜释典及道家言，居恒屏欲澄虑，以求养出静中端倪。民国七年夏，江水盛涨，急于矢。将军自渝趋万县，军次经涪陵，舟覆，从者皆溺，将军独以心定不濡，得遇救。平时固不测其所学深浅，迨至临难乃能外形骸，一死生如此。君子是以知将军所蓄养者厚也。今年春，其夫人自广州来书，以传志之。又相嘱余与将军以学行相砥砺，神明翕洽，其曷有辞，遂书其行谊如上，使后世治国闻者有所考核焉。

（以下为保定刘云峰先生所增）

五年春，袁称帝，滇兴师讨之。将军时任营长，燕子坡、横口之战，皆任前驱。安边之战，渡江袭击敌后，而不意敌于叙府调来援兵二营，又出我后。是夜天欲雨，咫尺莫辨，敌与将军遇，短兵相接，力战却之。是役苟非将军之沉着勇敢，胜败之数未可知也。及得叙后，川将陈宧迭接袁氏严命，责其恢复失地；陈宧乃令冯、伍、倪各旅及巡防统领丁某，四面攻叙。伍旅由百花场来，先到，我军在东场逆击之。是时第一梯团兵力仅四营，宗场战线已展开三营，将军为预备队。战方酣，忽报冯旅已到南溪，即令将军率兵一营拒于白沙场。自黎明开战至日晡，除伤亡外，仅余八十余人，将军尤力为撑持。入夜，宗场方面方将伍旅击退，即移兵两营于白沙场，将军改任预备队，由翌晨战至黄昏，胜负未分，将军乃曰："敌人主力在对面高地，此地横亘于江之北岸，若由江岸袭其高地，敌之主力或可破之。"时深以为将军步兵少为虑，将军慨然曰："营长宜与全营共存亡，今只余八十余人，何面目以对死者。且战之胜败，不在兵之多少，幸而胜固佳，不幸而败，死亦何恨。"因壮其言，许之。至时果袭得敌人主要阵地，遂增机枪四挺、炮两门，竟夜激战，敌人因受纵射，拂晓阵线渐乱，犹力为撑持，至日晡，遂大溃。我方兵力与敌相差远甚，而竟胜之，皆将军出奇制胜之功也。陈宧以四路大兵先后失败，不敢窥叙者累日。时蔡公松坡率二、三两梯团与敌曹锟、吴佩孚、张敬尧、周骏等在蓝田坝、牛背石、棉花梗等处相持，已逾旬日，疲甚。迭电滇唐乞援，而唐未援一兵一弹，察公无可如何，乃分兵一部来援叙府。将军一营，时逃亡渐归，伤病渐复，已有二百余人、冯、伍各旅侦知叙府空虚，又相率来攻，将军率部在维科山御之，相持竟日，军帽为弹穿数洞，犹神色自若。入夜，三面受敌包围，后临大江，乃遵命退却。以功升第二支队长，后又转战川中，升任旅长，并晋中将。十四年春，由粤至桂，田公殒命。嗟呼，诵杜甫"出师未捷身先死，常使英雄泪满襟"之句，不禁悲从中来，古今如一辙也。

民国十六年八月蠡吾刘

李植生

李植生，原名培根，字仲初，李培元之弟。培元，云南留学生之开风气最先者。植生幼有大志，赋性强毅，好击技。入方言馆，通日语。比长，培元招东渡，入东斌学校，学陆军。毕业归，大府檄充七十三标见习，旋调驻临安步兵队官，未几，旋省充七十四标三营队官。武昌起义，植生与黄毓英、邓泰中、杨蓁、蔡锷密会于唐继尧家，谋响应。九月九日发兵攻清督署，植生当前锋，激战一昼夜，总督李经羲遁，云南独立。事定，从罗佩金巡视迤南。民国元年至四年，历任个旧、蒙自步兵大队长，蒙自、河口统带。腾越、永昌统带，军警督察官。袁世凯僭号，植生时为步兵团十五团长，奋然率所部北伐。适滇南变作，暂而东归。五年，以所部助蔡、罗入川，战绵竹、广汉间。六年，佩金督四川，受戴戡离间，与土著诸军不辑，战于成都，带伤，移师资、简。会中央政变，倪嗣冲、张勋叛耗入川，乃太息曰："吾辈再造共和，旋见破坏，负诸先烈多矣，何面目归见故老乎？"言次泣下，五月十七日遂注丸自击死，年二十有九。

秦光第附秦守中

光第，字少元，别号六余居士，呈贡县廪膳生。毕业云南武备学堂，任三十七协执事官，调陆军学堂提调。民国元年，委被服厂厂长。二年，调军需课课长，旋改军需局局长。六年，调云南省警务处长，及省会警察厅厅长。八年，任第二卫戍司令，兼蒙自道尹。十年，任省防司令，兼全省警务处长。十一年，再任蒙自道尹。光第性严正，有文武才略。出入军政界垂三十年，持已廉，驭下严，奉公守职，以勤慎称。勇于办匪，明于察吏，善于安民。两值政变，维持省城治安，厥功尤著，人称颂之。他如开辟护国门及南校场市区，以便利交通；修浚南盘江及抚仙、星云两湖，以广开田亩，亦足见政绩之一斑云。平日立身从致，以吕新吾，陈榕门，曾文正为法。自撰《年谱》尝谓："幼年得力于先人之遗训，晚年得力于古人之故训。"喜藏书，积廉俸所得，购书数万卷，以贻子孙。晋至陆军中将，历授二等文虎章，二等嘉禾章。部属凡经拔识者，皆能励职向善，有名于时。

守中字济民，光第之侄。初毕业警察教练所，任警职，既又入讲武堂十三期毕业。由排长晋至团长。民国十四年，黔军入境，战殁于陆良马街。

杨振鸿

振鸿字秋帆，昆明县人。少不羁，以事系狱，读书不辍，由补县学生。光绪癸卯，考送日本，入陆军振武学校。常从孙文、黄兴、章炳麟谋光复。卒业回滇，诡当道宜尚武兴学，请立体操学校。又倡设公学，开演说会，痛陈云南路矿利害，一时人心振奋。会留东学生，连名揭总督丁振铎失地丧权状，当道疑忌，出为西防管带。至腾越，盏达土司谋袭职，镇道索贿，方构难，振鸿抚定之。又发其事，遂借开会演说，请逮治；事急，间道至日本，戊申，河口兵起，开云南独立会于江户，布告天下。既而河口事紧，偕黄毓英、杜钟琦等谋归助，中途关败，转入缅甸仰光，与居正、吕志伊创《光华报》。是年冬，清太后那拉氏及帝载湉相继死亡，图发难，变服入土司各地，说土人，拟先下腾越，进攻永昌、大理，再窥省。适有永康改流事，乃自干崖出潞江、布戛、蒲缥至马岭寨，得兵千余。期十二月十九夜会永昌城北演武厅。及期兵会城下者仅数百，守吏先得警，戒严，不得入，仍拟返马岭寨。以奔走久，复犯瘴疠，疾作，又传逻者将至，扶病夜中冒风雨走蒲缥。既至，呕血斗许卒。方病革时，向何伟伯、杨毓铣、吴品、彭蕒嘱后事曰："我死，李根源、罗佩金可继筹滇事。"辛亥反正，得褒扬，诔曰“忠毅”。后具状请优恤，乃赠左将军。

李敏

李敏，字勉之，呈贡人。幼勤学，年弱冠为邑增生，肄业省垣高等学堂。后考送日本留学陆军，入东京士官学校步兵科毕业。宣统元年回滇，委充第七十四标教练官，兼讲武堂教官。二年，调广西南宁第一标第一营管带官。三年，调镇司令部正军械官。七月，派充北洋永平秋操参观委员。抵京后，适值武昌起义，投效晋军，任参谋。随山西都督阎锡山北伐，参赞军务，克复代州、雁门、包头、萨拉齐、托克托城等处。民国元年，委充第一师参谋长，留守大同，兼代晋军第四旅旅长。三年，任大同卫戍司令官。四年，晋北剿匪肃清，授陆军少将。五年，调山西督军署参谋长。曾于张勋复辟时，率军入京，勘定事变，备著功绩。十五年改任督军署咨议官。二十年，任陆海空军副司令、行营军事参议等职，晋级陆军中将。与阎锡山将军共事数十年，志虑忠勤，始终如一。先后由中央奖给二等文虎章、二等嘉禾、二等大绶宝光勋章、铁十字章。二十二年辞职回籍，课子之余，专研佛经，借资修养。性俭朴，在职时蔬食布衣，一介不苟。然齿积所余，以周济亲族之穷乏者，不少吝惜，尤为人所称道焉。三十四年卒于里第，享年七十有四。

杨益谦

杨益谦，字竹君，剑川人。性孝友，体魁梧。年十五，丁外艰。就学于张鹤裳之门，恂恂然若无知，师器之，则益自磨砺。出笔有奇气，以甲辰府院试第一补博士弟子员。仍复随师研经史，留心致用。已酉，入省应优拔选不第，去而迈志治兵学，毕业讲武学堂炮科。会鼎革，致身戎行，随蔡锷将军入蜀。事定，应赣督李烈钧召，委为湖口炮兵营长。当是时，袁氏阴谋窃国，益谦不以利动，不为威摄，遭忌而去；追随孙总理东渡扶桑，南游星洲，奔走革命，致力党国。护国军兴，以第二军总司令部副官长，陈兵广南，先声到粤。无何，常制摧崩，益谦所部改编为驻粤滇军第四师三十三团。督军团起，琼崖溃兵袭陷化州，势张甚，益谦鼓众克复。擢授第二十混成旅旅长，兼原团团长，号劲旅。先后援湘定桂，北伐南征，治军十余稔，慨欷感发，乘机应会，志气奋乎风云，勋劳著于邦国；而耻言功、怯争利；视部属如子弟，群以长者称之。民国十年归滇，任靖国联军总司令部参赞、省府军咨处处长。既忽倦于仕，退而养亲课子。翕然忘尘事，筑华潭别墅，庋书万卷，吟啸其间，愉如也。当途益贤之，起为第十路军总指挥部参谋长，兼蒙自关监督，旋委第二殖边督办，运筹施政，措置条贯，厥才若不竟于是也。抗战军兴，任楚大师管区司令，从容治烦剧，事举而人不扰。民国三十年三月五日卒于昆明，翌年归葬金华山之万松岗。益谦生平事母孝，抚弟有恩，与宾朋游宴气甚豪，饮酒必醉，顾端居簾阁，寂若无人，则又萧然如与世相遗。晚年自号退庵，名人宿师，鲜不与善，有士君子风，殁后人多悲思。

朱培德

培德字益之，盐兴县人，云南讲武学校毕业。辛亥，民国成立，随第二师师长李根源西征，任副官。四年，护国军兴，以支队长随第二军长李烈钧入桂，转战至粤，积功擢升旅长。六年护法，晋至师长。十一年，粤、赣军会师北伐，以滇军总司令任中路前敌指挥。十四年，蒋公中正组织国民革命军，任第三军军长。南京国民政府建立，任军事委员会委员，兼军需部长、中央执行委员、中央政治委员会委员，十六年，任江西省政府主席。十七年北伐，任第一集团军前敌总指挥。十八年，调参谋总长，国民政府委员。二十二年，代训练总监，兼军事长官。二十五年，任军事委员会常务委员，叙第一级陆军上将。培德由滇率兵出发长征，历迭转战于粤、桂、湘、赣，持坚执锐，所向有功。出主省政，入赞中枢，均能奉公励职。蒋公方资倚重。年未五十，遽以病殁，论者惜之。

黎天才

黎天才，字铺臣，丘北人，体貌魁梧，而性聪明。幼就外傅，以失怙恃辍读。兄天福性朴讷，乡人多侮之。天才少年有异状，故咸知其为非常人。清光绪甲申中法之役，天才入军籍，隶提督丁槐部，以勇目擢保千总。嗣奔走江、浙、滇、黔、秦、晋、川、粤、鄂、豫间，战功卓著，历官山西潞安协副将、广西南宁参将。提督龙济光奏调至粤，擢分统，改编新军升标统。辛亥，四川争路事起，清廷命岑春煊为川汉铁路督办，电济光指调天才率本标兵入川护卫。八月，抵九江，阻风，仍回吴淞驻扎。八月十九日，武昌起义，上海克复，宋教仁命常州章梓浼、姚安由犹龙劝天才反正，号为辅军。是时江南新军第九镇统制徐绍桢攻南京败绩，请援，兼以张勋大戮人民，南京父老涕泣奔告，日数起，天才曰："造反民意，其道终穷。吊民伐罪，义不容辞。"遂率全部与苏、浙各军会于镇江、约攻南京。天才以诸军中于仪凤门一路有难色，挺身任之，并谓滇人不畏难也。越日出发，经龙潭、西沟等处，进态乌龙、幕府两山炮台，直逼城下，以大炮环而攻之。清总督张人骏、将军铁良、投督张勋等，见势不支，连夜逃走。天才、犹龙，遂率队占领下关，狮子山、钟鼓楼、清凉山，以及劝业场，督、藩两署等处，南京完全克复。是役成功，前后仅七日，捷报迭传，声威大振，于是群推天才为江南第一镇统制。旋湖北告急，黎都督元洪指调天才往援。江苏都督程德全任命天才为江南援鄂第一师师长，犹龙晋级旅长。濒行，天才将所经手款项，列悬街衢，俾众周知。以示无私。旋和议成，民国肇建，改官江南留鄂第一师师长，特授勋三位、陆军中将、二等文虎章、三等嘉禾章。未几，改陆军第九师师长兼襄郧镇守使，并授二等宝光嘉禾章。会护法军兴，北廷以天才虎踞襄樊不敢轻动，乃予以会办湖北军务，拒弗受。附义西南，宣布自主，在湖北靖国联军总司令。转战千里，喋血经年，虽胜负不常，而勋名以是益著，晋级勋二位、陆军上将衔、一等文虎章，改任西南边防督办。民国十六年卒，年六十五。

李修家

李修家，字献廷，盐兴人，云南省议会议长正棻子也，由清廪生入云南高等学堂，选送保定北洋陆军学堂肄业。少有大志，潜心军事学。既得选送专习军事，慨然曰："今而后可遂吾志矣。"毕业回滇，历任军咨处、陆军第十九镇等机关军职，改任七十四标督队官。见清政日非，与滇省革命诸哲日夜密谋改革。辛亥重九，光复军兴，率队攻城，身先士卒，奋不顾身，冒机枪前进，攻克督署，占领南城，击毙清统制钟麟同，论功擢升步兵第二联第二大队长。调援蜀川，充右纵队长。攻克自流井、陕西庙、贡川、富顺县等处，擒斩伪川南大都督周鸿钧及首要悍匪秦夔龙、杨少兰、张青山、张昆山、范华斋、涂哲等数十名。每一战役，均以少克众，以数百人或数十人击匪数万之众。川南各境，始渐就序。云南都督蔡锷特颁感状，以纪勋绩。其光复、援川两役战功，均详载状中。共和底定，凯旋回滇，以功晋陆军少将，改任步兵第二团团长，并三次兼任云南全省警务处长、省会警察厅长。护国军兴，升任步兵第三旅旅长，兼南防卫戍司令，驻军临安。是时吾滇以一省之力，担负护国大任，竭全力入川。讨伐洪宪。军情万急之际，袁世凯特派龙济光之兄觐光率数万众，自粤经桂，由江外入滇；并煽动南防土匪，希图扰乱云南治安，为釜底抽薪之计。临安首当其冲，被围数十匝，攻势之猛，莫可言喻，守城兵力，仅有两营，外无援应，临安不守，不但全省安危难以逆料，护国入川之军，恐亦因之动摇，其所关系者至巨。修家誓与城存亡，被围兼旬，镇静如平日，时出奇兵袭敌，卒将敌众击退，跟追至山心，鏖战三昼夜。敌众全部被击溃。南防卒以保全，全省治安亦以稳固。共和再造，以功晋级陆军中将。民国十年，赴北平考查时局，十一年，任豫省总指挥。十二年，任山东省曹州镇守使。十三年，因病赴沪就医，十七年，回滇省亲，就任云南省政府总参议官，改任昆明市长，抗战后，忽罹危疾，航蓉就治，不效，寻卒。

寸性奇

寸性奇，字念洁，腾冲人。祖怀全，仕清为把总。父大进，为守备。兄弟九人，性奇其次也，生有殊禀，迥异常人。清宣统元年，入云南讲武堂习业。业成，革命军起，隶黄毓成部。援川事定，任川边镇守使署参谋。护国之役，参罗佩金军事，出为南溪县长。嗣佐赵钟奇、顾品珍军，转战渝泸，以是往来川、滇两省，历数寒暑。旋衔命觐孙总理于广州，与杨希闵、蒋光亮、范石生定计，逐陈炯明，迎总理归，立大本营。以功任为宪兵司令，兼大本营少将参军。总理薨，以国民革命军第三十一军部参谋处长会师北伐。十六年，调湘、赣、闽三省剿共指挥部参谋处长。升三十四旅副旅长。二十年，共产军攻赣州，性奇以智守邑，众感焉。芦沟桥事变，性奇由第三军部参谋长升三十四旅旅长，统兵北上，血战井陉、阳泉间数月，升第十二师师长。调守中条山，坚拒四年，遏敌不得逞。三十年五月七日，敌酋矶谷统关东精锐五师团，巨炮数百，飞机百余，合以旅团若干，共二十余万众扑中条山。时霖雨久，第五集团军四面皆受敌，士卒苦战，后援断，左右翼俱惫，战区司令长官卫立煌电令速退五福间。第三军长唐淮源，集众于八日夜冒锋镝引至樊家口。十日向五福间战且行，抵张家坪，敌大来，要道绝，肉搏久之，死伤甚众，流血成渠。过午，淮源命退大仕坪田架桑，夺路出击。十一日夜，淮源知事不可为，不能实践立煌令，乃劝士卒，期与中山共存亡。词旨昂奋，性奇亦厉声语曰："诚如军长言，吾侪今日惟奋力杀贼耳。枪在手，剑在腰，不令为贼俘也。济则为国加光荣，不济以死济之。"十二日，左翼水谷朵高陷，性奇亲率陷阵，胸受创，闻淮源在前慷慨引刃殉国，壮志益张，大呼杀贼，声掩巨炮。飞机步枪，轰炸于上。副师长杨玉崐，负伤冲至胡家峪，遇之，见腰复受创，伤甚，不能行。嘱营长李振邦守护，性奇曰："不成功，便成仁。"挥振邦去，曰："毋以我为累。"于时敌势蜂涌四合，遂相失。后第五集团军总司令曾万钟及代淮源之军长周体仁跟迹得其详，知十三日晓，性奇再受伤，弹断其右股，乃以刀自戕于县山北十余里之毛家湾。与淮源之死，相去仅一日耳。事闻，褒恤如例。

朱旭

朱旭，字晓东，龙陵人。其先自吴入滇，以功封百户。家永昌，八传至廷相，移施甸。十一传至袍，始移居龙陵之象达，世守耕读。十九传至敬之，生五子，旭其四子也。幼而敦厚，受学颖悟异常儿。稍长，倜傥有远志。初入农校毕业，赴粤、蜀，旋复回滇，毕业于武校十四期将校班。历充各连、营、团长，赴丘北、江那、嵩明、寻甸、东昭、盐津各地剿匪，擒首要，散胁从，严申纪律，爱护民众，均爱戴以颂曰："君驻兵处，民众不知其兵也。""六·一四"之变，旭剿匪宜良，以受云南主席龙云知遇最深，星夜率部至大理，联络西防部队一致拥护。师至祥云，与敌相接，有云南驿之役。至禄丰，敌军麇集，有白塔之役。敌据曲靖，旭往攻，百战下之。敌窜东、昭，复率师东下，旋克复。召集东、昭十余属官绅，开善后会议，决定肃清地方，抚绥民众、奖惩官吏、整理团警若干条。集训全体官兵以爱国守纪、亲善睦众等事。中央任为国民革命军第三十八军第九十九师师长，并加陆军中将衔。是时滇省奉命出师讨逆，任旭为讨逆军第十路左翼总指挥，并实授陆军中将。假道于黔，黔派队阻击于关锁岭、铁索桥、鸡公背等处。旭出奇制胜，黔军败，遂入贵阳。而敌军又由川边率部犯滇，省垣戒严，龙云命旭兼程回滇救援。甫十一日到省，敌军已逼城下，乃击之于大、小连山，追至碧鸡关，旭躬亲督战。敌乃溃退入川。中央赏勋，命为云南省政府委员，并暂代讨逆军第十路总指挥职务，坐镇昆明，功绩卓著。十八年秋，兼任云南盐运使，规定办法九项，增开大小盐井二十余处，产销相剂，税收亦裕。主编《云南盐政分史稿》，越年梓行。十九年，任讨逆军第十路前敌副指挥，率师赴桂。旋返滇，巡视黑、白两区各井盐场务，考查利害得失。便道回籍省亲，修宗祠，建坊表，助乡校，惠邻里，乡人至今奉为模范。二十年，卸运使职，任民政厅长，遂解兵柄。旭以民政经纬万端，地方之治乱，视乎官吏之贤否，修正任用、考绩、保障、奖惩各条例，呈准实施。重自治，重户口，重保卫团，重公共安全，开警官学校，作育人材。成立自治筹备委员会，设平民工厂以及三迤丰备仓，创省立医院，凡属民政范围事，无论巨细，罔不竭智尽能以为之。旭孝亲信友，睦兄弟。训子女尝曰："天下事无所谓难，亦无所谓易，视力行如何耳。苟实心任事，虽难事亦可图功；若泄沓畏葸，虽易事亦将丛脞”。盖其生平，时以民众为心，故居上位而必谨，对下民而必和。文经武纬，绰绰余裕，宜哉。二十二年，以疾终于任，年四十三。

李根沄

李根沄，字武诚，蔚然都尉之季子。生有至性，少从兄根源读书，英迈异常童，并受业于同里寸佐廷、昆明张止真。嗣兄东游归，创办云南讲武堂，广收志士，规图匡复。根沄忧怵时艰，考入讲武堂，为丙班生，肄业两载，而武昌革命军兴，厥兄与邵阳蔡锷在省垣举兵响应，一举定滇。时根沄隶黄毓成骑兵第十九标，骁勇冠侪辈。汉帜既树，随兄出任西事，櫜鞬从行。锷以根沄英年可造，给官费，送日本留学。适父丧，兄以讨帝制事不得归，乃辍学回滇。阅岁，兄长粤中军政，挈一旅之师相从，平龙济光、陈光远之乱。时军中有反侧子，遂与兄相继解兵柄。后以滇军军长蒋光亮之召，出任第七师师长。值陈炯明倡乱，进围广州，陷香山，总理孙公于石龙乱军中，情势危急，时根沄在樟木头，闻讯回师援救，卒出公于险。广州围解，善战声名震慑两粤。事载武宁李协和《大元帅戡乱记》。未几，滇军内讧解职。河南督办胡笠僧知其英勇，任为豫东警备司令。嗣应十六军军长范石生之约，任四十六师师长。丁母艰，时驻师平马，辞职未允。旋以猜嫌故，为范禁锢，几死。直至葬母之期，得李任潮、陈真如力，始释出，遂偕兄庐墓小王山中。逾年，李协和、谭祖安招致南京，荐之军政部，令长福建硝磺局，再调长江西局。倭寇犯上海，四十七军军长上官云相调沪抗战，夙与交契，电邀南下，为之擘划军务，凡行阵部署、刁斗文书事悉任之。战事止，始行返赣。硝磺局裁撤，改任武昌行营中将参议。以督建江西碉堡功，调任沙市省辖公安局长。因忧劳数患肺炎，赴汉上治疗，旋回苏州。及倭寇侵入中原，南京沦陷，以忧愤疾更加剧，病中论及国事，辄以手击案曰：“中国养兵数百万，尚未死尽，何竟令虏寇猖獗至此，长驱直入耶！”遂以此不起，卒年四十有七。

李学诗

李学诗，字希白，腾冲人。腾冲，故清时腾越厅也。先世尝隶晋王李定国戏下，代为军官。考恩澍，商于缅甸。故学诗时数往来云南、缅甸间。少补博士弟子员，三赴乡试不售。杨振鸿介入同盟会，就学云南讲武堂。明年发腾越镇，充西防第五营右哨哨官。辛亥，武昌倡义，学诗应之，与张文光复腾越，任第二路统领。下永昌，出顺宁、云州、缅宁，署顺宁府知府，补顺、云协副将，兼统顺、云各军。民国元年，学诗年三十九，西藏事起，以维西协副将任援藏军先遣第一纵队长，攻克盐井、巴塘、裹塘，兵抵察雅。明年师还，补陆军步兵上校，予三等嘉禾章。旋维西协废，被任察勘滇缅界务专员。于是，易商旅服为微行，深入佧佤山，疏记所历山川风土险塞，考定今昔界址，成《滇缅边界记》四卷，图一卷。终以触瘴病而归，归而几死，遂窒其聪。一任云南督军署参谋，弃之。乙未，从族弟根源至粤，以前功补少将，予二等文虎章。根源卜宅吴下，学诗复从之居。自是饮酒赋诗，石湖、邓尉、天平、穹窿、楞伽间，时有其足迹。尝执贽为吴江金天羽门弟子，其生平游宦征战事状，一著之诗，有《罗生山馆诗文》六卷，居吴下又有《治平吟草》四卷、《天南陈笔》四卷。卒民国十九年，年五十七。殁后根源为纪其丧，并刊行遗稿。明年，葬吴县小王山，余杭章炳麟志墓。

缪嘉寿

缪嘉寿，字延之，昆明人。先世籍江南，明初始徙滇。父楚珍，能继志述事，尤好施与。嘉寿秉性仁孝，明敏好学，塾师期以大器。年十七，补昆明县学生。清廷废科举，入武备学堂，以成绩优异取录留日士官学生，病未能行。迨武备毕业，奉委巡防营管带，驻守石屏，保卫地方。上峰以治匪有功，屡加擢荐，尝以未能入士官为憾。辞职出游港、沪、粤一带，适李根源、唐继尧诸人毕业回国，在沪相遇，邀同返滇，襄办讲武堂，任执事官。时革命风云弥满全校，潜谋密划，嘉寿均参与之。光复后，任军政府高级参谋，随李根源出巡迤西，任总司令部参谋长。时南北战事方殷，西陲变乱之余，人心惶惶，危机四伏。嘉寿运筹帷幄，悉获施行，使迤西三十余郡县，转危为安。根源尝曰："非缪君之力不至此"，都督蔡锷特任为陆军第七团长。治军宁民，地方赖之。二年冬，回省，任陆军制革厂长。适唐继尧移黔督滇，调任督署军需课长，扫除积弊，煞费苦心。时袁氏秉政，嘉寿默察情形，恐战事不能免，乃筹集军实，不遗全力。护国军兴，饷需有赖，皆嘉寿平日撙节储备之力。云南出师川、黔，粤、桂，嘉寿被任为兵站总监，兼步兵第九旅长、军务院参谋部第二部长，专任后方勤务。精心擘画，千里转饷，未尝匮乏，卒成护国之勋。袁氏既殂，黎氏继位。奉派入都，充善后代表。事竣，晋陆军少将，任命为云南财政厅长，调任云南陆军第二卫戍区总司令，兼蒙自道尹。在任年余，盗戢民安，政通人和，南防至今称道不置。旋晋陆军中将，勋三位、二等文虎章、二等嘉禾章。八年，南北议和，军政府令派为云南全权代表。嘉寿建议，多关国家根本大计，总代表唐绍仪推重之。九年，丁父艰。复以川粤事变，滇军纷纷回籍，军额骤增，饷糈无出。滇督唐继尧坚以财政相责，力辞不获，乃统筹全局，开源节流，未几，公用充足而民不扰。是冬，复充代表赴沪。值滇政变时，有公款百余万存沪银行，各方纷向提取，嘉寿毅力坚持、抱定"省款须仍归省有"宗旨，几经波折，始由本省收回，并指定专办地方实业、教育、交通三项之用。云南省议会代表全滇人民，赠与"道德可风"匾额。后以母老，迎养沪滨。未几母殁，丧葬甫毕，政府屡畀以重任，均辞不就，仍代表驻沪。丁卯，徙居香港。滇省当局仍迭电促归，担任要职，嘉寿因旧病时发不应。竟于十七年六月十一日病殁，时年四十有五。

王均

均字治平，呈贡县人。云南讲武堂毕业。辛亥，民国成立，以排长随李鸿祥军入川，从攻叙、泸、嘉定，旋升连长。四年，护国军兴，任营长而攻桂，继入粤。七年，升团长。孙总理置陆海军大本营，任巩卫军第一混成旅长，旋升第一师师长。蒋公中正组国民革命军，分道出师北伐，领师随朱培德军长出韶关，规江西，六十四日而克南昌。以首功擢升副军长。培德主赣，任第三军军长，兼南昌卫戍司令、江西省政府委员。十七年迄二十年间，冀、豫、鲁、赣、湘、鄂、皖乱起，迭任左右翼总指挥。率各师展转激战，无不破其众而平其地。二十四年，乱事延及陕甘，又驰赴援救，以次击溃。二十五年十一月八日，独乘军用机赴前敌督战，北行至通渭属马营西浪石滩，机坏，坠地火起，遂殉职焉，追赠陆军上将。蒋公闻丧，叹曰："丧我股肱矣"。灵榇归巫水，全城男女老幼，相携吊哭，乡民远在千里外者，亦各持一香来祭。其平日治军，深得民心可知矣。均性沉毅勇敢，善筹算用兵，常以少敌众，每当战役，以身先之，所向克捷。其御下严而有恩，与共甘苦。凡有赏赉，尽散士卒，故皆乐为所用。喜阅书史，著有讲演稿凡数万言。

杨蓁（张左丞撰）

将军讳蓁，字映波，亦字月波，氏曰杨，昆明人。性沉毅，能刻苦。幼贫嗜学，未弱冠入东文学堂，陈太史荣昌阅其文，顾谓将军曰："孺子所作，乃刚健类利刃，宜敛才就范，以为世用"继入优级师范，以优等毕业。时清季裔祸日深，将军以为儒生文弱，不足捍邦国，于是尽弃其学，学兵法。有韩公建铎者，豫人也，时为云南第十九镇标统，知将军非常材，厚遇之。将军时趿败履、衣敝服造见，立延接。即座有显者，不使避，必留与共饭。赖其力入讲武堂肄业。余是时谋革命于西南，事败之滇，识将军于同盟会，秘议中因与订交，以气节事功相砥砺，由是过从遂密。久之仍以高第毕业，益致力于学。昆明城北十余里，万山丛沓，人迹迥绝，有寺踞绝顶曰"虚凝庵"者。将军于毕业后，常读书其中，而益宏所造。初，国人之学武事于海外者，其国人恒隐其深邃之学，秘不以授。有丁氏子，独取彼中大学不传异国之秘籍以归。丁氏与韩公相友善，因韩公识将军，深敬其为人，出其书授之。将军得而手抄付印，都六十部，分致诸同学。往岁，将军居沪读时，偶出其书相示，且指邻国曩在旅顺战时海陆军之部署告余曰："国于今世，凡盛衰无不基于学，学之施于事而效者益又精焉。彼能用其学著之事功，以克敌而致果。独奈何吾国人日驰骛于利禄，不知取法！"语毕太息者良久。辛亥秋，武昌首义，滇于重九夕举师以应。将军率队躬冒羽石与敌战，胜之。滇事定，见黄河以北诸省，犹奉清廷正朔如故；东南虽建民国号，俱未能固，请解甲游燕，欲有所作为。道经长江，说诸将以北伐利害，咸韪其议。复潜入都，盖欲踵聂政荆轲事，以收一震之功。未几，清帝已退位，民国立。乃出关至奉天，考其山川扼塞之胜，经岁而返。旋随邓公泰中入黔为副营长，后累迁至团长。四年冬，袁世凯称帝，滇主将召诸将议从违。将军面赤眥裂，厉声曰："吾官民国，与国共存亡，罔知所畏，今袁氏僭窃，誓击之，不与共天地。顾吾为督军麾下，军人不得违命，倘公不讨贼，吾当辞职谢公矣。"自将军议出，佥愤之，议遂决。乃遣人赴越南迎蔡公锷入滇。十二月九日，邓公与将军先率护国之师两支入蜀。将军平日与士卒共甘苦，每战辄身先士卒，行军日达百里而不乘骑，以乘骑载病卒，亲为照料医药；士卒敬爱如父母。袁氏闻滇兴师，急令蜀布重兵扼守滇蜀交壤各险隘，使滇师不入。当是时，敌众且十倍，人皆为将军危。将军从容，密与邓公谋曰："敌众我寡，吾所恃者师直有名耳，今幸敌节节布防，未聚重兵于一地，吾能摧破其一，乘势锐进，使敌兵不得集，则克敌必矣。"谋定，邓公以兵取大道，将军则率师由小径出，两军如辅车相依并进。又时以大义激励士卒，众震愤，乐为效命，及战，靡不慷慨争先。一日战正酣，中弹伤臂，将军惧乱军心，阴以布裹创处，若无事然。战益猛，且战且前，遂进至燕子坡。燕子坡者，由滇入蜀门户，岩疆也，贼早置重兵于此。不虞大军掩至，邓公仰薄正面，将军得乡人导，率兵走山巅峭壁间，皆向无人径行之地，据坡左侧之高岭，突乘势俯击之，敌大惊扰乱遂溃。乘胜定横江叙府，敌果不得收集兵力，以与我战。继而转战叙泸间者几半载。曹锟、张敬尧屡以悍寇数万来犯，却之，顾敌援日众，护国军孤立叙泸之间无附者，势蹙几覆，将军以为大忧。日夕策战守之宜，始得久抗，不为敌所败，困斗之已甚，而黔、桂、湘、蜀乃并起讨袁。论者以为当举世寒噤慑伏之秋，将军首发议，而终复躬犯万死，使共和赖以不堕，厥功甚伟。袁氏既殂，叙功晋陆军少将，勋五位，加文虎章。六年，督军团乱作，将军语人以毁法之害，谓"国犹轨物，所行皆必秩然，不可或紊。今若辈实无法守，顾托名兵谏，直鬻拳之罪人耳。人既毁法，吾当力护之。"计决矣，趋趣当道。不旬日，腾书讨贼。东南诸将帅群起应之，树靖国帜，合滇、川、黔、湘、鄂、豫、陕之众，会于蜀之重庆，将军被任为联军总参谋长，筹策多奇中。以功迁陆军中将，顷之辞去。盖将军平时喜读《资治通鉴》，虽在军中不释手，用此深究历代兴亡之由，而力辨邪正，尤以正名号、饬纪纲为治国之要，尝举以衡护法者多不省。既知诸将帅多盗窃名号，借自便其私图，数数建白，不见听，度己志终不得申，遂去不复留。既而奉命赴日本联队练习，越二年归国。痛国势涣散，因思日本之富强，盖由整齐严肃之效，常欲引以为师法，施诸中国，卒不得少行其志。当往来日本，经上海时，常谒前临时大总统孙公，备论建国之策。孙公器之，属以滇事。九年滇政变，唐继尧与顾品珍集众待战。将军适屯杨林，居两军间，恐战起为祸闾阎，疾驰书告两军曰："滇军勿击滇军"。将士感其说，多响之，继尧终以此不能驱士卒为效死力，遂仓促出走。事平，品珍以将军为宿将，有威名，为士卒所爱戴，任为第三卫戍司令。将军受事，治盗甚力，率师穷搜，由是近省郡县之民，乃得安枕。是时兵多财匮，将军思所以苏民困者，请裁之。诸将怒且谤，将军不为动，用孙公移兵作工策，率其部治沿省城至迤西道路，常手畚锄掘土石，杂士卒中共劳作，路成三十里矣。忌者群毁以辞，当道复尼之，绝其赀，事遽止。十年夏，孙公被选为非常大总统，首驰书相庆。孙公率师北伐，军次桂林，将军日讽滇速以兵会，以竟护法之功；时与品珍意见不协，送之粤。将军至广州，居现音山半文澜阁。阁广数丈，有回廊，将军旦暮袒衣攘袖，疾步周回廊者各历三时许，计日行可九十里，每饭辄不饱食。有友讽之曰："食少行数，设成羸弱，非所以负天下之重。"将军曰："公诲甚感，吾岂不欲逸居饱食者？然吾自从军以来，皆徒步行，日啖粗粝不使饱，盖念国家多故；吾为军人，非忍冻饿、习勤劳，一旦肩大任，此身何能率众？强自策励，于今已十年矣，不敢因身之暂退，而或暇逸也。"十一年，陈炯明叛变，大总统孙公蒙尘海上，将军亦避地香港，愤群逆不道、纪纲荡然，出所蓄结豪俊谋讨贼。其后终联滇军，自梧州西下驱走炯明。孙公复入粤，重建政府，以将军忠且能，特任为大本营参谋长。炯明虽败，犹负固潮惠间，联北军邓如琢，自庾岭来寇，连陷韶关、英德、连江口，势甚张。粤联军累战皆北，讨东江军又失利，群议弃北江、省城不予守，将军力持不可，乃决策反攻，亲至英德督师，一战破其师，如琢败遁，粤事稍定。孙公日记尝论将军乃中国有数之军事人材。十四年春，唐继尧命龙云入桂、粤，孙公命将军赴范石生军任总指挥，同率师入桂，战于宾阳、南宁间，屡战屡捷，将军声望日隆。六月朔旦，将军卧未起，突被奸人刺杀之。时中华民国十四年六月一日也，春秋三十有七，呜呼！伤已。配李夫人，子三，曰：维骞、维骧、维骏；女三，曰：维嘉、维仪、维淑，皆幼。

张左丞曰：余与将军交最久，观其持己严、接人信，治事核名实，心焉敬之。常闻姻娅称述之言曰："将军父继宗公经营商肆，月入才五金，家用不赡，母氏及女兄日操女红助之，犹不足。将军先后学于东文师范学校，月试辄列前茅，所得膏火悉以奉母。居校中每饭不敢饱，日节所食肉少许、饭一盂，归遗母氏。同学至讥为乞儿，卒不稍易。继宗公疗疽发面，将军日夕箕踞榻上以背承之，以迄于殁。居父母丧，哀毁尽礼。亲故有急难者，苟出于义所当为，不待求，恒力助不少吝。"其至性敦厚如此，并著之，用告世之尚论将军者。

〔录自《续滇南碑传集》卷四〕

黄毓英（蔡锷撰）

公讳毓英，字子和，会泽望族，玉田先生之次子。性豪迈。壮岁游日本，就东斌学堂习陆军。同盟会方孕革命种子，姓名遂入党籍。业未竟，闻河口革命军肇动，归谋乘势复滇垣，不遂，与杨君振鸿亡缅，遍历八募、蛮允、干崖、盏达诸土司地。旋于仰光著《光华日报》。边吏捕之急，振鸿愤死，公病已，乃走腾永间，阴结同志。父书召归娶，弗顾；寄以资，命营业，弗屑。东联党人，至大理、蒙化，吏又捕之，遁入省，窃窃往唐继尧宅，密谈国事。於为义君嗜欲，勇不顾前后。时锷长三十七协，初来谒，头角峥嵘，目光四射，大奇之。叩以所自，乃述其奔走缅越各事，不少讳，益心许其为人。同人谆劝其入戎籍，俾有籍年，遂任七十三标排长。自是日与同人谋革命益急切，常深夜演说军中，言之发指。各军官多耳目公者。辛亥八月，武昌起义，公日夜奔走，屡以言语刺激同人，促响应，热血欲喷，愤励若不可终日。九月七日大雨，与唐继尧、李鸿祥、谢汝翼、沈汪度、刘存厚、张子贞等会于唐宅，为最后之会议。锷招公与黄永社预席，方熟筹方略，多数主速举，有以预备不周，事鲜把握尼之者。公与永社大激昂，愤然曰："今事已急矣，君踌躇我必先发，事败被获，必首诸君同谋，我死君等度不能幸生。"乃决期重九夜三鼓举事。是夕公断电话机后，率所部数人越墉入北城斩关纳军，迳攻军械局及五华山北路。于是南路巫家坝步兵、机关枪队继至，环攻都督署各要地。力战达旦。十日午前九时，械局、督署次第陷落，全城先后光复。事定，檄令自募军六百，克期训练。公精选将备，申明纪律，未三月而成效大著。军府成立，公于军事部署多所建白，悉采纳之。援蜀之役，自请为前驱，乃隶诸第二梯团李鸿祥麾下。蜀道土匪猖獗，公屡驱剿，皆身先士卒，所向披靡，擒剧盗百余，于永宁磔之。合江之后，击溃贼匪万余众，擒斩无算。民国统一之元年四月，援川军南旋，滇政府以黔人请命，分兵绕道赴援。公与张子贞率队，由渝经綦江进，平遵义、铜仁匪乱，其时下游匪势大张，以会师衍期，军气大隳，乃屈从将士之请，返师黔垣。次于思南，疲甚，命大队先发，单骑断后。伏匪狙击于路隅，遂遇害。公生于前清光绪乙酉正月初五日，殁年二十八岁。因奔走国事未娶，以其兄毓兰之次子祥云为嗣。同胞哀之，谥为武毅。榇归，葬于园通山之阳，为铭诸石，铭曰：惟公之生，幼而岐嶷，扶桑结社，河口熠师。缅边亡命，间关腾越，匿迹滇垣，以求一逞。锷时治军，披褐入谒，立定大计，数言取决。入黔赴蜀，群盗投戈，士畏秋肃，民爱春和。胡天不吊，思南变作，黄尘昼昏，大星夜落。惟公之死，如断左臂，每闻鞶鼓，敢忘颇牧。古称将德，智、信、仁、勇，我亦崛强，为公低首。内而振旅，外而折冲，公既殁猗，我将焉从。宿草凄凄，英风烈烈，勒石贞珉，敬诏来哲。

〔录自《续滇南碑传集》卷三〕

唐淮源

公讳淮源，字佛川，姓唐氏，云南江川人也。其先出自帝尧放勋，始封于唐，升为天子，有周之初，成王封母弟叔虞于帝尧、夏禹所都之墟，子孙遂以国氏焉，公其后也。世载明德，休名丕显，胤裔流布，家于滇南，簪绂继武，为邑著姓。公资天地之正气，体皇灵之纯精，幕先民之高节，蹈前修之盛轨。幼有佳表，克岐克凝，遭家不造，童年孤露。事亲以孝，则行侔于曾闵；交友以信，则契明于管鲍。浩浩焉容裕容众，温温焉恭俭爱人，固南服之英贤、西土之俊髦也。爰在弱冠，遂娴军旅，礼乐是悦，诗书是敦，乃服轸舆，驰驱戎马。滇省光复，固已卓然立勋绩矣。国父开府岭表，将清函夏。公慷慨下国，电发滇南，泛海间关，驰赴麾下。转战万里，勋伐烂然，元首嘉功，荐升师长。及东夷遘逆，陵轹诸华，九县尘昏，三晋响震，元首乃命公为上将，授之雄戟，俾奋其旅。致届太原，公率厉义勇，扑讨凶逆，斩将搴旗，大歼倭寇。奋久顿之兵，抗方张之虏，提一旅之众，当十倍之敌。每战必先登陷阵，常为军锋，斩首或万计，亟摧强虏。会太夫人殁，公星言夙驾，奔波千里，泣血骨立，毁几灭性，逮亲丧外除，余哀内疚。虽礼屈於墨绖，情夺于戎旅，而茹痛刻肌，遂决死志矣。穸窀方妥，驰返中条，值倭虏间衅，凶丑煽炽，偏师失律，大兵败衄。公以寡弱之众，在重围之中，据无十雉之城，守无一重之橹，而寇如蝟毛。蜂屯蛾傅。公奋其猛锐，志存厌难，稜威爰发，在用弥亮，将士感其忠义。公一巡三军，附而勉之，则裹创力疾，斗死不旋踵，罢困相保，坚守浃旬，兵尽力竭，受陷勍敌。公慨然曰："将军死绥，咫尺无却，战阵无勇，谓之非孝，老母既殁，此吾殉国时矣！"乃整衣冠，西向再拜，从容作书辞元首，遂自射也。非忠贞秉之自然、壮烈出乎天性，孰能临难引义，以死殉国若斯者哉！元首震悼，赠恤之礼有加，饰终之典隆焉。今倭酋稽颡，海宇重光，乡邦君子，遐迩搢绅，钦忠烈之高节，表景行之休美，乃作祠堂于江川旧里，备物铸器，铭德纪功，树兹方石，垂世宠光。俾芳烈昭于无穷，懿声显于百世，敢申辞曰："赫矣有唐，奕叶重晖，笃生虎臣，值汉中微。桓桓将军，实天攸启，允武允文，敦诗悦礼。逷矣倭寇，虔刘封疆，元首命我，从之晋阳。公赫斯怒，爰整三军，如虓如虎，是讨是震。见危授命，临难结缨，勋在党国，身殒边亭。东夷底定，群凶殄夷，九服以宁，万邦以绥。新宫奕奕，于焉蒸尝，令问显显，垂之无疆。"

〔录自《续滇南碑传集》卷四〕

张成清（章炳麟）

张成清，字石泉，云南腾越厅和顺乡人。父商缅甸，聚缅女，产成清。少颖悟过人，初习缅文。年十三归里读书，未三年，《四书》《五经》皆成诵。十七入厅学为诸生，旋赴缅甸习英吉利、印度、野人、倮倮、百夷诸方语，悉通晓。由杨振鸿介入同盟会，任仰光《光华日报》撰述，著《缅甸亡国史》，书未就，梗概初具。成清面峭如削瓜而性和，能拊循侪辈。清光绪三十四年集云南死绝会于阿瓦，宣告滇人应与北京政府断绝，助缅甸、安南、印度独立。若不成，则我千五百万云南人同日俱烬，以免如缅甸、印度人之辱。时与会者近万人。英吉利所置仰光总督察其与缅人有异谋，捕杀之，年三十矣，逾年，黄兴、吕志伊至仰光，闻成清死处在缅茅，往求其尸，不得。

章炳麟曰：缅甸在明时故属云南布政司。其语，单音，与诸夏同原：呼三曰"腻"、九曰"苟"、父曰"阿配"、母曰"阿每"、兄曰"阿哥"、弟曰"尼"、米曰"粲"、箸曰"都"、马曰"蔑"、鸡曰"结"、象曰"青"、鸠曰"九"、鹰曰"隼"，悉与华语无大异。余尝谓诸夏之本自氐羌，而缅甸亦吾同气也。成清举死绝会，本以兴中国乃并旁及缅甸，斯其识闳廓深远矣。事初萌蘖，遽为敌人侦知以死，惜哉！

〔录自《续滇南碑传集》卷一〕

张文光（孙光庭）

君讳文光，字绍三，腾越董库村张氏。喜任侠，清季商于缅甸。昆明杨振鸿以同盟会会员倡革命于滇边，介以入会。君散财结士，阴图起义。辛亥八月武昌事起，君期会同志举兵。九月六日，攻杀戍腾陆军管带张桐、巡边营管带曹福祥。收兵入城，总兵官张嘉钰自杀，众推君为滇西都督。乃申明纪律，分兵下永昌、永平、龙陵、永康、顺宁、云州、云龙十余州县。以陈云龙为都指挥，乘胜徇大理以窥省会。时蔡锷、李根源已于九日起兵攻克省城，遂建军府，露布远近。三边略定，唯滇西兵东下与大理兵战于合江，省中大震，推根源出师安集之。根源遣使陈述大义，约君戢兵息民，君遽令退师，愿一切受约束。乃议裁兵勇，设官吏，停捐派，禁运海盐入境。事平，推君为云南提督总兵官，驻大理。君欣然之任，能辑其兵，与民休息，人怀其惠。南北统一，上其功，中央授中将衔陆军少将，给予二等嘉禾章。民国二年，君因事建议，辄为忌者所龉龁，慨然曰："今国本未固，岂攘夺权利时耶？"乃谢职归里。及杨春魁作乱大理，当事者忌君甚，欲张皇邀功，因假其事陷君。十二月十九日，君与旧部黄安和浴于腾冲城南硫矿塘，有军官率兵二十余人持枪攒击，君身中十数创，殒焉，年三十。安和夺枪杀三人，亦死。君娶何氏，继娶尹氏，无子，妾范氏仰药殉，急救获甦，遗腹生子名遗生。十二年四月三日，大总统黎公录君首义功，追赠陆军中将，事迹宣付国史馆立传，是非益章彻大明。方辛亥之秋，豪杰崛起，所在为雄。云南光复功，君实称首，独能屈己下人，退然无怙势私利心，犹不为群小所容。然则天下汹汹，久而未定，有以也夫！石门季执中尝为君传，事核而辞美，爰甄辑以志君墓，铭曰：

矫矫张君，神锋飙发，鳌弧先登，光复故物。泥而不滓，皭然此志，色斯举矣，而不免于世。死不可污，铭不可泐，此焉是藏，三年为碧。

〔录自《续滇南碑传集》卷一〕

方声涛（陈孝华）

方声涛，字韵松，福建侯官（今福州市）人，1885 年 8 月 15 日（清光绪十一年七月初六）生。其父方家湜，经营运输货栈，在汉口设转运公司，时常往来京广各地，思想比较开明，陆续把子女送往日本留学①。方声涛自幼读书习武，少年时曾习海军于天津，1902 年东渡日本入振武学校。1903 年，留日学生反对沙俄侵占我国东北三省，掀起拒俄运动，组织“拒俄义勇队”，方声涛热心参加，并负责教练军事。

1904 年方声涛回国与郑孟勤结婚。其间曾受聘到侯官高等小学堂任教，对学生以革命相淬砺。之后，方声涛偕郑孟勤再东渡日本。

1905 年 8 月孙中山在东京创立同盟会，方声郑与妻郑孟勤、弟方声洞、姐方君瑛、兄嫂曾醒均次第加入。12 月，方声涛进日本陆军士官学校第四期骑兵科学习，与李烈钧、唐继尧等过从甚密。

1907 年 5 月，方声涛毕业于士官学校，回国后先在保定陆军速成学堂任教习，因暗中发展同盟会员，引起当局怀疑，被迫离去。1909 年到昆明，任云南陆军讲武堂教习，次年改任广西兵备处帮办，并兼学兵营管带，罗致青年，灌输革命思想。

1911 年春，孙中山领导的革命党人准备在广州发动大规模武装起义。时方声涛正在广西训练新军，密谋约期响应，未果。广州起义失败后，方声涛几为广西巡抚沈秉堃所陷，后经按察使王芝祥庇护，受免职处分②，离开广西。随后到四川成都，任新军第十七镇正参谋。武昌起义爆发后，方声涛参与了成都独立活动。1912 年 1 月中华民国临时政府在南京成立，方声涛应黄兴电邀，前往赞襄军政，于途中发病，遂去上海养病③。

同年，李烈钧任江西都督，方声涛被任命为江西混成旅旅长，驻九江。次年 3 月，

① 方贤旭：《辛亥英豪，万古留芳》，《人民日报》1981 年 10 月 12 日。
② 严骥：《方声涛先生纪略》，《福建辛亥光复史料》，1940 年版。
③ 严骥：《方声涛先生纪略》，《福建辛亥光复史料》，1940 年版。

袁世凯密谋杀害了宋教仁，6 月又下令免李烈钧、柏文蔚、胡汉民三都督职，方声涛亦因之离赣抵沪。7 月初，方声涛随李烈钧到江西湖口组讨袁军，李烈钧就任总司令，方声涛为右翼军司令，率部与北洋军苦战于湖口。终因众寡悬殊，援助断绝，25 日湖口被袁军攻陷。方声涛率部退守吴城，又遭袭击，被迫向广信方而退却，转到仙霞关，图入闽整军再战，为福建都督孙道仁所拒，部队瓦解，方声涛脱险到上海。“二次革命”失败后被通缉，遂流亡日本。方声涛在东京与一些原同盟会员策划反袁活动[①]。

1915 年，袁世凯加紧复辟帝制，方声涛是最早到云南密谋举事反袁的[②]。他自日本经上海、香港、越南，于 9 月间到达昆明，利用与唐继尧等云南人在历史上的秘切关系，进行策动工作，秘密会商讨袁。11 月初返回上海，与海外归来的反袁人士联络。12 月中旬，方又潜抵昆明。在此先后，李烈钧、蔡锷等也抵昆明，于 12 月 25 日通电宣告云南独立，并组织护国军，向四川、两广、贵州三路出兵讨袁，方声涛任第二军第二梯团团长。1916 年 2 月方声涛率第二梯团从昆明出发，3 月初抵广南。这时袁世凯派龙觐光率兵经广西进入滇境，方声涛率部于广南附近抗击。由于陆荣廷于 3 月 15 日宣布广西独立，并潜师围攻百色一带龙觐光军，歼灭了滇桂边的龙部，方声涛梯团即顺利进入广西。方率部经西林、凌云直下百色，接着乘船到南宁，5 月抵广东肇庆；然后经三水沿粤汉路北上，向芦苞、清远、琶江口推进，与龙济光部相持于花城、从化一带达两个多月。后云南护国第二军改编为驻粤滇军，方声涛任第四师师长，辖朱培德第九旅、伍毓瑞第八旅，驻扎广州市区。由于广东为桂系陆荣廷所统治，方声涛的滇军第四师备受排斥。

1917 年 7 月，张勋在北京闹复辟，方声涛与李烈钧等通电宣布愿率军往讨。旋段祺瑞重新上台，孙中山南下护法，方声涛所率的驻粤滇军成为护法的一支力量。7 月 17 日，孙中山到达广州，方声涛派军队在码头布置警卫，迎接孙中山。9 月，护法军政府成立，方声涛任元帅府卫戍司令。

同年 11 月，南方护法政府组织征闽陆海联军，李烈钧任靖国军征闽总指挥，以方声涛代理。1918 年 5 月，陈炯明的援闽粤军向福建北洋军发起进攻后，方声涛从广州到汕头，率靖国军向福建诏安方面出动。方声涛还利用张贞在福建的社会关系，联络许卓然、秦望山等，收编闽南一带民军，组织福建靖国军，活动于泉属各地。是时陈炯明的援闽粤军驻在漳州等地，同福建靖国军在收编民军问题上冲突甚烈；又由于靖国军内部斗争，杜起云部叛变，1919 年底，方声涛只得离开仙游去上海[③]。翌年 8 月，福建靖国军在陈炯明和李厚基夹击下失败，李厚基重新统治福建全境。在这以后，方声涛、黄云展与张贞等十余人在上海组织福建自治会，鼓吹福建“地方自治”，号召驱逐李厚基，并派人潜回福建，组织自治军[④]。1924 年春，方声涛回福建联络各地民军，在大田成立闽军总司令部，就任总司令。9 月，孙中山在广东韶关设大本营

① 程潜：《护国之役前后回忆》，《文史资料选辑》第四十八辑。
② 李剑农：《戊戌以后三十年中国政治史》，第 222 页。
③ 许显时：《福建地方派系的倾轧与“一六事件”始末》，《福建文史资料》第一辑第 86 页。
④ 秦望山：《我与自治军及讨贼军的关系》，《泉州文史资料》第七辑第 2 页。

筹划北伐，方声涛被任命为大本营参谋长。

1926年国民革命军北伐入湘、赣，方声涛到上海，与海军总司令杨树庄商定响应北伐。后何应钦的东路军进占福建，方声涛于12月15日抵福州。翌年1月福建省临时政治会议成立，先是何应钦任代主席，何率东路军向浙江进发后，由方声涛代主席。方声涛主持下的临时政治会议，经常袒护国民党右派。4月3日，福州一伙右派举行“拥蒋护党大会”。方声涛批给经费，派人参加，予以支持。方曾对其僚属表示“必须诚心诚意，听从介公指导”[①]。7月初，福建省政府成立，杨树庄任主席，方声涛任省府委员兼军事厅厅长。由于各地土著军阀割据，政令几乎不能下达于省会之外，杨树庄愤而赴沪。南京国民党政府任命方声涛代理省政府主席。11月，蒋光鼐、蔡廷锴率国民革命军第十一军进驻福州。方声涛通过十一军驱逐了谭曙卿，遣散新编军，企图统一政令。与此同时，方声涛把陈国辉等部民军收编为福建省防军，让其驻在闽西镇压工农运动，以巩固自己在福建的实力地位。翌年2、3月间，张贞率部从南京开回福建，方声涛为了拉拢张部作为自己统治福建的支柱，便让张贞控制了漳、泉、永等地的军政大权。

方声涛就任福建省政府代主席后不久，发生了枪杀国民党中央党务指导员谢瘦秋案，受到了指斥；同时，卢兴邦等地方军阀依然盘踞一方，全省财政也无法统一。方声涛遭到各方攻击，被迫于1928年5月提出辞职[②]。9月，福建省政府改组，方声涛挂名省府委员。

1930年1月6日，卢兴邦在福州扣押福建省政府六名委员，酿成轰动一时的“绑架六委”事件。久居上海的方声涛被国民党政府委以福建军事特派员名义前往泉州。8月，刘和鼎部和卢兴邦部爆发战争，方声涛率部从永春、德化袭击卢部。他运动卢部团长钱玉光刺杀卢的旅长陈荣标，卢部迅速崩溃，被押“六委”于10月获释，一场政治风波才告平息。事后，国民党政府委任方声涛为福建省政府委员兼保安处处长，代理省政府主席。在1931年召开的国民党第四次全国代表大会上，方声涛被选为中央候补监察委员。

1932年4月，中国工农红军组成东路军举行东征，向闽西南进军，20日解放漳州，威震全省。当时正在南京谋改组省政府的方声涛，闻讯后急忙返闽。他前往同安设立行营[③]，招抚被红军击溃的各地民军余部，以及零星散匪，妄图与红军顽抗。

6月，十九路军调到福建，在泉州登陆。由于陈铭枢、蒋光鼐等与方声涛颇有历史渊源，方令陈国辉部让出大部分驻地给十九路军。当蒋光鼐要改组福建省政府时，邀请方声涛为省府委员。方声涛认为十九路军志在打倒蒋介石，不会长久驻闽，一心希望他们动发讨蒋后，仍能把福建政权交给他，因此表示乐与合作[④]。但是，十九路军入闽不久即着手消灭霸踞各地的民军，而且首先解决闽南地区实力最大的陈国辉部；

---

① 严骥：《方声涛先生纪略》，《福建辛亥光复史料》，1940年版。
② 《民钟报》1928年5月29日。
③ 福州《民国日报》1932年5月26日。
④ 秦望山：《陈国辉暨旧部与十九路军的关系》，《福建文史资料》第三辑第92页。

12 月，十九路军改组福建省政府，蒋光鼐任省政府主席，结束了杨树庄，方声涛延续五年多的“闽人治闽”局面。至此，方声涛不得不离开福建，同杨树庄一起去“虔修佛法”了。

1933 年 1 月，十九路军发动福建事变。蒋介石在汉口请教方声涛，并在出兵攻闽时，指派方声涛为行营军事特派员、福建省党务审核委员会委员。不久，福建事变失败，南京国民党政府将所有任命的民军司令、军事特派员、党务审核委员会等取消，方声涛也随之赋闲。

1934 年 6 月 1 日方在上海寓所病死。

〔录自《民国人物传》第四卷〕

邓泰中

邓泰中，字和卿。云南会泽人。幼业儒，不沾沾于章句学。年十六，肄业滇会校士馆高等蚕桑学堂，见陈篯上书，有法谋吞滇黔桂之说，辄愤慨，欲投笔从戎，乃入武备学堂。月余，复入蚕桑学堂，百计筹维，迄未得当。

适杨振鸿归自日本，述列强之侵侮，与政府之窳败，谓非开通民智，推倒专制，别无救亡之策。泰中即与同志组织公学、演说等会，不遗余力。时风气闭塞，语涉时事，即为当道所忌，社会亦从而非笑之，故两会俱失败。而泰中回籍鼓吹，几陷于法。时振鸿驻防迤西，亦被谗引去，抵日本，致函相招。泰中家贫，仅措赀三十余元，不克往，乃愤然曰：必集重金而后游学，恐终身无留学日矣。遂挟微赀涉重洋，以至东瀛。滇河口事起，振鸿归，未至而事已溃，遂道新加坡、缅甸，自迤西方面图进行，而函泰中求学陆军，待时而动。无何，振鸿以迭经挫折，愤死。泰中闻耗，哀痛几绝。既毕业东斌学校，拟再入专门，以困于经济，不果。旋入北京考查。见政治益败坏，而其改革之念愈亟，乃随唐继尧返滇，候数月，不见用。

泰中所怀抱，以非入陆军，无所凭藉，穷愁抑郁，志不少衰。后经唐君力为之援，始获委入七十三标见习。复以造诣未深，请入讲武堂肄业，与同学梅若愚、蒋信之、缪树潘、杨映波、董千臣、范小泉、田树五、施继伯、吴唦鸾、韩炳南、吴品芳诸人，日夜讨论改革事宜，几忘食寝。时黄毓英自迤西返省，历言运动困难，决计从省垣军队着手，而何克夫亦由粤来滇，相与结盟于园通、古幢等刹，屡欲由堂起义，以时机未至，或阻力横生，中止。毕业回营，随各联络官长，训导士卒，以俟时机。

辛亥八月，鄂军起，滇谋响应。今滇都督蔡公，与同志会议于唐君寓所，定期重九日举事。长官中仍有持迁延主义者，时清大吏防范严，事几破坏，黄毓英力言时不可失，泰中亦奔走呼号，请如毓英议。卒于重九夜会师入城，宣布光复。

滇局粗定，军府谋援川，时泰中为大队长，奉命随同率师入川。事毕言旋，闻毓英在黔被难，乃大悲愤，誓为复仇。意谓平生得与革命事业，虽始于杨振鸿，而实成于黄毓英，此仇不复，无以对黄君于地下。乃请于蔡公，往黔迎柩，并侦缉凶匪。终以凶人未得，柩难久停，郗歔太息，扶运归滇。葬事甫毕，复闻梅君若愚，在遵义被鲁瀛戕害。泰中又与杨映波请于蔡公，率师至黔，闻鲁已远遁。适席正铭率匪扰黔下游，黔都督唐继尧，令泰中往援，收复思南、沿河司等处，黔边赖以安。

泰中时以黄君之仇，仅获数人，梅君之仇，卒未得复为憾。其笃于朋友之义，有如此者。

〔录自《云南光复诸人事略》〕

张子贞

张子贞，字青甫。大理人。早岁游日本，入振武学校习陆军，续入联队见习，进至士官学校毕业，留东凡八年。归国，充讲武堂步科教官，讲授中屡以种族、人权之说，激发生徒，暗播革命种子。

辛亥（1911 年）八月，武昌起义，滇陆军同志，乘机谋恢复省城，日夜秘密运动举兵。清大吏侦察严，群注视于讲武堂，谓讲武堂生不死，革命不止，局外人皆危之。子贞屡出联络，与同人会议于刘存厚室，决计于唐继尧宅，定于九月九日夜举事。蔡锷等佥以居中内应，非讲武堂莫属。子贞自度于学生素有信用，遂慨然任之。及期，事泄早，同盟各军仓猝起，子贞即率全体学生出，先破西城门，迎入炮兵，助攻军械局及清督署，力战达旦。

十一日，省垣光复，众推蔡锷为都督。军政府成立，子贞奉命充牒查部长，侦探内外情形，预防国际交涉，昕夕无少休。十月，政府以新募之兵，编配入伍教练，改练军队，调任子贞步兵第四联长。嗣因蒙自兵变，复奉檄南下，收全数叛兵而致之省，设法淘汰之，乱以止息。

十一月，援川滇军第二梯团组成，奉李梯团长鸿祥电，调任第一联长。其时，川省大糜烂，泸州一带，土匪蔓延，道路梗塞，商旅绝迹，子贞率所部兵，经威宁、毕节、永宁抵泸，沿途惩办匪徒，剿抚兼施，擒斩匪首多人，川南以靖。其后川军疑忌滇军，至有界牌寻衅之事，子贞率兵直上富顺，与川军调和，协议北伐。约成，派充北伐军支队长，先赴重庆筹备军械军需，川东治安，多赖以维持。渝军府欲背协约，子贞力与争之，至欲用兵，以大局危迫乃止。将谋鼓棹向武汉进发，会黔乱甚，李梯团长电令准备援应。川军又复自乱，渝都督潜逃，其下乱兵屡出劫杀滇军，见习刘镇藩死之。子贞乃变计，先代平乱，次议交涉。至是，蜀乱之藉滇军平定者屡矣。

未几，黔乱益急，滇督亦电饬援川军速分兵赴援。子贞遂率师而南，出綦江以达遵义，削平各地土匪，皆所向披靡，黔人多叹服之者。

元年三月，复派所部兵，由湄潭、思南，出铜仁，扑灭乱兵，黔乱次第平复。唐都督电调子贞赴贵阳，商办善后事，并留屯黔省、藉资镇慑。六月，率师回滇。七月，改任步兵第二团长。招练新兵。十二月，奉中央任命为陆军第一师第一旅长，授少将。

〔录自《云南光复诸人事略》〕

张开儒

君姓张，名开儒，号藻林，香池其字也。巧家人。少有大志，初入高等学堂，见所习文艺，无裨世用，慨然入武备学堂，习兵学。

岁癸卯（1903 年）〔按：应为甲辰，1904 年。此处误。〕云南考送学生赴日本学陆军，君与焉。当是时，革命首领孙文到日本，创为同盟会，君与李根源、罗佩金、吕志伊、杨振鸿等亦在党籍中，清使伺察陆军生严，不顾也。宣统元年（1909 年）滇护督沈秉堃，调留东陆军生回籍，勷办军事，任君讲武堂提调，兼军事教官。

讲武堂旧制，仅教老朽军官，君谓此辈奴性重，暮气深，移化綦难，商之监督李根源，别造青年学子，以为他日用。乃取波兰、埃及、安南、印度亡国史，并种种革命书，庋之密室，借学生浏览；复以功课闲余，以国家之说，种族之辨，而一一训迪之。凡三年，成就者七百余人。旋与李根源陈请滇督李经羲，许丙班生二百余人，发各标营充入伍生三月，实地练习。当丙班生入伍之先，君密告以运动士兵之法；学生入伍，日与士兵习，未数月，而革命主义，灌输军中。

会义师起武昌，今都督蔡锷，与军界同志谋应之，决定九月九日夜三钟举兵，任君领讲武堂生，破门纳师，与七十四标罗佩金、唐继尧、炮标庾恩旸合攻总督署。届期而七十三标已先发，越北门而入，君见城中火起，即领学生队，破小西门，纳七十四标入，命一小队守门，而自率全部学生，占领督署西辕门附近地，与七十四标围攻之，擒巡警道郭灿、兵备总办王振畿，振畿犹诡辞停战，君拒之。李经羲微服逃，督署遂破。而李根源、李鸿祥、谢汝翼等，亦破军械局。省垣平。

唯西南防未靖，都督蔡锷，命罗佩金为南军支队长，庾恩旸助之；命君为西军支队长。南防七十五标教练官赵复祥已表同情，遂去统带。西防鹤丽镇张继良，犹挟防军十营抗命，君师至楚雄，继良闻风先溃，西防遂定。

时、川督赵尔丰据成都，蜀中糜烂。滇军政府从旅滇蜀人之请，以李鸿祥为第二梯团长，出师泸州；以谢汝翼为第一梯团长，君为支队长，出师叙府，进援成都。当是时，蜀匪统领关联升、罗选青、踞叙府之吊黄楼，君率师渡江攻之，斩其标统六人，管带十三人，关、罗歼焉。叙府粗定，而犍为、五通桥之会匪，所在讓起，君统师渡岷江，克复犍为县城，命营长邓太中，率右翼队平河东诸路匪，禽匪首袁香圃，并疏通犍厂粮道，经观音山、五通桥，与君会，一战破之，遂克复全厂。

时、尔丰已就戮，成都重庆两军政府亦合并，南北适告统一，君乃行军还滇。

〔录自《云南光复诸人事略》〕

李烈钧（宗志文）

李烈钧原名烈训，字协和，别号侠黄，江西武宁县人。1882 年 2 月 23 日（清光绪八年正月初六日）生。其父骏曾投身太平军，事败后潜回故乡，耕种自给；后兼营茶叶运输，家境逐渐富裕。李烈钧自小读书习武，1902 年入江西武备学堂学习，1904 年被选送日本学习陆军。到东京后先入振武学校学习，两年后毕业，入四国炮兵第十二联队实习一年，又入日本陆军士官学校学习。这时，他结识了在日本鼓吹反清革命的同盟会员张继、王侃等人，经常阅读同盟会机关报《民报》。1906 年 12

月，他听了孙中山在日本阐述三民主义思想的演说，“倾服之念，油然而生”①。1907年，经张继等人介绍加入同盟会。不久，又先后加入士官学校中国学生组织的“武学社”“丈夫团”等反清团体。

1908年李烈钧在士官学校毕业后回国，任江西混成协第五十四标第一营管带，因有向士兵宣传反清思想之嫌，被上级借故拘捕，经原江西武备学堂总教官吴大璋大力开脱，始获释放。于1909年春到昆明，任云南讲武堂教官，兼兵备道提调。不久，任陆军小学堂总办，仍兼兵备道提调。曾协助同盟会云南支部长李根源在学堂和军队中宣传反清，进行革命活动。

1911年夏，李烈钧奉派北上参观永平秋操。他从云南到上海，然后溯江西上，途经武汉时，武昌起义已三天。到北京后，吴禄贞邀集数十人宴请他。这些人都是支持武昌起义的。李烈钧也决心响应武昌起义。考虑到江西混成协已有革命基础，又有电报促他速归，乃迅速即离开北京，经天津、上海返回九江。这时，九江已光复，他被推为江西都督府总参谋长，随即部署占领长江要塞金鸡坡炮台及马当炮台，把长江拦腰截断。停在九江的北洋舰队主要舰艇仓惶下驶，企图逃往上海，被金鸡炮台截住。经李烈钧与林森等人联络动员，舰艇宣布起义。李烈钧又被都督府任命为海陆军总司令。这时，安徽、南京、武昌都先后来人或来电要求支援，李烈钧率舰队先往安徽，到安庆后被推为安徽都督。随后因北洋军攻武昌，武昌告急，乃率舰队西上。到武昌后，黎元洪任命他为苏皖粤鄂赣五省联军总司令。李烈钧一面命舰艇防守长江江面，一面亲事陆军迎击北洋军，从而稳定了武昌的阵势。

1912年初，江西省议会选举李烈钧为江西都督，并经临时大总统孙中山正式任命，李烈钧乃回江西赴任。他在江西进行了一系列军事、政治、经济上的改革。首先整编部队扩充为两师一旅，并接办军事学校，大力培养军事干部。同时，改组都督府，罗致了好些同盟会会员担任各司、厅、处长。又整理财政，成立民国银行，活跃地方经济。此外，还处决了几个洪门会（地方封建势力）的首要。至此，江西秩序逐渐恢复。同年10月，李烈钧邀请孙中山莅临南昌巡视，军民举行盛大欢迎。袁世凯对此颇为嫉视，曾派大员邀李往北京面谈，并以二百万元和晋勋一级为诱饵，遭李拒绝。

1931年3月宋教仁被刺。4月初，孙中山派张继、邵元冲等到江西动员李烈钧发动反袁。5月5日，李烈钧与湘督谭延闿等通电反对袁世凯与五国银行团签订善后大借款。6月9日，袁世凯下令免除李烈钧江西都督职务。接着，又免除了广东胡汉民、安徽柏文蔚的都督职务。这月中旬，李烈钧赴上海见孙中山筹商反袁事宜。7月8日回江西湖口组讨袁军。12日成立讨袁军总司令部，就任总司令，宣布独立，通电讨袁，斥袁世凯“帝制自为，意图破坏共和，为全国之公敌”，并与人民约法三章：“一、暂诛民贼袁世凯，二、巩固共和政体，三、保障中外人民生命财产”②袁世凯派北洋军第六师入江西，接仗后，讨袁军初战获胜，但终因力量悬殊，连连失利，两团长阵亡，援军不继，25日湖口被袁军攻陷。8月10日李烈钧退守南昌，不久转移丰

① 《李烈钧将军自传》，1944年8月版，第6页。
② 《民立报》（上海）1913年7月18日，第10页。

城。8月底率千余人退驻临江，在此又与袁军激战数日，毙袁军数百。后以敌军大集，败局已成，退离江西。是役在民国史上称为“二次革命”。当时响应孙中山号召者，虽有湘、粤、皖、闽等五、六省，而敢于兴兵举义者，除黄兴在南京有所动作外，只有江西一省。

同年9月李烈钧亡命日本。当时，因“二次革命”失败逃到日本的中、下级军官多约七、八十人，李烈钧创办了一所法政学校及一所军事训练班一浩然庐，收容上述军官，加以军事训练，以备再见。

1914年春，李烈钧与张继、陈炯明赴欧洲。乘船经过南洋时，曾在槟榔屿小住，多次在欢迎会上演讲，鼓吹讨袁革命。抵巴黎后，与张继等寄寓巴黎郊外，学习法语。

1914年8月，第一次世界大战爆发。在此之前，孙中山已要李烈钧赴云南策划反袁，这时，李烈钧遂决定回国。10月启行，船到西贡时，原拟假道入云南，为法国海关所阻，不得已转赴香港，又侨居新加坡。1915年2月，袁世凯与日本洽谈“二十一条”时，李烈钧曾与黄兴等两次联名通电指斥袁世凯独裁卖国。12月初，袁世凯称帝的闹剧即将开锣，李烈钧奉孙中山之命，偕熊克武乘船至海防转河内，在老开等候入云南。时唐继尧尚怀犹豫，李电促唐继尧说：“此来为国亦为兄，今到老开已多日矣，三日内即闯关入滇，虽兄将余枪决，向袁逆报功，亦不敢计也。”[①]唐继尧立即派其弟继虞迎李入昆明。随后，蔡锷亦到昆明。12月25日，唐继尧、蔡锷、李烈钧在云南揭起了护国讨袁的旗帜，宣告云南独立，发表《讨袁宣言》，历数袁世凯二十条罪状，组织护国军出兵讨袁：蔡锷任第一军总司令，出兵四川，李烈钧任第二军总司令，出兵两广；唐继尧任第三军总司令，主持后方。李烈钧于12月下旬率滇军从昆明向滇桂边境进发，1916年2月间，在广西百色附近击溃袁世凯派来的龙觐光部。8月15日广西都督陆荣廷宣布独立，李烈钧部进入广西。5月，经南宁沿江直下广东肇庆。然后经三江、芦包，沿粤汉路北上，6月初到韶关，与伪称独立的广东都督龙济光部发生战斗，迫使龙部纳关投降。接着回师南下，指向广州，7月初在源潭附近又与龙部相遇，大败龙军。时桂军莫荣新部也乘机攻入粤境，龙被迫退回广州困守。

6月6日袁世凯死，段祺瑞继承了袁的家底，成为北洋派的首领。他拥黎元洪继任大总统，自任国务总理。为了收拾时局，除与护国军方面讨价还价外，在处理广东滇粤军冲突问题上，他故意压制李烈钧，甚至授意北洋军阀叫嚣讨伐李烈钧，为分化西南实力派，他还故意委任陆荣廷为广东督军。陆早存觊觎广东地盘之念，立即带兵入粤。李烈钧感于形势压力，遂于8月通电解职，离广东转赴上海，其部队仍留粤北，成为后来孙中山南下护法的一支力量。

1917年1月，张勋复辟失败后，由于国务总理段祺瑞拒绝恢复《临时约法》和国会，孙中山南下护法，在广州召开国会非常会议，联合滇、桂、粤各省成立中华民国政府，就任军政府海陆军大元帅，李烈钧被任命为大元帅府参谋总长。

军政府成立后，南北对峙，从此进入护法战争时期。1918年3月，段祺瑞委退据琼崖的龙济光为两广巡阅使，命令他渡海进攻广州。李烈钧奉命率滇、桂、粤军迎战，

---

① 《李烈钧将军自传》，1944年8月版，第38页。

大败龙军，迫使龙济光逃往香港。与此同时，段祺瑞复派兵从江西直下广东南雄。李烈钧又奉命移师抵御。5月3日自韶关出发，6月3日克南雄，正欲乘胜前进，夺取赣南时，忽奉军政府召返回韶关。原来这时桂系军阀利用政学系操纵国会，改组军政府，排斥孙中山。孙中山被迫辞去大元帅职，准备离开广州赴上海。在此情况下，前方战斗不得不收束。李烈钧回韶关后，为防止段祺瑞实行“武力统一”政策，着手兴建韶关要塞。1920年2月，军政府总裁岑春煊与粤督莫荣新利用李根源争夺滇军领导权，与李烈钧在韶关、南雄之间打了一仗。4月，李烈钧赴港转沪，奉孙中山命往云南与唐继尧会商消灭桂系势力的办法。这时，李烈钧所属驻粤滇军数旅，已取道湖南到达四川边境，他从云南到四川与他们会合，原想驻扎四川，为四川军阀所拒，不得已移驻到贵州镇远。

同年11月，陈炯明率粤军攻克广州，赶走了桂系军阀，孙中山再到广州。1921年4月，广州非常国会通过成立中华民国政府，选孙中山为非常大总统，李烈钧仍被任为参谋总长。7月，孙中山命粤、赣、滇、黔各军讨伐岑春煊与广西陆荣廷的联合势力，李烈钧率部出镇远到广西。8月下旬，击溃桂系沈鸿英部占据桂林。12月，孙中山抵桂林，成立北伐军大本营，部署北伐。李烈钧以大本营参谋总长，积极做北伐准备。他原拟定的计划是从桂林出衡阳，先取江西，相机东上南京，西定武汉。但到1922年3月，传来粤军参谋长邓铿在广州被刺，陈炯明勾结北方军阀的消息，李烈钧遂不得不急率滇桂两军回师广东。4月，他从桂林出发，经梧州，顺西江东下，抵广东三水，听说陈炯明要在那一带布防，急赴芦包，转向韶关。5月6日，孙中山到韶关研究北伐步骤，决定改道韶关出发，继续执行北伐计划。李烈钧会同粤军第二军军长许崇智分途北进。部队经南雄，出大庾，月余之间，前锋已达江西吉安，有直下南昌之势。不料6月16日陈炯明在广州叛变，围攻总统府。19日，孙中山电令李烈钧等入赣的北伐各军迅速回粤，讨伐叛逆。北伐军班师回粤，仅留赣军保持现有阵地，防止北军反击。李烈钧因病留在南雄，不久，陈炯明军向粤北推进，李烈钧率赣军退驻湖南，他本人随即转赴上海。

1923年1月，滇桂联军击败陈炯明。2月，孙中山重返广州，再建大元帅府，就海陆军大元帅职。李烈钧也回到广州，仍任参谋总长。当时，陈炯明部盘踞在东江惠州及潮汕一带。3月，许崇智从福建率东路讨贼军到达闽粤边境，陈炯明所部洪兆麟、赖世璜、林虎等亦通电宣布“独立”。孙中山以林、赖等过去是李烈钧的旧部，乃命李兼闽赣边防督办，赴潮汕收编洪兆麟等部，并与许崇智换防。6月，李烈钧收编完上述诸部赴闽驻防。许崇智回防广州时，在揭阳、兴宁一带突然遭洪兆麟等的袭击，损失很大。李烈钧救应不及，离闽去香港。7月，奉孙中山命仍回广州。11月，陈炯明对广州进行反扑，孙中山亲自指挥滇、桂、粤军进行抵御，李烈钧辅佐孙中山很快打败了陈炯明，保卫了广州。

1924年1月，中国国民党在广州举行第一次全国代表大会，李烈钧被选为中央执行委员，对孙中山提出的“联俄、联共、扶助农工”，三大政策表示拥护。会议期间，孙中山下令筹办黄埔陆军军官学校，李烈钧极力推荐蒋介石任该校校长，向孙中山说：

“校长一席，非蒋莫属。”[①]9月，孙中山在大元帅府召开会议，筹备北伐，并设大本营于韶关，亲往督师，发表《北伐宣言》，举行誓师典礼。北伐军分两路向湘赣出发。这时，北方第二次直奉战争爆发。10月，直系军阀内部分化，冯玉祥发动北京政变，贿选总统曹锟被囚，段祺瑞任北京政府执政。接着孙中山应冯玉祥等电邀北上，共商国是。孙中山动身前派李烈钧往日本了解大局的演变情况，李于24日到达东京，与各方接谈后，11月中旬回到上海。下旬，又随孙中山经日本往天津。不久，北伐军已进入江西，孙中山乃命李烈钧南下部署军事。1925年1月下旬，李烈钧在上海闻孙中山病危，又复北上，3月孙中山在北京病逝，李参与主办丧事。不久，应冯玉祥邀请，往张家口晤冯，“彼此均有相见恨晚之慨”[②]被冯聘为国民军总参议。年底国民军与奉军作战时，李亲往张家口指导。当时，国民党右派谢持、邹鲁等在北京西山举行非法的一届四中全会，进行反共活动，李烈钧对他们的决议曾通电表示赞许。

1926年5月，国民军因受直奉军阀的压力，被迫离开北京。接着与直鲁联军大战于南口。8月国民军战败，李烈钧离开国民军南下。这时，北伐战争开始了，同年11月初北伐军占领南昌。1927年初，李烈钧到南昌见蒋介石，被蒋任为江西省政府主席，从此李烈钧的政治态度，明显地右转，向蒋介石靠拢。接着国民党内发生了迁都问题的争执。李烈钧与谭延闿由南昌赴武汉进行所谓“调解”。3月7日，武汉国民党中央在汉口召开二届三中全会，大会的决议削弱了蒋介石的权力，有利于革命形势的发展。李烈钧对此大为不满，没等会议结束就回南昌向蒋汇报，指责武汉会议，并向蒋建议从速攻取南京，定为新都。3月24日北伐军占领南京，4月12日蒋介石在上海发动反革命政变，4月18日在南京成立蒋记国民政府。李烈钧任国民政府委员，兼军事委员会常务委员。8月底，孙传芳利用国民党新军阀蒋桂矛盾发动攻势，在南京东面的龙潭一带渡江，李烈钧坐镇南京指挥联络，打败孙军。9月，国民党宁、汉、沪三方，在一致赞成清党反共的反革命基础上统一起来，组成中央特别委员会，由三方各派六人参加，李烈钧是宁方代表之一。

1928年以后，李烈钧虽然名义上是国民党中央委员、国民政府委员，但长期住在上海养病，没有担负实际工作。1931年“九一八事变”后，民族危机日趋严重，李烈钧主张对日抗战，一再致电蒋介石，主张尊重言论自由，改良政治，“以维系人心，一致御侮”。1933年5月，冯玉祥在张家口组织抗日同盟军，不到一个月，把日伪军全部赶出察哈尔，蒋介石、汪精卫大为恼火，调集十余万中央军包围抗日同盟军。李烈钧十分支持冯玉祥的举动，曾致电国民党中央表示：“冯委员玉祥，举义张垣，志在复失地”，“请授大权，俾当大任”。[③]

1936年12月西安事变发生时，李烈钧同情蒋介石，谴责张学良、杨虎城“劫持主帅”，致电敦促他们“立送蒋委员长回京”，“并肉袒负荆请罪”。蒋被释返南京后，组织军事法庭审判张学良，李烈钧被任为审判长，曾出席审判。

---

① 《李烈钧将军自传》，1944年8月版，第81页。

② 《李烈钧将军自传》，1944年8月版，第90页。

③ 《李烈钧之言论》，第7页。

1937年2月，国民党召开五届三中全会，宋庆龄、何香凝、冯玉祥等十三人提出“恢复孙中山先生手订联俄、联共、扶助农工三大政策案”，张继在提案上签了名，后来又要抹去。冯玉祥找李烈钧说了此事，李马上研墨提笔在张继的名字上写上“李烈钧”三个字，并说：“姓张的怕，姓李的不怕。”①

卢沟桥事变后，李烈钧移居昆明，后迁居重庆，一直患病休养。1946年2月20日在重庆病故。

〔录自《民国人物传》第二卷〕

三、忠义

王麟书

王麟书，字瑞征，云南新平人。始毕业警察学校，后又入讲武学校。普通学毕，进连队，君乘此时机，将革命思想输与士兵。辛亥重九之役，所部兵皆明大义，无几希障碍者，君与有力焉。时君偕同学生守大西城，嗣以军饷重要，调君守藩库，仓皇扰攘中竭全力防护，无丝毫失。滇事既定，随唐公蓂赓北伐。经黔，值土匪猖獗，黔中父老，遮留靖乱，君亦在事效力，充贵州都督府副官。黔乱平，北伐中止，君辞职旅滇，盖一因思母念切，一因欲返原校蔪尽未卒之业也。讲武业毕，充步三团三营十二连排长，旋调充步七团一营三连排长。乙卯冬，袁氏称帝，我滇兴师护国，君隶第一梯团第二支队。取道川南，凡新场、燕子坡、捧印村以及横江、安边诸役，皆身先士卒，毅然以力战取胜。拔叙后，敌军大股至自泸州，与我军激战于叙东白沙场。敌军踞龙头山，以大炮数尊、机关枪十数挺，集中注射，势张甚。君以敌众我寡，制胜殊难，欲登山夺取大炮或机关枪，以杀敌人之势，率敢死士冒险前进，抵山麓，忽腿部中一弹，流血不止。士卒要之退，君大呼曰：“今日之战，正我辈捐躯报国时也。我不前进，谁前进者！”仍负创猛进不已，既而，又一弹中君腹部，遂陨命。气未绝，犹大呼“杀贼”者再，时民国五年一月三十一日也。年三十有六。君死事甚烈，人皆称之为烈士云。

马毓宝

马毓宝，字善楚，昆明人。幼聪慧，倜傥有大志。己酉，入省立中学堂实业科毕业。壬子，以讲武学校优等，选南京军官学校。癸丑，何子锜招往湖口，任陆军营长。旋返滇任董干、田蓬各汛一等汛副长，兼募兵委员。旋充蒙保安团教练官，娴于法兰

① 冯玉祥：《我所认识的蒋介石》，七十年代杂志社1977年版，第55页。附记：写作中曾参考卓仁机：《李烈钧》一文。

西国文字，与法领事福拉远善，每言逮欧罗巴洲战争之烈，德意志之无道、祸延十余国，毓宝辄忿形于色。福拉远因送之欧洲战地，入边防客军服务，期满升法国军官学校。丙辰冬，辞教练，差越南赴考，法总督撒俄试及格，派毓宝屯戍于非洲之摩洛哥国。丁已，中国加入协约，对德宣战，毓宝以中法同仇，慨然曰："吾当效绵力于法，德苟败，中国也去一毒。"乃由非洲屯戍总司令申送巴黎，为法国客军义勇队队员。赴前敌与德战，白昼入锋镝中，勇敢异常；入夜则斗帐搦管，记载战争，以告唐在礼。在礼者，中国特派赴欧参战员长。唐之赴欧，多赖毓宝书以报命。维时德国势焰方张，亘欧洲数万里地，摧裂殆尽，毓宝大愤曰："天下竟无一人以杀其淫威耶。吾誓灭此暴国，不与并天地间！"戊午三月，战德于松河，中弹。六月，又战德于色物耳，德发氯气炮伤之，中毒甚剧，红十字会救之。旋愈，法政府以迭次军功，颁章以奖之。中国驻法公使胡维德及参战各员，莫不爱毓宝义勇，常交誉之。又恐其罹不测也，劝踅入法国高等军事学校，以资修养。毓宝辞之，且曰："德残忍国，天下人应共诛之。而中国名加入协约，无一人与德战，吾甚耻焉。诸公爱吾，吾何敢自爱，而使人疑吾为怯耶！"九月，复与德大战于阿米养之哈门，遂阵亡。欧协约各将士服其义勇，知与不知皆深惜之。生清光绪甲午，卒民国戊午，年二十四。

邱廷宽

邱廷宽，字栗庵，缅宁人。清光绪末，由顺宁中学生考送省垣师范学校。旋转习警察，毕业后服务北区，习闻种族革命之说。宣统辛亥秋，武汉起事，吾滇诸伟人会于圆通山，密谋滇事，同区警佐周某侦知，拟首告，廷宽晓以大义，明以利害，周畏服。其乡人谓吾滇光复之密谋未破露、卒成大事者，廷宽力也。重九之役，滇军起义，蔡都督锷攻南关，久不下，廷宽复偕同志三十余人，斩关落锁，接应大军入城，以短兵接战，清军败退。旋知军械局未下，廷宽复偕同志前往助战，由后民房奋勇登垣，甫登，连中二弹，逾时阵亡，年仅二十二也。军府成立，移柩五华山，予葬入祠，恤典有加。民国二年，改葬圆通山。廷宽素行孝友，慷慨好义。常言："吾人欲脱离异族专制，非实行革命不为功，欲收革命之功效，非牺牲个人权利不能成"云。

杜龄昌

杜龄昌，字星鹤，又字新活，缅宁人。云南讲武学校毕业。靖国之役，转战叙泸，任中校营长。驻军广南，治事明敏精干，剿匪雷厉风行。诛巨盗侬老么等，声威遂振，遐迩翕服。民国十一年春，唐继尧由桂返滇，取道广南，龄昌以兵一营当其冲，唐召之不赴，而扼险击之，卒以众寡不支，由东南退走，至贵州而桂而粤，累官陆军步兵上校、滇军步十二团团长。十二年四月三十日，与沈鸿英决战于广州同乐车站，闻其营长罗为珍阵亡，勇猛前进，遂中敌弹，移时阵亡，葬广州二望岗。嵩明李文林为表其墓。

王致仁

王致仁，字寿庵，缅宁人。由武童从军。于清光绪二十九年三月，随伺督办勐缅团务彭锟进剿倮黑贼，摧坚破堡，勇冠诸军，事竣，奖五品军功。三十二年，充普防巡防队第二营右哨官。反正后，辞职归里。民园二年，缅宁驻防兵刘庆三叛，戕管带李炳篪持枪索饷。幸县署科长方汝霖出面维持，并明以利害，该叛兵等始携械逃回耿马。致仁奉县令率民团追剿，于耿马包山箐接战，阵毙匪党多名，生擒逆首刘庆三等，夺获快枪一百余支，子弹六千余岁；县城不受蹂躏，致仁力也。民国八年，随军长叶荃出师北伐，累官陆军步兵中校、靖国八军第三团团副长兼督察长。战死于陕西置田镇，赠上校，赐恤如例。

罗群英

罗群英，一名文光，建水人。幼聪颖有志节。年十六，毕业临安师范传习所，以年少不愿为人师，复晋省入陆军小学，旋加入同盟会。民国成立，任云南都督府编修。护国军兴，自告奋勇，往粤运动龙济光响应，为其所害。年甫二十六，闻者哀之。（采访）

马骕

骕字仲良，昆明人。保定军官学校毕业，回镇任武校教官区队长，护国军第十八团团副，靖国军第一旅参谋。民国八年，派赴日本考察军事。十六年任军需局长。二十三年出任楚雄县长。适值共产军至，骕率团守城，以寡御众，不能敌，城破，冲缺口出。连出三弹，遂死。凶闻至省，其母哭曰："危难之际，宁实心人可免。"固知其必死也。

周明

周明，字浚哲，广通人。性豪爽，有大志。清咸丰庚申间，滇乱，迤西九县遍遭屠戮。明被征调，戍守城南曼坡山，构筑碉堡，以遏敌人。是年三月，马献率众攻碉，兵戈相见，血肉横飞，同戍者百余人，伤亡甚众。明告急，援兵不至。连宵决战，碉堡破，时存者仅十余人，或乞降，或逃窜。独明大呼曰："哨不守，则城破；城破，则家亡；家亡，则父母妻儿俱不保矣！"言毕，挺戈向前，奋不顾身，终以众寡不敌，矢如雨下，身受数创而殁。呜呼！如明者，可不谓烈士也哉！

周浩、周庠

周浩，字本初，云龙宝丰井人。父治镐，生四子。浩、庠自幼俱负侠气，而浩尤好作不平鸣。民国二十三年间，先后赴榆，投入独立旅第二团部，时浩年十五，庠仅十三耳。抗战军兴，庠随六十军一八四师五四旅一〇八八团转战中原，浩则受训于贵州都匀财政部税警总队军士队。甫毕业，得庠阵亡江西大会战凶耗，痛不欲生，誓请缨杀敌，以报弟仇，得编入远征军新三十八师一一二团。三十一年四月，战印、缅间将三载，叠建殊勋，擢上尉职，美政府赠予银星奖章，以酬其功。不幸于三十三年六月，阵亡卡勐之小黄山坡，时年二十五岁。乡里闻耗，莫不惋惜。其弟祜，获孙立人将军函有云："令兄忠勇卓绝，功勋迭著，为上下同仁深相嘉许。惜其成仁太早，未得展其壮志，立人惜之哭，正与足下同耳。"其英勇之概，可见一斑矣。

王树藩

王树藩，字建侯，华宁人。素性忠厚诚恳，抱负宏大。自三十余岁从军，至抗战时随新十二师出征，充二团三连连长，旋整编并归一八四师一〇八五团二营，充六连连长。向南浔线挺进，死守鸦鸠岭，得而复失，失而复得数次，卒以士兵伤亡殆尽，外援不至，树藩犹坚决不肯放弃，遂为敌重重包围，饮弹阵亡，洵不愧民族英雄本色，时民国二十八年四月二十八日。事后政府以树藩忠勇殉国，给予特恤如例。

李维恭

李维恭，大理人，云南大学矿冶系毕业。民国三十三年，请缨从军，分发美十四航空队六十九联队三十八站，任三等翻译官。不惮烦劳，不避艰危，一切言行皆尊重国体，廉洁自持，和睦盟友，取得盟邦主管信任，咸以"顶好之中国男儿"称之。未几，由云南驿航调湖南芷江前线，担任陆空联络，指挥中美混合大队中国飞机作战重要任务。不幸于三十四年五月二十一日在湖南新华县境遭受敌军迂回扫射，中弹殉职，年仅二十六岁。事后，入祀忠烈祠，并由云南大学组设维恭小学以资纪绩。

四、教育

王肇奎

王肇奎，字聚五，号伯明，昆明人。生具异禀，就外傅，聪颖绝伦。甫冠游泮，旋食廪饩。设帐授徒，学不厌，教不倦。光绪辛卯举于乡。壬辰会试不第，仍回滇课徒，从游者益众，循循善诱，多所成就。癸卯，再赴礼闱，仍报罢。甲辰，东渡日本习师范。乙巳归国，委创东川师范传习所暨中学校，旋并初级师范，兼管两等小学校事。新制时多疏阔，肇奎早作夜思，智虑交竭，郡官绅咸敬佩之。在东凡四年，宣统己酉形神憔悴，固辞回省，旋任提学署课员。辛亥迄戊午，学署迭更，奎肇供职仍旧。

律身最严，缱绻从公，非病莫能兴，事无巨细，必持之以敬慎，九年如一日。癸丑秋病痢，子懋德劝辞职静养，不纳，谓："性不喜逸，逸反足增病，戊午夏复病署，日犹肩舆入署从公。亲故见之莫不骇其困笃，或劝息养，不听。秋病愈甚，昏瞀中犹语公事。临卒仅谓子曰："吾前清举人也，……"诸子以其言之不尽为恨。同邑陈太史荣昌，称其遣鼎革，处卑位，以办学终，其阮嗣宗之流亚欤。喜为诗，有《劫余集》一卷行世。

陈文翰附文政

文翰字墨轩，号退庵，大理县人（前大理府太和县）。父鸿经，生子三，长文治，次文政，文翰其季也。少受学于兄文政，性颖悟，读书时有异解。年十七补博士弟子员。锐意攻经史百家之学，间及算术、英文。为文下笔数千言，词意超迈。应试则冠其群。岁癸卯举乡荐第五名，入京师试礼闱，未第。时廷议废科举、兴学校，苦乏师资。君慨然至日本习师范，遍究各科，而于心理教育，所入尤深。嗣得井上园了博士所著《东洋哲学》，极深研几，欣然有得，自谓欲摒弃百事而从之游。乙巳返滇，历充省会师范传习所、两级师范学堂教员。先后主讲席者七八年，受学者以数千计。所编讲义，搜辑宏富，而抉择甚精。常以浅近简明之词，阐幽深玄远之理，以故受学者无不心解理融。常谓："教授小学之法，在启导学生之性灵，使自能浚发其知识，而不在倾注吾人之知识，以灌输于学生。故宜先授以实物，而不宜示以悬名；宜期以理解，而不能责以强记。"每见小学教师授课多用文言，辄刺其一二语反诘之，曰："某某当作何物，君能言其形状否？"教师懵然，则又诘之，曰："君尚不能了然于口，乃欲幼童之了然于心乎？"于是解释此语之当作何解，学童之心理如何，教师之教法又当如何，凡经指导评骘者，教法辄为之一变。方第一届优级师范生实习时，君为之检视。首与诸生约，为文千言，条析教育之理法，原原本本，抉发靡遗，对于近代教育之旨趣，殆几尽之。其归本在知行合一理论，与实际之不宜僢驰。且曰："古有伟人，思以一人之力，尽教育界之晦塞而廓清之。当其一意孤行，举世人所难堪之险阻，无限之坎坷，皆躬亲而备尝之。其卒也，或赍志以殁，或卒褫众议而亲见其成，虽结果不一，其始终不渝之志，若合符节也。"其言若此，乃竟赍志以殁耶。顾其殁后，滇人谈教育者，识与不识，必首称曰"陈先生"。是其于教育也，虽未能亲见其成，抑亦可以不朽矣。辛亥九月，光复军起，大吏皆逸去，滇事旋定，佥推文翰及李君华主持教育，君为学政司副司长。数月，规模宏备，滇省教育之不受梗挫者，实赖其力，而其病亦自此深矣。君素羸弱，又喜为深沉之思，往往彻夜失眠。日授课数时，教毕则喘吁不能起坐。顾性高亢，不欲示弱，每扶病课诸生，未尝一日辍业。洎佐学政司，赴事益勤，操虑逾度，遂罹脑膜炎病。绵历数月，竟以不起。初，君之留东也，慨祖国之阽危，受外界之激刺，其胸中抑塞牢落、豪荡、感激之气，时披露于函扎间。尝寓书李厚安君，述列强立国之本，及日本崛起之由，眷怀云南凋瘵之故，而终之普及教育，提倡实业、鼓吹尚武为救亡不二法门。其书累万余言，要旨归于富强。虽称引日本法制，间有殊舛，亦足觇其所怀矣。君性褊峻，然不设城府。待学生尤肯笃，有贫乏者，辄周以书物。束脩所入，随手辄尽。易箦之夕，四壁萧然，闻者哀之。君生于清同治甲戌年九月二十二日，卒于民国元年十二月十四日，春秋三十有九（周钟岳撰《事略》）。兄文政，字佐轩，邑庠生，亦日本速成师范毕业。本省初设幼稚园时，主办其事，甚有条理，颇见称于教育界云。

李文治

李文治。字采丞，号南彬，大理人。光绪己卯举人。清末任方言馆教习，旋派赴日本学速成师范。虽未加入革命党，而排满宗旨与革命党同。回国后，任省会师范传习所教员，未几，部选镇雄州学正。以诋毁清廷，为邑绅某所告，免官。民国成立，被举为参议院议员。初隶进步党，后见进步党腐败，改入国民党。督军团倡乱，迫总统黎元洪解散国会。国民党总理孙公，命国会议员数人往广西，运动陆荣廷护法，以文治年高德劭，推为代表之首。两粤护法讨逆，文治与有力焉。国会恢复，曹锟贿选事起。守正义，卒相率南下，文治以老病不能行，乃避于东交民巷德国医院。及选举期届，锟党持重贿，驾汽车往医院再四敦请，文治卒谢不往。时人贤之。年七十余，就子钟本养于江西，以寿终，国民政府特下令褒扬焉。文治学宗程朱，于西哲则尊崇苏格拉底。与人谈，必先设问难，而后述其所见，盖亦效法苏氏云。弟文源字又彬，子厚本字培初，均日本师范毕业生，咸致力于教育事业。厚本为北京高师学监，以劳瘁卒，政府亦加优恤焉。

（采访）

吴暹

暹字益斋，昆明人，生于同治乙丑五月七日。六岁丧父。父名嘉诰，无遗产。母王氏，苦节奉姑，以针黹佣工度日，教君成学。君以光绪辛巳入邑庠，癸未补增生，己丑中式举人。屡赴京应庚寅、壬辰、甲午、乙未、戊戌等科会试，不第。游江西依姻戚张子蕴暨乡丈李俞农两大令作幕宾，时亦出而主各县书院讲席。戊戌，大挑二等，选授永善县教谕，回滇就职。甲辰，奉调晋省，任高等学堂教习。丁未，充学务公所实业课副课长，兼任宪政调查局委员。入民国后，历任学政、教育各司实业科科长、巡按使署教育科一等科员、昆明等十一县联合中学校校长、教育厅第三科长、省立女子职业学校总务员、教育司教育委员会委员、敬节堂及附设女子职业学校总务员。君最忠于公职，所至皆殚精竭虑，事无巨细，必躬亲处理。在云南教育界二十余年，成绩昭著。自光绪三十年任高等学堂史地教习，讲授功课，切实精细，博闻广识，倡导自修。民国三年，长昆明联合中学，教导以身作则，主以人格感化。训练指导，口讲手画，孜孜矻矻不少倦，批阅日记，文卷，尝至夜分乃罢。成就人才，服务学政各界甚多，且有任高级长官者。在教育机关十年，办理公牍，细密周到，极称妥协。或遇机要案件，辄终日伏案提笔。对于云南职业教育，尤多筹划供献。主办《教育》官报，博收精取，各省官报，皆莫之及。迄今考云南教育沿革，赖有此报。又联合中学经费，素称支绌，君不畏辛劳，将税款收归自办，撙节开支，积有余资，购置仪器、标本、药品、图书，建设新式教室四间。后办敬节堂，正值生活费用增高，数百节妇，嗷嗷难支，君整理房租，加给口粮，节妇至今感戴。盖其耐劳耐苦、耐烦耐琐，亦急公、亦敬业、亦谨言、亦慎行，忠勤廉洁，轻蔑权利。凡世俗所谓荣名增金，进级兼差，皆未尝一攖其心，是得古人程、朱、颜、李之精意者。其品格清高，皆难能而可贵也。以故操劳过度，尽瘁教育，民国十三年九月九日，归经翠湖堤上，卒然逝世。而家贫如洗，滇人士公理其丧事，葬于昙华寺东北长地埂。君初娶张氏，生女一，适周鸿炤。生子一，名锡光。张氏卒，续娶栗氏，无出，君卒后，锡光不久亦卒，无嗣。迄君逝世之二十二年，君挚友学生等，为建树纪念碑于墓道昙华寺路口，以志德教，并捐资助其继配栗氏。石屏袁嘉穀有《吴广文传》、呈贡秦光玉有《吴益斋追悼词》，事略同此。

王用予

王用予，字孟怀，泸西人。生而颖异，富热情。七岁入塾，九岁因故辍学，至十五岁始复学。复学六年，应试，得高等，充广西直隶州州学附生，旋食饩。光绪丙午，选送优级师范，分入选科博物类。四年毕业，应地方官绅之预约，任高等小学校长，并省办师范传习所，以所长兼任各科教授，不支俸。辛亥光复之役，地方骚动，代州牧晋省陈情，学政司委以省视学，旋被举为省教育会会长。建议增设蒙自、昭通、曲靖、大理、永昌各师范学校；改革与国体时势不合之教育制度暨教科内容；并编印《教育杂志》。揭载教育原理方法。教育行政当局深为信任。元年五月，赴京开教育会议。既归，任教育司社会教育科科长，并兼教授私立第一中学校国文。是时科举虽停，而在各校教授国文者皆系科举中人，所教皆科举文字。君乃自辟蹊径，按学生心意发育之顺序与题材之深浅难易，分为状物、写景、叙事、抒情、论事、说理六步教程，一洗从前泛浮空虚之弊，皆得弟子欢心。所编讲义，由省教育会出版，各校采用，风气一变。惜中途因事离校回籍，所编讲义至第四教程而止。回籍后，授徒桃笑山两年，仍来省连续任职教育行政机关，兼任师范学校修身、心理、伦理、教育等科教课。君虽以教育得名，而于政治、经济尤喜研究，心多独到之见。唯不乐以文字表暴，尝有句云："世味深尝兴已殚，可怜善教不胜残，奇思创解谁能悟，活满襟怀死满棺。"自谓此二十八字，可以尽其生平云。十二年，曾拟订《新县制与市村自治章程》。十三年，任仕学馆教授，于所怀抱略有发挥，而意未能尽也。缘是出任昆明县长三年，以为新县制之试验。迄十九年，复由省政府代理秘书长出任罗平县长三月，则欲借便归养耳。君既生富热情，而又遭时多故，每以地方之安危荣瘁，引为己责，辛苦焦劳，致抱沉疴。在籍数年，病几不起。二十二年冬，勉应财政厅长陆子安邀，来省就医，因就职财政厅主任秘书，病渐愈，体增强矣。乃以关心故里，因事发愤，至三十二年春得疾，遂不治。距生于清光绪壬午初春，年六十有二。二十七年秋，自撰《家庭年历》，于其平日与钱平阶所谈治理、与缪季安所谈佛理，均扼要追录各数万言，藏之其家，不轻示人也。

蓝有光

蓝有光，字孚亨，建水人。前清光绪己酉科拔贡，分发广东州判。鼎革后在原籍倡办教育，任高等小学堂总监督。民国三年赴粤，任广东省视学委员。对于粤省学务，多所建议。五年，解职归里。与建水县长丁国梁创办建水中学、时滇省中学校，除省立、郡立者外，县立者尚未之见。有光倡之于先，而开远、石屏各县，亦相继踵武成立。作育学子，嘉惠士林，厥功甚伟。且毕生精神，咸贯注于教育。后以积劳，卒于建水中学校长任内。

柏西文

柏西文，原名励，以字行。父法兰西北部人，上海法领事署办事员。母广东高州人，生西文于中国（或云上海，或云香港、广州，不能定）。幼年体强健，性敏活。五六岁入教会小学校。父母皆天主教徒，欲造成为罗马教信徒、有文识之英国派士绅、终身为富贵中人，西文志则异是。八岁留学英国，昼入校读，夜就父执家受其训导，阅八年，树品学之良基。于英文、德文、拉丁文、史、地、数、理诸科外，加意研习生理及医学。谓人最难治之病，在精神不在肉体，善治人之医，要能医人之心理，使人知识增加、思想纯正，乃为善医人者也。西文于精神剧加修养，且具有艺术天才，音乐尤所特长。年十六，病肺，休养三载。从事商业于上海、香港，善交际，博多金，颇露头角。其志不在此也，年三十毅然改业，谓："人生惟有读书最好。"由希腊之苏格拉底、柏拉图、亚里斯多德，至现代之威尔斯、肖伯纳、哈第、安那多、法朗士、托尔斯泰、高尔基之著作无所不读。于莎士比亚之剧本，司各德之历史小说，尤所欣赏。又谓："人生社会，行动每受限制。吾人所活动之园地，在图书馆耳。其中各时代，各方域之伟大人物，靡论哲学、发明、政治、科学、艺术诸家，皆经数十寒暑之艰苦而成，吾辈尚友古人，自朝至暮，随时可以晤面，其乐莫乐于此。"西文性不乐为官吏，其叔与上海税务司赫德雅相契，赫德器重之，邀任要职，西文婉谢之。洋务局总办蔡钧，闻名延为顾问。庚子，八国联军踞北京，北方多受蹂躏。而长江流域，幸未发生事变，虽两江总督刘坤一、两湖总督张之洞禁止排外，而英人气焰甚炽，舰队司令西摩率队示威，坤一、之洞无策制止，西文急访《泰晤士报》记者，详陈其意见，谓："拳乱肇祸，系黄河以北，而长江沿岸地方，长官明达，人民并未发生排外行动，西摩此行，如引起人民恶感，发生事变，西摩不能辞咎。"记者深然其说，尽力宣传。西文与钧又函劝西摩，西摩野心顿改。联军事定，西文游历广西、福建、日本、越南者七年。日本则重游，其国之政治、历史、民情、风俗，悉心考察。越南则往还数次，于东京办《前程报》。西文之血统，半华半法，而思想言行，多似英国。悦英国人之言论自由，于法国之殖民越南，多所訾议，致越南总督所干涉。西文睹白人之骄傲险狠，亡国人之卑屈苦痛，以为人生天赋之使命，当唤醒被压迫宰割之愚鲁者，停刊《前程报》别创立学社。以法文媒介，将所知授越南青年，俾之醒觉，争取自由平等，被越南总督所悉，兼以其弟柏亨利，经营商业，为越南当局所不容。有友约往法国办报，西文以曾发露杜美尔之种种贪污，杜氏回国谋选总统，为社会党之反抗，卒未成功。与杜氏既经构怨，回法终有不利。悉滇风土、人情、气候之佳，思至滇为后半生努力奋斗之所。先由越南至南宁，开办锑矿，获利甚丰，以资助革命。游桂林，为蔡锷所知，延入陆军学校任教。校中行政，多所建议，而启发革命思想尤力。锷调滇任陆军标统，西文来滇之心弥切，以事羁绊，民国二年始至滇。携有巨款，初欲开发矿业，继思一切事业之进展，非人才不可，乃投身教育，以培养人才为主旨。滇省时有甲种工业学校，校长延授英文。西文以英文为一切知识之总钥，而课时有限，商之校长，加增课程，并开办补习班。民国三年，求学者众，租南门清真寺，办夜班补习。未几，扩充英语学会，推盐务稽核经理钱俊葵为会长，英语有根底者若干人为会员。继续十六七年，会中毫无资产。先后任会长者钱文选、张伟、李仲选，而教务主任始终西文一人。课程编制、教材选择、师资训练、经费筹措，皆西文独立担任。不名不利，唯以造就人才为本志。学生收费甚廉，清贫者免。因而入会学习者，往往教室不能容。先后栽成数千人。类皆省立中等学生，毕业至北京、南京、天津、上海、武昌以及日、英、法、德升学，造成有用人才，不下数百人。其中考送香港大学一事，于西文最为密切。滇省学生至英国留学殊未易易，西文返而谋送香港。中外人士，以西文之热忱，公费生额渐次增加，西文弟子获奖学金者十有八人。十八年，西文又创设达文英语学校于浙江先贤祠，参与其事者有李国清、丁识身、许谦光、陶贞元、张凤岐、张永鑫、邓君韩等。时西文年已高，犹学不厌、教不倦。二十二年，辞兼云大教授。年已六十有九，犹手不释卷，不知其年之已迈。须发苍然白，而精神尚强健如成人。恒于逸乐影戏院，选片译片以为乐。西文于声色货利，淡然于心。生平持独身主义，视学校为家庭、门人为子弟。数十年如一日。学问之优，品格之高，为全省教育人士所钦。民国二十九年六月，精力渐减，恒至达文学校授课。至十一月，病势渐增，始辍课。十二月二十八日卒。识与不识，闻之同声哀悼。省政府发治丧费五千元，令于西山择地安葬，并咨教育部褒扬。三十年四月六日葬于华亭寺左侧，门弟子树石永为纪念云。

陈诒恭

陈诒恭，字肃庵，昆明人。性醇谨。年十八，应童子试，为县学庠生。清光绪壬寅年，考取云南送日官费生，入同文学校。毕业回国，历充云南各中学及专科学校理化教员。宣统二年，复游日本，拟入大学，不果。即回国，任职山东提学使署。民国光复，旋滇，仍教授中学。三年，任昆明劝学所所长，所中及五乡小学仅四十余校。乃认真整顿，竭力扩充，办初级师范二班、附属小学十余班，并劝导五乡努力增设小学。至十年，竟达二百余十校，盖其夙夜在公，勤于督导，不辞劳怨所致。对于地方教育，可谓竭尽心力矣。嗣被选为昆明县议会议长，数月，复被选为省议会议员。诒恭生平视公事如己事、办学为有功，以积劳于十一年病殁。其妻周氏，悲恸异常，次日殉节以终。经族邻结报政府，褒扬“节烈可风”匾额。并入祀三纲祠。

施章

施章，字佑文，后改字仲言，昆明官渡人。家清寒，自幼即知勤俭。高师毕业后，任职昆明市区及地方学校，以尽桑梓义务。民国十三年，考入中央大学文学系，一面从事著述，得费购书，无心仕进，十六年毕业，服务江浙各省中学，及苏州张氏国学馆讲师。旋入研究院，研究国学新、旧文学，著有《新文学论丛》《新旧文学批评》《庄子新探》《国学论丛》《史记新论》及《中央研究院特辑》等书。以肺病卒，时年四十三。

赵锡源附锡焜

赵锡源，字镜潭，大理人。以清咸丰间滇乱，举家避四川，锡源即生所居之棉花地。幼岐嶷，弱不好弄。年十五、通六经、四子书。甫二载，补博士弟子员，旋食饩。陈应农太史、李菊村舍人先后掌西云书院，极器重之。光绪丁酉举于乡。三上春官不第，掌教下关玉龙书院，宾川象山、华山两书院，一时负笈来学甚众。改章令下，任顺宁高等小学教职。宣统二年，截取广东盐课大使，缴凭后，即旅里。入民国，办理宣威铜厂，任昭通县承审。三年，仍回里，任大理中区女学校长，专以课徒授经为事。锡源精通医术，善治疑难，宾川人士至今称之。生平著述仅遗诗稿一卷。

弟锡焜，字绍模。未成童，父母即逝，赖兄锡源训迪。颖悟过人，年十五补博士弟子员，乡闱荐而不售。遂以考职，签分四川，以经历试用，佐戎幕，以功升任第一师编修官。时会垣有政见商榷会之设，锡焜被推为编辑主任，鸿篇巨制见诸报端者，皆其手笔。盖其平日蕴藏甚富，故其雄于文者如此。民国七年，先后任第二卫戍司令官兼蒙自关道署秘书及一等军法正。缪嘉寿、秦光第均优礼有加，以劳瘁卒于职。

徐濂

徐濂，字继周，宣威人。清附生，光绪中肄业省城高等学堂。与同志为讲演会，宣传革命甚力，嗣选送法属越南之河内留学，感于越人受异族压迫之苦痛，又以身在国外，革命书报常得寓目。既归，革命情绪益烈。回籍省觐时，道经马龙，值市期，设杂人丛中，登而讲演。一二乡绅，骇其言论，竟以白梃相加。濂避入曲靖，知府秦树声留任中学堂法文教员。在职两月，以年假回籍，亦任宣威中学法文教课，然其志在传播革命种子，特以教课为媒介耳。未几，入省联络杨振鸿等，开办旬报馆。民国以后，鉴于袁氏之专制，欲从事下层工作，谋于同志，取得滇桂边界一部治权。与各土司深相结合，以厚实力，竟染瘴而殁，年仅三十余岁。（据宣威县志）

杨琼

杨琼，字迥楼，邓川人，父本程，鹤庆州学正，遘回乱，忧愤以死，恤祀昭忠祠。

琼生道光丙午二月初十日，幼颖异，本程瑰文亮节，琼胚胎既厚而饬躬劬学，一守其法。同治癸酉登拔萃科，光绪辛卯举于乡，铨授晋宁州学正。未几，罢官归。生平自籍于学，后四十余年则皆授徒讲学，中间为迤西西云书院院长。士习文风一变，嚣窳为朴雅，所成就人才特盛，实以身教得之。琼之学，于训诂、考据、经济、词章，靡不研贯，而归宿于义理。尝一出游日本，于近世东西哲学，亦精择而取资，盖博而能通者。琼之为人，淡荣利而笃志，于培材成物，若饮食之于饥渴。司校晋宁，以诗、古文学提倡后进。以事，州牧黄毓松误听人言，潜诉大吏落职。琼坦然归，而董理学校事于其乡。倡节薪修，推广乡塾，有司或务粉饰，反复力争，必底于完善而后即安。时年已迈，劬于学，不知老之将至，赴日习师范，归任教省会师范传习所，倡办成德中学。大吏以其功奏请复举人职。改革后选国会议员，殷忧国事，晋京开会，会闭西旋，卒于沪，年七十有一。门人李根源归榇于故乡。琼著书已刻者曰《肄雅释词》、曰《形声通》、曰《小学均语》、曰《论语案》、曰《寄苍楼赋》各一卷，《寄苍楼诗文集》四卷。

窦维藩

维藩字价人，曲靖人，光绪甲午优贡。朝考二等，授云南县训导。癸卯，举于乡。留学日本，习速成师范。旋考送北京大学，入经科，专攻《左传》。国体变更，经学并于文科，未毕业而归。派赴日本任留学生经理员。

五、文学

李坤

坤字厚安，一字雪园，昆明人。举光绪癸巳乡试，癸卯成进士，选庶吉士。奉调回滇，任高等学堂副办，旋改教务长。提学使署成立，聘为学务公所议绅兼铁路局会办。辛亥入京，以办学授职编修。荣庆长学部，屡请以提学使用，未及放而国变，归任师范、法政中学等校国文教员。坤为经正书院高材生，每试辄冠侪辈。好考据，工词章。散文雅洁清秀，逼近震川皋闻；骈文博丽，有唐四六风格；诗出入义山遗山；为词清新，体物浏亮。可谓博学通才，一时无两。著有《思亭诗钞》六卷、《文钞》二卷、《齐风说》一卷、《说文引诗考》四卷、《温泉志》一卷、《花浪楼存古录》、《阅古录》若干卷。尝谓："诗文用古字，不如用字古"，识者以为知言。

清山东提学使小圃陈文贞公神道碑铭

袁嘉穀

始，嘉谷八岁时，读陈公己卯优试卷。卷中言："孟公宣春不受束脩，荣昌兄弟三人，得读书焉。"心常懔懔钦孟公，愈钦陈公。逾十八年丁酉，陈公以史官还滇，主讲经正书院。嘉谷居院中肄业，遂师事公。公讳荣昌，字小圃，号虚斋。虚斋者，精求学又不肯自足，时时以虚受人，并以自策者也。嘉谷受公教六年，南北驰，国家变，迄今随公居翠湖，奉公杖履，仰公如泰山北斗，而不意公乙亥秋九月二十日卒。卒之日，识与不识者，皆叹息泣下，赴丧者千百万人。葬有日矣。公子诒书、诒孙、诒禄，属嘉谷为文，刊之神道，嘉谷谊不可以辞。谨按状，公先世自江南来滇，传至庚圃公，讳维恺，即公之父也。以同治乙丑科进士，出宰闽中，方言难达，告降教职，选东川府教授，三年，卒于官。配周太夫人，生子三：长汝昌，季炽昌，公居仲。少志于道，且能文。庚圃公卒，无力读，孟公教之成，公终身无一日忘。壬申入泮。己卯优试第一。庚辰朝考一等，得知县不赴，盖父志也。壬午乡试第一。癸未联捷进士，改翰林院庶吉士。丙戌授编修。戊子授贵州学政。辛卯，任满还京。甲午，任顺天乡试同考官。乙未，任会试同考官。丙申大考，列二等记名，遇缺题奏。丁酉，归滇，以兴学闻于朝，加侍讲衔。丙午，授贵州提学使，丁母艰。庚戌服阕入京，充资政院议员。辛亥，授山东提学使。国体改革，归滇，隐于安宁南乡明夷河，以匪警回省城居，以迄于今。公之出处如此。公之事亲也孝，视无形，听无声，曾子、老莱之俦也。事兄敬，兄喜亦喜，兄忧亦忧。爱弟尤笃，炽昌工文，殇，公刻其集，延其嗣，犹谓未有以慰弟也。事君忠，尽心职守，禄不自私，疏劾大吏皆关于朝野巨政。改革之后，劝之仕，则拒之曰："吾大清之遗民，中国之良民也。"聘之管图书馆，则辞；聘之纂通志，则辞；清史馆礼制馆聘之，则辞；卖字为活，皭然不滓。顾于学术演讲、世风救济，则亦不忍忘情于平民焉。待人之诚，训士之殷，型于家，式于乡，虽妇孺无弗信仰者。著书数十种，已刊行者有：《虚斋诗集》《文集》《桐村骈文》《改过编》《滇诗拾遗》《评选剑南诗钞》《乙巳东游日记》《老易通》《周训》等书；未刊著作则有：《桐村遗文》《遗诗》《历代遗民传》《甲骨文考》《古籀韵编》《虚斋词》《桐村词》《明夷子》《虚斋读易记》《守约子篇》《砚食录》《臣鉴编》《练胆篇》《言无言斋赘言》《历年日记》《文章纲目》《汉魏诗选》《杜苏黄陆吴体诗钞》《幽贞琐记》《诵芬录》《历代金石文字题跋》《古人书画题跋》《魏碑别体书考》《洗心室思道记》《隐语》《楹帖集联》《岑襄勤公年谱》《昆明县志》等书，门人私谥曰"文贞"。嘉谷窃以为：公之一生，孝为行本，儒为学本，惟其立志养志，曲体亲心，亲亲而仁民，仁民而爱物，兄弟君师之间，皆孝友所扩充。尝闻公言，自著《儿罪录》一编，时时省察，不以示人。其于太翁之诗，述之入《滇诗拾遗》；其于太夫人之丧，则潜居近墓之村楼，著《周训》七篇，字字血泪，写印于世。上自孔孟，中及程朱，下及二张、二陆，读其书，力其行，步亦步，趋亦趋，一言一动，粹然儒者，虽中年经世，暮年宏览，究必归于儒者，居恒讷讷若不能出诸口，发为诗文，渊懿古茂，兼杜诗韩笔而一之。以余力为六朝骈文、两宋词曲，赅徐、庾、苏、辛之长。至于隶、楷、章、草，钟、王、欧、褚、米、黄、赵、董，无一不学，无一不精，尤以钱南园为宗。颜鲁公之后，南园一人而已，南园之后，公一人而已！间临秦篆、魏碑，皆非寻常蹊径，一缣一宝，天下早有定论。画仿南园，枯树瘦马，姑以寄宗尚之意。若夫诚敬之心，宏通之识，素以天下为己任，遭时不合，谦虚自晦，古所谓大人天民。而仁爱之心，尚流露于文字间。门生才俊盈天下，训之以勤，接之以和，律之以正。亲炙有人望，而知为安定。弟子、私淑者，不可胜计，且有闻风而愿列门墙者。东游倭，南游交，彼都人亦想望丰采。自食其力，无求于世。发为文章，其书满家，又不肯与世俗所谓文学家、诗词家、书画家较短长，立同异，盖自有千秋，非一时一地之人也。嘉谷谨摅实树之墓道，并为铭曰：

以顾、黄之志节，兼张、陆之心源，抗朱、王之诗垒，竞方、姚之文编。持节如惠天牧，爱乡如师端人。教泽上迈乎潭西，道脉直接乎南园。集一代师儒之大成，延三迤文献之薪传。于戏！吾师人仰斗山，天锡大年。谨援古三不朽之义，赞一词曰：立德、立功、立言。

蒋谷

谷字怀若，昆明县人。经正书院高材生，以优贡领光绪辛丑恩正并科乡荐。癸卯，创立高等学堂，任史学教员。旋赴日本学速成师范，归长昆明劝学所附办简易师范。设县城及五乡小学百数十校，教员即取材于此。陈荣昌提学山东，调任学务公所专门课长。李经羲督滇，又调任督辕文案。国体改革，历任法制局长，团务局长、图书馆长、政务厅内务科佥事、军府秘书。谷性简默，终日不发一言，与人交接，不过数语。殆《易》所称“吉人之词寡”欤。工古文，下笔迟重，每成一篇，无不精当。著有文集。

施汝钦

施汝钦，字少云，昆明人。解元有奎侄，家世业儒。汝钦少颖异，弱冠选经正书院高材生。光绪甲午举于乡，癸卯成进士，贵州即用知县。生平嗜读书，著《书隐小传》以自况，其言曰：“书隐性嗜书，生三岁，见书即爱玩不释手。及入塾喜读，异于群儿。成童后，再试不售，父母令改业，泣而谓曰：‘愿小假之，以待来岁’。来岁果冠童军，补博士弟子员。甲午登贤书。癸卯捷南宫，用为黔中令。至则耻奔竞，仍闭户读书。久之，得权龙里县。仿古循良之治，悬钲堂皇，赴诉者击之，则立出。告以事，则立断。他政类是。主于不扰，民大悦。胥役失利则大恚，同僚忌者阴助之，浮言大起，上官骇然，不顾也。岁满，旋以盗案忤上官，上官怒，遂罢归。愈发藏书纵读，虽疾未尝废。每闻佳山水，挟书往，且读且游，意萧然自得也。人目为书痴，先生则谓‘吾何痴，吾隐于书耳’，因自号曰书隐。辛亥国变，姓氏愈不显于世云。”

汝钦生平趣尚。大略如此。其著述有《滇云耆旧传》十六卷、《醉经庐诗文存》若干卷，藏于家。性至孝。父庚申弃养，越六年丧母，汝钦大恸，后二日感小疾遂殁，时丙寅九月十九日，年五十有五。

张肇兴

张肇兴，字景中，太和县人。五岁失怙，家无担石储。母氏宋，日夜勤女红，抚成立。稍长，入塾，刻苦自励。性聪颖，所学日进。弱冠入邑庠。光绪庚子、辛丑并科举孝廉第一。两赴春闱不第。甲辰，东渡日本学师范，毕业归国，历任楚雄师范传习所、省会两级师范学堂教习，迤西中学堂教务长，成就者众。民国二年，与修《云南光复史》，授富民县知事。旋调任云县，下车以提倡文教为己任。组鸣琴诗社，躬为之长。名胜地，捐廉修葺之。又创立节孝祠，设女学于其中。其最令民不忘者，修南河庆云桥也。桥当汉夷之交，为往来通商要道。在昔编竹为浮桥，夏秋水涨，辄毁于洪流。宣统间，邑人改建木桥，功将成，亦毁于大水。肇兴莅任，召集邑人士商议，改为铁索桥。测算绘图，设计经营，富者捐金，贫者出力。矢志不移，阅两岁而功成。桥长三十丈，费款二万数千元，结构坚新。佥曰：非以新学理而参旧经验不及此。调长维西，云人于桥头建祠塑像祀之。治维西亦政绩丕著。民国七年，以染瘴殁，百姓如丧考妣，年四十六。官橐萧然，民国官吏所仅见者。遗著有《云南光复史》《援蜀篇》《云岭间吟》《味胆丸斋杂著》。

缪果章

缪果章，字浒丞，宣威人。由廪生考取光绪丙午岁职官，分发贵州。云南提学使详留办学，审定全省乡土志稿。宣统己酉岁，纂成《宣威乡土志》，都五万余言，经刊布为小学教材。辛亥，入黔司学务公所统计，未几鼎革，回滇任宣威劝学员长，推广学校，规模宏远。癸丑，受聘省立第三师范学校文案兼国文教员，成材颇众。乙巳，谢职归里，纂《宣威县志》，历时四载，成二十万言，厘正旧志之失。而于州所建置沿革，归并原委，详加考订。其土司世系，氏族分布，与夫经济、民生、语言、习俗、兴废、治乱所关，靡不条析缕举，颇为当代通人所称许。晚年，族人建祠修谱，心力交瘁，因而得疾，卒于民国二十九年庚辰三月十二日，六十有六岁。（据缪尔纾撰墓志铭）

梁嘉言

梁嘉言，字诏功，建水人，士美次子，前清岁贡生。历官丽江府训导、马龙州学正，入民国，官广东省陆军医院院长。少聪颖，从王梦龄治经学，所业冠侪辈，梦龄誉为高材。工诗主性灵，气韵高华，音调浏亮。凡宦游所经，皆以诗纪之。所著有《丽江吟草》《滇池吟草》《龙州吟草》《羊城吟草》，统题曰《征尘集》，都四卷。山左陈乔年为之叙，称其诗“雅正而葩，寡绝世表，摅抒性灵，迥殊凡响。”

梁家荣

梁家荣，字茂春，建水人。前清贡生，分发广东补用知县。弱冠即以文章负重名，史学造诣亦深。及莅羊城、游京师，与康南海、章太炎游，学益进。所为古文气肆才雄、波浪壮阔，得昌黎之长。骈体力追六朝，典雅矞皇，而不以辞害意。晚年偃息家山，县令丁国梁聘修县志，五阅月即成书十八卷，纪载详明，据事直书，无铺张，无瞻徇，蒙自道尹缪嘉寿叙而称之。年六十一卒。

王建中

王建中，字宗尧，石屏人。家世业农，建中生而颖慧，喜读书。稍长，鄙塾师固陋，闻母舅陈庚明司铎安宁，千里负笈往从之学。居数年，诗文书法尽得其传。兼好谈兵，庚明深器之。旋丁父忧，家贫甚，乃设馆郡城兼考蒙自道成书院经古课，借以养母。文名藉甚，与蒙自闵道、王继麟称道成三杰。学使张建勋爱其才，选送为省会经正书院高材生，时同选诸人中，有以情面得者，建中羞与为伍，辞不就。清光绪癸卯举于乡，北试春官不第归，还乡仍设馆授徒养母，临安府知府贺宗章尤重之，期以十年开府。未几，闻乡人朱家宝抚吉林，万里往干，说以军事。家宝谓其纸上谈兵，又不长公牍，赠资遣归。适值咨议局成立，聘为秘书长，时议员半来自田间，不尽谙政治、法律，建中随事指导，补助甚多。民国成立，仍任临时省议会秘书长，殷承瓛征藏，辟为书记长，军中文电多出其手。师还，任鹤庆县知事，旋调沾益县。恃才傲物，不敬上官，遂被撤职。闲居困乏。娶继妻复悍，不得母欢，甚为所挟制，孝敬顿衰。母怒，辞还乡，往江外收租自给，染瘴而卒。乡人多恶建中狂，加以种种诬蔑，由此得不孝名。又与某公为耳余交，晚年有隙，会某公居要地，逢人辄暴其短，致当道莫敢援引，贫窭至不能自存，不得已出任某招安军军法长，被其挟以侵桂，中途患病辞职，不许。既入桂境，兵败逃散。匹马独行山中，有书生遇之，料为滇军落伍者，讶其文弱，穷加讯诘，乃知为癸卯同年，生怜其病困，邀至家为延医诊治。边邑无良医，欲归又乏资斧，优悒愤恨，病遂不起，年仅四十九。临殁致书亲友：“生平无他过恶，惟因贫困，致事母不终，死有余辜。”又嘱告乡人，生子当仍务稼穑，慎勿使读书。士林惜，闻者哀之，著有《养机诗草》四卷。

张鑫

张鑫，字丽生，别号笠僧。其先江南籍，明初入滇，世居昆明。光绪间，其父廷钰佐澄江游击幕，遂家于澄江。鑫赋性高洁，博学多才艺。凡古今金石书画，莫不悉心探讨。尤长于书法铁华，书兼汉魏，深得古人用笔之妙。镌篆上跻周秦，而以汉印为归宿。光绪庚子辛丑并科举于乡，汴梁会试下等。同年陈某病死汴梁，鑫奔走经营，运榇回乡。长白琦太守璘聘课两子，旋调守顺宁，邀与俱往。客顺宁三年，返梓省母。提学使叶尔恺延入幕，供职学务公所。学使任李曰垓创办沿边土司学校，鑫副之，顺宁土属之有学校自此始。辛亥改革，琦璘为匪戕于任，眷属北归，鑫醵金相助。滇中观察使唐尔镛聘入幕。四年，省府登诸荐牍，请于中央，以知县任用，分发广东，鑫以母老辞，仍入滇中道幕，留为滇用。委署禄劝、呈贡，勤求民间疾苦，休养生息。解组还乡，清风两袖，仍服务教育界。读书之暇，从事于篆刻、书法。教授学校，于文法、书法外，更取古今之修已立诚，为之解说，裨益青年匪浅。民国十六年，陶鸿焘总办个旧锡务公司，延掌文牍，客个旧十年。抗战军兴，多病，辞卸还乡。三十二年三月卒，年六十有八。著有《老栎诗存》《老栎印存》藏于家。

周宗麟

周宗麟，字石君，号瑞章，晚号疢存山人，大理人。弱冠入邑庠，三十二举乡荐，选授陆凉州学正。在职二年，即许归，一意致力桑梓公益。初则兴教育、总自治，继则设报社、励蚕桑、修桥梁道路、表彰乡贤、补助平粜及学校基金，靡不劳心焦虑，输财竭力，排万难而为之。其荦荦大者，则辛亥光复之消弭兵祸、敷文书院院产之争归公有、良民田宅之析出叛产，以及减轻负担、清厘浮收、拟定警察经费、整理各区积谷，皆主张正大，据理力争，卒底于成。生平学问洞澈古今，融会中外，富于革命思想，故建议当局，悉中肯綮，深合时宜。著述有《疢存斋文存》《诗存》《随笔》《大理乡土志》《孔门学说》《自订年谱》《杂著》及与地方人士同纂之《大理县志》等书。年七十九卒。临危遗嘱，尚命捐身后费用四百金以济军实。其平日拳拳国事，概可知矣。

陈古逸（孙乐）

先生姓陈氏，讳度，字古逸，晚以字行，别号琴禅居士。其先临川人也。祖考讳瀛波者始来滇，考讳奏堂，营笔业，善书法，尤精制椽笔。先生幼颖悟，祖命业儒，入莲湖吟社，殚力诗古文词，一生学问盖基于此。占籍泸西而入庠。甲午举于乡，掌普洱宏远书院，纂《普洱府志》五十二卷，于边域分界三致意焉。继肄业经正书院，与当时硕彦角逐文坛。性和易，善与人交，出言无忤，故人乐敬之。夙擅公牍，精明政事，乃客于封圻。处事周详慎密深虑，无巨细，靡不究心者。甲辰成进士，官吏部，以敏称。还滇长币政，以廉著。政革长外交，旋即辞去，终其身遂不复仕。著《泡影集》十卷，游心戏墨，涵养性天。书画篆刻之学，无弗学，学无弗精。习汉隶深契《石门颂》。兴至以指头泼墨作山水花草，得者珍之。篆刻不拘绳墨，下刀如风雨骤至，顷刻而成，则往往与古肖，以此自适，宴如也。初慕长生之术，鼓琴导引，知非究竟，去。学佛，常受密法，又以境细难成，去。学净土，闭关一载，厌离嚣尘，乃避居华亭寺之海会塔院。隳情黜智，侣梵栖禅，精进之心，衰年益厉。筇杖布履，出入于老松慈竹之间。苍颜白发，夕照泠然，佛声幽鸟，超然物外，缁素咸倾心焉。既而营法幢精舍于高峣村，书联云："山色湖光供养，炉香珠串生涯。"复建藏骨塔于象山之麓，自撰塔铭，能了其幻。著《泡影续集》二卷。结七期念佛多自警策。民国辛巳年十月九日感微疾，家人助称佛名，吉祥而逝，春秋七十有七。遗命殓以僧服，七日入塔。呜呼达矣。赞曰：愚者惜生，智人重觉。缘生如幻，翛然蜕俗。岂慕隐沦，乃友松竹。孤月寒山，清琴一曲。喻指非指，道非渺邈。古亦有言，智珠在握。净土唯心，信愿其笃。刳心咨决，跫然空谷。三界浮沉，何事往复。半席湖山，用作归宿。真性常住，芳草芬馥。

〔录自《续滇南碑传集》卷七〕

六、艺术

周霞

周霞，字华国，太和县人也。家世业医。父鸿雪，悬壶云州，生霞、琼、岳、山。髫龄，父授以《灵素》，能通其意。咸同间回乱，杜文秀踞大理，黠者走，怯者死。霞出入花门，挟医术走回营中游说，时人谓如子房之宴鸿门。平居尚义气，重然诺，恒锄强扶弱。友人某，厚重少文，某伪将军悦其妻美，谋夺之，杀其友溺尸溷中，霞率弟手刃某伪将军，为友复其仇。景东刘某、宜良赵某降回，提兵嗜杀人，霞与二人善，时规以大义，救活者无算。乱平，事诗书，补县学生，仍专攻医术。人无贫富，求无不诊，病无轻重，诊无不痊。昧爽延诊，往而立方疾走，欲款以早膳弗能及。深夜危疾呼救，披衣急往，不责酬。清季睹国势之日弱也，欲以医人之手医国。甲辰，年已六十有二矣，东渡日本，习师范。伟躯干，额广、颧高、颊丰，双目炯炯如箕，长眉、美须髯、秃发，服西式学生衣冠，气益豪。日人咸颂之曰："丈夫！"明治天皇闻其名，延见之，谢不如，曰："真东亚仅有老人也！"东亚学子，争得小影以策后进。日战胜于俄，东京市大祝捷，观者数万人。霞有《感事诗》云："十五万人齐祝捷，他人含笑我吞声。"感情悲壮，留学生为之猛省。老人之名，啧啧噪中外。毕业归，传习会垣，劝学梓里，汲汲皇皇，不遗余力。辛亥改革，曲同丰集绅耆组自治。榆郡大局已定，独陈云龙自称都指挥，由腾永率众东下，声言同志会，拥兵巨万，将分道取榆，进袭省垣。郡城大恐，居民纷纷藉同志会为护符，文而弱者，皆头缠青巾，挥尺幅脑后为标识，全城一夕数惊，郡人士或主欢迎，或主抵拒，莫能决，霞皤皤老叟，攘臂而起，亟往交涉，约同赵州杨峦偕行。日黑天寒，朔风凛凛，若利刃刺骨，或劝霞稍缓，霞不可，曰："丈夫死则死耳，何却为？"遂乘夜由玉龙关江风寺大道直抵陈营，与其先锋刘竹云相见，茶叙中，刘缚二军士帐前斩之，示以威，霞色不变。越夕侦得陈虚状，驰归榆军，决策迎剿，大获胜。陈遁刘逃，城顿以安。事定，疲甚，疽发背，不一言其苦，仍入营斡旋，勤恳如治家事。病甫痊，乡人推为选举联合会分部长，任劳不倦。事毕，疽复作，赋诗四首而殁，年七十有二。远近闻者咸悼之。

曲焕章

曲焕章，字星阶，江川人，徙居通海，原籍江宁。始祖某，明初襄沐黔国戎幕来滇，十余传至焕章，性仁慈，有活人癖。少失怙恃，孤身客个旧，患肚痛，濒危者屡，得外科医士姚连钧用土产草药治愈，拜连钧为师。连钧精外科，医药得野人传。当咸同回乱时，当道执兵符者，闻名罗致营中。医将士之负伤者，以功保提镇衔。焕章称弟子，侍奉唯谨，连钧罄其学以传之，每入山采药，归而制配，焕章不离左右。十余年，尽得其学。凡疮疡刀伤等，大有奇效。乃辞连钧挟青囊，遍游南徼诸名山，学神农尝百草。凡奇异草木，耳有闻、目有见者，虽跋涉险阻，不辞足茧手龟，必求得其药而后已。十载苦心，而百宝丹寤寐深思，通于神明，而始发明之。百宝丹之发明也，焕章于深山穷谷中所得通灵草木，得味知性，得性知疾，得疾知医，得医知化，合新得旧，有各药冶于一炉，君臣佐使，配合抽添，经十余度炉火试验，皆冥顽而不灵；后得异人指点，百草霜为引，一鼓擒王，百宝丹乃告成功。其功用以治刀枪跌打为最效。刀枪跌打伤入脏腑之肝胆肺脾、大小肠、油网、油膜、穿胸、洞腹，任何重伤，身软不死，虽人事不省，先入百宝丹，再服虎力散，气将绝者渐甦，血流注者渐止；再用消毒散、洗创止血药、敷药涂其伤口，日服百宝丹、虎力散；内部有子弹者，改服撑骨散各二次，子弹自能撑出。如法服洗，伤轻半月收功，伤重月余复原，效力之大如此。民国五年，警厅试验立案，考试等列最优。十四年，唐督继尧委充东陆医院滇医部主任兼教导团一等军医正。十七年省府化验百宝丹、虎力散、撑骨散三种，发给证书，转国府化验立案，以防假冒。十年秋，赣、粤、闽、浙、湘、鄂剿匪军函滇购数万瓶，大著功效，题赠“效验如神”额，声名遂噪遐迩外。此疮、疡、痈、疽，以及妇科、儿科兼能疗治。以此丹为主，妇科配治干血痨药酒、保身药酒、红崩白带散，儿科配制洗肠散为辅，依包单服用，皆有利而无害。十九年之国难，焕章尽力贡献，蒋委员长赠“功效十全”额。抗战军兴，焕章爱国之心剧热，寄饷前敌将士愈夥，国府召至行都，将畀以军医重任，而遽病卒重庆，闻者惜之。

姚长寿附姚济

长寿字静山，昆明人。廪膳生。自曾祖方奇获异传归，为人治病辄效。祖安世、伯父文藻、父文彬、季父文清，皆世其业，名大振。世人以大、小姚呼之。百余年来，滇中遐迩无不知有姚氏者，事详《昆明县志·艺术传》。长寿承家学，道《灵素》《难经》，精研长沙《伤寒脉法》。光绪中叶，湖北李彰五太守，权云南府。李固深于医，尤精铜人针灸之术，长寿师事之。李尽授其法，故其学益大进。凡诊一切危难症，应手辄愈。每有疑虑，归必参证医书。时成决人生死，多验。里人有谣曰：“入其门，病去半，服其方，病皆道。”先后为滇督锡良、李经羲治愈其疾，咸优礼之。锡曾榜其门曰：“歧俞世绪。”长寿夙研历律，考订尺度、名物极精审，尝谓“不通律度，不足以读《脉经》；不通古衡，不足以读《本草经》。”暇即看书，自长沙外，凡古今名人医籍未尝不取其长而会为通。其临症处方，又能神明变化，著有《冰壶馆集》《内难要旨》《姚氏医案汇编》若干卷。

侄济，为弟长治仲子。长治夙维父兄之业，又传其学于子济。济原名志泰，字少轩，生而颖悟。少长，父间授以方书，即能记忆，日侍父临证实习，不数年，遂通方治病。凡《灵枢》《素问》《难经》《伤寒》《金匮》诸书，旁及历代医药典籍，靡不穷究。本其所学，日临诊数十百人，谨慎不稍忽，悬壶马市口，求诊者户限为穿。屡治疑难怪异之症，群医欣为神奇。遇贫穷者，即施以医药，尝悯穷乡僻邑及瘴疠之区时疫流行，医不及待，死亡相续，创制“神效散”赠送远近，盖取价极廉，推销已遍全省，卒年二十五，济累于诊务，无暇著书，有《治验医方存稿》数十册传世。人得其一二，犹资以疗病云。

聂耳

聂耳，玉溪人。幼丧父，家贫，母悬壶以资塾。少具音乐天才，儿时善口笛，群辈惊服。年十一，转学入昆明求实小学，能操指全班音乐会。稍长，入联中毕业。又升入省师外国语言组，时年甫十七也。每睹国步阽危，强邻压境，即怀壮志。值十六军招生，遂伍焉。过湖南，折广东，茹苦含辛，辗转越年，旋返滇，毕业于高师。民国十九年，只身抵沪，初无适宜机会，暂居小商。未几，黎锦晖主办之明日歌剧社招生，乃大喜，考入未弥年，心慧力勤，遂跃为琴师。又感黎音靡靡，迎合低级，恐为所沾，复辞去。二十二年抵北平，参加新运，又转入联华，交识俄国某琴师，乃大颖悟。未一载，受百代公司之聘，组织国乐团，初谱《渔光曲》，哀怨感人，因感承袭于《孟姜女寻夫》之俗套，大不满。俟又多加观察揣摹，无论码头、工厂，每深趾迹，于是作曲、配音。而创作一出，震撼祖国之新音《大路歌》《新女性》《开路先锋》《码头工人》《慰劳歌》《义勇军进行曲》《毕业歌》等有生、力、光、热，传欣歌号于举国人口。名噪甚，未自满，所习愈勤。二十四年，整资东渡，求加深造。因协助日本新协剧团大阪公演，时七月十七日，偕日友鹄沼海岸往浴，逆浪涛声中，乃送死于江腹。留日中国学生闻之大恸，开会追悼，汇印哀挽诸作行于世。

李廷英

李廷英，字子俊，晋宁县人。生于光绪中。十六岁入邑庠，十七岁考入云南省高等学堂，喜绘画、音乐及器械操。适高等学堂改办，乃自备赴日本，入东京美术专门学校，继入东京上野大学西洋画科，成绩均列前茅。留日十年，曾任日本大震展览会美术部评判主任、中华美术协会会长。回国，任中校参谋、云南省会各学校美术教员。后创办美术学校于双塔寺址，倡导风景写生画。自绘成翠湖全景图一幅，即病故，年四十四岁。其于日本展览之作品及校中成绩，均存于家。

杨煦、罗承清

杨煦，字春田，昆明人；罗承清，字幼泉，盐丰人。均清季京师大学堂附设博物实习科毕业，回滇，任教省会师范、中学各校习字、图画教员。字学以临碑为主，图画几何、铅笔、毛笔、水彩兼授。先后任教二十余年，学者多所成就。

杨应选

杨应选，字榆村，昆明诸生毓兰之曾孙也。杨氏自毓兰后，数传俱以画名，而应选造诣尤深。人物花卉俱工，而写真极称妙手，一时无出其右。

戊长铣

戊长铣，字之斗，晋宁人。侨寓会垣，为人和平娴雅，工画山水人物。山水沉细深厚，人物与杨应选齐名。

胡汝霖

胡汝霖，字雨亭，晚号枝叟，呈贡籍。流寓会垣，以工摹右军、登善、率更、襄阳诸家书名一时，而临《兰亭叙》《灵飞经》《砖塔铭》尤擅长。任省会师范中学各校习字教员二十余年，兼省署秘书处科员，专书重要函牍。

江培德

江培德，字心田，昆明诸生。工山水，曾任讲武学校图画教员，写青绿山水名尤著。上海画展会，于培德甚推重之。

王铮

王铮，鹤庆人，因耳重听，自号铁聋。工设色花鸟，名重滇中。

尚烈、康学文

尚烈，字伟臣，康学文，字绍周，昆明人。京师大学堂附设博物实习科毕业，学有专长。回滇教授省会师范、中学各校绘画、竹工、木工、陶工、金工二十余年，开学校工业之先声。

王垂书

王垂书，字炳文，号著臣，建水人。前清光绪丁酉科拔贡，戊戌朝考，以知县分黔试用。历署后坪、印江、威宁、贞丰等州、县及郎岱、赤水、仁怀等同知，护理威宁镇总兵官。民国改元，署理临安府，兼建水县事，翌年，调署开化县。所莅各任，咸著政声。善书法，秀健超逸，体兼八法，临右军十七帖，深得宗传擘窠。榜书亦极擅长。晚年犹能作蝇头细楷于箑面，人争宝之，卒年七十有二。

王宪斌附王克敏

王宪斌，字孝全，建水人。因额其居曰："苓连轩"，故以苓连轩主自号。书法山谷，奔放流宕。精绘事，师宗北宋。所作没骨花卉，清超拔俗，秀媚天成。爱画牡丹，补以水仙、竹石，繁花中弥寓逸趣，时人誉与孙铁洲伯仲云。偶写人物，气韵生动，悉合法度，颇得费丹旭神髓。

同里王克敏，字勉旃，号友石斋主。善写花鸟，博古，用钩勒法，健笔挺秀，反复折叠，如书铁线小篆，傅采鲜妍，乍观之，浑疑为山阴任伯年手笔。

董一道

董一道，字贯之，嶍峨人。善绘山水人物。参用西法，阴阳向背，皆有理法。尝摩写滇南边疆夷民五十种风俗三十图。容体服饰，无不逼真，并附识语以说明之，名曰:《古滇土人图志》。民国三年，陈钧、周子荫见而奇之，遂输赀椠印，中外人士，咸争得之。

沈河清

沈河清，字曙秋，一字素秋，号恒斋，建水高营人。众议院议员。书学眉山，而于汉晋碑帖，肆意临摹，俱得其神。兼善画山水，规抚古法，雄浑苍润，峰峦烟霭，别具丘壑。花卉亦秀逸超脱，尝写寒梅，疎花瘦蕊，尤见精神。间作走兽鱼龙之属，诩诩然俱有生气。艺林推重。

李燮熙

李燮熙，字开一，原名如桂，字月卿，太和县人。清同治乙亥生，年八岁入郡庠，相继食廪饩。甲辰春，赴日留学，入音乐专门学堂，深研古今乐典。燮熙于乐歌造诣颇深。每有所作，均能谱之新声，传诵一时。学成归国，任两级师范学校音乐教员，兼省垣各学校音乐、史地教习，声闻日隆。所谱歌词，如《安南役》《满江红》两歌，慷慨悲壮，播于全国军队、学校中。辛亥改革后，出任安宁县知事，提倡农桑纺织，设立民生工厂；监狱犯人，施以教导。壬子春，榆郡杨奎变乱，随巡宣使谢汝翼西上，任秘书长，弭平乱事。地方绅民被嫌疑而牵累省释甚众。事平回省，署牟定县知事。时举办验契，亲出四乡勘验而人民不扰。护国军兴，任咨谋，随军入川。袁世凯殂，罗佩金督川，任军法处长。旋任自流井盐务总办，多所兴革，商民咸称利赖。辞职回滇，退隐苍洱间，优游林泉，诗酒自娱。有《剑虹诗稿》一卷。丙寅八月十九日卒，年五十有四。

七、实业

董万川

董万川，字澄农，大理人。始祖成，唐季避地来滇，仕南诏，为清平官，遂占籍大理之喜洲，子孙蕃衍，至万川已历三十余传。万川少孤，赖母氏抚育。稍长，遣就外傅，敏悟勤读，深为塾师所喜。万川目击母氏劳瘁，力请辍读习商，以减家累。初入商肆为学徒，躬执劳役，暇习书算。肆主知其能，委赴邻邑及省、榆间，采运商货。操奇计赢，悉中机宜，厥后遂自谋经商。时滇越铁路初通，乃采办大理石及其他货品，运申、港、广州各阜销售，又设“德润生号”经营出入口货。欧战爆发，审知矿产品为国际所必需，购办白铅，获利颇丰。设“天顺昌”“万兴祥”两号，均以亏蚀停业。万川挫折之余，复以变产余资设余庆火柴厂，并在会泽制碱。又发现个旧锡矿中产钨砂，携赴外阜化验确实，归，请政府组设官商合办钨锑公司，直接外销。抗战军兴，京沪沦胥，政府西迁。万川因缘时会，延聘专才考察地质，探采各矿区蕴量，研求实业以助生产，筹组大成实业公司。继以金融事业为社会经济之枢纽，合资组设昆明商业银行，被推任董事长。其他生产、建设、民生、经济之企业，或躬自兴创，或量力投资，先后被推为昆华煤铁公司、澄和企业公司、云南实业银行、永丰银公司常务董事，云南劝业银行监察等职务。万川又于社会公益、慈善团体事业靡不热心参与，如建云大西郊医院及病菌学院、大理县中学、大理图书馆，设置县中学奖、助学金，以助学子，捐助云大及女高中开办经费、大理图书馆基金，更倡建喜洲五台中学，其次如中山学社、大夏大学及邑各中心小学，均捐助有差。又与严镇圭合力创设喜洲医院，修建镇川桥。他如义仓、平粜、施棺、施药、修桥、筑路，以及历年应募公债、储金、献金、赈灾、慰劳等款，凡有利抗战大计、社会福利之事，均慷慨输将。迭蒙国府主席、行政院、教育部、省政府颁赐玉照、奖状、匾额，以示褒荣，并被聘为云南赈济委员会委员、中国垦殖委员会、财政部公债筹募委员会及中央劝储委员会云南分会委员。又以本省乡先辈诗文、著述，有关文献，捐资刊印《滇八家诗选》，以广流传。至建宗祠、纂谱牒、缮坟墓、修大理遗存南诏胜迹、庄严三塔寺残存佛像，创建三斗殿，置香火田等，则皆奉母氏遗命以成者也。民国三十四年，以久病不治而卒，时年五十有九。万川一生，孝友于家，忠爱于国，敬恭于桑梓，信义于朋友；重然诺，轻货财，于事业富进取，于公益无诿卸；虽遭拂逆挫败而贞固不移，识见远而规模宏。使天假以年，其裨助于国家社会者，何可限量耶。

严镇圭

严镇圭，字子珍，晚号苍逸老人，大理喜洲人。父承园，武庠生，以家贫兼营商业。镇圭生而颖异，年十二辍学，就父埠习贾，经商于大理、下关、会理、建昌间。初未尝有巨资，而亿则屡中。性伉爽，重然诺，以此见称于人。江西彭永昌遇与语，即合资千金以广其业，名其号曰“永昌祥”。镇圭深谋远虑，不图近利，究心于丝茶之产销，创造“沱茶”，行销川康各地，采办川丝运输国外。云南丝茶业之振兴，自镇圭始。又种桐植棉于芒市、宾川以为倡，均获厚利。平日自奉俭约，而仗义疏财，好施与，凡有求助，无不立应，赖以成业者甚多。辛亥改革后，当轴知其才，委办下关、蒙化厘金，兼大理税务。悉心整理，不为苛细，税课激增。自辛酉常居昆明，政府欲以金融及生产事业相垂诿，悉不就，仅任财政顾问、政治咨议、公路基金保管委员等名誉职务。镇圭随事献替，悉中机宜，而尤致力于地方公益。常提倡教育文化，独捐十余万元，创办喜洲两级小学及女子小学；捐五万元以助五台中学；捐三十余万元建苍逸图书馆，兴修乡贤杨桂楼先生祠堂；重印《大理府志》。其输助各学校、图书室、教育馆、奖学金，尤汲汲恐后。喜洲北有河，岁为灾，害田亩，镇圭导民浚治，数十年不懈，河患以除。洱海之水，下至龙尾关、漾濞、与澜沧江会，水道汙塞，沿河诸县农田时被淹没。镇圭躬率各县绅民引浚筑堤，费用告乏，则垫款六万元，以成其功。喜洲义仓，年有赔累，则竭力维持，实惠及民。昆明慈善会醵资储谷，值谷价腾涌，则贬价以售；假巨资，不计息，购储益丰，人民称便。又于大理喜洲分设贫民工厂、染织厂，以救济失业。既创办大理苍逸医院，复设立喜洲医院、助产学校，以医药济世，活人无算。抗战军兴，镇圭首捐十万元，以济军饷。其后滇省寒衣、公债之劝募，亦以镇圭为倡导，故众皆踊跃输将。镇圭虽隐于市廛，而眷念国事。自日寇侵扰，时忧郁不释怀，精力亦以是浸衰，寻卒，年七十有二。至其孝于亲、友于兄弟，行在乡间，亦足以风世励俗也已！

张福坤

张福坤，字厚庵，昆明人。性谨敏，童年孤露，废读服贾以养亲。交友以信，接物以诚，善精鉴，乡邦人士莫不仰之。任职殖边银行、劝业银行，勤于综核，笃守清介之操。以望被举为商会会长，推诚秉让，周旋其间，兴通商惠工之务，赖以兴盛，遂三主其事。而纯孝友爱，乐善好施与，尤其懿德也。卒时年七十有七。

赵伸附张含英

赵伸，字直斋，嵩明人。清光绪甲辰，由州学生选送赴日本，考入成城学校。乙巳，加入同盟会，任《云南杂志》总经理。戊申，河口革命军兴，伸与吕志伊等发起云南独立会于日京，为义军声援，事败，开除学籍。复与志伊等设暑期军事讲习会于大森体育学校，以训练诸同志，事均详志伊传。又从粤省同志李英奇学造弹药，得其奥妙，每于深夜试验，为日警署侦知，派队逮捕，乃逃至台湾，为某公司翻译员。广西右江镇总兵龙觐光与之善，函招回国，赞襄戎幕，旋委充管带。明年，武昌起义，南京政府成立，伸与郑开文、江映枢率桂军至宁，候令北伐，会清帝退位，南北统一乃止。民国元年，同盟会改政党，伸奉总理孙公命，与张大义等回滇设支部，被举为副部长。明年当选省议会议长，旋因隶国民党籍，被袁世凯非法取消。护国护法两役，先后受唐继尧托，赴日购办枪械。旋任云南兵工厂会办，制造飞机，炸弹、手榴弹、黄色药，并著《立体战术》一书，以供前敌之用。十一年，当选参议院议员。明年，曹锟贿选事起，伸偕孙光庭、吕志伊、李临阳、张华澜、岳昌侯、刘楚湘等二百余人离京至沪，拒绝参加。旋充总统黎元洪代表至滇遂不复北返，而任本省军事参议。十九年卒，年五十五。为人急公好义，尤关心桑梓利害。嵩明有嘉利泽，俗名杨林海，本沮洳地，夏涨冬涸，既不能种植，又乏舟楫鱼蒲之利，每遇雨多之年，沿泽村落悉被淹没，清代屡加修治，俱未成功。伸详查地势，谓当深浚下流，乃商诸绅耆，呈准政府，借用积谷款项，为开办经费。设水利局董其事，伸被选为局长，积极进行，全功未竟，而伸因公离乡，乃荐邑人刘倜代其任。两人先后经营数年，泽水全涸，垦田八千余亩，水害亦除，嵩明人称之重今。

又张含英，字伯华，晋宁人。清末由诸生选送日本，学实业，旋加入同盟会，精造弹药。民国成立，任云南兵工厂督办。护国之役，供给子弹，颇著劳绩。为人刚直廉洁，而孤僻奢侈，晚年至饘粥不给以没，闻者哀之。

周恕

周恕，字子如，大理人。生而颖异，少孤。母氏何，教之严，十岁能文，十二岁入庠，乡人有“神童”之目。宣统中，入省会方言学堂，刻苦自励，试辄冠军。民国初，政府资送美国留学。七年，毕业，授学士，西人聘为工程师。逾年，归。适滇与美缔明兴公司约，采迤西边矿，奉命助之，道苦弗辞。论断地质多卓识，美人咸钦其品学，公司辍，犹称颂不置。旋改就个旧锡务。十二年，东陆大学成立，任会计兼测量教习，方为滇人士庆，竟以旧疾逝世。惜哉！

八、节孝

秦淑蕙

秦淑蕙，云南呈贡人，秦书堂之女也。曾在女子师范学校附小高等班毕业。适西昌赵达昌。达昌有商才，为滇省懋和号赴成都设分号，归至会理病殁。淑蕙闻之，毅然决然仰药殉节。其死事之烈，已由地方士绅呈请省政府核准入祀三纲祠中之节孝祠，并给以“节烈可风”匾额。

陶菊芬

陶菊芬，游戎陶靖卿长女也。年二十二适鹤庆张其鋆为继室。孝事翁姑，敬奉夫子，处家和顺，人无间言。长子家斌夭亡，尚能忍痛抚嗣，及其鋆逝世，遂服西药阿芙蓉以殉，年五十有一。亲族为之请旌节烈，省府给以“女宗共仰”旌额。

宋嘉蕙

宋嘉蕙，晋宁人。父廷梁，官江西临江府知府。嘉蕙生而明慧，嗜读书，寡言笑，识者知为非常女。剑川赵藩与廷梁善，雅闻女贤，官四川时，函倩冰人聘为长子佛保妇。未娶而佛保以病殇，嘉蕙闻耗，请于父母愿守贞。剪发自矢，父母怜厥志，函商于赵，俱许之。时年十八岁，事亲之余，唯以女红书史遣日。民国元年，廷梁夫妇继殁江西，嘉蕙依兄嫂以居。赵藩命其次子宗瀚，航海至南昌迓嘉蕙归守，其兄嘉珍送至昆明。为佛保立位而祭，礼成，居昆明。以所事父母者事其舅及庶姑，皆得欢心，坐卧一小楼中，暇唯观书，不轻出庭户。居三年，嘉蕙以姑王夫人家居，请于舅归事之。既归，则又以事舅及庶姑者事姑。四阅寒暑，以病卒，年四十。赵藩时官交通部部长，得书悼惜，以其次子宗瀚之子巽安为之嗣，礼也。是年十一月，滇之旅粤人士钦其贞，合词公呈军政府内政部准给褒扬，并题给“含章贞德”四字以旌之。

马烈妇

马烈妇，河西纳福祥之妻也。民国丁卯十二年，匪首吴学显率股匪数千围攻县城，不获逞；分众肆虐北区汉邑村、大小东渠一带，焚掠强奸，所过为墟。烈妇闻之，惧受污于贼，未至之先，遽携厥女蹈井死之，时年甫二十七岁。

朱西壁

朱西壁，文山人。女子高级小学毕业。许李氏子为妻。民国乙丑，两姓父母失和，李以离婚论，朱亦主退婚，改字于周。女知之，羞再配他人，乃于纳采先一日服毒死。事闻，省府奖“贞烈可风”额。

刘菡卿

刘菡卿，昆明人。年二十一，适墨江孙幼良。民国八年六月，幼良任营长，率兵至宜良剿匪，中弹阵亡。菡卿闻，号哀痛几绝，越四日，竟自戕以殉。

李家润

李家润，洱源人。贡生高辅齐之女，适牛街李步高，生一子。民国十五年，步高在牛街充当小队长，被匪逼入伙。六月十九日，攻开县城，其部下在城恣抢劫，无法制止。家润见之，深以为耻，俟步高去后，乃再拜稽首，服毒而死。县人佥称为义妇云。

李阿五

李阿五，洱源人。贡生杜兆魁之次女，适庠生李鸿勋。夫早卒，氏矢志守节。民国十五年六月十九日，匪劫城，阿五避匿于荷池之畔，俱匪知被虏受辱，遂投荷池死，时年三十余。

余汪氏

余汪氏，安平人。夫茂林，民国十三年六月被唐卿云杀毙，氏喊报县署，将卿云管押在卡。适逢巨匪陷城，凶犯乘机逃出，氏不畏凶险，遂将卿云杀死，替夫报仇。人皆称之。

刘其智妻苏氏

刘其智妻苏氏，新平人。清河令苏渭生女。年十五，适其智。侍翁姑克尽妇道。夫卒，年二十七，氏矢志不嫁，纺绩抚孤成立。

杨翰新妻杨陈氏

氏为剑川诸生陈家贵女也。清咸丰间，杜文秀踞大理，剑邑震惊。氏三龄丧母，从父播迁，阅十余稔，乱平旋里。年二十，归处士杨翰新。事翁姑能尽其孝，抚弟妹能尽其爱，处娣姒能尽其和。夫殁后，艰苦备尝，教子成名，捐赀兴学，时论称之。后以子益谦贵，国民政府内政部据渠乡人赵式铭等之请，特加褒扬，并给予“仁心淑行”四字。民国二十一年卒，享年八十有一。

赵星泉妻赵氏

赵星泉妻赵氏，浪穹人。民国十四年五月初一日被张匪掳去，逼为妾不从，匪遂杀之。

赵李氏

赵李氏，浪穹人，赵时豫妻。民国十六年九月二十四日，张匪劫掠其家，乃痛骂贼匪，匪束缚之至门外，犹复痛骂，贼杀之，匪去，家人殓之，颜色如生。

陈大伦妻张氏

陈大伦妻张氏，江川人。年二十七夫死，氏矢志靡他。当匪乱时，有匪首马贵者，统兵数百到境，见氏貌端美，欲强迫为妻。氏不为威屈，焚香告神，悉诉其苦，持刀先剪其发，后割其耳，以示死不相从之意。匪首为之奇气。守节三十二年，卒年五十九。

邱裕恒次媳丁氏

邱裕恒次媳丁氏，缅宁人。年十六来归，逾六月，夫廷宽赴省求学，四年未返，民国光复，即阵亡于会垣，公葬园通山。事闻，丁氏誓以身殉，急救获免。平居以贤孝著闻。民国十三年以病卒，年三十五。

邱允厚妻刘氏妾杨氏

邱允厚妻刘氏，妾杨氏，缅宁人，民国十九年冬，云匪黄发清烧抢太恒，同日被杀之。又附贡生邱沅妻张氏，年八十四，黄发清烧抢太恒被难。省一中学生虞际唐妻陆氏，亦同被贼杀之。

俞祥英妻牛氏

俞祥英妻牛氏，陆良人。自幼工女红，曾习诗书。于归后奉翁姑克尽孝道。民国十一年八月夫病殁，吞金殉夫，未果，翌日复投河死。时年二十六，县长刘宗泽旌之。

陈小莲

陈小莲，陆良人。民国八年，悍匪入室，欲杀其父。女双手抱父颈，匪掰女手，砍其一，以一手尚抱颈，父女均被害。

周竞华

周竞华，原名维琳，字志寰，昆明市人。父世铭，有五子三女，竞华齿最幼，爱特甚。生异常儿，貌端严，性颖慧，刚介有丈夫风。五岁就傅，过目成诵，母岑弃养，方八龄，睹父哀悼，则百端慰解，晨昏定省，先意承欢，父感悼得稍减。及长，议婚，则拒之曰："人生如客耳，纵得乘龙婿，煊耀一时，亦不过梦幻泡影。父母爱我独厚，父母所在，生死以之。母死，我不能申反哺；今又离父而适人，将何以慰亲心？常人恩犹当报，况亲恩耶？吾宁受人指为至愚，不忍离吾父。河山可改，此志不移！"亲戚劝解百端，终不为所夺，遂亦安之。嗣睹家计日窘，诸兄亦复际遇蹉跎，乃愤志求学，精勤不懈。由小学递升中学，迄民十七年，以甲等一名毕业女子中学文学部。翌年任附小高级级任教员，尽心职责，毫不疏怠。迁升校长，整顿校务不遗余力、考核生徒严明无私，而爱护之意亦极周至。尝谓人曰："吾一志养亲，不计毁誉，今博得脩脯，聊佐甘旨，吾心稍安，而父兄之忧亦解。吾即以育教谋树立，何必急求进取，失吾养亲初意耶？"自是朝出供职，夕归奉亲。不意父病，竞华昼夜侍侧，衣不解带，食不入口，躬奉汤药，以冀速瘉。竟卒不起。痛哭之余，力持镇静，迨丧葬就绪，即从容以殉。遗绝命书五纸，嘱诸兄以后事，极其周详，年仅三十七岁。可谓贞孝兼全者矣。

白云津

白云津，字聚东，弥渡人。父灿章，为人刚正勇武，以军功擢升至协戎，晚淡利禄，辞归，隐于蜜滴上村，景况萧索。生云津一人，笃于孝道，能体亲心，每食必躬自炊饪，已饥而不形于色。每晨兴，奉亲食已，始入塾教村人子弟。课余，则聚村人宣讲善书，述古人忠孝节义之言，感其化导者甚众。云津平生景崇岳武穆、文信国两公忠悫，常怀精忠报国之心，笃行以励乡里。居家侍亲，则怡色柔声，承顺备至，数十年如一日。有劝之娶者，则婉谢之。父染病，辄终夜不眠，躬侍汤药；水浆不入口，病加剧，则尝粪以察病。父每以其学业嗣续为虑，遂遵父命赴大理，执贽岁贡张金印之门，深为器重，妻以女。甫年余，丙辰乱作，灿章奉命统率乡勇征景东一带犯匪，众寡不敌，身负重伤，云津扶归医治。创未平，时疫大起，灿章染疫甚重，云津见父垂危，割肝以疗，终不治、云津哀毁过度，肝伤加剧，卧病不起。妻张氏削股救之，卒无效而逝。同里孝廉石澜芷，钦其一门节孝，为之具状有司，请于朝，旌表云津暨妻张氏节孝，建坊入祠。

周宝云

周宝云，蒙自邓祖绶妻。祖绶父和祥，与宝云父炎同里，遂订婚姻。宝云生而姿首端腆，性行淑慧，读书明义理，临事有识。年十八，归于邓。祖绶颖隽嗜学，伉俪间甚相得。和祥尝患咯血，宝云侍医药。病危，阴割臂肉和药进，一饮霍然愈。旋祖绶病疝兼痞瘕，沉绵久治无效，宝云则文阴割臂肉入饵，竟不起。宝云抢地哭，起拜翁姑，入寝服阿芙蓉。群趋救，持解药饮之，宝云坚拒，将强灌，宝云请予自饮，则倾之地。呼姑谓死志决，请俯从。众口交劝，不听，遂卒，年二十一岁。矢志坚决，而处死从容，固非一激以为烈者，是难能矣。蒙自士绅合词上其事，有司请褒扬，如定制云。

任可澄

任可澄，贵州安顺府普定县人，落籍贵阳。原名文荣，字志清，晚号匏斋，为清末、民国时期省内外知名人士。出身于科举、仕宦家庭。于光绪二十三年（1897）考取拔萃，光绪二十九年（1903）中举，次年试授内阁中书。光绪三十年（1904）丁忧回籍，时贵州官方推行新政，兴学立校，先后有贵州大学堂、高等学堂及简易师范学堂的创设，但均无成效。次年他受聘为贵州学务处参议。任可澄与唐尔镛、徐天叙请就省城书院开办师范传习所，招收各县生员入学，培训中师教习，唐尔镛为监督，徐天叙为监学，任可澄专教文史课程。传习所结束，任可澄等请就省会次南门外丁公祠雪涯洞开办中学，普及中等教育，经巡抚林绍年批准，将原设北书院（正本书院）的贵阳府中学堂改设，招生范围不限于贵阳府籍，光绪三十二年（1906）三月开学。后又于南明河对岸公地新建校舍，为全省冠，更名为贵州通省公立中学。所遗雪涯洞旧址，任可澄又开办优级师范选科，继续培训中师人才。宣统元年（1909），任可澄继唐尔镛作为贵州宪政党的领导人及贵州教育总会会长，从事政治活动。辛亥革命要武昌起义爆发后，任可澄担任枢密院副院长。宣统二年（1910），任可澄约同华之鸿等就省城竹筒井街开办宪群法政学堂，内分政治、法律两系，以培养政治人才，作推行新政的准备。民国二年（1913）4月，任可澄任黔东观察使。民国三年（1914）2月，任可澄任贵州镇远道道尹。民国四年（1915）4月，任可澄代表贵州赴北京出席约法会议。4月4日，受命为云南巡按使。袁世凯帝制自为的消息传达云南，任可澄与唐继尧三次参加云南中下级军官密谋倒袁的会议，接着又参与由蔡锷、李烈钧等主持的两次改组旧政府和歃血为盟的大会。都督府成立，巡按使名称废止，任可澄改任都督府最高顾问。宣布独立后，讨袁和昭告海内外文告，都由任可澄一手草拟。护国在功告成，民国五年（1916）7月，任可澄任云南省长，9月代表唐继尧到京述职。旋由段祺瑞提名为内务总长，未获国会通过。民国六年（1917）侨居天津。次年春回省，主持纂修《贵州通志》。返省途中经过广州，广东军政府邀任内务部长，婉辞未就。民国九年（1920）11月10日，贵州政变，省政无人负责，众推任可澄任临时省长，曾三次咨请省议会及在沪养病的王文华遴员接替或回省主持，未得如愿，终于挂冠逃匿，闭门著述。民国十四年（1925）初，晋京参加临时执政段祺瑞召集的善后会议，次年发表任可澄任河南省长，未就。同年6月，参加杜锡圭摄政内阁，任可澄任教育总长。同年10月起至民国十六年（1927）6月止，继续任顾维钧内阁的教育总长。因修志工作久未完成，搜罗雠校，非可臆造，乃作归计。民国十九年至二十年（1930—1931）间，亲到息烽、关岭等地征文考献，甫见端倪，又因黔局不靖，携稿赴苏州继续工作。民国二十四年（1935），国民党直接统治贵州，省主席吴忠信措置乖方，不得人心。蒋介石考虑起用任可澄，召见到京，嘱其准备行装，旋因蒋介石为了应付两广问题，仍须武力控制，临时改以重庆行营主任与管贵州军务的顾祝同代理。民国二十五年（1936）派任可澄署理云南贵州监察区监察使，对两省吏治、民生重大事件，经常有文纠举或弹劾。任期届满，卜居昆明西山侧，完成《贵州通志前事志》。民国三十一年（1942）年携稿回省付印。民国三十四年（1945）12月9日逝世。（徐泽庶：

《任可澄先生传略》，载《贵州文史丛刊》）

柯树勋

柯树勋（1862.9.13—1926.5.29），字绩丞。广西柳州府马平县畸田村人。清末，任云南河口巡防营管带。宣统二年（1910），因西双版纳召片领刀承恩多次向普洱道台和省督告急，请求调兵来平息勐遮土司刀正经、头人帕雅罕之乱，省督唐继尧即令柯树勋率领300名兵员进入西双版纳。柯树勋用兵神速，巧施妙计，很快就协助刀承恩平息了勐遮刀正经之乱。1913年被任命为普思沿边行政总局局长。勐遮土司的叛乱被平息后，思茅同知黎肇元欲将勐遮、景真、勐混、勐海、勐阿改为5区，设一厅三县，但遭到召片领刀承恩的抵制。当时思茅正发生瘟疫，黎肇元染病而死，柯树勋继任思茅同知。鉴于刀承恩反对黎肇元提出的5勐改土归流建议，柯树勋于1912年在车里设立善后总局，以"观其顺逆"，并派幕僚刘宏到缅甸孟艮的办法。刘宏返回后，柯树勋将他调到了思茅，给上峰写了治理西双版纳的《治边十二条陈》。《治边十二条陈》对明清以来历次改土归流方案作了修改，并根据西双版纳的具体情况，作出了土官世袭和流官统治并存的决定。《治边十二条陈》的最大特点是保留土司制度，而"汉官担任保护"，这样既满足了刀承恩关于保留土司制度的要求，也达到了流官统治西双版纳、改摊派实物为派门户款的目的。其主要内容有：

改流。划定各勐土司的自然权利范围统辖于宣慰使司之下。柯树勋把西双版纳划分为8个行政区25个勐，每区设行政分局督办，汉官议事互为协商。这样，既顺应了土司世袭的愿望，又将大权集中于汉官之手，达到了在西双版纳建立流官制度，同时又保留土司制度的目的。

筹款。规定各地方的各项税收制度，原则上"从轻征输不事重剥"。柯树勋规定除土弁头目和赤贫者免征外，每户征2元。征得的税一半分给各勐土弁头目作办公之用，一半提交行政总局为管理经费。开办银行以调节地方财政，使其经济自立。此外，禁止原有的一切苛派，建立统一的税收制度。

官守。规定从行政总局到各分局、各勐的地方行政管理制度和职权范围，车里为西双版纳的中心，统率8区25勐的行政事务，以"整顿地方改良风俗，作富强基础为宗旨"。

诉讼。建立地方法律的司法审判机构，规定"各勐即设官行政，凡民间鼠牙雀角随到随讯随结，扫除旧衙门一切陋习以培元气。每勐设二员以录案填格，词讼等审判检察机构敷以治理，重大案件仍拟总局审理"。

此外，还有交涉（外交）、实业、国币、通商、学堂、邮局、招垦、练兵等内容。《治边十二条陈》的实施得到了滇南观察使刘钧的"深致嘉许"，经云南省民政司兼司法司加批。1926年5月，柯树勋因积劳成疾，病故于住所。（《新编西双版纳风物志》）

范石生

范石生（1887—1939），字小泉，峨山县（原河西县）人。幼从父读，稍长，从伯父兼习中医。16岁中秀才。不久，考入云南优级师范。在校期间受教师影响加入同盟会。毕业后受聘宁洱县高等小学校校长，后因病辞职还乡治疗。病愈后转赴昆明，经世交李鸿祥介绍到新军蔡锷部任文书。清宣统元年（1909）考入云南讲武堂，参与学员中的秘密革命活动，与同学朱德、邓泰中等人志同道合，遂结为金兰之交。毕业后被分配到新军19镇75标任见习排长，见习期满转为少尉排长。宣统三年（1911），辛亥革命震撼全国，范石生和朱德等参加蔡锷领导的云南重九起义，攻打云贵总督府，推翻清廷在云南的统治，成立云南省军政府。民国四年（1915）底，袁世凯称帝，云南组织护国军出师讨袁。当时范石生任顾品珍部营长，编入蔡锷指挥的第1军进入四川。在护国战争中，范石生作战勇敢，屡立战功，被提升为炮兵团团长。讨袁成功后，部队在成都进行改编，范石生被任命为师参谋长。民国九年（1920），滇川发生战争，在一次军事会议上，范石生对顾品珍制订的作战方案提出异议，遭到顾品珍拒绝。后因常与顾品珍发生矛盾，范石生离职回到昆明。不久，唐继尧复任命范石生为少将参议，随邓泰中的第1纵队入川。滇军在争夺四川的战争中被川军击败。唐继尧下令撤销第1纵队，所部交昭通守备司令蒋光亮指挥。民国十年（1921），范石生随顾品珍回滇倒唐继尧。当时，顾品珍已受孙中山命为北伐军滇军司令，委以范石生北伐先遣司令之职，率部驻滇、黔、桂边界，以防唐继尧回滇。唐继尧军突然从广西入滇，内外夹击，将顾品珍打死。顾品珍死后，由副总司令张开儒率领的1万余人进入贵州盘县并致电孙中山愿为北伐前驱，将部属分编5个旅，范石生任第8旅旅长。民国十一年（1922），陈炯明与北洋军阀勾结，公然发动反革命叛乱，炮轰总统府。孙中山离穗赴沪，号召讨逆。范石生随滇军总指挥杨希闵东下，与桂粤军配合收复广州，迎孙中山返穗指挥。范石生以战功升任直辖滇军第3师师长。民国十二年（1923），桂军司令沈鸿英与北洋军阀吴佩孚勾结，阴谋叛乱，率部向广州进犯，滇军奉孙中山令出击，迫使沈鸿英退至韶关。这次战役，范石生指挥有方，升任第2军军长。年底，陈炯明部向广州反扑，攻到广州石龙。范石生军守卫在石龙车站左翼大花桥一带，与陈炯明军展开血战，击退陈炯明军，使广州转危为安。事平，孙中山亲自题写“功在国家”四字和军刀一柄相赠，以表彰范石生的功绩，大本营授予他上将军衔。之后，孙中山还以“军中有一范，顽敌心胆战”的题词称赞范石生。民国十四年（1925）1月，陈炯明乘孙中山北上，分3路进攻广州。唐继尧派兵进攻广西、广州，企图攻占两广。3月12日，孙中山在北京逝世，唐继尧即通志在滇就任副元帅职，广州政府派范军援桂，中途遭唐军伏击，参谋长杨蓁被杀，军心涣散，以致与唐军交锋时全线溃败，所剩残部退入广西，得桂军支援驻军平马休整。民国十五年（1926），北伐开始不久，范石生率滇军第2军改编为国民革命军第16军作为北伐军总预备队。周恩来指示王德三，派共产党员余少杰等9人到16军任职并兼任党代表。他们在部队宣传革命道理，短期内改变了部队的面貌。范石生对余等深为器重，互相信赖。民国十六年（1927），蒋介石在各军中“清党”，遭到范石生的抵制。蒋介石遂在范部安插密探以监视范的举动。同年8月，范石生部奉命在湖南郴州待命。得知朱德率领的南昌起义部队就在附近活动的消息，便立即派人寻找，商量合作。当时起义部队正处于极端困难之际，军需无法接济，伤病员无法治疗。经协商后，起义部队暂用16军47师140团番号，朱德化名王楷，并在范部任职。范给起义部队补充弹药、冬装、棉被等各种装备，并给官兵拨发两个月的薪饷。合作期间，起义部队以范部的名义进行革命活动。朱、范合作的事被告密，蒋介石下令要范解除朱德部队的武装，将朱德解京正法。范则把这一消息告知朱德，让朱德从容率部离去，并赠朱德部队几万元现洋作为路费。朱德离开16军后，范即称病前往广州休养。民国十八年（1929）初，16军被缩编为第8路军第5师，继后又改编为51师，范任师长兼襄樊警备司令。年底，51师调驻襄阳，贺龙、周逸群率领的红军在建立湘鄂西革命根据地后继向川、鄂交界地区发展，蒋介石令范石生前去剿。范令152旅派队尾随，并不与红军接触，以应付蒋命。民国二十一年（1932）范请辞职，民国二十三年（1934）获准，寓居庐山。民国二十六年（1937）"七七"事变后，范石生回到云南，在昆明以行医为业。民国二十八年（1939）3月，范石生出诊途中被人行刺于昆明街头。(《峨山彝族自治县志》)

龙雨苍

龙雨苍（1898—1935）原名龙泽溥，字雨苍，彝族，昭通市炎山乡松乐村人。在云南省立第一中学读书时，受五四运动民主思潮影响，思想言论较为激进，被省宪兵司令兼第一中学名誉校长郑开文开除学校。1920年，龙雨苍考入云南陆军讲武学校第十六期学习，毕业后在靖国联军第五军中任排长、连长、营长等职。1927年任国民革命军第五军第98师团长，后任滇越铁路总局局长、云南陆军军械局局长。1928年任国民革命军第38军第3旅5团团长。1930年率部随同卢汉进军广西讨逆。1931年任98师第3旅长，后率部驻滇南，力除匪患，保护人民生命财产，安定社会秩序。龙雨苍召集部属和防区官绅宣告说："父老苦于匪患久矣！我今来，以安定地方为首要，往事不究，与民更始。我若一元钱，天罚我；官兵有取民间一丝一毫者杀；官绅有通匪扰民者杀，勿谓言不预也。"凡官绅宴请、送礼一概拒绝。严格训练部队，了解社情，制定"三分军事，七分政治，剿抚兼施，分化瓦解，分兵进剿，各个击破"的剿匪方针。先后剿灭吴学显、杨有堂、禹发启、李绍宗、周兴国、吴小憨、汤松林、李宝兰、徐道清等大小股匪，招降匪众万余人，发给安家费，使其回家生产。缴获赃款百余万元，分发给各县政府，作教育、卫生、修路等费用，兴办中小学20余所，县卫生所10余处，以兵工义务修路70余千米。龙雨苍着装与士兵无异，自备膳食，每餐蔬食，不过三味。1934年奉调回省城，官绅置酒送行，龙雨苍取酒一杯饮下，笑着说："今天我算吃了地方的一杯酒了！"1935年官民缅怀他，在城内塑起一尊高二丈余的装整肃、佩少将军衔的龙雨苍铜像，并建忠烈祠奉祀剿匪阵亡将士和龙雨苍灵位。昆明圆通山辛亥革命烈士墓园前，建有一座八角形纪念亭，额题"雨苍亭"，亭旁石碑刻记龙雨苍生平事迹。

鲁子材

鲁子材（1891—1920），字梓枬，云南省江川县伏家营乡龙泉庄人，驻粤滇军第六旅炮兵旅长，号称“鲁大炮”“神炮手”。鲁子材幼聪明，好习武，尤喜军事，于1909年考入云南陆军讲武堂，研习军事各科，尤长于炮科。1911年参加云南重九起义，毕业后从戎，历经四川、北京后返滇充任炮兵连和。1915年，蔡锷举行护国起义，组织护国军，鲁子材随护国第二军出征广西、广东，战于皈朝、韶关、广州近郊。战斗中，鲁子材不失良机，当机立断，指挥部队用神速炮火摧毁敌炮，致敌仓皇溃退。自此军旅赞誉鲁子材为“神炮手”。由于战功显赫，先后晋升为营长、团长直至旅长。1920年，驻粤滇军忽易，统将不协而内讧，鲁子材奉命调入湖南，后至重庆等地。此时，蜀滇将领亦内讧，泸州不守，重庆震动。鲁子材奉命镇守。10月15日，至重庆杨柳街突遭阻击，不幸身亡。孙中山再题挽诗以表彰英烈，其《鲁旅长梓楠像赞》云：“智战岭海，夙耳英声。桓桓心杰，卜为国祯。转斗入蜀，戈返阳精。沙场洒血，锦水鸣鸣。缅兹遗像，宜炳丹青。”为表彰鲁子材，中华民国九年（1920）10月“恤赠中将”军衔，并在昆明莲花池建专祠祀之。后其母请求归葬江川，遂葬于故乡磨盘山，建有“鲁君飨堂”。孙中山曾为其墓碑题词“邦家之光”，并为其题写挽联：“为国惜英忠捣龙事远悉民苦，瓣香嗟万里化鹤魂归蜀道难。”(《江川县志人物志》)

范士荣

范士荣 1923年暑假，王复生离开咸林中学，回北京大学复学。一面继续读书，一面从事革命活动。1925年8月，曾被组织派往陕西绥德第四师范开辟党的工作。同年，在北大与王有德、杨兰馨等发起成立云南旅京青年进步团体“革新社”，创办《革新》杂志，1926年3月改为“滇新社”，《革新》改为《铁花》。3月18日，北京发生“三一八”惨案，滇新社骨干姚宗贤、范士荣惨遭北洋政府杀害。王复生满腔怒火，起草《滇新社为三一八流血宣言》，4月5日，写了《三一八流血的代价》先后刊登在《铁花》上。

李荆石

李荆石遵义会议之后，中央红军二占遵义、四渡赤水、南渡乌江、佯攻贵阳，调出滇军，乘云南空虚之际，1935年4月22日进入云南。经过富源、沾益、曲靖、马龙，于4月28日分三路进入寻甸县，一军团为左路攻下嵩明县城，造成威逼昆明之势；三军团为右路打下寻甸县城，活捉并处决了伪县长李荆石。

周自得中央直辖滇军干部学校，是孙中山于1923年为了对第二次护法的驻粤滇军基层干部进行三民主义教育，逐渐消除地方军阀意识，培养有国家意识的新型军事干部而在广东滇军韶关讲武分校旧址设立的军官学校。孙中山任命周自得（云南嶍峨人，日本陆军大学毕业）为校长，杨华馨（云南腾冲人，日本政法学校同文陆军特别班毕业）为军校督导，熊式辉（日本陆军大学毕业）为教育长，包惠僧为政治部主任。苏联军事专家马采伊利克为该校军事顾问。

陈钟书

陈钟书（1891—1938），字树藩，生于云南安宁八街月照屯村，后为生活所迫，举家迁至八街何家营。为分担父母重担，16岁独自到大石洞开荒，栽种荞麦。为了赔还家中借债，1908年以十二吊钱抵大里屯的户籍兵，编入滇军十九镇（师）七十四标（团）。1911年随军参加重九起义，后参加北伐。在护国、靖国、护法、反对张勋复辟等历次战争中，屡建奇功，由士兵升至排长、连长。后又被保送到云南讲武堂深造。毕业后分到龙云部队近卫团任营副。1927年，在"六一四"政变中，再立战功，晋升为国民革命军三十八军九十八师第三旅第六团少将团长。1931年4月调任麻栗坡特别区少将衔边防督办（署行政，监司法、军事和外事，并兼麻栗坡学校督监）。1937年9月，调任第六十军第一八三师第五四二旅旅长，奉令奔赴台儿庄，守卫邢家楼五圣堂。(《安宁县志》卷二十八)

严家训

严家训（1898—1938），字诲诚，富民县永定镇永定街人。幼年丧父，16岁离家从军，先后在滇军担任排长、连长、营长、团长及云南省主席龙云侍卫大队长等职。民国十八年（1929）前，富民县境内盗匪猖獗，赌博成风。严家训得知后，前往东山一土匪头子家劝说其改邪归正。1937年，云南省组建六十军北上抗日，严家训被任命为六十军一八三师五四一旅一〇八二团少将团长，奉命据守台儿庄凤凰桥和瓦窑路。1938年4月22日战役开始以来，严家训带领全团官兵英勇杀敌。4月28日，在战壕中巡视指挥时，严家训被炮弹碎片击中，不幸牺牲，年仅40岁。(《富民县志》)

龙志桢

龙志桢（1890—1935），又名龙登凤，彝族名纳吉纳美，昭通炎山松乐村人，龙云胞妹。其父殁后数月出生。龙志桢自幼聪颖，沉静端庄，好学上进。后入昭通女子学校，旁涉经史，益明大义。15岁时订亲，未婚夫系永善县黄华金寨卢奎益。卢奎益与龙志桢的婚姻在过礼时，黑彝半路伏设，劫夺财礼，发生械斗，卢奎益在械斗中被打死，致使龙志桢未婚先寡。此后终生未婚，人称龙姑太。

龙志桢在家中敬养老母，教护侄儿，代其兄龙云处理家产，办学校，兴街场，热心地方公益事业，处事精详。1923年，她捐常年经费镍洋300元，创办幼稚园一班，附设于女子小学。1928年，她将先兄龙登汉出赘陆卢氏家处于昭、鲁两县的水屯、水塘坝田地租百担捐作昭通等10县联合女子中学学校基金。1930年，女中改为10县联合女子师范，她劝募彝良陆盛田之女陆云仙将火烧坝产业实租两百担的一半捐给女师，两处田地年收租银约5000元。1934年她捐滇币20万元为女师建筑校舍。同年，她在簸箕湾创办志桢小学，招收附近汉、回、彝族儿童入学，贫困者免交学费，教师工资由她支付，后改为国立西南师范附属志桢小学。1933年前后，她受龙云委托，创办昭通县炎山区两级小学并附设师范，资助贫困生数十人到省内外上学。

龙志桢为安置邻省逃荒入境者，与四川金阳土目联系，在金阳开荒种地。1928年，从昭、鲁、巧动员一些穷户去那里开垦，开发沿金沙江流域96公里长，约160平方公里荒地，龙志桢对佃地农户采取一些保护措施。到40年代末，前往开垦种地的汉族佃户有2000多户13000多人，尚有贵州来的苗民14户。在龙志桢带动下，昭通、金阳的一些土目也前往投资。她雇工匠先后开办糖坊七八个，生产盒子糖，销售到云南。1930年，龙志桢首先在金阳灯厂设立乡街子，逢农历每旬三、六、九日为街期，开设10余家铺子，在街上设立公平秤。在炎山通往金阳的金沙江上设置2只渡船，方便过往行人。后又在派来、热水河、德克等地开设乡街，鼓励各族群众上市交易，促进四川凉山与昭通贸易。

1935年9月，龙志桢病逝。云南省政府呈报国民政府民政部予以旌表。民国政府军政要员多人为其挽诗、祭文或题写榜额，备致哀荣。国民政府颁“贞孝慈祥”榜额，蒋介石题赠“操行可风”4字。卢汉题写挽联：“孝亲敬兄独处深闺四十载，劝农兴学永思淑德数千家。”龙云为她在昭通城辕门口立一座贞孝牌坊。(《昭通地区志》下卷《人物传》)

王斐章

王斐章（？—1911），壮族，广西隆林县新州镇人。早年考上秀才。宣统元年（1909），王斐章在贵州册亨板坝屯，与同盟会工作人员卢焘相遇，接受同盟会的革命思想，与卢商定回西隆暗中组织力量，同去贵州起事。王斐章从板坝回来后，以组织哥老会为号召，从事革命活动。王斐章自称大哥。手下有“四大金刚”：旧州的李亚腊、祥播的黄小归、者保的杨朝汉、革步的王世荣。从东到西沿河边一带的乡村，都属于他的势力范围，并与云贵邻近各帮联络。王斐章打算带领同事去贵州跟随卢焘干革命，但板坝一别失去了联络。卢焘不知在何处。于是以王斐章家为指挥部，开展打击各级地主豪绅的活动。西隆州官倪隆德（云南人），便令担任团防局主任委员的王斐章的堂兄王舜章，管束自己的弟弟。为拉拢王斐章，倪隆德要安排王斐章任的团防局常备大队长，共同维持“地方治安”，王不接受。倪隆德又到王舜章家，与王斐章谈话，进一步动员他任职并要在今后少与“匪人往来”。事后王斐章召集“四大金刚”秘密计划，定于农历三月十日集中州城起事，杀死州官夺取州城。州官倪隆德笼络王斐章失败后，决定血腥镇压，一面申报上司，一面密令各区团防局镇压各乡帮会，并暗地召见团防局民团常备大队长杨廷瑞。调动杨廷瑞部队来城驻守，当面许以重赏，命他协力镇压。

云南留日同乡会是1906年南云南留日学生、中国同盟会会员杨振鸿、吕志伊联络赵伸、李根源等13人组建于日本东京的协会组织。发刊《云南杂志》，作为鼓吹革命的阵地，刊载《越南亡国史》《缅甸产国史》等，大受国内外革命志士的赞许，举赵伸为总经理，吕志伊为总编辑。该会曾揭露滇督丁振铎误国误滇、失地丧权罪状，并推举张耀曾、席聘莘赴京请愿，联合同乡京官，发动驱丁运动，事成。河口起义时，该会邀清各省留日学生，开云南独立大会于东京神田区锦辉馆，组织云南独立会，策划云南向清政府独立，活动颇有声势。

郭燮熙

郭燮熙（1868—1943），字礼初，云南省南华县龙川镇人，清朝光绪戊子科举人，自号“梅花老人”，是清末至近现代花鸟画主要画家之一。当时南华曾有过“郭梅夏字”之称。他画的梅花，清瘦骨立，傲雪凌霜。李根源路过镇南时，曾作诗赠他：“南关城下驻征轮，即向风尘问故人。有道先生真有道，深情赠我一枝春。”历任校官、总董、教习、议员、科员、参议官等职。青壮年时期，曾参加云南重九起义及投身护国运动。1917 年 8 月，郭燮熙年逾 48 岁，被委任赴设县不久的盐丰县担任县长（现为大姚县属地石羊等乡镇）。一生编修《鲁甸县志》《盐丰县志》、民国《镇南县志》（稿本），并撰写《云南光复纪要》一书的《援黔篇》《迤南篇》《建设篇（三）》，辑录《闺德录韵言》，著《孝弟录韵言百篇》，另有诗文传世。(《南华县志·人物传》)

王毓嵩

王毓嵩（1882—1919）字峙南，大理市人。1903 年，他离开家乡负笈省城昆明求学。1905 年被公派赴日本人经济学校深造。在此期间，他投入孙中山领导的旧民主主义革命活动，积极为云南同乡李根源等人创办的《云南》杂志撰稿。回国后，在昆明云南省立第一师范学校任教员，课余参加龚自知等组织的进步团体“尚志学社”，在《尚志》杂志和《义声日报》上发表了不少进步文章，鼓吹旧民主主义革命思想。仅 1916 年一年他就在《义声日报》上发表了《敬告今之谋国者》《人理学》《论财政奇细为进政治于清明之

严天骏

严天骏，字仲良，号仲叟，生于同治戊辰七年二月初七日（1868 年 3 月 1 日）。云南省玉溪市研和镇古城村人。弟兄三人，天骏排行第二，早年丧父，家境贫寒，唯有能力供长子天骥（字伯良，清举人，人称大举人）就读。天骏从小好学，只好跟随兄长依窗旁听，代眷课卷。在母亲和兄长的教育熏陶下，勤奋苦读，成绩优异，擅长诗文、书法，吟诗作对能出口成章，心胸开阔，善于表达内心深处感情，时称玉溪文艺三杰之一。光绪乙酉十一年（1885 年）十七岁时考入县学（称秀才）。十八岁食廪饩（廪生）。光绪辛卯十七年（1891 年）二十三岁赴省乡试，中辛卯科举人。颇有名气，乡里人士十分崇敬，尊称为小举人，又称二科举人。

他的诗文，曾深为寓居新兴的大理人同治庚午科解元杨高德（字竹溪）所赞赏，常说："严子鼎甲之才也。"严虽中举但未得志，十余载以作诗、书写谋生。光绪戊戌二十四年（公元 1898 年）戊戌政变。在文化为面，普遍设立中小学堂，北京设立京师大学堂，设立译书局，翻译外国书籍；准许创立报馆、学会；改革科举制度，废除八股等。严当时倾向其潮流，故于光绪甲辰三十年（公元 1904 年）三十六岁时出国日本留学，就读于日本师范。毕业后，光绪丙午三十二年（公元 1906 年）三十八岁归国返乡，从事地方教育事业，积极兴办学堂，并由日购进理化仪器、人体解剖模型、矿物、植物标本、化学药品等。在文敞宫新建两廊校舍，传播新学，革旧创新，发起研究教育，创设教育会，对地方教育事业作出一定的贡献。

陶云逵

1904 年初冬，陶云逵出生在一个书香门第之家，其父陶瑢为其取名祖逵，字似龙。1924 年，陶云逵毕业于天津南开中学，继而升入南开大学，受被张光直先生誉为"中国考古学之父"的李济博士的影响，对人类学尤其是体质人类学产生了浓厚兴趣。1927 年，他远赴德国，先后就读于汉堡大学和柏林大学。1933 年，他获取人类学博士学位后回国，就职于中央研究院史语所，与凌纯声、芮逸夫等一道考察过云南边疆少数民族。抗战爆发后，他再度辗转到达云南，于 1940 年任云南大学社会学系教授、系主任，并筹备成立南开大学"边疆人文研究室"，主办了《边疆人文》杂志。在 3 年多的时间里，《边疆人文》油印了三刊三卷 18 期。这些用西南地区最廉价的毛边纸装订成的刊物，保留下了抗战期间闪烁着科学光芒的学术成果，为西南民族的研究开辟了阵地。1944 年初，陶云逵因在考察中感染热带病离开了人世。纵观陶云逵一生，其生命之花可谓"绽放于云之南，也凋谢于云之南"。虽短暂，却芬芳。

1934 年，作为中央研究院史语所研究员的陶云逵第一次与云南"相识"，此行的目的在于"滇西南之摆夷及滇西北之麽些，栗粟，曲子"，即进行民族学调查，对傣族、纳西族、傈僳族、白族等作体质测量，也调查他们的风俗习惯，旅途中他对这些民族的文化诸方面也进行了详细的记录。在《俅江纪程》中，他写道："自一九三四至一九三六两年之间，我走了不少的路……我把这段日记写出来，也许有点实际的用处，就是给预备到那区域的人，一个途纹上的参考。"为什么会选择云南？或许正如他在《云南土著民族研究之回顾与前瞻》中所说："云南不但是个'山国'，而且是个'族国'……这现象为我国大多数省份所无的。"

但这一路上的考察，却颇为艰辛。山高谷深的自然环境和"异文化"的冲击，使考察者深有体会。如在面对当地人习以为常的过江方式溜索时，这些外来的考察者却犯了难，"虽然簇新的溜索，我仍有点胆寒。而赵君及同行工人们（都是未曾溜过的），都忧形于色。"结果只能"带溜"，即"请了一位善溜的古宗，我猿攀在他身上，并以带系之。彼则自系于溜板之上。"这使得陶云逵不得不感慨"大体凡活的东西都怕死"。

此次历时近两年的调查成果丰硕，陶云逵先后发表了《几个云南土族的现代地理分布及其人口之估计》《碧落雪山之傈僳族》《几个云南藏缅语系土族的创世神话》《车里摆夷之生命环》等数十篇文章。而其中的《碧落雪山之傈僳族》，正如作者自己所言“是傈僳民族志，其主要是将其族的文化的各方面，客观地描述出来”。文章首先对“傈僳”之名称进行了详细考证，接着对“傈僳”生活的自然环境与社会环境做了简明的交代，而重点则放在文化上，分别从衣食住行、人际交往、婚姻家庭、生命仪礼、社会结构、战争、语言以及信仰等方面做了全面的描述和记录，并配以大量的图片，图文并茂，形象生动。

抗战军兴，一度被视为无关大局的边疆各民族地位之重要凸显出来，政府有边疆开发之政策，学界有边政研究之呼声。陶云逵也不例外，不仅坚持实地考察边疆少数民族，而且还就此发表了《边疆与边疆社会》《开化边民问题》《论边地汉人及其与边疆建设之关系》《论边政人员专门培训之必须》等文，其目的正如他在《开化边民问题》中所言：“边疆为我版图之边疆，边民亦即我国民之一部。开化边民使与近代中原文化融为一体，以应付现局，实为刻不容缓之事。”对政府已有的一系列开发边疆民族地区的措施，陶云逵并不随声附和，而是以一个学者的严谨和客观批评“我们的边疆政策，弊病在于单边的，仅顾政府一方面意旨而未从边民意旨与生活实况着想。”

陶云逵的行文与凌纯声、芮逸夫的《松花江下游的赫哲族》《湘西苗族调查报告》有诸多相似之处，不仅注重田野调查的资料，而且也善于运用中国丰富的文献典籍。通过两者的结合，使呈现出的对象不仅具有横向的丰富感还有纵向的历史感。

陶云逵并不将边疆少数民族的文化视为奇风异俗而随加评判，而是对其持之以科学而客观的态度，如在《西南部族之鸡骨卜》开篇便说明材料的来源，并指出“本文就是研究一下鸡骨卜的形式与意义进而观其分部”。读陶云逵的考察报告和学术文章，似在倾听一位严肃而冷静的学人在客观地陈述，很少能觅到失控的激情和强烈的价值评判，这或许与他在德国所受到的人类学教育有关。但殊不知，陶云逵还是一位多情的诗人，“风儿柔！绿水儿悠！云影水波儿上游，浮鸭儿群驱凑。青青柳叶扫船头，桃花儿随风沾衣袖。风送笑语私，袅娜般你临水正梳头”。诗中那一抹轻柔与灵动，毫不逊色于许多现代著名诗人。费孝通先生在《物伤其类——哀云逵》一文中回忆道：“云逵本是诗人，血里留着他阳湖望族爱美的性格，尽管他怎样对他天性遏制，怎样埋头在数字或逻辑里，但人静酒后，娓娓话旧时，他那种不拘泥实际，富于想象，沉湎洒脱的风致，就很自然地流露，使人忘却眼前一切的丑恶。”这在潘光旦先生的致辞中也得到印证，“他懂得诗，在他死后我才知道”。

斯人已逝70载，由李东晔辛勤搜集、整理的《陶云逵民族研究文集》终于在2012年问世，此文集汇集了陶云逵的大部分著述文章，也算是对他的缅怀和对那个时代、那些人、那些事的追忆吧。

原载《中国民族报》2013年6月14日第7版

刘盛堂

刘盛堂（1860—1923），字克升，号怡园，会泽县钟屏镇人。于光绪十五年

（1889年）考中己丑科三甲第31名进士。光绪十八年（1892年），任广东开平县知县。任上，因邻县盗匪数次越境抢劫，刘多次具文咨请邻县缉拿法办，均遭拒绝，乃派人越境捕获归案，因此却被罗织罪名，于光绪二十二年解职回籍。后自费东渡日本考察实业。光绪三十年返乡。不久，云南巡抚林绍年选派他和袁嘉榖等23人到日本速成师范学习，并指定刘盛堂等6人致力考察学务。留学期间，他加入了同盟会。光绪三十三年回国，出任昆明贡院督学。光绪三十四年返乡。返乡后，他把留学期间筹款购回的经纬仪、动植物标本和人体解剖模型等，陈列于县高等小学堂内，同时自筹经费于家中“迎晖堂”创办“爱国小学堂”。次年，又征得楚、黔两省会馆同意，出资开办“楚黔小学”，被举为首任小学。此时，辛亥革命浪潮已波及会泽，他带领两校学生，推倒了城隍庙的泥菩萨，向学生灌输爱国思想，传播科学知识，自编《云南地志》作为乡土教材。他还倡导妇女不缠足，并从他家里的妇女做起。又率先剪辫子，剃光头，时人称“刘大和尚”。刘盛堂热心发展地方实业。民国元年（1912）2月，云南省实业司委刘盛堂为迤东矿务公司临时总办，负责清查东川铜、铅各厂资产，作为省府投资。时东川矿业公司因京铜停运，产品积压，无收铜垫本，刘向义仓借支钱、粮收购毛铜，在汤丹设炉冶炼。由于定期向炉、槽、马、炭户收回积欠，又在收购毛铜时坚持“八五”成色，遭到炉户、厂商的反对而被上告至省。7月，省实业司以“铜、铅矿区，东西错列，不相毗连”为由，另委刘盛堂为迤东矿务公司铅锌各厂总办。刘在主管铅锌矿务期间，对矿山生产管理制度进行了改革，将前清建造的官办炼炉核资给私人经营，由公司采矿供炉户冶炼，定价收回铅锌运销，还修通了由者海经待补至驾车的牛车道，使运铅路线不再绕会泽县城而直运昆明，缩短了运输距离，节省了费用。民国二年（1913年）3月，东川矿业公司改组，省督军府改委刘盛堂为这顺巴补凉山安抚委员，未几刘卸职回乡，着手发展实业，号召种植桑树，养蚕抽丝，且身体力行。又从四川聘请纺织技师，在县城南岳宫内成立织布公司，招收女青年学习木机织布技术，并在民间迅速推广。民国初年，刘盛堂热心支持建立会泽业余滇剧组织“翼教社”，被举为社长，又带头捐款并向社会集资，购买服装道具。他编写以戒除鸦片，抨击贪官污吏和官怕洋人、洋人怕官为内容的三个剧目上演后，受到社会好评。民国十二年（1923年）刘盛堂病逝，会泽织布业为他在县城西门外立“功德碑”。

〔《会泽县志》卷三十一《人物》〕

有名无传者

王玉麟	徐进	张瀛之子	周自得
郝煊	姚罗氏	孔烈妇	李节妇
谢珊	曹孝女	郭义婢	周宝书
吴志	杨觐东	倪隆德	席聘莘
张鼎	李曰基	孔嗣煌	张璞
张子明	甘德光	周冠南	丁佶
圣保罗	吴珣	陈肇歧	周宗顺
李茂兴	袁丕济（袁嘉毅三子）	李藩	

通志馆编纂人物传略

周钟岳

周钟岳，字生甫，号惺甫，又号惺庵，云南剑川人，白族。一八七六年阴历十月十七日生于剑川县城。

少时“颖悟异常”，“落笔惊人”。一八九一年三月应童子试，取列第一名，府试院试均名列前茅。一八九四年及一八九七年两次赴乡试均未中。一九〇〇年肄业于大理西云书院。后应赵藩之约为省办团练文案、湖北沙市盐局文牍、四川成都师范学堂教员。一九〇三年秋返回昆明，参加癸卯科乡试，中试第一。一九〇四年赴开封应会试，未及第。旋即东渡日本留学，入东京弘文学院，学习师范。翌年十月毕业，又入早稻田大学，习法政。

一九〇七年回滇，任省学务公所普通课课长兼省城两级师范教务长。一九一一年七月，赴京参加全国教育会议，约同在京滇籍的京官，就七府矿权和片马事件向外交部上书力争。辛亥云南重九起义成功，先后奉委为军政部参事及参议院参事、登庸局长、军都督府秘书长。

一九一二年八月，任云南教育司司长，注意推广小学教育和培养小学师资，增设大理、永昌（保山）、丽江、蒙自、昭通、曲靖初级师范共六校。

一九一三年，改任滇中观察使，一九一四年八月应蔡锷约赴京，任经界局秘书长兼局评议委员会主任。主持编成《经界法规草案》《中国经界纪要》《各国经界纪要》等书。

一九一六年底，离东京到成都，担任四川督军署秘书长。

一九一七年八月，云南组建靖国军，担任靖国联军总司令唐继尧的秘书长。

一九一九年十一月，任云南省代理省长。一九二〇年六月，任云南省长。一九二一年二月，顾品珍倒唐，四月周钟岳辞去省长职务。一九二二年三月，唐继尧重掌滇政，被委为云南盐运使兼枢秘厅厅长、省法制委员会会长。一九二五年二月，北上参加段祺瑞善后会议，旋返里，一九二六年一月，任云南内务司长兼赈务处总办。后内务司改为民政厅，继为民政厅长。

一九二七年“二·六”政变后，担任九人省务委员会委员，后又被推为常委兼内务厅长。

一九三〇年，任通志馆筹备处主任，次年，通志馆正式成立，任馆长。主持纂修《新纂云南通志》及《续云南通志长编》两书。

一九三九年五月，任国民政府内政部长兼县政计划委员会主任委员。

一九四四年十一月，任国民政府委员兼考试院副院长及总统府资政。次年一月回安宁休假，通阅两志稿一遍。

一九四七年七月告老辞归昆明。再次通阅《长编》一遍，多有订正。

一九四九年底云南和平起义后，安居昆明，一九五三年，被聘为云南省文史研究馆馆员，一九五四年任中国人民政治协商会议全国委员会委员。

一九五五年五月十九日病逝，享年七十九岁。

周钟岳是无党派人士，曾总撰《云南光复史》，主编《新纂云南通志》二百六十六卷、《续云南通志长编》八十一卷，汇集《师范丛论》十卷，著有《法占安南始末记》《惺庵诗稿》，辑成《天南电光集》等大量著述和资料汇编。

〔据云南省历史研究所《研究集刊》1984年第1期张渤《惺庵年谱》辑录〕

赵式铭

赵式铭，字星嶓，一字弢父，剑川人。幼聪慧，嗜文翰。清甲午乡试中副榜。科举废，任剑川州高等小学校长。自为《鹏鹗恨》《鸿雁来》《蟋蟀斗》诸诗，被之管弦，使诸生习而和之，以导其明耻、教战、爱群之思。旋应丽江郡守延纂《白话报》，时滇南尚无报也。已而莅昆明，与钱用中、由云龙同纂《云南日报》。持论棘棘，军吏歛手。会大府保荐入都，滞留匝年。旋入蜀纂《成都报》。川汉铁路事起，蜀中政变，遂橐笔还滇。辛亥光复，其师赵藩，荐为滇都督府记室，以父病笃，归未就。民国癸丑春，应周钟岳邀，助纂《云南光复志》，是年八月书成。出知嶍峨县事，值地震赈恤善后，民难以纾。及卸任，随赵藩之岭南，任军政府交通部简任司长。未几，粤乱，军政府解，归就滇省长幕。久之，出知白盐井，后以疾乞归。岁辛未，省府用云南通志馆馆长周钟岳荐，聘式铭副之，并兼编纂，居馆六年。丁丑，归里养疴。己卯，周钟岳出任内政部部长，式铭复主馆务。越二年，归，卒于家，年七十有三。式铭性甘澹泊，不慕荣利。及居馆职，杜门撰述，凡所造作，自辟途径，耻袭陈迹。谓“云南白子文，胥涵雅训：其不曰白话白语，而曰白文者，明其为最古之文，非他省方言比也。第阅年既远，四声讹缅，浅者遂以夷语鄙之。爰逐字疏正，复其本音。”成《白子文解诂》四卷。又仿顾氏《易诗本音》之例，成《白文本音》一卷。谓爨文即卢鹿文，今彼中白毛祝诅之词，杂举四方十二时以下神，合于《汉书、礼乐志》中练、时日、青阳、少灏诸歌之旨，成《爨文》二卷。谓今之摩些，即汉之白狼国。考其字体，非复槃木三章之遗，然其多巴歌舞，侈谈仙女服御饮食之美，如有屈原者，作变俚曲为雅乐，是亦《少司命》《云中君》《湘夫人》之变调也，成《摩些文考》二卷。又谓旧《云南通志》于山川人物，醇驳杂糅，繁而寡要，成《滇志辨略》二卷。此外，所著尚有《团保》《警察》《咨议》三卷，《滇南金石考》一卷，《滇南古迹考》一卷，《诗集》六卷，《文集》四卷，《代言》三卷，《家乘》一卷，《读杜韩苏诗札记》二卷，《行年七十自述》二卷，《汉书注补》五卷，《楹句》二卷。诸书稿藏于家。

袁嘉穀附袁丕钧

嘉穀字树五，又字澍圃，晚号屏山居士，石屏县人。以经正书院高材生，考取光绪甲午优贡，旋领乡荐。癸卯，成进士，试经济特科，以第一名入选，授翰林院编修。派赴日本考察学务，归任学部编译图书局局长、廷试外国学生襄校官、宪政馆咨议官、实录馆纂修官、东陵扫青官。时振兴教育，京外均举办学堂。嘉穀网罗海内宿学，编成教科书及译述外国文书，刊印流行。俄以候补丞参简放浙江提学使，未一年，于两浙十一郡各设初级师范、中学、工校、医校、水产校、农校及各县小学，扩充至四千余。建西湖图书馆，奏准以文澜阁秘籍庋置其中，以供众览。及兼署浙江布政使，节财用，革陋规，用人以贤能是尚。辛亥共和建国，浙人留之不得，还滇，被选为参议院议员。逾年，议会解散，遂一意著书讲学。任云南大学教授十余年，成就人才甚众。著有《卧雪堂文集》二十二卷，《诗集》十二卷，续一卷，《诗话》八卷，《外集》十卷，《滇绎》四卷，《石屏县志》，《滇诗丛录》。

侄丕钧，字伯举，北京大学毕业，得文学士。曾从乐清陈震巇问史，从海盐朱希祖、蕲黄黄侃问经训文辞。回滇，任师范、中学各校教员。从滇军至广东，任第一师秘书，不得志，辞归。佗傺无俚，患时疫病卒，年三十二。丕钧幼承季父之教，长入大学，治古学极勤，惜厄于年。著书未大就，今即传者，有《滇南文化论》《历代文学变迁论》《北山诗集》《小学卮言》。

陈价

陈价，字介人，号性圃，晚号梦觉老人，文山人。生而奇慧，姿禀过人。形貌魁硕，有胆识，遇事敢任。少承庭训，强记博闻，为文闳放隽伟。值滇中乱事，几经转徙，而学仍不辍。清同治庚午，乱平，应童试，冠其军，中式光绪壬午科举人。事亲孝，母石氏故，劝父续娶马氏。戊子冬，父命赴礼部试，价默察父体稍异，婉词却之。父果故，服阕，赴礼部试不售。值中法越南之役，岑襄勤毓英督师出关，委价采运专员。筹款设局，量道里远近、物力盈虚，屯峙糗粮，以次馞馈，而兵不直取诸民，民间若不知有大役者，叙功以知县选用。壬辰再赴春闱下第，遵例指发贵州，帮办谳局，坐庭决讼，判处契要。当道极倚任之。继司厘务，税收倍增，而商民不扰。抚军王毓藻称其能，补龙里县缺。戊戌滇中参案起，中旨派毓藻查办，奉委随臬司玉恒入滇，悉心诹访，廉得其实，具秘密陈，毓藻据以入奏。自督军以下，降黜有差。以是凡邻近任所附州要案，玉恒俱发交勘详，实向所未有事。历任贵筑、清镇、遵义等县，升署松桃、普安直隶同知，补仁怀同知，调署思南府，补黎平府。所至以决讼狱，捕治盗匪著称。其任松桃时，其属有石梁村，因污吏残虐，抗粮拒官者垂十年，历任屡请发兵按治。价下车，即轻骑往查。闻者骇然，有请戒备者，价曰："吾往问民间疾苦，奚以兵为？"道经思南某村，有杨秀才拥乡团自豪，亦虎而冠者，夙与石梁村有隙，冀得间以报；谒价，欲以团从，叱去之。至村，诸父老迎入。问曰："汝村何侍而敢尔，没有营兵来无噍类也。"诸父老泣告以情，乃开譬而约束之。于是输将恐后，众皆贴然。嗣奉部调引见，适宁州朱家宝授吉林巡抚，约往相助，以黔中当道急电促归，虽委权长春府掾，不就，仍返黔供职。旋丁内艰，滇督李经羲函电召还，延充督署及团防处参议。宣统二年，片马界务及七府矿产交涉棘手，价主练团以作后盾。众意欲寝搁，力争之，卒底于成。辛亥服阕，经羲奏留在滇。八月武昌军起，九月滇省光复，价三任云南财政厅长，开源节流，具有条理。旋辞职，优游林下，与山阴陈鹍、洱源马金墀、河阳解秉仁、泸西陈鬯和、陈度、剑川周钟岳、姚安由云龙、赵鹤清、大关胡开云、昆明张学智、吴珣、金在镕、何秉智诸人，作真率会以为乐。生平廉介自持，常匹马行村野，问民疾苦，性尤好施与。民国十二年，省城米价高昂，民食为难，与顾视高创设民食救济会，借款办米，廉价出售；又以省城贫民多难举火，复于六区设立售粥厂，以资救济。需款概由捐募，得以维持两年不辍，穷民沾惠不鲜。文山年终散放贫米，年捐二市石为例。复购《四部备要》一部，以饷士林。亲友无力丧葬者，常分鹤奉以资助之。又以官办盐务，不便人民，两度组织公司，以从民便，遇地方饥荒，以公司赢余，购越米接济。纂修县志，以存地方典献。举其一端，皆足传世。卒年八十有六。

（按："价"读如"介"）

张鸿翼

张鸿翼，字君翔，保山人。其先以避乱播迁大理，受廛为氓。少有宿慧，识字甚早，祖父教读，颇能领悟。年十二，习时艺，十七回保山，应考县、府、院试，均列第一，入邑庠。光绪癸卯，赴秋闱不售，入高等学堂肄业。甲辰，选送京师大学，入师范科，专习博物及农学、心理、教育等科学。在大学先后凡五年，未尝旷课一小时，以最优等毕业，授职举人、内阁中书并加五品衔。旋回滇，任优级师范选科教习，兼授昆明师范陆军小学高等学堂课。本省光复，外来教职纷纷逃散，学堂主持乏人，校产几失，受任高等学堂监督，兼第一中学监督，小心护持，得以保全。民国二年，中学监督解职，被举教育总会会长。复受委省会农校校长。其时选科博物班学生，坚求继续主教，遂至毕业为止。北京政府以办学出力，授嘉禾章，是冬嶍峨地震，奉派赴灾区调查，具有报告。五年，洪宪帝制起，本省首义，出兵川黔，各校暂停，奉委黎县。之任一年，南防多故，清乡验枪，请设浪广县佐，以为后日设治张本。先是，受任之初，政府交办密报，有查缉地方附逆各绅一案，经查实有挟嫌陷害情事，为之揭呈，未兴大狱，存活甚多。六年，任督署上校秘书官，随赴毕节。以母病假归，改任留守处。旋委署曲靖县知事。南城水灾，特为固圩建桥。八年辞职，仍任教习。九年，云南公路局成立，受任总务处长，修路议案，均其手定。十年，奉派赴美留学，并调查交通、教育事务。抵美后入加州大学听讲。留美监督严博士电邀任署秘书。夏初东下，畅游各名胜。嗣由太平洋返国，再游日京。冬间取道沪港回滇。未几，唐巡宣使聘任参议，坚约入黔，任督署枢秘处长兼督全省电政。以援黔功存记道尹，授三等嘉禾章。十三年，随军出省，甫抵洪江，得报大理地震，坚请回省。“二·六”之役，本省改革政治，受任云南交通司长，旋改称厅。是冬调任云南教育厅长。党祸潜伏，勉任数月，一再辞职，始获准以去。十七年，朱晓东师长约赴昭通，以川路阻，暂留师部，拟定十县善后议案。适省电调任富滇银行会办，对于购锡计划，有所助力；整理金融计划，亦有提案。十九年秋，任云南造币厂会办。继改省府咨议官，职守清闲，得以研讨学业收拾旧稿。二十一年九月，省府聘任云南通志馆编纂，担任交通、物产、矿务、地震、地质各稿，搜求滇产，征实插图，至二十四年编成送馆，计六巨册。自是罹疾，日惟念佛摄心，兼参禅净，因悟佛理之精深、佛愿之宏伟，寻卒。生平著作极夥，有《五菊石斋诗文存》行世。

钱用中

钱用中，字平阶，晋宁人，武肃王之裔也。先世居钱塘，明万历间，有愈兴者幕游晋宁，十余传至其父文煜，为州掾史，兼六房文牍，有隐德。同治甲子四月八日，用中生。三岁，父卒。长兄家齐，以赌荡家产，用中与仲兄家增，饥寒交迫，流寓省垣。从兄沛霖闻之，招至家，命就外傅。聪颖异常，读书过目成诵，群经子史外，兼嗜吕新吾《呻吟语》，陈文恭公《五种遗规》，曾文王、魏默深遗著，贺耦庚《经世文编》，一生学业，盖植基于此。光绪庚辰，以第一寄学昆明，入县学生。甲申，中法战后，越缅相继沦弃，张学卿中丞设储材馆，博采群言，周文龙博览洽闻，上书条陈备边，大蒙嘉奖。召入馆，用中从之游。抵掌谈天下大势，讨论中外政治经济，用中负经世大略自兹始。己丑乡试中副榜。庚寅王制军文韶、谭中丞钧培、陈观察灿创建经正书院，拔充高材生，极为院长许印芳所赏识。辛卯中举人。壬辰、甲午会试皆不第，归仍肄业经正书院。与秦光玉、李坤、袁嘉穀、陈古逸、夏瑞庚、熊廷权以道义学问相切劘，同学皆引为畏友。时中日战败，割地赔款，痛国势之不振也，愈奋发讲求经世之学。凡中外新出书报，购求不遗余力。滇省交通阻碍，学者多守旧，用中婉导之，即讪笑亦不顾。并思创办日报，大启民智，而力弱中辍。戊戌，会试仍不第。康有为居京师，开万木草堂讲学。用中以平昔所著《政学录》浼梁启超呈有为，大悦之。游门下，听讲匝数月。法国筑修滇越铁道，合同乡京官及公车举人，领衔上书总理衙门，请转奏阻修。法公使闻之，嗾人恫吓，京官某大惧，欲投书悔过。用中坚持不动，谓得祸一己身受，不累人。事虽未成，其勇可钦。政变归，迤南道陈灿、普洱知府陈春源创设宏远书院，聘用中主讲。继开办中学，聘充总教习，造就人材甚众。甲辰，林绍年中丞调遣日本考察学务，入宏文书院，习速成师范。丙午返国，清廷已停科举，兴学校，充学务处学绅。未几，充提学使司署实业课长，兼总务课长。于时滇省教育，多由用中所规划。部令设省教育总会，会所拨矿务衙门，经费拨三迤卷金，用中之力为最。又就会内编刊《云南日报》。用中办报之苦心，至是始实现。此改革前用中之出处事功，大略如此。改革后，续尽力全省教育，先后任省教育官厅总务科长、经费稽核委员、省教育会干事。参加全国教育联合会议、全国师范校长会议，省会师范及昆明等十一县联合中学校长会议，凡二十余年。六区师范之推广、边疆小学之扩张、各县中学之倡办，运筹帷幄，功非小补。而全省教育经费独立，以去就力争而维持之，为全省教育人士所称道。中间任省议员，省政府秘书，一皆以教育为重。此民国来尽力全省教育之梗概也。用中之学，喜新而不厌故，不株守一家，不支离破碎，惟求其理之真，用之实。读书学诸葛孔明观大义、陶渊明不求甚解，日终数卷，而精义则目过不忘。其为文阐发义理博大而真，无病呻吟，羌无故实，与夫流连光景者，皆不屑为。其行严于义利，虽一介不苟取与。凡事之当为者不趋利，不避害，不邀功，不计毁誉，惟求其心之所安。见善如不及，见不善如探汤，奖掖后进，如饥渴之于饮食。居恒于农田、水利、风俗、教化诸大端，时时注心目间，自勉勉人。桑海以来，睹党派之竞争也、官绅之贪劣也、士风之萎靡也、民俗之偷薄也，变本加厉，江河日下；汲汲皇皇，呕心镂肾，发为论著，冀挽救于万一。一切无益嗜好，皆深恶而痛绝之。于一身一家一国，以农、工、商是重，智、仁、勇是勖。有联云："治私产兮谋我生，应以农为主业、工为副业、商为余业，每家要有农、工、商，恒心正业，始能乐业安居，免除失业危险；任公职而理国事，必其智足知人、仁足爱人、勇足救人，举世皆成智、仁、勇，达德古人，庶可同人均产，企图众人公平。"其志行可见矣。三十三年五月初三日，卒于晋宁，年八十有二。省政府委员丁兆冠、龚自知，提议公决，旌以"文行忠信"匾额。有《思诚斋文钞》甲集四卷、乙集二卷、《中国社会总改造》二卷、《我之国民改造观》一卷、《中国宪法草案》《大中华建设新论》二篇、《政治学会章程》《全省公安行政条例草案》，待刊。

熊廷权

廷权字种青，晚号佚叟，昆明人，经正书院高材生。光绪癸巳举人，戊戌成进士，以即用知县分发四川。初补高县，后调补营山县、富顺县，历署彭县、庆符县，卓著政声，迭次奉令传旨嘉奖，保知府。辛亥民国建元，回滇任丽江府。三年，保以观察使存记。五年，署川边财政厅长，兼川边道尹。八年，署腾越道尹。廷权有才能，通达政体，洞悉边要，由牧令晋至府道，以循良称。晚年主讲省会明伦学社，以诗古文辞提倡后进。二十六年抗日战事起，昆明为后方重镇，敌机时来轰炸，避地西郊赤甲壁，筑默园以居。暇辄研究佛书，虔修禅净，于天台、维识两宗冥心探讨，著有《唾玉堂诗存》十六卷、《文府集》四卷、《许余》一卷（已梓）、《经史札记书牍公牍》二卷，《旅行日记》《西藏宗教源流考》《联注语》《语录》各若干卷。李根源叙其诗云："雄快处似剑南，哀艳处似樊南，讽谕各体，亦庄亦谐，虽嗣音少陵香山，而又出以变化，故能沉痛动人，情深而语挚，才豪而气猛，在吾滇五华五子中，颇近即园。"

王灿叙其文云："以才运情，遣词入理，用笔矫快处，于清代中足上追朝宗，而下抗叔子。至其高者，又骎骎焉与昌黎、东坡相颉颃。信乎共文豪也"。

华封祝

华封祝，字晋三，呈贡人。自幼天资敏悟，好学不倦。年十二应童子试，冠军，入邑庠。科举停，入高等学堂肄业。旋选送日本留学高等实业专门学校。七年，毕业归国，条陈有关矿业实业计划及改良方法。清政府特加采纳，派遣回滇，以新法开采个旧马拉格一带矿产。云南锡业著闻欧美，其功不小。翌年九月，滇军革命成功，任本省实业司副司长。民国三年，任中央农商部佥事。四年，任云南省垦殖督办及水利局长。五年，应四川督军蔡锷约，任高等顾问。十年，任云南实业司长。十三年，被任为本省赴京代表。嗣赴江西任省政府高等顾问，以功绩膺二等大绥嘉禾章。十八年，请假回籍，值云南耀龙电灯公司亏折甚巨，将有停闭之势，封祝被举为公司常务董事，兼经理。以公司关系全市照明，亟待整理，乃于千难万苦中，不惮劳瘁，商之股东，求之政府，革兴内部，订购西门子新机数部，得以挽回颓势。又举办全省模范工艺厂、制革厂，以植吾滇工业基础，均有深赖焉。封祝服务党国三十余年，劳疾日甚，遂退居林下。然犹提倡水利，振兴农业、渔业，举办中小学校，并将平日所积廉俸，购田四十余亩，捐作地方教育基金，凡有志升学之士，莫不咸沾实惠。至于改革风化，训勉乡民，至今人犹念之。封祝秉性忠厚诚朴，遇事慎密。其处家也，事亲孝，待弟恭，数十年如一日。妻徐贞，媳朱慧卿，以受平日熏陶，曾为封臂疗疾。殁前自营生圹，遗联刊石，其生平持家为人，可见一斑。

金仲陶（昆明张学智愚若撰）

仲陶名在镕，姓金氏，昆明人。幼而敏慧，年十七，补博士弟子员。家贫，与兄万镕恃教读束脩、课试膏火以维生计。受知于吴肃堂学使，考试屡列前茅，并授以作文法，文乃益进。中癸卯科乡试举人，会试未第，时科举停，政府重专门人才。仲陶留心军事学，由本省督抚选送礼部，会考中式，授陆军部主事。旋丁母艰，回籍，协同官绅筹办地方自治及组织宝华公司。调查开广锑矿，举发前局长任用私人舞弊，得彻究惩办，舆论称快。服阕回京供职。改革后旋里，委任大理县知县，有政声。任满回省，历任省公署参议官、监运司秘书兼科长、民政厅秘书兼禁烟局会办、单行法规编审委员会委员、昆明实验县政府筹备委员会主任委员、省政府咨询会议委员、通志馆编纂等职。任事勤能，不避劳怨，以瘴疟发，迭请辞职，改任省政府顾问官。顾问本清闲，与余及陈古逸、孙乐斋诸君研究佛学，有心得。敌机袭滇，避居高峣，年六十四卒。配李恭人，生子二：之章、之诏。女三：桂仙、桂林、桂芬。孙一，品澄。孙女一，惠初。

张学智曰："余主讲省城五华书院，仲陶肄业为内课生。及宦游归，仲陶笃师生之谊，犹时相过从，故余得知其略焉。仲陶性孝友，对人极诚挚，余曾阅其自撰年谱，于家庭多至性至情语。办地方事详实而有条理，忆昔托余介于盐运司由夔举，夔举欣然曰：‘仲陶能负责任，夙所知也。’呜呼，是可为真知仲陶者矣！仲陶任民厅秘书久，兼职多，事无不举，为政府所引重，辞职后犹官顾问，是真能负责任者。虽未居高位，不克尽展厥才，而实心任事，勋劳曷可没也，以视徒有虚名，事空谈而无实用者，奚若哉！”

宋嘉俊

宋嘉俊，字镜澄，晋宁人，原籍江南上元县。明初，有讳书者，随沐黔国入滇，卜居晋宁，十余传至嘉俊。曾祖父翰，祖润，父廷椮，皆有名德。廷椮以附贡议叙训导。咸丰丁巳乱作，科举停，挈眷避难入蜀，改官县丞，权罗泉井州判。生嘉俊于蜀，天资颖悟，乱平回籍应试，补州学生。与杨高德、朱庭珍、赵藩为莲湖诗侣。时谭中丞钧培、陈观察灿创建经正书院，考充高材生。光绪辛卯举于乡，戊戌成进士，分刑部主事，甫就职，改官四川，历任纳溪、江津知县。江津缺剧繁，人民健讼，民刑案日恒十余件。署中承审员三，而状词必亲目，某案分某员审，一一摘示其要，较重者留已判理之。承审讯后，而已复衡之，日以为常。若一次未决，面谕翌日复讯，以免拖累。并严禁书差需索，恒夕赴旅舍，询有票传未讯否，有则严惩其书差。其听讼尝云：“如为文，须翻反侧正，面面俱到，则真情露而曲直自定矣。”善于审判若此。在任两载，洁己爱民，刑期无刑，一时有青天之目。而团保、警察、烟禁诸要政，力剔积弊，循轨推进。于教育尤锐意作兴，文风丕振。卸任后，民建生祠，奉长生禄位。调补垫江，改补屏山，会改革，未履任，旋滇。政府闻其清名，檄长昆阳县。一以慈惠为怀，睹募兵、封马之横暴，以力陈弗胜辞，改任磨黑盐井场知事，兴利除病，著有令誉。改组归会垣，仍清贫一老儒。敌机袭省垣，回籍经理修志事。甲申正月初四日，微疾终于寓庐，生同治甲子二月初一日，年八十有一。嘉俊性耿介，不苟取与。虽地无立锥，家无担石储，怡然自得，不怨不尤。能文、工诗，尤长于五律。著《落落轩诗钞》三卷。

孙光庭

光庭字少元，别号东斋，曲靖人，光绪壬午举人。张凯嵩抚滇，课士得光庭卷，大奇之，许为有度。召入署读书，以女妻焉。保内阁中书会试报罢，考取景山官学教习，学久废，教习拥虚名，三年满则议叙得官，人以为捷径。光庭曰：“入仕之始，即欺君耶”，弃不就。与昆明陈荣昌、鹤庆吕存德、番禺丁仁长讲习宋学。庚子拳匪乱作，回滇长育材书院，俄改高等学堂，任副办。甲辰，送学生赴日本留学，间习法政。归任学务处议绅，长图书馆。辛亥，民国成立，任民政司副司长。壬子，被选参议院议员。袁氏解散国会，议行帝制，致书切责，时论称颂。曹錕行贿议员选总统，拒绝而斥其非。丁卯，任云南省政府委员。适大学院有废孔祀令，通电全国抗议争之。洎日寇侵滇，昆明屡遭敌机轰炸，避难返里，日以书史自娱。每闻国土沦陷、战争死亡之众、人民流离之苦，则泫然流涕。逢春秋家祭日，则诵欧公“昔尝不足，而今有余，其何及也”之句，声泪俱下。病笃时犹曰：“今死无遗憾，惟不及见复侵地、定中原也。”平日重躬行，以立言不易，故所为诗文不多，然知道早而见理真。修词立诚，文通昌黎，诗近东坡，著有《东斋文钞诗钞》一卷。

刘楚湘（方树梅）

君讳楚湘，字梦泽，号适斋，腾冲刘氏，父地山，制黑丸子，治染边瘴奏奇效，为腾名医。君幼即嗜学，年十五为张督学愉谷赏识，补博士弟子员。癸卯乡闱不第。秦宥衡先生护西道掾，受知入门下。宥衡由按察使擢广东提学，挈君入岭南大学。辛亥民国肇造，由粤归里，改办县立中学。民国丙辰，举为众议院议员。时袁氏伪朝虽被护国摧破，而南北沟划，意见纷歧，北洋军阀跋扈专恣，辄乱国政。君供职国会，选为宪法起草委员，屡建谠议，众俱赞同。次年北洋督军团称兵，挟持黎元洪辞职，国会解散，继而复辟变起。君即南下广州开非常会议，选举孙中山为大元帅，护法讨贼。民九庚申开宪法会议于广州，多所建白。党争复起，国会瓦解。君通电叙宪法会议经过，忠告各政团，垂涕而道，冀其化除私见，共谋国是，苦衷未遂。是年冬归里，任腾冲中学校长，适君三十六初度，有云：“亢龙有悔知难用，倦乌归飞悟宿因”之句。牓其堂曰“澹远”。取诸葛忠武“澹泊明志、宁静致远”之意，集其平昔诗文曰《澹远堂集》。民十二年黎元洪复总统职，国会复召开。君赴会，时北洋军阀曹锟驱逐奉军，觊觎大位，贿国会议员开选举会。其时北京铜臭熏天，君慨政治恶化，开以武力、金钱剥夺选举之恶例，即发表《正谊学社宣言书》，对国会同人强聒不舍。虽风雨如晦，鸡鸣不已。而黎任未满，曹迫不及待，内阁辞职。嗾北京军警包围总统府，索饷哗噪，断其水电，黎离京，复嗾直隶省长王承斌劫车索印，逼向国会辞职。君在两院联合会，与议员褚辅臣仗义执言，主惩办毁法乱纪之祸首。梗于众议，愤而离京至沪，电促黎南下，声义致讨。而两院议员多利令智昏，贿选曹锟为总统。民十三年春，君由沪返滇。省长唐继尧任君为执法委员长。君在国会期间著有《义政存微》及《癸亥政变纪备》二书，而君之从政可见矣。民十五年任昆明市政会办，兼办民治学院。民十六年云南政变，唐离滇，君以父老归养辞，读书自乐。子汝健，十七而殇，有诗曰：“今岁四十六，浮生过强半，华发生两鬓，那复堪把玩。我生如东坡，磨蝎常作伴，寸寸弯强弓，两手不敢放。造物戏弄我，以我为炉炭，须烧透心红，光焰方灿烂。又以为铜铁，千锤复百锻，金以淬愈精，玉以磨愈焕。天道有盈虚，人事如夜旦，祸兮来智福，福兮伏祸乱。得故不足喜，失亦何必叹，缅彼古圣贤，求已为一贯。不有冥冥行，焉有赫赫观，闲兹自勉励，庶可御优患。”而君之为人可知矣。民十九年君创办腾冲图书馆。二十一年纂《腾冲县志》，历三年，书成四十余卷，图书馆毁于火。民二十五年又重新之，是年著《孝经大义新解》，印送各大学图书馆，以挽颓风于万一。民二十七年创办腾冲凤瑞高等中学。民二十九年任云南通志馆编审员。翌年开办腾冲茶林训练所，倡导茶叶。民三十一年腾冲沦陷，五月寇军由缅甸进陷腾冲城，君号召爱国人士到腾北江苴组织学务委员会，发动民众抗战；九月寇军再犯腾北，人民力薄不支，君退往大理策应。民三十三年腾冲光复，旅外同乡推为慰劳代表。行至保山，奉委腾冲县长，十月到任，办理善后，心力交瘁。三十四年日本投降后，即电请辞职，读书休养，耽研佛典。为《狮子吼》一传，以呼吁和平，主张组织学术团体，发行刊物，以融合东西文化，改善今后科学思想，涵养人类身心而奠世界永久和平。科学只许用以造福人生，增进大同，不许用以制造战争武器。庄子曰："嗜欲深者，其天机成。"君毕生立身为致力，其用心亦良苦矣。诸葛武侯所云澹远，其澹之至、远之极，方将养儒家"鸢飞戾天，鱼跃于渊"之胸襟，导道家《逍遥游》"养生主"之乐趣，修佛家"四无量心、四无碍智"之志愿以娱晚年，而讵知患喉管瘤，于辛卯春来昆就医，翌年夏入云大医院治疗，月余而逝。生光绪十二年丙戌四月初十日，春秋六十有七。余与君文字交，知君生平学行甚悉，故述其荦荦大者，告后之修志乘者采焉。

〔录自《续滇云南碑传集》卷六〕

肖石斋（周钟岳）

中国古者政教合一，凡司徒所造之士，即司马所任之官，故卿、士、大夫皆出于学。其养之也有素，其考之也綦严。自学校废而科举兴，专以文艺取士，于是人才日窳，而吏治亦衰。然士子进身既出于一途，而又有书院讲学之风以补学校之所不及，则明体达用之士亦往往奋起于其间，如昭通萧石斋先生亦其一也。先生讳瑞麟，曾祖德征，祖翼然，父嘏庭，嘏翁太俊以明经教授乡里，继为恩安县学育英书院山长，斋中俊彦多出其间。石斋先生自幼趋庭，졘졘力学，淹通经籍。年十九入邑庠，旋赴省门进五华书院，中辛卯科乡试副榜。壬辰入经正书院为高材生，癸巳举乡荐。甲午礼闱报罢。就馆于同邑谢秀山比部家。丙申旋里，时林文直公绍年守昭通，延充凤池书院山长。丁酉重入经正书院。戊戌会试不第归。庚子永善县聘充玉荀书院山长。辛丑七月元配廖氏以伤寒病卒，八月丁母氏杨太夫人忧。壬寅十二月古嘏庭太翁亦弃养。先生迭遭家难，哀毁逾恒。癸卯夏钟岳自蜀还滇，初见先生犹茕茕如在疚矣。甲晨春复主讲凤池书院，是年十月滇中大府以先生宿望，选送日本肄习师范。乙巳冬毕业归。丙午三月创设昭通五属师范传习所，自是师资渐广，各属小学借以勃兴。戊申春调赴省垣为两级师范讲师。己酉京师创设北京大学，各省考送经科生，先生亦与其选。翌年入京，鼓箧横经。昕夕无间，尤邃于史鉴之学，而志存经世，深明治体，不为迂阔无用之谈。辛亥秋武昌起义，挈眷至天津。民国元年（壬子）冬南还，当选众议院议员。二年春入都参议席，未几议会解散。甲寅夏以县知事分发四川。乙卯署彰明县事，丙辰十月解职。戊午至毕节入会泽唐公幕府，是年十月赴顺宁县任。庚申冬卸职，由缅甸至香港。壬戌还滇，荐升普洱道尹兼思茅关监督、普防警备司令。先生以边区僻陋，治化未开，锐欲有所设施。阨于时议，未竟厥志。次子家骥绩学多才，性纯孝，乙丑至普洱道署省觐，归途感病，殁于昆明，先生恸之甚。丙寅述职回省，遂引病谢去。自是专事著述，然精力亦稍衰矣。甲戌充通志馆编纂，分任土司一门，成书一卷余。丁丑秋倭夷进犯，海内骚然，既而滇垣亦被空袭。先生避居昆阳海口，旋

移宜良可保村。己卯十月十四日以疾卒于别墅。距生于同治七年戊辰，享春秋七十有二。有子四：家仁、家骥、家懋、家禧；女四：淑芳、敬芳、宁芳、苾芳；孙一，奕苏。所著有《榴花馆文稿》《诗稿》《诗话》《左微》《通鉴小志》《公车北上记》《乙未南归记》《蛮疆偶记》《宏文书院读书日记》《参观日本学校笔记》《昭通学堂创始记》《南游记》《度越记》《滇蜀剿匪策》《滇蜀间之盐政》《学静随笔》《乌蒙纪年》《乌蒙遗事》《土司志》共若干卷。先生平居笃于内行，礼遇师友，风义过人。钟岳以兄事之垂四十载，于其卒也不得为寝门之哭，爰缀辑其事略而系之以铭曰：

周官教法，受于司徒；领之乡吏，岁献共书。授官定位，以学为符；延及晚近，学仕分途。俗吏委琐，瞢儒阔疏；公雪此耻，卓有远谟。出为邑宰，闿泽覃敷；式遏狂寇，亦锄奸胥。旋分郡节，化洽边隅；通经致用，允矣非诬，揭诸墓道，为世楷模。

〔录自《续滇南碑传集》卷六〕

顾仰山（秦光玉）

君姓顾氏，讳视高，字渔隐，号仰山。先世祖籍江南上元县，明末有讳闻凤者，始迁滇，遂为昆明人。四传伟雄，君高祖也，曾祖讳兆鹏，祖讳钟，皆隐居不仕。考讳思礼，以光绪己卯副贡，佐岑襄勤公毓英幕，累功保知县。历任四川会理、大邑、邛州、广安等州县，有政声。君生而颖慧，年十三入邑庠。十八举优贡，朝考授知县。光绪庚子辛丑并科举于乡，癸卯成进士，选庶吉士。丙午东渡日本，入法政大学，丁未归国，考授编修，加侍讲衔，充贵胄学堂教习。闻太翁病，亟请假驰视，至则太翁病少瘥，而周太夫人疾革，侍药七日，遽丁内艰。遂奉太翁扶柩回滇。戊申任学务公所议绅。宣统己酉春，太翁捐馆。两遭大故，哀毁逾恒，营葬毕。适滇省筹办自治，选咨议局议员，兼自治筹办处总办。庚戌入京任资政院议员。清帝逊位，留滞都门，旋举参议院议员。癸丑秋归里，任审计分处长。旋分处裁撤，改任法政学校校长，护国军兴，聘任省公署秘书。后以金融重要，勉长富滇银行。未几，因丧偶辞职，自是而后，遂不参与政治，而从事于社会生活矣。综计君生平任职甚多，成绩亦甚夥，而效忠议会，尽力社会，尤为一生之特长。其任咨议局议员也，时法人借口火车所需，议开阿迷布沼煤矿，州牧某允之，已公布矣。君以丧权辱国力争，当道不能屈，事遂中止。其任资政院议员也，值滇督李经羲整醝政，以减边价，拒外斤，而加腹岸马脚为弥缝，君夙稔滇民淡食之苦，于院中慷慨陈词，痛言加价病民肥官，违法罔上诸弊。全院感动，佥议从同，奏准作罢。又外商隆兴公司，要求滇大吏履行七府矿产条约，君奋起倡导，奔走呼吁，全力抗争，复奉旨取消。又辛亥夏，英军进占片马，君上书都察院，劾外部畏葸误国，语尤激切。此皆成绩之表见于议会者也，至于谢政家居，趋重社会，一为公益事业，如赞助求实学校，续成《昆明县志》，以及历任东川矿业，个旧锡务、明良煤矿，耀龙电气公司董监，凡有裨公益之事，每为众望所归，一致推举，君无不殚精竭虑，力赞其成。一为慈善事业，如任华洋义赈会华董兼司库，暨云南慈善会董监等职。历年既久，宣力最多。癸亥秋，附郭霜灾荐饥，创民食救济会，设粥厂，躬亲巡视施济。己巳年火药爆发灾，设赈灾会，详察灾情，瘗死救伤，日夜不息。而慈善会常年冬赈，每约省中耆老，预筹巨资，备粟廉粜，并自购米布施，历数十年如一日。此皆成绩之表现于社会者也。夫效忠议会，壮年之成绩如彼；而尽力社会，晚年之成绩又如此，叔孙豹所谓不朽功德，君盖兼有之矣。配秦氏，余从妹也，生女一，适同邑缪安成。簉室胡氏，生子三：象乾、象坤、象丰。乾、丰先卒。女二：长字大理严钰，幼未字。君光绪三年九月二十日生，其卒以民国三十二年八月二十五日，春秋六十有七。门人私谥曰文惠。著有《漱石斋诗文集》《读书记》《自反斋日记》《友声集》存于家。将以本年十二月初十日，卜葬于县东长坡金瓜山。戚友属余铭墓，谊不容辞，乃就君生平荦荦大端，撮要志之，而系以铭，铭曰：

出则泽民，处亦泽民，为议会代表，固可以泽民，即为公益慈善之领袖，又何尝不可以泽民。痌瘝在抱，功德在人，金碧并峙，万古千春。

〔录自《续滇南碑传集》卷二〕

张士麟附刘钟华（彭嘉霖）

数为六艺之一。中国自隶首后，代有精通之士。逮清而钻研深造者愈众，阮元《畴人传》，历历可指数。吾滇僻处西南，夙鲜师传。咸同间弥渡李滮有《筹算法》、南宁窦聘卿有《筹算法补》，浅拙不适用。惟晋宁宋演之《勾股一贯述》，所造较深，沪上曾印行之。清季设算学馆，学者多浅尝辄止。续往开来、造诣宏通者，以张希庵先生为首称。先生讳士麟，希庵其字，世为曲溪张氏。生有异禀，幼读书，强记忆。未弱冠补博士弟子员，代兄课乡塾，学者乐从游。时摄影术播于滇，先生悦之，往香港学习归，于省垣翠湖南启留青照馆。时算学馆甫设，先生功读之暇，夙嗜研索，应试恒冠其侪辈。光绪癸卯以经义策论举于乡，北上春闱报罢，考入京师大学数理化专科。毕业加授中书科中书，回滇任优级师范高等代数教授，学子多所成就。辛亥改革后，历任省会师范中学及讲武堂数学十有余年，中间长省教育会、省议会、教育厅。从政之余，高师、云大，恒承乏而兼任之，栽成后进，不遗余力若此。抗日军兴，敌机袭昆明，疏散回籍，受聘长中学，振兴桑梓教育，作育人才。因患胃溃疡，返昆就医无效，卒一九四二年，生一八七三年，春秋七十。

先生于理化亦致力功深，不仅仅以数学见长。生平为人，初介廉俭，处事一出于正，不阿谀，不苟容，服务政教竭心力而为之。晚耽禅蜕，淡于利名，老死而无一廛，士林咸悼之。

同时以理化著称者，刘仲升先生是也。先生讳钟华，仲升其字，思茅人，清光绪癸卯，与希庵同举于乡，春官不第，考送日本东京帝国大学理化专科，以优等毕业。归京师复试，奖翰林。吾滇科学翰林，先生与昆明席聘臣二人。时滇省师范中学理化教授乏人，归滇专任，先后二十余年。尝兼长省立一中，造就人才甚夥。一九五六年，其子钦任大理中学校长。迎养至榆。一九五六年某月某日卒，春秋八十有余。先生肫笃和平，与人无争，与世无忤。虽以穷死，永决时父子得相见，且埋骨于苍洱名胜区，而先生亦目瞑矣。

〔录自《续滇南碑传集》卷五〕

秦光玉七十四岁自述

腊戌陷，畹町失，龙陵、腾冲相继放弃。神经刺痛，五内惨摧，抚躬自问，恐不能久淹人间世矣。况郑高密以七十四岁卒，白香山以七十五岁卒，余今者七十有四，亦行将就木时也。窃观近人物故，其子若孙所撰行述，多类失真；而大人先生代为传状志表之文，亦多扬厉铺张，不切于死者事实。人之知我，究不如我之自知，此陆鸿渐、刘梦得、杨铁崖所以自传，王无功、杜牧之、徐文长、张陶庵所以自为墓志铭耶！余不揣梼昧，爰仿先哲自述例略，叙一生梗概，以告后昆。

吾秦氏原籍南京，至明季转徙来滇，占籍呈贡化古城，世业耕读，敦厚传家。自一世祖世昌公以下皆有世系可稽。六传至讳睿者，余曾祖也，字维商，清乾隆时为藩署书吏，有阴德，慈善公益，捐助不赀。配周氏，生子三，长讳发甲，次讳发馨，又其次讳发魁，即余祖也。昆季三人，企业工商。嘉庆时始迁居滇垣，今百余年矣。祖字文治，以冶银业起家，性刚毅，遇族党戚友甚厚。配史氏，生子一，讳松龄，余父也。继配胡氏，生子一，讳芝龄，余叔也，早卒。先父字子贞，号秀峰，同治间恩贡，由军功保举教谕。优于数，精于医，富于判断力。中年赍志以殁，士论惜之。配朱氏，生子三：长讳光铭，余兄也，字箴伯，光绪癸巳举人，历任校长、教员、省议会及国会议员；幼讳光第，余弟也，出为伯父仙筹公嗣，字少元，由廪生毕业武备学校，历任省防及第二卫戍司令官、警务处长、警察厅长、蒙自道尹、内务司长。余名光玉，字璞安，别号罗藏山人，行二，是为秀峰公中子。

余生于同治八年己巳（即公历一千八百六十九年）六月二十八日巳时，至甲戌八月先君弃养时，先妣年三十二，兄九岁，姊七岁，余五岁，季弟甫三岁耳。藐藐诸孤，嗷嗷待哺。先妣抚育惟艰，余与兄几不能入塾读书，继续先人儒业，伯父仙筹公召而教之，赖以成立。至十四岁光绪癸未补县学生员，己丑食廪饩，壬辰考取经正书院高材生。二十四岁癸巳，与兄光铭同举于乡，甲午、戊戌两试春官不第，仍旧充经正书院高材生，先后共十有一年，兼充斋长二年。三十五岁癸卯，书院停办，改设学堂，任云南高等学堂历史地理教习。甲辰派赴日本学习师范兼考察学务。丙午任云南学务处审定处职员。三十九岁丁未，云南学务公所成立，任图书科副科长。戊申兼优级师范选科教育学教员。己酉兼代普通科长。庚戌任图书科长兼教育官练习所长。辛亥练习所结束。又兼代两级师范学堂监督并教务长。改革后学政司成立，仍任图书科长，兼图书博物馆长及法政专门学校伦理教员。癸丑任教育司第一科长。甲寅迁巡按使署教育科佥事兼辑刻云南丛书处编纂审查员。丙辰调省立第一师范校长。辛酉擢教育厅长。壬戌任省政府顾问官。丁卯任图书博物馆长兼云南辑刻丛书处总经理及通志馆编纂。厥后博物馆分设，通志馆结束，专任图书馆长兼丛书处经理，以迄于今。

生平所注重者四款：曰义理，曰考据，曰经济，曰文章（清乾隆时，姚姬传、戴东原两先生以义理、考据、词章三项为标的，海内翕然宗之，愚意宜添经济一项而学说始备，且与孔门四科相合）。涉猎陈编，固亦略知一二；而牖启辅助之力、得之于师友者居多。回忆少孤时，家计艰难，荷蒙伯父仙筹先生教育，传以经籍，课以文字，授以知识、道德，从学八九年，树后来远大基础者，翳惟伯父是赖。厥后己丑年，执贽于石屏张榛舆、昆明彭乐山两先生之门，虽为期不过数月，而诗文义法受益者正复不少。洎乎庚寅以后学于石屏张竹轩师，壬辰以后学于昆明陈小圃师，则极深研，几有超乎语言文字之外者，故夫不亢不卑、亦和亦介、举止之端凝、瞬息之存养，是竹轩师之教也。熔铸经史、锻炼诗文，而治学方法尤在独抒见解、研求真理尝以作古人应声虫为戒，与近世哲学家、科学家暗相符合，是茆山师之教也。于经史诗文外，尤注意身心性命之学，实践力行，本身作则，以程朱为趋向，以孔孟为依归，是小圃师之教也。至于同门旧友，若厚安，若种青，若篠琅，若古逸，若亮丞，若勉斋，若愚若，若芷江，若怀若、石斋、少云、上珍、石生诸君，皆能以学行相切劘，而尤以昆明钱平阶用中、石屏袁树五嘉谷为最。盖平阶提倡时务，为吾党先觉；而树五之博通敏瞻，亦为时贤所稀见。且与余过从秘而砥砺深，对于义理、考据、经济、文章四项，钱、袁两君诚有莫大之助力者矣。

学术宗旨又宜与时变通。忆自七岁束发受书，亦不过粗识文字，无学术之可言也。迨十四岁时，由旧书摊上购得《书目答问》一部，批阅再三，知我国有所谓经、史、子、集者，别类分门，而眼界为之一扩。然只浅尝浮幕，亦无学术之可言也。逮及二十三岁入经正书院肄业，始兼采汉学、宋学家法。训诂考据，以汉学为主，实事求是，而破碎支离之弊则不敢盲从也；诚、正、修、齐，以宋学为主，敦行不怠，而迂阔拘囿之失则不敢苟同也。潜研十余载，进德修业始有途辙之可循。及至三十六岁，东瀛游学归来，更兼采国粹、欧化两主义。缘吾华为文化古邦，而伦理哲学、政治哲学尤有特殊之优点，吾辈亟宜保存之，且发扬而光大之，以贡献于世界，切不可妄自菲薄，数典忘祖也，此国粹主义之说也。近世科学昌明，愈演愈进，而自然科学、应用科学尤为泰西各国之特长，吾辈宜兼收而并蓄之，从补我物质之不足，又不可故步自封，贻井蛙夏虫之诮也，此欧化主义之说也。国粹与欧化并行，四十年来皆向此鹄得以迈进，所以自修者在此，所以教人者亦在此。温故知新，孜孜弗息，盖不知老之将至云尔。

余一生事业多在教育，虽有时职司行政，而拥皋比执教鞭之岁月历时为多。然从游人士往往针芥相投，感孚于不知不觉者，其故何哉？一则以身立教，有己而后求人，一则有感斯通，积诚始能动众。每授课前，必须准备充分，然后登台讲演，竟委穷原，娓娓不倦，以教者真精神唤起学者真精神，故师生间兴往情来，沆瀣一气，积年累月，优游渐渍，遂能感化于无形耳。以故五十余年，及门生徒以数千计，毕业之后分道扬镳，有淡泊自甘，终身服务教育界者；亦有展布才猷，从事于政治生活者；又有经营实业，为工商界巨子者；更有奋不顾身，投入军籍，保护民族，捍卫国家为职志者；云集景从，人才辈出。孔子以教不倦成仁，孟子以教育英才为乐；余虽不敢言仁，而乐育英才实为生平一大快事也。

课徒而外，厥为著书。旧籍新编，多所研讨。而网罗文献，尤与桑梓密切相关，故数十年间著书百八十余卷。其已印行者有《教育学》一卷，《明季滇南遗民录》二卷、《名将事略》一卷；其正在排印中者有《滇文丛录》一百零六卷；其编纂成书待时付印者有《尚书郄说前编》二卷、《尚书郄说后编》二卷、《毛诗郄说》二卷、《礼记郄说》四卷、《论语郄说》二卷、《孟子郄说》二卷、《学庸郄说》一卷、《续云南备征志》三十二卷、《滇南名宦传》十卷、《滇谏官传》一卷、《罗山俎文集》十卷、《诗集》一卷、《公牍》二卷、《杂俎》二卷、《日记》二卷、《楹联》二卷、《滇谚》一卷；若夫搜集材料正待编辑者尚有《中国之公德心》若干卷、《中国人生哲学》若干卷、《中国政治哲学》若干卷、《新旧评议》若干卷、《人谱注》若干卷、《呈贡县志》若干卷。然愿力虽宏，而年事既高，时局又如此严重，究竟能否编辑成书，亦在不可知之数已。

妻胡氏，昆明人。年十九来归，生子二。长秉中，中央大学农科毕业，现任云南大学农学院教授。次建中。武昌图书馆专科学校修业，现任云南昆华图书馆办事员。女一，名淑英，云南女子师范学校第一班毕业，历任附属小学高、初两等教员，适法政专门学校毕业、泸西陈君德劭。胡氏之卒也，余年五十有零，戚友有劝以续娶者，余婉谢之。就消极言，固从伯奇、闵子事为戒；就积极言，又以程月川、许茚山两先生为法。以故二十年来，寡欲清心，学行亦稍稍有进步，而垂暮光阴，犹能尽瘁文献，盖得力于寡居者为多焉。是固可以自慰矣，是亦可以自豪矣。

此文作于民国三十一年五月，故篇首有腊戍陷、畹町失等语。今则时局好转，腾冲、龙陵、芒市、遮放等地均已先后光复，畹町既克，滇土复原，业于本月二十一日在畹町举行升旗典礼。届计沦陷之期已两年零八阅月矣。收复失地，此其嚆矢，翘首滇云，不胜狂喜。

〔民国三十四年一月　作者自记〕

附绝命词

此词作于民国三十三年桂省沦陷危及滇境时，顾后转危为安，不获见诸事实，姑录之以博一粲。

孔孟有言兮，成仁取义；曾子有言兮，得正而毙。其言虽殊兮，其现无异；处变处常兮，各行其志。时至今日兮，沧海横流；人道安在兮，世界之忧。缅怀先烈兮，薛、张同恤（薛尔望先生墓及张竹轩师衣冠墓皆葬于黑龙谭侧）；致命遂志兮，庶得自由。

〔录自《续滇南碑传集》卷五〕

张华澜（罗寿衡）

先生讳华澜，原名儒澜，字芷江，石屏县人也。父钊纮，名孝廉，才名震三迤。先生受庭训，幼聪慧，长于记忆，读书辄能领悟。未弱冠，补诸生，随父至昆明，肄业经正书院。时清季废八股，试策论，同邑许茚山孝廉任山长，以朴学教诸生，及门多名士，号为高材生；先生试辄列前茅，声誉藉甚。丁酉举云南乡试，北上入礼闱，报罢归。旋赴日本留学，入东京师范学校。时清政窳败，国势垂危，有志之士激于救国热忱，多倾向革命主义。孙中山先生联络同志组织同盟会，先生首加入，赞助甚殷。卒业回国，任教昆明农业、师范两校，讲授历史、地理。解释详明，循循善诱，并时时以革命主义示诸生，及门咸爱敬之。民国肇兴，召集国会，膺选为众议院议员。守正不阿，持论多侃侃，口素吃，每有争论，辄激昂慷慨，务尽其词。院中为之语曰："张某以期期艾艾之声，发洋洋洒洒之论"，是可以觇其风度矣。袁世凯叛国帝制，先生亟出京返滇，参加云南起义，入护国军兼总司令蔡锷戎幕，随军入川，多所赞画。袁氏既毙，仍返京供职。及参战议起，段祺瑞摧毁约法、解散议会，先生偕同人南下参加中山先生护法，组织非常国会。法统重光，仍返京。曹锟逐黎元洪，谋以金钱贿选总统，两院议员中多有预其事者。余适在京，一日过先生，谈及时事，相对慨惋，先生曰："若辈此举，事在必行，从则污我名，违则祸吾身，事处两难，何适而可？"余曰："古人有言，'危邦不入，乱邦不居'，何不暂时离京，亦全身远害之一道也。"先生矍然曰："嘻，吾志决矣！"明日遂行，由沪而杭，展转入粤。迄曹败，始还京。南京政府成立，先生任监察院监察委员。时蒋介石窃权擅政，违反民意，先生惄然忧之，目击时艰，每思匡济、抨击，不畏强御，权贵多侧目。其尤著者，如弹劾王用宾命题作弊、取录不公，刘峙丧师失地，霍揆彰违法搜索诸案，皆力持正义，为时论所推重。抗日战起，南京沦陷，先生溯江西上，时烽烟匝地，交通梗阻，经月始达重庆。布署粗定乃返昆明，仍以监察委员在昆供职。因国严重，不遑自逸，遇事仍多建白。监院在滇有所兴革，亦多由先生协助。日本既溃降，政府迁还南京。先生见胜利之后兵骄将悍、吏黩官贪更甚于前，痛愤之余，身虽在滇，仍屡提弹劾。尤以杜聿明、关麟征之戕杀民主人士、大学学生，深致愤慨，特提议严劾之。顾在反动政权之下，终不能补救于万一。及全国解放，先生出任民革省委员会会员兼文史馆馆员。虽年过古稀而精力尚健，惟两耳稍稍重听。公暇，恒散步翠湖，值故旧，辄喜作长谈，词锋娓娓，逾晷无倦容，其豪情胜慨若此。今岁二月余过其居，见先生隐几而寐，神气萧索，谓余曰："迩来体力大逊于前，稍倦即成寐，甚畏寒，且思乡切，吾其殆将就木乎？"余婉言譬解，乱以他语。临别送出门，握腕依依不忍别。逾七日，先生卒，时一九五六年二月二十四日也，生于公元一八七五年清光绪元年乙亥，年八十有二。民革为经理其丧，藏骨筇竹寺海会塔。

先生精研乙部，淹博贯通，于历代人物及典章制度，靡不周览而详记。性好游览，辙迹几遍各省，遇名山大川，辄登临眺赏，徘徊不忍遽去，故其诗文饶有山川清淑之气。自留学日本以来，逐日均手写日记，历数十年未尝间断，今庋藏云南文史馆。至其他著作，大半散佚，《芷江诗文钞》外，略见于《滇秀集》及《经正书院课艺》，但亦仅存什一而已。

配李夫人，晋宁李竹荪孝廉女，继配袁夫人，子一大忠，均先先生卒。女三：国廉、国仕、国五。孙一尚幼。

罗寿衡曰："余生也晚，获识先生于光绪乙丙之间，承先生忘年下交。厥后转徙南北，辄共事一方，暨返滇更昕夕过从，故于先生生平大节约悉梗概。先生秉性刚正，素恬淡自甘，斧柯未尝一执，故其才略鲜有所展布，然其崇高品格，则倜乎远矣。

〔录自《续滇南碑传集》卷二〕

丁兆冠（罗寿衡）

先生讳兆冠，字又秋，云南石屏人。高祖载周、曾祖坊、父逢庚俱为清代孝廉。先生幼失怙恃，与兄一鸿力学攻苦，每试辄列前茅，有双丁之目。光绪癸卯科中乡试举人，甲辰会试备荐不售。旋留学日本东京早稻田大学政治经济科。毕业回国后应学部试，取列二等，授法政科举人；殿试一等，除内阁中书，改分四川即用知县。辛亥光复，任四川财政部司长。旋辞职回滇，长云南法政专门学校。时新政初兴，肄业者俱一时才隽，至今省中政界人士多出其门下。旋迁云南高等审判厅厅长，决狱明恕，人咸颂之。继调云南政务厅厅长，适当护国、护法诸役，征调频繁，军书旁午，先生昕夕赞画，贡献尤多。后以南防需人，出任蒙自道道尹，旋迁普洱道道尹。在任数年，政通人和，兴学校、课农桑、修道路，边民至今称之。交卸回省后，历任云南高等审、检两厅厅长，兼司法厅厅长。一九二七年省政府改组，任省府委员兼民政厅厅长。厥后屡经请辞，而省中当道倚畀甚殷，仅获短期去职，不久又终归复任。至一九三八年又再三坚辞，始获专任省府委员。然省中大政仍时与之咨商，先生亦知无不言，竭诚赞助。早趋晏退，不肯稍涉自逸，时或簿书鞅掌，案牍填委，其辛勤有过于一般庶僚者。抗战胜利后，先生见蒋介石专横益甚，国事日非，而挽救无术，屡以年老乞休，顾省之当道坚不之许。并推选为国民大会代表及立法院委员，先生皆力为逊谢，弗敢承。一九四九年云南解放，中央人民政府任先生为西南行政委员会委员、云南省人民政府委员、文物保管委员会主任委员。同事者以先生年齿渐高，不复以庶政相烦，而先生孜孜汲汲，日必按时策杖趋公，从不闻以风雨。盖其勇于负责、严于律己之心老而弥笃，并当此国运日新，建设猛进，遂由极度之欢欣而逾增其奋勉。惟从政多年，精力消耗，老境渐增，近岁体力更觉减退，听觉与记忆均较逊于前。一九五五年春，偶染微疴，迄未痊可。当病榻昏瞀中辄喃喃若有所语，谛听则皆会议讨论之词。延至二月二十日卒于昆明寓次，生公元一八八一年（清光绪七年辛巳）十一月二十日，春秋七十有五。云南省会诸首长均莅丧吊，择藏骨于西山华亭寺海会塔。先生生平清廉狷介，自早岁由蜀返滇，终身服务桑梓，扬历省内外垂四十年，迭掌民政及法曹，昭官箴、澄吏治、拒请托、绝苞苴，风声所播，纲纪肃然。凡所兴革，罔不适于治体，如禁烟、积谷诸事，尤昭昭在人耳目者，且持躬俭约，无车马珍玩之奉。素喜劳动，事必躬亲。虽屡膺膴①仕而囊橐萧然，出入衙斋多安步。前主席龙云尝欲为之置车，先生谢曰："昆市广袤不过数里，某习于步行，何以车为？"或有谓其自奉太菲者，先生曰："做事日短，做人日长，我出身寒素，不敢以一日在官而易吾操守也。"其平日持论多如此。先生秉性冲和，生平无疾言遽色。与人交久而弥敬。事伯兄一鸿甚谨，终身友爱綦笃。待人接物，恒谦冲逊顺，暮年更为矜慎云。配宋氏，同邑清光绪庚辰进士、吏部主事宋公樾轩长女。子三人：育德、育武、育方，孙男及孙女凡十有三人。

罗寿衡曰："余闻先生为诸生时，尝负笈玉屏书院，未辨色即兴，辄篝灯成诗文一艺始出室盥漱，焬冷粥作朝餐。盖其刻苦之操、勤劳之习早已养之有素，故服官莅政四十余年，盘错一节，始终以清廉自励；而晚岁尤见坚贞，语云'磨而不磷，涅而不缁'，先生有焉。"

〔录自《续滇南碑传集》卷二〕

〔注①瞴，《集韵》音谋、麇；《广韵》音无、武；意为美、好。“瞴仕”即美缺、肥缺，引伸为容易发财的官职（见《中文大辞典》第二十三册二三四页）。〕

陈秉仁（方树梅）

清季学部令各省从优级师范学堂造就中学及初级师范教员。吾滇遵令调各厅、州、县二三人入省肄业，初习预科，后考分理、化二班，博物、史地、文学、教育各一班，总二百五十余人。毕业后服务全省教育，卓著成效者，不乏其人，而笃钻研天文气象、开滇新纪元以成名者，陈一得一人而已。一得原名秉仁，字彝德，因创办“一得测候所”，遂以一得行。生一八八六年丙戌十月二十六日，卒一九五八年十月十七日，年七十有六。弟葆仁以事状请为传，余与一得同学，交深数十年，不辞而为之传。按状，祖籍四川金堂县，父思贤四岁失怙。值蓝大顺之乱，曾祖际虞携家避乱自流井，课童蒙以餬口。祖母徐，纺织抚四子成立，使各习一艺。伯习倾销艺，操业盐津老鸦滩，迎母及诸弟同居，遂家焉。母赵，一得年七岁，临终时嘱望发奋读书。一得体亲心，勤学苦读。家在肆中，屋狭市嚣，夜读至鸡鸣，邻不以为扰，反奖其勤学。十六应童子试，厅府皆前列，院试额满见遗。停科举，兴学堂，遂申送入省高等学堂肄法文。以第一名取录送比利时学铁路，为滇督锡良畏留学生皆革命阻送，终身引以为憾。高等学堂改两级师范，入优级理化选科，毕业最优等。任省各中学校教员四十年，教法谨严，各校争延之。生平无嗜好，烟、酒、博、戏皆远之，惟爱好自然科学。节约储蓄，用备研究所需。由高等数学演习我国之天算，深研天体之运行。无观测天象之仪器，无间寒暑，每夜终宵坐观星象之升没转移。积多年观察，制步无规，便于观视，究天文者纷索之。袁树五太史尝于天清星朗夜执步天规同登观测小楼，询使用法，仰观天顶与所阅我国天文图书对照相符合，叹前人难继绝学未坠，举藏天文图书借以参考，更得精算星座运行缠度之差。一九四一年中国天文学会成立，赴甘肃临洮观日全蚀，一得请加入视察团，团长，天文研究所所长任之。团员十余人，皆各大学天文学教授及各天文台专员、东西洋留学博士，惟一得资浅，分预备工作，予以清闲之纪录。团中预备观测角度、安置仪器觅一星座，三夜不得。以一得亦天文学会变星观测员。询以此星座近有无变动，答“无变动，试为诸君觅之”。当夜众仍工作，一得则仰卧，佥以为诳。及工毕众寝，浸将天明，乃呼众起出观，说明此星在本季今月此时方出地平升天顶，众乃重之。此后学校团体请本团讲演亦推之往。滇陇相距甚遥，旅费不赀，请教所，吝之，仅予微末补助，不敷往返车费，为科学研究，乃自筹川资。同往团员皆公费，一得节约至川境，资罄，弟葆仁在重庆，乃接济返昆。一得由物理结合自然气象学，从实际观测出发，晴雨、温度、湿度、风向、云形等逐日按时观测纪录。其助手乃继室刘德芳，三十年无缺。刘病故，将手写之《昆明气象观测纪录》印出，分送研究气象之参考，以为纪念。一九二六年以任教十余年之积累。自备赴南京气象台进修，半年后由南京、上海、南通、武汉、北京、天津、青岛，绕日本东京、横滨，经香港、越南海防、河内遍历东亚有名各天文、气象、地震台、所参观，购置气象观测仪器返昆明，创设私立测候所，以为科学研究。科学虽无国界，但各地气象与军事航空有关，以事关国际将来，函呈前省政府，当轴漠然置之。虑外人侵扰，商得昆明市政同意，改名“昆明代用私立一得测候所”，对外由市府处理，知外人已注视及之。当赴日本参观东京中央气象台时，台长出收藏一得编印《云南雨量之分布》相质，此刊物已覆瓿，乃收藏于日本中央气象台图书馆矣。日人前侵据我东三省后，曾由日本天津租界测候出面，向一得购历年观测记录，一得峻拒之。后闻于省府，大引起其重视。而航空学校请讲气候学，讲武学校请指示夜行军对北极星及其他容易辨识之星座，校中诸生获益不浅。一得于地震之研究颇感必要，发觉云南历次地震多在月之上、下弦，认为与月之运行有关。锐意钻研，南至建水、石屏，西至永仁、丽江，东至陆良、弥勒，循小道、涉急湍、攀险径、登危峰，在各地震区城考察地质，探寻震源，分析研究，有详细之记录。《新纂云南通志》任天文、气象各门，尽去谶纬、符瑞、迷信、附会诸旧说，一本科学，为修志新创一格。其编纂《盐津县志》不循旧例，特重民生各门。巧家、路南、晋宁天文气象各门皆为修纂。平昔研究心得，有劝汇编付梓，仅将《水灾与天气》《云南雨量之分布》二三编印出，已不胫而至日本矣。奥地利科学游历者莅昆明，往测候所参观，见记录精确，惊为奇迹。美国驻昆明领事参观，重视其工作。农林、水利、航空、建筑各专家莅昆，每听取其汇报。林业部林部长称为旧社会自然科学之鲁灵光，我国自然科学界知云南有一得一人。一得一生苦学，任北京中国科学技术协会委员，每开会，无间寒暑，必赴听取经验交流，接受决议精神，归作传达，促进工作。任省自然科学联合会分会主任、省科学普及协会主席、博物馆馆长，皆竭尽心力，踊跃争先。临终前参加青岛全国气象会议及北京中国科协会议，返昆明后抱病，进医院前草拟参加工作报告，至死而后已。党争取为省人委会委员，冀多所贡献于建设社会主义，而不意遽永与世别。遐迩闻者咸悼之。一得两娶皆无出，继室死即以侄永民兼祧。夫妇生前决定同葬昆明市西郊石咀林则山。

方树梅曰：天文气象，中国早已发明，然未有今日之精确。一得以一介浠寒之士，苦心孤诣，购置仪器，设立测候所，钻研有得，复出游各地参究深造，其所表现为中外天文学家所重视。形骸虽死，而精神则永存不朽。呜呼！如一得者可为后学模范矣。

〔录自《续滇南碑传集》卷八〕

金天羽（嘉尧）

金松岑先生（1873—1947），原名天翮，后改天羽，笔名爱自由者、金一、K.A，自署天放楼主人、鹤望等。世居江苏省吴江县同里镇。早岁曾从顾询愚学诗、钱词锷学文。曾创办同里自治学社，二十世纪初，柳亚子曾就读并毕业于该学社，是以金与柳兼有师友之谊。

松岑曾与去病发起组织雪耻学会，研究新学。

日本激进自由主义者官崎寅藏（别名白浪滔天）著有自传体小说《三十三年落花梦》。松岑虽不懂日文，赖友好薛蛰龙惠助将书译成中文。署译者：K.A（即金一），由中国研究会出版。这是最早介绍孙中山革命活动的一本书。孙中山先生曾作叙文，称道宫崎寅藏“识见高远，抱负不凡，具怀仁慕义之心，发拯危扶倾之志，日忧黄种凌夷，悯支那削弱，数游故土，以访英贤，欲共建不世之奇勋，襄成新亚之大业。闻吾人有再造支那之谋，创兴共和之举，不远千里，相来订交，期许甚深，勖励极挚。”日文本《三十三年の梦》于1902年问世，中文译本于次年出版。这本书保存了一些珍贵的革命历史史料，对后来的辛亥革命有一定影响。

1903年春，蔡元培在上海创办爱国学社，并与社中教师为《苏报》撰稿。松岑间出上海，与爱国学社蔡元培、章太炎、邹容、吴稚晖、章士钊缔交；又挈柳亚子、蔡治民、陶佐虞入学社肄业。《苏报》昌言革命，邹容著书称《革命军》。《苏报》案起，清廷勾结租界当局，章太炎、邹容系狱。松岑归里醵金，延英国律师琼师辩护于会审公廨，并往西牢探视。经多方援救不果，邹容瘐死狱中，松岑为之大恸。

与此同时，松岑著《女界钟》署名爱自由者金一，上海大同书局出版，总发行所为爱国女学校。这书为妇女大声疾呼，争取受教育及参政的权利。在清代封建统治下发此宏论，乃时代的黄钟大吕。其思想源自弥勒、斯宾塞及巴枯宁的学说。

次年又以金一笔名编著出版《自由血》，由上海镜今书局出版。这是一部介绍虚无主义者的运动史，争取民主自由，推翻专制政治，主张“不自由，毋宁死”，寓洋为中用之意。

1904年，松岑署名“麒麟”，应日本东京留学生刊物《江苏》杂志之请，发表《孽海花》两回，作六回而辍。乃由常熟曾孟朴赓续，由金、曾两氏共同预定六十回目，后写到三十五回竣事。这部小说抨击科举制度的罪恶，揭发清政府的腐朽积弱，热情颂扬孙中山领导的革命运动。《孽海花》被鲁迅列为晚清四部谴责小说之一。

1911年秋，松岑移居并讲学于姑苏濂溪坊，其弟子王佩诤、王欣夫从游。次年，当选为江苏省议会议员。其后一度出掌吴江县教育局，任江南水利局局长。惟始终以著述、讲学为主旨。

1932年，张一麟、李根源、陈石遗在江苏成立国学会，金松岑与章太炎迭主讲学。松岑先生以其学识之渊博，对经史的融会贯通，颇受听者的欢迎。

抗日战争爆发后，1939年春，先生在沪任光华大学中文系教授，常与蒋维乔、吕思勉论学切磋。太平洋战争起，上海完全沦于敌手，光华大学因拒绝向伪方登记而解体，先生复归吴门，一心治学。

1947年1月，先生以疾捐馆苏州濂溪坊寓所。

先生桃李满天下，潘光旦、费孝通、王佩诤、范烟桥等，均为及门弟子，在学术界都有建树。

先生著述宏繁，除前述外，尚有：《天放楼文言》及其续集、遗集，《天放楼诗集》及其续集、季续，《新中国唱歌集》，《鹤舫中年政论》，《摩哈麦德（即穆罕默德）传》，《孤恨集》，《元史纪事本末补》，《清三大儒学粹》，《词林撷隽》及《皖志列传稿》等。

〔节录《人物》1985年第一期〕

方树梅（李生葂）

方树梅，字臞仙，号雪禅，亦号梅居士。世居云南晋宁县西北距城一里许的鹲雎厂。生于清光绪七年（1881年）阴历六月二十八日。六岁时，其父开始教他读《卿云击壤歌》，能记诵，后又取沈德潜的《古诗源》，摘授古歌谣，略能会意，从此打下了诗学的基础。但他性不悦制艺，喜看《东周列国》《三国演义》《儒林外史》等。二十一岁先后应州试、云南府试、院试而入邑庠。二十二岁读先秦诸子。时清廷废制艺，改试经义策论，自此则习古文词。其父旧藏有师范（荔扉）之《滇系》，袁文典、文揆昆仲之《滇南诗略》《滇南文略》，方氏笃好这些著作，阅诵至废寝忘食，从此开始留心滇南文献。光绪三十一年（1905年），方氏二十五岁，入高等学堂肄习经史策论。翌年入优级师范学堂。方氏性与科学不近，时时钻研国学不废。其好游古书铺，搜集滇南文献，也就是从这年开始的。是年，购得安宁杨一清《石淙诗抄》、昆明李於阳《即园诗抄》、谢琼《彩虹山房诗抄》、尹尚廉《玉案山房诗抄》四种。优级师范原定五年毕业，因师资缺乏，于光绪三十三年（1907年）改为选科两年毕业，方氏考试后录入博物班。他性喜文学，初分入博物班，心中颇不怿；但学习一段时间，多识草木鸟兽，亦饶有兴味。当年，方氏获得安宁段昕《皆山堂诗集》、宁州刘大绅《寄庵诗文抄》、师宗何桂珍《续理学正宗》。又得邓石如题的徐礼水墨竹石、郑铸的白描罗汉、四体诗册。这些都是师范旧藏故物，后归张溟洲，今为方氏所得。前辈遗物，传留得人，赵藩曾为之跋。

清光绪三十四年（1908年）方氏纂《晋宁乡土志》，照章分历史、地理、格致三门，呈提学使鉴定后，作高等小学课本。是年搜得昆明钱允济《触怀吟》、黄琮《蜀游草》、戴䌹孙《味雪斋诗抄》、徐勉斋《太华山诗纪》等数种。宣统元年（1909年）毕业于优师，所纂乡土志全部脱稿，正拟筹款付印，因故未成。又获得宜良严烺《红茗山房诗抄》、蒙自陆应谷《抱真书房诗集》、晋宁何彤云《赓缦堂全集》。翌年，钱平阶邀方氏任《云南日报》编辑，其后该报改为教育总会所办，方氏仍任编辑。时与李根源相识，时相过从。方氏将他所得雷跃龙之《葵谷草》相赠，李即将胡旋之遗著编为《雷胡合刻》。

辛亥重九，云南光复，日报停办。方氏返回晋宁，每日披览四部。历年搜购书约万卷，除搜罗滇贤著述外，尤加意购求各府厅州县志乘，考察各地方之政治、经济、教育、文化、风俗等。几年来，得我省志乘三十余部。他家居不久，被学政司委任为晋宁劝学员长，推广四乡小学二十余所。未几，教育司长周钟岳委方氏充司署总务科科员，乃离晋来昆。方氏从李承祐游学有年，李赐自用数十年的墨盒给他，有传衣钵之意。

1913年，方氏拜赵藩为师。赵素闻他嗜古，于滇南文献锐意搜罗，特加青眼。四月，经钱平阶推荐，被邀任昆明师范学校学监兼国文修身教员。是年，得河阳李发甲《世恩堂诗文集》、段可石《可石小草》二种。

1914至1918年，《方氏族谱》编成，请赵藩作序。《方氏族谱》雍正间纂修，咸同兵燹被毁，方氏之父有志续编，未成。方氏询族长，抄祖碑，阅数年始成。是年，又搜得蒙化彭心符《印古松溪集》、张端亮《抚松吟》，并得师范画山水立轴，上有自写题识。方氏得此，狂欢喜忭。赵藩、陈荣昌、袁嘉穀、周钟岳、赵式铭均题诗于上。

袁嘉穀见方氏捐赠云南省图书馆滇贤书画，多而且精，久已相慕，与之谈滇南文献，甚为投契，自是与方氏交谊甚深。

赵藩、陈荣昌、李厚安、袁嘉穀等发起辑刻《云南丛书》，专辑照四库分类，不能刻入专集之诗文，选为《滇诗丛录》《滇文丛录》《滇词丛录》三种囊括之，预定丛书初编选入一百五十二种。方氏将其历年所得滇先哲二十余种送交选刊。

师范的《金华山樵前后集》《二余堂诗稿》，为其后裔师源及蒋谷所得，所缺甚多。方氏于古书铺获得《朝天集》上下，选入前集上，后集上下，《二余堂诗稿》五卷，由赵藩统编为二十七卷，刊入丛书。

1918至1920年，方氏辞昆师各职，与李培元发起续修《晋宁县志》，修至宣统辛亥止。方氏任分纂，负责考献征文，拟定采访条例，并负担编人物、金石、古迹、杂志等门。采访粗就绪，即着手编纂。旧日人物，寥寥数行，多方搜采，臻于翔实，道光以前人物增补不少，道光以后增录亦多。所增采者，皆注明其根据。修纂艺文、金石各门时，方氏于滇南文献，嗜之成癖，时时留心采集，获晋宁先辈诗文尤多，均随时录送辑刻云南丛书处。古迹、杂志门至1920年脱稿，均缮交总纂。是年，于大东门一古董店内购得张溟洲《大海观澜图册》。

1921年，赵藩函致教育厅，委方氏充云南丛书处编校员，该处添一得力助手。方氏对滇南先贤中，最崇敬师范道德文章，对师氏所编之《滇系》一书，表章文献，厥功尤伟，深为钦佩，而他搜获师氏遗著不少，因此发愿编写《师荔扉年谱》。

1923年，方氏又受聘任女中初级中学第二班国文课教员。当时，全国教育联合会来滇开会，赵藩、袁嘉穀商开书画展览会，聘方氏为征集员。他收集到各收藏家名贵作品千余件展出。闭会后，议择精品影印《滇南书画集》，赵、袁两氏总其成，方氏襄其事。那时，他又得到刘寄庵辑《五华诗存》近百人，选入《滇诗丛录》。

是年，《云南丛书》初编刻成一百三十八种。编刻期间，继续采集到并经审定符合丛书体例的书，开始编为二编。因为是随手采录随编刻，没有“拟刻目录”，也未编次序，自这一年起，先后刻印过三十七种。

1925至1926年，《滇南书画集》编成，凡二十卷，方氏作小传冠于首。此外，他又在古书铺以百元购得《鸣凤堂诗集》，集前有檀萃、邵晋涵叙，诗前列檀、邵及钱南园评选，此集经赵藩选收入《云南丛书》二编。是年，重刻《担当和尚诗》七卷，方氏集句作传附于末。

清道光年间，阮元修《云南通志》聘王崧为总纂。嗣后阮内调，王与继任不合，乃将其所纂建置、盐法、矿务、封建、土司、边裔诸门，刻入其自著《乐山集》(一名《道光云南志抄》)。赵藩、袁嘉穀皆不知有其书，闻方氏得之，皆惊喜若狂。

是年，方氏应高等师范学校聘授诗学，讲历代诗学源流派别。并汇印《盘龙两游诗抄》。自1925年起，方氏正式成为《云南丛书》主持编辑人之一。

1927年，方氏任图书馆庶务长兼丛书处文牍。是年，得师范《二余堂文稿》五卷。方氏搜访二十年，即残本亦未得见，今虽未全得，但赵藩等非常高兴，并序之，收入丛书。此外，方氏又得明季朱墨本《太白诗选》，前有杨升庵序和眉评，以及明人评语。删去明人评语，亦收入丛书。

《云南丛书》初、二编都是收入本省人著作，方氏建议当收外省人著作有关滇事者为三编，以便考究滇南文献掌故。赵藩深以为然。嘱方氏拟目，得书三十余种，惜后来因故丛书三编始终未编印。

同年，滇政局发生“二·六”政变，引起战乱，赵藩为保护滇南文献，将编纂未竟之滇诗文丛录稿，抱往昆华图书馆保藏。几天后，赵藩患重病，自知不起，深念丛书二编、三编及诗文丛录未定之稿尚多，乃嘱方氏重托陈荣昌完成未竟之志。

1928至1932年，方氏与陈荣昌、秦璞安、袁嘉穀商议续赵藩纂集滇诗文丛录事。议定文丛归秦氏，诗录归袁氏总其成，方氏襄助于二者之间。1928年被聘为专任丛书编审员。秋七月，方氏将十余年来所搜集的有关钱南园的材料，编《钱南园先生年谱》，至九月二十日脱稿。此外，方氏托朱希祖于北京琉璃厂物色得明嘉靖刻本杨文襄公《石淙诗抄》全部，由丛书处购归。与清嘉庆本校，诗多三百数十首，文多柬札一卷，照明刻本收入丛书。

省府开全省咨询会议，方氏被举为议员，提议四件：（一）赶修铁路；（二）剿匪；（三）停止彩票，筹办储蓄、劝业两银行；（四）停止公路征工，改行民工。均存案备采。

滇南茶花驰名天下，方氏编刻了《滇南茶花小志》三卷。

1930年国民党令各省纂修通志，省府议决聘周钟岳为馆长，方氏为筹备干事，由他拟编纂纲目及采访条例。此次纂修分两部，由开滇至宣统辛亥止，名《云南通志》；自民国始至二十年后，名《云南通志长编》。纲目既定，又由方氏拟凡例二十九条。是年，得师范《抱瓮轩诗稿》一册。此书是师氏卒前两年之作，此为道光以来通志所未著录者，丛书补刻入全集。翌年通志馆正式成立，方氏为编审干事，负责编艺文。工余之暇，编成《天女城志》一卷。托朱希祖从北京图书馆抄来《景泰云南图经》，此次新修通志，赖以增添不少内容。又从旧书铺购得《程月川未是稿》全部。

1933年，托江苏任凤苞购云南各府厅州县志，书目中有明朝李元阳修《万历云南通志》，方氏即去函任凤苞，请以此相让。任氏不愿割爱，乃赠晒蓝一部。此志清初修通志及师范、王嵩等皆不得见，甚为珍贵。由周钟岳言于当局，出资印五百部。是年，刻成《钱南园先生年谱》二卷。先前印《滇南书画集》时，由方氏写小传，近年他再旁搜博采，汇成四卷，名为《滇南书画录》，亦刻成。同时，并编写《杨文襄公年谱》，自三月始十月终，初稿写就，约三四万言。

1934年，通志馆派方氏出游南北各省，访求滇省文献。他在北京两月余，逐日到北京图书馆、琉璃厂，广为搜访，购得在滇不易得到的滇南先贤著作很多，其中有袁文典、文揆昆仲过去所未见到者。此来得之，私衷颇自喜。同时，抄到明宪宗、孝宗、武宗、世宗四朝实录，得杨文襄公事迹，将来增入年谱，又得杨公阁谕录、密谕录、吏部献纳稿及《邃庵集》，此为到北京第一快事。并抄得未刻新疆省长蒙自杨增新神道碑墓志铭稿，以备通志长编人物资料。方氏此次出游，阅时半载，足迹遍及粤、桂、沪、苏、宁、京、津、鲁、陕、皖、赣等各大城市。每到一处，即逛古书铺，参观各省图书馆、通志馆，拜访故旧、新友，征求滇南文献，购书约三万余卷。在旅途中，逐日都写日记，写成《北游搜访文献日记》四卷，诗百余首。“归来”一首云：“南北搜罗愿不违，一肩文献尽珠玑，平生最大快心事，多少先贤伴我归。”足见此行所获甚为丰富，以及欢愉心情。归后，国民党中央令各省编辑乡贤事略，以作中等学校模范。省府函通志馆编纂，以三十人为限。周钟岳嘱方氏拟出六十人，邀集省中知名人士开会圈选，最后决定自秦至清末滇贤三十人附八人，由方氏编纂。

1936至1937年，通志分纂各员所编之稿，交十之七八，周钟岳嘱方氏审查。如列传分合，尚未尽善；清咸同兵事亦嫌过略；地理引用目未改正，材料亦当补充；边裔、土司、兵制、外交、农工商诸门草率等等，均须再加搜采重编。时通志馆裁减人员，改方氏为编审员。他删削各属采访人物稿，编为丛传。同时，《滇文丛录》《滇诗丛录》编成，各一百卷。

方氏交游甚广，古书铺有时窘迫，他常以资接济。书商得滇贤遗著，必留售给他，所以他独得滇南文献最多。昆明经营书画业的商人，都称他为“方古董”，他乐而受之而不辞。

1938至1939年，《云南丛书》二编完稿，丛书处实际等于结束。方氏经几十年对晋宁文献的搜采，纂成《晋宁诗文征》一书，付诸排印。时省府令限三年完成通志编纂，聘方氏为编纂审查员，担任汉至元耆旧传、地理、艺文、诗文录、人物列传及丛传的编纂。近年，《景泰云南图经》《正德云南志》《万历云南志》《天启滇志》相继出现，方氏均得一一浏览，并参考从汉至元的正史、别史、杂史等有关滇人者，引用这些书，各加侧注及按语，补缺正误，撰写了《汉至元耆旧传》，拟再加烈女、方外，编为四卷，更名《古滇人物考》。此外，钱仪吉、缪荃孙、闵葆之三家碑传集，所录滇人不过二十余人，方氏读之不无遗憾，发愿专辑滇南明清两代碑传，纂为一书，补三家碑传之不及；在时间上，亦能与《古滇人物考》相衔接。体例一本三家，而斟酌损益，成书三十二卷，共二百八十五人，文四百八十篇。撰者二百七十八人，定名《滇南碑传集》。当时，顾颉刚任教云南大学，闻此书完稿，认为是一部攸关云南文献之书，云南丛书中尚无此巨制，特介绍北京图书馆交开明书局印行。为了衔接民国以来滇人的碑传，方氏又着手搜辑资料，为编《续滇南碑传集》作准备。是岁，方氏六十寿庆，拟将自本年至六十九初度所作，统编为《寿梅集》卷一。另外，所编之《滇南学者生卒考》一卷写成。

1941至1943年，方氏在海源寺纂修通志，将所任各稿杀青，交张馆长，自是通志结束。该志至1949年始出版，定名《新纂云南通志》，自筹备至书成，方氏始终担负编纂重任。是时，受云南大学聘任云南文化史教授。写成《滇王庄蹻考》《云南省名考》二篇印行。

方氏草拟续修《晋宁州志》。晋宁县长极赞成，聘他总其成。次年，州志之记、图、表、略、传、录等门，总三十卷，皆方氏一手编成。

1944至1946年，云南大学把方氏所纂通志艺文考滇人著述部分，录成单篇，名《明清滇人著述书目》，收入《西南研究丛书》之四。同期，自著《学山楼诗集》与所编《滇文丛录》百卷待印。《滇诗丛录》百卷，亦编就待印。同时，写成《滇南红豆集》，此书与《茶花小志》同一性质，均为表扬云南特产。其后几年，都在继续编《续滇南碑传集》，全书写成共九卷，补一卷。

全国解放后，方氏任晋宁县政协委员。将吟咏诗篇续编《寿梅集》二卷。所编《师荔扉先生年谱》修补粗成。增补《北游搜访云南文献日记》也告完成。1951 年，云南大学聘方氏为终身教授。

1953 年，省府委他为文物保管委员会委员，任职以后，经他抢救及收购的名贵古籍，不可胜数。方氏三十多年来，购书约四万卷，绢楮书画二百余卷，保存滇南文献最多。他将数十年搜得的部分云南文献一百七十一册捐献给省图书馆。是年十月，任文史研究馆筹备委员，为设立馆务，出力不小。方氏鉴于历代滇贤吟咏，编《云南丛书》时，搜罗大致全备，但省外人之仕宦、幕客、谪戍、经商，以及闲游者，于滇之山川、名胜、古迹、风俗及与滇人酬和之古近体诗，尚无人搜采而汇纂。方氏于滇贤所作外，注意网罗，数十年来，所得的资料甚多，乃按时代自汉至民国的佳作，汇录为三十二卷，定名为《历代滇游诗抄》（未付印，稿存云南大学图书馆）。此书对于云南之文化，关系非浅，是编写文学史和云南名胜古迹史的价值很高的材料。

1954 年，文史研究馆正式成立，方氏被省人民政府聘为馆员，方氏平时很重视文物发掘与保存，他介绍省博物馆，晋宁鲸鱼山曾多次发现有古物，可派员发掘，于是引起博物馆的注意，在昆明购得出土铜器数件。三月，派员到鲸鱼山调查，确有古物，并捡获古代陶片。其后，再派员去发掘，得古代陶器千余件，尤其有研究价值的是屈尸一具、石器时代古物，尚有许多铜器、兵器。而铜鼓二面上，酋长监督奴隶工作诸状，为海内所仅见。而“滇王之印”，黄金蛇纽，逼真汉篆，此王印关系云南历史最大。

这一年，滇贤诗文虽已印成丛录，但尚有遗漏，方氏将二十年来继续搜采得到的，可编为四十卷，体例从前，打算将来随得随增，以备补遗。同时，将在北京图书馆抄得的杨一清史实百余条，合夙昔所采史料，编《杨文襄公年谱》，至本年整理完成，分上下两册，无岁月不能列入年谱者，编为附录一册，自有序。

1955 年，云南省图书馆派人到方村，将“方氏学山楼”藏书，搬运十马车来省。方氏一生心血所得，悉萃于此。同年，将二十余年搜采得到的担当和尚生平行实，编成《担当年谱》一书。

1957 年，中央政协会议决定任方氏为云南省第一届委员（以后连任至三届）。

《南诏野史》一书，明清有数种，于史法未严谨。“南诏”限唐宋两代，元置行省，已不合称“南诏”。前人撰野史者，不惟涉及元代，而明代亦多叙及。清乾隆间，胡蔚假托“杨慎本”而增订之，纪事至清初，杨慎之“月节词”亦收入，名宦、古迹，唐以前者亦搀入。方氏病此书谬疵之百出，乃撰《南诏备征录》七卷，唐以前不收，宋以后不录。翌年，又将数十年来披览滇先贤之诗，不以人存诗，专以诗存人，取于政治、风俗、教化有关者，得二千余百首，编为《历代滇诗选》二十卷，自有序。并纂《滇谚汇抄》三卷。

1960 年，方氏高龄八十，编《寿梅集》卷三，并将《滇诗丛录》所未收之近代滇人吟诗，编《滇南近代诗抄》二十卷。次年，将多年缀辑有关太华山的记载，编纂

《太华山志》十二卷。

1962 年，受昆明市人委聘任市志编委会委员。九月，参加历史学会。翌年，将历年搜罗到的滇南各县古迹、祠庙、园林的佳联，按时代汇编《滇联丛录》四卷。又编《翠湖小纪》二卷。复将数十年来所写的文章一百五十余篇，分类编为《学山楼文集》十卷，其中十之七八，于滇中文献有关。1964 年以后，方氏都是在文史馆整理文史资料。

方氏编著有三十余种，除上述者外，尚有《师斋随笔》《晋宁咸同兵事记》《学山楼题词录》《近代滇人著述书目提要》《滇池杂谈》《滇会梦痕录》《学山楼丛书目》《碑记汇录》《滇南学士书札合册》《陈荣昌年谱》《臞仙年录》等。

方氏尽瘁桑梓文化事业，终生对滇南文献，锐意博收罗致，数十年如一日，至老不倦，积累了丰富资料，加以整理，对研究滇南文化贡献巨大。他曾被时人称为“滇癖”，是著名的文献学家。李根源赠他一首诗，形象的说明他的生平。诗云：“五华同学百余辈，著述如今有几人，收拾天南文献尽，故应松长老龙鳞”。方氏也在书后写道：“印泉知余也深，余尽力乡邦文献，近虽有述作二十余种，覆瓿物耳。百尺竿头，再进一步，努力勿懈，是勖。”他的著作，多未付印，稿本和抄本分藏云南省图书馆和云南大学图书馆。方氏卒于一九六八年阴历五月八日，享年八十八岁。

〔录自《云南地方志通讯》1985 年第 8 期〕

李根源（李根瑄）

李根源先生，字印泉，又字养溪、雪生，别署高黎贡山人。云南腾冲人。生于一八七九年四月十七日。祖籍山东益都县。明初，始祖李德从沭入滇，传三代讳全，因征麓川有功，调腾冲卫千户。十代祖镇雄公，封武略将军。明末扈永历帝奔缅失散，归耕曲石，教子孙勿仕。

祖父名殿琼，龙陵营千总，战死于乌索。祖母黄恭人矢志抚孤。父大茂。腾越中营千总，有子二，先生为长子。

先生幼时，祖母亲自课读，时以“为学宜恒，立身宜正，做事宜诚”督教先生。先生自知勤奋向学，乃出乎其类。一八九四年中日战争时，先生十六岁，订阅上海《新闻报》，开始关心国事。次年在腾越“来凤书院”，受学于赵端礼山长。先生能刻苦自爱，后有所成就，乃赵先生垂教也。一八九八年应永昌府试中秀才，童子军中称妙手。一九零三年考入昆明高等学堂，受业于昆明陈荣昌、曲靖孙光庭两先生。为救国求经，第二年考送日本留学，研习陆军，毕业于日本士官学校。时与孙文、黄兴多来往。一九零五年参加同盟会，是首次开会二十七人签名之一。会后，孙、黄二公认为：云南有导致革命的因素，乃畀先生与杨振鸿等四人组织出版《云南杂志》，制造反清舆论，并与赵伸、吕志伊等倡设云南独立大会，声援河口起义。一九零七年回国至昆明，任云南陆军讲武学堂监督，旋升总办。以“坚忍刻苦”四字为校训，为革命造就军事骨干与反清英雄人物。第一期学生分甲、乙、丙三班，丙班多是爱国热血青年，共三百三十九人，后为辛亥昆明重九起义的优秀骨干。朱德同志就是丙班中之优秀生。一九四一年，朱德同志在延安《新华日报》著文说："满清政府对于革命的压迫是极端残忍的。对于讲武学堂的摧残是非常严厉的。李根源先生对于学校的维护起了很大作用，凭着他的革命热忱和灵活的手腕，任劳任怨的精神，这个革命熔炉才得保存下来。"

武昌起义爆发，先生与蔡锷等发动新军响应。昆明重九起义的主要干部，是云南讲武学堂的师生。朱德同志说："辛亥云南起义的组织者是蔡锷、罗佩金、李根源。他们三人对辛亥革命所起的作用是应该肯定的。"云南大汉军政府的成立，先生任军政部总长兼参议院议长，总大小政事，日夜不休，革命成功，他只说是"同人一心，将士用命"，自不居功。先生继任云南陆军第二师师长兼国民军总统，节制滇西文武官吏。嗣同盟会改为国民党，先生被推举为云南支部长。旋离职北上，被选为众议院议员，坚辞袁世凯的高等顾问聘函及八百月薪。一九一三年参加"二次革命"失败，逃日本，入早稻田大学，攻读政治经济。因怕袁氏铲草除根，把子女移到日本。一九一四年与黄兴、陈独秀等成立欧事研究会，发表对时局的主张。已见袁氏对外卖国投降，对内专制独裁，逆迹昭然，乃奋然归国参加反袁斗争。护国军兴，先生任军务院北伐军联合部参谋，军务大计，多归擘画。一九一七年任陕西省长，和谷钟秀等组织政学会，以对抗北洋军阀冯国璋等人非法选冯为总统。不久督军团叛乱，继而张勋复辟，先生坚决反对，被陕西督军陈树藩软禁。先生请快杀，陈不敢，乃护送先生出陕。十月革命胜利消息传来，先生说："此为世界一大变动，吾人当于法兰西革命影响于世界专制者同等视之"。一九一八年赴广东参加护法运动，被推为驻粤滇军总司令兼滇军第四师师长，督办粤、湘、赣边防军务，创办韶州讲武学堂，先后毕业两班员生。八月一日兼摄南韶镇守使及滇军第三师师长，嗣以讨龙济光及夏南雄等役功，军政府令加陆军上将衔，授一等文虎章。

一九二零年一月，改任督办广东海疆防务兼摄琼雷镇守使。一九二二年任北洋政府农商部总长并代总统执行命令。一九二三年六月，反对曹锟贿选总统，息隐苏州，杜门绝客，不问政治。一九二五年，章太炎先生在上海成立辛亥革命同志会，先生即加入。

"九·一八"后，先生力主抗战，发表抗日言论，反对妥协投降，被蒋介石派人监视。"七·七"抗战军兴，先生在苏、沪积极抗日，组织老子军，被蒋介石解散。蒋介石非法逮捕主张抗日的七君子，在全国各界人民的强烈反对下，蒋乃不得不准许七君子保释，先生自认保沈钧儒，并请苏州绅老去保六君子。后来，郭沫若先生去苏州访问，在《大公报》上著文赞誉先生为"中国之大老"。一九三七年到汉口，应董必武同志邀请，为《新华日报》题"明耻教战"四字，集中地抒发了先生坚决主张抗战，反对妥协投降的豪壮忿慨之情。

一九三八年到西安，与朱德同志两次会晤，畅谈团结抗日大事。朱总给先生讲了许多革命道理。先是，在二月间，朱总赞成先生应新疆省主席盛世才的邀请，到乌鲁木齐时，以对苏贸易和苏联支援抗日物资通过新疆转运关内至延安等问题与盛商讨。盛表示全力赞助，并介绍与苏联驻乌鲁木齐总领事安先会晤。该总领事表示欢迎先生到苏联参观，至四月，因害心脏扩大病未果行。

一九四零年抗战三周年，先生感赋七绝五首，寄慰前线将帅诸公。朱德同志和原韵作五首绝句。其序说："读《大公报》载印师"七·七"三周年纪念抗战将士七绝五首，民族正义，溢于词章，拜读之下，莫名钦感，谨和原韵邮呈指正。"

一九四二年五月三日，日寇陷畹町，入滇界，四日龙陵沦亡，十日腾冲失守。五月四日保山被炸，蒋介石下令放弃保山，镇守沧江，滇西守军闻风而逃。时先生任云贵监察使，力排众议，电蒋介石同意坚守潞江，誓死保住保山，发表《告滇西父老书》，表示愿意追随父老之后，保家卫国。继自昆明拖着老病身躯，驰赴保山，亲临潞江东岸，联络军队，组织抵抗，沿江设防，阻止敌军东进。至六月下旬，江防已稳定，奠定了收复潞江以西失地的牢固基础。助办大理干训团，培养反攻腾龙的挺进军。力慰各土司卫国干城，各土司均输诚于抗日。

一九四一年，先生建议国民党政府与纳粹德国绝交并宣战。当汪精卫投敌叛国，在越南发表"艳电"时，滇省疆吏请先生到五华山征询意见，先生告以"蒋介石已陈大军在滇桂边境，一旦有变，朝发夕至"，以利害讽之，告为汪所惑者曰："如相强，惟有以鸦片烟代白兰地酒一饮而尽，殉于五华山耳。"疆吏为之动色，谢先生曰："印老爱我，非爱我不语此也。"从此，先生厌恶官场应酬，乃标三不主义：一不请客；二不做客；三不拜客。旋即将云贵监察使署迁到昆明西郊外普坪村，着手编纂《永昌府文征》，为地方文献史料出力。

一九四九年九月，先生由腾冲到昆明，正值进行"九九"整肃，大肆逮捕地下党员和爱国人士杨青田、张天放诸公，共三百多人。先生不顾威胁，出面营救。时国民党代总统李宗仁来昆，先生面恳他以代总统身份下赦令，释放全体被捕人员，国民党西南行政长官张群也在座，张告之先生：杨青田等十余人都要押送重庆。蒋介石亲手批示："情有可原，而罪不可逭"，劝告先生不要介入。先生笑语李宗仁曰："此事易办，何不将蒋的批辞改为'罪不可逭，而情有可原'，即可据情赦免耶？"李宗仁采纳先生意见，签交卢汉办理。

全国解放后，历任西南军政委员会委员、西南行政委员会委员、全国政治协商会议委员。他亲见祖国日益强大，回顾往事，更增加他对新中国热爱之情。一九六一年，先生著文说："过去外患频仍，军阀恣睢，爱国之士莫不忧心如焚。今天，我们在共产党和毛主席的英明领导下，始能臻于国势富强，万民康阜之境，使旧中国的重重阴霾一扫而清，从而出现了万里晴空、光明灿烂的新时代，八二老翁能不欢欣鼓舞！"

一九五〇年六月六日，全国政协第一届第二次全体会议开幕。先生在大会上听了周总理所作政治报告以及中央人民政府其他首长所作报告，极为兴奋。先生在大会第五日发言，发言稿是口述，由艾思奇笔录整理。在发言中，先生由衷地表达了对毛主席的尊敬。先生最先说："会议的气象，表示我们的国家将要十分地兴旺起来，我们的人民将要得到莫大的幸福。"最后说："在这个会议上，我看见了中国人民在毛主席领导下，已做出了许多翻天覆地震古铄今的伟大事业。因此，我要热烈庆祝毛主席领导的人民大业的成功。"大会结束时，毛主席在北京饭店宴全体到会者，位先生于首座。卢永衡先生对先生说："此吾滇人之光荣也。"

一九六三年、六四年，周总理、朱委员长相继在政协礼堂主持老人宴会，先生与夫人马树兰被邀参加，朱总司令恭敬亲切地与他的老师李根源交谈，留下了千古不朽的师生情感及尊师典范。

一九六五年七月六日，先生在北京辞世，朱德委员长亲自为他主持追悼会。

先生一生勤奋学习，读书破万卷，酷爱访古和石刻，著有《吴郡西山访古记》《叠园石刻集》和《凤翅园石刻集》以及《苏州小王山石刻群》（小王山石刻群堪称近代书法艺术的露天展览馆，是全国的文物瑰宝）。关心云南地方文献史料，著有《永昌府文征》《景邃堂题跋》《雪生年录》。关心国家大事，著有《曲石文录》《曲石诗录》等书。

李根源先生生活在国家内忧外患交相煎迫、人民生活极端痛苦的时代，由于有思想和历史的局限性，在旧社会曾经历了迂回曲折的道路。他生平所怀政见："内王外霸"，十未展一。可惜他怀才不遇，生不逢时，爱国有志，报效无门，壮志难酬。用他驰赴滇西抗日，虽略抒雄才，但年近黄昏。先生热爱新中国，是一位文能附众武无偶的爱国民主主义者。

〔录自《云南文史丛刊》1985 年第 3 期〕

方国瑜自序

（略述治学经历）

国瑜生于边僻之乡，儿时因疾病折磨，资质粗笨异常，习惯于孤独生活。年九岁始发蒙，因不懂汉语，只用本民族（纳西）语言讲解汉字，颇感困难。读书小学、中学时，常促居小屋，终日伏案咿唔。稍长，自署书室曰"困而好学斋"以自勉。假日，从和让（德谦）先生习诗词者六年，未尝有佳作。将远游，先生临别赠言，诵《王渔洋诗话》"诗有别才，非关学也；诗有别趣，非关理也"之句，谓：瑜生性质朴，缺乏"才"、"趣"，而肯勉力，"学"、"理"可就；一生功力，能为学人，不宜为文人。此深知之言，铭记在心，拳拳弗失矣。

公元一九二三年至北京升学，多闻议论，胸襟开扩。次年考入北京师范大学预科，因一场大病，休学二年，复学读本科。时"整理国故"之风甚炽，乃习考据学。先后从钱玄同（疑古）、余嘉锡（季豫）、马衡（叔平）诸先生，治音韵、训诂、目录、校勘、金石、名物之学，且得高步瀛（阆仙）、吴承仕（检斋）、黎锦熙（劭西）诸先生启发教育，稍知读书门径，每有论述，发表于期刊，亦有存稿（有可取者，已编定《广韵声汇》一书及《困学斋杂著》五种）。又先后从陈垣（援庵）、梁启超（任公）、杨树达（遇夫）诸先生治史地之学，钩稽故实，发微阐幽，且多读西域、南海译著，增益新知，亦有述作。至一九三三年，已卒业于北京大学研究所，所长刘复（半农）先生催促瑜回乡习纳西族象形文字。秋间过昆明，获晤袁嘉穀（树五）先生，询所学，蒙赞许，纵论滇人旧学，亦颇谓然。时周钟岳（惺甫）、由云龙（夔举）、赵式铭（星海）、方树梅（臞仙）诸老辈纂修《云南通志》，鼓励瑜专心本省文献，意有所动，既至丽江，习纳西文字成。次年复过昆明，携《云南备征志》《滇系》诸书，六月至北平。数日，刘半农先生病殁，将整理纳西文字，无从请益。友人董作宾（彦堂）介绍至南京从赵元任、李方桂两先生治语言学，编写《纳西象形文字谱》。居历史语言研究所，所内藏书甚富，得纵览之。南京国学图书馆多善本书，时往假读，约一年间，辑录云南地方史资料。是时，有中、英会勘滇缅未定界之议，痛感清季外交，丧权辱国，多作文议论，发表于报刊。所撰《纳西象形文字谱》成初稿后，携往苏州谒章炳麟（太炎）先生求教。复谒李根源（印泉）先生，以云南史请业，颇蒙教诲，谓瑜所论界务多空洞，当亲履边境，研究地方史事亦甚有益，乃以参与界务交涉。一九三五年九月赴滇西边区考查，周历傣族、拉祜族、佤族地区，于一九三六年夏归至昆明，因袁树五先生强留，教读于云南大学，至今已四十又四年矣。其初，受课之余，致力研讨云南史地之学。自一九三八年以后，连年兼任云南通志馆编审、审订、续修之职。分纂建置沿革、金石文字、宗教、族姓诸目，其余多参加讨论。又协助李印泉先生编辑《永昌府文征》，多作题跋。自一九三七年抗日军兴，内地大学及研究所有播迁至西南，加强抗战大后方，各地学人多来集昆明，尚论边政，瑜与凌纯声、向达、楚图南、闻宥诸友好主办《西南边疆》杂志，出版至十八期而辍。云南大学成立西南文化研究室，瑜主其事，筹资编印丛书，先后成十一种。一时各地以研究边疆问题相号召，多有专著。瑜研究云南史事已有集稿，拟作专书；然分目既多，颇感芜杂，成稿者尚少。

我国自远古以来在辽阔地域逐渐形成统一的多民族的国家，而各地社会经济文化发展极不平衡，边地长期处于落后阶段。历代王朝设置政区，适应社会基础。秦汉以来有内郡、边郡之分，隋唐以来有内州、边州之别；此乃政权形势不同，国家主权则无二致。由于统治者之偏见，歧视边地，认为羁縻，实行大民族主义压迫，更使发展延缓。史家倡“异内外”之说，发挥“尊王攘夷”“夷夏大防”等反动观点，为统治者服务，史籍记录缺略不实，且多诬蔑之辞，如班固《汉书·叙传》说：“西南外夷，别种殊域。”用“外”“别”“殊”之贬辞，历来史籍如此。故长期以来，边地历史遭到歪曲诬蔑，真相被隐晦，考究史事之作亦甚少。至近世始稍改变，则因帝国主义侵略，俄、日在北方，英、法在南方，窥我边陲，危及堂奥，有识之士，留心边事，乃有西北地理及满蒙史地之学，蔚为风气，多有著作，打破已往沉寂。而西南，则英帝自印度侵占缅甸，法帝囊括印支三国，侵入我云南。当中英、中法交涉界务时，有“既失藩篱于前，又蹙边境于后”之叹。时人多有慨愤文章，登诸报刊，至于研究史事之专著则甚鲜，比之西北、东北、北方逊色多矣。抗日战争期间虽有述作，成就亦少。

新中国成立之后，宣告国内各民族一律平等，重视边省建设，为旷古所未有，社会历史调查研究，亦大改观。一九五四年，周恩来总理至昆明，视查云南大学，指示历史系教学、科研应重视地方特点，出人材、出成果。乃于是年秋开设《云南民族史》科目，由瑜主讲，编印讲义成两厚册，虽为由无到有之创举，学术水平则甚低下。次年，设云南民族史专门组课程，相继成立研究室、研究所，与诸同道勉力从事，课题渐多，亦渐充实，昔日冷门寂静之学科，二十五年来已渐有繁荣景象矣。

瑜留心云南地方史，先后异趣而实相承，其初治文献之学，纂录故实，比勘考辨，囿于地方志书体例者十余年。后乃解脱，稍习科学，略知奥秘，盖从累积现象进而探寻实质，惟限于理论水平低，知识亦疏陋。数十年间积稿虽多，发挥新意而大都未惬于怀，且近岁已体力不及，盖瑜五岁时因扑地，右眼受外伤，从此，两眼红肿，视力模糊，深受其苦。二十岁至北京获治，恢复正常，至六十岁老眼衰退，有加无已，七十岁已甚严重。出外求医无效，中西医皆言将继续恶化以致失明，但尚有三、五年可用。念此生勉力治学，已有积稿而未经编定，将至一无所成。乃自一九七三年春清理、改造旧稿，稍有可取者编录定稿，得友人眷写清本。五、六年间竭尽心力目力，完成数种，共四百余万言。其数量较多者有《中国西南历史地理考释》《云南史料目录概说》及《滇史论丛》。前二书已有条贯，分题考之，而《滇史论丛》尚未竟业。《论丛》率为散篇旧作，有专篇、专条及专书之部分可取者，其中多已发表于期刊，或刻印散发，亦有未刊手稿，已誊写约百万字，将分辑编定。今看书写字极感困难，期得他人帮助整理，继续编入。

云南地方史为中国史不可分割之组成部分，但自来被歧视、忽视，至今凌乱亦甚。搜集整理、分析批判历史资料，揭示历史真相，仍然是今天史学工作者的迫切任务。云南地方史之研究亦应大有作为。瑜虽目力困难，丧失独立工作能力，但意志不能稍衰，故与研究室二、三同道共商，拟定八年（一九七八年至一九八五年）规划，力图将此科目提高到新水平。顾此科目，原是底子薄，且以往限于个体小生产方式，较之其他科学处在更落后阶段，须急起直追，则惟有社会化大生产方式始克有济。所拟四项课题为此科目基本建设打下坚实根底，使有志于此者得到充分利用，贯彻实事求是原则，长期共同奋斗，发扬而广大之，非仅一人一时之事也。瑜年迈力衰，惟在大好形势鼓舞下，尚无迟暮之感，当与诸同道者黾勉从事。犹盼完成八年规划之后，尚得余年，为社会主义事业竭尽绵薄之力，勿负此生矣。

公元一九八〇年三月十八日

丽江方国瑜谨识，时年七十有八

〔录自《滇史论丛》〕

马骢

马骢，字伯安，回族，昆明人。生于一八八六年，毕业于云南武备学堂。

云南“重九起义”时，与唐继尧受命围攻督署，亲率步兵七十四标第一营猛攻总督衙门，为云南光复立下战功。

一九一五年，他积极参加滇军爱国将领举行的秘密会议，共商护国大计，拟定武装讨袁计划，为护国首义奠定了牢固的基础。

护国军北上入川时，先任护国军第一混成旅旅长。进驻宜宾时，任自贡井卫戍司令。川局平定后，返滇任过督军署总参谋长、云南军政厅长、代理过督军。

抗日战争时期，在近日楼城墙上，奋笔挥毫写下了“还我山河”巍巍四个大字，以此激发国人同仇敌忾，驱逐倭寇，御侮雪耻。

在发展少数民族的文化、公益事业和培植人材方面，他也作出了很大的贡献。一直被公推为云南回民俱进会、云南回族协会理事长。清理回民寺产，苦心经营，带头捐资，筹集办学经费，创办了明德小学、明德中学、阿文专科学校，办《清真铎报》，选送留埃学生。留学生中有的后来成了著名的学者、教授。

抗战期间，在任云南军管区副司令时，他曾向国民党中央提出要求，通令各地驻军不得进驻清真寺。

一九四七年的第一次阿以战争，曾和中国的广大穆斯林一道，无私地支持了阿拉伯人民的正义斗争。此举赢得了阿拉伯人民的很高赞誉。沙特王叔阿布杜拉·阿齐士、埃及国王法鲁克等首脑赠给了他有着亲笔祝福与签名的照片和礼品。

他不仅擅武亦能文，精书法，尤工诗。较著名的“回民万人坑碑文”即出他手。遗作有《伯莽咏草》一集（已散失）。

〔据马继武所供资料编录〕

缪尔纾

缪尔纾，字寄庵或季安，宣威县人。云南优级师范学堂毕业，任第一中学、第一女子中学等校国文教员多年。曾编《中等模范文选讲义》二册、《历代文选》五卷、《老子新注》一卷、《论语书中之孔学》一册、《锦谷遗稿诗选》一卷、《锦谷遗稿文选》一卷。

一九二六年任晋宁县长，与赵藩、周钟岳、方树梅、何秉智、赵宗翰等游盘龙山，互有唱和。此后任滇黔绥靖公署及云南省政府秘书处秘书、科长。一九三零年至一九三七年任云南通志馆分纂。一九三八年至一九四二年任云南通志馆编审员。一九四三年至一九四四年任云南通志审订委员会委员。

缪是周钟岳的学生，土地改革后，他把周和周夫人迎养在铁局巷寓所。1955年周逝世于缪寓。

〔张渤供稿〕

梁之相

梁之相，字书农，建水人。北京大学毕业，对校勘学有研究。曾任滇黔绥靖公署秘书处科长、云南省训练委员会主任秘书、云南通志审订委员会常务委员、云南通志校印处处长。

对《新纂云南通志》的出版工作做出贡献。

〔张渤供稿〕

由云龙

由云龙，字夔举，姚安人。光绪二十七年肄业于京师大学堂，后留学日本，学教育。宣统元年云南成立教育总会，被推举为副会长。

曾任教育司长、代理省长、行营秘书长、省参议会议长、云南通志馆编纂。主纂

《姚安县志》六十六卷。

已出版的著作有《定庵诗话》《越缦堂日记》《桂堂余录》《人生之大问题》《南雅诗社吟稿》《定庵诗话续编》《幻缘记传奇》《定厂诗存》《漫游百咏》《东游日记》《北征日记》等。

〔张渤供稿〕

于仲直

于乃义，字仲直，一九一五年生于昆明。祖父于怀清是前清秀才，屡试不第，放弃科举，当商号文牍。父亲于少怀，法政学校毕业，做过省公署职员和县长，开过纸铺。

幼年在私塾从叔外祖简绍中读《四书》《诗经》及史部集部著述。打下古典文学基础。

一九二六年，就读恩光小学。

一九二八年秋，考入云南法政专门学校政治经济系本科。一九三二年毕业。一九三三年一月起在云南省立昆华图书馆担任编目工作。

一九三七年，患心脏衰弱症，终年卧病，对佛学产生了兴趣。又在编目工作中对目录文献学甚有心得。阅读了佛藏及大量西洋哲学、文学、自然科学论著。

在图书馆工作期间，参加了云南丛书中《滇文丛录》《滇诗丛录》的整理，并担任校印工作。袁树五编《石屏县志》未完逝世，协助袁丕佑编成后二十卷。

一九四三年以后，全力参加《新纂云南通志》的编纂，除担任物产考、土司考等门类的撰写外，协助秦璞安作全部的校订。对地方文献做过三十多册札记，与罗常培等十人合写了《云南史地辑要》一书。同年，与李印泉、潘光旦、朱自清等创办五华中学，参加了求实中学校董会。一九四四年主持五华中学。

一九四七年，被推举担任五华文理学院的教务长，主讲中国通史、世界革命史、文艺批评、形式逻辑与辩证法、荀子、庄子等课程。

于先生精于中医，曾与各方合作，出版《滇南本草》一书。又与兄于乃仁合写《云南史话》。

一九八〇年十二月二十日病逝。

〔采访——民革云南省委供稿〕

庄永华

庄永华，字实若，昆明人。二十年代曾到日本考察教育。后任昆华中学教员、水利局长、云南省经济委员会秘书。一九五零年到一九五一年三月任中国人民银行云南省分行计划员。

一九三五年接任分纂水利志稿。

〔张渤供稿〕

万湘澄

曾编写《云南对外贸易概况》和《新纂云南通志》中的《币制考》。

〔张渤供稿〕

吴琨

吴琨，字石生，昆明人。前清翰林。曾任云南省财政厅长。对《续修昆明县志》的成书，颇多贡献。在通志馆与钱平阶同纂《续云南通志长编》中民国二十年以前的财政部分。

〔张渤供稿〕

徐之琛

徐之琛，字葆权，巍山人。曾任云南外交特派员。《新纂云南通志》外交稿是他定编的。著有《关于中法修订越南通商专约上外交部书》《滇缅尖高山以北未定界意见书及要略说明》《滇缅尖高山以北未定界务摘要附五色线图》《关于中英会勘滇缅未定界上外交部书》等。

〔张渤供稿〕

何秉智

何秉智，字筱泉，昆明人。北京大学专修科毕业生。曾任云南省政府秘书、内政部主任秘书。一九三零年云南成立通志馆筹备处时，他就参与其事。云南通志馆成立后，担任干事，负责总务工作，分纂《官制·文官制》，又与由云龙同纂盐务。直到一九三九年去重庆，才离开云南通志馆。《新纂云南通志》职官表、贡举征辟表等是他编的。他个人多年札记中有关财政和盐务的资料都赠给通志馆，颇有参考价值。

〔张渤供稿〕

何作楫

何作楫，字逖江。昆明人。民国十五年云南省文官考试及格，任云南省教育厅科长多年。分纂《续云南通志长编》民国二十年以前的教育部分。著有《杨慎年谱》。

〔张渤供稿〕

解永年

解永年，字仲延。曾任云南省财政厅秘书。《新纂云南通志》的财政考和币制考是他编的。

〔张渤供稿〕

夏光南

夏光南，字嗣尧，会泽人。北京大学毕业，在省立第一中学等校教历史多年。所著《元代云南史地丛考》一书，由中华书局出版；对云南古代史料勤于考索，贡献颇多。《新纂云南通志》地理考中的疆域部分，主要是他编的。

〔张渤供稿〕

陈玉科

陈玉科，字振之，云南屏边人。曾任昆明市长、国民党云南省党部指导委员、河口对讯督办。

〔张渤供稿〕

曹恒钧

曹恒钧，字仔肩，剑川县人，白族。陆军测量学校毕业。曾任云南省清丈人员养成所所长、测量局三角课课长、云南省陆地测量局局长、丘北县长。抗战前夕至抗战初期，云南完成的全省军用地图，是他主持完成的。《新纂云南通志》中清代和民国设制区域各图，都是他编绘的。

〔张渤供稿〕

李永清

李永清，字子廉，昆明人。北京师范大学毕业。曾任云南师范学院院长、教授、云南省教育经费管理局局长、云南教育会常务理事。

〔张渤供稿〕

覃宝珖

工书法，善诗文。任民政厅秘书多年，曾任剑川县长。一九三八年十一月成立通志编审机构，聘他为校对。

〔张渤供稿〕

周志平

周志平，名均，志平是他的字，蒙自人。毕业于北大国文专修班，一九四四年任云南省政府秘书处第一科科长。卢汉主滇后，在昆明师范学院中文系任教。潜研佛理及中医，后患神经分裂症。他分纂民国二十一年以后的外交。

〔采访〕

王惕山

王惕山，名灿，号铁山，后改为惕山。昆明人。生于一八八一年，卒于一九四八年。清末民初留学日本，在明治大学攻读法律。归国后在法政学校任教席，后任校长。曾任云南留日学生监督和云南省高等法院院长、省政府秘书长。一九三一年，任国民政府最高法院推事。抗日战争爆发后回昆明，担任云南大学教师，不久即告老退休。著有《知希堂诗钞》二十卷，译有日本古城贞吉撰《中国五千年文学史》。辑录《滇八家诗选》八卷、《滇六家文选》六卷、《滇骈文钞》二卷。

〔采访〕

王桢

王桢号晓秋，昆明人。生于一八八五年，卒于一九五一年。清光绪癸卯科举人，曾任内阁中书。废科举后，入法政学堂学习法政，毕业后，任宣威县知事。民国初年被选为众议院议员，并兼云南驻京代表。其间也短暂地任过曲靖县和澄江县知事。曹锟贿选事发后，南下广州参加临时国会。曾任唐继尧代表与孙中山先生洽谈唐提出的联省自治问题。后又任省政府顾问及造币厂委员。一九三零年担任耀龙电灯公司董事，后任公司经理。主持修建了从海口至石龙坝的引水渠工程，改善了石龙坝水力发电厂的供水系统，解决了由于石龙坝发电厂供电不足、市区照明昏暗、工业用电困难的问题。

晚年笃信佛教，不问政治。曾根据《金刚经》等佛经撰写过不少屏联帧帖。

〔采访〕

姜寅清

姜寅清，字亮夫，昭通人。北京大学毕业，曾任河南大学教授，云南大学文史学院院长，博览群书，尤擅长于音韵、训诂、考据之学，著作甚富，编辑历代名人生卒之书甚多，以《历代名人碑传里居年表》二十四卷为最著。又以三十年时间写成《楚辞通故》一书。龙云主滇时任云南通志审订委员会委员、云南省教育厅厅长。中华人民共和国成立后，任浙江大学教授。

〔采访〕

李毓茂

李毓茂，字松和，云南祥云县人。民国十八年二月任省会水利局局长，十九年四月任农矿厅水利局局长，二十一年七月任实业厅水利局局长。

〔采访〕

陈铭竹〔缺〕

陈鸿勋〔缺〕

〔按:《续云南通志长编》人物目录稿中共有唐继尧等二百零六人（本书《出版说明》第七条的统计数字有误），其中有名有传者有唐继尧等一百四十四人，有传无名者有邱廷宽、王致仁二人，有名无传者有肖瑞麟等六人。对有传无名者，按类归属;对有名无传者，我们从《续滇南碑传集》中辑入八人，从《民国人物传》中辑入二人，从《云南光复诸人事略》中辑入三人，向知情者采访事略补入一人，共辑入十四人。其余等人，因无资料可寻，只录姓名，一仍其旧。

《通志馆编纂人物传略》共四十八人，除就原稿中抽出赵式铭、袁嘉穀、陈价，张鸿翼、钱用中、熊廷权、华封祝、金仲陶、宋嘉俊、孙光庭及顾仰山、徐之琛十二人外，由《续滇南碑传集》辑入七人，由《云南地方志通讯》《云南文史丛刊》及《滇史论丛》等书刊辑入五人，由机关、亲属及知情者提供资料而辑入二十二人，其余陈铭竹、陈鸿勋二人，尚无点滴资料，也只录姓名。

总计本卷人物共二百五十四人。

附录一：《续云南通志长编》整理前言

民国时代，云南共编纂了两部省志，就是《新纂云南通志》（上自古代，下至清宣统三年）和摆在读者面前的《续云南通志长编》（上起民国元年，下限一般在抗日战争结束）。这两部志书基本上是一套班子先后编纂的。《长编》的编纂过程和主要内容是这样的：

一九三〇年冬，云南省政府省务会议通过了省主席龙云的提案，决定编纂一部新的云南通志和一部民国云南省志。次年，省志筹备处成立，聘请周钟岳为筹备处主任，省属各厅长为筹备员，马金墀、陈价、孙光庭、宋嘉俊、钱用中、秦光玉、袁嘉穀、顾视高、吴琨、由云龙、熊廷权、萧瑞麟、李增为顾问，方树梅、何秉智为常务干事，处理日常事务。同年九月一日，筹备处正式改为“云南通志馆”（先在翠湖九龙祠，一九三九年因躲避日寇飞机轰炸，迁至海源寺龙云的灵源别墅。次年，再迁至龙王庙），周钟岳任馆长，赵式铭任副馆长（一九三九年周钟岳被调任国民政府内政部长，赵式铭继任馆长），袁嘉穀、由云龙、顾视高、吴琨、宋嘉俊、李根源、金天羽、钱用中、秦光玉、熊廷权、萧瑞麟、张华澜、张士麟、张鸿翼、丁兆冠、马聪、徐之琛、华封祝、王桢、金在镕为编纂员，缪尔纾、方树梅、何秉智、解永年、陈秉仁、何作楫、陈玉科、陈鸿勋、曹恒钧、李永清、李毓茂、夏光南、刘楚湘等为分纂员，方国瑜为编审员，覃宝珧为校对。这些人士，或是云南政界名流，或是文化教育界耆宿，修志盛况为前代所不及。

编纂机构及编纂人员确定后，随即拟订了两志的凡例及分类纲目，并立即着手查阅档案，向各州县征集资料。由于修志工作是省务会议决定、省政府主持的，所以各县长官奉命唯谨，资料征集工作进行得很顺利。一九三五年，《通志》定稿。一九四一年，《长编》草稿基本完成。一九四三年，云南省政府组成了以秦光玉为主任委员，梁之相、张华澜、缪尔纾、方树梅、方国瑜、于乃义为委员的“云南通志审定委员会”，对《通志》和《长编》进行审定。一九四四年，时任国民政府考试院副院长的周钟岳于安宁温泉休假之际，对两部省志稿进行了审阅。周钟岳对《长编》的态度十分慎重，他不仅对某些内容作了修改，而且有多处眉批，对许多记述提出了异议。他是国民政府考试院副院长，又是云南通志馆首任馆长，他的意见当然是不容忽视的。直到解放前夕，《长编》未能付梓，这大概是一个重要原因。

《长编》原分八十卷，二十一大类，粗略统计有四百万字左右。稿本原先庋藏于民国时期云南省政府秘书处，中华人民共和国成立，由文献委员会接收，再移交给省图书馆。其间几经搬迁，又因保管不善，致使《大事·抗战》中《六十军、五八军出师》和《新三军等战绩》等卷遗失，《外交·中英关系》则有目无文，这是非常可惜的。以后如能搜集到这些散佚的原著，定当付梓补阙。

如前所述，《长编》虽经长期编修，两次审稿，但始终未能全部定稿。所以，少部分二、三、四稿并存。其次，各卷字数悬殊过大，有一部分行文粗略，订正也欠严密。这些都是《长编》的不足之处。

中国地方志书一个最大的特色，就是内容广泛、资料丰富，《长编》充分地体现了这一特色，八十卷中，举凡这一时期有关云南的政治、经济、军事、文化，都分门别类地条分缕述了其兴衰消长。编纂者大都是当时的社会名流，发生在这一时期的许多大事，他们或亲自参与，或耳闻目睹，时人修时事，其准确性是可靠的。这也是《长编》的一个重要特色。总之，这部书虽为未定稿，但资料丰富，且有许多资料未曾公诸于世而鲜为人知。因此，它是借以了解和研究民国时期云南历史的重要文献，有很高的史料价值。

党的十一届三中全会之后，我国进入了一个新的历史时期，经济建设成为全党工作的重心，经济体制改革正在进行。云南地处边疆，经济文化一向比内地落后，如何把云南的经济改革搞好，是全省人民关心的大事。云南省志编纂委员会办公室考虑到目前和将来的需要，决心把《长编》整理印刷出来，为我省的两个文明建设提供一些可资借鉴的资料，为研究中国近现代史和云南地方史的学者提供一些方便。因此一九八四年下半年我们将省图书馆馆藏原稿复制了一部，十一月着手整理，经过半年多的编校，大体就绪。由于《长编》系未定稿，颇多错漏，对此，我们都尽力做了校正补阙，其事书于《出版说明》，在此不赘。尽管如此，由于我们水平有限，本书一定仍存在许多不妥和错误之处，请读者指正。

《长编》开始整理时，由彭丹同志主持。一九八五年三月，由李景煜同志主持。他俩不辞劳苦，为整理出版这部书付出了大量心血。本办公室和外单位的一些同志也为完成这项工作付出了劳动。

宁超

一九八五年十二月一日

附录二：云南省志编纂委员会办公室整理说明

一、《续云南通志长编》(以下简称《长编》)，是民国云南通志馆成立后即着手编纂的两部志书之一。另一部是《新纂云南通志》(以下简称《通志》)。两志有明确的编纂目的和时间界限。《通志》是“云南文化初开至宣统三年止，参考旧志，补缺订讹，勒成一书”(《新纂云南通志·凡例》)的。《长编》则是“衔接《通志》，继续纂修”(《续云南通志长编·总目》)的，下限原拟断至民国二十年（一九三一年），由于前通志馆的工作未按原订计划的时间结束，一九三一年后的资料仍不断增加，最晚的已记述到一九四六年，所以下限不断延伸，致使《长编》所记几乎包括了整个民国时期。

二、《长编》的资料，主要由前云南通志馆按拟定的项目向省级各行政业务主管部门和各县公署征索而来，还有一部分是私人提供的稿件和直接采访的记录，这两种来源大都是官书档案或亲见亲闻的事实，因此，其资料是可信的第一手原始资料。《长编》对于近现代史研究工作者具有重要的参考价值，对于目前编纂新的云南地方志也可以提供一些重要资料。为此，我们把它整理出版。

三、由于《长编》的资料来源不同，所以在取材标准、内容繁简、时间起迄、叙述详略、文字风格等方面，都不一致。前通志馆汇编这些资料时，有的经过初步整理润色，有的暂以原件汇入，基本上未脱去草稿性质，读者参考引用时请加注意。

四、《长编》原稿汇订成册，约在一九四八年前后，由于前通志馆机构、人事屡有变更，执笔者与汇编者的思想、观点不一致，加上未经认真斟酌，所以还存在一些问题。此次整理出版，意在保存历史资料，除对卷次编排稍作适当调整外，全书基本一仍其旧。

五、原目录中有《大事·抗战·六十军与五八军出征》和《新三军等战绩》，原稿已佚，现仍保存其目，待日后发现原稿后补入。

六、《长编》中有《大事·抗战·第一方面军入越受降经过》一稿，极为简略。经查云南省图书馆《馆藏云南地方文献目录》，第一辑列有此文篇目，又列有杨家杰撰《第一方面军抗战暨在越北受降交防纪实》一书书目。细检两文内容及卢汉收到杨著与函送杨著给通志馆的信封，知稿系从杨著撷录而成，故将杨著全文以附录形式收入，以供参证。

七、原稿有《人物》一编，但无《人物》一目。现将《人物》稿列为一卷，作为《长编》卷八十一。又原稿《人物》目录有一百四十六人，其中有传者八十二人，无传者六十四人。这些无传的人中，除贞节烈女外，大都是当时较有影响的人物，现尽可能搜辑散见他处者补入，并在各篇之下注明资料出处。

八、编写《长编》的前通志馆人员皆已作古，他们是当时一定范围内有影响的人物。为了永志他们的功绩，将《人物》内有关他们的传记抽出，并对无传者补辑新传，合编为《通志馆编纂人物传略》，附于卷末。

九、此次整理出版的《长编》，原则上是保存原样，存疑，存真。对一些具体问题，按以下方式处理：

1. 凡有数稿并存者，照最后的清稿或改订稿印行。原稿有文字上的讹误者，以各稿本互校订正，清稿或改订稿与初稿相校，在内容上有删削或有未采入的章节，凡资料具有一定参考价值者，以附录形式加方括号〔 〕缀于该卷之末，或补于该条之下，备供参考。

2. 仅有一稿者，即照原稿印行。

3. 文中偶有明显错字和笔误者，即予改正，不加按注。

4. 原稿漫漶缺脱和抄写遗漏者，据上下文义及缺漏字数斟酌补入。所补之字，另加方括号〔 〕，以示区别。

5. 原稿转录正式官书文告或引用他书而有疑误者，据原书或可征信的书刊校正，并于文末加注所据的书刊名称及版本，以资参证。

6. 外文译名有不同于今译者，改用通行今译名。但正式条约中的译名，一仍其旧。

7. 原稿中对少数民族称谓的歧视性书写，均予改写，原用民族名称仍保留不变。

8. 原稿中对计量标准的各种不同写法及标示，一律改照国家规定的现行标准书写，如温度为℃或℉，公尺为 M，风速为 M/ 秒，经纬度为°、′、″等。

9. 原稿《人物》中有一人数传者，凡内容无大出入的，酌采一传，凡各传内容不同或详略互异的，则以一传为主，余传以附录形式缀于本传之后。

10. 原稿偶有词义不明或需稍加注释说明者，于原字句后加注号，而于文末注明。如《蒙自关外贸数值表》中有“中国至云南”一词，于表末注：〔按：“中国至云南”系指内地货物经由越南海防转入云南境内者〕字样。又如《人物》中有“陈价”，“价”字与简化字“价值”的“价”字相混，加注；〔按；“价”读如“介”〕字样。指事不明者，如《大事》中有《十八年八月后之省政》，在“十八”之前加〔民国〕字样。

11. 附录《第一方面军抗战暨在越北受降交防纪实》中有《越北区日本官兵人数统计表》《征用日本官兵人数统计表》《入越受降战斗序列及各单位编成系统主官姓名表》《各部队出击越北历次战斗结果统计表》等统计表四份，项目庞杂，不合表格设计规范，且表面太大，印刷装订不便，均将原表改为文字叙述。

十、原稿均系繁体字直行书写，并循旧制款式，顶格起头，逢尊抬头，注语用夹行。为便于排印阅读，现改照国务院公布的规范化简化字横排，起首低二格，逢尊不抬头，夹注改用圆括号（ ），并加通行标点符号。

十一、原稿直书现改为横排。原文“如左”现改为“如下”，“如右”现改为“如上”，但附录中与外国订立的条约不改。

十二、本书系根据云南省图书馆庋藏原稿整理。省图书馆提供原稿，又在复印工作中给予合作，在此谨致谢忱。关心地方文史的读者，如知悉前述缺佚诸卷的下落，请提供原稿，我们将设法出版，以臻完善。对提供原稿者，我们将致以谢酬。

云南省志编纂委员会办公室

一九八五年十二月一日

普通高中教科书

英语

ENGLISH

必修

第一册

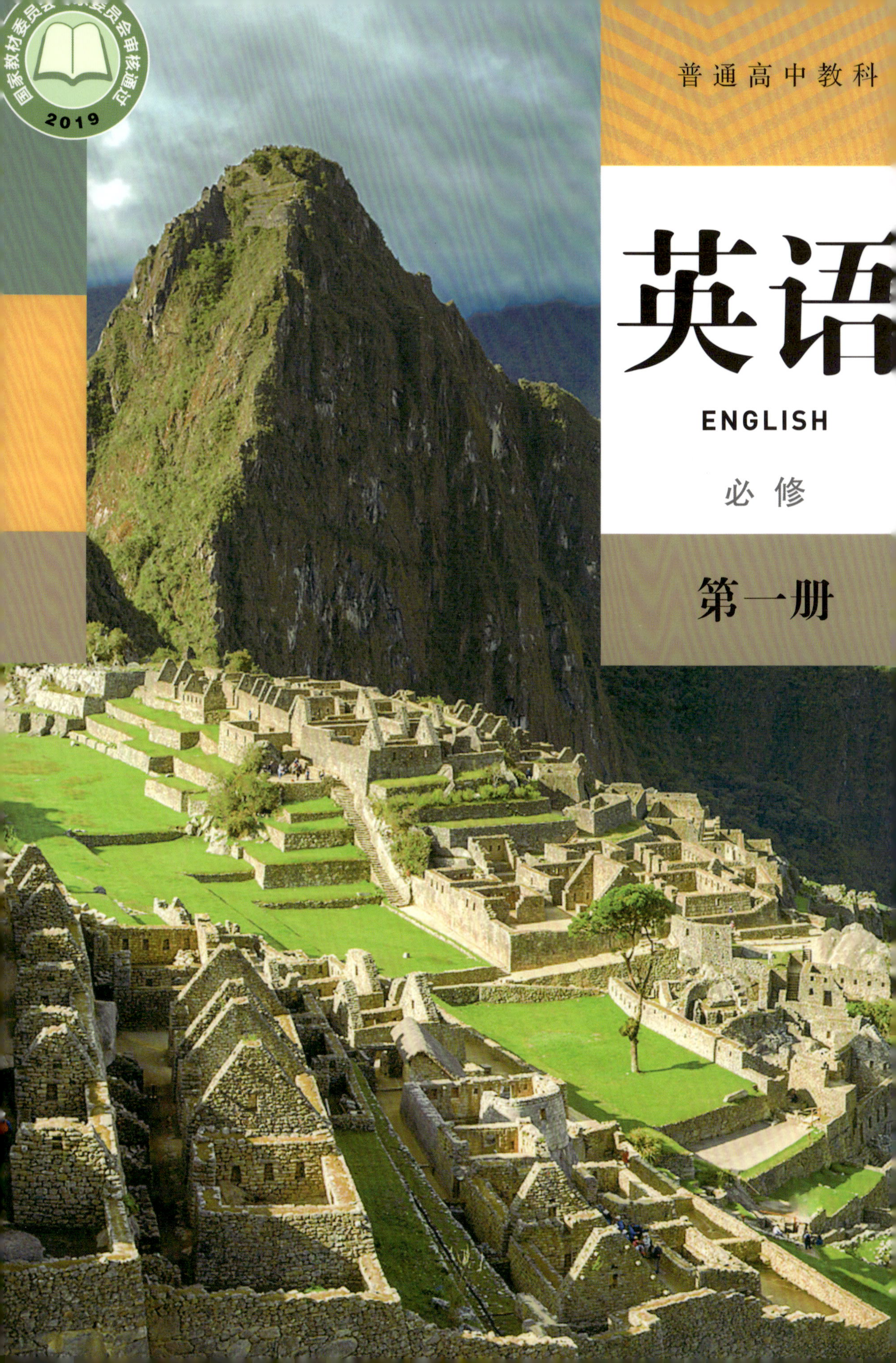

民国云南通志长编 一 大事、党务、议会、内政、军务

民国云南通志长编 二 民政

民国云南通志长编 三 财政、教育

民国云南通志长编 四 建置、交通、盐务

民国云南通志长编 五 司法、外交、社会、农业、工业

民国云南通志长编 六 商业、宗教、艺文、金石、人物

民国云南通志长编

五

[民国] 周钟岳 李根源 方树梅 等 纂修

云南出版集团
云南美术出版社

图书在版编目（CIP）数据

民国云南通志长编：全6册 / 周钟岳等纂修. -- 昆明：云南美术出版社，2022.12
ISBN 978-7-5489-5156-8

Ⅰ. ①民… Ⅱ. ①周… Ⅲ. ①云南－地方志－民国
Ⅳ. ① K297.4

中国版本图书馆 CIP 数据核字（2022）第 180154 号

出 版 人：刘大伟

项目统筹：刘大伟　赵文红
责任编辑：赵关荣　孙小渊
装帧设计：侯丽梅
责任校对：罗现唐　洪　娜　赵异宝

民国云南通志长编　五

［民国］周钟岳　李根源　方树梅等　**纂修**

出版发行：云南出版集团
　　　　　云南美术出版社（昆明市环城西路 609 号）
印　　刷：云南出版印刷集团有限责任公司华印分公司
开　　本：787mm × 1092mm　1/16
印　　张：34.75
字　　数：863 千字
版　　次：2022 年 12 月第 1 版
印　　次：2023 年 3 月第 1 次印刷
ISBN 978-7-5489-5156-8
定　　价：1960.00 元（全六册）

目　录

民国云南通志长编卷四十七

民国云南通志长编卷四十八

民国云南通志长编卷四十九

民国云南通志长编卷五十

民国云南通志长编卷五十一

民国云南通志长编卷五十二

民国云南通志长编卷五十三

民国云南通志长编卷五十四

民国云南通志长编卷五十五

民国云南通志长编卷五十六

民国云南通志长编卷五十七

民国云南通志长编卷四十五

司法一·司法行政·民刑案件统计

司法行政机关

一、前清按察使司概略

中国司法，历来与司法行政无甚区别，故一机关兼理司法与司法行政，是为常例。清制，中央政府设有大理寺，为最高司法机关；设有刑部，似应专管司法行政，其实刑部亦受理案件，仍为一司法机关。彼时法律上，不仅无民刑之别、公私之分，即司法与行政两专名，亦尚未输入袭用也。各省沿袭中央制，均以行政官兼理司法。云南全省最高行政司法机关或司法机关为按察使司，设官按察使，掌本省刑名按劾之事，纠察官邪、擒治贪酷、禁诘强暴、平谳刑狱、雪理冤枉，兼管驿传事务。属吏有按经厅经历，管理监狱，司内聘有刑幕，助理提刑事务。又设有吏、户、礼、兵、刑、工等房，管理档案。其衙署在庆云街，即现在昆明地方法院全部住址，通称曰臬司，又曰南司。

二、前清提法使司成立、废止及筹设云南各级法院之创举

宣统二年七月，云南改按察使司为提法使司，以按察使秦树声为提法使，裁去各房，改称司署为提法公所。所分二科：曰司法，曰典狱，以王槐荣为司法科科长，张其鋆为典狱科科长，各率科员分科治事。先是，光绪三十四年八月，宪政编查馆奏定逐年筹备事宜清单，限三十五年（即宣统元年）筹办各省城及商埠各级审判厅；至三十六年（即宣统二年），一律成立。云南自宣统二年七月改设提法司，后由司积极筹备，依限于是年十二月一日，成立省城各级法院。设高等审检厅于西华街，以王耒为云南高等审判厅厅丞，以张一鹏为云南高等检察厅检察长。设昆明地方审检厅于卖线街，以洪念江为昆明地方审判厅厅长兼刑庭庭长，以郑文易为昆明地方检察厅检察长。设初级审检所于楚姚镇巷，以朱知绪为初级审判所监督推事，以马秉常为初级检察厅监督检察官。自是而后，司法与司法行政完全分立，提法使司专管司法行政事务。至宣统三年，辛亥九月九日云南民军起义，提法使司及各级审检所同时废止。

三、民国成立后云南初次设之司法司

本省光复后，设置军都督府统辖军民政务。因各县向兼司法，遂于民政司内附设审判局，以洪念江为局长。局分民、刑二科，审理民刑上诉案件。废除前清各级审检厅，而司法独立之制一变。民国元年五月，民政司司长王玉麟，奉中央司法部令，筹拟规复省城审检各厅，其规模与前清三厅旧章无甚差异，惟厅署地址改易。以旧提法公所改为高等审检厅，旧粮储道署改为云南府地方审检厅，旧盐法道署改为昆明县初级审检厅。是年七月，以民政司兼任司法，以李曰垓兼任司长。八月六日，高、地、初六厅同时成立，各厅组织仍复旧观，裁撤审判局。二年一月设司法司，以黄德润为司长，二月奉中央司法部令，改司法司为司法筹备处。

四、司法筹备处及高审厅兼理司法行政

民国二年二月，奉令改司法司为司法筹备处，以黄德润为处长，旋辞职。司法部以高等审判厅长丁兆冠兼任处长，管理已设而未完备之法院改组事项及各法院暨各属司法行政事项。三月，遵中央令，改府、厅、州、县各官为知事。遇民刑诉讼不服州县之第一审判决者，仍向旧管之府、直隶厅、州控诉为第二审，或不服府兼县知事之第一审判决者，仍向该管道控诉为第二审，用符四级三审之制。是月二十二日，奉部令已成立各法院之司法行政，悉归高等审判厅长主管，所有从前审判、检察各厅，例应呈报司法司之一切文件概行停止。不久奉部令又将司法筹备处裁撤，关于本省司法行政一应事宜，并由高等审判厅兼理。是年九月，设立蒙自商埠地方审检厅。

五、司法厅之成立及废止

民国四年十二月，云南护国军兴，与中央政府断绝关系，又因饷需万急，议裁减省内外各机关以节经费。五年二月，裁撤高、地、初级各厅及蒙自地方审检两厅，就庆云街昆明地方审检厅原署设司法厅，为全省司法最高机关，受云南都督委任，管理全省司法行政及审判事务。厅分民、刑两庭暨文牍、统计、会计、庶务四课。庭长二员，正任推事四员，实习推事四员，办理民、刑诉讼案件。书记长官一员，书记官十员，分任文牍各课及纪录事务。以丁兆冠为厅长，拟订《司法厅章程》九条及《各道尹公署承审处章程》十三条，审判审级取三级三审制，以期简当。各县公署为第一审，将各邻县二审制度撤销，以各道尹公署承审处为第二审，司法厅为三审，于二月二十二日实行。后因军事敉平，袁世凯死，中央正统政府成立，司法厅厅长丁兆冠呈准规复高等及昆明地方审检各厅，废止各道尹公署承审处，复各县邻封二审制度，以一法权。是年十月十六日，云南高、地四厅同时成立，司法厅即于是日废止。

六、巡按使、省长监督司法

立宪国家分立三权，司法其一。司法机关当然有独立权，除司法长官外，固无所谓监督者。中国数千年来，行政、司法混淆不清，诉讼案件由县而府、而道，申司详院，垂为定章。虽无监督之名，实则一省大吏并行政、司法之权而总操之。前清末季，预备立宪，始倡司法独立之议，修订法律大臣沈家本特设法律编查馆，采辑各国法律，召东、西洋法政毕业学生详考得失，乃于宣统二年，各省设立各级审检厅，拟订试办章程。旧有之提法使专管司法行政事务，于是行政与司法似已划然分离。云南高等、地方、初级六审检厅，亦于是年十二月一日成立焉。形式粗具，方始萌芽，旋值光复，遽行撤废。民国创建，积习相沿，各地方官仍照旧制兼理司法。临时大总统袁世凯恶军人之独立，并司法独立之名词而亦嫉之。民国三年六月六日，遂有司法总长根据《省官制》第一条“巡按使受政府之特别委任监督司法”之呈请，奉批令照准公布施行，云南巡按使任可澄奉令监督司法，即此时也。厥后护国军兴，与袁政府断绝关系，司法、行政咸由本省自主，不仅监督而已。虽民国六年，司法总长复以巡按使改称省长，凡新简者奉策令后，仍应特加委任。若有奉委后查系不胜监督之责者，得由部呈请撤销。并依《省官制》第九条，制定监督权限四项：一、稽核司法经费；二、考查司法官吏；三、核办各县承审、管狱等员之任免、奖惩；四、各级审检人员，经省长查有贪劣款迹，得饬该管厅长先行撤任，呈请惩戒，非所例于护国、护法之云南矣。其第四项与《临时约法》第五十二条及现行《司法官惩戒法》第二十三条互相抵触，又何计乎。

七、司法司

民国十一年四月，靖国联军总司令兼摄云南省长唐继尧旋滇，通电废督，组织八司，司法即其一。是年八月一日，与内务司合设于省城西院街前省长公署之后院怡云楼。以张瑞萱为司长，设参事一员，下分三科，各科视事之繁简，设一、二、三等科员及额外科员、实习员等职。凡高等审判厅所管司法行政事务，及高等检察厅所管第一监狱与制造状纸，暨稽核全省监犯囚粮等事项拨归管理并加重其事权。关于赦典、减刑、缓刑、假释、复权，以及筹备推广法院、全省官吏犯罪、考查律师等各事项悉属之。盖是时全国鼎沸，广州方组设军政府，唐督被选为军务院抚军长，复经政治会议议决，举为政治总裁，隐然代行中央职权，故司法司亦似执行部长职权，而办理赦典及赦免一切重要法令耳。其内容组织，每科各设二股，第一科为总务股、会计股，第二科为民事股、刑事股，第三科为统计股、监狱股，此规定办事细则之大略也。中间张瑞萱奉派代表赴汴，以高等审判厅长唐启虞兼代。民国十二年唐启虞奉部电召，出席司法会议，以高等检察厅检察长丁兆冠兼任。十三年七月张瑞萱旋滇，仍回任焉。

八、司法司经历事项及司法厅裁并

云南自民国十一年设立司法司，与各司赞襄机务，颇极一时之盛。就职权论，似与中央司法部长无稍差别；就事务论，则皆高等审、检两厅所属，责有专归。如十一年呈准设立司法讲习所，委保延梁兼充所长，储备司法人才。先后会同高等检察厅派员清回第一监狱原有福海村、丰乐村等处狱田。十二年举行司法官考试，十三年厘定仕学馆司法班课程并司法官存记简章。复裁撤第三科，将统计、监狱两股分别归并第一、二两科办理。十四年委傅绥德筹备设立昭通高等第二审检分厅及司法官存记资格审查委员会，发行《司法月刊》。十五年设立巧家、富民等十余属司法公署。十六年照改造司法制度改司法司为司法厅。奉省政府训令将办事细则修正呈核，或因时制宜，或依据法令，不但为过渡时期重要事实，洵足资将来之考镜也。是年十一月间，中央为谋统一司法行政权，主张裁撤各省司法厅，实行院长制。本省奉司法行政部令，遂于十七年一月裁撤归并高等法院接办。

法院之沿革

一、最高法院云南分院

《法院编制法·第一章·审判衙门通则》第一条："审判衙门共分为四：一、初级审判厅；二、地方审判厅；三、高等审判厅；四、大理院。"又第四十条："各省因距京窎远，或交通不便，得设大理分院。"云南自辛亥光复，各级法院几经变更，但均系暂时之权宜，未谋永久之计划，并无最高分院之组织。民国六年秋，护法军兴，与北庭断绝关系，民刑诉讼无第四级终审机关。督军兼省长唐继尧，特于省城内西院街云南省长公署附设临时最高审检处，由省长代行大理院长、总检察长监督权，委李润芳为处长，支配诉讼案件，核阅司法文犊，其推事、检察官、书记官均以高等审、检两厅职员兼任，并由高等审判厅照征收讼费章程代征讼费，另款存储报解。处长薪资及活支用费，由省长公署原定经费内开支。七年，广州国民政府成立，经政治会议议决：临时最高审检处应予撤销，照《法院编制法》第四十条，改组大理分院、总检察分厅，设监督推事，监督检察官及以下推事、检察官、书记官各员缺。月定经费一千零五十二元，由高等审、检两厅加征讼状费项下支领。院、厅合置书记官长一员，仍以李润芳为监督推事，并以高等检察厅检察长兼任监督检察官。十年十月，省长据高等审、检两厅会呈经费支出，令饬将分院、分厅裁撤，旋改设上告审检处，由省长公署第二科兼办。十一年四月，靖国联军总司令兼摄云南省长唐继尧旋滇，以大理分院、总检察分厅为法制机关，应仍依法规复，委王承浚为监督推事，饶重庆为监督检察官，月定经费九百元，由全省收入状费拨支，指定省长公署东偏屋宇为分院、分厅地址，上告审检处即日撤废。十二年，因收回领事裁判权，各国派员来华考查司法，云南各级法院会同云南司法司，呈设筹备收回法权委员会。以大理分院、总检察分厅为省最高司法机关，宜就原住西院街内务司东偏添建厅廨，以壮观瞻，提经省务会议议决，划拨确定。十六年十月，省政府令照改造司法制度，就大理分院、总检察分厅改组最高法院云南分院，改监督推事为主办审判官，监督检察官为主办检察官，调裁缺云南高等检察厅书记官长黎玉衡专任分院书记官长，并设院内行政委员会，以主办审判官兼主席，主办检察官、书记官长兼委员。同年十二月，司法行政部令裁各省司法厅，实行法院院长制，取消院内行政委员会及主办审判、检察官名目，复称监督推事、首席检察官。十八年四月，司法行政部令将旧案结束，新案停止收受。旋国民政府令各省最高分院，准其暂缓裁撤。时值汇水高昂，各诉讼当事人无力赴最高法院上诉，援照东北分院成例，于十九年五月，呈请省政府咨明司法行政部，保留最高法院云南分院以惠边民，仍复收受新案，照常办理。至二十二年九月，复奉部令撤废，以符法制。

二、云南高等法院

云南高等法院，即前之高等审判厅、高等检察厅改组而成。前清宣统元年，颁布各省省城、商埠《各级审检厅编制大纲》，云南提法使司提法使秦树声遵照筹备，于宣统二年十二月初一日，就省城书院街（今改名华山南路）设立高等审、检两厅，以王耒为高等审判厅厅丞，张一鹏为高等检察厅检察长。辛亥九月光复，两厅同时撤废，旋于军都督府民政司附设审判局。民国元年五月，奉中央司法部令，筹备规复各级审检制度。是年八月，乃于登仕街（今改名庆云街）旧臬署提法公所，设立高等审、检两厅。民国六年二月，护法军兴，为节省经费，将各级审、检厅同时停办，改组司法厅为全省最高司法机关，用三级三审制，以期简当，嗣军事敉平，经司法厅长丁兆冠呈准规复高等及昆明地方审、检各厅。是年十月十六日，云南高、地四厅同时复设，仍用四级三审制，以易文煃为高等审判厅长，黄希仲为高等检察厅检察长，高等审、检两厅乃复迁回西华街原址。迨民国十六年十月，奉省府令照改造司法制度，改云南高等审、检两厅为控诉法院，用委员制，并组设院内行政委员会，以李缇、李润芳、杨廷光、周安和、孙铨吉为委员。是年十二月一日，奉国民政府司法行政部令取消委员制，仍用院长制，以王灿为高等法院院长，李润芳为首席检察官，成立今之高等法院。其组织如下：院长一员，设民事两庭，刑事一庭，庭长三员，正任推事九员，候补推事七员；检察处设首席检察官一员，正任检察官三员，候补检察官三员，设书记官长一员，书记官四十三员，司法警长一员，法警、承发吏各五名。高等法院管理全省民、刑诉讼，除高等第一、第二两分院管辖区域外，凡初级管辖案件之第三审，地方管辖案件之第二审，均归其审理。而两院附设地方庭，判决第二审之初级管辖案件，人民不服上诉者，分院不得受理，仍以高等本院受理第三审焉。

三、云南高等法院第一分院

辛亥光复后，上诉机关仅于省城成立高等审、检两厅，受理全省民、刑上诉案件。

各县距省穹远，人民来省上诉者多感不便。民国四年，云南高等审判厅长张仁普，呈部设立大理高等分庭，受理迤西各县上诉案件。经部派黄希仲为分庭长，正筹备就绪，以护国军兴，经费缺乏，遂致停止。至十三年，始于大理设立高等第一审、检两分厅，委李熇为筹备员，旋于是年八月十一日成立，即委李熇为高等第一审判分厅监督推事、谌范模为高等第一检察分厅监督检察官。十七年二月十五日，奉国民政府司法部电令，改厅为院，遂改为云南第一高等法院分院，谌范模为分院长，谭宝树为首席检察官，旋改为云南高等法院第一分院。十月一日附设地方庭始成立焉。其组织在前审、检分厅时，审厅设监督推事一员，兼充庭长，正任推事四员，候补推事二员，实习推事二员，学习推事二员，书记官长一员，书记官八员，承发吏六名；检厅设监督检察官一员，正任检察官一员，实习检察官一员，书记官长一员，书记官四员，警长一名，法警十四名，检验吏一名，候补检验吏一名。改组第一分院，设分院长一员，总理全院司法行政事务，设首席检察官一员，总理检察事务，其余职员之分配与分厅时无甚增减。其驻在地方系大理县城内西门，即前迤西道署，就原有房屋量为布置也。十四年三月十六日，大理地震，屋宇倒塌，压毙人数甚众。推事丁鸣琚、书记官长龚鼎均死焉，其眷属亦及于难。分厅房舍多被倾圮，乃暂移县署，迨修葺竣事，始行迁回。现分院管辖区域以大理、凤仪、邓川、宾川、云龙、祥云、洱源、蒙化、漾濞、弥渡、丽江、鹤庆、剑川、中甸、维西、兰坪、永北、华坪、保山、永平、龙陵、镇康、顺宁、缅宁、云县、腾冲、泸水、阿墩子、上帕、知子罗、干崖、盏达、陇川、勐卯、茫遮板、菖蒲桶等三十六属为限，附设地方庭第二审管辖区域则限于大理、凤仪、宾川、邓川、洱源、蒙化、漾濞、弥渡、祥云、丽江、鹤庆、剑川等十二县。

四、云南高等法院第二分院

民国十五年四月二十八日，云南第二高等审、检两分厅成立于前昭通府署，并附设地方庭，以傅绥德为第二审判分厅监督推事，陈朝枢为第二检察分厅监督检察官。审厅设监督推事一员，正任推事四员，候补推事一员，实习推事二员，书记官长一员，书记官四员，承发吏六名，检厅设监督检察官一员，候补检察官一员，书记官长一员，书记官三员，检验吏一名，候补检验吏一名，法警十名。至十八年三月二十三日，遵照通案，改组为云南高等法院第二分院，仍附设地方庭。以王钟玺为分院长，蒋钟衡为首席检察官，旋以李熇为首席检察官，裁实习推事一员，增设候补推事一员，改检厅书记官长为检部一等书记官，复增设警长、警目各一名。分院管辖区域以昭通、永善、大关、鲁甸、绥江、镇雄、彝良、盐津、巧家、威信等十一属为限，附设地方庭第二审管辖区域则限于昭通、会泽、巧家、大关、彝良、鲁甸、永善等县。

五、云南高等法院第三、四、五、六、七分院
及各地方法院、各县司法处

民国二十四年七月一日，奉司法行政部令，实行三审制，废止邻县上诉二审司法

机关。仅高等法院及其分院二所，以本省幅员辽阔，交通梗阻，诉讼审理稽延时日，当事人更感拖累之苦，二十六年七月呈准在宁洱增设高分院及地方法院。派刘绳典为筹备员，是年十一月成立云南高等法院第三分院、宁洱地方法院，以刘绳典为分院院长兼地院院长，又于三十年八月，在文山设立高五分院，派龚德潜为筹备员，同时又成立文山地方法院，派郭浚哲为筹备员。又于三十年十月，在腾冲设立高四分院，并设立腾冲地方法院、派王承浚为筹备员，旋任为分院长，杨炳章代地院长。于三十年五月，成立楚雄地方法院，派谢濂为筹备员，旋任为院长。三十一年七月成立个旧地方法院，派乔文萃为筹备员，旋任为院长。三十一年冬，日寇犯境，腾冲沦陷，高等法院第四分院撤退昆明办公，撤销腾冲地方法院。至三十三年，复经呈准，将高四分院迁设丽江办公，派董乐荣为分院院长，同时设立丽江地方法院，派王安槐任地院院长。求改善本省司法，经恳切陈词，奉中央核准，三十四年度，增设高等分院二所：一在曲靖为高六分院，一在顺宁为高七分院。派乔文萃为高六分院筹备员，赵思锐为高七分院筹备员。并增设曲靖、顺宁、保山等县地方法院，腾冲收复，呈准恢复腾冲地方法院，派王继鲁、杨光暄、方正、陈品等分任四县地院院长。又本省司法，自三十二年起，已定有五年计划，每年计设县司法处二十五县至三十县，后就已设司法处之基础，逐年改为地方法院，预计五年之间，全省各县均可成立县司法处，后就已设司法处之县，酌量改设地院数十所，庶各县行政机关不至兼理司法，俾达到完全独立之目的。

六、昆明地方法院

前清宣统二年十二月一日，云南各级法院成立，遂于卖线街设昆明地方审、检两厅。辛亥民军举义，各厅同时废止。民国元年，部令规复，乃于八月改设云南府地方审检厅于粮道街（现改名景星街）旧粮道署，旋因审判局裁撤，移登仕街（今改名庆云街）前清臬司旧署。民国五年，本省自主，二月一日奉军府令裁撤，是年十月十六日，仍旧规复。十六年十月，奉省政府令，照改造司法制度将昆明地方审检厅改为昆明县法院，设院内行政委员会，行委员制。十二月奉国民政府司法行政部令，取消委员制，行院长制，成立昆明地方法院。其组织在审判、检察厅时期，审判厅设厅长一员兼充刑庭长，民庭长一员，正任推事三员，实习推事三员，书记官长一员，书记官十员，见习员二员，承发吏十名；检察厅设检察长一员，首席检察官一员，正任检察官三员，实习检察官二员，书记官长一员，书记官九员，雇员五名，警长一名，探员一名，检验吏二名，法警二十名。至十六年，法院成立后，设院长一员，附设检察处设首席检察官员，刑事庭长由院长兼任；民国改为两庭，设庭长二员，执行主任一员，正任推事六员，候补推事三员，正任检察官四员，候补检察官五员，书记官长一员。见习员九员，书记官二十四员，承发吏长及司法巡长各一员。人员之分配较审、检二厅时期稍增。该院办理民、刑诉讼案件，设地方庭、简易庭二种。地方庭审理地方管辖案件，以高等法院为二审，最高法院为终审，简易庭审理初级管辖案件，不服简易庭判决者，以地方庭用合议制为二审，高等法院为终审。此外，呈贡、宜良、晋宁、安宁、罗次、易门、嵩明、富民、昆阳、澄江、玉溪等县所判之初级管辖件，亦以该院为二审。又设民事执行处，凡经该院受理者，判决确定后，不论初审或地方管辖民事案件概归民事处执行。其刑事执行案件，则归该院检察处执行之。

七、蒙自地方审判检察厅

蒙自为商埠要区，滇越铁道通车后，商旅辐辏，诉讼日繁。民国二年，筹设蒙自地方审判、检察两厅，于九月十六日成立，以敖英贤为审判厅长，聂培煌为检察厅检察长。其地址即以城内大东寺为之。设民、刑二庭，民庭设庭长一员，正任推事二员，候补推事各一员；刑庭庭长由厅长兼任，其推事员额与民庭同，设书记官长一员，书记官若干员，司法警长一员，法警及承发吏各若干名。凡蒙自县应归初级管辖案件，在初级审检厅未设立以前，其第一审归蒙自县知事受理，判决不服，以该厅为第二审。凡蒙自应归地方管辖案件，则由该厅受理第一审。此外，临安（现改名建水县）、开化（现改名文山县）、通海、河西、嶍峨（现改名峨山县）、石屏、宁县（现改名华宁县）、阿迷（现改名开远县）、个旧等县及曲江（现改名曲溪县）等处行政委员所判之初级管辖案件，亦以该厅为第二审焉。民国五年二月二十九日，因本省自主，经费拮据，遂即裁撤。

八、昆明初级审判检察厅

昆明初级审判、检察两厅，前清宣统二年与高等地方各厅同时成立。光复后，各厅归并审判局。民国元年，奉中央司法部令，复行设立，委杨思源为初级审判厅监督推事，袁丕镛为初级检察厅监督检察官。审厅设正任推事二员，其中一员由监督推事兼任，设候补推事三员，见习推事二员；设民、刑两庭，不设庭长，设主簿一员，如书记官长职，兼办检厅事务，录事二员，如书记官职。检厅设正任检察官一员，候补检察官一员，见习检察官一员，录事二员，检验吏一员，巡长一员，法警、承发吏各若干名。其地址初设于楚姚镇巷前楚姚镇公馆，继设于旧盐法道署，旋移于卖线街。民国三年，奉司法部通令，裁初级两厅，并入地方审检厅。

九、宜良、阿迷、蒙自、个旧、会泽、巧家、宣威、富民、泸西、腾冲、思茅、武定等县司法公署

民国六年，部令公布《县司法公署组织章程》，第一条载："凡未设法院各县，应设司法公署。其有因特别情形不能设司法公署者，应由该管法院长官，具呈司法部声明窒碍缘由，经核准后得暂缓设署，仍令县知事兼理司法事务。"第六条载："关于审判事务，概由审判官完全负责，县知事不得干涉。"第七条载："关于检举、缉捕、勘验、递解、刑事执行等事项，概归县知事办理，并由县知事完全负责。"是司法公署者，即预备将来成立法院之基础。十二年，适有外国派员来华考查司法之议，云南司

法司呈请设立各县司法公署，以为司法独立之张本。遂于是年七月，设巧家司法公署，委唐绠修为司法官。十三年七月，设武定司法公署，委杨镕为司法官。八月设阿迷司法公署，委杨席珍为司法官；设个旧司法公署，委朱道尊为司法官；设蒙自司法公署，委莫为为司法官；设腾冲司法公署，委周传德为司法官；设会泽司法公署，委胡昭为司法官；设宜良司法公署，委周伟为司法官；设思茅司法公署，姜张步瀛为司法官。十四年四月，设泸西司法公署，委袁麟为司法官；设富民司法公署，委董维邦为司法官；设宣威司法公署，委罗俊霖为司法官。各县官民亦有呈请设立者，于是麻栗坡亦于十七年五月设立司法公署，委赵文煌为司法官。然以设备不完，成效鲜著，加以才、财两乏，巧家等十二县司法公署即于十七年九月裁撤，麻栗坡司法公署亦于同年十一月裁撤矣。

十、承审制度

承审员之设置，所以赞助县长处理司法事务者也。盖为县长者，百端待理，丛集于一身，而又分其心力于听讼折狱，非有助理之人，鲜有不忧竭蹶者。故前清各省、道、府衙门，有发审员、会审员，而首县则有正审、帮审诸名称。光复以还，法政毕业之青年有代县知事审判诉讼者，不肖之辈往往为人诟病。民国三年，云南高等审判厅饬，各县承审员，须由县知事呈请高等审判厅委任，审判案件与县知事同负责任，署名签章。承审员之权因之加重，但资格未经严定，流品无分，转以病民。自司法部承审员考试章程出，承审制度于是备焉。查《各县承审员考试暂行章程》（民国八年司法部呈准）第三条规定应试者之资格：（一）有司法官考试资格之一者；（二）在外国专门学校修习法律或法政之学一年半以上毕业，得有文凭者；（三）在国立或经教育部认可之公立、私立大学，或专门学校教授法律之学二年以上，经报告教育部有案者；（四）有与委任职以上相当资格，曾经办理司法或司法行政事务一年以上，或在国立大学或高等专门学校教授法律之学一年以上，经报告教育部有案者。第四条规定不经考试得为承审员之资格：（一）经文官考试及格，系曾在法律、法政专门学校三年毕业得有文凭者；（二）在高等审判厅管辖区域内之候补或学习司法官；（三）在省长管辖区域内之候补县知事，系在国内外法律或法政学校三年毕业得文凭者。第五条规定虽具有前条各款的资格，不得应承审员考试者：（一）曾受五等有期徒刑以上之宣告者；（二）褫夺公权或停止公权尚未复权者；（三）品行卑污、被控有案、查明属实者；（四）受破产之宣告，尚未复权者；（五）有精神病或年力衰弱者；（六）亏欠公款或侵蚀公款者；（七）其他法令有特别规定者。如此则限制严矣。而于县长请委承审员时，必使就具有该章程资格人员内选择，呈请高等审判厅长审定任用。高等审判厅长委任承审员后，应即报告于司法部，及本省高级行政长官，以防冒滥而昭慎重。此司法部规定之承审制度，云南二十年来，各县之呈请委用承审员者，亦大概准此以求也。

十一、县司法处

本省司法机构，除八县已改设地方法院外，其余各县尚由县长兼理司法，设承审员一人，审判民、刑诉讼案件，以一人之学识经验，既办行政事务，又办司法事务，绝难达成改进司法之要求，而符司法独立之本旨。故于三十三年，呈准将宜良等二十县改设司法处，并预计每年分期改设若干县，务期五年内全省普设司法处。计在民国三十三年成立以下各县司法处：宜良、平彝、宣威、开远、玉溪、澄江、曲靖、保山、安宁、顺宁、永胜、陆良、永善、镇雄、寻甸、呈贡、巧家、祥云、建水、石屏。至民国三十四年，仅成立以下县司法处：会泽、富民、蒙化、华宁、嵩明、沾益、通海、邓川、广通、罗次、马龙、镇南、大关、昆阳、路南、罗平、元谋、墨江、宾川、弥渡、禄丰、鲁甸、盐兴、鹤庆、武定、晋宁、易门、泸西、漾濞、牟定。

法律适用之变迁

一、实体法

云南在清宣统二年成立各级法院，迄今二十余年。光复之后，继以护、靖诸役，军事期间，政务纷纭，凡百设施，不能不审时酌势，顺应潮流。司法机关既随之兴废，而适用法律，先后亦不无异同。如民事，在民法颁布以前，适用前清现行律民事有效部分及民国四年颁布之《清理不动产、典当办法》，即大理院与最高法院之判例、解释例等。迨《民法·第一编·总则》于民国十八年五月二十三日公布，十月十日施行，《第二编·债权》于同年十一月二十二日公布，《第三编·物权》于十一月三十日公布，均于十九年五月五日施行。其他《票据法》《公司法》《商标法》《银行法》等类，均次第颁布。刑事于民国元年四月颁行《暂行新刑律》，至十七年九月一日施行《刑法》，三十四年七月一日施行《中华民国刑法》，此本省所适用之实体法与各省同者也。若本省制定之《森林保护暂行条例》，则系十九年九月农矿厅呈奉省令照准；《个旧厂务暂行规章》，则十年商会呈经省令公布也；又七年八月省令公布之《发掘坟墓罪暂行条例》、八年商会呈奉省署批准之《划一商人账簿办法》、十三年四月省令公布之《惩治私盗、买卖枪支弹药条例》、十七年八月省令公布之《盐务官兵违法犯私暂行条例》，皆本省单行章程，虽至今或存或废，要亦一时之政令焉。

二、手续法

自各级审判、检察厅成立以来，章程条例因有实体法、手续法之分。如民、刑事诉讼律，前清虽有草案，但未经公布。宣统年间，开办各省审判厅，奉准实用各级审判厅章程，是为手续法之嚆矢。民国初年，仍沿用之。元年五月，司法部将《民刑诉讼律草案》“管辖”各节，颁发司法机关遵照援用。八年四月，又将该草案“回避”“拒却”“引避”各条公布，其《刑事再理办法暂用草案》各条，亦于四年八月公布。至十年七月颁布《民事诉讼法草案》，旋于十一月改称“条例”，并颁布《刑事诉讼条例》；十一年一月，颁布《民刑事简易程序暂行条例》；六月公布《修正复判章程》；十七年七月，公布《刑事诉讼法》；二十四年，公布《中华民国民事诉讼法》《刑事诉讼法》，于七月一日施行。此滇省适用之手续法与各省无异者。若云南制定之《水利诉讼章程》，于十一年六月施行；而《森林诉讼章程》《县司法公署诉讼章程》先后于十二年十月、十三年五月公布，则为本省单行法规，虽至今或行或废，要皆为一省之典章云。

三、其他关于司法行政之法规

民国成立，至今二十余稔。司法行政之法规，递有增加，举其最要者言之，如《高等审判厅办事章程》《高等检察厅办事章程》，均八年八月司法部呈准暂行，《各县地方分庭组织法》，六年四月公布；《县司法公署组织章程》，六年五月公布；《整理司法收入规则》，九年六月司法部呈准；《诉讼月报规则》，元年十二月公布；《司法官吏及县知事诉讼成绩书报告规则》，十年四月部令修正；《变通民、刑事诉讼案件摘由汇报办法》，五年七月司法部呈准；《司法印纸规则》，十一年六月部令公布；《修正诉讼费用规则》，同上；《征收诉讼费用注意事项》，十一年七月部令公布；《司法官考试规则》，六年十二月部令公布；《县司法公署审判官考试任用章程》，六年五月部令公布；《法院书记官考试暂行章程》，六年六月司法部呈准；《监狱官考试暂行章程》，同上；《监狱看守考试暂行规则》，元年十二月部令；《考核法官成绩条例》，十年三月司法部呈准；《司法官考绩规则》，三年二月施行；《审、检事务成绩表编制细则》，同上；《司法官惩戒法》，四年十月施行；《监所职员奖惩暂行章程》，八年四月司法郎呈准；《司法共助事务奖惩条例》，五年二月司法部呈准；《县知事疏脱人犯扣俸修监章程》，六年一月内务、司法两部会同呈准；《修正县知事办理命盗案限期及惩奖规则》，八年十一月内务部呈准；《司法机关保管公款办法》，五年十二月部令；《视察监狱规则》，二年一月部令公布；《修正律师惩戒会暂行规则》，五年十月公布；《律师登录章程》，十六年七月公布；《县长办理盗匪案件考绩暂行条例》，十八年八月公布；《考核推检办案成绩及署补办法》，十八年二月部令；《监狱规则》，十七年十月公布；《看守所暂行规则》，十九年五月公布。此中央颁布之司法行政之规章，本省与各省一律推行者也。而云南制定之《司法行政大纲》，十二年十二月司法司呈准；《各县司法专员办事章程》，十四年四月省令；《各县监所管理及经费开支暂行规则》《县司法公署司法收入经征章程》《县司法公署司法分署俸公支给暂行规则》，均十三年五月省令公布；《云南第一高等分厅暨附设地方庭办事章程》，十三年八月施行；《云南第二高等分厅暨附设地方庭办事章程》，十五年四月施行。均为本省单行法规，虽今日有适用者，有不适用者，要亦一方之掌故，不可不详者也，爰著其梗概于篇。

按：云南所订各项章程，本不能谓之法规，第曾经省令公布施行，故录之。

〔二十年来法院职员题名录

在昔科举时代，鸿胪初唱，有《翰林馆选录》，成均入贡，有《太学题名碑》，前清之季，有《经济特科同征录》等，盖仿自唐之《进士题名记》、宋之《大学题名碑》，非第纪其姓氏、里居，所以征一代之文献也。云南各级法院成立迄今，二十有余载，长官职员，不乏明达之才与湛深法学之士，良由部章规定之资格綦严，以其负人民生命财产寄托之重也。故民刑判本，审判长、推检、书记官均须署名盖章，是尤防奸伪考成谳之意。法院职员所系，顾不重哉。爰将二十年来法院职员，分别机关表列如次。〕

最高法院云南分院历任长官题名表

机关名称	职别	姓名	到职年月
临时最高审检处	处长	李润芳	民国六年十月
大理分院	监督推事	李润芳	民国九年二月
大理分院	监督推事	王承浚	民国十一年四月
总检察分厅	监督检察官	易文煃	民国九年二月
总检察分厅	监督检察官	吴良桐	民国十年二月
总检察分厅	监督检察官	饶重庆	民国十一年四月
最高法院云南分院	监督推事	王承浚	民国十六年十月
最高法院云南分院	监督推事	饶重庆	民国十八年十月
最高法院云南分院	首席检察官	饶重庆	民国十六年十月
最高法院云南分院	首席检察官	周安和	民国十八年十月

最高法院云南分院历任职员题名表

机关名称	职别	姓名	到职年月
临时最高审检处	推事	陈朝枢	民国六年十月
临时最高审检处	推事	杨凤梧	民国六年十月
临时最高审检处	推事	张炤桐	民国六年十月
临时最高审检处	推事	邓廷焯	民国六年十月

（续表）

机关名称	职别	姓名	到职年月
临时最高审检处	推事	黄旭	民国六年十月
临时最高审检处	推事	龚鼎	民国六年十月
临时最高审检处	推事	曹汝彰	民国六年十月
临时最高审检处	推事	黄希仲	民国七年九月
临时最高审检处	推事	黎拱宸	民国七年十一月
临时最高审检处	推事	王凤至	民国七年十一月
临时最高审检处	检察官	王承浚	民国六年十月
临时最高审检处	检察官	吴树基	民国六年十月
临时最高审检处	检察官	谌范模	民国六年十月
临时最高审检处	检察官	寇德麟	民国六年十月
临时最高审检处	书记官	易文烇	民国六年十月
临时最高审检处	书记官	张兰	民国六年十月
临时最高审检处	书记官	金德纯	民国六年十月
临时最高审检处	书记官	莫为	民国六年十月
大理分院	正任推事	黄希仲	民国十一年四月
大理分院	正任推事	李琨	民国十一年四月
大理分院	正任推事	蒋钟衡	民国十三年六月
大理分院	正任推事	何文选	民国十四年八月
大理分院	正任推事	王敬熙	民国十五年八月
大理分院	书记官长	汤昺	民国十一年四月
总检察分厅	书记官长	吴廷弼	民国十二年九月
总检察分厅	书记官	张兰	民国十一年四月
总检察分厅	书记官	杨士敏	民国十一年四月

（续表）

机关名称	职别	姓名	到职年月
总检察分厅	书记官	刁成儒	民国十一年四月
最高法院云南分院	正任推事	王敬熙	民国十六年十月
最高法院云南分院	正任推事	何文选	民国十六年十月
最高法院云南分院	正任推事	黄希仲	民国十七年一月
最高法院云南分院	正任推事	袁学义	民国十九年七月
最高法院云南分院	书记官长	黎玉衡	民国十六年十月
最高法院云南分院	书记官	杨士敏	民国十六年十月
最高法院云南分院	书记官	刁成儒	民国十六年十月
最高法院云南分院	书记官	张文浚	民国十七年三月
最高法院云南分院	书记官	陈嘉彦	民国十八年一月

附记：

一、以上各员均系云南省政府任命；

二、本表系用机关顺序开列；

三、临时最高审检处成立后，于民国九年改组，大理分院总检察分处各员并未变更，故但另列最高审检处；

四、民国十年裁撤大理分院总检察分厅，改设上告审检处，系由省长公署第二科兼办，本表未便列入；

五、民国十一年规复大理分院总检察分厅，因限于经费，仅设正任推事，其余推检系由高等审、检两厅推检兼任，故未列入。

云南高等法院历任长官题名表

机关名称	职别	姓名	到职年月
云南高等审判厅	厅丞	王耒	宣统元年十二月清廷任命
云南高等审判厅	厅长	谢光宗	民国元年八月中央任命
云南高等审判厅	厅长	孙志曾	民国二年一月中央任命
云南高等审判厅	厅长	丁兆冠	民国二年八月中央任命

（续表）

机关名称	职别	姓名	到职年月
云南高等审判厅	厅长	易文熢	民国三年五月代理
云南高等审判厅	厅长	张仁普	民国三年九月中央任命
司法厅	厅长	丁兆冠	民国五年二月云南任命
高等审判厅	厅长	易文熢	民国五年十月代理
高等审判厅	厅长	唐启虞	民国六年三月中央任命
高等审判厅	厅长	丁兆冠	民国十二年七月云南任命
控诉法院	委员长	李綖	民国十六年十月云南任命
高等法院	院长	王灿	民国十六年十一月中央任命
高等法院	院长	屠开宗	民国十七年一月云南任命
高等法院	院长	吴恢量	民国二十年四月云南任命
高等法院	院长	黄希仲	民国二十五年九月代理
高等法院	院长	胡觉	民国二十六年五月中央任命
高等法院	院长	鲁师曾	民国三十一年十一月中央任命
云南高等法院第一分院	院长	孙文连	民国二十六年十二月任命
云南高等法院第一分院	院长	沈沅	民国二十七年十二月任命
云南高等法院第一分院	院长	李艿树	民国三十二年十二月任命
云南高等法院第二分院	院长	李艿树	民国二十八年十二月任命
云南高等法院第二分院	院长	沈沅	民国三十二年八月任命
云南高等法院第二分院	院长	周本仁	民国三十三年十一月任命
云南高等法院第三分院	院长	刘纯典	民国二十六年十一月任命
云南高等法院第四分院	院长	王承浚	民国三十年十月任命
云南高等法院第四分院	院长	董乐荣	民国三十三年七月任命
云南高等法院第五分院	院长	龚德潜	民国三十一年八月任命

（续表）

机关名称	职别	姓名	到职年月
云南高等法院第六分院	院长	乔文萃	民国三十一年八月任命
云南高等法院第七分院	院长	赵思锐	民国三十一年八月任命
昆明地方法院	院长	赵思锐	
昆明地方法院	院长	范承枢	民国三十一年八月任命
昆明地方法院	院长	陶天南	民国三十四年五月任命
大理地方法院	院长	李泽之	民国三十年二月任命
大理地方法院	院长	张世檀	民国三十三年三月任命
昭通地方法院	院长	朱嗣鹄	民国三十年二月任命
昭通地方法院	院长	冯浩	民国三十一年九月任命
昭通地方法院	院长	郑濂	民国三十二年九月任命
宁洱地方法院	兼代院长	刘纯典	民国二十六年十一月任命
宁洱地方法院	院长	刘维实	民国二十九年五月任命
宁洱地方法院	院长	刘纯典	民国二十九年八月任命
腾冲地方法院	兼代院长	杨柄章	民国三十一年三月任命
腾冲地方法院	院长	陈品	民国三十四年七月任命
文山地方法院	院长	郭浚哲	民国三十一年八月任命
文山地方法院	院长	康玉书	民国三十三年十二月任命
楚雄地方法院	院长	谢濂	民国三十年五月任命
楚雄地方法院	院长	张浩和	民国三十三年十月任命
个旧地方法院	院长	乔文萃	民国三十一年七月任命
个旧地方法院	院长	谢濂	民国三十四年七月任命
丽江地方法院	院长	王安槐	民国三十三年九月任命
曲靖地方法院	院长	王继鲁	民国三十三年九月任命

（续表）

机关名称	职别	姓名	到职年月
保山地方法院	院长	方正	民国三十三年九月任命
顺宁地方法院	院长	杨光暄	民国三十三年九月任命
腾冲地方法院	院长	陈忠	民国三十三年九月任命
高等检察厅	检察长	孙志曾	民国元年八月中央任命
高等检察厅	检察长	谢光宗	民国二年正月中央任命
高等检察厅	检察长	保廷梁	民国二年八月中央任命
高等检察厅	检察长	王维琛	民国三年四月中央任命
高等检察厅	检察长	易文煃	民国三年九月中央任命
高等检察厅	检察长	黄希仲	民国五年十月云南任命
高等检察厅	检察长	易文煃	民国六年三月云南任命
高等检察厅	检察长	吴良桐	民国十年五月云南任命
高等检察厅	检察长	丁兆冠	民国十一年十一月云南任命
高等检察厅	检察长	张瑞萱	民国十三年七月云南任命
高等检察厅	检察长	吴壮	民国十四年云南任命
高等检察厅	检察长	饶重庆	民国十五年云南任命
高等法院	首席检察官	李润芳	民国十六年十二月中央任命
高等法院	首席检察官	张步先	民国二十五年四月中央任命
高等法院	首席检察官	胡觉	民国二十五年十二月中央任命
高等法院	首席检察官	杨振兴	民国二十六年五月中央任命
高等法院	首席检察官	朱观	民国二十八年十二月中央任命
高等法院	首席检察官	钟澄先	民国三十二年四月代理
高等法院	首席检察官	曹文焕	民国三十三年三月中央任命

云南高等法院第一分院历任长官题名表

机关名称	职别	姓名	到职年月
云南第一高等审判分厅	监督推事	李焴	民国十三年八月云南任命
云南第一高等检察分厅	监督检察官	谌范模	民国十三年八月云南任命
云南高等法院第一分院	院长	谌范模	民国十七年二月中央任命
云南高等法院第一分院	院长	伍骧	民国二十年中央任命
云南高等法院第一分院	院长	陈疏华	民国二十二年三月中央任命
云南高等法院第一分院	院长	徐联光	民国二十七年七月中央任命
云南高等法院第一分院	首席检察官	谭宝树	民国十七年二月中央任命
云南高等法院第一分院	首席检察官	谌范模	民国十七年七月中央任命
云南高等法院第一分院	首席检察官	赵思锐	
云南高等法院第一分院	首席检察官	朱道尊	

云南高等法院第二分院历任长官题名表

机关名称	职别	姓名	到职年月
前审分厅	监督推事	傅绥德	民国十五年四月
前检分厅	监督检察官	陈朝枢	民国十五年四月
前检分厅	监督检察官	蒋钟衡	民国十五年八月
本分院	院长	王钟玺	民国十八年三月
本分院	首席检察官	蒋钟衡	民国十八年三月
本分院	首席检察官	李焴	民国十八年十二月

云南昆明地方法院历任长官题名表

机关名称	职别	姓名	到职年月
昆明地方审判厅	厅长	洪念江	宣统二年十二月
云南府地方审判厅	厅长	洪念江	民国元年八月中央任命
云南府地方审判厅	厅长	郝嘉福	民国二年中央任命
云南府地方审判厅	厅长	唐启虞	民国三年中央任命
昆明地方审判厅	厅长	饶重庆	民国五年十月中央任命
昆明地方审判厅	厅长	王承浚	民国十年云南任命
昆明地方审判厅	厅长	杨凤梧	民国十一年云南任命
昆明地方审判厅	厅长	黄旭	民国十二年云南任命
昆明县法院	委员长	黄旭	民国十六年云南任命
昆明地方法院	院长	李綖	民国十六年十二月中央任命
昆明地方法院	院长	邓鸿蒲	民国二十一年九月中央任命
昆明地方检察厅	检察长	邓文易	宣统二年
云南府地方检察厅	检察长	保廷梁	民国元年八月中央任命
云南府地方检察厅	检察长	杨思源	民国二年中央任命
云南府地方检察厅	检察长	郑烈	民国四年中央任命
云南府地方检察厅	检察长	胡寅旭	民国四年中央任命
昆明地方检察厅	检察长	周安和	民国五年十月
昆明地方检察厅	检察长	周声汉	民国七年云南任命
昆明地方检察厅	检察长	彭世功	民国九年云南任命
昆明地方检察厅	检察长	佴鹏	民国九年云南任命
昆明地方检察厅	检察长	吴壮	民国九年云南任命
昆明地方检察厅	检察长	杜焕章	民国十一年云南任命
昆明地方检察厅	检察长	杨凤梧	民国十四年云南任命
昆明地方法院检察厅	首席检察官	杜焕章	民国十六年中央任命

（续表）

机关名称	职别	姓名	到职年月
昆明地方法院检察厅	首席检察官	傅绥德	民国十七年中央任命
昆明地方法院检察厅	首席检察官	蒋钟衡	民国十八年中央任命
昆明地方法院检察厅	首席检察官	佴鹏	民国十九年中央任命
昆明地方法院检察厅	首席检察官	杨振兴	民国二十二年中央任命

司法经费（附表）

一、收入

司法款项为国家正当收入，非省款、地方款可同日而语。综其收入大别之，约分讼费、状费、罚金、其他四项。然要以讼费、状费为大宗，罚金次之，其他则赅括一切而已。部章规定綦严，如《整理司法收入规则》《诉讼状纸通行章程》《县知事征收司法各费稽核规则》，皆有精密之计划，何者留用，何者解部，靡不明白划分。云南各级法院，自前清成立之始，以积习相沿，因陋就简，徐图改进，未尝由根本着手，仅划分状纸由高等检察厅经售，委典簿或主簿赴部领取状面，自配状心。未几光复，各厅撤废，一切遂告停顿，厥后护、靖诸役，又以饷需万急，不能不量为挹注，势使然也。嗣与袁政府断绝，不但讼状费不能如法钩稽，即各厅经常等费，均由本省财政厅支领，垂为成案。兼理司法之各县知事，或以军事拨用为名，或以囚粮通挪作抵；中间复以金融紊乱，币价低落，时或加征以济急需，时或按价而照部令，司法收入更致无从整理；且因汇水高昂，滇币跌落，此滇之特殊情形，亦司法经费之绝大影响也。兹将高等法院二十年来收入概数列表如次：（见《高等法院历年收入统计表》）

二、支出

法院为国家机关，应用款项当然由国库支出，此定例也。如司法部规定《司法官官俸暂行条例》《司法官官俸发给细则》，以及候补推检、书记官、监所职员俸薪等级，暨津贴、公费、旅费、假期，条分缕析，巨细无遗。无如滇省法院情形特殊，司法官之等级即未照部章办理，故俸薪亦未照部章发给，兼之币值低落，法官俸薪微薄，诚属无可如何者。兹就高等法院册列数目核计，自民国元年起，至二十年止，支出之数约共一百四十五万一千余元，内分俸薪、囚粮、公费、其他四项，列表如次：（见《高等法院历年支出统计表》）

高等法院历年收入统计表

项目 年月	讼费（元）	状费（元）	罚金（元）	其他（元）	合计（元）
民国元年	3,500.00	1,331.50		4,570.00	9,401.50
民国二年	9,510.00	5,523.00		10,968.00	26,001.00
民国三年	12,378.90	6,777.00	485.50	22,302.00	41,943.40
民国四年	14,809.00	6,421.00	631.00	28,594.20	50,455.20
民国五年	12,464.00	9,198.70	850.00	28,876.50	51,389.20
民国六年	6,574.60	12,179.00	1,500.00	25,800.00	46,053.60
民国七年	7,213.70	13,012.00	2,500.00	25,800.00	48,525.70
民国八年	6,333.80	11,482.00	1,900.00	25,800.00	45,515.80
民国九年	5,418.30	13,231.60	1,500.00	34,226.00	54,375.90
民国十年	6,221.30	10,712.00	2,500.00	25,800.00	45,233.30
民国十一年	5,459.10	11,210.00	950.00	26,280.00	43,899.10
民国十二年	4,397.00	10,859.00	870.00	26,280.00	42,406.00
民国十三年	8,755.40	12,320.00	3,500.00	26,280.00	50,855.40
民国十四年	25,868.80	17,589.00	3,500.00	26,280.00	73,237.80
民国十五年	22,823.70	18,883.00	2,800.00	26,280.00	70,786.70
民国十六年	31,421.00	19,200.00	1,500.00	28,096.00	80,217.00
民国十七年	9,898.90	10,498.00	914.00	66,408.00	87,718.90
民国十八年	27,140.20	39,610.00	1,156.00	84,310.00	152,216.20
民国十九年	27,516.40	46,442.00	157.00	102,268.00	176,383.40
民国二十年	30,153.60	70,724.00	2,710.00	147,974.40	251,562.00
总计	277,857.70	347,202.80	29,923.50	793,193.10	1,448,177.10

高等法院历年支出统计表

项别 数目 年月	俸薪（元）	囚粮（元）	公费（元）	其他（元）	合计（元）
民国元年	4,570.00	5,031.50			9,601.50
民国二年	10,968.00	9,510.00		5,600.00	26,078.00
民国三年	20,712.30	12,378.90	2,075.20	6,800.00	41,966.40
民国四年	27,547.00	15,809.00	1,670.00	5,421.00	50,447.00
民国五年	28,876.00	12,464.00		10,500.00	51,840.00
民国六年	24,600.00	8,074.60	1,200.00	12,100.00	45,974.60
民国七年	24,600.00	9,713.70	1,200.00	13,000.00	48,513.70
民国八年	24,600.00	8,233.80	1,200.00	11,400.00	45,433.80
民国九年	34,026.00	6,918.30	1,200.00	12,230.00	54,374.30
民国十年	24,600.00	12,710.00	1,200.00	6,720.00	45,230.00
民国十一年	25,800.00	11,210.00	480.00	6,410.00	43,900.00
民国十二年	25,800.00	10,859.00	480.00	5,267.00	42,406.00
民国十三年	25,800.00	12,255.40	480.00	12,320.40	50,855.80
民国十四年	25,800.00	29,368.80		18,267.00	73,435.80
民国十五年	25,800.00	25,623.70		19,366.30	70,790.00
民国十六年	28,096.00	31,421.00		20,803.00	80,320.00
民国十七年	61,848.00	9,890.00		16,400.00	88,138.00
民国十八年	78,876.00	25,550.00		48,874.00	153,300.00
民国十九年	93,784.00	26,544.00		56,064.00	176,392.00
民国二十年	137,334.40	28,847.60		86,880.00	253,062.00
总计	754,037.70	312,413.30	11,185.20	374,422.70	1,452,058.90

云南高等法院及所属机关收支统计表

机关名称	费类	年度	核定预算金额（元）	备考
云南高等法院及所属机关	经费类	三十年度	1,696,032.00	司法行政部经电核定
云南高等法院及所属机关	经费类	三十一年度	2,165,281.00	司法行政部三十一年一月二十二日训会字第二六一号训令核定
云南高等法院及所属机关	经费类	追加三十一年度	388,551.00	司法行政部三十一年十二月十七日训会字第五四二一号训令
云南高等法院及所属机关	经费类	三十二年度	3,768,586.00	司法行政部三十二年三月二日训会字第一二一四号训令
云南高等法院及所属机关	经费类	追加三十二年度	1,319,005.00	司法行政部三十二年十月十一日训会字第五五三八号训令
云南高等法院及所属机关	经费类	三十三年度	4,854,528.00	司法行政部三十三年丑皓电
云南高等法院及所属机关	经费类	追加三十三年度	1,865,500.00	司法行政部三十三年十一月十八日训会字第七五七四号训令核定
云南高等法院及所属机关	岁入类	三十年度	120,000.00	司法行政部三十年二月三日训会字第三八〇号训令
云南高等法院及所属机关	（经常门）	三十一年度	288,000.00	司法行政部三十一年三月三十日训会字第一二六五号训令
云南高等法院及所属机关	（特殊门）	三十一年度	192,000.00	司法行政部三十一年三月三十日训会字第一二六五号训令
云南高等法院及所属机关	经费类	三十年度超支经费，改作三十年度支出	48,470.00	司法行政部三十二年三月十八日训会字第一六二四号训令
云南高等法院及所属机关	岁入类	三十二年度	1,650,000.00	司法行政部三十二年三月十三日训会字第一四八四号训令
云南高等法院及所属机关	岁入类	三十三年度	3,780,000.00	司法行政部三十三年二月十八日训会字第九八六号训令
云南高等法院及所属机关	岁入类	追加三十三年度	68,470.00	司法行政部三十四年六月六日训会字第三七六〇号训令

附记：

按二十一年至二十五年，关于收支出入经费卷宗，无从寻获，而前高院长吴恢量交代不清，亏欠公款国币十数万元。后任院长胡觉奉命追缴，延不交出，以吴恢量系云南省政府所用，未经中央任命，款项一层，未能轮替交清，又无档案可查，遂行截断。及二十六年至三十年，关于收支出入经费，亦无卷宗。胡觉亏欠公款国币百余万元，亦交代不清楚，屡催未能交出。鲁师曾遂将胡觉任内之款项截断，由接任之日负责。故自二十一年起至三十年止，两次均无交代，案卷亦不存留，中断十年，无法查考。此表所以仅列三十年至三十三年也。

民事案件统计（附表）

滇省各级法院，自前清宣统二年成立。报部案件初无规定，嗣自民国三年始照部颁表式填报。兹将各厅、院先后报部案件，照机关分别表列统计如后。其昆明地方法院，则自民国十六年改组法院以后开列。高等第一、二两分院悉自成立之日开填，并于附记栏声明之。

云南高等审判厅民事统计年表

（单位：件）

类别 年度	物权	债权	人事	合计
三年	162	64	39	265
四年	247	83	43	373
五年	26	4	8	38
六年	118	42	56	216
七年	157	50	54	261
八年	268	43	68	379
九年	303	53	72	428
十年	199	63	80	342
十一年	172	65	74	311
十二年	296	70	42	408
十三年	234	46	27	307

（续表）

年度＼类别	物权	债权	人事	合计
十四年	370	66	41	477
十五年	383	49	41	473
十六年	45	26	31	102
总计	2,980	724	676	4,380

附记：

一、本表自民国三年始奉部令填报，故自三年度开始填列；

二、部颁民事年表格式，人事一种包括婚姻、继承事件，是以照式填列。

云南高等法院民事统计年表

（单位：件）

年度＼类别	物权	债权	人事	合计
十七年	297	57	34	388
十八年	185	83	58	326
十九年	285	90	72	447
二十年	281	109	99	489
二十一年	280	137	29	446
二十二年	308	227	31	566
总计	1,636	703	323	2,662

附记：

一、高等法院系民国十六年十二月一日奉令改组成立；

二、部颁民事年表格式，人事一种包括婚姻、继承事件，是以照式填列。

云南第一高等审判分厅民事统计年表

（单位：件）

类别/年度	物权	债权	婚姻	继承	其他	合计
十三年	93	12	13	6	2	126
十四年	93	12	9	7	3	124
十五年	75	8	8	4		95
十六年	103	15	3	1	4	126
十七年	39	2	1	5		47
总计	403	49	34	23	9	518

附记：

一、本表所列年度，系自民国十三年八月十一日前分厅成立起，至十七年七月十日改组为分院之前一日止；

二、本表所列件数，系以各年收受之件数计。

云南高等法院第一分院民事统计年表

（单位：件）

类别/年度	物权	债权	婚姻	继承	其他	合计
十七年	79	14	7	4	2	106
十八年	202	18	12	11	5	248
十九年	200	19	27	10	2	258
二十年	270	53	44	8	2	377
二十一年	240	28	30	7	9	314
总计	991	132	120	40	20	1,303

附记：

一、本表所列年度系自十七年七月十日起，至二十一年十二月底止；

二、本表所列件数，系以各年收受之件数计。

云南第二高等审判分厅民事统计年表

（单位：件）

类别/年度	物权	债权	婚姻	继承	其他	合计
十五年	123	115	8	3	1	250
十六年	177	168	15	11	3	374
十七年	160	157	11	5	1	334
十八年	23	35	3	1		62
总计	483	475	37	20	5	1,020

附记：

一、本表所列年度，系自民国十五年四月十八日前分厅成立起，至十八年三月二十三日改组为本分院之前一日止；

二、本表所列件数，系以各年收受之件数计。

云南高等法院第二分院民事统计年表

（单位：件）

类别/年度	物权	债权	婚姻	继承	其他	合计
十八年	105	72	9	4	2	192
十九年	171	152	21	5	3	352
二十年	181	197	25	7	3	413
总计	457	421	55	16	8	957

附记：

一、本表所列年度，系自十八年三月二十三日本分院成立日起至二十年十二月底止；

二、本表所列件数，系以各年收受之件数计。

云南昆明地方法院民事统计年表

（单位：件）

类别 年度	物权	债权	婚姻	继承	其他	合计
民国十六年	58	29	12		5	104
民国十七年	734	342	198	6	70	1,350
民国十八年	640	373	178	6	63	1,260
民国十九年	702	417	215	5	83	1,422
民国二十年	727	429	247	8	90	1,501
民国二十一年	875	521	261	7	103	1,767
总计	3,736	2,111	1,111	32	414	7,404

附记：

一、本表所列年度，系自民国十六年十二月一日改组法院日起，至二十一年十二月底止；

二、本表所列件数，系以各年收受之件数计。

刑事案件统计（附表）

刑事案件报部册表仍照前项，自民国三年起，以曾发现之罪名依次列入，其未发现者，概从简略，余照民事案件统计表办理，于附记栏声明之，聊备参考而已。

云南高等审判检察厅刑事统计年表

类别／年度	妨害公务罪		妨害风化罪		妨害婚姻罪		杀人罪		伤害罪		盗窃罪		侵占罪		诈财罪		合计	
	件数	人数	件数	人数	件数	人数	件数	人数	件数	人数	件数	人数	件数	人数	件数	人数	件数	人数
三年	1	1	17	18	8	8	150	150	72	70	4	17	2	3	9	10	263	277
四年	2	2	20	20	1	1	315	294			38	39	5	3	9	12	390	371
五年			1	1			18	18	7	10	1	1	2	3	3	3	32	36
六年			10	8			81	74	198	142	12	8	15	13	10	9	326	254
七年			12	11			89	89	157	164	17	8	12	11	16	13	303	296
八年	1	1	20	18	1	1	116	104	142	134	17	13			13	11	310	282
九年	1	1	14	12	2	2	71	67	157	156	17	16	14	16	19	20	295	290
十年			7	4			59	54	154	131	11	10	11	11	21	22	263	232
十一年	3	3	7	6	2	2	74	70	98	95	5	4	4	4	15	14	208	198
十二年			17	16	3	2	68	68	107	102	3	5	10	11	10	10	218	214
十三年	9	9	13	13			47	48	149	158	9	8	5	8	9	10	241	254
十四年	1	1	14	10			58	52	161	222	11	10	9	7	5	4	259	306
十五年			11	11			35	35	61	61	5	5	6	6	6	5	124	123
十六年			9	9			41	41	75	75	2	2	6	6	3	3	136	136
总计	18	18	172	157	17	16	1222	1164	1538	1520	152	146	101	102	148	146	3368	3269

附记：

本表自民国三年始奉部令填报，故自三年度开始填列。

云南高等法院刑事统计年表

类别/年度	妨害公务罪		妨害风化罪		妨害婚姻罪		杀人罪		伤害罪		盗窃罪		侵占罪		诈财罪		合计	
	件数	人数	件数	人数	件数	人数	件数	人数	件数	人数	件数	人数	件数	人数	件数	人数	件数	人数
十七年	1	1	9	9	2	2	28	28	48	43	2	3	2	2	3	6	95	94
十八年	1	1	18	14	14	14	68	59	51	47	15	15	3	6	7	8	177	164
十九年			8	8	6	6	68	89	31	42	4	4	3	4	2	2	122	155
二十年			12	12	4	4	103	123	32	45	5	5	7	7	2	2	165	198
二十一年			7	7	2	2	103	103	53	53			1	1	1	1	167	167
二十二年			8	8	2	2	171	171	31	31	1	1	3	3	3	3	219	219
总计	2	2	62	58	30	30	541	573	246	261	27	28	19	23	18	22	945	997

附记：

高等法院系民国十六年十二月一日改组成立。

云南第一高等审判分厅刑事统计年表

类别／年度	脱逃罪		伪造货币罪		妨害风化罪		妨害婚姻罪		赌博罪		杀人罪		伤害罪		诬告罪		盗窃罪		诈财罪		合计	
	件数	人数	件数	人数	件数	人数	件数	人数	件数	人数	件数	人数	件数	人数	件数	人数	件数	人数	件数	人数	件数	人数
十三年			1	1			1	1			8	5	2	3			1	1			13	11
十四年					5	5											3	3			8	8
十五年													3	5	2	3	2	2			7	10
十六年													2	2							2	2
十七年							1	1					3	5			2	2			6	8
总计			1	1	5	5	2	2			8	5	10	15	2	3	8	8			36	39

附记：

一、本表所列年度系自十三年八月十一日分厅成立日起，至十七年七月十日改组为分院之前一日止；

二、本表所列件数，系以各年度收受之件数计，人数系以罪犯之人数计。

云南高等法院第一分院刑事统计年表

类别/年度	脱逃罪		伪造货币罪		妨害风化罪		妨害婚姻罪		赌博罪		杀人罪		伤害罪		诬告罪		盗窃罪		诈财罪		合计	
	件数	人数	件数	人数	件数	人数	件数	人数	件数	人数	件数	人数	件数	人数	件数	人数	件数	人数	件数	人数	件数	人数
十七年																						
十八年							1	1			2	3	1	1			1				5	5
十九年											3	5	1	1	1	1	2	1			7	8
二十年							2	1			1	1	1	2			2	1			6	5
二十一年							1				1	2	2	3	1	1					5	6
总计							4	2			7	11	5	7	2	2	5	2			23	24

附记：

一、本表所列年度，系自十七年七月十日本分院成立日起，至二十一年十二月底止；

二、本表所列件数，系以收受之件数计，人数系以罪犯之人数计；

三、本表所列各年度收受案件，均系检察分厅起诉送审者，其未起诉者尚多，因该检分厅历年并未办理统计，是以无从列入。

云南第二高等审判检察分厅刑事统计年表

类别/年度	脱逃罪		伪造货币罪		妨害风化罪		妨害婚姻罪		赌博罪		杀人罪		伤害罪		盗窃罪		侵占罪		诈财罪		合计	
	件数	人数	件数	人数	件数	人数	件数	人数	件数	人数	件数	人数	件数	人数	件数	人数	件数	人数	件数	人数	件数	人数
十五年							1	2			2	2	81	115	1	2					85	121
十六年			1	1	1	1	1	2	1	4	3	4	137	159	2	2	1	1	1	1	148	175
十七年	1	1			1	1					2	2	91	143	2	4	1	1			98	152
十八年													23	34							23	34
总计	1	1	1	1	2	2	2	4	1	4	7	8	332	451	5	8	2	2	1	1	354	482

附记：

一、本表所列年度，系自十五年四月十八日分厅成立日起，至十八年三月二十三日改组为本分院之前一日止；

二、本表所列件数，系以收受之件数计，人数系以罪犯之人数计；

三、本表年度内未经发现之罪名俱系无可查填，故概从阙略。

云南高等法院第二分院刑事统计年表

类别／年度	妨害公务罪		妨害风化罪		妨害婚姻罪		杀人罪		伤害罪		盗窃罪		侵占罪		诈财罪		合计	
	件数	人数	件数	人数	件数	人数	件数	人数	件数	人数	件数	人数	件数	人数	件数	人数	件数	人数
十八年	1	1	2	2	1	2	4	4	70	93	3	4	1	1	1	1	83	108
十九年			1	1	2	4	7	7	95	139	4	6	1	1			108	158
二十年			1	1	2	4	7	7	84	122	4	7	2	2			99	143
总计	1	1	4	4	5	10	18	18	249	354	11	17	4	4	1	1	290	409

附记：

一、本表所列年度，系自十八年三月二十三日本分院成立日起，至二十年十二月底止；

二、本表所列件数以收受之数计，人数系以罪犯之人数计；

三、本表年度内未经发现之罪名俱系无可查填，故概从阙略。

云南昆明地方法院刑事统计年表

类别／年度	妨害公务罪	妨害风化罪	妨害婚姻罪	杀人罪	伤害罪	盗窃罪	侵占罪	诈财罪	诬告罪	伪造罪	脱逃罪	赌博罪	合计
十六年		2	2		14	3	1	1					23
十七年	3	38	6	13	197	24	7	9	1	7	4	3	312
十八年	1	32	10	13	206	24	3	12	2	5	4	3	315
十九年		24	10	15	133	24	3	13	1	5			228
二十年	1	20	10	7	150	29	5	7	1	11	2	3	246
二十一	2	30	4	21	191	26	6	10	3	3	1		297
总计	7	146	42	69	891	130	25	52	8	31	11	9	1,421

附记：

一、本表所列年度，系自民国十六年十二月一日法院成立日起，至二十一年十二月底止。表内所列各罪，以伤害为最多，约占十分之六七；

二、本表所列件数，系以各年度收受之件数计；

三、本表年度内未经发现之罪，无可查填，概从阙略。

民国云南通志长编卷四十六

司法二·监狱·律师·诉讼

监狱改良

一、沿革

滇省监狱在昔前清时代，原有司监、府监、县监之分，嗣于光绪三十四年，云贵总督锡良始将三监合并，改为云南模范监狱。当成立之初，设典狱官一员，直隶云南按察使司。下分总务、文书、会计、工业、守卫五科。总务科有参事，各科有科长，又设医务所、教务所、消防所、囚人存物所，各所均有所长，或以科长兼充。规模尚属宏大，组织亦较完备。迨光复后，改为昆明监狱。民国七年，遵照部章，又改为云南第一监狱。只因经费拮据，不免因陋就简，缩小范围，现仅存第一科（即原日之文书、会计两科合并）、第二科（即原日之守卫科）、第三科（即原日之工业科）及医务、教务等五科而已。

二、构造及容量

监狱地址在省城之西隅，就原有三监旧址，添以新拨公地及新购民地，计东长五十一丈，西长四十八丈，南宽三十八丈，北宽三十九丈。依旧有河道，界之以墙。分为内外二区，大门东向，二门南向。二门内为内区，二门外为外区。全监房屋共计二百六十余间。狱官办公室、会议室、招待室以及各科办公室均新式建筑。其余职员、看守宿室、食堂、炊所、便所咸备焉。其东、西两监系仿日本巢鸭监狱样式，形同扇面。东、西共监房一百零八间，此外，有未决监一十六间，未丁监一十间，女监一十二间，统共能容人犯五百余名。东、西两工厂共计四十四间，能容犯工二百余名或三百名之谱。兹不赘及。

三、职员之组织（附历任典狱长一览表）

监狱成立之初，原设典狱官一员，嗣照部章改称典狱长，秉承高等检察厅检察长监督指挥，今隶高等法院院长，总理全监一切事务，并兼管陆军监狱。下分三科二所：第一科办理全监各项文牍，保管卷宗及领发经费、囚粮各事项，设科长、科员各一，司书、录事各一名；第二科专司监狱警备及戒护、检束各事项，设科长一员，科员四员，录事一名；第三科专司教授囚人工艺及制作品之保管、售卖和收支等事项，设科长一员，科员一员，录事一名。工厂及售货处均属之，工厂设技师一人，售货处设经理一员，司事一人，杂役一名。教务所专司教诲、教育、感化囚人事宜，设教诲师一员，医务所专司诊治囚犯疾病，管理卫生事宜，设医士一员，药夫一名。此外，设主任看守四名，看守二十二名，女看守二名，更夫二名，杂役五名，看护夫二名，均归第二科管理指挥之。兹将历任典狱长列表附后。

历任典狱长一览表

姓名	字号	到任年度
郑溱	涤周	前清
费希龄	怡仲	前清
熊隽藻	杏村	辛亥年
王钧图	勉斋	民国元年
陈丹书		民国二年六月
李环裕	月秋	民国二年九月
段世忠	慕韩	民国三年
聂培煜	映先	民国四年
李琨	少刘	民国六年
王煦	和斋	民国七年
颜兴贤	彬卿	民国八年
杜焕章	字文	民国十年
徐联光	月波	民国十二年
赵毅	仙舟	民国十五年

（续表）

姓名	字号	到任年度
杨炽昌	祚新	民国十六年
罗俊霖	雨三	民国十七年
李应谦	吉安	民国二十年五月
陈秉钧	建廷	民国二十年十二月

四、作业种类及其损益

监狱工厂肇于前清宣统元年，原由藩库拨银千两作开办基金。工作项目计分下列各科：一、织布科；二、锡器科；三、木器科；四、铁器科；五、靴鞋科；六、漆器科；七、草鞋科；八、纸料科；九、缝纫科；十、棉花科。上厂犯工约三百余名，初原属试办，各科工艺开始学习，故出品未能遽臻完美。光复后虽赓续办理，因经费支绌，仅织布、草鞋两科，余均停止。而各犯工又在学习期间，不能不酌给奖金借资鼓励。计自民国元年以来十有余年，由基金项下提给奖金，并购置工厂内应用物品为数颇多，故原有基金垫用净尽，更无盈余可言。迨至民国十二年，司法司长张瑞萱、丁兆冠以监狱工厂基金无着，而工厂又不便停办，先后商酌，复由司筹发基金继续开办。工艺虽渐次改良，物品仍未发达，本无何等损益。民国十六年，库款支绌，监狱经费财厅积欠未发，复由基金挪垫，厥后数月，经费竟未领获，而此项基金亦完全垫用，工厂遂停办矣。民国十七年，高等法院以监狱工厂为犯工作业之要务，令饬筹款照旧开办。典狱长罗俊霖呈准以监狱名义息借工本，仍开办织布、草鞋两科。溯自前清开办至今，中间数次间断，然按诸时日已历二十余年之久，工艺逐渐进步，销路较前扩充，货品尤称完美。此监狱工厂作业种类及其损益之大略也。

五、历年羁禁人数比较（附表）

监狱拘禁人犯，以民十二年为多。盖承护、靖诸役之后，陆军人犯逐渐增加。复因招安各路匪党，轻触禁网故耳。列表附后，以资比较。

云南第一监狱历年拘禁人数比较表

年度	元年		二年		三年		四年		五年		六年		七年		八年		九年		十年	
性别	男	女	男	女	男	女	男	女	男	女	男	女	男	女	男	女	男	女	男	女
一月份	28	8	39	10	83	19	432	24	581	33	48	6	240	13	323	19	462	25	588	33
二月份	31	8	41	13	87	21	426	23	579	33	56	4	242	11	321	18	482	23	592	35
三月份	29	10	44	15	91	23	456	25	598	28	60	7	241	14	334	20	478	26	68	32
四月份	33	9	48	14	23	22	472	28	637	31	68	8	239	16	352	21	492	28	71	34
五月份	31	11	51	13	21	21	487	31	672	30	62	9	246	19	361	23	496	25	82	31
六月份	29	10	52	15	29	24	481	29	669	29	83	8	252	16	394	22	502	29	78	29
七月份	30	9	55	15	168	26	505	33	683	32	91	10	261	15	398	24	520	30	76	32
八月份	33	7	58	13	236	25	523	38	691	34	113	11	282	17	407	21	514	28	83	34
九月份	31	8	61	14	250	24	518	34	694	38	137	13	279	19	415	23	531	29	106	31
十月份	34	9	61	15	289	26	534	32	34	13	157	14	291	20	426	24	554	31	112	38
十一月份	36	10	78	16	258	28	555	35	36	15	186	12	301	28	444	26	561	33	120	35
十二月份	37	10	83	19	423	28	579	33	48	15	238	13	323	20	462	25	585	33	128	37
合计	382	109	671	172	1,958	287	5,968	365	5,922	331	1,299	115	3,197	208	4,637	266	6,177	340	2,104	401
比较增减			289	63	1,287	115	4,010	78	46	34	4,623	216	1,898	93	1,440	58	1,540	74	4,073	61

（续表）

年度	十一年		十二年		十三年		十四年		十五年		十六年		十七年		十八年		十九年		二十年	
性别	男	女	男	女	男	女	男	女	男	女	男	女	男	女	男	女	男	女	男	女
一月份	122	34	58	7	409	14	58	4	267	3	310	16	218	14	238	18	191	23	324	27
二月份	126	34	69	10	309	8	96	8	265	6	83	16	220	16	241	18	298	23	324	28
三月份	132	32	99	13	300	9	168	13	267	6	92	14	216	19	242	19	298	21	338	28
四月份	142	28	183	12	293	9	206	12	265	7	102	16	226	17	245	18	305	24	326	26
五月份	162	30	226	16	307	13	287	15	265	7	112	16	222	18	251	17	312	25	353	25
六月份	176	31	188	18	305	12	209	18	280	6	124	17	228	18	255	19	320	27	351	23
七月份	192	33	358	18	309	12	336	21	294	6	143	18	232	17	262	20	332	26	338	22
八月份	226	36	439	19	328	14	384	23	299	12	148	17	235	19	268	21	325	26	350	23
九月份	21	4	466	19	362	19	391	24	295	11	161	18	238	18	275	20	141	27	341	22
十月份	25	6	475	19	22	3	413	26	283	11	178	17	334	16	281	20	352	27	343	20
十一月份	27	6	470	18	26	3	342	3	292	13	186	15	236	17	284	21	356	27	354	24
十二月份	26	7	440	19	26	4	335	3	293	12	184	12	238	18	291	23	358	26	355	20
合计	1,377	281	3,471	181	2,996	120	3,225	166	3,365	100	1,823	192	2,843	207	3,133	234	3,588	302	4,097	288
比较增减	727	120	2,094	100	475	61	229	46	140	66	1,542	92	1,020	15	290	27	455	68	509	14

六、历年执行死刑人数（附表并案由说明）

监狱自成立迄民国二十年，执行死刑人犯甚属寥寥，共计仅男女一十四名。兹将案犯姓名、案由及执行日期例表附后。

云南第一监狱历年执行死刑人数比较表

执行死刑囚犯姓名	执行年月日	案由
杨老五	民国四年十一月九日	诱雇骑马，谋害苗万林身死
杨兆祥	民国四年十一月十九日	在监反狱、原案伤害人致死
王玉贞	民国五年四月十三日	因杀死徐长生
宋祁氏	民国五年四月十二日	因奸同谋杀死
徐少伯	民国六年十二月二十日	因杀死黄庭彦
欧申甲	民国七年十月二十八日	因杀人犯
刘厚安	民国八年五月二十六日	因杀死周宽容
杨志	民国九年五月四日	因杀人罪
王玉成	民国十年九月七日	因杀人罪
刘洪顺	民国十三年六月二十八日	因杀死李明泰及妾李刘氏
高泽民	民国十五年五月二十七日	因杀人致死
李义兴	民国十七年二月二十一日	因杀死三命
许嘉宾	民国十七年一月八日	因杀人案
刘罗氏	民国二十年三月十九日	因谋害死本夫

七、囚犯死亡之增减及其原因

查监狱人犯因病死亡，以民国十二年为最多，民国十四年次之。而民国十七年无病故囚犯者，盖由管理人员注意清洁卫生之故耳，兹将死亡增减数量及其原因附后，俾资参考。

注：云南省第一监狱历年囚犯死亡人数，原表未填数字，只有说明如下：

十二年病故人犯增至九十余名，考查各犯病故原因，系解决普小洪部分及张兴鸿部分送监执行匪犯所患病症，均系在外染受毒症，入监以后均经发现，考核医案，病名乃滥肠瘟症。

十四年病故人犯四十余名，考查各犯原因，病名肺痨、肺疾肿病、痢疾等症。

十七年无病故人犯之原因，系典狱长罗俊霖及第二科科长陈秉钧到任后，督率员役认真检查管理人员并各囚犯。中惟生疮者全监皆是，考其原因，系所饮监内原日设备之沟水不洁之故，当即设法安置机器水管，规行饮用机器水，并函请红十字会医院每星期派医员携药入监疗治。外科督率本监医员认真诊治，内科给以汤药，注意饮料，一切力求清洁，营养适当，注意卫生。又每星期沐浴、涤洗衣被、剃头一次，每日督率囚人三次运动。对于给养，格外注意，保持其健康，自此以后，死亡稍较少也。

八、经费（附图）

监狱经费系由典狱长按月呈由高等法院转咨财政厅核发，月共滇票八百一十六元二角，列图如后。

云南第一监狱经费分配图

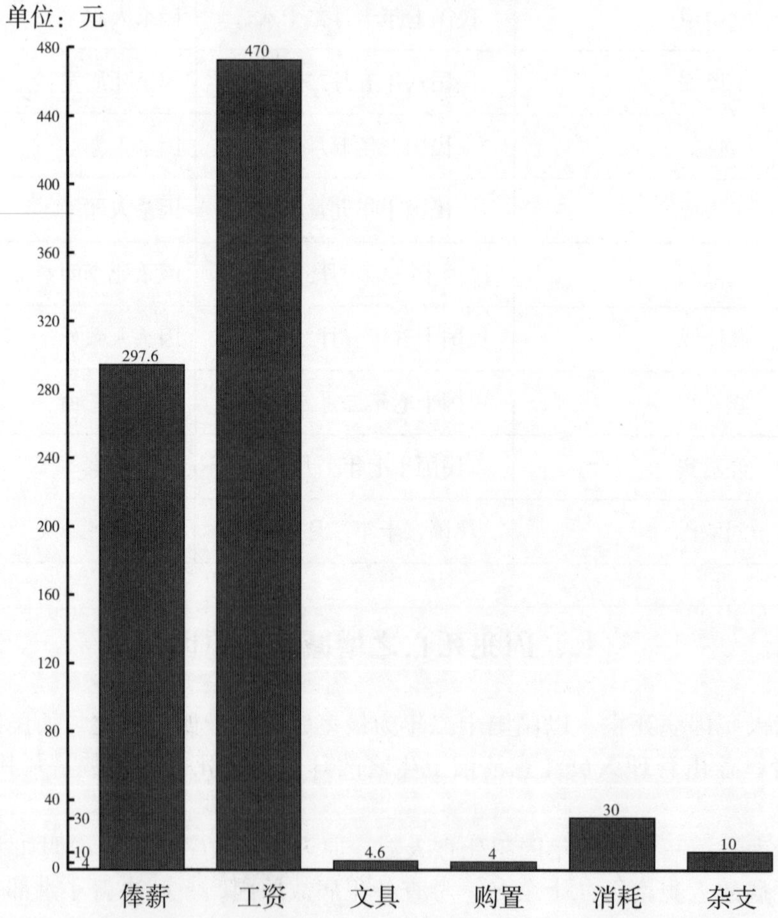

本图俸薪二百九十七元六角；工资四百七十元；文具四元六角；购置四元；消耗三十元；杂支一十元。全部经费共领八百一十六元二角。请领手续系由高等法院转呈省府。均由财政厅拨发。

九、附设陆军监狱概况

监狱自成立后，即有军事机关尝将军事未决人犯送请寄押及已决人犯发监执行之事，权责未分，沿为成例。迨至民国十一年，军事人犯日渐增加，超过司法人犯数倍。然皆寄禁，虽陆军监狱之名义而并无之。靖国联军总司令官唐继尧拟另行修建以示区别，因库款支绌，且无相当地点，为暂时权宜计，乃将陆军监狱附设于内。即就原有职员中添设陆军候补看守长一员，陆军看守十名，悉归典狱督率指挥。其薪饷另由靖国军总司令部请领，并由总司令部按月发给陆军人犯盐、菜、卫生费。至管理戒护，一切仍责成本监狱典狱长兼陆军监狱典狱长与职员看守等共同负责。迄今十年，继续照旧办理。此附设陆军监狱之概况也。

十、本省监狱总分图说（附图）

监狱自成立以来，至今二十余稔。内部构造已如上述，尚无变更。惟外区大门以墙壁坍塌，略有增损。附图于后。

云南第一监狱全监平面图

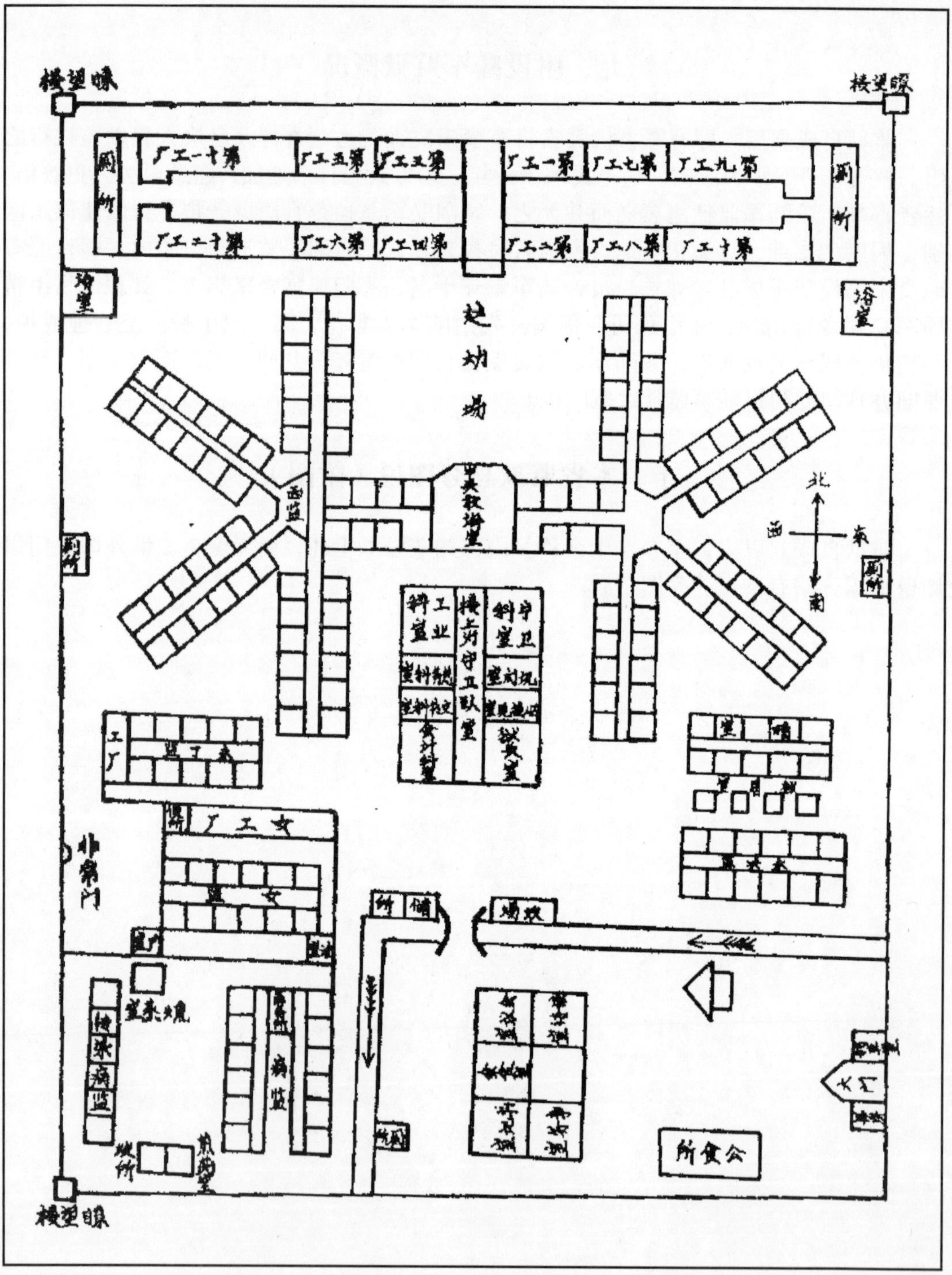

附：看守所

查民国三年部定《看守所暂行规则》第三条载“看守所待遇被告人须与平民同，但有碍于审判进行及所中纪律者，不在此限”；同年颁发《管守所暂行章程》第一条载“管收所非依《拘押民事被告人暂行规则》之规定应行管收者，不得管收之”；第二条“管收所得附设于看守所，但须与刑事被告人严行隔离”等语。盖看守之性质与监狱异，监狱专以处已决之罪犯，而看守所则以处未决之刑事被告与民事被告之应行管收者也。在刑事被告当其发现有犯罪嫌疑时，固不得不防逃避，施以羁押；然判决未确定以前，则其是否有罪，应否科刑，尚难预定，即不得谓其已失平民资格而束缚之、凌轹之。在民事被告本系普通平民，不过以其负民事上之责任，为确保将来易于执行，使之暂就管收，故均须以平民待之。而民事被告必须与刑事被告隔离者何？诚以刑事被告恶性恒多，若使民事被告与之同处，一受其传染则易陷于恶。今之看守所制度，有刑事被告室、民事被告室，划然分离，不得薰莸共器、兰艾同丘，即此意也。云南看守所以昆明地方法院附设者较为完备。民国三年，将法院东边旧有房屋修改作为男看守所，西边旧有房屋修改作为女看守所。男所有民事所三间，刑事所十二间，优待室二间，大者能容十余人，小者能容八九人。所长一间，所目室二间，所丁室二间，炊场一间，厕所二间。女所因距离太远，房屋朽坏，于民国十八年在男所前空地新盖房屋七间，以一间为民事所，以五间为刑事所，每间能容十余人。另设看役室一间。职员之组织：设所长一员、医员一人、所目二人、所丁十二人、女看役二人。高等法院第一分院，民国十八年九月就大理县署东监改设看守所，设所长一员、所丁二人、女看役一人。分男女二所：男所房屋三大间，约可容三十余人，女所房屋三小间，约可容十余人。高等法院第二分院，民国十五年四月，由昭通县公署将管有之看守所移交前高等第二检察分厅接管，设所长一员，男看守九名；女看守所一座，房舍与第一分院看守所略同。其余各县政府设看守所者，有不设而附入县监者，形制庳陋，不足纪述也已。

律师制度（附表）

一、关于律师制度之重要法令

国家既设立裁判机关以审理民、刑诉讼，民、刑诉讼之处理均以法律为圭臬。律师娴习法律，有代理之权责，有公认之要义，所以律师制度为不可缺也。法律规定有《考试律师章程》、有《甄拔律师章程》、有《律师登录章程》、有《律师入会章程》。既慎其出身之始，复广其效用之途。以公益为目的，作被害之辩护。凡关于律师制度之法令，兹列其重要者如此，其余备载于《法令汇编》，不再赘矣。

二、律师公会

民国十六年七月颁布《律师章程》第二十四条载“律师应于地方法院，或高等分院附设地方法院、分庭所在地，设立律师公会。律师非加入公会，不得执行职务。”是律师公会为法定机关，与寻常私人团体有别，故法律上设有详密之规定。

（一）律师公会受所在地地方、高等两法院首席检察官之监督（第二十五条）；

（二）律师公会应议定会则，由地方法院院长经高等法院院长呈请司法部核准（第二十九条）；

（三）律师公会应时将下列各款事项报告于所在地地方法院长官：

甲、会长、副会长、常任评议员选举之情形，

乙、总会常任评议员会开会之日，时、处所，

丙、提议决议之事项，

地方法院首席检察官受前项报告后，应即经由高等法院首席检察官转请高等法院院长报告司法部长（第三十条）；

（四）提议决议不得出下列事项范围：

甲、法律命令及律师公会会则所规定之事项，

乙、司法部长或法院所咨询之事项，

丙、关于法律修改或司法事务或律师共同之利害关系建议于司法部长之事项（第三十二条）；

（五）地方法院首席检察官得随时出席于律师公会、总会及常任评议员会，并得命其报告会议情形（第三十三条）；

（六）律师公会或常任评议员会之会议，有违反法令及律师公会会则者，司法部长或高等法院首席检察官得宣示其决议无效，或停止其会议（第三十四条）。

良以律师制度为保障人民权利而设，而公会为其枢纽，不能任其自为风气，必须详定规章，使之遵守也。云南之有律师公会，实自民国二年始，发起者为谭时春、王耀彩、杜克良三人。召集法学同志多人，研究开办程序，仿北京律师公会办法，先向司法部领取证书，制定《暂行规则》凡十五条，然后组织公会。是年五月在云南高等审判厅立案，名曰“云南昆明律师公会”。各会员入会，照章执行律师职务，办理各级法院民、刑事件。民国四年，本省独立，司法改组，公会因之停办。五年十月，恢复司法制度，公会亦随即规复，各会员亦日渐增加。职员采会长制，设会长、副会长各一人，评议员四人，干事二人，庶务兼会计一人。所有职员，除书记外，概系名誉职，每年改选。所用《公会章程》呈经高等法院要司法部核准施行，民国十七年奉令修改一次，沿用至今。

三、二十年来律师登记（附表）

现行法令，凡未设法院之县政府，律师不得执行职务，故云南律师只限于昆明市、大理、昭通三处有法院地方得执行其职务。而大理、昭通尚未设立公会，故律师咸集

于昆明。自民初以来登录者凡四十余人，其后成以公务员退会，或以事游于四方，或以死亡，现在执行职务者，仅十六人，如晨星之可数焉。兹将二十余年已登录之律师表列如后。

昆明律师公会登记表

姓名	籍贯	入会年月	备考
王耀彩	顺宁	民国二年十一月二日	
谭时春	贵州修文	民国二年十一月二日	
杜克良	大理	民国二年十二月一日	
龙良夔	四川荣县	民国五年十月二十一日	已故
张廷璧	永北	民国五年十月二十一日	已故
管仁声			已故
习世伟			退会
施炳煊	顺天大兴	民国六年八月十一日	已故
吴洁	湖南慈利	民国七年一月	
曹贻谷	湖南常宁	民国七年一月十七日	
侯象寅	江川	民国七年三月十七日	
刘承禧	曲溪	民国七年三月十九日	
李承祜	昆明	民国七年四月二十四日	
何潜龙	昆明	民国七年四月二十六日	
傅绥德	四川叙永	民国七年四月二十七日	退会
朱绍曾	文山	民国七年四月二十七日	退会
郑明德	云县	民国七年六月二十七日	
董钲	四川富顺	民国八年二月二十二日	已故
罗俊霖	贵州毕节	民国八年三月三十一日	退会
黄祖光	浙江绍兴	民国八年四月三十日	
苏春膏	石屏	民国八年五月十五日	

姓名	籍贯	入会年月	备考
赵国琪	蒙化	民国八年五月二十日	已故
熊振翙	广西灵川	民国八年五月二十二日	退会
汤执中	建水	民国八年九月三日	
董仲勷	昆明	民国八年十月十五日	已故
杨桢林	文山	民国八年十月十六日	退会
刁恒	澄江	民国八年十一月二十一日	已故
周安和	广西桂林	民国九年五月十二日	退会
李荃	贵州大定	民国九年五月二十四日	退会
张步瀛	祥云	民国九年七月十二日	退会
黎拱宸	广西灵川	民国九年九月九日	退会
丁润年	鹤庆	民国九年十月十一日	退会
张炤桐	四川什邡	民国九年十二月六日	退会
寇德麟	贵州贵阳	民国十年十一月四日	退会
丁植	湖南常德	民国十年十一月二十六日	
段绍颜	晋宁	民国十一年一月三日	已故
梁荣远	四川荣县	民国十年十二月二十八日	已故
余肇麟	石屏	民国十二年九月一日	已故
何畏	保山	民国十六年三月二十五日	
周伟	江川	民国十七年九月二十五日	退会
陈铸	平彝	民国二十年二月	
王承忠	昆明	民国二十年五月十日	
马富珍	蒙化	民国二十年二月十三日	
杨佩珍	河北蠡县	民国二十四年三月九日	
杨元	昆明	民国二十四年三月二十六日	

查本会于民国二年呈经前云南高等审判厅立案成立公会，迄今尚有会员十六人。

公断和解

一、关于公断和解之法令

滇省自前清成立总商会后，关于商业争执，即有由商会调解和息或法庭委托清算账目之事。民国元年，全国工商会议各省代表提议及全国商联会建议设立商事公断处，前云南总商会乃呈工商、司法两部，请准立案。民国二年，先后奉领章程及办事细则，遂于是年五月正式组织成立，依据法规调处工商业间争执，立于仲裁地位，纯以和解息讼为主旨。其重要法令有司法、农商两部会同修正《商事公断处章程》七章，凡三十九条，又修正《商事公断处办事细则》六章，共六十条，暨《商会法》《新商会法》《商事条例》《商人通例》《工商同业工会法》等。若《民法》《民法·债权篇》《民法·物权篇》，虽属司法法规，委皆足资参考，兹不赘录。

二、公断和解案件统计（附表及历届职员表）

云南总商会商事公断处成立，至今二十有余载。其组织一依法则，处长外有评议员、调查员等，均名誉职。调处案件取合议制。兹将解决及和解案件数目并职员表附后，用资参考。

云南省昆明市商事公断处案件数目表

年份	解决案件数	和解案件数	未决件数	合计
民国二年	88	30	31	149
民国三年	108	35	38	181
民国四年	53	31	33	117
民国五年	20	33	32	85
民国六年	32	38	32	102
民国七年	30	32	35	97
民国八年	53	39	37	129
民国九年	34	37	36	107
民国十年	47	34	30	111

（续表）

年份	解决案件数	和解案件数	未决件数	合计
民国十一年	78	35	32	145
民国十二年	166	33	31	230
民国十三年	97	33	32	162
民国十四年	82	32	22	136
民国十五年	116	31	34	181
民国十六年	167	34	38	239
民国十七年	97	31	37	165
民国十八年	132	37	30	199
民国十九年	198	39	34	271
民国二十年	139	32	32	203
民国二十一年	216	34	33	283
总计	1,953	680	654	3,287

云南总商会商事公断处历届职员表

<table>
<tr><th>届别</th><th>处长姓名</th><th>评议员姓名</th><th>调查员姓名</th><th>附记</th></tr>
<tr><td>云南总商会第一届</td><td>陆胜武</td><td>祁奎等二十一人</td><td>各业帮董</td><td></td></tr>
<tr><td rowspan="2">云南总商会第二届</td><td>雷恩溥</td><td>刘志道等十四人</td><td>雷嘉骏等二人</td><td></td></tr>
<tr><td>周汝诚</td><td></td><td></td><td>中途递补</td></tr>
<tr><td>云南总商会第三届</td><td>施正坤</td><td>雷巽坤等十五人</td><td>牛鋆等二人</td><td></td></tr>
<tr><td rowspan="2">云南总商会第四届</td><td>董洺章</td><td>李焕章等三十三人</td><td>周铨等四人</td><td></td></tr>
<tr><td>施汝祺</td><td></td><td></td><td>中途递补</td></tr>
<tr><td rowspan="2">云南总商会第五届</td><td>施汝祺</td><td>尹守善等三十八人</td><td>唐堃等八人</td><td></td></tr>
<tr><td>严钦</td><td></td><td></td><td>中途递补</td></tr>
</table>

（续表）

届别	处长姓名	评议员姓名	调查员姓名	附记
云南总商会第五届	尹守善			代理
云南总商会第六届	董灿章	谢时珍等二十四人	戴文龙等六人	
	杨淮清			代理
临时执委会第七届	杨淮清	李家齐等二十四人	戴文龙等六人	
昆明市商会第八届	张福坤	周道等三十五人	各业公会	
	马纯龙			代理
	王华新			代理

华洋诉讼

一、华洋诉讼办法

查本省之华洋诉讼案件，在未奉部颁办法以前，系根据《天津条约》第三十八及三十九等款，由前外交司署与驻在此间之各国领委往来照会办理。如洋原华被案件即由当地地方官自行秉公审理，但未允准任何国领委到庭观审。如遇华原洋被之案，则由各该管国之领委自行处理，我亦并无派员前往观审之事实。嗣于民国二年，经前外交部将旧司法部所订办法三端函达云南省署，其办法如下：

一、地方官衙门审理华洋诉讼案件，如该承审官非法律或法政专门毕业人员，即函请同县或附近地方审判厅长酌派法官，或函请该县审检所酌派帮审员帮同该地方官承审；

二、地方官衙门审理华洋诉讼案件，如该当事人有不服上诉之时，应以该省通商交涉使或该省外交部特派交涉员署为其上诉机关，受理上诉案件。前项上诉案件承审官之资格，适用第一条之规定；

三、地方官及通商交涉使，或外交部特派交涉员署审理华洋诉讼案件：其诉讼程序，除有与条约抵触及行政官厅不能适用之处外，一切皆依通常诉讼办法。在诉讼法律未经颁行以前，准照审判厅《试办章程》办理，《诉讼律》颁行以后，准照《诉讼律》办理。

经前云南省署将上项办法转行前外交司遵照。自此以后，关于本省发生之华洋诉讼案件即遵照部定办法办理，其程序以各县地方官署为初审机关，外交部特派交涉署为上诉机关，历任办理无异。嗣于民国十八年底，因各省特派交涉署裁撤，本省改设外交部驻云南特派员办事处，旋奉外交部命令，饬将华洋诉讼案移归法院办理。经外交办事处将未结华洋诉讼各案件卷宗银行移交本省高等法院。此后外交办事处即不受理华洋诉讼案件矣。

二、华洋诉讼案件统计

查各国立法例，外国人之居留本省者，在诉讼法上受同等之待遇，并无内外国人之分。我国则以条约关系，外国人有领事裁判权，故华洋诉讼制度即由此产生。其与通常诉讼不同之点有三:（一）通常诉讼，无论原告、被告，同受我国法律之保护与法律之制裁。华洋诉讼则不然，洋人为原告，华人为被告，由中国官吏审理，是洋人可以受中国法律之保护也；反之华人为原告，洋人为被告，应由外国领事审理，是中国法律不能保护本国人民，必待外国法律以保护之也。万一外国法律不适合我国人情，而外国领事又或偏袒其本国人，使中国人民冤屈，其若之何？此其不同者一。（二）通常诉讼必由司法机关受理，而华洋诉讼即由行政机关审判，殊非法律保护人民之道。此其不同者二。（三）通常诉讼，无论采四级制抑采三级制，人民不服原判均有上诉三审之权，而华洋诉讼则以地方官署为初审，外交部特派交涉署为二审，判决即属确定，无上诉三审之权，以资救济、揆之情法岂得谓平？此中央交由高等法院照通常诉讼程序办理，一以尊重国权，一以维持司法独立，意在斯乎！兹将华洋诉讼案件统计表附后，用资参考。

云南昆明县办理华洋诉讼案件统计表

案由	原告 被告	职业牌号	国籍	来文机关	年份	件数
亏欠汇款	苏司铎	天主堂司铎	法	天主堂函	十二年	一
	梁省吾	时和公司经理	中			
亏欠汇款	狄夫葛梨耕	沙厘爷洋行	法	外交司令	十四年	一
	广永昌	杂货铺	中			
运送物品	基督教	总代理处	英	外交司令	十四年	一
	陈兴顺	夫行	中			
亏欠汇款	亚细亚	水火油公司		亚细亚公司函	十四年	一
	天宝利	呈贡县旧代理	中			
	杨天禄，等					
假冒牌号	捷成洋行		德	外交司令	十五年	一
	王有学		中			
借款纠葛	金梦旦	天主堂主教	法	天主堂函	十五年	一
	杨亮乡，等		中			

（续表）

案由	原告 被告	职业牌号	国籍	来文机关	年份	件数
亏欠货款	沙发尼	洋行	法	外交司令	十五年	一
	杨重民	英美烟公司大理经理	中			
亏欠汇款	易理落	教士	英	外交司令	十五年	一
	杨瑞堂	益信祥经理	中			
亏欠汇款	亚细亚	水火油公司		外交司令	十五年	一
	杨干臣	信记	中			
亏欠汇款	卜达		印	外交司令	十六年	一
	韦里县		印			
运货延期	美伦义			外交司令	十六年	一
	张金安	力夫行	中			
亏欠货款	加波公司	公司经理	法	加波公司函	十六年	一
	林植从		中			
亏欠货款	英美烟公司	公司经理		外交司令	十六年	一
	唐伯庚	云丰泰号	中			
骗赖参价	金学海		朝鲜	外交司令	十六年	一
	张子谦		中			
骗赖押金	刘文其		安南	外交司令	十六年	一
	李炳琨		中			
偷窃圆门	英教士		英	外交司令	十六年	一
	张金山		中			
亏欠汇款	德利公	水火油公司经理		交涉署令	十七年	一
	杨玉书					
欠款逃匿	郑超伦	远东公司代理		交涉署令	十七年	一
讯追欠款	李少先			外交厅令	十七年	一
	张占记		中			
讯追欠款	尼佛里士	加波公司总任人	法	外交厅令	十七年	一
	王少薁	华安公司总理	中			
亏欠汇款	德里士	洋行	法	交涉署令	十七年	一
	德昌	客栈	中			
讯追债务	福泰隆			交涉署令	十八年	一
监守自盗	亚细亚	水火油公司		亚细亚公司函	十八年	一
	马子儒	公司管仓	中			

（续表）

案由	原告 被告	职业牌号	国籍	来文机关	年份	件数
监守自盗	亚细亚	水火油公司		外交署令	十八年	一
		张运昌	中			
合计						二十四

附记：

一、本表系由昆明县开送清单照列；

二、原单位注明十二年以前案件散失不全，无从稽查；

三、本表内列卜达、韦里县一案，原单开奉外交司令，饬讯追印人韦里县亏欠卜达等款项云云，故本表列卜达为原告，余如金学海、刘文其、英教士、李少先各案，均仿此例；

四、福泰隆一案，原单开奉交涉署训令，饬将福泰隆在滇所放债务人传案讯追云云，仅列福泰隆于原告栏；

五、本表所列债务为多，既未正式起诉，亦未依法判定罪名，似均不得认为华洋诉讼案件，聊备一格而已。

云南高等法院办理华洋诉讼案件统计表

罪名	犯罪人 受害人	国籍	终结	判决日期	件数
预谋杀人及窃盗	徐佑天，等	中	主犯处死列	二十年十月七日	一
	怀米女士，等	美			
侵占诈财及伤害	王积中，等	中	主犯处有期徒刑二年，并科罚金三百元	二十三年八月二十日	一
	佛德利	法			
杀人未遂	郑根元	中	犯人处有期徒刑一年又六月，缓刑三年	二十四年七月三十一日	一
	蒋维文	英			
合计					三

附记：

一、本表系由云南高等法院开送照列，原注为华洋诉讼刑事第二审年表，特并注明；

二、本表所列案件，均在十九年交入法院，以后系照通常诉讼办理，似不得认为华洋诉讼，亦聊备一格，以实纪实云耳。

行政官暂行兼理诉讼办法

一、县长兼理司法

吾国自古政法向不分离，故论牧令之贤者，以案无留牍、狱无冤民为课最成绩。自泰西各国提倡法治，将行政与司法划分，未有以行政官兼理司法事务者也。清季变法，采用各国法律，法部大臣沈家本几经修订，谋司法之独立。徒以积习相沿，司法经费尤感支绌，全国各县不能遍设法院，而一邑之民、刑诉讼事件，势不得不畀权于县长，俾兼绾之。此暂时权宜之计，亦过渡时代不得已之办法也。《县知事审理诉讼暂行章程》载："凡未设审检厅各县，第一审应属初级或地方厅管辖之，民、刑事诉讼均由县知事审理，县之司法区域与其行政区域同。"《县知事兼理司法事务暂行条例》（民国十年司法部修正）亦载："凡未设法院各县之司法事务，委任县知事处理之。"此县长兼理司法之所由来也。民国三年，云南高等审判厅厅长张仁普拟订《云南省县知事处理司法事务细则》共十五条，详送司法部请示，经部核准。惟将第十条关于司法收入之规定修正，余如所拟备案，当转饬兼理司法各县知事遵照办理（同时浙江、江西高审厅亦报订《县知事处理司法事务细则》，经部分别改正，发交云南互相参考）。国民政府成立，未设法院之各县县长仍沿制兼理司法，以迄于今，故司法行政部积极谋法院之推广也。

二、邻县兼理二审制

查《县知事审理诉讼暂行章程》（民国十年司法部修正）第三十六条载"不服县知事之审判者，得向下列各机关上诉：（一）原审事件应属地方厅管辖者，在高等审判厅或分厅上诉；（二）原审事件应属初级厅管辖者，在旧制管辖该县之府、厅、州内地方审判厅或分厅上诉，若旧制管辖该县之府、厅、州内无地方审判厅时，在高等审判厅所在之地方审判厅或由高等审判厅先期指定之地方审判厅上诉，是不服县长之判决者，应以向正式法院提起上诉为原则，而邻县无受理二审之权。"滇省设厅较少，曾经详奉司法部照准，于距厅窎远各县暂以各邻县为轻微第二审机关。民国四年，云南高等审判厅厅长张仁普，复以各县距离远近不一，投诉程限亟应明白规定，爰参照旧日陆路驿程，检阅未设厅各县与第二审邻县所在地之距离，酌定行程期限，分别列表，详奉司法部核准备案，转令遵行。中间各县因机关之存废，管辖变更，如蒙自前有地方审判厅，曾以十县之轻微第二审归其管辖。迨该厅裁撤，未经规复以前则将蒙自县之轻微第二审归阿迷（现改名开远）管辖，建水、阿迷、个旧、文山则均归蒙自管辖。通海归河西，河西归黎县（现改名华宁），黎县归通海，石屏归建水，嶍峨归玉溪，均受理轻微第二审案件，此则因地方法院之裁撤而变更管辖者也。大理之上诉本在凤仪，昭通之上诉本在大关，及至第一高等审检分厅成立，则大理之第一、第二两审均归第一分厅受理矣。第二高等审检分厅成立，则昭通之第一、第二两审均归第二分厅受理矣。此又因高等分院之设立而变更管辖者也。人民上诉邻县，程途不远，较之上诉地方法院者可省当事人跋涉之劳，然其弊则初审与二审均为同级官署，不能施监督权，且地方法院审理第二审用三人合议制，邻县兼理二审乃一人独裁制。此限于司法经费太少，不能多设地方法院，然为便利人民上诉计，不得不暂时设此以资救济，此亦无可如何之事也。

三、森林诉讼

滇居边远，民俗简朴，耕凿自给，不遑进取，森林种植，素未讲求。如因森林而发生诉讼，恒视为无足轻重，故往往有盗伐偷卖情事。前清末季，有司鉴于燃料木材之供不应求，而提倡森林之切于民生日用重且大也，于是昆明有五路种植局之设。劝业道袁玉锡复开办禄丰村木植局，并于省城设官木局。光复后实业司迭令附省各属拟具森林计划，并设林务局以示提倡。民国十二年，云南省长唐继尧以森林种植不易，保护尤难，虽曾颁发《种树章程》，而各县树木无论公有私有，仍不时发生盗伐烧毁等事；县知事于此项森林诉讼，以为与政治无关，或处理失当；而实业所人员又以此等案件涉及民、刑诉讼范围，不便越权干预；至于地方私人组织之保护森林团体，若有森林被害之事，不知依法起诉，乃竟自行处分，甚将处罚究办字样公然订于私人团体之规约，均为保护森林之障碍。爰根据省定《行政大纲》，将森林诉讼划归行政机关处理，饬实业司拟定《诉讼章程》二十九条，发交法制委员会审核修改，经省务会议议决施行。其《章程》所载森林之诉讼范围分为四项：甲、关于森林烧毁之诉讼，但认为科刑在无期徒刑以上者，令当事人照普通司法程序办理；乙、关于森林窃盗之诉讼；丙、关于森林损害之诉讼；丁、关于森林争执之诉讼，但所争执之森林认为价值在一千元以上者，饬令当事人照普通司法程序办理。森林诉讼之审理分为三级：省会以林务局为初审机关，外县以县行政公署或行政委员会为初审机关；实业司为二审机关；省公署为终审机关。十八年，省政府令高等法院，将建设厅所呈森林诉讼无论价值多寡、犯罪轻重，全部划归该厅处理一节，是否可行，核议具复。经高等法院院长屠开宗召集各法界人员开会讨论，佥以《森林诉讼章程》原系自主期间一时权宜办法，现在全国统一，未便再有此项与中央法令抵触之章程，于是呈请省政府将前定《森林诉讼章程》取消。以后森林诉讼案件刑事不分轻重，民事不分大小，一律归司法机关办理。经省政府于十一月五日提交第一一九次会议议决，如呈照准，分别通令布告遵照施行。

四、水利诉讼

水利事件，本行政官职权内应处理之事也，水利而至于发生诉讼，则已涉入司法范围。然而云南之《水利诉讼章程》则归行政官署办理，质言之，即一种行政处分，盖有特殊之理由与其经过之历史焉。民国十一年，云南高等审判厅厅长唐启虞与实业厅长华封祝会商，以法院受理案件均应依照现行法令、采证据主义而为之判断，不能迁就调停。惟民事中因争水利涉讼事件，多有古规，不能完全适用于现实者，法院既须采证据主义，不能不斟酌现在情形为之变通。若尽依古规判断，则一造每有因法院依照古规未为变通不足以灌溉现在之田亩，因而缠讼不休，甚至于酿成斗殴及人命重案者，殊失因地制宜、尽地利而保农民之道。适见报载，浙江省遇有此等案件，均由水利局办理，以行政权既可参照古规，亦可斟酌现势，有裁量自由之余地也。于是会同呈请省府仿照浙省办法，嗣后各属水利案件，一律归行政官查照《诉愿法》办理。人民不服原审衙门处分者，得向实业厅之水利局提起诉愿，由厅督饬该局依法审查决定，再有不服，以省长公署为最终之决定。但水利案件中发现有刑事部分，仍划归司法机关办理，经云南省长唐批准照办。遂由两厅拟定《云南省水利诉讼章程》三十三条，于是年六月一日施行，此水利诉讼改归行政处分之权舆也。至民国十八年，云南高等法院院长屠开宗以水利诉讼应归前实业厅即今建设厅办理者，系属行政处分，若涉及刑事诉讼即应归司法机关办理。前奉省令因水利发生之刑事应归司法机关受理，照此解释，是水利涉讼之民事案件应归建设厅受理，与法治主义不无抵触，请将水利案件之民事、刑事一律归司法机关受理。其遇有宜由建设厅处理、取缔、保护之事，尽可由法院随时咨请办理，庶于保护人民，统一法权，两无妨碍。呈奉云南省政府主席指令照准。

五、烟案

鸦片烟罪，律定綦严，滇省历年均属依法办理。光复以前无所谓烟案者。民国五年会勘，曾邀各国荣誉。嗣以奸民贪利忘害，违禁犯法，不幸而有烟案之发见，殊非始料所及焉。民国十二年，云南高等审判厅长兼代司法司长唐启虞，以鸦片烟罪，律有专条，而本省民事债账案中常发见牵涉鸦片情事，法庭办理，殊多窒碍，拟照警察办理禁烟事务隶于市政公所之成例，请将此等案件划归市政公所办理，呈奉云南省长指令照准。自是禁烟遂脱离司法机关，移归行政机关管理矣。盖由此时，正值云南自主，与各省情形不同，民间买卖烟土未能禁止，而因此项债账涉讼公庭，既不得不予受理，而法院又不便为之处置，故出此不得已之办法。嗣因市政公所对于烟案判决后人民不服，抗不缴款。呈请省公署，准予人民于判决后二十日内上诉省公署，一经判决即为确定，交付执行。经省公署照准，将此等上诉案交司法司代办，迨改司为厅，仍由厅赓续办理。民国十六年冬，司法厅奉令裁撤，所有烟土上诉案件由云南省政府另行组织烟案审理处办理。该处附设于高等法院，其判词及一切公文均以省政府名义行之，另设专员一组，以司审判，判词经省政府核定发行。其审级为二级二审，外县以县政府为初审，昆明市以公安局为初审，均以省政府为终审。此则因地制宜与普通诉讼不同之点也。

民国云南通志长编卷四十七

外交一·外交杂志

外交略序言

按《续云南通志稿》已列有《洋务》一门。若《界务》、若《通商》、若《游历》《教案》、若《电报》等项，都为一编，究属语焉不详，今时局变迁，中外交涉日益频繁，云南逼处西南，自越、缅撤藩以后，与英、法接触之事，时所常有。立约划界、损失滋多。而滇越铁路直达我省会，尤易滋生纠葛。清末，外交动辄失败，言之痛心。然前事不忘，后事之师，特编是篇，以便参考，并以志痛定思痛之意云尔。

民国以来云南外交机关之沿革

云南交涉机关，自清光绪庚子之役后设立洋务局，光绪三十四年改洋务局为交涉使司。民国纪元，又改交涉使司为外交司，署正副司长各一，隶属于都督府军政部。内部设编制、审译两科。编制科置科长一员，科员若干员，办理该科事务；审译科置英、法文科长各一员，科员各二员，并设有管理商埠科员一员、调查员二员，办理商埠内华洋租赁房地、建筑调查事项。

民国二年，奉外交部电令，改外交司为交涉署，简任特派交涉员一员，归外交部管辖。依据部颁职务通则，当于是年六月十五日组织成立，内分四科，每科设置科长一员，科员若干员，得视事务之繁简酌设之。第一科职掌事项如传教、游历、签发护照、办理统计、预算、决算、会计、庶务、管卷、监印、核对、收发等项属之。第二科职掌事项如翻译英法各国文件、外人勋奖及一切交际等事项属之。第三科职掌事项如滇越、滇缅界务、边务、对汛交涉及引渡人犯等项属之。第四科职掌事项如商务、商埠、路政、中外贸易、华洋诉讼、邮电交通、关务等项属之。至本署经费，虽改为中央直辖机关，但实际上办公经费仍照旧案由省库动支滇币一千五百余十元。

民国五年，护国之役，本省宣布自主，凡直隶中央各机关概划归都督府节制，交涉署亦奉令改归管辖。内部一切组织一仍其旧。

民国七年，西南军政府在广东成立，将西南各省外交机关改归军府外交部直辖，名称仍为外交部特派云南交涉员。

民国十一年，本省废除督军制度成立省政府，于省长下分设八司，隶省长管辖。依《省政府组织条例》改交涉署为外交司，司长一员暨参事二员掌理机要，并照旧分为四科。

民国十六年，本省政府改组为委员制，改司为厅，置外交厅长一员，隶属于省政府节制，仍沿前例，未事更张。嗣统一告成，于民国十七年四月一日成立云南交涉署，任命特派交涉员一员，内部组织仅将原设参事改为秘书科长，员额仍旧，办公经费照案由本省支领。

民国十八年，国民政府为统一各省交涉事件概由外交部统筹处理，以一事权，是以明令各省交涉署限年底一律裁撤，当即遵令如期结束。

民国十九年一月，奉国民政府及外交部文电，以本省交涉事繁，准于交涉署裁撤后另组织办事处，为外交部驻云南特派员办事处，电部选任特派员一员常川驻滇办理。当于是年二月一日就前交涉署原址成立办事处，照最后奉颁办法办理。仍照原外交司例设立四科，办事程序悉沿旧制办理。

历任云南外交长官到任卸任一览表

查滇省自前清庚子后始创洋务局，办理全省外交事件，其主持局务之总会办及坐办等，向系本省藩臬各司兼任。下表系自清云南交涉署正式成立为始，特此注明。

云南省外交长官到任卸任一览表

姓名	籍贯	职衔	到任日期	卸任日期
高而谦	福建长乐	钦命署理云南交涉使司	前清光绪三十四年一月	前清宣统元年一月三十日
世增	汉军	兼署云南交涉使司	前清宣统元年二月一日	前清宣统二年十一月三十日
夏偕复	浙江杭县	署理云南交沙使司	前清宣统三年一月一日	辛亥年九月九日
周沅	贵州遵义	任命云南外交司司长	辛亥年九月十二日	民国元年三月三十日
陈度	云南广西州	任命云南外交司副司长	辛亥年九月二十四日	民国元年六月三十日
张翼枢	湖南醴陵	外交部特派云南交涉员	民国元年七月一日	民国五年十月一日
徐之琛	云南蒙化	外交部特派云南交涉员	民国七年八月三日	民国十年六月十日
李华	云南昆明	外交部特派云南交涉员	民国十年六月十日	民国十一年三月二十八日
徐之琛	云南蒙化	外交部特派云南交涉员	民国十一年三月二十八日	民国十六年三月二十四日
张邦翰	云南镇雄	云南外交厅厅长	民国十六年三月二十五日	民国十七年七月一日
张维翰	云南大关	外交部特派云南交涉员	民国十七年七月一日	民国十九年一月三十一日
王占祺	浙江绍兴	外交部驻云南特派员	民国十九年二月一日	

云南外交官制之沿革

中国与西洋各国交通已久，然迄未发生外交关系。自清道光间，因鸦片启衅，始与各国缔结条约而关系日深。当中外未挑衅之先，西洋各国如有事“陈请”，其“奏疏”不得交遣使臣带来，俱令专差“陪臣”，交各该督抚转奏。外国一应事宜，赍之申报各部，俱由礼部转发，不得擅自径申，或直陈奏御前。各省督抚提镇官与各国非有公事不得擅自移文，私相往来。迄鸦片战后，中国与英、美、法等国条约相继订立，清廷遂不复能如昔日视一切外国使臣，悉为贡使，或拒绝接待。各国根据条约中付与之权利，派领事住通商口岸，与各省官吏直接交涉。英、法联军，犯我京师以后，中外交涉渐繁，非设专司外交机关不足应付。咸丰十年十二月初一日，恭亲王奕䜣奏请于京师设立总理各国事务衙门。上谕照准，并着派奕䜣、大学士桂良，户部左侍郎文祥管理。十一年二月一日，总署正式成立，及至庚子之役，中国与八国订立《辛丑条约》共十二款，其中有一款规定：废除总理各国事务衙门，改设外务部，班列六部之前。迄民国成立，改外务部为外交部。此为中央外交机关之沿革。

云南在昔，本无对外国发生关系者，有之，则自光绪十一、十二年法、英先后并越、缅始。自此商务、界务、路政、教案纷起，乃设专司以管理之。初创设洋务局，办理全省外交事件。其主持局务之总、会办及坐办等，向系本省藩、臬各司兼任。至光绪末年，依《外务部法令通则》设立云南交涉使司衙门，简任交涉使，主持一切外交事件。内部编制，照前洋务局之旧，分股办事。及宣统初年，始将股改科，并于交涉使司衙门左侧另建房屋一院，成立交涉公所，附于司署。所有各科人员，皆于所内办事，用交涉使同名义行之。内部组织，分总务、工务、界务三科。

（一）总务科：掌管关于保护外人游历、传教、签发中外人护照及办理会计、庶务、收发、监印等事项。

（二）工务科：掌管关于中外人贸易、华洋诉讼及关务、路务、邮电、交通等事项。

（三）界务科：掌管关于滇越、滇缅界务、边务及对汛等事项。

以科长一员、副科长二员，分任总务、工务、界务三科事。三科之外，并设置英、法文翻译各一员，专任翻译文件及交际事项；并绘图生二员，摹绘界图事项。此其大略也。

辛亥光复时蒙自外商被掳及黑龙潭山洞希腊人误伤各案交涉之经过

查辛亥十月十三日，即西历一千九百十一年十二月三号，蒙自县城被土匪勾串莠兵肇乱，焚掳歌胪士、斯波顿、嘉歌比果等洋行，军都督蔡据报后，立派军政部长罗佩金带队赴蒙，督同官绅，妥为镇压，并电致驻蒙法领，承认确查各行损失。嗣因光复时宣布对外人财产负责保护，如有损失酌予赔偿，复与驻省法交涉员韦礼德晤商，议定蒙案在蒙办理，并委蒙自关道何国钧主办，与驻蒙领伯玮、意领洒朗戴就地调查，议办一切。至民国元年三月，双方即开始谈判。其议案分别于后：

一、歌胪士洋行被毁案

查该行系希腊人开设。当蒙案发生时，房屋全部被毁，货物亦成灰烬。经驻蒙法领伯玮代该行照会索赔单开货物损失，计银六万一千三百余元，银箱损失计七千七百零三元七角，房屋焚毁损失计一万五千元，个人用品、商行动产、杂费、旅行各种损失计一万六千四百九十五元七角五仙，六月内停止贸易损失计三万元，计共索赔款一十三万零五百余元。照内并称损失之数确有依据，及至开议时讯以簿记，则又曰已成灰烬。是根据之点不能确定，其中自然浮冒，不得不从调查入手，以求损失之确数。经何关道函请蒙自关监督照请蒙自海关将该行一千九百一十年全年内报关进口货物、纳税数目详细抄送到道，计共运入货物，约合洋六万余元，复由蒙运往省行者计合洋二万余元，则全年该行仅运到蒙自货物四万元左右。并得该行买办马子文之助，将该行一千九百一十年八月、十月、十一月三月中出入报告表抄送，更可推知该行货物损失之最高数为一万五千元。当续议时，曾将上项查得证据提出作证，并就谈判及证据之结果求一正当确切之损失数，当经审定房屋焚毁费为九千元，旅行费九千元，动产及各人损失二千五百元，货物及银箱并各种损失一万三千四百五十元，共合二万五千元，正式照复伯领。此后复有辩论，伯领终属不顾证据，肆意要求，谓非半数不能解决，迨至五月九日为最终之谈判，仍不能有转圜之望，该领遂于是晚为最后之照复，内称已移送北京法使在京办理。何关道亦将交涉情形叙述节略，列折呈报军都督府，并将案中调查各证据及迭次来往照会与审查情形、交涉始末逐一预备完全，分缮中法文各一份，派员赍送军府转送外交部核办。迨至民国四年，驻京法使馆始于外交部审查会议定赔偿该行损失银共四万零五百四十五元，本案始行完结。此即歌胪士洋行被毁及赔偿损失之经过也。

二、嘉歌比果洋行被掳案

查意商嘉歌比果洋行于蒙乱发生时被匪抢掳，经意领洒朗戴于一千九百十二年二月十号开单照会蒙自关道索赔，计共索银三万七千二百九十二元三角七仙，并称关于查对账目所需一切发单，请向该行直接索取，候账查讫，即请示知开议等语。经关道何国钧加予审查后，即于民国元年三月十号在意领处开议。先查该行之各种簿记，其流水与簿多不相符。何道拟根据流水簿，意领欲依照大簿，且所列运费项，浮冒尤多，故双方因此两点争执不决。洒领即赴省交涉，何道亦将全案呈报军府核办。嗣洒领到省，与交涉署接洽数次，无甚结果，决计仍回蒙办理。何道以该行簿记既属难以依据，不得不从调查入手，以明真相，遂函请蒙自关监督照请税务司，抄送该年报运进口货物及纳税数目，并密令碧色寨车站副站长叶崇炳将该行由河口运载货物之重量及车费列表作证。一面将该行劫存货物遂一清理，由是推知该行是年总入货本共三万八千九百余元，除该行单列售出及赊欠等项洋三万六千一百余元，仅损失货本二千七百余元，加认赔银柜现金一百余元，实共应赔四千九百余元之数〔注：原本数字如此〕，遂即具文照会洒领。旋准该领照复否认，非称务须达到原索数三分之二等语。迨至五月，何道复与洒领晤商，面定折中，赔洋六千元以结此案，并将审定此项之理由详细声明。照会该领转饬具领，旋准复称所定之数，该行坚不承认，并要求仍需照原索三分之二赔偿，方能了结。何道据理驳复，案遂中止，亦未申送北京办理。此即嘉歌比果被劫交涉之情形也。

三、斯波顿洋行被劫案

查德商斯波顿洋行于蒙乱发生时亦曾被抢，稍有损失，事后该商回蒙，经军府令饬何关道调查确数，予以赔偿。驻京德使并照请外交部索赔暨请转饬保护旅滇德人。经外交部传电到滇，复经军府转饬何关道迅速并案办理。嗣因蒙乱各案交涉停顿，此案亦未提议。此即斯波顿洋行被劫交涉之情形也。

四、蒙自芷村安西尼亚酒店被劫交涉案

查辛亥年十月十三日夜，蒙自县城被匪勾串莠兵肇乱后，次夜芷村地方游民复乘机暴动，劫掳法人开设之安西尼亚酒店。经该地路警出而弹压，匪始携物远扬。该店主已先逃避，由路警代为看守，至天明始寻获店主安西尼亚，告以该店被劫及代看守情形，并请会同巡官前往视察损失，该店主拒不允行，巡官即将被劫经过详情，报请蒙自道署核办。迨至民国元年二月十五日，驻蒙法领伯玮开单照会道署，索赔银二万九千八百五十余元，经道尹何国钧以“芷村非通商口岸，按照约章外人不能居住或营业，且该店开设后，迭经前后官吏照请勒令歇业有案。此次该店被劫，亦为安君自任其咎，本省政府当然不能担负赔偿责任”等词照复该领，一面并派员调查，该法商当蒙乱未发动时，即将物品及衣服等物先期装载十四箱交由铁路公司运至老街狄篷家内收贮。当开议本案时，即以所得证据出示法领，该领谓“此事若实，则浮冒之咎，吾不汝容。”立即派人往查，旋据查者复称“所寄之件，多系铜瓷器皿，未经列入失单之内”，该领遂不顾证据，仍事强辩。惟因光复时，本省曾有保护在滇外人生命财产之宣言，自不能不酌为抚恤，递允给予抚恤金五千元。该领仍坚持不允，彼此争辩至再，始得一解决方法：不曰赔偿，不曰抚恤，改为辩偿。并认本案辩偿之最高额为一万四千元，且声明以后不能援以为例，亏损退让可谓至矣。而该领犹坚持至少非二万五千元不能了结，致使我忍无可忍，后仍以最后之通告，照前议给予五千元之辩偿金。该领虽复文否认，我则置之不理，然彼方仍送往北京并案解决云。

五、蒙自黑龙潭九十号山洞内希腊人误伤案

查辛亥云南光复时，十月十三日夜蒙自兵变发生后，有驻该县之希腊人热呵里、玛朵斯、惹尼得斯、弥尼亚地斯、鲁耶、里呵朵等，携鸟枪三支，分乘手车二辆，由苦力梁有才、杨小发、杨洪兴、史小二四人推行，沿铁路而进，行至黑龙源段九十号山洞内，乘前车之热呵里、玛朵斯、惹尼得斯、鲁耶及苦力梁有才等，忽被枪击伤，苦力杨小发竟被击毙。十四日午前六时，该热呵里、玛朵斯等行抵黑龙潭车站，随搭货车至老街医治。黑龙潭巡官得悉情形，即报请临时司令部核办，并率警察一名，沿途查讯。至碧色寨，得知苦力杨洪兴尚留该处，立派警传讯，据供："是夜行至九十号山洞时，乘前车之热呵里、玛朵斯三人，闻蒙城之枪声甚烈，不欲前行，遂下车徒步奔回。乘后车之里呵朵疑为匪徒，即举枪射击，迨闻悉热呵里、玛朵斯喊声时，业已误伤"等语，复将查讯情形呈报蒙自道署，并将杨洪兴送蒙复讯。未几，受伤苦力梁有才因老街水土恶劣，复由里呵朵函送阿迷法国医院医治。道署随派员往讯，所供情形亦与杨洪兴无异，并谓："热呵里、玛朵斯等所带枪子于旬前取出，均系头号鸟枪子弹，民亦系鸟枪所伤"等供。迨至次年三月二十七日，驻蒙法领伯玮照会蒙自道署，请求恤偿热呵里、玛朵斯洋二万五千元，惹尼得斯洋一万二千元，鲁耶洋二千七百一十六元，弥尼亚地斯在途微受刀伤，亦请偿恤洋一千元，计共请偿恤洋四万零七百一十六元。道尹何国钧以彼等虽系误伤，然为蒙乱逃走，黑夜受伤，亦不能不酌为抚恤。拟定抚恤热呵里、玛朵斯洋五千元，惹尼得斯洋一千一百元，鲁耶洋一千元，弥尼亚地斯洋三百元，计认偿衅洋七千四百元。照复法领，该领初有允意，旋又翻议。并派该署医士思脱罗斯及铁路公司医士狄猛分明检验、鉴定，各给证书。道署亦请狄猛剖验苦力杨小发尸身，以定所受枪弹是否鸟枪，抑系步枪，并派阿迷路警总局长会同往验。嗣准该医士报告"已死杨小发确系鸟枪所伤"，并于尸身两乳及胁顶之间取得头号鸟枪铅子三丸，附呈道署，是本案证据，已属显然。而法领仍任意要求，其最后通告谓"须二万五千元方能了结"，我方以无理要求、置而未答，彼方遂汇送北京办理，究竟抚恤若干，未据京中知会，无从悬揣云。

各国来滇设立领事之先后及购领馆地址之情形

——附民国以来驻滇各国领委姓名驻在地一览表

按清季中国与各国间所缔结之一切通商条约内载，凡划为通商口岸处所，各国均得派驻领事，办理通商事务。又中英、中法各条约内规定滇省之蒙自、河口、腾越、思茅四处辟为通商口岸，英法两国得分派领事驻扎，此各国在滇设领之根据也。惟云南省城地为自开商埠，各国未经承认，实与内地无异，本无允许各国设置领事，常川驻扎之例。惟前清光绪二十五年，北京总署电滇谓："法使现派总领事方苏雅暂驻云南府，商办蒙自交涉事件，希饬属照约接待"等语。又于前清光绪二十八年，外务部咨滇督文称："准驻京英使照称，'本国驻腾越领事烈敦不日即往云南府，与滇督面商

铁路边界事宜。’”旋英法两领先后到省，自此云南省城遂有英法领事之设，但一系暂驻，一系移驻，无常川驻扎之必要。无如前清政府昧于外交，视为无足重轻，竟成默许，于是英法两领常川驻省城，势不得不营谋驻地，及相继在省城购地，及至宣统年间，始底于成。英领首先在省城北门外莲花池、商山寺附近购获地一段，面积约一百五十方丈（今辟为英领花园）。继法领又在北门外三寨庙附近购获地一段，面积约有十六亩，均系预备将来建筑领馆之用。当时英法两方以为滇越、滇缅两铁路如果修成，北门外必为车站中心，此谋设置领馆于该处之理由也。后英国政府加派驻腾越领事一员，至驻省英领，则改为总领事名目；而法国政府以滇越铁路正在兴工之际，复加派正、副领事各一员，分驻蒙自、河口两处，其在省之法总领事仍驻扎省城，嗣该总领虽于宣统末年改为交涉委员，实际上仍与领事同。至民国后，英领、法委职位名称仍旧相沿，未有变迁。及民国七年间，法交涉员复请求本省政府核准该委在南城外商埠段内东寺塔脚购地一块，以备将来建筑领馆之用，其原购北门外三寨庙地基则让与天主堂为业，并将前滇越铁路公司租用大西门内地基退还本省政府管理，于是法委在南城外东寺塔脚购地之事遂底于成。此英、法两国先后在滇设领及购地之经过情形也。又民国初年，意国驻云南副领事洒朗戴照会本省政府称："本副领事奉本国命令，派办云南意国交涉事务，兹于一九一二年（即民国元年）十二月十五日到任视事。"并驻滇英总领事照会开："本总领事前奉令兼办意国领事职务，已于同日移交意领接收办理。"此意国正式派领来滇设立领馆，嗣该领名称上改为代理领事，及至民国三年，该国政府明令，将驻滇意领一职裁撤，洒领随即解职离滇。此后该国亦未继续设领，但关于意领职务，则由驻滇德国领事代办，而德国政府适于是时（即民国三年）遣派领事来滇驻扎，曾经北京外交部电知滇政府，略谓："德政府派驻四川领事魏斯于月中由成都启行来滇办理正领事事宜，希饬属保护，并协助其在云南府租屋作领馆"云。该领随于是年四月二十六日抵省，及租赁大东门外打铜街云丰面粉厂屋房为领署，并将到任视事日期及兼办意领事职务通知本省省政府查照在案。又于民国五年，日本政府遣派崛义贵为驻滇领事，该领到省后，租赁中国银行房屋为领事办公处所。又于民国十一年，本省政府接准北京外交部来文，内称："美国政府遣派麦迩思为驻云南府领事，希照约接待"等语。旋美领亦于是年四月二十五日抵省，并准该领照会于是年五月十五日成立领事馆及租住南城外崇仁街六十二号房屋为领署。

以上各国先后遣派领事及交涉员来滇省城驻扎，计有英、法、意、德、美、日等六国。其为约开通商口岸，如腾越、蒙自、河口等三处，英、法两国所派遣驻扎之领事尚未在内（已另列表详见于后）。至于各该国驻滇领、委职位名称均经迭有变更，而其频年迁调之领事，其数尤多，但相沿至今，云南省城已为各国领事常川驻扎之地。惟自经各国先后派领驻滇以后，其驻滇意国领事，因滇省意侨极少，无事可办，即于民国三年间，经该国政府命令裁撤。此后该国政府亦未派领来滇驻扎。又驻滇德国领事，当民八中德断绝国交关系，自此该领魏斯遂奉令回国，厥后本省即无德领之设置，又民国二十年中间，因东北事变发生，驻滇日领奉该国政府之命离滇回国，现在省城虽有领馆，亦尚无日领驻扎矣。至今驻省领事，仅有英美两国及法国交涉委员而已。

民国以来各国历任驻滇领委职名及驻在地一览表

国别	官衔	姓名	到任日期	驻在地	备考
英国	驻滇总领事	额必廉	民国元年	昆明大东门内城脚	该委兼任驻滇领袖领事
		干璘	民国元年十月十日	昆明大东门内城脚	
		傅夏礼	民国元年十二月十四日	昆明大东门内城脚	
		葛福	民国三年一月一日	昆明大东门内城脚	
		奥泰蔚	民国七年十月二十七日	昆明大东门内城脚	
		斯来	民国十一年八月十一日	昆明大东门内城脚	
		闵乐敦	民国十三年十一月一日	昆明大东门内城脚	
		窦尔慈	民国十四年一月五日	昆明大东门内城脚	
		根卓之	民国十五年四月十二日	龙门桥龙公馆	
		歌尔克	民国十七年八月十日	北门街小吉坡徐公馆	
		翰垒德	民国二十一年二月六日	龙门桥龙公馆	
法国	驻滇交涉员	韦礼德	民国元年	升平坡青莲街萧家花园	
		兰必思	民国三年三月二十三日	升平坡青莲街萧家花园	
		韦礼德	民国五年四月一日	升平坡青莲街萧家花园	复任
		李泌丽	民国六年三月十四日	升平坡青莲街萧家花园	
		纳齐亚	民国七年九月十日	升平坡青莲街萧家花园	
		业国麟	民国九年九月一日	升平坡青莲街萧家花园	
		葛礼邦	民国十年九月十三日	升平坡青莲街萧家花园	
		白达	民国十一年四月二十日	升平坡青莲街萧家花园	
		李泌丽	民国十四年十月二十五	升平坡青莲街萧家花园	该委兼任驻滇领袖领事
		东丹年	民国十九年六月三十日	升平坡青莲街萧家花园	该委兼任驻滇领袖领事
		康楝	民国二十一年三月三十一日	升平坡青莲街萧家花园	
		博德斯	民国二十三年七月	升平坡青莲街萧家花园	

（续表）

国别	官衔	姓名	到任日期	驻在地	备考
意大利	驻滇副领事	洒朗戴	辛亥年十二月十五日	牛角坡	民国三年该国政府明令裁撤，此后即无意领驻滇。
德国	驻滇正领事	魏斯	民国三年五月一日	大东门外打铜街云丰面粉公司	民国八年中德断绝国交关系，该领即已回国，此后本省并无德领。
日本	驻滇领事	崛义贵	民国五年三月七日抵省	南正街中国银行	民国二十年东北大吉奉该国政府之命已离滇回国，现无日领驻滇。
		糟谷廉二	民国七年六月六日	南正街中国银行	
		二瓶兵二	民国七年八月十五日	南正街中国银行	
		木田选	民国八年七月六日	南城脚万钟街六十五号	
		藤村俊房	民国九年六月十二日	南城脚万钟街六十五号	
		浅贺正美	民国十一年八月十九日	南城脚万钟街六十五号	
		糟谷廉二	民国十一年十二月一日	南城脚万钟街六十五号	
		中野勇吉	民国十五年六月十四日	如安街升平巷四号	
		桥丸大吉	民国十九年六月六日	如安街升平巷四号	
美国	驻滇正领事	麦迩思	民国十一年五月十五日	南城外崇仁街六十二号	领事府即于民国十年正式成立，该领兼任领袖领事。
		雅克博	民国十五年十一月九日	南城外崇仁街六十二号	
		赫干	民国十六年九月十二日	南城外崇仁街六十二号	
		穆觉	民国十七年三月十八日	南城外崇仁街六十二号	
		陈柏林	民国十七年四月九日	南城外崇仁街六十二号	
		史特芬	民国十九年七月二十五日	北门街唐家花园	该领兼任驻滇领袖领事
		芮德	民国二十一年七月十五日	北门街唐家花园	
	副领事	戴维斯	民国二十二年六月三日	北门街唐家花园	

（续表）

国别	官衔	姓名	到任日期	驻在地	备考
英国	驻腾越领事	义思德	民国四年二月十五日	腾冲县城	
		雅裴乐	民国八年二月三日	腾冲县城	
		郭立实	不详	腾冲县城	
		哈尔定	民国十二年一月三日	腾冲县城	
		怀雅特	民国十六年九月二十八日	腾冲县城	
		禅德本	民国二十年二月十七日	腾冲县城	
法国	驻蒙自正领事	伯玮	民国元年十月	蒙自县城	
		福立业	同年回任	蒙自县城	
	副领事	罗白尔	民国九年八月	蒙自县城	
		雅尔兰	不详	蒙自县城	
		德洪	民国十四年四月十日	蒙自县城	
		波德	民国十七年十月一日	蒙自县城	
		范日新	民国二十一年三月三十一日	蒙自县城	
	驻河口副领事	杜邦	民国元年	河口	
		梅尔馥	不详	河口	
		白鼎	民国十九年十一月十日	河口	该领系一巡捕办理领事职务。
		顾术	民国二十一年五月十九日	河口	

附记：民国以前领事衔名，因光复时卷档被焚遗失，无从查填。

云南创立明兴矿业公司之经过

吾滇区域辽阔、矿产丰富。而边地蕴藏尤多，惟因财力与技术二者甚感困难，且界务多纠葛，故开采不易，致使货弃于地，殊为可惜。当民国七年，唐督军继尧有鉴于此，欲借助外人之技术、经验及其资本，以开发本省矿产。并拟由边地着手，借以实边，遂与美国人安德森订勘矿条件，由安德森介绍美国矿学专家暨资本家来滇勘矿。彼时，为顾及外交关系，不便以政府名义直接与美人商定一切条件，故组织云南明兴公司。复由云南明兴公同与美国纽约东方公司协商合办，仍沿用明兴公司名称，指定甲乙两矿区为明兴公司采探矿产区域。甲矿区在明光一带，东以龙川江为界，北西南三面均以中缅界线为界；乙矿区在耿马一带，东以格林威治东经一百度为界，北以北纬二十四度为界，西南以中缅边界为限。订股份总额为一百万元，滇股与美股各五十万元。明兴公司以股本五十万元报效云南政府，即滇股五十万元是也。至美股五十万元，除初次勘矿用去十万元外，又交现款二十五万元为甲乙两矿区探查矿产之需。如尚不敷，美方并愿筹垫，俟将来开采获利之后再为提偿，否则美公司完全担任损失。合同签字后，章程亦经核定，美方派来总工程师芬枢及探矿工程师、地质学师、化学师及医生、翻译等三十余人，并探矿机五架，附品、物品千余驮，先后往明光、耿马各处探查。嗣因我方发生问题，美方亦不愿继续探查，所有美国工程师等即自行归国，明兴公司亦即无形取消。按此次自与美人接商探矿以至明兴公司取消，历时三载有余，美方耗去二十余万元，我方虽未受损失，但原定计划未能实现，失此机会，亦甚可惜。爰将明兴公司与纽约东方公司订立之合同及明兴公司章程附录于后。其详细情形，备载云南明兴矿业有限公司档案汇刊，不复重录。

附：云南政府与芬枢订立勘矿合同

云南政府兹为以纯粹商业主义开发滇省矿源起见，特请美国矿业家芬枢来滇，查勘滇省矿藏，并订立条件如下：

一、芬枢君应代云南政府聘请现在已来云南之美国矿业专家美留寿文、乐富、来诗三君协同查勘。如有必要之处，另行添聘技师及他项人员。一切机械行装等物，均由芬枢自备。

二、芬枢及所聘矿师，应参考图籍，研究事实，然后规定勘矿地点及经由道路。

三、查勘费暂以一万元为限，由云南政府担任。查勘之后，实行开发时，此项费用应由开采之矿业家及资本家担负。若官商合办，则由云南政府及矿业家、资本家分任之。

四、（甲）如勘查结果有可以开采获利之矿，应由云南政府或华人组织之公司取得完全采矿及土地所有权，该矿主权应完全属于华人。

（乙）云南政府或华人组织之公司于取得该矿主权之后，除华股由云南政府或华人组织之公司自招外，并委托芬枢代招美股。其招股细则，俟临时再议。一面由云南政府委派督办或由公司推举总理，并由芬枢代聘总工程师。其技术上一切管理设置事宜，均由总工程师会商督办或总理办理。

五、勘矿期限自芬枢等自云南省城出发之日起，以八个月为限。

六、赴何地勘矿时，应先报告云南政府，但云南官商现经开采或勘定之矿，不得前往查看。

七、除聘请各员外，云南政府加派委员会同查勘。

八、查勘矿时，应将查勘结果随时详细报告云南政府。

九、勘矿队员于查勘旅行时，云南政府应尽力保护。

十、此项条件，书英文、汉文各一份，如有争执，以汉文为凭。

云南明兴矿业股份有限公司章程

第一条　宗旨及名称

本公司以倡办云南矿业为宗旨，名曰云南明兴矿业有限公司。

第二条　矿区及权限

本公司呈奉云南政府特许探采。经营下列两矿区内一切矿产：

甲矿区：东以龙川江为界、北西南三面均以中缅界线为界。此项界线以中国政府现经测定者为准。

乙矿区：东以格林威治东经一百度为界，北以北纬二十四度为界，西南以缅甸为界。此项界限以中国政府现经测定者为准。

详图见章程附件第一号。

本公司于行使此项特权之时，应顾全地方及他公司或个人已有之利益，并得为下列事项：

一、制炼、转运、销售矿区内之各种矿产。

二、在矿区内得买卖租管地亩、森林、道路、油井、煤气。

三、在矿区内得买卖租用及保管机械厂屋及他项产业。

四、矿区内得建筑经营管理与销售矿产、经营矿业有关之铁路。

五、购运进口及使用各项炸裂药品。

六、在矿区内得建造或收管一切桥梁。渡口、船只、船坞及飞艇。

七、本公司应需煤炭，得于矿区外另请云南政府核准有关开采之权，并经营一切煤炭应有事业。

八、在矿区内得经营一切电光、电力事业。

九、在矿区内得储用一切河水，经营水道。

十、在矿区内得经营各项电话、电线事业。

十一、买卖交换其他货物。

十二、以上事项，如第七、第八、第九、第十、第十一五项，公司自用之外，如有余力余材，得转供各地方公私之用。

十三、收买、存贮或转让与本公司营业有关系之他公司股票、债票及他项证券。对于本公司所担保之他公司（此项公司亦以有关于本公司营业为限）或本公司取得证券股票之公司，设法筹助及保护改良以谋增加此项公司证券之价值，于取得此项证券之公司，享有法定股东债主之权利。

十四、除公司普通应享之权利外，本公司得行使以下之特权：

公司得发行债券（不以股为限）及各种欠据，以为购置产业及便利营业之用。其发行债券条例，由董事会临时议决。公司得将公司所有各种股票债票及他项财产为公司所发行之债券及债项利息并所定之契约之抵押品。

公司于营业之际，得行使一切合法之行为，以达营利之目的。

十五、公司得请求政府领受各项专利权、补助票、营业照及一切促进暨保护公司营业之各项优待权利，但准否应从政府之便。执行本项所得之权利，服从政府法令之规定。

本项请求所得之特权，公司不得租卖抵押转让之。

十六、公司得在各国任何地点设行营业，并得买卖租押或转让该处本行所有各项动产、不动产。

第三条　地点

公司总事务所设于云南省城。

第四条　时间

本公司存在期间定为五十年，此后得股东会之议决，延长期限，继续办理。

第五条　资本

本公司额定股本云南通用银一百万元，分作一万股，每股票面一百元。以五千股为优先股，合股银五十万元，以五千股为普通股，合股银五十万元，但优先股无选举及议决权。

此后公司以业务上之需要或利便，得以多数普通股东之议决，按期添发优先股票。此项股票之权利及发行之规则，由股东议决规定。惟新股于未经发售以前，应先尽旧股东按每人现有股数与旧股全数之比例照票面价格认购。如多数股东否决添发此项优先股票，公司得发行债券成他项欠据，以筹款项。

第六条　利息及红利

公司于获利之后，除由董事部酌提流动金及扩充业务与筹还债项公积暨一切开支外，先分派优先股官利七厘。或每年、或半年、或每季一付，由董事部临时定夺。如年内余存不敷分派七厘之数，则尽数分派之，其年内利息即作为付清，不得七厘计算，按年加积。

如于分派优先股七厘之外尚有余存，应即分派普通股，官利亦以每年七厘为限，分派时期仍以董事部议决发表。此外如尚有余存，应由优先普通各股东，按股均分红利。

如于公司解散或停止之时，分派公司财产，优先股东亦有优先权利，应照票面股本全数按股偿还，然后再分偿普通股本。此外如尚有余存，由两种股东按股均分。

第七条　股票及股票簿

股票程式由董事部拟定，加盖公司印章，并由总理或协理及书记长或副书记签名。

公司应备正式股票簿，其程式亦由董事部规定，登记新旧股东姓名、住址。凡有转让股票之举，应由转让人或其正式认可之代表，签字声明转让，并由领受人或其正式代表签名收受。凡注册之股东，公司对该项股份即认为完全所有。此外，如有纠葛，由股东自理，公司概不承认。

第八条　股东会

本公司股东会分两种：

一、通常会：每年四月间第三星期三举行一次，如是日值正式休假日期，得展缓至假期终了之日再为举行。

二、特别会：限于多数董事或多数普通股东之正式请求或董事部决议及监察之要求时，由公司总理或协理，或书记长召集举行，惟以上各项请求决议，均需注明事故，会期之通告，应注明日期、地点与应议事项，由公司总理、协理或书记长寄交各股东。此项通告，无论通常会、特别会，应于会期六十日以前寄发。

特别会非有到会之股东全体认可，不得提议或议决通过通告事项以外之事。

凡公司董事及监察，均由股东分别投票，以多数选定之。

第九条　董事

公司所有一切股份财产事业，均由董事部主持经管。董事部以五人组织之。凡会议公司一切应办事务，均由董事部以多数取决。董事部应推定董事二人为公司总理及协理，执行董事议决一切事务及公司例行事务。

董事会亦分两种：

一、通常会：每星期二举行，如值正式休假日期，于假期后一日举行之。此项通常会，无须预行通告。

二、特别会：以现任董事多数之请求，由公司书记长随时召集举行。此项特别会议，书记长应于会期前二日，以邮电通知各董事。如通告中无特别规定，无论何事项，均得提议决定。如全体董事到会时，虽无通告，亦得决议事项，董事至少以三人到会，始得决议事项。惟每次会议如不足法定人数到会，董事可以延会，定期再行召集。无论何项董事会，总理应当主席，总理缺席时，由协理代，协理亦缺席时，临时举他职员代之。

董事于举定后，开第一次常会，如满法定人数，应即推选公司各部职员。董事部有随时更定公司应用流动资本数目之权，并得议决应否提存公积及其数目。对于股额以外之净利，有指定营业用途之权，董事部得以五分之四之决议制定、更换、修正并废除各项细则。

第十条　监察

本公司监察。勿论何时，得至公司存贮簿册之所查核一切账目、文件并得请求公司董事报告业务进行状况，如认为必须开股东特别会时，得知会董事召集，董事应即照办。

第十一条　总工程师

总工程师应受董事部节制，管理矿业工程、其他相关之事。凡公司关于工程各项问题，均由总工程师负责管理。

第十二条

凡本章程所规定各事均应有效，其未经规定之事项，均遵民国三年公布之公司条例办理。

第十三条

本章程自奉云南督军兼省长批准印行之日起发生效力。本公司不必交足法定股额，即得召集股东议决进行。

民国云南通志长编卷四十八

外交二·中法交涉

中法关系略述

云南外交与英法发生关系者为多，而与法国为尤甚。盖自英占缅甸而滇西界务问题以起，惟滇缅交通在公路未通以前向极闭塞，以是外交关系尚限于界务纠纷。法自中法战争获得越南后，复建筑滇越铁路，直达昆明。滇省境内昆明、蒙自、河口、思茅等处，亦复辟为商埠。法人并于昆明成立东方汇理银行，流通越币，以是中法之间界务、交通、经济、政治均发生密切之关系。回忆光绪二十四年，法使吕班（Dubail）照会我国总理衙门，中国滇、桂、粤三省，无论暂时或永久，均不得割让或租借与任何国家。同年英外相萨力斯伯（Salisbury）亦与驻法大使古谢尔（Alph de Courcel）订立协定，同意两国在滇、蜀所有利益及将来所得利益互相扶助进行。是云南外交错综复杂，不仅为单方面之关系，英法之间已发生协调、均势及利益均沾等问题。民国三十四年，世界大战结束，我国获得胜利，乘机收回滇越铁路。三十五年中法签订新约，为废除不平等条约之先声。此后内政、外交互为声气，内政清明，庶外交问题可获得平等互惠及合理合法之解决。

钦渝铁路借款合同之订立

法国既握有滇越铁路之管理权，又为进一步经营中国西南边省计，遂有订立钦渝铁路合同之动机。其实，法国方面并无建筑该铁路之决心与准备，其在我国因正值民国三年熊希龄内阁时期，一方面西南民众热烈要求政府早日修筑西南通海铁路，一方面北京政府借口筑路，可以挪借外债以便移为政治借款，因是遂有钦渝铁路借款合同之订立。

民国三年，交通总长周自齐提请国务会议创设滇越铁路，由广东钦州起，经广西之南宁、百色，贵州之兴义，云南之罗平、昆明，四川之宜宾而达重庆。一面并由交通部电征粤、桂、黔、滇、蜀五省都督、民政长同意，遂于一月二十一日，由国务总理兼财政总长熊希龄、交通总长周自齐，与中法实业银行全权代表塞力耳订立借款合同二十一条。其要点：（一）借款总额为六万万佛郎。（二）年利五厘。（三）借款年限五十年，自第十六年起分三十五年偿清。（四）以本路财产及进款并钦县码头各项物品为担保。后国务院垫款数为一万万佛郎，利息改为年利六厘，后复改为七厘。实收价格九二与酬金六百万佛郎，并以五年国库券作抵押及以全国境内已抽或能抽之烟草为二重担保，分五年还清。后中法实业银行复于三月二十日及四月一日两次提请交通部修改，经交部、财部会复：年息六厘改为五厘四，折扣改为九八零四分之一。垫款金额共收到三千二百十一万五千五百佛郎，由财政部担还本息，计每年偿还五分之一。八年五月已届末次清偿之期，然财政部因款项支绌，结至十年五月止，除已付者外，尚欠九百三十万二千四百佛郎五十生丁。

此项铁路合同订立后，迄未实行勘测开工，而与旧北京政府订约之中法实业银行亦复倒闭（中法实业银行详财政节）。民国十年，华盛顿会议时，云南交涉署曾备具节略陈述利害，呈请外交部查核，提向会议讨论公决，未有结果。嗣民国十八年，云南外交特派员张维翰于参与《中法条约》之际，复提出废除《钦渝铁路合同意见书》呈请铁道部核示。其中有云：查中法各种约章，有业已到期当然废除者；有尚未到期而情势变迁应加修改者；有其性质类似条约，施行并无限制，关系不止滇省者，而滇省因命脉所在亟应废除者，实为《钦渝合同》。部长孙科认为关系重要，经与各院部会商决定：由司法院长王宠惠研究法律观点，以为废除合同之理由，铁道部长孙科筹划自行修路之步骤，外交部长王正廷履行废除合同手续。民国十八年一月二十九日，孙部长科以该中法实业银行于订约后十五年尚未履行合同，且该行业经倒闭，经呈请中央政治会议咨交国民政府行政院转令外交、铁道两部遵照执行，将该《中法钦渝铁路借款合同》宣告废止，以维路权而利建设。惟此后关于本案政府办理经过，迄未正式公布。

附：《中法钦渝铁路借款合同》

第一款：本合同于一千九百十四年一月二十一日在北京订定：

一为中华民国政府（以下简称政府），由财政总长熊希龄、交通总长周自齐全权代表。

一为中法实业银行（以下简称银行），该行系股份有限公司，总行在巴黎欧思曼街十三号，由该银行经理塞力耳全权代表。

第二款：政府委托银行商借或发售五厘息金总额六万万佛郎。

第三款：此借款由银行会商政府，酌定日期发售。此借款应以债票发售之日为期，定名为“中华民国政府一千九百十四年钦渝铁路五厘息金借款”。

第四款：此借款为下列各节之用：

一、建筑由钦州（广东）经过南宁、百色、兴义、罗平至云南府（云南省城）之铁路工程，并购办各种车辆、材料，俾行车便利。

二、建筑由云南府经过叙州府过江至重庆（四川）之铁路工程，并购办车辆、材料，俾行车便利。

三、建筑钦州港及一切器具并附属之物。

四、为购办以上所开各工程应用之地段（以上各工程下简称为工程）。

五、备付工程期内借款利息之用。以上所指各路线之估价，详拟工程图样等，规模须俟实行测勘后始能规定。此项勘线及第一期建筑工程，须俟本合同签字后及早开办。

第五款：此借款利息，按虚数长年五厘计算，由政府每半年（即每年六月一号、十二月一号）交由银行付与执票之人。此借款利息，由发售债票之日起算。

第六款：本借款合同，由售票之日起，以五十年为期，至第十六年六月一日为还本始期。除下开提前还本之款另行详载外，还本之法，应按照本合同附表所载按年还本数目照付。递年应还之本，由政府按照下开各节每年交付银行。借款之本，系用拈阄法归还。除前十五年外，每年按照附本详载还本数目，于正月十五日拈阄，六月一号为归还债本之期。自发行借款之日起，十五年后无论何时，政府有先期偿还此项借款全额或其一部分之权，但在第二十年以前欲偿还时，应照票面额数加给二厘五，此系指按照附表所载尚未到期之债票而言。第二十年后，提前归还时无须加给。每次政府欲提前归还此项债票时，须于六个月前函知银行。提前归还之债票，应以到期归还之债票于拈阄之日附加拈阄之数（即每年正月十五号）。凡经到期拈阄或预期拈阄提出之债票，概停止利息。付息还本，均由巴黎中法实业银行经理。凡到期之债票及息票付款后，由银行收存注销，按次编号，呈缴巴黎中国公使。凡逾期三十年未经取消之债票及息票，由银行将该票全数之款缴还政府。此项借款全数还清，本合同即行作废。

第七款：此项借款，政府担任按期照附表将本利清还，并须实行本合同一切约办之事。建筑期内，应付利息，如政府不愿由他项进款指拨，即由借款项下扣拨。此项借款之付息还本，以下开各项为抵押。

一、钦州、云南府间铁路，云南府、叙州、重庆间铁路，并各该路之车辆、材料、房屋、产业及其进款。

二、钦州港口用本借款之建筑物及其附属品。

以上所开各该路之车辆、材料等及进款，并钦州港口用本借款之建筑物及其附属品，均作为优先之抵押。如各该路进款不敷，仅还本利时，政府担任。再以本合同第十四条所载未用所余现款扣拨，否则以中国政府他项进款拨补。如到期本利欠付或付而不足，银行即可实行受上指各项抵押之所有权。

第八款：本利到期应付之款，至迟须于期前十四天交付银行。此项交付之款，或用交款处之地方银币，或用将来通行之国币交付银行，以足敷在欧交付全额之用。此项交款之兑换，至迟于到期前十四天订定，如本条第一节所载办理。但政府在期前六个月内，随时有预先择定兑价之权。日后如中国政府在欧洲分设无论何种银行，非托他国银行代理或仅托他人经理，则往来汇款应各分任办理付息还本。如政府在欧洲存有金款可用以指拨时，亦须于期前十四天交付，如本条第一节所载办理。银行经理付息还本事务，政府须给银行酬用金，照付款之数千分之二十五。

第九款：此项借款发行，或作一批，成分为数批，银行与政府先期商会。其每批应发行数目，亦与政府协定之。每批债票非经政府认可，不得发行。此项借款之招帖并广告及他项细目，未经本合同载明者，由银行与政府代表商酌行之。银行酌定合宜日期刊布招帖时，须于七日前函知政府，政府须通饬在借款发行各国之中国公使，遇有应行会同办理之事，襄助银行酌办。如必需时，应将招帖签押，并将此项借款加入股票交易处及移送各项文件发行。此项债票连同息票，其每票额面之数，由银行会同中国政府定之。银行有权将债票先期预备存储，以待合宜时期发行。债票之式样、文字及金币种类，由银行会同政府代表商定。此项债票，或用刷印，或用雕印。此项债票上，须摹印财政、交通总长之签字及两部之印，以免逐张盖印之烦。此项债票在发行之前，须由发行各国之中国公使签印，并将签字摹印票上，作为银行代政府发行此项债票之证据，并须由银行附加签字。

第十款：此项债票遇有遗失、被窃或被损毁之时，银行须通知政府并中国公使，由中国公使委派银行广告声明，此项失损之债票停止付款，并按照该国法律及通例办理。因银行为失票者代表之故，遇此项遗失、被窃或被损毁之债票，逾银行所定期限仍未觅出时，即由驻该国之中国公使将补发同价之债票副张盖印，交与银行。

第十一款：此项借款之债票、息票及付息还本，政府允免纳税。

第十二款：银行应缴中国政府票债，俟按售出之价扣除照票面六厘之数，所有经理此项售票之费用，如组织承受之公司佣金、邮票、电报、告白、刊印招帖、并债票模型、印花税用项等，由银行承担，即在折扣内开支。债票发售之先，银行应将债票市价，先行告知督办或该处驻使接洽。

第十三款：银行办理此项借款，立一账目，名曰“一千九百十四年，中华民国在欧洲五厘金额钦渝铁路借款账目”。此项借款，按照承借办法陆续收入，存于此项账内。此项借款，银行担负责任。此项借款存在欧洲账内者，每年给政府回息三厘；其汇至中国未经动用者，由银行给付政府最优之息。此项借款除去在建筑工程期内付息酬用之款外，其实收之款并应得利息存于银行，听候督办提用。发售债票款内截留之款存于外国，备付购料及洋员薪俸之用。督办先期与公司商妥，可随意向外国提款汇华。一星期内提款，除非特与公司商妥，不得逾三百万佛郎。此项汇款，即由银行经理收入钦渝账内，归银行担其责任。汇华金款暂存该银行者，亦由银行担其责任。按照总工程师预估用款清单，或备一月，或备数月之用。督办于备款内存款项下酌提若干，用以兑换中国银两，即由督办向银行办理兑换事宜。如果兑换之银数逾一月备用之款，应与银行商明。兑换之银两，应存于银行收入钦渝账内，亦由银行担其责任。开支款项，须与工程实用相敷。银行付款，须有督办或督办全权代表与总会计双方签字之支款凭单，并须写明用于某项工程及其性质及价值。所有在欧洲经理购料用款单，由银行直接交付并担负责任，在华应付之款，由银行付与督办委派之员出具收单，由督办担负责任。会计员须按照督办与总会计双方签字之凭单付款。工程所用账目，须采用中法两国新式簿记之法，派一有经验之法国籍总会计管理。该总会计，由督办选择并得银行之同意。委任总会计，须开具应用外国会计人员表，呈请督办批准。如需华人，可由督办交与总会计任用，总会计须听督办或其他代表之指挥。总会计在借款期内，管理收支款项，并会同督办或全权代表，签押各项工程支款凭单。工程之行政机关，每年结账之后月，用中法文字刷印报告，载明一切收支账目，以备公众取阅。

第十四款：倘此项借款不敷本合同所指各建筑工程及备置之用，以下列办法补充：第一、政府另筹他款，以免建筑工程间断。此项另筹之款，作为工程资本之一部分，一律支息，但不得有碍本合同所载之付息还本各条。倘政府无款供给，或虽有而仍不敷用，银行须按照本合同条件，续发新债，其额数以足敷此项工程完竣并至开办时之用为限。此项发行之新债，应重之担保等项及利益，与原借去六万万佛郎之借款相同。倘此项工程完竣时剩有现款，即存于银行，作为政府按照本合同应付各款之准备金。

第十五款：此项工程行车及管理等事务，皆归政府专责办理，政府任用督办一员，常川驻扎。凡在本合同所载权限以内之事，督办可代表政府执行之。督办与银行商聘总工程师一名，总工程师须听督办或其代表指挥。总工程师之职务，系测勘路线、编制图册、估算价单、管理工程、订购材料，以备行车之用，但预先须得督办之核准。所有营造工程应需外国人员，由总工程师开列执事员组织表，呈请督办核准，委托银行代为选聘，归总工程师调度。凡应需中国人员，或办工程，或充他项职务，督办有专权选派，交总工程师调度。无论何等中国主员、外国人员，若未呈请督办允准，均不得聘用。当经约明，凡中国人，曾学有专门或素有经验者，由督办指送，即得按照外国人员一律委用，惟须先期有督办派艺员会同总工程师考验，是否合格。所有在工员司等非艺务人员，如有过失，督办均有撤革权，艺务人员及洋员等遇有过失，督办告知总工程师撤革，声明正当理由，总工程师应即遵办。在工各洋员，对于督办并其所派之代表，均应极为恭敬。以上两条，系敬重督办威信，并使工程无碍进行。在工洋员，须尊敬中国官员，不得无故干涉地方之事。凡铁路所经区域，均宜与华人性情习惯期臻融洽。督办与银行商妥，可以委派代表一员或数员到路工之处，畀以全权。此委员之薪费，由路工款下开支。该路建筑工程陆续告竣之段，由督办斟酌情形，先行开车载运。开车载运之段、或数段，由督办委一车务总管办理。该车务总管须法国人，由督办或其代表与银行商定聘用。车务总管须听督办或其代表之指挥。全路工程完竣之后，总工程师职任停止，由督办与银行商定，另派法国工程师一员，管理养路工程。该工程师须听督办或其代表指挥。

第十六款：营造期内，应购工程需用物料，并购备全路行车各种料件。凡中国所有自产自造之各种货物价值、质料相同，尽先购用外，其余归银行承办。银行须在公共市场，择价值最廉、质料最佳之厂家购买。如质料相等，价值相同，先尽法国之货购用。购办材料，招揽工程，应由总工程师开单，呈请督办核定。凡在外国应付购办机器料件价值并一切费用，其细账应粘同各项原厂发票、验单、收条，于每三个月造送总公所核准银行代办。无论中外料材，或进口、或过内地，均免完纳关税厘金，但此款不能有碍于中国政府新定税则办法。凡各路通行者，本路亦一律遵章办理。凡属于工程并行车各事，银行绝无自行筹付款之约明。本路总公所，只能照付法京工程处拟圈、购办、验收、订聘洋员各费，此费亦可与银行商定，每年包费若干，交付银行。自全路行车之日起，督办可以依本路之利便购办料件，但如有法国商家货质价值与他商一律，在此等法商家内经银行荐引者，得尽先揽办。倘督办拟委一家或数家洋商为经理购办行车料件人，银行如能照他商同一规则，得尽先受委经理。

第十七款：倘在一千九百十四年之内，中国遇有政治或经济之恐慌，以致此项借款发行无效，政府须准银行展缓合宜期限，以便履行本合同之条件。

第十八款：银行得按照本合同条件所载，将应享权利之部分或一部分让其他之银行、公司、团体，或经理或董事等，代行所让之权利并可再行转让，惟均须请交通部核准。此项公司、团体或银行，均须系法国国籍。

第十九款：银行为借款执券人之全权代表，将来遇有关于此项借款交涉事宜，银行得以执票人之名义与政府磋商。

第二十款：本合同须呈请大总统命令批准，其命令公布之后，即由外交部以正式公文照会驻京法国公使。

第二十一款：此合同缮中法文各四份，政府与银行各执中法文各二份。遇有疑义，以法文为准。

中华民国三年一月二十一日西历一千九百十四年一月二十一日

交通总长

财政总长

中法实业银行全权代表

附：钦渝铁路五厘息金借款合同附件

所有钦渝铁路进款，须如期拨交政府与银行共同指定之银行或数银行。该银行即将该款按有益中国办法兑换金币，足敷关于本借款每年到期应付之数。此项兑换，至迟须于期前十四天办理。以便备金币。

滇越铁路之收回

滇越铁路起自云南昆明，终于越南海防，凡四百数十余公里。计自光绪三十年开工，至民国二年完成，工程艰巨，耗去一亿五千八百四十六万六千八百八十八佛郎。为云南通海之唯一出路。

法国获得此项建筑权，系根据清末中法历次条约，至此路之收回，照光绪二十四年中法会订《滇越铁路章程》第三十四条所载，“中国于八十年期限将满，可与法国国家商议收回地段铁路及铁路一切产业。其应须偿还所造花费并专门各色手工之资及法国代为发给公司股本利息，凡所有此项铁路各色经费，俟到期限均在此路进款内归清，则铁路及一切产业，自可归还滇越大吏收管，勿庸给价。如欲核算各项制造等费，当以彼时开议法国所结历年出入账目为凭，则预知应否给费收回此项铁路及一切产业”，是此项铁路可以于八十年后无价赎回，惟此路建筑费用所耗甚巨，历年铁路收入是否可以偿清，又收支情形，我国政府亦无从查悉，故无条件收回，颇为困难。

中日战争发生后，日本于二十九年侵占越南，我国政府即将滇越铁路芷村至河口一段陆续破坏。三十二年，法国为德国所败，成立维琪政府，同盟国家一致否认。我国民政府即于民国三十二年八月一日宣布与维琪政府断绝邦交，同时接管滇越铁路。接管事宜由交通部特派路政司司长杨承训到昆，督饬川滇铁路公司负责办理，由外交部驻云南特派员公署协助进行。外交署当即照会驻滇法国领事华业尔君，转行滇越铁路公司滇段法国经理巴杜遵照。法领事接准照会，经即照复："上项单方面之决定，于中法两国一九〇三年十月二十九日在北京签订之《滇越铁路章程》第三十四款之规定，构成违反行为，表示反对。并对公司法籍职员，因铁路被接收而遭遇之极不安定处境，请严予注意"云云。外交公署以我国既经与维琪政府断绝邦交，铁路收回又为既定步骤，此项照会已无答复之必要，当即派员协助川滇铁路公司进行接收滇越路事宜。办理经过尚称顺利。交通部即饬在川滇铁路公司下设置滇越铁路滇段管理处，派萨福均为处长，万国宾、陇体要为副处长。该路原有法籍职员数十人，全体退职，遗额由我国遴员补充。至越籍华籍职工，仍由我方雇用，照常服务。至三十五年二月二十八日，我国外交部部长王世杰与法国驻华大使梅里霭，在重庆签订《中法新约》，其中关于中越关系第三款规定"滇越铁路昆明至河口一段，所有权完全移交中国政府，由中国政府赎回。赎回之款由法国政府垫付，借以补偿抗战期中滇越铁路停运及海防封锁后所受之物资损失，法国当转向日本要求此项垫款之给付。又中越间铁路交通，法方声明，于最近将未提出改进计划"云。

中法专约

光绪年间，我国与法国缔结《滇越商约》，前后凡三次。一为光绪十二年之《中法陆路通商章程》，一为光绪十三年之《续议商务专条》，一为光绪二十一年之《续议商务专条附章》。订约动机大抵出自法方片面之要求，实为不平等条约之一部分。

民国以后，国内外情势变迁，且各约至民国十五年八月七日均已满期，实有修改废除及另订平等新约之必要。先是，前北京政府外交部于十五年三月四日，向法国政府声明另订平等互惠新约，并电滇省长斟酌地方情形，条举意见，以资参考。随经云南省长饬由前外交司司长徐之琛详加研究，将应行修改各项拟具意见书十四件，签报省长及外交部核办。复密函河内、海防、西贡华侨会馆，将历年身受及目睹各项不平等事件，可资参考者，迳呈外交部采择。民国十五年七月二十七日，外交部宣布商约满期即行失效，催请法国公使另行改订新约。旋准该使照复请展限一年，复经外交部拒绝，并由外部将新约草案批定寄滇，复派委员苏希询来滇就商，外交司条陈意见供部采择。嗣因法方无订约诚意，一再迁延。

迨至国民政府成立，于民国十七年六月发表改正不平等条约宣言，即积极进行修约工作。十八年一月二十三日，法使马泰尔抵京，并召集越南经济局长勃浪霞、外交局长茹禄，与我国商订新约事宜。我国外交部亦召交涉员张维翰晋京，有所咨询。同月二十日，双方举行中法修约会议于南京。此后，复在上海及首都续议数次。至七月二十五日，双方发表声明，对于第二十二次会议所讨论之问题大致同意，但通过税一节尚待最后解决。直至民国十九年五月十六日，始由我国全权代表外长王正廷与法公使马泰尔正式签订《中法规定越南及中国边省关系专约》，计条文十一款，来往照会十四件，简称《中法专约》。

《中法专约》计附件九件，照会六件。其中：第一附件所载之甲、乙两表，甲表系规定我国西南边省重要货物，由滇、桂、粤运入越南时，得照最低税率纳税，乙表系规定法越货物运入滇、桂、粤三省时，得照我国当时税则纳税。最初，法方提案货物亦达数十种，几经交涉，始减至六种。应纳税额并允照将来正式签订货表时之税则办理。惟坚持越产白煤一项，应照以前税率纳税，政府未允所请，谈判几濒破裂。迨至二十二年，我国政府表示让步，与法方商妥，越产无烟白煤入口得照二十一年税则纳税，越煤入口税问题遂告解决。当时我国拟提高洋米进口税率，法方则请求划一米税，减轻税额，于是附表签订又经一度波折。我国政府为顾全中越商务关系并维护旅越侨胞利益起见，复商得法方同意，确定相当税额，以二年为限，米税问题，亦即告一段落。于是双方争执各点均告解决，遂由外交部与法国公使韦礼敦，于民国二十四年五月四日，正式签订《关于订立甲、乙两种附表之议定书》及其他附件。并由我国驻法代办肖继荣与法外部代表于七月二十日在巴黎签订，互换批准文书。全约及其附件，于二十二日公布实行，朝野多年渴望之《中法专约》，始告完成。

附:《中法规定越南及中国边省关系专约》一件，附件十五件

《中法规定越南及中国边省关系专约》

大中华民国国民政府、大法兰西共和国政府，因欲巩固两国间幸有之睦谊并于发展中国及越南商务关系起见，为此决定订立新约，特派全权代表如下：

大中华民国国民政府主席特派大中华民国国民政府外交部长王正廷，大法兰西共和国大总统特派大法兰西共和国特命驻华全权公使玛德，两全权代表，各将所奉全权证书互相校阅，均属妥善，议定条款如下：

第一条　光绪十二年三月二十二日（西历一八八六年四月二十五日）在天津订立之《中法陆路通商章程》、光绪十三年五月六日（西历一八八七年六月二十六日）在北京订立之《续议商务专条》、光绪十三年五月三日（西历一八八七年六月二十三日）在北京互换之《关于续议商务专条之换文》及光绪二十一年五月二十八日（西历一八九五年六月二十日）在北京订立之《商务专条附章》，一律废止，终止其效力。光绪十一年四月二十七日（西历一八八五年六月九日）在天津订立之《中法新约》内第四条、第五条及第六条内所载之各规定，亦一概废止。

第二条　广西省之龙州城，云南省之思茅城、河口城、蒙自城，继续作为中国及越南陆路边境通商之地。

第三条　中国政府得在越南之河内或海防及西贡派驻领事，法国政府得继续在前

条所载各地点派驻领事，领事馆之领袖及代理馆务人员与其他服务领事馆人员，应由委派国之本国人民充任之，并不得经营工商业事务。

第四条　中国人民前往越南境内及越南之法国人民前往中国境内，须持有各本国之主管官厅发给之护照，该项护照应由到达国领事署或到达国指派签证护照之其他官员予以签证。

关于（一）护照、（二）内地通行证及出境证签证制度、（三）中国人民进出越南及越南之法国人民进出云南、广西、广东三省之一切应备手续，包含证明身份之手续在内，两缔约国约定依照各本国法律章程，互相给予最惠国之待遇。对于两国边境居民因工作或事务关系，须在彼此邻边境内暂时居留或时常往来者，发给临时通行证或永久通行证之制度，无所变更。

第五条　在越南之中国人民及在上载中国各地点之法国人民，应享有居住、游历及经营工商业之权利。凡依照越南或中国之现行章程、法律所给予各该人民行使此种权利之待遇，不得较逊于任何他国人民所享受之待遇。在越南之中国人民及在上载之中国各地点之法国人民，其所纳之税捐或其他税项，不得异于或高于最惠国人民所完纳者。

第六条　凡自中国任何口岸出口之中国货物，取道东京直接运往云南、广西、广东三省或持有直接提货单者，应享受优越待遇，普通税则内之通过税，不适用之。

上项货物，仅照值百抽一纳税。

其自云南、广西、广东三省出口之中国货物，取道东京运往任何指明地点时，亦应享受优越待遇，普通税则内之通过税，不适用之。

凡各种矿产、锡块、生皮以及本专约甲种附表内现在或将来载明之各种货物，皆应享有完全免税之权利。其他各种货物，照值百抽一纳税。

凡中国政府所装运之一切军用物品以及军械、军火通过东京境内时，均应免纳任何税捐。越南船只，除军舰及装运军队、军械及军火各船只外，得取道连络谅山与龙州，及高平之松吉江及高平河，在谅山及高平之间来往航驶。

该项船只及其所载货物通过中国之境者，于入境时，得免纳任何税捐。

第七条　两缔约国政府互相约定：在越南及云南、广西、广东三省不得设立同时不适用于其他各国之进出口及通过之禁令及限制。

但关于国防、民食、保护美术上及科学上产品、预防人类及动物传染病、保护收获、国家专利以及维持善良风俗等事，两国政府对于彼此输入或输出之货物，得设立进出口或通过之禁令或限制。但以须有绝对之必要，并对于在同样情形下之各国一律适用者为限。

第八条　中国政府在云南、广西、广东三省，法国政府在越南境内，不得以任何借口对于法国及中国人民彼此输入、输出之货物，征收较高或异于其本国人民或任何他国人民所应纳之消费税或内地税。

第九条　凡在中国犯重罪或轻罪，或经告发犯重罪或轻罪而逃入越南境内之中国人民，及在越南犯重罪或轻罪，或经告发犯重罪或轻罪而逃入中国领土内之法国人民，经有关系长官证明罪状，向对方官厅要求时，应予查缉逮捕、引渡。但依照国际惯例不引渡者，不在此限。

第十条　本专约以五年为期，期满前六个月，两缔约国之任何一方得通知对方，将本专约修改或废止之。如在上载期间内，双方未经通知修改或废止，则本专约继续有效。但上述五年期满后，两缔约国之任何一方，得随时通知修改或废止。自通知之日起一年后本专约即行失效。

本专约及其附属文件应即早批准。批准文件在巴黎互换。本条约及其附属文件应在越南公布，自互换批准文件之日起两个月后，即在越南及云南、广西、广东三个省同时发生效力。

第十一条　本专约用中、法文缮写。该两种约文详经校阅。为此，两全权代表将本专约两份签字、盖印，以昭信守。

大中华民国十九年五月十六日即西历一九三〇年五月十六日订于南京

王正廷印

玛　德印

附件一、法使照会

大法兰西共和国特命驻华全权公使玛，为照会事：关于本日签订之《中法专约》第八条，兹本公使特向贵部长声明：为发展中国及越南商务起见，凡来自云南、广西、广东，经本照会甲种附表内载明之中国货物及经一九二八年十二月二十二日《中法关税条约》附表内载明之中国货物运往越南境内，或直接运往或持有直接提货单者，均按照最低税率纳税。

上载中国货物享受该项税率之时期，以中国对于本照会乙种附表内所载之法国及越南各货物，由越南出口或直接运往云南、广西、广东三省，或持有直接提货单者，并未将一九二九年中国国定税则之税率予以增高之时期为度。相应照会贵部长查照为荷。须至照会者

右照会

大中华民国国民政府外交部长王

玛　德印

西历一九三零年五月十六日

附件二、外交部复照

大中华民国国民政府外交部长王，为照复事：接准贵公使本日照开："关于本日签订之《中法专约》第八条，兹本公使特向贵部长声明：为发展中国及越南商务起见，凡来自云南、广西、广东，经本照会甲种附表内载明之中国货物及经一九二八年十二月二十二日《中法关税条约》附表内载明之中国货物运往越南境内，或直接运往或持有直接提货单者，均按照最低税率纳税。上载中国货物享受该项税率之时期，以中国对于本照会乙种附表内所载之法国及越南各货物，由越南出口或直接运往云南、广西、广东三省或持有直接提货单者，并未将一九二九年中国国定税则之税率予以增高之时期为度"等由。本部长对此与贵公使完全同意，相应照复贵公使查照为荷。须至

照会者

右照会

大法兰西共和国特命驻华全权公使玛

王正廷印

大中华民国十九年五月十六日

附件三、法使照会

大法兰西共和国特命驻华全权公使玛，为照会事：关于本日签订之《中法专约》第五条，兹本公使特向贵部长保证：在越南之中国人民，关于法制管辖及民事、刑事、税务以及其他各项之诉讼程序，应享有与给予任何他国人民之同样待遇相同。相应照请贵部长查照为荷。须至照会者

右照会

大中华民国国民政府外交部长王

玛　德印

西历一九三零年五月十六日

附件四、外交部复照

大中华民国国民政府外交部长王，为照复事：接准贵公使本日照开："关于本日签订之《中法专约》第五条，兹本公使特向贵部长保证：在越南之中国人民，关于法制管辖及民事、刑事、税务以及其他各项之诉讼程序，应享有与给予任何他国人民之同样待遇相同"等由。本部长业经阅悉，相应照复贵公使查照为荷。须至照会者

右照会

大法兰西共和国特命驻华全权公使玛

王正廷印

大中华民国十九年五月十六日

附件五、法使照会

大法兰西共和国特命驻华全权公使玛，为照会事：关于本日签订之《中法专约》第五条，兹本公使特向贵部长声明：本国政府对于该条所载之规定，并不视为得以阻止其向中国人民征收其在越南行使历来享有之特殊权利之有关系税款。相应照请贵部长查照为荷。须至照会者

右照会

大中华民国国民政府外交部长王

玛　德印

西历一九三零年五月十六日

附件六、外交部复照

大中华民国国民政府外交部长王，为照复事：接准贵公使本日照开"向中国人民

征收其在越南行使历来享有之特殊权利之有关系税款”等由。本部长对此表示同意，惟以此种税款在越南享有与中国人民同样特权之任何其他各国人民，亦应一律缴纳者为同意之条件。相应照复贵公使查照为荷。须至照会者

右照会

大法兰西共和国特命驻华全权公使玛

王正廷印

大中华民国十九年五月十六日

附件七、外交部照会

大中华民国国民政府外交部长王，为照会事：关于本日签订之《中法专约》第二条及第三条，本部长特向贵公使声明：关于侨居昆明市、南宁市与东兴城之法国人民，其现状暂予维持。法国政府并得在上述城市继续派驻领事。至于在上述地点内，法国人民依照现行法律章程租赁不动产一节，本部长允予采取适当办法公布章程，俾得订立租赁契约，其年限与中国自开商埠中制度最优之通行规章所规定之租赁契约之年限相同，此项章程应于本专约同时公布实行。相应照请贵公使查照为荷。须至照会者

右照会

大法兰西共和国特命驻华全权公使玛

王正廷印

大中华民国十九年五月十六日

附件八、法使复照

大法兰西共和国特命驻华全权公使玛，为照复事：接准贵部长本日照开：“关于本日签订之《中法专约》第二条及第三条，本部长特向贵公使声明：关于侨居昆明市、南宁市与东兴城之法国人民，其现状暂予维持。法国政府并得在上述城市继续派驻领事。至于在上述地点内，法国人民依照现行法律章程租赁不动产一节，本部长允予采取适当办法公布章程，俾得订立租赁契约，其年限与中国自开商埠中制度最优之通行规章所规定之租赁契约之年限相同，此项章程应与本专约同时公布实行”等由。本公使业经阅悉，相应照复贵部长查照为荷。须至照会者

右照会

大中华民国国民政府外交部长王

玛　德印

西历一九三零年五月十六日

附件九、外交部照会

（关于云南铁路问题）

大中华民国国民政府外交部长王，为照会事：查一九零三年十月二十九日所订之《中法滇越铁路合同》、一九一零年三月十五日所订之《巡警章程》及一九一四年九月七日、一九一五年四月七日、一九二五年六月十八日所订《补充巡警章程》之《军

事运输章程》，兹本部长特向贵公使提议：将各该项章程合同内之某某各项规定，经有关系方面同意后，予以适宜之修正，此为便利各该项章程合同之实施起见。其关于各该项章程合同之效力，不作为讨论之问题。本部长爰提议，由贵我两国政府各派代表一人，在《中法规定越南及中国边省关系专约》实行后三个月内，开始关于本问题之会商。双方代表所议协定草案，在实行有效以前，应呈由贵我两国政府予以核准。相应照请贵公使查照为荷。须至照会者

右照会

大法兰西共和国特命驻华全权公使玛

王正廷印

大中华民国十九年五月十六日

附件十、法使复照

（关于云南铁路问题）

大法兰西共和国特命驻华全权公使玛，为照复事：接准贵部长本日照开："查一九零三年十月二十九日所订之《中法滇越铁路合同》、一九一零年三月十五日所订之《巡警章程》及一九一四年九月七日、一九一五年四月七日、一九二五年六月十八日所订《补充巡警章程》之《军事运输章程》，兹本部长特向贵公使提议：将各该项章程合同内之某某各项规定，经有关系方面同意后，予以适宜之修正，此为便利各该项章程合同之实施起见。其关于各该项章程合同之效力，不作为讨论之问题。本部长爰提议，由贵我两国政府各派代表一人，在《中法规定越南及中国边省关系专约》实行后三个月内，开始关于本问题之会商。双方代表所议协定草案，在实行有效以前，应呈由贵我两国政府予以核准"等由。本公使对于来照所称各节表示同意，相应照复贵部长查照为荷。须至照会者

右照会

大中华民国国民政府外交部长王

玛　德印

西历一九三零年五月十六日

附件十一、外交部照会

（关于有线及无线电讯问题）

大中华民国国民政府外交部长王，为照会事：关于规定越南及中国沿边三省间之有线及无线电讯现行制度之各专约及其他各项章程、合同，兹本部长特向贵公使提议：将各该项专约、章程、合同内之某某各项规定，经有关系方面同意后，予以适宜之修正。此为关于细目上之修改，仅以便利上述各文件之实施为目的。其关于上述各文件之效力，不作为讨论问题。本部长爰提议，由贵我两国政府各派代表一人，在《中法规定越南及中国边省关系专约》实行后三个月内，开始关于本问题之会商。双方代表所议协定草案，在实行有效以前，应呈由贵我两国政府予以核准。相应照请贵公使查

照为荷。须至照会者

右照会

大法兰西共和国特命驻华全权公使玛

王正廷

大中华民国十九年五月十六日

附件十二、法使复照

（关于有线及无线电讯问题）

大法兰西共和国特命驻华全权公使玛，为照复事：接准贵部长本日照开："关于规定越南及中国沿边三省间之有线及无线电讯现行制度之各专约及其他各项章程、合同，兹本部长特向贵公使提议：将各该项专约、章程、合同内之某某各项规定，经有关系方面同意后，予以适宜之修正。此为关于细目上之修改，仅以便利上述各文件之实施为目的。其关于上述各文件之效力，不作为讨论之问题。本部长爰提议，由贵我两国政府各派代表一人，在《中法规定越南及中国边省关系专约》实行后三个月内，开始关于本问题之会商。双方代表所议协定草案，在实行有效以前，应呈由贵我两国政府予以核准"等由。本公使对于来照所称各节，表示同意。相应照复贵部长查照为荷。须至照会者

右照会

大中华民国国民政府外交部长王

玛　德

西历一九三零年五月十六日

附件十三、法使照会

（关于越南华人特殊权利问题）

大法兰西共和国特命驻华全权公使玛，为照会事：关于中国人民在越南所处地位问题，当贵部长与本公使迭次交换意见时，贵部长曾要求本公使说明法国政府对于此事之态度，兹本公使特向费部长再行声明：本国政府对于中国人民在越南境内所享之各种特权，并无取消之意思。相应照请贵部长查照可也。须至照会者

右照会

大中华民国国民政府外交部长王

玛　德印

西历一九三零年五月十六日

附件十四、外交部复照

（关于越南华人特殊权利问题）

大中华民国国民政府外交部长王，为照复事：接准贵公使本日照开："关于中国人民在越南所处地位问题，当贵部长与本公使迭次交换意见时，贵部长曾要求本公使说明法国政府对于此事之态度，兹本公使特向贵部长再行声明：本国政府对于现在中

国人民在越南境内所享之各种特权，并无取消之意思”等由。本部长业经阅悉，相应照复贵公使查照为荷。须至照会者

右照会

大法兰西共和国特命驻华全权公使玛

王正廷印

大中华民国十九年五月十六日

附件十五、关于订立甲、乙两种附表之议定书

议　定　书

两全权代表约定：至本日签订之《中法规定越南及中国边省关系专约》实施有效之日止，一切现状，双方暂予维持。

两全权代表又约定：本专约第一附件内所提及之甲、乙两表，应于本专约签字之后，从速议成。

王正延印

玛　德印

大中华民国十九年五月十六日

附：关于订立甲、乙两种附表之议定书

兹依照下列各换文所载之规定，（一）一九三零年五月十六日《中法规定越南及中国边省关系专约》内所附同日中华民国外交部长与法国驻华特命全权公使互换之照会，（二）一九三三年九月二日及九月五日中华民国外交部长与法国驻华特命全权公使关于来自越南白煤入口征税事项互换之照会，（三）一九三五年五月四日中华民国外交部长与法国驻华特命全权公使关于乙种附表内五项货物与中国现行国定税则替代一九二九年税则事项互换之照会，订立甲、乙两种附表如下：

甲种附表

第一部，凡来自云南、广西及广东之下列中国货物，输入法属越南时，如直接运入或持有直接提货单者，应享受最低税率。第九号之一部绵羊，第十七号之一部火腿，第二十一号及第二十二号生皮、皮货，第二十五号之一部猪鬃，第三十三号蜡，第六十一号之一部麝香，第六十七号牛羊角，第七十七号之一部中国面条，第八十三号山薯，第八十四号枣及几桌上用之鲜果，第八十五号桌上用之干果，第一四二号之（二）粗制织细去皮及卷的火麻、已梳大麻，第一四三号苘麻，第一七五号及第一七五号之（二）大理石、白石，第二二二号之铅矿砂、生铅块、含锑或不含锑之铅锭、条片，第二二三号之一部纯或与他种金属混合之锡块、锭片，第二八一号之一部（五）以菊属植物制成之杀虫剂，第二九九号之一部中国墨，第三一六号之一部中国中医药习用之药品，第三三〇号之一部神香及香末，第二四七号（甲）及（乙）瓷器，第三七九号及三八〇号之一部生丝，第四六一号之一部非装饰之机制纸或纸版及手工纸或纸版（纸烟纸、格子纸或纸版制之物品、印报或印书用之纸除外）、装饰纸或纸版（印报或印书用之纸除外），第四七六号（甲）及（乙）已硝皮，第六四三号扇，第六四四

号（二）之一部写字笔。

第二部，下列各种中国货物输入法属越南时，如直接运入或持有直接提货单者，应享受最低税率。第九九号胡椒、第一〇〇号辣椒、第一〇二号肉桂、第一〇四号连壳及无壳肉豆蔻、第一〇六号丁香、第一〇八号茶叶、第四五九号之一纯粹丝织品、纯粹丝织项巾、纯粹丝织绉纱、纯粹丝网、纯粹丝花边。

乙种附表

在现行中国国定税则对于下开前五项货物之税率未予增加暨一九三三年九月五日中华民国外交部长致法国公使照会内所定关于下开最后一项货物之税率未予更改之时期以内，甲表所列中国货物输入法属越南时，应享受最低税率。但上述之下开各项货物，无论产自法国或产自法属越南，须以由越南直接运入云南、广西、广东或由越南运入云南、广西、广东时，持有直接提货单者为限。第三四六号至第三四八号豆蔻、砂仁，第三五三号肉桂，第五六七号之一部未硝皮货（山羊皮、绵羊皮、狼皮除外），第六〇一号（丙）木制家俱，第六一五号之一部空玻璃瓶，第六〇三号（甲）炭质成分与挥发物成分之比例（燃率）在五成以上之无烟白煤。本议定书，用中法文缮写两国文字，详经校阅。大中华民国二十四年五月四日即西历一九三五年五月四日订于南京。汪兆铭印、韦礼德印。

附：声　明　书

中国政府兹声明：将来并不采取任何办法，其目的在于禁止法属越南产米输入云南、广西、广东三省，或限制其输入之数量。此项声明自一九三零年五月十六日专约实行之日起，以两年为期，期满得予废止，惟须于三个月之前预行通知。凡越南产米由法属越南输入上载三省者，其入口税为每百公斤收税一·五〇金单位。自一九三零年五月十六日专约实行之日起，仅以两年为期。中国政府又声明：对于法属越南出产之米、洋灰、干鱼及咸鱼所征收之进口税，不得高出于产自任何他国同样物品所应纳之进口税。中华民国二十四年五月四日汪兆铭。

中法新约

清光绪年间，中法间所订之各项条约，多属片面特权，无平等互惠之可言。迨至对日战争发生，我国获得胜利，各项不平等条约始逐渐废除，而《中法新约》亦于此时完成。《中法新约》之成功，一方面固由于我国之获得胜利，一方面亦由于我国派遣军队入越受降。而且当民国二十九年，日本侵占越南，欧洲方面，法国复为德所败，成立维琪政府，已属非法组织，我国宣布否认，中法关系可谓断绝。迨盟军准备反攻，越南北部划为中国战区。民国三十四年战争全部结束，我国获得胜利。我政府依盟军最高统帅部之请求，复派遣一方面军入越，解除日军武装，接受日本投降。三十五年春，受降工作业已完成，中国对越南内部之纷争，始终期望获得公允和平之解决，惟不愿采取干涉主义。因于三十五年二月二十八日，由我国外交部部长王世杰与法国驻华大使梅里霭，继中美、中英新约之后，在重庆签订《中法新约》。法国放弃在华治外法权及有关特权，中法关于越南问题亦获得全部之解决。

《中法新约》之要点可分三部：

（甲）中法关于法国放弃在华治外法权及有关特权条约，其内容大致与中美、中英新约相仿，其中规定：（一）法国正式放弃在华领事裁判权及前《辛丑条约》所给予之权利，并同意将北平使馆界、上海及厦门公共租界与上海、天津、汉口及广州法租界交还我国政府；（二）法国放弃关于在华通商口岸、在上海、厦门公共租界及上海法租界内之特别法院，在华领土内各口岸雇用外籍引水、法国军舰驶入我国领土、法国船舶在华经营领水内沿海贸易、内河航行及要求在华邮政机关内任用法国公民之一切权利。

（乙）中法关于中越关系之协定，其中规定：（一）关于华侨待遇，在越南之中国人民，应继续享有其历来在越南享有之各种权利。其所纳之税不得重于越南人民所纳之税。关于法律手续及司法事件，应享有与法国人民同样之待遇。（二）关于国际通运，法国政府同意予海防港口中国货物之通运以一切必要之便利。凡中国货物取道滇越铁路自中越边界与海防者，免纳关税，自由通运。中国货物凡通过越南铁路者，免纳一切过境税。（三）关于滇越铁路一九零三年之《滇越铁路协定》，自本协定签字之日起废止。该路在中国境内之一段即自昆明至河口一段，所有权完全移交中国政府，由中国政府赎回。赎回之款，由法国政府垫付，借以补偿一九四零年中国政府及人民因日本干涉而致滇越铁路停运、海防港封锁所受之物资损失。法国当转向日本要求此项垫款之给付。又关于中越间铁路交通之改进，法方声明于最近将来提出一具体计划。

（丙）关于中国驻越军队之换文，法国声明准备担负管理越北之日本战俘，维持地方秩序及保护华侨之完全责任。因之，中国政府决定：将中国军队于本年三月三十一日以前交接完毕，并即撤退。

勐乌、乌得问题

勐乌本土司地，为云南土把总之一（《清通典》），在普洱县边外（《清文献通考》）。其地东至元江米拉山，南至乌得连回岭，西至整董坝连坡，北至整董会东箐（《普洱府志》）。雍正六年，有召匾者，从征橄榄坝有功，授土把总职，无子，由外孙土林承继，后以疏防革职，复以召匾外曾孙召先承袭。嘉庆七年，召先为勐笼土把总刀永和土练所杀，由弟召炳袭职。炳死，子忠勇袭。道光中，忠勇死，以弟忠弼代办。后复以忠勇子缊勐应袭，缊勐死，无子，以胞弟福勐承袭。福勐死，子宣勐承袭。是即勐乌土司变迁之沿革。乌得亦属土司，与勐乌俱为云南土把总之一（《清通典》），在普洱府边外（《清文献通考》）。其地东北至勐乌，东至南掌，南至整法，西至易武，北至整董（《普洱府志》）。清乾隆二年，有召斋者，以军功委授乌得土把总。斋死，子正朝袭。正朝死，子世忠袭。世忠死，子秉权袭。秉权死，子定国袭。道光二十七年，定国因病辞职，子辅相袭。辅相死，子金顺袭。自清光绪二十二年乌得割让法国后，嫡孙召往阿鎝仍袭其职，宣统二年，因反抗法人为所杀，其子龄锡逃往整董，由庶兄掌毛暂代。民国十三年龄锡已长，乌得人民迎回承袭至今。

此两地据李仙江上游，形势险要，旧属普洱府车里宣慰司十三版纳之一，在今镇越县边境，英人谓之江洪。光绪三十一年《中法续议界务专条》，将漫乃、倚邦、易武六大茶山等处，划归中国。勐乌、乌得、化邦、哈当、贺联、盟勐地等处，划归越南。由是勐乌、乌得遂为法国所吞并。惟两乌民族大半为摆夷、卡瑶，与云南边地民族相合，语言、风俗、习惯亦复一致，数百年来均归中国治理，以是居民时生内向之心。民国三十四年，世界大战结束，我国获得胜利。一方面军复进入越南受降，乌得土职召龄锡乃率合勐人民等，呈请云南省政府转呈中枢，将两地交涉收回归并镇越治理。云南省参议会亦有同样建议，经云南省府咨准外交部答复，一俟将来调整滇越边界，即行并案办理。

附：乌得土职召龄锡、四大目掌勐总叭、四大倒叭、合勐人民呈云南省政府文

呈为愿归祖国、归并镇越，恳祈主座核准，转呈中央核准，对外抗议，收回前失之勐乌、乌得，归并镇越治理事：窃查勐乌、乌得，自国军胜利、法国退让后无主国可依，被伪政府老挝之苛虐及匪人之侵害，抗乱不堪，民心惶惶，命在倒悬。盖勐乌、乌得原为普思沿边车里宣慰所属十三版纳之一。自清季外交失败，割让安南之时，被定界员黎寿昌受法人之贿赂，割并安南。斯时因政府无主权，无由投告，只得俯首服从而已。今幸祖国胜利，法人退让，不能弃与老挝为附庸，理合呈请收回，完整国土。谨将愿归祖国、归并镇越理由条陈列下：

（一）根本理由：查两乌原为普洱沿边车里所属十三版纳之一，误并安南。今国军胜利，法人退让，不能放弃给外，理合呈请收回，归并镇越者一也。

（二）地势：查两乌地势纵贯南北，镇越地势亦纵贯南北，毗连镇越东境，合并为一四方形，距城百余里，政治易于达到，理应呈请归并镇越者二也。

（三）民族语言、风俗习惯：查两乌民族大半为摆夷、卡瑶，与镇越之勐鎝、勐腊、勐办、勐仑四乡，种族相合，政治统一，办法一致，理应呈请归并镇越者三也。

（四）交际：查两乌民族语言、风俗习惯，种种与镇越相合，至于婚姻、贸易、人情、交际均有密切之关系，不能离弃，理应呈请归并镇越者四也。

（五）保卫：查两乌地界与镇越之各乡保邻近，若有警患，则互相联合，同声相应，保卫周密，不患敌匪之虞，理应呈请归并镇越者五也。

（六）政治：查中国圣人在位，政治优良，宪法平等，民权自由，且镇越县长李华民，治边善能、善政、善教，抚恤边民，四夷归附，不生叛离，将来用夷变夷，化俗为淳，指日可待，理应呈请收复归并镇越者六也。

以上所呈各节，理合呈请主座核准，转呈中央核准，对外抗议，收回两乌归并镇

越，则国正民顺。五十余年重见祖国天日，复兴中华气象，进被汉族文化，得享宪政公权，上以利国，下以利民，边民等千秋百世，永感高厚之恩，顶祝不朽矣。

其他通商交通等问题

越南通过税

中法商务关系，按照前清光绪十二年之《中法边界通商章程》，其第六、第七及第十二各款，凡滇、桂及越南间进出口货，得彼此减税征收。又光绪十三年五月六日之《中法续议商务专条》，由北圻入中国洋货，按照中国海关税则减十分之四收纳。是上列条款适用于中越边境区域，双方自应互相遵守。乃自条约签订后，所有进出口货，我方业已照约减收税率，而出口货一项，越方仍任意征收，并未照章办理。

民国以来，迭经交涉，迄无效果。并对中国邮包过境征收百分之二十过境税，合税值百分之四以上，又对于道经香港转运入滇之货物，征收过境税达货值百分之四十至六十，是以往通商约章直等虚设。民国二年，本省前外交司迭次提出抗议，越方始允对邮包过境税照约履行，而于本省出口货物，仍任意征收。民国十五年，值光绪年间所订约章均已满期，驻滇法交涉员照会云南省政府，谒驻华法使，以此项税则于本省有利，请予保留前来，当以此项问题关系税收自主，未便由滇省主张，婉言拒绝。旋于十九年五月十六日中法在南京另订《越南及中国边省关系专约》，其中第六条内载：凡中国货物经过东京，照值百抽一纳税，惟此项条约至二十四年始批准实行。

迨至中日战争我国获得胜利以后，国民政府陆续废除不平等条约，我国外交部部长王世杰与法国驻华大使梅里霭，于三十五年二月二十八日在重庆签订《中法新约》，其中关于中越关系第二款规定：关于国际通运，法国政府同意予海防港口中国货物之通运以一切必要之便利。凡中国货物取道滇越铁路、自中越边界至海防者，免纳关税，自由通运。中国货物凡通过越南铁路者，免纳一切通过税，此后关于货物通运始获得合理之解决。

华人过越护照

华人过越护照系根据光绪十一年之中法条约办理。至光绪十二年之《越南边界通商章程》及二十一年之《续议中越边界会巡章程》，始载明中国人民欲从陆路由中国入北圻者，应由中国官请法国官发给护照。又《会巡章程》第十五节内载："两国人民有因生理、通商、耕种之故须轮次过界或暂住者，应发长行准单"等语。细译条文意义，原为便利交通，发展两国经济，惟至滇越铁路通车后，商务日渐发达，滇人往来港沪取道越南者甚多，于是护照问题因之以起。

最初发照手续颇为简单，由蒙自关道印发者，法领署收费二十佛郎；由云南交涉司印发者，概不收费；河口对汛督办所发护照亦然。民国以后，驻滇法委对于由省请领护照者亦须征收签字费十佛郎，惟公务人员过越，得享免费待遇。民国元年八月，老街法员并请于护照内添注：请照人身材、相貌及特别征识。本省政府经即议拟征收法越人民入口照费办法。惟外交部旋与法使交涉，允一月短期执照纳费二佛郎，贫寒者减半；一年长期护照纳费二十佛郎。对法越人入境护照收费一节，饬由滇省酌办。当时驻蒙法领，于一月短期护照仍收费四佛郎，至民国三年二月，始减为二佛郎，一年照仍收费二十佛郎。四年，滇省政府以长期护照收费过重，不能不设法减轻负担，始分别拟定过越一次暨小贩营生者，由河口督办署填发短期护照，送请河口法副领签印。如在省请领，则先给凭单，持赴河口取照前往。由交涉署印发一年长期护照，送请驻省法领签印办理。乃至民国八年二月，驻滇法委蒙领根据民国二年越南政府公报所载法国掌印处章程第一百五十六条规定：凡蒙自、龙州、广东、香港、琼州即北海领事所发收费四佛郎之短期护照，只适用于越南北圻境内，取消出口效力；对于普通过越南出口者，改发通行护照，并按照驻京使馆办法，每照收费十二佛郎。查前项短期护照，当滇省与驻滇法委商定，原于照内填明取道越南前往港沪或中国各省字样，法越政府自不应多所限制，任意更张。驻滇法委蒙领，既依据前文实行该国新章，而河口法副委对于短期护照则仍然照常签发，且每照须补缴签字费六元。似此不顾约章，妨碍商务，虽经本省致府屡次提出抗议，而法始终坚持不让，以致相持日久，未能解决。及十六年，法国政府将护照分为入境、过境两种，入境每张签字费十金佛郎，过境每张签字费一金佛郎，惟法委迄未照办。十七年七月，云南外交特派员张维翰与法交涉员会商，始决定办法四项：

（一）以后，凡取道越南之过境护照，每张征收一金佛郎，折合法币四角，按照现在市价，折合滇币一元五角。如遇法币价格涨落，仍照市价核算。至于居留法国及越南之入口护照，每张应收签字费十金佛郎，不能与过境护照相提并论。

（二）以后，请领护照，如确系其妻室及幼孩，得夫妇二人或连同子女数人共同请领一张，其余不得附丽。

（三）此项过境护照，在一年有效期内，得往返各用二次，惟每次在越南境内不得逗留至一月以上，入口护照不在此限。

（四）以后，特别免费护照，应限于外交官吏及各机关长官，或阶级较高经政府派出任务，或经政府允许者，本署始允予填给，其他人员概不得援照请领，以示限制。

上列四项办法与法委商定后，于十七年八月十六日实行。嗣于十九年底，各省交涉署裁撤，发照机关改为各省市政府。惟本省仍奉令组织外交部驻云南特派员办事处，发照事宜即归外交办事处办理。此华人过越护照历次交涉之经过。

中越电讯协定

按照《中法专约》之附件规定：中法以往所订之《滇越铁道合同》《巡警章程》及各项补充巡警章程之《军事运输章程》，以及《关于越南及中国沿边三省之有线及无线电讯专约》及其他各项章程，应于专约实行后三个月由双方各派代表一人，在滇会商，予以适宜之修正。我国外交部即分别咨由铁道、交通两部，派定铁道部参事张慰慈暨上海国际电讯局业务课课长赵以麟为各该会议代表，并训令驻云南特派员王占祺协助办理。云南省政府并派滇越铁道路警局长马瑛及电政管理局长肖扬勋参与其事。我方代表张慰慈、赵以麟，于民国二十四年十二月与法方代表康栋、卡茂、赖果偕沙非等会商关于中越电讯事宜，由我方代表赵以麟、法方代表康栋，于二十五年二月一日正式签订《中国沿边三省与法国、越南有、无线电讯制度协定全文》，一月二日，双方正式通知批准，发生效力。

附：中国沿边三省与法国越南有、无线电通讯制度协定全文

大中华民国国民政府、大法兰西共和国政府，按照中华民国十九年五月十六日（西历一九三零年五月十六日）中国国民政府外交部长王正廷与法国驻华全权公使玛德互换文书，为校正中国沿边三省及越南间之有线及无线电讯现行制度之各专约及其他各项章程，合同内之某某各项规定，各派代表如下：

大中华民国国民政府交通部代表赵以麟

大法兰西共和国驻昆明副领事康栋

议定条款如下：

第一条　中华民国交通部电政司与法国越南邮电管理局（以下简称双方管理机关），双方继续依照一九三二年十二月十日在马德里签订之现行《国际电信公约附属电报规则》并其将来所修改者，办理中国沿边三省（云南、广东、广西）与越南间有、无线电通讯，尤以关于报价之核定、字数之计算、以金法郎为本位及账务之给付等问题，均依照上载国际电报规则办理。

双方管理机关，并得在上载国际电报规则许可范围内订立其他特种协定。

第二条　凡中国沿边三省与法国越南间之现有直达有、无线电路，双方应在可能范围内尽量维持改善。但关于电报陆线，因当地困难情形，至使营业亏损或收入不敷一切工程费用，并为求电信传递有相当速度或为应新需要起见，双方管理机关将来得特别注重于开辟新无线电路。

第三条　双方管理机关得直接商定改订某一无线电路之无线电费或该款电费之摊分办法，至中法各方本境费或过境费，双方仍有向盘恩国际电信公会通告更改之权。

第四条　为便利及发展中国沿边三省与越南无线电报通信起见，有将现行报价减低之必要时，双方管理机关得商定采取特种办法，如开放迟缓电及日信电等类。

第五条　按照一九三二年《马德里公约》附属电报规则第七十五条第五节第四项暨第七十六条十二节所规定之办法，凡电报电文全部依照中国管理机关所颁《电码汇编》以四码译就者，得作为减价电报（迟缓电或日信电）收拍，惟报首必须注明电报规则所规定之标识。

中国管理机关，应将该项《电码汇编》检送数本与越南邮电管理局，俾必要时作检查之用。至用《电码汇编》以外别种密码译就之电报，仍按缀字语计算收费。

第六条　中国沿边三省与越南往来之电报，得经由上海、西贡间无线电路传递，但经由沿边三省与河内间任何直达无线电路传电者，得减价收费。此项报价，由双方管理机关商定之。

昆明、河内间无线电路，通信业已数年，广州、河内间无线电路，将不久开放。至于广西省与越南之通信，在与河内直达无线电路未开放以前，得由上载两电路经转，以与广西、越南间之有线电路同时应用。

第七条　双方管理机关得商定利用沿边三省与越南间现有之电路，以开放对于彼此本身有利之经转电路。

尤以中国沿边三省以外中国各省与越南往来之各种电报，得经由第六条第二节所指定各直达无线电路任何一路传递。惟各该路经转之总报价以及中越双方摊分之报费，应与经由上海、西贡无线电路传递者相同。

中国沿边三省与中国其他各处往来电报，亦得经由上海与越南之无线电路传递。此项电报之报价及报费之摊分，由双方管理机关商定之。

中国及越南本身以外与其他各国间之经转电路，将来亦得由双方管理机关会同商定开放之。

第八条　关于各电路之设立与取消，每电路电报种类之开放，各无线电路通报之时间，以及各电路通信上之各种详细办法，均由双方管理机关商定之。

第九条　中法双方之政务电报价目，照寻常电报价目减半收费，即将该价目内之各部分电费分别减半。

双方管理机关往来之公务电报完全由中越电路传递者，概不计费。如此项电报系由别国经转而不能免费时，其应纳之费应由发报机关负担。

气象电报概不计费。

新闻电报得享受优待办法，将来由双方管理机关另行商定之。

第十条　凡以前所订之条款、章程及办法，有与本协定抵触者概作无效。

前清光绪十四年十月二十八日（西历一八八八年十二月一日），在烟台签订之《中法电报条款》内所相关于电费、报价以及结付账款等办法，业经久已另案办理，应永作无效。

第十一条　本协定草案应分别呈送双方政府核准，本协定草案自双方政府彼此通知核准之日起发生效力，以五年为期。期满前六个月，双方政府之任何一方，得通知对方将本协定修改或废止之。如在上载明期间内，双方未经通知修改或废止，则本协定继续有效。但上述五年期满后，双方政府之任何一方，得随时通知修改或废止。自通知之日起一年后，本协定即行失效。

第十二条　本协定草案用中、法文缮写，该两种文字经详细校对无误。

以上协定草案缮立原本两份，经双方代表签字盖章，以明信守。

大中华民国二十五年二月一日即西历一千九百三十六年二月一日订于昆明。

拟呈另订中法商约及改善中法关系意见书

拟呈另订中法商约及改善中法关系意见书

云南省政府委员兼外交部特派交涉委员　张维翰

窃自革命军兴，政府人民秉总理遗教，求民族之自由平等，废约运动大声疾呼，举一切不平等条约，揭诸简编，播为口号，亦既不遗余力矣。条约不平等之结果，主权丧失，经济困竭，受患者为中国全部民族，盖已尽人而知矣。惟是不平等条约中规定有最微之利益，欲享受之而不可得。帝国主义者于不平等条约范围外变本加厉，竟施行而无所忌。又或条约未载，公法不许，外人辄任意行之而无疑，此滇省人民数十年中所受之痛苦，为全国民族所未经，亦竟未加注意者也。论者亦会谓欧洲战后，扬帝国主义之余威者，厥惟日本、英、法。日本之于东北，英法之于西南，其手段之缓急虽异，而用心之深险无殊。吾国抵抗帝国主义，宜以全力注于东北之满州、西南之滇、桂，此论是也。然于滇省之地位，其重要如何，滇省之形势孤危，不特甚于远之满洲，亦且甚于近之桂省；其关系如何，国人纵或措意，亦未能如身受其患者之明了也。滇省东界黔、桂，北邻川蜀，西接藏卫，据长江、珠江上流，山川雄奇，地势险峻，其视腹部，实如高屋建瓴，昔人著论，谓有倒挈天下之势。考之历史，按之近事，其在军事上之地位，不可谓轻。面积一百三十余万方里，在本部各省中占第二位；而物产富饶，矿苗丰厚，一切工艺原料品几无不有，在全国二十余省中实占第一位。昔英人某游历来华，归而语人曰："云南新金山也。"法人某游历来华，归亦曰："云南新金山也。"外人垂涎，夫岂无故。假使政治建设无所妨害，经济建设不受压迫，对外于国防上依据天险，足以固西南之屏藩；对内于工业上出其原料，足为无尽量之贡献。事势至明，实非侈论。乃自缅陷于英，越沦于法，藩篱尽撤，门户洞开，两大强邻挟其政治侵略、经济侵略，凡帝国主义所施于被压迫民族者，几无一不施之滇省。其间，英缅、英藏与滇省之关系，当俟别为论究。兹所陈述为法越与滇省之关系，情势复杂，笔楮难详。自滇越铁路通车，特殊势力，直达心腹，一切行动，喧宾夺主。其路线所及之地，即政治、经济侵略所及之地。吾民族所恃以布置国防、发展文化、流通物产之工具，已操于帝国主义者之掌握矣。自越南施行各种苛税，暴敛横征，行者居者，不堪其苦。扼其吭而制其命，滇人之生计，益无发展之可能矣。自汇理银行开设，法票充斥，市面紊乱，膏髓日竭，滇省之金融亦常呈动摇之象矣。他如侵占土地、觊觎矿产、蔑视法权、妨害治安，有不平等条约所未范围、国际公法所不容许者矣。维翰承乏交涉，触目惊心，惧边圉之沦亡，思挽回于未坠。幸值北伐成功，建设开始，民族主义如日初升，又值条约废改之时，实滇出死入生之会。窃以为已满期之条约，依照国民政府上年七月七日布告一律作废，而另订新约，必对于以往之损害不留根荄。未到期之条约，准时势变迁学说，应立予修改，以适合现在之需要。其条约以外一切不合公理之事实，尤应概行纠正改善，以符平等互惠之原则。谨依此义，将此次入京代表滇人请求谈判者，分别陈述，约为四部：甲、请废除之部，乙、请修改之部，丙、请改善之部，丁、特请废除之部。关于废除之部，一曰越南通过税，二曰中越边界进出口货物减税办法，三曰过越护照费，四曰《中法商务专条附章第五条》。关于修改之部，一曰《滇越铁路章程》及《路警章程》，二曰互设领事办法。关于改善之部，一曰免除旅越华侨身税及过埠允许证，二曰滇省拨给滇越铁路公司地段应照纳租价及收回铁路两旁空地。凡此数端，均系荦荦大者。其详细事实及理论根据，备述后列各款。抑有请者，前述各项，系已经满期之约章，当然废除，或未满期之约章，应予修改者。其有约章，并未定期，关系不止滇省，而滇省以命脉所在，急望废除者，为《钦渝铁路借款合同》。维翰今番入京，亦以此为最要任务。滇以山国僻外边隅，非有自由通海之路不能谋进步而图生存。如东北之满洲，虽其外交关系与滇省略同，但其对内有长径之铁道，向外有良好之海港，政治经济尚能发展，以云危迫，不如滇省之甚。滇省通海之路，既全扼于外人，其铁路达我堂奥，内地交通尚且不能自主。若《滇越铁路章程》暂时改善，亦不过稍减痛苦，即使将来铁路收回，亦只南路一段复我主权，仍于出海无裨。滇省为西南重要门户，且为农矿各产物供给场，滇省困敝，西南各省均受影响。西南不振，且贻全国之忧。为救国计，先在救滇，为救滇计，务在速修自由通海之路。其主要关键，非废除《钦渝铁路借款合同》由中央设法提前建筑不为功。爰将此案详细理由并同列款附于后方。维翰由滇入京，政府人民责望綦切，佥以滇人被压既久，困极思亨，此后一线生机，胥视此役为枢纽。抑竟万劫不复，亦以此役为转移，用是不避冗赘，披沥详陈，吁恳俯赐采纳，提出谈判，逐项解决，实为幸甚。

（甲）请废除之部

一、越南过境税

查前清光绪十二年，中、法会订《越南边界通商章程》第十二款内载："凡运土货由中国甲省边界道经越南至中国乙省边界者，或两省边界运出越南海口回中国者，其过越南时，应照法国税则完纳过境税，均不得过货值百分之二之数。"此为越南设立过境税之始，法人只为保护其属地商业、抵制外货计，竟未将此项条文公布。凡过境土货，照其进口税则征收百分之二十，照原订税率增加甚多，实属违反条约，迭经抗争，迄无效果。若通过者为洋货，税必随之加重。当时法越政府，所以借口征收过境税者，当不外两种理由：（一）谓南方边省货物通过越南，诚恐中途私售，故抽收税款，设稽查机关，以资防止。（二）谓先时东京河道，盗贼猖獗，以此税款为缉盗经费。前滇省进出口货物均用民船输运，停顿东京河面，恒至一二月之久，不能不予以保护。今则滇越铁路告成，情势早经变迁，盗贼亦已绝迹。就现状论，直与环球各地常有之甲国货物经由乙国者毫无差异，则此等货物，照各国成例，于入口时加铁丝封固，免致中途遗窃或偷漏，已是杜弊，毫无征税之理。况货物经过越南，均由滇越铁路运输，或由法国商轮转运，所获之利，已属不少，更无庸再征过境税。总览东西各国通例，无论何种货物之经过他国，或运至他国销售，或输出港口以便船运，一切税项无不免除，从无此项过境税之名词。如美洲大陆英属加拿大，凡各国货物横经其境，拨载运输等事，颇与通过越南情形相类，未闻有征收过境税之事。又以欧洲瑞士论，如法国及其邻邦各国货物进出瑞士国境，未闻有征收过境税之事。又莱茵河一带，最大商品均由比利时或荷兰港口拨载，亦未闻有征收过境税之事。各国成例如是：法属安南何能独异。夫以不在越南销售之货，必须一一开验，破坏损失自所不免。不惟徒劳手续，亦且虚靡时日，使商务受绝大之障碍，商人感无穷之痛苦。揆之情理，亦殊未洽。自欧战发生以还，欧美学者及著名政治家，佥谓战争发生原因，海港问题亦肇端之事。盖无海港之国，不足以发展其经济，而纠缠遂滋生焉。今后欲求解免之法，非得傍海之国与无海港之国毗连者，将铁路运费酌予核减，并豁免所有关税，俾无海港之国，取得自由通海之道，方足以杜争端。查七年一月九日，哈发士电载，北美合众国大总统向国会宣布战争目的十四项，其第十一项第二节，即以塞尔维亚应有自由通海之道为言；而第十三项，亦有予波兰独立国以自由通海之说。又七年六月六日电称，法国内阁总理及英、意首相，在维尔赛联军会议发布宣言书，亦有予波兰以自由通海之伟论。足见阻遏经济之发展，实不容于今日之时局，而通海问题，且成为国际公认之主义。本省商业既有以上之种种妨碍，而地处极边，所可就近通海者，厥为越南。查每年自云南取道越南赴中国各埠货物，总计约值关秤银二千数百万两，自中国各埠取道运赴本省货物，总计共值关秤银亦二千数百万两。此项货物经过越南，既纳种种苛税，复受种种窒碍，中国各埠取道香港运赴本省者，越南政府认为已由香港拨载，丧失其本来国籍，而将《中法会议越南边界通商章程》所定之些微利益，亦靳而不予。又由云南取道越南运赴中国各埠者，越南政府亦既不能以前说相绳，又不遵守条文，且因缘其关章得自由增加，横征不已。而滇越铁路公司特昂运费，又从而益之，总期达其限制本省或他省商埠发达之目的。一九一四年，海防法文《捷报》社论，有谓我法国政府为殖民地谋轻其人所共知之负担，力图收入之增加，固属正当办法，独不惧一方面云南出产品因关章执行之故，与吾国之利益背道而驰乎？应亟谋善策，免除出口货之各种过境税及对于进口货取消其一大部分，而侵入他国之铁路，亦不可半开半掩其门户而应全行开放者也。征之法人舆论，虽含有自利之心，实与欧美学者及著名政治家所讨论自由通海之义相符。云南对于越南所处地位与上述无海港者，正复相同。查《中法越南边界通商章程》，现既到期废止，而法使于改定关税条约案内尚复声明对于越南维持现状，此项通过税依旧征收。此次另订新约，务请力争免除，以纾痛苦。

二、中越边界进出口货物减税办法

查前清光绪十二年三月二十二日，中法会议之《越南边界通商章程》第六款内载："凡各项洋货进云南、广西两处某边关，按照中国通商海关税则减收五分之一之正税"，第七款内载："凡运土货出云南、广西两处，应照中国通商海关税则减收三分之一之出口正税"，第十二款内载："凡运土货由中国此边关至彼边关，经过北圻或由两边关运出越南海口回中国者，应照法国税则完纳过境税，均不得过货价百分之二"等语。至光绪十三年五月初六日，中法续议之《商务专条》第三款内又载："所有光绪十二年三月二十二日和约第六、七款内所订税则，今暂行改定：凡由北圻入中国滇粤通商处所之洋货，即按照中国通商海关税则减十分之三收纳正税，其出口至北圻之中国土货即按照中国通商海关税规减十分之四收纳正税”等语。查上列各款，仅限于中越边界范围，为双方互有利益者，应即互相遵守，无使何方偏受其害。乃自条约签订设关征税而后，所有进出口之洋土各货减收税率，我方业已照约履行，而土货过境，越关则任意苛征并未照第十二款所载“不得超过货值百分之二”之条文办理。民国以来，迭经交涉，越政府始以命令公布（查越政府对于《越南边界通商章程》自订约后从未公布，后经法报登载，始行宣布其中之一部分）。对于中国邮包过境，得享受特殊待遇，按照越关普通税则缴纳过境税，即按进口税额缴纳百分之二十之过境税，照此计算，仍合货值百分之四以上，而对于船载直接运输之货物，因由上海至海防须经香港拨载，该法人即以丧失本来国籍应照洋货征收过境税，其征收之率多至货值百分之四十至六十不等，是此项约章直等虚设。当民国十五年间，值此项章程行将届满之际，驻滇法交涉员照会，谓驻京法使以此项税则于本省有利，请予保留前来，当以此事法国对于我方应享利益并未照约履行，殊无保留之必要，且于粤、桂两省互有关系，未便由滇省单独主张及有碍关税自主之进行，婉予拒绝。现在另订新约，恳请将前次所订洋、土货减税各条并同免除过境税案，与之提议取消。

三、过越护照费

查前清光绪十一年《中法新约》第四款及十二年《会议越南边界通商章程》第五款，又二十一年《续议中越边界会巡章程》第十二节，均载明“中国人民欲从陆路由中国入北圻者，应由中国官请法国官发给护照”，又《会巡章程》第十五节内载：“两国人民有因生理、通商、耕种之故，须轮次过界或暂住者，应发长行准单”各等语。细译条文意义，原以便利交通、发展两国经济为原则。惟是滇处边陲，交通不便，每为彼所扼制，以故滇省所处地位与粤、桂情形不同。当车路未通之前，华人请照过越者尚属不多，迨至滇越铁路告成，交通称便，商务日渐发达，滇人往来港沪，必须通过越南境内。彼时护照由蒙自关道印发送经住蒙法领签字者，该领署收费二十法郎；其由云南交涉司印发送经驻镇法交涉员签字者，不收费。入民国后，驻滇法委见华人之出入越境者益渐加多，遂亦翻然变计，凡由省请领护照者，亦须完纳签字费十佛郎，惟文武职员奉公干过越者得享免费利益。至河口对汛督办所发护照（即约文所谓过界准单），原系送请老街法员签字，亦未收费。凡出口过越之人，无论携有特别或普通护照，均无何种限制。自民国元年八月间，老街法员遂请于护照内添注请照人身材、相貌及特别征识。经云南外交司与驻滇法委交涉解决，凡河口督办所发护照，改由驻河口法副领事签印，仍不收费。讵逾五阅月，法副领遂又乘机要求护照收费，分别一年长期者，收费二十佛郎，一月短期者，收费四佛郎。当由省政府提出抗议，彼仍坚持不改，始由本省政府议拟征收法越人民入口照费，以为对待方法。嗣电京请示，而部中旋与法使交涉，允一月短期执照纳费二佛郎，贫寒减半，一年长期护照仍旧办理。对于法越人护照收费一节，饬由滇省酌办，而本省议拟对待征收法越人民入口照费一层，遽难成为事实，其议遂寝。然在短期护照收费未经解决之时，河口督办署已将各护照暂行停办，送签华人迫于出口，乃又径向河口法副领署纳费请照者。争执经年，卒无效果。其时，省、蒙所发长期护照，仍须一律添注请照人身材、相貌及特别征识。而驻蒙法领于一月短期护照仍照前收费四佛郎，至民国三年二月，乃照该国政府规条减为二佛郎，一年照仍收费二十佛郎。四年，滇政府以华人请照过越，由粤、桂、滇三省法委领签字者，一年之间为数当属不少，又因长期照费过重，而华人偶尔过越一次，自无请领长期护照之必要，不能不设法减轻负担，始分别拟定仅过越一次及小贩营生者，即由河口督办署填发短期护照，送请河口法副领签印；如在省请领，则先给凭单，持赴河口取照前往，若殷实商民必须通过越境数次者，则听便由交涉署印发一年长期护照，送请驻省法委签印办理。多年并无异议，乃民国八年二月，驻滇法委、蒙领以短期护照过多，长期护照较少，实行一九一三年（即民国二年）十二月十八日越南政府公报载有越南总督关于旅越华侨之命令，援引法国掌印处章程第一百五十六条规定，"凡蒙自、龙州、广东、香港、琼州及北海领事所发收费四佛郎之短期护照，只适用于越南北圻境内，取消出口效力。对于通过越南出口者，改发通行护照，并按照驻京使馆办法，每照收费十二佛郎"。查前项短期护照，当滇省与驻滇法委商定时，并未据声明不能通过越南，且照内向皆填明"取道越南前往港沪"或"中国各省"字样，从无不准出口之事，法越政府亦不应多所限制，任意更张。驻滇法委、蒙领，既依据前文实行该国新章，而河口法副领对于短期护照，则仍照常签发。华人持照过越者，不惟留难被阻，并每照须补缴签字费六元方准出口。似此不顾约章，使吾国应享最惠特优待遇之例被其侵夺，而为所扼制，其蔑视条约，妨害商务，莫有过于斯者。虽经本省政府屡次提出抗议，竭力反对，而法人方面，则以为越南系滇往来必经之道，始终坚持不稍逊让，以致相持日久，未能解决。及民国十六年，法政府将护照分为入境、过境两种，入境每张签字费十金佛郎，过境每张签字费一金佛郎，法委迄未照办。本年七月维翰履任后，复与法交涉员再三照商，并派秘书王占祺前往当面讨论，始将此项签字费规定减为每张交纳法币四角，已准法交涉员照复赞同，并新定办法四项如下：（一）以后，凡取道越南之过境护照，每张征收一金佛郎，折合法币四角，按照现在市价，计折合滇币一元五角。如遇法币价格涨落，仍照市价核算。至于居留法国及越南之入口护照，每张应收签字费十金佛郎，不能与过境护照相提并论。（二）以后，请领护照，如确系其妻室及幼孩，得夫妇二人连同子女数人共同请领一张，其余不得附丽。（三）此项过境护照，在一年有效期内，得往返各用二次，惟每次在越南境内，不得逗留至一月以上，入口护照不在此限。（四）以后，特别免费护照，应限于外交官吏及各机关长官，或阶级较高经政府派出任务，或经政府特别允许者，本署始予填给，其他人员，概不得援照请领，以示限制。上列四项已与法委商定，于本年八月十六日实行。自此项办法实行后，我方之担负及法方之扼制，其程度虽觉减轻，然究与平等互惠之原则不符。夫吾滇交通，既为越南一隅握其咽喉，与粤、桂两省无须出乎其途者，其情迥不相侔。当此主张废除不平等条约之际，应请毅力主持，根据平等互惠之精神，取彼此互不收费办法最为上策，如彼不就我范围不得已而思其次，则取双方收费办法，我方对于法国人民之入口者，亦实行征收照费，以为抵制，俾中外一律，庶符平等互惠之原则也。

四、《中法商务专条附章》第五条

查此条所议定中国在云南、广西、广东三省开矿时，可先向法国厂商及矿师人员商办。其开矿事宜，仍遵中国本土矿政章程办理。复查前清光绪年间，英、法隆兴公司与北京政府订立合同，来滇承办七府矿产后，因人民全体反对异常激烈，高林士赴京交涉，专议废矿事项，当由中国政府给银一百五十万两，废除合同有案。既有此种经过事实，是此项商务专条附章第五条之规定业已失其效力。乃民国九年间，本省政府聘请美国工程师及实业家来滇开矿及个旧锡务公司聘用美国工程师等事，驻滇法交涉员先后照会，犹援引此项条款，“请将经营云南矿务一节，确守中法条约办理”等语，是该法人之意，尚欲已经交涉无效之约来相试尝。后经职署据理严词驳拒，该交涉员始无异议。然法人居心叵测，若不与之郑重声明，恐彼有所借口，实贻将来无穷之隐患。拟请就此次另订商约之便，将《商务专条附章》第五款之规定，向其声明，加以废除，以杜口实，而免牵混。

（乙）请修改之部

一、中法会订《滇越铁路章程》及《路警章程》

查前清光绪二十九年，中法会订之《滇越铁路章程》，丧失主权，束缚自由。施行二十余年，政府受累，应付俱穷，人民被压，不堪痛苦。试就权利义务约略言之。该路自河口至云南省城，长径四百六十余公里，所有敷设铁道、建筑、车站、厂房以及公司人员住所需用地基，照该章程第三条规定，若系官地，即交铁路公司收领，若系民业，由滇大吏购买，拨交公司。计自开工至今，除官地不计外，政府购拨民业先后垫付价款已在一百余万两之多，利息尚未计算在内。现在铁路早经完成，该公司请求拨地之案继续不已，滇省政府尚负无穷之义务。又自该路开工之始，滇省即添募巡防队数十营（当日所谓铁道巡防队者），分布沿路，所需饷项已属不赀。洎宣统二年，路车通省，即由滇省创办铁路警察，设总、分各局三十余所，又设铁道守备队，专为保护铁路。除前清之巡防队薪饷及开办路警筹设学堂、建筑总分各所，一切经费不计外，路警一项，每年支款二十余万元，迄今二十年，已支款至四百余万元。其临时弹压费，尚不在内。又章程二十二条有“修造铁路及开办铁路应用机器物料等件，概免进口各色税项”等语。所谓应用物料，范围极广，铁路完成已及二十年，此种权利依然有效。仅此数项，滇省政府对该公司所负之义务，已可谓至重且巨。而该公司对滇省政府及人民，直无义务可言。原订章程第二十三条有“客位货物运送价值，均系公司自行核定”一语，近年以来，该公司借口纸币低落，对于车费任意增加，由十分之四五，递加至百分之三百五十以上，致使滇省物价腾贵，旅行艰难。同条又有“运送中国各色兵丁以及兵丁所用枪械、火药、粮饷并中国赈抚各处偏灾之粮，均尽先运送，其运费均减半。如果运送兵丁欲用四等车，其价不能减少”等语。此种规定，名义似近优待，实际殆如废词。盖因滇越铁路车辆之设备，与各处迥殊，每一列车，三等车位能容十余人，普通乘客尚且不敷，何能输送兵丁，即少数兵丁往来，亦因三等车位定价特昂，不适于兵丁经济，势须乘坐四等车，照章不能减价矣。至代运平粜粮米，该公司又谓平价出售并未完全施赈，不能减让运费。似此虚设条文，徒为该公司示惠之具而已。又该章程第十二条，有火药、炸药系造路所需，应通融准其入境之规定，原为造路期内特准通融之件，至今全路完成已二十年，而此种办法，仍未取消，其储藏既多危险，而偷售尤害治安。又三十四条规定“中国国家于八十年期满，可与法国国家商议收回地段铁路及铁路一切产业。其应须偿还所造花费并专门各色手工之资及法国代为发给公司股本利息，凡所有此项铁路各色经费，俟到期限均在此进款内归清，则铁路及一切产业，自可归还滇省大吏收管，勿庸给价。如欲核算各项制造等费，当以彼时开议历年账目为凭，则预知中国应否给费以收回此项铁路及一切产业”等语。此条在该章程中关系极重，中国对于该铁路满期时，应否给费收回，纯以该公司营业能否将一切股本及用费归清为断。该路长仅四百余公里，而该公司宣言建筑一项已达一百七十余兆佛郎，而每年出入账目，滇省政府不能过问，又安知其盈折？照此情形，恐将来八十年满期，该公司尚可借口延长营业，或竟条件严酷，使我无收回之望。凡此皆《滇越铁路章程》中重要之点。又前清宣统二年，云南交涉司世增与驻滇法交涉员会订之《滇越铁路巡警章程》，当时清廷遇事畏懦，外吏多不负责，所订办法尤多自行束缚。警察负保护铁路之责，而无行使职权之力，致沿路车站纳污藏垢，危害治安，二十年间纠葛不已。此《滇越铁路章程》及《路警章程》亟须另行修改之理由，且以历年既久，情势变迁，不适现况，其中文字及办事程序，于吾国本、政体多所不符，亦有修改之必要。此次另订新约，滇越铁路于中法越南通商有同一关系，拟请一并提出修改，其要点如下：关于铁路章程者：（一）铁路公司拨用地亩，应照纳地租（章程未修改以前一并补纳，其理由述于改善之部第二项，请并参阅）。（二）路警经费，须公司担负。（三）公司用物，此后不能免税。（四）中国政府输运公物及运送兵丁，须有实际优待之办法。（五）铁路既系敷设在云南境内，乘车运货亦以云南人为最多，其客货各车乘用价值，应与滇省政府会商核定。（六）炸药、火药及各项危险物品，以后不得由该公司私行输入。如系确有需要，应先由滇政府核准，令知边关查验，并另定输入后稽查保险办法。（七）中国政府对于该铁路公司所负义务极为重大，应请设法提前收回，即令一时难以办到，亦应于此次改订章程，规定于较短时间，无偿收回管理。其关于路警者：（一）凡车到时，警局酌派长警入站弹压，察见匪人，立予逮捕，或遇大股匪徒侵入车站，警队立时入站拿捕。（二）公司所用中国人有犯罪应传讯者，警局随时传讯，公司不得袒庇。如有匪人混入车站、厂房等处，警察侦知，立往捕拿。又中国罪犯乘搭火车或逃匿车站房屋，警察入站查缉，公司不得拒阻。（三）警察查见违禁物品，得随时查拿，乘客所带行李有可疑者，亦得在站内查验。倘公司人员私带违禁物品，即将禁物没收，呈报核办。凡此各节，于国体主权较有关系。其他尚多应行修改之点，未及详叙，仅将章程原文照抄二册，拟粘浮签附呈核阅，务乞提出讨论，切实修改，庶于已失主权，挽回万一，并稍减滇省政府、人民痛苦，是为至幸。

二、互设领事办法

查光绪十二年《中法会议越南边界通商章程》第二款规定，“中国可在河内、海防二处设立领事官”。嗣后与法国商酌，在北圻他处各大城镇派领事官驻扎。又光绪十三年《中法续约》互换照会内开：“按照前约，中国可在北圻各大城镇设领事官，现经彼此商酌，中国允许此等领事官，目前暂从缓设，应俟后来两国查看该处地方情形，再行设立，一俟中国在河内、海防两处设立领事之时，法国始可于滇、桂两省设立领事”各等语。窃维越南一隅与滇比邻，毗连粤、桂两省边境，唇齿相依，关系均为密切。该地水路交通，夙称繁盛。自前清宣统二年，滇越路开车，交通尤形便利，而滇越路未成之前，滇省全恃此为通海必经之道。就中海防、河内，我侨胞之移住者日多，徒以无领事之保护，致使行旅侨商受无量之痛苦。所谓“华侨身税”也，所谓“护照费”也，所谓“过境税”也，或为仅限于华侨与越人之苛捐，而等我于已国之越民；或虽为中西侨民之所共同负担，而对华税率特重，旅越华侨剥受切肤，历请依约设领，以图救济。故前清光绪三十三年，云贵总督奏请饬令外务部及驻法公使，依据约章，向法使商议，允其照约于滇、桂省城互换设领，同时举行，以示通融，并拟以海防应设之领事改设西贡。又经驻法刘公使向法外务部提议磋商，累年甫有头绪，讵法人忽以西贡设领，非条约所载，顿翻前议。方部中与法使磋商办理之际，驻滇法交涉员以奉有该国政府训令，须在滇省城购地建筑领馆为请，且云中国在越南设领，可以代为转达法政府，而我驻法刘使及滇政府均援约与之交涉，无结果。嗣宣统元年，同盟会党员在河口举义未成，法人要求铁路损失赔偿，声称越南设领事，必俟河口案议结，方允开议。迨河口案结后，重申前议，法使则谓彼来滇省设领，必须开放云南省城为商埠，否则越南设领案无再商余地。迭经京部滇省往返咨商，酌拟应付方法，久无善策。民国成立后，胡维德为驻法公使，继续交涉，荏苒经年，仍无结果。民国三年，河内总督沙河来滇游历，省政府乘友谊正洽之际，将此案提出质问，沙河仍坚持前议，并作更进一步之要求，声言请我政府承认在越华侨身税以为交换条件等语。嗣后，旅越侨胞屡次呼吁，本省政府亦迭经交涉，而法人借词推展，狡为应付。迩来我侨胞之留越者日多，复以通海之故，本国人民假道于越者，亦年以十余万数，而法人对华侨之苛待亦与日俱增。民国七年，越政府竟有迫令东京、谅山省华侨编入越南民籍之举，如抵抗不从者，即没收其财产，拘禁其人口。侨民受驻在国之保护，国际公法已定有明文，而况《中法会议越南边界通商章程》第四款，尤有优待华侨之规定。今我旅越侨民，不惟不能受最优之待遇，竟因而丧失其国籍，国际间不平等之事，宁有逾于此者乎！推原祸始何？莫非无领事之保护有以致之也。查关于此事，中央曾屡向法方提议，此次中法另订新约，当然事在必行。惟再有请者：维翰此次由滇入京，路经越南、香港，迭晤华侨商界代表，均以现在西贡方面商务发达，华侨愈多，前此中法约定互设领事仅及于北圻之河内、海防，未及于南圻之西贡，仍不能照料、保护多数华侨，此后另订新约，亟望规定于河内、海防及西贡分设领事，以资保护等语。复查尚属实情。西贡与河内、海防，华侨商务同一重要，河内、海防设领，既事在必行，拟请提出磋商并于西贡分设领事，以维侨商而资保护。

（丙）请改善之部

一、免除旅越华侨身税及过埠允许证

查前清光绪十二年《中法会议越南边界通商章程》第四款内载：“越南各地方，听中国人置地建屋，开设行栈，其身家财产俱得保护安稳，决不苛待拘束，并与最优待西国之人一律，不得有异”，又第十六款载：“中国商民侨居越南，所有命案、赋税、词讼等件，均与法国相待最优之国之商民无异”各等语，又约章成案内载，前清李大臣原奏及出使英、法、意、比薛大臣咨呈总署原文，与法外部议除旅越华侨身税至为详明，是法人征收旅越华侨身税，本国政府迭经提出抗议，而华人侨居越南应享优待之利益与其他西国之人无异，早为约章所规定。乃法政府竟违反条约，以平均负担税项为借口，致有华侨身税之设。当前清末季，越南政府待遇侨越华民，尚属略守公理，无大限制，其征收华侨身税亦未过重。华人因在越经营商业，为威势所迫，故隐忍缴纳身税。洎入民国以还，越政府复变本加厉，初则鉴于华侨办运谷米获利甚巨，即启嫉视之心，加以钳制，以致华人合资所办米厂相继倒闭，华工数千，因之失业，妨害商务，莫此为甚。继而该国政府颁布户籍命令，对于侨居越南华民，种种设法限制，恣意暴敛，不遗余力。查所征收华侨身税计分三等，一等每年六十元，二等三十余元，三等八元零。又有所谓门牌税者，系分六等，一、二等在数百元，三等至六等，自六十元至二十元之间。此系专就河内而言，至于海防、西贡等处，则门牌税较重，身税稍轻。于斯可见其待遇侨商之苛虐，有不胜枚举者。此项苛征于侨民之人格、经济，于吾国体、主权均大有关系。迭经滇省请由京部提向驻京法使严重抗议，务期取消此项苦例，迄无结果。乃法政府为借口征调兵伕，又于民国七年间，竟有迫令东京、谅山省华侨，编入越南民籍之举，如抵抗不从者，即没收其财产，拘禁其人口。据来滇呼吁，经滇政府派员前往该处调查，果属实在。旋由滇、桂两省政府，分头提出向驻滇、桂法领委严重交涉，终无切实之答复。又旅越华侨，住居甲埠，遇有事故或贸易事件须经乙埠者，应向当地治安局取具所谓过埠允许证，每张纳费一元。而取证手续又极苛烦，往往耽延至三五日不等。不惟与自由居住迁移之通例不符，且受其钳制，无形之损失，华侨至以为苦，应请并案提议废除。又查身税及过埠允许证之制，除亡国之越人不计外，其效力仅及于华侨，而英、美、日等国之侨民不与焉。是此项恶例不除，不特华侨之人格、经济有碍，亦于我之国际地位贬损无余矣。

二、滇省拨给滇越铁路公司地段应照纳租价及收回铁路两旁之空地

查滇越铁路路线，由河口至云南省城共四百六十余公里之长。自开工以来，所有该公司敷设轨道、建筑车站、厂房以及公司人员住所等需用地基，为数甚巨。原订章程，官地由政府拨给，民地则由公司出资购买。该公司认交两百万佛郎，将其利息作为补偿购地之费。当时滇省大吏不欲接收，竟将此款加以放弃，改为如系官地即由政府拨交，若系民业，则由政府购拨。至今二十余年，除官地不计外，其他民有产业由本省给价购拨者，计先后垫付价款已在一百余万两之多，利息尚未计算在内。查前项章程，原订仅在修路时适用之拨地，并声明以敷用为止。奈自宣统二年全路通车以来，

公司仍继续请求拨地，直至今日，尚源源不绝。虽请拨地基均为工程上所必需，其中有官荒山地、不堪耕种无须给价者，然属于民间之田地、庐墓亦属不少，公司因有政府代为给价，尽可随便请拨，不必顾虑。似此漫无限制，本省政府每年担负，不知将伊于胡底，恐世界上各国铁路均无此种办法。窃以为当日滇省大吏不愿接受购地费之原因，当不外乎下列四种：（一）接受地价恐致丧失主权也。不知外国人在本国内地修筑铁路原为各国所无，既已许其修路，则主权二字已不可言。购地一层，本系修路应有之事。《滇越铁路巡警章程》种种束缚，皆系由不平等条约而来，至地基之是否由政府拨给或公司自行备费购用一层，与主权初无关系也。（二）政府不受地价，希望成本轻减，将来易于赎路也。不知该路长仅四百六十余公里，而建筑费一项，据公司宣言，竟达一百七十余兆佛郎之多，无论成本太贵，滇省万难取赎，纵使勉强赎回，亦仅限于云南境内一段，不能自由通海，仍属等于无用（滇省如有取赎该路之款，尽可另修一路）。况将来万一取赎，地价与成本亦不生关系，盖公司只能不算入成本，而不能以之减轻成本也。（三）二百万佛郎之利息为数无几，故不甚加注重也。不知此项利息，每年收入虽属有限，然该路自开工迄今将及三十年，若令其按年补给亦颇不少。（四）照章拨地仅限敷用，且以路成为止，加以该路所经官荒山地为多、民田较少，当时地价亦不甚贵，故未注意也。查各处铁路用地，无不力求减少，惟滇越铁路则不然，路成多年，至今尚续请拨地，源源不绝。推原其故，实因政府不收地价，有以致之，始谋不臧，可为叹息。况今日地价，迥非昔比，大致较前增至一、二倍不等。凡此情形，实非当时所及料者也。此外，如分派红利一层，该公司既无中国股东，又不将地价折成股票，故不能分利。况公司每年出入账目，滇省政府不能过问，又安能知其盈亏。照此情形，即使将来合同规定之八十年届满，公司退还铁路时，尽可以修路成本尚未收回为言，要求延长营业期或请补价赎回，亦属意中之事。政府无从稽核，似此滇省每年所担拨地费用，既不能作为股票，又不能减轻成本，义务甚重（此外尚有路警费年需二十万元，已另案提出），权利毫无。年复一年，不知何时始能卸此担负。而公司则未费毫厘，坐享千余里之地基。天下事之不平，宁有甚于此者！自民国成立以来，滇省政府为铁路章程所束缚，已觉深感痛苦，力谋设法改良。当于民国二年，呈请前北京外交部向法使交涉，加以限制。并拟公司以后添拨地基应照价纳租，法使亦认为公道，已允照办，卒因国事纠纷，未获实行。嗣后，滇省政府复屡向法委提议修改铁路章程，逐条反复辩论，法委亦表示相当之同情，惟云事关修改章程，彼无权办理，必须俟中国统一，然后由中央政府与法使商定等语，以为搪塞之计。现在吾国北伐成功，全国统一，亟宜趁修约之际提出修正，不可失此机会。查当时所议纳租办法，仅以开车五年后添拨之地段及民业二者为限，至于以前购拨及属于官地者，仍不在内。现应本互惠平等之原则，实行土地之主权，凡由河口起至云南省城止，该公司所用地土，无论公私，均应照纳地租，并应自开工日起，按年核计补纳，以昭公允。至清理铁路界址，前清时已经派员着手会勘，适遇滇省举义，遂致中止。反正时并将原图散失过半，无从考查。民国二年间，公司复绘送路段全图一份，路线两旁空地分红、黄色二种，红色系扣请添拨之地段，黄色系用毕退还之地段，准备彼此互换，嗣因省城、阿迷、河口三站界址尚有争执，故未实行。综计先后曾经四次派员会勘，以为清理收回之计，然卒以种种窒碍，未能达到目的。全段路警既无确实界图，以致对于公司侵占界外地段及人民侵用公司界内之地，种种纠纷，颇难清理。况公司退还之地，久于弃置，或被人民侵占，或竟任其荒芜，滇省政府损失甚巨。现欲实行纳租，则收回空地，划清界址，尤属不可缓之图。如《滇越铁路章程》趁此修约之时，可以提议修改，应请将拨地纳租及收回空地两端特别提出订定，不惟滇省政府每年可免重大担负，且关于铁路界址，亦得永杜纠纷，而公司任意请拨地基之弊，亦可从此取消矣。

（丁）特请废除之部

一、钦渝铁路借款合同

窃云南自滇越铁路告成以来，主权丧失，任人操纵，人民被其压迫，受其扼制者，已不堪言喻。乃该法人以为计可售也，更有进一步之谋，于民国三年间，复勾结前北京政府订立《钦渝铁路借款合同》。其实法人之心，岂真愿此路之成哉，不过恐将来滇越铁路约期届满为我收回，彼将失其在滇之一切权利，或我另谋通海之道，则滇越铁路必因之而停业，越关税收，亦必因之而锐减，预为虚占地步，以肆其垄断云南交通、扼制滇人咽喉之谋而已。细绎合同条文，中法实业银行虽取得有此路之敷设权利。然主权仍操之于我。凡经营办理一切事项，均由我主持，彼不过仅能代我发售债票及供给修路工程师、路款等项。如果能早日开工则钦渝路成，滇、粤、桂、川、黔等省交通之便利、商务之发达，自可预期。而全路商货，均由钦州海口出入，滇省方面，尤得免越南海关之种种苛税、滇越铁路之种种要挟，未始不善。但查合同内，并未载明兴修期限，及如该银行在若干时期不能举办，即将合同作废等语。第十八条内载有“银行得按照合同将应享权利之全部或一部，让与其他银行或公司团体，但须为法国国籍”等语。是此项合同，吾国虽有主权，然彼若故意迁延，不为兴修，我仍无可如何。即将来欲另向其他国人借款修筑，则又受合同之束缚，而不能自由行动。吾滇交通，岂不将终为法人所垄断而永无自谋发展之一日耶？且合同成立至今，已有十五年矣，该法人并未实行查勘开工，其用心已可概见。现吾滇受法人经济之压迫及交通之扼制已达极点，若不速为设法挽救，必至陷于万劫不复之境。兹幸值改订商约之际，实滇省解除束缚、出死入生、千载一时之机会，万望趁此将《钦渝铁路借款合同》一并提出，与之商议废除，并同时由中央从速规划修筑通海道路，抑或由粤、桂、滇、黔等省集款自行兴修，徐图发展，则边省人民庶几有豸。

附录：上铁道部意见书

敬陈者：维翰因中法改订商约，由滇奉命入京，陈述滇越通商情形，曾将滇省政府人民所抱希望，分别应除应改事件，拟具意见书分呈国府及外交部在案。查中法各种约章，有业已到期，当然废止者；有尚未到期，而情势变迁，应加修改者。其有性质类于约章、施行并无期限、关系不止滇省、而滇省因命脉所在亟望废除者，实为

《钦渝铁路借款合同》，亦即维翰此次入京最要任务。按总理实业计划，建设西南铁路系统，其主要目的在开发西南之矿产富源，而西南各部中，总理指云南为次大之省，且为全国最丰富之矿区。其西南铁路线，有自广州起、经贵州兴义县、横过西南隅，入滇境经罗平、陆良一路，以达云南省城一线。窃尝研究计划书中纵横密接之铁路网，声言为西南之繁荣，未及明示国防之组织，而国防用意，实寓其中、考查精确，规划伟大。钧长缵承遗绪，发挥大业，必有确定步骤，见诸事功，此吾人敢断言者。惟是滇省在特殊势力范围内，与腹部各省呼吸阻隔，坐听宰割，势非急起图维，不能为济。盖自法人得越南为根据地，划定两广、云南为其势力范围，其进行之利器，则铁路是也。滇越铁路成，法报传语相贺，认云南为其卫生健康之殖民地，其阴谋完全暴露矣。而侵略政策，志不在小，以滇路为中心，进而图与北方之势力贯通，为囊括中国之大计。京汉、汴洛、正太、陇海、粤汉、川汉、同成、钦渝，直接、间接无不有法国之势力。据最近调查，法国在吾国有关系之铁路，合已成未成达一万八千里，投资合已交未交为五万七千九百五十八万佛郎。其铁路线之长、投资之巨，为列强第一，而关系最巨者，为钦渝铁路。彼盖欲以十字架之铁路宰割中国也。说者谓使一千九百十四年至十八年间无世界大战，法人倾其全力，则中国不宛转就缚于此十字架上者，几希矣。然至今帝国主义究未打消。祸患之来，仍难预测。钦渝铁路所定之路线，在吾国国防上、经济上利害关系，不止西南各部，尤不止云南一省，特云南在国防上、经济上负之使命尤为重耳。请言国防：云南外当英法侵略之冲，内为川蜀、黔、桂屏蔽，旁则控制藏卫；假使云南金瓯无缺，则内之川蜀、黔、桂安枕而卧，旁之藏卫亦终有不脱掌握之日。顾边徼万里，形势孤危，非有充分实力，不能巩固边圉。当此缩减军额，安有多数兵队布置国防，即使将来国库充盈，以吾国幅员大，亦恐难于云南一省常置重兵。为国防计，须两粤、滇、黔以及川蜀，指臂连接，呵成一气，庶平时无须常置重兵，有事集中应付。此就陆防言，至若西南海防，领择适当之军港，广州湾、榆林港皆最良之屯舰地。而广州湾收回无期，榆林港隔绝海外。在今日择良港惟钦州之龙门，岛屿环抱，风浪不惊，水势深阔，港口紧要，且多暗礁，外来船舰，不能外窥堂奥，实天然形胜，所宜早事经营者。惟经营军港，须后方厚集声援，始足以资捍卫。此就陆海两防言，须两粤、滇、黔、川蜀同出钦州之路线，在最短期内完成，始易为谋。再言经济：总理实业第五计划，在建设中国之工业。而今日工业竞争，勿论食、衣、住、行及增进文化，各种工业均须运用科学方法。凡发动之机器及制造之材料，大部需要于矿物，而矿物之出产，以云南为全国第一，总理亦屡示吾人矣。滇省全部山岳纵横，据地质学家考究，地层成立较早，荒古时火山之活动极大，故包含矿物极为复杂丰富，如煤如铁，触处皆是，不烦开采而现可化用者勿论矣。其金、银、铅、锑、锌等，产量俱丰。而铜、锡尤为显著，只东川一区之铜矿，供全国造币者数百年；个旧一区之锡矿、小规模开采，每年输出已值二千余万元。凡此各种矿物，足供全国之工业而有余，徒以无法运输，货弃于地。吾国欲发展工业，宜先开此原料供给场，欲开此原料场，须缩短云南至腹省路径。此就国防经济上言，须速成两粤、滇、黔、川蜀连接之路线。且欲拯云南于特殊势力范围中，尤无迟回濡滞之余地。穴空则风入，肉腐则虫生，急进则先登，缓图则后悔。近十余年，吾西南各省政府及有识之士，视线及此已久矣，研究所得，其路线宜起桂之南宁，经百色至桂、黔交界之坡脚，约一千里；由坡脚入黔，经兴义入滇、黔交界之新江底，约三百里；由新江底入滇，经罗平至云南省城约七百里；合计由南宁至云南省城共约二千里。由南宁至钦州路线较短，惟由坡脚至兴义之间有三十余里纯属峻岭、又由新江底至罗平之间有三十里系夹高山大河，工程稍巨，余均沿山顺河，无甚崎险，诚天然路线也，此为干路。再由兴义接轨达蜀之重庆，如是则五省密连，南北皆可贯通。至敷设先后，应由钦州、南宁、百色同时兴工，然后依次进筑。以西南在钢铁各厂未办之先，需用材料均须购自外国，而钦州滨海，南宁、百色濒江，航运为便也。此项路线与总理建设计划起迄略有变通，实际并无出入。盖总理为全国定建设系统，其纵横如织之铁路网，自不能预定敷设之先后，今之拟议为西南经营国防、发展经济，自须择其所急者而提前努力，于此有一重要关键，则束缚西南之《钦渝铁路借款合同》须立予废止。查此项合同，为法国囊括中国之要具，自勿待论。面最误之点尚有二端：（一）合同条文并未订明如中法银行在若干时期不能照约交款兴工修筑，应将合同作废之语；（二）合同第十八款载："银行得按照合同将应享权利之全部或一部，让与其他银行、公司、团体，但须为法国国籍"等语，是此项铁路完全为法国所垄断把持。彼若延不兴修，我亦惟有听受，如欲另向他国借款举办，则受合同拘束，不能自由。进一步言之，即我自行筹款兴筑，彼亦可持异议，则钦渝铁路永无成功之日。法国于中国之铁路，积极则可席卷囊括，尽入其势力；消极亦可把持扼制，使我无进展之余地。两粤、云南同处势力范围内，而滇省尤永无自拔之机矣。是故今日为滇省求出路，为西南固国防，为全国工业开物料供给场，均不能不请钧部鼎力主持，转商外交部，就此次另订中法商约改善中法关系之际，将前项合同一并提出，毅然废止。合同废止后，速筹自修之法。钧部对于全国之铁道建设，想有具体计划，此路之兴修，只为时间问题，惟因外交、内政相需日迫，西南人民急盼早日完成，惟冀钧部俯顺舆情，提前举办，不独云南一省之幸，实西南全局胥赖，亦即国家前途之福也。维翰前拟《改订中法商约意见书》，于此项合同应行废止之理由，亦即有所陈述，兹并附呈钧核，敬乞裁夺，示遵。谨上

铁道部

云南省政府委员兼外交部特派云南交涉员　张维翰

民国云南通志长编卷四十九

外交三·中英交涉

十九世纪，英人占领印度、缅甸后，进而觊觎中国西南边疆。

光绪二年，英国藉英人马嘉理被戕事件迫清政府签订《烟台条约》，蓄意欲由印度至滇开通陆路，设领事通商，渐肆蚕食之谋。光绪十二年，缅亡于英，中英签订《中英缅甸条约》五款，清政府被迫承认英国占领缅甸。光绪十八年，清廷获悉英人于滇、缅边界密查暗探隐谋后，乃谕令驻英使臣薛福成与英外部商办滇缅界务、商务，于光绪二十年议定《中英续议滇缅界务商务条款》二十条。光绪二十三年又订立《中缅条约附款》十九条。

一九一二年十月十三日，英人瓦特费少尉由萨地亚出发，经历高山，因缺粮而返坎底。一九一三年正月，又作第二次出发，三月达毒龙河。一九一四年，英国在印度之武官沙氏比亚出版《阿萨密史及北边疆》一书。在该书中，沙氏叙述了英人侵占我旧属坎底之情形云："恩梅开江与迈立开江中间之区域，旧时少有人知。而伊落瓦底江与迈立开江边，经调查队之探测而抵坎底区域，于此区殖民之发展，颇生效力。"

英人探测中、缅边境并侵入滇、康旧址最出力者，厥为瓦德少尉。瓦德以生物学家著称，于一九一一年抵滇，探险澜沧江流域，一九一四年仍担任恩梅开江之测探工作。一九一四年，瓦德欲渡毒龙河，寻里麻以达西康，未成。一九二二年，又由腊戍出发，经云南、蒙化、大理而达丽江，以窥中国边防虚实。驻丽数月，乃由菖蒲桶渡毒龙江而返坎底。一九二六年，瓦德测探新梗流域，其行程系沿骆驼江而上，通狄不拉关，即达里麻。一九二六年至一九二八年之间，瓦德在恩、迈二江之间作测探工作凡二次，目的在侵我江心坡。

（摘编自《新纂云南通志》一百六十四卷至一百六十八卷）

民国云南通志长编卷五十

社会一·礼俗

往昔乙部载籍，率多偏重政治因革而忽于社会情状，采风问俗，虽偶有一鳞半爪之记载，而破碎支离，殆难综贯。至于近世，人群进化，组织日繁，关系日密，公共团体之成立，社会事业之推行，有增靡已，旧志于此尤为阙如。爰辟专篇，载其大凡。以例属初创，资料缺乏，或有不尽详者，则有待于异日之搜辑也。

礼制于上，俗成于下，相因而各别。民国肇造，旧礼自多不适，而国基甫定，创制未遑，其行于民间者，大都因沿故习，醇驳相间。兹就采访所得，于礼但记祠祀，于俗但记婚丧，未能详也。

祠祀

一、崇祀条例

民国十四年十一月，北京政府临时执政公布《崇祀条例》十四条，其文如下：

第一条　崇祀分下列二种：

（一）国祀；

（二）乡祀。

第二条　国祀由临时执政及各地方长官行之；乡祀由各地方长官行之。

奉祀礼节，另以命令定之。

第三条　合于下列各款之一者，列入国祀：

（一）著书宏教、阐明至道、实践躬行者；

（二）文武忠烈；

（三）功德被于全国、后世者。

第四条　合于前条第一款之规定者，于孔子庙从祀之；合于前条第二款之规定者，应分别文武于忠烈祠汇祀或关岳庙从祀之，合于前条第三款之规定者，于功德祠汇祀之。

第五条　合于下列各款之一者，列入乡祀：

（一）御灾捍患，及以死勤事者；

（二）忠孝、节义、贞烈，行谊卓著者；

（三）名宦、乡贤，其功德施于地方者；

（四）凡经准设专祀，其功德施于地方者。

前项第三款所定之名宦、乡贤，以其人身殁十年、子孙无现任文武特任职者为限。

本条所列各款入祀之人，得于行谊所在地及本籍地并祀之。

第六条　合于前条第一款之规定者，于该地方忠烈祠汇祀之；如该地方设有节孝、名宦、乡贤等祠者，得于各该祠汇祀之。

第七条　国祀、乡祀应经崇祀审议会审定后，由内务总长专案或汇案呈请临时执政核准，以命令定之。本条例颁行前，凡经准入国祀、乡祀有案者，毋庸再加审议；其已设立有祀庙者听之。

第八条　崇祀审议会以内务总长、教育总长、礼制编纂会会长、国史编纂处处长、清史馆馆长及其他临时执政特派审议专员十人组织之。

崇祀审议会置会长一人，以内务总长充之。

崇祀审议会会长及会员，概为名誉职。

崇祀审议会之审定，以列席会员三分之二以上之同意议决。其审议细则由崇祀审议会自定。

第九条　国祀之提案，依下列规定行之：

（一）各部、院长官及各省区最高行政长官，知有合于第三条各款之一者，得征考行实，出具证明书，咨请内务总长提案于崇祀审议会。

（二）内务总长知有合于第三条各款之一者，得征考行实，径具案提出于崇祀审议会。

崇祀审议会对于提案，得自行征考行实，或嘱托调查。

第十条　乡祀之提案，依下列规定行之：

（一）各地方人民，得取具本籍公正绅士五人以上之结状，呈请县知事考核行实，出具证明书，并呈经该管地方最高行政长官核准后，咨由内务总长审核；如认为合于第五条各款之一者，即具案提出于崇祀审议会。

（二）县知事知有合于第五条各款之一者，应征考行实，出具证明书，并呈经该管地方最高行政长官核准后，咨由内务总长审核；如认为合格时，即具案提出于崇祀审议会。

（三）内务总长，各部、院长官，各省、区最高行政长官或崇祀审议会职员，知有合于第五条各款之一者，应征考行实，或嘱托调查；如认为合格时，内务总长得经具案提出于崇祀审议会，各部、院长官，各省、区最高行政长官，崇祀审议会职员，应送由内务总长审核后，具案提出于崇祀审议会。

第十一条　各部、院长官及各省、区最高行政长官，对于第九条、第十条所列国祀、乡祀提案，得提出意见书于崇祀审议会。

第十二条　凡经命令准入祀者，由内务总长分别国祀、乡祀，编入祀典，通令遵行。

第十三条　凡列入国祀或乡祀有为请设专祀者，应经由内务总长呈请临时执政核准。

前项专祠，由呈请人自行集资设立。

第十四条　本条例自公布日施行。

二、神祠存废标准

民国十七年十月，由内政部拟定《神祠存废标准》，呈奉国民政府核准颁行。计应行保存神祠之标准有二：一曰先哲类，凡有功民族、国家、社会，发明学术，利溥人群及忠孝节义，足为人类矜式者属之；一曰宗教类，凡以神道设教，宗旨纯正，能受一般民众信仰者属之。应废除神祠之标准亦有二：一曰古神类，即古代科学未明，在历史上相沿崇奉之神，至今觉其毫无意义者属之；一曰淫祠类，附会宗教，借神敛钱，或依草附木，或沿袭《齐东野语》者均属之。每类之中，均举例证明，以资遵守。文繁不具录。

三、祀天通礼

民国三年，由政事堂礼制馆拟订《祀天通礼》，分别规定祭礼、祭品，内分大总统祀天仪，各地方行政长官祀天仪，道尹、县知事祀天仪四部。大总统祀天仪附理由书；各地方行政长官祀天仪、道尹、县知事祀天仪附说明书。是年五月五日，奉大总统批令通行遵照。九月七日，云南巡按使准该馆咨文，通饬各道尹转饬所属各县如事一体遵照，并示谕人民知照。旋又颁布祀天乐章、乐舞图等到滇，均未实行，文繁不录。

附：呈批原文如下：

内务总长朱启钤谨呈：为遵拟祀天通礼，分别规定祭礼、祭品呈请鉴核事。二月七日奉大总统令。“据政治会议呈复，‘前奉咨询祭天一案，经开会全体议决，佥以为礼莫重于祭，祭莫大于祀天，应定为通祭。自大总统至国民皆可行之，大总统代表国民致祭，各地方行政长官代表地方人民致祭，国民各听家自为祭，以示一体。京师祭所应在天坛，祭期应在冬至，祭礼应用跪拜，祭品应用牲牢，再四讨论，均无疑义。惟冠服应饬下所司特别规定，其祭礼、祭品之详细条目，请一并饬交所司采取各说，编定施行’等语。本大总统深维祭天之礼，自古攸隆，有其举之，莫敢或废。至五族人民斋戒懔神明之敬，法制无禁止之条，应准如拟定为通祭。祭所、祭期均照所议办理，其特别冠服及祭礼、祭品应如何分别规定，著内务部广集见闻，详晰议拟，呈候颁行，垂为令典。此令”等因，奉此，本部遵即设立编订礼制会，并先议定五礼纲目，呈奉大总统批准在案。谨案五礼莫先于吉礼，吉礼莫重于祀天，历代相因，未之或废，仪文末节，略有异同。窃谓殷人尚质，周人尚文，虽繁简殊宜，而制礼之意则一。惟是简者易行，繁或难备。令兹政尚共和，无囿礼不下庶人之说，凡所制定，利在通行。且祀天之礼，以质为敬，故《礼器》云：“致敬不坛，扫地而祭”；《郊特牲》云：“祭天，扫地而祭焉”，于其质而已矣。盖以天者至尊无上，无物足以配天，则唯从至俭至简，以象天地之性。是以牲不过茧栗，太羹、玄酒、粢食不凿，其器牺尊、疏布幂、樿、杓、豆、登、鼎、俎、簠、簋、匏、陶之类，其藉蒲越藁秸，其车素车，其服大裘，如此而已。阅世久远，寖有违失。夫因时制宜，各从其便，欲尽复上古之制，固已扞格难通，而踵事增华，抑又非礼。今谨拟大总统祀天仪及各地方行政长官祀天仪，国民祀天仪，经在会各员分别起草开会，逐项审查议决，大抵断自唐代，下迨明清，斟酌取舍，唯从其简。至所删易各条，悉有依据，不敢凭臆妄作。理合将所拟各项仪节并理由说明书缮呈，谨乞大总统钧鉴训示施行。谨呈。

七月五日奉大总统批令：祀天典礼綦重，所呈各节，准今酌古，考订周详，应即准予照办，交政事堂礼制馆通行遵照，说明书并发，此批。

四、祀孔典礼

民国元年云南军都督府接准教育部元电："规定各学校于孔子诞日举行纪念会，以表诚敬"；又准敬电开："孔子诞日应以阴历就阳历核算，本年八月二十七日即阳历十月七日，自民国元年为始，即永以十月七日为举行纪念之期"等因，民国二年九月二十一日，云南民政长接准教育部霰电，内开："祀孔典礼尚待研究，而旧历八月二十七日乃孔子生日，应定是日为圣节，令各学校放假一日，即在该校行礼，以维世道而正人心，以固邦本而立民极"；又开："民国缔造，改行阳历，一切原宜遵从。惟孔子生日，仍从夏正考定，自不得不溯从夏正，否则恒致抵触，转近诬妄。嗣后各校应永依旧历八月二十七日行礼"各等因，当由教育司会同内务司商定，所有一切礼节即于旧历八月二十七日举行，是日由各学校管理员率同学生早八点钟赴孔庙随班行礼。又另案规定应办事件八条：（一）先一日各学校均搭柏松彩棚，悬灯结彩，悬挂国旗，为纪念日之预备。（二）是日早十点钟，由校长及教管各员，整肃衣冠（暂以常礼服为合式，用大礼服者听），督率学生穿着制服，齐集礼堂，于孔子牌位前行三鞠躬礼。礼毕，校长或教管各员演说孔教关系民国、国民之重要。（三）是日早八点钟，除女校外，各校各班举代表十人，由管理员率赴孔庙，随班行礼。（四）演说毕后，须以风琴令学生合唱崇拜孔教之歌，以表钦仰。（五）是日各学校均放假一日。（六）是日各职员、学生，可在操场或运动场为各种之游戏、运动。（七）各县劝学所有特别地点者，均可酌照办理。（八）是晚除女学校外可酌办提灯会。以之通令各县遵照办理。又民国二年，都督及民政长奉大总统令开："据政治会议呈复，'前奉咨询祀孔典礼一案，经开会全体议决，佥以为崇祀孔子，乃因袭历代之旧典，议以夏时春秋丙丁为祀孔之日，仍从大祀。其礼节、服制、祭品，当与祭天一律。京师文庙，应由大总统主祭，各地方文庙，应由该长官主祭；如有不得已之事故，得于临时遣人恭代。其他开学首日、孔子生日，仍听各从习惯，自由致祭，不必特为规定'等语。孔子性道文章，本生民所未有，馨香俎豆，更历古而常新。民国肇兴，理宜率旧，应准如议施行"等因，经通令一律遵照。民国三年八月，由政事堂礼制馆拟订祀孔典礼，呈奉大总统批令，准如所拟办理，即由该馆通行遵照。以后均经遵照办理。至民国十八年，云南省政府准内政部咨开："案准安徽省政府咨，'据蒙城县代表黄与绶等代电，请准咨，将孔庙各神位应存应废，大成殿匾额应否照旧悬挂，迅颁明令等情，请查核见复，以便饬遵’等因，到部，当经拟具办法，呈请行政院转呈国民政府核示在案。旋奉行政院二一三一号训令内开，‘案准国民政府文官处函开，奉主席发下北平孔道总会正会长陈桂荪等函，为奉通令以孔子诞日为祀孔之日，从祀诸先贤是否一并附祀，即请规划详议通行，以崇祀典一案，奉谕：从祀诸先贤、先儒并崇圣祠，似应一并附祀，交行政院核议，通饬遵行等因，相应抄同原件，函达查照办理等因。准此，除分令教育部外，合行抄发原件，令仰该部即便会同教育部详加核议具复，以凭转呈。此令’等因。并奉行政院指令，本部拟定孔庙各神位存废，大成殿竖匾办法，请核转示遵由，内开：‘呈悉’昨准国府文官处函开，据北平孔道总会函，为奉通令以孔子诞日为祀孔之日，从祀诸先贤是否一并附祀，即请规划详议通行。奉主席谕：从祀诸先贤、先儒并崇圣祠，似应一并附祀，交院核议，通饬遵行。经交该部及教育部会同核议具复在案。核阅来呈，与奉国府交议之案，事同一律，应由该部会同教育部并案详议具复，再行转呈核定，仰即知照。此令’等因。奉此，遵即会同教育部悉心核议，当以祀孔旧礼，业经大学院蔡前院长以院长令废止。嗣准国民政府秘书处函交湖南清乡督办鲁涤平等电请明定孔子祭典一案，经职部等会同以‘春秋丁祀，前经院令废止，似未便再予恢复。现为表示崇敬先哲起见，拟采用通行纪念仪式，似较妥善，并请以孔子诞日为孔子纪念日，通行全国各学校一体遵照，并于是日举行纪念时，演述孔子言行事迹，以示不忘，等语，呈复，奉国民政府指令照准通行，并奉钧院第八次会议议定孔子诞日为现行历八月二十七日，各在案。是祀孔改为纪念，已有成案。该陈桂荪等所称祀孔各节，自系根本误会，无庸再议。至孔庙旧有之‘大成殿’三字，稍涉专制思想，拟改称孔子庙，置一直匾，悬挂门额，于庙之正中设一龛，龛内设孔子位。其他附祀之四配、十哲及两庑先贤、先儒等，一律移入孔子庙（即大成殿）内，在孔子位龛两旁分列二龛，分层安奉；并将崇圣祠附祀之孟皮、颜无繇、曾点、孔鲤四位，移入孔子位龛内两旁安奉。余如孔子先代，周、程、朱、张各先代暨孟孙氏等，多无事迹可纪，既无专祀必要，又未便移列孔子位龛之旁，且考之各地孔庙尚未设崇圣祠者，似应将其名位取消，以归一致。此外如名宦、乡贤两祠，向在两庑之外，两庑既经取消，两祠亦无存在之理。如果各地方明达伟人，有制行特异、功烈在民、足资景仰者，不妨另议纪念办法，似不必附属于孔庙。至大成殿改为孔子庙，所有庙外附属之两庑，崇圣、名宦、乡贤各祠，仍依照前颁利用孔庙保护孔庙之办法办理。惟为尊崇先哲起见，所有附列孔庙之四配、十哲、先贤、先儒等，拟于国历八月二十七日纪念孔子时一并纪念。并须于孔子庙堂前留相当空地，以为举行纪念时学生及民众听讲演之地，庶于因时制宜之中，常留崇圣尊孔之意。呈请鉴核。转奉国民政府核定，准予照办。相应咨请贵政府查照，并转饬所属一体遵照。将‘大成殿’改为“孔子庙’直匾，于孔子位两旁设立长龛，所有四配、十哲，先贤先儒各位，依次排列，并于庙前留相当空地，以便纪念。仍将遵照情形呈报贵政府查核，以昭慎重”等因，到滇亦经遵照办理。

附：民国三年颁行之祀孔典礼，今虽已废，应录其尽批文及说明书，以资考证。

政事堂礼制馆馆长徐世昌谨呈：为拟订祀孔典礼，呈请鉴核事。案准内政部移交卷内，本年二月七日奉大总统令，“据政治会议呈复，前奉咨询祀孔典礼一案，业经开会全体议决，佥以为崇祀孔子，乃因袭历代之旧典，议以夏时春秋丙丁为祀孔之日，仍从大祀。其礼节、服制、祭品，当与祭天一律。京师文庙，应由大总统主祭，各地方文庙，应由该长官主祭，如有不得已之事故，得于临时遣员恭代。其他开学首日、孔子生日，仍听各从习惯，自由致祭，不必特为规定”等因，奉此，查祀天通礼，业由内务部奉批准交礼制馆通行遵照在案。所有祀孔典礼，礼制馆既经成立，自当赓续编纂。谨案：孔子之祀，肇于汉初，唐宋以降，代致尊崇，至明、清而礼仪兼备，光绪季年升列祀。今大总统复令将此礼节、服制、祭品与祀天一律拟议，所以崇德劝学报礼于先圣者至矣。惟事关创制。曲说删而礼乃修明；祭在歆神，至诚通而灵斯来格。古者释奠、释菜，祭从其略，或有乐而无尸，或用币而无牲。后世不查春秋上丁之祭，率沿其称，揆诸典常，应名曰祀。其间仪文器数，若眡割省斋以致严慎，设悬合舞以奏休和，水菹陆醢之备阴阳，牺帛粢盛之昭诚洁，古制所在，茂矣美矣，悉合仍之。其余上香望燎诸仪，礼经所无，概议从减。至庙之称文，始于永乐。孔子万世师表，道无不包，仅以文名，似嫌褊隘。鲁哀公立孔子庙于阙里，其名最古，援照改题，较为崇重，而崇圣祠追祀孔子五代祖考暨配祀、从祀诸贤儒，又孔子殿庭四配、十二哲与两庑从祀贤儒，自应悉从其旧。惟配哲贤儒各位之以讳姓讳名加旁书字者，沿袭帝制，于古无征，悉宜改书，以归质实。经世昌督饬吉礼主任编纂暨各分纂员悉心拟议起草成《祀孔典礼》一卷附说明书，由总纂核定，评议员议决，复经世昌等详细复核，凡所纂拟，酌古准今，旧典率循，初非臆为增损，新仪式焕，益堪表示人伦。其开学首日，孔子生日等祭，谨遵明令，不为规定，听从国人自由致祭，用示崇祀之典纯出于人民信仰之诚，于宗教绝不相涉，以杜诐说而端轨步。所有拟定《祀孔典礼》一卷附说明书，理合具文呈请大总统鉴核训示施行。谨呈。

八月二十六日奉大总统批令，“准如所拟办理，印由该馆通行遵照。此批。”

附：说明书

（一）称祀不称释奠。谨按：古者立学必祭先圣先师，所以报本反始，崇德而劝学也。其礼有四：曰祀，曰释奠，曰释菜，曰释币。而以祀为正祭，《祭义》所谓祀先贤于西学是也。释奠者，设荐馔酌奠而已，无迎尸以下之事（《文王世子》）。释菜，惟释蘋藻而已，无牲牢，无币帛。释币，则徒用币而无菜，亦无牲牢（《王制疏》）。是释奠、释菜、释币皆为祀孔之略者。祀礼之逸，久不可考；释菜之礼，又亡于唐宋间。学官所举，惟略存释奠之仪（后世月朔释菜之礼但存其名耳，实与古不合）。故惟汉、魏间尚称祀孔子（《后汉书·礼仪志》，明帝永明二年祀圣师周公、孔子，牲以犬。《三国魏志·齐王纪》，正始二年，以太牢祭孔子于辟雍，五年、七年并以太牢祀孔子于辟雍），后此虽升大祀，犹未改释奠之名也。释奠为祀之略，实祀而以释奠名之，其名不正。今奉明令，祀孔仍从大祀，其礼节、服制、祭品当与祀天一律，典礼极为隆重，故知称祀不称释奠。

（二）称文庙为孔子庙，而大成殿仍其旧名。谨按：自鲁哀公十七年立孔子庙于故宅，阅千余年未尝出阙里。至北魏太和十三年，始立孔子庙堂于京师。唐贞观四年，始诏州县学皆作孔子庙。孔子庙之名，始见于《史记·孔子世家》及《阙里志·汉元嘉二年诏》。此外或曰仲尼庙（《史纪·孔子世家》），孔庙（《北魏书·高祖纪》太和十三年），宣尼庙（《宋书·礼志》），孔父庙、孔颜庙（《隋书·礼仪志》），孔圣庙（唐皮日休《请韩文公配飨太学书》），文宣王庙（《册府元龟》唐大历十三年），宣圣庙（《阙里志》宋淳化四年），夫子庙（宋欧阳修《襄州谷城县夫子庙记》），先圣庙（《阙里志》元大德初），先师庙（《明史·太祖纪》洪武三十年），文庙（《明会典》永乐八年）。要以称孔子庙为最古，且最普遍，称文庙为最后——文庙盖从文宣王谥而来。孔子之道，生民未有，非一言一行之美可以节惠定谥者比，明儒邱浚论之详矣。今文宣之谥既早罢废，则文庙似亦不必沿明之旧。元大德十一年始加封孔子“大成至圣文宣王”，而宋崇宁三年已诏文宣王殿以大成为名，是大成殿不因封号而成者也。明嘉靖九年，定孔子谥号曰“至圣先师孔子”，因改大成殿为先师庙，大成门为庙门。不知殿因封号而名当改，不因封号而名则不必改。今拟仍以大成为殿名。《说文》：“堂，殿也。”《御览》引《说文》：“殿，堂之高大者也。”《广雅·释宫》：“堂，堭壂也。”《初学记》引《仓颉篇》：“殿，大堂也。”商周以前，其名不载。秦始皇作前殿，《玉海》又谓，秦孝公强盛时大筑冀阙，由是天子殿初见。秦孝公以前堂、殿本通呼，汉魏以来始为王居所专。然以《汉书·黄霸传》“先上殿”，颜师古注：“丞相所坐屋也。古者屋高严通呼为殿，不必宫中”证之，则汉时丞相所坐屋尚得称殿，故今可仍之。

（三）改题避讳诸木主。谨按：古无讳名之礼。周人以讳事神，于是乎始讳。讳名与谥典，同出于周。讳者敬避而不名，谥者易名而称行，其为用不同，而其意则一。故为亲者讳，谓之私讳，为尊者讳，谓之公讳，犹谥之有公谥私溢也。宋徽宗以曾参等所封犯先圣讳，故改封（《宋史·礼志》），金章宗太和五年谕有司，进士名有犯孔子讳者避之（《金史·礼志》），是为避孔子讳之始。然至清初，而直省郡邑之名有孔子讳在内者，犹相沿未改。雍正三年始定圜丘，“丘”如故。此外除《四书》《五经》，凡遇“丘”字并加“邑”为“邱”，地名亦不必改易，但加“邑”旁读作“期”音。盖帝制世代臣民既以讳名为事君之礼，自当避讳以示尊孔之道，实则讳非事人所宜。周虽有讳，而生者不相避名，故卫侯名恶，大夫有名恶，君臣同名，《春秋》不非（《曲礼注》）。况今日政体改建，公谥已不适用，则公讳之典，更可不相沿袭。依习惯言之，即不避讳亦必无直呼孔子之名者。惟庙中从祀先贤左丘明，前清木主加“邑”为“邱”、据《曲礼》：“诗书不讳，临文不讳。”《注》：“为其失事。”《正疏》引何胤云：“诗书谓教学时也，临文谓礼执文行事时也。”因诵诗书、执礼文行事而有所讳，本非孔子所许，今宜改题，无庸加“邑”为“邱”。此外，木主有因犯清帝庙讳而以字题者如先儒郑康成，缺笔者如先儒陈淳，更当执庙中不讳之例，改题先儒郑玄、陈淳。述圣孔伋，因避孔子之姓而题子思子，尤为不典（《宋史·度宗纪》）。咸淳三年，以颜渊、曾参、孔伋、孟轲配享，《元史·祭祀志》延佑三年，诏以颜子、曾子、子思、孟子配，是四配之始。本不称子思，称子思盖自元始，宜一律更正，题述圣孔子。或谓殿内不名，若不题子思子，嫌与至圣先师孔子无别。不知礼不讳嫌名，况至圣先师孔子与述圣孔子，显然有别。十二哲中如先贤冉雍、冉耕、冉求同姓，木主皆题先贤冉子，崇圣祠中如先贤孔孟皮、孔鲤同姓，木主皆题先贤孔氏，未尝嫌其无别，何独于述圣而嫌之（京师孔子庙木主兼题清、汉书，宜改正，俱用汉书）。至丘氏，本以太公之后食采谢丘得姓，清初以来，加“邑”为“邱”，相沿已久，其愿仍从习惯者，不妨各听其便。

（四）仪文器数之增损。谨按：唐开元礼，国、国学释奠尚以皇太子，诸州以刺史，县以县令。至宋绍兴十年，始以在京释奠为大祀，州县为中祀。同一祀孔子，而京外异仪，非所以昭崇敬之道，今宜一之。元至正仪，迎神前唱辟户，送神后唱阖户，明洪武仪，将行礼起鼓三严，然后献官至，颇合大昕鼓征之古义，用四拜礼，则始于洪武二十六年：今并采之。此外损益，大都参照前清大祀典礼，唯两庑各用少牢三，先贤先儒分配不匀，今拟各省其一；崇圣祠正位五位各用一太牢，今拟统设一俎；上香非古也（详见祀天仪理由书中〔按：此“理由书”原稿无〕），故去之；拜下礼也（《论语·子罕篇》：子曰：拜下礼也，今拜乎上，泰也。虽违众，吾从下。《注》：“臣之与君行礼者，下拜然后成礼。时臣骄泰，故于上拜。今从下，礼之恭也。”明礼以拜下为恭，前清大祀，南北郊皆拜于第二成阶上，社稷拜于壝门外正中，皆取拜下之义，今既定祀孔与祀天一律，故拟拜位于殿门外，以昭崇敬。又各地方祀孔子，三献之爵，如不及备玉者，得代以铜。

谨按：清乐，圜丘九奏，方泽八奏，社稷七奏，太庙六奏，皆大祀也。故祀孔子仍得用六奏，沿清之旧，不必同祀天九奏也。宋大观三年，大晟府拟撰释奠十四首，皆用安字（《宋史·乐志》）。而《元史·乐志》载：“祀宣圣乐章共二十有七，皆用明字，其十四章全用大晟乐府。”明洪武六年，定祀先师孔子乐六章，皆用和字，亦全袭大晟乐府之词，至洪武二十六年始颁大成乐于天下。今拟祀孔乐章暂仍清旧，略加点窜，惟清乐以平为名，今拟悉改为和字。

五、关岳合祀典礼

民国四年五月，政事堂礼制馆拟订关岳合祀典礼，呈奉大总统批令，照准，通行遵照。云南巡按使先后接准电咨，经遵照办理，并转饬所属一体遵照。录其呈批文及说明书如下：

政事堂礼制馆馆长徐世昌谨呈，为遵令拟订关、岳合祀典礼，呈请鉴核事。上年十一月二十日，奉大总统申令：“据陆、海军部呈称，时方多难，宜右武以崇忠。古者以死勤事，以劳定国，皆在祀典；近则欧西各国，范金铸像：中外所同。现武成之奠，尚在阙如；崇德报功，必符名实。关壮穆翊赞昭烈，岳武穆独炳精忠，英风亮节，同炳寰区，实足代表吾民族英武壮烈之精神。谨拟以关、岳合祀，作为武庙”等情。“查关、岳两祠，近代久崇禋祀，我国人民景仰盛徽，肸蚃之报，几遍里闾。诚以忠武者国基所以立，民气所以强，当此民国肇兴，要在尚武。经传本有禡祭，唐宋亦祀武成。允宜特荐馨香，列诸典礼，为师干之圭表，示民族之楷模。着礼制馆妥议关、岳合祀典礼，并稽考唐宋武成庙祀遗规，将历代武功彪炳之名臣、名将及民国开国忠烈将士，酌予从祀，庶振袍泽之气，用臻强盛之庥。凡我国人民，皆当知崇阙武祀，实以壮军志而固国维，既殊叔季丰昵之非，更异释老迷信之指，其咸怀明德，作我干城，本大总统所深望也”等因。谨案：京师汉寿亭侯庙建于隋代，其前虽无可考，而自隋迄今一千三百余年，祀事修明，至明清而益盛。自京师以迨各行省，庙貌巍峨，典礼之隆，拟之阙里。岳庙始建于鄂，在宋孝宗乾道五年，距其殁也未及三十载，历致褒崇，从祀历代帝王庙。其庙在于河南、浙江、江苏、湖北等处者，并由地方官吏春秋致祭。论勋业则河山并寿，同期恢复中原；论行谊则忠孝兼全，不谨颉颃国士。后先一揆，足立懦而廉顽，称道至今，直家尸而户祝。今遵明令，考禡祭之经，修合祀之典。英灵昭畯，馨香通以神明；将士趋跄，报飨导其忠义。所有坛墠之辟，斿纛之陈，登降何以肃其文，笙镛何以觹其奏，出师旋师之特告，春戊秋戊之常仪，典秩所在，武义之宗，自应博考旁稽，审慎拟议。而庙宜标姓，并跻孔氏之尊称，位宜题谥，不袭道家之谬号，则又因时之制，不可不折衷至当者也。至于从祀之人，气节为上，武略次之，义贵谨严，宁遗毋滥。前清将帅，民国先烈，有待论定，暂就阙如。谨拟自蜀汉张飞至明周遇吉，都凡二十四人，列位两序，以配肹蚃。经世昌等督饬馆员，悉心考订，成京师及各地方关岳庙祭祀一卷，附具说明书，并饬批订乐谱，均经评议员议决，复由世昌等详细复核。凡所纂拟，尚臻周妥。从此丹青毛发，御云车风马以偕来，袍泽讴歌，激古谊忠肝而兴起，信于今而为烈，实异世而同昭也。

四年三月二十五日，奉大总统批令，“准如所拟办理，即由该馆通行遵照。”

附：说明书

（一）祭地。谨按：中华民国三年十一月二十日大总统申令有云：“关、岳两祠，近代久崇禋祀，我国人民景仰盛徽，肹蚃之报，几遍里闾。诚以忠武者国基所以立，民气所以强，当此民国肇兴，要在尚武。经传本有禡祭，唐宋亦祀武成，允宜特荐馨香，列诸典礼，为师干之圭表，示民族之楷模”等因，是以此次拟定关、岳合祀典礼，所有行礼仪节，悉本于古禡祀、武成庙祭而损益之。考禡祭之礼，在汉已亡（《礼·王制》注：“禡师祭也，为兵祷，其礼亡。”）。证以经传，则有师祭、兵祭、田祭、马祭四说。《礼记·王制》：“天子将出征，禡于所征之地。”《尔雅·释天》：“是类是禡，师祭也。”《说文》：“禡，师行所止，恐有慢其神，下而祀之曰禡。”此师祭之说也。《周礼·春官·肆师职》：“凡四时之大甸猎，祭表貉（同禡），则为位。”《注》：“貉，师祭也。貉读为十百之百。”于所立表之处，为师祭，祭造军法者，祷气势之增倍也。其神盖蚩尤或曰黄帝。《疏》引《公羊》说：“师出曰祠”，“祠者，祠五兵：矛、戟、剑、盾、弓矢，及祠蚩尤之造兵者。”此兵祭之说也。又《春官·甸祝职》：“掌四时之田表貉之祝号。”《注》：“杜子春读貉为‘百尔所思’之百，书亦或为禡，貉，兵祭也。甸以讲武治兵，故有兵祭。”玄谓：“田者习兵之礼，故亦禡祭，祷气势之十百而多获。”又《夏官·大司马职》：“中春教振旅……遂以蒐田，有司表貉誓民，鼓，遂围禁。”《注》：“表貉，立表而貉祭也。誓民，誓以犯田法之罚也。”誓曰：“无干车，无自后射。”此田祭之说也。《汉书·叙传》注引应劭说：“禡者，马也；马者兵之首，故祭其先师。”此马祭之说也。据《尔雅·释天》：“是类是禡，师祭也；既伯既祷，马祭也。”则师祭、马祭既然有别，应说不确。禡本师祭，祭造军法者，因而祭造兵者及五兵。田本习兵之礼，因亦禡祭。则师祭、兵祭、田祭之说皆可相通。特师祭必于所征之地，兵祭、田祭不必定在征地，此其别耳。明初亲征遣将皆于国南神社行禡祭礼，并告武成王庙（《明史·礼志》）。唐时出师命将，发日引辞于太公庙（《唐书·礼乐志》）。今关、岳合祀，既仿古禡祭、武成庙祭遗意，则无论京师及各地方均宜就现有坛庙择其基地较广、屋宇较闳敞或临郊野、足以陈兵习战、遣将誓众者，酌改为庙，俾得于春秋二祭之外兼在其中行大阅及出师、旋师一切祭告典礼。

（二）定名。谨按：唐上元元年追封太公为武成王庙，以比于孔子为文宣王庙，当时已讥为不论。（唐贞元四年，左司郎中严说等议，大名徽号，不容虚美。太公兵家者流，比于圣人非伦也，谓宜去武成王号，复为太公庙。刑部员外郎陆淳等议，武成之名与文宣王偶非，不刊之典，罢上元追封立庙，复磻溪祠，有司以时享斯得矣。）宋、元以来，相沿未改。明太祖毅然罢之，谓“三代以前，文武兼备，用无不宜，如太公之鹰扬而授丹书，仲山甫之赋政而式古训，召虎之经营而陈文德，岂比于后世。止论韬略，不事经书；专习干戈，不闻俎豆，拘拘于一艺偏长哉”（《春明梦余录》）。其言至为精确。陆、海军部原呈，拟以关、岳合祀，作为武庙。窃谓关、岳本非全是武人，关壮穆长而好学，读《左传》略皆上口（见《吴志·吕蒙传》），岳忠武家贫力学，尤好《左氏春秋》《孙吴兵法》（见《宋史·本传》），二公当时并有国士之目（皆见本传）。今第名之曰武庙，殊未足以尽其为人。况孔子庙已不名为文庙，则关、岳合祀，自应直称关岳庙乃为得当。

（三）从祀。谨按：关岳合祀典礼，自应谨遵大总统申令。稽考唐、宋武成庙祀遗规，将历代武功彪炳之名臣名将及民国开国忠烈将士酌予从祀。惟是关壮穆生于汉末，与太公时代先后不同，故武成庙从祀可自周始，而关岳庙从祀则当断自蜀汉以后。且宋以七十二将从祀武成，以比文宣七十二贤，拟议多未得当（政和二年，武学谕张滋言南仲吉甫之徒皆为周将，余如郤谷之说礼乐、敦诗书，尉缭以言为学者师法，请并配食。博士孙宗鉴又请以黄石公配。并见《宋史·礼志》）。亚圣十哲之目，出于唐相卢杞等怀私崇饰（《册府元龟》：宰相卢杞、京兆尹卢谌以卢者齐之裔，乃鸠其裔孙卢、崔、丁、吕之族合钱以崇饰之，请择自古将如孔门十哲皆配享），尤不可为训。今拟关岳庙从祀不设定额，必取其人与关岳相伯仲者，宁失诸严，毋失诸滥。谨设四例以为进退：甲、忠武可风，乙、史传有征，丙、通于流俗，丁、身为将帅。故功德显著、别有庙祀者，如诸葛亮、王守仁之类不录；文臣死事、守土就义者，如稽绍、颜杲卿之类不录；人所诟病、死有恶声者，如杨素、李勣之类不录；迹备稗野、事轶村坊者，薛仁贵、杨业之类不录；事费数典、人待论定者，如檀道济、王猛之类不录；位秉钧衡、名居裨贰者，如裴度、南霁云之类不录。录自蜀汉下迨元、明，先列二十有四人，曰张飞、赵云、王浚、谢玄、韩擒虎、贺若弼、李靖、尉迟敬德、苏定方、李光弼、郭子仪、王彦章、曹彬、狄青、韩世忠、刘锜、旭烈兀、郭侃、徐达、常遇春、冯胜、蓝玉、戚继光、周遇吉。至前清暨民国忠武诸将士，以非一时所易论定，拟暂从阙如，随后加入。其由大总统特准予祀者，不在此限。

（四）祭日。谨案：唐贞观中，以太公兵家者流，始令磻溪立庙。开元十九年，定上戊释奠礼。上元元年，追封武成王，享祭之典，一同文宣。宋、金、元沿之，遂莫不以春秋二时仲月上戊祭武成王庙，至明初而罢。是武成之以春秋二时仲月上戊祭也，盖拟于文宣之以春秋二时仲月上丁祭也。《孔丛子·问军礼》："凡类祃皆用甲、丙、戊、庚、壬之刚日。"然则祃祭，但以刚日为主，不必定为上戊，况关岳庙既不与孔子庙相配，则祭日正可不拘。是以清于关庙、春秋二仲并诹吉以祭，不用上戊。考阴历以惊蛰为二月节，春分为二月中，白露为八月节，秋分为八月中，中必在其月，节不必其月（《月令章句》）。今拟每岁以春、秋分节气后第一戊日为关岳庙祭日，仍不失春秋二仲戊日之例。不定为上戊者，嫌与上丁接近，深恐将事之人，礼烦人倦，而跛倚以临，转失敬意也。《公羊·庄八年》传："出日祠兵，入曰振旅，皆习战也。"何休注："礼，兵不徒使，故将兵必祠于近郊，此即兵祭、田祭之祃也。"以《周礼·夏官·大司马职》"中春教振旅，中秋教治兵"证之，则祀关岳于春秋二仲，正与古祃祭合。

（五）木主。谨按：宋以前祀关侯但用本称，称汉前将军而已。至宋真宗祥符中，始追封义勇武安王。元文宗天历元年，加封显灵义勇武安英济王。明太祖洪武三年，定诸神封号，尽革后世溢美之称，于是称汉前将军汉寿亭侯（其初止称寿亭侯，嘉靖十年，黄芳言："汉寿者封邑，亭侯者爵也，止称寿亭侯误矣，乃改称汉前将军汉寿亭侯）。万历中，特封三界伏魔大帝神威远镇天尊，则旨从中出，据刘若愚《芜史》，谓由掌道经厂太监林朝所奏请。清太祖在关外，沿明之习，震于伏魔之威名，尊为关玛法。玛法者，满语祖之谓也（姚元之《竹叶亭杂记》）。入关以后，遂极崇奉，顺治元年即封关圣大帝，咸丰七年又改称关圣帝君，递加封号，至光绪五年乃有二十六字之多（忠义神武灵佑仁勇威显护国保民精诚绥靖翊赞宣德关圣帝君）。考：君本道号，始见于汉武帝求神君舍之上林中（《史记·封禅书》）。前人以为淫祠称神君者起此（《留青日札》）。至元始称道号，尤尊者曰帝君，元封吕纯阳演正警化孚佑帝君、文昌为梓潼帝君可证。明世宗好道，因亦自称象一帝君。关之得道号，实作俑于宋徽宗封以崇宁至道真君（《三教授神大全》），以徽宗好道故也。不知与关生平不类，殊失诸诬。明礼部尚书周洪谟等谓，大帝、天尊、真君、帝君诸神，稽诸祀典，并无所据，俱当罢免。崇祀关岳，所以立人纪也，而以不典之称加之，嫌与淫祀无别。今孔子庙木主但称至圣先师孔子者，岂不以后世尊崇孔子在道不在爵位名称，必以爵位名称限之，则适形其隘耶。关岳并祀，所以右武而崇忠烈，故拟仿孔子之例，皆仍当时初封，但题关壮穆侯（《三国蜀志本传》，追谥羽曰壮穆侯。案《赵云传》，建兴七年卒，追谥顺平侯。初先主时，惟法正见谥。后主时诸葛亮等亦见谥，于是关羽等及云乃追谥，时论以为荣。是关侯追谥在后主建兴七年。缪为穆之假字，《礼记·大传》"序以昭缪"，《谷梁·隐五年》"宋缪公"，《汉书·韩安国传》"秦缪公"，并可取证。《周书谥法解》，布德执义曰穆注：纯也。其谥本不恶，故时论以为荣。清高宗谓史书所谥并非嘉名，应改为忠义，且命将本传改刊，似未审）、岳忠武王（《宋史·本传》："淳熙六年谥武穆，嘉定四年追封鄂王。"案《宁宗本纪》："嘉泰四年追封为鄂王"，传作嘉定四年，盖误。又《理宗本纪》，宝庆元年诏谥忠武，今从本纪），凡后世追加封号，概从省略，名正言顺，庶为以礼事神明之制，且不为世俗误会，谓感其灵运而祀，转失尚武之精意也。宋元丰三年，诏前代百辟卿士载于祀典者皆不名，况谥本易名之典。今关岳既称谥，故并不名。其从祀诸将士仍直书姓名，如孔子庙两庑之例，从其质也。

（六）献官。谨按：清祭关庙，遣亲郡王一人将事，特行崇典，则皇帝亲祭。唐贞元中祭武成王庙，以上将军、大将军、将军为三献。周显德年间亦以上将军、将军充三献官。故今拟京师关岳庙由大总统遣副总统或参谋总长、陆、海军总长为承祭官，亲诣行礼，则称大元帅，用示尚武之意。各地方关岳庙，凡在该地方行政官兼有军、警职者（如会办军务司令等类）亦应一体与祭，以起忠烈而壮军志。

（七）鼍鼓。三严用鼖鼓，谨案《周礼·庙官镈师职》："凡军之夜三鼜，皆鼓之，守鼜亦如之。"注："守鼜，备守鼓也，鼓之以鼖鼓。"杜子春云："一夜三击，备守鼜也。"《疏》引《鼓人职》云："鼖鼓鼓军事，此并军事，故知用鼖鼓也。"又引鼓人注引《司马法》云："昏鼓四通为大鼜，夜半三更为晨戒，旦明五更为发煦，是一夜三击、备守鼜也"今祀礼典礼既鼍鼓三严于临祭之前，关岳庙拟亦用之，所不同者，孔子庙取大昕鼓征之义，而关岳庙则取备守三鼜之义。考《诗·大雅·灵台》："鼍鼓逢逢，矇瞍奏公。"汉司马相如《上林赋》："建灵鼍之鼓"。马端临《文献通考》谓"诗人托之其鸣逢逢为灵德之应，非实鼓也，其制不得而详知。"又云："鼍鼓建鞚，鞚尽鼍头"，然则宋时鼍鼓已失其制，但于建鼓之鞚尽有鼍头以应鼍鼓之名而已。《月令》："季夏命渔人取鼍。"注："鼍皮可以冒鼓。"《夏小正》："二月剥鳝以为鼓。"《说文》："鳝，鱼名，皮可为鼓。"《逸周书·王会篇》："会稽以鳝。"注："其皮可以冠鼓。"可见鼍皮冒鼓为古昔所通用。《灵台诗疏》引陆机疏云："鼍形似水蜥蜴，四足，长丈余，生卵大如鹅卵，甲如铠甲，其皮坚，可以冒鼓，殆谓今鳄鱼之属。"鳝、鼍并即鼍，后世得鳄鱼不易，因以牛、马皮冒鼓，书鼍头其上，以代鼍皮（古惟祀天地以牛马皮冒鼓，易纬通卦验。冬至击黄钟之鼓，鼓用马革；夏至鼓用黄牛皮。可证陈旸《乐书》雷鼓以马革，乾为马故也，灵鼓以牛革，坤为牛故也），今拟仍之。惟鼍鼓之制当视所用而异宜，不必定为建鼓，故孔子庙之鼍鼓拟用晋鼓，而关岳庙之鼍鼓则拟用鼖鼓。《周礼·鼓人职》："以晋鼓鼓金奏"，"以鼖鼓军事"，以祭关岳庙为近于师祭故也。《周礼·考工记·韗人职》："为皋陶，长六尺有六寸，左右端广六寸，中尺，厚三寸，穹者三之一，上三正。鼓长八尺，鼓四尺，中围加三之一，谓之鼖鼓。"鼖鼓异于晋鼓者，在鼖鼓之长倍于其面，晋鼓则较短而已。

（八）改答福胙为受裖。谨按：祃，明祭及告武成王庙皆饮福受胙，清祭关庙亦答福胙。《左·闵二年》传："帅师者受命于庙，受脤于社。"《疏》："大宗伯以脤膰之礼亲弟兄之国。"今言受脤于社，明是祭祀之肉，盛于脤器，赐元帅也。《周礼·地官掌蜃职》："祭祀，共蜃……"注：饰祭品之属也，蜃之器以蜃饰，因名焉。郑司农云："蜃可以白器，令色白。"又《孔丛子·问军礼》："天子命将出征，告大社，冢宰执裖立于社之右，南面授大将，大将北面稽首再拜而受之，承所颁赐于军吏。"《孔丛子》书虽后出，然说必有本，是古代师祭皆受裖也。今拟改答福胙为受裖，示与他祭有别。裖为脤之正字，《说文》："裖，社肉盛以蜃，故谓之裖是也。凡裖宜生。"《谷梁·定十四年》传："裖者何，俎实也，祭肉也，生曰脤，熟曰膰是也。"

（九）器数之增损。谨按：唐开元十九年，始置太公尚父庙，牲乐之制如文宣，祝文书“皇帝遣某敢昭告”。上元元年追封武成王，置庙，祝版亲署。建中三年，定武成王庙乐奏轩悬。贞元四年，改祝辞“昭告”为“敬祭”，不亲署。后唐长兴三年，定武成四壁从祀诸英贤，各设笾二、豆二、簠簋各一、爵一。宋以酒脯享昭烈武成王庙，其制一遵唐旧礼仪，用中祀。金祭武成王宗翰子房各羊一、豕一，余共用羊八，无豕。元以羊一、豕一、牺尊、象尊、笾豆、俎爵行三献礼。明洪武初罢武成王庙。此历代武成庙之沿革也。京师关庙，隋已有之（《春明梦余录》，汉寿亭侯庙在宛平县东，成化十三年建，俗呼白马庙，隋之旧基也）。唐建中三年，配享武成。明洪武二十八年建庙于南京，永乐中北京始建庙，岁五月十三日祭以太牢、果品五、帛一。清顺治元年建庙于地安门外，岁以五月十三日遣祭。雍正三年增春秋二祭，五年定用牛一、羊一、豕一、白色帛一、果品五、尊一、爵三；春秋用帛一、牛一、羊一、豕一、登一、铏二、簠簋各二、笾豆各十、尊一、爵三；用庆神欢，乐设鼓一、笙一、管一、云璈一、篴二、板一。乾隆三十三年添设云锣二、方响二、排箫二、篴四、篪二、管二、笙二、埙二、鼓二、拍板二，视庆神欢加隆。咸丰三年升入中祀，乐章照帝王庙用六成，佾舞照帝王庙八佾，文舞武舞并用。而山西、河南、湖北之关庙，并列入祀典。此历代关庙之沿革也。岳于宋乾道五年即建庙于鄂，号忠烈。明洪武二十一年从祀历代帝王庙，并建庙于杭州墓侧、汤阴故里。清亦以岳从祀历代帝王，而河南、江苏、湖北之岳庙并列入祀典。此历代岳庙之沿革也。今既以关岳合祀，所有器数拟本前代武成关岳庙祭礼而变通之，殿内正位，仍用牛一、羊一、豕一、白色帛一、登一、铏二、簠簋各二、笾豆各十、尊一、爵三，从祀位器数悉与孔子庙十二哲位同。前清孔子未升大祀以前，乐用文舞六佾，今祭关岳拟改用武舞六佾，以表示右武之精神。唐制禡祭设瘗坎（《陈氏礼书》），明制禡祭亦设瘗坎，位于神位西北（《明史·礼志》），故今亦送瘗而不送燎。

（十）告祭。谨按：古者行师，出则告庙（谓宗庙），归则献社。国体更变，既无庙社之可言，凡出师旋师，应有一切祭告典礼，拟即于关岳庙行之。唐立太公庙，每出师命将辞讫，发日便就庙引辞（《册府元龟》）；明初遣将亦有告武成庙仪（《明史·礼志》）：则出师本可告祭于武成也。汉孔鲋谓“将士战全已克敌，使择吉日，复禡于所征之地”（《孔丛子·问军礼》），则禡亦可为战胜之祭也。况明永乐中建关庙于北京，国有大事则告（《续通考》）；清同治间以江宁克复，捻逆荡平，先后亲诣关庙拈香（《清会典事例》）：则出师旋师告祭于关庙，曩例固有行之者矣。周制，四时甸猎皆祭于表貉（《周礼·肆师职》）。《公羊·庄八年》传：“出日祠兵，入日振旅，其礼一也，皆习战也。”何休注：“礼，兵不徒使，故将出兵必祠于近郊，陈兵习战，杀牲飨士卒。”今甸猎之制虽废，而国庆日大阅，犹有习战之遗意，则大阅前一日似亦宜告祭于关岳庙。国庆日有定期者也，出师旋师无定期者也，因别拟大阅告祭礼，而出师旋师告祭礼可类推矣。

（十一）告祭礼之仪文器数。谨按：唐制，禡祭置甲胄弓矢于神座之侧，建矟于神座之后（《陈氏乐书》）。宋太平兴国五年，北征前一日祭蚩尤及禡牙于北郊（《通考》）。明制，禡祭建军牙六纛于神位后。故今拟告祭，亦建国旗、大元帅旗及所阅军队旗于殿，并置所阅军器于庭。周制，禡祭有表貉誓民之举（《周礼·大司马职》）。

后齐亲征亦有坎盟之说。其制则督将列牲于坎南北首，有司坎前读盟文，割牲耳承血，皇帝受牲耳，遍授大将，乃置于坎；又歃血，歃遍，又以置坎；礼毕，埋牲及盟书（《通考》）。则盟誓自为师祭所不废，故今拟采用，并仿齐桓葵丘之盛，但束牲载书而废其执牛耳歃血之末节。明制，亲征祃祭，若行速，止用酒脯、祭器笾豆各一。前清于关庙五月十三日之祭，亦但用果品五。故今拟告祭亦止用酒脯一、笾豆一，与明同。明制，亲征祭告天地宗社，皇帝服武弁，祭旗纛，则遣武官戎服行礼。故今拟告祭概用军服，不用祭服。《曲礼》："介者不拜，为其拜而蓌拜。"郑注："蓌则失容节""虑其筆甲折"。祭告概用军服，则再拜自当改为三肃。三肃者，古军服所行敬礼也。《左·成十六年》传"郤至见客，免胄承命曰'间蒙介胄，不敢拜命，为事之故，敢肃使者。三肃使者而退'"可证。杜注："肃，手至地，若今撎。"《周礼·春官·大祝》"辨九拜……九曰肃拜。"郑司农云："肃拜，但俯下手，今时撎是也。"《说文》："撎，拜举首上手也。"其状盖与今鞠躬礼为近。古祈胜之礼，既誓，众将帅勒士卒陈于庙之右（《孔丛子·问军礼》）。故今告祭亦陈军队于庙之左右，礼成恺歌而归，则取军人得意示喜之意（《周礼·大司马》："若师有功，则左执律，右秉钺，以先恺乐献于社。"注："兵乐曰恺，《司马法》曰得意，则恺乐恺歌示喜也"）。受祳之说，已别详于前。他若衅鼓（《左·定四年》传："君以军行，祓社衅鼓，祝奉以从。"汉高祖起兵，祠黄帝、祭蚩尤于沛庭而衅鼓）、奠矢（后齐制，祃祭，大司马奠矢）、酹鸡血酒（明制，祃祭，杀五雄刺血于酒碗中酹神）之属，虽亦师祭所不废，今俱不用，期省繁琐。

六、忠烈祠祭礼

民国元年，云南军都督府据公报载陆军部 × 号电内开："恳贵都督迅将前清忠义各祠分别改建为大汉忠烈祠，汇集各该省尽忠民国死事诸烈士入祀其中，由本部派员致祭，以后即由各执政春秋致祭，并于每岁旧历八月十九即武汉起义纪念日及新历二月十五日即民国统一纪念日，恭行祀典，永以为例"等因，当即令都督府军政部查照，会同卫戍司令部妥议办法具复。旋由军政部民政司咨会财政司，就原有之昭忠祠改建为大汉忠烈祠，并呈请都督府电商中央核定一切典礼在案。民国三年，云南巡按使接准政事堂礼制馆咨送《忠烈祠祭礼》一本，历经遵行无异。《祭礼》全文如下：

京兆及各地方追祭忠烈祠礼节

祭日，追祭官以下皆具礼服，预集祠门内祇候。届时，赞："引，"引追祭中官由门入，至东阶下，盥手毕，升阶上，就班位前立，与祭官随入，各于阶上中槛外序立。典仪赞："执事员各供乃职。"赞："就位，"追祭官以下各就班位北向立。赞："迎神，"赞："行再拜礼，"追祭官、与祭官皆再拜，赞。"跪，拜，再拜，兴。"典仪赞："奠帛爵，行初献礼，"司帛、爵捧帛、爵进。赞："引，"赞："诣奠帛位，"引追祭官入堂中门诣奠帛位正立。赞："奠帛，"追祭官受帛拱立，仍授司帛，奠于案正中，退。赞："诣奠爵位，"引追祭官奠爵位正立。赞："奠爵，追察官受爵拱举，仍授司爵，奠于爵垫正中，退。赞："复位，"引追祭官仍由中门出复班位立。司祝就祝案前捧祝版至案西先立。赞："引，"赞："诣读祝位，"引追祭官进中门诣读祝位正立。典仪赞："读祝，"司祝捧祝立追祭右；读祝词毕，追祭官受祝版拱立举，仍授司祝，司祝捧祝版安篚内，退。赞："引，"赞："复位，"引追祭官出中门复班位立。典仪赞："行亚献礼，"司爵捧爵进神位前拱举，奠于垫左，退。典仪赞："行终献礼，"司爵仍捧爵进神位前拱举，奠于垫右，退。典仪进至堂东，西向立，赞："答福胙，"赞："引，"赞："诣受福胙位，"引追祭官进中门诣受福胙位正立。捧福胙，一人捧福胙至神位前拱举，退立于追祭官之右，接福胙，二人进立于左。赞："引，"赞："引福酒，"追祭官受爵拱举，授于左赞，受胙如饮福仪。赞："复位，"引追祭官出中门复班位立。典仪赞："行再拜礼，"追祭官与祭官皆再拜，"跪，拜，再拜，兴。"典仪赞："撤馔"，司爵进撤笾、豆各一，少移故处，退。典仪赞："送神，"赞："行再拜礼，"追祭官与祭官皆再拜，赞："跪，拜，再拜，兴。"典仪赞："奉祝帛送瘗，"司祝，司帛、司爵进，捧祝帛、酒馔送往瘗坎时，追祭官避立西旁，俟祝帛过毕，仍复班位立，司瘗望瘗。典仪赞："礼成，"赞："引，"引追祭官仍由中门出，与祭官随出，更衣各退。

七、报功祠祀典

民国八年，云南督军兼省长唐，据士绅舒良弼等呈，为厘修祀典，以报有功，请准立案汇祀等情。当经批准，分令军需局、昆明县分别遵办。旋据昆明县呈请撰发祝文，并规定祭节、祭品各项，亦经分别撰发指令遵办。原呈及批如下：

具呈，云南士绅舒良弼、钱用中、陈度、解秉仁、陈价、张学智、马殿选、庾恩旸、马云翔、丁映南、刘嘉源、刘传经、张灏、孙荫生、金万镕、李培英、孙孝祖、陈诒恭、娄应辰、华世尧、何秉智等，为厘修祀典，以报有功，恳准立案施行事：窃自民国成立，百废俱兴，滇举义师，善政尤备。惟有祀典一事，尚有宜修祠汇祀，以表一省之公道，以报古人之隆功，谨为我督军兼省长陈之。滇属梁域，肇自唐虞，战国开疆，著见《史》《汉》。乾隆中，晋宁宋士璋作《滇省宜祀庄蹻议》，水源木本，理论最公。赵州师范采其议入《滇系》，且评之曰："宜合蒙异牟寻、段思平，春秋二仲遣官致祭，配以张建成、郑回、杨奇鲲、段宗牓、李紫琮、高泰明、高泰祥、杨智，亦风世励俗之一端也。"文人空论，无力实行。阒寂至今，宜伸公道。顾所祀之人，有不可不推广者。滇省旧有清官祠，在城隍庙内之东偏，祀诸葛亮、李德裕、赛典赤·赡思丁、雅思拉丁、沐英、周新、王恕、邹应龙、蔡毓荣、王继文、石文晟、杨名时、鄂尔泰、尹继善、陈宏谋、阿里衮、福康安、初彭龄、赵慎畛、伊里布、林则徐、潘铎、劳崇光、岑毓英二十四人。功德在民，遗像遽毁，均宜补祀，以续前徽。又考诸史书，证诸碑石，尚有郭昌、陈立、文齐、田广明、亡波、张翕、郑纯、王阜、马忠、张嶷、李恢、吕凯、王伉、李毅、王逊、姚崇、谢恕、爨龙颜、梁毘、韦仁寿、王仁求、段实、张立道、段功、把匝剌瓦尔密、傅友德、蓝玉、何孟春、顾应祥、陈用宾、郭镇、林俊、方政、沐天波、邓子龙、甘文焜、赵良栋、石琳、褚克昌三十九人。合之七十三人，或功在拓土开疆，启山川之奇秘；或功在兴利除害，进氓庶于文明。代远年湮，表章多阙，即有已建专祠者，久已视为具文，俎豆不供，饩羊并废，殊不足以彰公道而报有功。查阮《志》，咸阳王庙祀赛典赤，黔宁王庙祀沐英，康熙三十年改为一祀，道光元年移建平政街，增祀傅友德，即今报功祠。今拟就报功祠重加修葺，举祠内旧祀之三人，并三人以外之七十人，合为一祠，考时代，厘次序，仍以“报功”为名，重为定例，每春秋二仲，由督军、省长率所属亲临致祭。于祀礼则求完备，于祀典则昭划一，于经费则求节省，拟于政体、舆情、民风，均有裨益。为案，谨呈督军兼省长批饬允行，须至呈者。

附拟祀牌位衔名清单：

清云贵总督潘公铎神位

清云贵总督伊公里布神位

清云南巡抚初公彭龄神位

清云贵总督福公康安神位

清云南布政使陈公宏谋神位

清云南巡抚杨公名时神位

清云南巡抚石公文晟神位

清云南巡抚石公琳神位

清云贵总督赵公良栋神位

明黔国公沐公天波神位

明左都督副总兵方公政神位

明云南巡按使邹公应龙神位

明云南巡按使林公俊神位

明云南府知府郭公镇神位

明云南巡抚王公恕神位

明大将军凉国公蓝公玉神位

明征南大将军颍国公傅公友德神位

元员外杨公智神位

元云南平章段公功神位

元行中书省参知政事张公立道神位

元咸阳王赛典赤·赡思丁神位

大理国进奉使李公紫琮神位

南诏布燮杨公奇鲲神位

南诏臣段公宗牓神位

唐河东州刺史王公仁求神位

隋西宁刺史梁公毘神位

晋宁刺州史谢公恕神位

晋宁州刺史王公逊神位

蜀汉建宁太守马公忠神位

蜀汉永昌太守吕公凯神位

蜀汉永昌府丞蜀郡王公伉神位
蜀汉丞相武乡侯诸葛亮神位
汉句町王亡波神位
汉永昌郡太守郑公纯神位
汉益州太守文公齐神位
汉拔胡将军郭公昌神位
周滇王庄蹻神位
汉牂牁太守陈公立神位
汉大将军田公广明神位
汉安汉侯张公翕神位
汉益州太守王公阜神位
蜀汉安汉将军领交州刺史、建宁太守李公恢神位
蜀汉越雟太守张公嶷神位
晋宁州刺史李公毅神位
晋宁州裨将姚公崇神位
宋宁州刺史爨公龙颜神位
唐南宁州总管韦公仁寿神位
南诏清平官张公建成神位
南诏清平官郑公回神位
唐西川节度使李公德裕神位
大理国王段公思平神位
大理国相国高公泰明神位
大理国相国高公泰祥神位
元行省参政段公实神位
元左丞相雅思拉丁神位
元梁王把匝剌瓦尔密神位
明黔国公沐公英神位
明云南按察使周公新神位
明云南巡抚何公孟春神位
明云南巡抚顾公应祥神位
明云南巡抚陈公用宾神位
明云南副总兵邓公子龙神位
清云贵总督甘公文焜神位
清云贵总督蔡公毓荣神位
清云贵总督王公继文神位
清云贵总督鄂公尔泰神位
清云贵总督尹公继善神位
清云贵总督阿公里衮神位

清云贵总督赵公慎畛神位
清云贵总督林公则徐神位
清云贵总督劳公崇光神位
清云南提督褚公克昌神位
清云贵总督岑公毓英神位

呈文经督军兼省长批复，兹录批词如下：

呈悉。崇德报功，表彰先达，诚为风世励俗所不可废。单开请祀七十三人，或拓地开疆，或兴利除害，有功滇土，允宜祠祀，应准如请照办，所需用款，并由军费开支。除饬军需局分单制备一切，并派员勘修祠宇，妥为布置，暨行昆明县查照列入祀典，重为定例，每届春秋二季，呈请本督军省长躬亲率属致祭，以隆祀典而昭郑重外，仰即知照。此批。

八、景贤祠祀典

民国十五年，三迤士绅赵藩、陈价、熊廷权、徐斯赵、袁嘉穀、蒋松华、方树梅、华世尧、何秉智等，以拟崇重乡贤祀典，维系治道人心，仰祈鉴核准行，以资观感等情，呈奉云南省公署函复照准通令遵办，并令内务司即将景贤祠一并列入祀典在案。令文如下：

云南省公署令

为令饬遵办事：案查准三迤士绅赵藩等呈称："窃惟治道之隆替，恒以人心之趋向为依归。滇自革新以还，人心奇变，道德沦亡，虽曰潮流莫遏，究亦趋向不端有以致之。夫前贤往哲后来者之楷模也。其所以殁而祀于乡、祭于社者，不专在于崇报功德，盖使人心有所则效，不致浸淫不可挽回。如昆明之毛用成给谏、傅忠壮公、钱南园侍御，安宁之杨文襄公，禄丰之王文毅公、呈贡之文介、石广文，晋宁之徐肃庵推官、张滇州比部，弥勒之杨庄介公，师宗之何文贞公，澄江之杨玉峰少宰、李瀛仙中丞，昆阳之李复斋廉访，路南之杨忠节公，蒙自之尹楚珍阁学，石屏之袁荣之茂才、张月槎侍御，河西之葛澹渊京卿，嶍峨之周立崖廷尉，黎县之刘寄庵司马，景东之程月川中丞，剑川之段恭节公、杨梦苍给事、赵云升部郎、王拱亭孝廉，弥渡之谷西阿给事、师荔扉大令，姚安之高雪君土府，洱源之王乐山大令；又如大理之盛、张，嵩明之兰、贾，邓川之二艾，保山之二袁：或道德文学，或气节事功，靡不泽流当时，声施后世，史乘昭昭，乡邦矜式。其已从祀于学宫者，自有春秋祭典。惟查各属地方亦有已别建专祠者，但供人之凭吊，至于俎豆之设备，类多阙如。岁推月移，寝成荒芜，大非邦人君子畴昔创建之本旨。应请通饬各县查明所属，如有上列及未备载之乡贤祠宇，一体保护修葺，列入祀典，毋任毁坏废弛，致失观感。至此次省垣新建之景贤祠，应请一并列入祀典，春秋二季，敬谨致祭。其后裔如愿随班行礼，亦听其便。庶乎流风遗韵，久而不没，后进士类，亦得采摭言行，奉为圭臬，同趋正轨。再查本省祠宇，凡在滇有功德于民者，合祠如报功，专祠如升庵，均岁时有祭。矧历代乡贤，文章事功，焜耀史乘，而祭祀曾不之及，尤非事理之所应尔。是以不揣冒昧，合词呈祈钧长俯赐鉴核，分别施行，不胜祷切盼切之至，等由。”准此，当以所呈各节，系为维系治道人心起见，自应照办函复，并通令各县遵办在案。合行令仰该司将此次省垣新建之景贤祠一并列入祀典，春秋二季，敬谨致祭，以资观感。切切此令。

九、修建咸阳王专祠

民国元年七月，云南府兼昆明县暨民政司自治局会呈军都督府及民政司请建咸阳王专祠并修墓，当奉批准。旋于是年八月将钱局街三皇庙改为咸阳王祠。原呈如下：

窃维崇德报功，禋祀系万民之望，移风正俗，礼经详五祭之文。先民已往，而遗爱常留，其祠祀而尸祝者，匪曰思古，正以勖今也。夫人群进化，有开必先，滇自庄蹻入王，变服从俗，汉唐羁縻，迄有宋玉斧一挥，而西南奥区几沦殊俗，非有大经济家、大政治家，从而劳之、匡之、直之，率作兴事，以教以养，则图腾时代不将长此终古乎！然则咸阳王赛典赤之有大造于滇，洵空前绝后之第一伟人也。王以元至元十一年莅滇，采风问俗，慨然曰：“纲要风化，刑政军旅，未非不自教养始者！”于是建孔庙，兴社学，垦荒勤农，轻徭减赋，事事与民更始。而功在一时，利赖万世，尤莫如开渠引水、凿浚海口之举。省城东高西凹，冲旱不均；王视民好伤，相其阴阳，观其流泉，凿石龙坝以泄滇池，而淤泽成沃壤者万余顷。又沿东方高亢处引邵甸水开金汁渠，并瀹马料、宝相等河，筑闸启闭，以资灌济，而荒丘变膏腴者亦万顷。滇人粒食，至今永赖。乡父老类能言之，只知其利之溥，而不见其行之维艰也。局长廷梁，职司自治，以水利之于民生关系极重，督饬员司，从事疏浚。数月以来，智竭力殚，王之治迹，罔不亲历，始如难莫难于创始，当日经营缔造必且什佰过之也。王固已矣，而治滇之苦心孤诣，诚有令人崇拜之、讴思之，发露于不自觉者。刘献子“巍巍禹功，明德远矣。微禹，吾其鱼乎！”不禁为王诵之。乃庙则沧桑已改，墓则倾圮失修。称先复古，责在有司。因与府长尧一再筹商，敢援法施于民之义，借展里人爱敬之忱，拟就东门外青帝宫或内北区之太阳官改建专祠，春秋官为致祭，俾人民耳目一新，匪惟表示尊崇，抑且破除迷信，实属一举两得。其斡尔朵王陵，拟用白石修砌，更建享堂数楹，用符体制。至应需经费，滇人士食德服畴，早经捐集。惟胥钧宪之提倡，庶几堂皇光大，千古不刊，典型与日月同昭，庙貌偕山河并壮，于新国、彰善、褒功之道，不无裨益。所有请建咸阳王专祠并修墓缘由，谨合词上陈，伏乞衡核批示，赉予表章，实叨公便。

十、修建杨文襄公祠

民国十一年一月，云南省公署据军、警、学、商、绅代表赵藩等呈，请将海子边租作洋枧公司公房一所拨作修建杨文襄公祠堂，经照准令警察厅遵办。兹录《修建杨文襄公祠议》如下：

岁星在重光作噩，滇人士谋建文襄公祠于省城，议曰：公功在国家，名在天壤，光在桑梓，精诚不朽在著作。今世称公率据《明史》本传，本传沿《明史稿》，《史稿》则杂采公自著《关中奏议》《西征日录》《制府杂录》《石淙类稿》及明人李梦阳《空同子集》、王世贞《嘉靖以来首辅传》、徐咸《皇明名臣言行录》、唐鹤征《皇明辅世编》，谈迁《国榷》、司马泰《文献汇编》、沈节甫《纪录汇编》、雷跃龙《石淙传》，宜若无异词矣。顾本传何足以尽公哉！功业如王阳明至矣，而计擒宸濠，先谒公于金山，公搬换一室，指授兵法（张大复《梅花草堂集》），是公超于阳明也。记诵如杨升庵博矣，而过镇江，阅公藏书，叩以疑义，公皆成诵，慎大惊异，益肆力古学（《明史》慎本传），是公超于升庵也。诗如李西涯，一代之宗工也，而朱竹垞谓公古体原本韩、苏，近体兼师陈、陆，观《石淙集》实有高出李者（《静志居诗话》），是公超于西涯也（竹垞又云："弘正间诗道旁落，其可识曲而听真者，李文正、杨文襄也。"）。识拔人才如吕枏、李梦阳、罗钦顺、康海、马理、张璿、王守仁、乔宇、陆深、邵宝、何景明、崔铣、谢纯，无不大显于天下（参雷《传》及师荔扉《滇系》），孙夏峰至举之以励孙高阳焉（见王阮亭《池北偶谈》）。正德中，武宗南巡，幸公第，赐诗十二首。公咏《元宵》诗，世庙易其字。两朝宠遇，宸翰炜煌，千古盛事（《列朝诗集》《明诗综》）。嘉靖中，公进讲《大学衍义》，御制五言，公等和之，集为一册，名《翊学诗》（张萱《重编内府书目》）。出将入相，谋无不酬，当时目为"智囊"（冯梦龙《智囊补》）。至于轶闻韵事，犹不止一二。成化初侨居镇江（韦秋山《诗序》），乙巳归滇修墓，置祭田，树封碑，移旧居"石淙"之名以名新居，自号"三南居士"（李东阳《石淙赋》）。三南者，生于滇南，长于湖南，老于湖南（崔铁《石淙对》）。史载公貌寝：考丹徒柳氏《宗谱》，武宗呼公麻子（朱淳摹其画像）。史载公无子：考张大复《梅花草堂集》，裔孙九华藏公遗像，是十三聘童子科，乃至出将入相七十余年，历历具在，知公之有后也。有明之季，公遗文剩板，剥落殆尽，所存者惟门馆之镇石（据《梅花草堂集》），玉带留镇焦山（《焦山志》），殆即正德五年十一月二十五日御赐于左顺门者（据《西征日录》。按：玉带甚宽，玉共三十，方圆不一，遭乱失去，梁章钜抚苏得而还之山寺，今犹存）。学宗洙泗，力崇横渠，是理学家也；砥柱诗刻，神肖颜碑（在焦山），是书家也（滇图书馆藏公自书《林隐辞》手卷，并印《与滕危言》六札）；藏宋思陵书《养生论》，见称西涯（《三希堂帖》），是赏鉴家也；表章《鬻子》《鹖冠子》《华子》《尹文》《公孙龙》诸子，考别真赝，不弃其书（见公作《新刊子书序》）是校勘家也。孙育反噬，公吊其丧而慰其子曰："尔父岂负我者！我为人陷，波及汝父，汝父欲保身，万不得已，姑借我免祸耳。吾独不能讳之，是我又负汝父耳。"（陆辑《蒹葭堂杂钞》）公之忠厚待人又如此。盖虽一言一行之细，无弗动人景仰者。矧道德文章，奇勋伟略，足以比姚崇之才，而兼吉甫、方召、赵充国、马援、郭裴、范韩之长哉！（王鸿绪《明史稿》谓其才一时无两，人比之姚崇。雷《传》谓嘉靖三年，诏比吉甫、方召、郭裴、范韩。《本传》谓诏比之郭子仪。公集谓有素以体国自许，谅不在赵充国、马援下之喻。）今安宁有公《故里碑》，升庵题云："四朝元老，三边总戎，出将入相，文德武功，於戏休哉！"公墓在丹徒某山（丹徒友人李君惺初函及之），顾未知宰树何如，后竟无闻。门馆又圮，而祠则自来阙如。夫以淫祠之滥，私祭之诬，尚多附会而辉耀，况以数百年代、数千里地之一人，竟使之阒寂无祀，岂人情哉！谨议。石屏袁嘉穀敬撰。

又有《修建安宁杨文襄公祠募捐启》，兹录如下：

窃以名传国史，为经天纬地之人；殁祭乡社，即敬梓恭桑之谊。望古遥集，闻风兴起，在前朝既倚为柱石，在后进宜奉为典型。有明杨文襄公者，安宁人也，毓秀钟灵，揆文奋武，匪但一乡之望，实为全省之光，万里增辉，千秋有耀。幼传谢庄之慧，壮称邓禹之才。入作纯臣，出为名将，胜杜预之武库，呼晁错为智囊，尝驱小丑于河套之外，久垂大名于宇宙之间。成奏议于关中，无愧陆贽；立勋名于塞上，何让班超。二十年间，夷不犯境；六千里外，人尽屯田；虽赵充国之筹边，贾长沙之建策，不足过也。至若外破雄藩之叛，内除媪相之奸，大憝成擒，元凶授首，虽复绛侯无罪，白傅受谗，贝锦南箕，令人於邑，然而三年零雨，方悟姬相之冤；五月飞霜，随释邹阳之狱，究何伤于青简！继仍秉其白旄，再起东山，三临西徼，重勒燕山之绩，更扬鱼海之威。继而辞官释绂，投印悬车，似张禹之归乡，如韦贤之就第，饯国门者美苏氏之还，过岘山者哀羊公之去。帝幸其宅，老臣之侨寓犹荣；天生此人，故国之山川有色。嗟嗟，如公者，王霸之略，社稷之功，气泄金碧之灵，文薄云天而上。贤良之祀，旧典所同；祠宇之建，故乡犹阙。临石淙之水，如有所思；望笔架之云，能无同慨！况表彰往哲，即诱进乎后贤。前有赵文，曾希踪于随会；后有宋瑞，亦抗志于欧阳。借彼前修，以资观感，意甚善也。今者吾滇诸君子，爰集同人，广征众意，以为当时伟业，有原利于国家，后代扬徽，当馨香于里社，欲构群材而厦，遂属下走以操觚。自愧柔翰，难扛龙鼎，尚期众腋，共集狐裘。庶几丞相之祠，与武侯而并峙，君子之泽，偕昆水而长流，岂不懿哉！昆明陈荣昌敬撰。

十一、蔡松坡祠

云南督军兼省长唐继尧，曾经通电主张在滇设立蔡公松坡专祠。后复由省议会咨请，当经省署派员勘得南城外珠市桥虫蜡公司官地之一块，南北长二十二丈，东西宽一十二丈，与援黔忠烈祠并排毗连，颇为适用，随时筹款修建。

十二、黄武毅公祠

民国三年，经刘祖武、杨蓁等呈准，以荩忠寺故址改建黄武毅公专祠。七年九月九日，由督军兼省长唐率属迎神牌入祠展祭。十年九月十三日，李修家、马为麟、秦光第、黄石等复请增入祀典。当经省署指令照准。

十三、姜孝子祠

省垣小东城隅崇孝巷，旧建有姜孝子祠。民国以来，经省会士绅李棻等呈请拨款修理。嗣经省署批令募捐，并饬财厅发银五百元，以资提倡。旋复由该绅等呈请，列入祭典。经批准附入文庙之忠孝祠合祭。

婚丧

滇省民族繁多，边地各族婚丧，颇多特殊习俗。内地汉族则皆来自中原，其俗亦与中原略同。民国以后，多有变迁，亦略同中原。兹就《民政》季刊、月刊及《云南边地问题研究》各书所载，择要汇编如下：

一、内地

按中国国民党中央统计处编《民国二十二年之建设》一书，内载《云南风俗调查纲要》，据云收到一〇八县，而《云南民政》月刊、季刊等所载仅十余县，盖择其叙述详明者付刊而已。今据此编入《内地》一目。

（一）婚嫁

男女订婚，多主之于父母，近亦有由男女自订者，惟仍以父母为主婚人。其由父母代订者，亦多征求男女本人之同意。至订婚手续，则先由男家请媒求婚，女家允诺，则将女生辰年月日时口告媒人，转告男家，名曰“给口八字”。男家再请星士推算，如无冲克，则约期订婚。届期男家买糖、茶、酒、肉、首饰等礼物，遣媒送之女家，女家乃正式将女生辰用干支字书于红帖，由媒转交男家，名曰“拿红八字”。“给口八字”有称为“许口”者，有称为“过小礼”者，有称为“插香”者。“拿红八字”有称为“下定”者，有称为“押八字”者，有称为“书庚”者，昆明则曰“过礼”。

男女订婚时，即以红庚为婚约，其式如下：

内面书：乾造某年某月某日某时健生
　　　　坤造某年某月某日某时顺生

皮面书“天长地久”或“天作之合”等字样

按：庚帖内年月日时，系用甲子、乙丑等干支字代书，不明书某年某月某日某时字样，故亦名“八字帖”。

背面书：某年某月某日主婚人 ×××/××× 订　亦有省略背面书者。

近日举行新式结婚者，则于结婚时用官制婚书为婚约，其式大致如下：

乾/坤造生于某年某月某时

结婚人男×××/女××× 押

主婚人 男族×××
女族××× 押

证婚人 ××× 押 ××× 押
××× ×××

书面写明官制婚书，后面书年月日立。

结婚典礼，多数地方乃行亲迎之礼；其不亲迎者，则由男家之母或姑母或女媒往迎。新妇入门后，行合卺礼，有即日拜堂者，有次日拜堂者。所谓拜堂，即新郎、新妇同至中堂拜见祖宗、父母、尊长并交拜成礼之谓，即古庙见之遗而变通之者也。近日行新式结婚礼，则多于公共礼堂宣读结婚证书，由男女及主婚人、介绍人、证婚人等以次于证书内盖印，并由男女交换证物，并向主婚、介绍人、来宾行三鞠躬礼或一鞠躬礼，不似旧仪之繁缛矣。

男女结婚后，或三日，或一月，同至岳家，谓之回门，即古双双返马之义。新郎必遍拜岳家亲族，次年新岁亦必备脯酒到岳家各亲族行拜年礼。及生子女时，婿家又备礼物亲往岳家报喜；岳家则备小儿衣帽、饰物及产妇食物等送之女家。

结婚年龄：普通多在十五六岁以后，二十二三岁以前。迤南结婚较早，有十三四岁即结婚者。省会近有迟至三十岁左右始结婚者，然甚少也。

妻死续娶，谓之续弦，俗谓之填房。其续娶之妻，若为未婚女，则礼节与初婚大致相同；若为后婚妇（即寡妇），则须与妇之翁姑、父母两家协商，得其许可，并得妇之同意，则给妇之主婚人银物若干，出立婚据，便可迎娶，一切礼节均较简略云。

妇人因夫妇不睦而离婚改嫁者甚少，近年亦偶有之，不过千百之一而已。其夫死而改嫁者，大抵未生子女者为多。但夫死后须守孝三年，至少亦须一年，然后改嫁，否则为社会所不齿。其生有子女因无人抚养而改嫁者，则改嫁时必先议定：若系男孩，则须由后夫承认抚养若干年后，乃令其归宗；若系女孩，则承认抚养至成年出嫁时。亦间有以母女二人同嫁父子二人者。惟习俗仍以守节为美德，而以改嫁为可耻，必于桥路或庵庙内上轿，且于夜间行之。

赘婿之风多见于近省及西路各县，东路则甚少，惟有女而无子者间行之。而赘婿往往见轻于族人云。

纳妾之风盛行于暴富之家。民国以来有纳妾至数人以上者。惟乡村生活艰难，仅无子者行之，余则一夫一妻而已。

童养媳乃贫家不能抚育其女，价卖与人作童养媳，俗呼小媳妇。及成婚之年，行结婚礼，谓之团房。

（二）丧葬

始丧情形：当弥留时，即代沐浴易衣毕，于居室正中设床，名净床或灵床，铺衾被，置红枕，以红布或绫缝成，内实以棉或丝。设置毕，由子女抱出放床上，含以玉口盒或大枣一枚，内置银、米少许，子女环呼。殁时匍匐举哀，以红线绕足，床下点灯，头前烧香，焚纸钱于门外，后以绫或湖棉缠裹衾被，名为小殓。

小殓毕，倩日者择时入棺。届时雇专司装殓之役三四人，置棺于旁，阖家举哀，跪禀入棺。禀毕回避，由役人放置停妥，复集举哀。棺内空处，由役人用松香、灰包及栗炭等填塞。当入殓时，如系父丧，须请族中长辈监视，并由孝子叩头，请其下钉盖棺；如系母丧，须请母之后亲监视下钉盖棺。

成服一名堂祭，普通于晚间举行。先由赞礼生呼孝子及阖家孝眷人等转出孝堂，行堂祭礼，于是男女孝子均跪于灵柩前。礼生又呼“顶冠”，帮丧者即将三梁冠与粗麻布授与孝子戴之。次呼“著白”，帮丧者又将孝衣递与孝子穿之。贫家无孝衣者，则用白布束头。次呼“束绦”，又将麻绦递与孝子束之。次纳履。次执杖。以上各事完毕，四叩首行献礼，将香、酒、馔食、浆茶等物逐一献讫。读祭文。读毕，再行四叩首礼。孝子及阖家孝眷人等转入孝堂举哀。昆明则于是夕请僧作佛事一坛，外县亦有行之者。

讣告形式，约分两次。将小殓之前，雇一役随孝子至亲族戚友之门，先呼“某府”，不待应声与否，即呼“某某之父或母已故，孝子、孝孙来叩首”。孝子即在门前一叩，若系期服至亲须面叩。再订期发引讣告。贫寒之家则但于门外贴哀告，其各亲友处皆不用讣文，只央人到各家告诉。惟中产之家，除门外贴哀告外，各亲友处尚须用讣文告之。

吊奠礼节亦分两次。初丧闻讣，即日或次日往吊，多数备锡纸、香烛等物，到丧家于灵柩前行叩首礼或鞠躬礼，将香、纸等焚化。孝子亦在后堂叩头还礼，礼毕唁慰返。亦有不备以上各物，但唁慰数语者。乡村中人多闻讯即先往吊唁，不待讣告也。至展奠之日，复另备吊礼往奠，或用银封，或用水礼。均酌量酬答，大抵寅友谊用毛巾，亲谊则用布匹。酬席则多用四盅四盘，饭上茶亦随之。孝子到席前谢客，或酬帛一叩，或在孝堂内还礼。自有风俗改良会以后，省会均已取消酬帛矣。外县节仪较繁，至亲之家，有杀羊用亭抬往吊奠者。至则先到司书处，将所送奠仪交纳登记；帮丧者引至灵前，赞礼生呼行四叩首礼，献酒肴等物；读祭文毕，又行四叩首礼。孝子在孝堂内叩首还礼毕，起向孝眷人属、赞礼生等揖退。近亦有改四叩首为三鞠躬者，然在至亲则仍旧也。

发引仪式：在发引前择日成主，请鸿点、鸿书、大宾，待遇优隆，孝子跪于门前接入，请四宾陪之（外县尚有多于四宾者），敬香燃烛。先请鸿书书神主，孝子正跪，默想音容。书毕，又请鸿点，孝子正跪，礼生用针刺指血，口称“请大宾先点内堂，穿内神，神在；点主，主存”；次点外堂，亦复如是：“点左耳，耳聪；点右耳，耳明；点上端，天长；点下端，地久。连点三点，连升三级。”事毕，孝子诣大宾跪叩称谢，并谢陪宾。礼成。展奠之先一日家祭，次日乃展奠，又次日发引，有接引佛诸神像及狮象鹿马、各项彩亭、二十四孝、吹鼓手、哭丧调、粗细等乐。如系富家显宦，则踵事增华，往往费千万金以炫耀邻里。至送殡亲友、至亲穿孝衣，或执绋。孝孙手执丧杖引幡，均戴一梁冠。孝子执丧杖，戴三梁冠，衣麻衣，分大小次序，在柩前哭送。女眷则服白衣，在柩后哭送。送殡者至回灵处所，孝子跪棺后，起立叩谢。如有未婚媳，须戴孝祭奠，并拜家长，于柩旁席地坐，略尽寝苫之义，饮以枣汤，簪花挂彩，随往送殡，至回灵地，用轿送回娘家。近有力矫浮靡之习，将上述繁文概行删除者，然尚不及万一也。

安葬：如系在祖茔，则无甚仪式，只请堪舆家用罗盘将方向测定，桩线碇好即挖井。挖讫，用石磺、雄黄撒于井内以辟虫，即下棺。下棺后，孝子用衣兜土三次，放于井内，向助葬者叩谢而已。如系新地，开井后须用石燕、海马等物置于盘内，再用绘龙纹之盏盖之，置于井内，围以银朱。又朱书买地券于砖上，置于井内，或无砖则用纸书契，焚于井中。措置既毕，然后下棺安葬。

居丧制度：前清居父母丧，均二十四个月或二十七个月。在服丧期间，只服粗布，不预宴会；不得已应宴会时，则坐不中席；间亦有不饮酒、不茹荤、不娱乐、不入寝，甚至有庐墓者。近则古礼尽废，往往于柩前饮酒食肉，未期而娶，亦恬不为怪矣。然未满百日，男不剃发，女不插簪。省会则仿西俗，于左臂缠黑纱，亦尚有饩羊遗意焉。

祭祀礼节：在初丧三十五日名“五七”，营斋祭，请僧超荐三日或五日、七日，量贫富而行。百日名“百辰”，斋祭，期年名“周年”，斋祭。此外，生辰、忌日、立春、清明、天中节等，均用荤席祭，七月中元接新亡，较接旧亡早数日。

女子之地位：女子向无承继权，讣文内不列名。近日始有男女并列者。其丧期与男子同，惟已嫁者则视男子降一等。

二、边地

《云南边地问题研究》一书，对于边地民俗之调查，颇不乏人，惟只详西南两路，且不免驰骋文词。《民政月刊》所载风俗调查纲要，则于边地极略。兹就《云南边地问题研究》一书所载，删华存实，并参以《民政月刊》所载，甄录如下：

（一）西路

野人：野人同宗不婚，为一夫一妻制，亦间有纳妾者。其婚嫁仪式分两种：一与汉人礼节相通，任听父母之命与媒妁之言结合者；一则由男女心许，至两情极热烈时，则禀请父母，央求媒人而撮合焉。聘礼多用砗磲、珠子、琥珀、耳筒、黄牛、酒、大鉼之类。间亦有因争索礼物而至嚷闹者，故亦或有抢婚之事，惟甚少耳。迎婚之日，男女两家亲属咸来集会，椎牛置酒以为欢。至夕则青年男女亲友围绕新郎新妇，笑谑歌舞，达旦不休。

其于丧葬，则衣衾棺椁均极简陋，富者亦以木板数块拼合为薄棺，贫者则但以木槽装尸入葬而已。葬仪用煮熟之鸡卵二枚于旷野中掷之，如抛弹然，更迭丢滚，至于若干次数，视两卵在何处相遇，即以为吉穴而就葬焉。制多土葬，惟孕妇及产死者火葬，夫在妻孕期中死者亦火葬。墓以草茅扎制而成，其高者至二三丈不等，墓之前后左右均掘深壕，据云系孔明所教，须如此其子孙始能繁殖云。平时有家祭而无墓祭。

摆夷：民间皆一夫一妻制，惟土司则间有纳妾者。又官民不通婚姻，土司但与土司为婚。其土司婚礼，略与汉人同。民间则以男女交际极自由故，其婚姻均由男女自订。及婚娶时，如两方家长心愿，则新郎须至女家亲迎；如两方家长有不乐意时，或某一方有苛求时，则男家常聚众抢亲，有时亦无抢亲之原因而仍为抢亲之举动者，殆习俗使然也。

傈僳：大抵皆一夫一妻，惟夫死妻必再嫁，妻死夫必再娶。其订婚手续，有南北部之差异：北部傈僳重媒妁，竟有幼小许配之事，盖与汉人同也；南部傈僳则有拐婚之行为，所谓拐婚者，即不经媒妁，由男女自订者也。惟男女既经相爱，若欲实行订婚，则非经过媒妁之阶段不可，亦非经过正式之礼聘不可。订婚礼物，大致为牛、酒。及结婚时，男女数十人拥新妇步行，沿途歌唱，及至夫家，杀猪宰牛，群聚饮酒，遂成夫妇。又以木刻一枚为结婚信物，此外并无妆奁等物也。

人死用棺木装殓、延道士讽经后，即舁往山中瘗埋，不用土石为墓，惟就瘗埋处架木如房，或即墓之另一种形式也。葬后数日，则杀猪宰牛，置酒邀集亲戚为大祭，号哭之余，痛饮而归。是后则无服制，亦无祭奠。

怒子：多一夫一妻制，南部间有纳妾者。北部则略同古宗。婚姻皆甚早，有八九岁即结婚者。其婚嫁仪式，略分二种，一似汉人之童养媳，一为及婚之年龄而说配，要皆注意媒妁之言。属于前者，凡男女至八九岁时，父母即请媒妁为之订婚，并将女迎至家中养育。及至可以成婚之年，又备礼使之成婚，即另建屋成家，与其父母分居。父母随意给以田产，不争多寡。幼子则奉其父母同居，遗产亦由其承受云。属于后者，凡男女年龄达到可以成婚时，亦仍由父母请媒妁撮合，为之聘定。聘定即行结婚，结婚后即与父母分居。其婚聘之仪式分两阶段，定聘时则由男家出活牛一二头，干牛若干头——所谓活牛者即黄牛，而干牛则指黄牛以外之礼物而言。此类干牛礼物，通常用酒一瓶、麂皮一张、铁三脚架一具、铁锅一口、铜瓢一把、布一匹等。聘礼去后，不久即可定期成婚。成婚之日，数十男女拥新妇沿途唱歌，步行至夫家。于是集会亲友，杀牲宰牛，饮酒作乐，男女相混，和歌蹈舞，期在必醉，有延长至两三昼夜而不休者。其为童养媳者，婚礼之后即住夫家，待至长成之年，始与夫同房。其为成人结婚者，则婚礼之后，仍由亲友将新娘携回母家，越数日再接回夫家使成夫妇。又夫妻如不睦，可自由离婚。若女子于订婚后不同意时，可别就爱人私逃，再议退婚，赔偿聘礼。如认赔牛三四头者，可先交一二头，余至结婚再交，亦有迟至结婚后一二十年始交全者。在未订婚之前，男家多以卜卦决之，不似汉人之算命合婚，因其俗不知记生日也。

丧葬则死后不用衣衾棺椁，贫者则以新布一块裹尸，停至三日即葬，富者则停至五六日，若天热则葬期较速。来吊者均以酒、米等相助，不用祭品，惟以酒灌入死者口中，哭讯“何以即死”而已。家人祭奠，亦略如是。待亲戚先后齐至即送葬。葬时用木板四块砌入穴中，或用木槽移尸其内，以土掩之，葬事即完。亲属皆送至坟上。送葬男子皆抽所佩长刀乱舞，直到坟上始罢。葬地不预卜穴，但于临葬时用三根粗如大指、长约尺五之栗棍，将两端削尖，用手直丢，在距离七八尺远之外，如三棍均能直立地上，即以此为吉穴，否则另觅云。葬后并无拜扫。

曲子：曲子一作俅子，亦曰曲夷，或作俅子、俅夷、求子、求夷，皆译音之别也。其婚俗皆一夫一妻，略同怒子，一准于父母之命、媒妁之言。至婚嫁仪式，则分三步骤：第一为议婚，所用之礼物，为酒一瓶、刀一把；第二为订婚，则用牛一条、猪一口、麂皮麂皮各一张；第三为结婚，结婚之时，由数十男女拥新妇步行至夫家，集合两家之亲朋，设宴饮酒，歌唱庆贺。

死后用水葬或用火葬、土葬，至不统一。大概近水死者则进行水葬；如有举行火葬之必要时，则用火烧，其土葬者，并无棺木，但以一木板将尸舁至僻静处，掘坑而埋之，其上则搭一木架。

古宗：古宗为藏族之别支，婚俗一妻多夫。大抵弟兄数人同娶一妇，不能同时在家。每人有攀指一枚，其形似拉弓时套于指上以防弦伤及指之器，在家则悬于门上，出门则插于发中。长在家则次、三在外，次在家则余均在外，总之不能同时有二人在家也。然例外又有一夫多妻之事，缘其俗，凡富家有较聪慧之男儿，辄送之出家为喇嘛，依佛制不得结婚；如其家有女儿数人，则共招一男人入赘故也。

葬法约分三种，曰天葬、曰火葬、曰水葬。天葬、火葬，惟喇嘛用之，水葬则用于一般人民。所谓天葬者，死后则悬尸树上，或分割成块，名曰“下八块”，由喇嘛念咒后，陈于石板上，使鹰鹯飞来啄食。其俗谓被啄食净尽或衔之高飞，则死为有功德之人，因有功德者修行有素，其肉身极净，故天鸟始来啄食；反之，无道行者，其身秽，即鹰鹯亦不之食也。故其人死后，以天葬为荣。所谓天葬之意义如此。火葬则于喇嘛死后，火化其尸。其有德者和灰捏像，供于寺中。其德行浅薄者，则焚后随风吹散，或收而土葬、水葬之。水葬即于人死后放置水中，无何种特异之点也。

卡佤：卡佤婚俗，一夫一妻。订婚礼物为槟榔与茶叶。人死无棺木，但以竹物舁之而土葬。

案：以上李生庄调查，其傈僳、怒子两节，略参《民政月刊·干崖风俗调查纲要》及张家宾《怒江风俗调查》。李云：边地人种不下数十，而其风俗大概与所述七种无异也。

葫芦王地：其俗除同胞姊妹外，凡家族中姊妹皆可婚配。不论男女，长成至十七八岁时，互相跳舞歌唱，如能情投意合，即发生关系。男子若欲求婚，则先将女子藏匿，再请同伴（即媒妁）向女家说明。若许可则先聚会，以饮茶为订婚之礼。待生育子女后始正式结婚，以吃肉为礼，男女家宾客各带兽肉一二两作为赠品。

人死后用竹帘一块周围裹住，埋于土中，别无何种仪式，其俗以人死为天所不容云。

案：以上据李景森调查。

（二）南路

思普边区：思普沿边人种不下数十种，而以摆夷一种占百分之八十以上。摆夷婚姻，均男女自负全责。其男女交际极自由，捉蝉捕鱼，田歌夜访，丢包侑酒，在在均为男女求婚机会。除有夫之妇外，凡属处女，男子均可与之往来。如男至女家，其父母兄弟视为宾朋，引为光荣。如在家未便亲近，则有楼下夜访之事。即凡在楼下夜访之女子，即不啻高张艳帜，男子均可向之接谈。若男女情投，则女子启栅延入，然后双方告之家属，男子即到女家服务，男女共同工作，尽可亲近，但不得苟合。至一两年后，则就女家成婚。婚后有返男家者，亦有独立成家者。不拘在男家或女家，均当自食其力，所有财产各自照管。及生有子女，彼此互信可以偕老，乃合并男女所有之财产于一处。万一中途发生离异，则共买蜡条一对，同到缅寺对大佛爷叩头，即告分别。亦有分手之时，男女互祝各得满意之配偶者。

葬法有火、水、土三者之分。火葬多贵族行之；凶死及受传染病死者，皆用水葬；土葬则多不用棺，凡月之朔望二日即为出殡之期，垄山封树为识。岁一祭或数祭，各勐不同。在祭期四十日内，禁止婚娶屠宰。居丧不哀，惟赴缅寺祈祷，或请佛爷到家念经超度。贵族富室，以金、珠、象、马供诸佛前。平民阏灵不得过十五日，贵族则可多延时日。

案：以上据省督学李文林调查。

河口边区：依人婚俗，男子十五岁即娶，女子十三岁即嫁，要以女小于男为原则。婚娶时男家先备礼物，普通为猪一百二十斤及其他衣物等件。女家陪嫁，多以被、席、箱、柜成为妆奁，余略与汉俗同。苗人成婚不须媒妁，纯由唱歌跳乐为媒。男女唱乐相恋有情后，男即到女家说亲。女若亲款以烟，即为许婚之号。嫁女时以火枪为唯一之礼品。都夷人则须有子而后嫁。扑拉等与汉俗略同。沙人婚姻，与汉俗略同，惟行招婿制，婚后三年，男即可约女离岳家另立门户。男子若欲为人婿，须先邀媒说亲，俟得允许，即可备礼成婚。普通以法币六十元、酒一百二十斤、猪一百二十斤、鸡鸭六对、米八十斤及鸡蛋、糕饼等为礼，但亦有纯由女家贴者。若男子欲娶来家中者，备礼例须加倍。亲迎日必须请客，但不用柬帖，惟以槟榔表示。其法系用槟榔树皮与芦叶合成，大户送四口，小户送两口。客人被邀赴送贺礼时，即吹唢呐，敲铙钹、锣鼓，入席饮酒，辄尽时日，并唱《沙人歌》以为欢，且以此判胜负云。客人送礼，鸡、鸭、银任便。其丧葬略同汉俗。瑶人婚俗略同沙人，惟男往女家为婿，必从女姓，沙人则不尔。其嫁娶以客多为荣。往贺者除款以盛筵外，并厚赠之。例如客送红布一方，主即回赠猪肉两斤；若送鸡一对，主即回赠猪肉一腿云。其丧葬则异于沙人，用火葬，不请客，不讽经，不择地。

案：以上据甘汝棠调查。

麻栗坡边区：麻栗坡一带婚丧风俗与河口一带略同。惟有侬青一种，在各种人中较为进化，婚姻以父母之命为主。但女子结婚后，次日仍返母家居住，须俟有孕临盆始归夫家。倘无孕育，即终身不返。在此回住母家期间，暧昧之事，不一而足，相习成风，恬不为怪。

案：以上据叶桐调查。

金河边区：除汉人外，婚姻皆系自由。摆夷于男女成年时，相悦自配，但须双方告知父母，然后由父母托人纳聘，其聘金有至二百元者。选期迎娶，先以酒一壶、肉一块送往女家，至期以马迎娶，无马者两家亲友送迎而来，主人宰牲宴客。来去之时，浇水为乐。丧葬则富者用棺装殓，贫者但制竹帘裹尸，三日内即葬。普儿一种，丧葬与摆夷同。瑶人婚娶，聘礼亦重。凡女家长幼亲族，率其女与夫家，则设席痛饮竟日。临去时男家另宰猪肉送女之直系尊长，每人一腿，其余亲属各得一脔，有时宰牲至五六口之多。人死后则择平坦之地而埋之，近亦有用棺者。阿泥、蒲拉、罗罗、沙人、普儿、苗子等，聘礼皆重。亲友作贺，只送铜钱数枚。主人宴客，男女联席痛饮，彻夜不休，或吹芦笙，或吹树叶，手弹口唱，音韵合拍，男女跳舞，随拍而歌。河泥一种，死后则亲友环哭跳舞，竟夜不休，青年男女借以相悦。一二日内送葬，以后永不拜扫。蒲拉、罗罗、沙人，丧礼略同汉人而简。罗罗尚行点主之礼。苗子死后，子女亲友裹其尸于竹席内，早晚献食毕即环尸而哭，数日后始抬出择地而葬。其坟皆横埋。

案：以上据赵正岳调查。

民国云南通志长编卷五十一

社会二·社团一

社会各公团

本编所列各公团，以依法规组织及较有永久性、重要性者为限。如各属之同乡会、同学会等，起灭无常，虽有记录，亦多挂漏，概从省略。

一、省会（昆明市、县）

（据《昆明市志》并参采访）

（一）云南教育会：在长春坊，宣统元年十月成立。以研议教育事项、力谋本省地方教育之发展为宗旨。会长由云龙，会员共二百六十余人。其后，迭经改组，均依部颁法规办理。

（二）昆明市教育会：在大绿水河边，民国十三年筹备设立。

（三）昆明县教育会：在象眼街，民国二年成立，创办人陈诒恭。民国九年以前系会长制，设正、副会长各一人，评议员若干人。民国十九年奉令改组为委员制，设执行委员九人，秘书一人。民国三十年又奉令改组为干事制，设干事七人。

（四）云南学会：在省教育会内，民国七年十月，由省教育会全体会员发起组织成立，以发展云南固有暨未有之诸种学术为宗旨。干事长童振藻，史地、博物、理化三部职员共三十余人。成立后，编印《云南温泉志》《补昭通八县图说》，并拟具《云南地志资料细目》，呈请省长公署，令发各县区查照填报，以为编辑云南全省地志之资料，又曾遴员赴沿滇越铁道一带采制植物标本一百余种，采获化石标本十数种。

（五）云南省农会：在东城内，宣统二年成立，以图农事之改良、发达为宗旨。会长吴锡忠，副会长杨文清。其后迭经改组，均依部颁法规办理。

（六）昆明县农会：在三义铺仓圣宫内，民国二年二月成立，以图全县农事之改良、发达为宗旨。（成立年月系据昆明县采访，依昆明市志为民国三年四月。）民国十九年，奉令改组为农业推广指导处，二十年，又依部颁《农会法》改为县农会。

（七）昆明市园艺研究会：在金碧公园内，民国十二年七月成立，以研究学术、力谋园艺发达为宗旨。会长张纯鸥（维翰），副会长赵松泉（鹤清），各部职员共十三人，会员计三十余人。

（八）云南总商会：在福照街，清光绪三十二年三月成立，以联络工商感情，研究工商学术，扩张工商事业以巩固商权，并调处工商争议，维持市面治安为宗旨。民国十八年八月，国民政府公布《商会法》暨《工商同业公会法》，经省政府令饬该会暨昆明市政府，遵章次第组织昆明市商业、工业同业公会，该会遂以告终。

（九）云南实业改进会：在劝业场，民国七年九月成立，以联络海内外具有实业学识经验者、改良、促进实业为宗旨。会长童振藻，副会长孙时，会员共三百余人。曾编印季刊十三卷，临时刊四种。创办商业补习学校，毕业学生二班。举行讲演八次，开设阅书报室一所。

（十）云南民治实进会：民国九年九月成立，以发扬民治实力进行为宗旨。会长周钟岳，副会长唐继虞。岁出经费二千四百元，按月由财政司请领。每月发行《民治月刊》一册。

（十一）云南风俗改良会：民国十二年十二月，省会各机关长官发起组织成立，以改良风俗为宗旨。会长为云南省长唐继尧，副会长为滇中镇守使龙云、昆明市政督办张维翰。外有名誉会长八人，评议、干事两部职员共一百余。经常费每月约三百元，由省政府补助。成立后，曾拟为婚姻、丧葬、社交各规约，经全体大会公决，函由昆明市政公所公布实行。举行讲演数次，发行会刊一种。

（十二）云南早婚劝诫会：民国十二年六月成立，以劝诫早婚，增进人民健康为宗旨。会长由云龙、副会长张维翰、陈维庚。每月由市政公所补助经费一百六十元。曾开讲演会十二次。

（十三）昆明市天足会：民国十二年一月成立，以禁止缠脚，增进妇女健康为宗旨。会长张维翰，副会长钱用中、赵之硕。每月由市政公所补助经费一百六十元。曾开讲演会十余次，编印会刊一种。

（十四）云南报界公会：民国十一年七月成立，以联络同业感情、造成健全舆论为宗旨，会长惠我春。常年经费一千二百元，按月由公署请领。

（十五）律师公会：民国二年十一月成立，以拥护法律、保障人权为宗旨，会长朱绍曾，副会长谭时春，会员共二十人。

（十六）神州医药总会云南分会：民国二年五月成立，以研究医药精理、讲求公共卫生为宗旨。会长李学仁，副会长黄德厚，会员共三百余人。经费由售卖处方笺盈余开支，年约三百余元。曾设送诊处，后改为送药处，配送普济解疫丹、吹喉散等，并随时补助官厅办理防疫事项。

（十七）云南英语学会：民国四年二月成立，以造成考送欧美大学人才为宗旨。会长李仲选，副会长吴琤，会员共三十五人。岁出经费约九千元。成立以来，所办英语学校，成效昭著。历年该校学生经政府考送入香港大学肄业者，先后共九人。

（十八）法语协会：民国十一年七月成立，以研究法语为宗旨。会长徐保权（之琛）及法人葛尔田，会员二十余人。

（十九）佛教总会：民国元年十二月，由德润等发起组织成立，以研究佛学、阐扬佛经奥义为宗旨。

（二十）中国回教俱进会云南支部：民国二年五月成立，以振兴教化、发扬爱国精神为宗旨。会长马殿选、副会长马聪、何廷栋，会员共一千余人，岁出一千余元，系由清真公会办理宗教费项下拨支及由各会员捐助。成立后，推广各县分会，开办国民学校两校，中回文并授学校一校。

（二十一）中国道教总会云南支部：以阐扬道教为宗旨，并附设道教研究所。

（二十二）云南中华基督教青年会：民国元年十月成立，以注重德、智、体三育培植青年，务以养成全完人格为宗旨。会长李复初、王仰之，会员共四百六十人。岁出经费六千二百六十元。成立后，即开办英文学校，编印《云南青年》，开设阅书报室，并请名人讲演学术、卫生各事项。

（二十三）中华圣公会：民国五年成立，以宣传耶稣福音为宗旨。成立以来，曾办惠滇医院等。

（二十四）中华国内布道会云南分会：民国八年二月，张耿光等发起组织，以传播基督教义为宗旨。

（二十五）明伦学社：民国十年三月成立，以阐明孔教、维持伦纪为宗旨。社长熊延权，经理陈光祖。常年经费一千四百四十元，均系由官厅补助。按月举行课试，并随时讲演经义。

（二十六）尚志学社：民国五年成立，以研究学术、促进文化为宗旨。每月由财政厅请领补助费一百元作常年经费。曾编印《尚志》杂志一种，已出过二十余号。嗣于民国十一年十月奉令停发补助费，社务遂未继续进行。

（二十七）光明社：民国十一年十月成立，以研究学术，服务社会为宗旨。社长王开元。曾编印《光明》半月刊，后改旬刊。创办义务学校一所。

（二十八）催眠学术研究社：民国十年，由谢镛等发起，以研究催眠学术及其应用为宗旨。曾创办催眠术学校。

（二十九）云南同善分社：民国八年二月，杨觐东发起组织成立，以劝善规过，正心修身为宗旨。

（三十）中国红十字会云南分会：民国十二年三月成立。以博爱恤兵、防疫救灾为宗旨。

二、县属

宜良县

（一）县教育会：民国二十年八月成立，由七个区教育会依法发起组织之。推出干事七人，设一干事会，下分总务、组织、宣传、研究、编辑五股，每股设主任一人。

（二）县商会：民国二十年九月成立，由六个同业公会各推代表，依法发起组织之。推出执行委员十一人，候补执行委员二人，监察委员五人，候补监察委员二人；由执行委员互推常务委员五人，再由常务委员互推主席一人。

（三）县农会：民国二十年十二月成立，由各区区农会依法发起组织之。推出干事长一人，副干事长一人，干事五人，组织干事会；并选出评议员七人。

（四）天足会：民国二十年十一月成立。由会员大会推出执行委员十五人，由执委互推常务委员五人，再由常委中推出一人为委员长，组织委员会。下分四部，各设部长一人，由常委兼任之；每部各分三股，每股设立主任一人。

（五）妇女励进会： 民国二十年九月成立，由发起人依法发起组织之。由委员大会推出干事七人，又由干事互推一人为委员长，组织干事会，下设总务、组织、宣传、体育、学术五股，股设主任一人，由干事兼任之。

（六）风俗改良会： 民国二十年十二月成立，由二十人依法发起组织之。选出执行委员十一人，又由执委互推常务委员五人，再由常务委员中推出一人为委员长，组织委员会。下分总务、宣传、组织、监察四科，每科设主任一人；每科下分三股，每股干事一人至二人。

富民县

（一）县商会： 民国元年成立，设总董一人，副董一人，会董十人，十一年改选为正、副会长，二十年改为委员制。

（二）县农会： 与商会同时成立，惟有名无实。二十年改为委员制。

罗次县

（一）县教育会： 民国四年成立。十一年，遵照教育司颁发新章改组，设正、副会长各一人。

（二）县农会： 民国二十年成立。

（三）县商会： 民国十七年成立。

该县采访云："农、商两会均尚未照章实行。"

晋宁县

（一）县农会： 民国二十年三月成立，设干事长、副干事长各一人，干事五人，评议员五人。

（二）县工会： 民国二十年成立，遵《工会法》组织之，设理事长、监事长各一人，理事四人，监事二人。

（三）县商会： 民国十八年五月成立，初用会长制，设正副会长各一人，会董五十二人。至十九年五月，改用委员制，公推主席一人，常务委员二人，监察委员五人，执行委员十二人，会董额数仍旧。

呈贡县

（一）县教育会： 民国元年成立，设正、副会长各一人。十八年改为委员制，设委员五人，秘书一人。二十年依法改组，设常务干事一人，干事四人，候补干事二人。

（二）县农会： 民国二十年三月，遵照《农会法》组织成立。

（三）县商会： 民国二十年三月，遵照《商会法》组织成立。

安宁县

（一）县教育会：民国二年成立，十五年改组一次，十九年复依中央颁布《教育会法》改组。

（二）县农会：民国十九年奉令依法组织成立。

（三）县商会：民国十九年奉令依法组织成立。

禄丰县

（一）县教育会：清光绪三十四年二月成立，设正、副会长各一人。民国十九年，奉令依法改组委员会，设委员九人，秘书一人，候补干事三人。

（二）县商会：民国十年七月奉令组织成立，设正、副会长各一人。十八年改组为工商同业会。（该县采访如此，似有错误）。

（三）县农会：清宣统三年成立，设会长一人，至民国四年停办。二十年奉令依法组织为县农会，设正、副理事长各一人，干事三人。

易门县

（一）县教育会：民国二年成立。十五年改为教育促进会。十九年奉令改组。至二十年，先组织区教育会，再由区教育会组织县教育会，设干事七人，互推常务干事一人。

（二）县农会：民国四年成立，设县农会长一人，区农会长五人。至二十年，奉令遵《农会法》组织，成立乡农会，由乡农会选举成立区农会，由区农会选举成立县农会。各级农会设干事长一人，副干事长一人，干事五人或三人，评议三人或一人。共计乡农会五十七，区农会五，县农会一。

嵩明县

（一）县教育会：民国元年成立，设正、副会长各一人。至十七年改组为教育协会，行委员制。十八年仍改为教育会，亦行委员制。

（二）风俗改良会：民国十九年八月成立，办理戒女子缠足，戒青年吸烟、早婚三事。

凤仪县

（一）县商会：先是县属下关设有商会，均由客商自行组织成立，设正、副会长各一人，自行刊用图记。至民国十八年九月，奉中央颁布《商会法》，始遵照改组，隶属县政府，设主席委员一人，常务委员四人，执行委员十五人，监察委员七人，由政府刊发钤记。

（二）县农会：民国二十年二月奉令依法组织成立，设干事长、副干事长各一人，干事三人。

祥云县

（一）县教育会： 沿革另详。〔按：原稿一稿：“查祥云县过去各农工商会概况内称‘本县〔教〕育会之组织详在教育会沿革内’，想已送逖江分纂，请查明酌改”。“由寇事务员查改。”〕

（二）县农会： 民国二十年四月，奉令依法组织，设主席一人，常务委员四人，执行委员十人，监察委员七人。

邓川县

县教育会： 清季成立，设正、副会长各一人。民国二十年，遵照教育会法改组。

洱源县

（一）县教育会。

（二）县农会。

（三）县商会。

以上三种，该县采访，但云“同时改组，照章办理会务”，未详年，月及办法。

云龙县

（一）县教育会。

（二）县商会。

该县采访云： “农工无会，教育会、商会亦无纪录，即其组织，尚无完备。”

石屏县

（一）县教育会： 民国元年成立，设正、副会长各一人。十年，上区五乡组织一教育分会。二十一年，中、下两区亦各组织分会，推选干事，任理会务。（该县采访如此，似未尽依法组织）。

（二）县农会： 民国二十年成立。

阿迷县

（一）县教育会： 民国元年成立，二十年改组。（该县采访谓“民国二十年，奉令改组为教育委员会”似有错误）。

（二）县商会： 清宣统三年成立，名商务分会，公推正、副会长各一人，会董数人。民国十八年，改组为商民协会，设常务委员四人，由委员内公推主席一人，十九年依法改组为县商会，主席一人，常务委员三人，执行委员十五人，监察委员七人，复依法成立同业公会，有店业、炭木业、医药业、杂货业、切烟业、肉业等。

（三）县农会： 民国十七年成立，由农民代表十余人公推会长一人。至二十年，奉令依法改组，设正、副主席各一人，评议七人，干事四人。经费除会员乐捐外，抽收糖房捐充之。

（四）妇女协进会： 民国二十年成立，设干事五人，常务干事一人，候补常务一人，候补干事三人。

华宁县

（一）县教育会：民国三年，成立黎县县教育会，用会长制。十四年，照中央公布教育会规程，改为委员制。二十年，依《教育会法》设干事九人，干事长一人。惟下级组织尚未健全。

（二）县商会：民国二十年成立，二十年依法改组，设干事九人，干事长一人。

（三）县农会：民国八年成立，二十年三月依法改组，设干事五人，干事长一人。

（四）县工会：民国二十年四月成立，设干事五人，干事长一人。

通海县

（一）县教育会：清宣统二年成立，名教育分会。民国二十年，奉令依法改组，设干事七人，由七人中公推常务干事一人。

（二）县农会：民国四年成立，为会董制。十九年改组委员制。二十年改组干事制。

河西县

（一）县教育会：民国二十八年依法组织成立。

（二）县商会：民国十一年六月成立，设正、副会长各一人。

（三）县农会：清季成立，设正、副会长各一人。

该县采访云："各种集会，均不遵章。不过杂然集合，纷然解散已耳"。然采访者叙述亦不免杂乱，姑录之。

蒙自县

（一）县教育会：民国十九年以前用会长制，二十年五月奉令依法改组。

（二）县商会：民国十一年成立，用会长制。十八年改组，行委员制。初，选出执行委员二十五人，复由执行委员互选常务委员五人，又由常务委员互选主席委员一人，又设监察委员十一人。二十年三月，奉令依《商会法》改组，选举常务干事五人，又由常务干事互选主席一人。

按：该县采访如此，所云常务干事、主席等额数及名称，似与中央颁布《商会法》不符。

（三）县农会：民国十五年八月成立。二十五年四月，奉令依法改组，设干事长、副干事长各一人，干事五人，候补干事二人。

（四）县工会：民国二十五年三月成立，设理事九人，常务理事一人。

楚雄县

（一）县教育会：民国二年成立，设正、副会长各一人。十九年，改组为委员制。二十年三月，复奉令依《教育会法》改组，设干事七人，候补干事三人，复由各干事互选常务干事及干事长。

（二）县商会： 民国三年成立，七年、十一年、十八年改选会长、职员三次。二十年三月，遵照新颁布《商会法》改组，选定监察、执行各委员。

（三）县农会： 民国二十年三月，奉令组织呈报。八月，十七个乡农会、四个区农会先后成立，乃于十月改组县农会正式成立，遵章核准。

（四）织布业职业工会： 民国二十年九月成立。

（五）妇女励进会： 民国二十年四月成立。

牟定县

（二）县教育会： 该县采访云："设县督学一员，区教育委员三员，各级小学教职员，各村董及甲牌长"等语，显系记录错误。而教育会之毫无组织，有名无实，亦于此可见。

（二）县商会： 民国三年成立，设正、副会长各一人。十九年七月，奉令改组为委员制。

江川县

（一）县教育会： 民国二十年，奉令依法组织成立，设干事七人，互推一人为常务干事，又候补干事三人。

（二）县农会： 民国二十年三月，奉令依法组织成立，设干事长、副干事长各一人，干事三人至五人。

（三）县商会： 成立年月无考，会长、副会长各一人，执行委员十二人，监察委员六人；由执行委员互推常务委员六人。

该县采访，不载成立年月，而其简章第四条，既有会长，复有委员，殊不可解。

玉溪县

（一）县教育会： 清宣统二年，由严天骏等发起，至民国十八年始正式组织成立。

（二）县商会： 民国二年成立，用会长制，二十年改组为委员制。

路南县

（一）县教育会： 民国二年成立，设正、副会长各一人。二十年，奉令依法改组，设干事五人，由五人中互选常务干事一人。

（二）县商会： 民国三年成立，四年撤废。十九年，奉令依法组织，设主席委员一人，常务委员二人，执行委员七人，监察委员五人。

（三）县农会： 民国三年成立，四年撤废。二十年三月，奉令依法组织，设干事长一人，副干事长一人，干事三人，候补干事三人，评议四人。

广南县

（一）县教育会。

（二）县商会。

该县采访，不载成立年月。但其会章云："遵用《教育会法》及《商会法》办理"，当系民国二十年成立。

缅宁县

县农会：民国二十年六月成立。

该县采访云："组织未详。"

沾益县

（一）县教育会：民国元年奉令成立，并未进行会务。二十年三月，遵令改组，推定执行委员七人。

（二）县商会：民国元年成立。

（三）县农会。

（四）县工会。

农、工两会均民国二十年成立。据该县采访，仅推举干事，其他并未进行。

陆良县

（一）县教育会：清宣统二年成立，设正、副会长各一人。越三年停办，民国二十年复设。（据该县采访："二十年复设后，仍有正、副会长，并设干事及候补干事等职"。似未尽依法组织）。

（二）县商会：清宣统元年成立，设会长一人。

（三）县农会。

（四）县工会。

农工二会，该县采访仅云："民国二十年呈报成立。"似亦仅具其名而已。

寻甸县

（一）县教育会：民国二年奉令成立，设正、副会长各一人。十四年，奉令改组，设常务委员三人。

（二）县商会：民国元年奉令成立，设会长一人，副会长二人。十五年，奉令改组，设常务委员三人。

（三）县农会：民国二十年，依《农会法》组织成立，设正、副干事各一人，干事三人，评议九人。

（四）回教俱进会：民国三年成立，设会长一人，副会长二人。

宣威县

（一）县教育会：肇始于清宣统时，以全县职教员为会员。由会员选出正、副会长，主持会务。民国十九年改为委员制，由会员大会选出执行委员七人。其章则悉依部令之规定。

（二）县商会：商会成立颇久，历经改组。民国十八年，奉令改为委员制。

（三）县农会：民国二十年，奉令组织，附设建设局内。

（四）县工会：与农会同。

丽江县

（一）县教育会：民国元年成立，设正、副会长各一人。十九年十二月改组委员会，仍设会长一人。是年五月，奉教育厅指令，依法改组，设常务干事一人，干事七人，候补干事二人。

（二）县商会：清季成立，设总董一人，会董若干人。民国后，改为会长一人，副会长一人，十九年改为商务委员五人，互选主席一人；又执行委员若干人，监察委员若干人。（该县采访云："商务委员会"，似有错误）。

（三）县农会：民国二十年奉令依法组织，设干事长、副干事长各一人，干事三人，评议五人。

（四）县工会：民国二十年奉令依法组织，设理事一人。

大理县

（一）县商会：清光绪三十三年成立，仅有会员若干员。民国六年始设会董。十九年，奉令依法改组，设执行委员十五人，后由执委互选常务委员三人，再由常委推主席一人；又监察委员七人，候补执行委员五人，候补监察委员三人。

（二）妇女协进会：民国二十年成立。

鹤庆县

（一）县教育会：民国元年成立，设正、副会长各一人。二十年奉令依法改组，设常务干事二人，干事三人。

（二）县商会：清宣统三年成立，名商务分会，设总理一人，会董十人。民国四年改称商会，改总理为会长。十年改执行委员会，主席一人，常务四人，执行委员十人。

剑川县

县商会：民国元年成立，十九年奉令依法改组，设执行、监察各委员。

兰坪县

（一）县教育会：民国二十年，奉令依法组织成立。

（二）喇井商会：民国十八年成立，设主席一人，常务委员四人，执行委员十五人，监察委员七人。

思茅县

（一）县教育会：民国十七年成立，二十年奉令依法改组。

（二）县商会：同前。

永平县

该县采访但云："境内教育、农、工、商等集会，均无记录。最近均遵章改组，略有变迁。"语殊含混。

龙陵县

据该县采访，误以教育局为教育会。又云"十九年改组商会为商务委员会。"似该县各会尚未尽依法组织，而采访者亦属昧昧也。

文山县

（一）县教育会：民国十九年一月，遵照教育部领《教育会规程》组织成立。二十年五月发遵照国民政府颁布《教育会法》改组。

（二）县商会：清宣统三年即有组织，多未完备。至民国六年改组，选出会董十九人，再由会董互选出正、副会长，呈报核准。十七年，遵照部颁《商会组织大纲》改会长委员制。十九年，复奉颁《商会法》及《同业公会法》又依法组织。先由县属商业二十二行组织同业公会，再各推举代表合组商会。

（三）风俗改良会：民国二十年七月成立。

永善县

（一）县商会：清宣统二年成立。

（二）县教育会：先名教育分会。民国元年，改为县教育会，二十年奉令依法改组。

大关县

（一）县教育会。

（二）县农会。

（三）县工会。

（四）县商会。

以上各会，均系奉令组织，成立年月及办法均未详。

又按：查大关属有施棺会等而无教育等会，想系分送时遗漏。

鲁甸县

（一）县教育会：民国九年成立，十七年奉令改组。

（二）县商会：民国八年成立，二十年奉令改组。

（三）县农会：民国二十年奉令组织成立。

该县采访云："国民会议代表选举事毕，各会亦停止工作矣。"

蒙化县

（一）县教育会：民国九年成立。十三年五月改组，修订会章，呈报立案，十月复遵部章，再加修正。十五年一月，就文锡仓旧屋新建会所。十九年一月，遵照部颁《教育会规程》修订会章，选执行委员七人，秘书一人。二十年四月，奉国民政府公布之《教育法》又依法改组，设干事七人，候补干事三人，呈准发给许可证。

（二）县农会：民国二十年三月先后组织乡农会十个，再派代表组织区农会三个，复由区农会选派代表组织县农会，呈准发给许可证。

（三）县商会：民国九年八月，由商号三十余家选出会董二十人，复由会董互选正、副会长，于十年一月成立。十九年三月，遵国民政府颁布《商会法》改组，改选执、监委员，举定主席，呈转立案。

泸西县

（一）县教育会：清宣统二年成立，名教育分会，设会长一人，评议干事五人。民国十二年，遵照新部颁《教育会规程》，改为县教育会，设会长、副会长各一人。十五年，遵照部颁改订章程，仍设会长、副会长各一人。二十年，改委员制。自成立至此，改选者七次。

（二）县商会：民国元年成立，名商务分会，设总理一人。四年奉令改为县商会，设会长、副会长各一人，会董二十四人，特别会董四人。十六年以商民协会代县商会，设会长、副会长各一人，内分监察、执行两部，各设委员九人。十七年奉令更正仍为县商会。十九年奉令改委员制，内分监察、执行两部，设监察委员五人，执行委员十人；又于执行委员中推选常务委员五人，复由常务委员中推选主席一人。

师宗县

县教育会：民国二十年组织，尚未成立。据该县采访："别无其他集会。"

武定县

（一）县教育会：民国三年奉令组织成立，设会长一人。十九年奉令改组，二十年一月正式成立，设执行委员五人。

（二）县商会：民国十八年四月，奉令组织商民协会。十九年六月，又奉令克日结束，照新颁《商会法》办理，八月改组成立，呈准发给许可证。

（三）回教俱进会分会：民国元年成立，由武定、禄劝两属回民合并组织，每属选会长一人。十九年改组分会为分部，设分部长三人：一正二副。

元谋县

县教育会：民国二年成立，设会长一人。十七年改组，设正、副会长各一人。十九年五月，奉令改组为委员制，设执行委员九人，正副委员长各一人，旋复奉令废除正、副委员长，由委员会推选一人为主席。二十年二月，遵照国府公布《教育会法》，选举干事七人，候补干事三人。

禄劝县

（一）县教育会： 清宣统元年成立，民国十九年依法组织。

（二）县农会： 民国十六年组织农民协会，十七年废。二十年，因应国民会议代表选举之需要，复设县农会。

（三）县商会： 商会沿革与农会同。

新平县

（一）县教育会： 民国元年奉令成立，设会长一人，十年，添设副会长一人。十八年，奉令改为委员制，设委员五人，互选主席一人。二十年，遵国民政府《教育会法》改组，呈准发给许可证。

（二）县商会： 民国二年成立，初设总理一人，复改称会长，十九年改称主席。

（三）县农会： 民国二年三月成立，设会长一人。十八年，奉令改组农民协会，设正、副委员长二人。二十年，复奉令遵照《农会法》改委员长为正干事〔长〕，副委员为副干事〔长〕，外设干事五人，评议五人。

盐兴县

县商会： 民国十八年成立，设主席委员一人，常务委员四人，执行委员六人，监察委员三人。

据该县采访云："教育会、农会、工会，现正组织，尚未完备。"

盐丰县

（一）县教育会： 原设会长、副会长各一人，民国十九年改为委员制，设委员长一人，委员八人。

（二）县商会： 民国十九年改组。

（三）县农会。

（四）县工会。

农工两会，均于民国二十年奉令组织成立。

永仁县

县农会： 民国二十年二月成立。

漾濞县

（一）县教育会： 民国二年成立，设会长一人，至十年停止，十七年奉令续办。

（二）县商会： 民国三年成立，设正、副会长各一人。二十年改为委员制。

（三）县农会。

（四）县工会。

农工两会，均于民国二十年后成立。

弥渡县

（一）县教育会：民国二年成立，为会长制。二十年以后改委员制。

按：该县采访如此，与通案不符。

（二）县商会：民国五年成立，十九年改组。

（三）县农会：民国以来即有组织，至民国九年废。二十年遵照《农会法》组织成立。

盐津县

（一）县教育会：民国八年成立，十九年改组，水灾后已废。（以后曾否改组，采访不详。）

（二）县农会：民国二十年成立。

西畴县

县商会：民国六年成立，设正、副会长各一人。十八年改为委员制。

该县采访，文义不明，殆亦未照章实行也。

车里县

县教育会：该县采访云："因土著人民不通语言文字，碍难加入。仅就县政府及教育各职员、各小学教员组织成立，亦粗具规模，非完善之集会也"。

佛海县

县商会：前于第三行政分区时，即由来县商人组织商会，设正、副会长各一人，及改县，复奉部领《商会法》，令饬改组，随于民国十九年改组委员制。

镇越县

商务分会：初设县治，各会均未组织。惟易武一区，因来往人甚多，已筹组商务分会。

靖边县

县教育会：采访云：境内除照章组织有教育会外，其农、商、工各会均无。"而于教育会情形，亦未详述。

威信县

县教育会：附设扎西教育局。据采访云："已遵章成立。"

景东县

（一）县教育会：民国二年成立，仅有其名，九年始进行会务。其组织则设正、副会长各一人，会长下设评议会。两年以后，奉令依法改组。设主任干事一人，干事九人，候补干事三人。

（二）县商会： 民国十三年成立，设正，副会长各一人，不久倒闭。

据该县采访“农、工两会，均于二十年一月间筹备，未曾成立。”

永北县

（一）县教育会： 民国元年成立，设正、副会长各一人。十九年，奉令改组为委员制，选定委员十人，以三人为常务委员。继又奉令取消常务委员，专设秘书一人。二十年以后，照新章改组，设干事七人，以一人为常务干事，又候补干事三人。

（二）县商会： 民国元年成立，设会长一人。第二届至第五届，设正、副会长各一人。第五届至第七届，并添设会董八人。十九年，奉令改组委员制，选定委员七人，以一人为主席。

（三）县农会： 民国十六年六月成立，设会长一人。十九年，奉令改组为委员制。

双柏县

县教育会： 民国十年成立，设会长、副会长各一人。二十年改为委员制，开会以县长为主席，设干事五人，候补干事三人。

镇雄县

（一）县教育会： 民国十三年成立，因历年兵燹，无形消灭。二十年，新法颁布后，始从事组织。尚未成立区教育会，须县区划定，乃能从事组织。

（二）县商会： 民国五年成立，其组织由各帮选举帮董，再由帮董选举会长。十九年，依新法改为委员制，由商店会员、公会会员选举执、监委员。由执行委员选举常务委员，由常务委员选举主席。

（三）县农会： 民国二十年，依据《各级农会组织章程》成立。

平彝县

（一）县教育会： 民国二十年成立，遵照《教育会法》，设干事五人，候补干事三人，由干事五人中互推常务干事一人。

（二）县农会： 民国二十年成立，遵照《农会法》，设干事长一人，副干事长一人，干事五人，组织干事会；评议三人，组织评议会。

巧家县

（一）县教育会： 民国十四年奉令成立，设正、副会长各一人。十九年后，奉令改组为委员制。

（二）县商会： 民国六年成立，设会长一人。二十年后，照章改组，设理事十人。

（三）县农会。

（四）县工会。

农工两会，均于民国二十年奉令组织成立。该县采访，对于各会组织，均未能明白记述。姑录要如上。

彝良县

该县采访但云：“教育会、商会、农会、工会，均无成效足称。”不详其成立年月及组织情形。

峨山县

（一）县教育会：民国七年成立，旋废。十四年奉令恢复，设正、副会长各一人。二十年，奉令依《教育会法》改组，设干事五人，互推一人为常务干事。

（二）县农会：民国二十年奉令依法成立，设干事长一人，干事二人，旋即停顿。

曲溪县

县教育会：清光绪三十三年尚未设县即有教育会之设。民国十一年，县治成立，乃设有教育会，继因匪乱停止。二十年后，遵照《教育会法》组织，设干事五人。

个旧县

（一）县教育会：民国二十年十二月，由旧教育会依法改组，设干事五人。

（二）县商会：民国三年成立，行会长制。十九年依法改组。

宁洱县

（一）县教育会：民国元年十二月成立，设正、副会长各一人。十八年，奉令改组为委员制，设主席一人，委员若干人。二十年，又改组为干事制，设干事五人。

（二）县商会：民国元年成立，设正、副会长各一人。十九年改组委员制，设常务委员四人，主席一人。

（三）县农会：民国二十年成立，用委员制，旋复改组。因区农会尚未完全成立，故县农会尚仍旧状。

（四）矿工会：设磨黑井，用委员制。

（五）磨黑商会：前系设局办理，民国二十年设会，用委员制，旋复依法改组。除已成立县商会外，尚有磨黑商会，均仍用委员制。

曲靖县

（一）县教育会：先为会长制，设会长一人，名誉会长一人，评议员四人。后改为委员制，设常务一人，干事三人。该县采访，不详成立及改组年月。

（二）县商会：先为会长制，二十年以后改组委员制，设常务一人，委员二人，干事五人。

该县采访如此，似与会法不符。

（三）县农会：二十年八月成立，先由乡农会五十余人合组选举会，设会长一人。该县采访如此，亦与会法不尽合。

（四）挂面业工会。
（五）食店业工会。
（六）木业工会。
（七）皮业工会。
（八）成衣业工会。
（九）织布业工会。
（十）染业工会。
（十一）酒业工会。
（十二）匹条业工会。
（十三）洋纱业工会。
（十四）医药业工会。
（十五）茶叶业工会。
（十六）杂货业工会。

以上各会，据该县采访，均系委员制，常务一人，干事三人，候补委员二人，监察委员二人。名称及办法，颇多歧异，似组织均不合法，或系记录错误。

元江县

（一）县教育会：民国四年春成立，设会长一人。二十年以后奉令改组。

该县采访云："改组旧教育会为教育委员会，设主任一人，副主任一人，委员若干人。"似组织不合法，抑或系记录错误。

（二）县商会：民国元年冬成立，名商务公会，设总理一人，会董十人。五年五月改组县商会，设正、副会长各一人。十八年奉令改组为委员制，设主席一人，常务委员五人，执行委员若干人。

（三）县农会：民国元年冬成立，名农务分会，设正、副总理各一人。旋奉令改为元江农会，改正、副总理为正、副会长。六年经县知事包映庚令饬取消。

腾冲县

（一）县教育会：国民二十年依《教育会法》组织成立，设干事七人，候补干事三人，常务干事一人。

（二）县商会：民国元年成立，设总董一人。十二年，改设会长、副会长各一人。十八年十一月，奉令改为委员制，设委员三十四人，互选常务委员若干人，复由常委中推一人为主席。

（三）风俗改良会：名腾冲城保风俗改良总会，设常务委员九人，由九人中公推一人为主席（该县采访不详成立年月）。

（四）妇女改进会：设常务委员七人，监察委员五人，会务指导委员若干人。成立年月未详。

（五）天足会：设文书、会计、调查、交际、宣传五股，用委员制。成立年月未详。

（六）医师会：设执行委员十四人，监察委员二人。复由执委互选常务委员十人，再由常委互推主席、副主席各一人。成立年月未详。

（七）回教俱进会：名云南回教俱进会腾越分部，设正、副会长各一人。成立年月未详。

各慈善机关

十室之邑，必有忠信；人之好善，谁不如我？乃采访所得，除昆明市慈善机关秩然有序外，其他则寥寥数县，亦寥寥数端，殊可憾也。

一、昆明市慈善机关

沿革：本市慈善机关，为昆明市慈善会。其会址在市二区土主庙街十三号土主庙内，系原有之同善堂、体仁堂、乐善堂、尽心社、同仁社、恤贫会、施药会等慈善团体合并组织而成。各善团大多由前清嘉道同光年间当道及地方士绅捐募款项或田地房产组织成立。嗣因历年久远，倡办者既多衰歇，承继者又复拘执，而各机关补助经费亦以事属地方官厅范围不便过问，致各善团造福未尽，甚或有名无实，散漫贻讥。前市政公所有鉴及此，乃于民国十五年召集本市各善堂、各法团及六区长董、名流士绅组织一慈善团体协进委员会，厘订办事章程十二条，开会八十一次，始将旧有各善团所有收支经费及田地房产、遗失积欠等，概行清理完毕，并呈准将各机关补助费如数拨交市公所接收转发，于实行监督之中，仍寓自由办理之意。又拟为慈善会章及会议规程、办事细则，并编为各善团收支预算，造具资产清册等，于民国十七年即改组成立昆明市慈善会。

组织及办法：慈善会分董事、理事两部。设董事八人，为同善堂、体仁堂、乐善堂、崇善堂、尽心社、同仁社、恤贫会、施药会各一人；理事十人，除同善堂、体仁堂各二人外，余均一人。统由大会投票选举，任期二年，办理各该善团之一切慈善事业，如经费、资产之筹措保管，职员、司役之进退奖惩以及应兴应革之建议，调查、实施、改进等事项。每部又设正、副主任各一人，综理各该部及善堂会社等一切事务。市公所于必要时得派员参与会议，但无表决权。至十八年，乃将会章修正，市政府有当然董、理事各一人，以实行监督、指导之责。兹将各善堂、会、社所办事务分述如下：

（一）同善堂：设于市二区十九段土主庙街十三号，办理养疾院、育婴堂、寄生所、施粮处事务。

1. 养疾院：设于市三区六段平政街一百零三号。内分男、女两部，设中、西医师，司事各一人，看护四人，负诊治、调护责任。收容病人三十一名，均经证明确系贫苦无依，一切诊治、药饵、食宿费，概行由院供给，不取分厘。但至适可痊愈，即令出院。若病人死亡者，一面函请法院检验，如无亲属具领，即请乐善堂备棺掩埋，并分报市府备案。

2. 育婴堂：设于土主庙街九十四号。分乳婴、抚婴两部，设司事一人，乳媪、保姆若干人；视收容婴儿数目，随时增减。收容办法，只需由送入之人将婴儿出生年、月、日、时、性别及其父母姓名、年籍，职业、住址报明，即可留堂。其不愿面晤者，可将婴儿安置婴柜内，击板通知，随时收容。如系旁人检送者，每一婴孩酬银五角。各寄生所分设之婴柜办法亦同。所收婴儿，并由养疾院中西医随时检查、调护，认真抚育。至三岁后，如有请求认领者，经调查属实，须照章具保，方准承领，或送交市立保育院幼稚园班教养。

3. 寄生所：第一所设于市二区四段柿花巷九号，第二所设于商埠一区十三段三义铺五十八号。各设司事一人，稳婆二人。除收容婴儿外，并收容产妇，无定额。其一切诊治、药饵、住宿、房舍、生产用物，概行由所供给，并不收费。但以适可及生前五日、产后十日为限。在此期内，并由养疾院中、西医士随时莅所诊视，检查清洁，于卫生有无妨碍，以保产妇及婴儿之健康。凡产妇、婴孩出所，须报经同善堂，分报总善会及市政府备案。其有自愿遗去者，报送育婴堂抚养之。

4. 施粮处：设于市二区土主庙街十三号。分为施米、施豆两项。凡施粮食，限每月三石，分为半升者二百户，一升者一百户，二升者五十户。半升者，全行给米，一升至二升者，米、豆各半；均须开具姓名、年籍、职业、住址，经本街闾邻证明确系贫户，又经处调查属实，分别一人至二人者发给半升，三人者一升，五人者二升，小孩一半。先发凭证，执持具领，按月分报查核。此项凭证，均须报由同善堂理事签押盖章，每三月更换一次。其有临时捐款添购粮食者，并须报由董事提付董事会议决，分报施行。其施给日期，定于每月十六日午正十二时，逾期者存记，下月再领。如其境况变更，得由董事会议决，分别取消或增、减，并分报备查。

（二）体仁堂： 设于市二区十段丰乐街二十三号，办理安老院、怀少院等事务。

1. 安老院：分一、二两院。第一院设于市三区初地巷四号，二院设于市一区水塘子二十六号。收容六十岁以上，确系孤贫无依之老男、妇。第一院有六十二人，第二院十八人，存记候补者十余人。凡收容之老人，每人月给食米一升半，由其自行举火烹饪。若有临时捐款，得酌添米豆，但至多不得超过一升。其办法与施粮处略同。如有疾病，送养疾院疗养，或由院延医诊治。苟有死亡，与养疾院办法略同。

2. 怀少堂：设于市二区丰乐街二十三号，收容贫儿三十余名。设管理兼教员一人，分级教管。皆年在六岁以上、十二岁以下，经调查证明实在者，由堂供给书籍、笔墨、纸张；教授科书，均照新学制办理。三年后送入市立各校，或由职业介绍所介绍相当职业。

（三）乐善堂： 设于市二区义生巷十七号，办理施棺会、掩埋会事务。

1，施棺会：（地址同上）制备棺木，分自办、包办两项，均用六尺松木寸板穿梢、作榫、合缝，务以工坚、料实、价廉为准。凡施给棺木，限于路毙、溺毙以及无人、无力装殓者，但须查明死者姓名、年籍，登记给证，始能有效。

2. 掩埋会:（地址同上）分掩埋人体、畜体两项。凡抬埋人体，一经施棺会通知，即派索杠行工役前往办理。其埋葬地方，就各善团所有义地使用，或其家属自有阴地者，亦从其便。凡畜体由会逐日派人分头收检掩埋。就尽心社所有大西城外黄土坡下义地使用。至墓地并于夏、冬二季由会雇工分别修补。若有尸骸暴露者，另行掩埋。

（四）崇善堂: 设于市三区五段崇孝巷第三号，办理栖留所事务。

栖留所：设于商埠二区十段五十号。收容流民，以五十名为限，须开具姓名、年籍及其来历，报经本所查明，登记给证，即可留所。凡供给流民，限于住宿房舍，并每日两餐，各给熟饭七两，熟豆七两，盐菜汤一碗，小孩半数；按日于午前十时，午后四时发给，过时不补。流民患病，由其径赴施医处就诊，或施药会取药，重者由所请医治疗。凡住所流民，限自入所日起，尽一月内自行图谋职业，出所自立。倘期满不能出所，即报崇善堂，转报设法安置，或资遣回籍。现该堂因经费不敷，尽补助乐善堂办理施棺、掩埋事项，栖留所事务暂缓办理。

（五）尽心会: 设于商埠一区十三段三义铺五十八号，办理盲哑院事务。

盲哑院：地址同上。教养盲哑儿童，设教员二人，司事一人。收容学生以四十名为限，盲、哑各半。须年在六岁至十二岁者，由其家长或监护人开具双方姓名、年籍、住址及家长职业，呈具志愿书，送院查明，并无其他遗传、传染、精神等病，即可收容。凡学校用具及一切书籍、笔墨、纸张、膳宿各项，均由院供给。贫寒无力者免费，殷实者月各收费五元。除教授新制教科书外，并授相当时需手工工艺。修业三年，成绩优异者留充助教，余送市职业介绍所介绍职业。

（六）同仁社: 设于市一区段万钟街六十号，办理施医处事务。

第一施医处：地址同上，设医士一人，诊治贫民。凡到处就诊者，每人纳挂号费铜币三枚，报明姓名、年籍、住址，登记领签，即为诊治。二次就诊，须将原方带处呈验，以便参考。诊治方案，均留存根，按日登记，汇报同仁社，每月分报慈善会及市政府查核。其他三处，分设于育婴堂、施药会、养疾院，办法亦同。

（七）恤贫会: 设于市三区五段崇孝巷三号，办理施贷处事务。

施贷处：地址同上，分施与、借贷两种。施与款项，限于每月五十元，须开具姓名、年籍、职业、住址，由其本街闾长或坊长盖章证明，确系贫户，经本处查实给证，始准具领，并按月分报。至所发凭证，须经理事签押盖章，三月更换一次。施与日期，定于每月十六日。其有临时捐款，随时定期举行。若贫户境况变更、无待施给者，报由董事会议决取消，并分报查核。凡借贷款项，限每月一百元。遇有收到偿款，尽数增加。分为四元、六元、八元数等，须经妥保，开具双方姓名、年籍、职业、住址及借款数目与借款后所营业务，由本街闾长盖章证明，并经查实，三日内通知领取。至偿还借款，概不收息，并准十五日抽还四分之一，尽四次还清。倘有拖欠，惟保人是问。

（八）施药会： 设于市一区七段三牌坊二十五号，办理给丸、散、膏、丹事务。

其药不分种类，务以应时济急者为限。悉遵古方，委托药店代办，并经卫生试验所化验证明，始能施送。施药不分贫富，但须报明病症及姓名、年籍、职业、住址，即可施送。药封内并加票单，书明药性及所治病症，服用方法。限于每人一包，距市远者，酌量办理。按月分报查核。

以上八个主管善团均隶属于慈善会。除办理上述经常事务外，并随时募集捐款，举办廉价售米、廉价售粥及历年冬季施赈事项。

二、宜良县慈善机关

水灾募赈会： 民国二十年十月十日成立，设于法明寺。先由发起者四十人组织会员大会，推出执行委员五人，又由执行委员互推常务委员一人，组织委员会。下设总务、宣传、募捐三股，每股设主任一人，由各执行委员互推兼任之。

三、邓川县慈善机关

施棺会： 民国十八年成立，附设于大队部。由地方官绅及慈善家捐资购备棺木，凡贫乏无告不能丧葬者，即可到会出据领用。设有会长、事务员、会员等。有必要时，得由会长召集开会。

四、宣威县慈善机关

（一）养济院： 亦曰孤老院，原在北门外三教寺侧，清光绪中改建于上堡北门外，民国因之。

（二）育婴堂： 亦曰寄生所，在钱家巷，始创于前清知州恒明、李牧、文培，玉成善举。光绪中，署州马鲲复筹置育婴堂，资其盈余，以惠穷苦。旋奉改为兴文堂，亦渐就倾圮。宣统中，邑人宁尚元等重新建筑，规模完整。

（三）施棺会： 创始于清末，邑坤刘宗禹、陈永甲等实总其役。未有基金，随募随施，非经久之道也。

五、大关县慈善机关

（一）孤老院：在北城外，已倒闭。

（二）施棺会：由烟平款办理。原以施给贫民，后则瘐死及正法之犯，咸仰给于此，而贫民反不沾其惠矣。嗣以烟平废弃，棺木价昂，事遂停止。

六、盐津县慈善机关

水灾救济会：民国二十年“八·一四”水灾后，组织成立。旋奉安旅长令改为昭十属水灾救济分会，又奉省垣水灾总会改为云南水灾救济盐津分会。会内设副分会长一人，分三股办事。

七、江城县慈善机关

（一）施棺会：前清光绪末年，集众捐金设立。购置田亩收租，作购板葬埋各费。举正绅经管，以救济流落商贩之死亡无依者。

（二）养济院：民国二十年，县长李文新捐廉倡建，收容病者，掩埋死者。因边地客栈不容病人歇宿，故设此院以救济之。

八、元江县慈善机关

（一）施棺会：是会旧由各慈善家捐资组成。原有租谷十八石，后因办团提款，其事遂废。民国八年，知事黄元直，集绅议决恢复，并加司巫捐八十元作常年经费，交商经理。

（二）养济院：清光绪七年，知州傅凤飏创设。先是有徐楼高民房一所，坐落湾街之西，因案判归公有。凤飏改之为养济院，并筹款以惠穷民。二十年毁于火。至民国六年，城绅彭松森、彭松华、吴兰芳等呈准拍卖旧院地址，改建新院于西门内。经费原有租谷三十六石，外有已荒你迭田一庄，现翻孤贫口粮二十名。

报馆

滇处天末，风气晚开，文化落后，报馆之兴，始于清宣统二年，由钱用中等筹款创办《云南日报》，地址在会垣南城脚马氏宅内，公推由云龙、赵式铭为主笔，其外则惟有李增所办之《旬报》耳。自民国后，省城报馆日益加增，迄于今日报馆林立，每一报出，几于人手一纸，不出户而知世界大势也，此近二十年间事耳。其在民国二十年以前，仅昆明市有可纪者，兹分未停刊、已停刊二种，类记如下：

一、未停刊者

1.《义声报》：民国五年一月五日注册。
2.《云南省政府公报》：民国五年九月四日注册。
3.《均报》：民国八年十二月九日注册。
4.《复旦报》：民国十年十二月六日注册。
5.《社会新报》：民国十二年八月二十三日注册。
6.《西南日报》：民国十五年八月三十日注册。
7.《大无畏报》：民国十六年九月二日注册。
8.《云南新报》：民国十六年九月二十六日注册。
9.《公路周刊》：民国十八年一月十日注册。
10.《云南清真铎报》：民国十八年一月十日注册。
11.《雄飞半月刊》：民国十八年十月十九日注册。
12.《民生报》：民国十八年十二月九日注册。
13.《昆明市政日刊》：民国十八年十二月二十日注册。
14.《云南教育半月刊》：民国十九年一月七日注册。
15.《拒毒会刊》：民国十九年一月十三日注册。
16.《民力月刊》：民国十九年三月二十五日注册。
17.《民国日报》：民国十九年四月十二日注册。
18.《民锋周刊》：民国十九年八月十九日注册。
19.《新商报》：民国十九年十一月二十二日注册。
20.《财政旬刊》：民国十九年十二月二日注册。
21.《市教育》：民国二十年四月二十八日注册。
22.《云南半月刊》：民国二十年七月二十一日注册。
23.《昆明市半月刊》：民国二十年十月九日注册。
24.《东大特刊》：民国二十年十月二十七日注册。
25.《普及教育》：民国二十年十二月八日注册。
26.《教育周刊》：民国二十年十二月八日注册。
27.《抗日救国》：民国二十年十二月十五日注册。

28.《昆明通讯》：民国二十年十二月二十四日注册。

以上各报，均截至民国二十一年以后尚在出版者。

二、已停刊者

1.《云南日报》：宣统二年正月初一日注册。
2.《云南官报》：宣统三年二月十五日注册。
3.《滇南公报》：宣统三年闰六月初七日注册。
4.《云南政治公报》：民国元年二月二十八日注册。
5.《华南新报》：民国元年二月二十八日注册。
6.《云南省教育会周刊》：民国元年六月二十六日注册。
7.《云南警务杂志》：民国元年八月十六日注册。
8.《天南日报》：民国元年八月二十三日注册。
9.《南针杂志》：民国二年七月十日注册。
10.《崇实报》：民国三年三月十九日注册。
11.《农业丛报》：民国三年五月十八日注册。
12.《滇声报》：民国三年六月二日注册。
13.《实业杂志》：民国三年八月二十九日注册。
14.《国是日报》：民国三年十二月四日注册。
15.《觉报》：民国四年八月十日注册。
16.《中华民报》：民国五年一月十五日注册。
17.《金鸣报》：民国五年五月十六日注册。
18.《滇声新报》：民国五年五月十六日注册。
19.《民鸣报》：民国五年八月九日注册。
20.《民听报》：民国五年八月二十五日注册。
21.《护国报》：民国五年十月十六日注册。
22.《醒报》：民国五年十月十八日注册。
23.《滇声报》：民国五年十月三十一日注册。
24.《实业周刊》：民国五年十二月七日注册。
25.《中华新报》：民国五年十二月十六日注册。
26.《平报》：民国六年二月十二日注册。
27.《清真报》：民国六年四月二日注册。
28.《痛报》：民国六年四月二十一日注册。
29.《实业日报》：民国六年八月一日注册。
30.《尚志杂志》：民国六年十月六日注册。
31.《小言周刊》：民国六年十一月二十日注册。
32.《小学生周刊》：民国七年一月十一日注册。
33.《危言日报》：民国七年二月十四日注册。

34.《大声日报》：民国七年四月一日注册。
35.《云南教国日刊》：民国八年九月二十五日注册。
36.《云南学生爱国周刊》：民国八年九月一日注册。
37.《共和滇报》：民国八年九月十七日注册。
88.《云南军事杂志》：民国九年二月二十三日注册。
39.《云南陆军周刊》：民国九年二月二十三日注册。
40.《云南小学教育旬报》：民国九年七月十三日注册。
41.《云南财政月刊》：民国九年七月十三日注册。
42.《逸兴日刊》：民国九年八月十二日注册。
43.《流潮月刊》：民国九年十月十六日注册。
44.《云南实业公报》：民国九年十一月十一日注册。
45.《市政杂志》：民国十年一月八日注册。
46.《新云南日报》：民国十年三月十五日注册。
47.《云南自治旬报》：民国十年四月十四日注册。
48.《星期报》：民国十四年五月十七日注册。
49.《民觉日报》：民国十年五月四日注册。
50.《星期三》：民国十年五月十一日注册。
51.《教育公报》：民国十年五月三十一日注册。
52.《云南省立第一小学校刊》：民国十年五月三十一日注册。
53.《新民报社》：民国十年七月二十八日注册。
54.《游艺周刊》：民国十年九月十日注册。
55.《微言报》：民国十年九月十九日注册。
58.《云南省立第三小学校学生月刊》：民国十年十月十一日注册。
57.《科学报》：民国十年十月二十日注册。
58.《晨钟报》：民国十年十月三十一日注册。
59.《爱国周刊》：民国十年十一月五日注册。
60.《星期旅行队杂志》：民国十年十一月二十一日注册。
61.《第一中学校校刊》：民国十年十一月二十二日注册。
62.《铎报》：民国十一年一月三日注册。
63.《金碧日刊》：民国十一年一月三日注册。
64.《灵声》：民国十一年一月二十五日注册。
65.《道新》：民国十一年三月二十八日注册。
66.《清真旬刊》：民国十一年四月十七日注册。
67.《民光日报》：民国十一年四月二十日注册。
68.《云南青年》：民国十一年五月一日注册。
69.《民治日报》：民国十一年五月三十日注册。
70.《军事杂志》：民国十一年六月二十日注册。
71.《军事日刊》：民国十一年六月二十二日注册。

72.《民治实进会会报》：民国十一年十一月四日注册。
73.《光明半月刊》：民国十二年一月四日注册。
74.《滇市新报》：民国十二年一月十六日注册。
75.《民生报》：民国十二年一月二十七日注册。
76.《市政月刊》：民国十二年二月十三日注册。
77.《高报》：民国十二年四月二十三日注册。
78.《农事浅说》：民国十二年八月三十日注册。
79.《云南午报》：民国十二年九月十二日注册。
80.《天足会汇刊》：民国十二年九月十四日注册。
81.《东陆校刊》：民国十二年十一月六日注册。
82.《赈亚日报》：民国十二年十一月二十六日注册。
83.《云南新闻》：民国十二年十二月七日注册。
84.《成德学生半月刊》：民国十二年十二月二十四日注册。
85.《风俗改良会会刊》：民国十三年三月四日注册。
86.《童子军联合会会刊》：民国十三年四月二十八日注册。
87.《云波社旬刊》：民国十三年五月二十八日注册。
88.《改造》：民国十三年六月二十四日注册。
89.《新滇日报》：民国十三年八月十五日注册。
90.《乡村教育月刊》：民国十三年九月十七日注册。
91.《工商周报》：民国十三年九月十八日注册。
92.《澎湃旬刊》：民国十三年九月十八日注册。
93.《孟晋杂志》：民国十三年十月十四日注册。
94.《甲子新闻日报》：民国十三年十月三十日注册。
95.《云南司法月报》：民国十四年四月六日注册。
96.《卫生促进会会刊》：民国十四年六月十一日注册。
97.《云南省立第一师范校刊》：民国十四年六月二十三日注册。
98.《资学月刊》：民国十四年六月二十日注册。
99.《幸福旬刊》：民国十四年八月四日注册。
100.《民党俱乐部周刊》：民国十四年九月五日注册。
101.《云南省议会会刊》：民国十四年十月七日注册。
102.《儿童之友》：民国十四年十一月十一日注册。
103.《颠语报》：民国十四年十一月十一日注册。
104.《云南财政公报》：民国十五年一月二十三日注册。
105.《昆明市声》：民国十五年三月九日注册。
106.《滇事旬刊》：民国十五年八月十一日注册。
107.《云南烟酒月刊》：民国十五年八月十一日注册。
108.《女声报》：民国十五年十月二十七日注册。
109.《农业月刊》：民国十五年十二月十六日注册。

110.《**云光**》：民国十六年三月二日注册。
111.《**云南民国日报**》：民国十六年四月十九日注册。
112.《**迪新周报**》：民国十六年五月六日注册。
113.《**鸣旦**》：民国十六年五月十七日注册。
114.《**青白日报**》：民国十六年七月五日注册。
115.《**冲锋月刊**》：民国十六年八月一日注册。
116.《**云南总商会周刊**》：民国十六年九月十六日注册。
117.《**新民通讯社紧急号外**》：民国十六年十二月二十四日注册。
118.《**路政促进会会刊**》：民国十七年二月十六日注册。
119.《**三民旬刊画报**》：民国十七年二月十六日注册。
120.《**三十八军政治训练处半月刊**》：民国十七年二月十六日注册。
121.《**真光月刊**》：民国十七年六月五日注册。
122.《**云南反日出兵后援会周刊及画报**》：民国十七年七月二十六日注册。
123.《**云南党务周报**》：民国十七年九月六日注册。
124.《**司法公报**》：民国十七年十月十一日注册。
125.《**云南民众日报**》：民国十七年十月十一日注册。
126.《**反日时刊及画报**》：民国十七年十二月四日注册。
127.《**警钟日刊**》：民国十八年一月十九日注册。
128.《**训政半月刊**》：民国十八年二月八日注册。
129.《**建设周刊**》：民国十八年二月二十八日注册
130.《**云南通讯**》：民国十八年五月二十四日注册。
131.《**九九通讯**》：民国十八年九月二十三日注册。
132.《**云南整理金融旬刊**》：民国十八年十月十七日注册。
133.《**云南民政**》：民国十九年八月二十八日注册。
134.《**党锋周报**》：民国十九年九月二十七日注册。
135.《**新昆明周报**》：民国二十年一月二十二日注册。
136.《**生活周刊**》：民国二十年三月四日注册。
137.《**三民日报**》：民国二十年六月二十四日注册。
138.《**凤哕杂刊**》：民国二十年六月三十日注册。
139.《**新民画报**》：民国二十年七月十五日注册。
以上各报，当采访时均已停刊。

*　　*　　*

宣统元年：

《云南日报》。

宣统三年：

《云南官报》《滇南公报》。

民国元年：

《云南政治公报》《华南新报》《云南省教育会周刊》《云南警务杂志》《天南日报》。

民国二年：

《南针杂志》。

民国三年：

《崇实报》《农业丛报》《滇声报》《实业杂志》《国是日报》。

民国四年：

《觉报》。

民国五年：

《中华民报》《义声报》《金鸣报》《滇声新报》《民鸣报》《民听报》《云南省政府公报》《护国报》《醒报》《滇声报》《实业周刊》《中华新报》。

民国六年：

《平报》《清真报》《痛报》《实业日报》《尚志杂志》《小言周刊》《中华日报》。

民国七年：

《小学生周刊》《危言日报》《大声日报》。

民国八年：

《云南救国日刊》《云南学生爱国周刊》《共和滇报》《均报》。

民国九年：

《云南军事杂志》《云南陆军周刊》《云南小学教育旬报》《云南财政月刊》《逸兴日刊》《滇潮月刊》《云南实业公报》。

民国十年：

《市政杂志》《新云南日报》《云南自治旬报》《星报》《民觉日报》《星期三》《教

育公报》《云南省第一小学校刊》《新民报》《游艺周刊》《微言报》《云南省立第三小学校学生月刊》《科报》《晨钟报》《爱国周刊》《星期旅行队杂志》《第一中学校校刊》《复旦报》。

民国十一年：

《铎报》《金碧日刊》《灵声》《道新》《清真旬刊》《民光日报》《云南青年》《民治日报》《军事杂志》《军事日刊》《民治实进会会报》。

民国十二年

《光明半月刊》《滇市新报》《民生报》《市政月刊》《高报》《社会新报》《农民浅报》《云南午报》《天足会汇刊》《东陆校刊》《振亚日报》《云南新闻》《成德学生半月刊》。

民国十三年

《风俗改良会会刊》《童子军联合会会刊》《云波旬刊》《改造》《新滇日报》《乡邮教育月刊》《工商周报》《澎湃旬刊》《孟晋杂谈》《甲子新闻日报》。

民国十四年：

《云南司法月报》《卫生促进会会刊》《云南省立第一师范校刊》《灵学日刊》《幸福旬刊》《民党俱乐部周刊》《云南省议会会刊》《儿童之友》《滇语报》。

民国十五年

《云南财政公报》《昆明市声》《滇事旬刊》《云南烟酒月刊》《西南日报》《女声报》《农业日刊》。

民国十六年：

《云光》《云南民国日报》《迪新周报》《鸣旦》《青白日报》《冲锋月刊》《大无畏报》《云南总商会周刊》《云南新报》。

民国十七年：

《路政促进会会刊》《三民旬刊画报》《三十八军政治训练处半月刊》《真光月刊》《云南反日出兵后援会周刊及画报》《司法公报》《云南民众日报》《反日时刊及画报》。

民国十八年：

《公路周刊》《警钟日刊》《云南清真铎报》《训政半月刊》《建设周刊》《云南通讯》《九九道讯》《云南整理金融旬刊》《雄飞半月刊》《民生报》《昆明市政日刊》。

民国十九年

《云南教育半月刊》《拒毒会刊》《民力月刊》《民国日报》《民锋周刊》《云南民政》《党铎周刊》。

民国二十年：

《市教育》《三民日报》《风哕杂刊》《东大特刊》《普及教育》《教育周刊》《抗日救国》《昆明通讯》。

〔按：1. 从“*”号以后，为各报刊杂志以按年记录部分，因所列各报刊杂志名称，少部分又与原稿正文记录不相同，故一并收录。2. “催眠学术研究社”，原稿批注：“此社曾经明令禁止，不可列。”为保存资料，照录。〕

社会训练

一、社会训练概况

省政府自民国二十二年，遵照中央法令，令行教育厅组织云南国民军事训练委员会，先对各学校实施军训。二十五年，举办各县、市社会、壮丁军事训练及公务人员训练等。二十六年，省政府鉴于抗战军事紧张，亟应加强自卫力量，乃指定团务督练处、民政厅及国民军训会，会同组织云南省义勇壮丁队办事处，将军事训练委员会改组为国民军事训练处，办理全省学生军训及社会军训事项。从此，本省民众训练范围扩大。

民国二十三年，省指委会继南昌总会组织云南新生活促进会，由省市推及于各县，而各机关、学校、团体，亦纷纷组织新生活互励会及劳动服务团。对于新生活运动事项已增进至二十余种，其余社会训练，收效颇宏。

民政厅多年办理礼俗行政，对于改良社会风俗、倡导节约、禁止奢侈、限制早婚、褒奖节寿、推行公墓制度、取缔异端邪教等，仍积极施行。

教育厅对于社会事业，如举办滑翔、播音、科学、体育各种运动，改良戏剧、巡回电教、推行时政、展览书画等事，发展日进无已。

建设厅之社会事业，如提倡植树种棉、推行合作农贷、举办农工展览、发展水利交通、增进工商福利等，办理不遗余力。

本省社会处，于三十一年三月奉社会部及行政院令组织成立，对于社会事业，行政始有系统组织。其工作如民众组织训练、社会运动服务、救济调查、儿童劳工福利及人力动员等，俱日渐展开。

昆明市政府之举行清洁比赛、通俗讲演，改良公用、整理街道等一切社会事业，历来甚多表现。

各县社团组织，经各级督导促进，多有登记成立，惟边区僻邑，尚未能一律实臻健全。

兹粮据征得各机关资料，续志于后。（“社会教育”详《教育》。）

二、社会军事训练

云南省政府于民国二十五年夏，据国民军事训练委员会主任委员周启贤呈请，试办本省牡丁训练，以适应时代之需要。当以时局日趋严重，举办壮训实为当务之急，乃咨请训练总监部选派军事教官来滇试办。是年十二月，部派军事教官杨春泽等二十员到滇，经省政府分别加委，令饬国民军训会分派各县、市担任社训副总队长职务，襄助总队长（县长兼理）办理社训事宜。同时，分请驻防本省各部队，派员协充各县、市社训干训人员。二十六年四月，先后成立者计二十总队。开始训练两个月为一期，以不妨碍生计为原则。训练课目，悉依照《社训法规》中《壮丁训练实施纲要》课目时间基准表之规定，分为政治、军事两门。经费由省政府拨给，计一期共支二万八千三百六十八元。毕业壮丁合共四万四千二百零六名。

附：云南国民军事训练委员会二十六年度所属各县第一期军事训练一览表

二十六年度各县第一期军训一览表

县别	总队长姓名	县训练官兼副总队长	区数	督练员	干部			人口总数		第一次调查适龄壮丁数	本期受训人数	经费	训练开始月日	毕业月日
					教练员	助教	派出部队	男	女					
昆明市	翟　翚	金荣生	5	1	5	50	近卫二团	76,668	6,703	17,138	4,020	13,800	10.1	11.28
昆明县	董广布	肖航松	8	1	8	80	机关枪团	42,442	9,220	24,141	4,075	178,200	4.1	6.1
富民县	徐倬云	张　忠	4	1	4	40	选用在乡军人	16,350	16,621	4,436	850	97,400	4.10	6.10
呈贡县	李晋笏	杨远源	4	1	4	40	选用在乡军人	38,146	38,732	5,013	800	97,400	3.15	5.15
宜良县	王　杰	罗清宇	7	1	7	70	选用在乡军人	56,941	53,760	9,250	1,700	158,000	4.1	6.1
大理县	王仲杰	杨春泽	4	1	4	40	第一旅第一团	47,141	45,417	9,423	800	97,400	4.15	6.15
安宁县	林景泰	齐经武	5	1	5	50	工兵大队	31,142	30,423	312	600	27,600	3.30	5.29
宾川县	和志钧	宁　蔚	5	1	5	50	第一旅第二团	53,573	54,148	2,102	800	27,600	6.21	8.21
祥云县	聂思培	邓　礼	7	1	7	70	第一旅第一团	64,444	59,766	10,043	2,112	158,000	4.16	6.15
楚雄县	李毓萱	杨光荣	7	1	7	70	第五旅第五团	72,964	70,468	28,885	2,000	158,000	3.24	5.24
华坪县	张子聪	杜学武	6	1	6	60	第五旅第十团	40,405	39,184	16,631	700	137,800	8.2	9.14
文山县	李郁高	李志昌	7	1	7	70	第九旅第十八团	93,160	88,071	14,082	1,396	137,800	4.1	6.1

（续表）

县别	总队长姓名	县训练官兼副总队长	区数	督练员	干部			人口总数		第一次调查适龄壮丁数	本期受训人数	经费	训练开始月日	毕业月日
					教练员	助教	派出部队	男	女					
广南县	宋光熹	姜松坤	7	1	7	70	广富独立营	128,505	116,874	27,275	800	158,000	6.1	7.30
蒙自县	马光陆	刘肇汉	4	1	4	40	河口独立营	66,451	55,136	7,560	1,200	218,600	3.20	5.20
个旧县	张光宗	王乐天	5	1	5	50	个旧独立营	65,689	28,091	7,088	5,000	117,600	3.22	5.30
建水县	熊光琦	肖正芳	10	1	10	10	第三旅第六团	95,890	102,275	33,547	12,250	218,600	4.19	6.22
鲁甸县	李燮奇	张　铭	4	1	4	40	第二旅第四团	344,774	30,142	2,590	800	97,400	5.3	7.4
昭通县	李　时	杨正翩	6	1	6	60	第二旅第三团	104,453	101,747	40,259	1,230	137,800	4.1	6.2
邓川县	邓永清	涂中藩	5	1	5	50	第一旅第二团	19,540	20,524	5,077	1,250	117,600	4.14	6.17
曲靖县	刘人佑	高　明	8	1	8	80	第三旅第五团	58,808	55,169	12,340	1,823	178,200	4.1	5.30
合计	20	20	118	20	118	1090		1,517,486	1,022,471	277,462	44,206	2,532,800		

第二期壮训，除昆明县、市仍继续办理外，其余均暂令停办。所有部派社训教官，悉调充为义勇壮丁支队副。

三、义勇壮丁集训

云南省义勇壮丁队办事处，以团务督练处长马钤为主任，秉承省政府办理。全省分区设十支队，每支队设三区队，每区队设四分队。马钤兼直属支队长，队部设昆明；派刘正伦为第一支队长，队部设昭通；派梁宇皋为第二支队长，队部设个旧；派冯云为第三支队长，队部设大理；派薛之标为第四支队长，队部设楚雄；派李毓萱为第五支队长，队部设楚雄；派周怀植为第六支队长，队部设文山；派杨荫南为第七、八支队长，队部设普洱；派陈少平为第九支队长，队部设保山；派史华为第十支队长，队部设丽江。以三个月为一期，每期每支队训练壮丁六百名，十支队每期训练人数为六千名。并订定《学术科预定进度表》，分饬各支队遵照施行。每期经费为国币五万九千四百六十十元。连续举办至第三期后，奉令饬国民军训处接收，成立国民兵义勇壮丁，集中训练，十个大队，赓续办理，以竟全功。

四、国民兵义勇壮丁集训

云南国民军事训练处，接收义壮支队继续训练，以两个月为一期。共分十个大队，每大队设八中队，每中队设三分队。每大队计训练壮丁一千二百名。第一大队调集昆明等十三县，队部设昆明。第二大队调集昭通等十一县，队部设昭通。第三大队调集个旧等十三县，队部设个旧。第四大队调集宾川等十县，队部设大理。第五大队调集曲靖等十二县，队部设陆良。第六大队调集楚雄等十三县，队部设楚雄。第七大队调集文山等九县，队部设文山。第八大队调集宁洱等十九县，队部设宁洱。第九大队调集保山等十三县，队部设保山。第十大队调集丽江等十三县，队部设丽江。十大队每期共训练壮丁一万二千名。每月官长、班长、壮丁伙食等费共计需新币十万二千六百二十元。并委军事教官刘肇汉、雷树滋、罗清宇、杨春泽、高明、杨光荣、李志昌、罗敬、杜学武、杨远源为各大队大队长。于二十七年十二月一日开始成立训练，二十八年一月底毕业。毕业后归还原县、乡、镇，编入自卫队。

附：僧道训练

省政府准训练总监部、军政部、内政部咨，以在兵役法规对于僧道兵役未有规定以前，全国僧人仍应服国民兵役，与普通一般人民同受壮丁训练，惟侧重救护工作。当即分令民政厅军训处于二十六年九月成立云南省战地救护团僧众训练队。三个月毕业，僧道两期，有适龄壮丁共一百二十一名，听候征调。

五、新生活运动

云南新生活促进会采理监事制，裴存藩、陈秀山为常务理监事。后改组干事制，由省政府主席兼指导员，核示指杨镜涵为主任干事，主持会务。函聘名干事，迭有更动。于二十四年一月一日新运会正式改组成立，每月举行干事会议一次，商讨工作进行。各县新运促进会之组织，由会函聘各县县长为该新运会主任干事，并由主任干事函聘县党部委员及教育、财政、建设、警察等局各局长、中等学校校长、与夫团体负责人员为县新运会干事，下设书记室及调查、设计、推行三股。各县新生活运动促进会，先后成立者有昆明、武定、江川、宣威、会泽、昭通、弥勒、镇雄、砚山、镇南、景谷、中甸、玉溪、宁洱、思茅、富州、保山、晋宁、永善、河西、双江、巧家、建水、宜良、南峤、路南、丽江、永仁、华宁、曲靖、个旧、西畴、永胜、景东、邓川、峨山、昆阳、鹤庆、师宗、墨江、澄江、广南、曲靖、华坪、漾濞、马关、罗平、大理、镇康、宾川、永平、陆良、牟定、双柏、蒙自、姚安、泸西、盐兴、楚雄、佛海、沾益、洱源、罗次、镇越、寻甸、绥江、兰坪、广通、凤仪等六十九县。

工作就宣传方面言，除于新运纪念日或举行清洁、整齐、朴实、卫生等运动作盛大之集会宣传外，并叠次组织宣传队赴各县市作口头宣传，以及编印各项书报刊物作文字宣传，且随时派员担任新运课程，对学生、民众作扩大普遍之演讲。就执行方面言，则除随时督促警局及饬各县、市政府、令区、坊、乡、镇长，认真遵章实行外，于省会复由会组织新运纠察队，督同宪警，逐日从事纠察。就训练方面言，则先着手于工商业训练，曾举办工人、商人训练班，刻已举办至第三期，成绩尚属良好。

运动事项，以总会规章为依归，举其要目如下:（一）整洁运动，（二）守时运动，（三）规矩运动，（四）夏令营运动，（五）扑灭蝇鼠运动，（六）厉行各业新生活运动，（七）节约运动，（八）植树运动，（九）健身运动，（十）提倡国货运动，（十一）提倡建筑学校园运动，（十二）提倡集团结婚，（十三）取缔妇女烫发，（十四）协助举办劝募慰劳款物及购买救国公债等项运动，（十五）提倡救国公债息金捐献国家运动，（十六）取缔额外小账运动，（十七）取缔售卖淫邪书画，（十八）利用市区空地，增辟儿童公园或运动场，（十九）提倡民众同乐会，（二十）协助办理省会郊外民众防空疏散指导，（二十一）制悬新运标语及新生活须知等标志。

六、改良风俗

自抗战后，本省人口骤增，风俗日趋奢靡；既厉行新生活运动，复实施《取缔奢侈行为办法》。由民政厅监督指导，严令昆明市政府会同省会警察局，组织纠察队，随时巡查，严格取缔。并通令各县严厉执行，取缔奢侈行为，查禁民间不良习俗，颁行实施办法；复叠令各属成立风俗改良会，订立规则，崇尚俭朴，倡导婚丧节约，而犹侧重于上层阶级，以身示教。各属之呈报遵行者，多予奖励。

早婚之习，以各属乡村间为盛，或预娶童养媳，急于配偶。民政厅三十二年专案通令限制，益以学校机关之宣传，风俗改良会之劝导，此风稍戢。

妇女缠足，早令禁止。二十九年全省各属已报禁绝。民政厅于三十二年奉省政府主席手令，重申前令，严禁边僻乡村幼女缠足，不使陋习复萌。

边民生活简陋，住室楼下多栏牲畜，不适清洁卫生。男妇工作负重多背架，力压头脑前部，有碍身体发育。省府主席特饬民政厅通令改善，人畜居处，力求远隔；负重工具，用力限于肩背。自三十年后，据各属呈报，大部人民多已遵办改良。

七、推行公墓制度

抗战以来，军阵死亡者，奉令有国殇公墓及陆军基地之设。惟一般民众，流离转徙，空袭死亡，各地旧有丛葬义冢，不无凌乱暴露，每致妨碍建设，有害卫生。政府特推行公墓制度，通饬全国遵行，并列为地方自治最重要之一项。本省由二十八年，准内政部咨，颁布《公墓暂行条例》。后曾奉委员长手谕，饬速实施公墓制度，由民政厅制定《云南省推行公基制度实施办法》，迭令各属赶速遵办，限于三十三年十二月以前一律完成。至三十四年六月止，据完成公墓各县县名如下：

个旧、嵩明、南峤、大姚、广通、易门、马关、西畴、宣威、镇南、姚安、盐丰、峨山、洱源、剑川、邓川、晋宁、蒙化、玉溪、大理、宜良、陆良、路南、弥勒、泸西、凤仪、师宗、呈贡、昆阳、石屏、彝良、寻甸、福贡、曲溪、通海，上计三十五属。

据报已筹备、尚未完成公墓各县县名：

富民、蒙自、盐津、昆阳、金平、巧家、龙陵、车里、腾冲、绥江、河口、牟定、楚雄、广南、富宁、云县、缅宁、屏边、思茅、罗平、丘北、元江、镇雄、威信、宁洱、六顺、碧江、砚山、禄劝、元谋、永仁、河西，上计三十二属。

八、褒物题颁匾额

国民政府颁布《褒物条例》，内政部公布其施行细则，按条文解释，耆寿贞节应不在褒物之列。而本省民政厅稍事变通，凡据呈褒物之案，其合于条例明文规定者，照案咨部办理，关于节寿两类，即由政府酌核题给匾额。兹将二十八年起至三十四年八月止，请得国民政府褒物题颁匾额人名籍贯列下：

王张氏，剑川县人，孝事孀母。

张李氏，大理县人，孝亲慈幼。

武尚贤，思茅县人，莲山设治局任内率民抗战。

李曰垓，腾冲县人，德行优异，热心公益（传见《人物》）。

唐姚氏，江川县人，德行优异。

田伊耕及妻苏氏，建水县人，孝义可风。

赵氏，宾川县人，德行优异。

王杨氏，宾川县人，惠贻桑梓。

由省政府题给置额者分类列下：

钱用中，晋宁县人，致力教育，建树孔多（传见《人物》）。

朱杨氏，祥云县人，节孝。

高杨氏，陆良县人，节孝。

宋杨氏，元江县人，节孝。

李樊氏，宣威县人，节孝。

余全贞，昆阳县人，贞孝。

周悟慧，宁蒗设治区人，贞孝。

阮二囡，鹤庆县人，贞孝。

韩殷氏，昆阳县人，节寿。

宋吴氏，罗平县人，节寿。

高焦氏，永胜县人，节寿。

赵郝贞元，盐津县人，节。

朱唐氏，会泽县人，节。

钱赵氏，大姚县人，节。

罗李氏妯娌，墨江县人，节。

白刘氏，建水县人，节。

韩李氏，路南县人，节。

张白氏，元江县人，节。

李李氏，呈贡县人，节。

苏杨氏，双柏县人，节。

周杨氏，顺宁县人，节。

李王氏，顺宁县人，节。

陈李氏，弥勒县人，节。

赵昌荣，盐津县人，贞。

陈懋典，剑川县人，重修海桥。

康文瑾，镇雄县人，热心赈灾。

周柏岺，蒙自县人，热心公益

万秦氏，澄江县人，德寿。

杨本荣，安宁县人，德寿。

王复新，陆良县人，德寿。

艾昌炤，镇源县人，德寿。

魏其九及妻丁氏，玉溪县人，双寿。

陈安顺及妻张氏，双寿。

九、取缔异端邪教

查禁一贯道。三十三年九月间，昆明市、昆阳、建水等县先后据当地密报，有北方人田学玉、杨其昌、王辑五等党徒多人，号称一贯道，亦称中庸道，分居各地，假神降乩，敛财诱众，形迹可疑，正严密调查中。云南省政府旋奉行政院密电：以查敌人利用一贯道为间谍活动工具。其组织一路由平汉各地向我西北开展，一路由上海经香港入滇黔，一路由北平经豫陕入四川。该道首张天然受敌人利用，分配间谍，潜入内地，收集我方军事情报。其活动方式，先设商店为联络场所，后立道堂，假崇奉孔道以吸收徒众，每星期五为参拜期，星期日为讲道期。在该逆已蔓延川、滇、黔、闽、湘、鄂、豫、秦、陇等九省之广，若不早日取缔，贻患堪虞。对该道各地之活动，应即一体查禁。其已入道而盲从者，准限期自首，声明脱离，否则依法严办。当即转呈行营，咨请绥署办理，令民政厅转饬所属查禁。甫阅月，即据民政厅转报：据昆明市政府呈报，在本市小绿水河缉获一贯道众田学玉等八名及文件、自愿书等，证据确凿，呈转绥署讯办。又转据昆阳县缉获该逆道徒众王辑五、林松年两名，经讯供与原令所指相符，并称其道堂尚设立昆明、晋宁、安宁、玉溪等处，亦经将该犯呈转绥署讯办。嗣又据第二区专员呈建水县查获一贯道逆杨其昌等惑众敛财，当即缉讯。据供称，传道地点已有昆明、开远、蒙自、建水等县，现已成立；石屏、个旧、通海等县正在计划成立分处，由同道王家玺、沪治江负责。经据供，分令屏、蒙两县长查缉。当据蒙自县组沪治江至署，供宣传不讳，仍经解送绥署法办。至各要犯，除依法处置外，仍饬有关各属，务将首要拿获解办。并迅将保甲组织严密，实行连坐。凡各种非法集会结社，邪说惑众，均须一律取缔。通令遵办。

取缔捕怪教。三十三年，民政厅据密报，大理县老儒尹宗唐创立尹教，以捕杀蛇、蛙为功德，人因号为捕怪教。少数无知军政员官亦盲从入教，愚民则崇信甚多，当经令饬大理县及邻封各属，严密查报。据复详查其前后事迹，尚无甚显著之不法行为及受奸伪利用情事发生，但邪教惑民，实为社会风化之害，即予查禁。

剿办大刀队。三十四年，有川省红灯教匪余孽窜入盐津、大关两县交界之花田、豆沙两乡间传授邪教，无知男女老幼多受迷惑。入教者自信不畏枪刀，一入催眠状态，则手持大刀奔舞，口喊“打不进，杀不进”。该匪利用愚民企图效尤，违禁发财，组织大刀队，以“铲除贪官污吏、土豪劣绅”为口号，附和日众，曾殴辱盐津县兵役科员，杀毙大关县特任乡长。大关县参议会乃请县署呈报查禁。昭通王专员派保安营黄营长率兵剿办，大刀队聚众于豆沙关一带，声势颇大。保安营不便接近。转从盐井镇移驻白水乡搜扰。盐津县杨县长乃派护路大队越界进剿。十一月二十二日，江队长突入豆沙关，先后击毙大刀队首领钱爪爪、蒲老师兴儒等数名，拿获徒众数十名。于是大刀队全体解散，其盲从附和者，勒究具结悔过。而乡民因此家破人亡者，不可胜计矣。

十、民众社团训练

本省三十二年实施民众社团训练概况表列如下：

三十二年各县民众社团训练概况表

地区	主办机构	受训人员	人数	期限
昆明市	社会处	市商会会员	150	一月
曲靖	县政府	工商团体干部		一月
宜良	县政府	社会民众学员	92	一月
玉溪	县政府	人民团体干部	42	五周
个旧	县政府	人民团体职会员	61	一月
宣威	县政府	团体会员	96	一月
楚雄	县政府	各业团体职会员	51	一月
大理	县政府	人民团体干部	79	两周
凤仪	县政府	工商团体职会员	65	三周
昆明市	省妇女会	民众失学妇女	80	三月半

三十三年实施概况：

（一）社会处办工商人员训练班，毕业三百名。

（二）民政厅抽调各县民政科长受训两月半，第一期调训四十五人，第二期三十九人。

（三）本省会同中央组织部开办云南纺织厂、五金工厂、云南纸烟厂、中央机器厂、中央造币厂五处工矿党务训练班，受训工人共二千余人。

（四）昆明市工商团体训练委员会办理三期，计受训商人团体会员三百人，工人团体会员一百人。并由市政府于国民兵集训中增加团体训练课程，计受训三千余人。

三十四年实施概况：

（一）市商会、市总工会各别办理职业团体职会员训练，受训共四千五百余人。

（二）工矿人员训练略同三十三年。

十一、社会运动

（一）劳军工作：三十一年组织本省慰劳分会，成立后曾办理“七七”劳军及筹募鞋袜劳军等项工作。三十四年一月，又组织慰劳过境国军伤病官兵暨志愿从军知识青年委员会，分队劝募捐款，收获三百四十多万元。社会处历年办理有文化劳军、画报劳军、慰劳滇西远征军、慰劳男女知识青年从军等。自三十二年起，每年均组织元旦劳军委员会，筹款分送各出征军人家属，欢宴中、美、英陆空军高级人员。九月又组织“伤兵之友社”，分队征募伤兵之友。竞赛成绩，三期共计征得社员九万四千六百零二人，捐款一百八十一万元。

（二）节日运动：除元旦纪念日劳军运动外，会同有关机关社团按各节日分办如下：

1. 二月五日，举办农民节纪念大会。

2. 三月一日，举行兵役宣传大会。

3. 三月八日，举办妇女节。

4. 三月十二日，举办国民精神总动员运动宣传大会。

5. 三月十五日，指导纪念戏剧节。

6. 四月四日儿童节，举办儿童健康检查或比赛及儿童演讲竞赛。

7. 四月五日，举办音乐节。

8. 五月一日，领导劳工举行劳动节纪念大会，并举办省劳工运动大会及检查工人福利设备。

9. 五月四日，举办青年节及昆明市各校学生新生活运动大检阅。

10. 六月三日，举办禁烟节宣传大会，公开焚毁烟毒烟具。

11. 七月七日，各县、市普遍办理献金劳军运动。

12. 八月十四日，举办慰劳空军运动。

13. 八月二十七日，举办教师节及尊师运动，分赠纪念品。

14. 九月九日体育节，举行球类比赛及游泳比赛。

15. 十月十日，举办国防科学宣传并全市运动大会。

16. 十月十二日，举行国父诞辰纪念，并推行文化建设运动。

17. 十一月二十一日，举行防空节。

18. 十二月二十五日，举行云南护国纪念，并推行冬令救济运动。

（三）其他社会运动

1. 举行《新约》成立纪念，三十二年二月五日起庆祝三日，各机关、商号自动赠送贺礼，计收一万余元，作为劳军之用。三十四年九月三日，日本投降，庆祝三日。

2. 协助赈济腾龙边区，组织赈济委员会，劝募捐款九十余万元。

捕鼠运动，由云南省卫生运动委员会按期举行，限定每住户捕鼠缴死鼠。

十二、人力动员

（一）国民义务劳动：国民政府于三十三年废止《国民工役法》，特颁《国民义务劳动法》，通令组织各县、市国民义务劳动服务团。已成立一百二十二团。统计全省工作如下：修筑或修补道路占百分之四十，挖塘、疏河、浚渠、筑堤占百分之三十五，造林造园占百分之七，自卫及国防卫生工程占百分之八，其他占百分之十。复就各县工具完缺、工作时间、工作成绩、比较竞赛，统计列等以为考核。在省市方面将筹组云南省示范义务劳动服务团。

（二）技术员工管制：三十三年，社公处组成云南省技术员工管制委员会。据调查得各公私厂场名称如下：

中央机器厂、中央电工器材厂、中央化工器材厂、昆湖电厂、二十一兵工厂、二十二兵工厂、二十三兵工厂、中央无线电器材厂、军政部汽车第十三修理厂、交通部公路总局运输总队修车厂、交通部滇缅公路运输局修车厂、中央赈济委员会赈济第九工厂、云南经济委员会纺织厂、云南钢铁厂、云南酒精厂、云南纸烟厂、云南兵工厂、云南均益股份有限公司、财厅印刷厂、耀龙电力公司、云南五金器具制造厂、云丰造纸厂、云南制革厂、云南火柴统销处第一、二制造厂、财政部中央制币厂昆明分厂、大成实业公司、裕滇纺织公司、云南百特农场、大利造酸厂、中缅机器厂、云南制糖厂、云南骨粉厂、裕滇磷肥厂、昆明水泥厂、昆明自来水厂、华新水泥公司、昆华煤铁公司、崇文印书局、大中印刷局、开智印刷公司、《中央日报》印刷厂、《中正日报》印刷厂、《扫荡报》印刷厂、《朝报》印刷厂、经济委员会印刷厂、华丰印刷厂、美丰印刷厂、上海联艺印刷厂、云南锡业公司、云南油脂工业社、大来酒厂、上海协成银箔制造厂、华光玻璃厂、昆明机器厂、昆明皂厂、华一皂厂、植昌皂厂、华安工厂、珠光靴鞋厂、云南大道生庸民工厂、美丽印书馆印刷厂、协成新记铁工厂、洪丰工厂、上海复新协记翻砂厂、远东碱厂、德和机器厂、利利钢铁工厂、昆明制酸厂、昆明市第二机器生产合作社、昆明福特公司汽车修理厂、华盛车身厂、雪佛兰汽车总代理处机械厂、昆明市第一制糖工业生产合作社、国立西南中山中学实习工厂、沙隆铸金厂、和兴铁工厂、益记织染厂、大来棉织厂、昌明染织厂、中国工业合作协会滇黔区机械翻砂合作实验工厂、清华机器厂、义利胶厂、云南科学玻璃厂、仁兴工厂、健华糖面厂、宝元昆制茶厂、云南裕昆铁工厂、明兴祥、华一行、振昆织染厂、复兴袜厂、水生袜厂、德丰针织厂、元庆木器厂、安达炼油厂、洪裕号、春茂号、广南隆、恰通化学工业公司、光华化学公司、香海化学工业公司。

总计已登记之厂、场员工，计国营工厂十厂，技术员九百七十九人，技术工一千九百七十二人，厂工三千九百七十九人；省营工厂十五厂，技术员五百四十二人，技术工一千二百九十二人，厂工二百二十二人；官商合营十一厂，技术员三百四十七人，技术工五百三十人，厂工三千六百七十三人；官督商办一厂，技术员一百一十人，技术工一百四十六人，厂工七百四十六人；民营十八厂，技术员二百二十七人，技术工一百四十六人，厂工七百四十六人；合计五十五厂，技术员二千二百零五人，技术工人四千零八十六人，厂工九千三百六十六人。尚有多厂人数未填报。

（三）人力节制：昆明市无业游民、寄生混食及与抗建无关、生活不必要之各业员工夫役，由市政府清查限制劳力之浪费，转以增加有利抗建生产之工作。其清查及受限制者如下：

1. 无业游民。

2. 事涉迷信之员工（如锡箔、纸扎、星相等）。

3. 奢侈品制造业、贩卖业之员工（如化妆品等）。

4. 娱乐场所之从业员工（如戏院、书场、舞场之员役等）。

5. 擦鞋业、沐浴业工人（包括擦背、修脚工人）。

6. 人力车夫（并禁止军人、壮丁、青年乘坐人力车）。

7. 各机关、公司、行号、工厂及私人自备或雇用之车夫。

8. 各机关、公司、行号、工厂及私人雇用之逾额夫役。

9. 餐价、食馆业之从业员工（如酒店、饭馆，甜食、咖啡、面点店馆之员工夫役等）

10. 茶馆、旅社业之从业员工（如公寓夫役等）。

（四）工资评议委员会，先就昆明市县、保山、大理、楚雄、个旧、宜良、玉溪、曲靖、宣威、昭通等十一市县为实施限制地区。

昆明市限制工资业别，如中西酒菜、糕饼、碾米、缝纫、纺织、建筑、木器、印刷等八业，其工资标准则由调查结果根据实际情形核定最高额，再由物价管理委员核定公布施行。

昆明因战时人口剧增，生活日渐高涨，工资调整与涨价之速度常相差悬殊，故执行困难。战后此项措施已失去其重要性矣。

社会福利

一、劳工福利

（一）社会处办劳工食堂：三十二年租报国街房舍四大间开办，每客两菜（一荤一素）一汤，白饭尽用，收费十一元，继因物价续涨不已，餐价亦逐次增至二十五元。每日平均有食客二百八十余人，后因租满停办。

（二）慈善会办民众食堂：昆明市慈善会先设，亏本停办。三十一年社会处按月酌予津贴，使该食堂恢复，改为只售白饭，每盬定价二十元，每人限购一盬，旋因米价高涨，饭价逐次增加至每盬八十元。

（三）个旧矿区劳工福利委员会：三十一年奉部令筹办，三十三年组矿工俱乐部于个旧城中正路，内设茶室、玩具、书报等。又发动个旧县区中医师设义务诊所。

（四）职工福利委员会：三十二年奉令组织，三十三年报成立有九家厂场。

（五）工人福利社：暂借拓东路社会体育场内房屋一间为社址，设总干事一人，工役一人。

各县局工厂、矿场劳工公益金、互助金及伤亡抚恤等福利事业，举办者有建水等三十六县局、裕镇纺织厂等十三厂。

二、儿童福利

（一）儿童福利指导所：社会处于三十一年十二月租翠湖景贤祠成立，经费一万元，三十四年增为月领二万七千余元。其工作如下：

1. 调查儿童福利机关。

2. 调查儿童读物、食品、玩具、服装等。

3. 三十二年创办儿童教育用品工厂，五月暂停。

4. 三十二年废历春节，举办儿童玩具展览会，会期七日，观众踊跃。

5. 举办贫病儿童义诊。

6. 举办妇婴保健：三十二年联络市卫生事务所，举办孕妇产前免费检查及平价接生、产妇免费产后检查、儿童免费健康检查、儿童缺点矫治、儿童卫生指导、免费种痘及预防注射。

7. 筹设儿童乐园：内分儿童阅览室、儿童游艺部、儿童游戏场三部，就翠湖所址设备，专人指导。

8. 庆祝儿童节，协办儿童健康比赛及儿童游艺会。

9. 举办儿童演讲竞赛：三十二年十二月举办第一届，参加中小学校共三十三单位，每单位每组选送一名；连同社会组，凡十五岁以下未在学校之学徒童工，不分性别，均可到所预赛，取录优胜者。参加决赛儿童共六十九名，聘请名流担任评判。竞赛结果，录取社会组二人，初小组八人，高小组十人，初中组四人。各机关赠送奖品，以资鼓励。三十四年儿童节，又举办儿童演讲竞赛，分十二岁至十五岁为甲组，九岁至十二岁为乙组，九岁以下为丙组，三组共二百一十六人，并于“儿童节”纪念大会后颁给奖品。

10. 举办儿童远足团及爬山比赛：三十二年废历重九日，参加之学校团体三十余单位，男女儿童二千零二十八人；参加爬山比赛儿童四百三十四人；不论到达先后目标的，均馈以糖果西点。比赛结果，录取优胜者四十四名，以卖报童获得冠军，分别给奖。

11. 举办报童训练：三十二年十月，举办报童补习训练班，以免其失教日趋下流。

12. 筹办托儿所：详后。

（二）第一托儿所：三十三年四月社会处就翠湖公园景贤祠福利指导所所址筹设，招收托儿四十〔八〕名。采用日间制，每日供托儿三餐，晨间豆浆稀饭，午晚白饭，三菜一汤。每日午前七时半托儿入所，午后五时半退所。食物多黄豆、肉、蛋、洋芋等类，分食，每人各一份。早晚入所退所均凭牌号，以防意外。入所后即由保姆分组负责监护，领导游玩饮食起居，上课时另有保师教授。托儿幼者不过二岁，长者不过五岁，均未及学龄，故处处须人领护。如托儿临时患病，立即由护士施予治疗，隔离起居。托儿在所生活，顺其性以游戏、唱歌、讲故事为主，以养得胖、教得好为目标。

经费每月省府定为二万五千元，社会处补助三万五千三百四十元，另公粮十五石二斗。开办时每名托儿每月收补助伙食费五百元，后加为一千五百元。三十四年度，经费、公粮略有调整，处补助费每月由社会剧场出五万元，托儿费膳食费每月每名加至六千元。

托儿所设职员七名，保姆、保师五名，护士三名，工役四名。托儿四十八名，房舍十四间，有双人床二十张，棉被四十床，小椅、小桌、碗盘、食具、面巾、面盆、小茶壶等全套及玩具多种。医药可供简单治疗。

（三）第二托儿所：抗战中职业妇女日多，请求收容托儿者日增，第一托儿所不足以应社会需要，故有第二托儿所之设。三十三年十二月二十五日成立，暂为半日寄托制，收托二岁至六岁之儿童，每日上午七时入所，下午六时出所。一日三餐，食物加选牛肉、猪肝、番茄、白菜、青菜、豆类等。每日午睡二小时。教育分两组，智力较好者为一组，平常者为一组，间教识字，每周按课程表教导。自由活动时间及收发儿童接送证，均由保师每日轮流管理。

第二托儿所经费，核定全年为十九万五千元，由社会服务处每月补助五万元，社会处补助一万一千六百五十元，每月收托儿膳食补助费因时增减。托儿四十九名，员工设略如前。惟医药方面特聘专任医师一人，随时检查儿童体格，若发现有病者，即立刻通知其家长注意医治，若系外皮微伤，即由所用药敷擦。

（四）昆明市政府第一、第二托儿所，业务与上各所大致相同，收托儿童百余人。

（五）私立坤维慈幼院、私立云栖儿童教养院，收容难童、孤儿各百余人，中央赈济会补助汽车运输。公会难童教养院，收容难童六十人。

募捐节约储蓄邮票，举办义捐节约储蓄邮票及未中奖储蓄券，作为儿童福利事业基金。省府推行于三十二年十一月开始，捐获储蓄邮票一十二万八千四百四十二元；三十三年度捐获储票及奖券三百四十五万二千六百零六元；三十四年截至六月份停，捐获一百一十五万九千五百七十九元；统计捐获四百七十四万零六百二十七元。

（六）私立生生保育园，招收幼龄儿童，全日膳宿，并办初级小学三班，计收一百二十五名。

三、社会服务

（一）生活服务

1. 义务诊疗：三十一年社会处饬社会服务处，就该处设医药门诊部。三十二年扩大，集全市中西医师商定义务诊疗办法，每街设义务诊券代送处。凡贫病市民，由该管保甲长证明（公务员由主管长官证明，并发给义务代诊券），均可向代送处领取诊券，到指定义务代诊所求诊。计有诊券代送处，送药处八处。参加本项工作者，计西医师六十八人，中医师九十二人。后于华山南路服务处及铁局巷西医公会内，设示范义诊所。此项义诊开办至今，求诊人数约达六万人。

2. 励进生活：三十一年组织战时生活励进会，工作为：（1）协助厉行节约禁酒；（2）宣传汽油、粮食、婚丧等项节约运动；（3）建议对限价物品应彻底登记，以免囤积。

3. 推动卫生：三十二年四月有关机关组织昆明市环境卫生委员会，办理住宅、浴室，旅店、餐馆、理发室、娱乐场所等之清洁检查、街道清除、沟道疏通、公厕消毒、井水消毒、防疫注射、交通防疫检查、疫期消毒、机关学校团体工厂等之清洁比赛暨灭蚊灭蝇等运动。复组织检查队，先择食馆、沐浴两业竞赛。评判分四等，甲等制发木质清洁竞赛优胜奖牌，乙、丙、丁等分别贴“清洁”“不清洁”评语标签。

三十三年八月，办理昆明市夏季卫生竞赛，择定食馆、旅馆、理发、公厕等四种为比赛单位。

三十四年六月，各机关组织昆明市、县夏令卫生运动委员会。省党部青年团任宣传，著登社论，制贴标语，印发《夏令卫生须知》等。卫生处、陆军医院任清洁竞赛，其优胜者给奖状。社会处、市商会任卫生服务，发动施医药茶水。昆明市、县政府任清洁防疫，举办大扫除、防疫注射、灭鼠、灭蚊、灭臭虫、灭虱等运动。先后举行清洁大扫除二次。民政厅警备部组织检查团，分组检查市、县、区，市区以区为单位，县区以乡镇为单位，分别奖惩区乡镇长，并视全市、县成绩呈奖市、县长。

4. 社会服务处：三十一年成立社会食堂于景星街，随将公寓、沐浴、理发、露天电影、医业门诊、人事咨询、补习学校、图书室、街头报、书信代笔次第筹设。旋将上列各部并入云南社会服务处。三十三年委托云南服务社代办宿舍、沐浴、理发，余多停顿。

5. 提倡体育：三十三年组织社会体育场于拓东路，举办“社会杯”篮球赛，各机关参加有十队，三十四年七月又举办“志舟杯”公开篮球赛，参加有军医等十二队，定每星期日比赛三场。十二月昆明县举办全县运动大会，分期在黄土坡运动场、官渡镇、龙泉镇举行。参加者有县属各中学、师范、中心小学、警察保卫队等，每次到场约六千余人，运动结果由张县长禄给奖品锦旗。

（二）人事服务

1. 职业介绍：

（1）社会服务处与职业介绍机关联系办理职业介绍组，平均每月求职者约三百人，介绍成功者约五十人。湘桂难胞来滇之先，服务处早为之接洽需要处所。

（2）昆明市政府职业介绍所，三十二年度求职人数有四千三百五十人，就业有二千一百零四人。

（3）中华职业教育社职业指导所，三十二年度求职人数有九千六百六十八人，就业人数有二千三百七十二人。

（4）青年会职业介绍所，三十二年度求职人数有二千余人，就职人数有七百余人。

2. 办理集团结婚：三十二年元旦举行第一届，参加者十对，每对收费五百元。三十三年七月举行第二届，参加者十对，每对收费四千元。十一月举行第三届，参加者十二对，每对收费五千元。三十四年四月续办第四届，参加者十四对，每对收费一万元。公教人员并以八折收费优待。

四、文化服务

（一）社会周刊社：三十三年四月出版《社会周刊》，每期约印五六千份。

（二）社会福利讲座：聘有关之机关长官及专家担任主讲。三十三年三个月，共举行十讲。

（三）社会剧场：三十二年十一月于民生街开幕，选映含有教育价值之国产电影片，廉价售票。

（四）社会剧社：三十三年二月，假省党部礼堂公演《民族女杰》，八月假女中礼堂公演《反间谍》，为募集军人服务站基金，并提倡话剧。

（五）补习学校：云南社会服务处先后办毕业者：国文班五十八人，簿记班四十五人，英文打字班二十八人，高中升学补习班五十六人，中医补习班五十七人。

五、归侨救济

三十一年缅境战况剧烈，四月中旬，侨胞大批归国，滇缅路上，扶老携幼，络绎于途。云南省各界组织协助归侨委员会、协助云南紧急救侨会办理救济工作，先后成立归侨招待所九处。招待事项如下：

（一）招待食宿，每日两餐，三菜一汤。

1. 第一招待所，借用第五军分校校址，前后共招待侨胞二千四百九十七人。

2. 第二招待所，借用红十字会昆明分会会址，先后招待侨胞五千余人。

3. 第三招待所，借用武庙屋舍，招待侨胞六百人。

4. 第四招待所，借用两粤会馆，共住侨胞八百六十九人。

5. 第五招待所，借用福建会馆，共住三百九十四人。

6. 第六招待所，借用两广同乡会馆，招待七百三十二人。

7. 第七招待所，设于中法中学，招待侨胞二百七十七人，另有保山被炸之华侨中学七十五人，教职员及眷属五人。

8. 第八招待所，设于昆华女中旧校址，共住侨胞六百五十七人。

9. 第九招待所，设于大观楼，招待所将各所招待之孤儿及无家可归妇女，做长期收养。

（二）疏运侨胞

入滇侨胞共约一万五千至二万人，来昆登记者计一万零数百人。其积蓄较丰或有亲友可寻，职业可谋者，均自寻出路，余则由协救会积极疏运，专车运出四批，直达金城江，计七百四十人，每人沿途均招待饮食。又由铁道疏运至曲靖者二千人。凡曲靖东开之汽车，不论军、公、商车，一律强迫运送侨胞，每次五人至十人，由新运招待所以战区司令部名义在曲靖拦车乘搭。后由侨委会会长、海外部部长到昆与本省政府商定汽油征购办法，每周开车两次，每次开出二十余辆。留昆侨胞逐渐得以运送回籍，其滞留昆明者，均由侨务处办理登记，介绍职业及设法安置。

（三）人事扶助

侨胞抵昆，以经济压迫之故，不时出售所携货物，一时街头巷尾形成流动市场。后经指定文庙为侨胞集中售货处，由商会设处以备咨询。

（四）疾病医疗

侨胞长途跋涉，时值霍乱流行，病多死亡。社会处卫生实验处发动全市医疗机关，普遍施行防疫注射，由市立医院收容霍乱病人。

（五）宣问慰劳

中央曾派高级长官来昆宣慰侨胞，本省政府亦派各机关长官分别前往各招待所慰问。本省各界举行慰劳大会二次，并招待侨胞观剧，每人分赠药品、毛巾、肥皂。此外，军校、航校更举行慰劳会，俾侨胞减少流离痛苦。

六、难胞救济

三十四年湘桂沦陷后，多数难胞均相继入黔，有续来滇者，部令救济。当由有关机关团体组织“云南省临时救济湘桂难胞委员会”。其办法如下：

（一）难胞登记：先到昆明难民总站申请登记，换发难民证，然后凭证到各收容机关。

（二）招待食宿：两粤籍难胞，由两广同乡会收容；湘籍难胞，由湖南同乡会收容；其他省籍及两广、湖南籍一部难胞，由会设立临时招待所凭证收容，供给膳宿。

（三）疏运难胞：来滇之湘桂难胞，抵昆登记者约二千七百余人，除有亲可寻或有业可谋者外，由会向难民总站、中缅运输局、川滇铁路局、远征军司令部等处商洽车辆、免费疏运愿往他县之难胞。其滞留昆市者，设法介绍职业，妥为安置。

（四）职业介绍：住临时招待所及两广、湖南同乡会等难胞，均愿寻觅职业，由会及难民总站分别介绍。

（五）疾病医疗：商请红十字会昆明分会及惠滇医院等，每日派员分赴各招待所义务诊疗。其有重病及产妇，均送各医院住留诊治。

七、社会救济

（一）冬令赈济

三十一年，云南省冬令救济委员会，省会计发赈米一千公石，五十元钱飞二万张，二共国币三百七十万元。县局方面，一等县，每县平均分发赈米三百公石，二十五县共七千五百公石；二等县，每县平均二百公石，二十七县共五千四百公石；三等县，每县平均一百公石，六十县共六千公石；设治局，每属平均五十公石，十四局共七百公石；对汎督办及设治专员，每属平均一百公石，三属共三百公石：总计一万九千九百公石。

三十二年冬赈，社会部拨奖助费一千万元，本省配定三十万元，办发赈米千五百公石。

三十三年冬赈，由各地社会救济事业协会办。

（二）施粥救济

三十一年，社会处筹获食米一千公石，旧历年关，于昆明市区设施粥所五所。

（三）寒衣救济

商获军队缴存旧棉衣二千套，由中央赈济会拨款，定市商会负责补缀洗染，由难民总站、各区公所、空袭救济办事处及救济院等，调查册报贫民，据以分发。

（四）整顿地方救济机关

分令各县政府清理旧有救济机关或慈善团体所有款产，改组成立各县实验救济院。

（五）实验救济院

三十三年六月，社会处成立实验救济院于观音寺，收容流浪儿童及失业贫民四十名。设育幼、习艺两所，教养兼施，工读并重。习艺以卷包纸烟、装订课本、印刷表格、御史马车及缝纫等技术。每月由娱乐捐拨助事业费，平均约六十万元。

（六）空袭救济

1. 昆明市空袭紧急救济联合办事处，负空袭收容赈济灾民之责，赈款由省赈济会发放。

2. 防空司令部救护大队，负空袭救护之责，轻伤者就地医治，重伤者抬送医院。

3. 防空司令部掩埋大队，负空袭死亡抬埋之责，贫苦者施以棺木。

4. 空袭避难指导大队，由保甲人员组织，协助宪警出动工作，并负清除街道、扑救火灾之责。

5. 各县遇有空袭，均由县府、党部负责救护。

（七）临时救济

三十三年五月九日，滇越铁路于七凸坡发生翻车事件，车辆焚毁，死伤乘客甚多。调查肇事经过，登记死伤旅客姓名，请发恤金。

（八）征属救济

昆明市优待出征军人家属委员会，于纪念或节日发征属救济费，每户五至十元，特别困难者五十元至二百元。

八、慈善机关

（一）昆明市区方面

1. 昆明市慈善会：建于武成路，内分办慈善事业十三项：（1）同善堂，月赈老弱妇孺约三万人；（2）养疾院，收容贫穷病人，每月三十一人。有病房、医药、炊事设备，已有十六年历史；（3）体仁堂，月赈老人瞽目约二百人，并施药；（4）养老院，为体仁堂附设，仅供住宿饮食，收容八十一人；（5）崇善堂，月赈贫民约二百人；（6）乐善堂，施舍棺木，月惠六十人；（7）尽心社，办理寄生、埋葬、施米、施药事项，月济三四十人；（8）恤贫会，赈恤贫民及抗战军人家属；（9）施药会，月施中药三千元；（10）同仁社，施中药；（11）敬节堂，收养青年孀妇及孤女，仅供住宿及补助婚丧医药费，容九百人；（12）育婴堂，收抚孤儿，雇用乳母，平均每月收容十余人；（13）第三寄生所，收容产妇，为期半月，供宿不供膳。

2. 昆明市养济院：设于拓东路，为市政府所属之救济贫民机构，收容孤苦残疾无依之老幼贫民，发给口粮旧衣，教以简单工艺。有住房一百五十间，经常救济一千三百三十人。

3. 云南省赈济会：设于民政厅内，为本省战时赈济机构。各县市临时发生空袭、火灾、水患、地震等灾，即派员勘察施赈，其赈款由中央赈济会请领。

4. 昆明难民总站：为中央赈济委员会在滇之难民、侨民、灾民救济机关，每月收容难民，发给口粮代金。设立第九赈济工厂及云南瓷业公司，以工代赈，并举办小本贷款，救济小贩，参加救济空袭灾荒难民及回国被难侨胞。又设云南省难民职业介绍委员会，专负介绍难民职业之责。三十二年度求职人数有三千一百六十一人，就业人数有三千零八十八人，滇缅公路断后，救济失业人民不少。

5. 华洋义赈会云南分会：设于拓东路，民国初年成立，为国际人士之慈善组织。民十五以工代赈，修理拓东路；民十八赈济火药爆发案之灾民，民二十救济安宁元永井水灾；其后历次参加赈恤义举。其赈款多向中外人士募捐。

6. 红十字会：设于翠湖南路，民国初年成立。其义务为救济伤病及灾患，经费多向会员募集。

7. 云南省紧急救侨会：由省府侨务局、难民总站合组而成，中央拨款，办理侨胞食宿疏运事宜，并于交通沿线分设接待站，救济侨胞共达万五千人。此外各界更成立协助救侨委员会，协助办理。

8. 敬节堂：设于钱局街，收容贫苦孀妇，经费由教育厅发给。

9. 善终会：设于华山东路，专赈济贫苦之天主教徒。

（二）各县方面（以最近呈报者计）

1. 县慈善会：成立者有昭通、沾益、大关、永平、牟定、寻甸等六县。

2. 县救济院：成立者有昆明、蒙自、楚雄、通海、峨山等五县。

3. 赈济会：西畴、大关两县各有一所。

4. 育婴堂救济院：建水县有一所。

5. 施棺会：晋宁、缅宁两县各有一所。

6. 施棺会及掩骨会：泸西县有各一所。

7. 冬赈会：昭通县有一所。

8. 礼乐慈善促进会：安宁县有一所。

9. 普益社：墨江县有一所。

10. 三善会：思茅县有一所。

11. 宣讲会：峨山县有一所。

12. 复古会及河工委员会：河西县各有一所。

以上各县慈善团体，其业务不外办理施米、施粥、施棺、施药、掩埋、修桥、铺路及救济过境伤病兵、难民，赈济贫民、救济灾害、收容残孤寡妇无依男女老幼等事项，其经费多系自筹募集。

九、卫生机构

（一）昆明市区方面

1. 省卫生处；2. 昆明市卫生事务所；3. 省立昆华医院；4. 省立仁民医院；5. 昆明市郊外医院；6. 云大医学院附属医院；7. 军政部军医分校附属医院；8. 红十字会昆明分会医院；9. 红十字总会第一医防大队；10. 滇缅路昆明医院；11. 英人办惠滇医院；12. 法人办甘美医院；13. 其外私人医院五六所，诊所三十余处。

（二）交通沿线及各县

1. 卫生署滇缅路卫生处，三十九年成立；2. 滇缅路甲种医院五处；3. 滇缅路乙种卫生院五处；4. 滇缅路卫生队四队；5. 西南公路昆平段卫生站二处；6. 腾冲、畹町、蒙自检疫所；7. 各县局立卫生院所九十五处，三十一年五月止。

（三）军人疗养

1. 云南陆军伤废官兵休养所，收容各部队残废军人，每月约一百六十人，供给膳宿。依其病势分为三等休养期：一等休养官兵，可终年久住；二等休养期五年；三等一至三年。期满经军医处检验，发给退役证，令其回籍。

2. 陆军医院，收容治疗各部队患病官兵。

十、社会调查

（一）妓女调查

三十三年，以昆明市集园为调查之对象，该园共住妓女九十五人，分析如下：

1. 沦为妓女之原因：（1）孤苦无依十九人；（2）灾荒流落十七人；（3）被人拐卖十五人；（4）卖身偿债六人；（5）失业流落四人；（6）家庭生活困贫十六人；（7）无计谋生十二人；（8）原因不明四人；（9）自甘堕落二人。自愿从良、务正当职业者，实占多数。

2. 九十五人之教育程度：（1）目不识丁之文盲六十五人；（2）略识字二十三人；（3）小学毕业四人；（4）初中毕业二人；（5）高中毕业一人。

3. 九十五人之籍贯：（1）本省八十四人；（2）广东、贵州各二人；（3）浙江、四川各一人；（4）不明者五人。

4. 九十五人之身价：（1）三千元者十三人；（2）二千五百元者十七人；（3）二千元者二十四人；（4）一千五百元八人；（5）一千元者十一人；（6）八百元者四人；（7）五百元者九人；（8）未定者九人。

（二）流浪儿童调查

三十四年一月，昆明市共有流浪儿童一百三十一人。

1. 流浪原因：（1）生活困难六十四人；（2）父母死亡二十五人；（3）父死母嫁二人；（4）父母残疾三人；（5）犯罪离家九人；（6）行为不正被迫去家九人；（7）在家不自由八人；（8）不明者十一人。

2. 流浪生活：（1）拾炭者二十四人；（2）拾烟头者三十一人；（3）贫苦者三十九人；（4）卖飞票者七人；（5）扒手二人；（6）不明者二十八人。

3. 流浪儿童籍贯：昆明市六十人，本省各县六十六人，四川省五人。

（三）失业司机调查

缅甸沦陷，滇缅公路被敌封锁，运输停顿，司机失业。惟其生活平时过于浪漫且不安定，一旦失业，居处靡定，总公司、司机同业公会均无详确数目登记。三十一年一月间多方调查，滇缅公路以及昆明市县一带失业司机，公会中因失业而不能缴纳会费者，在五千人以上，占公会登记会员三分之二以上。其他因失业而转徙未登记者，亦约五六千人。

（四）空袭损失调查

云南防空司令部统计，抗战八年之间，本省遭敌机进袭共一百二十七次，机数一千九百六十三架，投弹七千六百一十七枚，内烧夷弹七十四枚。民众被炸死亡者四千二百零四人，受轻重伤者二千九百三十九人，损毁房屋三万三千五百间。在全省被炸地区之二十一县中，其遭受敌机进袭次数最多者，厥为昆明，计四十一次；其次为蒙自，计二十七次；个旧十次，云龙八次，龙陵六次，保山、安宁各五次。进袭机数最多者为昆明，计八百四十九架；其次为蒙自，计二百九十二架，云龙一百四十四架，龙陵一百四十架，祥云五十三架。投弹最多者亦为昆明，计二千六百零二枚，其次为蒙自，计一千六百二十七枚；龙陵八百零五枚，云龙七百九十四枚，保山三百五十五枚，个旧三百五十三枚，祥云一百二十一枚。被炸死亡最多者为保山，计二千三百三十五人；其次为昆明，计九百一十六人，蒙自四百二十一人。被炸受伤最多者为昆明，计一千五百一十四人；其次为祥云，计四百八十二人，蒙自三百五十四人，保山三百二十二人。炸毁房屋最多者为昆明，计二万二千三百一十六间，其次为保山，计三千七百一十一间。并开远、云龙、龙陵、安宁、建水、昆阳工厂、沾益、富宁、砚山、昭通、大理、下关、广南、西畴、文山、禄丰、玉皇阁等处统计，伤损概数如附表：

抗战时期本省被袭损失情形表（一）

区分 县别	进袭次数	机数	投弹		人口		房属		公物损失				建筑物损失			外侨损失		
			爆炸	烧夷	死	伤	炸毁	燃烧	机件	工房	飞机	汽车	铁路	公路	桥梁	人口	房属	国籍
昆明	41	849	2,588	14	916	1,514	20,018	2,288	5	120	9	3		144	1	29	32	德国 美国 法国
蒙自	27	292	1,617	10	421	354	1,552	403				1	785			7	10	法国
个旧	10	91	345	8	27	42	118	22										
保山	5	93	313	42	2,335	322	2,531	1,180										
祥云	3	53	121		338	482					3					8		美国
开远	3	46	177		45	67	438	37										
昆阳工厂	2	16	83				8											
大理下关	1	27	108		6	18	124											
安宁	5	65	127		7	16	64			20		3						
沾益	2	18	44		6	5												
建水	3	19	80		32	43	291											
富宁	2	7	16		19	5	136											
禄丰	1	3	4		10	17	55											
云龙	8	144	794												2			

（续表）

区分 县别	进袭次数	机数	投弹		人口		房属		公物损失				建筑物损失			外侨损失		
			爆炸	烧夷	死	伤	炸毁	燃烧	机件	工房	飞机	汽车	铁路	公路	桥梁	人口	房属	国籍
龙陵	6	140	805												1			
砚山	2	16	84		10	17	254											
西畴	1	11	58		4	6	110											
广南	1	9	12		18	16	177											
玉皇阁	1	9	18		8	10	38											
昭通	2	47	133		2	5												
文山	1	8	16				56											

又：昆明损失马 13 匹，牛 8 头，铜线 2700 公斤，铝线 2400 公斤，瓷瓶 1800 个，木杆 120 根；蒙自损失铝线 380 公斤，瓷瓶 600 个，木杆 32 根。

抗战各年本省被袭损失统计表（二）

类别＼年度	自二十七年九月二十八日起	二十八年	二十九年	三十年	三十一年	三十二年	三十三年	三十四年
进袭次数（次）	1	6	34	61	15	8	1	1
进袭机数（架）	9	57	603	786	259	232	13	8
投弹数量（枚）	23	379	2,870	2,907	894	463	38	20
死亡人数（人）	119	190	434	583	2,481	375	11	17
受伤人数（人）	233	179	493	874	630	522	12	1
毁房屋数（间）	66	1,319	2,418	22,318	3,604	179		

其中，间接受损失之县区，如蒙化县人民奉派修筑云南驿机场，于三十二年四月二十六日敌机投弹扫射，死亡一百二十人，伤九十人。

被炸之文化慈善机构，如国立云南大学、西南联合大学、昆华民众教育馆、昆华医院、云南陆军医院、惠滇医院、兽医院等，损失甚大，为敌人罪行之不可磨灭者。

（五）娱乐场所谓查

昆明市计有十所：社会剧场、大众剧场，多放映中国影片；大光明戏院、南屏戏院，多放映欧美影片；长城戏院、昆明戏院，则中西片均放映；云南戏院，表演滇戏；西南戏院，则表演京戏；侨声剧场，则表演粤剧；云社，则上演浙江民间歌谣。抗战胜利后，又增加云南戏剧改进社、天一大舞台，表演戏剧并魔术、武术等，票价多寡不一，剧情布景多迎合社会不健全心理，殊乏教育意味。

民国云南通志长编卷五十二

社会三·社团二

社会组织上

一、农业社会

（一）云南省农会：在省垣大东城内，清末宣统间即已组织成立，会长吴锡中，副会长杨文清。惟以各县县农会未臻健全，且未普遍成立，后致迭经改组。三十年，社会处督导各县市将各级农会限期成立，推派代表到省开会选定理监事。省农会遂依法实现，暂借公路局后院为会所。其经费，前清筹备时即筹得良田七百亩，市区房屋数十间，建设厅代为保管。省农会成立，拟推进工作如次：

1. 水旱病虫灾害之预防及救济；
2. 农业贷款之推行；
3. 农业教育及农村教育等之推进；
4. 农民及农业之调查统计；
5. 改良农村及推广农业之发展；
6. 子种及农具之改良；
7. 举办农产展览会；
8. 推行农产比赛会；
9. 办理农业讲习会。

（二）县农会、乡（镇）农会：组织完成者有曲靖、晋宁、玉溪、建水、寻甸、昆明、牟定、平彝、碧江、嵩明、泸西、江川、盐津、蒙自、鲁甸、澜沧、宜良、开远等十八县局。有乡农会无县农会者为个旧、沾益两县。有县农会无乡（镇）农会者为广通县。其余各县局尚待普遍组织成立，全省各级农会如下表：

云南省各级农会一览表

省县市别	团体名称	负责人姓名	会员总数	会址	成立日期
云南省	省农会	杨文清		建设厅内	三十二年十月
曲靖县	曲靖县农会	郎述阶	12个乡农会	南门奎阁前建设局内	二十年八月
	青龙乡农会	吕光琦	482人	青龙乡公所	
	镇海乡农会	高光宗	768人	镇海乡公所	
	妙峰乡农会	丁万钟	201人	妙峰乡公所	
	三宝镇乡农会	张崇仁	703人	三宝镇公所	
	瑞和乡农会	邹甫仁	425人	瑞和乡公所	
	翠峰镇乡农会	常文芳	238人	翠峰镇公所	
	海潮镇乡农会	钱春廷	322人	海潮庵内	
	九龙镇乡农会	马朝梁	508人	九龙镇公所	
	宝泉镇乡农会	许正坤	30人	宝泉中心小学内	
	文峰乡农会	刘绍昌	62人	文峰中心小学内	
	越州镇乡农会	罗清山	70人	越州镇公所	
	潦浒镇乡农会	万国选	62人	潦浒镇公所	
晋宁县	县农会	李质贞	4个乡农会	县商会内	三十二年一月一日
	河西乡农会	谭钧	50人	河西乡公所	
	晋益乡农会	罗贵	38人	晋益乡公所	
	河东乡农会	周绍舜	35人	河东乡公所	
	永宁乡农会	周嘉科	38人	永宁乡公所	
沾益县	德威乡农会	张家祥	52人	德威乡公所	三十年十一月二十八日
	珠街镇乡农会	李祖蓥	72人	珠街镇公所	
	松林镇乡农会	丁静身	702人	松林镇公所	三十二年十二月二十五日
	乐泽乡农会	桂希荣	30人	乐泽乡公所	三十二年十二月二十日

（续表）

省县市别	团体名称	负责人姓名	会员总数	会址	成立日期
沾益县	泽济乡农会	樊忠	28人	泽济乡中心村	三十一年九月十一日
	惠来乡农会	陈玉怀	50人	乡公所	三十一年九月十二日
	方城乡农会	朱家勋	203人	乡公所	三十一年十月十二日
	安平乡农会	张直昌	302人	乡公所	三十一年九月九日
	宁和乡农会	刘镇中	30人	乡公所	
	尖方镇乡农会	蒋桂春	50人	镇公所	三十一年十月二日
玉溪县	玉溪县农会	王振之	18个乡农会	县党部	八月二十三日
	大营镇乡农会	黄子芳	5,800人	镇公所	八月一日
	金龙乡农会	杨星恒	6,005人	乡公所	八月一日
	广义乡农会	何明光	5,270人	乡公所	八月一日
	石巷乡农会	熊象谦	5,780人	乡公所	三十二年八月二十五日
	东隔乡农会	白万朝	6,080人	乡公所	三十二年八月一日
	瑞龙乡农会	李荣华	954人	乡公所	三十二年九月一日
	北山乡农会	马遇伯	1,240人	乡公所	八月十九日
	北城乡农会	代培德	1,632人	乡公所	八月十五日
	迤丽乡农会	方长旺	640人	乡公所	八月二十日
	前民乡农会	许云从	820人	乡公所	八月十八日
	玉屏乡农会	邓可庄	1,380人	乡公所	八月十五日
	涌泉乡农会	谢梦池	1,360人	乡公所	八月二十四日
	新椹乡农会	李家骧	1,200人	乡公所	八月二十三日
	裕民乡农会	孔宪道	1,523人	乡公所	七月二十四日
	棋阳镇乡农会	张小松	925人	镇公所	八月二十六日
	后福乡农会	田占宽	1,428人	乡公所	七月十八日
	左德乡农会	李增有	1,230人	乡公所	七月二十八日

（续表）

省县市别	团体名称	负责人姓名	会员总数	会址	成立日期
玉溪县	普舍镇乡农会	计庆余	1,250人	镇公所	八月二十二日
建水县	建水县农会	张德成	9个乡农会	县党部	三十二年一月
	珍珠乡农会	陈安	104人	乡公所	三十一年九月三日
	云龙镇乡农会	田家喜	138人	镇公所	三十一年九月
	龙宝镇乡农会	孙应堂	59人	镇公所	三十一年九月
	青龙乡农会	张家元	58人	乡公所	
	太和乡农会	普国太	111人	乡公所	三十一年十月
	乡会镇乡农会	向德金	78人	镇公所	三十一年九月
	平安乡农会	张玉安	31人	乡公所	三十一年
	桂林乡农会	王有福	50人	乡公所	三十一年九月
	建安镇乡农会	吴学濂	218人	镇公所	三十一年九月
寻甸县	寻甸县农会	保如琪	13个乡农会	县党部	二十年成立
	治成镇乡农会	郑仪	120人	镇公所	
	凤梧乡农会	杨少怀	210人	乡公所	
	钟灵乡农会	滕庚先	250人	乡公所	
	果马乡农会	梅开先	180人	果马中心小学	
	麒麟乡农会	张连纫	230人	麟麒观音寺	
	吉龙乡农会	邱云高	150人	乡公所	
	易古乡农会	高云程	180人	乡公所	
	凤仪乡农会	李忠诚	200人	乡公所	
	瑞和乡农会	赵连培	210人	瑞和中心小学	
	九龙乡农会	周钟庚	220人	乡公所	
	桂华乡农会	马兴武	210人	乡公所	
	太华乡农会	段文彩	200人	乡公所	

（续表）

省县市别	团体名称	负责人姓名	会员总数	会址	成立日期
寻甸县	瑯华乡农会	杜盛春	150人	乡公所	
昆明县	昆明县农会	杨桂春	15个乡镇农会	昆明市三义铺91号	三年成立二十年改组
	三合乡农会	张直斋	30人	乡公所	十九年改组为农事推广指导处
	义合乡农会	高立中	70人	乡公所	
	莲德镇乡农会	张体仁	102人	镇公所	
	官渡镇乡农会	缪嘉祥	2,083人	镇公所	
	珥琮乡农会	刘国荣	209人	乡公所	
	西碧乡农会	邵云仙	502人	乡公所	
	北新乡农会	张光裕	701人	乡公所	
	灵源乡农会	张兆元	608人	乡公所	
	仓竹乡农会	田发	323人	乡公所	
	玉案乡农会	刘文	456人	乡公所	
	大渔镇乡农	徐维桢	594人	镇公所	
	普自乡农会	伏镶	309人	乡公所	
	东波乡农会	赵韵泉	415人	乡公所	
	板桥镇乡农会	段锡三	208人	镇公所	
	龙泉镇乡农会	李鸿昌	105人	镇公所	
牟定县	牟定县农会	郑开元	九个乡农会	城内武庙	三十一年八月十日
	中兴镇乡农会	段永清	19人	镇公所	三十一年八月十日
	东成乡农会	毕昌俊	110人	乡公所	三十一年九月一日
	东兴乡农会	王春潮	39人	中心小学	三十一年八月二十日
	南宁乡农会	郑开元	1,287人	土主庙	三十一年八月六日
	南阳乡农会	夏培训	60人	乡公所	三十一年八月六日
	西云乡农会	李登魁	637人	乡公所	三十一年七月十四日

（续表）

省县市别	团体名称	负责人姓名	会员总数	会址	成立日期
牟定县	西林乡农会	李家荫	350 人	乡公所	三十一年七月二十日
	北泉乡农会	郑开泰	63 人	乡公所	三十一年八月二十一日
	北新乡农会	郑钟侯	52 人	乡公所	三十一年八月一日
平彝县	平彝县农会	杨芹洲	24 个乡农会	县党部	二十一年成立
	龙海乡农会	龚德梁	595 人	乡公所	三十一年九月三日
	后所乡农会	金洪章	1,013 人	乡公所	三十一年九月十六日
	篆湾乡农会	张星荣	789 人	乡公所	三十一年九月十六日
	多乐乡农会	董镇华	959 人	乡公所	九月十七日
	青龙乡农会	贺载昌	423 人	乡公所	九月十七日
	大河乡农会	王文允	201 人	乡公所	九月十七日
	慕和乡农会	耿文沛	529 人	乡公所	九月十九日
	九安乡农会	刘大纲	1055 人	乡公所	九月二十日
	迤红乡农会	杨宇春	2083 人	乡公所	九月二十日
	厦柳乡农会	李启堂	40 人	乡公所	九月二十三日
	吉克乡农会	李辅堂	405 人	乡公所	九月二十五日
	物阜乡农会	关学诗	378 人	乡公所	九月二十五日
	龙峰乡农会	尹嘉里	589 人	乡公所	九月二十五日
	兴隆乡农会	金介顺	423 人	乡公所	九月二十五日
	新和乡农会	田泽海	929 人	乡公所	九月二十五日
	得胜乡农会	侯国佐	236 人	乡公所	九月二十九日
	丕德乡农会	付宗燕	789 人	乡公所	九月三十日
	祖德乡农会	刘绍东	412 人	乡公所	九月三十日
	富源乡农会	陈立涝	609 人	乡公所	九月三十日
	兴旺乡农会	安国权	898 人	乡公所	九月三十日

（续表）

省县市别	团体名称	负责人姓名	会员总数	会址	成立日期
平彝县	平黄镇乡农会	郭功汉	346 人	镇公所	九月三十日
	五乐乡农会	吴统一	212 人	乡公所	九月三十日
	雨汪乡农会	冉治邦	383 人	乡公所	十月十二日
	城街乡农会	孙锡鲁	412 人	乡公所	一月十八日
碧江设治局	县农会	张万成	4 个乡农会	先农坛	
	普乐乡农会	刘少美	117 人	乡公所	九月十二日
	嘉禾乡农会	稽坤元	120 人	乡公所	九月十八日
	理悟乡农会	王国昌	97 人	乡公所	九月十日
	金满乡农会	田发垣	111 人	乡公所	九月二十七日
广通县	县农会	周仰贤	97 人	土主庙	三十一年
嵩明县	县农会	李少竹	20 个乡农会	嵩明县文昌宫	三十一年
	嵩阳镇乡农会	葛凤骞	75 人	镇公所	
	云溪乡农会	张义发	60 人	中心小学	
	月丰乡农会	李文标	80 人	乡公所	
	日效乡农会	王廷年	79 人	乡公所	
	匡卿乡农会	李学文	134 人	乡公所	
	资善乡农会	康凤鸣	148 人	乡公所	
	莲泉乡农会	段凤	542 人	乡公所	
	天风乡农会	诸已藩	369 人	乡公所	
	金碧乡农会	李树仁	75 人	乡公所	
	鸡鸣乡农会	段嘉宝	802 人	乡公所	
	杨林镇乡农会	马聪	72 人	乡公所	
	金马乡农会	牛星辰	342 人	乡公所	
	南营乡农会	张静轩	201 人	乡公所	

（续表）

省县市别	团体名称	负责人姓名	会员总数	会址	成立日期
嵩明县	罗凤乡农会	李少竹	556人	乡公所	
	秀龙乡农会	吴进才	502人	乡公所	
	五丛乡农会	濮忠明	215人	乡公所	
	滇源乡农会	孙雨膏	213人	乡公所	
	彩云乡农会	吴洛	48人	乡公所	
	啸狮乡农会	李永福	30人	乡公所	
	龙泉乡农会	昌茂	217人	乡公所	
泸西县	泸西县农会	马骏	9个乡农会	泸西县城文昌宫	
	中枢乡农会	李法先	76人	乡公所	三十一年八月二十日
	东兴乡农会	赵仁和	78人	乡公所	八月十五日
	天华乡农会	李自昌	55人	乡公所	八月二十日
	利民乡农会	刘书绅	53人	乡公所	八月一日
	臼屏乡农会	陈玉昌	62人	乡公所	九月一日
	新民乡农会	陈金鉴	86人	乡公所	九月一日
	北吉乡农会	宋子胤	55人	乡公所	九月一日
	云兴乡农会	王在朝	50人	乡公所	九月一日
	五嘗乡农会	杨懋兴	54人	乡公所	九月一日
江川县	县农会	秦好贤	8个乡农会	县党部	二十年三月成立
	钟玉镇乡农会	苗天佑	235人	镇公所	
	翠峰镇乡农会	张庆云	212人	镇公所	
	云岩乡农会	吴树芳	210人	乡公所	
	古柏乡农会	蒋有庆	210人	乡公所	
	石泉乡农会	常凤书	186人	乡公所	
	台山镇乡农会	陈永华	218人	镇公所	

（续表）

省县市别	团体名称	负责人姓名	会员总数	会址	成立日期
江川县	桥街镇乡农会	张鸿钧	235人	镇公所	
	九溪镇乡农会	李联辉	254人	镇公所	
盐津县	县农会	刘鸢者	9个乡农会	四川同乡会馆	三十一年十月三日
	盐井镇乡农会	辛志鸿	2,067人	镇公所	九月二十三日
	茶坪乡农会	周应钺	1,895人	乡公所	九月二十八日
	楠萍乡农会	盛叔高	204人	乡公所	九月二十八日
	保隆乡农会	袁海波	796人	乡公所	九月三十日
	小河镇乡农会	周汝漠	3,187人	镇公所	九月二十三日
	滩头镇乡农会	满华轩	5,125人	镇公所	九月二十三日
	新滩乡农会	李家裕	9,763人	乡公所	九月三十日
	大桐乡农会	邓曙光	212人	乡公所	九月三十日
	花田乡农会	戴子培	145人	乡公所	九月二十四日
蒙自县	县农会	李庭樟	7个乡农会	县党部	十五年八月成立
	仁里乡农会	李廷弼	218人	乡公所	二十八年八月
	玉屏乡农会	普家荣	278人	乡公所	二十八年八月
	碧色镇乡农会	李松龄	201人	镇公所	二十八年八月
	乐丰乡农会	高谦和	301人	乡公所	二十八年八月
	西华乡农会	李少祥	286人	乡公所	二十八年八月
	仙景乡农会	李国征	303人	乡公所	二十八年八月
	莲塘乡农会	李永良	298人	乡公所	二十八年八月
鲁甸县	县农会	李石帆	10个乡农会	县党部	二十年成立
	文屏镇乡农会	卯级三	4,678人	镇公所	三十一年十月十九日
	桃源镇乡农会	马国荣	3,156人	镇公所	三十一年十月十五日
	梭山镇乡农会	陈保之	4,876人	镇公所	十月二十五日

（续表）

省县市别	团体名称	负责人姓名	会员总数	会址	成立日期
鲁甸县	古寨镇乡农会	夏世珍	2,375 人	镇公所	十月二十七日
	龙树乡农会	张学忠	5,786 人	乡公所	十月二十七日
	南岩乡农会	蔡朝朗	2,345 人	乡公所	十一月十四日
	邻巧乡农会	苏向玺	8,989 人	乡公所	十一月四日
	南屏乡农会	安世臣	412 人	乡公所	十一月十五日
	乐水乡农会	黄元勋	723 人	乡公所	十一月二十五日
	乐马乡农会	廖顺朝	9,657 人	乡公所	十一月二十八日
澜沧县	县农会	白绍唐	13 个乡农会	县党部	
	上允镇乡农会	唐幼清	155 人	镇公所	
	孟达镇乡农会	召扁	42 人	镇公所	
	大岭镇乡农会	石炳忠	34 人	镇公所	
	勐海乡农会	张明远	38 人	乡公所	
	勐达乡农会	刀正良	36 人	乡公所	
	竹塘乡农会	吴韶麟	54 人	乡公所	
	酒井乡农会	杨德明	40 人	乡公所	
	东朗乡农会	张鸿兴	88 人	乡公所	
	富邦乡农会	李鄂熙	79 人	乡公所	
	新雅乡农会	李发祥	41 人	乡农会	
	邦海乡农会	杨子荣	139 人	乡农会	
	西盟乡农会	周继宗	49 人	乡农会	
	木戛乡农会	李光保	40 人	乡农会	
昆明市	昆明市农会	杨文清	500 人	黄公东街省农会内	
宜良县	县农会	许光岳	13 个乡农会	北门外真武观内	三十三年二月二十九日
	长安乡农会	苏翰香	261 人	乡农会	三月二十日

（续表）

省县市别	团体名称	负责人姓名	会员总数	会址	成立日期
宜良县	匡山镇乡农会	陈世华	232 人	镇公所	三月一日
	莲华乡农会	罗仁为	201 人	乡农会	三月二十五日
	云鹤乡农会	胡幼康	230 人	乡农会	三月十五日
	西浦乡农会	于文藻	390 人	乡农会	二月六日
	南阳乡农会	廖云祥	231 人	乡农会	五月二日
	铁池乡农会	董纯	206 人	乡农会	五月二日
	凤来乡农会	薛松文	150 人	中心小学	三月二十日
	邑和乡农会	李升之	271 人	乡农会	四月二十一日
	鹅塘镇乡农会	余绍南	196 人	镇公所	三月二十日
	玉龙乡农会	沈世卿	250 人	乡中心小学	四月六日
	拱北乡农会	赵之和	512 人	乡公所	七月十五日
	西华乡农会	李钊	194 人	乡公所	四月二十日
个旧县					
	民新乡农会	钱玉湘	322 人	乡公所	三十三年六月
	银河乡农会	谢覃恩	260 人	乡公所	五月三日
开远县	县农会	余伯西	12 个乡农会	县党部	十七年成立
	永康乡农会	杨春乔	189 人	中心小学校	三十三年五月八日
	宁远镇乡农会	李道兴	245 人	中心小学校	五月六日
	禄丰乡农会	邢佩琳	195 人	落白道	五月六日
	稼依镇乡农会	刘相臣	206 人	中心小学校内	五月一日
	东宁乡农会	刘文祺	143 人	马者哨街	五月
	狮云乡农会	施绍尧	243 人	乡公所	五月二十日
	太平乡农会	李治平	142 人	发兴寨中心小学	五月二十日
	南定乡农会	李渭清	240 人	中心小学校	五月二十九日

（续表）

省县市别	团体名称	负责人姓名	会员总数	会址	成立日期
开远县	西靖乡农会	白得祥	198 人	湾塘中心小学校内	五月二十日
	龙泉镇乡农会	马佩珊	214 人	中心小学校内	五月二十日
	丰乐乡农会	王有义	192 人	中心小学校内	五月十日
	中和乡农会	汪兆龙	219 人	云寺窝	五月十日

注：1. 曲靖县农会为示范县农会，先为会长制。2. 晋宁县农会先于二十年成立为干事评议员制。3. 沾益县农会民国二十年成立。4. 寻甸县农会先有评议 9 人，改选日期为三十一年十月三日。5. 昆明县农会为示范县农会。6. 平彝县农会组织分干事会、评议会。7. 江川县农会设干事长、副干事长各 1 人，干事 3 ~ 5 人。8. 盐津县农会二十年成立未改组。9. 蒙自县农会民国十五年八月成立，二十年二月改干事制。10. 昆明市农会于三十一年七月改组。11. 宜良县农会于二十年十二月成立时为干事制。12. 开远县农会为示范县农会，经费抽收糖房捐充之，二十年改组。

（三）示范县农会：本省核定以昆明、曲靖、大理、开远四县县农会为示范县农会；大理、开远两县尚待推进。兹将部颁办法胪列如下：

1. 关于组训福利及一般活动者：（1）健全乡农会及其小组组织；（2）厉行强制入会与限制退会办法；（3）照章征收会员会费；（4）采用小组课堂集会等方式，举办会员训练，并以民权训练、生活训练为重心；（5）按期举行各种会议；（6）设立农民福利社；（7）厉行合作组织与农业配合推进办法；（8）推行新生活运动；（9）协助推行兵役、驿运、粮政及义务劳动。

2. 关于事业推进者：（1）设置示范农圃；（2）推广优良种子、农具及肥料；（3）防治农作物病虫害及兽疫；（4）繁殖优良种子、种苗及树苗，（5）倡导公共造产；（8）改良农场经营；（7）提倡农村副业；（8）举行农业讲习会、农产竞赛会或农产展览会；（9）推行冬耕及增产竞赛运动；（10）其他关于农、林、畜牧之发展、改良、推广事项。

（四）示范乡农会：社会处指定昆明以官渡、曲靖以潦浒镇为示范乡农会，现正报请社会部核准。

（五）渔会：本省有昆明、大理两处。

（六）各县未报之农会：富民县二十年改组委员制，罗次县二十年成立，呈贡县二十年成立，安宁县十九年成立，禄丰县二十年改组，易门县四年成立、二十年组织乡区农会、改组县农会，凤仪县二十年成立，祥云县二十年成立，石屏县二十年成立，华宁县八年成立、二十年改组，通海县四年成立、十九年二十年改组，河西县清季成立，楚雄县二十年组织乡区农会后成立，路南县二十年复设，缅宁县二十年成立，陆良县二十年成立，宣威县二十年组织，丽江县二十年组设干事评议人员，蒙化县二十年组织乡区农会后成立县农会，禄劝县二十年因选举国民会议代表复设，新平县二年成立、十八年改为农民协会、二十年改组，盐丰县二十年成立，永仁县二十年成立，漾濞县二十年成立，弥渡县二十年复设，永北县十六年成立、十九年改组，镇雄县二十年成立，巧家县二十年成立，峨山县二十年成立旋停，宁洱县二十年成立用委员制、区农会尚未完成，元江县元年成立各农务分会、旋改为元江农会、六年经县知事令饬取消。

二、工业社会

（一）各市、县工人团体：省会有云南省邮务工会及全国工业协会云南省分会，组织尚早。兹将各市、县工会组织成立情况分述如下。

昆明市总工会一所、职业工会三十五所，宜良县职业工会五所，玉溪县总工会一所、职业工会九所，建水县职业工会二所，楚雄县职业工会六所，开远县职业工会六所，宣威县总工会一所、职业工会八所，个旧县总工会一所、职业工会六所、产业工会二所，昭通县总工会一所、职业工会二十四所，镇雄县职业工会六所，永胜县职业工会一所，澄江县总工会一所、职业工会九所，陆良县职业工会二所，泸西县职业工会二所，曲靖县总工会一所、职业工会九所，罗平县职业工会七所，蒙自县职业工会一所，祥云县职业工会三所，弥渡县职业工会五所，大理县总工会一所、职业工会二十四所，弥勒县职业工会二所，盐兴县职业工会二所，元谋县职业工会一所，镇南县职业工会二所，盐津县职业工会六所，云县职业工会一所。全省共计有总工会八所，职业工会一百八十四所，产业工会二所。

（二）示范工会：本省经部指定昆明市总工会及缝纫业工会为示范工会，并由部补助经常费。社会处指导其工作如下：

1. 总工会方面：（1）指导各工会加强健全组织；（2）指导组织人力车工会；（3）指导组织爆竹业工会；（4）指导组织鞋业工会；（5）指导组织钟表业工会；（6）实施强制入会与限制退会；（7）筹办工人福利社；（8）筹办工人子弟学校；（9）筹办义务诊疗；（10）筹办职业介绍处及人事咨询处。

2. 缝纫业工会方面：（1）实施理监事轮值办公；（2）强迫会员入会与限制退会；（3）协助政府评定工资；（4）组织空袭救护大队；（5）组织时事讲座；（6）提倡正当娱乐，组织球队。

（三）工会管制：部令以昆明市为实施管制工会范围。旋因物价管制指定实施限价区域，乃就限价区域配合实施工会管制。其限价区域决定为昆明市、县，玉溪、宜良、个旧、昭通、曲靖、宣威、保山、楚雄及大理、凤仪之下关等十一县、市、区。兹将管制情形略述如下：

1. 管制业类：议定应受管制之工人团体为织布业、纺纱业、机械业、面粉业、印刷业、缝纫业、建筑业、木器业、理发业、人力车业、食馆业、刊刻业、沐浴业、力伕业、糕饼业、造纸业等十六业。

2. 管制工作：

（1）关于健全组织者：

甲、指定管制之工人团体，其已有组织者由各县、市政府先行严格考核，如组织松懈，会务废弛，饬于实施之日起，五个月内分别依法整理、改组；同一业务已有两个以上之组织者，饬就其性质分别归并或重新依法划分，以健全其组织。

乙、经指定管制各业，如有尚未组织者，饬各县依期完成其组织；未经指定管制之各业，如有尚未组织者，亦饬各县策动组织。

丙、不足法定人数组织之工人团体，得联合数业，组织数业工人联合会，并完成其小组、支部或分会。

丁、各业工人未履行入会手续、经各该业工人团体劝导登记而犹不接受者，以抗不入会论，并饬各市、县政府，凡有是项情形，即依照非常时期职业团体会员入会与限制退会办法，一经团体呈报即予以惩处并严格执行之。

戊、各业工人团体已设有书记者，饬各该市、县政府甄别；其未设书记者饬各市、县级府先就管制各业中，依照职业团体书记派遣办法派遣之。

（2）关于指导工作者：

甲、各县、市每半月召集督导人员及管制之工人团体负责人举行督导会议一次，宣布政府法令并指导其工作。

乙、指导各业工人团体，依照加强商工团体管制办法及配合限价、限制工资之规定彻底实施管制。

丙、指导各工人团体所属会员切实遵行限制工资之规定。

（四）合作社：工人团体于有合作社组织之县份，就其业务之需要，至少应成立合作社一所。现已实行者有宣威、曲靖、昭通、玉溪四县。

（五）各县未报之工会：晋宁县二十年成立、为理监事制，沾益县二十年成立，华宁县二十年成立，丽江县二十年组织，盐丰县二十年成立，漾濞县二十年后成立，巧家县二十年成立，宁洱县于磨黑井成立矿工会、用委员制。

三、商业社会

云南省城在前清有商务总会，光复后改为全省商务局，二年仍改称云南商务总会，推陈德谦为总理，胡源为协理，雷恩溥为商事公断处长，设评议员二十四人。六年改组，选举高培中等五十九人为会董，祁奎为会长，王廉升为副会长。八年，选举第二届职员人选，大体如前。十年，选举第三届职员。十三年，改选第四届职员。十五年，改选第五届职员。十七年，依国民政府修正商会法，筹设昆明市商会。十八年，组织筹备委员会。十九年，组织各业同业公会，先后成立六十五单位，由各业推派会员代表，于二十年十二月举行第一届第一次代表大会，选出张荫后等十五人为执行委员，张琼等七人为监察委员，复由执委互选黄锡龄等五人为常务委员，张福坤为主席，后有更动均依法递补。又昆明市商会先设有商事公断处，以调处工商业争执案件，照旧办理。

（一）省商联会：昆明市三十二年十一月组织省商联会，先由各市、县商会派代表来省开会，选定监理事正式成立。其进行工作大概如次：1. 关于工商业之改良及发展；2. 关于工商业之征询及通告等；3. 关于国际贸易之介绍及指导等；4. 关于工商业之调处及公断等；5. 关于工商业之维持救济等；6. 办理会员登记；7. 筹募省商联会基金。

（二）县、市商会：各县市局商会，凡委员制一律改为理监事制。三十四年七月止组织已登记者有沾益、晋宁、会泽、镇南、蒙自、曲靖、平彝、澄江、牟定、泸西、大姚、姚安、宣威、昭通、建水、武定、富民、陆良、个旧、石屏、祥云、广通、盐津、马关、盐兴、弥渡、罗平、凤仪、弥勒、鲁甸、师宗、宜良、元谋、楚雄、江川、墨江、昆明市、昆明县、蒙化、漾濞、禄丰、镇越、大理、呈贡、玉溪、昆阳、开远、思茅、文山、寻甸等五十县、市局商会及同业公会并商联会。兹列表如下：

云南全省各级商会一览表

团体名称	所属团体数	负责人姓名	会员总数	会址	成立日期
沾益县商会	10 个	孙云龙		城内北街	三十二年十二月十四日
茶馆业商业同业公会		朱学义	22 人	商会内	三十一年八月八日
理发业商业同业公会		詹君安	25 人	商会内	三十一年八月八日
屠宰业商业同业公会		袁树林	22 人	商会内	三十一年八月八日
杂货业商业同业公会		梁本昌	26 人	商会内	三十一年八月十六日
成衣业商业同业公会		王炽昌	24 人	商会内	三十一年八月十八日
食馆业商业同业公会		王明善	25 人	商会内	三十一年八月八日
匹条业商业同业公会		张泽新	24 人	商会内	三十一年八月
医药业商业同业公会		沈振亚	58 人	商会内	三十一年八月八日

（续表）

团体名称	所属团体数	负责人姓名	会员总数	会址	成立日期
五金业商业同业公会		李永昌	10 人	商会内	三十一年八月十八日
木业商业同业公会		刘荣书	24 人	商会内	三十年八月八日
晋宁县商会	9 个	王肇尧		北东街财神宫	三十一年十二月十三日
药医业同业公会		朱廷栋	11 人	城内中街	三十一年十一月二十八日
茶馆商业同业公会		段保泰	21 人	中正街清香茶社	三十一年十一月二十七日
肉案商业同业公会		张本仁	14 人	中正街清香茶社	三十一年十二月十日
食馆商业同业公会		王玉清	16 人	西街美珍园	三十一年十二月五日
布匹商业同业公会		朱元光	36 人	城内上东街	三十一年十一月二十日
酒业商业同业公会		赵光裕	14 人	西街义华祥	三十一年十一月十五日
直斜木商业同业公会		王学铭	15 人	城内西大街	三十一年十二月七日
五金商业同业公会		杨恩泽	18 人	城内西大街	三十一年十一月三十日
杂货商业同业公会		李云昌	39 人	中山街 15 号	三十一年十一月十五日
会泽县商会	10 个	孟孝箴	17 人	中宫祠内	
杂货商业同业公会		吴朝宗	28 人	城内中宫祠	三十一年十月十日
食馆商业同业公会		张隆懋	57 人	城内财神庙	三十一年十一月二十一日
中医公会		陆兴廉	15 人	县城中宫祠内	二十八年三月
制革业公会		翟成用	33 人	财神庙	
成衣业公会		姚以宽	22 人	川主庙	
染业公会		张开明	32 人	张圣官	
毡子业公会		王明鑫	19 人		
铜器业公会		张兴源	28 人	观音庙	
屠宰业公会		党佐	66 人	张圣宫	
镇南县					

（续表）

团体名称	所属团体数	负责人姓名	会员总数	会址	成立日期
医药商业同业公会		张泳鹤	36人	县城内	三十二年十二月一日
盐业商业同业公会		张治平	20人	县城内	三十一年九月一日
屠宰业同业公会		殷学礼	18人	县城内	三十一年八月一日
食店商业同业公会		张文明	30人	县城内	三十二年二月一日
蒙自县商会	20个	孔文波		城外西林寺72号	三十一年十一月十日
铁器业同业公会		龙丽生	28家	城内铁货街利丰隆	三十一年十二月十五日
粮食业商业同业公会		孔文波	36家	西门外西街文福兴	三十一年十二月十五日
糖食业商业同业公会		龙正昌	7家	城内西右街1号麦子巷	三十一年十二月十四日
黄烟业商业同业公会		陆宝光	34家	县城	三十年十二月十五日
文具业商业同业公会		尹麓山	22家	西城外正街25号	三十一年十二月十四日
茶馆业商业同业公会		李华堂	25家	城内西正街46号	三十一年十二月十四日
棉花业同业公会		潭治	15家	城内	三十一年十一月一日
杂货业商业同业公会		陈永福	73家	西门外铁货街永泰祥内	三十一年十一月一日
理发业商业同业公会		谢寿清	26家	县城麦子巷34号	三十一年十一月十日
食馆业商业同业公会		沈开禄	24家	城内果市街26号	三十一年十月一日
屠宰业商业同业公会		汤正春	30家	城内菜市街	三十一年十一月一日
布业商业同业公会		王允辉	17家	县城东寺街13号	三十一年十一月一日
匹头业商业同业公会		侯印初	25家	西门外正街万来祥	三十一年十一月一日
旅店业商业同业公会		高联芳	25家	西门外麦子巷	三十一年十一月十日
医药业商业同业公会		李芸耕	9家	城内回春街	三十一年十一月一日
酒业商业同业公会		李廷樟	23家	西城外西右街19号	三十一年十一月十四日
缝纫业商业同业公会		廖炳臣	30家	县城麦子巷	三十一年十一月十四日
金银首饰业同业公会		姚瑞廷	12家	县城回春街5号	三十一年十一月一日

（续表）

团体名称	所属团体数	负责人姓名	会员总数	会址	成立日期
木材业同业公会		赖有宽	13家	蒙自西门外	三十二年十一月一日
陶竹器业同业公会		杨景芳	7家	蒙自西门外	三十三年四月五日
曲靖县商会	11个	郎祖佑	42人	城内学院街	三十一年十月二十日
匹条业同业公会		吴其昌	26人	北街	三十一年九月二十八日
杂货业同业公会		赵元臣	55人	土主街	三十一年九月一日
布业商业同业公会		冯玉宝	53人	卖菜街	三十一年九月二十三日
煤炭业同业公会		高竹章	5人	北门街35号	三十一年九月一日
医业商业同业公会		张肇梁	23人	东门街	三十一年九月七日
屠业商业同业公会		陈星堂	50人	炎帝街	三十一年九月三十日
茶馆业商业同业公会		刘相和	22人	土主庙街胜峰茶社	三十一年九月一日
旅馆业商业同业公会		钱泽生	28人	北关服务社	三十一年十月二日
食馆业商业同业公会		唐绍仁	22人	东门街	三十一年九月十日
成衣业商业同业公会					
理发业商业同业公会		杨锡臣	16人	卖菜街	三十一年九月三十日
平彝县商会	6个	伍文浩	28人	县党部	三十一年十一月六日
旅店业商业同业公会		周仲昆	25人	大旅社	三十一年十一月五日
屠宰业商业同业公会		王忠益	21人	东门平街	三十一年十一月七日
理发业商业同业公会		陈玉名	8人	县党部	三十一年十一月八日
缝纫业商业国业公会		易祖荣	11人	县党部	三十一年十一月五日
杂货业商业同业公会		文国柱	35人	县党部	三十一年十一月九日
酒业商业同业公会		秦绍伦	42人	县党部	三十一年十一月七日
澄江县商会	14个	吴崇勋	18人	天库宫	三十年十二月十四日
粮食业商业同业公会		张聘之	96人	商会内	三十年十一月五日

（续表）

团体名称	所属团体数	负责人姓名	会员总数	会址	成立日期
染织职业工会		胡锡章		公输祠	
衣鞋业职业工会		王雁宾		公输祠	
五金职业工会		蔡春清	38人	公输祠	
泥木石职业工会		赖德刚	34人	公输祠	
食馆商业同业公会		陈文学	28人	商会内	三十一年十一月五日
糖食业商业同业公会		李芳		商会内	三十一年十一月五日
茶馆商业同业公会		秦曦		商会内	
烟丝商业同业公会		洪禹治		商会内	三十年十一月五日
煮酒业同业公会		胡永寿		商会内	
布匹商业同业公会		翁以文		商会内	三十年十一月十五日
油商同业公会		华家瑢	26人	商会内	三十年九月三十日
土杂商业同业公会		鲁益伯	52人	商会内	三十年九月九日
屠宰商业同业公会		赵秉清	20人	商会内	三十年九月六日
牟定县商会	4个	吴维英	102人	县城中兴镇东街公所	三十年一月十五日
杂货业商业同业公会		贾怀	36人	县城南街公所	三十二年一月二十四日
医药业商业同业公会		吴久松	20人	县城南街公所	三十二年一月二十四日
土布业商业同业公会		丁志鹏	27人	县城中兴镇南街	三十二年一月二十四日
食馆业商业同业公会		宋希舜	21人	北街	三十二年一月二十四日
泸西县商会	9个	李振先		城内财神宫	三十年三月二十七日
粮食商业同业公会		张名先		城内十字东街	三十年十一月十六日
清油商业同业公会		唐绍陶		西门外	三十年十一月十六日
屠宰商业同业公会		曾云峰		城内十字街	三十年十一月十六日
烟丝商业同业公会		王瑞彬		城内南门街	三十年十一月十六日

（续表）

团体名称	所属团体数	负责人姓名	会员总数	会址	成立日期
土布商业同业公会		张名词		县城江西街	三十年十一月十六日
盐纱纸杂业同业公会		赵其先		城内十字街	
丝杂商业同业公会		张定录		城内江西街	三十年十一月十六日
五金职业同业公会		武忠		城内十字西街	三十年十一月十六日
染行职业同业公会		张名扬		县东门内正街	三十年十一月十六日
大姚县商会	3个	段鸣钰	219人	城内佑圣宫	十九年一月三十日
医药业同业公会		丁泽民	9人	城内佑圣宫	
杂货业商业同业公会		杜云祥	13人	城内佑圣宫	三十二年一月三十日
土布业商业同业公会		胡仲亨	22人	城内佑圣官	三十二年一月三十日
姚安县商会	4个	任昌亚	31人	县商会	三十二年二月一日
杂货业商业同业公会		董有亮	12人	东城商会内	三十二年二月六日
医药商业同业公会		高云鹤	7人	东城商会内	三十二年二月六日
布匹业商业同业公会		李开文	15人	东城商会内	三十二年二月六日
洋纱业商业同业公会		龙德云	15人	东城商会内	三十二年二月六日
宣威县商会	12个	刘剑平	24人	西门街	三十一年十二月二十日
医药业同业公会		张问之		上堡街	三十一年十二月二十日
成衣业同业公会		叶书林	26人		三十一年十二月二十日
理发业同业公会		符明和	15人	县城西门街	三十一年十二月二十日
食馆业同业公会		黄永安	20人	县城西门街	三十一年十二月二十日
盐业商业同业公会		尤炳勋	19人	榕城镇上堡街	三十一年十二月二十日
旅店业同业公会		张维明		县城下堡街	三十一年十二月二十日
纱布业商业同业公会		何奎阶		上堡街	三十一年十二月二十日
杂货业商业同业公会		符盛清	37人	榕城镇西门街	三十一年十二月二十日

（续表）

团体名称	所属团体数	负责人姓名	会员总数	会址	成立日期
火腿业商业同业公会		李德英	45 人	上堡街	三十一年十一月二十日
染靛业商业同业公会		宁希哲	18 人	下堡街	三十一年十一月二十日
屠宰业商业同业公会		李国文	23 人	西门上城脚	三十一年十一月二十日
酒业同业公会		赵子安	56 人	虹桥镇	三十二年十二月三日
昭通县商会	12 个	高东山	11 人	西门外大街	三十一年九月三日
食盐业商业同业公会		贺纯武		商会内	三十一年十二月三十一日
油行商业同业公会		郭义奎		商会内	三十一年十二月三十一日
国药商业同业公会		杨如松		商会内	三十一年十二月三十一日
山货业同业公会		田云龙		商会内	三十一年十二月三十一日
百货商业同业公会		陈润之		商会内	三十一年十二月三十一日
茶馆商业同业公会		钟国礼		商会内	三十一年十二月三十一日
纱布商业同业公会		耿正之		商会内	三十一年十二月三十一日
酒商业同业公会		唐世泰		商会内	三十一年十二月三十一日
糖行商业同业公会		王昌文		商会内	三十一年十二月三十一日
粮食商业同业公会		王建廷		商会内	三十一年十二月三十一日
杂货商业同业公会		张钦林		商会内	三十一年十二月三十一日
客马栈业同业公会		田云龙		商会内	三十一年十二月三十一日
建水县商会	16 个	黄文华		城内玉皇阁	三十一年四月一日
木业商业同业公会		张瑞彩	38 家	东城内二段街	三十一年七月十日
旅店业商业同业公会		陈家麟	11 家	东门外马市口	三十一年十二月一日
成衣业商业同业公会		丁树清	11 家	城内三段街	三十一年十二月一日
金属冶制业同业公会		闵发珍	15 家	东城内二段街	三十一年十一月一日
屠宰业商业同业公会		郭士清	44 家	马市口	三十一年五月一日

（续表）

团体名称	所属团体数	负责人姓名	会员总数	会址	成立日期
陶器业商业同业公会		何本立	20家	北城外碗窑村	三十一年十二月一日
锡器业商业同业公会		徐有福	23家	东门外天后宫	三十一年四月一日
食馆业商业同业公会		杨方程	16家	二段街	三十一年十二月十日
百货业商业同业公会		雷云光	100家	东门外正街	三十一年十月十日
纺织业商业同业公会		汪文松	15家	二段街	三十一年十二月二十日
国药业商业同业公会		马元龙	16家	东门外正街	三十一年十月十日
粮食业商业同业公会		邹维元	15家	东门外正街	三十一年六月五日
丝绸呢绒业同业公会		马汝龙	36家	东门外正街	三十一年四月十日
理发业商业同业公会		张云臣	9家	街口	三十一年十二月十日
食馆业商业同业公会		白家贵	7家	东门外正街	三十一年十二月五日
糖食商业同业公会		孙正贵	10家	东门城内	三十二年四月十五日
武定县商会	3个	段承勋		县商会	三十二年三月十五日
食品商业同业公会		刘国宾		县商会	三十二年三月十九日
杂货商业同业公会		陈锦章	31人	县商会	三十二年三月十九日
旅店商业同业公会		李琼章	21人	城外南街	三十二年三月十九日
富民县商会		桂源	31人	南门城楼	三十一年八月十五日
陆良县商会	1个	郑祖武	20人	城内东小街	三十一年七月十日
杂货商业同业公会		邹先廷	15人	城南大街	三十二年二月十日
个旧县商会	16个				县商会三年成立
茶店商业同业公会		卢丹书	36个	天君阁	三十一年十二月二十七日
粮食业商业同业公会		高如之	75家	城内正街	三十一年八月二十九日
理发业商业同业公会		唐明光	15家	新大桥	三十一年十二月二十七日
五金工艺业同业公会		王汉清	96家	平川巷	三十一年十二月二十七日

（续表）

团体名称	所属团体数	负责人姓名	会员总数	会址	成立日期
食品业商业同业公会		周学正	130人	全蜀旅个同乡会	三十一年十二月二十八日
成衣业商业同业公会		范锡三	68家	全蜀旅个同乡会	三十一年六月二十二日
炭业商业同业公会		张锦	51人	天君阁外锦丰	二十八年六月十五日
骡马运输业同业公会		包正泰	22家	观音寺	三十一年十一月十日
杂货商业同业公会		郭声五	17家	江川巷弥陀寺	三十一年十二月一日
运输业商业同业公会		何渭珧	142家	车站大街	三十一年十二月一日
屠宰业商业同业公会		蒋维碧	35家	十王庙	三十一年十二月一日
建筑工料五行业公会		高万程	50家	木行街林丰利	三十二年十二月十三日
医药商业同业公会		雷润生	34家	米店街骐宝昌内	三十一年十二月十一日
丝棉业商业同业公会		马竹铭	20家	正街建成内	三十一年十一月十八日
熔锡业商业同业公会		张瑞呈	213人	文庙内	三十一年八月十八日
锡矿业工业同业公会		苏莘农	793人	文庙内	三十一年七月十四日
石屏县商会	13个	陈绍林	26人	县府门口	三十一年七月十日
盐业商业同业公会		肖家祥	10人	城内西正街银盛祥	三十一年八月二十日
材板业工业同业公会		薛耀宗	15人	北正街耀兴昌	三十一年八月二十日
食馆业商业同业公会		陆永寿	25家	文庙门口	三十二年一月二十四日
旅店业商业同业公会		龙天有	18家	西门外珠泉街天顺店	三十一年八月二十二日
五金业工业同业公会		高奇宝	19家	卖豆巷吉利银楼	三十一年八月二十日
理发业商业同业公会		陈金廷	7家	北正街巷口	三十一年八月二十二日
糖食业商业同业公会		段景福	12家	恒升街	三十一年八月二十日
杂货业商业同业公会		杨荫轩	83家	西正街	三十一年六月二十日
炭业商业同业公会		陈绍林	82家	商会内	三十一年八月十五日
医药业商业同业公会		吕炽昌	24家	恒升街	三十一年八月二十日

（续表）

团体名称	所属团体数	负责人姓名	会员总数	会址	成立日期
屠宰业商业同业公会		房禄生	25家	商会内	三十一年三月三十日
烟丝业商业同业公会		王为栋	20家	恒升街福祥巷	三十一年八月二十日
丝棉业商业同业公会		孙宝藩	26家	恒升街704号	三十一年八月一日
祥云县商会	9个	朱汝藩	40家	城内东街	三十一年十二月二十日
食馆业商业同业公会		施成	16家	北街	三十一年十二月二十八日
医药业同业公会		郑汝昌		西街	三十三年二月十三日
百货商业同业公会		杨光宇		东街	三十二年二月二十八日
旅店业公会		丁茂东		南街	三十二年二月二十七日
五金商业同业公会		赵月轩		北街	三十二年二月十九日
布匹商业同业公会		王缙		北正街	三十二年一月二十七日
棉纱商业同业公会		万庆善		北正街	三十二年二月
屠宰商业同业公会		张国辅		北正街	三十二年二月二十七日
茶业商业同业公会		李垫		南正街	三十二年二月二十七日
广通县商会	3个	李文才	32人	商会内	三十二年二月二十三日
屠宰业商业同业公会		朱正富	5人	商会内	三十一年十二月十五日
布匹商业同业公会		朱海	7人	商会内	三十二年二月二十三日
杂货业商业同业公会		王开贵	9人	商会内	三十二年二月二十三日
盐津县商会	19个	王伯侯		县城	三十一年七月二十二日
缝纫业公会		李方吉		县城	三十一年七月二十八日
理发业公会		罗银洲		县城	三十一年七月十六日
揽运业公会		刘贤章		县城	三十一年八月一日
石业工会		潭海清		县城	三十一年七月二十五日
木业工会		段绍卿		县城	三十一年八月一日

（续表）

团体名称	所属团体数	负责人姓名	会员总数	会址	成立日期
泥业工会		谢家荣		县城	三十一年七月十七日
转运业同业工会		师质光		县城	三十一年七月二十日
染业同业公会		吴正举		县城	三十一年七月二十日
屠宰业同业公会		叶玉清		县城	三十一年七月二日
茶酒业同业公会		段宗海		县城	三十一年六月十一日
食馆业同业公会		曾同兴		县城	三十一年七月九日
盐业同业公会		段宗海		县城	三十一年七月二十日
杂货业同业公会		吴正举		县城	三十一年七月二十日
船业同业公会		江朝华		县城	三十一年七月十三日
丝烟业同业公会		邓科怀		县城	三十一年七月十九日
医药业同业公会		郑怀德		县城	三十一年七月三十日
糖食业同业公会		彭金城		县城	三十一年六月二十三日
栈房业同业公会		易图海		县城	三十一年七月十九日
布业同业公会		李汉卿		盐律县城	三十一年七月十六日
马关县商会	7个	梁雁波		城内十字街	三十一年十二月二十日
百货业同业公会		张思荣			三十一年四月二日
旅店业同业公会		黄月高			三十一年四月八日
成衣业同业公会		陈树民			三十一年八月三十日
五金业同业公会		李荣廷			三十一年八月三十日
织染业同业公会		张方煊			三十一年四月二十七日
材板业同业公会		杨茂年			三十一年九月一日
屠宰业同业公会		蒋明富			三十一年四月六日
盐兴县商会	6个				十八年成立，行委员制

（续表）

团体名称	所属团体数	负责人姓名	会员总数	会址	成立日期
黑井米粮业同业公会		何培芳		黑井五马桥	三十二年三月三日
黑井医药业同业公会		李乐初		药王宫	三十二年三月三日
黑井屠宰业同业公会		段承先		西山公园	三十二年三月三日
黑井杂货业同业公会		熊文安		中街	三十二年三月三日
黑井布匹业同业公会		温树梁		十字街裕记社	三十二年三月三日
黑井盐业同业公会		武丕训		射斗阁	三十二年三月三日
弥渡县商会	7个	张蕴		城隍庙	三十一年十二月二十日
旅店商业同业公会		杨夔邦		关街	
布匹商业同业公会		谷宝贤		关街	
糕饼蜜食同业公会		杨琳		关街	
屠宰业商业同业公会		徐荣富		西街	
茶馆商业同业公会		杨发茂		县城东街	
杂货商业同业公会		程汝泽		前街	
国药业商业同业公会		朱闻		竹子巷	三十二年三月二十日
罗平县商会	7个	张连璧		民众教育馆	三十二年三月
茶馆商业同业公会		杨彬		十字街	三十二年三月
食馆商业同业公会		郑方鸿		东门口	三十二年三月
屠宰商业同业公会		黄玉林		城内小井巷	三十二年三月
旅店商业同业公会		曹予卿		陆家巷仁和马栈	三十二年三月
糕饼商业同业公会		高远志		小东关	三十二年三月
烟酒商业同业公会		胡孟麟		大街	三十二年三月
杂货商业同业公会		李发昌		大街	三十二年三月
凤仪县下关商会	9个	喻联森		下关镇四方街丝花会馆	三十二年三月三十日

（续表）

团体名称	所属团体数	负责人姓名	会员总数	会址	成立日期
商会洋纱业同业公会		喻联森		下关镇四方街丝花会馆	三十二年三月三十一日
堆店业同业公会		李达五		下关镇四方街丝花会馆	三十二年三月三十日
国药业同业公会		杨锡昌		下关镇四方街丝花会馆	三十二年八月三十日
绸布业同业公会		陈森		下关镇四方街丝花会馆	三十二年三月三十日
下关百货业同业公会		尹懋官		下关镇四方街丝花会馆	三十二年三月三十日
茶业同业公会		汪仲侯		下关镇四方街丝花会馆	三十二年三月三十日
棉业同业公会		毕习之		下关镇四方街丝花会馆	三十二年三月三十日
卷烟业同业公会		吴庆初		下关镇四方街丝花会馆	三十二年三月三十日
皮革业同业公会		李培之		下关镇四方街丝花会馆	三十二年三月三十日
马车业同业公会		杜学文	45 人	下关商会	十八年改组
旅店业公会		唐庚虞	22 人	下关商会	
食馆公会		李正国	52 人	下关西大街西园	
弥勒县商会		马树曾		城内东圣宫	
煮酒业同业公会		马永亮		南门外	三十一年九月十日
糖食业同业公会		罗桂馥		十字街	三十一年三月十日
杂货业同业公会		梁文炳		东门外	
丝杂业同业公会		马孟仁		东门外	
黄烟商业同业公会		程聚五	44 人	弥勒镇十字街	三十二年四月六日
土布商业同业公会		王夏伯		东门街	三十二年四月八日
五金商业同业公会		罗元泰		西门内	三十二年四月八日
鲁甸县商会	7 个	高崧		城内观音阁	三十二年一月八日
师宗县商会		徐英士	69 人	县党部	三十二年三月十六日

（续表）

团体名称	所属团体数	负责人姓名	会员总数	会址	成立日期
宜良县商会	15个	张棋	52人	真武观	三十一年十一月十五日
盐业同业公会		刘嘉铭	29人	后街	三十一年
饮食业同业公会		丁义	35人	真武街	三十一年一月
布业同业公会		张锦堂	34人	真武街	三十一年
煤业同业公会		李承祺	34人	火车站	三十一年十二月十日
酒精工业同业公会		王家驹	34人	土主庙街	三十一年八月八日
清油业同业公会		赖纯如	19人	真武观	三十一年十二月
杂货业同业公会		李敏	45人	真武观	三十一年六月
理发业同业公会		刘树清	17人	大街	三十一年九月
粮食业同业公会		段春亭	33人	真武观	三十一年九月
承揽运送业同业公会		刘家铭	45人	真武观	三十一年六月
国药业同业公会		时受国	21人	真武观	三十一年八月
栈业同业公会		李少成	21人	大街	三十一年十月
木器同业公会		李朝兴	22人	真武观	三十一年十一月二十八日
屠宰业同业公会		郑定礼	16人	真武观	三十一年十一月
成衣业同业公会		赵元清	17人	花桥街	三十一年九月
元谋县商会	11个	胡荫昌		城内商会内	三十二年一月十五日
纱布业商业同业公会		杨文府	32人	七格铺子	三十二年三月九日
干果业商业同业公会		杨仲襄	23人	七格铺子	三十二年三月九日
杂货业商业同业公会		刘鹤亭	32人	正街	三十二年三月九日
盐商业同业公会		赵樾川	42人	酒药街	三十二年三月九日
烟酒业商业同业公会		李庆华	35人	南街	
医药业商业同业公会		赖华国	22人	正街	三十二年三月九日

（续表）

团体名称	所属团体数	负责人姓名	会员总数	会址	成立日期
油业同业公会		徐良才	23人	正街	三十二年一月九日
食品业商业同业公会		肖子良	24人	四方街	三十二年一月九日
米粮业商业同业公会		夏云奇	26人	正街	三十二年三月九日
屠宰业商业同业公会		唐先春	21人	东门内	三十二年三月九日
旅店业商业同业公会		朱伟光	45人	北街	三十二年三月九日
楚雄县商会	6个	汪世贵	12单位	县党部	三十一年十二月十五日
纱布商业同业公会		刘文兴	23人		三十一年十二月十五日
盐商业同业公会		谢廷梁	22人	西城外信义街	三十一年十二月十五日
猪肉商业同业公会		邢加彦	20人	西城外	三十一年十二月十五日
旅店业同业公会		左云样	31人	北门街	三十二年十二月十五日
土杂商业同业公会		甘朝贤	50人	西米市街	三十一年十二月十五日
百货商业同业公会		龚雨膏	45人	北门街	三十一年十二月十五日
江川县商会		蔡秉智		城内玉皇阁	三十一年六月六日
墨江县商会		许世泽		联珠镇小河边三光寺	三十一年五月十三日
云南全省商联合会		严燮成	132人	昆明市福照街	三十一年十一月二十一日
昆明市商会					
纸商业同业公会		施孝侯		黄河巷35号	二十二年五月
保险业同业公会		梁硕文	12人	南屏街护国新舍	三十一年十二月三十一日
棉业商业公会		李权		武成路111号	三十二年五月九日
人力车业同业公会		孙薇园		金碧路营门口 泰安巷超群车行	三十二年五月三十一日
粮食商业同业公会		廖资始		武成路正阳巷1号	三十三年四月
石灰砖瓦业同业公会		沐少臣		大观街117号	三十三年三月十五日
颜料业公会		王绍武		正义路192号	

（续表）

团体名称	所属团体数	负责人姓名	会员总数	会址	成立日期
土杂货业公会		张在中		顺成街禄丰祥	
洗染业公会		杨会轩	37 人	绥靖路 214 号	
皮箱业公会		晏永寿	14 人	民生街永记	
肉案商业公会		王沛		威远街 28 号	
客马栈业公会		唐法堃		南城外营门口恭安巷 15 号	
梳篦棉办料货业公会		陈耀钧		南华街 41 号	
汽车修造业公会		罗蔚文		近日楼时辉巷 6 号	
干果业公会		张正华		凤翥街 64 号	
汽车修造业公会		邓和风	59 人	巡津街 52 号	
火腿腌腊业公会		傅寿之	10 人	南强街 75 号	
钉铁业公会		郎文波	17 人	祥云街 39 号	
金箔业公会		尹存仁	25 人	甬道街	
帽业公会		戴树棠	66 人	光华街 183 号	
铜器业公会		武希文	79 人	民生街	
理发业公会		杨海舟		圆通西巷 3 号	
茶社业公会		马明科	181 人	绥靖路 439 号	
堆店业公会		刘崑山	23 人	宝善街恒益堆店	
肥皂业公会		赵丽川	13 人	云津街 5 号	
新衣业公会		赵云集	13 人	民生街 81 号	
新药业公会		侯佩青		万来祥	
电器五金业公会		黄西屏	39 人	华山南路华南行	
鸡业公会		邵云国	38 人	威远街 165 号	
革皮鞍业公会		张兆桂	37 人	光华街沙腊巷口	

（续表）

团体名称	所属团体数	负责人姓名	会员总数	会址	成立日期
鞋业公会		余殿平	220人	正义路255号	
油业公会		刘玉藩	42人	文庙街202号	
牛羊乳商业公会		陈瑞川	49人	威远街289号	
糖业公会		许长海	16人	南通街	
钟表眼镜唱机业公会		童鹤寿		财盛巷7号	
旅社业公会		肖渔侯		崇善街60号	
中医公会		吴佩衡	151人	万钟街114号	
玉石业公会		苏嘉材	44人	民生街176号	
锡箔业公会		张寿轩	39人	东寺街313号	
中式木器业公会		张启	28人	象眼街49号	
布匹业公会		高文卿		玉溪街46号	
黄烟业公会		朱济川	35人	绥靖路461号	
顾绣业公会		李世岐	9人	文庙街93号	
京果海味酱园业公会		李岐山	53人	威远街192号	
糕饼糖果业公会		陈时雨	41人	华山南路19号	
斗笠业公会		孙玩轩	13人	近日里5号	
百货业公会		肖延之	172人	宝善街奉兴店	
油蜡业公会		赵培仁	106人	富春街41号	
寿板业公会		李云程		木行街17号	
饴糖业公会		丁兴发	14人	宝善街258号	
猪鬃业输出业公会		邓成章	105人	南华街江川会馆	
象牙业公会		王德滋	13人	文庙街	
古物旧货业公会		熊升恒	93人	鼎新街37号	

（续表）

团体名称	所属团体数	负责人姓名	会员总数	会址	成立日期
丝绸呢绒业公会		郑雨苍	29人	威远街19号	
牙行业公会		李岐山	27人	威远街194号	
茶业公会		杨云臣	56人	正义路铨盛祥二楼	
木业公会		辰右之		北后街51号	
屏联公会		顾质卿	13人	文庙横街	
建筑业公会		赵象乾	318人	同仁街32号	
瓦砖业公会		沐少臣		大观街171号	
昆明县商会					
煤石灰同业公会		李天禄	7人	昆明县西碧乡灵光洞	
蒙化县商会		范德霈	57人	月华街竹璧巷	
医师公会		朱泗莹	30人	文华镇	二十七年一月一日
漾濞县商会					九年成立为会长制
中医公会		马延生	25人	漾濞川主宫	
禄丰县商会					商会十七年成立
中医师公会		刘云忠	13人	县城内福音医院	
镇越县易武镇商会		刘葵光	21人	易武镇石屏会馆	三十一年十一月十日
大理县商会					清末成立，六年设会董
糕饼工业同业公会		马明义	7人	永芳斋	
医药商业同业公会		杨文彬	35人	西门吉皇宫	
食馆业商业同业公会		杨文彩	21人	福和园	
洋货杂货同业公会		马雨苍	12人	鼎盛号	
旅店业公会		洪纲	15人	万福隆	
纱布商业公会		杨光华	12人	卫市口华兴祥	

（续表）

团体名称	所属团体数	负责人姓名	会员总数	会址	成立日期
茶社业公会		赵沛清	21人	中和镇复兴路435号	
皮革业公会		李润英	9人	大理南门外	
屠宰业公会		李秀	15人	北门大水沟上	
土杂业公会		赵超	20人	卫市口上	
印刷同业公会		李毓华	6人	光美石印社	二十六年三月十五日
呈贡县商会					二十年
食馆业公会		贾明		龙街	
屠宰业公会		罗云仙	41人	城内西门巷	
医药业公会		李发泉	37人	新生医药室	
茶馆业公会		贾兴邦		城内南正街贾宅	
理发业公会		高槐卿		北门街	
百货业公会		杨舒华		城内瑞兴号	
旅店业公会		李鉴	4人	龙街	
玉溪县商会					二年成立，用会长制
理发公会		陈元禄	14人	城隍庙	
鞋业公会		马正朝	13人	县城西门外振兴祥	
染房业公会		杨瑞弥	13人	县城北极宫	
爆竹业公会		赵文源	15人		
茶馆业公会		聂德厚	10人	城隍庙	
糖食业公会		周家骐	10人	北极宫	
酒业公会		高福堂	30人	新市场	
屠宰业公会		张家骏	40人	广发寺	
建筑业公会		金万崇	10人	北极宫	

（续表）

团体名称	所属团体数	负责人姓名	会员总数	会址	成立日期
栈业公会		李光溪	10人	县城西门外呈安旅馆	
药业公会		杨梓臣	25人	县城北极宫	
食馆业公会		任本云	30人	旧城隍庙	
杂货业公会		冯保书	70人	财神庙	
纱布业公会		何绍仁	30人	财神庙	
昆阳县商会					
杂货业公会		周秉钧	30人	中和镇	
理发业公会		张兴荃	17人	小东门外	
五金商业公会		奎中祥	10人	中和镇	
布匹业公会		邢振鸿		中和镇三保由义书舍	
粮食公会		李文兰		中和镇	
开远县商会		常信之		开远东正街	二十九年三月
食馆公会		王锡德		开远东正街	二十八年三月
理发业公会		周树三		孝封里	
店业公会		赵荣九		落云庄武汉街	
酒业公会		高受百		开远东寺街	
成衣公会		梁和章		落云庄宏仁街	
粮食公会		谭文义		落云庄宏仁街	
切烟业公会		孙开元		东城门外	
面粉业公会		赵书城		东正街	二十八年三月
肉业公会		万永康		卖姜街	二十八年三月
杂货业公会		尚治民		东正街	二十八年三月
思茅县商会		马子明		南大街	十七年

（续表）

团体名称	所属团体数	负责人姓名	会员总数	会址	成立日期
中西医药公会		胡克宫		南大街	
金属品冶制公会		王树横		下排街	
粮食业公会		钟天成		南较场	
盐业公会		张正清		珠市街	
百货业公会		马子明		南较场	
茶业公会		高襄仁		南较场	
棉纺业公会		薛庆成		南较场	
制革业公会		马明珍		新兴街	
木业公会		秦用和		南较场	
文山县商会		万文麟		成远镇望松巷	
成衣业公会		彭尚贤	37人	文庙街	
屠宰业公会		廖长华	26人	佛寿镇	
丝棉业公会		杨荣山	31人	威远左街	
药材业公会		吴玉波	15人	威宁街	
食馆业公会		刘天福	29人	大西门	
黄烟业公会		任国藩	10人	怀远街	
漂染业公会		孙恭洲	13人	佛寿镇	
酒业公会		李保中	24人	云集镇猪店坡	
店业公会		孙治国	35人	龙江堤	
百货业公会		杨思睿	98人	怀安坡	
理发业公会		王雨兴	10人	威远镇	
寻甸县商会		保占兴		县城内	
油盐业公会		保如棋		县城内	

（续表）

团体名称	所属团体数	负责人姓名	会员总数	会址	成立日期
百货业公会		汪钰龙		县城内	
食品业公会		马吉昌		县城内	

注： 1. 沾益县商会元年成立，改组登记。2. 晋宁县商会十八年成立，为会长会董制，十九年改用委员兼会董制，组织登记。3. 蒙自县商会十一年成立，十八年改行委员制，二十年三月改组登记。4. 曲靖县商会二十年前为会长制，改组登记。5. 牟定县商会三年成立，为会长制，十九年改组为委员制，又改组登记。6. 泸西县商会元年成立商务分会，十六年代以商业协会，十九年改为委员制。7. 宣威县商会十八年改组为委员制，后改组登记。8. 武定县商会十八年组织商民协会，十九年改组登记。9. 富民县商会元年成立，十一年改会长制，二十年改为委员制。10. 陆良县商会清末成立，用会长制，组织登记。11. 个旧县商会十九年改组。12. 盐津县商会二年成立，改组后总登记。13. 弥渡县商会五年成立，十九年改组总登记。14. 凤仪县下关商会十八年正式成立，行委员制总登记。15. 鲁甸县商会八年成立，二十年改组。16. 宜良县商会二十年成立为委员制，改组登记。17. 楚雄县商会三年成立，为委员制，七年、十一年、十八年改选三次；二十年改为委员制。18. 江川县商会为会长制兼委员制。19. 蒙化县商会十九年改组为委员制。20. 禄丰县商会十八年改为工商同业公会。21. 滇越县易武镇商会初组商务分会，五次改选。22. 大理县商会十九年改组，行委员制。23. 玉溪县商会二十年改组为委员制。24. 开远县商会清末成立，名商务分会，十八年改组为商民协会，十九年成立县商会，行委员制。25 思茅县商会二十年改组。26. 文山县商会清末组织，六年选会董会长，十七年改为委员制，十九年改组。27. 寻甸县商会元年成立，为会长制，十五年改组为委员制。

（三）各县未报之商会： 罗次县十七年组织。安宁县十七年成立。华宁县十二年成立，二十二年改组为干事制。河西县十一年成立，行会长制。路南县十九年复组，行委员制。丽江县清季成立，民国复行会长制，十九年改为委员制。鹤庆县清末成立，名商务分会，四年改商会，行会长制，十年改委员制。剑川县元年成立，十九年改组委员制。兰坪县喇井十八年成立，行委员制。禄劝县十六年设，十七年废，二十年复设。新平县二年总理改会长，十九年改称主席。盐丰县十九年改组。西畴县六年成立，十八年改为委员制。佛海县十九年改组委员制。景东县十三年成立后即废。永北县元年成立，行会长制，十九年改为委员制。镇雄县五年成立，十九年改为委员制。巧家县六年成立，二十年改组。峨山县十四年复设，二十年改组。宁洱县二十年委员制已改组，外有墨黑商会。元江县元年成立，五年改会长，十八年改为委员制。

（四）商会管制： 抗战后国投机操纵、囤积居奇，致物价暴涨。不但影响抗战，实于民生发生严重问题。特遵照中枢制定加强管制物价方案，配合本省实施限价区域，加强管制限价区域内之商人团体，其办法如下：

1. 管制业别：粮食业、棉花业、纱业、布业、煤炭业、油业、纸业、汽车业、新药业、五金电料、仓库业、颜料业、图书教育用品业、碾米业、面粉业、棉纺织业、植物油业、造纸业、电工器材业、制药业、印刷业、煤矿业、中西百货业、中西酒茶业、盐业、木材业、缝纫业、酒精制造业、锡矿业、人力车业、火腿业、肉业等三十二业。

2. 管制工作：

关于健全组织者：

（1）举办小规模营业登记，余与工会同；

（2）取缔非商人经营商业；

（8）派遣各管制业内书记，协助各团体负责人员实施管制工作；

（4）调整各工会组织，不健全者，促进其健全，未组织者，派员组织；

（5）厉行强制会员入会与限制会员退会。

关于指导工作者：

（1）三十三年一月开始派员督导管制工作；

（2）指导商人团体自订办法，协助管制物价；

（3）举办管制业类干部及会员训练；

（4）推行新生活运动、节约运动及生产运动。

社会组织下

一、特种社团

省级社团

一、自由职业团体：有云南省教育会、云南报界公会、律师公会、医师公会、中医师公会、会计师公会等。分述如下：

（一）云南省教育会：为法定教育团体，在前清为教育总会，入民国后修正会章，仍有参与教育行政之规定，对于教育改革进行多有建议。二年照部令定名为省教育会，改定会章，限制职权，其会务除研议各项教育、建议教育行政机关外，并组织各项研究会及讲演讲习会。六年增办图书室、游艺室两事业，并发起开办省会学校联合运动会一次。盖至是教育会始有自身之事业设施，而不尽为建议之机关矣。九年复就会内组设全省教育联合会，商讨全省学校教育，社会教育改革事宜，议决要案甚多，均经教育行政机关采择施行。十二年重行修正会章，废除会长制，规定会务交干事、评议两部分负议决执行之职责，设名誉会长对外负责。是年十月，全国省教育会联合会在镇举行第十三届会议，直隶、山东、山西、河南、甘肃、奉天、湖北、湖南、安徽、江西、江苏、浙江、广东、广西、贵州等省及菲律宾华侨教育会皆派代表来滇出席会议。本省教育会推由云龙、王用予、吴琨为出席代表，颇极一时之盛；而会内之会场、办公室等于是重加修建，各项设备补充完具，会务进行遂趋进展。二十年照新定会章，改组为委员制。现又遵照部颁《教育会法》重行改组，设理事七人、监事五人主持会务，由各县市教育会按年依法选任之。盖依会法规定，省教育会无个人会员，即以各县市教育会为其会员，此与往昔殊异者也。改组后会务进行为图书阅览、刊物编印、学术研究及讲演等项。

《云南省教育会章程》

第一章　总则

第一条　本会遵照国民政府公布之《教育会法》第十二条之规定设立之，定名为云南省教育会。

第二条　本会之区域以云南省行政区域为限。

第三条　本会地址设于云南省昆明市长春坊本会会所。

第四条　本会遵照中华民国教育宗旨及其实施方针，以研究教育事业、发展云南全省地方教育为宗旨。

第五条　本会为法人，不得以本会为营利事业。

第二章　会员

第六条　本会遵照《教育会法》第十九条之规定，以现属本省区域内之各县市区教育会为会员（区教育会，系指本省沿边各行政区之教育会言，下同）。

第七条　凡各县市区教育会，推派出席于本会之会员代表，其额数规定为每县市区教育会一人。

第八条　各县市区所派出席于本会之会员代表，以曾经取得各该县市区教育会会员资格者为限。

第九条　有下列各项情事之一者，不得为本会会员代表。

（一）褫夺公权尚未复权者；

（二）有反革命行为经判决确定者；

（三）禁治产者。

第十条　本会会员代表均有表决权、选举权及被选举权。

第十一条　本会会员代表，有丧失国籍及会员资格、发生本章程第九条所列各款情事之一者，原推派之各县市区教育会，应通知本会更换之。

第十二条　本会员代表已当选为本会职员者，除前条规定外，非依法解任，原派教育会不得申请更换。

第十三条　本会会员代表有妨害本会名誉及信用者，得以会员代表大会之决议将其除名，除名后通知原推派之县市区教育会另行推派。

第三章 组织

第十四条 本会以本章程第七条所规定之各县区教育会会员代表组织之。

第十五条 本会由会员代表大会选举理事七人、候补理事五人组织理事会；同时选举监事五人，候补监事二人组织监事会。理事会得由理事互选三人为常务理事，处理日常事务。

第十六条 本会职员应于就职后十五日内呈报本管监督机关备案。

第十七条 本会设有给职员助理会务。

第四章 职权及会务

第十八条 本会以会员代表大会为最高权力机关。其职权如下：

（一）决定本会一切进行计划；

（二）修改本会章程；

（三）职员之推选；

（四）推选或撤退出席于全国教育会之代表；

（五）会员之除名；

（六）预决算本会一切收支。

第十九条 本会理事会之下，设下列各科执掌会务。

（一）总务科，掌管本会文书、宣传、庶务、财政收支，召集开会及不属其他各科事项。

（二）调查科，掌管关于本省地方教育之调查、编纂并本会之组织事项。

（三）研究科，掌管本会图书及其他一切学术研究事项。

第二十条 前条各科各设主任一人，由本会常务理事兼任之，副主任一人，股员若干人，由本会函聘之。

第二十一条 本会理事、监事任期均定为两年。

第二十二条 本会各职员均为名誉职，不支薪，但有雇佣性质之人，得酌支薪金。

第二十三条 本会职员有下列各项情事者应即解任。

（一）因不得已事故，经会员代表大会议决，准其辞职者。

（二）旷废职务，经会员代表大会议决，令其退职者。

（三）职务上违背法令或营私舞弊及其他重大之不正当行为，当经会员代表大会议决，令其退职或由主管官署令其退职者。

（四）发生本章程第九、第十三两条情事之一者。

第二十四条 本会应办理之事务如下：

（一）关于云南全省教育之研究设计及改进事项；

（二）关于云南全省人民生活知识之指导事项；

（三）关于云南全省教育之调查统计及编纂事项；

（四）举办各项教育研究会、学术演讲会；

（五）举办云南全省各种教育事项，但须经监督机关之核准；

（六）关于云南全省教育事项，得建议于教育行政机关并答复教育行政机关之咨询；

（七）处理教育行政机关委办事项；

（八）办理其他合于教育宗旨事项。

第二十五条　本会每年应将会员名册及会务状况呈报本省教育厅，并转呈教育部备案。

第五章　会议

第二十六条　本会会员代表大会分定期会议及临时会议两种，定期会议每年举行一次，临时会议得临时召集之。

前两种会议均由理事会召集之。

第二十七条　本会会员代表大会之决议，以会员代表过半数之出席，出席会员代表过半数之同意行之。

第二十八条　下列各款事项之决议，以会员代表过半数之出席、出席代表三分之二以上之同意行之。

（一）变更章程；

（二）会员之除名；

（三）职员之退职；

（四）清算人之选举及关于清算事项之决议。

第六章　会费

第二十九条　本会费经以下列各项充之。

（一）由云南各县市区教育会分担其额数：县教育会每年二十元，市教育会每年三十元，区教育会每年十元。

（二）政府补助费。

（三）特别捐。

（四）会产之租息。

第三十条　本会收支，每年除呈报本管监督机关备案外，应公告之。

第七章　监督

第三十一条　本会监督机关依《教育会法》第十条一项之规定，为云南省政府教育厅。

第八章　解散及清算

第三十二条　本会解散应经会员代表三分之二以上之出席、出席会员代表三分之二以上之同意方得决议，前项决议须经本管监督机关之核准。

第三十三条　本会如有违法情节重大时，本管监督机关经其直接上级机关之核准得解散之。

第三十四条　本会议决解散时，应选任清算人，如不能选出清算人时，应呈请监督机关指定之；其由监督机关解散者，清算人由监督机关指定之。

第三十五条　清算人有代表本会执行清算上一切事务之权。

清算人清算及处理财产之方法，应经由会员大会之决议或监督机关之核准。

第九章　附则

第三十六条　本会办事细则另定之。

第三十七条　本会章程经会员代表大会议决通过后，呈请监督机关转教育部备案后实行之。

第三十八条　本会章程如有未尽事宜，经会员代表大会依法议决后，得呈请修改之。

（二）云南报界公会：（见本册 138 页）。

（三）律师公会：（见本册 138 页）。

（四）医师公会：曾设义务诊疗所。

（五）中医师公会：普遍推行义诊施药，开办中医讲习班，筹设中医训练所。

（六）神洲医药总会云南分会：（见本册 138 页）。

（七）会计师公会：原为云南会计学会，有范德宇等负责，曾出版《会计月刊》。

二、社会团体：分类详述如下：

（一）学术团体：

博物学会：民国元年成立。

法政研究会：民国元年成立。

小学教育研究社：民国五年成立。

音乐会：民国七年成立。

云南省教育学会：徐继祖等负责办理。

云南省科学研究社：陈秉仁等负责办理。

按：上二团体同以研究演讲、出版为工作目标，会社地址假省教育会，常举行学术演讲及座谈会，每年联合举行年会，出版《教育与科学杂志》，第一卷发行至第十期，第二卷发行第一期。

云南学会：（见本册 137 页）。

昆明市园艺研究会：（见本册 137 页）。

云南国医学术改进研究社。

国立云南大学土木工程学会。

医刊社：秦光弘等负责办理。

中国科学研究励进社。

中华医学会昆明分会。

中国财政学会云南省分会。

中国财政学会云南省分会。

辑刻云南丛书处：网罗文献，辑刻丛书，为地方之要事。近代各省丛书，如畿辅丛书、湖北丛书、金华文华粤雅堂丛书，其最著者也。本省先正，如杨文襄之干济，钱南园之气节，师荔扉之博雅，具有专书，彰彰在人耳目。其他闭户潜修，等身著作，名山石室，藏贮甚众，几经变乱，以致湮没弃掷者，何可胜数！收拾丛残，追踪前哲，亦有司事也。本省唐前将军蓂赓于民国三年治军之暇，筹拨省款万元，先后聘委赵藩为总纂、陈荣昌为名誉总纂，由云龙、周钟岳、唐尔镛为总经理，孙光庭、李坤、袁嘉穀、席聘臣、秦光玉、顾视高、钱用中、蒋谷、张士麟、舒良弼为编纂审查员，何秉智、赵芹、赵震、赵文炳、陈铭、孙允端、杨嘉猷、华世尧充庶务、文牍、收发、校对、采访各职员，于是年八月成立，附设于省立图书博物馆内。丛书处简章：总纂、名誉总纂核定全书体例，甄择种类，主持审查刊刻事宜；编纂审查各员，有编定群书、审查去取之责；搜集审查各员，有搜采遗书及审查去取之责；关于编纂搜采事宜仍互相协助办理；总经理主持一应庶务经费事宜，其余职员均按所定职务各负责任。至五年刊刻书籍已属不鲜，因经费不敷，所有职员、夫马、笔墨、薪津等费概行停止，仅留校对一员，刊印事务暂归图书馆办理。七年唐前省长聘赵藩为图书馆长兼丛书处总经理，主持一切。至十一年先后编成丛书初编一百五十二种，共一千二百一十二卷，仿四库书目类别叙次先后，计经部分四类，共十五种；史部分六类，共十二种；子部分六类，共二十九种；集部分三类，共九十六种；已版者一百三十二种。十二年赵总经理函请唐前省长拨兴文当官股七股红息为继续刊刻丛书费用，添聘方树梅、刘淇为校对员。至十六年又继续刊出丛书二编、二十余种。此前十四年办理之情形也。十六年九月赵总经理逝世，省政府聘秦光玉任图书馆长兼总经理，陈荣昌为总纂，袁嘉穀为编纂审查员。二十三年省府复聘袁嘉穀为总纂。自十七年以后，专意编滇诗文丛录，文丛秦总经理总其事，诗丛袁总纂总其事，方树梅于乃义相助于其间。二十六年六月两书成稿，计文丛一百一卷，目录二卷，作者小传三卷；诗丛一百卷，目录一卷，作者姓氏分韵索引二卷。经教育厅龚厅长呈请省府核准，由厅筹新币一万六千元付印，并加序言，题签发印，预计二十八年底可以出书。此外并刊出初、二编十余种，共百数十卷。又如何秉智在南京搜得杨文襄《辅臣唱和集》、王钝庵先生《桃川謄稿》，方树梅在北平各处搜得山东刻本明兰芷庵《韵略易通》，杨文襄《石淙诗稿》《密谕录》《阁谕录》《遂庵集献纳稿》《震翰录》，方有石先生《鸿濛室诗钞》，皆滇中仅见之书，分别校刊印行以饷后学。此近十年来之工作情形也。丛书处经费近十年均系省府核准，由兴文当拨款，官股红息支用，款无定额。逮兴文当改组官银号变更办法，由红息项下划出旧币一二万元，作为永久经费款，仍存储支取息旧币三百元。嗣以息款不敷支用，复请由省府核准，令行银号加拨二万元，按月共支收息六百元。自经改定办法以后，除历年经常费用外，刊书之资亦一并有着矣。惟是滇省幅员辽阔，自汉迄今二千余年，先贤遗著，所在皆有，历年收刊未尽什一。嗣后仍当继续搜集，无论专集丛著，吉光片羽，均应审查编纂刊刻流播，以免遗失而彰前哲。此项工作所关，尤为重要，故兹事业实无尽期者也。

（二）文化团体：

中国乡村文化协会云南省分会。

中法比瑞文化协会云南省分会。

中苏文化协会昆明分会。

中华全国文艺界抗敌后援会昆明分会。

中国天主教文化协会云南省分会。

尚志学社：民国五年成立，曾编印《尚志杂志》一种，已出版二十余号。

世界语学会：张镜秋主办，发行《世界语》月刊。

光明社：王开元主持，曾编印《光明》半月刊，后改旬刊并办义务学校一所。

（三）公益团体：

中国社会服务事业协进会云南省分会。

云南大学校友会或级友会：出版有《展望》月刊。

中法比瑞同学会云南省分会。

东吴大学云南同学会。

全国戏剧抗敌协会云南分会：高竹秋等负责办理。

战歌社：徐嘉瑞等负责办理。

云南学生抗敌后援会：李万镒等负责办理。

云南省战时生活励进会。

云南省新生活运动促进会。

国民外交协会云南分会。

中泰协会云南省分会。

昆明缅甸归侨联合会。

云南省歌咏协会。

云南民治实进会：（见本册 138 页）。

云南风俗改良会：（见本册 138 页）。

云南早婚劝诫会：（见本册 138 页）。

昆明市天足会：（见本册 138 页）。

明伦学社：（见本册 139 页）。

（四）体育团体：

中央国术体育研究会云南省分会。

中华全国体育协进会昆明分会。

体育会：聂体仁等负责办理。

云南童军日刊社：方绍坤等负责办理。

（五）救济团体：

中国社会救济事业协进会云南省分会：三十三年主办冬令救济，发放米飞一千五百公石，钱飞万余元。

云南省各界抗敌后援会。

（六）慈善团体：

昆明市慈善会：（见本册 184 页）。

中国红十字会云南分会：（见本册 139 页）。

（七）妇女团体：

云南妇女会。

（八）外侨团体：

云南省华侨互助会。

云南省缅甸华侨青年励志社。

昆明缅甸归侨联合会：办理缅甸侨胞复员工作，颇著实际。

（九）宗教团体：（见本册138—139页）。

（十）其他团体：（见本册137—139页）。

以上省级社团，有成立后至今未续办理事务者，据现调查计存在四十余个，会员人数合计六千二百余人，各社团之经费多系自行筹措。

县级社团

一、自由职业团体

（一）县教育会：以下所列县教育会，组设情况见前者此仅列名不赘，计开：

昆明市、昆明县、呈贡县、晋宁县、安宁县、嵩明县、罗次县、宜良县、玉溪县、江川县、禄丰县、易门县、寻甸县、陆良县、曲靖县、沾益县、宣威县、弥勒县、路南县、泸西县、华宁县、通海县、河西县、石屏县、蒙自县、个旧县、曲靖县、新平县、双柏县、楚雄县、牟定县、武定县、元谋县、禄劝县、祥云县、弥渡县、蒙化县、盐丰县，永北县、巧家县、平彝县、鲁甸县、永善县、盐津县、镇雄县、威信县、文山县、元江县、宁洱县、思茅县、车里县、靖边县、景东县、腾冲县、漾濞县、邓川县、鹤庆县、兰坪县、丽江县。

后经补报者，有下列各县：

富民县：三十一年补报。

马龙县：三十一年报设。

罗平县：三十一年报设。

弥勒县：三十一年报设。

开远县：元年成立，二十年改组为教育委员会。

建水县：三十一年报设。

峨山县：三十一年报设。

广通县：三十一年报设。

姚安县：三十一年后报设。

大姚县：三十一年后报设。

镇南县：三十一年后报设。

凤仪县：三十一年后报设。

会泽县：三十一年后报设。

昭通县：三十一年后报设。

马关县：三十一年后报设。

六顺县：三十一年后报设。

以上市县教育会计有七十四个。

（二）中医师公会：有昆明市、曲靖、大理、昭通、会泽、蒙化、凤仪、石屏、祥云，通海、晋宁、禄丰、弥勒、易门、漾濞、腾冲等十六个，组织未全详。

二、社会团体

（一）文化团体：

个旧县地方文化协会。

（二）公益团体：

曲靖县新生活运动促进会。

沾益县新生活运动促进会。

昆明县乡村改进会。

宜良县风俗改良会：（见本册 140 页）。

嵩明县风俗改良会：（见本册 141 页）。

寻甸县风俗改良会：

文山县风俗改良会：（见本册 147 页）。

腾冲县风俗改良会：（见本册 153 页）。

师宗县风俗改良会：三十一年后报设。

牟定县风俗改良会：三十一年后报设。

曲靖县国民精神总动员协会。

沾益县国民精神总动员协会。

宜良县天足会：（见本册 140 页）。

腾冲县天足会：（见本册 153 页）。

沾益县环境卫生促进会。

牟定县水利会：三十一年后报设。

昆明市各省县同乡会：四川、贵州、湖南、两广、福建、江苏、浙江、山西、北八省、晋宁、武定、广通、罗次、保山、陆良等同乡会。

个旧县各省县同乡会：江西、四川、两湖、石屏、玉溪、宣威、通海、蒙自等同乡会。

建水县四川、个旧同乡会。

宣威县四川同乡会。

广通县四川同乡会。

楚雄昆明同乡会。

下关镇鹤庆、四川同乡会。

（三）体育团体：

曲靖县精武国术体育社。

（四）救济团体：

宜良县水灾募赈会：二十年成立，设于法明寺，行委员制；下设三股，每股设主任一人，由执委兼任。

盐津县水灾救济会：二十年“八一四”水灾后组织成立，后改为昭十属水灾救济分会，又改为云南水灾救济盐津分会，行会长制。

（五）慈善团体：

1. **各市县慈善会：**已成立者有昆明市、会泽、昭通、宣威、石屏、罗平、牟定、元谋等慈善会。

2. **其余慈善团体：**（见本册 185 页）。

（六）妇女团体

1. **宜良县妇女励进会：**（见本册 140 页）。

2. **各县妇女会：**已成立者有晋宁、昆阳、嵩明、安宁、澄江、陆良、弥勒、寻甸、富民、曲靖、宣威、平彝、泸西、石屏、建水、个旧、楚雄、广通、牟定、镇南、祥云、弥渡、凤仪、武定等县妇女会。

3. **楚雄县妇女励进会、开远县妇女协进会、大理县妇女协济会、腾冲县妇女改进会**（见前）。

（七）兵役团体：

各县兵役协会：成立有寻甸、易门、峨山、建水、丘北、大姚、永仁、镇南、祥云、凤仪、剑川等县兵役协会。

（八）宗教团体：

1. **各县回教会：**成立者有呈贡、昆阳、建水、寻甸、腾冲、石屏、永仁、漾濞、武定等县回教会。

2. **各县佛教会：**成立者有大理、建水、个旧、曲靖、镇南、元谋、罗平、会泽、泸西、凤仪等县佛教会。

3. **各县道教会：**有个旧、宜良、广通三县。

（九）其他特种团体：

个旧县术数业公会。

楚雄县织布业职业工会：（见本册 144 页）。

以上县级社团总计二百二十四个，已报会员人数共计一万零八百九十余人。至尚未呈报组成或停顿者在策动中。

二、社会行政

一、提要

各省社会行政事业，过去系由省党部、民政厅、赈委会等机关分别办理，致事权分歧，无统筹之计划及有系统之组织，以致社会行政进展迟滞。中央有鉴及此，特设社会部综管其事，并于各省设社会处以专司其职，盖所以构成有系统之组织，俾社会行政可以逐步推进也。本省社会处于民国三十一年一月，先后奉社会部二字第二〇八二六号训令及子号电，暨行政院顺拾字第六四五号训令，略以五四五次院务会议议决，任命裴存藩为云南省社会处代理处长，饬迅即筹备设处。当经积极筹备，遵限于三月一日正式成立，开始办公。迨民国三十二年五月，社会处处长裴存藩奉调，委陈廷璧继任，于民国三十二年六月一日交接竣事。自社会处成立后，即遵照中央法令积极展开工作，内设总务、组训、福利等三科及秘书、视导、会计等三室，分掌全盘社会行政工作。三十二年八月，又遵令增设设计考核委员会，专负全设计处考核之责，以期推行行政三开制。

社会处除推行社会行政工作外，对于社会事业，如民众组织，民众训练，社会运动，人力动员等，恒积极推动，并附设个旧劳工福利委员会、昆明劳工福利社、儿童福利指导所、第一托儿所、第二托儿所、云南社会服务处、实验救济院等附属机构，积极推广示范社会事业，故成立经过时期虽短，而工作则日渐增繁。倘经济优裕，将来事业之发展，当与日俱进也。

二、组织

民国三十一年一月，本省政府先后奉社会部转行政院令，于省政府之下增设社会处，办理云南全省社会行政工作，并任命裴存藩为代理处长，饬迅筹备，限三月一日正式成立。当经租定昆明市立华山小学为处址，星夜筹备，依限于三月一日正式成立，开始办公。

社会处成立后即遵照社会部令颁组织法设总务、组训、福利三科及秘书、视导、会计三室。总务科下设文书、人事、事务等四股；组训科下设农运、工运、商运、特种社团、青年妇女、组训六股；福利科下设社会保险、劳工福利、社会服务、职业介绍、儿童福利五股。全处人员计简任一员，荐任十二员，委任七十四员，并照组织规程第十五条之规定，经聘顾问二员，专员三员及雇员二十五员。民国三十二年五月，社会处处长裴存藩奉调，委陈廷璧接充，于三十二年六月一日交接竣事。民国三十二年八月，社会处遵令增设设计考核委员会，设主任委员一人，由处长兼任，副主任委员一人、委员十三人、组长二，由处级职员专任或兼任之。社会处全体员额，在民国三十二年五月即已奉令裁减四分之一，现计简、荐、委、雇及聘任人员共八十四员，与规定员额相符。

社会处除推行社会行政外，并附有督导、示范社会事业之责，故有附设机关之设置。截至三十四年七月底止已设置者有：云南社会服务处，实验救济院，工人福利社，儿童福利指导所，第一托儿所，第二托儿所等。兹将社会处组织系统表附后。

云南省社会处组织系统表

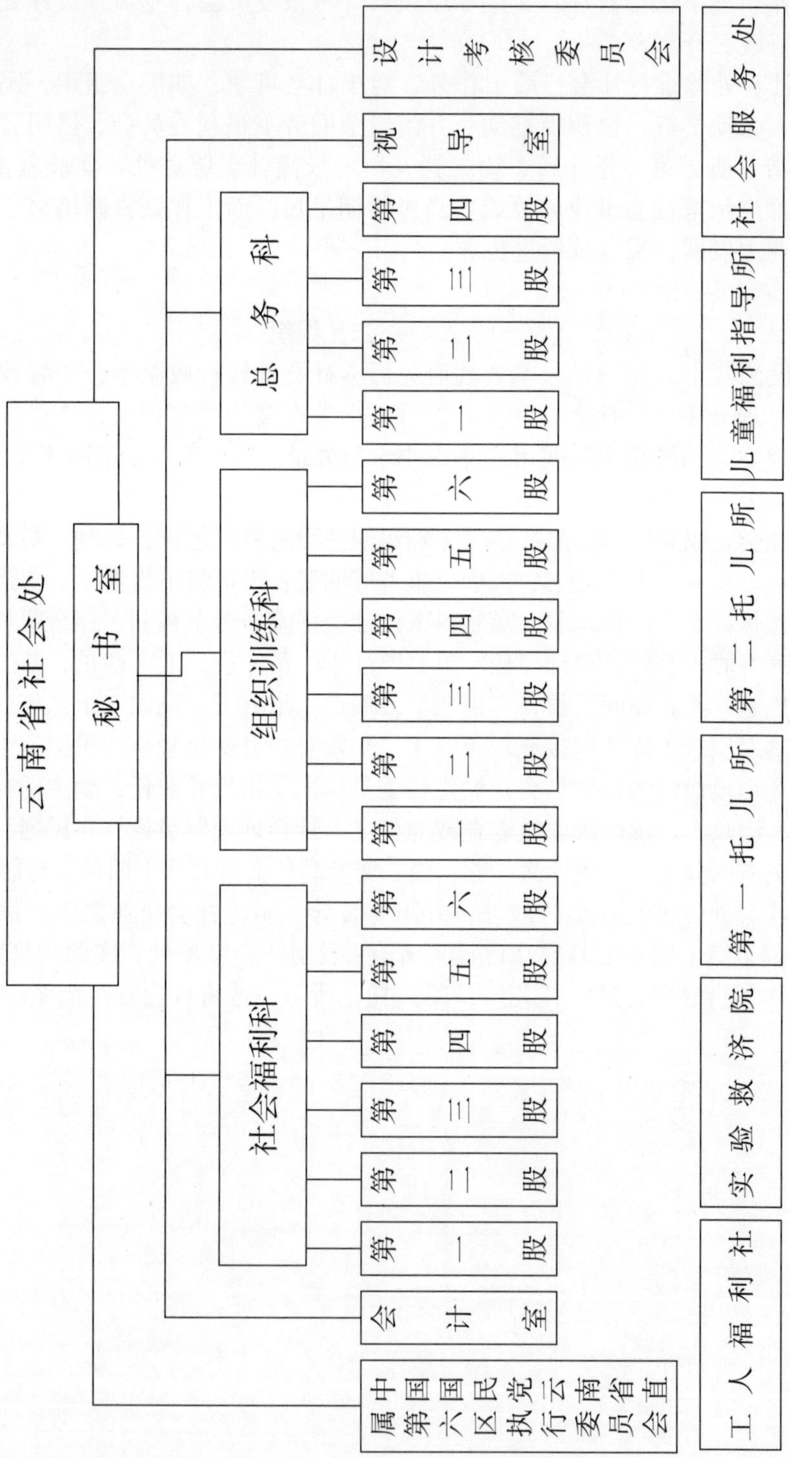

三、经费

本省社会处经费，自成立时起即由省政府核定，令财政厅拨发，向国库具领，分配处内及所属机关应用。民国三十一年，计经常费三十万元，临时费一百七十万元。三十二年度，计经常费三十四万六千六百六十六元七角二分，生活补助费三十五万一千元，临时费一百六十万元。三十三年度，计社会处经常费四十二万二千五百元，托儿所经常费三十万元，社会处及所属机关临时费一百五十六万一千五百零一元，社会处生活补助费一百五十九万五千二百元。三十四年度，计社会处经常费一百零三万元，社会处及所属机关临时费一百三十一万四千二百五十一元，社会处所属个旧矿区劳工福利委员会机关经常费二百三十一万九千九百一十四元，社会处生活补助费一千三百七十三万八千二百元，个旧矿区劳工福利委员会生活补助费三百三十八万五千元。

社会处经费自民国三十一年至三十四年，俱向财政机关领支已如上述。至经费之分类，民国三十一年，三十二年及三十三年，均分为经常，临时两部分，而临时费有时又名为事业费。其预算内用途别与机关别两项费用兼而有之。迨三十四年乃将所属机关经费另行划分，计有处经费，所属机关经费，处及所属机关临时费三种，故历年经费之登记造报，亦经照此分别办理。兹将历年经费支出数及各年度预、决算表列后：

云南省社会处经常费历年度岁出预决算比较表

年度别	预算数	决算数	比较		备考
			增	减	
民国三十一年度	300,000.0	249,999.99		50,000.01	决算数系三至十二月份
民国三十二年度	346,666.72	308,390.95		38,275.77	
民国三十三年度	422,500.00	422,439.50		60.50	
民国三十四年度	1,030,000.00	593,627.00			决算数系一至七月份

云南省社会处暨所属机关临时费（事业费）历年度岁出预决算比较表

年度别	预算数	决算数	比较		备考
			增	减	
民国三十一年度	1,700,000.00	987,900.00		712,100.00	决算数系三至十二月份
民国三十二年度	1,600,000.00	1,118,205.40		481,794.60	
民国三十三年度	1,561,501.00	1,692,793.10	131,292.10		
民国三十四年度	1,314,251.00	163,110.80			决算数系一至七月份

按：云南省社会处所属机关三十四年转发经费，预算数为二百三十一万九千九百一十四元，拨入数为一百一十一万四千八百八十三元，一至七月实转发数为八十七万七千八百五十八元，结存二十三万七千零二十五元。

云南省社会处三十二年度经常费岁出决算统计表

科目	本年度预算数	本年度决算数	比较	
			增	减
第一款本处经常费	346,666.72	308,390.95		38,275.77
第一项俸给费	204,660.00	192,220.30		12,439.70
第二项办公费	108,206.72	112,820.65	4,613.93	
第三项购置费	29,640.00			29,640.00
第四项特别费	4,160.00	3,350.00		810.00

云南省社会处三十三年度经费岁出决算统计表

科目	本年度预算数	本年度决算数	比较	
			增	减
第一款本处经常费	422,500.00	422,439.50		60.50
第一项俸给费	185,460.00	163,459.00		21,701.00
第二项办公费	231,040.00	252,944.50	21,904.50	
第三项特别费	6,000.00	6,000.00		

云南省社会处三十二年度临时费岁出决算统计表

科目	本年度预算数	本年度决算数	比较	
			增	减
第一款本处临时费	1,600,000.00	1,118,205.40		481,794.60
第一项人民团体经费及奖助费	160,000.00	95,096.00		64,904.00
第二项社政干部人员训练费	222,933.36	63,537.00		159,396.36
第三项社会运动补助费	106,666.72	113,744.00	7,077.28	

（续表）

科目	本年度预算数	本年度决算数	比较	
			增	减
第四项印刷费	44,444.44	177,056.40	132,611.96	
第五项社会服务处经费	177,777.76	121,000.00		56,777.76
第六项救济院经费	177,777.76	209,680.00	31,902.24	
第七项儿童福利指导所经费	177,777.76	205,600.00	27,822.24	
第八项劳工福利社经费	80,000.00	20,000.00		60,000.00
第九项社会问题研究会经费	16,000.00	16,500.00	500.00	
第十项调查统计费	46,222.20	46,071.00		151.20
第十一项各县设科经费	266,666.72			266,666.72
第十二项视导员旅费及津贴	21,333.36	19,219.00		2,114.36
第十三项督导员旅费及津贴	49,055.72	28,102.00		20,953.72
第十四项人民团体书记派遣费	53,333.36	2,600.00		50,733.36

云南省社会处三十三年度临时费岁出决算表

科目	本年度预算数	本年度决算数	比较	
			增	减
第一款本处临时费	1,651,501.00	1,692,793.10	41,292.10	
第一项人民团体经费及奖助费	225,000.00	299,750.00	74,750.00	
第二项社会运动补助费	150,000.00	165,140.50	15,140.50	
第三项印刷费	62,500.00	218,800.10	156,300.10	
第四项社会服务处经费	250,000.00	250,000.00		
第五项救济院经费	250,000.00	320,565.00	70,565.00	
第六项儿童福利指导所经费	250,000.00	219,620.00		30,380.00
第七项劳工福利社经费	112,500.00	67,620.00		44,880.00

（续表）

科目	本年度预算数	本年度决算数	比较	
			增	减
第八项社会问题研究会经费	22,500.00	4,500.00		18,000.00
第九项调查统计费	65,001.00	15,960.00		49,041.00
第十项视导员旅费	30,000.00	18,441.00		11,559.00
第十一项督导员旅费	69,000.00	112,396.50	43,396.50	
第十二项人民团体书记派遣费	75,000.00			75,000.00

四、社会问题研究

社会行政在中国尚系新事业，正因其为新兴事业，故社会行政之实施与理论，有续加研究之必要。社会处鉴于此，乃于三十一年五月集合各大学社会学系教授及主办社会事业之政府机关负责人，组织云南省社会问题研究会，并制订《国立云南省社会处社会问题研究会组织大纲草案》。成立初旨，不仅荟萃群才作社会问题之探讨，实冀阐发原理，研究对策，俾为社会行政之参考。直至三十四年一月，社会问题研究会经费取消后，会务乃告停顿。自成立至结束，计共开会九次。兹将各次会议情形分别述之于后：

（一）第一次会为筹备会，讨论范围较广，计有调查物价、剪报分类、筹备使女调查、筹备工厂调查以及改善辅导慈善机关等项。

（二）第二次讨论研究主题为交通员工及归侨职业补救问题。经开会研讨结果，归纳各方意见，拟具《交通员工及归侨职业补救方案》一份；内中甲项由社会处分别实施，乙项则由社会处呈请社会部采择。兹将是项方案录后：

1. 建议社会处执行事项：

（1）举办失业交通员工及华侨职业总登记。

（2）函各机关团体、工厂开示需要补充员额。

（3）登记办法：①报纸披露消息，②登报通告，③贴街报，④就昆市原有职业机关设分登记处，⑤通讯登记，⑥派员至华侨招待所登记，⑦其他。

（4）就登记失业员工及华侨，做职业分类审查，列成表册，分向各有关机关办理职业介绍。

（5）介绍办法：①用公函推荐，②派员接洽。

2. 建议社会处呈请社会部采择事项：

（1）呈请社会部饬令贵州、广西、广东、福建等华侨所经各省社会处成立职业介绍所，办理失业交通员工、华侨职业登记。

（2）呈请社会部转咨中央赈济委员会，令饬各省赈济会小本贷款处扩大小本贷款范围，又各省社会处介绍之失业交通员工及华侨，应尽量予以便利，贷予资本经营工、商、农业，借维生活。

（3）呈请社会部转咨：①交通部迅速增办驿运线，尽量容纳交通员工。②军政部扩充国防工厂技工及训练机械化兵种，俾吸收失业交通员工及归国华侨。③教育部就失业员工及归侨中选训边教人员。④农林部实行集团移垦，以收纳失业员工及归侨。⑤经济部开发矿业，就失业员工和归侨尽量收用。⑥中国工业合作协会划小规模工业区，开办公营轻工业及手工业，以吸收失业员工及归侨。

（三）第三次讨论会，以社政会议提案要点，选择其中三项较为重要者作为研究题目。

1. 社会保险实施方案：经研究结果认为，昆市民智未开，对保险利益认识尚浅，应先普遍宣传，然后由公务员保险着手，再普及其他。

2. 各项儿童保育事业之举办实施方案：应先普遍宣传，对私人创办之保育院由政府加以鼓励扶助，同时并由政府筹备专款兴办，俾收示范作用。

3. 职业介绍之举办实施方案：政府机关应以身作则，不任用私人，所需人员均由职业介绍所采选。

（四）第四次讨论会，讨论题目为“救济使女实施方案”。经研究结束，归纳要点如下：

1. 理由：购用蓄养使女，不合人类平等及男女平等原则，违反人道及三民主义，故应予以铲除。

2. 原则：（1）由法令禁止购用使女，已有者限期解放。（2）用宣传劝导方式，使有使女者自动解放及不再蓄养。（3）社会制裁。（4）筹划使女解放后的适当出路。

3. 办法：由社会处调查各地使女数目情况后，设法予以救济；发动妇女团体及新闻界进行劝导与制裁；同时严厉实施禁蓄使女法令，严禁贩卖妇女；使女解放后，应介绍给予适当工作，或送还其父母。

（五）第五次讨论会，讨论主题为“管制物价问题”。经开会讨论结果，计归纳为以下六点：1. 舆论制裁，2. 政治力量管制，3. 实行节约，4. 取缔贩卖奢侈品商店，5. 检查囤货，6. 先由平抑米价着手。

（六）第六次讨论会，主题为“如何协助昆明市民解决居住问题”。研究结果，认为其最有效而最着实际者，莫如运用人民本身之财力以谋住屋问题之逐步解决，并应仿照桂林市房屋奖券之成例，组织昆明市社会新村建设委员会，发行福利新村奖券，经拟定《昆明市社会福利新村建设委员会组织规程》，《云南省社会处举办昆明市社会福利新村奖券办法》及《昆明市社会福利新村奖券开奖办法》。唯兹事体重大，牵涉问题甚多，未能见诸实行。兹将是项办法附后：

昆明市社会福利新村奖券开奖办法

1. 本奖券每三月开奖一次，每期发行五十万号。

2. 开奖时用甲、乙、丙、丁空心圆球四个，甲球内盛放〇〇至五〇之红色号球五十一粒，代表奖券号码之“万位”及“十万位”；乙球内盛放〇〇至九九号之蓝色球一百粒，代表奖券号码“百位”及“千位”；丙球内盛放〇〇至九九之白色号球一百粒，代表“单位”及“十位”；丁球内盛放〇〇至九九之黄色号球一百粒，作为另摇四奖之用。

3. 在摇彩时，将甲、乙、丙三球同时摇转，摇出各色号球各一粒，依次合成一个数目，即为奖券之中彩号数。

4. 摇彩手续为先摇头奖五次，次摇二奖十次，再摇三奖二十次，末摇四奖一次。

5. 奖券号码如摇出〇〇〇〇〇〇，得重摇之，倘摇出号码遇有重复时，则以先摇出者为准，后摇出者作废。

6. 开奖地点由社会处决定之。

7. 开奖时欢迎购奖券者莅场参观。

8. 开奖时邀请各机关、各法团代表为监视人。

9. 开奖终毕后，得奖人得依期领受奖屋及奖金。

10. 本奖券开奖号单应登报公告之。

（七）第七次讨论会，主题为“如何救济贫病及乞丐问题”。经讨论结果，归纳各方意见：1. 由社会处会同有关各机关组织“昆明市贫民救济委员会”。2. 请各公、私医院设立免费住院部。3. 建议当局仿“伤兵之友”运动，发起组织“贫病之友社”。4. 充实健全省、市各慈善机关。5. 收容并组训乞丐从事生产及垦荒。6. 其他。

（八）第八次讨论会，主题为“战后云南应如何救济，并以何者为复兴及建设中心”。经讨论结果，关于战后社会救济，应以十一中全会所颁定之《战后社会救济原则》为实施之依据。关于战后建设部分，计可归纳为以下数端，即：1. 以全力发展农业生产，奖励合作，调节粮食，并开垦荒地，兴办水利，树立农村经济基础。2. 本省矿产丰富，今后经济建设应积极发展工业，同时开发矿产，以增富源。3. 战后心理与伦理建设应与农、工业建设并重。4. 战后应首先恢复原有之公路，铁路支、干线，再进而开辟通往边陲交通线，俾作为工业建设之据。

（九）第九次讨论会，主题为“如何转移社会风气”。经讨论结果，计归纳为以下诸点：1. 转移社会风气，应从取缔奢风着手。2. 禁止应酬宴会。3. 各机关长官提倡布服，并能以身作则。4. 舆论制裁。5. 社会处多举办集团结婚，请政府首长子女踊跃参加，以资示范。6. 禁止良家妇女烫发。

五、重要章则

社会行政法规，自社会处成立后历有订定，在施行期间，应实际之需要时有增损，现已略具规模。循是行之，则社会行政之促进及事业之推行，殆亦可资为督导之具，以收示范之效矣。计有规程、章则、办法等共十三种，兹仅述其名目如下：

一、《云南省社会处组织规程》；

二、《云南省社会处稽催公文督导工作细则》；

三、《云南省党部，社会处共同推进职业团体组织工作实施办法》；

四、《云南省示范义务劳动团组织规程》；

五、《云南省厂矿员工训练委员会组织简章》；

六、《云南省厂矿工人训练班组织章程》；

七、《云南省厂矿工人训练班教务实施办法》；

八、《云南省厂矿工人训练班训导实施办法》；

九、《云南省各县农会组织办法》；

十、《昆明市工商团体工作会报通则》；

十一、《督导加强工商团体管制实施办法》；

十二、《昆明市社会福利新村建设委员会组织规程》；

十三、《云南省社会处社会问题研究会组织暂行简则》。以上各种章则之条文应归诸法规汇编，兹不赘录。

社会处主管长官题名

处长：裴存藩　民国三十一年三月到职
　　　　　　　民国三十二年五月离职

处长：陈廷璧　民国三十三年六月到职

搜集者：云南省社会处

民国三十四年十一月　日

民国云南通志长编卷五十三

农业一·农民·耕地·农产·农场

云南号为山国。西部与西康相毗连，山脉由藏康迤逦而下，至云南境，与经度相平行，称为横断山脉，分三大支：一为高黎贡山脉，上承伯舒拉岭，纵亘俅江与怒江之间，其主峰在腾冲县北一百二十里，入缅甸境。二为怒山山脉，上承他念翁山脉，纵亘怒江与澜沧江之间，主峰在维西县西北，亦南入缅甸境。三为云岭山脉，上承宁静山脉，斜倚于澜沧、金沙两江之间，主峰在丽江县西北三十里之玉龙山，又南抱大理之洱海，为点苍、鸡足、梁王诸大山。是脉至此，又分二支：一支南下，纵亘澜沧江、把边江（下即安南之李仙江）二江之间者，为蒙乐山脉，主峰在景东县西北九十余里之无量山，是脉南入安南，其崛起镠嘉、景东两县界，斜依把边江与河底江之间，并行入安南者，为哀牢山脉，此为蒙乐山脉东面之旁支。二支东折，盘礴于金沙江、元江、盘江之间者，为乌蒙山脉，系南岭首部主峰。在禄劝县东北二百里之乌蒙山，其干支分走入贵州境。其自滇池西南庙儿山分出，东南迤盘、元二江之间者，为火焰山脉。六诏山脉，系勾漏首部，主峰皆在文山、广南两县交界处。其干支分走入广西境，本为南岭一支，至此自成一系。

云南山脉，如上述之三大支，丛衍分劈，地势高低差异殊甚，故气候因之亦分温、热、寒三部。西北部在北纬二十七度以北者，高峰达万四千尺，最低之河谷，高度亦在七千尺以上，如丽江、中甸、维西、阿墩子一带，终年寒冱，平均温度约四十五度（华氏），高峰积雪，千古不消，春夏两季，犹多拥火。居民多属古宗，喇嘛教势力颇大，是为寒带区域。其在本省南部澜沧江下游，如思茅、宁洱、澜沧、景谷、缅宁等县，及车里、五福、佛海等处，又西南部怒江、伊洛瓦底江上游，如腾龙沿边之南甸、干崖、盏达、勐卯、陇川、芒市、遮放一带，高度大抵由四千五百尺低至八九百尺，平均温度约七十度（华氏），长年溽暑，夏季炎蒸潮湿，浓雾蔽天，瘴疠流行，愈低之地，则愈甚，冬至后乃稍凉。田土肥沃，居民多属摆夷，土司制度犹存，夷民几等农奴，是为热带区域。中部如昆明、玉溪、禄丰一带，位于六千尺以上之高原，平均温度约五十七度，夏季在华氏表八十二度上下，冬季在三十二度左右，降至二十五度者甚罕，气候温和，四季如春，日炎如初夏，天阴如早秋，故有“六月无三伏，一朝有四时”之谣，是为温带区域。迤西如楚雄、大理、保山一带，迤南如建水、蒙自、开远、文山、广南一带，气候虽略有参差，然俱属温带，田土多肥美，灌溉便利。迤东如东川、昭通一带，地上稍瘠，水田较少，旱田为多，居民多种杂粮。

本省土壤，尚未全部调查。据民国二十二年行政院农村复兴委员会报告，谓云南地势高耸，气候温湿，风化作用甚烈，故土壤均呈红色。唯因地势与水利之关系，壤土表面亦因而稍异。在滇池、洱海等处平原区域，因水力冲积、表土呈灰色，土壤肥沃，适于农作，性质和表象，与红土区域之湘浙各省相类似。其在南部开远以下，气候尤温湿，土壤呈纯红色，表土疏松，易于播植，且适于种甘蔗等。至高地区域，表土颇薄，宜于种树云。

云南地势、气候、土壤，略如上述。兹将本省民国来廿余年之农政各目分著于篇。

农民

云南僻居边陲，山势丛杂，河流多不能通航，南部仅法人兴修之滇越铁道线，全省公路网尚未完成，自昔交通险阻，故工商各业较外省逊色。全省居民，除城镇多有营工商业者外，其余大都从事农业。据民政厅民国二十一年户口调查报告，全省共有自耕农民 1,031,060 人，半自耕农民 610,110 人，佃农 808,147 人，共计 2,449,317 人，约占全省成年有职业人数 43.74%。省会虽设有总农会，各县亦多设有分会，然农民教育未普及，知识低下，农会之设，亦有名无实。兹将本省各县农民人数表列后。

云南省农民人数统计表

项别 属别	佃	自耕	半自耕	合计
昆明市	619	784	939	2,342
昆明县	7,458	27,238	20,077	54,773
富民县	1,841	2,278	1,865	5,984
晋宁县	2,815	6,581	5,692	15,088
呈贡县	1,777	10,984	10,278	23,039
宜良县	7,583	5,580	5,925	19,088
易门县	2,917	5,954	4,186	13,057
安宁县	2,614	7,561	4,257	14,432
禄丰县	2,049	4,573	3,030	9,652
罗次县	1,273	4,264	2,346	7,883
嵩明县	3,547	2,982	5,366	11,895

（续表）

项别 属别	佃	自耕	半自耕	合计
昆阳县	1,791	10,740	5,159	17,690
武定县	8,544	10,568	5,326	24,438
元谋县	3,686	2,082	1,403	7,171
禄劝县	8,053	14,140	7,905	30,098
澄江县	5,729	4,252	4,855	14,836
玉溪县	1,890	10,993	5,536	18,419
江川县	2,045	4,167	4,321	10,533
路南县	6,627	6,949	5,753	19,329
曲靖县	2,824	12,505	3,946	19,275
沾益县	4,686	15,278	10,096	30,060
陆良县	5,290	18,723	8,483	32,496
罗平县	9,882	8,111	9,058	27,051
寻甸县	10,505	15,965	8,404	34,874
宣威县	9,195	35,353	16,766	61,314
马龙县	2,679	2,827	3,273	8,779
平彝县	6,042	7,629	8,938	22,609
会泽县	28,308	24,130	14,735	67,173
巧家县	24,372	4,646	5,228	34,246
昭通县	16,112	6,719	8,644	31,475
大关县	13,886	3,851	1,576	19,313
永善县	30,923	4,987	1,684	37,594
绥江县	11,822	10,542	3,454	25,818
鲁甸县	6,509	2,173	5,625	14,307

（续表）

项别 属别	佃	自耕	半自耕	合计
镇雄县	41,444	13,608	8,497	63,549
彝良县	30,459	3,582	1,596	35,637
楚雄县	7,521	18,759	6,544	32,824
广通县	2,558	4,258	2,839	9,655
双柏县	8,710	7,049	3,772	19,531
牟定县	2,779	10,397	6,230	19,406
盐兴县	1,549	1,030	721	3,300
盐津县	14,504	3,071	2,277	19,852
蒙自县	10,895	4,607	5,570	21,072
个旧县	3,308	4,196	2,053	9,557
建水县	5,537	17,418	7,675	30,630
河西县	1,566	2,489	2,829	6,884
峨山县	3,835	6,038	2,792	12,665
石屏县	5,133	6,591	7,802	19,526
通海县	3,130	1,766	3,334	8,230
开远县	6,308	7,627	4,133	18,068
文山县	19,657	15,864	7,853	43,374
马关县	20,915	12,075	6,520	39,510
广南县	31,504	22,454	26,278	80,236
富州县	7,435	6,447	5,741	19,623
泸西县	6,884	15,858	4,962	27,704
师宗县	3,009	5,216	3,399	11,624
弥勒县	9,277	4,472	7,412	21,161

（续表）

属别＼项别	佃	自耕	半自耕	合计
丘北县	1,406	10,055	718	12,179
华宁县	10,235	3,287	4,731	18,253
西畴县	19,742	9,109	8,629	37,480
曲溪县	3,180	4,028	3,167	10,375
宁洱县	4,448	1,909	3,076	9,433
景谷县	8,693	6,241	4,748	19,682
墨江县	8,600	8,976	5,438	23,014
思茅县	826	2,202	564	3,592
元江县	3,810	6,772	3,934	14,516
新平县	5,867	3,081	2,610	11,558
澜沧县	1,045	24,275	5,235	30,555
镇沅县	5,501	3,787	3,604	12,892
景东县	10,346	14,344	10,779	35,469
缅宁县	5,190	4,164	5,072	14,426
江城县	2,307	2,329	554	5,190
双江县	943	8,223	3,320	12,486
车里县	3,547	5,896	330	9,773
五福县	102	5,454	515	6,071
佛海县		3,929	24	3,953
镇越县	729	3,559	33	4,321
六顺县	708	6,710	1,072	8,490
腾冲县	16,777	12,107	12,487	41,371
龙陵县	7,204	4,828	4,526	16,558

（续表）

项别 属别	佃	自耕	半自耕	合计
保山县	26,912	21,227	19,794	67,933
大理县	1,818	8,456	5,328	15,602
顺宁县		21,008	21,731	42,739
镇康县	18,012	13,341	16,702	48,055
永平县	6,390	4,812	5,742	16,944
祥云县	1,210	17,224	2,155	20,589
洱源县	1,075	9,580	3,103	13,758
邓川县	1,430	10,284	1,199	12,913
云龙县	7,253	28,530	8,894	44,677
凤仪县	2,436	9,029	3,172	14,637
云县	2,859	14,199	9,307	26,365
漾濞县	2,502	3,959	641	7,102
姚安县	5,895	10,457	6,551	22,903
华坪县	6,648	3,828	2,559	13,035
蒙化县	10,390	30,245	6,971	47,606
弥渡县	3,052	12,075	4,077	19,204
鹤庆县	2,081	15,068	3,961	21,110
剑川县	947	12,039	3,008	15,994
中甸县	1,285	8,316	833	10,434
丽江县	7,255	23,098	7,072	37,425
维西县	2,631	4,910	2,777	10,318
兰坪县	2,022	10,205	3,343	15,570
大姚县	4,024	7,111	5,085	16,220

（续表）

项别 属别	佃	自耕	半自耕	合计
永仁县	10,674	6,098	2,085	18,857
盐兴县	2,792	1,411	1,758	5,961
镇南县	7,835	3,823	7,580	19,238
永胜县	6,242	15,900	6,589	28,731
宾川县	7,194	8,024	5,119	20,337
屏边县	15,470	1,324	1,710	18,504
昌宁县				
金平县	1,614	5,712	1,339	8,665
威信县	5,736	1,860	1,747	9,343
砚山县				
宁江设治局		1,729		1,729
福贡设治局		5,994		5,994
盈江设治局	436	3,062	569	4,067
莲山设治局	1,408	735	972	3,115
陇川设治局	1,636	448	5	2,089
瑞丽设治局	163	283	3,567	4,013
潞西设治局	1,837	2,624	1,093	5,554
德钦设治局	185	1,017	409	1,611
碧江设治局		3,188		3,188
贡山设治局	86	1,181	443	1,710
泸水设治局	1,696	1,400	996	4,092
全省	808,147 人	1,031,060 人	610,110 人	2,449,317 人

耕地

本省全部面积，计一百一十一万方里，每里以五百四十亩计之，约有五亿九千九百四十万亩。只以山岳高耸，岗峦起伏，耕地总量仅居少数。据国府统计局报告：云南全省耕地面积为二千七百十二万五千亩，则耕地面积合山林川泽计之，不过占全积百分之四而强。近本省财政厅清丈全省耕地，除沿边各设治局尚未清丈外，其已清丈之一百零六县耕地面积之总数为二千六百三十八万零一百一十二亩。兹将财政厅清丈全省各县耕地亩数表列下。

云南各县耕地亩数表

县名	田地亩数	县名	田地亩数	县名	田地亩数
昆明	431,878	江川	97,659	峨山	18,124
呈贡	253,262	华宁	247,286	广通	128,884
晋宁	123,415	禄劝	412,607	双柏	203,456
昆阳	200,079	通海	87,233	武定	321,968
宜良	274,545	大姚	192,434	曲溪	97,164
安宁	234,544	盐丰	65,337	弥勒	432,469
姚安	216,974	大理	134,433	马龙	130,000
元谋	209,398	凤仪	104,652	平彝	335,000
牟定	209,398	华坪	185,382	巧家	542,000
盐兴	37,616	蒙化	497,622	昭通	800,000
建水	205,482	泸西	412,043	大关	225,000
永仁	248,125	沾益	315,000	永善	200,000
澄江	133,273	罗平	150,000	绥江	200,000
玉溪	202,563	宣威	215,000	鲁甸	553,000
嵩明	363,242	河西	57,090	镇雄	1,362,000
易门	150,724	禄丰	124,817	彝良	806,000
富民	66,808	罗次	131,364	石屏	195,049
路南	381,661	寻甸	541,293	开远	327,352

（续表）

县名	田地亩数	县名	田地亩数	县名	田地亩数
师宗	279,343	江城	38,765	宁江设治局	
曲靖	292,449	双江		福贡设治局	
楚雄	394,611	车里		盈江设治局	
镇南	242,860	剑川	80,000	莲山设治局	
西畴	84,855	丽江	208,000	陇川设治局	
宁洱	268,000	维西	66,000	瑞丽设治局	
景谷	28,000	兰坪	101,000	潞西设治局	
墨江	150,000	宾川	225,000	德钦设治局	
蒙自	318,000	永仁	178,000	碧江设治局	
个旧	244,000	中甸	85,000	贡山设治局	
文山	603,000	金平		泸水设治局	
马关	1,050,000	威信	4,500	龙武设治局	
广南	1,667,000	昌宁	200,000	梁河设治局	
富州	512,000	南峤	113,100	宁蒗设治局	
丘北	564,000	佛海	249,000	沧源设治局	
漾濞	38,000	会泽	20,000	永平	138,000
弥渡	117,000	滇越	20,000	祥云	208,000
鹤庆	111,000	六顺	49,834	洱源	140,000
思茅	144,000	腾冲	313,000	邓川	74,000
元江	94,000	龙陵	180,000	云龙	183,000
新平	192,000	保山	214,000	云县	218,000
澜沧	503,000	顺宁	260,000	全省	26,380,112
镇沅	29,000	镇康	102,000		
景东	179,000	砚山	121,040		
缅宁	247,000	屏边			

农产

一、主要农产品统计

本省主要农产品之统计，据民国二十四年建设厅调查，表列于下。

云南全省主要农产统计表

种类	出产县（局）数	出产担数	价值新币元数	产地面积
稻	108	34,312,376	1,852,868,304	11,782,797
小麦	91	2,305,672	131,423,304	769,416
大麦	91	1,860,129	76,265,289	821,018
荞	92	3,712,419	92,810,475	986,062
高粱	70	869,291	30,425,185	304,488
玉蜀黍	110	14,770,863	590,834,520	5,639,763
大豆	101	2,835,333	155,943,315	1,302,001
蚕豆	99	3,969,804	138,943,140	3,115,402
豌豆	102	1,349,484	45,882,456	1,290,518
马铃薯	101	10,661,913	159,928,695	1,749,520

上列各种农产品，据建设厅报告，谓仅就各县局查报到厅数字，确否难以考核。兹再将国府主计处估计数量列下，以资比较。

云南全省主要农产品估计表

种类	亩数	产量（斤）
小麦	4,443,000	616,299,000
稻	13,652,000	3,771,787,000
高粱	718,000	77,509,000
粟	143,000	89,037,000
大豆	2,671,000	346,204,000

（续表）

种类	亩数	产量（斤）
玉蜀黍	3,888,000	582,571,000
大麦	2,047,000	218,184,000
荞麦	538,000	75,910,000
豌豆	272,000	39,458,000
马铃薯	390,000	442,046,000
山薯	241,000	340,704,000
其他之类	1,630,000	302,308,000

上列乃估计之数，亦难表本省农产确量。近年来，本省实行禁种鸦片，原有烟亩，多改种豆麦等，将来农产品产量必较前大增也。

二、农产品种类

云南居民，主食杂谷物，然大约分之，迤西、迤南各县，以米、麦、荞麦、豆菽为大宗，迤东以玉蜀黍、荞麦、马铃薯为大宗。而农产种类，亦因气候土宜之不同，有特殊之差异，兹分稼穑、蔬菜、特用及果树四部说明之。

稼穑部：

五谷种植成长情况表

种别	种名	栽收季节			生长状况					本种形状					病害	虫害
		播种	移植	收获	发芽	成苗	抽穗	穗齐	老熟	茎干	分蘖	苗穗	子粒	米粒		
粳谷	大白谷	二月中旬	五月初旬	九月中旬	植后十日	植后六十日	植后六十日	植后八十日	植后百二十日	粗糙高大	不多	长大有芒	粒大而白	质不透明	少	有螟虫害
粳谷	香谷	二月中旬	四月下旬	九月中旬	植后十日	植后六十日	植后六十日	植后八十日	植后百三十日	长大	不多	粗大无芒	微带青色	质不透明	少	有螟虫害
粳谷	香吊谷	二月中旬	四月下旬	九月中旬	植后十日	植后六十日	植后六十日	植后八十日	植后百三十日	粗大	不多	粗大有芒	微带青色	米半透明微有香味	少	有螟虫害
粳谷	白谷	二月中旬	四月下旬	九月中旬	植后十日	植后六十日	植后六十日	植后八十日	植后百三十日	高而粗大	多	芒短	黄白色	米质纯白半透明	少	有螟虫害
粳谷	香稻	二月中旬	四月下旬	九月中旬	植后十日	植后六十日	植后六十日	植后八十日	植后百三十日	粗大	不多	有芒	黄色	米有香味品质优良	少	有螟虫害
粳谷	黄谷	二月中旬	四月下旬	九月中旬	植后十日	植后六十日	植后六十日	植后八十日	植后百三十日	细长	不多	有芒	黄色	色白而香质半透明	少	有螟虫害
粳谷	胭脂吊谷	二月中旬	四月下旬	九月中旬	植后十日	植后六十日	植后六十日	植后八十日	植后百三十日	细长	不多	粗大长芒	长大而红	米红有香质不透明	少	有螟虫害
粳谷	长毛吊谷	二月中旬	四月下旬	九月中旬	植后十日	植后六十日	植后六十日	植后八十日	植后百三十日	长大	不多	芒长	粒大而青	优良	少	有螟虫害
粳谷	黄谷	二月中旬	四月下旬	九月中旬	植后十日	植后六十日	植后六十日	植后八十日	植后百三十日	细长	多	穗黄有芒	粒大而黄	米白而香	少	有螟虫害

（续表）

种别	种名	栽收季节			生长状况					本种形状					病害	虫害
		播种	移植	收获	发芽	成苗	抽穗	穗齐	老熟	茎干	分蘖	苗穗	子粒	米粒		
粳谷	胭脂谷	二月中旬	四月下旬	九月中旬	植后十日	植后六十日	植后六十日	植后八十日	植后百三十日	粗大	多	穗红无芒	粒微红	米质微香	少	有螟虫害
粳谷	紫谷	二月中旬	四月下旬	九月中旬	植后十日	植后六十日	植后六十日	植后八十日	植后百三十日	粗大	多	穗红有芒	粒微红	米质微香	少	有螟虫害
粳谷	小白谷	二月中旬	五月中旬	九月初旬	植后八日	植后六十日	植后六十日	植后七十余日	植后百十余日	短少	多	长无芒	黄褐而大	圆白质不透明	少	有螟虫害
粳谷	麻线谷	二月中旬	五月中旬	九月初旬	植后八日	植后六十日	植后六十日	植后七十余日	植后百十余日	矮小	多	穗长大	黄褐而大	圆白质不透明	少	有螟虫害
粳谷	老来谷	二月中旬	五月中旬	九月初旬	植后八日	植后六十日	植后六十日	植后七十余日	植后百十余日	细长	多	穗黄而长	色黄粗长	米白而黏	少	有螟虫害
粳谷	老来红	二月中旬	五月中旬	九月初旬	植后八日	植后六十日	植后六十日	植后七十余日	植后百十余日	高大	多	穗红有芒	粒细长大	米圆长	少	有螟虫害
粳谷	胭脂香谷	二月中旬	五月中旬	九月初旬	植后八日	植后六十日	植后六十日	植后七十余日	植后百十余日	高大	多	穗红有芒	粒细长大	米圆长	少	有螟虫害
粳谷	黑谷	二月中旬	五月中旬	九月初旬	植后八日	植后六十日	植后六十日	植后七十余日	植后百十余日	高大	多	穗黑而大	粗长粒大	米圆长	少	有螟虫害
糯谷	长糯谷	二月中旬	五月中旬	九月初旬	植后八日	植后六十日	植后六十日	植后七十余日	植后百十余日	细长	多	穗长有芒	粒短圆	米白色透明	少	有螟虫害
糯谷	接骨糯谷	二月中旬	五月中旬	九月初旬	植后八日	植后六十日	植后六十日	植后七十余日	植后百十余日	细长	多	穗短小	粒短圆	粘性无比	少	有螟虫害
糯谷	白糯谷	二月中旬	五月中旬	九月初旬	植后八日	植后六十日	植后六十日	植后七十余日	植后百十余日	细长	多	穗短小	粒短圆	米粒透明	少	有螟虫害
糯谷	黄糯谷	二月中旬	五月中旬	九月初旬	植后八日	植后六十日	植后六十日	植后七十余日	植后百十余日	细短	多	穗短而黄	粒短圆	米粒透明	少	有螟虫害

五谷用途差别表

品种大别	种细别	产地	用途	差别
			子实	茎干
大麦	大麦	昆明种	供食用，又供麦酒饴糖浓酱麦芽制作之原料	填充用料外，又供草帽玩具制作之原料
大麦	裸麦	富民种	供食用，又供麦酒饴糖浓酱麦芽制作之原料	填充用料外，又供草帽玩具制作之原料
小麦	小麦	昆明产	供糖饼面类酱油用者多，供面包用者少	填充用料外，又供粗糙草帽编之用
小麦	春麦	昆明产	供糖饼面类酱油用者多，供面包用者少	填充用料外，又供粗糙草帽编之用
燕麦	燕麦	东川种	供面包糕饼酒精用外，又为乳牛良马佳良饲料	早刈者可供饲料，迟刈者可制草帽
铃麦	紫麦	昆明种	与小麦同	与小麦同
铃麦	黑麦	东川种	与小麦同	与小麦同

五谷成长及用途表

品种大别		谷粒	成熟期	用途
玉蜀黍	大黄种	谷粒黄大	晚熟	食料，饲料，并制淀粉，酒精，糖饼，其茎叶可作饲料。
	白色种	粒扁色白	中生	
	红色种	色红扁圆	中生	
	恶色种	色恶粒圆	中生	
	马齿种	凹陷如马齿状	中生	
	甜种	稀而圆	中生	
	帚蜀黍	穗直粒粗	中生	大宗为制酒原料，稿秆可作扫帚及饲料等。
高粱	牛心高粱	穗短圆，各粒紧接	晚生	
	马尾高粱	穗长粒疏	中生	
	湾高粱	穗短粒圆	中生	
	小黄种	谷粒黄小	早熟	家畜饲料，苞皮可作纤维，秆心可为填塞料，殆无有废弃者。
粟	糯粟	穗大粒色白	早生	可供食料，制饴糖，并为救荒植物之一，又可为禽鸟饲料。
	粳粟	穗长粒长	中生	
稗	早稗	茎粗粒大	早熟	供饭粥、糕饼、酿酒及家畜饲料。
	水稗	茎长粒小	中生	

豆类性状成果表

品类		产地	性状成果
大豆	大豆	昆明	生长繁茂，子实伟大，品质上等，收量甚丰，晚生之佳种也。
	黑大豆	玉溪	粒大略黑，生长中等，品质亦优，收量之多为各大豆冠。
小豆	白小豆	昆明	品质最优，供馅粉用，唯生长薄弱，易生病虫而栽培较难。
	绿小豆	昆明	粒小色绿而品质最佳，供豆芽馅粉制造之用，唯收量较小是其缺点。
	红小豆	嵩明	色红粒中，生长强盛，收量亦多，中生种也。
黄豆	大粒豆	昆明	粒圆色青，荚实皆伟大，晚生而量多，黄豆之良种也。
	马鞍豆	昆明	色黄粒圆，有镒如鞍状，故名。收量中等，早生种也。
	中粒豆	呈贡	粒圆较小，色青早熟，成长虽盛，收量少。
蚕豆	绿蚕豆	昆明	子实中位，收量亦丰，品质之美为各豆冠。
	大蚕豆	昆明	子实伟大，收量甚多，唯纤维硬化是其缺点。
	小蚕豆	昆明	子实较少，品质颇劣，收量丰是其长处。
豌豆	红花豌豆	昆明	花红粒小，实多凸凹，纤维硬化而收量则多。
	白豌豆	昆明	花白粒圆，收量亦丰，供食及制造用。
	菜豌豆	昆明	粒面凸凹多，品质优美，嫩荚供食用，唯收量较少。
	大菜豌豆	宜良	与上同，荚较大耳。
菜豆	红花菜豆	昆明	花如渥丹，发育旺盛，实荚皆优美，唯收量无多耳。
	大白菜豆	昆明	白花晚生，发育旺盛，实荚嫩美，收量中等。
	荷色菜豆	宜良	与红花菜豆略同，实色灰白微有黑斑，风味优美，生长旺盛，唯收量亦多。
	褐色菜豆	宜良	实色褐而稍小，生长最旺，收量最丰。
	绿色菜豆	昆明	与褐色菜豆同，唯色差异耳。
	花菜豆	昆明	花美丽，子实花色，性健质优，生长旺盛，收量亦丰，早生种也。
杂豆	鹊豆	昆明	嫩荚软美，风味优良，子实亦佳，生长旺盛，收量不多。
	豇豆	昆明	荚甚长，质软味佳，花紫色，生长中等。

蔬菜部：

蔬菜性状成果表

品种		产地	性状成果
萝卜	水萝卜	昆明	色白体长，质柔软多水，故名。
	圆萝卜	开远	色白体圆，品质优美。
	大萝卜	祥云	白色，肉有紫线，供盐藏及干萝卜丝用。
芜菁	大芜菁	宜良	形圆体大，品质柔软佳良，几冠无类。
	芜菁	弥渡	形圆体小，品质与大芜菁同。
胡萝卜	红萝卜	昆明	茎长而细，品质佳良，风味亦美。
	黄萝卜	昆明	性质同上，唯黄耳。
牛蒡	空心牛蒡	弥渡	根细长而肉细密，风味甚佳。
	白牛蒡	昆明	牛蒡中最大之种，风味亦佳。
马铃薯	白洋芋	昆明	形大、白色、早生。
	红色洋芋	东川	形大而丰收，质佳而味美，晚生。
	老鼠洋芋	昆明	形小如鼠状，风味优美为他种冠。
甘薯	黄薯	昆明	富于糖分，收量甚多。
	白薯	宜良	品质佳良，收量丰富。
黑芋	青芋	昆明	茎叶绿色，子芋稍圆，茎叶均供食用。
	红芋	宜良	茎叶紫绿色，子芋细长，其茎与花可供食用。
慈菇		宜良	蔬菜用外可制淀粉。
莲藕		昆明	藕供食用并制淀粉，花可玩赏，子实亦富养分。
草石蚕		昆明	风味优良，品位中等。
葱头	大叶葱	昆明	风味甘美，营养充分。
	细叶葱	昆明	风味芳香，茎叶皆细小。
	安宁葱	安宁	风味优美不减法国玉葱，唯较小耳。

（续表）

品种		产地	性状成果
蒜		昆明	叶矮下，品质中等。
百合	大百合	宜良	茎大，鳞片宽，富于淀粉，风味佳良。
	细片百合	昆明	茎大，鳞片小，风味亦佳。
甘蓝	普通甘蓝	昆明	早生而轻松，风味佳良。
	羌甘蓝	昆明	早生而坚实，风味优佳。
白菜	黄叶白	东川	茶叶黄白，叶面皱缩，体质柔软，老熟时则行软白，法殊见佳良。
	黑叶白	东川	与上同，唯带青色耳。
	箭杆白	昆明	杆白叶绿，性状与上同，唯叶紧缚之度较著。
	钻心白	昆明	与箭杆白同，但中心甚白。
	牛筋白	昆明	叶深绿，束缚不紧，北京种之变形也。
芹菜	鸭儿芹	昆明	叶柄甚长，茎白色，软白后风味殊佳。
	香芹	昆明	茎白叶小，香味充足，品质佳良，行软白法，尤见优美。
莴苣	细叶莴苣	昆明	味香质美。
	大叶莴苣	昆明	茎叶较大，香味稍逊。
菠菜	大菠菜	宜良	叶阔大而收量多，成熟稍迟。
	小菠菜	昆明	叶茎短而风味佳，成熟亦早。
糖蒿		昆明	似香芹而叶茎韧大，品质香味与香芹同。
茼蒿		昆明	似菊无毛，质嫩芳香。
韭菜		昆明	叶细如兰，富于香味。
芥菜		昆明	叶多缺刻，盐藏上品也。
青菜	大叶种	宜良	茎叶均大，生产旺盛。
	芥青菜	昆明	叶多皱纹，品质与青菜同。
	细叶种	昆明	茎叶略小，生产旺盛。

（续表）

品种		产地	性状成果
西瓜	黑皮种	元谋	性质强健，肉实甚多，晚生种也。
	白皮种	祥云	性状成果与黑皮种同，唯色泽淡绿。
南瓜	大南瓜	昆明	性强蓏大肉黄，有体重七八十斤者。
	牛心瓜	昆明	状似牛心，品质亦佳，唯体重较小。
	象鼻瓜	昆明	色青黄富于甘味，长二三尺，蓏亦甚大。
	象腿瓜	昆明	色青形似象腿，蓏大与前同。
	灯笼瓜	昆明	以形状而名，缺沟不深，产量甚丰。
	花皮瓜	昆明	色青杂白斑，变种甚多。
	黑皮瓜	昆明	深绿色，性状与上同。
	癞皮金瓜	昆明	形似癞瓜，色似金底，盖由金瓜花粉输送于癞瓜而成者也。
	牛心金瓜	昆明	形类牛心，色似金瓜。
	癞皮柿饼瓜	昆明	皮似癞瓜，形如柿饼，改良种也。
	滑皮瓜	昆明	花白皮滑。
	金瓜	昆明	色鲜红而美丽，形扁圆而轻快，亦装饰之良品，不仅供食用也。
杂瓜	胡瓜	昆明	蓏长只许，肉质柔嫩，较之黄瓜更形优美。
	黄瓜	昆明	肉质坚硬，风味较劣，唯收量较多是其特点也。
	冬瓜	昆明	瓜皮青绿有纵凹纹，内质透明，有长形圆形两种，供食品及蜜藏之用。
	丝瓜	昆明	蓏形细长，质直味美。
	苦瓜	昆明	味苦凉，皮面有许多突起物，收量甚丰，成熟亦早。
	瓠瓜	昆明	心空皮硬，可作装置之用。
	甜瓜	昆明	味甜质佳，为次于西瓜之蓏果，唯体质柔软，收量不多是其缺点耳。

（续表）

品种		产地	性状成果
茄	长茄	昆明	长五寸余，外皮紫黑而肉质嫩白，子小味佳，收量较小。
	羊角茄	昆明	果长而弯曲如羊角，品质收量与长茄同。
	圆茄	昆明	果圆，皮为紫黑色，肉质柔软，籽少味佳，收量较多。
番椒	灯笼辣	昆明	果形伟大，直径一寸五分，成熟时色红，纵沟深入，状似灯笼，粒多味甘，分硬柄软柄两种。
	纽子辣	昆明	成熟时色赤黄，体圆小如钢纽，辛味甚强。
	铁壳辣	昆明	果长二三寸，熟时色赤，皮多皱纹，辛味亦强。
	菜辣	昆明	与上略同，唯形状伟大，辛味稍弱耳。
番茄		昆明	西洋种之改良品也，形圆肉厚，其栽培法与茄子同。

特用部：

特用物形状成果表

品种		产地	性状成果
蓝	蓼蓝	玉溪	分夏冬两季以种茎繁殖，每亩可获靛千斤，其利殆数位于罂粟也。
	草蓝	凤仪	与蓼蓝同，唯适应气候之力较强耳。
麻	亚麻	昆明	纤维细白柔软，可制夏布等精织物品，种实含油甚多，榨取之可作油刷印墨之用。
	天麻	昆明	茎干短小，纤维细美，长大者纤维粗糙，向供制油用作物。
漆树		剑川	有滑皮粗皮两种，滑皮者产漆浓厚，供采漆用，粗皮者供取蜡用，均多年生植物。
蜡树		镇雄	有水蜡旱蜡两种，以一种介壳虫寄生其上，可供取蜡之用，不择风土，农家副产之一也。
姜		昆明	为香辛料之一，供医药及食品盐藏之用，不择风土，随处皆宜。
落花生		宜良	有大粒小粒两种，小粒者形小油多，大粒者形大油少，适于温暖干燥气候，一年生之蔓性豆科植物也。
芸苔		昆明	有高脚芸苔矮脚芸苔两种，栽培与叶菜类同，而粗放过之，油用植物也。
甘蔗		景东	热温带作物，有红皮花皮两种，可制冰糖、白糖，花皮还可制红糖。

果树部：

苹果、宝珠梨、细柄梨、木瓜梨、麻梨、大柿、蜜柑、海棠、花红、梅、桃、李、杏、无花果，产地呈贡。培养方法：正月中旬行整枝法，加迟效肥而行第一次之耕耘并引入灌水。五六月间，行修整法而行第二次之耕耘。及落叶后，加入浓缩肥，复行第三次之耕耘。至冬腊月，再行清洁法，至果肥概不施用，而下肥多用稀薄液；其修整之处常涂以接蜡；遇强弱不齐时，则加以平均，斯为养成稚树之手术，亦各地应用学理上相同之点也。

冬梨、香酥梨、火把梨、水扁梨，产地祥云。

海冬梨，产地大理。枇杷、橄榄，产地昆明。壳栗、蜜香梨，产地陆良。柑子、葡萄，产地开远。黄果、佛手柑，产地宾川。榅桲，产地彝良。香橼、杨梅，产地宜良。石榴，产地盐兴。胡桃、银杏，产地景东。

病害少，间种作物豆类。

农场——农场试验

云南之有农场，创始于前清末年。光绪、宣统间，滇督锡良、李经羲，提学使叶尔恺，合并蚕桑、东文、体操等校，添招新生，就贡院地址，创设农业学堂，分为农科、林科、蚕科及染织科等，聘日本园布一郎、高桥正一、岩成基平，浙江陈价仁，山东王小泉等为主科教授。乃购买省垣北门外高山寺侧农田数十亩，分水田、菜圃、花卉三部，是为农场。划圆通山全部，以十分之一之平地作林木苗圃，十分之三作造林地段，是为林场，又十分之六栽植湖桑、川桑，是为第一桑园。于大小东门外及南城外沿城麓一带栽植浙桑、广桑，是为第二桑园。每年将试验所得之新奇农林籽种与桑秧、林木秧散发各县栽种。至民国十一年，开办东陆大学，于是农校停办，而农场辟为运动场，林场、桑园亦相继荒废也。

省立农事试验场，分本场及林艺两部。本场在省垣西北距城十八里之范竹堡、大普吉街，西即老青山，东为石子坪、破箐脚，其地西北界漾田，东南境沙河，钗村靠其西，陈家营位其南；地势北中高斜，东西低洼；畜牧场辟于北，饲蚕室设于中，南为本场办公之所。林艺部在省垣小西门外打珠巷底，总面积都一千余亩，普通农作物试验地约四十亩，特用农作物试验地约七亩，桑园约四百亩，果园约九十亩，蔬菜园约十亩，牧畜场约三十亩，农艺、林艺苗圃共约三十五亩，模范桑园约三十亩，道路、沟渠、池塘约三十亩，晒物场及房舍约二十亩，佃出田地约六百一十八亩。盖自民国元年五月，实业司就前清锡督购拨归劝业道管理之大普吉街营地千余亩筹办。二年，并由前农林局会办。七年，政府鉴于本省无处不宜牧畜，遂筹款创办牧畜场，附设场内；九年八月，兽医实业所停办，将该所越南种马并归本场饲养；十年，又将林业试验场省立第一苗圃模范桑园并归办理，改设为农艺、蚕桑、林艺、牧畜四部，规模较前扩大矣。

至昆华农业职业学校亦曾于胜因寺侧购买园地十余亩，培育苗木，栽植蔬菜，莳养花卉，作多种多样之试验，唯面积较小，水田缺乏，须扩而充之也。

前农业学堂，后改为甲种农业学校，历史悠久，耗款亦多，试验成绩在各省中等农业学校中，实为出色。计前清宣统间开第一次展览会，民国二年开第二次展览会，稼穑部、蔬菜部、工艺作物部、果部、花卉部等，所列之出品种类，约有数千余种。海内外人士，游览其间者，群视为创举。而部派视学考查之批评亦云："农场规模宏大，成绩优良，可与各省专门学校互为伯仲"等语。惜其昙花一现，转眼成空。若夫真实之报告，唯求之于省立农事试验场而已。兹就将其种类试验列表如下：

农场试验情况表

作物名	品种名	产地	亩产（斤）
水稻	麻旱谷	宜良	552
	青芒谷	嵩明	550
	大白谷	富民	595
	冬吊谷	昆阳	555
	长芒白谷	昆明	500
	香红谷	玉溪	540
	花秋	浙江杭县	360
	大黄谷	江苏苏州	350
	黄粳谷	湖北	330
	爱国谷	日本	300
小麦	紫小麦	昆明	125
	白小麦	晋宁	180
	赤小麦	呈贡	170
	大粒春麦	昆明	135
	黄皮小麦	富民	123
	北京白小麦	直隶	142
	山西白小麦	山西辽县	132

（续表）

作物名	品种名	产地	亩产（斤）
小麦	奉天红小麦	奉天	110
	阿尔比打红小麦	美国	90
大麦	圆粒大麦	昆明	175
	白大麦	昆明	155
	大粒大麦	晋宁	160
	山西大麦	山西	110
	哥尔登美伦	日本	130
蚕豆	白蚕豆	昆明	225
	大蚕豆	宜良	200
	紫蚕豆	昆明	180
	青皮蚕豆	晋宁	190
	大蚕豆	日本	172
	白皮蚕豆	浙江	185
大豆	黄大豆	丽江	192
	白大豆	昆明	185
	大粒黄豆	昆阳	180
	细黄豆	呈贡	178
	大粒黄豆	日本	175
	青大豆	湖北	170
	黑大豆	奉天	160
小豆及菜豆	细绿豆	嵩明	152
	细白豆	新平	150
	大红饭豆	丽江	150

（续表）

作物名	品种名	产地	亩产（斤）
小豆及菜豆	赤花菜豆	昆明	185
	白花菜豆	晋宁	175
	腰子菜豆	呈贡	168
	洋白豆	曲靖	160
	荷色豆	镇南	170
	白扁豆	昆明	165
	大白菜豆	美国	165
	黑花菜豆	美国	160
	赤小豆	日本	150
	小菜豆	奉天	140
玉蜀黍	黄玉蜀黍	昆明	300
	金黄玉蜀黎	宜良	290
	白玉蜀黍	晋宁	283
	银白玉蜀黍	呈贡	272
	黄玉蜀黍	美国	250
	金黄玉蜀黎	奉天	261
高粱	赤糯高粱	呈贡	380
	红高粱	晋宁	370
	黄高粱	昆明	345
	大粒高粱	呈贡	2,590
甘薯	白薯	建水	360
	白薯	宜良	2,185
	白薯	开远	3,250

（续表）

作物名	品种名	产地	亩产（斤）
甘薯	大白薯	昆明	2,905
马铃薯	红洋芋	会泽	1,890
	椭圆形赤洋芋	昆明	1,605
	饵快洋芋	陆良	1,850
	长形赤洋芋	宜良	1,790
	圆形白洋芋	昆明	1,400
烟草	心脏形叶种	玉溪	207
	柳叶种	黎县	175
	黄叶种	美国	245
	香叶种	美国	231
	黑司特	美国	215
	古吃种	美国	225
芸苔	凤尾油菜	玉溪	231
	黄子油菜	昆明	197
	黑子油菜	昆明	164
萝卜	大白萝卜	玉溪	4,912
	水萝卜	北平	3,341
	夏萝卜	日本	2,085
胡萝卜	黄萝卜	昆明	1,797
	极大黄萝卜	安宁	1,855
花椰菜	洋花菜	昆明	1,137
	雪白花椰菜	美国	1,058
结球甘蓝	莲花白	昆明	3,154
结球甘蓝	撒克逊种	美国	2,815

（续表）

作物名	品种名	产地	亩产（斤）
球茎甘蓝	圆球甘蓝	昆明	1,423
	松球甘蓝	宜良	1,518
菠菜	红根菠菜	昆明	1,424
	四季菠菜	日本	1,235
莴苣	大叶莴笋	保山	2,383
	香莴笋	昆明	2,495
	结球莴笋	日本	1,182
茼蒿		昆明	2,891
白菜	卷心白	昆明	3,987
	黄芽白	昆明	3,912
长叶青菜		昆明	4,246
大葱		安宁	3,125
大叶韭		昆明	580
大蒜		嵩明	453
大蒜		呈贡	412
芹	香芹菜	昆明	1,355
	白菜芹	昆明	1,415
大百合		昆明	495
青芋	大青芋	宜良	2,100
	多子青芋	昆明	2,010
大姜		玉溪	1,850
大掌山药		宜良	1,200
菜豆	四季菜豆	昆明	1,000
	红花菜豆	宜良	1,050
	洋白豆	日本	895
	黑花大菜豆	昆明	750
白扁豆		昆明	495

（续表）

作物名	品种名	产地	亩产（斤）
大荷豆		镇南	580
大豇豆		玉溪	490
茄子	圆茄子	昆明	2,350
	长茄子	昆明	2,100
番椒	灯笼辣	昆明	1,100
	铁壳辣	昆明	1,090
	冲天辣	宾川	1,085
	牛角辣	昆明	1,055
南瓜	癞皮南瓜	玉溪	2,290
	滑皮南瓜	昆明	1,900
	十亏瓜	日本	1,800
大冬瓜		玉溪	3,200
大黄瓜		昆明	1,500
极长丝瓜		昆明	1,200

注：烟草中、心脏形叶种叶黄褐、香气淡，切烟用；柳叶种叶深褐，香气淡，卷纸烟用；黄叶种叶鲜黄，香气强，卷纸烟用；香叶种叶黄褐，香气强，卷纸烟用；黑司特叶深黄，香气强，卷纸烟用；古吃种叶黄褐，香气强，卷纸烟用。

本省需用牧草，多系野生，向少栽植。再将该场试验成绩表列如下：

牧草试验情况表

种类	产地	播种期	发芽期	发芽百分率	收获期	一亩青草收量（斤）	备考
果园草	美国	4月6日	4月18日	65%	六至九月	3,500	生育旺盛
安当草	美国	4月7日	4月20日	50%	六至九月	3,000	生育旺盛
红顶草	美国	3月25日	4月9日	30%	六至九月	2,750	生育良好
黑麦草	美国	4月1日	4月17日	65%	七至九月	2,250	生育良好

民国云南通志长编卷五十四

农业二·水利

水利一

滇省僻处西南，万山丛杂，地势居高，河流之较大者多流经山谷间。北有金沙江，流经四川叙州与岷江合，凡五千余里，而入中部各省。东有南盘江，流入广西而汇珠江。至西南之澜沧江、怒江、红河等均向南流，而据越南缅甸各水道之上游。所有各河，或可联络他省，或能直通海洋，惜乎水道曲折倾斜，悍流湍急，难于通航，是以以前讲求水利，仅系农田一项而已。迩来中央及本省政府鉴于振兴云南水利，实为目前急务，盖既可开发交通，亦可以利灌溉，故于各大河流及各县地方水利颇事整治、兹将民国以来办理水利之经过与夫各河流之整理设计，详述于篇，以资将来之言水利者考览云耳。

一、水利局

一、沿革

本省地势跬步皆山，田号雷鸣。蓄泄诸法自较他省为尤要，故历代以来，对于水利问题备极重视。前清设置南关水利同知，专司省会水利事宜，而隶于粮储水利道，盖粮储水利道即本省水利行政之最高机关也。辛亥革命后，全省水利行政由民政长主管，对于省会水利，则设云南省城水利局以司其事，隶属于内务司，随改隶于巡按使。民国三年二月，援川协饷指定用作兴办实业事项，遂拨支该项饷银，由内务司兼办云南水利事业。七月，改由巡按使署内务科接办。八月，设立云南全省水利总局。至省城水利局，因对于省会地方水利有直接办理之关系，亦并隶于总局，并更名为云南省会水利支局。是年十一月，总局遵照中央全国水利局定制，云南水利总局更名为云南水利分局，仍附设省会水利支局。组织较大，权力亦与前清粮储水利道相若。民国六年，复改组为水利总局。名称虽已变更，而权责则未稍异。至民国九年，总局裁并实业厅，仅于厅内附设省会水利局办理省会水利事宜，范围极其狭小。民国十一年后，改组为实业厅水利总局，行政权力亦复其归。至民国十七年，建设厅成立，设水利为一科，全省水利事项，以厅令行之，省会水利局事务，则由科兼办。民国十九年，水利事项划归农矿厅接办，复改组为水利局。民国二十年，农矿厅改组为实业厅，水利局之组织仍归。民国二十四年，实业厅归并建设厅，水利局亦改隶建设厅焉。

二、组织

民国初年，全省水利行政由民政长内务司主管办理。至全省水利总局成立，设置总办、名誉总办及会办各一人，分设一、二两科：第一科设科长一人，科员三人，办理文牍、庶务、会计等事项；第二科设科长一人，技正一人，技士二人及科员一人，办理各县水利之兴修，改良、保护，水利之请求事项，经费之考核及调查勘测与夫工程之设计、监督、指导等事项。此外，并设置雇员若干人补助办理。其后改称云南水利分局，将总办、名誉总办、会办等改称局长、名誉局长、副局长，其余仍旧。省城水利局及省会水利支局，则设监督一人、董事四人、书记及巡水、闸丁若干人以司其事，并以分局第一科长兼任监督。其简章列下：

省会水利支局简章

第一条　本支局附设于云南水利分局内，由分局直接监督，定名曰“省会水利支局”。

第二条　本支局秉承分局办理省会地方一切水利事宜。

第三条　本支局应办事项如下：

（一）关于水利之兴修、改良、查勘、筹划一切事宜；

（二）关于水利、工程之估计、督率、指导事宜；

（三）关于各河之岁修疏挖事宜；

（四）关于各河水患决口之防堵及修缮事宜；

（五）关于各河森林之种植保护事宜；

（六）关于水利争议之排解、维持事宜；

（七）关于水利之奖罚事宜；

（八）关于分局之指挥办理一切事宜。

第四条　本支局应设员额如下：

甲、监督一员，

前项监督以分局第一科科长兼充，不另支薪。

乙、文牍一员，

前项文牍以分局第一科一等科员兼充，不另支薪。

丙、董事四员，

前项董事有以分局职员兼充者，不另支薪。

第五条　本支局各职员权职如下：

甲、监督职权：

（一）综理全局事务；

（二）指导监督所属办理（日常业务）；

（三）核定一切文牍；

（四）考核所属之勤惰贤否，详请分局黜陟；

（五）选定所属，详请分局委任。

乙、文牍员职权：

（一）办理一切文牍事件；

（二）办理核对、监印及收发事件。

丙、董事职权：

（一）秉承监督治理一切事务；

（二）督率工役办理工程事务；

（三）随时巡视河道报告情形；

（四）受监督之支配，办理局内庶务及会计事项。

第六条　本支局月支费用并入分局就水利经费收入生息项下节约开支，不再由财政厅请领。

第七条　本支局应需各河岁修及购备木石等费，仍旧由昆仓谷存款生息项下由财政厅请领。

第八条　各河岁修及购备木石等费，均临时估计核实请领，其每年总数不得超过预算之十。

第九条　本简章由分局拟定，详请巡按使核准施行。

第十条　本简章如有未尽事宜，仍由分局随时修改详核施行。

民国九年，水利总局裁并实业厅后，全省水利行政由总务、农林两科分任办理，而以厅令行之。附设省会水利局办理省会地方水利事务，以农林科长兼任监督，下设局员、录事，分掌局务。民国十一年，成立云南实业厅水利总局，设局长一人，分设行政、工程两股，各设局员及技术员分掌事务。此次改组成局，除水利行政及工程事务外，并兼办水利诉讼事件。兹将章程列下：

云南实业厅水利局章程

第一条　实业厅设水利局，掌理本厅水利行政、诉愿、工程，并兼管省会水利工程一切事项。

第二条　水利局设局长一员，秉承厅长治理局务。

第三条　水利局设局员、技术员若干人，秉承局长分任办理局务。

第四条　前二条之职员，由实业厅长考核任免之。

第五条　水利局事务分为下之二股治理：

行政股、工程股。

第六条　行政股之职掌如下：

一、关于筹划、考核全省水利之兴修、改良事项；

二、关于全省兴修水利奖罚及保护、维持事项；

三、关于全省水利法令规章之核定、编制事项；

四、关于全省水利经费之筹集、借放、补助事项；

五、关于全省水利诉讼之承审、裁决事项；

六、关于征收水利诉讼费用及制发状纸事项；

七、关于兼管省会水利之监督、经营及经费筹处事项；

八、其他因水利发生一切事项。

第七条 工程股之职掌如下：

一、关于全省水利之视察事项；

二、关于全省水利工程之筹计及测绘事项；

三、关于全省水利工程之监督、指导、改良事项；

四、关于全省水利案件之查勘、采证事项；

五、关于视察勘测成绩、统计图案书表之编制事项；

六、关于监管省会水利之工程勘估及岁修事项；

七、关于兼管省会水利之防患、修缮及种植保护森林事项；

八、其他水利工程调查事项。

第八条 除前二条规定外，于水利经费之保管、出纳及庶务、收发、传达、缮写文件等事项，概由实业厅署之主管人员、公役任之。

第九条 实业厅水利局成立，原设之省会水利局应即裁撤归并办理。但关于省会水利之争议诉讼事件，应照《水利诉讼章程》归昆明县处理，以该县知事公署为初审起诉机关。

第十条 本章程自呈准公布日实行，如有未尽事宜，随时修正行之。

建设厅成立后，云南实业厅水利局改组成科，分设二股，掌全省水利行政事务。第一股办理水利灌溉，第二股办理农田肥料。附设一省会水利局，以科长兼任局长，局务由科员兼办。其组织如下：

省会水利局简章

第一条 本局附设于云南建设厅，专管省会一切水利事务。

第二条 本局设局长一人，秉承建设厅长总理局务；设局员若干人，秉承局长分任局务。

第三条 局长由建设厅厅长呈请省政府任命之，局员由局长呈请建设厅长委任之。

第四条 本局常设局丁三人，于必要时并得雇用司录事，分任管卷、缮写、杂务等事。

第五条 本局为实施保护河堤、巡查河道、启闭水闸等工事，设巡水闸丁若干人。

第六条 本局职掌如下：

（一）关于河堤森林之保护及培植事项；

（二）关于水利争执之排解事项；

（三）关于各村水利组合事项；

（四）关于各村水利工程之免许事项；

（五）关于巡水闸丁之任、免、奖、惩事项；

（六）关于调查省会水利情况事项；

（七）关于各河道岁修事项；

（八）关于海口河修挖事项；

（九）关于指导兴修各乡水利事项；

（十）关于修补各河堤工程事项；

（十一）关于保管、启闭各河及海口河闸枋事项；

（十二）关于查报雨量及各河、昆湖水量事项；

（十三）关于测量各河道及海口河事项；

（十四）关于防御各河道及海口河水患事项；

（十五）关于各河流域之防沙工程事项；

（十六）其他一切水利事项。

第七条　本局经费按月向建设厅请领开支。

第八条　本局办事细则及其他规程另定之。

第九条　本简章如有未尽事宜，得随时呈请建设厅厅长修订之。

第十条　本简章自呈奉核准之日实行。

民国十九年，水利事项划归农矿厅办理，水利局复行组织成立，后经改隶实业厅及建设厅，其组织均未变更。

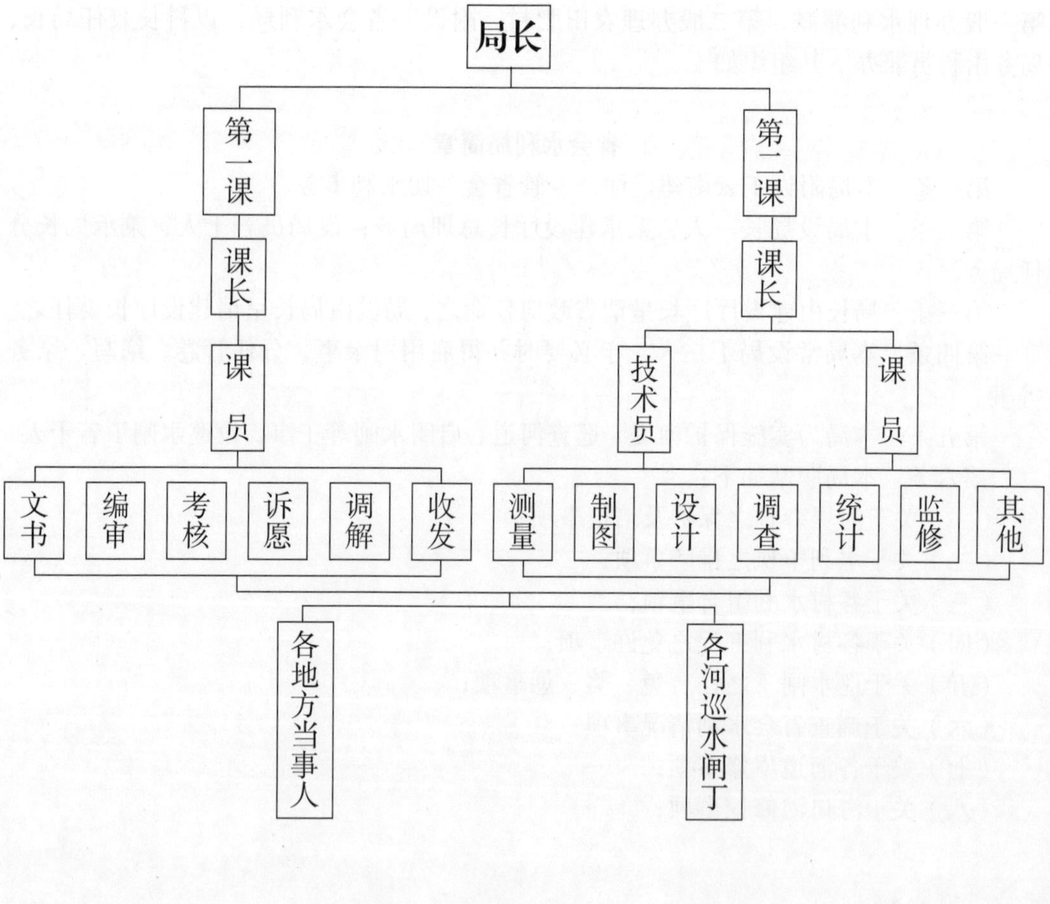

云南水利局组织章程

第一条　实业厅设水利局掌管全省水利行政、水利诉愿及一切水利工程事项。

第二条　水利局置局长一员，秉承厅长治理局务。

第三条　本局分设第一第二两课，各设课长一员，秉承局长掌理各该课事务。

第四条　本局按各课掌理事项之性质，各设课员及技术员若干人，秉承局长、课长分任局务。

第五条　本局职员由实业厅长考核呈请省政府任免之。

第六条　本局分设下列二课：

第一课（行政），第二课（工程）。

第七条　第一课之职掌如下：

一、关于筹划、考核全省水利之兴修、改良事项；

二、关于全省兴修水利之奖、罚及保护、维持事项；

三、关于全省水利法规之核定及编制事项；

四、关于全省水利诉愿之承审、裁决事项；

五、关于全省水利之监督、经营及经费筹处事项；

六、关于文书之撰拟、收发，保管及典守印信事项；

七、关于其他一切之水利行政事项。

第八条　第二课之职掌如下：

一、关于全省水利工程之视察事项；

二、关于全省水利工程之设计及测绘事项；

三、关于全省水利工程之监督、指导及改良事项；

四、关于全省水利案件之查勘、采证事项；

五、关于视察、测勘、成绩统计、图案书表之编制事项；

六、关于监管省会水利工程之估勘及监修事项；

七、关于兼管省会水利之防患、修缮及种植保护森林事项；

八、其他一切水利之工程事项。

第九条　本章程自呈准公布日实行，如有未尽事宜，得随时增修之。

历任局长题名表

姓名	别号	籍贯	任职日期
由云龙	夔举	姚安	民国三年八月任云南全省水利局总办，十一月任云南水利分局局长，民国六年任云南水利总局局长。
黄德润	玉田	会泽	民国三年八月任云南全省水利总局名誉总办，是年十一月任云南水利分局名誉局长。
陈钧	鹤亭	石屏	民国三年八月任云南全省水利总局会办，是年十一月任云南水利分局副局长。

（续表）

姓名	别号	籍贯	任职日期
华封祝	晋三	呈贡	民国五年九月任云南水利总局局长。
庾恩旸	晋侯	墨江	民国五年八月任云南水利总局副局长，是年十一月任局长。
叶大林	壬恭	福建	民国九年一月任云南水利总局长。
金万镕	伯陶	昆明	民国元年任省城水利局监督，三年八月任省会水利支局监督。
吴锡忠	荩侯	昆明	民国九年六月任省会水利支局监督。
张璞	琢仙	会泽	民国十一年七月任实业厅水利总局局长
杨荫莼	筱秋	湖北	民国十七年四月任省会水利局局长。
李毓茂	松和	祥云	民国十八年二月任省会水利局局长，十九年四月任农矿厅水利局局长，民国二十一年七月任实业厅水利局局长。
庄永华	实若	昆明	民国二十三年二月任实业厅水利局局长，民国二十四年四月任建设厅水利局局长。

二、海口河整理设计

海口河位于昆阳县属第四区，为滇池泄水总出口。前人厘定修挖办法，遵守勿替。光复后，政府疏于倡导，人民习于偷惰，加以山林砍伐殆尽，各子河之流沙日多，虽经实业厅水利局于民国二十年挑挖一次，究因壅淤日久，难以彻底澄清，以致沿湖各县之河道，洪水时期易于逆涨，冬夏水涸，又无调节水量之设置；滨湖田亩，又难引水灌溉。民国二十三年，水利局长庄永华亟思整治，拟具初步计划，呈请发款办理。兹将该项计划择要录后。

一、修造闸门以控制昆湖水位。海口中滩川字河上，原有石闸三：曰北河、中河、南河闸，总称屡丰闸。三闸共二十一孔，每孔均系双槽，可以装置木闸枋两层，专为挖河时截断湖水之用。唯以全用人力，手续既繁，需时亦多，且水量较大，即无法启闭。现拟就该处旧闸酌加改造。将闸枋改为钢制闸门，借机轮之力以司启闭。此种新式闸门工程较大，需费亦多，若将全部改造，需款过巨，故该局计划于北、中、南三闸，各择要新建闸门一孔，其余仍用木枋关闭，以节财力。民国二十四年，各水利局在中滩新设置水标一具，测验湖水位之高低，将来新闸门安设后，即可借此以定水量蓄泄之多寡。唯利用屡丰闸酌加改造，设置铁闸门以控制昆湖水量，原为节省经费之计；如经费充裕，该局尚拟于屡丰闸下三公里二百公尺河宽约四十四公尺附近，彻底建造跨河四十六公尺每孔宽四公尺之新闸七孔，全用机轮启闭。此种计划已由该局拟呈省府，如能见诸实施，则昆湖水量及水位高低即可以人力绝对操纵，沿湖借机械吸水以灌溉田亩，方能确有把握，洪水时期各河亦不致逆涨为灾也。

二、浚深河道。新建闸门，原以控制昆湖水量，但海口河之能否尽量宣泄，亦为重要关键。现在河身壅淤、积沙有厚至二公尺以上者，自非切实疏浚不足以言控制。唯沿旧法使用人力，既延时日，复难达到所要求之效果，故以购置浚河机，逐日工作为宜。若以每小时能挖取七十立方公尺沙土之浚河机计算，每日工作十小时，日可挖取沙土七百立方公尺。除上炭、搬运、天雨、修理及他种原因休息日数不计外，每年实施工作二百三十日，自屡丰闸至犀牛滩附近，约需三年之期，即可挖至天然石底。是时以少数之人力开闭闸门，始可以绝对地操纵昆湖水量矣。

三、沙防工作及造林。海口河之各子河，来自两边山箐之间，数十年来，森林破坏、洪水暴发、山地崩裂、流沙冲壅、正河积为小丘，阻滞流水，通淤浚塞，虽属急不可缓，然究非治根本之法，依理水原则，除挖除积沙外，应切实注意沙防工程及沙防造林之实施。惟须先做下列各项之工作，以便做精确之设计：

（一）造林地及沙防地之面积及碎部测量；

（二）流沙量及其冲刷力之测定；

（三）崩坏地及子河匀配之测定；

（四）崩坏地之地质调查。

实施上项工作，自需相当之时间及经费，而海口河之壅阻与日俱增，沿湖农田备受影响，现就实际目测，决定急不可缓之工作，纵未能极其合度，但实施后必有相当之效果。兹将提前办理之工作提要列下：

（一）建筑拦沙坝。其高宽视子河之地形而异，建砌概用石料，各子河共应添建一十五座；

（二）编栅工事。简而易举者，阙如粗朵连束工，即将长丈余，径六七分之树枝十五根，每间五寸用藤子系为一束，选相当地点，依适宜距离与山箐成直角，用木桩将其平行固定地面，并实施连束藁网工，即将粗朵连束编成格子，遍网地面，以防沙砾冲壅正河。

沙防造林，则河之南岸由平地哨之拉龙阱起，石岩绵延，可种麻栗、白桦、榆、锥栗、苦楝等，长约七八里、宽约一里，约计面积四千余百亩；由拉龙阱绕回子营至小观音山长约六里，宽约一里，约三千余百亩，多系冲积赤土，可植杞柳、白杨及杜类、洋槐等；河之北岸由平地哨至沙锅村之南面诸峰，由西南走向东北，长约二里，宽约一里，计一千余亩，由沙锅村至桨厂间之南面诸峰，由西南向东北缓趋而下，又折向西行，再东北行至新村附近，所占面积纵约三里，横约五里，共约一万余亩，土质多灰白沙土，淡红沙土居其少数，可植杨柳类及杜类、洋槐、楸木等；由柴厂至老街间之南面诸峰，自南趋北，纵横约四里，计一万余亩，多系沙质黏土，造林较易，所宜种树亦多；合计南北两岸，应实施防沙造林之面积，约计三万余千亩。

四、其他：

（一）河堤植树。沿河两岸已划定二丈为植树地，挖河时将沙泥修筑为堤；并拟于中新街附近设立苗圃培育树苗，即于此筑堤上栽植树木，以固河防而阻两岸流沙冲壅正河。

（二）禁止沿岸岩石之开采。沿河两岸开采石料，致使碎石冲壅正河，妨碍甚大，应以政令严行禁止。

（三）禁止河岸之垦种。两岸近水土地，开垦播种，土质疏松，倾陷坍塌，不但破坏河岸，抑且壅淤河道，应一律划定尺度，禁止垦种。

（四）泊船地之指定。海口河之交通，因中新街市场之发达日趋频繁，来往船只随地停泊起卸货物，易损堤岸。在屡丰闸附近者，撞坏闸身尤属堪虞，应酌量指定适当地点为修船港，俾水利交通两获其便。

三、省会各河整理设计

省会区域辽阔，东北西三面山岭环列，南临滇池中部，尽属平原，河道纵横交错，或利宣泄，或资灌溉，在昔农田受利，收获恒丰。历年既久，或以人事变迁，沧桑更易，甚至向之有水利者，渐生水患，益以雨水不调，各处农田，水多辄遭淹没，天旱又至赤地龟裂，秋收无望，爰拟根本整治计划，准备积极实施。

一、水文测验：水文包含水位、流量、流速、雨量等项，欲设计修治水道工程，必先明了其水文之实况，施工效果方可确实。除水道之纵横断面及流速已经分别测量，并可据以计算流量外，水位测验已由水利局拟定于正支各河之上中下各段及交汇处安设水标，按日记载。至雨量测验则设量雨站九所于水利局及八区区公所各设量雨计一具，以资观测。

二、重要各河之整治：

（一）盘龙江：盘龙江为省会最大之天然河道，来自嵩明县属之邹甸里，至三家村入昆明境，流经山峡，经松华坝后即入平原。河床低浅曲折，以致水流缓急不均，任性漫流，两岸田亩易遭淹没，金汁河自松华坝分流，盘龙江水沿金马山麓行，地位较高。而介于金汁、盘龙两水间专为排泄之明通河，因河身窄狭，不能容纳多数水量，沿河又有桥梁之阻滞，一遇淫雨，宣泄不及，令城东南一带，每至淹没成灾，受水潴集最深之处，在无线电台附近，其面积计三千七百六十九亩。综查该河为害之点，约有后列各端。

1. 盘龙江两岸概系童山，既不能涵养水量，又不能防止沙砾，故每遇天雨，沙砾冲入河中，致使河底填高，容量减少；

2. 河身曲折过急，阻碍水流，致使上游水面增高，易于泛滥；

3. 源广末狭，不符定则，并多桥梁闸坝缩小河身，致下游逐渐增高，水量不能畅泄；

4. 河尾高于湖面无几，如湖面增高，江水不易排泄，甚至倒灌入江。

根据上列各点拟订整治计划如下：

1. 贮水法。于上游适宜地点，择山峡部分建造水库，安设闸口，可以随时启闭。若在雨期将水潴集，暂时停止下流，洪水退落后，即可使之下流，以资应用。

2. 分水法。利用金汁、明通两河作分水河道，即将金汁江河下游加宽挖深，明通河加宽，并使其源头与盘龙江相接，使盘龙江一部分之水可经二河入海。及其他各支河应加深河身，两岸岸脚施粗朵工，使之不致坍塌，以便尽量分泄余水。

3. 沙防法。于金汁河左岸及盘龙江上游实施沙防工程及沙防造林，以防止沙砾之壅淤。

4. 新开出水道。大东城外福德街、太和街之东、三元街之北直达金汁河，地势低洼，受水最甚，所有盘龙江上段不能容纳之水及金汁河、杨青河余水均潴集于此，而向视为泄水道之白塔巷，亦因建造而失其效用。为谋泄水出路计，其计划于下：

（1）新河线路之拟定。自杨青河鸣凤桥起，沿席子营直至伍家庄、穿交三桥大路，经无线电台之东、由白塔巷过三元街、流百余十公尺折向西南、经南岳庙直至前卫营、汇入明通河，全河共长三千五百零五公尺。

（2）新河横断面之拟定。新河宽深应依据排水量以为设计之标准。唯历年洪水情形及流量之大小、雨量之多寡均无记载，故计划河槽殊感困难。兹就二十二年度洪水波及之远近与潴集之水深，加以测量，其水量为二百三十五万九千立方公尺，再加入杨青河之流水量，新河之底应宽四公尺，两岸坡度定为一与一点五之比，河面宽度应为十三公尺，深度定为三公尺，总计挖河及筑堤土方为七万三千三百四十立方公尺。

（3）桥梁涵洞之修筑。新河截断旧有道路各处，应修建桥梁，以利交通；截断水沟各处，以便引水。计三元街、席子营、交三桥大路、南岳庙大路、前卫营等处应修建十三公尺跨河石桥五座，东村罗旗厂、南岳庙、前卫营等处应修十三公尺木桥四座，宽五公寸以上，高六公寸以上之涵洞二十个。此外，于水流冲要处，尚须酌修后岸，以免陵溃。

（4）农田宅地之征收。新河所经之处，或为农田，或为宅地。计其面积，农田合六万四千七百九十平方公尺，宅地面积一万二千三百二十平方公尺，均应给予补价，依法征收使用。

（5）施工效果之估计。盘龙江水患减轻后，农田不再受害，农产物自必增加。查受灾面积约长六十余里，宽四里，共合二百四十余方里，假定每方里可增加谷米六十石，年可增加谷米一万五千石。

（二）宝象河：宝象河为省会东南之大河，源远流长，所经多属沃壤。唯以久失修治，需水之时，恒苦水量不足，灌溉愆期；山洪暴发，则又挟沙带泥，奔腾而下，宣泄不及，漫溢溃决，淹没为害。兹分为上下两段分别整治。

1. 上游之整治。上游宝象河与卷槽河交汇于大板桥城外，河身壅淤，加以公路阻滞，夏秋水涨，附近田亩全受淹没，而板桥城内亦积水盈尺，民房多被其害。民国二十四年，水利局长亲率测量技士前往精密测量，自七孔桥起，另开河底宽十公尺，深二公尺之新河一条，以畅宣泄；同时并将旧河疏通，以分水势，并将阿衣村桩泥大坝改建为活动石闸，设置闸枋，以时启闭。完工后人民欢忭异常。以后逐年浚修，附近水患即可从此免除矣。

2. 疏通尾闾及修筑堰塘。宝象河自羊堡头以下原有多数支流，现已壅塞，由小板桥经广济、杨柳新沟等入毛家塘、经海津河入海，及自苍沟经甲塘，再由各沟分泄入海，季光营分支之迎光河等各水道，均应认真开挖疏导，以分水势。凡分水处并应镶为石闸，以调节水量。兹将重要支流之长宽尺度及土方列表于后。

宝象河重要支流测定数据表

支流名	长度（m）	宽度（m）	深度（m）	土方概数（m^3）	应需人工数（工）
新沟	3,600	3.5	2.0	25,000	17,000
海津河	5,400	7.5	2.0	81,000	54,000
苍沟	3,000	3.5	2.0	21,000	14,000
烧香河	3,600	7.5	2.0	27,000	18,000
大口子	3,600	7.5	2.0	27,000	18,000
小口子	4,000	7.5	2.0	30,000	20,000
马村口子	4,000	7.5	2.0	30,000	20,000

开挖支河，为分杀水势之重要方法。此外，上游石子坡上之鸡蛋山，三峰排列如品字，河流其中，天然形成良好之堰塘地址，再于出处设闸节流，则蓄无用之水以备栽插，洪水时冲流之害可减，用水时复可作灌溉之需。

（三）马料河：马料河经流呈贡、昆明两县之境，源小而流长，以致水量不足，灌溉愆期，沿河田亩土质虽佳，以无水而不能种稻，殊为可惜。振兴水利之方，应于上游择地筑塘蓄水，近海处则安置吸水机，借资灌溉。筑塘地点，如籍塘，东面长三十四丈、西面长九十一丈、横宽三十七丈，合计二千三百一十三方丈；秋草塘，西边长七百四十七丈、东边长八百一十三丈、横宽五十一丈，约合面积三万九千余方丈；朱家龙潭下计二处，一长一百九十八丈，宽六十三丈（合面积一万二千四百七十四方丈），一长一百四十八丈、宽五十五丈（合面积八千一百四十方丈）：均系天然形成之筑塘良堰。近已由水利局派员分别测量，最近期内或可逐渐实施。至近海之处，则只需经费有着，吸水机之安设较为轻而易举也。

（四）明通河：明通介于金汁河、南盘江之间，为宣泄余水之重要河道。唯以沿河建筑不良，河身浅狭，容量过小，以致流水不畅，会城东南一带，常苦积潦为患。修治要点，为使河身加宽挖深，修筑河堤，并改造沿河桥梁。经测量结果，挖河土方计三十八万一千一百八十八立方公尺，筑堤土方一十五万二千一百七十六立方公尺。至改造桥梁，如经费充裕，自以彻底改造为佳，否则就原有桥梁加修桥孔，或加修涵洞，总以流水空广与河道横断面同宽为原则。应改修之桥梁自交三桥以下，如过洞、宋旗营、石桥、铁道桥、五福桥至龙闸等二十座。

（五）银汁河：银计河发源于黑龙潭，河身狭窄，至大涵洞即为小沟。栽插时既感水量不足，夏秋雨季，则各处山箐洪流奔驰而来，又不足以资宣泄。经水利局测量，第一步开通尾闾以除水患着手，其经过路线，自大涵洞经莲花池村、安南墓地、浙江享堂、地坛，跨滇西公路至蔡家园入海，全长二千三百公尺。唯地势高低较大，大涵洞高一二点五公尺，莲花池高一八公尺，安南墓地高二一点二公尺，滇西公路附近高一一公尺，蔡家园高九点七公尺，故必须深凿河身，水始易于下流。河底宽度定为一公尺，深九公尺，河面宽度三十七公尺，切取土方约计三十九万三千三百立方公尺。

（六）海源河：海源河发源于西乡之海源龙潭，分支有左右龙须两河，皆与正河平行，流归滇池。正河因受白沙河之流沙冲壅，水难畅流。整治之方，应先从正本清源入手，故白沙河上游拦沙坝、漾沙塘及沙防造林等治本工作完竣后，再将海源河龙潭至风云桥一段阻塞开通，左龙须河切实疏导，并将右龙须河公路石桥及海潮庵暗洞改造适度，西乡一带之水患，即可解除矣。

三、其他：省会河道，大都宣泄与灌溉两均利用，故整治之方，除固堤疏壅以排除水患外，并注意于灌溉水利之引用。至于滨海之各清河海沟，全系人工河道，借此引用海水灌溉之田亩为数甚多。只以惰农自甘怠于疏浚，水难引用者有之，壅为平地者亦有之，此种河道虽非主干水道，但农田灌溉关系极大。施工整治，无须精密之测量，民力稍裕，即可见诸实施。他如近山各处之相地形以筑堰塘，补种树木以固堤埝等，凡可以减轻水害、利济农田者，均视财力民力之丰啬，逐年推进，期之以渐，自可按程课功也。

水利二

一、南盘江上游水利

南盘江，一曰八达河，一曰红水河，即古温水，又名古豚水。发源于沾益县西之花山洞，经曲靖、陆良至宜良纳西河、价龙河诸水入路南境，南下华宁、开远，复纳玉溪、泸江二水，转而东北流经弥勒、丘北、泸西、师宗、罗平，入广西汇为西江而入海。其上游又名大池江，亦名八达河，曲折环绕，多向南流，故统名曰南盘江。上游经曲、沾、陆三县二百余里，水流平原间，萦回纡绕，流速缓急不一，灌溉航行，皆属有利。宜良以下，概系山峡部分，石激水湍，无水利之可言。沾、曲二县境内，自前明隆庆以还，先民建筑障水围堤，以御洪水，而便垦种，名之曰圩，大小计一百零八圩，面积数十万亩。胥与南盘江发生密切关系。上游各圩因江身年久失修，田亩常遭淹没，清雍正六年，总督鄂文端公倡议修治，尚未举行而鄂督去滇，事遂中止。光复后，民政两司曾派员测勘，民国三年，全省水利局请委孙光庭为南河总理，筹款兴修，筑堤筑圩，以无具体办法，故用款数万金，成效未著而工程遽息。民国十三年，前省长公署委秦光第充南盘江上游水利工程处总办，一度前往查勘，拟具整治计划。民国十七年，本省召集整理内政会议亦以此事提为议案。民国十八年，龙主席出师迤东，道经沾益等县，目睹水灾情形，曾饬建设厅拟具计划，令行沾、曲、陆、宜四县，作局部之整理，已收相当效果。民国二十三年，实业厅筹措经费，组织测量队于六月间开始工作，计分下列三部同时进行：

一、测量江身。自沾益北门外之天生坝起，沿江测其长度、宽度，完成江流平面图，并测高低，完成纵横断面图。

二、测量沿江两岸受害田亩。分别永荒、半荒、暂荒三项测定其亩积。

三、测量附于该江之湖泽。如中延泽之面积等。

测量工作历时三月，共用经费一万一千零二十四元。所得结果，以江流现状言之，自沾益之花山洞至天生坝，长四十五公里，水势不大，两岸间有农田，可称山峡部分；自天生坝至头道坝，长四十九公里，平原连绵，两岸圩田甚多，属于沾、曲两县，自头道坝至石咀山，长十七公里，两岸山脉较近，平原较狭，农田亦少；自石咀山至西桥，长四十五公里，是为陆良平原部分。全江江面宽狭不一，最狭处十七公尺，最宽处一百公尺，平均以宽四十公尺至六十公尺之处为多。河底之倾斜，平原部分约为五千分之一，山峡部分约为千分之一，自五眼洞以下则为千分之十，流速亦各段不同，平原部分约为每分钟六十五公尺，山峡部分约为每分钟七十二公尺，至中延泽之积水面积约五万亩，积水最高位为二公尺。沿江两岸田亩，则以江身久失修治，河底日渐淤高，竟演成河高圩低，现在圩田低于江者自四公尺至九公尺不等，于是圩中之水不易排出，圩田遂多荒废。至圩外麦田，则尽属半荒、永荒两种。兹就测量所得，统计如下。

南盘江上游沾、曲、陆三县受害田亩亩积，计堰塘池沼废圩等一类之永荒地共二万六千四百六十五亩，两岸间麦地及中延泽每年只能种麦一茬之半荒地共一十七万一千九百亩，间或受害之圩田间荒地共一十二万一千六百九十亩，三类总计三十二万零五十五亩。

水患发生，自以人事未尽为其主因，而天然状况及人为不适者，亦多影响，以致害日加剧。兹分述于后：

一、属于天然者：

（一）江面宽度不一；

（二）倾斜缓急不均；

（三）弯曲多而角度锐，如沾益之太平桥至青龙坝，曲靖之南河口、丁家桥等处，陆良之马槽沟、月牙江；

（四）天然石龙石埂，在曲靖界内有潦浒石，至右咀山长约十六公里，陆良界内由西桥以下江底全系石质；

（五）泥沙壅塞，因流速较小，故上源及各支河冲入之泥沙极易沉淀，近以附近森林砍伐殆尽，山石破碎，洪水涨发，随流冲下，为害尤大；

（六）支河与正河成正交，如曲靖界内之西河白石江，南河潇湘江，东河乌龙江及陆良之西河等处交角均在四十五度以上，洪水暴涨即易截阻正河水流。

二、属于人为者：

（一）石坝不良，如头、二道坝、侬人坝、响水坝、新坝等均系阻碍江流；

（二）石坝锁水，如越州附近诸石桥；

（三）土坝积沙，如沾益至曲靖之土坝十余道；

（四）圩堤过逼江岸，如葫芦榜等缩小江面，妨碍水流；

（五）天车坝埂。

依据测量结果，工程之实施应自陆良下段着手，渐次及于上中段，并分后列三期，以收按程课功之效。

第一期：开凿西桥上下之一段河槽，凿去石底二公尺，宽五公尺，深二公尺，沟配定为千分之一；

修建赵家沟及严方桥之桥闸，控制中延泽水量；

取消陆良城北五里之新坝，改建新式铁闸门，以畅水流；

清丈受害田亩，绘制千分一之亩积总图及分图；

考查各圩田历年受害程度，评定等级。

第二期：继续西桥段之工作，直至江水落至需要限度为止；

开凿古城段河槽，引直江身，以利中段之水流；

开凿石咀山至潦浒石十余公里之石江底；

清丈及评定同第一期。

第三期：开凿潦浒石至丁家圩约五公里之石峡沙泥江底；

开凿石喇大圩东部泄水支河一条；

修筑越州活动石闸二座及梅家闸之桥闸，以代土坝；

修建松林活动石闸，并开挖支河子沟，引江水灌溉李喇海子；

建筑各支河口之防水堤岸等类；

开挖支河沟渠，建筑堰塘；

改建有碍之圩堤等类；

清丈及评定同前。

结束工作：完成及培修上项各种工程；于各圩内建筑永久验水标，办理拍卖招佃收租等事项。

南盘江上游水利工程浩大，约计六年三期方可完成，所需经费数目，约计如下表：

南盘江上游水利建设预算表（单位：元）

项目＼年度	第一年	第二年	第三年	第四年	第五年	第六年	合计
开办费	100,000						100,000
土工费	63,000	63,000	63,000	21,000	21,000	21,000	252,000
石工费	29,400	29,400	29,400	9,800	9,800	9,800	117,600
炸药火药费	42,000	42,000	42,000	14,000	14,000	14,000	168,000
石沙工程	46,000	45,000	45,000				136,000

（续表）

项目 \ 年度	第一年	第二年	第三年	第四年	第五年	第六年	合计
薪津费	72,000	72,000	72,000	72,000	72,000	72,000	432,000
办公费	7,200	7,200	7,200	7,200	7,200	7,200	43,200
医药抚恤费	5,000	5,000	5,000	5,000	5,000	5,000	30,000
收买田地费	50,000	50,000					100,000
启闭机械费	40,000	40,000					80,000
总计	454,600	353,600	263,600	129,000	129,000	129,000	1,458,800

二、金沙江水利整理设计

金沙江即古犛水，源出吐蕃巴萨通拉木山，译言犁石牛，讹犁为犛，又名神川。自永胜县金江街至四川宜宾之一千公里间，其坡度最陡者为五百分之一，最坦者为二千分之一。终年水量丰富，即在低水时期亦有每秒七百余立方公尺，在滩口之最浅者亦在二公尺左右。如无滩险之阻，则滇川、康川路交通，大可开发。无如一里一滩，半里一险，每滩之落差自二十公尺至一公尺不等，其重要滩险在二百余处，无名急滩者一百余处，合计约有四百余滩。又以两岸山崩，到处可见，水道形势，随时变迁。关于各项整理工程之实施，殊非易易。然欲求急于利用计，亦可就其各段水道之现状比较，险阻之滩口施以轻而易举之临时改进工程，在绝对不能通船各滩险，则接以短程之陆运，然后逐渐求其改进，将来滇、川、康间金沙江流域之开发，大有裨益也。兹据查勘试航结果，按照实际之滩险形势，尽量利用，概拟分段通航办法分述于次：

一、金江街至马上段：自金江街至马上，计程约一百四十公里，其间有滩险四十六处，坡降为千分之一点五，往时曾经通航运盐，唯舟楫不时遇险，损失不资，后以下游盐丰产盐亦富，遂不复仰给于上游之北胜，改由盐丰自陆运至湾别，用船运至下游马上、龙街各处。现时湾别尚有盐号一所，唯运盐船只不多，船之载重仅可两吨余，每月约五六次而已。本段通航船只，除利用马上原有载重两吨左右之小船外，拟在金江街及马上两处制造新船，其载重亦不宜超过四吨，以过滩时船只之吊放、货物之盘驳及上水时之难以行动诸多困难，不如较小船只之灵便也。纤道即须修筑，方可挽船上水，如莲花滩、西草窝、阎王片、鸭子庄、丙令滩等滩口，须各修筑中低两水位时期之牵吊船道，以便吊放船只过滩。本段下水约四日，上水约十二日（必须利用纤道挽船上水）。

二、马上至龙街段：自马上至龙街，计程为一百四十公里，重要滩险有二十三处，坡降为二千分之一。现时已有船只航驶，唯载重甚小，船只亦不甚多，本段为全程中之最佳者，尤以米地至拉鲊之五十公里为最。在雅砻江口以下，江口既宽，江床亦深，水流平缓，上水船只，亦能划行。本段通航船只，除利用马上至龙街原有小船数十艘外，尽量在马上龙街两处制造新船，以增加运输效能。自马上至米地间之拐子、长滩、莲花塘，拉鲊至龙街间之老鸦滩、花蓬子、伸腰浪、三拐子等滩口，必须按照实际情形，分别施予各项临时改进工程，如拐子及长滩两处，必须炸除槽口礁石，及疏宽槽口；莲花塘在水中位时，多旋流回涡，其左岸礁岩，须加凿除，或使之衔接，以范急流；老鸦滩之牵吊船道，花蓬子及伸腰浪在滩头滩尾两处之阻流大石，须稍为凿除或移动，以缓主流之急湍浪涌；在三拐子之弯曲度宜稍加修整展缓，以去急剧曲折之危险，全程之上水纤道亟须修筑。现时划空船上水者，在岩边滩头之困苦危险，实未可想象得之。本段下水约四日，上水约六日。

三、龙街至黄草坪段。自龙街至黄草坪，计程为一百二十公里，其间重要滩险有三十一处，坡降约为千分之一点三。由龙街至中午山之六十公里，尚可行船，该段江面比较宽阔，江心乱石成洲，为以上所未见，洲头分岔处均为急流，唯不甚危险。中午山以下，两岸山势复陡，滩险又变，尤以施其滩、蔡家大滩、滥人湾滩、白滩等处为最。本段除中午山有两过渡小船外，并无其他船只可以应用，沿途人烟稀少，水材缺乏，亦无适宜造船处所；只能在龙街造船，船之重量亦与以上两段相似，不宜过大。滩险之急需改善者，如中午山以上之新滩，因鲁车渡崩山而成，滩口礁石须予清除；中午山下之金牙滩，以上游崩山而变迁，已不如往时之险，江心礁石阻流，亦宜凿除，免去危险；花山滩宜在右岸滩头修筑吊道，通至滩尾；蔡家大滩及白滩宜在左岸滩头修筑吊道，免去槽口之凶浪；滥人湾滩右岸礁石及在左滩口均应稍加凿除及清理，以让船路；施期滩落差较巨，在三公尺半左右，滩尾浪势亦凶，船只冲浪而下，危险实甚，宜在右岸滩头修筑较大吊道，直至滩尾，以免船经湍流；在沙尾、台子、头、二、三各滩之槽口，均宜稍加清理，全程纤道亟须修筑。本段下水须四日，上水需十二日，以滩险较多，视马上至龙街段困难多矣。

四、黄草坪至茂麓厂。自黄草坪至茂麓厂，计程二十余公里，其间有鱼洞及老君两大滩，船只无法通过。鱼洞滩落差在十八公尺以上，老君滩接近鱼洞尾直至普渡河口，长约二公里余，水流直泄子乱槽间，有如飞泉，绝无通航之可能。本段拟自黄草坪接以陆路，运至茂麓厂，沿左岸山迹开凿可通骡马之路三十余公里，茂麓以下，再接水运。

五、茂麓厂至巧家段。自茂麓厂至巧家，计程一百二十公里，其间重要滩险有十六处，坡降约为千分之一点五，中经盐井、蒙姑两处，为沿江之重镇，人口比较稠密。由茂麓至盐井仅四十五公里，经独陇子、岩坝滩等处并不甚险，盐井至蒙姑约二十五公里，有小船通行，载重二吨左右。经白鹤、铁厂、老屋基三滩，以铁厂为最凶，左岸滩头须修吊道；白鹤次之，亦须修吊道通船；老屋基则较平，仅需在滩口稍加清治，以宽航路。蒙姑至巧家约五十公里，亦有同样小船通行，经三家村、双龙、黄家坳三滩，中以双龙滩为最险，在第二滩口须在右岸修筑吊道；三家村次之，亦须在右岸滩头修筑吊道；黄家坳并不甚险，熟悉水路之水手，可以载重过滩，本段可以在蒙姑、巧家、盐井三处添造船只，原有小船载量虽小，为数约有百余艘。本段下水需二日，上水约六日。

六、巧家至新厂沟段。自巧家至新厂沟，计程一百一十五公里，其中重要滩险有二十六处，坡降约为千分之一。最险滩口为棉纱湾、蜈蚣滩、三滩、金刚背、白鹤滩、小牛栏、滥田坝等处。唯与以上各段滩险之情形，稍有不同，即在水位较高时期，其滩势之险象大抵可以稍减，在枯水时期则滩势凶险，绝对不能尝试通航，只应盘滩换船，可以免去危险。滩边应修平坦盘驳之路，以利运输，在棉纱湾、蜈蚣滩及三滩各处，尚可利用吊道过船，金刚背滩为一高槛，两岸皆为壁立危岩，江面极狭，江心又有礁石阻挡泓流，于礁石之左右分道，直泄而急注峡中，危险实甚，只能于左岸岩边开凿盘滩及吊船之路，方能酌量当时滩流情形，或将原船吊放过滩，或盘驳货物在滩下换船，下接白鹤滩，亦为该段中凶滩之一，宜在右岸修吊道过船，其下双福滩，小牛栏、滥田坝三处，情形亦相仿佛，均宜修筑吊道过滩。本段下水约四日，上水必须视纤道修筑后，方可挽船上行，约十二日。本段内除私人有一二小船及三数过渡小船外，并无其他船只，造船只可于巧家以下之太平场、攀枝花及新厂沟三处分别行之。

七、新厂沟至锅圈滩段。自新厂沟至锅圈滩，计程一百六十公里，其间重要滩险有二十六处，坡降约为千分之一。最险滩为新厂沟、棺材口、溜筒江、石板滩、桥湾滩、猪下扒、大圈滩等处。新厂沟滩落差在五公尺左右，不易过船，拟盘驳过滩，与上段相衔接之，是以本段船运自新厂沟滩下始，棺材口为金沙江江面之最狭处，右岸岩石上层临空突出江面，与左岸岩石相距约二十二尺，水流甚急，下接溜筒江，大岩阻立江心而激成怒涛，宜在右岸岩边修筑吊道；石板滩、桥湾滩两处，右岸滩坡较平，可以修吊道放船；猪下扒及大圈两处，主流均自左岸直冲右岸岩脚，宜在左岸设法修筑吊道过船，以避大浪；其余较小滩口尚多，水手之熟识水性善于驾船者尚能平稳过滩，不致遭遇危险也。本段向无船只航行，据试航经过，下水约五日，上水必须利用纤道，约十五日。船只可以在新厂沟、大井坝、锅圈滩等处添造。

八、锅圈滩至蛮夷司段。自锅圈滩至蛮夷司，计程约八十公里，其间重要滩险有十八处，坡降约为千分之一点三。最险滩为黄龙滩、陆营沟、撒水坝等处。以上各滩大抵在水位高涨时期较水位枯落时期为平，水位愈低则愈险。黄龙滩、撒水坝两处，尚可于滩边修筑吊道过船，陆营沟则两岸皆为陡岩，无法避去大浪，只能盘驳过滩，换船而行。本段在锅圈滩、黄龙滩之间之八公里及其蛮夷司以上之八公里，均有班船航行，其余之六十四公里间向无航船。据试航所得，下水约一日半，上水必须利用纤道，约需五日。船只可以在蛮夷司造。

九、蛮夷司至叙府段。自蛮夷司至叙府，计程为一百零五公里。江流较坦，与叙、渝间之水道相似。经滇之绥江及川之屏山两县，现时木船之行驶其间者尚多，似可即驶行轮船，一日间可以来回，以利交通（采自经济部金沙江查勘试航报告摘要）。

三、嵩明嘉丽泽水利

嵩明为本省水患著名之区。自前清中叶，夏秋洪涨，逐年加剧，免粮发赈之事，几成惯举。盖其城东二十余里之嘉丽泽（俗名嵩明海），诸水汇集，泽底呈斜坡形，容量既小，仅恃一壅阻之海口河为尾闾，宣泄尤为不畅。泽形东西狭而南北长，周围突曲不一，总面积约一万六千余百亩。有河流自西而东分泽为二，曰青水海，曰八步。冬春水涸，一望赤土，夏秋洪涨，复为泽国。泽之四周，田约二万余亩，居民亦四十余村，或淹或涸，靡有一定。泽东南之海口河，下游入寻甸县境为牛栏江，由此至果子园，水程约二十五里，倾斜甚缓，水流极平，沙泥颇易沉淀，故流量微而宣泄滞，经时既久，为害愈深。清咸同间已迭倡开海除患之议，卒以事体重大，屡议屡止。民国元年，县绅赵伸等复倡前议，都督蔡锷亲临查勘，并率测绘生二人详加测量，认定地形确可收效，当即召集地方人士开会劝谕，盖以多数绅首畏难不前也。需用经费则由该县县议事会议决，拟以全县三年积谷变价及六成公债约四万余元支用，经县知事李和声转送省议会通过，咨请民政长公署核准。随即拟定章程，由地方荐请巡按使署状委杨林乡赵伸、白龙乡刘锏为该县水利局局长，资依乡李洪成、县城董霖为副局长，于民国二年十月成立水利局，测绘地面形势及河道倾斜，得面积九万三千余工，计长十九里有余，高低相差一丈九尺六寸，并调查登记半荒、间荒亩积，至民国三年二月竣事，三月十九开始工作，由各乡同时出夫，计期三阅月，共用民夫三万九千一百三十名，每工津贴当十铜币六枚，挖出土石约一百五十一万二千立方尺。二种约长十二中里，挖深二中尺至五中尺，其间有石层之处，则用火药轰炸。第二第三两年，农隙之期，继续工作，成绩均与第一年相若。此后因距离较远，村落欠夫甚多，加以匪患频仍，工程进行殊缓，故至民国十年始涸出荒地万余亩，从事招佃垦种。十二年后，大利渐见。县绅互起争执，工程因以时辍时作，已涸田亩，又将复为沧海。四周山野之流沙，因年久不治，又将壅复民元以前之旧观。至十九年争讼愈烈，农矿厅乃改组嵩明水利局为嘉丽泽水利工程处，委县长兼坐办。分设工程、财务两股。由厅指派专员为工程主任，财务主任则由嵩明遴选地方正绅呈请委任。至是数年纠纷渐就解决。二十年一月工程处正式成立，三月开始工作，并由厅拟定计划，限期三年完成。第一期工作计划如下：

工作地段，由杨高桥 3+400 至新桥 6+500。

土方总数：一十六万六千零九十立方。

派工总数：四万名。

工作期限：三月一日至五月三十一日。

工程要项：

一、全河河底旧日倾斜约在万分之一以上，改为五千分之一；

二、全河河身宽狭不一，狭处改为二十五公尺，宽处仍旧；

三、曲度太锐之处加以更正，并同时修理附近各支河；

四、两岸河堤高低悬殊，低者加高为三公尺，顶宽二公尺；

五、清理埂界同时进行；

六、两岸排水同时安砌，以免洪水之际泥沙壅淤正河。

上列计划既经决定，原拟溯流而上，循序推进，继因新桥至河口一段，河底概系矶板层石，工作较难，工具亦缺，故将计划略为变更，先将杨高桥至新桥约长三法里之一段，按照计划加工挖凿，新桥至河口一段，则改为第二期办理。迨第二期工作完竣后，更将公私埂界继续加以清理。第二期工作计划如下：

地段由新桥起至流沙坡止，长度四千五百公尺。五千分一土方总数九万立方尺，派工总数六万名。八千分一土方总数九万立方尺，派工总数六万名。每工每日工作数目一立方尺五百立方寸。津贴数目七十八万元。

上列第一、二期工作计划，均系改组以后将正河从事实测，按图计划者。实施工作时，虽因环境所限，少有变更，但大部分均已确实工作。计自民国二十年三月一日起兴办第一期工程，雇派民夫三万九千余名，自八步海至海口，将历年积沙淤土挑见海底，并将河底照规定倾斜挖深约八公寸。又在官庄附近开辟新河一条，长约六百五十余公尺，宽约十八公尺，深约二公尺强。又派自动民夫五千名，由八步海口接开支河三条：莲池河至大陷沟新河一条，各长六百余公尺，宽十二公尺，深一公尺强，骤增永荒海地四千余百亩。当时能耕种者，永荒海地约五千七百余亩，半荒海地约一千二百余亩。第一期工程完竣，即经界永荒、半荒界址，修砌海口沙防石闸一座，至二十一年份，第二期工作于四月十九日兴工派雇民夫二万五千余名，修挖杨林、八步两海，工作程序仍照计划实施，并于二月初间指派自动民夫约一万名，开挖甸心、梨蒿塘、大陷沟等支河。唯正河工程先拟派工五万名，由八步、清水两海口直达果子园，以期本年完竣，告一段落，惜乎阴雨连绵，海水暴涨，兼以路工牵掣，派夫不易，又由农忙，势难赓进，故即暂行停止，以待来春。总计两期工程约用民工六万余名，经费五万五千元，兹特摘要列下：

入海河流果马河、莲池河、杨林河、官渡河。入海河流甚多，以此四河水势较大，来源亦远，故为入海正河。

出海河流八步河、清水河。八步河由海口至河口，长二十余里、宽五六丈，深五六尺，清水河长十余里、宽二三丈、深三四尺。

挖取之土方八万五千二百立方公尺。第一期工程民国二十年兴修，第二期工程民国二十一年兴修。

用去民夫六万名，石工修筑河口沙防石闸一座，清理海面一万二千亩，能耕海地五千亩，租款收入约六万元，共开支经常费五万五千元。

第二期工程结束后，已有相当成绩表现，即以财务一项言，如改组时历年存款仅九千余元，第二期工作完竣后，征收十九年春季麦租万余元，二十年春租九千余元，催收十八、十九年秋租七千余元，鱼坝押佃等款三千余元，均经分别整理，故工程实施自应继续进行，以期彻底完成。当就可能范围，拟定第三期工作计划如下：

夫额六万名，以二万五千名开新桥至陷河坡一段，河底挖深二中尺；以一万名挖八步海口，以八千名挖董官营新河，以七千名挖清水河。

共计土方一十五万立方公尺。石工修建丁官屯防沙石闸二座。

上列第三期工程计划决定后，自民国二十二年四月一日开工。当时以公路工作紧张，民力实有未逮，所派民夫，仅二万五千五百余名，自动工二千余名，较预定计划相差至一倍以上，故工作结果，亦未能如愿以偿。工程部人员为经济时间计，乃于停工后，继续经界，清丈半荒亩积。兹将第三期全部工作实施情形总汇如下：

工作实况：第一步修挖八步海口至河口，长约二十中里，宽八九丈，挖深二尺余。

修挖清水河由土主山至海口，长约十四里，宽三丈余，挖深二尺余。改挖董官营新河一条，长一千八百余尺，劈宽五十尺。挖深二中尺。改挖莲池河至大陷沟新河一条，长三中里，宽二十余尺，深三中尺。停工后着手经界，划分间荒、半荒公私埂界。

第二步挑挖清水河由小屯至海口，长十中里，宽三丈，挖深二尺，修砌河口沙防石闸一座。

第三步挖新桥至河口河底黏石，深约二尺余。挑挖八步海口至新桥河底，深约二尺余。续挖董官营新河长一千八百余十尺，深三尺，宽五十尺。改挖大中、肠子二河，长约三中里，深二尺，劈空六七尺。停工后，继续经界，清丈半荒亩积。

全期工程兴用民工九万名，计第一步工程派夫三万五千名，自动工八千余百名，第二步工程派夫二万五千六百余名，第三步工程派夫二万五千五百余名，自动工二千余百名。

土方连正支新挖各河共一十五万方，修建河口防沙石闸一座。

入海河流，果马河自寻甸果马羊街至入海口长三十余中里。莲池河自依顺里莲花池至入海口长约九中里。

出海河流，八步河由海口至背阴寺长二十余中里，宽八九丈，深五六尺。清水河由土主山至海口长约十四中里，宽三丈，深三四尺。

能耕海地八千亩，永荒外有半荒四千五百亩。整治海面半荒、永荒共计约数二万五千亩。租款收入约十二万元。经常开支未计。

嘉丽泽之排水涸田，纯属有利而无害。盖因泽底平衍，与其他凹底湖泽不同，惜乎利益甫见，即以诉讼纠纷而致停顿。自改组后，因有具体计划足资遵循，故实施一分之工作，即有一分之结果。其财务与工程完全划分，尤收分工合作之效。倘地方派夫数目能依计划办到，则三年完成之目的必可如愿以偿。然预计十六万之人工只派足九万名，故三年之期仅开河四条，涸出海地八千亩，租款收入达十二万元，较之以往十余年之工作成绩，实有超过。且第三期工程完竣后，又积极办理经界事宜及应测亩积，至二十三年一月，测丈即告结束，亩积经界详图及清册等项亦于同年五月底办竣，十余年期望而屡生纠纷之嘉丽泽工程，至此可告一段落。唯实施工作，民力实占多数，故所得利益，应照原定期限，照章公诸民家，使信仰坚实，乐于出夫，以后工程进行，自较顺利，故厘定下列七条原则：

一、应组织嘉丽泽已涸田亩处理委员会；

二、已涸出田亩，无论永荒、半荒均以原定章程分别办理，对于永荒实行计工分利，半荒清理发照；

三、永荒拟留四千亩，连同鱼坝租息作为工程经费，拨五百亩备作农事试验场之用，又拨五百亩交建设局作该县实业经费，其余作为计工分利；

四、原设工程处仍旧存在，办理工程事宜；

五、工程应由工程处遵照预定原则，按年详拟计划，呈请核定遵办。唯所派民夫应给伙食，其数目一并详拟候核；

六、所有工程基金及岁修经费，应组织保管委员会保管，其基金如数送交省立银行存储生息；

七、半荒照旧以五成缴价作为工程基金。

上列办法呈经省政府核定后，即由实业厅明令嵩明县长兼该工程处坐办遵照原则，分别拟定规章细则，呈候核定施行。同时并作结束工程之设计，乃地方意见认为计工分利尚非其时，工程经费不必交省立银行存储，搁置年余，迄未遵办，而冬腊农隙之工程，又不应再事延缓，水利局长庄永华乃于二十四年十一月亲往该县，会同工程处坐办张仓荣，召集县绅详为开导，仍遵省府核定原则，逐渐进行，并决定冬季应办结束工程如下：

一、改建新桥，照旧址移下十五公尺，以省工料，应需经费工程处担任二分之一，其余由二、六两区共同负担；

二、果马河改造工作，限十二月二十日开工，限半月完工，应需人工由阿古龙催派每户五名，其余不敷之人工，由工程处于罚工项下添补；

三、八步海、小新河、莲池河及深塘子新河，派自动工修挖，限一月一日开工，半月完成；

四、清水海正河应挖深河底三尺，每边劈宽五尺，同时筑堤，堤高定为五尺，顶宽五尺，坡度均定为四十五度，并于明春栽植杨柳，以资巩固；

五、出海正河应再挖深二尺，两岸弯凸一律劈直，限明春动工，日期由坐办酌定报核；

六、八步海丈量限十二月二十日开始，以三亩为一丘，限三个月办毕，结束工程限两年内办理完毕，嘉丽泽水利工程即可告阙成功。唯以后之岁修工程，关系至为重大，故一面实施结束工程，一面并由水利局拟订岁修办法，俾资遵守，而垂嘉丽泽之利益于永久也。

四、仙云两湖水利之整治

抚仙、星云两湖，介于华宁、澄江、江川三县之间，两湖毗连，纵横四百余里，中连长约三里之海门桥，河西接星云，东泄抚仙，群山万壑，汇归尾闾之水，仅以海口河为唯一泄水之要道，且为流沙所淤，以致每遇山洪暴涨，水患频仍，屡岁不丰。明巡按姜思睿、清总督鄂尔泰先后疏浚，并筑牛台坝以截沙石，修梅子箐以利通行。嘉庆九年淫雨为灾，沿湖各村又成泽国，江川知事许亨会邻封大加修浚，并规定岁修，分地段立碑记，由三县永远遵守。后以日久顽生，沙石积累，湖口亦渐填塞，光绪十五年澄江府袁祖诰复请款五千二百七十余两，大加修浚，并定每年岁修费四十八两，逐年举行，民始稍得安居。光绪十九年，湖水又涨，澄江府请款七百两，于次年春季施工开挖，赓续疏浚者数年，水患赖以渐平。继以地方怠于岁修，年仅得款二十四两，无裨于事。光复后款既无着，壅淤复久，地方官民均以工大费巨，弗敢倡议疏修，以致湖水愈高，河身则日就浅窄，数十年来，洪水一至、泛滥成灾，不特田地淹没，沿湖八十余村，亦被流荡。田少人多，民食不足，且县治距远，政令难周，盗匪匿迹，民不聊生。民国四年三月，三县绅民傅恩荣等呈请巡按使拨款修浚，经饬由水利局委员会同三县县长查勘明确，拟具筹款修浚办法，准备实施，正进行间，水利局奉令裁并，事复中止。民国十一年九月，蒙自道尹秦光第奉令查办江宁军民冲突案，目击受害情形，拟具疏浚开凿两步办法，提请省务会议议决，假款二万元先行办理第一步疏浚工程。当即召集三县官绅，集议组织工程处，厘定规章，推举职员，酌派工人于十二年阴历正月十六日开工，五月初七日告竣，自抚仙湖口起至三盘水碾止，修理河身七百余丈，浚深河底三尺至五尺；又自星云湖口起至抚仙湖边止，修理河身约六百丈，浚深河底约四五尺，凡石底均用椎凿炸药，计役土石工五万九千有奇，薪工等费都银二万一千八百余元。价款不敷，由三县各筹垫银六百元，是时测验两湖水面，均低落两尺余。两湖沿岸积年受害村乡共八十余，人户凡三千九百余，被淹田亩得四千五百余亩，田禾均获有秋，于是按所获田亩分别受害轻重，甲田每工捐银二元，乙田每工捐银一元，应收捐款银二万四千有奇，除还借款及三县垫款外，约余银三千元，作为征收费用及职员奖金。至开凿工程，则因鉴于前之随疏随壅，故筹款购轻便铁道及各种器具、轰炸药料，彻底工作，以期一劳永逸。自十二年冬起，地方多故，屡停屡办，至二十二年夏止，计上湖口及隔河较前凿深四五尺至六七尺，其天然石底，凿为现在河床者约三四尺；下湖口及清水河较上湖口及隔河凿深约加三分之一，其石底亦凿为石床。上下湖口河身内数百年填积之沙砾巨石，无不铲除净尽，或炸或凿，无不辟宽攻深，匀配合度。两湖流量，缓急适宜，牛舌坝、梅子箐两河，距入清水河里许，成川字形，大患多在牛舌坝河，次即梅子箐河，而防其患者，全在牛舌、梅子两坝。故将牛舌坝河之原积沙石完全排去，顺山一面再凿深一二尺以利宣泄，顺坝一面则叠高一二尺以护坝脚，并择要修砌鱼鳞坝四五道以保河底，新修护壁二十余丈，深其脚以固坝埂，官庄象鼻岭之尖凿去锐角二三丈以顺水势。入清水河处向来阻水之大惊怪石，一概炸除，次于梅子箐新开河道二里有余，以通清水河，其入河处之大山咀亦施工凿去，并延长梅牛两坝各七八丈，引两河之水于流速最大处灌入清水河，根本大患于是完全排除。又补助三县修筑堰塘十余处，以增水利。重建海门、海晏两大石桥，以利交通。又于海口修建楼房铺二十间，空地三块，按年收租，以作岁修经费。施工先后历时七载，用土石各工十六万余名，耗款四十万余元。就中系由财厅借一万元，禁烟公所借八万元，富滇银行借七万元，殖边银行借一万元，共十七万元，其余由涸出公田七千余工收获押租项下补助开支。拨借各款除禁烟公所八万元及收束工程费三万元外，余均由应收田租田价补助费分别偿还。至应收公用十七年份、二十一年份均因雨水过多，影响收成，完全蠲免，十四年至十九年份止，所有欠租共二千七百九十余石，又以人民穷困，概行豁免；二十年份江川、双龙两乡夏雨失时，秋收歉薄，亦减租七成，嗣又将禁烟公所借款八万元免去。时军事参议院参议金汉鼎游宦归来，眷怀桑梓，以金树德堂名义捐出滇币十万元以作工程处分利提奖及收束工程之需。还富行结束工程费用三万元，省提利益四万元，建设、实业两厅各一万元，其余一万元作工程公田各职员奖金，即将江川涸出公田一千二百余亩、华宁一千余亩悉数拨归该堂办理江华两县教育、水利、交通、森林诸公益事项。至澄江境内已垦未垦沙滩八百余亩，即作抵该县应分利益。其收束费用不敷之二千余元，由总办秦光第捐出一千余元，公田经理蔡臻应得二十四年份薪水一千余元亦照数捐出未领，以资弥补。开凿之后，已竟于此，复虑年久废弛，乃由省府厘定岁修办法及严禁事项，勒石永守，以期永庆安澜。

兹将岁修办法及严禁事项列后：

一、岁修责任：审度形势，并就利害关系分上下湖口各别担任。

（一）下湖口及清水河，牛舌坝、梅子箐两河与华、江、澄三县利害相关，由江、华金树德堂捐田兴学办事处商请三县县长委员办理；

（二）上湖口及隔河于江、华两县涸出田滩尤有关系，兹所有田滩既归金树德堂捐田兴学办事处，为便利该处起见，岁修责任划归该处负担；

（三）上、下两湖口，就近各举资望较深者一二人专负巡守湖河及保管新旧各项碑记之责，担任上湖口者酌给津贴，担任下湖口者即以原有坝长田之租息作酬，若遇临时发生倒塌壅塞，立即报告捐田兴学办事处分别缓急酌量赶修，或商请三县县长委员修理，遇有违犯后开禁令者，即呈送县府依法办理，不得私行处罚；

（四）不论上、下湖口，如遇发生重要事件，其责任及经费等项，均由捐田兴学办事处商请三县县长共同负担委员办理。

二、岁修经费：

（一）岁修经费即以工程处所建海口楼房铺面二十间及拨留空地三块之租金如数担任，上、下湖口各分一半，每年工竣取据报请实业厅核销；

（二）岁修经费如有余存，归并下年岁修费内，倘有不敷，应由捐田兴学办事处或三县县长临时筹划；

（三）海口铺房及空地，概归三县保管委员会经理，所收租金专供岁修之用，上、下湖口平均分配，他事不得移挪侵占。

三、岁修器具：工程处所余轻便铁道、铁兜及工作器具列册发交三县委员会共同保管，专供岁修、大修之用，不得散失，如江、华、澄三县遇有公益借用，须呈请实业厅核办，但每县不得借过三分之一，并须自限归还日期，负赔偿责任，以重公物，而免遗失。

四、岁修日期：每年岁修，务于春初乘湖水干涸之际，照章认真举行，不得敷衍塞责。

五、两湖严禁事项。

（一）湖口两岸严禁开挖田地及侵占坝长田；

（二）两湖口及清水河、隔河严禁在岸撒网、搬罾、捕鱼；

（三）各河两岸严禁纵放牛马等物及砍伐树木苦刺；

（四）各河内严禁抛掷沙石、泥土、渣滓、竹木及有碍河流物件；

（五）严禁河内横栏大绳，有碍交通；

（六）严禁毁坏河岸、桥梁、石坝及一切碑记。

以上各条如有违犯，由巡守专员呈送县府重惩不贷。

五、昭鲁大河疏浚工程

昭鲁大河发源于鲁甸县境，蜿蜒百余里，经昭通与洒鱼河合流入金沙江。下游入洒鱼河之处，石峡横阻河中，宣泄不易，夏秋水涨，则泛滥成灾，民国十九年，鉴于昭、鲁之水利亟应兴修，乃由当地军民长官合作办理，于民国二十年一月组织昭鲁水利工程处，实施工作，历时数月，已将全河挖深五尺，并凿开石峡，用去民夫三万余名，经费滇新币二万余元。经费来源除由云南省政府主席龙云捐赠四千元外，其余均由地方按田亩缴价筹集。兹将工程概要列述如下。

一、测量自得胜塘、老鸦屯两处岔河起至入洒鱼河止，全河河道之平面及高低差及计划工程；

二、全河一律挖深五尺，并加筑河堤；

三、开凿老鸦岩石峡。

全部工程计河长二万二千零四十公尺，高差二十二公尺，工程完竣共用民工三万名，支用经费新币二万元。

六、各县水利工程

本省区域辽阔，山川形势随地而异，各县之河流，多有疏浚后可利于灌溉者，或可以减少水发时淹没田亩之患者，湖泊多有经开挖后可涸露荒地以供开垦田亩者，并有大好平原以缺乏水源久致荒芜者。比年以来，政府当局历年督饬各县赶办水利，以兴农业，兹将各县近年办理已见成效者择要列述于后。

一、蓄水工程方面：

计有罗次县修第一区五朵朵闸坝、宾川县修筑仁慈庙及康郎乡两处堰塘、江川县修白龙潭山坝塘、马龙县修三官楼涵洞、弥渡县修第二区周力士营海堰、牟定县修冷水箐闸坝、彝良县修筑堰塘、鹤庆县修倮鸡箐塘坝、华宁县修狮子口坝塘、凤仪县修赤佛山蓄水塘、澄江县修土官村西坝堰塘。

二、治河工程方面：

计有保山县疏浚并修改东河、永北县复兴小桥河、易门县疏浚中沟大河、剑川县疏浚及改直螳螂川、寻甸县修挖牛栏江、禄丰县修挖南坝河、洱源县修治凤羽河、建水县修治泸江及塌冲河、宣威县开挖左所河道。

三、引水工程方面：

计有陆良县开挖大桥乡沟道、永善县开挖长虹堰沟、云龙县开挖长春坡沟道、保山县开挖海外沟及涉河沟、宜良县开挖桥头营沟道、大姚县开挖昙华山水沟、盐丰县开挖赤石岩水源，昌宁县修上横沟、武定县开挖姜驿根树村水沟、罗平县开挖宛温镇水沟。

四、堤坝工程方面：

计有大理县修筑喜州霞移、万花两溪石堤，河西县修筑拦沙坝。

民国云南通志长编卷五十五

农业三·棉业

一、植棉沿革

云南山丘绵亘，地势甚高，然纬线二十七度附近，尚莳宿根棉，其余宜棉之地，殆属指不胜屈。只以农人墨守高曾矩矱，官府又不暇于倡导，织布原料，完全仰给洋纱，而漏卮巨大，遂莫之与竞。民元以来，民政长罗佩金，特设督办棉业机关，整顿全省棉业，并饬实业司拟定专章，遴员开办。实业司详加考订，专其责于农林局，而以各县知事暨实业员、实业团长等分任其事，拟成《督办棉业章程》三十七条，呈奉核准，令饬办理，并由农林局颁行《督办棉业细则》二十六条，分别施行。一面拟定三年计划，一面筹设阿迷棉业试验场，以考察三迤气候土宜，将试验成绩，编为报告，分送宜棉各县，以资参考，而谋改进。民国二、三年间，由实业司购买美棉籽五千镑，通州棉籽一万斤到省，分发宜棉各属播种。民国四年，巡按使署复购美国花旗黑光棉籽三千镑，运滇分发。民国五、六、七年，军事发生，库币奇绌，棉植倡导不无停顿。民国八年，先后由弥渡、元谋、宾川及缅甸，购获棉籽五百余斤，发饬宜棉各县播种。民国九年，实业科就派员考察江苏南通实业之便，购买通产鸡脚长、阴沙、青茎、椏果等棉籽来滇，又由美商慎昌洋行代购美国棉籽分发，计先后购美国棉籽万镑以上，通州籽、本省宾川、巧家籽，在二万斤以上。自三年以至九年，分发五次。如元谋、弥渡、漾濞、永北、思茅、广南、元江、弥勒、临安、阿迷、华宁、蒙自、墨江、普洱、宾川、蒙化、凤仪、华坪、开化、景东、云县、缅宁、顺宁、富民、武定、禄劝、广西、安平、丽江、巧家、安宁、昆明、昆阳、丘北、大理、盐津等县，及阿敦、磚嘉等行政区，并镇沅、腾冲、保山、镇康、澜沧、富州、马关、弥勒、师宗、罗平、文山、新平、大关、石屏、嶍峨、绥江、彝良、镇雄、玉溪、兰坪、盐丰、路南、镇南、澄江、维西、中甸、知子罗、陇川等处，无不详密分布，可谓极尽倡导之能事矣。未及数年，更于元江、宾川、弥渡各县，组织试验场所，分别种植，用示楷模。只以阻于瘴毒，碍于经费，吉光片羽，不克常存。年来实业、建设两厅虽先后合并，而宾川等县之五个棉业试验场，依然整理推进，不遗余力。一旦烟禁通行，其前途之发展，方兴未艾也。

二、试验成绩

各个棉场，虽经先后成立，而设置较久，办理饶有成绩者，阙为阿迷。兹将试场各种报告表列如下：

棉籽试验成绩表

项目 种类	地积	播种期	种子量	开花期	收获期	棉籽收获量	一亩收获量
美国种	1分	2月28日	1斤	7月初9日	9月21日起至12月18日止	12斤半	125斤
通州种	1分	2月28日	1斤	7月初2日	8月24日起至11月15日止	9斤半	95斤
阿迷种	1分	3月29日	1斤	7月初4日	8月19日起至11月10日止	13斤	130斤
弥渡种	1分	3月29日	1斤	6月19日	7月28日起至10月13日止	8斤	80斤
宾川种	1分	3月30日	1斤	6月16日	7月18日起至10月初9日止	7斤	70斤
元谋种	1分	3月30日	1斤	6月14日	8月初2日起至10月15日止	6斤半	65斤
华坪种	1分	4月初6日	1斤	6月18日	7月27日起至10月初3日止	6斤半	65斤
漾濞种	1分	4月初6日	1斤	6月21月	8月初10日起至10月23日止	9斤	90斤
永康种	1分	4月初6日	1斤	6月24日	8月初7日起至10月21日止	8斤	80斤

由上表观之，每亩收量，以阿迷种为最多，其次为美国种，再次为通州种。元谋、华坪两种，收量最少。其余各种，与通州种大致相等。是则本省棉花除阿迷种外，收量既不丰满，纤维亦远逊美国、通州两种，今后推广棉业，当注意于棉种之选择也。

棉苗生育状况表

项目 种别	树势		茎状		棉桃		棉核连絮与否
	强弱	高矮	形态	颜色	桃数	重量	
美国种	最强	3尺8寸	大厚	青绿	120至160	1钱4分	离絮
通州种	细弱	2尺3寸	细小	淡绿	40至80	1钱2分	微连
阿迷种	稍弱	5尺2寸	细小	淡绿	30至70	1钱2分	连絮
弥渡种	强	2尺4寸	中大	青绿	20至30	1钱2分	连絮
宾川种	强	2尺2寸	中大	青绿	30至40	1钱2分	连絮

（续表）

种别＼项目	树势		茎状		棉桃		棉核连絮与否
	强弱	高矮	形态	颜色	桃数	重量	
元谋种	强	1尺8寸	中大	青绿	20至30	1钱2分	连絮
华坪种	强	2尺3寸	中大	绿	20至30	1钱2分	连絮
漾濞种	强	1尺9寸	中大	绿	30左右	1钱2分	连絮
永康种	弱	2尺6寸	细小	绿	20至40	1钱2分	连絮

树势以美国种为最强。宾川、元谋、华坪、漾濞各种次之，阿迷、永康种稍弱，通州种则弱之甚者。故抵抗外界激刺之力，以美国种为最强，通州种为最弱。又每株结桃之多，亦首推美国种。云南欲改良棉种，美国种其可忽视也欤。

棉花纤维比较表

种类＼项目	质	长度	色泽	每百斤籽花所得棉数
美国种	柔韧	一寸二分	白	31斤
通州种	柔软	七分	鲜白	35斤
阿迷种	柔软	六分	白	33斤
弥渡种	柔软	五分	白	32斤
宾川种	柔软	五分	白	32斤
元谋种	柔软	五分	白	31斤
华坪种	柔软	五分	白	32斤
漾濞种	柔软	五分	白	32斤
永康种	柔软	五分	白	34斤

棉之用途，不外纺纱织布与制棉胎、棉絮等项。上表所列美国种，丝质柔韧，纤维较长，最适纺纱之用。其余则制棉团，棉絮已耳。

各种棉花收成比较表

项目 种类	上等	中等	次等	总数
美国种	180斤	60斤	40斤	280斤
通州种	200斤	60斤	30斤	290斤
阿迷种	100斤	30斤	5斤	135斤
弥渡种	6斤	2斤		8斤
宾川种	6斤	1斤		7斤
元谋种	5斤	1斤		6斤
华坪种	4斤	2斤		6斤
漾濞种	7斤	2斤		9斤
永康种	6斤	2斤		8斤

上表所列，共计种棉七亩，收棉七百四十九斤，平均每亩收量得一百零七斤。均以美国、通州两项棉籽为主，余仅供特别试验之用。良以美国棉夙为世界称许。通州棉又属本国特产。兹据试验之结果而觇其发育之佳，收量之多，纤维之长，色泽之白，则知适宜于本省栽植，殆无疑矣。

三、五棉场之报告

实、建两厅，为解决本省民众衣被问题，预备筹设纺纱厂起见，曾经旧话重提，积极推进。旋奉省府核准于宾川设立棉作试验场，以期改良全省棉业。民国二十四年，试种美国脱字棉，成绩尚好。即由实厅拟具大量植棉办法，推行三迤适宜棉作各县。只以经费困难，筹措为艰，故变通办理，先就易于着手之元谋、蒙自、华宁、曲溪等县，实行筹备，作为第一步之推广，以资及于其他宜棉地方。二十五年，各场先后报告棉作状况。建厅查其种植日期，均能按时；种法培育，亦尚如法。唯植棉株发生之期五、六月，天气亢旱，遂致虫病蔓延，损伤甚大，而棉桃吐絮又复阴雨连绵，吐絮棉花，均遭损害。其在宾川棉场所播中、美棉籽，萌芽率均在百分之八十以上。脱字美棉，每株结桃亦约一百七八十枚，预计皆有丰收之望。讵料棉桃正在绽裂吐絮之际，自八月五日起，连日夜雨暴风，棉果被风吹落，棉絮被雨浸霉，损失之花，约在千斤之谱。此皆人力所不能预防者也。兹将二十五年度各场试验状况列举如下。

（一）宾川棉作试验场：地址在该县所属之牛井，面积三十亩，月领经费五百七十四元。试种品种有脱字棉、鸡脚棉、鸡脚洋棉、爱字棉、江阴白籽棉、川种棉、南通白籽棉、宾川棉等。播种日期在三月二十一日至二十九日止，播种四百五十斤，概用点播法。发芽率百分之八十。共施肥三次。间苗工作，则拔去受病鸡脚棉，因此种病害较多也，八月一日行第四次。病害方面，鸡脚洋棉较多，用拔去并施波尔多液防除之。虫害方面，有土蚕、面条虫、蚜虫、瓢虫等，于发芽初期受害较多。在八月四日开始收获鸡脚洋棉。不过美棉于八月内连受暴雨摧残，损去已达千斤之谱，预计可收棉三千斤。

（二）华宁棉作试验场：地址在该县婆兮，面积十亩，月领经费六十元。试种脱字棉、土棉，播种日期在四月六日，播种一百五十斤，用点播方法。发芽率有百分之六十，以草灰施肥。间苗在四月十八日行第一次，四月三十日行第二次。中耕除草在五月十一日行第一次，在四月内施行灌溉三次。病害有枯萎病、角斑病两种，防治法用硫黄粉喷布之。其重者连根拔除。虫害有土蚕、蚜虫，均用硫黄粉逐次扑杀。收花时期在八月初，预计可收七百斤之数。

（三）元谋棉作试验场：地址在该县能道村，面积共十二亩，月领经费六十元。试种脱字棉、土棉，播种日期为四月十五日，播种一百二十斤，行点播法。发芽率约百分之四十。共施肥二次。间苗四月末一次行之。中耕除草在四月二十日。病害方面，因四周均系稻田，水分不断渗入，如角斑病不时起伏。虫害有蚜虫、红铃虫，尤以红铃虫较为剧烈，侵害花絮已在十分之一。预计可收五百斤以上。

（四）蒙自棉作试验场：地址在该县鸡街，面积十四亩，月领经费六十元。试种脱字棉、江外土棉，四月九日播种，共点播一百四十斤。发芽率为百分之三十。施肥三次。间苗五月初行一次，五月末行一次。中耕除草共七次。间苗五月初行一次，五月末行一次。中耕除草共七次。灌溉曾以十数人行之，但因沟底纯系砂粒，不易蓄水。病害有枯萎病、角斑病、炭疽病、铃腐病等。虫害有土蚕、蚜虫、金刚钻虫等。并于七月二十四日至八月十九日连遭大雨，而四五月中又复灌水缺乏，故预计可收花五百斤也。

（五）曲溪棉作试验场：地址在该县右所，面积八亩，月领经费六十元。试种脱字棉、曲溪土棉、鸡脚洋棉三种，共种一百四十斤，用点播、条播法，在四月九日至十三日内行之。发芽率为百分之二十。施肥二次，中耕除草三次。病害有枯萎、根腐两种。虫害有土蚕、蚜虫、金铃虫数种，以石油乳剂撒布之，尚能见效。唯五月二日大雨冰雹，继以连日阴雨，东南风甚大，预计可收四百斤好花。

四、各县棉业统计

当民国十年以前，厉行禁烟，各处栽植棉作，苟非囿于气候，靡不竭尽全力，故棉花产额尚觉旺盛。民国十年以后，内则鸦片弛禁，外则连年用兵，棉作栽植，已具体而微矣。兹就政务厅第三科编印之《云南棉业概况》中，择举数表，以今视昔，殊有霄壤之别也。

各县棉花产额一览表（一）

（民国四年棉业调查员报告）

县别	产地	产量（斤）	价值（每斤）	销路	备考
宁县	婆溪、华溪	38,000	籽花一角二分，绒花五角	通海、河西、江川	近因变更棉籽，色质纤维渐劣，影响销路
阿迷县	布沼坝为最多	150,000	籽花一角五，绒花五角	临安、河西、通海、陆良	
元江县		30,000	上花二角八、九分	通海、河西、玉溪、石屏、昆明	县属以前年产十余万斤，因洋纱渐多，土人多以棉地改种杂粮
临安县	曲江坝	20,000	籽花一角，绒花四角	本境	品质甚佳
石屏县	五土司地	100,000	籽花一角二三，绒花四角六七	通海、河口	质白坚韧，纤维细长，可称上品
蒙自县	江外一带	40,000	籽花一角一二，绒花四角八九	本境	
广西县	五曹	4,000	籽花八分，绒花三角	本境	纤维短、色泽污，故价值低廉
师宗县	头二蚌、别坝、林黑、耳坝昂等曹	17,950	绒花四角	本境及陆良	
弥勒县	竹园、普棚	400	籽花一角四五，绒花六角	本境、曲靖、罗平	纤维细长，色泽洁白
富县	皈朝、洞波、剥隘、本城各区	348,200	籽花一角二三，绒花四角	广南、丘北、开化、蛮耗、河口	风土俱佳，不待改进，只需普种
开化县	东区、江那镇、南区、江外乡	95,000	籽花一角四，绒花五角	河口、蛮耗	
广南县	板蚌、溪洋、八播、普梅、郎恒、板郎、法白	27,000	籽花九分，绒花四角	本境	

（续表）

县别	产地	产量（斤）	价值（每斤）	销路	备考
元谋县	清溪、南号、乌山、常山、太平各乡	25,300	平均三角零	会理、昆明	
巧家县	中乡、东一、南一、西一、北四、北三、北一各乡	10,200	三角左右	昭通、四川	分大、小棉二种，大棉纤维短而苞小、小棉长而白
罗平县	西林、罗思、三江各寨	2,000	四角	县属及陆良	
思茅县		500	二角五六分	本境	
景东县	东、西、南、北各区	6,000	三角左右	云县、镇南	分上、中、下三等
他郎县		3,500	三角左右	临安、蒙自、石屏	分上、中、下三等
普洱县		5,000	三角	本境	
蒙化县		1,400	二角六七	本境	概系小江花，色黄、白，纤维短
宾川县	县属全境	768,000	二角五	下关、腾冲、大理	色泽优美，纤维韧长
漾濞县	西、北、南、东、中各区	1,500	二角四五分	凤仪、下关	色泽光润，纤维韧长
弥渡县	西、北、南、东、中各区	583,000	三角左右	云县、凤仪、蒙化	色泽纤维均佳
祥云县	东北区	2,000	三角左右	本境	色泽纤维亦佳

（续表）

县别	产地	产量（斤）	价值（每斤）	销路	备考
丽江县	东、南、北区	100	三角五分	本境	纤维韧长，唯色泽不甚光美
鹤庆县	东区	3,000	三角	本境及丽江	色泽佳良，纤维较短
邓川县	东区	4,000	二角五分	本境	纤维粗短，色泽恶劣
永北县	东、西、南区	3,000	二角五分	华坪、大理	分长丝棉短丝棉二种
华坪县	东、南、西、中区	340	一角五六分	本境	色泽纤维亦佳
罗次县	大么站	600		本境	
丘北县	小江口、插花地	3,200			色泽欠佳
五曹分治	头曹、尾曹	8,250		本境	
绥江县	第一、二区	28,400			棉质轻暖
永善县	一、三、四、五各区	11,300			质轻暖，色微黄
鲁甸县	干油坝、青桐坪、甘蔗园	7,500			质柔软，色黄而重
大关县	县城、河东、雄奎等乡	200			

附记：上列各属棉花产额共合二百三十四万八千八百四十斤。

各属棉花产额一览表（二）（各属填报）

县别＼年度	民国五年		民国六年		民国七年		民国八年	
	种类	产量（斤）	种类	产量（斤）	种类	产量（斤）	种类	产量（斤）
宾川县	川棉 土棉 美棉	1,000,000	川棉 土棉 美棉	1,000,000	川棉 土棉 美棉	1,000,000	川棉 土棉 美棉	800,000
建水县	土棉	70,000	土棉	70,000	土棉	80,000		
摩刍县	大山花 小山花		大山花 小山花	50,000	大山花 小山花	50,000	大山花 小山花	56,000
阿迷县	土棉	40,000	土棉	40,000	土棉	46,000	土棉	46,000
凤仪县	宾川 种棉	47,000	宾川 种棉	66,000	宾川 种棉	33,000	宾川 种棉	40,000
元江县	小树花		小树花	30,000	小树花	30,000	小树花	30,000
镇沅县	美棉	4,000	美棉	5,000	美棉	26,000	美棉	26,000
师宗县	草棉 木棉	3,000	草棉 木棉	3,000	土棉	3,000	草棉 木棉	27,000
元谋县	美棉 宾川棉	24,000	美棉 宾川棉	24,000	土棉	14,000	美棉	20,000
景谷县	土棉		土棉	20,000	土棉	25,000	土棉	25,000
镇南县	土棉		土棉	36,000	土棉	36,000	土棉	36,000
镇康县	土棉	15,000	土棉	16,000	土棉	17,000	土棉	18,000
顺宁县	土棉	10,000	土棉	10,000	土棉	19,000	土棉	19,000
澜沧县	土棉		土棉	10,000	土棉	10,000	土棉	10,000
弥渡县	川棉	77,000	川棉	100,000	川棉	70,000	川棉	17,000
漾濞县	美棉 宾川棉	15,000	美棉 宾川棉	12,000	美棉 宾川棉	9,000	宾川棉	10,200
新平县	土棉	20,000	土棉	5,000	土棉	9,000	土棉	
祥云县	宾川棉 川棉	9,000	宾川棉 川棉	9,000	宾川棉 川棉	9,000	宾川棉 川棉	9,000
云县	本地棉 宾川棉	20,000	本地棉 宾川棉	40,000	本地棉 宾川棉	40,000	本地棉 宾川棉	40,000
马关县	土棉	5,000	土棉	5,000	土棉	6,000	土棉	6,000
弥勒县	土棉		土棉	36,000	土棉	36,000	土棉	36,000

（续表）

年度/县别	民国五年		民国六年		民国七年		民国八年	
	种类	产量（斤）	种类	产量（斤）	种类	产量（斤）	种类	产量（斤）
邓川县	川棉	20,000	川棉	20,000	川棉	8,000	川棉	8,000
泸西县	土棉		土棉	4,000	土棉	4,000	土棉	4,000
泸水行政区	缅棉	2,850	缅棉	3,100	缅棉	3,700	缅棉	6,000
陇川行政区	缅棉	300	缅棉	300	缅棉	500	缅棉	500
丽江县	宾川棉	50	宾川棉	60	宾川棉	100		
永平县							宾川棉	800
鹤庆县							宾川棉	18,000
华坪县	土棉 美棉	500	土棉 美棉	400	土棉 美棉	250		
大关县	川棉		川棉	100	川棉	1,000	土棉	500
丘北县	土棉	2,000	土棉	2,000	土棉	2,000	土棉	2,000
罗平县	土棉		土棉	10,000	土棉	10,000	土棉	10,000
平彝县							通州棉	30,000
华宁县			本国 草棉	27,000	草棉	27,000	草棉	27,000
永北县			洋棉 土棉	30,000	洋棉 土棉	30,000	洋棉 土棉	30,000
麻栗坡	土棉	1,000	土棉	1,000	土棉	1,000	土棉	1,000
合计	1,385,700 斤		1,684,960 斤		1,655,550 斤		1,409,000 斤	

本表依据各县呈报地志资料、各区实业视查员报告、前政务调查会发填六项调查表等编列。统观全年产额，至多不过一百六十八万余斤，少亦一百三十八万余斤。虽云各属及视查报告尚未完毕，然云南宜棉之县，不过五十余处，产棉地不满四十县。本表所列，已达三十六个区域，即加缺漏或填报错误之数估计，约三十万斤，亦不过年产二百万斤左右而已。云南全省人口之衣被等，至少需棉花三百五十万斤，即不设纺纱厂，其原料亦断难敷用。况降至目前并一百余万斤已不可得，良以世变多故，主办实业者，每为经费所限，敷衍局面，诚难为讳。然农家习故安常，既不知植棉利益，且缺乏植棉经验，偶有天灾，无法防除。加以交通不便，工厂不兴，即有原料，销纳无地，遂致供需不能调和。此则今后办理棉业者当力祛以上诸弊，而令生产、流通、需要三方面，有所调剂均衡也。

各属棉花品质一览表

产地	种名	色泽	纤度	丝球	等差	附记
弥勒	美国种	雪白	长	大	上等	
蒙自	美国种	雪白	长	大	上等	
蒙自	通州种	雪白	长	大	上等	
蒙自	宾川种	雪白	长	大	上等	
阿迷	美国种	白	长	大	上等	
阿迷	通州种	白	长	大	上等	
思茅	美国种	白	长	大	上等	
马关	美国种	白	长	大	上等	
弥渡	美国种	白	长	大	上等	
宾川	美国种	雪白	长	大	上等	
罗平	土种	白	短	大	中等	絮内多含子壳，系轧法不良
普洱	宾川种	白	短	大	中等	
普洱	美国种	黄白	长	大	中等	其球半多紧束不放，系种法失宜所致
顺宁	宾川种	白	短	大	中等	
邓川	土种	白	短	大	中等	
漾濞	美国种	白	短	大	中等	其球多未轧开，系种法失宜所致
元江	土种	白	短	大	中等	
靖江	土种	白	短	大	中等	其色间有黄者，系雨水冲泥所染，及时采收可免此弊
永平	土种	白	短	大	中等	
新平	戛洒土种	白	短	大	中等	
元谋	美国种	白	短	大	中等	
宾川	土种	白	短	大	中等	
蒙化	土种	黄白	长	大	中等	
巧家	土种	黄白	长	大	中等	

（续表）

产地	种名	色泽	纤度	丝球	等差	附记
弥渡	川种	白	短	大	中等	
顺宁	土种	白	短	大	中等	
弥渡	土种	白	短	大	中等	
磷嘉	土种	白	短	大	中等	
富民	美国种	黄白	长	大	中等	
漾濞	宾川种	白黄	短	大	中等	
元谋	通州种	白黄	短	大	中等	色泽不佳，系收花失法所致
元江	土种	白黄	短	大	中等	
他郎	土种	白	短	大	中等	
武定	通州种	黄白	短	小	中等	
普洱	土种	黄白	短	小	下等	普洱气候土质颇宜植棉，现所产者品质恶劣，宜改良种籽及种法
缅宁	东区土种	暗白	短	小	下等	球小色暗，宜改良棉种
缅宁	宾川种	暗白	短	小	下等	宜改良种子及种法
广南	土种	暗白	短	小	下等	宜改良种子及种法
新平	北区土种	黄白	短	小	下等	其球细小，色黄，宜改良种籽及种法
新平	西区土种	暗白	短	小	下等	宜改良种子及种法
新平	南区土种	暗白	短	小	下等	宜改良种子及种法
新平	杨武种	黄白	短	小	下等	宜改良种子及种法
新平	中区土种	暗白	短	小	下等	宜改良种子及种法
新平	东区土种	黄白	短	小	下等	宜改良种子及种法
广南	美国种	黄白	长	小	下等	宜改良种法
镇康	土种	白	短	小	下等	宜改良种法

注：本表系依据民四各属呈报，经前农林局督办棉业委员鉴定之表制成。

各属宜棉地亩一览表（一）

（民国四年棉业调查员报告）

县别	地名	亩数	气候（华氏）	土质	备考
宁县	婆溪、华溪、红石岩、其他。	1,270余亩	温和	肥沃	婆溪、华溪两处约870亩
阿迷县	北区、布沼、小田心他你、白阿童、古白、土墙。.	2,000	温和	沙土	布沼最多，有1,300余亩
元江县	本城、干庄、漫钱、东庄、骑马、摄科、他克、蒙龙等坝俱未植	3,700	平均七十九度	色黄带沙质	共3,000余亩
临安县	曲江坝，高家庄一带	300	温和	黑油沙土	曲江一处有200余亩
石屏县	五土司地及宝秀土僚寨	770	炎热略同元江	肥沃	五土司地有700余亩
蒙自县	江外一带，沙甸、鸡街	380	温热	黑沙石灰	江外一带约二三百亩
广西县	五曹	480	炎热，花开时达八十七八度	红色、褐色沙质、灰质壤土	已植80余亩
师宗县	头、二、蚌别等七曹，及角家、阿保等寨	2,700	平均八十度以上	沙质土	已植500余亩
弥勒县	竹园、普棚、楷甸、田房、黑草坝等	400	平均八十度以上	黑褐色沙质壤土	
富县	皈朝，洞波、剥隘、本城等区	11,200	炎热	肥沃多夹沙	已植9,000余亩
开化县	东区江那镇、南区江外乡，西区阿白	1,200	平均八十度以上	多系褐色、黄色沙土	已植730余亩
广南县			平均八十度以上	夹沙	
武定县					
元谋县		854	平均八十度以上	沙松夹油	已植500余亩

（续表）

县别	地名	亩数	气候（华氏）	土质	备考
巧家县	东一、南一、西一、北四、北三、北一、中各乡	1,300	平均八十度左右	沙土砾土	已植 1,040 亩
罗平县	西林、罗思、三江各寨	200	平均七十度以上	夹沙	已植 100 亩
东川县	许义江区、许崇礼区		平均七十度以上	土性夹沙，素产甘蔗、甘蓝等	
思茅县	朝阳乡、莲花寺、大小勐帕等十余处	350	平均七十三度	南北两方沙质壤土，东西黏质沙砾土	已植 10 余亩
景东县	东、南、西、北、中五区	2,650	平均七十四度	东、西、北三区黄色而夹黑沙者居多，南北二区黏质壤土多	已植 1,500 亩
他郎县	泗滩河、里仙江、鲁马江等共十余处	6,370	平均七十二度	东南黏土多，西南黄色沙土沙质壤土多	已植 3,000 余亩
普洱县	蛮磨街、白龙厂、通关村、仁寿山、箐丫角、把边、干田、勐泗等	2,940	平均七十度左右	南北黏质壤土多，东西壤土多，黏土次之	已植 1,000 余亩
蒙化县	大河边村、杨兔庄、小军庄等十余处	1,600	温和	西北沙土多，东南沙土、黏王各半	已植 700 余亩
宾川县	县属全境	8,200	最高八十至九十度	东区黏土含沙，南区石灰土多，西区黏土含腐殖土，北中区壤土	已植 4,800 亩
漾濞县	东、南、西、北、中五区	350	最高八十至九十度	黏土含少量之沙及壤土石灰土含沙	已植 60 余亩
弥渡县	东、南、西、北、中五区	2,100	温和	中区红色夹沙，东区黏土含沙砾、南区黑色夹沙	已植 1,300 余亩
祥云县	东、北区	330	温和	红色夹沙者多，黑色夹沙者次之	已植 80 余亩
中甸县	江边各甲	1,000	炎热		暂行试种
丽江县	东、南、北三区	2,000	温度甚高	沙质土，石灰质含沙或黏土	已植 100 余亩

（续表）

县别	地名	亩数	气候（华氏）	土质	备考
鹤庆县	东区	3,200	八十二度	沙质壤土	已植150余亩
邓川县	东区	300	最高九十二度	沙质黏土	已植100余亩
永北县	东、南、西、北、中五区	1,150	最高八十三度	沙质壤土，沙质黏土，石灰质土	已植570余亩
华坪县	东、南、西、中四区	150	八十五度以上	黏土、石灰土含沙质	已植10余亩
彝良县	中、下二区	850	平均七十五度	沙质黏土、沙质壤土	
宣威县	西泽、可渡、海贷冲、大江边	950	平均七十度	沙土、沙质壤土、泥灰土	
沾益县	西乡	270	平均七十二度	沙黏土	
寻甸县	乞四甲、款庄	400	平均七十五度	沙土，沙质壤土	
镇雄县	上西、上北、下东各区	240		沙黏土，沙质壤土	
平彝县	黄泥河、九湾里	400		沙土	
嵩明县	散旦街、马街、效里、中弥乡	400		沙土，壤土	
富民县	中、南、北三区	3,110	温暖	中、北二区沙质壤土，南区壤土	
罗次县	第六区、大么站	950			已植20亩
禄丰县	第一、二、四各区	1,395		沙质壤土	已植20亩
易门县	西、南、下北三区	7,825	燠热	夹沙	已植20亩
休纳县	东、西二区	2,470	温暖	含沙	已植20亩

（续表）

县别	地名	亩数	气候（华氏）	土质	备考
丘北县	下陆贵曹、普卢曹、小江口、插花地、泥常曹	995	酷热		已植 180 亩
五曹分治	全境	2,610	酷热	膏腴	已植 500 亩
路南县	近城宝仁、富民、五乡	6,895	热	宜棉	未植
宜良县	近城南、东南、西北、东北、西五乡	17,430	温暖	夹沙	未植
澄江县	仁、亲、爱、点、海五乡	16,400	热	肥沃	未植
江川县	中摩、普妙、海西、上下双龙等五乡	4,238	热		未植
昆阳县	内甸乡	1,470	燠热	膏腴	未植
绥江县	第一、二、三各区	1,800	平均七十五度	沙土、壤土	已植 650 亩
永善县	一、二、三、四、五各区	2,000	平均七十度以上	泥沙土、泥灰土、腐殖土	已植 300 余亩
鲁甸县	干田坝，青冈坪、甘蔗园等地	1,140	平均七十五度以上	沙土、硗土	已植 180 余亩
大关县	县城、河东、雄魁礼义四乡	580	平均七十度上下	泥沙腐殖土	

各属宜棉地亩一览表（二）

（民国九年各县查报）

县别	地名	亩数	气候	地势	土质	备考
禄丰县	西城外中所营村	2	平均七十度	平坦	冲积沙质土	未植
澄江县	仁义乡，元七江村、七佛铺、栖皮村	440	六十八度左右	七江、七佛地势倾斜，余高燥	黏土	未植
会泽县	集义乡之小新村	60	七十五度	平坦	沙土、壤土	未植
宜良县	东乡骆家营	1,000	七十五度	平坦干燥	沙土	未植
师宗县	七曹地方	畸零不详	七十五度	倾斜，附近有河流	黏土、沙土	人民多喜植杂粮，不肯植棉
摩刍县	板凳山庄、鲁址庄、力了庄、麻海庄	250	八十度以上	多倾斜	壤土、沙土、黏土、砾质壤土皆有	未植者因有烟瘴之故
凤仪县	红岩	畸零不详	七十度	四面倾斜、中间平坦、燥湿合宜	壤土、沙土	植棉已收效果
武定县	金沙江沙地	25	七十二度	一部倾斜、高燥不易取水	沙土	宜木棉，已试验收效
平彝县	向义区之东格、户格、小腊甲、车田等。	2,000	不及六十度		半为黏土、石灰土、沙土	历试不佳
寻甸县	马鞍山	3	平均七十度	平坦干燥	沙质壤土	屡试成绩不佳
富民县	中区城外小营	4	六十八度	平坦干燥	沙土	试种中
镇南县	北区殷家地	10	六十五度	平坦	黏土夹沙	经试种，苗茂盛，棉桃劣小，花亦不炸
顺宁县	锡腊乡各甲、澜沧江沿小江边一带	4,000	八十度	平坦、东北稍倾斜	壤土夹沙，沙土多砾	已种有效

（续表）

县别	地名	亩数	气候	地势	土质	备考
元谋县	全境皆宜	1,200	八十度	平坦干燥		已种，成绩甚佳
巧家县	七、八、九各甲，善良、向化、归治三甲	1,000	八十度	倾斜干燥	沙土、壤土、黏土	已种，成绩甚佳
宾川县	东、中、北三区，排营者、炼洞者	61,500	八十度	平坦干燥	黑黏土、壤土	成绩最佳，民八年产百万斤
鲁甸县	老寨、梭山、江底、水屯等处	1,850	六十七度上下	平坦倾斜	多壤土	农民多植杂粮，不喜植棉
罗平县	下南乡之西林寨等十余村	1,000	七十五度	多倾斜		
华坪县	东、南、北、西区共十三处	130	七十二度		黏土、沙土	
新平县	磨沙、戛寨、太和、老厂、慢平等地	60		平坦	黑土含沙	
马关县	南温河、戈马、大树塘、南滚河、迷湖桥头五处	340	九十度上下	平坦处少	沙土多	前本产棉，今半荒芜
漾濞县	南区下江沿江一带	400	七十度	平坦倾斜不一	黏土、沙土	
邓川	寅塘里之沙坝、黄泥村等地	400	七十二度	高燥卑湿不一	黏土、沙土	
昆阳县	西南区、九度甸、大峨腊		七十五度	倾斜向西、干燥	砾黏土	
丘北县	小江口，插花地	640	炎热	小江口倾斜高燥，插花地倾斜卑湿	黑色沙土	
永北县	南一区之团山村等共二十余处，南二区十余处	3,800	八十度以上	不一	沙土、壤土	
永善县	第三区务基、米贴，第四区井底，第五区桧溪		八十度以上	多倾斜	沙土	井底、桧溪所产较次，唯丝长较川花尤佳。

（续表）

县别	地名	亩数	气候	地势	土质	备考
弥渡县	中乡二十余处，南一乡八处、南三乡三处	18,000	六十余度	不一	黏土、沙土、壤土	
保山县	上江、潞江、三甲、罗明、枯柯	3,700	八十度以上	多倾斜	黏土、沙土、腐殖土	向种草格，已著成效，又有小江花一种
蒙自县	南乡、水沟寨、麦塘	500	八十四度	倾斜干燥，南高北低	黄沙土	
黎县	婆兮、华兮、竹居	420	平均七十三度	平坦	肥沃	
鹤庆县	东区、江营、朵美					

各属棉花进出口现状一览表

民国九年实业调查员报告，各地方官绅查报

（甲）进口

县别	输入量	价值	种类	产地
昆明	81,300	共值三万六千元	洋棉、滇棉	外埠及本省各属
晋宁	85,000	共值五万六千元	洋棉、滇棉	
玉溪	50,000	（每百斤，后同）六十余元	洋棉、滇棉	东京、思茅
河西	60,000	六十元	洋棉、滇棉	东京、思茅
江川		七十余元	滇棉	思茅运来
通海	230,000	六十元	洋棉	东京、思茅运来
嶍峨	45,000	六十元	洋棉	东京、思茅运来
澄江	10,000	七十元	滇棉	婆兮
新平	100,000	八十元	洋棉	婆兮
石屏	140,000	六十元		
思茅	260,000	五十元	滇棉	各勐地
宁洱	200,000	五十元	滇棉	各勐地
景谷	5,000	四十元		
文山	100,000	七十元	洋棉	东京
永平	1,000	八十元	洋棉	缅甸
云县	10,000	六十元	洋棉	缅甸
阿迷	6,000	六十五元	洋棉	东京
个旧	100,000	五十元	洋棉	东京
盐兴		七十元	滇棉	元谋
大姚	6,000	八十元	滇棉	宾川
姚安	1,000	八十元	洋棉	宾川
盐丰	800	八十元	滇棉	宾川
易门	5,000	五十元		迤南
祥云	150,000	四十五元	滇棉	缅甸、宾川
镇南	10,000	八十元	滇棉	宾川
蒙化	39,000	五十元		
鹤庆	1,000	五十元	洋棉	宾川、弥渡、缅甸

（续表）

县别	输入量	价值	种类	产地
剑川	1,000	五十元	滇棉	
邓川	5,000	五十元	洋棉	宾川、缅甸
洱源	8,900	五十八元	洋棉	
保山	8,000	五十元	洋棉	缅甸
龙陵	20,000	四十元	洋棉	缅甸
盐津	200	七十元	川棉	
合计	一百七十三万九千二百斤			

注：本表系就报告有档案可查者摘录，余从略。

（乙）出口

县别	输出量	价值（每百斤）	销路	输出年度
宾川	800,000	五十元	邻县及省垣	民国九年
弥渡	80,000	四十元	省城、蒙化	民国九年
元谋	20,000	五十元	省城、牟定、禄丰、武定、苴却	民国九年
镇沅	不详	三十元	本境、思茅	民国八年
景谷	不详	二十五元	思茅、迤西各处	民国八年
澜沧	不详	二十五元	迤西、省垣	民国八年
新平	100,000	七十元	通海、玉溪、石屏	民国八年
思茅	200,000	三十五元	省垣	民国八年
宁洱	200,000	五十元	省垣	民国八年
普思沿边	10,000	二十元		民国九年
漾濞	10,000	六十元	大理、凤仪、永平	民国八年
云县	不详	六十元	缅宁	民国九年
阿迷	10,000	六十五元	建水属岔科、长田	民国八年
师宗	20,000	五十元	泸西、罗平	民国八年
合计	一百四十四万斤			

注：名属出口棉花，包括本地所产及过境而言。

民国云南通志长编卷五十六

农业四·蚕桑·茶业·森林·牧畜

蚕桑

滇省于蚕桑一业，素鲜讲求。清光绪三十年，云南巡抚林绍年奏请开办蚕桑学堂，略谓："滇土多瘠，树艺不尽皆宜；滇民多惰，工作素所不讲。即使于二者勉图整理，而崎岖山路，转运为难，费巨价昂，销途不畅，则民情亦因之生阻。故为滇兴利，必择其获利厚而便于轻赍；土性宜而易于溥及者；计无如蚕桑一事。况近今机器日盛，各种工作之利，几为外人攘夺殆尽，以致民不聊生。独此蚕桑，非机器所能为功，而外洋工资极贵，故蚕丝一项，尚不能不仰给中国。若不极力整顿，则洋货之漏卮，无可抵制，即民力匮竭，永无振起之时。滇省从前非无养蚕之人，惟所植之桑，叶干而小，所养之蚕，丝硬且粗，出货既劣而不精，售价逐贱而无利。目论之士，遂相率而自谢为不能，且诿为地土不宜，而不思补救。其实皆惮于谋始，未事讲求故耳。查滇中天气和平，地亦不燥不湿，一种蓄而未泄之象，实较他省为尤雄，似于蚕桑断无不宜之理。滇民贫苦万状，此事更为不容再缓之图。闻之：日本隆兴地方，昔亦极贫，自兴蚕桑，今已极富，是其明证。臣等与司道加意访求，认真查考，觉养蚕一事，川、广不如江、浙，江、浙不如东洋、西洋，知中法之良，诚为必不可废；而西法之美，尤为不可不师。是以两年以来，先慎选妥员，雇觅良匠，渐为试办。而尤虑桑难长发，即欲办而无从，故于上年购觅桑子，择地布种，计出桑二十余万。今岁复加种一百余万，并通饬各属如法遍种。据各州县禀报：有已种十余万者；有数万者。乃省城所种，为时甫及年余，桑树之长成者，高六七尺，枝大逾指，叶大逾掌，地气之宜桑如此。所养之蚕，三十余日即成茧得丝。照浙江之法缫之，其丝光洁滑泽，柔细可喜，佥称与浙江所产相埒，天气之宜，蚕又如此。于是，士民始颇为歆动，愿学者多。乃知参用西法，养蚕之期可省工数日，蚕子一两可多得茧数斤，每茧一斤，可多出丝数钱，且丝细而精，售价较多，所得视土法将加三倍。而后信选种之不可不良，饲法之必求至善也。臣等当经电商浙江抚臣，聘该省蚕桑学堂精东洋法之毕业生陈之藩、骆缵郊、邱仲刚三人，随带书籍器具，来滇充当教习，开办学堂，分别高等、寻常两项，学生各令专心研究。高等者，讲求制种、饲养，兼习算学及声、光、化、电普通诸学，两年卒业，考取及格，给予文凭或分派各属充当教习，或更备资送出洋之选，以渐进高明；寻常学生，则只习养蚕、缫丝、栽桑等法，予限半年卒业，俾得速成，以广开风气”等语。是本省蚕桑，当清光绪末年，得林绍年诸公努力提倡于上，各县官民奋勉推行于下，一时养蚕者风起云涌。有自行制丝售卖者，有携茧到省售卖者。省城设有蚕桑总局、收茧公所、制丝工厂及甲种农业学校。各县设有蚕桑局、乙种农业学校。自护国、靖国、建国三次军兴。军需孔急，财政支绌，蚕业机关，陆续裁撤，蚕业遂以不振。几经提倡，沿川如镇雄、彝良、绥江、永善及保山、永平等县，尚能赓续饲养。省城缫丝工厂，亦已设立。惟所产有限，不能自给，仍靠川丝大量输入。据实业厅二十三年调查，本省尚有三十三县种桑养蚕，养蚕户数为九千三百二十七，每年产丝三万六千二百二十四斤，有桑树四十五万四千四百七十八株。兹将原调查表附后。

云南蚕桑调查表

项目 县名	养蚕户数	年产丝量	每斤价值（新币元）	销路	桑树株数
永善	500	156	400	昭通及省城	10,000
广通	34	150	600	省城	340
马关	1	12	500	本县城	300
弥渡	200	1,000	900	本县及下关、省城	70,000
绥江	500	6,400	480	省城	27,000
祥云	93	300	800	本县	3,000
楚雄	600	4,000	800	大理及省城	27,000
凤仪	45	100	700	大理及下关	10,000
陆良	15	250	800	本县及各地	2,000
蒙化	358	1,850	800	下关	15,638
澄江	5	20	1,000	省城	300
会泽	10	30	1,000		2,000
漾濞	50	256	350	保山、下关	7,000
永平	220	2,640	800	永昌	3,500
大姚	1,500	1,000	450	大理 下关	20,000
宾川	500	1,500	800	大理	20,000
洱源	15	57	1900	大理	72,000

（续表）

项目 县名	养蚕户数	年产丝量	每斤价值（新币元）	销路	桑树株数
沾益	50	150	800		1,000
姚安	54	1,000	600	省城	9,400
彝良	1,000	3,000	400	省城	30,000
镇雄	1,000	3,000	800	四川 昭通	30,000
邓川	30	640	1,000	大理	15,000
镇南	100	200	600	楚雄	5,000
牟定	60	300	700	省城	2,000
禄丰	120	200	600		500
安宁	20	200	600	省城	7,000
华宁	50	25	600		500
罗次	25	80	600	省城	7,000
云龙	500	640	100	保山及腾冲	5,000
保山	1,592	6,748	650	本县及腾冲	46,000
鹤庆	50	200	600	本县	5,000
腾冲	10	20	700	本县	1,000
兰坪	20	100	0.60	沧江	9,000

茶业

云南为产茶名区之一。最驰名者为普洱茶，昔年作为贡品，其名贵可知。本省之茶，除自给外，尚有大量输出。而本省西北境，接近康、藏，其地人民，酷好云茶，每年大批入境驮运茶叶，络绎于道，关系地方繁荣，影响民生经济至巨。年来因种种不求改善，制法又复守旧，以至产额锐减，销场日滞。斯篇所述，系根据最近调查，惟因交通不便，调查未能详尽，仅根据产茶地县政府调查之报告，故难确精也。

云南之茶，昔年约计年产额为十二万六千余担。红茶最多为九万六千担，绿茶三万余担，其确数至今尚无统计可考。兹将产茶县别及产额等分述于后。

一、昆明：昆明仅距城十里之十里铺地方产十里香茶，为数无多，占地不广，农民不加爱护，管理弛废。现存者不上五十株，年产额仅百斤左右而已。据采访：清季以之作为贡品，至今仍保持其名贵之地位，惟产额不多耳。

二、罗平：距县城里许之松毛山村产茶。该村人民于园圃边地植茶树，不上五十株，并无专营茶业者，年产额二三百斤，每斤售滇币五元余，约合国币大洋伍角伍分。民国十七年，该县建设局曾于城西二里许之香山寺旁松山下，辟地二亩许，做茶之栽培试验，共植茶树一千余株，成活者达十分之八，惜未积极推广。

三、宜良：宝洪茶为宜良著产之一。县属现共有茶地三千余亩，茶树六十余万株，年产茶五千余斤，以四千斤运至昆明市销售，其余一千斤在本地消费。

四、澜沧：该县属年产茶八百五十四担，约值滇币一万零五百六十元。每年思茅、普洱一带商人到该县购买粗茶，又名生茶，系仅将茶叶采取晒干，不加焙制之谓。除销昆明市外，缅甸、西藏均销焉。

五、佛海：该县属共有茶地一千三百亩，茶树十万三千株，红茶为多。因该县居民夷多汉少，不嗜绿茶，年产额为五十二万斤，值滇币五六万元。除销省内二十万斤外，尚有三十万斤运销西藏、缅甸、印度、法属安南及暹罗。

六、顺宁：县属年产茶三千二百担，运经大理、下关而销四川。茶地百万亩，茶树约共二十万万株。

七、镇越：县属易武茶，昔年年产额为万余担，今则因夷民受诱迁移出境者日众，茶树多半弃置枯死，近年收数大减，年仅产茶二千六百担。此不仅茶业问题，且系一严重之国防问题也。按该县之茶，除销本省外，其缅甸、暹罗、英属整海、法属安南、莱州以及香港等处昔年均有销售。

八、五福：县属年产额为三万五千斤，除销思茅转省万余斤外，西藏、上海等处各销七八千斤。

九、双江：县属年产茶一千担，多数运销四川叙府，少数运销缅甸腊戍及本省中甸、维西等处。

十、镇康：县属茶地七百余亩，茶树十四万余株，年产茶八百余担，值滇币一万余元。

十一、江城：县属年产红茶六百担，多系运销法属莱州。茶树约万株，每年出口总值滇洋千余元。

十二、云县：县属东、南、西、北四区均产茶，为农民主要副业之一。种茶者千余户，业茶者二千余人，年产红茶一百二十担，绿茶四百八十担，商人收买，以马驮运至大理、下关后，由商家拣出细者制成细茶，运至四川叙、泸一带销售。粗者揉为蛮庄，专销西藏。

十三、大关：县属茶地面积约四十亩，年产茶三十余担，种类以翠华茶名。此种茶系清道光年间翠华山寺内僧人用普茶种籽播种于寺外附近。从前产量极微，光复后，征集到省参加展览会，得二等奖。因而鼓励推广，今有运销昭通、盐津者。

十四、新平：县属虽亦产茶，然因气候酷热之故，不甚适宜，产量极微。

十五、广南：县属茶地约三百七十八亩，种茶者二十余家，年产茶四百七十四担，除自给外，运销广西百色与法属越南河阳等处。

十六、思茅：县属倚邦区产茶。茶地八十余亩，年产四千余担，约值法币五十万元。昔年该县之茶，除销本省及西康、西藏外，印度、缅甸、新加坡等处均有销场。近年因印度、缅甸茶业日渐发达，销场几为所夺，加以该县连年频遭瘟疫，民户死亡枕藉，外客行商，视为畏途，商业异常不振，茶业亦大受影响，亟应设法挽救之也。

十七、保山：县属茶地面积四十余亩，茶树三万余株，年产茶六百斤，仅销本县。全年总值滇币二千五百元。

十八、景谷：该县为本省著名茶区之一。茶地二千亩，种茶者六百五十家，年产茶二千担，值滇币四万元。多系运销景东属之景谷街，转运昆明市，亦有祥云、维西等县商人到县采购者。

十九、镇沅：该县茶业亦堪注意，惜未据将调查表寄到，致不明了也。

二十、景东：县属种茶地三千五百亩，年产一万一千三百五十担，运至昆明、大理，分运各处。

二十一、元江：县属种茶地一千余亩，种茶家数一千五百余户，年产二千担，除销本省外，尚销至香港。

二十二、腾冲：县属之龙江练，即高黎贡山，近年已大种茶，年产茶数百担，运销本县及保山、下关。未据报告，产量难确定。

本省种茶方法，尚未改进。兹将一般种茶方法略述于后。

一、采种：冬季种子成熟后，即行采收。采收之后，曝晒各种。

二、播种日期：播种日期因地而略异，大抵在立春后至清明。

三、播种方法：先将茶地整平，每隔四尺左右，开一宽一尺二三寸之沟，以为间隔，亦有不开沟者，茶籽种于穴中，每穴放三二粒，籽与籽间相距约四分，放种籽后用木板略为按压，然后覆土约五分厚，以草盖之，每隔二三日灌溉一次。

四、移植：有不行移植者。行移植者之日期，约在端阳前后，茶秧已长至二三寸高，即行移植。先将欲移植之地整平，分成数行，每行距离二尺七八寸，中以小沟隔之，各行之上，每距一尺，移茶苗一株。栽法用尖竹片或木棍插入土中深三四寸，将棍拔出，于其窝上栽一茶苗，苗之四周以木板按平，施以灌溉，亦有不施灌溉仅赖天然雨水者。

五、施肥：施肥者甚少。第一年全不施肥，有于二年略施草木灰、稀薄人粪尿或油饼一次者。

六、除草：除草工作甚为忽视，有全不除草者，亦有于每年冬季举行一次者。其平原茶地，因茶苗中兼种大豆、小麦之类，故除草较勤。

七、病虫害：对于病虫害毫无预防及治疗方法。

八、剪枝：甚少举行。亦有一年举行一次者。

植茶二三年后，先将本株高尖采摘，使其渐次发茂，再过二三年，茶芽渐多，即行采茶。采茶日期，可分春、夏、秋三季，亦有仅采春茶者。平均每茶一株，每次可采生叶三四两。其制法系将茶叶用甑蒸或用锅炒，至茶瘪取去，放于簸箕上，用手揉搓，俟略凉，放于屋内干净地面，使地面吸收其水分，经数小时或达次日，再移于簸箕或篾席之上，于日光下晒之，随晒随揉，揉至四五次，放于篾筐，是即粗茶。制成此项粗茶一斤，需生叶四斤左右。茶商至产地，将粗茶购归，另行蒸揉，制成团茶或方茶，用笋叶壳包裹，运销西藏等地方者，即系是项包装。其他茶商又将上项笋叶壳包裹之茶，购而加工精制，再蒸之，并雇女工将细粗大小各叶分别拣出。或用各种花薰过，装于洋铁罐中出售，每罐自半斤装起至三斤不等。此项精制茶商，以昆明市最多。

茶为本省人民唯一之饮料，不论公私团体，住宅莫不置茶，客至即以茶饷客，茶之浓淡，因嗜好而不同，但无羼糖者。茶铺为本省一般民众娱乐场所之一。边地之民族，如古宗、卡瓦等特别嗜茶，每日三餐，不能无茶。故本省粗叶茶最大量之消费者，即为斯等民族。彼辈常腰缠巨资，入内地贩茶，特称为"赶茶山"，视为重要贸易之一。其人饮茶，和以酥油，名为酥油茶。酥油系牛乳所制，甚滋养。

云南省立第一茶业试验场，创立于民国十二年六月，地点在昆明东乡大麻苴村牧野山。先是本省政府于十一年鉴于本省茶业日渐衰颓，亟应设法挽救，先从培植茶业人才入手，乃于十二年创设云南茶业实习所，委朱文精为所长。以学生无实习场所，乃向军需局租借牧野山公地一百九十亩又五十二方丈，名曰"模范茶园"。因该地接近十里铺，地质颇宜植茶故也。民国十八年，建设厅始将模范茶园改组为省立第一茶业试验场，以求整顿，委徐嘉统为场长，徐病故后由助理员李源清管理，后李氏辞职，于民国二十一年五月始委褚守庄兼管。该场因成立不久，尚无显著成绩。年支经常费滇币二千六百零八元。其主要宗旨，系作品种试验。拟由各品种中拣出一种最优良、最适宜本省环境之品种，进行育种工作，以谋推广。但因雨季山洪暴发，狂流摧残，厉风淫雨，影响不少，而冬末春初发芽时节，又感缺乏水源，斯时天气异常干燥，朔风吹来，沙尘随至，既损茶质，复碍发育，诚进展上之障碍，亟应设法防除者也。

云南茶业日渐衰颓，出口渐次锐减，旧日销场，为人所夺。兹将海关贸易册所载最近三年云南茶业出口情形录下，以供参考。

十八年出口红茶，计蒙自关三千七百九十六担，值七万九千五百一十三两，腾越关一百九十五担，值三千九百两。十九年腾越关出口绿茶四担，值一百零二两，红茶一百四十三担，值二千四百三十两，蒙自关出口红茶二千九百零一担，值六万六千七百五十九两。二十年蒙自关出口红茶三千二百三十一担，值九万六千九百三十一两，腾越关出口红茶五十九担，值一千二百四十七两。

观上数，无思茅关之记载，而思茅则又为本省主要茶区之一也。即以蒙自、腾越两关而论，亦出口年减。如民国十八年，由腾越关出口之红茶为一百九十五担，十九年则减为一百四十三担，计减少五十二担，至二十年则减为五十九担，较十八年减少一百三十六担。更查以前各年之记载，亦系递年减少。此应早图挽救之策也。

森林

云南山脉横断，地多高原，峰峦错综，高低差异，全省境内所产森林亦有寒、温、热三带之殊。大抵北纬二十三度以南如富州、西畴、马关，沿西而江城、思茅、澜沧等及其南各地，森林多属热带林或亚热带林。固有树木，多棕榈、芭蕉、椰子、槟榔等。山腹以上，气温渐低，则常绿阔叶林、针叶林亦有存焉。北纬二十七度以南，如广南、丘北、开远、元江、新平、景东、双江、缅宁、镇康等地，凡金沙江、澜沧江、怒江、元江、恩梅开江之峡谷，仍有亚热带林或热带林。植物多槠树类，故可称之为槠树带或暖带林。然于高原山岭，又变为次一带之落叶阔叶林或针叶林。北纬二十八度以南各属，则为温带林。其固有树木、多栎、枥、槐、朴、胡桃等，然鲜有成为片段者。而高山峻岭之地，仍多针叶树之松、柏林。北纬二十九度以南，则为针叶林。固有树木为赤松、海枞、柏、杉等。惟绥江、永善等属，地势平下，尚多阔叶林，如栎、漆、乌臼等。是故云南之森林分布不能仅以纬度为标准，而于同一气候带内，往往有数种林并存焉。

本省备有寒、温、热三带森林，种类繁多，不胜枚举。中外博物学家，采集植物标本，往往不惮险阻，深入云南各地，尝有发现特种森林植物而不能指证其名者；又有已绝迹于他处之古代森林，而云南尚留其种者。然多高山植物，其木质佳而用途广者，厥为针叶类之松、柏。松树多产于山岭，大别为飞松与柯松。柏树多产于平地，大别为圆柏与扁柏。昆明北乡之龙泉观，有古柏二株，人谓为宋代物，枝叶婆娑而下垂，直径数围，亘千百年，生机不衰，亦足征矣。安宁曹溪寺植木莲树一株，有谓为即佛书之优昙花。开广一带与安南接壤地，凡八百里，皆大箐，望之如海。赵耘松有《树海歌》云："洪荒距今几万载，人间尚有草味在。我行远到交趾边，放眼忽惊看树海"，则其地之森林茂密，且多古代植物可知。所产大杉树，体轻质坚，纹理斑斓，气味芳香，其埋入土内之古代杉木，称为阴沉木，剖为棺材，一具值万金，洵足贵矣。迤西之高黎贡山脉下至滇缅交界之野人山一带，亦蔽天翳日，多松、杉、楠、柚珍贵之植物，惜道远梗阻，徒弃之深山耳。此外三迤各属，各有特产森林，如迤西之木莲树、黄杨树、五须松。大叶榕等，迤南之董棕树、香樟树、椰子树、八角树等，迤东之榥树、漆树、茶果树、桐油树等。果能因势利导，推广种植，其利用岂可限哉。

云南山林之间，多饶副产。其中具有特产性质者，不但畅销国内，而国际贸易之销路亦颇可观。兹举重要者数种，诠释于下。

一、紫梗：产于思、普及龙陵、镇康一带。或曰，是寄生动物之一种，供涂饰及色染用。每年由思茅、腾越两关输出国外者，为数颇巨。

二、菌类：产三迤各县林地内，种类甚多，除杂菌外，皆可做食品，以鸡枞为最著名，而木耳、香菌、栗窝、虎掌菌等，经干制后可运销各地，在森林副产中，实占重要，其产于中旬、维西之黄木耳，国内称为佳品，价亦甚昂。

三、竹参：产三迤各县之竹林中，菌类之一，可做食品，销路亦广。

四、松香：即松脂溢出而成者。凡有松树，即有松香，供工艺原料之用。

五、冬虫夏草：产于中旬、维西一带之雪山细竹林中，夏季天热为草，冬季天寒为虫，故名。为医药补品之上，亦可佐食用，畅销国内外。其他如茯苓等药用品，详药材类中，兹不赘。

云南各县森林之用途约可以分为四类：一、建筑用材；二、薪炭用材；三、工业原料；四、植物油液。兹略述如下。

一、建筑用材：凡建筑房屋所用柱、梁、椽、枋、木板等材料，普通柏木最上，青松次之。近则选用青松，即称佳品，而其他杂木亦多用之。营此业者，俗称做山，其工曰山木匠，即就产地分类，做成各种材料，由木行售之。

二、薪炭用材。樵者采薪，窑户烧炭，各为专业，各成销市。薪料飞松最多，水冬瓜及杂木次之。炭料栗木最佳，松木为下。

三、工业原料：此类范围甚广，举例而言，如制纸用之山竹，制船用之楸木，精制木器用之核桃木、黄阳木，染料及制革用之麻栗壳，制农具用如锄柄、耰耙、水车等类之栗木，皆由林产直接供给之，或由做山者采供之。

四、植物油液：特产如迤东之桐油、梘油，迤西之核桃油、茶油、香果油，其漆液及桐油、梘油、茶油等，则全省各县多产之，皆用果实榨取其液而成。

云南山岳重叠，平原稀少，往昔森林遍野，青葱蓊郁，凡栋梁薪炭及日用器具之木材，任人选取，即求珍木异树，亦易罗致。迨清咸同兵燹而后，冲要地方之森林，或因军事而焚毁，成为樵采所砍伐，遂致童山濯濯。当时官绅曾有种树之议，如昆明六河堤，今日所存参天柏树，即其成绩之一。降至清末，天然森林，摧残日甚。推原其故，山林无禁，斧斤不时，而社会利用木材，有加无已。一言蔽之，即有消耗而无补偿故也。

清光绪三十年，云南巡抚林绍年，于蚕桑之外，倡种蜡树、桐油树，由川雇工购虫来滇，教民散放，取蜡煎熬，色洁光莹，与川产无异，所获之利，匀给有树之人。一面采购蜡树秧种，分发布种，成活者百万余株，并种桐树十余万，均陆续分发各乡及近省各属领种。锡良督滇，有昆明五乡永远种植保护局之设立，以昆明乡绅董其事，并委种植委员，督率考核。是为云南森林行政之始。旋由学务处倡办森林学堂，又改为农业学堂林科。当时森林行政，以劝业道总其成，各县以劝学所掌其事。然事属创始，殊鲜成绩。只有昆明王帽山，呼马山之松树，西山之八角树，六河补种之柏树，今皆成林耳。

民国肇造，实业行政以林务为重要之一，设于省会之林务机关曰农林局。设于各县曰蚕林实业团，而各县实业局亦负造林保护之责。厥后机关屡经改组，省会农林局之后，又有林务局、林务处之组织；各县则有铁道林务分局、林务员办事处等；迤东、迤南又有分区林务局之次第成立。关于林务之法令，迭次颁行，屡加修正，经二十余年之递嬗演进，组织渐趋健全，法令亦称完密。盖云南林务，自清末迄今，皆在继续孟晋之中，无时或止，实由山国天然之环境使然。兹综核二十年来之林务事项，再分述之。

自清末起至民国十年期间，以劝导人民种树并保护原有森林为主旨。但在清光宣间之林务，仅及昆明一县，以种植委员一人，督同昆明五乡，永远种植保护。绅管人等，于每年雨季点播松子于昆明附近荒山，或于乡村之隙地及河埂等处，补植女贞，白蜡、桑树。此等林务事项，初由农工商局管理，后归劝业道统辖。其在各县地方之林务，又有劝业所之设置，而课其责于地方官吏。民国后以实业司为主管机关。元年公布《云南森林章程》，以保持天然林及提倡人造林为宗旨，并供给各县造林需要之籽种秧苗。二年公布《各县蚕林实业团章程》《森林种植保护团章程》，又通令各县将种植事务列为交代之一。三年，云南省长行政公署公布《森林火灾预防、消防及处理单行法》，同年奉到大总统公布《森林法》，即将上项单行法废止。四年，农商部公布《森林法施行细则》《造林奖励条例》，各县依照中央法令组织林业公会。是年巡按使公署又令农林局根据农商部令，计划云南全省林务进行事项，约分五端：(一)各县强制造林；(二)各县设立苗圃培植苗木；(三)各县设立承办林木籽种处；(四)各县确定造林经费；(五)认真保护森林。五年，护国军兴，公帑拮据，因裁撤农林局。六年，有招致华侨投资云南造林之议，未果行。由是年以至十年，虽全省林务进行，间有张弛，然在昆明及盐井各县，仍逐年种树，而保护尤为认真。例如各县旧历新年之栽年松、火把节之烧火把，自是著为禁例，逐渐革除。而牛马践踏森林，人民盗伐树木等事，亦因保护而知儆戒焉。

自民国十一年至二十年期间，以历年倡导造林之基础，而求进一步之发展。其管理林务最高机关，十一年仍为实业司，十六年改为厅。厅之对内承办林政者为农林科，对外承办林政者为林务局。十七年实业厅改组建设厅，仍设农林科及林务局，分掌林政如故。十九年成立农矿厅，依据中央法令，组织林务处，承办全省之造林及保护事宜。其保护办法，在此期内，准由林务局受理森林诉讼，厘定章则，通行全省，杜盗伐滥伐之弊。又曾在滇越铁道附近一带，以铁道警察兼办森林警察。又在省会附近编制保安林。要之，此期之林务进展办法，可以强迫种树及分区造林两端综之，而分区造林较强迫种树尤为加紧进展，效力亦大。惜经费不足，未能完全贯彻耳。兹将两端办法略述于后。

一、强迫种树办法：民国十年起，照《云南种树章程》全省实行以强迫而普及全省种树为主旨，首定种树权，凡军、政、法、学、警及自治各机关团体暨各地方人民，均有在本省境内种树之权，均得享有种树之利，即均负有种树之责。次定种树地，凡无确当业主之荒废地，均收为国有。除尽先由附近村落之人民领种外，其余无论公私人均得承领种树。即民有荒地不能照章种树者，亦得收归国有，另招他人领种。盖寓劝导于强迫之中也。再次定种苗法，因各地方气候土宜及其需要状况之不同，而定明按年种树所需种苗如何准备。惟军政各机关及各法定团体所需者，概归自备。私人所需者，由各属实业所酌量发给，以资补助。再次定保护之法，除公私种树者，有各自保护及协同保护之责外，期于厉行《森林法》，并筹设森林警察。又参酌中央颁布《造林奖励条例》及《县知事劝业考成条例》，体察地方情形，拟定奖惩之法，此项《种树章程》，凡四十条，于民国十年由实业司呈奉云南省长公署及滇军总司令部核准公布。

二、分区造林办法：自民国十年至十四年，按照《云南种树章程》实行强迫种树之后，实业司认为，强迫种树办法，固为人人均有种树权责，但责任不专，实效未著。

而在矿山、盐井及交通便利之处，消耗木材数量日渐激增，新造森林，生产不能相应，颇有木材日荒之虞。乃另拟《云南分区造林办法》，呈奉省公署核准，随即厘定《云南分区造林章程》二十九条，于民国十五年一月公布实行，其要旨即为于省会地方及矿厂盐井区域、滇越铁路由河口至宜良路线附近一带，实行官督民种，扩充造林，分为四大林区，每区委派督种委员一员，会同林区所在地方官绅，督率人民限期垦荒，逐年扩充造林。其林区之划分：以省会附近一带编为第一林区；以个旧、蒙自、阿迷暨滇越铁路由河口至宜良路线两旁十五里以内地方编为第二林区；以盐丰、盐兴、安宁、禄丰、楚雄，暨元永井、阿陋井等处编为第三林区，以巧家、会泽及其附近产矿地方编为第四林区。其造林之限期，初期扩充造林暂定十年为限。各林区每年造林成活之面积，各在五千亩以上，每年分为夏、秋两季行之。其造林之树类，第一、第二林区，以种建筑用薪炭用之树类为主，第三、第四林区，以种薪炭用之树类为主。又于第二区气候较热之处兼种木棉、桐油等类。其林利之分配，林地权属于公有者，将来以林利四成归公，六成分给造林与出力者。林地权属于私有者，将来以所得林利二成归公，三成给予地主，五成分给造林出力者。惟归公之林利，应作为地方继续造林经费及其他正当用途。详细办法，应由地方官绅会商督种委员另订之。当于十五年十月内，委派督种委员四人，分赴各林区，会同地方官绅调查荒山旷地，编为若干小林区，绘图具报，并实行秋季麻栗造林，预备十六年各林区夏季所需籽种。统计十五年度所备各项林木籽种，麻栗子九石五斗九升四合，每石价银六十元，共合五百七十五元六角四仙；飞松子二十石，每石价银七十元，共合一千四百元；柯松子三十石，每石价银二百二十元，共合六千六百元；合种麻栗、飞松、柯松三项籽种，价银八千五百七十五元六角四仙。又为贮藏此项大宗籽种起见，曾于实业司内新建贮藏室一大所，并购备藏种器具等项，用银三千数百元。又设立林业讲习所，培养人才，其经费及各林区督种委员薪公旅费等项，为数不赀，合计全年度所需各区造林经费共四万八千四百余元。上项籽种，除麻栗子已于十五年秋季督种于第一林区各属外，其余飞松、柯松籽分发于第一、第二、第三、第四林区，每区十余石。不足之数，由各地方照章自行购备，务期每区每年造林成活在五千亩以上。各林区领到籽种之后，已于十六年夏季由督种委员督同地方官绅如数种完。其有自备籽种，亦同时种下，分别具报有案。其属第一林区所播籽种面积，共有六千亩以上，并经委县查明，成活之数，与章相符，行令嘉奖。此项分区造林计划，原以十年为限。第一年所需经费四万八千四百余元，系由仙云两湖露出田亩拨用。自第二年起至第十年止，每年需经费三万五千四百六十元，照章应由财政司筹发。旋因十七年本省改组省务委员会，原有各司亦随之改组，因而分区造林计划于第一年度结束后暂时中止。至于此期林务行政内之保护森林事宜，在省设置林务局，依据《云南森林诉讼章程》，办理各级森林诉讼。其在各县之森林诉讼，即由各县地方官照章办理。自民国二十年起，拟实施造林运动，制定造林运动章程，以十年为期，现在仍在继续进行中。此后办法有无变更，难以预定，但决定此后十年为实施造林运动之期也。其计划为凡在云南全省所属区域应在造林法令之下，发动民众，一致种树，期于十年之内种满荒山，养成森林是也。按云南农矿厅于十九年十二月拟定《云南造林运动章程》，呈奉云南省政府核准公布，自二十年一月实行。

二十二年又呈奉实业部修正为《云南推广造林章程》。是年八月，农矿厅改组为实业厅，照修正章程继续进行。其要旨：在造林之先，注重关于造林之土地组织、劳力组织、经济组织三事。土地组织者，确定造林土地而杜界限之争执也。劳力组织者，确定造林人力而防公私之推诿也。经济组织者，确定造林用费而免款项之支绌也。为完成上项组织起见，分期遣派造林督察员，各往指定县属，督同县长及人民等，实际进行。二十年，派第一期造林督察员七人，分往昆明等二十二县。二十一年，派第二期造林督察员三人，分往个旧等九县。二十二年，派第三期造林督察员三人，分往大理等九县。每期所派造林督察员，达到指定各县后，每县至少编制造林场五十个，每场面积至少二百亩。编制之后，各将造林管理员选定，造林经费筹足，又填编制表呈报实业厅核发执照，以资保证。以上三期造林督察员所到之处，计有四十县，共编造林场二千八百有余，而由各县县长自行编制者，亦在二千余个，合计五千个以上。编制之后，每场每年推广造林至少二十亩。每年共应造林十万亩。果能赓续进行，至十年限期，实可蔚然成大宗林产，其利用厚生，岂有涯哉。

又凡在林务推广时期，农矿所及实业厅均责成林务处承办全省林政。其主要工作，除依据《造林运动章程》即实业部修正之《云南推广造林章程》实施外，尚有省立林场苗圃及设置林务员保护森林等事，均属重要。附述于后：

一、省立造林场，已成立者有六：第一造林场设于昆明县东乡之双乳山及照壁山，面积七千余亩；第二造林场设于昆明县北乡之铁峰庵山，面积二万八千余亩；第三造林场设于昆明县西乡之眠犬山，面积二千六百余亩；第四造林场设于昆明县北乡之老青山，面积三千七百余亩；第五造林场设于昆明县东乡之石子土山，面积二千余亩；第六造林场设于路南县之拖沟寺山，面积五万余亩。以上各造林场之成绩，招报第一、第二、第三为佳，而第一、第三两场，业经种满成林，逐年收利。

二、省立苗圃：已成立者有二：第一苗圃设于昆明西门外之城墙脚，占地八十余亩。第二苗圃设于昆明北乡之右营，占地二十余亩。第一苗圃成立最早，成绩已著，每年发给各县苗木平均在三十万以上。又县立苗圃，据报成立七十余个，惟各个面积颇狭，所养苗木只供一部分之用。

三、省立籽种承发所：附于林务处内。逐年采购特产林木籽种，选择存贮，分发各县播种，平均每年发出籽种五十石以上。又县立籽种承发所，则附设于各县建设局内。

四、省立分区林务局：先由迤东、迤南组织成立。设于迤东之昭通者，名曰迤东分区林务局，以推广栽培漆树、梘树及桐油等类为主旨。设于迤南开远者名曰迤南分区林务局，以推广栽培木棉、樟树及亚热带植物为主旨。均于民国二十三年七月成立。至于全省栽培工艺植物等事，除在迤东、迤南分区林务局附近各县外，仍由林务处督促办理，曾经规定种植核桃及桐油详细办法，颁发施行。

五、设置各县林务员：各县所编造林场，每县均在五十个以上，多者达一百二十个。每场设置管理员一人。但造林场既多，不免散漫，特为设置林务员统率指挥之。经厘定《设置林务员办法大纲》颁行全省。自二十一年起，凡林场已由督察员或县长编制呈准核委管理者，并分区设置林务员。区域广者，一县划为五个林区以上；区域狭者，一县划为五个林区以下。每一林区委林务员一人，其职责为指挥督率本管区内林场管理员，并办理预备籽种、培育秧苗、推广造林、管理林场及联合保护森林、预防火灾、巡查林场等事。其服务细则由各县根据《林务员办法大纲》，斟酌当地情况拟定之。兹将昆明等二十二县林务员人数列表于后：

云南省各县分区林务员统计表

县别	共设区数	共设人数	备考
昆明县	八区	八人	每一林区设林务员一人
楚雄县	七区	七人	同上
牟定县	五区	五人	同上
富民县	四区	二人	系以一人分管两区
陆良县	九区	九人	每一林区设林务员一人
兰坪县	六区	六人	同上
昆阳县	五区	六人	第三区设二人，余设一人
澄江县	五区	五人	每一林区设林务员一人
维西县	七区	七人	同上
盐兴县	四区	四人	同上
元谋县	六区	六人	同上
马龙县	五区	五人	同上
龙陵县	八区	八人	同上
呈贡县	四区	四人	同上
大理县	三区	三人	同上
罗次县	六区	六人	同上
盐丰县	五区	五人	同上
弥渡县	三区	三人	同上
彝良县	三区	三人	同上
巧家县	六区	六人	同上

（续表）

县别		共设区数	共设人数	备考
剑川县		五区	五人	每一林区设林务员一人
会泽县		十区	十人	同上
合计	22	124	123	

附记：

本省各县分区设置林务员者，计有二十二县，林区一百二十四个，林务员一百二十一人，其余尚未具报。

牲畜

一、概述

云南气候温暖，山岳纵横，土质肥沃，草场丰富，牧畜事业，例应发展。按之实际，除家禽鸡，鹅、鸭、鸽，家畜若猪等相当维持清末时之产量外，马、牛、骡、驴类皆逐年递减其产额。虽原因复杂，而主要则以连年用兵，为国宣劳，马、骡两项，其十分之九，多充驮运军需品物之用，辗转数省，死亡相继。养马之户，骤形减退，其应需搬运肥料农作物等之畜力，半以黄牛任之。故马、骡头数日少，而价格乃日贵矣。其次则劣种相传，别无新奇品种用资繁殖。虽省立农事试验场，曾有外国种畜之饲育，然交配无多，死亡相继。马如阿拉伯纯血种；牛如荷兰、瑞士，吉光片羽，皆无多量生产。以是办理多年，并无一个混合种存生。进且新的品种不克传留，旧的品种日形恶化。年来迤东如昭通、省会如昆明县，虽有赛马会之提倡，不独佳种甚少，抑且头数无多，常此演进，畜业衰颓，不识伊于胡底也。又其次则牧草半属天然，不肯选择富于养料，适于营养率之苜蓿、紫云英等类，尽量栽植，故家畜徘徊牧场，终日难获一饱，不过作为农家副业之用耳。夫既无牧畜公司为之改良倡导，又无兽医专家为之防除病害，欲求畜业进展，不亦缘木求鱼乎。

二、各县家畜产额

丽江、昭通之羊皮、会泽之毛毡，久已驰名各省。而大宗羊毛产额，皆左右于气候也。宜良、陆良、路南之乳饼，邓川、洱源之乳扇，在酪农中实占重要地位。然其关键，一由于风土佳良，一由于牧场广阔，非尽人事之完美耳，兹将全省产额表列如下。

云南各县牲畜产额表

县别	名称	产额
呈贡县	水牛	1,000 余头
	黄牛	100 余头
	猪	10,000 余头
	马	2,000 余匹
	羊	3,000~4,000 只
	驴	1,000 余头
	骡	800~900 头
	鹅、鸡、鸭	100,000 余只
阿迷县	羊	5,000 余只
	牛	2,000 余头
马关县	山羊	3,000 只
	黄牛	5,000 头
	水牛	10,000 头
	鸡	100,000 只
泸西县	羊（山羊、绵羊在内）	8,000 只
	黄牛	5,000 头
	水牛	4,000 头
	马	7,000 匹
江川县	水牛	1,800 头
	黄牛	2,000 余头
	山羊	5,000 余只
	马	300~400 匹
	猪	50,000 头
	鸡	70,000 余只

（续表）

县别	名称	产额
通海县	马	5,800 匹
	骡	3,900 头
	牛	1,400 头
	羊	2,100 只
	猪	8,600 头
河西县	水牛	850 头
	黄牛	219 头
	山羊	535 只
	马	1,338 匹
	猪	2,692 头
	鸡	14,178 只
曲溪县	水牛	2,000 头
	猪	10,000 头
	鸡	85,000 只
峨山县	马	1,520 匹
	牛	3,490 头
	驴	773 头
	羊	4,583 只
	猪	8,832 头
墨江县	马	530 匹
	牛	9,720 头
	驴	1,100 头
	羊	580 只
	猪	13,960 头

（续表）

县别	名称	产额
建水县	山羊	2,000只
	黄牛	1,000头
	水牛	3,000头
	鸭	100,000只
	鸡	200,000只
	猪	5,000头
蒙自县	山羊	2,000只
	黄牛	5,000头
	水牛	约10,000头
	马	1,000余匹
	猪	40,000头
	鸡	约60,000只
西畴县	黄牛	10,000头
	水牛	8,000头
	山羊	1,000只
	鸡	30,000余只
石屏县	山羊	3,000只
	黄牛	5,000头
	水牛	10,000头
	鸭	100,000只
个旧县	水牛	650头
	黄牛	8,200头
	山羊	5,400只
	马	870匹

（续表）

县别	名称	产额
个旧县	猪	65,000 头
	鸡	158,000 只
澄江县	马	2,910 匹
	牛	1,413 头
	驴	270 头
	羊	4,420 只
	猪	9,308 头
安宁县	水牛	约 2,000 头
	黄牛	约 5,000 头
	山羊	约 10,000 只
	马	1,000 余匹
	猪	约 30,000 头
	鸡	约 50,000 只
禄丰县	牛	约 1,200 头
	马	约 3,000 余百匹
	骡	约 1,000 余百头
	驴	约 800 头
	羊	约 3,000 余百只
	猪	约 28,000 头
	鸡	约 100,000 只
	鸭	约 20,000 只
	鹅	100 余只
广通县	马	500 余匹
	牛	1,600 余头

（续表）

县别	名称	产额
广通县	羊	1,700 余只
	驴	300 余头
	骡	200 余头
	鸡	30,000 余只
	猪	10,000 余头
楚雄县	水牛	2,000 余头
	黄牛	6,000 余头
	猪	150,000 头
	马	5,000 余匹
	山羊	40,000~50,000 只
	绵羊	约 20,000 只
	驴	2,000 余头
	骡	1,000 余头
	鸡	200,000 只
	鸭、鹅	10,000 只
新平县	绵羊	5,000 只
	黄牛	5,000 头
	水牛	4,000 头
盐丰县	马	约 3,000 匹
	牛	约 2,000 头
	山羊	约 20,000 只
	绵羊	约 2,000 只
	鸡	约 60,000 只
	猪	约 30,000 头

（续表）

县别	名称	产额
大姚县	马	约 2,400 匹
	牛	约 3,600 头
	羊	约 5,300 只
	鸡	约 200,000 只
	猪	约 20,000 余头
永仁县	马	约 20,000 匹
	牛	约 100,000 头
	驴	约 4,000~5,000 头
	羊	约 100,000 只
	猪	约 200,000 头
	鸡	约 300,000 只
	鸭	约 2,000 只
	鹅	约 300~400 只
镇南县	水牛	3,000 余百头
	黄牛	7,000 余百头
	马	4,500 匹
	驴	1,700 头
	羊	8,000 余百只
	猪	40,000 余头
	鸡	100,000 余只
双柏县	马	约 500 匹
	骡	约 2,000 头
	驴	约 1,000 头
	牛	约 4,000 头

（续表）

县别	名称	产额
双柏县	羊	约 3,000 只
	猪	约 40,000 头
	鸡	约 60,000 只
牟定县	水牛	2,000 余头
	黄牛	6,000 余头
	猪	34,000 头
	马	1,200 匹
	山羊	1,800 只
	绵羊	1,000 余只
	驴	450 头
	骡	600 余头
	鸡	50,000 余千只
	鸭、鹅	2,000 余只
姚安县	水牛	约 1,000 头
	黄牛	约 5,000 头
	马	约 2,000 匹
	山羊	约 4,000 只
	猪	约 5,000 只
	鸡	约 100,000 只
景东县	马	约 300 匹
	水牛	约 5,000 头
	山羊	约 10,000 只
	绵羊	约 500~600 只
	黄牛	约 5,000~6,000 头

（续表）

县别	名称	产额
景东县	骡	约 5,000 头
	驴	约 200 头
	鸡	约 200,000 只
	猪	约 200,000 头
	鹅	约 200 只
	鸭	约 1,200 只
景谷县	马	1,000 余匹
	骡	约 2,000 头
	牛	约 50,000 头
	羊	约 40,000 只
	猪	约 70,000 头
	鸡	约 100,000 只
镇沅县	马	500~600 匹
	牛	8,000 余头
	羊	70,000 余只
	鸡	100,000 余只
	猪	60,000 余头
宁洱县	马	约 200 匹
	水牛	约 6,000~7,000 头
	黄牛	约 5,000~60,000 头
	猪	100,000 余头
	鸡	200,000 余只
	山羊	约 3,000 只
	绵羊	约 500 只

（续表）

县别	名称	产额
宁洱县	鹅	约 300~400 只
	鸭	约 100,000 只
	骡	500~600 头
顺宁县	马	约 1,500 匹
	骡	约 1,100 头
	驴	约 800 头
	水牛	约 5,000 头
	黄牛	约 20,000 头
	山羊	约 30,000 只
	绵羊	约 1,000 余只
	鸡	230,000~240,000 只
	猪	100,000 余头
缅宁县	马	3,000 余匹
	牛	5,000 余头
	羊	2,000 余只
	猪	50,000~60,000 头
云县	骡	约 800 头
	马	700 余匹
	水牛	约 5,000 头
	黄牛	10,000 余头
	山羊	约 20,000 只
	绵羊	2,000 余只
	猪	50,000~60,000 头
	鸡	100,000 余只

（续表）

县别	名称	产额
云县	鸭	1,000 余只
	鹅	300~400 只
鲁甸县	马	约 500 匹
	骡	约 300 头
	牛	1,000 余头
	羊	20,000 余只
	猪	50,000 余头
	鸡	100,000 余只
晋宁县	水牛	2,000 余头
	黄牛	200 余头
	猪	8,000 头
	马	1,000 余匹
	羊	4,000 余只
	驴	100 余只
玉溪县	马	约 2,000 匹
	牛	4,000 余头
	羊	5,000 余只
	猪	34,000 余头
	鸭	176,000 余只
路南县	马	3,790 匹
	牛	6,490 头
	羊	14,980 只
嵩明县	马	500 余匹
	牛	10,000 余头

（续表）

县别	名称	产额
嵩明县	羊	100,000 余只
	猪	25,000 余头
	鸡	53,000 余只
陆良县	马	800 余匹
	牛	1,200 余头
	羊	13,000 余只
	鸡	120,000 余只
	猪	约 150,000 头
	骡	300 余头
沾益县	马	300 余匹
	牛	600 余头
	羊	约 15,000 只
	驴	约 50 头
	猪	约 26,000 头
	鸡	约 68,000 只
罗平县	马	800 余匹
	牛	6,500 余头
	羊	13,000 余只
	鸡	150,000 余只
	猪	100,000 余头
巧家县	牛	2,280 头
	马	378 匹
	猪	7,380 头
	羊	6,100 只

（续表）

县别	名称	产额
巧家县	骡	150 头
元江县	黄牛	16,000 余头
	水牛	10,000 余头
	绵羊	约 5,000 只
	猪	约 15,000 头
寻甸县	马	3,000 余匹
	牛	10,000 余头
	羊	50,000 余千只
	猪	80,000 余千头
	鸡	100,000 余千只
	鸭	约 5,000 只
会泽县	马	5,000 匹
	牛	3,800 头
	猪	25,000 头
	羊	56,000 只
师宗县	马	300 余匹
	牛	1,000 余头
	羊	2,000 余只
	猪	2,000 余头
蒙化县	马	4,500 匹
	牛	5,230 头
	羊	13,000 只
	猪	24,300 头
	驴	1,600 头

（续表）

县别	名称	产额
蒙化县	骡	3,300 头
宾川县	马	7,000 匹
	牛	8,000 头
	羊	9,200 只
	猪	93,000 头
	骡	600 头
	驴	3,500 头
弥渡县	马	6,400 匹
	牛	1,300 余头
	骡	500 头
	羊	3,700 余只
	猪	19,500 头
鹤庆县	马	4,400 匹
	牛	4,160 头
	骡	3,500 头
	羊	16,200 只
	猪	16,400 头
洱源县	马	10,000 余匹
	牛	8,000 余头
	驴	3,000 余头
	骡	300 余头
	羊	10,000 余只
	猪	24,000 头
丽江县	马	11,400 匹

（续表）

县别	名称	产额
丽江县	牛	1,400 头
	羊	34,000 只
	猪	36,000 头
	骡	26,000 头
保山县	牛	17,145 头
	羊	5,245 只
	马	11,380 匹
	猪	524,000 头
	鸡	125,900 只
	鹅	600 只
	鸭	5,600 只
云龙县	马	2,860 匹
	牛	2,910 头
	羊	34,200 只
	猪	44,200 头
	驴	3,200 头
腾冲县	马	13,100 匹
	骡	9,500 头
	牛	10,100 头
	羊	21,000 只
	鸡	27,000 只
	猪	93,000 头
	鹅	1,500 只
	鸭	9,600 只

（续表）

县别	名称	产额
永平县	牛	4,500 头
	羊	12,000 只
	马	25,200 匹
	猪	5,800 头
	骡	4,300 头
	鸡	100,951 只
	鹅	1,714 只
	鸭	6,930 只
龙陵县	牛	440 头
	马	220 匹
	骡	1,250 头
	羊	1,820 只
	猪	3,150 头
兰坪县	马	380 匹
	骡	3,500 头
	牛	6,500 头
	羊	10,000 只
	猪	28,000 头
大理县	马	3,837 匹
	牛	6,668 头
	羊	1,005 只
	猪	22,570 头
	鸡	49,100 只
	鹅	74 只

（续表）

县别	名称	产额
大理县	鸭	370 只
剑川县	马	2,013 匹
	牛	667 头
	驴	1,112 头
	羊	9,251 只
	猪	17,323 头
中甸县	马	894 匹
	驴	355 头
	牛	2,380 头
	羊	7,130 只
	猪	7,740 只
	鸡	3,340 只
	鸭	500 只
邓川县	牛	15,100 头
	马	2,000 余匹
	骡	600 余头
	羊	10,000 余只
	猪	20,000 余头
	驴	200 余头
	鸡	100,000 余只
	鹅	800 余只
	鸭	4,000 余只
祥云县	山羊	6,000 余只
	绵羊	7,000 余只

（续表）

县别	名称	产额
祥云县	马	3,100 匹
	牛	1,600 头
	驴	1,400 头
	猪	11,000 余头

附：渔业

一、引言

滇本山国，西半幅为高黎贡山脉及怒山山脉所割据，东半幅为南岭及勾漏山脉所发端。因山脉概属螺旋式，故其间低谷错落，散置淡水湖，然面积有限，水产亦少，虽各县河流略有鱼虾之属，亦不足以言渔业。故严格而言，云南实为无渔业之省份，渔业不兴，良有以矣。虽然，就本省情况而言，此面积有限之淡水湖，亦有不少之渔民从事渔业于其中。此种渔民，均系半农半渔，生活备极清苦。兹篇所述，即就本省略有渔业重要之区，根据实地调查，作一简略之报告耳。

二、渔区

本省湖泊之最主要者大别如下。

（一）附于澜沧江之湖泊：

1. 剑湖：位于剑川县之南。

2. 洱海：位于大理县之东。

（二）附于红河之湖泊：

1. 缕海：位于蒙自县之西北。

旧有波墨、三角、长桥、鲤海四湖，水形若器字，今仅存缕海。

2. 白龙潭：位于文山县之西南。

（三）附于长江之湖泊：

1. 草湖：位于中旬之北。

2. 程海：位于永北县之西南。

3. 周官蚁海：亦名茜木镜湖，位于祥云县之东。

4. 滇池：位于昆明市之西南。

5. 嘉利泽：位于嵩明之南。

6. 八仙海：位于昭通之南。

（四）附于盘江之湖泊：

1. 中涎泽：位于陆良县之东。

2. 阳宗海：亦称明湖，位于宜良之东。

3. 抚仙湖：位于澄江县之南。

4. 星云湖：位于江川县之南。

5. 杞麓湖：位于通海之北。

6. 宝秀湖：位于石屏之西。

7. 赤瑞湖：亦曰异龙湖，位于建水之西。

8. 矣邦湖：位于泸西之南。

9. 老乌湖：位于文山之西北。

上述各淡水湖，均有鱼类，惟产量以滇池、洱海、抚仙湖，中涎泽为最多。兹就此四区分述其概况于下。其余各湖概从略焉。

三、滇池

滇池为国内著名淡水湖之一，属长江流域，又称昆池，亦名滇南泽，面积周约三百里。位于六千三百余尺之高地，苍崖万丈，绿水千寻，风景幽秀。昆明、晋宁、呈贡、昆阳四县环绕之，水产最常见者有下列二十种：（一）鲤鱼，（二）白鱼，（三）金线鱼，（四）鳝鱼，（五）鲇鱼，（六）鲫鱼，（七）黑鱼，（八）鲢鱼，（九）细鳞鱼，（十）红鱼，（十一）花鱼，（十二）海鳅，（十三）扁头鱼，（十四）小虾，（十五）螺蛳，（十六）海菜，（十七）藻类，（十八）小蟹，（十九）龟，（二十）鳖。

以上二十种，均为滇池中最普通之水产。就实际而言，以鲤鱼为大宗。其他各种，除藻捞作海粪外，余均成一种偶然之渔获。鱼之产量，就实地调查之结果，年产六十余万斤。其分配如下：（一）昆明境内：年产三万余千斤。（二）昆阳境内：年产五十余万斤。（三）呈贡境内：年产六万余斤。（四）晋宁境内：年产三万余千斤。

除鱼外，滇池中尚有水藻，经捞取后晒干成饼状，用作肥田之用。计每饼重五六斤，每百斤售价十元左右，普通以个计，每百个可售价五十余元。此项藻饼，一般农民呼为海粪。因含氮（N）甚丰，故农民乐用。在滇池中可自由捞取，亦有专从事于此项海藻肥之捞取者。其年产额不详。渔妇捞取滇池中一种名为海菜之藻，腌以盐，加辣料、米散等，制为一种卤咸菜，以之佐食，名曰海菜酢。亦有专制以出售者，每斤价二三角。鱼之价值，因种类及销场而不同，如在昆明市销售鲤、鲫，有时可售至一元七八一斤，但在乡街，仅售四五角一斤而已。估计滇池年产水产约值滇币六七十万元。滇池内从事渔业之船舶，大小共三百余艘，其分配如下：（一）昆明县属一百余艘。（二）昆阳县属一百余艘。（三）呈贡县属四十七艘。（四）晋宁县属一百余艘。

就渔具而言，滇池内普通系用以麻丝制成之篆网、麻遮线笼、线花篮、线网、丝网、撒网、挟网，或竹制之篾笼子、篾花篮等数种。此外，尚有以罾及水乌鸦捕捉者，以用撒网捕捉者为多。滇池之渔获物，以昆明市为最大销场，各县街期副之，多以售卖鲜鱼为主。其中白鱼等则先有腌以盐始行出售者，但在渔期盛时六、七、八、九等月，其他各种鱼，亦因渔获较多而有腌之者。滇池之渔民，多系半农半渔，其专恃渔业者，为数甚少。盖专门从事渔业，不能解决其最低之生活也。彼等渔获鱼时，直接赴市贩卖者固有，但往往售与居间之鱼贩子，再由鱼贩子运市销售，故渔民遂受一种剥削。此外，尚须缴纳一种捐税，在昆明、呈贡二县，县政府不征收此种捐税，昆阳则征收所谓“渔粮”，按年由县政府征收，其额不详。经调查后约略估计滇池有渔民二千余人。其渔村分布如下表。

昆明等四县渔村渔民分布表

县别	渔户数	渔民数	著名渔村名称
昆明	百余户	五百余人	大观楼、明家地、西坝、海坝、五甲塘、清河
昆阳	百余户	七百余人	坝埂村、亮沟村、大沟尾、大河嘴、白山村、有余村、老塘嘴、独房子
呈贡	百余户	五百余人	斗南村、江尾村、乌龙浦
晋宁	百余户	五百余人	安乐村、余家沟、黄家地、老荒滩、沙堤村、江渡、佛墩、河泊所、下海埂

注：上表所列数字，系根据各该县呈报之调查。

滇池渔民之生活，因受农村经济破产之巨潮，日陷崩溃，故极宜设法挽救也。

四、洱海

洱海一名昆弥池，亦淡水湖，即古叶榆水。源出洱源北之罢谷山，南流至大理东，名西洱河，汇山溪诸流及点苍十八溪而为巨津。面积二百余亩，略小于滇池。以形如人耳，故称洱海，位于六千五百余尺之高地，四面为山所抱，风景过滇池，为附于澜沧江之湖泊。水产有下列各种：（一）虾，（二）蟹，（三）蚌，（四）螺蛳，（五）谷花鱼，（六）竹钉鱼，（七）鳅，（八）鳝，（九）蚬，（十）田鸡，（十一）白鱼，（十二）大头鱼，（十三）弓鱼，（十四）鲫鱼，（十五）黄皮鱼，（十六）白皮鱼，（十七）细鳞鱼，（十八）花鱼，（十九）油鱼，（二十）鲤鱼，（二十一）鳔鱼，（二十二）面肠鱼。

以上列各种水产中，有数种鱼类，颇为特异，为他处所少见。兹分述于下。

（一）弓鱼：以产洱海西北面者为佳，鳞细，长不盈尺。即杨慎称为“鱼魁”者。

（二）花鱼：大者重十余斤，味最美。产洱海。尾鳞细，嘴尖，身有黑黄花纹。

（三）油鱼：此鱼甚不多见，因烹食时以白水煮之，无须放油，而油自出，故名。

八九月始偶见之。

（四）金鱼：鳞甲金黄，长盈尺余，唇有两须，产洱河东石峡处。不能网捕，故大者难得。二三月间满腹有油，味极可口。

（五）鳔鱼：长仅二三寸，脊青，腹白，鳞细而软，秋冬极肥，味鲜美适口。

（六）面肠鱼：形似鲫鱼而腹大，剖之，一肠环结于内，如切面丝，故名。秋季为渔期。

除上述六种外，尚有一种飞鱼，于无人时则跃嵌岸边岩石上，见人仍入水中，但与太平洋所产之飞鱼异。

洱海内之船分大、中、小三种。大船专供装运货物，以油、盐、柴、米、牲畜、果物为大宗，自东岸至西岸，约二小时，自上关河口至下关河边，计水程一百二十里，顺风六小时可到。是每小时船行约二十里，逆风则无一定到达时，普通二三日不等。小艇则专为渔业之用。总计洱海有从事渔业之船四百三十四艘。在洱海从事渔业之渔民，据大理县政府调查，有渔户二百二十六户，计一千二百五十四丁口。除少数兼营农业外，均系专门从事渔业，此与滇池渔民不同之点。洱海仍以渔鱼为主，其要渔鱼具，系以人工编成之丝网或麻网，亦有用鱼鹰渔取者。用网渔取时，普通投网入水中，历一二小时，然后收网查视。用鱼鹰捕捉者，船盛鱼鹰，驶行湖面，鱼鹰瞥见鱼时，自船跃入水中，待捕获鱼时，即出水登岸，渔者自口中取鱼。洱海年产鱼一百五十二万七千四百斤（根据大理县政府调查表），以城乡市镇各区街场为销场。鱼之售价，因时期及种类而不同，普通鲜鱼，平均价每斤六角至一元，年产值一百余万元。弓鱼、鳔鱼及竹钉鱼，则有盐腌晒干运输出境销售者。大理对于鱼有渔课之征收，由建设局承办出包与承包人，再向各渔户征收。其征收额不详。大理渔户散居下列各渔村：北邑、西湖、东湖、小石桥、三岔河、后湖、潭寺、文笔湖、海潮湖、东西闸、江尾、大小排、晒网、登舟子甸、东马厂、白马、双廊、大唱、旁良、甸村、莲花曲廊、青山洼、色白石、曲才村、下鸡邑、龙王庙、小邑庄、五塔村、下河、向阳、大溪、上沧、海岛、塔村、南村、北村、大关邑、罗久邑、下龛、洱滨村、大和曲、打鱼村、下庄、山曲村、南关邑、黄瓜园，满江邑、石坪村、波罗甸、晒经坡、乔甸、海骚、沙村、金圭寺、白马登、洱源、海口、白塔邑、磻溪、波淜邑、西城尾、赤土江、下阳溪、小江边、古生、新溪邑，石岭、方鱼洞、波罗旁、木马邑、沙坪河、渼城、深江村、马久邑。就上列渔户分布村之广而言，渔民恐不止上所云之一千二百五十四丁口，渔船或亦超过调查数四百三十四艘也。

五、抚仙湖

抚仙湖之水产，仍以鱼为大宗。鱼产量如下，（一）鱇鲳鱼，年产三十余万斤。（二）青鱼：年产三千余斤。（三）鲤鱼：年产一千余斤。

抚仙湖之出产，以鱇鲳鱼为特产。此种鱇鲳鱼之渔取，系以湖边岩穴为鱼洞，或砌石为渔沟，亦有挖沙滩作半环沟形，扯水引鱼上沟者。抚仙湖及明湖中无渔鱼之船只，此与其他渔区不同。盖由于湖水深澈，风浪甚大，船不能驶故也。此湖渔具，系破竹编成大口小颈腹宽而颈部置列丛须之笼，此笼如此构造，目的在使鱼易入难出，鱇䱗鱼在空气中之生活力异常薄弱，往往甫出水面即死者，故渔获后即以盐水腌渍，撒置竹篱上，晒干后出境销售。每斤平均价约一元七八角至二元。抚仙湖之鱼，除鱇䱗鱼盐腌出售外，青鱼及鲤鱼，均系鲜售。每斤平均价约八九角。渔期起于二月或三月，以四至六月为渔期最盛时。渔民数五百六十八户，二千余人。但纯以渔业为生活者，为数甚少，多系半农半渔，或兼营商业，分居玉笥、禄冲、集点、岸口、府前等乡。渔场系矣旧五村暨海口、路岐、平坡、尖山、禄冲等处岩水穴及沙滩。澄江县政府征收一种鱼税，每年由渔户直接赴县政府解缴。每户沟洞，每年征实银三钱。最近有人计划以鱇䱗鱼制为罐头，运销外埠。此计划若实现，本省利源又当增一新途径也。

六、中诞泽

中诞泽又名云岭泽，位于陆良县城东南三十里。陆良人呼为东海子。周广百余里，为滇左巨津。渔业仍以渔鱼为主。水产以下列各种较多:（一）鲤,（二）鳝,（三）虾,（四）油鱼,（五）白条鱼,（六）青鱼,（七）石骈头,（八）风攒子鱼,（九）风参鱼,（十）谷花鱼,（十一）蚌,（十二）青螺蛳,（十三）白鱼。

上述水产中以鲤鱼之产额为最多，年约三万七千斤。白鱼次之，年约一万零三百斤。风攒子鱼，年产五千余斤。鲫鱼、鲢鱼，年各产一千数百斤。总计中诞泽年产鱼约六万余斤，值银三万余元。中诞泽从事渔业之船三十余艘。业渔人数七十三人，均系半农半渔，散居于陆良县属之古城河头村及师古湾等渔村。渔具普通用洒网、竹罩、丝网、罾四种。渔获之鱼，在陆良县城或陆良属之马街、三岔河、舟东、板桥等处销售。每斤平均价三角。渔期以夏、秋之交为最盛。陆良县政府征收一种渔粮，系由渔户直接上纳县政府，其额不详。

七、结论

本省渔业不兴，固由于天然环境所限，但人力未尽，不为无因。目下渔获额距实际产量尚远。渔民生活，受种种压迫，痛苦异常。交通不便，渔获物不能运销远方。直接间接均掣渔业于不进，而皆为人力未尽之事。今后应如何改善渔民生活，废除苛税杂捐，普及水产知识，设立渔业警察，健全组织渔会。凡此种种，均有待倡办者也。

民国云南通志长编卷五十七

工业

云南古代工业，略具《通志·工业考》中。清宣统间，滇越铁道筑成，以丛山僻远之省，一变而为国际交通路线，非但两粤、江、浙各省之物品，由香港而海防，海防而昆明，数程可达，即欧美之舶来品，无不纷至沓来，炫耀夺目，陈列于市肆矣。欲返于古代之朴质，纯以农立国，其势有所不能也。清季设劝业道，于农工商有所倡导。民国以来，工业日有进步。抗战期间，轻重工业，需要日亟，本省由萌芽渐著成效。兹将清末及民国三十余年来关于公私经营工业进行之概况，并全省新兴工业，分电力工业、机械工业、化学工业、矿冶工业、手工业五部著于篇，备将来考工业者之研求焉。

一、电力工业

本省电力工业，有昆明市耀龙电力股份有限公司、河口汉光电灯公司、蒙自大光电灯股份有限公司、云南矿业公司开远水电厂、开远通明电灯公司、昭通民众实业公司电力厂、昆明市纺织动力厂、下关玉龙水力发电厂、腾冲叠水河水力发电厂、云南省水力发电勘测队。兹分述之。

昆明市耀龙电灯股份有限公司

沿革：公司创办于前清宣统二年，初为商办，后改官商合办。股额初为银圆二十五万元，每股十元，共集二万五千股。民国元年，工程告竣，正式成立。营业所设于昆明升平坡。发电所设于昆阳县属之石龙坝。转电所设于昆明市小西门内水塘子。当时所设发电机之电量，共为四百六十基罗瓦特，足敷安设十六支烛光电灯二万六千余罩。因工程费巨，共用款六十余万元，除实收股额不敷外，尚负债四十余万元。十二年统计营业收支，除偿还前欠四十余万元外，微有盈余。但电量分配渐有供不逮求之势，以近年市内人户增加，各项电力发动工厂相继成立，需用电力颇巨，而私灯、窃电、漏电之弊，在所难免。乃于是年提经股东会议议决：添招新股，增加股额为一百万元，由政府负责添募新股现金十四万元，改订章程。于十六年照《公司条例》呈经核准立案。兹将民国二十四年前公司概况分述于后。

（一）工厂与资本：厂基约二百八十余公亩，值国币三千一百一十二元。厂房占四十九公亩，值国币十六万六千三百五十一元。资本已缴者国币八十五万二千五百元，未缴者国币十四万七千五百元，共计国币一百万元。

（二）机厂设备：第一厂装置德国制水力机三座，计马力八百五十四。第二厂共装置德国制水力机二座，计马力八百五十四。两厂共装置德国交流发电机五座，发电容量共为一千二百基罗瓦特。由石龙坝至昆明，设有电杆九百零三棵，电线长八万余千公尺，全昆明市馈电高压杆三百三十一杆，总电线长一万一千公尺，分杆一千四百九十三棵，分线长十万公尺。

（三）职工：职员中管理人员有董事九人、监察二人、主任一人，共十二人，年领薪俸国币四千六百八十元。技术人员有正副工程师各一人，主任一人，共三人，年领薪俸国币九千六百元。事务员有股长八人、股员四十五人，共五十三人，年领薪俸国币八千八百五十元。领工技师一人，股长四人，共五人，年领薪俸国币二千四百元。工人中有技术工人四十六人，月薪最高者国币三十元，最低者十元；半技术工人四十二人，月薪最高者国币二十元，最低者五元；无技术工人五十七人，月薪最高者国币五元，最低者三元；学徒三人，月津贴国币二元；杂役十七人，月薪最高者国币五元，最低者二元。职工全年工作三百日，星期例假休息。

（四）原料：各种电气材料，多购自德国，后因国内仿造出品已多，故渐购用国货。计二十四年购入原料约值国币二十五万元。

（五）营业状况：营业区域为昆明市，约供给电灯用户五千数百户，马力用户七十余户。二十四年共售电一百九十八万五千六百九十度，值国币一十八万五千六百五十七元。

按：本编所言国币，系就民国二十四年币价，以旧滇币十元折合国币一元计算。

改组后之耀龙电力公司

一、缘起：该公司自民国元年至民国二十七年间，先后添置发电机，惟发电机容量仅达二千四百四十瓩，仍不足以应付当时之照明需要，而工商企业工业用电更无从获得。经济委员会自行创立一千二百五十瓩之蒸气发电厂于云南纺织厂之旁，建厂装机，于民国二十六年七月完成，开始发电，名曰昆明电厂。所发电力，除供纺织厂外，尚有余量。抗战以来，工厂相继迁滇，电力需要激增，而原耀龙公司之负荷更重，照明与动力愈感不足。为谋供求相济，耀龙公司遂于二十七年六月一日，与昆明电厂合并改组，更名为耀龙公司。年来政府厉行军工生产，用电日增，除将已逾龄拆卸之三百千伏安旧水力机两部重新修装应用外，并向同业昆湖电厂购电补助，转供市区。

该公司自成立迄今，已垂三十五年。改组以来，亦届九载。总计发出电量一亿三千七百一十二万九千八百九十六度，用户共有一万零七百二十八户，供电区域日趋辽阔，现正积极设法扩充发电设备。于石龙坝增装三千千伏安水力发电机二部，并将石龙坝至昆明之二万三千伏高压输电线路改为六万六千伏，以增输电容量，实现环湖供电计划。又拟于宜良县属之可保村，建设五千千伏安汽轮发电机二部，俾收移机就煤、辅助水力之效。工作正在进行中。

二、资金：公司资金来源，官股部分，自民国二十七年迄今，初为经济委员会、财政厅、市政府、五金器具制造厂、省会警察局、军需局等投资，继有云南省企业局参加投资，数额历年均有增加，尤以经济委员会投资较多，至三十四年几与全部商股相等。

历年实收股本统计表

年度	来源	金额（国币元）
二十七年六月至二十九年	官股	730,580.80
	商股	497,030.40
	合计	1,227,611.20
三十年	官股	1,589,110.80
	商股	886,040.40
	合计	2,475,151.20
三十一年	官股	1,508,270.00
	商股	1,507,694.74
	合计	3,015,964.74
三十二年	官股	2,319,691.60
	商股	1,365,070.80
	合计	3,684,762.40
三十三年	同上	同上
三十四年	官股	30,166,200.00
	商股	29,832,800.00
	合计	59,999,000.00
三十五年	官股	30,414,000.00
	商股	29,586,000.00
	合计	60,000,000.00

历年固定及流动资产数额表

年度	固定资产额（国币元）	流动资产额（国币元）
二十八年	2,070,311.65	423,483.09
二十九年	3,245,139.96	1,862,258.82
三十年	4,031,767.48	1,859,674.62
三十一年	7,840,960.77	11,470,007.44
三十二年	23,164,329.95	27,342,658.47
三十三年	95,012,486.88	133,487,673.82
三十四年	193,008,181.43	405,070,138.89
三十五年	380,115,101.53	826,783,834.64

三、设备：公司设备以发电机为主，其详如下表。

发电设备

名称		数量	容量	装竣年月
锅炉	拨柏葛锅炉	2 座	每座受热面积 332.6m^2	二十六年七月
原动机	冲击反动式汽轮透平机	1 座	每座（马力）16.70	二十六年七月
	冲击反动式涡轮水力机	2 座	950	二十六年一座，二十二年一座
	冲击反动式涡轮水力机	2 座	370	十四年
	冲击反动式涡轮水力机	1 座	604	二十四年
	冲击反动式涡轮水力机	2 座	330	三十三年
电机	同步三相交流发电机	1 座	每座（瓩）1250	二十六年七月
	同步三相交流发电机	2 座	725	二十二年一座，二十六年一座
	同步三相交流发电机	2 座	276	十四年
	同步三相交流发电机	1 座	448	二十四年
	同步三相交流发电机	2 座	240	三十三年

注：以上设备共计国币 1,217,504 元（民国二十六年价）。

输电配电设备

电压（伏）		长度（公里）	电线		电杆		变压器	
			最粗	最细	种类	数目	数目	总容量
输电	23,000	45.7	·7/12	·7/14	铁塔 水泥 柏木	1,534	16	7,609（千安伏）
高压配电	3,300/8,600	21.48,23.49	·7/12	·1/8	柏木	1,500	49	8,521.5（千安伏）
低压配电	380/220,190/110	107.8	·19/12	·1/10	柏木	3,604		

校验电表设备：三相四线五十安培 380/220 伏，单相二线十安培 220/110 伏，标准表各一套。

其他主要设备：配电所五所，水机站一座。

公司历年房地建筑设备价值表

单位：元

年度	水力发电厂	火力发电厂	输配电筑设备	业务及房屋设备
二十七年（六月至十二月）	273,504.70	71,134.77	45,460.04	3,151.29
二十八年	289,704.15	71,922.77	45,460.04	3,151.29
二十九年	2,763,012.79	1,076,741.95	1,519,104.86	146,629.67
三十年	1,624,990.16	539,159.47	1,038,535.61	205,098.22
三十一年	2,106,833.02	1,465,408.82	2,532,356.21	613,524.40
三十二年	2,208,084.02	1,598,099.68	8,821,262.65	1,840,860.13
三十三年	57,791,189.65	6,957,953.69	42,044,261.82	5,430,193.50
三十四年	21,505,465.85	9,522,644.74	70,441,075.52	13,999,531.52
三十五年	59,502,403.91	62,174,134.74	162,278,504.12	16,385,451.52

注：二十七、二十八两年以新币计算，二十九年以后以国币计算。

四、历年发电概况：公司发电情形，可综合为下列各表。

历年原料消耗数量表

名称 / 产地 / 数量 / 年度	铜线（公斤）	油皮线（公尺）	木电杆（棵）	白料（套）	电表（具）	油料（加仑）	铁料（公斤）
	昆明	昆明	附属各县	重庆	国外	国外	昆明
二十七年六至十二月	2,500	30,000	300	1,500	200	200	300
二十八年	2,500	30,000	1,000	4,000	1,200	500	750
二十九年	25,000	12,000	3,000	9,000	2,500	1,200	500
三十年	35,000	200,000	400	12,000	3,500	1,500	600
三十一年	20,000	40,000	800	2,000	500	500	850
三十二年	25,000	50,000	2,000	3,000	1,000	700	1,000
三十三年	17,800	35,000	89,000	1,900	540	350	1,200
三十四年	10,500	16,500	300	1,000	185	434	500
三十五年	16,628	51,107	500	8,261	1,993	1,060	5,903

历年燃煤消耗数量表

年度	烟煤数量（吨）	金额（国币元）
二十七年六月至十二月	2,730	42,533.57
二十八年	4,619	173,255.87
二十九年	4,020	332,431.09
三十年	6,510	994,551.71
三十一年	5,175	2,208,084.02
三十二年	9,680	20,969,450.38
三十三年	10,600	69,160,702.20
三十四年	9,680	315,031,730.00
三十五年	10,610	554,938,400.00

历年发电度数表

年度	水力	火力	合计
二十七年六月至十二月	3,019,569	1,798,873	4,818,442
二十八年	7,847,884	3,195,594	11,043,478
二十九年	10,040,929	2,760,539	12,801,468
三十年	7,976,253	4,465,084	12,441,337
三十一年	13,343,000	3,158,227	16,501,227
三十二年	11,074,870	6,630,076	17,704,946
三十三年	12,836,540	7,410,574	20,247,114
三十四年	12,770,720	6,974,454	19,745,174
三十五年	15,338,081	6,494,362	21,832,443

五、历年业务概况：公司历年业务，可综合为下列各表。

历年售电度数表

类别 年度	电光	电力	电热	合计
二十七年六月至十二月底止	2,921,052	1,871,016	14,460	4,806,528
二十八年	3,929,095	3,229,353	91,180	7,249,628
二十九年	5,653,143	3,124,533	112,981	8,890,657
三十年	5,133,825	4,494,534	223,904	9,852,263
三十一年	6,816,805	6,608,300	231,903	13,657,008
三十二年	7,522,087	6,300,489	96,331	13,918,907
三十三年	10,070,622	7,238,987	97,630	17,407,239
三十四年	12,027,142	7,049,564	96,507	19,173,213
三十五年	11,870,830	7,759,492	78,232	19,708,554

历年购电度数表

年度	向昆湖电厂购电度数	金额（国币元）
三十年	1,372,241	541,826.41
三十一年	1,471,028	3,183,424.49
三十二年	1,832,515	15,857,173.14
三十三年	4,231,007	13,732,388.68
三十四年	6,693,557	555,324,490.03
三十五年	6,515,183	845,958,898.84

历年工业用电装具马力匹数表

年月	二十七年	二十八年	二十九年	三十年	三十一年	三十二年	三十三年	三十四年	三十五年
一月		2,560	3,646.5	4,268.4	5,070.3	5,246.3	5,732.8	6,432.5	6,085.5
二月		2,568	3,673.5	4,229.4	5,040.3	5,250.3	5,738.3	6,468.8	5,895.8
三月		2,493	3,673.5	4,241.9	5,007.3	5,215.3	5,733.1	6,452.3	5,914.6
四月		3,066	3,847	4,347.4	4,993.3	5,285.3	5,749.1	6,469.1	6,091.3
五月		3,190	3,781.9	4,339.4	4,923.3	5,076.3	5,786.6	6,485.2	6,020.6
六月	2,088	3,262	3,927.4	4,307.4	5,037.8	5,128.8	5,810.9	6,530.2	5,770.6
七月	2,088	3,272	4,156.4	4,186.4	4,940.3	5,297.8	5,827	6,212.5	5,787.2
八月	2,135	3,385	3,817.4	4,856.9	5,000.3	5,603.3	6,000.5	6,268.3	5,802.6
九月	2,175	3,370	4,106.4	4,664.4	4,974.8	5,601.8	6,029.9	6,230.4	5,904.4
十月	2,157	3,400	4,289.4	4,787.9	4,963.3	3,743.8	6,064.2	6,334.4	5,877.9
十一月	2,187	3,435	4,224.9	4,889.4	4,989.8	5,095.6	6.009.7	6,167.2	5,934.7
十二月	2,445	3,611	4,223.9	4,999.5	4,997.8	5,728.3	6,070.7	6,176.6	5,936.2

历年用户户数表

年度	电光	电力	电热	合计
二十七年五月三十一日止	5,675	94	3	5,772
二十七年	6,507	112	5	6,624
二十八年	7,492	150	33	8,125
二十九年	8,974	184	45	9,203
三十年	8,021	192	41	8,254
三十一年	8,439	178	29	8,646
三十二年	9,042	192	29	9,263
三十三年	9,489	245	29	9,759
三十四年	9,942	285	27	10,254
三十五年	10,371	334	23	10,828

历年电价表

年月	电光	电热	电力流动电费	电力基本电费	电力煤价调整	备注
二十七年	0.10	0.045	0.045			
二十八年	0.20	0.12	0.50			
二十九年	0.30	0.15	0.10			
三十年	0.50	0.50	0.25	5		
三十一年二月	1.5	1.5	0.7	15	1	
三十一年十月	3	3	1.2	40	2	
三十二年十月	7	7	1.2	100	2	
三十三年五月	15	15	1.2	100	2	
三十四年一月	20	20	1.2	100	2	
三十四年三月	40	40	1.2	100	2	
三十四年六月	90	90	1.2	100	2	
三十四年九月	80	80	1.2	100	2	

（续表）

年月	电光	电热	电力流动电费	电力基本电费	电力煤价调整	备注
三十五年一月	80	80	57	100	1角	煤价基数28,000元，增减50元变动1角，本月煤价51,450元
三十五年五月	180	180	50	100	1元	煤价500元变动1元，本月煤价48,726元
三十五年八月	180	180	50	100	1元	同上，本月煤价51,450元
三十五年十二月	180	180	50	100	1元	同上，本月煤价51,000元

注：电光、电热及电力，流动部分，均以度为计算单位；电力基本电费，以每马力为单位。煤价调整费系按到厂平均煤价，每吨250元为计算标准。煤价每增减10元，电价随之增减1分。自三十四年六月起，以煤价每吨20,000元，电价80元为计算标准。煤价每吨增减超过10,000元时，电价随之增减一元，六月份煤价为40,000元，故电光价另加调整费每度10元，共为90元。

除上列各表为公司主要业务外，民国三十三年本会与下关士绅发起利用西洱河水力创办玉龙电力公司时，耀龙公司投资国币三千万元，并以发展本省电气事业居协导地位，代训练电工，及调派技术人员协助设计装置机件，于三十五年二月完成三百千伏安发电机一部，开始发电。

六、历年财务状况：

公司收支损益情况表

年度	收入（国币元）	支出（国币元）	盈余（国币元）
二十七年	245,356.45	243,187.87	2,168.58
二十八年	1,117,210.47	648,492.06	468,718.41
二十九年	2,239,058.81	1,282,169.87	956,888.94
三十年	4,475,184.70	3,661,353.91	813,830.79
三十一年	23,683,355.48	17,589,163.01	6,094,192.47
三十二年	84,741,246.04	74,972,200.85	9,769,045.19
三十三年	303,112,982.35	279,431,203.97	23,681,778.38
三十四年	1,578,107,639.97	1,413,540,415.67	164,567,224.30
三十五年	2,787,203,843.05	2,305,318,470.18	481,885,372.87

七、职工训练及福利设施：

历年员工统计表

年度	职员			工人			总计
	男	女	共计	男	女	共计	
二十七年	90	7	97	210		210	307
二十八年	91	7	98	212		212	310
二十九年	96	18	114	236		236	350
三十年	109	10	119	240		240	359
三十一年	131	11	142	213		213	355
三十二年	157	11	168	247		247	415
三十三年	169	11	180	268		268	448
三十四年	175	9	184	284		284	468
三十五年	188	9	197	285		285	482
三十六年（至五月底止）	186	9	195	270		270	465

（一）训练方面：公司为培养职工学识及增进服务效能起见，职员到职后按其学力予以一年以上之见习。见习期间，有讲习、实习等训练。工人则随领班或组长实地工作，使能操相当技艺，处理各种装设、修理或检验工作。此外由公司各部负责人随时召集谈话，或请外界人士讲述公用事业之原理，或研究设施与改进问题。

（二）福利方面：公司为增进职工福利起见，于三十三年九月，遵照社会部颁布《职工福利设立办法》，正式成立职工福利委员会暨职工福利社。已举办之业务，计有消费合作社、图书室、体育部、沐浴室、理发室、特约医院（惠滇、仁民）、医疗室（在石龙坝）、戏剧社、职工子弟小学（在石龙坝）、英语讲习班、学术研究会及旅行团等。

河口汉光电灯公司

概况：公司设于河口，于民国十五年由商人集股国币一万元开办。因公司组织失宜，致营业不振，后又增筹股本。至十六年九月，全盘交由华昌承办，改名为华昌承办汉光电灯公司。电机发电容量能供应十六支烛光电灯一千五百罩。

蒙自大光电灯公司

概况：公司设于蒙自县南门外。于民国三年由商人集股创办，募获股本银币六万元，至六年五月开始营业。机械购自英国，以蒸汽机发动，电量为八十八基罗瓦特。蒙自区内装有十六支光电灯八百五十余罩，每罩收费一元二角；用电表装置灯头七百二十七个，每度电收银三角；三十五支光常灯三十余罩，五十支光常灯十余罩。个旧区内装有十六支光灯七百二十余罩；三十二支光灯一百二十余罩，五十支光十余罩，用电表者，设灯头四十六个；收费与蒙自同。后因公司股本不充，曾向法商东方汇理银行及英商通用电器公司借款十余万元，债权人催索，无法应付；又因管理不善，漏电窃电等事随时发生，电光不能明亮，营业遂以不振。内则入不敷出，外则迫于债务，于是公司竟告破产。政府以公司原系华资兴办，而所负重债又属外人，恐公司全部财产沦入外人，乃设法维持，准公司与英商通用电器公司订立契约，暂时接管，其承买租用之权，仍属本国人。至二十年已由商人租回办理矣。

云南矿业公司开远水电厂

一、沿革：该厂直属于云南矿业公司。其主要任务为利用临安河水力发电，将电力输至大屯，以供个旧矿山开采冶炼锡矿之用。故其重要工程为建筑水力电厂于开远，及架设开屯间输电线路。电厂工程，以引水沟为最大。水沟工程于民国二十六年二月十八日开工，预计十八个月内完成。因工人供应困难，延至二十九年八月止，计施工四十三个月，只完成百分之八十二。旋因抗战影响，滇越铁路中断，材料缺乏，工程无法进行，加之二十九年冬，该厂受敌机轰炸二次，略受损害，建厂工程遂陷于停顿状态。至三十年六月，矿业公司全部改组，该厂始行复工，大量准备材料，将水沟未完工程及高压输电线路分头筹办。至三十一年底，引水沟及其附属工程全部完成，其他发电工程，亦经陆续准备就绪。三十年七月，南开间输电线路亦已完成，即正式开机，八月开始供电。开远区域厂址设于开远城南三公里之南桥，距滇越铁路开远车站约四公里，距大屯云南矿业公司约四十五公里。厂址横跨滇越公路，有邻近铁路与公路之便，交通运输，尚称便利。继续架设南屯、屯松高压输电线及装置屯松配电设备，至三十三年八月各项工程均先后完成，遂于月底正式由开远直接通电至松树脚，电厂工程遂全部完成焉。

二、资金：该厂之资金总额并无规定，一向由云南矿业公司筹发。截至三十三年底止，全部发电输电工程及机械设备之投资总额为三千八百三十八万六千五百二十八点七元。目前该厂已有电费收入，除特别工程费外，已可自给。

三、设备：该厂主要作业设备，分为引水沟、发电、供电三项，分述如次：

（一）引水沟设备。沟长五千七百余公尺，其沟帮为水泥混凝土砌筑，全沟设备计有堵水坝一道，入水闸二道，钢骨混凝土桥梁和石拱桥十座，半桥二座，排水涵洞二十四处，排沙闸门八道，溢水设备三处，整水池一个，引水钢管闸门二道等。

（二）发电设备。计有一千三百四十五马力水力透平式发电机两部，一千一百二十千伏安三相交流发电机二部，长六十八点五公尺引水钢管二道（内径一千三百公厘），七公尺主压力钢管二支（内径一千三百五十至一千二百五十公厘），一百千伏安单相油浸自凉变压器四具，电气开关设备全套（包括各种仪器电表及拼车设备等）。

（三）供电设备。分为高压线路及分电站二项，计南桥开远间之高压输线路，长四公里，有钢铁杆塔二十九座，附全部高压线及配件。开远分电站有配电设备全副，包括各种仪器电表及一百千伏安单相变压器二具。开远城区电灯线路长约五公里，大屯、松树脚间之线路全长六点五公里，有各式铁制杆塔四十座，南桥、大屯间线路计长三十点三公里，有各式铁制杆塔一百七十五座。此二线之高压线及配件均已齐全，南屯段设有一千千伏安三相油浸变压器一具，一百六十千伏安单相变压器三具，以供矿山配电之用。

四、业务：该厂自三十二年七月底开机后，即开始供电，先仅供南桥至开远一段，故营业范围亦限于开远城区一带，用户中能大量用电者为大成公司利工电石厂，其用电多为电热，每月可用电十万度，次则为铁路车站，月需电力约一万二千度。其他灯光用户，因电表缺乏，采用包灯制，共有电灯六百余罩。至三十三年八月，电流直达矿山，遂以供电矿区为主，而开远城区之供电仍继续经营。至三十四年四月以后，每月供电达四十万度左右。其中以大成公司利工电石厂用电最多，约占总供电量百分之八十五以上。兹将该厂三十二年七月至三十四年六月底各月份发电数量列表如次：

开远水电厂三十二年起发电数量统计表

年份	月份	出售电力（度）	出售电力（瓦）	自用电力（度）
三十二年	八月	104,013	1,650	3,565
	九月	111,030	11,750	2,837
	十月	123,169	18,675	2,931
	十一月	104,303	21,675	2,837
	十二月	99,183	26,975	3,931
三十三年	一月	64,072	45,125	2,931
	二月	92,051	50,225	2,721
	三月	157,093	55,425	2,931
	四月	130,935	62,700	2,837
	五月	135,078	63,375	2,931
	六月	144,353	66,757	2,837

（续表）

年份	月份	出售电力（度）	出售电力（瓦）	自用电力（度）
三十三年	七月	171,909		2,931
	八月	163,735		2,931
	九月	208,229		2,931
	十月	200,279		17,981
	十一月	160,848		4,867
	十二月	267,353		12,227
三十四年	一月	369,148		13,542
	二月	254,843		11,875
	三月	378,669		14,208
	四月	312,804		12,731
	五月	308,653		13,047
	六月	308,653		13,407

附注：

自三十三年七月起，灯户亦用度数计，改包灯制为均摊电度制。又同年十月起，电流通至矿山，自用电力增加。

该厂营业收入，三十二年八月至十二月，计三百一十四万五千九百九十四元八角四分，三十三年全年计一千九百七十三万二千九百六十二元零六分，三十四年一月至六月计五千八百零八万七千七百零四元四角五分。工程费及营业费支出，三十三年全年计一千九百零四万三千七百八十六元零六分，三十四年一月至六月计三千零七十九万一千一百一十七元五角二分。电费收入，因比照耀龙公司电费指数按月八折调整，每月收入逐渐增加，以后营业日趋发达，其盈余可望移供矿山建设之用焉。

开远通明电灯公司

概况：公司于民国五年由商人筹办，基金国币一万元，以蒸汽发动。发动机与蒸汽机均系英国制，发出电量为二十基罗瓦特。十年开灯营业。电机设于东城外东寺。初尚见效，后因锅炉机件损坏，以致停顿，乃又增加基金，改名为开远通明奇良电灯公司，重展营业。

昭通民众实业公司电力厂

概况：该厂为昭通民众实业公司营业之一部。公司于民国二十年成立，即开始筹办此厂，派员到上海与英商万泰洋行订购机器。二十一年机器装置完竣，二十三年一月开灯。公司资本约国币十万元，系官商合股。兹将电力厂概况分述于后。

一、机器内容：

（一）英国拔鲁葛厂锅炉一具，为水管交叉式，热面九百七十四平方英尺，适用于下项之蒸汽引擎。

（二）英国倍利司厂立式双汽缸引擎一架，直联于下列之发电机。

（三）英国汤姆生厂交流发电机一架，100 基罗伏安、二千三百伏尔次、三相、五十点八周波，功率因数六百分搏。

（四）配于上述发电机器汤姆生厂励磁器列板。

（五）汤姆生厂两路馈线列板。

（六）美国魏廷敦厂平卧式双活塞馈水抽水机一架。

（七）魏廷敦厂馈水加热器一只。

二、输电设备：

（一）输电高压为二千三百伏尔次，低压灯用者为二百二十伏尔次，均系照中央规定标准电压办理。

（二）变压器 30kVA 一具、25kVA 一具，均系三相；15kVA 三具，均系单相。

（三）高压电线为英规七根十六号紫铜线，低压为十九根十六号。

（四）电杆木质，横担铁质。

三、能开灯数及售电价值：如均用十五瓦特之灯泡而自用电及消耗漏电不过百分之二十，则可开灯五千余罩，以昭通现时状况，已足敷电费。

四、发电成本：昭通煤价特别低廉，每小时全负荷消耗煤量不及国币一元。

昆明纺织动力厂

概况：本省以电力发动之工厂，日有增加，原有耀龙电力公司之电力，难敷分配。民国二十三年，政府筹办纺纱、织布两厂，其发动机需要大量电力，乃同时筹设动力厂，除供两厂应用外，尚可济各工厂之需，初拟利用富民县水力，成立一大规模之水电厂，后因勘测估计工程浩大，难以办理，遂改办为一千二百基罗瓦特之蒸汽发电厂，厂址设于昆明市南城外玉皇阁，资本国币四十万元。其工程设备如后：

（一）一千二百五十基罗瓦特之蒸汽透平发电机一座。

（二）蒸汽锅炉二个。

（三）加热器二个。

（四）自动加煤器二个。

（五）打风机一个。

（六）吸风机一个。

（七）打水吸筒二个。

（八）七吨半起重机一部。

以上俱系英国造，共值国币二十万元。

下关玉龙水力发电厂

一、缘起：洱河水力资源，曾于民国二十九年经资源委员会与清华大学工学院合设之云南省水力发电勘测队详细勘测，计自下关天生桥起至注入漾濞江止，全河共长二十公里，落差凡六百公尺。如将洱河流量加以调节，则全河蕴蓄之水力，可达二十万马力。

洱河在天生桥下游约一百五十公尺处有瀑布一道。前人称不谢梅瀑布之上下游，均属急湍。自天生桥至大渔田段长约六百公尺，落差凡十五公尺。低水流量每秒约二十立方公尺，可以极经济之方法发展水力三千马力。

民国初年，尚未经勘测队之测量，即由地方人士筹议创办，曾聘德人西门子到关实地设计。但当时公路尚未修通，机器无法运输，遂即中止。

民国三十一年二月，设立下关水力发电厂筹备处，从事测量及设计工作，拟即将天生桥段之三千马力予以开发，以为下关工业及照明电力之用。是年四月，并招商承包发电厂之宿舍与材料库建筑。旋因腾龙沦陷，滇缅路中断、此项建筑于墙基竖立之后即将全部工程暂行停办。最近地方人士因鉴于当地电力之迫切需要，乃由官商集资合办，建立电厂，以应急需。

查下关为镇西重镇、交通枢纽，承平时间，纺纱、织布、制革、碾米、制碱及炼硝等工业，均可因有电力供应而急趋发展。天生桥段复有良好之地势与宏富之力源，故建立电厂应按照原定之三千马力计划，以应此工业发展时之需要。惟目前因资金有限，而国内制造厂亦不能制造大规模之发电机件，则不妨在原有较大计划之原则下，先建一暂时性之小型发电厂，以利用一部分天然之水力，似亦适合战时经济建设之意旨。依照原定之发电计划，系自天生桥北岸江峰寺下，凿一长八十公尺之隧洞，再沿山坡修挖明渠，引水至大渔田中部以发电，全段渠道及隧洞共长约六百公尺，引水之落差为十五公尺。

目下之小型电厂计划，系在瀑布旁旧有碾坊处建一拦水坝，用一百六十公尺长之明渠，引水至大渔田东部以发电。其渠道及厂房位置，均与原计划不同。依目前下关用电需要，工业以碾米、灌溉、蓄水为主；照明所需约为四十支光电灯六千罩。故目下设置三百马力便足敷用。乃敦请联大工学院长施嘉惕先生为顾问工程师，按此标准代为设计。遂于民国三十三年十一月，组织筹备处，开始工作。经一年又四个月之努力，大体均已就绪。至三十五年二月十八日，即已正式发电。然当此创办之初，一切尚欠完密，关于各方面之工作尚有待于改进也。

二、资金：该公司资金原定二万股，每股一万元，合二万万元。计官股八千股，合八千万元，商股一万二千股，合一亿二千万元。惟截至五月底止，商股只集获一万一千九百三十五股，合一亿一千九百三十五万元，尚不足六十五股，即六十五万元。

三、设备：该公司设备概况，可由发电工程、供电工程二项分别说明。

发电工程：发电力源，取自洱海。在不谢梅瀑布处，筑拱形拦河坝，长二十六公尺，水泥坝座，坝身及坝墙，以条石砌成，坝右有进水闸门一座，由一两吨曳引机司其启闭。其后即系石砌渠道，沿山迂回至前池，共长一百四十公尺。前池位在发电厂上，用钢筋水泥筑成，外砌以碎石，池深二公尺半，其经常水平面海拔一千九百九十公尺。水源至此，经铁质拦污栅两座分别流入两木质导水管而至机房。池右有六级溢水梯渠一座，以备紧急停机溢水之用。水轮机本国产，额定马力一百五十匹，系法兰西斯横轴内流式，轮速每分钟五百转。直接驱动三相五十周电压六千六百交流发电机一部，额定发电量为一百瓩。该公司有此种水轮机及发电机同式两套，同时运用，则可发电二百瓩。经水轮机之废水，由排水管排入尾渠，再导入洱河。自前池至尾渠，水面有效落差平均可达十公尺。

供电工程：自厂房至市区，设有三相三线高压输电线路一道。至市区西郊，析分为二：一至关迤，一至关外。关迤支线接有 30kVA 降压变压器二个，分馈北区及中区之一部分用电。关外支线接有 30kVA 降压变压器四个，以三相四线配电线路分别馈送电流至东区、西区、南区、中区应用。截至四月底止，该公司共有输电路线十一公里，折合单线长三十三点五公里。并代办公灯一百四十余罩，分置各街道。至于用户电表之校验，设有简单之校表台一座，附有各种仪器，可校验二十安培以下之各种电表。

修理设备：该公司备有小规模修理设备，计有车床、钻床、钳床等必需工具，具有锻工间，可应付机械之局部损坏，以维电机运用，无停电之虞。

四、业务及财务：该公司售电分电力及电光两种。电力用户，已申请用电者，计有大关邑水利管理委员会及交通部第五区电讯局机务站等数户，然因该段输电路线尚未竣工，犹未供电，故仍以电光用户为供应对象。截至五月底止，共有纳费电光用户五百零一户，用灯二千三百六十四罩，其他机关用户七十九罩，路灯七十一罩，共计二千五百一十四罩，每日午后六时起至午夜三时止供给照明，其余时间，拟用以供应电力。

电力用户电费，按电表计算。电光用户分表灯，包灯二种。表灯户以电表所指电度收费。包灯以其所用瓦数收费，计分二十五瓦、四十瓦、五十瓦三种，五十瓦以上禁止使用。每月电费收入以三十五年五月份为例，计三百四十万元，而五月份经常开支（除购料不计外）达五百余万元，每月收支相抵，必亏蚀二三百万元，此数即以用户用电保证金加以弥补。究其原因，不外物价电费相距较远，及该公司发电容量过小、成本增高，有以使然。补救之法，唯有节省开支，扩充营业。唯望物价稳定，员工生活得以安定，人民购买力渐可恢复，则业务前途尚可乐观。

腾冲叠水河水力发电厂工程处

一、缘起：大盈江为流入腾冲县境各河之主干河道。流经城西南二公里处，河身陡降三十公尺而成为瀑布，俗名叠水河，状如万马奔腾，轰声震地，其水力颇宜利用发电。二十年来，地方人士屡兴建办电厂之议，迄未果行。民国二十八年，地方士绅商请与经委会合资兴办，经委会乃聘施院长嘉惕为主任工程师，全权负责办理腾冲水力发电厂之兴建事宜，并经拟就组织大纲，工程预算及施工程序等，送会核定，随由昆率同技术人员行抵腾冲，就龙光台为办公地点，成立叠水河水力发电厂工程处，开始施工。并一面分别订购所需材料及机械，定期在仰光交货，以便运腾装置。

二、资金：该工程处资本，原定国币二百六十万元，由经委会支拨，后因物价高涨，复增资为五百万元。

三、设备。该厂设备中比较主要之器物如下：

美国制七百五十马力横轴反动式水轮机二具；

美国制五百基罗瓦特三相交流发电机二具；

美国制油压式调速器二具；

美国制二十四吋高压进水闸闸门二具；

美国制发电机及励磁机控制屏二具；

美国制馈电线控制屏二具；

国产三相及单相变压器大小共三十一具；

美国制美规二号及四号拉光铜线十八吨；

美国制英规七股十四号拉光铜线十五吨；

瑞士制单相及三相电表一千三百只；

国产高压及低压绝缘磁瓶一万一千只；

美国制及国产修理厂机件四件。

以上所列各件三十年定购时约价如下：

水轮机及其附件：美金二万三千元；

配电控制屏：美金一万元；

发电机及其附件：美金一万三千元；

变压器：美金二万元；

输电线路约价：美金二万元；

电表：美金八千元；

修理厂设备：美金二千元。

四、业务：先由经委会将电厂工程完成，然后商同地方组织公司经营电气事业。其属于工程范围者，先装每部七百五十马力之水轮电机二部，共能发动一千五百马力之电力，供照明及动力之用。预计三十一年年底完成，将来业务发达，需要增加电力时，可扩充至三千马力。

（一）计划：叠水河最大流量为每秒八十立方公尺，最低为每秒三立方公尺。可利用之落差，在大石桥瀑布处，约三十公尺，自瀑布至李家碾坊止，约长半公里，亦均属急湍，落差约二十公尺以上，合计可利用之总落差共约五十公尺。发电计划系在大石桥附近建一引水闸及引水渠道，通至龙光台南端，于该处设池，为暂时蓄水库，然后利用水管，导水至厂房发电，再由尾渠泄至叠水河内。渠道共长三百五十公尺，容量为每秒七立方公尺。底部及边墙，均用块石镶砌引水管二根，每根长约八十公尺，径各一公尺。因在抗战期间，钢料不易购运，均用当地出产楸木料制成，外加钢箍。

发电厂最大容量为三千马力。本届所进行者，系第一期工程，先供电一千五百马力。将来扩充时，仅需在大石桥处添建节制闸一道，再将厂房加大，另添装一套一千五百马力之水轮机及发电机即可。供电方面，系用发电机所发之六千九百伏电压为直接馈送至各用电中心，然后用变压器降低至三百八十伏及二百二十伏，供电力及照明之用。输电线分二：一路供给腾冲县城及松园、满金邑、倪家堡、毛家村等处；二路供给和顺乡、东山脚、上下庄、水碓村及绮罗乡、大董乡、胡家湾、董坪等处。最长之输电共长约七公里。凡腾冲县城及其附郭五公里半径以内较大之乡镇均可得电力供应。

（二）概况：全部工程原定三十一年底完成，不意是年春，缅甸战局失利，日军侵入滇西，五月十日，占领腾冲，工程即告停顿。迨三十三年腾冲收复，始悉工程处购备各种石料、木料、钢料、修理厂机件及水泥数十吨、电表千余个、光铜线十余吨均已损失，所幸水轮机及发电机各二具尚存。盖前者当腾冲沦陷时尚存纽约，未曾运出，后者虽至印度洋沉没，但保有兵险，美国保险公司已照数赔偿。三十五年五月，云南省经济委员会又与卫利韩公司签订合同，照样定购发电机二具。三十四年经委会与腾冲绅商代表会商决定恢复电厂工程，所需资金由该会与地方人士各出半数，一俟施院长嘉惕往腾视察后，即可正式筹备复工。

云南省水力发电勘测队

概况：民国三十三年，经委会与清华大学工学院合作，设立云南省水力发电勘测队，依据世界动力会议之规定，从事勘测各河流之蕴蓄水力资源。截至民国三十五年七月止，已经该队详细勘测之水力有以下各河湖。

一、金沙江水系：

（一）昆明滇池：面积凡三百四十方公里，容积十七万万公方，有效容积约六万万公方，以之调节螳螂川流量，可使螳螂川之石龙坝、石楼梯及蔡家村等处之全年常有水力增加三倍以上。

（二）昆阳螳螂川：自昆阳海口中滩桥至富民县城永定桥段，全长共九十三公里，落差凡二百一十二公尺，蕴蓄水力八万瓩。其中以石龙坝及蔡家村、黄草坝、石楼梯等处地形最为优越。如将滇池之蓄水善加调节，则石龙坝段除耀龙电力公司已开发之三千瓩外，尚可增加一万瓩。蔡家村至石楼梯段，则可发展二万七千瓩。民国二十九年，资源委员会曾拟于蔡家村设厂先行发电六千瓩，后因滇越路中断，停止兴工。

（三）富民普渡河：自富民县城起，至巧家县韭菜地注入金沙江处止，全长一百七十五公里，落差凡七百三十二公尺，蕴蓄水力三十八万瓩。其中以禄劝县之大庙至铅厂段为最陡峻，水面坡降在百分之一以上，可发展水力十万瓩。

（四）禄劝掌鸠河：掌鸠河系普渡河之支流，自钻子崖至三岔河注入普渡河处，全长共三十二公里，落差二百五十公尺，蕴蓄水力一万七千瓩。就中以大绢马至冷水塘段发展最为经济，坡降为百分之二点五。

（五）大姚大姚河：大姚河在双沟处，有瀑布一道，分为头潭、二潭及三潭三段，三潭瀑布落差共一百四十公尺，可以极经济之方法发电七千六百瓩。

（六）丽江漾弓河：此河之水力集中于丽江城南通往鹤庆路之关坡峡。关坡峡自木架桥至磨坊口段，共长约二公里，落差共一百三十五公尺，水面坡降均在百分之六点五以上，可利用之水力，共二千瓩。

（七）昭通洒鱼河：该河曾于民国三十年由资源委员会水力发电勘测队加以勘测。全河长一百二十公里，流域面积约五千方公里，自永善之高桥峡以下至大关县境洛泽河注入处之大湾子，全段长五十一公里，落差凡一千二百公尺，共蕴蓄水力五万三千瓩。就中以永善县之小标水岩至青龙洞段最为优良，坡降为百分之六，可发展一万七千瓩。

二、南盘江水系：

（一）南盘江：南盘江为云南六大河之一，发源于沾益正河，流经曲靖、陆良、澄江、开远等县，支流域广及路南、泸西、弥勒、玉溪、峨山、河西、通海、华宁、曲靖、石屏、建水等十县。

沾益城北天生坝系一瀑布，在距离四十公尺内跌水共二处，可利用之落差共十六公尺，蕴蓄水力三百二十瓩。

南盘江主流自陆良县城西桥起，至开远存田村乐荣河注入处止，共长二百五十八公里，落差总计七百零五公尺，蕴蓄水力共六万二千瓩。就中陆良打鼓村至万家河段，坡降极为浚急，并有大小跌水二处，共蕴蓄水力四千五百瓩。宜良县之红石岩至澄江黑松林段，落差共一百零七公尺，蕴蓄水力六千三百瓩。弥勒之糯租至大沙田段，坡降为百分之一点二，可发展水力七千八百瓩。

（二）路南巴盘江：巴盘江发源于陆良县境，于路南禄丰村注入南盘江。自路南秧田冲起，至禄丰村止，共长二十一公里，落差四百二十四公尺，蕴蓄水力共一万瓩。秧田冲下游八百公尺，有小跌水一处，落差十五公尺。再下游一公里，为大跌水瀑布，集中落差八十四公尺，此段蕴蓄水力共三千四百瓩。

（三）开远瓦窑河：瓦窑河在开远布沼坝注入南盘江，自大龙潭至注入南盘江处，共长八公里，落差一百七十二公尺，蕴蓄水力共六百八十瓩。里张桥下游跌滩沟段，在距离二百四十公尺内，可得落差三十三公尺，发展一百瓩，甚为经济。

（四）陆良白马河：白马河发源于陆良，在弥勒县境之赶羊沟桥至白马桥段，共长十六公里，落差八十七公尺，蕴蓄水力共二千四百瓩。其中周家坝至雨雪坝桥段，坡降较陡，雨雪坝至小募租段，坡降亦达百分之一点一，两段共可发展一千一百瓩。

（五）弥勒花口河：花口河自花口起，至小交址大桥与禹门河汇流处止，全长十二公里，落差一百六十九公尺，蕴蓄水力共二千二百瓩。花口以下四公里内，河道湍急非常，坡降有达百分之十点一者，此段内可引用之水力达一千八百瓩。

（六）泸西禹门河：禹门河发源于泸西县境，其下游与花口河及白马河汇流后，称甸溪河。在弥勒县境自四孔桥至花口河注入处止，共长十八公里，总落差凡二百零七公尺，蕴蓄水力达二千七百瓩。全段内可以经济方法引用水力之处为九峰庵瀑布及禹门寺瀑布。前者自四孔桥至九峰庵二公里内落差凡五十二公尺，可发电六百一十瓩。后者自茨棚哨桥上至禹门寺瀑布脚止，落差共一百零四公尺，可发电一千二百瓩。

（七）弥勒甸溪河：甸溪河注入南盘江，自禹门、花口二河汇流处起，至七星桥矣勒村止，全长共一百零二公里，落差共三百七十公尺，蕴蓄水力达二万八千瓩。就中有五段，坡陡溜急，发电至为经济。一为弥勒县城南桥下游七十公里之小河边，可引用水力一千三百瓩；二为术鸦大桥至法门瀑布段，可开发五千瓩（法门瀑布落差凡三十七公尺，只此一处，即可发电三千瓩）；三为竹园镇附近，可得电力七千瓩；四为息宰附近，可发电三千六百瓩；五为七星桥附近之矣勒瀑布，可得一千瓩。

（八）华宁兴文镇大龙潭：该泉流量甚旺，低水时期尚有六秒公方。其中四分之三，须用于灌溉。唯第四支沟落差有六公尺，可发电一百瓩。

（九）玉溪北山乡龙马箐河：该河在北乡大百村段，坡降为百分之一，可发电一百瓩。

（十）河西宝泉乡阿依大河：该河在宝泉乡阿依村附近，落差共二十四公尺，可以经济方法开发发电四百瓩。

（十一）澄江阳宗海及石屏异龙湖等之面积、容积等资料，见《已勘测之云南水力资源总表一》。

三、澜沧江水系：

（一）洱源弥苴河：自洱源梁石桥至邓川之右所止，共长二十七公里，落差一百九十公尺，蕴蓄水力七千三百瓩。洱源、邓川交界之下山口附近形势特优，最陡处坡降达百分之十。在八百公尺之距离内，可发电二千瓩。

（二）大理西洱河：西洱河为洱海之唯一泄水河道。自洱海出口之公路大桥起至注入漾濞江止，全长凡二十二公里，落差六百公尺，蕴蓄水力共九万四千瓩。在下关天生桥下游二百公尺处，有瀑布曰不谢梅，落差凡十一公尺，此段可发电二千瓩。下关耀龙电力公司于民国三十三年建一小型发电厂，开发其一部分，于民国三十五年二月开始供电，容量二百五十瓩。

自下关公路石拱桥以下，西洱河坡降非常陡急，急湍跌水，随处可见。麻疯院至小木桥段，坡降达百分之六点八以上。小木桥上游三公里内，即可开发三万二千瓩。下游三公里内、亦可引用水力一万三千瓩。注入漾濞江处之河道，亦湲急逾常，坡降为百分之四点七，在二公里半之距离内，蕴蓄水力共一万九千瓩。

（三）大理喜洲万花溪：万花溪为苍山十八溪之一。流经喜洲镇北，注入洱海。下游盘旋于峡谷中，蕴蓄水力约五百瓩。喜洲电力厂于民国三十四年曾发展一部分，共一百二十瓩。民国三十五年二月，先装置卡布兰式小水轮发电机一部，供电四十瓩。

（四）剑川乔后河：乔后河在乔后镇之上下游三公里内，落差凡二百三十公尺，蕴蓄水力共二千二百瓩。乔后镇上游半公里之龙王庙，地势尤佳，可发电五百瓩。

（五）剑川沙溪河：自沙溪镇至花桥镇长三十二公里，落差二百六十公尺，蕴蓄水力共七千七百瓩。距沙溪镇二十二公里之弥河大桥附近，坡降达百分之三，可发电一千二百瓩。

（六）剑川金龙河：该河自营头村起至注入剑湖止，共蕴蓄水力八百瓩。其中营头村下游坡降较陡，可发电一百五十瓩。

（七）剑川永丰河：永丰河流域面积虽仅一百四十方公里，流量在低水时期亦只每秒半公方，但在剑川县城永丰桥以上，坡降极峻峭，四公里内平均坡降为百分之五点六，此段可发电一千瓩。

四、怒江水系：此区域内山岭崎岖，峰峭谷深，蕴蓄水力甚为浩大。唯因交通困难，未予勘测，曾经踏勘可发电供保山县城之用者，计有以下二小支流。

（一）保山由旺镇跌水河：此河在由旺镇天生桥处至为急陡，坡降为百分之五点五，惜低水流量至微，仅能发电约二百瓩。

（二）保山信义乡布马河：该河流域面积约二百方公里，在信义乡布马木桥处坡降为百分之三点三，蕴蓄水力一千三百瓩。下游信义乡高桥村附近有一跌水，可得落差四十公尺，可发电约二千瓩。为供应保山电力之最良地点。

五、伊洛瓦底江水系：

（一）腾冲叠水河：叠水河为大盈江上游之一支流，在腾冲城西二公里处之叠水河村有瀑布一道，落差三十公尺，瀑布下游半公里内，亦属急湍，蕴蓄水力共二千瓩。民国三十一年云南经济委员会曾全部加以开发，惜工程未完成前，腾冲为敌沦陷，克复后正拟议复工中。

综合以上所述，该队共勘测本省河流及湖泊三十二处，制成大小图表一百五十张，已经勘测之河湖，其蕴蓄水力总数为七十七万瓩。各河湖之流域面积及蕴蓄水力等，详《已勘测过之云南水力资源总表（一）》。至已勘测之河段内凡平均坡降超过百分之零点五（即二百分之一）以上者，均列为开发较经济地段，计共有六十五处蕴蓄水力凡五十三万瓩，占已勘测之水力总数百分之六十九。每处之河名、开发较经济地段之名称，所属县境、落差距离、平均坡降、低水流量及蕴蓄水力等，均详《已勘测过之云南水力资源总表（二）》内。

已勘测之云南水力资源总表（一）

云南省水力发电勘测队编制（民国三十五年八月）

水系	编号	河湖名称	河流			湖泊（在洪水位时）						
			流域面积（km^2）	已勘测段蕴蓄水力（瓩）	已勘测段蕴蓄水力总数（瓩）	流域面积（km^2）	湖面面积（km^2）	水面高程（m）	容积（百万公方）	长度（km）	平均宽度（km）	最大深度（m）
金沙江	1–01	昆明滇池				3,235	1,886.5	340	1,716	40.7	8.35	82
	1–02	昆明螳螂川	5,280	80,530								
	1–03	富民普渡河	10,990	380,600								
	1–04	禄劝掌鸠河	1,637	19,530								
	1–05	大姚大姚河	1,455	8,600								
	1–06	丽江漾弓河	363	2,080								
	1–07	嵩明盘龙江	684	230								
	1–08	昭通洒渔河	4,318	57,260	548,800							
南盘江	2–01	沾益南盘江	17,330	62,050								
	2–02	澄江阳宗海				233	1,770.46	32	657	12.7	2.5	29.7
	2–03	华宁大龙潭		90								
	2–04	路南巴盘江	671	9,980								

（续表）

水系	编号	河湖名称	河流			湖泊（在洪水位时）						
			流域面积（km^2）	已勘测段蕴蓄水力（瓩）	已勘测段蕴蓄水力总数（瓩）	流域面积（km^2）	湖面面积（km^2）	水面高程（m）	容积（百万公方）	长度（km）	平均宽度（km）	最大深度（m）
南盘江	2–05	开远瓦窑河	37	680								
	2–06	陆良白马河	291	2,390								
	2–07	弥勒花口河	89	2,180								
	2–08	泸西禹门河	442	2,700								
	2–09	弥勒甸溪河	1,617	28,310								
	2–10	澄江抚仙湖				1,297		382				
	2–11	石屏异龙湖				546	1,414.00	46	185	14.3	3.24	7
	2–12	石屏赤瑞湖					1,430.76	2.3	2.1	3.1	0.75	1.4
	2–13	玉溪龙马箐河	110	110								
	2–14	河西阿依大河	1,607	350	108,800							
澜沧江	3–01	洱源弥苴河	1,023	7,250								
	3–02	大理洱海				2,785	2,001	250	2,766	39.5	6.3	21.5
	3–03	大理西洱河	2,915	94,100								

（续表）

水系	编号	河湖名称	河流			湖泊（在洪水位时）						
			流域面积（km^2）	已勘测段蕴蓄水力（瓩）	已勘测段蕴蓄水力总数（瓩）	流域面积（km^2）	湖面面积（km^2）	水面高程（m）	容积（百万公方）	长度（km）	平均宽度（km）	最大深度（m）
澜沧江	3–04	剑川乔后河	356	2,210								
	3–05	剑川沙溪河	1,752	3,530								
	3–06	剑川金龙河	645	760								
	3–07	剑川永丰河	136	1,110	109,000							
怒江	4–01	保山由旺跌水河	458	170								
	4–02	保山信义布马河	188	3,130	3,300							
伊洛瓦底江	5–01	腾冲叠水河	416	2,000	2,000							
总数				771,900	771,900							

附注：

金沙江、澜沧江、怒江、伊洛瓦底江及元江五大河之本河，因交通困难截至民国三十五年止尚未经勘测。

已勘测之云南水力资源总表（二）

云南省水力发电勘测队编制（民国三十五年八月）

水系	河名	开发较经济地段	县境	落差（m）	距高（m）	平均坡降（%）	低水流量 Q–95%（秒·公方）	蕴蓄水力（瓩）	全河开发较经济之水力总数（瓩）	全河已勘测段内之蕴蓄水力总数（瓩）
金沙江	1. 螳螂川	1. 大营村至石龙坝	昆阳	04	3,518	1.14	35.5	13,800	40,540	80,530
		2. 蔡家村至石楼梯	昆明 富民	67	5,131	1.30	41	26,740		
	2. 普渡河	1. 大六库至小六库	富民 禄劝	21	400	0.53	50	10,300	232,300	380,600
		2. 打鸡至铁索桥	禄劝	85	17,000	0.50	54	4,500		
		3. 火庙至铅厂	禄劝	193	18,000	1.07	54	102,000		
		4. 大住基至韭菜地		132	20,000	0.55	58	75,000		
	3. 掌鸠河	1. 大缉马至冷水塘	禄劝	218	9,000	2.24	8	17,100	18,590	19,530
		2. 冷水塘至三岔河	绿劝	19	3,000	0.53	8	1,490		
	4. 大姚河	1. 双沟瀑布	大姚	160	2,500	6.40	5.5	8,600	8,600	8,600
	5. 漾弓河	1. 关坡峡	丽江	137	2,225	6.15	1.6	2,080	2,080	2,080
	6. 洒渔河	1. 大水沟峡至高桥峡	昭通	51	10,400	0.50	4	2,000		
		2. 高桥峡至小标水岩	永善 大关	90	2,400	3.75	4	3,530		
		3. 小标水岩至青龙洞	永善 大关	434	7,360	5.90	4	17,000		

（续表）

水系	河名	开发较经济地段	县境	落差（m）	距高（m）	平均坡降（%）	低水流量 Q–95%（秒·公方）	蕴蓄水力（瓩）	全河开发较经济之水力总数（瓩）	全河已勘测段内之蕴蓄水力总数（瓩）
金沙江	6. 洒渔河	4. 青龙洞至新场	永善 大关	206	8,360	2.46	4	8,090		
		5. 新场至永善河口	永善 大关	45	3,680	1.47	4	2,120		
		6. 永善河口至飘石板	大关	115	10,390	1.11	5.5	6,220		
		7. 飘石板至小河场	大关	176	11,390	1.57	5.5	9,660		
		8. 小河场至大湾子	大关	111	11,260	1.08	6	6,540		
南盘江	1. 南盘江	1. 沾益天生坝	沾益	16	500	3.20	2	320		
		2. 打鼓村至万家河	陆良	92	7,000	1.32	5	4,510		
		3. 红石岩至黑松林	宜良 澄江	107	14,000	0.76	6	6,290		
		4. 黑松林至碧落	澄江	10	2,000	0.50	6	590		
		5. 徐家渡至海口河	澄江	39	7,000	0.56	6	2,290		
		6. 海口河至禄丰村	澄江	36	7,000	0.52	8	2,280		
		7. 糯租至大沙田	弥勒	72	6,000	1.20	11	7,760	24,580	62,050
	2. 大龙潭	1. 兴文镇大龙潭第四支沟	华宁	6	140	4.28	1.5	90	90	90
	3. 巴盘江	1. 秧田冲至犀牛塘	路南	144	2,030	7.10	2.4	3,390		

（续表）

水系	河名	开发较经济地段	县境	落差（m）	距高（m）	平均坡降（%）	低水流量 Q–95%（秒·公方）	蕴蓄水力（瓩）	全河开发较经济之水力总数（瓩）	全河已勘测段内之蕴蓄水力总数（瓩）
南盘江	3. 巴盘江	2. 岩子脚至禄丰村	路南	280	18,700	1.50	2.4	6,590	9,980	9,980
	4. 瓦窑河	1. 布沼坝会源桥	开远	20	100	20.00	0.4	80		
		2. 布沼坝跌滩沟	开远	23	260	8.90	0.4	90	170	680
	5. 白马河	1. 周家坝至小募租	弥勒	40	4,000	1.00	2.8	1,100		
		2. 小洼格坝至白马桥	弥勒	25	4,700	0.53	2.8	690	1,790	2,390
	6. 花口河	1. 花口河至大龙铺龙潭下	弥勒	150	4,220	3.56	0.5~1.9	1,820	1,820	1,180
	7. 禹门河	1. 四孔桥至九峰庵	弥勒	52	2,000	2.60	1.2	610		
		2. 茨棚哨至禹门寺	弥勒	104	2,300	4.52	1.2	1,200		
		3. 禹门寺至注入花口河	弥勒	27	3,900	0.62	1.2~4	90	2,420	2,700
	8. 甸溪河	1. 小河边	弥勒	20	4,000	0.50	6.7	1,310		
		2. 术鸦大桥至法门	弥勒	62	5,200	1.19	8	4,890		
		3. 法门跌水至竹园镇	弥勒	89	2,670	3.33	8	7,910		
		4.74+000 至 80+000	弥勒	10	1,000	1.00	8	790		
		5.79+000 至 80+000	弥勒	7	1,000	0.70	8	550		
		6.82+000 至 83+000	弥勒	10	1,000	1.00	8	790		

（续表）

水系	河名	开发较经济地段	县境	落差（m）	距高（m）	平均坡降（%）	低水流量Q–95%（秒·公方）	蕴蓄水力（瓩）	全河开发较经济之水力总数（瓩）	全河已勘测段内之蕴蓄水力总数（瓩）
南盘江	8. 甸溪河	7.83+500 至 85+500	弥勒	31	2,000	1.55	8	2,440		
		8. 息宰至 88+890	弥勒	45	2,320	1.94	8	3,570		
		9. 七星桥矣勒村	弥勒	10	300	3.33	10.1	990	22,340	28,310
	9. 龙马箐河	1. 北山乡大营村	玉溪	23	2,468	0.93	0.5	110	110	110
	10. 阿依大河	1. 宝泉乡阿依河	河西	24	2,870	0.84	1.5	350	350	350
澜沧江	1. 弥苴河	1. 新桥至下山口	洱源	90	4,360	2.06	4	3,530		
	2. 西洱河	1. 天生桥至发电厂	大理 凤仪	15	480	3.12	16	2,360		
		2. 石拱桥至麻风院下游	大理 凤仪	92	5,400	1.70	16	14,440		
		3. 麻风院下游至小木桥	漾濞 凤仪	205	3,000	6.83	16	32,140		
		4. 小木桥至铁索桥上游	漾濞 凤仪	83	2,800	2.96	16	13,010		
		5. 铁索桥上游至 19+080	漾濞 凤仪	75	3,620	2.07	16	11,770		
		6.19+080 至注入漾濞江	漾濞 凤仪	122	2,280	4.73	16	19,130	92,853	49,100
	3. 乔后河	1. 乔后镇	剑川	220	2,555	8.62	1	2,160	2,160	2,210
	4. 沙溪河	1. 沙溪镇至小登村	剑川	50	6,100	0.82	3	1,470		

（续表）

水系	河名	开发较经济地段	县境	落差（m）	距高（m）	平均坡降（%）	低水流量 Q–95%（秒·公方）	蕴蓄水力（瓩）	全河开发较经济之水力总数（瓩）	全河已勘测段内之蕴蓄水力总数（瓩）
澜沧江	4. 沙溪河	2. 中登村至江尾村	剑川	15	1,500	1.00	3	440		
		3. 将平村至注入黑惠江	剑川	45	4,100	1.00	3	1,230	3,230	3,530
	5. 金龙河	1. 营头村下游	剑川	10	1,000	1.00	10.50	150		
		2. 永丰河口至注入剑河	剑川	5	800	0.63	2.50	120	270	700
	6. 永丰河	1. 永丰桥上游	剑川	215	3,820	5.63	0.50	1,060	1,060	1,110
怒江	1. 跌水河	1. 由旺镇天生桥	保山	68	1,250	5.45	0.25	170	170	170
	2. 布马河	1. 信义乡布马河木桥	保山	26	800	3.25	5.00	1,270		
		2. 信义乡高桥村跌水	保山	38	250	15.20	5.00	1,860	3,130	3,130
伊洛瓦底江	1. 叠水河	1. 大石桥至李家碾坊	腾冲	50	630	7.94	4.00	1,950	1,950	1,950
总数									529,300	771,600

附注：

1.“开发较经济地段”指平均坡降在 0.5%。

2.“低水流量”按世界动力会议之决定为全年在 65% 时间内不至少于该值之流量。

3. 金沙江、澜沧江、怒江、伊洛瓦底江及元江五大河之本河，因交通困难，截至民国二十五年止尚未经勘测。

昆湖电厂

一、缘起：抗战军兴，昆明顿成后方重镇。资源委员会鉴于电力之需要及已有电厂之不足，爰于二十七年开始筹设昆湖电厂。翌年六月起供电营业。三十二年复在杨林喷水洞增设避弹发电所一座，与马街子发电所并车供电，历年来业务猛进，迄今负荷呈过载现象。

二、资本：截至三十二年十二月底止，共计资本国币二千五百七十八万五千九百九十四元八角九分。

三、设备：该厂现有二千瓩汽轮发电机二座，一座装置于马街子，一座装置于喷水洞。另有五百匹马力柴油发电机及一百五十匹马力水力发电机一座，分装于马街子及喷水洞两处。

四、业务：该厂除供给昆明市四郊各重要工业用电外，并将一部分电力趸售与耀龙电力公司，转给市区照明用电。目前汽轮机发电部分最高只达四千四百瓩，以致最近向厂方要求供给动力或照明用电者，均不得不暂时缓供。该厂为应付需要起见，现正赶装二千瓩新汽轮机一部，预计本年六月可以发电。

该厂输电线路长约一百公里，两发电所相距七十五公里，输电压为二千二百伏。而配电线路亦约有一百公里，电压为六千六百伏。

中央电工器材厂

一、沿革：中央电工器材厂系于二十五年七月开始筹备，厂址初设湖南湘潭附近，迨二十七年十月，汉口沦陷，湘潭逼近前方，感受威胁，该厂奉令迁移，一部分迁桂林，一部分迁昆明。几经困难，各厂先后出货，遂于二十八年七月一日正式宣告成立。频年以来，昆桂各厂并行发展，并于重庆、兰州二地分设支厂。三十三年秋，湘桂战局演变，该厂桂林部分奉令内迁，一部分迁渝，与支厂合并，一部分迁昆明，一部分迁贵阳。

二、设备：该厂生产制造方面现共有第一厂制造电线、第二——昆明支厂制造电子管及氧气、第三厂制造电话及昆四厂制造电机、变压器、开关及电表，设于昆明。第二厂制造电灯泡及渝四厂制造电机及电池，设于重庆。贵阳电池支厂制造电池，设于贵阳。兰州电池支厂设于兰州。共计八个制造单位。

三、业务：该厂主要出品，第一厂现有裸铜线、镀锌铁线、军用被复线、绝缘皮线、花线、铅皮线、漆包线、纱包线及钢丝绳等项；第二厂现有收信真空管四十余种，发信真空管十余种、整流真空管数种，各种照明灯泡及氧气；第三厂现有军用电话机、普通磁石式及共电式电话机、自动电话机、磁石式及共电式交换机、载波电话转电线圈及保安设备等项；昆明第四厂制造电动机、变压器、开关设备及电表；重庆第四厂制造电动机、发电机及电池，该厂技术室，研究自制各种绝缘材料，所出黄蜡绸、黄蜡布、黄蜡纸、绝缘清漆、洋干漆、胶木粉及云母板等，除供该厂自用外，并可供给外界需要。

中央无线电器材厂

一、沿革：该厂于民国二十五年九月开始筹备，设厂于长沙，二十七年四月成立。十一月因长沙大火迁桂林，并筹设昆明、重庆二分厂。二十九年春，昆明分厂成立。该厂筹备之初，致力于收音机之制造。抗战军兴，军用收发报机需要激增，乃以全力制造军用机件，以应前方急需，军事通讯，赖以维持。

二、业务：昆明分厂以制造大型无线电报话发送机供给军用为主。军政部、政治部、航委会等，均有大批机件之定制。三十年供给美国航空志愿队第一大队通信网用机件数十套，该队因此通信灵敏可靠，在一个月内击落敌机二百八十四架。

该厂各种无线电机件现均在大量生产，除整架机件外，凡大部分零件现亦能自制，且可多量供应，尤以太平洋战事爆发后，材料来源困难，无不设法自给。向之仰赖欧美或港沪产品，而内地素不制造者，该厂皆能自造。例如电表、听筒、话筒、拾音器、轻型内燃发电机、电动发电机、晶体振荡控制器及各种仪器等。此外，凡为适应战事特殊需要，必须创造备件，如收报机用之手摇发电机、滤波机、电话秘密终端器、步声机等，该厂均正在精研创制，以供抗战急需。

二、机械工业

机械工业乃一国基本工业之一种。其生产范围，包罗甚广，其本身除直接从事于兵工器材之制造而为一重要军需工业外，举凡采矿、冶炼、机电、化工等业所需之动力工作机及作业机械，无不为其生产之对象。在平时，固为一国生产事业维持正常所必需；而战时扩充生产能力，更赖机械工业为其基础。是以世界各国，对于该业之建立，莫不殚精竭虑，全力以赴。我国沪、杭、津、汉、广州等地，机械工业早有兴办，云南仅模范工艺厂略具规模。抗战后，多数工厂迁滇，本省机械工业之发展有如雨后春笋，汽车修理厂尤遍于各处。兹将规模较大之机械各工厂概况，分述于后。

云南模范工艺厂

一、缘起：本省在前清光绪末年，曾有劝工总局之设立，其目的在训练各县贫家子弟，授以工艺技能，俾克自谋生活，为含有教育及慈善性质之机关。内设机械、木器、藤器、陶瓷、丝织、编织、漆刊及电镀、铜器、铁器、锡器等科。光复后，自民国三年，改称模范工艺厂，直隶省长公署。民国十年后，改隶实业司、实业厅、建设厅，先后添置少数机器，成立简单之机械厂，制造小型机器及农具等物。添设化学工业科、毛织科、织袜制棉料。附设男子简易工厂，教授简易各种手工艺。十七年奉令将省立女子工厂归入办理后，除教育平民子女授以各项工艺外，并能自行生产。

二、设备：并后五金器具制造厂。

三、业务：该厂出品有喷水机、弹力机、绞肉机、吸水机、蒸汽发动机、电力发动机、水龙电铃、风扇、毛毯、花布、雕漆椅桌、家具、藤帘、藤桌、藤椅等，畅销以木器为最，机械次之，厂址在昆明市小东城脚。

云南五金器具制造厂

一、沿革：民国二十三年，经省务会议议决，将模范工艺厂改隶于经济委员会，扩充为五金器具制造厂。自是以还，迭经增加资本，添购机器，增建厂房，复添设搪瓷、铅器之制造。抗战以后，搪瓷铝器原料，因来源断绝，无法继续制造。除制造各种新式木器外，专造工具、机器，资金增加国币八万余元。

二、设备：动力机，三相马达二台，马力三十匹者一台，为德国制，值国币一千二百元；十五匹马力者一台，为美国制，值国币七百七十五元。五十吨鼓风机一台，为日本制，值国币六百元。

机械：有新式八尺车床机一台，值国币八百四十元；卧式六尺车床机一台，值国币二百二十四元；卧式脚踏单丝车床二台，共值国币五百零四元；脚踏单丝车床一台，值国币一百六十八元；独脚二尺脚踏线车床一台，值国币四百三十六元；卧式八尺刨床一台，值国币四百一十三元；以上各机，均为德国制。解木机一台，值国币三百六十四元，系日本制，木车床一台，值国币二百一十元。其补助机有洋钉机、电镀机、充电机，电焊机、搪瓷机、冲压机等。主要原料为生铁、洋铁、圆铁、扁铁、角铁、方铁、钞铁、铝片、洗焦、铜、钢、木料、羊毛、漆、棉纱及外来搪瓷原料，由耀龙公司供电，厂内电压为300V。

三、业务：产出手摇抽水机、制面机、碾米机、织布机、印刷机、车床、钻床、刨床、铝器，各种五金用品及各种木器、花布、地毯、枧皂、搪瓷用品等。

昆明市机械纺织工业：昆明市营纺织工业者，共计有一百零四户。虽系均以机器生产，但多属铺店营业，尚无工厂设备。成立工厂者，仅北岳庙街三十一号之庸民织染厂、武庙街堤塘巷五号之振隆织造工厂、鱼课司街三、四两号之成记织造工厂、龙井街华强织造工厂、鱼课司街司马第巷十三号之昌明织染工厂、北后街之中兴针织厂等处。各厂资本，由国币一千元至五千元不等。工人工资最低每月国币三元，最高十五元。出品多属毛巾、棉衣、袜之类，原料均系外来棉纱。

纺纱厂与织布厂

概况：民国二十三年，政府鉴于本省纺织工业不足，外来棉纱匹头充斥，因计划办理纺纱厂与织布厂，拨国币六十万元，后增为二千万元，由云南省经济委员会统筹办理。经两年筹备，两厂二十六年五月底相继完成，各项机械均已装置完善。同年八月开工生产纱布。兹将两厂设备内容列后。

纺纱厂

设备：已设纺纱机五千二百锭，小型纱机三百三十六锭，全部完成为一万锭。其价目如后：

一、已设部分：

各种纺纱机（卜来特公司出品）：国币二十六万九千六百九十元六角三分。

上海制造之机件（大隆出品）：五千五百三十元。

磨清花机件：四千五百九十七元五角。

盖细清花机件：四百九十元八角八分。

试验及称重备件：一千二百八十七元。

马达及开关：一万五千一百八十一元七角三分。

附件：一万八千零八十三元三角三分。

准备件：六千八百八十八元三角五分。

喷雾机：七千二百元。

合计：三十二万八千九百四十九元四角二分。

二、未设部分（拟设纺织机制造厂制备）：

各种纺纱机（卜来特出品）：二十三万五千九百七十八元九角一分。

上海制造机（大隆出品）：五千一百六十五元。

马达及开关：一万一千六百八十五元三角八分。

合计：二十五万二千八百二十九元二角九分。

两部合计：五十八万一千七百七十八元七角一分。

织布厂

设备：已设织布机六十部，全部完成为一百九十二部。其价目如后（内电力织布机一百台）：

一、已设部分：

织布机及各种配备机：五万一千七百五十一元二角四分。

附件：一万二千四百零八角六分

准备机：一万二千零四十八元二角一分。

马达：五千一百四十元。

喷雾机：八千四百三十元零三角一分。

合计：八万九千七百七十元零六角二分。

二、未设部分（筹设纺织机制造厂配件）：

织机及各种配备机：六万四千三百九十九元二角一分。

马达：五千一百四十元。

合计：六万九千五百三十九元二角一分。

两部合计：一十五万九千三百零九元八角三分。

上述纺织两厂，均系官商合股，由云南纺织股份有限公司经办。厂址设于昆明市南城外玉皇阁旁，厂基五十三市亩。

裕滇纺织公司概况

该公司成立于民国二十九年，为云南省经济委员会与中国、交通两行合资经营，资本收足二千万元。总公司设于昆明玉皇阁，分厂设于昆明西山，专营纺纱业务，将来添办织布及染色。现有职员一百六十六人，工友一千二百八十五人。总分厂共有纱锭二万五千锭。已装者一万七千六百四十锭。出产为五华牌十支、十六支、二十支、三十二支各支棉纱。

裕云机器厂

一、缘起：民生问题，衣居首位。战前，我国以纺织工业之纱锭而言，仅有三百万锭之谱，依全国人口之比例需要而言，亦仅能供给纱布百分之一弱。战后，欲解决此项严重问题，必须备有纱锭约一千万锭，方能满足需要。此大量纱锭之置备，如全部仰仗国外，殊不经济。亟应自行制造，以奠定我国自力更生之工业经济基础。云南省经济委员会与富滇新银行、裕滇纺织公司及云南纺织厂合议，设立纺织机制造厂。民国三十二年夏正式合资创设裕云机器厂，专制纺、织、染及其他有关之机器。三十二年六月十日该厂成立筹备处，统办一切筹备事宜，择定昆明市西郊麻园村为厂址。三十三年二月开始动工建造厂房，至四月中旬全部建筑相继落成。五月初，与昆湖电厂订立用电合同，接通电流。六月中旬，开始陆续接运裕滇纺织公司海口机械厂及云南纺织厂作为股本折让之一部分材料及机器设备，并分别安装。筹备工作，至此告一段落。三十三年七月一日，该厂正式成立。

二、资金：该厂资金，原为国币六千五百万元，后以扩充业务，第一次增资三千五百万元，第二次增资五千万元，总额现为国币一亿五千万元，由下列各股东投资：（一）经委会投资国币三百七十五万元，占股份百分之二点五；（二）富滇新银行投资国币三百七十五万元，占股份百分之二点五；（三）裕滇纺织公司投资国币八千六百二十五万元，占股份百分之五十七点五；（四）云南纺织厂投资国币五千六百二十五万元，占股份百分之三十七点五。

三、设备：

（一）房屋设备：该厂厂基位于昆明西站外麻园村上首，面积约三十亩。现有房屋建筑计铸工厂一所，装配工厂一所，锻铁、淬火、木模间一所，金工厂一所，办公室一所，员工宿舍及住宅七所，饭厅及厨房一所，仓库二所，门房及汽车间、厕所等，共计约六百五十英方。

（二）机器设备，该厂共有机器设备计双杆六呎车床六部，单杆六呎车床六部，八呎车床二部，十二呎车床一部，十六呎车床一部，九呎及十四呎龙门刨床各一部，二十呎牛头刨床三部，钻床五部，万能铣床二部，工具磨床一部，木车床一部，转盘车床一部，锯床、冲床、插床各一部，砂轮机、抛光机各二部，电焊机一部，六十公斤汽锤一部。

（三）动力设备：该厂所用电力，由昆湖电厂供给。马达能力为200H·P，每月用电约为九千度。

（四）每年原料消耗：该厂每年所需要原料，计生铁二百吨、紫铜五吨、大锡一吨，净铅、净锌各半吨，外货铁板及圆铁各二十吨。除后者外，余均为本省产。

四、业务：该厂主要产品为纺纱机。因暂时限于设备，每年产量平均为二千锭，全部产品均在滇省销售，京沪一带亦拟计划运销。其他副产品，如纺织机零件，每年产量约为三万五千件到五万件；又他种机器零件，每年产量约为一万件到二万件；均随制随销。该厂自对外营业以来，即接受裕滇及云南两纱厂订货，承制之机器，计有梳棉机五十部、清棉机全套（包括自调开棉机四部、拆包机一部、乱刀开棉机二部、和花缸三台、弹花机二部、打粗纱头机一部、尘笼四节、送花笼子及排气风扇各一只等件）、并条机十八节、垃圾机两部、大打包机一部等，并随时制造纺织机器上各种配件，供给纱厂应用。同时该厂亦为会属各机关及其他同业代制各式机件，如耀龙电力公司、云丰造纸厂、云南蚕丝公司、云南锡业公司、中央机器公司昆明厂、五十三兵工厂、后勤部汽车修理厂等不下二十家单位。该厂已有出品计有梳棉机三十部、大打包机一部、垃圾机二部、并条机六节，均由裕滇及云南两纱厂装置使用，成绩极为圆满。该厂梳棉机自开工以来即积极制造，先制作木模或金属模型，翻铸毛坯，复将各种材料或配件加以车、刨、铣、钻等工作，制成半成品，约经一年始毕。至三十四年秋，开始装配工作，目下已有出品。梳棉机中最难制造者，厥为“大锡林”之浇铸。因非特须表面光洁，而铸质亦必须坚韧，以防应用时变形。我国能翻铸成功者，实不多见。该厂浇铸“大锡林”，于事前即作技术上之精密研究及设计，并准备一切必要之设备，浇铸时卒告成功，先后铸造“大锡林”四十只，无一废者，实开我国制“大锡林”之新纪录，现已呈请经济部奖励中。该厂于第一部梳棉机完成后，曾正式试车，并请云南、裕滇两纱厂派员前来验收，结果颇称满意，现已由裕镇纺织公司西山分厂正式装用。按梳棉机为纺织机中之最难制造者，故梳棉机制成后，其他纺织机器更不成问题。

振昆实业公司

一、缘起：该公司系由振昆织染厂扩充组织而成。振昆织染厂成立于民国二十八年四月，以制造漂染各种精细棉布为主业，年产大观楼牌各色棉布约二万匹。三十三年增资为国币一千万元，添置机器，扩充设备，组织振昆实业公司。所属生产部门，有振昆纺织染厂、湖滨漂印厂、捷足袜厂及新生活内衣厂等四单位，分设昆明市郊。

二、业务：该公司业务分为制造日用衣被物品及经营关于棉纺织染各种生产事业。业务如下：

（一）制造日用衣被物品，此为该公司之主业。现有出品分衣被、毛巾、棉袜三类；（1）衣被类出有棉被、棉褥、被套、被单、棉枕、枕胎、蚊帐、衬衫、汗衫、内裤、门帘、台布、帆布旅行袋等十三种;(2)毛巾类出有翠湖春巾、翠湖秋巾、胜利毛巾、振昆浴巾、振昆头巾等五种;(3)棉袜类中出有健康袜四种。

(二)关于棉纺织事业，此项业务范围广泛，现在经营者仅织布、染色，漂白及印花四项，内中织布一项有大观楼牌原白细布及其染色布、重磅帆布、四十磅卡机布等三种出品。

中原纺纱厂

一、沿革：该厂原名中原企业公司纺纱厂，设昆明岗头村，成立于民国三十二年十一月，三十三年七月改组，资本总额一千万元。原有小型纺纱机一套，计纱锭一百六十八枚，改组后增添四套，现有锭数共计八百四十枚。

二、业务：该厂共有锭数，目前仅能开工一百六十八锭，男女职工七十余人，每日可产二十支纱六股。因电力供给时有间断，月产总额仅六十余股。原料仰给陕棉。行销昆明市邻近各县，颇为通畅。

中央机器厂

一、缘起：民国二十五年九月，资源委员会奉令筹建机器制造厂，初拟计划与航空委员会合作，担任航空发动机之制造，积极进行筹备。当经协同中央钢铁厂与电工器材厂勘选厂址于湖南湘潭县属之下摄司。迨至七七事变爆发，我国对日展开全面抗战，航委会以该厂筹备需时，不耐久候，乃于九月十三日通知资委会放弃合作计划。其时，该厂筹备工作已初步完竣。二十七年初，战局陡变，湘鄂亦且吃紧，而行将运来之器材，又多件大而笨重，搬徒殊感困难，经呈准停止在湘建厂计划，而全部迁设云南。四月间，在滇选定昆明北郊之茨坝为厂址，积极进行建厂工作。外订器材之运达香港者，即循滇越铁路运厂。迁滇之初，先租昆明城内民房为临时工厂，制造外界委托及自行仿造之各项机件。旋复借昆明五金工厂之一部分厂屋，专制工具样板，同时积极建造厂房，在湘员工，亦陆续西迁。是年一月间，又奉命仍应筹办飞机发动机之制造。复因航委会中途变计，不克有成。二十八年中，茨坝初期厂房部分完工，外来机件亦陆续安装。六月间，且廉价购得美国斯德华(steward)卡车装配厂全部器材，定供制造及装配卡车之用，设备逐渐增加，规模初具，制品范围亦经决定为:(一)原动机械;(二)工具机械;(三)纺纱机;(四)交通器材等项。二百二十马力煤气机与二百五十开维爱发电机，均于是年开始设计制造。逮二十九年度预算增至四百万元。截至年底为止，业经成立之部门，计有昆明之六组，五分厂，各已成制造部门，俱有相当产品。秋间昆明局势一度紧张，滇越铁路交通阻断，而滇缅路又未开放，外购器材，无法内运，对该厂制造工作，妨碍颇大。技工之招致，困难亦多，然而该厂二十九年产品价值估计仍有国币三百零六万七千元、美金五万二千元之巨(包括在制品已成部分之估价)。员工人数亦增至一千三百四十一人，规模于焉略备，三十年初，承滇局一度紧张之后，竭力加紧生产工作。年内敌机复时袭昆郊，据统计，三十年空袭警报达五十四次，该厂且经四度遭炸。是年八月十二日一次、损失特重，厂房仓库等全毁至十所，半毁者亦四所，机件亦稍有毁坏，综计损失不下二百八十余万元。一时厂内工作遂告停顿，精理修葺，并迁移疏散，旷时月余，九月下旬始渐恢复。

二、设备：

（一）外电来源：供交流电处所为资源委员会昆湖电厂。厂内电压220—380伏特，每月用电约四千度。

（二）主要机器如下表：

中央机器厂历年机器概况表

（二十九年度至三十二年度八月十二日止）

类别	二十九年度	三十年度	三十一年度	三十二年度
车床	92	139	147	133
精密车床	9	12	12	12
六角车床	9	9	9	9
自动车床	12	18	18	18
镗床	7	9	9	9
龙门刨床	2	2	2	2
牛头刨床	6	9	14	13
立式刨床	3	3	3	3
钻床	27	42	52	55
铣床	16	23	24	25
磨床	29	43	43	43
齿轮床	11	16	16	16
锻铆冲剪机	25	40	44	44
锯床	5	6	6	6
电焊机	9	15	13	13
木工机	16	21	35	36

（续表）

类别	二十九年度	三十年度	三十一年度	三十二年度
砂轮机	9	17	20	19
热处理炉	3	3	5	5
其他	81	138	148	172
台计	371	565	620	633

目前该厂全部制造部门，计有七厂。

第一厂：炼钢铸铁（一部分单独出品，供给市场：一部分制造半成品，供应本厂其他制造部门）。

第二厂：制造蒸汽锅炉及其有关器材。

第三厂：制造柴油机、煤气机及煤气发生炉。

第四厂：制造大型发电机及电动机等。

第五厂：创造工具机及各种精密工具。

第六厂：制造纺织机械。

第七厂：制造普通机械。

以上所述，虽不足以言全备，然而规模初具。我国国营机械工业之初步基础，则已奠立矣。

中央机器厂主要产品表

名称	每年产量	用途
蒸汽锅炉	一千马力	蒸汽发电机主要设备
煤气机	一千马力	工厂或电厂之动力设备
水轮机	一千马力	水力发电厂之主要设备
发电机	二千开维爱	与动力机配合装置发电
工作母机（包括各式车床、刨床、钻床、铣床）	二百具	为各厂之工作母机
精密工具（包括分厘卡、钻铣刀等）	二万件	配合工作母机应用
大型梳棉机	三十套	纱厂内开棉及梳棉用
作业机器	五百具	各种工厂之主要设备

主要销地以四川为最多，云南次之，其他为黔、桂、甘、陕各省更次之。

中央机器厂原材料表

名称	单位	来源地
原材料		
甲、铁料		
生铁、毛铁、土熟铁	公吨	生铁购自美国、印度及本省，其他购自本省昆阳等县
铁皮及铁板	公吨	美国
矽铁皮	公吨	美国
乙、钢料		
软钢	公吨	购自美国及重庆各钢铁厂
工具钢	公吨	美国
建筑钢铁	公吨	美国
丙、非铁金属		
铜、铅、锡、锌、铝等	公吨	铜、锡系国产，铅、锌、铝购自美国
物料类		
甲、固体燃料、焦炭及煤	公吨	国产
乙、液体燃料、润滑油	加仑	美国
丙、电料		国产
丁、化学材料		
各种酸类及酸之化合物	磅	部分购自美国，部分用国产
戊、其他如砂轮、焊条、锯条、三角皮带等		购自美国

西南联合大学机械实习厂

一、缘起：民国二十八年四月，由西南联大工学院机械系在昆明拓东路江西会馆内开始装置，所有机器，大部分均系自清华大学运来。

二、设备：原动力，三相交流电动机，大小十三只，共计六十四匹马力。

外电来源：三相交流电供电处所为耀龙电力公司，厂内电压三百八十伏。

主要机器：

（一）金工厂：德制电动七尺车床一部，美制六尺车床一部，美制五尺车床三部，美制三尺车床一部，国产四尺车床七部，美制直臂钻床一部，国产钻床一部，八尺龙门刨床一部，国产牛头刨床一部，美制万能铣床一部，德制冲剪机一部，工具磨机一部。

（二）木工厂：美国自给刨木机一部，美制手推刨木机一部，美制电动木车床一部，美制木车床二部，国产四尺木车床八部，木锯床二部，起口机一部，电动小刨木机一部。

（三）锻工厂：美制锻铁炉一座，自制锻铁炉六座，自造鼓风机一部。

（四）铸工厂：自制一吨化铁炉一座，自制小型化铁炉一座，自制化铜炉一座，自制鼓风机一部。

三、业务：业务方面，除供给学生实习外，兼营机器之制造及修配工作。民国三十二年七月，改归清华服务社机械工程部继续经营。

（一）主要产品：

1. 各种机器配件，2. 车床，3. 手摇钻床，4. 老虎钳，5. 大小铜铁铸件。

（二）原料及材料：各种五金及木料。

昆华工业学校实习工厂

一、缘起：该厂地址在昆明市大西门外龙翔街，附属于省立昆华高级工业职业学校，供机械科学生实习用。学校初创时，仅具雏型，名机械实习室，至新校舍落成，略增设备，改实习工厂迄今。

二、设备：外电来源，采用耀龙电力公司马力电，厂内电压为220伏，机器间及铸工间各五匹马力。其主要机器有16" × 6' 车床一台，ϕ300毫米误差为0.04；10 × 4' 车床一台，ϕ300毫米误差为0.02；11" × 4' 车床三台，ϕ300毫米误差为0.065；落地钻床11/4" 一台，误差0.05；3/8" 台钻一台，误差0.02；12" 牛头刨床一台，300毫米平面误差0.05。

三、业务：

（一）实习部门：本厂以供给机械科学生实习为主，分机械工、钳工、木工、铸工、锻工五组，每组可同时供给十人实习。

（二）生产部门：本厂利用实习余暇，从事生产，代客制造修配机器零件，并自制各项纺织机械配件及普通农产机器以应市。营业情况，勉能自给。

云南印刷局

一、沿革：该局创立于前清宣统三年。光复后，隶属云南省公署，名为云南省公署印刷所，旋改组，更名为云南官印局，仍属省公署，逐渐改进，规模略具。至民国十九年改属云南省财政厅。二十年改组，更名为云南财政厅印刷局，由沪、港增购新机，力加扩充。二十五年九月成立分销处于昆明市四牌坊，定名五华印刷馆。二十八年，因房主收回铺面，遂撤销。三十一年三月改属云南省企业局，改称云南印刷局。翌年九月，又成立门市部于昆明市正义路，定名为建国印书馆。三十二年春，紧缩机构、整顿业务，并修建厂房，集中工作，而便管理。

二、资金：该局为企业局自办企业之一。历来所投资金及盈余股息等转本如下：三十年以前投资二十一万一千二百一十元八角六分，三十一年度为二百三十七万一千七百零六元九角，三十二年度为三百四十三万三千五百七十元零七分，三十三年度为一千零五十九万一千五百六十七元二角三分，截至三十四年六月底止累计资金为一千六百六十万八千零五十五元零六分。

三、设备：

（一）机械设备有一至七号电机，一、二、三号手机，一至四号足机，电石印子，手搬打样、烫金，柴油发动磨刀，木制划线，磨铅皮、橡皮，对开切纸，四开切纸，锉眼，照相，复写，上光，飞照，蒸汽，铜板，打样等机械。又有单床16HP马达、11HP马达、4HP马达，外国石板、本国石板及仪器等。

（二）检排设备有七、五、四行头字，一至六号及小五号老宋字，二、四、五号长仿宋字，二、四、五号方仿宋字，一至六号西文字及小五号西文字。

（三）铸字设备有铸各号所需铅字铜模、花边铜模、铸字炉、铅板炉、浇板炉、烘纸板板机、打纸板铁台、低脚刨床、高脚刨床、浇铅条机、铡铅板刀、创铅板铁台及铡铅条刀。

四、业务：

（一）业务范围，承印官商各界各种印刷品。

（二）原料来源，如各种纸张、各色油墨、油类、甘油、洋布、磷酸等，或向昆市购买，或向外埠采购。

（三）工作程序：

1. 铸字：化铅—检字模—装模入机—付铸—打磨。

2. 石印：书画—制版 } 打样—校对—付印—装订。
3. 铅印：检字—排版 }

（四）出品及数量，以单色印刷品为标准。

铅印 { 电 机—（每日每部）四开纸六千张。
足机—（每日每部）八开纸二千张。

石印 { 电 机—（每日每部）四开纸五千张。
手机—（每日每部）八开纸三千张。

铸字：每日三十磅至五十磅。

鼎新印刷厂

一、缘起：云南经济委员会以所属单位颇多，需用印件亦属不少，乃于三十一年七月自购铅印机器，筹设印刷厂。厂址初因防避敌机空袭，设于昆明西郊干沟尾，以距离遥远、管理不便，于三十三年四月迁设双龙桥，租用云兴窑业公司厂房。是年冬，因营业不振停工。

三十四年五月，筹备复业，以双龙桥厂址偏僻破陋，修理困难，经商得富滇新银行同意，租用鼎新街仓库为厂址。六月一日迁新址复工，更名为云南经济委员会鼎新印刷厂，改组内部，充实设备，承印经济委员会各单位需用印件，均照成本计价。其他各界普通印品，除工料认真、交件迅速外，取价亦甚低廉。

二、资金：该厂资金原为国币一百五十万元。三十四年五月复业，因添置机器，购备材料，曾先后增加资金国币三千三百一十六万九千六百元。全部资金均由会拨发。近以业务扩展，印品增多，机器材料尚须添置，约需国币三千万元，现正统筹办理中。

三、设备：该厂厂房系租用富滇新银行鼎新街货仓，内部设备，除营业室、材料室外，分为排字房、印机房、装切房、铸字房四部，各部设备如下：

排字：铁铅线刀一把，打样机一架，各号字体铅字万七千四百四十磅。

铸字：铸字机四架，铡铅条刀一把，浇铅条机一架，高脚、短脚刨床各一台，中文铜模四副。

印机：平板对开铅印电机一部，对开石印电机一部，大小手摇石印机各一部，大二号圆盘机二部。

装切：划线机二架，切纸机一部，打孔机一架。

印刷材料之最重要者为纸张与油墨。纸张之最通用者为打字纸、道林纸、新闻纸等。抗战以后，舶来纸张，货缺价昂，多改用国产纸，如湘闽之官堆纸、四川之连史纸、贵州之土报纸及本省云丰造纸公司所出各种纸张。

油墨除精美印品不惜高价购用舶来油墨及京沪出品外，普通印件，则采用渝、筑及本省土制油墨，其余如锑、铅、煤油、机器油、牛皮胶等，或用舶来，或用土产。

该厂现有印机，产量不一，情况如下：

对开铅印电机，一小时可印单面一千二百张（如印十六开八页刊物，一小时可印六百张）。对开石印电机，一日可印六千张。手摇石印机，一日可印五百张。大二号圈盘机，一日可印四千张。小二号四盘机，一日可印五千张。小三号圆盘机，一日可印七千张。

四、业务：承印印件，除云南省经济委员会各单位需用者外，多为有关学术研究之杂志、月刊、周刊、旬刊等，其他如簿记、表册、商标、广告，无论铅印、石印，单色、五彩均可承印。

承印印件，先作成本试算，将应用纸张、油墨、材料、工资分别估计，汇列总数，再以印数平均，求得单价后，与顾客商洽，双方同意，先立订单，然后由工务负责人照式排印，如期交货。

材料部分，除用较多且须运自省外者先行充分购备外，其余则于承接印件后视需要数量随时选购。

该厂复业后，因感原有设备不敷应用，曾添购正楷铜模一部、大号铸字机一部、三十六吋切纸机一部，以及其他零星机件若干。又因昆市同业需用正楷铅字，每感无处购用，该厂特将此项铅字大量浇铸，公开发售同业。

崇文印书局

一、缘起：成立于民国元年，资本国币六万三千元，厂基二十四方丈。

二、设备：动力机有马达三台，铅印机一台，均购自德国。石印发动机三台，购自英国。铅印发动机二台，为本国制造。机械有照相铜板等全部，大号切纸机一台，为德国所制。石印落石架三台，倒铅机一台，刨铅机一台，均为本国制。铸字炉二座，铅印大号打样机一台，均为日本制。以上各机，总值国币二万五千元。

三、业务：原料，年需上海及美国油墨一千磅，瑞典及本国纸张五千余件。出品，年印书籍、杂志、刊物四五万册，军事书籍三四万册，其他杂件二千余件。

开智印刷公司

一、缘起：成立于民国二年，集股开办。

二、设备：动力机有电力马达一台，马力七匹半，购自英国，价值国币一千元。机械大石印机一台，价值国币二千元；平版铅印机三台，每台国币八百元，共二千四百元；铅印脚踏机一台，值四百元；大石印机一台，值一千元；打样机二台，总值二百元：以上各机，均由日本购置。二号石印机五台，总值八百元；小号石印机一台，值一百五十元：以上各机，均本国制造。又脚踏铸字机一台，值二百五十元。手摇铸字机二台，共值二百元。刳铅机一台，值六十元。切纸机一台，值七百元。打眼机一台，值五十元。

三、业务：原料及价值，年用瑞典新闻纸、有光纸、道林纸共值国币二万余元。四川奎连纸、贡川纸、毛边纸共值国币五百余元。本国油墨一万余磅，值国币二万元。出品：每年代印《民国日报》五十四万份，《新商日报》十八万份，《民政月刊》四万二千本及其他杂类等件。

光华实业公司印刷厂

概况：该厂地址在昆明市南屏街，工厂设于昆明市龙院村，成立于民国二十七年十一月，资本额国币六百万元。该厂设立之初，系专印行翻版西书，先后出版百余种。其后添置机械设备，经营出版书报及五彩商标广告，旁及铅印零星表格等印件。该厂除自印书发行外，均系定货。本市出品著名之商标，均由该厂公司经营供给。

昆明市自来水公司

一、缘起：自来水公司于民国四年六月由省会绅商提倡集资创办。作为有限公司，官督商办，招商集股，着手筹备。于五年二月招集股本，继则勘测水源、设置地点及购办吸水机器、各种管料。其敷设工程，则包与法国工程师载阿尔氏负责办理。至九年五月接收工程，公司乃正式成立，开机售水，但营业不振。延至十二年昆明市政公所成立，又拨款三万元，提倡补助，扩充营业。九月改为官商合办。

二、资金：公司股本，当开办之初，先后集合官股一十一万七千三百二十元，商股三万五千五百元，又积欠富滇银行历年借款利息五万零六百一十元，后经商妥，作为入股。三共实合股本二十万三千四百三十元。

三、设备：安置吸水总机房于水源及吸水机马达等设置于翠湖九龙池畔，就水源地点开凿滤池，安置吸水总管，四面围砌石岸，上盖小亭，作为掩护。沿地敷设干管，筑土作埂，接至机器房后，起建坚固机房三间，安置机器。设有电力发动机两部，每部马力四十匹，每小时吸水一百五十立方米，每分钟转速一千五百次，两部电机体量相同，逐日轮替应用。前接吸水管，后通上水机，受电力而旋转至水厂，吸水送至五华山水池。自九龙池至蓄水池，高差为四十公尺。水引上山后，精滤三次，始入清水池，又由清水池压输东、南、西、北各总管，供给全市饮用。

四、业务：包安水管户数，用水人户递年承接限制，迄今包用水表龙头固定共计九百四十一户。每日零售水担数，以各街水盘每日零售水数平均计算，约共四千五百担。

德和机器厂

概况：该厂成立于民国二十八年冬，以机器滞越，迟至二十九年四月始正式开工。设厂及业务处所于昆明绥靖路五四九一五五三号。主要创办人吴仲亚、胡宗铨、倪思培、顾增惠四君。初创时集资国币五万元，三十年春增资为三十万元，三十二年春增资为三百万元，三十四年春复增为一千八百万元。主要业务为工具机之制造，如五呎、十呎车床，落地钻床，牛头刨床，九呎龙门刨床，万能铣床等母机，历年有经常出品。尤以空气压缩锤（现在制造者系六十公斤，三十四年度计划制造一百五十公斤者）之仿造，在抗战时大后方工矿界中，尚属首创一家。经昆、筑、渝各处厂矿应用后，颇博好评。至其他精密机械之订货，每年产量，为数亦巨。现在职工人数不过百人，在昆明民营机械厂中，尚称楚楚可观者。

中大机电制造厂

一、缘起：民国三十年五月一日开办，厂址在昆明西郊普坪村。

二、设备：原动力马达，瑞典产，动力十点三匹马力。供电处所为昆湖电厂，厂内电压 220 伏。

主要机器为中式八呎车床、中式六呎刨床、龙门刨床、中式三号万能铣床等。

三、业务：原料用生铁、洋圆、铜等，每月消费量三十吨左右。主要产品离心抽水机，平均每月产量大小百余具，用于灌溉及水利，主要销地在本省。

华安工厂

一、缘起：成立于民国九年，设于木行街。

二、设备：有煤烟引擎一台，马力二十五匹，值国币二千五百元，为本厂自制。车床五台：十二呎者一台，购自安南，值国币六百元；八呎者二台，值八百元，六呎者二台，值六百元，均为本厂自制。横刨床一台，值国币一百五十元。大头车床一台，值国币五百元。直身刨床一台，值国币七百五十元。锁床三台，值国币四百五十元。风扇机一台，值国币一百五十元。

三、业务：主要原料为各种圆铁、扁铁、方铁、角铁、铁板、杂铁、生铁，铸铜、铅块及硬钢等。除铸铜、锡块为本省产外，其余均购自香港、海防等处，年值国币一万五千余元。主要出品为铁器、抽水机、切面机、印刷机、压榨机、煤烟引擎、织布机、碾米机等，各项机械，年约值国币五六万元。

华兴工厂

一、缘起：创办于民国九年，设于昆明市福照街。

二、设备：有马达一台，马力五匹，购自美国，值国币二百元。车床二台，六呎长一台，值国币二百五十元，八呎长一台，值国币三百五十元；六呎高锁床一台，四呎长磨光机二台，共值国币一千四百余元：均系美国制。

三、业务：修配五金各种零件或制造铜铁栏杆及五金等器具。

德昌工厂

一、缘起：私人设立，厂址在昆明市南昌街二十四号。

二、设备：有动力发电机一台，九瓩，法国制，值国币一千元。电动机一台，四匹马力，法国造，值国币四百元。制造机有：六呎车床二台，值国币八百元；刨床二台，十四吋者一台，值国币六百元，八吋者一台，值国币三百元；铣床二台，五分者一台，值国币三百元，八分者一台，值国币四百元；八吋冲床一台，值国币七百元；四吋冲剪床一台，值国币八百元：以上各制造机，均系法国出品。全年各机租用电量八百度，值国币七十二元，消费木炭六千斤，值国币一百二十元。

三、业务：主要原料为法国铁板，年需一吨，值国币四百元；法国角铁年需半吨，值国币五百元；本省土铁年需一吨，值国币一百六十元。主要出产品为木炭代油炉及汽车零件，每年产量无定。

中南钢铁厂

一、缘起：三十二年二月设于昆明木行街二十九号，同年九月迁至西站。

二、资本：初为国币二十万元，旋因添置动力机件，增为一百万元。

三、业务：出品产销制造机器及五金零件，如门锁、铰链、插销、风钩等。副产品如代昆明拓东路谊安大厦制造之电力升降机，南屏街聚兴诚银行之钢窗、钢门，昆明银行、合作金库、长江实业银行库房保险门，及新近承造南屏街兴文当房屋全部钢窗工程等。

民生工厂

一、缘起：创于民国二十二年，设于昆明市三元街。

二、设备：动力机有德制电动机一台，三十四马力，值国币一千二百元。制造机有英造车床三台：十二呎长者一台，值国币八百元；八呎者一台，值国币六百元；六呎者一台，值国币四百元。英造钻眼机一台，值国币四百元。英造刨床一台，值国币八百元。自造磨刀机一台，值国币二百元。全年租用电值国币一百八十元。

三、业务：主要原料为本省铁及木料。主要出品为柴油机、碾米机、榨油机、切面机、磨面机及各种木器。

振亚机械厂

一、缘起：成立于民国十九年，厂址在昆明市大东街。

二、设备：动力机有电动机一台，马力十五匹，为英国制，值国币三千元。制造机有车床四台，为法国制，每台值国币六百元。刨床一台，为法国制，值国币五百元，锁床二台，为英国制，每台国币三百元。闸机一台，为本国制，值国币二百元。

三、业务：主要原料为法国产洋铁、钢铁、铅皮，德国洋铁及本省生铁、铜、木料等。主要出品为工程用具、农具、石印机、洋枧机、火柴机及碾米机等。每年出品值国币二万元左右。

永协隆机器厂

成立于民国二十二年，设于碧鸡大街。

一、设备：电机一台，马力七匹半，德国制，值国币四百五十元。车床二台，一长五呎，为英国制，值国币八百元；一长七呎，自造。锁床四台，大者二台，为法国制；小者二台，为英国制：共值国币五百元。压机二台，大者一台，为法国制，值国币三百元；小者一台，系自造。老虎钳七台，系德国制，共值国币一百八十元。红炉二座，自造，值国币四十元。罗床一台，长一尺五寸，自造，值国币一百元。上列各种机械，每年用电六千基罗瓦特，值国币二百七十元；煤炭三万斤，值国币四百五十元。

二、业务：原料主要系铜、铁二种，多购自安南与香港两地。出品为水龙机、煤油机、榨油机、洋枧机、蒸汽机、洋炬机、柴油机、织布机、煤球机、碾米机等。

云南蚕业新村公司

概况：总公司地址在蒙自草坝。缫丝厂、酒精厂、制糖厂均设草坝。昆明冷藏部附产机制冰。三十一年一月一日创设。

资本：国币二千五百万元，由云南省经济委员会与富滇新、中国、交通、中国农民四银行合资设立。

出品产销：在蒙自草坝辟植桑园及农场万余亩，建成新村两村，计二百余蚕户。以集体农场方式经营养蚕制丝，附设动力酒精厂及制糖厂工业，并栽培稻、麦、甘蔗，以谋酒精等原料及主要食物之一部分自给。副产品有机冰，丝绵等项。外销生丝，年计二百余关担，由复兴商业公司出口，统购统销。副产品之酒精，月计一万加仑，供应各机关运输燃料之需。职员一百余人，工人七百余人。

云南蚕丝公司

概况：该公司为云南省经济委员会与富滇新银行合资经营，资本一千万元，创办于民国二十八年二月，设厂于昆明县干沟尾。分缫丝、丝织二厂，现有职工约二百人。产品有高级生丝、各种绸绉及其他副产品等。如伞绸为制造降落伞之用，蜡绸为电工器材，制革线及丝线团供给兵工厂、军需被服厂、军用制革厂之用。其他绸绉，则为民生衣着之需。主要产品如下：

伞绸、蜡绸、平纺、香云纱、雪纺、单线纺、双线纺、厚纺、昆明绉、V字绉、壁绉、软缎、丝哔叽、丝线呢、丝线团、制革线、丝绵被、蚊帐、各种绣品。

兴华锯木厂

概况：该厂系交大同学沈荣伯、胡奎两君所创办，于民国三十二年六月成立。因两君鉴于木材为建筑上主要材料之一，遂创办兴华锯木厂。设厂址于曲靖及沾益两处，开设办事处于昆明绥靖路三二六号。该厂系由曲靖、沾益、炎方等处收购木料，以锯制企口板为主要业务。适值美军来华助战，云集昆明，兴建大批营房，急需大量木材，该厂乃努力增产，以应需要。职工人数，最多时达五百余人。

附：工业人才之培植

云南省选送留美工业学生一览表

姓名	籍贯	年龄	三十一年取录时学历	投入美国学校名称	学习科目
苏尔敬	昆明	22	昆华高级工校毕业，国立西南联大修业	伊里诺大学	化学工程
李嘉祥	昆明	23	昆华高级工校毕业，国立西南联大修业	麻省理工学院	工程管理
周宝瑶	蒙自	23	昆华中学毕业，国立西南联大修业	里海大学	工程管理
董子葵	峨山	22	昆华高级工校毕业，国立西南联大修业	麻省理工学院	机械工程
华世钧	呈贡	22	云大附中毕业，国立西南联大修业	密西根大学	工程管理
周彦平	昆明	22	南菁中学毕业，国立西南联大修业	芝加哥大学医	医
郭培德	昆明	23	云大附中毕业，国立西南联大修业	康奈尔大学	畜牧
赵国书	泸西	22	云大附中毕业，国立西南联大修业	麻省理工学院	电力工程
袁宗虞	石屏	23	云大附中毕业，国立西南联大修业	密西根大学	工程管理
陈明瑛	昆明	22	昆华高级工校毕业，国立西南联大修业	麻省理工学院	化学工程
黄继周	江川	22	昆华中学毕业，国立云大修业	霍金斯大学	医
何尔浚	昆明	22	昆华高级工校毕业，国立西南联大修业	麻省理工学院	电力工程
王致庆	宣威	22	昆华高级工校毕业，国立西南联大修业	里海大学	建筑工程
谭庆麟	昆明	22	南菁中学毕业，国立西南联大修业	里海大学	冶金工程

（续表）

姓名	籍贯	年龄	三十一年取录时学历	投入美国学校名称	学习科目
郭启柱	建水	23	昆华中学毕业，国立西南联大修业	密西根大学	机械工程
纳忠升	开远	22	昆华高级工校毕业	洛威尔纺织学校	纺织工程
方宝贤	丽江	23	云大附中毕业，国立西南联大修业	俄亥俄州立大学	陶瓷
李振家	华宁	23	昆华中学毕业，国立西南联大修业	里海大学	冶金工程
郭兴国	祥云	24	云大附中毕业，国立西南联大修业	霍金斯大学	医
刘时中	易门	23	云大附中毕业，国立西南联大修业	伊俄华州立大学	农艺
杨凤	丽江	22	丽江中学毕业，国立西南联大修业	伊俄华州立大学	畜牧
李希宪	腾冲	22	腾越中学毕业，国立西南联大修业	康奈尔州立大学	土木工程
马如鸾	蒙自	21	云大附中毕业，国立西南联大修业	伊里诺大学	化学工程
刘振华	呈贡	23	昆华高级工校毕业，国立西南联大修业	伊里诺大学	电力工程
张秉钊	昆明	23	昆华高级工校毕业	洛威尔纺织学校	纺织工程
袁绩恂	石屏	23	昆华高级工校毕业，云南英语专修班毕业	康奈尔大学	机械工程
陈永定	昆明	23	昆华高级工校毕业，国立云大修业	伊里诺大学	化学工程
陶铸	昆明	21	南菁中学毕业，国立西南联大修业	伊里诺大学	电力工程
刘泽铣	砚山	23	昆华高级工校毕业	密西根大学	水力工程

（续表）

姓名	籍贯	年龄	三十一年取录时学历	投入美国学校名称	学习科目
和惠桢	丽江	22	丽江中学毕业，国立西南联大修业	考洛拉都采矿学校	采矿工程
唐绍龙	会泽	23	培英中学毕业，岭南大学修业	明尼苏达大学	农业经济
陈平	安宁	23	昆华高级工校毕业，国立西南联大修业	里海大学	工程管理
傅君诏	曲靖	20	昆华高级工校毕业，国立西南联大修业	加乃基学院	冶金工程
周春晖	平彝	23	昆华高级工校毕业，国立云大修业	麻省理工学院	化学工程
龚景闻	大关	23	玉溪中学毕业，云南英语专修班毕业	霍金斯大学	医
黄桂江	墨江	23	南菁中学毕业	威士康星大学	园艺
陈荩	顺宁	22	顺宁中学毕业	考洛拉都采矿学校	采矿工程
窦溥仁	昆明	23	昆华高级工校毕业	康奈尔大学	机械工程
宋文彪	大理	22	大理中学毕业，国立西南联大修业	伊里诺大学	化学工程
王兰清	鹤庆	23	云大附中毕业，国立西南联大修业	密西根大学	化学工程

以上共计学生四十名，业经教育部派员复试及格。现入美国大学十四校，学工科者三十一名，医科者四名，农科者五名。

三、化学工业

大成实业公司

一、缘起：民国二十八年一月，董澄农、施嘉干二君倡议筹设该公司，先后在昆明市及近郊夏窑二处，举办嘉农面粉厂、利工电石厂、农村纺纱厂、联谊钢铁厂、新成炼油厂及大昌营造厂。因所办事业，均属有关地方生产，经云南省财政厅赞助，加入股本三分之一，为有限责任股东（现已交由企业局接管）；施、董二君各占股份三分之一，为无限责任股东：组成两合公司。自民国二十九年八月起，各厂相继生产。惟联谊钢铁厂因受时局影响，机械无法购运，规模遂小，仅足供修理该公司各厂机械之用，而不能制造出品，然裨益各厂工作极多。大昌营造厂已停止经营。农村纺纱厂因产销均感困难，于三十一年十月将全部机件脱售结束。同年八月，该公司又在夏窑厂区添设复兴亚水泥厂，试验虽告成功，而一般认识尚少，销路不广。同年年底，企业局开远电厂筹备就绪，而该公司之利工电石厂，适以近受云南昆湖电厂电费高涨影响，遂决于三十二年春迁开远，利用低价电力，以求增加电石产量。该公司夏窑区之嘉农面粉厂，地址距昆明市西站七公里，自购地修筑便道八百余公尺与滇缅公路相衔接，汽车已直接运输。新成炼油厂则设于昆明市兴仁街，交通甚便。

二、资金：该公司额定股本为国币四百五十万元，赠予股本为国币五万元，三十二年又拨赠五万元，共合股本四百六十万元。企业局投资额为一百五十万元。

三、设备：

（一）房屋设备：夏窑区计地四十亩，房屋建设占基地三千二百七十余公方。新成炼油厂基地计一亩，建筑占地五百八十余公方。

（二）机械设备：计有磨面机一台、二百千伏安变压器三套、碎粉机二台、电石炉三套、变气压机、榨油机、抽油机、滤油机各一台、六呎车床二台、钻床、压缩空气机、蒸汽机各一台。

（三）动力设备：计 80HP、15HP、10HP、5HP、3HP、0.5HP 电马达各一台。

四、业务：

（一）业务范围：现在经营制造者，计有面粉、电石、各种液体燃料、机油及亚水泥等。

（二）原料来源：大部原料均购自昆明市及邻近各县。如面粉用麦，多在昆明附近及宜良、曲靖、杨林等地采购，运集来昆；电石用白煤，来自云南驿；其余石灰、木炭，则购自工厂所在地区；烟煤购自宜良明良公司之可保村及锡业公司之乌格煤；炼油用之菜籽、萝卜籽等，购自附近各县，或向贵州采购。

（三）工作程序：

1. 面粉：

（1）将小麦经麦筛、除尘器、加水成净麦，入净麦仓。

（2）净麦经磨粉机磨成粉及麸片。

（3）粉经粉筛及漂粉机后，视粉色上下，分青龙一、红龙二、蓝龙三及四号粉出售。

（4）麸皮再经麸皮机后出厂。

2. 炼油：

（1）将植物油种子如菜籽、蓖麻子、萝卜籽等压榨成油。

（2）经滤油机滤去渣滓。

（3）用化学方法除去油之植物酸。

（4）用氧化及真空蒸馏校正油之浓度。

（5）加化学药品配成各种油类。

3. 电石：

将石灰、木炭依一定比例加入电炉燃烧，温度在摄氏二千度以上，经二小时后，即成电石出炉。

4. 矽铁：

将矽石、木炭、铁皮依一定比例加入电炉燃烧，经四小时后，即成矽铁出炉。

5. 亚水泥：

（1）先将适当成分陶土制成砖块，烧至相当温度。

（2）取出磨成细粉。

（3）经五十号筛筛取陶粉。

（4）以陶粉与硝石灰粉拌匀，即成亚水泥。

兹将历年产量及销量表列如次：

大成实业公司各厂历年产量表

厂名	品名	单位	年份及产量			
			三十年度	三十一年度	三十二年度	三十三年度
嘉农面粉厂	青龙面粉	袋	14,145	6,777	4,438	4,413
嘉农面粉厂	红龙面粉	袋	19,739	20,255	33,260	56,338
嘉农面粉厂	蓝龙面粉	袋	14,206	13,567	16,225	12,764
嘉农面粉厂	四号面粉	袋	2,427	3,440	4,265	5,646
新成炼油厂	刹车油	加仑	977	261	362	308
新成炼油厂	汽缸油	加仑	2,941	1,100	1,583	2,302
新成炼油厂	轮轴油	加仑	1,774	4,370	17,359	13,763
新成炼油厂	机油	加仑	1,723	3,041	1,997	1,046
新成炼油厂	代柴油	加仑	1,420	160	15	—

（续表）

厂名	品名	单位	年份及产量			
			三十年度	三十一年度	三十二年度	三十三年度
新成炼油厂	引擎油	加仑	55	—	292	—
新成炼油厂	肥菜油	加仑	—	—	6,444	—
利工电石厂	电石	公斤	215,677	238,459	181,839	418,302
利工电石厂	矽铁	公斤	2,707	7,229	865	115
复兴亚水泥厂	灰色亚水泥	桶	—	472	231	—
复兴亚水泥厂	黄色亚水泥	桶	—	27	—	—
复兴亚水泥厂	红色亚水泥	桶	—	73	61	—
农村纺织厂	宝凤牌棉纱	磅	5,267	96	—	—

大成实业公司各厂历年产品销量表

厂名	品名	单位	三十年份	三十一年份	三十二年份	三十三年份
嘉农面粉厂	青龙面粉	袋	15,028	6,018	4,844	4,216
嘉农面粉厂	红龙面粉	袋	20,480	18,094	36,321	56,355
嘉农面粉厂	蓝龙面粉	袋	13,672	13,136	16,053	13,454
嘉农面粉厂	四号面粉	袋	1,965	3,040	4,723	4,182
新成炼油厂	刹车油	加仑	890	321	358	305
新成炼油厂	汽缸油	加仑	1,960	1,871	3,511	3,973
新成炼油厂	轮轴油	加仑	1,407	4,097	8,866	16,400
新成炼油厂	机油	加仑	1,683	3,078	3,134	655
新成炼油厂	代柴油	加仑	1,235	21		
新成炼油厂	引擎油	加仑	25		300	
新成炼油厂	肥菜油	加仑			6,444	
利工电石厂	电石	公斤	194,259	212,178	165,893	472,397
利工电石厂	矽铁	公斤	1,245	6,308	2,739	2,117

（续表）

厂名	品名	单位	三十年份	三十一年份	三十二年份	三十三年份
复兴亚水泥厂	灰色亚水泥	桶		384	334	
复兴亚水泥厂	黄色亚水泥	桶		13	2	
复兴亚水泥厂	红色亚水泥	桶		4	125	

云南酒精厂

一、缘起：民国二十九年四月，经济部资源委员会与云南省经济委员会商洽合资创办开远酒精厂于开远大庄。正积极进行之际，适越南军事失利，不得已乃另觅厂址于昆明县属之大板桥。三十年三月，建厂装机各项工程完竣。四月一日开工生产，复易名为云南酒精厂。同年八月间，为解决原料自给问题，租厂附近荒地三万亩，交由云大农学院负责试办有关酒精原料之农作物，厂方拨助经费国币六万元。原租用开蒙垦殖局土地一千三百亩，因无成绩，三十一年亦告退租。自该厂成立迄今，六年中对液体燃料之供给，已尽其最大力量，年产酒精约三十万加仑，然历年受物价影响，并受官价限制，业务困难万端。民国三十四年秋，战事结束，资源委员会令该厂于三十五年一月前结束。

二、资金：该厂原定固定资金国币八十万元。嗣因物价飞涨，原定数已不敷用，继呈准追加为一百八十万元，由资源委员会及经委会各半投资。又为制造生产及收购原料物料之需要起见，另由资源委员会拨流动资金国币一百二十万元，经委会拨发三十万元，富滇新银行拨入二十万元，共计流动资金一百七十万元，另由资源委员会拨建设基金一百五十万元。

三、设备：该厂设备，机器方面之重要者如锅炉与蒸馏塔，均系厚钢板卷焊而成，钢板系经济部工矿调整处供给。其卷焊工作，系上海新通公司承办。其他管件等，均由该厂机工自行接装。厂房方面，均由该厂工程师自行监造。兹分列于后：

（一）大板桥工场的主要设备有分油设备一只，废液检验器一只，蒸馏捕捉器一只，冲水器一只，大号冷却器一只，卧式二十八尺大锅炉一座（主要动力设备），直立高压蒸煮器一座。

蒸酵设备：酸酵木桶六十只，其他二十只。

制造设备：面盘二千只、拌面床二只、大拌床五只。

供电设备：全厂照明抽水马达等用电有二十马力交流小发电机一部。

试验设备：对产品之化验、检验、分析轻重计一具。

其他设备：水泵五具、道奇轿车一辆、福特卡车一辆。

（二）制造程序：

1. 采用白酒原料者，直接经精馏塔精馏后，即得 95% 酒精。

2. 采用土糖或糖蜜原料者，先将原料用蒸气溶化，并消毒加水，配成一定之浓度，再加酸调节酸度，然后加以培养良好之定量酵母养料，使之发酵，发酵终止后，入粗馏塔蒸馏，使成 40% 左右之淡酒。再经精馏塔制成酒精。

3. 采用杂粮原料者，先将玉米、大麦、高粱或蚕豆等磨碎，再蒸煮使之糊化，然后调节酸度，冷却其温度至 140℉左右，加入定量麦芽，使之糖化十五分钟至半小时，再冷却至 70℉以下，重新加水调节浓度，并调节发酵之酸度，然后注入发酵桶，加以培养良好之定量酵母，使之发酵七至九十小时，发酵完毕，即依照 1 所述方法，制成酒精。因食粮颇富氮类化合物，故不需另加酵母养料也。

（三）原料及燃料：

该厂收购之原料，来自曲靖、宣威、开远、宜良、弥勒等地，各设有办事处一所，分区收购，用火车或卡车运输。原料中主要者为白酒、红糖、糖蜜、玉米、大麦、白薯，其次为马铃薯、山芋、高粱、甘蔗、甜菜、地瓜等。如按日产一千加仑酒精计算，每日需用白酒在一万五千斤左右，如以糖蜜制造，日需糖蜜十二吨左右。兹将三十至三十一年原料消耗量列叙如下：三十年度使用糖蜜三千零七十二公斤，白酒四十二万四千七百三十一公斤，三十一年度用糖蜜三十万六千零六十三公斤，白酒一百七十一万八千八百三十六公斤。

燃料仅煤一种，购自杨林各煤矿区，三十年为五十八万四千六百六十七公斤，三十一年为一百八十九万零二百二十三公斤。

（四）业务：

该厂产品以动力酒精为主，其浓度在百分之九十六以上，并制造以脱等副产品，掺入酒精，以提高品质。每月产量，均系供应军事机关及国营事业机关，如美国驻华陆军供应处、航空委员会、交通部三分处、兵工厂、滇缅公路局、资委会各附属机关及经济委员会各附属机关，依官价由液体燃料管理委员会统筹分配。历年产品数量如下：三十年为三万八千三百八十加仑，三十一年为二十八万二千三百二十四加仑，三十二年为一十七万七千七百八十二加仑，三十三年为八万零三百八十五加仑，三十四年为八万八千八百三十九加仑，合计六十六万七千七百一十加仑。

草坝酒精厂

一、缘起：云南蚕业新村公司因鉴于战时运输动力燃料缺乏，利用农产及云南酒精厂原置锅炉，增备蒸馏塔，成立草坝酒精厂，于三十二年开始营业。

二、资金：国币五百万元。

三、设备：有蒸馏塔、粗馏塔、培养室、发酵室。

四、原料：糖、糖稀、白酒、蔗汁。燃料：煤。

五、制造程序：糖、蔗汁或糖稀发酵后，即行粗馏、精馏，白酒则属直接原料。

六、产品：该厂只生产 95 度动力酒精。其历年生产数字为：三十二年五万加仑，三十三年十万加仑，三十四年八月止，七万加仑。

七、现状：该厂业务进展顺利，品质超出规定之标准。

曲靖动力酒精厂

一、沿革：该处原隶前康滇企业公司。三十二年六月，由浙赣铁路业务处接办，固定基金一百万元，扩充设备，调整人员，厂址在曲靖县南门外大桥塊。

二、业务：该厂原有设备，每天高产可达一千加仑，但因原料短绌，未能尽量生产。全厂出产标准动力酒精，均奉准液体燃料管理委员会签订合同，按照法定官价销售。

云南恒通化学工业公司

一、缘起：抗战军兴，滇省成为后方重要基地，运输频繁，需要动力燃料极多。汽油虽有大量输入，但价格昂贵，漏卮殊巨。前恒通酒精厂于斯时设厂制造酒精以代替，借资杜塞，颇著成效。及至缅甸沦陷，对外交通被敌封阻，汽油来源断绝，酒精需求骤增，乃扩大生产，以资供应。初，本省土法所制白糖，品质不佳，不能与外货抗衡，且附产品之糖蜜，不予利用，废弃可惜。省企业局有鉴于斯，设立云南制糖厂，用新法机制白糖，谋与外货竞争，以挽利权外溢。出品精良，甚博好评。附产糖蜜，则以制酒精，销路亦佳。三十二年春，恒通、云南两厂，以所营业务关系密切，乃合作共谋发展，因于是年三月合并而成本公司。内分总公司酒精厂（在昆明市西南郊刘家营）、昆明糖厂、盘溪糖厂各部分。三十三年秋，昆明糖厂改为庆丰碾米厂，营碾米业。制糖部分则迁并于盘溪糖厂，改称云南制糖厂。至三十四年六月，则因调整业务，将庆丰碾米厂结束。

二、资金：本公司资本总额计国币五千万元，内由云南省企业局投资国币七百五十万元，其余由矿业、兴文、劝业、侨民、益华等银行及其他商人、私人，共同投资凑足之。

三、设备：

（一）房屋：总公司及酒精厂计有办公楼一座、仓库二座、职员宿舍一座、工友宿舍一座、发酵室二座、锅炉房一座、发电室一间、实验室一座、蒸馏楼一座、唧筒间一座、成品装置房一间，饭厅一座，厨房一座、厕所一间、门房及警卫室各一间、庆丰街职员宿舍一院（前昆明糖厂厂址）。云南制糖厂有办公楼及宿舍、仓库一座，厂房楼上下一座，工友宿舍一座，堆煤间一座，厨房一间。

（二）机械：酒精厂计有锅炉二个、粗馏塔及附件一座、精馏塔及附件二座、蒸气引擎一个、发电机一个、蒸气抽水机四个、马达抽水机三个、发酵大水桶六十个及其他水管、蒸气管全套。云南制糖厂计有锅炉二具、化糖器五具、骨炭滤器二具、大滤缸二具、煎糖锅八具、离心机六架、结晶桶一百六十只、蒸气引擎一架、发电机一个、抽水机二具、马达抽水机三架、马达二具及水管、蒸气管全套、制酒精设备一套。庆丰碾米厂有碾米机二部。

四、业务：

（一）制造程序：

1. 酒精：先用次红糖成糖蜜加水溶化稀释，而后加热，及加有养料之酵母菌种，使之发酵。三数日后发酵完毕，即导至粗馏塔，利用蒸气之热力，蒸馏出约四十度之酒。以此酒与市上购入之土酒导入精馏塔中蒸馏，即得九十五度以上之酒精。其过程如次：红糖或糖蜜加水稀释并加有养料之酵母菌→发酵→粗馏→土酒 +40 度市酒加热精馏→ 95 度酒精。

2. 白糖：先将红糖加水加热溶化，澄清后，滤过骨灰，以去色及杂质，而后导入煎糖器中，加热煎浓，放入结晶桶冷却并结晶。再经离心机分去糖蜜，即得白糖。其过程如次：

红糖$\xrightarrow[\text{加热}]{\text{加水}}$溶化$\longrightarrow$过滤$\xrightarrow[\text{加热}]{}$煎浓$\longrightarrow$结晶$\longrightarrow$离心机分离$\longrightarrow$白糖及糖蜜。

（二）原料来源：炼制白糖用之红糖，系自本省迤南开远、盘溪、竹园等地采购；制酒精用之次糖，则自迤西宾川及易门等县采购；糖蜜除由糖厂供给外，并向竹园一带采购；土酒则在省城附近各县如呈贡、昆阳、澄江、通海、嵩明、安宁、武定、禄丰、禄劝、罗次等县采购。

（三）产品产量：本公司之产品，计有酒精及白糖二种。酒精分动力酒精、药用酒精、饮料酒精、高度酒精等。白糖分一号、二号、三号白糖，冰砂晶糖，盒装方糖，纸包方糖，副牌方糖等。本公司历年所产酒精、白糖数如下：

酒精：三十二年（三月起）一十九万二千零六十三加仑。三十三年（全年）二十万零四百八十八加仑。三十四年（六月止）八万七千一百一十六加仑。以上共计四十七万九千六百六十七加仑。

白糖：三十二年（三月起）一十四万五千三百九十八公斤，三十三年（全年）一十九万零二百七十八公斤，三十四年（六月止）八万八千六百二十五公斤，以上共计四十二万四千三百零一公斤。

（四）营业状况：本公司所产酒精，系在省内销售。三十二年因本省境内各特种国防工程相继兴工，运输材料需用酒精极多，所有产品，遵照液体燃料管理委员会昆明办事处分配与军事委员会工程委员会、交通部公路总局直辖运输总队、滇缅公路运输局、兵工署驻昆办事处等机关，订立合约，全部供给之。至三十三年筹备反攻，美军来滇者日多，需求更增。乃遵液委会昆明办事处分配，与驻滇美国陆军供应处订约，所产酒精，全部供给该处，以迄于今未辍。是年夏，远征军反攻滇西，运输军用品燃料多由该供应处分发。是本公司对斯役，亦已稍尽一份力量也。至于所产白糖，在三十二年系委托金碧路振华公司总经销及各大商号分销，并与战地服务团、励新合作社订约，供应其所需，至三十三年。则因调整营业，将总经销处及各代销商号承销办法取消，自行在金碧路四三九号设立营业处批发及零售，以迄于今。所有产品，大部分俱仍售给美军。

昆明市酒业公会

概况：昆明市在民国十七年时仅有煮酒房四家，自抗战以来，需用酒精甚大，故营酒业工商加多竞争。民国二十七年八月，昆明市酒商二十九户（指煮酒房及售酒铺户），创设同业公会于金碧路庆丰酒行。

原料：在昆明市采购昆明县出产大麦高粱。酿酒用土法酿制，设备与工具异常简单，用大麦、高粱以土制酒药使发酵，蒸馏提出。每批粮食需时十天酿成市酒。

生产数量，每一个酒房，平均逐日可出市酒一百公斤。每月出产市酒约值六万元（制造酒精包括在此数内），又每月出产升酒八万七千公斤，均在本市及邻封各县销售。

光华化学工业公司

一、缘起：该公司发起人，鉴于抗建需要，于民国三十二年二月公推龚介民、王学海两君至云南平彝县勘查煤矿及厂址；同时请准设小煤矿区两处，作低温干馏实验，是为光华化学工业社时期。后迭经勘查结果，确知该地煤质既佳，蕴藏亦富，遂于三十一年四月，扩大组织，增加资金为国币一千万元，改组为官商合办股份有限公司，于四月一日正式成立光华化学工业公司，设总办事处于昆明市拓东路。在平彝城南十华里之龙海镇及城北十六华里之四保屯，各有煤矿区一处，工厂则分设于雷公湾及两矿区附近处，所谓龙海厂、四保厂、雷公厂者是也。

二、资金：该公司资本总额定国币一千万元，分为二万股，每股国币五百元，均已认足缴足。其属于云南省企业局者为国币三百万元，计六千股。

三、设备：

（一）房屋方面：计有百余间。

（二）动力方面：计有三十千伏安发电机及煤气发生炉等。

（三）交通方面：矿场有一公里余之轻便铁轨及自制半吨煤车三十部。

（四）机械器具方面：三厂计有蒸馏甑三百余只、洗油塔七座。附设之硫酸厂，计有硫化炉一座，硝化锅三只及圆形铅室三座。

四、业务：

（一）业务范围：经营煤脂化学工业，建筑材料如柏油、铁漆、木材防腐剂、油毡等；液体燃料如火油、柴油、汽油等；化学药品如克利素儿、来素儿、樟脑溶剂、氨水、硫酸等。

（二）原料来源：主要原料为半烟煤、木材及松香，均系自行采取，每年约需煤二千三百余吨，松香约五十吨，木材约二百吨。

（三）工作程序：先用煤炭与木材松香混合加热，即得煤脂及煤脂水等，再分馏精制即成氨水、柴油、火油、汽油、甲酚等产品。其工作程序表列如下：

光华化学工业公司工作程序图表

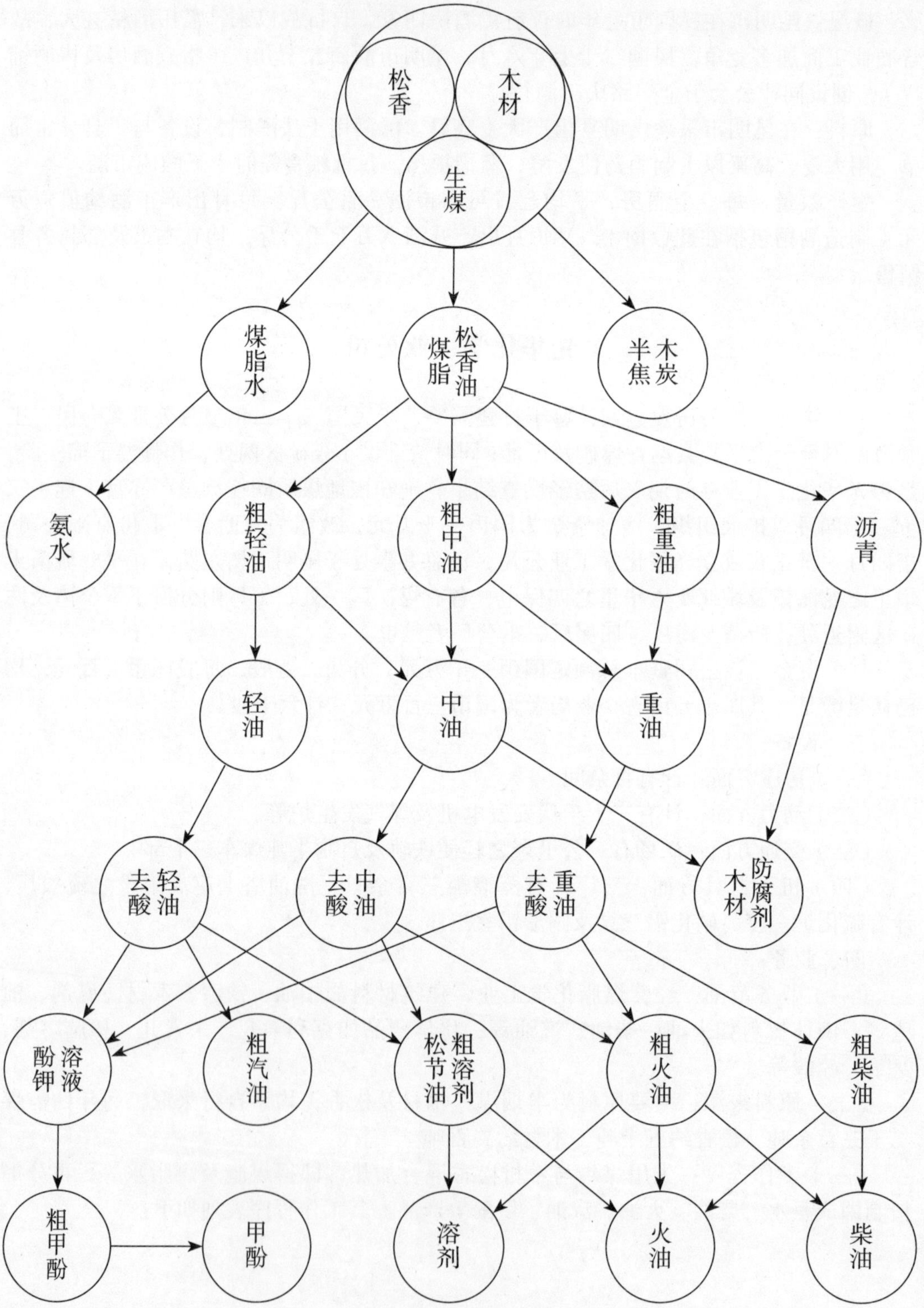

（四）产品产量：

该公司产品种类，已如前述。现将三十二年产量列次：沥青一百一十吨，木材防腐剂一十二吨，氨水五点四吨，溶剂五点三吨，克利素儿五点六公吨，代火油六公吨，柴油一十五点七公吨，油毛毡产量不详。

利滇化工厂

一、缘起：云南经济委员会鉴于滇省特产褐煤储量极丰，如昭通、宜良、开远、弥勒、云县等地，估其总量可达十万万吨以上，其内含松脂物及挥发物甚多，特发起组织利滇化学工业公司。拟用低温蒸馏方法，以炼制液体燃料及各种副产品，以应战时需要，并奠立西南化学工业基础。三十一年一月筹备，定厂址于宜良县凤鸣村褐煤产区。先后辟地百亩，建筑厂房，安装机器，至同年底已大致完成，即开始试验蒸馏工作，历时半载，所得煤膏品质尚佳，遂于三十二年七月一日正式成立，并改名为利滇化工厂。

二、资金：该厂资本初定国币五百万元，嗣因年来物价飞跃，预算不敷，经委会乃招募商股，由云南纺织厂、裕滇纺织公司暨华新水泥公司投资赞助，收足资本一千五百万元。至三十三年一月，经股东会议决，增资五百万元。至三十四年三月，复议决增资二千万元。今已实收资本四千万元。

三、设备、原料及产品：

（一）主要机器设备及原动力名称数量表

名称	式样及能力	数量	名称	式样及能力	数量
磨机	荡锤式 30 吨 / 小时	3	离心机		1
碎煤机	30 吨 / 小时	1	洗油机		1
炭化甑	立式　10 吨 / 日	100	裂化甑	每 24 小时裂化钙皂 800 公斤	18
煤气发生炉	Prcssur Type 38,000 呎^3/ 时	3	冷凝器		18
抽气机	Tagor Type 635 呎^3/ 分压力 5 磅	2	调和柏油炉		5
油泵	齿轮 420 介 / 时压力 60 磅	12	柏油纸机		2
鼓风机	离心式 1500_7 呎^3/ 分压力 4" 水位	7	柏油机		2
回油塔	Packing TGwer 4 介 / 时	1	高压裂化器		1
抽水机	离心式 1200 介 / 压力 60 磅	8	松节油炉		2

名称	式样及能力	数量	名称	式样及能力	数量
煤膏蒸馏炉	Shell Still 500介/36小时	1	铔液蒸馏炉	Shell Still 250介/小时	1
精炼蒸馏炉	150介/5小时	1	制皂设备		全套
化验设备		全套	电动机	鼠笼式15H.P.	2
包装柏油纸设备		全套	电动机	鼠笼式12H.P.	1
制煤球设备		全套	电动机	鼠笼式10H.P.	1
蒸汽锅炉	直立式10H.P.	1	电动机	鼠笼式5H.P.	9
煤气引擎	75H.P.	1	电动机	鼠笼式3H.P.	9
变压器	6600v 380K.V.A.	1	电动机	鼠笼式2H.P.	1

（二）历年消耗原料数及产地表

品名	单位	历年消耗数量		采购地点
		32—33年度	33—34年度	
褐煤	吨	1,390	1,450	厂地附近
桐油	吨	208	185	贵州、宜良
松香	吨	425	730	滇越路沿线
枧油	吨	39	32	贵州、昆明、宜良
纯碱	吨	14	20	昆明
绵纸	把	8,800	21,600	昆明、贵州
硫酸	公斤	2,100	1,600	昆明
其他油类	吨	28	45	贵州、宜良

（三）主要产品规范及历年产量表

品名	规范	单位	历年生产数		备注
			32–33年度	33–34年度	
汽油	腐蚀性合格，90% 溜出 290 ℉，终点 350 ℉，硫分合格，辛烷数未测，结胶量合格。	加仑	710	1,050	外货充斥市场，售价低
火油	闪燃点 130 ℉，初溜 300 ℉，终点 450 ℉，比重 38A.P.I.，硫分无，结胶量合格。	公斤	4,560	11,150	同上
柴油	比重 22A.P.I.，闪燃点 240 ℉，初溜 430 ℉，10% 溜出 510 ℉，终点 680 ℉，水及沉渣 0.3，酸值 1.6。	加仑	7,620	6,000	同上
苏拉油	比重 30A.P.I.，闪燃点 190 ℉，初溜 350 ℉，10% 溜出 450 ℉，终点 580 ℉，水及沉渣 0.1，酸值 0.4。	加仑	650	500	同上
硫酸亚	纯度 95.4%，酸性 1.8%，色泽纯白，晶状小粒晶。	公斤	649	264	因酸价过高减产
甘油	比重 1.245，含甘油 95%，色泽水白。	磅	450	2,697	市场需要不大
滇合皂	水分 30%，游离碱 0.5%，游离脂肪 0.5%。	箱	10,684	11,814	每箱 100 块，资金不敷，限制生产
松节油	比重 0.855，沸点 151℃	加仑	13	1,496	市场需要不大
柏油	含水无，比重 1.12，熔点 60℃，硬度硬。沥青量 85%，延度 90cm，针入度 5m/m。	吨	264	532	多属订货
柏油纸	重量 0.71 磅 /1 方英尺，耐拉力 80 磅 / 英寸以上	卷	3,587	7,680	每卷 150 平方呎，多属订货
炭酸钾	色泽纯白，含 $K_2CO_3$93.1%，含水 5%	公斤	2,388		因酸价过高停产
苛性钾	液体，色泽微黄，碱值 36.4%，含 KOH34.6%，比重 40.13	公斤	432		同上
轮轴油	比重 0.94，闪燃点 180℃，酸值 5 以下，黏度 250—350 秒 / 150℃	公斤	6,550	30,530	供应川、滇、越，为铁路需要，多属订货
过热汽缸油	比重 0.93，内燃点 280℃，酸值 3 以下，黏度 150—300 秒 /100℃	加仑	47	5	同上
红车油	比重 0.73，闪燃点 200℃，酸值 3 以下，黏度 300—500 秒 /50℃	加仑	270	350	同上
机油	比重 0.93，闪燃点 200℃，酸值中性，黏度 300 秒 /50℃	加仑	120	150	同上
半焦煤	水分 2%—5%，挥发物 5%—7%，灰分 10%—15%，固定炭 73%—83%，硫黄无	吨	452	600	运输困难，多半自用

（四）褐煤低度蒸馏程序

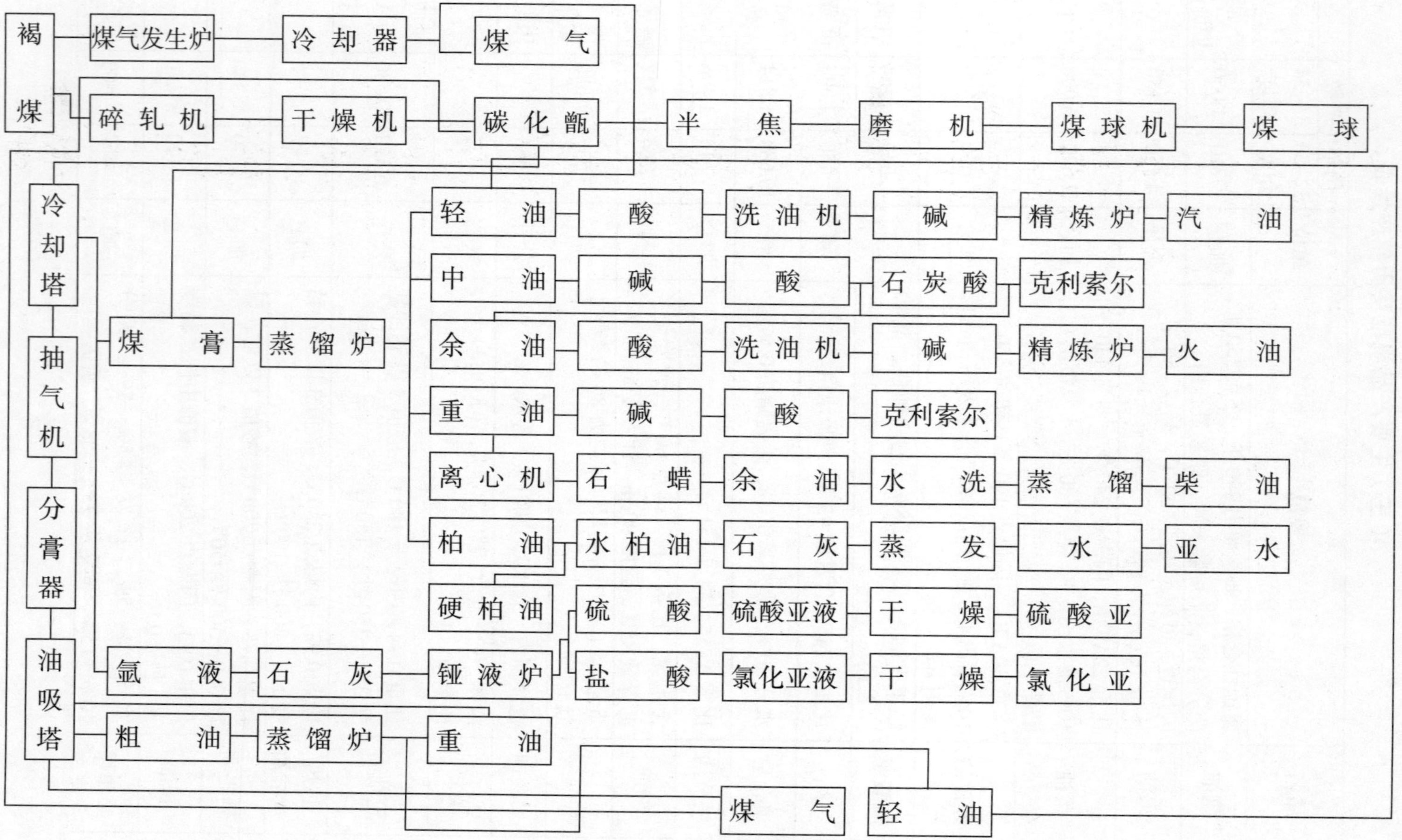
褐煤
煤气发生炉
冷却器
煤气
碎轧机
干燥机
碳化甑
半焦
磨机
煤球机
煤球
冷却塔
抽气机
分膏器
油吸塔
煤膏
蒸馏炉
轻油
酸
洗油机
碱
精炼炉
汽油
中油
碱
酸
石炭酸
克利索尔
余油
酸
洗油机
碱
精炼炉
火油
重油
碱
酸
克利索尔
离心机
石蜡
余油
水洗
蒸馏
柴油
柏油
水柏油
石灰
蒸发
水
亚水
硬柏油
硫酸
硫酸亚液
干燥
硫酸亚
盐酸
氯化亚液
干燥
氯化亚
氩液
石灰
铔液炉
粗油
蒸馏炉
重油
煤气
轻油

四、业务：

（一）生产情形：该厂生产计划，依据三项原则：

1. 积极研究褐煤低温蒸馏，以备发展煤膏工业。褐煤低温蒸馏，为本厂主要生产工作，最初所采用之蒸馏方法为立窑式，嗣经研究供应炭化炉所需煤气之发生炉如设计改装后，可以直接收取煤膏。试验结果，其质量较之炭化炉之出品，有过之无不及，而工作效率大增，故目前着重煤气发生炉之使用。其出品有汽油、火油、柴油、苏拉油及副产品硫酸亚、石蜡、克利索尔、石碳酸与半焦等。为增加液体燃料之生产，以供应战时需要，裂炼植物油工作，亦平行进行。

2. 供应军需物品，为战争服务。路南柏油及柏油纸，均以供应军事工程之需要。前者铺筑机场跑道，后者建造营房屋顶，多为美军供应处及军事工程委员会工程处订造。目前每月最高产量可达路面柏油二百吨，柏油纸四十五万平方英尺。其他出品，有水柏油、硬柏油、电极柏油、液体柏油等。

3. 供应日用品，以维持经常业务。肥皂为民生日用品，制造应市，所以媒介该厂与一般市民之接触，借以维持经常业务。每月最高产量，可达六千箱。

此外，为适应市场需要，兼造润滑油、松节油、甘油、碳酸钾、苛性钾及苛性钠等。

（二）营业状况：

历年销货收入统计表

时期	销货收入金额	较上期增加百分数
32 年 7 月至 32 年 12 月	7,161,167.52	
33 年 1 月至 33 年 6 月	54,941,621.50	767%
33 年 7 月至 33 年 12 月	103,599,489.40	189%
34 年 1 月至 34 年 6 月	258,876,150.77	250%

（三）产品销售概况：

历年销售数量

品名	单位	历年销售数量		主要购主
		32—33 年度	33—34 年度	
汽油	加仑	650	1,070	会属各机关
火油	公斤	3,755	10,570	本外埠零售商及各工厂

（续表）

品名	单位	历年销售数量		主要购主
		32—33 年度	33—34 年度	
柴油	加仑	7,120	6,240	国营各工厂
苏拉油	加仑	400	750	各工厂
柏油	吨	224	560	美军供应处及军委会工程处
柏油纸	卷	2,857	8,400	同上
润滑油	公斤	5,770	33,954	川滇、滇越两铁路
松节油	加仑	8	1,376	油漆厂、药房
甘油	磅	360	1,957	纸烟厂、化妆品厂
肥皂	箱	9,937	9,395	各机关合作社及零售商
半焦	吨	182	590	昆湖电厂、煤球厂
其他副产品	公斤	5,513	10,850	

主要产品批发价格指数

（以三十二年七月份为 100 分）

品名	三十二年			三十三年				三十四年		备注
	七月	九月	十二月	三月	六月	九月	十二月	三月	六月	
汽油	100	140	155	185	222	407	444			
火油	100	100	100	117	133	200	267	500	600	
轻柴油	100	129	156	229	256	356	500	561		
柏油						100	120	320		以三十三年九月份为 100 分
柏油纸						100	100	255	572 618	以三十三年九月份为 100 分
松节油					100	157	179	393	643	以三十三年六月份为 100 分
甘油	100	111	111	180	267	333	333	289	400	

（续表）

品名	三十二年			三十三年				三十四年		备注
	七月	九月	十二月	三月	六月	九月	十二月	三月	六月	
轮轴油		11		100	112	184	240	480	800	以三十三年三月份为100分
肥皂	100	114	114	186	257	400	429	1,086	1,286	
半焦煤	100	160	120	200	200	320	333	867	2,133	
重柴油	100	133	167	242	267	333	500	583		

安达炼油厂

一、缘起：该厂于民国三十一年十月间由云南省企业局筹备设立，向中央机器厂定制机件，于昆明东郊叙昆铁路十二公里处小石坝购买厂址，建筑厂房。三十二年五月间，厂房建筑完成，继续装置机械。九月开始试炼，三十三年一月正式出货。

二、资金：该厂当三十二年创立时共有资金国币八百二十四万八千七百四十七元。逐年增加，至三十四年六月底止，资金总额为国币四千零八十六万七千余元。

三、设备：

（一）建筑方面：有厂房、职工宿舍、办公厅、化验室等。

（二）机械方面：有蒸馏、压炼、储油、融化松香及汽油精馏等锅，并输油管等。

四、业务：

（一）业务范围：

该厂用植物油如桐油等及松香，制炼代汽油、代柴油、灯油、柏油及焦炭等，然后出售。

（二）原料来源：该厂所用桐油，系向复兴公司及四川、昭通等处购买，又生煤、木炭等向嵩明及大板桥等处购买。

（三）工作程序：油之制炼程序，系以植物油而行高压高温之分裂蒸馏，遂制炼成柴油、汽油等。其大致程序如下图：

安达炼油厂工作程序图

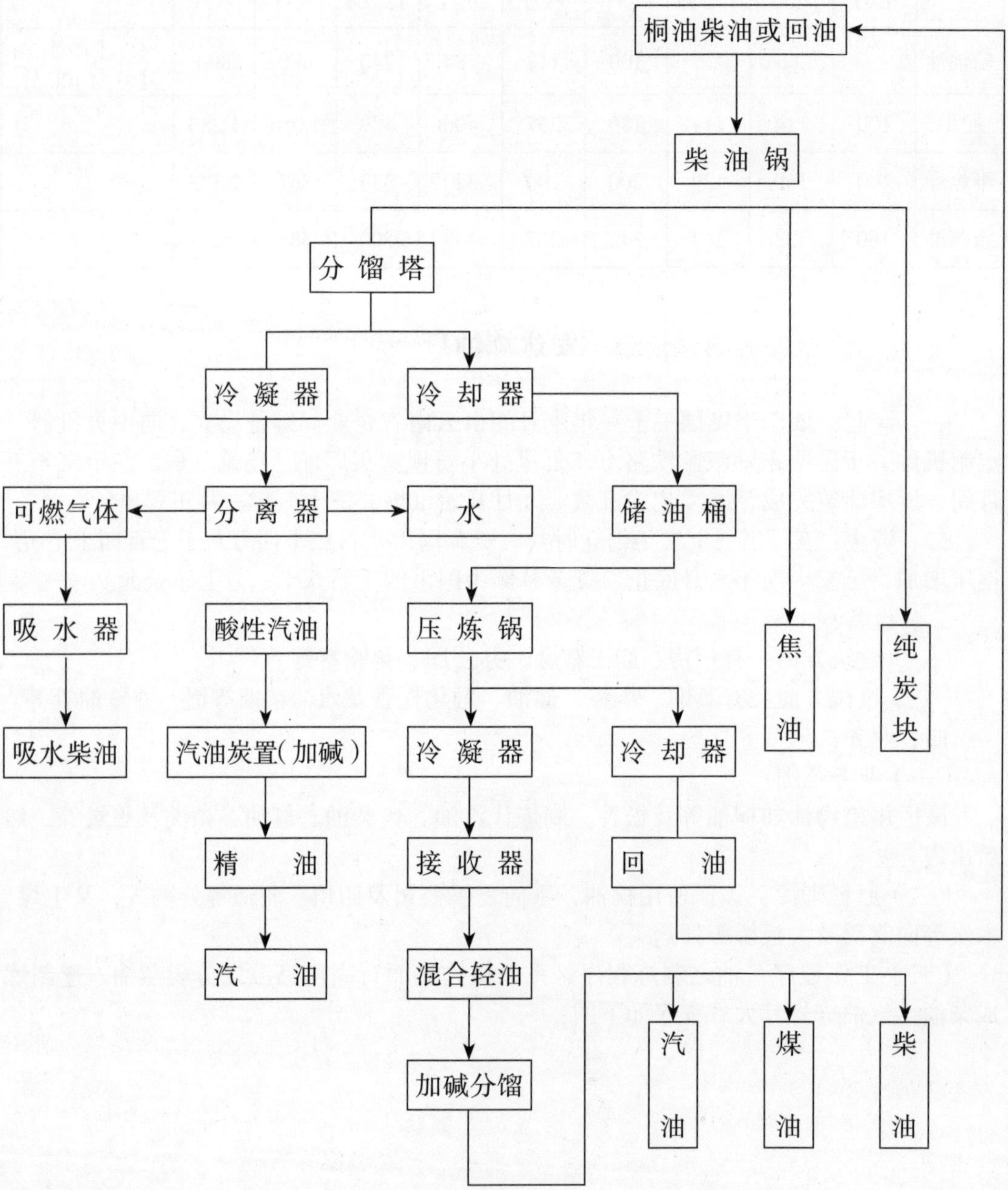
桐油柴油或回油
柴油锅
分馏塔
冷凝器
冷却器
可燃气体
分离器
水
储油桶
吸水器
酸性汽油
压炼锅
焦油
纯炭块
吸水柴油
汽油炭置(加碱)
冷凝器
冷却器
精油
接收器
回油
汽油
混合轻油
加碱分馏
汽油
煤油
柴油

（四）产销情形

三十三年始有产品应市，表列如下：

三十三年产量统计表

名品	代汽油（加仑）	灯油（加仑）	轻柴油（加仑）	重柴油（加仑）	松香柏油（公斤）	焦炭（公斤）
上半期产量	2,884	1,802	6,692	6,210		
下半期产量	1,501	779	2,610	1,728	89,054.7	3,607

三十三年销售统计表

品名	代汽油（加仑）	代柴油（加仑）	灯油（加仑）	焦炭（公斤）	松香柏油（公斤）
上半期售量	2,263	5,211	550	2,237	114,253
下半期售量	656	5,156	200	5,381	

三益炼油厂

一、缘起：瑞记三益炼油厂成立于民国二十年，设于昆明市兴仁街，资本国币一万元。

二、设备：有三相十二匹马力节子机一台，打风机一台，磨沥油机一台，均购自法国。

三、业务：主要原料均为省产，植物种子如花生、松子等。年产油八万余斤。

昆明化工材料厂

一、缘起：民国二十七年创办，厂址在昆明西郊十一公里普坪村。二十九年十一月至三十二年二月份，只产碱类一种，自三十二年五月起，至三十三年底止，复陆续增产小苏打、灭火药粉、红丹粉、黄丹粉、硫酸、盐酸、硝酸、火砖、耐酸器及铸制各工厂应用机件等。

二、资金：二十八年度有六十二万元，二十九年加一十八万元，三十年加一百二十三万二千元，三十一年度增二百万元，三十二年度增四百万元，三十三年度增加一千万元。三十年亏一十三万九千七百三十一元，三十一年盈五十八万五千七百八十七元，三十二年盈三十五万一千二百五十五元，三十三年盈七十一万六千一百八十六元。

三、设备：有反射炉、烤碱炉、滚碾机、粉碎机、水泵、锤磨机、蒸气锅炉、浸渍柜、蒸发锅、碱化器、存储柜、洗碱器、气体压缩机、汽炉、风扇、燃烧炉、除尘室、格氏塔、盖氏塔、大铅室、小铅室、贮存槽、酸蛋等。该厂碱厂、酸厂、机械厂、火砖窑共有作业机器六十余种。原料为芒硝、碱化铁、硫黄、火硝、生煤。

四、业务：

（一）产品种类：纯碱、烧碱、硫化碱、块碱、泡花碱、小苏打、红丹粉、黄丹粉、灭火药粉、硫酸、盐酸、硝酸、火砖、耐酸器、铸件。

（二）历年生产数量：三十年生产纯碱八万八千三百七十三公斤，烧碱一万二千一百二十六公斤，硫化碱二万八千七百八十五公斤。三十一年生产纯碱一十二万七千一百七十一公斤，烧碱一万三千九百一十九公斤，硫化碱一万四千八百一十八公斤。三十二年生产纯碱一十五万四千三百八十公斤、烧碱一万三千二百零五公斤。三十三年生产纯碱三十一万二千五百三十七公斤，烧碱一万七千六百六十五公斤，硫化碱八千四百公斤。

（三）制造程序：以芒硝制纯碱，再以纯碱制烧碱。以硫化铁或硫黄制硫酸。以纯碱制小苏打。以生铅制红丹粉、黄丹粉。

大利实业公司造酸厂

一、缘起：大利造酸厂，民国二十八年创办于昆明马街子杜家村。民国三十年，缪云台参加合作，投资九万元，改为资本三十万元。三十二年冬，改为资本七百万元，并组织大利实业股份有限公司，以图扩展。力谋电解食盐，以制造烧碱、漂白粉、氯酸钾、合成盐酸等。自三十三年六月开始筹备，试制烧碱、漂白粉、氯酸钾，同时出货。

二、资金：二十八年至二十九年资金七万元（工矿调整处曾贷三万元）。三十年至三十二年资金三十万元（富滇新银行曾贷七十万元）。三十三年至三十四年资金七百万元（中国、交通两银行各贷五百万元）。三十三年计划添置电解食盐设备，由中、交两银行予以贷款一千万元外，不敷尚巨。

三、设备及原料：

大利实业公司制酸厂设备表

名称	数量	名称	数量	名称	数量	名称	数量
马达共90H.P.	5座	铅室3000呎	1座	焚硫炉	1座	水灯锅灶	1座
盐酸反应灶	8座	硝酸反应灶	2座	发电机共58kVA	4座	电解槽	24座
漂银箱	3座	离心机	1座	浓缩灶	2座	变压器共150kW	2只
水邦浦	2只	真空机	1只	1/10,000分析天平	1具		

原料：

造酸厂：硫黄、火硝、食盐。

电化厂：电极（即炭精）、氯化钾、食盐（两厂用盐业经财政部核准年用二百公吨）。

四、业务：

（一）产品：

历年生产重要化工基本原料表

原产品名物	产量					
	29 年	30 年	31 年	32 年	33 年	34 年
硫酸	6,255 公斤	10,204 公斤	19,000 公斤	20,500 公斤	20,387 公斤	48,950 公斤
硝酸	180 公斤	250 公斤	200 公斤	314 公斤	325 公斤	2,424 公斤
盐酸	245 公斤	4,215 公斤	6,054 公斤	8,505 公斤	9,545 公斤	12,400 公斤
漂白粉						20,000 公斤

（二）制造程序：

1. 硫黄燃烧于空气中，生二氧化硫，以硝酸气为接触剂，即成三氧化硫，吸收于水蒸气中成为硫酸。

2. 硫酸与食盐或硝在反应锅中加热得盐酸或硝酸。

3. 以直流电电解食盐溶液，出产（1）氯，（2）氢，氯氢化合生最纯粹之合成盐酸。（3）烧碱液，蒸发之成固体烧碱。

通氯于消石灰中得漂白粉。

通直流电于氯化钾成氯酸钾。

昆明制酸厂

一、缘起：该厂以酸类为工业之母，后方需用迫切，乃集合同志创办设铝室制酸之工厂。资本原定国币四百万元，已收半数，计二百万元。二十七年冬，筹备建筑厂房，设置工具。二十八年五月一日开工，为抗战后在昆首先供给社会需要酸类之工厂。设备工具，力求确实合用。虽历经困难，尚能合乎需要。尤以滇越、滇缅两路被敌封锁，来源外断，赖该厂供给其他需用各工厂之三种酸品，不致因缺酸停工。故该厂业务，亦赖以维持进行。

二、业务：因需用酸类之其他工业，尚未达到最繁盛之阶段，故该厂产销数量，尚均受限制，每月开工不足半月。计硫酸每月产销约四至五吨，盐酸仅一至二吨，硝酸则不足一吨，故每月工作太少，开支费太巨。现正筹做硫酸钠、味精、鲜酱油、硬脂酸、硫化钠，利用人工增产，以期减轻成本，再图战后之发展。

均益洋碱公司

一、缘起：民国十五年，由陈德斋集资旧滇币一万八千元，组织均益洋碱股份有限公司。由彼任经理兼技师，经七八年以来之苦心经营，虽屡经亏折，而力图恢复。至二十七年结账盈余四万余元，因是时空袭，乃向金马村购地自建工厂，年有纯益。三十一年，经股东会议决：公司房屋及一切设备，均应依照市值估价，并将资本一律改为国币。其估价增值部分，则分配于旧股东享有，然后再招新股。年底计旧股东资本共变为国币三百万元，增加新股一百五十万元，二共合有资金国币四百五十万元。三十三年购买金碧路铺屋全院，为营业部地址。

二、设备：该厂设备如下：枧化釜四台，脚踏打印机七台，手搬打印机一台，蒸气锅炉一台，汽油发动抽水机一台，人力摇动抽水机三台，水塔三座，地基十五亩，厂房一百余间，照明用电灯三百罩。

三、业务：

（一）原料：每年最高需要量如下：固体烧碱四万公斤，液体烧碱二十万公斤，椰子油六万公斤，猪油十五万公斤，牛油六万公斤，卷油二十五万公斤，漆油三万公斤，松柴十五万公斤，花生油二万公斤，洋钉五千公斤，厢板五千丈。

（二）产品：本厂主要产品为金钟牌白色方形洗衣肥皂，十六年产三万二千三百箱，十七年产三万九千箱，十八年产四万五千箱，十九年产四万八千箱，二十年产五万一千箱，二十一年产五万五千箱，二十二年产五万三千五百箱，二十三年产五万二千箱，二十四年产四万九千箱，二十五年产五万一千箱，二十六年产五万零五百箱，二十七年产四万八千箱，二十八年产四万六千箱，二十九年产四万二千箱，三十年产四万零六百箱，三十一年产四万一千五百箱，三十二年产三万二千二百箱，三十三年产三万六千箱，三十四年上半年度产一万九千箱。

（三）制造程序：以各种动植物油配合，用热力溶化沥净，置于枧化釜内，再用蒸气加热，徐徐加入适量之烧碱溶液，经七小时之枧化，又经十二小时之排除空气，放于冷凝箱内，经过三十六小时至四十小时之冷凝，再用铁线勒成条形，然后切成方块，置于晒枧架上，用日光漂白法漂白约十二小时，施以压印工作，装置木箱内，每箱装一百块，即为制成品。

（四）产品销售概况：本厂产品，系销售于云南省内各县及贵州省兴义、安顺、贵阳等地。在本省销售者，以迤西、迤南为较多。

振昆烧碱公司

一、缘起：振昆烧碱股份有限公司在金殿公路旁的小坝设厂，于三十三年上期开始营业。因受战争影响，初亏损一百余万元。幸战事转稳，人心安定，市场复苏，该厂出品乃复畅销于市场。近因制造主要原料川盐，不易购得，生产殊受窒碍。现正极力设法筹办原料中。

二、资金：该厂创办初期，资本额为一百五十万元。于三十三年度七月起，增为三百万元整。资金之周转，系向新华银行设立透支契约，经常透支国币二百万元。

三、设备：直流发电机 6kW 一台，20kW 一台，马达 10H.P. 一台，30H.P. 一台，变压器 50kVA 一台，立式电解槽十具，蒸发灶一座，漂白粉塔二座。

四、业务：

（一）原料：

1. 食盐：滇川产，每年需用一百三十吨。

2. 石灰：昆明产，每年需用一百零八吨。

3. 炭精条：英、美产，每年需用四吨。

4. 煤：昆明产，每年需用一百八十吨。

5. 柴：昆明产，每年需用一百八十吨。

（二）产品：每年生产数量：40° BP′ 液体烧碱，年产一百八十吨。35% 漂白粉，年产一百吨。

（三）制造程序：将食盐溶液经提净处理后，加入电解槽，通直流电流，即电解为氢氧化钠及氯。使氯通入漂粉塔，以熟石灰吸收之，即成漂白粉。

云丰造纸公司

一、缘起：滇省机纸事业，战前向付缺如。民国二十九年，抗战日益紧张，中央机关、工厂、学校相继迁滇，文化事业，于焉勃兴。纸张一项，用量日增，而我国海岸，被敌封锁，外货来源断绝。沿江海各地造纸工厂，复沦敌手，斯时纸张大涨，已呈供不应求之象。云南省经济委员会有鉴及此，乃与国内实业界人士杜月笙、金润庠、钱新之诸先生会商，就昆明设厂制造，以济西南纸荒。适探悉上海闸北上海造纸厂有小型造纸机，于战事初起时拆存公共租界，稍加修配，即可应用。乃由缪云台、杜月笙、钱新之、陆崇仁、王公韬、金润庠、褚凤章等筹备云丰造纸厂，购置前项机件，由仰光运抵昆明。并经呈准经济部工矿调整处拨资入股，于三十年二月收足股本国币一百二十万元，三月正式成立，即召开创立会，推选缪云台、杜月笙、钱新之等九人为董事，组织董事会，并推缪云台为董事长，聘褚凤章为经理。设厂于昆阳县之海口镇。六月下旬，各种机械装置完竣，八月试验，八月二十九日正式出纸。此该公司创立之经过也。

二、组织：该公司内部组织，有时应事实上之需要，经股东大会议决后略有变更，兹录原来及现行组织系统表如下：

原来组织系统表

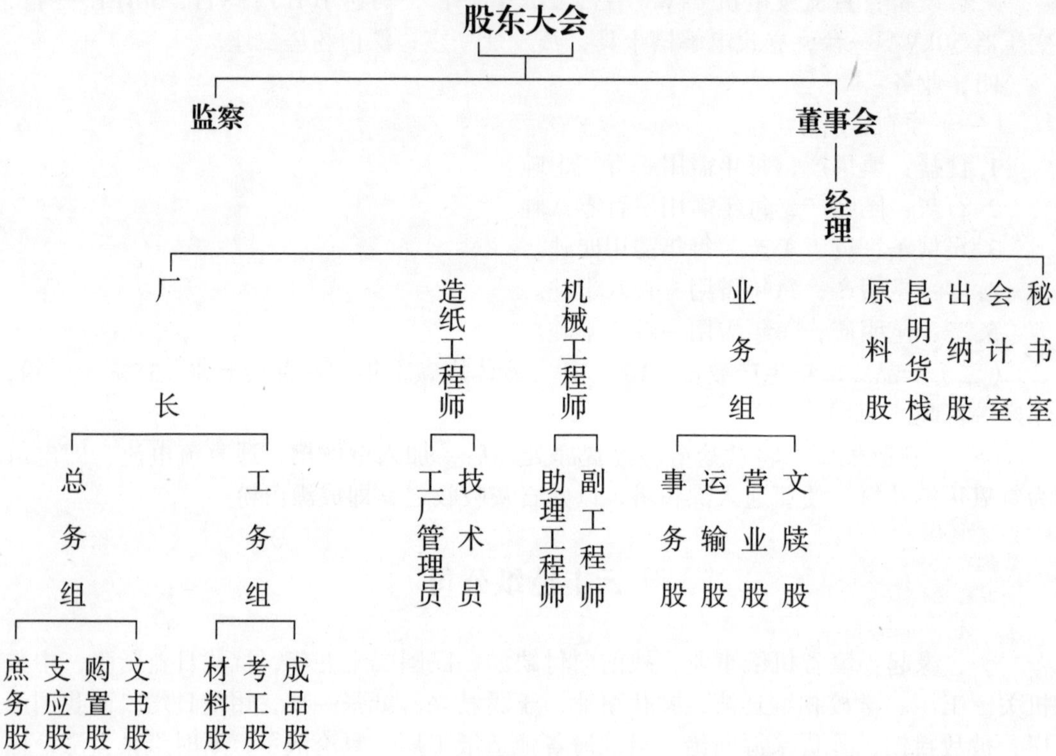

现行组织系统表

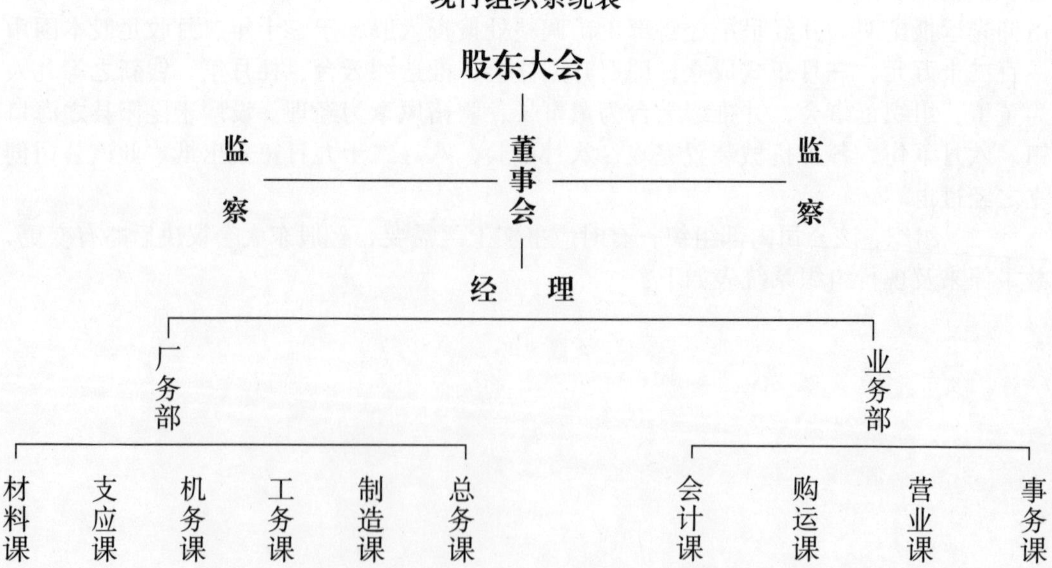

三、资金：该公司资金，最初筹备时，原定为国币一百二十万元。嗣以物价日涨，不敷应用，遂由历届股东大会决议增加。截至三十五年四月止，资金总额为国币四千五百万元。兹将投资机关及金额列表于后。

各机关历年投资情况表

（单位：元）

投资机关	三十年	三十一年	三十二年	三十三年	三十四年	三十五年
富滇新银行	400,000	800,000	1,000,000	2,500,000	4,150,000	12,450,000
经济委员会	200,000	400,000	500,000	2,000,000	3,350,000	10,050,000
经济部	300,000	600,000	750,000	2,250,000	3,750,000	2,250,000
云南企业局	100,000	200,000	250,000	750,000	1,250,000	3,750,000
交通银行	100,000	200,000	250,000	750,000	1,250,000	3,750,000
中国银行	20,000	40,000	50,000	150,000	250,000	750,000
其他商股	80,000	160,000	200,000	600,000	100,000	3,000,000
共计股本	1,200,000	2,400,000	3,000,000	9,000,000	15,000,000	45,000,000

四、设备：

（一）该公司主要设备如下：基地二万三千七百零七亩，房屋三十一幢（办公、工场、堆栈、宿舍），单圆网双烘缸造纸机一部，三百磅制浆机三台（内一台系原漂浆机改造），一百磅制浆机一台，球形蒸料机一台，立式蒸料机一台（三十二年冬季完成），切料机一台，调浆机二台，双筒吸浆邦浦一台（输浆），长刀切纸机一台，铡刀切纸机一台，打包机一台（成件），传动马达十台共一百五十匹马力，150kVA变压器一台，进水邦浦一台，修理车床一部，供气锅炉一座，修理钻床一部，修理刨床一部，磨刀机一台。

（二）动力：该公司动力来源，系由耀龙电力公司水力发电厂供给，每月平均消费电力约二万八千余度。输电线路由电厂接至中滩。公司自置23000/380/220变压器一具，转供各马达应用。

（三）原料：该公司所需之直接原料，除稻草系就地采购外，大多利用昆明市废纸、破布、废棉等，其中以废纸最为便利、经济，惜数量不多。破布一项，数量亦甚有限。纱厂废棉，虽有相当数量，但处理困难，不克畅用。至间接原料，除石灰、松柴、陶土，系就地收购外，余如松香则购自丽江、烧碱则购自本市资源委员会化工厂或购自川省及仰光，漂粉、明矾则全赖川省供给。现厂方已有计划，一俟国际交通恢复，将添置电解食盐设备，俾必需之烧碱、漂粉一项，可以自给自足，以期减轻成本。

五、业务：

（一）情况：该公司筹设目的，原为维持后方文化事业之纸张供给。因在抗战期间，机件购运困难，故设备简陋，产量无多，惟对于报馆之用纸则尽量供给，数年来大致求供尚能平衡。三十三年秋，湘桂战事紧张，湘赣纸张中断，该公司白打字纸销路突增，商家亦乘机收囤，遂设法改建打浆机一台，俾多制是项纸张。三十四年八月，抗战胜利，业务一落千丈，但该公司艰苦支持，以不停工为原则，并极力设法开源节流。开源方面，拟制造较高纸张如白报纸等，以期推广销路，然因原料缺乏，一时尚未实现。节流方面，从撙节开支着手，将职员减少一半以上，工友减少三分之一以上；工厂工作，由三班改为两班，成本减低甚多。近数月来，终因外货未能畅来，而物价复又上扬，业务日渐好转，产销已趋平衡。兹将该公司三十年九月至三十五年四月纸张产量及销量列表于后：

历年各种纸张产销情况表

纸张类别	生产数量						销售数量					
	三十年	三十一年	三十二年	三十三年	三十四年	三十五年1—4月	三十年	三十一年	三十二年	三十三年	三十四年	三十五年1—4月
白报纸	1,658	2,301	2,101	1,456	1,262	—	1,704	2,144	2,273	1,248	823	575
打字纸	209	3,455	2,586	3,789	5,702	49	421	1,887	3,776	3,219	5,585	632
丙种纸	375	728	1,528	5,568	11,962	5,333	430	1,756	1,900	2,917	9,628	5,164
丁种纸	2,346	5,601	6,787	6,369	1,935	—	1,449	4,262	6,852	6,660	3,815	—
包皮纸	717	1,740	356	711	1,130	—	664	1,492	949	350	1,148	46
其他	405	630	257	—	163	241	160	490	593	—	175	278
马粪纸	—	74	476	388	261	12	—	74	446	340	155	188
共计	5,710	14,529	14,091	18,281	22,415	5,635	4,828	12,105	16,789	14,734	21,329	6,883

附注：

1. 包皮纸类：包括牛皮纸、冲牛皮纸、纱纸、包皮纸等。
2. 其他纸类：包括火柴盒纸、有光纸及各试制纸等。
3. 马粪纸类：包括机制庚种纸、裱成及手抄纸，每五十磅结算一令。
4. 小张及纸边副产品，不列入本表。
5. 白报纸类：包括二号纸甲种纸及乙种纸等。
6. 单位：令。

（二）制造程序：造纸程序，虽因纸张品质及原料种类之不同而稍有差别，然皆大同小异。约言之，分处理原料、蒸料、制浆、造纸及成件五大步骤。该厂所用原料为稻草、破布、废纸三大类，间或参用木材、废棉及麻类。各种原料经整理后，切细装入蒸料机，加入烧碱或纯碱、石灰等化学品，灌入蒸气，经五小时至十小时，保持相当温度，然后入打浆机内洗清，略加叩解，或在漂浆机内漂白，再在滤浆池内滤去过剩之水分，经过三天至五天，使完成漂粉作用，称为半制浆。再经成浆机叩解成浆，然后放入盛浆池，经沉沙盘及平板滤浆机，流入造纸机之纸槽，由铜丝网漉起黏附毛毯，经过压轴及真空箱除去水分，再由另一毛毯递送烘干而成纸矣。纸制成后，再分切为张，经整理打包成件，然后运销。

该公司筹设目的，既以供应文化事业为宗旨，故售价均经本省物价管制委员会核计成本发售，以致历年只获少数盈余。战事结束后，情况较为困难，虽经政府核定紧急工贷三千万元，但始终未曾动用。兹将该公司三十年至三十四年每年资产、负债、纯益数额，列于表后：

云丰造纸公司历年资产负债决算表

年度	资产数	负债数	纯利数
三十年	2,541,611.73	2,005,045.20	536,566.53
三十一年	5,628,444.68	4,102,852.28	1,525,592.40
三十二年	8,979,207.74	7,024,273.53	1,954,934.21
三十三年	35,539,965.34	16,926,593.82	18,613,371.52
三十四年	108,665,778.82	49,078,279.96	59,587,498.86

光大瓷业公司曲靖分厂

一、缘起：该公司于民国二十五年在江西九江开始筹备。后因受战争影响，辗转迁移来滇，于二十八年冬，勘得曲靖出产瓷土甚多，交通便利，遂于曲靖南门外购厂址开始建造厂房。至三十年四月，一切就绪，乃正式开工。旋总公司移渝，筹设泸厂，遂名该厂为曲靖分厂。

二、资金：曲靖分厂资金来源，为总公司拨给及自行借贷两种，视其需要而增减，故无一定数目。本省经委会向总公司投资，计三十二年一月国币五十万元，三十三年七月增资国币七十五万元，三十五年三月，因复员九江总厂，增资国币五百万元，先后共投资国币六百二十五万元。总公司资金，截至三十五年份为国币五千万元。

三、设备：

（一）建筑方面：计厂房四幢，共三十六间。厂房内有干燥室两排、坯架六列、洗泥池二、储泥室一、监工室四。窑厂有连续窑九仓、烟囱一座。此外有匣钵厂二间、粉碎厂二间、引擎室二间、储藏室二间。又原料棚二幢共十五间，柴棚一幢共九间，检收室及仓库五间，宿舍一所共十二间，办公厅一幢共十五间及门房六间等。

（二）机器方面：汽车引擎二部，附木炭瓦斯发生炉一部，上动式石轮压碎机一部、球磨机两部、螺丝压榨机四部、机械辘轳十六部、木制辘轳十部及电瓷手押机二十部。

四、业务：

（一）业务范围：该厂专营制造电瓷、普通日用瓷、红砖及耐火砖等。

（二）原料来源：瓷器制造之原料，以瓷土为主，均产于曲靖境内周官营、吴官坡、白泥塘、蚂蚁冲、底子沟等处及潦浒镇附近。材料需用釉土、方解石、氧化钴、加里石碱、纯白青果、白树胶、甘油、石膏、沙、煤炭、松柴等，分别采购。

（三）工作程序表：瓷器制造之程序，分备料、制坯、绘釉、窑烧等四项，表列如下：

光大瓷业公司曲靖分厂工作程序表

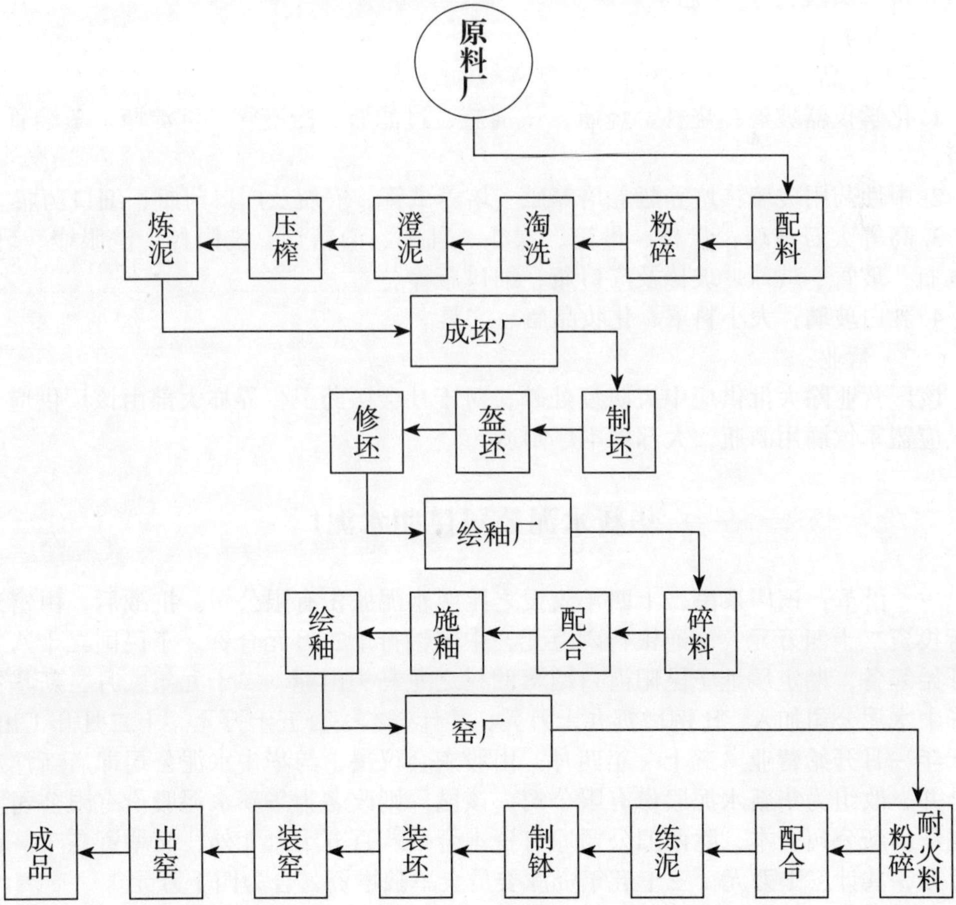

（四）产运销情形：该厂产品，计分电瓷及日用瓷两种。日用瓷则分为餐具、茶具、文具、卫生具及艺术瓷品等，大部系机关及厂商订购，小部分于曲靖门市部出售及委托昆明振华公司代销，每年均畅销无存。产品分电瓷、日用窑、红砖三种。电瓷仅在三十一年度生产四万六千二百一十件，红砖在三十二年度生产六万块。日用瓷三十一年度生产为七万二千六百三十七件，三十二年为一十六万七千六百八十八件，三十三年为一十四万六千六百二十三件，三十四年为九万九千八百八十五件。

昆明永生玻璃厂

一、沿革：该厂前为中央防疫处所附设，民国二十三年在北平成立。在未成立该厂以前，逐年需用大批玻璃瓶、试管、安瓶及牛痘苗毛细管、各种培养瓶皿等，均仰自外来。自该厂成立，已杜此漏卮。抗战军兴，即自平迁长沙。二十七年复由长沙迁来昆明。三十二年秋筹开该厂，产品则仍大部供中央防疫处用。

二、设备：该厂置有倒口机一部、压机一部、磨口机一部、磨花机一部。需用原料：（甲）白砂、硼砂、碳酸钾、碳酸钠、硝酸钾、萤石、硼酸、氧化锌粉、硫化锑、二氧化锰、碳酸钙等。（乙）炼煤。

三、业务：

（一）产品：

1. 化学仪器玻璃：烧杯、烧瓶、试剂瓶、过滤瓶、冷凝管、沉淀瓶、蒸馏管、试验管。

2. 中性药用玻璃：培养瓶、培养皿、培养试管、安瓶及广口药瓶、细口药瓶。

3. 高等火石玻璃：量杯、量筒、漏斗、乳钵、酒精灯、洗眼杯、洗眼壶、乳瓶、标本瓶、玻管、玻球、玻棒及广口瓶、细口瓶等。

4. 乳白玻璃：大小料罩、化妆品瓶、文具。

（二）营业：

该厂营业除大批供应中央防疫处外，对于社会医药卫生界亦大部由该厂供应，尤以供应盟军饮酒用酒瓶，大部由本厂制造。

华新水泥公司昆明水泥厂

一、沿革：该厂系民二十四年议设之昆明水泥股份有限公司。抗战后，由富滇新银行投资二十四万元，交通银行六万元，中国银行十二万元合资。于民国二十八年五月开始筹备，勘定厂址于昆阳海口镇蒋凹村之龙马头山麓。二十九年二月，新华银行及华中水泥公司加入，比例增资九十万元，共计资本一百五十万元。十二月开工出货。三十年一月开始营业。三十一年四月，由股东会议决，与华中水泥公司即启新洋灰公司合并，改组为华新水泥股份有限公司，该昆厂则改名为华新水泥股份有限公司昆明水泥厂。新公司资本，除两旧公司原有资本合共八百五十万元外，又增资二千一百五十万元，共计三千万元。三十五年资源委员会单独增资，合为四千万元。

二、资金：历年资金增长数额如下表。

华新水泥公司历年资金增长统计表

单位：元

年度	投资机关						
	富滇新银行	中国银行	交通银行	新华银行	启新洋灰公司	资源委员会	合计
二十八年	240,000	120,000	60,000	30,000	150,000		600,000
二十九年	600,000	300,000	150,000	75,000	375,000		1,500,000
三十年	600,000	300,000	150,000	75,000	375,000		1,500,000
三十一年	1,200,000	600,000	300,000	150,000	750,000		3,000,000
三十二年	4,235,200	7,328,100	1,058,800	529,400	14,243,100	2,605,400	30,000,000
三十三年	4,235,200	7,328,100	1,058,800	529,400	14,243,100	2,605,400	30,000,000
三十四年	4,235,200	7,328,100	1,058,800	529,400	14,243,100	2,605,400	30,000,000
三十五年	4,235,200	7,328,100	1,058,800	529,400	14,243,100	12,605,400	40,000,000

注：启新洋灰公司即后之华中水泥公司。

三、设备：

（一）厂基：面积七十八亩，民国二十八年置。

（二）采石山：面积一百九十亩，民国二十八年置。

上二项原购价国币共二万一千元。

（三）厂房：二十九年建大厂房一座，用国币二十五万五千元，磨房二座费一十五万元，修机房一座、制桶房二座费四万五千元，办公厅一座费三万二千元，工人宿舍二十三座、职员宿舍六座费九万五千元，待干棚三座、冲球房一座、山洞一座费四万五千元，三十一年建大仓库一座费二十一万元，以上合计建筑费八十三万二千元。

（四）原动力：来源于耀龙电力公司，每月用电约六万零一百三十八度。输电设备有四百千伏安（23000-380/200V）变压器一座、二万三千伏高压油开关一只、三百八十伏低压油开关一只、配电板四套。

（五）机器设备：

华新水泥公司机器设备统计表

名称	数量	原购价值（国币元）	制造者	装置年月
丹麦磨	一套	350,000	丹麦 Smidthco	民国二十九年
本国磨	一套	450,000	重庆顺昌机器厂	民国三十一年
大立窑	二套	250,000	自制	二十九年、三十一年各一座
小窑	四座	45,000	自制	三十年
马达	十六台	137,000		二十九年
400 千伏安变压器	一套	45,000	本国	二十九年
制桶机	一套	7,500	本国	二十九年
轧石机	二套	15,000	重庆顺昌	二十九年
提运机		25,000	国内	二十九年
化验仪器	全套	15,000		二十九年
球磨机	一套	8,500,000	重庆顺昌	三十四年
合计		9,839,500		

四、制造：

（一）制造程序如下图：

华新水泥公司制造程序图

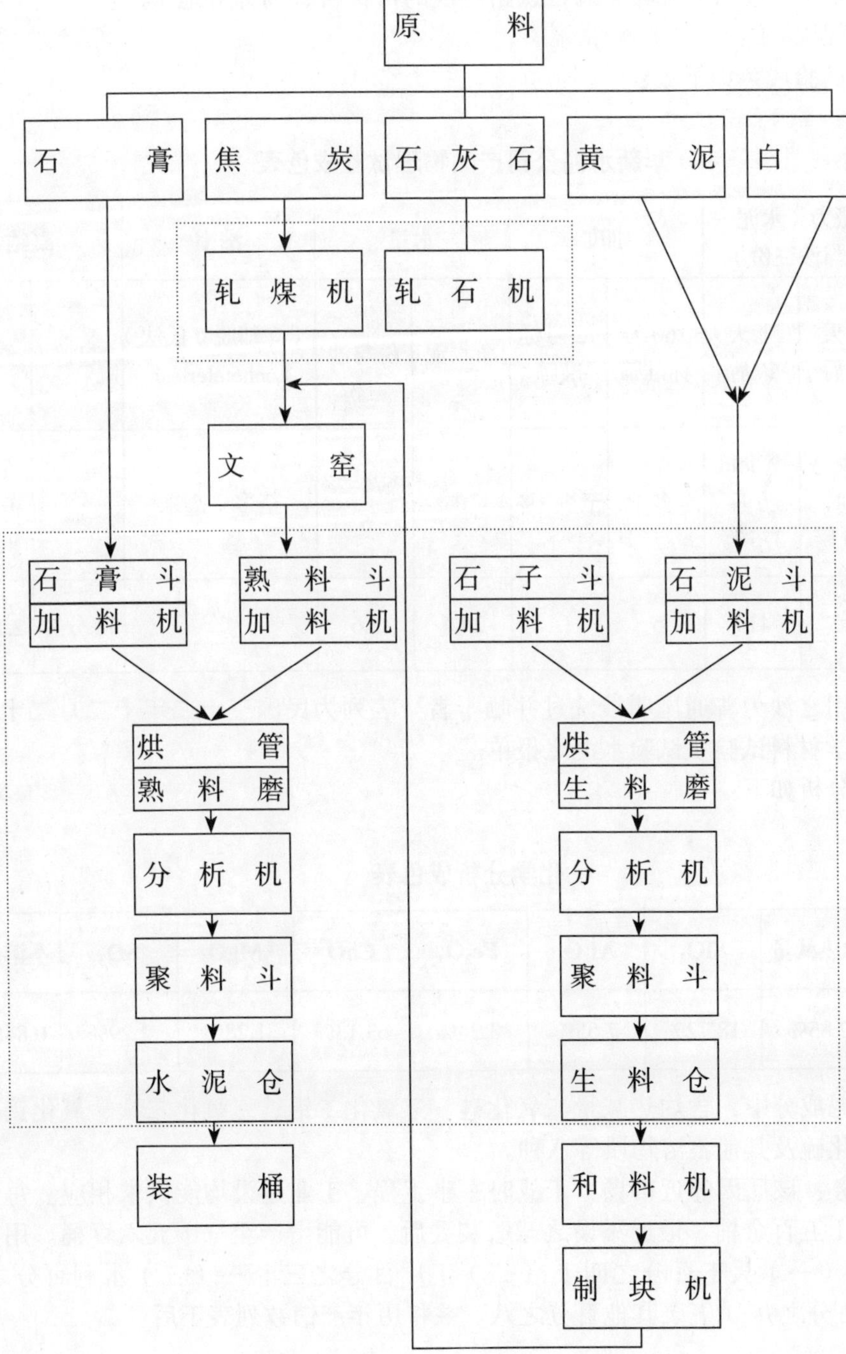

注： 从山上开采之石灰石，在碎石机中轧碎，将黄土及页岩烘去水分与轧碎之石灰石配合后，在磨内磨成粉末入库，是为原料粉。将原料粉与焦炭屑加水配合后，送入改良立窑中烧成熟料，再将熟料加入少量石膏，在复式磨中磨成水泥，入仓装桶。

（二）原料及燃料每月消耗之数量如下：石灰石四百一十二立方，黄土七十七立方，白沙四十二立方（以上采自工厂所在地），石膏十吨（购自省垣各地的易门及迤南等地），焦炭一百二十五吨（购自铁路沿线的可保村、杨林等地）。

（三）出品品质：

1. 物理试验成色如下表：

华新水泥公司产品物理试验成色表

项目 比较	抗张力（水泥一份与沙三份）		细度		水量		涨率	凝结	
	三天以后	七天以后	160号标准筛	72号标准筛	净水泥	水泥一份与沙三份	（立却脱立氏法）（Lechetelertesh）	起首	终止
英国标准	至少每方吋300磅	至少每方吋375磅	至多1%	至少1%	P	PS/4+2–5	至多十毫米		至多10小时
龙门牌水泥	313	414	5		24.4	8.6		38分钟	2.17时

注： 所用之沙为普通昆明沙洗过并晒干者。表列为民国三十二年十二月二十三日西南联合大学材料试验室试验水泥之报单。

2. 化学分析如下：

化学分析成色表

成分 产品	灼热减量	SiO_2	Al_2O_3	Fe_2O_3	CaO	MgO	SO_3	不溶物质
龙门牌水泥	2.85%	18.72%	7.65%	3.24%	63.13%	1.28%	2.29%	0.84%

注： 水泥成分中，含灼热减量二氧化硅、三氧化二铝、三氧化二铁、氧化钙、氧化镁、三氧化硫及其他不溶物质等八种。

五、业务：该厂因邻近市场，于战时军事工程、工业建设均能供求相应。每月生产能力约二千五百余桶。最近添设之球磨装妥后，可能增产至三千五六百桶。用户性质分配如下：（一）兵工百分之四十；（二）工厂百分之三十三；（三）水利百分之十；（四）交通百分之九；（五）其他百分之八。兹将历年产销数列表于后：

华新水泥公司历年产销量统计表

年度	产量（桶）		销量（桶）	备注
	熟料	水泥		
三十年	13,641	11,711	12,650	昆明厂产
三十一年	19,124	17,734	13,957	昆明厂产
三十二年	12,853	14,148	12,599	自本年四月十一日起合并改组
三十三年	25,948	31,498	30,872	昆明厂产
三十四年	45,244	58,292	66,850	华中厂与昆明厂共产数
三十五年	18,633	17,159	16,535	

新华化学制药公司

一、沿革：该公司成立于民国二十九年三月，系新华制药社加入云南财政厅官股，照《特种公司组织法》组织而成。工商并行，经营药品及卫生材料之制造及销售。至三十一年，官股权拨归企业局接管。

二、资金：该公司成立时，资本总额为四十万元，官商股各一半。至二十九年八月各增十万元，三十年三月又各增三十万元。三十一年一月又增为三百万元，三十二年由红转本增二百万元，共五百万元。企业局投资总额为国币三百万元。

三、设备：制造卫生材料之设备，有弹棉机、离心机、脱脂锅等。

制药设备，有打片机、药膏机、糖衣机、真空排气机等。

四、业务：

（一）业务范围：

1. 工业部：制造卫生材料、成药、针水等。

2. 商业部：除销售本公司出品外，并购销中外名厂之药品、医疗器械、卫生材料等。

（二）原料来源：

1. 棉花：重庆或湖南。

2. 纱布：本市纱厂定织。

3. 烧碱及漂粉：前系外来，现昆明已有制造者。

4. 中药原料：就地采购。

5. 西药原料：外来。

（三）历年产量：

新华化学制药公司历年产量统计表

产品名称	单位	历年产量			
		二十九年	三十年	三十一年	三十二年
生理食盐水	瓶			684	587
50% 葡萄糖针	支			60	125
红药水	瓶	614	760	270	492
万灵水	打	987	3,095	2,316	971
福利咳民	瓶			847	1,978
疳积散	包				32,000
血色素	瓶				2,049
退热药	包				5,786
洗头粉	打	1,089	1,371		1,840
药棉	磅	1,305	6,791	13,310	574
各种酊剂	磅	495	598	633	324
纱布	磅	5,216	4,692	3,810	
解毒水	瓶	250	540	780	
白枧	箱	660	5,070		
小红药皂	个	1,610	40,440		
各种药膏	克	6,650	18,562		
各种药粉（散）	磅	102	1,031	180	

中央防疫处

一、缘起：该处成立于民国八年四月，处址原设北平天坛。自二十四年十二月南京新址落成，遂将重要部分迁入，一部分人员仍留北平原址办公，改称北平制造所。二十六年九月奉令疏散。京处迁至长沙，北平制造所沦陷。二十七年九月，由湘迁昆，次年在昆西山高峣建筑处址，略复旧额。三十一年四月，并在贵阳设立贵阳制造所。资产共值一千二百万元。

二、业务：该处出品，抗战前供给全国。内迁后在贵阳设立制造所，分任制造工作。又于重庆、成都、昆明等处分设经销处，供应各方需求。照统计：军用约占百分之九十四点三；其他供应（包括各卫生机关）约占百分之五点七。出品共五十三种，有抗毒素及抗菌血清八种，菌苗及类毒素十五种，疫苗三种，诊断用品等二十五种。

云南火柴厂总管理处

一、沿革：民国二十六年以前，云南火柴生产，向由私家制造，当时计有大云南、利华、东兴、锡庆及瑞和等数家。中央颁布《火柴产销联营章程》，由建设厅召集昆明市各火柴厂商，于民国二十六年成立昆明市火柴产销联营社。民国二十七年省府会议议决，火柴试行专卖，由财政厅主持，设立云南火柴专卖处。分别将各厂商接收调整，并于专卖处下设制造厂五，除于昆明市销售外，并设下关、腾冲两分处。民国二十九年，扩充业务，改为云南全省火柴统销处。民国三十一年九月，财政部火柴专卖公司昆明分公司成立，省营统销事即奉令移交国营专卖机构，该处遂另行改组，由企业局投资，成立云南省火柴厂总管理处，地址设于昆明市。五制造厂中，第一、二两厂设昆明市拓东路，第三厂设大理，第四厂设昭通，第五厂设腾冲。

二、资金：二十七年专卖处成立时，规定资本为新滇币一百万元，惟视业务需要，可随时向兴文银行透支。二十九年底，所有透支款项均已偿清。改组为统销处时，增定资本为新币四百万元，未支，系由历年纯利解余款项下周转应用。自改组为总管理处以后，资金逐年增加，至三十四年六月底止，共有资金国币九百六十七万七千七百十九元七角一分。

三、设备：机械设备总计有齐梗机九部、排板机十一部、折板机一部、调磷机七部，其他有齐梗盘、托梗盘、排梗盘、凉板车、装盒盘、药盘、烤板等若干。

四、业务概况：

（一）业务范围：统筹办理云南全省所需火柴之产、运、销三方面之业务。

（二）原料来源：原料中磷、钾（氯酸钾）、巴蜡及红矾等四种。向系购自海外，其他则由昆明市购得。惟抗战以后，对外交通断绝，来源遂感困难，所幸现国内已有火柴原料厂之创立矣。

（三）工作程序：

附图于下（多系女工手工）：

云南火柴厂工作程序图

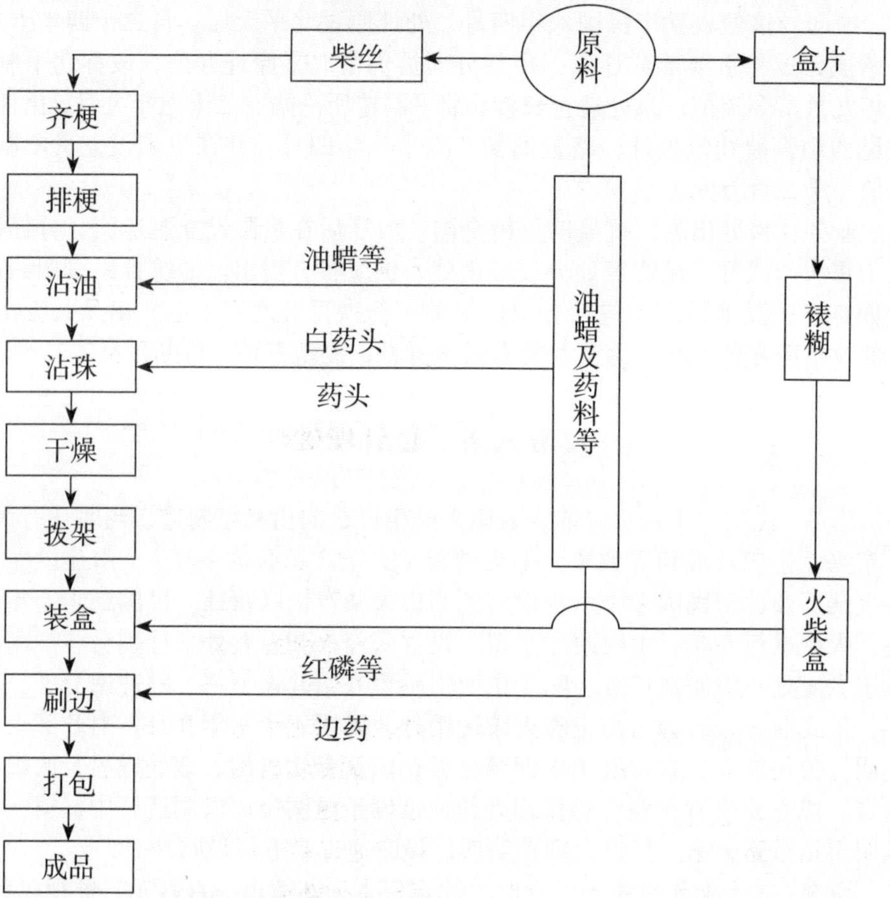

（四）产量运销：第一、二两厂之出品，销售于昆明市及省垣各地。下关分处销售第三厂出品于迤西中部各县。腾冲分处销售第五厂出品于迤西边区各县，迤东各县则销售第四厂之出品。惟三十一年中央专卖公司成立，则该处仅以制造为业务。三十四年该专卖公司又行裁撤。至于产量，每年统计约为三万听（每听一千二百小盒）。销量与此相当。

昆明磷厂

概况：昆明磷厂为中国火柴原料股份有限公司所属四厂之一。爰以火柴原料如磷、氯酸钾等，向均仰给外国，而战事爆发，此项原料均有关军需，各国皆禁止出口。加以交通阻滞，致来源几告全绝。川黔火柴工商业联合会及大中华火柴公司于民国二十八年发起组织火柴原料制造厂，集资三十万元。惟以资金过少，无法进行，乃于民国二十九年一月增资为国币一百万元，定名中国火柴原料厂股份有限公司，五月开创立会，勘定四川长寿县为厂址。所需机器及化学器材，国内能制造者，由交大机器工厂制造，不能制造者，则向国外采购。三十年春，资金告罄，而工程尚差三分之一。决议加入财政部官股一百万元，共三百万元，变更登记为特种股份有限公司。直至十一月终，建筑完成，出货应世。制造部门计分氯酸钾工厂、制磷工厂、制胶工厂、制蜡工厂。惟以供不应求，乃向火柴专卖公司贷款三百五十万元，在贵阳增设一厂，专制氯酸钾，三十一年初开建，三十二年一月出品。于是后方火柴厂所需原料，得有所取给。惟以磷类原料仍感不敷，经股东会议决增资为国币三千万元，并由云南省企业局投资七百六十二万元筹设昆明磷厂。盖云南昆阳县属海口磷矿，藏量丰富，品质亦佳，为我国第一。设厂之后，不独战时能以充分自给，即战后亦可颉颃外货矣。已于三十三年冬季开工出货。

云南制革厂

一、沿革：该厂由陆军制革厂改组而成，称为滇黔绥靖公署云南制革厂。于民国十九年八月创办，设于得胜桥旁兴仁街。厂基二百方丈，流动资本国币二万元，不动产三万五千元。

二、设备：有锅炉蒸气发动机一台，马力四匹，为日本制，值国币二千元。碾皮机一台，为日本制，值国币二百五十元。压皮机一台，为日本造，值国币二百元。缝鞋机一台，亦为日本造，值国币三百元。

三、业务：制革及革制品主要原料为本省牛羊生皮、熟皮、麻栗壳及法国树胶、新加坡黑矾，年值国币二万余元。主要出品为各种制革皮靴鞋、鞍带等，年值国币五万余元。厂分制革、靴鞋、鞍带三科，多制军用物品。副产品有鞋油、牛胶。

工光企业公司

一、缘起：该公司原为西南建筑公司，于民国二十七年七月成立于昆明，系商营性质，曾经承办各项土木工程多宗。就中规模较大者计有筑机场、建筑营房等。民国三十年，该公司同人王正恒君研求柏油替代品成功，当即出资设厂，实行制造。于三十一年春另成立西南工艺社，产品有西南代柏油及油毛毡。同时又成立光耀电池厂，制造装配汽车之蓄电池。厥后营业扩大，并设铁工厂以供给该公司各单位所需之铁件。迄民国三十二年七月，乃将全部组织略为变更，成立工光企业公司。原设之西南工艺社改称西南工业公司、铁工厂名曰西南铁工厂，与西南建筑公司及光耀蓄电池制造厂，合为工光企业公司是为经营范围内之四单位。

二、业务：西南代柏油：用植物油脂炼成，加调节剂以调整其性能。曾经联大公路研究室及本公司自设试验室之各项试验，皆能符合矿质柏油之标准。曾经用作机场跑道及公路铺填料，结果皆称满意。

西南油毛毡：用国产纸张浸透代柏油而盖细砂即成。通常为宽约一公尺、长约十五公尺之长条，每条可卷成一轴。以利储藏及运输。主要用途为铺盖屋面，其他防水建筑亦可利用。体质轻便，用于临时建筑及瓦片缺乏之处，尤为相宜。

钢门窗及铁器：西南铁工厂制造各种钢门窗及其配件，或由顾客出样，或由该公司代为设计均可。其优点为不燃烧、不变形，式样灵巧，透光较木窗为多。他如建筑方面之铁器五金，亦可订制。

蓄电池：利用国产原料制成散片阴阳铅板，为装配或修理汽车蓄电池之用。整只电池，不论大小式样亦可承制。其电力之充足，应用之耐久，不亚于舶来品，而价格则低廉甚多。除蓄电池外，兼营各项马达、电器之修理，并售电水、蒸馏水。

建筑业：承揽各项土木工程。举凡土方、石方及房屋、桥梁、道路，各项建筑之设计、购料、施工，皆可代办。

云南中国茶叶贸易公司

一、缘起：云南为我国产茶名区。普洱茶叶驰名海内。品质特殊，为我国大叶种之唯一产生地。惟自来囿于内销，制造方法墨守成规，销路有限，栽培亦未注意，产量因渐退缩。自二十七年夏，由富滇新银行与中国茶叶公司各集资国币十万元，组织云南中国茶叶贸易股份有限公司，嗣增资本为国币一千万元。中国茶叶公司于三十二年八月退股，所遗股额，由云南省经济委员会承受。

二、厂址：该公司成立之初，就昆明威远街开始工作，选定顺宁、佛海、宜良三县，筹设茶厂，以现代机制方法制造内外销各种茶叶。兹将该公司所设各厂列下：

（一）顺宁茶厂于二十八年一月开始购地建筑，并设计制茶机器，委托中央机器制造厂从事制造。当年即出品红茶三百余市担。

（二）佛海茶厂于二十九年正式开始建制，除收制红茶外，兼收制紧茶、圆茶，迨三十一年缅甸沦陷，佛海接近前线，该厂乃暂行保管。

（三）复兴茶厂于二十八年九月在昆明成立，专制川销关沱茶及景关沱茶等。

（四）二十八年五月，在宜良创设临时制茶所，以便云南省茶叶改进委员会所办茶叶技术人员训练班学员实习。十月，制茶所结束，改为宜良茶场。至二十九年三月，以该场必待五年后始能生产，乃变更性质，改为小型制茶厂，专制绿茶及薰花茶。

（五）三十年春，以藏销紧茶年需十余万驮，自经阿敦子入藏一路阻塞以来，已改由佛海经缅印入藏，利益遗失，为数不赀。该公司乃与康藏商人代表蒙藏委员会格桑泽仁订立合约，各出资十五万元，在下关成立康藏茶厂，制造藏销紧茶，以冀恢复原有路线，维持滇茶固有市场。

综计该公司自营茶厂四、合营茶厂一。其中以顺、佛两厂规模最大。就厂房设备而论，国内尚罕与伦比也。

三、原料：

（一）出产地点及数量：该公司各厂所用原料，大率取给于顺宁、景东、景谷、缅宁、云县、佛海、车里、南峤、宜良等县，而顺宁每年出产一万担，景东一万零五百担，景谷三千四百担，缅宁三千担，云县三百担，佛海九千担，车里五千担，南峤六千担，宜良五百担，余如镇越、江城所产，尚未予以利用。就目前该公司产量言，原料充足，不虞缺乏。

（二）采购：该公司所属顺、佛、宜等厂，皆自行就地采购。至康藏、复兴两厂采购地点，或在昆明，或在顺宁、下关，一视便利为断。

（三）该公司在下关设转运站，并派员驻四川宜宾、泸县，所有出品，由卡车或驮马运输。昆明并备有仓库，以便堆置。

（四）燃料：木柴、白炭。

四、设备：

（一）房舍：该公司所属昆明碧鸡关有房屋十七间；顺宁茶厂三百九十五间，佛海茶厂五十间：系自置产业。宜良茶厂房屋，系云南茶叶改进委员会所建，未计在内。

（二）场地面积：该公司有地十三亩，位于碧鸡关；顺宁茶厂，计厂基二十六点九亩，茶园一百一十七点四五亩；佛海茶厂厂基四十亩：均系自置地产。宜良茶厂茶园一千二百亩，系租用地方公产。

（三）机器：

各厂机器设备表

名称	数量	购置年月	价值（原值：元）	备注
揉茶机	六部	二十八年四部 二十九年二部	38,305.84	昆明中央机器厂制
手摇揉茶机	三十部	二十九年	6,626.07	五金工厂制
兽力揉茶机	三部	二十九年	626.10	佛海茶厂自造
烘茶机	七部	二十八年六部 二十九年一部	151,891.60	昆明中央机器厂制 上海中原铁厂制
筛分机	十二部	二十九年	31,367.99	昆明五金工厂制十部 印度购二部
切茶机	二部	二十九年	3,631.99	印度购
拣茶机	一部	二十九年	7,487.00	上海志明厂制
发动机	二部	三十三年	1,317,992.00	昆明购
发动机	三部	二十九年	44,652.18	上海志明厂制一部 中国煤气机制造厂二部
发电机	二部	二十九年一部 三十一年一部	48,954.80	上海志明厂制

五、制造程序：该公司出品茶叶，计十有余种，其制造方法，亦各不同。兹举其主要出品金马胜利红茶及碧鸡建国绿茶之机制顺序如下。

（一）金马红茶制造顺序：

1. 萎凋：萎凋室内，有热气通风设备及摊叶帘架。法将鲜叶摊于帘上，任叶中水分蒸发变软，约经十六至二十小时。

2. 揉捻：萎凋完成之叶，送入揉捻机，经一小时半至二小时之揉捻，使叶卷紧，茶汁溢出。

3. 解块：揉捻之茶，每成团块，由解块机或筛分机抖开之。

4. 发酵：发酵为红茶制造之重要步骤，品质优劣，胥系于此。发酵室之温湿度，须时加注意。发酵时间为二至四小时。

5. 干燥：发酵完成之茶叶，入烘茶机，用高温急速干炒，使停止继续发酵，烘至七八成干，取出，待一二小时后，再行第二次烘焙，至干脆为度，即成毛茶。

6. 筛分：毛茶须经筛分，始能整齐美观。先将毛茶入筛分机撽之后，再用人工分筛。此项手续极繁，经过筛子有十余号之多，故筛出之茶，亦分十余号。

7. 扇簸：筛出之各号茶叶，分别用风车及筛盘扇去其轻片杂物。

8. 拣剔：扇净之茶，再行拣去梗枝，拣剔以人工为优，故仅初拣时利用机械。

9. 拼堆：各号茶分别筛扇拣净之后，再一次铺开去尽水分，乃将各号茶层层匀堆拼和之。

10. 包装：拼堆完成，即行装箱。箱之外壳为木板——三夹板或东瓜木，内衬铝纸，使不走气受潮。箱外更扎铁皮两道，防箱破裂。

（二）碧鸡绿茶制造顺序：

1. 杀青：将鲜叶入高温之炒茶锅炒至叶软为度，约二三分钟，杀青为杀死叶中酵素及叶软、发香等作用。

2. 揉捻：与红茶同。

3. 干燥：与红茶同。

4. 筛分：绿茶自筛分迄包装之工作，完全与红茶同。

六、出产数量：

各种茶叶产量及价格表

物品名称	三十三年出品数量（市斤）	每市斤出厂成本（元）	备注
红茶	49,345	421.92	①该公司每年生产量未达高度，因战时情形特殊，产量不能正常，年有参差，故仅以三十三年度产量作代表。②普洱方茶，系上年存茶。
绿茶	31,057	421.92	
仿制龙井玉露熏茶	2,209	570.00	
白茶	518	908.24	
普洱方茶	1,105	320.00	
配茶	48,938	133.75	
沱茶	46,884	260.00	
紧茶	89,200	96.47	

七、运销：

各类茶叶运销情况表

物品名称	运销地点	运输工具	每月平均数量（市斤）	平均每市斤价格	备注
红茶	昆明市及各重要县市	汽车及驮马	4,000	503.50	①销量及售价均系三十三年之平均数。②紧茶如资金充裕，大量揉制，销售可不受限制。
绿茶	昆明市及各重要县市	汽车及驮马	1,200	562.00	
仿制龙井玉露熏茶白茶	昆明	汽车及驮马	150	1,223.00	
普洱方茶	昆明	汽车及驮马	80	434.00	
配茶	昆明市及各重要县市	汽车及驮马	3,500	128.96	
沱茶	昆明及四川宜宾	汽车及驮马	5,000	300.00	
紧茶	丽江	驮马	8,000	104.50	

滇新企业公司

概况：该公司为供应昆明重镇各项主要衣食用品之需求，由施次鲁、周润苍、章剑慈、李岫青等发起，资本国币二千万元。首先开设面粉厂于黑林铺海源支路班庄村。自三十三年五月起，圈购基地，建筑厂房，购置机械。十二月间，开始出货，营业甚旺。惟以产量有限，不获普遍供应。又添购钢磨及漂白机等，增加产量，改进粉质。

产品：飞马牌商标面粉：头等粉绿飞马牌，二等粉红飞马牌，三等粉蓝飞马牌。产量每日夜约二百数十袋，供销本市及盟军之需。

罐头食品工业合作社

一、缘起：该社自民二十八年由中国工业协会西南区昆明办事处在临江里筹组罐头食品工业合作社，继续至今。

二、设备：切铁、制罐、封口、炼乳，蒸气等机器，中外制造均有，用电力带动或人力带动。所需原料有外国产洋铁、土产白糖、鲜牛奶及零星料等。

三、业务：制造炼乳用鲜奶炼熟，加糖、装罐、排空气，在一日内可能成品。有时加制五香牛肉、鲜味鱼等罐头。在本市委托销售，再由商运往滇西滇南等地销售。生产数量，每月多至七千听，少至二千听不等，因鲜奶产量四季不同之故也。

思普企业局

一、沿革：民国二十七年，经省务会议议决，筹设云南思普区茶业试验场，以谋普洱茶种植制造之改良，推广销路。先于二十八年元旦成立南峤第一分场。同年四月夏于车里之南糯山设立第二分场。采选国内外优良茶种，分别试种。至二十九年十月，佛海总场成立，并于南糯山茶园中心区，设立制茶厂，开始制造红、绿茶，至是茶场之规模粗具。乃自印度购置新式制茶机，并派员赴印实习栽培及制造新法，改良出品，推销南洋各地，颇受欢迎。至是，思普茶业渐呈复苏之象。至三十一年，该场拨归云南省企业局办理。省局鉴于思普可兴办之企业正多，遂就该场改组为思普企业局，于四月一日正式成立。除继续改良推广滇茶外，并筹设安峤农场、志安纺织厂及樟脑培植场，以开发边疆资源，而谋民生之安定焉。

二、业务：该局以茶叶为主要产品，年产红、绿茶均二千担。种茶场设于车里之南糯山，广四十余方里。三年以来，种茶十余万株，全用科学方法栽培，所产生叶，品质优，制为红、绿茶，可与锡兰茶媲美。制茶厂设于南糯山之石头寨，现备有英制揉捻机大小各一部、烘茶机一部、切茶机一部、分筛机一部。

樟脑之制造法，先采樟树之叶蒸馏之，可得粗制品。再将粗制樟脑溶于水中而精馏之，即得精制之纯净品，为白色结晶粒状物，可供药品制造及防虫蚀之用。现尚在试验期中，产额无定。

其余场农产品甚多，如稻、麦、甘蔗、蔬菜等，栽培方法不一。纺织厂之创设，因该地雨量适中，宜于产棉，先用小型纺机试办，以资提倡。

元丰油漆厂

概况：该厂于民国二十八年开始筹备资本国币四百万元，设制造厂于昆明跑马山。至二十九年夏季，始将运到械、料装置开工，幸能供应一切油漆需要，如交通油漆、工务油漆、营造油漆等。原料尽用国产。

南华烟草公司

一、缘起：南华烟草公司为教育厅所经营，创办于民国十九年五月，厂设于昆明市太和街，面积二百方丈，资本国币七万五千元。

二、设备：有煤气机一台，为本省制造，马力三十匹，值国币三千元。蒸汽机一台，为沪造，马力十二匹，值国币一千元。锅炉一台，沪造，马力七十匹，值国币二千元。

三、业务：烟草购自本省江川、玉溪等县及河南许州，年用七千余担。出品种类有明星、合群、百寿、仙鹤等牌，每大盒有二百五十支者，有百支者，每年产量约值国币四万余元。

云南烟草生产事业总管理处

一、沿革：自抗战军兴，滇省纸烟盛行。本省政府决定办法二种：第一，以统销专卖平抑烟价；第二，选择烟种推广种植，务期达到自种、自制、自售、供求相应之目的。于是乃由云南省财政、教育两厅合组云南全省纸烟统销处，统制销售，于民国二十九年四月正式成立，至三十年三月底结束。先于富民试种美烟，并于长坡设立试验场，现已推广十数县。一面筹划建筑烟厂及订购机械等事宜。三十一年一月起，该处改隶云南企业局，成立云南烟草改进所，负责办理种植及办厂事宜。并于三十年十月，创办云南纸烟厂。三十二年二月，开工出货。三十一年三月成立云南复烤厂，三十二年五月开工。企业局乃成立云南全省烟草生产事业总管理处，总管一所、二厂，办理烟草种植、烤制、销售等业。

二、资金：该处为企业局自办企业之一。资金逐年增加，截至三十四年六月底止，共计投资国币七千五百七十九万零七百八十二元一角四分。

三、设备：

（一）云南烟草改进所除办公房屋外，设有烟草烤房多处。

（二）云南纸烟厂：

1. 厂房设备：有蒸叶、储藏、接纸等室各二，抽茎、配料、锅炉、机房、仓库、材料、包装、电力管理、机件修理、烘叶、会客、警卫、摇纸、厨房、食堂、盥洗、米仓、柴炭等室各一，办公厅三，宿舍十七及男女厕所各二等。

2. 机器设备：美式卷烟机及切烟机各三部，炒烟机、轧茎机、水汀锅、水汀锅炉、车床、钻床各一部。

（三）云南烟叶复烤厂

1. 厂房设备：有复烤房、潮叶室、检烟棚、马村货仓、太和货仓、沙坝营货仓、沙坝营储藏室等各一所，水井、水池、水塔等各一，储藏仓库三所，轻料室、会议室、传达室、储藏室、厨房、厕所等各三间，办公室四间，宿舍十二间，工人宿舍六间及食堂七间。

2. 机械设备：美式烟草复烤机及电机各一部，压力机、锅炉、抽水机等各二部，回水泡包二及汽力发动机三部。

四、业务：

（一）业务范围：该处专营种植烟草、烤制烟叶、制造及销售纸烟等事业，合农、工、商三位为一体。

（二）原料来源：该处所需之主要原料烟叶，系由云南烟草改进所自行种植者。其他原料，主要者如罗纹纸、平板纸、包装材料、香料等，或系由省外采购，或系在昆明市采购。

（三）工作程序：

1. 种植烟草及初烤：育苗→种植→初烤。

2. 复烤程序：收烟$\xrightarrow{\text{各分所交来过磅}}$整理$\xrightarrow{\text{扎把分级}}$回潮→挂烟$\xrightarrow{\text{烟叶挂上烟杆}}$上烟杆$\xrightarrow{\text{烟杆卡于烤机齿轮}}$低温复烤$\xrightarrow{\text{160℉}}$高温复烤$\xrightarrow{\text{210℉}}$低温复烤$\xrightarrow{\text{160℉}}$凉房$\xrightarrow{\text{以风扇凉冷}}$潮房$\xrightarrow{\text{以水喷潮}}$接烟$\xrightarrow{\text{二人接递}}$装箱$\xrightarrow{\text{人工}}$压烟$\xrightarrow{\text{压力机}}$钉桶或缝包→过磅→入仓。

3. 制烟程序：配烟$\xrightarrow{\text{以一定比例配之}}$蒸叶$\xrightarrow{\text{烤好抽去其茎}}$调制$\xrightarrow{\text{加香料}}$切丝→炒丝→卷枝$\xrightarrow{\text{用机械卷}}$烘枝→包装→整理→装箱→入仓。

（四）产品产量：每年预计出品三千六百大件。重九牌占百分之三十，七七牌占百分之六十，双十牌占百分之十。若原料充分，每年可出六七千大件。

衡裕工程公司

业务：三十一年春，黄子衡等组织该公司，经营工程事业。先就运输工具与少数配件进行，并制造洗衣皂与药水皂。迨三十二年，将所营事业划分为化工与机械二部。化工部制造硫化碱、刨花碱及各种肥皂，兼制其他药品。机械部有小规模翻砂、车床、刨床、钻床、钳工及锻工设备。对于翻铸小型机件、少数汽车零件及日用家具均可胜任，兼办各种木工及汽车修理。

出品：化工部：（1）55%硫化碱（用途：化学工业中还原剂、染织染色剂），（2）刨花碱（用途：肥皂工业垫料、胶水、化学及机械工业特种材料），（3）各种肥皂，（4）其他特制药品。机械部：（1）匹司登（用途：各种车辆），（2）波司（用途：各种机械及车辆），（3）其他定制出品，（4）兼修汽车。

大华企业公司

一、缘起：该公司系吴斌父子及其已故夫人金汝瑛合组之无限公司，成立于三十年一月。总公司设昆市，厂址设昆明岗头村沙坝营。分公司设沪、港、九龙、仰光，办事处设贵阳、重庆、泸县、成都，除经营国际贸易运输业务外，并在仰光设有汽车车身装配厂及车身制造厂。三十一年滇缅公路中断后，一律收缩在昆，专营下列业务。

二、业务：纺织厂，机纺粗细棉纱，电织毛巾布匹；碾米厂，代客碾米磨麦，经营食粮供销；贸易部，经售五金百货，承销厂矿出品；运输部，自备载重卡车，承运公商物资；信托部，接受委托买卖，代客运用资金。

云南省企业局

概况：该局创立于民国三十一年一月一日，以开发滇省资源，增加后方生产，以期助成西南边疆之经济建设为宗旨。该局四年来之业务，约可分为三个时期：一、三十一年上期为草创时期；二、自三十一年中起至三十二年中为业务调整时期；三、自三十二年中起至三十四年中为业务正常发展时期。兹分述之。

一、草创时期：此时本局组织甫定，除对财政厅划归统筹经营之各事业充实其资金、协助其技术、力谋推进各该事业之业务外，并积极筹划本省各种资源之开发及原有生产事业之调查研究，拟订方案，以便必要时可由该局投资举办，或与国内热心实业人士合作经营之。

二、业务调整时期：本期业务重心，一方面对原有事业进行调整，一方面创设新事业，兹分别列举如下：

（一）结束停办者：当时原有事业中，经该局或各该事业董事会认为与中央政策抵触，工程材料困难，提倡或试办之目的已达，无继续经营之必要而结束停办者，有下列十一单位。

1. 鲁甸矿务局：该局开采鲁甸乐马厂铅银矿及香杉箐硫黄矿。三十一年七月银铅锌矿厂管理处成立，该厂结束，改由该处所属鲁巧矿务所经营。

2. 云南火柴统销处：该处于三十一年九月财政部火柴专卖政策施行，设立火柴专卖公司云南分公司后，即结束专卖业务，改由该公司办理。

3. 云南全省纸烟统销处：三十三年财政部烟类专卖政策施行，云南区烟类专卖局成立后，该处专卖业务，即改由该局办理。

4. 云南物资运输处：因滇缅公路中断，商运困难，该处于三十一年十月改组，缩小运输业务，仅办理本局有关原料器材及出品之运输。至三十二年底，无法维持，即告结束。

5. 复兴新村地产整理处：该处整理复兴新村宅地工程，于三十一年底完工，划定单位，分别等则标卖后，业务即告结束。

6. 昭鲁水利工程处：该处兴办昭鲁大河上段水利工程，于三十三年四月完工，目的已达，即改组管理处负责管理。

7. 石佛铁路工程筹备委员会：该会曾组织路线测量六队，由石屏勘测至思普，因工程价甚巨，器材困难，非战时所能完成，遂中途停顿。

8. 银铅锌矿厂管理处：该处分设鲁巧矿务所及平罗矿务所，开采铅锌矿，提炼银、铅、锌。因山道不便，运输困难，土法采炼，成本过高，探矿之目的已达，遂于三十三年四月结束。

9. 平彝钨锑公司：该公司开采富源厂锑矿，提炼纯锑三百余吨，成绩甚佳。惟因中央统制出口，无法运销，资金积压，难以周转，遂于三十三年上期停工，改设保管处。

10. 文山钨矿公司：该公司探采文山老君山白钨矿及铋矿，因矿量有限，交通困难，管理不易，遂于三十三年中停工。

11. 旧钨锑公司：战前业务颇盛，惟因滇越路断，中央统制出口，官价太低，不敷成本。遂于三十三年底停工。

（二）改组扩充者：当时原有事业中，经该局或各该事业董事会认为前途有望，而资金不足，有改组扩充之必要者，有下列八单位。

1. 云南恒通化学工业公司：三十一年一月该局所属云南制糖厂与复华制糖厂及恒通酒精厂等三厂合并，由该局与云南矿业银行、中国侨民银公司、福协和合组恒通化学工业公司经营之。

2. 光华化学工业公司：商股经营之光华化学工业社，以平彝烟煤提炼各种油类试验成功，于三十一年四月改组光华化学工业公司，增资为一千万元，由该局加入股本，扩充经营。

3. 滇北矿务局：滇北矿务公司由本省政府与资委会合办，原设有理事会，照该会规定，两机关合办之事业，不宜称为公司，遂于三十一年八月一日改组为滇北矿务局，并扩大内部组织。

4. 思普企业局：思普区茶叶试验场，因业务扩充，由茶叶推广至樟脑、棉花等农产物，遂于三十二年一月扩充为思普企业局，统筹经营茶叶试验场、志安纺织厂、樟脑培植场及安峤农场等。

5. 光大瓷业公司：该公司原设有曲靖分厂及泸州分厂，因江西沦陷，后方瓷器有扩充经营之必要，于三十二年改组增资，该局加入股本一百二十五万元。

6. 南盘江水利工程处：南盘江水利监督署裁撤后，该局于三十二年底奉省政府令改组南盘江水利工程处，接办曲靖陆良之水利工程。

7. 宾川水利管理局：宾祥水利监督署所主办之宾川水利工程，于三十三年五月完工后，该署奉省政府令裁撤，由该局改组宾川水利管理局，接管宾川水利工程。

8. 个碧石铁路公司：个碧石铁路督办公署，整理个碧石铁路卓著成效，于三十三年二月整理期满，仍交回该公司自行经营，并改组董事会，扩充资本，该局参加投资改为官商合办。

（三）创设开办者：当时除调整原有事业外，先后于三十一、三十二两年中创设开办下列三单位。

1. 云南火柴总管理处：云南火柴统销处于三十一年九月结束后，即创设云南火柴总管理处，将所属第一、第二、第三及第四各火柴分厂改由管理处管理经营。

2. 云南烟草生产事业总管理处：自该局美烟试种成功，即于三十一年先后筹设云南烟草改进所、烟叶复烤厂、云南纸烟制造厂，积极推广美烟，改良制造方法，为统筹管理起见，复于三十三年一月组设云南烟草生产事业总管理处。

3. 安达炼油厂：自滇缅公路中断，本省桐油无法出口，而汽油缺乏，价值日昂，该局为谋桐油提炼代汽油及柴油等，以供应市场起见，于三十二年中创设安达炼油厂，试行提炼。

三、业务正常发展时期：该局全部业务已入正轨，产量日增，实力渐充，故除巩固各事业之基础外，仍就资力所及办理其他必要事业；同时加紧资源之调查与研究，借作举办新事业、扩充原有事业之根据。在此期间，曾先后参加投资中国亚浦耳电器厂、中国文物公司、中国火柴原料公司、昆明市银行、吴井新村工程委员会、长坡农场公司等，并奉省政府令贷款昭通水利协会及附近各县，举办小型水利。惟斯时业务虽入正轨，而战时经济之困难日益加深，物价高涨，材料缺乏，资金拮据，在在均足以障碍其发展。然该局始终埋头奋斗，努力支撑，卒能克服困难，稳定业务。最近明良煤矿公司因扩充业务，资金不敷周转，经商股东代表向资委会洽商并股，承该会同意后，于本年六月股东大会一致通过照原股额三百倍归并资源委员会单独经营。故该局所投资金，亦曾照比例全部收回。

四、矿冶工业

云南矿产蕴藏甚富，别详矿务略。兹就矿冶工业规模较大运用机器者，如个旧锡务公司及云南炼锡公司、云南锡业公司、云南矿业公司、东川矿业公司、滇北矿务局、电气制铜厂、宝华锑矿公司、云南明兴矿业公司、个旧钨锑分公司、平彝钨锑公司、文山钨矿公司、银铅锌矿厂管理处、昆华煤铁特种股份有限公司、昆明电治厂、中国电力制钢厂、云南钢铁厂、宣明煤矿公司、明良煤矿公司、滇西企业局等，概述如下。

个旧锡务公司及云南炼锡公司

一、沿革及资金：公司自清光绪三十一年由云贵总督丁振铎及矿务大臣唐炯奏准，提官股四十五万八千元，绅商集股一十八万一千元，组织个旧厂官商公司。宣统元年，官股提足一百万元，商股集有七十六万九千五百元，经总办王赓虞改组为锡务股份有限公司。嗣因改用新法采炼，民国九年将公司股本增为国币二百万元。又因所有出品运往香港，成色不一，须经粤商收买，另炼改装，方合销场。实业厅长缪嘉铭乃聘用外国专家制炼精锡，将锡务公司制炼厂全部划出，招集股本二百五十万元，组成云南炼锡公司。

二、设备：公司用新法采炼之各项设备，兹分述之。

（一）竖坑：公司于民国十五年，延聘美国人卓柏为工程师，计划开凿马拉格竖坑，预定深度一千五百英尺。十六年动工，犹用人力开凿，至十九年七月，始用机械。计有卷扬机一部，高五十英尺；双筒卷扬机一部，八十匹马力；压缩空气机一部，七十五匹马力；压缩空气钻机一部及凿眼机、扇风机等，共十四马力。坑口宽五呎，长十呎，隔之为三隔，两隔作升降机之上下，一隔装置木梯及电线，坑内多为石灰岩，间有土层，使用支柱，深度已凿至七百四十五呎。于深二百二十呎处，开凿第一平坑，贯通老硐，坑长一百五十呎。于深五百四十呎处，开凿第二平坑，分为两岔：一通老硐，长四百七十五呎；一通新硐，长五百六十七呎。又于深七百二十呎处，开凿第三平坑，亦分两岔：通老硐者，坑长千呎以上；通新硐者，坑长三百六十呎，已贯通旧有坑道。矿工运矿，老硐则由第二平坑，新道则由第三平坑，均由铁轨以矿车推送至升降机卷扬出口，每日可运矿四百吨，总计石工、运工、机械工百余人。

（二）索道：公司采矿计划，原欲以老厂附近之蓝蛇硐为采掘根本地，故索道亦以此为起点。嗣历采掘成绩不佳，改在马拉格厂试办。直至民国七、八年，厂情始旺，于是增加工人，扩充生产。九年，遂将索道迁移，十二年始告竣工。全线水平距离二万二千二百六十四呎，铁索斜距离（即索长）二万二千八百呎。索上循环矿兜自马拉格车场至老阴山转运处一段共三十六个，每兜间隔六百呎，两端车场准备出发空兜，计马拉格一十四个，老阴山八个。又老阴山至洗砂厂一段长度三千七百五十呎，往来兜仅有两个，总计兜数共六十个。每兜所载重量在马拉格与老阴山之间者，约载六百余斤，每小时可运四十至四十五兜，每日以十二小时计，约运矿一百九十余吨；其在老阴山至洗砂厂之间者，每兜约载一千二百余斤，每小时平均一十五兜，每日亦以十二小时计，约运矿一百五十余吨。

（三）洗砂厂：本厂初建设后，因效率未佳，又值厂情不旺，尚未启用机械。直至民国八年马拉格厂产量增加，乃用机械试办洗矿。每日效率虽仅能洗五十吨，但较土法实已工速而费省。十四年又将机件修理增减，并改蒸汽动力为电气动力，十七年七月完工，于是每日洗砂量遂增至三百吨，继又增置马西碎矿机一具，可增至五百余吨。

（四）动力厂：本厂所发电力，供洗砂厂及各处电灯之用，并供马拉格竖坑及各尖电灯之用。由动力厂至马拉格约五英里，至洗砂厂约一千二百英尺，共用电线二种，钢电架一百座，每日用煤约二十吨。

三、业务：从前土法冶炼不精，成色不一，须到香港改炼，经港政府化验师出给证明书，始能运至欧美销售，而所得价值比较其他各国所产同一成分之锡，每吨常低减英金八磅以上。其销售数量，在世界锡市总额上百分比亦少。乃于二十一年二月成立炼锡公司，聘著名炼锡技师亚迟迪克为炼冶部经理。至二十三年，完成炼锡炉二座，净矿炉二座，净矿塘二十一个。二十四年又成炼锡炉二座，净锡炉一座，净矿塘二十个，动力厂二个。出品有百分之九十九点七五上锡、百分之九十九点五纯锡、百分之九十九普通锡三种，取得伦敦、纽约五金交易所化验证书，可直接运往外洋销售，与英国锡享有同等价值，且将炼锡成本减轻，矿砂售价增高。每炼锡一吨之用费，比土法可减低百分之四十。矿砂所含锡质，土法不能提炼者，均能提出。此设炼锡公司之成效也。兹将公司历年度营业盈亏统计表列后。

个旧锡务公司历年度营业盈亏统计表

年度	盈数	亏数
民国元年		161,430.00
民国二年		133,525.74
民国三年		113,594.13

（续表）

年度	盈数	亏数
民国四年	58,510.05	
民国五年		258,325.93
民国六年	106,611.89	
民国七年	94,599.61	
民国八年	38,773.54	
民国九年	88,621.70	
民国十年	112,354.40	
民国十一年	457,307.12	
民国十二年	804,790.12	
民国十三年	1,235,777.61	
民国十四年	704,635.73	
民国十五年	948,712.12	
民国十六年	857,031,27	
民国十七年	1,086,763.24	
民国十八年	1,281,504.00	
民国十九年	526,889.80	
民国二十年	1,757,111.04	
民国二十一年	3,020,327.50	
民国二十二年	6,046,923.40	
民国二十三年	1,553,325.50	
民国二十四年	708,144.80	
合计	21,488,714.44	666,875.80

民国十九、二十年公司与各厂户矿工人数表

厂区	甲数	厂名	距城里数	十九年		二十年	
				户数	工数	户数	工数
第一区	第一甲	（公司）黄毛山	25	114	1,508	135	1,383
	第二甲	菊花山	24	30	391	72	545
	第三甲	松子坪	23	59	649	42	443
	第四甲	晒鱼坝	27	84	1,052	96	974
	第五甲	黑蚂井	31	11	108	10	125
	第六甲	白泥塘	25	11	343	15	249
		野猪塘	26	6	78	4	88
第二区	第七甲	耗子厂	27	32	532	121	1,317
	第八甲	坳头厂	28	19	282	34	492
	第九甲	天生塘	25	24	350	57	451
	第十甲	龙树坡	27	90	953	43	515
	第十一甲	梅衣冲	27	16	436	15	282
	第十二甲	湾子街	30	96	619	125	846
	第十三甲	白夹硐	29	26	395	28	382
	第十四甲	菜园	30	30	655	14	234
	第十五甲	坪子	30	42	769	61	1,126
	第十六甲	小城门硐	31	51	709	76	798
	附 8 甲	通风口	28	18	315	28	435
		老银厂	32	21	135	21	138
第三区	第十七甲	花扎口外街	30	126	1,766	168	1,907
	第十八甲	花扎口内街	30				
	第十九甲	黑明槽	32	3	145	27	439
	第二十甲	蜂子硐	30	17	335	21	357

（续表）

厂区	甲数	厂名	距城里数	十九年		二十年	
				户数	工数	户数	工数
第三区	第二十一甲	羊油山	30	25	160	13	137
	第二十二甲	头、二、三台坡	33	14	304	11	209
	第二十三甲	上、中、下竹林山	32	16	859	24	872
	第二十四甲	长冲	25	20	449	25	308
第四区	第二十五甲	朦子庙	35	32	640	31	398
	第二十六甲	黄泥洞冲	36	8	317	18	413
	第二十七甲	（公司）白石岩冲	37	9	543	10	531
	第二十八甲	大小期北山	38	19	793	15	284
	第二十九甲	上、中、下大冲	38	11	710	24	721
第五区	第三十甲	滥泥湾	35	35	294	88	458
	第三十一甲	新山	37	19	325	27	246
	第三十二甲	白沙坡	39	75	884	89	493
	第三十三甲	金钗坡	34	23	144	25	113
	第三十四甲	象冲	39	35	369	35	336
	第三十五甲	老硐坡	38	12	147	16	121
	第三十六甲	鸡心脑	40	28	288	41	210
	第三十七甲	白岩子	40	19	141	22	118
	第三十八甲	黄泥硐	37	6	164	6	164
		仙人硐	38	18	214	44	398
	第三十九甲	下梭坡	41	5	38	20	120
	第四十甲	老熊硐冲	45	4	472	6	248
第六区	第四十一甲	瓦房冲	48	62	1,111	63	1,126
	第四十二甲	松树脚	50	62	667	110	921
	第四十三甲	（公司）马拉格	15	11	1,584	15	2,147

（续表）

厂区	甲数	厂名	距城里数	十九年		二十年	
				户数	工数	户数	工数
第六区	第四十四甲	野鸡硐	17	20	496	33	660
	第四十五甲	荷叶坝	30	3	148	6	154
	第四十六甲	梨花山	30	5	104	6	31
	第四十七甲	麒麟山	30	1	7	2	12
	第四十八甲	破山槽	35	30	240	37	377
		篱巴山	35	6	31	6	31
		藠头坡	36	1	7	1	7
独立	第一甲	（公司）银硐	21	30	608	28	671
	第二甲	（公司）卡房	31	4	197	4	197
	第三甲	水箐	20	10	146	10	146
		（公司）牛屎坡	10	3	90	3	90
	第四甲	（公司）鼓山	40	42	821	50	930
总计				1,649	27,037	2,177	27,924

附记：

一、本表据个旧户口调查册，为此二年之实在状况。

二、厂位坐落自第一区至第五区，均属老厂，位于县之东南。第六区新厂位于县之东北，此外独立区除鼓山位于东北、牛屎坡位于正西外，余均属于老厂，位于东南。

云南锡业公司

一、沿革：抗战以还，华北及沿海矿区沦失殆尽，而个旧地位愈见重要。政府认为应集中各方人力物力，通力合作，以期发展。爰于二十八年秋，议定将锡务、炼锡两公司及云南锡矿工程处三者合并，改组为云南锡业公司，以资集中经营。定股额为国币五千万元，由云南省政府认股百分之四十，以锡务、炼锡两公司资产作价投入，经济部、资源委员会认股百分之三十，以云南锡矿工程处资产作价投入，其余百分之三十，则由中国银行以现款缴付投入。经相当之筹议后，遂于民国二十九年八月二十九日举行创立会，推举董、监事，由本省龙主席任董事长，并选聘缪嘉铭为公司总经理，秦慧伽为协理，陈大受为协理兼总工程师，负责积极筹划策进。现经数年之不断努力，对于各项作业，已获若干成就。该公司主要部门悉在个旧，位于蒙自县西三十公里。个碧石铁路自此直达蒙自之碧色寨而与滇越铁路接。昔日锡产之出口及器材之输入，皆全赖此路。除此以外，临个、蒙个等大路，及完成不久之开个公路，均为其运输动脉，故交通颇称利便也。

二、资金：该公司成立之初，其资本股额定为国币五千万元，由云南省政府、资源委员会及中国银行，按四、三、三之比份认投入。后以抗战期间，物价高涨，原有资金难敷周转，爰于三十二年经股东会议决增资一千万。嗣后复于三十三年一月议决增资四千万，连前共计资本总额国币一亿元，仍由原股东比例投增。计该公司历年投资数额如下：二十九年五千万元，三十二年一千万元，三十三年四千万元，合计一亿元。

又，云南省企业局历年投资数额，计三十年以前为一千二百万元，三十三年度投资五百七十九万一千六百元，合计一千七百七十九万一千六百元。

三、设备：该公司为国内有数之大矿厂，其设备系合锡务、炼锡两公司及锡矿工程处三者并而有之，且以锡务公司历史悠久，而创办之初又曾聘外人为之规划，故设备颇为完全，举凡矿厂作业应有之采、选、冶及探测、动力、运输等项设备，莫不应有尽有，兹分述如下。

（一）采矿设备：该公司现有老厂锡矿、新厂锡矿及乌格煤矿三分矿，各种采矿设备，如铲、锤、钻、凿及压缩空气凿岩机、打甩机、排水机及卷扬机、铁兜四轮矿车、轻便铁轨等皆有。

（二）选矿设备：现有选矿厂一座，内有自分级、磨碎以至粗选、精选等动力选矿机械两套，日可处理矿砂三百吨。

（三）冶炼设备：现有炼厂一所，内有土炉及新式反射炉、鼓风炉多座，并附化验室一所，柴油发动机一部。

（四）探测设备：有各种探勘及测量仪器多架。

（五）动力设备：现有动力厂一座，内有蒸汽发电机一座，煤气发电机五座。

（六）运输设备：有马拉格至选矿厂架空索道一条，长约五公里，及汽车多部。

动力设备表

名称	式样	能力	备考
煤气机	Narlnal	200BHP	电力自备
发电机	3Phase A.C.	166KVA.	
发动机	Uniflow Eugine	400H.P.	

主要机器设备表

名称	式样	尺寸	数量	用途	备考
电绞车	双滚筒	80 120HP	3	采矿	
压风机	Single Stage Featater Value Cu.	1090cmF.T. 1mm.50F.T.	3	采矿	
钻岩机	Rotator Brave	钻深 2m.400	8	采矿	
磨矿机	Rod&Pebble	4.8. 5.10	3	选矿	
洗砂台		6.14.	13	选矿	
炼锡炉			10	冶炼	自制
各式风钻		孔径 1",1½	23	采矿	
车床		½",1½"	10	修理机件	
钻床	Drilling Hole	3"/4	5	修理机件	
刨床		17"18"4"	5	修理机件	
镟床		8"16"	3	修理机件	
摇臂钻床		3"16"	1	修理机件	
电焊机	200AMP.		1	修理机件	

四、业务：该公司拥有老厂锡矿及新厂锡矿二厂区。前者位于个旧秧草塘，即原日锡矿工程处工作地点。现除自行发电外，就原日锡矿工程处所开井窿以风钻机继续开拓推进，并于该厂区内开掘探硐多处，实行开坑实地探采。刻各探硐每月共可出塃三四千吨，各面门开拓工程月可推进百余公尺。后者则位于马拉格，即以往锡务公司之竖坑工程处，为产塃颇旺之区。有名之天良硐即毗邻其旁门，有直井一、平巷四，每月可产塃二千余吨，平均含锡量为百分之二左右。所产之塃，由直井卷扬至地面后，倾入矿仓，装兜经由架空索道直接运送选厂洗选。至选厂方面，现仅开机一套，月可产含锡量百分之五十之净砂三十余吨，所得净砂，须再以人工用砺槽复选后，得含量百分之六十五以上之精选砂，方可入炉冶炼。故选厂方面，除机选部分外，尚有人工选洗部分，每月亦可产砂三十吨左右。炼厂方面，自公司改组成立后，对冶炼方法详为研究改良，刻对产品成色，已可提高百分之九十九点九以上。现除自炼锡砂外，尚可代炼外锡。燃料所需之煤焦，则系由公司所属乌格煤矿运来。该矿每月约产煤千数百吨，焦炭百余吨。

至该公司所产纯锡，则悉数按照政府公布牌价，交由资源委员会云南出口矿产品运销处统收运销国外。

云南锡业公司历年生产数量表

年份 产量 品名	三十年	三十一年	三十二年（上半年）
毛锡砂	35,905.3 吨	25,470.3 吨	9,686.0 吨
净锡砂	515.8 吨	492.4 吨	328.0 吨
精锡	449.0 吨	840.0 吨	312.3 吨
烟煤	6,275.7 吨	5,975.2 吨	2,263.1 吨
焦炭	175.5 吨	237.5 吨	240.5 吨

云南矿业公司

一、缘起：民国二十四年，云南省政府为谋充分开发个旧一带锡矿起见，特开始筹组云南矿业公司，至二十六年二月始正式成立。总经理为陶鸿焘。设总公司于开远，聘请外籍工程师数人，先创设开远水电厂，预定三年完工。同时收买或租用个旧锡矿厂位数十区，设矿山工程处于个旧县属之黑水塘，又设江外金矿第一管理处于金平县之叉河，并向欧美购置器材数百吨。三十一年一月，改隶云南省企业局。此时电厂工程什九完工，乃将总公司移设蒙自大屯，在大屯着手收购地面，致力于建筑工程。经二年而完成总公司办公房屋、员工宿舍达数十栋及屯松公路路基十五公里，并设黄茅山、锁口峡及黑水塘三探矿队，分头试探个旧所属新老厂地。后以黑水塘平坑位置过低，离矿体太远，遂于三十一年三月，将黑水塘探矿队所有设备，移往松树脚工作。当时该公司除矿工外，员役矿警共达四百余人。

二、资金：该公司自创办以来，投资总额共达国币一亿六千二百七十七万五千八百八十八元零九分，其中云南省企业局资本国币一亿六千二百四十六万五千四百八十八元零九分，商股资本三十一万零四百元。兹将该公司所属各单位投资数额统计表列下：

云南矿业公司所属各单位投资数额统计表

单位名称	金额（元）
总公司	49,119,350.32
松树脚探采工程处	38,641,429.99
开远南桥水电厂	55,000,000.00
古山厂	2,727,211.24

（续表）

单位名称	金额（元）
个旧资产保管处	223,603.57
芷村资产保管处	318,907.34
驻省办事处	6,883,401.37
黄茅山探采工程处	6,666,679.26
荷叶坝厂	3,195,305.00
共计	162,775,888.09

三、设备：该公司作业设备列表如下：

云南矿业公司作业设备一览表

设备地点	机器名称	机件种类及能力	单位数量	附注
大屯机厂	钻床	德制六英呎	1	
	刨床	鲁麟洋行出品二英呎	1	
	大车床	英制十英呎		
	小车床	德制四英呎	1	
	大马达	上海电工制 10HP.		
	小马达	西门子制 3HP.		
大屯小型电厂	柴油机	美制过给式 185HP.	1	装而未用
	联动发电机	美制过给式 125kVA	1	装而未用
	三相变压器	本国产 6,300/380/220V 100kVA	1	另有单相大变压器一部
松树脚工程处	压风机	双筒 75HP 压力 100# 磅	1	未装，附有三相交流马达
	打风机	15HP. 风量 1375 立方呎 /m	1	装而未用
	风钻机	美制 JA-45	4	
	车床	八英呎	1	
	手摇钻床	两用	1	

（续表）

设备地点	机器名称	机件种类及能力	单位数量	附注
松树脚工程处	大小马达	2HP 及 1/2HP.	2	
	三相变压器	6,300/380/220V 100kVA	1	
	低压变压器	380/110V 10kVA	1	
	矿车	铁箱方形，容积半立方公尺	3	
	矿车	铁箱 U 形，容积 0.4 立方公尺	3	
	轨道	轨距 0.5m 20 及 $8^{\#}$ 二种	1514m	用窿外 145m，余设窿内
	风管	4m 及 $2^{\#}$ 径三种	185 条	
荷叶坝厂	抽水机	偏心式 4" 径口	1	
	马达	九马力	1	

四、业务：该公司在个旧县属新老厂区，先后收买及租用锡矿厂位，大小不下六十处。其较著者，老厂有黄茅山、湾子街、白石崖冲、蜂子硐等区，新厂有黑水塘、松树脚、古山半坡、荷叶坝等区。此外尚有江外金矿、芷村煤矿各一区。因连年抗战，矿价低落，颇难维持，已多数停工。

云南矿业公司历年出产纯锡量统计表

年度	重量（公吨）	备注
民国 28 年	43.0921	一、历年产量，包有一部买塃买砂在内，间亦有购买之少量成锡。
民国 29 年	95.8943	
民国 30 年	10.9389	二、如将 34 年产量计入，共合 231 吨左右。
民国 31 年	5.6506	
民国 32 年	19.0861	
民国 33 年	30.3595	
总计	205.0215	

东川矿业公司

一、沿革及资金：东川铜厂不尽属于会泽县境，有属巧家县治者。缘各厂在昔均隶属于东川府治，且以东川府知府兼理之，因而得名。厂之大者分述如下。

（一）汤丹：距会泽县西北约一百五十里，自明代以来即开办，但无确考。原属四川管理，清雍正四年拨归云南采办。乾隆时厂最旺，每年定额铜为三百一十六万五千七百二十斤，后减至二百余万斤。其子厂有白锡蜡、新山、龙宝山、绿石棚、腰带哨等地。

（二）落雪：又名碌碌厂，在汤丹西北八十里，海拔三千余公尺，以终年积雪得名。原隶四川管理，清雍正四年拨归云南。产铜最多时，年达一百二十四万四千斤，后减至六十余万斤。其子厂有老山、天宝山、宝源山、老后山等地。

（三）茂麓：距会泽城西北二百五十里，面临金江，低于落雪约一千五百余公尺，夏季酷热，交通不便。清乾隆三十三年开办，产铜最多时，年达二十八万余斤，后减至二十六万余斤。其子厂有新山、中山、绿墩等地。

（四）因民：在会泽西北一百六十里，距落雪十五里、汤丹八十里，开办年代不详。产铜最多时，年达五十余万斤，后减至四十余万斤。其子厂有小溜口、后山、老新山、高粱地等处。

上述各厂，清代纯系官办。矿商每出铜一百斤，抽课十斤，另抽公廉捐耗铜四斤二两给厂民，又抽通商铜十斤。余铜七十五斤十四两，由官收买，每百斤给价七两四钱五分二厘，解京供用。其给价之款，多由各省协助。咸同兵燹后至光绪九年，曾设招商局，归商承办，十三年仍收回官办。先后设置矿政调查所、铜务局等机关。民国纪元后，因官铜停运，协饷无着，乃改为官商合股，组织东川矿业公司，除办铜矿外，兼及铅锌各矿。民国二年三月成立，股本初定为三十万元，官商各半，惟官股仅将旧日官办一切银钱货物及房屋器具等照时价估值为十五万元，后由商股中退还官股五万元，仅余十万元。继公司章程改定股本为六十万元，但因商股陆续增加至六十五万元，连官股十万元，共为七十五万元。

二、设备：民国二年设总部于东川城内，并于省城及汤丹、落雪、因民、铁厂、矿山等处各设一分部。又于东川城外，设炼局一所，为精铜之制炼，延聘日人，建有十二吨鼓风炉一座，从事精炼。

三、业务：公司采矿事业，相沿系委托槽户。由槽户向公司支领垫款，以作开支，率领砂丁数人或数十人不等，自由选择地点，开尖采矿。所得矿石，分别优劣，贮于篮内，照公司规定之日期，将矿石送至分公司罗列庭前，由分公司职员估定价格，于每次槽户应领之售价内，须将原日支领之垫款陆续扣除。但各槽户有支用公司垫款较多，辗转均不能扣还清楚者，公司多数资本，均积累于此项垫款内。每厂计有槽户十余家，全厂约计百余家。又公司除制炼精铜外，其他粗铜及铅、锌之制炼，概委托于炉户。炉户支领垫款，亦与槽户同，所给炼费，则视其成品之优劣及领去矿石之数量而定。全厂炉户约计数十家。至于各槽户、炉户所雇之砂丁、炉工，据最近调查，总计为千余人，多系巧家及会泽县人，每人月得工资约十二元。全厂共计每年产铜约四十七八万斤，又铅锌两矿年产共三十余万斤。至其售价：在省城每铜百斤售合国币五十元，铅与锌每百斤售合国币一十七元。若在东川交货，每百斤可减四五元。民九以后，因炉、槽歇业，砂丁逋逃，改营他业者，不一而足。厂势日形凋落，产额日见减少，公司支垫各本，数达二三十万元，无从收回，而铜斤仅供兵工、造币两厂之用，价有定限。铅锌只凭供销，市价无常，公司营业仅勉强维持股息也。

四、冶炼铜铅锌矿程序：

（一）炼铜矿：各厂制炼之法均同，概系制为粗铜，由各该公司分局收买，集送于东川城外公司炼局，更熔炼而为净铜。兹将粗铜与精铜之制炼法分别叙述如下。

1. 粗铜制炼：

煅矿：煅矿石之煅矿炉，以岩石剥片及黏土筑成围壁，一联二炉或三炉。各炉均成矩形，前后略长，据汤丹分局之例，各炉宽一千四百毫米，长三千零五毫米，分壁高二千四百毫米，可熔矿石一万二千斤至一万七八千斤。后壁之一部，通上下而开放。各炉均不备烟道及烟突。

煅矿作业：先于炉底积薪木，高约六百八十毫米，次积矿石高与分壁齐，矿石上面中尖隆起为圆顶形，以煅矿粉、炭粉、马粪、矿渣等盖之，无壁部分，俟容物满积，铺矿渣一层，以为屏障，屏障之适当处，留一风口。此壁之内部，自薪木上面至容物之全高，堆积木炭约一百斤，放火于木炭接触薪木部分，则薪木先燃烧，以次传火于矿石。薪木之用量约需矿石之半数。煅矿时间一般约需五昼夜。煅烧后之矿石，即可上炉熔炼。

熔矿：熔矿有熔矿炉，形状特异，以岩石剥片及黏土筑造之。窗与炉底之距离甚短，炉底以木炭末及黏土制之，每毕熔矿一次，即行改造。用送风管一个，自炉底适当之高处斜插入炉之后壁中心，炉前作黏土壁，塞其下方，存呼吸孔及矿渣流出口。送风之法，用风箱系唧子作用之圆筒形木鞴。唧子杆端之横木，用工人三个拉动之。此外熔矿所用之工具，共有十三种。

熔矿作业，煅烧既毕之矿石，则直接运于熔矿炉近旁，以开始熔矿作业，以熔尽煅矿为一熔矿期间。因煅矿量之多寡，而其时期有长短，普通三日至五日。熔炼矿石，不特加解熔剂，且投入适宜之烧铜铍。熔矿炉之炉床，每作业一次，必另以炭末及黏土改筑之。改筑既毕，焚木炭于其上以干燥之，俟其中炭火之热适度时，始徐投少量之矿石及木炭，迨炉中熔物熔解沉降，将矿石及木炭之量，渐次加多，交互投入。矿石既熔解，遂不断泄流于炉外。每唧子冲动而生之风，自呼吸孔吐绿色焰。迨熔铜既充满于坩埚，即开放炉底之出口而导入于铸型中。木炭之用量，通常约需矿石量百分之八十。粗铜之含铜量，普通约百分之八十五。

熔矿之工人，各厂概有一定，计炉头一人，送风八人（四人为一组），装矿二人。改筑炉床，需炉头一人，助工二人。熔铜炉之形式如图 1。

2. 精铜制炼：

精铜制炼局，在东川城外建有二栋之房屋，于屋之内外各设炼铜炉二座，各座皆具二炉床。在前之五炉床，皆用风箱，风箱以人力拉动。其后二炉床，用大小二个之扇风机。扇风机备横卧式机关一座，及垂直多管式汽罐三座。其他熔解含铜渣淬炉一座，则设于屋外。

1 ∶ 50

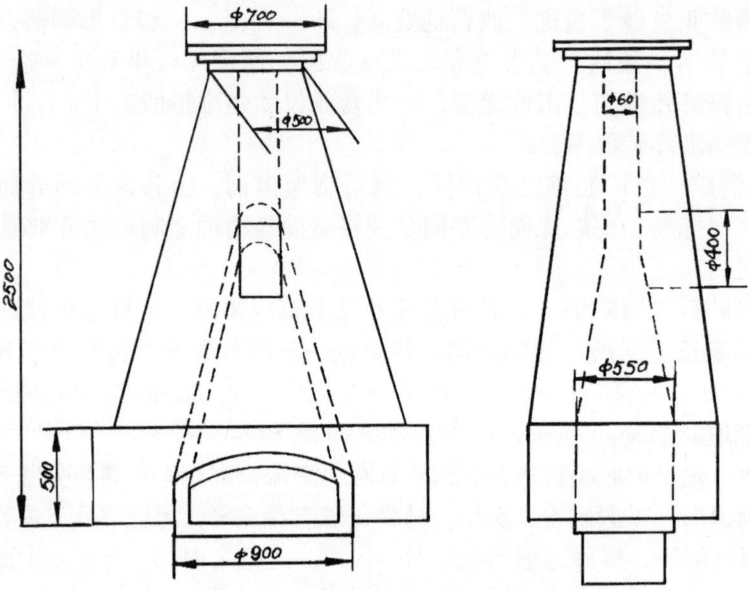

图 1 东川矿业公司铜矿熔解炉

1 ∶ 50

A. 装入孔 B. 风管孔 C. 坩埚

图 2 东川矿业公司铜熔炼炉

炼铜炉：其构造如图2。系全以岩石剥片及黏土筑造，顶上有装纳孔，后壁有风管口，其重要之部分，则为炉床。炉床即为坩埚，系木炭粉、黏土及少量之骸炭末所筑造者。炉床顶上直径线中之左右，以砂石条突出二三寸，以为架骸炭（即炼炭）桥，于坩埚上设风管，系砂石制成之圆筒，外径一百八十毫米，长五百五十毫米，内孔之径，一端六十五毫米，一端八十毫米，此管常用一个，偶有用二个者。

风箱：与熔矿所用者相同，仍系木制圆筒，内装唧子，各筒端之横截孔，即为吸气口，侧近各端为吐气口，有敲瓣以为开闭。筒内所驱之风，由吐气瓣入风柜内，由柜中央一孔，供送于风管。其唧子盘周围，则以鸡毛填充之，唧子杆端之横木，用工役四人拉动之。唧子之往复，一分钟约二十四五回至三十回。

炼铜作业：一炉床之炼铜量，以粗铜一千斤为规定，加以前作业之未成品及浮渣等，全熔解量约一千五百斤。所用燃料，对一千斤之粗铜，约需炼炭三百斤，木炭六百五十斤。于炉底之筑造完成后，先投过量木炭于炉中，以热炉底，即为坩埚。上用大片炼炭以架桥，从其上交互投入木炭及粗铜之断片，以行熔炼。此项作业，惟行于昼间，约需十二小时至十五小时。产出净铜，每粗铜一千斤，约得八百五十斤以上。净铜之含铜量约百分之九十八以上。每次作业，共用炉头一人，风箱八人，坩埚筑造一人，共计工役十人。

（二）炼铅矿：

东川各矿厂，除铜矿外，尚有矿山厂产铅（含银）锌之区，在县治东百二十里，道路较整，运输甚便。此厂之沿革，不得而详，约明时创始开坑，清咸丰时代最为旺盛，光绪十五、十六年复大振。民国初年每月约出粗铅十一万斤，制成精铅十万斤，银一千两；锌十二万斤，制成精锌十一万斤。现在每年各约产三十余万斤。而由铅中提银事业，因燃料昂贵，早已停顿矣。该厂开采方法，一切皆与各铜矿山无甚差异，兹不赘述。

1. 铅矿制炼：

矿山厂关于铅矿制炼之炉房有十一处，熔矿炉共三十座。兹记公司所属之物华炉情形，即可代表该厂铅矿制炼法。

熔矿炉：以岩石及黏土筑造，形状如图3。炉先用黏土撞实，次用旧时锌矿熔解之残灰（称围灰）涂其底部（即坩埚最下底部）。黏土下底厚一尺至二尺，周边约四五寸，围灰仅于底部厚二三寸。

熔矿作业：一炉之熔融量，一昼夜约一百四十桶（一桶约三十斤）。最先以煤炭投炉中，次投以水湿铅矿及富矿滓之调和物，俟装入物渐熔融而下沉，以次投入煤炭及矿石与矿滓之调和物。投此调和物一昼夜约三十四至三十六回，所需煤炭一昼夜约三四千斤，产出粗铅一昼夜约三百斤至四百斤。初因热炉用少量之木炭及炼炭，经半日后，交互徐投少量之矿石及矿滓，复投以炼炭，渐令矿石熔融，迨一二日后，炉内达至适当之情态时，乃换炼煤为生煤。自炉内流出之铅，充满炉前之窝子时，乃用铁杓铸入砂型（就地面制型），为半圆径之盘（圆径平均约五十毫米），即为粗铅。粗铅含银分少者，更熔解为型铅（各型铅重五十五斤）名实铅（即精铅）而贩卖之。含银分多者，乃行分银法而提出银分。

1∶50

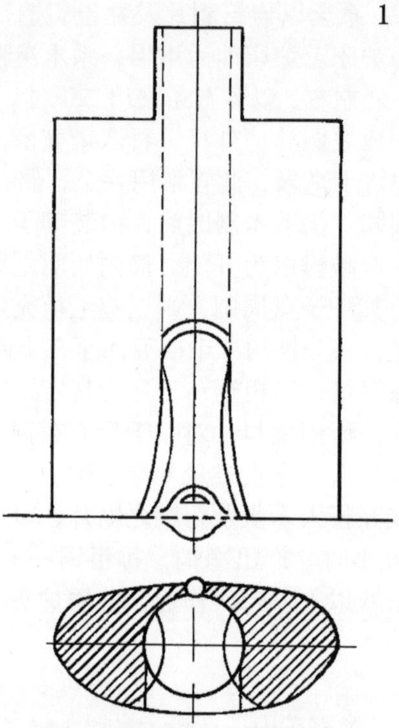

图 3　东川矿业公司铅矿炉

送风：送风仍用风箱，圆径为五百毫米，长二千九百五十毫米，工役三人拉动之，每分钟往复三十八回。熔矿一昼夜需工共八人。

2. 分银：

公司不自分银，而托之于炉户。一炉之分银，若粗铅八百斤不收银十两以上者，收支不能相抵。

分银炉：俗名罩炉。分银炉之筑造如图 4、图 5。先以栗炭灰四斗，筑炉底为椭圆形，恰如英式分银炉，炉底因欲放散湿气，留一气条，次以黏土层覆其周围，表面装饰以栗炭灰，炉底之上布半枯草，草上累积半圆径之粗铅，然后于其前后方向中央，架黏土梁（龙脊）。粗铅及黏土梁之间，应龙背之位置，预列短小之木炭，成一直线，以支持龙背。龙脊安置既毕，插之以砂条（烧黏土之杆），俾成椭圆形，外围中央隆起之状，恰如鳖甲，用旧炉盖之断片与新黏土块于轮廓上（外围）保持砂条。砂条安置既毕，以旧炉盖之断片以为覆盖。随覆盖之堆积，渐次装载木炭于龙背上及砂条上。覆盖既成，乃于炉前除去龙背之下端，用黏土造作业口覆盖，涂饰以黏土之薄层，最后则于覆盖顶上稍下处，开投炭之窗口，此口斜而向前。

分银作业：粗铅之熔解量，一炉约八百斤，需木炭一百二十斤（支持龙背用）及炼煤三百五十斤。木炭不仅投于投炭窗口，亦投于炉底上目燃火。第一次银块制出，需三十一小时，残铅之分银，又需三小时，即分银作业共需三十四小时也。铅之酸化吸取中，炉工时投粟炭，且以尖具助铅之聚合。粗铅含银量，普通每八百斤仅得八两至九两之银块。自麒麟厂铅矿所制之粗铅分银之结果，得银十五、十六两云。分银炉

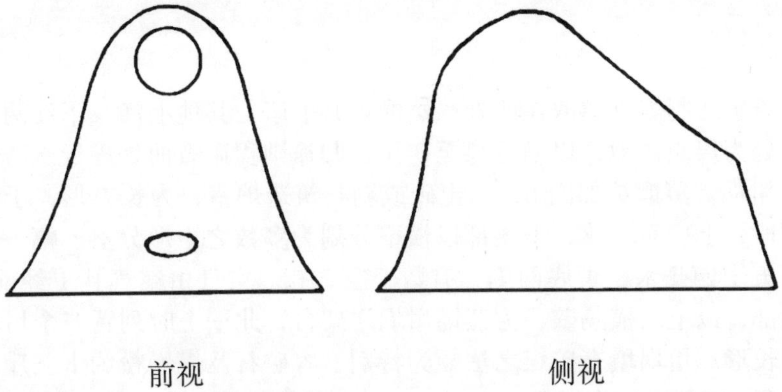

图4　东川矿业公司分银炉图

示未作单盖置龙脊插砂条之形状

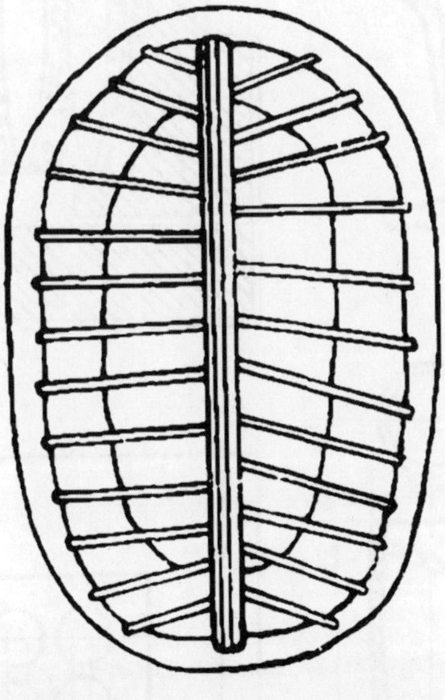

图5　东矿业公司分银炉炉底之部

大抵一房四炉，列筑于台地上，炉底吸收之铅，再熔解而收回之铅量，只有五百斤，即损失约三百斤。

（三）炼锌矿：

矿山厂铅矿之制炼工场散在四处，蒸馏炉共七座，其他上江及下江两处约有炉二百座。此二处为煤炭产地，以马运煤至矿山，归途则积矿石而处理云。蒸馏锌矿，其装置用炉及坩埚。蒸馏炉如图 6，以土砖或剥石筑造炉室，为长方形，于横断面分其室为上下两段，上广而下狭，下狭部以横壁分划为多数之矩形分室。幅一百六十四毫米，长二百五十四毫米。炉底两侧，有数个空气孔。空气由空气孔更经前记之分室，升至炉之上部，以上之横隔壁，为蒸馏坩埚之架台，此壁上时列置三个坩埚。坩埚用黏土制成细长形。坩埚填充矿煤之法颇为特别，容矿石及煤炭粉约十三斤，其容量三分之二为矿石，三分之一为煤粉。坩埚装入矿石及煤粉调和物，其一侧悬所置之惯针，使其尖端密着内壁，而投以少量炭粉及黏土调和之烧粉，以作蛤贝状之斜盖，然后拨发惯针，使接内壁处，留扁豆形一孔，此孔即供挥发锌之放逸。其贝状盖即为蒸馏锌之凝聚处，其坩埚顶上，则别加盖焉。

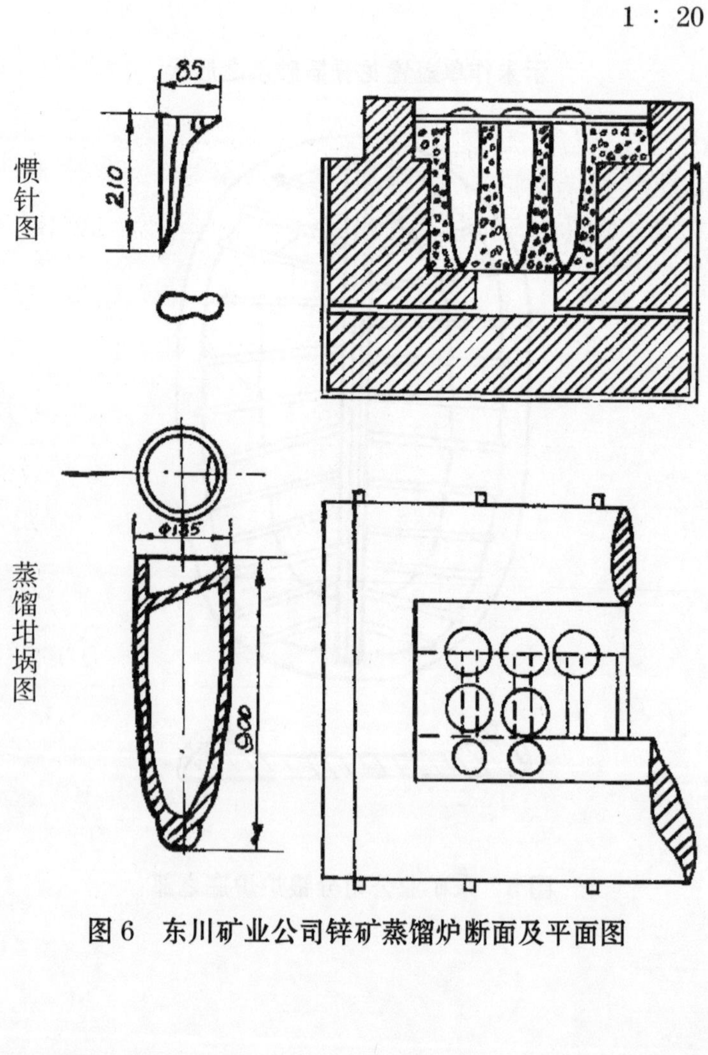

图 6　东川矿业公司锌矿蒸馏炉断面及平面图

先以煤炭及调和物，并前作业烧烬之调和焙烧物，填满各分室之空隙，敷其上以粉煤一层，列置坩埚于分壁上。坩埚之间，埋以上记之特制燃料，炉之两侧，置特制燃料之矩形块，以为补壁，后更以特制燃料之烧烬粉盖蔽各坩埚，以薄黏土水装刷其上面，防空气之漏泄。如是则坩埚之盖，与装入燃料之上盖，为同平面，坩埚盖稍离中心，而开坩埚之一小部分，为诱起锌馏锌之发散。既装置毕，锌蒸发之蓝色焰，则自坩埚一侧上升至炉盖，约经三小时，盖其全面坩埚与坩埚之间，各穿气孔以助炉内空气之流动，使火气旺盛。此等空气孔，迨满于坩埚者，移之于铁器中，铸入沙型而为粗锌。

滇北矿务局

一、沿革：民国二十七年秋，抗战方殷，外铜绝源，而需用日亟，中央为谋充分开发滇铜，配合抗建大业起见，令由经济部资源委员会与本省政府合资组设滇北矿务公司，共谋开发滇北东川一带铜铅锌矿，由会、省双方各投资国币二百万，并由云南省政府将前东川矿业公司全部矿区及资产作为投资之一部。公司随于二十八年三月一日正式成立，即以原日东川矿业公司事业为基础，亟谋推进开发。三十一年后，因业务之需要，由会、省双方批准，改组为滇北矿务局，并增加资金，扩大组织，继续积极经营。

二、资金：该公司资金，原定为国币二百万元，由会、省各担半数。嗣因事业之发展，继有增加，截至三十四年为止，固定资金总额已达一千五百万元（会、省各半）外，流动金六百万元（会拨），两项共二千一百万元，而固定资产之总值，则约为五百三十万元。

云南省企业局滇北矿务局逐年投资数额统计表

年度	投资数额	历年累计数
30年以前	2,500,000.00	2,500,000.00
32年	4,735,377.99	7,235,377.99
33年	3,064,622.01	10,300,000.00
34年（截至六月底止）合计	10,300,000.00	10,300,000.00

三、设备：该公司现有各项重要作业设备略如下表：

滇北矿务局重要作业设备表

类别	名称	数量	备注
动力设备	20kVA 电工牌交流发电机	1 部	
	30kVA 华生交流发电机	1 部	
	5kVA 直流发电机	1 部	
	40kVA 华生交流发电机	1 部	由彭县铜矿拨来
	30kVA 交流发电机	1 部	
	电马达	8 部	
	WauKesha 柴油机	4 部	
	Peltoi 式水轮机	1 部	
钻探设备	I.R.40 柴油两级压风机	4 部	
	J.A.55 风钻	8 部	
	S.A.R.85 风钻	5 部	
冶炼设备	12 吨反射炉	1 座	
	鼓风试验炉	2 座	
	土法炼炉	20 座	
	鲁兹鼓风机	3 座	由彭县钢矿拨来
	离心式鼓风机	1 座	
碎矿设备	碎矿机	2 部	
	磨矿机	1 部	
修理所设备	木炭炉	4 座	
	引擎	4 座	
	二八式煤气机	1 部	
	道奇木炭机	1 部	

（续表）

类别	名称	数量	备注
修理所设备	锯床	1部	
	车床	1部	
	钻床	1部	
	刨床	1部	
	铣床	1部	
	砂轮机	1部	
	绞车	1部	
	起重机	1部	
	化铁炉	1座	
	翻砂设备	1套	
通讯设备	电话机	11架	
	无线电收音机	1架	
	25W无线电收发报机	4座	
运输设备	25吨卡车	5部	
	0.5吨轿车	1部	
	胶轮马车	多部	
其他	化验设备、测量仪器、医药器材	多种	

四、业务：该公司主要事业为从事滇北一带铜、铅、锌之开采及冶炼。现铜之主要采炼地点为汤丹、落雪，铅、锌之主要采炼地点为矿山厂。至该局目前业务情形，则暂分自营生产及统制收购二类，前者系自行采炼，以冀大量生产，后者为就厂收买，而资扶助民营矿业。刻汤丹厂尚在试探期间，自采极少，其大部生产之粗铜，殆全属向当地矿户收购矿砂，就厂加以冶炼而得者。落雪以往全恃收购，近则厉行自采。至矿山厂之铅锌矿砂，则系自采，除供自炼外，尚有余剩，可售给当地炉商，再收购其产品。据各厂历年之记录，平均每产铜、铅、锌之初制品一吨，需矿砂十吨左右。至此等厂产之粗铜，则以人背或驮运至会泽局内，经返射炉精炼后，其所产精铜，纯度则超过99.4%。除一部运往重庆售予兵工署及其他国防工程机关以供国防兵工建造之用外，其大部分则由会泽该局自备卡车运往昆明售予昆明炼铜厂，经电解精炼得电铜后，转供昆明中央电工器材厂制作之需。至铅、锌则就厂地以土炉精练后，其纯度可

超过99%，然后大部分运渝售交兵工署，所余并供铸字及其他零星采用。硫黄则于迤碌厂就地采炼后，以往均系运昆售供云南公路局火药制造厂制药及商办硫酸厂造酸之用，近因滞销，已暂停歇。兹将该局历年产量表列如下：

滇北矿务局历年产品产量统计表

单位：公吨

品名 / 产量 / 年份	粗铜	精铜	净铅	净锌
28年	313	144	262	39
29年	338	175	326	12
30年	167	82	277	19
31年	175	126	99	60
32年	136	68	65	34
33年（1—6月）	114	52	79	27

电气制铜厂

一、缘起：因洋铜价廉质精，如电气紫铜及铜片、铜线、铜制器具等，每年输入不少。民国二十五年，本省奉行法币政策，停铸银币，乃将造币厂增加设备改为电气制铜厂，用电解方法将东川、永北等处之粗铜提炼为99.9%精铜，并碾制黄铜紫铜片精制器物，及钢铁机器。

二、资产：旧造币厂厂房机器及新增设备约值国币一万元，流动资金国币八万元。大多数出品，仅供给政府使用。工人数目，三百余人。

三、厂房及设备：厂房设于昆明市宝善街二号。设备：大小碾片机共计九部，大小冲压机二十四部，蒸汽发动机两部共三百匹马力，电动机三部，共五十五匹马力，车床、刨床、钻床等床计二十部，直流发电机两部，电解电镀缸二十五个，各式出光机二十五部，鼓风炉五座，碾片加热炉八座。

四、业务：鼓风炉每日可出97%熟铜两吨，电解机每日可出99.9%之精铜半吨，碾片机每日可出铜片一吨半，制造铝铜器具，每日大小平均三万件。

宝华锑矿公司

一、沿革及资金：清光绪间，本省士绅因抵制英法隆兴公司七府矿产案，倡议自行开发矿产。于三十四年冬，拨公帑五万组织公司，仅收四万八千七百二十五元，于广南文山间开采锑矿。因制炼不良，资本亏折殆尽。宣统元年，改组新公司，官商合办，另由财政公所提拨十万元，又由士绅陈荣昌等十人以公司股票向滇蜀铁路公司抵借十万元，商股甚少，仅借绅民股份以应付外交耳。至民国元年，股本又罄，复由库款提拨七万五千元，招入商股一万元，并将借入铁路公司之本银十万元及息银一万五千元一并拨作股本。前后合计新旧股本三十四万八千七百二十五元。

二、设备：矿山共有三处：一为文山县西南之茅山厂；二为开远县属西南之都比及果花；三为广南分厂。制炼总厂设于蒙自县属之米拉地方，即滇越铁道芷村车站侧，公司设董事四人，制炼总厂设总协理、工程师各一人，各厂设经理一人，并于大庄车站侧设转运局。公司原用土法采炼，嗣因出品不精，以十万元向湖南华昌公司收买炼锑秘法，购办新机，设炼厂于芷村车站侧。所出之锑，成分甚高，运往香港，托德商礼和洋行转运欧美销售。

三、业务及结束：初锑价继跌，出口滞销，公司几不能维持。至民国四年，欧战起，锑价大涨，历年堆存不能销售之锑，至此乃全数售罄，除弥补亏折外，尚盈余十八万余元。公司随开股东会议，议决将股本如数退还，即以盈余十八万余元作为基金，继续办理。但此项盈余，均系由机器、厂房、药品等项作抵而成，致公司资本运用不灵，于是财政厅及铁路公司股本仍改为息借。后因欧战停止，锑价回跌，存锑不能销售，复向富滇银行先后借款五万元。至民国八年，存锑至四百五十余吨，无法推销，始议停办，酌留人员保守厂房及存锑等项。十四年，得仁昌公司之助，将存锑代运美国销售，即以价款清偿旧欠。继以产锑各地匪患未平，办理不易，遂将公司结束。

云南明兴矿业公司

一、缘起及矿区：民国七年，由云南政府代表刘祖武、由云龙、吴琨、黄毓英、唐继虞、赵伸、秦光第、张翼枢八人呈准督军兼省长唐继尧，与美国人安德森议定勘矿条件十四项，乃由安德森介绍美国矿业家芬枢来滇。经美公使芮恩施加函介绍，于是年八月，与芬枢订立勘矿合同十项。十月，复由公司发起人由云龙、周钟岳、唐继虞、熊廷权、钟勋、吴琨、杨福璋、李卓元、李鸿纶拟具公司章程及矿区略图，呈请政府核准立案。其章程指定：甲矿区，东以龙川江为界，北西南三面均以中缅界线为界；乙矿区，东以东经一百度为界，北以北纬二十四度为界，西南以缅甸为界。明光矿区图内范围，北以北纬二十五度五十分为界，东以东经九十八度四十五分为界，南以北纬二十五度二十分为界，西以东经九十八度二十五分为界。随即着手探采矿产。

二、资金：公司与纽约东方矿业公司协商合办，根据本国矿业条例，订股份总额为一百万元，滇股与美股各为五十万元。美股五十万元，除初次勘矿费用十万元外，又交现金二十五万元，为甲、乙两矿区内全部查探矿产之需，如尚不敷，仍愿酌量筹垫，异日获利，添垫之款，固属有着，否则前此探矿勘矿所用三十五万元及添垫若干之费，由美公司完全负担损失，我则丝毫不费。故允填发美股五十万元，而华股亦享有五十万元同等之权利。

三、作业及停办：民国九年三月腾越道尹熊廷权致代省长周钟岳函云："明兴矿务总工程师芬枢去腊抵腾，即到明光查勘，先后输运探矿机五架及应需附件物品，已达千余驮，计先后到总工程师一人，矿工程师三人，地质学师三人，内有博士名宾福士者，曾充美国矿务次长，现已请照往耿马区勘矿，计中美两国人员共三十二人”云。迨是年十二月，驻川滇军总司令顾品珍率师回滇，督军兼省长唐继尧逊政赴香港，明兴公司即行停办。

个旧钨锑分公司

一、缘起：个旧卡房、白砂坡一带所产钨矿，常与黑钨（钨锰铁矿）伴生，冶炼致生困难。昔人不知，相继弃置，名曰老矿。后经滇人董澄农携往香港等地化验，鉴定其为钨矿之一种，且成分亦高，遂蓄意经营。经相当时期之调查，于民国二十五年八月，呈经云南省政府核准，照《云南全省钨锑公司章程》组设个旧钨锑分公司，董事即为经理，从事采购全个钨砂，准予自由出口销售，隶属财政厅，并准商人投资，为官商合办股份有限公司性质。三十一年一月十五日，奉令改隶云南省企业局，继续经营。个旧产钨区域，位于县属西南卡房区之白砂坡、新山等处，该公司即设于卡房，距城三十余华里，沿途山峦起伏，道路崎岖，交通颇觉不便。

二、资金：该公司章程规定以原收股额为资本，分优先及商股两种，优先股定为新币二万零四百元，一次收足；商股定为二十万元，分为一百股，先收一成，即开始营业。共收资本计新滇币四万零四百元（合国币二万零二百元）。此项资金，在民国二十九年以前，以公司所收钨砂得以自由运销，故已足周转。惟自二十九年，钨砂归中央统制以后，业务即呈呆滞。以是公司款项有出无入，前项资金，于三十年度中即已用罄。嗣经批准向劝业银行透支，借以流动。自三十年度至三十三年上半年，前后透支本息已达国币六百一十余万元。此该公司流动资金之情形也。

三、设备：该公司以收购附近厂户所获毛矿，加以擂碾淘洗，提成纯净钨砂为其主要作业。工作甚为简单，故仅于公司内设有碾坊一座，及水池、水槽、溜口等各项选洗设备而已。

四、业务：个旧卡房白砂坡一带钨矿，自昔即被视为废石，惟自该公司成立以来，一时声名鹊噪，采掘崛起颇盛。该公司除兼行采掘作业外，实以就厂收矿为其主要业务。其采购所获之钨矿，经擂碾淘洗等步骤提去杂质，使达含钨在百分之六十五以上之标准钨砂，即可以之运销国外。最高产量年达数百吨。在二十九年以前，系由该公司直接自由向外运销，获利颇丰。惟自二十九年由中央统制后，所产钨砂，仅于当年由云南出口矿产品运销处购销一批外，至今迄未续购。且该处所订收购钨砂牌价极低，较之生产成本相差甚远，故一般厂户，相率歇业，而该公司业务亦逐渐冷淡。至三十三年以后，实际已濒停顿状态。兹将该公司最近数年钨砂产量统计如下，三十年三百六十三点五五石，三十一年一百九十一点六一石，三十二年五十一点六五石，三十三年九点二五石，由上数可知自民国三十年至三十三年四年内，该公司共产钨砂六百一十六点零五石，约合四百五十余公吨。

平彝钨锑公司

一、沿革：平彝余家老厂（现改名富源厂）钨矿，开发甚早，民国初年，即已发现。随因第一次大战锑价上涨，当地商人乃集资组设光华公司，作较大规模之开采。继又有补乃公司之兴起，先后产有纯锑数十吨。后以欧战告终，锑价极跌，资本不济而告停歇，自是遂无问津者。

民国二十六年，本省当局为促进生产事业、开发富源起见，爰有复办该厂锑矿之议，派令平彝县长古梅柏君兼筹备主任，即就光华公司遗址，筹谋恢复，倡导人民开采，数月而规模粗具，并即开始收砂。嗣于二十七年十月，正式成立平彝钨锑公司，隶属财政厅，派古梅柏兼公司经理，刘培伦副之，划定矿区，自行积极探采。同时，由湖南聘请冶炼技师数人，从事建炉炼锑。三十一年一月，改隶云南省企业局。不久即以产品滞销，经费困难而暂告停歇。

二、资金：该公司自二十七年正式成立后，即受抗战影响，锑产不能外销，公司经济有出无入，经费来源全由财厅及企业局发领，故资金逐年增加，截至三十二年结束止，其历年投资数额列如下表。

云南省企业局平彝钨锑公司逐年投资数额统计表

年度	摘要	投资数额	历年累计数
30年以前		1,040,000.00	1,040,000.00
31年		1,800,000.00	2,840,000.00
32年		3,055,345.30	5,895,345.30
33年		567,369.17	6,462,714.47
34年（截至六月底止）	经费	462,900.00	6,925,614.47
合计		6,925,614.47	6,925,614.47

三、设备：该公司系以土法采冶，故设备简陋，除厂房及炮杆、铁锤、十字镐、扦撬、板锄等原始采矿工具外，尚有湖南式锑氧矿培炉二座（连烟囱），及提纯反射炉三座、翻砂用熔铁炉一座而已。

四、业务：该公司筹设之初，仅就地收购锑砂。及二十七年正式成立后，始着手划定矿区，自行开采。并同时由湖南招请技师，建炉设厂，即仿湖南锡矿山炉式及方法，从事炼锑工作。该公司计领有亚得克、面山、小黑硐、耗子寨及格补厂等五矿区，均位于公司附近不远，相距自数里至十数里不等。其开采方法，仍沿土法，以炮杆火药等，沿露头或开明槽，或掘矿硐，以采取之。工人每二十人一棚。设棚头一人率领工作。每棚最多一月可产矿砂万余公斤，视矿脉情形而定。该公司最多时计有矿工十七棚，年产矿将及二百万公斤。至所采得之钨砂，则就厂手选后，背至炼厂，敲碎后混焦煤入烘焙炉以木炭升火烧炼，原动力有扇形风机二座，用十六名工人发动。其主要及补助设备如下表：

主要机炉

名称	式样	尺寸	数量	用途
氧三炉	仿湖南炉式	高八尺方六尺	二座	以矿砂炼氧粉
纯锑炉	同上	长八尺高四尺宽五尺	二座	以氧粉炼纯锑
翻砂炉	风箱炉式	高十尺方六尺	一座	用洋生铁毛铁炼铸铁

补助器

名称	形式	尺寸	数量	用途	制造者
烟道	曲形盘于地面	方四尺 长十余丈	二条	收容氧粉	湖南技师监制
烟囱	主体方形	方五尺高十丈	二座	排烟	本省技工监造

操作中不断调节其空气，使生挥发性之三氧化二锑冷凝后收集之，呈白色粉状，俗名“氧三粉”，以之拌木炭入提纯炉，升火冶炼。并加碳酸钠以为熔剂，经一昼夜，即得银白色纯锑。该公司计有烘焙炉两座，提纯炉三座，流替使用，经常操作一炉，最高产量月可出纯锑十五公吨。自二十九年开始建炉制炼，至三十二年停办为止，其历年产量列表如次。

平彝钨锑公司历年产量统计表

年度	产品	产量	附注
29	纯锑	120,402.90	
30	纯锑	117,192.10	二十九及三十两年为出产极旺时间
31	纯锑	28,919.80	
32	纯锑	11,233.00	系该年一月份产量，旋即停止冶炼。
合计	纯锑	278,347.80	

该公司受战争影响不能运销外国，中间除零星售出数吨供省中铸活字用外，余均暂存未动。

文山钨矿公司

一、沿革：文山钨矿公司设于文山县属玉树乡之老君山。缘民初时，有附近乡民谢氏者，于山之东南麓发现辉铋矿，集资开采，因资本短绌而止。民国二十四年，复有蒋荣辉者，出资承领继续开采，不久又以矿产贫瘠而告停歇。后有樵者发现白钨矿（钨酸钙又名重石）。二十七年十一月，云南矿业公司派员从事探采。嗣于二十九年五月，因故暂辍。及至三十一年初复办，正式成立为文山钨矿公司，隶属云南省企业局，由陶鸿焘主其事。先后采获钨砂二十余吨。三十二年一月，产量渐稀，再告停歇。同年七月，云南省企业局复派郭嶷为该公司主任，确为探勘，探知该地白钨矿为一种接触变质交染矿床，仅于接触带之边缘偶或有之，赋量颇为有限，应无大量投资之必要；益以经营困难，乃于三十三年十月停办。

二、资金：该公司复办后，以属探采作业，自无收入。计自三十二年七月筹备复办起，至三十三年十月底结束止，共用款国币二百一十五万元。兹将云南省企业局历年投资数额表列如下：

云南省企业局文山钨矿公司逐年投资数额统计表

年度	摘要	投资数额	历年累计数
30年以前		0	0
31年	企业局投资	202,450.00	202,450.00
32年		683,092.00	885,542.00
33年		1,232,821.50	2,118,363.50
34年（截至六月底止）		39,040.50	2,157,404.00
合计		2,157,404.00	2,157,404.00

三、设备：该公司作业设备，仅炮杆、铁锤、板锄等简单工具而已。

四、业务：该公司于三十二年七月复办后，先从事厂房旧硐之修葺清理，招工开坑探察，次复于附近另开新坑探进。工作方法，即以凿掘工具用人工挖掘，遇岩石坚硬处则以炮杆开凿炮眼，入黑火药以爆破之。年余工作，共开凿探尖十余处，中间亦曾数度遇矿，类皆位于花岗岩与石灰岩之接触带边缘，惟均零星散碎，时现时灭，不能成脉。三十三年十月结束，即将探采所获矿石及昔日尾渣中所遗矿石加以选洗，以略资收回用费之一部，计共洗获白钨净砂约及五吨，悉数运存开远电厂。

银铅锌矿厂管理处

一、沿革：鲁甸乐马厂银铅矿，在明末清初即行开采，乾嘉间颇极一时之盛，其时银之产额，为全国各厂冠。后经咸同回乱而衰辍。至光绪年间，又复开采，改为官营，惟以矿道过深，成效难著而告停顿。民国二十八年，本省财政厅特设鲁甸矿务局，从事探采该区银铅矿，冀复旧观。三十一年六月，更扩大改组为银铅锌矿厂管理处，隶属云南省企业局，派郑万言为处长，马希融任副处长，主持其事。除接收原鲁甸矿务局改设鲁巧矿务所，继续从事探采鲁甸、巧家一带铅银矿外，并筹设平罗矿务所以开发平彝、罗平间之富乐厂铅锌矿。管理处则设于昭通县城。至三十四年五月，卒因该厂巨矿大脉一时颇难寻获，全部俱暂停办。

二、资金：该处为企业局自办矿业之一。历年所投资金，列表如次：

云南省企业局银铅锌矿厂管理处逐年投资数额统计表

年度	摘要	投资数额	历年累计数
30年以前		0	0
31年		4,256,000.00	4,256,000.00
32年		13,176,329.53	17,432,329.53
33年		4,935,114.75	22,367,444.28
34年（截至六月底止）	经费	140,451.82	22,507,896.10
合计		22,507,896.10	22,507,896.10

三、设备：该处各项重要设备列表如下：

银铅锌矿厂管理处重要设备一览表

类别	探采设备			冶炼设备	运输设备			修理设备			
名称	探矿坑井	瓦斯发生炉	发电机	马达	鼓风炉	钢轨	汽车	驮马	柴油机12HP	车床	刨床	钻床
数量	10处	1部	1部	1部	1座	8公里	2辆	10匹	1部	1部	1部	1部

四、业务：该处自民国三十一年七月成立后，先接收原鲁甸乐马厂之全部业务，改置鲁巧矿务所，从事该区银铅矿之探采，一方面由已有旧窿中择优探进，一方面新开坑井以广事探矿。同时并建炉作冶炼之试验，先后曾于该区内老君山、海家湾、冬青树及大佛山、手把岩、大洼子一带，开凿探矿坑井几十处。工作两年，所获无多，遂于三十三年八月暂作结束。

昆华煤铁特种股份有限公司

一、缘起：滇省矿产丰富，正待开发；抗战军兴，需要尤急。滇人士鉴于煤铁两矿，更为抗战原料所必需，曾拟集资开采圭山之煤与东山之铁，经派员探测间，适兵工署在滇各厂亦派员调查，当以两方所见相同，爰议合力经营。于二十八年十月二十二日开成立会，初定名为官商合办昆华煤铁业股份有限公司，继改为昆华煤铁特种股份有限公司。官商两方平均集资国币一百六十万元。因有成效，于三十年底扩资为六百万元，三十二年底扩资为一千五百万元。

三、业务、出品产销：该公司所产煤铁，多数供应驻滇各兵工厂应用，少数供应市场，矿砂供应云南钢铁厂、各矿概况如下：

（一）圭山煤矿：该矿位于泸西县之西，路南县之东，矿业部设于路南县城，第一矿厂在圭山南端之脚落沼，第二矿厂在圭山东侧之新哨秧田坝。于二十八年夏开始采炼，每年自采与收购三千余吨。四年以来，采炼一万余吨，煤质优良，色泽银灰，为滇省之冠。市场价值亦较其他焦煤为高。经分析固定炭质在百分之八十以上，煤田储量共约六千万公吨。

（二）东山铁矿：该矿位于易门、禄丰两县交界之米川乡，距滇缅铁路之禄丰站十七公里，有安易公路可通，设铁业部于禄丰。矿区则在安易公路旁、东山之顶部及腰部，计分三区：一为东矿坑，二为西矿坑，三为水月庵矿区，面积共三十余公顷，总储量约二百五十万公吨，纯铁储量约一百六十万公吨。以每日炼铁一百吨计，亦可供四五十年之开采。

（三）九渡铁矿：该公司安宁九渡河矿厂，距安宁县城西南约二十五公里、滇缅铁路草铺站十公里，矿区在东山与老鹰窝山一带、九渡村西南二公里之水箐山侧。于二十八年冬勘矿发现，三十年始行开采。一年以来，共采矿砂五千余公吨，铁矿储量约一百万公吨，曾在安、绿、易各县购置林场，分筑土炉十二座，以东山之铁矿、林场之木炭冶炼生铁，每月自炼生铁百余吨。复贷款农民筑合作炉九座，公司供给矿砂，农民自备柴炭，每月出铁数十吨。开办四年，共计产铁六千余吨。

三、设备：该公司炼铁厂新式高炉之建设，动机于二十九年夏，因土灶木炭炼铁，其品质含铁成分较低，铁质虽纯，不适于一般翻砂铸铁之用，且土灶冶炼，所费燃料甚多，亦不经济。爰于米川乡之大山洼，建筑日产十吨高炉一座，购地八十余亩，以抗战时期机器材料缺乏，一切均因陋就简，以能出铁为原则。自二十九年七月开始筹备，十月因越局紧张，停顿半年，三十年五月继续建造，至三十一年六月完成。所出生铁，与舶来之洋生铁相等，或且较优，适于翻砂铸铁炼钢之用。

昆明电冶厂

一、沿革：该厂原名昆明炼铜厂。民国二十六年，资源委员会设筹备处于南京，嗣抗战军兴，辗转迁移，至昆明马街子设厂。二十八年三月正式成立，六月开始出货。近年除炼铜而外，兼冶电锌纯铝。三十四年更名为昆明电冶厂。

二、原料：如下表

昆明电冶厂原料表

名称	单位	重量	来源地	运输方法	每月消费量
粗铜	公斤		滇桂川康	汽车及驮运	38,000 公斤
粗锌	公斤		滇桂川康	汽车及驮运	6,000 公斤
铝矿石	公斤		云南安宁	汽车及驮运	4,000 公斤
境（即生火泥）	公斤		昆明西山	船运	110,000 公斤
硫酸	瓶	四十五公斤	昆明	汽车	15 瓶
煤	公斤		宜良可保村	火车	35,000 公斤
松柴	公斤		附近各县	汽车及驮运	80,000 公斤

三、设备：如下表。

昆明电冶厂设备表

名称	式样	能力	数量
电动机	感应式	195H.P.	一具
电动机	感应式	65H.P.	三具

外电来源，资源委员会昆湖电厂。厂内电压三百八十伏。

昆明电冶厂辅助设备表

名称	数量	式样	用途	制造者
分析天平	一具	精确度达 340ng	化验成品及各种原料品质用	德国制
显微镜	一具	1,600 倍	同上	德国制

昆明电冶厂主要机器表

名称	式样	尺寸	数量	用途
直流电发电机	感应式	65H.P.	三座	电解铜锌铝用
电解槽			160具	电解铜锌铝用
反射炉		容积八吨	二座	冶炼铜料用
双缸压气机		195H.P.	一座	反射炉鼓风用
炼锌炉			二座	冶炼锌料用
铝氧水解槽			四座	分解氧化铝用
水晶石蒸压锅			一座	制造炼铝配料水晶石用
铝电解炉			五座	提炼纯铝用
火砖窑	半连续下风式	六仓	一座	制造火砖用

四、业务：该厂生产设备原可每月生产电铜一百二十吨，电锌十二吨，火砖一百二十吨，只以战时原料来源缺乏，运输困难，未能完成计划产量。

昆明电冶厂主要产品表

名称	品格或性质	单位	月均产量	用途	主要销地
电解铜	含铜99.95%	公斤	35,000	供电工军工之用	昆明　重庆
电解锌	含锌99.97%	公斤	4,500	供电工军工之用	昆明　重庆
纯铝	含铝99%	公斤	1,000	供航空工业及民生工业之用	昆明　重庆
火砖	含$A1_2O_3$ 49% 耐温度170℃	公斤	60,000	供工业机关砌造炉灶之用	昆明
火泥	同上	公斤	30,000	同上	昆明

中国电力制钢厂

一、缘起：为利用国产之优良钢铁资源制炼精美钢料，以供应后方生产、工业、国防以及交通机关等之需要起见，民国二十七年冬，经济部翁部长咏霓与云南省经济委员会缪常务委员云台及渝昆两处企业家多人联合发起创立该厂，并由经济部及云南省经济委员会各加入官股以资提倡。额定资本为国币二百万元，于民国二十八年二月在渝开成立大会，选举缪云台、卢永衡、陆子安、刘鸿生、盛苹臣、沈养吾、周子竞、李鸣和、周叔昌为董监事，并由各董事推举缪云台为董事长，聘周子竞为总经理，负责筹备。遂于同年五月间开始向英、美及瑞士等国采购机器。惟因受国内外战事之耽延，至三十年冬季方始正式出品。所有安宁县桥头村厂务，继续由周经理负责，而在技术方面，则与国立中央研究院工学研究所合作之处颇多。自开工以迄现在，对于各项重要钢品，供结名机关工厂之急迫需要，于抗建大计，殊多贡献。

二、原料：熟铁、毛铁、废钢、生铁，含磷及硫各宜低于万分之五。来源地：昆阳、易门等处。运输方法：马车、帆船、汽车。每月消费量约八十公吨。

三、设备：

（一）原动电力由耀龙公司水力电供给，厂内电压三百八十伏特。

（二）主要机器：一吨电炉一座、一吨半裴色姆炉一座、四百马力之轧钢机一座、六十公斤压气锤两座。电炉及裴色姆炉，专施炼钢；轧钢机专施轧制各种钢品。

（三）补助设备：金工场、翻砂场、银工场，各具完整设备，专门修配自用机件。

四、业务：每届涸水时期，水位低落，赖以水力发电之耀龙公司，无法供给本厂大量用电，故工作时现停顿。主要产品钢，以质料区别，可分碳素钢及合金钢二大类；以形状分，有圆钢、方钢、角钢及钢轨等。平均每月产量约六十公吨。用途，可作机器配件、军器、建筑、交通及工、矿工具等。川康盐务局所用之钢绳原料，更为该厂特种产品。主要销地云南、四川及西北各省。

云南钢铁厂

一、缘起：该厂系资源委员会、云南省政府及兵工署三机关合办。民国二十八年开始筹备，三十年推定资源委员会为主办机关，组织理事会，以缪嘉铭为理事长，严恩棫为处长（该厂最高组织为处），三十二年五月开始出货。

二、设备：厂址设于安宁城南，滨螳螂川，临滇缅铁路，距滇缅公路安宁站二公里半，有自筑马路以资衔接，全厂占地一千二百余亩。现有主要生产设备，在炼铁部门，为日产生铁五十吨之炼铁炉一座，附有（高白氏）热风炉四座，集尘器、旋尘器、蒸汽吊矿机与上料斜桥等。在制钢部门，为两吨量与一吨量柏士麦炼炉各一座，附有两吨熔铁炉及十吨量起重行车与磨碎机等。附属生产设备有二百匹马力蒸汽锅炉两具、蒸汽鼓风机一具、叶氏鼓风机五具、罗次鼓风机两具、108kW 三相交流发电机一具，与每小时 650 立方公尺之引水设备及汽车修理厂、机械修理厂、翻砂厂，打铁房等。

三、原料：本厂所用之矿砂，暂取自滇中矿务局之王家滩及昆华公司之九渡，有赤铁矿及褐铁矿，其成分平均如次：

赤铁矿：

Fe	Mn	SiO_2	P	S
54.64%	0.170%	15.76%	0.024%	Trcce
52.43%	0.087%	24.15%	0.040%	Trcce

褐铁矿：

Fe	Mn	SiO_2	P	S
54.29%	1.95%	7.24%	0.074%	Trcce

所用之焦炭取自滇西企业局之一平浪，石灰石取自厂址附近。

四、出品：除经常备有铸造用“特”“一”“二”号三种生铁、柏士麦炼钢炉用生铁与普通炭素钢锭钢坯外，其他各种钢铁铸件均可定制。本厂机械修理厂，亦产有小型机器，如水泵、空气压缩机、碎石机、制模机之类。

宣明煤矿公司

一、缘起：民国二十七年，交通部开始兴筑叙昆铁路，宣威为必经之站，为准备供给该路用煤起见，划定宣威打锁坡、观音堂二地为国营矿区。而同时云南财政厅亦于是年冬成立宣威煤矿筹备处。二十八年春，资源委员会派员来滇商洽由会、省双方合资开采宣威煤田事宜，复派刘兴亚赴宣调查，建议将区域延展至嵩明县，定名为宣明煤矿公司。九月，资委员乃派刘兴亚为宣明煤矿筹备主任，筹划开采打锁坡矿区，接收财厅宣威煤矿筹备处资产。继于二十九年一月由资委会及云南财政厅双方派遣代表成立公司，设总办事处于宣威县城。所辖矿区，计有观音堂，打锁坡及小竹箐三处。先就打锁坡矿区从事开采，该矿位于宣威县城之东南，相距八十华里，西距川滇东路之木乃冲及叙昆铁路之来屯车站约五十华里。

二、资金：该公司成立初期，资本为国币二百万元，由资委会及云南省政府双方各出半数。其后因业务之发展，迭经增资，截至三十四年六月底止，资金总额共达国币七百万元。会、省双方平均各增资为三百五十万元。兹将云南省企业局投资数额表列如下：

云南省企业局宣明煤矿公司历年投资数额统计表

年度	摘要	投资数额	历年累计数
30 年以前		2,500,000.00	2,500,000.00
33 年		331,320.00	2,831,320.00
34 年（截至六月底止）	增资	668,680.00	3,500,000.00
合计		3,500,000.00	3,500,000.00

三、设备：该公司现有主要作业设备列表如下：

宣明煤矿公司主要作业设备一览表

类别	名称	数量	备考
动力设备	21BH 立式过水管炉锅	2 座	
	25H.P. 卧式双缸蒸汽机	1 部	
	20H.P. 立式单缸蒸汽机	2 部	
	1.8kVA 交流发电机	1 部	
	10kVA 交流发电机	1 部	
	0.8kW 直流发电机	1 部	
	7.5H.P. 交流马达	1 部	
	3H.P. 交流马达	1 部	
采矿设备	萍矿式鼓风机	1 部	皮带带动
	萍矿式鼓风机	1 部	手摇齿轮带动
	中兴式绞车	1 部	蒸汽直接带动
	上海制绞车	1 部	蒸汽齿轮带动
	双缸卧式气动水泵	3 具	
	单缸齿轮带动水泵	1 具	

（续表）

类别	名称	数量	备考
运输设备	3 吨美国牌卡车	1 部	39 年式
	3 吨雪佛兰卡车	2 部	39 年式
	3 吨道奇牌卡车	8 部	41 年式
	木板车	40 部	旧汽车轴改造
	木斗车	10 部	生铁轮钢轴
机床设备	7" 床身纵床	1 部	
	14" 走长牛头刨床	1 部	
	54" 走长龙门刨床	1 部	
	1' 眼钻床	1 部	
	7" 车床	1 部	
	1¼" 眼钻床	1 部	
	8" × 8" 锯床	1 部	
	砂轮机	1 部	
	500 公斤熔铁炉	1 部	翻砂熔铸用
	6" 鼓风机	1 部	
	手摇风鼓	1 具	
炼焦设备	洗煤池	3 座	10m × 2.4m × 0.8m
	萍乡式土法炼焦炉	15 座	

四、业务：该公司于打锁坡矿区，开有大平窿一道，从事坑道之部署及开拓，并兼行采煤。所产原煤，现以运价太高，外运不值。除一部供公司本身炊爨外，余皆以之炼焦。炼焦仍采用萍乡式土炉炼焦法，炉为长方形，长十公尺，宽二点四公尺，高零点八公尺，墙厚零点四五公尺，土式砖筑。由矿硐采出之原煤，先倾于 ¼" 铁眼筛内，使筛分成块煤与末煤。块煤储备他用，末煤则经水冲式之洗煤池冲洗，去其灰渣后，即可装入上述之焦炉中升火制炼。每炉约可装煤十余吨，冶炼需时七日，成焦率约为百分之五十。该公司现有此项炼焦炉十五座，每月可产焦三百六十吨左右。近且增设新式副产品炼焦炉炼焦，所产之焦，质地甚佳，灰分硫分亦颇低，极适冶炼及其他工业之用，故多运曲靖、昆明一带售供钢铁厂及其他国防军需工业之用。一部次焦，亦供市场炊爨之用。该公司自民国二十九年至三十三年六月底，共产原煤三万七千七

百余吨，焦煤一万三千三百余吨。兹将该公司历年产量统计表列下。

宣明煤矿公司历年产量统计表

（单位：吨）

产品 数量 年份	原煤	原焦	洗焦
29年	10,198	4,310	—
30年	9,934	1,396	1,067
31年	9,101	1,353	2,431
32年	5,859	267	1,421
33年上半期	2,707	—	1,115
合计	37,799	7,326	6,034

附：作业程序图

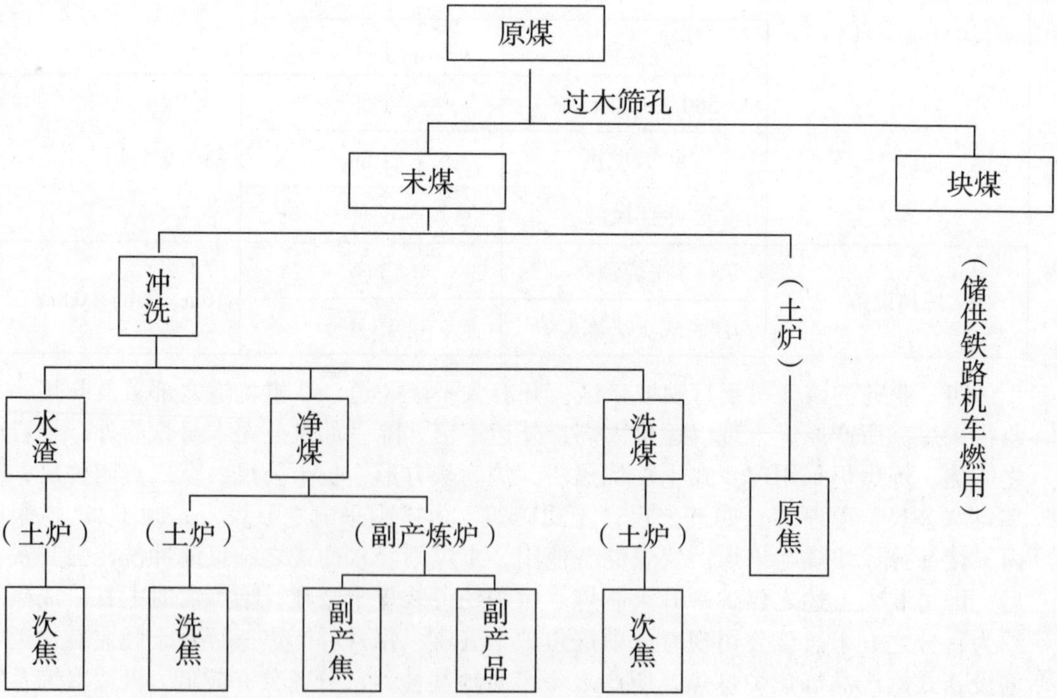

宣明煤矿公司作业程序图

明良煤矿公司

一、沿革：光绪三十年，闽人刘某集资二千两，在可保村创立开济公司，经营煤业。民国八年，由庾晋侯、刘若愚、陈肇祺等集资十万元接办开济公司，更名为煤矿公司。至民国十六年，庾等让与陈萌生、周美臣等接办，改名为云南明良煤矿公司。二十八年秋，资源委员会加入投资，改组为官商合办明良煤矿公司。

二、业务：矿区面积二千零四公顷，储量三千余万吨，月产八千余吨。设喷水筒及万寿山两矿场，共有产煤平巷及斜井四座、一切机电设备，应有尽有。自建轻便铁路长二十三公里，以利煤运。并设有可保村、杨林、昆明三办事处以利业务。

三、产品质量如下表：

明良煤矿产品质量表

产品	分析				热力 BTU	全年产量	备考
	水分	挥发分	固定炭	灰分			
生煤	0.69	16.52	70.47	12.32	13,965	十万吨	
焦炭	1.70	0.22	76.92	21.16	13,000	二千吨	
柴煤	21.10	40.80	28.80	9.30	9,610		因铁路运输困难暂停

滇西企业局

一、沿革：滇西企业局正式成立于民国三十年五月，而肇始于二十二年二月。缘本省滇中区各盐场(包括元永井、黑井、阿陋井及琅井四场)，在民国十八年至二十年间，产量锐减，供不给求，民食税收，两蒙影响。推原其故，良以各井灶户煎法陈旧，以薪为爨，成本高昂，而增产匪易。补救之道，厥在改良煎制，以煤代薪，期能减轻成本，大量增产。惟查该区境内，并无佳煤堪供采用，乃不能不于其附近区域，由政府派员广事搜求，以为根本解决之计。经年余之努力探查，终于在距滇中区盐藏最富之元永井仅二十余公里之一平浪附近，发现半富煤藏，足供煎盐之用。斯时主持本省盐政者为张冲运使，几经擘画，终于策定“移卤就煤”之计划，呈经省府核准，于二十二年二月，就一平浪地方组设机构，从事煤矿开采及元永凿井，并由元永井修筑盐水沟通达一平浪，借将元永产卤移流一平浪，用煤煎制，以收减轻成本，增加生产之实效。二十六年十月，拨归财厅接办，由刘经理幼堂主持其事，本原定计划，努力迈进。至二十七年十二月，卤沟全部完成，乃设立一平浪制盐场。经二年余之不断努力，所有初期工程，先后告成，本省当局为谋充分开发滇西资源起见，爰于三十年五月就一平浪制盐场原有机构扩充改组为滇西企业局，派陆崇仁兼总经理，刘幼堂为协理。除对原有制盐事业力求发展外，并从事大量开发附近煤矿及兴办其他生产事业。

三十一年一月，改隶云南省企业局，仍本既定方针，继续努力经营，迄今所产筒盐，已遍销三迤，所出煤焦及生铁，除供该局自用外，尚可供应省市附近各工厂及市场，而其他如机器制造、木材干馏、农、林、畜牧等事业，亦正着手试办中。该局位广通县属之一平浪，西距广通县城二十余公里，东距禄丰县三十余公里，西北距元永井约二十公里，当滇缅公路一百二十五公里之处，交通极为方便。

二、资金：该局资金为国币二千五百万元，由云南省企业局投资一千五百万元，兴文银行投资一千万元。

三、设备：该局各种设备，多视事实需要，逐渐添置，约可分为房屋设备及作业设备两项。兹分别列表于后：

(一) 房屋设备：

滇西企业局房屋及其他建筑设备表

类别	名称	数量	备注
制盐工厂	盐灶房	6座	
	烟囱	3座	
	卤水池	1座	
	盐水沟路	21公里	陶制半圆形明沟
干海子煤矿	干海子公路	17公里	由一平浪达新庄并有支线
	干海子蓄水坝	1座	高10公尺长4公尺，蓄水供大蛇窠炼焦用。
	分掘办公室	1座	
	矿工宿舍	1座	
	钻工宿舍	2座	
	材料库	1座	
羊桥箐煤矿	羊桥箐铁道	170公尺	附24公尺径转车盘1座
	羊桥箐溜槽	2座	长160公尺
	分矿办公室	1座	
	职员宿舍	1座	
	东硐矿工宿舍	1座	

（续表）

类别	名称	数量	备注
元永井盐矿	元永井卤水池	5座	石砌方形，容量900立方公尺
	发电厂厂房	1座	
	矿工宿舍	4座	
	机工宿舍	1座	
	材料库	2座	
	职员宿舍	1座	
	机械房	1座	
木材干馏厂	厂房	2座	
	管理室	1座	
	材料库	1座	
	机械修理室	1座	
	烟囱	1座	
农场	石标杆管理室	1座	
	职工住宅	1座	
	工人宿舍	1座	
	驴舍	1座	
	马舍	1座	
	大平地马舍	1座	
	大平地牛舍	1座	
	大平地工人宿舍	1座	
	飞云桥滚水坝	1座	长30公尺高4公尺，堵水作灌溉用
电机厂仓库	电力厂厂房	1座	
	金工厂厂房	1座	

（续表）

类别	名称	数量	备注
电机厂仓库	电石厂厂房	1 座	
	烟囱	1 座	
机电厂仓库	滤水池	1 座	每小时可滤水 200 加仑
	盐仓	1 座	可贮盐 2000 公吨
	材料总库	1 座	
	铁料库	3 座	
	汽车房	1 座	
	干海子汽油库	1 座	可存油 200 桶
	小庙山汽油库	1 座	可存油 600 桶
	小河边汽油库	1 座	可存油 100 桶
办公厅	总办公厅	1 座	三层大厦
住宅宿舍	总经理住宅	1 所	
	乙种住宅	2 座	
	丙种住宅	3 座	
	丁种住宅	1 座	
	职员宿舍	1 座	
	甲种工人宿舍	6 座	
	乙种工人宿舍	4 座	
员工福利	安平医院	1 座	
	安平小学	1 座	

（二）作业设备：

滇西企业局重要作业设备表

类别	名称	数量	备注
盐场设备	卤沟	212 里	陶制明槽半圆形，半径 70 公分
	化卤池	3 座	
	煎盐灶	8 座	火砖砌
	预热锅	8 口	8m × 4m × 0.6m 用 10 公厘熟铁板焊成
	煎盐锅	2 口	4m × 4.8m × 0.52m10 公厘熟铁板焊成
	煎盐锅	6 口	16m × 4m × 0.5m
	烘盐灶	4 座	
	烘盐锅	4 口	16m × 4m
	盐仓	1 所	可贮盐 200 公吨
元永井硐设备	抽卤机	1 具	
	发电机	1 具	
	压风机	1 具	
	蓄卤池	5 个	15m × 6m × 2m, 方石筑成。
煤矿设备	沙利文金刚石气力钻探机	1 部	
	⅓ 吨四轮运煤车	19 辆	
	1 吨四轮运煤车	21 辆	
	独轮车	4 辆	
	溜煤槽	3 座	平桥箐分矿 2 座，干海子 1 座。
	炼焦窑	129 座	
机械动力设备	20H.P. 交流马达	1 部	
	25H.P. 双缸发动机	1 部	
	木炭瓦斯发生炉	1 座	
	木车床	1 部	
	圆木锯床	1 部	

（续表）

类别	名称	数量	备注
机械动力设备	2 吨熔铁炉	1 座	
	1 吨熔铁炉	1 座	
	10H.P. 交流马达	1 部	
	鼓风机	1 座	
	9 呎车床	1 部	
	8 呎车床	1 部	
	6 呎车床	1 部	
	5 呎车床	1 部	
	钳机	4 张	
	5 吋老虎钳	15 把	
	8 呎龙门刨床	1 部	
	4 呎龙门刨床	1 部	
	14" × 34" 牛头刨床	1 部	
	万能铣床	1 部	
	立式铣床	1 部	
	大钻床	1 部	
	中钻庆	1 部	
	小钻床	1 部	
	锻铁炉	4 座	
	铁钻	4 座	
	辗片机	1 部	以上金工厂设备
	Lomduine 式锅炉	1 座	
	180H.P. 卧式双膨胀蒸汽机	1 部	
	125kVA 220V 交流发电机	1 部	
	50kW 220V 直流发电机	1 部	连马达

（续表）

类别	名称	数量	备注
机械动力设备	5H.P. 离心抽水机	1 部	连马达
	手摇抽水机	1 部	以上一平浪电力厂设备
	立式锅炉	1 座	
	40H.P. 蒸汽起重机	1 部	
	水管锅炉	1 座	
	60H.P. 立式双级膨胀机	1 部	
	50kVA 220V 交流发电机	1 部	
	6 缸汽车头起重机	1 部	
	300H.P.V 型 12 缸发动机	2 部	改用木炭瓦斯
	125kVA 220V 直流发电机	2 部	
	木炭瓦斯发生炉	2 座	
	20H.P. 离心抽水机	2 部	连马达
	60H.P. 四缸发动机带双缸打气机	1 部	改用木炭瓦斯
	6 缸汽车头起重机	1 部	以上元永动力机械分厂
运输设备	41 年式 25 吨雪佛兰卡车	3 部	
	41 年式 25 吨万国牌卡车	4 部	
	41 年式 25 吨道奇卡车	3 部	
	39 年式 25 吨万国牌卡车	3 部	
	打气充电机	1 部	
炼油设备	木材干馏室	1 所	内装干馏大锅 4 座
	木醋液处理室	1 所	
	分解油室	1 所	
	炭球室	1 间	内装碾炭机及炭球机各十部
	修理室	1 间	

四、业务：该局业务，现以盐、煤为主，并以盐煤所得利润附办农、林、牧畜及制油、铁矿等生产事业。兹分别列述如次。

（一）盐业

该局创始初衷，即为谋盐产之增加，故以制盐为主要业务。除于元永井开硐，大规模开采盐矿，汲取盐卤外，并由元永井修筑长三十一公里之卤沟，直达一平浪，由井硐采获盐矿及抽出卤水，经溶解流入卤池沉淀后，由卤沟流放一平浪，存入大卤池。煎时放入预热锅中预热后，入煎盐锅煎煮之，俟卤液饱和（约波美25—26度），锅中之盐开始结晶，乃将其捞放于预热锅上方之滤砂架上，滤去余液，移入烘盐厂，加入适量之碘化钾溶液，并以盐模筑成圆筒状，置烘盐锅上，干燥后入仓以备运销，每筒约重二十公斤。现每月最高产量可达五百公吨左右，就场征税后，即可向外销售。而以迤东及迤南为其主要之销场。兹将该局制盐作业程序图、盐产量统计表、盐销量统计表列如下：

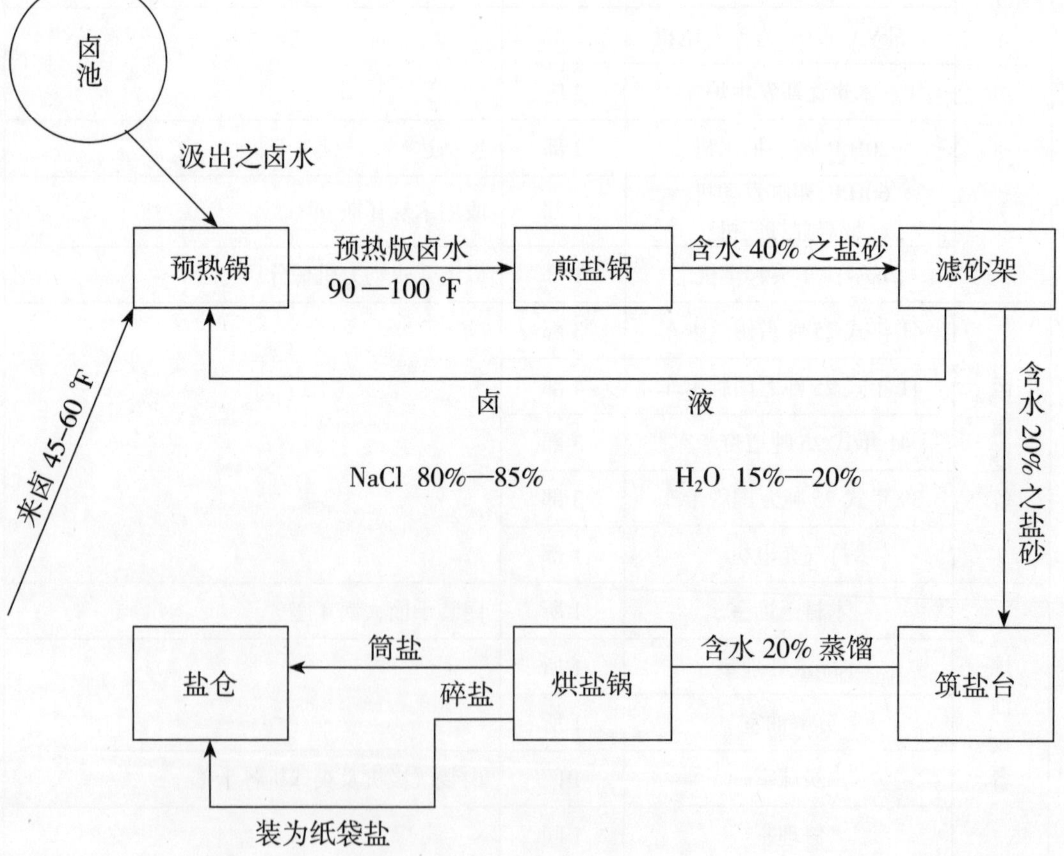

滇西企业局制盐作业程序图

滇西企业局历年盐产量统计表

年度	产盐量（盐斤）	年度	产盐量（盐斤）
民国二十七年	5,000	民国三十一年	4,280,910
民国二十八年	1,205,000	民国三十二年	5,760,005
民国二十九年	3,782,790	民国三十三年	9,310,000
民国三十年	3,698,423	民国三十四年1—6月	4,350,000

滇西企业局历年盐销量统计表

单位：盐斤

年度	一平浪销数	运昆明销数	合计
民国二十八年		1,210,000	1,210,000
民国二十九年	583,790	3,199,000	3,782,790
民国三十年	3,794,120	1,605,000	5,399,120
民国三十一年	5,123,300	714,500	5,837,800
民国三十二年	8,057,400	595,800	8,653,200

（二）煤业

“移卤就煤”为创办该局之根本决策。其初本以供给制盐为主，嗣因品质良好，产量增加，乃兼行炼焦，以供应当地居民炊爨及云南钢铁厂和昆明附近各工厂冶炼之用。若战后滇缅铁路通车，工业发展，则其前途当更可乐观。该局采煤，现设干海子及羊桥箐两分矿，均距一平浪不远，煤层既富，品质又佳。所产烟煤，色黑发亮，碳分高，灰分低，含硫、磷极低，品质之良，在本省为仅见。现每月产量达千余吨。除供制盐炊爨外，其余大部经碾碎过筛、漂洗后，即可装窑升火以炼焦炭。刻该局炼焦暂用土法，每月最高产量将及二千吨，以后并拟改用蜂房式焦窑炼焦，现已试验成功，积极改善中。兹将该局历年焦煤产量统计表列如下：

滇西企业局历年焦煤产量统计表

单位：公斤

年度＼煤别	生煤	焦煤
民国二十九年	499.50	
民国三十年	10,239.18	689.54
民国三十一年	7,467,500.00	2,723,000.00
民国三十二年	38,548,400.00	10,035,930.00
民国三十三年	34,812,570.00	7,627,710.00
民国三十四年一至四月	26,256,080.00	7,254,360.00

滇西企业局历年煤销量统计表

单位：公斤

年度＼煤别	生煤	焦煤
民国二十九年	18,500	500
民国三十年	240,000	146,500
民国三十一年	1,319,700	1,332,250
民国三十二年	550,400	10,623,637

（三）其他附办事业

1. 农林：又分育苗、接树、植树及园艺等项。刻该局已育有各种花果苗百余畦，各种林木苗三百余畦，接有各种果树约六千株，并于一平浪附近种植森林五区，约计林木五百万株，而于园艺方面亦曾改装大平地果园及栽培西瓜与各色花卉多种。

2. 畜牧：该局畜牧事业刻偏重品种之改良，曾先后由各地罗致驴、马、羊之优种及荷兰牛、约克猪等多头，以与本地品种交配，以收改良品种之功。举办以来，颇著成效。

3. 制油：抗战军兴以还，动力油类之需要极为迫切。该局有鉴于此，爰于年前增办木材干馏制油事业，即利用当地附近土产之松柴、松根、松香、松脂、白粉、石灰、大碱等为原料，先入木材干馏室干馏之，冷凝后得木醋液及轻重木油。次分别将木醋液，引入木醋液处理室处理之，得醋石及木精。将轻重木油引入分解油室，经分解、分馏，再经精馏及化学精制等步骤，而得汽油、汽灯油、柴油、润滑油、木焦油、松节油等，经年余之试办结果，已著成效。刻月产各种油类自百余加仑至千余加仑不等。实开本省木材干馏制油事业之先河。兹将其制作经过程序列表于后：

滇西企业局木材干馏制油作业程序表

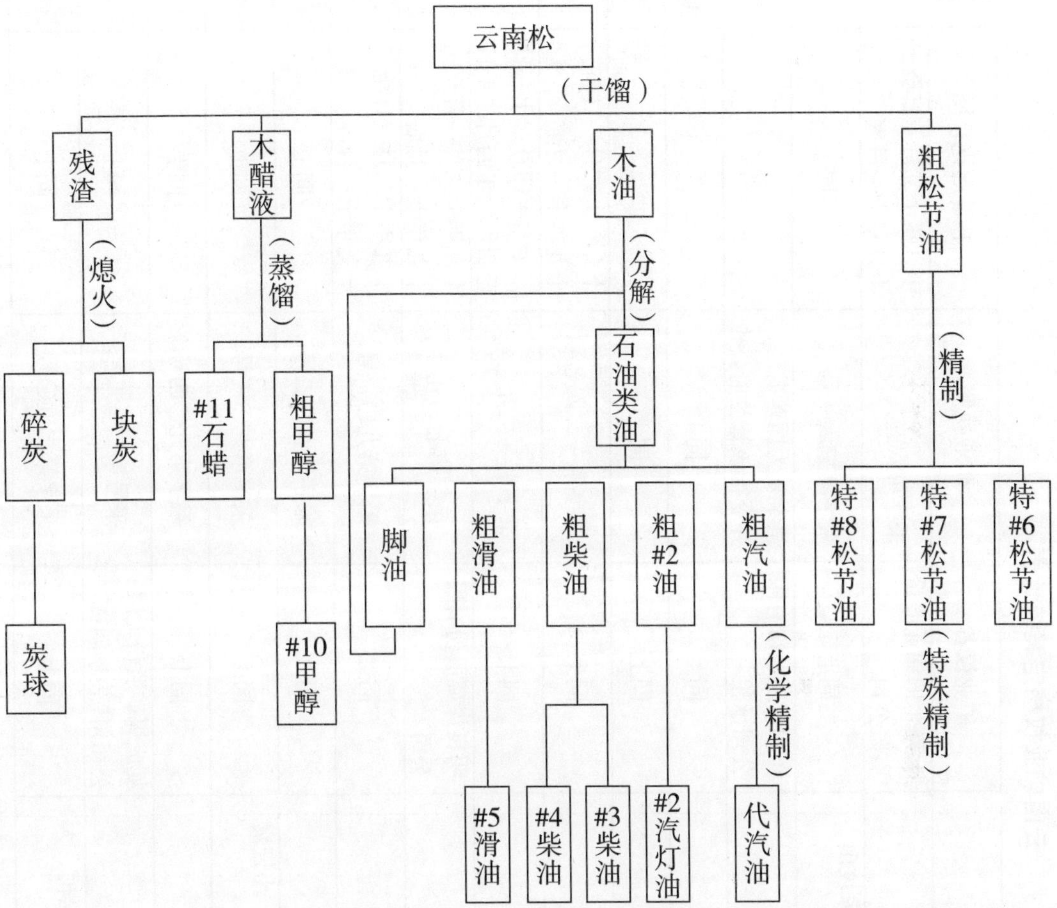

4.铁业：该局于三十一年冬，奉省局命接收前武禄罗矿务局，从事开采武定县夷纳厂、禄劝县骂拉厂及罗次县鹅头厂一带铁矿，并于罗次县属大猪街设有铁厂，从事冶炼。计有土法鼓风炼铁炉十座，炒铁炉八座，打铁炉八座。冶炼纯用土法，平均年产铁千余公吨。所产生熟铁料，以往并未大量销售，自移归滇西企业局后，该厂所出毛铁、生铁、熟铁除大部分供该局金工厂翻铸使用外，并运销昆明。至三十二年八月，因铁产滞销，物价高涨，难以经营，乃告停办。所余生铁一千三百余吨，则运滇西企业局存用。

矿冶工业之资源

一、矿业权之核定案：云南矿业，经过长期开发及抗战期间之积极经营，颇有显著成绩，但每一矿业权之成立，均依据中央颁布矿业各法之规定，经过审核查勘各程序，无有违碍纠葛等项情事，始行核准而设定之。兹将云南大小各矿业权照案列记于后。

云南矿业权核定案统计表

矿名	县名	地名	矿业权者	矿业执照	核准起讫日期	面积（公亩）
锡	个旧	马拉格、仙人硐、尹家硐等处	云南个旧锡业股份有限公司	采字第六五九号	十九年十二月一日至三十九年十一月底	28,382
煤	开远	乌格寨、矣那味村所属蜜家地、伍家坟山、小庙脚等处。	同上	采字第三六一号	同上	8,779
铜	巧家	汤丹厂、白锡蜡厂	东川矿业股份有限公司承租	呈奉划为国营矿区，并令行该管县府公告		26,318
铜	同上	落雪厂	同上	同上		15,407
铜	同上	茂麓厂	同上	同上		9,670
铅	会泽	矿山厂	同上	采字第一二四七号	十九年十二月一日至三十九年十一月底	6,593
硫黄	同上	忠顺区、迤碌街、小街子一带、迤碌厂	同上	采字第一二九三号	二十六年四月二十一日至四十六年四月二十日	744
煤	宜良	大宰格山、小松园、祭祀山	明良煤矿股份有限公司	采字第七〇九号	十九年十二月一日至三十九年十一月底	3,707
煤	同上	喷水硐、黄水岩、二台坡、山邱湾	同上	采字第九〇一号	十九年十二月一日至三十九年十一月底	7,816
煤	同上	大煤山、麻栗坡、石头坡、二湾箐	同上	采字第九〇二号	同上	3,017
煤	宜良 嵩明	清石板、和尚硐、桃园坡、白水井、小云窝、格达箐、大白坦等处	同上	采字第九〇三号	同上	7,816
煤	同上	白砂节、姑娘节、桃树凹等处	同上	采字第九〇四号	同上	3,017
煤	宜良	北乡宰格村、白后庄	复成煤矿股份无限公司，代表李明卿	采号第二一二号	同上	4,239
煤	嵩明	北龙乡、二龙吸珠、金下枝村、大松树、大窝塘	同上	采字第二五〇号	同上	2,459

（续表）

矿名	县名	地名	矿业权者	矿业执照	核准起讫日期	面积（公亩）
煤	嵩明	北龙乡、二龙吸珠、金下枝村、大松柯、大窝塘	兴源煤厂叶辛荣			
煤	开远	北乡布沼坝煤炭沟	布沼煤业股份有限公司，代表马伯庵	采字第六八五号	十九年十二月一日至三十九年十一月底	3,235
银	文山	白牛厂、白羊厂	李郁高	采字第一一二五号	二十五年七月三十一日至四十五年六月三十日	
铜	易门	西区香树厂村、狮山、凤山、小尖山、谢六庄附近地方	盈泰公司，代表张厚庵承租	呈奉划为国营矿区，并令行公告		3,533
铜	易门	土瓜山、大马鹿村、小马鹿村、李子树地方	同上	同上		940
铜	保山	心田渭西河	王嗣顺	在矿业法施行以前领准	十九年十二月一日至三十九年十一月底	2,753
铁	蒙化	新兴乡马鞍山	吴子桢	同上	同上	1,536
铁	同上	蒙城乡雷雨坪	彭运吉	矿业法施行以前呈准开采，现已办承租手续	同上	1,284
铁	同上	西乡轿顶山	王子猷	同上	同上	574
铁	同上	蒙城乡落臼山	夏国桢	同上	同上	1,141
铁	鹤庆	北衙厂、东山、马鞍山	彭少周	同上	同上	3,273
铁	同上	北衙厂、锅盖山	同上	同上	同上	1,543
铁	同上	北衙厂、西山、龙硐坡	彭学皋	同上	同上	629
铁	云龙	西区荣里	段如智	同上	同上	771

（续表）

矿名	县名	地名	矿业权者	矿业执照	核准起讫日期	面积（公亩）
铁	保山	大田坝永保厂	聂新芳	矿业法施行以前呈准开采，现已办承租手续	十九年十二月一日至三十九年十一月底	1,713
铁	景谷	东乡太和厂	余绍先	同上	同上	319
铁	永胜	干沟老炉郭	何夺奇	同上	同上	361
铁	丽江	鲁甸里点石厂	和履丰	同上	同上	640
铁	牟定	新田大湾山	王增善	同上	同上	2,421
铁	剑川	麻栗箐、象鼻岭	赵增禄	矿业法施行以前呈准开采	十九年十二月一日至三十九年十一月一日	314
铁	维西	腊美洛	李友仁	同上	同上	495
锡	个旧	黑明槽	谢希	采字第三六四号	同上	639
锡	同上	上大冲	张崇义	采字第一二四八号	同上	2,077
锡	同上	耗子厂	谢光燚	采字第二四四号	同上	467
锡	同上	湾子	张家祥	以前呈准，现正办理请照	同上	627
锡	同上	中竹林山	个旧锡业股份有限公司	同上	同上	319
锡	同上	银硐山	同上	同上	同上	713
锡	同上	古山半坡	同上	同上	同上	319
锡	同上	小竹箐黄茅山	同上	同上	同上	1,806

（续表）

矿名	县名	地名	矿业权者	矿业执照	核准起讫日期	面积（公亩）
铅	会泽	麒麟厂	刘治康	采字第二九二号	十九年十二月一日至三十九年十一月一日	1,207
锌	路南	大德成厂	苏竞川	以前呈准，现在办理领照	同上	812
铝	华宁	官租乡发基地	刘荫萱	同上	同上	227
硫黄	保山	三台坡	余正炳	采字第三九一号	同上	353
砒	凤仪	凤尾山	张兴中	采字第三九七号	同上	965
砒	同上	凤尾山厂头村对门	董传道	采字第四一七号	同上	616
砒	同上	凤尾山	苏祥鳞		同上	1,857
砒	蒙化	北区老磺厂	史敏斋	采字第三六〇号	二十二年二月一日至四十二年一月底	1,480
砒	同上	北坡老四底	同上	采字第五〇九号	二十二年九月十五日至四十一年九月十四日	1,555
煤	呈贡	水塘收巴肚坑	秦康龄	采字第二七四号		3,621
煤	嵩明	二龙吸珠中村豹子硐	叶辛恭	采字第六八四号	十九年十二月一日至三十九年十一月底	2,245
煤	澄江	联庆乡老鸦硐	解冷禅	采字第三〇五号	同上	2,048
煤	同上	勇定乡石城埂山	王光尊		同上	2,069
煤	泸西	圭山煤炭沟红石岩	段占元		同上	5,749
煤	开远	布沼坝牛街子	王月久		同上	1,717

（续表）

矿名	县名	地名	矿业权者	矿业执照	核准起讫日期	面积（公亩）
煤	开远	团山寨	解锦绫		十九年十二月一日至三十九年十一月底	4,044
煤	澄江	潭葛营大小官山	高现南	采字第三三八号	同上	5,413
煤	宜良	大脑包老鸦塘	李正馥	采字第五九〇号	同上	5,177
煤	弥勒	小龙潭车站凹腰坡	普益公司，代表伍炳奎	采字第一二〇五号	二十五年十二月十二日至四十五年十二月十一日	2,500
煤	同上	小龙潭车站土老寨	云丰公司，代表孙焕新	采字第五八号	十九年十二月一日至四十五年十一月底	1,701
煤	同上	小芹田	马士廉	采字第七六一号	同上	3,638
煤	陆良	南区雾露顶	陈际唐	采字第三五四五	同上	1,742
煤	建水	鸦勒扎营山脚	何崇信	以前核准，现正办请给照	同上	3,410
煤	广通	舍资一平浪	由长农	采字第三一七号	同上	1,604
煤	嵩明	贾格山	高小章	采字第四〇八号	同上	3.491
煤	宜良	七人碑邪辟坡	同上	采字第四〇九号	同上	5,634
煤	开远	布沼坝田尾寨	大同公司，饶慕南	采字第一三五四号	二十二年八月	1,691
煤	弥勒	小龙潭祭羊山	义和公司，代表唐绍福	采字第一二二四号	十九年三月一日至三十九年十一月底	192

（续表）

矿名	县名	地名	矿业权者	矿业执照	核准起讫日期	面积（公亩）
煤	昆明	东北乡火麻堡烧灰窑两面	蒋永康	采字第一〇〇一号	二十四年十二月二十四日至四十四年十二月二十三日	179
煤	宜良	汤池五邑村、抬沟埂、狗头坡	杨径田		二十一年五月十八日至四十一年五月十七日	1,779
煤	开远	布沼坝糖房沟北山脚	富民公司，代表缪福田	采字第一一九七号	二十五年十一月二十五日至四十五年十一月二十四日	3,150
煤	同上	布沼坝兴隆寨大跌滩	开隆公司，代表杨谨侯	采字第一二一六号	二十五年十二月二十三日至四十五年十二月二十二日	1,670
煤	同上	第八区布沼坝旧马街黑玛石下边小坡附近	宝兴公司，代表李玉书	采字第二二三号	二十七年十一月十九日至四十七年十一月十八日	1,886
煤	嵩明	白龙乡老猴街笔架山后面小松脑刘家箐	刘梓仪	滇字第一号	二十一年四月一日至三十一年三月底	390
煤	呈贡	黑土坑小麦塘	高现南	滇字第二号	十九年十一月一日至二十二年十月底	140
煤	嵩明	白龙乡下马坊村大尖山后老熊硐、野竹山小岩头	叶映奎	滇字第三号	二十一年九月一日至三十一年八月底	1,240
煤	宜良	北乡大宰格村元宝山豪猪硐、白龙山	周美成	滇字第四号	二十一年十二月一日至三十一年十月底	900
煤	澄江	联庆乡阳宗西山陷塘小石岩	杨家珍	滇字第五号	二十二年十二月一日至三十二年十一月底	1,038
砒	凤仪	四十里区龙潭坡	杨含湘	滇字第六号	二十二年十二月至二十三年十一月	198

（续表）

矿名	县名	地名	矿业权者	矿业执照	核准起讫日期	面积（公亩）
煤	寻甸	隆风里区五甲麦郎村煤炭沟	赵匡时	滇字第七号	二十二年十二月十六日至三十二年十二月十五日	173
煤	嵩明	日效乡达笼村姚家山	刘梓仪	滇字第八号	二十三年一月一日至三十二年十二月底	139
硝酸盐	禄劝	麻硝井	刘香洲	滇字第九号	二十三年三月一日至三十三年二月底	95
铜	易门	西区沙河村大潦塘	张厚庵	滇字第十号	二十三年三月十六日至三十三年三月十五日	177
铁	麻栗坡特别区	南油甲上火山罗家地	程治隆	滇字第十一号	二十四年三月一日至三十四年二月底	114
铁	同上	南油甲石海螺	邓登凤	滇字第十二号	二十五年五月一日至三十五年四月底	92
硫黄	罗平	扯土沟地方	高泽	滇字第十三号	二十五年七月一日至三十五年六月底	199
铅	顺宁	营盘镇洪家寨	周慕唐	滇字第十四号	二十五年十月十五日至三十五年十月十四日	191
煤	昆明	第七区山邑村、土锅石、蒋庄如等地	杨恒昌	滇字第十五号	二十五年十一月一日至三十五年十月底	796
煤	昆明	第五区彩云乡杨梅山、黑岩头、老羊岩等处	李国俊	滇字第十六号	二十五年十一月十六日至三十五年十一月十五日	874
煤	昆阳	海口新村山、水井箐、黑石丛	张明斋	滇字第十七号	二十六年一月一日至三十五年十二月底	921

（续表）

矿名	县名	地名	矿业权者	矿业执照	核准起讫日期	面积（公亩）
铁	牟定	白泉山、冷水塘、杨梅树山	李松孙	滇字第十八号	二十六年二月十六日至三十六年二月十五日	152
煤	弥勒	南乡大拖谷砂人箐马桑沟	段庆华	滇字第十九号	二十六年三月十六日至三十六年三月十四日	954
煤	同上	小龙潭土老寨荸荠沟凹槽	尚铭	滇字第二十号	二十六年四月一日至三十六年三月底	650
铅	兰坪	富隆铅厂	段裔昌	滇字第二十一号	二十六年八月一日至三十六年七月底	191
煤	开远	大庄滑石板地方	王秉权	滇字第二十二号	同上	88
煤	昆阳	第五区樟木箐小石山	朱在玺	滇字第二十三号	同上	97
煤	呈贡	鸡叫山地方	张明斋	滇字第二十四号	同上	578
煤	宜良	三十亩西蜂硐	高菊生	滇字第二十五号	二十六年八月十五日至三十六年八月十四日	187
煤	昆明	西华堡灰湾灵火硐青山丫口煤厂	何天垣	滇字第二十六号	二十六年九月一日至三十六年八月底	71
铅	鹤庆	白衙厂	杨国材	滇字第二十七号	二十六年十一月一日至三十六年十月底	160
硝酸盐	富民	第四区矣摄村之麻园、大地头、太华山等处	杨凤详	滇字第二十八号	二十六年十一月一日至三十六年十月底	195
硝酸盐	同上	第四区矣摄村之眼睛箐、掉钱坡、锣锅山、灵鸟寺等处	同上	滇字第二十九号	同上	138
煤	昆明	西华堡灰湾小山后村背后青山丫口	何天垣	滇字第三十号	二十六年十二月一日至三十七年十一月底	40

（续表）

矿名	县名	地名	矿业权者	矿业执照	核准起讫日期	面积（公亩）
煤	开远	第八区布沼坝碾房沟	扉家富	滇字第三十一号	二十七年七月一日至三十七年六月底	475
瓷土	曲靖	第七区潦浒镇底子沟	欧师千	滇字第三十二号	二十七年十一月一日至三十七年十月底	198
瓷土	同上	第七区德庆乡周官营金子山	同上	滇字第三十三号	二十七年十一月一日至三十七年十月底	39
瓷土	同上	第六区民治乡吴官坡括爬地	同上	滇字第三十四号	同上	99
煤	弥勒	小龙潭中窑牛车路附近	周正容	滇字第三十五号	二十七年十一月一日至三十七年十月底	
煤	昆明	西华堡鸡窝、上灰窑箐、黑乔亩等地	西华公司，代表盛叔平	滇字第三〇〇号	二十八年六月二十二日至四十八年六月二十一日	2,287
煤	牟定	南阳乡大坪地金家窑等处	云南盐管局	滇字第一七九五号	三十四年三月三十一日至五十四年三月三十日	3,145
煤	晋宁	宝兴镇沙凹铺	杜宗棠	滇字第三七号	二十八年二月十五日至三十八年一月十四日	929
煤	罗次	定国乡大营镇	石鹤轩	滇字第三八号	二十八年七月一日至三十八年六月底	376
煤	昆阳	四区红尖山	张渭滨	滇字第三九号	同上	463
煤	建水	二区小关寨之田冲	王敏	滇字第四〇号	二十八年十月一日至三十八年九月底	1,495
煤	昆明	西华堡蒋庄石	秦淑媛	滇字第四一号	二十九年二月一日至三十九年一月三十一日	265
煤	开远	布沼坝茶叶树老灰坡	张树德	滇字第四二号	同上	272

（续表）

矿名	县名	地名	矿业权者	矿业执照	核准起讫日期	面积（公亩）
煤	开远	一区果克村外石碑左侧	金社屏	滇字第四三号	二十九年二月十六日至三十九年二月十五日	1,376
煤	同上	布沼坝路底平凹寨之瓦窑	刘立佛	滇字第四五号	二十九年三月一日至三十九年二月二十八日	396
煤	同上	一区果克村外石碑右侧	金社屏	滇字第四四号	二十九年二月十六日至三十九年二月十五日	640
煤	呈贡	厂庆乡张麻雀山石灰窑	李逢春	滇字第四六号	同上	378
煤	昆阳	四区海口豹子山	张子敬	滇字第四八号	二十九年一月一日至三十九年十二月底	1,123
煤	同上	四区海口颜色洞	董仁明	滇字第四七号	二十九年三月一日至三十九年二月底	604
煤	同上	四区砂锅摆村鹿马箐	王承恩	滇字第四九号	二十九年一月一日至三十九年十二月底	265
煤	同上	四区海口鼓楼山	杨伯诚	滇字第五〇号	同上	296
煤	同上	白渔口村栗树窝栅蜡头	陆直斋	滇字第五一号	二十九年四月一日至三十九年三月底	1,038
煤	同上	四区下哨吉天时祭祀台	何镇清	滇字第五二号	二十九年六月一日至三十九年五月底	598
煤	同上	四区海口蓝冲口之木瓜箐	陈炎辉	滇字第五三号	同上	245
煤	泸西	清水沟石龙沟锈水凹	吴光琳	滇字第五四号	同上	151
煤	同上	清水沟母猪箐松毛地	同上	滇字第五五号	同上	314
煤	呈贡	七星镇小庄柯长塘	李载坤	滇字第六〇号	二十九年八月一日至三十九年七月底	492

（续表）

矿名	县名	地名	矿业权者	矿业执照	核准起讫日期	面积（公亩）
煤	石屏	陵岗乡钻天坡	苏朝选	滇字第六一号	二十九年八月至三十九年七月	279
煤	昆阳	海口西山顶	杨学明	滇字第六二号	二十九年八月十五日至三十九年八月十四日	831
煤	昆明	五区北仓大麦畦	罗子章	滇字第六三号	二十九年九月一日至三十九年八月底	431
煤	晋宁	学士乡大梨园小黑山	杨体元	滇字第六四号	二十九年九月十五日至三十九年九月十四日	211
煤	石屏	七区哨冲背后龙潭	孙宪珍	滇字第六六号	二十九年十月一日至三十九年九月底	180
煤	嵩明	白龙乡老猴街罗成山	王松	滇字第六八号	二十九年一月一日至三十九年十二月底	1,464
煤	同上	杨林李官营	李澄宇	滇字第六九号	三十年二月一日至四十年一月底	861
煤	同上	杨林五里哨	同上	滇字第七〇号	同上	1,083
煤	同上	杨林曾家冲	同上	滇字第七一号	同上	592
煤	平彝	四屯乡煤炭山	王永康	滇字第八〇号	三十年五月一日至四十年四月底	1,483
媒	同上	四屯乡四百屯户上丫口	同上	滇字第八三号	三十年九月一日至四十年八月底	1,438
煤	同上	龙海乡五里墩大坟山	龚大维	滇字第八一号	三十年五月一日至四十年四月底	1,430
煤	同上	龙海乡曹家庄朱家坡象耳冲	龚介民	滇字第八七号	三十年十月十五日至四十年十月十日	1,200

（续表）

矿名	县名	地名	矿业权者	矿业执照	核准起讫日期	面积（公亩）
煤	平彝	四屯乡龙起身大坪子	张季龄	滇字第八六号	三十年十月一日至四十年九月底	1,341
煤	嵩明	杨林金马山大坟坡	李保均	滇字第九四号	三十一年二月一日至四十一年一月底	1,463
煤	石屏	伍保寨葡萄冲	何自尧	滇字第九六号	三十一年三月一日至四十一年一月底	1,135
煤	弥勒	北极乡新桥附近之对门山	昆华公司李西平	滇字第一〇〇号	三十一年七月一日至四十一年八月底	1,450
煤	同上	北极乡之养鱼塘山吴家坟	同上	滇字第九九号	同上	1,070
煤	同上	北极乡矣合附近之大头坡	同上	滇字第一〇一号	同上	1,450
煤	路南	普拉河东烧红洼、凉风台等处	合兴公司代表李澄宇	滇字第三七一号	二十八年十二月三十一日至四十八年十二月三十日	10,846
煤	昆明	西华堡灰湾灵光硐青山丫口老炭山	何天垣	滇字第三七三号	二十九年一月九日至四十九年一月八日	2.581
煤	弥勒	三区永和乡祭山处辣子地	昆华公司周自新	滇字第三七八号	二十九年一月三十日至四十九年一月二十九日	5,931
煤	泸西	新明村附近藤子箐羊踩田倭铅厂	昆华公司李培炎	滇字第四四八号	二十九年八月二十三日至四十九年八月二十二日	14,146
煤	同上	寨子上村附近黑白箐老窑洼烟草山小丫口	合兴公司李澄宇	滇字第四四七号	同上	12,414
煤	昆阳	四逗大仁庄琵琶山	张子敬	滇字第五五〇号	三十年三月十日至五十年三月九日	1,858

（续表）

矿名	县名	地名	矿业权者	矿业执照	核准起讫日期	面积（公亩）
煤	安宁	温泉附近笔架山一带	民生煤厂，杨耀元	滇字第六一八号	三十六年二月七日至五十六年二月六日	5,870
煤	寻甸	第一区古城乡矣卜村横炭山	昆华公司，李培炎	滇字第九三七号	三十一年九月二十三日至五十一年九月二十二日	4,994
煤	平彝	塘子镇死狗地石子坡隆风里	兴隆公司，杨春溪	滇字第一〇四三号	三十一年十二月三十一日至五十一年十二月三十日	7,945
煤	寻甸 嵩明	交界之绕莺脑大平地	同上	滇字第一〇四四号	同上	5,817
煤	广通	一平浪羊桥箐独脚箐	滇西企业局	滇字第一〇六九号	三十二年一月三十日至四十二年一月二十九日	43,786
煤	同上	新庄	同上	滇字第一〇七〇号	同上	47,606
煤	同上	干海子附近之大雪墩南闸坝	同上	滇字第一〇七一号	同上	44,376
煤	祥云	天沐乡妙村里、头村猪圈海、公山、中山等地	李西平	滇字第一一九四号	三十二年五月二十九日至五十二年五月二十八日	21,629
媒	弥勒	北极乡之山豆柵、上寨、下寨、钻天坡	昆华公司，李西平	滇字第一四四七号	三十二年十二月三十一日至五十二年十二月三十日	6,950
煤	同上	北极乡之小芹田附近沟心老黑地等	同上	滇字第一四四八号	同上	21,369
煤	嵩明	白龙乡下马坊大尖山后等地	叶河公司何辅臣	滇字第一七一三号	三十三年十月三十日至五十三年十月二十九日	3,271

（续表）

矿名	县名	地名	矿业权者	矿业执照	核准起讫日期	面积（公亩）
煤	广通	一平浪镇石宝元、猪神庙、大哨等地	滇西企业局	滇字第一六四一号	三十三年七月三十一日至五十三年七月三十日	21,536
煤	平彝	物阜乡阿夷脑丑炭湾具炭沟	红会茂华公司，秦梅庵	滇字第一六六一号	三十三年八月三十一日至五十三年八月三十日	3,271
煤	宜良	可保村之官山、石头山，庄子村、白泥地四部	张迪菁	滇字第一八〇九号	三十四年四月二十日至五十四年十月十九日	13,196
煤	沾益	泽济乡中卡居附近三马家、猴路	何去非	滇字第一〇五号	三十一年十二月一日至四十一年一月底	1,464
煤	同上	泽济乡鲁海附近之鲁海冲、红坡	同上	滇字第一〇六号	同上	1,456
煤	同上	泽济乡鲁海附近之被卡村前背阴沟	同上	滇字第一〇七号	同上	1,450
煤	同上	泽济乡乐利庄附近之三岔路	傅寿之	滇字第一〇八号	同上	1,382
煤	牟定	南阳乡之茨坝林	资委会化工厂	滇字第一一〇号	同上	759
煤	沾益	泽济乡附近之杨梅山	傅寿之	滇字第一〇九号	同上	1,105
煤	安宁	温泉附近之白长箐豹子箐	武克智	滇字第一一一号	同上	1,051
煤	沾益	利民乡松子坡附近之巴山	光华公司，陆崇仁	滇字第一一二号	三十二年二月一日至四十二年一月底	1,327
煤	宜良	可保村之冷窑箐	张雨生	滇字第一一三号	三十二年七月一日至四十二年六月底	1,437
煤	沾益	三元乡扯捕龙潭掌上山膳牛洼	王湄午	滇字第一一七号	三十二年八月一日至四十二年七月底	1,264
煤	寻甸	羊街镇营盘山荷花塘	张载勤	滇字第一一八号	三十二年七月一日至四十二年六月底	1,471

（续表）

矿名	县名	地名	矿业权者	矿业执照	核准起讫日期	面积（公亩）
煤	嵩明	白龙乡长猴街笔架山	张克仁	滇字第一一九号	三十二年七月一日至四十二年六月底	1,471
煤	宜良	汤池镇江家山	张仲育	滇字第一二〇号	同上	1,463
煤	同上	可保村麦地山	张虔	滇字第一二一号	同上	618
煤	同上	吴海营大小松林	倪筱芳	滇字第一二二号	同上	1,471
煤	同上	可保村麦地山	同上	滇字第一二三号	同上	444
煤	同上	五邑村羊街子保家凹子张家窑	赵庆国	滇字第一二四号	三十二年七月至四十二年六月	1,110
煤	平彝	后所乡四保屯附近之萧家湾黄炭脑	光华公司，陆崇仁	滇字第一二六号	三十二年十月一日至四十二年九月底	1,445
煤	同上	龙海乡大鱼塘附近之赵家湾	同上	滇字第一二七号	同上	1,424
煤	同上	龙海乡田落冲之胡家坟	同上	滇字第一二八号	同上	1,470
煤	同上	龙海乡结芭湾之桃园大水踏	同上	滇字第一二九号	同上	1,460
煤	宜良	汤池镇小高田	杨畅和	滇字第一三一号	三十二年一月一日至四十二年十二月底	333
煤	平彝	久安乡之姑息沟口子头祭猪山戛达	盛叔丰	滇字第一三二号	三十三年二月一日至四十三年一月底	1,370
煤	沾益	桃园村附近曹家大山	何去非	滇字第一三六号	三十三年七月一日至四十三年六月底	1,327
煤	同上	桃园村附近水晶大山	同上	滇字第一三七号	同上	1,089

（续表）

矿名	县名	地名	矿业权者	矿业执照	核准起讫日期	面积（公亩）
煤	嵩明	罗凤乡石头山	李保均	滇字第一三九号	三十三年九月一日至四十三年八月底	639
煤	沾益	凤翔镇白水村附近窑坡梯子田	何去非	滇字第一四〇号	三十三年十月一日至四十三年九月底	1,237
煤	同上	凤翔镇土塘村附近之小塘坡张家冲	同上	滇字第一四一号	同上	1,113
煤	富民	宝丰乡第一保小尖山石柱	杨竹庵	滇字第一四五号	三十四年七月一日至四十四年六月底	1,427
金丹	凤仪	汤田村金厂箐、大黑箐、双马槽	庾晋侯	滇字第三〇一号	二十八年六月四日至四十八年六月三日	
锡	个旧	老厂、秧草塘、背阴山冲、天生硐、陡石阶、小黑山、雷打山	资委会锡业工程处	滇字第二七九号	二十八年四月二十九日至五十八年四月二十八日	94,309
金	丽江	六区仁义乡、营盘街等地	李根源	滇字第四〇五号	二十八年十月二十八日至五十八年十月二十七日	7,628
锰	河西	同春镇蒋姓坟山、香火地	宏开锰厂高建勋	滇字第九八三号	三十一年十一月十一日至五十一年十一月十日	739
铅锌	彝良	茅坪仓林两乡长发硐、大明硐、莺哥咀南部、仙人硐西部	云南企业局	滇字一六〇〇号	三十三年六月三十日至五十三年六月二十九日	24,379
铅	腾冲	明光观音山大庙城	熊德辉	滇字第五八号	十九年七月一日至二十九年六月底	167
铅	易门	东山采矿箐	王为国	滇字第六五号	二十九年十二月一日至三十九年十一月底	114
铅	同上	东山西平岭	李西平	滇字第七七号	三十年三月一日至四十年二月底	190

（续表）

矿名	县名	地名	矿业权者	矿业执照	核准起讫日期	面积（公亩）
铅	易门	东山打矿箐	周华昆	滇字第六七号	二十九年十一月一日至三十九年十月底	145
铅	武定	大厂挖矿山	李唐	滇字第七八号	三十年四月一日至四十年三月底	192
铅	禄丰	米川乡小冈箐	李西平	滇字第八五号	三十年九月一日至四十年八月底	152
铅	同上	米川乡水月庵金刚箐	董澄农	滇字第七九号	三十年四月十六日至四十年四月十五日	16
铅	同上	米川乡东矿坑	李西平	滇字第八八号	三十年十月一日至四十年九月底	185
钴	文山	迴龙乡汤头寨后山	李绍铎	滇字第八九号	三十年十月十六日至四十年十月十五日	142
铁	腾冲	滇滩之大哨	熊德泽	滇字第九五号	三十一年二月一日至四十一年一月底	153
钴	昆明	桃园附近之张家山	张克仁	滇字第一一五号	三十二年七月一日至四十二年六月底	173
铁	禄丰	米川乡梨箐头	李西平	滇字第一三三号	三十三年五月一日至四十三年四月底	77
铁	同上	米川乡打铁坡	同上	滇字第一三四号	同上	80
铁	丽江	大具里岩子村玉龙厂	李茂枝	滇字第一四二号	三十三年十一月十五日至四十三年十一月十四日	127
铁	鹤庆	北衙街之龙硐坡	张树培	滇字第一四三号	三十四年二月十五日至四十四年二月十四日	103
铁	同上	北衙街之马鞍山	彭文炳	滇字第一四四号	同上	180

（续表）

矿名	县名	地名	矿业权者	矿业执照	核准起讫日期	面积（公亩）
磷	昆阳	中邑村歪头山皇太后坟	李根源	滇字第三四四号	二十八年十月二十八日至四十八年十月二十七日	22,807
磷	同上	凤凰山、风吹山、马鞍桥、江西大地	资源委员会	滇字第一〇二五号	三十一年十二月二十二日至五十一年十二月二十一日	10,923
磷	同上	羊高山、白泥台、大巍山	同上	滇字第一〇二七号	同上	19,132
瓷土	曲靖	第七区潦浒镇底子沟、滥沟	光大公司，李根源	滇字第一〇二四号	同上	837
天然碱	牟定	东兴乡李小村河底江家庙、江家寨、江家箐	普显明	滇字第一八二二号	三十四年五月三十一日至五十四年五月三十日	8,020
瓷土	永胜	大厂耳子山	李余阶	滇字第五六号	二十九年七月一日至三十九年六月底	6
瓷土	同上	大厂薄荷坪	同上	滇字第五七号	同上	14
瓷土	曲靖	四区蚂蟥冲	李根源	滇字第七二号	三十四年二月一日至四十四年一月底	93
瓷土	同上	仁和乡白泥塘白虎山	同上	滇字第七三号	同上	60
瓷土	同上	民治乡吴官坡括爬地	同上	滇字第七四号	同上	196
瓷土	同上	德庆乡周官营台子山	同上	滇字第七六号	同上	155
云母	贡山设治局	茨开戛茨瓦	同上	滇字第八二号	三十年六月一日至四十年五月底	78
硅酸	昆明	明朗堡象山白沙箐	苏执庵	滇字第八四号	三十年九月一日至四十年八月底	100

（续表）

矿名	县名	地名	矿业权者	矿业执照	核准起讫日期	面积（公亩）
瓷土	昆明	大普吉后山	焦孝廉	滇字第九〇号	三十年十一月十五日至四十年十一月十四日	35
天然碱	禄劝	贤德乡东村雾露山	马洛书	滇字第九一号	三十一年一月一日至四十一年十二月底	171
天然碱	同上	贤德乡官田村团梁子	朵璨云	滇字第九二号	同上	198
天然碱	武定	草溪乡三家井	马少坡	滇字第九三号	同上	195
石棉	禄劝	贤德乡柿花树丫口	林少华	滇字第九七号	三十一年四月一日至四十一年三月底	190
瓷土	永胜	老碗厂向阳山	陈德斋	滇字第九八号	三十一年四月十六日至四十一年四月十五日	73
硫黄	平彝	第七区补乃	张泽普	滇字第一〇二号	三十一年十月一日至四十一年九月底	197
硫黄	同上	第七区歇牛厂	同上	滇字第一〇三号	同上	86
硫黄	同上	第七区大河沟	同上	滇字第一〇四号	同上	176
石膏	嵩明	小河口后山	张迪青	滇字第一一六号	三十二年七月一日至四十二年六月底	194
石膏	平彝	多罗乡团田坡老鸦冲乡官脑子	盛叔平	滇字第一二五号	三十二年九月一日至四十二年八月底	181
火黏土	同上	中和镇木桥河之白沙林地方	光华公司，陆崇仁	滇字第一二〇号	三十二年十一月一日至四十二年十月底	190
天然碱	武定	枳旧村之哨箐	刘晓岚	滇字第一三五号	三十三年五月十六日至四十三年五月十五日	192
瓷土	永胜	回龙湾	杨以沛	滇字第一三六号	三十三年八月一日至四十三年七月底	19

二、抗战时期云南矿业有较大发展，列表如次。

抗战时期云南新兴矿业团体一览表

机关或公司名称	主管官署或公司性质	主办人	成立时期	工作概况
滇西企业局	云南省企业局	刘幼堂	二十八年七月	采取元永井盐汁及一平浪附近煤矿以制筒盐及焦煤
云南矿业公司	云南省企业局	刘鸿焘 邹世俊	二十六年	开采蒙自、个旧锡矿，开办开远水电厂
云南钨锑公司	云南省企业局	董澄农	二十六年	办理本省钨锑之统计运销等事
鲁甸矿务局	云南省企业局		二十八年一月	开采鲁甸各县矿产
资源委员会昆明分会	经济部		二十六年	采探制炼本省各类矿产并制造用具
易门矿务局	资源委员会	谭锡畴	二十八年六月	采冶易门、峨山等县铁矿及安宁铅矿
宣明煤矿公司	云南省政府资委会合办		二十九年一月	开采宣威、嵩明两县煤矿
采金局金矿探勘队	经济部	崔峻峰	二十九年五月	调查及试探本省各地金矿金砂
叙昆铁路沿线矿产探勘队		谢家荣	二十九年六月	调查探勘铁路两旁五十公里内之矿产
地质调查所昆明分所	经济部	杨钟健	二十六年十月	调查本省地质矿产
资委会锡矿工程处	资委会	孟宪武	二十六年十二月	开采个旧老厂、秧草塘一带锡矿
明良煤矿公司	云南省府资委会合办	王德滋	二十八年 由商办改组	开采宜良、嵩明两县大煤山一带煤矿
昆华煤铁特种公司	兵工署及本省	李西平 万国宾	二十八年十月	开采泸西、路南、弥勒煤及易门、禄丰铁矿
永胜瓷业公司	民营	李余阶	二十七年二月	开采永胜瓷土自制各式瓷器
西南矿业公司	官商合办	代表人 孙哲生	二十七年十月	探采蒙自、金平一带金矿
长城窑业公司	民营	经理 杨仲衡	二十八年一月	开采昆明西山耐火土自造耐火砖器具等
滇北矿务局	官商合办，由昔日东川矿业公司改组	经理 胡祎同	二十七年	采冶会泽、巧家、永胜等县铜、铅、锌、硫黄等矿
光大瓷业公司	民营	代表 李根源	二十八年七月	采制曲靖县瓷土瓷器

三、地质矿产之调查：民国三十一年八月，设立地质矿产调查所，专司全省地层之构造组织、矿产之成因、储量、矿床之分布等，均在考察研究之列。历时二载业经调查十二县区结果如下：

云南矿产调查情况表

昆明大板桥区	有铝土矿，由经济部划为国营矿区。
昆明富民区	计面积八百平方公里，包有昆明、富民、安宁、嵩明四县磷灰石及制玻璃之砂为特色。
路南宜良区	考察铜矿及地质，计面积二千一百平方公里。
弥勒区	调查地质矿产，计面积四千平方公里，并硝、磺矿，采集标本四百件。
峨山河西玉溪区	调查铁及其他矿产地质，计面积三千五百平方公里，采集标本三百件。
嵩明寻甸区	计面积三百六十平方公里，铜、铁、铅、钴、铝、煤矿。
曲靖区	调查地层、地文又陶瓷土、褐煤等。
昭通区	调查地质及各类矿产，昭通坝之褐炭储量等。
永善区	调查地层地文等外，并调查有铜、铅、银、铁、煤等矿。
绥江区	调查地质及各矿产、煤矿。
彝良区	本区以金属矿锌、铅、银、铜、铁为最。
大关区	调查地质、铁煤矿产。

四、屏边西区岔河金厂之调查：民国二十六年，陶鸿焘呈准省府，前往屏边西区岔河新金厂调查。具有报告及形势略图，兹将试验结果列后，以备查考。

在厂主李自桢所办坑内，采获之矿共四千余斤，连由杨成芳购获之二千余斤计。在厂二十日，共实验八次，所得结果如次：

屏边西区岔河金厂调查表

试验次序	1	2	3	4	5	6	7	8
床数	3	3	2	3	9	4	4	3
碎矿工数	9	9	7	9	22	11	11	9
采矿工数	6	6	5	6	18	6	5	5
洗砂工数	1	1	1	1	3	1	1	1

（续表）

试验次序	1	2	3	4	5	6	7	8
分金工数	1	1	½	1	2	1	1	1
得金量（钱）	3.48	2.04	1.68	1.83	6.40	2.00	4.00	2.20
每床平均量	1.16	0.677	0.84	0.61	0.71	0.50	1.015	0.60
总平均量	每床平均量七分六厘二							
金之含量	约二万三千七百五十分之一							
共得金	二两五钱							

附记：

一、每床矿重约二百斤；

二、每工约付新币六角；

三、总计工数一百六十二点五工；

四、共工资约新币九十七元五角。

五、手工业

民国以来昆明市手工业概况

一、昆明市手工业工厂

（一）织染工业：兴发织布厂、艺兴织布厂、顺兴织布厂、瑞记织布厂、有利织布厂、学昌针织厂、华兴织袜厂、广成织造厂、振隆织造厂、永丰织袜厂、协兴公染织厂、华强织造厂、中兴针织厂、普益毛巾厂、联昌毛巾厂、协和织袜厂、新昌织袜厂。

（二）金属工业：华安机器厂、华兴工厂、云鑫工厂、永丰隆机械厂、振亚工厂、昆明市民生工厂、汽车机械厂。

（三）火柴工业：民生火柴厂、大有庆丽日火柴厂、瑞和火柴厂、利华火柴厂、锡庆火柴厂、大云南火柴厂。

（四）皂碱工业：均益肥皂厂、华南肥皂厂、泰丰肥皂厂。

（五）皮革工业：云南制革厂、庆华制皮厂、庆泰熟皮厂、怡庆熟皮厂。

（六）化妆品工业：丽华家庭工业社、新华化妆品制造厂、艳芳化妆品制造厂。

（七）颜料工业：谦益化学工业社、惠民家庭工业社。

（八）玻璃工业：耀华玻璃厂。

（九）电池工业：复森电池厂、龙德电池厂、孔信记电池厂、兴聚源电池厂、广利行电池厂。

二、昆明市手工业铺家

金银器具八十三家、帽业一百三十家、爆竹业三十三家、成衣业二百七十二家。玻璃镜柜业二十八家、鞭业一百八十家、刊刻业三十家、碾米业三十九家、雇佣业十四家，染业三十九家、象牙业十六家，织布业七十三家、裱画业四十八家、笔墨业二十四家、照相业八家、染纸业十八家、针织业五十三家，木器业三十七家，铜器业二十六家、制革业十四家、制面业八家、印刷业三十家、烛皂业九家、金箔业二十七家、漆器业十九家、皮鞍业十一家、钟表业二十家、丝绦业十四家、理发业九十六家、棉絮业四十一家、丝棉线业六十二家、糕饼业四十五家、人力车业四十六家、洋烛业四家、度量衡器具制造业十五家、织毛衣业八家、毛巾业八家、造刀业十二家、皮业三十七家、藤业二十三家、叶卷烟业四十五家、织袜业四十四家、土布业一百家。

云南省各县局手工业概况

一、腾冲县手工业

（一）玉器：地址在城保。勐拱、户拱出产玉石，明末清初，腾人即知解磨玉。光绪年间，昆明人到腾雕斫细花玉器，工人得以模仿。先年多制造手镯、玉簪、耳片，现在更加制造宝塔、珠子、手箍、心子。其价值手镯一双，自十数元至数百元以达千元。珠子一颗，自数百元以至数千元、心子一粒，自数元以至数百元。习此项工艺者约数百人。

（二）纺织：城乡均有，土人向能纺线织大小布。至民国三年，实业所设公所，聘四川工匠改织花布、手巾、袜子，现已逐渐推广。和顺送学徒到日本留学，回腾亦设立工厂。原料因近年洋纱充斥，无论白布花布手巾袜子俱用洋纱。白布每年可出四五万匹，每匹价三四元。花布年出千余匹，每匹价一元余。手巾年出数千打，每打价一二元。袜子年出千余打，每打价五六元。

（三）琥珀器：地址在城保、大洞。多制造手镯，串珠子及各种玩具。红珀手镯每对值二三百元，金珀可值数十或百元，柳青可值数十元。

（四）金银器：城保、和顺、南甸皆有经营。始由腾人制造，后大理工人到腾营业者多，工艺日渐改良。先多制妇女镀金钗环或银三须玩具，现加造金文明链及手镯、戒指、玩具等。其价值金银照市价兑换，器物加五之手工。

（五）象牙器：大董人到昆明学习，回腾制造烟杆、图章及玩具。其价值烟杆二三元至三十余元，图章四五元至十余元。因牙价太高，多停止。

（六）牛角器：川人到城保制大小烟盒，衣钮，其价值烟盒每个五角以至一二元。

（七）秤戥：城保人模仿制造银戥、大秤、小秤，其价值一二元至六七元。

（八）斗签：产小西、北练等地。初由土人制造，后川人到腾编制，加工渐精。以荆竹、大竹为原料，编制两面细、一面细或两面粗篾帽，年出斗签六万顶，销售本城及外地，每顶价二角至一元余。自洋伞输入，销售减色。

（九）胶帽。产城保及小西、北练。民国十一年大理人赵翠斋到腾用竹编成帽再裱纸刷胶与油即成，至今即乡村妇女俱能编制，年出三四万顶，销售本城及夷地，每顶价三角至一元余。

（十）缎帽：初多购自省垣，后大理人到腾营业，腾人做者颇多，其式样仿省式或京式，年出五六万顶，销售城乡、夷地，每顶价三角至一元。

（十一）刺绣编物：城保、和顺女子向习刺绣，自女子学校聘教师教授，技更渐精良。刺绣以门帘、桌帏及女子妆奁为多。门帘一幅价四五十元，桌帏一幅价七八元至十余元。编物多织儿童花帽、钱袋、名片包、毛背心、毛衫等，其价自五六角至十余元或三十余元。

（十二）制革：土人向能制革、惟未知新法。清末送学徒到省学习回腾，由实业所提倡改良，日见精进。产品有皮包、皮鞋、皮鞍（模仿西式），皮箱（仿广造）及一切革制品。其价值皮包、皮鞋二三元至七八元，皮鞍七十元至百余元，皮箱七八元至数十元。

（十三）麂皮货：由城保张、丁、杜三姓制造领褂、兜肚、钱包等，精者光华如呢绒且坚牢。其价值领褂五六元，兜肚、钱包二三元。

（十四）裁缝：城保妇女向习裁缝，在城市设肆者，近多大理、鹤庆人。向凭手工缝纫，设肆者近兼用机器。衣服一件，工价四五角至三四元。

（十五）丝线：初保山人到腾营业，近腾人业此者渐多。纺丝成线，加以类别，染各样颜色。其价值大衣线一两一元六角，绸线一两四元，绒线一两一元六角。

（十六）染业：城保、大董、北练等处向用土法染成，初用本土或保山大靛，现用外国靛精，多青蓝色。

（十七）麻线：明光、大塘等地土人自种苎麻、大麻，妇女纺绩成粗、细麻线。年出货千余驮，每驮价三四百元。多数运销缅甸。

（十八）毡子：清初山东人到腾教授小西、松园各姓，以羊毛制造，染成各花色。年出二三百驮，多运销缅甸，每驮价一百九十元。

（十九）油纸伞：大西、甸苴各姓，以竹为骨为柄，以油纸为衣，近能改造用洋布伞者。其价值大伞每把三四元，小伞每把五六角，洋布伞每把一元余。

（二十）白纸：清初江西人到腾利用凤鸣产料，发起小西人学习制纸。

（二十一）土纸：清初江西人到腾，利用曲石、瓦甸产大竹、荆竹造纸，土人仿造之，年出二三百驮。每捆一百张价四角。

（二十二）锡箔：凤鸣、城保、瓦甸一带土人，以锡敲成箔、缚以草纸，供迷信者作锞锭之用。年出二三百驮，每千张价一元余。

（二十三）火炮：城保腾人初做扎头火炮及盒子等，继由川人及龙陵工人到腾始有鞭炮之制造。以火药磺硝配之，现日益推广做盒子及花炮者，益觉进步。年出火炮一二百驮，每封四五角至二三元。盒子一二十元或三四十元。

（二十四）陶器：大西、城保、南甸、清水等地土人，初依土法制砖瓦及家具之碗盏盆钵之类。后川人到腾，南甸土司派人到江西学习，本城黄学海自行仿造，可制各项瓷器，且技艺日渐进步。砖价每百二十余元，瓦价每千十余元，碗盏每个四五仙，瓷价较江西可少一半。

（二十五）冶业：城保及大小西、东练等地土人初冶制犁、锄、刀、斧及大小铁钉，后聘丽江匠人到腾铸大小铁锅。农具价一至二三元，铁锅价三至五元，钉子每驮三四十元。

（二十六）黄、白、红铜器：城保土人以黄、白铜制茶壶、灯台（价二三元）、茶盘等家具什物。自鸦片弛禁，以做烟具驰名，烟枪、台子更镶玉石星子、錾细花，甚为美观，每套价一二十元或四五十元。铜鼓每对三四十元，喇叭每对二十余元，均仿洋式。红铜制解磨玉器之铜盘，每两一角八仙，铜锅每两八仙。

（二十七）雕刻：城保人学雕刻牙、石、木章，工价每字分别为四角、二角五仙、七仙。

（二十八）揭裱：由川人到腾传习揭裱古今字画，间有能兼书画者。直幅二至五元，横幅和对子五角至一元。

（二十九）印刷：初城保人用木版印刷。清末，和顺送徒到日本留学，回腾提倡，现铅、石、油印者已有数家，可印刷书籍、传单、画本以及各种刊物。每千字约二仙。

（三十）棉絮：城保土人向有此业。现设肆者多大理人，弹棉被絮及垫褥等，每斤工价三角余。

（三十一）照相：初由城保人发起，近外省、外县人到腾营业者亦多。照相价一呎七元、八吋五元、六吋三元、四吋一元六角。放大一呎三元。

（三十二）镶牙：由江苏人发起，本城人近亦学习镶金、瓷牙，每个五元至十余元。

（三十三）藤竹器：小西人到缅学习，现已逐渐推广，编椅子每把一至二十元，藤箩每个五角至一元。

（三十四）饵丝：由大董胡家湾村民发明制造饵丝、饵块，其质韧而润。年出四五百万斤，销售全境及省垣、缅甸等处。每斤价一角左右，干者约加一倍。

（三十五）糕饼：和顺、城保、大董土人仿造，近渐加改良。什锦南糖、中秋月饼每斤三角或二角，双料者倍之。

（三十六）棕盖：小西人以棕制成毡条式，可以包扎货驮，甚经久，不透雨水。年出数百驮，每驮价四十余元。

（三十七）羊弦：小西人以羊皮制造成弦，供弹棉絮、羊毛之用。年出数十驮，每两价三角。

（三十八）马尾扣：小西人以马尾制成帘子式，供织布之用。年出数千连，每连价二元。

（三十九）草烟：由城保、绮罗等地乡人种植仿造、以草烟叶制造旱烟、水烟、切烟等，至今销行甚广。年出三万余斤，每斤价六角。

（四十）木、石、泥工：城保、大小西、北练、明光土人向操此业，其后剑川工匠（木工）到腾谋生者亦多，举凡建筑房屋，修筑亭、台、碑、墓、墙垣，砌砖瓦，制造用具皆可，雕刻精巧者，近亦有其人。每日工价约七八角。

附记：腾冲近十年来，生活程度太高，工价亦随之增高。普通工艺每日工资七八角，特色工艺每日有一二元者。较之二十年前，已增三倍，抗战后更无止境，各市县皆然。

二、宣威县手工业

（一）火腿罐头厂：宣威火腿罐头一项，原起于宣和公司派人入粤学制罐头，订购机器，开工厂，成立火腿罐头公司。取携便利，为食物中珍品，以故畅销全国。嗣以该公司经理不善，宣告倒闭。近年迭起有四厂。

（1）浦钟杰就宣和公司原有房业及机器设置，独立自办大有恒厂。资本约万余元，工人七八人，日出罐头三百，销场以本省及川粤为多。

（2）李学禹设置机器于上堡本宅，独立自办义信成厂。资本二万，工人二十余人，日出罐头四百，本省、叙府销场均旺。

（3）刘国裕设厂裕后昌，资本约万余元，工人五六人，日出罐头百余，销省城内外。

（4）陈时铨、陈时夏合资二万余元，兴办中常公司。甫经安机，出产未详。

工人每日工作八小时，工资二角。罐头每个价六角。

大有恒于宣庄外别于省垣开厂制造，兼装水果罐头。义信成现有机器两套，他厂机件均同，用时均以手工助之。

（二）金工：

（1）金银首饰：于治城及板桥营业者约二十家，资本均不过百余元，销售本境，但因式样成分均次于省城，故行销甚滞。

（2）铜器：于治城、倘塘及大江边营业者约三十家，资本均百余元。多制茶壶、面盆等粗重之物，间有制造香炉者。售本境外，间有外销者。

（3）铁器：营业家数甚多，虹桥铺人尤专其业，资本均不过数十元。制菜刀、铲、勺、镰、锄等类。销本境及迤南、江外等地。其中有以一物名者：猴街子之锅、迭乌及朱屯之犁头铁、白泥井之犁耳，沿袭皆久。从业者多于农隙抽工为之，非纯粹之工人也。

（三）木工：各处皆有，合全境计，约在千人以上。除本境营造及制什物家具外，其人多散布省城附近及迤南一带。工资比在宣为厚。又四乡贫民于收获后出外解锯或当砂丁者，几于十室九空，约计其数，占木工之籍者，不下四千余人。

（四）皮工：全邑中有市场处皆夹有此类工人，而城中则执是业者凡三四家。民国初，宣和公司总理浦中杰，以公益股份红息办制革厂，销售维艰，以致旋作旋辍，可惜也。

（五）石工：邑内石工为数不下三百人。然类皆习于粗浅工作，打碑、砌桥、镶阶石、卷门硐而已。雕刻镌字不及河西工人，其取值则与木工等。运销阶石入城，每丈值银一元。

（六）陶工：

（1）造砖瓦：鲍屯、马街子、刘官屯等处，业此者多，工人各七八名，资本数十元。所产板瓦价千片七元，筒瓦倍之，砖又倍之。

（2）制碗盏：石丫口一处，工人二十余名，资本千余元，制假瓷碗，每十个值银二角。亦有上茶山者，用当成本，碗往茶来，势相敌也。

（3）制坛罐：二官营、三塘水两处，工人各十五六名，资本千余元，月出万余个，小者值银数仙，大者五六角。

（4）造砂锅：马官冲一处，工人十五六名（多农隙为之），资本数十元。每具小者数仙，大者二三角不等。

（5）石灰业：除县城东门外十余户营烧石灰业外，四乡中多自烧自用，作肥料或饰墙壁，每百斤值银五角。

（6）圬人：马家山及城内数家共十余人，抿宫室，筑墙垣，日工资二角五仙。

（七）编织工：

（1）编马尾帽：龙场、倘塘一带妇女以胡桃皮煮马尾使黑，然后编之，花草随手而成。

（2）织羊毛褥：海岱冲刘姓一家，工人五十余人。先纺成线，挂于架而织之，若制草荐然，以刀割出绒头。年出百余打，销行全国，此项手工业颇具特色。

（3）织布：风行全境，男女工数千人，购法国纱用旧式木机织造。年出四十余万匹，每匹（宽尺余、长二丈六尺）值银一元九角，销于本境及水城、威宁。

（4）治篾器：鲍屯、龙场等处业此者多，四乡亦向有之，以竹制为筛、簸等件，巧者亦式样翻新。年出万余件，销行全县内外。小圩中有制雨伞及火扇者，亦颇能销于外。

（八）杂制工：

（1）制蓑衣：在松坡等处，工人十余名，以棕树之纤维制之，为御雨之具。年出百余驮，销近省各县。

（2）制羊毛毡：庙后头、甘家屯等处，工人十余名。将羊毛弹绒，沃以水，擀而揉之，年出百余驮，销近省各县。此项原料出于威宁者多，制法又欠，为利甚微。

（3）造纸：宝山凹、瓦路两处，多以农隙为之。用楮皮为原料，捣细、下缸，抄以竹帘，质白而厚。年出二百余捆，不敷本境之用，但其纸坚韧，宜于印刷，刻书者多往定制。

（4）制线香：龙场凹，瓦路业此者三十余家。采香花棵叶，晒干捣碎、和以松根水，卷附草秆售之。年出百余背。

（九）酿造及榨制等业：

（1）酿酒：全县百余户，而以花椒园为多且旨。以玉米为原料，如法酿制。月每户平均出酒五百斤，每斤价一角二仙。限销本境。民国二十一年八月以后禁煮，每斤涨至三角。

（2）制粉：全县十余户，而钱屯、左所、西泽较著。以豌豆为原料，如法制造。平均月产三百余斤，每斤值银二角。

（3）造面：约十余户，本城业此者三四家。以小麦为原料，盐水沃之，揉而抽成丝，挂之架，平均月可出二百余斤，每斤值银一角二。二十一年有办机器入境者，出货多，获利亦厚。

（4）榨油：全县百数十户，而上圩、羊屯家数较多。菜籽、桐子、大黑子均为原料，而以菜油为佳。平均月出二百余斤，每斤值银三角。

（十）缝工：此项工人，县中仅十余家。多用手工，近有助以机器者。

（十一）豆腐业：渍豆水中磨之，再入沸水，漉出之汁为乳，俗曰豆浆，石膏点之则凝冻，俗名豆腐沫，榨之成腐，或半干或全干以发客。豆腐沫、豆花等，市面上需用尤切，皆家庭工艺，业此者不下百余户。

（十二）白糖业：即饴也，亦家庭工艺，业此者五六户。

（十三）纸扎业：城乡统计，不下三四十户。

（十四）爆竹业：城中土人业此者两处，统计共二十余家。

（十五）染工：县中有大小染房二十余家。

（十六）画工：画工城内外四五家，兼习裱褙之事。

（十七）漆工：漆匠艺术高者，能施五彩。海岱冲及普立，工凡数百人。

（十八）力工：

（1）砂丁：个旧厂约三万人，年中寄归或自行携回银数平均四十元，每岁死亡者不下数百名。

（2）办山烧炭者：到近省各县及迤南一带山中约三千人，年中余银平均四十元，每岁死亡不下数十名。

（3）背夫：上茶山或下四川千余名，年中余银平均六十元，每岁死亡者不下二百余人。上茶山者，或自行营业，小本至大利，有近于商。

（4）轿夫：跑流差，处所无定，三四十名，年中寄归或自行携回银平均六十元。

三、梁河设治局手工业

（一）纺织：乡镇土人向能纺织，现聘请四川匠人教织花布、手巾，原料皆为洋纱。年出布二三千匹，花布数百匹，每匹价三四元。手巾二三百打，每打价一二元。

（二）金银器：腾冲匠人到大厂镇、遮岛镇、合群乡制造妇女金银钗环、银三须、手镯、戒指、玩具等。器物除加五之手工外，金银照市价兑换。

（三）裁缝：大厂、遮岛、合群等处妇女向习裁缝。在市面设肆者，多系鹤庆、蒙化人。向用手工，今则多用机器。衣服一件工资一至二三元。

（四）染业：乡镇各处向用土法染成，初用土靛及保山靛，现用德国靛精。

（五）冶业：土人及剑川人制造犁、锄、刀、斧及大小铁钉，每两价值五六仙。

（六）红铜器：保山、鹤庆人制造锣锅用具，每两价九仙至一角。

（七）棉絮：土人习学弹棉被褥絮等，每斤工价二角。

（八）藤竹器：大厂人编椅子篾箩及各种用具，出货不多，椅子每把五角，篾箩七角至一元五角。

（九）糕饼：腾冲人到大厂镇、遮岛镇制造什锦南糖、中秋月饼，每斤价四角，双料者倍之。

（十）棕盖：友义乡、大厂镇人以棕制成长方形，用以包货及盖马驮，历久不浸雨水。年出百驮，每驮四十余元。

（十一）草烟：乡镇各处土人种植，以烟叶晒干制成烟丝，年出数百斤，每斤价五角。

（十二）木工：向由土人学习，间有剑川人到此营业，建筑房屋，制造用具。

（十三）石工：由腾冲、云龙人到此营业，修筑亭、台、碑、墓及制各种石器。

（十四）泥工：由土人营业，修筑墙垣、砌砖瓦。泥木石工每日工资均约七角。

四、牟定县手工业

（一）铁匠：羊牟尼、詹官屯、周家山、徐家寺、田心、金丫口以及少数散居各区村者操此业。皆祖传世业，惟因时势所趋，逐渐改良，受远近欢迎，家无囤货。平均日出三千斤，每斤价约滇币一元五角。此类铁工，每年远走夷方，冬去春回，不下数万人，借此生活，故每年邑中进款尤以此为最大宗。

（二）皮匠：城内开铺者十余家，有祖传者，有择业而兴者。但能应时势之需要，式样随时改良进步，故愈趋发展。平均每日出货值滇币五百元以上。

（三）鞍匠：祖传世业，于邻近各要冲开铺制造，物精价昂，特因各路商务发展，驮马日多，几于供不足求，平均日出货值滇币五百元以上。

（四）陶工：伍家窑、罗旗屯、董官屯等村，祖传世业，近因社会需要日繁，所出品类亦多，销路亦因之远畅，获利良厚。日均出货值滇币三百元以上，惟冬春两季营业。

（五）竹工：曹家河、杨柳箐及散居各区村者业此。祖传世业，颇能应时势之需要，增加产量，销行邻县。日出货值滇币五六十元。

（六）碗工：戌街碗厂，明代即创办营业，泥质颇好。惟因手工釉水式样之问题，出货色黄而不雅观。近已力图改良，颇有进步。所制式样，悉仿外来瓷器为之，釉水花纹已臻进步，故其销路，日渐趋远。春冬两季，日约出货三百套，每套值滇币一元二三角。

（七）木石泥工：有祖传者，有应时而起者，多为建筑粗工。城区木工开铺制具四家，日产值滇币百元左右。

（八）银工：城内及戌街、天台街皆有。多因生活关系，性质相近，应时择习，随俗转移，花样工程，较前精致。日产值滇币八十元左右。

（九）麻工：西北区夷民祖传职业，妇女早晚纺绩，不分季节，手法精巧，出量渐增。日产值滇币百元以上。

（十）棕被工：共八村，石者河、河节冲等地以家植棕树多少为凭，每年立夏后数日制造，可值滇币百元以上。农人购作蓑衣，谓之棕箄，缝工式样改良，经久耐用。

（十一）画、塑工：小古岩、石羊井两地有世业者，有由学校图画科得来而加以精研有得者，颇能趋时改善，日有进益。

（十二）铜工：白塔屯二十余户，光绪年间，仅朱法典一户居家工作，现则逐渐加多。农隙之时，挑担出门沿村工作，颇为活动。新制仅锅、炉等类，以补裁旧器为利。年进万余元。

五、大理县手工业

（一）布：境内各村，北乡尤盛。昔用土纱，清光绪间，川人来榆，改用洋纱，众效之，出品日见进步，匀净远胜往昔，布幅亦加宽。年约出百万匹，销行各县，每匹价银二元。

（二）熟羊皮：昔业此者甚少，民国以来，始渐发达，数年内又减色，年出七八万张，销行广东，每张价银一元左右。

（三）缎帽、军帽：城内初仅有缎帽，清末始兼制军帽，以供军警学界之用。年约出十万顶，销行各县。缎帽每顶值银一元左右，军帽每顶值一二元。

（四）草帽：南乡人以细麦秸为之，初仿照河南帽式，近来日益改良。城中铺户加制绸里或布里及油布或漆布套。年出五六万顶，销行各县，每顶价银一二元。

（五）靴鞋：城内用丝织、毛织、棉织等料制造外，并仿照西式皮革为之。年出十余万双，销行各县，每双价银一元余至四五元。

（六）金银首饰：城内昔此业颇盛，近多挟术移居滇西各县，日形减色，人多改业。银工三丝，精致有名。销行邻县，价值视份量成色为准。

（七）叶金、金箔、羊皮金：叶金出货多寡不一，销行各县及瓦城，价值涨落无定率。制金箔者兼制羊皮金，金箔昔销行甚广，城内金箔街以此得名。羊皮金制法，清末自省垣传入。金箔出货年约需金数十两，销行各县，价值随金价转移，羊皮金每张价值银一二角。今业此者无多。

（八）大理石：三塔寺、双鸳鸯等村居民，恃此为生。古代即为名产，《一统志》载唐李德裕平泉庄醒酒石即此。制为碑碣及各种装饰品，年约出千驮，每驮价银二十余元，销行远近。

（九）香碱：民国初年始有人在城内制造，年约出七千箱，每箱值银七元，销行各县。

（十）毡：金圭寺村仿制，昔销行甚广，后销路渐为省毡所夺。近虽改良制法染色，以成本贵，终不能畅销。年出四五千张，每张价银二三元至四五元，销行邻县。

六、邓川县手工业

（一）乳扇：县境各村，各家自由畜养黄牛，昼则合班四五十条不等，牧于荒山旷地，暮归饲豆刍等即取乳，每日早晚二次。其制法：先以小铁锅置炉上，入酸浆少许，并牛乳一大杯，加热，用二木筷搅拌之，乳汁酸化成团，摊于竹架，干后取下，即成乳扇。每日每头牛可得半斤，每斤价洋八角。全年县境可销出一万六千斤至省会及大理、腾、永一带。乳扇为县属出产大宗。昔收养多半任意，对疾疫未讲治防之方，因之不甚发达，倘加以研究，制为牛乳罐头，利益未可量也。

（二）弓鱼：产丁弥河尾、闾江尾、沙坪各村，由来已久，天然化生产。自洱海有鱼沟十八条，扎竹坝，鱼喜逆游，坐而捞取，便利之至。期分春夏两季，至八月许，新鲜者就附近销售，如欲运至远方，必先投之缸中，以盐腌之，晒干后方能装载。干者每斤大洋三角，年可出千余万斤，运销省会、腾、永一带。弓鱼亦县属出产之大宗，倘能以罐头装置，则利益不仅倍蓰于现在也。

（三）蒲席：东湖浜多水淹田，附近村民植以水蒲，长成后，刈而干之，以麻线网于木架，一人抬梳，一人编线，加以整理即成。制法粗糙，尚未改良，为农暇早晚之副业。每张价洋三角，粗劣盖驮者每张一角五。年有一万张销于境外。

（四）红糖：县属之寅塘里，以气候较热，民多川籍，乃仿效蜀中栽蔗制糖，由来已久。冬季蔗熟，刈归以石榨取汁，煎熬即成。年出糖约三十六万斤，每斤价洋一角。

（五）索粉：县属之西河埂、江尾乡等处，于清末民初，延宾川之技师，传习制作，近来传播益广。其法以蚕豆入马磨碎之，漂滤取粉，以漏勺于热水中捞出晒干即成。豆一斗可出粉二十斤，每斤价洋二角。每年出粉二百余万斤，除自给外，运销剑、洱各属。

（六）清油：清季以还，为古诏村专业。其法以罂粟籽、麻籽等入石槽以牛碾之，蒸榨取汁即成。每斗可出油二十斤，每斤价洋四角，年可出油二十余万斤。

（七）烧酒：县属之大邑、北邑各村民以玉麦、大麦等蒸之，拌以酒药，使之发酵，复蒸取汁即成。每斗可出酒二十二斤，每斤价洋一角六仙。年约出酒三十万斤，除自给外，运销大理。

（八）烟丝：县属之右所、李家营村民以烟叶置于压榨器榨之成饼，取出以铁铇推切即成。年可出二万斤，每斤价洋六角。

（九）木铁器：县属之莲河、起长、漏邑及铁匠营村民对日用所需之木铁器，均以古法制造，并未研究改良，出品及价值难以一定。

七、寻甸手工业

（一）土布：城内、杨柳树、马街专织白布、花布及手巾。月出白布百余件，每件值洋二元，花布三十件，每件值洋二元二角。

（二）银器：城内、集贤村、新街等处制造首饰。月出百二十件，每两值洋二元二角。

（三）铁器：城内、双箐、龙院村等地制造各种农器、家具。月出器具百余件，每件值洋五角；出大锅、火盆六七十口，价值不一。

（四）木器：东城外居民月能制造大小木器八九十件，价值不等。

（五）鞋铺：东门内鞋铺月出绒鞋三四十双，每双值洋一元六七角。月出布鞋四五十双，每双值洋一元二三角。

（六）皮业：南门外塘子屯专制皮条、马鞯等，月出五六百条，每条值洋三四角。

（七）成衣铺：县城内成衣铺用机器制造衣服，月成衣七八十套，每套工资一元四角。

（八）篾器：果乡、新村邑村民专制篾器，月出一百二三十件，每件平均值洋四角。

（九）铜器：东门内、塘子屯两处造补铜器，月能造铜四五十斤，每斤值洋一元四五角。

八、罗次县手工业

（一）铁工：制剪刀、马旒、马铃、钉子、马项圈及一切利器。

（二）皮工，制马辔头、马鞭子、胯皮、碗盒、筷插。

（三）刺绣：制钱包、笔插、枕头帕、床围、裤带。

（四）陶工：制灯盏、酒坛、花盆、瓦砖、土碗。

（五）石工：制扁担、锄头把、风柜、桌凳。

（七）蔑工：制斗签、筲箕、簸箕、筛子、提箩。

（八）银工：制首饰、烟盒。

上述各项手艺品，以制作技术讲，多系父作子述；从出货及价值讲，则视行销多寡及生活水平之高矮而定；从销路讲，以县属各区为主，间有剪刀专销西路邻县，木器销往昆明、嵩明等处。

九、永仁县手工业

（一）砚瓦：输地里、兴隆里产砚石，人民取石以手工业雕刻成砚，年值银一千余元。若加以改良，使雕刻精美，可算永仁特产工业。

（二）麻布：第四区产麻，工人绩之以土制木机制造，年出十万页（一尺五为一页），值银一千元。

（三）土布：仁和镇前产棉花，故土布出产甚多。自洋纱输入，棉花已无人种，织布人亦减少。现买洋纱以木机制之，年出三千余件，值银六千元。该地布匹，在前销路甚广，近以不求改良，货品日劣，殊为可惜。

（四）草纸：第二、三、四区产竹，故取以土法制纸，年约出一千捆，值银五千元。第一区尚能以手工制草鞋。

十、嵩明县手工业

（一）竹器：崇正乡、弥良里、效古里产竹，取以制器，但墨守成法，出货最多，惜技术不精，值价低贱。

（二）粗布：白龙乡制粗布，现被机器工业压迫，日渐减少，价值昂贵。

（三）陶器：民国十九年创始于积助矣，其法与邑川同，出货无多，价值较邑川廉。

（四）瓦砖：矣纳寨、大成村、青龙街、妖精坝皆有砖瓦窑，其产品因人烟渐稠，出品日多，故匹头日见缩小。价瓦一百值洋一元五角，砖一百值洋二三元。

（五）银工：县城邵甸，清季即有银工，近因少现金日渐减少，出货无多，价值与省略同。

（六）铁工：嵩明铁工多来自江川，铁货多来自曲靖，本县仅能制造粗笨农具，出货无多，价值不丰。

（七）木工：嵩明木工多来自宣威、剑川、河西等处，本县木工仅能建造旧式房屋，不能与外来者争衡。每人日工资三角左右。

（八）土工：匡郎冲自古即有裁土基之技能，世代相传，至今尤盛。全县建屋所用土基，由该村土工裁供。出货甚多，每百价洋四角。

（九）石工：嵩明石工，向来有之，但无甚改进，数亦不多，现有者多来自河西，建屋、造桥、修路皆能，每人每日包工洋六角左右。

十一、漾濞县手工业

（一）黄丝：全县皆有，栽桑系夏府提倡，养蚕始于田自方，抽丝起于王朝富，及今黄丝日多。现仿川丝制造，出品几及川丝，年约出二千斤，每斤大洋七元。

（二）木板：第五区山民创造已久，代远年湮难考。现锯解木板，大致与前无差，惟稍薄耳。年约出丈板千丈有零，每丈洋三元，大板五百付，每付洋十元。

（三）纸伞；阿里腊村人专造，相传已久。现仍照旧法，年约出五千把，有大、中、小三庄，中庄价洋七角。若能细心研究，仿样广伞，人人通用，仍可抵制舶来品。

（四）油笼：原由城中周家巷赵洪新发明，用篾及油纸制造，为他县少有。现仿造者甚多，年出五百对，每对大洋五元。

（五）竹器：第一、二、三区山民，用山竹造竹篮，现仍然照旧法，年约出三千对，每对值七角。漾邑所造谷围、簸箕，提箩等竹品，相传亦久。现川人到漾竹匠甚多，逐渐改良，较前尤好。年出谷围约千张，每张银四角，簸箕、提箩约千个，每个洋四角。

（六）麻布：第五区产麻为多，早有织麻之业者。年约出十五驮，每驮洋一百元。若能改种苎麻，加工纺织，其利尤厚于火麻也。

十二、沾益县手工业

（一）土布：下三屯各家男女协作制造，布分大小，大者每匹重二斤，价值三元，小者每匹一斤，价一元五角。

（二）铁锅：新村一带私人营业，或雇工请匠师，先做锅母，开炉铸一昼夜为一个火。长大者名斗槽锅，每口价十元，二水锅每口价五元，平常锅每口价三元上下。销路最宽，凡滇、黔、桂均运出销售。

（三）草席：城附近各家男妇用蒲草织席，精者每床价七八角，次者四五角不等。

（四）毡子：玉光村村民用羊毛制成，或绘画、或净面。四、六尺大花毡，每床价八元，其次四五元，白毡三四元。

（五）粉丝：迤都村民用豆磨粉，榨而成丝。好者每斤价三角，次者二角五仙。

（六）火酒，大海子、小后所等地以玉米、大麦、小麦造之。上高者每斤价二角，市酒每斤价一角七仙。

（七）青油：城方桥村民用菜籽、兰花、罂粟子榨油。每斤价三角，运销省垣、蒙、个。

（八）挂面：珠街等地居民，或用鸡蛋和面为鸡蛋面，或用盐水和面为盐面。鸡蛋挂面每斤价三角，盐面每斤价二角。运销省垣及各县。

十三、丘北县手工业

（一）土布：县境各处均有，无甚改良，每件值国币一元三角至一元五角。

（二）染业：昔日专用土靛，近来多用洋靛。染土布一件，约合国币二角至五角。

（三）陶器：二百年前始制于曰者乡桥头，至今无甚改良。每担值国币一至二元。

（四）篾织物：双龙营于民国二年始制，至今渐有起色。每担值国币三至五元。

（五）木材：祥已、歹峨产木材，每方值国币三至五元。

（六）刀烟：民国八年城内始创数家，现日有起色，每斤值国币五角至一元。

（七）榨油：各地市面均有，百年前用小榨，现大小榨均有，每担值国币二十至三十元。

（八）造酒：百年前用小锅，现多用大锅煮，每担值国币六至十元。

十四、楚雄县手工业

楚雄县手工业以布为突出，其品类繁多，如小改良布，系清光绪十六年夏知府提倡工业，发给纺车，令民间妇女自纺自织，现多自购洋纱制造，每日出四十余件，每件价约一元，细大改良布，系光绪二十七年黄知县开办织纺局，乃用洋纱织细大改良布，每日出二十余件，每件价二元；粗大改良布，乃民国八年十二月一日改办平民工厂所织，日出二十余件，每件价一元八角；粗大合面布，系民国二十年九月二十六日成立织布业工会后所织，日出十余件，每件价约三元；粗小合面布，日出十余件，每件价二三元，粗广布，日出六七件，每件价约三元；细广布，日出六七件，每件价约三元。

另：楚雄境内以木泥工为最多。

十五、洱源县手工业

（一）凤羽石：为山关涧产，初时制为砚，极粗糙，今则雕刻秀丽，人物花草均雅观。日可制一小方，大者二元，小者八角。

（二）裁缝：四区均有，初用人工，现改用机器，日出长衣二件，每件三元余，短衣五件，每件二元。

（三）纺纱：宁北村庄用古机日纺棉一斤，现因洋纱充斥，纺纱者极少。

（四）织布：宁北村庄原用古机，现用时机，每机日出布一件，售银三元零。

（五）石匠：四区均有，采制各型石料，用以镶石基，砌路等。四方石三元以上一丈，杂石每个约五角。

（六）陶匠：四区均有，盆、砖等均可陶制，一窑出瓦三万，每万价八九十元，今日之模型较古减小。城北来凤村烧缸、盆以给人用。

十六、龙陵县手工业

（一）土炮：县内产土纸，兼邻近镇康产硝，制药便利，县城有三十余家制造，而补助穿线，搓纸筒、掼泥者亦五六家，年出货千余驮，每驮价二十二元。龙陵以此种工艺为特色。

（二）土碗：因城外五里白泥洞之泥适宜而创办，现由四川和永昌聘工制造，由商人承销，有工二十余人。年出大小碗及零件千余驮，每驮价四元余。

（三）土布：旧日用老机，以棉纺线，近年改用洋线，兼有用自来机织者。年约出一千五百驮，每驮八十件，每件三元。

（四）草纸：蚌渺、勐冒、新寨、大桥等处利用附近黑山多竹，取材较便。现三十余户终年制造不断，年出八九百驮，每驮值十五元。

另：龙陵境内，以木、石、铁工为最多。

十七、中甸县手工业

（一）毛毯、毛袜、毛布：大小中甸、格咱、泥西四境。本城由艺师教习纺织，传法仿造。沿边各境，由外人纺织而效学，所以渐渐普及。近来制造益兴，渐入佳境。年出货四五十床，其价在四五十元不等。

（二）棉带：大小中甸及江边，人民相沿制造，现在各地仿效。

（三）毛毡：江边村民用羊毛沿袭旧法制造，现制造日新，异常普及，年出百十床，价三四元不等。

（四）麻布、麻绳：大小中甸、北地、哈巴产麻，收获后，无论男女均能纺织。麻绳不可胜用。

（五）竹器：大小中甸、泥西、格咱等五境，效学编织竹筐、竹笼，近年日益普遍，篾物制造尤精。

十八、广南县手工业

（一）铁器：县城居民以旧法制造，出品足供本县需用，但价值较高。

（二）土布：县城妇女用旧机纺织。

（三）首饰：县城匠户专制妇女首饰，现女子剪发，多销乡间。

（四）斗笠：北区罗里村民制造，畅销颇广，年出数万顶，每百顶价四十元。

十九、马关县手工业

（一）土布：马白、仁和、八寨等地，初时自纺自织，以供本地衣着。现改用洋纱织造，织机逐年增加，出品等第亦颇整齐。分头、二、三庄，头庄宽一尺、长二丈四尺，二庄宽九寸、长二丈二尺，三庄宽八寸、长二丈。年约出一十二万匹，值国币一十五万元，推销越边各地。

（二）雨笠：马白村民由西畴移来工作，以棉纸、竹篾涂以桐油，即可发卖。货式两种，各有数等。制造不多，不足供本县之用。年产约一万五千顶，值国币七千五百元。

（三）土纸：南劳村民以野生一年竹为原料制造，昔日纸幅宽而长，一刀二十八张。近日幅狭而短，一刀十张。年产约二百五十驮，值国币五千元。因野竹非经人工培植，砍伐无度，所以原料日渐缺乏，制造不如昔日之盛。

二十、晋宁县手工业

（一）毛手巾：晋宁县杨家院于民国十九年成立振隆工厂，成立后照常办理，尚无改革情形。日能织三十打，每打合洋二十三元。

（二）洋袜：晋宁县杨家院于民国十九年成立后办理，现添购洋纱、棉花等项，并续收学徒十余人。日产二十余打，每打合洋二十元。

（三）普益机器碾米厂：民国十九年成立，开始营业，现积极进行安设各种机器，每日碾米数石，每石合洋十九元。

二十一、马龙县手工业

民国四年，由前实业公所于奎阁建设局内附设平民工厂，聘请四川技师教习织布，织花纹垫单，织棉手巾。大布一个售价银三元，垫单一床价五元，手巾一块四角。

二十二、佛海县手工业

（一）蛮茶、圆茶：民国十年以前，产茶均作散茶，运思茅销售。民国十年以后，各商家由思茅、镇越等属聘来工人专揉蛮茶及圆茶两种，蛮茶专销与藏人，圆茶销内地及缅甸。蛮圆两庄年出四千余百担，本价合现金十余元至二十元，销售地之价则随市高低，亦有亏折者。盖每担现征厘税合现金四元以上。

（二）樟脑：樟脑为勐海、勐汇向来所产，历年皆夷民用土法制成，含水质较多，故运到缅甸，干折只能及十之六七。每四十五两为一坨，在本地售现金一元以上，运往缅甸可加倍蓰，唯干折甚多。樟脑制法，现已考求新法，如能取脑较多，将来尚可推广。

二十三、弥渡县手工业

（一）蒲席：高旗营、高孟营田地土质适种席草者较多，故专织花席为业。每年织数颇称大宗，为邻封各县所无之工艺。近年仙石营、仙鹤营、观音山、马房、瓦仓等村均推广种植，年产三万余张，每张价镍币七八角不等。销出蒙化、祥云，凤仪及当地应用。

（二）草鞋：第一区一、二两镇，以当地西山所产麻皮制之，以麻为底，以白、黑、蓝、绿线为耳。各制五万余千双，除当地零售二万双外，其余售与祥云商人，运夷方销之。现价每双镍币五角左右。

二十四、屏边县手工业

（一）草纸：屏属全境山岳丛集，中区、西区山中竹林富有，春夏之交，于竹林结茅为厂，伐嫩竹为原料，雇技师工友三四人住厂制造。厂中利益，出货以厂主与工人二股均分，伙食亦均摊，双方皆颇得利，故无劳资纠纷。年产百六十驮至二百驮，每驮价十六元。

（二）土布：西区、南区皆产棉花，乡间妇女，多能织造。现洋纱、洋布充斥，土布除少数农家自织穿用外，已无销路，故织者日见减少。售价一匹（长四丈二尺，宽一尺，重一斤有余）值洋四元。

二十五、建水县手工业

（一）烟丝：在东关外正街，民国初年，通海县商人贸易至临，方始发轫制造，迄今未替。嗣因制造获利丰厚，临民始购种播种。年出烟丝三万数千余斤，每斤价一元五角。

（二）棉布：县属各区，历守成法制造土布。民国初年实业所设立工厂，用木机制造各种宽口花布。年出货一万五千余匹，每匹价二十五元。

二十六、碧江设治局手工业

（一）土锅：土刻扒怒民自己研究制造，销售各寨。年出千余个，每个价一毫。

（二）麻布：凡行政区怒民家家织纺，年出三四千件，每件价一元。

二十七、宁洱县手工业

县城内各私人家庭制造土布、土线。土布每件一元至一元五六角，土线每两八至九仙。在宁洱工业中，应积极提倡。

二十八、鹤庆县手工业

民国十四年建设局提倡邑人王振武设厂制洋碱，现正招股合办，扩大规模。年出六七十箱，每箱大洋八元四角。

二十九、永善县手工业

民国三年因广布不能至永贩卖，井田乡、黄葛树等处人民故购纱自行编织。今虽不能供给社会，然亦稍具雏形，现织布日多一日，且有推及他乡之势，惟出品较川布不如，用之者尚少。年可出布二千余匹，值镍洋六千元上下。

三十、缅宁县手工业

（一）饮食工产物：菜籽油、坝子油、核桃油、苏子油、花生油、烟子油、茶子油、烧酒、木瓜酒、梅子酒、草烟、推烟、绿茶、豆粉、玉米粉、藕粉、百合粉、荞粉、荞干、干鸡枞。

（二）服用工产物：土布、地毯、牛革、麻布、线毯、色布。

（三）化学制造工产物：清油烛、牛油烛、黄蜡、靛青、普通砖瓦、粗制纸、细白纸。

（四）杂用工产物：地席、雨伞、斗笠。

（五）革制器：皮鞋、皮带、皮包、皮箱。

（六）竹制器：竹椅、竹帘、藤竹凳、竹笼、竹箩、竹几。

（七）木制器：木箱、木几、木椅、木凳、木炕、木梳、檀木座、木盘、木案、木柜、木勺、木碗、木槽、弩。

（八）铁制器：铁锅、铁罐、铁铲、犁头、锄头、镰刀、泥笔、铁勺、铁钩、斧头、凿子、铁钉、铁铃、铁筷、铁猫、铁叉、铁链。

（九）土制器：土火锅、土花盆、土火盆、土火炉、土饭锅、土碗、土菜锅、土手锅、土茶罐。

（十）陶制器：大碗、小碗、盘子、罐子、坛子、酒壶、茶杯、灯盏、饭具、笔筒、水盂、花瓶、花盆。

（十一）金银制器：戒指、耳环、三须、押须、手镯、手链、酒杯、调羹、管针、针筒。

（十二）乐具工制物：二胡、月琴、三弦、芦笙、笛。

（十三）建筑木工：缅宁建造屋庐、多请土著木工，坚固耐久、雕刻细密、古寺花饰，透明无斧凿痕。民国以来，亦颇多改进，仍不让前人。

（十四）建造石工：缅宁石工之特点，如铁索桥、双桥、安南峤等，皆历数百年不朽，而贞节石坊建于康熙年间，其工致坚实，举全滇石坊，当无出其右者。回乱攻城，曾以巨炮轰之，连中四炮，迄无所毁。其他名人墓碑，皆极精致，为他属所艳称。

（十五）各项织工：缅宁织工，悉属妇女，全县执是业者四五千户，所织之布有花布、芝麻布、土白布等。花布多摆夷妇女所织，有桂花及斜纹夹桂等名。芝麻布为四川客民所织。土布则汉族妇女所织。其中最著者，则道姑白布，工致细密，几超出广布之上。

三十一、禄劝县手工业

工名及人数：缝衣四百八十六，厨工三百二十八，运输六百四十五，木工七百二十一，铁工四十七，铜工三十一，石工三百二十四，泥工三百一十一，篾工八十四，猎工五十二，总数三千零二十九人。

三十二、个旧县手工业

（一）锡工：个旧产锡，故锡器亦以精良著，打磨之工，制造之巧，冠于全省，即外人亦多争相购买，用作纪念。营此业者二十余家。

（二）铁工：个旧各厂区每年所需用之铁器为数甚多。除一部分由外县输入外，其大多数均由个旧铁工制造，手艺亦颇精巧。以此为业者，河西人占大多数。

（三）木工：此项工人以河西人为最多。起建中西房屋，制作寻常日用木器，均属可观。

（四）女工：个旧妇女多有从事于刺绣及编织衣物者，其工艺亦属可观。缝纫一项，从事者亦不少，西区妇女尚能织土线布，惟出产量甚少。

（五）金银工：金工七八家，银工十余家。

（六）轧棉工：个旧例规，凡砂丁之初到个者，老板均须给予棉絮一床，以后再由工银项下扣除，所以每年需要多量之棉絮。营此业者，二十余家。

（七）成衣工：全县五十家左右。营此业者，以江西人、四川人为最多。

（八）理发工：营此业者，以四川人为最多，全县二十余家。

（九）烧砖瓦工：全县约十余家，工人二百余人。

（十）铜工：个旧所用铜器，多由外县输入，其制造寻常日用铜器之工匠，仅四五家。惟有数家专制玩具等物，手工精巧，尤以白铜烟盒精美绝伦。

（十一）泥石工：个旧市泥石工人亦占大多数，全县六七百人。市民房屋及各公司建筑需要泥石工人，均来自外县。

全县各种工匠，以泥木工为最多，铁工、锡工、成衣工匠、轧棉工匠、烧砖瓦工匠次之，金银工、理发、铜工又次之，其他各种工匠，亦较外县为多。各种工匠中，以锡工为最有特色。

三十三、曲溪县手工业

（一）纺织：曲溪在前清时所有江岸两旁之家，妇人均从事纺织，惟系旧式织机，所出土布，极为坚固，蚊帐亦著名，可销行外县。近因洋纱洋布盛行，而纺织事业遂置之不讲。若能从事提倡，改旧式机为新式机，则曲溪之棉布足可自给。

（二）陶业：白陡坡、火焰山、中营、慈云山后等专烧砖瓦，供给建屋之用。若夫甸鲁，则烧土器，以销本地。又新安村烧砖瓦及土器，销开远、盘溪一带。其法均以柴薪燃烧，惟烧砖瓦则用大团窑，烧土器用小排窑。

（三）冶工：有铸铁厂在曲溪之西老黑山脚，采矿法系看有矿处即就便拾取或随便开采。冶金术用干式法，将铁矿与适当之溶剂混合于熔矿炉中，以水力抽动气箱，送入空气，使之熔解，乃成铸铁，专供通海洛南村铸锅之用。

（四）泥木石工：在曲溪者多系河西、通海人。漆工、杂工虽有，亦系外属移往曲溪之较早者。惟有竹工则曲属与华宁交界地方之厂房一带，妇人半多以此为业，送往华宁属之盘溪街销售，所以多名盘溪雨笠。

（五）酿榨工：酿酒以甸鲁东山为多，其余如暮阳、厂户、临溪村亦有之。榨糖以附近县治为多。其余有竹居河、厂房、临溪村及摸作揖、驿宽、新安村、老妈黑一带均有。以前调查计一百余所，近因地方变乱，已觉减少。

三十四、盐津县手工业

木工约三百人，石工约三百人，为工匠之多者。铁工约二百人，泥工百余人，理发工约百人，缝工约百人。造纸工，以竹为原料造土纸约百人。织布工、制麻布及土绸者约五十人。篾工，编竹作各种用具，约百人。屠工，即宰猪者约二百人，补锅工约三十人，骟工十余人，铜工十余人，银工十人，锡工十人，皮工十人。冶矿工十人，在开采铁矿厂内做工。煤工约二百人，漆工约十人，油工约五人，烤酒工约百人。雕刻工数人，为工匠之最少者。砖瓦工约三十人。陶工约二十人，在安乐、及第、龙潭、廉水等乡造土碗、坛、罐等物。泥塑工十余人。裱工数人，为工匠之最少者，包办席桌之厨工，精制糖果者，约五十人。丝工约三十人，因盐津县产蚕，尚多抽茧成丝者。染工约五十人，炮工，用纸造成爆竹，约三十人。制席工，用灯草编成席垫。柚盒工，县属盛产柚，其壳即可为各种雕刻器，如草烟盒上，刻山水花卉各形，饰以金漆，可永久不坏。细篾工，其所为有垫席、箱、笼、篦、扇等物，细密精致，为盐津工匠之特色。烙花工，此种工作，常以一铁签，烧其尖向器上画之，如常人用笔作书画然，其奇者，以一方竹，上烙山水人物翎毛花草，靡不备肖，生动有致，用作草烟杆，价亦特贵，每支值银洋二三元。至于其他手工业，素不发展，私人所出，特色者不过丝绸罗纹麻布、土人所织花麻布、苗子所织斜纹布，为安乐人由川学回所织。铁锅、铁铧、为铁厂所铸，系彝良人同津人所办。在俗美乡，罐子炮为铁匠所制，一枪十罐，甚于毛瑟之快。橙柑盒为川人寓津所制，篾席亦为川人寓津所织，如是而已。

三十五、贡山设治局手工业

（一）纺织：贡属夷人，男女尽穿麻布，概系妇女自行纺织。除自用外，尚供给男子衣服。每户均种有火麻，收取后煮洗洁净，纺而为线，织之成布。其法甚简，各户门前均立二木桩，用竹竿二根，排列于上，以绳系扣，将麻排为经线，置于杆下，无梭子，概用纬线结团抛织而成，至宽不过六寸。古宗怒子，杂以棉线，织成后缝合成幅，名为因布，质最细密，将来改用机织，亦最良工艺品。但无用颜色加染者，尽皆原质白色。

（二）酿榨：贡属夷人，尽皆嗜酒，人人能酿，其法甚简，将粮煮熟后拌以酒药，置一瓮中，十余日后将粮取出，用木甑蒸之，用一竹槽插于甑中，其酒即由槽内流出。惟无榨油榨糖之人。

（三）竹工：贡属产竹甚多，夷人尽能制造竹器，如居家日用簸箕、筛、箩、筐、篮等物均系自编。又俅江产有一种竹子，节长三四尺，名过江竹，竹皮柔软异常，曲子常以之造成竹盒竹筐，运销怒沧两江，光华夺目，工艺亦佳，他属不能及。

三十六、元江县手工业

元江手工业以农家所需要者为最多。铁、陶、木、泥、石、染、银、铜、漆、篾等类，其特色工艺亦颇有之。

（一）牛铃匠：以铁制铃，大小以八个为一排，配合五音六律，洋洋盈耳，远近欢迎。

（二）女织工：城区各村僰夷女子，性较灵敏，善饰织，能织各种各色花布，卧簟、枕帕、被面、手巾、垫褥诸物品。

（三）藤工：距县城三百余里之上下六村产藤，有粗细二种，该地即出善制藤工，能制卧席、靠枕、桌几、凳兀等类，出品有限，价值亦昂。

（四）竹工：城乡僰夷制竹器甚精致。

（五）陶器工：距城十里许土锅寨夷人制各种用器，以明火烧成，不用窑，制成之器，以炊锅煮锅尤佳。

三十七、镇康县手工业

镇康境内，银、铜、皮匠、裁缝简单易学之工艺，亦皆来自外地，县民无一操习。兹就已有之工业分述如下：

（一）造纸：东区镇康三坝之芒市寨及孟定坝之摆夷，将构皮制造一种大白纸，质料坚韧洁白，大而且厚，长约六十四厘米、宽约六十八厘米，力撕不破，用途颇多，外国牛皮纸较之，瞠乎其后，俗呼曰“老缅纸”，每百张价约大洋二元。年可出产三十余驮，以供本属包裹银钱贵物外，尚可输出附近邻县销售。制造之法，亦甚简单，惜不能改良扩充以推销至远。纸厂一地土人，手制土纸，稍可抵制输入。其他棉笺等纸，仍系商人运来销售。

（二）竹工：该县竹工，系编造筛、簸箕、畚囤、箩、笼、扫把、篮、笼、簟笆等物，在本县各市售卖。至于精巧之篾制物，仍不能制。

（三）酿榨：该县酿酒法极简单，不似内地酒家之规模大而出品多，手续亦无其繁难。所用原料，仅以糯米、玉麦两种酿成，足供一县之饮，不能输出他乡销售。榨糖一事，在孟定及镇康三坝炎瘴之区，可以栽种甘蔗，先年曾经榨糖售卖，但出品不多，仅足自用。近因征收糖捐之故，夷人即将甘蔗卖罄，不愿榨糖，以故需用者概从施甸等处输入，白冰糖亦然。至于榨油，前用烟籽，出数颇多、此外，核桃、把子二种，所榨油亦不少。除县人使用百分之六七十外，尚可运往果敢三十余驮，每百斤卖大洋二十余元。

（四）杂工：镇康人民，贫苦甚多，农家力穑，余皆充富室之佣工，代为耕田、种地、赶马、牧牛至家庭杂务。一切技艺，自幼即不学习，全县无一工厂，无一工艺出品，银匠六家，裁缝五户，概系来自鹤庆。铜、铁、皮、瓦各匠，来自剑川、大理、保山、顺宁。工业情形，无甚足述。

三十八、麻栗坡特别区手工业

（一）纺织：本区纺织之法，悉照旧日，器具尚未改良。惟染业原系用土靛、木缸，今改用洋靛，而土靛仍兼用。土靛本区出产数量甚多。

（二）陶业：民国十七年，本区马达设窑，制烧土碗、坛、罐等，人民极称便利。惟瓷器仍由江西来。

（三）冶工：民国纪元后，区内滥坝、干坝子采矿、炼铁、铸锅，已著成效。

（四）酿榨：本区山多田少，人民僻居高山，种植多产玉米。民国五年设立烟酒公卖，抽收捐额，人民家酿酒自饮者渐次减少。至十三年迄今，逐年倍加烟酒公卖捐，人民受其压迫，更见减少。如有煮熬，只于市上出卖者，请领牌照。榨业有糖榨、油榨之分，糖榨只有马街，甘蔗出产每年约计十榨，出糖数万斤。油榨以桐果、菜籽、茶子等为出产大宗、土著仿学撞榨之法，油子以石碾碾细，每榨可打三斗，得油一百斤，能供本区之用。桐油不但供点灯之需，运销出口亦为本区大宗。

（五）竹工：本区产竹最富，凡一切家用竹器，如垫席、筛、簸、皮箩、提篮、背篮、农具各类，均系自造，并不仰给他郡，且可销售邻封各县。竹麻为麻栗坡出产大宗，每年运销文、西、马三县计五六万斤。竹麻草鞋惟麻栗坡编织最良，年计出销二十余万双。油篾帽亦为麻栗坡、大坪等处出产大宗，年计出销四五十万顶，颇著名。

三十九、盐丰县手工业

盐丰工业不甚发达，就中以织布之工为最多，全县开机房者二百零六家，共计男女织工八百四十五人。所制机用拉梭式，由省城，下关购置洋纱到县，以织土布。每日工织三丈，得工资镍洋八角，在贫民生计中，尚占重要位置，故人多就学焉。

特色之工以麻布、土纸两项为称首。东北乡夷民种麻甚多，有苎麻一种，其皮类草绒，取之可以织成麻布，用以制衣及运袋包裹之属。尚有以火草与麻织成者，名曰火麻布，尤细致可观，多制为服用品。

纸则北乡之铁索营、马槽沟产焉。其法用楮皮研细漂洗，依法制造，出自铁索营者曰大白纸，出自马槽沟者曰小白纸。其有以竹研末制成者，为草纸。盖麻布、土纸产额虽不甚丰，然均能行销外属。

四十、蒙化县手工业

蒙化工业，自前清光绪间始办织机，渐次发展。本城民户十有六七以织为业，其中女工尤多，自民国以来，至今颇称繁盛。其他男工制造，则有挂面、盐水面、鸡蛋面、扁面，商人贩运出境，畅销邻封十余县。本城业此者不下五六铺。又蜜食一种，用蜂蜜放入槐果、橄榄、江花、豆丝、冬瓜、黄橘、香橼等，煮晒成为食品，装入盒内，售卖与客商，携带出境，销路亦颇畅达，可称特色。至泥木工匠替人建造房屋，制作日用器具者，多半来自邻近之大理、鹤庆、剑川、邓川各属，本地人仅十二三而已。

四十一、泸西县手工业

该县工业，以石铁工较多，木工次之，泥水工又次之。铁工所制铁器，亦较邻县为佳，除供本境用外，时亦运销他邑。有保登魁者，能于手杖或蝇拂柄内，装置利便刀剑，机关紧密，外观不见痕迹，远行者带携以防身。银工亦尚不缺乏。惟铜工、锡工，则多自外来。画工在前亦有高手，李荣封弟兄父子，俱有家法。织布概属女工，惟出品不如通海、河西，本邑所需棉布，强半自通海运销。染工亦平常，清末曾设织染公司，卒以费多效少停废。裁缝亦多系女工，技艺尚不拙劣，邑中成衣铺户仅有数家，皆系外来。

四十二、石屏县手工业

石屏工业，可分为金、银、铜、铁、木、石、泥、窑、编竹、缝衣、造席等项，其中工业最多营业最广者为木工、石工及造席工。盖石屏盖造房屋，制造器具，胥惟木石工是顿，所以操是业者较多。至于制造精良，最特色而远近驰名者，首推乌铜匠。此种匠人，以铜与金熔化制成各种器皿，然后錾刻花纹，用银镶满，再以手汗浸之，则器皿变乌，花纹如雪，形式美妙，人多珍之。此外如沿湖一带盛产席草，附近居民用制席子，编扎紧密，滑润异常，除盛销全境外，运往他乡者不少。

四十三、蒙自县手工业

蒙自工业，普通者木工、泥工、石工、机器工、银工、铁工、铜工、锡工等，其中以铜工为最少，间有修制钟表手工业者，计四五家。自个碧铁路设机械厂于蒙站，容纳机器工匠较多，大小工人有一百数十之多。木、泥、石工，多寡无常，视建筑之工程以为聚散。银工、铁工，每行十余家。最近技艺中有孙恒记制造烟花火炮，工艺奇巧，殊堪称艳，为蒙地特色之工产品。

四十四、玉溪县手工业

玉溪工业，以泥、木、石、瓦、窑等工为普通。全境泥工约三千人，木工约五千人，瓦工十余人，石工约五百人，窑工约五百人。特色者为窑工，距县治三里许之瓦窑，其所烧之缸、盆、碗、罐等推销昆明、晋宁、峨山、河西、通海、江川各县，每年收入为数不赀。其瓦匠亦大都散在宜良、蒙、个一带。

四十五、曲靖县手工业

曲靖工业有石、木、泥、织、塑、铁、银、铜、锡、丝及挂面、成衣、帽业、纺线、编篾、雕刻等类。就中以织布业为最多，城乡男妇约占十之四五，所织布匹，贩销沾益、马龙、寻甸、平彝、罗平、宣威各县，而以城中挂面匠所做之鸡蛋面为特色，常运销省城，蒙自一带。

四十六、昭通县手工业

昭通泥工百余家，石工百余家，缝工二百余家，金银工十余家，铜铁工五十余家，木工一百余家，染工十五家。惟以织布工人为最多，共计织布机一万四千一百余架，工人一万数千人，其中亦以织布为较特色。

四十七、巧家县手工业

巧家工业应推织布工人为最多，其次如九、五甲之土纸工人，三区之开采铜矿工人，二区汪家坪之制盐工人，沿江一带之制糖工人，八甲之索粉工人，头三甲之漆匠，四甲之补锅匠，均亦不在少数。论其特色，有四区上头甲之红花细毡、黄花漆鞍，城区之银丝挂面、羊毛草鞋、糖狮子、豆制墨酱及高山羊毛布等。

四十八、南峤县手工业

该县工业如藤器工之圆形小桌，竹器工之提篮（小篓），银器工之槟榔盒、裙链、手镯以及纸张、笋叶笠等工，均属平常。惟游艺工之火花、火箭、纸竹浮屠及佛幡纸球灯之类，则颇有可观。火花之制造，用大木一端，长约五六尺，以火药碎铁数十斤为之；燃放时花大如碗，光如白昼。火箭以丈余之竹为之，其端系风筒作声响。纸球灯大数十围，用布蘸油燃之，高出云表。

四十九、宾川县手工业

宾川工业有泥、木、石、瓦、编竹及纺织等。内中以泥石及纺织工为多。至于特色，现仅有泥工匠李文秀一人技术甚精，颇为附近各县称道，凡欲建筑华丽房屋，皆争延之。

五十、江川县手工业

江川工业有铁、木、泥、银、石、篾、铜、窑，及绘塑、箍桶、石灰等，而以铁、木、石工为特色。铁工能修理各式枪支，木工能建筑新式楼阁，篾工能编织各种佛像，石工能雕刻翎毛花卉。

五十一、兰坪县手工业

兰坪木工最多，中有工于雕刻者。以入深山采棺木之木工为特色。铁工、羊毛工、冶工、烧瓦工、竹工、漆工、石工、泥水工，占木工百分之二，亦能供全县之用。塑画工独少而有特色。

五十二、剑川县手工业

剑川工业以木、石工为最多，漆工、银工次之，缝工又次之。至其特色，则以木工之雕刻马扎，石工之造桥刻像，漆工之漆涂各种帽盒及各种罩漆花绘方圆盘，银工之梅花累及反钮丝钏等。

五十三、保山县手工业

保山工业仅有泥、木、瓦、银、铜、铁、皮、裁缝及修整钟表、枪玉、铸锡弹、染、织、纺、陶器、竹器、金漆雕刻、印刷、制革、制丝、造纸、挈面、推烟等工。普通以泥、木、铁、皮、织、纺等工为多，而以妇女织纺为尤多。昔年永布、丝烟，销遍迤西各县及各边地，最为特色，近则销路渐减，殊为可惜。

五十四、车里县手工业

车里县工业如纺织、金银、铜铁、竹、藤、泥、木工等工人所在皆有。惟竹子随地皆是，而居民家内什物十分之六七属竹制，故竹工较多，亦以竹工为较有特色。

五十五、墨江县手工业

墨江工业以竹工、木工、银工为最多，陶石工次之。竹工有雨笠一种，品质细密，涂以桐油，光华美丽，可十余年不坏。石工有李如珊之因远石碑，雕刻绘画，精致玲珑。陶工有李茂然之家具玩具等，亦玲珑奇巧，釉水光泽，殊为特色。

五十六、思茅县手工业

思茅工业以银工为最多，城内外约二十家，工人三十三名。其余铁工、铜工亦有十余家，皮工七家。惟木、泥工极少，今不过五六家，有不敷需用之慨。其他烧瓦者，制烟具者，织席者，亦间有之，而以制茶之工人为最著名。勐海各地每年以高价聘往，亦有在思茅揉茶者。

五十七、河西县手工业

河西在昔木、石等工，雕镂人物鸟兽，颇能玲珑剔透，形神毕肖，最为特色，今则转形退化，习者绝少。而泥工行且擅建筑规模大者之场矣。最近铁工为多数，惟不克新有所发明耳。

五十八、陆良县手工业

陆良工业以石工为最多，泥、锡、铁工次之。其业锡工者，每年百余人，往迤南诸地。铁工所制之刀剪器皿为较具特色。

五十九、陇川设治局手工业

陇川各种工匠，多由剑川、腾冲各县而来，每年冬春两季入境觅佣，夏初即全行回籍避瘴。惟各村寨均产大龙竹，粗而且高，因之竹工一项，颇有可观。

六十、景东县手工业

景东工业有金、石、竹、木、陶、皮、织等，内中以织工为最多，亦以织工为特色。有花纹被面、垫单、手巾、褥套、枕套、桌幔各品，其外则为竹器，有茂篾（地名）笼子及篾桌，亦颇雅观。

六十一、西畴县手工业

西畴工业有银、铁、木、石、土五种，而以银工为最多，铁、石工次之，木工又次之。五种之内，以银、铁、石三种工艺精巧，比木、土两种较为特色。

六十二、开远县手工业

开远工业以制造干米线、红糖、白糖及操金银首饰、土、木、铁、石诸业者居多，内中以干米线、白糖为特色。

六十三、通海县手工业

通海木、泥、石、陶各工具备，而以铁工为最多。制造家具用品及骡马蹄上之钉铁，行销各地，为出口之大宗。木、石工人亦擅巧技，省中大户以及铁路一带之西式居舍皆聘此辈建筑之。

六十四、路南县手工业

路南工业寥若晨星，惟木工较多。其稍有特色者，仅夷民四五户能以手工织羊毛布，堪为衣料及外套、毡料耳。

六十五、安宁县手工业

安宁工业以铁工为最多，其次则银、木、皮工。其特色为八街所铸之铁锅，为附近各县所称许。

六十六、澄江县手工业

澄江工业以做桌、凳、柜、橱之木工为最多，次为银、铁、铜、锡、石、皮各工，其以篾工所编之竹箩提篮为较有特色。

六十七、祥云县手工业

祥云工业以纺织及泥、木工为最多，石、银、铜、皮各工次之，而以锡箔工、铅粉工、酱辣工为特色。

六十八、镇南县手工业

镇南工业有木工、铁工、铜工、泥水工、锡工、石工、塑工、编扎工，弦琴工等，其中以木、石、泥工为最多，以弦琴工为特色。

六十九、易门县手工业

易门有银、铜、铁、木、石、竹、泥各工，就中以木工为最多，但俱平常，惟竹器较为特色。

七十、禄丰县手工业

禄丰县工业以木工铁工为最多，以制剪刀为特色。

七十一、会泽县手工业

会泽工业以机匠为最多，以铜匠之香炉、毡匠之大毡、染匠之青布为特色。

七十二、新平县手工业

新平工业以银、木二工为多，技艺除马扎雕工可取外，均属平常。

七十三、永平县手工业

永平工业以铜、铁、木、石、皮为最多，尤以木、石二工为较特色。